THE KATHASARITSAGARA OF SOMADEVABHATTA

THE KATHASARITSAGARA

OF

SOMADEVABHATTA

EDITED BY

PANDIT DURGAPRASAD

AND

ASINATH PANDURANG PARAB

Revised by

Wasudev Laxman Sastri Pansikar

GYAN

Published by

GYAN

Gyan Publishing House
5, Ansari Road
Daryaganj, New Delhi-110002
Phone: 011-47034999, 9811692060
E-mail: books@gyanbooks.com

Distribution Network
gyanbooks.com
India, USA, Canada, UK, Australia, France

ISBN : 978-81-212-6605-5 (PB)
First Published, 1930

2nd Impression 2022

Printed at: Gyan Press, Delhi.

A TEXT-BOOK IN THE HISTORY OF EDUCATION
Revised by: Wasudev Laxman Sastri Pansikar

THE

KATHÂSARITSÂGARA

OF

SOMADEVABHATTA.

EDITED BY

PANDIT DURGÂPRASÂD

AND

KÂŚÎNÂTH PÂNDURANG PARAB.

Fourth Edition.

REVISED BY

WÂSUDEV LAXMAṆ S'ÂSTRÎ PAṆS'ÎKAR.

1930.

॥ श्रीः ॥

महाकविश्रीसोमदेवभट्टविरचितः

कथासरित्सागरः ।

जयपुरमहाराजाश्रितेन पण्डितव्रजलालसूनुना पण्डित-
दुर्गाप्रसादेन, मुम्बापुरवासिना परबोपाह्व-
पाण्डुरङ्गात्मजकाशिनाथशर्मणा च
संशोधितः ।

इदं गुरुगिरीन्द्रजाप्रणयमन्दरान्दोलना-
त्पुरा किल कथामृतं हरमुखाम्बुधेरुद्गतम् ।
प्रसह्य रसयन्ति ये विगतविघ्नलब्धर्द्धयो
धुरं दधति वैबुधीं भुवि भवप्रसादेन ते ॥

(तस्येदं चतुर्थं संस्करणम्)

पणशीकरोपाह्वेन लक्ष्मणशर्मतनुजनुषा वासुदेवशर्मणा संशोधितम् ।

तच्च

१८५२ संवत्सरे

मुम्बय्यां

निर्णयसागराख्ययन्त्रालये पाण्डुरङ्ग जावजी इत्येतैः मुद्रयित्वा प्रकाशितम् ।

श्रीगुणाढ्यः । (बृहत्कथा) ।

श्रीगुणाढ्यमहाकविः प्रतिष्ठानाधीशश्रीसातवाहनमहीपतिसभायामासीत् । स च लक्षश्लोकनिबद्धामद्भुतां पिशाचभाषामयीं बृहत्कथां प्रथितवानिति तावत्कथापीठलम्बके स्फुटमेव । स च सातवाहनभूपतिः खिस्ताब्दीयप्रथमशतक आसीदित्यपि सर्वप्रसिद्धम् । तस्मात्स एव गुणाढ्यस्य समयः । बृहत्कथान्तर्गताः काश्चन कथाः कथैकदेशान्वावलम्ब्य तत्तत्कविभिः प्रणीता रत्नावली-नागानन्द-प्रियदर्शिका-पञ्चतन्त्र-कादम्बरी-मालतीमाधव-मुद्राराक्षस-वेतालपञ्चविंशति-हितोपदेशादयो ग्रन्थाः सर्वत्र समुल्लसन्ति । किं तु सा पैशाचीबृहत्कथा, अन्यो वा कश्चन गुणाढ्यप्रणीतो ग्रन्थोऽधुना नोपलभ्यते । प्राचीनेषु ग्रन्थेषु क्वचित्क्वचिद्बृहत्कथाया गुणाढ्यस्य च स्मरणं वर्तते । यथा—वासवदत्तायाः कुसुमपुरवर्णने—'बृहत्कथारम्भैरिव शालिभञ्जिकोपेतैः' इति । काव्यादर्शे—'भूतभाषामयीं प्राहुरद्भुतार्थां बृहत्कथाम्' (१।३८) इति । हर्षचरिते—'समुद्दीपितकंदर्पा कृतगौरीप्रसाधना । हरलीलेव नो कस्य विस्मयाय बृहत्कथा ॥' इति । कादम्बर्यामुज्जयिनीवर्णने 'बृहत्कथाकुशलैः' इति । दशरूपे—'रामायणादि च विभाव्य बृहत्कथां च' (१।६१) इति । नलचम्प्वाम्—'शश्वद्बाणद्वितीयेन नमदाकारधारिणा । धनुषेव गुणाढ्येन निःशेषो रञ्जितो जनः ॥ (१।१४) इति । गोवर्धनसप्तशत्याम्—'श्रीरामायणभारतबृहत्कथानां कवीन्नमस्कुर्मः' इति, 'अतिदीर्घजीविदोषाद्व्यासेन यशोऽपहारितं हन्त । कैर्नोच्येत गुणाढ्यः स एव जन्मान्तरापन्नः ॥' इति च । कुवलयानन्दे परिकरप्रकरणे—'चित्रार्थां न बृहत्कथामचकथं' इति प्राचीनं पद्यम् । एवमन्यत्रापि ।

श्रीक्षेमेन्द्रः । (बृहत्कथामञ्जरी) ।

प्रकाशेन्द्रसूनुर्व्याससदासापरनामा क्षेमेन्द्रमहाकविरनन्तराजराज्यसमये (१०२८—१०८० खिस्ताब्देषु) कश्मीरेषु समुत्पन्नः प्रणिनाय च बहून्ग्रन्थान् । स एव बृहत्कथा अतीव विस्तीर्णेति पिशाचभाषामयीति च न सर्वहृदयंगमेति गीर्वाणगिरा तत्सारमाचकर्ष । 'बृहत्कथामञ्जरी' इति तन्नाम च कृतवान् । विहितवांश्च लम्बकक्रमे क्वचित्क्वचित्कथासु च पौर्वापर्यम् । तत्रेत्थं बृहत्कथामञ्जरीप्रारम्भः—

'उमाप्रणामसंक्रान्तचरणालक्तकः शशी ।
संध्यारुण इवाभाति यस्य पायात्स वः शिवः ॥ १ ॥

सरस्वतीविभ्रमदर्पणानां सूक्तामृतक्षीरमहोदधीनाम् ।
सन्मानसोल्लाससुधाकराणां कवीश्वराणां जयति प्रकर्षः ॥ २ ॥

दोषालोकननिपुणाः परुषगिरो दुर्जनाश्च घूकाश्च ।
दर्शनमपि भयजननं येषामनिमेषपिशुनानाम् ॥ ३ ॥

ओजो रञ्जनमेव वर्णरचनाश्चित्रा न कस्य प्रिया
नानालंकृतयश्च कस्य न मनःसंतोषमातन्वते ।
काव्ये किं तु सतां चमत्कृतिकृतः सूक्तिप्रबन्धाः स्फुटं
तीक्ष्णाग्रा झटिति श्रुतिप्रणयिनः कान्ताकटाक्षा इव ॥ ४ ॥

---

१ वेबरपण्डितस्तु 'हिस्टरी ऑफ् इण्डियन् संस्कृतलिटरेचर' नाम्नि ग्रन्थे गुणाढ्यः खिस्ताब्दीयषष्ठशतक आसीदिति वदति । दशकुमारचरितप्रणेता दण्ड्याचार्योऽपि षष्ठशतक एवासीदित्यपि स्वीकरोति । किं त्वाचार्यदण्डी काव्यादर्शे 'भूतभाषामयीं प्राहुरद्भुतार्थां बृहत्कथाम्' इति वदन् 'प्राहुः' इति पदेन स्वसमाद्बृहत्कथाया बहुप्राचीनत्वं सूचयति । तत्कथमुभावपि दण्डिगुणाढ्यौ षष्ठशतकोद्भूताविति वेबरपण्डितो निश्चिकायेति न ज्ञायते । अथवा निसर्ग एवायं प्रायो यूरोपदेशीयविदुषाम्, यत्प्रत्नतमानामपि भारतवर्षीयग्रन्थानां तत्प्रणेतॄणां चार्वाचीनत्वसाधनाय यावच्छक्यं यतन्ते । प्राप्तेऽपि तत्प्राचीनत्वावबोधके स्वमतप्रतिकूले दृढे प्रमाणे 'प्रक्षिप्तमेतत्' इत्युक्त्वा स्वाभिमतमेव पुरस्कुर्वन्ति । २ 'बृहत्कथामूलं मुद्राराक्षसम्' इति दशरूपावलोकः । ३ बृहत्कथामञ्जर्या इतिवृत्तं रोमनूलिप्यां कथापीठलम्बकः, वेतालद्वयकथा, फ्रेञ्चभाषया तदनुवादश्च १८८६ खिस्ताब्दे फ्रान्सदेशे पॅरिसराजधान्यां लेवी (S. Levi) पण्डितेन मुद्रितः । एकं तत्पुस्तकं चास्मभ्यं तेन महाशयेन प्रहितमिति तदुपकारं स्वीकुर्मः । बृहत्कथामञ्जरीप्रारम्भश्लोकास्तत एवास्माभिरुद्धृताः सन्ति । अस्मदीयं बृहत्कथामञ्जरीपुस्तकं त्वशुद्धं प्रारम्भे किंचित्त्रुटितं चास्ति । ४ कथासरित्सागरे तु सोमदेवभट्टेन किंचिदपि व्यत्ययो न कृत इति 'यथामूलं तथैवैतन्न मनागप्यतिक्रमः' इति तद्वाक्यात्प्रतीयते ।

एवं किल पुराणेषु सर्वागमविधायिषु ।
विश्वशासनशालिन्यां श्रुतौ च श्रूयते कथा ॥ ५ ॥
अस्ति विद्याधरवधूविलासहसितद्युतिः ।
जाह्नवीनिर्झरोष्णीषः शर्वाणीजनको गिरिः ॥ ६ ॥
निशाकरकरस्मेरतुषाररुचिरत्विषा ।
आशा धनपतेर्येन विभात्यनिशचन्द्रिका ॥ ७ ॥
यः शुभ्रशिखरो भाति शिवमौलीन्दुदर्शनात् ।
तरङ्गालिङ्गिताभ्रश्रीः क्षीरार्णव इवोत्थितः ॥ ८ ॥
यः प्रांशुरश्मिनिचयैर्विदधाति मुहुर्मुहुः ।
त्रिदिवोद्यानहंसानां मृणालकवलभ्रमम् ॥ ९ ॥
यस्याश्मकूटसंघट्टविशीर्णपतनोत्थिताः ।
शुभ्रन्ते तारकायन्ते व्योम्नि गङ्गाम्बुशीकराः ॥ १० ॥
फेनहारविलासिन्यः फुल्लकुवलयेक्षणाः ।
विभान्ति कटके यस्य तरङ्गिण्यो महीभृतः ॥ ११ ॥
उत्तरे तस्य कैलासनाम्नि स्फाटिकशेखरे ।
विजहार हरो हारगौरे गिरिसुतासखः ॥ १२ ॥' इत्यादि ।

लम्बकक्रमस्त्वित्थम्—(१) कथापीठम्, (२) कथामुखम्, (३) लावानकः, (४) नरवाहनदत्तजन्म, (५) चतुर्दारिका, (६) सूर्यप्रभः, (७) मदनमञ्चुका, (८) वेला, (९) शशाङ्कवती, (१०) विषमशीलः, (११) मदिरावती, (१२) पद्मावती, (१३) पञ्चलम्बकः, (१४) रत्नप्रभा, (१५) अलंकारवती, (१६) शक्तियशोलम्बकः, (१७) महाभिषेकः. (१८) सुरतमञ्जरी ।

अत्र स्फुटमेव लम्बकपौर्वापर्यम् । एवं कथास्वपि भेदोऽस्ति । अन्येऽपि बहवो ग्रन्थाः क्षेमेन्द्रप्रणीताः सन्ति । तेष्वद्यावधि ज्ञातास्त्वेते—(१) अमृतरङ्गकाव्यम्, (२) अवसरसारः, (३) औचित्यविचारचर्चा, (४) कनकजानकी, (५) कलाविलासः, (६) कविकण्ठाभरणम्, (७) चतुर्वर्गसंग्रहः, (८) चारुचर्या, (९) चित्रभारतनाटकम्, (१०) दर्पदलनम्, (११) दशावतारचरितकाव्यम्, (१२) देशोपदेशः, (१३) नीतिकल्पतरुः, (१४) नीतिलता, (१५) पद्यकादम्बरी, (१६) पवनपञ्चाशिका, (१७) बृहत्कथामञ्जरी, (१८) बोधिसत्त्वावदानकल्पलता, (१९) भारतमञ्जरी, (२०) मुक्तावली, (२१) मुनिमतमीमांसा, (२२) राजावली, (२३) रामायणमञ्जरी, (२४) ललितरत्नमाला, (२५) लावण्यवती, (२६) वात्स्यायनसूत्रसारः, (२७) विनयवल्ली, (२८) व्यासाष्टकम्, (२९) शशिवंशमहाकाव्यम्, (३०) समयमातृका, (३१) सुवृत्ततिलकम्, (३२) सेव्यसेवकोपदेशः । लोकप्रकाशकर्ता तु शाहजहानराज्यसमये कश्चिदन्य एव क्षेमेन्द्रः कश्मीरेषु समुत्पन्न इति लोकप्रकाशे स्फुटमस्ति । एवं हस्तिजनप्रकाशकर्ता गुर्जरदेशोद्भवो यदुशर्मसूनुः कश्चन तृतीयोऽपि क्षेमेन्द्र आसीत् ।

भट्टश्रीसोमदेवः । (कथासरित्सागरः)

रामभट्टसूनुः श्रीसोमदेवभट्टोऽप्यनन्तराजराज्यसमये कश्मीरेष्वेव समुत्पन्नः । स च बृहत्कथामञ्जरीमतिसंकुचितां नातिरुचिरां च विलोक्य श्रीमदनन्तराजमहिष्याः परमविदुष्याः सूर्यवत्याः प्रोत्साहनया नातिसंक्षिप्तं नातिविस्तीर्णमतिप्रसन्नं नितान्तं स्वान्ताकर्षणक्षमं बृहत्कथानुकूलं संस्कृतवाण्या कथासरित्सागरनामकं ग्रन्थरत्नं निर्ममे । स कथासरित्सागरः १८३९—१८६६ खिस्ताब्दे जर्मनीदेशे ब्रोकॉसपण्डितेन चतुर्दारिकालम्बकपर्यन्तं नागराक्षरैस्तदनन्तरं रोमनलिप्या मुद्रितः । ततः १८८३ खिस्ताब्दे कलकत्तानगरवासिना जीवानन्दभट्टाचार्यविद्यासागरेण चूर्णीकृत्य मुद्रां नीतः । एवं वारद्वये जातेऽपि मुद्रणे ग्रन्थस्य स्वरूपहानिरेव संवृत्तेति पुनरप्येतन्मुद्रणे वयमुद्युक्ताः ।

तत्र कश्मीरलिखितमेकं नवीनं प्रायः शुद्धमस्मदीयं पुस्तकम् । तत्पत्राणि ७१० सन्ति ।

द्वितीयं डॉक्टरभाऊदाजीतिप्रसिद्धानां विद्वद्वराणां १७४३ विक्रमाब्दे काश्यां लिखितं नातिशुद्धं मनोहारिस्वरूपं च । तत्पत्राणि ७०२ सन्ति । तच्चाधुना मुम्बईनगरे टाउनहॉलस्थितराजकीयपुस्तकालयाधीनं वर्तते ।

तृतीयं ब्रोकॉसमुद्रितम् ।

इति पुस्तकत्रयाधारेणास्माभिरयं ग्रन्थः संशोधितः प्रकाशितश्च, सहृदयानां विदुषामानन्दावहो भूयादिति भद्रम् ।

---

१ एतत्केवलमनुमीयते ।

अथ कथासरित्सागरस्य विषयानुक्रमः ।

॥ श्रीः ॥

महाकविश्रीसोमदेवभट्टविरचितः

कथासरित्सागरः ।

कथापीठं नाम प्रथमो लम्बकः ।

इदं गुरुगिरीन्द्रजाप्रणयमन्दरान्दोलना-
त्पुरा किल कथामृतं हरमुखाम्बुधेरुद्गतम् ।
प्रसह्य रसयन्ति ये विगतविघ्नलब्धर्द्धयो
धुरं दधति वैबुधीं भुवि भवप्रसादेन ते ॥

प्रथमस्तरङ्गः ।

श्रियं दिशतु वः शंभोः श्यामः कण्ठो मनोभुवा । अङ्कस्थपार्वतीदृष्टिपाशैरिव विवेष्टितः ॥ १
संध्यानृत्तोत्सवे ताराः करेणोद्धूय विघ्नजित् । सीत्कारसीकरैरन्याः कल्पयन्निव पातु वः ॥ २
प्रणम्य वाचं निःशेषपदार्थोद्योतदीपिकाम् । बृहत्कथायाः सारस्य संग्रहं रचयाम्यहम् ॥ ३
आद्यमत्र कथापीठं कथामुखमतः परम् । ततो लावानको नाम तृतीयो लम्बको भवेत् ॥ ४
नरवाहनदत्तस्य जननं च ततः परम् । स्याच्चतुर्दारिकाख्यश्च ततो मदनमञ्चुका ॥ ५
ततो रत्नप्रभा नाम लम्बकः सप्तमो भवेत् । सूर्यप्रभाभिधानश्च लम्बकः स्यादथाष्टमः ॥ ६
अलंकारवती चाथ ततः शक्तियशा भवेत् । वेलालम्बकसंज्ञश्च भवेदेकादशस्ततः ॥ ७
शशाङ्कवत्यपि तथा ततः स्यान्मदिरावती । महाभिषेकानुगतस्ततः स्यात्पञ्चलम्बकः ॥ ८
ततः सुरतमञ्जर्यप्यथ पद्मावती भवेत् । ततो विषमशीलाख्यो लम्बकोऽष्टादशो भवेत् ॥ ९
यथा मूलं तथैवैतन्न मनागप्यतिक्रमः । ग्रन्थविस्तरसंक्षेपमात्रं भाषा च भिद्यते ॥ १०
औचित्यान्वयरक्षा च यथाशक्ति विधीयते । कथारसाविघातेन काव्यांशस्य च योजना ॥ ११
वैदग्ध्यख्यातिलोभाय मम नैवायमुद्यमः । किं तु नानाकथाजालस्मृतिसौकर्यसिद्धये ॥ १२
अस्ति किंनरगन्धर्वविद्याधरनिषेवितः । चक्रवर्ती गिरीन्द्राणां हिमवानिति विश्रुतः ॥ १३
माहात्म्यमियतीं भूमिमारूढं यस्य भूभृताम् । यद्भवानी सुताभावं त्रिजगज्जननी गता ॥ १४
उत्तरं तस्य शिखरं कैलासाख्यो महागिरिः । योजनानां सहस्राणि बहून्याक्रम्य तिष्ठति ॥ १५
मन्दरो मथितेऽप्यब्धौ न सुधासिततां गतः । अहं त्वयत्नादिति यो हसतीव स्वकान्तिभिः ॥ १६
चराचरगुरुस्तत्र निवसत्यम्बिकासखः । गणैर्विद्याधरैः सिद्धैः सेव्यमानो महेश्वरः ॥ १७
पिङ्गोत्तुङ्गजटाजूटगतो यस्याश्नुते नवः । संध्यापिशङ्गपूर्वाद्रिशृङ्गसङ्गसुखं शशी ॥ १८
येनान्धकासुरपतेरेकस्यार्पयता हृदि । शूलं त्रिजगतोऽप्यस्य हृदयाच्छल्यमुद्धृतम् ॥ १९
चूडामणिषु यत्पादनखाग्रप्रतिमाङ्किताः । प्रसादप्राप्तचन्द्रार्धा इव भान्ति सुरासुराः ॥ २०
तं कदाचित्समुत्पन्नविस्रम्भा रहसि प्रिया । स्तुतिभिस्तोषयामास भवानीपतिमीश्वरम् ॥ २१

तस्याः स्तुतिवचोहृष्टस्तामङ्कमधिरोप्य सः। किं ते प्रियं करोमीति बभाषे शशिशेखरः॥ २२
ततः प्रोवाच गिरिजा प्रसन्नोऽसि यदि प्रभो। रम्यां कांचित्कथां ब्रूहि देवाद्य मम नूतनाम्॥ २३
भूतं भवद्भविष्यद्वा किं तत्स्याज्जगति प्रिये। भवती यन्न जानीयादिति शर्वोऽप्युवाच ताम्॥ २४
ततः सा वल्लभा तस्य निर्बन्धमकरोत्प्रभोः। प्रियप्रणयहेवाकि यतो मानवतीमनः॥ २५
ततस्तत्प्रसादुबुद्ध्यैव तत्प्रभावनिबन्धनाम्। तस्याः स्वल्पां कथामेवं शिवः संप्रत्यवर्णयत्॥ २६
अस्ति मामीक्षितुं पूर्वं ब्रह्मा नारायणस्तथा। महीं भ्रमन्तौ हिमवत्पादमूलमवापतुः॥ २७
ततो ददृशतुस्तत्र ज्वालालिङ्गं महत्पुरः। तस्यान्तमीक्षितुं प्रायादेक ऊर्ध्वमधोऽपरः॥ २८
अलब्धान्तौ तपोभिर्मां तोषयामासतुश्च तौ। आविर्भूय मया चोक्तौ वरः कोऽप्यर्थ्यतामिति॥ २९
तच्छ्रुत्वैवाब्रवीद्ब्रह्मा पुत्रो मेऽस्तु भवानिति। अपूज्यस्तेन जातोऽसावत्यारोहेण निन्दितः॥ ३०
ततो नारायणो देवः स वरं मामयाचत। भूयासं तव शुश्रूषापरोऽहं भगवन्निति॥ ३१
अतः शरीरभूतोऽसौ मम जातस्त्वदात्मना। यो हि नारायणः सा त्वं शक्तिः शक्तिमतो मम॥ ३२
किं च मे पूर्वजाया त्वमित्युक्तवति शंकरे। कथं ते पूर्वजायाहमिति वक्ति स्म पार्वती॥ ३३
प्रत्युवाच ततो भर्गः पुरा दक्षप्रजापतेः। देवि त्वं च तथान्याश्च बह्व्योऽजायन्त कन्यकाः॥ ३४
स मह्यं भवतीं प्रादाद्धर्मादिभ्योऽपराश्च ताः। यज्ञे कदाचिदाहूतास्तेन जामातरोऽखिलाः॥ ३५
वर्जितस्त्वहमेवैकस्ततोऽपृच्छयत स त्वया। किं न भर्ता ममाहूतस्त्वया तातोच्यतामिति॥ ३६
कपालमाली भर्ता ते कथमाहूयतां मखे। इत्युवाच गिरं सोऽथ त्वत्कर्णविषसूचिकाम्॥ ३७
पापोऽयमस्माज्जातेन किं देहेन ममामुना। इति कोपात्परित्यक्तं शरीरं तत्प्रिये त्वया॥ ३८
स च दक्षमखस्तेन मन्युना नाशितो मया। ततो जाता हिमाद्रेस्त्वमब्धेश्चन्द्रकला यथा॥ ३९
अथ स्मर तुषाराद्रिं तपोऽर्थमहमागतः। पिता त्वां च नियुङ्क्ते स्म शुश्रूषायै ममातिथेः॥ ४०
तारकान्तकमत्पुत्रप्राप्तये प्रहितः सुरैः। लब्धावकाशोऽविध्यन्मां तत्र दग्धो मनोभवः॥ ४१
ततस्तीव्रेण तपसा क्रीतोऽहं धीरया त्वया। तच्च तत्संचयायैव मया सोढं तव प्रिये॥ ४२
इत्थं मे पूर्वजाया त्वं किमन्यत्कथ्यते तव। इत्युक्त्वा विरते शंभौ देवी कोपाकुलाब्रवीत्॥ ४३
धूर्तस्त्वं न कथां हृद्यां कथयस्यर्थितोऽपि सन्। गङ्गां वहन्नमन्संध्यां विजितोऽसि न किं मम॥ ४४
तच्छ्रुत्वा प्रतिपेदेऽस्या विहितानुनयो हरः। कथां कथयितुं दिव्यां ततः कोपं मुमोच सा॥ ४५
नेह कैश्चित्प्रवेष्टव्यमित्युक्तेन तया स्वयम्। निरुद्धे नन्दिना द्वारे हरो वक्तुं प्रचक्रमे॥ ४६
एकान्तसुखिनो देवा मनुष्या नित्यदुःखिताः। दिव्यमानुषचेष्टा तु परभागे न हारिणी॥ ४७
विद्याधराणां चरितमतस्ते वर्णयाम्यहम्। इति देव्या हरो यावद्वक्ति तावदुपागमत्॥ ४८
प्रसादवित्तकः शंभोः पुष्पदन्तो गणोत्तमः। न्यषेधि च प्रवेशोऽस्य नन्दिना द्वारि तिष्ठता॥ ४९
निष्कारणं निषेधोऽद्य ममापीति कुतूहलात्। अलक्षितो योगवशात्प्रविवेश स तत्क्षणात्॥ ५०
प्रविष्टः श्रुतवान्सर्वं वर्ण्यमानं पिनाकिना। विद्याधराणां सप्तानामपूर्वं चरिताद्भुतम्॥ ५१
श्रुत्वाथ गत्वा भार्यायै जयायै सोऽप्यवर्णयत्। को हि वित्तं रहस्यं वा स्त्रीषु शक्नोति गूहितुम्॥ ५२
सापि तद्विस्मयाविष्टा गत्वा गिरिसुताग्रतः। जगौ जया प्रतीहारी स्त्रीषु वाक्संयमः कुतः॥ ५३
ततश्चुकोप गिरिजा नापूर्वं वर्णितं त्वया। जानाति हि जयाप्येतदिति चेश्वरमभ्यधात्॥ ५४
प्रणिधानादथ ज्ञात्वा जगादैवमुमापतिः। योगी भूत्वा प्रविश्येदं पुष्पदन्तस्तदाशृणोत्॥ ५५
जयायै वर्णितं तेन कोऽन्यो जानाति हि प्रिये। श्रुत्वेत्यानाययद्देवी पुष्पदन्तमतिक्रुधा॥ ५६
मर्त्यो भवाविनीतेति विह्वलं तं शशाप सा। माल्यवन्तं च विज्ञप्तिं कुर्वाणं तत्कृते गणम्॥ ५७
निपत्य पादयोस्ताभ्यां जयया सह बोधिता। शापान्तं प्रति शर्वाणी शनैर्वचनमब्रवीत्॥ ५८
विन्ध्याटव्यां कुबेरस्य शापात्प्राप्तः पिशाचताम्। सुप्रतीकाभिधो यक्षः काणभूत्याख्यया स्थितः॥ ५९
तं दृष्ट्वा संस्मरञ्जातिं यदा तस्मै कथामिमाम्। पुष्पदन्त प्रवक्तासि तदा शापाद्विमोक्ष्यसे॥ ६०

काणभूतेः कथां तां तु यदा श्रोष्यति माल्यवान् । काणभूतौ तदा मुक्ते कथां प्रख्याप्य मोक्ष्यते ॥ ६१

इत्युक्त्वा शैलतनया व्यरमत्तौ च तत्क्षणात् । विद्युत्पुञ्जाविव गणौ दृष्टनष्टौ बभूवतुः ॥ ६२

अथ जातु याति काले गौरी पप्रच्छ शंकरं सदया ।
देव मया तौ शप्तौ प्रमथवरौ कुत्र भुवि जातौ ॥ ६३
अवदच्च चन्द्रमौलिः कौशाम्बीत्यस्ति या महानगरी ।
तस्यां स पुष्पदन्तो वररुचिनामा प्रिये जातः ॥ ६४
अन्यच्च माल्यवानपि नगरवरे सुप्रतिष्ठिताख्ये सः ।
जातो गुणाढ्यनामा देवि तयोरेष वृत्तान्तः ॥ ६५

एवं निवेद्य स विभुः सततानुवृत्तभृत्यावमाननविभावनसानुतापाम् ।
कैलासशैलतटकल्पितकल्पवल्लीलीलागृहेषु दयितां रमयन्नुवास ॥ ६६

इति महाकविश्रीसोमदेवभट्टविरचिते कथासरित्सागरे कथापीठलम्बके प्रथमस्तरङ्गः ।

द्वितीयस्तरङ्गः ।

ततः स मर्त्यवपुषा पुष्पदन्तः परिभ्रमन् । नाम्ना वररुचिः किं च कात्यायन इति श्रुतः ॥ १
पारं संप्राप्य विद्यानां कृत्वा नन्दस्य मन्त्रिताम् । खिन्नः समाययौ द्रष्टुं कदाचिद्विन्ध्यवासिनीम् ॥ २
तपसाराधिता देवी स्वप्नादेशेन सा च तम् । प्राहिणोद्विन्ध्यकान्तारं काणभूतिमवेक्षितुम् ॥ ३
व्याघ्रवानरसंकीर्णे निस्तोयपरुषद्रुमे । भ्रमंस्तत्र च स प्रांशुं न्यग्रोधतरुमैक्षत ॥ ४
ददर्श च समीपेऽस्य पिशाचानां शतैर्वृतम् । काणभूतिं पिशाचं तं वर्ष्मणा सालसंनिभम् ॥ ५
स काणभूतिना दृष्ट्वा कृतपादोपसंग्रहः । कात्यायनो जगादैनमुपविष्टः क्षणान्तरे ॥ ६
सदाचारो भवानेवं कथमेतां गतिं गतः । तच्छ्रुत्वा कृतसौहार्दं काणभूतिस्तमब्रवीत् ॥ ७
स्वतो मे नास्ति विज्ञानं किं तु शर्वान्मया श्रुतम् । उज्जयिन्यां श्मशाने यच्छृणु तत्कथयामि ते ॥ ८
कपालेषु श्मशानेषु कस्माद्देव रतिस्तव । इति पृष्टस्ततो देव्या भगवानिदमब्रवीत् ॥ ९
पुरा कल्पक्षये वृत्ते जातं जलमयं जगत् । मया ततो विभिद्योरुं रक्तबिन्दुर्निपातितः ॥ १०
जलान्तस्तदभूदण्डं तस्माद्द्विधाकृतात्पुमान् । निरगच्छत्ततः सृष्टा सर्गाय प्रकृतिर्मया ॥ ११
तौ च प्रजापतीनन्यान्सृष्टवन्तौ प्रजाश्च ते । अतः पितामहः प्रोक्तः स पुमाञ्जगति प्रिये ॥ १२
एवं चराचरं सृष्ट्वा विश्वं दर्पमगादसौ । पुरुषस्तेन मूर्धानमथैतस्याहमच्छिदम् ॥ १३
ततोऽनुतापेन मया महाव्रतमगृह्यत । अतः कपालपाणित्वं श्मशानप्रियता च मे ॥ १४
किं चैतन्मे कपालात्म जगद्देवि करे स्थितम् । पूर्वोक्ताण्डकपाले द्वे रोदसी कीर्तिते यतः ॥ १५
इत्युक्ते शंभुना तत्र श्रोष्यामीति सकौतुके । स्थिते मयि ततो भूयः पार्वती पतिमभ्यधात् ॥ १६
स पुष्पदन्तः कियता कालेनास्मानुपैष्यति । तदाकर्ण्याब्रवीद्देवीं मामुद्दिश्य महेश्वरः ॥ १७
पिशाचो दृश्यते योऽयमेष वैश्रवणानुगः । यक्षो मित्रमभूच्चास्य रक्षः स्थूलशिरा इति ॥ १८
संगतं तेन पापेन निरीक्ष्यैनं धनाधिपः । विन्ध्याटव्यां पिशाचत्वमादिशद्धनदेश्वरः ॥ १९
भ्रातास्य दीर्घजङ्घेन पतित्वा पादयोस्ततः । शापान्तं प्रति विज्ञप्तो वदति स्म धनाधिपः ॥ २०
शापावतीर्णादाकर्ण्य पुष्पदन्तान्महाकथाम् । उक्त्वा माल्यवते तां च शापात्प्राप्ताय मर्त्यताम् ॥ २१
ताभ्यां गणाभ्यां सहितः शापमेनं तरिष्यति । इतीह धनदेनास्य शापान्तो विहितस्तदा ॥ २२
त्वया च पुष्पदन्तस्य स एवेति स्मर प्रिये । एतच्छ्रुत्वा वचः शंभोः सहर्षोऽहमिहागतः ॥ २३
इत्थं मे शापदोषोऽयं पुष्पदन्तागमावधिः । इत्युक्त्वा विरते तस्मिन्काणभूतौ च तत्क्षणम् ॥ २४
स्मृत्वा वररुचिर्जातिं सुप्तोत्थित इवावदत् । स एव पुष्पदन्तोऽहं मत्तस्तां च कथां शृणु ॥ २५
इत्युक्त्वा ग्रन्थलक्षाणि सप्त सप्त महाकथाः । कात्यायनेन कथिताः काणभूतिस्ततोऽब्रवीत् ॥ २६

देव रुद्रावतारस्त्वं कोऽन्यो वेत्ति कथामिमाम्। त्वत्प्रसादाद्गतप्रायः स शापो मे शरीरतः ॥ २७
तद्ब्रूहि निजवृत्तान्तं जन्मनः प्रभृति प्रभो। मां पवित्रय भूयोऽपि न गोप्यं यदि मादृशे ॥ २८
ततो वररुचिस्तस्य प्रणतस्यानुरोधतः। सर्वमाजन्मवृत्तान्तं विस्तरादिदमब्रवीत् ॥ २९
कौशाम्ब्यां सोमदत्ताख्यो नाम्नाग्निशिख इत्यपि। द्विजोऽभूत्तस्य भार्या च वसुदत्ताभिधाभवत् ॥ ३०
मुनिकन्या च सा शापात्तस्यां जाताववातरत्। तस्यां तस्माद्द्विजवरादेष जातोऽस्मि शापतः ॥ ३१
ततो ममातिबालस्य पिता पञ्चत्वमागतः। अतिष्ठद्वर्धयन्ती तु माता मां कृच्छ्रकर्मभिः ॥ ३२
अथाभ्यगच्छतां विप्रौ द्वावस्मद्गृहमेकदा। एकरात्रिनिवासार्थं दूराध्वपरिधूसरौ ॥ ३३
तिष्ठतोस्तत्र च तयोरुदभून्मुरजध्वनिः। तेन मामब्रवीन्माता भर्तुः स्मृत्वा सगद्गदम् ॥ ३४
नृत्यत्येष पितुर्मित्रं तव नन्दो नटः सुत। अहमप्यवदं मातर्द्रष्टुमेतद्व्रजाम्यहम् ॥ ३५
तवापि दर्शयिष्यामि सपाठं सर्वमेव तत्। एतन्मद्वचनं श्रुत्वा विप्रौ तौ विस्मयं गतौ ॥ ३६
अवोचत्तौ च मन्माता हे पुत्रौ नात्र संशयः। सकृच्छ्रुतमयं बालः सर्वं वै धारयेद्धृदि ॥ ३७
जिज्ञासार्थमथाभ्यां मे प्रातिशाख्यमपठ्यत। तथैव तन्मया सर्वं पठितं पश्यतोस्तयोः ॥ ३८
ततस्ताभ्यां समं गत्वा दृष्ट्वा नाट्यं तथैव तत्। गृहमेत्याग्रतो मातुः समग्रं दर्शितं मया ॥ ३९
एकश्रुतधरत्वेन मां निश्चित्य कथामिमाम्। व्याडिनामा तयोरेको मन्मातुः प्रणतोऽब्रवीत् ॥ ४०
वेतसाख्ये पुरे मातर्देवस्वामिकरम्भकौ। अभूतां भ्रातरौ विप्रावतिप्रीतौ परस्परम् ॥ ४१
तयोरेकस्य पुत्रोऽयमिन्द्रदत्तोऽपरस्य च। अहं व्याडिः समुत्पन्नो मत्पितास्तं गतस्ततः ॥ ४२
तच्छोकादिन्द्रदत्तस्य पिता यातो महापथम्। अस्मज्जनन्योश्च ततः स्फुटितं हृदयं शुचा ॥ ४३
तेनानाथौ सति धनेऽप्यावां विद्याभिकाङ्क्षिणौ। गतौ प्रार्थयितुं स्वामिकुमारं तपसा ततः ॥ ४४
तपःस्थितौ च तत्रावां स स्वप्ने प्रभुरादिशत्। अस्ति पाटलिकं नाम पुरं नन्दस्य भूपतेः ॥ ४५
तत्रास्ति चैको वर्षाख्यो विप्रस्तस्मादवाप्स्यथः। कृत्स्नां विद्यामतस्तत्र युवाभ्यां गम्यतामिति ॥ ४६
अथावां तत्पुरं यातौ पृच्छतोस्तत्र चावयोः। अस्तीह मूर्खो वर्षाख्यो विप्र इत्यवदज्जनः ॥ ४७
ततो दोलाधिरूढेन गत्वा चित्तेन तत्क्षणम्। गृहमावामपश्याव वर्षस्य विधुरस्थिति ॥ ४८
मूषकैः कृतवल्मीकं भित्तिविश्लेषजर्जरम्। विच्छायं छदिषा हीनं जन्मक्षेत्रमिवापदाम् ॥ ४९
तत्र ध्यानस्थितं वर्षमालोक्याभ्यन्तरे तदा। उपागतौ स्वस्तत्पत्नीं विहितातिथ्यसत्क्रियाम् ॥ ५०
धूसरक्षामवपुषं विशीर्णमलिनाम्बराम्। गुणरागागतां तस्य रूपिणीमिव दुर्गतिम् ॥ ५१
प्रणामपूर्वमावाभ्यां तस्यै सोऽथ निवेदितः। स्ववृत्तान्तश्च तद्भर्तृमौर्ख्यवार्ता च या श्रुता ॥ ५२
पुत्रौ युवां मे का लज्जा श्रूयतां कथयामि वाम्। इत्युक्त्वा सावयोः साध्वी कथामेतामवर्णयत् ॥ ५३
शंकरस्वामिनामात्र नगरेऽभूद्द्विजोत्तमः। मद्भर्ता चोपवर्षश्च तस्य पुत्राविमावुभौ ॥ ५४
अयं मूर्खो दरिद्रश्च विपरीतोऽस्य चानुजः। तेन चास्य नियुक्ताभूत्स्वभार्या गृहपोषणे ॥ ५५
कदाचिदथ संप्राप्ता प्रावृट् तस्यां च योषितः। सगुडं पिष्टरचितं गुह्यरूपं जुगुप्सितम् ॥ ५६
कृत्वा मूर्खाय विप्राय ददत्येव कृते हि ताः। शीतकाले निदाघे च स्नानक्लेशश्रमापहम् ॥ ५७
दत्तं न प्रतिपद्यन्त इत्याचारो हि कुत्सितः। तद्देवरगृहिण्या मे दत्तमस्मै सदक्षिणम् ॥ ५८
तद्गृहीत्वायमायातो मया निर्भर्त्सितो भृशम्। मूर्खभावकृतेनान्तर्मन्युना पर्यतप्यत ॥ ५९
ततः स्वामिकुमारस्य पादमूलं गतोऽभवत्। तपस्तुष्टेन तेनास्य सर्वा विद्याः प्रकाशिताः ॥ ६०
सकृच्छ्रुतधरं विप्रं प्राप्यैतास्त्वं प्रकाशयेः। इत्यादिष्टः स तेनैव सहर्षोऽयमिहागतः ॥ ६१
आगत्यैव च वृत्तान्तं सर्वं मह्यं न्यवेदयत्। तदा प्रभृत्यविरतं जपन्ध्यायंश्च तिष्ठति ॥ ६२
अतः श्रुतधरं कंचिदन्विष्यानयतं युवाम्। तेन सर्वार्थसिद्धिर्वां भविष्यति न संशयः ॥ ६३
श्रुत्वैतद्वर्षपत्नीतस्तूर्णं दौर्गत्यहानये। दत्त्वा हेमशतं चास्यै निर्गतौ स्वस्ततः पुरात् ॥ ६४
अथावां पृथिवी भ्रान्तौ न च श्रुतधरं क्वचित्। लब्धवन्तौ ततः श्रान्तौ प्राप्तावद्य गृहं तव ॥ ६५

एकश्रुतधरः प्राप्तो बालोऽयं तनयस्तव । तदेनं देहि गच्छावो विद्याद्रविणसिद्धये ॥ ६६

इति व्याडिवचः श्रुत्वा मन्माता सादरावदत् । सर्वं संगतमेवैतदस्त्यत्र प्रत्ययो मम ॥ ६७

तथाहि पूर्वं जातेऽस्मिन्नेकपुत्रे मम स्फुटा । गगनादेवमुदभूदशरीरा सरस्वती ॥ ६८

एष श्रुतधरो जातो विद्यां वर्षादवाप्स्यति । किं च व्याकरणं लोके प्रतिष्ठां प्रापयिष्यति ॥ ६९

नाम्ना वररुचिश्चायं तत्तदस्मै हि रोचते । यद्यद्वरं भवेत्किंचिदित्युक्त्वा वागुपारमत् ॥ ७०

अत एव विवृद्धेऽस्मिन्बालके चिन्तयाम्यहम् । क स वर्ष उपाध्यायो भवेदिति दिवानिशम् ॥ ७१

अद्य युष्मन्मुखाज्ज्ञात्वा परितोषश्च मे परः । तदेनं नयतं भ्राता युवयोरेष का क्षतिः ॥ ७२

इति मन्मातृवचनं श्रुत्वा तौ हर्षनिर्भरौ । व्याडीन्द्रदत्तौ तां रात्रिमबुध्येतां क्षणोपमाम् ॥ ७३

अथोत्सवार्थमम्बायास्तूर्णं दत्त्वा निजं धनम् । व्याडिनैवोपनीतोऽहं वेदार्हत्वं ममेच्छता ॥ ७४

ततो मात्राभ्यनुज्ञातं कथंचिद्रुद्धबाष्पया । मामादाय निजोत्साहशमिताशेषतद्व्यथम् ॥ ७५

मन्यमानौ च कौमारं पुष्पितं तदनुग्रहम् । व्याडीन्द्रदत्तौ तरसा नगर्याः प्रस्थितौ ततः ॥ ७६

अथ क्रमेण वर्षस्य वयं प्राप्ता गृहं गुरोः । स्कन्दप्रसादमायान्तं मूर्तं मां सोऽप्यमन्यत ॥ ७७

कृत्वास्मानग्रतोऽन्येद्युरुपविष्टः शुचौ भुवि । वर्षोपाध्याय ओंकारमकरोद्दिव्यया गिरा ॥ ७८

तदनन्तरमेवास्य वेदाः साङ्गा उपस्थिताः । अध्यापयितुमस्मांश्च प्रवृत्तोऽभूदसौ ततः ॥ ७९

सकृच्छ्रुतं मया तत्र द्विःश्रुतं व्याडिना तथा । त्रिश्रुतं चेन्द्रदत्तेन गुरुणोक्तमगृह्यत ॥ ८०

ध्वनिमथ तमपूर्वं दिव्यमाकर्ण्य सद्यः सपदि विलसदन्तर्विस्मयो विप्रवर्गः ।
किमिदमिति समन्ताद्द्रष्टुमभ्येत्य वर्षं स्तुतिमुखरमुखश्रीरर्चति स्म प्रणामैः ॥ ८१

किमपि तदवलोक्य तत्र चित्रं प्रमदवशान्न परं तदोपवर्षः ।
अपि विततमहोत्सवः समग्रः समजनि पाटलिपुत्रपौरलोकः ॥ ८२

राजापि तं गिरिशसूनुवरप्रभावमालोक्य तस्य परितोषमुपेत्य नन्दः ।
वर्षस्य वेश्म वसुभिः स किलादरेण तत्कालमेव समपूरयदुन्नतश्रीः ॥ ८३

इति महाकविश्रीसोमदेवभट्टविरचिते कथासरित्सागरे कथापीठलम्बके द्वितीयस्तरङ्गः ।

तृतीयस्तरङ्गः ।

एवमुक्त्वा वररुचिः शृण्वत्येकाग्रमानसे । काणभूतौ वने तत्र पुनरेवेदमब्रवीत् ॥ १

कदाचिद्याति कालेऽथ कृते स्वाध्यायकर्मणि । इति वर्ष उपाध्यायः पृष्टोऽस्माभिः कृताह्निकः ॥ २

इदमेवंविधं कस्मान्नगरं क्षेत्रतां गतम् । सरस्वत्याश्च लक्ष्म्याश्च तदुपाध्याय कथ्यताम् ॥ ३

तच्छ्रुत्वा सोऽब्रवीदस्माञ्छृणुतैतत्कथामिमाम् । तीर्थं कनखलं नाम गङ्गाद्वारेऽस्ति पावनम् ॥ ४

यत्र काञ्चनपातेन जाह्नवी देवदन्तिना । उशीनरगिरिप्रस्थाद्भित्त्वा समवतारिता ॥ ५

दाक्षिणात्यो द्विजः कश्चित्तपस्यन्भार्यया सह । तत्रासीत्तस्य चात्रैव जायन्ते स्म त्रयः सुताः ॥ ६

कालेन स्वर्गते तस्मिन्सभार्ये ते च तत्सुताः । स्थानं राजगृहं नाम जग्मुर्विद्यार्जनेच्छया ॥ ७

तत्र चाधीतविद्यास्ते त्रयोऽप्यानाथ्यदुःखिताः । ययुः स्वामिकुमारस्य दर्शने दक्षिणापथम् ॥ ८

तत्र ते चिञ्चिनीं नाम नगरीमम्बुधेस्तटे । गत्वा भोजिकसंज्ञस्य विप्रस्य न्यवसन्गृहे ॥ ९

स च कन्या निजास्तिस्रस्तेभ्यो दत्त्वा धनानि च । तपसेऽनन्यसंतानो गङ्गां याति स्म भोजिकः ॥ १०

अथ तेषां निवसतां तत्र श्वशुरवेश्मनि । अवग्रहकृतस्तीव्रो दुर्भिक्षः समजायत ॥ ११

तेन भार्याः परित्यज्य साध्वीस्तास्ते त्रयो ययुः । स्पृशन्ति न नृशंसानां हृदयं बन्धुबुद्धयः ॥ १२

ततस्तु मध्यमा तासां सगर्भाभूत्ततश्च ताः । भवनं यज्ञदत्तस्य पितृमित्रस्य शिश्रियुः ॥ १३

तत्र तस्थुर्निजान्भर्तॄन्ध्यायन्त्यः क्लिष्टवृत्तयः । आपद्यपि सतीवृत्तं किं मुञ्चन्ति कुलस्त्रियः ॥ १४

कालेन मध्यमा चात्र तासां पुत्रमसूत सा । अन्योन्यातिशयात्तस्मिन्स्नेहश्चासामवर्धत ॥ १५

कदाचिद्व्योममार्गेण विहरन्तं महेश्वरम् । अङ्कस्था स्कन्दजननी तं दृष्ट्वा सदयावदत् ॥ १६
देव पश्य शिशावस्मिन्नेताऽस्तिस्रोऽपि योषितः । बद्धस्नेहा दधत्याशामेषोऽस्माञ्जीवयेदिति ॥ १७
तत्तथा कुरु येनायमेता बालोऽपि जीवयेत् । इत्युक्तः प्रियया देवो वरदः स जगाद ताम् ॥ १८
अनुगृह्णाम्यमुं पूर्वं सभार्येणामुना यतः । आराधितोऽस्मि तेनायं भोगार्थं निर्मितो भुवि ॥ १९
एतज्जाया च सा जाता पाटली नाम भूपतेः । महेन्द्रवर्मणः पुत्री भार्यास्यैव भविष्यति ॥ २०
इत्युक्त्वा स विभुः स्वप्ने साध्वीस्तिस्रो जगाद ताः । नाम्ना पुत्रक एवायं युष्माकं बालपुत्रकः ॥ २१
अस्य सुप्तप्रबुद्धस्य शीर्षान्ते च दिने दिने । सुवर्णलक्षं भविता राजा चायं भविष्यति ॥ २२
ततः सुप्तोत्थिते तस्मिन्बाले ताः प्राप्य काञ्चनम् । यज्ञदत्तसुताः साध्व्यो ननन्दुः फलितव्रताः ॥ २३
अथ तेन सुवर्णेन वृद्धकोषोऽचिरेण सः । बभूव पुत्रको राजा तपोधीना हि संपदः ॥ २४
कदाचिद्यज्ञदत्तोऽथ रहः पुत्रकमब्रवीत् । राजन्दुर्भिक्षदोषेण क्वापि ते पितरो गताः ॥ २५
तत्सदा देहि विप्रेभ्यो येनायान्ति निशम्य ते । ब्रह्मदत्तकथां चैतां कथयाम्यत्र ते शृणु ॥ २६
वाराणस्यामभूत्पूर्वं ब्रह्मदत्ताभिधो नृपः । सोऽपश्यद्धंसयुगलं प्रयान्तं गगने निशि ॥ २७
विस्फुरत्कनकच्छायं राजहंसशतैर्वृतम् । विद्युत्पुञ्जमिवाकाण्डसिताभ्रपरिवेष्टितम् ॥ २८
पुनस्तद्दर्शनोत्कण्ठा तथास्य ववृधे ततः । यथा नृपतिसौख्येषु न बबन्ध रतिं क्वचित् ॥ २९
मन्त्रिभिः सह संमन्त्र्य ततश्चाकारयत्सरः । स राजा स्वमते कान्तं प्राणिनां चाभयं ददौ ॥ ३०
ततः कालेन तौ प्राप्तौ हंसौ राजा ददर्श सः । विश्वस्तौ चापि पप्रच्छ हैमे वपुषि कारणम् ॥ ३१
व्यक्तवाचौ ततस्तौ च हंसौ राजानमूचतुः । पुरा जन्मान्तरे काकावावां जातौ महीपते ॥ ३२
बल्यर्थं युध्यमानौ च पुण्ये शून्ये शिवालये । विनिपत्य विपन्नौ स्वस्तत्स्थानद्रोणिकान्तरे ॥ ३३
जातौ जातिस्मरावावां हंसौ हेममयौ ततः । तच्छ्रुत्वा तौ यथाकामं पश्यन्राजा तुतोष सः ॥ ३४
अतोऽनन्यादृशादेव पितॄन्दानादवाप्स्यसि । इत्युक्तो यज्ञदत्तेन पुत्रकस्तत्तथाकरोत् ॥ ३५
श्रुत्वा प्रदानवार्तां तामाययुस्ते द्विजातयः । परिज्ञाताः परां लक्ष्मीं पत्नीश्च सह लेभिरे ॥ ३६
आश्चर्यमपरित्याज्यो दृष्टनष्टापदामपि । अविवेकान्धबुद्धीनां स्वानुभावो दुरात्मनाम् ॥ ३७
कालेन राज्यकामास्ते पुत्रकं तं जिघांसवः । निन्युस्तद्दर्शनव्याजाद्द्विजा विन्ध्यनिवासिनीम् ॥ ३८
वधकान्स्थापयित्वा च देवीगर्भगृहान्तरे । तमूचुः पूर्वमेकस्त्वं पश्य देवीं व्रजान्तरम् ॥ ३९
ततः प्रविष्टो विश्वासात्स दृष्ट्वा हन्तुमुद्यतान् । पुरुषान्पुत्रकोऽपृच्छत्कस्मान्मां हथ मामिति ॥ ४०
पितृभिस्ते प्रयुक्ताः स्मः स्वर्णं दत्त्वेति चाब्रुवन् । ततस्तान्मोहितान्देव्या बुद्धिमान्पुत्रकोऽवदत् ॥ ४१
ददाम्येतदनर्घं वो रत्नालंकरणं निजम् । मां मुञ्चत करोम्यत्र नोद्भेदं यामि दूरतः ॥ ४२
एवमस्त्विति तत्तस्माद्गृहीत्वा वधका गताः । हतः पुत्रक इत्यूचुस्तत्पितॄणां पुरो मृषा ॥ ४३
ततः प्रतिनिवृत्तास्ते हता राज्यार्थिनो द्विजाः । मन्त्रिभिर्द्रोहिणो बुद्ध्वा कृतघ्नानां शिवं कुतः ॥ ४४
अत्रान्तरे स राजापि पुत्रकः सत्यसंगरः । विवेश विन्ध्यकान्तारं विरक्तः स्वेषु बन्धुषु ॥ ४५
भ्रमन्ददर्श तत्रासौ बाहुयुद्धैकतत्परौ । पुरुषौ द्वौ ततस्तौ स पृष्टवान्कौ युवामिति ॥ ४६
मयासुरसुतावावां तदीयं चास्ति नौ धनम् । इदं भाजनमेषा च यष्टिरेते च पादुके ॥ ४७
एतन्निमित्तं युद्धं नौ यो बली स हरेदिति । एतत्तद्वचनं श्रुत्वा हसन्प्रोवाच पुत्रकः ॥ ४८
कियदेतद्धनं पुंसस्ततस्तौ समवोचताम् । पादुके परिधायैते खेचरत्वमवाप्यते ॥ ४९
यष्ट्या यल्लिख्यते किंचित्सत्यं संपद्यते हि तत् । भाजने यो य आहारश्चिन्त्यते स स तिष्ठति ॥ ५०
तच्छ्रुत्वा पुत्रकोऽवादीत्किं युद्धेनास्त्वयं पणः । धावन्बलाधिको यः स्यात्स एवैतद्धरेदिति ॥ ५१
एवमस्त्विति तौ मूढौ धावितौ सोऽपि पादुके । अध्यास्योदपतद्व्योम गृहीत्वा यष्टिभाजने ॥ ५२
अथ दूरं क्षणाद्गत्वा ददर्श नगरीं शुभाम् । आकर्षिकाख्यां तस्यां च नभसोऽवततार सः ॥ ५३
वञ्चनप्रवणा वेश्या द्विजा मत्पितरो यथा । वणिजो धनलुब्धाश्च कस्य गेहे वसाम्यहम् ॥ ५४

इति संचिन्तयन्प्राप स राजा विजनं गृहम् । जीर्णं तदन्तरे चैकां वृद्धां योषितमैक्षत ॥ ५५
प्रदानपूर्वं संतोष्य तां वृद्धामादृतस्तया । उवासालक्षितस्तत्र पुत्रकः शीर्णसद्मनि ॥ ५६
कदाचित्साथ संप्रीता वृद्धा पुत्रकमब्रवीत् । चिन्ता मे पुत्र यद्भार्या नानुरूपा तव क्वचित् ॥ ५७
इह राज्ञस्तु तनया पाटलीत्यस्ति कन्यका । उपर्यन्तःपुरे सा च रत्नमित्यभिरक्ष्यते ॥ ५८
एतद्वृद्धावचस्तस्य दत्तकर्णस्य शृण्वतः । विवेश तेनैव पथा लब्धरन्ध्रो हृदि स्मरः ॥ ५९
द्रष्टव्या सा मयाद्यैव कान्तेति कृतनिश्चयः । निशायां नभसा तत्र पादुकाभ्यां जगाम सः ॥ ६०
प्रविश्य सोऽद्रिशृङ्गाग्रतुङ्गवातायनेन ताम् । अन्तःपुरे ददर्शाथ सुप्तां रहसि पाटलीम् ॥ ६१
सेव्यमानामविरतं चन्द्रकान्त्याङ्गलग्नया । जित्वा जगदिदं श्रान्तां मूर्तां शक्तिं मनोभुवः ॥ ६२
कथं प्रबोधयाम्येतामिति यावदचिन्तयत् । इत्यकस्माद्बहिस्तावद्यामिकः पुरुषो जगौ ॥ ६३

आलिङ्ग्य मधुरहुंकृतिमलसोन्मिषदीक्षणां रहः कान्ताम् ।
यद्बोधयन्ति सुप्तां जन्मनि यूनां तदेव फलम् ॥ ६४

श्रुत्वैवैतदुपोद्घातमङ्गैरुत्कम्पविक्लवैः । आलिलिङ्ग स तां कान्तां प्राबुध्यत ततश्च सा ॥ ६५
पश्यन्त्यास्तं नृपं तस्या लज्जाकौतुकयोर्दृशि । अभूदन्योन्यसंमर्दो रचयन्त्यां गतागतम् ॥ ६६
अथालापे कृते वृत्ते गान्धर्वोद्वाहकर्मणि । अवर्धत तयोः प्रीतिर्दंपत्योर्न तु यामिनी ॥ ६७
आमन्त्र्याथ वधूमुत्कां तद्गतेनैव चेतसा । आययौ पश्चिमे भागे तद्वृद्धावेश्म पुत्रकः ॥ ६८
इत्थं प्रतिनिशं तत्र कुर्वाणेऽस्मिन्गतागतम् । संभोगचिह्नं पाटल्या रक्षिभिर्दृष्टमेकदा ॥ ६९
तैस्तदावेदितं तस्याः पितुः सोऽपि नियुक्तवान् । गूढमन्तःपुरे तत्र निशि नारीमवेक्षितुम् ॥ ७०
तया च तस्य प्राप्तस्य तत्राभिज्ञानसिद्धये । पुत्रकस्य प्रसुप्तस्य न्यस्तं वासस्यलक्तकम् ॥ ७१
प्रातस्तया च विज्ञप्तो राजा चारान्व्यसर्जयत् । सोऽभिज्ञानाच्च तैः प्राप्तः पुत्रको जीर्णवेश्मनि ॥ ७२
आनीतो राजनिकटं कुपितं वीक्ष्य तं नृपम् । पादुकाभ्यां खमुत्पत्य पाटलीमन्दिरेऽविशत् ॥ ७३
विदितौ स्वस्तदुत्तिष्ठ गच्छावः पादुकावशात् । इत्यङ्के पाटलीं कृत्वा जगाम नभसा ततः ॥ ७४

अथ गङ्गातटनिकटे गगनादवतीर्य स प्रियां श्रान्ताम् ।
पात्रप्रभावजातैराहारैर्नन्दयामास । ७५
आलोकितप्रभावः पाटल्या पुत्रकोऽर्थितश्च ततः ।
यष्ट्या लिलेख तत्र स नगरं चतुरङ्गबलयुक्तम् ॥ ७६
तत्र स राजा भूत्वा महाप्रभावे च सत्यतां प्राप्ते ।
नमयित्वा तं श्वशुरं शशास पृथ्वीं समुद्रान्ताम् ॥ ७७
तदिदं दिव्यं नगरं मायारचितं सपौरमत एव ।
नाम्ना पाटलिपुत्रं क्षेत्रं लक्ष्मीसरस्वत्योः ॥ ७८

इति वर्षमुखादिमामपूर्वां वयमाकर्ण्य कथामतीव चित्राम् ।
चिरकालमभूम काणभूते विलसद्विस्मयमोदमानचित्ताः ॥ ७९

इति महाकविश्रीसोमदेवभट्टविरचिते कथासरित्सागरे कथापीठलम्बके तृतीयस्तरङ्गः ।

चतुर्थस्तरङ्गः ।

इत्याख्याय कथां मध्ये विन्ध्यान्तः काणभूतये । पुनर्वररुचिस्तस्मै प्रकृतार्थमवर्णयत् ॥ १
एवं व्याडीन्द्रदत्ताभ्यां सह तत्र वसन्क्रमात् । प्राप्तोऽहं सर्वविद्यानां पारमुत्क्रान्तशैशवः ॥ २
इन्द्रोत्सवं कदाचिच्च प्रेक्षितुं निर्गता वयम् । कन्यामेकामपश्याम कामस्यास्त्रमसायकम् ॥ ३
इन्द्रदत्तो मया पृष्टस्ततः केयं भवेदिति । उपवर्षसुता सेयमुपकोशेति सोऽब्रवीत् ॥ ४
सा सखीभिश्च मां ज्ञात्वा प्रीतिपेशलया दृशा । कर्षन्ती मन्मनः कृच्छ्रादगच्छद्भवनं निजम् ॥ ५

पूर्णचन्द्रमुखी नीलनीरजोत्तमलोचना । मृणालनालललितभुजा पीनस्तनोज्ज्वला ॥ ६
कम्बुकण्ठी प्रवालाभरदनच्छदशोभिनी । स्मरभूपतिसौन्दर्यमन्दिरेवेन्दिरापरा ॥ ७
ततः कामशरापातनिर्भिन्ने हृदये न मे । निशि तस्यामभून्निद्रा तद्बिम्बोष्ठपिपासया ॥ ८
कथंचिल्लब्धनिद्रोऽहमपश्यं रजनीक्षये । शुक्लाम्बरधरां दिव्यां स्त्रियं सा मामभाषत ॥ ९
पूर्वभार्योपकोशा ते गुणज्ञा नापरं पतिम् । कंचिदिच्छत्यतश्चिन्ता पुत्र कार्यात्र न त्वया ॥ १०
अहं सदा शरीरान्तर्वासिनी ते सरस्वती । त्वद्दुःखं नोत्सहे द्रष्टुमित्युक्त्वान्तर्हिताभवत् ॥ ११
ततः प्रबुद्धो जातास्थो गत्वातिष्ठमहं शनैः । दयितामन्दिरासन्नबालचूततरोरधः ॥ १२
अथागत्य समाख्यातं तत्सख्या मन्निबन्धनम् । उद्गाढमुपकोशाया नवानङ्गविजृम्भितम् ॥ १३
ततोऽहं द्विगुणीभूततापस्तामेवमब्रवम् । अदत्तां गुरुभिः स्वेच्छमुपकोशां कथं भजे ॥ १४
वरं हि मृत्युर्नाकीर्तिस्तत्सखीहृदयं तव । गुरुभिर्यदि बुध्येत तत्कदाचिच्छिवं भवेत् ॥ १५
तदेतत्कुरु भद्रे त्वं तां सखीं मां च जीवय । तच्छ्रुत्वा सा गता सख्या मातुः सर्वं न्यवेदयत् ॥ १६
तया तत्कथितं भर्तुरुपवर्षस्य तत्क्षणम् । तेन भ्रातुश्च वर्षस्य तेन तच्चाभिनन्दितम् ॥ १७
विवाहे निश्चिते गत्वा व्याडिरानयति स्म ताम् । वर्षाचार्यनिदेशेन कौशाम्ब्या जननीं मम ॥ १८
अथोपकोशा विधिवत्पित्रा मे प्रतिपादिता । ततो मात्रा गृहिण्या च समं तत्रावसं सुखम् ॥ १९
अथ कालेन वर्षस्य शिष्यवर्गो महानभूत् । तत्रैकः पाणिनिर्नाम जडबुद्धितरोऽभवत् ॥ २०
स शुश्रूषापरिक्लिष्टः प्रेषितो वर्षभार्यया । अगच्छत्तपसे खिन्नो विद्याकामो हिमालयम् ॥ २१
तत्र तीव्रेण तपसा तोषितादिन्दुशेखरात् । सर्वविद्यामुखं तेन प्राप्तं व्याकरणं नवम् ॥ २२
ततश्चागत्य मामेव वादायाह्वयते स्म सः । प्रवृत्ते चावयोर्वादे प्रयाताः सप्त वासराः ॥ २३
अष्टमेऽह्नि मया तस्मिञ्जिते तत्समनन्तरम् । नभःस्थेन महाघोरो हुंकारः शंभुना कृतः ॥ २४
तेन प्रणष्टमैन्द्रं तदस्मद्व्याकरणं भुवि । जिताः पाणिनिना सर्वे मूर्खीभूता वयं पुनः ॥ २५
अथ संजातनिर्वेदः स्वगृहस्थितये धनम् । हस्ते हिरण्यगुप्तस्य विधाय वणिजो निजम् ॥ २६
उक्त्वा तच्चोपकोशायै गतवानस्मि शंकरम् । तपोभिराराधयितुं निराहारो हिमालयम् ॥ २७
उपकोशा हि मे श्रेयः काङ्क्षन्ती निजमन्दिरे । अतिष्ठत्प्रत्यहं स्नान्ती गङ्गायां नियतव्रता ॥ २८
एकदा सा मधौ प्राप्ते क्षामा पाण्डुर्मनोरमा । प्रतिपच्चन्द्रलेखेव जनलोचनहारिणी ॥ २९
स्नातुं त्रिपथगां यान्ती दृष्टा राजपुरोधसा । दण्डाधिपतिना चैव कुमारसचिवेन च ॥ ३०
तत्क्षणात्ते गताः सर्वे स्मरसायकलक्ष्यताम् । सापि तस्मिन्दिने स्नान्ती कथमप्यकरोच्चिरम् ॥ ३१
आगच्छन्तीं च सायं तां कुमारसचिवो हठात् । अग्रहीदथ साप्येनमवोचत्प्रतिभावती ॥ ३२
अभिप्रेतमिदं भद्र यथा तव तथा मम । किं त्वहं सत्कुलोत्पन्ना प्रवासस्थितभर्तृका ॥ ३३
कथमेवं प्रवर्तेय पश्येत्कोऽपि कदाचन । ततश्च ध्रुवमश्रेयस्त्वया सह भवेन्मम ॥ ३४
तस्मान्मधूत्सवाक्षिप्तपौरलोके गृहं मम । आगन्तव्यं ध्रुवं रात्रेः प्रथमे प्रहरे त्वया ॥ ३५
इत्युक्त्वा कृतसंधा सा तेन क्षिप्ता विधेर्वशात् । यावत्किंचिद्गता तावन्निरुद्धा सा पुरोधसा ॥ ३६
तस्यापि तत्रैव दिने तद्वदेव तया निशि । संकेतकं द्वितीयस्मिन्प्रहरे पर्यकल्प्यत ॥ ३७
मुक्तां कथंचित्तेनापि प्रयातां किंचिदन्तरम् । दण्डाधिपो रुणद्धि स्म तृतीयस्तां सुविह्वलाम् ॥ ३८
अथ तस्यापि दिवसे तस्मिन्नेव तथैव सा । संकेतकं त्रियामायां तृतीये प्रहरे व्यधात् ॥ ३९
दैवात्तेनापि निर्मुक्ता सकम्पा गृहमागता । कर्तव्यां सा स्वचेटीनां संविदं स्वैरमब्रवीत् ॥ ४०
वरं पत्यौ प्रवासस्थे मरणं कुलयोषितः । न तु रूपारमल्लोकलोचनापातपात्रता ॥ ४१
इति संचिन्तयन्ती च स्मरन्ती मां निनाय सा । शोचन्ती स्वं वपुः साध्वी निराहारैव तां निशाम् ॥ ४२
प्रातर्ब्राह्मणपूजार्थं व्यसर्जि वणिजस्तया । चेटी हिरण्यगुप्तस्य किंचिन्मार्गयितुं धनम् ॥ ४३
आगत्य सोऽपि तामेवमेकान्ते वणिगब्रवीत् । भजस्व मां ततो भर्तृस्थापितं ते ददामि तत् ॥ ४४

तच्छ्रुत्वा साक्षिरहितां मत्वा भर्तृधनस्थितिम् । वणिजं पापमालोक्य खेदामर्षैकवर्धिता ॥ ४५
तस्यामेवात्र संकेतं रात्रौ तस्यापि पश्चिमे । शेषे पतिव्रता यामे साकरोदथ सोऽगमत् ॥ ४६
ततः साकारयद्द्वारि चेटीभिः कुण्डकस्थितम् । कस्तूरिकादिसंयुक्तं कज्जलं तैलमिश्रितम् ॥ ४७
तल्लिप्ताश्चेलखण्डाश्च चत्वारो विहितास्तया । मञ्जूषा कारिता चाभूत्स्थूला सबहिरर्गला ॥ ४८
अथ तस्मिन्महावेषो वसन्तोत्सववासरे । आययौ प्रथमे यामे कुमारसचिवो निशि ॥ ४९
अलक्षितं प्रविष्टं तमुपकोशेदमब्रवीत् । अस्नातं न स्पृशामि त्वां तत्स्नाहि प्रविशान्तरम् ॥ ५०
अङ्गीकुर्वन्स तन्मूढश्चेटिकाभिः प्रवेशितः । अभ्यन्तरगृहं गुप्तमन्धकारमयं ततः ॥ ५१
गृहीत्वा तत्र तस्यान्तर्वस्त्राण्याभरणानि च । चेलखण्डं तमेकं च दत्त्वान्तर्वाससः कृते ॥ ५२
आ शिरःपादमङ्गेषु ताभिस्तत्तैलकज्जलम् । अभ्यङ्गभङ्ग्या पापस्य न्यस्तं घनमपश्यतः ॥ ५३
अतिष्ठन्मर्दयन्त्यस्तत्प्रत्यङ्गं यावदस्य ताः । तावद्द्वितीये प्रहरे स पुरोधा उपागमत् ॥ ५४
मित्रं वररुचेः प्राप्तः किमप्येष पुरोहितः । तदिह प्रविशेत्युक्त्वा चेट्यस्तास्तं तथाविधम् ॥ ५५
कुमारसचिवं नग्नं मञ्जूषायां ससंभ्रमम् । निचिक्षिपुरथाबध्नन्नर्गलेन बहिश्च ताम् ॥ ५६
सोऽपि स्नानमिषान्नीतस्तमस्यन्तः पुरोहितः । तथैव हृतवस्त्रादिस्तैलकज्जलमर्दनैः ॥ ५७
चेलखण्डधरस्तावच्चेटिकाभिर्विमोहितः । यावत्तृतीये प्रहरे दण्डाधिपतिरागमत् ॥ ५८
तदागमनजाच्चैव चेटीभिः सहसा भयात् । आद्यवत्सोऽपि निक्षिप्तो मञ्जूषायां पुरोहितः ॥ ५९
तस्य दत्त्वार्गलं ताभिः स्नानव्याजात्प्रवेश्य सः । दण्डाधिपोऽपि तत्रैव तावत्कज्जलमर्दनैः ॥ ६०
अन्यवद्विप्रलब्धोऽभूच्चेलखण्डैककर्पटः । यावत्स पश्चिमे यामे वणिक्तत्रागतोऽभवत् ॥ ६१
तद्दर्शनभयं दत्त्वा क्षिप्तो दण्डाधिपोऽप्यथ । मञ्जूषायां स चेटीभिर्दत्तं च बहिरर्गलम् ॥ ६२
ते च त्रयोऽन्धतामिस्रवासाभ्यासोद्यता इव । मञ्जूषायां भियान्योन्यं स्पर्शं लब्ध्वापि नालपन् ॥ ६३
दत्त्वाथ दीपं गेहेऽत्र वणिजं तं प्रवेश्य सा । उपकोशावदद्देहि तन्मे भर्त्रार्पितं धनम् ॥ ६४
तच्छ्रुत्वा शून्यमालोक्य गृहं सोऽप्यवदच्छठः । उक्तं मया ददाम्येव यद्भर्त्रा स्थापितं धनम् ॥ ६५
उपकोशापि मञ्जूषां श्रावयन्ती ततोऽब्रवीत् । एतद्धिरण्यगुप्तस्य वचः शृणुत देवताः ॥ ६६
इत्युक्त्वा चैव निर्वाप्य दीपं सोऽप्यन्यवद्वणिक् । लिप्तः स्नानापदेशेन चेटीभिः कज्जलैश्चिरम् ॥ ६७
अथ गच्छ गता रात्रिरित्युक्तः स निशाक्षये । अनिच्छन्गलहस्तेन ताभिर्निर्वासितस्ततः ॥ ६८
अथ चीरैकवसनो मषीलिप्तः पदे पदे । भक्ष्यमाणः श्वभिः प्राप लज्जमानो निजं गृहम् ॥ ६९
तत्र दासजनस्यापि तां प्रक्षालयतो मषीम् । नाशकत्संमुखे स्थातुं कष्टो ह्यविनयक्रमः ॥ ७०
उपकोशाप्यथ प्रातश्चेटिकानुगता गता । गुरूणामनिवेद्यैव राज्ञो नन्दस्य मन्दिरम् ॥ ७१
वणिग्घिरण्यगुप्तो मे भर्त्रा न्यासीकृतं धनम् । जिहीर्षतीति विज्ञप्तस्तत्र राजा तया स्वयम् ॥ ७२
तेन तच्च परिज्ञातुं तत्रैवानायितो वणिक् । मद्धस्ते किंचिदप्यस्या देव नास्तीत्यभाषत ॥ ७३
उपकोशा ततोऽवादीत्सन्ति मे देव साक्षिणः । मञ्जूषायां गतः क्षिप्त्वा भर्ता मे गृहदेवताः ॥ ७४
स्ववाचा पुरतस्तासामनेनाङ्गीकृतं धनम् । तामानाय्येह मञ्जूषां पृच्छ्यन्तां देवतास्त्वया ॥ ७५
तच्छ्रुत्वा विस्मयाद्राजा तदानयनमादिशत् । ततः क्षणात्सा मञ्जूषा प्रापिता बहुभिर्जनैः ॥ ७६
अथोपकोशा वक्ति स्म सत्यं वदत देवताः । यदुक्तं वणिजानेन ततो यात निजं गृहम् ॥ ७७
नो चेद्दाम्यहं युष्मान्सदस्युद्घाटयामि वा । तच्छ्रुत्वा भीतभीतास्ते मञ्जूषास्था बभाषिरे ॥ ७८
सत्यं समक्षमस्माकमनेनाङ्गीकृतं धनम् । ततो निरुत्तरः सर्वं वणिक्तत्प्रपद्यत ॥ ७९
उपकोशामथाभ्यर्थ्य राज्ञा त्वतिकुतूहलात् । सदस्युद्घाटिता तत्र मञ्जूषा स्फोटितार्गला ॥ ८०
निष्कृष्टास्तेऽपि पुरुषास्तमःपिण्डा इव त्रयः । कृच्छ्राच्च प्रत्यभिज्ञाता मन्त्रिभिर्भूभृता तथा ॥ ८१
प्रहसत्स्वथ सर्वेषु किमेतदिति कौतुकात् । राज्ञा पृष्टा सती सर्वमुपकोशा शशंस तत् ॥ ८२
अचिन्त्यं शीलगुप्तानां चरितं कुलयोषिताम् । इति चाभिननन्दुस्तामुपकोशां सभासदः ॥ ८३

ततस्ते हृतसर्वस्वाः परदारैषिणोऽखिलाः। राज्ञा निर्वासिता देशादशीलं कस्य भूतये ॥ ८४
भगिनी मे त्वमित्युक्त्वा दत्त्वा प्रीत्या धनं बहु। उपकोशापि भूपेन प्रेषिता गृहमागमत् ॥ ८५
वर्षोपवर्षौ तद्बुद्ध्वा साध्वीं तामभ्यनन्दताम्। सर्वश्च विस्मयस्मेरः पुरे तत्राभवज्जनः ॥ ८६
अत्रान्तरे तुषाराद्रौ कृत्वा तीव्रतरं तपः। आराधितो मया देवो वरदः पार्वतीपतिः ॥ ८७
तदेव तेन शास्त्रं मे पाणिनीयं प्रकाशितम्। तदिच्छानुग्रहादेव मया पूर्णीकृतं च तत् ॥ ८८
ततोऽहं गृहमागच्छमज्ञाताध्वपरिश्रमः। निशाकरकलामौलिप्रसादामृतनिर्भरः ॥ ८९
अथ मातुर्गुरूणां च कृतपादाभिवन्दनः। तत्रोपकोशावृत्तान्तं तमश्रौषं महाद्भुतम् ॥ ९०
तेन मे परमां भूमिमात्मन्यानन्दविस्मयौ। तस्यां च सहजस्नेहबहुमानावगच्छताम् ॥ ९१
वर्षोऽथ मन्मुखादैच्छच्छ्रोतुं व्याकरणं नवम्। ततः प्रकाशितं स्वामिकुमारेणैव तस्य तत् ॥ ९२
ततो व्याडीन्द्रदत्ताभ्यां विज्ञप्तो दक्षिणां प्रति। गुरुर्वर्षोऽब्रवीत्स्वर्णकोटिर्मे दीयतामिति ॥ ९३
अङ्गीकृत्य गुरोर्वाक्यं तौ च मामित्यवोचताम्। एहि राज्ञः सखे नन्दाद्याचितुं गुरुदक्षिणाम् ॥ ९४
गच्छामो नान्यतोऽस्माभिरियत्काञ्चनमाप्यते। नवाधिकाया नवतेः कोटीनामधिपो हि सः ॥ ९५
वाचा तेनोपकोशा च प्राग्धर्मभगिनी कृता। अतः श्यालः स ते किंचित्त्वद्गुणैः समवाप्यते ॥ ९६
इति निश्चित्य नन्दस्य भूपतेः कटकं वयम्। अयोध्यास्थमगच्छाम त्रयः सब्रह्मचारिणः ॥ ९७
प्राप्तमात्रेषु चास्मासु स राजा पञ्चतां गतः। राष्ट्रे कोलाहलं जातं विषादेन सहैव नः ॥ ९८
अवोचदिन्द्रदत्तोऽथ तत्क्षणं योगसिद्धिमान्। गतासोरस्य भूपस्य शरीरं प्रविशाम्यहम् ॥ ९९
अर्थी वररुचिर्मेऽस्तु दास्याम्यस्मै च काञ्चनम्। व्याडी रक्षतु मे देहं ततः प्रत्यागमावधि ॥ १००
इत्युक्त्वा नन्ददेहान्तरिन्द्रदत्तः समाविशत्। प्रत्युज्जीवति भूपे च राष्ट्रे तत्रोत्सवोऽभवत् ॥ १०१
शून्ये देवगृहे देहमिन्द्रदत्तस्य रक्षितुम्। व्याडौ स्थिते गतोऽभूवमहं राजकुलं तदा ॥ १०२
प्रविश्य स्वस्तिकारं च विधाय गुरुदक्षिणाम्। योगनन्दो मया तत्र हेमकोटिं स याचितः ॥ १०३
ततः स शकटालाख्यं सत्यनन्दस्य मन्त्रिणम्। सुवर्णकोटिमेतस्मै दापयेति समादिशत् ॥ १०४
मृतस्य जीवितं दृष्ट्वा सद्यश्च प्राप्तिमर्थिनः। स तत्त्वं ज्ञातवान्मन्त्री किमज्ञेयं हि धीमताम् ॥ १०५
देव दीयत इत्युक्त्वा स च मन्त्रीत्यचिन्तयत्। नन्दस्य तनयो बालो राज्यं च बहुशत्रुमत् ॥ १०६
तत्संप्रत्यत्र रक्षामि तस्य देहमपीदृशम्। निश्चित्यैतत्स तत्कालं शवान्सर्वानदाहयत् ॥ १०७
चारैरन्विष्य तन्मध्ये लब्ध्वा देवगृहात्ततः। व्याडिं विधूय तद्दग्धमिन्द्रदत्तकलेवरम् ॥ १०८
अत्रान्तरे च राजानं हेमकोटिसमर्पणे। त्वरमाणमथाह स्म शकटालो विचारयन् ॥ १०९
उत्सवाक्षिप्तचित्तोऽयं सर्वः परिजनः स्थितः। क्षणं प्रतीक्षतामेष विप्रो यावद्ददाम्यहम् ॥ ११०
अथैत्य योगनन्दस्य व्याडिना क्रन्दितं पुरः। अब्रह्मण्यमनुत्क्रान्तजीवो योगस्थितो द्विजः ॥ १११
अनाथशव इत्यद्य बलाद्दग्धस्तवोदये। तच्छ्रुत्वा योगनन्दस्य काप्यवस्थाभवच्छुचा ॥ ११२
देहदाहात्स्थिरे तस्मिञ्जाते निर्गत्य मे ददौ। सुवर्णकोटिं स ततः शकटालो महामतिः ॥ ११३
योगनन्दोऽथ विजने सशोको व्याडिमब्रवीत्। शूद्रीभूतोऽस्मि विप्रोऽपि किं श्रिया स्थिरयापि मे ॥ ११४
तच्छ्रुत्वाश्वास्य तं व्याडिः कालोचितमभाषत। ज्ञातोऽसि शकटालेन तदेनं चिन्तयाधुना ॥ ११५
महामन्त्री ह्ययं स्वेच्छमचिरात्त्वां विनाशयेत्। पूर्वनन्दसुतं कुर्याच्चन्द्रगुप्तं हि भूमिपम् ॥ ११६
तस्माद्वररुचिं मन्त्रिमुख्यत्वे कुरु येन ते। एतद्बुद्ध्या भवेद्राज्यं स्थिरं दिव्यानुभावया ॥ ११७
इत्युक्त्वैव गते व्याडौ दातुं तां गुरुदक्षिणाम्। तदैवानीय दत्ता मे योगनन्देन मन्त्रिता ॥ ११८
अथोक्तः स मया राजा ब्राह्मण्ये हारितेऽपि ते। राज्यं नैव स्थिरं मन्ये शकटाले पदस्थिते ॥ ११९
तस्मान्नाशय युक्त्यैनमिति मन्त्रे मयोदिते। योगनन्दोऽन्धकूपान्तः शकटालं तमक्षिपत् ॥ १२०
किं च पुत्रशतं तस्य तत्रैव क्षिप्तवानसौ। जीवन्द्विजोऽमुना दग्ध इति दोषानुकीर्तनात् ॥ १२१
एकः शरावः सक्तूनामेकः प्रत्यहमम्भसः। शकटालस्य तत्रान्तः सपुत्रस्य न्यधीयत ॥ १२२

स चोवाच ततः पुत्रानमीभिः सक्तुभिः सुताः । एकोऽपि कृच्छ्राद्वर्तेत बहूनां तु कथैव का ॥ १२३
तस्मात्संभक्षयत्वेकः प्रत्यहं सजलानमून् । यः शक्तो योगनन्दस्य कर्तुं वैरप्रतिक्रियाम् ॥ १२४
त्वमेव शक्तो भुङ्क्ष्वैतदिति पुत्रास्तमब्रुवन् । प्राणेभ्योऽपि हि धीराणां प्रिया शत्रुप्रतिक्रिया ॥ १२५
ततः स शकटालस्तैः प्रत्यहं सक्तुवारिभिः । एक एवाकरोद्वृत्तिं कष्टं क्रूरा जिगीषवः ॥ १२६
अबुद्ध्वा चित्तमप्राप्य विस्रम्भं प्रभविष्णुषु । न स्वेच्छं व्यवहर्तव्यमात्मनो भूतिमिच्छता ॥ १२७
इति चाचिन्तयत्तत्र शकटालोऽन्धकूपगः । तनयानां क्षुधार्तानां पश्यन्प्राणोद्गमव्यथाम् ॥ १२८
ततः सुतशतं तस्य पश्यतस्तत्र्यपद्यत । तत्करङ्कैर्वृतो जीवन्नतिष्ठत्स च केवलः ॥ १२९
योगनन्दश्च साम्राज्ये बद्धमूलोऽभवत्ततः । व्याडिरभ्याययौ तं च गुरवे दत्तदक्षिणः ॥ १३०
अभ्येत्यैव च सोऽवादीच्चिरं राज्यं सखेऽस्तु ते । आमन्त्रितो सि गच्छामि तपस्तप्तुमहं क्वचित् ॥ १३१
तच्छ्रुत्वा योगनन्दस्तं बाष्पकण्ठोऽप्यभाषत । राज्ये मे भुङ्क्ष्व भोगांस्त्वं मुक्त्वा मां मा स्म गा इति ॥ १३२
व्याडिस्ततोऽवदद्राजञ्शरीरे क्षणनश्वरे । एवंप्रायेष्वसारेषु धीमान्को नाम मज्जति ॥ १३३
नहि मोहयति प्राज्ञं लक्ष्मीर्मरुमरीचिका । इत्युक्त्वैव स तत्कालं तपसे निश्चितो ययौ ॥ १३४

अगमदथ योगनन्दः पाटलिपुत्रं स्वराजनगरं सः ।
भोगाय काणभूते मत्सहितः सकलसैन्ययुतः ॥ १३५
तत्रोपकोशापरिचर्यमाणः समुद्वहन्मन्त्रिधुरां च तस्य ।
अहं जनन्या गुरुभिश्च साकमासाद्य लक्ष्मीमवसं चिराय ॥ १३६
बहु तत्र दिने दिने सुसिन्धुः कनकं मह्यमदात्तपःप्रसन्ना ।
वदति स्म शरीरिणी च साक्षान्मम कार्याणि सरस्वती सदैव ॥ १३७

इति महाकविश्रीसोमदेवभट्टविरचिते कथासरित्सागरे कथापीठलम्बके चतुर्थस्तरङ्गः ।

पञ्चमस्तरङ्गः ।

एवमुक्त्वा वररुचिः पुनरेतदवर्णयत् । कालेन योगनन्दोऽथ कामादिवशमाययौ ॥ १
गजेन्द्र इव मत्तश्च नापैक्षत स किंचन । अकाण्डपातोपनता कं न लक्ष्मीविमोहयेत् ॥ २
अचिन्तयं ततश्चाहं राजा तावद्विशृङ्खलः । तत्कार्यचिन्तयाक्रान्तः स्वधर्मो मेऽवसीदति ॥ ३
तस्माद्वरं सहायं तं शकटालं समुद्धरे । क्रियेत चेद्विरुद्धं च किं स कुर्यान्मयि स्थिते ॥ ४
निश्चित्यैतन्मयाभ्यर्थ्य राजानं सोऽन्धकूपतः । उद्धृतः शकटालोऽथ मृदवो हि द्विजातयः ॥ ५
दुर्जयो योगनन्दोऽयं स्थिते वररुचावतः । आश्रये वैतसीं वृत्तिं कालं तावत्प्रतीक्षितुम् ॥ ६
इति संचिन्त्य स प्राज्ञः शकटालो मदिच्छया । अकरोद्राजकार्याणि पुनः संप्राप्य मन्त्रिताम् ॥ ७
कदाचिद्योगनन्दोऽथ निर्गतो नगराद्बहिः । श्लिष्यत्पञ्चाङ्गुलिं हस्तं गङ्गामध्ये व्यलोकयत् ॥ ८
किमेतदिति पप्रच्छ मामाहूय स तत्क्षणम् । अहं च द्वे निजाङ्गुल्यौ दिशि तस्यामदर्शयम् ॥ ९
तेन तस्मिंस्तिरोभूते हस्ते राजातिविस्मयात् । भूयोऽपि तदपृच्छन्मां ततश्चाहं तमब्रवम् ॥ १०
पञ्चभिर्मिलितैः किं यज्जगतीह न साध्यते । इत्युक्तवानसौ हस्तः स्वाङ्गुलीः पञ्च दर्शयन् ॥ ११
ततोऽस्य राजन्नङ्गुल्यावेते द्वे दर्शिते मया । ऐकचित्ये द्वयोरेव किमसाध्यं भवेदिति ॥ १२
इत्युक्ते गूढविज्ञाने समतुष्यत्ततो नृपः । शकटालो व्यषीदच्च मद्बुद्धिं वीक्ष्य दुर्जयाम् ॥ १३
एकदा योगनन्दश्च दृष्टवान्महिषीं निजाम् । वातायनाग्रात्पश्यन्तीं ब्राह्मणातिथिमुन्मुखम् ॥ १४
तन्मात्रादेव कुपितो राजा विप्रस्य तस्य सः । आदिशद्वधमीर्ष्या हि विवेकपरिपन्थिनी ॥ १५
हन्तुं वध्यभुवं तस्मिन्नीयमाने द्विजे तदा । अहसद्गतजीवोऽपि मत्स्यो विपणिमध्यगः ॥ १६
तदैव राजा तद्बुद्ध्वा वधं तस्य न्यवारयत् । विप्रस्य मामपृच्छच्च मत्स्यहासस्य कारणम् ॥ १७
निरूप्य कथयाम्येतदित्युक्त्वा निर्गतं च माम् । चिन्तितोपस्थितैकान्ते सरस्वत्येवमब्रवीत् ॥ १८
अस्य तालतरोः पृष्ठे तिष्ठ रात्रावलक्षितः । अत्र श्रोष्यसि मत्स्यस्य हासहेतुमसंशयम् ॥ १९

तच्छ्रुत्वा निशि तत्राहं गत्वा तालोपरि स्थितः । अपश्यं राक्षसीं घोरां बालैः पुत्रैः सहागताम् ॥ २०
सा भक्ष्यं याचमानांस्तानवादीत्प्रतिपाल्यताम् । प्रातर्वो विप्रमांसानि दास्याम्यद्य हतो न सः ॥ २१
कस्मात्स न हतोऽद्येति पृष्टा तैरब्रवीत्पुनः । तं हि दृष्ट्वा मृतोऽपीह मत्स्यो हसितवानिति ॥ २२
हसितं किमु तेनेति पृष्टा भूयः सुतैश्च सा । अवोचद्राक्षसी राज्ञः सर्वा राज्योऽपि विप्लुताः ॥ २३
सर्वत्रान्तःपुरे ह्यत्र स्त्रीरूपाः पुरुषाः स्थिताः । हन्यतेऽनपराधस्तु विप्र इत्यहसत्तिमिः ॥ २४
भूतानां पार्थिवात्यर्थनिर्विवेकत्वहासिनाम् । सर्वान्तश्चारिणां ह्येता भवन्त्येव च विक्रियाः ॥ २५
एतत्तस्या वचः श्रुत्वा ततोऽपक्रान्तवानहम् । प्रातश्च मत्स्यहासस्य हेतुं राज्ञे न्यवेदयम् ॥ २६
प्राप्य चान्तःपुरेभ्यस्तान्स्त्रीरूपान्पुरुषांस्ततः । बहुमन्यत मां राजा वधाद्विप्रं च मुक्तवान् ॥ २७
इत्यादि चेष्टितं दृष्ट्वा तस्य राज्ञो विशृङ्खलम् । खिन्ने मयि कदाचिच्च तत्रागाच्चित्रकृन्नवः ॥ २८
अलिखत्स महादेवीं योगनन्दं च तं पटे । सजीवमिव तच्चित्रं वाक्चेष्टारहितं त्वभूत् ॥ २९
तं च चित्रकरं राजा तुष्टो वित्तैरपूरयत् । तं च वासगृहे चित्रपटं भित्तावकारयत् ॥ ३०
एकदा च प्रविष्टस्य वासके तत्र सा मम । संपूर्णलक्षणा देवी प्रतिभाति स्म चित्रगा ॥ ३१
लक्षणान्तरसंबन्धादभ्यूह्य प्रतिभावशात् । अथाकार्षमहं तस्यास्तिलकं मेखलापदे ॥ ३२
संपूर्णलक्षणां तेन कृत्वैनां गतवानहम् । प्रविष्टो योगनन्दोऽथ तिलकं तं व्यलोकयत् ॥ ३३
केनायं रचितोऽत्रेति सोऽपृच्छच्च महत्तरान् । ते च न्यवेदयंस्तस्मै कर्तारं तिलकस्य माम् ॥ ३४
देव्या गुप्तप्रदेशस्थमिमं नान्यो मया विना । वेत्ति तज्ज्ञातवानेवमसौ वररुचिः कथम् ॥ ३५
छन्नः कृतोऽमुना नूनं ममान्तःपुरविप्लवः । दृष्टवानत एवायं स्त्रीरूपांस्तत्र तान्नरान् ॥ ३६
इति संचिन्तयामास योगनन्दः क्रुधा ज्वलन् । जायन्ते बत मूढानां संवादा अपि तादृशाः ॥ ३७
ततः स्वैरं समाहूय शकटालं समादिशत् । त्वया वररुचिर्वध्यो देवीविध्वंसनादिति ॥ ३८
यथा ज्ञापयसीत्युक्त्वा शकटालोऽगमद्बहिः । अचिन्तयच्च शक्तिः स्याद्धन्तुं वररुचिं न मे ॥ ३९
दिव्यबुद्धिप्रभावोऽस्यासुद्धर्ता च ममापदः । विप्रश्च तद्वरं गुप्तं संप्रति स्वीकरोमि तम् ॥ ४०
इति निश्चित्य सोऽभ्येत्य राज्ञः कोपमकारणम् । वधान्तं कथयित्वा मे शकटालोऽब्रवीत्ततः ॥ ४१
अन्यं कंचित्प्रवादाय हन्म्यहं त्वं च मद्गृहे । प्रच्छन्नस्तिष्ठ मामस्माद्रक्षितुं कोपनान्नृपात् ॥ ४२
इति तद्वचनात्तस्य गृहेऽवस्थितोऽभवम् । स चान्यं हतवान्कंचिन्मद्वधाख्यातये निशि ॥ ४३
एवं प्रयुक्तनीतिं तं प्रीत्यावोचमहं तदा । एको मन्त्री भवान्येन हन्तुं मां न कृता मतिः ॥ ४४
न हि हन्तुमहं शक्यो राक्षसो मित्रमस्ति मे । ध्यानमात्रागतो विश्वं ग्रसते स मदिच्छया ॥ ४५
राजा त्विन्द्रदत्ताख्यः सखा वध्यो न मे द्विजः । तच्छ्रुत्वा सोऽब्रवीन्मन्त्री रक्षो मे दर्श्यतामिति ॥ ४६
ततो ध्यानागतं तस्मै तद्रक्षोऽहमदर्शयम् । तद्दर्शनाच्च विश्वस्तो विस्मितश्च बभूव सः ॥ ४७
रक्षस्यन्तर्हिते तस्मिञ्शकटालः स मां पुनः । कथं ते राक्षसो मित्रं संजात इति पृष्टवान् ॥ ४८
ततोऽहमवदं पूर्वं रक्षार्थं नगरे भ्रमन् । रात्रौ रात्रौ क्षयं प्रापदेकैको नगराधिपः ॥ ४९
तच्छ्रुत्वा योगनन्दो मामकरोन्नगराधिपम् । भ्रमंश्चापश्यमत्राहं भ्रमन्तं राक्षसं निशि ॥ ५०
स च मामवदद्ब्रूहि किं स्त्री नगरेऽत्र का । सुरूपा स्त्रीति तच्छ्रुत्वा विहस्याहं तमब्रवम् ॥ ५१
या यस्याभिमता मूर्ख सुरूपा तस्य सा भवेत् । तच्छ्रुत्वैव त्वयैकेन जितोऽस्मीत्यवदत्स माम् ॥ ५२
प्रश्नमोक्षप्रतोषोऽथ मां पुनश्चाब्रवीदसौ । तुष्टोऽस्म्यतोऽसि सुहृन्मे त्वं संनिधास्ये च ते स्मृतः ॥ ५३
इत्युक्त्वान्तर्हिते तस्मिन्यथागतमगामहम् । एवमापत्सहायो मे राक्षसो मित्रतां गतः ॥ ५४
इत्युक्तवानहं भूयः शकटालेन प्रार्थितः । गङ्गामदर्शयं तस्मै मूर्तां ध्यानादुपस्थिताम् ॥ ५५
स्तुतिभिस्तोषिता सा च मया देवी तिरोदधे । बभूव शकटालश्च सहायः प्रणतो मयि ॥ ५६
एकदा च स मन्त्री मां गुप्तस्थं खिन्नमब्रवीत् । सर्वज्ञोऽपि किमेवं त्वं [illegible] ॥ ५७
किं न [illegible] । [illegible] ॥ ५८

आदित्यवर्मनामात्र बभूव नृपतिः पुरा । शिववर्माभिधानोऽस्य मन्त्री चाभून्महामतिः ॥ ५९
राज्ञस्तस्यैकदा चैका राज्ञी गर्भमधारयत् । तद्बुद्ध्वा स नृपोऽपृच्छद्वित्यन्तःपुररक्षिणः ॥ ६०
वर्षद्वयं प्रविष्टस्य वर्ततेऽन्तःपुरेऽत्र मे । तदेषा गर्भसंभूतिः कुतः संप्रति कथ्यताम् ॥ ६१
अथोचुस्ते प्रवेशोऽत्र पुंसोऽन्यस्यास्ति न प्रभो । शिववर्मा तु ते मन्त्री प्रविशत्यनिवारितः ॥ ६२
तच्छ्रुत्वाचिन्तयद्राजा नूनं द्रोही स एव मे । प्रकाशं च हते तस्मिन्नपवादो भवेन्मम ॥ ६३
इत्यालोच्य स तं युक्त्या शिववर्माणमीश्वरः । सामन्तस्यान्तिकं सख्युः प्राहिणोद्भोगवर्मणः ॥ ६४
तद्वधं तस्य लेखेन संदिश्य तदनन्तरम् । निगूढं स नृपस्तत्र लेखहारं व्यसर्जयत् ॥ ६५
याते मन्त्रिणि सप्ताहे गते भीत्या पलायिता । सा राज्ञी रक्षिभिर्लब्धा पुंसा स्त्रीरूपिणा सह ॥ ६६
आदित्यवर्मा तद्बुद्ध्वा सानुतापोऽभवत्तदा । किं मया तादृशो मन्त्री घातितोऽकारणादिति ॥ ६७
अत्रान्तरे स च प्राप निकटं भोगवर्मणः । शिववर्मा स चोपागाल्लेखमादाय पूरुषः ॥ ६८
वाचयित्वा च तं लेखमेकान्ते शिववर्मणे । शशंस वधनिर्देशं भोगवर्मा विधेर्वशात् ॥ ६९
शिववर्माप्यवोचत्तं सामन्तं मन्त्रिसत्तमः । त्वं व्यापादय मां नो चेन्निहन्म्यात्मानमात्मना ॥ ७०
तच्छ्रुत्वा विस्मयाविष्टो भोगवर्मा जगाद तम् । किमेतद्ब्रूहि मे विप्र शापितोऽसि न वक्षि चेत् ॥ ७१
अथ वक्ति स्म तं मन्त्री हन्येयं यत्र भूपते । तत्र द्वादश वर्षाणि देशे देवो न वर्षति ॥ ७२
तच्छ्रुत्वा मन्त्रिभिः सार्धं भोगवर्मा व्यचिन्तयत् । दुष्टः स राजा देशस्य नाशमस्माकमिच्छति ॥ ७३
किं हि तत्र न सन्त्येव वधका गुप्तगामिनः । तस्मान्मन्त्री न वध्योऽसौ रक्ष्यः स्वात्मवधादपि ॥ ७४
इति संमन्त्र्य दत्त्वा च रक्षकान्भोगवर्मणा । शिववर्मा ततो देशात्प्रेषितोऽभूत्ततः क्षणात् ॥ ७५
एवं प्रत्याययौ जीवन्स मन्त्री प्रज्ञया स्वया । शुद्धिश्चास्यान्यतो जाता नहि धर्मोऽन्यथा भवेत् ॥ ७६
इत्थं तवापि शुद्धिः स्यात्तिष्ठ तावद्गृहे मम । कात्यायन नृपोऽप्येष सानुतापो भविष्यति ॥ ७७
इत्युक्तः शकटालेन च्छन्नोऽहं तस्य वेश्मनि । प्रतीक्षमाणोऽवसरं तान्यहान्यत्यवाहयम् ॥ ७८
तस्याथ योगनन्दस्य काणभूतेः कदाचन । पुत्रो हिरण्यगुप्ताख्यो मृगयायै गतोऽभवत् ॥ ७९
अश्ववेगात्प्रयातस्य कथंचिद्दूरमन्तरम् । एकाकिनो वने तस्य वासरः पर्यहीयत ॥ ८०
ततश्च तां निशां नेतुं वृक्षमारोहति स्म सः । क्षणात्तत्रैव चारोहदृक्षः सिंहेन भीषितः ॥ ८१
स दृष्ट्वा राजपुत्रं तं भीतं मानुषभाषया । मा भैषीर्मम मित्रं त्वमित्युक्त्वा निर्भयं व्यधात् ॥ ८२
विस्रम्भादृक्षवाक्येन राजपुत्रोऽथ सुप्तवान् । ऋक्षस्तु जाग्रदेवासीदधः सिंहोऽथ सोऽब्रवीत् ॥ ८३
ऋक्ष मानुषमेतं मे क्षिप यावद्व्रजाम्यहम् । ऋक्षस्ततोऽब्रवीत्पाप न मित्रं घातयाम्यहम् ॥ ८४
क्रमादृक्षे प्रसुप्ते च राजपुत्रे च जाग्रति । पुनः सिंहोऽब्रवीदेतमृक्षं मे क्षिप मानुष ॥ ८५
तच्छ्रुत्वात्मभयात्तेन सिंहस्याराधनाय सः । क्षिप्तोऽपि नापतच्चित्रमृक्षो दैवप्रबोधितः ॥ ८६
मित्रद्रोहिन्भवोन्मत्त इति शापमदाच्च सः । तस्य राजसुतस्यैतद्वृत्तान्तावगमावधिम् ॥ ८७
प्राप्यैव स्वगृहं प्रातरुन्मत्तोऽभून्नृपात्मजः । योगनन्दश्च तद्दृष्ट्वा विषादं सहसागमत् ॥ ८८
अब्रवीच्च स कालेऽस्मिञ्जीवेद्वररुचिर्यदि । इदं ज्ञायेत तत्सर्वं धिङ्मे तद्वधपाटवम् ॥ ८९
तच्छ्रुत्वा वचनं राज्ञः शकटालो व्यचिन्तयत् । हन्त कात्यायनस्यायं लब्धः कालः प्रकाशने ॥ ९०
न सोऽत्र मानी तिष्ठेच्च राजा मयि च विश्वसेत् । इत्यालोच्य स राजानमब्रवीद्याचिताभयः ॥ ९१
राजन्नलं विषादेन जीवन्वररुचिः स्थितः । योगनन्दस्ततोऽवादीद्द्रुतमानीयतामिति ॥ ९२
अथाहं शकटालेन योगनन्दान्तिकं द्रुतात् । आनीतस्तं तथाभूतं राजपुत्रं व्यलोकयम् ॥ ९३
मित्रद्रोहः कृतोऽनेन देवेत्युक्त्वा तथैव सः । सरस्वतीप्रसादेन वृत्तान्तः कथितो मया ॥ ९४
ततस्तच्छापमुक्तेन स्तुतोऽहं राजसूनुना । त्वया कथमिदं ज्ञातमित्यपृच्छत्स भूपतिः ॥ ९५
अथाहमवदं राजँल्लक्षणैरनुमानतः । प्रतिभातश्च पश्यन्ति सर्वं प्रज्ञावतां धियः ॥ ९६
तद्यथा तिलको ज्ञातस्तथा सर्वमिदं मया । इति मद्वचनात्सोऽभूद्राजा लज्जानुतापवान् ॥ ९७

अथानादृतसत्कारः परिशुद्ध्यैव लाभवान् । स्वगृहं गतवानस्मि शीलं हि विदुषां धनम् ॥ ९८
प्राप्तस्यैव च तत्रत्यो जनोऽरोदीत्पुरो मम । अभ्येत्य मां समुद्भ्रान्तमुपवर्षोऽब्रवीत्ततः ॥ ९९
राजा हतं निशम्य त्वामुपकोशाग्निसाद्वपुः । अकरोदथ मातुस्ते शुचा हृदयमस्फुटत् ॥ १००
तच्छ्रुत्वाभिनवोद्भूतशोकावेगविचेतनः । सद्योऽहमपतं भूमौ वातरुग्ण इव द्रुमः ॥ १०१
क्षणाच्च गतवानस्मि प्रलापानां रसज्ञताम् । प्रियबन्धुविनाशोत्थः शोकाग्निः कं न तापयेत् ॥ १०२
आ संसारं जगत्यस्मिन्नेका नित्या ह्यनित्यता । तदेतामैश्वरीं मायां किं जानन्नपि मुह्यसि ॥ १०३
इत्यादिभिरुपागत्य वर्षेण वचनैरहम् । बोधितोऽथ यथातत्त्वं कथंचिद्धृतिमाप्तवान् ॥ १०४
ततो विरक्तहृदयस्त्यक्त्वा सर्वं निबन्धनम् । प्रशमैकसहायोऽहं तपोवनमशिश्रियम् ॥ १०५
दिवसेष्वथ गच्छत्सु तत्तपोवनमेकदा । अयोध्यात उपागच्छद्विप्र एको मयि स्थिते ॥ १०६
स मया योगनन्दस्य राज्यवार्तामपृच्छ्यत । प्रत्यभिज्ञाय मां सोऽथ सशोकमिदमब्रवीत् ॥ १०७
शृणु नन्दस्य यद्वृत्तं तत्सकाशाद्गते त्वयि । लब्ध्वावकाशस्तत्राभूच्छकटालश्चिरेण सः ॥ १०८
स चिन्तयन्वधोपायं योगनन्दस्य युक्तितः । क्षितिं खनन्तमद्राक्षीच्चाणक्याख्यं द्विजं पथि ॥ १०९
किं भुवं खनसीत्युक्ते तेन विप्रोऽथ सोऽब्रवीत् । दर्भमुन्मूलयाम्यत्र पादो ह्येतेन मे क्षतः ॥ ११०
तच्छ्रुत्वा सहसा मन्त्री कोपनं क्रूरनिश्चयम् । तं विप्रं योगनन्दस्य वधोपायममन्यत ॥ १११
नाम पृष्ट्वाब्रवीत्तं च हे ब्रह्मन्दापयामि ते । अहं त्रयोदशीश्राद्धं गृहे नन्दस्य भूपतेः ॥ ११२
दक्षिणातः सुवर्णस्य लक्षं तव भविष्यति । भोक्ष्यसे धुरि चान्येषामेहि तावद्गृहं मम ॥ ११३
इत्युक्त्वा शकटालस्तं चाणक्यमनयद्गृहम् । श्राद्धाहेऽदर्शयत्तं च राज्ञे स श्रद्दधे च तम् ॥ ११४
ततः स गत्वा चाणक्यो धुरि श्राद्ध उपाविशत् । सुबन्धुनामा विप्रश्च तामैच्छद्धुरमात्मनः ॥ ११५
तद्गत्वा शकटालेन विज्ञप्तो नन्दभूपतिः । अवादीन्नापरो योग्यः सुबन्धुर्धुरि तिष्ठतु ॥ ११६
आगत्यैतां च राजाज्ञां शकटालो भयानतः । न मेऽपराध इत्युक्त्वा चाणक्याय न्यवेदयत् ॥ ११७
सोऽथ कोपेन चाणक्यो ज्वलन्निव समन्ततः । निजां मुक्त्वा शिखां तत्र प्रतिज्ञामकरोदिमाम् ॥ ११८
अवश्यं हन्त नन्दोऽयं सप्तभिर्दिवसैर्मया । विनाश्यो बन्धनीया च ततो निर्मन्युना शिखा ॥ ११९
इत्युक्तवन्तं कुपिते योगनन्दे पलायितम् । अलक्षितं स्वगेहे तं शकटालो न्यवेशयत् ॥ १२०
तत्रोपकरणे दत्ते गुप्तं तेनैव मन्त्रिणा । स चाणक्यो द्विजः क्वापि गत्वा कृत्यामसाधयत् ॥ १२१
तद्वशाद्योगनन्दोऽथ दाहज्वरमवाप्य सः । सप्तमे दिवसे प्राप्ते पञ्चत्वं समुपागमत् ॥ १२२
हत्वा हिरण्यगुप्तं च शकटालेन तत्सुतम् । पूर्वनन्दसुते लक्ष्मीश्चन्द्रगुप्ते निवेशिता ॥ १२३
मन्त्रित्वे तस्य चाभ्यर्थ्य बृहस्पतिसमं धिया । चाणक्यं स्थापयित्वा तं स मन्त्री कृतकृत्यताम् ॥ १२४
मन्वानो योगनन्दस्य कृतवैरप्रतिक्रियः । पुत्रशोकेन निर्विण्णः प्रविवेश महद्वनम् ॥ १२५
इति तस्य मुखाच्छ्रुत्वा विप्रस्य सुतरामहम् । काणभूते गतः खेदं सर्वमालोक्य चञ्चलम् ॥ १२६
खेदाच्चाहमिमां द्रष्टुमागतो विन्ध्यवासिनीम् । तत्प्रसादेन दृष्ट्वा त्वां स्मृता जातिर्मया सखे ॥ १२७
प्राप्तं दिव्यं च विज्ञानं मयोक्ता ते महाकथा । इदानीं क्षीणशापोऽहं यतिष्ये देहमुज्झितुम् ॥ १२८
त्वं च संप्रति तिष्ठेह यावदायाति तेऽन्तिकम् । शिष्ययुक्तो गुणाढ्याख्यस्त्यक्तभाषात्रयो द्विजः ॥ १२९
सोऽपि ह्यहमिव क्रोधाद्देव्या शप्तो गणोत्तमः । माल्यवान्नाम मत्पक्षपाती मर्त्यत्वमागतः ॥ १३०
तस्मै महेश्वरोक्तैषा कथनीया महाकथा । ततस्ते शापनिर्मुक्तिस्तस्य चापि भविष्यति ॥ १३१
एवं वररुचिस्तत्र काणभूतेर्निवेद्य सः । प्रतस्थे देहमोक्षाय पुण्यं बदरिकाश्रमम् ॥ १३२
गच्छन्ददर्श गङ्गायां सोऽथ शाकाशिनं मुनिम् । तत्समक्षं च तस्यर्षेः कुशेनाभूत्करक्षतिः ॥ १३३
ततोऽस्य रुधिरं निर्यत्तेन शाकरसीकृतम् । अहंकारपरीक्षार्थं कौतुकात्स्वप्रभावतः ॥ १३४
तद्दृष्ट्वा हन्त सिद्धोऽस्मीत्यगाद्दर्पमसौ मुनिः । ततो वररुचिः किंचिद्विहस्येव जगाद तम् ॥ १३५
जिज्ञासनाय रक्तं वै मया शाकरसीकृतम् । यावन्नाद्याप्यहंकारः परित्यक्तस्त्वया मुने ॥ १३६

ज्ञानमार्गे ह्यहंकारः परिघो दुरतिक्रमः । ज्ञानं विना च नास्त्येव मोक्षो व्रतशतैरपि ॥ १३७
स्वर्गस्तु न मुमुक्षूणां क्षयी चित्तं विलोभयेत् । तस्मादहंकृतित्यागाज्ज्ञाने यत्नं मुने कुरु ॥ १३८
विनीयैवं मुनिं तेन प्रणतेन कृतस्तुतिः । तं बदर्याश्रमोद्देशं शान्तं वररुचिर्ययौ ॥ १३९
अथ स निबिडभक्त्या तत्र देवीं शरण्यां शरणमुपगतोऽसौ मर्त्यभावं मुमुक्षुः ।
प्रकटितनिजमूर्तिः सापि तस्मै शशंस स्वयमनलसमुत्थां धारणां देहमुक्त्यै ॥ १४०
दग्ध्वा शरीरमथ धारणया तया तद्दिव्यां गतिं वररुचिः स निजां प्रपेदे ।
विन्ध्याटवीभुवि ततः स च काणभूतिरासीदभीप्सितगुणाढ्यसमागमोत्कः ॥ १४१

इति महाकविश्रीसोमदेवभट्टविरचिते कथासरित्सागरे कथापीठलम्बके पञ्चमस्तरङ्गः ।

षष्ठस्तरङ्गः ।

ततः स मर्त्यवपुषा माल्यवान्विचरन्वने । नाम्ना गुणाढ्यः सेवित्वा सातवाहनभूपतिम् ॥ १
संस्कृताद्यास्तदग्रे च भाषास्तिस्रः प्रतिज्ञया । त्यक्त्वा खिन्नमना द्रष्टुमाययौ विन्ध्यवासिनीम् ॥ २
तदादेशेन गत्वा च काणभूतिं ददर्श सः । ततो जातिं निजां स्मृत्वा प्रबुद्धः सहसाभवत् ॥ ३
आश्रित्य भाषां पैशाचीं भाषात्रयविलक्षणाम् । श्रावयित्वा निजं नाम काणभूतिं च सोऽब्रवीत् ॥ ४
पुष्पदन्ताच्छ्रुतां दिव्यां शीघ्रं कथय मे कथाम् । येन शापं तरिष्यावस्त्वं चाहं च समं सखे ॥ ५
तच्छ्रुत्वा प्रणतो हृष्टः काणभूतिरुवाच तम् । कथयामि कथां किं तु कौतुकं मे महत्प्रभो ॥ ६
आजन्मचरितं तावच्छंस मे कुर्वनुग्रहम् । इति तेनार्थितो वक्तुं गुणाढ्योऽथ प्रचक्रमे ॥ ७
प्रतिष्ठानेऽस्ति नगरं सुप्रतिष्ठितसंज्ञकम् । तत्राभूत्सोमशर्माख्यः कोऽपि ब्राह्मणसत्तमः ॥ ८
वत्सश्च गुल्मकश्चैव तस्य द्वौ तनयौ सखे । जायेते स्म तृतीया च श्रुतार्था नाम कन्यका ॥ ९
कालेन ब्राह्मणः सोऽथ सभार्यः पञ्चतां गतः । तत्पुत्रौ तौ स्वसारं तां पालयन्तावतिष्ठताम् ॥ १०
सा चाकस्मात्सगर्भाभूत्तद्दृष्ट्वा वत्सगुल्मयोः । तत्रान्यपुरुषाभावाच्छङ्कान्योन्यमजायत ॥ ११
ततः श्रुतार्था चित्तज्ञा भ्रातरौ तावभाषत । पापशङ्का न कर्तव्या शृणुतं कथयामि वाम् ॥ १२
कुमारः कीर्तिसेनाख्यो नागराजस्य वासुकेः । भ्रातुः पुत्रोऽस्ति तेनाहं दृष्टा स्नातुं गता सती ॥ १३
ततः स मदनाक्रान्तो निवेद्यान्वयनामनी । गान्धर्वेण विवाहेन मां भार्यामकरोत्तदा ॥ १४
विप्रजातेरयं तस्मान्मम गर्भ इति स्वसुः । श्रुत्वा कः प्रत्ययोऽत्रेति वत्सगुल्माववोचताम् ॥ १५
ततो रहसि सस्मार सा तं नागकुमारकम् । स्मृतमात्रागतः सोऽथ वत्सगुल्मावभाषत ॥ १६
भार्या कृता मयैवेयं शापभ्रष्टा वराप्सराः । युष्मत्स्वसा युवां चैव शापेनैव च्युतौ भुवि ॥ १७
पुत्रो जनिष्यते चात्र युष्मत्स्वसुरसंशयम् । ततोऽस्याः शापनिर्मुक्तिर्युवयोश्च भविष्यति ॥ १८
इत्युक्त्वान्तर्हितः सोऽभूत्ततः स्तोकैश्च वासरैः । श्रुतार्थायाः सुतो जातस्तं हि जानीहि मां सखे ॥ १९
गणावतारो जातोऽयं गुणाढ्यो नाम ब्राह्मणः । इति तत्कालमुद्भूदन्तरिक्षात्सरस्वती ॥ २०
क्षीणशापास्ततस्ते च जननीमातुला मम । कालेन पञ्चतां प्राप्ता गतश्चाहमधीरताम् ॥ २१
अथ शोकं समुत्सृज्य बालोऽपि गतवानहम् । स्वावष्टम्भेन विद्यानां प्राप्तये दक्षिणापथम् ॥ २२
कालेन तत्र संप्राप्य सर्वा विद्याः प्रसिद्धिमान् । स्वदेशमागतोऽभूवं दर्शयिष्यन्निजान्गुणान् ॥ २३
प्रविशंश्च चिरात्तत्र नगरे सुप्रतिष्ठिते । अपश्यं शिष्यसहितः शोभां काम्प्यहं तदा ॥ २४
क्वचित्सामानि छन्दोगा गायन्ति च यथाविधि । क्वचिद्विवादो विप्राणामभूद्वेदविनिर्णये ॥ २५
योऽत्र द्यूतकलां वेत्ति तस्य हस्तगतो निधिः । इत्यादिकैतवैर्द्यूतमस्तुवन्कितवाः क्वचित् ॥ २६
अन्योन्यं निजवाणिज्यकलाकौशलवादिनाम् । क्वचिच्च वणिजां मध्ये वणिगेकोऽब्रवीदिदम् ॥ २७
अर्थैः संयमवानर्थान्प्राप्नोति कियदद्भुतम् । मया पुनर्विनैवार्थं लक्ष्मीरासादिता पुरा ॥ २८
गर्भस्थस्य च मे पूर्वं पिता पञ्चत्वमागतः । मन्मातुश्च तदा पापैर्गोत्रजैः सकलं हृतम् ॥ २९

ततः सा तद्भयाद्गत्वा रक्षन्ती गर्भमात्मनः । तस्थौ कुमारदत्तस्य पितृमित्रस्य वेश्मनि ॥ ३०
तत्र तस्याश्च जातोऽहं साध्व्या वृत्तिनिबन्धनम् । ततश्चावर्धयत्सा मां कृच्छ्रकर्माणि कुर्वती ॥ ३१
उपाध्यायमथाभ्यर्थ्य तयाकिंचन्यदीनया । क्रमेण शिक्षितश्चाहं लिपिं गणितमेव च ॥ ३२
वणिक्पुत्रोऽसि तत्पुत्र वाणिज्यं कुरु सांप्रतम् । विशाखिलाख्यो देशेऽस्मिन्वणिक्चास्ति महाधनः ॥ ३३
दरिद्राणां कुलीनानां भाण्डमूल्यं ददाति सः । गच्छ याचस्व तं मूल्यमिति माताब्रवीच्च माम् ॥ ३४
ततोऽहमगमं तस्य सकाशं सोऽपि तत्क्षणम् । इत्यवोचत्क्रुधा कंचिद्वणिक्पुत्रं विशाखिलः ॥ ३५
मूषको दृश्यते योऽयं गतप्राणोऽत्र भूतले । एतेनापि हि पण्येन कुशलो धनमर्जयेत् ॥ ३६
दत्तास्तव पुनः पाप दीनारा बहवो मया । दूरे तिष्ठतु तद्वृद्धिस्त्वया तेऽपि न रक्षिताः ॥ ३७
तच्छ्रुत्वा सहसैवाहं तमवोचं विशाखिलम् । गृहीतोऽयं मया त्वत्तो भाण्डमूल्याय मूषकः ॥ ३८
इत्युक्त्वा मूषकं हस्ते गृहीत्वा संपुटे च तम् । लिखित्वास्य गतोऽभूवमहं सोऽप्यहसद्वणिक् ॥ ३९
चणकाञ्जलियुग्मेन मूल्येन स च मूषकः । मार्जारस्य कृते दत्तः कस्यचिद्वणिजो मया ॥ ४०
कृत्वा तांश्चणकान्भृष्टान्गृहीत्वा जलकुम्भिकाम् । अतिष्ठं चत्वरे गत्वा छायायां नगराद्बहिः ॥ ४१
तत्र श्रान्तागतायाम्भः शीतलं चणकांश्च तान् । काष्ठभारिकसंघाय सप्रश्रयमदामहम् ॥ ४२
एकैकः काष्ठिकः प्रीत्या काष्ठे द्वे द्वे ददौ मम । विक्रीतवानहं तानि नीत्वा काष्ठानि चापणे ॥ ४३
ततः स्तोकेन मूल्येन क्रीत्वा तांश्चणकांस्ततः । तथैव काष्ठिकेभ्योऽहमन्येद्युः काष्ठमाहरम् ॥ ४४
एवं प्रतिदिनं कृत्वा प्राप्य मूल्यं क्रमान्मया । काष्ठिकेभ्योऽखिलं दारु क्रीतं तेभ्यो दिनत्रयम् ॥ ४५
अकस्मादथ संजाते काष्ठच्छेदेऽतिवृष्टिभिः । मया तद्दारु विक्रीतं पणानां बहुभिः शतैः ॥ ४६
तेनैव विपणिं कृत्वा धनेन निजकौशलात् । कुर्वन्वणिज्यां क्रमशः संपन्नोऽस्मि महाधनः ॥ ४७
सौवर्णो मूषकः कृत्वा मया तस्मै समर्पितः । विशाखिलाय सोऽपि स्वां कन्यां मह्यमदात्ततः ॥ ४८
अत एव च लोकेऽस्मिन्प्रसिद्धो मूषकाख्यया । एवं लक्ष्मीरियं प्राप्ता निर्धनेन सता मया ॥ ४९
तच्छ्रुत्वा तत्र तेऽभूवन्वणिजोऽन्ये सविस्मयाः । धीर्नो चित्रीयते कस्मादभित्तौ चित्रकर्मणा ॥ ५०
कश्चित्प्रतिग्रहप्राप्तहेममाषाष्टको द्विजः । छन्दोगः कश्चिदित्युक्तो विटप्रायेण केनचित् ॥ ५१
ब्राह्मण्याद्भोजनं तावदस्ति ते तत्त्वयामुना । लोकयात्रा सुवर्णेन वैदग्ध्यायेह शिक्ष्यताम् ॥ ५२
को मां शिक्षयतीत्युक्ते तेन मुग्धेन सोऽब्रवीत् । यैषा चतुरिका नाम वेश्या तस्या गृहं व्रज ॥ ५३
तत्र किं करवाणीति द्विजेनोक्तो विटोऽब्रवीत् । स्वर्णं दत्त्वा प्रयुञ्जीथा रञ्जयन्साम किंचन ॥ ५४
श्रुत्वेत्यगच्छच्छन्दोगो द्रुतं चतुरिकागृहम् । उपाविशत्प्रविश्यात्र कृतप्रत्युद्गतिस्तया ॥ ५५
मामद्य लोकयात्रां त्वं शिक्षयैतेन सांप्रतम् । इति जल्पन्स तत्तस्यै स्वर्णमर्पितवान्द्विजः ॥ ५६
प्रहसत्यथ तत्रस्थे जने किंचिद्विचिन्त्य सः । गोकर्णसदृशौ कृत्वा करावाबद्धसारणौ ॥ ५७
तारस्वरं तथा साम गायति स्म जडाशयः । यथा तत्र मिलन्ति स्म विटा हास्यदिदृक्षवः ॥ ५८
ते चावोचञ्शृगालोऽयं प्रविष्टोऽत्र कुतोऽन्यथा । तच्छीघ्रमर्धचन्द्रोऽस्य गलेऽस्मिन्दीयतामिति ॥ ५९
अर्धचन्द्रं शरं मत्वा शिरश्छेदभयाद्द्रुतम् । शिक्षिता लोकयात्रेति गर्जन्स निरगात्ततः ॥ ६०
तत्सकाशं ततोऽगच्छद्येनासौ प्रेषितोऽभवत् । वृत्तान्तं चावदत्तस्मै सोऽपि चैनमभाषत ॥ ६१
साम सान्त्वं मयोक्तं ते वेदस्यावसरोऽत्र कः । किं वा धाराधिरूढं हि जाड्यं वेदजडे जने ॥ ६२
एवं विहस्य गत्वा च तेनोक्ता सा विलासिनी । द्विपदस्य पशोरस्य तत्सुवर्णतृणं त्यज ॥ ६३
हसन्त्या च तया त्यक्तं सुवर्णं प्राप्य स द्विजः । पुनर्जातमिवात्मानं मन्वानो गृहमागतः ॥ ६४
एवंप्रायाण्यहं पश्यन्कौतुकानि पदे पदे । प्राप्तवान्राजभवनं महेन्द्रसदनोपमम् ॥ ६५
ततश्चान्तः प्रविष्टोऽहं शिष्यैरग्रे निवेदितः । आस्थानस्थितमद्राक्षं राजानं सातवाहनम् ॥ ६६
शर्ववर्मप्रभृतिभिर्मन्त्रिभिः परिवारितम् । रत्नसिंहासनासीनममरैरिव वासवम् ॥ ६७
विहितस्वस्तिकारं मामुपविष्टमथासने । राज्ञा कृतादरं चैव शर्ववर्मादयोऽस्तुवन् ॥ ६८

अयं देव भुवि ख्यातः सर्वविद्याविशारदः । गुणाढ्य इति नामास्य यथार्थमत एव हि ॥ ६९
इत्यादि तत्स्तुतिं श्रुत्वा मन्त्रिभिः सातवाहनः । प्रीतः सपदि सत्कृत्य मन्त्रित्वे मां न्ययोजयत् ॥ ७०
अथाहं राजकार्याणि चिन्तयन्नवसं सुखम् । शिष्यानध्यापयंस्तत्र कृतदारपरिग्रहः ॥ ७१
कदाचित्कौतुकाद्भ्राम्यन्स्वैरं गोदावरीतटे । देवीकृतिरिति ख्यातमुद्यानं दृष्टवानहम् ॥ ७२
तत्रातिरम्यमालोक्य क्षितिस्थमिव नन्दनम् । उद्यानपालः पृष्टोऽभून्मया तत्र तदागमम् ॥ ७३
स च मामब्रवीत्स्वामिन्वृद्धेभ्यः श्रूयते यथा । पूर्वं मौनी निराहारो द्विजः कश्चित्समाययौ ॥ ७४
स दिव्यमिदमुद्यानं सदेवभवनं व्यधात् । ततोऽत्र ब्राह्मणाः सर्वे मिलन्ति स्म सकौतुकाः ॥ ७५
निर्बन्धात्तैः स पृष्टः स्वं वृत्तान्तमवदद्द्विजः । अस्तीह भरुकच्छाख्यो विषयो नर्मदातटे ॥ ७६
तस्मिन्नहं समुत्पन्नो विप्रस्तस्य च मे पुरा । न भिक्षामप्यदात्कश्चिद्दरिद्रस्यालसस्य च ॥ ७७
अथ खेदाद्गृहं त्यक्त्वा विरक्तो जीवितं प्रति । भ्रान्त्वा तीर्थान्यहं द्रष्टुमगच्छं विन्ध्यवासिनीम् ॥ ७८
दृष्ट्वा ततश्च तां देवीमिति संचिन्तितं मया । लोकः पशूपहारेण प्रीणाति वरदामिमाम् ॥ ७९
अहं त्वात्मानमेवेह हन्मि मूर्खमिमं पशुम् । निश्चित्येति शिरश्छेत्तुं मया शस्त्रमगृह्यत ॥ ८०
तत्क्षणं सा प्रसन्ना मां देवी स्वयमभाषत । पुत्र सिद्धोऽसि मात्मानं वधीस्तिष्ठ ममान्तिके ॥ ८१
इति देवीवरं लब्ध्वा संप्राप्ता दिव्यता मया । ततः प्रभृति नष्टा मे बुभुक्षा च तृषा सह ॥ ८२
कदाचिदथ देवी मां तत्रस्थं स्वयमादिशत् । गत्वा पुत्र प्रतिष्ठाने रचयोद्यानमुत्तमम् ॥ ८३
इत्युक्त्वा सैव मे बीजं दिव्यं प्रादात्ततो मया । इहागत्य कृतं कान्तमुद्यानं तत्प्रभावतः ॥ ८४
पालयमेतच्च युष्माकमित्युक्त्वा स तिरोदधे । इति निर्मितमुद्यानमिदं देव्या पुरा प्रभो ॥ ८५
उद्यानपालादित्येवं तद्देशे दिव्यनुग्रहम् । आकर्ण्य विस्मयाविष्टो गृहाय गतवानहम् ॥ ८६
एवमुक्ते गुणाढ्येन काणभूतिरभाषत । सातवाहन इत्यस्य कस्मान्नामाभवत्प्रभो ॥ ८७
ततोऽब्रवीद्गुणाढ्योऽपि शृण्वेतत्कथयामि ते । दीपकर्णिरिति ख्यातो राजाभूत्प्राज्यविक्रमः ॥ ८८
तस्य शक्तिमती नाम भार्या प्राणाधिकाभवत् । रतान्तसुप्तामुद्याने सर्पस्तां जातु दष्टवान् ॥ ८९
गतायामथ पञ्चत्वं तस्यां तद्गतमानसः । अपुत्रोऽपि स जग्राह ब्रह्मचर्यव्रतं नृपः ॥ ९०
ततः कदाचिद्राज्यार्हपुत्रासद्भावदुःखितम् । इत्यादिदेश तं स्वप्ने भगवानिन्दुशेखरः ॥ ९१
अटव्यां द्रक्ष्यसि भ्राम्यन्सिंहारूढं कुमारकम् । तं गृहीत्वा गृहं गच्छेः स ते पुत्रो भविष्यति ॥ ९२
अथ प्रबुद्धस्तं स्वप्नं स्मरन्राजा जहर्ष सः । कदाचिच्च ययौ दूरामटवीं मृगयारसात् ॥ ९३
ददर्श तत्र मध्याह्ने सिंहारूढं स भूपतिः । बालकं पद्मसरसस्तीरे तपनतेजसम् ॥ ९४
अथ राजा स्मरन्स्वप्नमवतारितबालकम् । जलाभिलाषिणं सिंहं जघानैकशरेण तम् ॥ ९५
स सिंहस्तद्वपुस्त्यक्त्वा सद्योऽभूत्पुरुषाकृतिः । कष्टं किमेतद्ब्रूहीति राज्ञा पृष्टो जगाद च ॥ ९६
धनदस्य सखा यक्षः सातो नामास्मि भूपते । सोऽहं स्नान्तीमपश्यं प्राग्गङ्गायामृषिकन्यकाम् ॥ ९७
सापि मां वीक्ष्य संजातमन्मथाभूदहं तथा । गान्धर्वेण विवाहेन ततो भार्या कृता मया ॥ ९८
तच्च तद्बान्धवा बुद्ध्वा तां च मां चाशपन्क्रुधा । सिंहौ भविष्यतः पापौ स्वेच्छाचारौ युवामिति ॥ ९९
पुत्रजन्मावधि तस्याः शापान्तं मुनयो व्यधुः । मम तु त्वच्छराघातपर्यन्तं तदनन्तरम् ॥ १००
अथावां सिंहमिथुनं संजातौ सापि कालतः । गर्भिण्यभूत्ततो जाते दारकेऽस्मिन्व्यपद्यत ॥ १०१
अयं च वर्धितोऽन्यासां सिंहीनां पयसा मया । अद्य चाहं विमुक्तोऽस्मि शापाद्बाणाहतस्त्वया ॥ १०२
तद्गृहाण महासत्त्वं मया दत्तममुं सुतम् । अयं ह्यर्थः समादिष्टस्तैरेव मुनिभिः पुरा ॥ १०३
इत्युक्त्वान्तर्हिते तस्मिन्सातनामनि गुह्यके । स राजा तं समादाय बालं प्रत्याययौ गृहम् ॥ १०४
सातेन यस्मादूढोऽभूत्तस्मात्तं सातवाहनम् । नाम्ना चकार कालेन राज्ये चैनं न्यवेशयत् ॥ १०५
ततस्तस्मिन्गतेऽरण्यं दीपकर्णौ क्षितीश्वरे । संवृत्तः सार्वभौमोऽसौ भूपतिः सातवाहनः ॥ १०६
एवमुक्त्वा कथां मध्ये काणभूत्यनुयोगतः । गुणाढ्यः प्रकृतं धीमाननुस्मृत्याब्रवीत्पुनः ॥ १०७

ततः कदाचिदुद्यानस्त वसन्तसमयोत्सवे। देवीकृतं तदुद्यानं स राजा सातवाहनः॥ १०८
विहरन्सुचिरं तत्र महेन्द्र इव नन्दने। वापीजलेऽवतीर्णोऽभूत्क्रीडितुं कामिनीसखः॥ १०९
असिञ्चत्तत्र दयिताः सहेलं करवारिभिः। असिच्यत स ताभिश्च वशाभिरिव वारणः॥ ११०
मुखैर्धौताञ्जनाताम्रनेत्रैर्जलकुजलाप्लुतैः। अङ्गैः सक्ताम्बरव्यक्तविभागैश्च तमङ्गनाः॥ १११
विदलत्पत्रतिलकाः स चक्रे वनमध्यगाः। च्युताभरणपुष्पास्ता लता वायुरिव प्रियाः॥ ११२
अथैका तस्य महिषी राज्ञः स्तनभरालसा। शिरीषसुकुमाराङ्गी क्रीडन्ती क्लममभ्यगात्॥ ११३
सा जलैरभिषिञ्चन्तं राजानमसहा सती। अब्रवीन्मोदकैर्देव परिताडय मामिति॥ ११४
तच्छ्रुत्वा मोदकान्राजा द्रुतमानाययद्बहून्। ततो विहस्य सा राज्ञी पुनरेवमभाषत॥ ११५
राजन्नवसरः कोऽत्र मोदकानां जलान्तरे। उदकैः सिञ्च मा त्वं मामित्युक्तं हि मया तव॥ ११६
संधिमात्रं न जानासि माशब्दोदकशब्दयोः। न च प्रकरणं वेत्सि मूर्खस्त्वं कथमीदृशः॥ ११७
इत्युक्तः स तया राज्ञा शब्दशास्त्रविदा नृपः। परिवारे हसत्यन्तर्लज्जाक्रान्तो झगित्यभूत्॥ ११८
परित्यक्तजलक्रीडो वीतदर्पश्च तत्क्षणम्। जातावमानो निर्लक्षः प्राविशन्निजमन्दिरम्॥ ११९
ततश्चिन्तापरो मुह्यन्नाहारादिपराङ्मुखः। चित्रस्थ इव पृष्टोऽपि नैव किंचिदभाषत॥ १२०
पाण्डित्यं शरणं वा मे मृत्युर्वेति विचिन्तयन्। शयनीयपरित्यक्तगात्रः संतापवानभूत्॥ १२१
अकस्मादथ राज्ञस्तां दृष्ट्वावस्थां तथाविधाम्। किमेतदिति संभ्रान्तः सर्वः परिजनोऽभवत्॥ १२२
ततोऽहं शर्ववर्मा च ज्ञातवन्तौ क्रमेण ताम्। अत्रान्तरे स च प्रायः पर्यहीयत वासरः॥ १२३
अस्मिन्काले न च स्वस्थो राजेत्यालोच्य तत्क्षणम्। आवाभ्यां राजहंसाख्य आहूतो राजचेटकः॥ १२४
शरीरवार्तां भूपस्य स च पृष्टोऽब्रवीदिदम्। नेदृशो दुर्मनाः पूर्वं दृष्टो देवः कदाचन॥ १२५
विष्णुशक्तिदुहित्रा च मिथ्यापण्डितया तया। विलक्षीकृत इत्याहुर्देव्योऽन्याः कोपनिर्भरम्॥ १२६
एतत्तस्य मुखाच्छ्रुत्वा राजचेटस्य दुर्मनाः। शर्ववर्मद्वितीयोऽहं संशयादित्यचिन्तयम्॥ १२७
व्याधिर्यदि भवेद्राज्ञः प्रविशेयुश्चिकित्सकाः। आधिर्वा यदि तत्रास्य कारणं नोपलभ्यते॥ १२८
नास्त्येव हि विपक्षोऽस्य राज्ये निहतकण्टके। अनुरक्ताः प्रजाश्चैता न हानिः परिदृश्यते॥ १२९
तत्कस्मादेष खेदः स्यादीदृशः सहसा प्रभोः। एवं विचिन्तिते धीमाञ्शर्ववर्मेदमब्रवीत्॥ १३०
अहं जानामि राज्ञोऽस्य मन्युर्मौर्ख्यानुतापतः। मूर्खोऽहमिति पाण्डित्यं सदैवायं हि वाञ्छति॥ १३१
उपलब्धो मया चैष पूर्वमेव तदाशयः। राज्ञ्यावमानितश्चाद्य तन्निमित्तमिति श्रुतम्॥ १३२
एवमन्योन्यमालोच्य तां रात्रिमतिवाह्य च। प्रातरावामगच्छाव वासवेश्म महीपतेः॥ १३३
तत्र सर्वस्य रुद्धेऽपि प्रवेशे कथमप्यहम्। प्राविशं मम पश्चाच्च शर्ववर्मा लघुक्रमम्॥ १३४
उपविश्याथ निकटे विज्ञप्तः स मया नृपः। अकारणं कथं देव वर्तसे विमना इति॥ १३५
तच्छ्रुत्वापि तथैवासीत्स तूष्णीं सातवाहनः। शर्ववर्मा ततश्चेदमद्भुतं वाक्यमब्रवीत्॥ १३६
श्रुतं मम स्यात्कापीति प्रागुक्तं देव मे त्वया। तेनाहं कृतवानद्य स्वप्नमाणवकं निशि॥ १३७
स्वप्ने ततो मया दृष्टं नभसश्च्युतमम्बुजम्। तच्च दिव्येन केनापि कुमारेण विकासितम्॥ १३८
ततश्च निर्गता तस्माद्दिव्या स्त्री धवलाम्बरा। तव देव मुखं सा च प्रविष्टा समनन्तरम्॥ १३९
इयद्दृष्ट्वा प्रबुद्धोऽस्मि मन्ये सा च सरस्वती। देवस्य वदने साक्षात्संप्रविष्टा न संशयः॥ १४०
एवं निवेदितस्वप्ने शर्ववर्मणि तत्क्षणम्। मामस्तमौनः साकूतमवदत्सातवाहनः॥ १४१
शिक्षमाणः प्रयत्नेन कालेन कियता पुमान्। अधिगच्छति पाण्डित्यमेतन्मे कथ्यतां त्वया॥ १४२
मम तेन विना ह्येषा लक्ष्मीर्न प्रतिभासते। विभवैः किं नु मूर्खस्य काष्ठस्याभरणैरिव॥ १४३
ततोऽहमवदं राजन्वर्षैर्द्वादशभिः सदा। ज्ञायते सर्वविद्यानां मुखं व्याकरणं नरैः॥ १४४
अहं तु शिक्षयामि त्वां वर्षषट्केन तद्विभो। श्रुत्वैतत्सहसा सेर्ष्यं शर्ववर्मा किलावदत्॥ १४५
सुखोचितो जनः क्लेशं कथं कुर्यादियच्चिरम्। तदहं मासषट्केन देव त्वां शिक्षयामि तत्॥ १४६

श्रुत्वैवैतदसंभाव्यं तमवोचमहं रुषा । षड्भिर्मासैस्त्वया देवः शिक्षितश्चेत्ततो मया ॥ १४७
संस्कृतं प्राकृतं तद्वद्देशभाषा च सर्वदा । भाषात्रयमिदं त्यक्तं यन्मनुष्येषु संभवेत् ॥ १४८
शर्ववर्मा ततोऽवादीन्न चेदेवं करोम्यहम् । द्वादशाब्दान्वहाम्येष शिरसा तव पादुके ॥ १४९
इत्युक्त्वा निर्गते तस्मिन्नहमप्यगमं गृहम् । राजाप्युभयतः सिद्धिं मत्वाश्वस्तो बभूव सः ॥ १५०
विहस्तः शर्ववर्मा च प्रतिज्ञां तां सुदुस्तराम् । पश्यन्सानुशयः सर्वं स्वभार्यायै शशंस तत् ॥ १५१
सापि तं दुःखितावोचत्संकटेऽस्मिंस्तव प्रभो । विना स्वामिकुमारेण गतिरन्या न दृश्यते ॥ १५२
तथेति निश्चयं कृत्वा पश्चिमे प्रहरे निशि । शर्ववर्मा निराहारस्तत्रैव प्रस्थितोऽभवत् ॥ १५३
तच्च चारमुखाद्बुद्ध्वा मया प्रातर्निवेदितम् । राज्ञे सोऽपि तदाकर्ण्य किं भवेदित्यचिन्तयत् ॥ १५४
ततस्तं सिंहगुप्ताख्यो राजपुत्रो हितोऽब्रवीत् । त्वयि खिन्ने तदा देव निर्वेदो मे महानभूत् ॥ १५५
ततः श्रेयोनिमित्तं ते चण्डिकाग्रे निजं शिरः । छेत्तुं प्रारब्धवानस्मि गत्वास्मान्नगराद्बहिः ॥ १५६
मैवं कृथा नृपस्येच्छा सेत्स्यत्येवेत्यवारयत् । वागन्तरिक्षादथ मां तन्मन्ये सिद्धिरस्ति ते ॥ १५७
इत्युक्त्वा नृपमामन्त्र्य सत्वरं शर्ववर्मणः । पश्चाच्चारद्वयं सोऽथ सिंहगुप्तो व्यसर्जयत् ॥ १५८
सोऽपि वातैकभक्षः सन्कृतमौनः सुनिश्चयः । प्राप स्वामिकुमारस्य शर्ववर्मान्तिकं क्रमात् ॥ १५९
शरीरनिरपेक्षेण तपसा तत्र तोषितः । प्रसादमकरोत्तस्य कार्तिकेयो यथेप्सितम् ॥ १६०
आगत्याग्रे ततो राज्ञे चाराभ्यां स निवेदितः । सिंहगुप्तविसृष्टाभ्यामुदयः शर्ववर्मणः ॥ १६१
तच्छ्रुत्वा मम राज्ञश्च विषादप्रमदौ द्वयोः । अभूतां मेघमालोक्य हंसचातकयोरिव ॥ १६२
आगत्य शर्ववर्माथ कुमारवरसिद्धिमान् । चिन्तितोपस्थिता राज्ञे सर्वा विद्याः प्रदत्तवान् ॥ १६३
प्रादुरासंश्च तास्तस्य सातवाहनभूपतेः । तत्क्षणं किं न कुर्याद्धि प्रसादः पारमेश्वरः ॥ १६४

अथ तमखिलविद्यालाभमाकर्ण्य राज्ञः प्रमुदितवति राष्ट्रे तत्र कोऽप्युत्सवोऽभूत् ।
अपि पवनविधूतास्तत्क्षणोल्लास्यमानाः प्रतिवसति पताका बद्धनृत्ता इवासन् ॥ १६५

राजार्हरत्ननिचयैरथ शर्ववर्मा तेनार्चितो गुरुरिति प्रणतेन राज्ञा ।
स्वामीकृतश्च विषये मरुकच्छनाम्नि कूलोपकण्ठविनिवेशिनि नर्मदायाः ॥ १६६

योऽग्रे चारमुखेन षण्मुखवरप्राप्तिं समाकर्णय-
त्संतुष्यात्मसमं श्रिया नरपतिस्तं सिंहगुप्तं व्यधात् ।
राज्ञीं तामपि विष्णुशक्तितनयां विद्यागमे कारणं
देवीनामुपरि प्रसह्य कृतवान्प्रीत्याभिषिच्य स्वयम् ॥ १६७

इति महाकविश्रीसोमदेवभट्टविरचिते कथासरित्सागरे कथापीठलम्बके षष्ठस्तरङ्गः ।

सप्तमस्तरङ्गः ।

ततो गृहीतमौनोऽहं राजान्तिकमुपागमम् । तत्र च श्लोकमपठद्द्विजः कश्चित्स्वयं कृतम् ॥ १
तं चाचष्ट स्वयं राजा सम्यक्संस्कृतया गिरा । तत्रालोक्य च तत्रस्थो जनः प्रमुदितोऽभवत् ॥ २
ततः स शर्ववर्माणं राजा सविनयोऽब्रवीत् । स्वयं कथय देवेन कथं तेऽनुग्रहः कृतः ॥ ३
तच्छ्रुत्वानुग्रहं राज्ञः शर्ववर्माभ्यभाषत । इतो राजन्निराहारो मौनस्थोऽहं तदा गतः ॥ ४
ततोऽध्वनि मनाक्छेषे जाते तीव्रतपःकृशः । क्लान्तः पतितवानस्मि निःसंज्ञो धरणीतले ॥ ५
उत्तिष्ठ पुत्र सर्वं ते संपत्स्यत इति स्फुटम् । शक्तिहस्तः पुमानेत्य जाने मामब्रवीत्तदा ॥ ६
तेनाहममृतासारसंसिक्त इव तत्क्षणम् । प्रबुद्धः क्षुत्पिपासादिहीनः स्वस्थ इवाभवम् ॥ ७
अथ देवस्य निकटं प्राप्य भक्तिभराकुलः । स्नात्वा गर्भगृहं तस्य प्रविष्टोऽभूवमुन्मनाः ॥ ८
ततोऽन्तः प्रभुणा तेन स्कन्देन मम दर्शनम् । दत्तं ततः प्रविष्टा मे मुखे मूर्ता सरस्वती ॥ ९
अथासौ भगवान्साक्षात्षड्भिराननपङ्कजैः । सिद्धो वर्णसमाम्नाय इति सूत्रमुदैरयत् ॥ १०

तच्छ्रुत्वैव मनुष्यत्वसुलभाच्चापलाद्द्रुत । उत्तरं सूत्रमभ्यूह्य स्वयमेव मयोदितम् ॥ ११
अथाब्रवीत्स देवो मां नावदिष्यः स्वयं यदि । अभविष्यदिदं शास्त्रं पाणिनीयोपमर्दकम् ॥ १२
अधुना स्वल्पतन्त्रत्वात्कातन्त्राख्यं भविष्यति । मद्वाहनकलापस्य नाम्ना कालापकं तथा ॥ १३
इत्युक्त्वा शब्दशास्त्रं तत्प्रकाश्याभिनवं लघु । साक्षादेव स मां देवः पुनरेवमभाषत ॥ १४
युष्मदीयः स राजापि पूर्वजन्मन्यभूदृषिः । भरद्वाजमुनेः शिष्यः कृष्णसंज्ञो महातपाः ॥ १५
तुल्याभिलाषामालोक्य स चैकां मुनिकन्यकाम् । ययावकस्मात्पुष्पेषुशरघातरसज्ञताम् ॥ १६
अतः स शप्तो मुनिभिरवतीर्ण इहाधुना । सा चावतीर्णा देवीत्वे तस्यैव मुनिकन्यका ॥ १७
इत्थमृष्यवतारोऽयं नृपतिः सातवाहनः । दृष्टे त्वय्यखिला विद्या प्राप्स्यत्येव त्वदिच्छया ॥ १८
अक्लेशलभ्या हि भवन्त्युत्तमार्था महात्मनाम् । जन्मान्तरार्जिताः स्फारसंस्काराक्षिप्तसिद्धयः ॥ १९
इत्युक्त्वान्तर्हिते देवे निरगच्छमहं बहिः । तण्डुला मे प्रदत्ताश्च तत्र देवोपजीविभिः ॥ २०
ततोऽहमागतो राजंस्तण्डुलास्ते च मे पथि । चित्रं तावन्त एवासन्भुज्यमाना दिने दिने ॥ २१
एवमुक्त्वा स्ववृत्तान्तं विरते शर्ववर्मणि । उदतिष्ठन्नृपः स्नातुं प्रहृष्टः सातवाहनः ॥ २२
ततोऽहं कृतमौनत्वाद्व्यवहारबहिष्कृतः । अनिच्छन्तं तमामन्त्र्य प्रणामेनैव भूपतिम् ॥ २३
निर्गत्य नगरात्तस्माच्छिष्यद्वयसमन्वितः । तपसे निश्चितो द्रष्टुमागतो विन्ध्यवासिनीम् ॥ २४
स्वप्नादेशेन देव्या च तयैव प्रेषितस्ततः । विन्ध्याटवीं प्रविष्टोऽहं त्वां द्रष्टुं भीषणामिमाम् ॥ २५
पुलिन्दवाक्यादासाद्य सार्थं दैवात्कथंचन । इह प्राप्तोऽहमद्राक्षं पिशाचान्सुबहूनमून् ॥ २६
अन्योन्यालापमेतेषां दूरादाकर्ण्य शिक्षिता । मया पिशाचभाषेयं मौनमोक्षस्य कारणम् ॥ २७
उपगम्य ततश्चैतां त्वां श्रुत्वोज्जयिनीगतम् । प्रतिपालितवानस्मि यावदभ्यागतो भवान् ॥ २८
दृष्ट्वा त्वां स्वागतं कृत्वा चतुर्थ्या भूतभाषया । मया जातिः स्मृतेत्येष वृत्तान्तो मेऽत्र जन्मनि ॥ २९
एवमुक्ते गुणाढ्येन काणभूतिरुवाच तम् । त्वदागमो मया ज्ञातो यथाद्य निशि तच्छृणु ॥ ३०
राक्षसो भूतिवर्माख्यो दिव्यदृष्टिः सखास्ति मे । गतवानस्मि चोद्यानमुज्जयिन्यां तदास्पदम् ॥ ३१
तत्रासौ निजशापान्तं प्रति पृष्टो मयाब्रवीत् । दिवा नास्ति प्रभावो नस्तिष्ठ रात्रौ वदाम्यतः ॥ ३२
तथेति चाहं तत्रस्थः प्राप्तायां निशि वल्गताम् । तमपृच्छं प्रसङ्गेन भूतानां हर्षकारणम् ॥ ३३
पुरा विरिञ्चिसंवादे यदुक्तं शंकरेण तत् । शृणु वच्मीति मामुक्त्वा भूतिवर्माथ सोऽब्रवीत् ॥ ३४
दिवा नैषां प्रभावोऽस्ति ध्वस्तानामर्कतेजसा । यक्षरक्षःपिशाचानां तेन हृष्यन्त्यमी निशि ॥ ३५
न पूज्यन्ते सुरा यत्र न च विप्रा यथोचितम् । भुज्यतेऽविधिना वापि तत्रैते प्रभवन्ति च ॥ ३६
अमांसभक्षः साध्वी वा यत्र तत्र न यान्त्यमी । शुचीञ्शूरान्प्रबुद्धांश्च नाक्रामन्ति कदाचन ॥ ३७
इत्युक्त्वा मे स तत्कालं भूतिवर्माब्रवीत्पुनः । गच्छागतो गुणाढ्यस्ते शापमोक्षस्य कारणम् ॥ ३८
श्रुत्वैतदागतश्चास्मि त्वं च दृष्टो मया प्रभो । कथयाम्यधुना तां ते पुष्पदन्तोदितां कथाम् ॥ ३९
किं त्वेकं कौतुकं मेऽस्ति कथ्यतां केन हेतुना । स पुष्पदन्तस्त्वं चापि माल्यवानिति विश्रुतः ॥ ४०
काणभूतेरिति श्रुत्वा गुणाढ्यस्तमभाषत । गङ्गातीरेऽग्रहारोऽस्ति नाम्ना बहुसुवर्णकः ॥ ४१
तत्र गोविन्ददत्ताख्यो ब्राह्मणोऽभूद्बहुश्रुतः । तस्य भार्याग्निदत्ता च बभूव पतिदेवता ॥ ४२
स कालेन द्विजस्तस्यां पञ्च पुत्रानजीजनत् । ते च मूर्खाः सुरूपाश्च बभूवुरभिमानिनः ॥ ४३
अथ गोविन्ददत्तस्य गृहानतिथिराययौ । विप्रो वैश्वानरो नाम वैश्वानर इवापरः ॥ ४४
गोविन्ददत्ते तत्कालं गृहादपि बहिः स्थिते । तत्पुत्राणामुपागत्य कृतं तेनाभिवादनम् ॥ ४५
हासमात्रं च तैस्तस्य कृतं प्रत्यभिवादनम् । ततः स कोपान्निर्गन्तुं प्रारेभे तद्गृहाद्द्विजः ॥ ४६
आगतेनाथ गोविन्ददत्तेन स तथाविधः । क्रुद्धः पृष्टोऽनुनीतोऽपि जगादैवं द्विजोत्तमः ॥ ४७
पुत्रास्ते पतिता मूर्खास्तत्संपर्काद्भवानपि । तस्मान्न भोक्ष्ये त्वद्गेहे प्रायश्चित्तं नु मे भवेत् ॥ ४८
अथ गोविन्ददत्तस्तमुवाच शपथोत्तरम् । न स्पृशाम्यपि जात्वेतानहं कुतनयानिति ॥ ४९

तद्भार्यापि तथैवैत्य तमुवाचातिथिप्रिया । ततः कथंचिदातिथ्यं तत्र वैश्वानरोऽग्रहीत् ॥ ५०
तदृष्ट्वा देवदत्ताख्यस्तस्यैकस्तनयस्तदा । अभूद्गोविन्ददत्तस्य नैर्घृण्येनानुतापवान् ॥ ५१
व्यर्थं जीवितमालोक्य पितृभ्यामथ दूषितम् । सनिर्वेदः स तपसे ययौ बदरिकाश्रमम् ॥ ५२
ततः पर्णाशनः पूर्वं धूमपश्चाप्यनन्तरम् । तस्थौ चिराय तपसे तोषयिष्यन्नुमापतिम् ॥ ५३
ददौ च दर्शनं तस्य शंभुस्तीव्रतपोर्जितः । तस्यैवानुचरत्वं च स वव्रे वरमीश्वरात् ॥ ५४
विद्याः प्राप्नुहि भोगांश्च भुवि भुङ्क्ष्व ततस्तव । भविताभिमतं सर्वमिति शंभुस्तमादिशत् ॥ ५५
ततः स गत्वा विद्यार्थी पुरं पाटलिपुत्रकम् । सिषेवे वेदकुम्भाख्यमुपाध्यायं यथाविधि ॥ ५६
तत्रस्थं तमुपाध्यायपत्नी जातु स्मरातुरा । हठाद्वव्रे बत स्त्रीणां चञ्चलाश्चित्तवृत्तयः ॥ ५७
तेन संत्यज्य तं देशमनङ्गकृतविप्लवः । स देवदत्तः प्रययौ प्रतिष्ठानमतन्द्रितः ॥ ५८
तत्र वृद्धमुपाध्यायं वृद्धया भार्ययान्वितम् । मन्त्रस्वाम्याख्यमभ्यर्थ्य विद्याः सम्यगधीतवान् ॥ ५९
कृतविद्यं च तं तत्र ददर्श नृपतेः सुता । सुशर्माख्यस्य सुभगं श्रीर्नाम श्रीरिवाच्युतम् ॥ ६०
सोऽपि तां दृष्टवान्कन्यां स्थितां वातायनोपरि । विहरन्तीं विमानेन चन्द्रस्येवाधिदेवताम् ॥ ६१
बद्धाविव तयान्योन्यं मारशृङ्खलया दृशा । नापसर्तुं समर्थौ तौ बभूवतुरुभावपि ॥ ६२
साथ तस्यैकयाङ्गुल्या मूर्तयेव स्मराज्ञया । इतो निकटमेहीति संज्ञां चक्रे नृपात्मजा ॥ ६३
ततः समीपं तस्याश्च ययावन्तःपुराच्च सः । सा च चिक्षेप दन्तेन पुष्पमादाय तं प्रति ॥ ६४
संज्ञामेतामजानानो गूढां राजसुताकृताम् । स कर्तव्यविमूढः सन्नुपाध्यायगृहं ययौ ॥ ६५
लुलोठ तत्र धरणौ न किंचिद्वक्तुमीश्वरः । तापेन दह्यमानोऽन्तर्मूकः प्रमुपितो यथा ॥ ६६
वितर्क्य कामजैश्चिह्नैरुपाध्यायेन धीमता । युक्त्या पृष्टः कथंचिच्च यथावृत्तं शशंस सः ॥ ६७
तद्बुद्ध्वा तमुपाध्यायो विदग्धो वाक्यमब्रवीत् । दन्तेन पुष्पं मुञ्चन्त्या तया संज्ञा कृता तव ॥ ६८
यदेतत्पुष्पदन्ताख्यं पुष्पाढ्यं सुरमन्दिरम् । तत्रागत्य प्रतीक्षेथाः सांप्रतं गम्यतामिति ॥ ६९
श्रुत्वेति ज्ञानसंज्ञार्थः स तत्याज शुचं युवा । ततो देवगृहस्यान्तस्तस्य गत्वा स्थितोऽभवत् ॥ ७०
साप्यष्टमीं समुद्दिश्य तत्र राजसुता ययौ । एकैव देवं द्रष्टुं च गर्भागारमथाविशत् ॥ ७१
दृष्टोऽत्र द्वारपट्टस्य पश्चात्सोऽथ प्रियस्तया । गृहीतानेन चोत्थाय सा कण्ठे सहसा ततः ॥ ७२
चित्रं त्वया कथं ज्ञाता सा संज्ञेत्युदिते तया । उपाध्यायेन सा ज्ञाता न मयेति जगाद सः ॥ ७३
मुञ्च मामविदग्धस्त्वमित्युक्त्वा तत्क्षणात्क्रुधा । मन्त्रभेदभयात्साथ राजकन्या ततो ययौ ॥ ७४
सोऽपि गत्वा विविक्ते तां दृष्टनष्टां स्मरन्प्रियाम् । देवदत्तो वियोगाग्निविगलज्जीवितोऽभवत् ॥ ७५
दृष्ट्वा तं तादृशं शंभुः प्राक्प्रसन्नः किलादिशत् । गणं पञ्चशिखं नाम तस्याभीप्सितसिद्धये ॥ ७६
स चागत्य समाश्वास्य स्त्रीवेषं तं गणोत्तमः । अकारयत्स्वयं चाभूद्वृद्धब्राह्मणरूपधृत् ॥ ७७
ततस्तेन समं गत्वा तं सुशर्ममहीपतिम् । जनकं सुदृशस्तस्याः स जगाद गणाग्रणीः ॥ ७८
पुत्रो मे प्रोषितः क्वापि तमन्वेष्टुं व्रजाम्यहम् । तन्मे स्नुषेयं निःक्षेपो राजन्संप्रति रक्ष्यताम् ॥ ७९
तच्छ्रुत्वा शापभीतेन तेनादाय सुशर्मणा । स्वकन्यान्तःपुरे गुप्ते स्त्रीति संस्थापितो युवा ॥ ८०
ततः पञ्चशिखे याते स्वप्रियान्तःपुरे वसन् । स्त्रीवेषः स द्विजस्तस्या विस्रम्भास्पदतां ययौ ॥ ८१
एकदा चोत्सुका रात्रौ तेनात्मानं प्रकाश्य सा । गुप्तं गान्धर्वविधिना परिणीता नृपात्मजा ॥ ८२
तस्यां च धृतगर्भायां तं द्विजं स गणोत्तमः । स्मृतमात्रागतो रात्रौ ततोऽनैषीदलक्षितम् ॥ ८३
ततस्तस्य समुत्सार्य यूनः स्त्रीवेषमाशु तम् । प्रातः पञ्चशिखः सोऽभूत्पूर्ववद्ब्राह्मणाकृतिः ॥ ८४
तेनैव सह गत्वा च सुशर्मनृपमभ्यधात् । अद्य प्राप्तो मया राजन्पुत्रस्तद्देहि मे स्नुषाम् ॥ ८५
ततः स राजा तां बुद्ध्वा रात्रौ क्वापि पलायिताम् । तच्छापभयसंभ्रान्तो मन्त्रिभ्य इदमब्रवीत् ॥ ८६
न विप्रोऽयमयं कोऽपि देवो मद्वञ्चनागतः । एवंप्राया भवन्तीह वृत्तान्ताः सततं यतः ॥ ८७
तथा च पूर्वं राजाभूत्तपस्वी करुणापरः । दाता धीरः शिबिर्नाम सर्वसत्त्वाभयप्रदः ॥ ८८

तं वञ्चयितुमिन्द्रोऽथ कृत्वा श्येनवपुः स्वयम् । मायाकपोतवपुषं धर्ममन्वपतद्द्रुतम् ॥ ८९
कपोतश्च भयाद्गत्वा शिबेरङ्कमशिश्रियत् । मनुष्यवाचा श्येनोऽथ स तं राजानमब्रवीत् ॥ ९०
राजन्भक्ष्यमिदं मुञ्च कपोतं क्षुधितस्य मे । अन्यथा मां मृतं विद्धि कस्ते धर्मस्ततो भवेत् ॥ ९१
ततः शिबिरुवाचैनमेष मे शरणागतः । अत्याज्यस्तद्ददाम्यन्यन्मांसमेतत्समं तव ॥ ९२
श्येनो जगाद यद्येवमात्ममांसं प्रयच्छ मे । तथेति तत्प्रहृष्टः सन्स राजा प्रत्यपद्यत ॥ ९३
यथा यथा च मांसं स्वमुत्कृत्यारोपयन्नृपः । तथा तथा तुलायां स कपोतोऽभ्यधिकोऽभवत् ॥ ९४
ततः शरीरं सकलं तुलां राजाध्यरोपयत् । साधु साधु समं त्वेतद्दिव्या वागुदभूत्ततः ॥ ९५
इन्द्रधर्मौ ततस्त्यक्त्वा रूपं श्येनकपोतयोः । तुष्टावक्षतदेहं तं राजानं चक्रतुः शिबिम् ॥ ९६
दत्त्वा चास्मै वरानन्यांस्तावन्तर्धानमीयतुः । एवं मामपि कोऽप्येष देवो जिज्ञासुरागतः ॥ ९७
इत्युक्त्वा सचिवान्स्वैरं स सुशर्मा महीपतिः । तमुवाच भयप्रह्वो विप्ररूपं गणोत्तमम् ॥ ९८
अभयं देहि सात्यैव स्नुषा ते हारिता निशि । माययैव गता कापि रक्ष्यमाणाप्यहर्निशम् ॥ ९९
कृच्छ्रात्स वयेवाथ विप्ररूपो गणोऽब्रवीत् । तर्हि पुत्राय राजन्मे देहि स्वां तनयामिति ॥ १००
तच्छ्रुत्वा शापभीतेन राज्ञा तस्मै निजा सुता । सा दत्ता देवदत्ताय ततः पञ्चशिखो ययौ ॥ १०१
देवदत्तोऽपि तां भूयः प्रकाशं प्राप्य वल्लभाम् । जजृम्भेऽनन्यपुत्रस्य श्वशुरस्य विभूतिषु ॥ १०२
कालेन तस्य पुत्रं च दौहित्रमभिषिच्य सः । राज्ये महीधरं नाम सुशर्मा शिश्रिये वनम् ॥ १०३
ततो दृष्ट्वा सुतैश्वर्यं कृतार्थः स तपोवनम् । राजपुत्र्या तया साकं देवदत्तोऽप्यशिश्रियत् ॥ १०४
तत्राराध्य पुनः शंभुं त्यक्त्वा मर्त्यकलेवरम् । तत्प्रसादेन तस्यैव गणभावमुपागतः ॥ १०५
प्रियादन्तोज्झितात्पुष्पात्संज्ञां न ज्ञातवान्यतः । अतः स पुष्पदन्ताख्यः संपन्नो गणसंसदि ॥ १०६
तद्भार्या च प्रतीहारी देव्या जाता जयाभिधा । इत्थं स पुष्पदन्ताख्यो मदाख्यामधुना शृणु ॥ १०७
यः स गोविन्ददत्ताख्यो देवदत्तपिता द्विजः । तस्यैव सोमदत्ताख्यः पुत्रोऽहमभवं पुरा ॥ १०८
तेनैव मन्युना गत्वा तपश्चाहं हिमाचले । अकार्षं बहुभिर्माल्यैः शंकरं नन्दयन्सदा ॥ १०९
तथैव प्रकटीभूतात्प्रसन्नादिन्दुशेखरात् । त्यक्तान्यभोगलिप्सेन तद्गणत्वं मया वृतम् ॥ ११०

यः पूजितोऽस्मि भवता स्वयमाहृतेन माल्येन दुर्गवनभूमिसमुद्भवेन ।
तन्माल्यवानिति भविष्यसि मे गणस्त्वमित्यादिशच्च स विभुर्गिरिजापतिर्माम् ॥ १११

अथ मर्त्यवपुर्विमुच्य पुण्यां सहसा तद्गणतामहं प्रपन्नः ।
इति धूर्जटिना कृतं प्रसादादभिधानं मम माल्यवानितीदम् ॥ ११२

सोऽहं गतः पुनरिहाद्य मनुष्यभावं शापेन शैलदुहितुर्बत काणभूते ।
तन्मे कथां हरकृतां कथयाधुना त्वं येनावयोर्भवति शापदशोपशान्तिः ॥ ११३

इति महाकविश्रीसोमदेवभट्टविरचिते कथासरित्सागरे कथापीठलम्बके सप्तमस्तरङ्गः ।

अष्टमस्तरङ्गः ।

एवं गुणाढ्यवचसा साथ सप्तकथामयी । स्वभाषया कथा दिव्या कथिता काणभूतिना ॥
तथैव च गुणाढ्येन पैशाच्या भाषया तया । निबद्धा सप्तभिर्वर्षैर्ग्रन्थलक्षाणि सप्त सा ॥
मैतां विद्याधरा हार्षुरिति तामात्मशोणितैः । अटव्यां मष्यभावाच्च लिलेख स महाकविः ॥
तथा च श्रोतुमायातैः सिद्धविद्याधरादिभिः । निरन्तरमभूत्तत्र सवितानमिवाम्बरम् ॥
गुणाढ्येन निबद्धां च तां दृष्ट्वैव महाकथाम् । जगाम मुक्तशापः सन्काणभूतिर्निजां गतिम् ॥
पिशाचा येऽपि तत्रासन्नन्ये तत्सहचारिणः । तेऽपि प्रापुर्दिवं सर्वे दिव्यामाकर्ण्य तां कथाम् ॥
प्रतिष्ठां प्रापणीयैषा पृथिव्यां मे बृहत्कथा । अयमर्थोऽपि मे देव्या शापान्तोक्तावुदीरितः ॥
तत्कथं प्रापयाम्येनां कस्मै तावत्समर्पये । इति चाचिन्तयत्तत्र स गुणाढ्यो महाकविः ॥

अथैको गुणदेवाख्यो नन्दिदेवाभिधः परः । तमूचतुरुपाध्यायं शिष्यावनुगतावुभौ ॥ ९
तत्काव्यस्यार्पणस्थानमेकः श्रीसातवाहनः । रसिको हि वहेत्काव्यं पुष्पामोदमिवानिलः ॥ १०
एवमस्त्विति तौ शिष्यावन्तिकं तस्य भूपतेः । प्राहिणोत्पुस्तकं दत्त्वा गुणाढ्यो गुणशालिनौ ॥ ११
स्वयं च गत्वा तत्रैव प्रतिष्ठानपुराद्बहिः । कृतसंकेत उद्याने तस्थौ देवीविनिर्मिते ॥ १२
तच्छिष्याभ्यां च गत्वा तत्सातवाहनभूपतेः । गुणाढ्यकृतिरेषेति दर्शितं काव्यपुस्तकम् ॥ १३
पिशाचभाषां तां श्रुत्वा तौ च दृष्ट्वा तदाकृती । विद्यामदेन सासूयं स राजैवमभाषत ॥ १४
प्रमाणं सप्तलक्षाणि पैशाचं नीरसं वचः । शोणितेनाक्षरन्यासो धिक्पिशाचकथामिमाम् ॥ १५
ततः पुस्तकमादाय गत्वा ताभ्यां यथागतम् । शिष्याभ्यां तद्गुणाढ्याय यथावृत्तमकथ्यत ॥ १६
गुणाढ्योऽपि तदाकर्ण्य सद्यः खेदवशोऽभवत् । तत्त्वज्ञेन कृतावज्ञः को नामान्तर्न तप्यते ॥ १७
सशिष्यश्च ततो गत्वा नातिदूरं शिलोच्चयम् । विविक्तरम्यभूभागमग्निकुण्डं व्यधात्पुरः ॥ १८
तत्राग्नौ पत्रमेकैकं शिष्याभ्यां साश्रु वीक्षितः । वाचयित्वा स चिक्षेप श्रावयन्मृगपक्षिणः ॥ १९
नरवाहनदत्तस्य चरितं शिष्ययोः कृते । ग्रन्थलक्षं कथामेकां वर्जयित्वा तदीप्सिताम् ॥ २०
तस्मिंश्च तां कथां दिव्यां पठत्यपि दहत्यपि । परित्यक्ततृणाहाराः शृण्वन्तः साश्रुलोचनाः ॥ २१
आसन्नभ्येत्य तत्रैव निश्चला बद्धमण्डलाः । निखिलाः खलु सारङ्गवराहमहिषादयः ॥ २२
अत्रान्तरे च राजाभूदस्वस्थः सातवाहनः । दोषं चास्यावदन्वैद्याः शुष्कमांसोपभोगजम् ॥ २३
आक्षिप्तास्तन्निमित्तं च सूपकारा बभाषिरे । अस्माकमीदृशं मांसं ददते लुब्धका इति ॥ २४
पृष्टाश्च लुब्धका ऊचुर्नातिदूरे गिरावितः । पठित्वा पत्रमेकैकं कोऽप्यग्नौ क्षिपति द्विजः ॥ २५
तत्समेत्य निराहाराः शृण्वन्ति प्राणिनोऽखिलाः । नान्यतो यान्ति तेनैषां शुष्कं मांसमिदं क्षुधा ॥ २६
इति व्याधवचः श्रुत्वा कृत्वा तानेव चाग्रतः । स्वयं स कौतुकाद्राजा गुणाढ्यस्यान्तिकं ययौ ॥ २७
ददर्श तं समाकीर्णं जटाभिर्वनवासतः । प्रशान्तशेषशापाग्निधूमिकाभिरिवाभितः ॥ २८
अथैनं प्रत्यभिज्ञाय सबाष्पमृगमध्यगम् । नमस्कृत्य च पप्रच्छ तं वृत्तान्तं महीपतिः ॥ २९
सोऽपि स्वं पुष्पदन्तस्य राज्ञे शापादिचेष्टितम् । ज्ञानी कथावतारं तमाचख्यौ भूतभाषया ॥ ३०
ततो गणावतारं तं मत्वा पादानतो नृपः । ययाचे तां कथां तस्माद्दिव्यां हरमुखोद्गताम् ॥ ३१
अथोवाच स तं भूपं गुणाढ्यः सातवाहनम् । राजन्षड्ग्रन्थलक्षाणि मया दग्धानि षट् कथाः ॥ ३२
लक्षमेकमिदं त्वस्ति कथैका सैव गृह्यताम् । मच्छिष्यौ तव चात्रैतौ व्याख्यातारौ भविष्यतः ॥ ३३
इत्युक्त्वा नृपमामन्त्र्य त्यक्त्वा योगेन तां तनुम् । गुणाढ्यः शापनिर्मुक्तः प्राप दिव्यं निजं पदम् ॥ ३४

अथ तां गुणाढ्यदत्तामादाय कथां बृहत्कथां नाम्ना ।
नृपतिरगान्निजनगरं नरवाहनदत्तचरितमयीम् ॥ ३५
गुणदेवनन्दिदेवौ तत्र च तौ तत्कथाकवेः शिष्यौ ।
क्षितिकनकवस्त्रवाहनभवनधनैः संविभेजे सः ॥ ३६
ताभ्यां सह च कथां तामाश्वास्य स सातवाहनस्तस्याः ।
तद्भाषयावतारं वक्तुं चक्रे कथापीठम् ॥ ३७
सा च चित्ररसनिर्भरा कथा विस्मृतामरकथा कुतूहलात् ।
तद्विधाय नगरे निरन्तरां ख्यातिमत्र भुवनत्रये गता ॥ ३८

इति महाकविश्रीसोमदेवभट्टविरचिते कथासरित्सागरे कथापीठलम्बकेऽष्टमस्तरङ्गः ।

समाप्तश्चायं कथापीठलम्बकः प्रथमः ।

॥ श्रीः ॥

महाकविश्रीसोमदेवभट्टविरचितः

कथासरित्सागरः ।

कथामुखं नाम द्वितीयो लम्बकः ।

इदं गुरुगिरीन्द्रजाप्रणयमन्दरान्दोलना-
त्पुरा किल कथामृतं हरमुखाम्बुधेरुद्गतम् ।
प्रसह्य रसयन्ति ये विगतविघ्नलब्धर्द्धयः
पुरं दधति वैबुधीं भुवि भवप्रसादेन ते ॥

प्रथमस्तरङ्गः ।

गौरीनवपरिष्वङ्गे विभोः स्वेदाम्बु पातु वः । नेत्राग्निभीत्या कामेन वारुणास्त्रमिवाहितम् ॥ १
कैलासे धूर्जटेर्वक्त्रात्पुष्पदन्तं गणोत्तमम् । तस्माद्वररुचीभूतात्काणभूतिं च भूतले ॥ २
काणभूतेर्गुणाढ्यं च गुणाढ्यात्सातवाहनम् । यत्प्राप्तं शृणुतेदं तद्विद्याधरकथाद्भुतम् ॥ ३
अस्ति वत्स इति ख्यातो देशो दर्पोपशान्तये । स्वर्गस्य निर्मितो धात्रा प्रतिमल्ल इव क्षितौ ॥ ४
कौशाम्बी नाम तत्रास्ति मध्यभागे महापुरी । लक्ष्मीविलासवसतिर्भूतलस्येव कर्णिका ॥ ५
तस्यां राजा शतानीकः पाण्डवान्वयसंभवः । जनमेजयपुत्रोऽऽभूत्पौत्रो राज्ञः परीक्षितः ॥ ६
अभिमन्युप्रपौत्रश्च यस्यादिपुरुषोऽर्जुनः । त्रिपुरारिभुजस्तम्भदृष्टदोर्दण्डविक्रमः ॥ ७
कलत्रं भूरभूत्तस्य राज्ञी विष्णुमती तथा । एका रत्नानि सुषुवे न तावदपरा सुतम् ॥ ८
एकदा मृगयासङ्गाद्भ्राम्यतश्चास्य भूपतेः । अभूच्छाण्डिल्यमुनिना समं परिचयो वने ॥ ९
सोऽस्य पुत्रार्थिनो राज्ञः कौशाम्बीमेत्य साधितम् । मन्त्रपूतं चरुं राज्ञीं प्राशयन्मुनिसत्तमः ॥ १०
ततस्तस्य सुतो जज्ञे सहस्रानीकसंज्ञकः । शुशुभे स पिता तेन विनयेन गुणो यथा ॥ ११
युवराजं क्रमात्कृत्वा शतानीकोऽथ तं सुतम् । संभोगैरेव राजाभून्न तु भूभारचिन्तनैः ॥ १२
अथासुरैः समं युद्धे प्राप्ते साहायकेच्छया । दूतस्तस्मै विसृष्टोऽभूद्राज्ञे शक्रेण मातलिः ॥ १३
ततो युगंधराख्यस्य हस्ते धूर्यस्य मन्त्रिणः । सुप्रतीकाभिधानस्य मुख्यसेनापतेश्च सः ॥ १४
समर्प्य पुत्रं राज्यं च निहन्तुमसुरान्रणे । शक्रान्तिकं शतानीकः सह मातलिना ययौ ॥ १५
असुरान्यमदंष्ट्रादीन्बहून्पश्यति वासवे । हत्वा तत्रैव सङ्ग्रामे प्राप मृत्युं स भूपतिः ॥ १६
मातल्यानीतदेहं च देवी तं नृपमन्वगात् । राजलक्ष्मीश्च तत्पुत्रं सहस्रानीकमाश्रयत् ॥ १७
चित्रं तस्मिन्समारूढे पित्र्यं सिंहासनं नृपे । भरेण सर्वतो राज्ञां शिरांसि नतिमाययुः ॥ १८
ततः शक्रः सुहृत्पुत्रं विपक्षविजयोत्सवे । स्वर्गं सहस्रानीकं तं निनाय प्रेष्य मातलिम् ॥ १९
स तत्र नन्दने देवान्क्रीडतः कामिनीसखान् । दृष्ट्वा स्वोचितभार्यार्थी राजा शोकमिवाविशत् ॥ २०
विज्ञायैतमभिप्रायं तमुवाचाथ वासवः । राजन्नलं विषादेन वाञ्छेयं तव सेत्स्यति ॥ २१
उत्पन्ना हि क्षितौ भार्या तुल्या ते पूर्वनिर्मिता । इमं च शृणु वृत्तान्तमत्र ते वर्णयाम्यहम् ॥ २२
पुरा पितामहं द्रष्टुमगच्छं तत्सभामहम् । विधूमो नाम पश्चाच्च ममैको वसुरागमत् ॥ २३
स्थितेष्वस्मासु तत्रैव विरिञ्चिं द्रष्टुमप्सराः । आगादलम्बुषा नाम वातविस्रंसितांशुका ॥ २४
तां दृष्ट्वैव स कामस्य वशं वसुरुपागमत् । साप्यप्सरा झगित्यासीत्तद्रूपाकृष्टलोचना ॥ २५

तदालोक्य ममापश्यन्मुखं कमलसंभवः । अभिप्रायं विदित्वास्य तावहं शप्तवान्क्रुधा ॥ २६
मर्त्यलोकेऽवतारोऽस्तु युवयोरविनीतयोः । भविष्यथश्च तत्रैव युवां भार्यापती इति ॥ २७
स वसुस्त्वं समुत्पन्नः सहस्रानीकभूपते । शतानीकस्य तनयो भूषणं शशिनः कुले ॥ २८
साप्यप्सरा अयोध्यायां कृतवर्मनृपात्मजा । जाता मृगावती नाम सा ते भार्या भविष्यति ॥ २९
इतीन्द्रवाक्यपवनैरुद्धूतो हृदि भूपतेः । सस्नेहे तस्य झगिति प्राज्वलन्मदनानलः ॥ ३०
ततः संमान्य शक्रेण प्रेषितस्तद्रथेन सः । सह मातलिना राजा प्रतस्थे स्वां पुरीं प्रति ॥ ३१
गच्छन्तं चाप्सराः प्रीत्या तमुवाच तिलोत्तमा । राजन्वक्ष्यामि ते किंचित्प्रतीक्षस्व मनागिति ॥ ३२
तदश्रुत्वैव हि ययौ स तां ध्यायन्मृगावतीम् । ततः सा लज्जिता कोपात्तं शशाप तिलोत्तमा ॥ ३३
यया हृतमना राजन्न शृणोषि वचो मम । तस्याश्चतुर्दशसमा वियोगस्ते भविष्यति ॥ ३४
मातलिस्तच्च शुश्राव स च राजा प्रियोत्सुकः । ययौ रथेन कौशाम्बीमयोध्यां मनसा पुनः ॥ ३५
ततो युगंधरादिभ्यो मन्त्रिभ्यो वासवाच्छ्रुतम् । मृगावतीगतं सर्वं शशंसोत्सुकया धिया ॥ ३६
याचितुं तां स कन्यां च तत्पितुः कृतवर्मणः । अयोध्यां प्राहिणोद्दूतं कालक्षेपासहो नृपः ॥ ३७
कृतवर्मा च तद्दूताच्छ्रुत्वा संदेशमभ्यधात् । हर्षाद्देव्यै कलावत्यै ततः साप्येनमब्रवीत् ॥ ३८
राजन्सहस्रानीकाय देयावश्यं मृगावती । इममर्थं च मे स्वप्ने जाने कोऽप्यवदद्द्विजः ॥ ३९
अथ हृष्टो मृगावत्या नृत्तगीतादिकौशलम् । रूपं चाप्रतिमं तस्मै दूतायादर्शयन्नृपः ॥ ४०
ददौ तां च स कान्तानां कलानामेकमास्पदम् । कृतवर्मा सुतां तस्मै राज्ञे मूर्तिमिवैन्दवीम् ॥ ४१
परस्परगुणावाप्त्यै स श्रुतप्रज्ञयोरिव । अभूत्सहस्रानीकस्य मृगावत्याश्च संगमः ॥ ४२
अथ तस्याचिराद्राज्ञो मन्त्रिणां जज्ञिरे सुताः । जज्ञे युगंधरस्यापि पुत्रो यौगन्धरायणः ॥ ४३
सुप्रतीकस्य पुत्रश्च रुमण्वानित्यजायत । योऽस्य नर्मसुहृत्तस्य पुत्रोऽजनि वसन्तकः ॥ ४४
ततस्तस्यापि दिवसैः सहस्रानीकभूपतेः । बभार गर्भमापाण्डुमुखी राज्ञी मृगावती ॥ ४५
ययाचे साथ भर्तारं दर्शनातृप्तलोचनम् । दोहदं रुधिरापूर्णलीलावापीनिमज्जनम् ॥ ४६
स चेच्छां पूरयन्राज्ञ्या लाक्षादिरसनिर्भराम् । चकार धार्मिको राजा वापीं रक्तावृतामिव ॥ ४७
तस्यां स्नान्तीमकस्माच्च लाक्षालिप्तां निपत्य ताम् । गरुडान्वयजः पक्षी जहारामिषशङ्कया ॥ ४८
पक्षिणा क्वापि नीतां तामन्वेष्टुमिव तत्क्षणम् । ययौ सहस्रानीकस्य धैर्यं विह्वलचेतसा ॥ ४९
प्रियानुरक्तं चेतोऽपि नूनं तस्य पतत्रिणा । जह्रे येन स निःसंज्ञः पपात भुवि भूपतिः ॥ ५०
क्षणाच्च लब्धसंज्ञेऽस्मिन्राज्ञि बुद्ध्वा प्रभावतः । अवतीर्य शुमार्गेण तत्र मातलिराययौ ॥ ५१
स राजानं समाश्वास्य सावधि प्राग्यथा श्रुतम् । तस्मै तिलोत्तमाशापं कथयित्वा ततोऽगमत् ॥ ५२
हा प्रिये पूर्णकामा सा जाता पापा तिलोत्तमा । इत्यादि च स शोकार्तो विललाप महीपतिः ॥ ५३
विज्ञातशापवृत्तान्तो बोधितश्च स मन्त्रिभिः । कथंचिज्जीवितं दध्रे पुनः संगमवाञ्छया ॥ ५४
तां च राज्ञीं स पक्षीन्द्रः क्षणान्नीत्वा मृगावतीम् । जीवन्तीं वीक्ष्य तत्याज दैवादुदयपर्वते ॥ ५५
त्यक्त्वा तस्मिन्गते चाथ राज्ञी शोकभयाकुला । ददर्शानाथमात्मानं दुर्गमाद्रितटस्थितम् ॥ ५६
एकाकिनीमेकवस्त्रां क्रन्दन्तीमथ तां वने । ग्रासीकर्तुं प्रवृत्तोऽभूदुत्थायाजगरो महान् ॥ ५७
निहत्याजगरं तं च शुभोदर्का तथैव सा । दिव्येन मोचिता पुंसा दृष्टनष्टेन केनचित् ॥ ५८
ततो वनगजस्याग्रे सा स्वयं मरणार्थिनी । आत्मानमक्षिपत्सोऽपि ररक्ष दययेव ताम् ॥ ५९
चित्रं यच्छ्वापदोऽप्येनां पतितामपि गोचरे । नावधीदथवा किं हि न भवेदीश्वरेच्छया ॥ ६०
अथ प्रपाताभिमुखी बाला गर्भभरालसा । स्मरन्ती तं च भर्तारं मुक्तकण्ठं रुरोद सा ॥ ६१
तच्छ्रुत्वा मुनिपुत्रोऽथ तत्रैकस्तां समाययौ । आगतः फलमूलार्थं शुचं मूर्तिमतीमिव ॥ ६२
स च पृष्ट्वा यथावृत्तमाश्वास्य च कथंचन । जमदग्न्याश्रमं राज्ञीं निनायैनां दयार्द्रधीः ॥ ६३
तत्र मूर्तमिवाश्वासं जमदग्निं ददर्श सा । तेजसा स्थिरबालार्कं कुर्वाणमुदयाचलम् ॥ ६४

सोऽपि तां पादपतितां मुनिराश्रितवत्सलः। राज्ञीं वियोगदुःखार्तां दिव्यदृष्टिरभाषत ॥ ६५
इह ते जनिता पुत्रि पुत्रो वंशधरः पितुः। भविष्यति च भर्ता ते संगमो मा शुचं कृथाः ॥ ६६
इत्युक्ता मुनिना साध्वी सा जग्राह मृगावती। आश्रमेऽवस्थितिं तस्मिन्नाशां च प्रियसंगमे ॥ ६७
ततश्च दिवसैस्तत्र श्लाघनीयमनिन्दिता। सत्संगतिरिवाचारं पुत्ररत्नमसूत सा ॥ ६८
श्रीमानुदयनो नाम्ना राजा जातो महायशाः। भविष्यति च पुत्रोऽस्य सर्वविद्याधराधिपः ॥ ६९
इत्यन्तरिक्षादुदभूत्तस्मिन्काले सरस्वती। आदधाना मृगावत्याश्चित्तविस्मृतमुत्सवम् ॥ ७०
क्रमादुदयनः सोऽथ बालस्तस्मिंस्तपोवने। अवर्धत निजैः सार्धं वयस्यैरिव सद्गुणैः ॥ ७१
कृत्वा क्षत्रोचितान्सर्वान्संस्काराञ्जमदग्निना। व्यनीयत स विद्यासु धनुर्वेदे च वीर्यवान् ॥ ७२
कृष्ट्वा च स्वकरान्माता तस्य स्नेहान्मृगावती। सहस्रानीकनामाङ्कं चकार कटकं करे ॥ ७३
हरिणाखेटके जातु भ्राम्यन्नुदयनोऽथ सः। शबरेण हठाक्रान्तमटव्यां सर्पमैक्षत ॥ ७४
सदयः सुन्दरे तस्मिन्सर्पे तं शबरं च सः। उवाच मुच्यतामेष सर्पो मद्वचनादिति ॥ ७५
ततः स शबरोऽवादीज्जीविकेयं मम प्रभो। कृपणोऽहं हि जीवामि भुजगं खेलयन्सदा ॥ ७६
विपन्ने पन्नगे पूर्वं मन्त्रौषधिबलादयम्। वष्टब्धश्च मया लब्धश्चिन्वतैतां महाटवीम् ॥ ७७
श्रुत्वेत्युदयनस्त्यागी दत्त्वास्मै शबराय तम्। कटकं जननीदत्तं स तं सर्पममोचयत् ॥ ७८
गृहीतकटके याते शबरे पुरतो गतिम्। कृत्वा स भुजगः प्रीतो जगादोदयनं तदा ॥ ७९
वसुनेमिरिति ख्यातो ज्येष्ठो भ्रातास्मि वासुकेः। इमां वीणां गृहाण त्वं मत्तः संरक्षितात्त्वया ॥ ८०
तन्त्रीनिर्घोषरम्यां च श्रुतिभागविभाजिताम्। ताम्बूलीश्च सहाम्लानमालातिलकयुक्तिभिः ॥ ८१
तद्युक्तो जमदग्नेस्तं नागोत्क्षिप्तः स चाश्रमम्। आगादुदयनो मातुर्दृशि वर्षन्निवामृतम् ॥ ८२
अत्रान्तरे स शबरोऽप्यटवीं प्राप्य पर्यटन्। आदायोदयनात्प्राप्तं कटकं तद्विधेर्वशात् ॥ ८३
विक्रीणानश्च तत्तत्र राजनामाङ्कमापणे। वष्टभ्य राजपुरुषैर्निन्ये राजकुलं च सः ॥ ८४
कुतस्त्वयेदं कटकं संप्राप्तमिति तत्र सः। राज्ञा सहस्रानीकेन स्वयं शोकादपृच्छत ॥ ८५
अथोदयाद्रौ सर्पस्य ग्रहणात्प्रभृति स्वकम्। कटकप्राप्तिवृत्तान्तं शबरः स जगाद तम् ॥ ८६
तद्बुद्ध्वा शबराद्दृष्ट्वा दयितावलयं च तम्। विचारदोलामारोहत्सहस्रानीकभूपतिः ॥ ८७
क्षीणः शापः स ते राजन्नुदयाद्रौ च सा स्थिता। जमदग्न्याश्रमे जाया सपुत्रा ते मृगावती ॥ ८८
इति दिव्या तदा वाणी नन्दयामास तं नृपम्। विप्रयोगनिदाघार्तं वारिधारेव बर्हिणम् ॥ ८९

अथोत्कण्ठादीर्घे कथमपि दिनेऽस्मिन्नवसिते तमेवाग्रे कृत्वा शबरमपरेद्युः स नृपतिः।
सहस्रानीकस्तां सरभसमवाप्तुं प्रियतमां प्रतस्थे तत्सैन्यैः सममुदयशैलाश्रमपदम् ॥ ९०

इति महाकविश्रीसोमदेवभट्टविरचिते कथासरित्सागरे कथामुखलम्बके प्रथमस्तरङ्गः।

द्वितीयस्तरङ्गः।

गत्वाथ दूरमध्वानं राजा वसतिमग्रहीत्। दिने तस्मिन्स कस्मिंश्चिदरण्यसरसस्तटे ॥ १
शयनीयगतः श्रान्तस्तत्र सेवारसागतम्। सायं संगतकं नाम जगाद कथकं नृपः ॥ २
कथामाख्याहि मे कांचिद्धृदयस्य विनोदिनीम्। मृगावतीमुखाम्भोजदर्शनोत्सवकाङ्क्षिणः ॥ ३
अथ संगतकोऽवादीद्देव किं तप्यसे वृथा। आसन्न एव देव्यास्ते क्षीणशापः समागमः ॥ ४
संयोगा विप्रयोगाश्च भवन्ति बहवो नृणाम्। तथा चात्र कथामेकां कथयामि शृणु प्रभो ॥ ५
मालवे यज्ञसोमाख्यो द्विजः कश्चिदभूत्पुरा। तस्य च द्वौ सुतौ साधोर्जायेते स्म जनप्रियौ ॥ ६
एकस्तयोरभून्नाम्ना कालनेमिरिति श्रुतः। द्वितीयश्चापि विगतभय इत्याख्ययाभवत् ॥ ७
पितरि स्वर्गते तौ च भ्रातरौ तीर्णशैशवौ। विद्याप्राप्त्यै प्रययतुः पुरं पाटलिपुत्रकम् ॥ ८

तत्रैवोपात्तविद्याभ्यामुपाध्यायो निजे सुते । देवशर्मा ददौ ताभ्यां मूर्ते विद्ये इवापरे ॥ ९
अथान्यान्वीक्ष्य तानाढ्यन्गृहस्थानीर्ष्यया श्रियम् । होमैः स साधयामास कालनेमिः कृतव्रतः ॥ १०
सा च तुष्टा सती साक्षादेवं श्रीस्तमभाषत । भूरि प्राप्स्यसि वित्तं च पुत्रं च पृथिवीपतिम् ॥ ११
किं त्वन्ते चौरसदृशो वधस्तव भविष्यति । हुतमग्नौ त्वया यस्मादमर्षकलुषात्मना ॥ १२
इत्युक्त्वान्तर्दधे लक्ष्मीः कालनेमिरपि क्रमात् । महाधनोऽभूत्किं चास्य दिनैः पुत्रोऽप्यजायत ॥ १३
श्रीवरादेष संप्राप्त इति नाम्ना तमात्मजम् । श्रीदत्तमकरोत्सोऽपि पिता पूर्णमनोरथः ॥ १४
क्रमात्स वृद्धिं संप्राप्तः श्रीदत्तो ब्राह्मणोऽपि सन् । अस्त्रेषु बाहुयुद्धेषु बभूवाप्रतिमो भुवि ॥ १५
कालनेमेरथ भ्राता तीर्थार्थी सर्पभक्षिताम् । भार्यामुद्दिश्य विगतभयो देशान्तरं ययौ ॥ १६
श्रीदत्तोऽपि गुणज्ञेन राज्ञा वल्लभशक्तिना । तत्र विक्रमशक्तेः स स्वपुत्रस्य कृतः सखा ॥ १७
राजपुत्रेण तेनास्य सहवासोऽभिमानिना । बाल्ये दुर्योधनेनेव भीमस्यासीत्तरस्विना ॥ १८
द्वावेतस्याथ मित्रत्वं विप्रस्यावन्तिदेशजौ । क्षत्रियौ बाहुशाली च वज्रमुष्टिश्च जग्मतुः ॥ १९
बाहुयुद्धजिताश्चान्ये दाक्षिणात्या गुणप्रियाः । स्वयंवरसुहृत्त्वेन मन्त्रिपुत्रास्तमाश्रयन् ॥ २०
महाबलव्याघ्रभटावुपेन्द्रबल इत्यपि । तथा निष्ठुरको नाम सौहार्दं तस्य चक्रिरे ॥ २१
कदाचिदथ वर्षासु विहर्तुं जाह्नवीतटे । श्रीदत्तः सह तैर्मित्रै राजपुत्रसखो ययौ ॥ २२
स्वभृत्यास्तत्र तं चक्रुर्निजं राजसुतं नृपम् । श्रीदत्तोऽपि स तत्कालं राजा मित्रैरकल्प्यत ॥ २३
तावता जातरोषेण राजपुत्रेण तेन सः । विप्रवीरो रणायाशु समाहूतो मदस्पृशा ॥ २४
स तेन बाहुयुद्धेन श्रीदत्तेनाथ निर्जितः । चकार हृदि वध्यं तु वर्द्धमानं कलङ्कितः ॥ २५
ज्ञात्वा च तमभिप्रायं राजपुत्रस्य शङ्कितः । श्रीदत्तः सह तैर्मित्रैस्तत्समीपादपासरत् ॥ २६
उपसर्पन्स चापश्यद्गङ्गामध्यगतां स्त्रियम् । ह्रियमाणां जलौघेन सागरस्थामिव श्रियम् ॥ २७
ततश्चावततारैतामुद्धर्तुं जलमध्यतः । षड्बाहुशालिप्रमुखान्स्थापयित्वा तटे सखीन् ॥ २८
तां च केशेष्वपि प्राप्तां निमग्नां दूरमम्भसि । अनुसर्तुं स्त्रियं सोऽपि वीरस्तत्रैव मग्नवान् ॥ २९
निमज्ज्य च ददर्शात्र स श्रीदत्तः क्षणादिति । शैवं देवकुलं दिव्यं न पुनर्वारि न स्त्रियम् ॥ ३०
तद्दृष्ट्वा महदाश्चर्यं श्रान्तो नत्वा वृषध्वजम् । उद्याने सुन्दरे तत्र तां निनाय विभावरीम् ॥ ३१
प्रातश्च देवमीशानं सा पूजयितुमागता । ददृशे तेन मूर्तेव रूपश्रीः स्त्रीगुणान्विता ॥ ३२
ईश्वरं पूजयित्वा च सा ततो निजमन्दिरम् । ययाविन्दुमुखी सोऽपि श्रीदत्तोऽनुजगाम ताम् ॥ ३३
ददर्श मन्दिरं तच्च तस्याः सुरपुरोपमम् । प्रविवेश च संभ्रान्ता सावमानेव मानिनी ॥ ३४
साप्यसंभाषमाणैव तमन्तर्वासवेश्मनि । तन्वी न्यषीदत्पर्यङ्के स्त्रीसहस्रोपसेविता ॥ ३५
श्रीदत्तोऽपि स तत्रैव निषसाद तदन्तिके । अथाकस्मात्प्रववृते तया साध्व्या प्ररोदितुम् ॥ ३६
निपेतुः स्तनयोस्तस्याः संतप्ता बाष्पबिन्दवः । श्रीदत्तस्य च तत्कालं कारुण्यं हृदये गतम् ॥ ३७
ततः स चैनां पप्रच्छ का त्वं दुःखं च किं तव । वद सुन्दरि शक्तोऽहं तन्निवारयितुं यतः ॥ ३८
ततः कथंचित्सावादीद्वयं दैत्यपतेर्बले । पौत्र्यो दशशतं तासां ज्येष्ठा विद्युत्प्रभेत्यहम् ॥ ३९
स नः पितामहो नीतो विष्णुना दीर्घबन्धनम् । पिता च बाहुयुद्धेन हतस्तेनैव शौरिणा ॥ ४०
तं हत्वा तेन च निजात्पुरान्निर्वासिता वयम् । प्रवेशरोधकृत्तत्र सिंहश्च स्थापितोऽन्तरे ॥ ४१
आवृतं तत्पदं तेन दुःखेन हृदयं च नः । स च यक्षः कुबेरस्य शापात्सिंहत्वमागतः ॥ ४२
मर्त्यैश्चाभिभवस्तस्य शापान्तः कथितः पुरा । पुरप्रवेशोपायार्थं विज्ञप्तो विष्णुरादिशत् ॥ ४३
अतः स शत्रुरस्माकं केसरी जीयतां त्वया । तदर्थमेव चानीतो मया वीर भवानिह ॥ ४४
मृगाङ्ककाख्यं खड्गं च जितात्तस्मादवाप्स्यसि । पृथिवीं यत्प्रभावेण जित्वा राजा भविष्यसि ॥ ४५
तच्छ्रुत्वा स तथेत्यत्र श्रीदत्तोऽतीततद्दिनः । अन्येद्युर्दैत्यकन्यास्ताः कृत्वाग्रे तत्पुरं ययौ ॥ ४६
जिगाय बाहुयुद्धेन तत्र तं सिंहमुद्धतम् । सोऽपि शापविमुक्तः सन्बभूव पुरुषाकृतिः ॥ ४७

दत्त्वा चास्मै स खड्गं स्वं तुष्टः शापान्तकारिणे । सहासुराङ्गनादुःखभारेणादर्शनं ययौ ॥ ४८
सोऽथ सानुजया साकं श्रीदत्तो दैत्यकन्यया । बहिर्गतमिवानन्तं तद्विवेश पुरोत्तमम् ॥ ४९
अङ्गुलीयं विषघ्नं च सास्मै दैत्यसुता ददौ । ततः सोऽत्र स्थितस्तस्यां साभिलाषोऽभवद्युवा ॥ ५०
साथ युक्त्या जगादैनं वाप्यां स्नानमितः कुरु । आदायैनं च मज्जेस्त्वं खड्गं ग्राहभयापहम् ॥ ५१
तथेति वाप्यां मग्नः सञ्श्रीदत्तो जाह्नवीतटात् । तस्मादेव समुत्तस्थौ यस्मात्पूर्वमवातरत् ॥ ५२
खड्गाङ्गुलीयके पश्यन्पातालादुत्थितोऽथ सः । विषण्णो विस्मितश्चासीद्वञ्चितोऽसुरकन्यया ॥ ५३
ततस्तान्सुहृदोऽन्वेष्टुं स्वगृहाभिमुखं ययौ । गच्छन्निष्ठुरकाख्यं च मित्रं मार्गे ददर्श सः ॥ ५४
स चोपेत्य प्रणम्याथ नीत्वैकान्ते च सत्वरम् । तं पृष्टस्वजनोदन्तमेवं निष्ठुरकोऽब्रवीत् ॥ ५५
गङ्गान्तस्त्वां तदा मग्नमन्विष्य दिवसान्बहून् । स्वशिरांसि शुचा छेत्तुमभूम वयमुद्यताः ॥ ५६
न पुत्राः साहसं कार्यं जीवन्नेष्यति वः सखा । इत्यन्तरिक्षाद्वाणी नस्तमुद्योगं न्यवारयत् ॥ ५७
ततश्च त्वत्पितुः पार्श्वमस्माकं प्रतिगच्छताम् । मार्गे सत्वरमभ्येत्य पुमानेकोऽब्रवीदिदम् ॥ ५८
नगरं न प्रवेष्टव्यं युष्माभिरिह सांप्रतम् । यतो वल्लभशक्तिः स विपन्नोऽत्र महीपतिः ॥ ५९
दत्तो विक्रमशक्तिश्च राज्ये संभूय मन्त्रिभिः । प्राप्तराज्यः स चान्येद्युः कालनेमेरगाद्गृहम् ॥ ६०
श्रीदत्तः क स ते पुत्र इति चामर्षनिर्भरः । तमपृच्छत्स चाप्येनं नाहं वेद्मीत्यभाषत ॥ ६१
प्रच्छादितोऽमुना पुत्र इति तेन निषूदितः । कालनेमिः स शूलायां राज्ञा चौर इति क्रुधा ॥ ६२
तद्दृष्ट्वा तस्य भार्यायाः स्वयं हृदयमस्फुटत् । पापं पापान्तराक्षेपक्रूरं हि क्रूरकर्मणाम् ॥ ६३
तेन चान्विष्यते हन्तुं सोऽपि विक्रमशक्तिना । श्रीदत्तस्तद्वयस्याश्च यूयं तद्गम्यतामितः ॥ ६४
इति तेनोदिताः पुंसा शोकार्तास्ते निजां भुवम् । बाहुशाल्यादयः पञ्च संमन्त्र्योज्जयिनीं गताः ॥ ६५
प्रच्छन्नः स्थापितश्चाहं त्वदर्थमिह तैः सखे । तदेहि तावद्गच्छावस्तत्रैव सुहृदन्तिकम् ॥ ६६
एवं निष्ठुरकाच्छ्रुत्वा पितरावनुशोच्य सः । निदधे प्रतिकारास्थामिव खड्गे दृशं मुहुः ॥ ६७
कालं प्रतीक्षमाणोऽथ वीरो निष्ठुरकान्वितः । प्रतस्थे तान्सखीन्प्राप्तुं स तामुज्जयिनीं पुरीम् ॥ ६८
आमज्जनान्तं वृत्तान्तं सख्युस्तस्य च वर्णयन् । श्रीदत्तः स ददर्शैकां क्रोशन्तीमबलां पथि ॥ ६९
अबला भ्रष्टमार्गाहं मालवं प्रस्थितेति ताम् । ब्रुवन्तीं दयया सोऽथ सहप्रस्थायिनीं व्यधात् ॥ ७०
तया दयानुरोधाच्च स्त्रिया निष्ठुरकान्वितः । कस्मिंश्चिच्छून्यनगरे दिने तस्मिन्नुवास सः ॥ ७१
तत्र रात्रावकस्माच्च मुक्तनिद्रो ददर्श ताम् । स्त्रियं निष्ठुरकं हत्वा हर्षात्तन्मांसमश्नतीम् ॥ ७२
उदतिष्ठत्समाकृष्य सोऽथ खड्गं मृगाङ्ककम् । सापि स्त्री राक्षसीरूपं घोरं स्वं प्रत्यपद्यत ॥ ७३
स च केशेषु जग्राह निहन्तुं तां निशाचरीम् । तत्क्षणं दिव्यरूपत्वं संप्राप्ता तमुवाच सा ॥ ७४
मा मां वधीर्महाभाग मुञ्च नैवास्मि राक्षसी । अयमेवंविधः शापो ममाभूत्कौशिकान्मुनेः ॥ ७५
तपस्यतो हि तस्याहं धनाधिपतिनामुना । विघ्नाय प्रेषिता पूर्वं तत्पदप्राप्तिकाङ्क्षिणः ॥ ७६
ततः कान्तेन रूपेण तं क्षोभयितुमक्षमा । लज्जिता त्रासयन्त्येनमकार्षं भैरवं वपुः ॥ ७७
तद्दृष्ट्वा स मुनिः शापं सदृशं मय्यथो दधे । राक्षसी भव पापे त्वं निघ्नन्ती मानुषानिति ॥ ७८
त्वत्तः केशग्रहे प्राप्ते शापान्तं मे स चाकरोत् । इत्यहं राक्षसीभावमिमं कष्टमुपागमम् ॥ ७९
मयैव नगरं चैतद्ग्रस्तमद्य च मे चिरात् । त्वया कृतः स शापान्तस्तद्गृहाणाधुना वरम् ॥ ८०
इति तस्या वचः श्रुत्वा श्रीदत्तः सादरोऽभ्यधात् । किमन्येन वरेणाद्य जीवत्वेष सखा मम ॥ ८१
एवमस्त्विति सा चास्मै वरं दत्त्वा तिरोदधे । अक्षताङ्गः स चोत्तस्थौ जीवन्निष्ठुरकः पुनः ॥ ८२
तेनैव सह च प्रातः प्रहृष्टो विस्मितश्च सः । ततः प्रतस्थे श्रीदत्तः प्राप चोज्जयिनीं क्रमात् ॥ ८३
तत्र संभावयामास सखीन्मार्गोन्मुखान्स तान् । दर्शनेन यथायातो नीलकण्ठानिवाम्बुदः । ८४
कृतातिथ्यविधिश्चासौ स्वगृहं बाहुशालिना । नीतोऽभूत्कथिताशेषनिजवृत्तान्तकौतुकः ॥ ८५
तत्रोपचर्यमाणः सन्पितृभ्यां बाहुशालिनः । स उवास समं मित्रैः श्रीदत्तः स्वगृहे यथा ॥ ८६

कदाचित्सोऽथ संप्राप्ते मधुमासमहोत्सवे । यात्रामुपवने द्रष्टुं जगाम सखिभिः सह ॥ ८७
तत्र कन्यां ददर्शैकां राज्ञः श्रीबिम्बकेः सुताम् । आगतामाकृतिमतीं साक्षादिव मधुश्रियम् ॥ ८८
सा मृगाङ्कवती नाम हृदयं तस्य तत्क्षणम् । विवेश दत्तमार्गेव दृष्ट्यास्य सविकासया ॥ ८९
तस्या अपि मुहुः स्निग्धा प्रथमप्रेमशंसिनी । न्यस्ता तं प्रति दूतीव दृष्टिश्चक्रे गतागतम् ॥ ९०
प्रविष्टां वृक्षगहनं तामपश्यन्नथ क्षणात् । श्रीदत्तः शून्यहृदयो दिशोऽपि न ददर्श सः ॥ ९१
ज्ञातं मया ते हृदयं सखे मापह्नवं कृथाः । तदेहि तत्र गच्छावो यत्र राजसुता गता ॥ ९२
इत्युक्तश्चेङ्गितज्ञेन सुहृदा बाहुशालिना । तथेति स ययौ तस्याः संनिकर्षं सुहृत्सखः ॥ ९३
हा कष्टमहिना दष्टा राजपुत्रीति तत्क्षणम् । आक्रन्द उद्भूत्तत्र श्रीदत्तहृदयज्वरः ॥ ९४
विषघ्नमङ्गुलीयं च विद्या च सुहृदोऽस्य मे । अस्तीति गत्वा जगदे कञ्चुकी बाहुशालिना ॥ ९५
स च तत्क्षणमभ्येत्य कञ्चुकी चरणानतः । निकटं राजदुहितुः श्रीदत्तमनयद्द्रुतम् ॥ ९६
सोऽपि तस्यास्तदङ्गुल्यां निचिक्षेपाङ्गुलीयकम् । ततो जजाप विद्यां च तेन प्रत्युज्जिजीव सा ॥ ९७
अथ सर्वजने हृष्टे श्रीदत्तस्तुतितत्परे । तत्रैव ज्ञातवृत्तान्तो राजा बिम्बकिराययौ ॥ ९८
तेनासौ सखिभिः सार्धमगृहीताङ्गुलीयकः । प्रत्याजगाम श्रीदत्तो भवनं बाहुशालिनः ॥ ९९
तत्र तस्मै सुवर्णादि यत्प्रीतः प्राहिणोन्नृपः । तद्बाहुशालिनः पित्रे समग्रं स समर्पयत् ॥ १००
अथ तां चिन्तयन्कान्तां स तथा पर्यतप्यत । यथा किंकार्यतामूढा वयस्यास्तस्य जज्ञिरे ॥ १०१
ततो भावनिका नाम राजपुत्र्याः प्रिया सखी । अङ्गुलीयार्पणव्याजात्तस्यान्तिकमुपाययौ ॥ १०२
उवाच चैनं मत्सख्यास्तस्याः सुभग सांप्रतम् । त्वं वा प्राणप्रदो भर्ता मृत्युर्वाप्येष निश्चयः ॥ १०३
इत्युक्ते भावनिकया श्रीदत्तः स च सापि च । बाहुशाली च तेऽन्ये च मन्त्रं संभूय चक्रिरे ॥ १०४
हरामो निभृतं युक्त्या राजपुत्रीमिमां वयम् । निवासहेतोर्गुप्तं च गच्छामो मथुरामितः ॥ १०५
इति संमन्त्रिते सम्यक्कार्यसिद्ध्यै च संविदि । अन्योन्यं स्थापितायां सा ययौ भावनिका ततः ॥ १०६
अन्येद्युर्बाहुशाली च वयस्यत्रितयान्वितः । वणिज्याव्यपदेशेन जगाम मथुरां प्रति ॥ १०७
स गच्छन्स्थापयामास वाहनानि पदे पदे । राजपुत्र्यभिसाराय गूढानि चतुराणि च ॥ १०८
श्रीदत्तोऽपि ततः कांचिद्दुहित्रा सहितां स्त्रियम् । सात्रं राजसुतावासे पाययित्वा मधु न्यधात् ॥ १०९
ततोऽत्र दीपोद्देशेन दत्त्वाग्निं वासवेश्मनि । प्रच्छन्नं भावनिकया निन्ये राजसुता बहिः ॥ ११०
तत्क्षणं तां च संप्राप्य श्रीदत्तः स बहिः स्थितः । प्राक्प्रस्थितस्य निकटं प्राहिणोद्बाहुशालिनः ॥ १११
ददौ मित्रद्वयं चास्याः पश्चाद्भावनिकां तथा । तन्मन्दिरे च दग्धा सा क्षीबा स्त्री सुतया सह ॥ ११२
लोकस्तु तां सखीयुक्तां मेने दग्धां नृपात्मजाम् । प्रातश्च पूर्ववत्तत्र श्रीदत्तो ददृशे जनैः ॥ ११३
ततो रात्रौ द्वितीयस्यां स गृहीतमृगाङ्ककः । श्रीदत्तः प्रययौ पूर्वप्रस्थितां तां प्रियां प्रति ॥ ११४
तया च रात्र्यातिक्रम्य दूरमध्वानमुत्सुकः । विन्ध्याटवीमथ प्राप स प्रातः प्रहरे गते ॥ ११५
तत्रादावनिमित्तानि पश्चात्पथि ददर्श तान् । सर्वान्प्रहाराभिहतान्सहभावनिकान्सखीन् ॥ ११६
ते च दृष्ट्वा निजगदुस्तं संभ्रान्तमुपागतम् । मुषिताः स्मो निपत्याद्य बह्वश्वारोहसेनया ॥ ११७
एकेन चाश्वारोहेण राजपुत्री भयाकुला । अस्मास्वेतदवस्थेषु नीताश्वमधिरोप्य सा ॥ ११८
दूरं न यावन्नीता च तावद्गच्छानया दिशा । अस्माकमन्तिके मा स्थाः सर्वथाभ्यधिका च सा ॥ ११९
इति तैः प्रेषितो मित्रैर्मुहुः पश्यन्निवृत्य सः । जवेन राजतनयां श्रीदत्तोऽनुससार ताम् ॥ १२०
गत्वा सुदूरं लेभे च तामश्वारोहवाहिनीम् । युवानमेकं तन्मध्ये क्षत्रियं स ददर्श च ॥ १२१
तेनोपरि तुरंगस्य गृहीतां तां नृपात्मजाम् । अपश्यच्च ययौ चास्य क्षत्रयूनोऽन्तिकं क्रमात् ॥ १२२
सान्त्वेन राजपुत्रीं ताममुञ्चन्तं च पादतः । अश्वादाक्षिप्य दृषदि श्रीदत्तस्तमचूर्णयत् ॥ १२३
तं हत्वा च तमेवाश्वमारुह्य निजघान तान् । अन्यानपि बहून्क्रुद्धानश्वारोहान्प्रधावितान् ॥ १२४
हतशेषास्ततस्ते च तद्दृष्ट्वा तस्य तादृशम् । वीरस्यामानुषं वीर्यं पलाय्य सभयं ययुः ॥ १२५

स चापि तुरगारूढो राजपुत्र्या तया सह । मृगाङ्कवत्या श्रीदत्तः प्रययौ तान्सखीन्प्रति ॥ १२६
स्तोकं गत्वा च तस्याश्वः संग्रामे व्रणितो भृशम् । सभार्यस्यावतीर्णस्य पपात प्राप पञ्चताम् ॥ १२७
तत्कालं चास्य तत्रैव सा मृगाङ्कवती प्रिया । त्रासायासपरिश्रान्ता तृषार्ता समपद्यत ॥ १२८
स्थापयित्वा च तां तत्र गत्वा दूरमितस्ततः । जलमन्विष्यतश्चास्य सवितास्तमुपाययौ ॥ १२९
ततः स लब्धेऽपि जले मार्गनाशवशाद्भ्रमन् । चक्रवाकवदुत्कूजंस्तां निनाय निशां वने ॥ १३०
प्रातः प्राप च तत्स्थानं पतिताश्वोपलक्षितम् । न च तत्र क्वचित्कान्तां राजपुत्रीं ददर्श ताम् ॥ १३१
ततः स मोहाद्विन्यस्य भुवि खड्गं मृगाङ्ककम् । वृक्षाग्रमारुरोहैनामवेक्षितुमितस्ततः ॥ १३२
तत्क्षणं तेन मार्गेण कोऽप्यगाच्छबराधिपः । स चागत्यैव जग्राह वृक्षमूलान्मृगाङ्ककम् ॥ १३३
तं दृष्ट्वापि स वृक्षाग्रादवतीर्यैव पृष्टवान् । प्रियाप्रवृत्तिमत्यार्तः श्रीदत्तः शबराधिपम् ॥ १३४
इतस्त्वं गच्छ मत्पल्लीं जाने सा तत्र ते गता । अहं तत्रैव चैष्यामि दास्याम्यसिमिमं च ते ॥ १३५
इत्युक्त्वा प्रेपितस्तेन शबरेण स चोत्सुकः । श्रीदत्तस्तां ययौ पल्लीं तदीयैः पुरुषैः सह ॥ १३६
श्रमं तावद्विमुञ्चेति तत्रोक्तः पुरुषैश्च तैः । प्राप्य पल्लीपतेर्गेहं श्रान्तो निद्रां क्षणाद्ययौ ॥ १३७
प्रबुद्धश्च ददर्श स्वौ पादौ निगडसंयुतौ । अलब्धतद्गती कान्ताप्राप्त्युपायोद्यमाविव ॥ १३८
अथ क्षणं दत्तसुखां क्षणान्तरविमाथिनीम् । दैवस्येव गतिं तत्र तस्थौ शोचन्स तां प्रियाम् ॥ १३९
एकदा तमुवाचैत्य चेटी मोचनिकाभिधा । आगतोऽसि महाभाग कुत्रेह बत मृत्यवे ॥ १४०
कार्यसिद्ध्यै स हि क्वापि प्रयातः शबराधिपः । आगत्य चण्डिकायास्त्वामुपहारीकरिष्यति ॥ १४१
एतदर्थं हि तेन त्वमितो विन्ध्याटवीतटात् । प्राप्य युक्त्या विसृज्येह नीतः संप्रति बन्धनम् ॥ १४२
भगवत्युपहारत्वे यत एवासि कल्पितः । अत एव सदा वस्त्रैर्भोजनैश्चोपचर्यसे ॥ १४३
एकस्तु मुक्त्युपायस्ते विद्यते यदि मन्यसे । अस्त्यस्य सुन्दरी नाम शबराधिपतेः सुता ॥ १४४
अत्यर्थं सा च दृष्ट्वा त्वां जायते मदनातुरा । तां भजस्व वयस्यां मे ततः क्षेममवाप्स्यसि ॥ १४५
तयेत्युक्तो विमुक्त्यर्थी स श्रीदत्तस्तथेति ताम् । गान्धर्वविधिना गुप्तं भार्यां व्यधित सुन्दरीम् ॥ १४६
रात्रौ रात्रौ च सा तस्य बन्धनानि न्यवारयत् । अचिराच्च सगर्भा सा सुन्दरी समपद्यत ॥ १४७
तत्सर्वमथ तन्माता बुद्ध्वा मोचनिकामुखात् । जामातृस्नेहतो गत्वा स्वैरं श्रीदत्तमब्रवीत् ॥ १४८
पुत्र श्रीचण्डनामासौ कोपनः सुन्दरीपिता । न त्वां क्षमेत तद्गच्छ विस्मर्तव्या न सुन्दरी ॥ १४९
इत्युक्त्वा मोचितः श्वश्र्वा खड्गं श्रीचण्डहस्तगम् । सुन्दर्यै निजमावेद्य श्रीदत्तः प्रययौ ततः ॥ १५०
विवेश चार्यां तामेव चिन्ताक्रान्तो निजाटवीम् । मृगाङ्कवत्याः पदवीं तस्या जिज्ञासितुं पुनः ॥ १५१
निमित्तं च शुभं दृष्ट्वा तमेवोद्देशमाययौ । यत्रास्याश्वो मृतः सोऽथ यत्र सा हारिता वधूः ॥ १५२
तत्र चैकं ददर्शाराल्लुब्धकं संमुखागतम् । दृष्ट्वा च पृष्टवांस्तस्याः प्रवृत्तिं हरिणीदृशः ॥ १५३
किं श्रीदत्तस्त्वमित्युक्तो लुब्धकेन च तत्र सः । स एव मन्दभाग्योऽहमित्युवाच विनिःश्वसन् ॥ १५४
ततः स लुब्धकोऽवादीत्तर्हि वच्मि सखे शृणु । दृष्टा सा ते मया भार्या क्रन्दन्ती त्वामितस्ततः ॥ १५५
पृष्ट्वा ततश्च वृत्तान्तमाश्वास्य च कृपाकुलः । निजां पल्लीमितोऽरण्यादीनां तां नीतवानहम् ॥ १५६
तत्र चालोक्य तरुणान्पुलिन्दान्सभयेन सा । मथुरानिकटं ग्रामं नीता नागस्थलं मया ॥ १५७
तत्र च स्थापिता गेहे स्थविरस्य द्विजन्मनः । विश्वदत्ताभिधानस्य न्यासीकृत्य सगौरवम् ॥ १५८
ततश्चाहमिहायातो बुद्ध्वा त्वन्नाम तन्मुखात् । तामन्वेष्टुं ततो गच्छ शीघ्रं नागस्थलं प्रति ॥ १५९
इत्युक्तो लुब्धकेनाशु स श्रीदत्तस्ततो ययौ । तं च नागस्थलं प्रापदपरेद्युर्दिनात्यये ॥ १६०
भवनं विश्वदत्तस्य प्रविश्याथ विलोक्य तम् । ययाचे देहि मे भार्यां लुब्धकस्थापितामिति ॥ १६१
तच्छ्रुत्वा विश्वदत्तस्तं श्रीदत्तं निजगाद सः । मथुरायां सुहृन्मेऽस्ति ब्राह्मणो गुणिनां प्रियः ॥ १६२
उपाध्यायश्च मन्त्री च शूरसेनस्य भूपतेः । तस्य हस्ते त्वदीया सा गृहिणी स्थापिता मया ॥ १६३
अयं हि विजनो ग्रामो न तद्रक्षाक्षमो भवेत् । तत्प्रातस्तत्र गच्छ त्वमद्य विश्रम्यतामिह ॥ १६४

इत्युक्तो विश्वदत्तेन स नीत्वात्रैव तां निशाम्। प्रातः प्रतस्थे प्रापच मथुरामपरे दिने ॥ १६५
दीर्घाध्वमलिनस्तस्मिन्नगरे बहिरेव सः। स्नानं चक्रे परिश्रान्तो निर्मले दीर्घिकाजले ॥ १६६
तत एवाम्बुमध्याच वस्त्रं चौरनिवेशितम्। प्राप्तवानञ्चलग्रन्थिबद्धहारमशङ्कितम् ॥ १६७
अथ तद्वस्त्रमादाय स तं हारमलक्षयन्। प्रियां दिदृक्षुः श्रीदत्तो विवेश मथुरां पुरीम् ॥ १६८
तत्र तत्प्रत्यभिज्ञाय वस्त्रं हारमवाप्य च। स चौर इत्यवष्टभ्य निन्ये नगररक्षिभिः ॥ १६९
दर्शितश्च तथाभूतो नगराधिपतेश्च तैः। तेनाप्यावेदितो राज्ञे राजाप्यस्यादिशद्वधम् ॥ १७०
ततो वध्यभुवं हन्तुं नीयमानं ददर्श तम्। सा मृगाङ्कवती दूरात्पश्चात्प्रहतडिण्डिमम् ॥ १७१
सोऽयं मे नीयते भर्ता वधायेति ससंभ्रमम्। सा गत्वा मन्त्रिमुख्यं तमब्रवीद्यद्गृहे स्थिता ॥ १७२
निवार्य वधकान्सोऽथ मन्त्री विज्ञप्य भूपतिम्। श्रीदत्तं मोचयित्वा तं वधादानाययद्गृहम् ॥ १७३
कथं सोऽयं पितृव्यो मे गत्वा देशान्तरं पुरा। इहैव दैवाद्विगतभयः प्राप्तोऽद्य मन्त्रिताम् ॥ १७४
इति तं मन्त्रिणं सोऽथ श्रीदत्तस्तद्गृहागतः। प्रत्यभिज्ञातवान्दृष्ट्वा पपातास्य च पादयोः ॥ १७५
सोऽपि तं प्रत्यभिज्ञाय भ्रातुः पुत्रं सविस्मयः। कण्ठे जग्राह सर्वं च वृत्तान्तं परिपृष्टवान् ॥ १७६
ततस्तस्मै स निखिलं श्रीदत्तः स्वपितुर्वधात्। आरभ्य निजवृत्तान्तं पितृव्याय न्यवेदयत् ॥ १७७
सोऽपि मुक्त्वाश्रु विजने भ्रातुः पुत्रं तमभ्यधात्। अधृतिं मा कृथाः पुत्र मम सिद्धा हि यक्षिणी ॥ १७८
पञ्च वाजिसहस्राणि हेमकोटीश्च सप्त सा। प्रादान्मह्यमपुत्राय तत्तवैवाखिलं धनम् ॥ १७९
इत्युक्त्वा स पितृव्यस्तां श्रीदत्तायार्पयत्प्रियाम्। श्रीदत्तोऽप्यात्तविभवस्तत्र तां परिणीतवान् ॥ १८०
ततश्च तस्थौ तत्रैव संगतः कान्तया तया। मृगाङ्कवत्या सानन्दो रात्र्येव कुमुदाकरः ॥ १८१
बाहुशाल्यादिचिन्ता तु तस्याभूत्पूर्णसंपदः। इन्दोः कलङ्कलेखेव हृदि मालिन्यदायिनी ॥ १८२
एकदा स पितृव्यस्तं रहः श्रीदत्तमभ्यधात्। पुत्र राज्ञः सुतास्त्यस्य शूरसेनस्य कन्यका ॥ १८३
मया चावन्तिदेशे सा नेया दातुं तदाज्ञया। तत्तेनैवापदेशेन हृत्वा तुभ्यं ददामि ताम् ॥ १८४
ततस्तदनुगे प्राप्ते बले सति च मामके। यद्राज्यं ते श्रियादिष्टं तत्प्राप्स्यस्यचिरादिति ॥ १८५
निश्चित्यैतच तां कन्यां गृहीत्वा ययतुस्ततः। श्रीदत्तस्तत्पितृव्यश्च ससैन्यौ सपरिग्रहौ ॥ १८६
ततो विन्ध्याटवीमेतौ प्राप्तमात्रावतर्कितौ। चौरसेनातिमहती रुरोध शरवर्षिणी ॥ १८७
प्रहारमूर्छितं बद्ध्वा श्रीदत्तं भग्नसैनिकम्। निन्युश्चौराः स्वपल्लीं ते स्वीकृत्य सकलं धनम् ॥ १८८
ते च तं प्रापयामासुश्चण्डिकासद्म भीषणम्। उपहाराय घण्टानां नादैर्मृत्युरिवाह्वयत् ॥ १८९
तत्रापश्यच तं पल्ली सा पल्लीपतिपुत्रिका। सुन्दरी द्रष्टुमायाता देवीं बालसुतान्विता ॥ १९०
निषिद्धवत्या मध्यस्थान्दस्यूनानन्दपूर्णया। स श्रीदत्तस्तया साकं तन्मन्दिरमथाविशत् ॥ १९१
तदैव पल्लीराज्यं तत्प्राप पित्रा यदर्पितम्। प्रागेवानन्यपुत्रेण सुन्दर्यै गच्छता दिवम् ॥ १९२
तं च चौरसमाक्रान्तं सपितृव्यपरिच्छदम्। सकलत्रं च लेभेऽसौ तं खड्गं च मृगाङ्ककम् ॥ १९३
तत्रैव शूरसेनस्य सुतां तां परिणीय च। श्रीदत्तोऽपि महान्राजा नगरे समपद्यत ॥ १९४
प्रजिघाय स दूतांश्च ततः श्वशुरयोस्तयोः। बिम्बकेस्तस्य तस्यापि शूरसेनस्य भूपतेः ॥ १९५
समुपाजग्मतुस्तौ च सेनासमुदयान्वितौ। तं विज्ञायैव संबन्धं मुदा दुहितृवत्सलौ ॥ १९६
तेऽपि रूढव्रणाः स्वस्थास्तद्वियुक्ता वयस्यकाः। बाहुशालिप्रभृतयस्तद्बुद्ध्वा तमुपाययुः ॥ १९७
अथ श्वशुरसंयुक्तो गत्वा तं पितृघातिनम्। चक्रे विक्रमशक्तिं स वीरः क्रोधानलाहुतिम् ॥ १९८
ततश्च साब्धिवलयां श्रीदत्तः प्राप्य मेदिनीम्। ननन्द विरहोत्तीर्णः स मृगाङ्कवतीसखः ॥ १९९
इत्थं नरपते दीर्घवियोगव्यसनार्णवम्। तरन्ति च लभन्ते च कल्याणं धीरचेतसः ॥ २००
इति संगतकाच्छ्रुत्वा कथां स दयितोत्सुकः। तां निनाय निशां मार्गे सहस्रानीकभूपतिः ॥ २०१
ततो मनोरथारूढः पुरःप्रहितमानसः। प्रातः सहस्रानीकोऽसौ प्रतस्थे स्वां प्रियां प्रति ॥ २०२
दिनैः कतिपयैस्तं च जमदग्नेरवाप सः। मृगैरपि परित्यक्तचापलं शान्तमाश्रमम् ॥ २०३

दद्दर्श कल्पितातिथ्यं जमदग्निं च तत्र तम्। प्रणतः पावनालोकमाकारं तपसामिव ॥ २०४
स च तस्मै मुनी राज्ञे सपुत्रां तां समर्पयत्। चिरान्मृगावतीं राज्ञीं सानन्दामिव निर्वृतिम्॥ २०५
शापान्ते तत्र दंपत्योस्तयोरन्योन्यदर्शनम्। आनन्दबाष्पपूर्णायां ववर्षेवामृतं दृशि ॥ २०६
तत्पूर्वदर्शनं पुत्रमालिङ्ग्योदयनं स तम्। मुमोच नृपतिः कृच्छ्राद्रोमाञ्चेनेव कीलितम्॥ २०७
ततः सोदयनां राज्ञीं तामादाय मृगावतीम्। आ तपोवनमुद्बाष्पैरनुयातो मृगैरपि ॥ २०८
आमन्त्र्य जमदग्निं च प्रतस्थे स्वां पुरीं प्रति। प्रशान्तसादाश्रमात्तस्मात्सहस्रानीकभूपतिः॥ २०९
शृण्वन्विरहवृत्तानि प्रियाया वर्णयंश्च सः। उत्तोरणपताकां तां कौशाम्बीं प्राप्तवान्क्रमात्॥ २१०
समं च पत्नीपुत्राभ्यां प्रविवेश स तां पुरीम्। पीयमान इवोत्पक्ष्मराजिभिः पौरलोचनैः ॥ २११
अभ्यषिञ्चच्च तं तत्र झगित्युदयनं सुतम्। यौवराज्ये महाराजः प्रेर्यमाणः स तद्गुणैः ॥ २१२
स्वमन्त्रिपुत्रांस्तस्मै स मन्त्रहेतोः समर्पयत्। वसन्तकरुमण्वन्तौ तथा यौगन्धरायणम्॥ २१३
एभिर्मन्त्रिवरैरेष कृत्स्नां प्राप्स्यति मेदिनीम्। इति वागुदभूद्दिव्या पुष्पवृष्ट्या समं तदा ॥ २१४
ततः सुते न्यस्तभरः स राजा चिरकाङ्क्षितम्। जीवलोकसुखं भेजे मृगावत्या तया सह ॥ २१५

अथ तस्य जरां प्रशान्तिदूतीमुपयातां क्षितिपस्य कर्णमूलम्।
सहसैव विलोक्य जातकोपा बत दूरे विषयस्पृहा बभूव ॥ २१६

ततस्तं कल्याणं तनयमनुरक्तप्रकृतिकं निवेश्य स्वे राज्ये जगदुदयहेतोरुदयनम्।
सहस्रानीकोऽसौ सचिवसहितः सप्रियतमो महाप्रस्थानाय क्षितिपतिरगच्छद्धिमगिरिम्॥ २१७

इति महाकविश्रीसोमदेवभट्टविरचिते कथासरित्सागरे कथामुखलम्बके द्वितीयस्तरङ्गः।

तृतीयस्तरङ्गः।

ततः स वत्सराज्यं च प्राप्य पित्रा समर्पितम्। कौशाम्ब्यवस्थितः सम्यक्छशासोदयनः प्रजाः ॥ १
यौगन्धरायणाद्येषु भरं विन्यस्य मन्त्रिषु। बभूव स शनै राजा सुखेष्वेकान्ततत्परः ॥ २
सदा सिषेवे मृगयां वीणां घोषवतीं च ताम्। दत्तां वासुकिना पूर्वं नक्तंदिनमवादयत्॥ ३
तत्तन्त्रीकलनिर्ह्रादमोहमन्त्रवशीकृतान्। अनिनाय च संयम्य सदा मत्तान्वनद्विपान्॥ ४
स वारनारीवक्त्रेन्दुप्रतिमालंकृतां सुराम्। मन्त्रिणां च मुखच्छायां वत्सराजः समं पपौ ॥ ५
कुलरूपानुरूपा मे भार्या क्वापि न विद्यते। एका वासवदत्ताख्या कन्यका श्रूयते परम्॥ ६
कथं प्राप्येत सा चेति चिन्तामेकामुवाह सः। सोऽपि चण्डमहासेन उज्जयिन्यामचिन्तयत्॥ ७
तुल्यो मद्दुहितुर्भर्ता जगत्यस्मिन्न विद्यते। अस्ति चोदयनो नाम विपक्षः स च मे सदा ॥ ८
तत्कथं नाम जामाता वश्यश्च स भवेन्मम। उपायस्त्वेक एवास्ति यदटव्यां भ्रमत्यसौ ॥ ९
एकाकी द्विरदान्बध्नन्मृगयाव्यसनी नृपः। तेन च्छिद्रेण तं युक्त्यावष्टभ्यानाययाम्यहम्॥ १०
गान्धर्वज्ञस्य तस्यैतां सुतां शिष्यीकरोमि च। ततश्चास्यां स्वयं तस्य चक्षुः श्लिष्येदसंशयम्॥ ११
एवं स मम जामाता वश्यश्च नियतं भवेत्। नान्योऽस्त्युपायः कोऽप्यत्र येन वश्यो भवेच्च सः॥ १२
इति संचिन्त्य तत्सिद्ध्यै स गत्वा चण्डिकागृहम्। चण्डीमभ्यर्च्य तुष्टाव चक्रेऽस्या उपयाचितम्॥ १३
एतत्संपत्स्यते राजन्नचिराद्वाञ्छितं तव। इति शुश्राव तत्रासावशरीरां सरस्वतीम्॥ १४
ततस्तुष्टः समागत्य बुद्धदत्तेन मन्त्रिणा। सह चण्डमहासेनस्तमेवार्थमचिन्तयत्॥ १५
मानोद्धतो वीतलोभो रक्तभृत्यो महाबलः। असाध्योऽपि स सामादेः साम्ना तावन्निरूप्यताम्॥ १६
इति संमन्त्र्य स नृपो दूतमेकं समादिशत्। गच्छ मद्वचनाद्ब्रूहि वत्सराजमिदं वचः ॥ १७
मत्पुत्री तव गान्धर्वे शिष्या भवितुमिच्छति। स्नेहस्तेऽस्मासु चेत्तत्त्वं तामिहैवैत्य शिक्षय ॥ १८
इत्युक्त्वा प्रेषितस्तेन दूतो गत्वा न्यवेदयत्। कौशाम्ब्यां वत्सराजाय संदेशं तं तथैव सः॥ १९
वत्सराजोऽपि तच्छ्रुत्वा दूतादनुचितं वचः। यौगन्धरायणस्येदमेकान्ते मन्त्रिणोऽब्रवीत्॥ २०

किमेतत्तेन संदिष्टं सदर्पं मम भूभुजा । एवं संदिशतस्तस्य कोऽभिप्रायो दुरात्मनः ॥ २१
इत्युक्तो वत्सराजेन तदा यौगन्धरायणः । उवाचैनं महामन्त्री स स्वामिहितनिष्ठुरः ॥ २२
भुवि व्यसनिताख्यातिः प्ररूढा ते लतेव या । इदं तस्या महाराज कषायकटुकं फलम् ॥ २३
स हि त्वां रागिणं मत्वा कन्यारत्नेन लोभयन् । नीत्वा चण्डमहासेनो बद्ध्वा स्वीकर्तुमिच्छति ॥ २४
तन्मुञ्च व्यसनानि त्वं सुखेन हि परैर्नृपाः । सीदन्तस्तेषु गृह्यन्ते खातेष्विव वनद्विपाः ॥ २५
इत्युक्तो मन्त्रिणा धीरः प्रतिदूतं व्यसर्जयत् । स वत्सराजस्तं चण्डमहासेननृपं प्रति ॥ २६
संदिदेश च यद्यस्ति वाञ्छा मच्छिष्यतां प्रति । त्वत्पुत्र्यास्तदिहैवैषा भवता प्रेष्यतामिति ॥ २७
एवं कृत्वा च सचिवान्वत्सराजो जगाद सः । यामि चण्डमहासेनमिह बद्ध्वानयामि तम् ॥ २८
तच्छ्रुत्वा तमुवाचाग्र्यो मन्त्री यौगन्धरायणः । न चैतच्छक्यते राजन्कर्तुं नैव च युज्यते ॥ २९
स हि प्रभाववान्राजा स्वीकार्यश्च तव प्रभो । तथा च तद्गतं सर्वं शृण्विदं कथयामि ते ॥ ३०
अस्तीहोज्जयिनी नाम नगरी भूषणं भुवः । हसन्तीव सुधाधौतैः प्रासादैरमरावतीम् ॥ ३१
यस्यां वसति विश्वेशो महाकालवपुः स्वयम् । शिथिलीकृतकैलासनिवासव्यसनो हरः ॥ ३२
तस्यां महेन्द्रवर्माख्यो राजाभूद्भूभृतां वरः । जयसेनाभिधानोऽस्य बभूव सदृशः सुतः ॥ ३३
जयसेनस्य तस्याथ पुत्रोऽप्रतिमदोर्बलः । समुत्पन्नो महासेननामा नृपतिकुञ्जरः ॥ ३४
सोऽथ राजा स्वराज्यं तत्पालयन्समचिन्तयत् । न मे खड्गोऽनुरूपोऽस्ति न च भार्या कुलोद्गता ॥ ३५
इति संचिन्त्य स नृपश्चण्डिकागृहमागमत् । तत्रातिष्ठन्निराहारो देवीमाराधयंश्चिरम् ॥ ३६
उत्कृत्याथ स्वमांसानि होमकर्म स चाकरोत् । ततः प्रसन्ना साक्षात्सा देवी चण्डी तमभ्यधात् ॥ ३७
प्रीतास्मि ते गृहाणेमं पुत्र खड्गोत्तमं मम । एतत्प्रभावाच्छत्रूणामजेयस्त्वं भविष्यसि ॥ ३८
किं चाङ्गारवतीं नाम कन्यां त्रैलोक्यसुन्दरीम् । अङ्गारकासुरसुतां शीघ्रं भार्यामवाप्स्यसि ॥ ३९
अतीव चण्डं कर्मेह कृतं चैतद्यतस्त्वया । अतश्चण्डमहासेन इत्याख्या ते भविष्यति ॥ ४०
इत्युक्त्वा दत्तखड्गा सा देवी तस्य तिरोऽभवत् । राज्ञः संकल्पसंपत्तिहृष्टिराविरभूत्पुनः ॥ ४१
स खड्गो मत्तहस्तीन्द्रो नडागिरिरिति प्रभो । द्वे तस्य रत्ने शक्रस्य कुलिशैरावणाविव ॥ ४२
तयोः प्रभावात्सुखितः कदाचित्सोऽथ भूपतिः । अगाच्चण्डमहासेनो मृगयायै महाटवीम् ॥ ४३
अतिप्रमाणं तत्रैकं वराहं घोरमैक्षत । नैशं तम इवाकाण्डे दिवा पिण्डत्वमागतम् ॥ ४४
स वराहः शरैरस्य तीक्ष्णैरप्यकृतव्रणः । आहत्य स्यन्दनं राज्ञः पलाय्य बिलमाविशत् ॥ ४५
राजापि रथमुत्सृज्य तमेवानुसरन्क्रुधा । धनुर्द्वितीयस्तत्रैव प्राविशत्स बिलान्तरम् ॥ ४६
दूरं प्रविश्य चापश्यत्कान्तं पुरवरं महत् । सविस्मयो न्यषीदच्च तदन्तर्दीर्घिकातटे ॥ ४७
तत्रस्थः कन्यकामेकामपश्यत्स्त्रीशतान्विताम् । संचरन्तीं स्मरस्येव धैर्यनिर्भेदिनीमिषुम् ॥ ४८
सापि प्रेमरसासारवर्षिणा चक्षुषा मुहुः । स्नपयन्तीव राजानं शनकैस्तमुपागमत् ॥ ४९
कस्त्वं सुभग कस्माच्च प्रविष्टोऽसीह सांप्रतम् । इत्युक्तः स तया राजा यथातत्त्वमवर्णयत् ॥ ५०
तच्छ्रुत्वा नेत्रयुगलात्सरागादश्रुसंततिम् । हृदयाद्धीरतां चापि समं कन्या मुमोच सा ॥ ५१
का त्वं रोदिषि कस्माच्च पृष्टा तेनेति भूभृता । सा तं प्रत्यब्रवीदेवं मन्मथाज्ञानुवर्तिनी ॥ ५२
यो वराहः प्रविष्टोऽत्र स दैत्योऽङ्गारकाभिधः । अहं चैतस्य तनया नाम्नाङ्गारवती नृप ॥ ५३
वज्रसारमयश्चासौ राजपुत्रीरिमाः शतम् । आच्छिद्य राज्ञां गेहेभ्यः परिवारं व्यधान्मम ॥ ५४
किं चैष राक्षसीभूतः शापदोषान्महासुरः । तृष्णाश्रमार्तश्चाद्य त्वां प्राप्यापि त्यक्तवानयम् ॥ ५५
इदानीं चात्तवाराहरूपो विश्राम्यति स्वयम् । सुप्तोत्थितश्च नियतं त्वयि पापं समाचरेत् ॥ ५६
इति मे तव कल्याणमपश्यन्त्या गलन्त्यमी । संतापक्वथिताः प्राणा इव बाष्पाम्बुबिन्दवः ॥ ५७
इत्यङ्गारवतीवाक्यं श्रुत्वा राजा जगाद ताम् । यदि मय्यस्ति ते स्नेहस्तदिदं मद्वचः कुरु ॥ ५८
प्रबुद्धस्यास्य गत्वा त्वं रुदिहि स्वपितुः पुरः । ततश्च नियतं स त्वां पृच्छेदुद्वेगकारणम् ॥ ५९

त्वां चेन्निपातयेत्कश्चित्ततो मे का गतिर्भवेत् । एतद्दुःखं ममेत्येवं स च वाच्यस्त्वया ततः ॥ ६०
एवं कृतेऽस्ति कल्याणं तवापि च ममापि च । इत्युक्ता तेन सा राज्ञा तथेत्यङ्गीचकार तम् ॥ ६१
तं च च्छन्नमवस्थाप्य राजानं पापशङ्किनी । अगादसुरकन्या सा प्रसुप्तस्यान्तिकं पितुः ॥ ६२
सोऽपि दैत्यः प्रबुबुधे प्रारेभे सा च रोदितुम् । किं पुत्रि रोदिषीत्येवं स च तामब्रवीत्ततः ॥ ६३
हन्यात्त्वां कोऽपि चेत्तात तदा मे का गतिर्भवेत् । इत्यार्ता तमवादीत्सा स विहस्य ततोऽब्रवीत् ॥ ६४
को मां व्यापादयेत्पुत्रि सर्वो वज्रमयो ह्यहम् । वामंहस्तेऽस्ति मे छिद्रं तच्च चापेन रक्ष्यते ॥ ६५
इत्थमाश्वासयामास स दैत्यस्तां निजां सुताम् । एतच्च निखिलं तेन राज्ञा छन्नेन शुश्रुवे ॥ ६६
ततः क्षणाद्विबोत्थाय कृत्वा स्नानं स दानवः । कृतमौनः प्रववृते देवं पूजयितुं हरम् ॥ ६७
तत्कालं प्रकटीभूय स राजाकृष्टकार्मुकः । उपेत्य प्रसभं दैत्यं रणायाह्वयते स्म तम् ॥ ६८
सोऽप्युत्क्षिप्य करं वामं मौनस्थस्तस्य भूपतेः । प्रतीक्षस्व क्षणं तावदिति संज्ञां तदाकरोत् ॥ ६९
राजापि लघुहस्तत्वात्करे तत्रैव तत्क्षणम् । तस्मिन्मर्मणि तं दैत्यं पृषत्केन जघान सः ॥ ७०
स च मर्माहतो घोरं रावं कृत्वा महासुरः । अङ्गारकोऽपतद्भूमौ निर्यज्जीवो जगाद च ॥ ७१
तृषितोऽहं हतो येन स मामद्भिर्न तर्पयेत् । प्रत्यब्दं यदि तत्तस्य नश्येयुः पञ्च मन्त्रिणः ॥ ७२
इत्युक्त्वा पञ्चतां प्राप स दैत्यः सोऽपि तत्सुताम् । तामङ्गारवतीं राजा गृहीत्वोज्जयिनीं ययौ ॥ ७३
परिणीतवतस्तस्य तत्र तां दैत्यकन्यकाम् । जातौ द्वौ तनयौ चण्डमहासेनस्य भूपतेः ॥ ७४
एको गोपालको नाम द्वितीयः पालकस्तथा । तयोरिन्द्रोत्सवं चासौ जातयोरकरोन्नृपः ॥ ७५
ततस्तं नृपतिं स्वप्ने तुष्टो वक्ति स्म वासवः । प्राप्स्यस्यनन्यसदृशीं मत्प्रसादात्सुतामिति ॥ ७६
ततः कालेन जातास्य राज्ञः कन्या सु तन्व्यथ । अपूर्वा निर्मिता धात्रा चन्द्रस्येवापरा तनुः ॥ ७७
कामदेवावतारोऽस्याः पुत्रो विद्याधराधिपः । भविष्यतीति तत्कालमुदभूद्भारती दिवः ॥ ७८
दत्ता मे वासवेनैषा तुष्टेनेति स भूपतिः । नाम्ना वासवदत्तां तां तनयामकरोत्तदा ॥ ७९
सा च तस्य पितुर्गेहे अदेया संप्रति स्थिता । प्राङ्मन्थादर्णवस्येव कमला कुक्षिकोटरे ॥ ८०

एवंविधप्रभावश्चण्डमहासेनभूपतिः स किल ।
देव न शक्यो जेतुं यथा तथा दुर्गदेशस्थः ॥ ८१
किं च स राजन्वाञ्छति दातुं तुभ्यं सदैव तनयां ताम् ।
प्रार्थयते तु स राजा निजपक्षमहोदयं मानी ॥ ८२
सा चावश्यं मन्ये वासवदत्ता त्वयैव परिणेया ।
स सपदि वासवदत्ताहृतहृदयो वत्सराजोऽभूत् ॥ ८३

इति महाकविश्रीसोमदेवभट्टविरचिते कथासरित्सागरे कथामुखलम्बके तृतीयस्तरङ्गः ।

चतुर्थस्तरङ्गः ।

अत्रान्तरे स वत्सेशप्रतिदूतस्तदब्रवीत् । गत्वा प्रतिवचश्चण्डमहासेनाय भूभृते ॥ १
सोऽपि चण्डमहासेनस्तच्छ्रुत्वैव व्यचिन्तयत् । स तावदिह नायाति मानी वत्सेश्वरो भृशम् ॥ २
कन्या हि तत्र न प्रेष्या भवेदेवं हि लाघवम् । तस्माद्बद्धैव तं युक्त्या नृपमानाययाम्यहम् ॥ ३
इति संचिन्त्य संमन्त्र्य स राजा मन्त्रिभिः सह । अकारयत्स्वसदृशं महान्तं यन्त्रहस्तिनम् ॥ ४
तं चान्तर्वीरपुरुषैः कृत्वा छन्नैरधिष्ठितम् । विन्ध्याटव्यां स निदधे राजा यन्त्रमयं गजम् ॥ ५
तत्र तं चारपुरुषाः पश्यन्ति स्म विदूरतः । गजबन्धरसासक्तवत्सराजोपजीविनः ॥ ६
ते च त्वरितमागत्य वत्सराजं व्यजिज्ञपन् । देव दृष्टो गजोऽस्माभिरेको विन्ध्यवने भ्रमन् ॥ ७
अस्मिन्भियति भूलोके नैव योऽन्यत्र दृश्यते । वर्ष्मणा व्याप्तगगनो विन्ध्याद्रिरिव जङ्गमः ॥ ८
ततश्चारवचः श्रुत्वा वत्सराजो जहर्ष सः । तेभ्यः सुवर्णलक्षं च प्रददौ पारितोषिकम् ॥ ९

तं चेद्गजेन्द्रं प्राप्स्यामि प्रतिमल्लं नडागिरेः । ततश्चण्डमहासेनो वश्यो भवति मे ध्रुवम् ॥ १०
ततो वासवदत्तां तां स स्वयं मे प्रयच्छति । इति संचिन्तयन्सोऽथ राजा तामनयन्निशाम् ॥ ११
प्रातश्च मन्त्रिवचनं न्यक्कृत्वा गजतृष्णया । पुरस्कृत्यैव तांश्चारान्ययौ विन्ध्याटवीं प्रति ॥ १२
प्रस्थानलग्नस्य फलं कन्यालाभं सबन्धनम् । यदूचुर्गणकास्तस्य तत्स नैव व्यचारयत् ॥ १३
प्राप्य विन्ध्याटवीं तस्य गजस्य क्षोभशङ्कया । वत्सराजः स सैन्यानि दूरादेव न्यवारयत् ॥ १४
चारमात्रसहायस्तु वीणां घोषवतीं दधत् । निजव्यसनविस्तीर्णां तां विवेश महाटवीम् ॥ १५
विन्ध्यस्य दक्षिणे पार्श्वे दूराचारैः प्रदर्शितम् । गजं सत्यगजाभासं तं ददर्श स भूपतिः ॥ १६
एकाकी वादयन्वीणां चिन्तयन्बन्धनानि सः । मधुरध्वनि गायंश्च शनैरुपजगाम तम् ॥ १७
गान्धर्वदत्तचित्तत्वात्संध्याध्वान्तवशाच्च सः । न तं वनगजं राजा मायायुक्तमलक्षयत् ॥ १८
सोऽपि हस्ती तमुत्कर्णतालो गीतरसादिव । उपेत्योपेत्य विचलन्दूरमाकृष्टवान्नृपम् ॥ १९
ततोऽकस्माच्च निर्गत्य तस्माद्यन्त्रमयाद्गजात् । वत्सेश्वरं तं संनद्धाः पुरुषाः पर्यवारयन् ॥ २०
तान्दृष्ट्वा नृपतिः कोपादाकृष्टच्छुरिकोऽथ सः । अग्रस्थान्योधयन्नन्यैरेत्य पश्चादगृह्यत ॥ २१
संकेतमिलितैश्चान्यैर्योधास्तैः सैनिकैः सह । निन्युर्वत्सेश्वरं चण्डमहासेनान्तिकं च तम् ॥ २२
सोऽपि चण्डमहासेनो निर्गत्याग्रे कृतादरः । वत्सेशेन समं तेन विवेशोज्जयिनीं पुरीम् ॥ २३
स तत्र ददृशे पौरैरवमानकलङ्कितः । शशीव लोचनानन्दो वत्सराजो नवागतः ॥ २४
ततोऽस्य गुणरागेण वधमाशङ्क्य तत्र ते । पौराः संभूय सकलाश्चक्रुर्मरणनिश्चयम् ॥ २५
न मे वत्सेश्वरो वध्यः संधेय इति तान्ब्रुवन् । सोऽथ चण्डमहासेनः पौरान्क्षोभादवारयत् ॥ २६
ततो वासवदत्तां तां सुतां तत्रैव भूपतिः । वत्सराजाय गान्धर्वशिक्षाहेतोः समर्पयत् ॥ २७
उवाच चैनं गान्धर्वं त्वमेतां शिक्षय प्रभो । ततः प्राप्स्यसि कल्याणं मा विषादं कृथा इति ॥ २८
तस्य दृष्ट्वा तु तां कन्यां वत्सराजस्य मानसम् । तथा स्नेहाक्तमभवन्न यथा मन्युमैक्षत ॥ २९
तस्याश्च चक्षुर्मनसी सह तं प्रति जग्मतुः । ह्रिया चक्षुर्निववृते मनस्तु न कथंचन ॥ ३०
अथ वासवदत्तां तां गापयंस्तद्गतेक्षणः । तत्र गान्धर्वशालायां वत्सराज उवास सः ॥ ३१
अङ्के घोषवती तस्य कण्ठे गीतश्रुतिस्तथा । पुरो वासवदत्ता च तस्थौ चेतोविनोदिनी ॥ ३२
सा च वासवदत्तास्य परिचर्यापराभवत् । लक्ष्मीरिव तदेकाग्रा बद्धस्याप्यनपायिनी ॥ ३३
अत्रान्तरे च कौशाम्ब्यां वत्सराजानुगे जने । आवृत्ते तं प्रभुं बुद्ध्वा बद्धं राष्ट्रं प्रचुक्षुभे ॥ ३४
उज्जयिन्यामवस्कन्दं दातुमैच्छन्समन्ततः । वत्सेश्वरानुरागेण क्रुद्धाः प्रकृतयस्तदा ॥ ३५
नैव चण्डमहासेनो बलसाध्यो महान्हि सः । न चैवं वत्सराजस्य शरीरे कुशलं भवेत् ॥ ३६
तस्मान्न युक्तोऽवस्कन्दो बुद्धिसाध्यमिदं पुनः । इति प्रकृतयः क्षोभान्न्यवार्यन्त रुमण्वता ॥ ३७
ततोऽनुरक्तमालोक्य राष्ट्रमव्यभिचारि तत् । रुमण्वदादीनाह स्म धीरो यौगन्धरायणः ॥ ३८
इहैव सर्वैर्युष्माभिः स्थातव्यं सततोद्यतैः । रक्षणीयमिदं राष्ट्रं काले कार्यश्च विक्रमः ॥ ३९
वसन्तकद्वितीयश्च गत्वाहं प्रज्ञया स्वया । वत्सेशं मोचयित्वा तमानयामि न संशयः ॥ ४०
जलाहतौ विशेषेण वैद्युताग्नेरिव द्युतिः । आपदि स्फुरति प्रज्ञा यस्य धीरः स एव हि ॥ ४१
प्राकारभञ्जनान्योगांस्तथा निगडभञ्जनान् । अदर्शनप्रयोगांश्च जानेऽहमुपयोगिनः ॥ ४२
इत्युक्त्वा प्रकृतीः कृत्वा हस्तन्यस्ता रुमण्वतः । यौगन्धरायणः प्रायात्कौशाम्ब्याः सवसन्तकः ॥ ४३
प्रविवेश च तेनैव सह विन्ध्यमहाटवीम् । स्वप्रज्ञामिव सत्त्वाढ्यां स्वनीतिमिव दुर्गमाम् ॥ ४४
तत्र वत्सेशमित्रस्य विन्ध्यप्राग्भारवासिनः । गृहं पुलिन्दकाख्यस्य पुलिन्दाधिपतेरगात् ॥ ४५
तं सज्जं स्थापयित्वा च पथा तेनागमिष्यतः । वत्सराजस्य रक्षार्थं भूरिसैन्यसमन्वितम् ॥ ४६
गत्वा वसन्तकसखस्ततो यौगन्धरायणः । उज्जयिन्यां महाकालश्मशानं प्राप स क्रमात् ॥ ४७
विवेश तच्च वेतालैः क्रव्यगन्धिभिरावृतम् । इतस्ततस्तमःश्यामैश्चिताधूमैरिवापरैः ॥ ४८

तत्रैनं दर्शनप्रीतो मित्रभावाय तत्क्षणम् । योगेश्वराख्यो वृतवानभ्येत्य ब्रह्मराक्षसः ॥ ४९
तेनोपदिष्टया युक्त्या ततो यौगन्धरायणः । न चकारात्मनः सद्यो रूपस्य परिवर्तनम् ॥ ५०
बभूव तेन विकृतः कुब्जो वृद्धश्च तत्क्षणात् । उन्मत्तवेषः खल्वाटो हास्यसंजननः परम् ॥ ५१
तथैव युक्त्या स तदा सिरानद्धपृथूदरम् । चक्रे वसन्तकस्यापि रूपं दन्तुरदुर्मुखम् ॥ ५२
ततो राजकुलद्वारमादौ प्रेष्य वसन्तकम् । विवेशोज्जयिनीं तां स तादृग्यौगन्धरायणः ॥ ५३
नृत्यन्गायंश्च तत्रासौ बटुभिः परिवारितः । दृष्टः सकौतुकं सर्वैर्ययौ राजगृहं प्रति ॥ ५४
तत्र राजावरोधानां तेनासौ कृतकौतुकः । अगाद्वासवदत्तायाः शनैः श्रवणगोचरम् ॥ ५५
सा तमानाययामास चेटिकां प्रेष्य सत्वरम् । गान्धर्वशालां नर्मैकसादरं हि नवं वयः ॥ ५६
स च तत्र गतो वृद्धं वत्सराजं ददर्श तम् । उन्मत्तवेषो विगलद्बाष्पो यौगन्धरायणः ॥ ५७
चकार तस्मै संज्ञां च वत्सराजाय सोऽपि तम् । प्रत्यभिज्ञातवान्राजा वेषप्रच्छन्नमागतम् ॥ ५८
ततो वासवदत्तां च तच्चेटीः प्रति चात्मनः । अदर्शनं युक्तिबलाद्व्यधाद्यौगन्धरायणः ॥ ५९
राजा त्वेको ददर्शैनं ताश्च सर्वाः सविस्मयम् । वदन्ति स्म गतोऽकस्मादुन्मत्तः क्वाप्यसाविति ॥ ६०
तच्छ्रुत्वा तं च दृष्ट्वाग्रे मत्वा योगबलेन तत् । युक्त्या वासवदत्तां तां वत्सराजोऽब्रवीदिदम् ॥ ६१
गत्वा सरस्वतीपूजामादायागच्छ दारिके । तच्छ्रुत्वा सा तथेत्युक्त्वा सवयस्या विनिर्ययौ ॥ ६२
यथोचितमुपेत्याथ ददौ वत्सेश्वराय सः । यौगन्धरायणस्तस्मै योगान्निगडभञ्जनान् ॥ ६३
अन्यान्वासवदत्ताया वीणातन्त्रीनियोजितान् । वशीकरणयोगांश्च राज्ञेऽस्मै स समार्पयत् ॥ ६४
व्यजिज्ञपच्च तं राजन्निहायातो वसन्तकः । द्वारि स्थितोऽन्यरूपेण तं कुरुष्वान्तिके द्विजम् ॥ ६५
यदा वासवदत्तेयं त्वयि विस्रम्भमेष्यति । तदा वक्ष्यामि यदहं तत्कुर्यास्तिष्ठ सांप्रतम् ॥ ६६
इत्युक्त्वा निर्ययौ शीघ्रं ततो यौगन्धरायणः । अगाद्वासवदत्ता च पूजामादाय तत्क्षणात् ॥ ६७
सोऽथ तामवदद्राजा बहिर्द्वारि द्विजः स्थितः । सरस्वत्यर्चने सोऽस्मिन्दक्षिणार्थे प्रवेश्यताम् ॥ ६८
तथेति द्वारदेशात्स तत्र वासवदत्तया । विरूपामाकृतिं बिभ्रदानाय्यत वसन्तकः ॥ ६९
स चानीतस्तमालोक्य वत्सेशमरुदच्छुचा । ततश्चाप्रतिभेदाय स राजा निजगाद तम् ॥ ७०
हे ब्रह्मन्रोगवैरूप्यं सर्वमेतदहं तव । निवारयामि मा रोदीस्तिष्ठेहैव ममान्तिके ॥ ७१
महान्प्रसादो देवेति स चोवाच वसन्तकः । सोऽथ तं विकृतं दृष्ट्वा राजा स्मितमुखोऽभवत् ॥ ७२
तच्चालोक्याशयं बुद्ध्वा तस्य सोऽपि वसन्तकः । हसति स्माधिकोद्भूतविरूपाननवैकृतः ॥ ७३
तं हसन्तं तथा दृष्ट्वा क्रीडनीयकसंनिभम् । तत्र वासवदत्तापि जहास च तुतोष च ॥ ७४
ततः सा नर्मणा बाला तं पप्रच्छ वसन्तकम् । किं विज्ञानं विजानासि भो ब्रह्मन्कथ्यतामिति ॥ ७५
कथाः कथयितुं देवि जानामीति स चावदत् । कथां कथय तर्ह्येकामिति सापि ततोऽब्रवीत् ॥ ७६
ततस्तां राजतनयां रञ्जयन्स वसन्तकः । हास्यवैचित्रसरसामिमामकथयत्कथाम् ॥ ७७
अस्तीह मथुरा नाम पुरी कंसारिजन्मभूः । तस्यां रूपणिकेत्यासीत्ख्याता वारविलासिनी ॥ ७८
तस्या मकरदंष्ट्राख्या माताभूद्वृद्धकुट्टनी । तद्गुणाकृष्यमाणानां यूनां दृशि विषच्छटा ॥ ७९
पूजाकाले सुरकुलं स्वनियोगाय जातु सा । गता रूपणिका दूरादेकं पुरुषमैक्षत ॥ ८०
स दृष्टः सुभगस्तस्या विवेश हृदयं तथा । यथा मात्रा कृतास्तेऽस्मादुपदेशा विनिर्ययुः ॥ ८१
चेटिकामथ सावादीद्गच्छ मद्वचनादमुम् । पुरुषं ब्रूहि मद्गेहे त्वयाद्यागम्यतामिति ॥ ८२
तथेति चेटिका सा च गत्वा तस्मै तदब्रवीत् । ततः स किंचिद्विमृशन्पुरुषस्तामभाषत ॥ ८३
लोहजङ्घाभिधानोऽस्मि ब्राह्मणो नास्ति मे धनम् । तदाढ्यजनलभ्ये हि कोऽहं रूपणिकागृहे ॥ ८४
न धनं वाञ्छ्यते त्वत्तः स्वामिन्येत्युदिते तया । स लोहजङ्घस्तद्वाक्यं तथेति प्रत्यपद्यत ॥ ८५
ततश्चेटीमुखाद्बुद्ध्वा तच्च सा गृहमुत्सुका । गत्वा रूपणिका तस्थौ तन्मार्गन्यस्तलोचना ॥ ८६
क्षणाच्च लोहजङ्घोऽथ तस्या मन्दिरमाययौ । कुतोऽयमिति कुट्टन्या दृष्टो मकरदंष्ट्रया ॥ ८७

सापि रूपणिका दृष्ट्वा स्वयमुत्थाय सादरा । वासवेश्मान्तरं हृष्टा कण्ठे लग्ना निनाय तम् ॥ ८८
तत्र सा लोहजङ्घस्य तस्य सौभाग्यसंपदा । वशीकृता सती नान्यत्फलं जन्मन्यमन्यत ॥ ८९
ततस्तया निवृत्तान्यपुरुषासङ्गया सह । यथासुखं स तत्रैव तस्थौ तन्मन्दिरे युवा ॥ ९०
तद्दृष्ट्वा शिक्षिताशेषवेषयोषिज्जगाद ताम् । माता मकरदंष्ट्रा सा खिन्ना रूपणिकां रहः ॥ ९१
किमयं निर्धनः पुत्रि सेव्यते पुरुषस्त्वया । शवं स्पृशन्ति सुजना गणिका न तु निर्धनम् ॥ ९२
कानुरागः क्व वेश्यात्वमिति ते विस्मृतं कथम् । संध्येव रागिणी वेश्या न चिरं पुत्रि दीप्यते ॥ ९३
नटीव कृत्रिमं प्रेम गणिकार्थाय दर्शयेत् । तदेनं निर्धनं मुञ्च मा कृथा नाशमात्मनः ॥ ९४
इति मातुर्वचः श्रुत्वा रुषा रूपणिकाब्रवीत् । मैवं वादीर्मम ह्येष प्राणेभ्योऽप्यधिकः प्रियः ॥ ९५
धनमस्ति च मे भूरि किमन्येन करोम्यहम् । तदम्ब नैव वक्तव्या भूयोऽप्येवमहं त्वया ॥ ९६
तच्छ्रुत्वा लोहजङ्घस्य निर्वासनविधौ क्रुधा । तस्थौ मकरदंष्ट्रा सा तस्योपायं विचिन्वती ॥ ९७
अथ मार्गागतं कंचित्क्षीणकोषं ददर्श सा । राजपुत्रं परिवृतं पुरुषैः शस्त्रपाणिभिः ॥ ९८
उपगम्य द्रुतं तं च नीत्वैकान्ते जगाद सा । निर्धनेन ममैकेन कामुकेनावृतं गृहम् ॥ ९९
तत्त्वमागच्छ तत्राद्य तथा च कुरु येन सः । गृहान्मम निवर्तेत मदीयां च सुतां भज ॥ १००
तथेति राजपुत्रोऽथ प्रविवेश स तद्गृहम् । तस्मिन्क्षणे रूपणिका तस्थौ देवकुले च सा ॥ १०१
लोहजङ्घश्च तत्कालं बहिः क्वापि स्थितोऽभवत् । क्षणान्तरे च निःशङ्कस्तत्रैव समुपाययौ ॥ १०२
तत्क्षणं राजपुत्रस्य तस्य भृत्यैः प्रधाव्य सः । दृढं पादप्रहाराद्यैः सर्वेष्वङ्गेष्वताड्यत ॥ १०३
ततस्तैरेव चामेध्यपूर्णे क्षिप्तः स खातके । लोहजङ्घः कथमपि प्रपलायितवांस्ततः ॥ १०४
अथागता रूपणिका तद्बुद्ध्वा शोकविह्वला । साभूद्वीक्ष्याथ स ययौ राजपुत्रो यथागतम् ॥ १०५
लोहजङ्घोऽपि कुट्टन्या प्रसह्य स खलीकृतः । गन्तुं प्रववृते तीर्थं प्राणांस्त्यक्तुं वियोगवान् ॥ १०६
गच्छन्नटव्यां संतप्तः कुट्टनीमन्युना हृदि । त्वचि च ग्रीष्मतापेन च्छायामभिललाष सः ॥ १०७
तरुमप्राप्नुवन्सोऽथ लेभे हस्तिकलेवरम् । जघनेन प्रविश्यान्तर्निर्मांसं जम्बुकैः कृतम् ॥ १०८
चर्मावशेषे तत्रान्तः परिश्रान्तः प्रविश्य सः । लोहजङ्घो ययौ निद्रां प्रविशद्वातशीतले ॥ १०९
अथाकस्मात्समुत्थाय क्षणेनैव समन्ततः । मेघः प्रववृते तत्र धारासारेण वर्षितुम् ॥ ११०
तेन निर्विवरं प्राप संकोचं हस्तिचर्म तत् । क्षणाच्च तेन मार्गेण जलौघो भृशमाययौ ॥ १११
तेनापहृत्य गङ्गायामक्षेपि गजचर्म तत् । तज्जलौघेन नीत्वा च समुद्रान्तर्न्यधीयत ॥ ११२
तत्र दृष्ट्वा च तच्चर्म निपत्यामिषशङ्कया । हृत्वाब्धेः पारमनयत्पक्षी गरुडवंशजः ॥ ११३
तत्र चञ्च्वा विदार्यैतद्गजचर्म विलोक्य च । अन्तःस्थं मानुषं पक्षी पलाय्य स ततो ययौ ॥ ११४
ततश्च चर्मणस्तस्मात्पक्षिसंरम्भबोधितः । तच्चञ्चुरचितद्वाराल्लोहजङ्घो विनिर्ययौ ॥ ११५
दृष्ट्वा समुद्रपारस्थमात्मानं च सविस्मयः । अनिद्रस्वप्नमिव तत्स समग्रममन्यत ॥ ११६
अथ द्वौ राक्षसौ तत्र घोरौ भीतो ददर्श सः । तौ चापि राक्षसौ दूराच्चकितौ तमपश्यताम् ॥ ११७
रामात्पराभवं स्मृत्वा तं तथैव च मानुषम् । दृष्ट्वा तीर्णाम्बुधिं भूयस्तौ भयं हृदि चक्रतुः ॥ ११८
संमन्त्र्य च तयोर्मध्यादेको गत्वा तदैव तम् । विभीषणाय प्रभवे यथादृष्टं न्यवेदयत् ॥ ११९
दृष्टरामप्रभावः सन्सोऽपि राजा विभीषणः । मानुषागमनाद्भीतो राक्षसं तमभाषत ॥ १२०
गच्छ मद्वचनाद्भद्र प्रीत्या तं ब्रूहि मानुषम् । आगम्यतां गृहेऽस्माकं प्रसादः क्रियतामिति ॥ १२१
तथेत्यागत्य तत्तस्मै स्वप्रभुप्रार्थनावचः । चकितो लोहजङ्घाय शशंस स च राक्षसः ॥ १२२
सोऽप्यङ्गीकृत्य तद्विप्रो लोहजङ्घः प्रशान्तधीः । तेनैव सद्वितीयेन सह लङ्कां ततोऽगमत् ॥ १२३
तस्यां च दृष्टसौवर्णतत्तत्प्रासादविस्मितः । प्रविश्य राजभवनं स ददर्श विभीषणम् ॥ १२४
सोऽपि पप्रच्छ राजा तं कृतातिथ्यः कृताशिषम् । ब्रह्मन्कथमिमां भूमिमनुप्राप्तो भवानिति ॥ १२५
ततः स धूर्तोऽवादीत्तं लोहजङ्घो विभीषणम् । विप्रोऽहं लोहजङ्घाख्यो मथुरायां कृतस्थितिः ॥ १२६

सोऽहं दारिद्र्यसंतप्तस्तत्र नारायणाग्रतः। निराहारः स्थितोऽकार्षं गत्वा देवकुलं तपः॥ १२७
विभीषणान्तिकं गच्छ मद्भक्तः स हि ते धनम्। दास्यतीत्यादिशत्स्वप्ने ततो मां भगवान्हरिः॥ १२८
क्वाहं विभीषणः क्वेति मयोक्ते स पुनः प्रभुः। समादिशद्व्रजाद्यैव तं द्रक्ष्यसि विभीषणम्॥ १२९
इत्युक्तः प्रभुणा सद्यः प्रबुद्धोऽहमिहाम्बुधेः। पारेऽवस्थितमात्मानमपश्यं वेद्मि नापरम्॥ १३०
इत्युक्तो लोहजङ्घेन लङ्कामालोक्य दुर्गमाम्। सत्यं दिव्यप्रभावोऽयमिति मेने विभीषणः॥ १३१
तिष्ठ दास्यामि ते वित्तमित्युक्त्वा ब्राह्मणं च तम्। मत्वा च रक्षसां हस्ते तमप्रेष्यं नृघातिनाम्॥ १३२
तत्रस्थात्स्वर्णमूलाख्याद्रिरेः संप्रेक्ष्य राक्षसान्। आनाययत्पक्षिपोतं गरुडान्वयसंभवम्॥ १३३
तं चास्मै लोहजङ्घाय मथुरायां गमिष्यते। तत्कालमेव प्रददौ वशीकाराय वाहनम्॥ १३४
लोहजङ्घोऽपि लङ्कायां वाहयन्नधिरुह्य तम्। कंचित्कालं विशश्राम स विभीषणसत्कृतः॥ १३५
एकदा तं च पप्रच्छ राक्षसेन्द्रं सकौतुकः। लङ्कायां काष्ठमय्येषा कथं सर्वैव भूरिति॥ १३६
तच्छ्रुत्वा स च तद्वृत्तं तमुवाच विभीषणः। यदि ते कौतुकं ब्रह्मंस्तदिदं शृणु वच्मि ते॥ १३७
पुरा प्रतिज्ञोपनतां नागानां दासभावतः। निष्क्रष्टुकामो जननीं गरुडः कश्यपात्मजः॥ १३८
तन्मूल्यभूतां देवेभ्यः सुधामाहर्तुमुद्यतः। बलस्य हेतोर्भक्ष्यार्थी स्वपितुर्निकटं ययौ॥ १३९
स चैनं याचितोऽवादीन्महान्तौ गजकच्छपौ। अब्धौ स्तः पुत्र तौ भुङ्क्ष्व गच्छ शापच्युताविति॥ १४०
ततः स गरुडो गत्वा भक्ष्यावादाय तावुभौ। महतः कल्पवृक्षस्य शाखायां समुपाविशत्॥ १४१
तां च शाखां भरात्सद्यो भग्नां चञ्च्वा बभार सः। अधःस्थिततपोनिष्ठवालखिल्यानुरोधतः॥ १४२
लोकोपमर्दभीतेन तेनाथ पितुराज्ञया। आनीय विजने त्यक्ता सा शाखेह गरुत्मता॥ १४३
तस्याः पृष्ठे कृता लङ्का तेन काष्ठमयीह भूः। एतद्विभीषणाच्छ्रुत्वा लोहजङ्घस्तुतोष सः॥ १४४
ततस्तस्मै महार्घाणि रत्नानि सुबहूनि च। विभीषणो ददाति स्म मथुरां गन्तुमिच्छते॥ १४५
भक्त्या च देवस्य हरेर्मथुरावर्तिनः कृते। हस्तेऽस्याब्जगदाशङ्खचक्रान्हेममयान्ददौ॥ १४६
तद्गृहीत्वाखिलं तस्मिन्विभीषणसमर्पिते। आरुह्य विहगे लक्षं योजनानां प्रयातरि॥ १४७
उत्पत्य व्योममार्गेण लङ्कायास्तीर्णवारिधिः। स लोहजङ्घो मथुरामक्लेशेनाजगाम ताम्॥ १४८
तस्यां शून्ये विहारे च बाह्ये व्योम्नोऽवतीर्य सः। स्थापयामास रत्नौघं तं बबन्ध च पक्षिणम्॥ १४९
आपणे रत्नमेकं च गत्वा विक्रीतवांस्ततः। अथ वस्त्राङ्गरागादि क्रीतवान्भोजनं तथा॥ १५०
तद्विहारे च तत्रैव भुक्त्वा दत्त्वा च पक्षिणे। वस्त्राङ्गरागपुष्पाद्यैरात्मानं तैरभूषयत्॥ १५१
प्रदोषे चाययौ तस्यास्तत्रैवारुह्य पक्षिणि। गृहं रूपणिकायास्ताः शङ्खचक्रगदा वहन्॥ १५२
तत्रोपरि ततः स्थित्वा स्थानवित्खे चरंश्च सः। शब्दं चकार गम्भीरं रहःस्थां श्रावयन्प्रियाम्॥ १५३
तं च श्रुत्वैव निर्याता सापश्यद्रत्नराजितम्। एनं नारायणाकल्पं व्योम्नि रूपणिका निशि॥ १५४
अहं हरिरिहायातस्त्वदर्थमिति तेन सा। उक्ता प्रणम्य वक्ति स्म दयां देवः करोत्विति॥ १५५
अथावतीर्य संयम्य लोहजङ्घो विहंगमम्। विवेश वासभवनं स तया कान्तया सह॥ १५६
तत्र संप्राप्तसंभोगः स निष्क्रम्य क्षणान्तरे। तथैव विहगारूढो जगाम नभसा ततः॥ १५७
देवता विष्णुभार्याहं मर्त्यैः सह न मन्त्रये। इति रूपणिका प्रातस्तस्थौ मौनं विधाय सा॥ १५८
कस्मादेवंविधं पुत्रि वर्तसे कथ्यतां त्वया। इत्यपृच्छत सा मात्रा ततो मकरदंष्ट्रया॥ १५९
निर्बन्धपृष्टा तस्यै च सा मात्रे मौनकारणम्। शशंस रात्रिवृत्तान्तं दापयित्वान्तरे पटम्॥ १६०
सा तच्छ्रुत्वा ससंदेहा स्वयं तं कुट्टनी निशि। ददर्श विहगारूढं लोहजङ्घं ततः क्षणम्॥ १६१
प्रभाते च पटान्तःस्थामेत्य रूपणिकां रहः। प्रह्वा मकरदंष्ट्रा सा कुट्टनीति व्यजिज्ञपत्॥ १६२
देवस्यानुग्रहात्पुत्रि त्वं देवीत्वमिहागता। अहं च तेऽत्र जननी तन्मे देहि सुताफलम्॥ १६३
वृद्धानेनैव देहेन यथा स्वर्गं व्रजाम्यहम्। तथा देवस्य विज्ञप्तिं कुरुष्वानुगृहाण माम्॥ १६४
तथेति सा रूपणिका तमेवार्थं व्यजिज्ञपत्। व्याजविष्णुं पुनर्नक्तं लोहजङ्घमुपागतम्॥ १६५

ततः स देववेषस्तां लोहजङ्घोऽब्रवीत्प्रियाम्। पापा ते जननी स्वर्गं व्यक्तं नेतुं न युज्यते ॥ १६६
एकादश्यां पुनः प्रातर्द्वारमुद्धाट्यते दिवि। तत्र च प्रविशन्त्यग्रे बहवः शांभवा गणाः ॥ १६७
तन्मध्ये कृततद्वेषा त्वन्मातासौ प्रवेश्यते। तदस्याः पञ्चचूडं त्वं क्षुरकृत्तं शिरः कुरु ॥ १६८
कण्ठं करङ्कमालाढ्यं पार्श्वं चैकं सकज्जलम्। अन्यत्सिन्दूरलिप्तं च कुर्वस्या वीतवाससः ॥ १६९
एवं ह्येनां गणाकारां सुखं स्वर्गं नयाम्यहम्। इत्युक्त्वा स क्षणं स्थित्वा लोहजङ्घस्ततोऽगमत् ॥ १७०
प्रातश्च सा रूपणिका यथोक्तं तमकारयत्। वेषं मातुरथैषापि तस्थौ स्वर्गैकसंमुखी ॥ १७१
आययौ च पुनस्तत्र लोहजङ्घो निशामुखे। सा च रूपणिका तस्मै मातरं तां समर्पयत् ॥ १७२
ततः स विहगारूढस्तामादायैव कुट्टनीम्। नग्नां विकृतवेषां च जवादुदपतन्नभः ॥ १७३
गगनस्थश्च तत्रैव प्रांशुं देवकुलाग्रतः। स ददर्श शिलास्तम्भं चक्रेणोपरि लाञ्छितम् ॥ १७४
तस्य पृष्ठे स चक्रैकसालम्बे तां न्यवेशयत्। खलिकारप्रतीकारपताकामिव कुट्टनीम् ॥ १७५
इह तिष्ठ क्षणं यावत्सांनिध्यानुग्रहं भुवि। गत्वा करोमीत्युक्त्वा च तस्या दृष्टिपथाद्ययौ ॥ १७६
ततस्तत्रैव देवाग्रे दृष्ट्वा जागरणागतान्। रात्रौ यात्रोत्सवे लोकान्गगनादेवमब्रवीत् ॥ १७७
हे लोका इह युष्माकमुपर्यद्य पतिष्यति। सर्वसंहारिणी मारी तदेत शरणं हरिम् ॥ १७८
श्रुत्वैतां गगनाद्वाणीं भीताः सर्वेऽपि तत्र ते। माथुरा देवमाश्रित्य तस्थुः स्वस्त्ययनादृताः ॥ १७९
सोऽपि व्योम्नोऽवतीर्यैव लोहजङ्घोऽवलोकयन्। तस्थावदृष्टस्तन्मध्ये देववेषं निवार्य तम् ॥ १८०
अद्यापि नागतो देवो न च स्वर्गमहं गता। इति च स्तम्भपृष्ठस्था कुट्टन्येवमचिन्तयत् ॥ १८१
अक्षमैवोपरि स्थातुं श्रावयन्ती जनानधः। हा हाहं पतितास्मीति सा चक्रन्द च बिभ्यती ॥ १८२
तच्छ्रुत्वा पतिता सेयं मारीत्याशङ्क्य चाकुलाः। देवि मा मा पतेत्यूचुस्ते देवाग्रगता जनाः ॥ १८३
ततः सबालवृद्धास्ते माथुरास्तां विभावरीम्। मारीपातभयोद्भ्रान्ता कथमप्यत्यवाहयन् ॥ १८४
प्रातश्च दृष्ट्वा स्तम्भस्थां कुट्टनीं तां तथाविधाम्। प्रत्यभिज्ञातवान्सर्वः पौरलोकः सराजकः ॥ १८५
अतिक्रान्तभये तत्र जातहासेऽखिले जने। आययौ श्रुतवृत्तान्ता तत्र रूपणिकाथ सा ॥ १८६
सा च दृष्ट्वा सवैलक्ष्या स्तम्भाग्राज्जननीं निजाम्। तामवातारयत्सद्यस्तत्रस्थैश्च जनैः सह ॥ १८७
ततः सा कुट्टनी तत्र सर्वैस्तैः सकुतूहलैः। अपृच्छ्यत यथावृत्तं सापि तेभ्यः शशंस तत् ॥ १८८
ततः सिद्धादिचरितं तन्मत्वाद्भुतकारकम्। सराजविप्रवणिजो जनास्ते वाक्यमब्रुवन् ॥ १८९
येनेयं विप्रलब्धा हि वञ्चितानेककामुका। प्रकटः सोऽस्तु तस्येह पट्टबन्धो विधीयते ॥ १९०
तच्छ्रुत्वा लोहजङ्घः स तत्रात्मानमदर्शयत्। पृष्टश्चामूलतः सर्वं वृत्तान्तं तमवर्णयत् ॥ १९१
ददौ च तत्र देवाय शङ्खचक्राद्युपायनम्। विभीषणेन प्रहितं जनविस्मयकारकम् ॥ १९२

अथ तस्य सपदि पट्टं बद्ध्वा संतुष्य माथुराः सर्वे।
स्वाधीनां रूपणिकां राजादेशेन तां चक्रुः ॥ १९३

ततश्च तत्र प्रियया समं तदा समृद्धकोपो बहुरत्नसंचयैः।
स लोहजङ्घः प्रतिकृत्य कुट्टनीनिकारमन्युं न्यवसद्यथासुखम् ॥ १९४

इत्यन्यरूपस्य वसन्तकस्य मुखात्समाकर्ण्य कथामवापि।
बद्धस्य वत्साधिपतेः समीपे तोषः परो वासवदत्तयान्तः ॥ १९५

इति महाकविश्रीसोमदेवभट्टविरचिते कथासरित्सागरे कथापीठलम्बके चतुर्थस्तरङ्गः।

पञ्चमस्तरङ्गः।

अथ वासवदत्ता सा शनैर्वत्सेश्वरं प्रति। गाढं बबन्ध सद्भावं पितृपक्षपराङ्मुखी ॥ १
ततो वत्सेशनिकटं पुनर्यौगन्धरायणः। विवेशादर्शनं कृत्वा सर्वानन्याञ्जनान्प्रति ॥ २
वसन्तकसमक्षं च विजने तं व्यजिज्ञपत्। राजन्बद्धो भवांश्चण्डमहासेनेन मायया ॥ ३

सुतां च दत्त्वा संमान्य त्वामयं मोक्तुमिच्छति । तदस्यैनां स्वयं हृत्वा गच्छामस्तनयां वयम् ॥ ४
एवं ह्यस्य प्रतीकारो दृप्तस्य विहितो भवेत् । अपौरुषकृतं लोके नैव स्याल्लाघवं च वः ॥ ५
अस्ति चैतेन दत्तास्यास्तनयायाः करेणुका । राज्ञा वासवदत्ताया नाम्ना भद्रवती नृप ॥ ६
सा चानुगन्तुं वेगेन शक्या नान्येन दन्तिना । मुक्त्वा नडागिरिं सोऽपि तां दृष्ट्वैव न युध्यते ॥ ७
तस्याश्चाषाढको नाम हस्त्यारोहोऽत्र विद्यते । स च दत्त्वा धनं भूरि स्वीकृत्य स्थापितो मया ॥ ८
तदारुह्य करेणुं तां सह वासवदत्तया । सायुधेनापयातव्यं नक्तं गुप्तमितस्त्वया ॥ ९
इहत्यश्च महामात्रो द्विरदेङ्गितवित्तदा । मद्येन क्षीबतां नेयो नैतच्चेतयते यथा ॥ १०
पुलिन्दकस्य सख्युस्ते पार्श्वमग्रे च याम्यहम् । मार्गरक्षार्थमित्युक्त्वा ययौ यौगन्धरायणः ॥ ११
वत्सराजोऽपि तत्सर्वं कर्तव्यं हृदये व्यधात् । अथ वासवदत्ता सा तस्यान्तिकमुपाययौ ॥ १२
ततस्तास्ताः सविस्रम्भाः कथाः कुर्वंस्तया सह । यौगन्धरायणोक्तं च तस्यै राजा शशंस सः ॥ १३
सा च तत्प्रतिपद्यैव निश्चित्य गमनं प्रति । आनाय्याषाढकं सज्जं हस्त्यारोहं चकार तम् ॥ १४
देवपूजापदेशेन दत्त्वा मद्यं मदान्वितम् । सर्वाधोरणसंयुक्तं महामात्रं च साकरोत् ॥ १५
ततः प्रदोषे विलसन्मेघशब्दसमाकुले । आषाढकः करेणुं तां सज्जीकृत्यानिनाय सः ॥ १६
सज्ज्यमाना च सा शब्दं चकार करिणी किल । तं च हस्तिरुताभिज्ञो महामात्रोऽथ सोऽशृणोत् ॥ १७
त्रिषष्टियोजनान्यद्य यास्यामीत्याह हस्तिनी । इत्युवाच स चोद्दाममदविस्खलिताक्षरम् ॥ १८
विचारार्हं पुनस्तस्य मत्तस्याभून्न मानसम् । तच्च हस्तिपकाः क्षीबास्तद्वाक्यं नैव शुश्रुवुः ॥ १९
ततश्च वत्सराजोऽत्र वीणामादाय तां निजाम् । यौगन्धरायणात्प्राप्तैर्योगैः स्रंसितबन्धनः ॥ २०
उपनीतप्रहरणः स्वैरं वासवदत्तया । करेणुकायामारोहत्स तस्यां सवसन्तकः ॥ २१
ततो वासवदत्तापि सह काञ्चनमालया । सख्या रहस्यधारिण्या तस्यामेवारुरोह सा ॥ २२
अथोज्जयिन्या निरगात्स हस्तिपकपञ्चमः । वत्सेशो निशि मत्तेभभिन्नप्राकारवर्त्मना ॥ २३
तत्स्थानरक्षिणौ वीरौ स्वैरं स हतवान्नृपः । वीरबाहुं तथा तालभटं राजसुतावुभौ ॥ २४
ततः प्रतस्थे वेगेन स राजा दयितासखः । हृष्टः करेणुकारूढो दधत्याषाढकेऽङ्कुशम् ॥ २५
उज्जयिन्यां च तौ दृष्ट्वा हतौ प्राकाररक्षिणौ । राज्ञे न्यवेदयन्रात्रौ क्षुभिताः पुररक्षिणः ॥ २६
सोऽप्यन्विष्य क्रमाच्चण्डमहासेनः पलायितम् । हृतवासवदत्तं तं वत्सराजमबुध्यत ॥ २७
तत्पुत्रः पालकाख्योऽथ जातकोलाहले पुरे । अन्वधावत्स वत्सेशमधिरुह्य नडागिरिम् ॥ २८
वत्सेशोऽपि तमायान्तं पथि बाणैरयोधयत् । नडागिरिः करेणुं तां दृष्ट्वा न प्रजहार च ॥ २९
ततः स पालको भ्रात्रा पश्चादेत्य न्यवर्त्यत । गोपालकेन वाक्यज्ञः पितृकार्यानुरोधिना ॥ ३०
वत्सराजोऽपि विस्रब्धं गन्तुं प्रववृते ततः । गच्छतश्चात्र शनकैः शर्वरी पर्यहीयत ॥ ३१
ततो विन्ध्याटवीं प्राप्य मध्याह्ने तस्य भूपतेः । त्रिषष्टियोजनायाता तृषिताभूत्करेणुका ॥ ३२
अवतीर्णे सभार्ये च राज्ञि तस्मिञ्जलानि सा । पीत्वा तद्दोषतः प्राप पञ्चतां हस्तिनी क्षणात् ॥ ३३
विषण्णोऽथ स वत्सेशः सह वासवदत्तया । गगनादुद्गतामेतां शृणोति स्म सरस्वतीम् ॥ ३४
अहं मायावती नाम राजन्विद्याधराङ्गना । इयन्तं कालमभवं शापदोषेण हस्तिनी ॥ ३५
उपकारं च वत्सेश तवाद्य कृतवत्यहम् । करिष्यामि च भूयोऽपि त्वत्पुत्रस्य भविष्यतः ॥ ३६
एषा वासवदत्ता च पत्नी ते नैव मानुषी । देवीयं कारणवशादवतीर्णा क्षिताविति ॥ ३७
ततः स हृष्टो व्यसृजद्विन्ध्यसानुं वसन्तकम् । पुलिन्दकाय सुहृदे वक्तुं स्वागमनं नृपः ॥ ३८
स्वयं च पादचारी सन्स शनैर्दयितान्वितः । तत्रैव गच्छन्नुत्थाय दस्युभिः पर्यवार्यत ॥ ३९
धनुर्द्वितीयो दस्यूनां तेषां पञ्चोत्तरं शतम् । पुरो वासवदत्ताया वत्सराजः स चावधीत् ॥ ४०
तत्क्षणं सोऽस्य राज्ञोऽत्र मित्रं चागात्पुलिन्दकः । यौगन्धरायणसखो वसन्तकपुरःसरः ॥ ४१
स तान्दस्यून्निवार्यान्यान्वत्सेशं प्रणिपत्य तम् । नयति स्म निजां पल्लीं भिल्लराजः सवल्लभम् ॥ ४२

तत्र तां रात्रिमारण्यदर्भपाटितपादया । स वत्सेशो विशश्राम सह वासवदत्तया ॥ ४३
प्रातः सेनापतिश्चास्य रुमण्वान्प्रापदन्तिकम् । यौगन्धरायणेन प्राग्दूतं संप्रेष्य बोधितः ॥ ४४
आगाच्च कटकं सर्वं तथा व्याप्तदिगन्तरम् । यथा विन्ध्याटवी प्राप सा संबाधरसज्ञताम् ॥ ४५
प्रविश्य कटके तस्मिंस्तस्यामेवाटवीभुवि । तस्थावुज्जयिनीवार्तां ज्ञातुं वत्सेश्वरोऽथ सः ॥ ४६
तत्रस्थं च तमभ्यागादुज्जयिन्या वणिक्तदा । यौगन्धरायणसुहृत्स चागत्याब्रवीदिदम् ॥ ४७
देव चण्डमहासेनः प्रीतो जामातरि त्वयि । प्रेषितश्च प्रतीहारस्तेनेह भवदन्तिकम् ॥ ४८
स चागच्छन्स्थितः पश्चादहमग्रत एव तु । प्रच्छन्नः सत्वरं देवं विज्ञापयितुमागतः ॥ ४९
एतच्छ्रुत्वा स वत्सेशो जहर्ष च शशंस च । सर्वं वासवदत्तायाः सापि हर्षमगात्परम् ॥ ५०
कृतबन्धुपरित्यागा विवाहविधिसत्वरा । अथ वासवदत्ता सा सलज्जा चोत्सुका तथा ॥ ५१
ततः स्वात्मविनोदाय निकटस्थं वसन्तकम् । सा जगाद कथा काचित्त्वया मे वर्ण्यतामिति ॥ ५२
स च मुग्धदृशस्तस्या भर्तृभक्तिविवर्धिनीम् । वसन्तकस्तदा धीमानिमामकथयत्कथाम् ॥ ५३
अस्तीह नगरी लोके ताम्रलिप्तीति विश्रुता । तस्यां च धनदत्ताख्यो वणिगासीन्महाधनः ॥ ५४
स चापुत्रो बहून्विप्रान्संघट्य प्रणतोऽब्रवीत् । तथा कुरुत पुत्रो मे यथा स्यादचिरादिति ॥ ५५
ततस्तमूचुर्विप्रास्ते नैतत्किंचन दुष्करम् । सर्वं हि साधयन्तीह द्विजाः श्रौतेन कर्मणा ॥ ५६
तथा च पूर्वमभवद्राजा कश्चिदपुत्रकः । पञ्चोत्तरं शतं चाभूत्तस्यान्तःपुरयोषिताम् ॥ ५७
पुत्रीयेष्ट्या च तस्यैको जन्तुर्नाम सुतोऽजनि । तत्पत्नीनामशेषाणां नूतनेन्दूदयो दृशि ॥ ५८
जानुभ्यां पर्यटन्तं च बालं जातु पिपीलिका । ऊरुदेशे ददंशैनं मुक्तचूत्कारकातरम् ॥ ५९
तावता तुमुलाक्रन्दमन्तःपुरमजायत । राजापि पुत्र पुत्रेति चक्रन्द प्राकृतो यथा ॥ ६०
क्षणात्तस्मिन्समाश्वस्ते बालेऽपास्तपिपीलिके । दुःखैककारणं राजा स निनिन्दैकपुत्रताम् ॥ ६१
अस्ति कश्चिदुपायो मे येन स्युर्बहवः सुताः । इति तत्परितापेन पप्रच्छ ब्राह्मणांश्च सः ॥ ६२
ते तं प्रत्यब्रुवन्राजन्नुपायोऽत्र तवास्त्ययम् । हत्वैतं त्वत्सुतं वह्नौ तन्मांसं हूयतेऽखिलम् ॥ ६३
तद्गन्धाघ्राणतो राज्यः सर्वाः प्राप्स्यन्ति ते सुतान् । एतच्छ्रुत्वा स राजा तत्तथा सर्वमकारयत् ॥ ६४
स्वपत्नीसमसंख्यांश्च स पुत्रान्प्राप्तवान्नृपः । अतस्तवापि होमेन साधयामो वयं सुतम् ॥ ६५
इत्युक्त्वा धनदत्तं ते ब्राह्मणाः कृप्तदक्षिणम् । होमं चक्रुस्ततस्तस्य वणिजो जातवान्सुतः ॥ ६६
गुहसेनाभिधानश्च स बालो ववृधे क्रमात् । पिताथ धनदत्तोऽस्य भार्यामन्विष्यति स्म सः ॥ ६७
ततः स तत्पिता तेन तनयेन समं ययौ । द्वीपान्तरं स्नुषाहेतोर्वणिज्याव्यपदेशतः ॥ ६८
तत्र देवस्मितां नाम धर्मगुप्ताद्वणिग्वरात् । स्वपुत्रगुहसेनस्य कृते कन्यामयाचत ॥ ६९
धर्मगुप्तस्तु संबन्धं न तमङ्गीचकार सः । आलोच्य ताम्रलिप्तीं तां दूरां दुहितृवत्सलः ॥ ७०
सा तु देवस्मिता दृष्ट्वा गुहसेनं तदैव तम् । तद्गुणाकृष्टचित्तत्वाद्बन्धुत्यागैकनिश्चया ॥ ७१
सखीमुखेन कृत्वा च संकेतं सह तेन सा । प्रियेण पितृयुक्तेन रात्रौ द्वीपात्ततो ययौ ॥ ७२
ताम्रलिप्तीमथ प्राप्य तयोः कृतविवाहयोः । जायापत्योर्मिथः प्रेमपाशबद्धमभून्मनः ॥ ७३
अथास्तं पितरि प्राप्ते प्रेरितोऽभूत्स बन्धुभिः । कटाहद्वीपगमने गुहसेनो यदृच्छया ॥ ७४
तच्चास्य गमनं भार्या तदा नाङ्गीचकार सा । सेर्ष्या देवस्मिता काममन्यस्त्रीसङ्गशङ्किनी ॥ ७५
ततः पत्न्यामनिच्छन्त्यां प्रेरयत्सु च बन्धुषु । कर्तव्यनिश्चलो मूढो गुहसेनो बभूव सः ॥ ७६
अथ गत्वा निराहारश्चक्रे देवकुले व्रतम् । उपायमिह देवो मे निर्दिशत्विति चिन्तयन् ॥ ७७
सापि देवस्मिता तद्वत्तेन सार्धं व्यधाद्व्रतम् । ततोऽनयोः शिवः स्वप्ने दंपत्योर्दर्शनं ददौ ॥ ७८
द्वे च रक्ताम्बुजे दत्त्वा स देवस्तावभाषत । हस्ते गृह्णीतमेकैकं पद्ममेतदुभावपि ॥ ७९
दूरस्थत्वे च यद्येकः शीलत्यागं करिष्यति । तदन्यस्य करे पद्मं म्लानिमेष्यति नान्यथा ॥ ८०
एतच्छ्रुत्वा प्रबुध्यैव दंपती तावपश्यताम् । अन्योन्यस्येव हृदयं हस्तस्थं रक्तमम्बुजम् ॥ ८१

ततः स चक्रे प्रस्थानं गुहसेनो धृताम्बुजः। सा तु देवस्मिता तत्र तस्थौ पत्यर्पितेक्षणा ॥ ८२
गुहसेनोऽपि तं प्राप कटाहद्वीपमाशु सः। कर्तुं प्रववृते चात्र रत्नानां क्रयविक्रयौ ॥ ८३
हस्ते च तस्य तद्दृष्ट्वा सदैवाम्लानमम्बुजम्। तत्र केचिद्वणिक्पुत्राश्चत्वारो विस्मयं ययुः ॥ ८४
ते युक्त्या तं गृहं नीत्वा पायित्वा भृशं मधु। पप्रच्छुः पद्मवृत्तान्तं सोऽपि क्षीबः शशंस तम् ॥ ८५
ततस्तं चिरनिर्वाह्यरत्नादिक्रयविक्रयम्। विचिन्त्य गुहसेनं ते चत्वारोऽपि वणिक्सुताः ॥ ८६
संमन्त्र्य कौतुकात्पापास्तद्भार्याशीलविप्लवम्। चिकीर्षवो ययुः शीघ्रं ताम्रलिप्तीमलक्षिताः ॥ ८७
तत्रोपायं विचिन्वन्तः सुगतायतनस्थिताम्। प्रव्राजिकामुपाजग्मुर्नाम्ना योगकरण्डिकाम् ॥ ८८
प्रीतिपूर्वं च तामूचुर्भगवत्यस्मदीप्सितम्। साध्यते चेत्त्वया तत्ते दास्यामोऽर्थान्बहूनिति ॥ ८९
साप्युवाच ध्रुवं यूनां कापि स्त्री वाञ्छितेह वः। तद्ब्रूत साधयाम्येव धनलिप्सा च नास्ति मे ॥ ९०
अस्ति सिद्धिकरी नाम शिष्या मे बुद्धिशालिनी। तत्प्रसादेन संप्राप्तमसंख्यं हि धनं मया ॥ ९१
कथं शिष्याप्रसादेन भूरि प्राप्तं धनं त्वया। इति तैः सा वणिक्पुत्रैः पृष्टा प्रव्राजिकाब्रवीत् ॥ ९२
कौतुकं यदि तत्पुत्राः श्रूयतां वर्णयामि वः। इह कोऽपि वणिक्पूर्वमाययावुत्तरापथात् ॥ ९३
तस्येहस्थस्य मच्छिष्या सा गत्वा शिश्रिये गृहे। युक्त्या कर्मकरीभावं कृतरूपविवर्तना ॥ ९४
विश्वास्य वणिजं तं च तद्गृहात्स्वर्णसंचयम्। सर्वं मुषित्वा प्रच्छन्नं प्रत्यूषे साथ निर्ययौ ॥ ९५
नगरीनिर्गतां दृष्ट्वा शङ्काशीघ्रगतिं च ताम्। मृदङ्गहस्तो मोषाय डोम्बः कोऽप्यन्वगाद्द्रुतम् ॥ ९६
न्यग्रोधस्य तलं प्राप्य सा दृष्ट्वा तमुपागतम्। डोम्बं सिद्धिकरी धूर्ता सदैन्येवेदमब्रवीत् ॥ ९७
भर्त्रा सहाद्य कलहं कृत्वाहं निर्गता गृहात्। मर्तुं तद्भद्र पाशोऽत्र त्वया मे बध्यतामिति ॥ ९८
पाशेन म्रियतामेषा किमेनां हन्म्यहं स्त्रियम्। मत्वेति तत्र वृक्षेऽसौ डोम्बः पाशमसज्जयत् ॥ ९९
ततः सिद्धिकरी डोम्बं सा मुग्धेव जगाद तम्। क्रियते कथमुद्बन्धस्त्वया मे दर्श्यतामिति ॥ १००
ततः स डोम्बस्तं दत्त्वा मृदङ्गं पादयोरधः। इत्थं क्रियत इत्युक्त्वा स्वकण्ठे पाशमर्पयत् ॥ १०१
सापि सिद्धिकरी सद्यस्तं मृदङ्गमचूर्णयत्। पादाघातेन डोम्बोऽथ सोऽपि पाशे व्यपद्यत ॥ १०२
तत्कालमागतोऽन्वेष्टुं वृक्षमूले ददर्श सः। मुषिताशेषकोषां तां दूरात्सिद्धिकरीं वणिक् ॥ १०३
सापि दृष्ट्वा तमायान्तं वृक्षे तस्मिन्नलक्षितम्। आरुह्य तस्थौ शाखायां पत्रौघच्छन्नविग्रहा ॥ १०४
स चागत्य वणिग्यावत्सभृत्यः पाशबन्धनम्। डोम्बमेव तमद्राक्षीन्न तु सिद्धिकरीं क्वचित् ॥ १०५
मा नाम वृक्षमारूढा सा भवेदिति तत्क्षणम्। एकोऽस्य वणिजो भृत्यस्तरुमारोहति स्म तम् ॥ १०६
सदा त्वय्येव मे प्रीतिरिहारूढस्त्वमेव च। तत्सुन्दर तवैवेदं धनमेहि भजस्व माम् ॥ १०७
इत्युक्त्वालिङ्ग्य चुम्बन्ती सास्य सिद्धिकरी मुखम्। वणिग्भृत्यस्य दशनैर्जिह्वां मूढधियोऽच्छिनत् ॥ १०८
स पपात व्यथाक्रान्तो मुखेन रुधिरं वमन्। वृक्षात्तस्माल्ललल्लेति किमप्यप्रस्फुटं ब्रुवन् ॥ १०९
तद्दृष्ट्वा स वणिग्भीतो भूतग्रस्तमवेत्य तम्। स्वगृहं भृत्यसहितः पलाय्यैव ततो ययौ ॥ ११०
अथावतीर्य वृक्षाग्रात्तद्वद्भीता च तापसी। आगाद्गृहं समादाय तत्सा सिद्धिकरी धनम् ॥ १११
एवंविधा हि मच्छिष्या बहुप्रज्ञानशालिनी। एवं च तत्प्रसादेन पुत्राः प्राप्तं मया धनम् ॥ ११२
इत्युक्त्वा तान्वणिक्पुत्रानथ प्रव्राजिका निजाम्। तत्कालमागतां शिष्यामेतेभ्यस्तामदर्शयत् ॥ ११३
जगाद चैतांस्तत्पुत्राः सद्भावं वदताधुना। कां स्त्रियं वाञ्छथ क्षिप्रं तामहं साधयामि वः ॥ ११४
तच्छ्रुत्वा ते च तामूचुर्यैषा देवस्मिताभिधा। गुहसेनवणिग्भार्या तया नः संगमं कुरु ॥ ११५
श्रुत्वेति प्रतिजज्ञे तत्कार्यं प्रव्राजिकाथ सा। वणिक्सुतानां चैतेषां स्वगृहं स्थितये ददौ ॥ ११६
रञ्जयित्वाथ तत्रत्यं जनं भक्ष्यादिदानतः। गुहसेनगृहं तत्सा विवेश सह शिष्यया ॥ ११७
ततो देवस्मितावासगृहद्वारमुपागताम्। तां शुनी शृङ्खलाबद्धा रुरोधापूर्वरोधिनी ॥ ११८
ततो देवस्मिता दृष्ट्वा सा तां प्रावेशयत्स्वयम्। किमागता स्यादेषेति विचिन्त्य प्रेष्य चेटिकाम् ॥ ११९
प्रविष्टा चाशिषं दत्त्वा कृत्वा व्याजकृतादराम्। सा तां देवस्मितां साध्वीं पापा प्रव्राजिकाब्रवीत् ॥ १२०

सदैव त्वद्दिदृक्षा मे भवत्यद्य पुनर्मया । स्वप्ने दृष्टासि तेनाहमुत्का त्वां द्रष्टुमागता ॥ १२१
भर्त्रा विनाकृतां त्वां च दृष्ट्वा मे दूयते मनः । प्रियोपभोगवन्ध्ये हि विफले रूपयौवने ॥ १२२
इत्यादिभिर्वचोभिस्तां साध्वीमाश्वास्य सा चिरम् । आमन्त्र्य चाययौ तावद्गृहं प्रव्राजिका निजम् ॥ १२३
द्वितीयेऽह्नि गृहीत्वा च मरिचक्षोदनिर्भरम् । मांसखण्डं पुनः सा तद्ययौ देवस्मितागृहम् ॥ १२४
द्वारशुन्यै ददौ तस्यै मांसखण्डं च तत्र तम् । सापि तं भक्षयामास सद्यः समरिचं शुनी ॥ १२५
ततो मरिचदोषेण तस्या दृग्भ्यामवारितम् । अश्रु प्रववृते तस्याः प्रक्षौति स्म च नासिका ॥ १२६
सापि प्रव्राजिका तस्मिन्क्षणे देवस्मितान्तिकम् । प्रविश्य तत्कृतातिथ्या प्रारेभे रोदितुं शठा ॥ १२७
पृष्टा च देवस्मितया सा कृच्छ्रादेवमब्रवीत् । पुत्रि संप्रति पश्यैतां बहिः प्ररुदतीं शुनीम् ॥ १२८
एषा ह्यद्य परिज्ञाय मां जन्मान्तरसंगताम् । प्रवृत्ता रोदितुं तेन कृपयाश्रु ममोद्गतम् ॥ १२९
तच्छ्रुत्वा बहिरालोक्य शुनीं तां रुदतीमिव । किमेतच्चित्रमिति सा दध्यौ देवस्मिता क्षणम् ॥ १३०
प्रव्राजिकाथ सावादीत्पुत्रि पूर्वत्र जन्मनि । अहमेषा च भार्ये द्वे विप्रस्याभूव कस्यचित् ॥ १३१
स चावयोः पतिर्दूरं देशान्तरमितस्ततः । वारं वारं प्रयाति स्म राजादेशेन दूत्यया ॥ १३२
तत्प्रवासे च कुर्वन्त्या स्वेच्छं पुरुषसंगमम् । मया भूतेन्द्रियग्रामो नोपभोगैरवञ्च्यत ॥ १३३
भूतेन्द्रियानभिद्रोहो धर्मो हि परमो मतः । अतो जातिस्मरा पुत्रि जाताहमिह जन्मनि ॥ १३४
एषा तु शीलमेवैकं ररक्षाज्ञानतस्तदा । तेन श्वयोनौ पतिता किं तु जातिं स्मरत्यसौ ॥ १३५
कोऽयं धर्मो ध्रुवं धूर्तरचनेयं कृतानया । इति संचिन्त्य सुप्रज्ञा सा तां देवस्मिताब्रवीत् ॥ १३६
इयच्चिरं मया धर्मो न ज्ञातो भगवत्ययम् । तत्त्वं केनापि कान्तेन पुंसा मे संगमं कुरु ॥ १३७
ततः प्रव्राजिकावादीत्केचिद्द्वीपान्तरागताः । इह स्थिता वणिक्पुत्रास्तर्हि तानानयामि ते ॥ १३८
इत्युक्त्वा सा प्रमुदिता ययौ प्रव्राजिका गृहम् । सा च देवस्मिता स्वैरं स्वचेटीरित्यभाषत ॥ १३९
नूनं दृष्ट्वा तदम्लानं हस्ते मद्भर्तुरम्बुजम् । पृष्ट्वा च तं यथावृत्तं मद्यपं जातु कौतुकात् ॥ १४०
मद्विध्वंसाय केऽप्येते द्वीपात्तस्मादिहागताः । वणिक्पुत्राः शठास्तैश्च प्रयुक्तेयं कुतापसी ॥ १४१
तद्धत्तूरकसंयुक्तं मद्यमानयत द्रुतम् । गत्वाथ कारयध्वं च शुनः पादमयोमयम् ॥ १४२
इति देवस्मितोक्तास्ताश्चेट्यश्चक्रुस्तथैव तत् । एका च चेटी तद्रूपं तद्वाक्यादकरोत्तदा ॥ १४३
सापि प्रव्राजिका तस्माद्वणिक्पुत्रचतुष्टयात् । अहंप्रथमिकादिष्टादादायैकमथाययौ ॥ १४४
स्वशिष्यावेषसंछन्नं तं च देवस्मितागृहे । तत्र सायं प्रवेश्यैव निर्गत्याप्रकटं ययौ ॥ १४५
ततोऽत्र तं वणिक्पुत्रं तत्सधत्तूरकं मधु । चेटी देवस्मितावेषा सा सादरमपाययत् ॥ १४६
तेन सोऽविनयेनेव मधुना हृतचेतनः । हृत्वा वस्त्रादि चेटीभिस्तत्र चक्रे दिगम्बरः ॥ १४७
शुनः पादेन दत्त्वाङ्कं ललाटे ताभिरेव च । नीत्वा सोऽशुचिसंपूर्णे क्षिप्तोऽभूत्खातके निशि ॥ १४८
यामेऽथ पश्चिमे संज्ञां लब्ध्वात्मानं ददर्श सः । स्वपापोपनते मग्नमवीचाविव खातके ॥ १४९
अथोत्थाय कृतस्नानो ललाटेऽङ्कं परामृशन् । नग्नः सन्स वणिक्पुत्रो ययौ प्रव्राजिकागृहम् ॥ १५०
ममैवैकस्य हास्यत्वं मा भूदिति स तत्र तान् । आगच्छन्मुषितोऽस्मीति सखीनन्यानभाषत ॥ १५१
जागरेणातिपानेन शिरोर्तिं व्यपदिश्य च । प्रातः स तस्थौ वस्त्रेण वेष्टयित्वाङ्कितं शिरः ॥ १५२
तथैव च पुनः सायं द्वितीयोऽपि वणिक्सुतः । एत्य देवस्मितागेहं खलीकारमवाप्तवान् ॥ १५३
सोऽप्येत्य नग्नो वक्ति स्म तत्रैवाभरणान्यहम् । स्थापयित्वापि निर्यातो मुषितस्तस्करैरिति ॥ १५४
प्रातः सोऽपि शिरःशूलव्यपदेशेन वेष्टनम् । कृत्वा प्रच्छादयामास ललाटतटमङ्कितम् ॥ १५५
एवं सापह्नवाः सर्वे वणिक्पुत्राः क्रमेण ते । प्रापुः साङ्कं खलीकारमर्थनाशं च लज्जिताः ॥ १५६
अस्या अपि भवत्वेवमिति ते च खलीकृतिम् । तस्याः प्रव्राजिकायास्तामप्रकाश्य ततो ययुः ॥ १५७
साथ प्रव्राजिकान्येद्युर्जगाम सह शिष्यया । कृतप्रयोजनास्मीति हृष्टा देवस्मितागृहम् ॥ १५८
तत्र देवस्मिता सा तां कृत्वादरमपाययत् । मधु धत्तूरसंयुक्तं परितोषादिवाहृतम् ॥ १५९

तेन मत्तां सशिष्यां च च्छिन्नश्रवणनासिकाम् । तामप्यशुचिपङ्कान्तः क्षेपयामास सा सती ॥ १६०
गत्वा मैते वणिक्पुत्राः पतिं हन्युः कदाचन । इत्याकुला च सा श्वश्र्वस्तं वृत्तान्तमवर्णयत् ॥ १६१
ततः श्वश्रूरवादीत्तां पुत्रि साधु कृतं त्वया । किं तु पुत्रस्य मे तस्य कदाचिदहितं भवेत् ॥ १६२
ततो देवस्मितावोचद्यथा शक्तिमती पतिम् । ररक्ष प्रज्ञया पूर्वममुं रक्षाम्यहं तथा ॥ १६३
कथं शक्तिमती पुत्रि ररक्ष पतिमुच्यताम् । इति पृष्टा तया श्वश्र्वा साथ देवस्मिताब्रवीत् ॥ १६४
अस्मद्देशे पुरस्यान्तर्मणिभद्र इति श्रुतः । पूर्वैः कृतप्रतिष्ठोऽस्ति महायक्षः प्रभावितः ॥ १६५
तस्योपयाचितान्येत्य तत्रत्याः कुर्वते जनाः । तत्तद्वाञ्छितसंसिद्धिहेतोस्तैस्तैरुपायनैः ॥ १६६
यो नरः प्राप्यते तत्र रात्रौ सह परस्त्रिया । स्थाप्यते सोऽस्य यक्षस्य गर्भागारे तया समम् ॥ १६७
प्रातस्तथैव सस्त्रीकः स नीत्वा राजसंसदि । प्रकटीकृत्य तद्वृत्तं निगृह्यत इति स्थितिः ॥ १६८
एकदा तत्र नक्तं च संगतः परजायया । वणिक्समुद्रदत्ताख्यः प्राप्तोऽभूत्पुररक्षिणा ॥ १६९
नीत्वा च तेन क्षिप्तोऽभूत्सपरस्त्रीक एव सः । यक्षदेवगृहे तस्मिन्दृढदत्तार्गले वणिक् ॥ १७०
तत्क्षणं वणिजश्चास्य महाप्रज्ञा पतिव्रता । भार्या शक्तिमती नाम तं वृत्तान्तमबुध्यत ॥ १७१
साथ धीरान्यरूपेण तद्यक्षायतनं निशि । पूजामादाय साश्वासं सखीजनयुता ययौ ॥ १७२
तत्रैत्य दक्षिणालोभादेतस्या एव पूजकः । ददौ प्रवेशमुद्धाट्य द्वारमुक्त्वा पुराधिपम् ॥ १७३
सा च प्रविश्य सस्त्रीके दृष्टे पत्यौ विलक्षिते । स्वं वेषं कारयित्वा तां निर्याहीत्यवदत्स्त्रियम् ॥ १७४
सा च निर्गत्य रात्रौ स्त्री तद्वेषैव ततो ययौ । तस्थौ शक्तिमती तत्र तेन भर्त्रा समं तु सा ॥ १७५
प्रातश्च राजाधिकृतैरेत्य यावन्निरूप्यते । तावत्स्वपत्न्यैव युतः सर्वैः स ददृशे वणिक् ॥ १७६
तद्बुद्ध्वा यक्षभवनान्मृत्योरिव मुखान्नृपः । दण्डयित्वा पुराध्यक्षं वणिजं तममोचयत् ॥ १७७
एवं शक्तिमती पूर्वं ररक्ष प्रज्ञया पतिम् । अहं तथैव भर्तारं गत्वा रक्षामि युक्तितः ॥ १७८
इति देवस्मिता श्वश्रूं रह उक्त्वा तपस्विनी । स्वचेटिकाभिः सहिता वणिग्वेषं चकार सा ॥ १७९
आरुह्य च प्रवहणं वणिज्याव्याजतस्ततः । कटाहद्वीपमगमद्यत्र सोऽस्याः पतिः स्थितः ॥ १८०
गत्वा तं च पतिं तत्र वणिङ्मध्ये ददर्श सा । गुहसेनं समाश्वासमिव मूर्तिधरं बहिः ॥ १८१
सोऽपि तां पुरुषाकारां दूराद्दृष्ट्वा पिबन्निव । प्रियायाः सदृशः कोऽयं वणिक्स्यादित्यचिन्तयत् ॥ १८२
सा च देवस्मिता तत्र भूपं गत्वा व्यजिज्ञपत् । विज्ञप्तिर्मेऽस्ति तत्सर्वाः संघट्यन्तां प्रजा इति ॥ १८३
ततः सर्वान्समानीय राजा पौरान्सकौतुकः । का ते विज्ञप्तिरस्तीति वणिग्वेषामुवाच ताम् ॥ १८४
ततो देवस्मितावादीदिह मध्ये मम स्थिताः । पलाय्य दासाश्चत्वारस्तान्मे देवः प्रयच्छतु ॥ १८५
अथ तामवदद्राजा सर्वे पौरा इमे स्थिताः । तत्सर्वान्प्रत्यभिज्ञाय निजान्दासान्गृहाण तान् ॥ १८६
ततस्तया जगृहिरे स्वगृहे प्राक्खलीकृताः । वणिक्सुतास्ते चत्वारः शिरःस्वाबद्धशाटकाः ॥ १८७
सार्थवाहसुता एते कथं दासा भवन्ति ते । इति क्रुद्धाश्च तामूचुस्तत्रस्था वणिजस्तदा ॥ १८८
ततः प्रत्यब्रवीत्सा तान्यदि न प्रत्ययोऽस्ति वः । ललाटं प्रेक्ष्यतामेषां शुनः पादाङ्कितं मया ॥ १८९
तथेति तेषामुन्मोच्य चतुर्णां शीर्षपट्टकान् । सर्वेऽपि ददृशुस्तत्र शुनःपादं ललाटगम् ॥ १९०
लज्जितेऽथ वणिग्ग्रामे राजा संजातविस्मयः । किमेतदिति पप्रच्छ स तां देवस्मितां स्वयम् ॥ १९१
सा शशंस यथावृत्तं सर्वेऽपि जहसुर्जनाः । न्याय्यास्ते भवतीदासा इति तां चावदन्नृपः ॥ १९२
ततोऽन्ये वणिजस्तेषां चतुर्णां दास्यमुक्तये । ददुस्तस्यै धनं भूरि साध्व्यै दण्डं च भूपतेः ॥ १९३

आदाय तद्धनमवाप्य पतिं च तं स्वं देवस्मिता सकलसज्जनपूजिता सा ।
प्रत्याययौ निजपुरीमथ ताम्रलिप्तीं नास्या बभूव च पुनः प्रियविप्रयोगः ॥ १९४

इति स्त्रियो देवि महाकुलोद्गता विशुद्धधीरैश्चरितैरुपासते ।
सदैव भर्तारमनन्यमानसाः पतिः सतीनां परमं हि दैवतम् ॥ १९५

इत्याकर्ण्य वसन्तकस्य वदनादेतामुदारां कथां
मार्गे वासवदत्तया नवपरित्यक्ते पितुर्वेश्मनि ।
तल्लज्जासदनं विधाय विदधे वत्सेश्वरे भर्तरि
प्राक्प्रौढप्रणयावबद्धमपि तद्भक्त्येकतानं मनः ॥ १९६

इति महाकविश्रीसोमदेवभट्टविरचिते कथासरित्सागरे कथामुखलम्बके पञ्चमस्तरङ्गः ।

षष्ठस्तरङ्गः ।

अथ विन्ध्यान्तरे तत्र वत्सराजस्य तिष्ठतः । पार्श्वं चण्डमहासेनप्रतीहारः समाययौ ॥ १
स चागत्य प्रणम्यैनं राजानमिदमब्रवीत् । राजा चण्डमहासेनस्तव संदिष्टवानिदम् ॥ २
युक्तं वासवदत्ता यत्स्वयमेव त्वया हृता । तदर्थमेव हि मया त्वमानीत इहाभवः ॥ ३
संयतस्य च नैवेह दत्तैषा ते मया स्वयम् । नैवमस्मासु ते प्रीतिर्भवेदिति विशङ्किना ॥ ४
तदिदानीमविधिना ममास्या दुहितुर्यथा । न विवाहो भवेद्राजन्प्रतीक्षेथास्तथा मनाक् ॥ ५
गोपालको हि नचिरादत्रैवैष्यति मत्सुतः । स चास्याः स्वसुरुद्वाहं यथाविधि विधास्यति ॥ ६
इतीमं वत्सराजाय संदेशमवधार्य सः । तत्तद्वासवदत्तायै प्रतीहारो न्यवेदयत् ॥ ७
ततः सानन्दया साकं तया वासवदत्तया । हृष्टो वत्सेश्वरश्चक्रे कौशाम्बीगमने मनः ॥ ८
गोपालकस्यागमनं प्रतीक्षेथां युवामिह । तेनैव सह पश्चाच्च कौशाम्बीमागमिष्यथः ॥ ९
इत्युक्त्वा स्थापयामास स तत्रैव महीपतिः । श्वाशुरं तं प्रतीहारं स्वमित्रं च पुलिन्दकम् ॥ १०
ततोनुयातो नागेन्द्रैः स्रवद्भिर्मदनिर्झरान् । अनुरागागतैर्विन्ध्यप्राग्भारैरिव जङ्गमैः ॥ ११
तुरंगसैन्यसंघातखुराघातसशब्दया । स्तूयमान इवोत्क्रान्तबन्दिसन्दर्भया भुवा ॥ १२
नभोविलङ्घिभिः सेनारजोराशिभिरुद्धतैः । सपक्षभूभृदुल्लासशङ्कां कुर्वञ्शतक्रतोः ॥ १३
स प्रतस्थे ततो देव्या सह वासवदत्तया । स्वपुरीं प्रति राजेन्द्रः प्रातरेवापरेऽहनि ॥ १४
ततश्च दिवसैर्द्वित्रैर्विषयं तमवाप्य सः । विशश्राम निशामेकां रुमण्वन्मन्दिरे नृपः ॥ १५
अन्येद्युस्तां च कौशाम्बीं चिरात्प्राप्तमहोत्सवः । मार्गोत्सुकोन्मुखजनां प्रविवेश प्रियासखः ॥ १६
तदा च स्त्रीभिरारब्धमङ्गलस्नानमण्डना । चिरादुपागते पत्यौ बभौ नारीव सा पुरी ॥ १७
ददृशुश्चात्र पौरास्तं वत्सराजं वधूसखम् । प्रशान्तशोकाः शिखिनः सविद्युतमिवाम्बुदम् ॥ १८
हर्म्याग्रस्थाश्च पिदधुः पौरनार्यो मुखैर्नभः । व्योमगङ्गातटोत्फुल्लहेमाम्बुरुहविभ्रमैः ॥ १९
ततः स्वं राजभवनं वत्सराजो विवेश सः । नृपश्रियेवापरया सह वासवदत्तया ॥ २०
सेवागतनृपाकीर्णं मागधोद्गीतमङ्गलम् । सुप्तप्रबुद्धमिव तद्रेजे राजगृहं तदा ॥ २१
अथ वासवदत्ताया भ्राता गोपालकोऽचिरात् । आययौ सह कृत्वा तौ प्रतीहारपुलिन्दकौ ॥ २२
कृतप्रत्युद्गमं राज्ञा तमानन्दमिवापरम् । प्राप वासवदत्ता सा प्रहर्षोत्फुल्ललोचना ॥ २३
अमुं भ्रातरमेतस्याः पश्यन्त्या मा स्म भूत्त्रपा । इत्येव तस्यास्तत्कालं रुरोधाश्रु विलोचने ॥ २४
पितृसंदेशवाक्यैश्च तेन प्रोत्साहिताथ सा । मेने कृतार्थमात्मानं स्वजनेन समागतम् ॥ २५
ततो यथावद्वृत्ते तस्या वत्सेश्वरस्य च । व्यग्रो गोपालकोऽन्येद्युस्तत्रोद्वाहमहोत्सवे ॥ २६
रतिवल्लीनवोद्भिन्नमिव पल्लवमुज्ज्वलम् । पाणिं वासवदत्तायाः सोऽथ वत्सेश्वरोऽग्रहीत् ॥ २७
सापि प्रियकरस्पर्शसान्द्रानन्दनिमीलिता । सकम्पस्वेददिग्धाङ्गी गाढरोमाञ्चचर्चिता ॥ २८
सुसंमोहनवायव्यवारुणास्त्रैर्निरन्तरैः । विद्धेव पुष्पचापेन तत्क्षणं समलक्ष्यत ॥ २९
दृशि धूमाभिताम्रायां तस्या वह्निप्रदक्षिणे । मदिरा मदमाधुर्यसूत्रपातमिवाकरोत् ॥ ३०
गोपालकार्पितै रत्नै राज्ञां चोपायनैस्तदा । पूर्णकोषो बभौ सत्यां वत्सेशो राजराजताम् ॥ ३१
निर्वर्तितविवाहौ तावादौ लोकस्य चक्षुषि । वधूवरौ विविशतुः पश्चात्स्वे वासवेश्मनि ॥ ३२

अथ संमानयामास पट्टबन्धादिना स्वयम् । निजोत्सवे वत्सराजो गोपालकपुलिन्दकौ ॥ ३३
राज्ञां संमाननार्थं च पौराणां च यथोचितम् । यौगन्धरायणस्तेन रुमण्वांश्च न्ययुज्यत ॥ ३४
ततोऽब्रवीद्रुमण्वन्तमेवं यौगन्धरायणः । राज्ञा कष्टे नियुक्तौ स्वो लोकचित्तं हि दुर्ग्रहम् ॥ ३५
अरञ्जितश्च बालोऽपि रोषमुत्पादयेद्ध्रुवम् । तथा च शृण्विमां बाल विनष्टककथां सखे ॥ ३६
बभूव रुद्रशर्माख्यः कश्चन ब्राह्मणः पुरा । बभूवतुश्च तस्य द्वे गृहिण्यौ गृहमेधिनः ॥ ३७
एका सुतं प्रसूयैव तस्य पञ्चत्वमाययौ । तत्सुतोऽपरमातुश्च हस्ते तेनार्पितोऽथ सः ॥ ३८
सा च किंचिद्विवृद्धस्य रूक्षं तस्याशनं ददौ । सोऽपि तेनाभवद्बालो धूसराङ्गः पृथूदरः ॥ ३९
मातृहीनस्त्वयायं मे कथं शिशुरुपेक्षितः । इति तामपरां पत्नीं रुद्रशर्माथ सोऽभ्यधात् ॥ ४०
सेव्यमानोऽपि हि स्नेहैरीदृगेव किमप्यसौ । किं करोम्यहमस्येति साप्येवं पतिमब्रवीत् ॥ ४१
नूनमेवंस्वभावोऽयमिति मेने च स द्विजः । स्त्रीणामलीकमुग्धं हि वचः को मन्यते मृषा ॥ ४२
बाल एव विनष्टोऽयमिति बालविनष्टकः । नाम्ना स बालकस्तत्र संवृत्तोऽभूत्पितुर्गृहे ॥ ४३
असावपरमाता मां कदर्थयति सर्वदा । वरं प्रतिक्रियां कांचित्तदेतस्याः करोम्यहम् ॥ ४४
इति संचिन्तयामास सोऽथ बालविनष्टकः । व्यतीतपञ्चवर्षोऽपि वयसा बत बुद्धिमान् ॥ ४५
अथागतं राजकुलाज्जगाद पितरं रहः । तात द्वौ मम तातौ स्त इत्यविस्पष्टया गिरा ॥ ४६
एवं प्रत्यहमाह स्म स बालः सोऽपि तत्पिता । तां सोपपतिमाशङ्क्य भार्यां स्पर्शेऽप्यवर्जयत् ॥ ४७
सापि दध्यौ विना दोषं कस्मान्मे कुपितः पतिः । किंचिद्बालविनष्टेन कृतं किंचिद्भवेदिति ॥ ४८
सादरं स्नपयित्वा च दत्त्वा स्निग्धं च भोजनम् । कृत्वोत्सङ्गे च पप्रच्छ सा तं बालविनष्टकम् ॥ ४९
पुत्र किं रोषितस्तातो रुद्रशर्मा त्वया मयि । तच्छ्रुत्वैव स तां बालो जगादापरमातरम् ॥ ५०
अतोऽधिकं ते कर्तास्मि न चेदद्यापि शाम्यसि । स्वपुत्रपोषिणी कस्मात्त्वं मां क्लिश्नासि सर्वदा ॥ ५१
तच्छ्रुत्वा प्रणता सा तं बभाषे शपथोत्तरम् । पुनर्नैवं करिष्यामि तत्प्रसादाय मे पतिम् ॥ ५२
ततः स बालोऽवादीत्तां तद्भार्यातस्य मत्पितुः । आदर्शं दर्शयत्वेका त्वच्चेटी वेद्म्यहं परम् ॥ ५३
तथेत्युक्त्वा तया चेटी नियुक्ता रुद्रशर्मणः । आगतस्य क्षणात्तस्य दर्शयामास दर्पणम् ॥ ५४
तत्र तस्यैव तत्कालं प्रतिबिम्बं स दर्शयन् । सोऽयं द्वितीयस्तातो मे तातेत्याह स्म बालकः ॥ ५५
तच्छ्रुत्वा विगताशङ्कस्तामकारणदूषिताम् । पत्नीं प्रति प्रसन्नोऽभूद्रुद्रशर्मा तदैव सः ॥ ५६
एवमुत्पादयेद्दोषं बालोऽपि विकृतिं गतः । तदयं रञ्जनीयो नः सम्यक्परिकरोऽखिलः ॥ ५७
इत्युक्त्वा सरुमण्वत्कः सोऽथ यौगन्धरायणः । सर्वं संमानयामास वत्सराजोत्सवे जनम् ॥ ५८
तथा च राजलोकं तौ रञ्जयामासतुर्यथा । मदेकप्रवणावेताविति सर्वोऽप्यमन्यत ॥ ५९
तौ चाप्यपूजयद्राजा सचिवौ स्वकरार्पितैः । वस्त्राङ्गरागाभरणैर्ग्रामैश्च सवसन्तकौ ॥ ६०
कृतोद्वाहोत्सवः सोऽथ युक्तो वत्सेश्वरस्तया । मनोरथफलान्येव मेने वासवदत्तया ॥ ६१
चिरादुन्मुद्रितः स्नेहात्कोऽप्यभूत्सततं तयोः । निशान्तक्लिष्टचक्राह्वरीतिहृद्यो रसक्रमः ॥ ६२
यथा यथा च दंपत्योः प्रौढिं परिचयो ययौ । तयोस्तथा तथा प्रेम नवीभावमिवाययौ ॥ ६३
गोपालकोऽथ वीवाहकर्तुः संदेशतः पितुः । प्रययौ शीघ्रमावृत्तिं वत्सराजेन याचितः ॥ ६४
सोऽपि वत्सेश्वरो जातु चपलः पूर्वसंगताम् । गुप्तं विरचितां नाम भेजेऽन्तःपुरचारिकाम् ॥ ६५
तद्गोत्रस्खलितो देवीं पादलग्नः प्रसादयन् । लेभे सुभगसाम्राज्यमभिषिक्तस्तदश्रुभिः ॥ ६६
किं च बन्धुमतीं नाम राजपुत्रीं भुजार्जिताम् । गोपालकेन प्रहितां कन्यां देव्या उपायनम् ॥ ६७
तया मञ्जुलिकेत्येव नाम्नान्येनैव गोपिताम् । अपरामिव लावण्यजलधेरुद्गतां श्रियम् ॥ ६८
वसन्तकसहायः सन्दृष्ट्वोद्यानलतागृहे । गान्धर्वविधिना गुप्तमुपयेमे स भूपतिः ॥ ६९
तच्च वासवदत्तास्य ददर्श निभृतस्थिता । प्रचुकोप च बद्ध्वा च सा निनाय वसन्तकम् ॥ ७०
ततः प्रव्राजिकां तस्याः सखीं पितृकुलागताम् । स सांकृत्यायनीं नाम शरणं शिश्रिये नृपः ॥ ७१

सा तां प्रसाद्य महिषीं तया सैव कृताज्ञया । ददौ बन्धुमतीं राज्ञे पेशलं हि सतीमनः ॥ ७२
ततस्तं बन्धनाद्देवी सा मुमोच वसन्तकम् । स चागत्याग्रतो राज्ञीं हसन्निति जगाद ताम् ॥ ७३
बन्धुमत्यापराद्धं च किं मया देवि ते कृतम् । डुण्डुभेषु प्रहरथ क्रुद्धा यूयमहीन्प्रति ॥ ७४
एतत्त्वमुपमानं मे व्याचक्ष्वेति कुतूहलात् । देव्या पृष्टस्तया सोऽथ पुनराह वसन्तकः ॥ ७५
पुरा कोऽपि रुरुर्नाम मुनिपुत्रो यदृच्छया । परिभ्रमन्ददर्शैकां कन्यामद्भुतदर्शनाम् ॥ ७६
विद्याधरात्समुत्पन्नां मेनकायां सुयोषिति । स्थूलकेशेन मुनिना वर्धितामाश्रमे निजे ॥ ७७
सा च प्रमद्वरानाम दृष्टा तस्य रुरोर्मनः । जहार सोऽथ गत्वा तां स्थूलकेशादयाचत ॥ ७८
स्थूलकेशोऽपि तां तस्मै प्रतिशुश्राव कन्यकाम् । आसन्ने च विवाहे तामकस्माद्दष्टवानहिः ॥ ७९
ततो विषण्णहृदयः शुश्रावेमां गिरं दिवि । एतां क्षीणायुषं ब्रह्मन्स्वायुषोऽर्धेन जीवय ॥ ८०
तच्छ्रुत्वा स ददौ तस्यै तदैवार्धं निजायुषः । प्रत्युज्जिजीव सा तेन सोऽपि तां परिणीतवान् ॥ ८१
अथ क्रुद्धो रुरुर्नित्यं यं यं सर्पं ददर्श सः । तं तं जघान भार्या मे दष्टामीभिर्भवेदिति ॥ ८२
अथैकस्तं जिघांसन्तं मर्त्यवाचाह डुण्डुभः । अहिभ्यः कुपितो ब्रह्मन्हंसि त्वं डुण्डुभान्कथम् ॥ ८३
अहिना ते प्रिया दष्टा विभिन्नौ चाहिडुण्डुभौ । अहयः सविषाः सर्वे निर्विषा डुण्डुभा इति ॥ ८४
तच्छ्रुत्वा प्रत्यवादीत्तं सखे को नु भवानिति । डुण्डुभोऽप्यवदद्ब्रह्मन्नहं शापच्युतो मुनिः ॥ ८५
भवत्संवादपर्यन्तः शापोऽयमभवच्च मे । इत्युक्त्वान्तर्हिते तस्मिन्भूयस्तान्नावधीद्रुरुः ॥ ८६
तदेतदुपमानाय तव देवि मयोदितम् । डुण्डुभेषु प्रहरथ क्रुद्धा यूयमहिष्विति ॥ ८७

एवमभिधाय वचनं सनर्महासं वसन्तके विरते ।
वासवदत्ता तं प्रति तुतोष पार्श्वे स्थिता पत्युः ॥ ८८

इति मधुमधुराणि वत्सराजश्चरणगतः कुपितानुनाथनानि ।
सततमुदयनश्चकार देव्या विविधवसन्तककौशलानि कामी ॥ ८९

रसना मदिरारसैकसक्ता कलवीणारवरागिणी श्रुतिश्च ।
दयितामुखनिश्चला च दृष्टिः सुखिनस्तस्य सदा बभूव राज्ञः ॥ ९०

इति महाकविश्रीसोमदेवभट्टविरचिते कथासरित्सागरे कथामुखलम्बके षष्ठस्तरङ्गः ।

समाप्तश्चायं कथामुखलम्बको द्वितीयः ।

॥ श्रीः ॥

महाकविश्रीसोमदेवभट्टविरचितः

कथासरित्सागरः ।

लावाणको नाम तृतीयो लम्बकः ।

इदं गुरुगिरीन्द्रजाप्रणयमन्दरान्दोलना-
त्पुरा किल कथामृतं हरमुखाम्बुधेरुद्गतम् ।
प्रसह्य रसयन्ति ये विगतविघ्नलब्धर्द्धयो
धुरं दधति वैबुधीं भुवि भवप्रसादेन ते ॥

प्रथमस्तरङ्गः ।

निर्विघ्नविश्वनिर्माणसिद्धये यदनुग्रहम् । मन्ये स वव्रे धातापि तस्मै विघ्नजिते नमः ॥ १
आश्लिष्यमाणः प्रियया शंकरोऽपि यदाज्ञया । उत्कम्पते स भुवनं जयत्यसमसायकः ॥ २
एवं स राजा वत्सेशः क्रमेण सुतरामभूत् । प्राप्तवासवदत्तस्तत्सुखासक्तैकमानसः ॥ ३
यौगन्धरायणश्चास्य महामन्त्री दिवानिशम् । सेनापती रुमण्वांश्च राज्यभारमुदूहतुः ॥ ४
स कदाचिच्च चिन्तावानानीय रजनौ गृहम् । निजगाद रुमण्वन्तं मन्त्री यौगन्धरायणः ॥ ५
पाण्डवान्वयजातोऽयं वत्सेशोऽस्य च मेदिनी । कुलक्रमागता कृत्स्ना पुरं च गजसाह्वयम् ॥ ६
तत्सर्वमजिगीषेण त्यक्तमेतेन भूभृता । इहैव चास्य संजातं राज्यमेकत्र मण्डले ॥ ७
स्त्रीमद्यमृगयासक्तो निश्चिन्तो ह्येष तिष्ठति । अस्मासु राज्यचिन्ता च सर्वानेन समर्पिता ॥ ८
तदस्माभिः स्वबुद्ध्यैव तथा कार्यं यथैव तत् । समग्रपृथिवीराज्यं प्राप्नोत्येव क्रमागतम् ॥ ९
एवं कृते हि भक्तिश्च मन्त्रिता च कृता भवेत् । सर्वं च साध्यते बुद्ध्या तथा चैतां कथां शृणु ॥ १०
आसीत्कश्चिन्महासेन इति नाम्ना पुरा नृपः । स चान्येनाभियुक्तोऽभून्नृपेणातिबलीयसा ॥ ११
ततः समेत्य सचिवैः स्वकार्यभ्रंशरक्षिभिः । दापितः स महासेनो दण्डं तस्मै किल द्विषे ॥ १२
दत्तदण्डश्च राजासौ मानी भृशमतप्यत । किं मया विहितः शत्रोः प्रणाम इति चिन्तयन् ॥ १३
तेनैव चास्य गुल्मोऽन्तः शोकेन ह्युदपद्यत । गुल्माक्रान्तश्च शोकेन स मुमूर्षुरभून्नृपः ॥ १४
ततस्तदौषधासाध्यं मत्वैको मतिमान्भिषक् । मृता ते देव देवीति मिथ्या वक्ति स्म तं नृपम् ॥ १५
तच्छ्रुत्वा सहसा भूमौ पततस्तस्य भूपतेः । शोकावेगेन बलिना स गुल्मः स्वयमस्फुटत् ॥ १६
रोगोत्तीर्णश्चिरं देव्या तयैव च सहेप्सितान् । भोगान्स बुभुजे राजा जिगाय च रिपून्पुनः ॥ १७
तद्यथा स भिषग्बुद्ध्या चक्रे राजहितं तथा । वयं राजहितं कुर्मः साधयामोऽस्य मेदिनीम् ॥ १८
परिपन्थी च तत्रैकः प्रद्योतो मगधेश्वरः । पार्ष्णिग्राहः स हि सदा पश्चात्कोपं करोति नः ॥ १९
तत्तस्य कन्यकारत्नमस्ति पद्मावतीति यत् । तदस्य वत्सराजस्य कृते याचामहे वयम् ॥ २०
छन्नां वासवदत्तां च स्थापयित्वा स्वबुद्धितः । दत्त्वाग्निं वासके ब्रूमो देवी दग्धेति सर्वतः ॥ २१
नान्यथा तां सुतां राज्ञे ददाति मगधाधिपः । एतदर्थं स हि मया प्रार्थितः पूर्वमुक्तवान् ॥ २२
नाहं वत्सेश्वरायैतां दास्याम्यात्माधिकां सुताम् । तस्य वासवदत्तायां स्नेहो हि सुमहानिति ॥ २३
सत्यां देव्यां च वत्सेशो नैवान्यां परिणेष्यति । देवी दग्धेति जातायां ख्यातौ सर्वं तु सेत्स्यति ॥ २४
पद्मावत्यां च लब्धायां संबन्धी मगधाधिपः । पश्चात्कोपं न कुरुते सहायत्वं च गच्छति ॥ २५

ततः पूर्वां दिशं जेतुं गच्छामोऽन्याश्च तत्क्रमात् । इत्थं वत्सेश्वरस्यैतां साधयामोऽखिलां भुवम् ॥ २६
कृतोद्योगेषु चास्मासु पृथिवीमेष भूपतिः । प्राप्नुयादेव पूर्वं हि दिव्या वागेवमब्रवीत् ॥ २७
श्रुत्वेति मन्त्रिवृषभाद्वचो यौगन्धरायणात् । साहसं चैतदाशङ्क्य रुमण्वांस्तमभाषत ॥ २८
व्याजः पद्मावतीहेतोः क्रियमाणः कदाचन । दोषायास्माकमेव स्यात्तथा ह्यत्र कथां शृणु ॥ २९
अस्ति माकन्दिका नाम नगरी जाह्नवीतटे । तस्यां मौनव्रतः कश्चिदासीत्प्रव्राजकः पुरा ॥ ३०
स च भिक्षाशनोऽनेकपरिव्राट्परिवारितः । आस्ते देवकुलस्यान्तर्मठिकायां कृतस्थितिः ॥ ३१
प्रविष्टो जातु भिक्षार्थमेकस्य वणिजो गृहे । स ददर्श शुभां कन्यां भिक्षामादाय निर्गताम् ॥ ३२
दृष्ट्वा चाद्भुतरूपां तां स कामवशगः शठः । हा हा कष्टमिति स्माह वणिजस्तस्य शृण्वतः ॥ ३३
गृहीतभिक्षश्च ततो जगाम निलयं निजम् । ततस्तं स वणिग्गत्वा रहः पप्रच्छ विस्मयात् ॥ ३४
किमद्यैवमकस्मात्त्वं मौनं त्यक्त्वोक्तवानिति । तच्छ्रुत्वा वणिजं तं च परिव्राडेवमब्रवीत् ॥ ३५
दुर्लक्षणेयं कन्या ते विवाहोऽस्या यदा भवेत् । तदा ससुतदारस्य क्षयः स्यात्तव निश्चितम् ॥ ३६
तदेतां वीक्ष्य दुःखं मे जातं भक्तो हि मे भवान् । तेनैवमुक्तवानस्मि त्यक्त्वा मौनं भवत्कृते ॥ ३७
तदेषा कन्यका नक्तं मञ्जूषायां निवेशिता । उपरि न्यस्तदीपायां गङ्गायां क्षिप्यतां त्वया ॥ ३८
तथेति प्रतिपद्यैतद्गत्वा सोऽथ वणिग्भयात् । नक्तं चक्रे तथा सर्वं निर्विमर्शा हि भीरवः ॥ ३९
प्रव्राजकोऽपि तत्कालमुवाचानुचरान्निजान् । गङ्गां गच्छत तत्रान्तर्वहन्तीं यां च पश्यथ ॥ ४०
पृष्ठस्थदीपां मञ्जूषां गुप्तमानयतेह ताम् । उद्घाटनीया न च सा श्रुतेऽप्यन्तर्ध्वनाविति ॥ ४१
तथेति चागता यावद्गङ्गां न प्राप्नुवन्ति ते । राजपुत्रः किमप्येकस्तावत्तस्यामवातरत् ॥ ४२
सोऽत्र तां वणिजा क्षिप्तां मञ्जूषां वीक्ष्य दीपतः । भृत्यैरानाय्य सहसा कौतुकादुदघाटयत् ॥ ४३
ददर्श चान्तः कन्यां तां हृदयोन्मादकारिणीम् । उपयेमे च गान्धर्वविधिना तां च तत्क्षणम् ॥ ४४
मञ्जूषां तां च गङ्गायां तथैवोर्ध्वस्थदीपिकाम् । कृत्वा तत्याज निःक्षिप्य घोरं वानरमन्तरे ॥ ४५
गतेऽथ तस्मिन्संप्राप्तकन्यारत्ने नृपात्मजे । आययुस्तस्य चिन्वन्तः शिष्याः प्रव्राजकस्य ते ॥ ४६
ददृशुस्तां च मञ्जूषां गृहीत्वा तस्य चान्तिकम् । निन्युः प्रव्राजकस्यैनां सोऽथ हृष्टो जगाद तान् ॥ ४७
एकोऽहं साधये मन्त्रमादायैतामिहोपरि । अधस्तूष्णीं च युष्माभिः शयितव्यमिमां निशाम् ॥ ४८
इत्युक्त्वा तां स मञ्जूषामारोप्य मठिकोपरि । स परिव्राड्विवृतवान्वणिक्कन्याभिलाषुकः ॥ ४९
ततश्च तस्या निर्गत्य वानरो भीषणाकृतिः । तमभ्यधावत्स्वकृतो मूर्तिमानिव दुर्नयः ॥ ५०
स तस्य दशनैर्नासां नखैः कर्णौ च तत्क्षणम् । चिच्छेद पापस्य कपिर्निग्रहज्ञ इव क्रुधा ॥ ५१
तथाभूतोऽथ स ततः परिव्राडवतीर्णवान् । यन्नस्तम्भितहासाश्च शिष्यास्तं ददृशुस्तदा ॥ ५२
प्रातर्बुद्ध्वा च तत्सर्वं जहास सकलो जनः । ननन्द स वणिक्सा च तत्सुता प्राप्तसत्पतिः ॥ ५३
एवं यथा स हास्यत्वं गतः प्रव्राजकस्तथा । व्याजप्रयोगस्यासिद्धौ वयं गच्छेम जातुचित् ॥ ५४
बहुदोषो हि विरहो राज्ञो वासवदत्तया । एवं रुमण्वतोक्तः सन्नाह यौगन्धरायणः ॥ ५५
नान्यथोद्योगसिद्धिः स्यादनुद्योगे च निश्चितम् । राजनि व्यसनिन्येतन्नश्येदपि यथास्थितम् ॥ ५६
लब्धापि मन्त्रिताख्यातिरस्माकं चान्यथा भवेत् । स्वामिसंभावनायाश्च भवेम व्यभिचारिणः ॥ ५७
स्वायत्तसिद्धे राज्ञो हि प्रज्ञोपकरणं मता । सचिवः को भवेत्तेषां कृते वाप्यथवाकृते ॥ ५८
सचिवायत्तसिद्धेस्तु तत्प्रज्ञैवार्थसाधनम् । त एव चेन्निरुत्साहाः श्रियो दत्तो जलाञ्जलिः ॥ ५९
अथ देवीपितुश्चण्डमहासेनाद्विशङ्कसे । स सपुत्रश्च देवी च वचः कुरुत एव मे ॥ ६०
इत्युक्तवन्तं धीराणां धुर्यं यौगन्धरायणम् । प्रमादशङ्किहृदयो रुमण्वान्पुनरब्रवीत् ॥ ६१
अभीष्टस्त्रीवियोगार्त्या सविवेकोऽपि बाध्यते । किं पुनर्वत्सराजोऽयमत्र चैतां कथां शृणु ॥ ६२
पुराभूद्देवसेनाख्यो राजा मतिमतां वरः । श्रावस्तीति पुरी तस्य राजधानी बभूव च ॥ ६३
तस्यां च पुर्यामभवद्वणिगेको महाधनः । तस्योदपद्यतानन्यसदृशी दुहिता किल ॥ ६४

उन्मादिनीति नाम्ना च कन्यका सापि पप्रथे । उन्मादयति गतस्तस्या रूपं दृष्ट्वाखिलो जनः ॥ ६५
तनयेयमनावेद्य राज्ञे देया क्वचिन्न मे । स हि कुप्येदिति पिता तस्याः सोऽचिन्तयद्वणिक् ॥ ६६
ततश्च गत्वा राजानं देवसेनं व्यजिज्ञपत् । देवास्ति कन्यारत्नं मे गृह्यतामुपयोगि चेत् ॥ ६७
तच्छ्रुत्वा व्यसृजद्राजा सोऽथ प्रत्ययितान्द्विजान् । गत्वा सुलक्षणा सा वा न वेत्यालोक्यतामिति ॥ ६८
तथेति ते द्विजा गत्वा तां दृष्ट्वैव वणिक्सुताम् । उन्मादिनीं ययुः क्षोभं सद्यः संजातमन्मथाः ॥ ६९
राजास्यां परिणीतायामेतदेकमनास्त्यजेत् । राजकार्याणि नश्येच्च सर्वं तस्मात्किमेतया ॥ ७०
इति च प्रकृतिं प्राप्ता द्विजाः संमन्त्र्य ते गताः । कुलक्षणा सा कन्येति मिथ्या राजानमब्रुवन् ॥ ७१
ततो राज्ञा परित्यक्तां स तामुन्मादिनीं वणिक् । तत्सेनापतये प्रादादन्तर्जातविमाननाम् ॥ ७२
भर्तृवेश्मनि हर्म्यस्था साथ जातु तमागतम् । राजानं तेन मार्गेण बुद्ध्वात्मानमदर्शयत् ॥ ७३
दृष्ट्वैव च स तां राजा जगत्संमोहनौषधिम् । प्रयुक्तामिव कामेन जातोन्माद इवाभवत् ॥ ७४
गत्वा स्वभवनं ज्ञात्वा तां च पूर्वावधीरिताम् । उन्मना ज्वरसंतापपीडां गाढमवाप सः ॥ ७५
सा दासी न परस्त्रीति गृह्यतां यदि वाप्यहम् । त्यजामि तां देवकुले स्वीकरोतु ततः प्रभुः ॥ ७६
इति तेन च तद्भर्त्रा स्वसेनापतिना ततः । अभ्यर्थ्यमानो यत्नेन जगादैवं स भूपतिः ॥ ७७
नाहं परस्त्रीमादास्ये त्वं वा त्यक्ष्यसि तां यदि । ततो नङ्क्ष्यति ते धर्मो दण्ड्यो मे च भविष्यसि ॥ ७८
तच्छ्रुत्वा मन्त्रिणोऽन्ये च तूष्णीमासन्स च क्रमात् । स्मरज्वरेण तेनैव नृपः पञ्चत्वमाययौ ॥ ७९
एवं स राजा नष्टोऽभूद्धीरोऽप्युन्मादिनीं विना । विना वासवदत्तां तु वत्सराजः कथं भवेत् ॥ ८०
एतद्रुमण्वतः श्रुत्वा पुनर्यौगन्धरायणः । उवाच सह्यते क्लेशो राजभिः कार्यदर्शिभिः ॥ ८१
रावणोच्छित्तये देवैः कृत्वा युक्तिं वियोजितः । सीतादेव्या न किं रामो विषेहे विरहव्यथाम् ॥ ८२
एतच्छ्रुत्वा च भूयोऽपि रुमण्वानभ्यभाषत । ते हि रामादयो देवास्तेषां सर्वंसहं मनः ॥ ८३
असह्यं तु मनुष्याणां तथा च श्रूयतां कथा । अस्तीह बहुरत्नाढ्या मथुरेति महापुरी ॥ ८४
तस्यामभूद्वणिक्पुत्रः कोऽपि नाम्ना यइल्लकः । तस्य चाभूत्प्रिया भार्या तदेकाबद्धमानसा ॥ ८५
तया सह वसन्तोऽथ कदाचित्कार्यगौरवात् । द्वीपान्तरं वणिक्पुत्रो गन्तुं व्यवसितोऽभवत् ॥ ८६
तद्भार्यापि च तेनैव सह गन्तुमियेष सा । स्त्रीणां भावानुरक्तं हि विरहासहनं मनः ॥ ८७
ततः स च वणिक्पुत्रः प्रतस्थे कृतमङ्गलः । न च तां सह जग्राह भार्यां कॢप्तप्रसाधनाम् ॥ ८८
साथ तं प्रस्थितं पश्चात्पश्यन्ती साश्रुलोचना । अतिष्ठत्प्राङ्गणद्वारकवाटान्तविलम्बिनी ॥ ८९
गते दृष्टिपथात्तस्मिन्सा वियोगासहा ततः । निर्यातुं नाशकन्मुग्धा प्राणास्तस्या विनिर्ययुः ॥ ९०
तद्बुद्ध्वा च वणिक्पुत्रः प्रत्यावृत्य च तत्क्षणम् । ददर्श विह्वलां कान्तामेतामुत्क्रान्तजीविताम् ॥ ९१
सुन्दरापाण्डुरच्छायां विलोलालकलाञ्छनाम् । भुवि चान्द्रमसीं लक्ष्मीं दिवः सुप्तच्युतामिव ॥ ९२
अङ्के कृत्वा च तां सद्यः क्रन्दतस्तस्य निर्ययुः । शोकाग्निज्वलिताद्देहाद्द्रुतं भीता इवासवः ॥ ९३
एवमन्योन्यविरहाद्दंपती तौ विनेशतुः । अतोऽस्य राज्ञो देव्याश्च रक्ष्यान्योन्यवियोगिता ॥ ९४
इत्युक्त्वा विरते तस्मिन्बद्धाशङ्के रुमण्वति । जगाद धैर्यजलधिर्धीमान्यौगन्धरायणः ॥ ९५
मयैतन्निश्चितं सर्वं कार्याणि च महीभृताम् । भवन्त्येवंविधान्येव तथा चात्र कथां शृणु ॥ ९६
उज्जयिन्यामभूत्पूर्वं पुण्यसेनाभिधो नृपः । स जातु बलिनान्येन राज्ञा गत्वाभ्ययुज्यत ॥ ९७
अथ तन्मन्त्रिणो धीरास्तमरिं वीक्ष्य दुर्जयम् । मिथ्या राजा मृत इति प्रवादं सर्वतो व्यधुः ॥ ९८
प्रच्छन्नं स्थापयामासुः पुण्यसेनं नृपं च ते । अन्यं कंचिद्दधक्षुश्च राजार्हविधिना शवम् ॥ ९९
अराजकानामधुना भव राजा त्वमेव नः । इति दूतमुखेनाथ तमरिं जगदुश्च ते ॥ १००
तथेत्युक्तवतस्तस्य रिपोस्तुष्टस्य ते ततः । मिलित्वा सैन्यसहिताः कटकं बिभिदुः क्रमात् ॥ १०१
भिन्ने च सैन्ये राजानं पुण्यसेनं प्रकाश्य तम् । ते संप्राप्तबलाः शत्रुं तं निजघ्नुः स्वमन्त्रिणः ॥ १०२
ईदृंशि राजकार्याणि भवन्ति तदिदं वयम् । देवीदाहप्रवादेन कार्यं धैर्येण कुर्महे ॥ १०३

इत्येतन्निश्चितमतेः श्रुत्वा यौगन्धरायणात् । रुमण्वानब्रवीदेवं तर्हि यद्येष निश्चयः ॥ १०४
तद्गोपालकमानीय देव्या भ्रातरमादृतम् । संमन्त्र्य च समं तेन सम्यक्सर्वं विधीयताम् ॥ १०५
एवमस्त्विति वक्ति स्म ततो यौगन्धरायणः । तत्प्रत्ययाद्रुमण्वांश्च चक्रे कर्तव्यनिश्चयम् ॥ १०६
अन्येद्युर्मन्त्रिमुख्यौ तौ दूतं व्यसृजतां निजम् । गोपालकं तमानेतुमुत्कण्ठाव्यपदेशतः ॥ १०७
कार्यहेतोर्गतः पूर्वं तद्दूतवचनाच्च सः । आगाद्गोपालकस्तत्र स्वयं मूर्त इवोत्सवः ॥ १०८
आगतं तदहश्चैनं स्वैरं यौगन्धरायणः । निनाय सरुमण्वत्कं गृहं गोपालकं निशि ॥ १०९
तत्र चास्मै तदुत्साहं शशंस स्वचिकीर्षितम् । यत्पूर्वं मन्त्रितं तेन सर्वं सह रुमण्वता ॥ ११०
स च राजहितैषी सन्दुःखावहमपि स्वसुः । गोपालकोऽनुमेने तत्कर्तव्यं हि सतां वचः ॥ १११
सर्वमेतत्सुविहितं देवीं दग्धामवेत्य तु । प्राणांस्त्यजन्कथं रक्ष्यो वत्सेश इति चिन्त्यताम् ॥ ११२
सदुपायादिसामग्रीसंभवे किल सत्यपि । मुख्यमङ्गं हि मन्त्रस्य विनिपातप्रतिक्रिया ॥ ११३
इति भूयोऽपि तत्कालमुक्ते तत्र रुमण्वता । उवाचालोचिताशेषकार्यो यौगन्धरायणः ॥ ११४
नास्त्यत्र चिन्ता यद्राजपुत्री गोपालकस्य सा । कनीयसी स्वसा देवी प्राणेभ्योऽप्यधिका प्रिया ॥ ११५
एतस्य चाल्पमालोक्य शोकं वत्सेश्वरस्तदा । जीवेत्कदाचिद्देवीति मत्वा धैर्यमवाप्स्यति ॥ ११६
अपि चोत्तमसत्त्वोऽयं शीघ्रं च परिणीयते । पद्मावती ततो देवी दर्श्यते चाचिरादिति ॥ ११७
एवमेतद्विनिश्चित्य ततो यौगन्धरायणः । गोपालको रुमण्वांश्च ततो मन्त्रमिति व्यधुः ॥ ११८
युक्त्या लावाणकं यामः सह देव्या नृपेण च । पर्यन्तो मगधासन्नवर्ती हि विषयोऽस्ति सः ॥ ११९
सुभगाखेटभूमित्वाद्राज्ञश्चासंनिधानकृत् । तत्रान्तःपुरमादीप्य क्रियते यदि चिन्तितम् ॥ १२०
देवी च स्थाप्यते नीत्वा युक्त्या पद्मावतीगृहे । छन्नस्थिताया येनास्याः सैव स्याच्छीलसाक्षिणी ॥ १२१
एवं रात्रौ मिथः कृत्वा मन्त्रं सर्वेऽपरेऽहनि । यौगन्धरायणाद्यास्ते प्राविशन्राजमन्दिरम् ॥ १२२
तत्रैवमथ विज्ञप्तो वत्सराजो रुमण्वता । देव लावाणकेऽस्माकं गतानां वर्तते शिवम् ॥ १२३
स चातिरम्यो विषयस्तत्र चाखेटभूमयः । शोभनाः सन्ति ते राजन्नडघासाश्च सुग्रहाः ॥ १२४
वाधते तं च नैकट्यात्सर्वं स मगधेश्वरः । तत्तत्र रक्षाहेतोश्च विनोदाय च गम्यताम् ॥ १२५
एतच्छ्रुत्वा च वत्सेशः समं वासवदत्तया । क्रीडैकलालसश्चक्रे गन्तुं लावाणके मतिम् ॥ १२६
निश्चिते गमनेऽन्येद्युर्लग्ने च परिकल्पिते । अकस्मान्नारदमुनिः कान्तिद्योतितदिङ्मुखः ॥ १२७
अवतीर्य नभोमध्यात्प्रदत्तनयनोत्सवः । शशीव स्वकुलप्रीत्या तं वत्सेश्वरमभ्यगात् ॥ १२८
गृहीतातिथ्यसत्कारः पारिजातमयीं स्रजम् । प्रीतः स च मुनिस्तस्मै ददौ प्रह्वाय भूभृते ॥ १२९
विद्याधराधिपं पुत्रं कामदेवांशमाप्स्यसि । इति वासवदत्तां च सोऽभ्यनन्दत्कृतादरः ॥ १३०
ततश्चोवाच वत्सेशं स्थिते यौगन्धरायणे । राजन्वासवदत्तां ते दृष्ट्वा हन्त स्मृतं मया ॥ १३१
युधिष्ठिरादयोऽभूवन्पुरा ते प्रपितामहाः । पञ्चानां द्रौपदी तेषामेका पत्नी बभूव च ॥ १३२
सा च वासवदत्तेव रूपेणाप्रतिमाभवत् । ततस्तद्दोषमाशङ्क्य तानेवमहमभ्यधाम् ॥ १३३
स्त्रीवैरं रक्षणीयं वस्तद्धि बीजमिहापदाम् । तथाहि शृणुतैतां च कथां वः कथयाम्यहम् ॥ १३४
सुन्दोपसुन्दनामानौ भ्रातरौ द्वौ बभूवतुः । असुरौ विक्रमाक्रान्तलोकत्रितयदुर्जयौ ॥ १३५
तयोर्विनाशकामश्च दत्त्वाज्ञां विश्वकर्मणा । ब्रह्मा निर्मापयामास दिव्यनारीं तिलोत्तमाम् ॥ १३६
रूपमालोकितुं यस्याश्चतुर्दिक्कं चतुर्मुखः । बभूव किल शर्वोऽपि कुर्वाणायाः प्रदक्षिणम् ॥ १३७
सा पद्मयोनेरादेशात्पार्श्वं सुन्दोपसुन्दयोः । प्रलोभनाय प्रययौ कैलासोद्यानवर्तिनोः ॥ १३८
तौ चासुरौ जगृहतुस्तां दृष्ट्वैवान्तिकागताम् । उभावप्युभयोर्बाह्वोः सुन्दरीं काममोहितौ ॥ १३९
परस्परविरोधेन हरन्तौ तां च तत्क्षणम् । प्रवृत्तसंप्रहारत्वाद्द्वावपि क्षयमीयतुः ॥ १४०
एवं स्त्रीनाम विषयो निदानं कस्य नापदाम् । युष्माकं द्रौपदी चैका बहूनामिह वल्लभा ॥ १४१
तत्तन्निमित्तः संघर्षः संरक्ष्यो भवतां किल । मद्वाक्यादयमेतस्याः समयश्चास्तु वः सदा ॥ १४२

ज्येष्ठान्तिकगता माता मन्तव्येयं कनीयसा। ज्येष्ठेन च स्नुषा ज्ञेया कनिष्ठान्तिकवर्तिनी॥ १४३
इत्येतन्मद्वचो राजंस्तव ते प्रपितामहाः। तथेति प्रत्यपद्यन्त कल्याणकृतबुद्धयः॥ १४४
ते च मे सुहृदोऽभूवंस्तत्प्रीत्या चाहमागतः। त्वां द्रष्टुमिह वत्सेश तदिदं शृणु वच्मि ते॥ १४५
यथैतन्मे कृतं वाक्यं कुर्यास्त्वं मन्त्रिणां तथा। अचिरेण च कालेन महतीमृद्धिमाप्स्यसि॥ १४६
कंचित्कालं च दुःखं ते भविष्यति न च त्वया। तत्रातिमोहः कर्तव्यः सुखान्तं भविता हि तत्॥ १४७

सम्यगेवमभिधाय तत्क्षणं वत्सराजमुदयस्य भाविनः।
भङ्गिसूचनविधौ विशारदो नारदो मुनिरदर्शनं ययौ॥ १४८

सर्वे च तस्य वचसा मुनिपुंगवस्य यौगन्धरायणमुखाः सचिवास्ततस्ते।
संभाव्य सिद्ध्युदयमात्मचिकीर्षितस्य संपादनाय सुतरां जगृहुः प्रयत्नम्॥ १४९

इति महाकविश्रीसोमदेवभट्टविरचिते कथासरित्सागरे लावाणकलम्बके प्रथमस्तरङ्गः।

द्वितीयस्तरङ्गः।

ततः पूर्वोक्तया युक्त्या वत्सराजं सवल्लभम्। यौगन्धरायणाद्यास्ते निन्युर्लावाणकं प्रति॥ १
स राजा प्राप तं देशं सैन्यघोषेण मूर्च्छता। अभिवाञ्छितसंसिद्धिं वदन्तमिव मन्त्रिणाम्॥ २
तत्र प्राप्तं विदित्वा च वत्सेशं सपरिच्छदम्। अवस्कन्दभयाशङ्की चकम्पे मगधेश्वरः॥ ३
यौगन्धरायणोपान्तं सद्बुद्धिर्विससर्ज च। स दूतं सोऽपि सन्मन्त्री कार्यज्ञोऽभिननन्द तम्॥ ४
वत्सेश्वरोऽपि निवसंस्तस्मिन्देशे दवीयसीम्। आखेटकार्थमटवीमटति स्म दिने दिने॥ ५
एकस्मिन्दिवसे तस्मिन्राजन्याखेटकं गते। कर्तव्यसंविदं कृत्वा गोपालकसमन्वितः॥ ६
यौगन्धरायणो धीमान्सरुमण्वद्वसन्तकः। देव्या वासवदत्ताया विजने निकटं ययौ॥ ७
तत्र तां राजकार्येऽत्र साहाय्ये तत्तदुक्तिभिः। प्रह्वामभ्यर्थयामास भ्रात्रा पूर्वं प्रबोधिताम्॥ ८
साप्यनुमेने च विरहक्लेशदायि तदात्मनः। किं नाम न सहन्ते हि भर्तृभक्ताः कुलाङ्गनाः॥ ९
ततस्तां ब्राह्मणीरूपां देवीं यौगन्धरायणः। स चकार कृती दत्त्वा योगं रूपविवर्तनम्॥ १०
वसन्तकं च कृतवान्काणं बटुकरूपिणम्। आत्मना च तथैवाभूत्स्थविरब्राह्मणाकृतिः॥ ११
तथारूपां गृहीत्वाथ तां देवीं स महामतिः। वसन्तकसखः स्वैरं प्रतस्थे मगधान्प्रति॥ १२
तथा वासवदत्ता सा स्वगृहान्निर्गता सती। अगाच्चित्तेन भर्तारं पन्थानं वपुषा पुनः॥ १३
तन्मन्दिरमथादीप्य दहनेन रुमण्वता। हा हा वसन्तकयुता देवी दग्धेत्यघोष्यत॥ १४
तथा च दहनाक्रन्दौ समं तत्रोदतिष्ठताम्। शनैः शशाम दहनो न पुनः क्रन्दितध्वनिः॥ १५
यौगन्धरायणः सोऽथ सह वासवदत्तया। वसन्तकेन च प्राप मगधाधिपतेः पुरम्॥ १६
तत्रोद्यानगतां दृष्ट्वा समं ताभ्यामुपाययौ। पद्मावतीं राजसुतां वार्यमाणोऽपि रक्षिभिः। १७
पद्मावत्याश्च दृष्ट्वैव ब्राह्मणीरूपधारिणीम्। देवीं वासवदत्तां तां दृशोः प्रीतिरजायत॥ १८
सा रक्षिणो निषिध्यैव ततो यौगन्धरायणम्। आनाययद्राजकन्या ब्राह्मणाकृतिमन्तिकम्॥ १९
पप्रच्छ च महाब्रह्मन्का ते बाला भवत्यसौ। किमर्थमागतोऽसीति सोऽपि तां प्रत्यभाषत॥ २०
इयमावन्तिका नाम राजपुत्री सुता मम। अस्याश्च भर्ता व्यसनी त्यक्त्वेमां कुत्रचिद्गतः॥ २१
तदेतां स्थापयाम्यद्य तव हस्ते यशस्विनि। यावत्तमानयाम्यस्या गत्वान्विष्याचिरात्पतिम्॥ २२
भ्राता काणबटुश्चायमिहैवास्याः समीपगः। तिष्ठत्वेकाकिनीभावदुःखं येन न यात्यसौ॥ २३
इत्युक्त्वा राजतनयामङ्गीकृतवचास्तया। तामामन्त्र्य स सन्मन्त्री द्रुतं लावाणकं ययौ॥ २४
ततो वासवदत्तां तां स्थितामावन्तिकाख्यया। वसन्तकं चानुगतं तं काणबटुरूपिणम्॥ २५
सहादाय कृतोदारसत्कारा स्नेहशालिनी। पद्मावती स्वभवनं विवेश बहुकौतुकम्॥ २६
तत्र वासवदत्ता च प्रविष्टा चित्रभित्तिषु। पश्यन्ती रामचरिते सीतां सेहे निजव्यथाम्॥ २७

आकृत्या सौकुमार्येण शयनासनसौष्ठवैः । शरीरसौरभेणापि नीलोत्पलसुगन्धिना ॥ २८
तामुत्तमां विनिश्चित्य महार्हैरात्मनः समैः । पद्मावती यथाकाममुपचारैरुपाचरत् ॥ २९
अचिन्तयच्च काप्येषा छन्ना नूनमिह स्थिता । गूढा किं द्रौपदी नासीद्विराटवसताविति ॥ ३०
अथ वासवदत्तास्याश्चक्रे देव्याः प्रसङ्गतः । अम्लानमालातिलकौ वत्सेशात्पूर्वशिक्षितौ ॥ ३१
तद्भूषितां च दृष्ट्वा तां माता पद्मावतीं रहः । पप्रच्छ मालातिलकौ केनेमौ निर्मिताविति ॥ ३२
ऊचे पद्मावती चैनामत्र मन्मन्दिरे स्थिता । काचिदावन्तिका नाम तया कृतमिदं मम ॥ ३३
तच्छ्रुत्वा सा बभाषे तां माता पुत्रि न तर्हि सा । मानुषी कापि देवी सा यस्या विज्ञानमीदृशम् ॥ ३४
देवता मुनयश्चापि वञ्चनार्थं सतां गृहे । तिष्ठन्त्येव तथा चैतामत्र पुत्रि कथां शृणु ॥ ३५
बभूव कुन्तिभोजाख्यो राजा तस्यापि वेश्मनि । आगत्य तस्थौ दुर्वासा वञ्चनैकरसो मुनिः ॥ ३६
स तस्य परिचर्यार्थं राजा कुन्तीं निजां सुताम् । आदिदेश मुनिं सापि यत्नेनोपचचार तम् ॥ ३७
एकदा स मुनिः कुन्तीं जिज्ञासुः सन्नभाषत । परमान्नं पचेः शीघ्रं स्नात्वा यावदुपैम्यहम् ॥ ३८
इत्युक्त्वा त्वरितं स्नात्वा स चर्विर्भोक्तुमाययौ । कुन्ती तदन्नपूर्णां च तस्मै पात्रीमढौकयत् ॥ ३९
अतितप्तेन चान्नेन ज्वलन्तीमिव तां मुनिः । मत्वा हस्तग्रहायोग्यां कुन्त्या पृष्ठे दृशं ददौ ॥ ४०
सापि पृष्ठेन तां पात्रीं दधौ लब्धाशया मुनेः । ततः स बुभुजे स्वेच्छं कुन्तीपृष्ठं त्वदह्यत ॥ ४१
दह्यमानापि गाढं सा यत्तस्थावविकारिणी । तेन तुष्टो मुनिर्भुक्त्वा ददौ तस्यास्ततो वरम् ॥ ४२
इत्यासीत्स मुनिस्तत्र तद्देपावन्तिकापि ते । तद्वदेव स्थिता कापि तत्त्वमाराधयेरिमाम् ॥ ४३
इति मातुर्मुखाच्छ्रुत्वा पद्मावत्यन्यरूपिणीम् । तत्र वासवदत्तां तां सुतरां बह्वमन्यत ॥ ४४
सापि वासवदत्तात्र निजनाथविनाकृता । तस्थौ विधुरविच्छाया निशीथस्थेव पद्मिनी ॥ ४५
वसन्तकविकाराश्च ते ते बालोचिता मुहुः । मुखे तस्या वियोगिन्याः स्मितस्यावसरं ददुः ॥ ४६
अत्रान्तरेऽतिदूरासु भ्रान्त्वाखेटकभूमिषु । वत्सराजश्चिरादागात्सायं लावाणकं पुनः ॥ ४७
भस्मीकृतमपश्यच्च तत्रान्तःपुरमग्निना । देवीं दग्धां च शुश्राव मन्त्रिभ्यः सवसन्तकाम् ॥ ४८
श्रुत्वैव चापतद्भूमौ मोहेन हृतचेतनः । तद्दुःखानुभवक्लेशमपाकर्तुमिवेच्छता ॥ ४९
क्षणाच्च लब्धसंज्ञः सञ्जज्वाल हृदये शुचा । आविष्ट इव तत्रस्थदेवीदाहेक्षणाग्निना ॥ ५०
विलपन्नथ दुःखार्तो देहत्यागैकसंमुखः । क्षणान्तरे स नृपतिः संस्मृत्यैतदचिन्तयत् ॥ ५१
विद्याधराधिपः पुत्रो देव्यास्तस्या भविष्यति । एतन्मे नारदमुनिर्वक्ति स्म न च तन्मृषा ॥ ५२
कंचित्कालं च दुःखं मे तेनैव मुनिनोदितम् । गोपालकस्य चैतस्य शोकः स्वल्प इवेक्ष्यते ॥ ५३
यौगन्धरायणादीनां न चैषामतिदुःखिता । दृश्यते तेन जाने सा देवी जीवेत्कथंचन ॥ ५४
इयं किमपि नीतिस्तु प्रत्युक्ता मन्त्रिभिर्भवेत् । अतो मम भवेज्जातु तया देव्या समागमः ॥ ५५
तत्पश्याम्यत्र पर्यन्तमित्यालोच्य स भूपतिः । निदधे हृदये धैर्यं बोध्यमानश्च मन्त्रिभिः ॥ ५६
गोपालकश्च संदिश्य तद्यथावस्तु तत्क्षणम् । प्रजिघाय ततश्चारं धृतिहेतोरलक्षितम् ॥ ५७
एवं गते स्ववृत्तान्ते लावाणकगतैस्तदा । गत्वा मगधराजाय चारैः सर्वं निवेदितम् ॥ ५८
स तद्बुद्ध्वैव कालज्ञो वत्सराजाय तां सुताम् । दातुं पद्मावतीमैच्छत्पूर्वं तन्मन्त्रिमार्गिताम् ॥ ५९
ततो दूतमुखेनैनमर्थं वत्सेश्वराय सः । यौगन्धरायणायापि संदिदेश यथेप्सितम् ॥ ६०
यौगन्धरायणोक्त्या च वत्सेशोऽङ्गीचकार तत् । प्रच्छादितैतदर्थं स्याद्देवी जात्विति चिन्तयन् ॥ ६१
ततो लग्नं विनिश्चित्य तूर्णं यौगन्धरायणः । तस्मै मगधराजाय प्रतिदूतं व्यसर्जयत् ॥ ६२
त्वदिच्छाङ्गीकृतास्माभिस्तदितः सप्तमे दिने । पद्मावतीविवाहाय वत्सेशोऽत्रागमिष्यति ॥ ६३
शीघ्रं वासवदत्तां च येनासौ विस्मरिष्यति । इति चास्मै महामन्त्री संदिदेश स भूभृते ॥ ६४
प्रतिदूतः स गत्वा च यथासंदिष्टमभ्यधात् । ततो मगधराजाय स चाप्यभिननन्द तम् ॥ ६५
ततः स दुहितृस्नेहनिजेच्छाविभवोचितम् । विवाहोत्सवसंभारं चकार मगधेश्वरः ॥ ६६

सा चाभीष्टवरश्रुत्या मुदं पद्मावती ययौ । प्राप वासवदत्ता च तद्वार्ताकर्णनाच्छुचम् ॥ ६७
सा वार्ता कर्णमागत्य तस्या वैवर्ण्यदायिनी । प्रच्छन्नवासवैरूप्यसाहायकमिवाकरोत् ॥ ६८
इत्थं मित्रीकृतः शत्रुर्न च भर्तान्यथा त्वयि । वसन्तकोक्तिरित्यस्याः सखीव विदधे धृतिम् ॥ ६९
अथासन्नविवाहायाः पद्मावत्या मनस्विनी । अम्लानमालातिलकौ दिव्यौ भूयश्चकार सा ॥ ७०
ततो वत्सेश्वरस्तत्र संप्राप्ते सप्तमेऽहनि । ससैन्यो मन्त्रिभिः साकं परिणेतुं किलाययौ ॥ ७१
मनसापि तदुद्योगं विरही स कथं स्पृशेत् । देवीं लभेय तामेवमित्याशा न भवेद्यदि ॥ ७२
प्रत्युद्ययौ च तं सद्यः सानन्दो मगधेश्वरः । प्रजानेत्रोत्सवं चन्द्रमुदयस्थमिवाम्बुधिः ॥ ७३
विवेशाथ स वत्सेशो मगधाधिपतेः पुरम् । समन्तात्पौरलोकस्य मानसं च महोत्सवः ॥ ७४
विरहक्षामवपुषं मनःसंमोहदायिनम् । ददृशुस्तत्र नार्यस्तं रतिहीनमिव स्मरम् ॥ ७५
प्रविश्य मगधेशस्य वत्सेशोऽप्यथ मन्दिरम् । सनाथं पतिवत्नीभिः कौतुकागारमाययौ ॥ ७६
तत्र पद्मावतीमन्तर्ददर्श कृतकौतुकाम् । स राजा पूर्णवक्त्रेन्दुजितपूर्णेन्दुमण्डलाम् ॥ ७७
तस्याश्च मालातिलकौ दिव्यावालोक्य तौ निजौ । एतौ कुतोऽस्या इत्येवं विममर्श स भूपतिः ॥ ७८
ततः स वेदीमारुह्य तस्या जग्राह यत्करम् । तदेवारम्भतां प्राप तस्य पृच्छ्याः करग्रहे ॥ ७९
प्रियवासवदत्तोऽयमिदं शक्नोति नेक्षितुम् । इतीव वेदीधूमोऽस्य बाष्पेण पिदधे दृशौ ॥ ८०
अग्निप्रदक्षिणे ताम्रं तदा पद्मावतीमुखम् । विज्ञातभर्त्रभिप्रायं कोपाकुलमिवाबभौ ॥ ८१
मुमोच स कृतोद्वाहः कराद्वत्सेश्वरो वधूम् । न तु वासवदत्तां तां तत्याज हृदयात्क्षणम् ॥ ८२
ततस्तथा ददौ तस्मै रत्नानि मगधाधिपः । निर्दुग्धरत्नरिक्तेव पृथिवी बुबुधे यथा ॥ ८३
साक्षीकृत्य च तत्कालमग्निं यौगन्धरायणः । अद्रोहप्रत्ययं राज्ञो मगधेशमकारयत् ॥ ८४
प्रदत्तवस्त्राभरणः प्रगीतवरचारणः । प्रनृत्तवरनारीकः प्रससार महोत्सवः ॥ ८५
उदयापेक्षिणी पत्युः सुप्तेवालक्षितस्थिता । तदा वासवदत्ताभूद्दिवा कान्तिरिवैन्दवी ॥ ८६
अन्तःपुरमुपायाते राज्ञि वत्सेश्वरे ततः । देवीसंदर्शनाशङ्की कृती यौगन्धरायणः ॥ ८७
मन्त्रभेदभयादेवं मगधेश्वरमभ्यधात् । अद्यैव नाथ वत्सेशः प्रयाति त्वद्गृहादिति ॥ ८८
तथेत्यङ्गीकृतं तेन तमेवार्थं तदैव सः । व्यजिज्ञपद्वत्सराजं सोऽपि तच्छ्रद्दधे तथा ॥ ८९
अथोच्चचाल वत्सेशो भुक्तपीतपरिच्छदः । मन्त्रिभिः सममादाय वधूं पद्मावतीं ततः ॥ ९०
पद्मावत्या विसृष्टं च सुखमारुह्य वाहनम् । तयैव च समादिष्टैस्तन्महत्तरकैः सह ॥ ९१
आगाद्वासवदत्तापि गुप्तं सैन्यस्य पृष्ठतः । कृतरूपविवर्तं तं पुरस्कृत्य वसन्तकम् ॥ ९२
क्रमाल्लावाणकं प्राप्य वत्सेशो वसतिं निजाम् । प्रविवेश समं वध्वा देवीचित्तस्तु केवलः ॥ ९३
एत्य वासवदत्तापि सा गोपालकमन्दिरम् । विवेशाथ निशीथे च परिस्थाप्य महत्तरान् ॥ ९४
तत्र गोपालकं दृष्ट्वा भ्रातरं दर्शितादरम् । कण्ठे जग्राह रुदती बाष्पव्याकुललोचनम् ॥ ९५
तत्क्षणे स्थितसंविच्च तत्र यौगन्धरायणः । आययौ सरुमण्वत्कस्तया देव्या कृतादरः ॥ ९६
सोऽस्याः प्रोत्साहविश्लेषदुःखं यावद्व्यपोहति । तावत्पद्मावतीपार्श्वं प्रययुस्ते महत्तराः ॥ ९७
आगतावन्तिका देवि किमप्यस्मान्विहाय तु । प्रविष्टा राजपुत्रस्य गृहं गोपालकस्य सा ॥ ९८
इति पद्मावती सा तैर्विज्ञप्ता स्वमहत्तरैः । वत्सेश्वराग्रे साशङ्का तानेवं प्रत्यभाषत ॥ ९९
गच्छतावन्तिकां ब्रूथ निक्षेपस्त्वं हि मे स्थिता । तदत्र किं ते यत्राहं तत्रैवागम्यतामिति ॥ १००
तच्छ्रुत्वा तेषु यातेषु राजा पद्मावतीं रहः । पप्रच्छ मालातिलकौ केनेमौ ते कृताविति ॥ १०१
सावोचदथ मद्गेहे न्यस्ता विप्रेण केनचित् । आवन्तिकाभिधा यैषा तस्याः शिल्पमिदं महत् ॥ १०२
तच्छ्रुत्वैव च वत्सेशो गोपालगृहमाययौ । नूनं वासवदत्ता सा भवेदत्रेति चिन्तयन् ॥ १०३
प्रविवेश च गत्वा तद्द्वारस्थितमहत्तरम् । अन्तस्थदेवीगोपालमन्त्रिद्वयवसन्तकम् ॥ १०४
तत्र वासवदत्तां तां ददर्श प्रोषितागताम् । उपप्लवविनिर्मुक्तां मूर्तिं चान्द्रमसीमिव ॥ १०५

पपाताथ महीपृष्ठे स शोकविषविह्वलः । कम्पो वासवदत्ताया हृदये तूदपद्यत ॥ १०६
ततः साप्यपतद्भूमौ गात्रैर्विरहपाण्डुरैः । विललाप च निन्दन्ती तदाचरितमात्मनः ॥ १०७
अथ तौ दंपती शोकदीनौ रुरुदतुस्तथा । यौगन्धरायणोऽप्यासीद्बाष्पधौतमुखो यथा ॥ १०८
तथाविधं च तच्छ्रुत्वा काले कोलाहलं तदा । पद्मावत्यपि तत्रैव साकुला तमुपाययौ ॥ १०९
क्रमादवगतार्था च राजवासवदत्तयोः । तुल्यावस्थैव साप्यासीत्स्निग्धमुग्धा हि सत्स्त्रियः ॥ ११०
किं जीवितेन मे कार्यं भर्तृदुःखप्रदायिना । इति वासवदत्ता च जगाद रुदती मुहुः ॥ १११
मगधेशसुतालाभात्तव साम्राज्यकाङ्क्षिणा । कृतमेतन्मया देव देव्या दोषो न कश्चन ॥ ११२
इयं त्वस्याः सपत्न्येव प्रवासे शीलसाक्षिणी । इत्युवाचाथ वत्सेशं धीरो यौगन्धरायणः ॥ ११३
अहमत्र विशाम्यग्नावस्याः शुद्धिप्रकाशने । इति पद्मावती तत्र जगादामत्सराशया ॥ ११४
अहमेवापराध्यामि यत्कृते सुमहानयम् । सोढो देव्यापि हि क्लेश इति राजाप्यभाषत ॥ ११५
अग्निप्रवेशः कार्यो मे राज्ञो हृदयशुद्धये । इति वासवदत्ता च बभाषे बद्धनिश्चया ॥ ११६
ततः स कृतिनां धुर्यो धीमान्यौगन्धरायणः । आचम्य प्राङ्मुखः शुद्ध इति वाचमुदैरयत् ॥ ११७
यद्यहं हितकृद्राज्ञो देवी शुद्धिमती यदि । ब्रूत भो लोकपालास्तन्न चेद्देहं त्यजाम्यहम् ॥ ११८
इत्युक्त्वा विरते तस्मिन्दिव्या वागुदभूदियम् । धन्यस्त्वं नृपते यस्य मन्त्री यौगन्धरायणः ॥ ११९
यस्य वासवदत्ता च भार्या प्राग्जन्मदेवता । न दोषः कश्चिदेतस्या इत्युक्त्वा वागुपारमत् ॥ १२०

आकर्ण्य तन्मुखरिताखिलदिग्विभागमामन्द्रनूतनघनाघनगर्जितश्रि ।
उत्कंधराश्च सुचिरं विहताभितापाः सर्वेऽपि ते स्फुटविडम्बितनीलकण्ठाः ॥ १२१

गोपालकसहितोऽपि च राजा यौगन्धरायणाचरितम् ।
स्तौति स्म वत्सराजो मेने पृथ्वीं च हस्तगताम् ॥ १२२

दधदथ नृपतिः स मूर्तिमत्यौ निकटगते रतिनिर्वृती इवोभे ।
अनुदिनसहवाससानुरागे निजदयिते परमुत्सवं बभार ॥ १२३

इति महाकविश्रीसोमदेवभट्टविरचिते कथासरित्सागरे लावाणकलम्बके द्वितीयस्तरङ्गः ।

तृतीयस्तरङ्गः ।

ततो वत्सेश्वरोऽन्येद्युः सह वासवदत्तया । पद्मावत्या च संसक्तपानलीलो विविक्तगः ॥ १
सगोपालकमानीय सरुमण्वद्वसन्तकम् । यौगन्धरायणं ताश्च चक्रे विस्रम्भिणीः कथाः ॥ २
तत्र स्वविरहोद्घातप्रसङ्गे च महीपतिः । सर्वेषु तेषु शृण्वत्सु कथामेतामवर्णयत् ॥ ३
आसीत्पुरूरवा नाम राजा परमवैष्णवः । अभूद्भुवीव नाकेऽपि यस्याप्रतिहता गतिः ॥ ४
भ्रमन्तं नन्दने जातु तं ददर्श किलाप्सराः । उर्वशी नाम कामस्य मोहनास्त्रमिवापरम् ॥ ५
दृष्टमात्रेण तेनाभूत्सा तथा हृतचेतना । यथा सभयरम्भादिसखीचेतांस्यकम्पयत् ॥ ६
सोऽपि तां वीक्ष्य लावण्यरसनिर्झरिणीं नृपः । यन्न प्राप परिष्वङ्गं तृषाक्रान्तो मुमूर्च्छ तत् ॥ ७
अथादिदेश सर्वज्ञो हरिः क्षीराम्बुधिस्थितः । नारदाख्यं मुनिवरं दर्शनार्थमुपागतम् ॥ ८
देवर्षे नन्दनोद्यानवर्ती राजा पुरूरवाः । उर्वशीहृतचित्तः सन्स्थितो विरहनिःसहः ॥ ९
तद्गत्वा मम वाक्येन बोधयित्वा शतक्रतुम् । दापय त्वरितं तस्मै राज्ञे तामुर्वशीं मुने ॥ १०
इत्यादिष्टः स हरिणा तथेत्यागत्य नारदः । प्रबोध्य तं तथाभूतं पुरूरवसमब्रवीत् ॥ ११
उत्तिष्ठ त्वत्कृते राजन्प्रहितोऽस्मीह विष्णुना । स हि निर्व्याजभक्तानां नैवापदमुपेक्षते ॥ १२
इत्युक्त्वाश्वासितेनाथ स पुरूरवसा सह । जगाम देवराजस्य निकटं नारदो मुनिः ॥ १३
हरेर्निदेशमिन्द्राय निवेद्य प्रणतात्मने । उर्वशीं दापयामास स पुरूरवसे ततः ॥ १४
तदभूदुर्वशीदानं निर्जीवकरणं दिवः । उर्वश्यास्तु तदेवासीन्मृतसंजीवनौषधम् ॥ १५

अथाजगाम भूलोकं तामादाय पुरूरवाः। स्वर्वधूदर्शनाश्चर्यमर्पयन्मर्त्यचक्षुषाम् ॥ १६
ततोऽनपायिनौ तौ द्वावुर्वशी च नृपश्च सः। अन्योन्यदृष्टिपाशेन निबद्धाविव तस्थतुः ॥ १७
एकदा दानवैः साकं प्राप्तयुद्धेन वज्रिणा। साहायकार्थमाहूतो ययौ नाकं पुरूरवाः ॥ १८
तत्र तस्मिन्हते माया धरनाम्न्यसुराधिपे। प्रनृत्तस्वर्वधूसार्थः शक्रस्याभवदुत्सवः ॥ १९
ततश्च रम्भां नृत्यन्तीमाचार्ये तुम्बुरौ स्थिते। चलिताभिनयां दृष्ट्वा जहास स पुरूरवाः ॥ २०
जाने दिव्यमिदं नृत्तं किं त्वं जानासि मानुष। इति रम्भापि तत्कालं सासूयं तमभाषत ॥ २१
जानेऽहमुर्वशी सङ्गात्तद्यद्वेत्ति न तुम्बुरुः। युष्मद्गुरुरपीत्येनामुवाचाथ पुरूरवाः ॥ २२
तच्छ्रुत्वा तुम्बुरुः कोपात्तस्मै शापमथादिशत्। उर्वश्या ते वियोगः स्यादा कृष्णाराधनादिति ॥ २३
श्रुतशापश्च गत्वैव तमुर्वश्यै पुरूरवाः। अकालाशनिपातोग्रं स्ववृत्तान्तं न्यवेदयत् ॥ २४
ततोऽकस्मान्निपत्यैव निन्ये क्वाप्यपहृत्य सा। अदृष्टैस्तेन भूपेन गन्धर्वैरुर्वशी किल ॥ २५
अवेत्य शापदोषं तं सोऽथ गत्वा पुरूरवाः। हरेराराधनं चक्रे ततो बदरिकाश्रमे ॥ २६
उर्वशी तु वियोगार्ता गन्धर्वविषयस्थिता। आसीन्मृतेव सुप्तेव लिखितेव विचेतना ॥ २७
आश्चर्यं यन्न सा प्राणैः शापान्ताशावलम्बिनी। मुक्ता विरहदीर्घासु चक्रवाकीव रात्रिषु ॥ २८
पुरूरवाश्च तपसा तेनाच्युतमतोषयत्। तत्प्रसादेन गन्धर्वा मुमुचुस्तस्य चोर्वशीम् ॥ २९
शापान्तलब्धया युक्तः पुनरप्सरसा तया। दिव्यान्स राजा बुभुजे भोगान्भूतलवर्त्यपि ॥ ३०
इत्युक्त्वा विरते राज्ञि श्रुतोर्वश्यनुरागया। प्रापि सोढवियोगत्वाद्व्रीडा वासवदत्तया ॥ ३१
तां दृष्ट्वा युक्त्युपालब्धां राज्ञा देवीं विलक्षिताम्। अथाप्याययितुं भूपमाह यौगन्धरायणः ॥ ३२
न श्रुता यदि तद्राजन्कथेयं श्रूयतां त्वया। अस्तीह तिमिरानाम नगरी मन्दिरं श्रियः ॥ ३३
तस्यां विहितसेनाख्यः ख्यातिमानभवन्नृपः। तस्य तेजोवतीत्यासीद्भार्या क्षितितलाप्सराः ॥ ३४
तस्याः कण्ठग्रहैकाग्रः स राजा स्पर्शलोलुभः। न सेहे कञ्चुकेनापि क्षिप्रमाच्छुरितं वपुः ॥ ३५
कदाचित्तस्य राज्ञश्च जज्ञे जीर्णज्वरामयः। वैद्या निवारयामासुस्तया देव्यास्य संगमम् ॥ ३६
देवीसंपर्कहीनस्य हृदये तस्य भूभृतः। औषधोपक्रमासाध्यो व्याधिः समुदपद्यत ॥ ३७
भयाच्छोकाभिघाताद्वा राज्ञो रोगः कदाचन। स्फुटेदयमिति स्माहुर्भिषजो मन्त्रिणं रहः ॥ ३८
यः पुरा पृष्ठपतिते न तत्रास महोरगे। नान्तःपुरप्रविष्टेऽपि परानीके च चुक्षुभे ॥ ३९
तस्यास्य राज्ञो जायेत भयं सत्त्ववतः कथम्। नास्त्यत्रोपायबुद्धिर्नः किं कुर्मस्तेन मन्त्रिणः ॥ ४०
इति संचिन्त्य संमन्त्र्य ते देव्या सह मन्त्रिणः। तां प्रच्छाद्य तमूचुश्च मृता देवीति भूपतिम् ॥ ४१
तेन शोकातिभारेण मथ्यमानस्य तस्य सः। पुस्फोट हृदयव्याधिर्विह्वलस्य महीभृतः ॥ ४२
उत्तीर्णरोगविपदे तस्मै राज्ञेऽथ मन्त्रिभिः। अर्पिता सा महादेवी सुखसंपदिवापरा ॥ ४३
बहु मेने च सोऽप्येनां राजा प्राणप्रदायिनीम्। न पुनर्मतिमानस्यै चुक्रोधाच्छादितात्मने ॥ ४४
हितैषिता हि या पत्युः सा देवीत्वस्य कारणम्। प्रियकारित्वमात्रेण देवीशब्दो न लभ्यते ॥ ४५
सा मन्त्रिता च यद्राज्यकार्यभारैकचिन्तनम्। चित्तानुवर्तनं यत्तदुपजीवकलक्षणम् ॥ ४६
अतो मगधराजेन संधातुं परिपन्थिना। पृथ्वीविजयहेतोस्ते यत्नोऽस्माभिरयं कृतः ॥ ४७
तेन देव भवद्भक्तिसोढासह्यवियोगया। देव्या नैवापराद्धं ते पूर्णा तूपकृतिः कृता ॥ ४८
एतच्छ्रुत्वा वचस्तस्य यथार्थं मुख्यमन्त्रिणः। मेनेऽपराद्धमात्मानं वत्सराजस्तुतोष च ॥ ४९
उवाच चैतज्जानेऽहं देव्या युष्मत्प्रयुक्तया। आकारवत्या नीत्येव मम दत्तैव मेदिनी ॥ ५०
किं त्वतिप्रणयादेतन्मयोक्तमसमञ्जसम्। अनुरागान्धमनसां विचारसहता कुतः ॥ ५१
इत्यादिभिः समालापैर्वत्सराजः स तद्दिनम्। लज्जोपरागं देव्याश्च सममेवापनीतवान् ॥ ५२
अन्येद्युर्मगधेशेन प्रेषितो ज्ञानवस्तुना। दूतो वत्सेशमभ्येत्य तद्वाक्येन व्यजिज्ञपत् ॥ ५३
मन्त्रिभिस्ते वयं तावद्वञ्चिता तत्तथाधुना। कुर्याः शोकमयो येन जीवलोको भवेन्न नः ॥ ५४

एतच्छ्रुत्वाथ संमान्य वत्सेशः प्रजिघाय तम् । दूतं पद्मावतीपार्श्वं प्रतिसंदेशलब्धये ॥ ५५
सापि वासवदत्तैकनम्रा तत्संनिधौ ददौ । दूतस्य दर्शनं तस्य विनयो हि सतीव्रतम् ॥ ५६
व्याजेन पुत्रि नीता त्वमन्यासक्तश्च ते पतिः । इति शोकान्मया लब्धं कन्याजनकताफलम् ॥ ५७
इत्युक्तपितृसंदेशं दूतं पद्मावती तदा । जगाद भद्र विज्ञाप्यस्तातोऽम्बा च गिरा मम ॥ ५८
किं शोकेनार्यपुत्रो हि परमं सदयो मयि । देवी वासवदत्ता च सस्नेहा भगिनीव मे ॥ ५९
तत्तातेनार्यपुत्रस्य भाव्यं नैव विकारिणा । निजसत्यमिवात्याज्यं मदीयं जीवितं यदि ॥ ६०
इत्युक्ते प्रतिसंदेशे पद्मावत्या यथोचिते । दूतं वासवदत्ता तं सत्कृत्य प्राहिणोत्ततः ॥ ६१
दूते प्रतिगते तस्मिन्स्मरन्ती पितृवेश्मनः । किंचित्पद्मावती तस्थावुत्कण्ठाविमना इव ॥ ६२
ततस्तस्य विनोदार्थमुक्तो वासवदत्तया । वसन्तकोऽन्तिकप्राप्तः कथामित्थमवर्णयत् ॥ ६३
अस्ति पाटलिपुत्राख्यं पुरं पृथ्वीविभूषणम् । तस्मिंश्च धर्मगुप्ताख्यो बभूवैको महावणिक् ॥ ६४
तस्य चन्द्रप्रभेत्यासीद्भार्या सा च कदाचन । सगर्भाभूत्प्रसूताथ कन्यां सर्वाङ्गसुन्दरीम् ॥ ६५
सा कन्या जातमात्रैव कान्तिद्योतितवासका । चक्रे सव्यक्तमालापमुत्थायोपविवेश च ॥ ६६
ततो विस्मितवित्रस्तं स्त्रीजनं जातवेश्मनि । दृष्ट्वा स धर्मगुप्तोऽत्र सभयः स्वयमाययौ ॥ ६७
पप्रच्छ कन्यकां तां च प्रणतस्तत्क्षणं रहः । भगवत्यवतीर्णासि का त्वं मम गृहेष्विति ॥ ६८
साप्यवादीत्त्वया नैव देया कस्मैचिदप्यहम् । गृहस्थिता शुभाहं ते पृष्टेनान्येन तात किम् ॥ ६९
इत्युक्तः स तया भीतो धर्मगुप्तः स्वमन्दिरे । गुप्तं तां स्थापयामास मृतेति ख्यापितां बहिः ॥ ७०
ततः सोमप्रभा नाम्ना सा कन्या ववृधे क्रमात् । मानुषेण शरीरेण रूपकान्त्या तु दिव्यया ॥ ७१
एकदा तु प्रमोदेन मधूत्सवविलोकिनीम् । हर्म्यस्थां गुहचन्द्राख्यो वणिक्पुत्रो ददर्श ताम् ॥ ७२
स मनोभवभल्लयेव सद्यो हृदयलग्नया । तया मुमूर्च्छेव तदा कृच्छ्राच्च गृहमाययौ ॥ ७३
स्मरार्तिविधुरस्तत्र पित्रोरस्वास्थ्यकारणम् । निर्बन्धपृष्टो वक्ति स्म स्ववयस्यमुखेन सः ॥ ७४
ततोऽस्य गुहसेनाख्यः पिता स्नेहेन याचितुम् । तां कन्यां धर्मगुप्तस्य वणिजो भवनं ययौ ॥ ७५
तत्र तं कृतयाच्ञं स गुहसेनं स्नुषार्थिनम् । कन्या कुतो मे मूढेति धर्मगुप्तो निराकरोत् ॥ ७६
निह्नुतां तेन कन्यां तां मत्वा गत्वा गृहे सुतम् । दृष्ट्वा स्मरज्वराक्रान्तं गुहसेनो व्यचिन्तयत् ॥ ७७
राजानं प्रेरयाम्यत्र स हि मे पूर्वसेवितः । दापयत्यपि पुत्राय स कन्यां तां मुमूर्षवे ॥ ७८
इति निश्चित्य गत्वा च दत्त्वास्मै रत्नमुत्तमम् । नृपं विज्ञापयामास स वणिक्स्वाभिकाङ्क्षितम् ॥ ७९
नृपोऽपि प्रीतिमानस्य साहाय्ये नगराधिपम् । ददौ तेन समं चासौ धर्मगुप्तगृहं ययौ ॥ ८०
रुरोध च गृहं तस्य धर्मगुप्तस्य तद्बलैः । असुभिः कण्ठदेशं च सर्वनाशविशङ्किनः ॥ ८१
ततः सोमप्रभा सा तं धर्मगुप्तमभाषत । देहि मां तात मा भूत्ते मन्निमित्तमुपद्रवः ॥ ८२
आरोपणीया शय्यायां नाहं भर्त्रा कदाचन । ईदृक्तु वाचा नियमो ग्राह्यः संबन्धिनां त्वया ॥ ८३
इत्युक्तः स तया पुत्र्या दातुं तां प्रत्यपद्यत । धर्मगुप्तस्तदाभाष्य शय्यारोपणवर्जनम् ॥ ८४
गुहसेनोऽनुमेने च सान्तर्हासस्तथैव तत् । विवाहो मम पुत्रस्य तावदस्त्विति चिन्तयन् ॥ ८५
अथादाय कृतोद्वाहां तां स सोमप्रभां वधूम् । गुहसेनसुतः प्रायाद्गुहचन्द्रो निजं गृहम् ॥ ८६
सायं चैनं पितावादीत्पुत्र शय्यामिमां वधूम् । आरोपय स्वभार्या हि कस्याशय्या भविष्यति ॥ ८७
तच्छ्रुत्वा श्वशुरं तं सा वधूः सोमप्रभा क्रुधा । विलोक्य भ्रामयामास यमाज्ञामिव तर्जनीम् ॥ ८८
तां दृष्ट्वैवाङ्गुलिं तस्याः स्नुषायास्तस्य तत्क्षणम् । वणिजः प्रययुः प्राणा अन्येषामाययौ भयम् ॥ ८९
गुहचन्द्रोऽपि संप्राप्ते तस्मिन्पितरि पञ्चताम् । मारी मम गृहे भार्या प्रविष्टेति व्यचिन्तयत् ॥ ९०
ततश्चानुपभुञ्जानो भार्यां तां गृहवर्तिनीम् । सिषेवे गुहचन्द्रोऽसावासिधारमिव व्रतम् ॥ ९१
तद्दुःखदह्यमानोऽन्तर्विरक्तो भोगसंपदि । ब्राह्मणान्भोजयामास प्रत्यहं स कृतव्रतः ॥ ९२
तद्भार्यापि च सा तेभ्यो द्विजेभ्यो मौनधारिणी । भुक्तवद्भ्यो ददौ नित्यं दक्षिणां दिव्यरूपधृत् ॥ ९३

एकदा ब्राह्मणो वृद्धस्तामेको भोजनागतः। ददर्श जगदाश्चर्यजननीं रूपसंपदा॥ ९४
सकौतुको द्विजोऽप्राक्षीद्गुहचन्द्रं रहस्तदा। का ते भवति बालेयं त्वया मे कथ्यतामिति॥ ९५
निर्बन्धपृष्टः सोऽप्यस्मै गुहचन्द्रो द्विजन्मने। शशंस तद्गतं सर्वं वृत्तान्तं खिन्नमानसः॥ ९६
तद्बुद्ध्वा स ततस्तस्मै सानुकम्पो द्विजोत्तमः। अग्नेराराधनं मन्त्रं ददावीप्सितसिद्धये॥ ९७
तेन मन्त्रेण तस्याथ जपं रहसि कुर्वतः। उदभूद्गुहचन्द्रस्य पुरुषो वह्निमध्यतः॥ ९८
स चाग्निर्द्विजरूपी तं जगाद चरणानतम्। अद्याहं त्वद्गृहे भोक्ष्ये रात्रौ स्थास्यामि तत्र च॥ ९९
दर्शयित्वा च तत्त्वं ते साधयिष्यामि वाञ्छितम्। इत्युक्त्वा गुहचन्द्रं स ब्राह्मणस्तद्गृहं ययौ॥ १००
तत्रान्यविप्रवद्भुक्त्वा गुहचन्द्रान्तिके च सः। सिषेवे शयनं रात्रौ याममात्रमतन्द्रितः॥ १०१
तावच्च संसुप्तजनात्सा तस्मात्तस्य मन्दिरात्। निर्ययौ गुहचन्द्रस्य भार्या सोमप्रभा निशि॥ १०२
तत्कालं ब्राह्मणः सोऽत्र गुहचन्द्रमबोधयत्। एहि स्वभार्यावृत्तान्तं पश्येत्येनमुवाच च॥ १०३
योगेन भृङ्गरूपं च कृत्वा तस्यात्मनस्तथा। निर्गत्यादर्शयत्तस्य भार्यां तां गृहनिर्गताम्॥ १०४
सा जगाम सुदूरं च सुन्दरी नगराद्बहिः। गुहचन्द्रेण साकं च द्विजोऽप्यनुजगाम ताम्॥ १०५
ततस्तत्र महाभोगं सच्छायस्कन्धसुन्दरम्। गुहचन्द्रो ददर्शासावेकं न्यग्रोधपादपम्॥ १०६
तस्याधस्ताच्च शुश्राव वीणावेणुरवान्वितम्। उल्लसद्गीतमधुरं दिव्यं संगीतकध्वनिम्॥ १०७
स्कन्धदेशे च तस्यैकां स्वभार्यासदृशाकृतिम्। अपश्यत्कन्यकां दिव्यामुपविष्टां महासने॥ १०८
निजकान्तिजितज्योत्स्नां शुक्लचामरवीजिताम्। इन्दोर्लावण्यसर्वस्वकोषस्येवाधिदेवताम्॥ १०९
अत्रैवारुह्य वृक्षे च तस्या अर्धासने तदा। उपविष्टां स्वभार्यां तां गुहचन्द्रो ददर्श सः॥ ११०
तत्कालं तुल्यकान्ती ते संगते दिव्यकन्यके। पश्यतस्तस्य भाति स्म सा त्रिचन्द्रेव यामिनी॥ १११
ततः स कौतुकाविष्टः क्षणमेवमचिन्तयत्। किं स्वप्नोऽयमुत भ्रान्तिर्धिगेतदथवा द्वयम्॥ ११२
या सन्मार्गतरोरेषा विद्वत्संगतिमञ्जरी। असौ पुष्पोद्गतिस्तस्या ममोचितफलोन्मुखी॥ ११३
इति चिन्तयति स्वैरं तस्मिंस्ते दिव्यकन्यके। भुक्त्वा निजोचितं भोज्यं दिव्यं पपतुरासवम्॥ ११४
अद्यागतो महातेजा द्विजः कोऽपि गृहेषु नः। तस्माद्भगिनि चेतो मे शङ्कितं तद्व्रजाम्यहम्॥ ११५
इत्युक्त्वा तामथामन्त्र्य द्वितीयां दिव्यकन्यकाम्। गुहचन्द्रस्य गृहिणी तरोरवरुरोह सा॥ ११६
तदृष्ट्वा भृङ्गरूपौ तौ गुहचन्द्रो द्विजश्च सः। प्रत्यागत्याग्रतो गेहे पूर्ववत्तस्थतुर्निशि॥ ११७
ततः सा दिव्यकन्यापि गुहचन्द्रस्य गेहिनी। आगत्यालक्षितात्रैव प्रविवेश स्वमन्दिरम्॥ ११८
ततः स ब्राह्मणः स्वैरं गुहचन्द्रमभाषत। दृष्टं त्वया यदेषा ते भार्या दिव्या न मानुषी॥ ११९
द्वितीया सापि चैतस्या दृष्टाद्य भगिनी त्वया। दिव्या स्त्री तु मनुष्येण कथमिच्छति संगमम्॥ १२०
तदेतत्सिद्धये मन्त्रं द्वारोल्लेख्यं ददामि ते। तस्योपबृंहणीं बाह्यां युक्तिं चोपदिशाम्यहम्॥ १२१
विशुद्धोऽपि ज्वलत्यग्निर्वात्यायोगे तु का कथा। एवं मन्त्रोऽर्थदोऽप्येकः किं पुनर्युक्तिसंयुतः॥ १२२
इत्युक्त्वा गुहचन्द्राय दत्त्वा मन्त्रं द्विजोत्तमः। उपदिश्य च तां युक्तिं प्रभाते स तिरोदधे॥ १२३
गुहचन्द्रोऽपि भार्याया गृहद्वारेऽभिलिख्य तम्। मन्त्रं पुनश्चकारैवं सायं युक्तिं प्ररोचनीम्॥ १२४
गत्वा स तस्याः पश्यन्त्या कयापि वरयोषिता। सह चक्रे समालापं रचितोदारमण्डनः॥ १२५
तदृष्ट्वैव तमाहूय मन्त्रोन्मुद्रितया गिरा। एषा कास्तीति पप्रच्छ सा सेर्ष्या दिव्यकन्यका॥ १२६
असौ वराङ्गना बद्धभावा मय्यहमद्य च। एतद्गृहं व्रजामीति प्रत्यवोचत्स तां मृषा॥ १२७
ततः साचीकृतदृशा मुखेन वलितभ्रुणा। दृष्ट्वा निवार्य वामेन करेण तमुवाच सा॥ १२८
हुं ज्ञातमेतदर्थोऽयं वेषस्तत्र च मा स्म गाः। किं तया मामुपेहि त्वमहं हि तव गेहिनी॥ १२९
इत्युक्तः पुलकोत्कम्पसंक्षोभाकुलया तया। आविश्येव तन्मन्त्रदूतदुर्ग्रहयापि सः॥ १३०
प्रविश्य वासके सद्यस्तयैव सममन्वभूत्। मर्त्योऽपि दिव्यसंभोगमसंस्पृष्टं मनोरथैः॥ १३१
इत्थं तां प्राप्य सप्रेमां मन्त्रसिद्धिप्रसाधिताम्। त्यक्तदिव्यस्थितिं तस्थौ गुहचन्द्रो यथासुखम्॥ १३२

एवं यागप्रदानादिसुकृतैः शुभकर्मणाम् । दिव्याः शापच्युता नार्यस्तिष्ठन्ति गृहिणीपदे ॥ १३३
देवद्विजसपर्या हि कामधेनुर्मता सताम् । किं हि न प्राप्यते तस्याः शेषाः सामादिवर्णनाः ॥ १३४
दुष्कृतं त्वयि दिव्यानामत्युच्चपदजन्मनाम् । प्रवातमिव पुष्पाणामधःपातैककारणम् ॥ १३५
इत्युक्त्वा राजपुत्र्याः स पुनराह वसन्तकः । किं चात्र यदहल्याया वृत्तं तच्छ्रूयतामिदम् ॥ १३६
पुराभूद्गौतमो नाम त्रिकालज्ञो महामुनिः । अहल्येति च तस्यासीद्भार्या रूपजिताप्सराः ॥ १३७
एकदा रूपलुब्धस्तामिन्द्रः प्रार्थितवान्रहः । प्रभूणां हि विभूत्यन्धा धावत्यविषये मतिः ॥ १३८
सानुमेने च तं मूढा वृषस्यन्ती शचीपतिम् । तच्च प्रभावतो बुद्ध्वा तत्रागाद्गौतमो मुनिः ॥ १३९
मार्जाररूपं चक्रे च भयादिन्द्रोऽपि तत्क्षणम् । कः स्थितोऽत्रेति सोऽपृच्छदहल्यामथ गौतमः ॥ १४०
एसो ठिओ खु मज्जारो इत्यपभ्रष्टवक्रया । गिरा सत्यानुरोधिन्या सा तं प्रत्यब्रवीत्पतिम् ॥ १४१
सत्यं त्वज्जार इत्युक्त्वा विहसन्स ततो मुनिः । सत्यानुरोधकॢप्तान्तं शापं तस्यामपातयत् ॥ १४२
पापशीले शिलाभावं भूरिकालमवाप्नुहि । आ वनान्तरसंचारिराघवालोकनादिति ॥ १४३
वराङ्गलुब्धस्याङ्गे ते तत्सहस्रं भविष्यति । दिव्यस्त्रीं विश्वकर्मा यां निर्मास्यति तिलोत्तमाम् ॥ १४४
तां विलोक्य तदैवाक्ष्णां सहस्रं भविता च ते । इतीन्द्रमपि तत्कालं शपति स्म स गौतमः ॥ १४५
दत्तशापो यथाकामं तपसे स मुनिर्ययौ । अहल्यापि शिलाभावं दारुणं प्रत्यपद्यत ॥ १४६
इन्द्रोऽप्यावृतसर्वाङ्गो वराङ्गैरभवत्ततः । अशीलं तस्य नाम स्यान्न खलीकारकारणम् ॥ १४७
एवं कुकर्म सर्वस्य फलत्यात्मनि सर्वदा । यो यद्वपति बीजं हि लभते सोऽपि तत्फलम् ॥ १४८
तस्मात्परविरुद्धेषु नोत्सहन्ते महाशयाः । एतदुत्तमसत्त्वानां विधिसिद्धं हि सद्व्रतम् ॥ १४९
युवां पूर्वभगिन्यौ च देव्यौ शापच्युते उभे । तद्वदन्योन्यहितकृन्निर्द्वन्द्वं हृदयं हि वाम् ॥ १५०
एतद्वसन्तकाच्छ्रुत्वा मिथो वासवदत्तया । पद्मावत्या च सुतरामीर्ष्यालेशोऽप्यमुच्यत ॥ १५१
देवी वासवदत्ता च कृत्वा साधारणं पतिम् । आत्मनीव प्रियं चक्रे पद्मावत्यां हितोन्मुखी ॥ १५२
तस्या महानुभावत्वं तत्ताद्दृङ्मगधेश्वरः । बुद्ध्वा पद्मावतीसृष्टदूतेभ्योऽपि तुतोष सः ॥ १५३
अन्येद्युरथ वत्सेशं मन्त्री यौगन्धरायणः । उपेत्य संनिधौ देव्याः स्थितेष्वन्येष्वभाषत ॥ १५४
उद्योगायाधुना देव कौशाम्बी किं न गम्यते । नाशङ्का मगधेशाच्च विद्यते वञ्चितादपि ॥ १५५
कन्यासंबन्धनाम्ना हि साम्ना सम्यक्स बाधितः । विगृह्य च कथं जह्याज्जीवितादधिकां सुताम् ॥ १५६
सत्यं तस्यानुपाल्यं च त्वया च स न वञ्चितः । मया स्वयं कृतं ह्येतन्न च तस्यासुखावहम् ॥ १५७
चारेभ्यश्च मया ज्ञातं यथा विकुरुते न सः । तदर्थमेव चास्माभिः स्थितं च दिवसानमून् ॥ १५८
एवं वदति निर्व्यूढकार्ये यौगन्धरायणे । मगधेश्वरसंबन्धी दूतोऽत्र समुपाययौ ॥ १५९
तत्क्षणं स प्रविष्टोऽत्र प्रतिहारनिवेदितः । प्रणामान्तरमासीनो वत्सराजं व्यजिज्ञपत् ॥ १६०
देवीपद्मावतीदत्तसंदेशपरितोषिणा । मगधेशेन निर्दिष्टमिदं देवस्य सांप्रतम् ॥ १६१
वहुना किं मया सर्वं ज्ञातुं प्रीतोऽस्मि च त्वयि । यदर्थोऽयमारम्भस्तत्कुरु प्रणता वयम् ॥ १६२
एतद्दूतवचः स्वेच्छं वत्सेशोऽभिननन्द सः । यौगन्धरायणीयस्य पुष्पं नयतरोरिव ॥ १६३
ततः पद्मावतीं राज्या समानाय्य समं तया । तं दत्तप्राभृतं दूतं स संमान्य व्यसर्जयत् ॥ १६४
अथ चण्डमहासेनदूतोऽप्यत्र समाययौ । प्रविश्य स यथावच्च राजानं प्रणतोऽब्रवीत् ॥ १६५
देव चण्डमहासेनभूपतिः कार्यतत्त्ववित् । तव विज्ञातवृत्तान्तो हृष्टः संदिष्टवानिदम् ॥ १६६
प्राशस्त्यं भवतस्तावदियतैवोपवर्णितम् । यौगन्धरायणो यत्ते मन्त्री किमधिकोक्तिभिः ॥ १६७
धन्या वासवदत्ता तु त्वद्भक्त्या तत्कृतं तया । येनास्माभिः सतां मध्ये चिरमुन्नमितं शिरः ॥ १६८
न च वासवदत्तातो भिन्ना पद्मावती मम । तयोरेकं हि हृदयं तच्छीघ्रं कुरुतोद्यमम् ॥ १६९

---

१. 'एष स्थितः खलु मार्जारः' इत्यपभ्रंशच्छाया.

एतन्निजश्वशुरदूतवचो निशम्य वत्सेश्वरस्य हृदये सपदि प्रमोदः ।
देव्यां च कोऽपि ववृधे प्रणयप्रकर्षो भूयांश्च मन्त्रिवृषभे प्रणयानुबन्धः ॥ १७०

ततस्तं देवीभ्यां सममुचितसत्कारविधिना
कृतातिथ्यं दूतं सरभसमनाः प्रेष्य मुदितम् ।
विधास्यन्नुद्योगं त्वरितमथ संमन्त्र्य सचिवैः
स चक्रे कौशाम्बीं प्रति गमनबुद्धिं नरपतिः ॥ १७१

इति महाकविश्रीसोमदेवभट्टविरचिते कथासरित्सागरे लावाणकलम्बके तृतीयस्तरङ्गः ।

चतुर्थस्तरङ्गः ।

ततो लावाणकात्तस्मादन्येद्युः सचिवैः सह । वत्सराजः स कौशाम्बीं प्रतस्थे दयितान्वितः ॥ १
प्रसस्रे च लसन्नादैस्तस्यापूरितभूतलैः । बलैरसमयोद्वेलजलराशिजलैरिव ॥ २
उपमा नृपतेस्तस्य गजेन्द्रस्थस्य गच्छतः । भवेद्यदि रविर्यायाद्गगने सोदयाचलः ॥ ३
स सितेनातपत्रेण कृतच्छायो बभौ नृपः । जितार्कतेजःप्रीतेन सेव्यमान इवेन्दुना ॥ ४
तेजस्विनं स्वकक्षाभिस्तं सर्वोपरिवर्तिनम् । सामन्ताः परितो भ्रेमुर्ध्रुवं ग्रहगणा इव ॥ ५
पश्चात्करेणुकारूढे देव्यौ द्वे तस्य रेजतुः । श्रीभुवावनुरागेण साक्षादनुगते इव ॥ ६
त्वङ्गत्तुरंगसंघातखुराग्राङ्कनखक्षता । पथि तस्याभवद्भूमिरुपभुक्तेव भूपतेः ॥ ७
एवं वत्सेश्वरो गच्छन्स्तूयमानः स वन्दिभिः । दिनैः कतिपयैः प्राप कौशाम्बीं विततोत्सवाम् ॥ ८
ध्वजरक्तांशुकच्छन्ना गवाक्षोत्फुल्ललोचना । प्रद्वारदर्शितोत्तुङ्गपूर्णकुम्भकुचद्वया ॥ ९
जनकोलाहलानन्दसंलापा सौधहासिनी । सा प्रवासागते पत्यौ तत्कालं शुशुभे पुरी ॥ १०
देवीद्वयानुयातश्च स राजा प्रविवेश ताम् । पौरस्त्रीणां च कोऽप्यासीत्तत्र तद्दर्शनोत्सवः ॥ ११
अपूरि हारिहर्म्यस्थरामाननशतैर्नभः । देवीमुखजितस्येन्दोः सैन्यैः सेवागतैरिव ॥ १२
वातायनगताश्चान्याः पश्यन्त्योऽनिमिषेक्षणाः । चक्रुः सकौतुकायातविमानस्थात्सरोभ्रमम् ॥ १३
काश्चिद्गवाक्षजालाग्रलग्नपक्ष्मललोचनाः । असृजन्निव नाराचपञ्जराणि मनोभुवः ॥ १४
एकस्याः सोत्सुका दृष्टिर्नृपालोकविकस्वरा । श्रुतेः पार्श्वमपश्यन्त्यास्तदाख्यातुमिवाययौ ॥ १५
द्रुतागतायाः कस्याश्चिन्मुहुरुच्छ्वसितौ स्तनौ । कञ्चुकादिव निर्गन्तुमीषतुस्तद्दिदृक्षया ॥ १६
अन्यस्याः संभ्रमच्छिन्नहारमुक्ताकणा बभुः । गलन्तो हृदयस्येव हर्षबाष्पाम्बुसीकराः ॥ १७
यद्यस्यामाचरेत्पापमग्निर्लावाणके ततः । प्रकाशकोऽप्ययसावन्धं तमो जगति पातयेत् ॥ १८
इति वासवदत्तां च दृष्ट्वा स्मृत्वा च तत्तथा । दाहप्रवादं सोत्कण्ठा इव काश्चिद्बभाषिरे ॥ १९
दिष्ट्या न लज्जिता देवी सपत्न्या सखितुल्यया । इति पद्मावतीं वीक्ष्य वयस्या जगदेऽन्यया ॥ २०
नूनं हरमुरारिभ्यां न दृष्टं रूपमेतयोः । किमन्यथा भजेतां तौ बहुमानमुमाश्रियौ ॥ २१
इत्यूचुरपरास्ते द्वे दृष्ट्वा देव्यौ परस्परम् । क्षिपन्त्यः प्रमदोत्फुल्ललोचनेन्दीवरस्रजः ॥ २२
एवं वत्सेश्वरः कुर्वञ्जनतानयनोत्सवम् । स्वमन्दिरं सदेवीकः प्राविशत्कृतमङ्गलः ॥ २३
प्रभाते याब्जसरसो याब्धेरिन्दूदये तथा । तत्कालं तस्य सा कापि शोभाभूद्राजवेश्मनः ॥ २४
क्षणादपूरि सामन्तमङ्गलोपायनैश्च तत् । सूचयद्भिरिवाशेषभूपालोपायनागमम् ॥ २५
संमान्य राजलोकं च वत्सराजः कृतोत्सवः । चित्तं सर्वजनस्येव विवेशान्तःपुरं ततः ॥ २६
देव्योर्मध्यस्थितस्तत्र रतिप्रीत्योरिव स्मरः । पानादिलीलया राजा दिनशेषं निनाय सः ॥ २७
अपरेद्युश्च तत्रैको नृपस्यास्थानवर्तिनः । मन्त्रिणां संनिधौ विप्रो द्वारि चक्रन्द कश्चन ॥ २८
अब्रह्मण्यमटव्यां मे पापैर्गोपालकैः प्रभो । पुत्रस्य चरणोच्छेदो विहितः कारणं विना ॥ २९
तच्छ्रुत्वा तत्क्षणं द्वित्रानवष्टभ्यानाय्य भूपतिः । गोपालकान्स पप्रच्छ ततस्तेऽप्येवमब्रुवन् ॥ ३०

एव गोपालका भूत्वा क्रीडामो विजने वयम् । तत्रैको देवसेनाख्यो मध्ये गोपालकोऽस्ति नः ॥ ३१
एकदेशे च सोऽटव्यामुपविष्टः शिलासने । राजा युष्माकमस्मीति वक्त्यस्माननुशास्ति च ॥ ३२
अस्मन्मध्ये च केनापि तस्याज्ञा न विलङ्घ्यते । एवं गोपालकोऽरण्ये राज्यं स कुरुते प्रभो ॥ ३३
अद्य चैतस्य विप्रस्य तनयस्तेन वर्त्मना । गच्छन्गोपालराजस्य प्रणामं तस्य नाकरोत् ॥ ३४
मा गास्त्वमप्रणम्येति राजादेशेन जल्पतः । अस्मान्विधूय सोऽयासीच्छासितोऽपि हसन्बटुः ॥ ३५
ततस्तस्याविनीतस्य पादच्छेदेन निग्रहम् । कर्तुं गोपालराजेन वयमाज्ञापिता बटोः ॥ ३६
धावित्वा च ततोऽस्माभिश्छिन्नोऽस्य चरणः प्रभो । अस्मादृशः प्रभोराज्ञां कोऽतिलङ्घयितुं क्षमः ॥ ३७
एवं गोपालकै राज्ञि विज्ञप्ते संप्रधार्य तत् । यौगन्धरायणो धीमान्राजानं विजनेऽब्रवीत् ॥ ३८
नूनं निधानादियुतं तत्स्थानं यत्प्रभावतः । गोपालकोऽपि प्रभवत्येवं तत्तत्र गम्यताम् ॥ ३९
इत्युक्तो मन्त्रिणा राजा कृत्वा गोपालकान्पुरः । ययौ तदटवीस्थानं ससैन्यः सपरिच्छदः ॥ ४०
परीक्ष्य भूमिं यावच्च खन्यते तत्र कर्मिभिः । अधस्तात्तावदुत्तस्थौ यक्षः शैलमयाकृतिः ॥ ४१
सोऽब्रवीच्च मया राजन्निदं यद्रक्षितं चिरम् । पितामहनिखातं ते निधानं स्वीकुरुष्व तत् ॥ ४२
इति वत्सेशमुक्त्वा च तत्पूजां प्रतिगृह्य च । यक्षस्तिरोऽभूत्खाते च महानाविरभून्निधिः ॥ ४३
अलभ्यत महार्हं च रत्नसिंहासनं ततः । भवन्त्युदयकाले हि सत्कल्याणपरम्पराः ॥ ४४
ततः कृत्स्नं समादाय निधानं स कृतोत्सवः । तान्प्रशास्य च गोपालान्वत्सेशः स्वपुरीं ययौ ॥ ४५
तत्रारुणमणिग्रावकिरणप्रसरैः प्रभोः । प्रतापाक्रमणं दिक्षु भविष्यदिव दर्शयत् ॥ ४६
रौप्याङ्कुरमुखप्रोतमुक्तासंततिदन्तुरम् । मुहुर्हासमिवालोच्य तन्मन्त्रिमतिविस्मयम् ॥ ४७
ददृशुस्तन्नृपानीतं हेमसिंहासनं जनाः । ननन्दुश्च हतानन्ददुन्दुभिध्वानसुन्दरम् ॥ ४८
मन्त्रिणोऽप्युत्सवं चक्रुर्जयं निश्चित्य भूपतेः । आमुखापातिकल्याणं कार्यसिद्धिं हि शंसति ॥ ४९
ततः पताकाविद्युद्भिराकीर्णे गगनान्तरे । ववर्ष राजजलदः कनकं सोऽनुजीविषु ॥ ५०
उत्सवेन च नीतेऽस्मिन्दिने यौगन्धरायणः । चित्तं जिज्ञासुरन्येद्युर्वत्सेश्वरमभाषत ॥ ५१
एतत्कुलक्रमायातं महासिंहासनं त्वया । यत्प्राप्तं तत्समारुह्य देवालंक्रियतामिति ॥ ५२
विजित्य पृथ्वीमारूढा यत्र मे प्रपितामहाः । तत्राजित्वा दिशः सर्वाः का ममारोहतः प्रथा ॥ ५३
जित्वैवेमां समुद्रान्तां पृथ्वीं पृथुविभूषणाम् । अलंकरोमि पूर्वेषां रत्नसिंहासनं महत् ॥ ५४
इत्यूचिवान्नरपतिर्नारुरोह स संप्रति । संभवत्यभिजातानामभिमानो ह्यकृत्रिमः ॥ ५५
ततः प्रीतस्तमाह स्म नृपं यौगन्धरायणः । साधु देव कुरु प्राच्यां तर्हि पूर्वं जयोद्यमम् ॥ ५६
तच्छ्रुत्वैव प्रसङ्गात्तं राजा पप्रच्छ मन्त्रिणम् । स्थितास्वप्युत्तराद्यासु प्राक्प्राचीं यान्ति किं नृपाः ॥ ५७
एतच्छ्रुत्वा जगादैनं पुनर्यौगन्धरायणः । स्फीतापि राजन्कौबेरी म्लेच्छसंसर्गगर्हिता ॥ ५८
अर्काद्यस्तमये हेतुः पश्चिमापि न पूज्यते । आसन्नराक्षसा दुष्टा दक्षिणाप्यन्तकाश्रिता ॥ ५९
प्राच्यामुदेति सूर्यस्तु प्राचीमिन्द्रोऽधितिष्ठति । जाह्नवीं याति च प्राचीं तेन प्राची प्रशस्यते ॥ ६०
देशेष्वपि च विन्ध्याद्रिहिमवन्मध्यवर्तिषु । जाह्नवीजलपूतो यः स प्रशस्यतमो मतः ॥ ६१
तस्मात्प्राचीं प्रयान्त्यादौ राजानो मङ्गलैषिणः । निवसन्ति च देशेऽपि सुरसिन्धुसमाश्रिते ॥ ६२
पूर्वजैरपि हि प्राचीप्रक्रमेण जिता दिशः । गङ्गोपकण्ठे वासश्च विहितो हस्तिनापुरे ॥ ६३
शतानीकस्तु कौशाम्बीं रम्यभावेन शिश्रिये । साम्राज्ये पौरुषाधीने पश्यन्देशमकारणम् ॥ ६४
इत्युक्त्वा विरते तत्र तस्मिन्यौगन्धरायणे । राजा पुरुषकारैकबहुमानादभाषत ॥ ६५
सत्यं न देशनियमः साम्राज्यस्येह कारणम् । संपत्तु हि सुसत्त्वानामेकहेतुः स्वपौरुषम् ॥ ६६
एकोऽप्याश्रयहीनोऽपि लक्ष्मीं प्राप्नोति सत्त्ववान् । श्रुता किं नात्र युष्माभिः पुंसः सत्त्ववतः कथा ॥ ६७
एवमुक्त्वा स वत्सेशः सचिवाभ्यर्थितः शुभाम् । विचित्रां संनिधौ देव्योरिमामकथयत्कथाम् ॥ ६८
अस्ति भूतलविख्याता येयमुज्जयिनी पुरी । तस्यामादित्यसेनाख्यः पूर्वमासीन्महीपतिः ॥ ६९

आदित्यस्येव यस्येह न चस्खाल किल क्वचित् । प्रतापनिलयस्यैकचक्रवर्तितया रथः ॥ ७०
भासयत्युच्छ्रिते व्योम यच्छत्रे तुहिनत्विषि । न्यवर्तन्तातपत्राणि राज्ञामपगतोष्मणाम् ॥ ७१
समस्तभूतलाभोगसंभवानां बभूव सः । भाजनं सर्वरत्नानामम्बुराशिरिवाम्भसाम् ॥ ७२
स कदाचन कस्यापि हेतोर्यात्रागतो नृपः । ससैन्यो जाह्नवीकूलमासाद्यावस्थितोऽभवत् ॥ ७३
तत्र तं गुणवर्माख्यः कोऽप्याढ्यस्तत्प्रदेशजः । अभ्यगान्नृपमादाय कन्यारत्नमुपायनम् ॥ ७४
रत्नं त्रिभुवनेऽप्येषा कन्योत्पन्ना गृहे मम । नान्यत्र दातुं शक्या च देवो हि प्रभुरीदृशः ॥ ७५
इत्यावेद्य प्रतीहारमुखेनाथ प्रविश्य सः । गुणवर्मा निजां तस्मै राज्ञे कन्यामदर्शयत् ॥ ७६
स तां तेजस्वतीं नाम दीप्तिद्योतितदिङ्मुखाम् । अनङ्गमङ्गलावासरत्नदीपशिखामिव ॥ ७७
पश्यन्स्नेहमयो राजा श्लिष्टस्तत्कान्तितेजसा । कामाग्निनेव संतप्तः स्विन्नो विगलति स्म सः ॥ ७८
स्वीकृत्यैतां च तत्कालं महादेवीपदोचिताम् । चकार गुणवर्माणं परितुष्यात्मनः समम् ॥ ७९
ततस्तां परिणीयैव प्रियां तेजस्वतीं नृपः । कृतार्थमानी स तया साकमुज्जयिनीं ययौ ॥ ८०
तत्र तन्मुखसक्तैकदृष्टी राजा ह्यभूत्तथा । ददर्श राजकार्याणि न यथा सुमहान्त्यपि ॥ ८१
तेजस्वतीकलालापकीलितेव किल श्रुतिः । नावसन्नप्रजाक्रन्दैस्तस्याक्रष्टुमशक्यत ॥ ८२
चिरप्रविष्टो निरगान्नैव सोऽन्तःपुरान्नृपः । निरगादरिवर्गस्य हृदयात्तु रुजाज्वरः ॥ ८३
कालेन तस्य जज्ञे च राज्ञः सर्वाभिनन्दिता । कन्या तेजस्वतीदेव्यां बुद्धौ च विजिगीषुता ॥ ८४
परमाद्भुतरूपा सा तृणीकृत्य जगत्त्रयम् । हर्षं तस्याकरोत्कन्या प्रतापं च जिगीषुता ॥ ८५
अथाभियोक्तुमुत्सिक्तं सामन्तं कंचिदेकदा । आदित्यसेनः प्रययावुज्जयिन्याः स भूपतिः ॥ ८६
तां च तेजस्वतीं राज्ञीं समारूढकरेणुकाम् । सहप्रयायिनीं चक्रे सैन्यस्येवाधिदेवताम् ॥ ८७
आरुरोह वराश्वं च दर्पोद्यद्धर्मनिर्झरम् । जङ्गमाद्रिनिभं तुङ्गं स श्रीवृक्षं[1] समेखलम् ॥ ८८
आसृक्कोत्थितपादाभ्यामभ्यस्यन्तमिवाम्बरे । गतिं गरुत्मतो दृष्टां वेगसब्रह्मचारिणः ॥ ८९
जवस्य मम पर्याप्ता किं नु स्यादिति मेदिनीम् । कलयन्तमिवोन्नम्य कंधरां धीरया दृशा ॥ ९०
किंचिद्गत्वा च संप्राप्य समां भूमिं स भूपतिः । अश्वमुत्तेजयामास तेजस्वत्याः प्रदर्शयन् ॥ ९१
सोऽश्वस्तत्पार्ष्णिघातेन यन्त्रेणेवेरितः शरः । जगाम क्वाप्यतिजवादलक्ष्यो लोकलोचनैः ॥ ९२
तद्दृष्ट्वा विह्वले सैन्ये हयारोहाः सहस्रधा । अन्वधावन्न च प्रापुस्तमश्वापहृतं नृपम् ॥ ९३
ततश्चानिष्टमाशङ्क्य ससैन्या मन्त्रिणो भयात् । आदाय देवीं क्रन्दन्तीं निवृत्त्योज्जयिनीं ययुः ॥ ९४
तत्र ते पिहितद्वारकृतप्राकारगुप्तयः । राज्ञः प्रवृत्तिं चिन्वन्तस्तस्थुराश्वासितप्रजाः ॥ ९५
अत्रान्तरे स राजापि नीतोऽभूत्तेन वाजिना । सरौद्रसिंहसंचारां दुर्गां विन्ध्याटवीं क्षणात् ॥ ९६
तत्र दैवात्स्थिते तस्मिन्नश्वे स सहसा नृपः । आसीन्महाटवीदत्तदिङ्मोहो विह्वलाकुलः ॥ ९७
गतिमन्यामपश्यंश्च सोऽवतीर्य प्रणम्य च । तं जगादाश्वजातिज्ञो राजा वरतुरंगमम् ॥ ९८
देवस्त्वं न प्रभुद्रोहं त्वादृशः कर्तुमर्हति । तन्मे त्वमेव शरणं शिवेन नय मां पथा ॥ ९९
तच्छ्रुत्वा सानुतापः सन्सोऽश्वो जातिस्मरस्तदा । तत्तथेत्यग्रहीद्बुद्धौ दैवतं हि हयोत्तमः ॥ १००
ततो राज्ञि समारूढे स प्रतस्थे तुरंगमः । स्वच्छशीताम्बुसरसा मार्गेणाध्वक्लमच्छिदा ॥ १०१
सायं च प्रापयामास स योजनशतान्तरम् । उज्जयिन्याः समीपं तं राजानं वाजिसत्तमः ॥ १०२
तद्वेगविजितान्वीक्ष्य सप्तापि निजवाजिनः । अस्ताद्रिकंदरालीने लज्जयेवांशुमालिनि ॥ १०३
तमसि प्रसृते द्वाराण्युज्जयिन्या विलोक्य सः । पिहितानि श्मशानं च बहिस्तत्कालभीषणम् ॥ १०४
निनायैनं निवासाय भूपतिं बुद्धिमान्हयः । बाह्यैकान्तस्थितं तत्र गुप्तं विप्रमठं निशि ॥ १०५
निशातिवाह्ययोग्यं च तं स दृष्ट्वा मठं नृपः । आदित्यसेनः प्रारेभे प्रवेष्टुं श्रान्तवाहनः ॥ १०६
रुरुधुस्तस्य विप्राश्च प्रवेशं तन्निवासिनः । श्मशानपालश्चौरो वा कोऽप्यसाविति वादिनः ॥ १०७

१ पर्वतपक्षे श्रीवृक्षो बिल्ववृक्षः, अश्वपक्षे तु 'श्रीवृक्षो रोमावर्तविशेषः' इति शिशुपालवधटीकायां (५।५६) मल्लिनाथः.

निर्ययुस्ते च संसक्तकलहा लोलनिष्ठुराः । भयकार्कश्यकोपानां गृहं हि च्छान्दसा द्विजाः ॥ १०८
रटत्सु तेषु तत्रैको निर्जगाम ततो मठात् । विदूषकाख्यो गुणवान्धुर्यः सत्त्ववतां द्विजः ॥ १०९
यो युवा बाहुशाली च तपसाराध्य पावकम् । प्राप खड्गोत्तमं तस्माद्ध्यातमात्रोपगामिनम् ॥ ११०
स दृष्ट्वा तं निशि प्राप्तं धीरो भव्याकृतिं नृपम् । प्रच्छन्नः कोऽपि देवोऽयमिति दध्यौ विदूषकः ॥ १११
विधूय विप्रांश्चान्यांस्तान्स सर्वानुचिताशयः । नृपं प्रवेशयामास मठान्तः प्रश्रयानतः ॥ ११२
विश्रान्तस्य च दासीभिर्धूताध्वरजसः क्षणात् । आहारं कल्पयामास राज्ञस्तस्य निजोचितम् ॥ ११३
तं चापनीतपर्याणं तदीयं तुरगोत्तमम् । यवसादिप्रदानेन चकार विगतश्रमम् ॥ ११४
रक्षाम्यहं शरीरं ते तत्सुखं स्वपिहि प्रभो । इत्युवाच च तं श्रान्तमास्तीर्णशयनं नृपम् ॥ ११५
सुप्ते च तस्मिन्द्वारस्थो जागरामास स द्विजः । चिन्तितोपस्थिताग्नेयखड्गहस्तोऽखिलां निशाम् ॥ ११६
प्रातश्च तस्य नृपतेः प्रबुद्धस्यैव स स्वयम् । अनुक्त एव तुरगं सज्जीचक्रे विदूषकः ॥ ११७
राजापि स तमामन्त्र्य समारुह्य च वाजिनम् । विवेशोज्जयिनीं दूराद्दृष्टो हर्षाकुलैर्जनैः ॥ ११८
प्रविष्टमभिजग्मुस्तं सर्वाः प्रकृतयः क्षणात् । तदागमनजानन्दलसत्कलकलारवाः ॥ ११९
आययौ राजभवनं स राजा सचिवान्वितः । ययौ तेजस्वतीदेव्या हृदयाच्च महाज्वरः ॥ १२०
वाताहतोत्सवाक्षिप्तपताकांशुकपङ्क्तिभिः । उत्सारिता इवाभूवन्नगर्यास्तत्क्षणं शुचः ॥ १२१
अकरोदा दिनान्तं च देवी तावन्महोत्सवम् । यावन्नगरलोकोऽभूत्सार्कः सिन्दूरपिङ्गलः ॥ १२२
अन्येद्युः स तमादित्यसेनो राजा विदूषकम् । मठादानाययामास तस्मात्सर्वैर्द्विजैः सह ॥ १२३
प्रख्याप्य रात्रिवृत्तान्तं ददौ तस्मै च तत्क्षणम् । विदूषकाय ग्रामाणां सहस्रमुपकारिणे ॥ १२४
पौरोहित्ये च चक्रे तं प्रदत्तच्छत्रवाहनम् । विप्रं कृतज्ञो नृपतिः कौतुकालोकितं जनैः ॥ १२५
एवं तदैव सामन्ततुल्यः सोऽभूद्विदूषकः । मोघा हि नाम जायेत महत्सूपकृतिः कुतः ॥ १२६
यांश्च प्राप नृपाद्ग्रामांस्तान्सर्वान्स महाशयः । तन्मठाश्रयिभिर्विप्रैः समं साधारणान्व्यधात् ॥ १२७
तस्थौ च सेवमानस्तं राजानं स तदाश्रितः । भुञ्जानश्च सहान्यैस्तैर्ब्राह्मणैर्ग्रामसंचयम् ॥ १२८
काले गच्छति चान्ये ते सर्वे प्राधान्यमिच्छवः । नैव तं गणयामासुर्द्विजा धनमदोद्धताः ॥ १२९
विभिन्नैः सप्तसंख्याकैरेकस्थानाश्रयैर्मिथः । संघर्षात्तैरबाध्यन्त ग्रामा दुष्टैर्ग्रहैरिव ॥ १३०
उच्छृङ्खलेषु तेष्वासीदुदासीनो विदूषकः । अल्पभावेषु धीराणामवज्ञैव हि शोभते ॥ १३१
एकदा कलहासक्तान्दृष्ट्वा तानभ्युपाययौ । कश्चिच्चक्रधरो नाम विप्रः प्रकृतिनिष्ठुरः ॥ १३२
परार्तन्यायवादेषु काणोऽप्यम्लानदर्शनः । कुब्जोऽपि वाचि सुस्पष्टो विप्रस्तानित्यभाषत ॥ १३३
प्राप्ता भिक्षाचरैर्भूत्वा भवद्भिः श्रीरियं शठाः । तन्नाशयथ किं ग्रामानन्योन्यमसहिष्णवः ॥ १३४
विदूषकस्य दोषोऽयं येन यूयमुपेक्षिताः । तदसंदिग्धमचिरात्पुनर्भिक्षां भ्रमिष्यथ ॥ १३५
वरं हि दैवायत्तैकवृद्धिस्थानमनायकम् । न तु विप्लुतसर्वार्थं विभिन्नबहुनायकम् ॥ १३६
तदेकं नायकं धीरं कुरुध्वं वचसा मम । स्थिरया यदि कृत्यं वो धुर्यरक्षितया श्रिया ॥ १३७
तच्छ्रुत्वा नायकत्वं ते सर्वेऽप्यैच्छन्यदात्मनः । तदा विचिन्त्य मूढांस्तान्पुनश्चक्रधरोऽब्रवीत् ॥ १३८
संघर्षशालिनां तर्हि समयं वो ददाम्यहम् । इतः श्मशाने शूलायां त्रयश्चौरा निषूदिताः ॥ १३९
नासास्तेषां निशि च्छित्त्वा यः सुसत्त्व इहानयेत् । स युष्माकं प्रधानः स्याद्वीरो हि स्वाम्यमर्हति ॥ १४०
इति चक्रधरेणोक्तान्विप्रांस्तानन्तिकस्थितः । कुरुध्वमेतत्को दोष इत्युवाच विदूषकः ॥ १४१
ततस्तेऽस्याबदन्विप्रा नैतत्कर्तुं क्षमा वयम् । यो वा शक्तः स कुरुतां समये च वयं स्थिताः ॥ १४२
ततो विदूषकोऽवादीदहमेतत्करोमि भोः । आनयामि निशि च्छित्त्वा नासास्तेषां श्मशानतः ॥ १४३
ततस्तद्दुष्करं मत्वा तेऽपि मूढास्तमब्रुवन् । एवं कृते त्वमस्माकं स्वामी नियम एष नः ॥ १४४
इत्येवाख्याप्य समयं प्राप्तायां रजनौ च तान् । आमन्त्र्य विप्रान्प्रययौ श्मशानं स विदूषकः ॥ १४५
प्रविवेश च तद्वीरो निजं कर्मेव भीषणम् । चिन्तितोपस्थिताग्नेयकृपाणैकपरिग्रहः ॥ १४६

डाकिनीनादसंवृद्धगृध्रवायसवाशिते । उल्कामुखमुखोल्काग्निविस्फारितचितानले ॥ १४७
ददर्श तत्र मध्ये च स ताञ्शूलाधिरोपितान् । पुरुषान्नासिकाछेदभियेवोर्ध्वीकृताननान् ॥ १४८
यावच्च निकटं तेषां प्राप तावत्त्रयोऽपि ते । वेतालाधिष्ठितास्तस्मिन्प्रहरन्ति स्म मुष्टिभिः ॥ १४९
निष्कम्प एव खड्गेन सोऽपि प्रतिजघान तान् । न शिक्षितः प्रयत्नो हि धीराणां हृदये भिया ॥ १५०
तेनापगतवेतालविकाराणां स नासिकाः । तेषां चकर्त बद्ध्वा च कृती जग्राह वाससि ॥ १५१
आगच्छंश्च ददर्शैकं शवस्योपरि संस्थितम् । प्रव्राजकं श्मशानेऽत्र जपन्तं स विदूषकः ॥ १५२
तच्चेष्टालोकनक्रीडाकौतुकादुपगम्य तम् । प्रच्छन्नः पृष्ठतस्तस्य तस्थौ प्रव्राजकस्य सः ॥ १५३
क्षणात्प्रव्राजकस्याधः फूत्कारं मुक्तवाञ्शवः । निरगाच्च मुखात्तस्य ज्वाला नाभेश्च सर्षपाः ॥ १५४
गृहीत्वा सर्षपांस्तांश्च स परिव्राजकस्ततः । उत्थाय ताडयामास शवं पाणितलेन तम् ॥ १५५
उदतिष्ठत्स चोत्तालवेतालाधिष्ठितः शवः । आरुरोह च तस्यैव स्कन्धे प्रव्राजकोऽथ सः ॥ १५६
तदारूढश्च सहसा गन्तुं प्रववृते ततः । विदूषकोऽपि तं तूष्णीमन्वगच्छदलक्षितः ॥ १५७
नातिदूरमतिक्रम्य स ददर्श विदूषकः । शून्यं कात्यायनीमूर्तिसनाथं देवतागृहम् ॥ १५८
तत्रावतीर्य वेतालस्कन्धात्प्रव्राजकस्ततः । विवेश गर्भभवनं वेतालोऽप्यपतद्भुवि ॥ १५९
विदूषकश्च तत्रासीद्युक्त्या पश्यन्नलक्षितः । प्रव्राजकोऽपि संपूज्य तत्र देवीं व्यजिज्ञपत् ॥ १६०
तुष्टासि यदि तद्देवि देहि मे वरमीप्सितम् । अन्यथात्मोपहारेण प्रीणामि भवतीमहम् ॥ १६१
इत्युक्तवन्तं तं तीव्रमन्त्रसाधनगर्वितम् । प्रव्राजकं जगादैवं वाणी गर्भगृहोद्गता ॥ १६२
आदित्यसेननृपतेः सुतामानीय कन्यकाम् । उपहारीकुरुष्वेह ततः प्राप्स्यसि वाञ्छितम् ॥ १६३
एतच्छ्रुत्वा स निर्गत्य करेणाहत्य तं पुनः । प्रव्राडुत्थापयामास वेतालं मुक्तफूत्कृतिम् ॥ १६४
तस्य च स्कन्धमारुह्य निर्यद्वक्त्रानलार्चिषः । आनेतुं राजपुत्रीं तामुत्पत्य नभसा ययौ ॥ १६५
विदूषकोऽपि तत्सर्वं दृष्ट्वा तत्र व्यचिन्तयत् । कथं राजसुतानेन हन्यते मयि जीवति ॥ १६६
इहैव तावत्तिष्ठामि यावदायात्यसौ शठः । इत्यालोच्य स तत्रैव तस्थौ छन्नो विदूषकः ॥ १६७
प्रव्राजकश्च गत्वैव वातायनपथेन सः । प्रविश्यान्तःपुरं प्राप सुप्तां निशि नृपात्मजाम् ॥ १६८
आययौ च गृहीत्वा तां गगनेन तमोमयः । कान्तिप्रकाशितदिशं राहुः शशिकलामिव ॥ १६९
हा तात हाम्बेति च तां क्रन्दन्तीं कन्यकां वहन् । तत्रैव देवीभवने सोऽन्तरिक्षादवातरत् ॥ १७०
प्रविवेश च तत्कालं वेतालं प्रविमुच्य सः । कन्यारत्नं तदादाय देवीगर्भगृहान्तरम् ॥ १७१
तत्र यावन्निहन्तुं तां राजपुत्रीमियेष सः । तावदाकृष्टखड्गोऽत्र प्रविवेश विदूषकः ॥ १७२
आः पाप मालतीपुष्पमश्मना हन्तुमीहसे । यदस्यामाकृतौ शस्त्रं व्यापारयितुमिच्छसि ॥ १७३
इत्युक्त्वाकृष्य केशेषु शिरस्तस्य विवेल्लतः । प्रव्राजकस्य चिच्छेद खड्गेन स विदूषकः ॥ १७४
आश्वासयामास च तां राजपुत्रीं भयाकुलाम् । प्रविशन्तीमिवाङ्गानि किंचित्प्रत्यभिजानतीम् ॥ १७५
कथमन्तःपुरं राज्ञो राजपुत्रीमिमामितः । नयेयमिति तत्कालमसौ धीरो व्यचिन्तयत् ॥ १७६
भो विदूषक शृण्वेतद्योऽयं प्रव्राट् त्वया हतः । महानेतस्य वेतालः सिद्धोऽभूत्सर्षपास्तथा ॥ १७७
ततोऽस्य पृथ्वीराज्ये च वाञ्छा राजात्मजासु च । उदपद्यत तेनायमेवं मूढोऽद्य वञ्चितः ॥ १७८
तद्गृहाणैतदीयांस्त्वं सर्षपान्वीर येन ते । इमामेकां निशामद्य भविष्यत्यम्बरे गतिः ॥ १७९
इत्याकाशगता वाणी जातहर्षं जगाद तम् । अनुगृह्णन्ति हि प्रायो देवता अपि तादृशम् ॥ १८०
ततो वस्त्राञ्चलात्तस्य स परिव्राजकस्य तान् । जग्राह सर्षपान्हस्ते तामङ्के च नृपात्मजाम् ॥ १८१
यावच्च देवीभवनात्स तस्मान्निर्ययौ बहिः । उच्चचार पुनस्तावदन्या नभसि भारती ॥ १८२
इहैव देवीभवने मासस्यान्ते पुनस्त्वया । आगन्तव्यं महावीर विस्मर्तव्यमिदं न ते ॥ १८३
तच्छ्रुत्वा स तथेत्युक्त्वा सद्यो देवीप्रसादतः । उत्पपात नभो बिभ्रद्राजपुत्रीं विदूषकः ॥ १८४

१ मालतीमाधवपञ्चमाङ्कस्थाघोरघण्टकपालकुण्डलामाधवमालत्यादिकथानुकरोतीमां कथाम्.

गत्वा च गगनेनाशु स तामन्तःपुरान्तरम् । प्रावेशयद्राजसुतां समाश्वास्यामुवाच च ॥ १८५
न मे भविष्यति प्रातर्गतिर्व्योम्नि ततश्च माम् । सर्वे द्रक्ष्यन्ति निर्यान्तं तत्संप्रत्येव याम्यहम् ॥ १८६
इति तेनोदिता बाला बिभ्यती सा जगाद तम् । गते त्वयि मम प्राणास्त्रासाक्रान्ताः प्रयान्त्यमी ॥१८७
तन्महाभाग मा गास्त्वं देहि मे जीवितं पुनः । प्रतिपन्नार्थनिर्वाहः सहजं हि सतां व्रतम् ॥ १८८
तच्छ्रुत्वा चिन्तयामास स सुसत्त्वो विदूषकः । यदस्तु मे न गच्छामि मुञ्चेत्प्राणान्भयादियम् ॥ १८९
ततश्च नृपतेर्भक्तिः का मया विहिता भवेत् । इत्यालोच्य स तत्रैव तस्थावन्तःपुरे निशि ॥ १९०
व्यायामजागरश्रान्तो ययौ निद्रां शनैश्च सः । राजपुत्री त्वनिद्रैव भीता तामनयन्निशाम् ॥ १९१
विश्राम्यतु क्षणं तावदिति प्रेमार्द्रमानसा । सुप्तं प्रबोधयामास सा प्रभातेऽपि नैव तम् ॥ १९२
ततः प्रविष्टा ददृशुस्तमन्तःपुरचारिकाः । ससंभ्रमाश्च गत्वैव राजानं तं व्यजिज्ञपन् ॥ १९३
राजाप्यवेक्षितुं तत्त्वं प्रतीहारं व्यसर्जयत् । प्रतीहारश्च गत्वान्तस्तत्रापश्यद्विदूषकम् ॥ १९४
शुश्राव च यथावृत्तं स तद्राजसुतामुखात् । तथैव गत्वा राज्ञे च स समग्रं न्यवेदयत् ॥ १९५
विदूषकस्य सत्त्वज्ञस्तच्छ्रुत्वा स महीपतिः । किमेतत्स्यादिति क्षिप्रं समुद्भ्रान्त इवाभवत् ॥ १९६
आनाययच्च दुहितुर्मन्दिरात्तं विदूषकम् । दत्तानुयात्रं मनसा तस्याः स्नेहानुपातिना ॥ १९७
पप्रच्छ च यथावृत्तं स राजा तमुपागतम् । आ मूलतश्च सोऽप्यस्मै विप्रो वृत्तान्तमब्रवीत् ॥ १९८
अदर्शयच्च वस्त्रान्ते निबद्धाश्चौरनासिकाः । प्रव्राट्संबन्धिनस्तांश्च सर्षपान्भूमिभेदिनः ॥ १९९
ततः संभाव्य सत्यं तत्तांश्चानाय्य मठद्विजान् । सर्वांश्चक्रधरोपेतान्पृष्ट्वा तन्मूलकारणम् ॥ २००
स्वयं श्मशाने गत्वा च दृष्ट्वा तांश्छिन्ननासिकान् । पुरुषांस्तं च निर्लूनकण्ठं प्रव्राजकाधमम् ॥ २०१
उत्पन्नप्रत्ययो राजा स तुतोष महाशयः । विदूषकाय कृतिने सुताप्राणप्रदायिने ॥ २०२
ददौ तस्मै च तामेव तदैव तनयां निजाम् । किमदेयमुदाराणामुपकारिषु तुष्यताम् ॥ २०३
श्रीरुवासाम्बुजप्रीत्या नूनं राजसुताकरे । गृहीतपाणिर्येनास्या लेभे लक्ष्मीं विदूषकः ॥ २०४
ततो राजोपचारेण स तया कान्तया सह । आदित्यसेननृपतेस्तस्थौ श्लाघ्ययशा गृहे ॥ २०५
अथ यातेषु दिवसेष्वेकदा दैवचोदिता । तमुवाच निशायां सा राजपुत्री विदूषकम् ॥ २०६
नाथ स्मरसि यत्तत्र तव देवीगृहे निशि । मासान्ते त्वमिहागच्छेरित्युक्तं दिव्यया गिरा ॥ २०७
तत्र चाद्य गतो मासो भवतस्तच्च विस्मृतम् । इत्युक्तः प्रियया स्मृत्वा स जहर्ष विदूषकः ॥ २०८
साधु स्मृतं त्वया तन्वि विस्मृतं तन्मया पुनः । इत्युक्त्वालिङ्गनं चास्यै स ददौ पारितोषकम् ॥२०९
सुप्तायां च ततस्तस्यां निर्गत्यान्तःपुरान्निशि । आदाय खड्गं स्वस्थः संस्तद्देवीभवनं ययौ ॥ २१०
प्राप्तो विदूषकोऽहं भोरिति तत्र वदन्बहिः । प्रविशेत्यशृणोद्वाचमन्तः केनाप्युदीरिताम् ॥ २११
प्रविश्य चान्तरे सोऽत्र दिव्यमावासमैक्षत । तदन्तर्दिव्यरूपां च कन्यां दिव्यपरिच्छदाम् ॥ २१२
स्वप्रभाभिन्नतिमिरां रजनिज्वलितामिव । हरकोपाग्निनिर्दग्धस्मरसंजीवनौषधिम् ॥ २१३
किमेतदिति साश्चर्यः स तया हृष्टया स्वयम् । सस्नेहबहुमानेन स्वागतेनाभ्यनन्द्यत ॥ २१४
उपविष्टं च संजातविस्रम्भं प्रेमदर्शनात् । तत्स्वरूपपरिज्ञानसोत्सुकं सा तमब्रवीत् ॥ २१५
अहं विद्याधरी कन्या भद्रानाम महान्वया । इह कामचरत्वाच्च त्वामपश्यमहं तदा ॥ २१६
त्वद्गुणाकृष्टचित्ता च तत्कालमहमेव ताम् । अदृश्यवाणीमसृजं पुनरागमनाय ते ॥ २१७
अथ विद्याप्रयोगाच्च संमोह्य प्रेरिता मया । सा ते राजसुतैवास्मिन्कार्ये स्मृतिमजीजनत् ॥ २१८
त्वदर्थं च स्थितास्मीह तत्तुभ्यमिदमर्पितम् । शरीरं सुन्दर मया कुरु पाणिग्रहं मम ॥ २१९
इत्युक्तो भद्रया भव्यो विद्याधर्या विदूषकः । तथेति परिणिन्ये तां गान्धर्वविधिना तदा ॥ २२०
अतिष्ठदथ तत्रैव दिव्यं भोगमवाप्य सः । स्वपौरुषफलर्द्धेव प्रियया संगतस्तया ॥ २२१
अत्रान्तरे प्रबुद्धा सा राजपुत्री निशाक्षये । भर्तारं तमपश्यन्ती विषादं सहसागमत् ॥ २२२
उत्थाय चान्तिकं मातुः प्रस्खलद्भिः पदैर्ययौ । विह्वला संगलद्बाष्पतरङ्गितविलोचना ॥ २२३

स पतिर्मे गतः क्वापि रात्राविति च मातरम् । आत्मापराधसभया सानुतापा च साभ्यधात् ॥ २२४
ततस्तन्मातरि स्नेहात्संभ्रान्तायां क्रमेण तत् । बुद्ध्वा राजापि तत्रैत्य परमाकुलतामगात् ॥ २२५
जाने श्मशानबाह्यं तं गतोऽसौ देवतागृहम् । इत्युक्ते राजसुतया राजा तत्र स्वयं ययौ ॥ २२६
तत्र विद्याधरीविद्याप्रभावेण तिरोहितम् । विचिन्त्यापि न लेभे तं स क्षितीशो विदूषकम् ॥ २२७
ततो राज्ञि परावृत्ते निराशां तां नृपात्मजाम् । देहत्यागोन्मुखीमेत्य ज्ञानी कोऽप्यब्रवीदिदम् ॥ २२८
नारिष्टशङ्का कर्तव्या स हि ते वर्तते पतिः । युक्तो दिव्येन भोगेन त्वामुपैष्यति चाचिरात् ॥ २२९
तच्छ्रुत्वा राजपुत्री सा धारयामास जीवितम् । हृदि प्रविष्टया रुद्धं तत्प्रत्यागमवाञ्छया ॥ २३०
विदूषकस्यापि ततस्तिष्ठतस्तत्र तां प्रियाम् । भद्रां योगेश्वरी नाम सखी काचिदुपाययौ ॥ २३१
उपेत्य सा रहस्येनामिदं भद्रामथाब्रवीत् । सखि मानुषसंसर्गात्क्रुद्धा विद्याधरास्त्वयि ॥ २३२
पापं च ते चिकीर्षन्ति तदितो गम्यतां त्वया । अस्ति पूर्वाम्बुधेः पारे पुरं कार्कोटकाभिधम् ॥ २३३
तदतिक्रम्य च नदी शीतोदा नाम पावनी । तीर्त्वा तामुदयाख्यश्च सिद्धक्षेत्रं महागिरिः ॥ २३४
विद्याधरैरनाक्रम्यस्तत्र त्वं गच्छ सांप्रतम् । प्रियस्य मानुषस्यास्य कृते चिन्तां च मा कृथाः ॥ २३५
एतद्धि सर्वमेतस्य कथयित्वा गमिष्यसि । येनैष पश्चात्तत्रैव सत्त्ववानागमिष्यति ॥ २३६
इत्युक्ता सा तथा सख्या भद्रा भयवशीकृता । विदूषकानुरक्तापि प्रतिपेदे तथेति तत् ॥ २३७
उक्त्वा च तस्य तदुक्त्या दत्त्वा च स्वाङ्गुलीयकम् । विदूषकस्य रात्र्यन्तसमये सा तिरोदधे ॥ २३८
विदूषकस्य पूर्वस्मिञ्शून्ये देवगृहे स्थितम् । क्षणादपश्यदात्मानं न भद्रां न च मन्दिरम् ॥ २३९
स्मरन्विद्याप्रपञ्चं तं पश्यंश्चैवाङ्गुलीयकम् । विषादविस्मयावेशवशः सोऽभूद्विदूषकः ॥ २४०
अचिन्तयच्च तस्याः स वचः स्वप्नमिव स्मरन् । गता तावन्निवेश्यैव सा ममोदयपर्वतम् ॥ २४१
तन्मयाप्याशु तत्रैव गन्तव्यं तदवाप्तये । न चैवं लोकदृष्टं मां लब्ध्वा राजा परित्यजेत् ॥ २४२
तस्माद्युक्तिं करोमीह कार्यं सिद्ध्यति मे यथा । इति संचिन्त्य मतिमान्रूपमन्यत्स शिश्रिये ॥ २४३
जीर्णवासा रजोलिप्तो भूत्वा देवीगृहात्ततः । निरगादथ हा भद्रे हा भद्रे इति स ब्रुवन् ॥ २४४
तत्क्षणं च विलोक्यैनं जनास्तद्देशवर्तिनः । सोऽयं विदूषकः प्राप्त इति कोलाहलं व्यधुः ॥ २४५
बुद्ध्वा च राज्ञा निर्गत्य स्वयं दृष्ट्वा तथाविधः । उन्मत्तचेष्टोऽवष्टभ्य स नीतोऽभूत्स्वमन्दिरम् ॥ २४६
तत्र स्नेहाकुलैर्यद्यदुक्तोऽभूद्भृत्यबान्धवैः । तत्र तत्र स हा भद्रे इति प्रत्युत्तरं ददौ ॥ २४७
वैद्योपदिष्टैरभ्यङ्गैरभ्यक्तोऽपि स तत्क्षणम् । अङ्गमुद्धूलयामास भूरिणा भस्मरेणुना ॥ २४८
स्नेहेन राजपुत्र्या च स्वहस्ताभ्यामुपाहृतः । आहारस्तेन सहसा पादेनाहत्य चिक्षिपे ॥ २४९
एवं स तस्थौ कतिचिद्दिवसांस्तत्र निःस्पृहः । पाटयन्निजवस्त्राणि कृतोन्मादो विदूषकः ॥ २५०
अशक्यप्रतिकारोऽयं तत्किमर्थं कदर्थ्यते । त्यजेत्कदाचन प्राणान्ब्रह्महत्या भवेत्ततः ॥ २५१
स्वच्छन्दचारिणस्त्वस्य कालेन कुशलं भवेत् । इत्यालोच्य स चादित्यसेनो राजा मुमोच तम् ॥ २५२
ततः स्वच्छन्दचारी सन्नन्येद्युः साङ्गुलीयकः । वीरो भद्रां प्रति स्वैरं स प्रतस्थे विदूषकः ॥ २५३
गच्छन्नहरहः प्राच्यां दिशि प्राप स च क्रमात् । मध्ये मार्गवशायातं नगरं पौण्ड्रवर्धनम् ॥ २५४
मातरत्र वसाम्येकां रात्रिमित्यभिधाय सः । ब्राह्मण्यास्तत्र कस्याश्चिद्वृद्धायाः प्राविशद्गृहम् ॥ २५५
प्रतिपन्नाश्रया सा च कृतातिथ्या क्षणान्तरे । ब्राह्मणी समुपेत्यैवं सान्तर्दुःखा जगाद तम् ॥ २५६
तुभ्यमेव मया दत्तं पुत्र सर्वमिदं गृहम् । तद्गृहाण यतो नास्ति जीवितं मम सांप्रतम् ॥ २५७
कस्मादेवं ब्रवीषीति तेनोक्ता विस्मितेन सा । श्रूयतां कथयाम्येतदित्युक्त्वा पुनरब्रवीत् ॥ २५८
अस्तीह देवसेनाख्यो नगरे पुत्र भूपतिः । तस्य चैका समुत्पन्ना कन्या भूतलभूषणम् ॥ २५९
मया दुःखेन लब्धेयमिति तां दुःखलब्धिकाम् । नाम्ना चकारैष नृपस्तनयामतिवत्सलः ॥ २६०
कालेन यौवनारूढामानीताय स्ववेश्मनि । राज्ञे कच्छपनाथाय तां प्रादाच्चैष भूपतिः ॥ २६१
स कच्छपेश्वरस्तस्या वध्वा वासगृहं निशि । प्रविष्ट एव प्रथमं तत्कालं पञ्चतां ययौ ॥ २६२

ततो विमनसा राज्ञा भूयोऽप्येतेन सा सुता । दत्तान्यस्मै नृपायाभूत्सोऽपि तद्वद्व्यपद्यत ॥ २६३
तद्भयाच्च यदान्येऽपि नृपा ऽवाञ्छन्ति नैव ताम् । तदा सेनापतिं राजा निजमेवं समादिशत् ॥ २६४
इतो देशात्त्वयैकैकः क्रमादेकैकतो गृहात् । पुत्रान्प्रत्यहमानेयो ब्राह्मणः क्षत्रियोऽथवा ॥ २६५
आनीय च प्रवेश्योऽत्र रात्रौ मत्पुत्रिकागृहे । पश्यामोऽत्र विपद्यन्ते कियन्तोऽत्र कियच्चिरम् ॥ २६६
उत्तरिष्यति यश्चात्र सोऽस्या भर्ता भविष्यति । गतिः शक्या परिच्छेत्तुं नह्यद्भुतविधेर्विधेः ॥ २६७
इति सेनापती राज्ञा समादिष्टो दिने दिने । वारक्रमेण गेहेभ्यो नयत्येव नरानिह ॥ २६८
एवं च तत्र यातानि क्षयं नरशतान्यपि । मम चाकृतपुण्याया एकः पुत्रोऽत्र वर्तते ॥ २६९
तस्य वारोऽद्य संप्राप्तस्तत्र गन्तुं विपत्तये । तदभावे मया कार्यं प्रातरग्निप्रवेशनम् ॥ २७०
तज्जीवन्ती स्वहस्तेन तुभ्यं गुणवते गृहम् । ददामि सर्वं येन स्यां न पुनर्दुःखभागिनी ॥ २७१
एवमुक्तवतीं धीरस्तामवोचद्विदूषकः । यद्येवमम्ब तर्हि त्वं मा स्म विक्लवतां कृथाः ॥ २७२
अहं तत्राद्य गच्छामि जीवत्वेकसुतस्तव । किमेतं घातयामीति कृपा ते मयि मा च भूत् ॥ २७३
सिद्धियोगाद्धि नास्त्येव भयं तत्र गतस्य मे । एवं विदूषकेणोक्ता ब्राह्मणी सा जगाद तम् ॥ २७४
तर्हि पुण्यैर्मयायातः कोऽपि देवो भवानिह । तत्प्राणान्देहि नः पुत्र कुशलं च तथात्मनि ॥ २७५
एवं तया सोऽनुगतः सायं राजसुतागृहम् । सेनापतिनियुक्तेन किंकरेण समं ययौ ॥ २७६
तत्रापश्यन्नृपसुतां तां यौवनमदोद्धताम् । लतामनुच्चितस्फीतपुष्पभारानतामिव ॥ २७७
ततो निशायां शयने राजपुत्र्या तयाश्रिते । ध्यातोपनतमाग्नेयं खड्गं बिभ्रत्करेण सः ॥ २७८
वासवेश्मनि तत्रासीज्जाग्रदेव विदूषकः । पश्यामि तावत्को हन्ति नरानत्रेति चिन्तयन् ॥ २७९
प्रसुप्ते च जने क्षिप्रादपावृतकपाटकम् । स द्वारदेशादायान्तं घोरं राक्षसमैक्षत ॥ २८०
स च द्वारि स्थितस्तत्र राक्षसो वासकान्तरे । भुजं नरशताकाण्डयमदण्डं न्यवेशयत् ॥ २८१
विदूषकश्च चिच्छेद धावित्वा तस्य तं क्रुधा । एकखड्गप्रहारेण बाहुं सपदि रक्षसः ॥ २८२
छिन्नबाहुः पलाय्याशु जगाम स निशाचरः । भूयोऽनागमनायैव तत्सत्त्वोत्कर्षभीतितः ॥ २८३
प्रबुद्धा वीक्ष्य पतितं रक्षोबाहुं नृपात्मजा । भीता च जातहर्षा च विस्मिता च बभूव सा ॥ २८४
प्रातश्च ददृशे राज्ञा देवसेनेन तत्र सः । स्वसुतान्तःपुरद्वारि स्थितश्छिन्नश्च्युतो भुजः ॥ २८५
इतःप्रभृति नेहान्यैः प्रवेष्टव्यं नरैरिति । दत्तो विदूषकेणेव सुदीर्घः परिघार्गलः ॥ २८६
ततो दिव्यप्रभावाय तस्मै प्रीतः स पार्थिवः । विदूषकाय तनयां तां ददौ विभवोत्तरम् ॥ २८७
ततस्तया समं तत्र कान्तया स विदूषकः । तस्थौ दिनानि कतिचिद्रूपवत्येव संपदा ॥ २८८
एकस्मिंश्च दिने सुप्तां राजपुत्रीं विहाय ताम् । स ततः प्रययौ रात्रौ तां भद्रां प्रति सत्वरः ॥ २८९
राजपुत्री च सा प्रातस्तददर्शनदुःखिता । आसीदाश्वासिता पित्रा तत्प्रत्यावर्तनाशया ॥ २९०
सोऽपि गच्छन्नहरहः क्रमात्प्राप विदूषकः । पूर्वाम्बुधेरदूरस्थां नगरीं ताम्रलिप्तिकाम् ॥ २९१
तत्र चक्रे स केनापि वणिजा सह संगतिम् । स्कन्ददासाभिधानेन पारमब्धेर्यियासता ॥ २९२
तेनैव सह सोऽनल्पतदीयधनसंभृतम् । यानपात्रं समारुह्य प्रतस्थेऽम्बुधिवर्त्मना ॥ २९३
ततः समुद्रमध्ये तद्यानपात्रमुपागतम् । अकस्मादभवद्रुद्धं व्यासक्तमिव केनचित् ॥ २९४
अर्चितेऽप्यर्णवे रत्नैर्यदा न विचचाल तत् । तदा स वणिगार्तः सन्स्कन्ददासोऽब्रवीदिदम् ॥ २९५
यो मोचयति संरुद्धमिदं प्रवहणं मम । तस्मै निजधनार्धं च स्वसुतां च ददाम्यहम् ॥ २९६
तच्छ्रुत्वैव जगादैवं धीरचेता विदूषकः । अहमत्रावतीर्यान्तर्विचिनोम्यम्बुधेर्जलम् ॥ २९७
क्षणाच्च मोचयाम्येतद्रुद्धं प्रवहणं तव । यूयं चाप्यवलम्बध्वं बद्ध्वा मां पाशरज्जुभिः ॥ २९८
विमुक्ते च प्रवहणे तत्क्षणं वारिमध्यतः । उद्धर्तव्योऽस्मि युष्माभिरवलम्बनरज्जुभिः ॥ २९९
तथेति तेन वणिजा तद्वचस्यभिनन्दिते । बबन्धुः कर्णधारास्तं रज्जुबन्धेन कक्षयोः ॥ ३००
तद्बद्धोऽवततारैव वारिधौ स विदूषकः । न जात्ववसरे प्राप्ते सत्त्ववानवसीदति ॥ ३०१

ध्यातोपस्थितमाग्नेयं खड्गं कृत्वा च तं करे। वीरः प्रवहणस्याधो मध्येवारि विवेश सः ॥ ३०२
तत्र चैकं महाकायं सुप्तं पुरुषमैक्षत। जङ्घायां तस्य रुद्धं च यानपात्रं व्यलोकयत् ॥ ३०३
चिच्छेद तां स जङ्घां च तस्य खड्गेन तत्क्षणम्। चचाल च प्रवहणं रोधमुक्तं तदैव तत् ॥ ३०४
तद्दृष्ट्वैव वणिक्पापश्छेदयामास तस्य तत्। विदूषकस्य रज्जूस्ताः प्रतिपन्नार्थलोभतः ॥ ३०५
वृत्तेनैव च मुक्तेन द्रुतं प्रवहणेन सः। स्वलोभस्येव महतः पारमम्बुनिधेर्ययौ ॥ ३०६
विदूषकोऽपि स च्छिन्नरज्ज्वालम्बोऽम्बुमध्यगः। उन्मज्ज्य तत्तथा दृष्ट्वा धीरः क्षणमचिन्तयत् ॥ ३०७
किमिदं वणिजा तेन कृतं किमथवोच्यते। कृतघ्ना धनलोभान्धा नोपकारेक्षणक्षमाः ॥ ३०८
तदेष कालः सुतरामवैक्लव्यस्य सांप्रतम्। नहि सत्त्वावसादेन स्वल्पा व्यापद्विलङ्घ्यते ॥ ३०९
इति संचिन्त्य तत्कालं जङ्घां तामारुरोह सः। या सान्तर्जलसुप्तस्य पुंसस्तस्य न्यकृत्यत ॥ ३१०
तया ततार नावेव हस्तव्यस्ताम्बुरम्बुधिम्। दैवमेव हि साहाय्यं कुरुते सत्त्वशालिनाम् ॥ ३११
तं मारुतिमिवाम्भोधिपारं रामार्थमागतम्। बलवन्तमुवाचैवमन्तरिक्षात्सरस्वती ॥ ३१२
साधु साधु सुसत्त्वोऽस्ति कोऽन्यस्त्वत्तो विदूषक। अनेन तव धैर्येण तुष्टोऽस्मि तदिदं शृणु ॥ ३१३
प्राप्तोऽसि नग्नविषयमिमं संप्रत्यतोऽपि च। कार्कोटकाख्यं नगरं दिनैः प्राप्स्यसि सप्तभिः ॥ ३१४
ततो लब्धधृतिर्गत्वा शीघ्रं प्राप्स्यसि चेप्सितम्। अहं चाराधितः पूर्वं भवता हव्यकव्यभुक् ॥ ३१५
मद्वराच्च तवेदानीं क्षुत्तृष्णा च न वत्स्यति। तद्गच्छ सिद्ध्यै विस्रब्धमित्युक्त्वा विरराम वाक् ॥ ३१६
विदूषकश्च तच्छ्रुत्वा प्रणयाग्निं प्रहर्षितः। प्रतस्थे सप्तमे चाह्नि प्राप कार्कोटकं पुरम् ॥ ३१७
तत्र च प्रविवेशैकं मठमार्यैरधिष्ठितम्। नानादेशोद्भवैस्तैस्तैर्द्विजैरभ्यागतप्रियैः ॥ ३१८
श्रीमता निर्मितं राज्ञा तत्रत्येनार्यवर्मणा। ऋद्धं समग्रसौवर्णहृद्यदेवकुलान्वितम् ॥ ३१९
तत्र सर्वैः कृतातिथ्यमेकस्तं ब्राह्मणोऽतिथिम्। स्नानेन भोजनैर्वस्त्रैर्नीत्वा गृहमुपाचरत् ॥ ३२०
सायं च तन्मठस्थः सन्पुरे शुश्राव तत्र सः। विदूषकः सपटहं घोष्यमाणमिदं वचः ॥ ३२१
ब्राह्मणः क्षत्रियो वापि परिणेतुं नृपात्मजाम्। प्रातरिच्छति यः सोऽद्य रात्रौ वसतु तद्गृहे ॥ ३२२
तच्छ्रुत्वा सनिमित्तं स तदाशङ्क्य च तत्क्षणम्। गन्तुं राजसुतावासमियेष प्रियसाहसः ॥ ३२३
ऊचुस्तं मठविप्रास्ते ब्रह्मन्मा साहसं कृथाः। तत्र राजसुतावासच्छन्मृत्योर्विवृतं मुखम् ॥ ३२४
यो हि तत्र प्रविशति क्षपायां न स जीवति। गताः सुबहवश्चैवमत्र साहसिकाः क्षयम् ॥ ३२५
इत्युक्तोऽपि स तैर्विप्रैरनङ्गीकृततद्वचाः। विदूषको राजगृहं ययौ तत्किंकरैः सह ॥ ३२६
तत्रार्यवर्मणा राज्ञा स्वयं दृष्ट्वाभिनन्दितः। विवेश तत्सुतावासं नक्तमर्क इवानलम् ॥ ३२७
ददर्श राजकन्यां च तामाकृत्यानुरागिणीम्। नैराश्यदुःखविधुरं पश्यन्तीं साम्रया दृशा ॥ ३२८
आसीच्च जाग्रदेवात्र स रात्राववलोकयन्। करे कृपाणमाग्नेयं चिन्तितोपनतं दधत् ॥ ३२९
अकस्माच्च महाघोरं ददर्श द्वारि राक्षसम्। छिन्नदक्षिणबाहुत्वात्प्रसारितभुजान्तरम् ॥ ३३०
दृष्ट्वा व्यचिन्तयच्चासौ हन्त सोऽयं निशाचरः। यस्य बाहुर्मया छिन्नो नगरे पौण्ड्रवर्धने ॥ ३३१
तदद्य न पुनर्बाहौ प्रहरिष्याम्यसौ हि मे। पलाय्य पूर्ववद्गच्छेत्तस्मात्साधु निहन्म्यमुम् ॥ ३३२
इत्यालोच्य प्रधाव्यैव केशेष्वाकृष्य तस्य सः। राक्षसस्य शिरश्छेत्तुं समारेभे विदूषकः ॥ ३३३
तत्क्षणं भीतभीतश्च तमुवाच स राक्षसः। मा मां वधीः सुसत्त्वस्त्वं तत्कुरुष्व कृपामिति ॥ ३३४
किंनामा त्वं च केयं च तव चेष्टेति तेन सः। मुक्त्वा पृष्टश्च वीरेण पुनराह स राक्षसः ॥ ३३५
यमदंष्ट्राभिधानस्य ममाभूतां सुते इमे। इयमेका तथान्या च पौण्ड्रवर्धनवर्तिनी ॥ ३३६
अवीरपुरुषासङ्गाद्रक्षणीये नृपात्मजे। शंकराज्ञाप्रसादो हि ममाभूदयमीदृशः ॥ ३३७
तत्रादौ बाहुरेकेन छिन्नो मे पौण्ड्रवर्धने। त्वया चाद्य जितोऽस्मीह तत्समाप्तमिदं मम ॥ ३३८
तच्छ्रुत्वा स विहस्यैनं प्रत्युवाच विदूषकः। मयैव स भुजस्तत्र लूनस्ते पौण्ड्रवर्धने ॥ ३३९
राक्षसोऽप्यवदत्तर्हि देवांशस्त्वं न मानुषः। मन्ये त्वदर्थमेवाभूच्छर्वाज्ञानुग्रहः स मे ॥ ३४०

तदिदानीं सुहृन्मे त्वं यदा मां च स्मरिष्यसि । तदाहं संनिधास्ये ते सिद्धये संकटेष्वपि ॥ ३४१
एवं स राक्षसो मैत्र्या वरयित्वा विदूषकम् । तेनाभिनन्दितवचा यमदंष्ट्रस्तिरोदधे ॥ ३४२
विदूषकोऽपि सानन्दमभिनन्दितविक्रमः । राजपुत्र्या तया तत्र हृष्टस्तामनयन्निशाम् ॥ ३४३
प्रातश्च ज्ञातवृत्तान्तस्तुष्टस्तस्मै ददौ नृपः । विभवैः सह शौर्यैकपताकामिव तां सुताम् ॥ ३४४
स तया सह तत्रासीद्रात्रीः काश्चिद्विदूषकः । पदात्पदममुञ्चन्त्या लक्ष्म्येव गुणबद्धया ॥ ३४५
एकदा च निशि स्वैरं ततः प्रायात्प्रियोत्सुकः । लब्धदिव्यरसास्वादः को हि रज्येद्रसान्तरे ॥ ३४६
नगराच्च विनिर्गत्य स तं सस्मार राक्षसम् । स्मृतमात्रागतं तं च जगाद रचितानतिम् ॥ ३४७
सिद्धक्षेत्रे प्रयातव्यमुदयाद्रौ मया सखे । भद्राविद्याधरीहेतोरतस्त्वं तत्र मां नय ॥ ३४८
तथेत्युक्तवतस्तस्य स्कन्धमारुह्य रक्षसः । ययौ च स तया रात्र्या दुर्गमां षष्टियोजनीम् ॥ ३४९
प्रातश्च तीर्त्वा शीतोदामलङ्घ्यां मानुषैर्नदीम् । उदयाद्रेरथ प्रापत्संनिकर्षमयत्नतः ॥ ३५०
अयं स पर्वतः श्रीमानुदयाख्यः पुरस्तव । अत्रोपरि च नास्त्येव सिद्धधाम्नि गतिर्मम ॥ ३५१
इत्युक्त्वा राक्षसे तस्मिन्प्राप्तानुज्ञे तिरोहिते । दीर्घिकां स ददर्शैकां रम्यां तत्र विदूषकः ॥ ३५२
वदन्त्याः स्वागतमिव भ्रमद्भ्रमरगुञ्जितैः । तस्यास्तीरे न्यषीदच्च फुल्लपद्माननश्रियः ॥ ३५३
स्त्रीणामिवात्र चापश्यत्पदपङ्क्तिं सुविस्तराम् । अयं प्रियागमे मार्गस्तवेति ब्रुवतीमिव ॥ ३५४
अलङ्घ्योऽयं गिरिर्मर्त्यैस्तदिहैव वरं क्षणम् । स्थितो भवामि पश्यामि कस्येयं पदपद्धतिः ॥ ३५५
इति चिन्तयतस्तस्य तत्र तोयार्थमाययुः । गृहीतकाञ्चनघटा भव्याः सुबहवः स्त्रियः ॥ ३५६
वारिपूरितकुम्भाश्च ताः स पप्रच्छ योषितः । कस्येदं नीयते तोयमिति प्रणयपेशलम् ॥ ३५७
अस्ति विद्याधरी भद्र भद्रानामात्र पर्वते । इदं स्नानोदकं तस्या इति ताश्च तमब्रुवन् ॥ ३५८
चित्रं धातैव धीराणामारब्धोद्दामकर्मणाम् । परितुष्येत्र सामग्रीं घटयत्युपयोगिनीम् ॥ ३५९
यदेका सहसैव स्त्री तासां मध्यादुवाच तम् । महाभाग मम स्कन्धे कुम्भ उत्क्षिप्यतामिति ॥ ३६०
तथेति च घटे तस्याः स्कन्धोत्क्षिप्ते स बुद्धिमान् । निदधे भद्रया पूर्वं दत्तं रत्नाङ्गुलीयकम् ॥ ३६१
उपाविशच्च तत्रैव स पुनर्दीर्घिकातटे । ताश्च तज्जलमादाय ययुर्भद्रागृहं स्त्रियः ॥ ३६२
तत्र ताभिश्च भद्राया यावत्स्नानाम्बु दीयते । तावत्तस्यास्तदुत्सङ्गे निपपाताङ्गुलीयकम् ॥ ३६३
तद्दृष्ट्वा प्रत्यभिज्ञाय भद्रा पप्रच्छ ताः सखीः । दृष्टः किं कोऽपि युष्माभिरिहापूर्वः पुमानिति ॥ ३६४
दृष्ट एको युवास्माभिर्मानुषो वापिकातटे । तेनोत्क्षिप्तो घटश्चायमिति प्रत्यब्रुवंश्च ताः ॥ ३६५
ततो भद्राब्रवीच्छीघ्रं प्रक्लृप्तस्नानमण्डनम् । इहानयत गत्वा तं स हि भर्ता ममागतः ॥ ३६६
इत्युक्ते भद्रया गत्वा यथावस्तु निवेद्य च । स्नातश्च तद्वयस्याभिस्तत्रानिन्ये विदूषकः ॥ ३६७
प्राप्तश्च स ददर्शात्र भद्रां मार्गोन्मुखीं चिरात् । निजसत्त्वतरोः साक्षात्पक्वामिव फलश्रियम् ॥ ३६८
सापि दृष्ट्वा तमुत्थाय हर्षबाष्पाम्बुसीकरैः । दत्तार्घेव बबन्धास्य कण्ठे भुजलतास्रजम् ॥ ३६९
परस्परालिङ्गितयोस्तयोः स्वेदच्छलादिव । अतिपीडनतः स्नेहः सस्यन्दे चिरसंभृतः ॥ ३७०
अथोपविष्टावन्योन्यमवितृप्तौ विलोकने । उभौ शतगुणीभूतामिवोत्कण्ठामुदूहतुः ॥ ३७१
आगतोऽसि कथं भूमिमिमामिति च भद्रया । परिपृष्टः स तत्कालमुवाचेदं विदूषकः ॥ ३७२
समालम्ब्य भवत्स्नेहमारुह्य प्राणसंशयान् । सुबहूनागतोऽस्मीह किमन्यद्वच्मि सुन्दरि ॥ ३७३
तच्छ्रुत्वा तस्य दृष्ट्वा तामनपेक्षितजीविताम् । प्रीतिं काष्ठागतस्नेहा सा भद्रा तमभाषत ॥ ३७४
आर्यपुत्र न मे कार्यं सखीभिर्न च सिद्धिभिः । त्वं मे प्राणा गुणक्रीता दासी चाहं तव प्रभो ॥ ३७५
विदूषकस्ततोऽवादीत्तर्ह्यागच्छ मया सह । मुक्त्वा दिव्यमिमं भोगं वस्तुमुज्जयिनीं प्रिये ॥ ३७६
तथेति प्रतिपेदे सा भद्रा सपदि तद्वचः । तत्संकल्पपरिभ्रष्टा विद्याश्च तृणवज्जहौ ॥ ३७७
ततस्तया समं तत्र स विशश्राम तां निशाम् । क्लृप्तोपचारस्तत्सख्या योगेश्वर्या विदूषकः ॥ ३७८
प्रातश्च भद्रया साकमवतीर्योदयाद्रितः । सस्मार यमदंष्ट्रं तं राक्षसं स पुनः कृती ॥ ३७९

स्मृतमात्रागतस्योक्त्वा गन्तव्याध्वक्रमं निजम् । तस्यारुरोह स स्कन्धे भद्रामारोप्य तां पुरः ॥ ३८०
सापि सेहे तदत्युग्रराक्षसांसाधिरोहणम् । अनुरागपरायत्ताः कुर्वते किं न योषितः ॥ ३८१
रक्षोधिरूढश्च ततः स प्रतस्थे प्रियासखः । विदूषकः पुनः प्राप तच्च कार्कोटकं पुरम् ॥ ३८२
रक्षोदर्शनसत्रासं तत्र चालोकितो जनैः । दृष्ट्वार्यवर्मनृपतिं स्वां भार्यां मार्गति स्म सः ॥ ३८३
दत्तां तेन गृहीत्वा च तत्सुतां तां भुजार्जिताम् । तथैव राक्षसारूढः स प्रतस्थे पुरात्ततः ॥ ३८४
गत्वाम्बुधेस्तटे प्राप पापं तं वणिजं च सः । येनास्य वारिधौ पूर्वं छिन्नाः क्षिप्तस्य रज्जवः ॥ ३८५
जहार तस्य च सुतां वणिजः स धनैः सह । प्रागम्बुधौ प्रवहणप्रमोचनपणार्जिताम् ॥ ३८६
धनापहारमेवास्य वधं मेने च पाप्मनः । कदर्याणां पुरे प्राणाः प्रायेण ह्यर्थसंचयाः ॥ ३८७
ततो रक्षोरथारूढस्तामानीय वणिक्सुताम् । स भद्राराजपुत्रीभ्यां सहैवोदपतन्नभः ॥ ३८८
दर्शयन्निजकान्तानां द्युमार्गेण ततार च । विलसत्सत्त्वसंरम्भं स्वपौरुषमिवाम्बुधिम् ॥ ३८९
प्राप तच्च स भूयोऽपि नगरं पौण्ड्रवर्धनम् । दृष्टः सविस्मयं सर्वैर्वाहनीकृतराक्षसः ॥ ३९०
तत्र तां देवसेनस्य सुतां राज्ञश्चिरोत्सुकाम् । भार्यां संभावयामास राक्षसावजयार्जिताम् ॥ ३९१
रुध्यमानोऽपि तत्पित्रा स स्वदेशसमुत्सुकः । गृहीत्वा तामपि ततः प्रायादुज्जयिनीं प्रति ॥ ३९२
अचिरेण च तां प्राप पुरीं राक्षसयोगतः । बहिर्गतामिवात्मीयदेशदर्शननिर्वृतिम् ॥ ३९३
अथोपरि स्थितस्तस्य महाकायस्य रक्षसः । अंसस्थतद्वधूचक्रकान्तिप्रकटितात्मनः ॥ ३९४
स जनैर्ददृशे तत्र शिखरे ज्वलितौषधौ । शशाङ्क इव पूर्वाद्रेरुदयस्थो विदूषकः ॥ ३९५
ततो विस्मितवित्रस्ते जने बुद्ध्वात्र भूपतिः । आदित्यसेनो निरगाच्छ्वशुरोऽस्य तदा पुरः ॥ ३९६
विदूषकस्तु दृष्ट्वा तमवतीर्याशु राक्षसात् । प्रणम्य नृपमभ्यागान्नृपोऽप्यभिननन्द तम् ॥ ३९७
अवतार्यैव तत्स्कन्धात्ताः स्वभार्यास्ततोऽखिलाः । मुमोच कामचाराय राक्षसं स विदूषकः ॥ ३९८
गते च राक्षसे तस्मिन्स तेन सह भूभुजा । श्वशुरेण सभार्यः सन्प्राविशद्राजमन्दिरम् ॥ ३९९
तत्र तां प्रथमां भार्यां तनयां तस्य भूपतेः । आनन्दयदुपागत्य चिरोत्कण्ठावशीकृताम् ॥ ४००
कथमेतास्त्वया भार्याः प्राप्ताः कश्चैष राक्षसः । इति पृष्टः स राज्ञात्र सर्वमस्मै शशंस तत् ॥ ४०१
ततः प्रभावतुष्टेन तेन तस्य महीभृता । जामातुर्निजराज्यार्धं प्रदत्तं कार्यवेदिना ॥ ४०२
तत्क्षणाच्च स राजाभूद्विप्रो भूत्वा विदूषकः । समुच्छ्रितसितच्छत्त्रो विधूतोभयचामरः ॥ ४०३
तदा च मङ्गलातोद्यवाद्यनिर्ह्रादनिर्भरा । प्रहर्षमुक्तनादेव रराजोज्जयिनी पुरी ॥ ४०४

इत्याप्तराज्यविभवः क्रमशः स कृत्स्नां जित्वा महीमखिलराजकपूजिताङ्घ्रिः ।
ताभिः समं विगतमत्सरनिर्वृताभिर्भद्रासखश्चिरमरंस्त निजप्रियाभिः ॥ ४०५

इत्यनुकूले दैवे भजति निजं सत्त्वमेव धीराणाम् ।
लक्ष्मीरभसाकर्षणसिद्धमहामोदमन्त्रत्वम् ॥ ४०६

इत्थं श्रुत्वा वत्सराजस्य वक्त्राच्चित्रामेतामद्भुतार्थां कथां ते ।
पार्श्वासीना मन्त्रिणश्चास्य सर्वे देव्यौ चापि प्रीतिमग्र्यामवापुः ॥ ४०७

इति महाकविश्रीसोमदेवभट्टविरचिते कथासरित्सागरे लावाणकलम्बके चतुर्थस्तरङ्गः ।

पञ्चमस्तरङ्गः ।

ततो वत्सेश्वरं प्राह तत्र यौगन्धरायणः । राजन्दैवानुकूल्यं च विद्यते पौरुषं च ते ॥ १
नीतिमार्गे च वयमप्यत्र किंचित्कृतश्रमाः । तद्यथाचिन्तितं शीघ्रं कुरुष्व विजयं दिशाम् ॥ २
इत्युक्ते मन्त्रिमुख्येन राजा वत्सेश्वरोऽब्रवीत् । अस्त्वेतद्बहुविघ्नास्तु सदा कल्याणसिद्धयः ॥ ३
अतस्तदर्थं तपसा शंभुमाराधयाम्यहम् । विना हि तत्प्रसादेन कुतो वाञ्छितसिद्धयः ॥ ४
तच्छ्रुत्वा च तपस्तस्य मन्त्रिणोऽप्यनुमेनिरे । सेतुबन्धोद्यतस्याब्धौ रामस्येव कपीश्वराः ॥ ५

ततस्तं सह देवीभ्यां सचिवैश्च तपःस्थितम् । त्रिरात्रोपोषितं भूपं शिवः स्वप्ने समादिशत् ॥ ६
तुष्टोऽस्मि ते तदुत्तिष्ठ निर्विघ्नं जयमाप्स्यसि । सर्वविद्याधराधीशं पुत्रं चैवाचिरादिति ॥ ७
ततः स बुबुधे राजा तत्प्रसादहृतक्लमः । अर्कांशुरचिताप्यायः प्रतिपच्चन्द्रमा इव ॥ ८
आनन्दयच्च सचिवान्प्रातः स्वप्नेन तेन सः । व्रतोपवासक्लान्ते च देव्यौ द्वे पुष्पकोमले ॥ ९
तत्स्वप्नवर्णनेनैव श्रोत्रपेयेन तृप्तयोः । तयोश्च विभवायैव जातः स्वाद्वौषधक्रमः ॥ १०
लेभे स राजा तपसा प्रभावं पूर्वजैः समम् । पुण्यां पतिव्रतानां च तत्पत्न्यौ कीर्तिमापतुः ॥ ११
उत्सवव्यग्रपौरे च विहिते व्रतपारणे । यौगन्धरायणोऽन्येद्युरिति राजानमब्रवीत् ॥ १२
धन्यस्त्वं यस्य चैवेत्थं प्रसन्नो भगवान्हरः । तदिदानीं रिपूञ्जित्वा भज लक्ष्मीं भुजार्जिताम् ॥ १३
सा हि स्वधर्मसंभूता भूभृतामन्वये स्थिरा । निजधर्मार्जितानां हि विनाशो नास्ति संपदाम् ॥ १४
तथा च चिरभूमिष्ठो निधिः पूर्वजसंभृतः । प्रणष्टो भवता प्राप्तः किं चात्रैतां कथां शृणु ॥ १५
बभूव देवदासाख्यः पुरे पाटलिपुत्रके । पुरा कोऽपि वणिक्पुत्रो महाधनकुलोद्गतः ॥ १६
अभवत्तस्य भार्या च नगरात्पौण्ड्रवर्धनात् । परिणीता समृद्धस्य कस्यापि वणिजः सुता ॥ १७
गते पितरि पञ्चत्वं क्रमेण व्यसनान्वितः । स देवदासो द्यूतेन सर्वं धनमहारयत् ॥ १८
ततश्च तस्य सा भार्या दुःखदारिद्र्यदुःखिता । एत्य नीता निजं गेहं स्वपित्रा पौण्ड्रवर्धनम् ॥ १९
शनैः सोऽपि विपत्खिन्नः स्थातुमिच्छन्स्वकर्मणि । मूल्यार्थी देवदासस्तं श्वशुरं याचितुं ययौ ॥ २०
प्राप्तश्च संध्यासमये तत्पुरं पौण्ड्रवर्धनम् । रजोरूक्षं विवस्त्रं च वीक्ष्यात्मानमचिन्तयत् ॥ २१
ईदृशः प्रविशामीह कथं श्वशुरवेश्मनि । वरं हि मानिनो मृत्युर्न दैन्यं स्वजनाग्रतः ॥ २२
इत्यालोच्यापणे गत्वा स क्वापि विपणेर्बहिः । नक्तं संकुचितस्तस्थौ तत्कालं कमलोपमः ॥ २३
क्षणाच्च तस्यां विपणौ प्रविशन्तं व्यलोकयत् । युवानं वणिजं कंचिदुद्घाटितकवाटकम् ॥ २४
क्षणान्तरे च तत्रैव निःशब्दपदमागताम् । द्रुतमन्तः प्रविष्टां च स्त्रियमेकां ददर्श सः ॥ २५
ज्वलत्प्रदीपे यावच्च ददौ दृष्टिं तदन्तरे । प्रत्यभिज्ञातवांस्तावत्तां निजामेव गेहिनीम् ॥ २६
ततः सोऽर्गलितद्वारां भार्यां तामन्यगामिनीम् । दृष्ट्वा दुःखाशनिहतो देवदासो व्यचिन्तयत् ॥ २७
धनहीनेन देहोऽपि हार्यते स्त्रीषु का कथा । निसर्गनियतं वासां विद्युतामिव चापलम् ॥ २८
तदियं सा विपत्पुंसां व्यसनार्णवपातिनाम् । गतिः सेयं स्वतन्त्रायाः स्त्रियाः पितृगृहस्थितेः ॥ २९
इति संचिन्तयंस्तस्या भार्यायाः स बहिः स्थितः । रतान्तविस्रम्भजुषः कथालापमिवाशृणोत् ॥ ३०
उपेत्य च ददौ द्वारि स कर्णं सापि तत्क्षणम् । इत्यब्रवीदुपपतिं पापा तं वणिजं रहः ॥ ३१
शृण्विदं कथयाम्यद्य रहस्यं तेऽनुरागिणी । मद्भर्तुर्वीरवर्माख्यः पुराभूत्प्रपितामहः ॥ ३२
स्वगृहस्याङ्गणे तेन चत्वारः स्वर्णपूरिताः । कुम्भाश्चतुर्षु कोणेषु निगूढाः स्थापिता भुवि ॥ ३३
तदेकस्याः स्वभार्यायाः स चक्रे विदितं तदा । तद्भार्या चान्तकाले सा स्नुषायै तदवोचत ॥ ३४
सापि स्नुषायै मच्छ्वश्र्वे मच्छ्वश्रूरब्रवीच्च मे । इत्ययं मत्पतिकुले श्वश्रूक्रममुखागमः ॥ ३५
स्वभर्तुस्तच्च न मया दरिद्रस्यापि वर्णितम् । स हि द्यूतरतो द्वेष्यस्त्वं तु मे परमः प्रियः ॥ ३६
तत्तत्र गत्वा मद्भर्तुः सकाशात्तद्गृहं धनैः । क्रीत्वा तत्प्राप्य च स्वर्णमिहैत्य भज मां सुखम् ॥ ३७
एवमुक्तः कुटिलया स तयोपपतिर्वणिक् । तुतोष तस्यै मन्वानो निधिं लब्धमयत्नतः ॥ ३८
देवदासोऽपि कुवधूवाक्शल्यैस्तैर्बहिर्गतः । कीलितामिव तत्कालं धनाशां हृदये दधौ ॥ ३९
जगाम च ततः सद्यः पुरं पाटलिपुत्रकम् । प्राप्य च स्वगृहं लब्ध्वा निधानं स्वीचकार तत् ॥ ४०
अथाजगाम स वणिक्तद्भार्याच्छन्नकामुकः । तमेव देशं वाणिज्यव्याजेन निधिलोलुपः ॥ ४१
देवदाससकाशाच्च क्रीणाति स्म स तद्गृहम् । देवदासोऽपि मूल्येन भूयसा तस्य तद्ददौ ॥ ४२
ततो गृहस्थितिं कृत्वा युक्त्या श्वशुरवेश्मनः । स देवदासः शीघ्रं तामानिनाय स्वगेहिनीम् ॥ ४३
एवं कृते च तद्भार्याकामुकः स वणिक्शठः । अलब्धनिधिरभ्येत्य देवदासमुवाच तम् ॥ ४४

एतद्भवद्गृहं जीर्णं मह्यं न खलु रोचते। तद्देहि मे निजं मूल्यं स्वगृहं स्वीकुरुष्व च॥ ४५
इति जल्पंश्च स वणिक् देवदासश्च विब्रुवन्। उभौ विवादसक्तौ तौ राजाग्रमुपजग्मतुः॥ ४६
तत्र स्वभार्यावृत्तान्तं वक्षःस्थविषदुःसहम्। देवदासो नरेन्द्राग्रे कृत्स्नमुद्गिरति स्म तम्॥ ४७
ततश्चानाय्य तद्भार्यां तत्त्वं चान्विष्य भूपतिः। अदण्डयत्तं सर्वस्वं वणिजं पारदारिकम्॥ ४८
देवदासोऽपि कुवधूं कृत्वा तां छिन्ननासिकाम्। अन्यां च परिणीयात्र तस्थौ लब्धनिधिः सुखम्॥ ४९
इत्थं धर्मार्जिता लक्ष्मीरा संतत्यनपायिनी। इतरा तु जलापाततुषारकणनश्वरी॥ ५०
अतो यतेत धर्मेण धनमर्जयितुं पुमान्। राजा तु सुतरां येन मूलं राज्यतरोर्धनम्॥ ५१
तस्माद्यथावत्संमान्य सिद्धये मन्त्रिमण्डलम्। कुरु दिग्विजयं देव लब्धुं धर्मोत्तरां श्रियम्॥ ५२
श्वशुरद्वयबन्धूनां प्रसक्तानुप्रसक्तितः। विकुर्वते न बहवो राजानस्ते मिलन्ति च॥ ५३
यस्त्वेष ब्रह्मदत्ताख्यो वाराणस्यां महीपतिः। नित्यं वैरी स ते तस्माद्विजयस्व तमग्रतः॥ ५४
तस्मिञ्जिते जय प्राचीप्रक्रमेणाखिला दिशः। उच्चैः कुरुष्व वै पाण्डोर्यशश्च कुमुदोज्ज्वलम्॥ ५५
इत्युक्तो मन्त्रिमुख्येन तथेति विजयोद्यतः। वत्सराजः प्रकृतिषु प्रयाणारम्भमादिशत्॥ ५६
ददौ वैदेहदेशे च राज्यं गोपालकाय सः। सत्कारहेतोर्नृपतिः श्वशुर्यायानुगच्छते॥ ५७
किं च पद्मावतीभ्रात्रे प्रायच्छत्सिंहवर्मणे। संमान्य चेदिविषयं सैन्यैः सममुपेयुषे॥ ५८
आनाययच्च स विभुर्भिल्लराजं पुलिन्दकम्। मित्रं बलैर्व्याप्तदिशं प्रावृट्कालमिवाम्बुदैः॥ ५९
अभूच्च यात्रासंरम्भो राष्ट्रे तस्य महाप्रभोः। आकुलत्वं तु शत्रूणां हृदि चित्रमजायत॥ ६०
यौगन्धरायणश्चाग्रे चारान्वाराणसीं प्रति। प्राहिणोद्ब्रह्मदत्तस्य राज्ञो ज्ञातुं विचेष्टितम्॥ ६१
ततः शुभेऽहनि प्रीतो निमित्तैर्जयशंसिभिः। ब्रह्मदत्तं प्रति प्राच्यां पूर्वं वत्सेश्वरो ययौ॥ ६२
आरूढः प्रोच्छ्रितच्छत्रं प्रोत्तुङ्गं जयकुञ्जरम्। गिरिं प्रफुल्लैकतरुं मृगेन्द्र इव दुर्मदः॥ ६३
प्राप्तया सिद्धिदूत्येव शरदा दत्तसंमदः। दर्शयन्त्यातिसुगमं मार्गं स्वल्पाम्बुनिम्नगम्॥ ६४
पूरयन्बहुनादाभिर्वाहिनीभिर्भुवस्तलम्। कुर्वन्नकाण्डनिर्मेघवर्षासमयसंभ्रमम्॥ ६५
तदा च सैन्यनिर्घोषप्रतिशब्दाकुलीकृताः। परस्परमिवाचख्युस्तदागमभयं दिशः॥ ६६
चेलुश्च हेमसंनाहसंभृतार्कप्रभा हयाः। तस्य नीराजनप्रीतपावकानुगता इव॥ ६७
विरेजुर्वारणाश्चास्य सितश्रवणचामराः। विगलद्गण्डसिन्दूरशोणदानजलाः पथि॥ ६८
शरत्पाण्डुपयोदाङ्काः सधातुरसनिर्झराः। यात्रानुप्रेषिता भीतैरात्मजा इव भूधरैः॥ ६९
नैवैष राजा सहते परेषां प्रसृतं महः। इतीव तच्चमूरेणुरर्कतेजस्तिरोदधे॥ ७०
पदात्पदं च द्वे देव्यौ मार्गे तमनुजग्मतुः। नृपं नयगुणाकृष्टे इव कीर्तिजयश्रियौ॥ ७१
नमताथ पलायध्वमित्यूचे विद्विषामिव। पवनाक्षिप्तविक्षिप्तैस्तस्य सेनाध्वजांशुकैः॥ ७२
एवं ययौ स दिग्भागान्पश्यन्फुल्लसिताम्बुजान्। महीमर्दभयोद्भ्रान्तशेषोत्क्षिप्तफणानिव॥ ७३
अत्रान्तरे च ते चारा धृतकापालिकव्रताः। यौगन्धरायणादिष्टाः प्रापुर्वाराणसीं पुरीम्॥ ७४
तेषां च कुहकाभिज्ञो ज्ञानित्वमुपदर्शयन्। शिश्रिये गुरुतामेकः शेषास्तच्छिष्यतां ययुः॥ ७५
आचार्योऽयं त्रिकालज्ञ इति व्याजगुरुं च तम्। शिष्यास्ते ख्यापयामासुर्भिक्षाशिनमितस्ततः॥ ७६
यदुवाचाग्निदाहादि स ज्ञानी भावि पृच्छताम्। तच्छिष्यास्तत्तथा गुप्तं चक्रुस्तेन स पप्रथे॥ ७७
रञ्जितं क्षुद्रसिद्ध्या च तत्रत्यं नृपवल्लभम्। स्वीचक्रे स कमप्येकं राजपुत्रमुपासकम्॥ ७८
तन्मुखेनैव राज्ञश्च ब्रह्मदत्तस्य पृच्छतः। सोऽभूत्तत्र रहस्यज्ञः प्राप्ते वत्सेशविग्रहे॥ ७९
अथास्य ब्रह्मदत्तस्य मन्त्री योगकरण्डकः। चकार वत्सराजस्य व्याजानागच्छतः पथि॥ ८०
अदूषयत्प्रतिपथं विषादिद्रव्ययुक्तिभिः। वृक्षान्कुसुमवल्लीश्च तोयानि च तृणानि च॥ ८१
विदधे विषकन्याश्च सैन्ये पण्यविलासिनीः। प्राहिणोत्पुरुषांश्चैव निशासु च्छद्मघातिनः॥ ८२
तच्च विज्ञाय स ज्ञानिलिङ्गी चारो न्यवेदयत्। यौगन्धरायणायाशु स्वसहायमुखैस्तदा॥ ८३

यौगन्धरायणोऽप्येतद्बुद्ध्वा प्रतिपदं पथि । दूषितं तृणतोयादि प्रतियोगैरशोधयत् ॥ ८४
अपूर्वस्त्रीसमायोगं कटके निषिषेध च । अवधीद्वधकांस्तांश्च लब्ध्वा सह रुमण्वता ॥ ८५
तद्बुद्ध्वा ध्वस्तमायः सन्सैन्यपूरितदिङ्मुखम् । वत्सेश्वरं ब्रह्मदत्तो मेने दुर्जयमेव तम् ॥ ८६
संमन्त्र्य दत्त्वा दूतं च शिरोविरचिताञ्जलिः । ततः स निकटीभूतं वत्सेशं स्वयमभ्यगात् ॥ ८७
वत्सराजोऽपि तं प्राप्तं प्रदत्तोपायनं नृपम् । प्रीत्या संमानयामास शूरा हि प्रणतिप्रियाः ॥ ८८
इत्थं तस्मिञ्जिते प्राचीं शमयन्नमयन्मृदून् । उन्मूलयंश्च कठिनान्नृपान्वायुरिव द्रुमान् ॥ ८९
प्राप च प्रबलः प्राच्यं चलद्वीचिविघूर्णितम् । वङ्गावजयवित्रासवेपमानमिवाम्बुधिम् ॥ ९०
तस्य वेलातटान्ते च जयस्तम्भं चकार सः । पातालाभययाच्ञार्थं नागराजमिवोद्गतम् ॥ ९१
अवनम्य करे दत्ते कलिङ्गैरगमैस्ततः । आरुरोह महेन्द्राद्रिं यशस्तस्य यशस्विनः ॥ ९२
महेन्द्राभिभवाद्भीतैर्विन्ध्यकूटैरिवागतैः । गजैर्जिरवाटवीं राज्ञां स ययौ दक्षिणां दिशम् ॥ ९३
तत्र चक्रे स निःसारपाण्डुरानपगर्जिताम् । पर्वताश्रयिणः शत्रूञ्शरत्काल इवाम्बुदान् ॥ ९४
उल्लङ्घ्यमाना कावेरी तेन संमर्दकारिणा । चोलकेश्वरकीर्तिश्च कालुष्यं ययतुः समम् ॥ ९५
न परं मुरलानां स सेहे मूर्धसु नोन्नतिम् । करैराहन्यमानेषु यावत्कान्ताकुचेष्वपि ॥ ९६
यत्तस्य सप्तधा भिन्नं पपुर्गोदावरीपयः । मातङ्गास्तन्मदव्याजात्सप्तधैवामुचन्निव ॥ ९७
अथोत्तीर्य स वत्सेशो रेवामुज्जयिनीमगात् । प्रविवेश च तां चण्डमहासेनपुरस्कृतः ॥ ९८
स मालवश्लथधम्मिल्लशोभाद्वैगुण्यशालिनाम् । मालवस्त्रीकटाक्षाणां ययौ चात्रैव लक्ष्यताम् ॥ ९९
तस्थौ च निर्वृतस्तत्र तथा श्वशुरसत्कृतः । विसस्मार यथाभीष्टानपि भोगान्स्वदेशजान् ॥ १००
आसीद्वासवदत्ता च पितुः पार्श्वविवर्तिनी । स्मरन्ती बालभावस्य सौख्येऽपि विमना इव ॥ १०१
राजा चण्डमहासेनस्तया तनयया यथा । तथैव पद्मावत्यापि नन्दति स्म समागतः ॥ १०२
विश्रम्य च निशाः काश्चित्प्रीतो वत्सेश्वरस्ततः । अन्वितः श्वाशुरैः सैन्यैः प्रययौ पश्चिमां दिशम् ॥ १०३
तस्य खड्गलता नूनं प्रतापानलधूमिका । यच्चक्रे लाटनारीणामुदश्रुकलुषा दृशः ॥ १०४
असौ मथितुमम्भोधिं मा मामुन्मूलयिष्यति । इतीव तद्गजाधूतवनोऽवेपत मन्दरः ॥ १०५
सत्यं स कोऽपि तेजस्वी भास्वदादिविलक्षणः । प्रतीच्यामुदयं प्राप प्रकृष्टमपि यज्जयी ॥ १०६
ततः कुबेरतिलकामलकासङ्गशंसिनीम् । कैलासहाससुभगामाशामभिससार सः ॥ १०७
सिन्धुराजं वशीकृत्य हरिसैन्यैरनुद्रुतः । क्षपयामास च म्लेच्छान्राघवो राक्षसानिव ॥ १०८
तुरुष्कतुरगव्राताः क्षुब्धस्याब्धेरिवोर्मयः । गद्गजेन्द्रघटा वेलावनेषु दलशो ययुः ॥ १०९
गृहीतारिकरः श्रीमान्पापस्य पुरुषोत्तमः । राहोरिव स चिच्छेद पारसीकपतेः शिरः ॥ ११०
हूणहानिकृतस्तस्य मुखरीकृतदिङ्मुखा । कीर्तिर्द्वितीया गङ्गेव विचचार हिमाचले ॥ १११
नदन्तीष्वस्य सेनासु भयस्तिमितविद्विषः । प्रतीपः शुश्रुवे नादः शैलरन्ध्रेषु केवलम् ॥ ११२
अपच्छत्रेण शिरसा कामरूपेश्वरोऽपि तम् । नमन्विच्छायतां भेजे यत्तदा न तदद्भुतम् ॥ ११३
तद्दत्तैरन्वितो नागैः सम्राड् विववृतेऽथ सः । अद्रिभिर्जङ्गमैः शैलैः करीकृत्यार्पितैरिव ॥ ११४
एवं विजित्य वत्सेशो वसुधां सपरिच्छदः । पद्मावतीपितुः प्राप पुरं मगधभूभृतः ॥ ११५
मगधेशश्च देवीभ्यां सहितेऽस्मिन्नुपस्थिते । सोत्सवोऽभून्निशाज्योत्स्नावति चन्द्र इव स्मरः ॥ ११६
अविज्ञातस्थितामादौ पुनश्च व्यक्तिमागताम् । मेने वासवदत्तां च सोऽधिकप्रश्रयास्पदम् ॥ ११७

ततो मगधभूभृता सनगरेण तेनार्चितः समग्रजनमानसैरनुगतोऽनुरागागतैः ।
निगीर्णवसुधातलो बलभरेण लावाणकं जगाम विषयं निजं स किल वत्सराजो जयी ॥ ११८

इति महाकविश्रीसोमदेवभट्टविरचिते कथासरित्सागरे लावाणकलम्बके पञ्चमस्तरङ्गः ।

---

१. पक्षे पुरुषोत्तमो विष्णुः, तत्पक्षेऽरिचक्रम्, गृहीतचक्रहस्त इत्यर्थः.

षष्ठस्तरङ्गः।

ततः स सेनाविश्रान्त्यै तत्र लावाणके स्थितः । रहस्युवाच वत्सेशो राजा यौगन्धरायणम् ॥ १
त्वद्बुद्ध्या निर्जिताः सर्वे पृथिव्यां भूभृतो मया । उपायस्वीकृतास्ते च नैव व्यभिचरन्ति मे ॥ २
वाराणसीपतिस्त्वेष ब्रह्मदत्तो दुराशयः । जाने व्यभिचरत्येको विश्वासः कुटिलेषु कः ॥ ३
इति वत्सेश्वरेणोक्त आह यौगन्धरायणः । न राजन्ब्रह्मदत्तस्ते भूयो व्यभिचरिष्यति ॥ ४
आक्रान्तोपनतस्त्वेष भृशं संमानितस्त्वया । शुभाचारस्य कः कुर्यादशुभं हि सचेतनः ॥ ५
कुर्वीत वा यस्तस्यैव तदात्मन्यशुभं भवेत् । तथा च श्रूयतामत्र कथां ते वर्णयाम्यहम् ॥ ६
बभूव पद्मविषये पुरा कोऽपि द्विजोत्तमः । ख्यातिमानग्निदत्ताख्यो भूभृद्दत्ताग्रहारभुक् ॥ ७
तस्यैकः सोमदत्ताख्यः पुत्रो ज्यायानजायत । द्वितीयश्चाभवद्वैश्वानरदत्ताख्यया सुतः ॥ ८
आद्यस्तयोरभून्मूर्खः स्वाकृतिर्दुर्विनीतकः । अपरश्चाभवद्विद्वान्विनीतोऽध्ययनप्रियः ॥ ९
कृतदारावुभौ तौ च पितर्यस्तं गते ततः । तदीयस्याग्रहारादेरर्धमर्धं विभेजतुः ॥ १०
तन्मध्यात्स कनीयांश्च राज्ञा संमानितोऽभवत् । ज्येष्ठस्तु सोमदत्तोऽभूच्चपलः क्षत्रकर्मकृत् ॥ ११
एकदा बद्धगोष्ठीकं शूद्रैः सह विलोक्य तम् । सोमदत्तं पितृसुहृद्द्विजः कोऽप्येवमब्रवीत् ॥ १२
अग्निदत्तसुतो भूत्वा शूद्रवन्मूर्ख चेष्टसे । निजमेवानुजं दृष्ट्वा राजपूज्यं न लज्जसे ॥ १३
तच्छ्रुत्वा कुपितः सोऽथ सोमदत्तः प्रधाव्य तम् । विप्रं पादप्रहारेण जघानोज्झितगौरवः ॥ १४
तत्र विप्रः स कृत्वान्यान्साक्षिणस्तत्क्षणं द्विजान् । गत्वा पादाहतिक्रुद्धो राजानं तं व्यजिज्ञपत् ॥ १५
राजापि सोमदत्तस्य बन्धाय प्राहिणोद्भटान् । ते च निर्गत्य तन्मित्रैर्जघ्निरे शस्त्रपाणिभिः ॥ १६
ततो भूयो बलं प्रेष्यावष्टब्धस्यास्य भूपतिः । क्रोधान्धः सोमदत्तस्य शूलारोपणमादिशत् ॥ १७
आरोप्यमाणः शूलायामथाकस्मात्स च द्विजः । प्रक्षिप्त इव केनापि निपपात ततः क्षितौ ॥ १८
रक्षन्ति भाविकल्याणं भाग्यान्येव यतोऽस्य ते । अन्धीबभूवुर्वधकाः पुनरारोपणोद्यताः ॥ १९
तत्क्षणं श्रुतवृत्तान्तस्तुष्टो राजा कनीयसा । भ्रात्रास्य कृतविज्ञप्तिर्वधादेनममोचयत् ॥ २०
ततो मरणनिस्तीर्णः सोमदत्तो गृहैः सह । गन्तुं राजावमानेन देशान्तरमियेष सः ॥ २१
यदा च नैच्छन्गमनं समेतास्तस्य बान्धवाः । त्यक्तराजाग्रहारार्धां प्रतिपेदे तदा स्थितिम् ॥ २२
ततो वृत्त्यन्तराभावात्कर्तुं स चकमे कृषिम् । तद्योग्यां च भुवं द्रष्टुं शुभेऽहन्यटवीं ययौ ॥ २३
तत्र लेभे शुभां भूमिं संभाव्य फलसंपदम् । तन्मध्ये च महाभोगमश्वत्थतरुमैक्षत ॥ २४
तं कल्याणघनच्छायाच्छन्नसूर्यांशुशीतलम् । प्रावृट्कालमिवालोक्य कृष्यर्थी तोषमाप सः ॥ २५
योऽधिष्ठातात्र तस्यैव भक्तोऽस्मीत्यभिधाय च । कृतप्रदक्षिणोऽश्वत्थवृक्षं तं प्रणनाम सः ॥ २६
संयोज्याथ बलीवर्दयुगं रचितमङ्गलः । कृत्वा बलिं तस्य तरोरारेभे कृषिमत्र सः ॥ २७
तस्थौ तस्यैव चाधस्ताद्द्रुमस्य स दिवानिशम् । भोजनं तस्य चानिन्ये तत्रैव गृहिणी सदा ॥ २८
काले तत्र च पक्वेषु तस्य सस्येष्वशङ्कितम् । सा भूमिः परराष्ट्रेण दैवादेत्य व्यलुण्ट्यत ॥ २९
ततः परबले याते नष्टे सस्ये स सत्त्ववान् । आश्वास्य रुदतीं भार्यां किंचिच्छेषं तदाददौ ॥ ३०
प्राग्वत्कृतबलिस्तस्थौ तत्रैवाथ तरोरधः । निसर्गः स हि धीराणां यदापद्यधिकं दृढाः ॥ ३१
अथ चिन्ताविनिद्रस्य स्थितस्यैकाकिनो निशि । तस्याश्वत्थतरोस्तस्मादुच्चचार सरस्वती ॥ ३२
भोः सोमदत्त तुष्टोऽस्मि तव तद्गच्छ भूपतेः । आदित्यप्रभसंज्ञस्य राष्ट्रं श्रीकण्ठदेशगम् ॥ ३३
तत्र तस्यानवरतं द्वारदेशे महीपतेः । वदेः पठित्वा संध्याग्निहोत्रमन्त्रानिदं वचः ॥ ३४
फलभूतिरहं नाम्ना विप्रः शृणुत वच्मि यत् । भद्रकृत्प्राप्नुयाद्भद्रमभद्रं चाप्यभद्रकृत् ॥ ३५
एवं वदंश्च तत्र त्वं महतीमृद्धिमाप्स्यसि । संध्याग्निहोत्रमन्त्रांश्च मत्त एव पठाधुना ॥ ३६
अहं च यक्ष इत्युक्त्वा स्वप्रभावेण तत्क्षणम् । तमध्याप्य च तान्मन्त्रान्वटे वाणी तिरोदधे ॥ ३७
प्रातः स सोमदत्तश्च प्रतस्थे भार्यया सह । फलभूतिरिति प्राप्य नाम यक्षकृतं कृती ॥ ३८
अतिक्रम्याटवीस्तास्ता विषमाः परिवर्तिनीः । दुर्दशा इव संप्राप श्रीकण्ठविषयं च सः ॥ ३९

तत्र संध्याग्निकार्यादि पठित्वा द्वारि भूपतेः । यथावन्नाम संश्राव्य फलभूतिरिति स्वकम् ॥ ४०
सोऽवादीद्भद्रकृद्भद्रमभद्रं चाप्यभद्रकृत् । प्राप्नुयादिति लोकस्य कौतुकोत्पादकं वचः ॥ ४१
मुहुश्च तद्वदन्तं तं तत्रादित्यप्रभो नृपः । बुद्ध्वा प्रवेशयामास फलभूतिं कुतूहली ॥ ४२
सोऽपि प्रविश्य तस्याग्रे तदेव मुहुरब्रवीत् । जहास तेन स नृपस्तदा पार्श्वस्थितैः सह ॥ ४३
ससामन्तश्च वस्त्राणि दत्त्वा चाभरणानि सः । ग्रामान्राजा ददौ तस्मै न तोषो महतां मृषा ॥ ४४
एवं च तत्क्षणं प्राप गुह्यकानुग्रहेण सः । फलभूतिः कृशो भूत्वा विभूतिं भूभृदर्पिताम् ॥ ४५
सदा तदेव च वदन्पूर्वोक्तं प्राप भूपतेः । वाल्लभ्यमीश्वराणां हि विनोदरसिकं मनः ॥ ४६
क्रमाद्राजगृहे चास्मिन्राष्ट्रेष्वन्तःपुरेषु च । राजप्रिय इति प्रीतिं बहुमानामवाप सः ॥ ४७
कदाचिदथ सोऽटव्याः कृत्वाखेटकमागतः । आदित्यप्रभभूपालः सहसान्तःपुरं ययौ ॥ ४८
द्वाःस्थसंभ्रमसाशङ्कः प्रविश्यैव ददर्श सः । देवीं देवार्चनव्यग्रां नाम्ना कुवलयावलीम् ॥ ४९
दिगम्बरामूर्ध्वकेशीं निमीलितविलोचनाम् । स्थूलसिन्दूरतिलकां जपप्रस्फुरिताधराम् ॥ ५०
विचित्रवर्णकन्यस्तमहामण्डलमध्यगाम् । असृक्सुरामहामांसकल्पितोग्रबलिक्रियाम् ॥ ५१
सापि प्रविष्टे नृपतौ संभ्रमाकलितांशुका । तेन पृष्टा क्षणादेवमवोचद्याचिताभया ॥ ५२
तद्दैवोदयलाभार्थं कृतवत्यस्मि पूजनम् । अत्र चागमवृत्तान्तं सिद्धिं च शृणु मे प्रभो ॥ ५३
पुराहं पितृवेश्मस्था कन्या मधुमहोत्सवे । एवमुक्ता वयस्याभिः समेत्योद्यानवर्तिनी ॥ ५४
अस्तीह प्रमदोद्याने तरुमण्डलमध्यगः । दृष्टप्रभावो वरदो देवदेवो विनायकः ॥ ५५
तमुपागत्य भक्त्या त्वं पूजय प्रार्थितप्रदम् । येन निर्विघ्नमेवाशु स्वोचितं पतिमाप्स्यसि ॥ ५६
तच्छ्रुत्वा पर्यपृच्छ्यन्त सख्यस्ता मौग्ध्यतो मया । कन्या लभन्ते भर्तारं किं विनायकपूजया ॥ ५७
अथ ताः प्रत्यवोचन्मां किमेतत्त्वयोच्यते । तस्मिन्नपूजिते नास्ति सिद्धिः कापीह कस्यचित् ॥ ५८
तथा चैतत्प्रभावं ते वर्णयामो वयं शृणु । इत्युक्त्वा च वयस्या मे कथामकथयन्निमाम् ॥ ५९
पुरा पुरारेस्तनयं सेनान्यं प्राप्तुमिच्छति । तारकोपद्रुते शक्रे दग्धे च कुसुमायुधे ॥ ६०
ऊर्ध्वरेतसमत्युग्रं सुदीर्घतपसि स्थितम् । गौरी कृततपाः प्रार्थ्य प्राप्य च त्र्यम्बकं पतिम् ॥ ६१
आचकाङ्क्ष सुतप्राप्तिं मदनस्य च जीवितम् । न च सस्मार सिद्ध्यर्थं सा विघ्नेश्वरपूजनम् ॥ ६२
अभीष्टाभ्यर्थिनीं तां च कान्तामित्यवदच्छिवः । प्रिये प्रजापतेः पूर्वं मानसादजनि स्मरः ॥ ६३
कं दर्पयामीति मदाज्जातमात्रो जगाद च । तेन कंदर्पनामानं तं चकार चतुर्मुखः ॥ ६४
अतिदृप्तोऽसि चेत्पुत्र तत्त्रिनेत्रस्य लङ्घनम् । एकस्य रक्षेर्मा नाम मृत्युं तस्मादवाप्स्यसि ॥ ६५
इत्थं स वेधसोक्तोऽपि संक्षोभायागतः शठः । मया दग्धो न तस्यास्ति सदेहस्योद्भवः पुनः ॥ ६६
भवत्यास्तु स्वशक्त्यैव पुत्रमुत्पादयाम्यहम् । नहि मे मदनोत्साहहेतुका लोकवत्प्रजा ॥ ६७
एवं वदत एवास्य पार्वतीं वृषलक्ष्मणः । आविर्बभूव पुरतो ब्रह्मा शतमखान्वितः ॥ ६८
तेन स्तुत्वा स विज्ञप्तस्तारकासुरशान्तये । अङ्गीचक्रे शिवः स्रष्टुं देव्यामात्मजमौरसम् ॥ ६९
अनुमेने च कामस्य जन्म चेतसि देहिनाम् । सर्गविच्छेदरक्षार्थममूर्तस्यैव तद्गिरा ॥ ७०
ददौ च निजचित्तेऽपि सोऽवकाशं मनोभुवः । तेन तुष्टो ययौ धाता मुदं प्राप च पार्वती ॥ ७१
ततो यातेषु दिवसेष्वेकदा रहसि स्थितः । सिषेवे सुरतक्रीडामुमया सह शंकरः ॥ ७२
यदा नाभूद्रतान्तोऽस्य गतेष्वब्दशतेष्वपि । तदा तदुपमर्देन चकम्पे भुवनत्रयम् ॥ ७३
ततो जगन्नाशभयाद्रतविघ्नाय शूलिनः । वह्निं स्मरन्ति स्म सुराः पितामहनिदेशतः ॥ ७४
सोऽप्यग्निः स्मृतमात्रः सन्नधृष्यं मदनान्तकम् । मत्वा पलाय्य देवेभ्यः प्रविवेश जलान्तरम् ॥ ७५
तत्तेजोदह्यमानाश्च तत्र भेका दिवौकसाम् । विचिन्वतां शशंसुस्तमग्निमन्तर्जलस्थितम् ॥ ७६
ततस्ताननभिव्यक्तवाचः शापेन तत्क्षणम् । भेकान्कृत्वा तिरोभूय भूयोऽग्निर्मन्दरं ययौ ॥ ७७
तत्र तं कोटरान्तस्थं देवाः शम्बूकरूपिणम् । प्रापुर्गजशुकाख्यातं स चैषां दर्शनं ददौ ॥ ७८
कृत्वा जिह्वाविपर्यासं शापेन शुकदन्तिनाम् । प्रतिपेदे च देवानां स कार्यं तैः कृतस्तुतिः ॥ ७९

गत्वा च स्वोष्मणा सोऽग्निर्निवार्य सुरताच्छिवम् । शापभीत्या प्रणम्यास्मै देवकार्यं न्यवेदयत् ॥ ८०
शर्वोऽप्यारूढवेगोऽग्नौ तस्मिन्वीर्यं स्वमादधे । तद्धि धारयितुं शक्तो न वह्निर्नाम्बिकापि वा ॥ ८१
न मया तनयस्त्वत्तः संप्राप्त इति वादिनीम् । खेदकोपाकुलां देवीमित्युवाच ततो हरः ॥ ८२
विघ्नोऽत्र तव जातोऽयं विना विघ्नेशपूजनम् । तदर्चयैनं येनाशु वह्नौ नो जनिता सुतः ॥ ८३
इत्युक्ता शंभुना देवी चक्रे विघ्नेश्वरार्चनम् । अनलोऽपि सगर्भोऽभूत्तेन वीर्येण धूर्जटेः ॥ ८४
तत्तेजः शांभवं बिभ्रत्स तदा दिवसेष्वपि । अन्तःप्रविष्टतिग्मांशुरिव सप्तार्चिराबभौ ॥ ८५
उद्ववाम च गङ्गायां तत्तेजः सोऽथ दुर्धरम् । गङ्गैनमत्यजन्मेरौ वह्निकुण्डे हराज्ञया ॥ ८६
तत्र संरक्ष्यमाणः सन्स गर्भः शांभवैर्गणैः । निःसृत्याब्दसहस्रेण कुमारोऽभूत्षडाननः ॥ ८७
ततो गौरीनियुक्तानां कृत्तिकानां पयोधरान् । षण्णां षड्भिर्मुखैः पीत्वा स्वल्पैः स ववृधे दिनैः ॥ ८८
अत्रान्तरे देवराजस्तारकासुरनिर्जितः । शिश्रिये मेरुशृङ्गाणि दुर्गाण्युज्झितसंगरः ॥ ८९
देवाश्च साकमृषिभिः षण्मुखं शरणं ययुः । षण्मुखोऽपि सुरान्रक्षन्नासीत्तैः परिवारितः ॥ ९०
तद्बुद्ध्वा हारितं मत्वा राज्यमिन्द्रोऽथ चुक्षुभे । योधयामास गत्वा च कुमारं स समत्सरः ॥ ९१
तद्वज्राभिहतस्याङ्गात्षण्मुखस्योद्बभूवतुः । पुत्रौ शाखविशाखाख्यावुभावतुलतेजसौ ॥ ९२
सपुत्रं च तमाक्रान्तशतक्रतुपराक्रमम् । उपेत्य तनयं शर्वः स्वयं युद्धादवारयत् ॥ ९३
जातोऽसि तारकं हन्तुं राज्यं चेन्द्रस्य रक्षितुम् । तत्कुरुष्व निजं कार्यमिति चैनं शशास सः ॥ ९४
ततः प्रणम्य प्रीतेन तत्क्षणं वृत्रवैरिणा । सैनापत्याभिषेकोऽस्य कुमारस्योपचक्रमे ॥ ९५
स्वयमुत्क्षिप्तकलशस्तब्धबाहुरभूद्यदा । ततः शक्रः शुचमगादथैनमवदच्छिवः ॥ ९६
न पूजितो गजमुखः सेनान्यं वाञ्छता त्वया । तेनैष विघ्नो जातस्ते तत्कुरुष्व तदर्चनम् ॥ ९७
तच्छ्रुत्वा तत्तथा कृत्वा मुक्तबाहुः शचीपतिः । अभिषेकोत्सवं सम्यक्सेनान्ये निरवर्तयत् ॥ ९८
ततो जघान नचिरात्सेनानीस्तारकासुरम् । ननन्दुः सिद्धकार्याश्च देवा गौरी च पुत्रिणी ॥ ९९
तदेवं देवि देवानामपि सन्ति न सिद्धयः । हेरम्बेऽनर्चिते तस्मात्पूजयैनं वरार्थिनी ॥ १००
इत्युक्ताहं वयस्याभिरुद्यानैकान्तवर्तिनम् । आर्यपुत्र पुरा गत्वा विघ्नराजमपूजयम् ॥ १०१
पूजावसाने चापश्यमकस्माद्गगनाङ्गणे । उत्पत्य विहरन्तीस्ताः स्वसखीर्निजसिद्धितः ॥ १०२
तद्दृष्ट्वा कौतुकाद्व्योम्नः समाहूयावतार्य च । मया सिद्धिस्वरूपं ताः पृष्टाः सद्योऽब्रुवन्निदम् ॥ १०३
इमा नृमांसाशनजा डाकिनीमन्त्रसिद्धयः । कालरात्रिरिति ख्याता ब्राह्मणी गुरुरत्र नः ॥ १०४
एवं सखीभिरुक्ताहं खेचरीसिद्धिलोलुभा । नृमांसाशनभीता च क्षणमासं ससंशया ॥ १०५
अथ तत्सिद्धिलुब्धत्वादवोचं ताः सखीरहम् । उपदेशो ममाप्येष युष्माभिर्दाप्यतामिति ॥ १०६
ततो मदभ्यर्थनया गत्वा तत्क्षणमेव ताः । आनिन्युः कालरात्रिं तां तत्रैव विकटाकृतिम् ॥ १०७
मिलद्भ्रुवं कातराक्षीं न्यग्नचिपिटनासिकाम् । स्थूलगण्डीं करालोष्ठीं दन्तुरां दीर्घकंधराम् ॥ १०८
लम्बस्तनीमुदरिणीं विदीर्णोत्फुल्लपादुकाम् । धात्रा वैरूप्यनिर्माणवैदग्धीं दर्शितामिव ॥ १०९
सा मां पादानतां स्नातां कृतविघ्नेश्वरार्चनाम् । विवस्त्रां मण्डले भीमां भैरवार्चामकारयत् ॥ ११०
अभिषिच्य च सा मह्यं तांस्तान्मन्त्रान्निजान्ददौ । भक्षणाय नृमांसं च देवार्चनबलीकृतम् ॥ १११
आत्तमन्त्रगणा भुक्तमहामांसा च तत्क्षणम् । निरम्बरैवोत्पतिता ससखीकाहमम्बरम् ॥ ११२
कृतक्रीडावतीर्याथ गगनाद्गुर्वनुज्ञया । गताभूवमहं देव कन्यकान्तःपुरं निजम् ॥ ११३
एवं बाल्येऽपि जाताहं डाकिनीचक्रवर्तिनी । भक्षितास्तत्र चास्माभिः समेत्य बहवो नराः ॥ ११४
अस्मिन्कथान्तरे चैतां महाराज कथां शृणु । विष्णुस्वामीत्यभूत्तस्याः कालरात्र्याः पतिर्द्विजः ॥ ११५
स च तस्मिन्नुपाध्यायो देशे नानादिगागतान् । शिष्यानध्यापयामास वेदविद्याविशारदः ॥ ११६
शिष्यमध्ये च तस्यैको नाम्ना सुन्दरको युवा । बभूव शिष्यः शीलेन विराजितवपुर्गुणः ॥ ११७
तमुपाध्यायपत्नी सा कालरात्रिः कदाचन । वव्रे रहसि कामार्ता पत्यौ क्वापि बहिर्गते ॥ ११८
नूनं विरूपैरधिकं हासनैः क्रीडति स्मरः । यत्सानवेक्ष्य स्वं रूपं चक्रे सुन्दरकस्पृहाम् ॥ ११९

स तु सर्वात्मना नैच्छद्ध्यमानोऽपि विप्लवम् । स्त्रियो यथा विचेष्टन्तां निष्कम्पं तु सतां मनः ॥ १२०
ततः सापसृते तस्मिन्कालरात्रिः क्रुधा तदा । स्वमङ्गं पाटयामास स्वयं दन्तनखक्षतैः ॥ १२१
विकीर्णवस्त्रकेशान्ता रुदती तावदास्त च । गृहं यावदुपाध्यायो विष्णुस्वामी विवेश सः ॥ १२२
प्रविष्टं तमवादीच्च पश्य सुन्दरकेण मे । अवस्था विहिता स्वामिन्बलात्काराभिलाषिणा ॥ १२३
तच्छ्रुत्वा स उपाध्यायः क्रुधा जज्वाल तत्क्षणम् । प्रत्ययः स्त्रीषु मुष्णाति विमर्शं विदुषामपि ॥ १२४
सायं च तं सुन्दरकं गृहप्राप्तं प्रधाव्य सः । सशिष्यो मुष्टिभिः पादैर्लगुडैश्चाप्यताडयत् ॥ १२५
किं च प्रहारनिश्चेष्टं शिष्यानादिश्य तं बहिः । त्याजयामास रथ्यायां निरपेक्षतया निशि ॥ १२६
ततः शनैः सुन्दरकः स निशानिलवीजितः । तथाभिभूतमात्मानं पश्यन्नेवमचिन्तयत् ॥ १२७
अहो स्त्रीप्रेरणा नाम रजसा लङ्घितात्मनाम् । पुंसां वात्येव सरसामाशयक्षोभकारिणी ॥ १२८
येनाविचार्य वृद्धोऽपि विद्वानपि च तत्तथा । अतिक्रोधादुपाध्यायो विरुद्धमकरोन्मयि ॥ १२९
अथवा दैवसंसिद्धावा सृष्टेर्विदुषामपि । कामक्रोधौ हि विप्राणां मोक्षद्वारार्गलावुभौ ॥ १३०
तथा हि किं न मुनयः स्वदारभ्रंशशङ्किनः । देवदारुवने पूर्वमपि शर्वाय चुक्रुधुः ॥ १३१
न चैनं विविदुर्देवं कृतक्षपणकाकृतिम् । उमायै दर्शयिष्यन्तमृषीणामप्यशान्तताम् ॥ १३२
दत्तशापाश्च ते सद्यस्त्रिजगत्क्षोभकारणम् । बुद्ध्वा तं देवमीशानं तमेव शरणं ययुः ॥ १३३
तदेवं कामकोपादिरिपुषड्वर्गवञ्चिताः । मुनयोऽपि विमुह्यन्ति श्रोत्रियेषु कथैव का ॥ १३४
इति सुन्दरकस्तत्र ध्यायन्दस्युभयान्निशि । आरुह्य शून्यगोवाटहर्म्ये तस्थौ समीपगे ॥ १३५
तत्रैकदेशे यावच्च क्षणं तिष्ठत्यलक्षितः । तावत्तत्रैव हर्म्ये सा कालरात्रिरुपाययौ ॥ १३६
आकृष्टवीरच्छुरिका मुक्तफूत्कारभीषणा । नयनाननवान्तोल्का डाकिनीचक्रसंगता ॥ १३७
तां दृष्ट्वा तादृशीं तत्र कालरात्रिमुपागताम् । सस्मार मन्त्रान्रक्षोघ्नान्भीतः सुन्दरकोऽथ सः ॥ १३८
तन्मन्त्रमोहिता चाथ तं ददर्श न सा तदा । भयसंपिण्डितैरङ्गैरेकान्ते निभृतस्थितम् ॥ १३९
अथोत्पतनमन्त्रं सा पठित्वा ससखीजना । कालरात्रिः सगोवाटहर्म्यैवोदपतन्नभः ॥ १४०
तं च मन्त्रं स जग्राह श्रुत्वा सुन्दरकस्तदा । सहर्म्या सापि नभसा क्षिप्रमुज्जयिनीं ययौ ॥ १४१
तत्रावतार्य हर्म्यं सा मन्त्रतः शाकवाटके । गत्वा स्मशाने चिक्रीड डाकिनीचक्रमध्यगा ॥ १४२
तत्क्षणं चं क्षुधाक्रान्तः शाकवाटेऽवतीर्य सः । तत्र सुन्दरकश्चक्रे वृत्तिमुत्खातमूलकैः ॥ १४३
कृतक्षुत्प्रतिघातेऽस्मिन्प्राग्वद्गोवाटमाश्रिते । प्रत्याययौ कालरात्री रात्रिमध्ये निकेतनात् ॥ १४४
ततोऽधिरूढगोवाटा पूर्ववन्मन्त्रसिद्धितः । आकाशेन सशिष्या सा निशि स्वगृहमाययौ ॥ १४५
स्थापयित्वा यथास्थानं तच्च गोवाटवाहनम् । विसृज्यानुचरीस्ताश्च शय्यावेश्म विवेश सा ॥ १४६
सोऽपि सुन्दरको नीत्वा तां निशां विभ्रविस्मितः । प्रभाते त्यक्तगोवाटो निकटं सुहृदां ययौ ॥ १४७
तत्राख्यातस्ववृत्तान्तो विदेशगमनोन्मुखः । तैः समाश्वासितो मित्रैस्तन्मध्ये स्थितिमग्रहीत् ॥ १४८
उपाध्यायगृहं त्यक्त्वा भुञ्जानः सत्रसद्मनि । उवास तत्र विहरन्स्वच्छन्दः सखिभिः सह ॥ १४९
एकदा निर्गता क्रेतुं गृहोपकरणानि सा । ददर्श तं सुन्दरकं कालरात्रिः किलापणे ॥ १५०
उपेत्य च जगादैनं पुनरेव स्मरातुरा । भज सुन्दरकाद्यापि मां त्वदायत्तजीविताम् ॥ १५१
एवमुक्तस्तया सोऽथ साधुः सुन्दरकोऽब्रवीत् । मैवं वादीर्न धर्मोऽयं माता मे गुरुपत्न्यसि ॥ १५२
ततोऽब्रवीत्कालरात्रिर्धर्मं चेद्वेत्सि देहि तत् । प्राणान्मे प्राणदानाद्धि धर्मः कोऽभ्यधिको भवेत् ॥ १५३
अथ सुन्दरकोऽवादीन्मातर्मैवं कृथा हृदि । गुरुतल्पाभिगमनं कुत्र धर्मो भविष्यति ॥ १५४
एवं निराकृता तेन तर्जयन्ती च तं रुषा । पाटयित्वा स्वहस्तेन स्वोत्तरीयमगाद्गृहम् ॥ १५५
पश्य सुन्दरकेणेदं धावित्वा पाटितं मम । इत्युवाच पतिं तत्र दर्शयित्वोत्तरीयकम् ॥ १५६
स च तस्याः पतिः क्रोधाद्गत्वा वध्यमुदीर्य च । सत्रे सुन्दरकस्याशु वारयामास भोजनम् ॥ १५७
ततः सुन्दरकः खेदात्तं देशं त्यक्तुमुद्यतः । जानन्नुत्पतने व्योम्नि मन्त्रं गोवाटशिक्षितम् ॥ १५८
ततोऽवरोहेऽप्यपरं शिक्षितुं श्रुतविस्मितम् । तदेव शून्यगोवाटहर्म्यं निशि पुनर्ययौ ॥ १५९

तत्र तस्मिन्स्थिते प्राग्वत्कालरात्रिरुपेत्य सा । तथैवोत्पत्य हर्म्यस्था व्योम्नैवोज्जयिनीं ययौ ॥ १६०
तत्रावतार्य मन्त्रेण गोवाटं शाकवाटके । जगाम रात्रिचर्यायै पुनः सा पितृकाननम् ॥ १६१
तं च सुन्दरको मन्त्रं भूयः श्रुत्वापि नाग्रहीत् । विना हि गुर्वादेशेन संपूर्णाः सिद्धयः कुतः ॥ १६२
ततोऽत्र भुक्त्वा कतिचिन्मूलकान्यपराणि च । नेतुं प्रक्षिप्य गोवाटे तत्र तस्थौ स पूर्ववत् ॥ १६३
अथैत्यारूढगोवाटा सा गत्वा नभसा निशि । विवेश कालरात्रिः स्वं सद्म स्थापितवाहना ॥ १६४
सोऽपि सुन्दरकः प्रातर्गोवाटान्निर्गतस्ततः । ययौ भोजनमूल्यार्थी विपणीमात्तमूलकः ॥ १६५
विक्रीणानस्य तस्यात्र मूलकं राजसेवकाः । मालवीया विना मूल्यं जह्रुर्दृष्ट्वा स्वदेशजम् ॥ १६६
ततः स कलहं कुर्वन्बद्ध्वा सुहृदनुद्रुतः । पाषाणघातदायीति राजाग्रं तैरनीयत ॥ १६७
मालवात्कथमानीय कान्यकुब्जेऽत्र मूलकम् । विक्रीणीषे सदेत्येष पृष्टोऽस्माभिर्न जल्पति ॥ १६८
हन्ति प्रत्युत पाषाणैरित्युक्तस्तैः शठैर्नृपः । तं तदद्भुतमप्राक्षीत्ततस्तत्सुहृदोऽब्रुवन् ॥ १६९
अस्माभिः सह यद्येष प्रासादमधिरोप्यते । तदैतत्कौतुकं देव कृत्स्नं जल्पति नान्यथा ॥ १७०
तथेत्यारोपितो राज्ञा सप्रासादोऽस्य पश्यतः । उत्पपात स मन्त्रेण सद्यः सुन्दरको नभः ॥ १७१
समित्रस्तेन गत्वा च प्रयागं प्राप्य च क्रमात् । श्रान्तः कमपि राजानं स्नान्तं तत्र ददर्श सः ॥ १७२
संस्तभ्य चात्र प्रासादं गङ्गायां खान्निपत्य च । विस्मयोद्वीक्षितः सर्वैस्तं स राजानमभ्यगात् ॥ १७३
कस्त्वं किं चावतीर्णोऽसि गगनादिति शंस नः । राज्ञा प्रह्वेण पृष्टः सन्नेवं सुन्दरकोऽब्रवीत् ॥ १७४
अहं मुरजको नाम गणो देवस्य धूर्जटेः । प्राप्तो मानुषभोगार्थी त्वत्सकाशं तदाज्ञया ॥ १७५
तच्छ्रुत्वा सत्यमाशङ्क्य सस्याढ्यं रत्नपूरितम् । सस्त्रीकं सोपकरणं ददौ तस्मै पुरं नृपः ॥ १७६
प्रविश्याथ पुरे तस्मिन्नुत्पत्य दिवि सानुगः । चिरं सुन्दरकः स्वेच्छं निर्दैन्यं विचचार सः ॥ १७७
शयानो हेमपर्यङ्के वीज्यमानश्च चामरैः । सेव्यमानो वरस्त्रीभिरैन्द्रं सुखमवाप सः ॥ १७८
अथैकदा ददौ तस्मै मन्त्रं व्योमावरोहणे । सिद्धः कोऽपि किलाकाशचारी संजातसंस्तवः ॥ १७९
प्राप्तावतारमन्त्रः स गत्वा सुन्दरकस्ततः । कान्यकुब्जे निजे देशे व्योममार्गादवातरत् ॥ १८०
सपुरं पूर्णलक्ष्मीकमवतीर्णं नभस्तलात् । बुद्ध्वा तत्र स्वयं राजा कौतुकात्तमुपाययौ ॥ १८१
परिज्ञातश्च पृष्टश्च राजाग्रे सोऽथ कालवित् । कालरात्रिकृतं सर्वं स्ववृत्तान्तं न्यवेदयत् ॥ १८२
ततश्चानाय्य पप्रच्छ कालरात्रिं महीपतिः । निर्भया साप्यविनयं स्वं सर्वं प्रत्यपद्यत ॥ १८३
कुपिते च नृपे तस्याः कर्णौ च च्छेत्तुमुद्यते । सा गृहीतापि पश्यत्सु सर्वेष्वेव तिरोदधे ॥ १८४
ततः स्वराष्ट्रे वासोऽस्यास्तत्र राज्ञा न्यषिध्यत । तत्पूजितः सुन्दरकः शिश्रिये च नभः पुनः ॥ १८५
इत्युक्त्वा तत्र भर्तारमादित्यप्रभभूपतिम् । अभाषत पुनश्चैनं राज्ञी कुवलयावली ॥ १८६
भवन्त्येवंविधा देव डाकिनीमन्त्रसिद्धयः । एतच्च मत्पितुर्देशे वृत्तं सर्वत्र विश्रुतम् ॥ १८७
कालरात्रेश्च शिष्याहमित्यादौ वर्णितं मया । पतिव्रतात्वात्सिद्धिस्तु ततोऽप्यभ्यधिका मम ॥ १८८
भवता चाद्य दृष्टाहं श्रेयोऽर्थं ते कृतार्चना । उपहाराय पुरुषं मन्त्रेणाक्रष्टुमुद्यता ॥ १८९
तदस्मदीयेऽत्र नये त्वमपि प्रविशाधुना । सिद्धियोगजितानां च राज्ञां मूर्ध्नि पदं कुरु ॥ १९०
तच्छ्रुत्वा क्व महामांसभोजनं डाकिनीनये । क्व च राजत्वमित्युक्त्वा स राजा निषिषेध तत् ॥ १९१
प्राणत्यागोद्यतायां तु राज्ञ्यां तत्प्रत्यपद्यत । विषयाकृष्यमाणा हि तिष्ठन्ति सुपथे कथम् ॥ १९२
ततः सा तं प्रवेश्यैव मण्डले पूर्वपूजिते । गृहीतसमयं सन्तं राजानमिदमब्रवीत् ॥ १९३
य एष फलभूत्याख्यः स्थितो विप्रस्तवान्तिके । स मयात्रोपहारार्थमाक्रष्टुमुपकल्पितः ॥ १९४
आकर्षणं च सायासं तत्कश्चित्सूपकृद्वरम् । नयेऽत्र स्थाप्यतां यस्तं स्वयं हन्ति पचत्यपि ॥ १९५
न कार्या च घृणा यस्मात्तन्मांसबलिभक्षणात् । समापितेऽर्चने पूर्णा सिद्धिः स्यादुत्तमो हि सः ॥ १९६
इत्युक्तः प्रियया राजा पापभीतोऽपि तत्पुनः । अङ्गीचकार धिगहो कष्टां स्त्रीष्वनुरोधिताम् ॥ १९७
आनाय्य सूपकारं च ततः साहसिकाभिधम् । विश्वास्य दीक्षितं कृत्वा दंपती तौ सहोचतुः ॥ १९८
राजा देवीद्वितीयोऽद्य भोक्ष्यते तत्त्वरां कुरु । आहारस्त्वेति योऽभ्येत्य त्वां ब्रूयात्तं निपातयेः ॥ १९९

तन्मांसैश्च रहः कुर्याः प्रातर्नौ स्वादु भोजनम् । इति सूपकृतादिष्टस्तथेत्युक्त्वा गृहं ययौ ॥ २००
प्रातश्च फलभूतिं तं प्राप्तं राजा जगाद सः । गच्छ साहसिकं ब्रूहि सूपकारं महानसे ॥ २०१
राजा देवीद्वितीयोऽद्य भोक्ष्यते स्वादु भोजनम् । अतस्त्वरितमाहारमुत्तमं साधयेरिति ॥ २०२
तथेति निर्गतं तं च फलभूतिं बहिस्तदा । एत्य चन्द्रप्रभो नाम राज्ञः पुत्रोऽब्रवीदिदम् ॥ २०३
अनेन शीघ्रं हेम्ना मे कारयाद्यैव कुण्डले । यादृशे भवता पूर्वमार्य तातस्य कारिते ॥ २०४
इत्युक्तो राजपुत्रेण फलभूतिस्तदैव सः । कृतानुरोधः प्रहितो ययौ कुण्डलयोः कृते ॥ २०५
राजपुत्रोऽप्यगात्स्वैरं कथितं फलभूतिना । राजादेशं गृहीत्वा तमेकाक्येव महानसम् ॥ २०६
तत्रोक्तराजादेशं तं स्थितसंवित्स सूपकृत् । राजपुत्रं छुरिकया सद्यः साहसिकोऽवधीत् ॥ २०७
तन्मांसैः साधितं तेन भोजनं च कृतार्चनौ । अभुञ्जातामजानन्तौ तत्त्वं राज्ञी नृपस्तथा ॥ २०८
नीत्वा च सानुतापस्तां रात्रिं राजा ददर्श सः । प्रातः कुण्डलहस्तं तं फलभूतिमुपागतम् ॥ २०९
विभ्रान्तः कुण्डलोद्देशात्तं च पप्रच्छ तत्क्षणम् । तेनाख्यातस्ववृत्तान्तः पपात च भुवस्तले ॥ २१०
हा पुत्रेति च चक्रन्द निन्दन्भार्यां सहात्मना । पृष्टश्च सचिवैः सर्वं यथातत्त्वमवर्णयत् ॥ २११
उवाच चैतदुक्तं तत्प्रत्यहं फलभूतिना । भद्रकृत्प्राप्नुयाद्भद्रमभद्रं चाप्यभद्रकृत् ॥ २१२
कन्दुको भित्तिनिःक्षिप्त इव प्रतिफलन्मुहुः । आपतत्यात्मनि प्रायो दोषोऽन्यस्य चिकीर्षितः ॥ २१३
पापाचारैर्यदस्माभिर्ब्रह्महत्यां चिकीर्षुभिः । स्वपुत्रघातनं कृत्वा प्राप्तं तन्मांसभक्षणम् ॥ २१४
इत्युक्त्वा बोधयित्वा च मन्त्रिणः स्वानधोमुखान् । तमेव फलभूतिं च निजे राज्येऽभिषिच्य सः ॥ २१५
राजा प्रदत्तदानः सन्नपुत्रः पापशुद्धये । सभार्यः प्रविवेशाग्निं दग्धोऽप्यनुशयाग्निना ॥ २१६
फलभूतिश्च तद्राज्यं प्राप्य पृथ्वीं शशास सः । एवं भद्रमभद्रं वा कृतमात्मनि कल्प्यते ॥ २१७
इति वत्सेश्वरस्याग्रे कथयित्वा कथामिमाम् । यौगन्धरायणो भूयो भूपतिं तमभाषत ॥ २१८
तस्मात्तव स राजेन्द्र जित्वाप्याचरतः शुभम् । ब्रह्मदत्तो विकुर्वीत यदि हन्यास्त्वमेव तम् ॥ २१९
इत्युक्तो मन्त्रिमुख्येन तद्वाक्यमभिनन्द्य सः । उत्थाय दिनकर्तव्यं वत्सेशो निरवर्तयत् ॥ २२०
अन्येद्युश्च स संपन्नसर्वदिग्विजयः कृती । लावाणकादुदचलत्कौशाम्बीं स्वपुरीं प्रति ॥ २२१
क्रमेण नगरीं प्राप क्षितीशः सपरिच्छदः । उत्पताकाभुजलतां नृत्यन्तीमुत्सवादिव ॥ २२२
विवेश चैनां पौरस्त्रीनयनोत्पलकानने । वितन्वानः प्रतिपदं प्रवातारम्भविभ्रमम् ॥ २२३
चारणोद्गीयमानश्च स्तूयमानश्च बन्दिभिः । नृपैः प्रणम्यमानश्च राजा मन्दिरमाययौ ॥ २२४

ततो विनम्रेष्वधिरोप्य शासनं स वत्सराजोऽखिलदेशराजसु ।
पूर्वं निधानाधिगतं कुलोचितं प्रसह्य सिंहासनमारुरोह तत् ॥ २२५
तत्कालमङ्गलसमाहततारधीरतूर्यारवप्रतिरवैश्च नभः पुपूरे ।
तन्मन्त्रिमुख्यपरितोषितलोकपालदत्तैरिव प्रतिदिशं समसाधुवादैः ॥ २२६
विविधमथ वितीर्य वीतलोभो वसु वसुधाविजयार्जितं द्विजेभ्यः ।
अकृत कृतमहोत्सवः कृतार्थं क्षितिपतिमण्डलमात्ममन्त्रिणश्च ॥ २२७
क्षेत्रेषु वर्षति तदानुगुणं नरेन्द्रे तस्मिन्ध्वनद्घनमृदङ्गनिनादितायाम् ।
संभाव्य भाविबहुधान्यफलं जनोऽपि तस्यां पुरि प्रतिगृहं विहितोत्सवोऽभूत् ॥ २२८
एवं विजित्य जगतीं स कृती रुमण्वद्यौगन्धरायणनिवेशितराज्यभारः ।
तस्थौ यथेच्छमथ वासवदत्तयात्र पद्मावतीसहितया सह वत्सराजः ॥ २२९
कीर्तिश्रियोरिव तयोरुभयोश्च देव्योर्मध्यस्थितः स वरचारणगीयमानः ।
चन्द्रोदयं निजयशोधवलं सिषेवे शत्रुप्रतापमिव सीधु पपौ च शश्वत् ॥ २३०

इति महाकविश्रीसोमदेवभट्टविरचिते कथासरित्सागरे लावाणकलम्बके षष्ठस्तरङ्गः ।

समाप्तश्चायं लावाणकलम्बकस्तृतीयः ।

॥ श्रीः ॥

महाकविश्रीसोमदेवभट्टविरचितः

कथासरित्सागरः ।

नरवाहनदत्तजननं नाम चतुर्थो लम्बकः ।

इदं गुरुगिरीन्द्रजाप्रणयमन्दरान्दोलना-
त्पुरा किल कथामृतं हरमुखाम्बुधेरुद्गतम् ।
प्रसह्य रसयन्ति ये विगतविघ्नलब्धर्द्धयो
धुरं दधति वैबुधीं भुवि भवप्रसादेन ते ॥

प्रथमस्तरङ्गः ।

कर्णतालबलाघातसीमन्तितकुलाचलः । पन्थानमिव सिद्धीनां दिशञ्जयति विघ्नजित् ॥ १
ततो वत्सेश्वरो राजा स कौशाम्ब्यामवस्थितः । एकातपत्रां बुभुजे जितामुदयनो महीम् ॥ २
विधाय सरुमण्वत्के भारं यौगन्धरायणे । विहारैकरसश्चाभूद्वसन्तकसखः सुखी ॥ ३
स्वयं स वादयन्वीणां देव्या वासवदत्तया । पद्मावत्या च सहितः संगीतकमसेवत ॥ ४
देवीकाकलिगीतस्य तद्वीणानिनदस्य च । अभेदे वादनाङ्गुष्ठकम्पोऽभूद्भेदसूचकः ॥ ५
हर्म्याग्रे निजकीर्त्येव ज्योत्स्नया धवले च सः । धाराविगलितं सीधु पपौ मदमिव द्विषाम् ॥ ६
आजह्रुः स्वर्णकलशैस्तस्य वाराङ्गना रहः । स्मरराज्याभिषेकाम्भ इव रागोज्वलं मधु ॥ ७
आरक्तसुरसस्वच्छमन्तःस्फुरिततन्मुखम् । उपनिन्ये द्वयोर्मध्ये स स्वचित्तमिवासवम् ॥ ८
ईर्ष्यारुषामभावेऽपि भङ्गुरभ्रुणि रागिणि । न मुखे तत्तयो राज्ञ्योस्तद्दृष्टिस्तृप्तिमाययौ ॥ ९
समधुस्फटिकानेकचषका तस्य पानभूः । बभौ बालातपारक्तसितपद्मेव पद्मिनी ॥ १०
अन्तरा च मिलद्व्याधः पलाशश्यामकञ्चुकः । स सबाणासनो भेजे स्वोपमं मृगकाननम् ॥ ११
जघान पङ्ककलुषान्वराहनिवहान्शरैः । तिमिरौघानविरलैः करैरिव मरीचिमान् ॥ १२
विस्रस्तप्रसृतास्तस्मिन्कृष्णसाराः प्रधाविते । बभुः पूर्वाभिभूतानां कटाक्षाः ककुभामिव ॥ १३
रेजे रक्तारुणा चास्य मही महिषघातिनः । सेवागतेव तच्छृङ्गपातमुक्ता वनाब्जिनी ॥ १४
व्यात्तवक्त्रपतत्प्रासप्रोतेष्वपि मृगारिषु । सान्तर्गर्जितनिष्क्रान्तजीवितेषु तुतोष सः ॥ १५
श्वानः श्वभ्रे वने तस्मिंस्तस्य वर्त्मसु वागुराः । सा स्वायुधैकसिद्धेऽभूत्प्रक्रिया मृगयारसे ॥ १६
एवं सुखोपभोगेषु वर्तमानं तमेकदा । राजानमास्थानगतं नारदो मुनिरभ्यगात् ॥ १७
निजदेहप्रभाबद्धमण्डलो मण्डनं दिवः । कृतावतारस्तेजस्विजातिप्रीत्यांशुमानिव ॥ १८
स तेन रचितातिथ्यो मुहुः प्रह्वेण भूभृता । प्रीतः क्षणमिव स्थित्वा राजानं तमभाषत ॥ १९
शृणु संक्षिप्तमेतत्ते वत्सेश्वर वदाम्यहम् । बभूव पाण्डुरिति ते राजा पूर्वपितामहः ॥ २०
तवेव तस्य द्वे एव भव्ये भार्ये बभूवतुः । एका कुन्ती द्वितीया च माद्री नाम महौजसः ॥ २१
स पाण्डुः पृथिवीमेतां जित्वा जलधिमेखलाम् । सुखी कदाचित्प्रययौ मृगयाव्यसनी वनम् ॥ २२
तत्र किन्दमनामानं स मुनिं मुक्तसायकः । जघान मृगरूपेण सभार्यं सुरतस्थितम् ॥ २३
स मुनिर्मृगरूपं तत्त्यक्त्वा कण्ठविवर्तिभिः । प्राणैः शशाप तं पाण्डुं विषण्णं मुक्तकार्मुकम् ॥ २४
स्वैरस्थो निर्विमर्शेन हतोऽहं यत्त्वया ततः । भार्यासंभोगकाले ते मद्वन्मृत्युर्भविष्यति ॥ २५

इत्यात्तशापस्तद्भीत्या त्यक्तभोगस्पृहोऽथ सः । पत्नीभ्यामन्वितः पाण्डुस्तस्थौ शान्ते तपोवने ॥ २६
तत्रस्थोऽपि स शापेन प्रेरितस्तेन चैकदा । अकस्माच्चकमे माद्रीं प्रियां प्राप च पञ्चताम् ॥ २७
तदेवं मृगया नाम प्रमादो नृप भूभृताम् । क्षपिता ह्यनयान्येऽपि नृपास्ते ते मृगा इव ॥ २८
घोरनादामिषैकाग्रा रूक्षा धूम्रोर्ध्वमूर्धजा । कुन्तदन्ता कथं कुर्याद्राक्षसीव हि सा शिवम् ॥ २९
तस्माद्विफलमायासं जहीहि मृगयारसम् । वन्यवाहनहन्तॄणां समानः प्राणसंशयः ॥ ३०
त्वं च त्वत्पूर्वजप्रीत्या प्रियः कल्याणपात्र मे । पुत्रश्च तव कामांशो यथा भावी तथा शृणु ॥ ३१
पुरानङ्गाङ्गसंभूत्यै रत्या स्तुतिभिरर्चितः । तुष्टो रहसि संक्षेपमिदं तस्याः शिवोऽभ्यधात् ॥ ३२
अवतीर्य निजांशेन भूमावाराध्य मां स्वयम् । गौरी पुत्रार्थिनी कामं जनयिष्यत्यसाविति ॥ ३३
अतश्चण्डमहासेनसुता देवी नरेन्द्र सा । जाता वासवदत्तेयं संपन्ना महिषी च ते ॥ ३४
तदेषा शंभुमाराध्य कामांशं सोष्यते सुतम् । सर्वविद्याधराणां यश्चक्रवर्ती भविष्यति ॥ ३५
इत्युक्तेनादृतवचा राज्ञा पृथ्वीं तदर्पिताम् । प्रत्यर्प्य तस्मै स ययौ नारदर्षिरदर्शनम् ॥ ३६
तस्मिन्गते वत्सराजः स तद्वासवदत्तया । जातपुत्रेच्छया साकं निन्ये तच्चिन्तया दिनम् ॥ ३७
अन्येद्युस्तं स वत्सेशमुपेत्यास्थानवर्तिनम् । नित्योदिताख्यः प्रवरः प्रतीहारो व्यजिज्ञपत् ॥ ३८
शिशुकद्वयसंयुक्ता ब्राह्मणी कापि दुर्गता । द्वारि स्थिता महाराज देवदर्शनकाङ्क्षिणी ॥ ३९
तच्छ्रुत्वैवाभ्यनुज्ञाते तत्प्रवेशे महीभृता । ब्राह्मणी सा विवेशात्र कृशपाण्डुरधूसरा ॥ ४०
मानेनेव विशीर्णेन वाससा विधुरीकृता । दुःखदैन्यनिभावङ्के बिभ्रती बालकावुभौ ॥ ४१
कृतोचितप्रणामा च सा राजानं व्यजिज्ञपत् । ब्राह्मणी कुलजा चाहमीदृशीं दुर्गतिं गता ॥ ४२
दैवाद्युगपदेतौ च जातौ द्वौ तनयौ मम । तदेव नास्ति मे स्तन्यमेतयोर्भोजनं विना ॥ ४३
तेनेह कृपणा नाथ शरणागतवत्सलम् । प्राप्तास्मि देवं शरणं प्रमाणमधुना प्रभुः ॥ ४४
तच्छ्रुत्वा सदयो राजा स प्रतीहारमादिशत् । इयं वासवदत्तायै देव्यै नीत्वार्प्यतामिति ॥ ४५
ततश्च कर्मणा स्वेन शुभेनेवाग्रयायिना । नीताभून्निकटं देव्याः प्रतीहारेण तेन सा ॥ ४६
राज्ञा विसृष्टां बुद्ध्वा तां प्रतीहारादुपागताम् । देवी वासवदत्ता सा ब्राह्मणीं श्रद्दधेतराम् ॥ ४७
युग्मापत्यां च पश्यन्ती दीनामेतां व्यचिन्तयत् । अहो वामैकवृत्तित्वं किमप्येतत्प्रजापतेः ॥ ४८
अहो वस्तुनि मात्सर्यमहो भक्तिरवस्तुनि । नाद्याप्येकोऽपि मे जातो जातौ त्वस्यां यमाविमौ ॥ ४९
एवं संचिन्तयन्ती च सा देवी स्नानकाङ्क्षिणी । ब्राह्मण्याश्चेटिकास्तस्याः स्नपनादौ समादिशत् ॥ ५०
स्नपिता दत्तवस्त्रा च ताभिः स्वादु च भोजिता । ब्राह्मणी साम्बुसिक्तेव तप्ता भूः समुदश्वसत् ॥ ५१
समाश्वस्ता च सा युक्त्या कथालापैः परीक्षितुम् । क्षणान्तरे निजगदे देव्या वासवदत्तया ॥ ५२
भो ब्राह्मणि कथा काचित्त्वया नः कथ्यतामिति । तच्छ्रुत्वा सा तथेत्युक्त्वा कथां वक्तुं प्रचक्रमे ॥ ५३
पुराभूज्जयदत्ताख्यः सामान्यः कोऽपि भूपतिः । देवदत्ताभिधानश्च पुत्रस्तस्योदपद्यत ॥ ५४
यौवनस्थस्य तस्याथ विवाहं तनयस्य सः । विधातुमिच्छन्नृपतिर्मतिमानित्यचिन्तयत् ॥ ५५
वेश्येव बलवद्भोग्या राजश्रीरतिचञ्चला । वणिजां तु कुलस्त्रीव स्थिरा लक्ष्मीरनन्यगा ॥ ५६
तस्माद्विवाहं पुत्रस्य करोमि वणिजां गृहात् । राज्येऽस्य बहुदायादे येन नापद्भविष्यति ॥ ५७
इति निश्चित्य पुत्रस्य कृते वव्रे स भूपतिः । वणिजो वसुदत्तस्य कन्यां पाटलिपुत्रकात् ॥ ५८
वसुदत्तोऽपि स ददौ श्लाघ्यसंबन्धवाञ्छया । दूरदेशान्तरेऽप्यस्मै राजपुत्राय तां सुताम् ॥ ५९
पूरयामास च तथा रत्नैर्जामातरं स तम् । अगलद्बहुमानोऽस्य यथा स्वपितृवैभवे ॥ ६०
अवाप्ताढ्यवणिक्पुत्रीसहितेनाथ तेन सः । तनयेन समं तस्थौ जयदत्तनृपः सुखम् ॥ ६१
एकदा तत्र चागत्य सोत्कः संबन्धिसद्मनि । स वणिग्वसुदत्तस्तां निनाय स्वगृहं सुताम् ॥ ६२
ततोऽकस्मात्स नृपतिर्जयदत्तो दिवं ययौ । उद्धूय गोत्रजैस्तस्य तच्च राज्यमधिष्ठितम् ॥ ६३
तद्भीत्या तस्य तनयो जनन्या निजया निशि । देवदत्तस्तु नीतोऽभूदन्यदेशमलक्षितः ॥ ६४

तत्राह राजपुत्रं तं माता दुःखितमानसा । देवोऽस्ति चक्रवर्ती नः प्रभुः पूर्वदिगीश्वरः ॥ ६५
तत्पार्श्वं व्रज राज्यं ते साधयिष्यति वत्स सः । इत्युक्तः स तदा मात्रा राजपुत्रो जगाद ताम् ॥ ६६
तत्र मां निष्परिकरं गतं को बहु मंस्यते । तच्छ्रुत्वा पुनरप्येवं सा माता तमभाषत ॥ ६७
श्वशुरस्य गृहं गत्वा त्वं हि प्राप्य ततो धनम् । कृत्वा परिकरं गच्छ निकटं चक्रवर्तिनः ॥ ६८
इति स प्रेरितो मात्रा सलज्जोऽपि नृपात्मजः । क्रमात्प्रतस्थे सायं च प्राप तच्छ्वाशुरं गृहम् ॥ ६९
पितृहीनो विनष्टश्रीर्बाष्पपाताभिशङ्कया । अकाले नाशकत्तत्र प्रवेष्टुं लज्जया निशि ॥ ७०
निकटे सत्रबाह्येऽथ स्थितः श्वशुरमन्दिरात् । नक्तं रज्ज्वावरोहन्तीमकस्मात्स्त्रियमैक्षत ॥ ७१
क्षणाच्च भार्यां स्वामेव तां रत्नद्युतिभास्वराम् । उल्कामिवाभ्रपतितां परिज्ञायाभ्यतप्यत ॥ ७२
सा तु तं धूसरक्षामं दृष्ट्वाप्यपरिजानती । कोऽसीत्यपृच्छत्तच्छ्रुत्वा पान्थोऽहमिति सोऽब्रवीत् ॥ ७३
ततः सा सत्रशालान्तः प्रविवेश वणिक्सुता । अन्वगाद्राजपुत्रोऽपि स तां गुप्तमवेक्षितुम् ॥ ७४
सा चात्र पुरुषं कंचिदुपागात्पुरुषोऽपि ताम् । त्वं चिरेणागतासीति पादघातैरताडयत् ॥ ७५
ततः सा द्विगुणीभूतरागा पापा प्रसाद्य तम् । पुरुषं तेन सहिता तत्र तस्थौ यदृच्छया ॥ ७६
तद्दृष्ट्वा तु स सुप्रज्ञो राजपुत्रो व्यचिन्तयत् । कोपस्यायं न कालो मे साध्यमन्यद्धि वर्तते ॥ ७७
कथं च प्रसरत्वेतच्छस्त्रं कृपणयोर्द्वयोः । शत्रुयोग्यं स्त्रियामस्यामस्मिन्वा नृपशौ मम ॥ ७८
किमेतया कुवध्वा वा कृत्यमेतद्धि दुर्विधेः । मद्धैर्यालोकनक्रीडानैपुण्ये दुःखवर्षिणः ॥ ७९
अतुल्यकुलसंबन्धः सैषा किं वापराध्यति । मुक्त्वा बलिभुजं काकी कोकिले रमते कथम् ॥ ८०
इत्यालोच्य स तां भार्यामुपैक्षत सकामुकाम् । सतां गुरुजिगीषे हि चेतसि स्त्रीतृणं कियत् ॥ ८१
तत्कालं च रतावेगवशात्तस्याः किलापतत् । वणिक्सुतायाः श्रवणात्सन्मुक्ताढ्यं विभूषणम् ॥ ८२
तच्च सा न ददर्शैव सुरतान्ते च सत्वरा । ययौ यथागतं गेहमापृच्छ्योपपतिं ततः ॥ ८३
तस्मिन्नपि गते क्वापि द्रुतं प्रच्छन्नकामुके । स राजपुत्रो दृष्ट्वा तद्रत्नाभरणमग्रहीत् ॥ ८४
स्फुरद्रत्नशिखाजालं धात्रा मोहतमोपहम् । हस्तदीपमिव प्रत्तं प्रणष्टश्रीगवेषणे ॥ ८५
महार्घं च तदालोक्य राजपुत्रः स तत्क्षणम् । निर्गत्य सिद्धकार्यः सन्कान्यकुब्जं ततो ययौ ॥ ८६
तत्र बन्धाय दत्त्वा तत्स्वर्णलक्षेण भूषणम् । क्रीत्वा हस्त्यश्वमगमत्स पार्श्वं चक्रवर्तिनः ॥ ८७
तद्दत्तैश्च बलैः साकमेत्य हत्वा रिपून्रणे । प्राप तत्पैतृकं राज्यं कृती मात्राभिनन्दितः ॥ ८८
तच्च बन्धाद्विनिर्मोच्य भूषणं श्वशुरान्तिकम् । प्राहिणोत्प्रकटीकर्तुं रहस्यं तदशङ्कितम् ॥ ८९
सोऽपि तच्छ्वशुरो दृष्ट्वा स्वसुताकर्णभूषणम् । तत्तथोपागतं तस्यै संभ्रान्तः समदर्शयत् ॥ ९०
सापि पूर्वपरिभ्रष्टं चारित्रमिव वीक्ष्य तत् । बुद्ध्वा च भर्त्रा प्रहितं व्याकुलैव समस्मरत् ॥ ९१
इदं मे पतितं तस्यां रात्रौ सत्रगृहान्तरे । यस्यां तत्र स्थितो दृष्टः स कोऽपि पथिको मया ॥ ९२
तन्नूनं सोऽत्र भर्ता मे शीलजिज्ञासयाययौ । मया तु स न विज्ञातस्तेनेदं प्रापि भूषणम् ॥ ९३
इत्येवं चिन्तयन्त्याश्च दुर्नयव्यक्तिविक्लवम् । वणिक्सुताया हृदयं तस्याः कातरमस्फुटत् ॥ ९४
ततस्तस्या रहस्यज्ञां पृष्ट्वा चेटीं स्वयुक्तितः । तत्पिता स वणिग्बुद्ध्वा तत्त्वं तत्याज तच्छुचम् ॥ ९५
राजपुत्रोऽथ संप्राप्तराज्यो लब्ध्वा गुणार्जिताम् । स चक्रवर्तितनयां भार्यां भेजेऽपरां श्रियम् ॥ ९६
तदित्थं साहसे स्त्रीणां हृदयं वज्रकर्कशम् । तदेव साध्वसावेगसंपाते पुष्पपेलवम् ॥ ९७
तास्तु काश्चन सद्वंशजाता मुक्ता इवाङ्गनाः । याः सुवृत्ताच्छहृदया यान्ति भूषणतां भुवि ॥ ९८
हरिणीव च राजश्रीरेवं विप्लविनी सदा । धैर्यपाशेन बन्द्धुं च तामेके जानते बुधाः ॥ ९९
तस्मादापद्यपि त्याज्यं न सत्त्वं संपदेषिभिः । अयमेवात्र वृत्तान्तो ममात्र च निदर्शनम् ॥ १००
यन्मया विधुरेऽप्यस्मिंश्चारित्रं देवि रक्षितम् । युष्मद्दर्शनकल्याणप्राप्त्या तत्फलितं हि मे ॥ १०१
इति तस्या मुखाच्छ्रुत्वा ब्राह्मण्यास्तत्क्षणं कथाम् । देवी वासवदत्ता सा सादरा समचिन्तयत् ॥ १०२
ब्राह्मणी कुलवत्येषा ध्रुवमस्या ह्युदारताम् । भङ्गिः स्वशीलोपक्षेपे वचःप्रौढिश्च शंसति ॥ १०३

राजसंसत्प्रवेशोऽस्याः प्रावीण्यमत एव च। इति संचिन्त्य देवी तां ब्राह्मणीं पुनरब्रवीत् ॥ १०४
भार्या त्वं कस्य को वा ते वृत्तान्तः कथ्यतां त्वया। तच्छ्रुत्वा ब्राह्मणी भूयः साथ वक्तुं प्रचक्रमे॥ १०५
मालवे देवि कोऽप्यासीदग्निदत्त इति द्विजः। निलयः श्रीसरस्वत्योः स्वयमात्तधनोऽर्थिभिः॥ १०६
तस्य च स्वानुरूपौ द्वावुत्पन्नौ तनयौ क्रमात्। ज्येष्ठः शंकरदत्ताख्यो नाम्ना शान्तिकरोऽपरः॥ १०७
तयोः शान्तिकरोऽकस्माद्विद्यार्थी स्वपितुर्गृहात्। स बाल एव निर्गत्य गतः क्वापि यशस्विनि॥ १०८
द्वितीयश्च स तद्भ्राता ज्येष्ठो मां परिणीतवान्। तनयां यज्ञदत्तस्य यज्ञार्थभृतसंपदः॥ १०९
कालेन तस्य मद्भर्तुः सोऽग्निदत्ताभिधः पिता। वृद्धो लोकान्तरं यातो भार्ययानुगतः स्वया॥ ११०
तीर्थोद्देशाच्च मद्भर्ता धृतगर्भां विमुच्य माम्। गत्वा सरस्वतीपूरे शोकेनान्धो जहौ तनुम्॥ १११
वृत्तान्ते कथिते चास्मिन्नेत्य तत्सहयायिभिः। स्वजनेभ्यो मया लब्धं नानुगन्तुं सगर्भया॥ ११२
ततो मय्यार्द्रशोकायामकस्मादेत्य दस्युभिः। अस्मन्निवासः सकलोऽप्यग्रहारो विलुण्ठितः॥ ११३
तत्क्षणं तिसृभिः सार्धं ब्राह्मणीभिरहं ततः। शीलभ्रंशभयादात्तस्वल्पवस्त्रा पलायिता॥ ११४
देशभङ्गाद्विदूरं च गत्वा देशं तदन्विता। मासमात्रं स्थिताभूवं कृच्छ्रकर्मोपजीविनी॥ ११५
श्रुत्वा चानाथशरणं लोकाद्वत्सेश्वरं ततः। सब्राह्मणीका शीलैकपाथेयाहमिहागता॥ ११६
आगत्यैव प्रसूतास्मि युगपत्तनयावुभौ। स्थितासु चासु तिसृषु ब्राह्मणीषु सखीष्वपि॥ ११७
शोको विदेशो दारिद्र्यं द्विगुणः प्रसवोऽप्ययम्। अहो अपावृतं द्वारमापदां मम वेधसा॥ ११८
तदेतयोर्गतिर्नास्ति बालयोर्वर्धनाय मे। इत्यालोच्य परित्यज्य लज्जां योषिद्विभूषणम्॥ ११९
मया प्रविश्य वत्सेशो राजा सदसि याचितः। कः शक्तः सोढुमापन्नबालापत्यार्तिदर्शनम्॥ १२०
तदादेशेन च प्राप्तं मया त्वच्चरणान्तिकम्। विपदश्च निवृत्ता मे द्वारात्प्रतिहता इव॥ १२१
इत्येष मम वृत्तान्तो नाम्ना पिङ्गलिकाप्यहम्। आबाल्याग्निक्रियाधूमैर्यन्मे पिङ्गलिते दृशौ॥ १२२
स तु शान्तिकरो देवि देवरो मे विदेशगः। कुत्र तिष्ठति देशेऽसाविति नाद्यापि बुध्यते॥ १२३
एवमुक्तस्ववृत्तान्तां कुलीनेत्यवधार्य ताम्। प्रीत्यैनां ब्राह्मणीं देवी सा वितर्क्यैवमब्रवीत्॥ १२४
इह शान्तिकरो नाम स्थितोऽस्माकं पुरोहितः। वैदेशिकः स जानेऽहं देवरस्ते भविष्यति॥ १२५
इत्युक्त्वा ब्राह्मणीमुत्कां नीत्वा रात्रिं तदैव ताम्। देवी शान्तिकरं प्रातरानाय्यापृच्छदन्वयम्॥ १२६
उक्तान्वयाय तस्मै च सा संजातसुनिश्चया। इयं ते भ्रातृजायेति ब्राह्मणीं तामदर्शयत्॥ १२७
जातायां च परिज्ञप्तौ ज्ञातबन्धुक्षयोऽथ सः। ब्राह्मणीं भ्रातृजायां तां निन्ये शान्तिकरो गृहम्॥ १२८
तत्रानुशोच्य पितरौ भ्रातरं च यथोचितम्। आश्वासयामास स तां बालकद्वितयान्विताम्॥ १२९
देवी वासवदत्तापि तस्यास्तौ बालकौ सुतौ। पुरोहितौ स्वपुत्रस्य भाविनः पर्यकल्पयत्॥ १३०
ज्येष्ठस्तयोः शान्तिसोमो नाम्ना वैश्वानरोऽपरः। कृतस्तयैव देव्या च वितीर्णबहुसंपदा॥ १३१
अन्धस्येवास्य लोकस्य फलभूमिं स्वकर्मभिः। पुरोगैर्नीयमानस्य हेतुमात्रं स्वपौरुषम्॥ १३२
यदेत्य लब्धविभवास्तत्र सर्वेऽपि संगताः। बालकौ तौ तयोः सा च माता शान्तिकरश्च सः॥ १३३
ततो गच्छत्सु दिवसेष्वेकदा पञ्चभिः सुतैः। सहागतामुपादाय शरावान्कुम्भकारिकाम्॥ १३४
दृष्ट्वा स्वमन्दिरे कांचिद्देव्या वासवदत्तया। सा ब्राह्मणी पिङ्गलिका जगदे पार्श्ववर्तिनी॥ १३५
पश्यैतस्याः सुतोऽद्यापि नैको मे सखि दृश्यताम्। पुण्यानामीदृशं पात्रमीदृश्यपि न मादृशी॥ १३६
ततः पिङ्गलिकावादीद्देवि दुःखाय जायते। प्रजेयं पापभूयिष्ठा दरिद्रेष्वेव भूयसी॥ १३७
युष्मादृशेषु जायेत यः स कोऽप्युत्तमो भवेत्। तदलं त्वरया प्राप्स्यस्यचिरात्स्वोचितं सुतम्॥ १३८
इति पिङ्गलिकोक्तापि सोत्सुका सुतजन्मनि। अभूद्वासवदत्ता सा तच्चिन्ताक्रान्तमानसा॥ १३९
गिरिशाराधनप्राप्यं पुत्रं ते नारदोऽभ्यधात्। तद्देवि वरदोऽवश्यमाराध्यः स शिवोऽत्र नः॥ १४०
इत्युक्ता वत्सराजेन तत्कालं चागतेन सा। देवी लब्धाशयेनाशु चकार व्रतनिश्चयम्॥ १४१
तस्यामात्तव्रतायां तु स राजापि समन्त्रिकः। सराष्ट्रश्चापि विदधे शंकराराधनव्रतम्॥ १४२

त्रिरात्रोपोषितौ तौ च दंपती स विभुस्ततः। प्रसादप्रकटीभूतः स्वयं स्वप्ने समादिशत् ॥ १४३
उत्तिष्ठतं स युवयोः कामांशो जनिता सुतः। नाथो विद्याधराणां यो भविता मत्प्रसादतः ॥ १४४

इति वचनमुदीर्य चन्द्रमौलौ सपदि तिरोहिततां गते प्रबुध्य।
अधिगतवरमाशु दंपती तौ प्रमदमकृत्रिममापतुः कृतार्थौ ॥ १४५

उत्थाय चोषसि ततः प्रकृतीर्विधाय तत्स्वप्नकीर्तनसुधारसतर्पितास्ताः।
देवी च सा नरपतिश्च सबन्धुभृत्यौ बद्धोत्सवौ विदधतुर्व्रतपारणानि ॥ १४६

कतिपयदिवसापगमे तस्याः स्वप्ने जटाधरः पुरुषः।
कोऽप्यथ देव्या वासवदत्तायाः फलमुपेत्य ददौ ॥ १४७

ततः स विनिवेदितस्फुटतथाविधस्वप्नया सह प्रमुदितस्तया समभिनन्दितो मन्त्रिभिः।
विचिन्त्य शशिमौलिना फलनिभेन दत्तं सुतं मनोरथमदूरगं गणयति स्म वत्सेश्वरः ॥ १४८

इति महाकविश्रीसोमदेवभट्टविरचिते कथासरित्सागरे नरवाहनदत्तजननलम्बके प्रथमस्तरङ्गः।

द्वितीयस्तरङ्गः।

अथ वासवदत्ताया वत्सेशहृदयोत्सवः। संबभूवाचिराद्गर्भः कामांशावतरोज्ज्वलः ॥ १
सा बभौ लोलनेत्रेण मुखेनापाण्डुकान्तिना। शशाङ्केनेव गर्भस्थकामप्रेमोपगामिना ॥ २
आसीनायाः पतिस्नेहाद्रतिप्रीती इवागते। रेजतुः प्रतिमे तस्या मणिपर्यङ्कपार्श्वयोः ॥ ३
भाविविद्याधराधीशगर्भसेवार्थमिष्टदाः। मूर्ता विद्या इवायाताः सख्यस्तां पर्युपासत ॥ ४
विनीलपल्लवश्याममुखौ साथ पयोधरौ। सूनोर्गर्भाभिषेकाय बभार कलशाविव ॥ ५
स्वच्छस्फुरितसच्छायमणिकुट्टिमशोभिनः। सुखशय्यागता मध्ये मन्दिरस्य रराज सा ॥ ६
भावितत्तनयाक्रान्तिशङ्काकम्पितवारिभिः। उपेत्य सेव्यमानेव समन्ताद्रत्नराशिभिः ॥ ७
तस्या विमानमध्यस्थरत्नोत्था प्रतिमा बभौ। विद्याधरश्रीर्नभसा प्रणामार्थमिवागता ॥ ८
मन्त्रसाधनसंनद्धसाधकेन्द्रकथासु च। बभूव सा दोहदिनी प्रसङ्गोपनतासु च ॥ ९
सरसारब्धसंगीता विद्याधरवराङ्गनाः। स्वप्ने तामम्बरोत्सङ्गमारूढामुपतस्थिरे ॥ १०
प्रबुद्धा सेवितुं साक्षात्तदेवाभिललाष सा। नभःक्रीडाविलसितं लक्ष्यभूतलकौतुकम् ॥ ११
तं च दोहदमेतस्या देव्या यौगन्धरायणः। यन्त्रमन्त्रेन्द्रजालादिप्रयोगैः समपूरयत् ॥ १२
विजहार च सा तैस्तैः प्रयोगैर्गगनस्थिता। पौरनारीजनोत्पक्ष्मलोचनाश्चर्यदायिभिः ॥ १३
एकदा वासकस्थायास्तस्याश्च समजायत। हृदि विद्याधरोदारकथाश्रवणकौतुकम् ॥ १४
ततस्तयार्थितो देव्या तत्र यौगन्धरायणः। तस्याः सर्वेषु शृण्वत्सु निजगाद कथामिमाम् ॥ १५
अस्त्यम्बिकाजनयिता नगेन्द्रो हिमवानिति। न केवलं गिरीणां यो गुरुर्गौरीपतेरपि ॥ १६
विद्याधरनिवासे च तस्मिन्विद्याधराधिपः। उवास राजा जीमूतकेतुर्नाम महाचले ॥ १७
तस्याभूत्कल्पवृक्षश्च गृहे पितृक्रमागतः। नाम्नान्वर्थेन विख्यातो यो मनोरथदायकः ॥ १८
कदाचिच्च स जीमूतकेतू राजाभ्युपेत्य तम्। उद्याने देवतात्मानं कल्पद्रुममयाचत ॥ १९
सर्वदा प्राप्यतेऽस्माभिस्त्वत्तः सर्वमभीप्सितम्। तदपुत्राय मे देहि देव पुत्रं गुणान्वितम् ॥ २०
ततः कल्पद्रुमोऽवादीद्राजन्नुत्पत्स्यते तव। जातिस्मरो दानवीरः सर्वभूतहितः सुतः ॥ २१
तच्छ्रुत्वा स प्रहृष्टः सन्कल्पवृक्षं प्रणम्य तम्। गत्वा निवेद्य तद्राजा निजां देवीमनन्दयत् ॥ २२
अथ तस्याचिरादेव राज्ञः सूनुरजायत। जीमूतवाहनं तं च नाम्ना स विदधे पिता ॥ २३
ततः सहजया साकं सर्वभूतानुकम्पया। जगाम स महासत्त्वो वृद्धिं जीमूतवाहनः ॥ २४
क्रमाच्च यौवराज्यस्थः परिचर्याप्रसादितम्। लोकानुकम्पी पितरं विजने स व्यजिज्ञपत् ॥ २५

---

१. इयमेव कथा श्रीहर्षदेवप्रणीतनागानन्दनाटकस्य मूलभूता.

जानामि तात यद्भावा भवेऽस्मिन्क्षणभङ्गुराः । स्थिरं तु महतामेकमाकल्पममलं यशः ॥ २६
परोपकृतिसंभूतं तच्चेव यदि हन्त तत् । किमन्यत्स्यादुदाराणां धनं प्राणाधिकप्रियम् ॥ २७
संपच्च विद्युदिव सा लोकलोचनखेदकृत् । लोला क्वापि लयं याति या परानुपकारिणी ॥ २८
तदेष कल्पविटपी कामदो योऽस्ति नः स चेत् । परार्थे विनियुज्येत तदाप्तं तत्फलं भवेत् ॥ २९
तत्तथाहं करोमीह यथैतस्य समृद्धिभिः । अदरिद्रा भवत्येषा सर्वार्थिजनसंहतिः ॥ ३०
इति विज्ञाप्य पितरं तदनुज्ञामवाप्य सः । जीमूतवाहनो गत्वा तं कल्पद्रुममब्रवीत् ॥ ३१
देव त्वं शश्वदस्माकमभीष्टफलदायकः । तदेकमिदमद्य त्वं मम पूरय वाञ्छितम् ॥ ३२
अदरिद्रां कुरुष्वैतां पृथिवीमखिलां सखे । स्वस्त्यस्तु ते प्रदत्तोऽसि लोकाय द्रविणार्थिने ॥ ३३
इत्युक्तस्तेन धीरेण कल्पवृक्षो ववर्ष सः । कनकं भूतले भूरि ननन्दुश्चाखिलाः प्रजाः ॥ ३४
दयालुर्बोधिसत्त्वांशः कोऽन्यो जीमूतवाहनात् । शक्नुयादर्थिसात्कर्तुमपि कल्पद्रुमं कृती ॥ ३५
इति जातानुरागासु ततो दिक्षु विदिक्ष्वपि । जीमूतवाहनस्योच्चैः पप्रथे विशदं यशः ॥ ३६
ततः पुत्रप्रथाबद्धमूलं राज्यं समत्सराः । दृष्ट्वा जीमूतकेतोस्तद्गोत्रजा विकृतिं ययुः ॥ ३७
दानोपयुक्तसत्कल्पवृक्षमुक्तास्पदं च तत् । मेनिरे निष्प्रभावत्वाज्जेतुं सुकरमेव ते ॥ ३८
ततः संभूय युद्धाय कृतबुद्धिषु तेषु च । पितरं तमुवाचैवं धीरो जीमूतवाहनः ॥ ३९
यथा शरीरमेवेदं जलबुद्बुदसंनिभम् । प्रवातदीपचपलास्तथा कस्य कृते श्रियः ॥ ४०
ता अप्यन्योपमर्देन मनस्वी कोऽभिवाञ्छति । तस्मात्तात मया नैव योद्धव्यं गोत्रजैः सह ॥ ४१
राज्यं त्यक्त्वा तु गन्तव्यमितः क्वापि वनं मया । आसतां कृपणा एते मा भूत्स्वकुलसंक्षयः ॥ ४२
इत्युक्तवन्तं जीमूतवाहनं स पिता ततः । जीमूतकेतुरप्येवं जगाद कृतनिश्चयः ॥ ४३
मयापि पुत्र गन्तव्यं का हि वृद्धस्य मे स्पृहा । राज्ये तृण इव त्यक्ते यूनापि कृपया त्वया ॥ ४४
एवमुक्तवता साकं सभार्येण तथेति सः । पित्रा जगाम जीमूतवाहनो मलयाचलम् ॥ ४५
तत्राधिवासे सिद्धानां चन्दनच्छन्ननिर्झरे । स तस्थावाश्रमपदे परिचर्यापरः पितुः ॥ ४६
अथ सिद्धाधिराजस्य वशी विश्वावसोः सुतः । मित्रं मित्रावसुर्नाम तस्यात्र समपद्यत ॥ ४७
तत्स्वसारं च सोऽपश्यदेकान्ते जातु कन्यकाम् । जन्मान्तरप्रियतमां ज्ञानी जीमूतवाहनः ॥ ४८
तत्कालं च तयोस्तुल्यं यूनोरन्योन्यदर्शनम् । अभून्मनोमृगामन्दवागुराबन्धसंनिभम् ॥ ४९
ततोऽकस्मात्समभ्येत्य त्रिजगत्पूज्यमेकदा । जीमूतवाहनं प्रीतः स मित्रावसुरभ्यधात् ॥ ५०
कन्या मलयवत्याख्या स्वसा मेऽस्ति कनीयसी । तामहं ते प्रयच्छामि ममेच्छां मान्यथा कृथाः ॥ ५१
तच्छ्रुत्वैव स जीमूतवाहनोऽपि जगाद तम् । युवराज ममाभूत्सा भार्या पूर्वेऽपि जन्मनि ॥ ५२
त्वं च तत्रैव मे जातो द्वितीयं हृदयं सुहृत् । जातिस्मरोऽस्म्यहं सर्वं पूर्वजन्म स्मरामि तत् ॥ ५३
इत्युक्तवन्तं तत्कालं मित्रावसुरुवाच तम् । जन्मान्तरकथां तावच्छंसैतां कौतुकं हि मे ॥ ५४
एतन्मित्रावसोः श्रुत्वा तस्मै जीमूतवाहनः । सुकृती कथयामास पूर्वजन्मकथामिमाम् ॥ ५५
अस्ति पूर्वमहं व्योमचारी विद्याधरोऽभवम् । हिमवच्छृङ्गमार्गेण गतोऽभूवं कदाचन ॥ ५६
ततश्चाधः स्थितस्तत्र क्रीडन्गौर्या समं हरः । शशापोल्लङ्घनक्रुद्धो मर्त्ययोनौ पतेति माम् ॥ ५७
प्राप्य विद्याधरीं भार्यां नियोज्य स्वपदे सुतम् । पुनर्वैद्याधरीं योनिं स्मृतजातिः प्रपत्स्यसे ॥ ५८
एवं निशम्य शापान्तमुक्त्वा शर्वे तिरोहिते । अचिरेणैव जातोऽहं भूतले वणिजां कुले ॥ ५९
नगर्यां वलभीनाम्न्यां महाधनवणिक्सुतः । वसुदत्ताभिधानः सन्वृद्धिं च गतवानहम् ॥ ६०
कालेन यौवनस्थश्च पित्रा कृतपरिच्छदः । द्वीपान्तरं गतोऽभूवं वणिज्यायै तदाज्ञया ॥ ६१
आगच्छन्तं ततोऽटव्यां तस्करा विनिपत्य माम् । हृतस्वमनयन्बद्ध्वा स्वपल्लीं चण्डिकागृहम् ॥ ६२
विलोलदीर्घया घोरं रक्तांशुकपताकया । जिघत्सतः पशुप्राणान्कृतान्तस्येव जिह्वया ॥ ६३
तत्राहमुपहारार्थमुपनीतो निजस्य तैः । प्रभोः पुलिन्दकाख्यस्य देवीं पूजयतोऽन्तिकम् ॥ ६४

स दृष्ट्वैवार्द्रहृदयः शबरोऽप्यभवन्मयि । वक्ति जन्मान्तरप्रीतिं मनः स्निग्धदकारणम् ॥ ६५
ततो मां मोचयित्वैव वधात्स शबराधिपः । ऐच्छदात्मोपहारेण कर्तुं पूजासमापनम् ॥ ६६
मैवं कृथाः प्रसन्नास्मि तव याचस्व मां वरम् । इत्युक्तो दिव्यया वाचा प्रहृष्टश्च जगाद सः ॥ ६७
त्वं प्रसन्ना वरः कोऽन्यस्तथाप्येतावदर्थये । जन्मान्तरेऽपि मे सख्यमनेन वणिजास्त्विति ॥ ६८
एवमस्त्विति शान्तायां वाचि मां शबरोऽथ सः । प्रदत्तसविशेषार्थं प्रजिघाय निजं गृहम् ॥ ६९
मृत्योर्मुखादुपावृत्य तस्माच्च ततः प्रत्यागते मयि । अकरोज्ज्ञातवृत्तान्तः पिता मम महोत्सवम् ॥ ७०
कालेन तत्र चापश्यमहं सार्थावलुण्ठनात् । वष्टभ्यानायितं राज्ञा तमेव शबराधिपम् ॥ ७१
तत्क्षणं पितुरावेद्य विज्ञप्य च महीपतिम् । मोचितः स्वर्णलक्षेण स मया वधनिग्रहात् ॥ ७२
प्राणदानोपकारस्य कृत्वैवं प्रत्युपक्रियाम् । आनीय च गृहं प्रीत्या पूर्णं संमानितश्चिरम् ॥ ७३
सत्कृत्य प्रेषितश्चाथ हृदयं प्रेमपेशलम् । निधाय मयि पल्लीं स्वां प्रायात्स शबराधिपः ॥ ७४
तत्र प्रत्युपकारार्थं चिन्तयन्प्राभृतं मम । स्वल्पं स मेने स्वाधीनं मुक्ताकस्तूरिकाद्यपि ॥ ७५
ततः सातिशयं प्राप्तं मुक्तासारं स मत्कृते । धनुर्द्वितीयः प्रययौ गजान्हन्तुं हिमाचलम् ॥ ७६
भ्रमंश्च तत्र तीरस्थदेवागारं महत्सरः । प्राप तुल्यैः कृतप्रीतिस्तद्वृक्षैर्मित्ररागिभिः ॥ ७७
तत्राशङ्क्याम्बुपानार्थमागमं वन्यहस्तिनाम् । छन्नः स तस्थावेकान्ते सचापस्तज्जिघांसया ॥ ७८
तावत्तत्र सरस्तीरगतं पूजयितुं हरम् । आगतामद्भुताकारां कुमारीं सिंहवाहनाम् ॥ ७९
स ददर्श तुषाराद्रिराजपुत्रीमिवापराम् । परिचर्यापरां शंभोः कन्यकाभाववर्तिनीम् ॥ ८०
दृष्ट्वा च विस्मयाक्रान्तः शबरः स व्यचिन्तयत् । केयं स्याद्यदि मर्त्यस्त्री तत्कथं सिंहवाहना ॥ ८१
अथ दिव्या कथं दृश्या मादृशैस्तदियं ध्रुवम् । चक्षुषोः पूर्वपुण्यानां मूर्ता परिणतिर्मम ॥ ८२
अन्यया यदि मित्रं तं योजयेयमहं ततः । काप्यन्यैव मया तस्य कृता स्यात्प्रत्युपक्रिया ॥ ८३
तदेतामुपसर्पामि तावज्जिज्ञासितुं वरम् । इत्यालोच्य स मित्रं मे शबरस्तामुपाययौ ॥ ८४
तावच्च सावतीर्यैव सिंहाच्छायानिषादिनः । कन्यागत्य सरः पद्मान्यवचेतुं प्रचक्रमे ॥ ८५
तं च दृष्ट्वान्तिकप्राप्तं शबरं सा कृतानतिम् । अपूर्वमतिथिप्रीत्या स्वागतेनान्वरञ्जयत् ॥ ८६
कस्त्वं किं चागतोऽस्येतां भूमिमत्यन्तदुर्गमाम् । इति पृष्टवतीं तां च शबरः प्रत्युवाच सः ॥ ८७
अहं भवानीपादैकशरणः शबराधिपः । आगतोऽस्मि च मातङ्गमुक्ताहेतोरिदं वनम् ॥ ८८
त्वां च दृष्ट्वाधुनात्मीयो देवि प्राणप्रदः सुहृत् । सार्थवाहसुतः श्रीमान्वसुदत्तो मया स्मृतः ॥ ८९
स हि त्वमिव रूपेण यौवनेन च सुन्दरि । अद्वितीयोऽस्य विश्वस्य नयनामृतनिर्झरः ॥ ९०
सा धन्या कन्यका लोके यस्यास्तेनेह गृह्यते । मैत्रीदानदयाधैर्यनिधिना कङ्कणी करः ॥ ९१
तत्त्वदाकृतिरेषा चेत्तादृशेन न युज्यते । व्यर्थं वहति तत्कामः कोदण्डमिति मे व्यथा ॥ ९२
इति व्याधेन्द्रवचनैः सद्योऽपहृतमानसा । साभूत्कुमारी कंदर्पमोहमन्त्राक्षरैरिव ॥ ९३
उवाच तं च शबरं प्रेर्यमाणा मनोभुवा । क्व स ते सुहृदानीय तावन्मे दर्श्यतामिति ॥ ९४
तच्छ्रुत्वा च तथेत्युक्त्वा तामामन्त्र्य तदैव सः । कृतार्थमानी मुदितः प्रतस्थे शबरस्ततः ॥ ९५
प्राप्य स्वपल्लीमादाय मुक्तामृगमदादिकम् । भूरि भारशतैर्हार्यमस्मद्गृहमथाययौ ॥ ९६
सर्वैः पुरस्कृतस्तत्र प्रविश्य प्राभृतं च तत् । मत्पित्रे स बहुस्वर्णलक्षमूल्यं न्यवेदयत् ॥ ९७
उत्सवेन च यातेऽस्मिन्दिने रात्रौ स मे रहः । कन्यादर्शनवृत्तान्तं तमामूलादवर्णयत् ॥ ९८
एहि तत्रैव गच्छाव इत्युक्त्वा च समुत्सुकम् । ममादाय निशि स्वैरं स प्रायाच्छबराधिपः ॥ ९९
प्रातश्च मां गतं क्वापि बुद्ध्वा सशबराधिपम् । तत्प्रीतिप्रत्ययात्तस्थौ धृतिमालम्ब्य मत्पिता ॥ १००
अहं च प्रापितोऽभूवं क्रमात्तेन तरस्विना । शबरेण तुषाराद्रिं कृताध्वपरिकर्मणा ॥ १०१
तत्र प्राप्य सरः सायं स्नात्वा स्वादुफलाशनौ । अहं च स च तामेकां वने तत्रोषितौ निशाम् ॥ १०२
लताभिः कीर्णकुसुमं भृङ्गीसंगीतसुन्दरम् । शुभगन्धवहं हारि ज्वलितौषधिदीपिकम् ॥ १०३

रतेस्तद्वासवेश्मेव विश्रान्त्यै गिरिकाननम् । आवयोरभवन्नक्तं पिबतोस्तत्सरोजलम् ॥ १०४
ततोऽन्येद्युः प्रतिपदं तत्तदुत्कलिकाभृता । प्रत्युद्गतेव मनसा मम तन्मार्गधाविना ॥ १०५
चक्षुषा दक्षिणेनापि सूचितागमनामुना । दिदृक्षयेव स्फुरता सा कन्यात्रागताभवत् ॥ १०६
सटालसिंहपृष्ठस्था सुभ्रूर्दृष्टा मया च सा । शरदम्भोधरोत्सङ्गसङ्गिनीवेन्दवी कला ॥ १०७
विलसद्विस्मयौत्सुक्यसाध्वसं पश्यतश्च ताम् । ममावर्तत तत्कालं न जाने हृदयं कथम् ॥ १०८
अथावतीर्य सिंहात्सा पुष्पाण्युच्चित्य कन्यका । स्नात्वा सरसि तत्तीरगतं हरमपूजयत् ॥ १०९
पूजावसाने चोपेत्य स सखा शवरो मम । प्रणम्यात्मानमावेद्य तामवोचत्कृतादराम् ॥ ११०
आनीतः स मया देवि सुहृद्योग्यो वरस्तव । मन्यसे यदि तत्तुभ्यं दर्शयाम्यधुनैव तम् ॥ १११
तच्छ्रुत्वा दर्शयेत्युक्ते तया स शवरस्ततः । आगत्य निकटं नीत्वा मां तस्याः समदर्शयत् ॥ ११२
सापि मां तिर्यगालोक्य चक्षुषा प्रणयस्नुता । मदनावेशवशगा शबरेशं तमभ्यधात् ॥ ११३
सखा ते मानुषो नायं कामं कोऽप्ययमागतः । मद्वञ्चनाय देवोऽद्य मर्त्यस्यैषाकृतिः कुतः ॥ ११४
तदाकर्ण्योक्तवानस्मि तां प्रत्याययितुं स्वयम् । सत्यं सुन्दरि मर्त्योऽहं किं व्याजेनार्जवे जने ॥ ११५
अहं हि सार्थवाहस्य वलभीवासिनः सुतः । महाधनाभिधानस्य महेश्वरवरार्जितः ॥ ११६
तपस्यन्स हि पुत्रार्थमुद्दिश्य शशिशेखरम् । समादिश्यत तेनैवं स्वप्ने देवेन तुष्यता ॥ ११७
उत्तिष्ठोत्पत्स्यते कोऽपि महात्मा तनयस्तव । रहस्यं परमं चैतदलमुक्त्वात्र विस्तरम् ॥ ११८
एतच्छ्रुत्वा प्रबुद्धस्य तस्य कालेन चात्मजः । अहमेष समुत्पन्नो वसुदत्त इति श्रुतः ॥ ११९
अयं च शबराधीशः स्वयंवरसुहृन्मया । देशान्तरगतेन प्राक्प्राप्तः कृच्छ्रैकबान्धवः ॥ १२०
एष मे तत्त्वसंक्षेप इत्युक्त्वा विरते मयि । अभाषताथ कन्या सा लज्जयावनतानना ॥ १२१
अस्त्येतन्मां च जानेऽद्य स्वप्नेऽर्चितवतीं हरः । प्रातः प्राप्स्यसि भर्तारमिति तुष्टः किलादिशत् ॥ १२२
तस्मात्त्वमेव मे भर्ता भ्रातायं च भवत्सुहृत् । इति वाक्सुधया सा मामानन्द्य विरताभवत् ॥ १२३
संमन्त्र्याथ तया साकं विवाहाय यथाविधि । अकार्षं निश्चयं गन्तुं समित्रोऽहं निजं गृहम् ॥ १२४
ततः सा सिंहमाहूय वाहनं तं स्वसंज्ञया । अत्रारोहार्यपुत्रेति मामभाषत सुन्दरी ॥ १२५
अथाहं तेन सुहृदानुयातः शबरेण तम् । सिंहमारुह्य दयितामुत्सङ्गे तां गृहीतवान् ॥ १२६
ततः प्रस्थितवानस्मि कृतकृत्यो निजं गृहम् । कान्तया सह सिंहस्थो मित्रे तस्मिन्पुरःसरे ॥ १२७
तदीयशरनिर्भिन्नहरिणामिषवृत्तयः । क्रमेण ते वयं सर्वे संप्राप्ता वलभीं पुरीम् ॥ १२८
तत्र मामागतं दृष्ट्वा सिंहारूढं सवल्लभम् । साश्चर्यस्तद्रुतं गत्वा मम पित्रेऽब्रवीज्जनः ॥ १२९
सोऽपि प्रत्युद्गतो हर्षादवतीर्णं मृगेन्द्रतः । पादावनम्रं दृष्ट्वा मामभ्यनन्दत्सविस्मयः ॥ १३०
अनन्यसदृशीं तां च कृतपादाभिवन्दनाम् । पश्यन्ममोचितां भार्यां न माति स्म मुदा क्वचित् ॥ १३१
प्रवेश्य मन्दिरं चास्मान्वृत्तान्तं परिपृच्छ्य च । प्रशंसञ्शबराधीशसौहार्दं चोत्सवं व्यधात् ॥ १३२
ततो मौहूर्तिकादेशादन्येद्युर्वरकन्यका । सा मया परिणीताभून्मिलिताखिलबन्धुना ॥ १३३
तदालोक्य च सोऽकस्मान्मद्वधूवाहनस्तदा । सिंहः सर्वेषु पश्यत्सु संपन्नः पुरुषाकृतिः ॥ १३४
किमेतदिति विभ्रान्ते जने तत्र स्थितेऽखिले । स दिव्यवस्त्राभरणो नमन्मामेवमब्रवीत् ॥ १३५
अहं चित्राङ्गदो नाम विद्याधर इयं च मे । सुता मनोवती नाम कन्या प्राणाधिकप्रिया ॥ १३६
एतामङ्के सदा कृत्वा विपिनेन भ्रमन्नहम् । प्राप्तवानेकदा गङ्गां भूरितीरतपोवनाम् ॥ १३७
तपस्विलङ्घनत्रासात्तस्या मध्येन गच्छतः । अपतन्मम दैवाच्च पुष्पमाला तदम्भसि ॥ १३८
ततोऽकस्मात्समुत्थाय नारदोऽन्तर्जलस्थितः । पृष्ठे तया पतितया क्रुद्धो मामशपन्मुनिः ॥ १३९
औद्धत्येनामुना पाप गच्छ सिंहो भविष्यसि । हिमाचले गतश्चैतां सुतां पृष्ठेन वक्ष्यसि ॥ १४०
यदा च मानुषेणैषा सुता ते परिणेष्यते । तदा तद्दर्शनादेव शापादस्माद्विमोक्ष्यसे ॥ १४१
इत्यहं मुनिना शप्तः सिंहीभूय हिमाचले । अतिष्ठं तनयामेतां हरपूजापरां वहन् ॥ १४२

अनन्तरं यथा यत्नाच्छबराधिपतेरिदम्। संपन्नं सर्वकल्याणं तथा विदितमेव ते ॥ १४३
तत्साधयामि भद्रं वस्तीर्णः शापो मयैष सः। इत्युक्त्वा सोऽभ्युदपतत्सद्यो विद्याधरो नभः ॥ १४४
ततस्तद्विस्मयाक्रान्तो नन्दत्स्वजनबान्धवः। श्लाघ्यसंबन्धहृष्टो मे पिताकार्षीन्महोत्सवम् ॥ १४५
को हि निर्व्याजमित्राणां चरितं चिन्तयिष्यति। सुहृत्सु नैव तृप्यन्ति प्राणैरप्युपकृत्य ये ॥ १४६
इति चात्र न को नाम सचमत्कारमभ्यधात्। ध्यायं ध्यायमुदारं तच्छबराधिपचेष्टितम् ॥ १४७
राजापि तत्तथा बुद्ध्वा तत्रत्यस्तस्य सन्मतेः। अतुष्यदसत्स्नेहेन शबराधिपतेः परम् ॥ १४८
तुष्टश्च तस्मै मत्पित्रा दापितः सहसैव च। अशेषमटवीराज्यं रत्नोपायनदायिना ॥ १४९
ततस्तया मनोवत्या पत्न्या मित्रेण तेन च। कृतार्थः शबरेन्द्रेण तत्रातिष्ठमहं सुखी ॥ १५०
स च श्लथीकृतात्मीयदेशवासरसस्ततः। भूयसास्मद्गृहेष्वेव न्यवसच्छबराधिपः ॥ १५१
परस्परोपकारेषु सर्वकालमतृप्तयोः। स द्वयोरगमत्कालो मम तस्य च मित्रयोः ॥ १५२
अचिराच्च मनोवत्यां तस्यामजनि मे सुतः। बहिष्कृतः कुलस्येव कृत्स्नस्य हृदयोत्सवः ॥ १५३
हिरण्यदत्तनामा च स शनैर्वृद्धिमाययौ। कृतविद्यो यथावच्च परिणीतोऽभवत्ततः ॥ १५४
तद्दृष्ट्वा जीवितफलं पूर्णं मत्वा च मत्पिता। वृद्धो भागीरथीं प्रायात्सदारो देहमुज्झितुम् ॥ १५५
ततोऽहं पितृशोकार्तः कथंचिद्बान्धवैर्धृतिम्। ग्राहितो गृहभारं स्वमुद्वोढुं प्रतिपन्नवान् ॥ १५६
तदा मनोवतीमुग्धमुखदर्शनमेकतः। अन्यतः शबरेन्द्रेण संगमो मां व्यनोदयत् ॥ १५७
ततः सत्पुत्रसानन्दाः सुकलत्रमनोरमाः। सुहृत्समागमसुखा गतास्ते दिवसा मम ॥ १५८
कालेनाथ प्रवृद्धं मामग्रहीच्चिबुके जरा। किं गृहेऽद्यापि पुत्रेति प्रीत्येव ब्रुवती हितम् ॥ १५९
तेनाहं सहसोत्पन्नवैराग्यस्तनयं निजम्। कुटुम्बभारोद्वहने वनं वाञ्छन्नयोजयम् ॥ १६०
सदारश्च गतोऽभूवं गिरिं कालञ्जरं ततः। मत्स्नेहत्यक्तराज्येन समं शबरभूभृता ॥ १६१
तत्र प्राप्तेन चात्मीया जातिर्वैद्याधरी मया। शापश्च प्राप्तपर्यन्तः स शार्वः सहसा स्मृतः ॥ १६२
तच्च पत्न्यै मनोवत्यै तदैवाख्यातवानहम्। सख्ये च शबरेन्द्राय मुमुक्षुर्मानुषीं तनुम् ॥ १६३
भार्यामित्रे इमे एव भूयास्तां स्मरतो मम। अन्यजन्मन्यपीत्युक्त्वा हृदि कृत्वा च शंकरम् ॥ १६४
मया गिरितटात्तस्मान्निपत्य प्रसभं ततः। ताभ्यां स्वपत्नीमित्राभ्यां सह मुक्तं शरीरकम् ॥ १६५
सोऽहं ततः समुत्पन्नो नाम्ना जीमूतवाहनः। विद्याधरकुलेऽमुष्मिन्नेष जातिस्मरोऽधुना ॥ १६६
स चापि शबरेन्द्रस्त्वं जातो मित्रावसुः पुनः। त्र्यक्षप्रसादात्सिद्धानां राज्ञो विश्वावसोः सुतः ॥ १६७
सापि विद्याधरी मित्र मम भार्या मनोवती। तव स्वसा समुत्पन्ना नाम्ना मलयवत्यसौ ॥ १६८
एवं मे पूर्वपत्न्येषा भगिनी ते भवानपि। पूर्वमित्रमतो युक्ता परिणेतुमसौ मम ॥ १६९
किं तु पूर्वमितो गत्वा मम पित्रोर्निवेदय। तयोः प्रमाणीकृतयोः सिद्ध्यत्येतत्तवेप्सितम् ॥ १७०
इत्थं निशम्य जीमूतवाहनात्प्रीतमानसः। गत्वा मित्रावसुः सर्वं तत्पितृभ्यां शशंस तत् ॥ १७१
अभिनन्दितवाक्यश्च ताभ्यां हृष्टस्तदैव सः। उपगम्य तमेवार्थं स्वपितृभ्यां न्यवेदयत् ॥ १७२
तयोरीप्सितसंपत्तितुष्टयोः सत्वरं च सः। युवराजो विवाहाय संभारमकरोत्स्वसुः ॥ १७३
ततो जग्राह विधिवत्तस्या जीमूतवाहनः। पाणिं मलयवत्याः स सिद्धराजपुरस्कृतः ॥ १७४
बभूव चोत्सवस्तत्र चञ्चद्बन्धुचरचारणः। संमिलत्सिद्धसंघातो वल्गद्विद्याधरोद्धुरः ॥ १७५
कृतोद्वाहस्ततस्तस्थौ तस्मिञ्जीमूतवाहनः। मलयाद्रौ महार्हेण विभवेन वधूसखः ॥ १७६
एकदा च श्वशुर्येण स मित्रावसुना सह। वेलावनानि जलधेरवलोकयितुं ययौ ॥ १७७
तत्रापश्यच्च पुरुषं युवानं विग्नमागतम्। निवर्तयन्तं जननीं हा पुत्रेति विराविणीम् ॥ १७८
अपरेण परित्यक्तं भटेनेवानुयायिना। पुरुषेण पृथूत्तुङ्गं प्राप्यैकं शिलातलम् ॥ १७९
कस्त्वं किमीहसे किं च माता त्वां शोचतीति तम्। स पप्रच्छ ततः सोऽपि तस्मै वृत्तान्तमब्रवीत् ॥ १८०
पुरा कश्यपभार्ये द्वे कद्रूश्च विनता तथा। मिथः कथाप्रसङ्गेन विवादं किल चक्रतुः ॥ १८१

आद्या श्यामान्रवेरश्वानवादीदपरा सितान्। अन्योन्यदासभावं च पणमत्र बबन्धतुः ॥ १८२
ततो जयार्थिनी कद्रूः स्वैरं नागैर्निजात्मजैः। विषफूत्कारमलिनानर्कस्याश्वानकारयत् ॥ १८३
तादृशांश्चोपदर्श्यैतान्विनतां छद्मना जिताम्। दासीचकार कष्टा हि स्त्रीणामन्यासहिष्णुता ॥ १८४
तद्बुद्ध्वागत्य विनतातनयो गरुडस्तदा। सान्त्वेन मातुर्दासत्वमुक्तिं कद्रूमयाचत ॥ १८५
ततः कद्रूसुता नागा विचिन्त्यैवं तमब्रुवन्। भो वैनतेय क्षीराब्धिः प्रारब्धो मथितुं सुरैः ॥ १८६
ततः सुधां समाहृत्य प्रतिवस्तु प्रयच्छ नः। मातरं स्वीकुरुष्वाथ भवान्हि बलिनां वरः ॥ १८७
एतन्नागवचः श्रुत्वा गत्वा च क्षीरवारिधिम्। सुधार्थं दर्शयामास गरुडो गुरु पौरुषम् ॥ १८८
ततः पराक्रमप्रीतो देवस्तत्र स्वयं हरिः। तुष्टोऽस्मि ते वरं कंचिद्वृणीष्वेत्यादिदेश तम् ॥ १८९
नागा भवन्तु मे भक्ष्या इति सोऽपि हरेस्ततः। वैनतेयो वरं वव्रे मातुर्दास्येन कोपितः ॥ १९०
तथेति हरिणादिष्टो निजवीर्यार्जितामृतः। स चैवमथ शक्रेण गदितो ज्ञातवस्तुना ॥ १९१
तथा पक्षीन्द्र कार्यं ते यथा मूढैर्न भुज्यते। नागैः सुधा यथा चैनां तेभ्यः प्रत्याहराम्यहम् ॥ १९२
एतच्छ्रुत्वा तथेत्युक्त्वा स वैष्णववरोद्धुरः। सुधाकलशमादाय तार्क्ष्यो नागानुपाययौ ॥ १९३
वरप्रभावभीतांश्च मुग्धानाराज्जगाद तान्। इदमानीतममृतं मुक्त्वाम्बां मम गृह्यताम् ॥ १९४
भयं चेत्स्थापयाम्येतदहं वो दर्भसंस्तरे। उन्मोच्याम्बां च गच्छामि स्वीकुरुध्वमितः सुधाम् ॥ १९५
तथेत्युक्ते च तैर्नागैः स पवित्रे कुशास्तरे। सुधाकलशमाधत्त ते चास्य जननीं जहुः ॥ १९६
दास्यमुक्तां च कृत्वैवं मातरं गरुडे गते। यावदाददते नागा निःशङ्कास्तत्किलामृतम् ॥ १९७
तावन्निपत्य सहसा तान्विमोह्य स्वशक्तितः। तं सुधाकलशं शक्रो जहार कुशसंस्तरात् ॥ १९८
विषण्णास्तेऽथ नागास्तं लिलिहुर्दर्भसंस्तरम्। कदाचिदमृतश्च्योतलेपोऽप्यस्मिन्भवेदिति ॥ १९९
तेन पाटितजिह्वास्ते वृथा प्रापुर्द्विजिह्वताम्। हास्यादृते किमन्यत्स्यादतिलौल्यवतां फलम् ॥ २००
अथालब्धामृतरसान्नागान्वैरी हरेर्वरात्। तार्क्ष्यः प्रववृते भोक्तुं तान्निपत्य पुनः पुनः ॥ २०१
तदापाते च पातालं त्रासनिर्जीवराजिलम्। प्रभ्रष्टगर्भिणीगर्भमभूत्क्षपितपन्नगम् ॥ २०२
तं दृष्ट्वा चान्वहं तत्र वासुकिर्भुजगेश्वरः। कृत्स्नमेकपदे नष्टं नागलोकममन्यत ॥ २०३
ततो दुर्वारवीर्यस्य सद्यस्तस्य विचिन्त्य सः। समयं प्रार्थनापूर्वं चकारैवं गरुत्मतः ॥ २०४
एकमेकं प्रतिदिनं नागं ते प्रेषयाम्यहम्। आहारहेतोः पक्षीन्द्र पयोधिपुलिनाचले ॥ २०५
पाताले तु प्रवेष्टव्यं न त्वया मर्दकारिणा। नागलोकक्षयात्स्वार्थस्तवैव हि विनश्यति ॥ २०६
इति वासुकिना प्रोक्तस्तथेति गरुडोऽन्वहम्। तत्प्रेषितमिहैकैकं नागं भोक्तुं प्रचक्रमे ॥ २०७
तेन क्रमेण चासंख्याः फणिनोऽत्र क्षयं गताः। अहं च शङ्खचूडाख्यो नागो वारो ममाद्य च ॥ २०८
अतोऽहं गरुडाहारहेतोर्वध्यशिलामिमाम्। मातुश्च शोच्यतां प्राप्तो नागराजनिदेशतः ॥ २०९
इति तस्य वचः श्रुत्वा शङ्खचूडस्य दुःखितः। सान्तःखेदः स जीमूतवाहनस्तमभाषत ॥ २१०
अहो किमपि निःसत्त्वं राजत्वं बत वासुकेः। यत्स्वहस्तेन नीयन्ते रिपोरामिषतां प्रजाः ॥ २११
किं न प्रथममात्मैव तेन दत्तो गरुत्मते। क्लीबेनाभ्यर्थिता केयं स्वकुलक्षयसाक्षिता ॥ २१२
उत्पद्य कश्यपात्पापं तार्क्ष्योऽपि कुरुते कियत्। देहमात्रकृते मोहः कीदृशो महतामपि ॥ २१३
तदहं तावदद्यैकं रक्षामि त्वां गरुत्मतः। स्वशरीरप्रदानेन मा विषादं कृथाः सखे ॥ २१४
तच्छ्रुत्वा शङ्खचूडोऽपि धैर्यादेतदुवाच तम्। शान्तमेतन्महासत्त्व मा स्मैवं भाषथाः पुनः ॥ २१५
न काचस्य कृते जातु युक्ता मुक्तामणेः क्षतिः। न चाप्यहं गमिष्यामि कथां कुलकलङ्किताम् ॥ २१६
इत्युक्त्वा तं निषिध्यैव साधुर्जीमूतवाहनम्। मत्वा गरुडवेलां च स क्षणान्तरगामिनीम् ॥ २१७
शङ्खचूडो ययौ तत्र वारिधेस्तीरवर्तिनम्। अन्तकाले नमस्कर्तुं गोकर्णाख्यमुमापतिम् ॥ २१८
गते तस्मिन्स कारुण्यनिधिर्जीमूतवाहनः। तत्त्राणायात्मदानेन बुबुधे लब्धमन्तरम् ॥ २१९
ततस्तद्विस्मृतमिव क्षिप्रं कृत्वा स्वयुक्तितः। कार्यापदेशाद्व्यसृजन्निजं मित्रावसुं गृहम् ॥ २२०

तत्क्षणं च समासन्नतार्क्ष्यपक्षानिलाहता । तत्सत्त्वदर्शनाश्चर्यादिव सा भूरघूर्णत ॥ २२१
तेनाहिरिपुमायान्तं मत्वा जीमूतवाहनः । परानुकम्पी तां वध्यशिलामध्यारुरोह सः ॥ २२२
क्षणाच्चात्र निपत्यैव महासत्त्वं जहार तम् । आहत्य चञ्च्वा गरुडः स्वच्छायाच्छादिताम्बरः ॥ २२३
परिस्रवदसृग्धारं च्युतोत्खातशिखामणिम् । नीत्वा भक्षयितुं चैनमारेभे शिखरे गिरेः ॥ २२४
तत्कालं पुष्पवृष्टिश्च निपपात नभस्तलात् । तद्दर्शनाच्च किं न्वेतदिति तार्क्ष्यो विसिस्मिये ॥ २२५
तावत्स शङ्खचूडोऽत्र नत्वा गोकर्णमागतः । ददर्श रुधिरासारसिक्तं वध्यशिलातलम् ॥ २२६
हा धिङ्मदर्थं तेनात्मा दत्तो नूनं महात्मना । तत्कुत्र नीतस्तार्क्ष्येण क्षणेऽस्मिन्स भविष्यति ॥ २२७
अन्विष्यामि द्रुतं तावत्कदाचित्तमवाप्नुयाम् । इति साधुः स तद्रक्तधारामनुसरन्ययौ ॥ २२८
अत्रान्तरे च हृष्टं तं दृष्ट्वा जीमूतवाहनम् । गरुडो भक्षणं मुक्त्वा सविस्मयमचिन्तयत् ॥ २२९
कश्चित्किमन्य एवायं भक्ष्यमाणोऽपि यो मया । विपद्यते न तु परं धीरः प्रत्युत हृष्यति ॥ २३०
इत्यन्तर्विमृशन्तं च तार्क्ष्यं तादृग्विधोऽपि सः । निजगाद निजाभीष्टसिद्ध्यै जीमूतवाहनः ॥ २३१
पक्षिराज ममास्त्येव शरीरे मांसशोणितम् । तदकस्मादतृप्तोऽपि किं निवृत्तोऽसि भक्षणात् ॥ २३२
तच्छ्रुत्वाश्चर्यवशगस्तं स पप्रच्छ पक्षिराट् । नागः साधो न तावत्त्वं ब्रूहि तत्को भवानिति ॥ २३३
नाग एवास्मि भुङ्क्ष्व त्वं यथारब्धं समापय । आरब्धा ह्यसमाप्तैव किं धीरैस्त्यज्यते क्रिया ॥ २३४
इति यावच्च जीमूतवाहनः प्रतिवक्ति तम् । तावत्स शङ्खचूडोऽत्र प्राप्तो दूरादभाषत ॥ २३५
मा मा गरुत्मन्नैवैष नागो नागो ह्यहं तव । तदेनं मुञ्च कोऽयं ते जातोऽकाण्डे बत भ्रमः ॥ २३६
तच्छ्रुत्वातीव विभ्रान्तो बभूव स खगेश्वरः । वाञ्छितासिद्धिखेदं च भेजे जीमूतवाहनः ॥ २३७
ततोऽन्योन्यसमालापक्रन्दद्विद्याधराधिपम् । बुद्ध्वा तं भक्षितं मोहाद्गरुत्मानभ्यतप्यत ॥ २३८
अहो बत नृशंसस्य पापमापतितं मम । किं वा सुलभपापा हि भवन्त्युन्मार्गवृत्तयः ॥ २३९
श्लाघ्यस्त्वेष महात्मैकः परार्थप्राणदायिना । ममेति मोहैकवशं येन विश्वमधः कृतम् ॥ २४०
इति तं चिन्तयन्तं च गरुडं पापशुद्धये । वह्निं विविक्षुं जीमूतवाहनोऽथ जगाद सः ॥ २४१
पक्षीन्द्र किं विषण्णोऽसि सत्यं पापाद्बिभेषि चेत् । तदिदानीं न भूयस्ते भक्ष्या हीमे भुजंगमाः ॥ २४२
कार्यश्चानुशयस्तेषु पूर्वभुक्तेषु भोगिषु । एषोऽत्र हि प्रतीकारो वृथान्यच्चिन्तितं तव ॥ २४३
इत्युक्तस्तेन स प्रीतस्तार्क्ष्यो भूतानुकम्पिना । तथेति प्रतिपेदे तद्वाक्यं तस्य गुरोरिव ॥ २४४
ययौ चामृतमानेतुं नाकाज्जीवयितुं जवात् । क्षताङ्गं तत्र तं चान्यानस्थिशेषानहीनपि ॥ २४५
ततश्च साक्षादागत्य देव्या सिक्तोऽमृतेन सः । जीमूतवाहनो गौर्या तद्भार्याभक्तितुष्टया ॥ २४६
तेनाधिकतरोद्भूतकान्तीन्यङ्गानि जज्ञिरे । तस्य सानन्दगीर्वाणदुन्दुभिध्वनिभिः सह ॥ २४७
स्वस्थोत्थिते ततस्तस्मिन्नानीय गरुडोऽपि तत् । कृत्स्ने वेलातटेऽप्यत्र ववर्षामृतमम्बरात् ॥ २४८
तेन सर्वे समुत्तस्थुर्जीवन्तस्तत्र पन्नगाः । बभौ तच्च तदा भूरिभुजंगकुलसंकुलम् ॥ २४९
वेलावनं विनिर्मुक्तवैनतेयभयं ततः । पातालमिव जीमूतवाहनालोकनागतम् ॥ २५०
ततोऽक्षयेण देहेन यशसा च विराजितम् । बुद्ध्वाभ्यनन्दत्तं बन्धुजनो जीमूतवाहनम् ॥ २५१
ननन्द तस्य भार्या च सज्ञातिः पितरौ तथा । को न प्रहृष्येद्दुःखेन सुखत्वपरिवर्तिना ॥ २५२
विसृष्टस्तेन च ययौ शङ्खचूडो रसातलम् । स्वच्छन्दमविसृष्टं च लोकांस्त्रीनपि तद्यशः ॥ २५३

ततः प्रीतिप्रह्वामरनिकरमागत्य गरुडं प्रणेमुस्तं विद्याधरतिलकमभ्येत्य सभयाः ॥
स्वदायादाः सर्वे हिमगिरिसुतानुग्रहवशान्मतङ्गाख्याद्या ये सुचिरमभजन्नस्य विकृतिम् ॥ २५४

तैरेव चार्थ्यमानः सुकृती जीमूतवाहनः स ततः ।
मलयाचलादगच्छन्निजनिलयं तुहिनशैलतटम् ॥ २५५

तत्र पितृभ्यां सहितो मित्रावसुना च मलयवत्या च ।
धीरश्चिराय बुभुजे विद्याधरचक्रवर्तिपदम् ॥ २५६

एवं सकलजगत्त्रयहृदयचमत्कारकारिचरितानाम् ।
स्वयमनुधावन्ति सदा कल्याणपरम्पराः पदवीम् ॥ २५७
इत्याकर्ण्य कथां किल देवी यौगन्धरायणस्य मुखात् ।
मुमुदे वासवदत्ता गर्भभरोदारदोहदिनी ॥ २५८
तदनु तदनुषङ्गप्राप्तया प्रीतिभाजामनवरतनिवेशप्रत्ययाद्देवतानाम् ।
निजपतिनिकटस्था भाविविद्याधरेन्द्रस्वतनयकथया तं वासरं सा निनाय ॥ २५९

इति महाकविश्रीसोमदेवभट्टविरचिते कथासरित्सागरे नरवाहनदत्तजननलम्बके द्वितीयस्तरङ्गः ।

तृतीयस्तरङ्गः ।

ततो वासवदत्ता सा वत्सराजं समीपगम् । विजने सचिवैर्युक्तमन्येद्युरिदमब्रवीत् ॥ १
यतः प्रभृति गर्भोऽयमार्यपुत्र धृतो मया । ततः प्रभृति तद्रक्षा तीव्रा मां हृदि बाधते ॥ २
अथ तच्चिन्तया चाहं सुप्ता निशि कथंचन । जाने दृष्टवती कंचित्स्वप्ने पुरुषमागतम् ॥ ३
भस्माङ्गरागसितया शेखरीकृतचन्द्रया । पिशङ्गजटया मूर्त्या शोभितं शूलहस्तया ॥ ४
स च मामभ्युपेत्यैव सानुकम्प इवावदत् । पुत्रि गर्भकृते चिन्ता न कार्या काचन त्वया ॥ ५
अहं तवैनं रक्षामि दत्तो ह्येष मयैव ते । किंचान्यच्छृणु वक्ष्येव तव प्रत्ययकारणम् ॥ ६
श्वः कापि नारी विज्ञप्तिहेतोर्युष्मानुपैष्यति । अवष्टभ्यैव साक्षेपमाकर्षन्ती निजं पतिम् ॥ ७
सा च दुश्चारिणी योषित्स्वबान्धवबलात्पतिम् । तं घातयितुमिच्छन्ती सर्वं मिथ्या ब्रवीति तत् ॥ ८
त्वं चात्र पुत्रि वत्सेशं पूर्वं विज्ञापयेस्तथा । तस्याः सकाशात्स यथा साधुर्मुच्येत कुस्त्रियः ॥ ९
इत्यादिश्य गते तस्मिन्नन्तर्धानं महात्मनि । प्रबुद्धा सहसैवाहं विभाता च विभावरी ॥ १०
एवमुक्ते तया देव्या शर्वानुग्रहवादिनः । तत्रासन्विस्मिताः सर्वे संवादापेक्षिमानसाः ॥ ११
तस्मिन्नेव क्षणे चात्र प्रविश्यार्तानुकम्पिनम् । वत्सराजं प्रतीहारमुख्योऽकस्माद्व्यजिज्ञपत् ॥ १२
आगता देव विज्ञप्त्यै कापि स्त्री बान्धवैर्वृता । पञ्चपुत्रान्गृहीत्वा स्वमाक्षिप्य विवशं पतिम् ॥[1] १३
तच्छ्रुत्वा नृपतिर्देवीस्वप्नसंवादविस्मितः । प्रवेश्यतामिहैवेति प्रतीहारं तमादिशत् ॥ १४
स्वप्नसत्यत्वसंजातसत्पुत्रप्राप्तिनिश्चयः । देवी वासवदत्तापि सा संप्राप परां मुदम् ॥ १५
अथ द्वारोन्मुखैः सर्वैर्वीक्ष्यमाणा सकौतुकम् । प्रतीहाराज्ञया योषिद्भर्तृयुक्ता विवेश सा ॥ १६
प्रविश्याश्रितदैन्या च यथाक्रमकृतानतिः । अथ संसदि राजानं सदेवीकं व्यजिज्ञपत् ॥ १७
अयं निरपराधाया मम भर्ता भवन्नपि । न प्रयच्छत्यनाथाया भोजनाच्छादनादिकम् ॥ १८
इत्युक्तवत्यां तस्यां च स तद्भर्ता व्यजिज्ञपत् । देव मिथ्या वदत्येषा सबन्धुर्मद्वधैषिणी ॥ १९
आ वत्सरान्तं सर्वं हि दत्तमस्या मयाग्रतः । एतद्बन्धव एवान्ये तटस्था मेऽत्र साक्षिणः ॥ २०
एवं विज्ञापितस्तेन राजा स्वयमभाषत । देवीस्वप्ने कृतं साक्ष्यं देवेनैवात्र शूलिना ॥ २१
तत्किं साक्षिभिरेषैव निग्राह्या स्त्री सबान्धवा । इति राज्ञोदितेऽवादीद्धीमान्यौगन्धरायणः ॥ २२
तथापि साक्षिवचनात्कार्यं देव यथोचितम् । लोको ह्येतदजानानो न प्रतीयात्कथंचन ॥ २३
तच्छ्रुत्वा साक्षिणो राज्ञा तथेत्यानाय्य तत्क्षणम् । पृष्टाः शशंसुस्ते चात्र तां मिथ्यावादिनीं स्त्रियम् ॥ २४
ततः प्रख्यातसद्भर्तृद्रोहामेतां सबान्धवाम् । सपुत्रां च स वत्सेशः स्वदेशान्निरवासयत् ॥ २५
विससर्ज च तं साधुं तद्भर्तारं दयार्द्रधीः । विवाहान्तरपर्याप्तं वितीर्य विपुलं वसु ॥ २६
पुमांसमाकुलं क्रूरा पतितं दुर्दशावटे । जीवन्तमेव कुष्णाति काकीव कुकुटुम्बिनी ॥ २७
स्निग्धा कुलीना महती गृहिणी तापहारिणी । तरुच्छायेव मार्गस्था पुण्यैः कस्यापि जायते ॥ २८
इति चैतत्प्रसङ्गेन वदन्तं तं महीपतिम् । वसन्तकः स्थितः पार्श्वे कथापटुरवोचत ॥ २९

---

१ अस्माच्छ्लोकादग्रे 'पञ्चभिस्तनयैर्युक्ता बहुबन्धुजनावृता' इत्यर्धश्लोकः पुस्तकान्तरेऽधिको वर्तते.

किं च दैव विरोधो वा स्नेहो वापीह देहिनाम् । प्राग्जन्मवासनाभ्यासवशात्प्रायेण जायते ॥ ३०
तथा च श्रूयतामत्र कथेयं वर्ण्यते मया । आसीद्विक्रमचण्डाख्यो वाराणस्यां महीपतिः ॥ ३१
तस्याभूद्वल्लभो भृत्यो नाम्ना सिंहपराक्रमः । यो रणेष्विव सर्वेषु द्यूतेष्वप्यसमो जयी ॥ ३२
तस्याभवच्च विकृता वपुषीवाशयेऽप्यलम् । ख्याता कलहकारीति नाम्नान्वर्थेन गेहिनी ॥ ३३
स तस्याः सततं भूरि राजतो द्यूततस्तथा । प्राप्य प्राप्य धनं धीरः सर्वमेव समर्पयत् ॥ ३४
सा तु तस्य समुत्पन्नपुत्रत्रययुता शठा । तथापि क्षणमप्येकं न तस्थौ कलहं विना ॥ ३५
बहिः पिबसि भुङ्क्षे च नैव किंचिद्ददासि नः । इत्यारटन्ती ससुता सा तं नित्यमतापयत् ॥ ३६
प्रसाद्यमानाप्याहारपानवस्त्रैरहर्निशम् । दुरन्ता भोगतृष्णेव भृशं जज्वाल तस्य सा ॥ ३७
ततः क्रमेण तन्मन्युखिन्नस्त्यक्त्वैव तद्गृहम् । स विन्ध्यवासिनीं द्रष्टुमगात्सिंहपराक्रमः ॥ ३८
सा तं स्वप्ने निराहारस्थितं देवी समादिशत् । उत्तिष्ठ पुत्र तामेव गच्छ वाराणसीं पुरीम् ॥ ३९
तत्र सर्वमहानेको योऽस्ति न्यग्रोधपादपः । तन्मूलात्खन्यमानात्त्वं स्वैरं निधिमवाप्स्यसि ॥ ४०
तन्मध्याल्लप्स्यसे चैकं नभःखण्डमिव च्युतम् । पात्रं गरुडमाणिक्यमयं निस्त्रिंशनिर्मलम् ॥ ४१
तत्रार्पितेक्षणो द्रक्ष्यस्यन्तः प्रतिमितामिव । सर्वस्य जन्तोः प्राग्जातिं या स्याज्जिज्ञासिता तव ॥ ४२
तेनैव बुद्ध्वा भार्यायाः पूर्वजातिं तथात्मनः । अवाप्तार्थः सुखी तत्र गतखेदो निवत्स्यसि ॥ ४३
एवमुक्तश्च देव्याः स प्रबुद्धः कृतपारणः । वाराणसीं प्रति प्रायात्प्रातः सिंहपराक्रमः ॥ ४४
गत्वा च तां पुरीं प्राप्य तस्मान्न्यग्रोधमूलतः । लेभे निधानं तन्मध्यात्पात्रं मणिमयं महत् ॥ ४५
अपश्यच्चात्र जिज्ञासुः पात्रे पूर्वत्र जन्मनि । घोरामृक्षीं स्वभार्यां तामात्मानं च मृगाधिपम् ॥ ४६
पूर्वजातिमहावैरवासनानिश्चलं ततः । बुद्ध्वा भार्यात्मनोर्द्वेषं शोकमोहौ मुमोच सः ॥ ४७
अथ बह्वीः परिज्ञातास्तत्र पात्रप्रभावतः । प्राग्जन्मभिन्नजातीयाः परिहृत्यैव कन्यकाः ॥ ४८
तुल्यां जन्मान्तरे सिंहीं परिणिन्ये विचिन्त्य सः । भार्यां द्वितीयां सिंहश्रीनाम्नीं सिंहपराक्रमः ॥ ४९
कृत्वा कलहकारीं च तां स ग्रासैकभागिनीम् । निधानप्राप्तिसुखितस्तस्थौ नववधूसखः ॥ ५०
इत्थं दारादयोऽपीह भवन्ति भुवने नृणाम् । प्राक्संस्कारवशायातवैरस्नेहा महीपते ॥ ५१
इत्याकर्ण्य कथां चित्रां वत्सराजो वसन्तकात् । भृशं तुतोष सहितो देव्या वासवदत्तया ॥ ५२
एवं दिनेषु गच्छत्सु राज्ञस्तस्य दिवानिशम् । अतृप्तस्य लसद्गर्भदेवीवक्त्रेन्दुदर्शने ॥ ५३
मन्त्रिणामुदपद्यन्त सर्वेषां शुभलक्षणाः । क्रमेण तनयास्तत्र भाविकल्याणसूचकाः ॥ ५४
प्रथमं मन्त्रिमुख्यस्य जायते स्म किलात्मजः । यौगन्धरायणस्यैव मरुभूतिरिति श्रुतः ॥ ५५
ततो रुमण्वतो जज्ञे सुतो हरिशिखाभिधः । वसन्तकस्याप्युत्पेदे तनयोऽथ तपन्तकः ॥ ५६
ततो नित्योदिताख्यस्य प्रतीहाराधिकारिणः । इत्यकापरसंज्ञस्य पुत्रोऽजायत गोमुखः ॥ ५७
वत्सराजसुतस्येह भाविनश्चक्रवर्तिनः । मन्त्रिणोऽमी भविष्यन्ति वैरिवंशावमर्दिनः ॥ ५८
इति तेषु च जातेषु वर्तमाने महोत्सवे । तत्राशरीरा नभसो निःससार सरस्वती ॥ ५९
दिवसेष्वथ यातेषु वत्सराजस्य तस्य सा । देवी वासवदत्ताभूदासन्नप्रसवोदया ॥ ६०
अध्यास्त सा च तच्चित्रं पुत्रिणीभिः परिष्कृतम् । जातवासगृहं सार्कशमीगुप्तगवाक्षकम् ॥ ६१
रत्नदीपप्रभासङ्गमङ्गलैर्विविधायुधैः । गर्भरक्षाक्षमं तेजो ज्वलयद्भिरिवावृतम् ॥ ६२
मन्त्रिभिस्तन्त्रितानेकमन्त्रयन्त्रादिरक्षितम् । जातं मातृगणस्येव दुर्गं दुरितदुर्जयम् ॥ ६३
तत्रासूत च सा काले कुमारं कान्तदर्शनम् । द्यौरिन्दुमिव निर्गच्छदच्छामृतमयद्युतिम् ॥ ६४
येन जातेन न परं मन्दिरं तत्प्रकाशितम् । यावद्धृदयमप्यस्या मातुर्निःशोकतामसम् ॥ ६५
ततः प्रमोदे प्रसरत्यत्रान्तःपुरवासिनाम् । वत्सेशः सुतजन्मैतच्छुश्रावाभ्यान्तराज्जनात् ॥ ६६
तस्मै स राज्यमपि यत्प्रीतः प्रियनिवेदिने । न ददौ तदनौचित्यभयेन न तु तृष्णया ॥ ६७
एत्य चान्तःपुरं सद्यो बद्धौत्सुक्येन चेतसा । चिरात्फलितसंकल्पः स ददर्श सुतं नृपः ॥ ६८

रक्तायताधरदलं चलोर्णाचारुकेसरम् । मुखं दधानं साम्राज्यलक्ष्मीलीलाम्बुजोपमम् ॥ ६९
प्रागेवान्यनृपश्रीभिर्भीत्येव निजलाञ्छनैः । उज्झितैरङ्कितं मृद्वोः पदयोश्छत्रचामरैः ॥ ७०
ततो हर्षभरापूरपीडनोत्फुल्लया दृशा । सास्रया स्रवतीवास्मिन्सुतस्नेहं महीपतौ ॥ ७१
नन्दत्स्वपि च यौगन्धरायणादिषु मन्त्रिषु । गगनादुच्चचारैवं काले तस्मिन्सरस्वती ॥ ७२
कामदेवावतारोऽयं राजञ्जातस्तवात्मजः । नरवाहनदत्तं च जानीह्येनमिहाख्यया ॥ ७३
अनेन भवितव्यं च दिव्यं कल्पमतन्द्रिणा । सर्वविद्याधरेन्द्राणामचिराच्चक्रवर्तिना ॥ ७४
इत्युक्त्वा विरतं वाचा तत्क्षणं नभसः क्रमात् । पुष्पवर्षैर्निपतितं प्रसृतं दुन्दुभिस्वनैः ॥ ७५
ततः सुरकृतारम्भजनिताभ्यधिकादरम् । स राजा सुतरां हृष्टश्चकार परमुत्सवम् ॥ ७६
बभ्रमुस्तूर्यनिनदा नभस्तो मन्दिरोद्गताः । विद्याधरेभ्यः सर्वेभ्यो राजजन्मेव शंसितुम् ॥ ७७
सौधाग्रेष्वनिलोद्धूताः शोणरागाः स्वकान्तिभिः । पताका अपि सिन्दूरमन्योन्यमकिरन्निव ॥ ७८
भुवि साङ्गस्मरोत्पत्तितोषादिव सुराङ्गनाः । समागताः प्रतिपदं ननृतुर्वारयोषितः ॥ ७९
अदृश्यत च सर्वा सा समानविभवा पुरी । राज्ञो बद्धोत्सवात्प्राप्तैर्नववस्त्रविभूषणैः ॥ ८०
तदा ह्यर्थान्नृपे तस्मिन्वर्षत्यर्थ्यनुजीविषु । कोषादृते न तत्रत्यो दधौ कश्चन रिक्तताम् ॥ ८१
मङ्गल्यपूर्वाः स्वाचारदक्षिणा नर्तितापराः । सत्प्राभृतोत्तरास्तैस्तैः सुरक्षिभिरधिष्ठिताः ॥ ८२
प्रसृतातोद्यनिर्ह्रादाः साक्षाद्दिश इवाखिलाः । समन्तादाययुश्चात्र सामन्तान्तःपुराङ्गनाः ॥ ८३
चेष्टा नृत्तमयी तत्र पूर्णपात्रमयं वचः । व्यवहारो महात्यागमयस्तूर्यमयो ध्वनिः ॥ ८४
चीनपिष्टमयो लोकश्चारणैकमयी च भूः । आनन्दमय्यां सर्वस्यामपि तस्यामभूत्पुरि ॥ ८५
एवं महोत्सवस्तत्र भूरिवासरवर्धितः । निर्वर्तते स्म स समं पूर्णैः पौरमनोरथैः ॥ ८६

सोऽपि व्रजत्सु दिवसेष्वथ राजपुत्रो वृद्धिं शिशुः प्रतिपदिन्दुरिवाजगाम ।
पित्रा यथाविधिनिवेदितदिव्यवाणीनिर्दिष्टपूर्वनरवाहनदत्तनाम्ना ॥ ८७
यानि स्फुरन्मसृणमुग्धनखप्रभाणि क्षित्राणि यानि च खचद्दशनाङ्कुराणि ।
तानि स्खलन्ति ददतो वदतश्च तस्य दृष्ट्वा निशम्य च पदानि पिता तुतोष ॥ ८८

अथ तस्मै मन्त्रिवराः स्वसुतानानीय राजपुत्राय ।
शिशवे शिशून्महीपतिहृदयानन्दान्समर्पयामासुः ॥ ८९
यौगन्धरायणः प्राग्मरुभूतिं हरिशिखं रुमण्वांश्च ।
गोमुखमित्यकनामा तपन्तकाख्यं वसन्तकश्च सुतम् ॥ ९०
शान्तिकरोऽपि पुरोधा भ्रातृसुतं शान्तिसोममपरं च ।
वैश्वानरमर्पितवान्पिङ्गलिकापुत्रकौ यमजौ ॥ ९१

तस्मिन्क्षणे च नभसो निपपात दिव्या नान्दीनिनादसुभगा सुरपुष्पवृष्टिः ।
राजा ननन्द च तदा महिषीसमेतः सत्कृत्य तत्र सचिवात्मजमण्डलं तत् ॥ ९२
बाल्येऽपि तैरभिमतैरथ मन्त्रिपुत्रैः षड्भिस्तदेकनिरतैश्च स राजपुत्रः ।
युक्तः सदैव नरवाहनदत्त आसीद्युक्तो गुणैरिव महोदयहेतुभूतैः ॥ ९३

तं च क्रीडाकलितललिताव्यक्तनर्माभिलाषं
यान्तं प्रीतिप्रवणमनसामङ्कतोऽङ्कं नृपाणाम् ।
पुत्रं स्मेराननसरसिजं सादरं पश्यतस्ते
बद्धानन्दाः किमपि दिवसा वत्सराजस्य जग्मुः ॥ ९४

इति महाकविश्रीसोमदेवभट्टविरचिते कथासरित्सागरे नरवाहनदत्तजननलम्बके तृतीयस्तरङ्गः ।

समाप्तश्चायं नरवाहनदत्तजननलम्बकश्चतुर्थः ।

॥ श्रीः ॥

महाकविश्रीसोमदेवभट्टविरचितः

कथासरित्सागरः ।

चतुर्दारिका नाम पञ्चमो लम्बकः ।

इदं गुरुगिरीन्द्रजाप्रणयमन्दरान्दोलना-
 त्पुरा किल कथामृतं हरमुखाम्बुधेरुद्गतम् ।
प्रसह्य रसयन्ति ये विगतविघ्नलब्धर्द्धयो
 धुरं दधति वैबुधीं भुवि भवप्रसादेन ते ॥

प्रथमस्तरङ्गः ।

मदघूर्णितवक्त्रोत्थैः सिन्दूरैश्छुरयन्महीम् । हेरम्बः पातु वो विघ्नान्स्वतेजोभिर्दहन्निव ॥ १
एवं स देवीसहितस्तस्थौ वत्सेश्वरस्तदा । नरवाहनदत्तं तमेकपुत्रं विवर्धयन् ॥ २
तद्रक्षाकातरं तं च दृष्ट्वा राजानमेकदा । यौगन्धरायणो मन्त्री विजनस्थितमब्रवीत् ॥ ३
राजन्न राजपुत्रस्य कृते चिन्ताधुना त्वया । नरवाहनदत्तस्य विधातव्या कदाचन ॥ ४
असौ भगवता भावी भर्गेण हि भवद्गृहे । सर्वविद्याधराधीशचक्रवर्ती विनिर्मितः ॥ ५
विद्याप्रभावादेतच्च बुद्ध्वा विद्याधराधिपाः । गताः पापेच्छवः क्षोभं हृदयैरसहिष्णवः ॥ ६
तद्विदित्वा च देवेन रक्षार्थं शशिमौलिना । एतस्य स्तम्भको नाम गणेशः स्थापितो निजः ॥ ७
स च तिष्ठत्यलक्ष्यः सन्रक्षन्नेतं सुतं तव । एतच्च क्षिप्रमभ्येत्य नारदो मे न्यवेदयत् ॥ ८
इति तस्मिन्वदत्येव मन्त्रिणि व्योममध्यतः । किरीटी कुण्डली दिव्यः खड्गी चावातरत्पुमान् ॥ ९
प्रणतं कल्पितातिथ्यं क्षणाद्वत्सेश्वरोऽथ तम् । कस्त्वं किमिह ते कार्यमित्यपृच्छत्सकौतुकम् ॥ १०
सोऽप्यवादीदहं मर्त्यो भूत्वा विद्याधराधिपः । संपन्नः शक्तिवेगाख्यः प्रभूताश्च ममारयः ॥ ११
सोऽहं प्रभावाद्विज्ञाय भाव्यस्मच्चक्रवर्तिनम् । भवतस्तनयं द्रष्टुमागतोऽस्म्यवनीपते ॥ १२
इत्युक्तवन्तं तं दृष्टभविष्यच्चक्रवर्तिनम् । प्रीतं वत्सेश्वरो हृष्टः पुनः पप्रच्छ विस्मयात् ॥ १३
विद्याधरत्वं प्राप्येत कथं कीदृग्विधं च तत् । त्वया च तत्कथं प्राप्तमेतत्कथय नः सखे ॥ १४
तच्छ्रुत्वा वचनं राज्ञः स तदा विनयानतः । विद्याधरः शक्तिवेगस्तमेवं प्रत्यवोचत ॥ १५
राजन्निहैव पूर्वे वा जन्मन्याराध्य शंकरम् । विद्याधरपदं धीरा लभन्ते तदनुग्रहात् ॥ १६
तच्चानेकविधं विद्याखड्गमालादिसाधनम् । मया च तद्यथा प्राप्तं कथयामि तथा शृणु ॥ १७
एवमुक्त्वा स्वसंबद्धां शक्तिवेगः स संनिधौ । देव्या वासवदत्तायाः कथामाख्यातवानिमाम् ॥ १८
अभवद्वर्धमानाख्ये पुरे भूतलभूषणे । नाम्ना परोपकारीति पुरा राजा परंतपः ॥ १९
तस्योन्नतिमतश्चाभून्महिषी कनकप्रभा । विद्युद्धाराधरस्येव सा तु निर्मुक्तचापला ॥ २०
तस्यां तस्य च कालेन देव्यामजनि कन्यका । रूपदर्पोपशान्त्यै या लक्ष्म्या धात्रेव निर्मिता ॥ २१
अवर्धत शनैः सा च लोकलोचनचन्द्रिका । पित्रा कनकरेखेति मातृनाम्ना कृतात्मजा ॥ २२
एकदा यौवनस्थायां तस्यां राजा स तत्पिता । विजनोपस्थितां देवीं जगाद कनकप्रभाम् ॥ २३
वर्धमाना सहैवैतत्समानोद्वाहचिन्तया । एषा कनकरेखा मे हृदयं देवि बाधते ॥ २४
स्थानप्राप्तिविहीना हि गीतिवत्कुलकन्यका । उद्वेजिनी परस्यापि श्रूयमाणैव कर्णयोः ॥ २५

विद्येव कन्यका मोहादपात्रे प्रतिपादिता । यशसे न न धर्माय जायेतानुशयाय तु ॥ २६
तत्कस्मै दीयते ह्येषा मया नृपतये सुता । कोऽस्याः समः स्यादिति मे देवि चिन्ता गरीयसी ॥ २७
तच्छ्रुत्वा सा विहस्यैवं बभाषे कनकप्रभा । त्वमेवमात्थ कन्या तु नेच्छत्युद्वाहमेव सा ॥ २८
अद्यैव नर्मणा सा हि कृतकृत्रिमपुत्रका । वत्से कदा विवाहं ते द्रक्ष्यामीत्युदिता मया ॥ २९
सा तच्छ्रुत्वैव साक्षेपमेवं मां प्रत्यवोचत । मा मैवमम्ब दातव्या नैव कस्मैचिदप्यहम् ॥ ३०
मद्वियोगो न चादिष्टः कन्यैवास्मि सुशोभना । अन्यथा मां मृतां विद्धि किंचिदस्त्यत्र कारणम् ॥ ३१
एवं तयोक्ता त्वत्पार्श्वं राजन्विभ्राहमागता । तन्निषिद्धविवाहायाः का वरस्य विचारणा ॥ ३२
इति राज्ञीमुखाच्छ्रुत्वा समुद्भ्रान्तः स भूपतिः । कन्यकान्तःपुरं गत्वा तामवादीत्तदा सुताम् ॥ ३३
प्रार्थयन्तेऽपि तपसा यं सुरासुरकन्यकाः । भर्तृलाभः कथं वत्से स निषिद्धः किल त्वया ॥ ३४
एतत्पितुर्वचः श्रुत्वा भूतलन्यस्तलोचना । तदा कनकरेखा सा निजगाद नृपात्मजा ॥ ३५
तात नैवेप्सितस्तावद्विवाहो मम सांप्रतम् । तत्तातस्यापि किं तेन कार्यं कश्चात्र वो ग्रहः ॥ ३६
इत्युक्तः स तया राजा दुहित्रा धीमतां वरः । परोपकारी स पुनरेवमेतामभाषत ॥ ३७
कन्यादानादृते पुत्रि किं स्यात्किल्बिषशान्तये । न च बन्धुपराधीना कन्या स्वातन्त्र्यमर्हति ॥ ३८
जातैव हि परस्यार्थे कन्यका नाम रक्ष्यते । बाल्यादृते विना भर्तुः कीदृक्तस्याः पितुर्गृहम् ॥ ३९
ऋतुमत्यां हि कन्यायां बान्धवा यान्त्यधोगतिम् । वृषली सा वरश्चास्या वृषलीपतिरुच्यते ॥ ४०
इति तेनोदिता पित्रा राजपुत्री मनोगताम् । वाचं कनकरेखा सा तत्क्षणं समुदैरयत् ॥ ४१
यद्येवं तात तद्येन विप्रेण क्षत्रियेण वा । दृष्टा कनकपुर्याख्या नगरी कृतिना किल ॥ ४२
तस्मै त्वयाहं दातव्या स मे भर्ता भविष्यति । नान्यथा तात मिथ्यैव कर्तव्या मे कदर्थना ॥ ४३
एवं तयोक्ते सुतया स राजा समचिन्तयत् । दिष्ट्योद्वाहस्य तत्तावत्प्रसङ्गोऽङ्गीकृतोऽनया ॥ ४४
नूनं च कारणोत्पन्ना देवीयं कापि मद्गृहे । इयत्कथं विजानाति बाला भूत्वान्यथा ह्यसौ ॥ ४५
इति संचिन्त्य तत्कालं तथेत्युक्त्वा च तां सुताम् । उत्थाय दिनकर्तव्यं स चकार महीपतिः ॥ ४६
अन्येद्युरास्थानगतो जगाद स च पार्श्वगान् । दृष्टा कनकपुर्याख्या पुरी युष्मासु केनचित् ॥ ४७
येन दृष्टा च सा तस्मै विप्राय क्षत्रियाय वा । मया कनकरेखा च यौवराज्यं च दीयते ॥ ४८
श्रुतापि नैव सास्माभिर्दर्शने देव का कथा । इति ते चावदन्सर्वे अन्योन्याननदर्शिनः ॥ ४९
ततो राजा प्रतीहारमानीयादिशति स्म सः । गच्छ भ्रमय कृत्स्नेऽत्र पुरे पटहघोषणाम् ॥ ५०
जानीहि यदि केनापि दृष्टा सा नगरी न वा । इत्यादिष्टः प्रतीहारः स तथेति विनिर्ययौ ॥ ५१
निर्गत्य च समादिश्य तत्क्षणं राजपूरुषान् । भ्रामयामास पटहं कृतश्रवणकौतुकम् ॥ ५२

विप्रः क्षत्रयुवा वा कनकपुरीं योऽत्र दृष्टवान्नगरीम् ।
वदतु स तस्मै राजा ददाति तनयां च यौवराज्यं च ॥ ५३

इति चेतस्ततस्तत्र नगरे दत्तविस्मयम् । तदघोष्यत सर्वत्र पटहानन्तरं वचः ॥ ५४
केयं पुरेऽस्मिन्कनकपुरीनामाद्य घोष्यते । या वृद्धैरपि नास्माभिर्दृष्टा जातु न च श्रुता ॥ ५५
इत्येवं चावदन्पौराः श्रुत्वा तां तत्र घोषणाम् । न पुनः कश्चिदेकोऽपि मया दृष्टेत्यभाषत ॥ ५६
तावच्च तन्निवास्येकः शक्तिदेव इति द्विजः । बलदेवतनूजस्तामशृणोत्तत्र घोषणाम् ॥ ५७
स युवा व्यसनी सद्यो द्यूतेन विधनीकृतः । अचिन्तयद्राजसुताप्रदानाकर्णनोन्मनाः ॥ ५८
द्यूतहारितनिःशेषवित्तस्य मम नाधुना । प्रवेशोऽस्ति पितुर्गेहे नापि पण्याङ्गनागृहे ॥ ५९
तस्मादगतिकस्तावद्वरं मिथ्या ब्रवीम्यहम् । मया सा नगरी दृष्टेत्येवं पटहघोषकान् ॥ ६०
को मां प्रत्येत्यविज्ञानं केन दृष्टा कदा हि सा । स्यादेवं च कदाचिन्मे राजपुत्र्या समागमः ॥ ६१
इति संचिन्त्य गत्वा तान्स राजपुरुषांस्तदा । शक्तिदेवो मया दृष्टा सा पुरीत्यवदन्मृषा ॥ ६२
दिष्ट्या तर्हि प्रतीहारपार्श्वमेहीहि तत्क्षणम् । उक्तवद्भिश्च तैः साकं स प्रतीहारमभ्यगात् ॥ ६३

तस्मै तथैव चाशंसत्तत्पुरीदर्शनं मृषा । तेनापि सत्कृत्य ततो राजान्तिकमनीयत ॥ ६४
राजाग्रेऽप्यविकल्पः संस्तथैव च तदब्रवीत् । द्यूततान्तस्य किं नाम कितवस्य हि दुष्करम् ॥ ६५
राजापि निश्चयं ज्ञातुं ब्राह्मणं तं विसृष्टवान् । तस्याः कनकरेखाया दुहितुर्निकटं तदा ॥ ६६
तया च स प्रतीहारमुखाज्ज्ञात्वान्तिकागतः । कच्चित्त्वया सा कनकपुरी दृष्टेत्यपृच्छ्यत ॥ ६७
अद्धा मया सा नगरी दृष्टा विद्यार्थिना सता । भ्रमता भुवमित्येवं सोऽपि तां प्रत्यभाषत ॥ ६८
केन मार्गेण तत्र त्वं गतवान्कीदृशी च सा । इति भूयस्तया पृष्टः स विप्रोऽप्येवमब्रवीत् ॥ ६९
इतो हरपुरं नाम नगरं गतवानहम् । ततोऽपि प्राप्तवानस्मि पुरीं वाराणसीं क्रमात् ॥ ७०
वाराणस्याश्च दिवसैर्नगरं पौण्ड्रवर्धनम् । तस्मात्कनकपुर्याख्यां नगरीं तां गतोऽभवम् ॥ ७१
दृष्टा मया च सा भोगभूमिः सुकृतकर्मणाम् । अनिमेषेक्षणास्वाद्यशोभा शक्रपुरी यथा ॥ ७२
तत्राधिगतविद्यश्च कालेनाहमिहागमम् । इति तेनास्मि गतवान्पथा सापि पुरीदृशी ॥ ७३
एवं विरचितोक्तौ च धूर्ते तस्मिन्द्विजन्मनि । शक्तिदेवे सहासं सा व्याजहार नृपात्मजा ॥ ७४
अहो सत्यं महाब्रह्मन्दृष्टा सा नगरी त्वया । ब्रूहि ब्रूहि पुनस्तावत्केनासि गतवान्पथा ॥ ७५
तच्छ्रुत्वा स यदा धार्ष्ट्यं शक्तिदेवोऽकरोत्पुनः । तदा तं राजपुत्री सा चेटीभिर्निरवासयत् ॥ ७६
निर्वासिते ययौ चास्मिन्पितुः पार्श्वं तदैव सा । किं सत्यमाह विप्रोऽसाविति पित्राप्यपृच्छ्यत ॥ ७७
ततश्च सा राजसुता जनकं निजगाद तम् । तात राजापि भूत्वा त्वमविचार्यैव चेष्टसे ॥ ७८
किं न जानासि धूर्ता यद्वञ्चयन्ते जनानृजून् । स हि मिथ्यैव विप्रो मां प्रतारयितुमीहते ॥ ७९
न पुनर्नगरी तेन दृष्टा सालीकवादिना । धूर्तैरनेकाकाराश्च क्रियन्ते भुवि वञ्चनाः ॥ ८०
शिवमाधववृत्तान्तं तथाहि शृणु वच्मि ते । इत्युक्त्वा राजकन्या सा व्याजहार कथामिमाम् ॥ ८१
अस्ति रत्नपुरं नाम यथार्थं नगरोत्तमम् । शिवमाधवसंज्ञौ च धूर्तौ तत्र बभूवतुः ॥ ८२
परिवारीकृतानेकधूर्तौ तौ चक्रतुश्चिरम् । मायाप्रयोगनिःशेषमुषिताढ्यजनं पुरम् ॥ ८३
एकदा द्वौ च तावेवं मन्त्रं विदधतुर्मिथः । इदं नगरमावाभ्यां कृत्स्नं तावद्विलुण्ठितम् ॥ ८४
अतः संप्रति गच्छामो वस्तुमुज्जयिनीं पुरीम् । तत्र तु श्रूयते राज्ञः पुरोधाः सुमहाधनः ॥ ८५
शंकरस्वामिनामा च तस्मादुक्त्या हृतैर्धनैः । मालवस्त्रीविलासानां यास्यामोऽत्र रसज्ञताम् ॥ ८६
आस्कन्दी दक्षिणार्धस्य स तत्र भ्रुकुटीमुखः । सप्तकुम्भीनिधानो हि कीनाशो गीयते द्विजैः ॥ ८७
कन्यारत्नं च तस्यास्ति विप्रस्यैकमिति श्रुतम् । तदप्येतत्प्रसङ्गेन ध्रुवं तस्मादवाप्स्यते ॥ ८८
इति निश्चित्य कृत्वा च मिथः कर्तव्यसंविदम् । शिवमाधवधूर्तौ तु पुरात्प्रययतुस्ततः ॥ ८९
शनैश्चोज्जयिनीं प्राप्य माधवः सपरिच्छदः । राजपुत्रस्य वेषेण तस्थौ ग्रामे क्वचिद्बहिः ॥ ९०
शिवस्त्वविकलं कृत्वा वर्णिवेषं विवेश ताम् । नगरीमेक एवाग्रे बहुमायाविचक्षणः ॥ ९१
तत्राध्युवास सिप्राया मठिकां तीरसीमनि । दृश्यस्थापितमृद्दर्भभिक्षाभाण्डमृगाजिनाम् ॥ ९२
स च प्रभातकालेषु घनयाङ्गं मृदालिपत् । अवीचिकर्दमालेपसूत्रपातमिवाचरन् ॥ ९३
सरित्तोये च स चिरं निमज्ज्यासीदवाङ्मुखः । कुकर्मजामिवाभ्यस्यन्भविष्यन्तीमधोगतिम् ॥ ९४
स्नानोत्थितोऽर्काभिमुखस्तस्थावूर्ध्वं चिरं च सः । शूलाधिरोपणौचित्यमात्मनो दर्शयन्निव ॥ ९५
ततो देवाग्रतो गत्वा कुशकूर्चकरो जपन् । आस्त पद्मासनासीनः सदम्भचतुराननः ॥ ९६
अन्तरा हृदयानीव साधूनां कैतवेन सः । स्वच्छान्याहृत्य पुष्पाणि पुरारिं पर्यपूजयत् ॥ ९७
कृतपूजश्च भूयोऽपि मिथ्या जपपरोऽभवत् । दत्तावधानः कुसृतिष्विव ध्यानं ततान सः ॥ ९८
अपराह्णे च भिक्षार्थी कृष्णसाराजिनाम्बरः । पुरि तद्वञ्चनामायाकटाक्ष इव सोऽभ्रमत् ॥ ९९
आदाय द्विजगेहेभ्यो मौनी भिक्षात्रयं ततः । सदण्डाजिनकश्चक्रे त्रिः सत्यमिव खण्डशः ॥ १००
भागं ददौ च काकेभ्यो भागमभ्यागताय च । भागेन दम्भबीजेन कुक्षिभस्त्रामपूरयत् ॥ १०१
पुनः स सर्वपापानि निजानि गणयन्निव । जपन्नावर्तयामास चिरं मिथ्याक्षमालिकाम् ॥ १०२

रजन्यामद्वितीयश्च स तस्थौ मठिकान्तरे । अपि सूक्ष्माणि लोकस्य तर्कस्थानानि चिन्तयन् ॥ १०३
एवं प्रतिदिनं कुर्वन्कष्टं व्याजमयं तपः । स तत्रावर्जयामास नगरीवासिनां मनः ॥ १०४
अहो तपस्वी शान्तोऽयमिति ख्यातिश्च सर्वतः । उदपद्यत तत्रास्य भक्तिनम्रेऽखिले जने ॥ १०५
तावच्च स द्वितीयोऽस्य सखा चारमुखेन तम् । विज्ञाय माधवोऽप्येतन्नगरीं प्रविवेश ताम् ॥ १०६
गृहीत्वा वसतिं चात्र दूरे देवकुलान्तरे । स राजपुत्रच्छद्मा सन्स्नातुं सिप्रातटं ययौ ॥ १०७
स्नात्वा सानुचरो दृष्ट्वा देवाग्रे जपतत्परम् । तं शिवं परमप्रह्वो निपपातास्य पादयोः ॥ १०८
जगाद च जनस्याग्रे नास्तीदृक्तापसोऽपरः । असकृद्धि मया दृष्टस्तीर्थान्येष भ्रमन्निति ॥ १०९
शिवस्तु तं विलोक्यापि दम्भस्तम्भितकंधरः । तथैवासीत्ततः सोऽपि माधवो वसतिं ययौ ॥ ११०
रात्रौ मिलित्वा चैकत्र भुक्त्वा पीत्वा च तावुभौ । मन्त्रयामासतुः शेषं कर्तव्यं यदतः परम् ॥ १११
यामे च पश्चिमे स्वैरमागात्स्वमठिकां शिवः । माधवोऽपि प्रभाते स्वं धूर्तमेकं समादिशत् ॥ ११२
एतद्गृहीत्वा गच्छ त्वं वस्त्रयुग्ममुपायनम् । शंकरस्वामिनः पार्श्वमिह राजपुरोधसः ॥ ११३
राजपुत्रः पराभूतो माधवो नाम गोत्रजैः । पित्र्यं बहु गृहीत्वार्थमागतो दक्षिणापथात् ॥ ११४
समेः कतिपयैरन्यै राजपुत्रैरनुद्रुतः । स चेह युष्मदीयस्य राज्ञः सेवां करिष्यति ॥ ११५
तेन त्वद्दर्शनायाहं प्रेषितो यशसां निधे । इति त्वया सविनयं स च वाच्यः पुरोहितः ॥ ११६
एवं स माधवेनोक्त्वा धूर्तः संप्रेषितस्तदा । जगामोपायनकरो गृहं तस्य पुरोधसः ॥ ११७
उपेत्यावसरे दत्त्वा प्राभृतं विजने च तत् । तस्मै माधवसंदेशं शंसति स्म यथोचितम् ॥ ११८
सोऽप्युपायनलोभात्तच्छ्रद्दधे कल्पितायतिः । उपप्रदानं लिप्सूनामेकं ह्याकर्षणौषधम् ॥ ११९
ततः प्रत्यागते तस्मिन्धूर्तेऽन्येद्युः स माधवः । लब्धावकाशस्तमगात्स्वयं द्रष्टुं पुरोहितम् ॥ १२०
धृतकार्पटिकाकारै राजपुत्रापदेशिभिः । वृतः पार्श्वचरैरात्तकाष्ठखण्डकलाञ्छनैः ॥ १२१
पुरोगावेदितश्चैनमभ्यगात्स पुरोहितम् । तेनाप्यभ्युद्गमानन्दस्वागतैरभ्यनन्द्यत ॥ १२२
ततस्तेन सह स्थित्वा कथालापैः क्षणं च सः । आययौ तदनुज्ञातो माधवो वसतिं निजाम् ॥ १२३
द्वितीयेऽह्नि पुनः प्रेष्य प्राभृतं वस्त्रयोर्युगम् । भूयोऽपि तमुपागच्छत्पुरोहितमुवाच च ॥ १२४
परिवारानुरोधेन किल सेवार्थिनो वयम् । तेन त्वमाश्रितोऽस्माभिरर्थमात्रास्ति नः पुनः ॥ १२५
तच्छ्रुत्वा प्राप्तिमाशङ्क्य तस्मात्सोऽथ पुरोहितः । प्रतिशुश्राव तत्तस्मै माधवाय समीहितम् ॥ १२६
क्षणाच्च गत्वा राजानमेतदर्थं व्यजिज्ञपत् । तद्गौरवेण राजापि तत्तथा प्रत्यपद्यत ॥ १२७
अपरेऽह्नि च नीत्वा तं माधवं सपरिच्छदम् । नृपायादर्शयत्तस्मै स पुरोधाः सगौरवम् ॥ १२८
नृपोऽपि माधवं दृष्ट्वा राजपुत्रोपमाकृतिम् । आदरेणानुजग्राह वृत्तिं चास्य प्रदिष्टवान् ॥ १२९
ततोऽत्र सेवमानस्तं नृपं तस्थौ स माधवः । रात्रौ रात्रौ च मन्त्राय शिवेन समगच्छत ॥ १३०
इहैव वस मद्गेहे इति तेन पुरोधसा । सोऽर्थितश्चाभवल्लोभादुपचारोपजीविना ॥ १३१
ततः सहचरैः साकं तस्यैवाशिश्रियद्गृहम् । विनाशहेतुर्वासाय मद्गुः स्कन्धं तरोरिव ॥ १३२
कृत्वा कृत्रिममाणिक्यमयैराभरणैर्भृतम् । भाण्डं च स्थापयामास तदीये कोषवेश्मनि ॥ १३३
अन्तरा च तदुद्घाट्य तैस्तैर्व्याजार्धदर्शितैः । जहाराभरणैस्तस्य शष्पैरिव पशोर्मनः ॥ १३४
विश्वस्ते च ततस्तस्मिन्पुरोधसि चकार सः । मान्द्यमल्पतराहारकृशीकृततनुर्मृषा ॥ १३५
याते कतिपयाहे च तं शय्योपान्तवर्तिनम् । पुरोहितं स वक्ति स्म धूर्तराजोऽल्पया गिरा ॥ १३६
मम तावच्छरीरेऽस्मिन्वर्तते विषमा दशा । तद्विप्रवर कंचित्त्वं ब्राह्मणोत्तममानय ॥ १३७
यस्मै दास्यामि सर्वस्वमिहामुत्र च शर्मणे । अस्थिरे जीविते ह्यास्था का धनेषु मनस्विनः ॥ १३८
इत्युक्तः स पुरोधाश्च तेन दानोपजीवकः । एवं करोमीत्याह स्म सोऽपतच्चास्य पादयोः ॥ १३९
ततः स ब्राह्मणं यं यमानिनाय पुरोहितः । विशेषेच्छानिभात्तं तं श्रद्दधे न स माधवः ॥ १४०

१ 'विनाशहेतुर्वासोऽयमाखोः स्कन्धे तरोरिव' इति पाठान्तरम्.

तदृष्ट्वा तस्य पार्श्वस्थो धूर्त एकोऽब्रवीदिदम्। न तावदस्मै सामान्यो विप्रः प्रायेण रोचते ॥ १४१
तद्य एष शिवो नाम सिप्रातीरे महातपाः। स्थितः संप्रति भाव्यस्य न वेत्येतन्निरूप्यताम् ॥ १४२
तच्छ्रुत्वा माधवोऽवादीत्कृतार्तिस्तं पुरोहितम्। हन्त प्रसीदानय तं विप्रो नान्यो हि तादृशः ॥ १४३
इत्युक्तस्तेन च ययौ स शिवस्यान्तिकं ततः। पुरोधास्तमपश्यच्च रचितध्याननिश्चलम् ॥ १४४
उपाविशच्च तस्याग्रे ततः कृत्वा प्रदक्षिणम्। तत्क्षणं सोऽपि धूर्तोऽभूच्छनैरुन्मीलितेक्षणः ॥ १४५
ततः प्रणम्य तं प्रह्वः स उवाच पुरोहितः। न चेत्कुप्यसि तत्किंचित्प्रभो विज्ञापयाम्यहम् ॥ १४६
तन्निशम्य च तेनोष्ठपुटोन्नमनसंज्ञया। अनुज्ञातः शिवेनैवं तमवादीत्पुरोहितः ॥ १४७
इह स्थितो दाक्षिणात्यो राजपुत्रो महाधनः। माधवाख्यः स चास्वस्थः सर्वस्वं दातुमुद्यतः ॥ १४८
मन्यसे यदि तत्तुभ्यं स सर्वं तत्प्रयच्छति। नानानर्घमहारत्नमयालंकरणोज्ज्वलम् ॥ १४९
तच्छ्रुत्वा स शनैर्मुक्तमौनः किल शिवोऽब्रवीत्। ब्रह्मन्भिक्षाशनस्यार्थैः कोऽर्थो मे ब्रह्मचारिणः ॥ १५०
ततः पुरोहितोऽप्येवं स तं पुनरभाषत। मैवं वादीर्महाब्रह्मन्किं न वेत्स्याश्रमक्रमम् ॥ १५१
कृतदारो गृहे कुर्वन्देवपित्रतिथिक्रियाः। धनैस्त्रिवर्गं प्राप्नोति गृही ह्याश्रमिणां वरः ॥ १५२
ततः सोऽपि शिवोऽवादीत्कुतो मे दारसंग्रहः। नह्यहं परिणेष्यामि कुलाद्यादृशतादृशात् ॥ १५३
तच्छ्रुत्वा सुखभोग्यं च मत्वा तस्य तथा धनम्। स प्राप्तावसरो लुब्धः पुरोधास्तमभाषत ॥ १५४
अस्ति तर्हि सुता कन्या विनयस्वामिनीति मे। अतिरूपवती सा च तां च तुभ्यं ददाम्यहम् ॥ १५५
यच्च प्रतिग्रहधनं तस्मात्प्राप्नोपि माधवात्। तदहं तव रक्षामि तद्भजस्व गृहाश्रमम् ॥ १५६
इत्याकर्ण्य स संपन्नयथेष्टार्थः शिवोऽब्रवीत्। ब्रह्मन्ग्रहस्तवायं चेत्तत्करोमि वचस्तव ॥ १५७
हेमरत्नस्वरूपे तु मुग्ध एवास्मि तापसः। त्वद्वाचैव प्रवर्तेऽहं यथा वेत्सि तथा कुरु ॥ १५८
एतच्छिवचः श्रुत्वा परितुष्टस्तथेति तम्। मूढो निनाय गेहं स्वं तथैव स पुरोहितः ॥ १५९
संनिवेश्य च तत्रैनं शिवाख्यमशिवं ततः। यथाकृतं शशंसैतन्माधवायाभिनन्दते ॥ १६०
तदैव च ददौ तस्मै सुतां क्लेशविवर्धिताम्। निजां शिवाय संपत्तिमिव मूढत्वहारिताम् ॥ १६१
कृतोद्वाहं तृतीयेऽह्नि प्रतिग्रहकृते च तम्। निनाय व्याजमन्दस्य माधवस्य ततोऽन्तिकम् ॥ १६२
अतर्क्यतपसं वन्दे त्वामित्यवितथं वदन्। माधवोऽप्यपतत्तस्य शिवस्योत्थाय पादयोः ॥ १६३
ददौ च तस्मै विधिवत्कोषागारात्तदाहृतम्। भूरिकृत्रिममाणिक्यमयाभरणभाण्डकम् ॥ १६४
शिवोऽपि प्रतिगृह्यैतत्तस्य हस्ते पुरोधसः। नाहं वेद्मि त्वमेवैतद्वेत्सीत्युक्त्वा समर्पयत् ॥ १६५
अङ्गीकृतमिदं पूर्वं मया चिन्ता तवात्र का। इत्युक्त्वा तच्च जग्राह तत्क्षणं स पुरोहितः ॥ १६६
कृताशिषि ततो याते स्ववधूवासकं शिवे। नीत्वा स स्थापयामास तन्निजे कोषवेश्मनि ॥ १६७
माधवोऽपि तदन्येद्युर्मान्द्यव्याजं शनैस्त्यजन्। रोगोपशान्तिं वक्ति स्म महादानप्रभावतः ॥ १६८
त्वया धर्मसहायेन समुत्तीर्णोऽहमापदः। इति चान्तिकमायान्तं प्रशशंस पुरोहितम् ॥ १६९
एतत्प्रभावादेतन्मे शरीरमिति कीर्तयन्। प्रकाशमेव चक्रे च शिवेन सह मित्रताम् ॥ १७०
शिवोऽपि यातेषु दिनेष्ववादीत्तं पुरोहितम्। एवमेव भवद्गेहे भोक्ष्यते च कियन्मया ॥ १७१
तत्किं त्वमेव मूल्येन गृह्णास्याभरणं न तत्। महार्घमिति चेन्मूल्यं यथासंभवि देहि मे ॥ १७२
तच्छ्रुत्वा तदनर्घं च मत्वा तन्निष्क्रयं ददौ। तथेति तस्मै सर्वस्वं शिवाय स पुरोहितः ॥ १७३
तदर्थं च स्वहस्तेन जीवं लेख्यमकारयत्। स्वयं चाप्यकरोद्बुद्ध्वा तद्धनं स्वधनाधिकम् ॥ १७४
अन्योन्यलिखितं हस्ते गृहीत्वा स पुरोहितः। पृथगासीत्पृथक्सोऽपि शिवो भेजे गृहस्थितिम् ॥ १७५
ततश्च स शिवः सोऽपि माधवः संगतावुभौ। पुरोहितार्थान्भुञ्जानौ यथेच्छं तत्र तस्थतुः ॥ १७६
गते काले च मूल्यार्थी स पुरोधाः किलापणे। ततोऽलंकारणादेकं विक्रेतुं कटकं ययौ ॥ १७७
तत्रैतद्रत्नतत्त्वज्ञाः परीक्ष्य वणिजोऽब्रुवन्। अहो कस्यास्ति विज्ञानं येनैतत्कृत्रिमं कृतम् ॥ १७८
काचस्फटिकखण्डा हि नानारागोपरञ्जिताः। रीतिबद्धा इमे नैते मणयो न च काञ्चनम् ॥ १७९

तच्छ्रुत्वा विद्वलो गत्वा स पुरोधास्तदैव तत् । आनीयाभरणं गेहात्कृत्स्नं तेषामदर्शयत् ॥ १८०
ते दृष्ट्वा तद्वदेवास्य सर्वं कृत्रिममेव तत् । ऊचिरे च स तच्छ्रुत्वा वज्राहत इवाभवत् ॥ १८१
ततश्च गत्वा तत्कालं स मूढः शिवमभ्यधात् । गृह्णीष्व स्वानलंकारांस्तन्मे देहि निजं धनम् ॥ १८२
कुतो ममाद्यापि धनं तद्धशेषं गृहे मया । कालेन भुक्तमिति तं शिवोऽपि प्रत्यभाषत ॥ १८३
ततो विवदमानौ तौ पार्श्वावस्थितमाधवम् । पुरोधाश्च शिवश्चोभौ राजानमुपजग्मतुः ॥ १८४
काचस्फटिकयोः खण्डै रीतिबद्धैः सुरञ्जितैः । रचितं दैव तत्रैव व्याजालंकरणं महत् ॥ १८५
शिवेन मम सर्वस्वमजानानस्य भक्षितम् । इति विज्ञापयामास नृपतिं स पुरोहितः ॥ १८६
ततः शिवोऽब्रवीद्राजन्ना बाल्यात्तापसोऽभवम् । अनेनैव तदभ्यर्थ्य ग्राहितोऽहं प्रतिग्रहम् ॥ १८७
तदैव भाषितं चास्य मुग्धेनापि सता मया । रत्नादिष्वनभिज्ञस्य प्रमाणं मे भवानिति ॥ १८८
अहं स्थितस्तवात्रेति प्रत्यपद्यत चैष तत् । प्रतिगृह्य च तत्सर्वं हस्तेऽस्यैव मयार्पितम् ॥ १८९
ततोऽनेन गृहीतं तत्स्वेच्छं मूल्येन मे प्रभो । विद्यते चावयोरत्र स्वहस्तलिखितं मिथः ॥ १९०
इदानीं चैव साहाय्यं परं जानात्यतः प्रभुः । एवं शिवे समाप्तोक्तावुवाच स च माधवः ॥ १९१
मैवमादिश मान्यस्त्वमपराधो ममात्र कः । न गृहीतं मया किंचिद्भवतो वा शिवस्य वा ॥ १९२
पैतृकं धनमन्यत्र चिरं न्यासीकृतं स्थितम् । तदा तदेव चानीतं मया दत्तं द्विजन्मने ॥ १९३
सत्यं यदि न तत्स्वर्णं न च रत्नानि तानि तत् । रीतिस्फटिककाचानां प्रदानादस्तु मे फलम् ॥ १९४
निर्व्याजहृदयत्वेन दाने च प्रत्ययो मम । दृष्ट एवावतीर्णोऽस्मि यद्रोगमतिदुस्तरम् ॥ १९५
इत्यभिन्नमुखच्छायमुक्तवत्यत्र माधवे । जहास मन्त्रिसहितो राजा तस्मै तुतोष च ॥ १९६
नैवमन्यायतः किंचिन्माधवस्य शिवस्य वा । इति तत्र सभासद्भिः सान्तर्हासमुदीरिते ॥ १९७
पुरोहितः सोऽथ ययौ हारितार्थो विलज्जितः । कासां हि नापदां हेतुरतिलोभान्धबुद्धिता ॥ १९८
तौ च धूर्तौ ततस्तत्र तस्थतुः शिवमाधवौ । परितुष्टनृपावाप्तप्रसादसुखितौ चिरम् ॥ १९९
एवं सूत्रशतैस्तैस्तैर्जिह्वाजालानि तन्वते । जालोपजीविनो धूर्ता धारायां धीवरा इव ॥ २००
तत्तात मिथ्या कनकपुरीं दृष्टामिव ब्रुवन् । एषोऽपि वञ्चयित्वा त्वां विप्रो मत्प्राप्तिमिच्छति ॥ २०१
अतः संप्रति मा भूत्ते मद्विवाहकृते त्वरा । स्थितास्मि तावत्कन्यैव पश्यामो भवितात्र किम् ॥ २०२
इत्युक्तः सुतया राजा तया कनकरेखया । परोपकारी स तदा तामेवं प्रत्यभाषत ॥ २०३
यौवने कन्यकाभावश्चिरं पुत्रि न युज्यते । मिथ्या वदन्ति दोषं हि दुर्जना गुणमत्सराः ॥ २०४
उत्तमस्य विशेषेण कलङ्कोत्पादको जनः । हरस्वामिकथामत्र शृण्वेतां कथयामि ते ॥ २०५
गङ्गोपकण्ठे कुसुमपुरं नामास्ति यत्पुरम् । हरस्वामीति कोऽप्यासीत्तीर्थार्थी तत्र तापसः ॥ २०६
स भैक्षवृत्तिर्विप्रोऽत्र गङ्गातीरकृतोटजः । तपःप्रकर्षाल्लोकस्य गौरवास्पदतां ययौ ॥ २०७
कदाचिच्चात्र तं दृष्ट्वा दूराद्भिक्षाविनिर्गतम् । जनमध्ये जगादैकस्तद्गुणासहनः खलः ॥ २०८
अपि जानीथ जातोऽयं कीदृक्कपटतापसः । अनेनैवार्भकाः सर्वे नगरेऽमुत्र भक्षिताः ॥ २०९
तच्छ्रुत्वा च द्वितीयोऽत्र तत्रावोचत तादृशः । सत्यं श्रुतं मयाप्येतदुच्यमानं जनैरिति ॥ २१०
एवमेतदिति स्माह तृतीयोऽपि समर्थयन् । बध्नात्यार्यपरीवादं खलसंवादशृङ्खला ॥ २११
तेनैव च क्रमेणैष गतः कर्णपरम्पराम् । प्रवादो बहुलीभावं सर्वत्रात्र पुरे ययौ ॥ २१२
पौराश्च सर्वे गेहेभ्यो बलाद्बालान्न तत्यजुः । हरस्वामी शिशूञ्जीत्वा भक्षयत्यखिलानिति ॥ २१३
ततश्च ब्राह्मणास्तत्र संततिक्षयभीरवः । संभूय मन्त्रयामासुः पुरात्तस्य प्रवासनम् ॥ २१४
ग्रसेत कुपितः सोऽस्मानिति साक्षाद्भयान्न ते । यदा तस्याशकन्वक्तुं दूतान्विससृजुस्तदा ॥ २१५
ते च गत्वा तदा दूता दूरादेव तमब्रुवन् । नगराद्गम्यतामस्मादित्याहुस्त्वां द्विजातयः ॥ २१६
किं निमित्तमिति प्रोक्ता विस्मितेनाथ तेन ते । पुनरूचुस्त्वमश्नासि बालदर्शमिहेति तम् ॥ २१७
तच्छ्रुत्वा स हरस्वामी स्वयं प्रत्यायनेच्छया । विप्राणां निकटं तेषां भीतिनश्यज्जनो ययौ ॥ २१८

विप्राश्चारुरुहुस्त्रासात्तं दृष्ट्वैव मठोपरि । प्रवादमोहितः प्रायो न विचारक्षमो जनः ॥ २१९
अथ द्विजान्हरस्वामी तानेकैकमधः स्थितः । नामग्राहं समाहूय स जगादोपरि स्थितान् ॥ २२०
कोऽयं मोहोऽद्य वो विप्रा नावेक्षध्वं परस्परम् । कियन्तो बालकाः कस्य मया कुत्र च भक्षिताः ॥ २२१
तच्छ्रुत्वा यावदन्योन्यं विप्राः परिमृशन्ति ते । तावत्सर्वेऽपि सर्वेषां जीवन्तो बालकाः स्थिताः ॥ २२२
क्रमाभियुक्ताश्चान्येऽपि पौरास्तत्र तथैव तत् । प्रत्यपद्यन्त सर्वेऽपि सविप्रवणिजोऽब्रुवन् ॥ २२३
अहो विमूढैरस्माभिः साधुर्मिथ्यैव दूषितः । जीवन्ति बालाः सर्वेषां तत्कस्यानेन भक्षिताः ॥ २२४
इत्युक्तवत्सु सर्वेषु हरस्वामी तदैव सः । संपन्नशुद्धिर्नगराद्गन्तुं प्रववृते ततः ॥ २२५
दुर्जनोत्पादितावद्यविरक्तीकृतचेतसा । अविवेकिनि दुर्देशे रतिः का हि मनस्विनः ॥ २२६
ततो वणिग्भिर्विप्रैश्च प्रार्थितश्चरणानतैः । कथंचित्स हरस्वामी तत्र वस्तुममन्यत ॥ २२७

इत्थं सच्चरितावलोकनलसद्विद्वेषवाचालिता
मिथ्यादूषणमेवमेव ददति प्रायः सतां दुर्जनाः ।
किंचित्किं पुनराप्नुवन्ति यदि ते तत्रावकाशं मना-
ग्रष्टुं तज्ज्वलितेऽनले निपतितः प्राज्याज्यधारोत्करः ॥ २२८

तस्माद्विश्वासयितुमिच्छसि मां यदि त्वं वत्से तदुन्मिषति नूतनयौवनेऽस्मिन् ।
न स्वेच्छमर्हसि चिरं खलु कन्यकात्वमासेवितुं सुलभदुर्जनदुष्प्रवादम् ॥ २२९

इत्युक्ता नरपतिना पित्रा प्रायेण कनकरेखा सा ।
निजगाद राजतनया तमवस्थितनिश्चया भूयः ॥ २३०
दृष्टा कनकपुरी सा विप्रेण क्षत्रियेण वा येन ।
तर्हि तमाशु गवेषय तस्मै मां देहि भाषितं हि मया ॥ २३१

तच्छ्रुत्वा दृढनिश्चयां विगणयञ्जातिस्मरां तां सुतां
नास्याश्चान्यमभीष्टभर्तृघटने पश्यन्नुपायक्रमम् ।
देशे तत्र ततः प्रभृत्यनुदिनं प्रष्टुं नवागन्तुका-
न्भूयो भूमिपतिः स नित्यपटहप्रोद्घोषणामादिशत् ॥ २३२

यो विप्रः क्षत्रियो वा ननु कनकपुरीं दृष्टवान्सोऽभिधत्तां
तस्मै राजा किल स्वां वितरति तनयां यौवराज्येन साकम् ।
सर्वत्राघोष्यतैवं पुनरपि पटहानन्तरं चात्र शश्व-
न्न त्वेकः कोऽपि तावत्कृतकनकपुरीदर्शनो लभ्यते स्म ॥ २३३

इति महाकविश्रीसोमदेवभट्टविरचिते कथासरित्सागरे चतुर्दारिकालम्बके प्रथमस्तरङ्गः ।

द्वितीयस्तरङ्गः ।

अत्रान्तरे द्विजयुवा शक्तिदेवः स दुर्मनाः । अचिन्तयदभिप्रेतराजकन्यावमानितः ॥ १
मयेह मिथ्याकनकपुरीदर्शनवादिना । विमानना परं प्राप्ता न त्वसौ राजकन्यका ॥ २
तदेतत्प्राप्तये तावद्भ्रमणीया मही मया । यावत्सा नगरी दृष्टा प्राणैर्वापि गतं मम ॥ ३
तां हि दृष्ट्वा पुरीमेत्य तत्पणोपार्जितां न चेत् । लभेय राजतनयामेनां किं जीवितेन तत् ॥ ४
एवं कृतप्रतिज्ञः सन्वर्धमानपुरात्ततः । दक्षिणां दिशमालम्ब्य स प्रतस्थे तदा द्विजः ॥ ५
क्रमेण गच्छंश्च प्राप सोऽथ विन्ध्यमहाटवीम् । विवेश च निजां वाञ्छामिव तां गहनायताम् ॥ ६
तस्यां च मारुताधूतमृदुपादपपल्लवैः । वीजयन्त्यामिवात्मानं तप्तमर्ककरोत्करैः ॥ ७
भूरिचौरपराभूतिदुःखादिव दिवानिशम् । क्रोशन्त्यां तीव्रसिंहादिहन्यमानमृगारवैः ॥ ८
स्वच्छन्दोच्छलदुद्दाममहामरुमरीचिभिः । जिगीषन्त्यामिवात्युग्राण्यपि तेजांसि भास्वतः ॥ ९

जलसंगतिहीनायामप्यहो सुलभापदि । सततोल्लङ्घ्यमानायामपि दूरीभवद्भुवि ॥ १०
दिवसैर्दूरमध्वानमतिक्रम्य ददर्श सः । एकान्ते शीतलस्वच्छसलिलं सुमहत्सरः ॥ ११
पुण्डरीकोच्छ्रितच्छत्रं प्रोल्लसद्धंसचामरम् । कुर्वाणमिव सर्वेषां सरसामधिराजताम् ॥ १२
तस्मिन्स्नानादि कृत्वा च तत्पार्श्वे पुनरुत्तरे । अपश्यदाश्रमपदं सफलस्निग्धपादपम् ॥ १३
तत्राश्वत्थतरोर्मूले निषण्णं तापसैर्वृतम् । स सूर्यतपसं नाम स्थविरं मुनिमैक्षत ॥ १४
स्ववयोऽब्दशतग्रन्थिसंख्ययेवाक्षमालया । जराधवलकर्णाग्रसंश्रयिण्या विराजितम् ॥ १५
प्रणामपूर्वकं तं च मुनिमभ्याजगाम सः । तेनाप्यतिथिसत्कारैर्मुनिना सोऽभ्यनन्द्यत ॥ १६
अपृच्छ्यत च तेनैव संविभज्य फलादिभिः । कुतः प्राप्तोऽसि गन्तासि क्व च भद्रोच्यतामिति ॥ १७
वर्धमानपुरात्तावद्भगवन्नहमागतः । गन्तुं प्रवृत्तः कनकपुरीमस्मि प्रतिज्ञया ॥ १८
न जाने क्व भवेत्सा तु भगवान्वक्तु वेत्ति चेत् । इति तं शक्तिदेवोऽपि स प्रह्वो मुनिमभ्यधात् ॥ १९
वत्स वर्षशतान्यष्टौ ममाश्रमपदे त्विह । अतिक्रान्तानि न च सा श्रुतापि नगरी मया ॥ २०
इति तेनापि मुनिना गदितः स विषादवान् । पुनरेवाब्रवीत्तर्हि मृतोऽस्मि क्ष्मां भ्रमन्निह ॥ २१
ततः क्रमेण ज्ञातार्थः स मुनिस्तमभाषत । यदि ते निश्चयस्तर्हि यदहं वच्मि तत्कुरु ॥ २२
अस्ति काम्पिल्यविषयो योजनानां शतेष्वितः । त्रिषु तत्रोत्तराख्यश्च गिरिस्तत्रापि चाश्रमः ॥ २३
तत्रार्योऽस्ति मम भ्राता ज्येष्ठो दीर्घतपा इति । तत्पार्श्वं व्रज जानीयात्स वृद्धो जातु तां पुरीम् ॥ २४
एतच्छ्रुत्वा तथेत्युक्त्वा जातास्थ तत्र तां निशाम् । नीत्वा प्रतस्थे स प्रातः शक्तिदेवो द्रुतं ततः ॥ २५
क्लेशातिक्रान्तकान्तारशतश्चासाद्य तं चिरात् । काम्पिल्यविषयं तस्मिन्नारुरोहोत्तरे गिरौ ॥ २६
तत्र तं दीर्घतपसं मुनिमाश्रमवर्तिनम् । दृष्ट्वा प्रणम्य च प्रीतः कृतातिथ्यमुपाययौ ॥ २७
व्यजिज्ञपच्च कनकपुरीं राजसुतोदिताम् । प्रस्थितोऽहं न जानामि भगवन्क्वास्ति सा पुरी ॥ २८
सा च मेऽवश्यगन्तव्या ततस्तदुपलब्धये । ऋषिणा सूर्यतपसा प्रेषितोऽस्मि तवान्तिकम् ॥ २९
इत्युक्तवन्तं तं शक्तिदेवं सोऽप्यब्रवीन्मुनिः । इयता वयसा पुत्र पुरी साद्य श्रुता मया ॥ ३०
देशान्तरागतैः कैः कैर्जातः परिचयो न मे । न च तां श्रुतवानस्मि दूरे तद्दर्शनं पुनः ॥ ३१
जानाम्यहं च नियतं दवीयसि तया क्वचित् । भाव्यं द्वीपान्तरे वत्स तत्रोपायं च वच्मि ते ॥ ३२
अस्ति वारिनिधेर्मध्ये द्वीपमुत्स्थलसंज्ञकम् । तत्र सत्यव्रताख्योऽस्ति निषादाधिपतिर्धनी ॥ ३३
तस्य द्वीपान्तरेष्वस्ति सर्वेष्वपि गतागतम् । तेन सा नगरी जातु भवेद्दृष्टा श्रुतापि वा ॥ ३४
तस्मात्प्रयाहि जलधेरुपकण्ठप्रतिष्ठितम् । नगरं प्रथमं तावद्विटङ्कपुरसंज्ञकम् ॥ ३५
ततः केनापि वणिजा समं प्रवहणेन तत् । निषादस्यास्पदं गच्छ द्वीपं तस्येष्टसिद्धये ॥ ३६
इत्युक्तस्तेन मुनिना शक्तिदेवः स तत्क्षणम् । तथेत्युक्त्वा तमामन्त्र्य प्रयाति स्म तदाश्रमात् ॥ ३७
कालेन प्राप्य चोल्लङ्घ्य देशान्क्रोशान्वहंश्च सः । वारिधेस्तीरतिलकं तद्विटङ्कपुरं परम् ॥ ३८
तस्मिन्समुद्रदत्ताख्यमुत्स्थलद्वीपयायिनम् । अन्विष्य वणिजं तेन सह सख्यं चकार सः ॥ ३९
तदीयं यानपात्रं च समं तेनाधिरुह्य सः । तत्प्रीतिपूर्णपाथेयः प्रतस्थेऽम्बुधिवर्त्मना ॥ ४०
ततोऽल्पदेशे गन्तव्ये समुत्तस्थावशङ्कितम् । कालो विद्युल्लताजिह्वो गर्जन्पर्जन्यराक्षसः ॥ ४१
लघूनुन्नमयन्भावान्गुरूनप्यवपातयन् । ववौ विधेरिवारम्भः प्रचण्डश्च प्रभञ्जनः ॥ ४२
वाताहताश्च जलधेरुदतिष्ठन्महोर्मयः । आश्रयाभिभवक्रोधादिव शैलाः सपक्षकाः ॥ ४३
ययौ च तत्प्रवहणं क्षणमूर्ध्वमधः क्षणम् । उच्छ्रायपातपर्यायं दर्शयद्धनिनामिव ॥ ४४
क्षणान्तरे च वणिजामाक्रन्दैस्तीव्रपूरितम् । भरादिव तदुत्पत्य वहनं समभज्यत ॥ ४५
भग्ने च तस्मिंस्तत्स्वामी स वणिक्पतितोऽम्बुधौ । तीर्णश्च फलकारूढः प्राप्यान्यद्वहनं चिरात् ॥ ४६
शक्तिदेवं पतन्तं तु तं व्यात्तमुखकंदरः । अपरिक्षतसर्वाङ्गं महामत्स्यो निगीर्णवान् ॥ ४७
स च मत्स्योऽब्धिमध्येन तत्कालं स्वेच्छया चरन् । उत्स्थलद्वीपनिकटं जगाम विधियोगतः ॥ ४८

तत्र तस्यैव कैवर्तपतेः सत्यव्रतस्य सः । शफरग्राहिभिर्भृत्यैः प्राप्य दैवादगृह्यत ॥ ४९
ते च तं सुमहाकायं निन्युराकृष्य कौतुकात् । तदैव धीवरास्तस्य निजस्य स्वामिनोऽन्तिकम् ॥ ५०
सोऽपि तं तादृशं दृष्ट्वा तैरेव सकुतूहलः । पाठीनं पाटयामास भृत्यैः सत्यव्रतो निजैः ॥ ५१
पाटितस्योदराज्जीवञ्शक्तिदेवोऽथ तस्य सः । अनुभूतापराश्चर्यगर्भवासो विनिर्ययौ ॥ ५२
निर्यातं च कृतस्वस्तिकारं तं च सविस्मयः । युवानं वीक्ष्य पप्रच्छ दाशः सत्यव्रतस्ततः ॥ ५३
कस्त्वं कथं कुतश्चैषा शफरोदरशायिता । ब्रह्मंस्त्वयाप्ता कोऽयं ते वृत्तान्तोऽत्यन्तमद्भुतः ॥ ५४
तच्छ्रुत्वा शक्तिदेवस्तं दाशेन्द्रं प्रत्यभाषत । ब्राह्मणः शक्तिदेवाख्यो वर्धमानपुरादहम् ॥ ५५
अवश्यगम्या कनकपुरी च नगरी मया । अजानानश्च तां दूराद्भ्रान्तोऽस्मि सुचिरं भुवम् ॥ ५६
ततो दीर्घतपोवाक्यात्संभाव्य द्वीपगां च ताम् । तज्ज्ञप्तये दाशपतेरुत्स्थलद्वीपवासिनः ॥ ५७
पार्श्वं सत्यव्रतस्याहं गच्छन्वहनभङ्गतः । मग्नोऽम्बुधौ निगीर्णोऽहं मत्स्येन प्रापितोऽधुना ॥ ५८
इत्युक्तवन्तं तं शक्तिदेवं सत्यव्रतोऽब्रवीत् । सत्यव्रतोऽहमेवैतद्द्वीपं तच्चेदमेव ते ॥ ५९
किं तु दृष्टा बहुद्वीपदृश्वनापि न सा मया । नगरी त्वदभिप्रेता द्वीपान्तेषु श्रुता पुनः ॥ ६०
इत्युक्त्वा शक्तिदेवं च विषण्णं वीक्ष्य तत्क्षणम् । पुनरभ्यागतप्रीत्या तं स सत्यव्रतोऽभ्यधात् ॥ ६१
ब्रह्मन्मा गा विषादं त्वमिहैवाद्य निशां वस । प्रातः कंचिदुपायं ते विधास्यामीष्टसिद्धये ॥ ६२
इत्याश्वास्य स तेनैव दाशेन प्रहितस्ततः । सुलभातिथिसत्कारं द्विजो विप्रमठं ययौ ॥ ६३
तत्र तद्वासिनैकेन कृताहारो द्विजन्मना । विष्णुदत्ताभिधानेन सह चक्रे कथाक्रमम् ॥ ६४
तत्प्रसङ्गाच्च तेनैव पृष्टस्तस्मै समासतः । निजं देशं कुलं कृत्स्नं वृत्तान्तं च शशंस सः ॥ ६५
तद्बुद्ध्वा परिरभ्यैनं विष्णुदत्तः स तत्क्षणम् । बभाषे हर्षबाष्पाम्बुघर्घराक्षरजर्जरम् ॥ ६६
दिष्ट्या मातुलपुत्रस्त्वमेकदेशभवश्च मे । अहं च बाल्य एव प्राक्तस्माद्देशादिहागतः ॥ ६७
तदिहैवास्व नचिरात्साधयिष्यति चात्र ते । इष्टं द्वीपान्तरागच्छद्वणिक्कर्णपरम्परा ॥ ६८
इत्युक्त्वान्वयमावेद्य विष्णुदत्तो यथोचितैः । तं शक्तिदेवं तत्कालमुपचारैरुपाचरत् ॥ ६९
शक्तिदेवोऽपि संप्राप विस्मृताध्वक्लमो मुदम् । विदेशे बन्धुलाभो हि मरावमृतनिर्झरः ॥ ७०
अमंस्त च निजाभीष्टसिद्धिमभ्यर्णवर्तिनीम् । अन्तरापाति हि श्रेयः कार्यसंपत्तिसूचकम् ॥ ७१
ततो रात्रावनिद्रस्य शयनीये निषेदुषः । अभिवाञ्छितसंप्राप्तिगतचित्तस्य तस्य सः ॥ ७२
शक्तिदेवस्य पार्श्वस्थो विष्णुदत्तः समर्थनम् । विनोदपूर्वकं कुर्वन्कथां कथितवानिमाम् ॥ ७३
पुराभूत्सुमहाविप्रो गोविन्दस्वामिसंज्ञकः । महाग्रहारे कालिन्द्या उपकण्ठनिवेशिनि ॥ ७४
जायेते स्म च तस्य द्वौ सदृशौ गुणशालिनः । अशोकदत्तो विजयदत्तश्चेति सुतौ क्रमात् ॥ ७५
कालेन तत्र वसतां तेषामजनि दारुणम् । दुर्भिक्षं तेन गोविन्दस्वामी भार्यामुवाच सः ॥ ७६
अयं दुर्भिक्षदोषेण देशस्तावद्विनाशितः । तन्न शक्नोम्यहं द्रष्टुं सुहृद्बान्धवदुर्गतिम् ॥ ७७
दीयते च कियत्कस्य तस्मादन्नं यदस्ति नः । तद्दत्त्वा मित्रबन्धुभ्यो व्रजामो विषयादितः ॥ ७८
वाराणसीं च वासाय सकुटुम्बाः श्रयामहे । इत्युक्तया सोऽनुमतो भार्ययान्नमदाद्द्विजम् ॥ ७९
सदारसुतभृत्यश्च स देशात्प्रययौ ततः । उत्सहन्ते नहि द्रष्टुमुत्तमाः स्वजनापदम् ॥ ८०
गच्छंश्च मार्गे जटिलं भस्मपाण्डुं कपालिनम् । सार्धचन्द्रमिवेशानं महाव्रतिनमैक्षत ॥ ८१
उपेत्य ज्ञानिनं तं च नत्वा स्नेहेन पुत्रयोः । शुभाशुभं स पप्रच्छ सोऽथ योगी जगाद तम् ॥ ८२
पुत्रौ ते भाविकल्याणौ किं त्वेतेन कनीयसा । ब्रह्मन्विजयदत्तेन वियोगस्ते भविष्यति ॥ ८३
ततोऽस्याशोकदत्तस्य द्वितीयस्य प्रभावतः । एतेन सह युष्माकं भूयो भावी समागमः ॥ ८४
इत्युक्तस्तेन गोविन्दस्वामी स ज्ञानिना तदा । सुखदुःखाद्भुताक्रान्तस्तमामन्त्र्य ततो ययौ ॥ ८५
प्राप्य वाराणसीं तां च तद्बाह्ये चण्डिकागृहे । दिनं तत्रातिचक्राम देवी पूजादिकर्मणा ॥ ८६
सायं च तत्रैव बहिः सकुटुम्बस्तरोस्तले । समावसत्कार्पटिकैः सोऽन्यदेशागतैः सह ॥ ८७

रात्रौ च तत्र सुप्तेषु सर्वेष्वधिगताध्वसु । श्रान्तेष्वास्तीर्णपर्णादिपान्थशय्यानिषादिषु ॥ ८८
तदीयस्य विबुद्धस्य तस्याकस्मात्कनीयसः । सूनोर्विजयदत्तस्य महाञ्शीतज्वरोऽजनि ॥ ८९
स तेन सहसा भाविबन्धुविश्लेषहेतुना । भयेनेव ज्वरेणाभूदूर्ध्वरोमा सवेपथुः ॥ ९०
शीतार्तश्च प्रबोध्यैव पितरं स्वमुवाच तम् । बाधते तात तीव्रो मामिह शीतज्वरोऽधुना ॥ ९१
तन्मे समिधमानीय शीतघ्नं ज्वलयानलम् । नान्यथा मम शान्तिः स्यान्नयेयं न च यामिनीम् ॥ ९२
तच्छ्रुत्वा तं स गोविन्दस्वामी तद्वेदनाकुलः । तावत्कुतोऽधुना वह्निर्वत्सेति च समभ्यधात् ॥ ९३
नन्वयं निकटे तात दृश्यतेऽग्निर्ज्वलन्नितः । भूयिष्ठेऽत्रैव तद्गत्वा किं नाङ्गं तापयाम्यहम् ॥ ९४
तस्मात्सकम्पं हस्ते मां गृहीत्वा प्रापय द्रुतम् । इत्युक्तस्तेन पुत्रेण पुनर्विप्रोऽपि सोऽब्रवीत् ॥ ९५
श्मशानमेतदेषा च चिता ज्वलति तत्कथम् । गम्यतेऽत्र पिशाचादिभीषणे त्वं हि बालकः ॥ ९६
एतच्छ्रुत्वा पितुर्वाक्यं वत्सलस्य विहस्य सः । वीरो विजयदत्तस्तं सावष्टम्भमभाषत ॥ ९७
किं पिशाचादिभिस्तात वराकैः क्रियते मम । किमल्पसत्त्वः कोऽप्यस्मि तदशङ्कं नयात्र माम् ॥ ९८
इत्याग्रहाद्वदन्तं तं स पिता तत्र नीतवान् । सोऽप्यङ्गं तापयन्बालश्चितामुपससर्प ताम् ॥ ९९
ज्वलन्तीमनलज्वालाधूमव्याकुलमूर्धजाम् । नृमांसग्राहिणीं साक्षादिव रक्षोधिदेवताम् ॥ १००
क्षणात्तत्र समाश्वस्य सोऽर्भकः पितरं च तम् । चितान्तर्दृश्यते वृत्तं किमेतदिति पृष्टवान् ॥ १०१
कपालं मानुषस्यैतच्चितायां पुत्र दह्यते । इति तं प्रत्यवादीच्च सोऽपि पार्श्वस्थितः पिता ॥ १०२
ततः स्वस्साहसेनेव दीप्ताग्रेण निहत्य तम् । कपालं स्फोटयामास काष्ठेनैकेन सोऽर्भकः ॥ १०३
तेनोच्चैः प्रसृता तस्मान्मुखे तस्यापतद्वसा । श्मशानवह्निना नक्तंचरीसिद्धिरिवार्पिता ॥ १०४
तदास्वादेन बालश्च संपन्नोऽभूत्स राक्षसः । ऊर्ध्वकेशः शिखोत्खातखड्गो दंष्ट्राविशङ्कटः ॥ १०५
आकृष्य च कपालं तद्वसां पीत्वा लिलेह सः । अस्थिलग्नानलज्वालालोलया निजजिह्वया ॥ १०६
ततस्त्यक्तकपालः सन्पितरं निजमेव तम् । गोविन्दस्वामिनं हन्तुमुद्यतासिरियेष सः ॥ १०७
कपालस्फोट भो देव न हन्तव्यः पिता तव । इत एहीति तत्कालं श्मशानादुदभूद्वचः ॥ १०८
तच्छ्रुत्वा नाम लब्ध्वा च कपालस्फोट इत्यदः । स बटुः पितरं मुक्त्वा रक्षोभूतस्तिरोदधे ॥ १०९
तत्पिता सोऽपि गोविन्दस्वामी हा पुत्र हा गुणिन् । हा हा विजयदत्तेति मुक्ताक्रन्दस्ततो ययौ ॥ ११०
एत्य चण्डीगृहं तच्च प्रातः पत्न्यै सुताय च । ज्यायसेऽशोकदत्ताय यथावृत्तं शशंस सः ॥ १११
ततस्ताभ्यां सहानभ्रविद्युदापातदारुणम् । यथा शोकानलावेशमाजगाम स तापसः ॥ ११२
यथा वाराणसीसंस्थो देवीसंदर्शनागतः । तत्रोपेत्य जनोऽप्यन्यो ययौ तत्समदुःखताम् ॥ ११३
तावच्च देवीपूजार्थमागत्यैको महावणिक् । अपश्यदत्र गोविन्दस्वामिनं तं तथाविधम् ॥ ११४
समुद्रदत्तनामासावुपेत्याश्वास्य तं द्विजम् । तदैव स्वगृहं साधुर्निनाय सपरिच्छदम् ॥ ११५
स्नानादिनोपचारेण तत्र चैनमुपाचरत् । निसर्गो ह्येष महतां यदापन्नानुकम्पनम् ॥ ११६
सोऽपि जग्राह गोविन्दस्वामी पत्न्या समं धृतिम् । महाव्रतिवचः श्रुत्वा जातास्थः सुतसंगमे ॥ ११७
ततः प्रभृति चैतस्यां वाराणस्यामुवास सः । अभ्यर्थितो महाढ्यस्य तस्यैव वणिजो गृहे ॥ ११८
तत्रैवाधीतविद्योऽस्य स सुतः प्राप्तयौवनः । द्वितीयोऽशोकदत्ताख्यो बाहुयुद्धमशिक्षत ॥ ११९
क्रमेण च ययौ तत्र प्रकर्षं स तथा यथा । अजीयत न केनापि प्रतिमल्लेन भूतले ॥ १२०
एकदा देवयात्रायां तत्र मल्लसमागमे । आगाद्दैको महामल्लः ख्यातिमान्दक्षिणापथात् ॥ १२१
तेनात्र निखिला मल्ला राज्ञो वाराणसीपतेः । प्रतापमुकुटाख्यस्य पुरतोऽन्ये पराजिताः ॥ १२२
ततः स राजा मल्लस्य युद्धे तस्य समादिशत् । आनाय्याशोकदत्तं तं श्रुतं तस्माद्वणिग्वरात् ॥ १२३
सोऽपि मल्लो भुजं हत्वा हस्तेनारभताहवम् । मल्लं चाशोकदत्तस्तु भुजं हत्वा न्यपातयत् ॥ १२४
ततस्तत्र महामल्लनिपातोत्थितशब्दया । युद्धभूम्यापि संतुष्य साधुवाद इवोदिते ॥ १२५
स राजाशोकदत्तं तं तुष्टो रत्नैरपूरयत् । चकार चात्मनः पार्श्ववर्तिनं दृष्टविक्रमम् ॥ १२६

सोऽपि राज्ञः प्रियो भूत्वा दिनैः प्राप परां श्रियम् । शेवधिः शूरविद्यस्य विशेषज्ञो विशांपतिः ॥ १२७
सोऽथ जातु ययौ राजा चतुर्दश्यां बहिः पुरे । सुप्रतिष्ठापितं दूरे देवमर्चयितुं शिवम् ॥ १२८
कृतार्चनस्ततो नक्तं श्मशानस्यान्तिकेन सः । आगच्छन्नश्रृणोदेतां तन्मध्यादुद्गतां गिरम् ॥ १२९
अहं दण्डाधिपेनेह मिथ्या वध्यानुकीर्तनात् । द्वेषेण विद्धः शूलायां तृतीयं दिवसं प्रभो ॥ १३०
अद्यापि च न निर्यान्ति प्राणा मे पापकर्मणः । तद्देव तृषितोऽत्यर्थमहं दापय मे जलम् ॥ १३१
तच्छ्रुत्वा कृपया राजा स पार्श्वस्थमुवाच तम् । अशोकदत्तमस्याम्भः प्रहिणोतु भवानिति ॥ १३२
कोऽत्र रात्रौ व्रजेद्देव तद्गच्छाम्यहमात्मना । इत्युक्त्वाशोकदत्तः स गृहीत्वाम्भस्ततो ययौ ॥ १३३
याते च स्वपुरीं राज्ञि स वीरो गहनान्तरम् । महत्तरेण तमसा सर्वतोऽन्तरधिष्ठितम् ॥ १३४
शिवावकीर्णपिशितप्रत्तसंध्यामहाबलि । कचित्कचिच्चिताज्योतिर्दीप्रदीपप्रकाशितम् ॥ १३५
लसदुत्तालवेतालतालवाद्यं विवेश तत् । श्मशानं कृष्णरजनीनिवासभवनोपमम् ॥ १३६
केनाम्भो याचितं भूपादित्युच्चैस्तत्र स ब्रुवन् । मया याचितमित्येवमश्रृणोद्वाचमेकतः ॥ १३७
गत्वा तदनुसारेण निकटस्थं चितानलम् । ददर्श तत्र शूलाग्रे विद्धं कंचित्स पूरुषम् ॥ १३८
अधश्च तस्य रुदतीं सदलंकारभूषिताम् । अदृष्टपूर्वां सर्वाङ्गसुन्दरीं स्त्रियमैक्षत ॥ १३९
कृष्णपक्षपरिक्षीणे गतेऽस्तं रजनीपतौ । चितारोहाय तद्रश्मिरम्यां रात्रिमिवागताम् ॥ १४०
का त्वमम्ब कथं चेह रुदत्येवमवस्थिता । इति पृष्टा च सा तेन योषिदेवं तमब्रवीत् ॥ १४१
अस्याहं शूलविद्धस्य भार्या विगतलक्षणा । निश्चिताशा स्थितास्मीह चितारोहे सहामुना ॥ १४२
कंचित्कालं प्रतीक्षे च प्राणानामस्य निष्क्रमम् । तृतीयेऽह्नि गतेऽप्यद्य यान्त्येतस्य हि नासवः ॥ १४३
याचते च मुहुस्तोयमानीतं च मयेह तत् । किं त्वहं नोन्नते शूले प्राप्नोम्यस्य मुखं सखे ॥ १४४
इति तस्या वचः श्रुत्वा स प्रवीरोऽप्युवाच ताम् । इदं त्वस्य नृपेणापि हस्ते मे प्रेषितं जलम् ॥ १४५
तन्मे पृष्ठे पदं दत्त्वा देह्येतस्यैतदानने । न परस्पर्शमात्रं हि स्त्रीणामापदि दूषणम् ॥ १४६
एतच्छ्रुत्वा तथेत्यात्तजला दत्त्वा पदद्वयम् । शूलमूलावनम्रस्य पृष्ठं तस्यारुरोह सा ॥ १४७
क्षणाद्भुवि स्वपृष्ठे च रक्तबिन्दुष्वशङ्कितम् । पतत्सु मुखमुन्नम्य स वीरो यावदीक्षते ॥ १४८
तावत्स्त्रियमपश्यत्तां छित्त्वा छुरिकया मुहुः । खादन्तीं तस्य मांसानि पुंसः शूलाग्रवर्तिनः ॥ १४९
ततस्तां विकृतिं मत्वा क्रोधादाकृष्य स क्षितौ । आस्फोटयिष्यञ्जग्राह पादे रणितनूपुरे ॥ १५०
सापि तं तरसा पादमाक्षिप्यैव स्वमायया । क्षिप्रं गगनमुत्पत्य जगाम क्वाप्यदर्शनम् ॥ १५१
तस्य चाशोकदत्तस्य तत्पादान्मणिनूपुरम् । तस्मादाकर्षणस्रस्तमवतस्थे करान्तरे ॥ १५२
ततस्तां पेशलामादावधःकर्त्रीं च मध्यतः । अन्ते विकारघोरां च दुर्जनैरिव संगतिम् ॥ १५३
नष्टां विचिन्तयन्पश्यन्हस्ते दिव्यं च नूपुरम् । सविस्मयः साभितापः सहर्षश्च बभूव सः ॥ १५४
ततः श्मशानतस्तस्मात्स जगामात्तनूपुरः । निजगेहं प्रभाते च स्नातो राजकुलं ययौ ॥ १५५
किं तस्य शूलविद्धस्य दत्तं वारीति पृच्छते । राज्ञे स च तथेत्युक्त्वा तं नूपुरमुपानयत् ॥ १५६
एतत्कुत इति स्वैरं पृष्टस्तेन स भूभृता । तस्मै स्वरात्रिवृत्तान्तं शशंसाद्भुतभीषणम् ॥ १५७
ततश्चानन्यसामान्यं सत्त्वं तस्यावधार्य सः । तुष्टोऽप्यन्यगुणोत्कर्षात्तुतोष सुतरां नृपः ॥ १५८
गृहीत्वा नूपुरं तं च गत्वा देव्यै ददौ स्वयम् । हृष्टस्तत्प्राप्तिवृत्तान्तं तस्यै च समवर्णयत् ॥ १५९
सा तद्बुद्ध्वा च दृष्ट्वा च तं दिव्यं मणिनूपुरम् । अशोकदत्तश्लाघैकतत्परा मुमुदे रहः ॥ १६०
ततो जगाद तां राजा देवि जात्येव विद्यया । सत्येनेव च रूपेण महतामप्ययं महान् ॥ १६१
अशोकदत्तो भव्याया भर्ता च दुहितुर्यदि । भवेन्मदनलेखायास्तद्भद्रमिति मे मतिः ॥ १६२
वरस्वामी गुणाः प्रेक्ष्या न लक्ष्मीः क्षणभङ्गिनी । तदेतस्मै प्रवीराय ददाम्येतां सुतामहम् ॥ १६३
इति भर्तुर्वचः श्रुत्वा देवी सा सादरावदत् । युक्तमेतदसौ ह्यस्या युवा भर्तानुरूपकः ॥ १६४
सा च तेन मधूद्यानदृष्टेन हृतमानसा । शून्याशया दिनेष्वेषु न श्रृणोति न पश्यति ॥ १६५

तत्सखीतश्च तद्बुद्ध्वा सचिन्ताहं निशाक्षये। सुप्ता जाने स्त्रिया स्वप्ने कयाप्युक्तास्मि दिव्यया॥ १६६
वत्से मदनलेखेयं देयान्यस्मै न कन्यका। एषा ह्यशोकदत्तस्य भार्या जन्मान्तरार्जिता॥ १६७
तच्च श्रुत्वा प्रबुध्यैव गत्वा प्रत्यूष एव च। स्वयं तत्प्रत्ययाद्वत्सां समाश्वासितवत्यहम्॥ १६८
इदानीं चार्यपुत्रेण स्वयमेव ममोदितम्। तस्मात्समेतु तेनासौ वृक्षेणेवार्तवी लता॥ १६९
इत्युक्तः प्रियया प्रीतः स राजा रचितोत्सवः। आहूयाशोकदत्ताय तस्मै तां तनयां ददौ॥ १७०
तयोश्च सोऽभूद्राजेन्द्रपुत्रीविप्रेन्द्रपुत्रयोः। संगमोऽन्योन्यशोभायै लक्ष्मीविनययोरिव॥ १७१
ततः कदाचिद्राजानं तं देवी वदति स्म सा। अशोकदत्तानीतं तदुद्दिश्य मणिनूपुरम्॥ १७२
आर्यपुत्रायमेकाकी नूपुरो न विराजते। अनुरूपस्तदेतस्य द्वितीयः परिकल्प्यताम्॥ १७३
तच्छ्रुत्वा हेमकारादीनादिदेश स भूपतिः। नूपुरस्यास्य सदृशो द्वितीयः क्रियतामिति॥ १७४
ते तन्निरूप्य जगदुर्नेदृशो देव शक्यते। अपरः कर्तुमेतद्धि दिव्यं शिल्पं न मानुषम्॥ १७५
रत्नानीदृंशि भूयांसि न भवन्त्येव भूतले। तस्मादेष यतः प्राप्तस्तत्रैवान्यो गवेष्यताम्॥ १७६
एतच्छ्रुत्वा सदेवीके विषण्णे राज्ञि तत्क्षणम्। अशोकदत्तस्तत्रस्थस्तद्दृष्ट्वा सहसाब्रवीत्॥ १७७
अहमेवानयाम्यस्य द्वितीयं नूपुरस्य ते। एवं कृतप्रतिज्ञश्च राज्ञा साहसशङ्किना॥ १७८
स्नेहान्निवार्यमाणोऽपि निश्चयान्न चचाल सः। गृहीत्वा नूपुरं तच्च श्मशानं स पुनर्ययौ॥ १७९
निशि कृष्णचतुर्दश्यां यत्रैव तमवाप्तवान्। प्रविश्य तत्र च प्राज्यचिताधूममलीमसैः॥ १८०
पाशोपवेष्टितगलस्कन्धोल्लम्बितमानुषैः। पादपैरिव रक्षोभिराकीर्णे पितृकानने॥ १८१
अपश्यन्पूर्वदृष्टां तां स्त्रियं तन्नूपुराप्तये। उपायमेकं बुबुधे स महामांसविक्रयम्॥ १८२
तरुपाशाद्गृहीत्वाथ शवं बभ्राम तत्र सः। विक्रीणानो महामांसं गृह्यतामिति घोषयन्॥ १८३
महासत्त्व गृहीत्वैतदेहि तावन्मया सह। इति क्षणाच्च जगदे स दूरादेकया स्त्रिया॥ १८४
तच्छ्रुत्वा स तथैवैतामुपेत्यानुसरन्स्त्रियम्। आरात्तरुतले दिव्यरूपां योषितमैक्षत॥ १८५
स्त्रीभिर्वृतामासनस्थां रत्नाभरणभासुराम्। असंभाव्यस्थितिं तत्र मरावम्भोजिनीमिव॥ १८६
स्त्रिया तयोपनीतश्च तामुपेत्य तथा स्थिताम्। नृमांसमस्मि विक्रीणे गृह्यतामित्युवाच सः॥ १८७
भो महासत्त्व मूल्येन केनैतद्दीयते त्वया। इति सापि तदाह स्म दिव्यरूपा किलाङ्गना॥ १८८
ततः स वीरो हस्तस्थं तमेकं मणिनूपुरम्। संदर्श्य स्कन्धपृष्ठस्थप्रेतकायो जगाद ताम्॥ १८९
यो ददात्यस्य सदृशं द्वितीयं नूपुरस्य मे। मांसं तस्य ददाम्येतदस्त्यसौ यदि गृह्यताम्॥ १९०
तच्छ्रुत्वा साप्यवादीत्तमस्त्यन्यो नूपुरो मम। असौ मदीय एवैको नूपुरो हि हृतस्त्वया॥ १९१
सैवाहं या त्वया दृष्टा शूलविद्धस्य पार्श्वतः। कृतान्यरूपा भवता परिज्ञातास्मि नाधुना॥ १९२
तत्किं मांसेन यदहं वच्मि ते तत्करोषि चेत्। तद्द्वितीयं ददाम्यस्य तुल्यं तुभ्यं स्वनूपुरम्॥ १९३
इत्युक्तः स तदा वीरः प्रतिपद्य तदब्रवीत्। यत्त्वं वदसि तत्सर्वं करोम्येव क्षणादिति॥ १९४
ततस्तस्मै जगादैवमा मूलात्सा मनीषितम्। अस्ति भद्र त्रिघण्टाख्यं हिमवच्छिखरे पुरम्॥ १९५
तत्रासील्लम्बजिह्वाख्यः प्रवीरो राक्षसाधिपः। तस्य विद्युच्छिखा नाम भार्याहं कामरूपिणी॥ १९६
स चैकस्यां सुतायां मे जातायां दैवतः पतिः। प्रभोः कपालस्फोटस्य पुरतो निहतो रणे॥ १९७
ततो निजपुरं तन्मे प्रभुणा तेन तुष्यता। प्रदत्तं तेन च सुखं स्थितास्मि ससुताधुना॥ १९८
सा च मद्दुहितेदानीमारूढा नवयौवनम्। तत्प्रवीरवरप्राप्तिचिन्ता च मम मानसम्॥ १९९
अतस्तदा समं राज्ञा यान्तं त्वाममुना पथा। दृष्ट्वा नक्तं चतुर्दश्यामिहस्थाहमचिन्तयम्॥ २००
अयं भव्यो युवा वीरो योग्यो मे दुहितुः पतिः। तदेतत्प्राप्तये कंचिदुपायं किं न कल्पये॥ २०१
इति संकल्प्य याचित्वा शूलविद्धवचोमिषात्। जलं मध्येश्मशानं त्वमानीतोऽभूर्मया मृषा॥ २०२
मायादर्शितरूपाविप्रपञ्चालीकवादिनी। विप्रलब्धवती चास्मि तत्र त्वां क्षणमात्रकम्॥ २०३

१ 'पादपैरिव—' इत्यस्मात्पूर्वम् 'अन्तर्गतोल्काहुतभुक्प्रज्वलत्कोटराननैः' इत्यर्धश्लोकः पुस्तकान्तरेऽधिकः.

आकर्षणाय भूयस्ते युक्त्या चैकं स्वनूपुरम् । संत्यज्य शृङ्खलापाशमिव याता ततोऽप्यहम् ॥ २०४
अद्य चेत्थं मया प्राप्तो भवांस्तद्गृहमेत्य नः । भजस्व मे सुतां किं च गृहाणापरनूपुरम् ॥ २०५
इत्युक्तः स निशाचर्या तथेत्युक्त्वा तया सह । वीरो गगनमार्गेण तत्सिद्ध्या तत्पुरं ययौ ॥ २०६
सौवर्णं तदपश्यच्च शृङ्गे हिमवतः पुरम् । नभोध्वखेदविश्रान्तमर्कबिम्बमिवाचलम् ॥ २०७
रक्षोधिपसुतां तत्र नाम्ना विद्युत्प्रभां स ताम् । स्वसाहसमहासिद्धिमिव मूर्तामवाप्तवान् ॥ २०८
तया च सह तत्रैव कंचित्कालमुवास सः । अशोकदत्तः प्रियया श्वश्रूविभवनिर्वृतः ॥ २०९
ततो जगाद तां श्वश्रूं मह्यं तद्देहि नूपुरम् । यतः संप्रति गन्तव्या पुरी वाराणसी मया ॥ २१०
तत्र ह्येतत्प्रतिज्ञातं स्वयं नरपतेः पुरः । एकत्वन्नूपुरस्पर्धिद्वितीयानयनं मया ॥ २११
इत्युक्ता तेन सा श्वश्रूर्द्वितीयं तं स्वनूपुरम् । तस्मै दत्त्वा पुनश्चैकं सुवर्णकमलं ददौ ॥ २१२
प्राप्ताब्जनूपुरस्तस्मात्स पुराच्निर्ययौ ततः । अशोकदत्तो वचसा नियम्यागमनं पुनः ॥ २१३
तया श्वश्र्वैव चाकाशपथेन पुनरेव तम् । श्मशानं प्रापितः सोऽभून्निजसिद्धिप्रभावतः ॥ २१४
तरुमूले च तत्रैव स्थित्वा सा तं ततोऽब्रवीत् । सदा कृष्णचतुर्दश्यामिह रात्रावुपैम्यहम् ॥ २१५
तस्मान्निशि च भूयोऽपि त्वमेष्यसि यदा यदा । तदा तदा वटतरोर्मूलात्प्राप्स्यसि मामितः ॥ २१६
एतच्छ्रुत्वा तथेत्युक्त्वा तामामन्त्र्य निशाचरीम् । अशोकदत्तः स ततो ययौ तावत्पितुर्गृहम् ॥ २१७
कनीयः सुतविश्लेषदुःखद्वैगुण्यदायिना । मादृशा तत्प्रवासेन पितरौ तत्र दुःखितौ ॥ २१८
अतर्कितागतो यावदानन्दयति तत्क्षणात् । तावत्स बुद्ध्वा श्वशुरस्तत्रैवास्याययौ नृपः ॥ २१९
स तं साहसिकस्पर्शभीतैरिव सकण्टकैः । अङ्गैः प्रणतमालिङ्ग्य मुमुदे भूपतिश्चिरम् ॥ २२०
ततस्तेन समं राज्ञा विवेश नृपमन्दिरम् । अशोकदत्तः स तदा प्रमोदो मूर्तिमानिव ॥ २२१
ददौ राज्ञे स संयुक्तं तद्दिव्यं नूपुरद्वयम् । कुर्वाणमिव तद्वीर्यस्तुतिं झणझणारवैः ॥ २२२
अर्पयामास तच्चास्मै कान्तं कनकपङ्कजम् । रक्षःकोषश्रियो हस्ताल्लीलाम्बुजमिवाहृतम् ॥ २२३
पृष्टोऽथ कौतुकात्तेन राज्ञा देवीयुतेन सः । अवर्णयद्यथावृत्तं स्वं कर्णानन्ददायि तत् ॥ २२४
विचित्रचरितोल्लेखचमत्कारितचेतनम् । प्राप्यते किं यशः शुभ्रमनङ्गीकृत्य साहसम् ॥ २२५
एवं वदंस्ततस्तेन जामात्रा कृतकृत्यताम् । मेने स राजा देवी च प्राप्तनूपुरयुग्मका ॥ २२६
उत्सवातोद्यनिर्ह्रादि तदा राजगृहं च तत् । अशोकदत्तस्य गुणानुद्गायदिव निर्बभौ ॥ २२७
अन्येद्युश्च स राजा तत्स्वकृते सुरसद्मनि । हेमाब्जं स्थापयामास सद्रौप्यकलशोपरि ॥ २२८
उभौ कलशपद्मौ च शुशुभाते सितारुणौ । यशःप्रतापाविव तौ भूपालाशोकदत्तयोः ॥ २२९
तादृशौ च विलोक्यैतौ स हर्षोत्फुल्ललोचनः । राजा माहेश्वरो भक्तिरसावेशादभाषत ॥ २३०
अहो विभाति पद्मेन तुङ्गोऽयं कलशोऽमुना । भूतिशुभ्रः कपर्दीव जटाजूटेन बभ्रुणा ॥ २३१
अभविष्यद्द्वितीयं चेदीदृशं कनकाम्बुजम् । अस्थापयिष्यतामुष्मिन्द्वितीये कलशेऽपि तत् ॥ २३२
इति राजवचः श्रुत्वाशोकदत्तस्ततोऽब्रवीत् । आनेष्याम्यहमम्भोजं द्वितीयमपि देव ते ॥ २३३
तच्छ्रुत्वा न ममान्येन पङ्कजेन प्रयोजनम् । अलं ते साहसेनेति राजापि प्रत्युवाच तम् ॥ २३४
दिवसेष्वथ यातेषु हेमाब्जहरणैषिणि । अशोकदत्ते सा भूयोऽप्यगात्कृष्णचतुर्दशी ॥ २३५
तस्यां चास्य सुवर्णाब्जवाञ्छां बुद्ध्वा भयादिव । शुसरःस्वर्णकमले यातेऽस्तशिखरं रवौ ॥ २३६
संध्यारुणाभ्रपिशितग्रासगर्वादिव क्षणात् । तमोरक्षःसु धावत्सु धूमधूम्रेषु सर्वतः ॥ २३७
स्फुरद्दीपावलीदन्तमालाभास्वरभीषणे । जृम्भमाणे महारौद्रे निशानक्तंचरीमुखे ॥ २३८
प्रसुप्तराजपुत्रीकात्स्वैरं निर्गत्य मन्दिरात् । अशोकदत्तः स ययौ श्मशानं पुनरेव तत् ॥ २३९
तत्र तस्मिन्वटतरोर्मूले तां पुनरागताम् । ददर्श राक्षसीं श्वश्रूं विहितस्वागतादराम् ॥ २४०
तया च सह भूयस्तदगमत्तन्निकेतनम् । स युवा हिमवच्छृङ्गं मार्गोन्मुखवधूजनम् ॥ २४१
कंचित्कालं समं वध्वा तत्र स्थित्वाब्रवीच्च ताम् । श्वश्रूं वेद्मि द्वितीयं मे कुतश्चित्कनकाम्बुजम् ॥ २४२

तच्छ्रुत्वा साप्यवादीत्तं कुतोऽन्यत्पङ्कजं मम । एतत्कपालस्फोटस्य विद्यतेऽस्मत्प्रभोः सरः ॥ २४३
यत्रेदृशानि जायन्ते हेमाब्जानि समन्ततः । तस्मात्तदेकं मद्भर्त्रे प्रीत्या पद्मं स दत्तवान् ॥ २४४
एवं तयोक्ते सोऽवादीत्तर्हि तन्मां सरोवरम् । नय यावत्स्वयं तस्मादादास्ये कनकाम्बुजम् ॥ २४५
न शक्यमेतद्रक्षोभिर्दारुणैस्तद्धि रक्ष्यते । एवं निषिद्धोऽपि तया निर्बन्धं न स तं जहौ ॥ २४६
ततः कथंचिन्नीतश्च तया श्वश्र्वा ददर्श तत् । दूरात्सरोवरं दिव्यं तुङ्गाद्रिकटकाश्रितम् ॥ २४७
छन्नं निरन्तरोद्दण्डदीप्तहेमसरोरुहैः । सततोन्मुखतापीतसंक्रान्तार्कप्रभैरिव ॥ २४८
गत्वैव तत्र यावच्च पद्मान्यवचिनोति सः । तावत्तद्रक्षिणो घोरा रुरुधुस्तं निशाचराः ॥ २४९
सशस्त्रः सोऽवधीच्चैनानन्यानन्ये पलाय्य च । गत्वा कपालस्फोटाय स्वामिने तन्न्यवेदयन् ॥ २५०
स तद्बुद्ध्वैव कुपितस्तत्र रक्षःपतिः स्वयम् । आगत्याशोकदत्तं तमपश्यल्लुण्ठिताम्बुजम् ॥ २५१
कथं भ्राता ममाशोकदत्तः सोऽयमिहागतः । इति प्रत्यभ्यजानाच्च तत्क्षणं तं सविस्मयः ॥ २५२
ततः शस्त्रं समुत्सृज्य हर्षबाष्पाप्लुतेक्षणः । धावित्वा पादयोः सद्यः पतित्वा च जगाद तम् ॥ २५३
अहं विजयदत्ताख्यः सोदर्यः स तवानुजः । आवां द्विजवरस्योभौ गोविन्दस्वामिनः सुतौ ॥ २५४
इयच्चिरं च जातोऽहं दैवादीदृङ्निशाचरः । चिताकपालदलनात्कपालस्फोटनामकः ॥ २५५
त्वद्दर्शनादिदानीं च ब्राह्मण्यं तत्स्मृतं मया । गतं च राक्षसत्वं मे मोहाच्छादितचेतनम् ॥ २५६
एवं विजयदत्तस्य वदतः परिरभ्य सः । यावत्क्षालयतीवाङ्गं राक्षसीभावदूषितम् ॥ २५७
अशोकदत्तो बाष्पाम्बुपूरैस्तावदवातरत् । प्रज्ञप्तिकौशिको नाम विद्याधरगुरुर्दिवः ॥ २५८
स तौ द्वावप्युपेत्यैव भ्रातरौ गुरुरब्रवीत् । यूयं विद्याधराः सर्वे शापादेतां दशां गताः ॥ २५९
अधुना च स शापो वः सर्वेषां शान्तिमागतः । तद्गृह्णीत निजा विद्या बन्धुसाधारणीरिमाः ॥ २६०
व्रजतं च निजं धाम स्वीकृतस्वजनौ युवाम् । इत्युक्त्वा दत्तविद्योऽसौ तयोर्द्यामुद्ययौ गुरुः ॥ २६१
तौ च विद्याधरीभूतौ प्रबुद्धौ जग्मतुस्ततः । व्योम्ना तद्धिमवच्छृङ्गं गृहीतकनकाम्बुजौ ॥ २६२
तत्र चाशोकदत्तस्तां रक्षःपतिसुतां प्रियाम् । उपागात्साप्यभूत्क्षीणशापा विद्याधरी तदा ॥ २६३
तया च साकं सुदृशा भ्रातरौ तावुभावपि । वाराणसीं प्रययतुः क्षणाद्गगनगामिनौ ॥ २६४
तत्र चोपेत्य पितरौ विप्रयोगाग्नितापितौ । निरवापयतां सद्यो दर्शनामृतवर्षिणौ ॥ २६५
अदेहभेदेऽप्याक्रान्तचित्रजन्मान्तरौ च तौ । न पित्रोरेव लोकस्याप्युत्सवाय बभूवतुः ॥ २६६
चिराद्विजयदत्तश्च गाढमाश्लिष्यतः पितुः । भुजमध्यमिवात्यर्थं मनोरथमपूरयत् ॥ २६७
ततस्तत्रैव तद्बुद्ध्वा प्रतापमुकुटोऽपि सः । अशोकदत्तश्वशुरो राजा हर्षादुपाययौ ॥ २६८
तत्सत्कृतश्च तद्राजधानीं सोत्कस्थितप्रियाम् । अशोकदत्तः स्वजनैः सार्धं बद्धोत्सवामगात् ॥ २६९
ददौ च कनकाब्जानि राज्ञे तस्मै बहूनि सः । अभ्यर्थिताधिकप्राप्तिहृष्टः सोऽप्यभवन्नृपः ॥ २७०
ततो विजयदत्तं तं सर्वेष्वत्र स्थितेषु सः । पिता पप्रच्छ गोविन्दस्वामी साश्चर्यकौतुकः ॥ २७१
तदा श्मशाने यामिन्यां राक्षसत्वं गतस्य ते । अभवत्कीदृशो वत्स वृत्तान्तो वर्ण्यतामिति ॥ २७२
ततो विजयदत्तस्तं बभाषे तात चापलात् । प्रस्फोटितचितादीप्तकपालोऽहं विधेर्वशात् ॥ २७३
मुखप्रविष्टया सद्यस्तद्वसाच्छटया तदा । रक्षोभूतस्त्वया तावद्दृष्टो मायाविमोहितः ॥ २७४
कपालस्फोट इत्येवं नाम कृत्वा हि राक्षसैः । ततोऽन्यैरहमाहूतस्तन्मध्ये मिलितोऽभवम् ॥ २७५
तैश्च नीतो निजस्यास्मि पार्श्वं रक्षःपतेः क्रमात् । सोऽपि दृष्ट्वैव मां प्रीतः सेनापत्ये न्ययोजयत् ॥ २७६
ततः कदाचिद्गन्धर्वानभियोक्तुं मदेन सः । गतो रक्षःपतिस्तत्र सङ्ग्रामे निहतोऽरिभिः ॥ २७७
तदैव प्रतिपन्नं च मद्भृत्यैर्मम शासनम् । ततोऽहं रक्षसां राज्यमकार्षं तत्पुरे स्थितः ॥ २७८
तत्राकस्माच्च हेमाब्जहेतोः प्राप्तस्य दर्शनात् । आर्यस्याशोकदत्तस्य प्रशान्ता सा दशा मम ॥ २७९
अनन्तरं यथास्माभिः शापमोक्षवशाभिजाः । विद्याः प्राप्तास्तथार्यो वः कृत्स्नमावेदयिष्यति ॥ २८०
एवं विजयदत्तेन तेन तत्र निवेदिते । अशोकदत्तः स तदा तदामूलादवर्णयत् ॥ २८१

पुरा विद्याधरौ सन्तौ गगनाद्बालवाश्रमे। आवां क्षान्तीरपश्याव गङ्गायां मुनिकन्यकाः॥ २८२
तुल्याभिलाषास्ताश्चात्र वाञ्छन्तौ सहसा रहः। बुद्ध्वा तद्बन्धुभिः क्रोधाच्छप्तौ स्वो दिव्यदृष्टिभिः॥२८३
पापाचारौ प्रजायेथां मर्त्ययोनौ युवामुभौ। तत्रापि विप्रयोगश्च विचित्रो वां भविष्यति॥ २८४
मानुषागोचरे देशे विप्रकृष्टेऽप्युपागतम्। एकं दृष्ट्वा द्वितीयो वां यदा प्रज्ञानमाप्स्यति॥ २८५
तदा विद्याधरगुरोर्विद्यां प्राप्य भविष्यथः। पुनर्विद्याधरौ युक्तौ शापमुक्तौ स्वबन्धुभिः॥ २८६
एवं तैर्मुनिभिः शप्तौ जातावावामुभाविह। वियोगोऽत्र यथा भूतस्तत्सर्वं विदितं च वः॥ २८७
इदानीं पद्महेतोश्च श्वश्रूसिद्धिप्रभावतः। रक्षःपतेः पुरं गत्वा प्राप्तोऽयं चानुजो मया॥ २८८
तत्रैव च गुरोः प्राप्य विद्याः प्रज्ञप्तिकौशिकात्। सद्यो विद्याधरीभूय वयं क्षिप्रमिहागताः॥ २८९

इत्युक्त्वा पितरौ च तौ प्रियतमां तां चात्मजां भूपतेः
सद्यः शापतमोविमोक्षमुदितो विद्याविशेषैर्निजैः।
तैस्तैः संव्यभजद्विचित्रचरितः सोऽशोकदत्तस्तदा
येनैते सपदि प्रबुद्धमनसोऽजायन्त विद्याधराः॥ २९०

ततस्तमामन्त्र्य नृपं स साकं मातापितृभ्यां दयिताद्वयेन।
उत्पत्य धन्यो निजचक्रवर्तिधाम द्युमार्गेण जवी जगाम॥ २९१

तत्रालोक्य तमाज्ञां प्राप्य च तस्मादशोकवेग इति।
नाम स बिभ्रत्सोऽपि च तद्भ्राता विजयवेग इति॥ २९२

विद्याधरवरतरुणौ स्वजनानुगतावुभौ निजनिवासम्।
गोविन्दकूटसंज्ञकमचलवरं भ्रातरौ ययतुः॥ २९३

सोऽप्याश्चर्यवशः प्रतापमुकुटो वाराणसीभूपतिः
स्वस्मिन्देवकुले द्वितीयकलशन्यस्तैकहेमाम्बुजः।
तद्दत्तैरपरैः सुवर्णकमलैरभ्यार्चितत्र्यम्बक-
स्तत्संबन्धमहत्तया प्रमुदितो मेने कृतार्थं कुलम्॥ २९४

एवं दिव्याः कारणेनावतीर्णा जायन्तेऽस्मिञ्जन्तवो जीवलोके।
सत्त्वोत्साहौ स्वोचितौ ते दधाना दुष्प्रापामप्यर्थसिद्धिं लभन्ते॥ २९५

तत्सत्त्वसागर भवानपि कोऽपि जाने देवांश एव भविता च यथेष्टसिद्धिः।
प्रायः क्रियासु महतामपि दुष्करासु सोत्साहता कथयति प्रकृतेर्विशेषम्॥ २९६

सापि त्वदीप्सिता ननु दिव्या राजात्मजा कनकरेखा।
बालान्यथा हि वाञ्छति कनकपुरीदर्शिनं कथं हि पतिम्॥ २९७

इति रहसि निशम्य विष्णुदत्तात्सरसकथाप्रकरं स शक्तिदेवः।
हृदि कनकपुरीविलोकनैषी धृतिमवलम्ब्य निनाय च त्रियामाम्॥ २९८

इति महाकविश्रीसोमदेवभट्टविरचिते कथासरित्सागरे चतुर्दारिकालम्बके द्वितीयस्तरङ्गः।

तृतीयस्तरङ्गः।

ततस्तत्रोत्स्थलद्वीपे प्रभाते तं मठस्थितम्। शक्तिदेवं स दाशेन्द्रः सत्यव्रत उपाययौ॥ १
स च प्राक्प्रतिपन्नः सन्नुपेत्यैनमभाषत। ब्रह्मंस्त्वदिष्टसिद्ध्यर्थमुपायश्चिन्तितो मया॥ २
अस्ति द्वीपवरं मध्ये रत्नकूटाख्यमम्बुधेः। कृतप्रतिष्ठस्तत्रास्ते भगवान्हरिरब्धिना॥ ३
आषाढशुक्लद्वादश्यां तत्र यात्रोत्सवे सदा। आयान्ति सर्वद्वीपेभ्यः पूजायै यत्नतो जनाः॥ ४
तत्र ज्ञायेत कनकपुरी सा जातुचित्पुरी। तदेहि तत्र गच्छावः प्रत्यासन्ना हि सा तिथिः॥ ५
इति सत्यव्रतेनोक्तः शक्तिदेवस्तथेति सः। जग्राह हृष्टः पाथेयं विष्णुदत्तोपकल्पितम्॥ ६

ततो वहनमारुह्य स सत्यव्रतढौकितम् । तेनैव साकं त्वरितः प्रायाद्वारिधिवर्त्मना ॥ ७
गच्छंश्च तत्र स द्वीपनिभनक्रेऽद्भुतालये । सत्यव्रतं तं पप्रच्छ कर्णधारतया स्थितम् ॥ ८
इतो दूरं महाभोगं किमेतद्दृश्यतेऽम्बुधौ । यदृच्छाप्रोद्गतोदग्रसपक्षगिरिविभ्रमम् ॥ ९
ततः सत्यव्रतोऽवादीदसौ देवो वटद्रुमः । अस्याहुः सुमहावर्तमधस्ताद्वडवामुखम् ॥ १०
एतं च परिहृत्यैव प्रदेशमिह गम्यते । अत्रावर्ते गतानां हि न भवत्यागमः पुनः ॥ ११
इति सत्यव्रते तस्मिन्वदत्येवाम्बुवेगतः । तस्यामेव प्रववृते गन्तुं तद्वहनं दिशि ॥ १२
तद्दृष्ट्वा शक्तिदेवं स पुनः सत्यव्रतोऽब्रवीत् । ब्रह्मन्विनाशकालोऽयं ध्रुवमस्माकमागतः ॥ १३
यदकस्मात्प्रवहणं पश्यात्रैव प्रयात्यदः । शक्यते नैव रोद्धुं च कथमप्यधुना मया ॥ १४
तदावर्ते गभीरेऽत्र वयं मृत्योरिवानने । क्षिप्ता एवाम्बुनाकृष्य कर्मणेव बलीयसा ॥ १५
एतच्च नैव मे दुःखं शरीरं कस्य हि स्थिरम् । दुःखं तु यन्न सिद्धस्ते कृच्छ्रेणापि मनोरथः ॥ १६
तद्यावद्धारयाम्येतदहं प्रवहणं मनाक् । तावदस्यावलम्बेथाः शाखां वटतरोर्द्रुतम् ॥ १७
कदाचिज्जीवितोपायो भवेद्भव्याकृतेस्तव । विधेर्विलासानब्धेश्च तरङ्गान्को हि तर्कयेत् ॥ १८
इति सत्यव्रतस्यास्य धीरसत्त्वस्य जल्पतः । बभूव निकटे तस्य तरोः प्रवहणं ततः ॥ १९
तत्क्षणं स कृतोत्फालः शक्तिदेवो विसाध्वसः । पृथुलामग्रहीच्छाखां तस्याब्धिवटशाखिनः ॥ २०
सत्यव्रतस्तु वहता देहेन वहनेन च । परार्थकल्पितेनात्र विवेश वडवामुखम् ॥ २१
शक्तिदेवश्च शाखाभिः पूरिताशस्य तस्य सः । आश्रित्यापि तरोः शाखां निराशः समचिन्तयत् ॥ २२
न तावत्सा च कनकपुरी दृष्टा मया पुरी । अपदे नश्यता तावद्दाशेन्द्रोऽप्येष नाशितः ॥ २३
यदि वा सततन्यस्तपदा सर्वस्य मूर्धनि । कामं भगवती केन भज्यते भवितव्यता ॥ २४
इत्यवस्थोचितं तस्य ततश्चिन्तयतस्तदा । विप्रयूनस्तरुस्कन्धे दिनं तत्पर्यहीयत ॥ २५
सायं च सर्वतस्तस्मिन्स महाविहगान्बहून् । वटवृक्षे प्रविशतः शब्दापूरितदिक्तटान् ॥ २६
अपश्यत्पृथुतत्पक्षवातधूतार्णवोर्मिभिः । गृध्रान्परिचयप्रीत्या कृतप्रत्युद्गमानिव ॥ २७
ततः शाखाविलीनानां स तेषां पक्षिणां मिथः । मनुष्यवाचा संलापं पत्रौघैश्छादितोऽशृणोत् ॥ २८
कश्चिद्द्वीपान्तरं कश्चिद्गिरिं कश्चिद्दिगन्तरम् । तदहश्चरणस्थानमेकैकः समवर्णयत् ॥ २९
एकश्च वृद्धविहगस्तेषां मध्यादभाषत । अहं विहर्तुं कनकपुरीमद्य गतोऽभवम् ॥ ३०
प्रातः पुनश्च तत्रैव गन्तास्मि चरितुं सुखम् । श्रमावहेन कोऽर्थो मे विदूरगमनेन हि ॥ ३१
इत्यकाण्डसुधासारसदृशेनास्य पक्षिणः । वचसा शान्ततापः सञ्शक्तिदेवो व्यचिन्तयत् ॥ ३२
दिष्ट्या सास्त्येव नगरी तत्प्राप्त्यै चायमेव मे । उपायः सुमहाकायो विहगो वाहनीकृतः ॥ ३३
इत्यालोच्य शनैरेत्य तस्य सुप्तस्य पक्षिणः । पृष्ठपक्षान्तरे सोऽथ शक्तिदेवो व्यलीयत ॥ ३४
प्रातश्चेतस्ततस्तेषु गतेष्वन्येषु पक्षिषु । स पक्षी दर्शिताश्चर्यपक्षपातो विधिर्यथा ॥ ३५
दत्तास्कन्दो वहन्पृष्ठे शक्तिदेवमलक्षितम् । क्षणादगच्छत्कनकपुरीं तां चरितुं पुनः ॥ ३६
तत्रोद्यानान्तरे तस्मिन्नुपविष्टे विहंगमे । स शक्तिदेवो निभृतं तस्य पृष्ठादवातरत् ॥ ३७
अपसृत्य स तत्पार्श्वाद्यावद्भ्राम्यति तत्र सः । द्वे पुष्पावचयव्यग्रे तावदैक्षत योषितौ ॥ ३८
उपगम्य शनैस्ते च तद्विलोकनविस्मिते । सोऽपृच्छत्कः प्रदेशोऽयं के च भद्रे युवामिति ॥ ३९
इयं कनकपुर्याख्या पुरी विद्याधरास्पदम् । चन्द्रप्रभेति चैतस्यामास्ते विद्याधरी सखे ॥ ४०
तस्याश्चावामिहोद्याने जानीह्युद्यानपालिके । पुष्पोच्चयस्तदर्थोऽयमिति ते च तमूचतुः ॥ ४१
ततः सोऽप्यवदद्विप्रो युवां मे कुरुतं तथा । यथाहमपि पश्यामि तां युष्मत्स्वामिनीमिह ॥ ४२
एतच्छ्रुत्वा तथेत्युक्त्वा नीतवत्यावुभे च ते । स्त्रियावन्तर्नगर्यास्तं युवानं राजमन्दिरम् ॥ ४३
सोऽपि प्राप्तस्तदद्राक्षीन्माणिक्यस्तम्भभास्वरम् । सौवर्णभित्ति संकेतकेतनं संपदामिव ॥ ४४
तत्रागतं च दृष्ट्वा तं सर्वः परिजनोऽब्रवीत् । गत्वा चन्द्रप्रभायास्तन्मानुषागमनाद्भुतम् ॥ ४५

साप्याविश्य प्रतीहारमविलम्बितमेव तम् । अभ्यन्तरं स्वनिकटं विप्रं प्रावेशयत्ततः ॥ ४६
प्रविष्टः सोऽप्यपश्यत्तां तत्र नेत्रोत्सवप्रदाम् । धातुरद्भुतनिर्माणपर्याप्तिमिव रूपिणीम् ॥ ४७
सा च सद्रत्नपर्यङ्कादूरादुत्थाय तं स्वयम् । स्वागतेनाद्दृतवती तद्दर्शनवशीकृता ॥ ४८
उपविष्टमपृच्छच्च कल्याणिन्कस्त्वमीदृशः । कथं च मानुषागम्यामिमां प्राप्तो भवान्भुवम् ॥ ४९
इत्युक्तः स तया चन्द्रप्रभया सकुतूहलम् । शक्तिदेवो निजं देशं जातिं चावेद्य नाम च ॥ ५०
तत्पुरीदर्शनपणात्प्राप्तुं तां राजकन्यकाम् । यथा कनकरेखाख्यामागतस्तदवर्णयत् ॥ ५१
तद्बुद्ध्वा किमपि ध्यात्वा दीर्घं निःश्वस्य सा ततः । चन्द्रप्रभा तं विजने शक्तिदेवमभाषत ॥ ५२
श्रूयतां वच्मि ते किंचिदिदं सुभग संप्रति । अस्त्यस्यां शशिखण्डाख्यो विद्याधरपतिर्भुवि ॥ ५३
वयं तस्य चतस्रश्च जाता दुहितरः क्रमात् । ज्येष्ठा चन्द्रप्रभेत्यस्मि चन्द्ररेखेति चापरा ॥ ५४
शशिरेखा तृतीया च चतुर्थी च शशिप्रभा । ता वयं क्रमशः प्राप्ता वृद्धिमत्र पितुर्गृहे ॥ ५५
एकदा च भगिन्यो मे स्नातुं तिस्रोऽपि ताः समम् । मयि कन्याव्रतस्थायां जग्मुर्मन्दाकिनीतटम् ॥ ५६
तत्राग्र्यतपसं नाम मुनिं यौवनदर्पतः । तोयैर्जलस्थमसिचन्नारब्धजलकेलयः ॥ ५७
अतिनिर्बन्धिनीस्ताश्च मुनिः क्रुद्धः शशाप सः । कुकन्यकाः प्रजायध्वं मर्त्यलोकेऽखिला इति ॥ ५८
तद्बुद्ध्वा सोऽस्मदीयेन पित्रा गत्वा प्रसादितः । पृथक्पृथक्स शापान्तमुक्त्वा तासां यथायथम् ॥ ५९
जातिस्मरत्वं दिव्येन विज्ञानेनोपबृंहितम् । मर्त्यभावेन सर्वासामादिदेश महामुनिः ॥ ६०
ततस्तासु तनूस्त्यक्त्वा मर्त्यलोकं गतासु सः । दत्त्वा मे नगरीमेतां पिता खेदाद्गतो वनम् ॥ ६१
अथेह निवसन्तीं मां देवी स्वप्ने किलाम्बिका । मानुषः पुत्रि भर्ता ते भवितेति समादिशत् ॥ ६२
तेन विद्याधरांस्तांस्तान्वरानुद्दिशतो बहून् । पितुर्विधारणं कृत्वा कन्यैवाद्याप्यहं स्थिता ॥ ६३
इदानीं चामुनाश्चर्यमयेनागमनेन ते । वपुषा च वशीकृत्य तुभ्यमेवाहमर्पिता ॥ ६४
तद्व्रजामि चतुर्दश्यामागामिन्यां भवत्कृते । कर्तुं तातस्य विज्ञप्तिमृषभाख्यं महागिरिम् ॥ ६५
तत्र तस्यां तिथौ सर्वे मिलन्ति प्रतिवत्सरम् । देवं हरं पूजयितुं दिग्भ्यो विद्याधरोत्तमाः ॥ ६६
तातस्तत्रैव चायाति तदनुज्ञामवाप्य च । इहागच्छाम्यहं तूर्णं ततः परिणयस्व माम् ॥ ६७
तत्तिष्ठ तावदित्युक्त्वा सा तं विद्याधरोचितैः । चन्द्रप्रभा शक्तिदेवं तैस्तैर्भोगैरुपाचरत् ॥ ६८
तस्य चाभूत्तथेत्यत्र तिष्ठतस्तत्तदा सुखम् । यद्दावानलतप्तस्य सुधाह्रदनिमज्जने ॥ ६९
प्राप्तायां च चतुर्दश्यां सा तं चन्द्रप्रभाब्रवीत् । अद्य गच्छामि विज्ञप्त्यै तातस्याहं भवत्कृते ॥ ७०
सर्वः परिजनश्चायं मयैव सह यास्यति । त्वया चैकाकिना दुःखं न भाव्यं दिवसद्वयम् ॥ ७१
एकेन पुनरेतस्मिन्मन्दिरेऽप्यवतिष्ठता । मध्यमा भवता भूमिर्नारोढव्या कथंचन ॥ ७२
इत्युक्त्वा सा युवानं तं न्यस्तचित्ता तदन्तिके । तदीयचित्तानुगता ययौ चन्द्रप्रभा ततः ॥ ७३
सोऽप्येकाकी ततस्तत्र स्थितश्चेतो विनोदयन् । स्थानस्थानेषु बभ्राम शक्तिदेवो महर्द्धिषु ॥ ७४
किंस्विदत्र निषिद्धं मे तया पृष्ठेऽधिरोहणम् । विद्याधरदुहित्रेति जातकौतूहलोऽथ सः ॥ ७५
तस्यैव मध्यमां भूमिं मन्दिरस्यारुरोह ताम् । प्रायो वारितवामा हि प्रवृत्तिर्मनसो नृणाम् ॥ ७६
आरूढस्तत्र चापश्यत्पुत्रांस्त्रीन्रत्नमण्डपान् । एकं चोद्घाटितद्वारं तन्मध्यात्प्रविवेश सः ॥ ७७
प्रविश्य चान्तः सद्रत्नपर्यङ्के न्यस्ततूलिके । पटावगुण्ठिततनुं शयानं कंचिदैक्षत ॥ ७८
वीक्षते यावदुत्क्षिप्य पटं तावन्मृतां तथा । परोपकारिनृपतेस्तनयां वरकन्यकाम् ॥ ७९
दृष्ट्वा चाचिन्तयत्सोऽथ किमिदं महदद्भुतम् । किमप्रबोधसुप्तेयं किं वा भ्रान्तिरबाधका ॥ ८०
यस्याः कृते प्रवासोऽयं मम सैवेह तिष्ठति । असावपगतप्राणा तत्र देशे च जीवति ॥ ८१
अम्लानकान्तिरस्याश्च तद्विधात्रा मम ध्रुवम् । केनापि कारणेनेदमिन्द्रजालं वितन्यते ॥ ८२
इति संचिन्त्य निर्गत्य तावन्यौ मण्डपौ क्रमात् । प्रविश्यान्तः स ददृशे तद्वदन्ये च कन्यके ॥ ८३
ततोऽपि निर्गतस्तस्य साश्चर्यो मन्दिरस्य सः । उपविष्टः स्थितोऽपश्यद्वापीमत्युत्तमामधः ॥ ८४

तत्तीरे रत्नपर्याणं ददर्शैकं च वाजिनम् । तेनावतीर्यैव सतस्तत्पार्श्वं कौतुकाद्ययौ ॥ ८५
इयेष च तमारोढुं शून्यं दृष्ट्वा स तेन च । अश्वेनाहत्य पादेन तस्यां वाप्यां निचिक्षिपे ॥ ८६
तन्निमग्नः स च क्षिप्रं वर्धमानपुराभिजात् । उद्यानदीर्घिकामध्यादुन्ममज्ज ससंभ्रमः ॥ ८७
ददर्श जन्मभूमौ च सद्यो वापीजले स्थितम् । आत्मानं कुमुदैस्तुल्यं दीनं चन्द्रप्रभां विना ॥ ८८
वर्धमानपुरं क्वेदं क सा वैद्याधरी पुरी । अहो किमेतदाश्चर्यमायाडम्बरजृम्भितम् ॥ ८९
कष्टं किमपि केनापि मन्दभाग्योऽस्मि वञ्चितः । यदि वा कोऽत्र जानाति कीदृशी भवितव्यता ॥ ९०
इत्यादि चिन्तयन्सोऽथ वापीमध्यात्समुत्थितः । सविस्मयः शक्तिदेवो ययौ पितृगृहं निजम् ॥ ९१
तत्रापदिष्टपटहभ्रमणः कृतकैतवः । पित्राभिनन्दितस्तस्थौ सोत्सवैः स्वजनैः सह ॥ ९२
द्वितीयेऽह्नि बहिर्गेहान्निर्गतश्चाशृणोत्पुनः । घोष्यमाणं सपटहं पुरे तस्मिन्निदं वचः ॥ ९३

विप्रक्षत्रियमध्यात्कनकपुरी येन तत्त्वतो दृष्टा ।
वक्तु स तस्मै तनयां सयौवराज्यां ददाति नृपः ॥ ९४

तच्छ्रुत्वैव स गत्वा तान्पटहोद्घोषकान्कृती । मया दृष्टा पुरी सेति शक्तिदेवोऽब्रवीत्पुनः ॥ ९५
तैस्तूर्णं नृपतेरग्रं स नीतोऽभून्नृपोऽपि तम् । प्राग्वन्मेने परिज्ञाय पुनर्वितथवादिनम् ॥ ९६
मिथ्या चेद्वच्मि न मया दृष्टा सा नगरी यदि । तदिदानीं शरीरस्य निग्रहेण पणो मम ॥ ९७
अद्य सा राजपुत्री मां पृच्छत्वित्युदिते ततः । गत्वा चानुचरै राजा तत्रैवानाययत्सुताम् ॥ ९८
सा दृष्ट्वा दृष्टपूर्वं तं विप्रं राजानमभ्यधात् । तात मिथ्यैव भूयोऽपि किंचिद्वक्ष्यत्यसाविति ॥ ९९
शक्तिदेवस्ततोऽवादीदहं सत्यं मृषैव वा । वच्मि राजसुते त्वं तु वदैवं मम कौतुकम् ॥ १००
मया कनकपुर्यां त्वं पर्यङ्के गतजीविता । दृष्टा चेह च पश्यामि जीवन्तीं भवतीं कथम् ॥ १०१
इत्युक्ता शक्तिदेवेन साभिज्ञानं नृपात्मजा । सद्यः कनकरेखा सा जगादैवं पितुः पुरः ॥ १०२
तात दृष्टामुना सत्यं नगरी सा महात्मना । अचिरादेष भर्ता मे तत्रस्थाया भविष्यति ॥ १०३
तत्र मद्भगिनीश्चान्यास्तिस्रोऽयं परिणेष्यति । विद्याधराधिराज्यं च तस्यां पुरि करिष्यति ॥ १०४
मया त्वद्य प्रवेष्टव्या स्वा तनुश्च पुरी च सा । मुनेः शापादहं ह्यत्र जाताभूवं भवद्गृहे ॥ १०५
यदा कनकपुर्यां ते देहमालोक्य मानुषः । मर्त्यभावभृतस्तत्त्वप्रतिभेदं करिष्यति ॥ १०६
तदा ते शापमुक्तिश्च स च स्यान्मानुषः पतिः । इति मे च स शापान्तं पुनरेवादिशन्मुनिः ॥ १०७
जातिस्मरा च मानुष्येऽप्यहं ज्ञानवती तथा । तद्व्रजाम्यधुना सिद्ध्यै निजं वैद्याधरं पदम् ॥ १०८
इत्युक्त्वा राजपुत्री सा तनुं त्यक्त्वा तिरोदधे । तुमुलश्चोदभूत्तस्मिन्नाक्रन्दो राजमन्दिरे ॥ १०९
शक्तिदेवोऽप्युभयतो भ्रष्टस्तैस्तैर्दुरुत्तरैः । क्लेशैः प्राप्यापि न प्राप्ते ध्यायंस्ते द्वे अपि प्रिये ॥ ११०
निन्दन्खिन्नोऽपि चात्मानमसंपूर्णमनोरथः । निर्गत्य राजभवनात्क्षणादेवमचिन्तयत् ॥ १११
अभीष्टं भावि मे तावदुक्तं कनकरेखया । तत्किमर्थं विषीदामि सत्त्वाधीना हि सिद्धयः ॥ ११२
पथा तेनैव कनकपुरीं गच्छामि तां पुनः । भूयोऽप्यवश्यं दैवं मे तत्रोपायं करिष्यति ॥ ११३
इत्यालोच्यैव स प्रायाच्छक्तिदेवः पुरात्ततः । असिद्धार्था निवर्तन्ते नहि धीराः कृतोद्यमाः ॥ ११४
गच्छंश्चिराच्च संप्राप जलधेः पुलिनस्थितम् । तद्विटङ्कपुरं नाम नगरं पुनरेव सः ॥ ११५
तत्रापश्यच्च वणिजं तं संमुखमुपागतम् । येन साकं गतस्याब्धिं पोतमादावभज्यत ॥ ११६
सोऽयं समुद्रदत्तः स्यात्कथं च पतितोऽम्बुधौ । उत्तीर्णोऽयं न वा चित्रमहमेव निदर्शनम् ॥ ११७
इत्यालोच्य स यावत्तमभ्येति वणिजं द्विजः । तावत्स तं परिज्ञाय हृष्टः कण्ठेऽग्रहीद्वणिक् ॥ ११८
अनैषीच्च निजं गेहं कृतातिथ्यश्च पृष्टवान् । पोतभङ्गे त्वमम्भोधेः कथमुत्तीर्णवानिति ॥ ११९
शक्तिदेवोऽपि वृत्तान्तं तथा तं कृत्स्नमब्रवीत् । यथा मत्स्यनिगीर्णः प्रागुत्स्थलद्वीपमाप सः ॥ १२०
अनन्तरं च तमपि प्रत्यपृच्छद्वणिग्वरम् । कथं तदा त्वमप्यब्धिमुत्तीर्णो वर्ण्यतामिति ॥ १२१
अथाब्रवीत्सोऽपि वणिक्तदाहं पतितोऽम्बुधौ । दिनत्रयं भ्रमन्नासमेकं फलहकं श्रितः ॥ १२२

ततस्तेन पथाकस्मादेकं वहनमागतम्। तत्रस्थैश्चाहमाक्रन्दन्दृष्ट्वा पात्राधिरोपितः ॥ १२३
आरूढश्चात्र पितरं स्वमपश्यमहं तदा। गत्वा द्वीपान्तरं पूर्वं चिरात्तत्कालमागतम् ॥ १२४
स मां दृष्ट्वा परिज्ञाय कृतकण्ठग्रहः पिता। रुदन्नपृच्छद्वृत्तान्तमहं चैवं तमब्रुवम् ॥ १२५
चिरकालप्रयातेऽपि तात त्वय्यनुपागते। स्वधर्म इति वाणिज्ये स्वयमस्मि प्रवृत्तवान् ॥ १२६
इतो द्वीपान्तरं गच्छन्नहं वहनभङ्गतः। अद्याम्बुधौ निमग्नः सन्प्राप्य युष्माभिरुद्धृतः ॥ १२७
एवं मयोक्तस्तातो मां सोपालम्भमभाषत। आरोहसि किमर्थं त्वमीदृशान्प्राणसंशयान् ॥ १२८
धनमस्ति हि मे पुत्र स्थितश्चाहं तदर्जने। पश्यानीतं मयेदं ते वहनं हेमपूरितम् ॥ १२९
इत्युक्त्वाश्वास्य तेनैव वहनेन निजं गृहम्। विटङ्कपुरमानीतस्तेनैवेदमहं ततः ॥ १३०
इत्येतद्वणिजस्तस्माच्छक्तिदेवो निशम्य सः। विश्रम्य च त्रियामां तामन्येद्युस्तमभाषत ॥ १३१
गन्तव्यमुत्स्थलद्वीपं सार्थवाह पुनर्मया। तत्कथं तत्र गच्छामि सांप्रतं कथ्यतामिति ॥ १३२
गन्तुं प्रवृत्तास्तत्राद्य मदीया व्यवहारिणः। तद्यानपात्रमारुह्य प्रयातु सह तैर्भवान् ॥ १३३
इत्युक्तस्तेन वणिजा स तैस्तद्व्यवहारिभिः। साकं तदुत्स्थलद्वीपं शक्तिदेवो ययौ ततः ॥ १३४
यः स बन्धुर्महात्मा मे विष्णुदत्तोऽत्र तिष्ठति। प्राग्वत्तस्यैव निकटं वस्तुमिच्छामि तन्मठम् ॥ १३५
इति संप्राप्य च द्वीपं तत्कालं च विचिन्त्य सः। विपणीमध्यमार्गेण गन्तुं प्रावर्तत द्विजः ॥ १३६
तावच्च तत्र दैवात्तं दृष्ट्वा दाशपतेः सुताः। सत्यव्रतस्य तस्यारात्परिज्ञायैवमब्रुवन् ॥ १३७
पातेन साकं कनकपुरीं चिन्वन्नितस्तदा। ब्रह्मन्नगास्त्वमेकश्च कथमद्यागतो भवान् ॥ १३८
शक्तिदेवस्ततोऽवादीदम्बुराशौ स वः पिता। पतितोऽम्बुभिराकृष्टवहनो वडवामुखे ॥ १३९
तच्छ्रुत्वा दाशपुत्रास्ते क्रुद्धा भृत्यान्बभाषिरे। बध्नीतैनं दुरात्मानं हतोऽनेन स नः पिता ॥ १४०
अन्यथा कथमेकस्मिन्सति प्रवहणे द्वयोः। वडवाग्नौ पतेदेको द्वितीयश्चोत्तरेत्ततः ॥ १४१
तदेष चण्डिकादेव्याः पुरस्तात्पितृघातकः। अस्माभिरुपहन्तव्यः श्वः प्रभाते पशूकृतः ॥ १४२
इत्युक्त्वा दाशपुत्रास्ते भृत्यान्बद्ध्वैव तं तदा। शक्तिदेवं ततो निन्युर्भयकृच्चण्डिकागृहम् ॥ १४३
शश्वत्कवलितानेकजीवं प्रविततोदरम्। खचद्घण्टावलीदन्तमालं मृत्योरिवाननम् ॥ १४४
तत्र बद्धः स्थितो रात्रौ संशयानः स्वजीविते। स शक्तिदेवो देवीं तां चण्डीमेवं व्यजिज्ञपत् ॥ १४५

बालार्कबिम्बनिभया भगवति मूर्त्या त्वया परित्रातम्।
निर्भरपीतप्रविसृतररुरुदानवकण्ठरुधिरयेव जगत् ॥ १४६
तन्मां सततप्रणतं निष्कारणविधुरवर्गहस्तगतम्।
रक्षस्व सुदूरागतमिष्टजनप्राप्तितृष्णया वरदे ॥ १४७

इति देवीं स विज्ञप्य प्राप्य निद्रां कथंचन। अपश्यद्योषितं स्वप्ने तद्गर्भगृहनिर्गताम् ॥ १४८
सा दिव्याकृतिरभ्येत्य सदयेव जगाद तम्। भोः शक्तिदेव मा भैषीर्न तेऽनिष्टं भविष्यति ॥ १४९
अस्त्येषां दाशपुत्राणां नाम्ना बिन्दुमती स्वसा। सा प्रातर्वीक्ष्य कन्या त्वां भर्तृत्वेऽभ्यर्थयिष्यति ॥ १५०
तच्च त्वं प्रतिपद्येथाः सैव त्वां मोचयिष्यति। न च सा धीवरी सा हि दिव्या स्त्री शापतश्च्युता ॥ १५१
एतच्छ्रुत्वा प्रबुद्धस्य तस्य नेत्रामृतच्छटा। प्रभाते दाशकन्या सा तद्देवीगृहमाययौ ॥ १५२
बभाषे चैनमभ्येत्य निवेद्यात्मानमुत्सुका। इतोऽहं मोचयामि त्वां तत्कुरुष्वेप्सितं मम ॥ १५३
भ्रातॄणां संमता ह्येते प्रत्याख्याता वरा मया। त्वयि दृष्टे तु मे प्रीतिः संजाता तद्भजस्व माम् ॥ १५४
इत्युक्तः स तया बिन्दुमत्या दाशेन्द्रकन्यया। शक्तिदेवः स्मरन्स्वप्नं हृष्टस्तत्प्रत्यपद्यत ॥ १५५
तयैव मोचितस्तां च सुमुखीं परिणीतवान्। स्वप्नलब्धाम्बिकादेशैर्भ्रातृभिर्विहितेप्सिताम् ॥ १५६
तस्थौ च सुखसिद्ध्येव तत्र पुण्यैकलब्धया। रूपान्तरोपागतया स तया सह दिव्यया ॥ १५७
एकदा हर्म्यपृष्ठस्थो धृतगोमांसभारकम्। मार्गागतं स चण्डालं दृष्ट्वा तामब्रवीत्प्रियाम् ॥ १५८
वन्द्यास्त्रिजगतोऽप्येता याः कृशोदरि धेनवः। तासां पिशितमश्नाति पश्यायं पापकृत्कथम् ॥ १५९

तच्छ्रुत्वा साप्यवादीत्तं पतिं बिन्दुमती तदा । अचिन्त्यमार्यपुत्रैतत्पापमत्र किमुच्यते ॥ १६०
अहं गवां प्रभावेण स्वल्पादप्यपराधतः । जाता दाशकुलेऽमुष्मिन्का त्वेतस्यात्र निष्कृतिः ॥ १६१
एवमुक्तवतीमेव शक्तिदेवो जगाद ताम् । चित्रं ब्रूहि प्रिये का त्वं दाशजन्म कथं च ते ॥ १६२
अतिनिर्बन्धतश्चैवं पृच्छन्तं तमुवाच सा । वदामि गोप्यमप्येतद्वचनं मे करोषि चेत् ॥ १६३
बाढं प्रिये करोमीति तेनोक्ते शपथोत्तरम् । सा तदैनं जगादैवमादौ तावत्समीहितम् ॥ १६४
अस्मिन्द्वीपे द्वितीयापि भार्या ते भविताधुना । सा चार्यपुत्र नचिराद्धृतगर्भा भविष्यति ॥ १६५
अष्टमे गर्भमासे च पाटयित्वोदरं त्वया । तस्याः स गर्भः क्रष्टव्यो नैव कार्या घृणात्र च ॥ १६६
एवमुक्तवती तस्मिन्किमेतदिति विस्मिते । लसद्घृणे च भूयः सा दाशेन्द्रतनयाब्रवीत् ॥ १६७
इत्येतत्तव कर्तव्यं हेतोः कस्यापि मद्वचः । अथेदं शृणु या चाहं दाशजन्म यथा च मे ॥ १६८
अहं जन्मान्तरेऽभूवं कापि विद्याधरी पुरा । मर्त्यलोके च शापेन परिभ्रष्टास्मि सांप्रतम् ॥ १६९
विद्याधरत्वे च यदा छित्त्वा दन्तैरयोजयम् । वीणासु तन्त्रीस्तेनेह जाताहं दाशवेश्मनि ॥ १७०
तदेवं वदने स्पृष्टे शुष्केण स्नायुना गवाम् । ईदृश्यधोगतिः का तु वार्ता तन्मांसभक्षणे ॥ १७१
इत्येवं कथयन्त्यां च तत्र तस्यां ससंभ्रमम् । एकोऽभ्युपेत्य तद्भ्राता शक्तिदेवमभाषत ॥ १७२
उत्तिष्ठ सुमहानेष कुतोऽप्युत्थाय सूकरः । हतानेकजनो दर्पादितोऽभिमुखमागतः ॥ १७३
तच्छ्रुत्वा सोऽवतीर्यैव शक्तिदेवः स्वहर्म्यतः । आरुह्य शक्तिहस्तोऽश्वमधावत्सूकरं प्रति ॥ १७४
प्रजहार च दृष्ट्वैव तस्मिन्वीरेऽभिधावति । पलाय्य व्रणितः सोऽपि वराहः प्राविशद्बिलम् ॥ १७५
शक्तिदेवोऽपि तत्रैव तदन्वेषी प्रविश्य च । क्षणादपश्यत्सावासमुद्यानगहनं महत् ॥ १७६
तत्रस्थश्च ददर्शैकां कन्यामत्यद्भुताकृतिम् । ससंभ्रममुपायातां प्रीत्येव वनदेवताम् ॥ १७७
तामपृच्छच्च कल्याणि का त्वं किं संभ्रमश्च ते । तच्छ्रुत्वा सापि सुमुखी तमेवं प्रत्यभाषत ॥ १७८
अस्ति दक्षिणदिङ्नाथो नृपतिश्चण्डविक्रमः । तस्याहं बिन्दुरेखाख्या सुता सुभग कन्यका ॥ १७९
इहाकस्माच्च पापो मां दैत्यो ज्वलितलोचनः । अपहृत्य च्छलेनाद्य पितुरानीतवान्गृहात् ॥ १८०
स चामिषार्थी वाराहं रूपं कृत्वा बहिर्गतः । विद्धोऽद्यैव क्षुधार्तः सञ्शक्त्या वीरेण केनचित् ॥ १८१
विद्धमात्रः प्रविश्येह पञ्चतामागतश्च सः । तददूषितकौमारा पलाय्याहं च निर्गता ॥ १८२
तच्छ्रुत्वा शक्तिदेवस्तामूचे कस्तर्हि संभ्रमः । मयैव स वराहो हि हतः शक्त्या नृपात्मजे ॥ १८३
ततः साप्यवदत्तर्हि ब्रूहि मे को भवानिति । विप्रोऽहं शक्तिदेवाख्य इति प्रत्यब्रवीच्च सः ॥ १८४
तर्हि त्वमेव मे भर्तेत्युदितः स तया ततः । तथेत्यादाय तां वीरो बिलद्वारेण निर्ययौ ॥ १८५
गृहं गत्वा च भार्यायै बिन्दुमत्यै निवेद्य तत् । तच्छ्रद्धितः कुमारीं तां बिन्दुरेखामुदूढवान् ॥ १८६
ततस्तस्य द्विभार्यस्य शक्तिदेवस्य तिष्ठतः । तत्रैका बिन्दुरेखा सा भार्या गर्भमधारयत् ॥ १८७
अष्टमे गर्भमासे च तस्याः स्वैरमुपेत्य तम् । आद्या बिन्दुमती भार्या शक्तिदेवमुवाच सा ॥ १८८
वीर तत्स्मर यन्मह्यं प्रतिश्रुतमभूत्त्वया । सोऽयं द्वितीयभार्याया गर्भमासोऽष्टमस्तव ॥ १८९
तद्गत्वा गर्भमेतस्या विपाट्योदरमाहर । अनतिक्रमणीयं हि निजं सत्यवचस्तव ॥ १९०
एवमुक्तस्तया शक्तिदेवः स्नेहकृपाकुलः । प्रतिज्ञापरतन्त्रश्च क्षणमासीदनुत्तरः ॥ १९१
जातोद्वेगश्च निर्गत्य बिन्दुरेखान्तिकं ययौ । सापि खिन्नमुपायान्तं तं विलोक्यैवमब्रवीत् ॥ १९२
आर्यपुत्र विषण्णोऽसि किमद्य ननु वेद्म्यहम् । बिन्दुमत्या नियुक्तस्त्वं गर्भस्योत्पाटने मम ॥ १९३
तच्च तेऽवश्यकर्तव्यं कार्यं किंचिद्धि विद्यते । नृशंसता च नास्त्यत्र काचित्तन्मा घृणां कृथाः ॥ १९४
तथाहि शृणु नाथात्र देवदत्तकथामिमाम् । पुराभूद्धरिदत्ताख्यः कम्बुकाख्ये पुरे द्विजः ॥ १९५
तस्य च श्रीमतः पुत्रः कृतविद्योऽपि शैशवे । देवदत्ताभिधानोऽभूद्द्यूतैकव्यसनी युवा ॥ १९६
द्यूतहारितवस्त्रादिर्गन्तुं नालं पितुर्गृहम् । एकदा च विवेशैकं स शून्यं देवतागृहम् ॥ १९७
तत्र चापश्यदेकाकी साधितानेककार्मणम् । जपन्तं जालपादाख्यं महाव्रतिनमेककम् ॥ १९८

चकार च शनैस्तस्य प्रणाममुपगम्य सः । तेनाप्यपास्तमौनेन स्वागतेनाभ्यनन्द्यत ॥ १९९
स्थितः क्षणाच्च तेनैव पृष्टो वैधुर्यकारणम् । शशंसास्मै स्वविपदं व्यसनक्षीणवित्तजाम् ॥ २००
ततस्तं स जगादैवं देवदत्तं महाव्रती । नास्ति व्यसनिनां वत्स भुवि पर्याप्तये धनम् ॥ २०१
इच्छा च विपदं हातुं यदि ते कुरु मद्वचः । विद्याधरत्वं प्राप्तं यत्कृतः परिकरो मया ॥ २०२
तत्साधय त्वमप्येतन्मया सह सुलक्षण । मच्छासनं तु पाल्यं ते नश्यन्तु विपदस्तव ॥ २०३
इत्युक्तो व्रतिना तेन प्रतिश्रुत्य तथेति तत् । स देवदत्तस्तत्पार्श्वे तदैव स्थितिमग्रहीत् ॥ २०४
अन्येद्युश्च श्मशानान्ते गत्वा वटतरोरधः । विधाय रजनौ पूजां परमान्नं निवेद्य च ॥ २०५
बलीन्दिक्षु च विक्षिप्य संपादिततदर्चनः । तं पार्श्ववर्तिनं विप्रमुवाच स महाव्रती ॥ २०६
एवमेव त्वया कार्यमिह प्रत्यहमर्चनम् । विद्युत्प्रभे गृहाणेमां पूजामित्यभिधायिना ॥ २०७
अतः परं च जानेऽहं सिद्धिश्चैवं ध्रुवावयोः । इत्युक्त्वा स ययौ तेन समं स्वनिलयं व्रती ॥ २०८
सोऽपि नित्यं तरोस्तस्य मूले गत्वा तथैव तत् । देवदत्तोऽर्चनं चक्रे तथैव विधिना ततः ॥ २०९
एकदा च सपर्यान्ते द्विधाभूतात्तरोस्ततः । अकस्मात्पश्यतस्तस्य दिव्या नारी विनिर्ययौ ॥ २१०
एह्यस्मत्स्वामिनी भद्र वक्ति त्वामिति वादिनी । सा तं प्रवेशयामास तस्यैवाभ्यन्तरं तरोः॥ २११
स प्रविश्य ददर्शात्र दिव्यं मणिमयं गृहम् । पर्यङ्कवर्तिनीमेकां तत्र चान्तर्वरस्त्रियम् ॥ २१२
रूपिणी सिद्धिरस्माकमियं स्यादिति स क्षणात् । यावद्ध्यायति तावत्सा कृतातिथ्या वराङ्गना ॥ २१३
रणिताभरणैरङ्गैर्विहितस्वागतैरिव । उत्थाय निजपर्यङ्के तमुपावेशयत्स्वयम् ॥ २१४
जगाद च महाभाग सुता यक्षपतेरहम् । कन्या हि रत्नवर्षस्य ख्याता विद्युत्प्रभाख्यया ॥ २१५
आराधयंश्च मामेष जालपादो महाव्रती । तस्यार्थसिद्धिदैवास्मि त्वं प्राणेष्वपि मे प्रभुः ॥ २१६
तस्माद्दृष्टानुरागिण्याः कुरु पाणिग्रहं मम । इत्युक्तः स तया चक्रे देवदत्तस्तथेति तत् ॥ २१७
स्थित्वा च कंचित्कालं स गर्भभारे तया भृते । जगाम पुनरागन्तुं तं महाव्रतिनं प्रति ॥ २१८
शशंस च यथावृत्तं तं तस्मै सभयं ततः । सोऽप्येवमात्मसिद्ध्यर्थी जगादैनं महाव्रती ॥ २१९
भद्र साधु कृतं किं तु गत्वास्या यक्षयोषितः । विपाट्योदरमाकृष्य शीघ्रं गर्भं तमानय ॥ २२०
इत्युक्त्वा स्मारयित्वा च व्रतिना पूर्वसंगरम् । प्रेषितस्तेन भूयस्तां देवदत्तोऽप्यगात्प्रियाम् ॥ २२१
तत्र तिष्ठति यावच्च तद्विभावनदुर्मनाः । तावद्विद्युत्प्रभा सा तं यक्षी स्वयमभाषत ॥ २२२
आर्यपुत्र विषण्णोऽसि किमर्थं विदितं मया । आदिष्टं जालपादेन तव मद्गर्भपाटनम् ॥ २२३
तद्गर्भमेतमाकर्ष पाटयित्वा ममोदरम् । न चेत्स्वयं करोम्येतत्कार्यं ह्यस्त्यत्र किंचन ॥ २२४
एवं तयोक्तः स यदा कर्तुं तन्नाशकद्द्विजः । तदाकृष्टवती गर्भं सा स्वयं पाटितोदरा ॥ २२५
तं च कृष्टं पुरस्त्यक्त्वा देवदत्तं तमभ्यधात् । भोक्तुर्विद्याधरत्वस्य कारणं गृह्यतामयम् ॥ २२६
अहं च शापाद्यक्षीत्वे जाता विद्याधरी सती । अयमीदृक्च शापान्तो मम जातिस्मरा ह्यहम् ॥ २२७
इदानीं यामि धाम स्वं संगमश्चावयोः पुनः । तत्रैवेत्यभिधायैषा क्वापि विद्युत्प्रभा ययौ ॥ २२८
देवदत्तोऽपि तं गर्भं गृहीत्वा खिन्नमानसः । जगाम जालपादस्य तस्य स व्रतिनोऽन्तिकम् ॥ २२९
उपानयच्च तं गर्भं तस्मै सिद्धिप्रदायिनम् । भजन्त्यात्मंभरित्वं हि दुर्लभेऽपि न साधवः ॥ २३०
सोऽपि तत्पाचयित्वैव गर्भमांसं महाव्रती । व्यसृजद्देवदत्तं तं भैरवार्चाकृतेऽटवीम् ॥ २३१
ततो दत्तबलिर्यावदेत्य पश्यति स द्विजः । तावन्मांसमशेषं तद्व्रतिना तेन भक्षितम् ॥ २३२
कथं सर्वं त्वया भुक्तमिति चात्रास्य जल्पतः । जिह्मो विद्याधरो भूत्वा जालपादः खमुद्ययौ ॥ २३३
व्योमश्यामलनिस्त्रिंशे हारकेयूरराजिते । तस्मिन्नुत्पतिते सोऽथ देवदत्तो व्यचिन्तयत् ॥ २३४
कष्टं कीदृगनेनाहं वञ्चितः पापबुद्धिना । यदि वात्यन्तमृजुता न कस्य परिभूतये ॥ २३५
तदेतस्यापकारस्य कथमद्य प्रतिक्रियाम् । कुर्यां विद्याधरीभूतमप्येनं प्राप्नुयां कथम् ॥ २३६
तन्नास्त्युपायो वेतालसाधनादपरोऽत्र मे । इति निश्चित्य स ययौ रात्रौ पितृवनं ततः ॥ २३७

तत्राहूय तरोर्मूले वेतालं नृकलेवरे । पूजयित्वाकरोत्तस्य नृमांसबलितर्पणम् ॥ २३८
अतृप्यन्तं च वेतालं तमन्यानयनासहम् । तर्पयिष्यन्स्वमांसानि च्छेत्तुमारभते स्म सः ॥ २३९
तत्क्षणं तं स वेतालो महासत्त्वमभाषत । सत्त्वेनानेन तुष्टोऽस्मि तव मा साहसं कृथाः ॥ २४०
तद्भद्र किमभिप्रेतं तव यत्साधयामि ते । इत्युक्तवन्तं वेतालं स वीरः प्रत्युवाच तम् ॥ २४१
विश्वस्तवञ्चको यत्र जालपादो व्रती स्थितः । विद्याधरनिवासं तं नय तन्निग्रहाय माम् ॥ २४२
तथेत्युक्तवता तेन वेतालेन स तत्क्षणात् । स्कन्धेऽधिरोप्य नभसा निन्ये वैद्याधरं पदम् ॥ २४३
तत्रापश्यच्च तं जालपादं प्रासादवर्तिनम् । स विद्याधरराजत्वदृप्तं रत्नासनस्थितम् ॥ २४४
प्रतारयन्तं तामेव लब्धविद्याधरीपदाम् । विद्युत्प्रभामनिच्छन्तीं भार्यात्वे तत्तदुक्तिभिः ॥ २४५
दृष्ट्वैव च सवेतालोऽप्यभ्यधावत्स तं युवा । हृष्यद्विद्युत्प्रभानेत्रचकोरामृतचन्द्रमाः ॥ २४६
जालपादोऽपि सोऽकस्मात्तं दृष्ट्वैवागतं तथा । वित्रासाद्भ्रष्टनिस्त्रिंशो निपपातासनाद्भुवि ॥ २४७
देवदत्तोऽपि तत्खड्गं स लब्ध्वाप्यवधीन्न तम् । रिपुष्वपि हि भीतेषु सानुकम्पा महाशयाः ॥ २४८
जिघांसन्तं च वेतालं तं जगाद स वारयन् । पाखण्डिना किमेतेन कृपणेन हतेन नः ॥ २४९
स्थाप्यतां भुवि नीत्वायं तस्मात्स्वनिलये त्वया । आस्तां तत्रैव भूयोऽपि पापः कापालिका वरम् ॥ २५०
इत्येवं वदतस्तस्य देवदत्तस्य तत्क्षणम् । दिवोऽवतीर्य शर्वाणी देवी प्रत्यक्षतां ययौ ॥ २५१
सा जगाद च तं प्रह्वं पुत्र तुष्टास्मि तेऽधुना । अनन्यसदृशेनेह सत्त्वोत्कर्षेण संप्रति ॥ २५२
तद्विद्याधरराजत्वं मया दत्तमिहैव ते । इत्युक्त्वार्पितविद्या सा देवी सद्यस्तिरोऽभवत् ॥ २५३
जालपादश्च नीत्वैव वेतालेन स भूतले । विभ्रष्टसिद्धिर्निदधे नाधर्मश्चिरमृद्धये ॥ २५४
देवदत्तोऽपि सहितः स विद्युत्प्रभया तया । विद्याधराधिराज्यं तत्प्राप्य तत्र व्यजृम्भत ॥ २५५
इत्याख्याय कथां पत्ये शक्तिदेवाय सत्वरा । सा बिन्दुरेखा भूयस्तं बभाषे मृदुभाषिणी ॥ २५६
ईदृंशि भवन्त्येव कार्याणि तदिदं मम । बिन्दुमत्युदितं गर्भं मुक्तशोकं विपाटय ॥ २५७
इत्येवं बिन्दुरेखायां वदन्त्यां पापशङ्किते । शक्तिदेवे च गगनादुदभूत्तत्र भारती ॥ २५८
भोः शक्तिदेव निःशङ्कं गर्भोऽस्याः कृष्यतां त्वया । कण्ठे मुष्ट्या गृहीतो हि खड्गोऽसौ ते भविष्यति ॥ २५९
इति दिव्यां गिरं श्रुत्वा पाटितोदरमाशु सः । गर्भं तस्याः समाकृष्य पाणिना कण्ठतोऽग्रहीत् ॥ २६०
गृहीतमात्रो जज्ञे च स खड्गस्तस्य हस्तगः । आकृष्टः सत्त्वतः सिद्धेः केशपाश इवायतः ॥ २६१
ततो विद्याधरः क्षिप्रात्स विप्रः समजायत । बिन्दुरेखा च तत्कालमदर्शनमियाय सा ॥ २६२
तद्दृष्ट्वा च स गत्वैव दाशपुत्र्यै न्यवेदयत् । बिन्दुमत्यै द्वितीयस्यै पत्न्यै सर्वं तथाविधः ॥ २६३
सा तमाह वयं नाथ विद्याधरपतेः सुताः । तिस्रो भगिन्यः कनकपुरीतः शापतश्च्युताः ॥ २६४
एका कनकरेखा सा वर्धमानपुरे त्वया । यस्या दृष्टः स शापान्तः सा च तां स्वां पुरीं गता ॥ २६५
शापान्तो हीदृशस्तस्या विचित्रो विधियोगतः । अहमेव तृतीया च शापान्तश्चाधुनैव मे ॥ २६६
मया[1] चाद्यैव गन्तव्या नगरी सा निजा प्रिय । विद्याधरशरीराणि तत्रैवास्माकमासते ॥ २६७
चन्द्रप्रभा च भगिनी ज्यायसी हि स्थितात्र नः । तदायाहि त्वमप्याशु खड्गसिद्धिप्रभावतः ॥ २६८
तत्र हस्मांश्चतस्रोऽपि भार्याः संप्राप्य चाधिकाः । वनस्थेनार्पिताः पित्रा पुरि राज्यं करिष्यसि ॥ २६९

इति निजपरमार्थमुक्तवत्या सममनया पुनरेव बिन्दुमत्या ।
अथ कनकपुरीं स शक्तिदेवो गगनपथेन तथेति तां जगाम ॥ २७०

तस्यां च यानि योषिद्वपूंषि पर्यङ्कतल्पवर्तीनि ।
निर्जीवितान्यपश्यत्पूर्वं त्रिषु मण्डपेषु दिव्यानि ॥ २७१

तानि यथावत्स्वात्मभिरनुप्रविष्टाः स कनकरेखाद्याः ।
प्राप्तो भूयः प्रणता अद्राक्षीत्ता निजप्रियास्तिस्रः ॥ २७२

---

1 'मया चाद्यैव–' इत्यस्मात्पूर्वं पुस्तकान्तरे 'विद्याविज्ञानवत्यश्च मानुष्येऽप्यखिला वयम्' इति श्लोकार्धमधिकम्.

तां च चतुर्थीमैक्षत तज्ज्येष्ठां रचितमङ्गलां तत्र।
चन्द्रप्रभां पिबन्तीं चिरदर्शनसोत्कया दृष्ट्या॥ २७३
स्वस्वनियोगव्यापृतपरिजनवनिताभिनन्दितागमनः।
वासगृहान्तः प्राप्तश्चन्द्रप्रभया तया जगदे॥ २७४
या तत्र कनकरेखा राजसुता सुभग वर्धमानपुरे।
दृष्टा भवता सेयं भगिनी मे चन्द्ररेखाख्या॥ २७५
या दाशाधिपपुत्री बिन्दुमती प्रथममुत्स्थलद्वीपे।
परिणीताभूद्भवता शशिरेखा मत्स्वसा सेयम्॥ २७६
या तदनु बिन्दुरेखा राजसुता तत्र दानवानीता।
भार्या च ते तदाभूच्छशिप्रभा सेयमनुजा मे॥ २७७
तदिदानीमेहि कृतिन्नस्मत्पितुरन्तिकं सहास्माभिः।
तेन प्रत्ताश्चैता द्रुतमखिलाः परिणयस्वास्मान्॥ २७८

इति कुसुमशराज्ञासप्रगल्भं च तस्यां त्वरितमुदितवत्यामत्र चन्द्रप्रभायाम्।
अपि चतसृभिराभिः साकमेतत्पितुस्तन्निकटमनुवनान्तं शक्तिदेवो जगाम॥ २७९
स च चरणनताभिस्ताभिरावेदितार्थो दुहितृभिरखिलाभिर्दिव्यवाक्प्रेरितश्च।
युगपदथ ददौ ताः शक्तिदेवाय तस्मै मुदितमतिरशेषास्तत्र विद्याधरेन्द्रः॥ २८०
तदनु कनकपुर्यामृद्धमस्यां स्वराज्यं सपदि स वितताार स्वाश्च विद्याः समस्ताः।
अपि च कृतिनमेनं शक्तिवेगं स्वनाम्ना व्यधित समुचितेन स्वेषु विद्याधरेषु॥ २८१
अन्यो न जेष्यति भवन्तमतिप्रभावाद्वत्सेश्वरात्पुनरुदेष्यति चक्रवर्ती।
युष्मासु योऽत्र नरवाहनदत्तनामा भावी विभुः स तव तस्य नतिं विदध्याः॥ २८२
इत्यूचिवांश्च विससर्ज महाप्रभावो विद्याधराधिपतिरात्मतपोवनात्तम्।
सत्कृत्य सप्रियतमं निजराजधानीं जामातरं स शशिखण्डपदाभिधानः॥ २८३

अथ सोऽपि शक्तिवेगो राजा भूत्वा विवेश कनकपुरीम्।
स्ववधूभिः सह गत्वा विद्याधरलोकवैजयन्तीं ताम्॥ २८४

तस्यां तिष्ठन्कनकरचनाविस्फुरन्मन्दिरायामत्यौन्नत्यादिव पटुपतत्पिण्डितार्कप्रभायाम्।
वामाक्षीभिश्चतसृभिरसौ रत्नसोपानवापीहृद्योद्यानेष्वलभततरां निर्वृतिं प्रेयसीभिः॥ २८५

इति कथयित्वा चरितं निजमेव विचित्रमेष तत्कालम्।
निजगाद शक्तिवेगो वाग्मी वत्सेश्वरं भूयः॥ २८६

तं मां शशाङ्ककुलभूषण शक्तिवेगं जानीह्युपागतमिमं खलु वत्सराज।
उत्पन्नभाविनिजनूतनचक्रवर्तियुष्मत्सुताङ्घ्रियुगदर्शनसाभिलाषम्॥ २८७
इत्थं मयेह मनुजेन सतापि लब्धा विद्याधराधिपतिता पुरजित्प्रसादात्।
गच्छामि चाहमधुना नृपते स्वधाम दृष्टः प्रभुर्भवतु भद्रमभङ्गुरं वः॥ २८८

इत्युक्त्वा रचिताञ्जलौ च वदति प्राप्ताभ्यनुज्ञे तत-
स्तस्मिन्नुत्पतिते मृगाङ्कमहसि द्यां शक्तिवेगे क्षणात्।
देवीभ्यां सहितः सबालतनयो वत्सेश्वरो मन्त्रिभिः
साकं कामपि तत्र संमदमयीं भेजे तदानीं दशाम्॥ २८९

इति महाकविश्रीसोमदेवभट्टविरचिते कथासरित्सागरे चतुर्दारिकालम्बके तृतीयस्तरङ्गः।

समाप्तोऽयं चतुर्दारिकालम्बकः पञ्चमः।

॥ श्रीः ॥

महाकविश्रीसोमदेवभट्टविरचितः

कथासरित्सागरः ।

मदनमञ्चुका नाम षष्ठो लम्बकः ।

इदं गुरुगिरीन्द्रजाप्रणयमन्दरान्दोलना-
त्पुरा किल कथामृतं हरमुखाम्बुधेरुद्गतम् ।
प्रसह्य रसयन्ति ये विगतविघ्नलब्धर्द्धयो
धुरं दधति वैबुधीं भुवि भवप्रसादेन ते ॥

प्रथमस्तरङ्गः ।

तर्जयन्निव विघ्नौघान्नमितोन्नमितेन यः । मुहुर्विभाति शिरसा स पायाद्वो गजाननः ॥ १
नमः कामाय यद्बाणपातैरिव निरन्तरम् । भाति कण्टकितं शंभोरप्युमालिङ्गितं वपुः ॥ २
इत्यादिदिव्यचरितं कृत्वात्मानं किलान्यवत् । प्राप्तविद्याधरैश्वर्यो यदा मूलात्स्वयं जगौ ॥ ३
नरवाहनदत्तोऽत्र सपत्नीकैर्महर्षिभिः । पृष्टः प्रसङ्गे कुत्रापि तदिदं श्रृणुताधुना ॥ ४
अथ संवर्ध्यमानोऽत्र पित्रा वत्सेश्वरेण सः । नरवाहनदत्तोऽभूदुत्क्रान्ताष्टमवत्सरः ॥ ५
विनीयमानो विद्यासु क्रीडन्नुपवनेषु च । सह मन्त्रिसुतैरासीद्राजपुत्रस्तदा च सः ॥ ६
देवी वासवदत्ता च राज्ञी पद्मावती तथा । आस्तामेकतमस्नेहात्तदेकाग्रे दिवानिशम् ॥ ७
आरोहद्गुणनम्रेण रेजे सद्वंशजन्मना । शनैरापूर्यमाणेन वपुषा धनुषा च सः ॥ ८
पिता वत्सेश्वरश्चास्य विवाहादिमनोरथैः । आसन्नफलसंपत्तिकान्तैः कालं निनाय तम् ॥ ९
अत्रान्तरे कथासंधौ यद्भूत्तन्निशम्यताम् । आसीत्तक्षशिला नाम वितस्तापुलिने पुरी ॥ १०
तदम्भसि बभौ यस्याः प्रतिमा सौधसंततेः । पातालनगरीवाधस्तच्छोभालोकनागता ॥ ११
तस्यां कलिङ्गदत्ताख्यो राजा परमसौगतः । अभूत्तारावरस्फीतजिनभक्ताखिलप्रजः ॥ १२
रराज सा पुरी यस्य चैत्यरत्नैर्निरन्तरैः । मत्तुल्या नाम नास्तीति मदशृङ्गैरिवोदितैः ॥ १३
प्रजानां न परं चक्रे यः पितेवानुपालनम् । यावद्गुरुरिव ज्ञानमपि स्वयमुपादिशत् ॥ १४
तथा च तस्यां कोऽप्यासीन्नगर्यां सौगतो वणिक् । धनी वितस्तादत्ताख्यो भिक्षुपूजैकतत्परः ॥ १५
रत्नदत्ताभिधानश्च तस्याभूत्तनयो युवा । स च तं पितरं शश्वत्पाप इत्याजुगुप्सत ॥ १६
पुत्र निन्दसि कस्मान्मामिति पित्रा च तेन सः । पृच्छयमानो वणिक्पुत्रः साभ्यसूयमभाषत ॥ १७
तात त्यक्तत्रयीधर्मस्त्वमधर्मं निषेवसे । यद्ब्राह्मणान्परित्यज्य श्रमणाञ्शश्वदर्चसि ॥ १८
स्नानादियन्त्रणाहीनाः स्वकालाशनलोलुपाः । अपास्तसशिखाशेषकेशकौपीनसुस्थिताः ॥ १९
विहारास्पदलोभाय सर्वेऽप्यधमजातयः । यमाश्रयन्ति किं तेन सौगतेन नयेन ते ॥ २०
तच्छ्रुत्वा स वणिक्प्राह न धर्मस्यैकरूपता । अन्यो लोकोत्तरः पुत्र धर्मोऽन्यः सार्वलौकिकः ॥ २१
ब्राह्मण्यमपि तत्प्राहुर्यद्रागादिविवर्जनम् । सत्यं दया च भूतेषु न मृषा जातिविग्रहः ॥ २२
किं च दर्शनमेतत्त्वं सर्वसत्त्वाभयप्रदम् । प्रायः पुरुषदोषेण न दूषयितुमर्हसि ॥ २३
उपकारस्य धर्मत्वे विवादो नास्ति कस्यचित् । भूतेष्वभयदानेन नान्या चोपकृतिर्मम ॥ २४
तदहिंसाप्रधानेऽस्मिन्वत्स मोक्षप्रदायिनि । दर्शनेऽतिरतिश्चेन्मे तदधर्मो ममात्र कः ॥ २५

इति तेनोदितः पित्रा वणिक्पुत्रः प्रसह्य सः । न तथा प्रतिपेदे तन्निनिन्दाभ्यधिकं पुनः ॥ २६
ततः स तत्पिता खेदाद्गत्वा धर्मानुशासितुः । राज्ञः कलिङ्गदत्तस्य पुरतः सर्वमब्रवीत् ॥ २७
सोऽपि राजा तमास्थाने युक्त्यानाय्य वणिक्सुतम् । मृषारचितकोपः सन्नेवं क्षत्तारमादिशत् ॥ २८
श्रुतं मया वणिक्पुत्रः पापोऽयमतिदुष्कृती । निर्विचारं तदेषोऽद्य हन्यतां देशदूषकः ॥ २९
इत्यूचिवांस्ततः पित्रा कृतविज्ञापनः किल । नृपतिर्धर्मचर्यार्थं द्वौ मासौ वधनिग्रहम् ॥ ३०
संविधार्य तदन्ते च पुनरानयनाय सः । तस्यैव तत्पितुर्हस्ते न्यस्तवांस्तं वणिक्सुतम् ॥ ३१
सोऽपि पित्रा गृहं नीतो वणिक्पुत्रो भयाकुलः । किं मयापकृतं राज्ञो भवेदिति विचिन्तयन् ॥ ३२
अकारणं द्विमासान्ते मरणं भावि भावयन् । अनिद्रोऽपचिताहारक्लान्तस्तस्थौ दिवानिशम् ॥ ३३
ततो मासद्वये याते राजाग्रे कृशपाण्डुरः । पुनः स्वपित्रा तेनासौ वणिक्सूनुरनीयत ॥ ३४
राजा तं च तथाभूतं वीक्ष्यापन्नमभाषत । किमीदृक् त्वं कृशीभूतः किं रुद्धं ते मयाशनम् ॥ ३५
तच्छ्रुत्वा स वणिक्पुत्रो राजानं तमभाषत । आत्मापि विस्मृतो भीत्या मम का त्वशने कथा ॥ ३६
युष्मदादिष्टनिधनश्रवणात्प्रभृति प्रभो । मृत्युमायान्तमायान्तमन्वहं चिन्तयाम्यहम् ॥ ३७
इत्युक्तवन्तं तं राजा स वणिक्पुत्रमब्रवीत् । बोधितोऽसि मया वत्स युक्त्या प्राणभयं स्वतः ॥ ३८
ईदृगेव हि सर्वस्य जन्तोर्मृत्युभयं भवेत् । तद्रक्षणोपकाराच्च धर्मः कोऽभ्यधिको वद ॥ ३९
तदेतत्तव धर्माय मुमुक्षायै च दर्शितम् । मृत्युभीतो हि यतते नरो मोक्षाय बुद्धिमान् ॥ ४०
अतो न गर्हणीयोऽयमेतद्धर्मा पिता त्वया । इति राजवचः श्रुत्वा प्रह्वोऽवादीद्वणिक्सुतः ॥ ४१
धर्मोपदेशाद्देवेन कृती तावदहं कृतः । मोक्षायेच्छा प्रजाता मे तमप्युपदिश प्रभो ॥ ४२
तच्छ्रुत्वा तं वणिक्पुत्रं प्राप्ते तत्र पुरोत्सवे । तैलपूर्णं करे पात्रं दत्त्वा राजा जगाद सः ॥ ४३
इदं पात्रं गृहीत्वा त्वमेहि भ्रान्त्वा पुरीमिमाम् । तैलबिन्दुनिपातश्च रक्षणीयस्त्वया सुत ॥ ४४
निपतिष्यति यद्येकस्तैलबिन्दुरितस्तव । सद्यो निपातयिष्यन्ति त्वामेते पुरुषास्ततः ॥ ४५
एवं किलोक्त्वा व्यसृजत्तं भ्रमाय वणिक्सुतम् । उत्खातखड्गान्पुरुषान्दत्त्वा पश्चात्स भूपतिः ॥ ४६
वणिक्पुत्रोऽपि स भयाद्रक्षंस्तैललवच्युतिम् । पुरीं तामभितो भ्रान्त्वा कृच्छ्रादागान्नृपान्तिकम् ॥ ४७
नृपोऽप्यगलितानीततैलं दृष्ट्वा तमभ्यधात् । कश्चित्पुरभ्रमेऽप्यद्य दृष्टोऽत्र भ्रमता त्वया ॥ ४८
तच्छ्रुत्वा स वणिक्पुत्रः प्रोवाच रचिताञ्जलिः । यत्सत्यं न मया देव दृष्टं किंचिन्न च श्रुतम् ॥ ४९
अहं ह्येकावधानेन तैललेशपरिच्युतम् । खड्गपातभयाद्रक्षंस्तदानीमभ्रमं पुरीम् ॥ ५०
एवं वणिक्सुतेनोक्ते स राजा निजगाद तम् । दृश्यतैलैकचित्तेन न त्वया किंचिदीक्षितम् ॥ ५१
तत्तेनैवावधानेन परानुध्यानमाचर । एकाग्रो हि बहिर्वृत्तिनिवृत्तस्तत्त्वमीक्षते ॥ ५२
दृष्टतत्त्वश्च न पुनः कर्मजालेन बध्यते । एष मोक्षोपदेशस्ते संक्षेपात्कथितो मया ॥ ५३
इत्युक्त्वा प्रहितो राज्ञा पतित्वा तस्य पादयोः । कृतार्थः स वणिक्पुत्रो हृष्टः पितृगृहं ययौ ॥ ५४
एवं कलिङ्गदत्तस्य प्रजास्तस्यानुशासतः । तारादत्ताभिधानाभूद्राज्ञी राज्ञः कुलोचिता ॥ ५५
यया स राजा शुशुभे रीतिमत्या सुवृत्तया । नानादृष्टान्तरसिको भारत्या सुकविर्यथा ॥ ५६
या प्रकाशगुणश्लाघ्या ज्योत्स्नेव शशलक्ष्मणः । तस्यामृतमयस्याभूदविभिन्नैव भूपतेः ॥ ५७
तया देव्या समं तत्र सुखिनस्तस्य तिष्ठतः । नृपस्य जग्मुर्दिवसाः शच्येव दिवि वज्रिणः ॥ ५८
अत्रान्तरे किलैतस्मिन्कथासंधौ शतक्रतोः । कुतोऽपि हेतोस्त्रिदिवे वर्तते स्म महोत्सवः ॥ ५९
तत्राप्सरःसु सर्वासु नर्तितुं मिलितास्वपि । एका सुरभिदत्ताख्या नादृश्यत वराप्सराः ॥ ६०
प्रणिधानात्ततः शक्रस्तां ददर्श रहःस्थिताम् । विद्याधरेण केनापि सहितां नन्दनान्तरे ॥ ६१
तदृष्ट्वा जातकोपोऽन्तः स वृत्रारिरचिन्तयत् । अहो एतौ दुराचारौ मदनान्धावुभावपि ॥ ६२
एका यदाचरत्येव विस्मृत्यास्मान्स्वतन्त्रवत् । करोत्यविनयं चान्यो देवभूमौ प्रविश्य यत् ॥ ६३
अथवास्य वराकस्य दोषो विद्याधरस्य कः । आकृष्टो हि वशीकृत्य रूपेणायमिहानया ॥ ६४

कान्तयान्तः किलापूर्णतुङ्गस्तनतटान्तया । लावण्याम्बुतरङ्गिण्या हृतः स्यादात्मनः प्रभुः ॥ ६५
चुक्षुभे किं न शर्वोऽपि पुरा दृष्ट्वा तिलोत्तमाम् । धात्रा गृहीत्वा रचितामुत्तमेभ्यस्तिलं तिलम् ॥ ६६
तपश्च मेनकां दृष्ट्वा विश्वामित्रो न किं जहौ । शर्मिष्ठारूपलोभाच्च ययातिर्नाप्तवाञ्जराम् ॥ ६७
अतो विद्याधरयुवा नैवायमपराध्यति । त्रिजगत्क्षोभशक्तेन रूपेणाप्सरसा हृतः ॥ ६८
इयं तु स्वर्वधूः पापा हीनासक्तापराधिनी । प्रवेशितः सुरान्हित्वा ययायमिह नन्दने ॥ ६९
इत्यालोच्य विमुच्यैनं विद्याधरकुमारकम् । अहल्याकामुकः सोऽस्यै शापमप्सरसे ददौ ॥ ७०
पापे प्रयाहि मानुष्यं प्राप्य चायोनिजां सुताम् । दिव्यं कृत्वा च कर्तव्यमेष्यसि द्यामिमामिति ॥ ७१
अत्रान्तरे च सा तस्य राज्ञस्तक्षशिलापुरि । राज्ञी कलिङ्गदत्तस्य तारादत्ता ययावृतुम् ॥ ७२
तस्याः सुरभिदत्ता सा शक्रशापच्युताप्सराः । संबभूवोदरे देव्या देहसौन्दर्यदायिनी ॥ ७३
तदा च नभसो भ्रष्टां ज्वालां देवी ददर्श सा । तारादत्ता किल स्वप्ने प्रविशन्तीं निजोदरे ॥ ७४
प्रातश्चावर्णयत्स्वप्नं भर्त्रे तं सा सविस्मया । राज्ञे कलिङ्गदत्ताय सोऽपि प्रीतो जगाद ताम् ॥ ७५
देवि दिव्याः पतन्त्येव शापान्मानुष्ययोनिषु । तज्जाने देवजातीयः कोऽपि गर्भे तवार्पितः ॥ ७६
विचित्रसदसत्कर्मनिबद्धाः संचरन्ति हि । जन्तवस्त्रिजगत्यस्मिञ्शुभाशुभफलाप्तये ॥ ७७
इत्युक्ता भूभृता राज्ञी सा प्रसङ्गादुवाच तम् । सत्यं कर्मैव बलवद्भोगदायि शुभाशुभम् ॥ ७८
तथा चेदमुपोद्धातं श्रुतं वच्म्यत्र ते शृणु । अभवद्धर्मदत्ताख्यः कोशलाधिपतिर्नृपः ॥ ७९
नागश्रीरिति तस्यासीद्राज्ञी या पतिदेवता । भूमावरुन्धती ख्याता रुन्धन्त्यपि सतीधुरम् ॥ ८०
काले गच्छति तस्यां च देव्यां तस्य च भूपतेः । अहमेषा समुत्पन्ना दुहिताहितसूदन ॥ ८१
ततो मय्यतिबालायां देव सा जननी मम । अकस्मात्पूर्वजातिं स्वां स्मृत्वा स्वपतिमब्रवीत् ॥ ८२
राजन्नकाण्ड एवाद्य पूर्वजन्म स्मृतं मया । अप्रीत्यै तदनाख्यातमाख्यातं मृतये च मे ॥ ८३
अशङ्कितं स्मृता जातिः स्यादाख्यातैव मृत्यवे । इति ह्याहुरतो देव मय्यतीव विषादिता ॥ ८४
इत्युक्तः स तया पत्न्या राजा तां प्रत्यभाषत । प्रिये मयापि प्राग्जन्म त्वयेव सहसा स्मृतम् ॥ ८५
तन्ममाचक्ष्व तावत्त्वं कथयिष्याम्यहं च ते । यदस्तु कोऽन्यथा कर्तुं शक्तो हि भवितव्यताम् ॥ ८६
इति सा प्रेरिता तेन भर्त्रा राज्ञी जगाद तम् । निर्बन्धो यदि ते राजञ्शृणु तर्हि वदाम्यहम् ॥ ८७
इहैव देशे विप्रस्य माधवाख्यस्य कस्यचित् । गृहेऽहमभवं दासी सुवृत्ता पूर्वजन्मनि ॥ ८८
देवदासाभिधानश्च पतिरत्र ममाभवत् । कस्याप्येकस्य वणिजः साधुः कर्मकरो गृहे ॥ ८९
तावावामवसावात्र कृत्वा गेहं निजोचितम् । स्वस्वस्वामिगृहानीतपक्वान्नकृतवर्तनौ ॥ ९०
वारिधानी च कुम्भश्च मार्जनी मञ्चकस्तथा । अहं च मत्पतिश्चेति युग्मत्रितयमेव नौ ॥ ९१
अकलिप्रसरे गेहे संतोषः सुखिनोरभूत् । देवपित्रतिथिप्रत्तशेषं प्रमितमश्नतोः ॥ ९२
एकैकतोऽधिकं किंचिद्यदाच्छादनमप्यभूत् । सुदुर्गताय कस्मैचित्तदावाभ्यामदीयत ॥ ९३
अथात्रोदभवत्तीव्रो दुर्भिक्षस्तेन चावयोः । भृत्यन्नमन्वहं प्राप्यमल्पमल्पमुपानमत् ॥ ९४
ततः क्षुत्क्षामवपुषोः शनैर्नाववसीदतोः । कदाचिदागादाहारकाले क्लान्तोऽतिथिर्द्विजः ॥ ९५
तस्मै निःशेषमावाभ्यां द्वाभ्यामपि निजाशनम् । प्राणसंशयकालेऽपि दत्तं यावच्च यच्च तत् ॥ ९६
भुक्त्वा तस्मिन्गते प्राणा भर्तारं मे तमत्यजन् । अर्थिन्यस्यादरो नास्मास्विति मन्युवशादिव ॥ ९७
ततश्चाहं समाधाय पत्ये समुचितां चिताम् । आरूढा चावरूढश्च विपद्भारो ममात्मनः ॥ ९८
अथ राजगृहे जाता जाताहं महिषी तव । अचिन्त्यं हि फलं सूते सद्यः सुकृतपादपः ॥ ९९
इत्युक्तः स तया राज्ञा धर्मदत्तो नृपोऽब्रवीत् । एहि प्रिये स एवाहं पूर्वजन्मपतिस्तव ॥ १००
वणिक्कर्मकरोऽभूवं देवदासोऽहमेव सः । एतदेव मयाप्यद्य प्राक्तनं जन्म हि स्मृतम् ॥ १०१
इत्युक्त्वा स्वान्यभिज्ञानान्युदीर्य स तया सह । देव्या विषण्णो हृष्टश्च राजा सद्यो दिवं गतः ॥ १०२
एवं तयोश्च मत्पित्रोर्लोकान्तरमुपेयुषोः । मातुः स्वसा वर्धयितुं मामनैषीन्निजं गृहम् ॥ १०३

कन्यायां मयि चाभ्यागादेकस्तत्रातिथिर्मुनिः। मातृस्वसा च मां तस्य शुश्रूषायै समादिशत् ॥ १०४
स च कुन्त्येव दुर्वासा यत्नेनाराधितो मया। तद्वराच्च मया प्राप्तो धार्मिकस्त्वं पतिः प्रभो ॥ १०५
एवं भवन्ति भद्राणि धर्मादेव यदादरात्। पितृभ्यां सह संप्राप्य राज्यं जातिरपि स्मृता ॥ १०६
एतत्स तारादत्ताया देव्याः श्रुत्वा वचो नृपः। कलिङ्गदत्तो धर्मैकसादरो निजगाद ताम् ॥ १०७
सत्यं सम्यक्कृतोऽल्पोऽपि धर्मो भूरिफलो भवेत्। तथा च प्राक्तनीं देवि सप्तद्विजकथां शृणु ॥ १०८
कुण्डिनाख्ये पुरे पूर्वमुपाध्यायस्य कस्यचित्। ब्राह्मणस्याभवञ्शिष्याः सप्त ब्राह्मणपुत्रकाः ॥ १०९
स ताञ्शिष्यानुपाध्यायो धेनुं दुर्भिक्षदोषतः। गोमतः श्वशुरादेकां याचितुं प्राहिणोत्ततः ॥ ११०
ते च गत्वान्यदेशस्थं दुर्भिक्षक्षामकुक्षयः। तं तद्गिरा तच्छ्वशुरं तच्छिष्या गां ययाचिरे ॥ १११
सोऽपि वृत्तिकरीमेकां धेनुं तेभ्यः समर्पयत्। कृपणः क्षुधितेभ्योऽपि न तु तेभ्योऽशनं ददौ ॥ ११२
ततस्ते तां गृहीत्वा गामायान्तोऽर्धपथे क्षुधा। उद्गाढपीडिताः क्लान्ता निपेतुर्धरणीतले ॥ ११३
उपाध्यायगृहं दूरं दूरे चापद्गता वयम्। दुर्लभं सर्वतश्चान्नं तत्प्राणैर्गतमेव नः ॥ ११४
एवं च धेनुरप्येषा निस्तोयवनमानुपे। अरण्येऽस्मिन्विपन्नैव गुर्वर्थोऽल्पोऽपि कस्ततः ॥ ११५
तदस्याः पिशितैः प्राणान्संधार्याशु गुरूनपि। संभावयामस्तच्छेषैरापत्कालो हि वर्तते ॥ ११६
इति संमन्त्र्य सप्तापि जग्मुः सब्रह्मचारिणः। शास्त्रोक्तविधिना धेनुं तां पशूकृत्य तत्र ते ॥ ११७
इष्ट्वा देवान्पितॄन्भुक्त्वा तन्मांसं विधिवच्च तत्। जग्मुरादाय तच्छेषमुपाध्यायस्य चान्तिकम् ॥ ११८
तस्मै प्रणम्य सर्वं ते शशंसुस्तद्यथा कृतम्। स तेभ्यः सापराधेभ्योऽप्यतुष्यत्सत्यभाषणात् ॥ ११९
दिनैः सप्तापि दुर्भिक्षदोषात्ते च विपेदिरे। जातिस्मराश्च भूयोऽपि तेन सत्येन जज्ञिरे ॥ १२०
इत्थं फलति शुद्धेन सिक्तं संकल्पवारिणा। पुण्यबीजमपि स्वल्पं पुंसां कृषिकृतामिव ॥ १२१
तदेव दूषितं देवि दुष्टसंकल्पपाथसा। फलत्यनिष्टमत्रेदं वच्म्यन्यदपि तच्छृणु ॥ १२२
गङ्गायां तुल्यकालौ द्वौ तपस्यनशने जनौ। एको विप्रो द्वितीयश्च चण्डालस्तस्थतुः पुरा ॥ १२३
तयोर्विप्रः क्षुधाक्रान्तो निषादान्वीक्ष्य तत्रगान्। मत्स्यानादाय भुञ्जानानेवं मूढो व्यचिन्तयत् ॥ १२४
अहो दास्याः सुता एते धन्या जगति धीवराः। ये यथाकाममश्नन्ति प्रत्यहं शफरामिषम् ॥ १२५
द्वितीयस्तु स चाण्डालो दृष्ट्वा तानेव धीवरान्। अचिन्तयद्धिगस्त्वेतान्क्रव्यादान्प्राणिघातिनः ॥ १२६
तत्किमेवं स्थितस्येह दृष्टैरेषां मुखैर्मम। इति संमील्य नेत्रे स तत्रासीत्स्वात्मनि स्थितः ॥ १२७
क्रमाच्चानशनेनोभौ विपन्नौ तौ द्विजान्त्यजौ। द्विजस्तत्र श्वभिर्भुक्तः शीर्णो गङ्गाजलेऽन्त्यजः ॥ १२८
ततोऽकृतात्मा कैवर्तकुल एवात्र स द्विजः। अभ्यजायत तीर्थस्य गुणाज्जातिस्मरस्त्वभूत् ॥ १२९
चण्डालोऽपि स तत्रैव गङ्गातीरे महीभुजः। गृहे जातिस्मरो जज्ञे धीरोऽनुपहतात्मकः ॥ १३०
जातयोश्च तयोरेवं प्राग्जन्मस्मरतोर्द्वयोः। एकोऽनुतेपे दासः सन्राजा सन्मुमुदेऽपरः ॥ १३१
इति धर्मतरोर्मूलमशुद्धं यस्य मानसम्। शुद्धं यस्य च तद्रूपं फलं तस्य न संशयः ॥ १३२
इत्येतदुक्त्वा देवीं तां तारादत्तां स भूपतिः। कलिङ्गदत्तः पुनरप्युवाचैनां प्रसङ्गतः ॥ १३३
किंच सत्त्वाधिकं कर्म देवी यन्नाम यादृशम्। फलाय तद्यतः सत्त्वमनुधावन्ति संपदः ॥ १३४
तथा च कथयाम्यत्र शृणु चित्रामिमां कथाम्। अस्तीह भुवनख्यातावन्तीषूज्जयिनी पुरी ॥ १३५
राजते सितहर्म्यैर्या महाकालनिवासभूः। तत्सेवारससंप्राप्तकैलासशिखरैरिव ॥ १३६
सचक्रवर्तिपानीयः प्रविशद्वाहिनीशतः। यदाभोगोऽब्धिगम्भीरः सपक्षक्ष्माभृदाश्रितः ॥ १३७
तस्यां विक्रमसिंहाख्यो बभूवान्वर्थयाख्यया। राजा वैरिमृगा यस्य नैवासन्संमुखाः क्वचित् ॥ १३८
स च निष्प्रतिपक्षत्वादलब्धसमरोत्सवः। अस्त्रेषु बाहुवीर्ये च सावज्ञोऽन्तरतप्यत ॥ १३९
अथ सोऽमरगुप्तेन तदभिप्रायवेदिना। कथान्तरे प्रसङ्गेन मन्त्रिणा जगदे नृपः ॥ १४०
देव दोर्दण्डदर्पेण शस्त्रविद्यामदेन च। आशंसतामपि रिपून्राज्ञां दोषो न दुर्लभः ॥ १४१
तथा च पूर्वं बाणेन युद्धयोग्यमरिं हरः। दर्पाद्भुजसहस्रस्य तावदाराध्य याचितः ॥ १४२

यावत्प्राप्ततथाभूततद्वरः स मुरारिणा । देवेन वैरिणा संख्ये लूनबाहुवनः कृतः ॥ १४३
तस्मात्त्वयापि कर्तव्यो नासंतोषो युधं विना । काङ्क्षणीयो न चानिष्टो विपक्षोऽपि कदाचन ॥ १४४
शस्त्रशिक्षा स्ववीर्यं च दर्शनीयं तवेह चेत् । योग्यभूमावटव्यां तन्मृगयायां च दर्शय ॥ १४५
राज्ञां चाखेटकमपि व्यायामादिकृते मतम् । युद्धाध्वनि न शस्यन्ते राजानो ह्यकृतश्रमाः ॥ १४६
आरण्याश्च मृगा दुष्टाः शून्यामिच्छन्ति मेदिनीम् । तेन ते नृपतेर्वध्या इत्यप्याखेटमिष्यते ॥ १४७
न चाति ते निषेव्यन्ते तत्सेवाव्यसनेन हि । गता नृपतयः पूर्वमपि पाण्ड्वादयः क्षयम् ॥ १४८
इत्युक्तोऽमरगुप्तेन मन्त्रिणा स सुमेधसा । राजा विक्रमसिंहोऽत्र तथेति तदमन्यत ॥ १४९
अन्येद्युश्चाश्वपादातसारमेयमयीं भुवम् । विचित्रवागुरोच्छ्रायमयीश्च सकला दिशः ॥ १५०
सहर्षमृगयुग्रामनिनादमयमम्बरम् । कुर्वन्स मृगयाहेतोर्नगर्या निर्ययौ नृपः ॥ १५१
निर्गच्छन्गजपृष्ठस्थो बाह्ये शून्ये सुरालये । पुरुषौ द्वावपश्यच्च विजने सहितस्थितौ ॥ १५२
स्वैरं मन्त्रयमाणौ च मिथः किमपि तावुभौ । दूरात्स तर्कयन्राजा जगाम मृगयावनम् ॥ १५३
तत्र प्रोत्खातखड्गेषु वृद्धव्याघ्रेषु च व्यधात् । तोषं स सिंहनादेषु भूभागेषु नगेषु च ॥ १५४
तां स विक्रमबीजाभैर्महीं तस्तार मौक्तिकैः । सिंहानां हस्तिहन्तॄणां निहतानां नखच्युतैः ॥ १५५
तिर्यञ्चस्तिर्यगेवास्य पेतुर्वक्रप्लुता मृगाः । लघु निर्भिद्य तान्पूर्वं हर्षं प्रापदवक्रगः ॥ १५६
कृताखेटश्च सुचिरं राजासौ श्रान्तसेवकः । आगाच्छिथिलितज्येन चापेनोज्जयिनीं पुनः ॥ १५७
तस्यां देवकुले तस्मिंस्तावत्कालं तथैव तौ । स्थितौ ददर्श पुरुषौ निर्गच्छन्यौ स दृष्टवान् ॥ १५८
कावेतौ मन्त्रयेते च किंस्विदेवमियच्चिरम् । नूनं चाराविमौ दीर्घरहस्यालापसेविनौ ॥ १५९
इत्यालोच्य प्रतीहारं विसृज्यानाययत्स तौ । पुरुषौ द्वाववष्टभ्य राजा बद्धौ चकार च ॥ १६०
द्वितीयेऽहनि चास्थानं तावानाय्य स पृष्टवान् । कौ युवां सुचिरं कश्च मन्त्रस्तावान्स वामिति ॥ १६१
ततस्तयोः स्वयं राज्ञा तत्र पर्यनुयुक्तयोः । याचिताभययोरेको युवा वक्तुं प्रचक्रमे ॥ १६२
श्रूयतां वर्णयाम्येतद्यथावदधुना प्रभो । अभूत्करभको नाम विप्रोऽस्यामेव वः पुरि ॥ १६३
तस्य प्रवीरपुत्रेच्छाकृताग्न्याराधनोद्भवः । अहमेष महाराज वेदविद्याविदः सुतः ॥ १६४
तस्मिंश्च भार्यानुगते पितरि स्वर्गते शिशुः । अधीतविद्योऽप्यानाथ्यात्स्वमार्गं त्यक्तवानहम् ॥ १६५
प्रवृत्तश्चाभवं द्यूतं शस्त्रविद्याश्च सेवितुम् । कस्य नोच्छृङ्खलं बाल्यं गुरुशासनवर्जितम् ॥ १६६
तेन क्रमेण चोत्तीर्णे शैशवे जातदोर्मदः । अटवीमेकदा बाणानहं क्षेप्तुं गतोऽभवम् ॥ १६७
तावत्तेन पथा चैका नगर्या निर्गता वधूः । आगात्कर्णीरथारूढा जन्यैर्बहुभिरन्विता ॥ १६८
अकस्माच्च तदैवात्र करी त्रोटितशृङ्खलः । कुतोऽप्यागत्य तामेव वधूमभ्यापतन्मदात् ॥ १६९
तद्भयेन च सर्वेऽपि त्यक्त्वा तामनुयायिनः । तद्भर्त्रापि सह क्लीबाः पलाय्येतस्ततो गताः ॥ १७०
तद्दृष्ट्वा सहसैवाहं ससंभ्रममचिन्तयम् । हा कथं कातरैरेभिस्त्यक्तैकेयं तपस्विनी ॥ १७१
तदहं वारणादस्माद्रक्ष्याम्यशरणामिमाम् । आपन्नत्राणविकलैः किं प्राणैः पौरुषेण वा ॥ १७२
इत्यहं मुक्तनादस्तं गजेन्द्रं प्रति धावितः । गजोऽपि तां स्त्रियं हित्वा स मामेवाभ्यदुद्रुवत् ॥ १७३
ततोऽहं भीतया नार्या वीक्ष्यमाणस्तया नदन् । पलायमानश्च गजं तं दूरमपकृष्टवान् ॥ १७४
क्रमात्पत्रघनां भग्नां प्राप्य शाखां महातरोः । आत्मानं च तयाच्छाद्य तरुमध्यमगामहम् ॥ १७५
तत्राग्रे स्थापयित्वा तां शाखां तिर्यक्सुलाघवात् । पलायितोऽहं हस्ती च स तां शाखामचूर्णयत् ॥ १७६
ततोऽहं योषितस्तस्याः समीपमगमं द्रुतम् । शरीरकुशलं चैतामपृच्छमिह भीषिताम् ॥ १७७
सापि मां वीक्ष्य दुःखार्ता सहर्षा चावदत्तदा । किं मे कुशलमेतस्मै दत्ता कापुरुषाय या ॥ १७८
ईदृशे संकटे यो मां त्यक्त्वा क्वापि गतः प्रभो । एतत्तु कुशलं यत्त्वमक्षतः पुनरीक्षितः ॥ १७९
तन्मे स कतमो भर्ता त्वमिदानीं पतिर्मम । येनात्मनिरपेक्षेण हृता मृत्युमुखादहम् ॥ १८०
स चैष दृश्यते भृत्यैः सहागच्छन्पतिर्मम । अतः स्वैरं त्वमस्माकं पश्चादागच्छ सांप्रतम् ॥ १८१

लब्धेऽन्तरे हि मिलिता यास्यामो यत्रकुत्रचित्। एवं तयोक्तस्तदहं तथेति प्रतिपन्नवान्॥ १८२
सुरूपाप्यर्पितात्मापि परस्त्रीयं किमेतया। इति धैर्यस्य मार्गोऽयं न तारुण्यस्य सङ्गिनः॥ १८३
क्षणादेत्य च सा भर्त्रा बाला संभाविता सती। तेन साकं सभृत्येन गन्तुं प्रावर्तत क्रमात्॥ १८४
अहं च गुप्तदत्तपाथेयः परवर्त्मना। पश्चादलक्षितस्तस्य दूरमध्वानमभ्यगाम्॥ १८५
सा च हस्तिभयभ्रष्टभङ्गाङ्गजनितां रुजम्। पथि मिथ्या वदन्ती तं पतिं स्पर्शेऽप्यवर्जयत्॥ १८६
कस्य रक्तोन्मुखी गाढरूढान्तर्विषदुःसहा। तिम्रदनपक्वत्य स्त्री भुजगीव विकारिता॥ १८७
क्रमाच्च लोहनगरं प्राप्ताः स्मस्ते पुरं वयम्। वणिज्याजीविनो यत्र भर्तुस्तस्या गृहं स्त्रियाः॥ १८८
स्थिताः स्मस्तदहश्चात्र सर्वे बाह्ये सुरालये। तत्र संमिलितश्चैष द्वितीयो ब्राह्मणः सखा॥ १८९
नवेऽपि दर्शनेऽन्योन्यमाश्वासः समभूच्च नौ। चित्तं जानाति जन्तूनां प्रेम जन्मान्तरार्जितम्॥ १९०
ततो रहस्यमात्मीयं सर्वमस्मै मयोदितम्। तद्बुद्ध्वैव तदा स्वैरं मामेवमयमब्रवीत्॥ १९१
तूष्णीं भवास्त्युपायोऽत्र यत्कृते त्वमिहागतः। एतस्या भर्तृभगिनी विद्यतेऽत्र वणिक्स्त्रियाः॥ १९२
गृहीतार्था मया साकमितः सा गन्तुमुद्यता। तत्करिष्ये तदीयेन साहाय्येन तवेप्सितम्॥ १९३
इत्युक्त्वा मामयं विप्रो गत्वा तस्यास्तदा रहः। वणिग्वधू ननान्दुस्तद्यथावस्तु न्यवेदयत्॥ १९४
अन्येद्युः कृतसंविच्च सा ननान्दा समेत्य ताम्। प्रावेशयद्भ्रातृजायां तत्र देवगृहान्तरे॥ १९५
तत्रान्तः स्थितयोर्नौ च मध्यादेतं तदैव सा। मित्रं मे भ्रातृजायायास्तस्या वेषमकारयत्॥ १९६
कृततद्वेषमेनं च गृहीत्वा नगरान्तरम्। भ्रात्रा सहाविशद्गेहं कृत्वा नः कार्यसंविदम्॥ १९७
अहं च निर्गत्य ततस्तया पुरुषवेषया। वणिग्वध्वा समं प्राप्तः क्रमेणोज्जयिनीमिमाम्॥ १९८
तन्ननान्दा च सा रात्रौ तदहः सोत्सवात्ततः। मत्तसुप्तजनाद्गेहादनेन सह निर्गता॥ १९९
ततश्चायं गृहीत्वा तां विप्रच्छन्नैः प्रयाणकैः। आगतो नगरीमेतामथावां मिलिताविह॥ २००
इत्यावाभ्यामुभे भार्ये प्राप्ते प्रत्यग्रयौवने। ननान्दृभ्रातृजाये ते स्वानुरागसमर्पिते॥ २०१
अतो निवासे सर्वत्र देव शङ्कामहे वयम्। कस्याश्वसिति चेतो हि विहितस्वैरसाहसम्॥ २०२
तदवस्थानहेतोश्च वित्तार्थं च रहश्चिरम्। आवां मन्त्रयमाणौ द्यो दृष्टौ देवेन दूरतः॥ २०३
दृष्ट्वानाय्य च संयम्य स्थापिता चारशङ्कया। अद्य पृष्टो च वृत्तान्तं स चैष कथितो मया॥ २०४
देवः प्रभवतीदानीमित्यनेनोदिते तदा। राजा विक्रमसिंहस्तौ विप्रौ द्वावप्यभाषत॥ २०५
तुष्टोऽस्मि वां भयं मा भूदिहैव पुरि तिष्ठतम्। अहमेव च दास्यामि पर्याप्तं युवयोर्धनम्॥ २०६
इत्युक्त्वा स ददौ राजा यथेष्टं जीवनं तयोः। तौ च भार्यान्वितौ तस्य निकटे तस्थतुः सुखम्॥ २०७

इत्थं क्रियासु निवसन्त्यपि यासु तासु पुंसां श्रियः प्रबलसत्त्वबहिष्कृतासु।
एवं च साहसधनेष्वथ बुद्धिमत्सु संतुष्य दाननिरताः क्षितिपा भवन्ति॥ २०८
इत्यैहिकेन च पुराविहितेन चापि स्वेनैव कर्मविभवेन शुभाशुभेन।
शश्वद्भवेत्तदनुरूपविचित्रभोगः सर्वो हि नाम ससुरासुर एष सर्गः॥ २०९
तत्स्वप्नवृत्तनिभतो नभसश्च्युता या ज्वाला त्वयान्तरुदरं विशतीह दृष्टा।
सा कापि देवि सुरजातिरसंशयं ते गर्भे कुतोऽपि खलु कर्मवशात्प्रपन्ना॥ २१०
इति निजभर्तुर्वदनाच्छ्रुत्वा नृपतेः कलिङ्गदत्तस्य।
देवी तारादत्ता प्राप सगर्भा परं प्रमदम्॥ २११

इति महाकविश्रीसोमदेवभट्टविरचिते कथासरित्सागरे मदनमञ्चुकालम्बके प्रथमस्तरङ्गः।

द्वितीयस्तरङ्गः।

ततः कलिङ्गदत्तस्य राज्ञो गर्भभरालसा। राज्ञी तक्षशिलायां सा तारादत्ता शनैरभूत्॥ १
उदेष्यचन्द्रलेखां च प्राचीमनुचकार सा। आसन्नप्रसवा पाण्डुमुखी तरलतारका॥ २

जज्ञे च तस्या नचिरादनन्यसदृशी सुता । वेधसः सर्वसौन्दर्यसर्गवर्णकसंनिभा ॥ ३
ईदृक्पुत्रो न किं जात इतीव स्नेहशालिनः । रक्षाप्रदीपास्तत्कान्तिजिता विच्छायतां ययुः ॥ ४
पिता कलिङ्गदत्तश्च जातां तां तादृशीमपि । दृष्ट्वा तद्रूपपुत्राशावैफल्यविमना अभूत् ॥ ५
दिव्यां तामपि संभाव्य स पुत्रेच्छुरदूयत । शोककन्दः क कन्या हि क्वानन्दः कायवान्सुतः ॥ ६
ततश्चेतोविनोदाय खिन्नो निर्गत्य मन्दिरात् । ययौ नानाजिनाकारं विहारं स महीपतिः ॥ ७
तत्रैकदेशे शुश्राव धर्मपाठकभिक्षुणा । जनमध्योपविष्टेन कथ्यमानमिदं वचः ॥ ८
अर्थप्रदानमेवाहुः संसारे सुमहत्तपः । अर्थदः प्राणदः प्रोक्तः प्राणा ह्यर्थेषु कीलिताः ॥ ९
बुद्धेन च परस्यार्थे करुणाकुलचेतसा । आत्मापि तृणवद्दत्तः का वराके धने कथा ॥ १०
तादृशेन च धीरेण तपसा स गतस्पृहः । संप्राप्तदिव्यविज्ञानो बुद्धो बुद्धत्वमागतः ॥ ११
आ शरीरमतः सर्वेष्विष्टेष्वाशानिवर्तनात् । प्राज्ञः सत्त्वहितं कुर्यात्सम्यक्संबोधलब्धये ॥ १२
तथा च पूर्वं कस्यापि कृतनाम्नो महीपतेः । अजायन्तातिसुभगाः क्रमात्सप्त कुमारिकाः ॥ १३
बाला एव च तास्त्यक्त्वा वैराग्येण पितुर्गृहम् । श्मशानं शिश्रियुः पृष्टा जगदुश्च परिच्छदम् ॥ १४
असारं विश्वमेवैतत्तत्रापीदं शरीरकम् । तत्राप्यभीष्टसंयोगसुखादि स्वप्नविभ्रमः ॥ १५
एकं परहितं त्वत्र संसारे सारमुच्यते । तदनेनापि देहेन कुर्मः सत्त्वहितं वयम् ॥ १६
क्षिपामो जीवदेवैतच्छरीरं पितृकानने । क्रव्यादगणोपयोगाय कान्तेनापि ह्यनेन किम् ॥ १७
तथा च राजपुत्रोऽत्र विरक्तः कोऽप्यभूत्पुरा । स युवापि सुकान्तोऽपि परिव्रज्यामशिश्रियत् ॥ १८
स जातु भिक्षुः कस्यापि प्रविष्टो वणिजो गृहम् । दृष्टस्तरुण्या तत्पत्न्या पद्मपत्रायतेक्षणः ॥ १९
सा तल्लोचनलावण्यहृतचित्ता तमब्रवीत् । कथमात्तमिदं कष्टमीदृशेन त्वया व्रतम् ॥ २०
सा धन्या स्त्री तवानेन चक्षुषा या निरीक्ष्यते । प्रत्युक्तः स तया भिक्षुश्चक्षुरेकमपाटयत् ॥ २१
ऊचे च हस्ते कृत्वा तन्मातः पश्येदमीदृशम् । जुगुप्सितमसृङ्मांसं गृह्यतां यदि रोचते ॥ २२
ईदृगेव द्वितीयं च वद रम्यं किमेतयोः । इत्युक्ता तेन तद्दृष्ट्वा व्यषीदत्सा वणिग्वधूः ॥ २३
उवाच च हहा पापं मया कृतमभव्यया । यदहं हेतुतां प्राप्ता लोचनोत्पाटने तव ॥ २४
तच्छ्रुत्वा भिक्षुरवदन्मा भूदम्ब तव व्यथा । मम त्वया ह्युपकृतं यतः शृणु निदर्शनम् ॥ २५
आसीत्कोऽपि पुरा कान्ते कुत्राप्युपवने यतिः । अनुजाह्नवि वैराग्यनिःशेषनिकषेच्छया ॥ २६
तपस्यतश्च कोऽप्यस्य राजा तत्रैव दैवतः । विहर्तुमागतः साकमवरोधवधूजनैः ॥ २७
विहृत्य पानसुप्तस्य पार्श्वादुत्थाय तस्य च । नृपस्य चापलाद्राज्ञ्यस्तदुद्याने किलाभ्रमन् ॥ २८
दृष्ट्वा तत्रैकदेशे च तं समाधिस्थितं मुनिम् । अतिष्ठन्परिवार्यैनं किमेतदिति कौतुकात् ॥ २९
चिरस्थितासु तास्वत्र प्रबुद्धः सोऽथ भूपतिः । अपश्यन्दयिताः पार्श्वे तत्र बभ्राम सर्वतः ॥ ३०
ददर्श चात्र राज्ञीस्ताः परिवार्य मुनिं स्थिताः । कुपितश्चेर्ष्यया तस्मिन्खड्गेन प्राहरन्मुनौ ॥ ३१
ऐश्वर्यमीर्ष्या नैर्घृण्यं क्षीबत्वं निर्विवेकिता । एकैकं किं न यत्कुर्यात्पञ्चाङ्गित्वे तु का कथा ॥ ३२
ततो गते नृपे तस्मिन्कृत्ताङ्गमपि तं मुनिम् । अक्रुद्धं प्रकटीभूय काप्युवाचात्र देवता ॥ ३३
महात्मन्येन पापेन क्रोधेनैतत्कृतं त्वयि । स्वशक्त्या तमहं हन्मि मन्यसे यदि तद्वधान् ॥ ३४
तच्छ्रुत्वा स जगादर्षिर्देवि मा स्मैवमादिशः । स हि धर्मसहायो मे न विप्रियकरः पुनः ॥ ३५
तत्प्रसादात्क्षमाधर्मं भगवत्याप्तवाहनम् । कस्य क्षमेय किं देवि नैवं चेत्स समाचरेत् ॥ ३६
कः कोपो नश्वरस्यास्य देहस्यार्थे मनस्विनः । प्रियाप्रियेषु साम्येन क्षमा हि ब्रह्मणः पदम् ॥ ३७
इत्युक्ता मुनिना साथ तपसा तस्य तोषिता । अङ्गानि देवता कृत्वा निर्व्रणानि तिरोदधे ॥ ३८
तद्यथा सोऽपि तस्यर्षेरुपकारी मतो नृपः । नेत्रोत्खननहेतोस्त्वं तपोवृद्ध्या तथाम्ब मे ॥ ३९
इत्युक्त्वा स वशी भिक्षुर्विनम्रां तां वणिग्वधूम् । कान्तेऽपि वपुषि स्वस्मिन्ननास्थः सिद्धये ययौ ॥ ४०
तस्माद्बालेऽपि रम्येऽपि कः काये गत्वरे ग्रहः । सत्त्वोपकारस्त्वेतस्मादेकः प्राज्ञस्य शस्यते ॥ ४१

तदिमा वयमेतस्मिन्निसर्गसुखसद्मनि । श्मशाने प्राणिनामर्थे विन्यस्याम शरीरकम् ॥ ४२
इत्युक्त्वा परिवारं ताः सप्त राजकुमारिकाः । तथैव चक्रुः प्रापुश्च संसिद्धिं परमां ततः ॥ ४३
एवं निजे शरीरेऽपि ममत्वं नास्ति धीमताम् । किं पुनः सुतदारादिपरिग्रहतृणोत्करे ॥ ४४
इत्यादि स नृपः श्रुत्वा विहारे धर्मपाठकात् । कलिङ्गदत्तो नीत्वा च दिनं प्रायात्स्वमन्दिरम् ॥ ४५
तत्रानुबाध्यमानश्च कन्याजन्मशुचा पुनः । स राजा गृहवृद्धेन केनाप्यूचे द्विजन्मना ॥ ४६
राजन्किं कन्यकारत्नजन्मना परितप्यसे । पुत्रेभ्योऽप्युत्तमाः कन्याः शिवाश्चेह परत्र च ॥ ४७
राज्यलुब्धेषु का तेषु पुत्रेष्वास्था महीभुजाम् । ये भक्षयन्ति जनकं बत मर्कटका इव ॥ ४८
नृपास्तु कुन्तिभोजाद्याः कुन्त्यादितनयागुणैः । तीर्णा दुःसहदुर्वासःप्रभृतिभ्यः पराभवम् ॥ ४९
फलं यच्च सुतादानात्कुतः पुत्रात्परत्र तत् । सुलोचनाकथामत्र किं च वच्मि निशम्यताम् ॥ ५०
आसीद्राजा सुषेणाख्यश्चित्रकूटाचले युवा । कामोऽन्य इव यो धात्रा निर्मितस्त्र्यम्बकेर्ष्यया ॥ ५१
स चक्रे दिव्यमारामं मूले तस्य महागिरेः । सुराणां नन्दनोद्यानवासवैरस्यदायिनम् ॥ ५२
तन्मध्ये च चकारैकां वापीमुत्फुल्लपङ्कजाम् । लक्ष्मीलीलारविन्दानां नवाकरमहीमिव ॥ ५३
तस्यास्तस्थौ स सद्रत्नसोपानायास्तटे सदा । पत्नीनां स्वानुरूपाणामभावादवधूसखः ॥ ५४
एकदा तेन मार्गेण नभसा सुरसुन्दरी । रम्भा जम्भारिभवनादाजगाम यदृच्छया ॥ ५५
सा तं ददर्श राजानं तत्रोद्याने विहारिणम् । साक्षान्मधुमिवोत्फुल्लपुष्पकाननमध्यगम् ॥ ५६
वापिकापद्मपतितां दिवोऽनु पतितः श्रियम् । चन्द्रः किमेष नैतद्वा श्रीरस्य ह्यनपायिनी ॥ ५७
नूनं पुष्पेषुरुद्यानं पुष्पेच्छुः सोऽयमागतः । किं तु सा रतिरेतस्य क्व गता सहचारिणी ॥ ५८
इत्यौत्सुक्यकृतोल्लेखा सावतीर्य नभोन्तरात् । रम्भा मानुषरूपेण राजानं तमुपागमत् ॥ ५९
उपेतां तां च सहसा दृष्ट्वा राजा सविस्मयः । अचिन्तयदहो केयमसंभाव्यवपुर्भवेत् ॥ ६०
न तावन्मानुषी येन पादौ नास्य रजःस्पृशौ । न चक्षुः सनिमेषं वा तस्माद्दिव्यैव काप्यसौ ॥ ६१
प्रष्टव्या तु मया नेयं पलायेत हि जातुचित् । रतिभेदासहाः प्रायो दिव्याः कारणसंगताः ॥ ६२
इति ध्यायन्स नृपतिः कृतसंभाषणस्तया । तत्क्रमेणैव तत्कालं तत्कण्ठाश्लेषमाप्तवान् ॥ ६३
चिक्रीड च चिरं सोऽत्र साकमप्सरसा तया । दिवं सापि न सस्मार रम्यं प्रेम न जन्मभूः ॥ ६४
तत्सखीयक्षिणीवृष्टैरपूरि स्वर्णराशिभिः । सास्य भूमिर्नरेन्द्रस्य द्यौर्मेरुशिखरैरिव ॥ ६५
कालेन चास्य राज्ञः सा सुषेणस्य वराप्सराः । असूतानन्यसदृशीं धृतगर्भा सती सुताम् ॥ ६६
प्रसूतमात्रैव च सा जगादैनं महीपतिम् । राजन्शापोऽयमीदृङ्मे क्षीणो जातः स चाधुना ॥ ६७
अहं हि रम्भा नाकस्त्री त्वयि दृष्टेऽनुरागिणी । जाते च गर्भे मुक्त्वा तं गच्छामस्तत्क्षणं वयम् ॥ ६८
समयो हीदृशोऽस्माकं तद्रक्षेः कन्यकामिमाम् । एतद्विवाहान्नाके नौ भूयो भावी समागमः ॥ ६९
एवमुक्त्वाप्सरा रम्भा विवशा सा तिरोदधे । तद्दुःखाच्च स राजाभूत्तदा प्राणव्ययोद्यतः ॥ ७०
निरास्थेनापि किं त्यक्तं विश्वामित्रेण जीवितम् । मेनकायां प्रयातायां प्रसूयैव शकुन्तलाम् ॥ ७१
इत्यादि सचिवैरुक्तो ज्ञातार्थः स नृपो धृतिम् । शनैरादत्त कन्यां च पुनः संगमकारणम् ॥ ७२
तां च बालां तदेकाग्रः पिता सर्वाङ्गसुन्दरीम् । सोऽतिलोचनसौन्दर्यान्नाम्ना चक्रे सुलोचनाम् ॥ ७३
कालेन यौवनप्राप्तामुद्यानस्थां ददर्श ताम् । युवा यदृच्छया भ्राम्यन्वत्साख्यः काश्यपो मुनिः ॥ ७४
स तपोराशिरूपोऽपि दृष्ट्वैवैतां नृपात्मजाम् । अनुरागरसज्ञोऽभूदिति चात्र व्यचिन्तयत् ॥ ७५
अहो रूपं किमप्यस्याः कन्यायाः परमाद्भुतम् । नेमां प्राप्नोति चेद्भार्यां किमन्यत्तपसः फलम् ॥ ७६
इति ध्यायन्मुनियुवा स सुलोचनया तया । अदर्शि प्रज्वलत्तेजा विधूम इव पावकः ॥ ७७
तं वीक्ष्य सापि सप्रेमा साक्षसूत्रकमण्डलुम् । शान्तश्च कमनीयश्च कोऽयं स्यादित्यचिन्तयत् ॥ ७८
शरणायेव चोपेत्य नयनोत्पलमालिकाम् । क्षिपन्ती तस्य वपुषि प्रणाममकरोन्मुनेः ॥ ७९
पतिं समाप्नुहीत्याशीस्तस्यास्तेनाभ्यधीयत । सुरासुरदुरुल्लङ्घ्यमन्मथाज्ञावशात्मना ॥ ८०

ततोऽसामान्यतद्रूपलोभलुण्ठितलज्जया । तयाप्यूचे स विनमद्वक्त्रया मुनिपुंगवः ॥ ८१
एषा यदीच्छा भवतो नर्मालापो न चेदयम् । तद्देव दाता नृपतिः पिता मे याच्यतामिति ॥ ८२
अथान्वयं परिजनान्मुनिस्तस्या निशम्य सः । गत्वा नृपं तत्पितरं सुषेणं तामयाचत ॥ ८३
सोऽपि तं वीक्ष्य तपसा वपुषा चातिभूमिगम् । उवाच रचितातिथ्यो राजा मुनिकुमारकम् ॥ ८४
जाताप्सरसि रम्भायां कन्यैषा भगवन्मम । अस्या विवाहान्नाके मे तया भावी समागमः ॥ ८५
एवं तया प्रजल्प्या द्यां रम्भयैव ममोदितम् । एतत्कथं महाभाग भवेदिति निरूप्यताम् ॥ ८६
तच्छ्रुत्वा मुनिपुत्रोऽसौ क्षणमेवमचिन्तयत् । किं पुरा मेनकोद्भूता सर्पदष्टा प्रमद्वरा ॥ ८७
दत्त्वायुषोऽर्धं मुनिना न भार्या रुरुणा कृता । त्रिशङ्कुः किं न नीतो द्यां विश्वामित्रेण लुब्धकः ॥ ८८
तदिदं स्वतपोभागव्ययात्किं न करोम्यहम् । इत्यालोच्य न भारोऽयमित्युक्त्वा सोऽब्रवीन्मुनिः ॥ ८९
हे देवतास्तपोंशेन मदीयेनैष भूपतिः । सशरीरो दिवं यातु रम्भासंभोगसिद्धये ॥ ९०
इत्युक्ते तेन मुनिना शृण्वन्त्यां राजसंसदि । एवमस्त्विति सुव्यक्ता दिव्या वागुदभूत्ततः ॥ ९१
ततः सुलोचनां तस्मै मुनये काश्यपाय ताम् । वत्साय दत्त्वा तनयां स राजा दिवमुद्ययौ ॥ ९२
तत्र दिव्यत्वमासाद्य तया शक्रनियुक्तया । स रेमे रम्भया साकं भूयो दिव्यानुभावया ॥ ९३
इत्थं कृतार्थतां देव सुषेणः प्राप कन्यया । कन्या युष्मादृशां गेहेष्वीदृश्योऽवतरन्ति हि ॥ ९४
तदेषा कापि दिव्या ते जाता शापच्युता गृहे । कन्या नूनमतो मा गाः शुचं तज्जन्मना विभो ॥ ९५
इति श्रुत्वा कथां राजा गृहवृद्धाद्विजन्मनः । कलिङ्गदत्तो नृपतिर्जहौ चिन्तां तुतोष च ॥ ९६
तां च चक्रे निजसुतां नयनानन्ददायिनीम् । नाम्ना कलिङ्गसेनेति बालामिन्दुकलोपमाम् ॥ ९७
सापि तस्य पितुर्गेहे राजपुत्री ततः क्रमात् । कलिङ्गसेना ववृधे वयस्यामध्यवर्तिनी ॥ ९८
विजहार च हर्म्येषु सा गृहेषु वनेषु च । क्रीडारसमयस्येव लहरी शैशवाम्बुधेः ॥ ९९
कदाचिदथ हर्म्यस्थां केलिसक्तां ददर्श ताम् । मयासुरसुता यान्ती व्योम्ना सोमप्रभाभिधा ॥ १००
सा तामालोक्य रूपेण मुनिमानसमोहिनीम् । सोमप्रभा नभःस्थैव जातप्रीतिरचिन्तयत् ॥ १०१
केयं किमैन्दवी मूर्तिः कान्तिस्तस्या दिवा कुतः । रतिर्वा यदि कामः क्व कन्यका तदवैम्यहम् ॥ १०२
अत्र राजगृहे कापि दिव्या शापच्युता भवेत् । जाने जन्मान्तरे चाभून्नूनं सख्यं ममैतया ॥ १०३
एतद्धि मे वदत्यस्यामतिस्नेहाकुलं मनः । तद्युक्तं कर्तुमेतां मे स्वयंवरसखीं पुनः ॥ १०४
इति संचिन्त्य बालायास्तस्याः संत्रासशङ्कया । सोमप्रभा सा गगनादलक्षितमवातरत् ॥ १०५
मनुष्यकन्यकाभावमाश्रित्याश्वासकारणम् । सास्याः कलिङ्गसेनायाः शनैरुपससर्प च ॥ १०६
दिष्ट्या राजसुता कापि स्वयमत्यद्भुताकृतिः । असौ समागता पार्श्वमुचितेयं सखी मम ॥ १०७
इति तद्दर्शनादेव विचिन्त्योत्थाय चादरात् । कलिङ्गसेनाप्यालिङ्गत्सा तां सोमप्रभां तदा ॥ १०८
उपवेश्य च पप्रच्छ क्षणादन्वयनामनी । वक्ष्यामि सर्वं तिष्ठेति तां च सोमप्रभाब्रवीत् ॥ १०९
ततः कथाक्रमेणैव वाचा सख्यमबध्यत । ताभ्यामुभाभ्यमन्योन्यहस्तग्रहपुरःसरम् ॥ ११०
अथ सोमप्रभावादीत्सखि त्वं राजकन्यका । राजपुत्रैः समं सख्यं कृच्छ्रादप्यतिवाह्यते ॥ १११
अल्पेनाप्यपराधेन ते हि कुप्यन्त्यमात्रया । राजपुत्रवणिक्पुत्रकथां शृण्वत्र वच्मि ते ॥ ११२
नगर्यां पुष्करावत्यां गूढसेनाभिधो नृपः । आसीत्तस्य च जातोऽभूदेक एव किलात्मजः ॥ ११३
स राजपुत्रो दृप्तः सन्नेकपुत्रतया शुभम् । अशुभं वापि यच्चक्रे पिता तस्यासहिष्ट तत् ॥ ११४
भ्राम्यतोपवने जातु दृष्टस्तेनैकपुत्रकः । वणिजो ब्रह्मदत्तस्य स्वतुल्यविभवाकृतिः ॥ ११५
दृष्ट्वा च सद्यः सोऽनेन स्वयंवरसुहृत्कृतः । तदैव चैकरूपौ तौ जातौ राजवणिक्सुतौ ॥ ११६
स्थातुं न शेकतुः क्षिप्रं तावन्योन्यमदर्शनम् । आशु बध्नाति हि प्रेम प्राग्जन्मान्तरसंस्तवः ॥ ११७
नोपभुङ्क्ते स्म तं भोगं राजपुत्रः कदाचन । वणिक्पुत्रस्य यत्तस्य नादावेवोपकल्पितः ॥ ११८
एकदा सुहृदस्तस्य निश्चित्योद्वाहमादितः । अहिच्छत्रं विवाहाय स प्रतस्थे नृपात्मजः ॥ ११९

मित्रेण तेन साकं च गजारूढः ससैनिकः । गच्छन्निक्षुमतीतीरं प्राप्य सायं समावसत् ॥ १२०
तत्र चन्द्रोदये पानमासेव्य शयनं श्रितः । अर्थितो निजया धात्र्या कथां वक्तुं प्रचक्रमे ॥ १२१
उपक्रान्तकथो जह्रे श्रान्तो मत्तश्च निद्रया । धात्री च तद्वत्सोऽप्यासीत्स्नेहाज्जाग्रद्वणिक्सुतः ॥ १२२
ततः सुप्तेषु चान्येषु स्त्रीणामिव मिथः कथा । गगने शुश्रुवे तेन वणिक्पुत्रेण जाग्रता ॥ १२३
अनाख्याय कथां सुप्तः पापोऽयं तच्छपाम्यहम् । परिद्रक्ष्यत्यसौ हारं प्रातस्तं चेद्ग्रहीष्यति ॥ १२४
कण्ठलग्नेन तेनैष तत्क्षणं मृत्युमाप्स्यति । इत्युक्त्वा विररामैका द्वितीया च ततोऽब्रवीत् ॥ १२५
अतो यद्ययमुत्तीर्णस्तद्द्रक्ष्यत्याम्रपादपम् । वियोक्ष्यते फलान्यस्य ततः प्राणैर्विमोक्ष्यते ॥ १२६
इत्युक्त्वा व्यरमत्सापि तृतीयाभिदधे ततः । यद्येतदपि तीर्णोऽयं तद्विवाहकृते गृहम् ॥ १२७
प्रविष्टश्चेत्तदेवास्य हन्तुं पृष्ठे पतिष्यति । उक्त्वेति न्यवृतत्सापि चतुर्थी व्याहरत्ततः ॥ १२८
अतोऽपि यदि निस्तीर्णस्तन्नक्तं वासवेश्मनि । प्रविष्टः शतकृत्वोऽयं क्षुतं सद्यः करिष्यति ॥ १२९
शतकृत्वोऽपि यद्यस्य जीवेति न वदिष्यति । कश्चिदत्र ततश्चैष मृत्योर्वशमुपैष्यति ॥ १३०
येन चेदं श्रुतं सोऽस्य रक्षार्थं यदि वक्ष्यति । तस्यापि भविता मृत्युरित्युक्त्वा सा न्यवर्तत ॥ १३१
वणिक्सुतश्च तत्सर्वं श्रुत्वा निर्घातदारुणम् । स तस्य राजपुत्रस्य स्नेहोद्विग्नो व्यचिन्तयत् ॥ १३२
उपक्रान्तामनाख्यातां धिक्कथां यदलक्षिताः । देवताः श्रोतुमायाताः शपन्त्यस्तु कुतूहलात् ॥ १३३
तदेतस्मिन्मृते राजसुते कोऽर्थो ममासुभिः । अतोऽयं रक्षणीयो मेत्युक्त्वा प्राणसमः सुहृत् ॥ १३४
वृत्तान्तोऽपि न वाच्योऽस्य मा भूद्दोषो ममाप्यतः । इत्यालोच्य निशां निन्ये स कृच्छ्रेण वणिक्सुतः ॥ १३५
राजपुत्रोऽपि स प्रातः प्रस्थितस्तत्सखः पथि । ददर्श पुरतो हारं तमादातुमियेष च ॥ १३६
ततोऽब्रवीद्वणिक्पुत्रो हारं मा स्म ग्रहीः सखे । मायेयमन्यथा नैते पश्येयुः सैनिकाः कथम् ॥ १३७
तच्छ्रुत्वा तं परित्यज्य गच्छन्नग्रे ददर्श सः । आम्रवृक्षं फलान्यस्य भोक्तुं चैच्छन्नृपात्मजः ॥ १३८
वणिक्पुत्रेण च प्राग्वत्ततोऽपि स निवारितः । सान्तःखेदः शनैर्गच्छन्प्राप श्वशुरवेश्म तत् ॥ १३९
तत्रोद्वाहकृते वेश्म विशन्द्वारान्निवर्तितः । तेनैव सख्या यावच्च तावत्तत्पतितं गृहम् ॥ १४०
ततः कथंचिदुत्तीर्णः किंचित्सप्रत्ययो निशि । निवासकं विवेशान्यं राजपुत्रो वधूसखः ॥ १४१
तत्र तस्मिन्वणिक्पुत्रे प्रविश्यालक्षितस्थिते । शतकृत्वः क्षुतं चक्रे शयनीयाश्रितोऽथ सः ॥ १४२
शतकृत्वोऽपि तस्यात्र नीचैर्जीवेत्युदीर्य सः । कृतकार्यो वणिक्पुत्रो हृष्टः स्वैरं बहिर्ययौ ॥ १४३
निर्यान्तं तमपश्यच्च राजपुत्रो वधूसखः । ईर्ष्याविस्मृततत्स्नेहः क्रुद्धो द्वाःस्थानुवाच च ॥ १४४
पापात्मायं रहःस्थस्य प्रविष्टोऽन्तःपुरं मम । तद्बद्ध्वा स्थाप्यतां यावत्प्रभातेऽसौ निगृह्यते ॥ १४५
तद्बुद्ध्वा रक्षिभिर्बद्धो निशां निन्ये वणिक्सुतः । प्रातर्वध्यभुवं तैश्च नीयमानोऽब्रवीत्स तान् ॥ १४६
आदौ नयत मां तावद्राजपुत्रान्तिकं यतः । वक्ष्यामि कारणं किंचित्ततः कुरुत मे वधम् ॥ १४७
इत्युक्तैस्तेन तैर्गत्वा विज्ञप्तः स नृपात्मजः । सचिवैर्बोधितश्चान्यैस्तस्यानयनमादिशत् ॥ १४८
आनीतः सोऽब्रवीत्तस्मै वृत्तान्तं राजसूनवे । प्रत्ययाद्गृहपातोत्थान्मेने सत्यं च सोऽपि तत् ॥ १४९
ततस्तुष्टः समं सख्या वधमुक्तेन तेन सः । आययौ राजतनयः कृतदारो निजां पुरीम् ॥ १५०
तत्र सोऽपि सुहृत्तस्य कृतदारो वणिक्सुतः । स्तूयमानगुणः सर्वैर्जनैरासीद्यथासुखम् ॥ १५१
एवमुच्छृङ्खला भूत्वा स्वनियन्तृप्रमाथिनः । राजपुत्रा न मन्यन्ते हितं मत्ता गजा इव ॥ १५२
वेतालैस्तैश्च का मैत्री ये विहस्य हरन्त्यसून् । तद्राजपुत्रि सख्यं मे मा स्म व्यभिचरः सदा ॥ १५३
इति श्रुत्वा कथामेतां हर्म्ये सोमप्रभामुखात् । कलिङ्गसेना सस्नेहं तां सखीं प्रत्यभाषत ॥ १५४
एते पिशाचा न त्वेते राजपुत्रा मताः सखि । पिशाचदुर्ग्रहकथामहमाख्यामि ते शृणु ॥ १५५
यज्ञस्थलाख्ये कोऽप्यासीदग्रहारे पुरा द्विजः । स जातु दुर्गतः काष्ठान्याहर्तुमटवीं ययौ ॥ १५६
तत्र काष्ठं कुठारेण पाट्यमानं विधेर्वशात् । आपत्य तस्य जङ्घायां भित्त्वान्तः प्रविवेश तत् ॥ १५७
ततः स प्रस्रवद्रक्तो दृष्ट्वा केनापि मूर्च्छितः । उत्क्षिप्यानीयत गृहं पुंसा प्रत्यभिजानता ॥ १५८

तत्र विह्वलया पत्न्या तस्य प्रक्षाल्य शोणितम् । आश्वास्य तस्य जङ्घायां निबद्धो व्रणपट्टकः ॥ १५९
ततश्चिकित्स्यमानः सन्व्रणस्तस्य दिने दिने । न परं न रुरोहैव यावन्नाडीत्वमाययौ ॥ १६०
ततो नाडीव्रणात्खिन्नो दरिद्रो मरणोद्यतः । अभ्येत्य सख्या विप्रेण केनापि जगदे रहः ॥ १६१
सखा मे यज्ञदत्ताख्यश्चिरं भूत्वातिदुर्गतः । पिशाचसाधनं कृत्वा धनं प्राप्य सुखी स्थितः ॥ १६२
तच्च तत्साधनं तेन ममाप्युक्तं त्वमप्यतः । पिशाचं साधय सखे स ते रोपयिता व्रणम् ॥ १६३
इत्युक्त्वाख्यातमन्त्रोऽसावुवाचास्य क्रियामिमाम् । उत्थाय पश्चिमे यामे मुक्तकेशो दिगम्बरः ॥ १६४
अनाचान्तश्च मुष्टी द्वौ तण्डुलानां यथाक्षमम् । द्वाभ्यामादाय हस्ताभ्यां जपन्गच्छेश्चतुष्पथम् ॥ १६५
तत्र तण्डुलमुष्टी द्वौ स्थापयित्वा ततः सखे । मौनेनैव स्वमागच्छेर्मा वीक्षिष्ठाश्च पृष्ठतः ॥ १६६
एवं कुरु सदा यावत्पिशाचो व्यक्ततां गतः । अहं हि हन्मि ते व्याधिमिति त्वां वक्ष्यति स्वयम् ॥ १६७
ततोऽभिनन्देस्तं सोऽथ तव रोगं हरिष्यति । इत्युक्तस्तेन मित्रेण स द्विजस्तत्तथाकरोत् ॥ १६८
ततः सिद्धः पिशाचः स तस्यार्तस्य महौषधीः । हिमाचलेन्द्रादानीय रोपयामास तं व्रणम् ॥ १६९
जगाद च प्रहृष्टं तं सोऽथ लग्नमहो द्विजम् । देहि व्रणं द्वितीयं मे यावत्तं रोपयाम्यहम् ॥ १७०
न चेत्सृजाम्यनर्थं ते शरीरं संहरामि वा । तच्छ्रुत्वा स द्विजो भीतः सद्यो मुक्त्यै तमभ्यधात् ॥ १७१
व्रणं द्वितीयं दास्यामि सप्तभिस्ते दिनैरिति । ततस्तेनोज्झितः सोऽभून्निराशो जीविते द्विजः ॥ १७२
इत्युक्त्वा विरता मध्यादश्लीलाख्यानलज्जया । कलिङ्गसेना भूयः सावादीत्सोमप्रभामिदम् ॥ १७३
ततो व्रणान्तरालाभादार्तं विप्रमुवाच तम् । दृष्ट्वा पृष्ट्वा च दुहिता विदग्धा मृतभर्तृका ॥ १७४
वञ्चयेऽहं पिशाचं तं गच्छ त्वं ब्रूहि तं पुनः । नाडीव्रणो मद्दुहितुर्भवता रोप्यतामिति ॥ १७५
तच्छ्रुत्वा मुदितो गत्वा तथैवोक्त्वा च स द्विजः । अनैषीद्दुहितुस्तस्याः पिशाचं तं ततोऽन्तिकम् ॥ १७६
सा च तस्य पिशाचस्य वराङ्गं स्वमदर्शयत् । रोपयेमं व्रणं भद्र ममेति ब्रुवती रहः ॥ १७७
स च मूढः पिशाचोऽस्या वराङ्गे सततं ददौ । पिण्डीलेपादि न त्वासीत्स तं रोपयितुं क्षमः ॥ १७८
दिनैश्च खिन्नस्तस्याः स कृत्वा जङ्घे निजांसयोः । किंस्विन्न रोहतीत्येवं तद्वराङ्गं व्यलोकयत् ॥ १७९
यावद्द्वितीयं तस्याधः स पायुव्रणमैक्षत । तं दृष्ट्वैव च संभ्रान्तः स पिशाचो व्यचिन्तयत् ॥ १८०
एको न रोपितो यावदुत्पन्नोऽयं व्रणोऽपरः । सत्यः प्रवादो यच्छिद्रेष्वनर्था यान्ति भूरिताम् ॥ १८१
प्रभवन्ति यतो लोकाः प्रलयं यान्ति येन च । संसारवर्त्म विवृतं कः पिधातुं तदीश्वरः ॥ १८२
इत्यालोच्य विरुद्धार्थसिद्ध्या बन्धनशङ्कया । स पिशाचस्ततो मूर्खः पलाय्यादर्शनं ययौ ॥ १८३
एवं च वञ्चयित्वा तं पिशाचं मोचितस्तया । दुहित्रा स द्विजस्तस्थौ रोगोत्तीर्णो यथासुखम् ॥ १८४
इत्थं पिशाचास्तत्तुल्या बाला राजसुताश्च ये । ते सिद्धा अप्यनर्थाय सखि रक्ष्यास्तु बुद्धिभिः ॥ १८५
राजपुत्र्यः कुलीनास्तु नैतादृश्यः श्रुताः क्वचित् । अतोऽन्यथा न भाव्यं ते सखि मत्संगतं प्रति ॥ १८६
एवं कलिङ्गसेनाया मुखाच्छ्रुत्वा कथाक्रमम् । सहासचित्रमधुरं तोषं सोमप्रभा ययौ ॥ १८७
इतो मे षष्टियोजन्यां गृहं याति च वासरः । चिरं स्थितास्मि तत्तन्वि यामीत्येतामुवाच च ॥ १८८

ततोऽस्तगिरिशेखरं व्रजति वासरेशे शनैः
सखीं पुनरुपागमत्प्रणयिनीं समापृच्छ्य ताम् ।
क्षणं जनितविस्मया गगनमार्गमुत्पत्य सा
जगाम वसतिं निजां प्रसभमेव सोमप्रभा ॥ १८९

विलोक्य च तदद्भुतं बहुवितर्कमत्यद्भुतं
प्रविश्य समचिन्तयत्किल कलिङ्गसेना च सा ।
न वेद्मि किमसावहो मम सखी हि सिद्धाङ्गना
भवेत्किमथवाप्सराः किमथवापि विद्याधरी ॥ १९०

दिव्या तावदियं भवत्यवितथं व्योमाग्रसंचारिणी
दिव्या यान्ति च मानुषीभिरसमस्नेहाहृताः संगतिम्।
भेजे किं नृपतेः पृथोस्तनयया सख्यं न सारुन्धती
तत्प्रीत्या पृथुरानिनाय सुरभिं स्वर्गान्न किं भूतले ॥ १९१
तत्क्षीराशनतो न किं पुनरसौ भ्रष्टोऽपि यातो दिवं
संभूताश्च ततः प्रभृत्यविकला गावो न किं भूतले।
तद्धन्यास्मि शुभोदयादुपनता दिव्या सखीयं मम
प्रातश्चान्वयनामनी सुनिपुणं प्रक्ष्यामि तामागताम् ॥ १९२
इत्यादि राजतनया हृदि चिन्तयन्ती तां यामिनीमनयदत्र कलिङ्गसेना।
सोमप्रभा च निजवेश्मनि भूय एव तद्दर्शनोत्सुकमना रजनीं निनाय ॥ १९३

इति महाकविश्रीसोमदेवभट्टविरचिते कथासरित्सागरे मदनमञ्चुकालम्बके द्वितीयस्तरङ्गः।

तृतीयस्तरङ्गः।

ततः सोमप्रभा प्रातस्तद्विनोदोपपादिनीम्। न्यस्तदारुमयानेकमायासद्यन्त्रपुत्रिकाम् ॥ १
करण्डिकां समादाय सा नभस्तलचारिणी। तस्याः कलिङ्गसेनाया निकटं पुनराययौ ॥ २
कलिङ्गसेनाप्यालोक्य तामानन्दाश्रुनिर्भरा। उत्थाय कण्ठे जग्राह पार्श्वासीनामुवाच च ॥ ३
त्वदीयमुखपूर्णेन्दुदर्शनेन विना सखि। तमोमयी त्रियामाद्य शतयामेव मे गता ॥ ४
तज्जन्मान्तरसंबन्धः कीदृशः स्यात्त्वया मम। यस्यायं परिणामोऽद्य त्वं देवि वेत्सि चेद्वद ॥ ५
तच्छ्रुत्वा राजपुत्रीं तामेवं सोमप्रभाब्रवीत्। ईदृङ्मे नास्ति विज्ञानं नहि जातिं स्मराम्यहम् ॥ ६
न चात्र मुनयोऽभिज्ञाः केचित्तु यदि जानते। तैः कृतं तादृशं पूर्वं परतत्त्वविदश्च ते ॥ ७
एवमुक्तवतीं भूयः प्रेमविश्रम्भपेशलम्। कलिङ्गसेना पप्रच्छ विजने तां सकौतुका ॥ ८
ब्रूहि मे सखि कस्येह देवजातेः पितुस्त्वया। जन्मनालंकृतो वंशो मुक्तयेव सुवृत्तया ॥ ९
जगत्कर्णामृतं किं च तव नाम सुलक्षणे। करण्डिका किमर्थेयमस्यामस्ति च वस्तु किम् ॥ १०
एवं कलिङ्गसेनायाः श्रुत्वा सप्रणयं वचः। सोमप्रभा सा सर्वं तत्क्रमाद्वक्तुं प्रचक्रमे ॥ ११
अस्ति त्रिजगति ख्यातो मयो नाम महासुरः। आसुरं भावमुत्सृज्य शौरिं स शरणं श्रितः ॥ १२
तेन दत्ताभयश्चक्रे स च वज्रभृतः सभाम्। दैत्याश्च देवपक्षोऽयमिति तं प्रति चुक्रुधुः ॥ १३
तद्भयात्तेन विन्ध्याद्रौ मायाविवरमन्दिरम्। अगम्यमसुरेन्द्राणां बह्वाश्चर्यमयं कृतम् ॥ १४
तस्यावां द्वे दुहितरौ मयस्य ब्रह्मचारिणी। ज्येष्ठा स्वयंप्रभा नाम कुमारी तद्गृहस्थिता ॥ १५
अहं सोमप्रभा नाम कनिष्ठा सा त्वहं सखि। नलकूबरसंज्ञाय दत्ता धनदसूनवे ॥ १६
पित्रा च शिक्षितास्मीह मायायन्त्राण्यनेकधा। त्वत्प्रीत्या चेयमानीता पूर्णा तव करण्डिका ॥ १७
इत्युक्त्वादर्शयत्तस्याः प्रोद्घाट्य बहुकौतुकाः। सोमप्रभा काष्ठमयीः स्वमायायन्त्रपुत्रिकाः ॥ १८
कीलिकाहतिमात्रेण काचिद्गत्वा विहायसा। तदाज्ञया पुष्पमालामादाय द्रुतमाययौ ॥ १९
काचित्तथैव पानीयमानिनाय यदृच्छया। काचिन्ननर्त काचिच्च कथालापमथाकरोत् ॥ २०
इत्यादिभिर्महाश्चर्यैः कंचित्कालं विनोद्य ताम्। सुरक्षितां स्थापयित्वा तां च यन्त्रकरण्डिकाम् ॥ २१
कलिङ्गसेनामामन्त्र्य सोत्कां सोमप्रभा ततः। ययौ भर्तृपरायत्ता नभसा निजमन्दिरम् ॥ २२
कलिङ्गसेनाप्याश्चर्यदर्शनध्वस्तया क्षुधा। प्रहृष्टा तदहस्तस्थौ सर्वाहारपराङ्मुखी ॥ २३
तद्दृष्ट्वा च ततस्तस्या जननी रोगशङ्किनी। आनन्दाख्येन भिषजा निरूप्याविकलोदिता ॥ २४
कुतोऽपि हेतोर्हर्षेण नष्टास्याः क्षुन्न रोगतः। उत्फुल्लनेत्रं वक्त्येतदस्या हसदिवाननम् ॥ २५
इत्युक्ता भिषजा हर्षहेतुं तज्जननी च सा। पप्रच्छ तां यथावृत्तं सापि तस्यै तदब्रवीत् ॥ २६

ततः श्लाघ्यसखी सङ्गहृष्टां मत्वाभिनन्द्य च । आहारं कारयामास जननी तां यथोचितम् ॥ २७
अथान्येद्युरुपागत्य विदितार्था क्रमेण सा । कलिङ्गसेनां तामेवं रहः सोमप्रभाभ्यधात् ॥ २८
मया त्वत्सख्यमावेद्य त्वत्पार्श्वागमनेऽन्वहम् । अनुज्ञा ज्ञानिनो भर्तुर्गृहीता विदितार्थतः ॥ २९
तस्मात्त्वमप्यनुज्ञाता पितृभ्यां भव सांप्रतम् । येन स्वैरं मया साकं निःशङ्का विहरिष्यसि ॥ ३०
एवमुक्तवती हस्ते तां गृहीत्वैव तत्क्षणम् । कलिङ्गसेना स्वपितुर्मातुश्च निकटं ययौ ॥ ३१
तत्र नामान्वयाख्यानपूर्वं चैतामदर्शयत् । पित्रे कलिङ्गदत्ताय राज्ञे सोमप्रभां सखीम् ॥ ३२
मात्रे च तारादत्तायै तथैवैतामदर्शयत् । तौ च दृष्ट्वा यथाख्यानमेनामभिननन्दतुः ॥ ३३
ऊचतुश्चाकृतिप्रीतौ दंपती तावुभौ ततः । सत्कृत्य दुहितृस्नेहात्तां महासुरसुन्दरीम् ॥ ३४
वत्से कलिङ्गसेनेयं हस्ते तव समर्पिता । तदिदानीं यथाकाममुभे विहरतां युवाम् ॥ ३५
एतत्तयोर्वचो द्वे चाप्यभिनन्द्य निरीयतुः । समं कलिङ्गसेना च सा च सोमप्रभा ततः ॥ ३६
जग्मतुश्च विहाराय विहारं राजनिर्मितम् । आनिन्यतुश्च तां तत्र मायायन्त्रकरण्डिकाम् ॥ ३७
ततो यन्त्रमयं यक्षं गृहीत्वा प्राहिणोत्तदा । सोमप्रभा स्वप्रयोगाद्बुद्धार्चानयनाय सा ॥ ३८
स यक्षो नभसा गत्वा दूरमध्वानमाययौ । आदाय मुक्तासद्रत्नहेमाम्बुरुहसंचयम् ॥ ३९
तेनाभिपूज्य सुगतान्भासयामास तत्र सा । सोमप्रभा सनिलयान्सर्वाश्चर्यप्रदायिना ॥ ४०
तद्बुद्ध्वागत्य दृष्ट्वा च विस्मितो महिषीसखः । राजा कलिङ्गदत्तस्तामपृच्छद्यन्त्रचेष्टितम् ॥ ४१
ततः सोमप्रभावादीद्राजन्नेतान्यनेकधा । मायायन्त्रादिशिल्पानि पित्रा सृष्टानि मे पुरा ॥ ४२
यथा चेदं जगद्यन्त्रं पञ्चभूतात्मकं तथा । यन्त्राण्येतानि सर्वाणि शृणु तानि पृथक्पृथक् ॥ ४३
पृथ्वीप्रधानं यन्त्रं यद्द्वारादि पिदधाति तत् । पिहितं तेन शक्नोति न चोद्घाटयितुं परः ॥ ४४
आकारस्तोययन्त्रोत्थः सजीव इव दृश्यते । तेजोमयं तु यद्यन्त्रं तज्ज्वालाः परिमुञ्चति ॥ ४५
वातयन्त्रं च कुरुते चेष्टा गत्यागमादिकाः । व्यक्तीकरोति चालापं यन्त्रमाकाशसंभवम् ॥ ४६
मया चैतान्यवाप्तानि तातात्किं त्वमृतस्य यत् । रक्षकं चक्रयन्त्रं तत्तातो जानाति नापरः ॥ ४७
इति तस्या वदन्त्यास्तद्वचः श्रद्दधतामिव । मध्याह्ने पूर्यमाणानां शङ्खानामुदभूद्ध्वनिः ॥ ४८
ततः स्वोचितमाहारं दातुं विज्ञाप्य तं नृपम् । प्राप्यानुज्ञां विमाने तां सानुगां यन्त्रनिर्मिते ॥ ४९
कलिङ्गसेनामादाय प्रतस्थे गगनेन सा । सोमप्रभा पितृगृहं ज्येष्ठायाः स्वसुरन्तिकम् ॥ ५०
क्षणाच्च प्राप्य विन्ध्याद्रिवर्ति तत्पितृमन्दिरम् । तस्याः स्वयंप्रभायाश्च पार्श्वं तामनयत्स्वसुः ॥ ५१
तत्रापश्यज्जटाजूटमालिनीं तां स्वयंप्रभाम् । कलिङ्गसेना लम्बाक्षमालां सा ब्रह्मचारिणीम् ॥ ५२
सुसिताम्बरसंवीतां हसन्तीमिव पार्वतीम् । कामभोगमहाभोगगृहीतोग्रतपःक्रियाम् ॥ ५३
सापि सोमप्रभाख्यातां प्रणतां तां नृपात्मजाम् । स्वयंप्रभा कृतातिथ्या संविभेजे फलाशनैः ॥ ५४
सखि भुक्तैः फलैरेतैर्जरा ते न भविष्यति । विनाशिन्यस्य रूपस्य पद्मस्येव हिमाहतिः ॥ ५५
एतदर्थमिह स्नेहादानीता भवती मया । इति सोमप्रभा चैतां राजपुत्रीमभाषत ॥ ५६
ततः कलिङ्गसेनात्र तान्यभुङ्क्त फलानि सा । सद्योऽमृतरसासारसिक्ताङ्गीव बभूव च ॥ ५७
ददर्श च पुरोद्यानं भ्रमन्ती तत्र कौतुकात् । ससुवर्णाब्जवापीकं सुधास्वादुफलद्रुमम् ॥ ५८
हैमचित्रखगाकीर्णं सन्मणिस्तम्भविभ्रमम् । भित्तिबुद्धिकरं शून्ये भित्तौ शून्यप्रतीतिदम् ॥ ५९
जले स्थलधियं कुर्वत्स्थले च जलबुद्धिकृत् । लोकान्तरमिवापूर्वं मयमायाविनिर्मितम् ॥ ६०
प्रविष्टपूर्वं प्लवगैः पुरा सीतागवेषिभिः । स्वयंप्रभाप्रसादेन चिरात्संप्राप्तनिर्गमैः ॥ ६१
ततस्तदद्भुतपुरप्रकामालोकविस्मिताम् । अजराभाजनीभूतां तामापृच्छ्य स्वयंप्रभाम् ॥ ६२
कलिङ्गसेनामारोप्य यन्त्रे भूयो विहायसा । सोमप्रभा तक्षशिलामानिनाय स्वमन्दिरम् ॥ ६३
तत्र सा तद्यथावस्तु पित्रोः सर्वमवर्णयत् । कलिङ्गसेना तौ चापि परं संतोषमीयतुः ॥ ६४
इत्थं तयोर्द्वयोः सख्योर्गच्छत्सु दिवसेष्वथ । ऊचे कलिङ्गसेनां तामेवं सोमप्रभैकदा ॥ ६५

यावन्न परिणीता त्वं तावत्सख्यं मम त्वया। त्वद्भर्तृभवने पश्चान्मम स्यादागमः कुतः॥ ६६
न दृश्यो हि सखीभर्ता नाङ्गीकार्यः कथंचन। अवेर्वृकीव स्नुषायाः श्वश्रूर्मांसानि खादति॥ ६७
तथा च शृणु वच्म्येतां कीर्तिसेनाकथां तव। ....॥ ६८
पुरे पाटलिपुत्राख्ये धुर्यो धनवतां वणिक्। नाम्ना यथार्थेन पुरा धनपालित इत्यभूत्॥ ६९
कीर्तिसेनाभिधाना च तस्याजायत कन्यका। रूपेणानन्यसदृशी प्राणेभ्योऽप्यधिकप्रिया॥ ७०
सा च तेन समानाय मगधेषु महर्द्धये। देवसेनाभिधानाय दत्ताभूद्वणिजे सुता॥ ७१
तस्य चातिसुवृत्तस्य देवसेनस्य दुर्जनी। विपन्नजनकस्यासीज्जननी स्वामिनी गृहे॥ ७२
सा स्नुषां कीर्तिसेनां तां पश्यन्ती पतिसंमताम्। क्रुधा ज्वलन्ती पुत्रस्य परोक्षमकदर्थयत्॥ ७३
कीर्तिसेना च सा पत्युर्वक्तुं नैव शशाक तत्। कष्टा हि कुटिलश्वश्रूपरतन्त्रवधूस्थितिः॥ ७४
एकदा स पतिस्तस्या देवसेनो वणिज्यया। गन्तुं प्रववृते बन्धुप्रेरितो वलभीं पुरीम्॥ ७५
ततः सा कीर्तिसेना तं पतिमेवमभाषत। इयच्चिरं मया नैतदार्यपुत्र तवोदितम्॥ ७६
कदर्थयति मामेषा तवाम्बा त्वय्यपि स्थिते। त्वयि तु प्रोषिते किं मे कुर्यादिति न वेद्म्यहम्॥ ७७
तच्छ्रुत्वा स समुद्भ्रान्तस्तत्स्नेहात्सभयः शनैः। देवसेनस्तदा गत्वा मातरं प्रणतोऽब्रवीत्॥ ७८
कीर्तिसेनाधुना हस्ते तवाम्ब प्रस्थितस्य मे। नास्या निःस्नेहता कार्या कुलीनतनया ह्यसौ॥ ७९
तच्छ्रुत्वा कीर्तिसेनां तामाहूयोद्वर्तितेक्षणा। तं देवसेनं माता सा तत्कालं समभाषत॥ ८०
कृतं मया किं पृच्छैतामेवं त्वां प्रेरयत्यसौ। गृहभेदकरी पुत्र मम तु द्वौ युवां समौ॥ ८१
श्रुत्वैतच्छान्तचित्तोऽभूत्तत्कृते स वणिग्वरः। व्याजसप्रणयैर्वाक्यैर्जनन्या यो न वञ्च्यते॥ ८२
कीर्तिसेना तु सा तूष्णीमासीदुद्वेगसस्मिता। देवसेनस्तु सोऽन्येद्युः प्रतस्थे वलभीं वणिक्॥ ८३
ततस्तद्विरहक्लेशजुषस्तस्याः क्रमेण सा। तन्माता कीर्तिसेनाया दासीः पार्श्वान्न्यवारयत्॥ ८४
कृत्वा च गृहचारिण्या स्वचेट्या सह संविदम्। आनाय्याभ्यन्तरं गुप्तं तां विवस्त्रां चकार सा॥ ८५
पापे हरसि मे पुत्रमित्युक्त्वा सकचग्रहम्। पादैर्दन्तैर्नखैश्चैतां चेट्या सममपाटयत्॥ ८६
चिक्षेप चैनां भूगेहे सपिधाने दृढार्गले। तत्रत्येऽभ्युद्धृताशेषपूर्वजातार्थसंचये॥ ८७
न्यधाच्च तस्यास्तत्रान्तः प्रत्यहं सा दिनात्यये। पापा तादृगवस्थाया भक्तस्यार्धशरावकम्॥ ८८
अचिन्तयच्च दूरस्थे पत्यावेवं मृता स्वयम्। इमां व्युत्थाप्य यातेति वक्ष्यामि दिवसैरिति॥ ८९
इत्थं भूमिगृहे क्षिप्ता श्वश्र्वा पापकृता तया। सुखार्हा रुदती तत्र कीर्तिसेना व्यचिन्तयत्॥ ९०
आढ्यः पतिः कुले जन्म सौभाग्यं साधुवृत्तता। तदप्यहो मम श्वश्रूप्रसादादीदृशी विपत्॥ ९१
एतदर्थं च निन्दन्ति कन्यानां जन्म बान्धवाः। श्वश्रूननन्दृसंत्राससमसौभाग्यादिदूषितम्॥ ९२
इति शोचन्त्यकस्मात्सा कीर्तिसेना खनित्रकम्। लेभेऽस्माद्भूगृहाद्धात्रा मनःशल्यमिवोद्धृतम्॥ ९३
अयोमयेन तेनात्र सुरुङ्गां निचखान सा। तावद्यावत्तयोत्तस्थे दैवात्स्वाद्वासवेश्मनः॥ ९४
ददर्श च प्रदीपेन प्राक्तनेनाथ तद्गृहम्। अक्षीणेन कृतालोका धर्मेणेव निजेन सा॥ ९५
आदायातश्च वस्त्राणि स्वं वर्णं च निशाक्षये। निर्गत्यैव ततो गुप्तं जगाम नगराद्बहिः॥ ९६
एवंविधाया गन्तुं मे न युक्तं पितृवेश्मनि। किं वक्ष्ये तत्र लोकश्च प्रत्येष्यति कथं मम॥ ९७
अतः स्वयुक्त्या गन्तव्यं पत्युरेवान्तिकं मया। इहामुत्र च साध्वीनां पतिरेका गतिर्यतः॥ ९८
इत्यालोच्य चकारात्र तडागाम्बुकृताप्लवा। राजपुत्रस्य वेषं सा कीर्तिसेना सुबृंहितम्॥ ९९
ततो गत्वापणे दत्त्वा किंचिन्मूल्येन काञ्चनम्। कस्यापि वणिजो गेहे दिने तस्मिन्नुवास सा॥ १००
अन्येद्युस्तत्र चक्रे च वलभीं गन्तुमिच्छता। समुद्रसेननाम्ना सा वणिजा सह संस्तवम्॥ १०१
तेन साकं सभृत्येन प्राप्तुं प्राक्प्रस्थितं पतिम्। सद्राजपुत्रवेषा सा प्रतस्थे वलभीं प्रति॥ १०२
जगाद तं च वणिजं गोत्रजैरस्मि बाधितः। तत्त्वया सह गच्छामि वलभीं स्वजनान्तिकम्॥ १०३
तच्छ्रुत्वा स वणिक्पुत्रो मार्गे पर्यचरच्च ताम्। राजपुत्रो ध्रुवं भव्यः कोऽप्यसाविति गौरवात्॥ १०४

ययौ च स वणिक्सार्थः पुरस्कृत्याटवीपथम् । बहुशुल्कभयत्यक्तमार्गान्तरजनाश्रितम् ॥ १०५
दिनैः प्राप्याटवीद्वारं सायं सार्थे कृतस्थितौ । चक्रे कृतान्तदूतीव शब्दं भयकरं शिवा ॥ १०६
तदभिज्ञे वणिग्लोके चौराद्यापातशङ्किनि । हस्ते गृहीतशस्त्रेषु सर्वतो रिपुरक्षिषु ॥ १०७
ध्वान्ते धावति दस्यूनामग्रयायिबलोपमे । कीर्तिसेना तदालोक्य पुंवेषा सा व्यचिन्तयत् ॥ १०८
अहो दुष्कृतिनां कर्म संतानेनैव वर्धते । पश्य श्वश्रूकृता व्यापदिहापि फलिता मम ॥ १०९
प्रथमं मृत्युनेवाहं श्वश्रूकोपेन भक्षिता । प्रविष्टा भूगृहं पश्चाद्गर्भवासमिवापरम् ॥ ११०
दैवात्ततोऽपि निष्क्रान्ता जातेव पुनरप्यहम् । इहाद्यागत्य संप्राप्ता भूयो जीवितसंशयम् ॥ १११
चौरैर्यदि हतास्मीह तच्छ्वश्रूर्मम वैरिणी । अन्यासक्ता गता क्वापीत्यभिधास्यति मे पतिम् ॥ ११२
स्त्रीति ज्ञातास्मि केनापि हतवस्त्रान्तरा यदि । ततो मृत्युर्मम श्रेयान्न पुनः शीलविप्लवः ॥ ११३
तेन चात्मैव मे रक्ष्यो नापेक्ष्योऽयं सुहृद्वणिक् । सतीधर्मो हि सुस्त्रीणां चिन्त्यो न सुहृदादयः ॥ ११४
इति निश्चित्य सा प्राप चिन्वती तरुमध्यगम् । गर्तं गृहाकृतिं दत्तं कृपयेवान्तरं भुवा ॥ ११५
तत्र प्रविश्य चाच्छाद्य तृणपर्णादिभिस्तनुम् । तस्थौ संधार्यमाणा सा पतिसंगमवाञ्छया ॥ ११६
ततो निशीथे सहसा निपत्यैवोद्यतायुधा । चौरसेना सुमहती सार्थं वेष्टयति स्म तम् ॥ ११७
निनदद्दस्युकालाभ्रं शस्त्रज्वालाचिरप्रभम् । ततः सरुधिरासारं तत्राभूद्युद्धदुर्दिनम् ॥ ११८
हत्वा समुद्रसेनं च सानुगं तं वणिक्पतिम् । बलिनोऽथ ययुश्चौरा गृहीतधनसंचयाः ॥ ११९
तदा च कीर्तिसेना सा श्रुतकोलाहला बलात् । यन्न मुक्तासुभिस्तत्र कारणं केवलो विधिः ॥ १२०
ततो निशायां यातायामुदिते तिग्मतेजसि । निर्जगाम च सा तस्माद्गर्ताद्विटपमध्यतः ॥ १२१
कामं भर्त्रेकभक्तानामविस्खलिततेजसाम् । देवता एव साध्वीनां त्राणमापदि कुर्वते ॥ १२२
यत्तत्र निर्जनेऽरण्ये सिंहो दृष्ट्वापि तां जहौ । न परं यावदभ्येत्य कुतश्चित्कोऽपि तापसः ॥ १२३
पृष्टोदन्तां समाश्वास्य जलपानं कमण्डलोः । दत्त्वोपदिश्य पन्थानं तस्याः क्वापि तिरोदधे ॥ १२४
ततस्तृप्तामृतेनेव क्षुत्पिपासाविनाकृता । तापसोक्तेन मार्गेण प्रतस्थे सा पतिव्रता ॥ १२५
अथास्तशिखरारूढं प्रसारितकरं रविम् । रात्रिमेकां क्षमस्वेति वदन्तमिव वीक्ष्य सा ॥ १२६
महतोऽरण्यवृक्षस्य गृहाभं मूलकोटरम् । विवेश पिदधे चास्य द्वारमन्येन दारुणा ॥ १२७
प्रदोषे च ददर्शात्र द्वारच्छिद्रान्तरेण सा । राक्षसीमागतां घोरां बालकैरन्वितां सुतैः ॥ १२८
तीर्णान्यविपदद्याहमनया भक्षितेति सा । त्रस्ता यावत्तरौ तावदारूढा तत्र राक्षसी ॥ १२९
अन्वारूढाश्च तत्पुत्रास्तत्र तां किल राक्षसीम् । अब्रुवन्नम्ब नः किंचिद्भक्ष्यं देहीति तत्क्षणम् ॥ १३०
ततः सा राक्षसी बालांस्तानुवाचाद्य पुत्रकाः । महाश्मशानं गत्वापि भक्ष्यं नासादितं मया ॥ १३१
याचितो डाकिनीसंघोऽप्यत्र भागमदान्न मे । तत्खेदादथ विज्ञप्य याचितो भैरवो मया ॥ १३२
स च नामान्वयौ पृष्ट्वा देवो मामेवमादिशत् । भयंकरि कुलीनासि खरदूषणवंशजा ॥ १३३
तदितो नातिदूरस्थं वसुदत्तपुरं व्रज । तत्रास्ते वसुदत्ताख्यो राजा धर्मपरो महान् ॥ १३४
यः कृत्स्नामटवीमेतां पर्यन्तस्थोऽभिरक्षति । स्वयं गृह्णाति शुल्कं च निगृह्णाति च तस्करान् ॥ १३५
तस्याटव्यां च मृगयाश्रमसुप्तस्य भूपतेः । अज्ञातैव प्रविष्टान्तः कर्णे शतपदी लघु ॥ १३६
सा च कालेन बहुशः प्रसूतास्य शिरोन्तरे । तेन रोगेण राजासौ स्नायुशेषोऽद्य वर्तते ॥ १३७
वैद्याश्चास्य न तं व्याधिं विदन्त्यन्योऽपि कोऽपि चेत् । न ज्ञास्यति ततश्चैष दिनैरल्पैर्विपत्स्यते ॥ १३८
तस्य मांसानि भुञ्जीथा विपन्नस्य स्वमायया । भक्षितैस्तैर्हि षण्मासान्परितृप्ता भविष्यसि ॥ १३९
इत्थं मे भैरवेणापि संविभागः ससंशयः । कालवांश्चाद्य विहितस्तत्पुत्राः किं करोम्यहम् ॥ १४०
एवं तयोक्ता राक्षस्या पुत्रास्ते तामथाब्रुवन् । ज्ञातापनीते रोगेऽस्मिन्किं स राजाम्ब जीवति ॥ १४१
कथं च तादृशो रोगो वद तस्यापनीयते । एवमुक्तवतस्तान्सा तनयान्राक्षसी जगौ ॥ १४२
ज्ञातापनीते रोगेऽस्मिञ्जीवत्येव स भूपतिः । श्रूयतां च यथा सोऽस्य महारोगोऽपनीयते ॥ १४३

शिरः पूर्वं घृताभ्यक्तं तस्य न्यस्तोष्णसर्पिषा । कृत्वा मध्याह्नकठिने स्थापितस्यातपे चिरम् ॥ १४४
निवेश्य कर्णकुहरे सुषिरां वंशनाडिकाम् । शीताम्बुघटपृष्ठस्थशरावच्छिद्रसङ्गिनीम् ॥ १४५
तेन स्वेदातपक्रान्ता निर्गत्यास्य शिरोन्तरात् । कर्णरन्ध्रेण तेनैव वंशनाडीं प्रविश्य ताम् ॥ १४६
घटे शीताभिलाषिण्यः शतपद्यः पतन्ति ताः । एवं स नृपतिस्तस्मान्महारोगाद्विमुच्यते ॥ १४७
इत्युक्त्वा राक्षसी पुत्रान्वृक्षस्थान्विरराम सा । कीर्तिसेना च तत्सर्वमश्रृणोत्कोटरस्थिता ॥ १४८
श्रुत्वा च चिन्तयामास निस्तरिष्यामि चेदितः । तद्गत्वैवैतया युक्त्या जीवयिष्यामि तं नृपम् ॥ १४९
एतामेवाटवीं सोऽल्पशुल्कः प्रान्तस्थितोऽवति । तत्सौकर्याच्च वणिजः सर्वे यान्त्यमुना पथा ॥ १५०
एतत्समुद्रसेनोऽपि स्वर्गामी सोऽब्रवीद्वणिक् । तदेतेनैव मार्गेण स मे भर्तागमिष्यति ॥ १५१
अतो गत्वाटवीप्रान्ते वसुदत्तपुरे नृपम् । रोगादुत्तार्य तत्रस्था प्रतीक्षे भर्तुरागमम् ॥ १५२
एवं विचिन्तयन्ती सा कृच्छ्रात्तामनयन्निशाम् । प्रातर्नष्टेषु रक्षःसु निरगात्कोटरात्ततः ॥ १५३
क्रमात्ततोऽटवीमध्ये यान्ती पुरुषवेषभृत् । प्राप्तेऽपराह्णे गोपालमेकं साधुं ददर्श सा ॥ १५४
तत्सौकुमार्यदूराध्वदर्शनार्द्रीकृतं च तम् । पप्रच्छोपेत्य सा कोऽयं प्रदेशः कथ्यतामिति ॥ १५५
सोऽपि गोपालकोऽवादीद्वसुदत्तस्य भूपतेः । वसुदत्तपुरं नाम पुरमेतत्पुरः स्थितम् ॥ १५६
राजापि स महात्मात्र मुमूर्षुर्व्याधितः स्थितः । तच्छ्रुत्वा कीर्तिसेना तं गोपालकमभाषत ॥ १५७
यदि मां नयते कश्चिद्राज्ञस्तस्यान्तिकं ततः । अहं तं तस्य जानामि निवारयितुमामयम् ॥ १५८
तच्छ्रुत्वैवावदद्गोपः पुरेऽत्रैव व्रजाम्यहम् । तदायाहि मया साकं यावद्यत्नं करोमि ते ॥ १५९
तथेत्युक्तवतीं तां च कीर्तिसेनां तदैव सः । वसुदत्तपुरं गोपः पुंवेषां नयति स्म ताम् ॥ १६०
स च तत्र तथा वस्तु निवेद्यार्ताय तत्क्षणात् । प्रतीहाराय कल्याणलक्षणां तां समर्पयत् ॥ १६१
प्रतीहारोऽपि राजानं विज्ञप्यैव तदाज्ञया । प्रवेशयामास स तां तस्यान्तिकमनिन्दिताम् ॥ १६२
राजा च सोऽत्र रोगार्तस्तां दृष्ट्वैवाद्भुताकृतिम् । आश्वस्तो वसुदत्तोऽभूद्वेत्त्यात्मैव हिताहितम् ॥ १६३
उवाच चैतां पुंवेषां यदीमामपनेष्यसि । रुजमेतत्प्रदास्यामि राज्यार्धं ते सुलक्षण ॥ १६४
जाने जहार पृष्ठान्मे स्वप्ने स्त्री कृष्णकम्बलम् । तन्निश्चितमिमं रोगं हरिष्यति भवान्मम ॥ १६५
तच्छ्रुत्वा कीर्तिसेना तं जगादाद्य दिनं गतम् । देव श्वस्तेऽपनेष्यामि रोगं मा स्माधृतिं कथाः ॥ १६६
इत्युक्त्वा मूर्ध्नि राज्ञोऽस्य गव्यं घृतमदापयत् । तेन तस्याययौ निद्रा ययौ सा चातिवेदना ॥ १६७
भिषग्रूपेण देवोऽयं पुण्यैर्नः कोऽप्युपागतः । इति तत्र च तां सर्वे कीर्तिसेनां ततोऽस्तुवन् ॥ १६८
महादेवी च तैस्तैस्तामुपचारैरुपाचरत् । नक्तं वेश्म पृथक्चास्याः सदासीकमकल्पयत् ॥ १६९
अथापरेद्युर्मध्याह्ने मन्त्रिष्वन्तःपुरेषु च । पश्यत्सु तस्य भूपस्य कीर्तिसेना चकर्ष सा ॥ १७०
शिरसः कर्णमार्गेण सार्धं शतपदीशतम् । राक्षस्युदितया पूर्वं युक्त्यात्यद्भुतया तया ॥ १७१
स्थापयित्वा च घटके सा ताः शतपदीस्ततः । घृतक्षीरादिसेकेन तं नृपं समतर्पयत् ॥ १७२
क्रमात्तस्मिन्समाश्वस्ते रोगमुक्ते महीपतौ । घटे तान्प्राणिनो दृष्ट्वा को न तत्र विसिस्मिये ॥ १७३
राजा च स विलोक्यैतान्कुकीटान्मूर्धनिर्गतान् । तत्रास दध्यौ मुमुदे मेने जन्म निजं पुनः ॥ १७४
कृतोत्सवश्च स स्नातः कीर्तिसेनामपूजयत् । तामनादृतराज्यार्धां ग्रामहस्त्यश्वकाञ्चनैः ॥ १७५
देवी च मन्त्रिणश्चैतां हेम्ना वस्त्रैरपूरयन् । प्रभुप्राणप्रदोऽस्माकं पूज्यो भिषगसाविति ॥ १७६
सा च तस्यैव राज्ञस्तान्हस्तेऽर्थान्संप्रति न्यधात् । कंचित्कालं व्रतस्थोऽहमित्युक्त्वा भर्त्रपेक्षिणी ॥ १७७
ततः संमान्यमानात्र सर्वैः कान्यप्यहानि सा । यावत्पुरुषवेषेण कीर्तिसेनावतिष्ठते ॥ १७८
तावच्छुश्राव लोकात्तं वलभीतः समागतम् । सार्थवाहं पथा तेन देवसेनं निजं पतिम् ॥ १७९
पुरि तत्राथ तं सार्थं प्राप्तं बुद्ध्वैव साभ्यगात् । भर्तारं तमपश्यच्च मयूरीव नवाम्बुदम् ॥ १८०
चित्तेनेव चिरौत्सुक्यसंतापप्रविलायिना । दत्तार्घानन्दबाष्पेण पादयोस्तस्य चापतत् ॥ १८१
सोऽपि प्रत्यभ्यजानाच्च वेषच्छन्नां निरूप्य ताम् । भर्ता भास्वत्करालक्ष्यां दिवा मूर्तिमिवैन्दवीम् ॥ १८२

तस्य तद्वदनेन्दुं च चन्द्रकान्तस्य पश्यतः । देवसेनस्य हृदयं चित्रं न गलति स्म यत् ॥ १८३
अथास्यां कीर्तिसेनायामेवं प्रकटितात्मनि । किमेतदिति साश्चर्यं स्थिते तस्मिंश्च तत्पतौ ॥ १८४
विस्मिते च वणिग्ग्रामे तद्बुद्ध्वैव सविस्मयः । स राजा वसुदत्तोऽत्र स्वयमेव किलाययौ ॥ १८५
तेन पृष्टा च सा कीर्तिसेना पत्युः पुरोऽखिलम् । श्वश्रूदुश्चरितोत्पन्नं स्ववृत्तान्तमवर्णयत् ॥ १८६
देवसेनश्च तच्छ्रुत्वा तद्भर्ता स स्वमातरि । पराङ्मुखोऽभवत्कोपक्षमाविस्मयहर्षवान् ॥ १८७
भर्तृभक्तिरथारूढाः शीलसंनाहरक्षिताः । धर्मसारथयः साध्व्यो जयन्ति मतिहेतयः ॥ १८८
इति तत्र स्थितोऽवादीदाकर्ण्यैव तदद्भुतम् । चरितं कीर्तिसेनायाः सानन्दः सकलो जनः ॥ १८९
राजाप्युवाच पत्यर्थमाश्रितक्लेशयानया । सीतादेव्यपि रामस्य परिक्लेशवहा जिता ॥ १९०
तदेषा धर्मभगिनी मम प्राणप्रदायिनी । इत्युक्तवन्तं तं भूपं कीर्तिसेनाथ साब्रवीत् ॥ १९१
देव त्वत्प्रीतिदायो यस्तव हस्ते मम स्थितः । ग्रामहस्त्यश्वरत्नादिः स मे भर्त्रे समर्प्यताम् ॥ १९२
एवमुक्तस्तया राजा दत्त्वा ग्रामादि तस्य तत् । तद्भर्तुर्देवसेनस्य प्रीतः पट्टं बबन्ध सः ॥ १९३

अथ नरपतिदत्तैस्तैर्वणिज्यार्जितैश्च प्रसभभरितकोषो देवसेनो धनौघैः ।
परिहृतजननीकः संस्तुवन्कीर्तिसेनां कृतवसतिरमुष्मिन्नेव तस्थौ पुरे सः ॥ १९४
सुखमपगतपापश्वश्रुकं कीर्तिसेनाप्यसमचरितलब्धख्यातिरासाद्य तत्र ।
न्यवसदखिलभोगैश्वर्यभागान्तिकस्था सुकृतफलसमृद्धिर्देहबद्धेव भर्तुः ॥ १९५
एवं विषह्य विधुरस्य विधेर्नियोगमापत्सु रक्षितचरित्रधना हि साध्व्यः ।
गुप्ताः स्वसत्त्वविभवेन महत्तमेन कल्याणमादधति पत्युरथात्मनश्च ॥ १९६
इत्थं च पार्थिवकुमारि भवन्ति दोषाः श्वश्रूननान्दृविहिता बहवो वधूनाम् ।
तद्भर्तृवेश्म तव तादृशमर्थयेऽहं श्वश्रूर्न यत्र न च यत्र शठा ननान्दा ॥ १९७

इतीदमानन्दिकथाद्भुतं सा मुखान्निशम्यासुरराजपुत्र्याः ।
सोमप्रभाया मनुजेन्द्रपुत्री कलिङ्गसेना परितुष्यति स्म ॥ १९८
ततो विचित्रार्थकथावसानं दृष्ट्वेव गन्तुं मिहिरे प्रवृत्ते ।
सोत्कां समालिङ्ग्य कलिङ्गसेनां सोमप्रभा स्वं भवनं जगाम ॥ १९९

इति महाकविश्रीसोमदेवभट्टविरचिते कथासरित्सागरे मदनमञ्चुकालम्बके तृतीयस्तरङ्गः ।

चतुर्थस्तरङ्गः ।

ततः स्वसद्म यातायाः पश्चान्मार्गमवेक्षितुम् । सोमप्रभायाः स्नेहेन मार्गहर्म्याग्रमास्थिताम् ॥ १
कलिङ्गसेनामारात्तां ददर्श गगनागतः । दैवान्मदनवेगाख्यो युवा विद्याधराधिपः ॥ २
स तां दृष्ट्वैव रूपेण जगत्त्रितयमोहिनीम् । क्षोभं जगाम कामैन्द्रजालिकस्येव पिच्छिकाम् ॥ ३
अलं विद्याधरस्त्रीभिः का कथाप्सरसामपि । यत्रेदृगेतदेतस्या मानुष्या रूपमद्भुतम् ॥ ४
तदेषा यदि मे न स्याद्भार्या किं जीवितेन तत् । कथं च मानुषीसङ्गं कुर्यां विद्याधरोऽपि सन् ॥ ५
इत्यालोच्य स दध्यौ च विद्यां प्रज्ञप्तिसंज्ञिकाम् । सा चाविर्भूय साकारा तमेवमवदत्तदा ॥ ६
तत्त्वतो मानुषी नेयमेषा शापच्युताप्सराः । जाता कलिङ्गदत्तस्य गृहे सुभग भूपतेः ॥ ७
इत्युक्ते विद्यया सोऽथ हृष्टो गत्वा स्वधामनि । विद्याधरोऽन्यविमुखः कामार्तः समचिन्तयत् ॥ ८
हठाद्यदि हराम्येतां तदेतन्मे न युज्यते । स्त्रीणां हठोपभोगे हि मम शापोऽस्ति मृत्युदः ॥ ९
तदेतत्प्राप्तये शंभुराराध्यस्तपसा मया । तपोऽधीनानि हि श्रेयांस्युपायोऽन्यो न विद्यते ॥ १०
इति निश्चित्य चान्येद्युर्गत्वा ऋषभपर्वतम् । एकपादस्थितस्तेपे निराहारस्तपांसि सः ॥ ११
अथ तुष्टोऽचिरात्तीव्रैस्तपोभिर्दत्तदर्शनः । एवं मदनवेगं तमादिदेशाम्बिकापतिः ॥ १२
एषा कलिङ्गसेनाख्या ख्याता रूपेण भूतले । कन्या नास्याश्च भर्तापि सदृशो रूपसंपदा ॥ १३

एकस्तु वत्सराजोऽस्ति स चैतामभिवाञ्छति । किं तु वासवदत्ताया भीत्या नार्थयते स्फुटम् ॥ १४
एषापि रूपलुब्धा तं श्रुत्वा सोमप्रभामुखात् । स्वयंवराय वत्सेशं राजपुत्र्यभिवाञ्छति ॥ १५
तत्र यावद्विवाहोऽस्या न भवेत्तावदन्तरा । कृत्वा कालासहस्येव रूपं वत्सेश्वरस्य तत् ॥ १६
गत्वा गान्धर्वविधिना भार्यां कुर्याद्भवानिमाम् । एवं कलिङ्गसेनासौ तव सेत्स्यति सुन्दरी ॥ १७
इत्यादिष्टः स शर्वेण प्रणिपत्याथ तं ययौ । गृहं मदनवेगः स्वं कालकूटगिरेस्तटम् ॥ १८
अत्रान्तरे प्रतिनिशं गच्छन्त्या निजमन्दिरम् । प्रतिप्रभातमायान्त्या यन्त्रेण व्योमगामिना ॥ १९
तया तक्षशिलापुर्यां सा सोमप्रभया सह । कलिङ्गसेना क्रीडन्ती तां जगादैकदा रहः ॥ २०
सखि वाच्यं न कस्यापि त्वया यत्ते ब्रवीम्यहम् । विवाहो मम संप्राप्त इति जाने यतः शृणु ॥ २१
इह मां याचितुं दूताः प्रेषिता बहुभिर्नृपैः । ते च तातेन संवृत्य तथैव प्रेषिता इतः ॥ २२
यस्तु प्रसेनजिन्नाम श्रावस्त्यामस्ति भूपतिः । तदीयः केवलं दूतः सादरं तेन सत्कृतः ॥ २३
मन्त्रितं चाम्बयाप्येतत्तन्मन्ये मद्वरो नृपः । स तातस्य तथाम्बायाः कुलीन इति संमतः ॥ २४
स हि तत्र कुले जातो यत्राम्बाम्बालिकादिकाः । पितामह्यः कुरूणां च पाण्डवानां च जज्ञिरे ॥ २५
तत्प्रसेनजिते तस्मै सखि दत्तास्मि सांप्रतम् । तातेन राज्ञे श्रावस्त्यां नगर्यामिति निश्चयः ॥ २६
एतत्कलिङ्गसेनातः श्रुत्वा सोमप्रभा शुचा । सृजन्तीवापरं हारं सद्यो धाराश्रुणारुदत् ॥ २७
जगाद चैतां पृच्छन्तीं वयस्यामश्रुकारणम् । दृष्टनिःशेषभूलोका सा मयासुरपुत्रिका ॥ २८
वयो रूपं कुलं शीलं वित्तं चेति वरस्य यत् । मृग्यते सखि तत्राद्यं वयो वंशादिकं ततः ॥ २९
प्रसेनजिच्च प्रवयाः स दृष्टो नृपतिर्मया । जातीपुष्पस्य जात्येव जीर्णस्यास्य कुलेन किम् ॥ ३०
हिमशुभ्रेण तेन त्वं हेमन्तेनेव पद्मिनी । परिम्लानाम्बुजमुखी युक्ता शोच्या भविष्यसि ॥ ३१
अतो जातो विषादो मे प्रहर्षस्तु भवेन्मम । यदि स्याद्वत्सराजस्ते कल्याण्युदयनः पतिः ॥ ३२
तस्य नास्ति हि रूपेण लावण्येन कुलेन च । शौर्येण च विभूत्या च तुल्योऽन्यो नृपतिर्भुवि ॥ ३३
तेन चेद्युज्यसे भर्त्रा सदृशेन कृशोदरि । धातुः फलति लावण्यनिर्माणं तदिदं त्वयि ॥ ३४
इति सोमप्रभाक्लृप्तैर्वाक्यैर्यन्त्रैरिवेरितम् । ययौ कलिङ्गसेनाया मनो वत्सेश्वरं प्रति ॥ ३५
ततश्च सा तां पप्रच्छ राजकन्या मयात्मजाम् । कथं स वत्सराजाख्यः सखि किंवंशसंभवः ॥ ३६
कथं चोदयनो नाम्ना त्वया मे कथ्यतामिति । साथ सोमप्रभावादीच्छृणु तत्सखि वच्मि ते ॥ ३७
वत्स इत्यस्ति विख्यातो देशो भूमेर्विभूषणम् । पुरी तत्रास्ति कौशाम्बी द्वितीयेवामरावती ॥ ३८
तस्यां स कुरुते राज्यं यतो वत्सेश्वरस्ततः । वंशं च तस्य कल्याणि कीर्त्यमानं मया शृणु ॥ ३९
पाण्डवस्यार्जुनस्याभूदभिमन्युः किलात्मजः । चक्रव्यूहभिदा येन नीता कुरुचमूः क्षयम् ॥ ४०
तस्मात्परीक्षिदभवद्राजा भरतवंशभृत् । सर्पसत्रप्रणेताभूत्ततोऽपि जनमेजयः ॥ ४१
ततोऽभवच्छतानीकः कौशाम्बीमध्युवास यः । यश्च देवासुरगणे दैत्यान्हत्वा व्यपद्यत ॥ ४२
तस्माद्राजा जगच्छ्लाघ्यः सहस्रानीक इत्यभूत् । यः शक्रप्रेषितरथो दिवि चक्रे गतागतम् ॥ ४३
तस्य देव्यां मृगावत्यामसावुदयनोऽजनि । भूषणं शशिनो वंशे जगन्नेत्रोत्सवो नृपः ॥ ४४
नाम्नो निमित्तमप्यस्य शृणु सा हि मृगावती । अन्तर्वत्नी सती राज्ञो जनन्यस्य सुजन्मनः ॥ ४५
उत्पन्नरुधिरस्नानदोहदा पापभीरुणा । भर्त्रा रचितलाक्षादिरसवापीकृताप्लवा ॥ ४६
पक्षिणा तार्क्ष्यवंश्येन निपत्यामिषशङ्कया । नीत्वा विधिवशात्यक्ता जीवन्त्येवोदयाचले ॥ ४७
तत्र चाश्वासिता भूयो भर्तृसंगमवादिना । जमदग्न्यर्षिणा दृष्टा स्थितासौ तत्र चाश्रमे ॥ ४८
अवज्ञाजनितेर्ष्यायाः कंचित्कालं हि तादृशः । शापस्तिलोत्तमातोऽभूत्तद्भर्तुस्तद्वियोगदः ॥ ४९
दिवसैः सा च तत्रैव जमदग्न्याश्रमे सुतम् । उदयाद्रौ प्रसूते स्म द्यौरिन्दुमिव नूतनम् ॥ ५०
असावुदयनो जातः सार्वभौमो महीपतिः । जनिष्यते च पुत्रोऽस्य सर्वविद्याधराधिपः ॥ ५१
इत्युच्चार्योम्बराद्वाणीमशरीरां तदा कृतम् । नामोदयन इत्यस्य देवैरुदयजन्मतः ॥ ५२

सोऽपि शापान्तबद्धाशः कालं मातलिबोधितः । कृच्छ्रात्सहस्रानीकस्तां विनानैषीन्मृगावतीम् ॥ ५३
प्राप्ते शापावसाने तु शबराद्विधियोगतः । उदयाद्रेरुपायातात्प्राप्याभिज्ञानमात्मनः ॥ ५४
आवेदितार्थस्तत्कालं गगनोद्गतया गिरा । शबरं तं पुरस्कृत्य जगामैवोदयाचलम् ॥ ५५
तत्र वाञ्छितसंसिद्धिमिव प्राप्य मृगावतीम् । भार्यामुदयनं तं च मनोराज्यमिवात्मजम् ॥ ५६
तौ गृहीत्वाथ कौशाम्बीमागत्यैवाभिषिक्तवान् । यौवराज्ये तनूजं तं तद्गुणोत्कर्षतोषितः ॥ ५७
यौगन्धरायणादींश्च तस्मै मन्त्रिसुतान्ददौ । तेनात्तभारो बुभुजे भोगान्भार्यासखश्चिरम् ॥ ५८
कालेनारोप्य राज्ये च तमेवोदयनं सुतम् । वृद्धः सभार्यासचिवो ययौ राजा महापथम् ॥ ५९
एवं स पित्र्यं राज्यं तत्प्राप्य जित्वा ततोऽखिलाम् । यौगन्धरायणसखः प्रशास्त्युदयनो महीम् ॥ ६०
इत्याशु कथयित्वा सा कथां सोमप्रभा रहः । सखीं कलिङ्गसेनां तां पुनरेवमभाषत ॥ ६१
एवं वत्सेषु राजत्वाद्वत्सराजः सुगात्रि सः । पाण्डवान्वयसंभूत्या सोमवंशोद्भवस्तथा ॥ ६२
नाम्नाप्युदयनः प्रोक्तो देवैरुदयजन्मना । रूपेण चात्र संसारे कंदर्पोऽपि न तादृशः ॥ ६३
स एकस्तव तुल्योऽस्ति पतिस्त्रैलोक्यसुन्दरि । स च वाञ्छति लावण्यलुब्धस्त्वां प्रार्थितां ध्रुवम् ॥ ६४
किं तु चण्डमहासेनमहीपतितनूद्भवा । अस्ति वासवदत्ताख्या तस्याग्र्यमहिषी सखि ॥ ६५
तथा स च वृतस्त्यक्त्वा बान्धवानतिरक्तया । उषाशकुन्तलादीनां कन्यानां हृतलज्जया ॥ ६६
नरवाहनदत्ताख्यस्तस्यां जातोऽस्य चात्मजः । आदिष्टः किल देवैर्यो भावी विद्याधराधिपः ॥ ६७
अतस्तस्याः स वत्सेशो बिभ्यत्त्वां नेह याचते । सा च दृष्टा मया न त्वां स्पर्धते रूपसंपदा ॥ ६८
एवमुक्तवतीं तां च सखीं सोमप्रभां तदा । कलिङ्गसेना वत्सेशसोत्सुका निजगाद सा ॥ ६९
जानेऽहमेतदवशयायाः पित्रोः शक्यं तु किं मम । सर्वज्ञा सप्रभावा च तत्त्वमेवात्र मे गतिः ॥ ७०
दैवायत्तमिदं कार्यं तथा चात्र कथां शृणु । सोमप्रभा तामित्युक्त्वा शशंसास्यै कथामिमाम् ॥ ७१
राजा विक्रमसेनाख्य उज्जयिन्यामभूत्पुरा । तस्य तेजस्वतीत्यासीद्रूपेणाप्रतिमा सुता ॥ ७२
तस्याश्चाभिमतः कश्चित्प्रायो नाभूद्वरो नृपः । एकदा च ददर्शैकं पुरुषं सा स्वहर्म्यगा ॥ ७३
तेन स्वाकृतिना दैवात्संगतिं वाञ्छति स्म सा । स्वाभिप्रायं च संदिश्य तस्मै स्वां व्यसृजत्सखीम् ॥ ७४
सा गत्वा तत्सखी तस्य पुंसः साहसशङ्किनः । अनिच्छतोऽपि प्रार्थ्यैवं यत्नात्संकेतकं व्यधात् ॥ ७५
एतद्देवकुलं भद्र विविक्तं पश्यसीह यम् । अत्र रात्रौ प्रतीक्षेथा राजपुत्र्यास्त्वमागमम् ॥ ७६
इत्युक्त्वा सा तमामन्त्र्य गत्वा तस्यै तदभ्यधात् । तेजस्वत्यै ततः सापि तस्थौ सूर्यावलोकिनी ॥ ७७
पुमांश्च सोऽनुमान्यापि भयात्क्वाप्यन्यतो ययौ । न भेकः कोकनदिनीकिंजल्कास्वादकोविदः ॥ ७८
अत्रान्तरे च कोऽप्यत्र राजपुत्रः कुलोद्गतः । मृते पितरि तन्मित्रं राजानं द्रष्टुमाययौ ॥ ७९
स चात्र सायं संप्राप्तः सोमदत्ताभिधो युवा । दायादहृतराज्यादिरेकाकी कान्तदर्शनः ॥ ८०
विवेश दैवात्तत्रैव नेतुं देवकुले निशाम् । राजपुत्र्याः सखी यत्र पुंसः संकेतमादिशत् ॥ ८१
तं तत्र स्थितमभ्येत्य राजपुत्र्यविभाव्य सा । निशायामनुरागान्धा स्वयंवरपतिं व्यधात् ॥ ८२
सोऽप्यभ्यनन्दत्तूष्णीं तां प्राज्ञो विधिसमर्पिताम् । संसूचयन्तीं भाविन्या राजलक्ष्म्या समागमम् ॥ ८३
ततः क्षणाद्राजसुता सा विलोक्यैवमेव तम् । कमनीयतमं मेने धात्रात्मानमवञ्चितम् ॥ ८४
अनन्तरं कथां कृत्वा यथास्वं संविदा तयोः । एका स्वमन्दिरमगादन्यस्तत्रानयन्निशाम् ॥ ८५
प्रातर्गत्वा प्रतीहारमुखेनावेद्य नाम सः । राजपुत्रः परिज्ञातो राज्ञः प्राविशदन्तिकम् ॥ ८६
तत्रोक्तराज्यहारादिदुःखस्य स कृतादरः । अङ्गीचक्रे सहायत्वं राजा तस्यारिमर्दने ॥ ८७
मतिं चक्रे च तां तस्मै दातुं प्रागिदिदसितां सुताम् । मन्त्रिभ्यश्च तदैवैतमभिप्रायं शशंस सः ॥ ८८
अथैतस्मै च राज्ञे तं सुतावृत्तान्तमभ्यधात् । देवी स्वाबोधिता पूर्वं तयैवाप्तसखीमुखैः ॥ ८९
असिद्धानिष्टसिद्धेष्टकाकतालीयविस्मितम् । ततस्तं तत्र राजानमेको मन्त्री तदाब्रवीत् ॥ ९०
विधिरेव हि जागर्ति भव्यानामर्थसिद्धिषु । असंचेतयमानानां सद्भृत्यः स्वामिनामिव ॥ ९१

तथा च कथयाम्येतां राजन्नत्र कथां शृणु। बभूव हरिशर्माख्यः कोऽपि ग्रामे क्वचिद्द्विजः॥ ९२
स दरिद्रश्च मूर्खश्च वृत्त्यभावेन दुःखितः। पूर्वदुष्कृतभोगाय जातोऽतिबहुबालकः॥ ९३
सकुटुम्बो भ्रमन्भिक्षां प्राप्यैकं नगरं क्रमात्। शिश्रिये स्थूलदत्ताख्यं गृहस्थं स महाधनम्॥ ९४
गवादिरक्षकान्पुत्रान्भार्यां कर्मकरीं निजाम्। तस्य कृत्वा गृहाभ्यर्णे प्रैष्यं कुर्वन्नुवास सः॥ ९५
एकदा स्थूलदत्तस्य सुतापरिणयोत्सवः। तस्याभूदागतानेकजन्ययात्राजनाकुलः॥ ९६
तदा च हरिशर्मात्र तद्गृहे सकुटुम्बकः। आकण्ठघृतमांसादिभोजनास्थां बबन्ध सः॥ ९७
तद्वेलां वीक्षमाणोऽथ स्मृतः केनापि नात्र सः। ततोऽनाहारनिर्विण्णो भार्यामित्यब्रवीन्निशि॥ ९८
दारिद्र्यादिह मौर्ख्याच्च ममेदृशमगौरवम्। तदत्र कृत्रिमं युक्त्या विज्ञानं प्रयुनज्म्यहम्॥ ९९
येनास्य स्थूलदत्तस्य भवेयं गौरवास्पदम्। त्वं प्राप्तेऽवसरे चास्मै ज्ञानिनं मां निवेदय॥ १००
इत्युक्त्वा तां विचिन्त्यात्र धिया सुप्ते जने हयः। स्थूलदत्तगृहात्तेन जह्रे जामातृवाहनः॥ १०१
दूरे प्रच्छन्नमेतेन स्थापितं प्रातरत्र तम्। इतस्ततो विचिन्वन्तोऽप्यश्वं जन्या न लेभिरे॥ १०२
अथामङ्गलवित्रस्तं हयचौरगवेषिणम्। हरिशर्मवधूरेत्य स्थूलदत्तमुवाच सा॥ १०३
भर्ता मदीयो विज्ञानी ज्योतिर्विद्यादिकोविदः। अश्वं वो लम्भयत्येनं किमर्थं स न पृच्छ्यते॥ १०४
तच्छ्रुत्वा स्थूलदत्तस्तं हरिशर्माणमाह्वयत्। ह्यो विस्मृतो हृतेऽश्वे तु स्मृतोऽस्म्यद्येति वादिनम्॥ १०५
विस्मृतं नः क्षमस्वेति प्रार्थितं ब्राह्मणं च सः। पप्रच्छ केनापहृतो हयो नः कथ्यतामिति॥ १०६
हरिशर्मा ततो मिथ्या रेखाः कुर्वन्नुवाच सः। इतो दक्षिणसीमान्ते चौरैः संस्थापितो हयः॥ १०७
प्रच्छन्नस्थो दिनान्ते च दूरं यावन्न नीयते। तावदानीयतां गत्वा त्वरितं स तुरंगमः॥ १०८
तच्छ्रुत्वा धावितैः प्राप्य क्षणात्स बहुभिर्नरैः। आनिन्येऽश्वः प्रशंसद्भिर्विज्ञानं हरिशर्मणः॥ १०९
ततो ज्ञानीति सर्वेण पूज्यमानो जनेन सः। उवास हरिशर्मात्र स्थूलदत्तार्चितः सुखम्॥ ११०
अथ गच्छत्सु दिवसेष्वत्र राजगृहान्तरात्। हेमरत्नादि चौरेण भूरि केनाप्यनीयत॥ १११
नाज्ञायत यदा चौरस्तदा ज्ञानिप्रसिद्धितः। आनाययामास नृपो हरिशर्माणमाशु तम्॥ ११२
स चानीतः क्षिपन्कालं वक्ष्ये प्रातरिति ब्रुवन्। वासके स्थापितो ज्ञानविग्नो राज्ञासुरक्षितः॥ ११३
तत्र राजकुले चासीन्नाम्ना जिह्वेति चेटिका। यया भ्रात्रा समं तच्च नीतमभ्यन्तराद्धनम्॥ ११४
सा गत्वा निशि तत्रास्य वासके हरिशर्मणः। जिज्ञासया ददौ द्वारि कर्णं तज्ज्ञानशङ्किता॥ ११५
हरिशर्मा च तत्कालमेककोऽभ्यन्तरे स्थितः। निजां जिह्वां निनिन्दैवं मृषाविज्ञानवादिनीम्॥ ११६
भोगलम्पटया जिह्वे किमिदं विहितं त्वया। दुराचारे सहस्व त्वमिदानीमिह निग्रहम्॥ ११७
तच्छ्रुत्वा ज्ञानिनानेन ज्ञातास्मीति भयेन सा। जिह्वाख्या चेटिका युक्त्या प्रविवेश तदन्तिकम्॥ ११८
पतित्वा पादयोस्तस्य ज्ञानिव्यञ्जनमब्रवीत्। ब्रह्मन्नियं सा जिह्वाहं त्वया ज्ञातार्थहारिणी॥ ११९
नीत्वा तच्च मयास्यैव मन्दिरस्येह पृष्ठतः। उद्याने दाडिमस्याधो निखातं भूतले धनम्॥ १२०
तद्रक्ष मां गृहाणेमं किंचिन्मे हेम हस्तगम्। एतच्छ्रुत्वा सगर्वं स हरिशर्मा जगाद ताम्॥ १२१
गच्छ जानाम्यहं सर्वं भूतं भव्यं भवत्तथा। त्वां तु नोद्घाटयिष्यामि कृपणां शरणागताम्॥ १२२
यच्च हस्तगतं तेऽस्ति तद्दास्यसि पुनर्मम। इत्युक्ता तेन सा चेटी तथेत्याशु ततो ययौ॥ १२३
हरिशर्मा च स ततो विस्मयादित्यचिन्तयत्। असाध्यं साधयत्यर्थं हेलयाभिमुखो विधिः॥ १२४
यदिहोपस्थितेऽनर्थे सिद्धोऽर्थोऽशङ्कितं मम। स्वजिह्वां निन्दतो जिह्वा चौरी मे पतिता पुरः॥ १२५
शङ्कयैव प्रकाशन्ते बत प्रच्छन्नपातकाः। इत्याद्याकलयन्सोऽत्र हृष्टो रात्रिं निनाय ताम्॥ १२६
प्रातश्चालीकविज्ञानयुक्त्या नीत्वा स तं नृपम्। तत्रोद्याने निखातस्थं प्रापयामास तद्धनम्॥ १२७
चौरं चाप्यपनीतांशं शशंस प्रपलायितम्। ततस्तुष्टो नृपस्तस्मै ग्रामान्दातुं प्रचक्रमे॥ १२८
कथं स्यान्मानुषागम्यं ज्ञानं शास्त्रं विनेदृशम्। तन्नूनं चौरसंकेतकृतेयं धूर्तजीविका॥ १२९
तस्मादेषोऽन्यया युक्त्या वारमेकं परीक्ष्यताम्। देव ज्ञानीति कर्णे तं मन्त्री राजानमभ्यधात्॥ १३०

ततोऽन्तःक्षिप्तमण्डूकं सपिधानं नवं घटम्। स्वैरमानाय्य राजा तं हरिशर्माणमब्रवीत्॥ १३१
ब्रह्मन्यदस्मिन्घटके स्थितं जानासि तद्यदि। तदद्य ते करिष्यामि पूजां सुमहतीमहम्॥ १३२
तच्छ्रुत्वा नाशकालं तं मत्वा स्मृत्वा ततो निजम्। पित्रा क्रीडाकृतं बाल्ये मण्डूक इति नाम सः॥ १३३
विधातृप्रेरितः कुर्वंस्तेनात्र परिदेवनम्। ब्राह्मणो हरिशर्मात्र सहसैवैवमब्रवीत्॥ १३४
साधोरेव तु मण्डूक तवाकाण्डे घटोऽधुना। अवशस्य विनाशाय संजातोऽयं हठादिह॥ १३५
तच्छ्रुत्वाहो महाज्ञानी भेकोऽपि विदितोऽमुना। इति जल्पन्ननान्दात्र प्रस्तुतार्थान्वयाज्जनः॥ १३६
ततस्तत्प्रातिभज्ञानं मन्वानो हरिशर्मणे। तुष्टो राजा ददौ ग्रामान्सहेमच्छत्रवाहनान्॥ १३७
क्षणाच्च हरिशर्मा स जज्ञे सामन्तसंनिभः। इत्थं दैवेन साध्यन्ते सदर्थाः शुभकर्मणाम्॥ १३८
तत्सोमदत्तं सदृशं दैवेनैवाभिसारिता। निवार्यासदृशं राजंस्तव तेजस्वती सुता॥ १३९
इति मन्त्रिमुखाच्छ्रुत्वा तस्मै राजसुताय ताम्। राजा विक्रमसेनोऽथ ददौ लक्ष्मीमिवात्मजाम्॥ १४०
ततः श्वशुरसैन्येन गत्वा जित्वा रिपूंश्च सः। सोमदत्तः स्वराज्यस्थस्तस्थौ भार्यासखः सुखम्॥ १४१

एवं विधेर्भवति सर्वमिदं विशेषात्स्वामीदृशीं घटयितुं क इह क्षमेत।
वत्सेश्वरेण सदृशेन विनैव दैवं कुर्यामहं सखि किमत्र कलिङ्गसेने॥ १४२
इत्थं कथां रहसि राजसुता निशम्य सोमप्रभावदनतोऽत्र कलिङ्गसेना।
तत्प्रार्थिनी शिथिलबन्धुभयत्रपा सा वत्सेशसंगमसमुत्कमना बभूव॥ १४३
अथास्तमुपयास्यति त्रिभुवनैकदीपे रवौ प्रभातसमयागमावधि कथंचिदामन्त्र्य ताम्।
सखीमभिमतोद्यमस्थितमतिं खमार्गेण सा मयासुरसुता ययौ निजगृहाय सोमप्रभा॥ १४४

इति महाकविश्रीसोमदेवभट्टविरचिते कथासरित्सागरे मदनमञ्चुकालम्बके चतुर्थस्तरङ्गः।

पञ्चमस्तरङ्गः।

ततोऽन्येद्युरुपेतां तां प्रातः सोमप्रभां सखीम्। कलिङ्गसेना विश्रम्भात्कथां कुर्वत्युवाच सा॥ १
मां प्रसेनजिते राज्ञे तातो दास्यति निश्चितम्। एतच्छ्रुतं मयाम्बातो दृष्टो वृद्धः स च त्वया॥ २
वत्सेशस्तु यथा रूपे त्वयैव कथितस्तथा। श्रुतिमार्गप्रविष्टेन हृतं तेन यथा मनः॥ ३
तत्प्रसेनजितं पूर्वं प्रदर्श्य नय तत्र माम्। आस्ते वत्सेश्वरो यत्र किं तातेन किमम्बया॥ ४
एवमुक्तवतीं तां च सोत्कां सोमप्रभाब्रवीत्। गन्तव्यं यदि तद्यामो यन्त्रेण व्योमगामिना॥ ५
किं तु सर्वं गृहाण त्वं निजं परिकरं यतः। दृष्ट्वा वत्सेश्वरं भूयो नागन्तुमिह शक्ष्यसि॥ ६
न च त्वं द्रक्ष्यसि पुनः पितरौ न स्मरिष्यसि। दूरस्थां प्राप्तदयिता विस्मरिष्यसि मामपि॥ ७
नह्येवमहमेष्यामि भर्तृवेश्मनि ते सखि। तच्छ्रुत्वा राजकन्या सा रुदती तामभाषत॥ ८
तर्हि वत्सेश्वरं तं त्वमिहैवानय मे सखि। नोत्सहे तत्र हि स्थातुं क्षणमेकं त्वया विना॥ ९
नानिन्ये चानिरुद्धः किमुपायाच्चित्रलेखया। जानत्यपि तथा चैतां मत्तस्त्वं तत्कथां शृणु॥ १०
बाणासुरस्य तनया बभूवोषेति विश्रुता। तस्याश्चाराधिता गौरी पतिप्राप्त्यै वरं ददौ॥ ११
स्वप्ने प्राप्स्यसि यत्सङ्गं स ते भर्ता भवेदिति। ततो देवकुमाराभं कंचित्स्वप्ने ददर्श सा॥ १२
गान्धर्वविधिना तेन परिणीता तथैव च। प्राप्ततत्सत्यसंभोगा प्राबुध्यत निशाक्षये॥ १३
अदृष्ट्वा तं पतिं दृष्टं दृष्ट्वा संभोगलक्षणम्। स्मृत्वा गौरीवरं साभूत्सातङ्कभयविस्मया॥ १४
ताम्यन्ती च ततः सा तं स्वप्ने दृष्टं प्रियं विना। पृच्छन्त्यै चित्रलेखायै सख्यै सर्वं शशंस तत्॥ १५
सापि नामाद्यभिज्ञानं न किंचित्तस्य जानती। योगेश्वरी चित्रलेखा तामुपायमेवमब्रवीत्॥ १६
सखि देवीवरस्यायं प्रभावोऽत्र किमुच्यते। किं त्वभिज्ञानशून्यस्ते सोऽन्वेष्टव्यः प्रियः कथम्॥ १७
परिजानासि चेत्तं ते ससुरासुरमानुषम्। जगल्लिखामि तन्मध्ये तं मे दर्शय येन सः॥ १८
आनीयते मयेत्युक्ता सा तथेत्युदिते तया। चित्रलेखा क्रमाद्विश्वमलिखद्वर्णवर्तिभिः॥ १९

तत्रोषा सोऽयमित्यस्या हृष्टाङ्गुल्या सकम्पया । द्वारावत्यां यदुकुलादनिरुद्धमदर्शयत् ॥ २०
चित्रलेखा ततोऽवादीत्सखि धन्यासि यत्त्वया । भर्तानिरुद्धः प्राप्तोऽयं पौत्रो भगवतो हरेः ॥ २१
योजनानां सहस्रेषु षष्टौ वसति स त्वितः । तच्छ्रुत्वा साधिकौत्सुक्यवशात्तामब्रवीदुषा ॥ २२
नाद्य चेत्सखि तस्याङ्कं श्रये श्रीखण्डशीतलम् । तदत्युद्दामकामाग्निनिर्दग्धां विद्धि मां मृताम् ॥ २३
श्रुत्वैतच्चित्रलेखा सा तामाश्वास्य प्रियां सखीम् । तदैवोत्पत्य नभसा ययौ द्वारवतीं पुरीम् ॥ २४
ददर्श च पृथूत्तुंगैर्मन्दिरैरब्धिमध्यगाम् । कुर्वती तं पुनः क्षिप्तमन्थाद्रिशिखरभ्रमम् ॥ २५
तस्यां सुप्तं निशि प्राप्य सानिरुद्धं विबोध्य च । उषानुरागं तं तस्मै शशंस स्वप्नदर्शनात् ॥ २६
आदाय चात्ततद्रूपस्वप्नवृत्तान्तमेव तम् । सोत्कं सिद्धिप्रभावेण क्षणेनैवाययौ ततः ॥ २७
एत्य चावेक्षमाणायास्तस्याः सख्याः स्ववर्त्मना । प्रावेशयदुषायास्तं गुप्तमन्तःपुरं प्रियम् ॥ २८
सा दृष्ट्वैवानिरुद्धं तमुषा साक्षादुपागतम् । अमृतांशुमिवाम्भोधिवेला नाङ्गेष्ववर्तत ॥ २९
ततस्तेन समं तस्थौ सखीदत्तेन तत्र सा । जीवितेनेव मूर्तेन वल्लभेन यथासुखम् ॥ ३०
तज्ज्ञानात्पितरं चास्याः क्रुद्धं बाणं जिगाय सः । अनिरुद्धः स्ववीर्येण पितामहबलेन च ॥ ३१
ततो द्वारवतीं गत्वा तावभिन्नतनू उभौ । उषानिरुद्धौ जज्ञाते गिरिजाशंकराविव ॥ ३२
इत्युषायाः प्रियोऽह्नैव मेलितश्चित्रलेखया । त्वं सप्रभावाप्यधिका ततोऽपि सखि मे मता ॥ ३३
तन्ममानय वत्सेशमिह मा स्म चिरं कृथाः । एवं कलिङ्गसेनातः श्रुत्वा सोमप्रभाब्रवीत् ॥ ३४
चित्रलेखा सुरस्त्री सा समुत्क्षिप्यानयत्परम् । मादृशी किं विदध्यात्तु परस्पर्शादकुर्वती ॥ ३५
तत्त्वां नयामि तत्रैव यत्र वत्सेश्वरः सखि । प्राक्प्रसेनजितं तं ते दर्शयित्वा त्वदर्थिनम् ॥ ३६
इति सोमप्रभोक्ता सा तथेत्युक्त्वा तया सह । कलिङ्गसेना तत्क्लृप्तं मायायन्त्रविमानकम् ॥ ३७
तदैवारुह्य नभसा सकोषा सपरिच्छदा । कृतप्रास्थानिका प्रायात्पित्रोरविदिता ततः ॥ ३८
नहि पश्यति तुङ्गं वा श्वभ्रं वा स्त्रीजनोऽग्रतः । स्मरेण नीतः परमां धारां वाजीव सादिना ॥ ३९
श्रावस्तीं प्राप्य पूर्वं च तं प्रसेनजितं नृपम् । मृगयानिर्गतं दूराज्जरापाण्डुं ददर्श सा ॥ ४०
वृद्धाद्व्रजास्मादिति तां दूरादिव निषेधता । उद्धूयमानेन मुहुश्चामरेणोपलक्षितम् ॥ ४१
सोऽयं प्रसेनजिद्राजा पित्रास्मै त्वं प्रदित्सिता । पश्येति सोमप्रभया दर्शितं सोपहासया ॥ ४२
जरयायं वृतो राजा का वृणीतेऽपरा त्वमुम् । तदितः सखि शीघ्रं मां नय वत्सेश्वरं प्रति ॥ ४३
इति सोमप्रभां चोक्त्वा तत्क्षणं सा तया सह । कलिङ्गसेना व्योम्नैव कौशाम्बीं नगरीं ययौ ॥ ४४
तत्रोद्यानगतं सा तं वत्सेशं सख्युदीरितम् । ददर्श दूरात्सोत्कण्ठा चकोरीवामृतत्विषम् ॥ ४५
सा तदुत्फुल्लया दृष्ट्या हृन्न्यस्तेन च पाणिना । प्रविष्टोऽयं पथानेन मामत्रेत्यब्रवीदिव ॥ ४६
सखि संगमयाद्यैव वत्सराजेन मामिह । एनं विलोक्य हि स्थातुं न शक्ता क्षणमप्यहम् ॥ ४७
इति चोक्तवतीं तां सा सखी सोमप्रभाब्रवीत् । अद्याशुभं मया किंचिन्निमित्तमुपलक्षितम् ॥ ४८
तदिदं दिवसं तूष्णीमुद्यानेऽस्मिन्नलक्षिता । अधितिष्ठस्व मा कार्षीः सखि दूरं गतागतम् ॥ ४९
प्रातरागत्य युक्तिं वां घटयिष्यामि संगमे । अधुना गन्तुमिच्छामि भर्तुश्चित्तगृहे गृहम् ॥ ५०
इत्युक्त्वा तामवस्थाप्य ययौ सोमप्रभा ततः । वत्सराजोऽपि चोद्यानात्स्वमन्दिरमथाविशत् ॥ ५१
ततः कलिङ्गसेना सा तत्रस्था स्वमहत्तरम् । यथातत्त्वं स्वसंदेशं दत्त्वा वत्सेश्वरं प्रति ॥ ५२
प्राहिणोत्प्राङ्निषिद्धापि स्वसख्या शकुनज्ञया । स्वतन्त्रोऽभिनवारूढो युवतीनां मनोभवः ॥ ५३
स च गत्वा प्रतीहारमुखेनावेद्य तत्क्षणम् । महत्तरः प्रविश्यैवं वत्सराजं व्यजिज्ञपत् ॥ ५४
राजन्कलिङ्गदत्तस्य राज्ञस्तक्षशिलापतेः । सुता कलिङ्गसेनाख्या श्रुत्वा त्वां रूपवत्तरम् ॥ ५५
स्वयंवरार्थमिह ते संप्राप्ता त्यक्तबान्धवा । मायायन्त्रविमानेन सानुगा व्योमगामिना ॥ ५६
आनीता गुह्यचारिण्या सख्या सोमप्रभाख्यया । मयासुरस्यात्मजया नलकूबरभार्यया ॥ ५७
तया विज्ञापनायाहं प्रेषितः स्वीकुरुष्व ताम् । युवयोरस्तु योगोऽयं कौमुदीचन्द्रयोरिव ॥ ५८

एवं महत्तराच्छ्रुत्वा तं तथेत्यभिनन्द्य च । प्रहृष्टो हेमवस्त्राद्यैर्वत्सराजोऽभ्यपूजयत् ॥ ५९
आहूय चाब्रवीन्मन्त्रिमुख्यं यौगन्धरायणम् । राज्ञः कलिङ्गदत्तस्य ख्यातरूपा क्षितौ सुता ॥ ६०
स्वयं कलिङ्गसेनाख्या वरणाय ममागता । तद्ब्रूहि शीघ्रमत्याज्यां कदा परिणयामि ताम् ॥ ६१
इत्युक्तो वत्सराजेन मन्त्री यौगन्धरायणः । अस्यायतिहितापेक्षी क्षणमेवमचिन्तयत् ॥ ६२
कलिङ्गसेना सा तावत्ख्यातरूपा जगत्त्रये । नास्त्यन्या तादृशी तस्यै स्पृहयन्ति सुरा अपि ॥ ६३
तां लब्ध्वा वत्सराजोऽयं सर्वमन्यत्परित्यजेत् । देवी वासवदत्ता च ततः प्राणैर्वियुज्यते ॥ ६४
नरवाहनदत्तोऽपि नश्येद्राजसुतस्ततः । पद्मावत्यपि तत्स्नेहाद्देवी जीवति दुष्करम् ॥ ६५
ततश्चण्डमहासेनप्रद्योतौ पितरौ द्वयोः । देव्योर्विमुञ्चतः प्राणान्विकृतिं वापि गच्छतः ॥ ६६
एवं च सर्वनाशः स्यान्न च युक्तं निषेधनम् । राज्ञोऽस्य व्यसनं यस्माद्वारितस्याधिकीभवेत् ॥ ६७
तस्मादनुप्रवेशस्य सिद्ध्यै कालं हराम्यहम् । इत्यालोच्य स वत्सेशं प्राह यौगन्धरायणः ॥ ६८
देव धन्योऽसि यस्यैषा स्वयं ते गृहमागता । कलिङ्गसेना भृत्यस्त्वं प्राप्तश्चैतत्पिता नृपः ॥ ६९
तत्त्वया गणकान्पृष्ट्वा सुलग्नेऽस्या यथाविधि । कार्यः पाणिग्रहो राज्ञो बृहतो दुहिता ह्यसौ ॥ ७०
अद्यास्यै दीयतां तावद्योग्यं वासगृहं पृथक् । दासीदासा विसृज्यन्तां वस्त्राण्याभरणानि च ॥ ७१
इत्युक्तो मन्त्रिमुख्येन वत्सराजस्तथेति तत् । प्रहृष्टहृदयः सर्वं सविशेषं चकार सः ॥ ७२
कलिङ्गसेना च ततः प्रविष्टा वासवेश्म तत् । स्वमनोरथमासन्नं मत्वा प्राप परां मुदम् ॥ ७३
यौगन्धरायणः सोऽपि क्षणाद्राजकुलात्ततः । निर्गत्य स्वगृहं गत्वा धीमानेवमचिन्तयत् ॥ ७४
प्रायोऽशुभस्य कार्यस्य कालहारः प्रतिक्रिया । तथा च वृत्रशत्रौ प्राग्ब्रह्महत्यापलायिते ॥ ७५
देवराज्यमवाप्तेन नहुषेणाभिवाञ्छिता । रक्षिता देवगुरुणा शची शरणमाश्रिता ॥ ७६
अद्य प्रातरुपैति त्वामित्युक्त्वा कालहारतः । यावत्स नष्टो नहुषो हुंकाराद्ब्रह्मशापतः ॥ ७७
प्राप्तश्च पूर्ववच्छक्रः स पुनर्देवराजताम् । एवं कलिङ्गसेनार्थे कालः क्षेप्यो मया प्रभोः ॥ ७८
इति संचिन्त्य सर्वेषां गणकानां स संविदम् । दूरलग्नप्रदानाय मन्त्री गुप्तं व्यधात्तदा ॥ ७९
अथ विज्ञाय वृत्तान्तं देव्या वासवदत्तया । आहूय स महामन्त्री स्वमन्दिरमनीयत ॥ ८०
तत्र प्रविष्टं प्रणतं रुदती सा जगाद तम् । आर्य पूर्वं त्वयोक्तं मे यथा देवि मयि स्थिते ॥ ८१
पद्मावत्या ऋते नान्या सपत्नी ते भविष्यति । कलिङ्गसेनाप्यद्यैषा पश्येह परिणेष्यते ॥ ८२
सा च रूपवती तस्यामार्यपुत्रश्च रज्यति । अतो वितथवादी त्वं जातोऽहं च मृताधुना ॥ ८३
तच्छ्रुत्वा तामवोचत्स मन्त्री यौगन्धरायणः । धीरा भव कथं ह्येतद्देवि स्यान्मम जीवतः ॥ ८४
त्वया तु नात्र कर्तव्या राज्ञोऽस्य प्रतिकूलता । प्रत्युतालम्ब्य धीरत्वं दर्शनीयानुकूलता ॥ ८५
नातुरः प्रतिकूलोक्तैर्वशे वैद्यस्य वर्तते । वर्तते त्वनुकूलोक्तैः साम्नैवाचरतः क्रियाम् ॥ ८६
प्रतीपं कृष्यमाणो हि नोत्तरेदुत्तरेन्नरः । वाह्यमानोऽनुकूलं तु नोद्योगाद्व्यसनात्तथा ॥ ८७
अतः समीपमायान्तं राजानं त्वमविक्रिया । उपचारैरुपचरेः संवृत्याकारमात्मनः ॥ ८८
कलिङ्गसेनास्वीकारं श्रद्दध्यास्तस्य सांप्रतम् । वृद्धिं ब्रुवाणा राज्यस्य सहाये तत्पितर्यपि ॥ ८९
एवं कृते च माहात्म्यगुणं दृष्ट्वा परं तव । प्रवृद्धस्नेहदाक्षिण्यो राजासौ भवति त्वयि ॥ ९०
मत्वा कलिङ्गसेनां च स्वाधीनां नोत्सुको भवेत् । वार्यमाणस्य वाञ्छा हि विषयेष्वभिवर्धते ॥ ९१
देवी पद्मावती चैतच्छिक्षणीया त्वयानघे । एवं स राजा कार्येऽस्मिन्कालक्षेपं सहेत नः ॥ ९२
अतः परं च जानेऽहं पश्येर्युक्तिबलं मम । संकटे हि परीक्ष्यन्ते प्राज्ञाः शूराश्च संगरे ॥ ९३
तद्देवि मा विषण्णा भूरिति देवीं प्रबोध्य ताम् । तयादृतोक्तिः स ययौ ततो यौगन्धरायणः ॥ ९४

वत्सेश्वरश्च तदहर्न दिवा न रात्रौ देव्योर्द्वयोरपि स वासगृहं जगाम ।
तादृक्स्वयंवररसोपनमत्कलिङ्गसेनासमाननवसंगमसोत्कचेताः ॥ ९५

रात्रिं च दुर्लभरसोत्सुकतातिगाढचिन्तामहोत्सवमयीमिव तां ततस्ते ।
निन्युः स्वसद्मसु पृथक्पृथगेव देवीवत्सेशतत्सचिवमुख्यकलिङ्गसेना ॥ ९६

इति महाकविश्रीसोमदेवभट्टविरचिते कथासरित्सागरे मदनमञ्चुकालम्बके पञ्चमस्तरङ्गः ।

षष्ठस्तरङ्गः ।

ततः प्रतीक्षमाणं तं वत्सराजमुपेत्य सः । यौगन्धरायणो धूर्तः प्रातर्मन्त्री व्यजिज्ञपत् ॥ १
लग्नः कलिङ्गसेनाया देवस्य च शुभावहः । विवाहमङ्गलायेह किं नाद्यैव विलोक्यते ॥ २
तच्छ्रुत्वा सोऽब्रवीद्राजा ममाप्येवं हृदि स्थितम् । तां विना हि मुहूर्तं मे स्थातुं न सहते मनः ॥ ३
इत्युक्त्वैव स तत्कालं प्रतीहारं पुरःस्थितम् । आदिश्यानाययामास गणकान्सरलाशयः ॥ ४
तेन पृष्टा महामन्त्रिपूर्वस्थापितसंविदः । ऊचुर्लग्नोऽनुकूलोऽस्ति राज्ञो मासेषु षट्स्वितः ॥ ५
तच्छ्रुत्वैव मृषा कोपं कृत्वा यौगन्धरायणः । अज्ञा इमे धिगित्युक्त्वा राजानं निपुणोऽब्रवीत् ॥ ६
योऽसौ ज्ञानीति देवेन पूजितो गणकः पुरा । स नागतोऽद्य तं पृष्ट्वा यथायुक्तं विधीयताम् ॥ ७
एतन्मन्त्रिवचः श्रुत्वा वत्सेशो गणकं तदा । तमप्यानाययामास दोलारूढेन चेतसा ॥ ८
सोऽप्यस्य कालहाराय स्थितसंवित्तथैव तम् । लग्नं पृष्टोऽब्रवीद्ध्यात्वा षण्मासान्ते व्यवस्थितम् ॥ ९
ततो राजानमुद्विग्न इव यौगन्धरायणः । जगाद देव कर्तव्यं किमत्रादिश्यतामिति ॥ १०
राजाप्युत्कः सुलग्नैषी स विमृश्य ततोऽभ्यधात् । कलिङ्गसेना प्रष्टव्या सा किमाहेत्यवेक्ष्यताम् ॥ ११
तच्छ्रुत्वा स तथेत्युक्त्वा गृहीत्वा गणकद्वयम् । पार्श्वं कलिङ्गसेनाया ययौ यौगन्धरायणः ॥ १२
तया कृतादरो दृष्ट्वा तद्रूपं स व्यचिन्तयत् । प्राप्येमां व्यसनाद्राजा सर्वं राज्यं त्यजेदिति ॥ १३
उवाच चैनामुद्वाहलग्नं ते गणकैः सह । निश्चेतुमागतोऽस्म्येतैर्जन्मर्क्षं तन्निवेद्यताम् ॥ १४
तच्छ्रुत्वा जन्मनक्षत्रं तस्याः परिजनोदितम् । गणकास्ते मृषा कृत्वा विचारं मन्त्रिसंविदा ॥ १५
लग्नं तमेव तत्रापि मासषट्कान्तवर्तिनम् । नार्वागतः पुरोऽस्तीति वदन्तः पुनरभ्यधुः ॥ १६
श्रुत्वा दूरतरं तं च लग्नमाविग्नचेतसि । ततः कलिङ्गसेनायां तन्महत्तरकोऽभ्यधात् ॥ १७
प्रेक्ष्यो लग्नोऽनुकूलः प्राग्येन स्यादेतयोः शुभम् । यावत्कालं हि दंपत्योः किं चिरेणाचिरेण वा ॥ १८
एतन्महत्तरवचः श्रुत्वा सर्वेऽपि तत्क्षणम् । सदुक्तमेवमेवैतदिति तत्र बभाषिरे ॥ १९
यौगन्धरायणोऽप्याह हा कुलग्ने कृते च नः । कलिङ्गदत्तः संबन्धी राजा खेदं व्रजेदिति ॥ २०
ततः कलिङ्गसेनापि सर्वांस्तानवशा सती । यथा भवन्तो जानन्तीत्युक्त्वा तूष्णीं बभूव सा ॥ २१
तदेव च वचस्तस्या गृहीत्वामन्त्र्य तां ततः । यौगन्धरायणो राज्ञः पार्श्वं सगणको ययौ ॥ २२
तत्र तस्मै तदावेद्य वत्सेशाय तथैव सः । युक्त्या च तमवस्थाप्य स जगाम निजं गृहम् ॥ २३
सिद्धकालातिपातश्च कार्यशेषाय तत्र सः । योगेश्वराख्यं सुहृदं सस्मार ब्रह्मराक्षसम् ॥ २४
स पूर्वप्रतिपन्नस्तं स्वैरं ध्यानादुपस्थितः । राक्षसो मन्त्रिणं नत्वा किं स्मृतोऽस्मीत्यवोचत ॥ २५
ततः स मन्त्री तस्मै तं कृत्स्नं व्यसनदं प्रभोः । कलिङ्गसेनावृत्तान्तमुक्त्वा भूयो जगाद तम् ॥ २६
कालो मया हृतो मित्र तन्मध्ये त्वं स्वयुक्तितः । वृत्तं कलिङ्गसेनायाः प्रच्छन्नोऽस्या निरूपयेः ॥ २७
विद्याधरादयस्तां हि छन्नं वाञ्छन्ति निश्चितम् । यतोऽन्या तादृशी नास्ति रूपेणास्मिञ्जगत्त्रये ॥ २८
अतः केनापि सिद्धेन सङ्गं विद्याधरेण वा । गच्छेत्सा यदि तच्च त्वं पश्येस्तद्भद्रकं भवेत् ॥ २९
अन्यरूपागतश्चात्र लक्ष्यस्ते दिव्यकामुकः । स्वापकाले यतो दिव्याः सुप्ताः स्वे रूप आसते ॥ ३०
एवं त्वद्दृष्टितस्तस्या दोषोऽस्माभिर्विलोक्यते । तस्यां राजा विरज्येच्च तत्कार्यं निर्वहेच्च नः ॥ ३१
इत्युक्तो मन्त्रिणा तेन सोऽब्रवीद्ब्रह्मराक्षसः । युक्त्याहमेव किं नैतां ध्वंसयामि निहन्मि वा ॥ ३२

---

१ 'पुस्तकान्तरेऽस्माच्छ्लोकात्पूर्वं 'राजन्कलिङ्गदत्तस्य राज्ञस्तक्षशिलापतेः ।........................ ॥' अयं त्रुटितोत्तरार्धः श्लोको वर्तते.

तच्छ्रुत्वैव महामन्त्री तं स यौगन्धरायणः । उवाच नैतत्कर्तव्यमधर्मो हि महान्भवेत् ॥ ३३
यश्च धर्ममबाधित्वा स्वेन संसरते पथा । तस्योपयाति साहाय्यं स एवाभीष्टसिद्धिषु ॥ ३४
ततस्याः स्वोत्थितो दोषः प्रेक्षणीयस्त्वया सखे । येनास्माभिर्भवन्मैत्र्या राजकार्यं कृतं भवेत् ॥ ३५
इति मन्त्रिवरादिष्टः स गत्वा ब्रह्मराक्षसः । गृहं कलिङ्गसेनाया योगच्छन्नः प्रविष्टवान् ॥ ३६
अत्रान्तरे सखी तस्याः सा मयासुरपुत्रिका । आगात्कलिङ्गसेनायाः पार्श्वं सोमप्रभा पुनः ॥ ३७
सा पृष्ट्वा रात्रिवार्तां तां युक्तबन्धुं मयात्मजा । राजपुत्रीमुवाचैवं तस्मिञ्शृण्वति राक्षसे ॥ ३८
अद्य पूर्वाह्ण एवाहं विचिन्त्य त्वामिहागता । छन्ना त्वतिष्ठं त्वत्पार्श्वे दृष्ट्वा यौगन्धरायणम् ॥ ३९
श्रुतश्च युष्मदालापः सर्वं चावगतं मया । तत्किं त्वया ह्य एवैतदारब्धं मन्त्रिपिद्धया ॥ ४०
अत्यपोह्यानिमित्तं हि कार्यं यत्क्रियते सखि । तदनिष्टाय कल्पेत तथा चेमां कथां शृणु ॥ ४१
अन्तर्वेद्यामभूत्पूर्वं वसुदत्त इति द्विजः । विष्णुदत्ताभिधानश्च पुत्रस्तस्योदपद्यत ॥ ४२
स विष्णुदत्तो वयसा पूर्णषोडशवत्सरः । गन्तुं प्रववृते विद्याप्राप्तये वलभीं पुरीम् ॥ ४३
मिलन्ति स्म च तस्यान्ये सप्त विप्रसुताः समाः । सप्तापि ते पुनर्मूर्खाः स विद्वान्सत्कुलोद्गतः ॥ ४४
कृत्वान्योन्यपरित्यागशपथं तैः समं ततः । विष्णुदत्तः प्रतस्थे स पित्रोरविदितो निशि ॥ ४५
प्रस्थितश्चाग्रतोऽकस्मादनिमित्तमुपस्थितम् । दृष्ट्वा सोऽत्र वयस्यांस्तान्सहप्रस्थायिनोऽभ्यधात् ॥ ४६
अनिमित्तमिदं हन्त युक्तमद्य निवर्तितुम् । पुनरेव प्रयास्यामः सिद्धये शकुनान्विताः ॥ ४७
तच्छ्रुत्वैव सखायस्तं मूर्खाः सप्तापि तेऽब्रुवन् । मृषा माजीगणः शङ्कां नह्यतो बिभिमो वयम् ॥ ४८
त्वं चेद्बिभेषि तन्मा गा वयं यामोऽधुनैव तु । प्रातर्विदितवृत्तान्ता नास्मांस्त्यक्ष्यन्ति बान्धवाः ॥ ४९
इत्युक्तवद्भिरज्ञैस्तैः साकं शपथयन्त्रितः । विष्णुदत्तो ययावेव स स्मृत्वाघहरं हरिम् ॥ ५०
रात्र्यन्ते च विलोक्यान्यदनिमित्तं पुनर्वदत् । मूर्खैस्तैः सखिभिः सर्वैः स एवं निरभर्त्स्यत ॥ ५१
एतदेवानिमित्तं नः किमन्येनाध्वभीलुक । यत्त्वमस्माभिरानीतः काकशङ्की पदे पदे ॥ ५२
इत्यादि भर्त्सनां कृत्वा गच्छद्भिस्तैः समं च सः । विवशः प्रययौ विष्णुदत्तस्तूष्णीं बभूव च ॥ ५३
नोपदेशो विधातव्यो मूर्खस्य स्वाभिचारिणः । संस्कारोऽवस्करस्येव तिरस्करकरो हि सः ॥ ५४
एको बहूनां मूर्खाणां मध्ये निपततो बुधः । पद्मः पाथस्तरङ्गाणामिव विप्लवते ध्रुवम् ॥ ५५
तस्मादेषां न वक्तव्यं मया भूयो हिताहितम् । तूष्णीमेव प्रयातव्यं विधिः श्रेयो विधास्यति ॥ ५६
इत्याद्याकलयन्मूर्खैः प्रक्रमंस्तैः समं पथि । विष्णुदत्तो दिनस्यान्ते शबरग्राममाप सः ॥ ५७
तत्र भ्रान्त्वा निशि प्राप तरुण्याधिष्ठितं स्त्रिया । गृहमेकं ययाचे च निवासं सोऽथ तां स्त्रियम् ॥ ५८
तया दत्तेऽपवरके सहान्यैस्तैर्विवेश सः । सखिभिस्ते च सप्तापि तत्र निद्रां क्षणं ययुः ॥ ५९
स एको जाग्रदेवासीदमनुष्यगृहाश्रयात् । स्वपन्त्यज्ञा हि निश्चेष्टाः कुतो निद्रा विवेकिनाम् ॥ ६०
तावच्च तत्र पुरुषः कोऽप्येको निभृतं युवा । अभ्यन्तरगृहं तस्याः प्रविवेशान्तिकं स्त्रियाः ॥ ६१
तेन साकं च सा रेमे चिरं गुप्ताभिभाषिणी । रतिश्रान्तौ च तौ दैवान्निद्रां द्वावपि जग्मतुः ॥ ६२
तच्च दीपप्रकाशेन सर्वं द्वारान्तरेण सः । विष्णुदत्तो विलोक्यैवं सनिर्वेदमचिन्तयत् ॥ ६३
कष्टं कथं प्रविष्टाः स्मो दुश्चारिण्याः स्त्रिया गृहम् । ध्रुवं जातोऽयमेतस्या न कौमारः पतिः पुनः ॥ ६४
नान्यथा हि भवत्येषा सशङ्कनिभृता गतिः । मया चपलचित्तेयमादावेव च लक्षिता ॥ ६५
अन्यालाभात्प्रविष्टाः स्मः किं त्वत्रान्योन्यसाक्षिणः । इत्येवं चिन्तयञ्शब्दं जनानां सोऽशृणोद्बहिः ॥ ६६
ददर्श प्रविशन्तं च स्वस्वस्थानस्थितानुगम् । युवानमभिपश्यन्तं सखड्गं शबराधिपम् ॥ ६७
के यूयमिति पृच्छन्तं मत्वा गृहपतिं स तम् । भीतः पान्थाः स्म इत्याह विष्णुदत्तः पुलिन्दपम् ॥ ६८
स चान्तः शबरो गत्वा दृष्ट्वा भार्यां तथास्थिताम् । चिच्छेद तस्य सुप्तस्य तज्जारस्यासिना शिरः ॥ ६९
भार्या तु निगृहीता न तेन सा नापि बोधिता । भुवि न्यस्तासिनान्यत्र पर्यङ्के सुप्तमेव तु ॥ ७०
तद्दृष्ट्वा सप्रदीपेऽत्र विष्णुदत्तो व्यचिन्तयत् । युक्तं स्त्रीति न यद्भार्या हता दारहरो हतः ॥ ७१

किं तु कृत्वेदृशं कर्म यदनेनात्र सुप्यते । विस्रब्धं तदहो चित्रं वीर्यमुद्रिक्तचेतसाम् ॥ ७२
इत्यत्र चिन्तयत्येव विष्णुदत्ते प्रबुध्य सा । कुस्त्री ददर्श जारं स्वं हतं सुप्तं च तं पतिम् ॥ ७३
उत्थाय च गृहीत्वा तत्स्कन्धे जारकबन्धकम् । हस्तेनैकेन चादाय तच्छिरः सा विनिर्ययौ ॥ ७४
गत्वा बहिश्च निक्षिप्य भस्मकूटान्तरे द्रुतम् । कबन्धं सशिरस्कं तमाययौ निभृतं ततः ॥ ७५
विष्णुदत्तश्च निर्गत्य सर्वं दूराद्विलोक्य तत् । मध्ये सखीनां सुप्तानां प्रविश्यासीत्तथैव सः ॥ ७६
सा चागत्य प्रविश्यान्तः पत्युः सुप्तस्य दुर्जनी । तेनैव तत्कृपाणेन तस्य मूर्धानमच्छिनत् ॥ ७७
निर्गत्य श्रावयन्ती च भृत्यान्शब्दं चकार सा । हा हतास्मि हतो भर्ता ममैभिः पथिकैरिति ॥ ७८
ततः परिजनाः श्रुत्वा प्रधाव्यालोक्य तं प्रभुम् । हतं तान्विष्णुदत्तादीनभ्यधावन्नुदायुधाः ॥ ७९
एतैश्चाहन्यमानेषु तेषु त्रस्तोत्थितेष्वथ । अन्येषु तत्सहायेषु विष्णुदत्तोऽब्रवीद्द्रुतम् ॥ ८०
अलं वो ब्रह्महत्याभिर्नैवास्माभिरिदं कृतम् । एतयैव कृतं ह्येतत्कुस्त्रियान्यप्रसक्तया ॥ ८१
मया चापावृतद्वारमार्गेणा मूलमीक्षितम् । निर्गत्य च बहिर्दृष्टं क्षमध्वं यदि वच्मि तत् ॥ ८२
इत्युक्त्वा तान्स शबरान्विष्णुदत्तो निवार्य च । तेभ्यो निःशेषमा मूलाद्वृत्तान्तं तमवर्णयत् ॥ ८३
नीत्वा चादर्शयत्तेषां कबन्धं तं शिरोन्वितम् । सद्यो हतं तया क्षिप्तं स्त्रिया तस्मिन्नवस्करे ॥ ८४
ततः स्वेन विवर्णेन मुखेनाङ्गीकृते तया । कुलटां तां तिरस्कृत्य सर्वे तत्रैवमब्रुवन् ॥ ८५
स्मराकृष्टा तनोत्येव या साहसमशङ्किता । सा परस्वीकृता कुस्त्री कृपाणीव न हन्ति कम् ॥ ८६
इत्युक्त्वा विष्णुदत्तादीन्सर्वांस्ते मुमुचुस्ततः । विष्णुदत्तं च सप्तान्ये सहायास्तेऽथ तुष्टुवुः ॥ ८७
रक्षारत्नप्रदीपस्त्वं जातो नः स्वपतां निशि । त्वत्प्रसादेन तीर्णाः स्मो मृत्युमद्यानिमित्तजम् ॥ ८८
स्तुत्वैवं विष्णुदत्तं तं शमयित्वा च दुर्वचः । प्रणतास्ते ययुः प्रातः स्वकार्यायैव तद्युताः ॥ ८९
इत्थं कलिङ्गसेनायाः कथयित्वा कथां मिथः । सोमप्रभा सा कौशाम्ब्यां सखीं पुनरुवाच ताम् ॥ ९०
एवं कार्यप्रवृत्तानामनिमित्तमुपस्थितम् । विलम्बाद्यप्रतिहतं सख्यनिष्टं प्रयच्छति ॥ ९१
ततश्चात्रानुतप्यन्ते प्राज्ञवाक्यावमानिनः । प्रवर्तमाना रभसात्पर्यन्ते मन्दबुद्धयः ॥ ९२
अतोऽशुभे निमित्ते ह्यो वत्सेशं प्रति यत्त्वया । आत्मग्रहाय प्रहितो दूतो युक्तं न तत्कृतम् ॥ ९३
तदविघ्नं विवाहं च विदधातु विधिस्तव । कुलघ्नेनागता गेहाद्विवाहस्तेन दूरतः ॥ ९४
देवा अपि च लुभ्यन्ति त्वयि रक्ष्यमिदं ततः । चिन्त्यश्च नीतिनिपुणो मन्त्री यौगन्धरायणः ॥ ९५
राजव्यसनशङ्की सन्सोऽत्र विघ्नं समाचरेत् । विहितेऽपि विवाहे वा दोषमुत्पादयेत्तव ॥ ९६
धार्मिकः सन्न कुर्याद्वा दोषं तदपि ते सखि । सपत्नी सर्वथा चिन्त्या कथां वच्म्यत्र ते शृणु ॥ ९७
अस्तीहेक्षुमती नाम पुरी तस्याश्च पार्श्वतः । नदी तदभिधानैव विश्वामित्रकृते उभे ॥ ९८
तत्समीपे महच्चास्ति वनं तत्र कृताश्रमः । ऊर्ध्वपादस्तपश्चक्रे मुनिर्मङ्कणकाभिधः ॥ ९९
तपस्यता च तेनात्र गगनेनागताप्सरः । अदर्शि मेनका नाम वातेन चलिताम्बरा ॥ १००
ततो लब्धावकाशेन कामेन क्षोभितात्मनः । नूतने कदलीगर्भे वीर्यं तस्यापतन्मुनेः ॥ १०१
जज्ञे ततश्च कन्या सा सद्यः सर्वाङ्गसुन्दरी । अमोघं हि महर्षीणां वीर्यं फलति तत्क्षणम् ॥ १०२
संभूता कदलीगर्भे यस्मात्तस्माच्चकार ताम् । नाम्ना स कदलीगर्भां पिता मङ्कणको मुनिः ॥ १०३
तस्याश्रमे सा ववृधे गौतमस्य कृपी यथा । द्रोणभार्या पुरा रम्भादर्शनच्युतवीर्यजा ॥ १०४
एकदा च विवेशैतमाश्रमं मृगयारसात् । दृढवर्मा हृतोऽश्वेन मध्यदेशभवो नृपः ॥ १०५
स तां ददर्श कदलीगर्भां प्रावृतवल्कलाम् । मुनिकन्योचितेनात्र वेषेणात्यन्तशोभिताम् ॥ १०६
सा च दृष्ट्वास्य नृपतेः स्वीचक्रे हृदयं तथा । यथावकाशोऽपि हृतस्तत्रान्तःपुरयोषिताम् ॥ १०७
अपीमां प्राप्नुयां भार्यां कस्यापीह सुतामृषेः । दुष्यन्त इव कण्वस्य मुनेः कन्यां शकुन्तलाम् ॥ १०८
इति संचिन्तयन्नेव संगृहीतसमित्कुशम् । सोऽत्रापश्यत्समायान्तं मुनिं मङ्कणकं नृपः ॥ १०९
ववन्दे चैनमभ्येत्य पादयोर्मुक्तवाहनः । पृष्टश्चात्मानमेतस्मै मुनये स न्यवेदयत् ॥ ११०

ततः स कदलीगर्भां मुनिरादिशति स्म ताम् । वत्से राज्ञोऽतिथेरस्य त्वयार्घ्यं कल्प्यतामिति ॥ १११
तथेति कल्पितातिथ्यस्तया राजा स नम्रया । ईदृक्कुतस्ते कन्येयमिति पप्रच्छ तं मुनिम् ॥ ११२
मुनिश्च स ततस्तस्यास्तामुत्पत्तिं च नाम च । अन्वर्थं कदलीगर्भेत्यस्मै राज्ञे न्यवेदयत् ॥ ११३
ततस्तां स मुनेः कन्यां मेनकाभावनोद्भवाम् । मत्वाप्सरसमत्युत्को राजा तस्मादयाचत ॥ ११४
सोऽप्येतां कदलीगर्भां ददौ तस्मै सुतामृषिः । दिव्यानुभावं पूर्वेषामविचार्यं हि चेष्टितम् ॥ ११५
तत्र बुद्ध्वा प्रभावेण तत्राभ्येत्य सुराङ्गनाः । मेनकाप्रीतितस्तस्याश्चक्रुरुद्वाहमण्डनम् ॥ ११६
दत्त्वा च सर्षपान्हस्ते जगदुस्तां तदैव ताः । यान्ती मार्गे वपस्वैतांस्त्वमभिज्ञानसिद्धये ॥ ११७
यदि भर्त्रा कृतावज्ञा कदाचित्त्वमिहैष्यसि । तज्जातैरेभिरायान्ती पन्थानं पुत्रि वेत्स्यति ॥ ११८
इत्युक्तां ताभिरारोप्य कृतोद्वाहां स्ववाजिनि । स राजा कदलीगर्भां दृढवर्मा ययौ ततः ॥ ११९
प्राप्तान्वागतसैन्योऽथ वपन्त्या सर्षपान्पथि । वध्वा तया सह प्राप राजधानीं निजां च सः ॥ १२०
तत्रान्यपत्नीविमुखः कदलीगर्भया तया । समं स तस्थावाख्याततद्वृत्तान्तः स्वमन्त्रिषु ॥ १२१
ततस्तस्य महादेवी तदीयं मन्त्रिणं रहः । स्मारयित्वोपकारान्स्वाञ्जगादात्यन्तदुःखिता ॥ १२२
राज्ञा नूतनभार्यैकसक्तेनाद्याहमुज्झिता । तत्तथा कुरु येनैषा सपत्नी मे निवर्तते ॥ १२३
तच्छ्रुत्वा सोऽब्रवीन्मन्त्री देवि कर्तुं न युज्यते । मादृशानां प्रभोः पत्न्या विनाशोऽथ वियोजनम् ॥ १२४
एष प्रव्राजकस्त्रीणां विषयः कुहकादिषु । प्रयोगेष्वभियुक्तानां संगतानां तथाविधैः ॥ १२५
ता हि कैतवतापस्यः प्रविश्यैवानिवारिताः । गृहेषु मायाकुशलाः कर्म किं किं न कुर्वते ॥ १२६
इत्युक्ता तेन सा देवी विनतेवाह तं ह्रिया । अलं तर्हि ममानेन गर्हितेन सतामिति ॥ १२७
तद्वचो हृदि कृत्वा तु तं विसृज्य च मन्त्रिणम् । कांचित्प्रव्राजिकां चेटीमुखेनानयति स्म सा ॥ १२८
तस्याः शशंस चामूलात्तत्सर्वं स्वमनीषितम् । अङ्गीचकार दातुं च सिद्धे कार्ये धनं महत् ॥ १२९
साप्यर्थलोभादार्तां तामित्युवाच कुतापसी । देवि किं नाम वस्त्वेतदहं तेऽसाधयाम्यदः ॥ १३०
नानाविधान्हि जानामि प्रयोगान्सुबहूनहम् । एवमाश्वास्य तां देवीं साथ प्रव्राजिका ययौ ॥ १३१
मठिकां प्राप्य च निजां भीतेवेत्थमचिन्तयत् । अहो अतीव भोगाशा कं नाम न विडम्बयेत् ॥ १३२
यन्मया सहसा देव्याः प्रतिज्ञा पुरतः कृता । विज्ञानं चात्र तादृङ्मे सम्यक्किंचिन्न विद्यते ॥ १३३
अन्यत्रेव च न व्याजं कर्तुं राजगृहे क्षमम् । ज्ञात्वा जातु हि कुर्वीरन्निग्रहं प्रभविष्णवः ॥ १३४
एकस्तत्राभ्युपायः स्याद्यत्सुहृन्मेऽस्ति नापितः । ईदृग्विज्ञानकुशलः स चेत्कुर्यादिहोद्यमम् ॥ १३५
इत्यालोच्यैव सा तस्य नापितस्यान्तिकं ययौ । तस्मै मनीषितं सर्वं तच्छशंसार्थसिद्धिदम् ॥ १३६
ततः स नापितो वृद्धो धूर्तश्चैवमचिन्तयत् । उपस्थितमिदं दिष्ट्या लाभस्थानं ममाधुना ॥ १३७
तन्न बाध्या नवा राजवधू रक्ष्या तु सा यतः । दिव्यदृष्टिः पिता तस्य सर्वं प्रख्यापयेदिदम् ॥ १३८
विश्लिष्यैतां तु नृपतेर्देवीं संप्रति भुञ्ज्महे । कुरहस्यसहाये हि भृते भृत्यायते प्रभुः ॥ १३९
संश्लेष्य काले राज्ञे च वाच्यमेतत्तथा मया । यथा स्यादुपजीव्यो मे राजा सा चर्षिकन्यका ॥ १४०
एवं च नातिपापं स्याद्भवेद्दीर्घा च जीविका । इत्यालोच्य स तां प्राह नापितः कूटतापसीम् ॥ १४१
अम्ब सर्वं करोम्येतत्किं तु योगबलेन चेत् । एषा राज्ञो नवा भार्या हन्यते तन्न युज्यते ॥ १४२
बुद्ध्वा कदाचिद्राजा हि सर्वानस्मान्विनाशयेत् । स्त्रीहत्यापातकं च स्यात्तत्पिता च मुनिः शपेत् ॥ १४३
तस्माद्बुद्धिबलेनैषा राज्ञो विश्लेष्यते परम् । येन देवी सुखं तिष्ठेदर्थप्राप्तिर्भवेच्च नः ॥ १४४
एतच्च मे कियत्किं हि न बुद्ध्या साधयाम्यहम् । प्रज्ञानं मामकीनं च श्रूयतां वर्णयामि ते ॥ १४५
अभूदस्य पिता राज्ञो दुःशीलो दृढवर्मणः । अहं च दासस्तस्येह राज्ञः स्वोचितकर्मकृत् ॥ १४६
स कदाचिदिह भ्राम्यन्भार्यामैक्षत मामकीम् । तस्यां तस्य सुरूपायां तरुण्यां च मनो ययौ ॥ १४७
नापितस्त्रीति चाबोधि पृष्ट्वा परिजनं स ताम् । किं नापितः करोतीति प्रविश्यैव स मे गृहम् ॥ १४८
उपभुज्यैव तां स्वेच्छं मद्भार्यां कुनृपो ययौ । अहं च तदहर्दैवाद्गृहादासं बहिः क्वचित् ॥ १४९

अन्येद्युश्च प्रविष्टेन दृष्टा सान्यादृशी मया । पृष्टा भार्या यथावृत्तं साभिमानेव मेऽभ्यधात् ॥ १५०
तत्क्रमेणैव तां भार्यामशक्तस्य निषेधने । नित्यमेवोपभुञ्जानः स ममोत्तन्धवान्नृपः ॥ १५१
कुतो गम्यमगम्यं वा कुशीलोन्मादिनः प्रभोः । वातोद्धूतस्य दावाग्नेः किं तृणं किं च काननम् ॥ १५२
ततो यावद्गतिर्मेऽस्ति न काचित्तन्निवारणे । तावत्स्वल्पाशनक्षामो मान्द्यव्याजमशिश्रियम् ॥ १५३
तादृशश्च गतोऽभूवं राज्ञस्तस्याहमन्तिकम् । स्वव्यापारोपसेवार्थं निःश्वसन्कृशपाण्डुरः ॥ १५४
तत्र मन्दमिवालोक्य साभिप्रायः स मां नृपः । पप्रच्छ रे किमीदृक्त्वं संजातः कथ्यतामिति ॥ १५५
निर्बन्धपृष्टस्तं चाहं विजने याचिताभयः । प्रत्यवोचं नृपं देव भार्यास्ति मम डाकिनी ॥ १५६
सा च सुप्तस्य मेऽन्त्राणि गुदेनाकृष्य चूषति । तथैव चान्तः क्षिपति तेनाहं क्षामतां गतः ॥ १५७
पोषणाय च मे नित्यं बृंहणं भोजनं कुतः । इत्युक्तः स मया राजा जाताशङ्को व्यचिन्तयत् ॥ १५८
किं सत्यं डाकिनी सा स्यात्तेनाहं किं हृतस्तया । किंस्विदाहारपुष्टस्य चूषेदन्त्रं ममापि सा ॥ १५९
तदद्य तामहं युक्त्या जिज्ञासिष्ये स्वयं निशि । इति संचिन्त्य राजा मे सोऽत्राहारमदापयत् ॥ १६०
ततो गत्वा गृहं तस्या भार्यायाः संनिधावहम् । अश्रूण्यमुञ्चं पृष्टश्च तया तामेवमब्रवम् ॥ १६१
प्रिये न वाच्यं कस्यापि त्वया शृणु वदामि ते । अस्य राज्ञो गुदे जाता दन्ता वज्राश्रिसंनिभाः ॥ १६२
तत्र भग्नोऽद्य जात्योऽपि क्षुरो मे कर्म कुर्वतः । एवं चात्र ममेदानीं क्षुरस्त्रुट्येत्पदे पदे ॥ १६३
तन्नवं नवमानेष्ये कुतो नित्यमहं क्षुरम् । अतो रोदिमि नष्टा हि जीविकेयं गृहे मम ॥ १६४
इत्युक्त्वा सा मया भार्या मतिमाधादुपैष्यतः । रात्रौ राज्ञोऽस्य सुप्तस्य गुददन्ताद्भुतेक्षणे ॥ १६५
आ संसाराददृष्टं तदसत्यं न त्वबोधि सा । विदग्धा अपि वञ्च्यन्ते विटवर्णनया स्त्रियः ॥ १६६
अथैत्य तां निशि स्वैरं मद्भार्यामुपभुज्य सः । राजा श्रमादिवालीकं सुप्तवान्मद्वचः स्मरन् ॥ १६७
मद्भार्याप्यथ तं सुप्तं मत्वा तस्य शनैः शनैः । हस्तं प्रसारयामास गुदे दन्तोपलब्धये ॥ १६८
गुदप्राप्ते च तत्पाणावुत्थाय सहसैव सः । डाकिनी डाकिनीत्युक्त्वा त्रस्तो राजा ततो ययौ ॥ १६९
ततः प्रभृति सा तेन भीत्या त्यक्ता नृपेण मे । भार्या गृहीतसंतोषा मदेकायत्ततां गता ॥ १७०
एवं पूर्वं नृपाद्बुद्ध्या गृहिणी मोचिता मया । इति तां तापसीमुक्त्वा नापितः सोऽब्रवीत्पुनः ॥ १७१
तदेतत्प्रज्ञया कार्यमार्ये युष्मन्मनीषितम् । यथा च क्रियते मातस्तदिदं वच्मि ते शृणु ॥ १७२
कोऽप्यन्तःपुरवृद्धोऽत्र स्वीकार्यो यो ब्रवीत्यमुम् । जाया ते कदलीगर्भा डाकिनीति नृपं रहः ॥ १७३
आरण्यकाया नह्यस्याः कश्चित्परिजनः स्वकः । सर्वः परो भेदसहो लोभात्कुर्वीत किं न यत् ॥ १७४
ततोऽस्मिन्राज्ञि साशङ्के श्रवणान्निशि यत्नतः । हस्तपादादि कदलीगर्भाधाम्नि निधीयते ॥ १७५
तत्प्रभाते विलोक्यैव राजा सत्यमवेत्य तत् । वृद्धोक्तं कदलीगर्भां भीतस्तां त्यक्ष्यति स्वयम् ॥ १७६
एवं सपत्नीविरहाद्देवी सुखमवाप्नुयात् । त्वां च सा बहु मन्येत लाभः कश्चिद्भवेच्च नः ॥ १७७
इत्युक्ता तापसी तेन नापितेन तथेति सा । गत्वा राज्ञो महादेव्यै यथावस्तु न्यवेदयत् ॥ १७८
देवी च तत्तथा चक्रे सा तद्युक्त्या नृपोऽपि ताम् । प्रत्यक्षं वीक्ष्य कदलीगर्भां दुष्टेति तां जहौ ॥ १७९
तुष्टया च ततो देव्या तया गुप्तमदायि यत् । प्रव्राजिका तद्बुभुजे सा यथेष्टं सनापिता ॥ १८०
त्यक्ता च कदलीगर्भा सा तेन दृढवर्मणा । राज्ञाभिशापसंतप्ता निर्ययौ राजमन्दिरात् ॥ १८१
येनाजगाम तेनैव प्रययौ पितुराश्रमम् । पूर्वोप्तजातसिद्धार्थसाभिज्ञानेन सा पथा ॥ १८२
तत्र तामागतां दृष्ट्वा सोऽकस्मात्तत्पिता मुनिः । तस्या दुश्चरिताशङ्की तस्थौ मङ्कणकः क्षणम् ॥ १८३
प्रणिधानाच्च तं कृत्स्नं तद्वृत्तान्तमवेत्य सः । आश्वास्य च स्वयं स्नेहात्तामादाय ययौ ततः ॥ १८४
एत्य तस्मै यदाचख्यौ स्वयं प्रह्वाय भूभृते । देव्या सपत्नीदोषेण कृतं कपटनाटकम् ॥ १८५
तत्कालं स्वयमभ्येत्य राज्ञे तस्मै स नापितः । यथावृत्तं तदाचष्ट पुनरेवमुवाच च ॥ १८६
इत्थं विश्लेष्य कदलीगर्भा राज्ञी मया प्रभो । अभिचारवशाद्युक्त्या देवीं संतोष्य रक्षिता ॥ १८७
तच्छ्रुत्वा निश्चयं दृष्ट्वा मुनीन्द्रवचनस्य सः । जग्राह कदलीगर्भां संजातप्रत्ययो नृपः ॥ १८८

अनुव्रज्य मुनिं तं च संविभेजे स नापितम् । भक्तो ममायमित्यर्थैर्धूर्तैर्भोज्या बतेश्वराः ॥ १८९
ततस्तया समं तस्थौ कदलीगर्भयैव सः । राजा स्वदेवीविमुखो दृढवर्मा सुनिर्वृतः । १९०

एवंविधान्विदधते सुबहून्सपत्न्यो दोषान्मृषाप्यनवमाङ्गि कलिङ्गसेने ।
त्वं कन्यका च चिरमाविविवाहलग्ना वाञ्छन्त्यचिन्त्यगतयश्च सुरा अपि त्वाम् ॥ १९१
तत्सर्वतः सांप्रतमात्मना त्वमात्मानमेकं जगदेकरत्नम् ।
वत्सेश्वरैकार्पितमत्र रक्षेर्वैरं तवायं हि निजः प्रकर्षः ॥ १९२
अहं हि नेष्यामि सखि त्वदन्तिकं स्थिताधुना त्वं पतिमन्दिरे यतः ।
सखीपतेः सद्म न यान्ति सत्स्त्रियः सुगात्रि भर्त्रा च निवारितास्मि च ॥ १९३
न च गुप्तमिहागमः क्षमो मे त्वदतिस्नेहवशात्स दिव्यदृष्टिः ।
तदवैति हि मत्पतिः कथंचित्तमनुज्ञाप्य किलागताहमद्य ॥ १९४
इह नास्त्यधुना हि मामकीनं सखि कार्यं तव यामि तद्गृहाय ।
यदि मामनुमंस्यते च भर्ता तदिहैष्यामि पुनर्विलङ्घ्य लज्जाम् ॥ १९५
इत्थं सबाष्पमभिधाय कलिङ्गसेनां तामश्रुधौतवदनां मनुजेन्द्रपुत्रीम् ।
आश्वास्य चाह्नि विगलत्यसुरेन्द्रपुत्री सोमप्रभा स्वभवनं नभसा जगाम ॥ १९६

इति महाकविश्रीसोमदेवभट्टविरचिते कथासरित्सागरे मदनमञ्चुकालम्बके षष्ठस्तरङ्गः ।

सप्तमस्तरङ्गः ।

ततः सोमप्रभां यातां स्मरन्ती तां प्रियां सखीम् । कलिङ्गसेना संत्यक्तनिजदेशस्वबान्धवा ॥ १
सा विलम्बितवत्सेशपाणिग्रहमहोत्सवा । नरेन्द्रकन्या कौशाम्ब्यां मृगीवासीद्वनच्युता ॥ २
कलिङ्गसेनाविवाहविलम्बनविचक्षणान् । गणकान्प्रति सासूय इव वत्सेश्वरोऽपि च ॥ ३
औत्सुक्यविमनास्तस्मिन्दिने चेतो विनोदयन् । देव्या वासवदत्ताया निवासभवनं ययौ ॥ ४
तत्र सा तं पतिं देवी निर्विकारा विशेषतः । उपाचरत्स्वोपचारैः प्राड्मन्त्रिवरशिक्षिता ॥ ५
कलिङ्गसेनावृत्तान्ते ख्यातेऽप्यविकृता कथम् । देवीयमिति स ध्यात्वा राजा जिज्ञासुराह ताम् ॥ ६
कच्चिद्देवि त्वया ज्ञातं स्वयंवरकृते मम । कलिङ्गसेना नामैषा राजपुत्री यदागता ॥ ७
तच्छ्रुत्वैवाविभिन्नेन मुखरागेण साब्रवीत् । ज्ञातं मयातिहर्षो मे लक्ष्मीः सा ह्यागतेह नः ॥ ८
वशगे हि महाराजे तत्प्राप्त्या तत्पितर्यपि । कलिङ्गदत्ते पृथ्वी ते सुतरां वर्तते वशे ॥ ९
अहं च त्वद्विभूत्यैव सुखिता त्वत्सुखेन च । आर्यपुत्र तवैतच्च विदितं प्रागपि स्थितम् ॥ १०
तन्न धन्यास्मि किं यस्या मम भर्ता त्वमीदृशः । यं राजकन्या वाञ्छन्ति वाञ्छ्यमाना नृपान्तरैः ॥ ११
एवं वत्सेश्वरः प्रोक्तो देव्या वासवदत्तया । यौगन्धरायणप्रत्तशिक्षयान्तस्तुतोष सः ॥ १२
तयैव च सहासेव्य पानं तद्वासके निशि । तस्यां सुष्वाप मध्ये च प्रबुद्धः समचिन्तयत् ॥ १३
किंस्विन्महानुभावेत्थं देवी मामनुवर्तते । कलिङ्गसेनामपि यत्सपत्नीमनुमन्यते ॥ १४
कथं वा शक्नुयादेतां सोढुं सैषा तपस्विनी । पद्मावतीविवाहेऽपि या दैवान्न जहावसून् ॥ १५
तदस्याश्चेदनिष्टं स्यात्सर्वनाशस्ततो भवेत् । एतदालम्बनाः पुत्रश्वशुर्यश्वशुराश्च मे ॥ १६
पद्मावती च राज्यं च किमभ्यधिकमुच्यते । अतः कलिङ्गसेनैषा परिणेया कथं मया ॥ १७
एवमालोच्य वत्सेशो निशान्ते निर्गतस्ततः । अपराह्णे ययौ देव्याः पद्मावत्याः स मन्दिरम् ॥ १८
साप्येनमागतं दत्तशिक्षा वासवदत्तया । तथैवोपाचरत्तद्वत्पृष्टावोचत्तथैव च ॥ १९
ततोऽन्येद्युस्तयोर्देव्योरेकं चित्तं वचश्च तत् । यौगन्धरायणायासौ शशंस विमृशन्नृपः ॥ २०
सोऽपि तं वीक्ष्य राजानं विचारपतितं शनैः । कालवेदी जगादैवं मन्त्री यौगन्धरायणः ॥ २१
जानेऽहं नैतदेतावदभिप्रायोऽत्र दारुणः । देवीभ्यां जीवितत्यागदार्ढ्योदुक्तं हि तत्तथा ॥ २२

अन्यासक्ते गते च द्यां स्त्रियो मरणनिश्चिताः। भवन्त्यदैन्यगम्भीराः साध्व्यः सर्वत्र निःस्पृहाः ॥ २३
असह्यं हि पुरंध्रीणां प्रेम्णो गाढस्य खण्डनम्। तथा च राजंस्तत्रैतां श्रुतसेनकथां शृणु ॥ २४
अभूद्दक्षिणभूमौ प्राग्गोकर्णाख्ये पुरे नृपः। श्रुतसेन इति ख्यातः कुलभूषाश्रुतान्वितः ॥ २५
तस्य चैकाभवच्चिन्ता राज्ञः संपूर्णसंपदः। आत्मानुरूपां भार्यां यत्स न तावदवाप्तवान् ॥ २६
एकदा च नृपः कुर्वंश्चिन्तां तां तत्कथान्तरे। अग्निशर्माभिधानेन जगदे सोऽग्रजन्मना ॥ २७
आश्चर्ये द्वे मया दृष्टे ते राजन्वर्णये शृणु। तीर्थयात्रागतः पञ्चतीर्थीं तामहमाप्तवान् ॥ २८
यस्यामप्सरसः पञ्च ग्राहत्वमृषिशापतः। प्राप्ताः सतीरुदहरत्तीर्थयात्रागतोऽर्जुनः ॥ २९
तत्र तीर्थवरे स्नात्वा पञ्चरात्रोपवासिनाम्। नारायणानुचरतादायिनि स्नायिनां नृणाम् ॥ ३०
यावद्व्रजामि तावच्च लाङ्गलोल्लिखितावनिम्। गायन्तं कंचिदद्राक्षं कार्षिकं क्षेत्रमध्यगम् ॥ ३१
स पृष्टः कार्षिको मार्गं मार्गायातेन केनचित्। प्रव्राजकेन तद्वाक्यं नाशृणोद्गीततत्परः ॥ ३२
ततः स तस्मै चुक्रोध परिव्राड्विधुरं ब्रुवन्। सोऽपि गीतं विमुच्याथ कार्षिकस्तमभाषत ॥ ३३
अहो प्रव्राजकोऽसि त्वं धर्मस्यांशं न वेत्स्यसि। मूर्खेणापि मया ज्ञातं सारं धर्मस्य यत्पुनः ॥ ३४
तच्छ्रुत्वा किं त्वया ज्ञातमिति तेन च कौतुकात्। प्रव्राजकेन पृष्टः सन्कार्षिकः स जगाद तम् ॥ ३५
इहोपविश प्रच्छाये शृणु यावद्वदामि ते। अस्मिन्प्रदेशे विद्यन्ते ब्राह्मणा भ्रातरस्त्रयः ॥ ३६
ब्रह्मदत्तः सोमदत्तो विश्वदत्तश्च पुण्यकृत्। तेषां ज्येष्ठौ दारवन्तौ कनिष्ठस्त्वपरिग्रहः ॥ ३७
स तयोर्ज्येष्ठयोराज्ञां कुर्वन्कर्मकरो यथा। मया सहासीदक्रुध्यन्नहं तेषां हि कार्षिकः ॥ ३८
तौ च ज्येष्ठाववुध्येतां मृदुं तं बुद्धिवर्जितम्। सांधुमत्यक्तसन्मार्गमृजुमायासवर्जितम्[1] ॥ ३९
एकदा भ्रातृजायाभ्यां सकामाभ्यां रहोऽर्थितः। कनिष्ठो विश्वदत्तोऽथ मातृवत्ते निराकरोत् ॥ ४०
ततस्ते निजयोर्भर्त्रोरुभे गत्वा मृषोचतुः। वाञ्छत्यावां रहस्येष कनीयान्युवयोरिति ॥ ४१
तेन तं प्रति तौ ज्येष्ठौ सान्तःकोपौ बभूवतुः। सदसद्वा न विदतुः कुस्त्रीवचनमोहितौ ॥ ४२
अथैतौ भ्रातरौ जातु विश्वदत्तं तमूचतुः। गच्छ त्वं क्षेत्रमध्यस्थं वल्मीकं तं समीकुरु ॥ ४३
तथेत्यागत्य वल्मीकं कुद्दालेनाखनत्स तम्। मा मैवं कृष्णसर्पोऽत्र वसतीत्युदितो मया ॥ ४४
तच्छ्रुत्वापि स वल्मीकमखनच्छङ्कवत्त्विति। पापैषिणोरप्यादेशं ज्येष्ठभ्रात्रोरलङ्घयन् ॥ ४५
खन्यमानात्ततः प्राप कलशं हेमपूरितम्। न कृष्णसर्पं धर्मो हि सांनिध्यं कुरुते सताम् ॥ ४६
तं च नीत्वा स कलशं भ्रातृभ्यां सर्वमर्पयत्। निवार्यमाणोऽपि मया ज्येष्ठाभ्यां दृढभक्तितः ॥ ४७
तौ पुनस्तत एवांशं दत्त्वा प्रेर्य च घातकान्। तस्याच्छेदयतां पाणिपादं धनजिहीर्षया ॥ ४८
तथापि न स चुक्रोध निर्मन्युर्भ्रातरौ प्रति। तेन सत्येन तस्यात्र हस्तपादमजायत ॥ ४९
तदाप्रभृति तद्दृष्ट्वा त्यक्तः क्रोधोऽखिलो मया। त्वया तु तापसेनापि क्रोधोऽद्यापि न मुच्यते ॥ ५०
अक्रोधेन जितः स्वर्गः पश्यैतदधुनैव भोः। इत्युक्त्वैव तनुं त्यक्त्वा कार्षिकः स दिवं गतः ॥ ५१
इत्याश्चर्यं मया दृष्टं द्वितीयं शृणु भूपते। इत्युक्त्वा श्रुतसेनं स नृपं विप्रोऽब्रवीत्पुनः ॥ ५२
ततोऽपि तीर्थयात्रार्थं पर्यटन्नम्बुधेस्तटे। अहं वसन्तसेनस्य राज्ञो राष्ट्रमवाप्तवान् ॥ ५३
तत्र भोक्तुं प्रविष्टं मां राजसत्रेऽब्रुवन्द्विजाः। ब्रह्मन्पथामुना मा गाः स्थिता ह्यत्र नृपात्मजा ॥ ५४
विद्युद्द्योताभिधाना तां पश्येदपि मुनिर्यदि। स कामशरनिर्भिन्नः प्राप्योन्मादं न जीवति ॥ ५५
ततोऽहं प्रत्यवोचं तान्नैतच्चित्रं सदा ह्यहम्। पश्याम्यपरकन्दर्पं श्रुतसेनमहीपतिम् ॥ ५६
यात्रादौ निर्गते यस्मिन्रक्षिभिर्दृष्टिगोचरात्। उत्सार्यन्ते सतीवृत्तभङ्गभीत्या कुलाङ्गनाः ॥ ५७
इत्युक्तवन्तं विज्ञाय भावत्कं भोजनाय माम्। नृपान्तिकं नीतवन्तौ सत्राधिपपुरोहितौ ॥ ५८
तत्र सा राजतनया विद्युद्द्योता मयेक्षिता। कामस्येव जगन्मोहमन्त्रविद्या शरीरिणी ॥ ५९
चिरात्तद्दर्शनक्षोभं नियम्याहमचिन्तयम्। अस्मत्प्रभोश्चेद्भार्येयं भवेद्राज्यं स विस्मरेत् ॥ ६०

---

१ 'साधुं संत्यक्तसन्मार्गमृग्यजुःसामवर्जितम्' इति पुस्तकान्तरपाठः.

तथापि कथनीयोऽयमुदन्तः स्वामिने मया । उन्मादिनीदेवसेनवृत्तान्तो ह्यन्यथा भवेत् ॥ ६१
देवसेनस्य नृपतेः पुरा राष्ट्रे वणिक्सुता । उन्मादिनीत्यभूत्कन्या जगदुन्मादकारिणी ॥ ६२
आवेदितापि सा पित्रा न तेनात्ता महीभृता । विप्रैः कुलक्षणेत्युक्ता तस्य व्यसनरक्षिभिः ॥ ६३
परिणीता तदीयेन मन्त्रिमुख्येन सा ततः । वातायनाग्रादात्मानं राज्ञेऽस्मै जात्वदर्शयत् ॥ ६४
तया भुजंग्या राजेन्द्रो दूराद्दृष्टिविषाहतः । मुहुर्मुमूर्च्छ न रतिं लेभे नाहारमाहरत् ॥ ६५
प्रार्थितोऽपि च तद्भर्तृप्रमुखैः सोऽथ मन्त्रिभिः । धार्मिकस्तां न जग्राह तत्सक्तश्च जहावसून् ॥ ६६
तदीदृशे प्रमादेऽत्र वृत्ते द्रोहः कृतो भवेत् । इत्यालोच्य मयोक्तं ते चित्रमेत्य ततोऽस्य तत् ॥ ६७
श्रुत्वैतत्स द्विजात्तस्मान्मदनाज्ञानिभं वचः । विद्युद्द्योताहृतमनाः श्रुतसेननृपोऽभवत् ॥ ६८
तत्क्षणं च विसृज्यैव तत्र विप्रं तमेव सः । तथाकरोद्यथानीय शीघ्रं तां परिणीतवान् ॥ ६९
ततः सा नृपतेस्तस्य विद्युद्द्योता नृपात्मजा । शरीराव्यतिरिक्तासीद्भास्करस्य प्रभा यथा ॥ ७०
अथ स्वयंवरायागात्तं नृपं रूपगर्विता । कन्यका मातृदत्ताख्या महाधनवणिक्सुता ॥ ७१
अधर्मभीत्या जग्राह स राजा तां वणिक्सुताम् । विद्युद्द्योताथ तद्बुद्ध्वा हृत्स्फोटेन व्यपद्यत ॥ ७२
राजाप्यागत्य तां कान्तां पश्यन्नेव तथा गताम् । अङ्के कृत्वा स विलपन्सद्यः प्राणैर्व्ययुज्यत ॥ ७३
ततो वणिक्सुता वह्निं मातृदत्ता विवेश सा । इत्थं प्रणष्टं सर्वं तदपि राष्ट्रं सराजकम् ॥ ७४
अतो राजन्प्रकृष्टस्य भङ्गः प्रेम्णः सुदुःसहः । विशेषेण मनस्विन्या देव्या वासवदत्तया ॥ ७५
तस्मात्कलिङ्गसेनैषा परिणीता यदि त्वया । देवी वासवदत्ता तत्प्राणाञ्जह्यान्न संशयः ॥ ७६
देवी पद्मावती तद्वत्तयोरेकं हि जीवितम् । नरवाहनदत्तश्च पुत्रस्ते स्यात्कथं ततः ॥ ७७
तच्च देवस्य हृदयं सोढुं जाने न शक्नुयात् । एवमेकपदे सर्वमिदं नश्येन्महीपते ॥ ७८
देव्योर्यच्चोक्तिगाम्भीर्यं तदेव कथयत्यलम् । हृदयं जीवितत्यागगाढनिश्चितनिःस्पृहम् ॥ ७९
तत्स्वार्थो रक्षणीयस्ते तिर्यञ्चोऽपि हि जानते । स्वरक्षां किं पुनर्देव बुद्धिमन्तो भवादृशाः ॥ ८०
इति मन्त्रिवराच्छ्रुत्वा स्वैरं यौगन्धरायणात् । सम्यग्विवेकपदवीं प्राप्य वत्सेश्वरोऽब्रवीत् ॥ ८१
एवमेतन्न संदेहो नश्येत्सर्वमिदं मम । तस्मात्कलिङ्गसेनायाः कोऽर्थः परिणयेन मे ॥ ८२
उक्तो लग्नश्च दूरे यत्तद्युक्तं गणकैः कृतम् । स्वयंवरागतात्यागादधर्मो वा कियान्भवेत् ॥ ८३
इत्युक्तो वत्सराजेन हृष्टो यौगन्धरायणः । चिन्तयामास कार्यं नः सिद्धप्रायं यथेप्सितम् ॥ ८४
उपायरससंसिक्ता देशकालोपबृंहिता । सेयं नीतिमहावल्ली किं नाम न फलेत्फलम् ॥ ८५
इति संचिन्त्य स ध्यायन्देशकालौ प्रणम्य तम् । राजानं प्रययौ मन्त्री गृहं यौगन्धरायणः ॥ ८६
राजापि रचितातिथ्यगूढकारामुपेत्य सः । देवीं वासवदत्तां तां सान्त्वयन्नेवमब्रवीत् ॥ ८७
किमर्थं वच्मि जानासि त्वमेव हरिणाक्षि यत् । वारि वारिरुहस्येव त्वत्प्रेम मम जीवितम् ॥ ८८
नामापि हि किमन्यस्या ग्रहीतुमहमुत्सहे । कलिङ्गसेना तु हठादुपायाता गृहं मम ॥ ८९
प्रसिद्धं चात्र यद्रम्भा तपःस्थेन निराकृता । पार्थेन षण्ढताशापं ददौ तस्मै हठागता ॥ ९०
स शापस्तिष्ठता तेन वर्षं वैराटवेश्मनि । स्त्रीवेषेण महाश्चर्यरूपेणाप्यतिवाहितः ॥ ९१
अतः कलिङ्गसेनैषा निषिद्धा न तदा मया । विना त्वदिच्छयाहं तु न किंचित्कर्तुमुत्सहे ॥ ९२
इत्याश्वास्योपलभ्याथ हृदयेनेव रागिणा । मुखार्पितेन मद्येन सत्यं क्रूरं तदाशयम् ॥ ९३
तयैव सह रात्रिं तां राज्ञा वासवदत्तया । मन्त्रिमुख्यमतिप्रौढितुष्टो वत्सेश्वरोऽवसत् ॥ ९४
अत्रान्तरे च यं पूर्वं दिवारात्रौ प्रयुक्तवान् । कलिङ्गसेनावृत्तान्तज्ञप्त्यै यौगन्धरायणः ॥ ९५
स ब्रह्मराक्षसोऽभ्येत्य सुहृद्योगेश्वराभिधः । तस्यामेव निशि स्वैरं तं मन्त्रिवरमभ्यधात् ॥ ९६
कलिङ्गसेनासदने स्थितोऽस्म्यन्तर्बहिः सदा । दिव्यानां मानुषाणां वा पश्यामि न तथागमम् ॥ ९७
अद्याव्यक्तो मया शब्दः श्रुतोऽकस्मान्नभस्तले । प्रच्छन्नेनात्र हर्म्याग्रसंनिकर्षे निशामुखे ॥ ९८
प्रभावं तस्य विज्ञातुं प्रयुक्तापि ततो मम । विद्या न प्राभवत्तेन विमृश्याहमचिन्तयम् ॥ ९९

अयं दिव्यप्रभावस्य शब्दः कस्यापि निश्चितम्। कलिङ्गसेनालावण्यलुब्धस्य भ्रमतोऽम्बरे ॥ १००
येन न क्रमते विद्या तद्वीक्षे किंचिदन्तरम्। न दुष्प्रापं परच्छिद्रं जाग्रद्भिर्निपुणैर्यतः ॥ १०१
दिव्यानां वाञ्छितैषेति प्रोक्तं मन्त्रिवरेण च। सोमप्रभा सखी चास्या वदन्त्येतन्मया श्रुता ॥ १०२
इति निश्चित्य तत्तुभ्यमिहाहं वक्तुमागतः। इदं प्रसङ्गात्पृच्छामि तन्मे तावत्त्वयोच्यताम् ॥ १०३
तिर्यञ्चोऽपि हि रक्षन्ति स्वात्मानमिति यत्त्वया। उक्तो राजा तदश्रौषं योगादहमलक्षितः ॥ १०४
निदर्शनं चेदत्रास्ति तन्मे कथय सन्मते। इति योगेश्वरेणोक्तः स्माह यौगन्धरायणः ॥ १०५
अस्ति मित्र तथा चात्र कथामाख्यामि ते शृणु। विदिशानगरीबाह्ये न्यग्रोधोऽभूत्पुरा महान् ॥ १०६
चत्वारः प्राणिनस्तत्र वसन्ति स्म महातरौ। नकुलोलूकमार्जारमूषकाः पृथगालयाः ॥ १०७
भिन्ने भिन्ने विले मूल आस्तां नकुलमूषकौ। मार्जारो मध्यभागस्थे तरोर्महति कोटरे ॥ १०८
उलूकस्तु शिरोभागेऽनन्यलभ्ये लतालये। मूषकोऽत्र त्रिभिर्वध्यो मार्जारेण त्रयोऽपरे ॥ १०९
अन्नाय मार्जारभयान्मूषको नकुलस्तथा। स्वभावेनाप्युलूकश्च परिबभ्रमुर्निशि त्रयः ॥ ११०
मार्जारश्च दिवारात्रौ निर्भयः प्रभ्रमत्यसौ। तत्रासन्ने यवक्षेत्रे सदा मूषकलिप्सया ॥ १११
येऽन्येऽपि युक्त्या जग्मुस्तत्स्वकालेऽन्नाभिवाञ्छया। एकदा लुब्धकस्तत्र चण्डालः कश्चिदाययौ ॥ ११२
स मार्जारपदश्रेणिं दृष्ट्वा तत्क्षेत्रगामिनीम्। तद्वधायामितः क्षेत्रं पाशान्दत्त्वा ततो ययौ ॥ ११३
तत्र रात्रौ च मार्जारः स मूषकजिघांसया। एत्य प्रविष्टस्तत्पाशैः क्षेत्रे तस्मिन्नबध्यत ॥ ११४
मूषकोऽपि ततोऽन्नार्थी स तत्र निभृतागतः। बद्धं तं वीक्ष्य मार्जारं जहर्ष च ननर्त च ॥ ११५
यावद्विशति तत्क्षेत्रं दूरादेकेन वर्त्मना। तत्र तौ तावदायातावुलूकनकुलावपि ॥ ११६
दृष्टमार्जारबन्धौ च मूषकं लब्धुमैच्छताम्। मूषकोऽपि च तद्दृष्ट्वा दूराद्विग्नो व्यचिन्तयत् ॥ ११७
नकुलोलूकभयदं मार्जारं संश्रये यदि। बद्धोऽप्येकप्रहारेण शत्रुर्मामेष मारयेत् ॥ ११८
मार्जाराद्दूरगं हन्यादुलूको नकुलश्च माम्। तच्छत्रुसंकटगतः क्व गच्छामि करोमि किम् ॥ ११९
हन्त मार्जारमेवेह श्रयाम्यापद्गतो ह्ययम्। आत्मत्राणाय मां रक्षेत्पाशच्छेदोपयोगिनम् ॥ १२०
इत्यालोच्य शनैर्गत्वा मार्जारं मूषकोऽब्रवीत्। बद्धे त्वय्यतिदुःखं मे तत्ते पाशं छिनद्म्यहम् ॥ १२१
ऋजूनां जायते स्नेहः सहवासाद्रिपुष्वपि। किं तु मे नास्ति विश्वासस्तव चित्तमजानतः ॥ १२२
तच्छ्रुत्वोवाच मार्जारो भद्र विश्वस्यतां त्वया। अद्य प्रभृति मे मित्रं भवान्प्राणप्रदायकः ॥ १२३
इति श्रुत्वैव मार्जारात्तस्योत्सङ्गं स शिश्रिये। तद्दृष्ट्वा नकुलोलूकौ निराशौ ययतुस्ततः ॥ १२४
ततो जगाद मार्जारो मूषकं पाशपीडितः। गतप्राया निशा मित्र तत्पाशांश्छिन्धि मे द्रुतम् ॥ १२५
मूषकोऽपि शनैश्छिन्दल्लुब्धकागमनोन्मुखः। मृषा कटकटायद्भिर्दशनैरकरोच्चिरम् ॥ १२६
क्षणाद्रात्रौ प्रभातायां लुब्धके निकटागते। मार्जारेऽर्थयमाने द्राक्पाशांश्चिच्छेद मूषकः ॥ १२७
छिन्नपाशेऽथ मार्जारे लुब्धकत्रासविद्रुते। मूषको मृत्युमुक्तः सन्पलाय्य प्राविशद्बिलम् ॥ १२८
नाश्वसत्पुनराहूतो मार्जारेण जगाद च। कालयुक्त्या ह्यरिर्मित्रं जायते न च सर्वदा ॥ १२९
एवं बहुभ्यः शत्रुभ्यः प्रज्ञयात्माभिरक्षितः। मूषकेन तिरश्चापि किं पुनर्मानुषेषु यत् ॥ १३०
एतदुक्तस्तदा राजा मया यत्तत्त्वया श्रुतम्। बुद्ध्या कार्यं निजं रक्षेद्देवि संरक्षणादिति ॥ १३१
बुद्धिर्नाम च सर्वत्र मुख्यं मित्रं न पौरुषम्। योगेश्वर तथा चैतामत्रापि त्वं कथां शृणु ॥ १३२
श्रावस्तीत्यस्ति नगरी तस्यां पूर्वं प्रसेनजित्। राजाभूत्तत्र चाभ्यागात्कोऽप्यपूर्वो द्विजः पुरि ॥ १३३
सोऽशूद्रान्नभुगेकेन वणिजा गुणवानिति। ब्राह्मणस्य गृहे तत्र कस्यचित्स्थापितो द्विजः ॥ १३४
तत्रैव तेन शुष्कान्नदक्षिणादिभिरन्वहम्। आपूर्यत ततोऽन्यैश्च शनैर्बुद्ध्वा वणिग्वरैः ॥ १३५
तेनासौ हेमदीनारसहस्रं कृपणः क्रमात्। संचित्य गत्वारण्ये तन्निहत्य क्षिप्तवान्भुवि ॥ १३६
एकाकी प्रत्यहं गत्वा तच्च स्थानमवैक्षत। एकदा हेमशून्यं तत्खातं व्यात्तं च दृष्टवान् ॥ १३७
शून्यं तत्खातकं तस्य पश्यतो हतचेतसः। न परं हृदि संक्रान्ता चित्रं दिक्ष्वपि शून्यता ॥ १३८

अथोपागाच्च विलपंस्तं विप्रं यद्गृहे स्थितः। पृष्टस्तं च स्ववृत्तान्तं तस्मै सर्वं न्यवेदयत्॥ १३९
गत्वा तीर्थमभुञ्जानः प्राणांस्त्यक्तुमियेष च। बुद्ध्वा च सोऽन्नदातास्य वणिगन्यैः सहाययौ॥ १४०
स तं जगाद किं ब्रह्मन्वित्तहेतोर्मुमूर्षसि। अकालमेघवद्वित्तमकस्मादेति याति च॥ १४१
इत्याद्युक्तोऽपि तेनासौ न जहौ मरणग्रहम्। प्राणेभ्योऽप्यर्थमात्रा हि कृपणस्य गरीयसी॥ १४२
ततश्च मृतये तीर्थं गच्छतोऽस्य द्विजन्मनः। स्वयं प्रसेनजिद्राजा तद्बुद्ध्वान्तिकमाययौ॥ १४३
पप्रच्छ चैनं किं किंचिदस्ति तत्रोपलक्षणम्। यत्र भूमौ निखातास्ते दीनारा ब्राह्मण त्वया॥ १४४
तच्छ्रुत्वा स द्विजोऽवादीदस्ति क्षुद्रोऽत्र पादपः। अटव्यां देव तन्मूले निखातं तन्मया धनम्॥ १४५
इत्याकर्ण्याब्रवीद्राजा दास्याम्यन्विष्य तत्तव। धनं स्वकोषादथवा मा त्याक्षीर्जीवितं द्विज॥ १४६
इत्युक्त्वा मरणोद्योगान्निवार्य विनिधाय च। द्विजं तं वणिजो हस्ते स राजाभ्यन्तरं गतः॥ १४७
तत्रादिश्य प्रतीहारं शिरोर्तिव्यपदेशतः। वैद्यानानाययत्सर्वान्दत्त्वा पटहघोषणाम्॥ १४८
आतुरास्ते कियन्तोऽत्र कस्यादाः किं त्वमौषधम्। इत्युपानीय पप्रच्छ तानेकैकं विविक्तगः॥ १४९
तेऽपि तस्मै तदैकैकः सर्वमूचुर्महीपतेः। एकोऽथ वैद्यस्तन्मध्यात्क्रमपृष्टोऽब्रवीदिदम्॥ १५०
वणिजो मातृदत्तस्य देव नागबला मया। अस्वस्थस्योपदिष्टाद्य द्वितीयं दिनमोषधिः॥ १५१
तच्छ्रुत्वा स तमाहूय राजा वणिजमभ्यधात्। ननु नागबला केन तवानीतोच्यतामिति॥ १५२
देव कर्मकरेणेति तेनोक्ते वणिजा तदा। क्षिप्रमानाय्य तं राजा स कर्मकरमब्रवीत्॥ १५३
त्वया नागबलाहेतोः खनता शाखिनस्तलम्। दीनारजातं यल्लब्धं ब्रह्मस्वं तत्समर्पय॥ १५४
इत्युक्तो भूभृता भीतः प्रतिपद्यैव तत्क्षणम्। स तानानीय दीनारांस्तत्र कर्मकरो जहौ॥ १५५
राजाप्युपोषितायास्मै द्विजायाहूय तान्ददौ। दीनारान्हारितप्राप्तान्प्राणानिव बहिश्चरान्॥ १५६
एवं स लब्धवान्बुद्ध्या नीतं मूलतलात्तरोः। द्विजार्थं भूपतिर्जानन्नोपधिं तां तदुद्भवाम्॥ १५७
तदेवं सर्वदा बुद्धेः प्राधान्यं जितपौरुषम्। ईदृशेषु च कार्येषु किं विदध्यात्पराक्रमः॥ १५८
तद्योगेश्वर कुर्वीथास्त्वमपि प्रज्ञया तथा। यथा कलिङ्गसेनाया दोषो ज्ञायेत कश्चन॥ १५९
अस्ति चैतद्यथा तस्यां लुभ्यन्तीह सुरासुराः। तथा च दिवि कस्यापि निशि शब्दः श्रुतस्त्वया॥ १६०
लब्धेऽथ दोषे तस्याश्च भवेदकुशलं न नः। नोपयच्छेत तां राजा न चाधर्मः कृतो भवेत्॥ १६१
इत्युदारधियः श्रुत्वा सर्वं यौगन्धरायणात्। योगेश्वरस्तं संतुष्य जगाद ब्रह्मराक्षसः॥ १६२
कस्त्वया सदृशो नीतावन्यो देवाद्बृहस्पतेः। अयं त्वमृतसेकोऽस्य त्वन्मन्त्रो राज्यशाखिनः॥ १६३
सोऽहं कलिङ्गसेनाया जिज्ञासिष्ये गतिं सदा। बुद्ध्या शक्त्यापि चेत्युक्त्वा ततो योगेश्वरो ययौ॥ १६४
तत्कालं सा च हर्म्याग्रे पर्यटन्तं स्वहर्म्यगा। कलिङ्गसेना वत्सेशं दृष्ट्वा दृष्ट्वा स्म ताम्यति॥ १६५
तन्मनाः स्मरसंतप्ता मृणालाङ्गदहारिणी। सा श्रीखण्डाङ्गरागा च न लेभे निर्वृतिं क्वचित्॥ १६६
अत्रान्तरे स तां पूर्वं दृष्ट्वा विद्याधराधिपः। तस्थौ मदनवेगाख्यो गाढानङ्गशरार्दितः॥ १६७
तत्प्राप्तये तपः कृत्वा वरे लब्धेऽपि शंकरात्। सान्यासक्तान्यदेशस्था सुखप्राप्यास्य नाभवत्॥ १६८
यतस्तेनान्तरं लब्धुमसौ विद्याधरेश्वरः। रजनीषु दिवि भ्राम्यन्नासीत्तन्मन्दिरोपरि॥ १६९
संस्मृत्य तु तमादेशं तपस्तुष्टस्य धूर्जटेः। एकस्यां निशि वत्सेशरूपं चक्रे स्वविद्यया॥ १७०
तद्रूपश्च विवेशास्य मन्दिरं द्वाःस्थवन्दितः। कालक्षेपाक्षमो गुप्तं मन्त्रिणां स इवागतः॥ १७१
कलिङ्गसेनाप्युत्तस्थौ तं दृष्ट्वोत्कम्पविक्लवा। न सोऽयमिति सा रावैर्वार्यमाणेव भूषणैः॥ १७२
ततो वत्सेशरूपेण क्रमाद्विश्वास्य तेन सा। भार्या मदनवेगेन गान्धर्वविधिना कृता॥ १७३
तत्कालं च प्रविष्टस्तदृष्ट्वा योगादलक्षितः। योगेश्वरो विषण्णोऽभूद्वत्सेशालोकनभ्रमात्॥ १७४
यौगन्धरायणायैतद्गत्वोक्त्वा तन्निदेशतः। युक्त्या वासवदत्ताया वत्सेशं वीक्ष्य पार्श्वगम्॥ १७५
दृष्टो मन्त्रिवरोक्त्यैव रूपं सुप्तस्य वेदितुम्। कलिङ्गसेनाप्रच्छन्नकामिनः सोऽगमत्पुनः॥ १७६
गत्वा कलिङ्गसेनायाः सुप्तायाः शयनीयके। सुप्तं मदनवेगं तं स्वरूपे स्थितमैक्षत॥ १७७

छत्रध्वजाङ्कनिर्धूलिपादाब्जं दिव्यमानुषम् । स्वापान्तर्हिततद्विद्यावीतरूपविवर्तनम् ॥ १७८
तत्र गत्वा यथादृष्टं निवेद्य परितोषवान् । योगेश्वरो जगादासौ हृष्टो यौगन्धरायणम् ॥ १७९
न वेत्ति मादृशः किंचिद्वेत्सि त्वं नीतिचक्षुषा । तव मन्त्रेण दुःसाध्यं सिद्धं कार्यमिदं प्रभोः ॥ १८०
किं वा व्योम विनार्केण किं तोयेन विना सरः । किं मन्त्रेण विना राज्यं किं सत्येन विना वचः ॥ १८१
इत्युक्तवन्तमामन्त्र्य प्रीतो योगेश्वरं ततः । प्रातर्वत्सेश्वरं द्रष्टुमागाद्यौगन्धरायणः ॥ १८२
तमुपेत्य यथावच्च कथाप्रस्तावतोऽब्रवीत् । नृपं कलिङ्गसेनार्थे पृष्टकार्यविनिश्चयम् ॥ १८३
स्वच्छन्दासौ न ते राजन्पाणिस्पर्शमिहार्हति । एषा हि स्वेच्छया द्रष्टुं प्रसेनजितमागता ॥ १८४
विरक्ता वीक्ष्य तं वृद्धं त्वां प्राप्ता रूपलोभतः । तदन्यपुरुषासङ्गमपि स्वेच्छं करोत्यसौ ॥ १८५
तच्छ्रुत्वा कुलकन्येयं कथमेवं समाचरेत् । शक्तिः कस्य प्रवेष्टुं वा मदीयान्तःपुरान्तरे ॥ १८६
इति राज्ञोदितेऽवादीद्धीमान्यौगन्धरायणः । अद्यैव दर्शयाम्येतत्प्रत्यक्षं निशि देव ते ॥ १८७
दिव्यास्तामभिवाञ्छन्ति सिद्धाद्या मानुषोऽत्र कः । दिव्यानां च गती रोद्धुं राजन्केनेह शक्यते ॥ १८८
तदेहि साक्षात्पश्येति वादिना तेन मन्त्रिणा । सह गन्तुं मतिं चक्रे तत्र रात्रौ स भूपतिः ॥ १८९
पद्मावत्या ऋते राज्या न विवाह्यापरेति यत् । प्रोक्तं देवि प्रतिज्ञातं मया निर्व्यूढमद्य तत् ॥ १९०
इत्यथाभ्येत्य तां देवीमुक्त्वा यौगन्धरायणः । कलिङ्गसेनावृत्तान्तं तं तस्यै सर्वमुक्तवान् ॥ १९१
त्वदीयशिक्षानुष्ठानफलमेतन्ममेति सा । देवी वासवदत्तापि प्रणताभिननन्द तम् ॥ १९२
ततो निशीथे संसुप्ते जने वत्सेश्वरो ययौ । गृहं कलिङ्गसेनायाः स च यौगन्धरायणः ॥ १९३
अदृष्टश्च प्रविष्टोऽत्र तस्या निद्राजुषोऽन्तिके । सुप्तं मदनवेगं तं स्वरूपस्थं ददर्श सः ॥ १९४
हन्तुमिच्छति यावच्च स तं साहसिकं नृपः । तावत्स विद्यया विद्याधरोऽभूत्प्रतिबोधितः ॥ १९५
प्रबुद्धश्च स निर्गत्य झगित्युदपतन्नभः । क्षणात्कलिङ्गसेनापि सा प्रबुद्धाभवत्ततः ॥ १९६
शून्यं शयनमालोक्य जगाद च कथं हि माम् । पूर्वं प्रबुध्य वत्सेशः सुप्तां मुक्त्वैव गच्छति ॥ १९७
तदाकर्ण्य स वत्सेशमाह यौगन्धरायणः । एषा विध्वंसितानेन शृणु त्वद्रूपधारिणा ॥ १९८
सैष योगबलाज्ज्ञात्वा साक्षात्ते दर्शितो मया । किं तु दिव्यप्रभावत्वादसौ हन्तुं न शक्यते ॥ १९९
इत्युक्त्वा स च राजा च सह तामुपजग्मतुः । कलिङ्गसेना साप्येतौ दृष्ट्वा तस्थौ कृतादरा ॥ २००
अधुनैव क्व गत्वा त्वं राजन्प्राप्तः समन्त्रिकः । इति ब्रुवाणामवदत्तां स यौगन्धरायणः ॥ २०१
कलिङ्गसेने केनापि मायावत्सेशरूपिणा । संमोह्य परिणीतासि न त्वं मत्स्वामिनामुना ॥ २०२
तच्छ्रुत्वा सातिसंभ्रान्ता विद्धेव हृदि पत्रिणा । कलिङ्गसेना वत्सेशं जगादोदश्रुलोचना ॥ २०३
गान्धर्वविधिनाहं ते परिणीतापि विस्मृता । किंस्विद्राजन्यथा पूर्वं दुष्यन्तस्य शकुन्तला ॥ २०४
इत्युक्तः स तया राजा तामुवाचाननताननः । सत्यं न परिणीतासि मयाद्यैवागतो ह्यहम् ॥ २०५
इत्युक्तवन्तं वत्सेशं मन्त्री यौगन्धरायणः । एहीत्युक्त्वा ततः स्वैरमनैषीद्राजमन्दिरम् ॥ २०६
ततः समन्त्रिके राज्ञि गते सात्र विदेशगा । मृगीव यूथविभ्रष्टा परित्यक्तस्वबान्धवा ॥ २०७
संभोगविदलत्पत्रमुखाब्जा गजपीडिता । पद्मिनीव परिक्षिप्तकबरीभ्रमरावलिः ॥ २०८
विनष्टकन्यकाभावा निरुपायक्रमा सती । कलिङ्गसेना गगनं वीक्षमाणेदमब्रवीत् ॥ २०९
वत्सेशरूपिणा येन परिणीतास्मि केनचित् । प्रकाशः सोऽस्तु कौमारः स एव हि पतिर्मम ॥ २१०
एवं तयोक्ते गगनात्सोऽत्र विद्याधराधिपः । अवातरद्दिव्यरूपो हारकेयूरराजितः ॥ २११
को भवानिति पृष्टश्च तयैवं स जगाद ताम् । अहं मदनवेगाख्यस्तन्वि विद्याधराधिपः ॥ २१२
मया च प्राग्विलोक्य त्वां पुरा पितृगृहे स्थिताम् । त्वत्प्राप्तिदस्तपः कृत्वा वरः प्राप्तो महेश्वरात् ॥ २१३
वत्सेश्वरानुरक्ता च तद्रूपेण मया द्रुतम् । अवृत्ततद्विवाहैव परिणीतासि युक्तितः ॥ २१४
इति वाक्सुधया तस्य श्रुतिमार्गप्रविष्टया । किंचित्कलिङ्गसेनाभूदुच्छ्वासितहृदम्बुजा ॥ २१५

अथ स मदनवेगस्तां समाश्वास्य कान्तां विहितधृतिवितीर्णस्वर्णराशिः स तस्थौ।
उचित इति तयान्तर्बद्धसद्भर्तृभक्तिः पुनरुपगमनाय द्यां तदैवोत्पपात ॥ २१६
दिव्यास्पदं स्वपतिसद्म न मर्त्यगम्यं कामात्पितुर्भवनमुज्झितमित्यवेक्ष्य।
तत्रैव वस्तुमथ सापि कलिङ्गसेना चक्रे धृतिं मदनवेगकृताभ्यनुज्ञा ॥ २१७

इति महाकविश्रीसोमदेवभट्टविरचिते कथासरित्सागरे मदनमञ्चुकालम्बके सप्तमस्तरङ्गः।

अष्टमस्तरङ्गः।

ततः कलिङ्गसेनायाः स्मरन्ननुपमं वपुः। एकदा मन्मथाविष्टो निशि वत्सेश्वरोऽभवत् ॥ १
उत्थाय खड्गहस्तः सन्गत्वैव प्रविवेश सः। एकाकी मन्दिरं तस्याः कृतातिथ्यादरस्तया ॥ २
तत्र प्रार्थयमानस्तां भार्यार्थे स महीपतिः। परपत्न्यहमस्मीति प्रत्याख्यातस्तयाब्रवीत् ॥ ३
तृतीयं पुरुषं प्राप्ता यतस्त्वमसि बन्धकी। परदारगतो दोषो न मे त्वद्गमने ततः ॥ ४
एवं कलिङ्गसेना सा राज्ञोक्ता प्रत्युवाच तम्। त्वदर्थमागता राजन्नहं विद्याधरेण हि ॥ ५
व्यूढा मदनवेगेन स्वैरं त्वद्रूपधारिणा। स एवैकश्च भर्ता मे तत्कस्मादस्मि बन्धकी ॥ ६
किं वातिक्रान्तबन्धूनां स्वेच्छाचारहतात्मनाम्। इमास्ता विपदः स्त्रीणां कुमारीणां कथैव का ॥ ७
दृष्टाशकुनया सख्या निषिद्धापि व्यसर्जयम्। त्वत्पार्श्वं यदहं दूतं तस्य चेदं फलं मम ॥ ८
तत्स्प्रक्ष्यसि बलान्मां चेत्प्राणांस्त्यक्ष्याम्यहं ततः। का नाम कुलजा हि स्त्री भर्तृद्रोहं करिष्यति ॥ ९
तथा च कथयाम्यत्र तव राजन्कथां शृणु। पुराभूदिन्द्रदत्ताख्यश्चेदिदेशमहीपतिः ॥ १०
स पापशोधने तीर्थे कीर्त्यै देवकुलं महत्। चक्रे यशःशरीरार्थी शरीरं वीक्ष्य भङ्गुरम् ॥ ११
तच्च भक्तिरसाच्छश्वद्दीक्षितुं स ययौ नृपः। सर्वश्च तीर्थस्नानाय सदा तत्राययौ जनः ॥ १२
एकदा च ददर्शैकां तीर्थस्नानार्थमागताम्। स राजात्र वणिग्भार्यां प्रवासस्थितभर्तृकाम् ॥ १३
स्वच्छकान्तिसुधासिक्तां चित्ररूपविभूषणाम्। जङ्गमामिव कंदर्पराजधानीं मनोरमाम् ॥ १४
त्वयाहं विजये विश्वमिति प्रीत्येव पादयोः। आश्लिष्टां पञ्चबाणस्य तूणीरद्वयशोभया ॥ १५
सा दृष्टैव मनस्तस्य जहार नृपतेस्तथा। यथान्विष्य गृहं तस्याः स ययौ विवशो निशि ॥ १६
तां च प्रार्थयमानः सञ्जगदे स तया नृपः। रक्षिता त्वं न युक्तं ते परदाराभिमर्शनम् ॥ १७
हठात्स्पृशसि वा मां चेदधर्मस्ते महान्भवेत्। मरिष्यामि च सद्योऽहं न सहिष्ये च दूषणम् ॥ १८
इत्युक्तेऽपि तया तस्मिन्बलं राज्ञि चिकीर्षति। शीलभ्रंशभयात्तस्याः सद्यो हृदयमस्फुटत् ॥ १९
तद्दृष्ट्वा नृपदि ह्रीतः स गत्वैव यथागतम्। दिनैस्तेनानुतापेन राजा पञ्चत्वमाययौ ॥ २०
इत्याख्याय कथामेतां सभयप्रश्रयानता। भूयः कलिङ्गसेना सा वत्सेश्वरमभाषत ॥ २१
तस्मादधर्मे मत्प्राणहरणे मा मतिं कृथाः। इहाश्रिताया वस्तुं मे देहि याम्यन्यतोऽन्यथा ॥ २२
एतत्कलिङ्गसेनातः श्रुत्वा वत्सेश्वरोऽथ सः। विचार्य विरतो भूत्वा धर्मज्ञस्तामभाषत ॥ २३
राजपुत्रि वस स्वेच्छं भर्त्रा सममिहाधुना। नाहं वक्ष्यामि ते किंचिदिदानीं मा भयं कृथाः ॥ २४
इत्युक्त्वैव गते तस्मिन्स्वैरं राज्ञि स्वमन्दिरम्। श्रुत्वा मदनवेगस्तन्नभसोऽवततार सः ॥ २५
प्रिये साधु कृतं नैवमकरिष्यः शुभे यदि। नाभविष्यच्छुभं यस्मान्नासहिष्यत तन्मया ॥ २६
इत्युक्त्वा सान्त्वयित्वा तां निशां नीत्वा तया सह। तत्रैव गच्छन्नागच्छन्नासीद्विद्याधरोऽथ सः ॥ २७
कलिङ्गसेनापि च सा पत्यौ विद्याधरेश्वरे। तत्रास्त मर्त्यभावेऽपि दिव्यभोगसुखान्विता ॥ २८
वत्सराजोऽपि तच्चिन्तां मुक्त्वा मन्त्रिवचः स्मरन्। ननन्द लब्धं मन्वानो देवीं राज्यं सुतं तथा ॥ २९
देवी वासवदत्ता च मन्त्री यौगन्धरायणः। अभूतां निर्वृतौ सिद्धे नीतिकल्पलताफले ॥ ३०
अथ गच्छत्सु दिवसेष्वापाण्डुमुखपङ्कजा। दध्रे कलिङ्गसेना सा गर्भमुत्पन्नदोहदा ॥ ३१
तुङ्गौ विरेजतुस्तस्याः स्तनावाश्यामचूचुकौ। निधानकुम्भौ कामस्य मद्रमुद्राङ्किताविव ॥ ३२

ततो मदनवेगस्तामुपेत्य पतिरभ्यधात् । कलिङ्गसेने दिव्यानामस्माकं समयोऽस्त्ययम् ॥ ३३
जातं मानुषगर्भं यन्मुक्त्वा यामो विदूरतः । कण्वाश्रमे न तत्याज मेनका किं शकुन्तलाम् ॥ ३४
त्वं यद्यप्यप्सराः पूर्वं तदप्यविनयान्निजात् । शक्रशापेन संप्राप्ता मानुष्यं देवि सांप्रतम् ॥ ३५
तेनैव बन्धकीशब्दो जातः साध्व्या अपीह ते । तस्मादपत्यं रक्षेस्त्वं स्थानं यास्याम्यहं निजम् ॥ ३६
स्मरिष्यसि यदा मां च संनिधास्ये तदा तव । एवं कलिङ्गसेनां तामुक्त्वा साश्रुविलोचनाम् ॥ ३७
समाश्वास्याथ दत्त्वा च तस्यै तद्रत्नसंचयम् । तच्चित्तः समयाकृष्टो ययौ विद्याधरेश्वरः ॥ ३८
कलिङ्गसेनाप्यत्रासीदपत्याशां सखीमिव । आलम्ब्य वत्सराजस्य भुजच्छायामपाश्रिता ॥ ३९
अत्रान्तरे कृतवतीं साङ्गभर्त्राप्तये तपः । आदिदेश रतिं भार्यामनङ्गस्याम्बिकापतिः ॥ ४०
वत्सराजगृहे जातो दग्धपूर्वः स ते पतिः । नरवाहनदत्ताख्योऽयोनिजो मद्विलङ्घनात् ॥ ४१
मदाराधनतस्त्वं तु मर्त्यलोकेऽप्ययोनिजा । जनिष्यसे ततस्तेन भर्त्रा साङ्गेन योक्ष्यसे ॥ ४२
एवमुक्त्वा रतिं शंभुः प्रजापतिमथादिशत् । कलिङ्गसेना तनयं सोष्यते दिव्यसंभवम् ॥ ४३
तं हृत्वा मायया तस्यास्तत्स्थाने त्वमिमां रतिम् । निर्माय मानुषीं कन्यां त्यक्तदिव्यतनुं क्षिपेः ॥ ४४
इतीश्वराज्ञामादाय मूर्ध्नि वेधस्यथो गते । कलिङ्गसेना प्रसवं प्राप्ते काले चकार सा ॥ ४५
जातमात्रं सुतं तस्या हृत्वैवात्र स्वमायया । रतिं तां कन्यकां कृत्वा न्यधाद्विधिरलक्षितम् ॥ ४६
सर्वैश्च तत्र तामेव कन्यां जातामलक्षत । दिवाप्यकाण्डप्रतिपच्चन्द्रलेखामिवोदिताम् ॥ ४७
कान्तिद्योतिततद्वासगृहां निर्जित्य कुर्वतीम् । रत्नदीपशिखाश्रेणीर्लज्जिता इव निष्प्रभाः ॥ ४८
कलिङ्गसेना तां दृष्ट्वा जातामसदृशीं सुताम् । पुत्रजन्माधिकं तोषादुत्सवं विततान सा ॥ ४९
अथ वत्सेश्वरो राजा सदेवीकः समन्त्रिकः । कन्यां कलिङ्गसेनाया जातां शुश्राव तादृशीम् ॥ ५०
श्रुत्वा च स नृपोऽकस्मादुवाचेश्वरचोदितः । देवीं वासवदत्तां तां स्थिते यौगन्धरायणे ॥ ५१
जाने कलिङ्गसेनैषा दिव्या स्त्री शापतश्च्युता । अस्यां जाता च कन्येवं दिव्यैवाश्चर्यरूपधृक् ॥ ५२
तदसौ कन्यका तुल्या रूपेण तनयस्य मे । नरवाहनदत्तस्य महादेवीत्वमर्हति ॥ ५३
तच्छ्रुत्वा जगदे राजा देव्या वासवदत्तया । महाराज किमेवं त्वमकस्मादद्य भाषसे ॥ ५४
कुलद्वयविशुद्धोऽयं क्व पुत्रस्ते बत क्व सा । कलिङ्गसेनातनया बन्धकीगर्भसंभवा ॥ ५५
श्रुत्वैतद्विमृशन्राजा सोऽब्रवीन्नह्यहं स्वतः । वदाम्येतत्प्रविश्यान्तः कोऽपि जल्पयतीव माम् ॥ ५६
नरवाहनदत्तस्य कन्येयं पूर्वनिर्मिता । भार्येत्येवं वदन्तीं च शृणोमीव गिरं दिवः ॥ ५७
कलिङ्गसेना किं चासावेकपत्नी कुलोद्गता । पूर्वकर्मवशात्त्वस्या बन्धकीशब्दसंभवः ॥ ५८
इति राज्ञोदिते प्राह मन्त्री यौगन्धरायणः । श्रूयते देव यच्चक्रे रतिर्दग्धे स्मरे तपः ॥ ५९
मर्त्यलोकावतीर्णेन सशरीरेण संगमः । मर्त्यभावगतायास्ते स्वेन भर्त्रा भविष्यति ॥ ६०
इति चादाद्वरं शर्वो रत्यै स्वपतिमीप्सवे । कामावतारश्चोक्तः प्राग्दिव्यवाचा सुतस्तव ॥ ६१
रत्यावतरणीयं च मर्त्यभावे हराज्ञया । गर्भमाहिकया चाद्य ममैवं वर्णितं रहः ॥ ६२
मया कलिङ्गसेनाया गर्भः प्राग्गर्भशय्यया । युक्तो दृष्टस्तदैवान्यदपश्यं तद्विवर्जितम् ॥ ६३
तदाश्चर्यं विलोक्याहं तवाख्यातुमिहागता । इति स्त्रिया तयोक्तं मे जातैषा प्रतिभापि ते ॥ ६४
तज्जाने मायया देवैः सैषा रतिरयोनिजा । कलिङ्गसेनातनया गर्भचौर्येण निर्मिता ॥ ६५
भार्या कामावतारस्य पुत्रस्य तव भूपते । तथा चात्र कथामेतां यक्षसंबन्धिनीं शृणु ॥ ६६
भृत्यो वैश्रवणस्याभूद्विरूपाक्ष इति श्रुतः । यक्षो निधानलक्षाणां प्रधानाध्यक्षतां गतः ॥ ६७
मथुरायां बहिःसंस्थं निधानं स च रक्षितुम् । यक्षं नियुक्तवानेकं शिलास्तम्भमिवाचलम् ॥ ६८
तत्र तं नगरीवासी कश्चित्पाशुपतो द्विजः । निधानान्वेषणायागात्खन्यवादी कदाचन ॥ ६९
स मानुषवसादीपहस्तो यावत्परीक्षते । स्थानं तत्तावदस्यात्र कराद्दीपः पपात सः ॥ ७०
लक्षणेन च तेनात्र स्थितं निधिमवेत्य सः । उद्घाटयितुमारेभे सहान्यैः सखिभिर्द्विजैः ॥ ७१

अथ योऽसौ नियुक्तोऽभूद्यक्षो रक्षाविधौ स तत् । दृष्ट्वा गत्वा यथावस्तु विरूपाक्षं व्यजिज्ञपत् ॥ ७२
गच्छ व्यापादय क्षिप्रं क्षुद्रांस्तान्खन्यवादिनः । इत्यादिदेश तं यक्षं विरूपाक्षः स कोपनः ॥ ७३
ततः स यक्षो गत्वैव स्वयुक्त्या निजघान तान् । निधानवादिनो विप्रानसंप्राप्तमनोरथान् ॥ ७४
तद्बुद्ध्वा धनदः क्रुद्धो विरूपाक्षमुवाच तम् । ब्रह्महत्या कथं पाप कारिता सहसा त्वया ॥ ७५
दुर्गतो वार्तिकजनो लोभात्किं नाम नाचरेत् । निवार्यते स वित्रास्य विघ्नैस्तैस्तैर्न हन्यते ॥ ७६
इत्युक्त्वाथ शशापैनं विरूपाक्षं धनाधिपः । मर्त्ययोनौ प्रजायस्व दुष्कृताचरणादिति ॥ ७७
प्राप्तशापोऽथ कस्यापि भूतले ब्राह्मणस्य सः । विरूपाक्षः सुतो जातो ब्राह्मणस्याग्रहारिणः ॥ ७८
ततोऽस्य यक्षिणी पत्नी धनाध्यक्षं व्यजिज्ञपत् । देव यत्र स भर्ता मे क्षिप्तस्तत्रैव मां क्षिप ॥ ७९
प्रसीद नहि शक्नोमि वियुक्ता तेन जीवितुम् । एवं तया स विज्ञप्तः साध्व्या वैश्रवणोऽभ्यधात् ॥ ८०
तस्य विप्रस्य सदने जातो भर्ता स तेऽनघे । तस्यैव दास्या गेहे त्वं निपतिष्यस्ययोनिजा ॥ ८१
तत्र तेन समं भर्त्रा संगमस्ते भविष्यति । त्वत्प्रसादात्स शापं च तीर्त्वा मत्पार्श्वमेष्यति ॥ ८२
इति वैश्रवणादेशात्साध्वी सा पतिता ततः । दास्यास्तस्या गृहद्वारि कन्या भूत्वैव मानुषी ॥ ८३
अकस्माच्च तया दास्या कन्या दृष्टाद्भुताकृतिः । गृहीत्वा दर्शिता चास्य स्वामिनोऽत्र द्विजन्मनः ॥ ८४
दिव्येयं कन्यका कापि निःसंदेहमयोनिजा । इत्यात्मा मम वक्तीहानय तां त्वमशङ्कितम् ॥ ८५
इयं हि मम पुत्रस्य मन्ये भार्यात्वमर्हति । इति सोऽपि द्विजो दासीं तामुवाच ननन्द च ॥ ८६
क्रमादत्र विवृद्धा सा कन्या विप्रात्मजश्च सः । अन्योन्यदर्शनाबद्धगाढस्नेहौ बभूवतुः ॥ ८७
ततः कृतविवाहौ तौ तेन विप्रेण दंपती । अजातिस्मरणेऽप्यास्तामुत्तीर्णविरहाविव ॥ ८८
अथ कालेन देहान्ते तया सोऽनुगतः पतिः । तत्तपःक्षतपापः सन्यक्षः स्वं प्राप्तवान्पदम् ॥ ८९
इतीहावतरन्त्येव निरागस्त्वादयोनिजाः । भूतले कारणवशाद्दिव्या दैवतनिर्मिताः ॥ ९०
कुलं किं नृपते तेऽस्यास्तस्माद्भार्या सुतस्य ते । कलिङ्गसेनापुत्रीयं यथोक्तं दैवनिर्मिता ॥ ९१
यौगन्धरायणेनैवमुक्ते वत्सेश्वरश्च तत् । देवी वासवदत्ता च तथेति हृदि चक्रतुः ॥ ९२
ततस्तस्मिन्गृहं याते मन्त्रिमुख्ये स भूपतिः । पानादिक्रीडया निन्ये सभार्यस्तद्दिनं सुखी ॥ ९३
ततो दिनेषु गच्छत्सु मोहभ्रष्टस्वकस्मृतिः । कलिङ्गसेनातनया सा समं रूपसंपदा ॥ ९४
क्रमेण ववृधे नाम्ना कृता मदनमञ्चुका । सुता मदनवेगस्येत्यतो मात्रा जनेन च ॥ ९५
नूनं सा शिश्रिये रूपं सर्वान्यवरयोषिताम् । अन्यथा ताः पुरस्तस्या विरूपा जज्ञिरे कथम् ॥ ९६
श्रुत्वा रूपवतीं तां च कौतुकात्स्वयमेकदा । देवी वासवदत्ता तामानिनायात्मनोऽन्तिकम् ॥ ९७
तत्र धात्र्या मुखासक्तां वत्सराजो ददर्श ताम् । यौगन्धरायणाद्याश्च वर्तेर्दीपशिखामिव ॥ ९८
दृष्ट्वा चादृष्टपूर्वं तत्तस्या नेत्रामृतं वपुः । रतिरेवावतीर्णेयमिति मेने न तत्र कः ॥ ९९
ततश्चानाययांचक्रे देव्या वासवदत्तया । नरवाहनदत्तोऽत्र जगन्नेत्रोत्सवः सुतः ॥ १००
सोऽत्र फुल्लमुखाम्भोजो दीप्रां मदनमञ्चुकाम् । तामपश्यन्नवां सौरीमिव पद्माकरः प्रभाम् ॥ १०१
सापि तं लोचनानन्दं पश्यन्ती विकचानना । न तृप्तिमाययौ बाला चकोरीवामृतत्विषम् ॥ १०२
ततःप्रभृति तौ बालावपि स्थातुं न शेकतुः । दृष्टिपाशैरिवाबद्धौ पृथग्भूतावपि क्षणम् ॥ १०३
दिनैर्निश्चित्य संबन्धं दैवनिर्मितमेव तु । विवाहविधये बुद्धिं व्यधाद्वत्सेश्वरस्तयोः ॥ १०४
कलिङ्गसेना तद्बुद्ध्वा ननन्द च बबन्ध च । नरवाहनदत्तेऽस्मिञ्जामातृप्रीतितो धृतिम् ॥ १०५
संमन्त्र्य मन्त्रिभिः सार्धं ततश्चाकारयत्पृथक् । वत्सराजः स्वपुत्रस्य तस्य स्वमिव मन्दिरम् ॥ १०६
ततः संभृत्य संभारान्पुत्रं राजा स कालवित् । यौवराज्येऽभ्यषिञ्चत्तं दृष्टश्लाघ्यगुणग्रहम् ॥ १०७
पूर्वं तस्यापतन्मूर्ध्नि पित्रोरानन्दबाष्पजम् । ततः श्रौतमहामन्त्रपूतं सत्तीर्थजं पयः ॥ १०८
अभिषेकाम्बुभिस्तस्य धौते वदनपङ्कजे । चित्रं निर्मलतां प्रापुर्मुखानि ककुभामपि ॥ १०९
मङ्गल्यमाल्यपुष्पेषु तस्य क्षिप्तेषु मातृभिः । मुमोच दिव्यमाल्यौघवर्षं द्यौरपि तत्क्षणम् ॥ ११०

देवदुन्दुभिनिर्ह्रादस्पर्धयेव जजृम्भिरे । आनन्दतूर्यनिर्घोषप्रतिशब्दा नभस्तले ॥ १११
प्रणनामाभिषिक्तं तं युवराजं न तत्र कः । स्वप्रभावादृते तेनैवोन्ननाम तदा हि सः ॥ ११२
ततो वत्सेश्वरस्तस्य सूनोर्बालसखीन्सतः । स्वमन्त्रिपुत्रानाहूय सचिवत्वे समादिशत् ॥ ११३
यौगन्धरायणसुतं मन्त्रित्वे मरुभूतिकम् । सेनापत्ये हरिशिखं रुमण्वत्तनयं ततः ॥ ११४
वसन्तकसुतं क्रीडासखित्वे तु तपन्तकम् । गोमुखं च प्रतीहारधुरायामित्यकात्मजम् ॥ ११५
पौरोहित्ये च पूर्वोक्तावुभौ पिङ्गलिकासुतौ । वैश्वानरं शान्तिसोमं भ्रातुः पुत्रौ पुरोधसः ॥ ११६
इत्याज्ञप्तेषु पुत्रस्य साचिव्ये तेषु भूभृता । गमनादुदभूद्वाणी पुष्पवृष्टिपुरःसरा ॥ ११७
सर्वार्थसाधका एते भविष्यन्त्यस्य मन्त्रिणः । शरीरादविभिन्नोऽस्य गोमुखस्तु भविष्यति ॥ ११८
इत्युक्तो दिव्यया वाचा हृष्टो वत्सेश्वरश्च सः । सर्वान्संमानयामास वस्त्रैराभरणैश्च तान् ॥ ११९
अनुजीविषु तस्मिंश्च वसु वर्षति राजनि । दरिद्रशब्दस्यैकस्य नासीत्तत्रार्थसंगतिः ॥ १२०
पवनोल्लासिताक्षिप्तपताकापटपङ्क्तिभिः । आहूतैरिव सापूरि नर्तकीचारणैः पुरी ॥ १२१
आगाद्वैद्याधरी साक्षाल्लक्ष्मीस्तस्यैव भाविनी । कलिङ्गसेनाजामातुरुत्सवेऽत्र भविष्यतः ॥ १२२
ततो वासवदत्ता च सा च पद्मावती तथा । हर्षेण ननृतुस्तिस्रो मिलिता इव शक्तयः ॥ १२३
मारुतान्दोलितलताः प्रनृत्यन्निव सर्वतः । उद्यानतरवोऽप्यत्र चेतनेषु कथैव का ॥ १२४
ततः कृताभिषेकः सन्नारुह्य जयकुञ्जरम् । नरवाहनदत्तः स युवराजो विनिर्ययौ ॥ १२५
अवाकीर्यत चोत्क्षिप्तैर्नेत्रैर्नीलसितारुणैः । पौरस्त्रीभिः स नीलाब्जलाजपद्माञ्जलिप्रभैः ॥ १२६
दृष्ट्वा च तत्पुरीपूज्यदेवता बन्दिमागधैः । स्तूयमानः ससचिवः स विवेश स्वमन्दिरम् ॥ १२७
तत्र दिव्यानि भोज्यानि तथा पानान्युपाहरत् । कलिङ्गसेना तस्यादौ स्वविभूत्यधिकानि सा ॥ १२८
ददौ तस्मै सुवस्त्राणि दिव्यान्याभरणानि च । समन्त्रिसखिभृत्याय जामातृस्नेहकातरा ॥ १२९
एवं महोत्सवेनासावमृतास्वादसुन्दरः । एषां वत्सेश्वरादीनां सर्वेषां वासरो ययौ ॥ १३०
ततो निशायां प्राप्तायां सुतोद्वाहविमार्शिनी । कलिङ्गसेना सस्मार तां सा सोमप्रभां सखीम् ॥ १३१
एतया स्मृतमात्रां तां मयासुरसुतां तदा । भव्यां भर्ता महाज्ञानी जगाद नलकूबरः ॥ १३२
कलिङ्गसेना त्वामद्य सोत्सुका स्मरति प्रिये । तद्गच्छ दिव्यमुद्यानं कुरु चैतत्सुताकृते ॥ १३३
इत्युक्त्वा भावि भूतं च कथयित्वा च तद्गतम् । तदैव प्रेषयामास पत्नीं सोमप्रभां पतिः ॥ १३४
सा चागत्य चिरोत्कण्ठाकृतकण्ठग्रहां सखीम् । कलिङ्गसेनां कुशलं पृष्ट्वा सोमप्रभाब्रवीत् ॥ १३५
विद्याधरेण तावत्त्वं परिणीता महर्द्धिना । अवतीर्णा रतिस्ते च सुता शार्वादनुग्रहात् ॥ १३६
कामावतारस्यैषा च वत्सेशाल्लब्धजन्मनः । नरवाहनदत्तस्य पूर्वभार्या विनिर्मिता ॥ १३७
विद्याधराधिराज्यं स दिव्यं कल्पं करिष्यति । तस्यैषान्यावरोधानां मूर्ध्नि मान्या भविष्यति ॥ १३८
त्वं चावतीर्णा भूलोके शक्रशापच्युताप्सराः । निष्पन्नकार्यशेषा च शापमुक्तिमवाप्स्यसि ॥ १३९
एतन्मे सर्वमाख्यातं भर्त्रा ज्ञानवता सखि । तस्माच्चिन्ता न ते कार्या भावि सर्वं शुभं तव ॥ १४०
अहं चेह करोम्येषा दिव्यं त्वत्तनयाकृते । उद्यानं नास्ति पाताले न भूमौ यन्न वा दिवि ॥ १४१
इत्युक्त्वा दिव्यमुद्यानं सा निर्माय स्वमायया । कलिङ्गसेनामामन्त्र्य सोत्कां सोमप्रभा ययौ ॥ १४२
ततो निशि प्रभातायामकस्मान्नन्दनं दिवः । भूमाविव च्युतं लोको ददर्शोद्यानमत्र तत् ॥ १४३
बुद्ध्वाथ राजा वत्सेशः सभार्यः सचिवैः सह । नरवाहनदत्तश्च सानुगोऽत्र समाययौ ॥ १४४
ददृशुस्ते तमुद्यानं सदा पुष्पफलद्रुमम् । नानामणिमयस्तम्भभित्तिभूभागवापिकम् ॥ १४५
सुवर्णवर्णविहगं दिव्यसौरभमारुतम् । देवादेशावतीर्णं तत्स्वर्गान्तरमिव क्षितौ ॥ १४६
दृष्ट्वा तदद्भुतं राजा किमेतदिति पृष्टवान् । कलिङ्गसेनामातिथ्यव्यग्रां वत्सेश्वरस्तदा ॥ १४७
सा प्रत्युवाच सर्वेषु शृण्वत्सु नृपतिं च तम् । विश्वकर्मावतारोऽस्ति मयो नाम महासुरः ॥ १४८
युधिष्ठिरस्य यश्चक्रे पुरं रम्यं च वज्रिणः । तस्य सोमप्रभा नाम तनयास्ति सखी मम ॥ १४९

तया रात्राविहागत्य मत्समीपं स्वमायया । प्रीत्या कृतमिदं दिव्यमुद्यानं मत्सुताकृते ॥ १५०
इत्युक्त्वा यच्च सख्यास्या भूतं भाव्युदितं तया । तत्तथैवोक्तमित्युक्त्वा तदा सर्वं शशंस सा ॥ १५१
ततः कलिङ्गसेनोक्तिं ससंवादामवेक्ष्य ताम् । निरस्तसंशयाः सर्वे तोषं तत्रातुलं ययुः ॥ १५२
कलिङ्गसेनातिथ्येन निनाय दिवसं च तम् । उद्यानेऽत्रैव वत्सेशो भार्यापुत्रादिभिः सह ॥ १५३
अन्येद्युर्निर्गतो द्रष्टुं देवं देवकुले च सः । ददर्श नृपतिर्बह्वीः सुवस्त्राभरणाः स्त्रियः ॥ १५४
का यूयमिति पृष्टाश्च तेन तास्तं बभाषिरे । वयं विद्याः कलाश्चैतास्त्वत्पुत्रार्थमिहागताः ॥ १५५
गत्वा विशाम एतस्यान्तरित्युक्त्वा तास्तिरोऽभवन् । सविस्मयः स राजापि वत्सेशोऽभ्यन्तरं ययौ ॥ १५६
तत्र वासवदत्तायै देव्यै मन्त्रिगणाय च । तच्छशंसाभ्यनन्दंस्ते देवतानुग्रहं च तम् ॥ १५७
ततो राजनिदेशेन वीणा वासवदत्तया । नरवाहनदत्तेऽत्र प्रविष्टे जगृहे क्षणात् ॥ १५८
वादयन्तीं ततस्तां च मातरं विनयेन सः । राजपुत्रोऽब्रवीद्वीणा च्युता स्थानादसाविति ॥ १५९
त्वं वादय गृहाणैतामिति पित्रोदितेऽथ सः । वीणामवादयत्कुर्वन्गान्धर्वानपि विस्मितान् ॥ १६०
एवं सर्वासु विद्यासु कलासु च परीक्षितः । पित्रा यावद्भृतस्ताभिः स्वयं सर्वं विवेद सः ॥ १६१
वीक्ष्य तं सगुणं पुत्रं वत्सेशस्तामशिक्षयत् । कलिङ्गसेनातनयां नृत्तं मदनमञ्चुकाम् ॥ १६२
यथा यथा पूर्णकला साभूत्तनुरिवैन्दवी । नरवाहनदत्ताब्धिश्चुक्षुभे स तथा तथा ॥ १६३
अरंस्त तां च गायन्तीं नृत्यन्तीं च विलोकयन । पठन्तीमिव कामाज्ञामङ्गायभिनयैर्वृताम् ॥ १६४
सापि क्षणमपश्यन्ती तमुदश्रुः सुधामयम् । कान्तमासीदुषःकाले जलार्द्रेव कुमुद्वती ॥ १६५
सततं चासहः स्थातुं तन्मुखालोकनं विना । नरवाहनदत्तोऽसौ तत्तदुद्यानमाययौ ॥ १६६
तत्र पार्श्वे तयानीय सुतां मदनमञ्चुकाम् । कलिङ्गसेनया प्रीत्या रञ्ज्यमानः स तस्थिवान् ॥ १६७
गोमुखश्चास्य चित्तज्ञः स्वामिनोऽत्र चिरस्थितिम् । इच्छन्कलिङ्गसेनायै तां तामकथयत्कथाम् ॥ १६८
चित्तग्रहेण तेनास्या राजपुत्रस्तुतोष सः । हृदयानुप्रवेशो हि प्रभोः संवननं परम् ॥ १६९
नृत्तादियोग्यां कुरुते तस्मिन्मदनमञ्चुकाम् । तत्र स्वयं च संगीतवेश्मन्युद्यानवर्तिनि ॥ १७०
नरवाहनदत्तः स क्षेपयन्वरचारणान् । तस्यां प्रियायां नृत्यन्त्यां सर्वातोद्यान्यवादयत् ॥ १७१
जिगाय चागतान्दिग्भ्यो विविधान्पण्डितांस्तथा । गजाश्वरथशस्त्रास्त्रचित्रपुस्तादिकोविदः ॥ १७२
एवं विहरतो विद्यास्वयंवरवृतस्य ते । नरवाहनदत्तस्य शैशवे वासरा ययुः ॥ १७३
एकदा चात्र यात्रायामुद्यानं स प्रियासखः । ययौ नागवनं नाम राजपुत्रः समन्त्रिकः ॥ १७४
तत्राभिलापिणी काचिद्वणिग्भार्या निराकृता । इयेष गोमुखं हन्तुं सविषाहृतपानका ॥ १७५
तद्विवेद च तत्सख्या मुखादत्र स गोमुखः । नाददे पानकं तच्च स्त्रिय एवं निनिन्द च ॥ १७६
अहो धात्रा पुरा सृष्टं साहसं तदनु स्त्रियः । नैतासां दुष्करं किंचिन्निसर्गादिह विद्यते ॥ १७७
नूनं स्त्री नाम सृष्टेयममृतेन विषेण च । अनुरक्तामृतं सा हि विरक्ता विषमेव च ॥ १७८
ज्ञायते कान्तवदना केन प्रच्छन्नपातका । कुस्त्री प्रफुल्लकमला गूढनक्रेव पद्मिनी ॥ १७९
दिवः पतति काचित्तु गुणचक्रप्रचोदिनी । भर्तृश्लाघासहा सुस्त्री प्रभा भानोरिवामला ॥ १८०
हन्त्येवाशु गृहीतान्या पररक्ता गतस्पृहा । पापा विरागविषभृद्भर्तारं भुजगीव सा ॥ १८१
तथा हि कुत्रचिद्ग्रामे शत्रुघ्न इति कोऽप्यभूत् । पुरुषस्तस्य भार्या च बभूव व्यभिचारिणी ॥ १८२
स ददर्शैकदा सायं भार्यां तां जारसंगताम् । जघान तं च तज्जारं खड्गेनान्तर्गृहस्थितम् ॥ १८३
रात्र्यपेक्षी च तस्थौ स द्वारि भार्यां निरुध्य ताम् । तत्कालं च निवासार्थी तमत्र पथिकोऽभ्यगात् ॥ १८४
दत्त्वा तस्याश्रयं युक्त्या तेनैव सह तं हतम् । पारदारिकमादाय रात्रौ तत्राटवीं ययौ ॥ १८५
तत्रान्धकूपे यावत्स शवं क्षिपति तं तया । तावदागतया पश्चात्क्षिप्तः सोऽप्यत्र भार्यया ॥ १८६
एवं कुयोषित्कुरुते किं किं नाम न साहसम् । इति स्त्रीचरितं बालोऽप्यनिन्दत्सोऽत्र गोमुखः ॥ १८७
ततो नागवने तत्र नागानभ्यर्च्य स स्वयम् । नरवाहनदत्तोऽगात्स्वावासं सपरिच्छदः ॥ १८८

तत्र जिज्ञासुरन्येद्युः सचिवान्गोमुखादिकान् । जानन्नपि स पप्रच्छ राजनीतेः समुच्चयम् ॥ १८९
सर्वज्ञस्त्वं तथाप्येतद्ब्रूमः पृष्टा वयं त्वया । इत्युक्त्वा सारमन्योन्यं ते निश्चित्यैवमब्रुवन् ॥ १९०
आरुह्य नृपतिः पूर्वमिन्द्रियाश्वान्वशीकृतान् । कामक्रोधादिकाञ्जित्वा रिपूनाभ्यन्तरांश्च तान् ॥ १९१
जयेदात्मानमेवादौ विजयायान्यविद्विषाम् । अजितात्मा हि विवशी वशीकुर्यात्कथं परम् ॥ १९२
ततो जानपदत्वादिगुणयुक्तांश्च मन्त्रिणः । पुरोहितं चाथर्वज्ञं कुर्याद्दक्षं तपोन्वितम् ॥ १९३
उपाधिभिर्भये लोभे धर्मे कामे परीक्षितान् । योग्येष्वमात्यान्कार्येषु युञ्जीतान्तरवित्तमः ॥ १९४
सत्यं द्वेषप्रयुक्तं वा स्नेहोक्तं स्वार्थसंहतम् । वचस्तेषां परीक्षेत मिथः कार्येषु जल्पताम् ॥ १९५
सत्ये तुष्येदसत्ये तु यथार्हं दण्डमाचरेत् । जिज्ञासेत पृथक्चैषां चारैराचरितं सदा ॥ १९६
इत्यनावृतदृक्पश्यन्कार्याण्युत्खाय कण्टकान् । उपार्ज्य कोषदण्डादि साधयेद्दृढमूलताम् ॥ १९७
उत्साहप्रभुतामन्त्रशक्तित्रययुतस्ततः । परदेशजिगीषुः स्याद्विचार्य स्वपरान्तरम् ॥ १९८
आप्तैः श्रुतान्वितैः प्राज्ञैर्मन्त्रं कुर्यादनायतम् । तैर्निश्चितं स्वबुद्ध्या तत्सर्वाङ्गं परिशोधयेत् ॥ १९९
सामदानाद्युपायज्ञो योगक्षेमं प्रसाधयेत् । प्रयुञ्जीत ततः संधिविग्रहादीन्गुणांश्च षट् ॥ २००
एवं वितन्द्रो विदधत्स्वदेशपरदेशयोः । चिन्तां राजा जयत्येव न पुनर्जातु जीयते ॥ २०१
अज्ञस्तु कामलोभान्धो वृथा मार्गप्रदर्शिभिः । नीत्वा श्वभ्रेषु निक्षिप्य मुष्यते धूर्तचेटकैः ॥ २०२
नैवावकाशं लभते राज्ञस्तस्यान्तिकेऽपरः । धूर्तैर्निबद्धवाटस्य शालेरिव कृषीवलैः ॥ २०३
अन्तर्भूय रहस्येषु तैर्वशीक्रियते हि सः । ततः श्रीरविशेषज्ञात्खिन्ना तस्मात्पलायते ॥ २०४
तस्माज्जितात्मा राजा स्याद्युक्तदण्डो विशेषवित् । प्रजानुरागादेवं हि स भवेद्भाजनं श्रियः ॥ २०५
पूर्वं च शूरसेनाख्यो भृत्यैकप्रत्ययो नृपः । सचिवैः पेटकं कृत्वा भुज्यते स्म वशीकृतः ॥ २०६
यस्तस्य सेवको राज्ञस्तस्मै तन्मन्त्रिणोऽत्र ते । दातुं नैच्छंस्तृणमपि दित्सत्यपि च भूपतौ ॥ २०७
तेषां तु सेवको योऽत्र ददुस्तस्मै स्वयं च ते । ते च विज्ञप्य राजानमनर्हायाप्यदापयन् ॥ २०८
तद्दृष्ट्वा स नृपो बुद्ध्वा शनैस्तद्धूर्तपेटकम् । अन्योन्यं प्रज्ञया युक्त्या सचिवांस्तानभेदयत् ॥ २०९
भिन्नेषु तेषु नष्टेषु मिथः पैशुन्यकारिषु । सम्यक्छशास राज्यं तत्स राजान्यैरवञ्चितः ॥ २१०
हरिसिंहश्च राजाभूत्सामात्यो नीतितत्त्ववित् । कृतभक्तबुधामात्यः सदुर्गः सार्थसंचयः ॥ २११
अनुरक्ताः प्रजाः कृत्वा चेष्टते स्म यथा तथा । चक्रवर्त्यभियुक्तोऽपि न जगाम पराभवम् ॥ २१२
एवं विचारश्चिन्ता च सारं राज्येऽधिकं नु किम् । इत्याद्युक्त्वा यथास्वं ते विरेमुर्गोमुखादयः ॥ २१३
नरवाहनदत्तश्च तेषां श्रद्धाय तद्वचः । चिन्त्ये पुरुषकर्तव्येऽप्यचिन्त्यं दैवमभ्यधात् ॥ २१४
ततश्चोत्थाय तैरेव साकं तां प्रेक्षितुं ययौ । स विलम्बकृतोत्कण्ठां प्रियां मदनमञ्चुकाम् ॥ २१५
प्राप्ते तन्मन्दिरं तस्मिन्नासनस्थे कृतादरा । क्षणं कलिङ्गसेनात्र गोमुखं विस्मिताब्रवीत् ॥ २१६
नरवाहनदत्तेऽत्र राजसुतावनागते । उत्सुका पदवीमस्य द्रष्टुं मदनमञ्चुका ॥ २१७
हर्म्याग्रभूमिमारूढा गोमुखानुगता मया । यावत्तावत्पुमानेको नभसोऽत्रावतीर्णवान् ॥ २१८
स किरीटी च खड्गी च मां दिव्याकृतिरब्रवीत् । अहं मानसवेगाख्यो राजा विद्याधरेश्वरः ॥ २१९
स्वःस्त्री सुरभिदत्ताख्या त्वं च शापच्युता भुवि । सुता च तव दिव्येयमेतन्मे विदितं किल ॥ २२०
तद्देहि मे सुतामेतां संबन्धः सदृशो ह्ययम् । इत्युक्ते तेन सहसा विहस्याहं तमब्रवम् ॥ २२१
नरवाहनदत्तोऽस्या भर्ता दैवैर्विनिर्मितः । सर्वेषां योऽत्र युष्माकं चक्रवर्ती भविष्यति ॥ २२२
इत्युक्तः स मयोत्पत्य व्योम विद्याधरो गतः । मत्पुत्रीनयनोद्वेगाकाण्डविद्युल्लतोपमः ॥ २२३
तच्छ्रुत्वा गोमुखोऽवादीज्जातेऽस्मिन्स्वामिनीह नः । राजपुत्रेऽन्तरिक्षोक्तैर्बुद्ध्वामुं भाविनं प्रभुम् ॥ २२४
पापं विधातुमप्यैच्छन्सद्यो विद्याधरा हि ते । उच्छृङ्खलो नियन्तारं क इच्छेद्बलिनं प्रभुम् ॥ २२५
ततोऽयं रक्षितः साक्षाद्गणानादिश्य शंभुना । नारदोक्तिरियं तातेनोच्यमाना श्रुता मया ॥ २२६
अतो विद्याधराः संप्रत्येतेऽस्माकं विरोधिनः । श्रुत्वा कलिङ्गसेनैतत्सवृत्तान्तभियाब्रवीत् ॥ २२७

मायया तर्हि नो यावन्मद्वन्मदनमञ्चुका । वध्यते राजपुत्रेण किं न तावद्विवाह्यते ॥ २२८
एतत्कलिङ्गसेनातः श्रुत्वा तां गोमुखादयः । ऊचुस्त्वयैव कार्येऽस्मिन्वत्सेशः प्रेर्यतामिति ॥ २२९
ततस्तद्गतधीस्तस्मिन्नुद्याने व्यहरद्दिनम् । नरवाहनदत्तस्तां पश्यन्मदनमञ्चुकाम् ॥ २३०
उत्फुल्लपद्मवदनां दलत्कुवलयेक्षणाम् । बन्धूककमनीयौष्ठीं मन्दारस्तबकस्तनीम् ॥ २३१
शिरीषसुकुमाराङ्गीं पञ्चपुष्पमयीमिव । एकामेव जगज्जेत्रीं स्मरेण विहितामिषुम् ॥ २३२
कलिङ्गसेनाप्यन्येद्युर्गत्वा वत्सेश्वरं स्वयम् । सुताविवाहहेतोस्तद्यथाभीष्टं व्यजिज्ञपत् ॥ २३३
वत्सेशोऽपि विसृज्यैतामाहूय निजमन्त्रिणः । देव्यां वासवदत्तायां स्थितायां निजगाद तान् ॥ २३४
कलिङ्गसेना त्वरते सुतोद्वाहाय तत्कथम् । कुर्मो यद्बन्धकीत्येतां लोको वक्त्युत्तमामिति ॥ २३५
लोकश्च सर्वदा रक्ष्यस्तत्प्रवादेन किं पुरा । रामभद्रेण शुद्धापि त्यक्ता देवी न जानकी ॥ २३६
अम्बा हृतापि भीष्मेण यत्नाद्भ्रातुः कृते तथा । प्रतीपं किं न वा त्यक्ता वृतपूर्वान्यभर्तृका ॥ २३७
एवं कलिङ्गसेनैषा स्वयंवरवृते मयि । व्यूढा मदनवेगेन तेनैतां गर्हते जनः ॥ २३८
अतोऽस्यास्तनयामेतां गान्धर्वविधिना स्वयम् । नरवाहनदत्तोऽसावुद्वहत्वनुरूपिकाम् ॥ २३९
इत्युक्ते वत्सराजेन स्माह यौगन्धरायणः । इच्छेत्कलिङ्गसेनैतदनौचित्यं कथं प्रभो ॥ २४०
दिव्यैषा हि न सामान्या ससुतेत्यसकृद्गतम् । मित्रेण चैतदुक्तं मे ज्ञानिना ब्रह्मरक्षसा ॥ २४१
इत्यादि तत्र ते यावद्विमृशन्ति परस्परम् । एवं माहेश्वरी तावद्वाणी प्रादुरभूद्दिवः ॥ २४२
मन्नेत्रानलदग्धस्य सृष्टस्यात्र मनोभुवः । नरवाहनदत्तस्य मयैवैषा विनिर्मिता ॥ २४३
तपस्तुष्टेन भार्यास्य रतिर्मदनमञ्चुका । एतया सहितश्चायं सर्वान्तःपुरमुख्यया ॥ २४४
विद्याधराधिराज्यं स दिव्यं कल्पं करिष्यति । मत्प्रसादाद्विजित्यारीनित्युक्त्वा विरराम वाक् ॥ २४५
श्रुत्वैतां भगवद्वाणीं वत्सेशः सपरिच्छदः । तं प्रणम्य सुतोद्वाहे सानन्दो निश्चयं व्यधात् ॥ २४६

अथ स सचिवमुख्यं पूर्वविज्ञाततत्त्वं नरपतिरभिनन्द्याहूय मौहूर्तिकांश्च ।
शुभफलदमपृच्छल्लग्नमूचुस्तु ते तं कतिपयदिनमध्ये भाविनं प्राप्तपूजाः ॥ २४७

कालं मनागनुभविष्यति कंचिदत्र पुत्रो वियोगमनया सह भार्यया ते ।
जानीमहे वयमिदं निजशास्त्रदृष्ट्या वत्सेश्वरेति जगदुर्गणकाः पुनस्ते ॥ २४८

ततः स सूनोर्निजवैभवोचितं विवाहसंभारविधिं व्यधान्नृपः ।
तथा यथास्य स्वपुरी न केवलं पृथिव्यपि क्षोभमगात्तदुद्यमात् ॥ २४९

प्राप्ते विवाहदिवसेऽथ कलिङ्गसेना पित्रा निसृष्टनिजदिव्यविभूषणायाः ।
तस्याः प्रसाधनविधिं दुहितुश्चकार सोमप्रभा पतिनिदेशवशागता च ॥ २५०

कृतदिव्यकौतुका सा सुतरामथ मदनमञ्चुका विबभौ ।
नन्वेवमेव कान्ता चन्द्रतनुः कार्तिकानुगता ॥ २५१

दिव्याङ्गनाश्च तस्या हराज्ञया श्रूयमाणगीतरवाः ।
तद्रूपजिताच्छन्ना ह्रीता इव मङ्गलं विदधुः ॥ २५२

भक्तानुकम्पिनि जयाद्रिसुते त्वयाद्य रत्यास्तपः स्वयमुपेत्य कृतं कृतार्थम् ।
इत्यादि दिव्यवरचारणवाद्यमिश्रवाक्यानुमेयमपि संदधतेऽत्र गौर्याः ॥ २५३

अथ नरवाहनदत्तः प्रविवेश स मदनमञ्चुकाध्युषितम् ।
कृतवरकौतुकशोभी विविधमहातोद्यभृद्विवाहगृहम् ॥ २५४

निर्वर्त्य तत्र बहलोद्यतविप्रमत्तवीवाहमङ्गलविधिं च वधूवरौ तौ ।
वेदीं समारुरुहतुर्ज्वलिताग्निमुच्चै राज्ञां शिरोभुवमिवामलरत्नदीपाम् ॥ २५५

यदि युगपदिहेन्दुमूर्तिभानू कनकगिरिं भ्रमतोऽभितः कदाचित् ।
भवति तदुपमा तयोस्तदानीं जगति वधूवरयोः प्रदक्षिणेऽग्नेः ॥ २५६

यथा विवाहोत्सवतूर्यनादानपोथयन्दुन्दुभयोऽन्तरिक्षे ।
तथा वधूत्सारितहोमलाजाः सुरोज्झिताः कौसुमवृष्टयोऽत्र ॥ २५७

ततः कनकराशिभिर्मणिमयैश्च जामातरं समर्चयदुदारधीः किल कलिङ्गसेना तथा ।
यथात्र बुबुधे जनैरपि सुदुर्गतोऽस्याः पुरः स काममलकापतिः कृपणभूभृतोऽन्ये तु के ॥ २५८

निष्पन्नतादृशचिराभिमतानुरूपपाणिग्रहोत्सवविधी च वधूवरौ तौ ।
अभ्यन्तरं विविशतुः प्रमदोपरुद्धं लोकस्य मानसमिवामलचित्रभक्ति ॥ २५९

सद्वाहिनीपरिगतैरपि विश्ववन्द्यशौर्याश्रितैरपि जितावनतैर्नरेन्द्रैः ।
सा वारिराशिभिरिवाशु पुरी पुपूरे वत्सेश्वरस्य सदुपायनरत्नहस्तैः ॥ २६०

अनुजीविजनाय सोऽपि राजा व्यकिरद्धेम तथा महोत्सवेऽस्मिन् ।
यदि परमभवन्न जातरूपा जननीगर्भगता यथास्य राष्ट्रे ॥ २६१

वरचारणनर्तकीसमूहैर्विविधदिगन्तसमागतैस्तदात्र ।
परितः स्तवनृत्तगीतवाद्यैर्बुबुधे तन्मय एव जीवलोकः ॥ २६२

वातोद्धूतपताकाबाहुलता चोत्सवेऽत्र कौशाम्बी ।
सापि ननर्तेव पुरी पौरस्त्रीरचितमण्डनाभरणा ॥ २६३

एवं च स प्रतिदिनं परिवर्धमानो निर्वर्त्यते स्म सुचिरेण महोत्सवोऽत्र ।
सर्वः सदैव च सुहृत्स्वजनो जनश्च हृष्टस्ततः किमपि पूर्णमनोरथोऽभूत् ॥ २६४

स च नरवाहनदत्तो युवराजो मदनमञ्चुकासहितः ।
भजते स्म सुचिरकाङ्क्षितमुदयैषी जीवलोकसुखम् ॥ २६५

इति महाकविश्रीसोमदेवभट्टविरचिते कथासरित्सागरे मदनमञ्चुकालम्बकेऽष्टमस्तरङ्गः ।

समाप्तश्चायं मदनमञ्चुकालम्बकः षष्ठः ।

॥ श्रीः ॥

महाकविश्रीसोमदेवभट्टविरचितः

कथासरित्सागरः ।

रत्नप्रभा नाम सप्तमो लम्बकः ।

इदं गुरुगिरीन्द्रजाप्रणयमन्दरान्दोलना-
त्पुरा किल कथामृतं हरमुखाम्बुधेरुद्गतम् ।
प्रसह्य रसयन्ति ये विगतविघ्नलब्धर्द्धयो
धुरं दधति वैबुधीं भुवि भवप्रसादेन ते ॥

प्रथमस्तरङ्गः ।

केलिकेशग्रहव्यग्रगौरीकरनखावृतम् । शिवायानेकचन्द्राढ्यमिव शार्वं शिरोऽस्तु वः ॥ १
करं दानाम्भसार्द्रं यः कुञ्चिताग्रं प्रसारयन् । ददत्सिद्धिमिवाभाति स पायाद्वो गजाननः ॥ २
एवं स तत्र कौशाम्ब्यां पुत्रो वत्सेश्वरस्य ताम् । परिणीय युवा प्राणसमां मदनमञ्चुकाम् ॥ ३
नरवाहनदत्तः स्वैः सचिवैर्गोमुखादिभिः । समं तस्थौ यथाकामं परिपूर्णमनोरथः ॥ ४
एकदा चोल्लसन्मत्तकोकिलारावराजिते । प्रवर्तितलतालास्यवल्गन्मलयमारुते ॥ ५
प्रगीतभृङ्गसुभगे संप्राप्ते च मधूत्सवे । ययौ विहर्तुमुद्यानं राजपुत्रः समन्त्रिकः ॥ ६
तत्र भ्रान्त्वागतोऽकस्मादुपेत्य निजगाद तम् । प्रहर्षोत्फुल्लनयनः स्ववयस्यस्तपन्तकः ॥ ७
युवराज मया दृष्टा कापीतो नातिदूरतः । कन्यावतीर्य गगनात्स्थिताऽशोकतरोरधः ॥ ८
तयैव प्रेषितश्चाहमुपेत्य ससखीकया । स्वकान्तिद्योतितदिशा त्वदाह्वानाय कन्यया ॥ ९
तच्छ्रुत्वा स स्वसचिवैः साकं तद्दर्शनोत्सुकः । नरवाहनदत्तस्तत्तरुमूलमगाद्द्रुतम् ॥ १०
ददर्श तत्र तां कान्तां लोललोचनषट्पदाम् । शोणौष्ठपल्लवां पीनस्तनस्तबकशोभिताम् ॥ ११
परागपुञ्जगौराङ्गीं छायया तापहारिणीम् । आर्त्तोचिताकृतिं साक्षादिवोपवनदेवताम् ॥ १२
उपाययौ च प्रणतां स तामभिननन्द च । दिव्यकन्यां नृपसुतस्तद्रूपापहृतेक्षणः ॥ १३
अथ तत्सचिवः सर्वेषूपविष्टेषु गोमुखः । तामपृच्छच्छुभे का त्वं किमर्थश्चागमोऽत्र ते ॥ १४
तच्छ्रुत्वा सा दुरुल्लङ्घ्यमन्मथाज्ञोज्झितत्रपा । नरवाहनदत्तस्य वदनाम्भोरुहं मुहुः ॥ १५
पश्यन्ती चक्षुषा तिर्यगसमप्रणवल्गुता । विस्तरेणात्मवृत्तान्तकथामेवमवर्णयत् ॥ १६
अस्ति त्रिजगति ख्यातो नगेन्द्रो हिमवानिति । भूरिशृङ्गस्य तस्यैकं शृङ्गं गौरीपतेर्गिरिः ॥ १७
भास्वन्मणिप्रभामाली विलसत्तुहिनद्युतिः । गगनाभोग इव यः परिच्छेत्तुं न शक्यते ॥ १८
हरप्रसादलभ्यानां जरामृत्युभयच्छिदाम् । सिद्धीनामोषधीनां च निधानं यस्य सानवः ॥ १९
येन विद्याधरव्रातशरीररुचिपिञ्जरैः । शिखरैरमराद्रीन्द्रशृङ्गशोभाभिभूयते ॥ २०
तत्र काञ्चनशृङ्गाख्यमस्ति हेममयं पुरम् । भाभिः प्रभाकरस्थानमिव यद्भाति भासुरम् ॥ २१
बहुयोजनविस्तीर्णे तस्मिन्विद्याधरेश्वरः । आस्ते हेमप्रभो नाम दृढभक्तिरुमापतौ ॥ २२
तस्य चास्ति महादेवी पत्नीषु बहुषु प्रिया । अलंकारप्रभा नाम रोहिणीव हिमत्विषः ॥ २३
तया सह स राजा च प्रातरुत्थाय धार्मिकः । स्नात्वार्चयित्वा विधिवद्गौरीयुक्तं महेश्वरम् ॥ २४
एत्य मानुषलोकं च रत्नमिश्रं दिने दिने । ब्राह्मणेभ्यो दरिद्रेभ्यः स्वर्णलक्षं प्रयच्छति ॥ २५

ततश्चागत्य धर्मेण राजकृत्यान्यवेक्ष्य सः। करोत्याहारपानादि मुनिवन्नियतव्रतः ॥ २६
एवं दिनेषु गच्छत्सु तस्योद्भूतवशात्किल। अपुत्रताकृता राज्ञश्चिन्ता जातूदपद्यत ॥ २७
तयातिदुर्मनस्कं च दृष्ट्वा पप्रच्छ तं प्रिया। अलंकारप्रभा देवी दौर्मनस्यस्य कारणम् ॥ २८
ततः स राजावादीत्तां सर्वसंपत्तिरस्ति मे। एकं तु पुत्रो नास्तीति दुःखं मां देवि बाधते ॥ २९
या मया प्रागपुत्रस्य पुंसः सत्त्ववतः कथा। श्रुता तत्स्मरणोद्भूताचिन्तैषा चोद्गता मम ॥ ३०
कीदृशी सा कथा देवेत्युक्तो देव्या तया च सः। राजा तस्यै कथामेवं संक्षेपात्तामवर्णयत् ॥ ३१
नगरे चित्रकूटाख्ये ब्राह्मणार्चनतत्परः। बभूव ब्राह्मणवरो नाम्नान्वर्थो महीपतिः ॥ ३२
तस्यासीत्सत्त्वशीलाख्यो जयी युद्धैकसेवकः। मासे मासे च लेभे स तस्मात्स्वर्णशतं नृपात् ॥ ३३
पर्याप्त्यै तच्च नैवाभूत्त्यागिनस्तस्य काञ्चनम्। अपुत्रत्वाच्च दानैकविनोदासक्तचेतसः ॥ ३४
पुत्रो विनोदहेतुर्मे दत्तस्तावन्न वेधसा। दत्तं च दानव्यसनं तदप्यर्थविनाकृतम् ॥ ३५
वरं जीर्णस्य शुष्कस्य तरोर्जन्मोपलस्य वा। न संसारे दरिद्रस्य त्यागैकव्यसनस्य च ॥ ३६
इति संचिन्तयन्नित्यं सत्त्वशीलः स जातुचित्। उद्याने संचरन्प्राप निधिं दैवात्कदाचन ॥ ३७
सभृत्यश्च तमादाय भूरिकाञ्चनभास्वरम्। महार्घरत्नरुचिरं निनाय प्रसभं गृहम् ॥ ३८
ततः स भोगान्भुञ्जानो ब्राह्मणेभ्यो ददद्वसु। भृत्येभ्यश्च सुहृद्भ्यश्च यावदास्तेऽत्र सात्त्विकः ॥ ३९
तावद्दृष्ट्वा तदभ्यूह्य निधिलाभः स गोत्रजैः। तस्य राजकुले गत्वा स्वैरं राज्ञे निवेदितः ॥ ४०
अथ राज्ञा समाहूतः प्रतीहारनिदेशतः। क्षणं राजाङ्गणैकान्ते सत्त्वशीलः स तस्थिवान् ॥ ४१
तत्र हस्तस्थया लीलावज्रमुष्ट्या खनन्क्षितिम्। स लेभे ताम्रकुम्भीस्थं निधानं चापरं महत् ॥ ४२
दत्त्वेदं रञ्जनीयस्ते राजेति हृदयं निजम्। विधिना सत्त्वतुष्टेन प्रकाशमिव दर्शितम् ॥ ४३
तथैवाच्छादयामास मृदा तच्च विवेश च। आवेदितः प्रतीहारेणान्तिकं नृपतेस्ततः ॥ ४४
ज्ञातं मया निधिर्लब्धस्त्वया तं नः समर्पय। इति तत्र स राज्ञा च प्रणतो जगदे स्वयम् ॥ ४५
किमर्पयामि देवाद्यं किमद्यतनमुच्यताम्। सोऽपि तत्रेति राजानं सत्त्वशीलो जगाद तम् ॥ ४६
अर्पयाभिनवप्राप्तमित्युक्तश्च स भूभृता। गत्वा राजाङ्गणैकान्ते निधिं तस्मै समर्पयत् ॥ ४७
आद्यं निधिं यथेच्छं त्वं भुङ्क्ष्वेति प्रेषितोऽथ सः। नृपेण निधितुष्टेन सत्त्वशीलोऽगमद्गृहम् ॥ ४८
तत्रासीद्दानभोगाभ्यां तन्वन्नाम्नो यथार्थताम्। नुदंश्चापुत्रतादुःखदौर्मनस्यं कथंचन ॥ ४९
इत्येतत्सत्त्वशीलस्य वृत्तं पूर्वं श्रुतं मया। संस्मृत्य खीयते दुःखं पुत्रासद्भावचिन्तया ॥ ५०
इति विद्याधरेन्द्रेण भार्या हेमप्रभेण सा। अलंकारप्रभा देवी गदिता निजगाद तम् ॥ ५१
सत्यमेवं सुसत्त्वानां साहाय्यं भजते विधिः। किं नापरो निधिर्लब्धः सत्त्वशीलेन संकटे ॥ ५२
तत्स्वसत्त्वप्रभावेण त्वमपि प्राप्स्यसीप्सितम्। शृणु विक्रमतुङ्गस्य कथां चात्र निदर्शनम् ॥ ५३
अस्ति पाटलिपुत्राख्यं भुवोऽलंकरणं पुरम्। पूर्णवर्णव्यवस्थानैस्तैस्तैः सन्मणिभिश्चितम् ॥ ५४
तत्र विक्रमतुङ्गाख्यो राजाभूत्सत्त्ववान्पुरा। योऽभूत्पराङ्मुखो दाने नार्थिनां न युधि द्विषाम् ॥ ५५
स जातु मृगयाहेतोः प्रविष्टो नृपतिर्वनम्। बिल्वैर्होमं विदधतं तत्र ब्राह्मणमैक्षत ॥ ५६
तं दृष्ट्वा प्रष्टुकामोऽपि परिहृत्य तदन्तिकम्। ययौ स दूरं मृगयारसेन सबलस्ततः ॥ ५७
उत्पतद्भिः पतद्भिश्च हन्यमानैः स्वपाणिना। चिरं मृगैश्च सिंहैश्च क्रीडित्वा कन्दुकैरिव ॥ ५८
आवृत्तस्तं तथैवात्र दृष्ट्वा होमपरं द्विजम्। उपेत्य नत्वा पप्रच्छ नाम होमफलं च सः ॥ ५९
ततः स ब्राह्मणो भूपं कृताशीस्तमभाषत। विप्रोऽहं नागशर्माख्यो होमे च शृणु मे फलम् ॥ ६०
अनेन बिल्वहोमेन प्रसीदति यदानलः। हिरण्मयानि बिल्वानि तदा निर्यान्ति कुण्डतः ॥ ६१
ततोऽग्निः प्रकटीभूय वरं साक्षात्प्रयच्छति। वर्तते मम भूयांश्च कालो बिल्वानि जुह्वतः ॥ ६२
मन्दपुण्यस्य नाद्यापि तुष्यत्येव स पावकः। इत्युक्ते तेन राजा तं धीरसत्त्वोऽभ्यभाषत ॥ ६३
तर्हि मे देहि बिल्वं त्वमेकं यावज्जुहोमि तम्। प्रसादयामि च ब्रह्मन्नधुनैव तवानलम् ॥ ६४

कथं प्रसादयसि तं वह्निमप्रयतोऽशुचिः । यो ममैवं व्रतस्थस्य पूतस्यापि न तुष्यति ॥ ६५

इत्युक्तस्तेन विप्रेण राजा तमवदत्पुनः । मैवं प्रयच्छ मे बिल्वं पश्याश्चर्यं क्षणादिति ॥ ६६

ततः स राज्ञे विप्रोऽस्मै ददौ बिल्वं सकौतुकः । राजा च स तदा तत्र दृढसत्त्वेन चेतसा ॥ ६७

हुतेनानेन बिल्वेन न चेत्तुष्यति तच्छिरः । त्वय्यग्ने स्वं जुहोमीति ध्यात्वा तस्मिञ्जुहाव तत् ॥ ६८

आविरासीच्च सप्तार्चिः कुण्डाद्बिल्वं हिरण्मयम् । स्वयमादाय तत्तस्य फलं सत्त्वतरोरिव ॥ ६९

जगाद च स साक्षात्तं जातवेदा महीपतिम् । सत्त्वेनानेन तुष्टोऽस्मि तद्गृहाण वरं नृप ॥ ७०

तच्छ्रुत्वा स महासत्त्वो राजा तं प्रणतोऽब्रवीत् । को ममान्यो वरो देहि द्विजायास्मै यथेप्सितम् ॥ ७१

इति राज्ञो वचः श्रुत्वा सुप्रीतोऽग्निर्जगाद तम् । राजन्महाधनपतिर्ब्राह्मणोऽयं भविष्यति ॥ ७२

त्वमप्यक्षीणकोषश्रीर्मत्प्रसादाद्भविष्यसि । एवं दत्तवरं वह्निं ब्राह्मणः स व्यजिज्ञपत् ॥ ७३

आविर्भूतोऽसि सहसा राज्ञः स्वेच्छाविहारिणः । न मे सनियमस्यापि किमेतद्भगवन्निति ॥ ७४

ततोऽग्निर्वरदः प्राह नादास्यं दर्शनं यदि । अहोष्यदेष स्वशिरस्तीव्रसत्त्वो नृपो मयि ॥ ७५

तीव्रसत्त्वस्य नचिराद्भवन्त्येव हि सिद्धयः । मन्दसत्त्वस्य तु चिराद्भवन्त्युष्मादृशस्य ताः ॥ ७६

इत्युक्त्वान्तर्हिते वह्नौ नृपमामन्त्र्य स द्विजः । नागशर्मा ततो गत्वा क्रमेणाभून्महाधनः ॥ ७७

नृपोऽपि दृष्टसत्त्वः स स्तूयमानोऽनुयायिभिः । ययौ विक्रमतुङ्गः स्वं पुरं पाटलिपुत्रकम् ॥ ७८

तत्र स्थितमकस्मात्तं प्रविश्य प्रभुमेकदा । रहः शत्रुंजयो नाम प्रतीहारो व्यजिज्ञपत् ॥ ७९

विजने देव विज्ञप्तिं चिकीर्षुर्ब्राह्मणो बटुः । दत्तशर्मेति नाम स्वं ब्रुवाणो द्वारि तिष्ठति ॥ ८०

प्रवेशयेति भूपेन तेनादिष्टे प्रवेशितः । स्वस्तिपूर्वं स राजानं प्रणम्योपाविशद्बटुः ॥ ८१

व्यजिज्ञपच्च देवाहं चूर्णयुक्त्या कयाचन । सद्यः साधयितुं जाने ताम्रात्कनकमुत्तमम् ॥ ८२

गुरुणा ह्युपदिष्टा सा युक्तिर्मम मया च तत् । दृष्टं साक्षात्तया युक्त्या संसिद्धं तस्य काञ्चनम् ॥ ८३

इत्युक्ते बटुना तेन ताम्रमानाययन्नृपः । विलीने च कृते तस्मिन्स बटुश्चूर्णमक्षिपत् ॥ ८४

क्षिप्यमाणं च तच्चूर्णमदृश्यः कोऽप्यपाहरत् । यक्षस्तं च ददर्शैकः स राजा तुष्टपावकः ॥ ८५

अप्राप्तचूर्णं ताम्रं च न सुवर्णीबभूव तत् । एवं त्रिः कुर्वतस्तस्य बटोर्मोघः श्रमोऽभवत् ॥ ८६

ततो विषण्णादादाय राजा तस्माद्बटोः स्वयम् । चूर्णं विलीने चिक्षेप ताम्रे तेजस्विनां वरः ॥ ८७

तस्य तन्नाहरच्चूर्णं यक्षः स्मित्वा ययौ तु सः । तेन तच्चूर्णसंयोगात्ताम्रं कनकतामगात् ॥ ८८

विस्मिताय ततस्तस्मै बटवे परिपृच्छते । स राजा यक्षवृत्तान्तं यथादृष्टं शशंस तम् ॥ ८९

शिक्षित्वा चूर्णयुक्तिं च बटोस्तस्मात्तदैव ताम् । नृपश्चक्रे कृतार्थं तं कृतदारपरिग्रहम् ॥ ९०

भेजे च पूर्णकोषश्रीर्हेम्ना तद्युक्तिजन्मना । सावरोधोऽसमान्भोगानदरिद्रीकृतद्विजः ॥ ९१

तदेवं भीत इव वा परितुष्ट इवाथवा । ददाति तीव्रसत्त्वानामिष्टमीश्वर एव हि ॥ ९२

त्वत्तश्च धीरसत्त्वोऽन्यः कोऽस्ति दाता च देव तत् । दास्यत्याराधितः शंभुः पुत्रं ते मा शुचं कृथाः ॥ ९३

इत्युदारमलंकारप्रभादेवीमुखाद्वचः । श्रुत्वा हेमप्रभो राजा श्रद्दधे च तुतोष च ॥ ९४

मेने च तनयप्राप्तिं गौरीशाराधनाद्ध्रुवम् । सूचितां हृदयेनैव निजेनोत्साहशालिना ॥ ९५

ततोऽन्येद्युः सदेवीकः स्नातोऽभ्यर्चितशंकरः । नवकाञ्चनकोटीश्च विप्रेभ्यः प्रतिपाद्य सः ॥ ९६

तनयार्थं तपस्तेपे निराहारो हराग्रतः । देहस्त्यक्तो मया शर्वस्तोषितो वेति निश्चितः ॥ ९७

तपस्थश्चेति तुष्टाव वरदं गिरिजापतिम् । हेलावितीर्णदुग्धाब्धि प्रपन्नायोपमन्यवे ॥ ९८

नमस्तेऽस्तु जगत्सर्गस्थितिसंहारहेतवे । गौरीश तत्त्वव्योमादिभेदभिन्नाष्टमूर्तये ॥ ९९

नमस्ते सततोत्फुल्लहृत्कुशेशयशायिने । विशुद्धमानसावासकलहंसाय शंभवे ॥ १००

नमो दिव्यप्रकाशाय निर्मलाय जलात्मने । प्रक्षीणदोषैर्दृश्याय सोमायात्यद्भुताय ते ॥ १०१

देहार्धधृतकान्ताय केवलब्रह्मचारिणे । इच्छानिर्मितविश्वाय नमो विश्वमयाय ते ॥ १०२

एवं कृतस्तुतिं तं च राजानं गिरिजापतिः । त्रिरात्रोपोषितं स्वप्ने साक्षाद्भूयेदमब्रवीत् ॥ १०३

उत्तिष्ठ राजन्भावी ते वीरो वंशधरः सुतः। गौरीप्रसादात्कन्यापि भविष्यत्युत्तमा तव ॥ १०४
नरवाहनदत्तस्य युष्माकं चक्रवर्तिनः। भविष्यतो भवित्री या महिषी महसां निधेः ॥ १०५
इत्युक्त्वान्तर्हिते शर्वे सोऽथ विद्याधरेश्वरः। हेमप्रभः प्रबुबुधे प्रहृष्टो रजनीक्षये ॥ १०६
आनन्दयद्दलंकारप्रभां स्वप्नं निवेद्य सः। गौर्या स्वप्ने तथैवोक्तां भार्यां संवाददर्शिनीम् ॥ १०७
उत्थाय च ततः स्नातः स राजार्चितधूर्जटिः। चकार दत्तदानः सन्नुत्सवं कृतपारणः ॥ १०८
दिवसेष्वथ यातेषु देवी कतिपयेषु सा। अलंकारप्रभा तस्य राज्ञो गर्भमधारयत् ॥ १०९
आनन्दयामास च तं मुखेन मधुगन्धिना। लोलनेत्रालिना कान्तं पङ्कजेनेव पाण्डुना ॥ ११०
आख्यातश्लाघ्यजन्मानमुदारैर्गर्भदोहदैः। असूत तनयं काले द्यौरर्कमिव सा ततः ॥ १११
येन जातेन सहजैस्तेजोभिरवभासितम्। सिन्दूरारुणतां नीतमपि तज्जातवासकम् ॥ ११२
पिता च तं शिशुं राजा शत्रुगोत्रभयावहम्। दिव्यवागुपदिष्टेन नाम्ना वज्रप्रभं व्यधात् ॥ ११३
ततः स ववृधे बालः पार्वणेन्दुरिव क्रमात्। कलाभिः पूर्यमाणः सन्वृद्धिहेतोः कुलाम्बुधेः ॥ ११४
अथाचिरात्पुनस्तस्य राज्ञो हेमप्रभस्य सा। अलंकारप्रभा राज्ञी सगर्भा समपद्यत ॥ ११५
सगर्भा चाश्रयोद्भूतसविशेषद्युतिस्तथा। सत्यं हेमासनारूढा भेजेऽन्तःपुररत्नताम् ॥ ११६
विद्याकल्पितसत्पद्मविमानेन नभस्तले। बभ्राम च तथाभूतविलसद्गर्भदोहदा ॥ ११७
प्राप्ते च समये तस्या देव्याः कन्याजनिष्ट सा। पर्याप्तं वर्णनं यस्या जन्म गौरीप्रसादतः ॥ ११८
नरवाहनदत्तस्य भार्येयं भाविनीति वाक्। तदाश्रावि हरादेशवचःसंवादिनी दिवः ॥ ११९
ततो राजा सुतोत्पत्तिनिर्विशेषकृतोत्सवः। तां स हेमप्रभोऽकार्षीन्नाम्ना रत्नप्रभां सुताम् ॥ १२०
स्वविद्यासंस्कृता सा च तस्य रत्नप्रभा पितुः। अवर्धत गृहे दिक्षु प्रकाशस्तूदपद्यत ॥ १२१
ततः स राजा तं वर्महरं वज्रप्रभं सुतम्। कृतदारक्रियं कृत्वा यौवराज्येऽभिषिक्तवान् ॥ १२२
विन्यस्तराज्यभारश्च तस्मिन्नासीत्स निर्वृतः। सुताविवाहचिन्ता तु तस्यैकाभूत्तदा हृदि ॥ १२३
एकदा सोऽन्तिकासीनां प्रदेयां वीक्ष्य तां सुताम्। राजाब्रवीदलंकारप्रभां देवीं समीपगाम् ॥ १२४
कुलालंकारभूतापि पश्य देवि जगत्त्रये। कन्या नाम महद्दुःखं धिगहो महतामपि ॥ १२५
विनीताप्याप्तविद्यापि रूपयौवनवत्यपि। रत्नप्रभा वरप्राप्त्या विनैषा यद्दुनोति माम् ॥ १२६
नरवाहनदत्तस्य भार्योक्ता दैवतैरियम्। तत्किं न दीयते तस्मै भाव्यसम्राक्चक्रवर्तिने ॥ १२७
इति चोक्तस्तया देव्या स राजा पुनरब्रवीत्। बाढं सा कन्यका धन्या या तं वरमवाप्नुयात् ॥ १२८
स हि कामावतारोऽत्र किं तु नाद्यापि दिव्यताम्। प्राप्तस्तेन मया तस्य विद्याप्राप्तिः प्रतीक्ष्यते ॥ १२९
इत्येवं वदतस्तस्य सद्यस्तैर्वचनैः पितुः। कर्णप्रविष्टैः कंदर्पमोहमन्त्रपदोपमैः ॥ १३०
भ्रान्तेवाविष्टचित्तेव सुप्तेव लिखितेव च। अभूद्रत्नप्रभा तेन हृतचित्ता वरेण सा ॥ १३१
ततः कथंचित्पितरौ प्रणम्यान्तःपुरं निजम्। गत्वा चिन्तातुरा निद्रां चिरेण कथमप्यगात् ॥ १३२
प्रातः शुभं दिनं पुत्रि तत्स वत्सेश्वरात्मजः। द्रष्टव्यः स्ववरो गत्वा कौशाम्बीं नगरीं त्वया ॥ १३३
ततश्च स्वपुरेऽमुष्मिन्नानीय त्वत्पिता स्वयम्। तव तस्य च कल्याणि विवाहं संविधास्यति ॥ १३४
इति स्वप्नेऽथ तं गौरी सानुकम्पा समादिशत्। प्रबुध्य सा च तं स्वप्नं प्रातर्मात्रे न्यवेदयत् ॥ १३५
ततः सा तदनुज्ञाता बुद्ध्वा विद्याप्रभावतः। उद्यानस्थं वरं द्रष्टुं प्रावर्तत निजात्पुरात् ॥ १३६
तामार्यपुत्र मामेतां वेत्थ रत्नप्रभामिति। प्राप्तामुक्तां क्षणेनाद्य वित्थ यूयमतः परम् ॥ १३७
एतत्तस्या वचः श्रुत्वा माधुर्यन्यक्कृतामृतम्। विलोक्य नेत्रपीयूषं विद्याधर्या वपुश्च तत् ॥ १३८
नरवाहनदत्तोऽन्तर्विधातारं निनिन्द सः। श्रोत्रनेत्रमयं कृत्स्नमकरोत्किं न मामिति ॥ १३९
जगाद तां च धन्योऽहं जन्माद्य सफलं मम। योऽहमेवं स्वयं तन्वि स्नेहादभिसृतस्त्वया ॥ १४०
इत्यन्योन्यनवप्रेमकृतसंलापयोस्तयोः। अकस्माद्ददृशे तत्र विद्याधरबलं दिवि ॥ १४१
तातोऽयमागतोऽत्रेति द्राग्रत्नप्रभयोदिते। राजा हेमप्रभो व्योम्नः सपुत्रोऽवततार सः ॥ १४२

उपाययौ च पुत्रेण सह वज्रप्रभेण सः । नरवाहनदत्तं तं विहितस्वागतादरम् ।। १४३
अन्योन्यरचिताचारा यावत्तिष्ठन्ति ते क्षणात् । तावत्तत्राययौ बुद्ध्वा वत्सराजः समन्त्रिकः ।। १४४
कृतातिथ्यनिधिं तं च नृपं हेमप्रभोऽथ सः । यथा रत्नप्रभोक्तं तं वृत्तान्तं समबोधयत् ।। १४५
जगाद च मया चेयं ज्ञाता विद्याप्रभावतः । इहागता सुता सर्वं वृत्तान्तं चात्र वेद्म्यहम् ।। १४६
.............................। चक्रवर्तित्विमानं हि भाव्यमेऽमुष्य तादृशम् ।। १४७
अनुमन्यस्व तद्गक्ष्यस्यचिरादेतमात्मजम् । रत्नप्रभावधूयुक्तं युवराजमिहागतम् ।। १४८
एवं वत्सेशमभ्यर्थ्य तेनानुमतवाञ्छितः । सपुत्रः कल्पयित्वा तद्विमानं निजविद्यया ।। १४९
तत्रारोप्य त्रपानम्रमुखं रत्नप्रभायुतम् । नरवाहनदत्तं तं सहितं गोमुखादिभिः ।। १५०
यौगन्धरायणेनापि पित्रानुप्रेषितेन सः । हेमप्रभो निनाय स्वं पुरं काञ्चनशृङ्गकम् ।। १५१
नरवाहनदत्तश्च ददर्श प्राप्य तत्पुरम् । श्वाशुरं काञ्चनमयं हेमप्राकारभासुरम् ।। १५२
रश्मिप्रतानैर्निर्यद्भिरलंकृतमिवाभितः । प्रसारितानेकभुजं जामातृप्रीतिसंभ्रमात् ।। १५३
तत्र तां विधिवत्तस्मै राजा हेमप्रभो ददौ । रत्नप्रभां महारम्भो हरयेऽब्धिरिव श्रियम् ।। १५४
प्रायच्छद्रत्नराशींश्च तदा तस्मै स भास्वरान् । प्रदीप्तानेकवीवाहवह्निविभ्रमशालिनः ।। १५५
सोत्सवस्य पुरे चास्य राज्ञो वित्तानि वर्षतः । लब्धवस्त्रा इव बभुः सपताका गृहा अपि ।। १५६
नरवाहनदत्तश्च निर्व्यूढोद्वाहमङ्गलः । दिव्यभोगभुगत्रास्त स रत्नप्रभया समम् ।। १५७
रेमे च दिव्यान्युद्यानवापीदेवकुलानि सः । पश्यंस्तया समारुह्य तद्विद्याबलतो नभः ।। १५८

एवं च तत्र कतिचिद्दिवसानुषित्वा विद्याधराधिपपुरे स वधूसहायः ।
वत्सेश्वरस्य तनयः स्वपुरीं प्रयातुं यौगन्धरायणमतेन मतिं चकार ।। १५९
श्वश्वा ततो रचितमङ्गलसंविधानः संपूजितः ससचिवः श्वशुरेण भूयः ।
तेनैव पुत्रसहितेन सह प्रतस्थे कान्तासखस्तदधिरुह्य पुनर्विमानम् ।। १६०
प्राप्याशु तां प्रमदनिर्भरवत्सराजवद्धोत्सवां स जननीनयनामृतौघः ।
रत्नप्रभां दधदथ स्वपुरीं विवेश हेमप्रभेण ससुतेन सहानुगैश्च ।। १६१
वत्सेश्वरोऽपि सह वासवदत्तया तं पादानतं समभिनन्द्य सुतं वधूं च ।
हेमप्रभं सतनयं विभवानुरूपं संबन्धिनं नवमपूजयदूर्जितश्रीः ।। १६२

अथ विद्याधरराजे तस्मिन्नापृच्छ्य वत्सराजादीन् ।
उत्पत्य नभः ससुते गतवति हेमप्रभे स्वपुरम् ।। १६३
नरवाहनदत्तोऽसौ रत्नप्रभया समदनमञ्जुकया ।
सह सुखितस्तदनैषीद्दिवसं सखिभिर्निजैर्युक्तः ।। १६४

इति महाकविश्रीसोमदेवभट्टविरचिते कथासरित्सागरे रत्नप्रभालम्बके प्रथमस्तरङ्गः ।

द्वितीयस्तरङ्गः ।

एवं विद्याधरीं भार्यां भव्यां रत्नप्रभां नवाम् । तस्य प्राप्तवतोऽन्येद्युस्तद्वेश्मनि तया सह ।। १
नरवाहनदत्तस्य स्थितस्य प्रातराययुः । दर्शनार्थमुपद्वारं सचिवा गोमुखादयः ।। २
द्वाःस्थया क्षणरुद्धेषु तेष्वत्रावेदितेष्वथ । प्रविष्टेष्वाहतेष्वेतां द्वाःस्थां रत्नप्रभाभ्यधात् ।। ३
द्वारमेषां न रोद्धव्यमिह प्रविशतां पुनः । आर्यपुत्रवयस्यानां स्वं शरीरममी हि नः ।। ४
रक्षा चान्तःपुरेष्वीदृङ्नैवमेतन्मतं मम । इति द्वाःस्थामुदित्वा सा स्वपतिं तमथाब्रवीत् ।। ५
आर्यपुत्र प्रसङ्गेन वदामि तव तच्छृणु । नीतिमात्रमहं मन्ये स्त्रीणां रक्षानियन्त्रणम् ।। ६
ईर्ष्याकृतोऽथवा मोहः कार्यं तेन न किंचन । महत्तरेण रक्ष्यन्ते शीलेनैव कुलस्त्रियः ।। ७
धातापि न प्रभुः प्रायश्चपलानां तु रक्षणे । मत्ता नदी च नारी च नियन्तुं केन पार्यते ।। ८

तथा च श्रूयतामत्र कथां वः कथयाम्यहम् । अस्तीह रत्नकूटाख्यं द्वीपं मध्येऽम्बुधेर्महत् ॥ ९
तत्र राजा महोत्साहः पुरा परमवैष्णवः । यथार्थेनाभिधानेन रत्नाधिपतिरित्यभूत् ॥ १०
स राजा विजयं पृथ्व्याः सर्वराजात्मजास्तथा । भार्याः प्राप्तुं तपस्तेपे विष्णोराराधनं महत् ॥ ११
संतुष्टस्तपसा साक्षाद्भगवानादिदेश तम् । उत्तिष्ठ राजंस्तुष्टोऽस्मि तदिदं वच्मि ते शृणु ॥ १२
कलिङ्गविषये कोऽपि गन्धर्वो मुनिशापतः । समुत्पन्नो गजः श्वेतः श्वेतरश्मिरिति श्रुतः ॥ १३
पूर्वजन्मतपःसिद्धियोगान्मद्भक्तितस्तथा । ज्ञानी गगनगामी च गजो जातिस्मरश्च सः ॥ १४
दत्तादेशो मया स्वप्ने स च हस्ती महांस्तव । एत्य स्वयं द्युमार्गेण वाहनत्वं प्रपत्स्यते ॥ १५
तमारुह्य गजं श्वेतं सुरेभमिव वज्रभृत् । व्योममार्गेण यं यं त्वं राजानमभियास्यसि ॥ १६
स स दिव्यानुभावाय भीतस्तुभ्यं प्रदास्यति । स्वप्ने मयैव दत्ताज्ञः कन्यादाननिभात्करम् ॥ १७
एवं विजेष्यसे कृत्स्नां पृथ्वीमन्तःपुराणि च । राजपुत्रीसहस्राणि त्वमशीतिमवाप्स्यसि ॥ १८
इत्युक्त्वान्तर्हिते विष्णौ स राजा कृतपारणः । अन्येद्युरागतं व्योम्ना तं ददर्श गजं शुभम् ॥ १९
आरुह्योपनतं तं च यथादिष्टः स विष्णुना । तथा विजित्य पृथिवीमाजह्रे राजकन्यकाः ॥ २०
सहस्राशीतिसंख्याभिस्ततस्ताभिः समं च सः । उवास रत्नकूटेऽत्र यथेच्छं विहरन्नृपः ॥ २१
शान्त्यर्थं शीतरश्मेश्च तस्य दिव्यस्य दन्तिनः । प्रत्यहं भोजयामास विप्राणां शतपञ्चकम् ॥ २२
कदाचिच्च तमारुह्य परिभ्रम्य स भूपतिः । द्वीपान्तराणि स्वं द्वीपं रत्नाधिपतिराययौ ॥ २३
तत्रावतरतस्तस्य गगनात्तु गजोत्तमम् । चञ्च्वा तार्क्ष्योद्भवः पक्षी मूर्ध्नि दैवादताडयत् ॥ २४
स च पक्षी प्रदुद्राव राज्ञा तीक्ष्णाङ्कुशाहतः । हस्ती तु भूमावपतच्चञ्चुवाघातेन मूर्च्छितः ॥ २५
नृपेऽवतीर्णे स गजो लब्धसंज्ञोऽपि नाशकत् । उत्थाप्यमानोऽप्युत्थातुं निरस्तकवलग्रहः ॥ २६
पञ्चाहानि तथैवास्मिन्वारणे पतितस्थिते । दुःखितः स निराहारो राजा चाप्येवमब्रवीत् ॥ २७
भो लोकपाला ब्रूतास्मिन्नुपायं संकटे मम । अन्यथोपहरिष्यामि छित्त्वाहं स्वशिरोऽद्य वः ॥ २८
इत्युक्त्वैवात्तखड्गं तं स्वशिरश्छेत्तुमुद्यतम् । अशरीरा जगादैवं वाणी तत्क्षणमम्बरात् ॥ २९
मा साहसं कृथा राजन्साध्वी काचित्करोति चेत् । हस्तस्पर्शं गजस्यास्य तदुत्तिष्ठति नान्यथा ॥ ३०
तच्छ्रुत्वैवामृतलतां नाम हृष्टः स भूपतिः । मुख्यामानाययामास निजां देवीं सुरक्षिताम् ॥ ३१
तया स्पृष्टः स हस्तेन नोदतिष्ठद्गजो यदा । तदा सोऽन्या निजाः सर्वा देवीरानाययन्नृपः ॥ ३२
ताभिः कृतकरस्पर्शः समस्ताभिरपि क्रमात् । नैवोत्तस्थौ द्विपः सोऽत्र न तास्वेकाप्यभूत्सती ॥ ३३
अन्तःपुरसहस्राणि तामशीतिमपि स्फुटम् । दृष्ट्वा विलज्जितान्येव स राजा जनसंनिधौ ॥ ३४
विलक्षः स्वपुरात्तस्मादानाय्य निखिलाः स्त्रियः । क्रमेण हस्तिनस्तस्य हस्तस्पर्शमकारयत् ॥ ३५
तथापि यत्स नोत्तस्थौ गजेन्द्रस्तत्स भूपतिः । कष्टं पुरे मे साध्वी स्त्री नैकापीति त्रपां ययौ ॥ ३६
तावच्च हर्षगुप्ताख्यस्ताम्रलिप्त्याः समागतः । वणिक्तत्राययौ बुद्ध्वा वृत्तान्तं तं सकौतुकः ॥ ३७
तस्य कर्मकरी पश्चादाजगाम पतिव्रता । एका शीलवती नाम सा तद्दृष्ट्वा तमब्रवीत् ॥ ३८
स्पृशाम्यहं करेणैतं स्वभर्तुश्चापरो मया । मनसापि न चेद्ध्यातस्तदुत्तिष्ठत्वयं द्विपः ॥ ३९
इत्युक्त्वोपेत्य हस्तेन सा च पस्पर्श तं गजम् । उदतिष्ठत्स च स्वस्थः कवलं च ततोऽग्रहीत् ॥ ४०
इमास्ता विरलाः साध्व्यः काश्चिद्देवेश्वरोपमाः । सर्गपालनसंहारसमर्था जगतोऽस्य याः ॥ ४१
इति शीलवतीं तत्र कृतकोलाहलो जनः । तां तुष्टाव तदा दृष्ट्वा श्वेतरश्मिं तमुत्थितम् ॥ ४२
राजापि रत्नाधिपतिः परितुष्याभिनन्द्य ताम् । सोऽपूरयदसंख्यातै रत्नैः शीलवतीं सतीम् ॥ ४३
तत्स्वामिनं च वणिजं हर्षगुप्तं तथैव तम् । अपूजयद्ददौ चास्य गृहं राजगृहान्तिके ॥ ४४
परिवर्जितसंस्पर्शो निजभार्यास्तथैव सः । पिण्डाच्छादनमात्रैकभागिनीरकरोत्ततः ॥ ४५
अथानाय्य कृताहारो हर्षगुप्तस्य संनिधौ । साध्वीं शीलवतीं तां स जगाद विजने नृपः ॥ ४६
शीलवत्यस्ति ते काचित्कन्या पितृकुलादिति । तां मे दापय जाने हि सापि स्यात्त्वादृशी ध्रुवम् ॥ ४७

इत्युक्ता तेन सा राज्ञा शीलवत्यब्रवीत्तदा । राजदत्तेति नाम्नास्ति ताम्रलिप्त्यां स्वसा मम ॥ ४८
उपयच्छस्व तां देव श्लाघ्यरूपां यदीच्छसि । इत्युक्तः स तया राज्ञा प्रतिपेदे तथेति तत् ॥ ४९
निश्चित्य च तदन्येद्युः शीलवत्या तया सह । तेनापि हर्षगुप्तेन तमारुह्य स्वगामिनम् ॥ ५०
श्वेतरश्मिं स्वयं गत्वा ताम्रलिप्तीं स भूपतिः । विवेश हर्षगुप्तस्य वणिजस्तस्य मन्दिरम् ॥ ५१
तत्र पप्रच्छ तदहर्लग्नं शीलवतीस्वसुः । विवाहे राजदत्ताया गणकानात्मनस्तथा ॥ ५२
गणकाश्चोभयोः पृष्ट्वा नक्षत्राण्येवमब्रुवन् । लग्नो वां शोभनो राजन्नस्ति मासेष्वितस्त्रिषु ॥ ५३
अथ वा विद्यते यादृक्तेनैषा चेद्विवाह्यते । राजदत्ता ततोऽवश्यमसाध्वी भवति प्रभो ॥ ५४
गणकैरेवमुक्तोऽपि कमनीयवधूत्सुकः । एकाकी चिरमस्थास्नुः स राजा समचिन्तयत् ॥ ५५
अलं विचारेणाद्यैव राजदत्तामिहोद्वहे । शीलवत्याः स्वसा ह्येषा निर्दर्पा नासती भवेत् ॥ ५६
यत्तत्समुद्रमध्येऽस्ति द्वीपखण्डममानुषम् । एकशून्यचतुःशालं तत्रैतां स्थापयामि च ॥ ५७
दुर्गमेऽत्र परीवारं स्त्रीरेवास्याः करोमि च । पुरुषादर्शनादेवमसती स्यादियं कथम् ॥ ५८
इति निश्चित्य तदहः परिणिन्ये स भूपतिः । तां राजदत्तां सहसा शीलवत्या समर्पिताम् ॥ ५९
कृतोद्वाहः कृताचारो हर्षगुप्तेन तां वधूम् । आदाय तेनैव समं शीलवत्या तया च सः ॥ ६०
श्वेतरश्मिं तमारुह्य क्षणेन नभसा निजम् । मार्गोन्मुखजनं द्वीपं रत्नकूटं तदाययौ ॥ ६१
संविभेजे च तां भूयस्तथा शीलवतीं यथा । प्राप्तसाध्वीव्रतफला कृतार्था समपादि सा ॥ ६२
ततस्तत्रैव करिणि श्वेतरश्मौ नभश्चरे । आरोप्य तां नववधूं राजदत्तां स चिन्तिते ॥ ६३
नीत्वा तत्राब्धिमध्यस्थे द्वीपे मानुषदुर्गमे । आस्थापयच्चतुःशाले नारीमयपरिच्छदाम् ॥ ६४
यद्यद्वस्तूपयुक्तं च तस्यास्तत्तदविश्वसन् । व्योम्नैव प्रापयामास तत्र तेन गजेन सः ॥ ६५
स्वयं तदनुरक्तश्च तत्रैवासीत्सदा निशि । आययौ राजकार्यार्थं रत्नकूटं दिवा पुनः ॥ ६६
एकदा स तया साकं प्रत्यूषे राजदत्तया । राजा प्रतिघ्नन्दुःस्वप्नं सिषेवे पानमङ्गलम् ॥ ६७
तेन मत्तामभुञ्चन्तीमपि मुक्त्वा स तां ययौ । रत्नकूटं स्वकार्यार्थं नित्यस्निग्धा हि राजता ॥ ६८
तत्र तस्थौ सशङ्केन कुर्वन्कार्याणि चेतसा । क्षीबा किमेकका मुक्ता सा त्वयेतीव शंसता ॥ ६९
तावच्च राजदत्ता सा स्थाने तत्रातिदुर्गमे । महानसादिव्यग्रासु दासीष्वेकाकिनी स्थिता ॥ ७०
द्वारे विधिमिवान्यं तत्तद्रक्षाविजिगीषया । आगतं पुरुषं कंचिद्ददर्शाश्चर्यदायकम् ॥ ७१
कस्त्वं कथमिदं स्थानमगम्यं चागतो भवान् । इति तं चान्तिकप्राप्तं क्षीबा पप्रच्छ सा किल ॥ ७२
ततः स दृष्टबहुलक्लेशस्तां पुरुषोऽब्रवीत् । मुग्धे पवनसेनाख्यो वणिक्पुत्रोस्मि माथुरः ॥ ७३
हृतस्वो गोत्रजैः सोऽहमनाथः प्रमयात्पितुः । गत्वा विदेशे कृपणां परसेवामशिश्रियम् ॥ ७४
ततः कृच्छ्रेण संप्राप्य धनलेशं वणिज्यया । गच्छन्देशान्तरं मार्गे मुषितोऽस्म्येत्य तस्करैः ॥ ७५
ततो भिक्षां भ्रमंस्तुल्यैः सहान्यैर्गतवानहम् । रत्नानामाकरस्थानं कनकक्षेत्रसंज्ञकम् ॥ ७६
तत्राङ्गीकृत्य भूपस्य भागं संवत्सरावधि । खाते खनन्क्षितिं रत्नं नैकमप्यऽस्मि लब्धवान् ॥ ७७
नन्दत्सु लब्धरत्नेषु मद्विधेष्वपरेषु च । गत्वाब्धितीरे दुःखार्तः काष्ठान्यहमुपाहरम् ॥ ७८
अग्निप्रवेशाय चितां यावत्तत्र करोमि तैः । जीवदत्ताभिधस्तावत्कोऽप्यत्र वणिगाययौ ॥ ७९
निवार्य मरणात्तेन दत्त्वा वृत्तिं दयालुना । गृहीतोऽहं प्रवहणे स्वर्णद्वीपं यियासता ॥ ८०
ततोऽकस्मात्प्रवहणेनाब्धिमध्येन गच्छताम् । पञ्चस्वहःसु यातेषु मेघोऽकस्माददृश्यत ॥ ८१
प्रवृष्टे स्थूलधाराभिर्मेघेऽस्मिन्मारुतेन तत् । अघूर्णत प्रवहणं मत्तहस्तिशिरो यथा ॥ ८२
क्षणान्निमज्ज्य भग्नेऽस्मिन्यानपात्रे विधेर्वशात् । एकः फलहकः प्राप्तस्तत्कालं मज्जता मया ॥ ८३
तदारूढस्ततः शान्ते मेघाटोपे विधेर्वशात् । इमं प्रदेशं प्राप्याहमुत्तीर्णः सांप्रतं वने ॥ ८४
वीक्ष्य चेदं चतुःशालं प्रविश्याभ्यन्तरं मया । दृष्टा दृष्टिसुधावृष्टिस्त्वं तापशमनी शुभे ॥ ८५
इत्युक्तवन्तं पर्यङ्के निवेश्यैवालिलिङ्ग तम् । मोहिता राजदत्ता सा मदेन मदनेन च ॥ ८६

स्त्रीत्वं क्षीबत्वमेकान्तः पुंसो लाभोऽनियन्त्रणा । यत्र पञ्चाग्नयस्तत्र वार्ता शीलतृणस्य का ॥ ८७
न चैवं क्षमते नारी विचारं मारमोहिता । यदियं चकमे राज्ञी तमकाम्यं विपद्गतम् ॥ ८८
तावच्च रत्नाधिपतिः स राजा रत्नकूटतः । आजगामोत्सुकस्तूर्णं शुचरद्विपवाहनः ॥ ८९
प्रविशंश्चात्र सोऽपश्यत्तादृशेनापि तेन ताम् । पुरुषेण समं भार्यां राजदत्तां रतिस्थिताम् ॥ ९०
दृष्ट्वा जिघांसितमपि क्षितीशः पुरुषं स तम् । नावधीत्पादपतितं ब्रुवाणं कृपणा गिरः ॥ ९१
भार्यां भीतां च मत्तां तां स वीक्ष्यैवमचिन्तयत् । मद्ये मारैकसुहृदि प्रसक्ता स्त्री सती कुतः ॥ ९२
नियन्तुं चपला नारी रक्षयापि न शक्यते । किं नामोत्पातवाताली बाहुभ्यां जातु बध्यते ॥ ९३
न कृतं गणकोक्तं यत्तदिदं तस्य मे फलम् । विपाककटुकं तस्य नाप्तवाक्यावधीरणम् ॥ ९४
शीलवत्याः स्वसेतीमां जानतो बत विस्मृता । सुधायाः सहजा सा मे कालकूटविषच्छटा ॥ ९५
अथवा कः समर्थः स्यादसंभाव्यं विचेष्टितम् । जेतुं पुरुषकारेण विधेरद्भुतकर्मणः ॥ ९६
इत्यालोच्य न चुक्रोध कस्मैचित्तं जहौ च सः । पृष्टोदन्तं वणिक्पुत्रं राजा प्रच्छन्नकामुकम् ॥ ९७
सोऽपि मुक्तस्ततोऽपश्यन्गतिं कांचिद्वणिक्सुतः । निर्गत्याब्धौ प्रवहणं दूरादागच्छदैक्षत ॥ ९८
ततः फलहकं भूयस्तमेवारुह्य सोऽम्बुधौ । भ्रमन्पूत्कृत्य चक्रन्द मामुद्धरत भो इति ॥ ९९
तेन तं क्रोधवर्माख्यो वणिक्तद्यानपात्रगः । समुद्धृत्य वणिक्पुत्रं चकारान्तिकवर्तिनम् ॥ १००
यस्य यद्विहितं धात्रा कर्म नाशाय तस्य तत् । पदवीं यत्र तत्रापि धावतोऽप्यनुधावति ॥ १०१
यत्स तत्र स्थितो मूढस्तत्पत्न्या संगतो रहः । विलोक्य वणिजा तेन क्षेपितोऽब्धौ व्यपद्यत ॥ १०२
तावच्च रत्नाधिपतिः स राजा सपरिच्छदाम् । आरोप्य श्वेतरश्मौ तां राजदत्तामकोपनः ॥ १०३
प्रापय्य रत्नकूटं च शीलवत्याः समर्प्य च । तस्यै च सचिवेभ्यश्च तद्वृत्तान्तमवर्णयत् ॥ १०४
जगाद च कियद्दुःखमनुभूतमहो मया । असारविरसेष्वेषु भोगेष्वासक्तचेतसा ॥ १०५
तदिदानीं वनं गत्वा हरिं शरणमाश्रये । येन स्यां नैव दुःखानां भाजनं पुनरीदृशाम् ॥ १०६
इत्यूचिवान्स सचिवैर्वार्यमाणोऽपि दुःखितः । शीलवत्या च वैराग्यान्निश्चयं नैव तज्जहौ ॥ १०७
ततोऽर्धमर्पयित्वादावेकं साध्व्यै स्वकोपतः । शीलवत्यै द्विजेभ्योऽर्धं दत्त्वान्यद्भोगनिस्पृहः ॥ १०८
पापभञ्जनसंज्ञाय ब्राह्मणाय यथाविधि । ददौ गुणगरिष्ठाय निजं राज्यं स भूपतिः ॥ १०९
दत्तराज्यश्च नभसा स गमिष्यंस्तपोवनम् । आनाययच्छ्वेतरश्मिं पौराणां साश्रु पश्यताम् ॥ ११०
आनीतमात्रः स करी शरीरं प्रविमुच्य तत् । पुरुषो दिव्यरूपोऽभूद्धारकेयूरराजितः ॥ १११
को भवान्किमिदं चेति पृष्टो राज्ञा जगाद सः । गन्धर्वौ भ्रातरावावामुभौ मलयवासिनौ ॥ ११२
अहं सोमप्रभो नाम ज्येष्ठो देवप्रभश्च सः । तस्य चैकैव मद्भ्रातुर्भार्या सा चातिवल्लभा ॥ ११३
स तां राजवतीं नाम कृत्वोत्सङ्गे परिभ्रमन् । एकदा सिद्धवासाख्यं स्थानं प्रायान्मया सह ॥ ११४
केशवायतने तत्र वयमभ्यर्चिताच्युताः । प्रावर्तामहि सर्वेऽपि गातुं भगवतः पुरः ॥ ११५
तावदागत्य तत्रैकः सिद्धस्तां श्रव्यगायिनीम् । दृशा राजवतीं पश्यन्नतिष्ठदनिमेषया ॥ ११६
सिद्धोऽपि साभिलाषः किं परनारीं निरीक्षसे । इति सेर्ष्यः स मद्भ्राता क्रुद्धः सिद्धं तमब्रवीत् ॥ ११७
ततः स सिद्धः कुपितः शप्तुमेवं तमभ्यधात् । गीताश्चर्यान्मया मूढ वीक्षितेयं न कामतः ॥ ११८
तन्मर्त्ययोनावीर्ष्यालुः पत त्वमनया सह । पश्यैतामेव भार्यां त्वं साक्षात्तत्रान्यसंगताम् ॥ ११९
इत्यूचिवान्मया सोऽथ बाल्यात्तच्छापकोपतः । हस्तस्थेनाहतः क्रीडामृण्मयश्वेतहस्तिना ॥ १२०
ततः स मां समशपद्येनाहं भवताहतः । तादृक्श्वेतो गजो भूमौ भवानुत्पद्यतामिति ॥ १२२
अथानुनीतो मद्भ्रात्रा तेन देवप्रभेण सः । सिद्धः कृपालुः शापान्तमेवमस्माकमब्रवीत् ॥ १२२
हरेः प्रसादान्मर्त्योऽपि भूत्वा द्वीपेश्वरो भवान् । गजीभूतमिमं प्राप्स्यस्यनुजं दिव्यवाहनम् ॥ १२३
अन्तःपुरसहस्राणि त्वमशीतिमवाप्स्यसि । तेषां वेत्स्यसि दौःशील्यं सर्वेषां जनसंनिधौ ॥ १२४
अथैतां मानुषीभूतां स्वभार्यां परिणेष्यसि । प्रत्यक्षमेनामपि च द्रक्ष्यस्यन्येन संगताम् ॥ १२५

ततो विरक्तहृदयो दत्त्वा राज्यं द्विजन्मने । देवप्रभ यदा शान्तो वनं गन्तुं प्रवत्स्यसि ॥ १२६
तदा प्रथममुक्तेऽस्मिन्गजत्वादनुजे तव । अनया भार्यया साकं शापात्त्वमपि मोक्ष्यसे ॥ १२७
इति सिद्धोक्तशापान्ता वयं प्राक्कर्मभेदतः । एवं जाताः पृथग्योगाच्छापान्तः सैष चाद्य नः ॥ १२८
एवं सोमप्रभेणोक्ते स रत्नाधिपतिर्नृपः । जातिं स्मृत्वाब्रवीद्धन्त सैष देवप्रभो ह्यहम् ॥ १२९
एषापि राजदत्ता सा पत्नी राजवती मम । इत्युक्त्वा स तया साकं भार्यया तां तनुं जहौ ॥ १३०
क्षणात्सर्वेऽपि गन्धर्वा भूत्वा लोकस्य पश्यतः । खमुत्पत्य निजं धाम ययुस्ते मलयाचलम् ॥ १३१
शीलवत्यपि शीलस्य माहात्म्यात्प्राप्य संपदम् । ताम्रलिप्तीं पुरीं गत्वा तस्थौ धर्मोपसेविनी ॥ १३२

इति जगति न रक्षितुं समर्थः कश्चिदपि कश्चिदपि प्रसह्य नारीम् ।
अवति तु सततं विशुद्ध एकः कुलयुवतीं निजसत्त्वपाशबन्धः ॥ १३३

एवं चेर्ष्या नाम दुःखैकहेतुर्दोषः पुंसां द्वेषदायी परेषाम् ।
योऽयं मा भूद्रक्षणायाङ्गनानामस्यौत्सुक्यं प्रत्युतासां करोति ॥ १३४

इति नरवाहनदत्तो रत्नप्रभया स्वभार्यया कथिताम् ।
स निशम्य कथामर्घ्यां सचिवैः सार्धं परं मुमुदे ॥ १३५

इति महाकविश्रीसोमदेवभट्टविरचिते कथासरित्सागरे रत्नप्रभालम्बके द्वितीयस्तरङ्गः ।

तृतीयस्तरङ्गः ।

एवं रत्नप्रभाख्यातकथाक्रमवशादथ । नरवाहनदत्तं तं सचिवो गोमुखोऽब्रवीत् ॥ १
सत्यं साध्व्यः प्रविरलाश्चपलास्तु सदा स्त्रियः । अविश्वास्यास्तथा चैतामपि देव कथां शृणु ॥ २
इहास्त्युज्जयिनी नाम नगरी विश्वविश्रुता । तस्यां निश्चयदत्ताख्यो वणिक्पुत्रोऽभवत्पुरा ॥ ३
स द्यूतकारो द्यूतेन धनं जित्वा दिने दिने । स्नात्वा सिप्राजलेऽभ्यर्च्य महाकालमुदारधीः ॥ ४
दत्त्वा दानं द्विजातिभ्यो दीनानाथेभ्य एव च । व्यधाद्विलेपनाहारताम्बूलाद्यविशेषतः ॥ ५
सदा स्नानार्चनाप्रान्ते महाकालालयान्तिके । गत्वा व्यलिम्पदात्मानं श्मशाने चन्दनादिना ॥ ६
तत्रस्थे च शिलास्तम्भे स विन्यस्य विलेपनम् । विलिलेप कषन्पृष्ठं युवा प्रत्यहमेककः ॥ ७
तेन स्तम्भः स सुश्लक्ष्णः कालेनाभवदेकतः । अथागाच्चित्रकृत्तेन पथा रूपकृता सह ॥ ८
स स्तम्भं वीक्ष्य सुश्लक्ष्णं तत्र गौरीं समालिखत् । रूपकारोऽपि शस्त्रेण क्रीडयैवोल्लिलेख ताम् ॥ ९
ततस्तयोर्गतवतोर्महाकालार्चनागता । विद्याधरसुतैकात्र स्तम्भे देवीं ददर्श ताम् ॥ १०
सुलक्षणत्वात्सांनिध्यं तस्यां मत्वा कृतार्चना । अदृश्या विश्रमायैतं शिलास्तम्भं विवेश सा ॥ ११
तावन्निश्चयदत्तः स तत्रागत्य वणिक्सुतः । साश्चर्यः स्तम्भमध्ये तां ददर्शोल्लिखितामुमाम् ॥ १२
विलिप्याङ्गानि तत्स्तम्भभागेऽन्यत्रानुलेपनम् । न्यस्य पृष्ठं समालब्धुं प्रारेभे निकषंश्च सः ॥ १३
तद्विलोक्य विलोलाक्षी सा विद्याधरकन्यका । स्तम्भान्तरस्था तद्रूपहृतचित्ता व्यचिन्तयत् ॥ १४
ईदृशस्यापि कोऽप्यस्य नास्ति पृष्ठानुलेपकः । तदहं तावदस्यास्य पृष्ठमेषा समालभे ॥ १५
इत्यालोच्य प्रसार्यैव करं स्तम्भान्तरात्ततः । व्यलिपत्तस्य सा पृष्ठं स्नेहाद्विद्याधरी तदा ॥ १६
तत्क्षणं लब्धसंस्पर्शः श्रुतकङ्कणनिःस्वनः । जग्राह हस्तं हस्तेन स तस्यास्तं वणिक्सुतः ॥ १७
महाभागापराद्धं ते किं मया मुञ्च मे करम् । इत्यदृश्यैव तं विद्याधरी स्तम्भादुवाच सा ॥ १८
प्रत्यक्षा ब्रूहि मे का त्वं ततो मोक्ष्यामि ते करम् । इति निश्चयदत्तोऽपि प्रत्युवाच स तां ततः ॥ १९
प्रत्यक्षदृश्या सर्वं ते वच्मीति शपथोत्तरम् । विद्याधर्या तयोक्तोऽथ करं तस्या मुमोच सः ॥ २०
अथ स्तम्भाद्विनिर्गत्य साक्षात्सर्वाङ्गसुन्दरी । तन्मुखासक्तनयना तं जगादोपविश्य सा ॥ २१
अस्ति प्रालेयशैलाग्रे नगरी पुष्करावती । नाम्ना विन्ध्यपरस्तस्यामास्ते विद्याधराधिपः ॥ २२
अनुरागपरा नाम तस्याहं कन्यका सुता । महाकालार्चनायाता विश्रान्तास्मीह संप्रति ॥ २३

तावच्च त्वमिहागत्य कुर्वन्पृष्ठविलेपनम् । दृष्टः स्तम्भेऽत्र मारीयमोहनास्त्रोपमो मया ॥ २४
ततः प्रागनुरागेण रञ्जितः स्वान्तवान्मम[1] । पश्चात्पृष्ठविलेपिन्या अङ्गरागेण ते करः ॥ २५
अतः परं ते विदितं तत्पितुर्धाम संप्रति । गच्छामीति तयोक्तोऽथ वणिक्पुत्रो जगाद सः ॥ २६
स्वीकृतं तन्मया चण्डि न स्वान्तं भवतीहृतम् । अमुक्तस्वीकृतस्वान्ता कथमेवं तु गच्छसि ॥ २७
इति तेनोदिता सा च लघुरागवशीकृता । संगमिष्ये त्वया काममेष्यस्यस्मत्पुरीं यदि ॥ २८
दुर्गमा सा न ते नाथ सेत्स्यते ते समीहितम् । नहि दुष्करमस्तीह किंचिदध्यवसायिनाम् ॥ २९
इत्युदीर्य खमुत्पत्य सानुरागपरा ययौ । अगान्निश्चयदत्तोऽपि स तद्गतमना गृहम् ॥ ३०
स्मरन्मुमादिव स्तम्भादुद्भिन्नं करपल्लवम् । हा धिक्तस्या गृहीत्वापि नाप्तः पाणिग्रहो मया ॥ ३१
तद्व्रजाम्यन्तिकं तस्याः पुरीं तां पुष्करावतीम् । प्राणांस्त्यक्ष्यामि दैवं वा साहाय्यं मे करिष्यति ॥ ३२
इति संचिन्तयन्नीत्वा स्मरार्तः सोऽत्र तद्दिनम् । प्रातिष्ठत ततः प्रातरवलम्ब्योत्तरां दिशम् ॥ ३३
ततः प्रकामतस्तस्य त्रयोऽन्ये सहयायिनः । मिलन्ति स्म वणिक्पुत्रा उत्तरापथगामिनः ॥ ३४
तैः समं समतिक्रामन्पुरग्रामाटवीनदीः । क्रमादुत्तरदिग्भूमिं प्राप स म्लेच्छभूयसीम् ॥ ३५
तत्र तैरेव सहितः पथि प्राप्यैव ताजिकैः[2] । नीत्वापरस्मै मूल्येन दत्तोऽभूत्ताजिकाय सः ॥ ३६
तेनापि तावद्भृत्यानां हस्ते कोशलिका[3]कृते । मुरवाराभिधानस्य तुरुष्कस्य व्यसृज्यत ॥ ३७
तत्र नीतः स तद्भृत्यैर्युक्तस्तैरपरैस्त्रिभिः । मुरवारं मृतं बुद्ध्वा तत्पुत्राय न्यवेद्यत ॥ ३८
पितुः कोशलिका ह्येषा मित्रेण प्रेषिता मम । तत्तस्यैवान्तिके प्रातः खाते क्षेप्या इमे मया ॥ ३९
इत्यात्मना चतुर्थं तं तत्पुत्रोऽपि स तां निशाम् । संयम्य स्थापयामास तुरुष्को निगडैर्दृढम् ॥ ४०
ततोऽत्र बन्धने रात्रौ मरणत्रासकातरान् । सखीन्निश्चयदत्तस्तान्स जगाद वणिक्सुतान् ॥ ४१
का विषादेन वः सिद्धिर्धैर्यमालम्ब्य तिष्ठत । भीता इव हि धीराणां यान्ति दूरे विपत्तयः ॥ ४२
स्मरतैकां भगवतीं दुर्गामापद्विमोचिनीम् । इति तान्धीरयन्भक्त्या देवीं तुष्टाव सोऽथ ताम् ॥ ४३
नमस्तुभ्यं महादेवि पादौ ते यावकाङ्कितौ । मृदितासुरलग्नास्रपङ्काविव नमाम्यहम् ॥ ४४
जितं शक्त्या शिवस्यापि विश्वैश्वर्यकृता त्वया । त्वदनुप्राणितं चेदं चेष्टते भुवनत्रयम् ॥ ४५
परित्रातास्त्वया लोका महिषासुरसूदिनि । परित्रायस्व मां भक्तवत्सले शरणागतम् ॥ ४६
इत्यादि सम्यग्देवीं तां स्तुत्वा सहचरैः सह । सोऽथ निश्चयदत्तोऽत्र श्रान्तो निद्रामगाद्द्रुतम् ॥ ४७
उत्तिष्ठत सुता यात विगतं बन्धनं हि वः । इत्यादिदेश सा स्वप्ने देवी तं चापरांश्च तान् ॥ ४८
प्रबुध्य च तदा रात्रौ दृष्ट्वा बन्धान्स्वतश्च्युतान् । अन्योन्यं स्वप्नमाख्याय हृष्टास्ते निर्ययुस्ततः ॥ ४९
गत्वा दूरमथाध्वानं क्षीणायां निशि तेऽपरे । ऊचुर्निश्चयदत्तं तं दृष्टत्रासा वणिक्सुताः ॥ ५०
आस्तां बहुम्लेच्छतया दिगेषा दक्षिणापथम् । वयं यामः सखे त्वं तु यथाभिमतमाचर ॥ ५१
इत्युक्तस्तैरनुज्ञाय यथेष्टागमनाय तान् । उदीचीमेव तामाशामवलम्ब्य पुनश्च सः ॥ ५२
एको निश्चयदत्तोऽथ प्रतस्थे प्रसभं पथि । अनुरागपराप्रेमपाशकृष्टो निरस्तधीः ॥ ५३
क्रमेण गच्छन्मिलितः स महाव्रतिकैः सह । चतुर्भिः प्राप्य सरितं वितस्तामुत्ततार सः ॥ ५४
उत्तीर्य च कृताहारः सूर्येऽस्ताचलचुम्बिनि । विवेश तैरेव समं वनं मार्गवशागतम् ॥ ५५
तत्र चाग्रागताः केचित्तमूचुः काष्ठभारिकाः । क गच्छथ दिने याते ग्रामः कोऽप्यस्ति नाग्रतः ॥ ५६
एकस्तु विपिनेऽमुष्मिन्नस्ति शून्यः शिवालयः । तत्र तिष्ठति यो रात्रावन्तर्वा बहिरेव वा ॥ ५७
तं शृङ्गोत्पादिनी नाम शृङ्गोत्पादनपूर्वकम् । मोहयित्वा पशूकृत्य भक्षयत्येव यक्षिणी ॥ ५८
एतच्छ्रुत्वापि सावज्ञास्ते महाव्रतिनस्तदा । ऊचुर्निश्चयदत्तं ते चत्वारः सहयायिनः ॥ ५९
एहि किं कुरुतेऽस्माकं वराकी सात्र यक्षिणी । तेषु तेषु श्मशानेषु निशासु हि वयं स्थिताः ॥ ६०
इत्युक्तवद्भिस्तैः साकं गत्वा प्राप्य शिवालयम् । शून्यं निश्चयदत्तस्तां रात्रिं नेतुं विवेश सः ॥ ६१

१ 'ज्ञातवान्' इति पुस्तकान्तरपाठः. २ ताजिका म्लेच्छविशेषाः. ३ कोशलिका उपायनम्.

तत्राङ्गणे विधायाशु भस्मना मण्डलं महत् । प्रविश्य चान्तरे तस्य प्रज्वाल्याग्निं सहेन्धनैः ॥ ६२
धीरो निश्चयदत्तः स ते महाव्रतिनस्तथा । मन्त्रं जपन्तो रक्षार्थं सर्व एवावतस्थिरे ॥ ६३
अथाययौ वादयन्ती दूरात्कङ्कालकिंनरीम् । नृत्यन्ती यक्षिणी तत्र सा शृङ्गोत्पादिनी निशि ॥ ६४
एत्य तेषु चतुर्ष्वेकं सा महाव्रतिनं प्रति । दत्तदृङ्मन्त्रमपठत्सनृत्तं मण्डलाद्बहिः ॥ ६५
तेन मन्त्रेण संजातशृङ्गो मोहित उत्थितः । नृत्यंस्तस्मिञ्ज्वलत्यग्नौ स महाव्रतिकोऽपतत् ॥ ६६
पतितं चार्धदग्धं तमाकृष्यैवाग्निमध्यतः । सा शृङ्गोत्पादिनी हृष्टा भक्षयामास यक्षिणी ॥ ६७
ततो द्वितीये व्रतिनि न्यस्तदृष्टिस्तथैव सा । तं शृङ्गोत्पादनं मन्त्रं पपाठ च ननर्त च ॥ ६८
सोऽपि द्वितीयस्तन्मन्त्रजातशृङ्गः प्रनर्तितः । पतितोऽग्नौ तयाकृष्य पश्यत्स्वन्येष्वभक्ष्यत ॥ ६९
एवं क्रमेण संमोह्य तान्महाव्रतिनो निशि । तयाभक्ष्यन्त यक्षिण्या चत्वारोऽपि सशृङ्गकाः ॥ ७०
चतुर्थं भक्षयन्त्या च तया मांसासवमत्तया । स्वयं किंनरिकातोद्यं दैवाद्भूमौ न्यधीयत ॥ ७१
तावच्च क्षिप्रमुत्थाय तद्गृहीत्वैव वादयन् । धीरो निश्चयदत्तोऽपि प्रनृत्यन्विहसन्भ्रमन् ॥ ७२
तं शृङ्गोत्पादनं मन्त्रमसकृच्छ्रुतशिक्षितम् । पापठ्यते स्म यक्षिण्यास्तस्या न्यस्तेक्षणो मुखे ॥ ७३
तत्प्रयोगप्रभावेण विवशा मृत्युशङ्किनी । उत्थातुकामशृङ्गी सा प्रह्वा तं प्राह यक्षिणी ॥ ७४
मा वधीस्त्वं महासत्त्व स्त्रियं मां कृपणामिमाम् । इदानीं शरणं त्वं मे मन्त्रपाठादि संहर ॥ ७५
रक्ष मां वेद्म्यहं सर्वमीप्सितं साधयामि ते । अनुरागपरा यत्र तत्र त्वां प्रापयाम्यहम् ॥ ७६
इति सप्रत्ययं प्रोक्तस्तया धीरस्तथेति सः । चक्रे निश्चयदत्तोऽत्र मन्त्रपाठादिसंहृतिम् ॥ ७७
ततः स तस्या यक्षिण्याः स्कन्धमारुह्य तद्गिरा । नीयमानस्तया व्योम्ना प्रतस्थे तां प्रियां प्रति ॥ ७८
प्रभातायां च रजनौ प्राप्यैकं गिरिकाननम् । नम्रा निश्चयदत्तं तं गुह्यकी सा व्यजिज्ञपत् ॥ ७९
सूर्योदयेऽधुना गन्तुं शक्तिर्नास्ति ममोपरि । तदस्मिन्कानने कान्ते गमयेदं दिनं प्रभो ॥ ८०
फलानि भुङ्क्ष्व स्वादूनि निर्झराम्भः शुभं पिब । अहं यामि निजं स्थानमेष्यामि च निशागमे ॥ ८१
नेष्यामि च तदैव त्वामनुरागपरान्तिकम् । मौलिमालां हिमगिरेर्नगरीं पुष्करावतीम् ॥ ८२
इत्युक्त्वा तदनुज्ञाता स्कन्धात्तत्रावतार्य तम् । यक्षिणी पुनरागन्तुं सत्यसंधा जगाम सा ॥ ८३
ततो निश्चयदत्तोऽस्यां गतायामैक्षतात्र सः । अगाधमन्तः सविषं स्वच्छशीतं बहिः सरः ॥ ८४
रागिस्त्रीचित्तमेतादृगित्यर्केण निदर्शनम् । प्रसारितकरेणेव प्रकटीकृत्य दर्शितम् ॥ ८५
स तद्विषाक्तं गन्धेन बुद्ध्वा मानुषकृत्यतः । त्यक्त्वाम्भोर्थी तृषार्तः सन्दिव्ये तत्राभ्रमद्गिरौ ॥ ८६
भ्रमन्नुन्नतभूभागे पद्मरागमणी इव । स्फुरन्तौ द्वावपश्यच्च भुवं तां निचखान च ॥ ८७
अपास्तमृत्तिकश्चास्य जीवतो मर्कटस्य सः । शिरो ददर्श ते चास्य पद्मरागाविवाक्षिणी ॥ ८८
ततो विस्मयते यावत्किमेतदिति चिन्तयन् । तावन्मनुष्यवाचासौ मर्कटस्तमभाषत ॥ ८९
मानुषो मर्कटीभूतो विप्रोऽहं मां समुद्धर । कथयिष्यामि ते साधो स्ववृत्तान्तं ततोऽखिलम् ॥ ९०
एतच्छ्रुत्वैव साश्चर्यो मृत्तिकामपनीय सः । भूमेर्निश्चयदत्तस्तमुज्जहाराथ मर्कटम् ॥ ९१
उद्धृतः पादपतितस्तं भूयोऽपि स मर्कटः । उवाच दत्ताः प्राणा मे कृच्छ्रादुद्धरता त्वया ॥ ९२
तदेहि यावच्छ्रान्तस्त्वमुपयुङ्क्ष्व फलाम्बुनी । त्वत्प्रसादादहं चापि करिष्ये पारणं चिरात् ॥ ९३
इत्युक्त्वा तमनैषीत्स दूरं गिरिनदीतटम् । कपिः स्वाधीनसुस्वादुफलसच्छायपादपम् ॥ ९४
तत्र स्नात्वोपभुक्ताम्बुफलः स कृतपारणम् । कपिं निश्चयदत्तस्तं प्रत्यागत्य ततोऽब्रवीत् ॥ ९५
कथं त्वं मर्कटीभूतो मानुषोऽप्युच्यतामिति । ततः स मर्कटोऽवादीच्छृण्विदानीं वदाम्यदः ॥ ९६
चन्द्रस्वामीति नाम्नास्ति वाराणस्यां द्विजोत्तमः । तस्य पत्न्यां सुवृत्तायां जातोऽस्म्येष सुतः सखे ॥ ९७
सोमस्वामीति पित्रा च कृतनामा क्रमादहम् । आरूढो मदनव्यालगजं मदनिरङ्कुशम् ॥ ९८
तं मां कदाचिदद्राक्षीद्दूराद्वातायनाग्रगा । श्रीगर्भाख्यस्य वणिजस्तत्पुरीवासिनः सुता ॥ ९९
तरुणी बन्धुदत्ताख्या माथुरस्य वणिक्पतेः । भार्या वराहदत्तस्य पितुर्वेश्मन्यवस्थिता ॥ १००

सा मदालोकसंजातमन्मथान्विष्य नाम मे । वयस्यां प्राहिणोदाप्तां मह्यं मत्संगमार्थिनी ॥ १०१
सा तद्वयस्या कामान्धा[1]मुपगम्य जनान्तिकम् । आख्याततदभिप्राया मामनैषीन्निजं गृहम् ॥ १०२
तत्र मां स्थापयित्वा च गत्वा गुप्तं तदैव सा । तां बन्धुदत्तामानैषीदौत्सुक्यागणितत्रपाम् ॥ १०३
आनीतैव च सा मेऽत्र कण्ठाश्लेषमुपागमत् । एकवीरो हि नारीणामतिभूमिं गतः स्मरः ॥ १०४
एवं दिने दिने स्वैरमागत्यात्र पितुर्गृहात् । अरंस्त बन्धुदत्ता सा मया सह सखीगृहे ॥ १०५
एकदा तां निजगृहं नेतुं तत्र चिरस्थिताम् । आगतः स पतिस्तस्या मथुरातो महावणिक् ॥ १०६
ततः पित्राभ्यनुज्ञाता पत्या तेन निनीषिता । रहस्यज्ञां द्वितीयां सा बन्धुदत्ताब्रवीत्सखीम् ॥ १०७
निश्चितं सखि नेतव्या भर्त्राहं मथुरां पुरीम् । न च जीवाम्यहं तत्र सोमस्वामिविनाकृता ॥ १०८
तदत्र कोऽभ्युपायो मे कथयेत्युदिता तया । सखी सुखशया नाम योगिनी तां जगाद सा ॥ १०९
द्वौ स्तो मन्त्रप्रयोगौ मे ययोरेकेन सूत्रके । कण्ठबद्धे झगित्येव मानुषो मर्कटो भवेत् ॥ ११०
द्वितीयेन च मुक्तेऽस्मिन्सूत्रके सैष मानुषः । पुनर्भवेत्कपित्वे च नास्य प्रज्ञा विलुप्यते ॥ १११
तद्यदीच्छति सुश्रोणि सोमस्वामी प्रियः स ते । तदेतं मर्कटशिशुं संप्रत्येव करोम्यहम् ॥ ११२
ततः क्रीडानिभादेतं गृहीत्वा मथुरां व्रज । मन्त्रयुक्तिद्वयं चैतद्भवतीं शिक्षयाम्यहम् ॥ ११३
संविधास्यसि येनैनं पार्श्वस्थं मर्कटाकृतिम् । रहःस्थाने च पुरुषं प्रियं संपादयिष्यसि ॥ ११४
एवमुक्ता तया सख्या बन्धुदत्ता तथैव सा । रहस्यानाय्य सस्नेहं तदर्थं मामबोधयत् ॥ ११५
कृतानुज्ञं च मां बद्धमन्त्रसूत्रं गले क्षणात् । तत्सखी सा सुखशया व्यधान्मर्कटपोतकम् ॥ ११६
तद्रूपेण स्वभर्त्रे सा बन्धुदत्तोपनीय माम् । सख्या मह्यं विनोदाय दत्तोऽसावित्यदर्शयत् ॥ ११७
अतुष्यत्स च मां दृष्ट्वा क्रीडनीयं तदङ्कगम् । अहं च कपिरेवासं प्राज्ञोऽपि व्यक्तवागपि ॥ ११८
अहो स्त्रीचरितं चित्रमित्यन्तश्च हसन्नपि । तथातिष्ठमहं को हि कामेन न विडम्ब्यते ॥ ११९
सख्या शिक्षिततन्मन्त्रा बन्धुदत्ताह्न्यथापरे । मथुरां प्रति सा प्रायाद्भर्त्रा सह पितुर्गृहात् ॥ १२०
मां चाप्येकस्य भृत्यस्य स्कन्धमारोपयत्तदा । स भर्ता बन्धुदत्तायाः पथि तत्प्रियकाम्यया ॥ १२१
ततो वयं ते सर्वेऽपि यान्तो मध्ये पथि स्थितम् । दिनैर्द्वित्रैर्वनं प्राप्ता बहुमर्कटभीषणम् ॥ १२२
ततोऽभ्यधावन्दृष्ट्वा मां मर्कटा गणशोऽभितः । क्षिप्रं किलकिलारावैराह्वयन्तः परस्परम् ॥ १२३
आगत्य खादितुं ते च प्रारभन्त प्लवंगमाः । दुर्वारास्तं वणिग्भृत्यं यस्य स्कन्धेऽहमासितः ॥ १२४
स तेन विह्वलः स्कन्धात्त्यक्त्वैव भुवि मां भयात् । पलायितोऽभूदथ मामगृह्णंस्तेऽत्र मर्कटाः ॥ १२५
मत्स्नेहाद्बन्धुदत्ता च तद्भर्ता तस्य चानुगाः । पाषाणैर्लगुडैर्घ्नन्तो जेतुं तान्नाशकन्कपीन् ॥ १२६
ततस्ते मर्कटा मूढस्याङ्केऽङ्गे लोम लोम मे । नखैर्व्यलुम्पन्दन्तैश्च कुकर्मकुपिता इव ॥ १२७
कण्ठसूत्रस्य माहात्म्याच्छंभोश्च स्मरणात्ततः । अहं लब्धबलस्तेभ्यो बन्धमुन्मुच्य विद्रुतः ॥ १२८
प्रविश्य गहने तेषां व्यतीतो दृष्टिगोचरात् । क्रमाद्वनाद्वनं गच्छन्निदं प्राप्तोऽस्मि काननम् ॥ १२९
भ्रष्टस्य बन्धुदत्ताया जन्मन्यत्रैव ते कथम् । मर्कटत्वफलो जातः परदारसमागमः ॥ १३०
इति दुःखतमोन्धस्य भ्रमतः प्रावृषीह मे । दुःखान्तरमपि प्रत्तमसंतुष्टेन वेधसा ॥ १३१
यन्मामकस्मादागत्य कराक्रान्तं करेणुका । मेघाम्भःप्लुतवल्मीककर्दमान्तर्न्यवेशयत् ॥ १३२
भवितव्यनियुक्ता च जाने सा कापि देवता । यद्यत्नान्नाशकं तस्मात्पङ्काच्चलितुमप्यलम् ॥ १३३
आश्वास्यमाने चैतस्मिन्न मृतोऽस्मि न केवलम् । यावज्ज्ञानं ममोत्पन्नमनिशं ध्यायतो हरम् ॥ १३४
तावत्कालं च नैवासीत्क्षुत्तृष्णा च सखे मम । यावदद्योद्धृतः शुष्कपङ्ककूटादहं त्वया ॥ १३५
ज्ञाने प्राप्तेऽपि शक्तिर्मे तावती नैव विद्यते । मोचयेयं ययात्मानमितो मर्कटभावतः ॥ १३६
कण्ठसूत्रं यदा कापि तन्मन्त्रेणैव मोक्ष्यति । योगिनी मे तदा भूयो भवितास्मीह मानुषः ॥ १३७
इत्येष मम वृत्तान्तस्त्वं त्वगम्यमिदं वनम् । किमागतः कथं चेति ब्रूहीदानीं वयस्य मे ॥ १३८

1 ज्ञात्वा.

एवं मर्कटरूपेण सोमस्वामिद्विजेन सः । उक्तो निश्चयदत्तः स्वं तस्मै वृत्तान्तमब्रवीत् ॥ १३९
यथा विद्याधरीहेतोरुज्जयिन्याः समागतः । आनीतो धैर्यजितया यक्षिण्या च तया निशि ॥ १४०
ततः श्रुततदाश्चर्यवृत्तान्तः कपिरूपधृत् । धीमान्निश्चयदत्तं तं सोमस्वामी जगाद सः ॥ १४१
अनुभूतं त्वया दुःखं मयैव स्त्रीकृते महत् । न च श्रियः स्त्रियश्चेह कदाचित्कस्यचित्स्थिराः ॥ १४२
संध्यावत्क्षणरागिण्यो नदीवत्कुटिलाशयाः । भुजगीवदविश्वास्या विद्युद्वच्चपलाः स्त्रियः ॥ १४३
तत्सा विद्याधरी रक्ताप्यनुरागपरा क्षणात् । प्राप्य कंचित्स्वजातीयं विरज्येत्त्वयि मानुषे ॥ १४४
तदलं स्त्रीनिमित्तेन प्रयासेनामुनाधुना । किंपाकफलतुल्येन विपाकविरसेन ते ॥ १४५
मा गा विद्याधरपुरीं तां सखे पुष्करावतीम् । यक्षिणीस्कन्धमारुह्य तामेवोज्जयिनीं व्रज ॥ १४६
कुरु मद्वचनं मित्र पूर्वं मित्रवचो मया । न कृतं रागिणा तेन परितप्येऽधुनाप्यहम् ॥ १४७
बन्धुदत्तानुरक्तं हि सुस्निग्धो ब्राह्मणस्तदा । वारयन्भवशर्माख्यः सुहृन्मामेवमब्रवीत् ॥ १४८
स्त्रियाः सखे वशं मा गाः स्त्रीचित्तं ह्यतिदुर्गमम् । तथा च मम यद्वृत्तं तदिदं वच्मि ते शृणु ॥ १४९
वाराणस्यामिहैवासीत्तरुणी रूपशालिनी । ब्राह्मणी सोमदा नाम चपला गुप्तयोगिनी ॥ १५०
तया च सह मे दैवात्समभूत्संगमो रहः । तत्संगमक्रमात्तस्यां मम प्रीतिरवर्धत ॥ १५१
एकदा तामहं स्वैरमीर्ष्याकोपादताडयम् । तच्चासहिष्ट सा क्रूरा कोपं प्रच्छाद्य तत्क्षणम् ॥ १५२
अन्येद्युः प्रणयक्रीडाव्याजाच्च मम सूत्रकम् । गलेऽबध्नादहं दान्तस्तत्क्षणं बलदोऽभवम् ॥ १५३
ततोऽहं बलदीभूतस्तया दान्तोष्ट्रजीविनः । एकस्य पुंसो विक्रीतो गृहीताभीष्टमूल्यया ॥ १५४
तेनारोपितभारं मां क्लिश्यमानमवैक्षत । बन्धमोचनिका नाम योगिन्यत्र कृपान्विता ॥ १५५
सा ज्ञानतः सोमदया विदित्वा मां पशूकृतम् । मुमोच कण्ठात्सूत्रं मे मद्गोस्वामिन्यपश्यति ॥ १५६
ततोऽहं मानुषीभूतः स च क्षिप्राद्विलोकयन् । पलायितं मां मन्वानो मत्स्वामी प्राभ्रमद्दिशः ॥ १५७
अहं च बन्धमोचिन्या तया सह ततो व्रजन् । दैवादागतया दूराद्दृष्टः सोमदया तया ॥ १५८
सा क्रोधेन ज्वलन्ती तां ज्ञानिनीं बन्धमोचिनीम् । अवादीत्किमयं पापस्तिर्यक्त्वान्मोचितस्त्वया ॥ १५९
धिक्प्राप्स्यसि दुराचारे फलमस्य कुकर्मणः । प्रातस्त्वां निहनिष्यामि सहितां पाप्मनामुना ॥ १६०
इत्युक्त्वैव गतायां च तस्यां सा सिद्धयोगिनी । तत्प्रतीघातहेतोर्मामवोचद्बन्धमोचिनी ॥ १६१
हन्तुं मां कृष्णतुरगीरूपेणैषाभ्युपैष्यति । मया च शोणवडवारूपमत्राश्रयिष्यते ॥ १६२
ततो युद्धे प्रवृत्ते नौ पृष्ठतः खड्गपाणिना । सोमदायां प्रहर्तव्यं त्वयास्यामप्रमादिना ॥ १६३
एवमेतां हनिष्यावस्तत्प्रातस्त्वं गृहे मम । आगच्छेरित्युदित्वा सा गृहं मे स्वमदर्शयत् ॥ १६४
तत्र तस्यां प्रविष्टायामहं निजगृहानगाम् । अनुभूताद्भुतानेकजन्मामुत्रैव जन्मनि ॥ १६५
प्रातः कृपाणपाणिश्च गतवानस्मि तद्गृहम् । अथागात्सोमदा सात्र कृष्णाश्वारूपधारिणी ॥ १६६
सापि शोणहयारूपमकरोद्बन्धमोचिनी । खुरदन्तप्रहारैश्च ततो युद्धमभूत्तयोः ॥ १६७
मया प्रदत्तनिस्त्रिंशप्रहारा क्षुद्रशाकिनी । निहता बन्धमोचिन्या तया सा सोमदा ततः ॥ १६८
अथाहं निर्भयीभूतस्तीर्णतिर्यक्त्वदुर्गतिः । न कुस्त्रीसंगमं भूयो मनसा समचिन्तयम् ॥ १६९
चापलं साहसिकता शाकिनीशम्बरादयः । दोषाः स्त्रीणां त्रयः प्रायो लोकत्रयभयावहाः ॥ १७०
तच्छाकिनीसखीं बन्धुदत्तां किमनुधावसि । स्नेहो यस्या न पत्यौ स्वे तस्यास्तु त्वय्यसौ कुतः ॥ १७१
एवमुक्तोऽप्यहं तेन मित्रेण भवशर्मणा । नाकार्षं वचनं तस्य प्राप्तोऽस्मीमां गतिं ततः ॥ १७२
अतस्त्वां वच्मि मा कार्षीरनुरागपरां प्रति । क्लेशं सा हि स्वजातीये प्राप्ते त्वां त्यक्ष्यति ध्रुवम् ॥ १७३
भृङ्गीव पुष्पं पुरुषं स्त्री वाञ्छति नवं नवम् । अतोऽनुतापो भविता ममेव भवतः सखे ॥ १७४
इत्येतत्कपिरूपस्थसोमस्वामिवचो हृदि । तस्य निश्चयदत्तस्य नाविशद्रागनिर्भरे ॥ १७५
उवाच स कपिं तं हि न सा व्यभिचरेन्मयि । विद्याधराधिपकुले शुद्धे जाता ह्यसाविति ॥ १७६

---

१ बलदो वृषभः. २ दान्तो भग्नवृषणः.

एवं तयोरालपतोः संध्यारक्तोऽस्तभूधरम् । ययौ निश्चयदत्तस्य प्रियेच्छुरिव भास्करः ॥ १७७
अथागतायां रजनावभ्रदूत्यामिवाययौ । सा शृङ्गोत्पादिनी तस्य निकटं तत्र यक्षिणी ॥ १७८
ययौ निश्चयदत्तस्तत्स्कन्धारूढः प्रियां प्रति । प्रयातुमापृच्छ्य कपिं स्मर्तव्योऽस्मीति वादिनम् ॥ १७९
निशीथे च हिमाद्रौ तामनुरागपरा पितुः । पुरीं विद्याधरपतेः प्राप्तवान्पुष्करावतीम् ॥ १८०
तावत्प्रभावतो बुद्ध्वा तदभ्यागमनाय सा । ततो नगर्या निरगादनुरागपरा बहिः ॥ १८१
इयमायाति ते कान्ता निशि नेत्रोत्सवप्रदा । इन्दुमूर्तिर्द्वितीयेव तदिदानीं व्रजाम्यहम् ॥ १८२
इत्युक्त्वा दर्शयित्वा तामंसात्प्रादवतारितम् । नत्वा निश्चयदत्तं तमथ सा यक्षिणी ययौ ॥ १८३
ततः सापि चिरौत्सुक्यसंरम्भालिङ्गनादिभिः । उपगम्याभ्यनन्दत्तमनुरागपरा प्रियम् ॥ १८४
सोऽप्याश्लिष्य बहुक्लेशलब्धतत्संगमोत्सवः । अवर्तमानः स्वे देहे तनुं तस्या इवाविशत् ॥ १८५
तेन गान्धर्वविधिना भार्या भूत्वाथ तस्य सा । अनुरागपरा सद्यो विद्यया निर्ममे पुरम् ॥ १८६
तस्मिन्निश्चयदत्तोऽसौ बाह्ये तस्थौ तया सह । तद्विद्याच्छन्नदृष्टिभ्यां तत्पितृभ्यामतर्कितः ॥ १८७
पृष्टस्तांस्तादृशांस्तस्यै मार्गक्लेशान्शशंस यत् । तेन सा बहु मेने तं भोगैश्चेष्टैरुपाचरत् ॥ १८८
अथ तन्मर्कटीभूतसोमस्वामिकथाद्भुतम् । सोऽत्र निश्चयदत्तोऽस्यै विद्याधर्यै न्यवेदयत् ॥ १८९
जगाद चैतन्मित्रं मे त्वत्प्रयत्नेन केनचित् । तिर्यक्त्वाद्यदि मुच्येत तत्प्रिये सुकृतं भवेत् ॥ १९०
इत्युक्ता तेन सावोचदनुरागपरापि तम् । योगिन्या मन्त्रमार्गोऽयं नास्माकं विषयः पुनः ॥ १९१
तथापि साधयिष्यामि प्रियमेतदहं तव । अभ्यर्थ्य भद्ररूपाख्यां वयस्यां सिद्धयोगिनीम् ॥ १९२
तच्छ्रुत्वा स वणिक्पुत्रो हृष्टस्तामवदत्प्रियाम् । तर्हि तं पश्य मन्मित्रमेहि याव तदन्तिकम् ॥ १९३
तदेत्युक्ते तयान्येद्युस्तदुत्सङ्गस्थितश्च सः । व्योम्ना निश्चयदत्तोऽगात्सख्युस्तस्यास्पदं वनम् ॥ १९४
तत्र तं सुहृदं दृष्ट्वा कपिरूपमुपेत्य सः । प्रणमत्प्रियया साकमपृच्छत्कुशलं तदा ॥ १९५
अद्य मे कुशलं यत्त्वमनुरागपरायुतः । दृष्टो मयेति सोऽप्युक्त्वा सोमस्वामिकपिः किल ॥ १९६
तमभ्यनन्दत्प्रददौ तत्प्रियायै तथाशिषम् । ततः सर्वेऽप्युपाविक्षंस्तत्र रम्ये शिलातले ॥ १९७
चक्रुश्च तत्कथालापं तत्तत्तस्य कपेः कृते । आदौ निश्चयदत्तेन चिन्तितं कान्तया सह ॥ १९८
ततस्तं कपिमापृच्छ्य प्रेयसीसदनं च तत् । ययौ निश्चयदत्तो द्यामुत्पत्याङ्के धृतस्तया ॥ १९९
अन्येद्युस्तामवादीच्च सोऽनुरागपरां पुनः । एहि तस्यान्तिकं सख्युः क्षणं याव कपेरिति ॥ २००
ततः सापि तमाह स्म त्वमेवाद्य व्रज स्वयम् । गृहाणोत्पतनीं विद्यां मत्तोऽवतरणीं तथा ॥ २०१
इत्युक्तः स तदादाय तद्विद्याद्वितयं ततः । व्योम्ना निश्चयदत्तोऽगात्सख्युस्तस्यान्तिकं कपेः ॥ २०२
तत्र यावत्स कुरुते तेन साकं चिरं कथाः । सानुरागपरा तावदुद्यानं निर्ययौ गृहात् ॥ २०३
तत्र तस्यां निषण्णायां विद्याधरकुमारकः । कोऽप्याजगाम नभसा परिभ्राम्यन्यदृच्छया ॥ २०४
स दृष्ट्वैव स्मरावेशविवशस्तामुपाययौ । विद्याधरीं स तां बुद्ध्वा विद्यया मर्त्यभर्तृकाम् ॥ २०५
साप्युपेतं तमालोक्य सुभगं विनतानना । कस्त्वं किमागतोऽसीति शनैः पप्रच्छ कौतुकात् ॥ २०६
ततः स प्रत्यवोचत्तां स्वविद्याज्ञानशालिनम् । विद्धि विद्याधरं मुग्धे नाम्ना मां राजभञ्जनम् ॥ २०७
सोऽहं संदर्शनादेव सहसा हरिणेक्षणे । मनोभुवा वशीकृत्य तुभ्यमेव समर्पितः ॥ २०८
तदलं देवि सेवित्वा मर्त्यं धरणिगोचरम् । पिता वेत्ति न यावत्ते तावत्तुल्यं भजस्व माम् ॥ २०९
इति तस्मिन्ब्रुवाणे सा कटाक्षार्धविलोकिनी । अचिन्तयदयं युक्तो ममेति चपलाशया ॥ २१०
ततो लब्धाशयं चक्रे भार्या तेनैव तत्र सा । अपेक्षते द्वयोरैकचित्त्ये किं रहसि स्मरः ॥ २११
अथ विद्याधरे तस्मिन्संप्रत्यपसृते ततः । आगान्निश्चयदत्तोऽत्र सोमस्वामिसमीपतः ॥ २१२
आगतस्य न सा चक्रे विरक्तालिङ्गनादिकम् । अनुरागपरा तस्य व्यपदिश्य शिरोरुजम् ॥ २१३
स तु तद्व्याजमविदन्नृजुः स्नेहविमोहितः । अस्वास्थ्यमेव मत्वास्या दुःखं तदनयद्दिनम् ॥ २१४
प्रातश्च दुर्मना भूयस्तं कपिं सुहृदं प्रति । स सोमस्वामिनं प्रायान्नभसा विद्ययोर्बलात् ॥ २१५

याते तस्मिन्नुपागात्तां सोऽनुरागपरां पुनः । कामी विद्याधरो रात्रिकृतोन्निद्रस्तया विना ॥ २१६
निशाविरहसोत्कण्ठां कण्ठे तामवलम्ब्य च । सुरतान्तपरिश्रान्तो निद्राक्रान्तो बभूव सः ॥ २१७
साप्यङ्कसुप्तं प्रच्छाद्य प्रियं विद्याबलेन तम् । रात्रिजागरणान्निद्रामनुरागपरा ययौ ॥ २१८
तावन्निश्चयदत्तोऽपि प्राप तस्यान्तिकं कपेः । सोऽपि पप्रच्छ तं कृत्वा स्वागतं वानरः सुहृत् ॥ २१९
दुर्मनस्कमिवाद्य त्वां किं पश्याम्युच्यतामिति । ततो निश्चयदत्तोऽपि स तं वानरमब्रवीत् ॥ २२०
अनुरागपरात्यर्थमस्वस्था मित्र वर्तते । तेनास्मि दुःस्थितः सा हि प्राणेभ्योऽपि प्रिया मम ॥ २२१
इत्युक्तस्तेन स ज्ञानी मर्कटस्तमभाषत । गच्छ सुप्तामिदानीं तां स्थितां कृत्वाङ्कवर्तिनीम् ॥ २२२
तद्दत्तविद्यया व्योम्ना तामानय मदन्तिकम् । यावन्मद्दिहाश्चर्यं दर्शयाम्यधुनैव ते ॥ २२३
तच्छ्रुत्वा खेन गत्वैव सोऽनुरागपरां ततः । दृष्ट्वा निश्चयदत्तस्तां सुप्तामङ्केऽग्रहील्लघु ॥ २२४
तं तु विद्याधरं तस्या नाङ्के लग्नं ददर्श सः । सुप्तं विद्याबलेनादावदृश्यं विहितं तया ॥ २२५
उत्पत्य चान्तरिक्षं तामनुरागपरां क्षणात् । आनिनाय कपेस्तस्य स सोमस्वामिनोऽन्तिकम् ॥ २२६
स कपिर्दिव्यदृक्तस्मै तदा योगमुपादिशत् । येन विद्याधरं तस्याः कण्ठे लग्नं ददर्श सः ॥ २२७
दृष्ट्वा च हा धिगेतत्किमिति तं वादिनं कपिः । स एव तत्त्वदर्शी तद्यथावृत्तमबोधयत् ॥ २२८
क्रुद्धे निश्चयदत्तेऽथ तस्मिन्विद्याधरोऽत्र सः । प्रबुद्धस्तत्प्रियाकामी खमुत्पत्य तिरोदधे ॥ २२९
सापि प्रबुद्धा तत्कालमनुरागपरात्मनः । रहस्यभेदं तं दृष्ट्वा ह्रिया तस्थावधोमुखी ॥ २३०
ततो निश्चयदत्तस्तामुवाचोदश्रुलोचनः । विश्वस्तोऽहं कथं पापे त्वयैवं बत वञ्चितः ॥ २३१
अत्यन्तचञ्चलस्येह पारदस्य निबन्धने । कामं विज्ञायते युक्तिर्न स्त्रीचित्तस्य काचन ॥ २३२
इति ब्रुवति तस्मिन्सानुत्तरा रुदती शनैः । अनुरागपरोत्पत्य दिवं धाम निजं ययौ ॥ २३३
ततो निश्चयदत्तं तं सुहृन्मर्कटकोऽब्रवीत् । एतां यदन्वधावस्त्वं वारितोऽपि मया प्रियाम् ॥ २३४
तस्येदं तीव्ररागाग्नेः फलं यदनुतप्यसे । को हि संपत्सु चपलास्वाश्वासो वनितासु च ॥ २३५
तदलं परितापेन तवेदानीं शमं कुरु । भवितव्यं हि धात्रापि न शक्यमतिवर्तितुम् ॥ २३६
इति तस्मात्कपेः श्रुत्वा शोकमोहं विहाय तम् । ययौ निश्चयदत्तोऽत्र विरक्तः शरणं शिवम् ॥ २३७

अथ तत्र वने सुहृदा कपिना सह तिष्ठतस्ततो निकटम् ।
तस्याजगाम दैवात्तपस्विनी मोक्षदा नाम ॥ २३८
सा तं क्रमेण दृष्ट्वा प्रणतं पप्रच्छ मानुषस्य सतः ।
चित्रं कथमिह जातो मित्रं ते मर्कटोऽयमिति ॥ २३९

ततः स्वं वृत्तान्तं तदनु च स मित्रस्य चरितं समाचख्यौ तस्यै कृपणमथ तामेवमवदत् ।
प्रयोगं मन्त्रं वा यदि भगवती वेत्ति तदिमं कपित्वात्सन्मित्रं सुहृदमधुना मोचयतु मे ॥ २४०

तच्छ्रुत्वा सा तस्य बाढं कपेस्तत्सूत्रं कण्ठान्मन्त्रयुक्त्या मुमोच ।
सोऽथ त्यक्त्वा मार्कटीमाकृतिं तां सोमस्वामी पूर्ववन्मानुषोऽभूत् ॥ २४१

तस्यां ततश्च तडितीव तिरोहितायां दिव्यप्रभावभृति भूरि तपो विधाय ।
कालेन तत्र किल निश्चयदत्तसोमस्वामिद्विजौ प्रययतुः परमां गतिं तौ ॥ २४२
एवं निसर्गचपला ललना विवेकवैराग्यदायिबहुदुश्चरितप्रबन्धाः ।
साध्वी तु काचिदपि तासु कुलं विशालं यालंकरोत्यभिनवा खमिवेन्दुलेखा ॥ २४३

इत्येतां नरवाहनदत्तः सचिवस्य गोमुखस्य मुखात् ।
चित्रामाकर्ण्य कथां तुतोष रत्नप्रभासहितः ॥ २४४

इति महाकविश्रीसोमदेवभट्टविरचिते कथासरित्सागरे रत्नप्रभालम्बके तृतीयस्तरङ्गः ।

चतुर्थस्तरङ्गः।

गोमुखीयकथातुष्टं दृष्ट्वा तत्स्पर्धया किल। नरवाहनदत्तं तं मरुभूतिरथाब्रवीत् ॥ १
प्रायेण चपलाः कामं स्त्रियो नैकान्ततः पुनः। वेश्या अपि च दृश्यन्ते सत्त्वाढ्याः किमुतापराः ॥ २
तथा च देव विख्यातामिमामत्र कथां शृणु। विक्रमादित्य इत्यासीद्राजा पाटलिपुत्रके ॥ ३
तस्याभूतामभिप्रेते मित्रे हयपतिर्नृपः। राजा गजपतिश्चोभौ बह्वश्वगजसाधनौ ॥ ४
शत्रुर्नरपतिर्भूरिपादातस्तस्य चाभवत्। मानिनो नरसिंहाख्यः प्रतिष्ठानेश्वरो बली ॥ ५
तं रिपुं प्रति सामर्षः स मित्रबलगर्वितः। चकार विक्रमादित्यः प्रतिज्ञां रभसादिमाम् ॥ ६
तथा मया विजेतव्यो राजा नरपतिर्यथा। स बन्दिमागधैर्द्वारि सेवको मे निवेद्यते ॥ ७
एवं कृतप्रतिज्ञस्ते मित्रे हयगजाधिपौ। समानीय समं ताभ्यां हस्त्यश्वक्षोभितक्षितिः ॥ ८
अभियोक्तुं नरपतिं नरसिंहं प्रसह्य तम्। स ययौ विक्रमादित्यो राजाखिलबलान्वितः ॥ ९
प्राप्ते तस्मिन्प्रतिष्ठाननिकटं सोऽप्यवेत्य तत्। नरसिंहो नरपतिः संनह्याग्रेऽस्य निर्ययौ ॥ १०
ततस्तयोरभूद्युद्धं राज्ञोर्जनितविस्मयम्। गजाश्वेन समं यत्र युध्यन्ते स्म पदातयः ॥ ११
क्रमाच्च नरसिंहस्य कोटिसंख्यपदातिभिः। भग्नं तद्विक्रमादित्यबलं नरपतेर्बलैः ॥ १२
भग्नश्च विक्रमादित्यः पुरं पाटलिपुत्रकम्। ययौ पलाय्य तन्मित्रे स्वं स्वं देशं च जग्मतुः ॥ १३
नरसिंहो नरपतिर्जितशत्रुर्निजं पुरम्। प्रविवेश प्रतिष्ठानं बन्दिभिः स्तुतविक्रमः ॥ १४
ततः स विक्रमादित्योऽसिद्धकार्यो व्यचिन्तयत्। शस्त्रैरजेयं शत्रुं तं जयामि प्रज्ञया वरम् ॥ १५
कामं केचिद्विगर्हन्तां मा प्रतिज्ञान्यथा तु भूत्। इति संचिन्त्य निक्षिप्य राज्यं योग्येषु मन्त्रिषु ॥ १६
निर्गत्य नगराद्गुप्तं मुख्येनैकेन मन्त्रिणा। सह बुद्धिवराख्येण राजपुत्रवरैस्तथा ॥ १७
पञ्चभिः कुलजैः शूरैः स कार्पटिकवेषभृत्। भूत्वा पुरं निजरिपोः प्रतिष्ठानं जगाम तत् ॥ १८
तत्र वारविलासिन्या नरेन्द्रसदनोपमम्। ययौ मदनमालेति ख्यातायाः वरमन्दिरम् ॥ १९
कृताह्वानमिव प्रांशुप्राकारशिखरोच्छ्रितैः। ध्वजांशुकैर्मृदुमरुद्विक्षिप्ताक्षिप्तपल्लवैः ॥ २०
प्रधाने पूर्वदिग्द्वारे विविधायुधशालिनाम्। गुप्तं सहस्रविंशत्या पदातीनां दिवानिशम् ॥ २१
अन्यासु दिक्षु तिसृषु द्वारि द्वारि मदोद्धतैः। दशभिर्दशभिः शूरसहस्रैरभिरक्षितम् ॥ २२
आवेदितः प्रतीहारैस्तथाभूतः प्रविश्य च। क्वचित्प्रविततानेकवराश्वश्रेणिशोभितम् ॥ २३
क्वचिदाबद्धमातङ्गघटासंघट्टसंचरम्। क्वचिदायुधसंदर्भगम्भीराकारगुम्भितम् ॥ २४
क्वचिद्रत्नप्रभाभास्वद्बहुकोषगृहोज्ज्वलम्। क्वचित्सेवकसंघातसंततावद्धमण्डलम् ॥ २५
क्वचिदुच्चैः पठद्बन्दिवृन्दकोलाहलाकुलम्। क्वचिन्निबद्धसंगीतमृदङ्गध्वनिनादितम् ॥ २६
सप्तकक्ष्याविभक्तं तत्स पश्यन्सपरिच्छदः। प्रापन्मदनमालाया वासप्रासादमुन्नतम् ॥ २७
सा तं कक्ष्यासु साकूतनिर्वर्णितहयादिकम्। श्रुत्वा परिजनान्मत्वा प्रच्छन्नं कंचिदुत्तमम् ॥ २८
प्रत्युद्गम्य प्रणम्याथ साभिलाषं सकौतुकम्। राजोचिते प्रवेश्यान्तरुपावेशयदासने ॥ २९
सोऽपि तद्रूपलावण्यविनयाहृतचेतनः। तामभ्यनन्ददात्मानमप्रकाश्यैव भूपतिः ॥ ३०
ततो मदनमाला सा स्नानपुष्पानुलेपनैः। वस्त्रैराभरणैर्भूपं महार्हैस्तममानयत् ॥ ३१
दत्त्वा दिवसवृत्तिं च तेषां तदनुयायिनाम्। आहारैस्तं ससचिवं नानारूपैरुपाचरत् ॥ ३२
निनाय च समं तेन दिनं पानादिलीलया। आत्मानं चार्पयत्तस्मै सा दर्शनवशीकृता ॥ ३३
तथैवाराध्यमानोऽथ च्छन्नोऽप्यहरहस्तया। स तस्थौ विक्रमादित्यश्चक्रवर्त्युचितैः क्रमैः ॥ ३४
याचकेभ्यो ददौ नित्यं वित्तं यावच्च यच्च सः। दृष्टा मदनमाला सा तत्तस्मै समुपानयत् ॥ ३५
तेनोपभुज्यमानं च सा शरीरं धनं तथा। मेने कृतार्थमन्यस्मिन्पुंस्यर्थे च पराङ्मुखी ॥ ३६
तत्प्रेम्णा ह्यपि तत्रत्यमनुरक्तं नराधिपम्। आयान्तं नरसिंहं तं वारयामास युक्तिभिः ॥ ३७
एवं तया सेव्यमानः कदाचिन्मन्त्रिणं रहः। राजा सहचरं सोऽत्र तं बुद्धिवरमभ्यधात् ॥ ३८

अर्थार्थिनी न कामेऽपि वेश्या रज्यति तं विना । तासां लोभो हि विधिना दत्तो निर्माय याचकान् ॥ ३९
इयं मदनमाला तु भुज्यमाने धने मया । न विरज्यत्यतिस्नेहान्मयि प्रत्युत तुष्यति ॥ ४०
तदस्याः संप्रति कथं करोमि प्रत्युपक्रियाम् । येन कामं प्रतिज्ञापि क्रमेण मम सेत्स्यति ॥ ४१
तच्छ्रुत्वा तं ब्रवीति स्म मन्त्री बुद्धिवरो नृपम् । यद्येवं तदनर्घाणि यानि रत्नान्युपाहरत् ॥ ४२
प्रपञ्चबुद्धिर्भिक्षुस्ते तेभ्योऽस्यै देहि कानिचित् । इत्युक्तो मन्त्रिणा तेन राजा तं प्रत्यभाषत ॥ ४३
दत्तैः समग्रैरपि तैर्नास्याः किंचित्कृतं भवेत् । एतद्वृत्तान्तसंश्लिष्टा किं त्वस्यान्यत्र निष्कृतिः ॥ ४४
तच्छ्रुत्वा सोऽब्रवीन्मन्त्री देव किं तेन भिक्षुणा । त्वत्सेवा सा कृतेत्येष तद्वृत्तान्तस्त्वयोच्यताम् ॥ ४५
इत्युक्तो मन्त्रिणा तेन राजा बुद्धिवरेण सः । जगाद शृणु तत्रैतां तत्कथां वर्णयामि ते ॥ ४६
पूर्वं पाटलिपुत्रे मे प्रविश्यास्थानमन्वहम् । भिक्षुः प्रपञ्चबुद्ध्याख्यः समुद्गकमुपानयत् ॥ ४७
अहं तथैव सततं वर्षमात्रं समर्पयन् । भाण्डागारिकहस्ते तदनुद्घाटितमेव सत् ॥ ४८
एकदा भिक्षुणा तेन ढौकितं तत्समुद्गकम् । दैवात्पाणेर्मम पतद्द्विधाभूतमभूद्भुवि ॥ ४९
निरगाच्च महारत्नं तस्मादनलभासुरम् । प्राज्ञ्येवापरिज्ञातं हृदयं तेन दर्शितम् ॥ ५०
तद्गृहीत्वादाय चान्यानि तान्यानाय्य विभज्य च । समुद्गकानि सर्वेभ्यो रत्नान्यहमवाप्तवान् ॥ ५१
ततः प्रपञ्चबुद्धिं तमप्राक्षं विस्मयादहम् । किमहो सेवसे रत्नैरेवं मामीदृशैरिति ॥ ५२
अथात्र विजनं कृत्वा स भिक्षुर्मामवोचत । अस्यां कृष्णचतुर्दश्यामागामिन्यां निशागमे ॥ ५३
श्मशाने साधनीया मे विद्या काचित्ततो बहिः । तत्र साहायके वीर त्वदागमनमर्थये ॥ ५४
वीरसाहाय्यनिर्विघ्नाः सुखलभ्या हि सिद्धयः । इत्युक्तो भिक्षुणा तेन तदहं प्रतिपन्नवान् ॥ ५५
अथ हृष्टे गते तस्मिन्दिनैः कृष्णचतुर्दशी । आगात्सा श्रमणस्यास्य तस्यास्मार्षमहं वचः ॥ ५६
ततः कृताह्निको भूत्वा प्रदोषं प्रतिपालयन् । कृतसंध्याविधिर्दैवात्क्षिप्रं निद्रामगामहम् ॥ ५७
तत्क्षणं गरुडारूढो भगवान्भक्तवत्सलः । हरिः पद्माङ्कितोत्सङ्गः स्वप्ने मामेवमादिशत् ॥ ५८
प्रपञ्चबुद्धिरन्वर्थनामायं मण्डलार्चने । पुत्र श्मशाने नीत्वा त्वामुपहारीकरिष्यति ॥ ५९
अतो वक्ष्यति यत्स त्वां जिघांसुर्मा स्म तत्कृथाः । त्वं पूर्वं कुरु शिक्षित्वा करिष्यामीति तं वदेः ॥ ६०
ततस्तथा तं कुर्वाणं तच्छिद्रेणैव तत्क्षणम् । हन्यास्त्वं तदभिप्रेता सिद्धिस्तव भविष्यति ॥ ६१
इत्युक्त्वान्तर्हिते विष्णौ प्रबुद्धोऽहमचिन्तयम् । हरेरनुग्रहाज्ज्ञातो वध्यो मायी मयाद्य सः ॥ ६२
एवं विचिन्त्य यामिन्याः प्रथमे प्रहरे गते । कृपाणपाणिरेकाकी तच्छ्मशानमगामहम् ॥ ६३
तत्र दृष्ट्वा तमभ्यागां भिक्षुमर्चितमण्डलम् । सोऽपि वीक्ष्याभ्यनन्दन्मामब्रवीच्च तदा शठः ॥ ६४
मीलिताक्षः प्रसार्याङ्गं पत भूमाववाङ्मुखः । राजन्नेवं भवेत्सिद्धिर्द्वयोरप्यावयोरिति ॥ ६५
ततोऽहं प्रत्यवोचं तं त्वमेवं प्रथमं कुरु । मह्यं दर्शय शिक्षित्वा विधास्यामि तथैव तत् ॥ ६६
तच्छ्रुत्वा श्रमणो मूढस्तथा भुवि स चापतत् । छिन्नं तस्य च निस्त्रिंशप्रहारेण मया शिरः ॥ ६७
अथान्तरिक्षादुदभूद्भारती साधु भूपते । त्वया हि भिक्षुः पापोऽयमुपहारीकृतोऽद्य यत् ॥ ६८
यास्य साध्या भवेत्सा ते सिद्धाद्य गगने गतिः । अहं धैर्येण तुष्टस्ते कामचारी धनाधिपः ॥ ६९
तदस्मत्तो वृणीष्वान्यं वरं यमभिवाञ्छसि । इत्युक्त्वा प्रकटीभूतं प्रणम्याहं तमब्रवम् ॥ ७०
यदा त्वामर्थयिष्येऽहमुपयुक्तं तदा वरम् । संस्मृतोपस्थितो भूत्वा भगवन्मे प्रदास्यसि ॥ ७१
एवमस्त्विति मामुक्त्वा तिरोऽभूत्स धनाधिपः । लब्धसिद्धिश्च रभसात्स्वमन्दिरमगामहम् ॥ ७२
इत्युक्तस्ते स्ववृत्तान्तस्तत्कुबेरवरेण मे । कार्या मदनमालायास्तेनास्याः प्रत्युपक्रिया ॥ ७३
तद्बुद्धिवर गच्छ त्वं तावत्पाटलिपुत्रकम् । वेषच्छन्नं समादाय राजपुत्रपरिच्छदम् ॥ ७४
अहं च कृत्वा प्रत्यग्रां प्रियायाः प्रत्युपक्रियाम् । पुनरागमनायेह तत्रैवैष्यामि संप्रति ॥ ७५
एवमुक्त्वा स सचिवं विक्रमादित्यभूपतिः । दिनकृत्यं स कृत्वा तं व्यसृजत्सपरिच्छदम् ॥ ७६
तथेति च गते तस्मिंस्तां निनाय निशां नृपः । भाविविश्लेषसोत्कण्ठः समं मदनमालया ॥ ७७

सापि दूरीभवन्तं तं शंसतेवान्तरात्मना । आलिङ्गती मुहुः सोत्का नास्यां निद्रामगान्निशि ॥ ७८
ततः प्रातः स राजा तु विहितावश्यकक्रियः । नित्यदेवार्चनागारं विवेशैको जपच्छलात् ॥ ७९
तत्र वैश्रवणं देवं संस्मृतोपस्थितं च सः । वरं प्राक्प्रतिपन्नं तं प्रणम्यैवमयाचत ॥ ८०
प्रयच्छ देव तेनाद्य वरेणाङ्गीकृतेन मे । सौवर्णान्पञ्च महतः पुरुषांस्तानिहाक्षयान् ॥ ८१
येषामिष्टोपभोगाय च्छिद्यमानान्यनारतम् । तादृशान्येव जायन्ते तान्यङ्गानि पुनः पुनः ॥ ८२
एवं भवन्तु तद्रूपाः पुरुषास्ते यथेच्छसि । इत्युक्त्वा स धनाध्यक्षो जगामादर्शनं क्षणात् ॥ ८३
राजापि तत्क्षणं सोऽत्र देवागारे ददर्श तान् । स्थितानकस्मात्सौवर्णान्महतः पञ्च पूरुषान् ॥ ८४
ततः प्रविष्टो निरगात्स्वां प्रतिज्ञामविस्मरन् । द्यामुत्पत्य ययौ तावत्पुरं पाटलिपुत्रकम् ॥ ८५
तत्राभिनन्दितोऽमात्यैः पौरैरन्तःपुरैश्च सः । तस्थौ कार्याणि कुर्वाणः प्रतिष्ठानस्थया धिया ॥ ८६
तावच्चात्र प्रतिष्ठाने प्राविशत्तस्य सा प्रिया । चिरप्रविष्टं तं कान्तं वीक्षितुं देवसद्म तत् ॥ ८७
प्रविष्टा तत्र नाद्राक्षीत्प्रियं तं नृपतिं क्वचित् । अद्राक्षीत्तु महोच्छ्रायान्सौवर्णान्पञ्च पूरुषान् ॥ ८८
तान्दृष्ट्वा तमनासाद्य दुःखिता सा व्यचिन्तयत् । नूनं विद्याधरः कोऽपि गन्धर्वो वा स मे प्रियः ॥ ८९
यः संविभज्य मामेभिः पुंभिरुत्पत्य खं गतः । तदेतैर्भारतुल्यैः किं तद्वियुक्ता करोम्यहम् ॥ ९०
इति संचिन्त्य पृच्छन्ती निजं परिजनं मुहुः । तत्प्रवृत्तिं विनिर्गत्य तत्र बभ्राम सर्वतः ॥ ९१
न च लेभे रतिं क्वापि हर्म्योद्यानगृहादिषु । विलपन्ती वियोगार्ता शरीरत्यागसंमुखी ॥ ९२
मा विषादं कृथा देवि कोऽपि कामचरो हि सः । देवो यदृच्छया भूयो भव्यां त्वामभ्युपैष्यति ॥ ९३
इत्यादिभिः प्रदत्तास्थैर्वाक्यैः परिजनेन सा । आश्वासिता कथमपि प्रतिज्ञामकरोदिमाम् ॥ ९४
षण्मासमध्ये यदि मे न स दास्यति दर्शनम् । दत्तसर्वस्वया वह्नौ प्रवेष्टव्यं ततो मया ॥ ९५
इति प्रतिज्ञयात्मानं संस्तभ्याभूत्ततश्च सा । अन्वहं ददती दानं ध्यायन्ती तं स्ववल्लभम् ॥ ९६
एकदा स्वर्णपुंसां च तेषामेकस्य सा भुजौ । छेदयित्वा द्विजातिभ्यो ददौ दानैकतत्परा ॥ ९७
द्वितीयेऽह्नि च साद्राक्षीत्तादृशावेव तस्य तौ । रात्रिमध्ये समुत्पन्नौ भुजौ संजातविस्मया ॥ ९८
ततः क्रमेण सान्येषां भुजौ दानार्थमच्छिनत् । उत्पेदिरे च सर्वेषां पुनस्तेषां तथैव ते ॥ ९९
अथ तानक्षयान्दृष्ट्वा विप्रेभ्यो वेदसंख्यया । अध्येतृभ्यो ददौ छित्त्वा तद्भुजान्सा शुभान्वहम् ॥ १००
दिनैश्चाल्पैर्गतां दिक्षु श्रुत्वा तां ख्यातिमाययौ । तत्र सङ्ग्रामदत्ताख्यो विप्रः पाटलिपुत्रकात् ॥ १०१
स दरिद्रश्चतुर्वेदो गुणैर्युक्तस्तदन्तिकम् । प्रतिग्रहार्थी प्राविक्षत्तदा द्वाःस्थनिवेदितः ॥ १०२
सा तस्मै वेदसंख्याकान्ददौ सौवर्णपुंभुजान् । अर्चिताय व्रतक्षामैरङ्गैर्विरहपाण्डुरैः ॥ १०३
ततः स विप्रो दुःखार्ताच्छ्रुत्वा तत्परिवारितः । तद्वृत्तान्तं महाघोरप्रतिज्ञान्तमशेषतः ॥ १०४
हृष्टो विषण्णश्चारोप्य सौवर्णानुष्ट्रयोर्द्वयोः । भुजानेतान्निवासं स्वं ययौ पाटलिपुत्रकम् ॥ १०५
अराजरक्षिते क्षेमं नास्मिन्मे काञ्चने भवेत् । इति तत्र स संचिन्त्य प्रविश्यास्थानवर्तिनम् ॥ १०६
नृपतिं विक्रमादित्यं ब्राह्मणः स व्यजिज्ञपत् । इहैवास्मि महाराज वास्तव्यो नगरे द्विजः ॥ १०७
सोऽहं दरिद्रो वित्तार्थी प्रयातो दक्षिणापथम् । प्राप्तः परं प्रतिष्ठानं नरसिंहस्य भूपतेः ॥ १०८
तत्र प्रतिग्रहार्थी सन्प्रख्यातयशसो गृहम् । अहं मदनमालाया गणिकाया गतोऽभवम् ॥ १०९
तस्याः सकाशे दिव्यो हि कोऽप्युषित्वा चिरं पुमान् । गतः काप्यक्षयान्दत्त्वा पुरुषान्पञ्च काञ्चनान् ॥ ११०
ततस्तद्विप्रयोगार्ता जीवितं विषवेदनाम् । देहं निष्फलमायासं नाहारं चौरयातनाम् ॥ १११
मन्यमाना गतधृतिः कथंचिदनुजीविभिः । आश्वास्यमाना व्यधित प्रतिज्ञां सा मनस्विनी ॥ ११२
यदि षण्मासमध्ये मां न स संभावयिष्यति । तन्मयाग्नौ प्रवेष्टव्यं दौर्भाग्योपहतात्मना ॥ ११३
इति बद्धप्रतिज्ञा सा मरणाध्यवसायिनी । ददात्यनुदिनं दानं सुमहत्सुकृतैषिणी ॥ ११४
सा च दृष्टा मया देव विशृङ्खलपदस्थितिः । अनाहारकृशेनापि शरीरेणातिशोभिता ॥ ११५
दानतोयार्द्रितकरा मिलितालिकुलाकुला । दुःखिता कामकरिणो मदावस्थेव देहिनी ॥ ११६

मन्ये निन्द्यश्च वन्द्यश्च स कामी यो जहाति ताम् । कान्तो येन विना सा च तनुं त्यजति सुन्दरी ॥ ११७
तयात्र मह्यं चत्वारः स्वर्णाः पुरुषबाहवः । चतुर्वेदाय विधिवत्प्रदत्ता वेदसंख्यया ॥ ११८
तत्सुसत्रगृहं कृत्वा स्वधर्ममिह सेवितुम् । इच्छामि तत्र देवेन साहाय्यं मे विधीयताम् ॥ ११९
इति तस्य मुखाच्छ्रुत्वा प्रियावार्तां द्विजस्य सः । सद्योऽभूद्विक्रमादित्यस्तदाक्षिप्तमना नृपः ॥ १२०
आदिश्य च प्रतीहारं द्विजस्यास्येष्टसिद्धये । विचिन्त्य दृढरागां च तां तृणीकृतजीविताम् ॥ १२१
प्रतिज्ञासिद्धिसाहाय्ये सहसोत्कः स्वकामिनीम् । गणयित्वाल्पशेषं च तस्या देहव्ययावधिम् ॥ १२२
सत्वरं मन्त्रिनिक्षिप्तराज्यो गत्वा विहायसा । प्रतिष्ठानं स नृपतिः प्रियावेश्म विवेश तत् ॥ १२३
तत्र ज्योत्स्नाच्छवसनां विबुधार्पितवैभवाम् । कृशामपश्यत्कान्तां तां पर्वणीन्दुकलामिव ॥ १२४
सापि नेत्रसुधासारमतर्कितमुपस्थितम् । दृष्ट्वा मदनमाला तमुद्भ्रान्तेवाभवत्क्षणम् ॥ १२५
आलिङ्गन्ती ततो भूयः पलायनभयादिव । कण्ठे भुजलतापाशमर्पयामास तस्य सा ॥ १२६
किं मामनागसं त्यक्त्वा गतवानसि निष्कृप । इत्युवाच च तं बाष्पघर्घराक्षरया गिरा ॥ १२७
एहि वक्ष्यामि रहसीत्युक्त्वा सोऽभ्यन्तरं रहः । तया सह ययौ राजा परिवाराभिनन्दितः ॥ १२८
तत्रात्मानं प्रकाश्यास्यै स्ववृत्तान्तमवर्णयत् । नरसिंहनृपं युक्त्या जेतुमत्रागमद्यथा ॥ १२९
यथा प्रपञ्चबुद्धिं च हत्वा खेचरतां ययौ । यथा वरं धनाध्यक्षात्प्राप्य संव्यभजच्च ताम् ॥ १३०
यथा च ब्राह्मणाद्वार्तां श्रुत्वा तत्रागतः पुनः । तत्सर्वमा प्रतिज्ञार्थादुक्त्वा भूयो जगाद ताम् ॥ १३१
तत्प्रिये नरसिंहोऽयमजेयोऽतिबली बलैः । द्वन्द्वयुद्धेन च मया साकमेष नियुध्यते ॥ १३२
भूचरं द्युचरो भूत्वा न चैनं हतवानहम् । अधर्मयुद्धेन जयं को हीच्छेत्क्षत्त्रियो भवन् ॥ १३३
तन्मे प्रतिज्ञासाध्यं यद्वन्दिभिर्द्वारवर्तिनः । आवेदनं नृपस्यास्य तत्र साहायकं कुरु ॥ १३४
एतच्छ्रुत्वैव धन्यास्मीत्युक्त्वा राज्ञामुना सह । संमन्त्र्य गणिकाथ स्वानाहूयोवाच बन्दिनः ॥ १३५
नरसिंहो यदा राजा गृहमेष्यति मे तदा । द्वारसंनिहितैर्भाव्यं भवद्भिर्दत्तदृष्टिभिः ॥ १३६
देव भक्तोऽनुरक्तश्च नरसिंहनृपस्त्वयि । इति वाच्यं च युष्माभिस्तस्य प्रविशतो मुहुः ॥ १३७
कः स्थितोऽत्रेति यदि च प्रक्ष्यत्युत्प्रेक्ष्य तत्क्षणम् । स्थितोऽत्र विक्रमादित्य इति वक्तव्य एव सः ॥ १३८
इत्युक्त्वा तान्विसृज्याथ प्रतीहारीं जगाद सा । नरसिंहो न राजात्र निषेध्यः प्रविशन्निति ॥ १३९
एवं कृत्वा पुनः प्राप्तप्राणनाथा यथासुखम् । तस्थौ मदनमाला सा निःसंख्यं ददती वसु ॥ १४०
ततः श्रुत्वातिदानं तत्सौवर्णपुरुषोद्भवम् । नरसिंहनृपो हित्वाप्यागाद्द्रष्टुं स तद्गृहम् ॥ १४१
प्रतीहारानिषिद्धस्य तस्य प्रविशतोऽत्र च । आ बहिर्द्वारतस्तारमूचुः सर्वेऽपि बन्दिनः ॥ १४२
नरसिंहो नृपो देव प्रणतो भक्तिमानिति । तच्च शृण्वन्स सामर्षः सशङ्कश्चाभवन्नृपः ॥ १४३
पृष्ट्वा च कः स्थितोऽत्रेति बुद्ध्वा तत्र स्थितं च तम् । राजानं विक्रमादित्यं क्षणमेवमचिन्तयत् ॥ १४४
तदिदं प्राक्प्रतिज्ञातं द्वारि मद्विनिवेदनम् । निर्व्यूढममुना राज्ञा प्रसह्यान्तः प्रविश्य मे ॥ १४५
अहो राजायमोजस्वी येनाद्यैवमहं जितः । न च वध्यो बलेनासावेकाकी मे गृहागतः ॥ १४६
तत्तावत्प्रविशामीति नरसिंहो विचिन्त्य सः । विवेशाभ्यन्तरं राजा बन्दिवृन्दनिवेदितः ॥ १४७
प्रविष्टं तं च दृष्ट्वैव सस्मितं सस्मिताननः । उत्थाय विक्रमादित्यः कण्ठे जग्राह भूपतिम् ॥ १४८
अथोपविष्टौ तौ द्वावप्यन्योन्यकुशलं नृपौ । तस्यां मदनमालायां पार्श्वस्थायामपृच्छताम् ॥ १४९
कथाक्रमाच्च पप्रच्छ विक्रमादित्यमत्र सः । नरसिंहः कुतोऽत्रेमे सुवर्णपुरुषा इति ॥ १५०
ततोऽत्र विक्रमादित्यो निहतश्रमणाधमम् । साधिताकाशगमनं वित्तेश्वरवरेण च ॥ १५१
संप्राप्ताक्षयसौवर्णमहापुरुषपञ्चकम् । कृत्स्नं कथितवानस्मै स्ववृत्तान्तं तमद्भुतम् ॥ १५२
नरसिंहोऽथ मत्वा तं महाशक्तिं नभश्चरम् । अपापबुद्धिं वृतवान्मित्रत्वाय नृपो नृपम् ॥ १५३
प्रतिपन्नसुहृत्त्वं च कृताचारविधिं तदा । राजधानीं निजां नीत्वा स्वोपचारैरुपाचरत् ॥ १५४
संमान्य प्रहितस्तेन राज्ञा च स नृपः पुनः । गृहं मदनमालाया विक्रमादित्य आययौ ॥ १५५

अथ स निजौजःप्रतिमासंपादितदुस्तरप्रतिज्ञार्थः ।
गन्तुं चकार चेतो निजनगरं विक्रमादित्यः ॥ १५६
तेन समं सा जिगमिषुरसहा विरहस्य मदनमालापि ।
त्यक्ष्यन्ती तं देशं ब्राह्मणसादकृत वसतिं स्वाम् ॥ १५७
ततस्तया साकमनन्यचित्तया तदीयहस्त्यश्वपदात्यनुद्रुतः ।
स विक्रमादित्यनरेन्द्रचन्द्रमा निजं पुरं पाटलिपुत्रकं ययौ ॥ १५८
तत्र तेन सह बद्धसौहृदस्तस्थिवान्स नरसिंहभूभृता ।
अन्वितो मदनमालया तया प्रेममुक्तनिजदेशया सुखम् ॥ १५९
इति देव भवत्युदारसत्त्वो दृढरक्तश्च विलासिनीजनोऽपि ।
अवरोधसमो महीपतीनां किमुतान्यः कुलजः पुरंध्रिलोकः ॥ १६०
इत्थं निशम्य मरुभूतिमुखादुदारामेतां कथां स नरवाहनदत्तभूपः ।
विद्याधरोत्तमकुलप्रभवा च सास्य रत्नप्रभा नववधूर्व्यधित प्रमोदम् ॥ १६१

इति महाकविश्रीसोमदेवभट्टविरचिते कथासरित्सागरे रत्नप्रभालम्बके चतुर्थस्तरङ्गः ।

पञ्चमस्तरङ्गः ।

एवं कथितवत्यत्र मरुभूतौ चमूपतिः । नरवाहनदत्तस्य पुरो हरिशिखोऽब्रवीत् ॥ १
सत्यमेव न सुस्त्रीणां भर्तुरन्यत्परायणम् । तथा च श्रूयतामेषाप्यत्र चित्रतरा कथा ॥ २
वर्धमानपुरं नाम यदस्ति नगरं भुवि । तत्र वीरभुजाख्योऽभूद्राजा धर्मभृतां वरः ॥ ३
अन्तःपुरशते तस्य विद्यमानेऽप्यभूत्प्रभोः । एका गुणवरा नाम राज्ञी प्राणाधिकप्रिया ॥ ४
पत्नीशतस्य मध्ये च न तावद्दैवयोगतः । एकस्यामपि कस्यांचित्पुत्रस्तस्योदपद्यत ॥ ५
तेन वैद्यं स पप्रच्छ श्रुतवर्धनसंज्ञकम् । कश्चिदस्त्यौषधं तादृग्येन स्यात्पुत्रसंभवः ॥ ६
तच्छ्रुत्वा सोऽब्रवीद्वैद्यो देवैतत्साधयाम्यहम् । वन्यच्छगलकः किं तु देवेनानाय्यतां मम ॥ ७
इत्याकर्ण्य भिषग्वाक्यं प्रतीहारं स भूपतिः । आदिश्यानाययामास तस्य च्छगलकं वनात् ॥ ८
तं छागं राजसूदेभ्यः समर्प्य स भिषक्ततः । तन्मांसैः साधयामास राज्यर्थं रसकोत्तमम् ॥ ९
आदिश्यैकत्र राज्ञीनां मेलकं देवमर्चितुम् । गते राज्ञि मिलन्ति स्म देव्य एकत्र तत्र ताः ॥ १०
एका तु मिलिता नासीद्राज्ञो गुणवरात्र सा । राज्ञो देवार्चनस्थस्य तत्कालं निकटे स्थिता ॥ ११
मिलिताभ्यश्च ताभ्यस्तत्पानार्थं चूर्णमिश्रितम् । अविभाव्यैव रसकं निःशेषं स ददौ भिषक् ॥ १२
क्षणात्कृतार्चनः सोऽत्र राजागत्य प्रियायुतः । वीक्ष्याशेषोपयुक्तं तद्द्रव्यं वैद्यं तमभ्यधात् ॥ १३
अहो न स्थापितं किंचित्त्वया गुणवराकृते । यत्प्रधानोऽयमारम्भस्तदेव तव विस्मृतम् ॥ १४
इत्युक्त्वा स विलक्षं तं वैद्यं सूदान्नृपोऽब्रवीत् । किं तस्य च्छगलस्यास्ति मांसशेषोऽत्र कश्चन ॥ १५
शृङ्गे परे स्त इत्युक्ते सूदैर्वैद्योऽथ सोऽब्रवीत् । साधु तर्ह्युत्तमं हि स्याद्रसकं शृङ्गगर्भजम् ॥ १६
इत्युक्त्वा कारयित्वैव तत्ततः शृङ्गमांसतः । तस्यै गुणवरायै स चूर्णमिश्रं भिषग्ददौ ॥ १७
ततस्तस्याथ नवतिर्देव्यो राज्ञो नवाधिकाः । आसन्सगर्भाः काले च सर्वाः सुषुविरे सुतान् ॥ १८
अर्वागुपात्तगर्भा च सा सर्वोत्तमलक्षणम् । प्रासूत स्म महादेवी पश्चाद्गुणवरा सुतम् ॥ १९
शृङ्गमांसरसोत्पन्नं नाम्ना शृङ्गभुजं च तम् । पिता वीरभुजश्चक्रे राजा कृतमहोत्सवः ॥ २०
वर्धमानः सहान्यैस्तैर्भ्रातृभिर्वयसा परम् । कनिष्ठः सोऽभवत्तेषां गुणैर्ज्येष्ठतमस्त्वभूत् ॥ २१
क्रमात्स राजपुत्रश्च रूपे कामसमोऽभवत् । धनुर्वेदेऽर्जुनसमो भीमसेनसमो बले ॥ २२
ततः सपुत्रां सुतरां दृष्ट्वा वीरभुजस्य ताम् । प्रियां गुणवरां राज्ञो देव्योऽन्या मत्सरं ययुः ॥ २३
अथ तास्वयशोलेखा नाम राज्ञी दुराशया । संमन्त्र्य ताभिरन्याभिः सह कृत्वा च संविदम् ॥ २४

समस्ताभिः सपत्नीभिस्तं राजानं गृहागतम् । मृषाधृतमुखग्लानिः पृच्छन्तं कृच्छ्रतोऽब्रवीत् ॥ २५
आर्यपुत्र कथं नाम सहसे गृहदूषणम् । परस्य रक्षितावद्यं न रक्षस्यात्मनः कथम् ॥ २६
यः सुरक्षितनामायमन्तःपुरपतिर्युवा । तत्सक्ता हि त्वदीयैषा राज्ञी गुणवरा किल ॥ २७
तदन्यस्य न लाभोऽस्ति सौविदल्लाभिरक्षिते । अन्तःपुरेऽत्र पुंसो यदतोऽसौ तेन संगता ॥ २८
सर्वत्रान्तःपुरे चैतत्प्रसिद्धमिह गीयते । इत्युक्तः स तया राजा दध्यौ च विममर्श च ॥ २९
गत्वा चैकैकशो राज्ञीरन्याः पप्रच्छ ताः क्रमात् । ताश्च तस्मै तथैवोचुः सर्वा रचितकैतवाः ॥ ३०
ततः स मतिमान्राजा जितक्रोधो व्यचिन्तयत् । तयोः संभाव्यते नैतत्प्रवादश्चायमीदृशः ॥ ३१
तदानिश्चित्य कार्यो मे प्रतिभेदो न कस्यचित् । युक्त्या तु परिहार्यौ तौ संप्रत्यन्तमवेक्षितुम् ॥ ३२
इति निश्चित्य सोऽन्येद्युरास्थानेऽन्तःपुराधिपम् । सुरक्षितं तमाहूय कृतकोपः समभ्यधात् ॥ ३३
ब्रह्महत्या त्वया पाप कृतेत्यवगतं मया । तत्त्वामकृततत्तीर्थयात्रं न द्रष्टुमुत्सहे ॥ ३४
तच्छ्रुत्वा तं समुद्भ्रान्तं ब्रह्महत्या कुतो मया । कृता देवेति जल्पन्तं स राजा पुनरब्रवीत् ॥ ३५
मा स्म धार्ष्ट्यं कृथा गच्छ काश्मीरान्पापनाशनान् । यत्र तद्विजयक्षेत्रं नन्दिक्षेत्रं च पावनम् ॥ ३६
वाराहं यत्र च क्षेत्रं ये पूताश्चक्रपाणिना । धत्ते नाम वितस्तेति वहन्ती यत्र जाह्नवी ॥ ३७
यत्र तन्मडवक्षेत्रं यत्र चोत्तरमानसम् । तत्तीर्थयात्रापूतो मां पुनर्द्रक्ष्यसि नान्यथा ॥ ३८
एवमुक्त्वा तमवशं विससर्ज सुरक्षितम् । स युक्त्या तीर्थयात्रायां दूरं वीरभुजो नृपः ॥ ३९
ततो गुणवरादेव्याः पूर्वं तस्या जगाम सः । सस्नेहश्च सकोपश्च सविमर्शश्च भूपतिः ॥ ४०
तत्र सा खिन्नमनसं तं दृष्ट्वापृच्छदाकुला । आर्यपुत्र किमद्यैवमकस्माद्दुर्मनायसे ॥ ४१
तच्छ्रुत्वा स महीभृत्तामेवं कृतकमभ्यधात् । अद्यागत्य महाज्ञानी देवी मां कोऽप्यभाषत ॥ ४२
राजन्गुणवरा देवी कालं कंचन भूगृहे । स्थापनीया त्वया भाव्यं स्वयं च ब्रह्मचारिणा ॥ ४३
राज्यभ्रंशोऽन्यथा ते स्यान्मृत्युरस्याश्च निश्चितम् । इत्युक्त्वा स गतो ज्ञानी विषादोऽयं ततो मम ॥ ४४
एवं तेनोदिते राज्ञा राज्ञी गुणवरा तु सा । भयानुरागविभ्रान्ता तं जगाद पतिव्रता ॥ ४५
तदार्यपुत्र नाद्यैव किं मां क्षिपसि भूगृहे । धन्या ह्यस्मि यदि प्राणैरपि स्यान्मे हितं तव ॥ ४६
मम वा मृत्युरस्त्वेव तव मा भूदनिर्वृतिः । इहामुत्र च नारीणां परमा हि गतिः पतिः ॥ ४७
इति तस्या वचः श्रुत्वा साश्रुः सोऽचिन्तयत्प्रभुः । शङ्के न पापमेतस्यां न च तस्मिन्सुरक्षिते ॥ ४८
स ह्यम्लानमुखच्छायो निराशङ्को मयेक्षितः । कष्टं तथापि जिज्ञासे प्रवादस्यास्य निश्चयम् ॥ ४९
इत्यालोच्य स तां राजा राज्ञीमाह स्म दुःखितः । तदिहैव वरं देहि भूगृहं क्रियतामिति ॥ ५०
तथेति च तया प्रोक्तस्तत्रैवान्तःपुरे सुगम् । विधाय भूगृहं राजा देवीं तां निदधेऽथ सः ॥ ५१
पुत्रं शृङ्गभुजं तस्या विषण्णं पृष्टकारणम् । आश्वासयत्तदेवोक्त्वा राज्ञीं तां स यदुक्तवान् ॥ ५२
सापि राज्ञो हितमिति स्वर्गं मेने धरागृहम् । स्वसुखं नास्ती साध्वीनां तासां भर्तृसुखं सुखम् ॥ ५३
एवं कृतेऽयशोलेखा तस्य राज्यपराध सा । निर्वासभुजनामानं स्वैरं स्वसुतमभ्यधात् ॥ ५४
राज्ञास्मद्विधुरा तावत्खाते गुणवरार्पिता । एतत्पुत्रश्च देशाच्चेदितो गच्छेत्सुखं भवेत् ॥ ५५
तत्स शृङ्गभुजो देशान्निर्वास्येताचिराद्यथा । तां पुत्र चिन्तयेर्युक्तिं त्वमन्यैर्भ्रातृभिः सह ॥ ५६
इति मात्रोदितः सोऽन्यान्भ्रातॄनुक्त्वा समत्सरः । आस्ते स्म निर्वासभुजस्तत्रोपायं विचिन्तयन् ॥ ५७
एकदा ते महास्त्राणि प्रयुञ्जाना नृपात्मजाः । प्रासादाग्रे महाकायं सर्वेऽपि ददृशुर्बकम् ॥ ५८
विकृतं पक्षिणं तं च पश्यतस्तान्सविस्मयान् । ज्ञानी क्षपणकः कोऽपि पथा तेनागतोऽब्रवीत् ॥ ५९
राजपुत्रा बको नायं रूपेणानेन राक्षसः । भ्रमत्यग्निशिखाख्योऽयं नगराणि विनाशयन् ॥ ६०
तद्विध्यतैनं काण्डेन यावद्गच्छत्वितो हतः । एतत्क्षपणकाच्छ्रुत्वा नवतिस्ते नवाधिकाः ॥ ६१
काण्डानि चिक्षिपुर्ज्येष्ठा नैकोऽप्याहतवान्बकम् । ततो नग्नक्षपणकः पुनस्तानब्रवीत्स सः ॥ ६२
अयं कनीयान्युष्माकं भ्राता शृङ्गभुजो बकम् । शक्नोति हन्तुमेतं तद्गृह्णात्वेष क्षमं धनुः ॥ ६३

तच्छ्रुत्वैव स्मरन्मातुस्तल्लब्धावसरं वचः । स निर्वासभुजो जाल्मस्तत्क्षणं समचिन्तयत् ॥ ६४

सोऽयं शृङ्गभुजस्यास्य स्यादुपायः प्रवासने । तदर्पयामस्तातस्य संबन्ध्यस्मै धनुःशरम् ॥ ६५

सौवर्णं तच्छरं हृत्वा विद्धो यास्यति चेद्बकः । पश्चादेषोऽपि गन्तास्य मार्गेत्स्वस्मासु तं शरम् ॥ ६६

यदा च लप्स्यते नैतं चिन्वन्रक्षोबकं तदा । स्थास्यतीतस्ततो भ्राम्यन्नैष्यतीह शरं विना ॥ ६७

इत्यालोच्य ददौ तस्मै पापः शृङ्गभुजाय सः । बकघाताय सशरं पितृसंबन्धि कार्मुकम् ॥ ६८

स गृहीत्वा तदाकृष्य तेन स्वर्णशरेण तम् । रत्नपुङ्खेन विव्याध बकं शृङ्गभुजो बली ॥ ६९

स विद्धमात्रस्तं कायलग्नमादाय सायकम् । बकः स्रवदसृग्धारः पलाय्यैव ततो ययौ ॥ ७०

ततः शृङ्गभुजं वीरं स निर्वासभुजः शठः । तत्संज्ञाप्रेरितास्ते च भ्रातरोऽन्ये तमब्रुवन् ॥ ७१

देहि हेममयं तं नस्तातसंबन्धिनं शरम् । अन्यथाद्य शरीराणि त्यक्ष्यामः पुरतस्तव ॥ ७२

तातस्तेन विना ह्यस्मानितो निर्वासयिष्यति । न च कर्तुं ग्रहीतुं वा शक्यं तत्प्रतिरूपकम् ॥ ७३

तच्छ्रुत्वैव स जिह्मांस्तान्वीरः शृङ्गभुजोऽब्रवीत् । धीरा भवत मा भूद्वो भयं कार्पण्यमुज्झत ॥ ७४

आनेष्यामि शरं गत्वा हत्वा तं राक्षसाधमम् । इत्युक्त्वा सशरं चापं निजं शृङ्गभुजोऽग्रहीत् ॥ ७५

ययौ च तां समुद्दिश्य दिशं यां स बको गतः । पतितां तदसृग्धारां भूमावनुसरञ्जवात् ॥ ७६

हृष्टेषु तेषु चान्येषु मातृपार्श्वं गतेष्वथ । गच्छन्स क्रमशः प्राप दूरां शृङ्गभुजोऽटवीम् ॥ ७७

तस्यां ददर्श चिन्वानो वनस्यान्तर्महत्पुरम् । भोगायोपनतं काले फलं पुण्यतरोरिव ॥ ७८

तत्रोद्यानतरोर्मूले स विश्रान्तः क्षणादिव । आश्चर्यरूपामायान्तीमत्र कन्यामवैक्षत ॥ ७९

विरहे जीवितहरां संगमे प्राणदायिनीम् । विचित्रां निर्मितां धात्रा विषामृतमयीमिव ॥ ८०

शनैरुपगतां तां च चक्षुषा प्रेमवर्षिणा । पश्यन्तीं तद्गतमनाः स पप्रच्छ नृपात्मजः ॥ ८१

किंनामधेयं कस्येदं पुरं हरिणलोचने । त्वं च का किं तवेहायमागमः कथ्यतामिति ॥ ८२

ततः साचीकृतमुखी न्यस्तदृष्टिर्महीतले । सा तं जगाद सुदती मधुरस्निग्धया गिरा ॥ ८३

इदं धूमपुरं नाम सर्वसंपद्गृहं पुरम् । अस्मिन्वसत्यग्निशिखो नाम राक्षसपुंगवः ॥ ८४

तस्य रूपशिखां नाम सदृशीं विद्धि मां सुताम् । इहागतामसामान्यत्वद्रूपाहृतमानसाम् ॥ ८५

त्वं ब्रूहि मेऽधुना कोऽसि किमिहाभ्यागतोऽसि च । एवमुक्ते तया तस्यै सर्वं शृङ्गभुजं क्षणम् ॥ ८६

योऽसौ यन्नामधेयश्च यस्य पुत्रो महीपतेः । यया शरनिमित्तेन तद्धूमपुरमागतः ॥ ८७

ततो विदितवृत्तान्ता सा तं रूपशिखाभ्यधात् । न त्वया सुदृगन्योऽस्ति त्रैलोक्येऽपि धनुर्धरः ॥ ८८

येन तातोऽप्यसौ विद्धो बकरूपो महेषुणा । स च हेममयो बाणः स्वीकृतः क्रीडया मया ॥ ८९

तातस्तु निर्व्रणः सद्यो महादंष्ट्रेण मन्त्रिणा । विशल्यकरणीमुख्यमहौषधिविदा कृतः ॥ ९०

तद्यामि तातं संबोध्य नयाम्यभ्यन्तरं द्रुतम् । त्वामार्यपुत्र न्यस्तो हि त्वय्यात्मायं मयाधुना ॥ ९१

इत्युक्त्वा तमवस्थाप्य तत्र शृङ्गभुजं क्षणम् । ययौ रूपशिखा पार्श्वं पितुरग्निशिखस्य सा ॥ ९२

तात शृङ्गभुजो नाम राजसूनुरिहागतः । कोऽप्यनन्यसमो रूपकुलशीलवयोगुणैः ॥ ९३

जाने कोऽप्यवतीर्णोऽत्र देवांशो न स मानुषः । स चेद्भर्ता न मे स्यात्तत्त्यजेयं जीवितं ध्रुवम् ॥ ९४

इत्युक्तः स तया तत्र पिता तां राक्षसोऽब्रवीत् । मानुषाः पुत्रि भक्ष्या नस्तथापि यदि ते ग्रहः ॥ ९५

तदस्तु राजपुत्रं तमिहैवानाय्य दर्शय । तच्छ्रुत्वा सा ययौ रूपशिखा शृङ्गभुजान्तिकम् ॥ ९६

उक्त्वा यथा कृतं तच्च तं निनायान्तिकं पितुः । सोऽपि तं नम्रमादृत्य तत्पिताग्निशिखोऽब्रवीत् ॥ ९७

ददामि राजपुत्रैतां तुभ्यं रूपशिखामहम् । यदि मद्वचनं किंचिन्नातिक्रामसि जातुचित् ॥ ९८

इत्युक्तवन्तं तं सोऽपि प्रह्वः शृङ्गभुजोऽब्रवीत् । बाढमुल्लङ्घयिष्यामि नैवाज्ञावचनं तव ॥ ९९

इति शृङ्गभुजेनोक्तस्तुष्टः सोऽग्निशिखोऽभ्यधात् । उत्तिष्ठ तर्हि स्नात्वा त्वमागच्छ स्नानवेश्मनः ॥ १००

तमेवमुक्त्वावादीत्तां सुतां रूपशिखां च सः । त्वं गच्छ सर्वा भगिनीरादायागच्छ सत्वरम् ॥ १०१

एवमग्निशिखेनोक्तौ तेन निर्जग्मतुस्ततः । तथेति तावुभौ शृङ्गभुजो रूपशिखा च सा ॥ १०२

तततस्तं सा सुधीः शृङ्गभुजं रूपशिखाभ्यधात् । आर्यपुत्र कुमारीणां स्वसृणामस्ति मे शतम् ॥ १०३
सर्वा वयं सदृश्यश्च तुल्याभरणवाससः । सर्वासां सन्ति कण्ठेषु तुल्या हारलताश्च नः ॥ १०४
तत्तातो मेलयित्वास्मांस्त्वां विमोहयितुं प्रिय । आसां मध्यादभीष्टां त्वं वृणीष्वेति वदिष्यति ॥ १०५
जानाम्येतमहं तस्य व्याजाभिप्रायमीदृशम् । सर्वाः संघटयत्यस्मान्किमर्थमयमन्यथा ॥ १०६
तदा मूर्ध्नि करिष्ये च कण्ठाद्धारलतामहम् । तदभिज्ञानलब्धायां वनमालां मयि क्षिपेः ॥ १०७
भौतप्रायश्च तातोऽयं बुद्धिर्नास्य विवेकिनी । तथा मय्यपि मार्गोऽस्य जातिसिद्धः क्व गच्छति ॥ १०८
तदेष वञ्चनार्थं ते यद्यत्किंचिद्वदिष्यति । अङ्गीकृत्य त्वया तत्तद्वाच्यं मे वेद्म्यहं परम् ॥ १०९
इत्युक्त्वा भगिनीनां सा पार्श्वं रूपशिखा ययौ । तथेत्युक्त्वा च गतवान्स्नातुं शृङ्गभुजोऽपि सः ॥ ११०
अथागात्स्वसृभिः साकं पार्श्वं रूपशिखा पितुः । सोऽपि शृङ्गभुजश्चेटीस्नापितोऽत्राययौ पुनः ॥ १११
आसां मध्यान्निजेष्टायाः प्रयच्छैतामिति ब्रुवन् । वनमालां ददौ शृङ्गभुजायाग्निशिखोऽथ सः ॥ ११२
सोऽप्यादायैव तां रूपशिखायाः क्षिप्तवान्गले । प्राङ्मूर्धन्यस्तसंकेतहारयष्टेर्नृपात्मजः ॥ ११३
ततः सोऽग्निशिखो रूपशिखां शृङ्गभुजान्विताम् । निजगाद विधास्ये वां प्रातरुद्वाहमङ्गलम् ॥ ११४
इत्युक्त्वा तौ च ताश्चान्या विससर्ज सुता गृहम् । क्षणाच्च तं शृङ्गभुजं समाहूयैवमब्रवीत् ॥ ११५
गच्छेदं दान्तयुगलं समादाय पुराद्बहिः । राशिस्थं भुवि तत्राद्य तिलखारीशतं वप ॥ ११६
तच्छ्रुत्वा स तथेत्युक्त्वा गत्वा शृङ्गभुजोऽब्रवीत् । विग्नो रूपशिखायास्तत्साप्येवं निजगाद तम् ॥ ११७
आर्यपुत्र न कार्यस्ते विषादोऽत्र मनागपि । गच्छ त्वं साधयाम्येतदहं क्षिप्रं स्वमायया ॥ ११८
तच्छ्रुत्वा तत्र गत्वा स दृष्ट्वा राजसुतस्तिलान् । राशिस्थान्विह्वलो यावद्वप्तुं प्रक्रमते कृषन् ॥ ११९
तावद्ददर्श भूमिं तां कृष्टमुप्तांश्च तांस्तिलान् । प्रियामायाबलात्सर्वान्क्रमेणैव सुविस्मितः ॥ १२०
गत्वा चाग्निशिखायैतत्कृतं कार्यं न्यवेदयत् । ततः स वञ्चको भूयस्तमभाषत राक्षसः ॥ १२१
न ममोप्तैस्तिलैः कार्यं गच्छ राशीकुरुष्व तान् । तच्छ्रुत्वोपेत्य तद्रूपशिखायै सोऽब्रवीत्पुनः ॥ १२२
सा तं विसृज्य भूमिं तां स्रष्ट्वासंख्याः पिपीलिकाः । ताभिः संघटयामास तिलांस्तान्निजमायया ॥ १२३
तद्दृष्ट्वैव पुनर्गत्वा तस्मै सोऽग्निशिखाय तान् । न्यवेदयच्छृङ्गभुजस्तिलान्राशीकृतानपि ॥ १२४
ततः सोऽग्निशिखो मूर्खः शठो भूयोऽप्युवाच तम् । इतो दक्षिणतो गत्वा योजनद्वयमात्रकम् ॥ १२५
अस्ति देवकुलं शून्यमरण्ये भद्र शांभवम् । तस्मिन्धूमशिखो नाम भ्राता वसति मे प्रियः ॥ १२६
तत्रेदानीं व्रजैवं च वेदेर्देवकुलाग्रतः । भो धूमशिख दूतस्ते सानुगस्य निमन्त्रणे ॥ १२७
प्रहितोऽग्निशिखेनाहं शीघ्रमागम्यतां त्वया । भावी रूपशिखाया हि प्रातः परिणयोत्सवः ॥ १२८
एतावदुक्त्वैवात्र त्वमिहायाह्यद्य सत्वरम् । प्रातः परिणयस्वैतां सुतां रूपशिखां मम ॥ १२९
इत्युक्तस्तेन पापेन तथेत्युक्त्वा तथैव च । गत्वा रूपशिखायास्तत्सर्वं शृङ्गभुजोऽब्रवीत् ॥ १३०
सा साध्वी मृत्तिकां तोयं कण्टकानग्निमेव च । दत्त्वा तस्मै वराश्वं च निजमेवं जगाद तम् ॥ १३१
एतमारुह्य तुरगं नत्वा देवकुलं च तत् । द्रुतं धूमशिखस्योक्त्वा तत्तातोक्तं निमन्त्रणम् ॥ १३२
आगन्तव्यं त्वया शीघ्रमश्वेनानेन धावता । पृष्ठतो वीक्षितव्यं च मुहुर्वलितकंधरम् ॥ १३३
पश्चात्तमागतं धूमशिखं द्रक्ष्यसि चेत्ततः । तन्मार्गे मृत्तिकैषा ते प्रक्षेप्तव्यात्मपृष्ठतः ॥ १३४
ततोऽपि पश्चादागच्छेत्स ते धूमशिखो यदि । तथैव पृष्ठतस्त्याज्यं तोयमेवं त्वयान्तरा ॥ १३५
तदप्येष्यति चेत्क्षेप्यास्तद्वदेतेऽस्य कण्टकाः । तथापि चेत्सोऽनुपतेत्तन्मध्येऽग्निमिमं क्षिपेः ॥ १३६
एवं कृते हि निर्दैन्यस्त्वमिहैष्यसि मा च ते । विकल्पो भूद्व्रज द्रक्ष्यस्यद्य विद्याबलं मम ॥ १३७
इत्युक्तः स तया शृङ्गभुजो धृतमृदादिकः । तथेति तद्धयारूढोऽरण्ये देवकुलं ययौ ॥ १३८
तत्र वामस्थगौरीकं दक्षिणस्थविनायकम् । दृष्ट्वा नत्वा च विश्वेशमुक्त्वैवाग्निशिखोदितम् ॥ १३९
निमन्त्रणवचस्तस्य तूर्णं धूमशिखस्य तत् । ततश्चचाल चतुरं प्रधाविततुरंगमः ॥ १४०
क्षणाच्च पृष्ठतो यावद्वीक्षते वलिताननः । तावद्धूमशिखं पश्चादागतं तं ददर्श सः ॥ १४१

चिक्षेप चाशु मार्गेऽस्य मृत्तिकां तां स्वपृष्ठतः। क्षिप्तयात्र तया मध्ये सद्योऽभूत्पर्वतो महान् ॥ १४२
तमुल्लङ्घ्य कथंचित्तमागतं वीक्ष्य राक्षसम्। तथैव पृष्ठतस्तोयं तस्य राजसुतोऽक्षिपत् ॥ १४३
तेन तत्रान्तरा जज्ञे वेल्लद्वीचिर्महानदी। तामप्युत्तीर्य कथमप्यागतेऽस्मिन्निशाचरे ॥ १४४
शीघ्रं शृङ्गभुजः पश्चात्कण्टकांस्तानवाकिरत्। तैरुद्बभूव गहनं वनं मध्ये सकण्टकम् ॥ १४५
ततोऽपि निर्गते तस्मिन्रक्षस्यग्निं स्वपृष्ठतः। जहौ तेन स जज्वाल मार्गः सतृणकाननः ॥ १४६
तं वीक्ष्य खाण्डवमिव ज्वलितं दुरतिक्रमम्। ययौ धूमशिखः खिन्नो भीतश्च स यथागतम् ॥ १४७
तदा रूपशिखामायामोहितः स हि राक्षसः। पद्भ्यामागादगाच्चैव न सस्मार नभोगतिम् ॥ १४८
अथ प्रशंसन्नन्तस्तत्प्रियामायाविजृम्भितम्। गतभीराययौ धूमपुरं शृङ्गभुजः स तत् ॥ १४९
ततो रूपशिखायै तं समर्प्याश्वं निवेद्य च। यथा कृतं स हृष्टायै जगामाग्निशिखान्तिकम् ॥ १५०
निमन्त्रितो मया गत्वा भ्राता धूमशिखस्तव। इत्युक्तवन्तं तं सोऽत्र संभ्रान्तोऽग्निशिखोऽब्रवीत् ॥ १५१
यदि तत्र गतोऽभूस्त्वमभिज्ञानं तदुच्यताम्। इति तेनोदितः शृङ्गभुजो जिह्मं जगाद तम् ॥ १५२
शृण्विदं वच्म्यभिज्ञानं तत्र देवकुले विभोः। वामेऽस्ति पार्वती पार्श्वे दक्षिणे च विनायकः ॥ १५३
तच्छ्रुत्वा विस्मितः सोऽग्निशिखः क्षणमचिन्तयत्। कथं गतोऽपि मद्भ्रात्रा शकितो नैष खादितुम् ॥ १५४
तज्जाने मानुषो नायं देवोऽयं कोऽपि निश्चितम्। अनुरूपस्तदेषोऽस्तु भर्तास्या दुहितुर्मम ॥ १५५
इति संचिन्त्य तं शृङ्गभुजं रूपशिखान्तिकम्। कृतार्थं व्यसृजत्स्वं तु नाङ्गभेदं विवेद सः ॥ १५६
स च शृङ्गभुजस्तत्र गत्वा परिणयोत्सुकः। भुक्तपीतस्तया साकं कथंचिदनयन्निशाम् ॥ १५७
प्रातश्चाग्निशिखस्तस्मै तां स रूपशिखां ददौ। ऋद्ध्या स्वसिद्ध्युचितया विधिवद्वह्निसाक्षिकम् ॥ १५८
क्व राक्षससुता कुत्र राजपुत्रः क्व चैतयोः। विवाहो बत चित्रैव गतिः प्राक्तनकर्मणाम् ॥ १५९
स रेजे राजसूनुस्तां प्राप्य रक्षःसुतां प्रियाम्। पेशलां पङ्कसंभूतां राजहंसोऽब्जिनीमिव ॥ १६०
तस्थौ च स तया तत्र तदेकमनसा सह। भुञ्जानो विविधान्भोगान्रक्षःसिद्ध्युपकल्पितान् ॥ १६१
गतेष्वथ दिनेष्वत्र तां स रूपशिखां रहः। अवादीदेहि गच्छावो वर्धमानपुरं प्रिये ॥ १६२
सा हि स्वा राजधानी नस्तस्याश्चैवं प्रवासनम्। परैः सोढुं न शक्नोमि मानप्राणा हि मादृशाः ॥ १६३
तन्मुञ्च जन्मभूमिं त्वमत्याज्यामपि मत्कृते। आवेदय पितुस्तं च हस्ते हेमशरं कुरु ॥ १६४
इति शृङ्गभुजेनोक्ता सा तं रूपशिखाब्रवीत्। यदादिशसि तत्कार्यमार्यपुत्र मयाधुना ॥ १६५
का जन्मभूः कः स्वजनः सर्वमेतद्भवान्मम। न पतिव्यतिरेकेण सुस्त्रीणामपरा गतिः ॥ १६६
तातस्यावेदनीयं तु नैतत्सोऽस्मान्हि न त्यजेत्। तस्मादविदितं तस्य गन्तव्यं क्रोधनस्य नः ॥ १६७
आगमिष्यति चेत्पश्चाद्बुद्ध्वा परिजनात्ततः। मोहयिष्याम्यबुद्धिं तं भौततुल्यं स्वविद्यया ॥ १६८
इति तस्या वचः श्रुत्वा प्रहृष्टः सोऽपरेऽहनि। दत्तराज्यार्धयानर्घरत्नपूर्णसमुद्गया ॥ १६९
तयैवानीततच्चारुसुवर्णशरया सह। आरुह्य शरवेगाख्यं तदीयं तुरगोत्तमम् ॥ १७०
वञ्चयित्वा परिजनं स्वैरोद्यानभ्रमच्छलात्। ततः शृङ्गभुजः प्रायाद्वर्धमानपुरं प्रति ॥ १७१
गतयोर्दूरमध्वानं बुद्ध्वा सोऽग्निशिखस्तयोः। दंपत्योराययौ पश्चान्नभसा राक्षसः क्रुधा ॥ १७२
तस्यागमनवेगोत्थं शब्दं श्रुत्वा च दूरतः। मार्गे रूपशिखा साथ तं शृङ्गभुजमब्रवीत् ॥ १७३
आर्यपुत्रागतस्तातो निवर्तयितुमेष नः। तत्त्वमास्स्वेह निःशङ्कः पश्यैनं वञ्चये कथम् ॥ १७४
नैष द्रक्ष्यति साश्वं त्वां विद्ययाच्छादितं मया। इत्युक्त्वाश्वावतीर्णा सा पुंरूपं माययाकरोत् ॥ १७५
इहायाति महद्रक्षस्तत्त्वं तूष्णीं क्षणं भव। इत्युक्त्वा काष्ठिकं चात्र दार्वर्थं वनमागतम् ॥ १७६
तत्कुठारेण काष्ठानि पाटयन्ती किलास्त सा। तदा रूपशिखा शृङ्गभुजे पश्यति सस्मिते ॥ १७७
तावत्सोऽग्निशिखस्तत्र प्राप्यैतां काष्ठिकाकृतिम्। दृष्ट्वावतीर्य गगनान्मूढः पप्रच्छ राक्षसः ॥ १७८
किं भो दृष्टौ पथानेन यान्तौ स्त्रीपुरुषाविति। ततः कथंचित्खिन्नेव पुंवेषा सा तमब्रवीत् ॥ १७९
न दृष्टौ कौचिदावाभ्यां स्विन्नदृग्भ्यां परिश्रमात्। रक्षःपतेर्मृतस्याद्य दाहायाग्निशिखस्य हि ॥ १८०

आवां काष्ठानि भूयांसि पाटयन्ताविह स्थितौ । तच्छ्रुत्वा राक्षसः सोऽत्र मूढबुद्धिर्व्यचिन्तयत् ॥ १८१
अहो कथं विपन्नोऽहं तत्किं मे सुतया तया । गच्छामि तावत्पृच्छामि गृहे परिजनं निजम् ॥ १८२
इति संचिन्त्य स गृहं तूर्णमग्निशिखो ययौ । भर्त्रा समं हसन्ती सा प्राग्वत्प्रास्थित तत्सुता ॥ १८३
क्षणाच्च पुनरप्यागात्सान्तर्हासात्परिच्छदात् । पृष्टाज्जीवन्तमात्मानं श्रुत्वा हृष्टः स राक्षसः ॥ १८४
बुद्ध्वा घोरेण शब्देन दूरात्तं पुनरागतम् । हयावतीर्णा प्रच्छाद्य मायया पूर्ववत्पतिम् ॥ १८५
मार्गागतस्य कस्यापि लेखहारस्य हस्ततः । लेखमादाय पुंरूपं चक्रे रूपशिखा पुनः ॥ १८६
तावच्च पूर्ववत्प्राप्तस्तद्रूपां तां स राक्षसः । पप्रच्छ पथि सस्त्रीकस्त्वया दृष्टः पुमानिति ॥ १८७
ततः पुरुषरूपा सा श्वसन्ती निजगाद तम् । न त्वराहृतचित्तेन तादृक्कोऽपीक्षितो मया ॥ १८८
अहमग्निशिखेनाद्य रणे शत्रुहतेन हि । किंचिच्छेषासुना राज्यं स्वमर्पयितुमिच्छता ॥ १८९
आह्वानाय स्वनगरे स्थितेनोच्छृङ्खलस्थितेः । भ्रातुर्धूमशिखस्येह प्रहितो लेखहारकः ॥ १९०
तच्छ्रुत्वाग्निशिखः सोऽत्र किं हतोऽहं परैरिति । संभ्रान्तः प्रययौ भूयः स्वगृहं तदवेक्षितुम् ॥ १९१
को हतः स्वस्थ एषोऽहमित्यबोधि तु नैव सः । कोऽप्यहो तामसश्चित्रो मूढसर्गः प्रजापतेः ॥ १९२
गृहं प्राप्तश्च तद्बुद्ध्वाप्यसत्यं लोकहासनम् । पुनः स नाययौ मोहश्रान्तो विस्मृत्य तां सुताम् ॥ १९३
सापि संमोह्य पितरं प्राग्वद्रूपशिखा पतिम् । तमभ्यगात्पतिहितादन्यत्साध्व्यो न जानते ॥ १९४
ततस्तया समं शृङ्गभुजः पत्न्या स सत्वरम् । आश्चर्यतुरगारूढो वर्धमानपुरं ययौ ॥ १९५
तत्र बुद्ध्वा तमायान्तं युक्तं शृङ्गभुजं तया । पिता वीरभुजस्तस्य हृष्टोऽग्रे निर्ययौ नृपः ॥ १९६
स दृष्ट्वा शोभितं वध्वा तं शौरिमिव भामया । प्राप्तां तदा नवां मेने नरेन्द्रो राज्यसंपदम् ॥ १९७
अश्वावतीर्णमेनं च पादलग्नं सवल्लभम् । उत्थाप्यालिङ्ग्य तनयं हर्षबाष्पाम्बु बिभ्रता ॥ १९८
चक्षुषेव कृतोदारनिर्विच्छमनमङ्गलः[1] । प्रावेशयद्राजधानीं स ततो विहितोत्सवः ॥ १९९
क्व गतोऽभूस्त्वमित्यत्र तेन पृष्टः सुतोऽथ सः । निजमामूलतः शृङ्गभुजो वृत्तान्तमब्रवीत् ॥ २००
आहूय तत्समक्षं च भ्रातृभ्यस्तत्समर्पयत् । स निर्वासभुजादिभ्यस्तेभ्यो हेममयं शरम् ॥ २०१
तत्स बुद्ध्वा च दृष्ट्वा च तेषु वीरभुजो नृपः । व्यरज्यदन्येषु सुतेष्वेकं मेने च तं सुतम् ॥ २०२
ततः स राजा मतिमान्सम्यगेवमचिन्तयत् । जाने यथैष विद्वेषादभूदेभिः प्रवासितः ॥ २०३
पापैर्निरपराधोऽपि शत्रुभिर्भ्रातृनामभिः । तथैव नूनमेतेषां जननीभिर्मम प्रिया ॥ २०४
मातास्य सा गुणवरा निर्दोषा दूषिता मृषा । तत्किं चिरेण पश्यामि यावदद्यैव निश्चयम् ॥ २०५
इत्यालोच्य यथावत्तद्दिनं नीत्वाभ्यगान्निशि । जिज्ञासुरयशोलेखां राज्ञीं तां स नृपोऽपराम् ॥ २०६
तदभ्यागमहृष्टा सा मद्यं तेनातिपायिता । रतान्तसुप्ता व्यलपद्राज्ञि तस्मिन्सजागरे ॥ २०७
मिथ्या गुणवरायाश्चेन्नावदिष्याम दूषणम् । तत्किमेवमुपायास्यदयं राजाद्य मामिह ॥ २०८
इति तस्या वचः श्रुत्वा सुप्ताया दुष्टचेतसः । उत्पन्ननिश्चयो राजा क्रोधादुत्थाय निर्ययौ ॥ २०९
गत्वा स्वावासमानाय्य स जगाद महत्तरान् । उद्धृत्य तां गुणवरां स्नातामानयत द्रुतम् ॥ २१०
अयं क्षणो ह्यद्यतनो ज्ञानिनानिष्टशान्तये । तस्या भूगृहवासस्य कथितोऽभूत्किलावधिः ॥ २११
तच्छ्रुत्वा तैस्तथेत्युक्त्वा गत्वा स्नाता विभूषिता । राज्ञी गुणवरा क्षिप्रमानिन्ये सा तदन्तिकम् ॥ २१२
ततस्तौ दंपती तीर्णविरहार्णवनिर्वृतौ । अन्योन्यालिङ्गनातृप्तौ निन्यतुस्तां विभावरीम् ॥ २१३
अवर्णयत्स राजात्र देव्यै तस्यै मुदा तदा । तं शृङ्गभुजवृत्तान्तं तदेव निजसूनवे ॥ २१४
साथ प्रबुद्धा राजानं गतं बुद्ध्वा सवाक्छलम् । संभाव्यैवायशोलेखा विषादमगमत्परम् ॥ २१५
प्रातश्च स नृपो वीरभुजो गुणवरान्तिकम् । आनाययच्छृङ्गभुजं सुतं रूपशिखायुतम् ॥ २१६
सोऽभ्येत्य मातरं दृष्ट्वा हृष्टो भूगृहनिर्गताम् । तयोर्ववन्दे चरणौ पित्रोर्नववधूयुतः ॥ २१७
अध्वोत्तीर्णं तमाश्लिष्य पुत्रं गुणवरापि सा । तां च स्नुषां तथा प्राप्तामुत्सवादुत्सवं ययौ ॥ २१८

१ निर्वित् निर्वेदः तस्याः शमनमेव मङ्गलम्.

ततः पितुर्निदेशात्स तस्यै शृङ्गभुजोऽब्रवीत् । विस्तरेण स्ववृत्तान्तं यच्च रूपशिखाकृतम् ॥ २१९
ततो गुणवरा राज्ञी सा प्रहृष्टा जगाद तम् । किं किं न रूपशिखया कृतं पुत्र तवानया ॥ २२०
हित्वा स्वजीवितं बन्धून्देशं चेह यदेतया । त्रीण्येतानि प्रदत्तानि तुभ्यं चित्रचरित्रया ॥ २२१
त्वदर्थमवतीर्णैषा कापि देवी विधेर्वशात् । पतिव्रतानां सर्वासां यया मूर्ध्नि पदं कृतम् ॥ २२२
एवमुक्ते तया राज्या तद्वाक्यमभिनन्दति । राज्ञि रूपशिखायां च विनयानतमूर्धनि ॥ २२३
आययौ स तयैव प्रागयशोलेखया मृषा । दूषितोऽन्तःपुराध्यक्षो भ्रान्ततीर्थः सुरक्षितः ॥ २२४
क्षत्त्रा निवेदितं तं च प्रहृष्टं चरणानतम् । ज्ञातार्थोऽपूजयद्राजा भृशं वीरभुजोऽथ सः ॥ २२५
तेनैवानाय्य चान्यास्ता राज्ञीरत्रैव दुर्जनीः । तमेवोवाच गच्छैता भूगृहे निखिलाः क्षिप ॥ २२६
तच्छ्रुत्वा तासु भीतासु क्षिप्तासु कृपया नृपम् । तं सा गुणवरा देवी पादलग्ना व्यजिज्ञपत् ॥ २२७
देव मामेव भूयोऽपि चिरं स्थापय भूगृहे । प्रसीद नैवमेता हि भीताः शक्नोमि वीक्षितुम् ॥ २२८
इति प्रार्थ्य नृपं तासां बन्धनं सा न्यवारयत् । महतामनुकम्पा हि विरुद्धेषु प्रतिक्रिया ॥ २२९
ततस्ताः प्रेषिता राज्ञा लज्जिताः स्वगृहान्ययुः । अनिष्टमपि वाञ्छन्त्यो दीयमानं भुजान्तरम् ॥ २३०
तां च राजा गुणवरां बहु मेने महाशयाम् । आत्मानं च तया पत्न्या कृतपुण्यममन्यत ॥ २३१
अथानाय्य सुतानन्यान्स निर्वासभुजादिकान् । निर्वासयिष्यन्युक्त्या तान्राजा कृतकमभ्यधात् ॥ २३२
श्रुतं मया वणिक्पापैर्भवद्भिः पथिको हतः । तद्भ्रान्तुं सर्वतीर्थानि यात मा स्मेह तिष्ठत ॥ २३३
तच्छ्रुत्वा तं न शेकुस्ते नृपं बोधयितुं नृपाः । प्रभौ हठप्रवृत्ते हि कस्य प्रत्यायना भवेत् ॥ २३४
ततस्तान्गच्छतो दृष्ट्वा भ्रातॄञ्शृङ्गभुजोऽथ सः । कृपोद्धूताश्रुपूर्णाक्षः पितरं तं व्यजिज्ञपत् ॥ २३५
तातापराधमेकं त्वं क्षमस्वैषां कृपां कुरु । इत्युक्त्वा पादयोस्तस्य निपपात स भूपतेः ॥ २३६
सोऽपि मत्वा नरेन्द्रस्तं भूभृद्भारसहं सुतम् । यशोदयाश्रितं बाल्येऽप्यवतारं हरेरिव ॥ २३७
गूढाशयो वैररक्षी वचस्तस्य तथाकरोत् । तेऽपि तं भ्रातरं सर्वे प्राणदं मेनिरे निजम् ॥ २३८
सर्वाः प्रकृतयोऽप्यत्र तस्य शृङ्गभुजस्य तम् । गुणातिशयमालोक्य दधुस्तदनुरागिताम् ॥ २३९
ततोऽन्येर्गुर्गुणज्येष्ठं तज्ज्येष्ठेष्वपि सत्सु सः । पिता वीरभुजो राजा यौवराज्येऽभिषिक्तवान् ॥ २४०
स च प्राप्ताभिषेकः सन्दिग्जयाय ययौ ततः । विज्ञप्य पितरं सर्वैर्बलैः शृङ्गभुजः सह ॥ २४१
बाहुवीर्यजिताशेषवसुधाधिपमण्डलम् । आदाय चाययौ दिक्षु प्रविकीर्य यशःश्रियम् ॥ २४२
ततो वहन्राज्यभारं प्रणतैर्भ्रातृभिः सह । निश्चिन्तभोगसुखितौ रञ्जयन्पितरौ कृती ॥ २४३
दानं ददद्ब्राह्मणेभ्यस्तस्थौ शृङ्गभुजः सुखी । रूपवत्यार्थसिद्ध्येव स रूपशिखया सह ॥ २४४
इत्यनन्याः पतिं साध्व्यः सर्वाकारमुपासते । एते गुणवरारूपशिखे श्वश्रूस्नुषे यथा ॥ २४५

इति नरवाहनदत्तो हरिशिखमुखतः कथामिमां श्रुत्वा ।
रत्नप्रभासमेतः साध्विति जल्पंस्तुतोष परम् ॥ २४६

उत्थाय चाह्निकमथाशु विधाय गत्वा वत्सेश्वरस्य निकटं स पितुः सभार्यः ।
भुक्त्वापराह्णमतिवाह्य च गीतवाद्यैः स्वान्तःपुरे सदयितो रजनीं निनाय ॥ २४७

इति महाकविश्रीसोमदेवभट्टविरचिते कथासरित्सागरे रत्नप्रभालम्बके पञ्चमस्तरङ्गः ।

षष्ठस्तरङ्गः ।

ततः प्रातः पुना रत्नप्रभासद्मनि तं स्थितम् । नरवाहनदत्तं ते गोमुखाद्या उपागमन् ॥ १
मरुभूतिः स तु मनाक्पीतासवमदालसः । बद्धपुष्पोऽनुलिप्तश्च विलम्बित उपाययौ ॥ २
प्रस्खलत्पदया गत्या हासयंस्तं गिरा तदा । तन्नीतिरञ्जितमुखो नर्मणोवाच गोमुखः ॥ ३
यौगन्धरायणसुतो भूत्वा नीतिं न वेत्सि किम् । प्रातः पिबसि मद्यं यन्मत्तः प्रभुमुपैषि च ॥ ४
तच्छ्रुत्वा तं क्रुधा क्षीबो मरुभूतिर्जगाद सः । एतन्मे प्रभुणा वाच्यममुना गुरुणापि वा ॥ ५

त्वं तु कः शिक्षयसि मामित्यकात्मज रे वद । इत्युक्तवन्तं तं भूयो हसन्नाह स्म गोमुखः ॥ ६
भर्त्सयन्त्यविनीतं किं स्ववाचा प्रभविष्णवः । अवश्यं तस्य वक्तव्यं तत्पार्श्वस्थैर्यथोचितम् ॥ ७
सत्यं चेत्यकपुत्रोऽहं त्वं मन्त्रिवृषभः पुनः । वक्ति ते जाड्यमेवैतद्विषाणे स्तः परं न ते ॥ ८
इत्युक्तो गोमुखेनात्र मरुभूतिरभाषत । तवैव वृषभत्वं हि गोमुखस्योपपद्यते ॥ ९
तथापि यददान्तोऽसि सोऽयं ते जातिसंकरः । एतच्छ्रुत्वात्र सर्वेषु हसत्सूवाच गोमुखः ॥ १०
मरुभूतिरयं रत्नं जातु यत्नशतैरपि । अवेध्यं वज्रमेतस्मिन्गुणं को हि प्रवेशयेत् ॥ ११
अन्यत्पुरुषरत्नं तद्यदयत्नेन वेध्यते । सिकतासेतुवृत्तान्तं शृणु चात्र निदर्शनम् ॥ १२
आसीत्कोऽपि प्रतिष्ठाने तपोदत्त इति द्विजः । स पित्रा क्लेश्यमानोऽपि विद्या नाध्यैत शैशवे ॥ १३
अनन्तरं गर्ह्यमाणः सर्वैरनुशयान्वितः । स विद्यासिद्धये तप्तुं तपो गङ्गातटं ययौ ॥ १४
तत्राश्रितोग्रतपसस्तस्य तं वीक्ष्य विस्मितः । वारयिष्यन्द्विजच्छद्मा शक्रो निकटमाययौ ॥ १५
आगत्य च स गङ्गायास्तटाक्षिक्षेप वारिणि । उद्धृत्योद्धृत्य सिकताः पश्यतस्तस्य सोर्मिणि ॥ १६
तद्दृष्ट्वा मुक्तमौनस्तं तपोदत्तः स पृष्टवान् । अश्रान्तः किमिदं ब्रह्मन्करोषीति सकौतुकम् ॥ १७
निर्बन्धपृष्टः स च तं शक्रोऽवादीद्द्विजाकृतिः । सेतुं बध्नामि गङ्गायां ताराय प्राणिनामिति ॥ १८
ततोऽब्रवीत्तपोदत्तः सेतुः किं मूर्ख बध्यते । गङ्गायामोघहार्याभिः सिकताभिः कदाचन ॥ १९
तच्छ्रुत्वा तमुवाचैवं शक्रोऽथ द्विजरूपधृक् । यद्येवं वेत्सि तद्विद्यां विना पाठं विना श्रुतम् ॥ २०
कस्माद्व्रतोपवासाद्यैस्त्वं साधयितुमुद्यतः । इयं शशविषाणेच्छा व्योम्नि वा चित्रकल्पना ॥ २१
अनक्षरो लिपिन्यासो यद्विद्याध्ययनं विना । एवं यदि भवेदेतन्नह्यधीयीत कश्चन ॥ २२
इत्युक्तः स तपोदत्तः शक्रेण द्विजरूपिणा । विचार्य तत्तथा मत्वा तपस्त्यक्त्वा गृहं ययौ ॥ २३
एवं सुधीः सुखं बोध्यो मरुभूतिस्तु दुर्मतिः । न शक्यते बोधयितुं बोध्यमानश्च कुप्यति ॥ २४
इत्युक्ते गोमुखेनात्र मध्ये हरिशिखोऽभ्यधात् । भवन्ति सुखसंबोध्याः सत्यं देव सुमेधसः ॥ २५
तथा च पूर्वमभवद्वाराणस्यां द्विजोत्तमः । कश्चिद्विरूपशर्माख्यो विरूपो निर्धनस्तथा ॥ २६
स च वैरूप्यदौर्गत्यनिर्विण्णस्तत्तपोवनम् । गत्वा तीव्रं तपश्चक्रे रूपद्रविणकाङ्क्षया ॥ २७
ततः सुरपतिः कृत्वा विकृतव्याधिताकृतेः । जम्बुकस्याधमं रूपमेत्याग्रे तस्य तस्थिवान् ॥ २८
तं विलोक्य परीताङ्गमक्षिकाभिरलक्षणम् । विरूपशर्मा शनकैर्मनसा विममर्श सः ॥ २९
ईदृशा अपि जायन्ते संसारे पूर्वकर्मभिः । तन्ममाल्पमिदं धात्रा कृतं यन्नेदृशः कृतः ॥ ३०
को दैवलिखितं भोगं लङ्घयेदित्यवेत्य सः । विरूपशर्मा शनकैस्तपःस्थानाद्ययौ गृहम् ॥ ३१
इत्थं सुबुद्धिरल्पेन देव यत्नेन बोध्यते । न कृच्छ्रेणापि महता निर्विचारमतिः पुनः ॥ ३२
एवं हरिशिखेनोक्ते श्रद्दधाने च गोमुखे । मरुभूतिरनात्मज्ञः क्षीबोऽतिकुपितोऽब्रवीत् ॥ ३३
बलं गोमुख वाच्येव न तु बाह्वोर्भवादृशाम् । वाचालैः कलहः क्लीबैरपाकृद्बाहुशालिनाम् ॥ ३४
इति ब्रुवाणं युद्धेच्छुं मरुभूतिं स्मिताननः । नरवाहनदत्तोऽथ प्रभुः स्वयमसान्त्वयत् ॥ ३५
विसृज्य तं च स्वगृहं तं बालसखिवत्सलः । कुर्वन्दिवसकार्याणि निनाय तदहः सुखम् ॥ ३६
प्रातश्च सर्वेष्वायातेष्वेषु मन्त्रिषु तं प्रिया । रत्नप्रभा जगादैवं मरुभूतौ त्रपानते ॥ ३७
त्वमार्यपुत्र सुकृती यस्य ते सचिवा इमे । आबाल्यस्नेहनिगडनिबद्धाः शुद्धचेतसः ॥ ३८
एते च धन्या येषां त्वमीदृक्स्नेहपरः प्रभुः । प्राक्कर्मोपार्जिता यूयमन्योन्यस्य न संशयः ॥ ३९
एवमुक्ते तया राज्ञ्या वसन्तकसुतोऽब्रवीत् । नरवाहनदत्तस्य नर्ममित्रं तपन्तकः ॥ ४०
सत्यं पूर्वार्जितोऽयं नः स्वामी सर्वं हि तिष्ठति । पूर्वकर्मवशादेव तथा च श्रूयतां कथा ॥ ४१
अभूच्छ्रीकण्ठनिलये विलासपुरनामनि । पुरे विनयशीलाख्यो नाम्नान्वर्थेन भूपतिः ॥ ४२
तस्य प्राणसमा देवी बभूव कमलप्रभा । तया साकं च भोगैकसक्तस्तस्थौ चिराय सः ॥ ४३
अथ कालेन भूपस्य जरा सौन्दर्यहारिणी । तस्याविरासीत्तां दृष्ट्वा स चासीदतिदुःखितः ॥ ४४

हिमाहतमिवाम्भोजं पलितम्लानमाननम्। दर्शयामि कथं देव्यै हा धिङ्मे मरणं वरम्॥ ४५
इत्यादि चिन्तयन्सोऽथ सदस्याहूय भूपतिः। वैद्यं तरुणचन्द्राख्यं निजगाद कृतादरः॥ ४६
भद्र भक्तस्त्वमस्मासु कुशलश्चेति पृच्छ्यसे। अप्यस्ति काचिद्युक्तिः सा ययेयं वार्यते जरा॥ ४७
तच्छ्रुत्वैव कलामात्रसारो वाञ्छन्स पूर्णताम्। वक्रस्तरुणचन्द्रोऽन्तः सत्यनामा व्यचिन्तयत्॥ ४८
मूर्खोऽयं नृपतिर्भोज्यो मया वेत्स्यामि च क्रमात्। इति संचिन्त्य स भिषक्तमेवमवदन्नृपम्॥ ४९
एकस्त्वं भूगृहे मासानष्टौ यदिदमौषधम्। उपयुङ्क्षे ततो देव जरामपनयामि ते॥ ५०
एतच्छ्रुत्वैव स नृपस्तद्भूगृहमकारयत्। क्षमन्ते न विचारं हि मूर्खा विषयलोलुपाः॥ ५१
राजन्सत्त्वेन पूर्वेषां तपसा च दमेन च। रसायनानि सिद्धानि प्रभावेण युगस्य च॥ ५२
अद्यत्वे च श्रुतान्येव रसान्येतानि भूपते। सामग्र्यभावात्कुर्वन्ति यत्प्रत्युत विपर्ययम्॥ ५३
तन्न युक्तमिदं धूर्ताः क्रीडन्त्येव हि बालिशैः। किं देव समतिक्रान्तमागच्छति पुनर्वयः॥ ५४
इत्यादि मन्त्रिणां वाक्यं न लेभे तस्य चान्तरम्। आवृते हृदये राज्ञो गाढया भोगतृष्णया॥ ५५
विवेश च गिरा तस्य भिषजस्तत्स भूगृहम्। एकाकी वारिताशेषराजोचितपरिच्छदः॥ ५६
एको वैद्यः स्वभृत्येन सहैकेनैव तस्य सः। तत्रौषधादिचर्यायां बभूव परिचारकः॥ ५७
तस्थौ च तत्र स नृपो भूमिगर्भे तमोमये। अज्ञान इव भूयस्त्वात्प्रसृते हृदयाद्बहिः॥ ५८
गतेषु चात्र मासेषु षण्मात्रेष्वस्य भूपतेः। विलोक्याभ्यधिकीभूतां तां जरां स शठो भिषक्॥ ५९
आजहार कमप्येकं पुरुषं तादृशाकृतिम्। राजानं त्वां करोमीति युवानं कृतसंविदम्॥ ६०
ततः सुरङ्गां भूगेहे दूराद्दत्त्वात्र तं नृपम्। सुप्तं हत्वा तया नीत्वा सोऽन्धकूपेऽक्षिपन्निशि॥ ६१
तयैव पुरुषं तं च तरुणं तत्र भूगृहे। प्रवेश्य स्थापयामास सुरङ्गां पिदधे च ताम्॥ ६२
संप्राप्य मूढबुद्धीनामवकाशं निरर्गलम्। उच्छृङ्खलमतिः कुर्यात्प्राकृतः किं न साहसम्॥ ६३
ततः स सर्वाः प्रकृतीर्वैद्योऽन्येद्युरभाषत। अजरोऽयं कृतस्तावत्षड्भिर्मासैर्मया नृपः॥ ६४
मासद्वयेन चैतस्य रूपमन्यद्भविष्यति। तद्दूरात्किंचिदात्मानमस्मै दर्शयताधुना॥ ६५
इत्युक्त्वा भूगृहद्वारि सर्वानानीय दर्शयन्। तस्मै न्यवेदयद्यूने स तेषां नामकर्मणी॥ ६६
इत्यन्तःपुरपर्यन्तं मासद्वितयमन्वहम्। भूगृहेऽबोधयद्युक्त्या युवानं पुरुषं स तम्॥ ६७
प्राप्ते च समये तं स भोगपुष्टं धरागृहात्। उज्जहाराजरः सोऽयं जातो राजेत्युदाहरन्॥ ६८
ततश्चौषधिसंसिद्धः सैष राजेति तत्र सः। पर्यवार्यत हृष्टाभिः पुमान्प्रकृतिभिर्युवा॥ ६९
अथ स्नातस्तथा लब्धराज्यो राजोचिताः क्रियाः। चकार स सहामात्यैः सोत्सवस्तरुणः पुमान्॥ ७०
तदाप्रभृति तस्थौ च कुर्वन्राज्यं सुखेन सः। नामाजर इति प्राप्य क्रीडन्नन्तःपुरैः सह॥ ७१
सर्वे चैतमसंभाव्यवैद्यवृत्ताविशङ्किनः। रसायनपरावृत्तरूपं स्वं मेनिरे प्रभुम्॥ ७२
प्रीत्यानुरज्य प्रकृतीर्देवीं च कमलप्रभाम्। सोऽथ स्वमित्रैरजरो राजाभुङ्क्त सह श्रियम्॥ ७३
मित्रं भेषजचन्द्राख्यं तथान्यं पद्मदर्शनम्। उभे आत्मसमे चक्रे हस्त्यश्वग्रामपूरिते॥ ७४
वैद्यं तरुणचन्द्रं तु प्रक्रियार्थममानयत्। न तु तस्मिन्विशश्वास सत्यधर्मच्युतात्मनि॥ ७५
एकदा च स वैद्यस्तं स्वैरं राजानमब्रवीत्। किं मामगणयित्वैव स्वातन्त्र्येण विचेष्टसे॥ ७६
तद्विस्मृतं यदा राजा भवानिह मया कृतः। तच्छ्रुत्वैव स राजा तमजरो वैद्यमभ्यधात्॥ ७७
अहो मूर्खोऽसि कः कस्य कर्ता दातापि वा पुमान्। प्राक्तनं कर्म हि सखे करोति च ददाति च॥ ७८
अतस्त्वं मा कृथा दर्पं तपःसिद्धमिदं हि मे। एतच्च दर्शयिष्यामि प्रत्यक्षमचिरेण ते॥ ७९
इत्युक्तस्तेन स त्रस्त इव वैद्यो व्यचिन्तयत्। अहो किमप्यधृष्टोऽयं धीरो ज्ञानीव भाषते॥ ८०
यद्रहस्यान्तरङ्गत्वं स्वामिसंवननं परम्। तदपि क्षमते नास्मिन्ननुवर्त्यस्तदेष मे॥ ८१
पश्यामि तावत्किमयं साक्षान्मे दर्शयिष्यति। इत्यालोच्य तथेत्येवं भिषक्तूष्णीं बभूव सः॥ ८२
अन्येद्युश्चाजरो राजा परिभ्रान्तुं स निर्ययौ। क्रीडंस्तरुणचन्द्राद्यैः सेव्यमानः सुहृत्सखः॥ ८३

भ्राम्यन्प्राप्तो नदीतीरं यस्या मध्ये ददर्श सः । प्रवाहे वहदायातं सौवर्णं पद्मपञ्चकम् ॥ ८४
आनाययच्च भृत्यैस्तद्गृहीत्वा प्रविलोक्य च । वैद्यं तरुणचन्द्रं तं जगाद निकटस्थितम् ॥ ८५
नदीतीरेण गच्छ त्वमुपरिष्टादितोऽमुना । उत्पत्तिस्थानमेतेषां पङ्कजानां गवेषय ॥ ८६
तच्च दृष्ट्वा त्वमागच्छेः सुमहत्कौतुकं हि मे । अद्भुतेष्वेषु पद्मेषु त्वं च दक्षः सुहृन्मम ॥ ८७
इत्युक्त्वा प्रेषितस्तेन राज्ञा स विवशो भिषक् । यथादिष्टेन मार्गेण तथेति प्रययौ ततः ॥ ८८
राजाप्ययासीत्स्वपुरं स च गच्छन्भिषक्क्रमात् । प्रापदायतनं शैवं नद्यास्तस्यास्तटस्थितम् ॥ ८९
तदग्रे तत्सरित्तीर्थतटे वटमहातरुम् । अपश्यल्लम्बमानं च तस्मिन्नरकरङ्ककम् ॥ ९०
ततः श्रान्तः कृतस्नानो देवमभ्यर्च्य तत्र सः । यावत्तिष्ठति मेघोऽत्र तावदागत्य वृष्टवान् ॥ ९१
मेघाभिवृष्टात्तस्माच्च वटशाखावलम्बिनः । मानुषास्थिकरङ्कात्ते न्यपतंस्तोयबिन्दवः ॥ ९२
नद्यास्तीर्थजले तस्यास्तेभ्यस्तानि ददर्श सः । जायमानानि पद्मानि सौवर्णानि क्षणाद्भिषक् ॥ ९३
अहो किमिदमाश्चर्यं कं पृच्छाम्यजने वने । यदि वा वेद कः सर्गं बह्वाश्चर्यमयं विधेः ॥ ९४
दृष्टस्तावन्मया सोऽयं कनकाम्भोरुहाकरः । तदेतत्प्रक्षिपाम्यत्र तीर्थे नरकलेवरम् ॥ ९५
धर्मोऽस्तु वैतत्पृष्ठे च जायन्तामम्बुजानि वा । इत्यालोच्य स वृक्षाग्रात्ततः कङ्कालमक्षिपत् ॥ ९६
नीत्वा च तद्दिनं तत्र सिद्धकार्योऽपरेऽहनि । प्रत्यावर्तिष्ट स ततो भिषग्देशं निजं प्रति ॥ ९७
दिनैः कतिपयैः प्राप तद्विलासपुरं च सः । तस्याजरस्य निकटं राज्ञोऽध्वकृशधूसरः ॥ ९८
द्वाःस्थेनावेदितो यावत्प्रविश्य चरणानतः । स पृष्टकुशलो राज्ञा वृत्तान्तं वक्ति तं भिषक् ॥ ९९
तावत्स विजनं कृत्वा राजा तं स्वयमभ्यधात् । दृष्टं हेमाम्बुजोत्पत्तिस्थानं तद्भवता सखे ॥ १००
तत्क्षेत्रमुत्तमं चैवं तत्र दृष्टस्त्वया च सः । करङ्को वटवृक्षे तां प्राक्तनीं विद्धि मे तनुम् ॥ १०१
तदूर्ध्वपादेन मया लम्बमानेन कुर्वता । तपस्तत्र पुरा त्यक्तमुपशोष्य कलेवरम् ॥ १०२
तपसस्तस्य माहात्म्यात्करङ्कात्प्रच्युतैस्ततः । मेघाम्बुभिस्ते जायन्ते पद्मास्तत्र हिरण्मयाः ॥ १०३
स करङ्कश्च यत्क्षिप्तस्तीर्थे तत्र मम त्वया । युक्तं तद्विहितं त्वं हि मित्रं मे पूर्वजन्मनि ॥ १०४
एष भेषजचन्द्रश्च तथासौ पद्मदर्शनः । एतावपि च तज्जन्मसंगतौ सुहृदौ मम ॥ १०५
तत्तस्य तपसो मित्र प्राक्तनस्य प्रभावतः । जातिस्मरत्वं ज्ञानं च राज्यं चोपनतं मम ॥ १०६
तदेतद्दर्शितं तुभ्यं युक्त्या प्रत्यक्षतो मया । भवत्क्षिप्तास्थिसंघातं साभिज्ञानं च वर्णितम् ॥ १०७
तस्मात्तुभ्यं मया राज्यमदायीति मम त्वया । अहंकारो न कर्तव्यः स्थाप्यं चेतो न दुःस्थितम् ॥ १०८
विना हि प्राक्तनं कर्म न दाता कोऽपि कस्यचित् । आगर्भाज्जन्तुरश्नाति पूर्वकर्मतरोः फलम् ॥ १०९
इत्युक्तः स भिषक्तेन राज्ञा दृष्ट्वा तथैव तत् । असंतोषं पुनर्नैव तत्सेवासुखितोऽभ्यगात् ॥ ११०
सोऽपि राजाजरो जातिस्मरस्तं भिषजं ततः । संमान्यार्थप्रदानेन यथोचितमुदारधीः ॥ १११
अन्तःपुरैः सुहृद्भिश्च साकं नयजितां महीम् । भुञ्जानः सुकृतप्राप्तां सुखमास्तापकण्टकाम् ॥ ११२
एवं भवति लोकेऽस्मिन्देव सर्वस्य सर्वदा । प्राक्कर्मोपार्जितं जन्तोः सर्वमेव शुभाशुभम् ॥ ११३
तस्मात्त्वमपि नः स्वामी मन्ये जन्मान्तरार्जितः । सत्स्वन्येष्वेवमस्माकं प्रसन्नोऽस्यन्यथा कथम् ॥ ११४

इत्यपूर्वरमणीयविचित्रां कान्तया सह तपन्तकवक्त्रात् ।
संनिशम्य स कथामुदतिष्ठत्स्नातुमत्र नरवाहनदत्तः ॥ ११५

कृतस्नानो गत्वा निकटमथ वत्सेशनृपतेः पितुर्मुञ्चन्मातुर्मुहुरमृतवर्षं नयनयोः ।
कृताहारस्ताभ्यां सह सदयितो मन्त्रिसहितः सुखैरापानाद्यैर्दिनमनयदेतां च रजनीम् ॥ ११६

इति महाकविश्रीसोमदेवभट्टविरचिते कथासरित्सागरे रत्नप्रभालम्बके षष्ठस्तरङ्गः ।

सप्तमस्तरङ्गः ।

ततः स रत्नप्रभया समं तद्वासवेश्मनि । स्थितोऽन्येद्युः कथाः कुर्वंस्तास्ताः स सचिवैः सह ॥ १
नरवाहनदत्तोऽत्र मन्दिरप्राङ्गणे बहिः । अकस्मात्पुरुषस्येव शुश्रावाक्रन्दितध्वनिम् ॥ २

किमेवमिति कस्मिंश्चित्पृच्छत्यागत्य चेटिकाः । अब्रुवन्कञ्चुकी क्रन्दत्येष धर्मगिरिः प्रभो ॥ ३
इहागत्य हि मूर्खेण मित्रेण कथितोऽधुना । तीर्थयात्रागतोऽमुष्य भ्राता देशान्तरे मृतः ॥ ४
तेन राजकुलस्थोऽस्मीत्यस्मरञ्शोकमोहितः । साक्रन्दः सन्गृहं नीतः संप्रत्येष बहिर्जनैः ॥ ५
तच्छ्रुत्वा युवराजेऽस्मिञ्जातदुःखेऽनुकम्पया । राज्ञी रत्नप्रभा तत्र विषण्णेव जगाद सा ॥ ६
प्रियबन्धुवियोगोत्थमहो दुःखं दुरुत्सहम् । कष्टं किं न कृतो धात्रा जनोऽयमजरामरः ॥ ७
इति राज्ञीवचः श्रुत्वा मरुभूतिरुवाच ताम् । मर्त्येष्वेतत्कुतो देवि तथाहीमां कथां शृणु ॥ ८
चिरायुर्नाम्नि नगरे चिरायुर्नाम भूपतिः । पूर्वं चिरायुरेवासीत्केतनं सर्वसंपदाम् ॥ ९
तस्य नागार्जुनो नाम बोधिसत्त्वांशसंभवः । दयालुर्दानशीलश्च मन्त्री विज्ञानवानभूत् ॥ १०
यः सर्वौषधियुक्तिज्ञश्चक्रे सिद्धरसायनः । आत्मानं तं च राजानं विजरं चिरजीवितम् ॥ ११
कदाचिन्मन्त्रिणस्तस्य बालः पञ्चत्वमाययौ । नागार्जुनस्य पुत्रेषु सर्वेषु दयितः सुतः ॥ १२
स तेन दृष्टसंतापो मर्त्यानां मृत्युशान्तये । अमृतं संदधे द्रव्यैस्तपोदानप्रभावतः ॥ १३
शेषौषधस्य त्वेकस्य कालयोगं स मेलने । यावत्प्रतीक्षते तावदिन्द्रेण तदबुध्यत ॥ १४
इन्द्रः समामन्त्र्य सुरैरश्विनावेवमादिशत् । गत्वा नागार्जुनं ब्रूतमिदं मद्वचनाद्भुवि ॥ १५
कोऽयं कर्तुमिहारब्धो मन्त्रिणाप्यनयस्त्वया । किं त्वं प्रजापतिं जेतुमुद्यतो बत सांप्रतम् ॥ १६
मर्त्या मरणधर्माणस्तेन ये किल निर्मिताः । साधयित्वामृतं यत्तानमरान्कर्तुमिच्छसि ॥ १७
एवं कृते विशेषो हि कः स्याद्देवमनुष्ययोः । यष्टव्ययाजकाभावाद्भज्यते च जगत्स्थितिः ॥ १८
तदस्मद्वचनादेतत्संहरामृतसाधनम् । अन्यथा कुपिता देवाः शापं दास्यन्ति ते ध्रुवम् ॥ १९
यच्छोकादेष यत्नस्ते स स्वर्गे त्वत्सुतः स्थितः । इति संदिश्य शक्रस्तौ प्रजिघायाश्विनावुभौ ॥ २०
तौ चागत्य गृहीतार्घौ तदागमनतोषिणे । ऊचतुः शक्रसंदेशं तस्मै नागार्जुनाय तम् ॥ २१
पुत्रं जगदतुश्चास्य दिवि देवैः समं स्थितम् । ततो नागार्जुनः सोऽत्र विषण्णः सन्नचिन्तयत् ॥ २२
न करोमीन्द्रवाक्यं चेद्देवास्तत्तावदासताम् । इमावेव न किं शापमश्विनौ मे प्रयच्छतः ॥ २३
तदेतदास्तामममृतं न सिद्धो मे मनोरथः । पुत्रश्च मे प्राक्सुकृतैरशोच्यां स गतो गतिम् ॥ २४
इत्यालोच्याश्विनौ देवौ सोऽत्र नागार्जुनोऽब्रवीत् । अनुष्ठिता मयेन्द्राज्ञा संहराम्यमृतक्रियाम् ॥ २५
पञ्चाहेनामृते सिद्धे कृतैवैषाजरामरा । मयाभविष्यत्पृथिवी युवां चेन्नागमिष्यतम् ॥ २६
इत्युक्त्वा तत्समक्षं तत्तद्वाक्यान्निचखान सः । धरण्याममृतं सिद्धप्रायं नागार्जुनस्तदा ॥ २७
ततोऽश्विनौ तमापृच्छ्य गत्वा शक्राय तद्दिवि । आचख्यतुः कृतं कार्यं ननन्दाथ च देवराट् ॥ २८
तावच्चात्र चिरायुः स राजा नागार्जुनप्रभुः । पुत्रं जीवहरं नाम यौवराज्येऽभिषिक्तवान् ॥ २९
अभिषिक्तं च तं माता प्रणामार्थमुपागतम् । राज्ञी धनपरा नाम हृष्टं दृष्ट्वाब्रवीत्सुतम् ॥ ३०
यौवराज्यमिदं प्राप्य पुत्र हृष्यसि किं मृषा । राज्यप्राप्त्यै क्रमो ह्येष तपसा च न विद्यते ॥ ३१
युवराजा हि बहवो गताः पुत्राः पितुस्तव । न राज्यं केनचित्प्राप्तं प्राप्तं सर्वैर्विडम्बनम् ॥ ३२
नागार्जुनेन दत्तं हि तद्राज्ञेऽस्मै रसायनम् । वयो वर्षशतं येन प्राप्तमस्येदमष्टमम् ॥ ३३
को जानाति कियन्त्यन्यान्यपि प्राप्स्यन्ति च क्रमात् । युवराजान्नृपस्यास्य कुर्वतोऽल्पायुषः सुतान् ॥ ३४
एतच्छ्रुत्वा विषण्णं तं पुत्रं सा पुनरब्रवीत् । यदि राज्येन ते कृत्यं तदुपायमिमं कुरु ॥ ३५
एष नागार्जुनो मन्त्री प्रत्यहं विहिताह्निकः । आहारसमये दाता करोत्युद्घोषणामिमाम् ॥ ३६
कोऽर्थी प्रार्थयते कः किं तस्मै किं दीयतामिति । स्वशिरो मे प्रयच्छेति तत्कालं ब्रूहि गच्छ तम् ॥ ३७
सत्यवाचि ततस्तस्मिंश्छिन्नमूर्ध्नि मृते नृपः । तच्छोकात्पञ्चतां यायाद्वनं वैष समाश्रयेत् ॥ ३८
ततः प्राप्स्यसि राज्यं त्वमुपायोऽन्योऽत्र नास्ति ते । इति मातुर्वचः श्रुत्वा राजपुत्रस्तुतोष सः ॥ ३९
तथेति तद्विधातुं च चकारैव स निश्चयम् । कष्टो हि बान्धवस्नेहं राज्यलोभोऽतिवर्तते ॥ ४०
अथ राजसुतोऽन्येद्युः स्वैरं जीवहरो ययौ । तस्य भोजनवेलायां गृहं नागार्जुनस्य सः ॥ ४१

कः किं याचत इत्यादि तदा तत्र च मन्त्रिणम् । वदन्तं तं प्रविश्यैव स मूर्धानमयाचत ॥ ४२
आश्चर्यं वत्स शिरसा किं करोषि ममामुना । मांसास्थिकेशसंघो हि कोपयुज्यत एष ते ॥ ४३
तथाप्यर्थस्तवानेन यदि च्छित्त्वा गृहाण तत् । इत्युक्त्वोपानयत्तस्मै स च मन्त्री शिरोधराम् ॥ ४४
रसायनदृढायां च तस्यां प्रहरतश्चिरम् । राजसूनोर्ययुः खड्गा बहवस्तस्य खण्डशः ॥ ४५
तावद्बुद्ध्वैतदायान्तं राजानं तं चिरायुषम् । वारयन्तं शिरोदानात्सोऽत्र नागार्जुनोऽब्रवीत् ॥ ४६
जातिस्मरोऽहं नृपते नवतिं च नवाधिकाम् । जन्मानि स्वशिरो दत्तं मया जन्मनि जन्मनि ॥ ४७
इदं शततमं जन्म शिरोदानाय मे प्रभो । तन्मा स्म वोचः किंचित्त्वं विमुखोऽर्थी न याति मे ॥ ४८
तदिदानीं ददाम्यस्मै त्वत्पुत्राय निजं शिरः । त्वन्मुखालोकनायैष विलम्बो हि कृतो मया ॥ ४९
इत्युक्त्वाश्लिष्य तं भूपं चूर्णमानाय्य कोपतः । अलिपद्राजपुत्रस्य कृपाणं तेन तस्य सः ॥ ५०
तत्कृपाणप्रहारेण सोऽथ तस्य नृपात्मजः । नागार्जुनस्य चिच्छेद शिरो नालादिवाम्बुजम् ॥ ५१
अथोत्थिते महाक्रन्दे प्राणत्यागोन्मुखे नृपे । इत्युच्चचार गगनादशरीरात्र भारती ॥ ५२
अकार्यं मा कृथा राजन्नशोच्यो ह्येष ते सखा । नागार्जुनोऽपुनर्जन्मा गतो बुद्धसमां गतिम् ॥ ५३
एतच्छ्रुत्वा स विरतश्चिरायुर्मरणान्नृपः । दत्तदानः शुचा त्यक्तराज्यो वनमशिश्रियत् ॥ ५४
तत्र कालेन तपसा स प्राप परमां गतिम् । तत्पुत्रोऽप्यधितस्थौ तद्राज्यं जीवहरोऽत्र सः ॥ ५५
प्राप्तराज्यश्च नचिराद्राष्ट्रभेदं विधाय सः । हतो नागार्जुनसुतैः स्मरद्भिस्तद्वधं पितुः ॥ ५६
तच्छोकादथ तन्मातुस्तस्या हृदयमस्फुटत् । अनार्यजुष्टेन पथा प्रवृत्तानां शिवं कुतः ॥ ५७
राज्ये च राज्यामन्यस्यां जातस्तस्य चिरायुषः । शतायुर्नाम पुत्रस्तैर्मन्त्रिमुख्यैर्न्यवेश्यत ॥ ५८
एवं नागार्जुनारब्धं मर्त्यानां मृत्युनाशनम् । न सोढुं दैवतैर्यावत्सोऽपि मृत्युवशं गतः ॥ ५९

तस्माद्विधातृविहितोऽयमनित्य एव दुर्वारदुःखबहुलो ननु जीवलोकः ।
शक्यं न कर्तुमपि यत्नशतैस्तदत्र केनापि किंचिदपि नेच्छति यद्विधाता ॥ ६०

इत्याख्याय कथां किल विरते मरुभूतिके समं सचिवैः ।
नरवाहनदत्तो निजमुत्थाय चकार दिवसकर्तव्यम् ॥ ६१

इति महाकविश्रीसोमदेवभट्टविरचिते कथासरित्सागरे रत्नप्रभालम्बके सप्तमस्तरङ्गः ।

अष्टमस्तरङ्गः ।

ततोऽहनि परे प्राप्तः सोत्कां रत्नप्रभां प्रियाम् । शीघ्रं प्रत्यागमिष्यामीत्याश्वास्याखेटकाय सः ॥ १
वत्सेशेन समं पित्रा वयस्यैश्चाटवीं ययौ । नरवाहनदत्तोऽश्वैर्गजैश्च परिवारितः ॥ २
तत्र भिन्नेभकुम्भानां नखोदरपरिच्युतैः । सिंहानां हतसुप्तानामुप्तबीजेव मौक्तिकैः ॥ ३
व्याघ्राणां भल्ललूनानां दंष्ट्राभिः साङ्कुरेव च । सपल्लवेव क्षतजैर्हरिणानां परिस्रुतैः ॥ ४
निमग्नकङ्कपत्राङ्कैः क्रोडैः स्तबकितेव च । शरीरैः शरभाणां च पतितैः फलितेव च ॥ ५
बभूव तस्य निपतद्घनशब्दशिलीमुखा । प्रीतये मृगयालीलालता शोभितकानना ॥ ६
शनैः श्रान्तः स विश्रम्य प्रविवेश वनान्तरम् । हयारूढः सहैकेन गोमुखेनाश्वसादिना ॥ ७
तत्रारेभे च गुलिकाक्रीडां कामपि तत्क्षणम् । तावच्च तापसी कापि पथा तेन किलाययौ ॥ ८
तस्यास्तस्य कराद्भ्रष्टा गुलिका मूर्ध्नि चापतत् । ततो विहस्य किंचित्सा तापसी तमभाषत ॥ ९
एवमेव मदोऽयं चेत्तव तद्यद्यवाप्स्यसि । जातु कर्पूरिकां भार्यां ततः कीदृग्भविष्यति ॥ १०
एतच्छ्रुत्वावरुह्यैव तुरगाच्चरणानतः । नरवाहनदत्तस्तां तापसीं निजगाद सः ॥ ११
त्वं न दृष्टा मया दैवाद्गुलिका चात्र मे गता । प्रसीद तद्भगवति क्षमस्व स्खलितं मम ॥ १२
तच्छ्रुत्वा नास्ति मे पुत्र कोप इत्यभिधाय च । तापसी सा जितक्रोधा तमाशीर्भिरसान्त्वयत् ॥ १३
ततश्च वशिनीं मत्वा प्रबुद्धां सत्यतापसीम् । नरवाहनदत्तस्तां पप्रच्छ विनयेन सः ॥ १४

कैषा कर्पूरिका नाम भगवत्युदिता त्वया । एतदादिश तुष्टासि मयि चेत्कौतुकं हि मे ॥ १५
इत्युक्तवन्तं प्रणतं तापसी तं जगाद सा । अस्ति पारेम्बुधि परं नाम्ना कर्पूरसंभवम् ॥ १६
अन्वर्थस्तत्र राजास्ति कर्पूरक इति श्रुतः । तस्य कर्पूरिका नाम सुतास्ति वरकन्यका ॥ १७
एकां विलोक्य कमलां निर्मथ्यापहृतां सुरैः । या द्वितीयेव निक्षिप्य तत्र गोपायिताब्धिना ॥ १८
पुरुषद्वेषिणी सा च विवाहं नाभिवाञ्छति । त्वय्युमेते यदि परं भविष्यति त्वदर्थिनी ॥ १९
तत्तत्र गच्छ पुत्र त्वं तां च प्राप्स्यसि सुन्दरीम् । गच्छतश्चात्र तेऽटव्यां महाक्लेशो भविष्यति ॥ २०
मोहस्तत्र न कार्यस्ते सर्वं स्वन्तं हि भावि तत् । इत्युक्त्वैव खमुत्पत्य तापसी सा तिरोदधे ॥ २१
नरवाहनदत्तोऽथ तद्वाणीमदनाज्ञया । आकृष्टः स तमाह स्म गोमुखं पार्श्ववर्तिनम् ॥ २२
एहि कर्पूरिकापार्श्वं पुरं कर्पूरसंभवम् । गच्छावस्तामदृष्ट्वा हि न क्षणं स्थातुमुत्सहे ॥ २३
तच्छ्रुत्वा गोमुखोऽवादीद्देवालं साहसेन ते । क त्वं काब्धिः पुरं तत्क क सोऽध्वा कन्यका क सा ॥ २४
नाम्नि श्रुते किमेकाकी त्यक्तदिव्याङ्गनाजनः । निरभिप्रायसंदिग्धामभिधावसि मानुषीम् ॥ २५
एवं स गोमुखेनोक्तो वत्सराजसुतस्तदा । अब्रवीत्सिद्धतापस्या न तस्या वचनं मृषा ॥ २६
तन्मयावश्यगन्तव्यं प्राप्तुं तां राजकन्यकाम् । इत्युक्त्वा स हयारूढः प्रतस्थे तत्क्षणं ततः ॥ २७
अन्वगात्स च तं तूष्णीमनिच्छन्नपि गोमुखः । अकुर्वन्वचनं भृत्यैरनुगम्यः परं प्रभुः ॥ २८
तावद्वत्सेश्वरोऽप्यागात्कृताखेटो निजां पुरीम् । मन्वानः स तमायान्तं सुतं स्वबलमध्यगम् ॥ २९
स्वबलं तच्च तस्यागान्मरुभूत्यादिभिः सह । पुरीं तामेव मत्वा तं सैन्यमध्यस्थितं प्रभुम् ॥ ३०
तत्र प्राप्ता विचिन्वन्तस्ते बुद्ध्वा तमनागतम् । वत्सेश्वरादयो जग्मुः सर्वे रत्नप्रभान्तिकम् ॥ ३१
सा चादौ तच्छ्रुतेनार्ता ध्यातया निजविद्यया । आख्याततदयितोदन्ता विम्रं श्वशुरमब्रवीत् ॥ ३२
कर्पूरिकां राजसुतां तापस्या कथितां वने । आर्यपुत्रो गतः प्राप्तुं पुरं कर्पूरसंभवम् ॥ ३३
शीघ्रं च कृतकार्यः सन्निहैष्यति सगोमुखः । तदलं चिन्तयैतद्धि विद्यातोऽधिगतं मया ॥ ३४
इत्युक्त्वाश्वासयत्सा तं वत्सेशं सपरिच्छदम् । रत्नप्रभान्यां विद्यां च भर्तुः प्रायुङ्क्त तस्य सा ॥ ३५
नरवाहनदत्तस्य पथि क्लेशोपशान्तये । नेर्ष्यां भर्तृहितैषिण्यो गणयन्ति हि सुस्त्रियः ॥ ३६
तावच्च दूरमध्वानं स ययौ वाजिपृष्ठगः । नरवाहनदत्तोऽस्यामटव्यां गोमुखान्वितः ॥ ३७
अथाकस्मादुपेत्यात्र कुमारी पथ्युवाच तम् । अहं मायावती नाम विद्या रत्नप्रभेरिता ॥ ३८
रक्षाम्यदृश्या मार्गे त्वां निश्चिन्तस्तद्व्रजाधुना । इत्युक्त्वा रूपिणी विद्या तिरोऽभूत्सास्य पश्यतः ॥ ३९
तत्प्रभावात्ततः शान्तक्षुत्तृष्णः पथि स व्रजन् । नरवाहनदत्तस्तां स्तुवन्रत्नप्रभां प्रियाम् ॥ ४०
सायं स्वच्छसरः प्राप्य वनं स्वादुतरैः फलैः । जलैश्चाहारपानादि स्नातश्चक्रे सगोमुखः ॥ ४१
नक्तं च तत्र संयम्य दत्तघासौ हयावधः । मन्त्रिद्वितीयो वासार्थमारुरोह महातरुम् ॥ ४२
तस्योरुशाखासंविष्टो वित्रस्तहयहेषितैः । प्रबुद्धः सोऽन्तराधस्तादपश्यत्सिंहमागतम् ॥ ४३
दृष्ट्वा चावतितीर्षुं तमश्वार्थे गोमुखोऽब्रवीत् । अहो देहानपेक्षः सन्नमन्त्रेणैव चेष्टसे ॥ ४४
शरीरमूला हि नृपा मन्त्रमूला च राजता । युयुत्ससे तत्तिर्यग्भिर्नखदंष्ट्रायुधैः कथम् ॥ ४५
एतद्रक्षार्थमेवावामिहारूढौ हि संप्रति । इति गोमुखवाग्रुद्धो युवराजः स तत्क्षणम् ॥ ४६
सिंहं तं तुरगं घ्नन्तं दृष्ट्वा छुरिकया द्रुतम् । आजघान तरोः पृष्ठात्क्षिप्तया स निमग्नया ॥ ४७
स तथा तेन विद्धोऽपि तं हत्वैव हयं बली । सिंहो व्यापादयामास द्वितीयमपि वाजिनम् ॥ ४८
ततो वत्सेश्वरसुतः खड्गमादाय गोमुखात् । तेन क्षिप्तेन मध्ये तं सिंहं द्वेधा चकार सः ॥ ४९
अवतीर्य च संगृह्य कृपाणीं सिंहदेहतः । खड्गं चारुह्य सोऽत्रैव वृक्षे रात्रिमुवास ताम् ॥ ५०
प्रातस्ततोऽवतीर्णश्च प्रतस्थे गोमुखान्वितः । नरवाहनदत्तोऽतस्तां स कर्पूरिकां प्रति ॥ ५१
अथ पद्भ्यां प्रयान्तं तं सिंहेन हतवाहनम् । दृष्ट्वा विनोदयन्नेवमुवाच पथि गोमुखः ॥ ५२
देव प्रासङ्गिकीमेतां कथामाख्यामि ते शृणु । अस्तीहैरावती नाम नगरी विजिवालका ॥ ५३

तस्यामभूत्परित्यागसेनो नाम महीपतिः । बभूवतुश्च तस्य द्वे देव्यौ प्राणसमे प्रिये ॥ ५४
एका स्वमन्त्रितनया नामतोऽधिकसंगमा । नाम्ना तु काव्यालंकारा द्वितीया राजवंशजा ॥ ५५
ताभ्यां समं च सोऽपुत्रो राजा पुत्रार्थमम्बिकाम् । आराधयन्निराहारो दर्भशायी व्यधात्तपः ॥ ५६
ततः सा तं तपस्तुष्टा स्वप्ने दत्त्वा फलद्वयम् । दिव्यं समादिशत्साक्षाद्भवानी भक्तवत्सला ॥ ५७
उत्तिष्ठ देहि दारेभ्यो भक्ष्यमेतत्फलद्वयम् । ततो राजन्प्रवीरौ ते जनिष्येते सुतावुभौ ॥ ५८
इत्युक्त्वान्तर्दधे गौरी प्रबुद्धः स च भूपतिः । ननन्द प्रातरुत्थाय हस्ते पश्यन्नुभे फले ॥ ५९
स्वप्नेन तेन चानन्द्य वर्णितेन परिग्रहम् । स्नातो मृडानीमभ्यर्च्य चकार व्रतपारणम् ॥ ६०
नक्तं चोपेत्य तां पूर्वं राज्ञीमधिकसंगमाम् । फलमेकं ददौ तस्यै सा च तद्बुभुजे तदा ॥ ६१
ततस्तन्मन्दिरे तस्यामुवास स नृपो निशि । तत्पितुर्मन्त्रिमुख्यस्य निजस्य किल गौरवात् ॥ ६२
तत्रात्र निदधे संप्रत्यात्मशय्याशिरोन्तिके । द्वितीयस्याः कृते देव्या द्वितीयं कल्पितं फलम् ॥ ६३
सुप्तस्यात्र नृपस्याथ राज्ञी साधिकसंगमा । उत्थायात्मन एव द्वाविच्छन्ती सदृशौ सुतौ ॥ ६४
शीर्षान्ताद्भक्षयामास द्वितीयमपि तत्फलम् । निसर्गसिद्धो नारीणां सपत्नीषु हि मत्सरः ॥ ६५
प्रातश्चोत्थाय चिन्वानं तत्फलं तं महीपतिम् । मयैव तत्फलं भुक्तं द्वितीयमिति साब्रवीत् ॥ ६६
ततः स राजा विमना निर्गत्यातीत्य वासरम् । नक्तं तस्या द्वितीयस्या देव्या वासगृहं ययौ ॥ ६७
तत्र तत्फलमेकं तां याचमानां च सोऽब्रवीत् । सुप्तस्य मे तदप्यश्नात्सपत्नी ते छलादिति ॥ ६८
ततः सा तनयोत्पत्तिहेतुमप्राप्य तत्फलम् । बभूव काव्यालंकारा राज्ञी तूष्णीं सुदुःखिता ॥ ६९
गच्छत्स्वथ दिनेष्वत्र राज्ञी साधिकसंगमा । सगर्भाभूदसूताथ काले द्वौ युगपत्सुतौ ॥ ७०
राजापि स तदुत्पत्तिफलितस्वमनोरथः । ननन्द स परित्यागसेनः कृतमहोत्सवः ॥ ७१
तयोश्च सुतयोर्ज्येष्ठमिन्दीवरनिभेक्षणम् । नाम्नेन्दीवरसेनं स नृपश्चक्रेऽद्भुताकृतिम् ॥ ७२
विदधे च कनीयांसमनिच्छासेनमाख्यया । तज्जनन्या यतो भुक्तं फलं तत्तदनिच्छया ॥ ७३
अथात्र तस्य राज्ञी सा द्वितीया भूमिपस्य तत् । आलोक्य काव्यालंकारा सामर्षा समचिन्तयत् ॥ ७४
अहो अहं सुतप्राप्तेः सपत्न्या वञ्चितैतया । तदेतस्या मयावश्यं कार्या मन्युप्रतिक्रिया ॥ ७५
विनाश्यौ तनयावेतावेतदीयौ स्वयुक्तितः । इति संचिन्त्य सा तस्थौ तदुपायं विचिन्वती ॥ ७६
यथा यथा च तौ तत्र ववृधाते नृपात्मजौ । तथा तथास्या ववृधे हृदये वैरपादपः ॥ ७७
क्रमेण यौवनस्थौ च तौ विज्ञापयतः स्म तम् । राजपुत्रौ स्वपितरं जिगीषू भुजशालिनौ ॥ ७८
अस्त्रेषु शिक्षितौ तावदावां संप्राप्तयौवनौ । तद्भुजान्विफलानेतान्बिभ्रतौ कथमास्वहे ॥ ७९
क्षत्रियस्याजिगीषस्य धिग्बाहू धिक्च यौवनम् । अतोऽनुजानीह्यधुना तात दिग्विजयाय नौ ॥ ८०
इति सून्वोर्वचः श्रुत्वा राजा हृष्टोऽनुमन्य सः । यात्रारम्भं परित्यागसेनः संविदधे तयोः ॥ ८१
यद्यत्र संकटं जातु युवयोः स्यात्तदाम्बिका । स्मर्तव्यार्तिहरा देवी तया दत्तौ हि मे युवाम् ॥ ८२
इत्युक्त्वा च स तौ राजा यात्रायै प्राहिणोत्सुतौ । युक्तौ सैन्यैः ससामन्तैर्जनन्या कृतमङ्गलौ ॥ ८३
निजं मन्त्रिप्रधानं च पश्चान्मातामहं तयोः । प्रज्ञासहायं व्यसृजन्नाम्ना प्रथमसंगमम् ॥ ८४
अथ तौ राजपुत्रौ द्वौ सबलौ भ्रातरौ क्रमात् । गत्वा प्राचीं दिशं पूर्वं जिग्यतुः प्राज्यविक्रमौ ॥ ८५
ततोऽप्रतिहतौ वीरौ मिलितानेकपार्थिवौ । जेतुं सिद्धप्रतापौ तौ जग्मतुर्दक्षिणां दिशम् ॥ ८६
तां च वार्तां तयोः श्रुत्वा पितरौ तौ ननन्दतुः । जज्वालापरमाता तु सान्तर्विद्वेषवह्निना ॥ ८७
एताभ्यां भुजदर्पेण पृथ्वीं जित्वा निहत्य माम् । राज्यं मदीयं स्वीकर्तुं मत्पुत्राभ्यां विचिन्तितम् ॥ ८८
तद्यूयं मयि भक्ताश्चेत्तदेतावत्र मत्सुतौ । अविचार्यैव युष्माभिर्निहन्तव्यावुभावपि ॥ ८९
इति तत्कटकस्थेभ्यः सामन्तेभ्यस्ततः शठा । राजादेशं तदा रात्री तन्नाम्नैवाभिलिख्य सा ॥ ९०
संधिविग्रहकायस्थेनाहृतेनार्थसंचयैः । उपांशु काव्यालंकारा व्यसृजल्लेखहारकम् ॥ ९१
स च गुप्तं तयोर्गत्वा कटकं राजपुत्रयोः । सामन्तेभ्यो ददौ तेभ्यस्ताँल्लेखाँल्लेखहारकः ॥ ९२

ते वाचयित्वा तान्सर्वे राजनीतिं सुकर्कशाम् । विचिन्त्य तां प्रभोराज्ञामनुल्लङ्घ्यामवेत्य च ॥ ९३
रात्रौ मिलित्वा संमन्त्र्य निहन्तुं तौ नृपात्मजौ । विवशा निश्चयं चक्रुस्तद्गुणावर्जिता अपि ॥ ९४
तच्च बुद्ध्वैव तन्मध्यादेकस्य सुहृदो मुखात् । तौ स मातामहो मन्त्री राजपुत्रौ सह स्थितः ॥ ९५
बोधयित्वा यथातत्त्वमारोप्य वरवाजिनोः । अपसारितवान्गुप्तं तत्कालं कटकात्ततः ॥ ९६
तेनापसारितौ तौ च व्रजन्तौ निशि तद्युतौ । विन्ध्याटवीं विविशतुर्मार्गाज्ञानान्नृपात्मजौ ॥ ९७
तत्र रात्रावतीतायां क्रमात्प्रकाम्यतोस्तयोः । मध्याह्नेऽतितृषाक्रान्तौ हयौ पञ्चत्वमापतुः ॥ ९८
स च मातामहो वृद्धः क्षुत्तृष्णाशुष्कतालुकः । व्यपद्यतातपक्लान्तः श्रान्तयोः पश्यतोस्तयोः ॥ ९९
अनागसौ कथं पित्रा गमितौ स्वो दशामिमाम् । सकामां कुर्वता तां नौ दुष्टामपरमातरम् ॥ १००
इति तौ तत्र शोचन्तौ दुःखितौ भ्रातरौ ततः । प्राक्पित्रैवोपदिष्टां तां देवीं दध्यतुरम्बिकाम् ॥ १०१
तस्या ध्यानप्रभावेण शरण्यायास्तदैव तौ । विगतक्षुत्क्लमतृषौ बलिनौ च बभूवतुः ॥ १०२
ततस्तत्प्रत्ययाश्वस्तावविज्ञातपथश्रमौ । तामेव ययतुर्द्रष्टुं विन्ध्यकान्तारवासिनीम् ॥ १०३
तत्र प्राप्तौ तदग्रे च भ्रातरौ तावुभावपि । प्रारभेतां निराहारौ तामाराधयितुं तपः ॥ १०४
अत्रान्तरे च ते तत्र सामन्ताः कटके स्थिताः । संभूय यावदायान्ति तयोः पापं चिकीर्षवः ॥ १०५
तावत्क्वचिन्न ददृशुर्विचिन्वन्तोऽपि सर्वतः । तौ समातामहौ क्वापि राजपुत्रौ पलायितौ ॥ १०६
ततश्चाशङ्क्य तं मन्त्रभेदं सर्वेऽपि ते भयात् । राज्ञस्तस्य परित्यागसेनस्यान्तिकमाययुः ॥ १०७
प्रदर्श्य तस्मै लेखांश्च यथावृत्तं तमब्रुवन् । सोऽथ बुद्ध्वा तदुद्भ्रान्तः क्रुद्धस्तानेवमब्रवीत् ॥ १०८
नैते मत्प्रहिता लेखा इन्द्रजालं किमप्यदः । यूयं च न किमेतावदपि जानीथ बालिशाः ॥ १०९
यदनल्पतपःप्राप्तावहं हन्मि कथं सुतौ । युष्माभिस्तौ हतावेव सुकृतैः स्वैस्तु रक्षितौ ॥ ११०
मातामहेन च तयोर्दर्शितं मन्त्रिताफलम् । इत्युक्त्वा तान्स सामन्तान्कायस्थं कूटलेखकम् ॥ १११
तं पलायितमप्याशु स्वशक्त्यानाय्य भूपतिः । सम्यक्पृष्ट्वा यथावृत्तं यथावन्निगृहीतवान् ॥ ११२
भार्यां च काव्यालंकारां तादृक्कार्यविधायिनीम् । भूगृहे स निचिक्षेप पापां तां पुत्रघातिनीम् ॥ ११३
अविचार्य तु पर्यन्तमतिद्वेषान्धया धिया । सहसा हि कृतं पापं कथं मा भूद्विपत्तये ॥ ११४
ये च ते राजपुत्राभ्यां सह गत्वाभ्युपागताः । सामन्तास्तान्निवार्यान्यांस्तत्पदे स नृपो व्यधात् ॥ ११५
तस्थौ च वार्तामन्विष्यन्सततं पुत्रयोस्तयोः । तन्मात्रा सह दुःखार्तो धर्मासक्तोऽम्बिकां स्मरन् ॥ ११६
तावच्च राजपुत्रस्य तपसा सानुजस्य सा । तस्येन्दीवरसेनस्य तुष्टाभूद्विन्ध्यवासिनी ॥ ११७
दत्त्वा च खड्गं स्वप्ने सा साक्षादेवं तमादिशत् । अस्य प्रभावात्खड्गस्य शत्रूञ्जेष्यसि दुर्जयान् ॥ ११८
चिन्तयिष्यसि यत्किंचित्तच्च संपत्स्यते तव । द्वावप्येतेन च युवामिष्टसिद्धिमवाप्स्यथः ॥ ११९
इत्युक्त्वान्तर्हितायां च देव्यां तस्यां प्रबुध्य सः । तत्रेन्दीवरसेनस्तं हस्तस्थं खड्गमैक्षत ॥ १२०
अथ खड्गेन तत्स्वप्नवर्णनेन च सोऽनुजम् । आश्वास्य चक्रे तद्युक्तः प्रातर्वन्येन पारणम् ॥ १२१
ततः प्रणम्य देवीं तां तत्प्रसादहृतक्लमः । हृष्टस्तत्खड्गहस्तश्च समं भ्रात्रा ययौ ततः ॥ १२२
गत्वा च दूरं स प्रापदेकं पुरवरं महत् । कुर्वाणं मेरुशिखरभ्रान्तिं हेममयैर्गृहैः ॥ १२३
तत्र रौद्रं ददर्शैकं प्रतोलीद्वारि राक्षसम् । पप्रच्छ तं च वीरोऽस्य पुरस्याख्यां पतिं च सः ॥ १२४
इदं शैलपुरं नाम नगरं राक्षसाधिपः । अध्यास्ते यमदंष्ट्राख्यः स्वामी नः शत्रुमर्दनः ॥ १२५
इत्युक्ते रक्षसा तेन यमदंष्ट्रजिघांसया । तत्रेन्दीवरसेनोऽथ स प्रवेष्टुं प्रवृत्तवान् ॥ १२६
निरुन्धन्तं च तं द्वाःस्थं राक्षसं स महाभुजः । एकखड्गप्रहारेण शिरश्छित्त्वा न्यपातयत् ॥ १२७
तं हत्वा राजभवनं प्रविश्यान्तर्ददर्श सः । शूरः सिंहासनस्थं तं यमदंष्ट्रं निशाचरम् ॥ १२८
दंष्ट्राघोरमुखं वामपार्श्वस्थितवराङ्गनम् । आश्रितेतरपार्श्वं च कुमार्या दिव्यरूपया ॥ १२९
दृष्ट्वा च सोऽम्बिकादत्तखड्गहस्तो रणाय तम् । आहूतवान्स चोत्तस्थौ खड्गमाकृष्य राक्षसः ॥ १३०
प्रवृत्ते च तयोर्युद्धे छिन्नश्छिन्नोऽथ रक्षसः । तस्येन्दीवरसेनेन मूर्धा मुहुरजायत ॥ १३१

तां तस्य मायामालोक्य तत्पार्श्वस्थितया तया। कुमार्या कृतसंज्ञः सन्दर्शनेनानुरक्तया ॥ १३२
स राजपुत्रश्छित्त्वैव रक्षसस्तस्य तच्छिरः। भूयः खड्गप्रहारेण लघुहस्तो द्विधाकरोत् ॥ १३३
तथास्य नष्टमायस्य रक्षसः प्रतिमायया। नाजायत पुनर्मूर्धा तेन रक्षो व्यपादि तत् ॥ १३४
हते तस्मिन्प्रहृष्टे ते तद्वरस्त्रीकुमारिके। सानुजो राजपुत्रोऽसावुपविश्याथ पृष्टवान् ॥ १३५
आसीत्किमीदृशोऽमुष्मिन्पुरे द्वाःस्थैकरक्षितः। राक्षसोऽयं युवां के च हतेऽस्मिन्किं च हृष्यथः ॥ १३६
एतच्छ्रुत्वा तयोर्मध्यात्कुमारी सा जगाद तम्। अस्मिञ्शैलपुरे वीरभुजो नामाभवन्नृपः ॥ १३७
एषा मदनदंष्ट्रेति भार्या तस्य स चामुना। मायया राक्षसेनैत्य यमदंष्ट्रेण भक्षितः ॥ १३८
ग्रस्तः परिच्छदश्चास्य सुरूपेति न भक्षिता। एका मदनदंष्ट्रैषा भार्या च विहितात्मनः ॥ १३९
ततो विविक्ते रम्येऽस्मिन्पुरे निर्माय काञ्चनान्। गृहानेषोऽनया क्रीडन्नास्तापास्तपरिच्छदः ॥ १४०
अहं च खड्गदंष्ट्राख्या कनीयस्यस्य रक्षसः। भगिनी कन्यका दृष्टे त्वयि सद्योऽनुरागिणी ॥ १४१
अतो हतेऽस्मिन्हृष्टेयमहं च तदिहाधुना। उपयच्छस्व मामार्यपुत्र प्रेमसमर्पिताम् ॥ १४२
एवमुक्तवतीं खड्गदंष्ट्रां स परिणीतवान्। तामिन्दीवरसेनोऽथ गान्धर्वविधिना तदा ॥ १४३
तस्थौ चात्रैव नगरे देवीखड्गप्रभावतः। चिन्तितोपनमद्भोगः कृतदारोऽनुजान्वितः ॥ १४४
एकदा च कनीयांसं भ्रातरं व्योमगामिनि। स्वखड्गचिन्तारत्नस्य प्रभावाद्ध्याननिर्मिते ॥ १४५
विमाने वीरमारोप्य सोऽनिच्छासेनमश्रमात्। प्राहिणोदन्तिकं पित्रोः स्वोदन्तावेदनाय तम् ॥ १४६
सोऽपि गत्वा विमानेन तेन क्षिप्राद्विहायसा। पुरीमनिच्छासेनस्तां पितुः प्रापदिरावतीम् ॥ १४७
तत्र तौ नन्दयामास पितरौ दर्शनेन सः। तीव्रदुःखातपक्लान्तौ चकोराविव चन्द्रमाः ॥ १४८
उपेत्य चाङ्घ्रिपतितः पर्यायालिङ्गितस्तयोः। निरास पृच्छतोः शङ्कां भ्रातृकल्याणवार्तया ॥ १४९
शशंस तं च वृत्तान्तमेतयोः पुरतोऽखिलम्। आपातदुःखं सौख्यान्तं भ्रातुरात्मन एव च ॥ १५०
शुश्राव चात्र विहितं तादृशं पापया तया। द्वेषेणापरमात्रा तदात्मनाशाय कैतवम् ॥ १५१
ततः पित्रोत्सववता युक्तो मात्रा च निर्वृतः। तस्थावनिच्छासेनोऽत्र पूज्यमानो जनेन सः ॥ १५२
याते कतिपयाहे च दृष्टदुःस्वप्नशङ्कितः। भ्रातरं प्रति सोत्कश्च पितरं स व्यजिज्ञपत् ॥ १५३
गच्छामि युष्मदुत्कण्ठामभिधायानयाम्यहम्। आर्येन्दीवरसेनं तमनुजानीहि तात माम् ॥ १५४
तच्छ्रुत्वानुमतस्तेन पित्रा पुत्रोत्सुकेन सः। जनन्या च विमानं स्वं तदेवारुह्य सत्वरः ॥ १५५
प्रायादनिच्छासेनस्तद्व्योम्ना शैलपुरं पुरम्। प्रातश्च तत्र प्राविक्षत्स्वभ्रातुस्तस्य मन्दिरम् ॥ १५६
ददर्श तत्र निःसंज्ञं पतितस्थितमग्रजम्। रुदत्योरन्तिके खड्गदंष्ट्रामदनदंष्ट्रयोः ॥ १५७
किमेतदिति संभ्रान्तं पृच्छन्तं तमधोमुखी। जगाद खड्गदंष्ट्रा सा निन्दितापरया तया ॥ १५८
त्वय्यस्थिते मयि स्नातुं गतायामेकदानया। त्वद्भ्रातायं सहारंस्त रहो मदनदंष्ट्रया ॥ १५९
क्षणात्स्नात्वागता चाहं साक्षादेनं तथा स्थितम्। एतया युक्तमद्राक्षं वाचा च निरभर्त्सयम् ॥ १६०
ततोऽनुनीताप्येतेन नियत्येवाविलङ्घ्यया। ईर्ष्यया मोहितात्यर्थमहमेवमचिन्तयम् ॥ १६१
अहो अगणयित्वैव मामयं भजतेऽपराम्। जानेऽस्य खड्गमाहात्म्यकृतो दर्पोऽयमीदृशः ॥ १६२
तदस्य गोपयाम्येनमिति संचिन्त्य मूढया। एतत्खड्गो निशि क्षिप्तः सुप्तेऽस्मिन्दहने मया ॥ १६३
कलङ्कितश्च खड्गोऽसौ गतश्चैष दशामिमाम्। अनुतप्तास्मि चाक्रुष्टा ततो मदनदंष्ट्रया ॥ १६४
अथैतस्यां च मयि च द्वयोः शोकान्धचेतसोः। मरणाध्यवसायिन्योरागतस्त्वमिहाधुना ॥ १६५
तद्गृहाण त्वमेवैतत्खड्गं निस्त्रिंशकर्मिकाम्। अत्यक्तजातिधर्मां मामेतेनैव निपातय ॥ १६६
इत्युक्तः सः तयानिच्छासेनोऽत्र भ्रातृजायया। तापादवध्यां मत्वा तां छेत्तुमैच्छन्निजं शिरः ॥ १६७
मैवं कार्षीर्मृतो नायं राजपुत्र तवाग्रजः। खड्गप्रमादकोपेन देव्या त्वेष विमोहितः ॥ १६८
अस्यां च खड्गदंष्ट्रायां मन्तव्या नापराधिता। यतः शापावतीर्णानामेतद्धस्तविजृम्भितम् ॥ १६९
एते चास्य तव भ्रातुः पूर्वभार्ये उभे अपि। तत्प्रसादय तामेव देवीमभिमताप्तये ॥ १७०

इति तत्कालमुद्भूतामन्तरिक्षात्सरस्वतीम् । श्रुत्वा निववृतेऽनिच्छासेनः स मरणोद्यमात् ॥ १७१
आरुह्यैव विमानं तद्गृहीत्वास्रकलङ्कितम् । खड्गं तं विन्ध्यवासिन्याः पादमूलं जगाम सः ॥ १७२
तत्र मूर्धोपहारेण तोषयिष्यन्नुपोषितः । देवीं तामुद्गतामेतां गगनादशृणोद्गिरम् ॥ १७३
मा पुत्र साहसं कार्षीर्गच्छ जीवतु तेऽग्रजः । जायतां निर्मलः खड्गो भक्त्या तुष्टा ह्यहं तव ॥ १७४
एतद्दिव्यं वचः श्रुत्वा तत्क्षणं निष्कलङ्कताम् । प्राप्तं दृष्ट्वा करे खड्गं कृत्वा तस्याः प्रदक्षिणम् ॥ १७५
मनोरथमिवारुह्य विमानं सिद्धमाशुगम् । आजगामोत्सुकोऽनिच्छासेनः शैलपुरं स तत् ॥ १७६
तत्र दृष्ट्वोत्थितं सद्यो लब्धसंज्ञं तमग्रजम् । जग्राह पादयोः साश्रुः कण्ठे सोऽप्येनमग्रहीत् ॥ १७७
त्वया नौ रक्षितो भर्तेत्युभे ते पादयोस्ततः । निपत्य भ्रातृजाये तमनिच्छासेनमूचतुः ॥ १७८
अथेन्दीवरसेनाय पृच्छते सोऽग्रजाय तत् ।.......................................॥ १७९
....। नाकुप्यत्खड्गदंष्ट्रायै भ्रातर्यस्मिंस्तुतोष च ॥ १८०
शुश्राव चैतस्य मुखात्पितरौ दर्शनोत्सुकौ । मायामपरमात्रा च कृतां तां तद्वियोगदाम् ॥ १८१
ततो भ्रात्रार्पितं खड्गं गृहीत्वा तत्प्रभावतः । ध्यातोपनतमारुह्य विमानं सुमहच्च सः ॥ १८२
सहेममन्दिरो भार्याद्वयेन सह सानुजः । तामिन्दीवरसेनः स्वां पुरीमागादिरावतीम् ॥ १८३
तत्रावतीर्य नभसो विस्मयालोकितो जनैः । राजवेश्म पितुः पार्श्वं विवेश सपरिच्छदः ॥ १८४
तथाभूतश्च पितरं तं दृष्ट्वा मातरं च सः । पपात पादयोश्चाश्रुधाराधौतमुखस्तयोः ॥ १८५
तौ च तं सहसा दृष्ट्वा पुत्रमाश्लिष्य सानुजम् । अमृतेनेव सिक्ताङ्गौ तापनिर्वाणमीयतुः ॥ १८६
दिव्यरूपे च तद्भार्ये कृतपादाभिवन्दने । स्नुषे उभे ते पश्यन्तौ हृष्टावभिननन्दतुः ॥ १८७
कथाप्रसङ्गाद्बुद्ध्वा च तस्य ते पूर्वनिर्मिते । दिव्यवाक्कथिते भार्ये ययतुस्तौ परां मुदम् ॥ १८८
विमानगतिसौवर्णमन्दिरानयनादिना । प्रभावेण सुतस्यास्य विस्मयेन ननन्दतुः ॥ १८९
ततस्ताभ्यां स सहितः पितृभ्यां सपरिग्रहः । आस्तेन्दीवरसेनोऽत्र प्रदत्तजनतोत्सवः ॥ १९०
एकदा च परित्यागसेनं तं जनकं नृपम् । विज्ञप्य सानुजः प्रायात्पुनर्दिग्विजयाय सः ॥ १९१
खड्गप्रभावाज्जित्वा च पृथ्वीं कृत्स्नां महाभुजः । आययौ हेमहस्त्यश्वरत्नान्याहृत्य भूभुजाम् ॥ १९२
अवाप नगरीं तां च निजां विजितया भयात् । अनुयात इवोद्धूतसैन्यधूलिनिभाद्भुवा ॥ १९३
प्रविश्य राजधानीं च पित्रा प्रत्युद्गतोऽथ सः । जननीं नन्दयामास सानुजोऽधिकसंगमाम् ॥ १९४
संमान्य राजलोकं च स्वभार्यास्वजनान्वितः । तत्रेन्दीवरसेनस्तत्प्रमोदेनानयद्दिनम् ॥ १९५
अन्येद्युस्तत्करद्वारेणार्पयित्वा च मेदिनीम् । पित्रे स राजपुत्रः स्वामकस्माज्जातिमस्मरत् ॥ १९६
ततः सुप्तप्रबुद्धाभो जनकं तमुवाच च । मया जातिः स्मृता तात तदिदं शृणु वच्मि ते ॥ १९७
अस्ति मुक्तापुरं नाम सानौ हिमवतः पुरम् । तत्रास्ति मुक्तासेनाख्यो राजा विद्याधरेश्वरः ॥ १९८
कम्बुवत्यभिधानायां देव्यां तस्य सुतौ क्रमात् । जातौ द्वौ पद्मसेनश्च रूपसेनश्च सद्गुणौ ॥ १९९
पद्मसेनं तयोः प्रेम्णा स्वयं वृतवती पतिम् । कन्यादित्यप्रभा नाम विद्याधरवरात्मजा ॥ २००
तद्बुद्ध्वा तद्वयस्यापि नाम्ना चन्द्रवती स्वयम् । एत्यावृणीत कामार्ता तं विद्याधरकन्यका ॥ २०१
द्विभार्यः स तदा पद्मसेनो नित्यमखिद्यत । सपत्नीसेर्ष्ययादित्यप्रभया भार्यया तया ॥ २०२
ईर्ष्यान्धभार्याकलहं सोढुं शक्नोमि नान्वहम् । तपोवनाय गच्छामि निर्वेदस्यास्य शान्तये ॥ २०३
तत्तात देहि मेऽनुज्ञामिति निर्बन्धतो मुहुः । जनकं पद्मसेनः स्वं मुक्तासेनं जगाद सः ॥ २०४
सोऽपि तं तद्ग्रहक्रुद्धः सभार्यमशपत्पिता । किं ते तपोवनं गत्वा मर्त्यलोकमवाप्नुहि ॥ २०५
तत्रैषा कलहासक्ता भार्यादित्यप्रभा तव । राक्षसीं योनिमासाद्य त्वद्भार्यैव भविष्यति ॥ २०६
द्वितीया चन्द्रवत्येषा त्वयि रक्तातिवल्लभा । राजस्त्री राक्षसी भूत्वा भूमौ त्वां प्राप्स्यति प्रियम् ॥ २०७
साभिलाषोऽनुसर्तुं त्वां ज्येष्ठं यल्लक्षितो मया । तदेष रूपसेनोऽपि भावी भ्रातैव तत्र ते ॥ २०८
द्विभार्यत्वकृतं किंचिद्दुःखं तत्राप्यवाप्स्यसि । एवमुक्त्वा विरम्येत्थं शापान्तमकरोत्स नः ॥ २०९

राजपुत्रो भुवं जित्वा पृथ्वीं पित्रोः प्रदास्यसि । यदा तदा सहामीभिर्जातिं स्मृत्वा विमोक्ष्यसे ॥ २१०
इति पित्रोदितस्तेन पद्मसेनो निजेन सः । तत्कालं सह तैरन्यैर्मर्त्यलोकमवातरत् ॥ २११
स पद्मसेनस्तातायमहं जातः सुतस्तव । नाम्नेन्दीवरसेनोऽत्र कर्तव्यं च कृतं मया ॥ २१२
योऽपरो रूपसेनश्च विद्याधरकुमारकः । अनिच्छासेन इत्येव जातः सोऽनुज एव मे ॥ २१३
या सादित्यप्रभा भार्या या च चन्द्रावतीति मे । विद्धि ते द्वे इमे खड्गदंष्ट्रामदनदंष्ट्रिके ॥ २१४
इदानीं चायमवधिः प्राप्तः शापस्य सोऽस्य नः । तद्व्रजामो वयं तात निजं वैद्याधरं पदम् ॥ २१५
इत्युक्त्वा स समं भार्याभ्रातृभिः स्मृतजातिभिः । त्यक्त्वैव मानुषीं मूर्तिं भूत्वा विद्याधराकृतिः ॥ २१६
प्रणम्य पित्रोश्चरणौ कृत्वाङ्के दयिताद्वयम् । सानुजः प्रययौ व्योम्ना निजं वैद्याधरं पुरम् ॥ २१७
तत्राभिनन्दितः पित्रा मुक्तासेनेन सन्मतिः । मातृनेत्रोत्सवो भ्रात्रा रूपसेनेन संगतः ॥ २१८
उवास पद्मसेनोऽसौ भूयोऽनाविष्कृतेर्ष्यया । आदित्यप्रभया चन्द्रवत्या च सह निर्वृतः ॥ २१९
इत्येतां गोमुखो रम्यां कथयित्वा कथां पथि । नरवाहनदत्तं तमुवाच सचिवः पुनः ॥ २२०
इत्थं स्यान्महतामेव महाक्लेशस्तथोदयः । अन्येषां तु कियान्देव क्लेशो वाप्युदयोऽपि वा ॥ २२१
त्वं तु रत्नप्रभादेवीविद्याशक्त्यानुपालितः । कर्पूरिकां राजसुतामक्लेशात्तामवाप्स्यसि ॥ २२२

इति नरवाहनदत्तः श्रुत्वा सुमुखस्य गोमुखस्य मुखात् ।
प्राक्रामत्पथि तस्मिन्नज्ञातपरिश्रमः स तत्सहितः ॥ २२३
गच्छंश्च तत्र कलकूजितराजहंसमच्छं सुधासरसशीतलभूरिवारि ।
आम्रावलीपनसदाडिमरम्यरोधः सायं सरो विकचवारिजमाससाद ॥ २२४
तस्मिन्स्नात्वा हिमगिरिसुताकान्तमभ्यर्च्य भक्त्या कृत्वाहारं सुरभिमधुरास्वादहृद्यैः फलैस्तैः ।
सख्या सार्धं मृदुकिसलयास्तीर्णशय्याप्रसुप्तस्तत्तीरे तां रजनिमनयत्सोऽत्र वत्सेशसूनुः ॥ २२५

इति महाकविश्रीसोमदेवभट्टविरचिते कथासरित्सागरे रत्नप्रभालम्बकेऽष्टमस्तरङ्गः ।

नवमस्तरङ्गः ।

ततः प्रातः सरस्तीरात्तस्मादुत्थाय मन्त्रिणम् । नरवाहनदत्तस्तं गोमुखं प्रस्थितोऽब्रवीत् ॥ १
वयस्य जाने काप्यद्य रात्र्यन्ते धवलाम्बरा । कुमारी दिव्यरूपा मामेत्य स्वप्नेऽभ्यधादिदम् ॥ २
निश्चिन्तो भव वत्स त्वमितः शीघ्रमवाप्स्यसि । अब्धेस्तीरे वनान्तःस्थमाश्चर्यं नगरं महत् ॥ ३
विश्रान्तस्तत्र चाक्लेशात्प्राप्य कर्पूरसंभवम् । पुरं कर्पूरिकां प्राप्स्यस्यत्र तां राजकन्यकाम् ॥ ४
इत्युक्त्वा मां तिरोऽभूत्सा प्रबुद्धश्चास्मि तत्क्षणम् । एवं तमुक्तवन्तं च प्रीतः प्रोवाच गोमुखः ॥ ५
देवैरनुगृहीतस्त्वं देव किं तेऽस्ति दुष्करम् । तन्निश्चितमकृच्छ्रेण तव सेत्स्यत्यभीप्सितम् ॥ ६
एवमुक्तवता तेन गोमुखेन समं पथि । नरवाहनदत्तोऽत्र स प्रायात्सत्वरस्ततः ॥ ७
क्रमात्प्रापच्च जलधेरुपकण्ठगतं स तत् । अद्रिकूटनिभाट्टालप्रतोलीगोपुरान्वितम् ॥ ८
मेर्वाभसर्वसौवर्णराजमन्दिरराजितम् । नगरं विपुलाभोगं भूमण्डलमिवापरम् ॥ ९
प्रविश्य तत्र विपणीमार्गेण स ददर्श च । काष्ठयन्त्रमयं सर्वं चेष्टमानं सजीववत् ॥ १०
वणिग्विलासिनीपौरजनं जनितविस्मयम् । विज्ञायमानं निर्जीव इति वाग्विरहात्परम् ॥ ११
क्रमाच्च गोमुखसखः सोऽन्तिकं राजवेश्मनः । प्राप तादृशमेवात्र हस्त्यश्वादि विलोकयन् ॥ १२
विवेश चास्य सौवर्णपुरमस्तकशोभिनः । अभ्यन्तरं ससचिवः साश्चर्यो राजसद्मनः ॥ १३
तत्र यन्त्रप्रतीहारवारनारीपरिश्रितम् । जडानां स्पन्दने हेतुं तेषां चेतनमेककम् ॥ १४
इन्द्रियाणामिवात्मानमधिष्ठातृतया स्थितम् । रत्नसिंहासनासीनं भव्यं पुरुषमैक्षत ॥ १५
सोऽपि तं पुरुषो दृष्ट्वा चोत्तमाकृतिमुत्थितः । विधाय स्वागतं स्वस्मिन्नुपावेशयदासने ॥ १६
पप्रच्छ चोपविश्यामे कः कथं किममानुषाम् । क्ष्मामात्मना द्वितीयः सन्निमां प्राप्तो भवानिति ॥ १७

ततः सोऽपि स्ववृत्तान्तं निवेद्य तमशेषतः। नरवाहनदत्तस्तं प्रह्वं पप्रच्छ पूरुषम्॥ १८
कस्त्वं किं चेदमाश्चर्यं पुरं ते भद्र कथ्यताम्। तच्छ्रुत्वा स पुमान्वक्तुं स्वोदन्तमुपचक्रमे॥ १९
अस्ति काञ्चीति नगरी गरीयोगुणगुम्फिता। काञ्चीव वसुधावध्वाः सदलंकृतितां गता॥ २०
तस्यां बाहुबलाख्योऽस्ति काञ्च्यां ख्यातो महीपतिः। कोषे बद्धा कृता येन चलापि श्रीर्भुजार्जिता॥ २१
तस्य राष्ट्रे नृपस्यावां तक्षाणौ भ्रातरावुभौ। मयप्रणीतदार्वादिमायायन्त्रविचक्षणौ॥ २२
ज्येष्ठः प्राणधरो नाम वेश्याव्यसनविप्लुतः। अहं कनिष्ठस्तद्भक्तो नाम्ना राज्यधरः प्रभो॥ २३
तेन भुक्त्वा धनं पित्र्यं मद्भ्रात्रा स्वं च किंचन। भुक्तं मदर्जितमपि स्नेहार्द्रेणार्पितं मया॥ २४
ततोऽपि सोऽतिव्यसनी वेश्यार्थार्थजिहीर्षया। रज्जुयन्त्रवहं दारुमयं हंसयुगं व्यधात्॥ २५
तद्धंसयुगलं रज्जुघट्टनप्रेरितं निशि। राज्ञो बाहुबलस्यात्र कोशायन्त्रप्रयोगतः॥ २६
गवाक्षेण प्रविश्यान्तश्चञ्च्वा पटलके स्थितम्। आदायाभरणं तस्य मद्भ्रातुर्गृहमागमत्॥ २७
तच्च विक्रीय सोऽभुङ्क्त मज्ज्येष्ठः सह वेश्यया। तथैवाहर्निशं कोषममुष्णात्स च भूपतेः॥ २८
वार्यमाणोऽपि च मया नाकार्याद्विरमत्ततः। को हि मार्गममार्गं वा व्यसनान्धो निरीक्षते॥ २९
तथा च मुष्यमाणेऽपि रात्रिष्वचलितार्गले। निर्मूषके राजगञ्जे दिनानि कतिचिद्व्ययात्॥ ३०
विचिन्वन्प्रत्यहं तूष्णीं परितप्तोऽधिकाधिकम्। तद्भाण्डागारिको गत्वा स्फुटं राज्ञे न्यवेदयत्॥ ३१
राजापि तं तथान्यांश्च रक्षकाज्ञाप्रतो निशि। कोषान्तः स्थापयामास तत्र तत्त्वमवेक्षितुम्॥ ३२
ते निशीथे प्रविष्टौ तौ गवाक्षेणात्र रक्षकाः। मद्भ्रातृयन्त्रहंसौ द्वावपश्यन्रज्जुघट्टितौ॥ ३३
यन्त्रयुक्तिपरिभ्रान्तौ चञ्चूपात्तविभूषणौ। छित्त्वरज्जू अगृह्णंश्च राज्ञे दर्शयितुं प्रगे॥ ३४
तत्कालं च स मद्भ्राता ज्येष्ठोऽवादीत्ससंभ्रमः। भ्रातर्गृहीतौ हंसौ द्वौ मदीयौ गञ्जरक्षिभिः॥ ३५
रज्जुर्हि शिथिलीभूता यन्त्रे स्रस्ता च कीलिका। तस्मादितोऽपसर्तव्यमधुनैवावयोर्द्वयोः॥ ३६
चौराविति निगृह्णीयात्प्रातर्बुद्ध्वा नृपो हि नौ। आवामेव हि विख्यातौ मायायन्त्रविदावुभौ॥ ३७
वातयन्त्रविमानं च तन्ममास्तीह मङ्क्षु यत्। योजनाष्टशती याति सकृत्प्रहतकीलिकम्॥ ३८
तेन दूरं व्रजावोऽद्य विदेशमपि दुःखदम्। पापे कर्मण्यवज्ञातहितवाक्ये कुतः सुखम्॥ ३९
यन्मया न कृतं वाक्यं तव दुष्कृतबुद्धिना। तस्यैष पाकः प्रसृतो योऽयं त्वय्यप्यपापिनि॥ ४०
एवमुक्त्वा समारोहद्विमानं व्योमगामि तत्। स मे प्राणधरो भ्राता तदैव सकुटुम्बकः॥ ४१
अहं तूक्तोऽपि तेनात्र नारोहं बहुभिर्वृते। ततस्तेन खमुत्पत्य स प्रायात्क्वापि दूरतः॥ ४२
गते प्राणधरे तस्मिन्नहमन्वर्थनामनि। प्रभाते भावि संभाव्य राजतो भयमेककः॥ ४३
आरुह्य स्वकृतेऽन्यस्मिन्वातयन्त्रविमानके। द्रुतं ततो गतोऽभूवं योजनानां शतद्वयम्॥ ४४
प्रेरितेन पुनस्तेन विमानेन खगामिना। ततोऽपि योजनशतद्वयमन्यदगामहम्॥ ४५
ततः समुद्रनैकट्यशङ्कात्यक्तविमानकः। पद्भ्यां व्रजन्निह प्राप्तः शून्यं पुरमिदं क्रमात्॥ ४६
कौतुकाच्च प्रविष्टोऽहं देवेदं राजमन्दिरम्। वस्त्राभरणशय्यादिराजोपकरणान्वितम्॥ ४७
सायं चोद्यानवाप्यम्भःस्नातो भुक्त्वा फलान्यहम्। राजशय्यागतो रात्रावेकाकी समचिन्तयम्॥ ४८
निर्जने किं करोमीह तत्प्रातर्यत्र कुत्रचित्। व्रजामीतो गतं मे हि भयं बाहुबलान्नृपात्॥ ४९
इति संचिन्त्य संसुप्तं निशान्ते दिव्यरूपधृत्। पुरुषो बर्हिणारूढः स्वप्ने मामेवमभ्यधात्॥ ५०
इहैव भद्र वस्तव्यं गन्तव्यं नान्यतस्त्वया। आहारकाले चारुह्य स्थातव्यं मध्यमे पुरे॥ ५१
इत्युक्त्वान्तर्हिते तस्मिन्प्रबुद्धोऽहमचिन्तयम्। कुमारनिर्मितमिदं दिव्यस्थानं सुनिश्चितम्॥ ५२
कृतश्च तेन मे स्वप्ने पूर्वपुण्यैरनुग्रहः। उत्थितोऽस्मीह नूनं हि श्रेयोऽस्ति वसतोऽत्र मे॥ ५३
इति बद्धास्थमुत्थाय कृत्वाह्निकमहं स्थितः। आरुह्य यावदाहारकालेऽस्मिन्मध्यमे पुरे॥ ५४
तावद्धिरण्मयेष्वग्रे पात्रेषूपनतेषु मे। अपतत्खाद्भृतक्षीरशालिभक्तादिभोजनम्॥ ५५
चिन्तितं चिन्तितं चान्यन्मम भोज्यमुपानमत्। तद्भुक्त्वा चाहमभवं देवातीवेह निर्वृतः॥ ५६

ततो गृहीतैव मया स्थितिरस्मिन्पुरे प्रभो । चिन्तितोपनमद्राजभोगेन प्रतिवासरम् ॥ ५७
भार्या परिच्छदो वा मे चिन्तितस्तु न तिष्ठति । तेन यन्त्रमयोऽत्रायं जनः सर्वः कृतो मया ॥ ५८
इतीहागत्य तक्षापि देवैकाकी करोम्यहम् । राज्ञो लीलायितुं राज्यधरो नाम विधेर्वशात् ॥ ५९
तद्देवनिर्मितेऽमुष्मिन्भवन्तोऽद्य पुरे दिनम् । विश्राम्यन्तु यथाशक्ति परिचर्यापरे मयि ॥ ६०
इत्युक्त्वा तत्पुरोद्यानं तेन राज्यधरेण सः । नरवाहनदत्तोऽत्र नीयते स्म सगोमुखः ॥ ६१
तत्र वापीजलस्नातो वारिजार्चितधूर्जटिः । तां मध्यमपुराहारभूमिं च प्रापितोऽभवत् ॥ ६२
बुभुजे तत्र चाहारान्ध्यातोपस्थापिताञ्शुभान् । तेन राज्यधरेणाग्रस्थितेन स समन्त्रिकः ॥ ६३
ततः केनाप्यदृष्टेन प्रमृष्टाहारभूमिकः । अनु ताम्बूलभोगं स तस्थौ पीतासवः सुखम् ॥ ६४
अथ चिन्तामणिप्रख्यपुरमाहात्म्यविस्मितः । भुक्ते राज्यधरे नक्तं स भेजे शयनोत्तमम् ॥ ६५
कर्पूरिकानवौत्सुक्यविनिद्रं चात्र तत्कथाम् । पृच्छन्तमब्रवीद्राज्यधरोऽथ शयनस्थितः ॥ ६६
किं न निद्रासि कल्याणिन्प्राप्स्यस्येवेप्सितां प्रियाम् । उदारसत्त्वं वृणुते स्वयं हि श्रीरिवाङ्गना ॥ ६७
प्रत्यक्षदृष्टमत्रेदं तथा च शृणु वच्मि ते । यः स काञ्चीपतिर्बाहुबलो राजा मयोदितः ॥ ६८
तस्यान्वर्थोऽर्थलोभाख्यः प्रतीहारोऽर्थवानभूत् । तस्य मानपरा नाम भार्याभूद्रूपशालिनी ॥ ६९
सोऽर्थलोभो वणिग्धर्मा लोभाद्भृत्येष्वविश्वसन् । वणिज्याव्यवहारेषु मध्ये भार्यां न्ययुङ्क्त ताम् ॥ ७०
मानिच्छन्त्यपि तद्वश्या वणिग्भिः संव्यवाहरत् । मधुरेणाहृतजना रूपेण वचनेन च ॥ ७१
गजाश्वरत्नवस्त्रादिविक्रयं यं व्यधत्त सा । तं तं सोपचयं दृष्ट्वा सोऽर्थलोभोऽन्वमोदत ॥ ७२
एकदा चात्र कोऽप्यागाद्दूराद्देशान्तराद्वणिक् । महान्सुखधनो नाम प्रभूताश्वादिभाण्डभृत् ॥ ७३
न बुद्ध्वैवागतं भार्यामर्थलोभोऽब्रवीत्स ताम् । वणिक्सुखधनो नाम प्राप्तो देशान्तरादिह ॥ ७४
प्रिये वाजिसहस्राणि तेनानीतानि विंशतिः । चीनदेशजसद्वस्त्रयुग्मान्यगणनानि च ॥ ७५
तद्गत्वाश्वसहस्राणि पञ्च तस्मात्त्वमानय । क्रीत्वा सद्वस्त्रयुग्मानां सहस्राणि तथा दश ॥ ७६
यावदश्वसहस्रैः स्वैस्तथा तैश्चापि पञ्चभिः । करोमि दर्शनं राज्ञो वणिज्यां विदधामि च ॥ ७७
एवमुक्त्वार्थलोभेन प्रेषिता तेन पाप्मना । आगान्मानपरा तस्य पार्श्वं सुखधनस्य सा ॥ ७८
मार्गति स्म च मूल्येन तान्वस्त्रसहितान्हयान् । रचितस्वागतात्तस्मात्तद्रूपाहृतचक्षुषः ॥ ७९
स च तां कामविवशो नीत्वैकान्तेऽब्रवीद्वणिक् । मूल्येन वस्त्रमेकं ते हयं वा न ददाम्यहम् ॥ ८०
वत्स्यस्येकां निशां साकं मया चेत्तद्ददामि ते । शतानि वाजिनां पञ्चसहस्राणि च वाससाम् ॥ ८१
इत्युक्त्वा सोऽधिकेनापि तां प्रार्थयत सुन्दरीम् । स्त्रीष्वनर्गलचेष्टासु कस्येच्छा नोपजायते ॥ ८२
ततः सा प्रत्यवोचत्तमेवं पृच्छाम्यहं पतिम् । अत्रापि हि स जाने मां प्रेरयेदतिलोभतः ॥ ८३
इत्युक्त्वा स्वगृहं गत्वा पत्ये तस्मै तदब्रवीत् । यदुक्ता तेन वणिजा रहः सुखधनेन सा ॥ ८४
सोऽथ पापोऽर्थलोभस्तां कीनाशः पतिरब्रवीत् । प्रिये वस्त्रसहस्राणि पञ्च वाजिशतानि च ॥ ८५
एकया यदि लभ्यन्ते रात्र्या दोषस्तदत्र कः । तद्गच्छ पार्श्वं तस्याद्य प्रभाते द्रुतमेष्यसि ॥ ८६
एतच्छ्रुत्वा वचस्तस्य भर्तुः कापुरुषस्य सा । हृदि मानपरा जातविचिकित्सा व्यचिन्तयत् ॥ ८७
दारविक्रयिणं पापं हीनसत्त्वं धिगस्त्विमम् । लोभभावनया नित्यं बत तन्मयतां गतम् ॥ ८८
वरं स एव भर्ता मे यो मामश्वशतैर्निशाम् । चीनपट्टसहस्रैश्च क्रीणात्येकामुदारधीः ॥ ८९
इत्यालोच्य न मे दोष इत्यनुज्ञाप्य तं ततः । कुभर्तारमगात्तस्य गृहं सुखधनस्य सा ॥ ९०
स च तामागतां दृष्ट्वा पृष्ट्वा बुद्ध्वा च तत्तथा । चित्रीयमाणस्तत्प्राप्तेरमंस्तात्मनि धन्यताम् ॥ ९१
प्राहिणोच्चार्थलोभाय तस्मै तत्पतये द्रुतम् । तच्छुल्कभूतानश्वांश्च वस्त्राणि च यथोदितम् ॥ ९२
उवास च तया साकं पूर्णकामः स तां निशाम् । मूर्तयेव चिरप्राप्तनिजसंपत्फलश्रिया ॥ ९३
प्रातश्चाह्वायकान्भृत्यानर्थलोभेन निस्त्रपम् । क्लीबेन तेन प्रहितान्साथ मानपराब्रवीत् ॥ ९४
विक्रीता संगतान्येन भूत्वा तस्य कथं पुनः । भार्या भवामि निर्लज्जः स यथा किमहं तथा ॥ ९५

यूयमेव मम ब्रूत यद्येतच्छोभतेऽधुना । तद्यात येन क्रीतास्मि स एव हि पतिर्मम ॥ ९६
इत्युक्तास्ते तया भृत्यास्ततो गत्वा तथैव तत् । अब्रुवन्नर्थलोभाय वाक्यं तस्या अधोमुखाः ॥ ९७
स तच्छ्रुत्वा बलादैच्छदानेतुं तां नराधमः । ततो हरबलो नाम वयस्यस्तमभाषत ॥ ९८
न सा सुखधनात्तस्मादानेतुं शक्यते त्वया । प्रवीरस्य न तस्याग्रे तव पश्यामि धीरताम् ॥ ९९
स हि त्यागानुरागिण्या नार्या शूरीकृतस्तया । बली च बलिभिश्चान्यैर्युक्तो मित्रैः सहागतः ॥ १००
त्वं तु कार्पण्यविक्रीतविविक्तदयितोज्झितः । अवमाननिरुत्साहो गर्हितः क्लीबतां गतः ॥ १०१
न च स्वतो बली तादृङ् न च मित्रबलान्वितः । तत्कथं त्वं समर्थः स्यास्तस्य प्रत्यर्थिनो जये ॥ १०२
राजा च कुप्येद्बुद्ध्वा ते दारविक्रयदुष्कृतम् । तत्तूष्णीं भव भूयोऽपि मा कृथा हास्यविभ्रमम् ॥ १०३
इति सख्या निषिद्धोऽपि क्रोधाद्गत्वा ससैनिकः । यावद्रुणद्ध्यर्थलोभो गृहं सुखधनस्य सः ॥ १०४
तावत्तस्य समित्रस्य सैन्यैः सुखधनस्य तत् । सैन्यं तदीयं निर्गत्य कृत्स्नं भग्नमभूत्क्षणात् ॥ १०५
ततः पलायितः प्रायात्सोऽर्थलोभो नृपान्तिकम् । दाराः सुखधनाख्येन वणिजा देव मे हृताः ॥ १०६
इति व्यजिज्ञपच्चात्र नृपं निह्नुतदुर्नयः । नृपोऽप्यैच्छदवष्टब्धुं स तं सुखधनं रुषा ॥ १०७
ततः संधाननामा तं मन्त्री राजानमब्रवीत् । यथातथा न शक्योऽसाववष्टब्धुं वणिक्प्रभो ॥ १०८
तस्यैकादशभिर्मित्रैः सहायातैर्युतस्य हि । लक्षमभ्यधिकं देव वर्तते वरवाजिनाम् ॥ १०९
तत्त्वं च नात्र विज्ञातं नह्येतत्स्यादकारणम् । तत्प्रेष्य दूतं प्रष्टव्यः किं तावत्सोऽत्र जल्पति ॥ ११०
इति मन्त्रिवचः श्रुत्वा राजा बाहुबलस्ततः । प्रष्टुं तत्प्राहिणोद्दूतं तस्मै सुखधनाय सः ॥ १११
स दूतस्तं तदादेशाद्गत्वा यावच्च पृच्छति । तावन्मानपरा सास्मै स्ववृत्तान्तं तमभ्यधात् ॥ ११२
श्रुत्वैव च तदाश्चर्यं रूपं तस्याश्च वीक्षितुम् । गृहं सुखधनस्यागात्सार्थलोभो महीपतिः ॥ ११३
तत्रापश्यत्सुखधने प्रह्वे मानपरां स ताम् । विधातुरपि लावण्यलक्ष्म्या विस्मयदायिनीम् ॥ ११४
पादानतायाः सोऽस्याश्च पृष्टायाश्च स्वयं मुखात् । अशृणोत्तद्यथावृत्तमर्थलोभस्य शृण्वतः ॥ ११५
श्रुत्वा च मत्वा सत्यं तदर्थलोभे निरुत्तरे । तामपृच्छत्स सुमुखीं किमिदानीं भवत्विति ॥ ११६
ततः सा निश्चितावादीद्देव येनास्म्यनापदि । विक्रीतान्यस्य निःसत्त्वं लुब्धं कथमुपैमि तम् ॥ ११७
एतच्छ्रुत्वा नृपे तस्मिन्साधूक्तमिति वादिनि । अवोचत्सोऽर्थलोभोऽत्र कामक्रोधत्रपाकुलः ॥ ११८
अयं सुखधनो राजन्नहं चानुबलं विना । युध्यावहे स्वसैन्याभ्यां सत्त्वासत्त्वमवेक्ष्यताम् ॥ ११९
इत्यर्थलोभस्य वचः श्रुत्वा सुखधनोऽभ्यधात् । तर्हि युध्यावहे ह्यावां द्वावेव किमु सैनिकैः ॥ १२०
यः प्राप्स्यति जयं मानपरा तस्य भविष्यति । श्रुत्वैतद्बाढमस्त्वेवमिति राजाप्यभाषत ॥ १२१
ततो मानपरायां च राज्ञि चावेक्षमाणयोः । युद्धभूमिं हयारूढौ ताववातरतामुभौ ॥ १२२
प्रवृत्ते चाहवे तत्र कुन्ताघातोत्पतद्धयम् । अर्थलोभं सुखधनः पर्यास्थद्वसुधातले ॥ १२३
तथैव वारांस्त्रीनन्यान्हताश्वं पतितं क्षितौ । धीरयन्धर्मयोधी स न तं सुखधनोऽवधीत् ॥ १२४
वारे तु पञ्चमेऽश्वेन पतित्वोपरि ताडितः । अर्थलोभः स निश्चेष्टस्ततो भृत्यैरनीयत ॥ १२५
ततः सुखधनं सर्वैः साधुवादाभिपूजितम् । स तं बाहुबलो राजा यथोचितममानयत् ॥ १२६
प्राभृतं च तदानीतं तस्मा एव समर्पयत् । अहरच्चार्थलोभस्य सर्वस्वमशुभार्जितम् ॥ १२७
तत्पदे चापरं कृत्वा तुष्टः प्रायात्स्वमन्दिरम् । निवृत्तपापसंपर्काः सन्तो यान्ति हि निर्वृतिम् ॥ १२८
सोऽपि प्रसह्य विहरन्नासीत्सुखधनः सुखम् । सहितो मानपरया भार्यया चानुरक्तया ॥ १२९
एवं दाराः पलायन्ते हीनसत्त्वाद्धनानि च । सुसत्त्वस्योपतिष्ठन्ते स्वयमेत्य यतस्ततः ॥ १३०
तदलं चिन्तया निद्रां भजस्व नचिरेण हि । राजपुत्रीमवाप्तासि त्वं तां कर्पूरिकां प्रभो ॥ १३१
इति राज्यधराच्छ्रुत्वा रात्रौ तत्रार्थवद्वचः । नरवाहनदत्तः स भेजे निद्रां सगोमुखः ॥ १३२
प्रातश्चात्र कृताहारः क्षणं यावत्स तिष्ठति । तावत्स गोमुखो धीमांस्तं राज्यधरमभ्यधात् ॥ १३३
कुरु यन्त्रविमानं तन्मत्प्रभोरस्य येन तत् । कर्पूरसंभवपुरं प्राप्य प्राप्नोत्यसौ प्रियाम् ॥ १३४

एतच्छ्रुत्वा स तक्षास्मै वातयन्त्रविमानकम् । नरवाहनदत्ताय पूर्वक्लृप्तमढौकयत् ॥ १३५
तत्रारुह्य मनःशीघ्रे खगामिनि सगोमुखः । तद्धैर्यालोकसोल्लासमिवोच्छलितवीचिकम् ॥ १३६
मकराकरमुल्लङ्घ्य प्राप तत्तीरवर्ति सः । नरवाहनदत्तस्तत्पुरं कर्पूरसंभवम् ॥ १३७
तत्रावतीर्णो नभसो विमानादवरुह्य सः । पुरान्तः परिबभ्राम कौतुकेन सगोमुखः ॥ १३८
पृष्ट्वा च लोकतो बुद्ध्वा तदेवाभीप्सितं पुरम् । प्राप्तं निःसंशयं हृष्टो ययौ राजकुलान्तिकम् ॥ १३९
तत्रैकं रुचिरं वेश्म वृद्धयाधिष्ठितं स्त्रिया । स विवेश निवासाय नम्रयानुमतस्तया ॥ १४०
युक्तिं जिज्ञासमानश्च क्षणात्पप्रच्छ तां स्त्रियम् । आर्ये किमभिधानोऽत्र राजापत्यं च तस्य किम् ॥ १४१
रूपं च तस्य नः शंस यतो वैदेशिका वयम् । इत्युक्ता तेन वृद्धा सा तं विलोक्योत्तमाकृतिम् ॥ १४२
प्रत्युवाच महाभाग शृणु सर्वं वदामि ते । इह कर्पूरको नाम राजा कर्पूरसंभवे ॥ १४३
स चानपत्यः संतानहेतोरुद्दिश्य शंकरम् । बुद्धिकार्या समं देव्या निराहारोऽकरोत्तपः ॥ १४४
त्रिरात्रोपोषितं देवो हरः स्वप्ने तमादिशत् । उत्तिष्ठ पुत्राभ्यधिका सा ते कन्या जनिष्यते ॥ १४५
विद्याधराणां साम्राज्यं यस्याः पतिरवाप्स्यति । इत्यादिष्टो हरेणासौ प्रातः प्राबुद्ध भूपतिः ॥ १४६
निवेद्य बुद्धिकार्यै च देव्यै स्वप्नं तमुत्थितः । प्रहृष्टोऽथ तया साकं चकार व्रतपारणम् ॥ १४७
ततस्तस्याचिराद्राज्ञो राज्ञी गर्भमधत्त सा । काले चासूत संपूर्णे कन्यां सर्वाङ्गसुन्दरीम् ॥ १४८
यया प्रभाजितास्तत्र जातवेश्मनि दीपकाः । कज्जलोद्गारमिषतो निःश्वासानमुचन्निव ॥ १४९
कर्पूरिकेति तस्याश्च निजं नाम ततः पिता । एष कर्पूरको राजा व्यधत्त विहितोत्सवः ॥ १५०
क्रमाच्च वृद्धिं प्राप्ता सा लोकलोचनचन्द्रिका । कर्पूरिका राजपुत्री यौवनस्थाद्य वर्तते ॥ १५१
पिता चेह नृपस्तस्या विवाहमभिकाङ्क्षति । पुरुषद्वेषिणी सा तु तं नेच्छति मनस्विनी ॥ १५२
कन्याजन्मफलं कस्माद्विवाहं सखि नेच्छसि । इति मत्सुतया सा च सख्या पृष्टेदमब्रवीत् ॥ १५३
सखि जातिस्मराया मे प्राग्वृत्तं शृणु कारणम् । अस्ति तीरे महाम्भोधेर्महांश्चन्दनपादपः ॥ १५४
तस्यास्ति निकटे फुल्लनलिनालंकृतं सरः । तत्राहमभवं हंसी पूर्वजन्मनि कर्मतः ॥ १५५
साहमब्धितटाज्जातु तस्मिंश्चन्दनपादपे । अकार्षं राजहंसेन स्वेन भर्त्रा सहालयम् ॥ १५६
तत्रालये वसन्त्या मे प्रजातान्पोतकान्सुतान् । अकस्मादेत्य बलवान्समुद्रोर्मिरपाहरत् ॥ १५७
हृतेष्वपत्येष्वोघेन क्रन्दन्त्यहमनश्नती । आसं शुचाब्धितीरस्थशिवलिङ्गाग्रवर्तिनी ॥ १५८
ततः स राजहंसो मामुपेत्य पतिरभ्यधात् । उत्तिष्ठ किमपत्यानि व्यतीतान्यनुशोचसि ॥ १५९
अन्यानि नौ भविष्यन्ति सर्वं जीवद्भिराप्यते । इति तद्वाक्शरेणाहं हृदि विद्धा व्यचिन्तयम् ॥ १६०
धिगहो पुरुषाः पापा बालापत्येष्वपीदृशाः । निःस्नेहा निष्कृपाश्चैव स्त्रीषु भक्तिमतीष्वपि ॥ १६१
तन्मे किममुना पत्या किं वा देहेन दुःखिना । इत्यालोच्य हरं नत्वा कृत्वा भक्त्या च तं हृदि ॥ १६२
तत्रैव पुरतस्तस्य पत्युर्हंसस्य पश्यतः । जातिस्मरा राजपुत्री भूयासं जनानान्तरे ॥ १६३
इति संकल्प्य तत्क्षिप्तं शरीरं जलधौ मया । ततोऽहं सखि जाताद्य तथाभूतेह जन्मनि ॥ १६४
पूर्वजातौ च तस्यां तां भर्तुस्तस्य नृशंसताम् । संस्मरन्त्या न कस्मिंश्चिद्वरे रज्यति मे मनः ॥ १६५
अतो विवाहं नेच्छामि दैवायत्तमतः परम् । इत्युक्तं राजसुतया मत्सुतायै तया रहः ॥ १६६
तया मत्सुतयाप्येतन्मह्यमागत्य वर्णितम् । तदेवं ते मया ख्यातं पुत्र यत्पृष्टवानसि ॥ १६७
तवैव भाविनी भार्या नूनं चैषा नृपात्मजा । सर्वविद्याधराणां हि भविष्यच्चक्रवर्तिनः ॥ १६८
महिषीयं समादिष्टा पूर्वं देवेन शंभुना । तल्लक्षणैश्च युक्तं त्वां पश्यामि तिलकादिभिः ॥ १६९
किंस्वित्तदर्थमानीतः कोऽपि त्वमिह वेधसा । उत्तिष्ठ तावन्मद्गेहे द्रक्ष्यामः किं भविष्यति ॥ १७०
इत्युक्त्वोपहृताहारो वृद्धयात्र तया निशाम् । नरवाहनदत्तस्तामनैषीद्गोमुखान्वितः ॥ १७१
प्रातः संमन्त्र्य कार्यं च गोमुखेन समं रहः । महाव्रतिकवेषं च कृत्वा वत्सेश्वरात्मजः ॥ १७२
तद्द्वितीयोऽत्र हा हंसि हा हंसीति वदन्मुहुः । गत्वा राजकुलद्वारि बभ्राम जनतेक्षितः ॥ १७३

तथाभूतं च तं दृष्ट्वा तत्र गत्वैव चेटिकाः। कर्पूरिकां राजसुतां तामवोचन्सविस्मयाः॥ १७४
सिंहद्वारे युवा देवि दृष्टोऽस्माभिर्महाव्रती। सद्वितीयोऽपि यो धत्ते सौन्दर्येणाद्वितीयताम्॥ १७५
नारीजनमहामोहदायिनं मन्त्रमद्भुतम्। उच्चारयति हा हंसि हा हंसीति दिवानिशम्॥ १७६
तच्छ्रुत्वा पूर्वहंसी सा राजपुत्री सकौतुका। आनाययत्तमेताभिस्तद्रूपं पार्श्वमात्मनः॥ १७७
ददर्श चैतमुद्दामरूपालंकृतभूमिकम्। शंकराराधनोपात्तव्रतं नवमिव स्मरम्॥ १७८
निजगाद च पश्यन्ती विस्मयोत्फुल्लया दृशा। किमेतदेव हा हंसि हा हंसीत्युच्यते त्वया॥ १७९
एवं तयोक्तेऽपि तदा हा हंसीत्येव सोऽब्रवीत्। ततः सहस्थितस्तस्य गोमुखः प्रत्युवाच तम्॥ १८०
अहं ते कथयाम्येतच्छृणु देवि समासतः। पूर्वजन्मनि हंसोऽयमभवत्कर्मयोगतः॥ १८१
तत्रैष जलधेस्तीरे महतः सरसस्तटे। कृतालयः समं हंस्या तस्थौ चन्दनपादपे॥ १८२
तस्मिन्दैवादपत्येषु समुद्रोर्मिहृतेषु सा। एतस्य हंसी शोकार्ता तत्रैवात्मानमक्षिपत्॥ १८३
ततोऽसौ तद्वियोगार्तः पक्षिजातौ विरक्तिमान्। त्यक्तुकामः शरीरं तत्संकल्पमकरोद्धृदि॥ १८४
जातिस्मरोऽहं भूयासं राजपुत्रोऽन्यजन्मनि। एषा च तत्र मे भार्या भूयाज्जातिस्मरा सती॥ १८५
इति संकल्प्य तं देहं तदा संस्मृत्य शंकरम्। विरहानलसंतप्तः समुद्राम्भस्यपातयत्॥ १८६
ततोऽयं वत्सराजस्य कौशाम्ब्यां तनयोऽधुना। नरवाहनदत्ताख्यो जातो जातिस्मरः शुभे॥ १८७
असौ विद्याधरेन्द्राणां चक्रवर्ती भविष्यति। इति वागुदभूद्दिव्या जातस्यास्य स्फुटं तदा॥ १८८
क्रमेण यौवराज्यस्थः पित्रायं परिणायितः। दिव्यां कारणसंभूतां देवीं मदनमञ्चुकाम्॥ १८९
ततो हेमप्रभाख्यस्य विद्याधरपतेः सुता। एत्य स्वयं वृतवती कन्या रत्नप्रभेत्यमुम्॥ १९०
तथापि तां स्मरन्हंसीं नायं भजति निर्वृतिम्। एतच्च बालभृत्याय मह्यमेतेन वर्णितम्॥ १९१
अथास्य मृगयायातस्यासीत्संदर्शनं वने। कयापि सिद्धतापस्या मद्द्वितीयस्य दैवतः॥ १९२
कथाप्रसङ्गात्सा चैतमेवं सानुग्रहाब्रवीत्। कर्मयोगात्पुरा पुत्र कामो हंसत्वमागतः॥ १९३
तस्य चाम्बुधितीरस्थचन्दनद्रुमवासिनः। प्रिया भार्याभवद्धंसी दिव्यस्त्री शापतश्च्युता॥ १९४
वेलाजलहृतापत्यशोकात्तस्यां च वारिधौ। क्षिप्तात्मनि स हंसोऽपि तत्रैवात्मानमक्षिपत्॥ १९५
सोऽद्य शंभोः प्रसादात्त्वं जातो वत्सेश्वरात्मजः। पूर्वजातिं च तां वत्स वेत्सि जातिस्मरो ह्यसि॥ १९६
सा हंस्यप्येवमेवाब्धेः पारे कर्पूरसंभवे। पुरे कर्पूरिका नाम जाता राजसुताधुना॥ १९७
तद्गच्छ तत्र पुत्र त्वं प्रियां भार्यामवाप्स्यसि। इत्युक्त्वा सा खमुत्पत्य तिरोऽभूत्सिद्धतापसी॥ १९८
अयं चास्मत्प्रभुर्ज्ञातप्रवृत्तिस्तत्क्षणं ततः। इतोऽभिमुखमागन्तुं प्रावर्तत मया सह॥ १९९
त्वत्स्नेहाकृष्यमाणश्च पणीकृत्य स्वजीवितम्। उत्तीर्य कान्तारशतं प्राप देशोऽम्बुधेस्तटम्॥ २००
तत्र हेमपुरस्थोऽस्मै तक्षा राज्यधराभिधः। मद्द्वितीयाय मिलितः प्रादाद्यन्त्रविमानकम्॥ २०१
तस्मिन्नारुह्य भयदे हा मूर्त इव साहसे। अब्धिकान्तारमुल्लङ्घ्य प्राप्तावावामिदं पुरम्॥ २०२
एतदर्थमसावेवं हा हंसीति वदन्निह। भ्रान्तो देवि मम स्वामी यावत्प्राप्तस्त्वदन्तिके॥ २०३
इदानीं त्वन्मुखोदाररराकारमणदर्शनात्। असंख्यदुःखसांनिध्यतमोपह्नुतिमश्नुते॥ २०४
... ...। तद्दृष्टिनीलनलिनस्रजार्चय महातिथिम्॥ २०५
एवं वचो विरचितं गोमुखस्य निशम्य सा। संवादप्रत्ययात्सत्यं मेने कर्पूरिका तदा॥ २०६
अहो मय्यार्यपुत्रस्य स्नेहोऽमुष्य मुधैव मे। विरक्तताभूदित्यन्तः प्रेमार्द्रा विममर्श च॥ २०७
उवाच चाहं सत्यं सा हंसी धन्या च यत्कृते। एवं जन्मद्वये क्लेशमार्यपुत्रोऽनुभूतवान्॥ २०८
तदहं वोऽधुना दासी प्रेमक्रीतेति वादिनी। नरवाहनदत्तं तं स्नानाद्यैः सममानयत्॥ २०९
ततः परीवारमुखेनैतत्सर्वमबोधयत्। पितरं स्वं स चोपागात्तद्बुद्ध्वैव तदन्तिकम्॥ २१०
तत्रोत्पन्नविवाहेच्छां सुतां तां तद्वरं तथा। नरवाहनदत्तं तं संप्राप्तमुचितं चिरात्॥ २११
विद्याधरमहाचक्रवर्तिलक्षणलाञ्छितम्। दृष्ट्वा कृतार्थमात्मानं सोऽमन्यात तदा नृपः॥ २१२

प्रददौ चात्मजामेतां तस्मै कर्पूरिकां ततः । नरवाहनदत्ताय यथाविधि स सादरम् ॥ २१३
अदादस्मै च जामात्रे प्रतिवह्निप्रदक्षिणम् । कोटीस्तिस्रः सुवर्णस्य कर्पूरस्य च तावतीः ॥ २१४
यद्राशयो बभुस्तत्र शोभां द्रष्टुमिवागताः । गिरिजोद्वाहदृश्वानो मेरुकैलाससानवः ॥ २१५
पुनस्तद्रत्नकोटीश्च दश दासीशतत्रयम् । स्वलंकृतं ददौ सोऽस्मै कृती कर्पूरको नृपः ॥ २१६
ततस्तस्थौ कृतोद्वाहः स कर्पूरिकया तया । नरवाहनदत्तोऽत्र समं प्रीत्येव मूर्तया ॥ २१७
कस्य नाभून्मनःप्रीत्यै स वधूवरयोस्तयोः । संगमो माधवीवल्लीवसन्तोत्सवयोरिव ॥ २१८
एहि व्रजावः कौशाम्बीमित्यन्येद्युश्च सोऽब्रवीत् । नरवाहनदत्तस्तां कृती कर्पूरिकां प्रियाम् ॥ २१९
ततः प्रत्यब्रवीत्सा तं यद्येवं तत्खगामिना । तेनैव त्वद्विमानेन व्रजामस्त्वरितं न किम् ॥ २२०
तच्चेत्स्वल्पं तदपरं विस्तीर्णं ढौकयाम्यहम् । इह प्राणधराख्यो हि तक्षा यन्त्रविमानकृत् ॥ २२१
आस्ते देशान्तरायातस्तच्छीघ्रं कारयाम्यदः । इत्युक्त्वा सा प्रतीहारमानाय्य क्षत्तुरादिशत् ॥ २२२
गत्वा तं यन्त्रतक्षाणं वद प्राणधरं महत् । व्योमगामि विमानं नः प्रस्थानायोपकल्पय ॥ २२३
एवं विसृज्य क्षत्तारं राज्ञे कर्पूरिकाथ सा । चेटीमुखेन पित्रे तां प्रस्थानेच्छां न्यवेदयत् ॥ २२४
स च बुद्ध्वैव तद्यावदायात्यत्रैव भूपतिः । नरवाहनदत्तोऽन्तस्तावदेवमचिन्तयत् ॥ २२५
तक्षा राज्यधरभ्राता सोऽयं प्राणधरो ध्रुवम् । राजभीत्या स्वदेशाद्यो विद्रुतस्तेन वर्णितः ॥ २२६
इत्यस्मिंश्चिन्तयत्येव राज्ञि च क्षिप्रमागते । आगात्प्रतीहारयुतस्तक्षा प्राणधरोऽत्र सः ॥ २२७
व्यजिज्ञपच्च सुमहद्विमानं कृतमस्ति मे । यन्मानुषसहस्राणि वहत्यद्यावहेलया ॥ २२८
इत्युक्तवन्तं तक्षाणं साध्वित्युक्त्वाभिपूज्य च । नरवाहनदत्तोऽथ तं पप्रच्छ स सादरम् ॥ २२९
कच्चिद्राज्यधरस्य त्वं भ्राता प्राणधरोऽग्रजः । नानायन्त्रप्रयोगाणां वेत्ता सुमहतामपि ॥ २३०
स एव तस्य भ्राताहं देवो वेत्ति तु नौ कुतः । इति प्राणधरः सोऽपि प्रणतः प्रत्युवाच तम् ॥ २३१
ततो यथा राज्यधरेणोक्तं दृष्टो यथा च सः । नरवाहनदत्तस्तत्तथा तस्मै शशंस सः ॥ २३२
अथ तेन मुदा प्राणधरेण समुपाहृते । महाविमानेऽनुमतः श्वशुरेणात्र भूभुजा ॥ २३३
तमामन्त्र्य समारोप्य दासीकर्पूरकाञ्चनम् । तेन राजविसृष्टेन सह प्राणधरेण सः ॥ २३४
तेन च क्षत्तृमुख्येन श्वशूरचितमङ्गलः । कर्पूरिकां राजपुत्रीं नवामादाय तां वधूम् ॥ २३५
दत्तदानो द्विजातिभ्यः सद्रत्ननिचयैश्च तैः । नरवाहनदत्तोऽसावारुरोह सगोमुखः ॥ २३६
पूर्वमब्धेस्तटं तावद्यामो राज्यधरान्तिकम् । ततो गृहमिति प्राणधरं तं निजगाद सः ॥ २३७
ततस्तेनाहृतेनाशु विमानेनोत्पपात सः । नभो मनोरथेनेव पूर्णेन सपरिग्रहः ॥ २३८
क्षणादुत्तीर्य जलधिं पुनस्तत्तीरवर्ति च । प्राप हेमपुरं धाम तस्य राज्यधरस्य तत् ॥ २३९
तत्र राज्यधरं प्रह्वं प्रहृष्टं भ्रातृदर्शनात् । दासीभिस्तमदासीकं संविभेजे च सोत्सवम् ॥ २४०
आपृच्छ्य च तमुद्बाष्पं कथमप्युज्झिताग्रजम् । ययौ तेनैव कौशाम्बीं विमानेन तदैव सः ॥ २४१

तत्राम्बरादशङ्कितमवतीर्णं वरविमानवहनं तम् ।
सानुचरं नववध्वा युक्तं दृष्ट्वा विसिस्मिये जनता ॥ २४२
पौरोत्साहैः प्रकटं पुत्रं बुद्ध्वा पितास्य वत्सेशः ।
प्रीतो निरगादग्रे देवीसचिवस्नुपादिभिः सहितः ॥ २४३
दृष्ट्वा विमानवाहनसूचितभवितव्यखचरसाम्राज्यम् ।
तं सोऽभिनन्दत सुतं राजा चरणानतं वधूसहितम् ॥ २४४
माता वासवदत्ता पद्मावत्या समं तमाश्लिष्य ।
विगलितमिव तद्दर्शनदुःखग्रन्थिं जहौ बाष्पम् ॥ २४५
रत्नप्रभा च भार्या सानन्दा मदनमञ्चुका च तदा ।
तस्य प्रेमहृतेऽर्घ्ये चरणौ हृदयं च जगृहतुस्तुल्यम् ॥ २४६

यौगन्धरायणादीन्पितृसचिवान्स्वांश्च सोऽथ नृपसूनुः ।
मरुभूतिसुखान्प्रणताननन्दयत्कृतयथार्थसत्कारः ॥ २४७
सर्वे च ते विभूपितसुदशार्हकुलेन जलधिमाक्रम्य ।
समुपाहृतां स्वपतिना व्यक्तं सोदर्यमूर्तिममृतस्य ॥ २४८
अजराङ्गनाशतयुतामायातां श्रियमिवाभ्यनन्दंस्ताम् ।
कर्पूरिकां नववधूं वत्सेशाद्या यथोचितावनताम् ॥ २४९
तस्याश्च पैतृकं तं वत्सेशोऽपूजयत्प्रतीहारम् ।
अर्पितविमानवाहितकाञ्चनकर्पूरवस्त्रकोटिचयम् ॥ २५०
आख्यातं नरवाहनदत्तेन ततो विमानकर्तारम् ।
उपकारिणं स राजा प्राणधरं तमपि मानयामास ॥ २५१
कथमेपा राजसुता संप्राप्ता कथमितश्च यातौ स्वः ।
इति पप्रच्छ सहर्षः संमान्य स गोमुखं नृपतिः ॥ २५२
अथ मृगयावनगमनात्प्रभृति यथा दर्शनं तपस्विन्याः ।
राज्यधरसमासादितविमानयुक्त्या यथा च तीर्णोऽब्धिः ॥ २५३
कर्पूरिका विवाहे विमुखापि च संमुखी यथा विहिता ।
प्राणधरलाभलब्धेनागमनं प्राग्यथा विमानेन ॥ २५४
युक्त्यैकान्ते स तथा तदशेपं गोमुखो यथावृत्तम् ।
कथयांचकार तस्मै सदारसचिवाय वत्सराजाय ॥ २५५
काखेटः क च तापसी क च तथोदन्वत्तटे यत्रवि-
त्तक्षा राज्यधरस्तदीयवहनेनोल्लङ्घनं काम्बुधेः ।
तत्पारे च विमानकर्तुरपरस्यास्य क पूर्वं गति-
र्भव्यानां शुभसिद्धयुपायरचनाचिन्तां विधत्ते विधिः ॥ २५६
इति तैर्निखिलैः सविस्मयप्रमदाकम्पितमस्तकैस्ततः ।
जगदे विदधे च गोमुखे प्रभुभक्तिस्तुतिरत्र सादरैः ॥ २५७
रत्नप्रभां च राज्ञीं पतिव्रताधर्मजनितपरितोपाम् ।
प्रशशंसुस्ते भर्तुर्निजविद्याविहितपथरक्षाम् ॥ २५८
अथ नरवाहनदत्तो विनीतगगनाङ्गणागमनखेदः ।
स विवेश राजधानीं पितृभिर्भार्यादिभिश्च समम् ॥ २५९
तत्रोपागतमानितबन्धुसुहृत्स्वर्णकूटभृतकोपः ।
वसुभिस्तौ पूरितवान्प्राणधरश्वाशुरप्रतीहारौ ॥ २६०
भुक्तोत्तरं च सपदि प्राणधरस्तं व्यजिज्ञपत्प्रणतः ।
देवावयोः किलैवं कर्पूरकभूभृता समादिष्टम् ॥ २६१
आगन्तव्यं त्वरितं मद्दुहितरि भर्तृभवनमाप्तायाम् ।
येनाहं जानीयां संप्राप्तामत्र शीघ्रमिति ॥ २६२
तद्गन्तव्यं निश्चितमावाभ्यां देव चतुरमधुनैव ।
दापय कर्पूरिकया राज्ञो लेखं स्वहस्तलिखितं नौ ॥ २६३
नहि तस्य सुतास्निग्धं हृदयं राज्ञोऽन्यथा समाश्वसिति ।
स ह्यारूढविमानो न जातुचिच्छङ्कते प्रपातमतः ॥ २६४

तल्लेखदानपूर्वं संप्रति सहितं मया प्रधानमिमम् ।
अनुजानीहि विमानप्रस्थानप्रोन्मुखं प्रतीहारम् ॥ २६५
अहमादाय कुटुम्बकमेष्यामि पुनस्त्विहैव युवराज ।
शक्ष्यामि नामृतमयं चरणाम्भोजद्वयं तव त्यक्तुम् ॥ २६६
इति तेन सुहृद्वमुक्ते प्राणधरेणैष वत्सराजसुतः ।
लेखस्य लेखने तां न्ययुङ्क्त कर्पूरिकां तदैव वधूम् ॥ २६७
तात न चिन्ता मयि ते कार्या सद्भर्तृसौख्यसदनजुषि ।
किं हि महाब्धेः कमला चिन्तास्पदमाश्रितोत्तमं पुरुषम् ॥ २६८
इति च स्वहस्तलिखिते कर्पूरिकया तयार्पिते लेखे ।
क्षत्तृप्राणधरौ तौ वत्सेशसुतोऽर्चितौ स विससर्ज ॥ २६९
तौ चारुह्य विमानं गगनगती जातविस्मयैः सर्वैः ।
दृष्टौ तीर्त्वा जलधिं ययतुः कर्पूरसंभवं नगरम् ॥ २७०
तत्र सुतां पतिसदनप्राप्तां संश्राव्य दत्तलेखौ तौ ।
आनन्दयांबभूवतुरथ तं कर्पूरकं नराधिपतिम् ॥ २७१
अन्येद्युरनुज्ञाप्य प्राणधरस्तं नृपं स सकुटुम्बः ।
संभावितराज्यधरो नरवाहनदत्तपार्श्वमेवागात् ॥ २७२
सोऽत्रागताय सद्यः कृतकार्यायात्ममन्दिरसमीपे ।
नरवाहनदत्तोऽस्मै प्रददौ वसतिं च जीवनं च महत् ॥ २७३
चिक्रीड च तद्विहितैरवरोधसखो विमानकैर्विचरन् ।
अभ्यस्यदिव भविष्यद्विद्याधरचक्रवर्तिगगनगतिम् ॥ २७४
इत्यत्र नन्दितसुहृत्स्वजनावरोधो वत्सेश्वरस्य तनयोऽथ स तान्यहानि ।
रत्नप्रभामदनमञ्चुकयोस्तृतीयां कर्पूरिकां समधिगम्य सुखं निनाय ॥ २७५

इति महाकविश्रीसोमदेवभट्टविरचिते कथासरित्सागरे रत्नप्रभालम्बके नवमस्तरङ्गः ।

समाप्तश्चायं रत्नप्रभालम्बकः सप्तमः ।

॥ श्रीः ॥

महाकविश्रीसोमदेवभट्टविरचितः

कथासरित्सागरः ।

सूर्यप्रभो नामाष्टमो लम्बकः ।

इदं गुरुगिरीन्द्रजाप्रणयमन्दरान्दोलना-
त्पुरा किल कथामृतं हरमुखाम्बुधेरुद्गतम् ।
प्रसह्य रसयन्ति ये विगतविघ्नलब्धर्द्धयो
धुरं दधति वैबुधीं भुवि भवप्रसादेन ते ॥

प्रथमस्तरङ्गः ।

चलत्कर्णानिलोद्धूतसिन्दूरारुणिताम्बरः । जयत्यकालेऽपि सृजन्संध्यामिव गजाननः ॥ १
एवं वत्सेश्वरसुतः कौशाम्ब्यां स पितुर्गृहे । नरवाहनदत्तस्ता भार्याः प्राप्यावसत्सुखम् ॥ २
एकदा पितुरास्थाने स्थितश्च पुरुषं दिवः । अवतीर्यागतं तत्र दिव्यरूपं ददर्श सः ॥ ३
प्रणतं तं च सत्कृत्य पित्रा साकं क्षणान्तरे । कस्त्वं किमागतोऽसीति पृष्टवान्सोऽप्यथाब्रवीत् ॥ ४
अस्तीह वज्रकूटाख्यं पृष्ठे हिमवतः पुरम् । वज्रसारमयत्वाद्यत्ख्यातमन्वर्थनामकम् ॥ ५
तत्र वज्रप्रभाख्योऽहमासं विद्याधराधिपः । वज्रनिर्मितदेहत्वान्नामान्वर्थं तथैव मे ॥ ६
मन्निर्मिते यथाकालं भक्तः संश्चक्रवर्तिनि । अजेयस्त्वं विपक्षाणां मत्प्रसादाद्भविष्यसि ॥ ७
इति चाहं तपस्तुष्टेनादिष्टः शंभुना यदा । तदा प्रभोः प्रणामार्थमागतोऽस्मीह सांप्रतम् ॥ ८
वत्सराजसुतो दिव्यं कल्पं कामांशसंभवः । नरवाहनदत्तो नः शशिशेखरनिर्मितः ॥ ९
मर्त्योऽप्युभयवेद्यर्धचक्रवर्ती भविष्यति । इति विद्याप्रभावेण विज्ञातं ह्यधुना मया ॥ १०
आसीच्च दिव्यं कल्पं नः पुरा मर्त्योऽप्यनुग्रहात् । शार्वात्सूर्यप्रभो नाम चक्रवर्तीह यद्यपि ॥ ११
तथाप्यभूत्स एकस्मिन्वेद्यर्धे दक्षिणे प्रभुः । उत्तरे श्रुतशर्माख्यश्चक्रवर्ती त्वभूत्तदा ॥ १२
उभयोस्तु तयोरेकः कल्पस्थायी द्युचारिणाम् । चक्रवर्त्यत्र भविता देव एवातिपुण्यवान् ॥ १३
इत्युक्तवन्तं वत्सेशसहितस्तं कुतूहलात् । नरवाहनदत्तः स प्राह विद्याधरं पुनः ॥ १४
कथं विद्याधरैश्वर्यं मानुषेण सता पुरा । प्राप्तं सूर्यप्रभेणेति त्वया नः कथ्यतामिति ॥ १५
ततो विविक्ते देवीनां मन्त्रिणां संनिधौ च सः । राजा वज्रप्रभो वक्तुं कथां तामुपचक्रमे ॥ १६
शाकलं नाम मद्रेषु बभूव नगरं पुरा । चन्द्रप्रभाख्यस्तत्रासीद्राजाङ्गारप्रभात्मजः ॥ १७
आह्लादकारी विश्वस्य नाम्नान्वर्थोऽपि यो भवन् । संतापकारी शत्रूणां बभूव ज्वलनप्रभः ॥ १८
कीर्तिमत्यभिधानायां तस्य देव्यामजायत । पुत्रो नृपस्यातिशुभैर्लक्षणैः सूचितोदयः ॥ १९
एष सूर्यप्रभो नाम राजा जातः पुरारिणा । भावी विद्याधराधीशचक्रवर्ती विनिर्मितः ॥ २०
इत्युच्चचार गगनात्तस्मिञ्जाते स्फुटं वचः । सुधावर्षं श्रवणयोश्चन्द्रप्रभमहीभृतः ॥ २१
ततस्तस्य पुरारातिप्रसादोत्सवशालिनः । सूर्यप्रभः स ववृधे राजपुत्रः पितुर्गृहे ॥ २२
बाल एव च विद्यानां कलानां च क्रमेण सः । सर्वासां सुमतिः पारमुपासितगुरुर्ययौ ॥ २३
पूर्णषोडशवर्षं च गुणैरावर्जितप्रजम् । यौवराज्येऽभ्यषिञ्चत्तं पिता चन्द्रप्रभोऽथ सः ॥ २४

स एव मन्त्रिपुत्रांश्च निजांस्तस्मै समर्पयत् । भासप्रभाससिद्धार्थप्रहस्तप्रभृतीन्बहून् ॥ २५
तैः समं युवराजत्वधुरं तस्मिंश्च बिभ्रति । आजगामैकदा तत्र मयो नाम महासुरः ॥ २६
आस्थाने च स तं चन्द्रप्रभं सूर्यप्रभे स्थिते । उपेत्य रचितातिथ्यं जगादैवं मयो नृपम् ॥ २७
राजन्विद्याधरेशानां चक्रवर्ती त्रिशूलिना । अयं विनिर्मितो भावी पुत्रः सूर्यप्रभस्तव ॥ २८
तत्किं न साधयत्येष विद्यास्तत्प्राप्तिदायिनीः । एतदर्थं विसृष्टोऽहमिह देवेन शंभुना ॥ २९
अनुजानीहि तद्यावन्नीत्वैनं शिक्षयाम्यहम् । विद्याधरेन्द्रताहेतुं विद्यासाधनसत्क्रियाम् ॥ ३०
एतस्य परिपन्थी हि कार्येऽस्मिन्खेचरेश्वरः । विद्यते श्रुतशर्माख्यः सोऽपि शक्रेण निर्मितः ॥ ३१
सिद्धविद्याप्रभावस्तु सहास्माभिर्विजित्य तम् । एष विद्याधराधीशचक्रवर्तित्वमाप्स्यति ॥ ३२
एवं मयेनाभिहिते राजा चन्द्रप्रभोऽब्रवीत् । धन्याः स्मः पुण्यवानेष यथेच्छं नीयतामिति ॥ ३३
ततस्तमामन्त्र्य नृपं तदनुज्ञानमाशु तम् । सूर्यप्रभं स सामात्यं पातालं नीतवान्मयः ॥ ३४
तत्रोपदिष्टवांस्तस्मै स तपांसि तथा यथा । राजपुत्रः स सामात्यो विद्याः शीघ्रमसाधयत् ॥ ३५
विमानसाधनं तस्मै तथैवोपदिदेश सः । तेन भूतासनं नाम स विमानमुपार्जयत् ॥ ३६
तद्विमानाधिरूढं तं सिद्धविद्यं समन्त्रिकम् । सूर्यप्रभं स पातालान्मयः स्वपुरमानयत् ॥ ३७
प्रापय्य पित्रोः पार्श्वं च तं जगाद व्रजाम्यहम् । त्वं सिद्धिभोगान्भुङ्क्ष्वेह यावदेष्याम्यहं पुनः ॥ ३८
इत्यूचिवानात्तपूजो जगाम स मयासुरः । ननन्द विद्यासिद्ध्या च सूनोश्चन्द्रप्रभो नृपः ॥ ३९
सोऽथ सूर्यप्रभो विद्याप्रभावात्सचिवैः सह । नानादेशान्विमानेन सदा बभ्राम लीलया ॥ ४०
यत्र यत्र च या या तमपश्यद्राजकन्यका । तत्र तत्र स्वयं वव्रे सा सा तं काममोहिता ॥ ४१
एका मदनसेनाख्या ताम्रलिप्त्यां महीपतेः । सुता वीरभटाख्यस्य कन्या लोकैकसुन्दरी ॥ ४२
द्वितीया सुभटाख्यस्य तनया चन्द्रिकावती । अपरान्ताधिराजस्य सिद्धैर्नीत्वोज्झितान्यतः ॥ ४३
काञ्चीनगर्यां नृपतेः कुम्भीराख्यस्य चात्मजा । ख्याता वरुणसेनाख्या तृतीया रूपशालिनी ॥ ४४
लावाणकाधिराजस्य पौरवाख्यस्य भूपतेः । सुता सुलोचना नाम चतुर्थी चारुलोचना ॥ ४५
चीनदेशपते राज्ञः सुरोहस्यात्मसंभवा । हारिहेमावदाताङ्गी विद्युन्मालेति पञ्चमी ॥ ४६
कान्तिसेनस्य नृपतेः श्रीकण्ठविषयप्रभोः । सुता कान्तिमती नाम षष्ठी कान्तिजिताप्सराः ॥ ४७
जनमेजयभूपस्य कौशाम्बीनगरीपतेः । तनया परपुष्टाख्या सप्तमी मञ्जुभाषिणी ॥ ४८
अविज्ञातहृतानां च तासां बुद्ध्वापि बान्धवाः । विद्याबलोद्धते तस्मिन्नासन्वेतसवृत्तयः ॥ ४९
ताभिश्चोपात्तविद्याभिः समं युगपदारमत् । विद्याविरचितानेकदेहः सूर्यप्रभोऽत्र सः ॥ ५०
नभोविहारसंगीतपानगोष्ठ्यादिभिस्तथा । चिक्रीड सहितस्ताभिः प्रहस्ताद्यैश्च मन्त्रिभिः ॥ ५१
दिव्यचित्रकलाभिज्ञो लिखन्विद्याधराङ्गनाः । कुर्वंश्च नर्मवक्रोक्तीः कोपयामास ताः प्रियाः ॥ ५२
रेमे च तासां वदनैः सभ्रूभङ्गारुणेक्षणैः । वचनैश्च सकम्पौष्ठपुटविस्खलिताक्षरैः ॥ ५३
सदारस्ताम्रलिप्तीं च गत्वोद्यानेषु खेचरः । स राजसूनुर्व्यहरत्समं मदनसेनया ॥ ५४
स्थापयित्वा प्रियाश्चात्र भूतासनविमानगः । जगाम वज्रसाराख्यं प्रहस्तैकसखः पुरम् ॥ ५५
जग्राह तत्र तनयां राज्ञो रम्भस्य पश्यतः । रक्तां तारावलीं नाम दह्यमानां स्मराग्निना ॥ ५६
आययौ ताम्रलिप्तीं च पुनस्तत्राप्युपाहरत् । अपरां राजतनयां कन्यां नाम्ना विलासिनीम् ॥ ५७
तदर्थं कुपितायातं तस्या भ्रातरमुद्धतम् । स सहस्रायुधं नाम विद्यया स्तम्भितं व्यधात् ॥ ५८
मातुलं च सहायातं तस्य संस्तभ्य सानुगम् । चक्रे मुण्डितमूर्धानं तत्कान्ताहरणैषिणम् ॥ ५९
भार्याबन्धू इति क्रुद्धोऽप्यवधीन्न स तावुभौ । दर्पभङ्गविलक्षौ तु विहस्य प्रतिमुक्तवान् ॥ ६०
ततः स नवभिः सूर्यप्रभः कान्ताभिरन्वितः । पित्राहूतो विमानेन स्वपुरं शाकलं ययौ ॥ ६१
ततश्चास्य पितुश्चन्द्रप्रभभूमिभृतोऽन्तिकम् । प्राहिणोत्ताम्रलिप्तीतो दूतं वीरभटो नृपः ॥ ६२
संदिदेश च पुत्रेण तव मेऽपहृते सुते । तदस्तु विद्यासिद्धो हि श्लाघ्य एष पतिस्तयोः ॥ ६३

स्नेहश्च यदि वोऽस्मासु तदिहागच्छताधुना । विवाहाचारसत्कारसख्यं यावद्विदध्महे ॥ ६४
एतच्छ्रुत्वा स सत्कृत्य दूतं निश्चितवांस्तदा । श्व एव तत्र गमनं राजा चन्द्रप्रभो द्रुतम् ॥ ६५
सत्यत्वनिश्चयं ज्ञातुं राज्ञो वीरभटस्य तु । प्रहस्तं प्राहिणोन्मत्वा दूरं दूतगमागमौ ॥ ६६
स प्रहस्तो जवाद्गत्वा दृष्ट्वा वीरभटं च तम् । नृपं दृष्ट्वा च तत्कार्यं तच्छ्रुद्धितसुपूजितः ॥ ६७
तस्मै सविस्मयायोक्त्वा प्रभूणां प्रातरागमम् । मुहूर्तेनाययौ चन्द्रप्रभपार्श्वं विहायसा ॥ ६८
शशंस तस्मै राज्ञे च सज्जं वीरभटं स्थितम् । सोऽपि तं सचिवं सूनोस्तुष्टो राजाभ्यपूजयत् ॥ ६९
ततः कीर्तिमतीदेव्या सह चन्द्रप्रभः प्रभुः । सूर्यप्रभो विलासिन्या तथा मदनसेनया ॥ ७०
भूतासनविमानं तदारुह्य सपरिच्छदौ । सामात्यौ चापरेद्युस्तौ प्रातः प्रययतुस्ततः ॥ ७१
अह्नः प्रहरमात्रेण ताम्रलिप्तीमवापतुः । दृश्यमानौ जनैर्व्योम्नि कौतुकोत्क्षिप्तलोचनैः ॥ ७२
नभस्तलावतीर्णौ च कृतप्रत्युद्गमेन तौ । राज्ञा वीरभटेनैतां समं विविशतुः पुरीम् ॥ ७३
चन्दनोदकसंसिक्तचारुरथ्यां पदे पदे । कटाक्षैः पौरनारीणां प्रकीर्णेन्दीवरामिव ॥ ७४
तत्र संबन्धिजामात्रोः कृत्वा वीरभटस्तयोः । पूजां यथावत्तनयाविवाहप्रक्रियां व्यधात् ॥ ७५
विशुद्धस्य हि भाराणां सहस्रं काञ्चनस्य च । भृतं च शतमुष्ट्राणां रत्नाभरणभारकैः ॥ ७६
उष्ट्रपञ्चशतीं नानावस्त्रभाराभिपूरिताम् । वाजिनां च सहस्राणि सप्त पञ्च च दन्तिनाम् ॥ ७७
रूपाभरणयुक्तानां सहस्रं वारयोषिताम् । वेद्यां दुहित्रोः प्रददौ राजा वीरभटस्तयोः ॥ ७८
सूर्यप्रभस्य जामातुस्तत्पितुश्च तयोः पुनः । उपचारं स सद्रत्नैश्चकार विषयैस्तथा ॥ ७९
तन्मन्त्रिणो यथावच्च प्रहस्तादीनमानयत् । चकार सोत्सवं हृष्यदशेषनगरीजनम् ॥ ८०
सूर्यप्रभश्च तत्रासीत्पितृयुक्तः प्रियासखः । तत्कालं विविधाहारपानगेयादिभोगभुक् ॥ ८१
तावच्च तत्र रम्भस्य सकाशाद्वज्ररात्रतः । आगाद्दूतः स चास्थाने जगाद स्वप्रभोर्वचः ॥ ८२
विद्याबलावलिप्तेन युवराजेन नः कृतः । सूर्यप्रभेण तनयाहरणोत्थः पराभवः ॥ ८३
अद्य च ज्ञातमस्माभिर्यद्वीरभटभूभृतः । प्रतिपन्नाः स्थ संधाने समानव्यसनस्य नः ॥ ८४
तथैव चानुमन्यध्वे यद्यस्मत्संधिमाशु तत् । इहाप्यागम्यतां नो चेन्मृत्युना नोऽत्र निष्कृतिः ॥ ८५
तच्छ्रुत्वा तं च संमान्य दूतं वीरभटार्चितः । प्रहस्तं सोऽब्रवीद्राजा तत्र चन्द्रप्रभः पुनः ॥ ८६
त्वमेव गच्छ तं रम्भमस्मद्वाक्यादिदं वद । किं तप्यसे वृथा भावी चक्रवर्ती हि निर्मितः ॥ ८७
विद्याधराणां गिरिशेनैष सूर्यप्रभोऽधुना । अस्यैतास्त्वत्सुताद्याश्च भार्याः सिद्धैरुदाहृताः ॥ ८८
तत्प्राप्ता ते सुता स्थानं कर्कशस्त्वं तु नार्थितः । तत्प्रीयस्व सखा नस्त्वमेष्यामोऽत्राप्यमी वयम् ॥ ८९
इति राज्ञोक्तसंदेशः प्रहस्तो गगनेन सः । गत्वा प्रहरमात्रेण वज्ररात्रमवाप तत् ॥ ९०
तत्र रम्भाय संदेशमुक्त्वा तेनानुमोदितः । तथैवागत्य सोऽवादीद्राज्ञे चन्द्रप्रभाय तत् ॥ ९१
चन्द्रप्रभोऽथ सचिवं प्रभासं प्रेष्य शाकलात् । आनाययत्तां रम्भस्य पार्श्वं तारावलीं सुताम् ॥ ९२
ततो ययौ विमानेन सह सूर्यप्रभेण सः । राज्ञा वीरभटेनापि सर्वैश्चान्यैः सुसेवितः ॥ ९३
वज्ररात्रं च संप्राप मार्गोन्मुखजनाकुलम् । रम्भेणाभ्युद्गतस्तस्य राजधानीं विवेश सः ॥ ९४
तत्र रम्भोऽप्यसौ कृतविवाहप्रक्रियोत्सवः । असंख्यहेमहस्त्यश्वरत्नादि दुहितुर्ददौ ॥ ९५
जामातरं च स तथा सूर्यप्रभमुपाचरत् । यथा तस्य निजा भोगाः सर्वे विस्मृतिमाययुः ॥ ९६
यावच्च तत्र ते तिष्ठन्त्युत्सवानन्दिताः सुखम् । तावद्रम्भान्तिकं काञ्चीनगर्या दूत आययौ ॥ ९७
स तस्माच्छ्रुतसंदेशो रम्भश्चन्द्रप्रभं नृपम् । प्राह काञ्चीश्वरो राजा कुम्भीराख्योऽस्ति मेऽग्रजः ॥ ९८
तेनाप्तः प्रेषितो मेऽद्य दूतो वक्तुमिदं वचः । मम सूर्यप्रभेणादौ सुता नीता ततस्तव ॥ ९९
कृतं चाद्य त्वया सख्यं तैः सहेति मया श्रुतम् । तन्ममापि तथैव त्वं सख्यं तैः सह साधय ॥ १००
आयान्तु ते मम गृहं यावत्सूर्यप्रभाय ताम् । स्वहस्तेनार्पयामीह सुतां वरुणसेनिकाम् ॥ १०१
इत्येषाभ्यर्थना तस्य क्रियतामिति वादिनः । रम्भस्य श्रद्दधे चन्द्रप्रभो राजा तदा वचः ॥ १०२

प्रहस्तं प्रेक्ष्य च क्षिप्रं शाकलात्तामनाययत् । पुराद्वरुणसेनां स कुम्भीरस्यान्तिकं पितुः ॥ १०३
अन्येद्युश्च विमानेन स च सूर्यप्रभश्च सः । रम्भो वीरभटः सर्वे काञ्चीं ते सानुगा ययुः ॥ १०४
कुम्भीराभ्युद्गतास्तां च नानारत्नचितां पुरीम् । काञ्चीं काञ्चीमिव भुवः प्राविशन्गुणगुम्फिताम् ॥ १०५
तत्र तां विधिना दत्त्वा सुतां सूर्यप्रभाय सः । वरवध्वोरदाद्भूरि कुम्भीरो द्रविणं तयोः ॥ १०६
निर्वृत्ते च विवाहेऽत्र भुक्तोत्तरसुखस्थितम् । चन्द्रप्रभमुवाचैवं प्रहस्तः सर्वसंनिधौ ॥ १०७
देव श्रीकण्ठविषये प्रभ्रमन्गतवानहम् । तत्र प्रसङ्गदृष्टो मां कान्तिसेननृपोऽब्रवीत् ॥ १०८
सूर्यप्रभो ममादाय सुतां कान्तिमतीं हृताम् । गृहमेतु करिष्यामि विधिवत्तस्य सत्क्रियाम् ॥ १०९
नो चेत्त्यक्ष्याम्यहं देहं दुहितृस्नेहमोहितः । इत्युक्तस्तेन तत्राहं प्रस्तावे च मयोदितम् ॥ ११०
एवमुक्ते प्रहस्तेन राजा चन्द्रप्रभोऽभ्यधात् । गच्छ कान्तिमतीं तर्हि तां प्रापय तदन्तिकम् ॥ १११
ततस्तत्र वयं याम इत्युक्तस्तेन भूभृता । तदैव नभसा गत्वा प्रहस्तस्तत्तथाकरोत् ॥ ११२
प्रातश्च ते सकुम्भीराः सर्वे चन्द्रप्रभादयः । श्रीकण्ठविषयं जग्मुर्विमानेन द्रुगामिना ॥ ११३
तत्राप्यग्रागतो राजा कान्तिसेनः स्वमन्दिरम् । तावत्प्रवेश्य दुहितुर्व्यधादुद्वाहमङ्गलम् ॥ ११४
ददौ तस्यै तदा कान्तिमत्यै सूर्यप्रभाय च । आश्चर्यजननं राज्ञाममितं रत्नसंचयम् ॥ ११५
ततः स्थितेषु तेष्वत्र नानाभोगोपसेविषु । सर्वेषु दूतः कौशाम्ब्या आगत्यैवमभाषत ॥ ११६
जनमेजयभूपालो ब्रवीति भवतामिदम् । हृता केनापि नचिरं परपुष्टेति मे सुता ॥ ११७
ज्ञातं चेहाद्य यत्प्राप्ता हस्तं सूर्यप्रभस्य सा । तत्तया सह सोऽस्माकं गृहमायात्वशङ्कितः ॥ ११८
सत्कृत्य प्रेषयिष्यामि सभार्यं तं यथाविधि । अन्यथा शत्रवो यूयं मम युष्माकमप्यहम् ॥ ११९
इत्युक्त्वा स्वामिवचनं दूतस्तूष्णीं बभूव सः । अथ चन्द्रप्रभः सर्वानेकान्ते क्षितिपोऽब्रवीत् ॥ १२०
कथमेवं सदर्पोक्तेर्गम्यते तस्य वेश्मनि । तच्छ्रुत्वा तस्य सिद्धार्थनामा मन्त्र्येवमभ्यधात् ॥ १२१
नान्यथा देव मन्तव्यं वक्तुमेवं हि सोऽर्हति । स हि राजा महादाता पण्डितः सत्कुलोद्गतः ॥ १२२
शूरोऽश्वमेधयाजी च सदैवान्यापराजितः । विरुद्धं किं नु तेनोक्तं यथावस्त्वभिधायिना ॥ १२३
श्रुतोदाहृता या वा सा वासवकृतेऽधुना । तद्गन्तव्यं गृहे तस्य सत्यसंधो नृपो हि सः ॥ १२४
तदपि प्रेष्यतां कश्चित्तस्य चित्तोपलब्धये । इति सिद्धार्थवचनं सर्वे श्रद्दधुरत्र ते ॥ १२५
ततो जिज्ञासितुं चन्द्रप्रभस्तं जनमेजयम् । प्रहस्तं व्यसृजत्तं च दूतं तस्याप्यमानयत् ॥ १२६
प्रहस्तश्च स गत्वा तं कौशाम्बीशं ससंविदम् । विधायानीय तल्लेखं चन्द्रप्रभमतोषयत् ॥ १२७
सोऽपि राजा तमेवाशु प्रहस्तं प्रेष्य शाकलात् । जनमेजयपार्श्वं तां परपुष्टामनाययत् ॥ १२८
ततश्चन्द्रप्रभाद्यास्ते सूर्यप्रभपुरोगमाः । सकान्तिसेनाः कौशाम्बीं विमानेनागमन्नृपाः ॥ १२९
तत्र संबन्धिजामातृमुखान्प्रत्युद्गमादिना । प्रह्वस्तान्पूजयामास स राजा जनमेजयः ॥ १३०
ददौ च कृत्वा दुहितुर्विवाहविधिसत्क्रियाम् । पञ्च हस्तिसहस्राणि लक्षं च वरवाजिनाम् ॥ १३१
रत्नकाञ्चनसद्वस्त्रकर्पूरागरुपूरितैः । भारैर्भृतानामुष्ट्राणां सहस्राण्यपि पञ्च सः ॥ १३२
चक्रे च वाद्यनृत्तैकमयं लोकमहोत्सवम् । पूजितब्राह्मणवरं मानिताखिलराजकम् ॥ १३३
तावच्चाशङ्कितं तत्र नभः पिञ्जरतां ययौ । रक्तारुणत्वमभ्यर्णभावि शंसदिवात्मनः ॥ १३४
तुमुलाकुलशब्दाश्च बभूवुः सहसा दिशः । भीता इवागतं दृष्ट्वा परसैन्यं विहायसा ॥ १३५
तावच्च तत्क्षणं वातुं प्रवृत्तोऽभून्महानिलः । खेचरैः सह युद्धाय भूचरानुत्क्षिपन्निव ॥ १३६
क्षणाच्च ददृशे व्योम्नि विद्याधरबलं महत् । दीप्तिद्योतितदिक्चक्रमुद्यन्नादं महाजवम् ॥ १३७
तन्मध्ये चातिसुभगं विद्याधरकुमारकम् । एकं सूर्यप्रभाद्यास्ते पश्यन्ति स्म सुविस्मिताः ॥ १३८

'आषाढेश्वरतनयो दामोदर एष जयति युवराजः ।
रे मर्त्य धरणिगोचर सूर्यप्रभ निपत पादयोरस्य ॥ १३९
प्रणम च रे जनमेजय भवता दत्ता सुता किमस्थाने ।

आराधय तमिमं तद्देवं नैषोऽन्यथा क्षमते ॥' १४०
इति तस्मिन्क्षणे विद्याधरवन्दी ततोऽम्बरात् । तस्य दामोदरस्याग्राद्व्याजहारोच्चया गिरा ॥ १४१
तच्छ्रुत्वा दृष्टतत्सैन्यो गृहीत्वा खड्गचर्मणी । सूर्यप्रभो नभः क्रोधादुत्पपात स्वविद्यया ॥ १४२
अनूत्पेतुश्च सचिवास्तस्य सर्वे धृतायुधाः । प्रहस्तश्च प्रभासश्च भासः सिद्धार्थ एव च ॥ १४३
प्रज्ञाढ्यः सर्वदमनो वीतभीतिः शुभंकरः । विद्याधराणां तैः साकं प्रावर्तत महाहवः ॥ १४४
सूर्यप्रभश्चाभ्यधावद्यतो दामोदरस्ततः । खड्गेनाघ्नन्रिपून्गृह्णंस्तच्छस्त्राणि स्वचर्मणा ॥ १४५
ते जनाः कति संख्ये च लक्षसंख्या नभश्चराः । समत्वमेव विविदुर्युध्यमानाः परस्परम् ॥ १४६
बभुः खड्गलताश्चात्र साकुला रुधिरारुणाः । पतन्त्यः शूरकायेषु कृतान्तस्येव दृष्टयः ॥ १४७
विद्याधराश्च धरणौ भियेव शरणार्थिनः । शिरोभिश्च शरीरैश्च पेतुश्चन्द्रप्रभाग्रतः ॥ १४८
सूर्यप्रभो बभौ लोकदृष्टया खेचरश्रिया । सिन्दूरेणेव कीर्णेन नभोऽभूदसृजारुणम् ॥ १४९
सूर्यप्रभश्च संप्राप्य युयुधे तेन संमुखम् । खड्गचर्मधरेणैव सह दामोदरेण सः ॥ १५०
युध्यमानश्च करणप्रयोगेण प्रविश्य तम् । खड्गखण्डितचर्माणं रिपुं भूमावपातयत् ॥ १५१
छेत्तुमिच्छति यावच्च शिरस्तस्य विवेल्लतः । तावदागत्य नभसा हुंकारो विष्णुना कृतः ॥ १५२
तच्छ्रुत्वा वीक्ष्य च हरिं नम्रस्तद्गौरवेण सः । दामोदरममुञ्चत्तं वधात्सूर्यप्रभस्ततः ॥ १५३
वधमुक्तं तमादाय भक्तं क्वापि ययौ हरिः । भगवान्स हि सद्भक्तमिहामुत्र च रक्षति ॥ १५४
दामोदरानुगास्ते च ययुः सर्वे यतस्ततः । सूर्यप्रभोऽपि गगनात्पितुः पार्श्वमवातरत् ॥ १५५
सामात्यमक्षतप्राप्तं पिता चन्द्रप्रभस्य तम् । अभ्यनन्दन्नृपाश्चान्ये तुष्टुवुर्दृष्टविक्रमम् ॥ १५६
ततोऽत्र यावत्सर्वे ते हृष्टास्तत्कथया स्थिताः । आगात्सुभटसंबन्धी तावद्दूतोऽपरस्ततः ॥ १५७
स च चन्द्रप्रभस्यैव लेखमग्रे समर्पयत् । तमुद्घाट्य च सिद्धार्थः सदस्येवमवाचयत् ॥ १५८

'श्रीमानुन्नतवंशमौक्तिकमणिश्चन्द्रप्रभो भूपती
राजा श्रीसुभटेन सादरमिदं श्रीकोङ्कणाद्बोध्यते ।
नीता मे तनयापहृत्य रजनौ सत्त्वेन केनापि या
सा प्राप्ता तत्र सूनुनेत्यवगतं यत्तेन तुष्टा वयम् ॥ १५९
तद्युक्तेन सुतेन तेन सह तत्सूर्यप्रभेणोद्यमो
युष्माभिः क्रियतामनर्गलमिहाप्यस्मद्गृहाभ्यागमे ।
यावत्तां परलोकतः पुनरिव प्रत्यागतामात्मजां
पश्यामश्च विवाहकार्यमधुना कुर्मश्च तस्या वयम् ॥ १६०

इत्यत्र वाचिते लेखे सिद्धार्थेन तथेति सः । राजा चन्द्रप्रभो दूतं सच्चकार जहर्ष च ॥ १६१
आनाययच्च सुभटस्यान्तिकं चन्द्रिकावतीम् । तत्सुतामपरान्तं तं प्रहस्तं प्रेष्य सत्वरम् ॥ १६२
प्रातश्च जग्मुः सर्वे ते कृत्वा सूर्यप्रभं पुरः । अपरान्तं विमानेन जनमेजयसंयुताः ॥ १६३
तत्र तान्सुभटो राजा दुहितृप्राप्तिनन्दितः । भृशमानर्च चक्रे च सुतापरिणयोत्सवम् ॥ १६४
ददौ च चन्द्रिकावत्यै सोऽस्यै रत्नादिकं तथा । यथा वीरभटाद्यास्ते स्वदत्तेन ललज्जिरे ॥ १६५
ततः सूर्यप्रभे तत्र स्थिते श्वशुरवेश्मनि । आगात्पौरवसंबन्धी दूतो लावाणकादपि ॥ १६६
सोऽपि चन्द्रप्रभमिदं निजस्वामिवचोऽभ्यधात् । सुता सुलोचना नीता श्रीमत्सूर्यप्रभेण मे ॥ १६७
ततो मे नैव संतापस्तद्युक्तः किं तु मद्गृहम् । आनीयतां स युष्माभिराचारं यद्विदध्महे ॥ १६८
तच्छ्रुत्वैव मुदाभ्यर्च्य दूतं चन्द्रप्रभो नृपः । आनाययत्प्रहस्तेन पितुः पार्श्वं सुलोचनाम् ॥ १६९
ततः ससुभटाः सर्वे सह सूर्यप्रभेण ते । लावाणकं विमानेन ययुर्ध्यातोपगामिना ॥ १७०
तत्रोद्वाहोत्सवं कृत्वा सूर्यप्रभसुलोचने । रत्नैरपूरयत्सोऽपि पौरवोऽर्चितराजकः ॥ १७१
तेनोपचर्यमाणेषु सुखस्थेष्वत्र तेषु च । प्रजिघाय सुरोहोऽपि दूतं चीनेनरेश्वरः ॥ १७२

सोऽप्यन्यवद्दूतमुखेनार्थयामास पार्थिवः। हृतकन्यस्तया साकं तेषामागमनं गृहे ॥ १७३
ततश्चन्द्रप्रभो राजा हृष्टस्तस्यापि तां सुताम्। विद्युन्मालां प्रहस्तेनानाययामास केतनम् ॥ १७४
अन्येद्युश्च विमानेन सहसूर्यप्रभा ययुः। चन्द्रप्रभाद्याः सर्वे ते चीनदेशं सपौरवाः ॥ १७५
तत्राग्रे निर्गतो राजा निजकोट्टं प्रवेश्य तान्। स सुरोहोऽपि दुहितुश्चक्रे वैवाहिकं विधिम् ॥ १७६
अदाच्च विद्युन्मालायै तस्यै सूर्यप्रभाय च। असंख्यहेमहस्त्यश्वरत्नचीनांशुकादिकम् ॥ १७७
तस्थुश्च तत्र ते तैस्तैर्भोगैश्चन्द्रप्रभादयः। दिनानि कतिचित्सर्वे सुरोहाभ्यर्चितास्तदा ॥ १७८
आसीत्सूर्यप्रभश्चात्र विलसद्घनयौवनः। प्रावृट्कालो यथा विद्युन्मालया शोभितस्तया ॥ १७९
एवं स बुभुजे तत्र तत्र श्वशुरवेश्मनि। तत्तत्कान्तासखः सूर्यप्रभो भोगान्सबान्धवः ॥ १८०
ततः संमन्त्र्य सिद्धार्थप्रमुखैः सचिवैः सह। क्रमाद्वीरभटादींस्तानश्रीयसहितान्नृपान् ॥ १८१
विसृज्य निजदेशेषु तं सुरोहमहीपतिम्। आमन्त्र्य तत्सुतायुक्तः पितृभ्यां सह सानुगः ॥ १८२
भूतासनविमानं तदारुह्य व्योमवर्त्मना। स्वं स सूर्यप्रभः प्रायाच्छालकं नगरं कृती ॥ १८३

क्वचिन्नृत्तासङ्गः क्वचिदपि च संगीतकरसः
क्वचित्पानक्रीडा क्वचन सुदृशां मण्डनविधिः।
क्वचिल्लब्धाभीष्टस्तुतिमुखरवैतालिकरवः
पुरे तस्मिन्नासीत्प्रमद इति तस्यागमनजः ॥ १८४

[1]तत्रान्याः पितृवेश्मसु स्थितवतीरानाय्य स स्वप्रिया
दत्तैस्तत्पितृभिर्गजाश्वनिवहैस्ताभिः सहैवागतः।
नानारत्नसुपूर्णभारविनतैरुष्ट्रैश्च संख्यातिगै-
र्लीलादर्शितदिग्जयोत्थविभवश्चक्रे प्रजाकौतुकम् ॥ १८५

बहुवसु भूरिनिधानं तेन महाभोगिना तदाध्युषितम्।
सुरधनदभुजगनगरैः कृतमिव तच्छाकलं विबभौ ॥ १८६

ततो मदनसेनया सह स तत्र सूर्यप्रभो
यथाभिमतभोगभुक्सकलपूर्णसंपत्सुखी।
उवास पितृसंयुतः ससचिवोऽन्यपत्नीयुतः
कृतागमनसंविदं मयमुदीक्षमाणोऽन्वहम् ॥ १८७

इति महाकविश्रीसोमदेवभट्टविरचिते कथासरित्सागरे सूर्यप्रभलम्बके प्रथमस्तरङ्गः।

द्वितीयस्तरङ्गः।

अथ तत्रैकदास्थानस्थिते चन्द्रप्रभे नृपे। सूर्यप्रभे च तत्रस्थे समग्रसचिवान्विते ॥ १
सिद्धार्थोदीरितकथाप्रसङ्गेन मये स्मृते। अकस्मादत्र वसुधा सभामध्ये व्यदीर्यत ॥ २
ततो भूविवरादादौ सशब्दः सुरभिर्मरुत्। आविरासीत्ततः पश्चादुज्जगाम मयासुरः ॥ ३
कृष्णोन्नतशिरःशृङ्गज्वलत्केशमहौषधिः। रक्ताम्बरोच्छलद्धातुर्निशायामिव पर्वतः ॥ ४
यथार्हकृतपूजश्च राज्ञा चन्द्रप्रभेण सः। रत्नासनोपविष्टः सन्दानवेन्द्रोऽभ्यभाषत ॥ ५
भुक्ता भोगा इमे भौमा भवद्भिरधुना च वः। कालोऽन्येषां तदुद्योगे मतिं कुरुत सांप्रतम् ॥ ६
दूतान्प्रेष्यानयध्वं स्वान्नृपान्संबन्धिबान्धवान्। ततो विद्याधरेन्द्रेण मिलिष्यामः सुमेरुणा ॥ ७
जेष्यामः श्रुतशर्माणं प्राप्स्यामः खचरश्रियम्। सुमेरुश्च सहायत्वे बन्धुबुद्ध्या स्थितोऽत्र नः ॥ ८
रक्षेः सूर्यप्रभं दद्यास्त्वं चैतस्मै निजां सुताम्। इत्यादावेव देवेन स ह्यादिष्टः पिनाकिना ॥ ९
एवं मयासुरेणोक्ते प्रहस्तादीन्स खेचरान्। चन्द्रप्रभः प्रहितवान्दूतान्सर्वमहीभृताम् ॥ १०

---

१. पुस्तकान्तरेऽस्माच्छ्लोकादग्रे एकश्लोकस्य त्रुटिचिह्नमस्ति.

सूर्यप्रभश्च विद्याभिः स्वभार्यामन्त्रिणोऽखिलान्। संविभेजे मयादेशात्संविभक्ता न ये पुरा ॥ ११
तावच्चात्र स्थितेष्वेव प्रभाभासितदिङ्मुखः। अवतीर्याम्बरतलान्नारदो मुनिराययौ ॥ १२
गृहीतार्घोपविष्टश्च स चन्द्रप्रभमब्रवीत्। प्रेषितोऽहमिहेन्द्रेण तेन चोक्तमिदं तव ॥ १३
ज्ञातं मया यद्युष्माभिर्महेश्वरनिदेशतः। मयासुरसखैः सूर्यप्रभस्याज्ञानमोहितैः ॥ १४
अस्य मर्त्यशरीरस्य संसाधयितुमिष्यते। सर्वविद्याधराधीशचक्रवर्तिपदं महत् ॥ १५
तदयुक्तं यदस्माभिर्दत्तं हि श्रुतशर्मणे। विद्याधरकुलाब्धीन्दोस्तच्च तस्य क्रमागतम् ॥ १६
अस्माकं प्रातिपक्ष्येण धर्मबाधेन चैव यत्। कुरुध्वे तद्विनाशाय निश्चितं वः प्रकल्पते ॥ १७
पूर्वं च रुद्रयज्ञेन यजमानो भवान्मया। प्राग्यजस्वाश्वमेधेनेत्युक्ते च कृतवान्न तम् ॥ १८
तद्देवाननपेक्ष्यैव रुद्रप्रत्याशयैकया। यदाचरथ दर्पेण भवतां न शिवाय तत् ॥ १९
इत्युक्ते शक्रसंदेशे नारदेन विहस्य तम्। मयोऽवादीन्न साधूक्तं सुरेन्द्रेण महामुने ॥ २०
सूर्यप्रभस्य मर्त्यत्वं यद्वक्ति तदपार्थकम्। तद्दामोदरसङ्ग्रामे न ज्ञातं तेन तस्य किम् ॥ २१
मर्त्या एव हि सत्त्वाढ्याः सर्वसिद्ध्यधिकारिणः। ऐन्द्रं न साधितं पूर्वं पदं किं नहुषादिभिः ॥ २२
यच्चाह दत्तमस्माभिः साम्राज्यं श्रुतशर्मणे। क्रमागतं च तत्तस्येत्येतदप्यसमञ्जसम् ॥ २३
दाता महेश्वरो यत्र प्रामाण्यं तत्र कस्य किम्। ज्येष्ठागतं हिरण्याक्षस्येन्द्रत्वं च कथं हृतम् ॥ २४
यच्चापरं प्रातिपक्ष्यमधर्मं चाह तन्मृषा। स एव हि हठात्स्वार्थे प्रातिपक्ष्यं करोति नः ॥ २५
कश्चाधर्मो जिगीषामो वयं हि परिपन्थिनम्। न हरामो मुनेर्भार्यां ब्रह्महत्यां न कुर्महे ॥ २६
यश्चाश्वमेधाकरणं देवावज्ञां च जल्पति। तदसद्रुद्रयज्ञे हि विहितेऽन्यैः किमध्वरैः ॥ २७
अर्चिते देवदेवे च शंभौ देवो न कोऽर्चितः। यच्चाहैकैव रुद्रास्था न शिवेति तदप्यसत् ॥ २८
किं तत्र देवनिवहैरन्यैर्यत्रोद्यतो हरः। रवावभ्युदितेऽन्यानि किं तेजांसि चकासति ॥ २९
तदेतद्देवराजाय सर्वं वाच्यं त्वया मुने। वयं च प्रस्तुतं कुर्मः स यद्वेत्ति करोतु तत् ॥ ३०
एवं मयासुरेणोक्तो नारदर्षिस्तथेति तम्। प्रतिसंदेशमादाय ययौ सुरपतिं प्रति ॥ ३१
गते तस्मिन्मुनौ सोऽत्र तं चन्द्रप्रभभूपतिम्। शक्रसंदेशसाशङ्कमुवाचैवं मयासुरः ॥ ३२
न शक्राद्वो भयं कार्यं स च स्याच्छ्रुतशर्मणः। पक्षे देवगणैः सार्धमस्मद्द्वेषेण संयुगे ॥ ३३
तदसंख्या महाराज प्रह्लादाधिष्ठिता वयम्। युष्मत्पक्षे स्थिता एव सहिता दैत्यदानवैः ॥ ३४
कृतप्रसादे चास्माकमुद्युक्ते त्रिपुरान्तके। वराकस्यापरस्यास्ति कस्य शक्तिर्जगत्त्रये ॥ ३५
तद्वीराः कुरुतोद्योगं कार्येऽस्मिन्नित्युदीरिते। मयेन हृष्टाः सर्वे ते तत्तथैवेति मेनिरे ॥ ३६
अथ दूतोक्तसंदेशात्सर्वे तत्राययुः क्रमात्। नृपा वीरभटाद्यास्ते ये चान्ये मित्रबान्धवाः ॥ ३७
कृतोचितसपर्येषु ससैन्येष्वेषु राजसु। पुनश्चन्द्रप्रभं भूपमुवाचैवं मयासुरः ॥ ३८
कुरुध्वमद्य रुद्रस्य रात्रौ राजन्महाबलिम्। ततो यथाहं वक्ष्यामि तथा सर्वं विधास्यथ ॥ ३९
एतन्मयवचः श्रुत्वा राजा चन्द्रप्रभोऽथ सः। रुद्रस्य बलिसंभारं कारयामास तत्क्षणम् ॥ ४०
ततो गत्वाटवीं रात्रौ मये कर्मोपदेष्टरि। चन्द्रप्रभः स्वयं चक्रे बलिं रुद्रस्य भक्तितः ॥ ४१
होमकर्मप्रवृत्ते च राज्ञि तस्मिन्नशङ्कितम्। साक्षादाविरभूत्तत्र नन्दी भूतगणाधिपः ॥ ४२
सोऽर्चितो विधिवद्राज्ञा प्रहृष्टेनेदमब्रवीत्। मन्मुखेनेदमादिष्टं स्वयं देवेन शंभुना ॥ ४३
अपि शक्रशतान्माभूद्भयं वो मत्प्रसादतः। सूर्यप्रभश्चक्रवर्ती भवितैव द्युचारिणाम् ॥ ४४
इत्युक्तशंकरादेशो गृहीतबलिभागकः। नन्दीश्वरो भूतगणैः सह तत्र तिरोदधे ॥ ४५
ततश्चन्द्रप्रभो जातप्रत्ययस्तनयोदये। बलिं समाप्य होमान्ते विवेश समयः पुरम् ॥ ४६
प्रातश्च देव्या पुत्रेण राजभिः सचिवैर्युतम्। एकान्तस्थं च तं चन्द्रप्रभभूपं मयोऽभ्यधात् ॥ ४७
शृणु राजन्रहस्यं ते वच्म्यद्य चिररक्षितम्। त्वं दानवः सुनीथाख्यो मम पुत्रो महाबलः ॥ ४८
सूर्यप्रभः सुमुण्डीकसंज्ञकश्च तवानुजः। देवाहवे हतौ जातौ पितापुत्रौ युवामिह ॥ ४९

तद्दानवशरीरं ते संरक्ष्य स्थापितं मया । आलिप्य युक्त्या दिव्याभिरोषधीभिर्धृतेन च ॥ ५०
तस्मात्प्रविश्य विवरं पातालमुपनम्य च । प्रविश स्वं शरीरं तद्युक्त्या मदुपदिष्टया ॥ ५१
तच्छरीरप्रविष्टश्च तेजोवीर्यबलाधिकः । तथा भविष्यसि यथा जेष्यसि द्युचरान्रणे ॥ ५२
सूर्यप्रभस्त्वनेनैव कान्तेन वपुषा चिरम् । सुमुण्डीकावतारोऽयं भविता खेचरेश्वरः ॥ ५३
एतन्मयासुराच्छ्रुत्वा तथेत्यङ्गीचकार सः । राजा चन्द्रप्रभो हृष्टः सिद्धार्थस्त्विदमुक्तवान् ॥ ५४
अन्यदेहप्रविष्टः किं किमयं पञ्चतां गतः । इति भ्रान्तौ तदास्माकं का धृतिर्दानवोत्तम ॥ ५५
किं चैष विस्मरत्यस्मांस्तदा देहान्तराश्रितः । परलोकगतो यद्वत्ततः कोऽयं वयं च के ॥ ५६
एतत्सिद्धार्थतः श्रुत्वा स जगाद मयासुरः । प्रविशन्तमिमं तस्मिञ्छरीरे योगयुक्तितः ॥ ५७
स्वतन्त्रं यूयमागत्य साक्षात्तत्रैव पश्यत । न चैवं विस्मरत्येष युष्माञ्शृणुत कारणम् ॥ ५८
अस्वतन्त्रो मृतोऽन्यत्र गर्भे यो जायते न सः । किंचित्स्मरत्यन्तरितः क्लेशैस्तैर्मरणादिभिः ॥ ५९
स्वातन्त्र्येण तु योऽन्यस्मिञ्शरीरे योगयुक्तितः । अन्तःकरणमाविश्य प्रविशेदिन्द्रियाणि च ॥ ६०
अविप्लुतमनोबुद्धिर्गृहादिव गृहान्तरम् । सहसा स स्मरत्येव ज्ञानी योगेश्वरोऽखिलम् ॥ ६१
तस्माद्विकल्पो मा भूद्वः प्रत्युतैष नृपो महत् । दिव्यं शरीरमाप्नोति जरारोगविवर्जितम् ॥ ६२
यूयं च दानवाः सर्वे प्रविश्यैव रसातलम् । सुधापानेन नीरोगदिव्यदेहा भविष्यथ ॥ ६३
एतन्मयासुरवचः श्रुत्वा सर्वे तथेति ते । तत्प्रत्ययपरित्यक्तशङ्कास्तत्प्रतिपेदिरे ॥ ६४
तद्वाक्येन च सोऽन्येद्युर्मिलिताखिलराजकः । चन्द्रप्रभश्चन्द्रभागैरावत्योः संगमं ययौ ॥ ६५
तत्रावस्थाप्य नृपतीन्बहिर्निक्षिप्य तेषु च । सूर्यप्रभावरोधांस्तानुपेत्य मयदर्शितम् ॥ ६६
विवेश विवरं तोये सह सूर्यप्रभेण सः । चन्द्रप्रभः समं देव्या सिद्धार्थाद्यैश्च मन्त्रिभिः ॥ ६७
प्रविश्य गत्वा दीर्घं च तेनाध्वानं ददर्श सः । दिव्यं देवकुलं तच्च सर्वैः सह विवेश तैः ॥ ६८
तावच्च ये स्थितास्तत्र राजानो विवराद्बहिः । तेषां विद्याधरा व्योम्ना सैन्यैः सह समापतन् ॥ ६९
ते तान्संस्तभ्य मायाभिर्भार्याः सूर्यप्रभस्य ताः । अहरंस्तत्क्षणं चैवमुदगाद्भारती दिवः ॥ ७०
श्रुतशर्मन्नरे पाप यद्येताश्चक्रवर्तिनः । भार्याः स्प्रक्ष्यसि तत्सद्यः ससैन्यो मृत्युमाप्स्यसि ॥ ७१
तस्मान्मातृवदेतास्त्वं पश्यन्रक्षेः सगौरवम् । अधुनैव न हत्वा त्वां यदेता मोचिता मया ॥ ७२
तत्रास्ति कारणं किंचित्तत्तिष्ठन्त्वत्र संप्रति । इत्युक्ते दिव्यया वाचा खेचरास्ते तिरोदधुः ॥ ७३
राजानस्ते च नीतास्ता दृष्ट्वा वीरभटादयः । आसन्नन्योन्ययुद्धेन देहत्यागे कृतोद्यमाः ॥ ७४
नैतासामस्ति विध्वंसः प्राप्स्यथैताः सुताः पुनः । तत्साहसं न युष्माभिः कार्यं कल्याणमस्तु वः ॥ ७५
इति वाङ्नभसी तेषां तमुद्योगं न्यवारयत् । ततः प्रतीक्षमाणास्ते तस्थुस्तत्रैव भूभुजः ॥ ७६
अत्रान्तरे च पाताले तस्मिन्देवकुले स्थितम् । सर्वैर्वृतमवोचत्तमेवं चन्द्रप्रभं मयः ॥ ७७
राजन्नेकमना भूत्वा शृण्विदानीमनुत्तमम् । उपदेक्ष्यामि ते योगमन्यदेहप्रवेशदम् ॥ ७८
इत्युक्त्वाख्याय सांख्यं च योगं च सरहस्यकम् । युक्तिं देहान्तरावेशे तस्मादुपदिदेश सः ॥ ७९
जगाद च स योगीन्द्रः सैषा सिद्धिरिदं च तत् । ज्ञानं स्वातन्त्र्यमैश्वर्यमणिमादिनिकेतनम् ॥ ८०
अत्रैश्वर्ये स्थिता मोक्षं न वाञ्छन्ति सुरेश्वराः । एतदर्थं जपतपःक्लेशमन्येऽपि कुर्वते ॥ ८१
संप्राप्तमपि नेच्छन्ति स्वर्गभोगं महाशयाः । तथा च श्रूयतामत्र कथां वः कथयाम्यहम् ॥ ८२
आसीत्कोऽपि पुराकल्पे कालो नाम महाद्विजः । स गत्वा पुष्करे तीर्थे जपं चक्रे दिवानिशम् ॥ ८३
जपतस्तस्य तत्रागाद्दिव्यं वर्षशतद्वयम् । ततोऽस्य शिरसोऽच्छिन्नमर्चिराविरभून्महत् ॥ ८४
येन सूर्यायुतेनेव प्रोद्गतेनाम्बरे गतिः । सिद्धादीनां निरुद्धाभूज्जज्वाल च जगत्त्रयम् ॥ ८५
ब्रह्मन्यस्ते वरोऽभीष्टस्तं गृहाण ज्वलन्त्यमी । लोकास्त्वदर्चिषेत्यूचुर्ब्रह्मेन्द्राद्या उपेत्य तम् ॥ ८६
जपादन्यत्र मा भून्मे रतिरित्येष एव मे । वरो नान्यद्वृणे किंचिदिति तान्प्रत्युवाच सः ॥ ८७
निर्बन्धं तेषु कुर्वत्सु ततो गत्वापि दूरतः । उत्तरे हिमवत्पार्श्वे जपन्नासीत्स जापकः ॥ ८८

तत्राप्यसह्यं तत्तेजः सविशेषं क्रमाद्यदा । तदा विघ्नाय तस्येन्द्रः प्रजिघाय सुराङ्गनाः ॥ ८९
स धीरो लोभयन्तीस्ता न तृणायाप्यमन्यत । निसृष्टार्थं ततस्तस्मै मृत्युं विससृजुः सुराः ॥ ९०
उपेत्य स तमाह स्म ब्रह्मन्मर्त्यैरियच्चिरम् । न जीव्यते तदात्मानं त्यज मा लङ्घय स्थितिम् ॥ ९१
तच्छ्रुत्वा स द्विजोऽवादीद्यदि पूर्णो ममावधिः । आयुषस्तन्न कस्मान्मां नयसे किं प्रतीक्षसे ॥ ९२
स्वयं च नाहमात्मानं त्यजेयं पाशहस्त रे । आत्मघाती भवेयं च शरीरं कामतस्त्यजन् ॥ ९३
इत्युक्तवन्तं तं नेतुं प्रभावान्नाशकद्यदा । तदा पराङ्मुखो मृत्युर्जगाम स यथागतम् ॥ ९४
ततो विजितकालं तं कालं सानुशयो द्विजम् । बलादुत्क्षिप्य बाहुभ्यां निनायेन्द्रः सुरालयम् ॥ ९५
तत्र तद्भोगविमुखो जपादविरमंश्च सः । देवावतारितो भूयस्तमेवागाद्धिमालयम् ॥ ९६
तत्रापीन्द्रादयो भूयो वरार्थं बोधयन्ति तम् । यावत्तावन्नृपस्तेन मार्गेणेक्ष्वाकुराययौ ॥ ९७
स तद्बुद्ध्वा यथावस्तु जापकं तमभाषत । देवेभ्यश्चेन्न गृह्णासि वरं मत्तो गृहाण भोः ॥ ९८
तच्छ्रुत्वा स विहस्यैनं जापकोऽभ्यवदन्नृपम् । त्वं शक्तो वरदाने मे त्रिदशेभ्योऽप्यगृह्णतः ॥ ९९
इत्यूचिवांसं तं विप्रमिक्ष्वाकुः प्रत्युवाच सः । शक्तो न तेऽहं शक्तस्त्वं मम तद्देहि मे वरम् ॥ १००
ततः स जापकोऽवादीद्यत्तेऽभीष्टं वृणीष्व तत् । दास्याम्येवेति तच्छ्रुत्वा राजान्तर्विममर्श सः ॥ १०१
अहं ददामि विप्रोऽयं गृह्णातीत्युचितो विधिः । विपरीतमिदं गृह्णाम्यहमेष ददाति यत् ॥ १०२
इति यावत्स नृपतिर्विचिकित्सन्विलम्बते । तावद्विवदमानौ द्वौ तत्र विप्रावुपेयतुः ॥ १०३
तौ तं दृष्ट्वा नृपं तस्य पुरो न्यायार्थमूचतुः । एकोऽब्रवीत्प्रदत्ता मे गौरनेन सदक्षिणा ॥ १०४
तां मे प्रतिददानस्य हस्ताद्गृह्णात्यसौ न किम् । अथापरोऽभ्यधान्नाहं कृतपूर्वप्रतिग्रहः ॥ १०५
न चार्थिता मे तत्कस्माद्ग्राहयत्येष मां बलात् । एतच्छ्रुत्वा नृपोऽवादीदाक्षेप्तायं न शुध्यति ॥ १०६
प्रतिगृह्य कथं दात्रे बलात्प्रतिददाति गाम् । इत्युक्तवन्तं तं भूपं शक्रो लब्धान्तरोऽब्रवीत् ॥ १०७
राजञ्ज्ञानासि चेदेवं न्याय्यं तज्जापकाद्द्विजात् । वरमभ्यर्थ्य संप्राप्तं कस्माद्गृह्णासि नामुतः ॥ १०८
ततो निरुत्तरो राजा जापकं तं जगाद सः । भगवन्स्वजपस्यार्धात्फलं वितर मे वरम् ॥ १०९
बाढमेवं जपस्यार्धान्मदीयस्यास्तु ते फलम् । इति तस्मै ततो राज्ञे जापकः स वरं ददौ ॥ ११०
सर्वलोकगतिं लेभे तेन राजा स सोऽपि च । जापकः सशिवाख्यानं देवानां लोकमाप्तवान् ॥ १११
तत्र स्थित्वा बहून्कल्पान्पुनरागत्य भूतले । प्राप्य स्वतन्त्रतां योगात्सिद्धिं लेभे च शाश्वतीम् ॥ ११२
एवं स्वर्गादिविमुखैः सिद्धिरेवार्थ्यते बुधैः । सा त्वयाप्ता स्वतन्त्रस्तद्राजन्स्वं देहमाविश ॥ ११३
इत्युक्तः प्रत्तयोगेन मयेन मुमुदे परम् । सदारतनयामात्यो राजा चन्द्रप्रभोऽथ सः ॥ ११४
ततो द्वितीयं पातालं नीत्वा तेन मयेन सः । प्रावेश्यत गृहं दिव्यं पुत्रादिसहितो नृपः ॥ ११५
तत्रान्तर्ददृशुस्ते च सर्वे सुप्तमिव स्थितम् । महान्तमेकं पुरुषं पतितं शयनोत्तमे ॥ ११६
महौषधिघृताभ्यक्तं विकृताकृतिभीषणम् । विषण्णवदनाम्भोजदैत्यराजसुतावृतम् ॥ ११७
सोऽयमत्र स्वदेहस्ते पूर्वभार्यावृतः स्थितः । प्रविशैतमिति स्माह ततश्चन्द्रप्रभं मयः ॥ ११८
सोऽथ तेनोपदिष्टं तं योगमास्थाय भूपतिः । तस्मिन्पुरुषदेहेऽन्तस्त्यक्तस्वतनुराविशत् ॥ ११९
ततः स जृम्भिकां कृत्वा शनैरुन्मील्य लोचने । गतनिद्र इवोत्तस्थौ पुरुषः शयनीयतः ॥ १२०
दिष्ट्या देवः सुनीथोऽद्य प्रत्युज्जीवित एष नः । इति तत्रोदभून्नादो हृष्टासुरवधूकृतः ॥ १२१
सूर्यप्रभाद्याः सर्वे तु विषण्णाः सहसाभवन् । दृष्ट्वा निपतितं चन्द्रप्रभदेहमजीवितम् ॥ १२२
चन्द्रप्रभसुनीथश्च सुखस्वापादिवोत्थितः । दृष्ट्वा मयं ववन्दे स पितरं पादयोः पतन् ॥ १२३
स पितापि तमालिङ्ग्य पृष्टवान्सर्वसंनिधौ । कच्चित्स्मरसि पुत्र द्वे जन्मनी त्वं हि संप्रति ॥ १२४
सोऽपि स्मरामीत्युक्त्वैव यच्चन्द्रप्रभजन्मनि । सुनीथजन्मनि च यत्तस्य वृत्तं तदुक्तवान् ॥ १२५
नामग्राहं सदेवीकान्स च सूर्यप्रभादिकान् । एकैकमाश्वासितवान्पूर्वभार्याश्च दानवीः ॥ १२६
चन्द्रप्रभतनौ जातं च देहं द्वैराज्ययुक्तितः । भवेज्ज्ञातूपयोगीति स्थापयामास रक्षितम् ॥ १२७

ततोऽभ्यनन्दन्प्रणता जातप्रत्ययनिर्वृताः । चन्द्रप्रभसुनीथं तं हृष्टाः सूर्यप्रभादयः ॥ १२८
मयासुरोऽथ सर्वांस्तान्हर्षान्नीत्वा पुरात्ततः । अन्यत्प्रवेशयामास हेमरत्नचितं पुरम् ॥ १२९
प्रविष्टास्तत्र वैदूर्यवापीं ते ददृशुर्भृताम् । सुधारसेन तस्याश्च तीरे सर्वेऽप्युपाविशन् ॥ १३०
पपुश्च तत्सुधापानममृताधिकमत्र ते । सुनीथभार्योपहृतैर्विचित्रैर्मणिभाजनैः ॥ १३१
तेन पानेन ते सर्वे मत्तसुप्तोत्थितास्ततः । संपेदिरे दिव्यदेहा महाबलपराक्रमाः ॥ १३२
चन्द्रप्रभसुनीथं च ततोऽवादीन्मयासुरः । पुत्रैहि यामः पश्य स्वं मातरं सुचिरादिति ॥ १३३
ततस्तथेति चोद्युक्तः सुनीथोऽग्रेसरे मये । ययौ चतुर्थं पातालं सह सूर्यप्रभादिभिः ॥ १३४
तत्र चित्राणि पश्यन्तो नानाधातुमयानि ते । पुराण्येकं पुरं प्रापुः सर्वे सर्वहिरण्मयम् ॥ १३५
तत्र रत्नमयस्तम्भे सर्वसंपन्निकेतने । ददृशुर्मयभार्यां तां ते सुनीथस्य मातरम् ॥ १३६
नाम्ना लीलावतीं रूपेणाधःकृतसुराङ्गनाम् । वृतामसुरकन्याभिः सर्वाभरणभूषिताम् ॥ १३७
सा दृष्ट्वैव सुनीथं तमुदतिष्ठत्ससंभ्रमम् । सुनीथोऽप्यपतत्तस्या अभिवाद्यैव पादयोः ॥ १३८
ततः सा तं चिरस्पृष्टमाश्लिष्योदश्रुरात्मजम् । पुनस्तत्प्राप्तिहेतुं तं प्रशशंस मयं पतिम् ॥ १३९
अथाब्रवीन्मयो देवि सुमुण्डीकोऽपरः स ते । पुत्रः पुत्रोऽस्य पुत्रस्य जातः सूर्यप्रभोऽप्ययम् ॥ १४०
एष विद्याधरेन्द्राणां चक्रवर्ती पुरारिणा । एतेनैव शरीरेण भावी देवि विनिर्मितः ॥ १४१
तच्छ्रुत्वैवाभिपश्यन्त्यास्तस्याः सोत्सुकया दृशा । सूर्यप्रभः पपातैत्य पादयोः सचिवैः सह ॥ १४२
किं सुमुण्डीकदेहेन वत्सैतेनैव शोभसे । इति लीलावती दत्त्वा चाशिषं तमभाषत ॥ १४३
ततोऽत्र पुत्राभ्युदये मयो मन्दोदरीं सुताम् । विभीषणं च सस्मार स्मृतावाजग्मतुश्च तौ ॥ १४४
गृहीतोत्सवसत्कारः स तं प्राह विभीषणः । करोषि यदि मे वाक्यं दानवेन्द्र वदामि तत् ॥ १४५
दानवेषु त्वमेवैकः सुकृती शुभजीवितः । देवैः सह न ते कार्या तदकारणवैरिता ॥ १४६
तद्विरोधे हि नापायादृते कश्चिद्गुणोऽस्ति वः । निहता हि सुरैः संख्येष्वसुरा नासुरैः सुराः ॥ १४७
तच्छ्रुत्वा तं मयोऽवोचन्न बलात्कुर्महे वयम् । हठात्कुर्वति शक्रे तु कथं ब्रूहि सहामहे ॥ १४८
ये चासुरा हता देवैस्ते बभूवुः प्रमादिनः । अप्रमत्तास्तु किं नैव बलिप्रभृतयो हताः ॥ १४९
इत्याद्युक्तो मयेनाथ मन्दोदर्या सहैव सः । राक्षसेन्द्रस्तमामन्त्र्य जगाम वसतिं निजाम् ॥ १५०
सूर्यप्रभादिभिर्युक्तः सुनीथोऽथ मयेन सः । निन्ये तृतीयं पातालं बलिं राजानमीक्षितुम् ॥ १५१
स्वर्गादप्यधिके तत्र सर्वे ते ददृशुर्बलिम् । आमुक्तहारमुकुटं वृतं दितिजदानवैः ॥ १५२
निपेतुः पादयोस्तस्य सुनीथाद्याः क्रमेण ते । सोऽपि तान्मानयामास सत्कारेण यथोचितम् ॥ १५३
मयावेदितवृत्तान्तहृष्टः सोऽत्र बलिस्ततः । प्रह्लादमानायितवान्शीघ्रमन्यांश्च दानवान् ॥ १५४
तानप्यत्र सुनीथाद्याः पादयोस्ते ववन्दिरे । ते चाप्यभिननन्दुस्तान्प्रह्लानानन्दनिर्भराः ॥ १५५
अथात्र बलिराह स्म भूत्वा चन्द्रप्रभो भुवि । सुनीथः स्वतनुप्राप्त्या प्रत्युज्जीवित एष नः ॥ १५६
सुमुण्डीकावतारश्च प्राप्तः सूर्यप्रभोऽप्ययम् । शर्वेण चायमादिष्टो भावी विद्याधरेश्वरः ॥ १५७
एतद्यज्ञप्रभावाच्च जातोऽहं श्लथबन्धनः । तदेताभ्यामवाप्ताभ्यां ध्रुवमभ्युदयोऽस्ति नः ॥ १५८
एतद्बलिवचः श्रुत्वा शुक्रः प्रोवाच तद्गुरुः । धर्मेण चरतां सत्ये नास्त्यनभ्युदयः क्वचित् ॥ १५९
तस्माद्धर्मेण वर्तध्वं कुरुताद्यापि मद्वचः । तच्छ्रुत्वा दानवास्तत्र तथेति नियमं व्यधुः ॥ १६०
सप्तपातालपतयो ये तत्र मिलितास्तदा । बलिश्चात्रोत्सवं चक्रे सुनीथप्राप्तिहर्षतः ॥ १६१
अत्रान्तरे च तत्रागात्स पुनर्नारदो मुनिः । गृहीतार्घोपविष्टश्च दानवांस्तानुवाच सः ॥ १६२
प्रेषितोऽहमिहेन्द्रेण स चैवं वक्ति वः किल । सुनीथजीवितप्राप्त्या संतोषः परमो मम ॥ १६३
तदिदानीं न कार्यं नः पुनर्वैरमकारणम् । विरोद्धव्यं न चैवास्मत्पक्षेण श्रुतशर्मणा ॥ १६४
एवमुक्तेन्द्रवाक्यं तं प्रह्लादो मुनिमब्रवीत् । सुनीथजीवितात्तुष्टिरिन्द्रस्येति किमन्यथा ॥ १६५
अकारणविरोधं च वयं तावन्न कुर्महे । अद्यैव नियमोऽस्माभिः कृतः सर्वैर्गुरोः पुरः ॥ १६६

श्रुतशर्मा सपक्षत्वमाश्रित्य स बलाद्यदि । अस्मद्विरुद्धं कुरुते कास्माकं तत्र वाच्यता ॥ १६७
सूर्यप्रभस्य पक्षेण देवदेवेन शंभुना । प्रागेव ह्ययमादिष्टः स पूर्वाराधितोऽस्य यत् ॥ १६८
तदस्मिन्नीश्वरादिष्टे कार्ये किं कुर्महे वयम् । तन्निष्कारणमेवैतच्छक्रो वक्त्यसमञ्जसम् ॥ १६९
इत्युक्तो दानवेन्द्रेण प्रह्लादेन स नारदः । तथेति वासवं निन्दन्नदर्शनमगान्मुनिः ॥ १७०
तस्मिन्गते दानवेन्द्रानुशनास्तानभाषत । वैरानुबन्धः कार्येऽस्मिंस्तावदिन्द्रस्य दृश्यते ॥ १७१
किं त्वस्मासु प्रसादैकबद्धकक्ष्ये महेश्वरे । का तस्य शक्तिः किं कुर्यादास्था वा तस्य वैष्णवी ॥ १७२
इति शुक्रवचः श्रुत्वा दानवास्तेऽनुमन्य च । सहप्रह्लादमामन्त्र्य बलिं जग्मुर्निजालयान् ॥ १७३
ततश्चतुर्थं पातालं प्रह्लादे स्वालयं गते । उत्थाय सदसो राजा विवेशाभ्यन्तरं बलिः ॥ १७४
मयः सुनीथश्चान्ये च सर्वे सूर्यप्रभादयः । प्रणम्य बलिमाजग्मुस्तदेव स्वं निकेतनम् ॥ १७५
तत्रोचितकृताहारपानेष्वेषु समेत्य सा । लीलावती सुनीथं तं जगाद जननी निजा ॥ १७६
पुत्र जानासि यदिमा भार्यास्ते महतां सुताः । तेजस्वती धनेशस्य तुम्बुरोर्मङ्गलावती ॥ १७७
चन्द्रप्रभशरीरेण परिणीता च या त्वया । प्रभासस्य वसोरेतां वेत्सि कीर्तिमतीं सुताम् ॥ १७८
तिस्रस्तदेता द्रष्टव्याः समदृष्ट्या सुत त्वया । इत्युक्त्वा मुख्यभार्यास्तास्तिस्रोऽस्मै सा समर्पयत् ॥ १७९
ततस्तस्मिन्दिने रात्रौ सुनीथो ज्येष्ठया तया । तेजस्वत्या समं शय्यावासवेश्म विवेश सः ॥ १८०
तत्रोपभुङ्क्ते स्म तया सुचिरोत्सुकया सह । रतक्रीडासुखं तत्तत्प्राग्भुक्तमपि नूतनम् ॥ १८१
सूर्यप्रभस्तु सचिवैः सह वासगृहेऽपरे । निशि तस्यामपत्नीको न्यषीदच्छयनीयके ॥ १८२
निःस्नेहेन किमेतेन स्वप्रियास्त्यजता बहिः । इतीव निद्रा स्त्रीनित्यस्यैकस्याप्यस्य नाययौ ॥ १८३
प्रहस्तस्य च सेर्ष्येव कार्यचिन्तैकसङ्गिनः । अन्ये तु परितः सूर्यप्रभं निद्रां ययुः सुखम् ॥ १८४
तावत्सूर्यप्रभः सोऽत्र प्रहस्तश्च सखीयुताम् । प्रविशन्तीं ददृशतुर्वरकन्यामनुत्तमाम् ॥ १८५
मा भूत्सुराङ्गना सर्गो विच्छायोऽस्याः पुरो मम । इत्युत्पाद्यापि विधिना पाताले स्थापितामिव ॥ १८६
सूर्यप्रभश्च केयं स्यादिति यावद्विमर्शति । तावत्सा तत्सखीनेत्य सुप्तानेकैकमैक्षत ॥ १८७
अचक्रवर्तिचिह्नांस्तान्हित्वा तल्लक्षणान्वितम् । दृष्ट्वा सूर्यप्रभं सा तमुपागान्मध्यशायिनम् ॥ १८८
उवाच च सखीं सोऽयं सखि तत्स्पृश पादयोः । एतं तोयसुशीताभ्यां कराभ्यां प्रतिबोधय ॥ १८९
तच्छ्रुत्वा तत्सखी सा तत्तथा चक्रे स चेक्षणे । सूर्यप्रभो व्याजसुप्तं विहाय प्रोदघाटयत् ॥ १९०
वीक्ष्य चोवाच कन्ये ते के युवां किमिहागमः । भवत्योरिति तच्छ्रुत्वा तत्सखी तमभाषत ॥ १९१
शृणु देवास्ति पाताले द्वितीयेऽधिपतिर्जयी । अमील इति दैत्येन्द्रो हिरण्याक्षसुतो बली ॥ १९२
कलावतीति तस्यैषा प्राणेभ्योऽप्यधिका सुता । स इतोऽद्य बलेः पार्श्वादागत्यैतत्पिताब्रवीत् ॥ १९३
दिष्ट्याद्य जीवितं प्राप्तः सुनीथः पुनरीक्षितः । सुमुण्डीकावतारश्च दृष्टः सूर्यप्रभो युवा ॥ १९४
सृष्टः खेचरसच्चक्रवर्ती भावी हरेण यः । तदिहानन्दसंमानं सुनीथस्य करोम्यहम् ॥ १९५
सुतां सूर्यप्रभायैतां प्रयच्छामि कलावतीम् । सुनीथस्यैकगोत्रत्वाद्दातुं चैषा न युज्यते ॥ १९६
सूर्यप्रभश्च पुत्रोऽस्य राजजन्मनि नासुरे । तत्सुतस्य च संमानः कृतस्तस्य कृतो भवेत् ॥ १९७
एतत्पितुर्वचः श्रुत्वा त्वद्गुणाकृष्टमानसा । मत्सखीयमिहायाता त्वद्दर्शनकुतूहलात् ॥ १९८
एवं तयोक्ते तत्सख्या निद्राति स्म मृषैव सः । तदभिप्रायतात्पर्यं ज्ञातुं सूर्यप्रभस्तदा ॥ १९९
साथ कन्या विनिद्रस्य प्रहस्तस्यान्तिकं शनैः । गत्वा सखीमुखेनोक्त्वा सर्वमस्मै बहिर्ययौ ॥ २००
प्रहस्तश्चाप्युपागत्य देव जागर्षि किं न वा । इति सूर्यप्रभं स्माह स चोन्मिष्य तमभ्यधात् ॥ २०१
सखे जागर्मि निद्रा हि ममाद्यैकाकिनः कुतः । विशेषं तु वदाम्येवं शृणु गोप्यं हि किं त्वयि ॥ २०२
अधुनैव प्रविष्टेह मया दृष्टा सखीयुता । कन्यकैका समा यस्यास्त्रैलोक्येऽपि न दृश्यते ॥ २०३
क्षणेन च गता कापि हृत्वैव मम मानसम् । तदन्वेषय सद्यस्तामिहैव क्वचन स्थिताम् ॥ २०४
इति सूर्यप्रभेणोक्तः प्रहस्तोऽथ बहिर्गतः । दृष्ट्वात्र तां समं सख्या स्थितां कन्यामभाषत ॥ २०५

मया त्वदुपरोधेन स्वस्याम्येष विबोधितः। तत्त्वं मदुपरोधेन पुनर्देह्यस्य दर्शनम्॥ २०६
पश्यास्य रूपं भूयोऽपि कृतार्थकरणं दृशोः। तव पश्यतु चैषोऽपि दृष्टिमात्रवशीकृतः॥ २०७
प्रबुद्धेन ह्यनेनाहमुक्तः कृत्वा भवत्कथाम्। कुतोऽपि दर्शयानीय तां मे प्राणिमि नान्यथा॥ २०८
ततोऽहं त्वामुपायातस्तद्देह्यालोकय स्वयम्। इति प्रहस्तेनोक्ता सा कन्यासुलभया ह्रिया॥ २०९
प्रसह्य नाशकद्गन्तुं विमृशन्ती यदा तदा। हस्ते गृहीत्वा नीताभूत्तेन सूर्यप्रभान्तिकम्॥ २१०
सूर्यप्रभश्च तां दृष्ट्वा पार्श्वायातां कलावतीम्। उवाच चण्डि युक्तं ते किमेतद्यदिहाद्य मे॥ २११
त्वया सुप्तस्य चौर्येण प्रविश्य हृदयं हृतम्। तदिहानिगृहीता त्वं चौरि न त्यक्ष्यसे मया॥ २१२
एतच्छ्रुत्वा विदग्धा सा तत्सखी व्याजहार तम्। पूर्वं ज्ञात्वैव पित्रैव चौरीयं निग्रहाय ते॥ २१३
निश्चितार्पयितुं यस्मात्तस्मात्कस्ते निषेधकः। अस्याश्चौर्योचितं कामं निग्रहं न करोषि किम्॥ २१४
तच्छ्रुत्वालिङ्गितुं सूर्यप्रभे वाञ्छति सत्रपा। मा मार्यपुत्र कन्यास्मीत्यवोचत्सा कलावती॥ २१५
ततः प्रहस्तोऽवादीत्तां मा विकल्पोऽस्तु देवि ते। गान्धर्वो ह्येष सर्वेषां विवाहानामिहोत्तमः॥ २१६
इत्युक्त्वैव समं सर्वैः प्रहस्ते निर्गते बहिः। सूर्यप्रभस्तदैवैतां भार्यां चक्रे कलावतीम्॥ २१७
तया सह च पातालकन्यया मर्त्यदुर्लभम्। भेजे सुरतसंभोगमचिन्त्यनवसंगमम्॥ २१८
रात्र्यन्ते च कलावत्यां गतायां वसतिं निजाम्। सूर्यप्रभः सुनीथस्य ययौ पार्श्वं मयस्य च॥ २१९
ते मिलित्वाथ सर्वेऽपि प्रह्लादस्यान्तिकं ययुः। स तान्यथार्हं संमान्य सभास्थो मयमब्रवीत्॥ २२०
सुनीथस्योत्सवेऽमुष्मिन्प्रियं कर्तव्यमेव नः। तदद्य यावत्सर्वेऽपि वयमेकत्र भुञ्ज्महे॥ २२१
एवं कुर्मोऽत्र को दोष इत्युक्ते च मयेन सः। दूतैर्निमन्त्रयामास प्रह्लादोऽत्रासुराधिपान्॥ २२२
आययुश्चात्र सर्वेभ्यः पातालेभ्यः क्रमेण ते। पूर्वमागाद्बली राजा सहासंख्यैर्महासुरैः॥ २२३
अनन्तरममीलश्च दुरारोहश्च वीर्यवान्। सुमायस्तन्तुकच्छश्च विकटाक्षः प्रकम्पनः॥ २२४
धूमकेतुर्महामायो ये चान्येऽप्यसुरेश्वराः। एकैको निजसामन्तसहस्रेणाययौ वृतः॥ २२५
अपूर्यत सभा तैश्च विहितान्योन्यवन्दनैः। यथाक्रमोपविष्टांश्च प्रह्लादस्तानमानयत्॥ २२६
प्राप्ते चाहारकाले ते सर्वे सह मयादिभिः। गङ्गास्नाताः समाजग्मुर्भोजनाय महासभाम्॥ २२७
शतयोजनविस्तीर्णां सुवर्णमणिकुट्टिमाम्। रत्नस्तम्भचितां न्यस्तविचित्रमणिभाजनाम्॥ २२८
तत्र प्रह्लादसहिताः ससुनीथमयाश्च ते। सूर्यप्रभेण सचिवैर्युक्तेन च सहासुरः॥ २२९
तत्र नानाविधं भक्ष्यभोज्यलेह्यादि षड्रसम्। दिव्यमन्नं बुभुजिरे पपुः पानमथोत्तमम्॥ २३०
भुक्तपीताश्च गत्वान्यत्सर्वे रत्नमयं सदः। दैत्यदानवकन्यानां ददृशुर्नृत्तमुत्तमम्॥ २३१
तत्प्रसङ्गे ददर्शात्र प्रनृत्तां पितुराज्ञया। प्रह्लादस्य सुतां सूर्यप्रभो नाम्ना महल्लिकाम्॥ २३२
द्योतयन्तीं दिशः कान्त्या वर्षन्तीममृतं दृशोः। कौतुकादिव पातालमागतां मूर्तिमैन्दवीम्॥ २३३
ललाटतिलकोपेतां चारुनूपुरपादिकाम्। स्मेरदृष्टिं विधात्रैव सृष्टां नृत्तमयीमिव॥ २३४
केशैररालैर्दशनैः शिखरैर्बिभ्रतीं स्तनौ। उरोमण्डलिनौ नृत्तं सृजतीमिव नूतनम्॥ २३५
दृष्ट्वैव च तदा चण्डी तस्य सूर्यप्रभस्य सा। अपि स्वीकृतमन्याभिर्जहार हृदयं हठात्॥ २३६
ततः साप्यसुरेन्द्राणां मध्ये दूराद्ददर्श तम्। हरदग्धे स्मरे सृष्टं धात्राऽपरमिव स्मरम्॥ २३७
दृष्ट्वैव तद्गतमनास्तथाभूदचलद्यथा। आङ्गिकोऽभिनयोऽप्यस्या दृष्ट्वैवाविनयं रुषा॥ २३८
सभास्थाश्च तयोर्भावं तं द्वयोरप्यलक्षयन्। प्रेक्षणं चोपसंजह्रुः श्रान्ता राजसुतेति ते॥ २३९
ततः सूर्यप्रभं तिर्यक्पश्यन्ती सा महल्लिका। पित्रा विसृष्टा वन्दित्वा दानवेन्द्रानगाद्गृहम्॥ २४०
दानवेन्द्राश्च ते सर्वे यथास्वमगमन्गृहान्। सूर्यप्रभोऽपि स्वावासमाजगाम दिनक्षये॥ २४१
प्रदोषे च कलावत्या पुनरागतया सह। सुष्वापाभ्यन्तरे गुप्तं बहिः सुप्ताखिलानुगः॥ २४२
तावन्महल्लिका सापि तत्संदर्शनसोत्सुका। तत्राययौ सविस्रम्भवयस्याद्वयसंगता॥ २४३
अन्तः प्रवेष्टुमिच्छन्तीं प्रज्ञाढ्याख्यो ददर्श ताम्। सूर्यप्रभस्य सचिवो निद्रया तत्क्षणोज्झितः॥ २४४

देवि तिष्ठ क्षणं यावत्प्रविश्याभ्यन्तरादहम् । निर्गच्छामीति स च तां परिज्ञायोत्थितोऽभ्यधात् ॥ २४५
रुद्धाः स्मः किं बहिः कस्माद्यूयं चेति सशङ्कया । तया पृष्टः स भूयोऽपि प्रज्ञाढ्यो निजगाद ताम् ॥ २४६
स्वैरं सुप्तस्य सहसैवान्तिकं किं प्रविश्यते । सुप्तश्चास्मत्प्रभुरसावेको व्रतवशादिति ॥ २४७
ततस्तया विशस्व त्वमित्युक्तः सविलक्षया । प्रह्लाददैत्यसुतया प्रज्ञाढ्योऽन्तर्विवेश सः ॥ २४८
सुप्तां कलावतीं दृष्ट्वा तस्मै सूर्यप्रभाय सः । प्रबोध्य स्वैरमाचख्यावागतां तां महल्लिकाम् ॥ २४९
सूर्यप्रभश्च बुद्ध्वा तच्छनैरुत्थाय निर्गतः । दृष्ट्वा महल्लिकामात्मतृतीयामभ्यभाषत ॥ २५०
नीतः कृतार्थतां तावदयमभ्यागतो जनः । नीयतां स्थानमप्येतदासनं परिगृह्यताम् ॥ २५१
तच्छ्रुत्वोपविवेशाथ सहान्याभ्यां महल्लिका । सूर्यप्रभोऽप्युपाविक्षत्स प्रज्ञाढ्ययुतस्ततः ॥ २५२
उपविश्य स चोवाच तन्वि यद्यपि मे कृता । त्वयावज्ञा सदस्यन्या प्रेक्ष्यान्ते वर्धमानया ॥ २५३
तथापि तावल्लोलाक्षि दृष्टमात्रेण मे तव । सौन्दर्येणेव नृत्तेन लोचने सफलीकृते ॥ २५४
इति सूर्यप्रभेणोक्ता सा प्रह्लादसुताब्रवीत् । नार्यपुत्रापराधोऽसौ मम सोऽत्रापराध्यति ॥ २५५
येनाहं संसदि कृता भग्नाभिनयलज्जिता । एतच्छ्रुत्वा जितोऽस्मीति हसन्सूर्यप्रभोऽब्रवीत् ॥ २५६
जग्राह च करेणास्याः करं राजसुतोऽथ सः । बलात्कारग्रहाद्भीतमिव सस्वेदवेपथुम् ॥ २५७
मुञ्चार्यपुत्र कन्याहं पितृवश्येति वादिनीम् । ततोऽसुरेन्द्रतनयां प्रज्ञाढ्यस्तामुवाच सः ॥ २५८
कन्यानां किं न गान्धर्वो विवाहो देवि विद्यते । न च प्रदास्यत्यन्यस्मै पिता त्वां लक्षिताशयः ॥ २५९
एतस्य चात्र संमानं निश्चितं स करिष्यति । तदलं साध्वसेनेदृग्वृथा मा भूत्समागमः ॥ २६०
एवं महल्लिकां यावत्प्रज्ञाढ्यस्तां ब्रवीति सः । तावत्साभ्यन्तरे तत्र प्रबुद्धाभूत्कलावती ॥ २६१
अपश्यन्ती च तं सूर्यप्रभं सा शयनीयके । प्रतीक्ष्य किंचिदुद्विग्नशङ्किता निरगाद्बहिः ॥ २६२
दृष्ट्वा महल्लिकोपेतं तं चात्र निजवल्लभम् । सकोपा च सलज्जा च सभया च बभूव सा ॥ २६३
महल्लिकापि दृष्ट्वैव तामासीद्भीतलज्जिता । सूर्यप्रभश्च निःस्पन्दस्तस्थावालिखितो यथा ॥ २६४
दृष्टा कथं पलायेऽहं जिह्रेमीर्ष्यामि वा यदि । इति तत्पार्श्वमेवागात्कलावत्यपि सा ततः ॥ २६५
कुशलं सखि कुत्र त्वमागतैवमितो निशि । एवं महल्लिकां तां च साभ्यसूयमुवाच सा ॥ २६६
ततो महल्लिकावोचन्ममैतद्गृहमत्र तु । त्वमन्यपातालगृहात्प्राप्ता प्राघुणिकाद्य मे ॥ २६७
तच्छ्रुत्वा सा विहस्यैतां कलावत्येवमब्रवीत् । सत्यं दृश्यत एवेदं यत्त्वं सर्वस्य कस्यचित् ॥ २६८
करोषीहागतस्यैव प्राघुणातिथ्यसत्क्रियाम् । एवमुक्ते कलावत्या सा जगाद महल्लिका ॥ २६९
यदि प्रीत्या मयोक्ता त्वं तत्किं सद्वेषनिष्ठुरम् । एवं वदसि निर्लज्जे किमहं सदृशी तव ॥ २७०
किमहं बान्धवादत्ता दूरादेत्य परस्थले । परस्य शयने सुप्ता रहस्येकाकिनी निशि ॥ २७१
अहं पितुः प्राघुणिकं स्वस्थाने द्रष्टुमागता । आतिथ्येनाधुनैवैषा सखीद्वितयसंगता ॥ २७२
यदास्मान्विप्रलभ्यादावसौ मन्त्री प्रविष्टवान् । तदैवैतन्मया ज्ञातं त्वया व्यक्तीकृतं स्वतः ॥ २७३
एवं महल्लिकोक्ता सा कलावत्यगमत्ततः । तिर्यक्कोपकषायेण पश्यन्ती चक्षुषा प्रियम् ॥ २७४
ततो महल्लिका सापि बहुवल्लभ याम्यहम् । संप्रतीति रुषा सूर्यप्रभमुक्त्वा ततो ययौ ॥ २७५
सूर्यप्रभश्च विमना युक्तं यदभवत्तदा । कान्ताभ्यां हि समं तस्य तदासक्तं मनो गतम् ॥ २७६
अथ ज्ञातुं कलावत्याः कलहान्तरचेष्टितम् । प्राहिणोद्बुतमुत्थाप्य प्रभासं स स्वमन्त्रिणम् ॥ २७७
महल्लिकायास्तद्वच्च प्रहस्तं स विसृष्टवान् । स्वयं च तत्प्रतीक्षः सन्नासीत्प्रज्ञाढ्यसंयुतः ॥ २७८
अथान्विष्य कलावत्याश्चेष्टितं स समाययौ । प्रभासो निकटं तस्य पृष्टश्चैवमुवाच तम् ॥ २७९
इतो द्वितीयपातालवर्ति तद्गतवानहम् । वासवेश्म कलावत्याः स्वविद्याच्छादितात्मकः ॥ २८०
बहिस्तत्र द्वयोश्चेट्योरालापश्च श्रुतो मया । एकाब्रवीत्सखि किमद्योद्विग्नास्ते कलावती ॥ २८१
ततो द्वितीयाप्यवदत्सखि शृण्वत्र कारणम् । सुमुण्डीकावतारो हि चतुर्थेऽस्य रसातले ॥ २८२
स्थितः सूर्यप्रभो नाम रूपेण जितमन्मथः । तस्मै गत्वा स्वयं गुप्तमात्मा दत्तः किलैतया ॥ २८३

गतायामद्य चैतस्यां तत्सकाशं निशागमे । प्रह्लाददुहिताप्यागात्स्वयं तत्र महल्लिका ॥ २८४
तया सहेर्ष्याकलहं कृत्वा सत्यात्मघातने । उद्यतैषा सुखावत्या स्वस्रा दृष्ट्वैव रक्षिता ॥ २८५
ततश्चान्तः प्रविश्यैव निपत्य शयनीयके । स्थिता तया सह स्वस्रा पृष्टवृत्तान्तविस्मया ॥ २८६
एवं चेट्योः कथां श्रुत्वा प्रविश्यात्र तथैव ते । कलावतीसुखावत्यौ दृष्टे तुल्याकृती मया ॥ २८७
इति प्रभासो यावत्तं वक्ति सूर्यप्रभं रहः । तावत्प्रहस्तोऽप्यत्रागात्पृष्टः सोऽप्यब्रवीदिदम् ॥ २८८
इतो महल्लिकावासगृहं यावदहं गतः । तावत्तत्र प्रविष्टा सा सखीभ्यां सह दुर्मनाः ॥ २८९
अहं तत्रैव चादृश्यो विद्यायुक्त्या प्रविष्टवान् । दृष्टा मयात्र तस्याश्च सख्यो द्वादश तत्समाः ॥ २९०
ताश्च सद्रत्नपर्यङ्कनिषण्णां परिवृत्य ताम् । महल्लिकामुपाविक्षन्नेका चोवाच तां ततः ॥ २९१
सखि कस्मादकस्मात्त्वमुद्विग्नेवाद्य दृश्यसे । विवाहे प्रस्तुतेऽप्येषा बत का ते विषादिता ॥ २९२
तच्छ्रुत्वा सविमर्शा सा तां प्रह्लादसुताब्रवीत् । को मे विवाहो दत्तास्मि कस्मै केनोदितं तव ॥ २९३
एवं तयोक्ते सर्वास्ता जगदुर्निश्चितं तव । प्रातर्विवाहो दत्तासि सखि सूर्यप्रभाय च ॥ २९४
त्वज्जनन्या च देव्यैतदद्योक्तं त्वदसंनिधौ । अस्मान्नियोजयन्त्या ते कौतुकप्रतिकर्मणि ॥ २९५
तद्धन्यासि च यस्यास्ते भावी सूर्यप्रभः पतिः । यद्रूपलुब्धो निद्राति निशि नेहाङ्गनाजनः ॥ २९६
अस्माकं तु विषादोऽयं क्वेदानीं त्वं वयं क्व च । तस्मिन्हि भर्तरि प्राप्ते त्वमस्मान्विस्मरिष्यसि ॥ २९७
एतन्महल्लिका तासां मुखाच्छ्रुत्वा जगाद सा । कच्चित्स दृष्टो युष्माभिर्मनस्तस्मिन्गतं च वः ॥ २९८
तच्छ्रुत्वा तामवोचंस्ता हर्म्यात्सोऽस्माभिरीक्षितः । का च सा स्त्री मनो यस्या न स दृष्टो हरेदिति ॥ २९९
ततः साप्यवदत्तर्हि तातं वक्ष्याम्यहं तथा । युष्मानप्यखिलास्तस्मै दापयिष्याम्यमूर्यथा ॥ ३००
इत्थमन्योन्यविरहो न स्यान्नः सहवासतः । इति ब्रुवाणां कन्यास्ताः संभ्रान्ताः संबभाषिरे ॥ ३०१
सखि मैवं कृथा नेतद्युक्तमेषा त्रपा हि नः । एवमुक्तवतीरेताः सा जगादासुरेन्द्रजा ॥ ३०२
किमयुक्तं न तेनैका परिणेयाहमेव हि । तस्मै सर्वेऽपि दास्यन्ति दुहितॄर्दैत्यदानवाः ॥ ३०३
अन्याश्च राजतनयास्तस्योदूढा भुवि स्थिताः । परिणेष्यति बह्वीश्च स विद्याधरकन्यकाः ॥ ३०४
तन्मध्ये परिणीतासु युष्मासु मम का क्षतिः । सुखं प्रत्युत वत्स्यामो वयं सख्यः परस्परम् ॥ ३०५
अन्याभिस्तु विरुद्धाभिः कस्ताभिः संस्तवो मम । युष्माकं च त्रपा कात्र सर्वमेतत्करोम्यहम् ॥ ३०६
इति तासां कथा यावद्वर्तते त्वद्गतात्मनाम् । तावत्ततोऽहं निर्गत्य स्वैरं त्वत्पार्श्वमागतः ॥ ३०७
एतत्प्रहस्तस्य मुखाच्छ्रुत्वा सूर्यप्रभोऽत्र सः । अनिद्र एव शयने तां निशामनयन्मुदा ॥ ३०८
प्रातः सह सुनीथेन मयेन सचिवैश्च सः । असुराधिपतिं द्रष्टुं प्रह्लादं तत्सभां ययौ ॥ ३०९
सुनीथं तत्र स प्राह प्रह्लादो दर्शितादरः । सुतां सूर्यप्रभायाहं ददाम्यस्मै महल्लिकाम् ॥ ३१०
अस्य हि प्राघुणातिथ्यं कार्यं मे तव च प्रियम् । एतत्प्रह्लादवचनं सुनीथोऽभिननन्द सः ॥ ३११
ततो वेदीं समारोप्य मध्यज्वलितपावकाम् । तत्प्रभाभ्राजितोदग्ररत्नस्तम्भावभासिताम् ॥ ३१२
महल्लिकां तां स्वसुतां प्रादात्सूर्यप्रभाय सः । प्रह्लादोऽसुरसाम्राज्यसदृशीभिर्विभूतिभिः ॥ ३१३
ददौ सद्रत्नराशींश्च स दुहित्रे वराय च । त्रिदशावजयानीतान्सुमेरुशिखरोपमान् ॥ ३१४
तात ता अपि देह्यस्मै सखीर्मे द्वादश प्रियाः । एवं महल्लिका स्वैरं प्रह्लादं सा तदाब्रवीत् ॥ ३१५
पुत्रि मद्भ्रात्रधीनास्तास्तेन बन्दीकृता यतः । मम दातुं न युज्यन्त इति सोऽपि जगाद ताम् ॥ ३१६
कृतोद्वाहोत्सवश्चास्मिन्याते सूर्यप्रभो दिने । विवेश वासकं नक्तं स महल्लिकया सह ॥ ३१७
सर्वकामोपचाराढ्यं तत्र तं सुरतोत्सवम् । अनया समनःप्रीतिसौख्यं सोऽनुबभूव च ॥ ३१८
प्रातर्गते च प्रह्लादे सभां तस्मिन्सहानुगे । अमीलो दानवाधीशः प्रह्लादादीनभाषत ॥ ३१९
अद्य युष्माभिरखिलैरागन्तव्यं गृहे मम । तत्रातिथ्यं यतः सूर्यप्रभस्यास्य करोम्यहम् ॥ ३२०
सुतां कलावतीं तस्मै ददामि यदि वो हितम् । एतत्तद्वचनं सर्वे तथेति प्रतिपेदिरे ॥ ३२१
ततो द्वितीयं पातालं तस्मिन्नेव क्षणे च ते । सर्वे जग्मुः समं सूर्यप्रभेण मयादिना ॥ ३२२

तत्रामीलो ददौ तस्मै सुतां सूर्यप्रभाय ताम्। कलावतीं प्रक्रियया दत्तात्मानमपि स्वयम् ॥ ३२३
कृत्वा विवाहं प्रह्लादगृहे भुक्त्वासुरान्वितः। निन्ये भोगोपचारेण दिनं सूर्यप्रभोऽत्र तत् ॥ ३२४
द्वितीयेऽह्नि तथैवैतान्दुरारोहोऽसुरेश्वरः। निमन्त्र्य सर्वाननयत्पञ्चमं स्वरसातलम् ॥ ३२५
तत्र सूर्यप्रभाय स्वां नाम्ना स कुमुदावतीम्। प्रादात्कन्यवदातिथ्यहेतोर्विधिवदात्मजाम् ॥ ३२६
ततः सर्वैः समेतस्तैर्भोगैर्नीत्वा दिनं स तत्। वासकं कुमुदावत्या भेजे सूर्यप्रभो निशि ॥ ३२७
तत्र त्रिलोकसुन्दर्या नवसंगमसोत्कया। स स्निग्धमुग्धया साकं तया रात्रिमुवास ताम् ॥ ३२८
प्रातश्च तन्तुकच्छेन प्रह्लादप्रमुखैर्वृतः। निमन्त्र्य सप्तमं निन्ये पातालं स स्वमन्दिरम् ॥ ३२९
तत्रासुरपतिः सोऽस्मै सुतां नाम्ना मनोवतीम्। ददौ सरत्नाभरणां तप्तजाम्बूनदद्युतिम् ॥ ३३०
ततः सूर्यप्रभः सोऽत्र नीत्वाधिकसुखं दिनम्। मनोवतीनवाश्लेषसुखिनीमनयन्निशाम् ॥ ३३१
अपरेद्युश्च तं सर्वयुक्तं कृतनिमन्त्रणः। पातालमनयत्षष्ठं स्वं सुमायोऽसुराधिपः ॥ ३३२
तत्र सोऽपि ददौ तस्मै सुभद्रां नाम कन्यकाम्। दूर्वालताश्यामलाङ्गीं मूर्तिं पाञ्चशरीमिव ॥ ३३३
तया सुरतसंभोगयोग्यया श्यामयात्र सः। सहासीत्तदहः सूर्यप्रभः पूर्णेन्दुवक्त्रया ॥ ३३४
अन्येद्युश्च बली राजा तद्वदेव निनाय तम्। सूर्यप्रभं स्वपातालं तृतीयं सोऽसुरानुगः ॥ ३३५
सोऽपि तत्र सुतां तस्मै सुन्दरीं नाम दत्तवान्। वालप्रवालसच्छायां माधवीमिव मञ्जरीम् ॥ ३३६
स्त्रीरत्नेन समं तेन रेमे सूर्यप्रभोऽत्र सः। सुरञ्जितस्तद्दिवसं दिव्यभोगविभूषितम् ॥ ३३७
अपरेऽह्नि मयः सोऽपि राजपुत्रं तथैव तम्। चतुर्थपातालगतं भूयोऽनैषीत्स्वमन्दिरम् ॥ ३३८
विचित्ररत्नप्रासादं निजमायाविनिर्मितम्। नवं नवमिवाभासमानं लक्ष्म्या प्रतिक्षणम् ॥ ३३९
तत्र सोऽपि ददौ तस्मै सुमायाख्यां निजां सुताम्। जगदाश्चर्यरूपां स्वां शक्तिं मूर्तिमतीमिव ॥ ३४०
मानुषत्वाच्च तस्मै तां नैवादेयाममन्यत। सोऽपि रेमे तया साकमत्र सूर्यप्रभः कृती ॥ ३४१
विद्याविभक्तदेहोऽथ सर्वाभिर्युगपत्सह। अरंस्तासुरकन्याभिस्ताभिः सह नृपात्मजः ॥ ३४२
तात्त्विकेन तु देहेन भजते स्म स भूयसा। महल्लिकां प्रियतमां प्रह्लादासुरकन्यकाम् ॥ ३४३
एकदा च निशि स्वैरं स्थितस्तां स महल्लिकाम्। एवं सूर्यप्रभोऽपृच्छदभिजातां कथान्तरे ॥ ३४४
प्रिये रात्रौ सहायाते ये द्वे सख्यौ तदा तव। ते कुतस्त्ये न पश्यामि किं च ते क्व गते इति ॥ ३४५
ततो महल्लिकावादीत्सुप्रहं स्मारिता त्वया। ते न द्वे एव ताः सन्ति वयस्या द्वादशेह मे ॥ ३४६
मत्पितृव्येण च स्वर्गादानीता अपहृत्य ताः। एकामृतप्रभा नाम द्वितीया केशिनी तथा ॥ ३४७
पर्वतस्य मुनेरेते तनये शुभलक्षणे। कालिन्दीति तृतीया च चतुर्थी भद्रिकेति च ॥ ३४८
तथा दर्पकमालेति पञ्चमी चारुलोचना। एता महामुनेस्तिस्रो देवलस्यात्मसंभवाः ॥ ३४९
षष्ठी सौदामनी नाम सप्तमी चोज्ज्वलाभिधा। एते हाहाभिधानस्य गन्धर्वस्य सुते उभे ॥ ३५०
अष्टमी पीवरा नाम गन्धर्वस्य हुहोः सुता। नवम्यञ्जनिका नाम कालस्य दुहिता विभोः ॥ ३५१
पिङ्गलाच्च गणाज्जाता दशमी केसरावली। एकादशी मालिनीति नाम्ना कम्बलनन्दिनी ॥ ३५२
नाम्ना मन्दारमालेति द्वादशी वसुकन्यका। अप्सरःसु समुत्पन्नाः सर्वा दिव्यस्त्रियस्तु ताः ॥ ३५३
पातालं प्रथमं नीतास्ताश्चोद्वाहे कृते मम। तुभ्यं मया च देयास्तास्तद्युक्ता स्यां सदा यथा ॥ ३५४
प्रतिज्ञातं मया चैतत्तासां स्नेहो हि तासु मे। ताताेऽप्युक्तो मया तेन न दत्ता भ्रात्रपेक्षिणा ॥ ३५५
एतच्छ्रुत्वा सवैलक्ष्यस्तां स सूर्यप्रभोऽब्रवीत्। प्रिये महानुभावा त्वमहं कुर्यां कथं त्विदम् ॥ ३५६
एवं सूर्यप्रभेणोक्ता रुषावोचन्महल्लिका। मत्समक्षं वहस्यन्या मद्वयस्यास्तु नेच्छसि ॥ ३५७
याभिर्वियुक्ता रज्येयं नाहमेकमपि क्षणम्। इत्युक्तस्तु तया सूर्यप्रभस्तुष्यान्वमंस्त तत् ॥ ३५८
ततस्तदेव पातालं नीत्वैव प्रथमं तया। प्रह्लादसुतया तस्मै प्रदत्ता द्वादशापि ताः ॥ ३५९
अथामृतप्रभामुख्यास्ताः स सूर्यप्रभः क्रमात्। परिणीयोपभुङ्क्ते स्म तस्यां दिव्याङ्गना निशि ॥ ३६०
प्रातश्च ताः प्रभासेन नाययित्वा रसातलम्। चतुर्थं स्थापयामास च्छन्नाः पृष्ट्वा महल्लिकाम् ॥ ३६१

स्वयं चालक्षितः साकं तया तत्रैव सोऽगमत् । सभाजनाय च प्राग्वत्प्रह्लादस्य सभां ययौ ॥ ३६२
तत्रासुरेन्द्रो वक्ति स्म तं सुनीथं मयं च सः । यात सर्वे दितिदनू द्रष्टुं देव्यावुभे इति ॥ ३६३
तथेत्यथ रसातलात्सपदि निर्गतास्ते ततो यथास्वमसुरैः समं मयसुनीथसूर्यप्रभाः ।
विमानमनुचिन्तितं तदधिरुह्य भूतासनं सुमेरुगिरिसानुगं प्रययुराश्रमं काश्यपम् ॥ ३६४
तत्र ते दितिदनू सह स्थिते सादरैर्मुनिजनैर्निवेदिताः ।
अभ्युपेत्य ददृशुः क्रमेण ते पादयोश्च शिरसा ववन्दिरे ॥ ३६५
ते च तानसुरमातरावुभे सानुगान्समवलोक्य सादरे ।
साश्रु मूर्ध्नि परिचुम्ब्य संमदादाशिषोऽनुपदमूचतुर्मयम् ॥ ३६६
प्राप्तजीवितममुं तवात्मजं वीक्ष्य पुत्रक सुनीथमावयोः ।
चक्षुरद्य सफलत्वमागतं त्वां च पुण्यकृतमेव मन्महे ॥ ३६७
सुमुण्डीकं चैतं कृतिनमिह सूर्यप्रभतया पुनर्जातं दिव्याकृतिधरमसाधारणगुणम् ।
चितं भाविश्रेयः प्रथमपिशुनैर्लक्षणगुणैर्विलोक्यान्तस्तोषात्स्फुटमिह नमावः स्ववपुषि ॥ ३६८
तच्छीघ्रमुत्तिष्ठत यात वत्साः प्रजापतिं द्रष्टुमिहार्यपुत्रम् ।
तद्दर्शनाद्वो भवितार्थसिद्धिः कार्यं च वस्तद्वचनं शिवाय ॥ ३६९
इति ताभ्यामादिष्टा देवीभ्यां ते तथैव गत्वा तम् ।
कश्यपमुनिं मयाद्या ददृशुर्दिव्याश्रमे तत्र ॥ ३७०
द्रुतशुद्धहाटकाभं तेजोमयमाश्रमे च देवानाम् ।
ज्वालाकपिलजटाधरमनलसमानं दुराधर्षम् ॥ ३७१
उपगम्य च तस्य पादयोस्ते निपतन्ति स्म सहानुगैः क्रमेण ।
अथ सोऽपि मुहुः कृतोचिताशीः परितोषादुपवेश्य तानुवाच ॥ ३७२
आनन्दः परमो ममैष यदमी दृष्टाः स्थ सर्वे सुताः
श्लाघ्यस्त्वं मय सत्पथादचलितो यः सर्वविद्यास्पदम् ।
धन्यस्त्वं च सुनीथ येन गतमप्याप्तं पुनर्जीवितं
त्वं सूर्यप्रभ पुण्यवांश्च भविता यः खेचराणां पतिः ॥ ३७३
तद्धर्मे पथि वर्तितव्यमधुना बोद्धव्यमस्मद्वचो
भोक्ष्यध्वे सततं सुखानि परमामासाद्य येन श्रियम् ।
नैव स्याच्च पुरा यथा परिभवो भूयः परेभ्योऽत्र वो
धर्मातिक्रमिणोऽसुरा हि मुरजिच्चक्रस्य याता वशम् ॥ ३७४
ये चासुरा देवहताः सुनीथ मर्त्यप्रवीरास्त इमेऽवतीर्णाः ।
योऽभूत्सुमुण्डीक इहानुजस्ते सूर्यप्रभः सैष किलाद्य जातः ॥ ३७५
अन्येऽपि तेऽमी असुरा वयस्या अस्यैव जाताः खलु बान्धवाश्च ।
यः शम्बराख्यश्च महासुरोऽभूत्सैपोऽस्य जातः सचिवः प्रहस्तः ॥ ३७६
यश्चासुरोऽभूत्त्रिशिरा स जातः सिद्धार्थनामा सचिवो मयस्य ।
वातापिरिल्वास च दानवो यः प्रज्ञाढ्यनामास्य स एव मन्त्री ॥ ३७७
उलूकनामा दनुजश्च योऽभूत्सोऽयं वयस्योऽस्य शुभंकराख्यः ।
योऽयं वयस्योऽस्य च वीतभीतिः स कालनामाप्यभवत्सुरारिः ॥ ३७८
यश्चैष भासः सचिवोऽस्य सोऽयं दैत्योऽवतीर्णो वृषपर्वनामा ।
योऽयं प्रभासश्च स एष दैत्यो वत्सावतीर्णः प्रबलाभिधानः ॥ ३७९
महात्मना रत्नमयेन येन देवैर्विपक्षैरपि याचितेन ।
कृत्वा शरीरं दलशोऽवतीर्णं रत्नानि जातान्यखिलानि यस्मात् ॥ ३८०

तत्तोषतश्चण्डिकयास्य देव्या वरोऽन्यदेहानुगतः स दत्तः ।
येन प्रभासोऽद्य स एष जातो महाबलो दुष्प्रसहो रिपूणाम् ॥ ३८१

यौ दानवावभूतां पूर्वं सुन्दोपसुन्दनामानौ ।
तावेतौ सर्वदमनभयंकरावस्य कृत्रिणौ जातौ ॥ ३८२

यश्च हयग्रीवाख्यो विकटाक्षश्चासुरावभूतां द्वौ ।
स्थिरबुद्धिमहाबुद्धी उत्पन्नावस्य ताविमौ सचिवौ ॥ ३८३

अन्येऽप्यस्य य एते श्वशुराः सचिवादिबान्धवा ये च ।
तेऽप्यवतीर्णा असुरा यैरिन्द्राद्याः पुरा जिता बहुशः ॥ ३८४

तद्युष्माकं पक्षः पुनरप्येवं क्रमाद्गतो वृद्धिम् ।
धीरा भवत समृद्धिं प्राप्स्यथ धर्मादविच्युताः परमाम् ॥ ३८५

इति वदति कश्यपर्षौ दाक्षायण्यः किलास्य पत्न्योऽत्र ।
अदितिप्रमुखाः सर्वा माध्यंदिनसवनसमय आजग्मुः ॥ ३८६

दत्त्वाशिषं मयादिषु नमत्सु भर्तुः कृताह्निकाज्ञासु ।
तास्वथ शक्रोऽत्रागात्सलोकपालोऽपि तं मुनिं द्रष्टुम् ॥ ३८७

वन्दितसदारकश्यपमुनिचरणो वन्दितो मयाद्यैश्च ।
सोऽथ सरोषं पश्यन्सूर्यप्रभमुक्तवान्मयं शक्रः ॥ ३८८

एषोऽर्भकः स जाने विद्याधरचक्रवर्तिताकामः ।
तदसौ स्वल्पेन कथं संतुष्टो नेन्द्रतां किमर्थयते ॥ ३८९

तच्छ्रुत्वैव मयस्तं जगाद देवेश तत्त्वयीन्द्रत्वम् ।
परमेश्वरेण निर्मितमादिष्टं चास्य खेचरेशत्वम् ॥ ३९०

इति मयवचनान्मघवा स तदा विहसन्नुवाच सामर्षः ।
अत्यल्पं हि तदस्याः सुलक्षणस्याकृतेरमुष्येति ॥ ३९१

अथ स मयोऽप्यवदत्तं श्रुतशर्मा यत्र खेचरेन्द्रत्वे ।
योग्यस्तत्रासंशयमाकृतिरस्यायमर्हतीन्द्रत्वम् ॥ ३९२

इत्युक्तवते तस्मै मयाय कुपितः स वज्रमुद्यम्य ।
मघवोत्तस्थौ कश्यपमुनिरकरोच्चाथ कोपहुंकारम् ॥ ३९३

धिक्कारमुखरताम्रैर्वदनैः कोपं ययुश्च दित्याद्याः ।
तत इन्द्रः शापभयादुपाविशत्संहृतायुधोऽवनतः ॥ ३९४

प्रणिपत्य पादयोरथ दारयुतं तं सुरासुरप्रभवम् ।
कश्यपमुनिं प्रसाद्य च विज्ञापितवान्कृताञ्जलिः शक्रः ॥ ३९५

श्रुतशर्मणे मया यद्भगवन्विद्याधराधिराजत्वम् ।
दत्तं तदेष हर्तुं सूर्यप्रभ उद्यतोऽधुना तस्य ॥ ३९६

एष च सर्वाकारं मयोऽस्य तत्साधने कृतोद्योगः ।
तच्छ्रुत्वा स तमिन्द्रं दितिदनुसहितः प्रजापतिरवोचत् ॥ ३९७

इष्टस्ते श्रुतशर्मा मघवन्सूर्यप्रभश्च शर्वस्य ।
न च तस्येच्छामि तथा तेनाज्ञप्तश्च पूर्वमत्र मयः ॥ ३९८

तत्त्वं मयस्य किं खलु जल्पसि कथयात्र कोऽपराधोऽस्य ।
एष हि धर्मपथस्थो ज्ञानी विज्ञानवान्गुरुप्रणतः ॥ ३९९

भस्माकरिष्यदस्मत्क्रोधाग्निस्त्वामघं व्यधास्यश्चेत् ।
न च शक्तस्त्वमिमं प्रति प्रभावमेतस्य किं न जानासि ॥ ४००

इति मुनिनात्र सदारेणोक्ते लज्जाभयानते चेन्द्रे ।
अदितिरुवाच स कीदृक्श्रुतशर्मा दर्श्यतामिहानीय ॥ ४०१
एतन्निशम्य शक्रो मातलिमादिश्य तत्क्षणं तत्र ।
आनाययति स्म स तं श्रुतशर्माणं नभश्चराधीशम् ॥ ४०२
तं दृष्ट्वा कृतविनतिं वीक्ष्य च सूर्यप्रभं तमप्राक्षुः ।
कश्यपमुनिं स्वभार्याः क एतयो रूपलक्षणाढ्य इति ॥ ४०३
अथ स मुनीन्द्रोऽवादीच्छ्रुतशर्मास्यापि न प्रभासस्य ।
एतत्सचिवस्य समः किं पुनरेतस्य निरुपमानस्य ॥ ४०४
सूर्यप्रभ एष यतो दिव्यैस्तै रूपलक्षणैर्युक्तः ।
यैरस्याध्यवसायं विदधानस्येन्द्रतापि नासुलभा ॥ ४०५
इति कश्यपर्षिवचनं सर्वेऽपि श्रद्दधुस्तथेत्यत्र ।
तत एष मयाय वरं ददौ मुनिः शृण्वतो महेन्द्रस्य ॥ ४०६
यत्पुत्र निर्विकारं भवता स्थितमुद्यतायुधेऽपीन्द्रे ।
तेनाजरामरोऽङ्गैर्वज्रमयैरक्षतश्च भवितासि ॥ ४०७
एतावपि ते सदृशौ सुनीथसूर्यप्रभौ महासत्त्वौ ।
शश्वदपरिभवनीयौ भविष्यतः सकलवैरिवर्गस्य ॥ ४०८
एष सुवासकुमारश्चापद्रजनीषु चिन्तितोपगतः ।
साहायकं करिष्यति मत्तनयः शरदिजेन्दुसमकान्तिः ॥ ४०९
इत्युक्तवतोऽस्य मुनेर्भार्या ऋषयश्च लोकपालाश्च ।
सदसि मयप्रभृतिभ्यस्तेभ्यः सर्वे वरान्ददुस्तद्वत् ॥ ४१०
अदितिरथ शक्रमवदद्विरमाविनयात्प्रसादयेन्द्र मयम् ।
दृष्टं विनयफलं हि त्वयाद्य यदनेन सद्वराः प्राप्ताः ॥ ४११
तच्छ्रुत्वा मयमिन्द्रः पाणावालम्ब्य तोषयामास ।
सूर्यप्रभाभिभूतः श्रुतशर्मा चाभवद्दिनेन्दुनिभः ॥ ४१२
प्रणम्य तमथ क्षणात्सुरपतिर्गुरुं कश्यपं जगाम स यथागतं निखिललोकपालान्वितः ।
मयप्रभृतयोऽपि ते मुनिवरस्य तस्याज्ञया ततः खलु तदाश्रमात्प्रकृतकार्यसिद्ध्यै ययुः ॥ ४१३

इति महाकविश्रीसोमदेवभट्टविरचिते कथासरित्सागरे सूर्यप्रभलम्बके द्वितीयस्तरङ्गः ।

तृतीयस्तरङ्गः ।

ततो मयसुनीथौ तौ गत्वा सूर्यप्रभश्च सः । कश्यपस्याश्रमात्तस्मात्संप्रापुः सर्व एव ते ॥ १
संगमं चन्द्रभागाया ऐरावत्याश्च यत्र ते । स्थिताः सूर्यप्रभस्यार्थे राजानो मित्रबान्धवाः ॥ २
प्राप्तं सूर्यप्रभं ते च दृष्ट्वा तत्र स्थिता नृपाः । रुदन्तोऽग्रे समुत्तस्थुर्विषण्णा मरणोन्मुखाः ॥ ३
चन्द्रप्रभादर्शनजां तेषामाशङ्क्य दुःखिताम् । सूर्यप्रभोऽखिलं तेभ्यो यथावृत्तं शशंस तत् ॥ ४
तथापि विप्राः पृष्टास्ते तेन कृच्छ्रादवर्णयन् । तस्य भार्यापहरणं विहितं श्रुतशर्मणा ॥ ५
तत्पराभवदुःखाच्च देहत्यागोद्यमं निजम् । वारितं दिव्यया वाचा तथैवास्मै न्यवेदयत् ॥ ६
ततः सूर्यप्रभस्तत्र प्रतिज्ञामकरोत्क्रुधा । यदि ब्रह्मादयः सर्वेऽप्यभिरक्षन्ति तं सुराः ॥ ७
तथाप्युन्मूलनीयो मे श्रुतशर्मा स निश्चितम् । परदारापहरणे छद्मप्रागल्भ्यवाञ्शठः ॥ ८
एवं कृतप्रतिज्ञश्च गन्तुं तद्विजयाय सः । लग्नं निश्चितवान्दृष्टं गणकैः सप्तमेऽहनि ॥ ९
ततस्तं निश्चितं ज्ञात्वा गृहीतविजयोद्यमम् । दृढयित्वा पुनर्वाचा प्राह सूर्यप्रभं मयः ॥ १०

सत्यं कृतोद्यमस्त्वं चेत्तद्वदामि मया तदा । मायां प्रदर्श्य नीत्वा ते पाताले स्थापिताः प्रियाः ॥ ११
एवं त्वं विजयोद्योगं करोषि रभसादिति । नैवमेव तथा ह्यग्निर्ज्वलेद्धातेरितो यथा ॥ १२
तदेहि यामः पातालं प्रियास्ते दर्शयामि ताः । एवं मयवचः श्रुत्वा ननन्दुः सर्व एव ते ॥ १३
प्राक्तनेन च तेनैव प्रविश्य विवरेण ते । जग्मुश्चतुर्थं पातालं मयासुरपुरःसराः ॥ १४
तत्रैकतो वासगृहान्मयः सूर्यप्रभाय ताः । भार्या मदनसेनाद्या आनीयासौ समर्पयत् ॥ १५
गृहीत्वा तास्तथान्याश्च पत्नीस्ताः सोऽसुरात्मजाः । ययौ सूर्यप्रभो द्रष्टुं प्रह्लादं मयवाक्यतः ॥ १६
मयाच्छ्रुतवरप्राप्तिः प्रणतं तं च सोऽसुरः । आत्तायुधोऽथ जिज्ञासुः कृतकक्रोधमभ्यधात् ॥ १७
श्रुतं मया दुराचार यत्कन्या द्वादश त्वया । भ्रात्रार्जिता मेऽपहृतास्तत्त्वां हन्म्येष पश्य माम् ॥ १८
तच्छ्रुत्वा निर्विकारस्तं पश्यन्सूर्यप्रभोऽब्रवीत् । मच्छरीरं त्वदायत्तमविनीतं प्रशाधि माम् ॥ १९
इत्युक्तवन्तं प्रह्लादो विहस्य तमुवाच सः । प्रेक्षितोऽसि मया यावद्दर्पलेशोऽपि नास्ति ते ॥ २०
वरं गृहाण तुष्टोऽस्मीत्युक्तस्तेन तथेति सः । भक्तिं गुरुषु शंभौ च वव्रे सूर्यप्रभो वरम् ॥ २१
ततस्तुष्टेषु सर्वेषु तस्मै सूर्यप्रभाय सः । प्रह्लादो यामिनीं नाम द्वितीयां तनयां ददौ ॥ २२
सहायत्वे च पुत्रौ द्वौ तस्यादात्सोऽसुरेश्वरः । ततः सर्वैः सहामीलपार्श्वं सूर्यप्रभो ययौ ॥ २३
सोऽपि श्रुतवरप्राप्तितुष्टस्तस्मै सुखावतीम् । ददौ द्वितीयां तनयां साहाय्ये च सुतद्वयम् ॥ २४
ततः सभाजयन्नन्यान्साहाय्यायासुराधिपान् । स्थितः सूर्यप्रभः सोऽत्र तेष्वहःसु प्रियासखः ॥ २५
तिस्रः सुनीथभार्याश्च स्वभार्याश्च नृपात्मजाः । सर्वाः सगर्भाः संजाता मयादिसहितोऽशृणोत् ॥ २६
पृष्टाश्च दोहदं तुल्यं शशंसुरखिला अपि । महाहवदिदृक्षां ता ननन्दाथ मयासुरः ॥ २७
एतासु दिष्ट्या संभूता असुरा ये पुरा हताः । तेन जातोऽभिलापोऽयमेतासामिति सोऽवदत् ॥ २८
एवं ययुः षड्दिवसाः सप्तमे ते रसातलात् । भार्यादियुक्ता निर्जग्मुः सर्वे सूर्यप्रभादयः ॥ २९
उत्पातमाया विज्ञाय या तेषां दर्शितारिभिः । सा सुवासकुमारेण स्मृतायातेन नाशिता ॥ ३०
ततश्चान्द्रप्रभं पृथ्वीराज्ये रत्नप्रभं शिशुम् । अभिषिच्य समारूढभूतासनविमानकाः ॥ ३१
सर्वे विद्याधरेन्द्रस्य सुमेरोस्ते निकेतनम् । ययुर्मयगिरा पूर्वगङ्गातीरतपोवनम् ॥ ३२
तत्र तान्सौहृदप्राप्तान्स सुमेरुरपूजयत् । मयोक्ताशेषवृत्तान्तः पूर्वाज्ञां शांभवीं स्मरन् ॥ ३३
तद्देशस्थाश्च ते स्वं स्वं सैन्यं सूर्यप्रभादिकाः । कार्त्स्न्येनानाययामासुर्बन्धूंश्च सुहृदस्तथा ॥ ३४
आययुः प्रथमं सूर्यप्रभस्य श्वशुरात्मजाः । राजपुत्रा मयादिष्टा विद्याः संसाध्य सोद्यमाः ॥ ३५
तेषां हरिभटादीनां षोडशानां रथायुतम् । द्वे चायुते पदातीनामेकैकस्यानुगं बलम् ॥ ३६
तदनु स्थितसंकेता आजग्मुर्दैत्यदानवाः । श्वशुर्याः श्वशुरा मित्राण्यन्ये चैतस्य बान्धवाः ॥ ३७
हृष्टरोमा महामायः सिंहदंष्ट्रः प्रकम्पनः । तन्तुकच्छो दुरारोहः सुमायो वज्रपञ्जरः ॥ ३८
धूमकेतुः प्रमथनो विकटाक्षश्च दानवः । बहवोऽन्येऽपि चाजग्मुरा सप्तमरसातलात् ॥ ३९
कश्चिद्रथानामयुतैः सप्तभिः कश्चिदष्टभिः । कश्चित्पङ्क्तिस्त्रिभिः कश्चिद्योऽतिस्वल्पोऽयुतेन सः ॥ ४०
पदातीनां त्रिभिर्लक्षैः कश्चिल्लक्षद्वयेन च । कश्चित्कश्चित्तु लक्षेण लक्षार्धेनाधमस्तु यः ॥ ४१
एकैकस्य च हस्त्यश्वमागात्तदनुसारतः । असंख्यमाययौ चान्यत्सैन्यं मयसुनीथयोः ॥ ४२
सूर्यप्रभस्य चामेयमाजगाम निजं बलम् । वसुदत्तादिभूपानां सुमेरोश्च तथैव च ॥ ४३
ततो मयासुरोऽपृच्छच्चिन्तितोपस्थितं मुनिम् । तं सुवासकुमाराख्यं सह सूर्यप्रभादिभिः ॥ ४४
विक्षिप्तमेतद्भगवन्सैन्यं नेहोपलक्ष्यते । तद्ब्रूहि कुत्र विस्तीर्णे युगपद्दृश्यतामिति ॥ ४५
इतो योजनमात्रेऽस्ति कलापग्रामसंज्ञकः । प्रदेशस्तत्र विस्तीर्णे गत्वैतत्प्रविलोकय ताम् ॥ ४६
इत्युक्ते तेन मुनिना तदुक्ताः ससुमेरुकाः । ययुः कलापग्रामं तं सर्वे ते स्वबलैः सह ॥ ४७
तत्रोन्नतस्थानगता ददृशुस्ते पृथक्पृथक् । संनिवेश्यासुराणां च नृपाणां च वरूथिनीः ॥ ४८
ततः सुमेरुराह स्म श्रुतशर्मा बलाधिकः । सन्ति विद्याधराधीशास्तस्य ह्येकोत्तरं शतम् ॥ ४९
तेषां च पृथगेकैको राज्ञां द्वात्रिंशतः पतिः । तदस्तु भित्त्वा कांश्चित्तान्मेलयिष्याम्यहं तव ॥ ५०

तत्प्रातरेतद्गच्छामः स्थानं वल्मीकसंज्ञितम् । फाल्गुनस्यासिता प्रातरष्टमी हि महातिथिः ॥ ५१
तस्यां चोत्पद्यते तत्र लक्षणं चक्रवर्तिनः । तूर्णं विद्याधरा यान्ति तत्कृते चात्र तां तिथिम् ॥ ५२
एवं सुमेरुणा प्रोक्ते सैन्यसंविधिना दिनम् । नीत्वा प्रातर्ययुस्तत्ते वल्मीकं सबला रथैः ॥ ५३
तत्र ते दक्षिणे सानौ हिमाद्रेर्निनदद्बलाः । निविष्टा ददृशुः प्राप्तान्बहून्विद्याधराधिपान् ॥ ५४
ते च विद्याधरास्तत्र कुण्डेष्वादीपितानलाः । होमप्रवृत्ता अभवञ्जपन्त्यपराश्च केचन ॥ ५५
ततः सूर्यप्रभोऽप्यत्र वह्निकुण्डं महद्व्यधात् । स्वयं जज्वाल तत्राग्निस्तस्य विद्याप्रभावतः ॥ ५६
तद्दृष्ट्वा तुष्टिरुत्पेदे सुमेरोर्मत्सरः पुनः । विद्याधराणामुदभूत्तदैकस्तमभाषत ॥ ५७
विद्याधरेन्द्रतां त्यक्त्वा धिक्सुमेरोऽनुवर्तसे । सूर्यप्रभाभिधमिमं कथं धरणिगोचरम् ॥ ५८
तच्छ्रुत्वा स सुमेरुस्तं सकोपं निरभर्त्सयत् । सूर्यप्रभं च तन्नाम पृच्छन्तमिदमब्रवीत् ॥ ५९
अस्ति विद्याधरो भीमनामा तस्य च गेहिनीम् । ब्रह्माकामयत स्वैरं तत एषोऽभ्यजायत ॥ ६०
गुप्तं यद्ब्रह्मणो जातो ब्रह्मगुप्तस्तदुच्यते । अत एवैतदेतस्य स्वजन्मसदृशं वचः ॥ ६१
इत्युक्त्वाकारि तेनापि वह्निकुण्डं सुमेरुणा । ततः सूर्यप्रभस्तेन सहाहौषीद्धुताशनम् ॥ ६२
क्षणाच्च भूमिविवरादुज्जगामातिभीषणः । ·················कस्मादजगरो महान् ॥ ६३
तं ग्रहीतुमधावत्स विद्याधरपतिर्मदात् । ब्रह्मगुप्ताभिधानोऽथ सुमेरुर्येन गर्हितः ॥ ६४
स तेनाजगरेणात्र मुखफूत्कारवायुना । नीत्वा हस्तशते क्षिप्तो न्यपतज्जीर्णपर्णवत् ॥ ६५
ततस्तेजःप्रभो नाम तं जिघृक्षुरुपागमत् । सर्पं विद्याधराधीशः सोऽप्यक्षेपि तथामुना ॥ ६६
ततस्तं दुष्टदमनो नाम विद्याधरेश्वरः । उपागात्सोऽपि निःश्वासेनान्यवत्तेन चिक्षिपे ॥ ६७
ततो विरूपशक्त्याख्यः खेचरेन्द्रस्तमभ्यगात् । सोऽपि तेन तथैवास्तः श्वासेन तृणहेलया ॥ ६८
अथाभ्यधावतां तद्वदङ्गारकविजृम्भकौ । राजानौ युगपत्तौ च दूरे श्वासेन सोऽक्षिपत् ॥ ६९
एवं विद्याधराधीशाः क्रमात्सर्वेऽपि तेन ते । क्षिप्ताः कथंचिदुत्तस्थुरङ्गैरश्मावचूर्णितैः ॥ ७०
ततो दर्पेण तं सर्पं श्रुतशर्माभ्युपेयिवान् । जिघृक्षुः सोऽपि तेनात्र चिक्षिपे श्वासमारुतैः ॥ ७१
अदूरपतितः सोऽथ पुनरुत्थाय धावितः । तेन दूरतरं नीत्वा श्वासेनाक्षेपि भूतले ॥ ७२
विलक्षे चूर्णिताङ्गेऽस्मिन्नुत्थिते श्रुतशर्मणि । सूर्यप्रभोऽहेर्ग्रहणे प्रेषितोऽभूत्सुमेरुणा ॥ ७३
पश्यतैषोऽप्यजगरं ग्रहीतुमिममुत्थितः । अहो इमे निर्विचारा मर्कटा इव मानुषाः ॥ ७४
अन्येन क्रियमाणं यत्पश्यन्त्यनुहरन्ति तत् । इति विद्याधराः सूर्यप्रभं ते जहसुस्तदा ॥ ७५
तेषां प्रहसतामेव गत्वा सूर्यप्रभेण सः । स्तिमितास्यो गृहीतश्च कृष्टश्चाजगरो बिलात् ॥ ७६
तत्क्षणं प्रतिपेदे स भुजगस्तूणरत्नताम् । मूर्ध्नि सूर्यप्रभस्यापि पुष्पवृष्टिर्दिवोऽपतत् ॥ ७७
सूर्यप्रभाक्षयं तूणरत्नं सिद्धमिदं तव । तद्गृहाणैतदित्युच्चैर्दिव्या वागुदभूत्तदा ॥ ७८
ततो विद्याधरा म्लानिं ययुः सूर्यप्रभोऽग्रहीत् । तूणं मयसुनीथौ च सुमेरुश्चाभजन्मुदम् ॥ ७९
श्रुतशर्मणि यातेऽथ विद्याधरबलान्विते । एत्य सूर्यप्रभं दूतस्तदीय इदमभ्यधात् ॥ ८०
त्वां समादिशति श्रीमाञ्छ्रुतशर्मा प्रभुर्यथा । समर्पयैतत्तूणं मे कार्यं चेज्जीवितेन ते ॥ ८१
सूर्यप्रभोऽथ प्रत्याह दूतेदं ब्रूहि गच्छ तम् । स्वदेह एव भविता तूणस्ते मच्छरावृतः ॥ ८२
एतत्प्रतिवचः श्रुत्वा गते दूते पराङ्मुखे । प्राहसन्नभसोक्तिं तां सर्वे ते श्रुतशर्मणः ॥ ८३
सूर्यप्रभोऽथ सानन्दमाश्लिष्योचे सुमेरुणा । दिष्ट्याद्य शांभवं वाक्यं फलितं तदसंशयम् ॥ ८४
तूणरत्ने हि सिद्धेऽस्मिन्सिद्धा ते चक्रवर्तिता । तदेहि साधयेदानीं धनूरत्नं निराकुलः ॥ ८५
एतत्सुमेरोः श्रुत्वा ते तस्मिन्नेवाग्रयायिनि । सूर्यप्रभादयो जग्मुर्हेमकूटाचलं ततः ॥ ८६
पार्श्वे तस्योत्तरे ते च मानसाख्यं सरोवरम् । प्रापुः समुद्रनिर्माणे विधातुरिव वर्णकम् ॥ ८७
मुखानि दिव्यनारीणां क्रीडन्तीनां जलान्तरे । निह्नुवानं मरुद्धूतैरुत्फुल्लैः कनकाम्बुजैः ॥ ८८
आलोकयन्ति यावच्च सरसस्तस्य ते श्रियम् । तावत्तत्राययुः सर्वे श्रुतशर्मादयोऽपि ते ॥ ८९

ततः सूर्यप्रभस्ते च होमं चक्रुर्घृताम्बुजैः। क्षणाच्चात्रोदगाद्घोरो मेघस्तस्मात्सरोवरात् ॥ ९०
स व्याप्य गगनं मेघो महद्वर्षमवासृजत्। तन्मध्ये च पपातैको नागः कालोऽम्बुदात्ततः ॥ ९१
सुमेरुवाक्याच्चोत्थाय गाढं सूर्यप्रभेण यत्। गृहीतो विध्यमानोऽपि तत्स नागोऽभवद्धनुः ॥ ९२
तस्मिन्धनुष्ट्वमापन्ने द्वितीयोऽभ्रात्ततोऽपतत्। नागो विषाग्निवित्रासनश्यन्निःशेषखेचरः ॥ ९३
सोऽपि सूर्यप्रभेणात्र गृहीतस्तेन पूर्ववत्। धनुर्गुणत्वं संप्राप मेघश्चाशु ननाश सः ॥ ९४
सूर्यप्रभामितबलं सिद्धमेतद्धनुस्तव। अच्छेद्यश्च गुणोऽप्येष रत्ने एते गृहाण तत् ॥ ९५
इत्यश्रावि च वाग्दिव्या पुष्पवृष्टिपुरःसरा। सूर्यप्रभश्च सगुणं धनूरत्नं तदग्रहीत् ॥ ९६
श्रुतशर्माप्यगाद्भिन्नः सानुगः स तपोवनम्। सूर्यप्रभोऽथ सर्वे च हर्षमापुर्मयादयः ॥ ९७
पृष्टोऽथ धनुरुत्पत्तिं तैः सुमेरुरुवाच सः। इह कीचकवेणूनां दिव्यमस्ति वनं महत् ॥ ९८
ततो ये कीचकाश्छित्त्वा क्षिप्यन्तेऽत्र सरोवरे। महान्त्येतानि दिव्यानि संपद्यन्ते धनूंषि ते ॥ ९९
साधितानि च तान्येव देवैस्तैस्तैः पुरात्मनः। असुरैरथ गन्धर्वैस्तथा विद्याधरोत्तमैः ॥ १००
भिन्नानि तेषां नामानि चक्रवर्तिधनूंषि तु। अत्रामृतबलाख्यानि निक्षिप्तानि पुरा सुरैः ॥ १०१
तानि चैतैः परिक्लेशैः सिध्यन्ति शुभकर्मणाम्। केषांचिदीश्वरेच्छातो भविष्यच्चक्रवर्तिनाम् ॥ १०२
तच्च सूर्यप्रभस्यैतत्सिद्धमद्य महद्धनुः। स्वोचितानि वयस्यास्तत्साधयन्त्वस्य तान्यमी ॥ १०३
येषां हि सिद्धविद्यानां वीराणामस्ति योग्यता। यथानुरूपं भव्यानां सिध्यन्त्यद्यापि तानि हि ॥ १०४
एतत्सुमेरुवचनं श्रुत्वा सूर्यप्रभस्य ते। वयस्याः कीचकवनं तत्प्रभासादयो ययुः ॥ १०५
तद्रक्षकं च राजानं चण्डदण्डं विजित्य ते। आनीय कीचकांस्तत्र निदधुः सरसोऽन्तरे ॥ १०६
तत्तीरोपोषितानां च जपतां जुह्वतां तथा। सिध्यन्ति स्म धनूंष्येषां सप्ताहात्सत्त्वशालिनाम् ॥ १०७
प्राप्तैस्तैरुक्तवृत्तान्तैर्मयाद्यैश्च सहाथ सः। आगात्सूर्यप्रभस्तावत्तत्सुमेरोस्तपोवनम् ॥ १०८
तत्रोवाच सुमेरुस्तं जितो वेणुवनेश्वरः। त्वन्मित्रैश्चण्डदण्डो यदजेयोऽपि तदद्भुतम् ॥ १०९
तस्यास्ति मोहिनी नाम विद्या तेन स दुर्जयः। नूनं सा स्थापिता तेन प्रधानस्य रिपोः कृते ॥ ११०
अतः प्रयुक्ता नैतेषु त्वद्वयस्येषु संप्रति। सकृदेव हि सा तस्य फलदा न पुनः पुनः ॥ १११
गुरावेव हि सा तेन प्रभावावेक्षणाय भोः। प्रयुक्ताभूदतः शापस्तेन दत्तोऽस्य तादृशः ॥ ११२
तच्चिन्त्यमेतद्विद्यानां प्रभावो हि दुरासदः। तत्कारणं च भवता पृच्छ्यतां भगवान्मयः ॥ ११३
अस्याग्रे किमहं वच्मि कः प्रदीपो रवेः पुरः। एवं सुमेरुणा सूर्यप्रभस्योक्ते मयोऽब्रवीत् ॥ ११४
सत्यं सुमेरुणोक्तं ते संक्षेपाच्छृणु वच्म्यदः। अव्यक्तात्प्रभवन्तीह तास्ताः शक्त्यनुशक्तयः ॥ ११५
तत्रोद्गतः प्राणशक्तेर्नादो बिन्दुपथाश्रितः। विद्यादिमन्त्रतामेति परतत्त्वकलान्वितः ॥ ११६
तासां च मन्त्रविद्यानां ज्ञानेन तपसापि वा। सिद्धाज्ञया वा सिद्धानां प्रभावो दुरतिक्रमः ॥ ११७
तत्पुत्र सर्वविद्यास्ते सिद्धा द्वाभ्यां तु हीयसे। मोहिनीपरिवर्तिन्यौ न विद्ये साधिते त्वया ॥ ११८
याज्ञवल्क्यश्च ते वेत्ति तद्गच्छ प्रार्थयस्व तम्। एवं मयोक्त्या तस्यर्षेर्ययौ सूर्यप्रभोऽन्तिकम् ॥ ११९
स मुनिस्तं च सप्ताहं निवास्य भुजगह्रदे। अग्निमध्ये त्र्यहं चैव तपश्चर्यामकारयत् ॥ १२०
ददौ सोढाहिदंशस्य सप्ताहाच्चास्य मोहिनीम्। विद्यां विसोढवह्नेश्च त्र्यहाद्विपरिवर्तिनीम् ॥ १२१
प्राप्तविद्यस्य भूयोऽपि वह्निकुण्डप्रवेशनम्। तस्यादिदेश स मुनिः स तथेत्यकरोच्च तत् ॥ १२२
तत्क्षणं च महापद्मविमानं तस्य कामगम्। अभूदुपनतं सूर्यप्रभस्य गगनेचरम् ॥ १२३
अष्टोत्तरेण पत्राणां पुराणां च शतेन यत्। अलंकृतं महारत्नैर्नानारूपैर्विनिर्मितम् ॥ १२४
चक्रवर्तिविमानं ते सिद्धमेतदमुष्य च। पुरेष्वन्तःपुराण्येषु सर्वेषु स्थापयिष्यसि ॥ १२५
येन तान्यप्रधृष्याणि भविष्यन्ति भवद्द्विषाम्। इत्यन्तरिक्षाद्धीरं तमुवाचाथ सरस्वती ॥ १२६
ततः स याज्ञवल्क्यं तं गुरुं प्रह्वो व्यजिज्ञपत्। आदिश्यतां प्रयच्छामि कीदृशीं दक्षिणामिति ॥ १२७
निजाभिषेककाले मां स्मरेरेवैव दक्षिणा। गच्छ तावत्स्वकं सैन्यमिति तं सोऽब्रवीन्मुनिः ॥ १२८

नत्वा ततस्तं स मुनिं विमानं चाधिरुह्य तत् । तत्सुमेरुनिवासस्थं सैन्यं सूर्यप्रभो ययौ ॥ १२९
तत्राख्यातस्ववृत्तान्तं ससुनीथसुमेरवः । सिद्धविद्याविमानं तमभ्यनन्दन्मयादयः ॥ १३०
ततः सुनीथः सस्मार तं सुवासकुमारकम् । स चागत्य मयादींस्ताञ्जगादैवं सराजकान् ॥ १३१
सिद्धं विमानं विद्याश्च सर्वाः सूर्यप्रभस्य तत् । उदासीनाः किमद्यापि स्थिताः स्थ रिपुनिर्जये ॥ १३२
तच्छ्रुत्वा स मयोऽवादीद्युक्तं भगवतोदितम् । किं तु प्राक्प्रेष्यतां दूतो नीतिस्तावत्प्रयुज्यताम् ॥ १३३
एवं मयासुरेणोक्ते सोऽब्रवीन्मुनिपुत्रकः । अस्त्वेवं का क्षतिस्तर्हि प्रहस्तः प्रेष्यतामयम् ॥ १३४
एष सप्रतिभो वाग्मी गतिज्ञः कार्यकालयोः । कर्कशश्च सहिष्णुश्च सर्वदूतगुणान्वितः ॥ १३५
इति तद्वचनं सर्वे श्रद्धाय व्यसृजंस्ततः । प्रहस्तं दत्तसंदेशं दौत्याय श्रुतशर्मणे ॥ १३६
तस्मिन्गतेऽब्रवीत्सूर्यप्रभस्तान्निखिलान्निजान् । श्रूयतां यन्मया दृष्टमपूर्वं स्वप्नकौतुकम् ॥ १३७
जानेऽद्य क्षीयमाणायां पश्यामि रजनावहम् । यावन्महाजलौघेन वयं सर्वे ह्रियामहे ॥ १३८
ह्रियमाणाश्च नृत्यामो न मज्जामः कथंचन । अथौघः स परावृत्तः प्रतिकूलेन वायुना ॥ १३९
ततः केनापि पुरुषेणैत्य ज्वलिततेजसा । उद्धृत्य वह्नौ क्षिप्ताः स्मो न च दह्यामहेऽग्निना ॥ १४०
पश्चाथ मेघो रक्तौघं प्रवृष्टस्तेन चासृजा । व्याप्ता दिशस्ततो निद्रा नष्टा मे निशया सह ॥ १४१
इत्युक्तवन्तं तं स्माह स सुवासकुमारकः । आयासपूर्वोऽभ्युदयः स्वप्नेनानेन सूचितः ॥ १४२
यो जलौघः स सङ्ग्रामो धैर्यं तद्यदमज्जनम् । नृत्यतां ह्रियमाणानां जलैस्तत्परिवर्तकः ॥ १४३
यो युष्माकं मरुत्सोऽपि शरणः कोऽपि रक्षिता । यश्चोद्धर्ता ज्वलत्तेजाः पुमान्साक्षात्स शंकरः ॥ १४४
क्षिप्ताः स्थाग्नौ च यत्तेन तन्न्यस्ताः स्थ महामृद्धे । मेघोदयस्ततो यश्च स भूयोऽपि भयागमः ॥ १४५
रक्तौघवर्षणं यच्च तद्भयस्य विनाशनम् । दिशां यद्रक्तपूर्णत्वमृद्धिः सा महती च वः ॥ १४६
स्वप्नश्चानेकधान्यार्थो यथार्थोऽपार्थ एव च । यः सद्यः सूचयत्यर्थमन्यार्थः सोऽभिधीयते ॥ १४७
प्रसन्नदेवतादेशरूपः स्वप्नो यथार्थकः । गाढानुभवचिन्तादिकृतमाहुरपार्थकम् ॥ १४८
रजोमूढेन मनसा बाह्यार्थविमुखेन हि । जन्तुर्निद्रावशः स्वप्नं तैस्तैः पश्यति कारणैः ॥ १४९
चिरशीघ्रफलत्वं च तस्य कालविशेषतः । एष रात्र्यन्तदृष्टस्तु स्वप्नः शीघ्रफलप्रदः ॥ १५०
एतन्मुनिकुमारात्ते श्रुत्वा तस्मात्सुनिर्वृताः । उत्थाय दिनकर्तव्यं व्यधुः सूर्यप्रभादयः ॥ १५१
तावत्प्रहस्तः प्रत्यागाच्छ्रुतशर्मसकाशतः । पृष्टो मयादिभिश्चैवं यथावृत्तमवर्णयत् ॥ १५२
इतो गतोऽहं तरसा त्रिकूटाचलवर्तिनीम् । तां त्रिकूटपताकाख्यां नगरीं हेमनिर्मिताम् ॥ १५३
तस्यां प्रविश्य चापश्यमहं क्षत्तृनिवेदितः । वृतं तं श्रुतशर्माणं वैस्तैर्विद्याधराधिपैः ॥ १५४
पित्रा त्रिकूटसेनेन तथा विक्रमशक्तिना । धुरंधुरेण चान्यैश्च शूरैर्दामोदरादिभिः ॥ १५५
उपविश्याथ तमहं श्रुतशर्माणमभ्यधाम् । श्रीमता प्रहितः सूर्यप्रभेणाहं त्वदन्तिकम् ॥ १५६
संदिष्टं तेन चेदं ते प्रसादाद्धूर्जटेर्मया । विद्या रत्नानि भार्याश्च सहायाश्चैव साधिताः ॥ १५७
तदेहि मिल सैन्ये मे सहैतैः खेचरेश्वरैः । निहन्ताहं विरुद्धानां रक्षिता नमतां पुनः ॥ १५८
या चागम्या हृताज्ञाते सुनीथतनया त्वया । कामचूडामणिः कन्या मुञ्च तामशुभं हि तत् ॥ १५९
एवं मयोक्ते सर्वे ते क्रुद्धास्तत्रैवमभ्यधुः । को नाम स यदस्मासु दर्पात्संदिशतीदृशम् ॥ १६०
मर्त्येषु संदिशत्वेवं कस्तु विद्याधरेषु सः । वराको मानुषो भूत्वाप्येवं दृप्यन्विनङ्क्ष्यति ॥ १६१
तच्छ्रुत्वोक्तं मया किं किं को नाम स निशम्यताम् । स हरेणेह युष्माकं चक्रवर्ती विनिर्मितः ॥ १६२
मर्त्यो वा यदि तन्मर्त्यैर्देवत्वमपि साधितम् । विद्याधरैश्च मर्त्यस्य तस्य दृष्टः पराक्रमः ॥ १६३
नाशश्चेहागते तस्मिन्कदाचिद्वो हि दृश्यते । इत्येवोक्ते मया क्रुद्धा सा सभा क्षोभमाययौ ॥ १६४
अधावतां च हन्तुं मां श्रुतशर्मधुरंधरौ । एवं पश्यामि शौर्यं वामित्यवोचमहं च तौ ॥ १६५
ततो दामोदरेणैतावुत्थाय विनिवारितौ । शान्तं दूतश्च विप्रश्च न वध्य इति जल्पता ॥ १६६
ततो विक्रमशक्तिर्मामवादीद्गच्छ दूत भोः । त्वत्स्वामीव हि सर्वेऽपि वयमीश्वरनिर्मिताः ॥ १६७

तदायातु स पश्यामस्तस्यातिथ्यक्षमा वयम् । एवं सगर्वं तेनोक्ते विहसन्नहमब्रवम् ॥ १६८
हंसाः पद्मवने तावन्नादं कुर्वन्ति सुस्थिताः । यावत्पश्यन्ति नायान्तं मेघमाच्छादिताम्बरम् ॥ १६९
इत्युक्त्वोत्थाय सावज्ञं निर्गत्याहमिहागतः । एतत्प्रहस्ताच्छ्रुत्वा तैस्तुष्टिः प्रापि मयादिभिः ॥ १७०
निश्चित्य चाहवोद्योगं सर्वे सेनापतिं व्यधुः । प्रभासमथ ते सूर्यप्रभाद्या रणदुर्मदम् ॥ १७१
सर्वे च रणदीक्षायां ते सुवासकुमारतः । निदेशं प्राप्य तदहः प्राविशन्नियतव्रताः ॥ १७२
रात्रौ सूर्यप्रभश्चात्र व्रतशय्यागृहान्तरम् । प्रविष्टामैक्षतापूर्वामनिद्रो वरकन्यकाम् ॥ १७३
सा तस्य व्याजसुप्तस्य प्रसुप्तसचिवस्य च । स्वैरं निकटमागत्य सखीमाह सहस्थिताम् ॥ १७४
यदि सुप्तस्य विश्रान्तविलासापीयमीदृशी । रूपशोभास्य तत्कीदृक्प्रबुद्धस्य भवेत्सखि ॥ १७५
तदस्तु न प्रबोध्योऽसौ पूरितं कौतुकं दृशोः । अधिकं हि निबद्धेन किमत्र हृदयेन मे ॥ १७६
भविष्यत्यस्य सङ्ग्रामः समं हि श्रुतशर्मणा । तत्तत्र को विजानाति भविता किल कस्य किम् ॥ १७७
प्राणव्ययाय शूराणां जायते हि रणोत्सवः । तत्रास्यास्तु शिवं तावत्ततो ज्ञास्यामहे पुनः ॥ १७८
कामचूडामणिर्येन किं च व्योमविहारिणा । दृष्टा तस्यास्य हृदयं मादृशी का नु रञ्जयेत् ॥ १७९
एवं तयोक्ते सावादीत्तत्सखी किं ब्रवीष्यदः । असक्तो हृदयस्यास्मिन्नायत्तश्चण्डि किं तव ॥ १८०
येन दृष्टेन हृदयं कामचूडामणेर्हृतम् । सोऽन्यस्या न हरेत्कस्या यदि साक्षादरुन्धती ॥ १८१
विद्यावशाच्च कल्याणं वेत्सि किं नास्य संगरे । एतस्य भार्याश्चोक्ताः स्थ सिद्धैः सचक्रवर्तिनः ॥ १८२
कामचूडामणिस्त्वं च सुप्रभा चैकगोत्रजा । एष्वेव परिणीता च दिनेष्वेतेन सुप्रभा ॥ १८३
तत्किमस्याशिवं युद्धे नहि सिद्धवचो मृषा । किं चाहृतं सुप्रभया चित्तं यस्यास्य तस्य किम् ॥ १८४
नाहरेद्भवती त्वं हि रूपेणाभ्यधिकानघे । बान्धवापेक्षया वा ते विकल्पो यदि तन्न सत् ॥ १८५
भर्तारं हि विना नान्यः सतीनामस्ति बान्धवः । एतत्सखीवचः श्रुत्वा सावोचद्वरकन्यका ॥ १८६
सत्यं सखि त्वया प्रोक्तं न कार्यं मेऽन्यबन्धुभिः । संख्ये चास्यार्यपुत्रस्य जयं जाने स्वविद्यया ॥ १८७
सिद्धानि चास्य रत्नानि विद्याश्चाद्यापि किं पुनः । नैतस्यौषधयः सिद्धास्तेन मे दूयते मनः ॥ १८८
चन्द्रपादगिरौ ताश्च सर्वाः सन्ति गुहान्तरे । सिध्यन्ति पुण्यभाजश्च चक्रवर्तिन एव ताः ॥ १८९
तदेष साधयेद्गत्वा तत्र सर्वौषधीर्यदि । भद्रं तत्स्याद्यदासन्नः प्रातरस्य महाहवः ॥ १९०
एतच्छ्रुत्वाखिलं त्यक्त्वा व्याजनिद्रां स उत्थितः । सूर्यप्रभः सविनयं तामुवाचात्र कन्यकाम् ॥ १९१
दर्शितोऽतीव मुग्धाक्षि पक्षपातो मयि त्वया । तदेष तत्र गच्छामि कासि त्वमिति शंस मे ॥ १९२
एतच्छ्रुत्वा श्रुतं सर्वमनेनेति त्रपानता । तूष्णीं बभूव सा कन्या तत्सखी तु जगाद सा ॥ १९३
एषा विद्याधरेन्द्रस्य सुमेरोरनुजात्मजा । कन्या विलासिनी नाम त्वद्दर्शनसकौतुका ॥ १९४
एवमुक्तवतीमेव तां सखीं सा विलासिनी । एहि संप्रति गच्छाव इत्युक्त्वा प्रययौ ततः ॥ १९५
ततः प्रभासादिभ्यस्तत्प्रबोध्य तदुदीरितम् । सूर्यप्रभः स्वमन्त्रिभ्यः शशंसौषधिसाधनम् ॥ १९६
विससर्ज प्रहस्तं च योग्यं तत्साधनाय सः । तदाख्यातुं सुनीथस्य सुमेरोश्च मयस्य च ॥ १९७
तैरागतैः श्रद्दधानैः समं स सचिवान्वितः । निशि सूर्यप्रभः प्रायाच्चन्द्रपादाचलं प्रति ॥ १९८
गच्छतां च क्रमात्तेषामुत्तस्थुर्मार्गरोधिनः । यक्षगुह्यककूष्माण्डा विघ्ना नानायुधोद्यताः ॥ १९९
कांश्चिदस्त्रैर्विमोह्यैतान्कांश्चित्संस्तभ्य विद्यया । चन्द्रपादगिरिं तं ते प्रापुः सूर्यप्रभादयः ॥ २२०
तत्रैषां तद्गुहाद्वारप्राप्तानां शांकरा गणाः । एत्य प्रवेशं रुरुधुर्विचित्रविकृताननाः ॥ २०१
एतैः सह न योद्धव्यं कुप्येद्धि भगवान्हरः । तन्नामाष्टसहस्रेण तमेव वरदं स्तुमः ॥ २०२
तेनैव ते प्रसीदन्ति तद्गणा इत्यवोचत । स सुवासकुमारस्तानथ सूर्यप्रभादिकान् ॥ २०३
ततस्तथेति सर्वे ते तथैव हरमस्तुवन् । स्वामिस्तुतिप्रसन्नाश्च तान्वदन्ति स्म ते गणाः ॥ २०४
मुक्तेयं वो गुहास्माभिर्गृह्णीतास्यां महौषधीः । सूर्यप्रभेण त्वेतस्यां न प्रवेष्टव्यमात्मना ॥ २०५
प्रभासः प्रविशत्वेतामेतस्य सुगमा ह्यसौ । एतद्गणवचः सर्वे ते तथेत्यनुमेनिरे ॥ २०६

ततः प्रविशतस्तस्य प्रभासस्य तदैव सा । गुहा बद्धान्धकारापि सुप्रकाशा किमप्यभूत् ॥ २०७
उत्थाय च महाघोररूपा अप्यत्र राक्षसाः । चत्वारः किंकरा ऊचुः प्रणताः प्रविशेति तम् ॥ २०८
अथ प्रविश्य संगृह्य दिव्याः सप्तौषधीः स ताः । प्रभासो निर्गतः सूर्यप्रभाय निखिला ददौ ॥ २०९
महाप्रभावाः सप्तैताः सिद्धाः सूर्यप्रभाद्य ते । ओषध्य इति तत्कालं गगनादुदगाद्वचः ॥ २१०
तच्छ्रुत्वा मुदिताः सूर्यप्रभाद्याः सर्व एव ते । स्वसैन्यमाययुः क्षिप्रं सुमेरोरास्पदमाश्रितम् ॥ २११
तत्रापृच्छत्सुनीथोऽथ तं सुवासकुमारकम् । मुने सूर्यप्रभं हित्वा प्रभासः किं प्रवेशितः ॥ २१२
गुणैर्गुहायां किं चैष किंकरैरपि सत्कृतः । एतच्छ्रुत्वा स सर्वेषु शृण्वत्सु मुनिरभ्यधात् ॥ २१३
श्रूयतां कथयाम्येतत्प्रभासो हितकृत्परम् । सूर्यप्रभस्यात्मभूतो न भेदोऽस्त्यनयोर्द्वयोः ॥ २१४
किं च प्रभासेन समो नान्यः शौर्यप्रभाववान् । अस्ति प्राग्जन्मसुकृतैरेतदीया च सा गुहा ॥ २१५
योऽयं यादृक्पुरा चाभूत्तदिदं कथयामि वः । बभूव नमुचिर्नाम पूर्वं दानवसत्तमः ॥ २१६
यस्य दानप्रसक्तस्य महावीरस्य नाभवत् । अदेयमहितायापि याचमानाय किंचन ॥ २१७
दशवर्षसहस्राणि स तप्त्वा धूमपस्तपः । लोहाश्मकाष्ठावध्यत्वं विरिञ्चात्प्राप्तवान्वरम् ॥ २१८
ततोऽसकृद्विजित्येन्द्रं कांदिशीकं स तं व्यधात् । तत्प्राथ्य कश्यपर्षिस्तं देवैः संधिमकारयत् ॥ २१९
अथ विश्रान्तवैरास्ते संभूयैव सुरासुराः । दुग्धाम्भोनिधिमभ्येत्य ममन्थुर्मन्दराद्रिणा ॥ २२०
ततोऽच्युतादयो भागान्कमलाप्रभृतीन्यथा । प्रापुस्तथोच्चैःश्रवसं हयं नमुचिराप्तवान् ॥ २२१
अन्ये देवासुराश्चान्यान्प्रदिष्टान्ब्रह्मणा पृथक् । लेभिरे विविधान्भागान्मथ्यमानार्णवोत्थितान् ॥ २२२
मन्थपर्यन्तलब्धे च त्रिदशैरमृते हृते । तेषामथासुराणां च पुनर्वैरमजायत ॥ २२३
ततो देवासुररणे जघ्ने यो योऽसुरः सुरैः । आघ्रायोच्चैःश्रवास्तं तं जीवयामास तत्क्षणम् ॥ २२४
अजेया जज्ञिरे तेन देवानां दैत्यदानवाः । ततो विषण्णं वक्ति स्म रहः शक्रं बृहस्पतिः ॥ २२५
एकस्तवात्रोपायोऽस्ति तं कुरुष्वाविलम्बितम् । स्वयं याचस्व गत्वा त्वं नमुचिं तं हयोत्तमम् ॥ २२६
विपक्षायापि तुभ्यं तं स हयं न न दास्यति । खण्डयिष्यति नाजन्मसंचितं दातृतायशः ॥ २२७
इत्युक्तो देवगुरुणा महेन्द्रस्त्रिदशैः सह । गत्वा ययाचे नमुचिं तमुच्चैःश्रवसं हयम् ॥ २२८
न मे पराङ्मुखो गच्छत्यर्थी तत्रापि वासवः । तदसौ नमुचिर्भूत्वा दद्यां नाहं कथं हयम् ॥ २२९
जगत्सु दातृताकीर्तिर्या मया चिरमर्जिता । सा चेन्म्लानिं गता तन्मे किं श्रिया जीवितेन वा ॥ २३०
इति संचिन्त्य शक्राय तमुच्चैःश्रवसं ददौ । वार्यमाणोऽपि शुक्रेण नमुचिं स महाशयः ॥ २३१
दत्ताश्वमथ विश्वास्य तं गाङ्गेन जघान सः । शस्त्राद्यवध्यं फेनेन वज्रन्यस्तेन वृत्रहा ॥ २३२
अहो दुरन्ता संसारे भोगतृष्णा यया हृताः । अनौचित्यादकीर्तेश्च देवा अपि न बिभ्यति ॥ २३३
तद्बुद्ध्वा तस्य नमुचेर्दनुर्माता तपोबलात् । चकार दुःखसंतप्ता संकल्पं शोकशान्तये ॥ २३४
स एव मे पुनर्गर्भे संभूयान्नमुचिर्बली । भूयाच्च सर्वदेवानामजेयः संयुगेष्विति ॥ २३५
ततः स तस्याः संभूय गर्भे जातोऽसुरः पुनः । सर्वरत्नमयो नाम्ना प्रबलो बलयोगतः ॥ २३६
सोऽपि तप्ततपाः प्रीणन्प्राणैरप्यर्थिनः कृती । शतकृत्वो जिगायेन्द्रं प्रबलो दानवेश्वरः ॥ २३७
ततः संमन्त्र्य देवास्तमुपेत्यैवं ययाचिरे । देहं पुरुषमेधार्थमस्मभ्यं देहि सर्वथा ॥ २३८
तच्छ्रुत्वा स रिपुभ्योऽपि तेभ्यो देहमदान्निजम् । प्राणानुदारा विसृजन्त्यर्थिनो न पराङ्मुखान् ॥ २३९
ततः स खण्डशो देवैः कृतः प्रबलदानवः । मनुष्यलोके जातोऽद्य प्रभासवपुषा पुनः ॥ २४०
तदेवमादौ नमुचिस्ततोऽभूत्प्रबलश्च सः । सैष प्रभासस्तत्पुण्यप्रभावाद्दुर्जयोऽरिभिः ॥ २४१
सा च संबन्धिनी तस्य प्रबलस्यौषधीगुहा । तेन प्रभासस्यात्मीया वश्या सास्य सकिंकरा ॥ २४२
तदधश्चास्ति पाताले मन्दिरं प्रबलस्य तत् । यत्र द्वादश सन्त्यस्य मुख्यभार्याः स्वलंकृताः ॥ २४३
विविधानि च रत्नानि नानाप्रहरणानि च । चिन्तामणिश्च लक्षं च योधानां तुरगास्तथा ॥ २४४
तत्प्रभासस्य संबन्धि सर्वमस्य पुरार्जितम् । तदीदृशः प्रभासोऽयं नास्येदं किंचिदद्भुतम् ॥ २४५

एवं ततो मुनिकुमारकतो निशम्य सूर्यप्रभप्रभृतयः समयप्रभासाः ।
रत्नाद्यवाप्तुमथ तत्प्रययुस्तदैव पातालगं प्रबलवेश्मबिलप्रवेशम् ॥ २४६
तेन प्रविश्य परिगृह्य च पूर्वपत्नीश्चिन्तामणिं च तुरगानसुरांश्च योधान् ।
निर्गत्य चाप्तनिखिलद्रविणः स एकः सूर्यप्रभं किमपि तोषितवान्प्रभासः ॥ २४७
अथ समयसुनीथः सप्रभासः सुमेरुप्रभृतिभिरनुयातो राजभिर्मन्त्रिभिश्च ।
द्रुतमभिमतसिद्धिं प्राप्य सूर्यप्रभोऽसौ पुनरपि निजसेनासंनिवेशं तमागात् ॥ २४८
तत्र सोऽसुरनराधिपादिषु स्वस्ववासकगतेषु तेषु तम् ।
रात्रिशेषमनयत्कुशास्तरे संनिगृह्य रणदीक्षितः पुनः ॥ २४९

इति महाकविश्रीसोमदेवभट्टविरचिते कथासरित्सागरे सूर्यप्रभलम्बके तृतीयस्तरङ्गः ।

चतुर्थस्तरङ्गः ।

ततः प्रातः समं सैन्यैः स सुमेरुतपोवनात् । तस्मात्सूर्यप्रभः प्रायाच्छ्रुतशर्मजिगीषया ॥ १
तन्निवासस्य निकटं त्रिकूटाद्रेरवाप्य च । आवासितोऽभूत्तत्रस्थं बलेनोत्सार्य तद्बलम् ॥ २
आवासिते च तत्रास्मिन्ससुमेरुमयादिके । आस्थानस्थे त्रिकूटेशसंबन्धी दूत आययौ ॥ ३
स चागत्य जगादैवं सुमेरुं खेचरेश्वरम् । श्रुतशर्मपिता राजा तव संदिष्टवानिदम् ॥ ४
दूरस्थस्य न तेऽस्माभिराचारो जातुचित्कृतः । अद्यास्मद्विषयं प्राप्तः स त्वं प्राघुणिकैः सह ॥ ५
तदातिथ्यमिदानीं वो विधास्यामो यथोचितम् । श्रुत्वैतं शत्रुसंदेशं सुमेरुः प्रत्युवाच तम् ॥ ६
साधु नास्मत्समं पात्रमतिथिं प्राप्स्यथापरम् । आतिथ्यं न परे लोके दास्यतीहैव तत्फलम् ॥ ७
तदिमे वयमातिथ्यं क्रियतामित्युदाहृते । सुमेरुणा तथैवागात्स दूतः स्वं प्रभुं प्रति ॥ ८
अथोन्नतप्रदेशस्थास्ते तु सूर्यप्रभादयः । सैन्यानि ददृशुः स्वानि निविष्टानि पृथक्पृथक् ॥ ९
ततः सुनीथः पितरं स्वमुवाच मयासुरम् । प्रविभागं रथादीनामस्मत्सैन्येऽत्र शंस नः ॥ १०
एवं करोमि शृणुतेत्युक्त्वाङ्गुल्या निदर्शयन् । दानवेन्द्रः स सर्वज्ञो वक्तुमेवं प्रचक्रमे ॥ ११
असौ सुबाहुर्निर्घातो मुष्टिको गोहरस्तथा । प्रलम्बश्च प्रमाथश्च कङ्कटः पिङ्गलोऽपि च ॥ १२
वसुदत्तादयश्चैते राजानोऽर्धरथा इमे । अङ्कुरी सुविशालश्च दण्डिभूषणसोमिलाः ॥ १३
उन्मत्तको देवशर्मा पितृशर्मा कुमारकः । एते सहरिदत्ताद्याः सर्वे पूर्णरथा मताः ॥ १४
प्रकम्पनो दर्पितश्च कुम्भीरो मातृपालितः । महाभटः सोमभटो वीरस्वामी सुराधरः ॥ १५
भण्डीरः सिंहदत्तश्च गुणवर्मा सकीटकः । भीमो भयंकरश्चेति सर्वेऽमी द्विगुणा रथाः ॥ १६
विरोचनो वीरसेनो यज्ञसेनोऽथ खुज्जरः । इन्द्रवर्मा शबरकः क्रूरकर्मा निरासकः ॥ १७
भवेयुस्त्रिगुणा एते रथा राजसुताः सुत । सुशर्मा बाहुशाली च विशाखः क्रोधनोऽप्ययम् ॥ १८
प्रचण्डश्चेत्यमी राजपुत्रा रथचतुर्गुणाः । जुञ्जरी वीरवर्मा च प्रवीरवर एव च ॥ १९
सुप्रतिज्ञोऽमरारामश्चण्डदत्तोऽथ जालिकः । त्रयः सिंहभटव्याघ्रभटशत्रुभटा अपि ॥ २०
राजानो राजपुत्राश्च रथाः पञ्चगुणा अमी । उग्रवर्मा त्वयं राजपुत्रः स्यात्षड्गुणो रथः ॥ २१
राजपुत्रो विशाखश्च सुतन्तुः सुगमोऽपि च । नरेन्द्रशर्मा चेत्येते रथाः सप्तगुणा मताः ॥ २२
महारथः पुनरयं सहस्रायुर्नृपात्मजः । महारथानां यूथस्य शतानीकस्त्वयं पतिः ॥ २३
सुभासहर्षविमलाः सूर्यप्रभवयस्यकाः । महाबुद्ध्यचलाख्यौ च प्रियंकरशुभंकरौ ॥ २४
एते महारथा यज्ञरुचिधर्मरुची तथा । एवं विश्वरुचिर्भासः सिद्धार्थश्चेत्यमी त्रयः ॥ २५
सूर्यप्रभस्य सचिवाः स्युर्महारथयूथपाः । प्रहस्तश्च महार्थश्च तस्यातिरथयूथपौ ॥ २६
यूथपौ रथयूथानां प्रज्ञाढ्यस्थिरबुद्धिकौ । दानवः सर्वदमनस्तथा प्रमथनोऽप्यसौ ॥ २७
धूमकेतुः प्रवहणो वज्रपञ्जर एव च । कालचक्रो मरुद्वेगो रथातिरथपा अमी ॥ २८

प्रकम्पनः सिंहनादो रथारिरथयूथपौ । महामायः काम्बलिकः कालकम्पनकोऽप्ययम् ॥ २९
प्रहृष्टरोमा चेत्येते चत्वारोऽप्यसुराधिपाः । पुत्रातिरथयूथाधिपतीनामधिपा इमे ॥ ३०
सूर्यप्रभसमश्चायं प्रभासः सैन्यनायकः । सुमेरुतनयश्चैष श्रीकुञ्जरकुमारकः ॥ ३१
द्वौ महारथयूथाधिपतियूथाधिपाविमौ । इत्येतेऽस्मद्बलेऽन्ये च शूराः स्वैः स्वैर्बलैर्वृताः ॥ ३२
परसैन्येऽधिकाः सन्ति तथाप्यस्मद्बलस्य ते । न पर्याप्ता भविष्यन्ति सप्रसादे महेश्वरे ॥ ३३
इति यावत्सुनीथं तं ब्रवीति स मयासुरः । श्रुतशर्मपितुः पार्श्वाद्दूतोऽन्यस्तावदाययौ ॥ ३४
स चोवाच त्रिकूटाधिपतिरेवं ब्रवीति वः । सङ्ग्रामो नाम शूराणामुत्सवो हि महानयम् ॥ ३५
तस्यैषा संकटा भूमिस्तस्मादागम्यतामितः । यामः कलापग्रामाख्यं प्रदेशं विपुलान्तरम् ॥ ३६
एतच्छ्रुत्वा सुनीथाद्याः सैन्यैः सह तथेति ते । सर्वे कलापग्रामं तं सूर्यप्रभयुता ययुः ॥ ३७
श्रुतशर्मादयस्तेऽपि तथैव समरोन्मुखाः । तमेव देशमाजग्मुर्विद्याधरबलैर्वृताः ॥ ३८
श्रुतशर्मबले दृष्ट्वा गजान्सूर्यप्रभादयः । आनाययन्गजानीकं स्वं विमानाधिरोपितम् ॥ ३९
ततः सेनापतिश्चक्रे सेनायां श्रुतशर्मणः । दामोदरो महासूचिव्यूहं विद्याधरोत्तमः ॥ ४०
तत्र पार्श्वे स्वयं तस्थौ श्रुतशर्मा समन्त्रिकः । अग्रे दामोदरश्चासीदन्यत्रान्ये महारथाः ॥ ४१
सैन्ये सूर्यप्रभस्यापि प्रभासोऽनीकिनीपतिः । अर्धचन्द्रं व्यधाद्व्यूहं मध्ये तस्याभवत्स्वयम् ॥ ४२
स कुञ्जरकुमारश्च प्रहस्तश्चास्य कोणयोः । सूर्यप्रभसुनीथाद्यास्तस्थुः सर्वेऽत्र पृष्ठतः ॥ ४३
सुमेरौ तत्समीपस्थे ससुवासकुमारके । आहन्यन्त रणातोद्यान्युभयोरपि सैन्ययोः ॥ ४४
तावच्च गगनं देवैः सङ्ग्रामं द्रष्टुमागतैः । सेन्द्रैः सलोकपालैश्च साप्सरस्कैरपूर्यत ॥ ४५
आययौ चात्र विश्वेशः शंकरः पार्वतीयुतः । देवताभिर्गणैर्भूतैर्मातृभिश्चाप्यनुद्रुतः ॥ ४६
आगाच्च भगवान्ब्रह्मा सावित्र्यादिभिरन्वितः । मूर्तैर्वेदैश्च शास्त्रैश्च निखिलैश्च महर्षिभिः ॥ ४७
आजगाम च देवीभिर्लक्ष्मीकीर्तिजयादिभिः । धृतचक्रायुधो देवः पक्षिराजरथो हरिः ॥ ४८
सभार्यः कश्यपोऽप्यागादादित्या वसवोऽपि च । यक्षराक्षसनागेन्द्राः प्रह्लादाद्यास्तथासुराः ॥ ४९
तैरावृते नभोभागे शस्त्रसंपातदारुणः । प्रावर्तत महानादः सङ्ग्रामः सेनयोस्तयोः ॥ ५०
दिक्चक्रे बाणजालेन घनेनाच्छादिते तदा । अन्योन्यशरसंघर्षजातानलतडिल्लते ॥ ५१
शस्त्रक्षतगजाश्वौघरक्तधारावपूरिताः । वीरकायवहद्ग्राहा निर्ययुः शोणितापगाः ॥ ५२
नृत्यतां तरतां रक्ते नदतां चोत्सवाय सः । शूराणां फेरवाणां च भूतानां चाभवद्रणः ॥ ५३
शान्ते तुमुलसङ्ग्रामे निहतासंख्यसैनिके । लक्ष्यमाणे विभागे च शनैः स्वपरसैन्ययोः ॥ ५४
प्रतिपक्षप्रवीराणां प्रयुद्धानां सुमेरुतः । नामादौ श्रूयमाणे च क्रमात्सूर्यप्रभादिभिः ॥ ५५
पूर्वं सुबाहोर्नृपतेर्विद्याधरपतेस्तथा । अट्टहासाभिधानस्य द्वन्द्वयुद्धमभूद्द्वयोः ॥ ५६
सुचिरं युध्यमानस्य तस्य विद्धस्य सायकैः । अट्टहासोऽर्धचन्द्रेण सुबाहोरच्छिनच्छिरः ॥ ५७
दृष्ट्वा सुबाहुं निहतं मुष्टिकोऽभ्यापतत्क्रुधा । सोऽपि तेनाट्टहासेन हृदि बाणहतोऽपतत् ॥ ५८
मुष्टिके निहते क्रुद्धः प्रलम्बो नाम भूपतिः । अभिधाव्याट्टहासं तं शरवर्षैरयोधयत् ॥ ५९
अट्टहासोऽपि तत्सैन्यं हत्वा हत्वा च मर्मणि । प्रलम्बमपि तं वीरं रथपृष्ठे न्यपातयत् ॥ ६०
वीक्ष्य प्रलम्बं निहतं मोहनो नाम भूपतिः । संनिपत्याट्टहासं तं ताडयामास सायकैः ॥ ६१
ततोऽट्टहासस्तं छिन्नकोदण्डं हतसारथिम् । दृढप्रहाराभिहतं पातयामास मोहनम् ॥ ६२
दृष्ट्वाट्टहासेन हतांश्चतुरश्चतुरेण तान् । श्रुतशर्मबलं हर्षादुन्ननाद जयोन्मुखम् ॥ ६३
तद्दृष्ट्वा कुपितो हर्षः सूर्यप्रभवयस्यकः । ससैन्यमभ्यधावत्तमट्टहासं ससैनिकः ॥ ६४
निवार्य च शरैस्तस्य शरान्सैन्यं निहत्य च । व्यापाद्य सारथिं द्विश्छिर्धनुश्छित्त्वा च सध्वजम् ॥ ६५
हर्षो यदट्टहासस्य निर्बिभेद शरैः शिरः । तेनासौ रुधिरोद्गारी निपपात रथाद्भुवि ॥ ६६
अट्टहासे हते तादृक्क्षोभोऽभूदत्र संयुगे । क्षणादर्धावशेषं तद्येन जज्ञे बलद्वयम् ॥ ६७

निपेतुरेव निहतास्तत्राश्वगजपत्तयः । रणमूर्धनि चोत्तस्थुः कबन्धा एव केवलम् ॥ ६८
ततो विकृतदंष्ट्राख्यो हर्षं विद्याधरेश्वरः । एत्याट्टहासनिधनक्रुद्धो बाणैरवाकिरत् ॥ ६९
हर्षोऽपि तस्य निर्धूय शरान्सध्वजसारथीन् । हत्वा रथाश्वांश्चिच्छेद शिरो ललितकुण्डलम् ॥ ७०
हते विकृतदंष्ट्रे तु चक्रवाल इति श्रुतः । राजा विद्याधरो हर्षमभ्यधावदमर्षितः ॥ ७१
स युध्यमानमवधीदसकृच्छिन्नकार्मुकम् । चक्रवालो युधि श्रान्तं हर्षं शीर्णापरायुधम् ॥ ७२
तत्क्रोधादेत्य नृपतिः प्रमाथस्तमयोधयत् । सोऽप्यहन्यत तेनाथ चक्रवालेन संयुगे ॥ ७३
तथैव तेन चात्रान्येऽप्येकशो धाविताः क्रमात् । चत्वारश्चक्रवालेन राजमुख्या निपातिताः ॥ ७४
कङ्कटश्च विशालश्च प्रचण्डश्चाङ्कुरी तथा । तद्दृष्ट्वाभ्यपतत्क्रोधान्निर्घातो नाम तं नृपः ॥ ७५
तौ चक्रवालनिर्घातौ युध्यमानौ चिरं क्रमात् । अन्योन्यचूर्णितरथावभूतां पादचारिणौ ॥ ७६
असिचक्रधरौ द्वावप्याकोपमिलितौ च तौ । खड्गाहतिद्विधाभूतमूर्धानौ भुवि पेततुः ॥ ७७
विपन्नौ वीक्ष्य तौ वीरौ विषण्णेऽपि बलद्वये । रणाग्रमाययौ विद्याधरेन्द्रः कालकम्पनः ॥ ७८
राजपुत्रोऽभ्यधावच्च तं प्रकम्पननामकः । स कालकम्पनेनात्र क्षणात्तेन न्यपात्यत ॥ ७९
तस्मिन्निपतिते तस्य पञ्चान्येऽभ्यपतन्रथाः । जालिकश्चण्डदत्तश्च गोपकः सोमिलोऽपि च ॥ ८०
पितृशर्मा च सर्वे ते शरांस्तस्मिन्सहामुचन् । स तु पञ्चापि तान्कालकम्पनो विरथीकृतान् ॥ ८१
जघान युगपद्विध्यन्नाराचैर्हृदि पञ्चभिः । प्रणेदुः खेचरास्तेन व्यषीदन्मनुजासुराः ॥ ८२
ततोऽभ्यधावन्नपरे चत्वारस्तं रथाः समम् । उन्मत्तकः प्रशस्तश्च विलम्बकधुरंधरौ ॥ ८३
स तानप्यवधीत्कालकम्पनो लीलयाखिलान् । तथैव धावितानन्यान्षड्रथान्निजघान सः ॥ ८४
तेजिकं गेयिकं चैव वेगिलं शाखिलं तथा । भद्रंकरं दण्डिनं च भूरिसैन्यान्महारथान् ॥ ८५
अपरांश्च पुनः पञ्च सोऽवधीन्मिलितान्युधि । भीमभीषणकुम्भीरविकटान्सविलोचनान् ॥ ८६
तद्दृष्ट्वा कदनं कालकम्पनेन कृतं रणे । अधावत्सुगणो नाम राजपुत्रोऽस्य संमुखः ॥ ८७
स तेन तावद्विदधे समं युद्धमुभावपि । हताश्वसारथी यावद्विरथौ तौ बभूवतुः ॥ ८८
ततस्तं खड्गयुद्धेन सुगणं पादचारिणम् । स कालकम्पनः पादचार्येव भुवि जघ्निवान् ॥ ८९
तावच्च मानुषैर्विद्याधराणां सममाहवम् । असंभाव्यं विलोक्येव खिन्नोऽस्तं प्रययौ रविः ॥ ९०
रक्ताम्बुपूरभरितं न परं समराङ्गणम् । यावत्संध्याकृतपदं ययौ व्योमापि शोणताम् ॥ ९१
कबन्धैः सह भूतेषु संध्यानृत्तोद्यतेष्वथ । संहृत्य युद्धं ययतुः स्वनिवेशाय ते बले ॥ ९२
श्रुतशर्मबले तस्मिन्दिने वीरा हतास्त्रयः । त्रयस्त्रिंशत्प्रवीरास्तु बले सौर्यप्रभे हताः ॥ ९३
तेन बान्धवमित्रादिनिधनेन सुदुर्मनाः । सूर्यप्रभस्त्रियामां तामासीदन्तःपुरैर्विना ॥ ९४
अनिद्र एव सचिवैः सह सङ्ग्रामसंकथाः । तास्ताः कुर्वन्निनायैतां पुनर्युद्धोन्मुखो निशाम् ॥ ९५
तद्भार्याश्च मिलन्ति स्म हतबान्धवदुःखिताः । एकत्र तस्यां रजनावन्योन्याश्वासनागताः ॥ ९६
रुदितावसरेऽप्यत्र कथा नानाविधा व्यधुः । स्त्रीणां न स क्षणो यत्र न कथा स्वपराश्रया ॥ ९७
तत्प्रसङ्गेन तत्रैका राजपुत्रीदमब्रवीत् । आश्चर्यमार्यपुत्रोऽद्य कथं सुप्तो निरङ्गनः ॥ ९८
तच्छ्रुत्वा व्याजहारान्या सङ्ग्रामे स्वजनक्षयात् । दुःखितो ह्यार्यपुत्रोऽद्य रमते स्त्रीजने कथम् ॥ ९९
ततोऽपरा ब्रवीति स्म प्राप्नोत्यभिनवां यदि । वरकन्यां स तद्दुःखं विस्मरत्यधुनैव तत् ॥ १००
अथेतराब्रवीन्मैवं यद्यपि स्त्रीषु लम्पटः । तथापि न स दुःखेऽस्मिन्नीदृशः स्यात्तथाविधः ॥ १०१
इति तासु वदन्तीषु जगादैका सविस्मयम् । ब्रूत स्त्रीलम्पटः कस्मादार्यपुत्रो बतेदृशः ॥ १०२
आहितास्वपि भार्यासु भूयसीषु नवा नवाः । अनिशं राजपुत्रीर्यत्स गृह्णन्नैव तुष्यति ॥ १०३
एतच्छ्रुत्वा विदग्धैका तासु नाम्ना मनोवती । उवाच श्रूयतां येन राजानो बहुवल्लभाः ॥ १०४
देशरूपवयश्चेष्टाविज्ञानादिविभेदतः । भिन्ना गुणा वरस्त्रीणां नैका सर्वगुणान्विता ॥ १०५
कर्णाटलाटसौराष्ट्रमध्यदेशादिदेशजाः । योषा देशसमाचारै रञ्जयन्ति निजैर्निजैः ॥ १०६

काश्चिद्धरन्ति सुदृशः शारदेन्दुनिभैर्मुखैः । अन्याः कनककुम्भाभैः स्तनैरुन्नतसंहतैः ॥ १०७
स्मरसिंहासनप्रख्यैरपरा जघनस्थलैः । इतराश्चेतरैरङ्गैः स्वसौन्दर्यमनोरमैः ॥ १०८
काचित्काञ्चनगौराङ्गी प्रियङ्गुश्यामलापरा । अन्या रक्तावदाता च दृष्ट्वैव हरतीक्षणे ॥ १०९
काचित्प्रत्यग्रसुभगा काचित्संपूर्णयौवना । काचित्प्रौढत्वसुरसा प्रसरद्विभ्रमोज्ज्वला ॥ ११०
हसन्ती शोभते काचित्काचित्कोपेऽपि हारिणी । व्रजन्ती गजवत्कापि हंसवत्कापि राजते ॥ १११
आलपन्त्यमृतेनेव काचिदासिञ्चति श्रुतिम् । सभ्रूविलासं पश्यन्ती स्वभावाद्भाति काचन ॥ ११२
नृत्तेन रोचते काचित्काचिद्गीतेन राजते । वीणादिवादनज्ञानेनान्या कान्ता च रोचते ॥ ११३
काचिद्बाह्यरताभिज्ञा काचिदाभ्यन्तरप्रिया । प्रसाधनोज्ज्वला काचित्काचिद्वैदग्ध्यशोभिता ॥ ११४
भर्तृचित्तग्रहाभिज्ञा चान्या सौभाग्यमश्नुते । कियद्वा वच्मि बहवोऽप्यन्येऽन्यासां पृथग्गुणाः ॥ ११५
तदेवमिह कस्याश्चिद्गुणः कोऽपि वरस्त्रियः । न तु सर्वगुणाः सर्वा त्रिलोक्यामपि काश्चन ॥ ११६
अतो नानारसास्वादलब्धकक्ष्याः किलेश्वराः । आहृत्याप्याहरन्त्येव भार्या नवनवाः सदा ॥ ११७
उत्तमास्तु न वाञ्छन्ति परदारान्कथंचन । तन्नार्यपुत्रस्यैष स्याद्दोषो नेर्ष्या च नः क्षमा ॥ ११८
एवमाद्या मनोवत्या प्रोक्ताः सूर्यप्रभाङ्गनाः । अन्या मदनसेनाद्यास्तथैवोचुः कथाः क्रमात् ॥ ११९

ततोऽतिरसतश्च ता विगतयन्त्रणानर्गलाः परस्परमुपादिशन्सुरतकार्यतन्त्राण्यपि ।
प्रसङ्गमिलिताः कथाप्रसरसक्तचित्ता मिथस्तदस्ति न किमप्यहो यदिह नोद्वमन्ति स्त्रियः ॥ १२०

अथ कथमपि दीर्घा सा कथा चात्र तासामवसितिमुपयाता सा च रात्रिः क्रमेण ।
तिमिरविगमवेलावेक्षणैकाभिकाङ्क्षो रिपुबलविजिगीषोस्तत्र सूर्यप्रभस्य ॥ १२१

इति महाकविश्रीसोमदेवभट्टविरचिते कथासरित्सागरे सूर्यप्रभलम्बके चतुर्थस्तरङ्गः ।

पञ्चमस्तरङ्गः ।

अथ युद्धभुवं प्रातर्जग्मुः सूर्यप्रभादयः । श्रुतशर्मादयस्ते च संनद्धाः सबलाः पुनः ॥ १
पुनश्च सेन्द्राः सब्रह्मविष्णुरुद्राः सुरासुराः । सयक्षोरगगन्धर्वाः सङ्ग्रामं द्रष्टुमाययुः ॥ २
श्रुतशर्मबले चक्रव्यूहं दामोदरो व्यधात् । वज्रव्यूहं प्रभासश्च सूर्यप्रभबलेऽकरोत् ॥ ३
ततः प्रववृते युद्धं तयोरुभयसैन्ययोः । तूर्यैः सुभटनादैश्च बधिरीकृतदिक्तटम् ॥ ४
सम्यक्छस्त्रहताः शूरा भिन्दन्ति मम मण्डलम् । इतीव शरजालान्तश्छन्नो भानुरभूद्भिया ॥ ५
दामोदरकृतं चक्रव्यूहमन्येन दुर्भिदम् । भित्त्वा प्रभासः प्राविक्षदथ सूर्यप्रभाज्ञया ॥ ६
तं च दामोदरो व्यूहच्छिद्रमेत्यावृणोत्स्वयम् । प्रभासो युयुधे तं च तत्रैकरथ एव सः ॥ ७
प्रविष्टमेककं तं च दृष्ट्वा सूर्यप्रभोऽथ सः । पश्चात्पञ्चदशैतस्य विससर्ज महारथान् ॥ ८
प्रकम्पनं धूमकेतुं कालकम्पनकं तथा । महामायं मरुद्वेगं प्रहस्तं वज्रपञ्जरम् ॥ ९
कालचक्रं प्रमथनं सिंहनादं सकम्बलम् । विकटाक्षं प्रवहणं तं कुञ्जरकुमारकम् ॥ १०
तं च प्रहृष्टरोमाणमसुराधिपसत्तमम् । ते प्रधाव्य ययुः सर्वे व्यूहद्वारं महारथाः ॥ ११
तत्र दामोदरोऽपूर्वं स्वपौरुषमदर्शयत् । यदेक एव युयुधे तैः पञ्चदशभिः सह ॥ १२
तद्दृष्ट्वा नारदमुनिं पार्श्वस्थं वासवोऽभ्यधात् । सूर्यप्रभाद्या असुरावतारा अखिलास्तथा ॥ १३
श्रुतशर्मा मदंशश्च सर्वे विद्याधरा इमे । देवांशास्तदयं युक्त्या मुने देवासुराहवः ॥ १४
तस्मिंश्च पश्य देवानां सहायः सर्वदा हरिः । दामोदरस्तदंशोऽयमेवं तदिह युध्यते ॥ १५
एवं शक्रे वदत्यस्य दामोदरचमूपतेः । महारथाः समाजग्मुः साहाय्याय चतुर्दश ॥ १६
ब्रह्मगुप्तो वायुबलो यमदंष्ट्रः सुरोषणः । रोषावरोहोऽतिबलस्तेजःप्रभधुरंधरौ ॥ १७
कुबेरदत्तो वरुणशर्मा कम्बलिकस्तथा । वीरश्च दुष्टमदनो दोहनारोहणावुभौ ॥ १८
दामोदरयुतास्तेऽपि वीराः पञ्चदशैव तान् । सूर्यप्रभीयान्कुरुधुर्यीरान्व्यूहाग्रयोधिनः ॥ १९

ततोऽत्र द्वन्द्वयुद्धानि तेषामासन्परस्परम् । दामोदरेणास्त्रयुद्धं समं चक्रे प्रकम्पनः ॥ २०
ब्रह्मदत्तेन च समं धूमकेतुरयुध्यत । महामायस्तु युयुधे सहैवातिबलेन च ॥ २१
तेजःप्रभेण युयुधे दानवः कालकम्पनः । सह वायुबलेनापि मरुद्वेगो महासुरः ॥ २२
यमदंष्ट्रेण च समं युयुधे वज्रपञ्जरः । समं सुरोषणेनापि कालचक्रोऽसुरोत्तमः ॥ २३
साकं कुबेरदत्तेन युद्धं प्रमथनो व्यधात् । सिंहनादश्च दैत्येन्द्रः समं वरुणशर्मणा ॥ २४
युद्धं प्रवहणो दुष्टदमनेन सहाकरोत् । प्रहृष्टरोमा रोषावरोहेणापि च दानवः ॥ २५
धुरंधरेण च समं विकटाक्षो व्यधाद्युधम् । युद्धं कम्बलिकश्चक्रे समं कम्बलिकेन च ॥ २६
आरोहणेन च समं स कुञ्जरकुमारकः । महोत्पातापराख्येण प्रहस्तो दोहनेन च ॥ २७
एवं महारथद्वन्द्वेष्वेषु तत्र परस्परम् । व्यूहाग्रे युध्यमानेषु सुनीथो मयमभ्यधात् ॥ २८
कष्टमस्मद्रथाः शूरा नानायुद्धविदोऽप्यमी । रुद्धाः प्रतिरथैरेतैः पश्य व्यूहप्रवेशतः ॥ २९
प्रभासश्चैक एवाग्रे प्रविष्टोऽत्राविचारितम् । तन्न जानीमहे कस्य किमिवात्र भविष्यति ॥ ३०
एतच्छ्रुत्वा ब्रवीति स्म तं सुवासकुमारकः । त्रैलोक्येऽपि न पर्याप्ताः ससुरासुरमानुषाः ॥ ३१
एकस्यास्य प्रभासस्य किं पुनः खेचरा इमे । तदेषा कथमस्थाने शङ्का वो जानतामपि ॥ ३२
एवं मुनिकुमारेऽस्मिन्ब्रुवाणे कालकम्पनः । विद्याधरः प्रभासस्य युधि संमुखमाययौ ॥ ३३
ततः प्रभासोऽवादीत्तं रे रे ह्यपकृतं त्वया । अतीव नस्तदद्येह पश्यामस्तव पौरुषम् ॥ ३४
इत्युक्त्वा व्यसृजत्तस्मिन्प्रभासो विशिखावलिम् । सोऽपि तं सायकैः कालकम्पनोऽवाकिरच्छितैः ॥ ३५
अस्त्रप्रत्यस्त्रयुद्धेन युयुधाते मिथस्ततः । प्रदत्तभुवनाश्चर्यौ तौ विद्याधरमानुषौ ॥ ३६
अथ प्रभासो विशिखेनैकेनापातयद्ध्वजम् । द्वितीयेनावधीत्कालकम्पनस्य च सारथिम् ॥ ३७
चतुर्भिश्चतुरश्चाश्वान्धनुरेकेन चाच्छिनत् । द्वाभ्यां हस्तौ भुजौ द्वाभ्यां द्वाभ्यां च श्रवणावुभौ ॥ ३८
एकेन शितधारेण शिरश्चिच्छेद तस्य च । प्रभासः पत्रिणा शत्रोर्दर्शिताद्भुतलाघवः ॥ ३९
एवं प्राङ्निहितानेकप्रवीरोत्थेन मन्युना । प्रभासो निग्रहं कालकम्पनस्य व्यधादिव ॥ ४०
दृष्ट्वा च तं हतं विद्याधरेशं मनुजासुरैः । नादश्चक्रे विषादश्च जग्मे सपदि खेचरैः ॥ ४१
ततो विद्युत्प्रभो नाम कालञ्जरगिरीश्वरः । प्रभासमभ्यधावत्तं क्रुधा विद्याधराधिपः ॥ ४२
तस्यापि युध्यमानस्य प्रभासः स महाध्वजम् । छित्त्वा चकर्त कोदण्डमात्तमात्तं पुनः पुनः ॥ ४३
ततः स माययोत्पत्य च्छन्नो विद्युत्प्रभो नभः । प्रभासस्योपरि ह्रीतो ववर्षासिगदादिकान् ॥ ४४
प्रभासोऽपि विधूयास्त्रैस्तदायुधपरम्पराम् । कृत्वा प्रकाशनास्त्रेण प्रकाशं तं नभश्चरम् ॥ ४५
दत्त्वा महास्त्रमाग्नेयं तत्तेजोदग्धमम्बरात् । विद्युत्प्रभं भूमितले गतजीवमपातयत् ॥ ४६
तद्दृष्ट्वा श्रुतशर्मा तान्निजगाद महारथान् । पश्यतानेन निहतौ द्वौ महारथयूथपौ ॥ ४७
तत्किं सहध्वे संभूय युष्माभिर्हन्यतामयम् । तच्छ्रुत्वाष्टौ रथाः क्रुद्धाः प्रभासं पर्यवारयन् ॥ ४८
एकः कङ्कटकाद्रीन्द्रनिवासी रथयूथपः । ऊर्ध्वरोमेति विख्यातो विद्याधरमहीपतिः ॥ ४९
धरणीधरशैलाधिपतिर्विक्रोशनाभिधः । विद्याधराणामधिपो द्वितीयश्च महारथः ॥ ५०
इन्दुमाली तृतीयश्च लीलापर्वतकेतनः । वीरोऽतिरथयूथस्य पतिर्विद्याधरप्रभुः ॥ ५१
मलयाद्रिनिवासी च काकाण्डक इति श्रुतः । रथयूथपती राजा चतुर्थः खेचरोत्तमः ॥ ५२
निकेताद्रिपतिर्नाम्ना दर्पवाहश्च पञ्चमः । षष्ठश्च धूर्तवहनो नाम्नाञ्जनगिरीश्वरः ॥ ५३
विद्याधराविमौ चातिरथयूथपती उभौ । सप्तमो गर्दभरथो राजा कुमुदपर्वते ॥ ५४
नाम्ना वराहस्वामीति यो महारथयूथपः । तद्रूपो दुन्दुभिक्ष्माभृद्रथो मेधावरोऽष्टमः ॥ ५५
एभिरष्टभिरागत्य मुक्तान्बाणान्विधूय सः । प्रभासो युगपत्सर्वान्सायकैर्विध्यति स्म तान् ॥ ५६
जघान कस्यचिच्चाश्वान्कस्यचित्सारथिं तथा । चकर्त कस्यचित्केतुं कस्यचिच्चाच्छिनद्धनुः ॥ ५७
मेधावरं चतुर्भिस्तु शरैर्विद्ध्वा समं हृदि । अपातयन्महीपृष्ठे सद्योऽपहृतजीवितम् ॥ ५८

ततश्च योधयन्नन्यान्कुञ्चितोद्बद्धकुन्तलम् । शरेणाञ्जलिकेनारादूर्ध्वरोम्णः शिरोऽच्छिनत् ॥ ५९
शेषांश्च षट् तानेकैकभल्लनिर्लूनकंधरान् । हताश्वसारथीन्कृत्वा स प्रभासो न्यपातयत् ॥ ६०
पपात पुष्पवृष्टिश्च तस्य मूर्ध्नि ततो दिवः । उत्तेजितासुरनृपा विच्छायीकृतखेचरा ॥ ६१
ततोऽन्ये तत्र चत्वारः प्रेषिताः श्रुतशर्मणा । महारथाः प्रभासं तं रुन्धन्ति स्म धनुर्धराः ॥ ६२
एकः काचरको नाम कुरण्डकगिरेः पतिः । द्वितीयो दिण्डिमाली च पञ्चकाद्रिसमाश्रयः ॥ ६३
विभावसुस्तृतीयश्च राजा जयपुराचले । चतुर्थो धवलो नाम भूमितुण्डकशासिता ॥ ६४
ते महारथयूथाधिपतयः खेचरोत्तमाः । प्रभासे पञ्च पञ्चेषुशतानि मुमुचुः समम् ॥ ६५
प्रभासश्च क्रमात्तेषामेकैकस्यावहेलया । एकेन ध्वजमेकेन धनुरेकेन सारथिम् ॥ ६६
चतुर्भिरश्वानिषुणा त्वेकेनापातयच्छिरः । शरैरष्टभिरेकैकं समाप्यैवं ननाद सः ॥ ६७
अथ विद्याधरा भूयः श्रुतशर्माज्ञया युधि । अन्ये चत्वार एवास्य प्रभासस्य समागमन् ॥ ६८
एकः कुवलयश्यामः क्षेत्रे विश्वावसोर्बुधात् । जातो भद्रंकरो नाम द्वितीयश्च नियन्त्रकः ॥ ६९
उत्पन्नो जम्भकक्षेत्रे भौमादग्निनिभप्रभः । तृतीयः कालकोपाख्यः क्षेत्रे दामोदरस्य च ॥ ७०
जातः शनैश्चरात्कृष्णकृष्णः कपिलमूर्धजः । जातश्चोडुपतेः क्षेत्रे महेन्द्रसचिवाद्ग्रहात् ॥ ७१
नाम्ना विक्रमशक्तिश्च चतुर्थः कनकद्युतिः । त्रयोऽतिरथयूथाधिपतीनामेषु यूथपाः ॥ ७२
चतुर्थस्तु सहावीरस्तदभ्यधिकविक्रमः । ते च प्रभासं दिव्यास्त्रैर्योधयामासुरुद्धताः ॥ ७३
तानि नारायणास्त्रेण प्रभासोऽस्त्राण्यवारयत् । तेषां च हेलयैकैकस्याष्टकृत्वोऽच्छिनद्धनुः ॥ ७४
ततस्तत्प्रहितान्प्रासगदादीन्प्रतिहत्य सः । हताश्वसारथीन्सर्वान्विरथानकरोच्च तान् ॥ ७५
तद्दृष्ट्वा विससर्जान्याञ्छ्रुतशर्मा द्रुतं दश । रथयूथपयूथाधिपतीन्विद्याधराधिपान् ॥ ७६
दमाख्यं नियमाख्यं च स्वरूपसदृशाकृती । केतुमालेश्वरक्षेत्रे जातौ द्वावश्विनोः सुतौ ॥ ७७
विक्रमं संक्रमं चैव पराक्रममथाक्रमम् । संमर्दनं मर्दनं च प्रमर्दनविमर्दनौ ॥ ७८
क्षेत्रजान्मकरन्दस्याप्यष्टौ वसुसुतान्समान् । तेष्वागतेषु चाद्यास्तेऽप्यारोहन्नपरान्रथान् ॥ ७९
तैश्चतुर्दशभिः कृत्स्नैर्मिलितैः शरवर्षिभिः । निष्कम्प एव युयुधे प्रभासश्चित्रमेककः ॥ ८०
ततः सूर्यप्रभादेशाद्व्यूहामात्यत्यक्तसंगरौ । स कुञ्जरकुमारश्च प्रहस्तश्च धृतायुधौ ॥ ८१
उत्पत्य व्योममार्गेण धवलश्यामलाकृती । तस्योपजग्मतुः पार्श्वं रामकृष्णाविवापरौ ॥ ८२
तौ पदाती रथस्थौ द्वौ दमं च नियमं च तम् । व्याकुलीचक्रतुश्छिन्नचापौ निहतसारथी ॥ ८३
भयादारूढयोर्व्योम तयोरारोहतः स्म तौ । स कुञ्जरकुमारश्च प्रहस्तश्च धृतायुधौ ॥ ८४
तद्दृष्ट्वा रभसात्सूर्यप्रभोऽत्र प्राहिणोत्तयोः । महाबुद्ध्यचलद्बुद्धी सारथित्वे स्वमन्त्रिणौ ॥ ८५
सोऽथ प्रहस्तो दृष्ट्वा तावदृश्यावपि मायया । सिद्धाञ्जनप्रयोगेण स कुञ्जरकुमारकः ॥ ८६
तथा विव्याध बाणौघैः पलाय्य ययतुर्यथा । दमश्च नियमश्चोभौ तौ विद्याधरपुत्रकौ ॥ ८७
प्रभासो युध्यमानश्च शेषैर्द्वादशभिः सह । तेषां चकर्त कोदण्डानसकृत्कलितानपि ॥ ८८
प्रहस्तोऽभ्येत्य सर्वेषामवधीत्सारथीन्समम् । स कुञ्जरकुमारोऽपि जघानैषां तुरंगमान् ॥ ८९
ततस्तत्रारथाः सर्वे द्वादशापि समेत्य ते । हन्यमानास्त्रिभिर्वीरैः पलाय्य समराद्ययुः ॥ ९०
ततोऽन्यौ श्रुतशर्मा द्वौ रथातिरथयूथपौ । विद्याधरौ प्रेषितवान्दुःखक्रोधत्रपाकुलः ॥ ९१
एकं चन्द्रकुलाद्रीन्द्रपतेः क्षेत्रे निशाकरात् । उत्पन्नं चन्द्रगुप्ताख्यं कान्तं चन्द्रमिवापरम् ॥ ९२
धुरंधराचलाधीशक्षेत्रे जातं महाद्युतिम् । नगरंगमनामानं द्वितीयं सचिवं स्वकम् ॥ ९३
तावपि क्षिप्रबाणौघौ क्षणेन विरथीकृतौ । तैः प्रभासादिभिस्त्यक्त्वा युद्धं नष्टौ बभूवतुः ॥ ९४
ततो नदत्सु मनुजेष्वसुरेषु च स स्वयम् । आगाच्चतुर्भिः सहितः श्रुतशर्मा महारथैः ॥ ९५
महौघारोहणोत्पातवेत्रवत्संज्ञकैः क्रमात् । त्वष्टुर्भगस्य चार्यम्णः पूष्णश्चाप्यात्मसंभवैः ॥ ९६
चतुर्णां चित्रपादादिविद्याधरमहीभुजाम् । मलयाद्यद्रिनाथानां क्षेत्रजैः प्राज्यविक्रमैः ॥ ९७

ततस्तेनात्यमर्षान्धेनात्मना पञ्चमेन ते । अयुध्यन्त प्रभासाद्यास्त्रयोऽत्र श्रुतशर्मणा ॥ ९८
तदा तैर्मुक्तमन्योन्यं बाणजालं बभौ दिवि । रणलक्ष्म्या तपत्यर्के वितानकमिवाततम् ॥ ९९
ततो विद्याधरास्तेऽपि पुनस्तत्राययुर्मृधे । विरथीभूय ये नष्टा बभूवुः समरात्तदा ॥ १००
अथ तान्श्रुतशर्मादीन्मिलितानाहवे बहून् । दृष्ट्वा सूर्यप्रभोऽन्यान्स्वान्प्रभासाद्यनुपोषणे ॥ १०१
महारथान्प्रहितवान्प्रज्ञाढ्यप्रभृतीन्सखीन् । वीरसेनशतानीकमुख्यान्राजसुतांस्तदा ॥ १०२
व्योम्नात्र तेषां यातानां स च सूर्यप्रभो रथान् । भूतासनविमानेन प्रजिघाय द्युवर्त्मना ॥ १०३
ततः सर्वेषु तेष्वत्र रथारूढेषु धन्विषु । विद्याधरेन्द्राः शेषा अप्याजग्मुः श्रुतशर्मणः ॥ १०४
तेषां विद्याधरेशानां तैः प्रभासादिभिः सह । संप्रहारः प्रवृत्तोऽभून्महासैन्यक्षयावहः ॥ १०५
तत्र च द्वन्द्वसङ्ग्रामेष्वन्योन्यं सैन्ययोर्द्वयोः । हता महारथास्ते ते मानुषासुरखेचराः ॥ १०६
वीरसेनेन निहतः सानुगो धूम्रलोचनः । वीरसेनोऽपि विरथीभूतः सन्हरिशर्मणा ॥ १०७
हतो विद्याधरो वीरो हिरण्याक्षोऽभिमन्युना । अभिमन्युः सुनेत्रेण हतो हरिभटस्तथा ॥ १०८
सुनेत्रश्च प्रभासेन शिरश्छित्वा निपातितः । ज्वालामाली महायुश्चाप्यन्योन्येन हतावुभौ ॥ १०९
कुम्भीरको नीरसकः प्राहरन्दशनैरपि । खर्वश्च भुजयोश्छेदात्सुशर्मा चोग्रविक्रमः ॥ ११०
त्रयः शत्रुभटव्याघ्रभटसिंहभटा अपि । हताः प्रवहणेनैते विद्याधरमहीभृता ॥ १११
स सुरोहविरोहाभ्यां द्वाभ्यां प्रवहणो हतः । श्मशानवासिना द्वौ च हतौ सिंहबलेन तौ ॥ ११२
स प्रेतवाहनः सिंहबलः कपिलकोऽपि च । चित्रापीडस्ततो विद्याधरेन्द्रोऽथ जगज्ज्वरः ॥ ११३
ततः कान्तापतिः शूरः सुवर्णश्च महाबलः । द्वौ च कामघनक्रोधपती विद्याधरेश्वरौ ॥ ११४
बलदेवस्ततो राजा विचित्रापीड एव च । राजपुत्रशतानीकेनैते दश निपातिताः ॥ ११५
एवं हतेषु वीरेषु दृष्ट्वा विद्याधरक्षयम् । श्रुतशर्मा शतानीकमभ्यधावत्स्वयं क्रुधा ॥ ११६
ततस्तयोरा दिनान्तं सैन्यक्षयकरं महत् । आश्चर्यमपि देवानां तावद्युद्धमभूद्द्वयोः ॥ ११७
शतानि यावदुत्थाय कबन्धानां समन्ततः । भूतानां चक्रुरालम्बं संध्यानृत्तोत्सवागमे ॥ ११८

अहः क्षयेऽथ बहुसैन्यविनाशविग्ना विद्याधरा निहतबान्धवदुःखिताश्च ।
मर्त्यासुराः प्रसभलब्धजयाश्च जग्मुः संहृत्य युद्धमुभये स्वनिवेशनानि ॥ ११९
तत्कालमत्र च सुमेरुनिवेदितौ द्वौ विद्याधरावधिपती रथयूथपानाम् ।
अभ्येत्य तं परिहृतश्रुतशर्मपक्षौ सूर्यप्रभं जगदतुर्विहितप्रणामौ ॥ १२०

आवां महायानसुमायसंज्ञावुभावयं सिंहबलस्तृतीयः ।
महाश्मशानाधिपतित्वसिद्धा विद्याधरेन्द्रैरपरैरधृष्याः ॥ १२१
तेषां श्मशानान्तसुखस्थितानामस्माकमागान्निकटं कदाचित् ।
सदा प्रसन्ना शरभाननाख्या सयोगिनी दिव्यमहाप्रभावा ॥ १२२
कुत्र स्थिता त्वं वद किं च तत्र दृष्टं भवत्या भगवत्यपूर्वम् ।
सास्माभिरित्थं प्रणिपत्य पृष्टा वृत्तान्तमेवं वदति स्म देव ॥ १२३
द्रष्टुं प्रभुं स्वं सह योगिनीभिर्देवं महाकालमहं गतासम् ।
व्यजिज्ञपत्तत्र च मत्समक्षमागत्य वेतालपतिस्तमेकः ॥ १२४
अस्मन्महासैन्यपतेस्तनूजां विद्याधरेशैर्निहतस्य देव ।
पश्याग्निकाख्यस्य हरत्यकाण्डे तेजःप्रभो नाम महार्घरूपाम् ॥ १२५
सिद्धैश्च विद्याधरचक्रवर्तिपत्नी भवित्री गदिता प्रभो सा ।
तन्मोचयैनां कुरु नः प्रसादं यावन्न दूरं ह्रियते हठेन ॥ १२६
इत्यार्तवेतालवचो निशम्य प्रयात तां मोचयतेति सोऽस्मान् ।
देवः समादिक्षदथाम्बरेण गत्वैव सास्माभिरवापि कन्या ॥ १२७

सचक्रवर्तिश्रुतशर्महेतोरेतां हरामीति च तं वदन्तम् ।
संस्तभ्य तेजःप्रभवात्मशक्त्या सास्माभिरानीय विभोर्वितीर्णा ॥ १२८
तेनार्पिता च स्वजनाय कन्या दृष्टं मया काममपूर्वमेतत् ।
ततोऽत्र कांश्चिद्दिवसानुषित्वा प्रणम्य देवं तमिहागतास्मि ॥ १२९
इत्युक्तवाक्या शरभानना सा योगिन्यथास्माभिरपृच्छ्यतैवम् ।
को ब्रूहि विद्याधरचक्रवर्ती भविष्यति त्वं खलु वेत्सि सर्वम् ॥ १३०
सूर्यप्रभो हन्त भविष्यतीति प्रोक्ते तया सिंहबलोऽब्रवीन्नौ ।
असत्यमेतन्ननु बद्धकक्ष्या देवा हि सेन्द्राः श्रुतशर्मपक्षे ॥ १३१
श्रुत्वैतदार्या वदति स्म सा नौ न प्रत्ययश्चेच्छृणुतं ब्रवीमि ।
यथा भविष्यत्यचिरेण युद्धं सूर्यप्रभस्य श्रुतशर्मणश्च ॥ १३२
हनिष्यते सिंहबलो यदायं युष्मत्समक्षं युधि मानुषेण ।
युवामभिज्ञानमिदं विलोक्य विज्ञास्यथः सत्यमिदं वचो मे ॥ १३३
एतावदुक्त्वा किल योगिनी सा ययौ च यातानि च तान्यहानि ।
प्रत्यक्षमद्येह च दृष्टमेतन्मर्त्येन यत्सिंहबलो हतोऽसौ ॥ १३४
तत्प्रत्ययान्निश्चितमेव मत्वा त्वामेव सर्वद्युचराधिराजम् ।
आवामिमौ पादसरोजयुग्मं समाश्रितौ शासनवर्तिनौ ते ॥ १३५
इत्युक्तवन्तौ स मयादियुक्तः सूर्यप्रभस्तावथ खेचरेन्द्रौ ।
श्रद्धाय संमानितवान्यथार्हं हृष्टौ महायानसुमायकौ द्वौ ॥ १३६
तच्छ्रुत्वा श्रुतशर्मणोऽत्र सुतरामुद्वेगभाजो व्यधा-
दाश्वासं किल दूत्यया शतमखः संप्रेष्य विश्वावसुम् ।
धीरस्त्वं भव सर्वदेवसहितः प्रातः करिष्यामि ते
साहाय्यं रणमूर्धनीति धृतिकृत्संदेश्य तत्स्नेहतः ॥ १३७
स च परबलभेदालोकनोत्पन्नतोषः समरशिरसि दृष्धारातिपक्षक्षयश्च ।
पुनरपि निजकान्ताः प्रोज्झ्य सूर्यप्रभस्ता निशि सचिवसमेतो वासकं स्वं विवेश ॥ १३८

इति महाकविश्रीसोमदेवभट्टविरचिते कथासरित्सागरे सूर्यप्रभलम्बके पञ्चमस्तरङ्गः ।

षष्ठस्तरङ्गः ।

ततः स रात्रावस्त्रीकः शयनस्थो रणोन्मुखः । सूर्यप्रभः स्वसचिवं वीतभीतिमभाषत ॥ १
निद्रा मे नास्ति तत्कांचित्सत्त्ववीराश्रितां सखे । कथामपूर्वामाख्याहि रात्रावस्यां विनोदिनीम् ॥ २
एतत्सूर्यप्रभवचो वीतभीतिर्निशम्य सः । यथाज्ञापयसीत्युक्त्वा कथां कथितवानिमाम् ॥ ३
अस्त्यलंकृतिरेतस्यां पृथ्व्यामुज्जयिनी पुरी । रत्नैरशेषैर्निचिता सुनिर्मलगुणोम्भितैः ॥ ४
तस्यामभून्महासेनो नाम राजा गुणिप्रियः । कलानां चैकनिलयः सूर्येन्दूभयरूपधृक् ॥ ५
तस्याशोकवती नाम राज्ञी प्राणसमाभवत् । यस्या रूपेण सदृशी नासीदन्या जगत्त्रये ॥ ६
तया देव्या समं तस्य राज्यं राज्ञोऽनुशासतः । गुणशर्माभिधानोऽभूद्विप्रो मान्यस्तथा प्रियः ॥ ७
स च शूरोऽतिरूपश्च वेदविद्यान्तगो युवा । कलाशस्त्रास्त्रविद्विप्रः सिषेवे तं नृपं सदा ॥ ८
एकदान्तःपुरे नृत्तकथाप्रस्तावतः स तम् । राजा राज्ञी च पार्श्वस्थं गुणशर्माणमूचतुः ॥ ९
सर्वज्ञस्त्वं न दोलात्र तदस्माकं कुतूहलम् । नर्तितुं चेद्विजानासि तत्प्रसीदाद्य दर्शय ॥ १०
एतच्छ्रुत्वा स्मितमुखो गुणशर्मा जगाद तौ । जानामि किं तु तद्युक्तमस्ति नृत्तं न संसदि ॥ ११
हासनं मूढनृत्तं तत्प्रायशः शास्त्रगर्हितम् । तत्रापि राज्ञः पुरतो राज्ञ्याश्च विगहो त्रपा ॥ १२

इत्युक्तवन्तं तं राजा गुणशर्माणमत्र सः । प्रत्युवाच तया राज्ञ्या प्रेर्यमाणः कुतूहलात् ॥ १३
नेदं रङ्गादिनृत्तं तद्यत्स्यात्पुंसस्त्रपावहम् । मित्रगोष्ठी रहस्येषा स्ववैदग्ध्यप्रदर्शिनी ॥ १४
न चाहं भवतो राजा त्वं मे मित्रं ह्ययन्त्रणम् । तन्नाद्य भोक्ष्ये भावत्कमदृष्ट्वा नृत्तकौतुकम् ॥ १५
इति बद्धग्रहे राज्ञि स विप्रोऽङ्गीचकार तत् । कथं हि लङ्घ्यते भृत्यैर्ग्रहिकस्य प्रभोर्वचः ॥ १६
ततः स गुणशर्मात्र ननर्ताङ्गैर्युवा तथा । राजा राज्ञी च चित्तेन तौ द्वौ ननृततुर्यथा ॥ १७
तदन्ते च ददौ राजा वादनायास्य वल्लकीम् । तस्यां च सारणामेष ददद्देवाब्रवीन्नृपम् ॥ १८
देवाप्रशस्ता वीणेयं तदन्या दीयतां मम । अस्यास्तन्त्र्यां यदेतस्यां श्ववालो विद्यतेऽन्तरे ॥ १९
अहं ह्येतद्विजानामि तन्त्रीझांकारलक्षणैः । इत्युक्त्वा गुणशर्माङ्कात्तां विपञ्चीं मुमोच सः ॥ २०
ततः स सिक्त्वा तन्त्रीं तां यावदुद्वेष्ट्य भूपतिः । वीक्षते निरगात्तावद्वालस्तद्गर्भतः शुनः ॥ २१
ततः सर्वज्ञतां तस्य प्रशंसन्सोऽतिविस्मितः । वीणामानाययामास महासेननृपोऽपराम् ॥ २२
तां स वादितवान्गायन्गुणशर्मा त्रिमार्गगाम् । गङ्गामिवौघसुभगां कर्णपावननिःस्वनाम् ॥ २३
ततश्चित्रीयमाणाय राज्ञे तस्मै सजानये । दर्शयामास शस्त्रास्त्रविद्या अपि स तत्क्रमात् ॥ २४
अथावोचत्स राजा तं नियुद्धं यदि वेत्सि तत् । एकं मे बन्धकरणं शून्यहस्तं प्रदर्शय ॥ २५
गृहाण देव शस्त्राणि मयि प्रहर च क्रमात् । यावत्ते दर्शयामीति स विप्रः प्रत्युवाच तम् ॥ २६
ततः स राजा खड्गादि यद्यदायुधमग्रहीत् । तत्तत्प्रहरतस्तस्य गुणशर्मावहेलया ॥ २७
तेनैव बन्धकरणेनापहृत्यापहृत्य सः । बबन्ध राज्ञो हस्तं च गात्रं चाप्यक्षतो मुहुः ॥ २८
ततस्तं राज्यसाहाय्यसहं मत्वा द्विजोत्तमम् । संस्तुवन्बहु मेने स राजा सर्वातिशायिनम् ॥ २९
सा त्वशोकवती राज्ञी तस्य रूपं गुणांश्च तान् । दृष्ट्वा दृष्ट्वा द्विजस्याभूत्सद्यस्तद्गतमानसा ॥ ३०
एतं चेत्प्राप्नुयां नाहं तत्किं मे जीविते फलम् । इति संचिन्त्य युक्त्या सा राजानमिदमब्रवीत् ॥ ३१
आर्यपुत्र प्रसीदाज्ञां देह्यस्मै गुणशर्मणे । यथा मां शिक्षयत्येष वीणां वादयितुं प्रभो ॥ ३२
अस्यैतदद्य दृष्ट्वा हि वीणावादननैपुणम् । उत्पन्नः कोऽप्ययं तत्र मम प्राणाधिको रसः ॥ ३३
तच्छ्रुत्वा गुणशर्माणं स राजा निजगाद तम् । वल्लकीवादनं देवीमिमां शिक्षय सर्वथा ॥ ३४
यथादिशसि कुर्मोऽत्र प्रारम्भं सुशुभेऽहनि । इत्युक्त्वामन्त्र्य स नृपं गुणशर्मा गृहं ययौ ॥ ३५
वीणारम्भावहारं तु चक्रे स दिवसान्बहून् । दृष्टिमन्यादृशीं राज्ञ्याः प्रेक्ष्यापनयशङ्कितः ॥ ३६
एकस्मिंश्च दिने राज्ञो भुञ्जानस्यान्तिके स्थितः । व्यञ्जनं ददतं सूदमेकं मा मेत्यवारयत् ॥ ३७
किमेतदिति पृष्टश्च राज्ञा प्राज्ञो जगाद सः । सविषं व्यञ्जनमिदं मया ज्ञातं च लक्षणैः ॥ ३८
सूदेन मम दृष्टं हि व्यञ्जनं ददतामुना । मुखं भयसकम्पेन शङ्काचकितदृष्टिना ॥ ३९
दृश्यते चाधुनैवैतत्कस्मैचिद्दीयतामिदम् । भोजनव्यञ्जनं यस्य निर्हरिष्याम्यहं विषम् ॥ ४०
इत्युक्ते तेन राजा स सूपकारं तमेव तत् । व्यञ्जनं भोजयामास भुक्त्वा तच्च मुमूर्च्छे सः ॥ ४१
मन्त्रापास्तविषस्तेन ततः स गुणशर्मणा । राज्ञा पृष्टो यथातत्त्वमेवं वक्ति स्म सूपकृत् ॥ ४२
देवाहं गौडपतिना राज्ञा विक्रमशक्तिना । विषं प्रयोक्तुं प्रहितो युष्माकमिह वैरिणा ॥ ४३
सोऽहं वैदेशिको भूत्वा कुशलः सूदकर्मणि । देवायात्मानमावेद्य प्रविष्टोऽत्र महानसे ॥ ४४
तच्चाद्य दददेषाहं विषं व्यञ्जनमध्यगम् । लक्षितो धीमतानेन प्रभुर्जानात्यतः परम् ॥ ४५
इत्युक्तवन्तं तं सूदं निगृह्य गुणशर्मणे । प्रीतो ग्रामसहस्रं स प्राणदाय ददौ नृपः ॥ ४६
अन्येद्युश्चानुबध्नन्त्या राज्ञ्या राजा स यत्नतः । वीणाया गुणशर्माणं शिक्षारम्भमकारयत् ॥ ४७
ततः शिक्षयतस्तस्य वीणां सा गुणशर्मणः । राज्ञी विलासहासादि चक्रेऽशोकवती सदा ॥ ४८
एकदा सा कररुहैर्विध्यन्ती विजने मुहुः । उवाच वारयन्तं तं धीरं स्मरशरातुरा ॥ ४९
वीणावाद्यापदेशेन त्वं सुन्दर मयार्थितः । त्वयि गाढोऽनुरागो हि जातो मे तद्भजस्व माम् ॥ ५०
एवमुक्तवतीं राज्ञीं गुणशर्मा जगाद ताम् । मैवं वादीर्मम त्वं हि स्वामिदारा न चेदृशम् ॥ ५१

असादृशः प्रभुद्रोहं कुर्याद्विरम साहसात् । इत्यूचिवांसं सा राज्ञी गुणशर्माणमाह तम् ॥ ५२
किमिदं निष्फलं रूपं वैदग्ध्यं च कलासु ते । मामीदृशीं प्रणयिनीं नीरसोपेक्षसे कथम् ॥ ५३
तच्छ्रुत्वा गुणशर्मा तां सोपहासमभाषत । सुष्ठूक्तं तस्य रूपस्य वैदग्ध्यस्य च किं फलम् ॥ ५४
परदारापहारेण यन्नाकीर्तिमलीमसम् । इहामुत्र च यन्न स्यात्पाताय नरकार्णवे ॥ ५५
इत्युक्ते तेन सा राज्ञी सकोपेव तमब्रवीत् । मरणं मे ध्रुवं तावन्मद्वचस्यकृते त्वया ॥ ५६
तदहं मारयित्वा त्वां मरिष्याम्यवमानिता । गुणशर्मा ततोऽवादीत्कामं भवतु नाम तत् ॥ ५७
वरं यद्धर्मपाशेन क्षममेकं हि जीवितम् । परं न यदधर्मेण कल्पकोटिशतान्यपि ॥ ५८
श्लाघ्यश्चाकृतपापस्य मम मृत्युरगर्हितः । न पुनः कृतपापस्य गर्हितं राजशासनम् ॥ ५९
एतच्छ्रुत्वापि सा राज्ञी पुनरेवमुवाच तम् । आत्मनो मम च द्रोहं मा कृथाः शृणु वच्मि ते ॥ ६०
नातिक्रामति राजायमशक्यमपि मद्वचः । तदस्य कृत्वा विज्ञप्तिं विषयान्दापयामि ते ॥ ६१
कारयामि च सामन्तान्सर्वांस्त्वदनुयायिनः । तेन संपत्स्यसे राजा त्वमेवेह गुणोज्ज्वलः ॥ ६२
ततस्ते किं भयं कस्त्वां कथं परिभविष्यति । तन्मां भजस्व निःशङ्कमन्यथा नभविष्यसि ॥ ६३
इति तां ब्रुवतीं मत्वा सानुबन्धां नृपाङ्गनाम् । गुणशर्माब्रवीद्युक्त्या तत्क्षणं स व्यपोहितुम् ॥ ६४
यदि तेऽत्यन्तनिर्बन्धस्तत्करिष्ये वचस्तव । प्रतिभेदभयाद्देवि सहसा तु न युज्यते ॥ ६५
सहस्व दिवसान्कांश्चित्सत्यं जानीहि मद्वचः । सर्वनाशफलेनार्थस्त्वद्विरोधेन को मम ॥ ६६
इत्याशया तां संतोष्य प्रतिपन्नवचास्तया । गुणशर्मा स निर्गत्य ययावुच्छ्वसितस्ततः ॥ ६७
ततो दिनेषु गच्छत्सु स महासेनभूपतिः । गत्वैव वेष्टयामास कोट्टस्थं सोमकेश्वरम् ॥ ६८
तत्र प्राप्तं विदित्वा च गौडनाथः स भूपतिः । एत्य विक्रमशक्तिस्तं महासेनमवेष्टयत् ॥ ६९
ततः स गुणशर्माणं महासेननृपोऽब्रवीत् । एकं रुद्ध्वा स्थिताः सन्तो रुद्धाः स्मोऽन्येन शत्रुणा ॥ ७०
तदिदानीमपर्याप्ताः कथं युध्यामहे द्वयोः । अयुद्धे रुद्धके वीर स्थास्यामश्च कियच्चिरम् ॥ ७१
तदस्मिन्संकटेऽस्माभिः किं कार्यमिति तेन सः । पृष्टः पार्श्वस्थितो राज्ञा गुणशर्माभ्यभाषत ॥ ७२
धीरो भव करिष्यामि देवोपायं तथाविधम् । येनास्मान्निस्तरिष्यामः संकटादपि कार्यतः ॥ ७३
इत्याश्वास्य नृपं दत्त्वा सोऽन्तर्धानाञ्जनं दृशोः । रात्रौ विक्रमशक्तेस्तददृश्यः कटकं ययौ ॥ ७४
प्रविश्य चान्तिकं तस्य सुप्तं च प्रतिबोध्य तम् । जगाद विद्धि मां राजन्देवदूतमुपागतम् ॥ ७५
संधिं कृत्वा महासेननृपेणापसर द्रुतम् । अन्यथा ते ससैन्यस्य नाशः स्यादिह निश्चितम् ॥ ७६
प्रेषिते च त्वया दूते स संधिं तेऽनुमंस्यते । इति वक्तुं भगवता विष्णुना प्रहितोऽस्मि ते ॥ ७७
भक्तस्त्वं च स भक्तानां योगक्षेममवेक्षते । तच्छ्रुत्वा चिन्तितं तेन राज्ञा विक्रमशक्तिना ॥ ७८
निश्चितं सत्यमेवैतद्दुष्प्रवेशेऽन्यथा कथम् । इह यः प्रविशेत्कश्चिन्नैषा मर्त्योचिताकृतिः ॥ ७९
इत्यालोच्य स तं प्राह राजा धन्योऽस्मि यस्य मे । देवः समादिशत्येवं यथादिष्टं करोमि तत् ॥ ८०
इति वादिन एवास्य राज्ञः प्रत्ययमादधत् । अञ्जनान्तर्हितो भूत्वा गुणशर्मा ततो ययौ ॥ ८१
गत्वा यथाकृतं तच्च महासेनाय सोऽभ्यधात् । सोऽप्यभ्यनन्दत्कण्ठे तं गृहीत्वा प्राणराज्यदम् ॥ ८२
प्रातर्विक्रमशक्तिश्च स दूतं प्रेष्य भूपतिः । महासेनेन संधाय ससैन्यः प्रययौ ततः ॥ ८३
महासेनोऽपि जित्वा तं सोमकं प्राप्य हस्तिनः । अश्वांश्चोज्जयिनीमागात्प्रभावाद्गुणशर्मणः ॥ ८४
तत्रस्थं च नदीस्नाने ग्राहादुपवने च तम् । सर्पदंशविषाद्भूपं गुणशर्मा ररक्ष सः ॥ ८५
गतेष्वथ दिनेष्वाप्तबलो राजा स वैरिणम् । महासेनोऽभियोक्तुं तं ययौ विक्रमशक्तिकम् ॥ ८६
सोऽपि बुद्ध्वैव तस्याग्रे नृपो युद्धाय निर्ययौ । ततः प्रववृते तत्र सङ्ग्रामोऽतिमहांस्तयोः ॥ ८७
क्रमाच्च द्वन्द्वयुद्धेन मिलितौ तावुभावपि । राजानौ सहसाभूतामन्योन्यं विरथीकृतौ ॥ ८८
ततस्तयोर्धावितयोः प्रकोपात्खड्गहस्तयोः । आकुलत्वेन चस्खाल महासेननृपः क्षितौ ॥ ८९
स्खलितेऽस्मिन्प्रहरतश्चक्रेण भुजमच्छिनत् । राज्ञो विक्रमशक्तेः स गुणशर्मा सखड्गकम् ॥ ९०

पुनश्च हृदि हत्वा तं परिघेण न्यपातयत्। तत्रोत्थाय महासेनो राजा दृष्ट्वा तुतोष सः ॥ ९१
किं वच्मि पञ्चमं वारमिदं प्राणा इमे मम। विप्रवीर त्वया दत्ता इति तं चावदन्मुहुः ॥ ९२
ततो विक्रमशक्तेस्तत्तस्य सैन्यं सराष्ट्रकम्। आचक्राम महासेनो हतस्य गुणशर्मणा ॥ ९३
आक्रम्य चान्यान्नृपतीन्सहाये गुणशर्मणि। आगत्योज्जयिनीं तस्थौ स राजा सुखितस्तदा ॥ ९४
सा त्वशोकवती राज्ञी सोत्सुका गुणशर्मणः। विरराम न निर्बन्धप्रार्थनातो दिवानिशम् ॥ ९५
स तु नाङ्गीचकारैव तदकार्यं कथंचन। देहपातमपीच्छन्ति सन्तो नाविनयं पुनः ॥ ९६
ततोऽशोकवती बुद्ध्वा निश्चयं तस्य वैरतः। एकदा व्याजखेदं सा कृत्वा तस्थौ रुदन्मुखी ॥ ९७
प्रविष्टोऽथ महासेनस्तामालोक्य तथास्थिताम्। पप्रच्छ राजा किमिदं प्रिये केनासि कोपिता ॥ ९८
ब्रूहि तस्य करोम्येष धनैः प्राणैश्च निग्रहम्। इति ब्रुवाणं तं भूपं राज्ञी कृच्छ्रादिवाह सा ॥ ९९
येन मेऽपकृतं तस्य नैव त्वं निग्रहे क्षमः। न स तादृक्तदेतेन मिथ्यैवोद्धाटितेन किम् ॥ १००
इत्युक्त्वा सानुबन्धे सा राज्ञि मिथ्यैवमब्रवीत्। आर्यपुत्रातिनिर्बन्धो यदि ते वच्मि तच्छृणु ॥ १०१
अर्थं गौडेश्वरात्प्राप्तुं तेन संस्थाप्य संविदम्। गुणशर्मा तव द्रोहं कर्तुमैच्छच्छलादतः ॥ १०२
तं च कोषनिबन्धादि गौडं कारयितुं नृपम्। विससर्ज स दूतं स्वं गुप्तमाप्तं द्विजाधमः ॥ १०३
तं दृष्ट्वा तत्र सूदस्तमाप्तो राजानमभ्यधात्। अहं ते साधयाम्येतत्कार्यं मार्थक्षयं कृथाः ॥ १०४
इत्युक्त्वा बन्धयित्वा तं स दूतं गुणशर्मणः। सूदो मन्त्रस्रुतिं रक्षन्निहागाद्विषदायकः ॥ १०५
तन्मध्ये च पलाय्यैव ततो निर्गत्य बन्धनात्। गुणशर्मान्तिकं दूतस्तदीयः सोऽप्युपागमत् ॥[1] १०६
तेनाधिगतवृत्तान्तेनोक्त्वा सर्वं स दर्शितः। सूदो महानसेऽस्माकं प्रविष्टो गुणशर्मणे ॥ १०७
ततो ज्ञात्वा स धूर्तेन सूपकृद्ब्रह्मबन्धुना। विषदानोद्यतस्तेन तुभ्यमावेद्य घातितः ॥ १०८
अद्य तस्येह सूदस्य मातृभार्ये तथानुजाम्। वार्तामन्वेष्टुमायातान्गुणशर्मा स बुद्धिमान् ॥ १०९
बुद्ध्वा तेन हता तस्य भार्या माता च सोऽस्य तु। भ्राता पलायितो दैवात्प्रविशन्मम मन्दिरम् ॥ ११०
तेन तद्वर्ण्यते यावत्सर्वं मे शरणार्थिना। गुणशर्मा स मद्वासगृहं तावत्प्रविष्टवान् ॥ १११
तं दृष्ट्वा नाम च श्रुत्वा भ्राता सूदस्य तस्य सः। भयान्निर्गत्य मत्पार्श्वान्न जाने क पलायितः ॥ ११२
गुणशर्मापि तं दृष्ट्वा स्वभृत्यैः पूर्वदर्शितम्। अभूत्सद्यः सवैलक्ष्यो विमृशन्निव किंचन ॥ ११३
गुणशर्मन्किमद्यैवमन्यादृश इवेक्ष्यसे। इत्यपृच्छमहं तं च जिज्ञासुर्विजने ततः ॥ ११४
सोऽथ स्वीकर्तुकामो मामाह स्वोद्भेदशङ्कितः। देवि त्वदनुरागाग्निदग्धोऽहं तद्भजस्व माम् ॥ ११५
अन्यथाहं न जीवेयं देहि मे प्राणदक्षिणाम्। इत्युक्त्वा वासके शून्ये पादयोरपतत्स मे ॥ ११६
ततोऽहं पादमाक्षिप्य संभ्रमाद्यावदुत्थिता। तावदुत्थाय तेनाहमबलालिङ्गिता बलात् ॥ ११७
तत्क्षणं च प्रविष्टा मे चेटी पल्लविकान्तिकम्। तां दृष्ट्वैव स निष्क्रम्य गुणशर्मा भयाद्गतः ॥ ११८
यदि पल्लविका नात्र प्रावेक्ष्यत्तत्स निश्चितम्। अध्वंसयिष्यत्पापो मामित्येवं वृत्तमद्य मे ॥ ११९
इत्युक्त्वा सा मृषा राज्ञी विरराम रुरोद च। आदावसत्यवचनं पश्चाज्जाता हि कुस्त्रियः ॥ १२०
राजा च स तदाकर्ण्य जज्वाल झटिति क्रुधा। स्त्रीवचःप्रत्ययो हन्ति विचारं महतामपि ॥ १२१
अब्रवीच्च स कान्तां स्वां समाश्वसिहि सुन्दरि। तस्यावश्यं करिष्यामि द्रोहिणो वधनिग्रहम् ॥ १२२
किं तु युक्त्या स हन्तव्यो भवेदपयशोऽन्यथा। ख्यातं हि यत्पञ्चकृत्वो दत्तं मे तेन जीवितम् ॥ १२३
त्वदास्कन्दनदोषश्च लोके वक्तुं न युज्यते। इत्युक्त्वा तेन राज्ञा सा राज्ञी तं प्रत्यभाषत ॥ १२४
अवाच्य एष दोषश्चेत्तदाऽवाच्योऽस्य सोऽपि किम्। यो गौडेश्वरसख्येन प्रभुद्रोहे समुद्यमः ॥ १२५
एवमुक्ते तया युक्तमुक्तमित्यभिधाय सः। ययौ राजा महासेनो निजमास्थानसंसदम् ॥ १२६
तत्र सर्वे समाजग्मुर्दर्शनायास्य भूपतेः। राजानो राजपुत्राश्च सामन्ता मन्त्रिणस्तथा ॥ १२७
तावच्च गुणशर्मापि गृहाद्राजकुलं प्रति। आगान्मार्गे च सुबहून्यनिमित्तान्यवैक्षत ॥ १२८

१. 'गुणशर्मणः' इत्यस्मादग्रे पुस्तकान्तरे एकश्लोकस्य त्रुटिर्विद्यमस्ति.

वामस्तस्याभवत्काकः श्वा वामाद्दक्षिणं ययौ। दक्षिणोऽहिरभूद्वामः सस्कन्धश्चास्फुरद्भुजः॥ १२९
अशुभं सूचयन्त्येतान्यनिमित्तानि मे ध्रुवम्। तन्ममैवास्तु यत्किंचिन्मा भूद्राज्ञस्तु मत्प्रभोः॥ १३०
इत्यन्तश्चिन्तयन्सोऽथ नृपस्यास्थानमाविशत्। मा स्याद्राजकुले किंचिद्विरुद्धमिति भक्तितः॥ १३१
प्रणम्यात्रोपविष्टं च न तं राजा स पूर्ववत्। अभ्यनन्ददपश्यत्तु तिर्यक्क्रोधेद्धया दृशा॥ १३२
किमेतदिति तस्मिंश्च गुणशर्मणि शङ्किते। स उत्थायासनाद्राजा तस्य स्कन्ध उपाविशत्॥ १३३
विस्मितांश्चाब्रवीत्सभ्याञ्श्रूयतां मे गुणशर्मणः। शृणुतेति ततस्तं स गुणशर्मा व्यजिज्ञपत्॥ १३४
भृत्योऽहं त्वं प्रभुस्तन्नौ व्यवहारः कथं समः। अधितिष्ठासनं पश्चाद्यथेच्छसि तथादिश॥ १३५
इति धीरेण तेनोक्तो मन्त्रिभिश्च प्रबोधितः। अध्यास्ते स्मासनं राजा पुनः सभ्यानुवाच च॥ १३६
विदितं तावदेतद्वो मन्त्रिणो यत्क्रमागतान्। विहाय गुणशर्मायं तावदात्मसमः कृतः॥ १३७
श्रूयतां मम चैतेन कीदृग्दूतगतागतैः। गौडेश्वरेण कृत्वैक्यं द्रोहः कर्तुमचिन्त्यत॥ १३८
इत्युक्त्वा वर्णयामास तत्तेभ्यः स महीपतिः। यदशोकवती तस्मै जगाद रचितं मृषा॥ १३९
योऽप्यात्मध्वंसनाक्षेपस्तया तस्य मृषोदितः। निष्कास्य लोकानाप्तेभ्यः सोऽप्युक्तस्तेन भूभुजा॥ १४०
ततः स गुणशर्मा तमुवाचासत्यमीदृशम्। देव केनासि विज्ञप्तः खचित्रं केन निर्मितम्॥ १४१
तच्छ्रुत्वैव नृपोऽवादीत्पाप सत्यं न चेदिदम्। चरुभाण्डान्तरस्थं तत्कथं ज्ञातं विषं त्वया॥ १४२
प्रज्ञया ज्ञायते सर्वमित्युक्ते गुणशर्मणा। अशक्यमेतदित्यूचुस्तद्द्वेषेणान्यमन्त्रिणः॥ १४३
देव तत्त्वमनन्विष्य वक्तुमेवं न ते क्षमम्। प्रभुश्च निर्विचारश्च नीतिज्ञैर्न प्रशस्यते॥ १४४
इत्यस्य वदतो भूयः स राजा गुणशर्मणः। धावित्वा छुरिकाघातं ददौ धृष्ट इति ब्रुवन्॥ १४५
तस्मिन्प्रहारे करणप्रयोगात्तेन वञ्चिते। अन्ये तु प्रहरन्ति स्म वीरे तस्मिन्नृपानुगाः॥ १४६
स चापि युद्धकरणैर्वञ्चयित्वा कृपाणिकाः। गुणशर्मा समं तेषां सर्वेषामप्यपाहरत्॥ १४७
बबन्ध चैतानन्योन्यकेशपाशेन वेष्टितान्। कृत्वा करणयुक्त्यैव चित्रशिक्षितलाघवः॥ १४८
निर्ययौ च ततस्तस्याः प्रसह्य नृपसंसदः। जघान शतमात्रं च योधानामनुधावताम्॥ १४९
ततो दत्त्वाञ्चलस्थं तदन्तर्धानाञ्जनं दृशोः। अदृश्यः प्रययौ तस्माद्देशात्तत्क्षणमेव सः॥ १५०
दक्षिणापथमुद्दिश्य गच्छंश्चाचिन्तयत्पथि। नूनं तयाशोकवत्या मूढोऽसौ प्रेरितो नृपः॥ १५१
अहो विषादप्यधिकाः स्त्रियो रक्तविमानिताः। अहो असेव्याः साधूनां राजानोऽतत्त्वदर्शिनः॥ १५२
इत्यादि चिन्तयन्प्राप गुणशर्मा कथंचन। ग्रामं तत्र वटस्याधो ददर्शैकं द्विजोत्तमम्॥ १५३
शिष्यानध्यापयन्तं तमुपसृत्याभ्यवादयत्। सोऽपि तं विहितातिथ्यः पप्रच्छ ब्राह्मणः क्षणात्॥ १५४
हे ब्रह्मन्कतमां शाखामधीषे कथ्यतामिति। ततः स गुणशर्मा तं ब्राह्मणं प्रत्यवोचत॥ १५५
पठामि द्वादश ब्रह्मञ्शाखा द्वे सामवेदतः। ऋग्वेदाद्द्वे यजुर्वेदात्सप्त चैकामथर्वतः॥ १५६
तच्छ्रुत्वा तर्हि देवस्त्वमित्युक्त्वा ब्राह्मणोऽथ सः। आकुल्या कथितोत्कर्षं प्रह्वः पप्रच्छ तं पुनः॥ १५७
को देशः कोऽन्वयो ब्रूहि जन्मनालंकृतस्त्वया। किं ते नाम कथं चेयत्त्वयाधीतं क्व वा वद॥ १५८
तच्छ्रुत्वा गुणशर्मा तमुवाचोज्जयिनीपुरि। आदित्यशर्मनामासीत्कोऽपि ब्राह्मणपुत्रकः॥ १५९
पिता तस्य च बालस्य सतः पञ्चत्वमाययौ। माता तेन समं पत्या विवेश च हुताशनम्॥ १६०
ततः स ववृधे तस्यां पुरि मातुलवेश्मनि। आदित्यशर्माधीयानो वेदान्विद्याः कलास्तथा॥ १६१
प्राप्तविद्यस्य तस्यात्र जपव्रतनिषेविणः। प्रव्राजकेन केनापि सख्यं समुदपद्यत॥ १६२
स परिव्राट् समं तेन मित्रेणादित्यशर्मणा। गत्वा पितृवने होमं यक्षिणीसिद्धये व्यधात्॥ १६३
तत्र तस्याविरासीच्च कार्तस्वरविमानगा। वरकन्यापरिवृता दिव्यकन्या स्वलंकृता॥ १६४
सा तं मधुरया वाचा बभाषे मस्करिन्नहम्। विद्युन्मालाभिधा यक्षी यक्षिण्यश्चापरा इमाः॥ १६५
तदितो मत्परीवाराद्गृहाणैकां यथारुचि। एतावदेव सिद्धं ते मन्त्रसाधनयानया॥ १६६
त्वया हि नैव विज्ञातं पूर्णं मन्मन्त्रसाधनम्। अतोऽहं ते न सिद्धैव मान्यं क्लेशं वृथा कृथाः॥ १६७

एवमुक्तस्तया यक्ष्या परिव्राडनुमान्य सः। यक्षिणीमग्रहीदेकां तस्मात्तत्परिवारतः॥ १६८
ततश्च विद्युन्माला सा तिरोऽभूत्तां च यक्षिणीम्। आदित्यशर्मा पप्रच्छ सिद्धा प्रव्राजकस्य या॥ १६९
अप्यस्ति विद्युन्मालातो यक्षिणी काचिदुत्तमा। तच्छ्रुत्वा यक्षिणी सा तं प्रत्युवाचास्ति सुन्दर॥ १७०
विद्युन्माला चन्द्रलेखा तृतीया च सुलोचना। उत्तमा यक्षिणीष्वेता एतास्वपि सुलोचना॥ १७१
इत्युक्त्वा सा यथाकालमागन्तुं यक्षिणी ययौ। आदित्यशर्मणा साकमगात्प्रव्राट् च तद्गृहम्॥ १७२
तत्र प्रतिदिनं तस्मै प्रीता प्रव्राजकाय सा। प्रायच्छद्यक्षिणी भोगानिष्टान्कालोपगामिनी॥ १७३
एकदादित्यशर्मा च प्रव्राजकमुखेन ताम्। सुलोचनामन्त्रविधिं को जानातीति पृष्टवान्॥ १७४
सापि तन्मुख एवास्मै यक्षिण्येवं किलाब्रवीत्। अस्ति तुम्बवनं नाम स्थानं दक्षिणदिग्भुवि॥ १७५
तत्रास्ति विष्णुगुप्ताख्यो वेणातीरकृतास्पदः। प्रव्राजको भदन्ताग्र्यः स तद्वेत्ति सविस्तरम्॥ १७६
बुद्ध्वैतद्यक्षिणीवाक्यात्तं देशं चोत्सुको ययौ। आदित्यशर्मानुगतः प्रीत्या प्रव्राजकेन सः॥ १७७
तत्रान्विष्य यथावत्तं भदन्तमभिगम्य च। परिचर्यापरो भक्त्या त्रीणि वर्षाण्यसेवत॥ १७८
उपाचरच्च यक्षिण्या परिव्राट्सिद्धया तया। यथोपयोगोपहृतैरुपचारैरमानुषैः॥ १७९
ततस्तुष्टो भदन्तोऽसौ तस्मायादित्यशर्मणे। ददौ सुलोचनामन्त्रमर्थितं सविधानकम्॥ १८०
ततश्चादित्यशर्मा तं मन्त्रं प्राप्य समाप्य च। होमं चकार संपूर्णं गत्वैकान्ते यथाविधि॥ १८१
ततस्तस्य विमानस्था यक्षिणी सा सुलोचना। प्रादुर्बभूव रूपेण जगदाश्चर्यदायिना॥ १८२
जगाद चैतमेह्येहि सिद्धाहं तव किं पुनः। षण्मासं कन्यकाभावो नापनेयो मम त्वया॥[1] १८३
यदि मत्तो महावीरमृद्धिपात्रं सुलक्षणम्। सर्वज्ञकल्पमजितं पुत्रं संप्राप्तुमिच्छसि॥ १८४
इत्युक्त्वा सा तथेत्येनमुक्तवन्तं च यक्षिणी। आदायादित्यशर्माणं विमानेनालकां ययौ॥ १८५
स च तत्र समीपस्थां तां पश्यन्नास्त सर्वदा। आदित्यशर्मा षण्मासानसिधाराव्रतं चरन्॥ १८६
ततस्तुष्टो धनाध्यक्षो दिव्येन विधिना स्वयम्। आदित्यशर्मणे तस्मै व्यतरत्तां सुलोचनाम्॥ १८७
तस्यां तस्य द्विजस्यात्र जातोऽयमहमात्मजः। पित्रा च मे कृतं नाम गुणशर्मेति सद्गुणात्॥ १८८
ततस्तत्रैव यक्षाधिपतेर्मणिधराभिधात्। क्रमाद्वेदाश्च विद्याश्च कलाश्चाधिगता मया॥ १८९
अथैकदा किमप्यागाच्छक्रोऽत्र धनदान्तिकम्। उदतिष्ठंश्च तं दृष्ट्वा ये तत्रासत केचन॥ १९०
मत्पितादित्यशर्मा तु तत्कालं विधियोगतः। अन्यत्र गतचित्तत्वान्नोदतिष्ठत्ससंभ्रमः॥ १९१
ततस्तमशपत्क्रुद्धः स शक्रो धिग्जड व्रज। त्वमेव मर्त्यलोकं तं नेह योग्यो भवानिति॥ १९२
प्रणिपत्यानुनीतोऽथ स सुलोचनया तया। शक्रोऽब्रवीत्तर्हि मा गान्मर्त्यलोकमयं स्वयम्॥ १९३
एतत्पुत्रस्तु यात्वेष पुत्रो ह्यात्मैव कथ्यते। मा भून्मद्वचनं मोघमित्युक्त्वेन्द्रः शमं ययौ॥ १९४
ततः पित्राहमानीय निजमातुलवेश्मनि। उज्जयिन्यां विनिक्षिप्तो भवितव्यं हि यस्य तत्॥ १९५
तत्राजायत सख्यं मे राज्ञात्रत्येन दैवतः। ततोऽत्र मम यद्वृत्तं तत्सर्वं शृणु वच्मि ते॥ १९६
इत्युक्त्वामूलवृत्तान्तं यदशोकवतीकृतम्। यच्च राज्ञा कृतं तस्य युद्धान्तं तदवर्णयत्॥ १९७
पुनश्चोवाच तं ब्रह्मन्नित्थमस्मि पलायितः। देशान्तरं व्रजन्मार्गे भवन्तमिह दृष्टवान्॥ १९८
श्रुत्वैतद्ब्राह्मणस्तं स गुणशर्माणमभ्यधात्। तर्हि धन्योऽस्मि संवृत्तस्त्वदभ्यागमनात्प्रभो॥ १९९
तदेहि मे गृहं तावदग्निदत्तं च विद्धि माम्। नाम्ना मदग्रहारश्च ग्रामोऽयं निर्वृतो भव॥ २००
इत्युक्त्वा सोऽग्निदत्तस्तं गृहं प्रावेशयन्निजम्। ऋद्धिमद्गुणशर्माणं बहुगोमहिषीहयम्॥ २०१
तत्र स्नानाङ्गरागाभ्यां वस्त्रैराभरणैश्च तम्। अतिथिं मानयामास भोजनैर्विविधैश्च सः॥ २०२
अदर्शयच्च तस्मै स्वां काम्यरूपां सुरैरपि। लक्षणावेक्षणमिषात्सुन्दरीं नाम कन्यकाम्॥ २०३
गुणशर्मापि सोऽनन्यसमरूपां विलोक्य ताम्। सपत्न्योऽस्या भविष्यन्तीत्यग्निदत्तमुवाच तम्॥ २०४
नासायां तिलकोऽस्त्यस्यास्तत्संबन्धाच्च वच्म्यहम्। उरस्यस्ति द्वितीयोऽपि तयोश्चैतत्फलं विदुः॥ २०५

१ अस्माच्छ्लोकादग्रे पुस्तकान्तरे एकश्लोकस्य त्रुटिचिह्नमस्ति.

एवं तेनोदिते तस्या भ्राता पितुरनुज्ञया । उद्घाटयत्पुरो यावत्तावत्तिलकमैक्षत ॥ २०६
ततोऽग्निदत्तः साश्चर्यो गुणशर्माणमभ्यधात् । सर्वज्ञस्त्वमिमौ त्वस्यास्तिलकौ नाशुभप्रदौ ॥ २०७
सपत्न्यो हि भवन्तीह प्रायः श्रीमति भर्तरि । दरिद्रो बिभृयादेकामपि कष्टं कुतो बहूः ॥ २०८
तच्छ्रुत्वा गुणशर्मा तं प्रत्युवाच यथात्थ भोः । सुलक्षणाया ईदृश्या ह्याकृतेरशुभं कुतः ॥ २०९
इत्यूचिवान्प्रसङ्गेन पृष्टस्तस्मै शशंस सः । प्रत्यङ्गं तिलकादीनां फलं स्त्रीपुंसयोः पृथक् ॥ २१०
तदा च गुणशर्माणं तं सा दृष्ट्वैव सुन्दरी । इत्येष पातुं दृष्ट्यैव चकोरीवेन्दुमुत्सुका ॥ २११
ततोऽग्निदत्तो विजने गुणशर्माणमाह तम् । महाभाग ददाम्येतां कन्यां ते सुन्दरीमहम् ॥ २१२
मा गा विदेशं तिष्ठेह गृहे मम यथासुखम् । एतत्तद्वचनं श्रुत्वा गुणशर्माप्युवाच तम् ॥ २१३
सत्यमेवं कृते किं किं न सौख्यं मम किं तु माम् । मिथ्याराजावमानाग्नितप्तं प्रीणाति नैव तत् ॥ २१४
कान्ता चन्द्रोदयो वीणापञ्चमध्वनिरित्यमी । ये नन्दयन्ति सुखितान्दुःखितान्व्यथयन्ति ते ॥ २१५
जाया च स्वरसा रक्ता भवेदव्यभिचारिणी । अवशा पितृदत्ता तु स्यादशोकवती यथा ॥ २१६
इतः प्रदेशान्निकटा सा किं चोज्जयिनी पुरी । तद्बुद्ध्वा स नृपो जातु मम कुर्यादुपद्रवम् ॥ २१७
तत्परिभ्रम्य तीर्थानि प्रक्षाल्याजन्मकिल्बिषम् । शरीरमेतत्त्यक्ष्यामि भविष्याम्यथ निर्वृतः ॥ २१८
इत्युक्तवन्तं प्रत्याह सोऽग्निदत्तो विहस्य तम् । तवापि मोहो यत्रेदृक्तत्रान्यस्य किमुच्यताम् ॥ २१९
अज्ञावमानाद्धानिः का वद शुद्धाशयस्य ते । पङ्को हि नभसि क्षिप्तः क्षेप्तुः पतति मूर्धनि ॥ २२०
राजैव सोऽचिरात्प्राप्स्यत्यविशेषज्ञताफलम् । मोहान्धमविवेकं हि श्रीश्चिराय न सेवते ॥ २२१
किं चाशोकवतीं दृष्ट्वा वैरस्यं स्त्रीषु चेत्तव । सतीं दृष्ट्वा न किं तासु श्रद्धा वेत्सि च लक्षणम् ॥ २२२
निकटोज्जयिनी वा चेत्तव दास्याम्यहं तथा । यथा त्वामिह तिष्ठन्तं नैव ज्ञास्यति कश्चन ॥ २२३
तीर्थयात्रा तवेष्टा वा तच्छस्ता तस्य सा बुधैः । संपत्तिर्विधिवन्न स्याद्वैदिके यस्य कर्मणि ॥ २२४
अन्यथा देवपित्रग्निक्रियाव्रतजपादिभिः । गृहे या पुण्यनिष्पत्तिः साध्वनि भ्रमतः कुतः ॥ २२५
भुजोपधानो भूशायी भिक्षाशी केवलोऽधनः । मुनेः समत्वं प्राप्यापि न क्लेशैर्मुच्यतेऽध्वगः ॥ २२६
देहत्यागात्सुखं यद्वा वाञ्छस्येष तव भ्रमः । इतः कष्टतरं दुःखममुत्र ह्यात्मघातिनाम् ॥ २२७
तदेषोऽनुचितो मोहो यूनश्च विदुषश्च ते । स्वयं विचारयावश्यं कर्तव्यं मद्वचस्तव ॥ २२८
कारयामीह गुप्तं ते भूगृहं पृथु सुन्दरम् । विवाह्य सुन्दरीं तत्र तिष्ठाज्ञातो यथेच्छसि ॥ २२९
इति तेनाग्निदत्तेन बोधितः स प्रयत्नतः । गुणशर्मा तथेत्येतत्प्रतिपद्य जगाद तम् ॥ २३०
कृतं मया ते वचनं को भार्यां सुन्दरीं त्यजेत् । किं त्वेतामकृती नाहं परिणेष्यामि ते सुताम् ॥ २३१
आराधयाम्यहं तावद्देवं कंचित्सुसंयतः । येन तस्य कृतघ्नस्य राज्ञः कुर्यां प्रतिक्रियाम् ॥ २३२
इति तद्वचनं हृष्टः सोऽग्निदत्तोऽन्वमन्यत । सोऽपि तां गुणशर्मात्र विशश्राम सुखं निशाम् ॥ २३३
अन्येद्युश्चाग्निदत्तोऽस्य सौख्यार्थं तत्र गुप्तिमत् । पातालवसतिप्रख्यं कारयामास भूगृहम् ॥ २३४
तत्रस्थश्चाग्निदत्तं स गुणशर्माब्रवीद्रहः । इहान्तर्ब्रूहि कं देवं केन मन्त्रेण भक्तितः ॥ २३५
आराधयाम्यहं तावद्वरदं व्रतचर्यया । इत्युक्तवन्तं तं धीरमग्निदत्तोऽभ्यभाषत ॥ २३६
अस्ति स्वामिकुमारस्य मन्त्रो मे गुरुणोदितः । तेनाराधय तं देवं सेनान्यं तारकान्तकम् ॥ २३७
यस्य जन्मार्थिभिर्देवैः प्रेषितः शत्रुपीडितैः । दग्धोऽपि कामः संकल्पजन्मा शर्वेण निर्मितः ॥ २३८
महेश्वरादग्निकुण्डादग्नेः शरवणादपि । कृत्तिकाभ्यश्च शंसन्ति विचित्रं यस्य संभवम् ॥ २३९
जातेनैव जगत्कृत्स्नं दुष्प्रधर्षेण तेजसा । आनन्द्य येन निहतो दुर्जयस्तारकासुरः ॥ २४०
तन्मन्त्रमिममादत्स्व मत्त इत्यभिधाय सः । अग्निदत्तो ददौ तस्मै मन्त्रं तं गुणशर्मणे ॥ २४१
तेनाराधितवान्स्कन्दं गुणशर्मा स भूगृहे । तयोपचर्यमाणः सन्सुन्दर्या नियतव्रतः ॥ २४२
ततः प्रत्यक्षतामेत्य साक्षाद्देवः स षण्मुखः । तुष्टोऽस्मि ते वरं पुत्र वृणीष्वेति तमादिशत् ॥ २४३
...................................।...................................॥ २४४
आक्षीणकोषो भूत्वा त्वं महासेनं विजित्य च । गत्वाप्रतिहतः पुत्र पृथ्वीराज्यं करिष्यसि ॥ २४५

इति दत्त्वाधिकं तस्मै वरं स्कन्दस्तिरोदधे । संप्राप्ताक्षयकोशश्च गुणशर्मापि सोऽभवत् ॥ २४६

ऋद्ध्या ततः स्वमहिमोचितयाग्निदत्तविप्रात्मजामनुदिनाधिकबद्धभावाम् ।
भाव्यर्थसिद्धिमिव रूपवतीमुपेतां तां सुन्दरीं स सुकृती विधिनोपयेमे ॥ २४७
आक्षीणकोषनिचयप्रभवप्रभावात्संभूतभूरिगजवाजिपदातिसैन्यः ।
दानप्रसादमिलिताखिलपार्थिवानां रुन्धन्बलैरवनिमुज्जयिनीं जगाम ॥ २४८
प्रख्याप्य तस्यां तदशोकवत्याः प्रजास्वशीलं समरे च भूपम् ।
जित्वा महासेनमपास्य राज्यात्पृथ्वीपतित्वं स समाससाद ॥ २४९
अन्याश्च कन्याः परिणीय राज्ञामब्धेस्तटेष्वप्यपराङ्मुखाक्षः ।
इष्टान्स भोगान्गुणशर्मसम्राट् चिराय भुङ्क्ते स्म ससुन्दरीकः ॥ २५०
इति पुरुषविशेषाज्ञानतो मूढबुद्धिः सपदि विपदमाप प्राङ्महासेनभूपः ।
इति च स गुणशर्मा धैर्यमेकं सहायं कृतमतिरवलम्ब्य प्राप्तवानृद्धिमग्र्याम् ॥ २५१
एवं कथां स्वसचिवस्य मुखादुदारां सूर्यप्रभो निशि निशम्य स वीतभीतेः ।
वीरो महासमरसागरमुत्तितीर्षुरुत्साहमभ्यधिकमाप शनैश्च शिश्ये ॥ २५२

इति महाकविश्रीसोमदेवभट्टविरचिते कथासरित्सागरे सूर्यप्रभलम्बके षष्ठस्तरङ्गः ।

सप्तमस्तरङ्गः ।

ततः सूर्यप्रभः प्रातरुत्थाय सचिवैः सह । दानवादिबलैः सर्वैर्युतो युद्धभुवं ययौ ॥ १
आययौ श्रुतशर्मा च विद्याधरबलैर्वृतः । आजग्मुश्च पुनर्द्रष्टुं सर्वे देवासुरादयः ॥ २
सैन्ये द्वे अपि ते व्यूहावर्धचन्द्रौ च चक्रतुः । प्रावर्तत ततो युद्धं बलयोरुभयोस्तयोः ॥ ३
सशब्दमभिधावन्तो निकृन्तन्तः परस्परम् । पत्त्रारूढाः प्रजविनो युद्ध्यन्ते स्म शरा अपि ॥ ४
कोषाननाग्रनिर्याताः सुदीर्घाः पीतशोणिताः । लोलाः खड्गलता रेजुः कृतान्तरसना इव ॥ ५
शूरोत्फुल्लमुखाम्भोजसंपतच्चक्रसंहति । राजहंसक्षयायासीत्तदाहवमहासरः ॥ ६
उत्फलद्भिः पतद्भिश्च निर्लूनैः शूरमूर्धभिः । कृतान्तकन्दुकक्रीडासंनिभा समिदाबभौ ॥ ७
क्षतजासेकनिर्धूतधूलिध्वान्ते रणाजिरे । महारथानामभवन्द्वन्द्वयुद्धान्यमर्षिणाम् ॥ ८
आसीत्सूर्यप्रभस्यात्र सङ्ग्रामः श्रुतशर्मणा । दामोदरेण च समं प्रभासस्याहवोऽभवत् ॥ ९
महोत्पातेन साकं च सिद्धार्थो युयुधे तदा । प्रहस्तो ब्रह्मगुप्तेन संगमेन च वीतभीः ॥ १०
प्रज्ञाढ्यश्चन्द्रगुप्तेनाप्यक्रमेण प्रियंकरः । युयुधे सर्वदमनः सहैवातिबलेन च ॥ ११
धुरंधरेण युयुधे स कुञ्जरकुमारकः । अन्ये महारथाश्चान्यैरयुध्यन्त पृथक्पृथक् ॥ १२
तत्र पूर्वं महोत्पातः प्रतिहत्य शरैः शरान् । सिद्धार्थस्य धनुश्छित्त्वा जघानाश्वान्ससारथीन् ॥ १३
विरथः सोऽपि सिद्धार्थो धावित्वा तस्य तं क्रुधा । अयोदण्डेन महता साश्वं रथमचूर्णयत् ॥ १४
ततस्तं पादचारी स सिद्धार्थः पादचारिणम् । बाहुयुद्धेन धरणौ महोत्पातमपातयत् ॥ १५
यावच्चेच्छति निष्पेष्टुं स तं तावत्स खेचरः । भगेन रक्षितः पित्रा प्रोत्थाय प्रययौ रणात् ॥ १६
प्रहस्तब्रह्मगुप्तौ चाप्यन्योन्यं विरथीकृतौ । करणैः खड्गयुद्धेन युध्येते स्म पृथग्विधैः ॥ १७
प्रहस्तश्चासिनिर्लूनचर्माणं करणक्रमात् । युक्त्या तं पातयामास ब्रह्मगुप्तं भुवस्तले ॥ १८
पतितस्य शिरस्तस्य स यावच्छेत्तुमिच्छति । तावन्निवारितो दूरात्पित्रास्य ब्रह्मणा स्वयम् ॥ १९
सुतान्रक्षितुमायाता यूयं न प्रेक्षितुं रणम् । इत्युक्त्वा दानवाः सर्वे देवान्विजहसुस्तदा ॥ २०
तावद्वीतभयश्छिन्नधन्वानं हतसारथिम् । जघान हृदये विद्ध्वा प्रद्युम्नास्त्रेण संक्रमम् ॥ २१
प्रज्ञाढ्यश्चन्द्रगुप्तं च पदातिं रथयोः क्षयात् । पदातिः खड्गयुद्धेन व्यवधीत्कृत्तमस्तकम् ॥ २२
ततः पुत्रवधक्रुद्धः स्वयमागत्य चन्द्रमाः । प्रज्ञाढ्यं योधयामास युद्धं चासीत्तयोः समम् ॥ २३
प्रियंकरश्च विरथो विरथं रथनाशतः । एकखड्गप्रहारेण करोति स्माक्रमं द्विधा ॥ २४
छिन्ने धनुषि निक्षिप्तेनाङ्कुशेन हृदि क्षतम् । हतवान्सर्वदमनो हेलयातिबलं रणे ॥ २५

ततो धुरंधरं तं च स कुञ्जरकुमारकः । अस्त्रप्रत्यस्त्रयुद्धेन चकार विरथं मुहुः ॥ २६
मुहुर्विक्रमशक्तिश्च तस्मै रथमढौकयत् । ररक्ष संकटे तं चाप्यस्त्रैरस्त्राणि वारयन् ॥ २७
स कुञ्जरकुमारोऽथ धावित्वा महतीं शिलाम् । क्रुद्धो विक्रमशक्तेर्द्राक्चिक्षेप स्यन्दनोपरि ॥ २८
गते विक्रमशक्तौ च चूर्णितस्यन्दने ततः । तयैव शिलया तं स धुरंधरमचूर्णयत् ॥ २९
सूर्यप्रभः प्रयुद्धोऽपि सहात्र श्रुतशर्मणा । विरोचनवधक्रोधाज्जघानैकेषुणा दमम् ॥ ३०
तत्क्रोधादश्विनौ देवौ युद्धायापतितौ शरैः । सुनीथः प्रतिजग्राह तेषां युद्धमभून्महत् ॥ ३१
स्थिरबुद्धिश्च सङ्ग्रामे शक्त्या हत्वा पराक्रमम् । वसुभिस्तद्वधक्रुद्धैः सहाष्टाभिरयुध्यत ॥ ३२
विरथीकृतभासं च प्रभासो वीक्ष्य मर्दनम् । दामोदररणासक्तोऽप्येकेनेवेषुणावधीत् ॥ ३३
प्रकम्पनोऽस्त्रयुद्धेन हत्वा तेजःप्रभं युधि । युयुधे तद्वधक्रुद्धेनाग्निना सह दानवः ॥ ३४
धूमकेतोश्च समरे यमदंष्ट्रं निजघ्नुषः । कुपितेन यमेनाभूत्सह युद्धं सुदारुणम् ॥ ३५
चूर्णयित्वा स शिलया सिंहदंष्ट्रः सुरोषणम् । समं निर्ऋतिना युद्धे तद्वधामर्षशालिना ॥ ३६
कालचक्रोऽपि चक्रेण चक्रे वायुबलं द्विधा । अयुध्यत च तत्कोपाज्ज्वलता वायुना सह ॥ ३७
रूपैर्नागाद्रिवृक्षाणां महामायो विमोहदम् । कुबेरदत्तं हतवांस्तार्क्ष्यवज्राग्निरूपधृत् ॥ ३८
ततः क्रुद्धः कुबेरोऽत्र तेन साकमयुध्यत । एवमन्येऽप्ययुध्यन्त सुराः स्वांशवधक्रुधा ॥ ३९
निजघ्निरेऽत्र चान्येऽपि ते ते विद्याधराधिपाः । उत्पतद्भिः प्रतिपदं तैस्तैर्मनुजदानवैः ॥ ४०
तावच्चात्र प्रभासस्य सह दामोदरेण तत् । परस्परास्त्रप्रत्यस्त्रभीमं युद्धमवर्तत ॥ ४१
अथ दामोदरश्छिन्नधन्वा निहतसारथिः । आत्तान्यचापः संगृह्य स्वयं रश्मीनयुध्यत ॥ ४२
साधुवादप्रदं चास्य पप्रच्छेन्द्रोऽम्बुजासनम् । हीयमानं प्रति कथं तुष्टोऽसि भगवन्निति ॥ ४३
ततो ब्रह्मा जगादैनं कथं नैतस्य तुष्यते । इयच्चिरं प्रभासेन सह योऽनेन युध्यते ॥ ४४
दामोदरं हरेरंशं विना कुर्यादिदं हि कः । एकस्य हि प्रभासस्य सर्वेऽप्यल्पाः सुरा रणे ॥ ४५
नमुचिर्नाम यो ह्यासीदसुरः सुरमर्दनः । प्रबलाख्यस्ततो जज्ञे सर्वरत्नमयश्च यः ॥ ४६
सैष प्रभासो जातोऽद्य पुत्रो भासस्य दुर्जयः । भासोऽपि पूर्वमभवत्कालनेमिर्महासुरः ॥ ४७
भूयो हिरण्यकशिपुस्ततो भूत्वा कपिञ्जलः । सुमुण्डीकोऽसुरो योऽभूत्सोऽयं सूर्यप्रभोऽद्य च ॥ ४८
हिरण्याक्षश्च योऽभूत्प्राक्स सुनीथासुरोऽप्ययम् । प्रहस्ताद्याश्च येऽप्येते ते सर्वे दैत्यदानवाः ॥ ४९
ये युष्माभिर्हतास्तेऽमी पुनर्जाता यतोऽसुराः । मयादयोऽत एवामी पक्षमेषामुपाश्रिताः ॥ ५०
सूर्यप्रभादिभिः स्विष्टरुद्रयज्ञप्रभावतः । विस्रस्तबन्धनः पश्य बलिर्द्रष्टुमिहागतः ॥ ५१
स्वं सत्यवचनं रक्षन्पातालेष्वेष तिष्ठति । त्वद्राज्यकालपर्यन्तं ततश्चेन्द्रो भविष्यति ॥ ५२
एते परिगृहीताश्च सांप्रतं त्रिपुरारिणा । तन्नायं जयकालो वः संधिं कुरुत किं म्रहैः ॥ ५३
इति यावत्सुरपतिं ब्रवीति कमलासनः । तावत्प्रभासः प्रामुञ्चदस्त्रं पाशुपतं महत् ॥ ५४
तद्दृष्ट्वा सर्वसंहारि रौद्रमस्त्रं विजृम्भितम् । प्रमुक्तं हरिणा चक्रं सुतस्नेहात्सुदर्शनम् ॥ ५५
ततः सरूपयोरासीद्युद्धं दिव्यास्त्रयोस्तयोः । अकाण्डविश्वसंहारसंभ्रान्तभुवनत्रयम् ॥ ५६
अस्त्रं स्वं संहरैतत्त्वं यावत्स्वं संहराम्यहम् । इत्युक्तो हरिणा सोऽथ प्रभासः प्रत्युवाच तम् ॥ ५७
मुक्तमस्त्रं वृथा न स्यात्तत्प्रयातु पराङ्मुखः । दामोदरो रणं हित्वा ततोऽस्त्रं संहराम्यहम् ॥ ५८
इत्युक्ते तेन भगवानवादीत्तर्हि मानय । चक्रं त्वमपि मे मा भूद्वैफल्यमुभयोरपि ॥ ५९
एतच्छौरेर्वचः श्रुत्वा प्रभासः प्राह कालवित् । एवमस्तु रथं हन्तु मम चक्रमिदं तव ॥ ६०
तथेति हरिणा दामोदरे व्यावर्तिते रणात् । प्रभासः संजहारास्त्रं चक्रं चास्यापतद्रथे ॥ ६१
आरुह्यान्यं रथं सोऽथ ययौ सूर्यप्रभान्तिकम् । दामोदरोऽपि स प्रायाच्छ्रुतशर्मान्तिकं ततः ॥ ६२
तावच्च वासवांशत्वदृप्तस्य श्रुतशर्मणः । सूर्यप्रभस्य च द्वन्द्वयुद्धं काष्ठां परामगात् ॥ ६३
श्रुतशर्मा प्रयुङ्क्ते स्म यद्यदस्त्रं प्रयत्नतः । प्रत्यस्त्रैः प्रतिहन्ति स्म तत्तत्सूर्यप्रभः क्षणात् ॥ ६४

---

१. अस्माच्छ्लोकादग्रे पुस्तकान्तरे एकश्लोकस्य त्रुटिचिह्नमस्ति.

माया या या च तेनात्र प्रयुक्ता श्रुतशर्मणा । सूर्यप्रभेण सा सास्य निहता प्रतिमायया ॥ ६५
ततो ब्रह्मास्त्रममुचच्छ्रुतशर्मातिकोपतः । सूर्यप्रभोऽपि प्रामुञ्चदस्त्रं पाशुपतं कृती ॥ ६६
तेन रौद्रमहास्त्रेण ब्रह्मास्त्रं प्रतिहत्य तत् । यावत्स दुष्प्रधर्षेण श्रुतशर्माभिभूयते ॥ ६७
तावदिन्द्रप्रभृतिभिर्लोकपालैः समन्ततः । वज्रादीनि प्रयुक्तानि परमास्त्राण्यमर्षिभिः ॥ ६८
तत्तु पाशुपतं तानि जित्वा सर्वायुधान्यपि । जज्वाल सुतरामस्त्रं श्रुतशर्मजिघांसया ॥ ६९
ततः सूर्यप्रभः स्तुत्वा महास्त्रं तद्व्यजिज्ञपत् । मा वधीः श्रुतशर्माणं बद्ध्वा त्वं तं समर्पय ॥ ७०
ततः प्रसह्य निःशेषैः संनद्धमभवत्सुरैः । तज्जिगीषावशाच्चान्यैः प्रेक्षकैरसुरैरपि ॥ ७१
तत्क्षणं वीरभद्राख्यः शंभुना प्रेरितो गणः । आगत्यैव तदादेशमिन्द्रादिभ्योऽब्रवीदिदम् ॥ ७२
यूयं प्रेक्षितुमायातास्तद्योद्धुं वः क्रमोऽत्र कः । मर्यादालङ्घनाच्चान्यदपि स्यादसमञ्जसम् ॥ ७३
एतच्छ्रुत्वाब्रुवन्देवा हन्यन्ते च हताश्च नः । सर्वेषामत्र तनयास्तन्न युध्यामहे कथम् ॥ ७४
दुस्त्यजो हि सुतस्नेहस्तदवश्यं प्रतिक्रिया । तन्निहन्तृषु कर्तव्या यथाशक्त्यत्र कोऽक्रमः ॥ ७५
इत्युक्तवत्सु देवेषु वीरभद्रे ततो गते । सुराणामसुराणां च प्रावर्तत महारणः ॥ ७६
सुनीथः सममश्विभ्यां प्रज्ञाढ्यश्च सहेन्दुना । स्थिरबुद्धिश्च वसुभिः कालचक्रश्च वायुना ॥ ७७
प्रकम्पनोऽग्निना सिंहदंष्ट्रो निर्ऋतिना तथा । वरुणेन प्रथमनो धूमकेतुर्यमेन च ॥ ७८
महामायः स च तदा धनाधिपतिना सह । अयुध्यतास्त्रप्रत्यस्त्रैरन्योन्यैश्च समं सुरैः ॥ ७९
पर्यन्ते परमास्त्रं च यो यो यद्यत्सुरोऽक्षिपत् । तस्य तस्य हरस्तत्तद्धुंकारेण व्यनाशयत् ॥ ८०
धनदस्तूद्यतगदः साम्ना शर्वेण वारितः । भग्नास्त्राश्च सुरास्ते ते परित्यज्याहवं ययुः ॥ ८१
ततः सूर्यप्रभं शक्रः स्वयं क्रोधादयोधयत् । शरौघममुचत्तस्मिंस्तानि तान्यायुधानि च ॥ ८२
सूर्यप्रभश्च निर्धूय तदस्त्राण्यवहेलया । आकर्णाकृष्टनाराचशतेनेन्द्रमताडयत् ॥ ८३
ततः क्रुद्धः स कुलिशं जग्राह च सुराधिपः । हुंकारं चाकरोद्रुद्रः कुलिशं च ननाश तत् ॥ ८४
ततः पराङ्मुखे याते शक्रे नारायणः स्वयम् । प्रभासं योधयामास क्रोधात्कोटीमुखैः शरैः ॥ ८५
अस्त्राण्यन्यानि चाप्यस्त्रैर्निष्कम्पो युयुधे समम् । हताश्वो विरथीभूतोऽप्यारुह्यान्यं रथं च सः ॥ ८६
तेन दैत्यारिणा सार्धं निर्विशेषमयुध्यत । ततः प्रकुपितो देवो ज्वलच्चक्रं मुमोच सः ॥ ८७
प्रभासोऽप्यभिमन्त्र्यैव दिव्यं खड्गं प्रमुक्तवान् । तयोरायुधयोर्युध्यमानयोर्वीक्ष्य चक्रतः ॥ ८८
हीयमानं शनैः खड्गं हुंकारं कृतवान्हरः । तेन ते खड्गचक्रे द्वे अन्तर्धानमुपेयतुः ॥ ८९
ततो ननन्दुरसुरा विषीदन्ति स्म चामराः । सूर्यप्रभे लब्धजये बद्धे च श्रुतशर्मणि ॥ ९०
संस्तुत्याराधयामासुरथ देवा वृषध्वजम् । ततस्तुष्टः सुरानेवमादिदेशाम्बिकापतिः ॥ ९१
सूर्यप्रभ प्रतिज्ञातं वर्जयित्वार्थ्यतां वरः । देव यत्ते प्रतिज्ञातं कः शक्तः कर्तुमन्यथा ॥ ९२
किं त्वस्माभिः प्रतिज्ञातं यदस्य श्रुतशर्मणः । सत्यं तदप्यस्तु विभो मा भूद्वंशक्षयश्च नः ॥ ९३
इत्युक्त्वा विरतान्देवान्भगवानेवमादिशत् । संधौ कृते भवत्येतत्संधिश्चैवमिहास्तु वः ॥ ९४
सूर्यप्रभं प्रणमतु श्रुतशर्मा सहानुगः । ततस्तथा वदिष्यामो यथोभयहितं भवेत् ॥ ९५
इतीश्वरवचो देवाः प्रतिपद्य तथेति च । सूर्यप्रभस्य विदधुः श्रुतशर्माणमानतम् ॥ ९६
ततस्तयोर्मिथस्त्यक्तवैरयोः कण्ठलग्नयोः । संधिं देवासुराश्चक्रुः शान्तवैराः परस्परम् ॥ ९७
अथ शृण्वत्सु निखिलेष्वसुरेषु सुरेषु च । उवाच भगवाञ्शंभुः सूर्यप्रभमिदं वचः ॥ ९८
कुरु दक्षिणवेद्यर्धे चक्रवर्तित्वमात्मनः । उत्तरस्मिंस्तु वेद्यर्धे देहि तच्छ्रुतशर्मणे ॥ ९९
प्राप्तव्यमचिरात्पुत्र त्वया हीतश्चतुर्गुणम् । साम्राज्यं किंनरादीनामशेषाणां द्युचारिणाम् ॥ १००
तस्मिन्प्राप्ते च दद्यास्त्वं वेद्यर्धमपि दक्षिणम् । तत्कुञ्जरकुमाराय सविशेषपदे स्थितः ॥ १०१
ये चात्र निहता वीराः समित्युभयपक्षयोः । उत्तिष्ठन्त्वक्षतैरङ्गैर्जीवन्तः सर्व एव ते ॥ १०२
इत्युक्त्वान्तर्दधे शंभुः सर्वे चोत्तस्थुरक्षताः । सुप्तप्रबुद्धा इव ते येऽत्राभूवन्रणे हताः ॥ १०३
अथ सूर्यप्रभो मूर्ध्नि धृतशांभवशासनः । गत्वा विविक्तं विस्तीर्णं भूमिभागमरिंदमः ॥ १०४

उपविष्टो महास्थाने श्रुतशर्माणमागतम् । निजसिंहासनार्धे तमुपावेशितवान्स्वयम् ॥ १०५
तद्वयस्याः प्रभासाद्या वयस्याः श्रुतशर्मणः । दामोदराद्याश्च तयोः पार्श्वयोः समुपाविशन् ॥ १०६
उपाविशत्सुनीथश्च मयश्चान्ये च दानवाः । आसनेषु यथार्हेषु तथा विद्याधरेश्वराः ॥ १०७
ततस्तत्राययुः सप्तपातालपतयोऽखिलाः । प्रह्लादप्रमुखा दैत्यदानवेन्द्राः प्रहर्षतः ॥ १०८
शक्रश्च लोकपालादियुतो गुरुपुरःसरः । विद्याधरः सुमेरुश्च स सुवासकुमारकः ॥ १०९
दनुप्रभृतयः सर्वाश्चाययुः कश्यपाङ्गनाः । भूतासनविमानेन भार्याः सूर्यप्रभस्य च ॥ ११०
सर्वेष्वेषु कृतान्योन्यप्रीत्याचारोपवेशिषु । सिद्धिर्नाम सखी दन्वास्तद्वाक्येनैवमभ्यधात् ॥ १११
भो भोः सुरासुरा देवी दनुर्युष्मान्ब्रवीत्यसौ । अस्मिन्प्रीतिसमाजे यत्सौमनस्यं सुखं च नः ॥ ११२
तद्ब्रूत यदि युष्माभिरनुभूतं कदाचन । तदन्योन्यं न कर्तव्यो विरोधो दुःखदारुणः ॥ ११३
हिरण्याक्षादिभिर्ज्येष्ठैर्सुराज्याय कृतः स यैः । ते गताः शक्र एवाद्य ज्येष्ठस्तत्का विरोधिता ॥ ११४
निर्वैरसुखितास्तस्माद्वर्तध्वमितरेतरम् । अस्माकं येन संतोषः शिवं च जगतां भवेत् ॥ ११५
इति सिद्धिमुखाच्छ्रुत्वा भगवत्या दनोर्वचः । शक्रेण वीक्षितमुखो बृहस्पतिरुवाच ताम् ॥ ११६
नानुबन्धोऽस्ति देवानामसुरान्प्रति कश्चन । विकुर्वते न यत्नेते मिथ्या देवानिमान्प्रति ॥ ११७
इत्युक्ते देवगुरुणा दानवेन्द्रो मयोऽब्रवीत् । स्याद्विकारोऽसुराणां चेत्तद्दद्यान्नमुचिः कथम् ॥ ११८
उच्चैःश्रवसमिन्द्राय मृतसंजीवनं हयम् । प्रबलश्च शरीरं स्वं सुरेभ्यः कथमर्पयेत् ॥ ११९
त्रैलोक्यं हरये दत्त्वा विशेत्कारां कथं बलिः । अयोदेहः कथं देहं दद्याद्वा विश्वकर्मणे ॥ १२०
अधिकं वा कियद्वच्मि नित्यसंभाविनोऽसुराः । छद्मना चेन्न बाध्यन्ते तदेषां नास्ति विक्रिया ॥ १२१
एवं मयासुरेणोक्ते सिद्ध्यावोचि तथा यथा । प्रीतिं देवासुराश्चक्रुर्मिथः कण्ठग्रहोत्तरम् ॥ १२२
तावद्भवान्या प्रहिता प्रतीहारी जयाभिधा । अत्रागात्पूजिता सर्वैः सुमेरुमवदच्च सा ॥ १२३
देव्याहं प्रेषिता त्वां प्रत्यादिष्टं च तया तव । अस्ति ते कन्यका नाम्ना कामचूडामणिः सुता ॥ १२४
सूर्यप्रभाय तां देहि शीघ्रं भक्ता हि सा मम । इत्युक्तो जयया प्रह्वः सुमेरुः प्रत्युवाच ताम् ॥ १२५
यदादिशति देवी मां परमोऽनुग्रहो ह्ययम् । देवेनाप्ययमेवार्थः प्रागादिष्टो ममाभवत् ॥ १२६
एवं सुमेरुणा प्रोक्ता प्राह सूर्यप्रभं जया । त्वयैषा सर्वभार्याणां कर्तव्योपरिवर्तिनी ॥ १२७
सर्वाभ्योऽभिमतान्याभ्यस्तवाप्येषा भविष्यति । इत्यादिष्टं तवाप्यद्य देव्या गौर्या प्रसन्नया ॥ १२८
इत्युक्त्वान्तर्दधे सूर्यप्रभेणाभ्यर्चिता जया । अत्रैवाह्नि सुमेरुश्च लग्नं निश्चितवान्द्रुतम् ॥ १२९
वेदीमकारयत्सोऽत्र सद्रत्नस्तम्भकुट्टिमाम् । युक्तां तद्रश्मिजालेन पिहितेनेव वह्निना ॥ १३०
आनाययामास च तां कामचूडामणिं सुताम् । निपीयमानलावण्यां लोलैर्देवासुरेक्षणैः ॥ १३१
उमा हिमवतो जाता जाता चेयं सुमेरुतः । इतीव तत्समानेन सौन्दर्येण समाश्रिताम् ॥ १३२
ततो वेदीं समारोप्य कृतकौतुकशोभिताम् । प्रसाधितां सुमेरुस्तां ददौ सूर्यप्रभाय सः ॥ १३३
सूर्यप्रभश्च जग्राह कामचूडामणेस्तदा । दनुप्रभृतिभिर्बद्धकङ्कणं पाणिपङ्कजम् ॥ १३४
ददौ लाजविसर्गे च प्रथमे तत्क्षणागता । जया भवानीप्रहिता दिव्यां मालामनश्वरीम् ॥ १३५
सुमेरुश्चाप्यनर्घाणि रत्नानि प्रददौ तदा । ऐरावणात्समुत्पन्नं दिव्यं च वरवारणम् ॥ १३६
द्वितीये लाजमोक्षे च जया रत्नावलीमदात् । यया कण्ठस्थया मृत्युः क्षुत्तृष्णा च न बाधते ॥ १३७
सुमेरुश्च ददाति स्म द्विगुणं रत्नसंचयम् । उच्चैःश्रवःप्रसूतं च हयरत्नमनुत्तमम् ॥ १३८
लाजमोक्षे तृतीये च ददावेकावलीं जया । यौवनं क्षीयते नैव यया कण्ठावलग्नया ॥ १३९
सुमेरुस्त्रिगुणं राशिं रत्नानां प्रवितीर्य च । दत्तवान्गुलिकां दिव्यां सर्वसिद्ध्युपयोगिनीम् ॥ १४०
ततो विवाहे निर्वृत्ते सुमेरुः ससुरासुरान् । विद्याधरान्देवमातॄः सर्वानेवं व्यजिज्ञपत् ॥ १४१
भोक्तव्यमद्य युष्माभिः सर्वैरेव गृहे मम । अनुग्रहश्च कर्तव्यो बद्धो मूर्ध्नि मयाञ्जलिः ॥ १४२
एवमभ्यर्थनां तस्य सुमेरोः सर्व एव ते । यावन्नेच्छन्ति तावच्च नन्दी तत्रागतोऽभवत् ॥ १४३
स तानवादीत्प्रणतानादिष्टं चक्रिशूलिना । गृहे सुमेरोर्भोक्तव्यमेव प्रसत्यमिह ॥ १४४

एतदन्नेषु भुक्तेषु तृप्तिः स्याच्छाश्वती च वः । इति नन्दिमुखाच्छ्रुत्वा सर्वे सत्प्रतिपेदिरे ॥ १४५
ततोऽत्राजग्मुरमिताः शंकरप्रहिता गणाः । विनायकमहाकालवीरभद्राद्यधिष्ठिताः ॥ १४६
ते च भोजनसज्जां तां वेदिं कृत्वा यथाक्रमम् । तानुपावेशयन्देवद्युचरासुरमानुषान् ॥ १४७
उपाहरन्त तेभ्यश्च विद्याकॢप्तान्सुमेरुणा । आहाराञ्शंकरादिष्टकामधेनूद्भवांस्तथा ॥ १४८
एकैकस्य यथार्हं च तस्थुरिच्छाविधायिनः । वीरभद्रमहाकालभृङ्गिप्रभृतयः सुराः ॥ १४९
पदे पदे च संतोषमिलद्द्युचरचारणम् । तदा संगीतकमभूद्दिव्यस्त्रीनृत्यसुन्दरम् ॥ १५०
आहारान्ते च सर्वेषां तेषां नन्दीश्वरादयः । ददुर्दिव्यानि माल्यानि वस्त्राण्याभरणानि च ॥ १५१
एवं संमान्य देवादीन्नन्दिप्रभृतयोऽखिलाः । गणेश्वरा गणैः सर्वैः सह जग्मुर्यथागतम् ॥ १५२
ततो देवासुराः सर्वे ताश्च तन्मातरो ययुः । श्रुतशर्मादयस्ते चाप्यामन्त्र्य स्वं स्वमास्पदम् ॥ १५३
सूर्यप्रभः सभार्यश्च सवयस्यवधूयुतः । विमानेन ययावाद्यं तत्सुमेरुतपोवनम् ॥ १५४
प्रेषयामास हर्षं च स्ववयस्यं महीभृताम् । रत्नप्रभस्य च भ्रातुराख्यातुमुदयं निजम् ॥ १५५
दिनान्ते च स सद्रत्नपर्यङ्कं साधुनिर्मितम् । कामचूडामणेर्वध्वा वासवेश्म विवेश तत् ॥ १५६
तत्रैतां च घनाश्लेषदशनच्छदखण्डनैः । त्याजयित्वा शनैर्लज्जां नवोढासुलभां क्रमात् ॥ १५७
अनिर्वाच्यं नवं मुग्धविदग्धमधुरं रतम् । अनास्वादितमन्याभ्यः सिषेवे स तया सह ॥ १५८
इदानीं बहिरन्यासां निवेशो हृदयेऽस्तु मे । अन्तः पुनस्तवैकस्या इति तां चान्वरञ्जयत् ॥ १५९
ततो रतान्तसुप्तस्य प्रियाश्लेषसुखावहा । शनैः समाप्तिमगमन्निशा निद्रा च तस्य सा ॥ १६०
प्रभाते च स उत्थाय गत्वा सूर्यप्रभस्ततः । आद्यास्ता रञ्जयामास निजभार्याः सह स्थिताः ॥ १६१
तास्तं नववधूरक्तं यावत्परिहसन्ति च । सनर्मवक्रमधुरस्निग्धमुग्धैर्वचःक्रमैः ॥ १६२
द्वाःस्थेनावेदितस्तावदागत्य प्रणिपत्य च । विद्याधरः सुषेणाख्यः कृतिनं तं व्यजिज्ञपत् ॥ १६३
देव त्रिकूटनाथाद्यैः सर्वैर्विद्याधरेश्वरैः । प्रेषितोऽहमिहैवं च देवं विज्ञापयन्ति ते ॥ १६४
ऋषभाद्रौ तृतीयेऽह्नि ह्यभिषेकः शुभस्तव । संवाद्यतां तत्सर्वेषामुद्यमोऽत्र विधीयताम् ॥ १६५
तच्छ्रुत्वा प्रत्यवोचत्तं दूतं सूर्यप्रभस्तदा । गच्छ त्रिकूटाधिपतिप्रभृतीन्ब्रूहि मद्गिरा ॥ १६६
भवन्त एव कुर्वन्तु समारम्भं वदन्तु च । आत्मनैव परं सज्जा वयमेते स्थिताः पुनः ॥ १६७
संवादनं तु सर्वेषां करिष्यामो यथायथम् । इत्यात्तप्रतिसंदेशः सुषेणः स ततो ययौ ॥ १६८
सूर्यप्रभोऽपि चैकैकं प्रभासप्रभृतीन्सखीन् । देवानां याज्ञवल्क्यादिमुनीनां भूभृतां तथा ॥ १६९
विद्याधरासुराणां च विससर्ज पृथक्पृथक् । निमन्त्रणाय सर्वेषां स्वाभिषेकमहोत्सवे ॥ १७०
स्वयं जगाम चैकाकी कैलासं पर्वतोत्तमम् । हरस्य चाम्बिकायाश्च निमन्त्रणकृतोद्यमः ॥ १७१
आरोहंश्च तमद्राक्षीच्छुभ्रभूतिसितं गिरिम् । सेव्यं देवर्षिसिद्धानां द्वितीयमिव शंकरम् ॥ १७२
अर्धादधिकमारुह्य दुरारोहं ततः परम् । स तं पश्यन्ददर्शात्र वैद्रुमं द्वारमेकतः ॥ १७३
यदा प्रवेशं नैवात्र सिद्धिमानप्यवाप सः । तदैकाग्रेण मनसा स्तौति स्म शशिशेखरम् ॥ १७४
ततस्तद्द्वारमुद्घाट्य पुमान्गजमुखोऽब्रवीत् । एहि प्रविश तुष्टस्ते हेरम्बो भगवानिति ॥ १७५
ततः सूर्यप्रभस्तत्र प्रविश्यान्तः सविस्मयः । उपविष्टे महाभोगे ज्योतीरसशिलातले ॥ १७६
द्वादशादित्यसंकाशमेकदंष्ट्रं गजाननम् । लम्बोदरं त्रिनेत्रं च ज्वलत्परशुमुद्गरम् ॥ १७७
विनायकं परिवृतं नानाप्राणिमुखैर्गणैः । ददर्शाथ ववन्दे च पादयोः प्रणिपत्य तम् ॥ १७८
सोऽपि तं विघ्नजित्प्रीतः पृष्ट्वागमनकारणम् । आरोहानेन मार्गेणेत्यवोचत्स्निग्धया गिरा ॥ १७९
तेन सूर्यप्रभः सोऽन्यामारूढः पञ्चयोजनीम् । पद्मरागमयं द्वारमपश्यदपरं महत् ॥ १८०
अनवाप्तप्रवेशश्च तत्रापि स पिनाकिनम् । देवं नामसहस्रेण तुष्टावानन्यमानसः ॥ १८१
ततः कुमारपुत्रेण स्वयं द्वारं विवृत्य तत् । उत्कात्मना विशाखाख्येनान्तः प्रावेश्यतात्र सः ॥ १८२
प्रविष्टश्च ददर्शात्र स्कन्दं ज्वालानलद्युतिम् । युक्तं शाखविशाखाद्यैः सदृशैः पञ्चभिः सुतैः ॥ १८३
स जातमात्रकग्रहैर्दुष्टमहद्‌शिशुग्रहैः । वृतं तं कोटिसंख्याकैर्गणेशैश्चरणानतैः ॥ १८४

तेनापि परितुष्टेन पृष्ट्वा कारणमागमे। तस्यारोहणमार्गोऽत्र व्यादिष्टः शरजन्मना ॥ १८५
एवं क्रमेण चान्यानि रन्ध्रद्वाराणि पञ्च सः। सभैरवमहाकालवीरभद्रेण नन्दिना ॥ १८६
भृङ्गिणा चानुगैः साकं निरुद्धानि यथाक्रमम्। अतीत्य प्राप पृष्ठेऽद्रेः स्फाटिकं द्वारमुत्तमम् ॥ १८७
ततः स्तुवन्देवदेवं रुद्रेष्वेकेन सादरम्। प्रवेशितस्तदद्राक्षीच्छंभोः स्वर्गाधिकं पदम् ॥ १८८
दिव्यगन्धवहद्वातं सदापुष्पफलद्रुमम्। गन्धर्वारब्धसंगीतमप्सरोनृत्तसोत्सवम् ॥ १८९
तत्रैकदेशे स्फटिकमयसिंहासने स्थितम्। त्रिलोचनं शूलपाणिं स्वच्छस्फटिकसंनिभम् ॥ १९०
बद्धपिङ्गजटाजूटं चारुचन्द्रार्धशेखरम्। पार्श्वस्थया गिरिजया भगवत्योपसेवितम् ॥ १९१
सूर्यप्रभः स सानन्दः पश्यति स्म महेश्वरम्। उपेत्य चापतत्तस्य सदेवीकस्य पादयोः ॥ १९२
ततः पृष्ठे करं दत्त्वा तमुत्थाप्योपवेश्य च। किमर्थमागतोऽसीति पप्रच्छ भगवान्हरः ॥ १९३
प्रत्यासन्नोऽभिषेको मे संनिधानं तदर्थये। प्रभोस्तत्रेति तं सूर्यप्रभः प्रत्यब्रवीच्च सः ॥ १९४
ततः शंभुरुवाचैनमियान्क्लिष्टोऽसि तर्हि किम्। संनिधानाय किं पुत्र तत एवास्मि न स्मृतः ॥ १९५
तदस्तु संनिधास्येऽहमित्युक्त्वा भक्तवत्सलः। सोऽन्तिकस्थितमाहूय गणमेकं समादिशत् ॥ १९६
गच्छैतमभिषेकार्थमृषभं पर्वतं नय। महाभिषेकस्थानं हि तदेषां चक्रवर्तिनाम् ॥ १९७
इत्यादिष्टो भगवता स तं सूर्यप्रभं गणः। प्रदक्षिणीकृतेशानमुत्सङ्गे प्रणतोऽग्रहीत् ॥ १९८
नीत्वा संस्थापयामास तस्मिन्नृषभपर्वते। स्वसिद्ध्या तत्क्षणेनैव ययौ चादर्शनं ततः ॥ १९९
सूर्यप्रभस्य चात्रस्थस्यापयुः स्ववयस्यकाः। कामचूडामणिमुखा भार्या विद्याधराधिपाः ॥ २००
सेन्द्राश्च देवा असुराः समयाद्या महर्षयः। श्रुतशर्मा सुमेरुश्च स सुवासकुमारकः ॥ २०१
सूर्यप्रभश्च सर्वांस्तान्यथोचितममानयत्। उक्तरुद्रादिवृत्तान्तमभ्यनन्दंश्च तेऽपि तम् ॥ २०२

अथ विविधौषधिसहितं नदीनदाम्भोधितीर्थसंभूतम्।
मणिकनकमयैः कुम्भैः स्वयमानिन्युर्जलं प्रभासाद्याः ॥ २०३

तावद्गौरीसहितो भगवानत्राययौ पुरारातिः।
देवासुरविद्याधरनृपतिमहर्षिप्रणम्यमानाङ्घ्रिः ॥ २०४

सर्वेषु तेषु सुरदानवखेचरेषु पुण्याहघोषमुखरेष्वखिलैर्जलैस्ते।
सूर्यप्रभं तमृषयो द्युचराधिराज्ये सिंहासने समुपवेशितमभ्यषिञ्चन् ॥ २०५

बबन्ध पट्टं मुकुटं च तस्य स प्रहृष्य विज्ञानमयो मयासुरः।
ननाद तूर्यैः सह देवदुन्दुभिर्वराप्सरोनृत्तपुरःसरो दिवि ॥ २०६

तां च महर्षिसमूहः स कामचूडामणिं समभिषिच्य।
सूर्यप्रभस्य विदधे तस्य समुचितां महादेवीम् ॥ २०७

ततो गतेषु त्रिदशासुरेषु सूर्यप्रभो बन्धुसुहृद्वयस्यैः।
सहात्र विद्याधरचक्रवर्ती महाभिषेकोत्सवमाततान ॥ २०८

दिनैश्च वेद्यर्धकमुत्तरं तद्दत्त्वा हरोक्तं श्रुतशर्मणे सः।
अन्याः प्रियाः प्राप्य समं वयस्यैर्भेजे चिरं खेचरराजलक्ष्मीम् ॥ २०९

एवं हरप्रसादप्रभावतः प्रापि मानुषेणापि।
सूर्यप्रभेण पूर्वं विद्याधरचक्रवर्तित्वम् ॥ २१०

इति विद्याधरधुर्यो व्याख्याय कथां स वत्सराजाग्रे।
वज्रप्रभः प्रणम्य च नरवाहनदत्तमुद्ययौ गगनम् ॥ २११

तस्मिन्गते च नरवाहनदत्तदेवो देव्या स्वया मदनमञ्चुकया समेतः।
वत्सेश्वरस्य पितुरास्त गृहे स वीरो विद्याधरेन्द्रपदलाभमुदीक्षमाणः ॥ २१२

इति महाकविश्रीसोमदेवभट्टविरचिते कथासरित्सागरे सूर्यप्रभलम्बके सप्तमस्तरङ्गः।

समाप्तश्चायं सूर्यप्रभलम्बकोऽष्टमः।

॥ श्रीः ॥

महाकविश्रीसोमदेवभट्टविरचितः

कथासरित्सागरः ।

अलंकारवती नाम नवमो लम्बकः ।

इदं गुरुगिरीन्द्रजाप्रणयमन्दरान्दोलना-
त्पुरा किल कथामृतं हरमुखाम्बुधेरुद्गतम् ।
प्रसह्य रसयन्ति ये विगतविघ्नलब्धर्द्धयो
धुरं दधति वैबुधीं भुवि भवप्रसादेन ते ॥

प्रथमस्तरङ्गः ।

निशुम्भभरनम्रोर्वीखर्विताः पर्वता अपि । यं नमन्तीव नृत्यन्तं नमामस्तं विनायकम् ॥ १
एवं वत्सेश्वरसुतः कौशाम्ब्यां भवने पितुः । वसन्विद्याधराधीशैरादावेव कृतानतिः ॥ २
नरवाहनदत्तः स कदाचिन्मृगयागतः । विवेश गोमुखसखो मुक्तसैन्यो महद्वनम् ॥ ३
स तत्र दक्षिणेनाक्ष्णा स्फुरतोक्तशुभागमः । दिव्यवीणारवोन्मिश्रमशृणोद्गीतनिःस्वनम् ॥ ४
गत्वा तदनुसारेण नातिदूरं ददर्श सः । स्वयंभ्वायतनं शैवं संयताश्वो विवेश च ॥ ५
तत्रोपवीणयन्तीं च देवेशं देवकन्यकाम् । अपश्यद्वरकन्याभिर्बह्वीभिः परिवारिताम् ॥ ६
सा दृष्टा तस्य हृदयं प्रसरत्कान्तिनिर्झरा । इन्दुमूर्तिरिवाम्भोधेः क्षोभयामास तत्क्षणम् ॥ ७
सापि तं सरसस्निग्धमुग्धेनालोक्य चक्षुषा । तदेकगतचित्ताभूद्विस्मृतस्वरसारणा ॥ ८
नरवाहनदत्तस्य चित्तज्ञो गोमुखस्ततः । केयं कस्य सुता चेति यावत्पृच्छति तत्सखीः ॥ ९
तावच्च सदृशी तस्याः पूर्वं हेमारुणप्रभा । पश्चादवततारैका प्रौढा विद्याधरी दिवः ॥ १०
सा चावतीर्य कन्यायास्तस्याः पार्श्वे उपाविशत् । कन्याप्युत्थाय सा तस्याः पादयोरपतत्तदा ॥ ११
सर्वविद्याधराधीशं निर्विघ्नं पतिमाप्नुहि । इति प्रौढापि सा तस्याः कन्याया आशिषं ददौ ॥ १२
नरवाहनदत्तोऽथ तामुपेत्य प्रणम्य च । दत्ताशिषं पर्यपृच्छत्सौम्यां विद्याधरीं शनैः ॥ १३
केयं कन्या भवत्यम्ब तव का कथ्यतामिति । ततो विद्याधरी सा तमुवाच शृणु वच्म्यदः ॥ १४
अस्ति गौरीगुरोः शैले श्रीसुन्दरपुरं पुरम् । आस्तेऽलंकारशीलाख्यस्तत्र विद्याधरेश्वरः ॥ १५
तस्योदारगुणस्यास्ति महिषी काञ्चनप्रभा । तस्यां तस्य च कालेन राज्ञः सूनुरजायत ॥ १६
एष धर्मपरो भावीत्यादिष्टमुमया यदा । स्वप्ने तदा धर्मशीलं नाम्ना तमकरोत्पिता ॥ १७
क्रमेण यौवनप्राप्तं धर्मशीलं स तं सुतम् । राजा संयोज्य विद्याभिर्यौवराज्येऽभिषिक्तवान् ॥ १८
ततः स यौवराज्यस्थो धर्मैकपरमो वशी । अरञ्जयद्धर्मशीलः पितुरभ्यधिकं प्रजाः ॥ १९
ततोऽलंकारशीलस्य राज्ञः सा काञ्चनप्रभा । अन्तर्वत्नी सती राज्ञी तस्य सूते स्म कन्यकाम् ॥ २०
नरवाहनदत्तस्य भार्यैषा चक्रवर्तिनः । कन्या भवित्रीति तदा दिव्या वागुदघोषयत् ॥ २१
ततोऽत्र तेनालंकारवतीति कृतनामिका । पित्रा क्रमेणावर्धिष्ट बाला शशिकलेव सा ॥ २२
कालेन यौवनस्था च प्राप्तविद्या निजात्पितुः । तत्तदायतनं शंभोर्भक्त्या भ्रमितुमुद्यता ॥ २३
तावच्च धर्मशीलोऽस्य भ्राता शान्तो युवापि सन् । रहोऽलंकारशीलं तं पितरं स्वं व्यजिज्ञपत् ॥ २४
न मां भोगा इमे तात प्रीणन्ति क्षणभङ्गुराः । किं तदस्ति हि संसारे पर्यन्तविरसं न यत् ॥ २५

तथा चैतत्त्वया किं न श्रुतं व्यासमुनेर्वचः । सर्वे क्षयान्ता निचयाः पतनान्ताः समुच्छ्रयाः ॥ २६
संयोगा विप्रयोगान्ता मरणान्तं हि जीवितम् । तदेषु का रतिस्तात नश्वरेषु मनस्विनाम् ॥ २७
परत्र च सहायान्ति न भोगा नार्थसंचयाः । एकस्तु बान्धवो धर्मो न जहाति पदात्पदम् ॥ २८
तस्माद्वनाय गत्वाहं साधयाम्युत्तमं तपः । आसादयेयं तद्येन शाश्वतं परमं पदम् ॥ २९
इत्युक्तवन्तं तं पुत्रं धर्मशीलं समाकुलः । राजालंकारशीलोऽथ वक्ति स्मोदश्रुलोचनः ॥ ३०
बालस्यैव तवाकाण्डे कोऽयं पुत्र मतिभ्रमः । उपयुक्ते हि तारुण्ये प्रशमः सद्भिरिष्यते ॥ ३१
कृतदारस्य धर्मेण राज्यं पालयतस्तव । भोगान्भोक्तुमयं कालो न वैराग्यस्य सांप्रतम् ॥ ३२
एतत्पितुर्वचः श्रुत्वा धर्मशीलोऽभ्यधात्पुनः । न शमाशमयोरत्र नियमोऽस्ति वयःकृतः ॥ ३३
ईश्वरानुगृहीतो हि कश्चिद्बालोऽपि शाम्यति । वृद्धोऽपि न शमं याति कश्चित्कापुरुषः पुनः ॥ ३४
न च राज्ये रतिर्मेऽस्ति न वा दारपरिग्रहे । ममैतज्जीवितफलं यच्छिवाराधनं तपः ॥ ३५
इति ब्रुवाणं यत्नेनाप्यनिवार्यमवेक्ष्य तम् । पितालंकारशीलोऽसौ विमुच्याश्रूण्यभाषत ॥ ३६
यदि यूनोऽपि ते पुत्र वैराग्यमिदमीदृशम् । नास्ति वृद्धस्य मे तत्किमहमप्याश्रये वनम् ॥ ३७
इत्युक्त्वा मर्त्यलोकं च गत्वा भारायुतं ददौ । ब्राह्मणेभ्यो दरिद्रेभ्यो रत्नानां काञ्चनस्य च ॥ ३८
एत्य च स्वपुरं भार्यामवोचत्काञ्चनप्रभाम् । त्वया मदाज्ञयेहैव स्थातव्यं नगरे निजे ॥ ३९
रक्षालंकारवत्येषा कन्या पूर्णे च वत्सरे । अस्ति वैवाहलग्नोऽस्यास्तिथावद्यतने शुभः ॥ ४०
नरवाहनदत्ताय दास्याम्येतामहं तदा । स चक्रवर्ती जामाता पास्यतीदं पुरं च नः ॥ ४१
इत्युक्त्वा दत्तशपथां भार्यां राजा निवर्त्य सः । ससुतां विलपन्तीं तां सपुत्रः शिश्रिये वनम् ॥ ४२
सा तु स्वपुरमध्यास्त तद्भार्या काञ्चनप्रभा । दुहित्रा सह साध्वी स्त्री भर्त्राज्ञां का हि लङ्घयेत् ॥ ४३
तत्सुताथ तया मात्रा सह स्नेहानुयातया । अलंकारवती भ्रान्ता बहून्यायतनानि च ॥ ४४
एकदा तां च वक्ति स्म विद्या प्रज्ञप्तिसंज्ञिका । कश्मीरेषु स्वयंभूनि गत्वा क्षेत्राणि पूजय ॥ ४५
नरवाहनदत्तं हि निर्विघ्नं तं पतिं ततः । सर्वविद्याधरेन्द्रैकचक्रवर्तिनमाप्स्यसि ॥ ४६
इत्युक्ता विद्यया गत्वा कश्मीरान्सा समातृका । अलंकारवती शंभुं पुण्यक्षेत्रेष्वपूजयत् ॥ ४७
नन्दिक्षेत्रे महादेवगिरावमरपर्वते । सुरेश्वर्यांद्रिषु तथा विजये कपटेश्वरे ॥ ४८
एवमादिषु संपूज्य क्षेत्रेषु गिरिजापतिम् । विद्याधरेन्द्रकन्या सा तन्माता चागते गृहान् ॥ ४९
तामेतां विद्ध्यलंकारवतीं सुभग कन्यकाम् । तां च मातरमेतस्या विद्धि मां काञ्चनप्रभाम् ॥ ५०
अद्य चैषा ममानुक्त्वैवागतेमं शिवालयम् । ततः प्रज्ञप्तिविद्यातो विज्ञायाहमिहागता ॥ ५१
तन्मुखादेव च ज्ञातस्त्वमपीहागतो मया । तदेतां देवतादिष्टामुपयच्छस्व मे सुताम् ॥ ५२
प्रातश्च सोऽस्याः पित्रोक्तः प्राप्तो वैवाहवासरः । तदद्य पुत्र कौशाम्बीं स्वामेव नगरीं व्रज ॥ ५३
आवामितश्च गच्छावः प्रातरेत्य तपोवनात् । राजालंकारशीलस्ते दास्यत्येतां सुतां स्वयम् ॥ ५४
एवं तयोक्तेऽलंकारवत्यास्तस्याश्च तस्य च । नरवाहनदत्तस्य काप्यवस्था द्वयोरभूत् ॥ ५५
अन्योन्यरजनीमात्रविश्लेषासहनात्मनोः । चक्राह्वयोरिवासन्ने दिनान्ते साश्रुनेत्रयोः ॥ ५६
दृष्ट्वा तौ तादृशौ द्वावप्यवादीत्काञ्चनप्रभा । किमेकरात्रिविश्लेषे ह्यधैर्यं युवयोरिदम् ॥ ५७
अनिश्चितावधिं धीराः सहन्ते विरहं चिरम् । श्रूयतां रामभद्रस्य सीतादेव्यास्तथा कथा ॥ ५८
राज्ञो दशरथस्यासीदयोध्याधिपतेः सुतः । रामो भरतशत्रुघ्नलक्ष्मणानां पुराग्रजः ॥ ५९
विष्णोरवततारांशो रावणोच्छेदनाय यः । सीता तस्याभवद्भार्या प्राणेशा जनकात्मजा ॥ ६०
स पित्रा भरतन्यस्तराज्येन विधियोगतः । प्रेषितोऽभूद्वनं साकं सीतया लक्ष्मणेन च ॥ ६१
तत्र तस्याहरत्सीतां मायया रावणः प्रियाम् । निनाय च पुरीं लङ्कां पथि हत्वा जटायुषम् ॥ ६२
ततः स रामो विरही सुग्रीवं वालिनो वधात् । स्वीकृत्य मारुतिं प्रेष्य तत्प्रवृत्तिमबुध्यत ॥ ६३
गत्वा च सागरे सेतुं बद्ध्वा हत्वा च रावणम् । लङ्कां विभीषणे न्यस्य सीतां प्रत्याजहार सः ॥ ६४

अथावृत्तस्य वनतः शासतो भरतार्पितम् । तस्य राज्यमयोध्यायां सीता गर्भमधत्त सा ॥ ६५
तावच्चात्र प्रजाचेष्टां ज्ञातुमल्पपरिच्छदः । स्वैरं परिभ्रमन्नेकं सोऽपश्यत्पुरुषं प्रभुः ॥ ६६
हस्ते गृहीत्वा गृहिणीं निरस्यन्तं निजाद्गृहात् । परस्येयं गृहमगादिति दोषानुकीर्तनात् ॥ ६७
रक्षोगृहोषिता सीता रामदेवेन नोज्झिता । अयमभ्यधिको यो मामुज्झति ज्ञातिवेश्मगाम् ॥ ६८
इति तद्गृहिणीं तां च ब्रुवतीं तं निजं पतिम् । रामो राजा स शुश्राव खिन्नश्चाभ्यन्तरं ययौ ॥ ६९
लोकापवादभीतश्च सीतां तत्याज तां वने । सहते विरहक्लेशं यशस्वी नायशः पुनः ॥ ७०
सा च गर्भालसा दैवाद्वाल्मीकेः प्रापदाश्रमम् । तेनर्षिणा समाश्वास्य तत्रैव ग्राहिता स्थितिम् ॥ ७१
नूनं सीता सदोषेयं त्यक्ता भर्त्रान्यथा कथम् । तदेतद्दर्शनान्नित्यं पापं संक्रामतीह नः ॥ ७२
वाल्मीकिः कृपया चैनां निर्वासयति नाश्रमात् । एतद्दर्शनजं पापं तपसा च व्यपोहति ॥ ७३
तदेत यावद्गच्छामो द्वितीयं कंचिदाश्रमम् । इति संमन्त्रयामासुस्तत्रान्ये मुनयस्तदा ॥ ७४
तद्बुद्ध्वा तान्स वाल्मीकिरब्रवीन्नात्र संशयः । शुद्धैषा प्रणिधानेन मया दृष्टा द्विजा इति ॥ ७५
तथाप्यप्रत्ययस्तेषां यदा सीता तदाभ्यधात् । भगवन्तो यथा वित्थ तथा शोधयतेह माम् ॥ ७६
अशुद्धायाः शिरश्छेदनिग्रहः क्रियतां मम । तच्छ्रुत्वा जातकरुणा जगदुर्मुनयोऽत्र ते ॥ ७७
अस्त्यत्र टीटिभसरोनाम तीर्थं महद्वने । टीटिभी हि पुरा कापि भर्त्रान्यासङ्गशङ्किना ॥ ७८
मिथ्यैव दूषिता साध्वी चक्रन्दाशरणा भुवम् । लोकपालांश्च तैस्तस्याः शुद्ध्यर्थं तद्विनिर्मितम् ॥ ७९
तत्रैषा राघववधूः परिशुद्धिं करोतु नः । इत्युक्तवद्भिस्तैः साकं जानकी तत्सरो ययौ ॥ ८०
यद्यार्यपुत्रादन्यत्र न स्वप्नेऽपि मनो मम । तदुत्तरेयं सरसः पारमम्ब वसुंधरे ॥ ८१
इत्युक्त्वैव प्रविष्टा च तस्मिन्सरसि सा सती । नीता च पारमुत्सङ्गे कृत्वाविर्भूतया भुवा ॥ ८२
ततस्तां ते महासाध्वीं प्रणेमुर्मुनयोऽखिलाः । राघवं शप्तुमैच्छंश्च तत्परित्यागमन्युना ॥ ८३
युष्माभिरार्यपुत्रस्य न ध्यातव्यममङ्गलम् । शप्तुमर्हथ मामेव पापामञ्जलिरेष वः ॥ ८४
इति यद्वारयामास सीता तान्सा पतिव्रता । तेन ते मुनयस्तुष्टास्तस्याः पुत्राशिषं ददुः ॥ ८५
ततः सा तत्र तिष्ठन्ती समये सुषुवे सुतम् । तं च नाम्ना लवं चक्रे स वाल्मीकिमुनिः शिशुम् ॥ ८६
बालमादाय तं तस्यां गतायां स्नातुमेकदा । तेन शून्यं तदुटजं दृष्ट्वा सोऽचिन्तयन्मुनिः ॥ ८७
स्थापयित्वार्भकं याति स्नातुं सा तत्क्व सोऽर्भकः । नीतः स श्वापदेनेह नूनमन्यं सृजामि तत् ॥ ८८
स्नात्वागतान्यथा सीता न प्राणान्धारयेदिह । इति ध्यात्वा कुशैः कृत्वा पवित्रं निर्ममेऽर्भकम् ॥ ८९
लवस्य सदृशं तं च स तथास्थापयन्मुनिः । आगता तं च सा दृष्ट्वा मुनिं सीता व्यजिज्ञपत् ॥ ९०
स्वकोऽयं मे स्थितो बालस्तदेषोऽन्यः कुतो मुने । तच्छ्रुत्वा स यथावृत्तमुक्त्वा मुनिरुवाच ताम् ॥ ९१
भवितव्यं गृहाणैतं द्वितीयमनघे सुतम् । कुशसंज्ञं मयायं यत्स्वप्रभावात्कुशैः कृतः ॥ ९२
इत्युक्ता तेन मुनिना सीता लवकुशौ सुतौ । तेनैव कृतसंस्कारौ वर्धयामास तत्र तौ ॥ ९३
बालावेव च तौ दिव्यमस्त्रग्राममवापतुः । विद्याश्च सर्वा वाल्मीकिमुनेः क्षत्रकुमारकौ ॥ ९४
एकदा आश्रममृगं हत्वा तन्मांसमादतुः । अर्चालिङ्गं च वाल्मीकेश्चक्रतुः क्रीडनीयकम् ॥ ९५
तेन खिन्नो मुनिः सोऽथ सीतादेव्यानुनाथितः । प्रायश्चित्तं तयोरेवमादिदेश कुमारयोः ॥ ९६
गत्वा कुबेरसरसः स्वर्णपद्मान्ययं लवः । तदुद्यानाच्च मन्दारपुष्पाण्यानयतु द्रुतम् ॥ ९७
तैरेतौ भ्रातरावेतल्लिङ्गमर्चयतामुभौ । तेनैतयोरिदं पापमुपशान्तिं गमिष्यति ॥ ९८
एतच्छ्रुत्वैव कैलासं स बालोऽपि लवो ययौ । आचस्कन्द कुबेरस्य सरश्चोपवनं च तत् ॥ ९९
निहत्य यक्षानादाय पद्मानि कुसुमानि च । आगच्छन्पथि स श्रान्तो विशश्राम तरोस्तले ॥ १००
अत्रान्तरे च रामस्य नरमेधे सुलक्षणम् । चिन्वन्पुरुषमागच्छत्तेन मार्गेण लक्ष्मणः ॥ १०१
स लवं समराहूतं मोहनास्त्रेण मोहितम् । क्षत्रधर्मेण बद्ध्वा तमयोध्यामनयत्पुरीम् ॥ १०२
तावच्च सीतामाश्वास्य लवागमनदुःस्थिताम् । वाल्मीकिः स्वाश्रमे तत्र ज्ञानी कुशमभाषत ॥ १०३

नीतोऽयोध्यामवष्टभ्य लक्ष्मणेन सुतो लवः । गच्छ मोचय तं तस्मादेभिरस्त्रैर्विनिर्जितात् ॥ १०४
इत्युक्त्वा दत्तदिव्यास्त्रस्तेन गत्वा कुशस्ततः । रोध्यमानामयोध्यायां यज्ञभूमिं रुरोध सः ॥ १०५
जिगाय लक्ष्मणं चात्र तन्निमित्तं प्रधावितम् । युद्धे दिव्यैर्महास्त्रैस्तैस्ततो रामस्तमभ्यगात् ॥ १०६
सोऽपि प्रभावाद्वाल्मीकेर्जेतुं नास्त्रैः शशाक तम् । कुशं यत्नेन पप्रच्छ कोऽर्थस्ते को भवानिति ॥ १०७
कुशस्ततोऽब्रवीद्रुद्ध्वा लक्ष्मणेनाग्रजो मम । आनीत इह तस्याहं मोचनार्थमिहागतः ॥ १०८
आवां लवकुशौ रामतनयाविति जानकी । माता नौ वक्ति चेत्युक्त्वा तद्वृत्तान्तं शशंस सः ॥ १०९
ततः सबाष्पो रामस्तं लवमानाय्य तावुभौ । कण्ठे जग्राह सैषोऽहं पापो राम इति ब्रुवन् ॥ ११०
अथ सीतां प्रशंसत्सु वीरौ पश्यत्सु तौ शिशू । पौरेषु मिलितेष्वत्र स तौ रामोऽग्रहीत्सुतौ ॥ १११
आनाय्य सीतादेवीं च वाल्मीकेराश्रमात्ततः । तया सह सुखं तस्थौ पुत्रन्यस्तभरोऽथ सः ॥ ११२
एवं सहन्ते विरहं धीराश्चिरमपीदृशम् । न सहेथे युवां पुत्रौ कथमेकामपि क्षपाम् ॥ ११३
इत्यात्मजामलंकारवतीं परिणयोत्सुकाम् । नरवाहनदत्तं च तमुक्त्वा काञ्चनप्रभा ॥ ११४
नभसा प्रातरागन्तुमगादादाय तां सुताम् । नरवाहनदत्तोऽपि कौशाम्बीं विमना ययौ ॥ ११५
तत्रानिद्रं निशि स्माह गोमुखस्तं विनोदयन् । पृथ्वीरूपकथां देव शृण्विमां कथयामि ते ॥ ११६
अस्ति नाम्ना प्रतिष्ठानं नगरं दक्षिणापथे । पृथ्वीरूपाभिधानोऽभूद्राजा तत्रातिरूपवान् ॥ ११७
तं परिज्ञानिनौ जातु श्रमणौ द्वावुपेयतुः । विलोक्याद्भुतरूपं च तावेवं नृपमूचतुः ॥ ११८
देवावां पृथिवीं भ्रान्तौ न च रूपेण ते समम् । अन्यं पुमांसं नारीं वा दृष्टवन्तौ क्वचित्प्रभो ॥ ११९
किं तु मुक्तिपुरद्वीपे राज्ञो रूपधरस्य या । अस्ति हेमलतादेव्यां जाता रूपलता सुता ॥ १२०
सैका ते सदृशी कन्या तस्याश्चैको भवानपि । युवयोर्यदि संयोगो भवेत्स्यात्सुकृतं ततः ॥ १२१
इति श्रमणवाक्येन समं मदनसायकाः । प्रविश्य श्रुतिमार्गेण राज्ञस्तस्यालगन्हृदि ॥ १२२
ततः समुत्सुको राजा निजं चित्रकरोत्तमम् । कुमारिदत्तनामानं पृथ्वीरूपः समादिशत् ॥ १२३
पटे यथावल्लिखितां समादाय मदाकृतिम् । एताभ्यां सह भिक्षुभ्यां द्वीपं मुक्तिपुरं व्रज ॥ १२४
तत्र रूपधराख्यस्य राज्ञस्तद्दुहितुस्तथा । युक्त्या रूपलतायास्त्वं मदाकारं प्रदर्शय ॥ १२५
पश्य किं स नृपस्तां मे ददाति तनयां न वा । तां च रूपलतां चित्रे लिखित्वा त्वमिहानय ॥ १२६
एवमुक्त्वाभिलेख्य स्वं रूपं चित्रपटे स तम् । सभिक्षुकं चित्रकरं द्वीपं तं प्राहिणोन्नृपः ॥ १२७
ते च क्रमाच्चित्रकरश्रमणाः प्रस्थितास्ततः । प्रापुः पत्रपुरं नाम नगरं वारिधेस्तटे ॥ १२८
ततः प्रवहणारूढा गत्वैवाम्बुधिवर्त्मना । ते तं मुक्तिपुरद्वीपमवापुः पञ्चभिर्दिनैः ॥ १२९
तत्र चित्रकरो गत्वा राजद्वारि स चीरिकाम् । मम चित्रकरस्तुल्यो नान्योऽस्तीत्युदलम्बयत् ॥ १३०
तद्बुद्ध्वैव समाहूतो राज्ञा रूपधरेण सः । प्रविश्य राजभवनं तं प्रणम्य व्यजिज्ञपत् ॥ १३१
पृथ्वीं भ्रान्त्वा मया देव न दृष्टश्चित्रकृत्समः । तद्देवासुरमर्त्यानामालिखामि कमादिश ॥ १३२
तच्छ्रुत्वानाय्य नृपतिः स तां रूपलतां पुरः । इमामालिख्य मत्पुत्रीं दर्शयेत्यादिदेश तम् ॥ १३३
ततः कुमारिदत्तः स चित्रकृद्राजकन्यकाम् । आलिख्य दर्शयामास तद्रूपामेव तां पटे ॥ १३४
अथ रूपधरो राजा तुष्टो मत्वा विचक्षणम् । पृच्छति स्म स तं चित्रकरं जामातृलिप्सया ॥ १३५
भद्र पृथ्वी त्वया भ्रान्ता तद्ब्रूहि यदि कुत्रचित् । रूपे मद्दुहितुस्तुल्या दृष्टा स्त्री पुरुषोऽपि वा ॥ १३६
इत्युक्तस्तेन राज्ञा स चित्रकृत्प्रत्युवाच तम् । नैतत्तुल्या मया दृष्टा नारी काप्यथवा पुमान् ॥ १३७
एकस्तु पृथ्वीरूपाख्यः प्रतिष्ठाने महीपतिः । दृष्टः समोऽस्यास्तेनैषा युज्यते यदि साधु तत् ॥ १३८
तुल्यरूपा यदा तेन न प्राप्ता राजकन्यका । तदा नवेऽपि तारुण्ये स तिष्ठत्यपरिग्रहः ॥ १३९
मया च देव दृष्ट्वैव स राजा लोचनप्रियः । अभिलिख्य पटे सम्यग्गृहीतो रूपकौतुकात् ॥ १४०
तच्छ्रुत्वा किं पटः सोऽस्तीत्युक्तस्तेन स भूभृता । अस्तीत्युक्त्वा च तं चित्रकरः पटमदर्शयत् ॥ १४१
तत्र दृष्ट्वा स तद्रूपं पृथ्वीरूपस्य भूपतेः । राजा रूपधरो दध्रे विस्मयाघूर्णितं शिरः ॥ १४२

जगाद च वयं धन्या यैरत्र लिखितोऽप्ययम्। दृष्टो राजा नमस्तेभ्यः साक्षात्पश्यन्ति ये त्वमुम्॥ १४३
एतत्पितृवचः श्रुत्वा दृष्ट्वा चित्रे च तं नृपम्। सोत्का रूपलता नान्यच्छुश्राव न ददर्श च॥ १४४
तां मारमोहितां दृष्ट्वा सुतां स नृपतिस्तदा। कुमारिदत्तं तं चित्रकरं रूपधरोऽभ्यधात्॥ १४५
नास्त्यालेख्यविसंवादस्तव तद्दुहितुर्मम। एतस्याः प्रतिरूपः स पृथ्वीरूपनृपः पतिः॥ १४६
तदेतं मत्सुताचित्रपटं नीत्वाद्य सत्वरम्। पृथ्वीरूपनृपायैतां मत्सुतां गच्छ दर्शय॥ १४७
आख्याय च यथावृत्तं तत्तस्मै यदि रोचते। तदिह द्रुतमायातु परिणेतुं मदात्मजाम्॥ १४८
इत्युक्त्वा पूजयित्वार्थैः स सहस्थितभिक्षुकम्। राजा चित्रकरं तं च स्वदूतं च विसृष्टवान्॥ १४९
ते गत्वाम्बुधिमुत्तीर्य चित्रकृद्दूतभिक्षुकाः। सर्वे प्रापुः प्रतिष्ठानं पृथ्वीरूपनृपान्तिकम्॥ १५०
तत्र प्राभृतकं दत्त्वा कार्यं तत्ते यथाकृतम्। सरूपधरसंदेशं राज्ञे तस्मै न्यवेदयन्॥ १५१
स च चित्रकृदेतस्मै भूभृते तामदर्शयत्। कुमारिदत्तश्चित्रस्थां प्रियां रूपलतां ततः॥ १५२
राज्ञस्तस्य वपुष्यस्या लावण्यसरसीक्षतः। मग्ना दृष्टिस्तथा नैतामुद्धर्तुमशकद्यथा॥ १५३
स हि कान्तिसुधास्यन्दमयीं तां चर्वयन्नृपः। नातृप्यदधिकोत्कण्ठश्चकोरश्चन्द्रिकामिव॥ १५४
प्राह चित्रकरं तं च वन्द्यो वेधाः करश्च ते। येनेदं निर्मितं रूपं येन चालिखितं सखे॥ १५५
तद्रूपधरभूपस्य प्रतिपन्नं वचो मया। यामि मुक्तिपुरद्वीपमुपयच्छे च तत्सुताम्॥ १५६
इत्युक्त्वा चित्रकृद्दूतभिक्षून्संमान्य तान्धनैः। आसीच्चित्रपटं पश्यन्पृथ्वीरूपनृपोऽत्र सः॥ १५७
उद्यानादिषु नीत्वा च तद्दिनं विरहातुरः। लग्नं निश्चित्य सोऽन्येद्युश्चक्रे राजा प्रयाणकम्॥ १५८
युक्तो विविधहस्त्यश्वैः सामन्तै राजसूनुभिः। सरूपधरदूतैस्तैश्चित्रकृच्छ्रमणैश्च सः॥ १५९
गजेन्द्रं मङ्गलघटं राजारुह्य व्रजन्दिनैः। प्राप्य विन्ध्याटवीद्वारं सायं तत्र स्थितोऽभवत्॥ १६०
द्वितीयेऽह्नि समारुह्य शत्रुमर्दनसंज्ञकम्। गजं तामटवीं राजा पृथ्वीरूपो विवेश सः॥ १६१
यावद्याति पुरस्तावदग्रयायि निजं बलम्। पलायमानमावृत्तमकस्मात्स व्यलोकयत्॥ १६२
किमेतदिति संभ्रान्तं तं चाभ्येत्यैव तत्क्षणम्। राजपुत्रो गजारूढो निर्भयाख्यो व्यजिज्ञपत्॥ १६३
देवाग्रतोऽतिमहती भिल्लसेनाभिधाविता। तैर्वारणा नः पञ्चाशन्मात्रा भिल्लै रणे हताः॥ १६४
सहस्रं च पदातीनामश्वानां च शतत्रयम्। अस्मदीयैश्च भिल्लानां द्वे सहस्रे निपातिते॥ १६५
एको ह्यस्मद्बले दृष्टः कबन्धो द्वौ च तद्बले। ततोऽस्मत्सैनिका भग्नास्तद्बाणाशनिपीडिताः॥ १६६
तच्छ्रुत्वा कुपितो राजा पृथ्वीरूपः प्रधाव्य सः। जघान सेनां भिल्लानां कौरवाणामिवार्जुनः॥ १६७
निर्भयादिभिरन्येषु निहतेष्वथ दस्युषु। स चिच्छेदैकभल्लेन भिल्लसेनापतेः शिरः॥ १६८
बाणव्रणगलद्रक्तस्तस्येभः शत्रुमर्दनः। सधातुनिर्झरोद्गारमञ्जनाद्रिं व्यडम्बयत्॥ १६९
ततो लब्धजयावृत्ते तत्सैन्ये मिलितेऽखिले। पलाय्य हतशेषास्ते भिल्ला दश दिशो ययुः॥ १७०
ततो निवृत्तसङ्ग्रामः पृथ्वीरूपो महीपतिः। स रूपधरदूतेन स्तूयमानपराक्रमः॥ १७१
व्रणितानीकविश्रान्त्यै तस्यामेवाटवीभुवि। विजयी सरसीतीरे दिवसं वसति स्म तम्॥ १७२
प्रातस्ततः प्रयातश्च स राजा क्रमशो व्रजन्। तत्प्राप नगरं पत्रपुरं तीरस्थमम्बुधेः॥ १७३
तत्रैकाहं विशश्राम तत्रत्येन महीभृता। उदारचरिताख्येन रचितोचितसत्क्रियः॥ १७४
तेनैवोपहृतैर्यानपात्रैस्तीर्त्वा च सागरम्। अष्टभिर्दिवसैः प्राप द्वीपं मुक्तिपुरं स तत्॥ १७५
बुद्ध्वा रूपधरस्तत्र राजा हृष्टस्तमभ्यगात्। मिलतः स्म च तौ भूपौ कृतकण्ठग्रहौ मिथः॥ १७६
ततस्तेन समं पृथ्वीरूपो राजा स तत्पुरम्। विवेश पौरनारीणां पीयमान इवेक्षणैः॥ १७७
तत्र हेमलता राज्ञी स च रूपधरो नृपः। दृष्ट्वानुरूपं दुहितुर्भर्तारं तं ननन्दतुः॥ १७८
अथ स्वसंपदुचितै राज्ञा रूपधरेण सः। आचारैरर्चितस्तस्थौ पृथ्वीरूपोऽत्र पार्थिवः॥ १७९
अन्येद्युश्च चिरोत्काया वेदीमारुह्य शोभने। लग्ने रूपलतायाः स सोत्सवः पाणिमग्रहीत्॥ १८०
सत्यं श्रुतं त्वया पूर्वमिति वक्तुमिव श्रुतिम्। प्रापोत्कुल्ला तयोर्दृष्टिरन्योन्यरूपदर्शिनोः॥ १८१

रत्नानि लाजमोक्षेषु द्वयो रूपधरस्तयोः । ददौ तथा यथा सैष मेने रत्नाकरो जनैः ॥ १८२
निर्वृत्ते च सुतोद्वाहे चित्रकृच्छ्रमणान्स तान् । संपूज्य वस्त्राभरणैः सर्वानन्यानपूजयत् ॥ १८३
ततः पुरे स्थितस्तस्मिन्पृथ्वीरूपनृपोऽत्र सः । तद्द्वीपोचितमाहारं भेजे पानं च सानुगः ॥ १८४
नृत्तगीतादिभिर्याते दिने नक्तं विवेश च । सूत्को रूपलतावासभवनं सोऽवनीपतिः ॥ १८५
आस्तीर्णरत्नपर्यङ्कं रत्नकुट्टिमशोभितम् । रत्नस्तम्भोम्भिताभोगं रत्नदीपप्रकाशितम् ॥ १८६
तत्र भेजे तया साकं स रूपलतया युवा । चिरसंकल्पगुणितं यथेच्छं सुरतोत्सवम् ॥ १८७
सुरतश्रमसुप्तश्च पठद्भिर्बन्दिमागधैः । बोधितः प्रातरुत्थाय तस्थाविन्द्रो यथा दिवि ॥ १८८
एवं दश दिनान्यत्र पृथ्वीरूपनृपोऽवसत् । द्वीपे नवनवैर्भोगैर्विलसञ्श्वशुराहृतैः ॥ १८९
एकादशे दिने युक्तः स रूपलतया ततः । गणकानुमतो राजा प्रतस्थे कृतमङ्गलः ॥ १९०
कृतानुयात्रः श्वशुरेणा समुद्रतटं च सः । वध्वा सह प्रवहणान्यारुरोहानुगान्वितः ॥ १९१
दिनाष्टकेन तीर्त्वाब्धिं तीरस्थे मिलिते बले । उदारचरिते चाग्रप्राप्ते पत्रपुरं ययौ ॥ १९२
तत्रोपचरितस्तेन राज्ञा विश्रम्य कानिचित् । दिनानि स ततः प्रायात्पृथ्वीरूपो नरेश्वरः ॥ १९३
प्रियां रूपलतां हस्तिन्यारोप्य जयमङ्गले । कल्याणगिरिनामानमात्मनारुह्य च द्विपम् ॥ १९४
गच्छन्क्रमादविरतैः सोऽथ राजा प्रयाणकैः । उत्पताकध्वजं प्राप प्रतिष्ठानं निजं पुरम् ॥ १९५
तत्र रूपलतां दृष्ट्वा रूपदर्पं पुराङ्गनाः । जहुस्तत्कालमाश्चर्यनिर्निमेषविलोचनाः ॥ १९६
राजधानीं प्रविश्याथ पृथ्वीरूपः कृतोत्सवः । ददौ चित्रकृते तस्मै ग्रामान्राजा धनं च सः ॥ १९७
श्रमणौ पूजयित्वा च वसुभिस्तौ यथोचितम् । सामन्तान्सचिवान्राजपुत्रांश्च सममानयत् ॥ १९८
ततः स रूपलतया प्रियया सहितस्तया । जीवलोकसुखं तत्र भेजे पृथ्वीपतिः कृती ॥ १९९
इत्याख्याय कथां मन्त्री गोमुखस्तत्सुखोन्मुखः । नरवाहनदत्ताय समुवाचोत्सुकं पुनः ॥ २००
एवं विषह्यते धीरैः सक्लेशो विरहश्चिरम् । त्वं पुनः सहसे नैकामपि देव निशां कथम् ॥ २०१
प्रातर्भवानलंकारवतीं हि परिणेष्यति । गोमुखेनैवमुक्ते च तत्र तत्समयागतः ॥ २०२
यौगन्धरायणसुतो मरुभूतिरभाषत । अदृष्टस्मरसंतापः स्वस्थस्त्वं किं न जल्पसि ॥ २०३
तावद्धत्ते पुमान्धैर्यं विवेकं शीलमेव च । यावत्पतति कामस्य सायकानां न गोचरे ॥ २०४
धन्याः सरस्वती स्कन्दो जिनश्च जगति त्रयः । पटान्तलग्नतृणवत्क्षिप्तो व्याधूय यैः स्मरः ॥ २०५
मरुभूतौ वदत्येवमुद्विग्नं वीक्ष्य गोमुखम् । नरवाहनदत्तस्तं समर्थयितुमभ्यधात् ॥ २०६
विनोदनार्थमेतन्मे गोमुखो युक्तमुक्तवान् । स्निग्धो हि विरहायासे साधुवादं ददाति किम् ॥ २०७
समाश्वासो यथाशक्ति स्वजनैर्विरहातुरः । अतः परं स जानाति देवश्चासमसायकः ॥ २०८
इत्यादि जल्पञ्छृण्वंश्च तास्ताः परिजनात्कथाः । नरवाहनदत्तस्तां त्रियामामत्यवाहयत् ॥ २०९
अथ स प्रातरुत्थाय विहितावश्यकक्रियः । गगनादवरोहन्तीमपश्यत्काञ्चनप्रभाम् ॥ २१०
भर्त्रालंकारशीलेन धर्मशीलेन सूनुना । तयालंकारवत्या च स्वदुहित्रा समन्विताम् ॥ २११
ते चावतीर्य सर्वेऽपि तत्समीपमुपागमन् । अभ्यनन्दच्च तान्सोऽपि तं च तेऽपि यथोचितम् ॥ २१२
तावच्च हेमरत्नादिभारवाहाः सहस्रशः । अन्येऽप्यवतरन्ति स्म तत्र विद्याधरा दिवः ॥ २१३
विज्ञायैतं च वृत्तान्तं वत्सराजःसमन्त्रिकः । सपत्नीकश्च तत्रागात्तनयोत्कर्षहर्षितः ॥ २१४
यथार्हविहितातिथ्ये तस्मिन्वत्सेश्वरेऽथ सः । राजालंकारशीलस्तमुवाच प्रणयानतः ॥ २१५
राजन्नलंकारवती कन्येयं तनया मम । जातैव चैषा व्यादिष्टा गगनोद्गतया गिरा ॥ २१६
नरवाहनदत्तस्य भार्यामुष्य सुतस्य ते । सर्वविद्याधरेन्द्राणां भाविनश्चक्रवर्तिनः ॥ २१७
तदेतस्मै ददाम्येनां लग्नो ह्यद्यानयोः शुभः । एतदर्थं मिलित्वाहमेतैः सर्वैरिहागतः ॥ २१८
एतद्विद्याधरेन्द्रस्य तस्य वत्सेश्वरो वचः । महाननुग्रह इति ब्रुवन्नभिननन्द सः ॥ २१९

अथ निजविद्याविभवात्पाणितलोत्पादितेन तोयेन।
अभ्युक्षति स्म सोऽङ्गनभूमिं विद्याधराधीशः॥ २२०
तत्रोत्पेदे वेदी कनकमयी दिव्यवस्त्रसंछन्ना।
नानारत्नमयं चाप्यकृत्रिमं कौतुकागारम्॥ २२१
उत्तिष्ठ लग्नवेला प्राप्ता स्नाहीत्युवाच तदनु कृती।
तं नरवाहनदत्तं राजालंकारशीलोऽसौ॥ २२२
स्नाताय कौतुकभृते वेदीमानीय धृतवधूवेषाम्।
हृष्टोऽलंकारवतीं स ददौ मनसात्मजां तस्मै॥ २२३
मणिकनकवस्त्रभूषणभारसहस्राणि दिव्यनारीश्च।
अग्नौ लाजविसर्गेष्वददाच्च स सात्मजो दुहितुः॥ २२४
निर्वृत्ते च विवाहे सर्वान्संमान्य तदनु चामन्त्र्य।
सह पत्न्या पुत्रेण च नभसैव यथागतं स ययौ॥ २२५
अथ वीक्ष्य तथोपचर्यमाणं प्रणतैः खेचरराजभिस्तनूजम्।
उदयोन्मुखमत्र वत्सराजो मुदितस्तं चिरमुत्सवं ततान॥ २२६
स च नरवाहनदत्तः सद्वृत्तमनोरमामुदारगुणाम्।
प्राप्यालंकारवतीं वाणीमिव सुकविरास्त तद्रसिकः॥ २२७

इति महाकविश्रीसोमदेवभट्टविरचिते कथासरित्सागरेऽलंकारवतीलम्बके प्रथमस्तरङ्गः।

द्वितीयस्तरङ्गः।

ततोऽलंकारवत्या स युक्तो वत्सेश्वरात्मजः। नरवाहनदत्तोऽत्र नववध्वा पितुर्गृहे॥ १
तच्चेटिकानां दिव्येन नृत्यगीतेन रञ्जितः। आपानं सेवमानश्च सचिवैः सह तस्थिवान्॥ २
एकदा च तमागत्य सा श्वश्रूः काञ्चनप्रभा। अलंकारवतीमाता विहितातिथ्यमब्रवीत्॥ ३
आगच्छास्मद्गृहं पश्य तत्सुन्दरपुरं पुरम्। रमस्व तत्रोपवनेष्वलंकारवतीयुतः॥ ४
एतच्छ्रुत्वा तथेत्युक्त्वा पितुरावेद्य तद्गिरा। वसन्तकं सहादाय वध्वा सह समन्त्रिकः॥ ५
श्वश्र्वा विद्याप्रभावेण तयैव स विनिर्मितम्। विमानवरमारुह्य प्रतस्थे व्योमवर्त्मना॥ ६
विमानस्थश्च गगनात्सोऽधस्तात्प्रविलोकयन्। स्थलीपरिमितां पृथ्वीं समुद्रान्परिखालघून्॥ ७
............................। ....॥ ८
श्वश्रूभार्यादिभिः साकं क्रमात्प्राप हिमाचलम्। नादितं किंनरीगीतैः स्वर्वधूसंघसुन्दरम्॥ ९
तत्राश्चर्याणि सुबहून्येष पश्यन्नवाप्तवान्। नरवाहनदत्तोऽथ तत्सुन्दरपुरं युवा॥ १०
सौवर्णै रत्ननिचितैः प्रासादैर्हिमवत्यपि। सुमेरुशिखरभ्रान्तिं कुर्वद्भिरुपशोभितम्॥ ११
व्योमावतीर्णश्चोत्तीर्य विमानात्प्रविवेश तत्। सानाथ्यदर्शनान्नृत्यदिव लोलैर्ध्वजांशुकैः॥ १२
प्रविशद्राजधानीं च स श्वश्र्वा कृतमङ्गलः। अलंकारवतीयुक्तः सवयस्यवसन्तकः॥ १३
तत्र तं दिवसं दिव्यैर्भोगैः श्वश्रूप्रभावजैः। उवास सुकृती स्वर्गे इव श्वशुरवेश्मनि॥ १४
अन्येद्युस्तं च सा श्वश्रूरवोचत्काञ्चनप्रभा। अस्ति स्वयंभूर्भगवान्नगरेऽस्मिन्नुमापतिः॥ १५
स दृष्टपूजितो भोगं मोक्षं चैव प्रयच्छति। अलंकारवतीपित्रा तत्रोद्यानं कृतं महत्॥ १६
तीर्थं गङ्गासरःसंज्ञमन्वर्थं चावतारितम्। तं तत्रार्चयितुं देवं विहर्तुं चाद्य गच्छत॥ १७
एवं श्वश्र्वा तयोक्तस्तु शार्वोद्यानं सहानुगः। नरवाहनदत्तोऽगादलंकारवतीसखः॥ १८
तरुभिः काञ्चनस्कन्धै रत्नशाखामनोरमैः। मुक्तागुच्छाच्छकुसुमैः कान्तं विद्रुमपल्लवैः॥ १९
तत्र गङ्गासरःस्नातः पूजितोमापतिश्च सः। बभ्राम रत्नसोपाना वापीः काञ्चनपङ्कजाः॥ २०

तासां तीरेषु हृद्येषु कल्पवल्लीगृहेषु च । सहालंकारवत्या स विजहारानुगान्वितः ॥ २१
दिव्यैरापानसंगीतैः परिहासैश्च पेशलैः । मरुभूत्यार्जवकृतै रमते स्म च तेषु सः ॥ २२
मासमात्रमुवासैवं क्रीडन्नुद्यानभूमिषु । नरवाहनदत्तोऽत्र श्वश्रूविद्याविभूतिभिः ॥ २३
ततो देवोचितैर्वस्त्रैरलंकारैश्च पूजितः । सवधूकः सहामात्यः काञ्चनप्रभया तया ॥ २४
आययौ स विमानेन तेनैव सह सानुगः । कौशाम्बीं सहितो वध्वा पित्रोर्दत्तेक्षणोत्सवः ॥ २५
तत्र वासवदत्ताया वत्सराजस्य चाग्रतः । अलंकारवतीमाह माता सा काञ्चनप्रभा ॥ २६
दुःखं स्थाप्यस्त्वया भर्ता नेर्ष्याकोपेन जातुचित् । तत्पापजो हि विरहः पुत्रि गाढानुतापकृत् ॥ २७
ईर्ष्यावत्या मया पूर्वं दुःखं यत्स्थापितः पतिः । ततोऽद्य पश्चात्तापेन दह्ये तस्मिन्गते वनम् ॥ २८
इत्युक्त्वा तां समाश्लिष्य बाष्पसंरुद्धनेत्रया । काञ्चनप्रभया जग्मे खमुत्पत्य निजं पुरम् ॥ २९
ततस्तस्मिन्दिने याते प्रातः कृत्वोचिताः क्रियाः । नरवाहनदत्तेऽत्र स्थिते स्वसचिवान्विते ॥ ३०
अलंकारवतीपार्श्वं प्रविश्यैव विलासिनी । एकाब्रवीद्भीतभीता देवि स्त्रीं रक्ष रक्ष माम् ॥ ३१
एष हि ब्राह्मणो हन्तुमागतो मां बहिः स्थितः । एतद्भयात्प्रविष्टाहं पलाय्य शरणैषिणी ॥ ३२
मा भैषीर्ब्रूहि वृत्तान्तं कोऽयं किं त्वां जिघांसति । इति पृष्टा च सा वक्तुं भूय एव प्रचक्रमे ॥ ३३
अशोकमाला नामाहमस्यामेव पुरि प्रभो । बलसेनाभिधानस्य क्षत्रियस्यात्मसंभवा ॥ ३४
साहं कन्या सती पूर्वं रूपलुब्धेन याचिता । हठशर्माभिधानेन विप्रेणार्थवता पितुः ॥ ३५
नाहं दुराकृतिं घोरमुखमिच्छाम्यमुं पतिम् । दत्ता नासे गृहेऽस्येति पितरं चाहमब्रवम् ॥ ३६
तच्छ्रुत्वाप्यकरोत्तावद्धठशर्मा गृहे पितुः । प्रायं यावदहं दत्ता तेनास्मै वधभीरुणा ॥ ३७
ततो विवाह्यानिच्छन्तीमप्यनैषीत्स मां द्विजः । अहं गता च तं त्यक्त्वैवान्यं क्षत्रियपुत्रकम् ॥ ३८
सोऽभिभूतोऽर्थसंदर्पाद्यत्तेन हठशर्मणा । तद्द्वितीयो मया क्षत्रकुमारो धनवाञ्छ्रितः ॥ ३९
तस्य तेनाग्निना रात्रौ गत्वैवोद्दीपितं गृहम् । ततस्तेन विमुक्ताहं तृतीयं क्षत्रियं गता ॥ ४०
तस्याप्यादीपितं तेन निशि वेश्म द्विजन्मना । ततस्तेनाप्यहं त्यक्ता संप्राप्ता कांदिशीकताम् ॥ ४१
जम्बुकादविकेवाथ बिभ्यती हन्तुकामतः । हठशर्मद्विजात्तस्मात्पदात्पदममुञ्चतः ॥ ४२
इहैव युष्मद्भृत्यस्य बलिनो वीरशर्मणः । राजपुत्रस्य दासीत्वं शरण्यस्याहमाश्रयम् ॥ ४३
तद्बुद्ध्वा मयि नैराश्यविधुरो विरहातुरः । त्वगस्थिशेषः संवृत्तो हठशर्मा स दुर्मतिः ॥ ४४
मद्रक्षार्थं प्रवृत्तश्च बन्धनायेह तस्य सः । राजपुत्रो मया देवि वीरशर्मा निवारितः ॥ ४५
अद्य मां निर्गतां दैवाद्दृष्ट्वाकृष्टकृपाणिकः । हठशर्मा स हन्तुं मामितो यावत्प्रधावितः ॥ ४६
तेनागता पलाय्येह प्रतीहार्या दयार्द्रया । मुक्तद्वारा प्रविष्टाहं स च जाने स्थितो बहिः ॥ ४७
इत्युक्तवत्यां तस्यां च हठशर्माणमात्मनः । नरवाहनदत्तस्तमग्रमानाययद्द्विजम् ॥ ४८
क्रोधादशोकमालां तां पश्यन्तं दीप्तया दृशा । विकृतं क्षुरिकाहस्तं कोपकम्पाङ्गसंधिकम् ॥ ४९
उवाच चैनं कुब्रह्मन्स्त्रियं हंसि दहस्यपि । तदर्थं परवेश्मानि किमर्थं पापकार्यसि ॥ ५०
तच्छ्रुत्वा स द्विजोऽवादीद्धर्मदारा इयं मम । त्यक्त्वा मां चान्यतो याता सहेय तदहं कथम् ॥ ५१
इत्युक्ते तेन विप्रा साशोकमाला तदाब्रवीत् । भो लोकपाला ब्रूतैतत्किं न युष्मासु साक्षिषु ॥ ५२
अनिच्छन्ती हठान्नीता विवाह्याहमिहामुना । किं तदा च मया नोक्तं नासिष्ये ते गृहेष्विति ॥ ५३
एवमुक्ते तया तत्र दिव्या वागेवमभ्यधात् । यथैवाशोकमालेयं वक्ति सत्यं तथैव तत् ॥ ५४
न चैषा मानुषी तत्त्वमेतदीयं निशम्यताम् । अस्त्यशोककरो नाम वीरो विद्याधरेश्वरः ॥ ५५
तस्यापुत्रस्य चैकैव दैवादजनि कन्यका । अशोकमाला नाम्ना सावर्धतास्य पितुर्गृहे ॥ ५६
यौवनस्था च सा तेन दीयमानान्वयार्थिना । न कंचिदैच्छद्भर्तारमतिरूपाभिमानतः ॥ ५७
तेन शापमदात्सोऽस्यै निर्बन्धकुपितः पिता । मानुष्यं व्रज नामात्र भविता च स्वमेव ते ॥ ५८
परिणेष्यति चात्र त्वां विरूपो ब्राह्मणो हठात् । तं त्यक्त्वा तद्भयाद्भर्तॄंन्क्रमेण त्रीनुपैष्यसि ॥ ५९

ततोऽऽप्युपद्रुता तेन दासीत्वेनाश्रयिष्यसि । राजपुत्रं बलीयांसं न चैव स निवर्त्स्यति ॥ ६०
दृष्ट्वा च धाविते तस्मिन्हन्तुकामे पलायिता । प्रविष्टा राजभवनं शापादस्माद्विमोक्ष्यसे ॥ ६१
एवं याशोकमाला सा पित्रा विद्याधरी पुरा । शप्ता तेनैव नाम्नाद्य सैषा जातात्र मानुषी ॥ ६२
जातश्च सैष शापान्तोऽमुष्या गत्वाधुना पदम् । वैद्याधरं स्वं तत्रस्था प्रवेक्ष्यति निजां तनुम् ॥ ६३
ततोऽभिरुचिताख्येन विद्याधरमहीभुजा । वृतेन भर्त्रा सहिता शापं संस्मृत्य रंस्यते ॥ ६४
इत्युक्त्वा विरतं वाचा दिव्यया सापि तत्क्षणम् । अशोकमाला सहसा गतजीवापतद्भुवि ॥ ६५
दृष्ट्वा च तदलंकारवती बाष्पायितेक्षणा । नरवाहनदत्तश्च तत्पार्श्वस्थौ बभूवतुः ॥ ६६
स तु दुःखजितामर्षो रागान्धो विलपन्नपि । अकस्माद्धठशर्माभूद्धर्षोत्फुल्लाननो द्विजः ॥ ६७
किमेतदिति पृष्टश्च सर्वैर्विप्रो जगाद सः । मया जन्म स्मृतं पूर्वं तच्च वच्मि निशम्यताम् ॥ ६८
हिमाद्रावस्ति मदनपुरं नामोत्तमं पुरम् । प्रलम्बभुज इत्यस्ति तत्र विद्याधरेश्वरः ॥ ६९
तस्योदपद्यत स्थूलभुजाख्यस्तनयः प्रभो । स च राजसुतो भव्यो यौवनस्थोऽभवत्क्रमात् ॥ ७०
ततः सुरभिवत्साख्यो विद्याधरपतिः स्वयम् । सकन्यो गृहमागत्य प्रलम्बभुजमाह तम् ॥ ७१
इयं सुरभिदत्ताख्या सुता त्वत्सूनवे मया । दत्ता स्थूलभुजायाद्य गुणवान्स वहत्विमाम् ॥ ७२
तच्छ्रुत्वा प्रतिपद्यैव समाहूय स्वसूनवे । स प्रलम्बभुजस्तस्मायेतमर्थं न्यवेदयत् ॥ ७३
ततः स तं स्थूलभुजो रूपदर्पात्सुतोऽब्रवीत् । परिणेष्ये न तातैनां रूपेणैषा हि मध्यमा ॥ ७४
किं पुत्रात्यन्तरूपेण मान्या ह्येषा महान्वया । पित्रा दत्ता मया चात्ता त्वत्कृते मान्यथा कृथाः ॥ ७५
इत्युक्तश्च पुनस्तेन पित्रा स्थूलभुजः स तत् । नाकरोद्यत्ततस्तं स शशाप कुपितः पिता ॥ ७६
रूपाहंकारदोषेण मानुष्येऽवतरामुना । भविष्यसि च तत्र त्वं विकृतो विकटाननः ॥ ७७
भार्यामशोकमालाख्यां प्राप्य शापच्युतां हठात् । प्राप्तासि विरहक्लेशमनिच्छन्त्या तयोज्झितः ॥ ७८
तस्याश्चान्यप्रसक्तायाः कृते दुःखकृशीकृतः । करिष्यस्यग्निदाहादि पातकं रागमोहितः ॥ ७९
इत्युक्तशापं रुदती तं प्रलम्बभुजं तदा । साध्वी सुरभिदत्ता सा पादलग्ना व्यजिज्ञपत् ॥ ८०
देहि शापं ममाप्येवं समास्तु गतिरावयोः । मा भून्मे भर्तुरेकस्य क्लेशो मदपराधतः ॥ ८१
एवमुक्तवतीं तुष्टः साध्वीं तां परिसान्त्वयन् । स प्रलम्बभुजः सूनोरेवं शापान्तमभ्यधात् ॥ ८२
यदैवाशोकमालायाः शापमोक्षो भविष्यति । तदैव जातिं स्मृत्वायं शापादस्माद्विमोक्ष्यते ॥ ८३
प्राप्य च स्वतनुं शापं संस्मरन्निरहंकृतिः । अचिरात्त्वां विवाह्येह त्वद्युक्तो भविता सुखी ॥ ८४
इत्युक्ता तेन सा साध्वी कथंचिद्धृतिमाददे । तं च जानीत मां स्थूलभुजं शापादिह च्युतम् ॥ ८५
दृष्टं मया चाहंकारदोषाद्दुःखमिदं महत् । पुंसामदृष्टे दृष्टे वा श्रेयोऽहंकारिणां कुतः ॥ ८६
क्षीणो मे स च शापोऽद्येत्युक्त्वा मुक्त्वा च तां तनुम् । हठशर्मा स संपेदे विद्याधरकुमारकः ॥ ८७
अशोकमालादेहं च नीत्वा विद्याप्रभावतः । अदृश्यमेव चिक्षेप गङ्गायामानृशंस्यतः ॥ ८८
विद्याप्रभावामीतैश्च तत्तोयैरभितः क्षणात् । अक्षालयदलंकारवतीवासगृहं स तत् ॥ ८९
नरवाहनदत्तं च नत्वा तं भाविनं प्रभुम् । स्वकार्यसिद्धये प्रायादुत्पत्य स नभस्ततः ॥ ९०
विस्मितेष्वथ सर्वेषु प्रसङ्गादत्र गोमुखः । अनङ्गरतिसंबद्धामिमामकथयत्कथाम् ॥ ९१
अस्ति शूरपुरं नाम यथार्थं नगरं भुवि । महावराह इत्यासीद्राजा तत्रातिदुर्मदः ॥ ९२
गौर्याराधनतस्तस्य देव्यां पद्मरतौ सुता । जज्ञेऽनङ्गरतिर्नाम भूपस्यानन्यसंततेः ॥ ९३
कालेन यौवनारूढा सा च रूपाभिमानिनी । नेच्छति स्म पतिं कंचिद्याचमानेषु राजसु ॥ ९४
यः शूरो रूपवानेकं विज्ञानं वेत्ति शोभनम् । तस्मै मयात्मा दातव्य इत्युवाच तु निश्चयात् ॥ ९५
अथ तत्राययुर्वीराश्चत्वारो दक्षिणापथात् । तत्प्रेप्सवः श्रुतोदन्तास्तदीप्सितगुणान्विताः ॥ ९६
द्वाःस्थैरावेदितांस्तांश्च प्रविष्टान्पृच्छति स्म सः । महावराहो नृपतिरनङ्गरतिसंनिधौ ॥ ९७
नाम किं कस्य युष्माकं जातिर्विज्ञानमेव च । एतद्राजवचः श्रुत्वा तेष्वेकस्तं व्यजिज्ञपत् ॥ ९८

पञ्चपट्टिकनामाहं शूद्रो विज्ञानमस्ति मे । वयामि प्रत्यहं पञ्च पट्टिकायुगलानि यत् ॥ ९९
तेभ्य एकं प्रयच्छामि ब्राह्मणाय ददामि च । द्वितीयं परमेशाय तृतीयं च वसे स्वयम् ॥ १००
चतुर्थं मे भवेद्भार्या यदि तस्यै ददामि तत् । शरीरयात्रां विक्रीय पञ्चमेन करोम्यहम् ॥ १०१
अथ द्वितीयोऽप्याचख्यावहं भाषाज्ञसंज्ञकः । वैश्यो रुतं विजानामि सर्वेषां मृगपक्षिणाम् ॥ १०२
ततस्तृतीयोऽप्यवददहं खड्गधराभिधः । क्षत्रियः खड्गयुद्धेन जीये नान्येन केनचित् ॥ १०३
चतुर्थश्चाब्रवीज्जीवदत्ताख्योऽहं द्विजोत्तमः । गौरीप्रसादविद्याभ्यां जीवयामि मृतां स्त्रियम् ॥ १०४
एवमुक्तवतां तेषां शूद्रविट्क्षत्रियान्वयः । रूपं शौर्यं बलं चैव शशंसुः पृथगात्मनः ॥ १०५
ब्राह्मणो रूपवर्जं तु बलवीर्यं शशंस सः । ततो महावराहः स्वं क्षत्तारमवदन्नृपः ॥ १०६
नीत्वा विश्रमयैतांस्त्वं संप्रति स्वगृहेऽखिलान् । तच्छ्रुत्वा स तथेत्युक्त्वा क्षत्ता तानानयद्गृहम् ॥ १०७
ततोऽब्रवीत्स राजा तामनङ्गरतिमात्मजाम् । एषां चतुर्णां वीराणां पुत्रि कोऽभिमतस्तव ॥ १०८
श्रुत्वैतत्पितरं तं सा प्राहानङ्गरतिस्तदा । चतुर्णामपि तातैषां न कोऽप्यभिमतो मम ॥ १०९
शूद्रश्च वायकश्चैकः क्रियते तस्य किं गुणैः । वैश्यो द्वितीयः पक्ष्यादिरुतैर्ज्ञातैश्च तस्य किम् ॥ ११०
ताभ्यां कथमहं दद्यामात्मानं क्षत्रिया सती । तृतीयस्तुल्यवर्णो मे भवति क्षत्रियो गुणी ॥ १११
किं तु सेवोपजीवी स दरिद्रः प्राणविक्रयी । पृथ्वीपतिसुता भूत्वा कथं स्यां तस्य गेहिनी ॥ ११२
चतुर्थो ब्राह्मणो जीवदत्तोऽप्यभिमतो न मे । स विरूपो विकर्मस्थः पतितो वेदवर्जितः ॥ ११३
स ते दण्डयितुं युक्तः किं नु तस्मै ददासि माम् । वर्णाश्रमाणां धर्मस्य राजा त्वं तात रक्षिता ॥ ११४
खड्गशूराच्च नृपतेर्धर्मशूरः प्रशस्यते । खड्गशूरसहस्राणां धर्मशूरो भवेत्पतिः ॥ ११५
इत्याद्युक्तवतीमेतां सुतामन्तःपुरं निजम् । विसृज्य च समुत्तस्थौ स्नानाद्यर्थं स भूपतिः ॥ ११६
द्वितीयेऽह्नि च ते वीरा गृहात्क्षत्तुर्विनिर्गताः । बभ्रमुर्नगरे तत्र चत्वारोऽपि सकौतुकाः ॥ ११७
तावच्च पद्मकवलो नामात्र व्यालवारणः । भग्नालानो जनं मभ्रञ्शालाया निरगान्मदात् ॥ ११८
सोऽप्यधावच्च तान्दृष्ट्वा वीरान्हन्तुं महागजः । ते चापि तस्याभिमुखं प्राधावन्नुद्यतायुधाः ॥ ११९
ततः खड्गधराख्यो यस्तन्मध्ये क्षत्रियः स तान् । अन्यान्निवार्य त्रीनेको गजमभ्यापपात तम् ॥ १२०
लुलाव च करं तस्य गर्जतोऽग्रप्रसारितम् । एकेनापि प्रहारेण बिसकन्दावहेलया ॥ १२१
पादमध्ये च निर्गत्य दर्शयित्वा च लाघवम् । प्रहारं प्रददौ पृष्ठे द्वितीयं तस्य दन्तिनः ॥ १२२
तृतीयेन च चिच्छेद तस्य पादावुभावपि । ततो मुक्तारटिर्हस्ती पपात च ममार च ॥ १२३
तं दृष्ट्वा विक्रमं तस्य जनः सर्वो विसिस्मिये । राजा महावराहस्तद्बुद्ध्वा चित्रीयते स्म च ॥ १२४
अन्येद्युः स गजारूढो मृगयायै नृपो ययौ । वीराः खड्गधराद्यास्ते चत्वारोऽपि तमन्वगुः ॥ १२५
तत्र व्याघ्रमृगक्रोडान्ससैन्ये राज्ञि निघ्नति । अधावन्कुपिताः सिंहाः श्रुतवारणबृंहिताः ॥ १२६
अभ्यापतन्तमेकं च सिंहं खड्गधरोऽथ सः । एकेन तीक्ष्णनिस्त्रिंशप्रहारेण द्विधाकरोत् ॥ १२७
द्वितीयं च गृहीत्वैव चरणे वामपाणिना । आस्फोट्य भूतले सिंहं चकार गतजीवितम् ॥ १२८
भाषाज्ञो जीवदत्तश्च पञ्चपट्टिक एव च । एकैकः सिंहमेकैकं तथैवास्फोटयद्भुवि ॥ १२९
एवं क्रमेण ते राज्ञः पश्यतः पादचारिभिः । लीलया बहवो वीरैः सिंहव्याघ्रादयो हताः ॥ १३०
ततः सविस्मयस्तुष्टः कृताखेटः स भूपतिः । विवेश स्वपुरं तेऽपि वीराः क्षत्तुर्गृहं ययुः ॥ १३१
स च राजा प्रविश्यान्तःपुरं श्रान्तोऽपि तत्क्षणम् । तत्रैवानाययामास तामनङ्गरतिं सुताम् ॥ १३२
आख्याय तेषां वीराणामेकैकस्य पराक्रमम् । आखेटके यथादृष्टं तामुवाचातिविस्मिताम् ॥ १३३
पञ्चपट्टिकभाषाज्ञावसवर्णावुभौ यदि । विप्रोऽपि जीवदत्तश्चेद्रूपहीनो विकर्मकृत् ॥ १३४
तत्क्षत्रियस्य दोषोऽस्ति तस्य खड्गधरस्य कः । सुप्रमाणसुरूपस्य बलविक्रमशालिनः ॥ १३५
येन हस्ती हतस्ताद्दग्यः पिनष्टि च भूतले । गृहीत्वा पादतः सिंहान्खड्गेनान्यान्निहन्ति च ॥ १३६
दरिद्रः सेवकश्चेति दोषस्तस्योच्यते यदि । अहं तं सेव्यमन्येषां करिष्यामीश्वरं क्षणात् ॥ १३७

तत्तं वृणीष्व भर्तारं यदि ते पुत्रि रोचते। इत्युक्ता तेन सानङ्गरतिः पित्रा जगाद तम् ॥ १३८
तदानीतेषु सर्वेषु तेषु वीरेष्विह त्वया। गणकः पृच्छ्यतां तावत्पश्यामः किं ब्रवीति सः ॥ १३९
एवं तयोक्तः स नृपो वीरानानाय्य तत्र तान्। तत्संनिधौ सानुरोधः पप्रच्छ गणकं स्वयम् ॥ १४०
पश्यानङ्गरतेरेषां मध्यात्केन समं मिथः। अस्त्यानुकूल्यं लग्नश्च भवेत्तस्याः कदा शुभः ॥ १४१
तच्छ्रुत्वा पृष्टनक्षत्रस्तेषां स गणकोत्तमः। गणयित्वा चिरं कालं राजानं तमभाषत ॥ १४२
न चेत्कुप्यसि मे देव स्फुटं विज्ञापयामि तत्। अस्ति त्वद्दुहितुर्नैषामेकेनाप्यनुकूलता ॥ १४३
न चेहास्ति विवाहोऽस्या एषा शापच्युतात्र यत्। विद्याधरी स शापोऽस्यास्त्रिभिर्मासैर्निवर्त्स्यति ॥ १४४
तस्मान्मासत्रयं तावत्प्रतीक्षन्ताममी इह। नैषा स्वलोकं याता चेत्तत एतद्भविष्यति ॥ १४५
एतन्मौहूर्तिकस्यास्य वचः सर्वेऽपि तत्र ते। श्रद्दधुस्तत्र चैवासन्वीरा मासत्रयावधि ॥ १४६
गते मासत्रये राजा तान्वीरान्गणकं च तम्। स्वाग्रमानाययामास तामनङ्गरतिं च सः ॥ १४७
दृष्ट्वा चाधिकसौन्दर्यामकस्मात्तां सुतां नृपः। जहर्ष गणकस्तां तु प्राप्तकालाममन्यत ॥ १४८
इदानीं ब्रूहि यदुक्तं ते हि मासास्त्रयो गताः। इति यावच्च तं राजा गणकं पृच्छति स्म सः ॥ १४९
तावज्जातिं निजां स्मृत्वा सानङ्गरतिराननम्। आच्छाद्य स्वोत्तरीयेण मानुषीं तां तनुं जहौ ॥ १५०
एवमेषा स्थिता किंस्विदिति राज्ञा स्वयं मुखम्। यावदुद्घाट्यते तस्यास्तावत्सा ददृशे मृता ॥ १५१
व्यावृत्तनेत्रभ्रमरा विवर्णवदनाम्बुजा। हंसमञ्जुस्वनोन्मुक्ता पद्मिनीव हिमाहता ॥ १५२
ततः स सद्यस्तच्छोकवज्रपाताहतो भुवि। भूभृत्पपात निश्चेष्टः स्वपक्षच्छेदमूर्च्छितः ॥ १५३
राज्ञी पद्मरतिः सापि व्यामोहपतिता ययौ। भ्रष्टाभरणपुष्पा क्ष्मामिभभग्नेव मञ्जरी ॥ १५४
मुक्ताक्रन्दे परिजने तेषु वीरेषु दुःखिषु। लब्धसंज्ञः क्षणाद्राजा जीवदत्तमुवाच तम् ॥ १५५
नात्रैषां शक्तिरन्येषामधुनावसरोऽस्तु ते। प्रतिज्ञातं त्वया नारीं जीवयामि मृतामिति ॥ १५६
यदि विद्याबलं तेऽस्ति तज्जीवय सुतां मम। दास्यामि तुभ्यमेवैतां विप्राय प्राप्तजीविताम् ॥ १५७
इति राज्ञो वचः श्रुत्वा जीवदत्तोऽभिमन्त्रितैः। अभ्युक्ष्य तोयैस्तां राजपुत्रीमार्यामिमां जगौ ॥ १५८

अट्टाट्टहाससहसिते करङ्कमालाकुले दुरालोके।
चामुण्डे विकराले साहाय्यं मे कुरु त्वरितम् ॥ १५९

एवं तेन कृते यत्ने जीवदत्तेन सा यदा। बाला न जीवितं प्राप विषण्णः सोऽवदत्तदा ॥ १६०
दत्तापि विन्ध्यवासिन्या विद्या मे निष्फला गता। तदेतेनोपहास्येन किं कार्यं जीवितेन मे ॥ १६१
इत्युक्त्वा जीवदत्तः स्वं शिरश्छेत्तुं महासिना। यावत्प्रवर्तते तावदुदगाद्भारती दिवः ॥ १६२
भो जीवदत्त मा कार्षीः साहसं शृणु संप्रति। एषानङ्गप्रभा नाम सद्विद्याधरकन्यका ॥ १६३
पित्रोः शापेन मानुष्यमियन्तं कालमागता। त्यक्त्वाद्यैतां तनुं याता स्वलोकं स्वतनुं श्रिता ॥ १६४
तद्विन्ध्यवासिनीमेव गत्वाराधय तां पुनः। तत्प्रसादादिमां प्राप्स्यस्यपि विद्याधरीं सतीम् ॥ १६५
न चैषा दिव्यभोगस्था शोच्या राज्ञो न चापि ते। इत्युदीर्य यथातत्त्वं दिव्या वाग्विरराम सा ॥ १६६
ततः सुतायाः संस्कारं कृत्वा राजा जहौ शुचम्। सदारोऽपि ययुस्तेऽन्ये त्रयो वीरा यथागतम् ॥ १६७
जीवदत्तस्तु जातास्थो गत्वा तां विन्ध्यवासिनीम्। तपसाराधयामास स्वप्ने साप्यादिदेश तम् ॥ १६८
तुष्टा तवाहमुत्तिष्ठ शृणु चेदं ब्रवीमि ते। अस्ति वीरपुरं नाम नगरं तुहिनाचले ॥ १६९
विद्याधराधिराजोऽस्ति समरो नाम तत्र च। तस्यानङ्गवतीदेव्यां सुतानङ्गप्रभाजनि ॥ १७०
सा रूपयौवनोत्सेका नैच्छत्कंचित्पतिं यदा। तदातिदुर्मदक्रुद्धौ पितरौ शपतः स्म ताम् ॥ १७१
मानुष्यं व्रज तत्रापि न भर्तृसुखमाप्स्यसि। कन्यैव षोडशाब्दा तां त्यक्त्वा तनुमिहैष्यसि ॥ १७२
मर्त्यो विरूपो भावी च खड्गसिद्धोऽथ ते पतिः। मुनिकन्याभिलाषेण शापान्मर्त्यत्वमागतः ॥ १७३
अनिच्छन्तीमपि त्वां च मर्त्यलोकं स नेष्यति। त्वया तस्य वियोगोऽत्र भविष्यत्यन्यनीतया ॥ १७४
पूर्वजन्मनि तेनाष्टौ हृता हि परयोषितः। तेनाष्टजन्मभोगार्हं दुःखं सोऽनुभविष्यति ॥ १७५

त्वं चात्र जन्मन्येकस्मिन्नष्टानामिव जन्मनाम् । दुःखं प्राप्स्यसि विद्यानां भ्रंशेन मनुजीकृता ॥ १७६
सर्वस्यैव हि पापिष्ठसंपर्कः पापभागदः । समपापः पुनः स्त्रीणां भर्त्रा पापेन संगमः ॥ १७७
नष्टस्मृतिः पतींश्चात्र बहून्प्राप्स्यसि मानुषान् । त्वयोचितवरद्वेषदुर्मेहो विहितो यतः ॥ १७८
योऽयाचत समानस्त्वां गुचरो मदनप्रभः । भूत्वा स मानुषो भूभृदन्ते भावी पतिस्तव ॥ १७९
ततस्त्वं शापनिर्मुक्ता स्वलोकं पुनरागता । तमेव गुचरीभूतं संप्राप्स्यस्युचितं पतिम् ॥ १८०
तदेवं पितृशप्ता सा भूत्वानङ्गरतिः क्षितौ । प्राप्ताद्य पित्रोर्निकटं जातानङ्गप्रभा पुनः ॥ १८१
अतो वीरपुरं गत्वा जित्वा तत्पितरं रणे । जानन्तमपि कौलीनरक्षितं तामवाप्नुहि ॥ १८२
इमं गृहाण खड्गं च येन हस्तगतेन ते । गतिर्भविष्यत्याकाशे किं चाजेयो भविष्यसि ॥ १८३
इत्युक्त्वार्पितखड्गा सा तस्य देवी तिरोदधे । स च प्रबुबुधे दिव्यं खड्गं हस्ते ददर्श च ॥ १८४
अथोत्थाय प्रहृष्टात्मा जीवदत्तो नताम्बिकः । तत्प्रसादामृताप्यायशान्ताशेषतपःक्लमः ॥ १८५
खड्गहस्तः खमुत्पत्य परिभ्रम्य हिमालयम् । प्राप वीरपुरस्थं तं समरं गुचरेश्वरम् ॥ १८६
तेन युद्धजितेनात्र प्रदत्तां परिणीय सः । तामनङ्गप्रभां भेजे दिव्यां संभोगसंपदम् ॥ १८७
कंचित्कालं स्थितश्चात्र श्वशुरं समरं स तम् । जीवदत्तो जगादैवं तां चानङ्गप्रभां प्रियाम् ॥ १८८
मनुष्यलोकं गच्छावस्तं प्रत्युत्कण्ठितोऽस्मि यत् । प्राणिनां हि निकृष्टापि जन्मभूमिः परा प्रिया ॥ १८९
एतच्छ्रुत्वा वचस्तस्य श्वशुरः सोऽन्वमन्यत । सा त्वनङ्गप्रभा कृच्छ्रादनुमेने विजानती ॥ १९०
अथाङ्कोपात्तया साकमनङ्गप्रभया तया । जीवदत्तः स नभसा मर्त्यलोकमवातरत् ॥ १९१
दृष्ट्वात्र रम्यमेकं च पर्वतं सा जगाद तम् । श्रान्तानङ्गप्रभा क्षिप्रमिह विश्रम्यतामिति ॥ १९२
ततस्तथेति तत्रैव सोऽवतीर्य तया सह । चकाराहारपानादि तत्तद्विद्याप्रभावतः ॥ १९३
ततोऽनङ्गप्रभां जीवदत्तोऽसौ विधिचोदितः । तामुवाच प्रिये किंचिन्मधुरं गीयतां त्वया ॥ १९४
तच्छ्रुत्वा गातुमारेभे सा भक्त्या धूर्जटेः स्तुतिम् । तेन तद्गीतशब्देन सोऽथ निद्रामगाद्द्विजः ॥ १९५
तावदाखेटकश्रान्तो निर्झराम्भोभिलाषुकः । राजा हरिवरो नाम पथा तेन किलाययौ ॥ १९६
स तेन गीतशब्देन श्रुतेन हरिणो यथा । आकृष्टोऽभ्यापतत्तत्र रथमुन्मुच्य केवलः ॥ १९७
शकुनैः पूर्वमाख्यातशुभोऽपश्यत्स भूपतिः । तामनङ्गप्रभां सत्यामनङ्गस्य प्रभामिव ॥ १९८
तदा तद्गीतरूपाभ्यां नीतं तस्य विहस्तताम् । निर्बिभेद यथाकामं हृदयं मदनः शरैः ॥ १९९
सापि तं वीक्ष्य सहसा सुभगं पुष्पधन्वनः । पतिता गोचरेऽनङ्गप्रभा क्षणमचिन्तयत् ॥ २००
कोऽयं किमयमुन्मुक्तपुष्पचापो मनोभवः । किं मूर्तो गीततुष्टस्य शर्वस्यानुग्रहो मयि ॥ २०१
इति संचिन्त्य पप्रच्छ सा तं मदनमोहिता । कस्त्वं कथं वनं चेदमागतोऽस्युच्यतामिति ॥ २०२
ततो यथागतो यः स सर्वं तस्यै शशंस तत् । स राजा तामथापृच्छत्का त्वं सुन्दरि शंस मे ॥ २०३
यश्च सुप्तस्थितोऽत्रायमेष कः कमलानने । इति तं पृष्टवन्तं च संक्षेपेण जगाद सा ॥ २०४
अहं विद्याधरी खड्गसिद्धश्चैष पतिर्मम । दृष्टमात्रे च जातास्मि सानुरागाधुना त्वयि ॥ २०५
तदेहि तावद्गच्छावस्त्वदीयं नगरं द्रुतम् । तावत्प्रबुध्यते नायं तत्र वक्ष्यामि विस्तरात् ॥ २०६
श्रुत्वैतत्तद्वचो राजा प्रतिपद्य तथेति सः । त्रैलोक्यराज्यसंप्राप्तिहर्षं हरिवरो दधे ॥ २०७
नृपमङ्के गृहीत्वेमं गच्छाम्युत्पत्य खं जवात् । इत्यनङ्गप्रभा सान्तः सत्वरा समचिन्तयत् ॥ २०८
तावच्च भ्रष्टविद्याभूद्भर्तृद्रोहेण तेन सा । स्मरन्ती पितृशापं च विषादं सहसा ययौ ॥ २०९
तद्दृष्ट्वा कारणं पृष्ट्वा स राजा तामभाषत । न विषादस्य कालोऽयं प्रबुध्येतैष ते पतिः ॥ २१०
दैवायत्तं च वस्त्वेतच्छोचितुं नार्हसि प्रिये । को हि स्वशिरसश्छायां विधेश्चोल्लङ्घयेद्गतिम् ॥ २११
तदेहि याम इत्युक्त्वा तां स श्लिष्टतद्गिरम् । अङ्के हरिवरश्चक्रे राजानङ्गप्रभां द्रुतम् ॥ २१२
ततो निधानलब्ध्येव तुष्टो गत्वा जवात्ततः । राजारुरोह स्वरथं स भृत्यैरभिनन्दितः ॥ २१३
तेन स्वनगरं प्राप स मनःशीघ्रगामिना । रथेन रमणीयुक्तः प्रजानां दत्तकौतुकः ॥ २१४

स्वनामलाञ्छने तस्मिन्सोऽनङ्गप्रभया तया। सह दिव्यसुखस्तस्थौ ततो हरिवरो नृपः॥ २१५
साप्यनङ्गप्रभा तत्रैवासीत्तदनुरागिणी। विस्मृत्य स्वं प्रभावं तं सर्वं शापविमोहिता॥ २१६
अत्रान्तरे स तत्राद्रौ जीवदत्तो न केवलम्। प्रबुद्धो नैक्षतानङ्गप्रभां यावत्स्वमप्यसिम्॥ २१७
क सानङ्गप्रभा कष्टं क स खड्गोऽपि किं नु तम्। हृत्वा गता सा किं वा तौ नीतौ द्वावपि केनचित्॥ २१८
इत्युद्भ्रान्तो बहून्कुर्वन्वितर्कान्स दिनत्रयम्। गिरिं तं विचिनोति स्म दह्यमानः स्मराग्निना॥ २१९
ततोऽवतीर्य चिन्वानो वनानि दिवसान्दश। स बभ्राम न चापश्यत्तस्याः पादमपि क्वचित्॥ २२०
हा दुर्जनविधे कृच्छ्रात्सा दत्तापि कथं त्वया। खड्गसिद्ध्या सह हृता प्रियानङ्गप्रभा मम॥ २२१
इत्याक्रन्दन्निराहारो भ्रमन्नेकमवाप्तवान्। ग्रामं तत्र विवेशैकमाढ्यं द्विजगृहं च सः॥ २२२
गृहिणी तत्र सुभगा सुवस्त्रा चोपवेश्य तम्। आसने प्रियदत्ताख्या स्वचेटीः शीघ्रमादिशत्॥ २२३
त्वरितं जीवदत्तस्य पादौ क्षालयतास्य हि। निराहारस्य विरहाद्दिनमद्य त्रयोदशम्॥ २२४
तच्छ्रुत्वा विस्मितो जीवदत्तोऽन्तर्विममर्श सः। इहानङ्गप्रभा प्राप्ता किं किमेषाथ योगिनी॥ २२५
इति ध्यायन्धौतपादो भुक्ततद्दत्तभोजनः। प्रणतः प्रियदत्तां तामत्यार्त्या पृच्छति स्म सः॥ २२६
एकं ब्रूहि कथं वेत्सि मद्वृत्तान्तमनिन्दिते। द्वितीयं चापि कथय प्रियाखड्गौ क मे गतौ॥ २२७
तच्छ्रुत्वा तमवोचत्सा प्रियदत्ता पतिव्रता। भर्तुरन्यो न मे चित्ते स्वप्नेऽपि कुरुते पदम्॥ २२८
पुत्रभ्रातृसमानन्यान्पश्यामि पुरुषानहम्। न च मेऽनर्चितो याति कदाचिदतिथिर्गृहात्॥ २२९
तत्प्रभावेण जानामि भूतं भव्यं च भावि च। सा चानङ्गप्रभा नीता राज्ञा हरिवरेण ते॥ २३०
सुप्ते त्वयि विधेर्योगात्तन्मार्गागामिना तदा। गीताकृष्टोपयातेन स्वनामपुरवासिना॥ २३१
सा च शक्या न ते प्राप्तुं स हि राजा महाबलः। सा पुनस्तमपि त्यक्त्वा कुलटान्यत्र यास्यति॥ २३२
खड्गं च देवी प्रादात्ते तत्प्राप्त्यै तद्विधाय सः। तस्यां हृतायां दिव्यत्वाद्देव्या एवान्तिकं गतः॥ २३३
किं च देव्यैव तेऽनङ्गप्रभाशापोपवर्णने। स्वप्ने भावि यदादिष्टं तत्कथं विस्मृतं तव॥ २३४
तदेष भवितव्येऽर्थे व्यामोहस्ते वृथैव कः। पापानुबन्धं मुञ्चैनं भूयोभूयोऽतिदुःखदम्॥ २३५
किं वाधुना तव तया पापयान्यानुरक्तया। मानुषीभूतया भ्रातस्त्वद्द्रोहभ्रष्टविद्यया॥ २३६
इत्युक्तः स तया साध्व्या त्यक्तानङ्गप्रभास्पृहः। तच्चापलविरक्तात्मा जीवदत्तो जगाद ताम्॥ २३७
शान्तस्त्वद्वचसा मोहः सत्येनाम्बामुना मम। कामं न श्रेयसे कस्य संगमः पुण्यकर्मभिः॥ २३८
पूर्वपापवशादेतद्दुःखमापतितं मम। तत्क्षालनाय यास्यामि तीर्थान्युज्झितमत्सरः॥ २३९
को मेऽनङ्गप्रभाहेतोर्वैरेणार्थः परैः सह। जितक्रोधेन सर्वं हि जगदेतद्विजीयते॥ २४०
इति यावत्स वक्त्यत्र तावत्तस्याः पतिर्गृहे। आययौ प्रियदत्ताया धार्मिकोऽतिथिवत्सलः॥ २४१
कृतातिथ्येन तेनापि त्याजितो दुःखमत्र सः। विश्रम्य तीर्थयात्रायै प्रायादापृच्छ्य तावुभौ॥ २४२
ततः क्रमेण सर्वाणि पृथ्व्यां तीर्थानि सोऽभ्रमत्। विसोढानेककान्तारकष्टो मूलफलाशनः॥ २४३
भ्रान्ततीर्थश्च तामेव स ययौ विन्ध्यवासिनीम्। तत्र तेपे तपस्तीव्रं निराहारः कुशास्तरे॥ २४४
तपस्तुष्टा च सा साक्षादुवाचैवं तमम्बिका। उत्तिष्ठ पुत्र यूयं हि चत्वारो मामका गणाः॥ २४५
पञ्चमूलचतुर्वक्त्रमहोदरमुखाह्वयः। त्वं चतुर्थश्च विकटवदनाख्यः क्रमोत्तमः॥ २४६
ते यूयं जातु गङ्गाया विहर्तुं पुलिनं गताः। तत्र स्नान्ती च युष्माभिर्दृष्टैका मुनिकन्यका॥ २४७
चापलेखेति कपिलजटाख्यस्य मुनेः सुता। प्रार्थ्यते स्म च सर्वैः सा भवद्भिर्मदनातुरैः॥ २४८
कन्याहमपयातेति तयोक्ते ते त्रयोऽपरे। तूष्णीमासंस्त्वया सा तु हठाद्बाहावगृह्यत॥ २४९
क्रन्दति स्म च सा तात तात त्रायस्व मामिति। तच्छ्रुत्वा निकटस्थोऽत्र स क्रुद्धो मुनिरागमत्॥ २५०
तं दृष्ट्वा सा त्वया मुक्ता ततो युष्मान्शशाप सः। मनुष्ययोनिं पापिष्ठाः सर्वे यातेति तत्क्षणात्॥ २५१
प्रार्थितः सोऽथ शापान्तमेवं वो मुनिरभ्यधात्। यदानङ्गप्रभा राजसुता युष्माभिरर्थिता॥ २५२
गता वैद्याधरं लोकं मोक्ष्यथामी तदा त्रयः। त्वं तु विद्याधरीभूतां प्राप्यैतां हारयिष्यसि॥ २५३

ततः प्राप्तासि विकटवदन व्यसनं महत्। चिराच्च देवीमाराध्य शापादस्माद्विमोक्ष्यसे ॥ २५४
त्वयास्याश्चापलेखाया हस्तस्पर्शो यतः कृतः। परदारापहारोत्थं पापमस्ति च ते बहु ॥ २५५
इति ये मद्गणा यूयं शप्तास्तेन महर्षिणा। तेऽथ जाताः स्थ चत्वारः प्रवीरा दक्षिणापथे ॥ २५६
पञ्चपट्टिकभाषाज्ञौ यौ तौ खड्गधरश्च यः। सखायस्ते त्रयस्त्वं च चतुर्थो जीवदत्तकः ॥ २५७
ते च त्रयोऽनङ्गरतौ प्रयातायां निजं पदम्। इहागत्यैव निर्मुक्ता मत्प्रसादेन शापतः ॥ २५८
त्वया चाराधितास्म्यद्य जातः शापक्षयश्च ते। तदाग्नेयीं गृहीत्वेमां धारणां स्वतनुं त्यज ॥ २५९
अष्टजन्मोपभोग्यं च पातकं तत्सकृदिह। इत्युक्त्वा धारणां दत्त्वा देवी सस्य तिरोदधे ॥ २६०
स मर्त्यदेहं पापं च दग्ध्वा धारणया तया। जीवदत्तश्चिराच्छापमुक्तो जज्ञे गणोत्तमः ॥ २६१
देवानामप्यहो येन पापेन क्लेश ईदृशः। परस्त्रीसंगमोत्थेन ह्यन्येषां तेन का गतिः ॥ २६२
तावच्च तत्र सानङ्गप्रभा हरिवरे पुरे। राज्ञो हरिवरस्यान्तःपुराणां प्राप मुख्यताम् ॥ २६३
स च राजा तदेकाग्रमनास्तस्थौ दिवानिशम्। स्वमन्त्रिणि सुमन्त्राख्ये न्यस्तराज्यमहाभरः ॥ २६४
एकदा तस्य राज्ञश्च निकटं मध्यदेशतः। आगाल्लब्धवरो नाम नाट्याचार्योऽत्र नूतनः ॥ २६५
स दृष्टकौशलस्तेन भूभृता वाद्यनाट्ययोः। संमान्यान्तःपुरस्त्रीणां नाट्याचार्यो व्यधीयत ॥ २६६
तेनानङ्गप्रभा नृत्ते प्रकर्षं प्रापिता तथा। नृत्यन्त्यपि सपत्नीनां स्पृहणीयाभवद्यथा ॥ २६७
सहवासाच्च तस्याथ नृत्तशिक्षारसादपि। नाट्याचार्यस्य सानङ्गप्रभाभूदनुरागिणी ॥ २६८
तस्याश्च रूपनृत्ताभ्यामाकृष्टः स शनैरहो। नाट्याचार्योऽपि कामेन किमप्यन्यदनृत्यत ॥ २६९
विजने चैकदानङ्गप्रभा सा नाट्यवेश्मनि। प्रसह्य नाट्याचार्यं तमुपागाद्रतलालसा ॥ २७०
सुरतान्ते च सात्यन्तसानुरागा जगाद तम्। त्वया विनाकृता नाहं स्थातुं शक्ष्याम्यपि क्षणम् ॥ २७१
राजा हरिवरश्चैतद्बुद्ध्वा नैव क्षमिष्यते। तदेह्यन्यत्र गच्छावो यत्र राजा न बुध्यते ॥ २७२
अस्ति हेमहयोष्ट्रादि धनं तव च भूभृता। नाट्यतुष्टेन यद्दत्तमस्ति चाभरणं मम ॥ २७३
तत्तत्र त्वरितं यामः स्थास्यामो यत्र निर्भयाः। एतत्स तद्वचो हृष्टो नाट्याचार्योऽन्वमन्यत ॥ २७४
ततः पुरुषवेषं सा कृत्वानङ्गप्रभा ययौ। नाट्याचार्यगृहं चेट्या सह सुस्निग्धयैकया ॥ २७५
ततस्तदैव तेनोष्ट्रपृष्ठार्पितधनर्द्धिना। साकं सा तुरगारूढा प्रायान्नाट्योपदेशिना ॥ २७६
सादौ वैद्याधरीं लक्ष्मीं त्यक्त्वा राजश्रियं पुनः। शिश्रिये चारणर्द्धिं सा धिक् स्त्रीणां चपलं मनः ॥ २७७
गत्वा च नाट्याचार्येण तेनानङ्गप्रभा सह। दूरं सा नगरं प्राप वियोगपुरसंज्ञकम् ॥ २७८
तत्र तत्सहिता तस्थौ सुखं सा सोऽपि लब्धया। तया लब्धवराख्यां स्वां सत्यां मेने नटाग्रणीः ॥ २७९
तावच्च तां गतां क्वापि बुद्ध्वानङ्गप्रभां प्रियाम्। राजा हरिवरः सोऽभूद्देहत्यागोन्मुखः शुचा ॥ २८०
ततः सुमन्त्रो मन्त्री तमुवाचाश्वासयन्नृपम्। देव किं यन्न वेत्सि त्वं पर्यालोचय तत्स्वयम् ॥ २८१
खड्गविद्याधरं त्यक्त्वा पतिं त्वां दृष्टमेव या। उपाश्रिता कथं तस्याः स्थैर्यं स्यात्त्वय्यपि प्रभो ॥ २८२
लघुं कंचिद्गृहीत्वा सा गता सद्वस्तुनिःस्पृहा। तृणरत्नशलाकेव तृणदृष्ट्यनुरागतः ॥ २८३
नाट्याचार्येण सा नूनं नीता स हि न दृश्यते। संगीतकगृहे प्रातस्तौ स्थिताविति च श्रुतम् ॥ २८४
तदेव वद कस्तस्यां जानतोऽपि तवाग्रहः। विलासिनी हि सर्वस्य संध्येव क्षणरागिणी ॥ २८५
इत्युक्तो मन्त्रिणा सोऽथ विचारपतितो नृपः। अचिन्तयदहो सत्यमुक्तं मे सुधियामुना ॥ २८६
पर्यन्तविरसा कष्टा प्रतिक्षणविवर्तिनी। भवस्थितिरिवानित्यसंबन्धा हि विलासिनी ॥ २८७
पतितं मज्जयन्तीषु दर्शितोत्कलिकासु च। प्राज्ञः पतत्यगाधासु न स्त्रीषु च नदीषु च ॥ २८८
व्यसनेषु निरुद्वेगा विभवेष्वप्यगर्विताः। कार्येष्वकातरा ये च ते धीरास्तैर्जितं जगत् ॥ २८९
इत्यालोच्य शुचं त्यक्त्वा मन्त्रिणो वचनेन सः। स्वदारेष्वेव संतोषं राजा हरिवरो व्यधात् ॥ २९०
साप्यनङ्गप्रभा तत्र वियोगपुरनामनि। नाट्याचार्ययुता तावत्कंचित्कालं स्थिता पुरे ॥ २९१
तावत्तत्रापि संजज्ञे नाट्याचार्यस्य दैवतः। यूना सुदर्शनाख्येन द्यूतकारेण संगतिः ॥ २९२

तेन द्यूतहृताशेषधनोऽनङ्गप्रभाप्रतः। कृतः सुदर्शनेनात्र नाट्याचार्योऽचिरेण सः ॥ २९३
तद्रोषादिव निःश्रीकं त्यक्त्वानङ्गप्रभाथ तम्। सा सुदर्शनमेवैतं प्रसह्याशिश्रियत्पतिम् ॥ २९४
नष्टदारधनः सोऽथ नाट्याचार्योऽप्रतिश्रयः। वैराग्यात्तपसे बद्धजटो गङ्गातटं ययौ ॥ २९५
सा त्वनङ्गप्रभा तेन द्यूतकारेण संगता। सुदर्शनेन तत्रैव तस्थौ नवनवप्रिया ॥ २९६
एकदा च पतिस्तस्यास्तस्करैः स सुदर्शनः। मुषिताशेषसर्वस्वः प्रविश्य रजनौ कृतः ॥ २९७
ततस्तां द्रविणाभावाद्दुःस्थितामनुतापिनीम्। दृष्ट्वा सुदर्शनोऽनङ्गप्रभामिदमुवाच सः ॥ २९८
हिरण्यगुप्तनामा यः सुहृन्मेऽस्ति महाधनः। तत्सकाशादृणं किंचिदेह्यद्य मृगयामहे ॥ २९९
इत्युक्त्वा दैवहृतधीः स गत्वैव तया सह। ऋणं हिरण्यगुप्तं तं वणिङ्मुख्यमयाचत ॥ ३००
स चानङ्गप्रभां दृष्ट्वा वणिक्सापि च तं तदा। अन्योन्यसाभिलाषौ तौ बभूवतुरुभावपि ॥ ३०१
उवाच चैवं स वणिक्तं सुदर्शनमादरात्। प्रातर्दास्ये हिरण्यं वामद्येहैव तु भुज्यताम् ॥ ३०२
तच्छ्रुत्वान्यादृशं भावमुपलक्ष्य तयोर्द्वयोः। सुदर्शनोऽब्रवीन्नाहं भोजनेऽद्य पटुः स्थितः ॥ ३०३
वणिक्पतिस्ततोऽवादीत्तर्हि त्वद्वनिता सखे। भुङ्क्तां प्रथममस्माकमेषा हि गृहमागता ॥ ३०४
इत्युक्तस्तेन तूष्णीं स बभूव कितवोऽपि सन्। स चानङ्गप्रभायुक्तो ययावभ्यन्तरं वणिक् ॥ ३०५
तत्र चक्रे तया साकं पानाहारादिनिर्वृतिम्। अतर्कितोपनतया लसन्मदविलासया ॥ ३०६
सुदर्शनः स तस्याश्च निर्गमं प्रतिपालयन्। बहिः स्थितः संस्तद्भृत्यैरूचे तत्प्रेरितैस्ततः ॥ ३०७
भुक्त्वा गृहं गता सा ते निर्यान्ती न त्वयेक्षिता। तत्त्वया किमिहाद्यापि क्रियते गम्यतामिति ॥ ३०८
सान्तः स्थिता न निर्याता न यास्यामीति स ब्रुवन्। दत्त्वा पादप्रहारांस्तैस्तद्भृत्यैर्निरकाल्यत ॥ ३०९
ततः सुदर्शनो गत्वा दुःखितः स व्यचिन्तयत्। कथं मे वणिजा दारा मित्रेणाप्यमुना हृताः ॥ ३१०
इहैवोपनतं वा मे स्वपापफलमीदृशम्। यन्मया कृतमन्यस्य तदन्येन कृतं मम ॥ ३११
कुप्यामि किं तदन्यस्मै कोपार्हं तत्स्वकर्म मे। तच्छिनद्मि न येन स्यात्पुनर्मम पराभवः ॥ ३१२
इत्यालोच्य क्रुधं त्यक्त्वा गत्वा बदरिकाश्रमम्। द्यूतकारस्तदा तत्र भवच्छेदि व्यधात्तपः ॥ ३१३
सा च रूपाधिकं प्राप्य प्रियं तं वणिजं पतिम्। रेमेऽनङ्गप्रभा भृङ्गी पुष्पात्पुष्पमिवागता ॥ ३१४
क्रमेण तस्य सा चाभूद्वणिजो विपुलश्रियः। स्वामिनी सानुरागस्य प्राणेष्वपि धनेष्वपि ॥ ३१५
राजात्र वीरबाहुश्च तत्रस्थामेकसुन्दरीम्। बुद्ध्वापि धर्ममर्यादां रक्षन्नैव जहार ताम् ॥ ३१६
दिनैश्च तद्व्ययैः सोऽभूद्वणिगल्पीभवद्धनः। म्लायति श्रीः कुलस्त्रीव गृहे बन्धक्यधिष्ठिते ॥ ३१७
ततः सुवर्णभूम्याख्यं द्वीपं संभृतभाण्डकः। हिरण्यगुप्तः स वणिक्प्रस्थितोऽभूद्वणिज्यया ॥ ३१८
वियोगभीत्या चादाय तामनङ्गप्रभां सह। व्रजन्पथि क्रमात्प्राप स सागरपुरं पुरम् ॥ ३१९
तत्र सागरवीराख्यो वास्तव्यो धीवराधिपः। नगरेऽम्भोधिनिकटे तस्यैको मिलितोऽभवत् ॥ ३२०
तेनाब्धिजीविना साकं सोऽथ गत्वाम्बुधेस्तटम्। तड्ढौकितं यानपात्रमारुरोह प्रियासखः ॥ ३२१
ततोऽब्धौ यानपात्रेण तेन यावत्प्रयाति सः। व्ययः सागरवीरेण दिनानि कतिचिद्वणिक् ॥ ३२२
एकस्मिन्दिवसे तावज्ज्वलद्विद्युद्विलोचनः। उग्रः संहारभयदः कालमेघः समाययौ ॥ ३२३
स्वस्थूलवर्षधारेण वायुना बलिना हृतम्। ततो मज्जितुमारेभे यानपात्रं तदूर्मिषु ॥ ३२४
मुक्ताक्रन्दे परिजने मनोरथ इव स्वके। मज्यमाने प्रवहणे कक्ष्याबद्धोत्तरीयकः ॥ ३२५
वणिग्घिरण्यगुप्तः सोऽदृष्ट्वानङ्गप्रभामुखम्। हा प्रिये क्व त्वमित्युक्त्वा चिक्षेपात्मानमम्बुधौ ॥ ३२६
गत्वा च बाहुविक्षेपात्कांचित्प्राप स दैवतः। वणिक्प्रवहणीमेकां तां चालम्ब्यारुरोह सः ॥ ३२७
साप्यनङ्गप्रभा रज्ज्वा बद्धे फलहकोत्करे। तेन सागरवीरेण झगित्येवाध्यरोप्यत ॥ ३२८
स्वयं चारुह्य तत्रैव भीतामाश्वासयन्स ताम्। प्लवमानो ययावब्धौ बाहुभ्यां वारि विक्षिपन् ॥ ३२९
क्षणात्प्रवहणे भग्ने नष्टाभ्रमभवन्नभः। साधोः प्रशान्तकोपस्य तुल्योऽभूत्स्तिमितोऽम्बुधिः ॥ ३३०
स चारूढः प्रवहणं पश्चाद्रेनानिलेरितम्। हिरण्यगुप्तः प्रापाब्धेः कूलं दैवाद्वणिक्ततः ॥ ३३१

अवतीर्य तटे सोऽथ प्रियाविरहदुःखितः । अशक्यप्रतिकारं च मत्वा विधिविचेष्टितम् ॥ ३३२
गत्वा शनैः स्वनगरं बद्ध्वा धीराशयो धृतिम् । हिरण्यगुप्तो भूयोऽर्थानुपार्ज्यास्त सुनिर्वृतः ॥ ३३३
सा त्वनङ्गप्रभैकाहाच्चित्रं फलहकस्थिता । तेन सागरवीरेण प्रापिताम्भोनिधेस्तटम् ॥ ३३४
तत्राश्वास्य च नीताभूद्धीवरेन्द्रेण तेन सा । तत्सागरपुरं नाम नगरं भवनं निजम् ॥ ३३५
तत्र राजसमश्रीकं वीरं प्राणप्रदायिनम् । सुयौवनं सुरूपं च विचिन्त्याज्ञाविधायिनम् ॥ ३३६
तमेव चक्रे सानङ्गप्रभा दाशपतिं पतिम् । न स्त्री चलितचारित्रा निम्नोन्नतमवेक्षते ॥ ३३७
ततः कैवर्तपतिना तेन साकमुवास सा । तद्वेश्मन्युपभुञ्जाना तत्समृद्धिं तदर्पिताम् ॥ ३३८
एकदा सात्र हर्म्याग्रादपश्यद्रथ्यया तया । यान्तं विजयवर्माख्यं भव्यं क्षत्रियपुत्रकम् ॥ ३३९
रूपलुब्धावतीर्यैव तमुपेत्य जगाद सा । दर्शनाकृष्टचित्तां मां भज प्रणयिनीमिति ॥ ३४०
स चाभिनन्द्य हृष्टस्तामाकाशपतितामिव । गृहीत्वा च जगाम स्वं गृहं त्रैलोक्यसुन्दरीम् ॥ ३४१
सोऽथ सागरवीरस्तां बुद्ध्वा क्वापि गतां प्रियाम् । त्यक्त्वा सर्वं तनुं त्यक्ष्यंस्तपसा सुरनिम्नगाम् ॥ ३४२
यदगात्तत्कथं मा भूद्दुःखं तस्य तथाविधम् । क्व दाशत्वं क्व तादृश्या विद्याधर्या हि संगमः ॥ ३४३
सा चानङ्गप्रभा तेन समं विजयवर्मणा । तस्थौ तत्रैव नगरे यथासुखमनर्गला ॥ ३४४
ततः कदाचित्तत्रत्यः समारूढकरेणुकः । राजा सागरवर्माख्यो निरगाद्भ्रमितुं पुरम् ॥ ३४५
स्वनामसंज्ञं स्वकृतं स पश्यंस्तत्पुरं नृपः । तेनाययौ पथा यत्र गृहं विजयवर्मणः ॥ ३४६
बुद्ध्वा च नृपमायान्तं तद्दर्शनकुतूहलात् । आरुरोहात्र सानङ्गप्रभा हर्म्यतलं तदा ॥ ३४७
दृष्ट्वैव सा तं राजानं तथाभूत्तद्वशा यथा । हठाद्राजकरेणुस्थं हस्त्यारोहमभाषत ॥ ३४८
भो हस्त्यारोह नैवाहमारूढा जातु हस्तिनम् । तदारोहय मामत्र वीक्षे तावत्कियत्सुखम् ॥ ३४९
तच्छ्रुत्वाधोरणे तस्मिन्राजाननविलोकिनि । राजा ददर्श तामिन्दोर्दिवः कान्तिमिव च्युताम् ॥ ३५०
पिबंश्च तामतृप्तेन चकोर इव चक्षुषा । नृपस्तत्प्राप्तिबद्धाशो हस्त्यारोहमुवाच सः ॥ ३५१
नीत्वा करेणुं निकटं पूरयास्या मनोरथम् । आरोपयेन्दुवदनामेतामत्राविलम्बितम् ॥ ३५२
इति राज्ञोदिते तेन हस्त्यारोहेण ढौकिता । अधस्तात्तस्य हर्म्यस्य तत्क्षणं सा करेणुका ॥ ३५३
दृष्ट्वा तां निकटप्राप्तां राज्ञः सागरवर्मणः । उत्सङ्गे तस्य सानङ्गप्रभात्मानमपातयत् ॥ ३५४
क्वादौ स भर्तृविद्वेषः क्वैषा भर्तृष्ववतृप्तता । हा तस्याः पितृशापेन दर्शितोऽतिविपर्ययः ॥ ३५५
निपातभीतेव च सा कण्ठे तं नृपमग्रहीत् । तत्स्पर्शामृतसिक्ताङ्गः सोऽपि प्राप परां मुदम् ॥ ३५६
युक्त्या समर्पितात्मानं परिचुम्बनलालसाम् । तां स राजा गृहीत्वैव जगामाशु स्वमन्दिरम् ॥ ३५७
तत्र तामुक्तवृत्तान्तां तदैव शुचराङ्गनाम् । स चकार महादेवीं प्रवेश्यान्तःपुरे नृपः ॥ ३५८
बुद्ध्वा राजहृतामेतामेत्य क्षत्त्रमिवाथ सः । बहिर्विजयवर्मात्र राजभृत्यानयोधयत् ॥ ३५९
युद्धे च तत्र तत्याज शरीरमपराङ्मुखः । न शूरा विषहन्ते हि स्त्रीनिमित्तं पराभवम् ॥ ३६०
किमेतया वराक्या ते भजास्मानेहि नन्दनम् । इतीव च सुरस्त्रीभिः स नीतोऽभूत्सुरालयम् ॥ ३६१
साप्यनङ्गप्रभा तस्मिन्राज्ञि सागरवर्मणि । नदीव सागरे स्थैर्यं बबन्धानन्यगामिनी ॥ ३६२
भवितव्यबलान्मेने तेन पत्या कृतार्थताम् । सोऽपि जन्मफलं प्राप्तं तयामन्यत भार्यया ॥ ३६३
दिनैश्च तस्य राज्ञी सा राज्ञः सागरवर्मणः । दध्रेऽनङ्गप्रभा गर्भं काले च सुषुवे सुतम् ॥ ३६४
नाम्ना समुद्रवर्माणं तं स राजा पिता शिशुम् । चकार विहितोदारपुत्रजन्ममहोत्सवः ॥ ३६५
क्रमाच्च वृद्धिमायातं सगुणं प्राप्तयौवनम् । यौवराज्येऽभ्यषिञ्चत्तं सुतं स भुजशालिनम् ॥ ३६६
विवाहहेतोस्तस्याथ सूनोः समरवर्मणः । राज्ञः कमलवत्याख्यां सुतामाहरति स्म सः ॥ ३६७
कृतोद्वाहाय तस्मै च पुत्रायावर्जितो गुणैः । समुद्रवर्मणे राज्यं निजं प्रादात्स भूपतिः ॥ ३६८
सोऽपि प्राप्यैव तद्राज्यमोजस्वी क्षत्त्रधर्मवित् । समुद्रवर्मा पितरं प्रणतस्तं व्यजिज्ञपत् ॥ ३६९
अनुजानीहि मां तात दिशो जेतुं व्रजाम्यहम् । अजिगीषुः पतिर्भूमेर्निन्द्यः क्लीब इव स्त्रियाः ॥ ३७०

धर्म्या कीर्तिकरी सा च लक्ष्मीरिह महीभुजाम्। या जित्वा परराष्ट्राणि निजबाहुबलार्जिता ॥ ३७१
किं तेषां तात राजत्वं क्षुद्राणामभिभूतये। स्वप्रजामेव खादन्ति मार्जारा इव लोलुपाः ॥ ३७२
इत्यूचिवान्स तेनोचे पित्रा सागरवर्मणा। नूतनं पुत्र राज्यं ते तत्तावत्त्वं प्रसाधय ॥ ३७३
नास्त्यपुण्यमकीर्तिर्वा प्रजा धर्मेण शासतः। अनवेक्ष्य च शक्तिं स्वां युक्तो राज्ञां न विग्रहः ॥ ३७४
वत्स यद्यपि शूरस्त्वं सैन्यमस्ति च ते बहु। तथापि नैव विश्वासो जयश्रीश्चपला रणे ॥ ३७५
इत्यादि पित्रा प्रोक्तोऽपि तमनुज्ञाप्य यत्नतः। समुद्रवर्मा स ययौ तेजस्वी दिग्जिगीषया ॥ ३७६
क्रमेण च दिशो जित्वा स्थापयित्वा वशे नृपान्। प्राप्तहस्त्यश्वहेमादिराययौ नगरं निजम् ॥ ३७७
तत्र पित्रोर्महारत्नैर्नानादेशोद्भवैश्च सः। चरणौ पूजयामास प्रणतः परितुष्टयोः ॥ ३७८
तदाज्ञया च प्रददौ ब्राह्मणेभ्यो महायशाः। महादानानि हस्त्यश्वहेमरत्नमयानि सः ॥ ३७९
ततो वसु तथार्थिभ्यो भृत्येभ्यश्च ववर्ष सः। एको दरिद्रशब्दोऽत्र यथाभूदर्थवर्जितः ॥ ३८०
तद्दृष्ट्वा पुत्रमाहात्म्यमात्मनः कृतकृत्यताम्। राजा सागरवर्मा स मेनेऽनङ्गप्रभायुतः ॥ ३८१
उत्सवेन च नीत्वा तान्यहानि नृपतिः स तम्। पुत्रं समुद्रवर्माणमवोचन्मन्त्रिसंनिधौ ॥ ३८२
यन्मया पुत्र कर्तव्यं कृतं तदिह जन्मनि। भुक्तं राज्यसुखं दृष्टः परेभ्यो न पराभवः ॥ ३८३
दृष्टस्त्वं चात्तसाम्राज्यः किमन्यत्प्राप्यमस्ति मे। तदाश्रयाम्यहं तीर्थं यावन्मे ध्रियते तनुः ॥ ३८४
विनश्वरे शरीरेऽस्मिन्किमद्यापि गृहे तव। इतीवैषा जरा पश्य कर्णमूले ब्रवीति मे ॥ ३८५
इत्युक्त्वा स सुतेऽनिच्छत्यपि तस्मिन्नृपः कृती। ययौ सागरवर्माथ प्रयागं प्रियया सह ॥ ३८६
तमनुव्रज्य पितरं स चागत्य निजं पुरम्। समुद्रवर्मा स्वं राज्यं यथाविधि शशास तत् ॥ ३८७
राजा सागरवर्मापि सोऽनङ्गप्रभया युतः। प्रयागे तपसा देवं वृषध्वजमतोषयत् ॥ ३८८
स स्वप्ने तमुवाचैवं त्रिपुरारिर्निशाक्षये। तुष्टोऽस्मि ते सभार्यस्य तपसा तदिदं शृणु ॥ ३८९
एषानङ्गप्रभा त्वं च युवां विद्याधरावुभौ। शापक्षयान्निजं लोकं प्रातः पुत्र गमिष्यथः ॥ ३९०
तच्छ्रुत्वा स प्रबुबुधे राजानङ्गप्रभा च सा। तद्वदालोकितस्वप्ना तच्चान्योन्यमथोचतुः ॥ ३९१
ततश्च नृपतिं तं सा हृष्टानङ्गप्रभाभ्यधात्। आर्यपुत्र मया जातिः कृत्स्नात्मीया स्मृताधुना ॥ ३९२
अहं विद्याधरेन्द्रस्य समरस्यात्मसंभवा। एषानङ्गप्रभा नाम पुरे वीरपुराभिधे ॥ ३९३
पितृशापादिहागत्य विद्याभ्रंशेन मानुषी। भूत्वा विद्याधरीभावं साहं व्यस्मरमात्मनः ॥ ३९४
इदानीं च प्रबुद्धाहमिति यावच्च वक्ति सा। तावत्सोऽवततारात्र समरस्तत्पिता दिवः ॥ ३९५
नमस्कृतः स तेनात्र राज्ञा सागरवर्मणा। उवाच पादपतितां तामनङ्गप्रभां सुताम् ॥ ३९६
एहि पुत्रि गृहाणैता विद्याः शापः स ते गतः। त्वयाष्टजन्मदुःखं हि भुक्तमेकत्र जन्मनि ॥ ३९७
इत्युक्त्वोत्सङ्गमारोप्य विद्यास्तस्यै पुनर्ददौ। ततः सागरवर्माणं राजानं तमभाषत ॥ ३९८
भवान्विद्याधराधीशो मदनप्रभसंज्ञकः। अहं च समरो नाम सुतानङ्गप्रभा मम ॥ ३९९
प्रदेया पूर्वमेषा च वरैस्तैस्तैरयाच्यत। न च तेषां कमप्यैच्छद्भर्तारं रूपगर्विता ॥ ४००
ततस्तुल्यगुणेनैषा त्वयात्युत्केन याचिता। विधियोगाच्च न तदा त्वमप्यङ्गीकृतोऽनया ॥ ४०१
मर्त्यलोकागमायास्यास्तेन शापमदामहम्। भूयान्मे मर्त्यलोकेऽपि भार्येयमिति रागिणा ॥ ४०२
संकल्प्य हृदये ध्यात्वा वरदं गिरिजापतिम्। योगेन स्वा तनुस्त्यक्ता ततो वैद्याधरी त्वया ॥ ४०३
ततस्त्वं मानुषो जातो जाता भार्या तवाप्यसौ। आगच्छतमिदानीं स्वं लोकं युक्तौ युवां मिथः ॥ ४०४

इति समरेण स उक्तः स्मृतजातिस्तां तनुं प्रयागजले।
मुक्त्वा सागरवर्मा बभूव मदनप्रभः सद्यः ॥ ४०५

सा पुनरधिगतविद्या दीप्तानङ्गप्रभापि तेनैव।
देहेनान्येव बभौ जाता विद्याधरी झगिति ॥ ४०६

सानन्दो मदनप्रभः स च ततः सा चाप्यनङ्गप्रभा
दिव्यान्योन्यवपुर्विलोकनलसद्गाढानुरागावुभौ ।
स श्रीमान्समरश्च खेचरपतिः सर्वे समुत्पत्य खं
जग्मुर्वीरपुरं सहैव किल ते वैद्याधरं तत्पुरम् ॥ ४०७

स तत्र समरो यथाविधि सुतामनङ्गप्रभां तदैव मदनप्रभभुचरभूभृते तां ददौ ।
स च क्षपितशापया सममथैतया प्रीतया जगाम मदनप्रभः स्वपुरमत्र चासीत्सुखम् ॥ ४०८

इत्थं स्वदुर्नयविपाकवशेन दिव्याः शापच्युता ह्यवतरन्ति मनुष्यलोके ।
भुक्त्वा फलं तदुचितं च निजां गतिं ते पूर्वार्जितेन सुकृतेन पुनः प्रयान्ति ॥ ४०९

इति स कथां नरवाहनदत्तः सचिवान्निशम्य गोमुखतः ।
सालंकारवतीकस्तुतोष चक्रे ततश्च दिनकृत्यम् ॥ ४१०

इति महाकविश्रीसोमदेवभट्टविरचिते कथासरित्सागरेऽलंकारवतीलम्बके द्वितीयस्तरङ्गः ।

तृतीयस्तरङ्गः ।

ततोऽन्येद्युरलंकारवतीपार्श्वस्थितं सखा । नरवाहनदत्तं तं मरुभूतिर्व्यजिज्ञपत् ॥ १
पश्य पश्य वराकोऽयं देव कार्पटिकस्तव । चर्मखण्डैकवसनो जटालः कृशधूसरः ॥ २
सिंहद्वारादिवारात्रं शीते वाप्यातपेऽपि वा । न चलत्येव तन्नास्य किमद्यापि प्रसीदसि ॥ ३
काले दत्तं वरं ह्यल्पमकाले बहुनापि किम् । तद्यावन्म्रियते नैष तावदस्य कृपां कुरु ॥ ४
तच्छ्रुत्वा गोमुखोऽवादीत्साधूक्तं मरुभूतिना । किं पुनर्नापराधोऽस्ति तव देवात्र कश्चन ॥ ५
क्षयो यावन्न वृत्तो हि पापस्य परिपन्थिनः । तावद्दानप्रवृत्तोऽपि दातुं शक्नोति न प्रभुः ॥ ६
परिक्षीणे पुनः पापे वार्यमाणोऽपि यत्नतः । ईश्वरः प्रददात्येव कर्मायत्तमिदं किल ॥ ७
तथा च लक्षदत्तस्य राज्ञः कार्पटिकस्य च । लब्धदत्तस्य देवैतां कथामाख्यामि ते शृणु ॥ ८
अभूल्लक्षपुरं नाम नगरं वसुधातले । तत्रासील्लक्षदत्ताख्यस्त्यागिनामग्रणीर्नृपः ॥ ९
लक्षादूनं न दातुं स जानाति स्म किलार्थिने । संबभाषे तु यं तस्मै ददौ लक्षाणि पञ्च सः ॥ १०
तुतोष यस्मै स पुनर्निर्दारिद्र्यं चकार तम् । लक्षदत्त इति ख्यातं नाम तस्यात एव तत् ॥ ११
तस्यैको लब्धदत्ताख्यः सिंहद्वारे दिवानिशम् । तस्थौ कार्पटिकश्चर्मखण्डैककटिकर्पटः ॥ १२
स निबद्धजटः शीतवर्षे ग्रीष्मातपेऽपि वा । न चचाल ततः क्षिप्रं स राजा च ददर्श तम् ॥ १३
तथा तस्य चिरं तत्र तिष्ठतः क्लेशवर्तिनः । न स राजा ददौ किंचिद्दातापि सकृपोऽपि सन् ॥ १४
अथैकदा स नृपतिर्जगामाखेटकाटवीम् । स च तं लगुडं बिभ्रदन्वकार्पटिको ययौ ॥ १५
तत्र तस्य ससैन्यस्य वाहनस्थस्य धन्विनः । व्याघ्रान्वराहान्हरिणान्बाणवर्षेण निघ्नतः ॥ १६
अग्रतः पादचारी सन्स कार्पटिक एककः । जघान लगुडेनैव वराहान्हरिणान्बहून् ॥ १७
स दृष्ट्वा विक्रमं तस्य चित्रं शूरः कियानयम् । इति दध्यौ स राजान्तर्न त्वस्मै किंचिदप्यदात् ॥ १८
कृताखेटः स नगरं स्वसुखायाविशन्नृपः । स च कार्पटिकस्तस्थौ सिंहद्वारे च पूर्ववत् ॥ १९
कदाचिदेकसीमान्तगोत्रजावजयाय सः । लक्षदत्तो ययौ राजा युद्धं चास्याभवन्महत् ॥ २०
तत्र युद्धे स तस्याग्रे राज्ञः कार्पटिको बहून् । दृढखादिरदण्डाग्रप्रहारैरवधीत्परान् ॥ २१
जितशत्रुः स राजा च निजं प्रत्याययौ पुरम् । न च तस्मै ददौ किंचिदपि दृष्टपराक्रमः ॥ २२
एवं कार्पटिकस्यात्र लब्धदत्तस्य तिष्ठतः । व्यतीयुः पञ्च वर्षाणि तस्य काष्टेन जीवतः ॥ २३
षष्ठे प्रवृत्ते दृष्ट्वा तमेकदा दैवयोगतः । स राजा जातकरुणो लक्षदत्तो व्यचिन्तयत् ॥ २४
नाद्याप्यस्य मया दत्तं चिरक्लिष्टस्य किंचन । तद्युक्त्या किंचिदेतस्मै दत्त्वा पश्याम्यहं न किम् ॥ २५
किं नामास्य वराकस्य वृत्तः पापक्षयो न वा । किं ददाति न वाद्यापि लक्ष्मीरस्य च दर्शनम् ॥ २६

इत्यालोच्य नृपः स्वैरं भाण्डागारं प्रविश्य सः । रत्नैर्भृतं मातुलुङ्गं समुद्गकमिव व्यधात् ॥ २७
चकार सर्वास्थानं च स विधाय बहिः सभाम् । तत्र च प्राविशन्सर्वे पौरसामन्तमन्त्रिणः ॥ २८
तन्मध्ये च प्रविष्टं तं राजा कार्पटिकं स्वयम् । इतो निकटमेहीति जगाद स्निग्धया गिरा ॥ २९
ततः कार्पटिकः श्रुत्वा लब्धदत्तः प्रहर्षवान् । अग्रे सविधमागत्य राज्ञस्तस्योपविष्टवान् ॥ ३०
ततस्तमवदद्राजा ब्रूहि किंचित्सुभाषितम् । तदाकर्ण्य पपाठैतामार्यां कार्पटिकोऽथ सः ॥ ३१

पूरयति पूर्णमेषा तरङ्गिणीसंहतिः समुद्रमिव ।
लक्ष्मीरधनस्य पुनर्लोचनमार्गेऽपि नायाति ॥ ३२

श्रुत्वैतत्पाठयित्वा च भूयस्तुष्टः स भूपतिः । सद्रत्नपूर्णं तस्मै तन्मातुलुङ्गफलं ददौ ॥ ३३
यस्य तुष्यति राजायं दारिद्र्यं तस्य कृन्तति । शोच्यः कार्पटिकस्त्वेष यमाहूयैवमादरात् ॥ ३४
मातुलुङ्गमिदं दत्तं तुष्टेनानेन भूभृता । कल्पवृक्षोऽप्यभव्यानां प्रायो याति पलाशताम् ॥ ३५
इति सर्वेऽपि तद्दृष्ट्वा तत्रास्थाने विषादिनः । अज्ञातपरमार्थत्वात्स्वैरमूचुः परस्परम् ॥ ३६
स तु कार्पटिको मातुलुङ्गमादाय निर्ययौ । आययौ चाग्रतस्तस्य भिक्षुरेको विषीदतः ॥ ३७
स राजवन्दिनामा तद्दत्त्वा शाटकमग्रहीत् । तस्मात्कार्पटिकान्मातुलुङ्गं दृष्ट्वा मनोरमम् ॥ ३८
प्रविश्य च स भिक्षुस्तद्राज्ञे फलमढौकयत् । राजा च तत्परिज्ञाय श्रमणं पृच्छति स्म तम् ॥ ३९
मातुलुङ्गं कुत इदं भदन्त भवतामिति । ततः कार्पटिकं सोऽस्मै तद्दातारं शशंस तम् ॥ ४०
अथ राजा विषण्णश्च विस्मितश्च बभूव सः । अहो अद्यापि न क्षीणं पापं तस्येति चिन्तयन् ॥ ४१
स्वीकृत्य मातुलुङ्गं तदुत्थायास्थानतः क्षणात् । चकार दिनकर्तव्यं लक्षदत्तः स भूपतिः ॥ ४२
सोऽपि कार्पटिको गत्वा सिंहद्वारे यथास्थितः । कृतभोजनपानादिरासीद्विक्रीतशाटकः ॥ ४३
द्वितीयेऽह्नि स राजा च सर्वास्थानं तथैव तत् । विदधे तत्र सर्वे च सपौराः प्राविशन्पुनः ॥ ४४
दृष्ट्वा कार्पटिकं तं च प्रविष्टं सोऽथ भूमिभृत् । तथैवाहूय पुनरप्युपावेशयदन्तिके ॥ ४५
पाठयित्वा च भूयोऽपि तामेवार्यां प्रसादतः । गूढरत्नं ददौ तस्मै मातुलुङ्गं तदेव सः ॥ ४६
अहो द्वितीये दिवसे तुष्टोऽस्यायं वृथा प्रभुः । किं तावदेतदित्यत्र सर्वे दध्युः सविस्मयाः ॥ ४७
स च कार्पटिको विप्रो हस्ते कृत्वा तु तत्फलम् । राजप्रसादं सफलं मन्वानो निर्ययौ बहिः ॥ ४८
तावत्तस्याययौ कोऽपि विषयाधिकृतोऽग्रतः । प्रविविक्षुस्तदास्थानं द्रष्टुकामो महीक्षितम् ॥ ४९
स दृष्ट्वा मातुलुङ्गं तद्वत्रे कार्पटिकात्ततः । आददे शकुनापेक्षी दत्त्वास्मै वस्त्रयोर्युगम् ॥ ५०
प्रविश्य च नृपास्थानं पादनम्रो नृपाय तत् । मातुलुङ्गं ददावादौ ततोऽन्यत्प्राभृतं निजम् ॥ ५१
परिज्ञाय च तद्राज्ञा फलं स विषयाधिपः । कुत एतत्तवेत्युक्तोऽवोचत्कार्पटिकादिति ॥ ५२
अहो ददाति नाद्यापि लक्ष्मीस्तस्येह दर्शनम् । इत्यन्तश्चिन्तयन्सोऽथ राजाभूद्विमना भृशम् ॥ ५३
उत्तस्थौ मातुलुङ्गं तद्गृहीत्वास्थानतश्च सः । सोऽथ कार्पटिको वस्त्रयुग्मं प्राप्यापणं ययौ ॥ ५४
चक्रे भोजनपानादि विक्रीयैकं च शाटकम् । द्वितीयं च द्विधा कृत्वा वाससी द्वे व्यधत्त सः ॥ ५५
ततस्तृतीयेऽपि दिने सर्वास्थानं स पार्थिवः । व्यधात्तथैव सर्वश्च प्रविवेश पुनर्जनः ॥ ५६
तस्मै प्रविष्टाय च तन्मातुलुङ्गं तथैव सः । भूयोऽप्याहूय तामार्यां पाठयित्वा नृपो ददौ ॥ ५७
विस्मितेष्वथ सर्वेषु सोऽपि कार्पटिको बहिः । गत्वा राजविलासिन्यै तद्दवाद्बीजपूरकम् ॥ ५८
सा तस्मै राजसंमानतरुवल्लीव जङ्गमा । जातरूपं ददौ पुष्पमिवाग्रफलसूचकम् ॥ ५९
तत्स विक्रीय तदहस्तस्थौ कार्पटिकः सुखम् । विलासिन्यपि सा राज्ञः प्रविवेशान्तिकं तदा ॥ ६०
तस्मै च स्थूलरम्यं तन्मातुलुङ्गमढौकयत् । सोऽपि तत्प्रत्यभिज्ञाय तां पप्रच्छ तदागमम् ॥ ६१
ततो जगाद सा दत्तमिदं कार्पटिकेन मे । तच्छ्रुत्वा स नृपो दध्यौ लक्ष्म्या सोऽद्यापि नेक्षितः ॥ ६२
मन्दपुण्यो न यो वेत्ति मत्प्रसादमनिष्फलम् । मामेव चैतान्यायान्ति महारत्नान्यहो मुहुः ॥ ६३
इति ध्यात्वा गृहीत्वा तत्स्थापयित्वा च रक्षितम् । मातुलुङ्गं स उत्थाय चक्रे भूपतिराह्निकम् ॥ ६४

चतुर्थेऽह्नि च सोऽकार्षीद्राजास्थानं तथैव तत् । पूर्यते स्म च तत्सर्वैः सामन्तसचिवादिभिः ॥ ६५
ततस्तत्र तमायातं भूयः कार्पटिकं नृपः । उपवेश्याग्रतः प्राग्वत्स तामार्यामपाठयत् ॥ ६६
ददौ च मातुलुङ्गं तत्तस्मै तच्च द्रुतोज्झितम् । तस्य हस्तार्धसंप्राप्तं द्विधाभूत्पतितं भुवि ॥ ६७
पिधानसंधिभग्नाच्च तस्माद्रत्नानि निर्ययुः । भासयन्ति तदास्थानं महार्घाणि बहूनि च ॥ ६८
तानि दृष्ट्वाब्रुवन्सर्वे परमार्थमजानताम् । ऽयहं मृषा भ्रमोऽभून्नः प्रसादस्त्वीदृशः प्रभोः ॥ ६९
एतच्छ्रुत्वाब्रवीद्राजा मया युक्त्यानया ह्ययम् । दर्शनं श्रीर्ददात्यस्य किं न वेति परीक्षितः ॥ ७०
पापान्तश्च ऽयहं नास्य प्राप्तः प्राप्तोऽस्य सोऽद्य तु । तेनैव दर्शनं लक्ष्म्या दत्तमेतस्य सांप्रतम् ॥ ७१
इत्युक्त्वा तानि रत्नानि ग्रामान्हस्त्यश्वकाञ्चनम् । दत्त्वा चकार सामन्तं स तं कार्पटिकं प्रभुः ॥ ७२
उत्तस्थौ च ततः स्नातुमास्थानात्संस्तुवज्जनात् । ययौ कार्पटिकः सोऽपि कृतार्थो वसतिं निजाम् ॥ ७३
एवं यावन्न पापान्तो वृत्तस्तावन्न लभ्यते । प्रभुप्रसादो भृत्येन कृतैः कष्टशतैरपि ॥ ७४
इत्याख्याय कथामेतां मन्त्रिमुख्यः स गोमुखः । नरवाहनदत्तं तं जगाद स्वप्रभुं पुनः ॥ ७५
तद्देव जाने नैतस्य नूनं कार्पटिकस्य ते । वृत्तः पापक्षयोऽद्यापि येन नास्य प्रसीदसि ॥ ७६
श्रुत्वैतद्गोमुखवचो हन्त साध्वित्युदीर्य च । तस्मै कार्पटिकाख्याय निजकार्पटिकाय सः ॥ ७७
वत्सेश्वरसुतः सद्यः प्रददौ ग्रामसंचयम् । हस्त्यश्वं हेमकोटिं च सद्वस्त्राभरणानि च ॥ ७८
तदैव राजसदृशः सोऽभूत्कार्पटिकः कृती । कृतज्ञे सत्परीवारे प्रभौ सेवाफला कुतः ॥ ७९
एवं स्थितस्य तस्यात्र जातु सेवार्थमाययौ । नरवाहनदत्तस्य दाक्षिणात्यो युवा द्विजः ॥ ८०
प्रलम्बबाहुनामा च स वीरस्तं व्यजिज्ञपत् । कीर्त्याकृष्टस्तवैषोऽहं पादौ देव समाश्रितः ॥ ८१
पदात्पदं च देवस्य पदातिर्न चलाम्यहम् । गजवाजिरथैर्भूमौ गच्छतो नाम्बरे पुनः ॥ ८२
विद्याधरेन्द्रता यस्माच्छ्रूयते भाविनी प्रभोः । दिने दिने स्वर्णशतं दीयतां वृत्तये मम ॥ ८३
एवमुक्तवते तस्मै तत्किलातुलतेजसे । नरवाहनदत्तस्तां ददौ वृत्तिं द्विजातये ॥ ८४
तत्प्रसङ्गाच्च वक्ति स्म गोमुखो देव सेवकाः । भवन्त्येवंविधा राज्ञां तथा च श्रूयतां कथा ॥ ८५
अस्तीह विक्रमपुरं नाम्ना पुरवरं महत् । तत्र विक्रमतुङ्गाख्यो बभूव नृपतिः पुरा ॥ ८६
तैक्ष्ण्यं कृपाणे यस्याभून्न दण्डे नयशालिनः । धर्मे च सततासक्तिर्न तु स्त्रीमृगयादिषु ॥ ८७
तस्मिंश्च राज्ञि कुलयो रजःसु गुणविच्युतिः । सायकेष्वविचारश्च गोष्ठेषु पशुरक्षिणाम् ॥ ८८
तस्य वीरवरो नाम शूरो मालवदेशजः । स्वाकृतिश्चाययौ राज्ञो विप्रः सेवार्थमेकदा ॥ ८९
यस्य धर्मवती नाम भार्या वीरवती सुता । पुत्रः सत्त्ववरश्चेति त्रयं परिकरो गृहे ॥ ९०
सेवापरिकरश्चान्यत्त्रयं कट्यां कृपाणिका । पाणौ करतलैकस्मिंश्चर्मान्यस्मिन्सुदर्पणम् ॥ ९१
इयन्मात्रे परिकरे वृत्तयेऽर्थयते स्म सः । प्रत्यहं नृपतेस्तस्माद्दीनारशतपञ्चकम् ॥ ९२
राजा च स ददौ तस्मै वृत्तिं तां लक्षितौजसे । पश्यामि तावदेतस्य प्रकर्षमिति चिन्तयन् ॥ ९३
ददौ च तस्य चारान्स पश्चाज्जिज्ञासितुं नृपः । कुर्यादियद्भिर्दीनारैः किं द्विबाहुरसाविति ॥ ९४
स च वीरवरस्तेषां दीनाराणां दिने दिने । शतं हस्ते स्वभार्याया भोजनादिकृते ददौ ॥ ९५
शतेन वस्त्रमाल्यादि क्रीणाति स्म शतं पुनः । स्नात्वा हरिहरादीनामर्चनार्थमकल्पयत् ॥ ९६
द्विजातिकृपणादिभ्यो ददावन्यच्छतद्वयम् । एवं स विनियुङ्क्ते स्म नित्यं पञ्चशतीमपि ॥ ९७
तस्थौ च पूर्वमध्याह्नं सिंहद्वारेऽस्य भूपतेः । कृत्वाह्निकादि चागत्य तत्रैवासीन्निशां पुनः ॥ ९८
एतां तद्दिनचर्यां च नित्यं चारा न्यवेदयन् । राज्ञे तस्मै ततस्तुष्टः स तांश्चारान्न्यवर्तयत् ॥ ९९
सोऽपि वीरवरस्तस्य राज्ञस्तस्थौ दिवानिशम् । स्नानादिसमयं मुक्त्वा सिंहद्वारे धृतायुधः ॥ १००
अथात्र तं वीरवरं जेतुमिच्छन्निवाययौ । शूरप्रतापासहनो गर्जितोग्रो घनागमः ॥ १०१
तदा च वर्षति घने घोरा धाराशरावलीः । न स वीरवरः सिंहद्वारात्स्तम्भ इवाचलत् ॥ १०२
राजा विक्रमतुङ्गश्च प्रासादाद्वीक्ष्य तं सदा । आरुरोह स जिज्ञासुः प्रासादं तं पुनर्निशि ॥ १०३

सिंहद्वारे स्थितः कोऽत्रेत्युपरिष्टाज्जगाद सः। तच्छ्रुत्वाहं स्थितोऽत्रेति सोऽपि वीरवरोऽभ्यधात्॥ १०४
अहो अयं महासत्त्वः सुमहत्पदमर्हति। सिंहद्वारं न यो मुञ्चत्यम्बुदे वर्षतीदृशे॥ १०५
इति यावच्च स श्रुत्वा विचिन्तयति भूमिभृत्। तावद्दूरात्सकरुणं रुदतीमशृणोत्स्त्रियम्॥ १०६
दुःखितो मे न राष्ट्रेऽस्ति तदेषा का नु रोदिति। इत्यालोच्याब्रवीद्राजा स तं वीरवरं तदा॥ १०७
भो वीरवर कापि स्त्री दूरे रोदित्यसौ शृणु। कैषा किं दुःखमस्याश्चेत्यत्र गत्वा निरूपय॥ १०८
तच्छ्रुत्वा स तथेत्युक्त्वा गन्तुं प्रववृते ततः। धुन्वन्करतलं वीरवरो बद्धासिधेनुकः॥ १०९
दृष्ट्वा तं प्रस्थितं मेघे ज्वलद्विद्युति तादृशे। धारानिपातसंरुद्धरोदोरन्ध्रे सकौतुकः॥ ११०
सकृपश्चावतीर्यैव प्रासादात्तस्य पृष्ठतः। अलक्षितः खड्गपाणिः प्रतस्थे सोऽपि भूमिपः॥ १११
स चानुसर्पन्रुदितं गुप्तान्वागतभूपतिः। गत्वा बहिः पुरादेकं प्राप वीरवरः सरः॥ ११२
हा नाथ हा कृपालो हा शूर त्यक्ता त्वया कथम्। वत्स्यामीति च तन्मध्ये रुदतीं स्त्रीं ददर्श ताम्॥ ११३
का त्वं शोचसि कं नाथमिति पृष्टा च तेन सा। उवाच पुत्र मामेतां विद्धि वीरवर क्षितिम्॥ ११४
तस्या विक्रमतुङ्गो मे राजा नाथोऽद्य धार्मिकः। मृत्युश्च भविता तस्य तृतीयेऽहनि निश्चितम्॥ ११५
एतादृशश्च भूयोऽपि पतिः स्यात्पुत्र मे कुतः। तेनैतमनुशोचामि स्वात्मानं च सुदुःखिता॥ ११६
अहं हि भावि पश्यामि दिव्यदृष्ट्या शुभाशुभम्। त्रिदिवस्थो यथाद्राक्षीत्सुप्रभो देवपुत्रकः॥ ११७
स हि पुण्यक्षयात्स्वर्गोत्पतनं भावि दिव्यदृक्। सप्ताहात्सूकरीगर्भे संभवं चैक्षतात्मनः॥ ११८
ततः स सूकरीगर्भवासक्लेशं विभावयन्। देवपुत्रोऽन्वशोचत्तान्दिव्यान्भोगान्सहात्मना॥ ११९
हा स्वर्ग हा हाप्सरसो हा नन्दनलतागृहाः। हा वत्स्यामि कथं क्रोडीगर्भे तदनु कर्दमे॥ १२०
इत्यादि विलपन्तं तं श्रुत्वाभ्येत्य सुराधिपः। पप्रच्छ सोऽपि स्वं तस्मै दुःखहेतुमवर्णयत्॥ १२१
ततः शक्रो जगादैनमस्त्युपायोऽत्र ते शृणु। व्रजोंनमः शिवायेति जपञ्शरणमीश्वरम्॥ १२२
तं गत्वा शरणं हित्वा पापं पुण्यमवाप्स्यसि। येन प्राप्स्यसि न क्रोडयोनिं स्वर्गान्न च च्युतिम्॥ १२३
इत्युक्तो देवराजेन सुप्रभोऽथ तथेति सः। उक्त्वा नमःशिवायेति शंभुं शरणमग्रहीत्॥ १२४
तन्मयः स दिनैः षड्भिस्तत्प्रसादान्न केवलम्। निक्षिप्तः सूकरीगर्भे यावत्स्वर्गादुपर्यगात्॥ १२५
सप्तमेऽह्नि च तं स्वर्गे तत्रापश्यञ्शतक्रतुः। वीक्षते यावदधिकं लोकान्तरमसौ गतः॥ १२६
इत्थं शुशोच स यथा दृष्ट्वाघं भावि सुप्रभः। तथैव भाविनं मृत्युं दृष्ट्वा शोचामि भूभृतः॥ १२७
एवमुक्तवतीं भूमिं तां स वीरवरोऽब्रवीत्। यथाम्ब सुप्रभस्याभूदुपायः शक्रवाक्यतः॥ १२८
तथा यद्यस्ति राज्ञोऽस्य रक्षोपायस्तदुच्यताम्। इति वीरवरेणोक्ते पृथिवी तमुवाच सा॥ १२९
एक एवास्त्युपायोऽत्र स्वाधीनः स तवैव च। तच्छ्रुत्वैव च सोऽवादीद्धृष्टो वीरवरो द्विजः॥ १३०
तर्हि ब्रूहि द्रुतं देवि यदि श्रेयो भवेत्प्रभोः। प्राणैर्मे पुत्रदारैर्वा तज्जन्म सफलं मम॥ १३१
इत्युक्तवन्तमवदत्सा तं वीरवरं क्षितिः। अस्त्यत्र चण्डिकादेवी यैषा राजकुलान्तिके॥ १३२
तस्यै सत्त्ववरं पुत्रमुपहारीकरोषि चेत्। ततो जीवति राजासौ नास्त्युपायोऽपरः पुनः॥ १३३
श्रुत्वैतद्वसुधावाक्यं धीरो वीरवरस्तदा। यामि देवि करोम्येतदधुनैवेत्युवाच सः॥ १३४
कोऽन्यः स्वामिहितस्त्वादृग्भद्रं तेऽस्तु व्रजेति भूः। उक्त्वा तिरोऽभूत्सर्वं च राजा सोऽन्वागतोऽशृणोत्॥ १३५
ततो विक्रमतुङ्गेऽस्मिन्राज्ञि च्छन्नेऽनुगच्छति। द्रुतं वीरवरस्तस्यां रात्रौ स स्वगृहं ययौ॥ १३६
तत्र प्रबोध्य भार्यायै धर्मवत्यै शशंस सः। स्वपुत्रमुपहर्तव्यं राजार्थे वचनाद्भुवः॥ १३७
सा तच्छ्रुत्वाब्रवीत्कार्यमवश्यं स्वामिनो हितम्। तत्पुत्रश्चाद्य भवता प्रतिबोध्योच्यतामिति॥ १३८
ततः प्रबोध्य बालाय तस्मै वीरवरेण तत्। ऊचे तदुपहारान्तं राजार्थे यद्भुवोदितम्॥ १३९
तच्छ्रुत्वा स यथार्थाख्यो बालः सत्त्ववरोऽभ्यधात्। प्रभुकार्योपयुक्तासुः पुण्यवांस्तात नास्मि किम्॥ १४०
भुक्तं मया तदन्नं यच्छोधनीयं मयापि तत्। तन्नीत्वा तत्कृते देव्या उपहारीकुरुष्व माम्॥ १४१
इत्यूचिवांसं तं सत्त्ववरं वीरवरः शिशुम्। सत्यं भवसि मज्जात इत्यवोचदविक्लवम्॥ १४२

एतद्विक्रमतुङ्गः स राजा श्रुत्वा बहिः स्थितः । अचिन्तयदहो सर्वे समसत्त्वा अमी इति ॥ १४३
ततो वीरवरः स्कन्धे सुतं सत्त्ववरं स तम् । भार्या धर्मवती चास्य पृष्ठे वीरवतीं सुताम् ॥ १४४
गृहीत्वा जग्मतुस्तौ द्वौ रात्रौ तच्चण्डिकागृहम् । राजा विक्रमतुङ्गश्च पश्चाच्छन्नो ययौ तयोः ॥ १४५
तत्रावतारितः स्कन्धात्पित्रा सत्त्ववरोऽथ सः । बालोऽपि धैर्यराशिस्तां नत्वा देवीं व्यजिज्ञपत् ॥ १४६
देवि मूर्धोपहारेण मम जीवतु नः प्रभुः । नृपो विक्रमतुङ्गोऽत्र शास्तु च क्ष्मामकण्टकाम् ॥ १४७
एवमुक्तवतस्तस्य साधु पुत्रेत्युदीर्य सः । कृष्ट्वा करतलात् सूनोश्छित्त्वा वीरवरः शिरः ॥ १४८
प्रददौ चण्डिकादेव्यै राज्ञः श्रेयोऽस्त्विति ब्रुवन् । नास्त्यहो स्वामिभक्तानां पुत्रे वात्मनि वा स्पृहा ॥ १४९
साधु वीरवर प्रत्तं स्वामिनो जीवितं त्वया । अपि प्राणैः सुतस्येति शुश्रुवे वाक्तदा दिवः ॥ १५०
तच्चातिविस्मिते राज्ञि सर्वं पश्यति शृण्वति । बाला वीरवती तस्य भ्रातुर्वीरवरात्मजा ॥ १५१
हतस्योपेत्य मूर्धानमाश्लिष्य परिचुम्ब्य च । हा भ्रातरिति चाक्रन्द्य हृत्स्फोटेन व्यपादि सा ॥ १५२
दृष्ट्वा सुतामपि मृतां सा तं वीरवरं तदा । भार्या धर्मवती दैन्येनाब्रवीद्रचिताञ्जलिः ॥ १५३
राज्ञः शिवं कृतं तावत्तदनुज्ञां प्रयच्छ मे । यावदात्तमृतापत्यद्वयाग्निं प्रविशाम्यहम् ॥ १५४
बाला यत्रेयमज्ञानाप्येवं भ्रातृशुचा मृता । का शोभा जीवितेनात्र नष्टेऽपत्यद्वयेऽपि मे ॥ १५५
निश्चयेनेति जल्पन्तीं तां स वीरवरोऽब्रवीत् । एवं कुरुष्व किं वच्मि नहीदानीमनिन्दिते ॥ १५६
अपत्यशोकैकमये संसारेऽस्ति सुखं तव । तत्प्रतीक्षस्व यावत्ते रचयामि चितामहम् ॥ १५७
इत्युक्त्वात्र स्थितैर्देवीक्षेत्रनिर्माणदारुभिः । न्यस्तापत्यशवां चक्रे दीप्ताग्निज्वलितां चिताम् ॥ १५८
ततो धर्मवती भार्या पादौ तस्य प्रणम्य सा । जन्मान्तरेऽपि मे भूयादार्यपुत्र पतिर्भवान् ॥ १५९
शिवं राज्ञोऽस्तु चेत्युक्त्वा साध्वी तस्मिंश्चितानले । ज्वालाजटाले न्यपतच्छीतलह्रदलीलया ॥ १६०
तत्स विक्रमतुङ्गश्च दृष्ट्वा गुप्तस्थितो नृपः । केनैषामनृणोऽहं स्यामित्यासीद्ध्यानमोहितः ॥ १६१
ततो वीरवरः सोऽपि धीरचेता व्यचिन्तयत् । संपन्नं स्वामिकार्यं मे साक्षाद्दिव्या हि वाक्छ्रुता ॥ १६२
भुक्तान्नपिण्डः संशुद्धः प्रभोस्तदधुना मया । सर्वमिष्टं व्ययीकृत्य भरणीयं कुटुम्बकम् ॥ १६३
एकस्यात्मंभरित्वेन न चकास्त्येव जीवितम् । तत्किं नात्मोपहारेणाप्यर्चयाम्यम्बिकामिमाम् ॥ १६४
इति वीरवरः सत्त्वनिघ्नः संकल्प्य चण्डिकाम् । देवीं तां वरदां पूर्वं स स्तोत्रेणोपतस्थिवान् ॥ १६५
महेश्वरि नमस्तुभ्यं प्रणताभयदायिनि । संसारपङ्कमग्नं मां शरणागतमुद्धर ॥ १६६
त्वं प्राणशक्तिर्भूतानां त्वयेदं चेष्टते जगत् । सृष्टेरादौ स्वसंभूता स्वयं दृष्टासि शंभुना ॥ १६७
ज्वलन्ती विश्वमुद्भास्य दुर्निरीक्ष्येण तेजसा । उच्चण्डाकाण्डबालार्ककोटिपङ्क्तिरिवोदिता ॥ १६८
भुजानां चक्रवालेन संछादितदिगन्तरा । खड्गखेटककोदण्डशरशूलादिधारिणा ॥ १६९
संस्तुतासि च तेनैव देवेनैवं त्रिशूलिना । नमस्ते चण्डि चामुण्डे मङ्गले त्रिपुरे जये ॥ १७०
एकानंशे शिवे दुर्गे नारायणि सरस्वति । भद्रकालि महालक्ष्मि सिद्धे रुरुविदारिणि ॥ १७१
त्वं गायत्री महाराज्ञी रेवती विन्ध्यवासिनी । उमा कात्यायनी च त्वं शर्वपर्वतवासिनी ॥ १७२
इत्यादिभिर्नामभिस्त्वां देवि स्तुतिपरं हरम् । श्रुत्वा स्कन्दो वसिष्ठश्च ब्रह्माद्यास्त्वां च तुष्टुवुः ॥ १७३
स्तुवन्तस्त्वां च भगवत्यमरा ऋषयो नराः । ईप्सिताभ्यधिकान्कामान्प्राप्ताश्च प्राप्नुवन्ति च ॥ १७४
तन्मे प्रसीद वरदे गृहाण त्वमिमामपि । मच्छरीरोपहारार्चां श्रेयो राज्ञोऽस्तु मत्प्रभोः ॥ १७५
इत्युदीर्य शिरश्छेत्तुं यावदिच्छति स स्वकम् । उदभूद्भारती तावदशरीरा नभस्तलात् ॥ १७६
मा कार्षीः साहसं पुत्र सत्त्वेनैवामुना ह्यहम् । सुप्रीता तव तन्मत्तः प्रार्थयस्वेप्सितं वरम् ॥ १७७
तच्छ्रुत्वा सोऽब्रवीद्वीरवरस्तुष्टासि देवि चेत् । राजा विक्रमतुङ्गस्तज्जीवत्वन्यत्समाशतम् ॥ १७८
भार्यापत्यानि जीवन्तु मम चेति वरेऽर्थिते । तेन भूयः समुदभूदेवमस्त्विति वाग्दिवः ॥ १७९
तत्क्षणं ते च जीवन्तस्त्रयोऽप्युत्तस्थुरक्षतैः । देहैर्धर्मवती सत्त्ववरो वीरवती च सा ॥ १८०
ततो वीरवरो हृष्टो बोधितान्देव्यनुग्रहात् । नीत्वा तान्स्वगृहं सर्वान्राज्ञो द्वारमगात्पुनः ॥ १८१

नृपो विक्रमतुङ्गश्च तद्दृष्ट्वा हृष्टविस्मितः । गत्वा पुनस्तं प्रासादमारोहत्स्वमलक्षितः ॥ १८२
सिंहद्वारे स्थितः कोऽत्रेत्युपरिष्टादुवाच च । तच्छ्रुत्वाधःस्थितो वीरवरस्तं प्रत्युवाच सः ॥ १८३
अहं स्थितोऽत्र तां च स्त्रीं वीक्षितुं गतवानहम् । देवतेव च सा कापि दृष्टनष्टैव मे गता ॥ १८४
श्रुत्वैतत्कृत्स्नवृत्तान्तं दृष्ट्वा सोऽत्यन्तमद्भुतम् । भूभृद्विक्रमतुङ्गोऽत्र रात्रावेको व्यचिन्तयत् ॥ १८५
अहो अपूर्वः कोऽप्येष पुरुषातिशयो बत । यः करोतीदृशं श्लाघ्यमुल्लेखं न च शंसति ॥ १८६
गम्भीरोऽपि विशालोऽपि महासत्त्वोऽपि नाम्बुधिः । अचलेन महावातस्पर्शेऽपि स्पर्धतेऽमुना ॥ १८७
परोक्षं निशि येनैवं पुत्रदारव्ययेन मे । प्राणाः प्रदत्तास्तस्यास्य कुर्यां कां प्रत्युपक्रियाम् ॥ १८८
इत्याद्याकलयन्राजा प्रासादादवतीर्य सः । प्रविश्याभ्यन्तरं रात्रिं स्मयमानो निनाय ताम् ॥ १८९
प्रातश्च स महास्थाने तस्मिन्वीरवरे स्थिते । तदीयं कथयामास तद्रात्रिचरिताद्भुतम् ॥ १९०
ततः संस्तूयमानस्य सर्वैर्वीरवरस्य सः । बबन्ध तस्य ससुतस्यापि पट्टं नराधिपः ॥ १९१
प्रादाद्बहूंश्च विषयानश्वान्रत्नानि वारणान् । दश काञ्चनकोटीश्च वृत्तिं षष्टिगुणामपि ॥ १९२
तत्क्षणाद्राजतुल्यश्च सोऽभूद्वीरवरो द्विजः । उच्छ्रितेनातपत्रेण कृतार्थः सकुटुम्बकः ॥ १९३

इति स कथां कथयित्वा विदधानः प्रस्तुतोपसंहारम् ।
नरवाहनदत्तं तं पुनरवदद्गोमुखो मन्त्री ॥ १९४

एवं देव क्ष्माभृतामेकवीरा भृत्याः केचित्पुण्ययोगान्मिलन्ति ।
ये स्वाम्यर्थे त्यक्तदेहाद्यपेक्षाः सम्यग्लोकौ द्वौ सुसत्त्वा जयन्ति ॥ १९५

तदेष तादृग्विध एव दृश्यते द्विजप्रवीरस्तव देव सेवकः ।
नवागतः सत्त्वगुणाधिकाधिकः प्रलम्बबाहुः स्थिरसौष्ठवाकृतिः ॥ १९६

इति निजसचिवादुदारसत्त्वो विपुलमतेरवधार्य गोमुखात्सः ।
नरवाहनदत्तराजपुत्रो हृदि परितोषमनुत्तमं बभार ॥ १९७

इति महाकविश्रीसोमदेवभट्टविरचिते कथासरित्सागरेऽलंकारवतीलम्बके तृतीयस्तरङ्गः ।

चतुर्थस्तरङ्गः ।

एवं स निवसंस्तत्र वत्सेशस्य पितुर्गृहे । गोमुखाद्यैः स्वसचिवैः सेव्यमानोऽनुरागिभिः ॥ १
विहरंश्चाप्यलंकारवत्या देव्यानुरक्तया । मानविन्नासहोद्राढतत्प्रेममुषितेर्ष्यया ॥ २
नरवाहनदत्तोऽथ कदाचिन्मृगकाननम् । जगाम रथमारुह्य पश्चादारूढगोमुखः ॥ ३
प्रलम्बबाहौ तस्मिंश्च विप्रवीरेऽग्रयायिनि । चकाराखेटकक्रीडां स तत्र सहितोऽनुगैः ॥ ४
सर्वप्राणेन धावत्सु रथाश्वेष्वपि तस्य सः । प्रलम्बबाहुस्तद्वेगं विजित्य पुरतो ययौ ॥ ५
सोऽवधीत्सायकैः सिंहव्याघ्रादीन्स्यन्दने स्थितः । प्रलम्बबाहुस्त्वसिना पादचारी जघान तान् ॥ ६
अहो शौर्यमहो जङ्घाजवोऽस्येति विसिस्मिये । नरवाहनदत्तश्च दृष्ट्वा दृष्ट्वा स तं द्विजम् ॥ ७
कृताखेटः परिश्रान्तः स ससारथिगोमुखः । प्रलम्बबाहौ सुभटे तस्मिन्नग्रसरे ततः ॥ ८
रथारूढस्तृषाक्रान्तः सलिलान्वेषणक्रमात् । वत्सेश्वरात्मजो दूरं विवेशान्यन्महावनम् ॥ ९
तत्रोत्फुल्लहिरण्याब्जं दिव्यं प्राप महत्सरः । द्वितीयमिव वह्न्यर्कबिम्बं भूमिगतं नभः ॥ १०
तत्र स स्नातपीताम्भाः कृतस्नानादिसानुगः । तदेकदेशे चतुरो दूरादैक्षत पूरुषान् ॥ ११
दिव्याकृतीन्दिव्यवस्त्रान्दिव्याभरणभूषिताम् । हेमाम्बुजानि सरसस्तस्मादुच्चित्य गृह्णतः ॥ १२
उपागात्कौतुकात्तांश्च पृष्टः कोऽसीति तैरपि । अन्वयं नाम वृत्तान्तं निजं तेभ्यः शशंस सः ॥ १३
तेऽप्येवं दर्शनप्रीताः पृष्टवन्तं तमब्रुवन् । अस्ति मध्ये महाम्भोधेः श्रीमद्द्वीपवरं महत् ॥ १४
यन्नारिकेलद्वीपाख्यं ख्यातं जगति सुन्दरम् । तत्र सन्ति च चत्वारः पर्वता दिव्यभूमयः ॥ १५
मैनाको वृषभश्चक्रो बलाहक इति स्मृताः । चतुर्षु तेषु चत्वारो निवसाम इमे वयम् ॥ १६

एकोऽस्माकं रूपसिद्धिर्नाम्ना विविधरूपधृत् । प्रमाणसिद्धिरपरो बृहत्सूक्ष्मप्रमाणदृक् ॥ १७
ज्ञानसिद्धिस्तृतीयश्च भविष्यद्भूतभाव्यवित् । देवसिद्धिश्चतुर्थोऽपि सर्वदैवतसिद्धिभृत् ॥ १८
ते वयं हेमकमलान्येतान्यादाय सांप्रतम् । देवं पूजयितुं यामः श्वेतद्वीपे श्रियः पतिम् ॥ १९
तद्भक्ता हि वयं सर्वे तत्प्रसादेन चाद्रिषु । तेषु स्वेष्वाधिपत्यं नः सिद्धियुक्ताश्च संपदः ॥ २०
तदेहि दर्शयामस्ते श्वेतद्वीपे हरिं प्रभुम् । नयामस्त्वन्तरिक्षेण यदि ते रोचते सखे ॥ २१
इत्युक्तवद्भिस्तैः साकं देवपुत्रैस्तथेति सः । नरवाहनदत्तोऽत्र स्वाधीनाम्बुफलादिके ॥ २२
गोमुखादीनवस्थाप्य श्वेतद्वीपं विहायसा । ययौ गृहीतः स्वोत्सङ्गे तन्मध्याद्देवसिद्धिना ॥ २३
तत्रावतीर्य गगनाद्दूरादेवोपसृत्य च । पार्श्वस्थिताब्धितनयं पादान्तस्थवसुंधरम् ॥ २४
शङ्खचक्रगदापद्मैः सेव्यमानं सविग्रहैः । भक्त्योपगीयमानं च गन्धर्वैर्नारदादिभिः ॥ २५
प्रणम्यमानं देवैश्च सिद्धैर्विद्याधरैस्तथा । अग्रोपविष्टगरुडं शेषशय्यागतं हरिम् ॥ २६
स ददर्श चतुर्भिस्तैः प्रापितो देवपुत्रकैः । कस्य नाभ्युदये हेतुर्भवेत्साधुसमागमः ॥ २७
ततोऽर्चितं देवपुत्रैः कश्यपाद्यैश्च संस्तुतम् । नरवाहनदत्तस्तमस्तौषीत्प्राञ्जलिः प्रभुम् ॥ २८
नमोऽस्तु तुभ्यं भगवन्भक्तकल्पमहीरुह । लक्ष्मीकल्पलताश्लिष्टवपुषेऽभीष्टदायिने ॥ २९
नमस्ते दिव्यहंसाय सन्मानसनिवासिने । सततोदितनादाय पराकाशविहारिणे ॥ ३०
तुभ्यं नमोऽतिसर्वाय सर्वाभ्यन्तरवर्तिने । गुणातिक्रान्तरूपाय पूर्णषाड्गुण्यमूर्तये ॥ ३१
ब्रह्मा ते नाभिकमले स्वाध्यायोद्यन्मृदुध्वनिः । तद्भूतानेकचरणोऽप्येष षट्चरणायते ॥ ३२
भूमिपादो द्युमूर्धा त्वं दिक्श्रोत्रोऽर्केन्दुलोचनः । ब्रह्माण्डजठरः कोऽपि पुरुषो गीयसे बुधैः ॥ ३३
त्वत्तो धामनिधेश्चासौ भूतग्रामो विजृम्भते । नाथ स्फुलिङ्गसंघात इव प्रज्वलतोऽनलात् ॥ ३४
पुनश्च प्रविशत्येष त्वामेव प्रलयागमे । दिनान्ते विप्रहव्रात इव वासमहाद्रुमम् ॥ ३५
सृजस्युल्लसितः स्वांशांस्त्वमेतान्भुवनेश्वरान् । अनन्तवेलाक्षुभितस्तरङ्गानिव वारिधिः ॥ ३६
विश्वरूपोऽप्यरूपस्त्वं विश्वकर्मापि चाक्रियः । विश्वाधारोऽप्यनाधारः कः स तत्त्वमवैति ते ॥ ३७
तां नामृद्धिं सुराः प्राप्तास्त्वत्प्रसन्नेक्षणेक्षिताः । तत्प्रसीद प्रपन्नं मां पश्य पश्यार्द्रया दृशा ॥ ३८
एवं कृतस्तुतिं दृष्ट्वा सप्रसादेन चक्षुषा । नरवाहनदत्तं तं हरिर्नारदमभ्यधात् ॥ ३९
गच्छ क्षीरोदसंभूता या वराप्सरसः पुरा । न्यासीकृत्य मया हस्ते शक्रस्य स्थापिताः स्वकाः ॥ ४०
तास्तस्मान्मम वाक्येन मृगयित्वा महामुने । आरोप्य तद्रथे सर्वाः सत्वरं त्वमिहानय ॥ ४१
इत्युक्तो हरिणा गत्वा नारदः स तथेति ताः । आनिन्येऽप्सरसः शक्रात्तद्रथेन समातलिः ॥ ४२
तेन तासूपनीतासु प्रणतेनाप्सरःस्वथ । वत्सराजतनूजं तं भगवानादिदेश सः ॥ ४३
नरवाहनदत्तैतास्तुभ्यमप्सरसो मया । दत्ता विद्याधरेन्द्राणां भविष्यच्चक्रवर्तिने ॥ ४४
त्वमासामुचितो भर्ता भार्याश्चैतास्तवोचिताः । कामदेवावतारो हि निर्मितस्त्वं पुरारिणा ॥ ४५
तच्छ्रुत्वा पादपतिते तस्मिन्वत्सेश्वरात्मजे । लब्धप्रसादमुदिते हरिर्मातलिमादिशत् ॥ ४६
नरवाहनदत्तोऽसावप्सरःसहितस्त्वया । प्राप्यतां स्वगृहं यावत्पथा येनायमिच्छति ॥ ४७
एवं भगवतादिष्टे साप्सरस्कः प्रणम्य तम् । नरवाहनदत्तः स रथं मातलिसारथिम् ॥ ४८
आरुह्य देवपुत्रैस्तैः साकं कृतनिमन्त्रणैः । नारिकेलमगाद्द्वीपं देवैश्चैव कृतस्पृहः ॥ ४९
तत्र तैरर्चितो रूपसिद्धिप्रभृतिभिः कृती । चतुर्भिर्दिव्यपुरुषैः शक्रसारथिना युतः ॥ ५०
मैनाकवृषभाद्येषु तन्निवासाद्रिषु क्रमात् । अप्सरोभिः समं ताभिः स्वर्गस्पर्धिष्वरंस्त सः ॥ ५१
मधुमासागमोत्फुल्लनानातरुवनासु च । विजहार तदुद्यानवनभूमिषु कौतुकी ॥ ५२
पश्यैतास्तरुमञ्जर्यः पृथुपुष्पविलोचनैः । कान्तं वसन्तमायान्तं पश्यन्तीव विकस्वरैः ॥ ५३
जन्मक्षेत्रेऽत्र मा भून्नः संतापोऽर्ककरोष्मजः । इतीवाच्छादितं पश्य फुल्लैः सरसिजैः सरः ॥ ५४
पश्योज्ज्वलं कर्णिकारमुपेत्यापि विसौरभम् । विमुञ्चन्त्यलयो नीचं श्रीमन्तमिव साधवः ॥ ५५

पश्येह किंनरीगीतैः कोकिलानां च कूजितैः। शतैरलीनां संगीतमृतुराजस्य तन्यते ॥ ५६
इत्यादि देवपुत्रास्ते ब्रुवाणास्तामदर्शयन्। नरवाहनदत्ताय तस्मै स्वोपवनावलीम् ॥ ५७
तत्पुरेष्वपि चिक्रीड पश्यन्वत्सेश्वरात्मजः। स वसन्तोत्सवोद्दामप्रनृत्यत्पौरचर्चरीः ॥ ५८
बुभुजे साप्सरस्कश्च भोगानत्रामरोचितान्। सुकृतो यत्र गच्छन्ति तत्रैषामृद्धयोऽग्रतः ॥ ५९
एवं स्थित्वा त्रिचतुरान्दिवसान्देवपुत्रकान्। नरवाहनदत्तस्तान्सुहृदो निजगाद सः ॥ ६०
गच्छाम्यहं स्वनगरीं तातसंदर्शनोत्सुकः। तद्यूयं तां पुरीमेत्य कृतार्थयत पश्यत ॥ ६१
तच्छ्रुत्वा तेऽब्रुवन्दृष्टः सारस्तस्याः पुरो भवान्। किमन्यत्प्राप्तविघ्नेन स्मर्तव्यास्तु वयं त्वया ॥ ६२
इत्युक्त्वा प्रतिमुक्तस्तैरुपनीतेन्द्रसद्रथम्। नरवाहनदत्तोऽसौ मातलिं तमभाषत ॥ ६३
यत्र दिव्यसरस्तीरे स्थिता मे गोमुखादयः। तेन मार्गेण कौशाम्बीं पुरीं प्रापय मामिति ॥ ६४
ततस्तथेति तेनोक्तः साप्सरस्कः स तद्रथे। आरुह्य तत्सरः प्राप गोमुखादीन्ददर्श च ॥ ६५
आयात स्वपथा शीघ्रं सर्वं वक्ष्यामि वो गृहे। इत्युक्त्वा तांश्च कौशाम्बीं ययौ शक्ररथेन सः ॥ ६६
तत्रावतीर्य नभसः पूजितं प्रेष्य मातलिम्। अप्सरोभिर्युतस्ताभिः स विवेश स्वमन्दिरम् ॥ ६७
स्थापयित्वा च तास्तत्र गत्वा वत्सेश्वरस्य सः। तदागमनहृष्टस्य ववन्दे चरणौ पितुः ॥ ६८
मातुर्वासवदत्तायाः पद्मावत्यास्तथैव च। अभ्यनन्दंश्च तेऽप्येनं दर्शनात्तृप्तचक्षुषः ॥ ६९
तावच्च स रथारूढो गोमुखोऽत्र ससारथिः। प्रलम्बबाहुना तेन विप्रेण सममाययौ ॥ ७०
अथ स्थिते मन्त्रिवर्गे पित्रा पृष्टः शशंस सः। नरवाहनदत्तस्तं स्ववृत्तान्तं महाद्भुतम् ॥ ७१
ददाति तस्य कल्याणमित्रसंयोगमीश्वरः। इच्छत्यनुग्रहं यस्य कर्तुं सुकृतकर्मणः ॥ ७२
इति शंसत्सु सर्वेषु राजा वत्सेश्वरोऽथ सः। चकार तुष्टस्तनयस्याच्युतानुमहोत्सवम् ॥ ७३
ददर्श पादपतनायानीता गोमुखेन च। हरिप्रसादलब्धास्ताः सदारोऽप्सरसः स्नुषाः ॥ ७४
देवरूपां देवरतिं देवमालां तथैव च। देवप्रियां चतुर्थीं च चेटीभिः पृष्टनामकाः ॥ ७५
क्वाहं क्व मर्त्याप्सरसो दिष्ट्याहं राजसूनुना। नरवाहनदत्तेन भुवि स्वर्नगरी कृता ॥ ७६
इतीवावकिरन्ती सा सिन्दूरं विततोत्सवा। चलद्रक्तपताकाभिः कौशाम्बी ददृशे तदा ॥ ७७
नरवाहनदत्तश्च पित्रोर्दत्तोत्सवो दृशोः। अन्याः संभावयामास भार्या मार्गोन्मुखीर्निजाः ॥ ७८
ताश्चतुर्भिर्दिनैर्वर्षैरिव तं च कृशीकृताः। अनन्दयन्वर्णयन्त्यस्तां तां विरहवेदनाम् ॥ ७९
गोमुखो वनवासे च रक्षतो रथवाजिनः। प्रलम्बबाहोः सिंहादिवधशौर्यमवर्णयत् ॥ ८०
एवं श्रुतिसुखाञ्शृण्वन्कथालापानयन्त्रणान्। निर्वर्णयंश्च कान्तानां रूपं स नयनामृतम् ॥ ८१
कुर्वंश्चाद्भूनि च पिबन्मधूनि सचिवैर्युतः। नरवाहनदत्तोऽत्र तं कालमवसत्सुखी ॥ ८२
एकदान्तरलंकारवतीवासगृहे स्थितः। सवयस्यः स शुश्राव तूर्यकोलाहलं बहिः ॥ ८३
ततो हरिशिखं सेनापतिं निजमुवाच सः। अकस्मात्कुत एतत्स्यात्तूर्यनादो महानिह ॥ ८४
एतच्छ्रुत्वैव निर्गत्य प्रविश्य च स तं क्षणात्। व्यजिज्ञपद्धरिशिखो वत्सराजसुतं प्रभुम् ॥ ८५
रुद्रो नाम वणिग्देव नगर्यामिह विद्यते। इतः सुवर्णद्वीपं च स जगाम वणिज्यया ॥ ८६
आगच्छतो निजस्तस्य संप्राप्तोऽप्यर्थसंचयः। अब्धौ वहनभङ्गेन निमग्नो नाशमागतः ॥ ८७
उत्तीर्णश्चात्मनैवैको देव जीवन्स वारिधेः। प्राप्तश्चाद्य दिनं षष्ठमिहापन्नो निजं गृहम् ॥ ८८
दिनानि कतिचिद्यावदिह तिष्ठति दुःखितः। तावत्स्वारामतो दैवात्प्राप्तस्तेन निधिर्महान् ॥ ८९
तद्गोत्रजानां च मुखाज्ज्ञातं वत्सेश्वरेण तत्। ततोऽथागत्य तेनासौ विज्ञप्तो वणिजा प्रभुः ॥ ९०
सरत्नौघा मया लब्धाश्चतस्रो हेमकोटयः। तदादिशति देवश्चेदर्पयिष्यामि ता इति ॥ ९१
जलाशयेन मुषितं दीनं दृष्ट्वैव वेधसा। कृपया संविभक्तं त्वां को मुष्णात्यजडाशयः ॥ ९२
गच्छ भुङ्क्ष्व यथाकामं धनं प्राप्तं स्वभूमितः। इति वत्सेश्वरेणापि व्यादिष्टोऽसौ वणिक्ततः ॥ ९३
स एष पादयो राज्ञः पतित्वा हर्षनिर्भरः। तूर्याणि वादयन्याति स्वगृहं सानुगो वणिक् ॥ ९४

एवं हरिशिखेनोक्तां श्रुत्वा धार्मिकतां पितुः । नरवाहनदत्तः स्वान्सचिवान्विस्मितोऽब्रवीत् ॥ ९५
यदि तावद्धरत्यर्थांस्तदन्वेव ददाति किम् । चित्रमुच्छ्रायपाताभ्यां क्रीडतीव विधिर्नृणाम् ॥ ९६
तच्छ्रुत्वा गोमुखोऽवादीदीदृश्येव गतिर्विधेः । समुद्रशूरस्य कथा तथा चात्र निशम्यताम् ॥ ९७
बभूव नगरं पूर्वं नृपतेर्हर्षवर्मणः । स्फीतं हर्षपुरं नाम सौराज्यसुखितप्रजम् ॥ ९८
तस्मिन्समुद्रशूराख्यो नगरेऽभून्महावणिक् । कुलजो धार्मिको धीरसत्त्वो बहुधनेश्वरः ॥ ९९
स वणिज्यावशाद्गच्छन्सुवर्णद्वीपमेकदा । आरुरोह प्रवहणं तटं प्राप्य महाम्बुधेः ॥ १००
गच्छतस्तस्य तेनाब्धौ किंचिच्छेषे तदध्वनि । घोरः समुदभून्मेघो वायुश्च क्षोभितार्णवः ॥ १०१
तेनोर्मिवेगविक्षिप्ते वहने मकराहते । भग्ने परिकरं बद्ध्वा सोऽम्बुधावपतद्वणिक् ॥ १०२
यावन्न बाहुविक्षेपैर्वीरोऽत्र तरति क्षणम् । तावच्चिरमृतं प्राप पुरुषं पवनेरितम् ॥ १०३
तदारूढश्च बाहुभ्यां क्षिप्ताम्बुर्विधिनैव सः । नीतः सुवर्णद्वीपं तदनुकूलेन वायुना ॥ १०४
तत्रावतीर्णः पुलिने स तस्मान्मृतमानुषात् । कटीनिबद्धं सग्रन्थिं तस्यावैक्षत शाटकम् ॥ १०५
उन्मुच्य वीक्षते यावच्छाटकं कटितोऽस्य तत् । तावत्तदन्तराद्दिव्यं रत्नाढ्यं प्राप कण्ठकम् ॥ १०६
तं दृष्ट्वानर्घमादाय कृतस्नानस्तुतोष सः । मन्वानोऽब्धौ विनष्टं तद्धनं तस्याग्रतस्तृणम् ॥ १०७
ततो गत्वात्र कलशपुराख्यं नगरं क्रमात् । हस्तस्थकण्ठको देवकुलमेकं विवेश सः ॥ १०८
तत्र छायोपविष्टः स वारिव्यायामतो भृशम् । परिश्रान्तः शनैर्निद्रां ययौ विधिविमोहितः ॥ १०९
सुप्तस्य तत्र चाकस्मादागताः पुररक्षिणः । ददृशुस्तस्य हस्तस्थं कण्ठकं तमसंवृतम् ॥ ११०
अयं स कण्ठको राजसुताया इह कण्ठतः । हारितश्चक्रसेनाया ध्रुवं चौरोऽयमेव सः ॥ १११
इत्युक्त्वा तैः प्रबोध्यासौ निन्ये राजकुलं वणिक् । तत्र पृष्टः स्वयं राज्ञा स यथावृत्तमभ्यधात् ॥ ११२
मिथ्या वक्त्येष चौरोऽयमिमं पश्यत कण्ठकम् । इति प्रसार्य तं राजा यावत्सभ्यान्ब्रवीति सः ॥ ११३
तावत्प्रभास्वरं दृष्ट्वा निपत्य नभसो जवात् । गृध्रस्तं कण्ठकं हृत्वा जगाम काप्यदर्शनम् ॥ ११४
अथात्यार्तस्य वणिजः क्रन्दतः शरणं शिवम् । वधे राज्ञा क्रुधादिष्टे शुश्रुवे भारती दिवः ॥ ११५
मा स्म राजन्वधीरेनमसौ हर्षपुराद्वणिक् । साधुः समुद्रशूराख्यो विषयेऽभ्यागतस्तव ॥ ११६
कण्ठको येन नीतोऽभूत्स चौरः पुररक्षिणाम् । भयेन विह्वलो नश्यन्निपत्याब्धौ मृतो निशि ॥ ११७
अयं तु तस्य चौरस्य कायं प्राप्याधिरुह्य च । वणिग्भग्नप्रवहणस्तीर्त्वाम्भोधिमिहागतः ॥ ११८
तदा च तत्कटीबद्धशाटकग्रन्थितोऽमुना । वणिजा कण्ठकः प्राप्तो न नीतोऽनेन वो गृहात् ॥ ११९
तदचौरमिमं राजन्वणिजं मुञ्च धार्मिकम् । संमान्य प्रहिणुष्वैनमित्युक्त्वा विरराम वाक् ॥ १२०
एतच्छ्रुत्वा स संतुष्य मुक्त्वा तं वणिजं वधात् । समुद्रशूरं संमान्य धनै राजा विसृष्टवान् ॥ १२१
स च प्राप्तधनः क्रीतभाण्डो भूयो भयंकरम् । स्वदेशमेष्यन्वहनेनोत्ततारम्बुधिं वणिक् ॥ १२२
तीर्णाब्धिश्च ततो गत्वा सार्थेन सह स क्रमात् । अटवीं प्रापदेकस्मिन्वासरे दिवसात्यये ॥ १२३
तस्यामावसिते सार्थे रात्रौ तस्मिंश्च जाग्रति । समुद्रशूरे न्यपतच्चौरसेनात्र दुर्जया ॥ १२४
हन्यमाने तया सार्थे भाण्डांस्त्यक्त्वा पलाय्य सः । समुद्रशूरो न्यग्रोधमारूढोऽभूदलक्षितः ॥ १२५
हृताशेषधने याते चौरसैन्ये भयाकुलः । तत्रैव तां तरौ रात्रिं दुःखार्तश्च निनाय सः ॥ १२६
प्रातस्तस्य तरोः पृष्ठे गतदृष्टिः स दैवतः । दीपप्रभामिवापश्यत्स्फुरन्तीं पत्रमध्यगाम् ॥ १२७
विस्मयात्तत्र चारूढो गृध्रनीडमवैक्षत । अन्तःस्थभास्वरानर्घरत्नाभरणसंचयम् ॥ १२८
जग्राह तस्मात्सर्वं तत्तन्मध्ये प्राप कण्ठकम् । तं स यं प्राप्तवान्स्वर्णद्वीपे गृध्रोऽहरच्च यम् ॥ १२९
ततः प्राप्तामितधनो न्यग्रोधादवरुह्य सः । हृष्टो गच्छन्क्रमात्प्राप निजं हर्षपुरं पुरम् ॥ १३०
तत्र तस्थौ वणिक्सोऽथ वीतान्यद्रविणस्पृहः । समुद्रशूरः स्वजनैः सह नन्दन्यथेच्छया ॥ १३१
अब्धौ तत्पतनं सोऽर्थनाशस्तत्तरणं ततः । सा कण्ठकस्य च प्राप्तिस्तस्यैवापगमः स च ॥ १३२
सा निष्कारणनिर्ग्राह्यदशावाप्तिः स तत्क्षणम् । तुष्टाद्दीपेश्वराल्लाभस्तदब्धेस्तरणं पुनः ॥ १३३
सोऽथ सर्वापहारश्च पथिः चौरैः समागमात् । पर्यन्ते तस्य वणिजस्तरुपृष्ठाद्धनागमः ॥ १३४

तदेवमीदृशं देव विचित्रं चेष्टितं विधेः। सुकृती चानुभूयैव दुःखमप्यश्नुते सुखम् ॥ १३५
इति गोमुखतः श्रुत्वा श्रद्धायोत्थाय च व्यधात्। नरवाहनदत्तोऽत्र स्नानादिदिवसक्रियाम् ॥ १३६
अन्येद्युरेत्य चास्थानगतं तं बालसेवकः। शूरः समरतुङ्गाख्यो राजपुत्रो व्यजिज्ञपत् ॥ १३७
देव सङ्ग्रामवर्षेण नाशितो गोत्रजेन मे। देशश्चतुर्भिर्युक्तेन पुत्रैर्वीरजितादिभिः ॥ १३८
तदेष गत्वा पञ्चापि बद्ध्वा तानानयाम्यहम्। प्रभोर्विदितमस्त्वेतदित्युक्त्वा तत्र सोऽगमत् ॥ १३९
तमल्पसैन्यं तानन्यान्भूरिसैन्यानवेत्य सः। वत्सेश्वरसुतस्तस्य दिदेशानु बलं निजम् ॥ १४०
सोऽगृहीत्वैव तन्मानी गत्वा पञ्चापि तान्रिपून्। स्वबाहुभ्यां रणे जित्वा संयम्यानीतवान्समम् ॥ १४१
तथा जयिनमायान्तं वीरं संमान्य स प्रभुः। नरवाहनदत्तस्तं प्रशशंस स्वसेवकम् ॥ १४२
चित्रमाक्रान्तविषयान्सबलानिन्द्रियोपमान्। जित्वानेन रिपून्पञ्च पुरुषार्थः प्रसाधितः ॥ १४३
तच्छ्रुत्वा गोमुखोऽवादीच्छ्रुता चेद्देव नेदृशी। राज्ञश्चमरवालस्य कथा तच्छृणु वच्मि ताम् ॥ १४४
हस्तिनापुरमित्यस्ति नगरं तत्र चाभवत्। राजा चामरवालाख्यः कोपदुर्गबलान्वितः ॥ १४५
बभूवुस्तस्य समरबलाद्या भूम्यनन्तराः। राजानो गोत्रजास्ते च संभूयैवमचिन्तयन् ॥ १४६
अयं चमरवालोऽस्मानेकैकं बाधते सदा। तदेते मिलिताः सर्वे विदध्मोऽस्य पराभवम् ॥ १४७
इति संमन्त्र्य पञ्चैते तज्जयाय यियासवः। प्रस्थानलग्नं क्षितिपाः पप्रच्छुर्गणकं रहः ॥ १४८
अपश्यन्स शुभं लग्नं पश्यन्नशकुनानि च। जगाद गणको नास्ति लग्नं संवत्सरेऽत्र वः ॥ १४९
यथा तथा च यातानां न युष्माकं भवेज्जयः। किं चात्र वोऽनुबन्धेन समृद्धिं तस्य पश्यताम् ॥ १५०
भोगो नाम फलं लक्ष्म्याः स तस्मादधिकोऽस्ति वः। न चेच्छ्रुता श्रूयतां तत्कथात्र वणिजोर्द्वयोः ॥ १५१
बभूव कौतुकपुरं नामेह नगरं पुरा। तस्मिन्नन्वर्थनामाभूद्राजा बहुसुवर्णकः ॥ १५२
यशोवर्मेति तस्यासीत्सेवकः क्षत्रियो युवा। तस्मै दातापि स नृपो नादात्किंचित्कदाचन ॥ १५३
यदा यदा च नृपतिस्तेनार्त्या याच्यते स्म सः। आदित्यं दर्शयन्नेवं तमुवाच तदा तदा ॥ १५४
अहमिच्छामि ते दातुं किं पुनर्भगवानयम्। तुभ्यं नेच्छति मे दातुं किं करोम्युच्यतामिति ॥ १५५
ततः सोऽवसरं चिन्वन्यावत्तिष्ठति दुःखितः। सूर्योपरागसमयस्तावदत्रागतोऽभवत् ॥ १५६
तत्कालं स यशोवर्मा गत्वा सततसेवकः। नृपं भूरिमहादानप्रवृत्तं तं व्यजिज्ञपत् ॥ १५७
यो ददाति न ते तुभ्यं दातुं सैष रविः प्रभो। ग्रस्तोऽद्य वैरिणा यावत्तावत्किंचित्प्रयच्छ मे ॥ १५८
तच्छ्रुत्वा स हसित्वा च दत्तदानो महीपतिः। ददौ वस्त्रहिरण्यादि तस्मै बहुसुवर्णकम् ॥ १५९
क्रमात्तस्मिन्धने भुक्ते खिन्नः सोऽददति प्रभौ। मृतजानिर्यशोवर्मा प्रययौ विन्ध्यवासिनीम् ॥ १६०
किं निरर्थेन देहेन जीवतापि मृतेन मे। त्यक्ष्याम्येतं पुरो देव्या वरं प्राप्स्यामि वेप्सितम् ॥ १६१
इत्यग्रे विन्ध्यवासिन्याः संविष्टो दर्भसंस्तरे। तन्मनाः स निराहारस्तपो महदतप्यत ॥ १६२
आदिशत्तं च सा स्वप्ने देवी तुष्टास्मि पुत्र ते। ददाम्यर्थश्रियं किं ते किं वा भोगश्रियं वद ॥ १६३
तच्छ्रुत्वा स यशोवर्मा देवीं तां प्रत्यभाषत। एतयोर्निपुणं वेद्मि नाहं भेदं श्रियोरिति ॥ १६४
ततस्तमवदद्देवी स्वदेशे तर्हि यौ तव। भोगवर्मार्थवर्माणौ विद्येते वणिजावुभौ ॥ १६५
तयोर्गत्वा श्रियं पश्य ततो यत्सदृशी च ते। रोचिष्यते तत्सदृशी त्वयागत्यार्थ्यतामिति ॥ १६६
एतच्छ्रुत्वा प्रबुध्यैव स प्रातः कृतपारणः। स्वदेशं कौतुकपुरं यशोवर्मा ततो ययौ ॥ १६७
तत्रागात्प्रथमं तावत्स गृहानर्थवर्मणः। असंख्यहेमरत्नादिव्यवहारार्जितश्रियः ॥ १६८
पश्यंस्तां संपदं तस्य यथावत्तमुपाययौ। कृतातिथ्यश्च तेनासौ भोजनाय न्यमन्त्र्यत ॥ १६९
ततोऽत्राभुङ्क्त सघृतं समांसव्यञ्जनं च सः। प्राघुणोचितमाहारं पार्श्वे तस्यार्थवर्मणः ॥ १७०
अर्थवर्मा तु भुङ्क्ते स्म घृतार्धपलसंयुतान्। सक्तून्भक्तमपि स्तोकं मांसव्यञ्जनमल्पकम् ॥ १७१
सार्थवाह किमेतावदश्नासीति सकौतुकम्। स यशोवर्मणा पृष्टो वणिगेवमभाषत ॥ १७२
अद्य त्वदुपरोधेन समांसव्यञ्जनं मया। भुक्तं स्तोकं घृतस्यार्धपलं भुक्तं च सक्तवः ॥ १७३

सदा तु घृतकर्षं च सक्तूंश्चाश्नामि केवलान् । अतोऽधिकं मे मन्दाग्नेरुदरे नैव जीर्यते ॥ १७४
तच्छ्रुत्वा स यशोवर्मा विचिकित्सन्निनिन्द ताम् । हृदयेन श्रियं तस्य विफलामर्थवर्मणः ॥ १७५
ततो निशागमे भक्तं क्षीरं चानाययत्पुनः । अर्थवर्मा वणिक्तस्य स यशोवर्मणः कृते ॥ १७६
यशोवर्मा च भूयस्तद्यथाकाममभुङ्क्त सः । अर्थवर्मापि स तदा क्षीरस्यैकं पलं पपौ ॥ १७७
तत्रैव चैकस्थाने तावास्तीर्णशयनावुभौ । यशोवर्मार्थवर्माणौ शनैर्निद्रामुपेयतुः ॥ १७८
निशीथे च यशोवर्मा स्वप्नेऽपश्यदशङ्कितम् । प्रविष्टानत्र पुरुषान्दण्डहस्तान्भयंकरान् ॥ १७९
धिगल्पाभ्यधिकः कर्षो घृतस्य किमिति त्वया । मांसौदनश्च भुक्तोऽत्र पीतं च पयसः पलम् ॥ १८०
इति क्रोधाद्ब्रुवाणैस्तैराकृष्यैवाथ पादतः । पुरुषैरर्थवर्मा स लगुडैः पर्यताड्यत ॥ १८१
घृतकर्षपयोमांसभक्तमभ्यधिकं च यत् । भुक्तं तत्सर्वमुदरादाचकर्षुश्च तस्य ते ॥ १८२
तद्दृष्ट्वा स यशोवर्मा प्रबुद्धो यावदीक्षते । तावत्तस्याययौ शूलं विबुद्धस्यार्थवर्मणः ॥ १८३
ततः क्रन्दन्परिजनैर्मर्द्यमानोदरश्च सः । वमति स्मार्थवर्मा तदधिकं यत्स भुक्तवान् ॥ १८४
शान्तशूले ततस्तस्मिन्यशोवर्मा व्यचिन्तयत् । धिग्धिगर्थश्रियमिमां यस्या भोगोऽयमीदृशः ॥ १८५
खलीकृतेयमीदृश्या भूयादभवनिः श्रियः । इत्यन्तश्चिन्तयन्सोऽत्र रात्रिं तामत्यवाहयत् ॥ १८६
प्रातस्तमर्थवर्माणमामन्त्र्य स ययौ ततः । यशोवर्मा गृहं तस्य वणिजो भोगवर्मणः ॥ १८७
तत्राभ्यागाद्यथावत्तं तेनापि च कृतादरः । निमन्त्रितोऽभूद्वणिजा तदहर्भोजनाय सः ॥ १८८
न चास्य वणिजोऽपश्यत्स कांचिद्धनसंपदम् । अपश्यत्तु शुभं वेश्म वासांस्याभरणानि च ॥ १८९
ततः स्थिते यशोवर्मण्यस्मिन्प्रावर्ततात्र सः । भोगवर्मा वणिक्कर्तुं व्यवहारं निजोचितम् ॥ १९०
अन्यस्माद्भाण्डमादाय ददावन्यस्य तत्क्षणम् । विनैव स्वधनं मध्याद्दीनारानुदपादयत् ॥ १९१
त्वरितं तान्स दीनारान्भृत्यहस्ते विसृष्टवान् । स्वभार्यायै विचित्रान्नपानसंपादनाय च ॥ १९२
क्षणाच्च सुहृदेकस्तमिच्छाभरणनामकः । उपागत्यैव रभसाद्भोगवर्माणमभ्यधात् ॥ १९३
सिद्धं भोजनमस्माकमुत्तिष्ठागच्छ भुञ्ज्महे । सुहृदो मिलिता ह्यन्ये त्वत्प्रतीक्षाः स्थिता इति ॥ १९४
अथाहं नागमिष्यामि प्राघुणोऽयं स्थितो हि मे । इति ब्रुवाणं पुनरप्येनं स सुहृदब्रवीत् ॥ १९५
भवता सममायातु तर्हि प्राघुणिकोऽप्ययम् । एषोऽपि न किमस्माकं मित्रमुत्तिष्ठ सत्वरम् ॥ १९६
इत्याग्रहाद्भोगवर्मा नीतो मित्रेण तेन सः । यशोवर्मयुतो गत्वा भुङ्क्ते स्माहारमुत्तमम् ॥ १९७
पीत्वा च पानमागत्य सायं स स्वगृहे पुनः । सयशोवर्मको भेजे विचित्रं पानभोजनम् ॥ १९८
प्राप्तायां निशि पप्रच्छ निजं परिजनं च सः । किमद्य रात्रिपर्याप्तमस्ति नः सरकं न वा ॥ १९९
स्वामिन्नास्तीति तेनोक्तः स भेजे शयनं वणिक् । पास्यामोऽपररात्रेऽद्य कथं जलमिति ब्रुवन् ॥ २००
यशोवर्माथ तत्पार्श्वे सुप्तः स्वप्नेऽत्र दृष्टवान् । प्रविष्टान्पुरुषान्द्वित्रानन्यांस्तेषां च पृष्ठतः ॥ २०१
कस्मादपररात्रार्थं सरकं भोगवर्मणः । चिन्तितं नाद्य युष्माभिः क्व भवद्भिः स्थितं शठाः ॥ २०२
इति पश्चात्प्रविष्टास्ते पुरुषा दण्डपाणयः । पूर्वप्रविष्टान्क्रोधात्तान्दण्डाघातैरताडयन् ॥ २०३
अपराधोऽयमेको नः क्षम्यतामिति वादिनः । दण्डाहतास्ते पुरुषास्ते चान्ये निरगुस्ततः ॥ २०४
यशोवर्माथ तद्दृष्ट्वा प्रबुद्धः समचिन्तयत् । अचिन्त्योपनतिः श्लाघ्या भोगश्रीर्भोगवर्मणः ॥ २०५
भोगहीना समृद्धापि नार्थश्रीरर्थवर्मणः । इति चिन्तयतस्तस्य सातिचक्राम यामिनी ॥ २०६
प्रातश्च स यशोवर्मा तमामन्त्र्य वणिग्वरम् । जगाम विन्ध्यवासिन्याः पादमूलं पुनस्ततः ॥ २०७
तपःस्थः स्वप्नदृष्टायास्तस्याः पूर्वोक्तयोर्द्वयोः । श्रियोर्भोगश्रियं तत्र वव्रे सास्मै ददौ च ताम् ॥ २०८
अथागत्य यशोवर्मा गृहं देवीप्रसादतः । अचिन्तितोपगामिन्या तस्थौ भोगश्रिया सुखम् ॥ २०९
तदेवं भोगसंपन्ना श्रीरप्यल्पतरा वरम् । न पुनर्भोगरहिता सुविस्तीर्णाप्यपार्थका ॥ २१०
तत्किं चमरवालस्य राज्ञः कार्पण्यसंपदा । तप्यध्वे दानभोगाढ्यां वीक्षध्वे स्वां श्रियं न किम् ॥ २११
अतस्तं प्रति युष्माकमवस्कन्दो न भद्रकः । यात्रालग्नश्च नास्त्येव नापि वा दृश्यते जयः ॥ २१२

इत्युक्ता अपि ते तेन पञ्च ज्योतिर्विदा नृपाः। ययुश्चमरवालं तं नृपं प्रत्यसहिष्णवः ॥ २१३
सीमाप्राप्तांश्च तान्बुद्ध्वा निर्यास्यन्समराय सः। राजा चमरवालः प्राक्स्नात्वा हरमपूजयत् ॥ २१४
अष्टषष्ट्युत्तमस्थाननियतैर्नामभिः शुभैः। यथावत्तं च तुष्टाव पापघ्नैः सर्वकामदैः ॥ २१५
राजन्युध्यस्व निःशङ्कं शत्रूञ्जेष्यसि संगरे। इत्युद्गतां च गगनात्सोऽथ शुश्राव भारतीम् ॥ २१६
ततः प्रहृष्टः संनह्य तेषां निजबलान्वितः। राजा चमरवालोऽग्रे युद्धाय निरगाद्द्विषाम् ॥ २१७
त्रिंशद्गजसहस्राणि त्रीणि लक्षाणि वाजिनाम्। कोटिः पादभटानां च तस्यासीद्वैरिणां बले ॥ २१८
स्वबले च पदातीनां तस्य लक्षाणि विंशतिः। दश दन्तिसहस्राणि हयानां लक्षमप्यभूत् ॥ २१९
प्रवृत्ते तु महायुद्धे तयोरुभयसेनयोः। यथार्थनाम्नि वीराख्ये प्रतीहारेऽग्रयायिनि ॥ २२०
स्वयं चमरवालोऽसौ राजा तत्समराङ्गणम्। महावराहो भगवान्महार्णवमिवाविशत् ॥ २२१
ममर्द चाल्पसैन्योऽपि परसैन्यं महत्तथा। यथाश्वगजपत्तीनां हयानां राशयोऽभवन् ॥ २२२
धावित्वा चात्र समरबलं तं संमुखागतम्। आहत्य शक्त्या राजानं पाशेनाकृष्य बद्धवान् ॥ २२३
ततः समरशूरं च हृदि बाणाहतं नृपम्। द्वितीयं तद्वदाकृष्य पाशेनैव बबन्ध सः ॥ २२४
तृतीयं चात्र समरजितं नाम महीपतिम्। वीराख्यस्तत्प्रतीहारो बद्ध्वा तत्पार्श्वमानयत् ॥ २२५
सेनापतिर्देवबलस्तस्यानीय समर्पयत्। नृपं प्रतापचन्द्राख्यं चतुर्थं सायकाहतम् ॥ २२६
ततः प्रतापसेनाख्यस्तद्दृष्ट्वा पञ्चमो नृपः। क्रोधाच्चमरवालं तं भूपमभ्यपतद्रणे ॥ २२७
स तु निर्धूय तद्बाणान्स्वशरौघेण विद्धवान्। राजा चमरवालस्तं ललाटे त्रिभिराशुगैः ॥ २२८
कण्ठक्षिप्तेन पाशेन तं च काल इवाथ सः। आकृष्य स्ववशे चक्रे शराघातविघूर्णितम् ॥ २२९
एवं राजसु बद्धेषु तेषु पञ्चस्वपि क्रमात्। हतशेषाणि सैन्यानि दिशस्तेषां प्रदुद्रुवुः ॥ २३०
अमितं हेमरत्नादि बहून्यन्तःपुराणि च। राज्ञा चमरवालेन प्राप्तान्येषां महीभुजाम् ॥ २३१
तन्मध्ये च महादेवी यशोलेखेति विश्रुता। राज्ञः प्रतापसेनस्य प्राप्ता तेनाङ्गनोत्तमा ॥ २३२
ततः प्रविश्य नगरं वीरदेवबलौ च सः। क्षत्तृसेनापती पट्टं बद्ध्वा रत्नैरपूरयत् ॥ २३३
प्रतापसेनमहिषीं क्षत्रधर्मजितेति ताम्। यशोलेखां स नृपतिः स्वावरोधवधूं व्यधात् ॥ २३४
भुजार्जिताहमस्येति सेहे सा चपलापि तम्। काममोहप्रवृत्तानां शबला धर्मवासना ॥ २३५
दिनैश्चाभ्यर्थितो राज्ञ्या स यशोलेखया तया। राजा चमरवालस्तान्बद्धान्पञ्चापि भूपतीन् ॥ २३६
प्रतापसेनप्रभृतीन्गृहीतविनयान्नतान्। मुमोच निजराज्येषु सत्कृत्य विससर्ज च ॥ २३७

ततः स तदकण्टकं विजितशत्रु राज्यं निजं
समृद्धमशिषच्चिरं चमरवालपृथ्वीपतिः।
अरंस्त च वराप्सरोभ्यधिकरूपलावण्यया
द्विपज्जयपताकया सह तया यशोलेखया ॥ २३८

एवं बहूनपि रिपून्रभसप्रवृत्तान्द्वेषाकुलानगणितस्वपरस्वरूपान्।
एकोऽप्यनन्यसमपौरुषभग्नसारदर्पज्वराञ्जयति संयुगमूर्ध्नि धीरः ॥ २३९

इति गोमुखेन कथितामध्यां श्रुत्वा कथां कृतश्लाघः।
अकरोदथ नरवाहनदत्तः स्नानादि दिनकार्यम् ॥ २४०

निनाय संगीतरसाच्च तां तथा निशां स गायन्स्वयमङ्गनासखः।
सरस्वती तस्य नभःस्थिता यथा ददौ प्रियाभिश्चिरसंस्तवं वरम् ॥ २४१

इति महाकविश्रीसोमदेवभट्टविरचिते कथासरित्सागरेऽलंकारवतीलम्बके चतुर्थस्तरङ्गः।

पञ्चमस्तरङ्गः।

ततोऽन्येद्युरलंकारवतीवासगृहे स्थितम्। नरवाहनदत्तं तं संनिधौ सर्वमन्त्रिणाम् ॥ १
एत्य विज्ञापयामास मरुभूतिकसेवकः। सोदर्यः सौविदल्लस्य तदन्तःपुररक्षिणः ॥ २

मरुभूतेर्मया देव सेवा वर्षद्वयं कृता । भोजनाच्छादनं दत्तं सभार्यस्यामुना मम ॥ ३
आभाषितास्तु तत्पृष्ठे दीनाराः प्रतिवत्सरम् । पञ्चाशद्ये ममानेन तानेष न ददाति मे ॥ ४
मृग्यमाणेन चैतेन चरणेनाहमाहतः । तेनोपविष्टः प्रायेऽहं सिंहद्वारेऽस्य तावके ॥ ५
विचारयति चेन्नात्र देवो मे तत्करोम्यहम् । अग्निप्रवेशमधिकं किं वच्म्येष हि मे प्रभुः ॥ ६
इत्युक्त्वा विरते तस्मिन्मरुभूतिरभाषत । देया मयास्मै दीनाराः सांप्रतं तु न सन्ति मे ॥ ७
इत्युक्तवन्तं सर्वेषु प्रहसत्सु स्वमन्त्रिणम् । नरवाहनदत्तस्तं मरुभूतिमभाषत ॥ ८
किमेवं मूर्खभावस्ते नाधिकेयं मतिस्तव । उत्तिष्ठ दीनारशतं देह्यस्मा अविलम्बितम् ॥ ९
एतत्प्रभोर्वचः श्रुत्वा मरुभूतिर्विलज्जितः । तदैवानीय तत्तस्मै स दीनारशतं ददौ ॥ १०
ततोऽत्र गोमुखोऽवादीन्न वाच्यो मरुभूतिकः । विचित्रचित्तवृत्तिर्यत्सर्गो देव प्रजापतेः ॥ ११
युष्माभिरेषा किं चात्र चिरदातुर्महीपतेः । तत्सेवकस्य च कथा प्रसङ्गाख्यस्य न श्रुता ॥ १२
चिरदातेत्यभूत्पूर्वं राजा चिरपुरेश्वरः । सुजनस्यापि तस्यासीत्परिवारोऽतिदुर्जनः ॥ १३
देशान्तरागतस्तस्य प्रसङ्गो नाम भूपतेः । मित्राभ्यां सहितो द्वाभ्यां बभूव किल सेवकः ॥ १४
सेवां च कुर्वतस्तस्य व्यतीतं वर्षपञ्चकम् । न स राजा ददौ किंचिन्निमित्तेऽप्युत्सवादिके ॥ १५
स च तस्य न संप्राप विज्ञप्त्यवसरं प्रभोः । परिवारस्य दौरात्म्यात्सख्योः प्रेरयतोः सदा ॥ १६
एकदा तस्य राज्ञश्च बालः पुत्रो व्यपद्यत । दुःखितं चैत्य सर्वेऽपि भृत्यास्तं पर्यवारयन् ॥ १७
तन्मध्ये च प्रसङ्गाख्यः शोकादेव स सेवकः । सखिभ्यां वार्यमाणोऽपि राजानं तं व्यजिज्ञपत् ॥ १८
बहुकालं वयं देव सेवका न च नस्त्वया । दत्तं किंचित्तथापीह स्थिताः स्मस्त्वत्सुताशया ॥ १९
त्वया यदि न दत्तं तत्त्वत्पुत्रोऽस्मासु दास्यति । सोऽपि दैवेन नीतश्चेत्तन्नः किमिह सांप्रतम् ॥ २०
प्रजाम इति जल्पित्वा पतित्वा सोऽस्य पादयोः । राज्ञः प्रसङ्गो निरगात्सखिद्वययुतस्ततः ॥ २१
अहो पुत्रेऽपि बद्धास्थाः सेवका मे दृढा इमे । तदेते मम न त्याज्या इति संचिन्त्य तत्क्षणम् ॥ २२
स राजा तान्प्रसङ्गादीनानाय्यैव तथा धनैः । अपूरयद्यथा भूयो नैतान्दारिद्र्यमस्पृशत् ॥ २३
एवं विचित्रा दृश्यन्ते स्वभावा देव देहिनाम् । यत्काले स नृपो नादादकाले तु ददौ तथा ॥ २४
इत्याख्याय कथाख्यानपटुर्भूयः स गोमुखः । वत्सेश्वरसुतादेशादिमामकथयत्कथाम् ॥ २५
आसीद्गङ्गातटे पूर्वं पूतपौरं तदम्बुभिः । सौराज्यरम्यं कनकपुराख्यं नगरोत्तमम् ॥ २६
यत्र बन्धः कविगिरां छेदः पत्रेष्वदृश्यत । भङ्गोऽलकेषु नारीणां सस्यसंग्रहणे खलः ॥ २७
तत्र वासुकिनागेन्द्रतनयाप्रियदर्शनात् । जातो यशोधराख्यायां राजपुत्र्यां महायशाः ॥ २८
आसीत्कनकवर्षाख्यो नगरे नृपतिः पुरा । कृत्स्नभूभारवोढापि योऽशेषगुणभूषितः ॥ २९
लुब्धो यशसि न त्वर्थे भीतः पापान्न शत्रुतः । मूर्खः परापवादेषु न च शास्त्रेषु योऽभवत् ॥ ३०
अल्पत्वं यस्य कोपेऽभून्न प्रसादे महात्मनः । चापे च बद्धमुष्टित्वं न दाने धीरचेतसः ॥ ३१
येनात्यद्भुतरूपेण रक्षता चाखिलं जगत् । मारव्यथाकुलश्चक्रे दृष्टेनैवाबलाजनः ॥ ३२
स कदाचिच्छरत्काले सोष्मण्युन्मदवारणे । राजहंसपरीवारे सोत्सवानन्दितप्रजे ॥ ३३
आत्मतुल्यगुणे रन्तुं चित्रप्रासादमाविशत् । आकृष्टकमलामोदवहन्मारुतशीतलम् ॥ ३४
तत्र निर्वर्णयन्यावत्तच्चित्रं स प्रशंसति । तावत्प्रविश्य भूपं तं प्रतीहारो व्यजिज्ञपत् ॥ ३५
इहागतो विदर्भेभ्योऽपूर्वश्चित्रकरः प्रभो । अनन्यसममात्मानं चित्रकर्मण्युदाहरन् ॥ ३६
रोलदेवाभिधानेन सिंहद्वारेऽत्र तेन च । एतद्देवाभिलिख्याथ चीरिकोलम्बिता किल ॥ ३७
तच्छ्रुत्वैवादराद्भूपेनादिष्टानयनं स तम् । आनिनाय प्रतीहारो गत्वा चित्रकरं क्षणात् ॥ ३८
स प्रविश्य ददर्शात्र चित्रालोकनलीलया । स्थितं कनकवर्षं तं नृपं चित्रकरो रहः ॥ ३९
वरनारीकुचोत्सङ्गसमर्पिततनूभरम् । सहेलोदञ्चितकरोपात्तताम्बूलवीटिकम् ॥ ४०
प्रणम्य चोपविष्टस्तं राजानं विहितादरम् । शनैर्विज्ञापयामास रोलदेवः स चित्रकृत् ॥ ४१

चीरिकोल्लम्बिता देव त्वत्पादाब्जदिदृक्षया । मया न विज्ञानमदात्तत्क्षन्तव्यमिदं मम ॥ ४२
आदिश्यतां च चित्रे किमालिखामीह रूपकम् । भवत्वेतत्कलाशिक्षायत्नो मे सफलः प्रभो ॥ ४३
इति चित्रकरेणोक्ते स राजा निजगाद तम् । उपाध्याय यथाकामं किंचिदालिख्यतां त्वया ॥ ४४
ह्लादयामो वयं चक्षुर्भ्रान्तिस्त्वत्कौशले तु का । इत्युक्ते तेन राज्ञात्र तत्पार्श्वस्था बभाषिरे ॥ ४५
राजैवालिख्यतामन्यैर्विरूपैः किं प्रयोजनम् । तच्छ्रुत्वा चित्रकृत्तुष्टः स तं राजानमालिखत् ॥ ४६
तुङ्गेन नासावंशेन दीर्घरक्तेन चक्षुषा । विपुलेन ललाटेन कुन्तलैः कुञ्चितासितैः ॥ ४७
विस्तीर्णेनोरसा रूढबाणादिव्रणशोभिना । भुजयुग्मेन दिग्दन्तिकराकारेण हारिणा ॥ ४८
मध्येन मुष्टिमेयेन केसरीन्द्रकिशोरकैः । उपायनीकृतेनेव पराक्रमपराजितैः ॥ ४९
यौवनद्विरदालाननिभेनोरुयुगेण च । अशोकपल्लवनिभेनाङ्घ्रियुग्मेन चारुणा ॥ ५०
दृष्ट्वैव स्वानुरूपेण रूपेणालिखितं नृपम् । साधुवादं ददुः सर्वे तस्य चित्रकृतस्तदा ॥ ५१
जगदुस्तं च नेच्छामो द्रष्टुमेकाकिनं प्रभुम् । चित्रभित्तौ तदेतस्यामेतास्वालिखितास्विह ॥ ५२
राज्ञीषु मध्यादेकां त्वं सुविचार्यानुरूपिकाम् । लिखोपाध्याय पार्श्वेऽस्य पूर्णो नेत्रोत्सवोऽस्तु नः ॥ ५३
तच्छ्रुत्वा स विलोक्यात्र चित्रं चित्रकरोऽब्रवीत् । भूयसीष्वपि नैतासु तुल्या राज्ञोऽस्ति काचन ॥ ५४
जाने च पृथ्व्यामेवास्य तुल्यरूपास्ति नाङ्गना । अस्त्येका राजपुत्री तु श्रृणुताख्यामि तां च वः ॥ ५५
विदर्भेष्वस्ति नगरं श्रीमत्कुण्डिनसंज्ञकम् । देवशक्तिरिति ख्यातस्तत्रास्ति च महीपतिः ॥ ५६
तस्यानन्तवतीत्यस्ति राज्ञी प्राणाधिकप्रिया । तस्यां तस्य सुतोत्पन्ना नाम्ना मदनसुन्दरी ॥ ५७
यस्या वर्णयितुं रूपमेकया जिह्वयानया । मादृशः कः प्रगल्भेत किं त्वेतावद्वदाम्यहम् ॥ ५८
तां निर्माय विधिर्मन्ये संजातेच्छोऽपि तद्रसात् । निर्मातुमन्यां तद्रूपां युगैरपि न वेत्स्यति ॥ ५९
सैकास्य राज्ञः सदृशी पृथिव्यां राजकन्यका । रूपलावण्यविनयैर्वयसा च कुलेन च ॥ ६०
अहं तया हि तत्रस्थः कदाचित्प्रेष्य चेटिकाम् । आहूतोऽन्तःपुरं तस्या राजपुत्र्या गतोऽभवम् ॥ ६१
तत्रापश्यमहं तां च चन्दनार्द्रविलेपनाम् । मृणालहारां बिसिनीपत्रशय्याविवर्तिनीम् ॥ ६२
कदलीपत्रपवनैर्वीज्यमानां सखीजनैः । पाण्डुक्षामामभिव्यक्तस्मरसंज्वरलक्षणाम् ॥ ६३
हे सख्यश्चन्दनालेपकदलीदलमारुतैः । कृतमेभिः किमेतेन विफलेन श्रमेण वः ॥ ६४
एते हि मन्दपुण्यां मां दहन्ति शिशिरा अपि । एवं निवारयन्तीं च सखीराश्वासनाकुलाः ॥ ६५
विलोक्य तदवस्थां तां तद्वितर्कसमाकुलः । कृतप्रणामस्तस्याश्च पुरतोऽहमुपाविशम् ॥ ६६
उपाध्यायेदृगालिख्य चित्रे मे देहि रूपकम् । इत्युक्त्वा वेपमानेन पाणिना धृतवर्तिना ॥ ६७
शनैरालिख्य सा भूमौ दर्शयन्ती नृपात्मजा । अलेखयन्मया कंचिद्युवानं रूपवत्तरम् ॥ ६८
आलिख्य सुन्दरं तं च देव चिन्तितवानहम् । काम एवानया साक्षादयमालेखितो मया ॥ ६९
किं तु पुष्पमयश्चापो हस्ते यन्नास्य लेखितः । तेन जाने न कामोऽयं तद्रूपः कोऽप्यसौ युवा ॥ ७०
अयं च नूनमनया दृष्टः क्वापि श्रुतोऽपि वा । एतन्निबन्धनं चेदमस्याः स्मरविजृम्भितम् ॥ ७१
तदितो मेऽपयातव्यमुग्रदण्डो ह्ययं नृपः । एतत्पिता देवशक्तिर्बुद्ध्वेदं न क्षमेत मे ॥ ७२
इत्यालोच्यैव नत्वा तामहं मदनसुन्दरीम् । राजकन्यां निरगमं तया संमानितस्ततः ॥ ७३
श्रुतं चात्र महाराज मया परिजनान्मिथः । स्वैरं कथयतो यत्सा सानुरागा श्रुते त्वयि ॥ ७४
ततश्चित्रपटे गुप्तं लिखितां तां नृपात्मजाम् । आदायाहं भवत्पादमूलं त्वरितमागतः ॥ ७५
दृष्ट्वा च देवस्याकारं निवृत्तः संशयो मम । देव एव तया चित्रे मद्धस्तेनाभिलेखितः ॥ ७६
सा चासकृन्न सदृशी शक्या लिखितुमित्यहम् । चित्रे देवस्य पार्श्वे तां न लिखामि समामपि ॥ ७७
इत्युक्तवन्तं तं रोलदेवं राजा जगाद सः । तर्हि त्वया सा तच्चित्रपटस्था दृश्यतामिति ॥ ७८
ततो बल्गुलिकातस्तं कृष्ट्वा पटमदर्शयत् । स चित्रकृत्तां चित्रस्थां राज्ञे मदनसुन्दरीम् ॥ ७९
राजा कनकवर्षोऽपि तां स चित्रगतामपि । विचित्ररूपामालोक्य सद्यः स्मरवशं ययौ ॥ ८०

पूरयित्वा च बहुना हेम्ना चित्रकरं स तम् । आत्तप्रियाचित्रपटो विवेशाभ्यन्तरं नृपः ॥ ८१
तत्र तद्रूपलावण्यदर्शनातृप्तलोचनः । त्यक्तसर्वक्रियस्तस्थौ तदेकमयमानसः ॥ ८२
बबाधे धैर्यहारी तं निर्णब्धान्तरः शरैः । रूपस्पर्धासमुद्भूतमात्सर्य इव मन्मथः ॥ ८३
या दत्ता रूपलुब्धानां स्मरार्तिस्तेन योषिताम् । फलितेव च सैवास्य शतशाखं महीक्षितः ॥ ८४
ततो दिनैश्च विरहक्षामपाण्डुः शशंस सः । आप्तेभ्यः सचिवेभ्यस्तत्पृच्छद्भ्यः स्वं मनोगतम् ॥ ८५
मन्त्रयित्वा च तैः साकं कन्यां मदनसुन्दरीम् । याचितुं प्राहिणोद्दूतं स राज्ञे देवशक्तये ॥ ८६
संगमस्वामिनामानं कालज्ञं कार्यवेदिनम् । विप्रमाप्तं कुलीनं च मधुरोदात्तभाषिणम् ॥ ८७
स गत्वा सुमहार्हेण विप्रः परिकरेण तान् । विदर्भान्संगमस्वामी प्राविशत्कुण्डिनं पुरम् ॥ ८८
यथावत्तत्र राजानं देवशक्तिं ददर्श तम् । स स्वामिनोऽर्थे तस्माच्च प्रार्थयामास तत्सुताम् ॥ ८९
देया तावन्मयान्यस्मै दुहितैषा स चोचितः । भूपः कनकवर्षोऽस्मादृशोऽप्येतां च याचते ॥ ९०
तदेतस्मै ददाम्येनामिति संमन्त्र्य सोऽपि च । श्रद्दधे देवशक्तिस्तत्संगमस्वामिनो वचः ॥ ९१
दर्शयामास तस्मै च तस्या रूपमिवाद्भुतम् । नृत्तं मदनसुन्दर्याः सुतायाः स महीपतिः ॥ ९२
ततस्तद्दर्शनप्रीतं संगमस्वामिनं स तम् । प्रतिपन्नसुतादानः संमान्य प्राहिणोन्नृपः ॥ ९३
निश्चित्य लग्नमुद्वाहहेतोरागम्यतामिह । संदिश्येति समं तेन प्रतिदूतं ससर्ज च ॥ ९४
आगत्य संगमस्वामी प्रतिदूतयुतोऽथ सः । राज्ञे कनकवर्षाय सिद्धं कार्यं न्यवेदयत् ॥ ९५
ततो लग्नं विनिश्चित्य प्रतिदूतं प्रपूज्य तम् । असकृत्तां च विज्ञाय रक्तां मदनसुन्दरीम् ॥ ९६
तद्विवाहाय दुर्वारवीर्यो निःशङ्कमानसः । राजा कनकवर्षोऽसौ प्रायात्तत्कुण्डिनं पुरम् ॥ ९७
अशोकलतयारूढः प्रत्यन्तारण्यवासिनः । प्राणिप्राणहरान्निघ्नन्सिंहादींश्शबरानिव ॥ ९८
विदर्भान्प्राप्य नगरं कुण्डिनं तद्विवेश सः । निर्गतेनाग्रतो राज्ञा सहितो देवशक्तिना ॥ ९९
तत्र पौरपुरंध्रीणां विलब्धनयनोत्सवः । सज्जितोद्वाहसंभारं प्राविशद्राजमन्दिरम् ॥ १००
विश्राम्यति स्म तत्रैतत्स दिनं सपरिच्छदः । देवशक्तिनृपोदारकृताचारानुरञ्जितः ॥ १०१
अन्येद्युर्देवशक्तिस्तां तस्मै मदनसुन्दरीम् । सुतां राज्यैकशेषेण सर्वस्वेन समं ददौ ॥ १०२
स्थित्वा च तत्र सप्ताहं स राजा नगरं निजम् । आगात्कनकवर्षोऽथ नववध्वा समं तया ॥ १०३
प्राप्ते कान्तायुते तस्मिञ्जगदानन्ददायिनि । सकौमुदीके शशिनीवासीत्तत्सोत्सवं पुरम् ॥ १०४
साथ प्राणाधिका तस्य राज्ञो मदनसुन्दरी । आसीद्बह्ववरोधस्याप्यच्युतस्येव रुक्मिणी ॥ १०५
अन्योन्यवदनासक्तलोचनैः स्मरसायकैः । कीलिताविव तौ चास्तां दंपती चारुपक्ष्मभिः ॥ १०६
एकदा चाजगामात्र विकसत्केसरावलिः । दलयन्मानिनीमानमातङ्गं मधुकेसरी ॥ १०७
लग्नालिमालामौर्वीकाः पुष्पेषोः कुसुमाकरः । सज्जीचकार चोत्फुल्लचूतवल्लीधनुर्लताः ॥ १०८
ववौ चोपवनानीव चेतांस्यध्वगयोषिताम् । समुद्दीपितकामानि कम्पयन्मलयानिलः ॥ १०९
पुरा नदीनां पुष्पाणि तरूणां शशिनः कलाः । क्षीणानि पुनरायान्ति यौवनानि न देहिनाम् ॥ ११०
भो मुक्तमानकलहा रमध्वं दयितान्विताः । इतीव मधुरालापाः कोकिला जगदुर्जनान् ॥ १११
तत्काले च मधूद्यानं विहर्तुं प्रविवेश सः । राजा कनकवर्षोऽत्र सर्वैरन्तःपुरैः सह ॥ ११२
मुष्णञ्छ्रियमशोकानां रक्तैः परिजनाम्बरैः । गीतैर्वराङ्गनानां च कोकिलभ्रमरध्वनिम् ॥ ११३
देव्या मदनसुन्दर्या समं तत्र स भूपतिः । चिक्रीड सावरोधोऽपि कुसुमावचयादिभिः ॥ ११४
विहृत्य चात्र सुचिरं स्नातुं गोदावरीं नृपः । अवतीर्य जलक्रीडां सान्तःपुरजनो व्यधात् ॥ ११५
मुखैः पद्मानि नयनैरुत्पलानि पयोधरैः । रथाङ्गनाम्नां युग्मानि नितम्बैः पुलिनस्थलीः ॥ ११६
विजित्य तस्याः सरितः क्षोभयामासुराशयम् । तरङ्गदर्शितामर्षभ्रूभङ्गायास्तदङ्गनाः ॥ ११७
अम्भोविहारविचलद्वस्त्रव्यक्ताङ्गभङ्गिषु । रेमे कनकवर्षस्य तासु तस्य तदा मनः ॥ ११८
एकां चाताडयद्राज्ञीं हेमकुम्भद्वयोपमे । कुचयुग्मे च विस्रस्तवसने करवारिणा ॥ ११९

तद्दृष्ट्वा सा चुकोपास्यै सेर्ष्या मदनसुन्दरी । कियत्क्षोभ्या नदीत्येव सोद्वेगेव जगाद च ॥ १२०
उत्तीर्य चाम्भसः प्रायादात्तवस्त्रान्तरा रुषा । प्रियापराधं शंसन्ती तं सखीभ्यः स्वमन्दिरम् ॥ १२१
ततो ज्ञाताशयस्तस्या जलक्रीडां विमुच्य सः । राजा कनकवर्षोऽपि तद्वासगृहमाययौ ॥ १२२
वार्यमाणो रुषा तत्र पञ्जरस्थैः शुकैरपि । प्रविश्य स ददर्शान्तर्देवीं तां मन्युपीडिताम् ॥ १२३
वामहस्ततलन्यस्तविषण्णवदनाम्बुजाम् । स्वच्छमुक्ताफलनिभैः पतद्भिर्बाष्पबिन्दुभिः ॥ १२४

'जंइ बिरहो ण सहिज्जइ माणो [सुहा वि] परिवज्जणीओ ते ।
बिरहो हिअअ सहिज्जइ माणो [एव] परिवड्ढणीओ ते ॥ १२५
इअ जाणिऊण णिउणं चिट्ठसु ओलम्बिऊण इक्कदरम् ।
उहअतडदिण्णपाओ मज्झणिविडिओ धुवं विणिस्सिहसि ॥' १२६

इतीमं द्विपदीखण्डं पठन्तीं साश्रुगद्गदम् । निर्यदन्तांशुहारिण्या गिरापभ्रंशमुग्धया ॥ १२७
विलोक्य च तथाभूतां तां कोपेऽपि मनोरमाम् । उपाययौ सलज्जश्च सभयश्च स भूपतिः ॥ १२८
पराङ्मुखीमथाश्लिष्य वचोभिः प्रीतिपेशलैः । प्रवृत्तोऽभूत्सविनयैस्तां प्रसादयितुं च सः ॥ १२९
वक्रोक्तिसूचितावज्ञे परिवारे पपात च । तस्याश्चरणयोर्निन्दन्नात्मानमपराधिनम् ॥ १३०
ततस्तन्मन्युनेवाश्रुवारिणा गलितेन सा । सिञ्चन्ती कण्ठलग्नास्य प्रससाद महीपतेः ॥ १३१
अथैष हृष्टो नीत्वा तद्दिनं कुपिततुष्टया । राजा तया सहासेव्य रतं निद्रामगान्निशि ॥ १३२
सुप्तो ददर्श चाकस्मात्स्वप्ने विकृतया स्त्रिया । हृतामेकावलीं कण्ठाच्चूडारत्नं च मूर्धतः ॥ १३३
ततोऽप्यपश्यद्वेतालं नानाप्राण्यङ्गविग्रहम् । बाहुयुद्धे प्रवृत्तं च तं स भूमावपातयत् ॥ १३४
पृष्ठोपविष्टश्चोड्डीय पक्षिणेव विहायसा । नीत्वा तेन नृपोऽम्भोधौ वेतालेन स चिक्षिपे ॥ १३५
ततः कथंचिदुत्तीर्णः परमेकावलीं गले । चूडामणिं च तं मूर्ध्नि पूर्ववत्स्थितमैक्षत ॥ १३६
एतद्दृष्ट्वा प्रबुद्धः स प्रातः परिचयागतम् । अस्य क्षपणकं राजा फलं स्वप्नस्य पृष्टवान् ॥ १३७
.... । न वाच्यमप्रियं किं तु कथं पृष्टो न वच्मि ते ॥ १३८
या त्वयैकावली दृष्टा हृता चूडामणिस्तथा । सैष देव्या वियोगस्ते पुत्रेण च भविष्यति ॥ १३९
प्राप्ते चैकावलीरत्ने यदुत्तीर्णोऽब्धिना त्वया । दुःखान्ते सोऽपि भावी ते देवीपुत्रसमागमः ॥ १४०
इति क्षपणकेनोक्ते विमृश्य स नृपोऽब्रवीत् । पुत्रो मेऽद्यापि नास्त्येव स तावज्जायतामिति ॥ १४१
अथोपयातादश्रौषीत्स रामायणपाठकात् । पुत्रार्थं विहितक्लेशं राजा दशरथं नृपम् ॥ १४२
तेनोद्भूतसुतप्राप्तिचिन्तः क्षपणके गते । राजा कनकवर्षस्तन्निनाय विमना दिनम् ॥ १४३
रात्रावकस्माच्चैकाकी विनिद्रः शयनस्थितः । द्वारेऽनुद्घाटितेऽप्यन्तः प्रविष्टां स्त्रियमैक्षत ॥ १४४
विनीता सौम्यरूपा च सा तं साश्चर्यमुत्थितम् । कृतप्रणामं दत्ताशीः क्षितीश्वरमभाषत ॥ १४५
पुत्र मां विद्धि तनयां नागराजस्य वासुकेः । त्वत्पितुर्भगिनीं ज्येष्ठां नाम्ना रत्नप्रभामिमाम् ॥ १४६
रक्षार्थं तेऽन्तिके शश्वददृष्टा च वसाम्यहम् । अद्य दृष्ट्वा सचिन्तं त्वामात्मा ते दर्शितो मया ॥ १४७
न द्रष्टुमुत्सहे ग्लानिं तव तद्ब्रूहि कारणम् । इत्युक्तः स तया राजा पितृष्वस्रा जगाद ताम् ॥ १४८
धन्योऽहमम्ब यस्यैवं त्वं प्रसादं करोषि मे । अनिर्वृतिं च मे विद्धि पुत्रासंभवहेतुकाम् ॥ १४९
अपि राजर्षयो यत्र पुरा दशरथादयः । स्वर्गार्थमैच्छंस्तत्राम्ब कथं नेच्छन्तु मादृशाः ॥ १५०
एतत्कनकवर्षस्य नृपतेस्तस्य सा वचः । श्रुत्वा रत्नप्रभा नागी भ्रातुः पुत्रमुवाच तम् ॥ १५१
तर्हि पुत्र वदाम्येकं यमुपायं कुरुष्व तम् । गत्वा स्वामिकुमारं त्वमेतदर्थं प्रसादय ॥ १५२
कुमारधारां विध्याय पतन्तीं मूर्ध्नि दुःसहाम् । शरीरान्तःप्रविष्टायाः प्रभावान्मे सहिष्यसे ॥ १५३

---

१ यदि विरहो न सह्यते मानः [सुखादपि] परिवर्जनीयस्ते ।
विरहो हृदय सह्यते मानः [एव] परिवर्धनीयस्ते ॥ १ ॥
इति ज्ञात्वा निपुणं तिष्ठस्वावलम्ब्यैकतरम् ।
उभयतटदत्तपादो मध्यनिपतितो ध्रुवं विनङ्क्ष्यसि ॥ २ ॥ इति च्छाया.

विघ्नजातं विजित्यान्यदपि प्राप्स्यसि वाञ्छितम् । इत्युक्त्वान्तर्दधे नागी राजा हृष्टोऽक्षिपत्क्षपाम् ॥ १५४
प्रातर्मन्त्रिषु विन्यस्य राज्यं पुत्राभिकाङ्क्षया । ययौ स्वामिकुमारस्य पादमूलं स भूपतिः ॥ १५५
तत्र तीव्रं तपश्चक्रे समाराधयितुं प्रभुम् । तयार्पितबलो नाग्या शरीरान्तःप्रविष्टया ॥ १५६
ततोऽशनिनिभा राज्ञः पतितुं तस्य मूर्धनि । कुमारवारिधारा सा प्रवृत्ताभूदनारतम् ॥ १५७
स च सेहे शरीरान्तर्गतनागीबलेन ताम् । ततस्तस्याधिविघ्नार्थं हेरम्बं प्रैरयद्गुहः ॥ १५८
हेरम्बश्चासृजत्तत्र धारामध्ये महाविषम् । तस्याजगरमत्युग्रं न स तेनाप्यकम्पत ॥ १५९
ततो विनायकः साक्षाद्दन्ताघातानुरःस्थले । एत्य दातुं प्रववृते तस्याजय्यः सुरैरपि ॥ १६०
मत्वा तं दुर्जयं देवं सोऽथ स्तुतिभिरर्चितुम् । राजा कनकवर्षस्तद्द्विपहैवोपचक्रमे ॥ १६१
नमः सर्वार्थसंसिद्धिनिधिकुम्भोपमात्मने । लम्बोदराय विघ्नेश व्यालालंकरणाय ते ॥ १६२
लीलोत्क्षिप्तकराघातविधुतासनपङ्कजम् । ब्रह्माणमपि सोत्कम्पं कुर्वञ्जय गजानन ॥ १६३
सुरासुरमुनीन्द्राणामपि सन्ति न सिद्धयः । अतुष्टे त्वयि लोकैकशरण्ये शंकरप्रिय ॥ १६४
घटोदरः शूर्पकर्णो गणाध्यक्षो मदोत्कटः । पाशहस्तोऽम्बरीषश्च जम्बकस्त्रिशिखायुधः ॥ १६५
एवमाद्यैः स्तुवन्ति स्म पापघ्नैरष्टषष्टिभिः । तत्संख्यस्थाननियतैर्नामभिस्त्वां सुरोत्तमाः ॥ १६६
स्मरतः स्तुवतश्च त्वां विनश्यति भयं प्रभो । रणराजकुलद्यूतचौराग्निश्वापदादिजम् ॥ १६७
इति स्तुतिपदैरेतैरन्यैर्बहुविधैश्च सः । नृपः कनकवर्षस्तं विघ्नेश्वरमपूजयत् ॥ १६८
तुष्टोऽस्मि न करिष्यामि विघ्नं ते पुत्रमाप्नुहि । इत्युक्त्वान्तर्दधे तत्र राज्ञस्तस्य स विघ्नजित् ॥ १६९
ततः स्वामिकुमारस्तं तद्धाराधारिणं नृपम् । उवाच धीर तुष्टोऽस्मि तव याचस्व तद्वरम् ॥ १७०
तच्छ्रुत्वा स प्रहृष्टस्तं देवं राजा व्यजिज्ञपत् । त्वत्प्रसादेन मे नाथ सूनुरुत्पद्यतामिति ॥ १७१
एवमस्तु सुतो भावी भवतो मद्गणांशजः । नाम्ना हिरण्यवर्षश्च भविष्यति स भूपते ॥ १७२
इत्युक्त्वा गर्भगेहान्तः प्रवेशाय तमाह्वयत् । सविशेषप्रसादेप्सुर्नृपतिं बर्हिवाहनः ॥ १७३
तेनाद्दश्यास्य निरगान्नागी देहान्नृपस्य सा । विशन्ति शापभीता हि न कुमारगृहं स्त्रियः ॥ १७४
ततः कनकवर्षोऽसौ स्वेन मानुषतेजसा । विवेश गर्भभवनं तस्य देवस्य पावकेः ॥ १७५
स तं नाग्यनधिष्ठानात्पूर्वतेजोविनाकृतम् । दृष्ट्वा नृपं किमेतत्स्यादिति देवोऽप्यचिन्तयत् ॥ १७६
ज्ञात्वा नागीबलव्याजनिर्व्यूढविषमव्रतम् । प्रणिधानाच्च तं क्रुद्धः शशाप स नृपं गुहः ॥ १७७
व्याजस्त्वया कृतो यस्मादतो जातेन सूनुना । महादेव्या च दुर्दान्त वियोगस्ते भविष्यति ॥ १७८
निर्घातदारुणं श्रुत्वा शापमेतं स भूपतिः । सूक्तैस्तुष्टाव तं देवं मोहं मुक्त्वा महाकविः ॥ १७९
स सुभाषिततुष्टोऽथ षण्मुखस्तमभाषत । राजंस्तुष्टोऽस्मि सूक्तैस्ते शापान्तं तव वच्मि तत् ॥ १८०
भविष्यत्यब्दमेकं ते पत्नीपुत्रवियुक्तता । मुक्तोऽपमृत्युत्रितयात्तौ च प्राप्स्यस्यतः परम् ॥ १८१
इत्युक्त्वा विरतालापे षण्मुखे स प्रणम्य तम् । तत्प्रसादसुधातृप्तो राजा स्वपुरमाययौ ॥ १८२
तत्र तस्यामृतस्यन्दो ज्योत्स्नायामिव शीतगोः । देव्यां मदनसुन्दर्यां क्रमात्सूनुरजायत ॥ १८३
दृष्ट्वा सुतमुखं सोऽथ राजा राज्ञी च सा मुहुः । अत्यानन्दसमायुक्ते नावर्तेतां तदात्मनि ॥ १८४
तत्कालं चोत्सवं चक्रे वसु वर्षन्स भूपतिः । निजां कनकवर्षाख्यां नयन्भुवि यथार्थताम् ॥ १८५
पञ्चरात्रे गते षष्ठ्यां रजनौ जातवेश्मनि । कृते रक्षाविधौ तत्र मेघोऽशङ्कितमागतः ॥ १८६
तेन वृद्धिमवाप्तेन तत्रावव्रे नभः क्रमात् । शत्रुणोपेक्षितेनेव राज्यं राज्ञः प्रमादिनः ॥ १८७
मदस्येव क्षिपन्धारा वर्षस्योन्मूलितद्रुमः । ततो धावितुमारेभे वातमत्तमतङ्गजः ॥ १८८
तत्क्षणं सार्गलमपि द्वारमुद्धाट्य भीषणा । स्त्री कापि क्षुरिकाहस्ता जातवेश्म विवेश तत् ॥ १८९
सा तं मदनसुन्दर्याः स्तनासक्तमुखं सुतम् । हृत्वा देव्याः प्रदुद्राव संमोह्यैव परिच्छदम् ॥ १९०
हा हा हृतो मे राक्षस्या सुत इत्यथ विह्वला । क्रन्दन्ती चान्वधावत्तां राज्ञी सा स्त्रीं तमस्यपि ॥ १९१
सा च गत्वा पपात स्त्री सरसोऽन्तः सबालका । राज्ञी चान्वपतत्तत्रापि तद्वैवापत्यतृष्णया ॥ १९२

क्षणान्मेघो निववृते जगामान्तं च यामिनी। जातवेश्मनि चाक्रन्दः परिवारस्य शुश्रुवे ॥ १९३
राजा कनकवर्षोऽथ तच्छ्रुत्वा जातवासकम्। एत्य पुत्रप्रियाशून्यं दृष्ट्वा मोहं जगाम सः ॥ १९४
समाश्वस्य च हा देवि हा पुत्रक शिशो इति। विलपन्नथ सस्मार शापं तं वत्सरावधिम् ॥ १९५
भगवञ्शापसंपृक्तो मन्दपुण्यस्य मे वरः। कथं स्कन्द त्वया दत्तः सविषामृतसंनिभः ॥ १९६
हाहा युगसहस्राभं कथं नेष्यामि वत्सरम्। देव्या मदनसुन्दर्या जीविताधिकया विना ॥ १९७
इत्याक्रन्दंश्च स ज्ञातवृत्तान्तैर्मन्त्रिभिर्नृपः। बोध्यमानोऽपि न प्राप देव्या सह गतां धृतिम् ॥ १९८
क्रमाच्च मदनावेगविवशो निर्गतः पुरात्। विवेश विन्ध्यकान्तारमुन्मनीभूय स भ्रमन् ॥ १९९
तत्र बालमृगीनेत्रैः प्रियाया लोचनश्रियम्। कबरीभारसौन्दर्यं चमरीवालसंचयैः ॥ २००
दृष्टैः करिकरेणूनां गतैर्मन्थरतां गतैः। स्मरतस्तस्य जज्वाल सुतरां मदनानलः ॥ २०१
भ्राम्यंस्तृष्णातपक्लान्तो विन्ध्यपादमवाप्य सः। पीतनिर्झरपानीयस्तरुमूल उपाविशत् ॥ २०२
तावद्गुहामुखाद्विन्ध्यस्याट्टहास इवोन्नदन्। सिंहः सटालो निर्गत्य हन्तुमभ्युत्पपात तम् ॥ २०३
तत्क्षणं गगनायातः कोऽपि विद्याधरो जवात्। निपत्यासिप्रहारेण सिंहं तमकरोद्द्विधा ॥ २०४
समीपमेत्य चापृच्छद्राजानं तं स खेचरः। राजन्कनकवर्षेवं प्राप्तोऽस्येतां कथं भुवम् ॥ २०५
तच्छ्रुत्वा संस्मृतिं लब्ध्वा स राजा प्रत्युवाच तम्। विरहानलविक्षिप्तं कुतस्त्वं वेत्सि मामिति ॥ २०६
ततो विद्याधरोऽवादीदहं प्रव्राजको भवन्। मानुषो बन्धुमित्राख्यस्त्वत्पुरे न्यवसं पुरा ॥ २०७
सेवया प्रार्थितेनात्र त्वया साहायके कृते। विद्याधरत्वं प्राप्तोऽस्मि वीरवेतालसाधनात् ॥ २०८
तेन त्वां प्रत्यभिज्ञाय कर्तुं ते प्रत्युपक्रियाम्। त्वज्जिघांसुरयं दृष्ट्वा सिंहो व्यापादितो मया ॥ २०९
नाम्ना बन्धुप्रभश्चाद्य संवृत्तोऽस्मीति वादिनम्। राजा कनकवर्षस्तं जातप्रीतिरभाषत ॥ २१०
हन्त स्मरामि सा चेह मैत्री निर्वाहिता त्वया। तद्ब्रूहि मे कदा भावी भार्यापुत्रसमागमः ॥ २११
इति तस्य वचः श्रुत्वा बुद्ध्वा विद्याप्रभावतः। विद्याधरोऽब्रवीद्बन्धुप्रभस्तं स महीभृतम् ॥ २१२
दृष्टया विन्ध्यवासिन्या पत्नीपुत्रौ त्वमाप्स्यसि। तत्तत्र गच्छ सिद्ध्यै त्वं स्वलोकं च व्रजाम्यहम् ॥ २१३
इत्युक्त्वा खं गते तस्मिन्राजा लब्धधृतिः शनैः। प्रायात्कनकवर्षोऽसौ द्रष्टुं तां विन्ध्यवासिनीम् ॥ २१४
गच्छन्तमभ्यधावत्तं नृपं वन्यो महान्पथि। आधूतमस्तको मत्तः प्रसारितकरः करी ॥ २१५
तं दृष्ट्वा श्वभ्रमार्गेण स राजापासरत्तथा। यथानुधावन्स गजो विपेदे श्वभ्रपाततः ॥ २१६
ततः सोऽध्वश्रमायासक्लान्तो राजा व्रजन्क्रमात्। उद्दण्डपुण्डरीकाढ्यं प्रापदेकं महत्सरः ॥ २१७
तत्र स्नात्वा च पीत्वा च जलं जग्धमृणालकः। विश्रान्तः पादपतले क्षणं जह्रे स निद्रया ॥ २१८
तावच्च तेन मृगयानिवृत्ताः शबराः पथा। आगता ददृशुः सुप्तं तं राजानं सुलक्षणम् ॥ २१९
ते च देव्युपहारार्थं बद्ध्वा निन्युस्तदैव तम्। स्वस्य मुक्ताफलाख्यस्य पार्श्वं शबरभूभृतः ॥ २२०
सोऽप्येनं शबराधीशः प्रशस्तं वीक्ष्य नीतवान्। केतनं विन्ध्यवासिन्याः पशूकर्तुं नराधिपम् ॥ २२१
दृष्ट्वैव च स देवीं तां प्रणमंस्तदनुग्रहात्। राजा स्कन्दप्रसादाच्च बभूव स्रस्तबन्धनः ॥ २२२
तदालोक्याद्भुतं मत्वा तस्य तं देव्यनुग्रहम्। मुमोच तं स राजानं शबराधिपतिर्वधात् ॥ २२३
एवं कनकवर्षस्य तृतीयादपमृत्युतः। अतिक्रान्तस्य तस्याभूत्पूर्णं तच्छापवत्सरम् ॥ २२४
तावच्च तस्य सा नागी राज्ञो मदनसुन्दरीम्। देवीं सपुत्रामादाय तत्रैवागात्पितृष्वसा ॥ २२५
जगाद तं च भो राजञ्ज्ञातकौमारशापया। एतौ ते रक्षितौ युक्त्वा नीत्वा स्वभवनं मया ॥ २२६
तस्मात्कनकवर्ष स्वौ गृहाणैतौ प्रियासुतौ। भुङ्क्ष्वेदं पृथिवीराज्यं क्षीणशापोऽधुना ह्यसि ॥ २२७
इत्युक्त्वा प्रणतं सा तं नृपं नागी तिरोदधे। नृपोऽपि स्वप्नमिव तन्मेने भार्यासुतागमम् ॥ २२८
ततोऽस्य राज्ञो राज्ञ्याश्च चिरादाश्लिष्टयोर्मिथः। अगलद्विरहक्लेशो हर्षबाष्पाम्बुभिः सह ॥ २२९
सतः कनकवर्षं तं बुद्ध्वा पृथ्वीपतिं प्रभुम्। मुक्ताफलोऽपतत्तस्य शबरेन्द्रः स पादयोः ॥ २३०
क्षमयित्वा च पल्लीं स्वां प्रवेश्य च निजोचितैः। तैस्तैः ससुतदारं तमुपचारैरुपाचरत् ॥ २३१

सोऽथ तत्र स्थितो राजा दूतैरानाययन्नृपम् । श्वशुरं देवशक्तिं तं स्वसैन्यं च निजात्पुरात् ॥ २३२

अथास्थितकरेणुका मदनसुन्दरी तां प्रियां सुतं च शरजन्मनोदितहिरण्यवर्षाभिधम् ।
विधाय पुरतस्ततः श्वशुरवेश्मवासादितश्चचाल स तदन्वितः कनकवर्षपृथ्वीपतिः ॥ २३३

अवाप च स वासरैः कतिपयैर्गृहं श्वाशुरं विदर्भविषयाश्रितं तदथ कुण्डिनाख्यं पुरम् ।
समृद्धिमति तत्र च श्वशुरसत्कृतः कानिचिद्दिनान्यभजत स्थितिं तनयदारसेनायुतः ॥ २३४

प्रस्थाय ततश्च शनैः कनकपुरं प्राप्तवान्निजं नगरम् ।
पौरवधूजननयनैश्चिरोत्सुकैः पीयमान इव ॥ २३५

अविशच्च राजधानीं सुतसहितो मदनसुन्दरीयुक्तः ।
उत्सव इव विग्रहवान्प्रमोदशोभान्वितः स नृपः ॥ २३६

अभिषिच्य बद्धपट्टां तत्र च तां मदनसुन्दरीमकरोत् ।
सर्वान्तःपुरमुख्यामभ्युदये मानितप्रकृतिः ॥ २३७

देव्या तया सह सुतेन च तेन बद्धनित्योत्सवः पुनरदृष्टवियोगदुःखः ।
निष्कण्टकं कनकवर्षनरेश्वरोऽथ भूमण्डलं सचतुरन्तमिदं शशास ॥ २३८

इति गोमुखतः स्वमन्त्रिमुख्याद्रुचिरां तत्र कथामिमां निशम्य ।
नरवाहनदत्तराजपुत्रः सदलंकारवतीयुतस्तुतोष ॥ २३९

इति महाकविश्रीसोमदेवभट्टविरचिते कथासरित्सागरेऽलंकारवतीलम्बके पञ्चमस्तरङ्गः ।

षष्ठस्तरङ्गः ।

ततः स गोमुखाख्यातकथातुष्टः प्रियासखः । दृष्ट्वा सकोपविकृतिं मरुभूतिं तदीर्ष्यया ॥ १
नरवाहनदत्तस्तं निजगादानुरञ्जयन् । मरुभूते त्वमप्येकां किं नाख्यासि कथामिति ॥ २
ततः स बाढमाख्यामीत्युक्त्वा तुष्टेन चेतसा । समाख्यातुं कथामेतां मरुभूतिः प्रचक्रमे ॥ ३
चन्द्रस्वामीत्यभूत्पूर्वं राज्ञः कमलवर्मणः । नगरे देव कमलपुराख्ये ब्राह्मणोत्तमः ॥ ४
तस्य लक्ष्मीसरस्वत्योस्तृतीया विनयोज्ज्वला । भार्या देवमतिर्नाम समाना सुमतेरभूत् ॥ ५
तस्यां तस्य च विप्रस्य पत्न्यां जज्ञे सुलक्षणः । पुत्रः स यस्य जातस्य वागेवमुदगाद्दिवः ॥ ६
चन्द्रस्वामिन्महीपालो नाम्ना कार्यः सुतस्त्वया । राजा भूत्वा चिरं यस्मात्पालयिष्यत्ययं महीम् ॥ ७
एतद्दिव्यं वचः श्रुत्वा स महीपालमेव तम् । चन्द्रस्वामिसुतं नाम्ना चकार रचितोत्सवः ॥ ८
क्रमाच्च स महीपालो विवृद्धो ग्राहितोऽभवत् । शस्त्रास्त्रवेदं विद्यासु समं सर्वासु शिक्षितः ॥ ९
तावच्च सुषुवे तस्य सा चन्द्रस्वामिनः पुनः । भार्या देवमतिः कन्यां सर्वावयवसुन्दरीम् ॥ १०
सा च चन्द्रवती नाम महीपालः स च क्रमात् । भ्रातरौ ववृधाते तौ स्वपितुस्तस्य वेश्मनि ॥ ११
अथावृष्टिकृतस्तत्र देशे दुर्भिक्षविप्लवः । उदपद्यत दग्धेषु सस्येषु रविरश्मिभिः ॥ १२
तद्दोषेण च राजात्र प्रारेभे तस्करायितुम् । अधर्मेण प्रजाभ्योऽर्थमाकर्षन्मुक्तसत्पथः ॥ १३
ततोऽवसीदत्यत्यर्थं देशे तस्मिन्नुवाच सा । भार्या देवमतिर्विप्रं चन्द्रस्वामिनमत्र तम् ॥ १४
आगच्छ मत्पितृगृहं व्रजामो नगरादितः । एते ह्यपत्ये नश्येतामावयोरिह जातुचित् ॥ १५
तच्छ्रुत्वा तां स वक्ति स्म चन्द्रस्वामी स्वगेहिनीम् । मैवं पापं महद्ध्येतद्दुर्भिक्षे हि पलायनम् ॥ १६
तदहं बालकावेतौ नीत्वा त्वत्पितृवेश्मनि । स्थापयामि त्वमास्वेह शीघ्रं चैष्याम्यहं पुनः ॥ १७
इत्युक्त्वा स्थापयित्वा तां तथेत्युक्तवतीं गृहे । भार्यां स चन्द्रस्वामी तौ गृहीत्वा दारकौ निजौ ॥ १८
महीपालं च तं तां च कन्यां चन्द्रवतीमुभौ । ततः प्रतस्थे नगरात्पत्नीपितृगृहं प्रति ॥ १९
गच्छन्क्रमात्त्रिचतुरैर्दिनैः प्राप महाटवीम् । अर्कांशुतप्तसिकतां विशुष्कविरलद्रुमाम् ॥ २०

तस्यां तृषाभिभूतौ तौ स्थापयित्वा स दारकौ । चन्द्रस्वामी ययौ दूरमन्वेष्टुं वारि तत्कृते ॥ २१
तत्र तस्याययावग्रे सानुगः शबराधिपः । अकस्मात्सिंहदंष्ट्राख्यः कार्याय प्रस्थितः क्वचित् ॥ २२
स तं दृष्ट्वात्र पृष्ट्वा च बुद्ध्वा भिल्लो जलार्थिनम् । संज्ञां कृत्वाब्रवीद्भृत्यान्नीत्वाम्भः प्राप्यतामयम् ॥ २३
तच्छ्रुत्वा तस्य भृत्यास्ते द्वित्रा लब्धाशया ऋजुम् । ते चन्द्रस्वामिनं पल्लीं नीत्वा बद्धमकुर्वत ॥ २४
नरोपहारायात्मानं तेभ्यो बुद्ध्वा स संयतम् । चन्द्रस्वामी शुशोच स्वौ दारकावटवीगतौ ॥ २५
हा महीपाल हा वत्से चन्द्रवत्यपदे कथम् । मयारण्ये युवां त्यक्त्वा सिंहव्याघ्रामिषीकृतौ ॥ २६
आत्मा च घातितश्चौरैर्न चास्ति शरणं मम । इत्याक्रन्दन्स विप्रोऽर्कं व्योम्न्यपश्यदसंमदात् ॥ २७
हन्त मोहं विहायैतं स्वं प्रभुं शरणं श्रये । इत्यालोच्य द्विजः सूर्यं स स्तोतुमुपचक्रमे ॥ २८
तुभ्यं परापराकाशशायिने ज्योतिषे विभो । आभ्यन्तरं च बाह्यं च तमः प्रणुदते नमः ॥ २९
त्वं विष्णुस्त्रिजगद्व्यापी त्वं शिवः श्रेयसां निधिः । सुप्तं विचेष्टयन्विश्वं परमस्त्वं प्रजापतिः ॥ ३०
अप्रकाशौ प्रकाशेतामेतावित्यग्निचन्द्रयोः । न्यस्तात्मतेजा दययेवान्तर्धिं यासि यामिनीम् ॥ ३१
विद्रवन्त्यपि रक्षांसि प्रभवन्ति न दस्यवः । प्रमोदन्ते च गुणिनो भास्वन्नभ्युदिते त्वयि ॥ ३२
तद्रक्ष शरणापन्नं त्रैलोक्यैकप्रदीप माम् । इदं दुःखान्धकारं मे विदारय दयां कुरु ॥ ३३
इत्यादिभिस्तदा वाक्यैर्भक्त्या स्तुतवतो रविम् । चन्द्रस्वामिद्विजस्यास्य गगनादुच्चचार वाक् ॥ ३४
तुष्टोऽस्मि चन्द्रस्वामिंस्ते न त्वं वधमवाप्स्यसि । मत्प्रसादाच्च पुत्रादिसंगमस्ते भविष्यति ॥ ३५
इत्युक्तो दिव्यया वाचा जातास्थस्तत्र तस्थिवान् । चन्द्रस्वामी स शबरोपाहृतस्नानभोजनः ॥ ३६
तावच्च तं महीपालं स्वस्रा युक्तमरण्यगम् । पितर्यनायत्याक्रन्दविधुरं शङ्किताशुभम् ॥ ३७
ददर्श तेन मार्गेण सार्थवाहः समागतः । महान्सार्थधरो नाम वृत्तान्तं पृच्छति स्म च ॥ ३८
स तमाश्वास्य कृपया शिशुं दृष्ट्वा सुलक्षणम् । सार्थवाहो निनाय स्वं देशं स्वसृसखं ततः ॥ ३९
तत्रासीत्स महीपालो बाल्येऽप्यग्निक्रियारतः । सदने तस्य वणिजः पुत्रस्नेहेन पश्यतः ॥ ४०
एकदा नृपतेर्मन्त्री तारापुरनिवासिनः । ताराधर्माभिधानस्य कार्यात्तेनागतः पथा ॥ ४१
विवेश सार्थवाहस्य तस्य मित्रं द्विजोत्तमः । गृहाननन्तस्वामीति सहस्त्यश्वपदातिकः ॥ ४२
स विश्रान्तोऽत्र तं दृष्ट्वा महीपालं शुभाकृतिम् । जपाग्निकार्यादिरतं वृत्तान्तं परिपृच्छ्य च ॥ ४३
अनपत्यो विदित्वा च सवर्णं सार्थवाहतः । तस्माद्ययाचेऽपत्यार्थी मन्त्री तद्भगिनीं च ताम् ॥ ४४
ततस्तौ तेन वैश्येन दत्तावादाय दारकौ । सार्थवाहेन सोऽनन्तस्वामी तारापुरं ययौ ॥ ४५
तत्र पुत्रीकृतस्तेन महीपालः स मन्त्रिणा । तस्थौ तद्भवनेऽप्यस्य विद्याविपुलसंपदि ॥ ४६
अत्रान्तरे च बद्धं तं चन्द्रस्वामिनमेत्य सः । भिल्लाधिपः सिंहदंष्ट्रः पल्ल्यां तस्यामभाषत ॥ ४७
ब्रह्मन्स्वप्नेऽहमादिष्टस्तथा देवेन भानुना । यथा संपूज्य मोक्तव्यो न हन्तव्यो मया भवान् ॥ ४८
तदुत्तिष्ठ व्रज स्वेच्छमित्युक्त्वा स मुमोच तम् । प्रत्तमुक्तामृगमदं क्रमारण्यानुयात्रिकम् ॥ ४९
सोऽथ मुक्तस्ततश्चन्द्रस्वामी तमनुजायुतम् । अप्राप्यारण्यतः पुत्रं महीपालं गवेषयन् ॥ ५०
भ्रमन्नब्धेस्तटे प्राप्य नाम्ना जलपुरं पुरम् । प्रविवेशातिथिर्भूत्वा गृहं विप्रस्य कस्यचित् ॥ ५१
तत्र भुक्तोत्तराख्यातस्ववृत्तान्तं प्रसङ्गतः । तं स विप्रो गृहपतिश्चन्द्रस्वामिनमभ्यधात् ॥ ५२
वणिक्कनकवर्माख्योऽतीतेष्वागाद्दिनेष्विह । तेनाटव्यां स्वसृसखः प्राप्तो ब्राह्मणदारकः ॥ ५३
तौ चादायातिभव्यौ द्वौ दारकौ स इतो गतः । नारिकेलमहाद्वीपे नोक्तं तन्नाम तेन तु ॥ ५४
तच्छ्रुत्वा मामकावेव नूनं ताविति चिन्तयन् । चन्द्रस्वामी मतिं चक्रे गन्तुं द्वीपवरं स तम् ॥ ५५
नीत्वा च रात्रिमन्विष्य वणिजा विष्णुवर्मणा । स व्यधात्संगतिं द्वीपं नारिकेलं प्रयास्यता ॥ ५६
तेनैव च सहारुह्य यानपात्रं जगाम सः । चन्द्रस्वामी सुतस्नेहाद्द्वीपमब्धिपथेन तम् ॥ ५७
तत्र पृच्छन्तमूचुस्तं वणिजस्तन्निवासिनः । वणिक्कनकवर्माख्यः कामिमासीदिहागतः ॥ ५८
सुरूपावटवीप्राप्तावादाय द्विजदारकौ । गतः कटाहद्वीपं तु तद्युक्तः स इतोऽधुना ॥ ५९

तच्छ्रुत्वा स ततो विप्रो वणिजा दानवर्मणा । पोतेन गच्छता साकं कटाहद्वीपमभ्यगात् ॥ ६०
तत्रापि स द्विजोऽश्रौषीद्गतं तं वणिजं ततः । द्वीपात्कनकवर्माणं द्वीपं कर्पूरसंज्ञकम् ॥ ६१
एवं क्रमेण कर्पूरसुवर्णद्वीपसिंहलान् । वणिग्भिः सह गत्वापि तं प्राप वणिजं न सः ॥ ६२
सिंहलेभ्यस्तु शुश्राव गतं तं वणिजं निजम् । देशं कनकवर्माणं चित्रकूटाभिधं पुरम् ॥ ६३
ततः कोटीश्वराख्येन वणिजा स समं ययौ । चन्द्रस्वामी चित्रकूटं तत्पोतोत्तीर्णवारिधिः ॥ ६४
तस्मिन्कनकवर्माणं वणिजं तमवाप सः । आचख्यौ चाखिलं तस्मै स्वोदन्तं दारकोत्सुकः ॥ ६५
ततः कनकवर्मा तौ ज्ञातार्तिः सोऽस्य दारकौ । दर्शयामास यौ तेन लब्ध्वा नीतावरण्यतः ॥ ६६
चन्द्रस्वामी च तौ यावद्वीक्षते दारकावुभौ । तावन्नैव तदीयौ तौ तावन्यावेव कौचन ॥ ६७
ततः सबाष्पं शोकार्तो निराशो विललाप सः । इयद्भ्रान्त्वापि हा प्राप्तो न पुत्रो न सुता मया ॥ ६८
धात्रा कुप्रभुणेवाशा दर्शिता मे न पूरिता । भ्रामितोऽस्मि च मिथ्यैव दूराद्दूरं दुरात्मना ॥ ६९
इत्यादि शोचन्वणिजा क्रमात्कनकवर्मणा । आश्वासितः स तेनाथ चन्द्रस्वामी शुचाब्रवीत् ॥ ७०
वत्सरेणात्मजौ तौ चेन्न प्राप्स्यामि भुवं भ्रमन् । ततस्त्यक्ष्यामि तपसा गङ्गातीरे शरीरकम् ॥ ७१
इत्युक्तवन्तं तत्रस्थो ज्ञानी कोऽपि तमभ्यधात् । नारायण्याः प्रसादात्तौ प्राप्स्यस्येवात्मजौ व्रज ॥ ७२
तच्छ्रुत्वा स प्रहृष्टात्मा भास्करानुग्रहं स्मरन् । वणिग्भिः पूजितः प्रायाच्चन्द्रस्वामी पुरात्ततः ॥ ७३
ततोऽग्रहारान्ग्रामांश्च चिन्वन्स नगराणि च । भ्रमन्प्रापैकदा सायं वनं प्रांशुवहुद्रुमम् ॥ ७४
तत्र क्षपयितुं रात्रिं कृत्वा वृत्तिं फलाम्बुभिः । स तस्थौ तरुमारुह्य सिंहव्याघ्रादिशङ्कया ॥ ७५
अनिद्रश्च निशीथेऽत्र ददर्श स तरोरधः । महन्नारायणीमुख्यं मातृचक्रं समागतम् ॥ ७६
उपहारान्समाहृत्य नानारूपान्निजोचितान् । प्रतीक्षमाणं देवस्य भैरवस्य किलागमम् ॥ ७७
चिरयत्यद्य किं देव इति तत्र च मातरः । नारायणीमथापृच्छन्सा जहास तु नाब्रवीत् ॥ ७८
अतिनिर्बन्धपृष्टा च ताभिस्ताः प्रत्युवाच सा । लज्जावहं यदप्येतत्सख्यस्तदपि वच्म्यहम् ॥ ७९
अस्तीह सुरसेनाख्यो राजा सुरपुरे पुरे । तस्य विद्याधरी नाम ख्यातरूपास्ति चात्मजा ॥ ८०
प्रदेयायाश्च तेनास्या राज्ञा रूपसमः श्रुतः । विमलाख्यस्य तनयो राज्ञो नाम्ना प्रभाकरः ॥ ८१
तस्मै दित्सति तां तस्मिन्राज्ञि तेनापि सा श्रुता । विमलेन सुता तस्य निजपुत्रानुरूपिका ॥ ८२
ततः स विमलस्तस्मात्सुरसेनादयाचत । विद्याधरीं दूतमुखात्पुत्रार्थे तां तदात्मजाम् ॥ ८३
सोऽप्यपेक्षितसंपत्त्या तत्सुताय सुतामदात् । प्रभाकराय तस्मै तां सुरसेनो यथाविधि ॥ ८४
ततः सा प्राप्य विमलपुराख्यं श्वाशुरं पुरम् । विद्याधरी समं भर्त्रा शयनीयमगान्निशि ॥ ८५
तत्रासंभोगसुप्तं सा पतिं सोत्का प्रभाकरम् । यावन्निरीक्षते तावत्तमपश्यन्नपुंसकम् ॥ ८६
हा हतास्मि कथं षण्ढः पतिः प्राप्तो मयेति सा । शोचन्ती चेतसा रात्रिं राजपुत्री निनाय ताम् ॥ ८७
नपुंसकाय दत्ताहमनन्विष्य कथं त्वया । इति लेखं लिखित्वा च पित्रे सा प्राहिणोत्ततः ॥ ८८
स लेखं वाचयित्वैव विमलेनास्मि वञ्चितः । छद्मनेत्यगमत्क्रोधं तत्पिता विमलं प्रति ॥ ८९
सुतां नपुंसकायाहं यद्व्याजाद्दापितस्त्वया । पुत्राय तत्फलं भुङ्क्ष्व पश्य त्वामेत्य हन्म्यहम् ॥ ९०
इति तस्मै स्वलेखेन संदिदेश स भूपतिः । सुरसेनो बलोद्रिक्तो विमलाय महीक्षिते ॥ ९१
विमलश्चाधिगत्यैतं तल्लेखार्थं समन्त्रिकः । विमृशन्दुर्जये तस्मिन्नोपायं कंचिदैक्षत ॥ ९२
ततस्तं पिङ्गदत्ताख्यो मन्त्री विमलमभ्यधात् । एक एवास्त्युपायोऽत्र तं देव श्रेयसे कुरु ॥ ९३
अस्ति स्थूलशिरा नाम यक्षस्तस्य च वेद्म्यहम् । मन्त्रमाराधनं येन वरमिष्टं ददाति सः ॥ ९४
तेनोपात्तेन मन्त्रेण यक्षमाराध्य संप्रति । लिङ्गं याचस्व पुत्रार्थे सद्यः शाम्यतु विग्रहः ॥ ९५
इत्युक्तो मन्त्रिणा तस्मान्मन्त्रमादाय तं नृपः । सुतार्थं यक्षमाराध्य स तं लिङ्गमयाचत ॥ ९६
तेन संप्रति दत्ते च लिङ्गे यक्षेण तत्सुतः । पुमान्प्रभाकरः सोऽभूद्यक्षस्त्वासीन्नपुंसकः ॥ ९७
सा तु विद्याधरी दृष्ट्वा पुमांसं तं प्रभाकरम् । तेन पत्या सहावाप्तरतसौख्या व्यचिन्तयत् ॥ ९८

भ्रान्ताहं मददोषेण न मे भर्ता नपुंसकः। पुमानेवैष सुभगो नात्र कार्यान्यथा मतिः॥ ९९
इत्यालोच्यैनमेवार्थं लिखित्वा लज्जिता पुनः। पित्रे सा प्राहिणोल्लेखं शमं भेजे च तेन सः॥ १००
एतं ज्ञात्वा च वृत्तान्तं भैरवेणाद्य कुप्यता। आनाय्य स स्थूलशिराः शप्तो देवेन गुह्यकः॥ १०१
लिङ्गत्यागेन षण्ढत्वमाश्रितं यत्त्वया ततः। षण्ढ एव भवाजीवं पुमान्सोऽस्तु प्रभाकरः॥ १०२
एवं नपुंसकीभूतो गुह्यकः सोऽद्य दुःखभाक्। प्रभाकरश्च पुरुषीभूतो भोगसुखाय सः॥ १०३
तदेतेनाद्य कार्येण देवस्यागमने मनाक्। जातो विलम्बः क्षिप्रं च जानीतागतमेव तम्॥ १०४
इति नारायणी देवी मातॄर्यावद्ब्रवीति सा। देवश्चक्रेश्वरस्तावदाययौ सोऽत्र भैरवः॥ १०५
संपूजितश्च सर्वाभिरुपहारैः स मातृभिः। ताण्डवेन क्षणं नृत्यन्नक्रीडद्योगिनीसखः॥ १०६
तच्च सर्वं तरोः पृष्ठाच्चन्द्रस्वामी विलोकयन्। नारायण्या ददर्शैकां दासीं सापि तमैक्षत॥ १०७
अन्योन्यसाभिलाषौ च दैवाद्द्वौ तौ बभूवतुः। सा च नारायणी देवी तथाभूतौ विवेद तौ॥ १०८
गतेऽथ मातृसहिते भैरवे सा विलम्ब्य तम्। नारायणी पादपस्थं चन्द्रस्वामिनमाह्वयत्॥ १०९
अवरुह्यागतं तं च स्वदासीं तां च सा ततः। पप्रच्छ कच्चिदन्योन्यमभिलाषोऽस्ति वामिति॥ ११०
अस्ति देवीति विज्ञप्ता ताभ्यां तथ्यं ततश्च सा। देवी विमुक्तकोपा तं चन्द्रस्वामिनमभ्यधात्॥ १११
सत्येनोक्तेन तुष्टाहं युवयोर्न शपामि वाम्। ददाम्येतां तु दासीं ते भवतं निर्वृतौ युवाम्॥ ११२
तच्छ्रुत्वा सोऽब्रवीद्विप्रो देवि यद्यपि चञ्चलम्। मनो रुणध्मि तदपि स्पृशामि न परस्त्रियम्॥ ११३
मनसः प्रकृतिर्ह्येषा रक्ष्यं पापं तु कायिकम्। इत्यूचिवांसं तं धीरं विप्रं देवी जगाद सा॥ ११४
प्रीतास्मि ते वरश्चायं पुत्रादीञ्शीघ्रमाप्स्यसि। इदं चोत्पलमम्लायि विषादिघ्नं गृहाण मे॥ ११५
इत्युक्त्वा नीरजं दत्त्वा चन्द्रस्वामिद्विजस्य सा। नारायणी सदासीका देवी तस्य तिरोदधे॥ ११६
स च प्राप्तोत्पलो रात्रौ क्षीणायां प्रस्थितस्ततः। तारापुरं तन्नगरं प्राप विप्रः परिभ्रमन्॥ ११७
यत्रास्य स स्थितः पुत्रो महीपालः सुता च सा। अनन्तस्वामिनस्तस्य गृहे विप्रस्य मन्त्रिणः॥ ११८
तत्र गत्वा स तस्यैव मन्त्रिणो भोजनेप्सया। द्वारे प्राध्ययनं चक्रे श्रुत्वा तमतिथिं प्रियम्॥ ११९
स च मन्त्री प्रतीहारैरावेद्यान्तः प्रवेशितम्। न्यमन्त्रयत दृष्ट्वैव विद्वांसं भोजनाय तम्॥ १२०
निमन्त्रितोऽथ स श्रुत्वा तत्र पापहरं सरः। चन्द्रस्वामी ययौ स्नातुमनन्तह्रदसंज्ञकम्॥ १२१
आगच्छति ततः स्नात्वा यावत्तावत्समन्ततः। हाकष्टशब्दं शुश्राव नगरे तत्र स द्विजः॥ १२२
तत्कारणं च पृच्छन्तं तमेवमवदज्जनः। इह स्थितो महीपालो नाम ब्राह्मणपुत्रकः॥ १२३
अटव्याः सार्थवाहेन प्राप्तः सार्थधरेण सः। तस्मात्सुलक्षणो दृष्ट्वा याचित्वा भगिनीसखः॥ १२४
अनन्तस्वामिना यत्नादिहानीतः स मन्त्रिणा। पुत्रीकृतश्चापुत्रेण स तेन प्रियतां गतः॥ १२५
तारावर्मनृपस्येह राष्ट्रस्यास्य च सद्गुणः। सोऽद्य कृष्णाहिना दष्टस्तेन हाहारवः पुरे॥ १२६
एतच्छ्रुत्वा स एवैष मत्पुत्र इति चिन्तयन्। आययौ त्वरितश्चन्द्रस्वामी मन्त्रिगृहं स तत्॥ १२७
तत्र सर्वैर्वृतं दृष्ट्वा परिज्ञाय च तं सुतम्। नन्दति स्म स हस्तस्थदेवीदत्तागदोत्पलः॥ १२८
अढौकयच्च नासायां महीपालस्य तस्य तत्। नीलोत्पलं तदैवाभूत्तद्गन्धेन स निर्विषः॥ १२९
उत्तस्थौ च महीपालो निद्रायुक्त इवास्त सः। पुरे चात्रोत्सवं चक्रे जनः सर्वः सराजकः॥ १३०
चन्द्रस्वामी च स तदा देवांशः कोऽप्यसाविति। अनन्तस्वामिना पौरै राज्ञा चार्थैरपूज्यत॥ १३१
तस्थौ च तत्रैव सुखं मन्त्रिवेश्मनि सोऽर्चितः। पश्यन्पुत्रं महीपालं सुतां चन्द्रवतीं च ताम्॥ १३२
परिज्ञायापि चान्योन्यं तूष्णीं तस्थुस्त्रयोऽपि ते। कुर्वन्त्यकालेऽभिव्यक्तिं न कार्यापेक्षिणो बुधाः॥ १३३
अथ तस्मै महीपालायान्तः संतोषितो गुणैः। राजा बन्धुमतीं नाम तारावर्मा ददौ सुताम्॥ १३४
प्रदत्तनिजराज्यार्धे तस्मिन्नेव व्यधात्तदा। सुखी राज्यभरं कृत्स्नं स नृपोऽनन्यपुत्रकः॥ १३५
महीपालोऽपि स प्राप्तराज्यः प्रख्याप्य वं निजम्। पितरं स्वानुजां स्थाने दत्त्वा तस्थौ यथासुखम्॥ १३६
एकदा तं पिता चन्द्रस्वामी स्वैरमभाषत। एहि स्वदेशं गच्छावो मातुरानयनाय ते॥ १३७

राज्यस्थं त्वां हि बुद्ध्वा सा कथं तेनास्मि विस्मृता । इति क्रुद्धा शपेज्जातु पुत्रातिचिरदुःखिता ॥ १३८
मातापितृभ्यां शप्तः सन्न जातु सुखमश्नुते । तथा चैतां पुरावृत्तां वणिक्पुत्रकथां शृणु ॥ १३९
चक्रो नाम वणिक्पुत्रो धवलाख्येऽभवत्पुरे । सोऽनिच्छतोरगात्पित्रोः स्वर्णद्वीपं वणिज्यया ॥ १४०
ततः स पञ्चभिर्वर्षैरुपार्जितमहाधनः । आगच्छन्नारुरोहाब्धौ वहनं रत्नपूरितम् ॥ १४१
अल्पावशेषे गन्तव्ये वारिधौ तस्य चोन्नदन् । उदतिष्ठन्महावातवर्षवेगाकुलोऽम्बुदः ॥ १४२
पितराववमन्यैष किमायात इतीव तत् । क्रोधात्प्रवहणं तस्य निर्बभञ्जुर्महोर्मयः ॥ १४३
तत्स्थाः केऽपि हृतास्तोयैर्मकरैः केऽपि भक्षिताः । चक्रस्त्वायुर्बलान्नीत्वा तीरे क्षिप्तश्च वीचिभिः ॥ १४४
तत्रस्थो निःसहः स्वप्न इव रौद्रासिताकृतिम् । पाशहस्तं ददर्शैकं पुरुषं स वणिक्सुतः ॥ १४५
तेनोत्क्षिप्य च नीतोऽभूत्स चक्रः पाशवेष्टितः । दूरं सिंहासनस्थेन पुरुषेणास्थितां सभाम् ॥ १४६
तस्याज्ञयासनस्थस्य तेनैव स वणिग्युवा । नीत्वा पाशभृता लोहमये गेहे न्यवेश्यत ॥ १४७
तत्रान्तः पीड्यमानं स चक्रः पुरुषमैक्षत । मूर्ध्नि तप्तेन लौहेन चक्रेण भ्रमतानिशम् ॥ १४८
कस्त्वं केनाशुभेनेदं तव जीवस्यहो कथम् । इत्यपृच्छत्स चक्रस्तं सोऽप्येवं प्रत्युवाच तम् ॥ १४९
खड्गाख्योऽहं वणिक्पुत्रः पित्रोर्यच्च वचो मया । न कृतं तेन संक्रुद्धौ तौ मामशपतां क्रुधा ॥ १५०
शिरःस्थायससंतप्तचक्राभौ नौ दुनोषि यत् । तदीदृश्येव ते पीडा दुराचार भविष्यति ॥ १५१
इत्युक्त्वा तौ विरम्योभौ रुदन्तं माममवोचताम् । मा रोदीरेकमेवास्तु मासं पीडा तवेदृशी ॥ १५२
तच्छ्रुत्वाहं शुचा नीत्वा तद्दिनं शयनाश्रितः । निशि स्वप्न इवाद्राक्षं भीमं पुरुषमागतम् ॥ १५३
तेनादाय बलेनाहमस्मिँल्लोहमये गृहे । क्षिप्तो न्यस्तं च मे मूर्ध्नि ज्वलच्चक्रमिदं भ्रमत् ॥ १५४
इति मे पितृशापोऽयं तेन प्राणा न यान्ति मे । स च मासोऽद्य संपूर्णो न च मुच्ये तथाप्यहम् ॥ १५५
इत्युक्तवन्तं तं खड्गं स चक्रः सकृपोऽब्रवीत् । पित्रोः प्रवसतार्थार्थं मयापि न कृतं वचः ॥ १५६
प्राप्तं नङ्क्ष्यति ते वित्तमिति मां शपतः स्म तौ । तेनाब्धौ मे धनं नष्टं कृत्स्नं द्वीपान्तरार्जितम् ॥ १५७
एषैव वार्ता चान्यत्र तत्कोऽर्थो जीवितेन मे । देह्येतन्मूर्ध्नि मे चक्रं खड्ग शापोऽपयातु ते ॥ १५८
इति चक्रे वदत्येव वाणी दिव्यात्र शुश्रुवे । खड्ग मुक्तोऽसि चक्रस्य मूर्ध्न्येतच्चक्रमर्पय ॥ १५९
तच्छ्रुत्वा चक्रशिरसि न्यस्तचक्रस्तदैव सः । खड्गः केनाप्यदृश्येन निन्ये पितृगृहं ततः ॥ १६०
तत्रासीत्स पुनः पित्रोरनुल्लङ्घितशासनः । चक्रस्त्वादाय तन्मूर्ध्नि चक्रं तत्रैवमभ्यधात् ॥ १६१
पापिनोऽन्येऽपि मुच्यन्तां पृथ्व्यां तत्पातकैरपि । आ पापक्षयमेतन्मे चक्रं भ्राम्यतु मूर्धनि ॥ १६२
इत्युक्तवन्तं तं चक्रं धीरसत्त्वं नभःस्थिताः । पुष्पवृष्टिमुचो देवाः परितुष्यैवमब्रुवन् ॥ १६३
साधु साधु महासत्त्व शान्तं करुणयानया । पापं ते व्रज वित्तं च तवाक्षय्यं भविष्यति ॥ १६४
इत्युक्तवत्सु देवेषु चक्रस्य शिरसः क्षणात् । आयसं तस्य तच्चक्रं जगाम क्वाप्यदर्शनम् ॥ १६५
तथोपेत्याम्बरादेको विद्याधरकुमारकः । तुष्टेन्द्रप्रेषितं दत्त्वा महार्घं रत्नसंचयम् ॥ १६६
अङ्के कृत्वैव तं चक्रं नगरं धवलाभिधम् । निजं तत्प्रापयामास जगाम च यथागतम् ॥ १६७
सोऽथ चक्रोऽन्तिकं पित्रोः प्राप्यानन्दितबान्धवः । तस्थावाख्यातवृत्तान्तस्तत्र धर्मापरिच्युतः ॥ १६८
इत्याख्याय महीपालं चन्द्रस्वाम्यवदत्पुनः । ईदृक्पापफलं पुत्र मातापित्रोर्विरोधनम् ॥ १६९
कामधेनुस्तु तद्भक्तिस्तत्राप्येतां कथां शृणु । आसीत्कोऽपि मुनिः पूर्वं वनचारी महातपाः ॥ १७०
तरुच्छायोपविष्टस्य तस्योपरि बलाकया । विष्ठा कदाचिन्मुक्ताभूत्सोऽथ क्रुद्धो ददर्श ताम् ॥ १७१
दृष्टमात्रैव सा तेन बलाका भस्मसादभूत् । तपःप्रभावाहंकारं स च भेजे ततो मुनिः ॥ १७२
एकदा नगरे क्वापि स ब्राह्मणगृहं मुनिः । एत्य प्रविश्य गृहिणीं तत्र भिक्षामयाचत ॥ १७३
प्रतीक्षस्व मनाग्भर्तुः परिचर्यां समापये । इति तं सा च गृहिणी निजगाद पतिव्रता ॥ १७४
ततस्तं क्रुद्धया दृष्ट्या वीक्षमाणं विहस्य सा । अभाषत मुने नाहं बलाका मृष्यतामिति ॥ १७५
श्रुत्वैतत्स मुनिस्तस्थावुपविश्यात्र साद्भुतः । एतत्कथमिव ज्ञातमनयेति विचिन्तयन् ॥ १७६

ततः कृत्वाग्निकार्यादेः शुश्रूषां भर्तुरत्र सा । साध्वी भिक्षां समादाय तस्यागादन्तिकं मुनेः ॥ १७७
सोऽथ बद्धाञ्जलिर्भूत्वा मुनिस्तामवदत्सतीम् । कथं बलाकावृत्तान्तः परोक्षोऽपि मम त्वया ॥ १७८
ज्ञात इत्यादितो ब्रूहि भिक्षां गृह्णाम्यहं ततः । इत्युक्तवन्तं तमृषिं सावोचत्पतिदेवता ॥ १७९
न भर्तृभक्तेरपरं धर्मं कंचन वेद्म्यहम् । तेन मे तत्प्रसादेन विज्ञानबलमीदृशम् ॥ १८०
किं चेह धर्मव्याधाख्यं मांसविक्रयजीविनम् । गत्वा पश्य ततः श्रेयो निरहंकारमाप्स्यसि ॥ १८१
एवं सर्वविदा प्रोक्तः स पतिव्रतया मुनिः । गृहीतातिथिभागस्तां प्रणम्य निरगात्ततः ॥ १८२
अन्येद्युः स मुनिर्धर्मव्याधमन्विष्य तत्र तम् । विपणिस्थमुपागच्छत्कुर्वाणं मांसविक्रयम् ॥ १८३
धर्मव्याधश्च दृष्ट्वैव स तं मुनिमभाषत । किं पतिव्रतया ब्रह्मन्निह त्वं प्रेषितस्तया ॥ १८४
तच्छ्रुत्वा विस्मितोऽवादीद्धर्मव्याधमृषिः स तम् । ईदृशं ते कथं ज्ञानं मांसविक्रयिणः सतः ॥ १८५
इत्युक्तवन्तं तमृषिं धर्मव्याधो जगाद सः । मातापित्रोरहं भक्तस्तौ ममैकं परायणम् ॥ १८६
तयोः स्नपितयोः स्नामि भुञ्जे भोजितयोस्तयोः । शये शयितयोस्तेन ज्ञानमीदृग्विधं मम ॥ १८७
मांसं चान्यहतस्याहं मृगादेर्वृत्तये परम् । स्वधर्मनिरतो भूत्वा विक्रीणे नार्थगर्धतः ॥ १८८
ज्ञानविघ्नमहंकारमहं सा च पतिव्रता । नैव कुर्वो मुने तेन निर्बाधज्ञानमावयोः ॥ १८९
तस्मात्त्वमप्यहंकारं मुक्त्वा शुद्ध्यै मुनिव्रतः । स्वधर्मं चर येनाशु परं ज्योतिरवाप्स्यसि ॥ १९०
इति तेनानुशिष्टश्च धर्मव्याधेन तद्गृहान् । गत्वा दृष्ट्वा च तच्चर्यां मुनिस्तुष्टो वनं ययौ ॥ १९१
सिद्धस्तदुपदेशाच्च सोऽभूत्तावपि जग्मतुः । सिद्धिं पतिव्रताधर्मव्याधौ तद्धर्मचर्यया ॥ १९२
एष प्रभावो भक्तानां पत्यौ पितरि मातरि । तदेहि संभावय तां मातरं दर्शनोत्सुकाम् ॥ १९३
एवं पित्रा महीपालः स चन्द्रस्वामिनोदितः । प्रतिपेदे स्वदेशाय गन्तुं मात्रनुरोधतः ॥ १९४
अनन्तस्वामिने सर्वं धर्मपित्रे निवेद्य तत् । तेनात्तभारः स ततः प्रायात्पितृसखो निशि ॥ १९५
क्रमात्प्राप्य स्वदेशं च जननीं दर्शनेन ताम् । अनन्दयद्वसन्तर्तुं मधुः पिकवधूमिव ॥ १९६
कंचित्कालं महीपालस्तस्थौ बान्धवसत्कृतः । तत्र मातृयुतः पित्रा वृत्तान्ताख्यायिना सह ॥ १९७
तावत्तारापुरे तत्र तद्भार्या तु नृपात्मजा । निशाक्षये बन्धुमती सान्तः सुप्ता व्यबुध्यत ॥ १९८
बुद्ध्वा च तं पतिं क्वापि गतं विरहविक्लवा । न लेभे सा रतिं क्वापि प्रासादोपवनादिषु ॥ १९९
द्विगुणीकृतहारेण बाष्पेण रुदती परम् । आसीत्प्रलापैकमयी वाञ्छन्ती मृत्युना सुखम् ॥ २००
यामि कार्येण केनापि शीघ्रमेष्यामि चेति मे । स्वैरमुक्त्वैव स गतस्तन्मा पुत्रि शुचं कृथाः ॥ २०१
इत्याशादर्शिभिर्वाक्यैरनन्तस्वामिना ततः । मन्त्रिणाश्वासिताभ्येत्य कृच्छ्रात्सा धृतिमाददे ॥ २०२
ततः प्रवृत्तिज्ञानार्थं भर्तुर्देशान्तरागतान् । पूजयन्ती सदैवासीद्दानैः सा द्विजपुंगवान् ॥ २०३
तेन संगमदत्ताख्यं दीनं दानागतं द्विजम् । भर्तुः पप्रच्छ सा वार्तामुक्त्वाभिज्ञाननामनी ॥ २०४
ततस्तां स द्विजोऽवादीद्दृष्टो नैवंविधो मया । कश्चित्तथापि देव्यत्र कार्या नैवाधृतिस्त्वया ॥ २०५
चिरादवाप्यतेऽभीष्टसंयोगः शुभकर्मभिः । तथा च यन्मया दृष्टमाश्चर्यं वच्मि तच्छृणु ॥ २०६
तीर्थान्यटन्नहं प्राप्तं हिमाद्रौ मानसं सरः । तत्रादर्शमिवापश्यमन्तर्मणिमयं गृहम् ॥ २०७
ततोऽकस्माच्च निर्गत्य खड्गपाणिः पुमान्गृहात् । अध्यारोहत्सरस्तीरं दिव्यनारीगणान्वितः ॥ २०८
तत्रोद्याने सह स्त्रीभिः सोऽक्रीडत्पानलीलया । दूरात्सकौतुकश्चाहं पश्यन्नासमलक्षितः ॥ २०९
तावत्कुतोऽपि तत्रागात्सुभगः पुरुषोऽपरः । मिलिताय च तत्तस्मै यथादृष्टं मयोदितम् ॥ २१०
दर्शितश्च स सस्त्रीकः पुमान्दूरात्कुतूहलात् । तद्दृष्ट्वैव स्ववृत्तान्तमेवमाख्यातवान्मम ॥ २११
पुरे त्रिभुवनाख्येऽहं राजा त्रिभुवनाभिधः । तत्र मे सुचिरं सेवामेकः पाशुपतो व्यधात् ॥ २१२
.... । .... ॥ २१३
स पृष्टः कारणं स्वैरं बिलखड्गप्रसाधने । सहायं प्रार्थयत मां प्रतिपन्नं मया च तत् ॥ २१४
ततो मया सहारण्यं गत्वा होमादिना निशि । प्रकटीकृत्य विवरं स मां पाशुपतोऽभ्यधात् ॥ २१५

वीर प्रविश पूर्वं त्वं खड्गं प्राप्य च मामपि । प्रवेशयेस्त्वं निर्गत्य समयं चात्र मे कुरु ॥ २१६
इत्युक्तस्तेन तस्याहं कृत्वा समयमाशु तत् । प्रविश्य विवरं प्रापमेकं रत्नमयं गृहम् ॥ २१७
ततो निर्गत्य मां चैका प्रधानासुरकन्यका । अन्तः प्रावेशयत्प्रेम्णा प्रादात्खड्गं च सात्र मे ॥ २१८
सर्वसिद्धिप्रदमिमं खड्गं खगतिदायिनम् । रक्षेरित्युक्तवत्याहं तया तत्रावसं सह ॥ २१९
स्मृत्वाथ खड्गहस्तोऽहं निर्गत्य विवरेण तम् । प्रावेशयं पाशुपतं तस्मिन्नसुरमन्दिरे ॥ २२०
तत्राहमाद्यया साकं तया सपरिवारया । सोऽपि द्वितीयया साकमासीदसुरकन्यया ॥ २२१
एकदा पानमत्तस्य स मे पाशुपतश्छलात् । हृत्वा पार्श्वस्थितं खड्गमकरोन्निजहस्तगम् ॥ २२२
तस्मिन्हस्तस्थिते लब्धमहासिद्धिः स पाणितः । मामादायैव निष्काल्य विवरात्प्राक्षिपद्बहिः ॥ २२३
ततो द्वादशवर्षाणि मया बिलमुखेषु सः । गवेषितः कदाचित्तं निर्गतं प्राप्नुयामिति ॥ २२४
सोऽयमद्येह मे दृष्टिपथे निपतितः शठः । मदीययैतया साकं क्रीडन्नसुरकन्यया ॥ २२५
इति यावत्त्रिभुवनः स राजा देवि वक्ति माम् । तावत्पानमदान्निद्रामगात्पाशुपतोऽत्र सः ॥ २२६
सुप्तस्य तस्य गत्वैव पार्श्वात्खड्गं तमग्रहीत् । स राजा तेन भूयश्च प्रभावं दिव्यमाप्तवान् ॥ २२७
ततः पाशुपतं पादप्रहारेण प्रबोध्य तम् । निरभर्त्सयदापन्नं स वीरो नावधीत्पुनः ॥ २२८
प्राविशच्चासुरपुरं सपरिच्छदया तया । प्राप्तया स स्वया साकं सिद्ध्यैवासुरकन्यया ॥ २२९
स च पाशुपतः सिद्धिभ्रष्टः कष्टमगात्परम् । कृतघ्नाश्चिरसिद्धार्था अपि भ्रश्यन्ति हि ध्रुवम् ॥ २३०
एतत्साक्षाद्विलोक्याहमिह प्राप्तः परिभ्रमन् । तद्देवि प्रियसंयोगस्तव भावी चिरादपि ॥ २३१
यथा त्रिभुवनस्याभूच्छुभकृन्नहि सीदति । इति तस्माद्द्विजाच्छ्रुत्वा तोषं बन्धुमती ययौ ॥ २३२
चकार च कृतार्थं तं विप्रं दत्त्वा धनं बहु । अन्येद्युश्च द्विजोऽपूर्वस्तत्रागाद्दूरदेशजः ॥ २३३
तं च बन्धुमती सोत्का प्रोक्ताभिज्ञाननामका । भर्तुर्वार्तामपृच्छत्सा सोऽथ तां ब्राह्मणोऽभ्यधात् ॥ २३४
न स देवि मया दृष्टस्त्वद्भर्ता कापि किं त्वहम् । अन्वर्थः सुमनोनामा तवाद्य गृहमागतः ॥ २३५
तदाशु सौमनस्यं ते भावीत्याख्याति मे मनः । भवत्येव च संयोगश्चिरविश्लेषिणामपि ॥ २३६
तथा च कथयाम्येतामत्र देवि कथां शृणु । निषधाधिपती राजा नलो नामाभवत्पुरा ॥ २३७
यस्य रूपेण विजितः कामो मन्येऽवमानतः । कोपितत्रिपुरारातिनेत्राग्नावजुहोत्तनुम् ॥ २३८
तेनाभार्येण सदृशी भार्याश्रावि विचिन्वता । दमयन्तीति भीमस्य विदर्भाधिपतेः सुता ॥ २३९
भीमेनापि विचित्य क्ष्मां ददृशे तेन राजसु । न नलादपरो राजा तुल्यः स्वदुहितुः पतिः ॥ २४०
अत्रान्तरे स्वनगरे दमयन्ती सरोवरम् । भीमात्मजा जलक्रीडाहेतोरवततार सा ॥ २४१
तत्रैकं राजहंसं सा दृष्ट्वा दष्टोत्पलाम्बुजम् । बबन्ध क्रीडया बाला युक्तिक्षिप्तोत्तरीयका ॥ २४२
स बद्धो दिव्यहंसस्तामुवाच व्यक्तया गिरा । राजपुत्र्युपकारं ते करिष्यामि विमुञ्च माम् ॥ २४३
नैषधोऽस्ति नलो नाम राजा हृदि वहन्ति यम् । सद्गुणैर्गुम्फितं हारमिव दिव्याङ्गना अपि ॥ २४४
तस्य त्वं सदृशी भार्या भर्ता स सदृशस्तव । तदत्र तुल्यसंयोगे कामदूतो भवामि वाम् ॥ २४५
तच्छ्रुत्वा दिव्यहंसं सा मत्वा सत्याभिभाषिणम् । मुमोच दमयन्ती तमेवमस्त्विति वादिनी ॥ २४६
न मया वरणीयोऽन्यो नलादिति जगाद च । श्रुतिमार्गप्रविष्टेन तेनापहृतमानसा ॥ २४७
स च हंसस्ततो गत्वा निषधेष्वाशु शिश्रिये । जलक्रीडाप्रवृत्तेन नलेनाध्यासितं सरः ॥ २४८
नलः स राजा दृष्ट्वा तं राजहंसं मनोरमम् । बबन्ध स्वोत्तरीयेण लीलाक्षिप्तेन कौतुकात् ॥ २४९
सोऽथ हंसोऽब्रवीन्मुञ्च नृपते मामहं यतः । इह त्वदुपकारार्थमागतः शृणु वच्मि ते ॥ २५०
विदर्भेष्वस्ति भीमस्य राज्ञः क्षितितिलोत्तमा । दमयन्तीति दुहिता स्पृहणीया सुरैरपि ॥ २५१
त्वमेव च मदाख्यातगुणो बद्धानुरागया । तया भर्ता वृतस्तच्च तवाहं वक्तुमागतः ॥ २५२
इति हंसोत्तमस्यास्य वचोभिः सत्फलोज्ज्वलैः । विशिखैश्च स पुष्पेषोर्नलः सममविध्यत ॥ २५३
अब्रवीत्स च हंसं तं धन्योऽहं विहगोत्तम । यो मनोरथसंपत्त्या मूर्तयेव वृतस्तया ॥ २५४

इत्युक्त्वा तेन मुक्तः स हंसो गत्वा शशंस तत्। दमयन्त्यै यथावस्तु यथाकामं जगाम च ॥ २५५
दमयन्ती च सोत्कण्ठा युक्त्या मातृमुखेन सा। पितुः स्वात्प्रार्थयामास नलप्राप्त्यै स्वयंवरम् ॥ २५६
अनुमन्य स तस्याश्च स्वयंवरकृते पिता। भीमः पृथिव्यां सर्वेषां राज्ञां दूतान्विसृष्टवान् ॥ २५७
प्राप्तदूताश्च निखिला विदर्भान्प्रति भूमिपाः। प्रजग्मुः स्म नलोऽप्युत्को रथारूढश्चचाल सः ॥ २५८
ततश्च दमयन्त्यास्तौ नलप्रेमस्वयंवरौ। इन्द्रादयो लोकपालाः शुश्रुवुर्नारदान्मुनेः ॥ २५९
तेषां च बलभिद्वायुयमाग्निवरुणास्ततः। संमन्त्र्य दमयन्त्युक्त्वा नलस्यैवान्तिकं ययुः ॥ २६०
ऊचुश्च प्राप्य तं प्रह्वं विदर्भान्प्रस्थितं पथि। गत्वास्मद्वचनाद्ब्रूहि दमयन्तीमिदं नृप ॥ २६१
पञ्चानां वरयैकं नः किं मर्त्येन नलेन ते। मर्त्या मरणधर्माणस्त्रिदशास्त्वमरा इति ॥ २६२
अस्मद्वराच्च तत्पार्श्वमदृष्टोऽन्यैः प्रवेक्ष्यसि। तथेत्येतां च देवाज्ञां प्रतिपेदे नलोऽथ सः ॥ २६३
गत्वा चान्तःपुरं तस्याः प्रविश्यादृष्ट एव च। दमयन्त्याः शशंसैव देवादेशं तथैव तम् ॥ २६४
सा तं श्रुत्वाब्रवीत्साध्वी देवास्ते सन्तु तादृशाः। तथापि मे नलो भर्ता न कार्यं त्रिदशैर्मम ॥ २६५
इति सम्यग्वचस्तस्याः श्रुत्वात्मानं प्रकाश्य च। नलो गत्वा तथैवैतदिन्द्रादिभ्यः शशंस सः ॥ २६६
वश्या वयमिदानीं ते स्मृतमात्रोपगामिनः। तथ्यवादिन्निति च ते तुष्टास्तस्मै ददुर्वरान् ॥ २६७
ततो हृष्टे नले याते विदर्भान्वञ्चनेप्सुभिः। दमयन्त्याः सुरेशाद्यैर्नलरूपमकारि तैः ॥ २६८
गत्वा च भीमस्य सभां मर्त्यधर्मानुपाश्रिताः। स्वयंवरे प्रस्तुते ते नलान्तिक उपाविशन् ॥ २६९
अथैत्य दमयन्ती सा भ्रात्रा स्वेनैकशो नृपान्। आवेद्यमानानुज्झन्ती क्रमात्प्राप नलान्तिकम् ॥ २७०
दृष्ट्वा छायानिमेषादिगुणांस्तत्र च पञ्चनलान्। सा भ्रातरि समुद्भ्रान्ते व्याकुला समचिन्तयत् ॥ २७१
नूनं मे लोकपालैस्तैर्मायेयं पञ्चभिः कृता। षष्ठं मन्ये नलं त्वत्र न चान्यत्रास्ति मे गतिः ॥ २७२
इत्यालोच्यैव साध्वी सा नलैकासक्तमानसा। आदित्याभिमुखी भूत्वा दमयन्त्येवमब्रवीत् ॥ २७३
भो लोकपालाः स्वप्नेऽपि नलादन्यत्र चेन्न मे। मनस्तत्तेन सत्येन स्वं दर्शयत मे वपुः ॥ २७४
वरात्पूर्ववृताच्चान्ये कन्यायाः परपूरुषाः। परदाराश्च सा तेषां तत्कथं मोह एष वः ॥ २७५
श्रुत्वैतत्पञ्च शक्राद्याः स्वेन रूपेण तेऽभवन्। षष्ठः सत्यनलश्चाभूत्स्वरूपस्थः स भूपतिः ॥ २७६
तस्मिन्सा दमयन्ती तां फुल्लेन्दीवरसुन्दरीम्। दृशं वरणमालां च हृष्टा राज्ञि नले न्यधात् ॥ २७७
पपात पुष्पवृष्टिश्च नभोमध्यात्ततो नृपः। विवाहमङ्गलं भीमश्चक्रे तस्या नलस्य च ॥ २७८
विहितोचितपूजाश्च तेन वैदर्भभूभृता। नृपा यथागतं जग्मुर्देवाः शक्रादयश्च ते ॥ २७९
शक्रादयस्तु ददृशुर्द्वौ कलिद्वापरौ पथि। बुद्ध्वा च दमयन्त्यर्थमागतौ तौ च तेऽब्रुवन् ॥ २८०
न गन्तव्यं विदर्भेषु तत एवागता वयम्। वृत्तः स्वयंवरो राजा दमयन्त्या नलो वृतः ॥ २८१
तच्छ्रुत्वैवोचतुः पापौ तौ कलिद्वापरौ रुषा। देवान्भवादृशांस्त्यक्त्वा यत्स मर्त्यो वृतस्तया ॥ २८२
तदवश्यं करिष्यावो वियोगमुभयोस्तयोः। एवं कृतप्रतिज्ञौ तौ निवर्त्य ययतुस्ततः ॥ २८३
नलश्च सप्त दिवसान्स्थित्वा श्वशुरवेश्मनि। दमयन्त्या समं वध्वा कृतार्थो निषधानगात् ॥ २८४
तत्रासीत्प्रेम दंपत्योर्गौरीशर्वाधिकं तयोः। शर्वस्य गौरी देहार्धं तस्य त्वात्मैव साभवत् ॥ २८५
कालेन चेन्द्रसेनाख्यं दमयन्ती नलात्सुतम्। प्रसूते स्म तदन्वेकामिन्द्रसेनां च कन्यकाम् ॥ २८६
तावच्च स कलिश्छिद्रं तस्यानुच्छास्त्रवर्तिनः। नलस्यासीच्चिरं चिन्वन्प्रतिज्ञातार्थनिश्चितः ॥ २८७
अथैकदानुपास्यैव संध्यामक्षालिताङ्घ्रिकः। स सुष्वाप नलः पानमदेन मुषितस्मृतिः ॥ २८८
छिद्रमेतदवाप्यैव दत्तदृष्टिर्दिवानिशम्। कलिस्तस्य शरीरान्तर्नलस्य प्रविवेश सः ॥ २८९
तेन देहप्रविष्टेन कलिना स नलो नृपः। विहाय धर्म्यमाचारमाचचार यथारुचि ॥ २९०
अक्षैरदीव्यद्दासीभिररंस्तासत्यमब्रवीत्। असेवत दिवा स्वप्नं स जजागार रात्रिषु ॥ २९१
चकाराकारणं कोपमन्यायेनार्थमाददे। अवमानं सतां चक्रे संमानमसतां च सः ॥ २९२
तद्भ्रातरं पुष्कराख्यं तथैवोत्क्रान्तसत्पथम्। छिद्रं प्राप्य शरीरान्तःप्रविष्टो द्वापरो व्यधात् ॥ २९३

कदाचित्पुष्कराख्यस्य गृहे तस्यानुजस्य सः । नलो ददर्श दान्ताख्यं सुन्दरं धवलं वृषम् ॥ २९४
लोभान्मृगयमानाय तं तस्मै ज्यायसे न सः । द्वापरग्रस्ततद्भक्तिः पुष्कराख्यो वृषं ददौ ॥ २९५
जगाद तं च यद्यस्ति वाञ्छास्मिन्वृषभे तव । तद्द्यूतेन विजित्यैनं मत्तः स्वीकुरु मा चिरम् ॥ २९६
तच्छ्रुत्वा स नलो मोहात्प्रतिपेदे तथेति तत् । ततः प्रववृते द्यूतं तयोर्भ्रात्रोः परस्परम् ॥ २९७
पुष्कराख्यस्य स वृषो नलस्येभादयः पणः । जिगाय पुष्कराख्यश्च नलो मुहुरजीयत ॥ २९८
दिनैर्द्वित्रैर्बले कोषे हारितेऽपि दुरोदरात् । न नलो वार्यमाणोऽपि चचाल कलिविप्लुतः ॥ २९९
तेन मत्वा गतं राज्यं दमयन्ती निजौ शिशू । रथोत्तमं समारोप्य प्राहिणोत्स्वपितुर्गृहम् ॥ ३००
तावन्नलेन राज्यं स्वं समग्रमपि हारितम् । ततः स पुष्कराख्येन जगदे जितकाशिना ॥ ३०१
त्वयान्यद्धारितं सर्वं तत्तस्योक्ष्णः पणस्य मे । दमयन्तीमिदानीं त्वं द्यूते प्रतिपणं कुरु ॥ ३०२
इत्युक्तिवात्यया तस्य नलोऽनल इव ज्वलन् । न चाकालेऽब्रवीत्किंचिन्न च चक्रे पणक्रियाम् ॥ ३०३
ततः स पुष्कराख्यस्तमवादीन्न करोपि चेत् । भार्यां पणं तदस्मान्मे देशान्निर्याहि तत्सखः ॥ ३०४
तच्छ्रुत्वैव नलो देशाद्दमयन्त्या समं ततः । निरगाद्राजपुरुषैरा सीमान्तं प्रवासितः ॥ ३०५
हा नलस्यापि यत्रेदृगवस्था कलिना कृता । तत्रोच्यतां किमन्येषां क्रिमीणामिव देहिनाम् ॥ ३०६
धिग्धिग्धिङ्गिर्धर्म निःस्नेहं राजर्षीणामपीदृशाम् । विपदामास्पदं द्यूतं कलिद्वापरजीवितम् ॥ ३०७
अथ भ्रातृहृतैश्वर्यो विदेशं स नलो व्रजन् । दमयन्त्या सह प्राप क्षुधाक्रान्तो वनान्तरम् ॥ ३०८
तत्र साकं तया दर्भभिन्नपेशलपादया । स विश्रान्तः सरस्तीरे हंसौ द्वावैक्षतागतौ ॥ ३०९
आहारार्थं च स तयोर्ग्रहणायोत्तरीयकम् । चिक्षेप तच्च हृत्वैव हंसौ तौ तस्य जग्मतुः ॥ ३१०
हंसरूपेण तावेतावक्षौ वासोऽप्युपेत्य ते । हृत्वा गताविति नलः स वाचं चाशृणोद्दिवः ॥ ३११
उपविश्यैकवस्त्रोऽथ स युक्त्या विमना नृपः । पन्थानं दर्शयामास दमयन्त्याः पितुर्गृहे ॥ ३१२
अयं मार्गो विदर्भेषु प्रिये पितृगृहे तव । अयमङ्गेषु मार्गोऽयमपरः कोशलेषु च ॥ ३१३
तच्छ्रुत्वा दमयन्ती सा शङ्कितेवाभवत्तदा । त्यक्ष्यन्निवार्यपुत्रो मे मार्गं किं वक्त्यसाविति ॥ ३१४
ततस्तौ फलमूलान्नौ वने तत्र निशागमे । श्रान्तौ संविशतः स्मोभौ दंपती कुशसंस्तरे ॥ ३१५
दमयन्ती शनैर्निद्रामध्वखिन्ना जगाम सा । नलो गन्तुमनास्त्वासीदनिद्रः कलिमोहितः ॥ ३१६
उत्थाय चैकवस्त्रां तां दमयन्तीं विमुच्य सः । छिन्नं तदुत्तरीयार्धं प्रावृत्य च ततो ययौ ॥ ३१७
दमयन्ती च रात्र्यन्ते प्रबुद्धा तं पतिं वने । अपश्यन्ती गतं त्यक्त्वा विललाप विचिन्त्य सा ॥ ३१८
हार्यपुत्र महासत्त्व रिपावपि कृपापर । हा मद्वत्सल केनासि मयि निष्करुणीकृतः ॥ ३१९
एकाकी च कथं पद्भ्यामटवीषु प्रयास्यसि । कस्ते श्रमापनोदाय परिचर्यां करिष्यति ॥ ३२०
मौलिमालापरागेण रञ्जितौ यौ महीभुजाम् । तौ ते पथि कथं पादौ धूलिः कलुषयिष्यति ॥ ३२१
हरिचन्दनचूर्णेनाप्यालिप्तं सहते न यत् । अङ्गं सहिष्यते तत्ते मध्याह्नार्कातपं कथम् ॥ ३२२
किं मे बालेन पुत्रेण किं दुहित्रा किमात्मना । तवैकस्य शिवं देवाः कुर्वतां यद्यहं सती ॥ ३२३
इत्येककानुशोचन्ती दमयन्ती नलं तदा । तत्पूर्वदर्शितेनैव प्रतस्थे सा ततः पथा ॥ ३२४
कथंचिच्चातिचक्राम नदीशैलवनाटवीः । नातिचक्राम भक्तिं तु सा भर्तरि कथंचन ॥ ३२५
सतीतेजश्च मार्गे तामरक्षद्येन लुब्धकः । भस्मीकृतोऽहेस्त्रातायां तस्यां गतमनाः क्षणात् ॥ ३२६
ततो दैवाद्वणिक्सार्थेनान्तरा मिलितेन सा । सह गत्वा पुरं प्राप सुबाह्वाख्यस्य भूपतेः ॥ ३२७
तत्र सा राजसुतया दूराद्दृष्ट्वैव हर्म्यतः । सौन्दर्यप्रीतयानाय्य स्वमात्रे प्राभृतीकृता ॥ ३२८
तस्याः पार्श्वे महादेव्याः सा तस्थौ च तदादृता । त्यक्त्वा गतो मां भर्तेति पृष्टा चैतावदब्रवीत् ॥ ३२९
तावच्च तत्पिता भीमो नलोदन्तमवेत्य तम् । तयोरन्वेषणायाप्तान्नरान्दिक्षु विसृष्टवान् ॥ ३३०
तन्मध्याच्च सुषेणाख्य एकस्तत्सचिवो भ्रमन् । सुबाहो राजधानीं तां प्राप ब्राह्मणरूपभृत् ॥ ३३१
स तत्र दमयन्तीं तामागन्तूंश्चिन्वतीं सदा । अद्राक्षीत्साप्यपश्यत्तं दुःखिता पितृमन्त्रिणम् ॥ ३३२

अन्योन्यं प्रत्यभिज्ञाय समेत्य रुदतः स्म तौ । तथा यथात्र राज्ञी सा सुबाहोस्तदबुध्यत ॥ ३३३
यावच्चानाय्य सा देवी तौ यथावस्तु पृच्छति । बुबुधे दमयन्तीं तां तावत्स्वभगिनीसुताम् ॥ ३३४
ततः सा भर्तुरावेद्य तां संमान्य पितुर्गृहम् । रथेऽधिरोप्य व्यसृजत्ससुषेणां ससैनिकाम् ॥ ३३५
तत्र सा दमयन्त्यासीत्प्राप्तापत्यद्वया ततः । पित्रापि दृश्यमाना सा भर्तुर्वार्तां विचिन्वती ॥ ३३६
तत्पिता व्यसृजच्चारानन्वेष्टुं तं च तत्पतिम् । सूदस्यन्दनविद्याभ्यां दिव्याभ्यामुपलक्षितम् ॥ ३३७

बालां वने प्रसुप्तां नृशंस संत्यज्य कुमुदिनीकान्ताम् ।
प्राप्यैवाम्बरखण्डं चन्द्रादृश्यः क्व यातोऽसि ॥ ३३८

एवं भवद्भिर्वक्तव्यं स्थितः शङ्क्येत यत्र सः । इत्यादिदेश चारांस्तान्स च भीमो महीपतिः ॥ ३३९
अत्रान्तरे स राजा च नलस्तस्मिन्वने निशि । प्रावृतार्धपटो दूरं गत्वा दावाग्निमैक्षत ॥ ३४०
भो महासत्त्व यावन्न दह्येऽहमबलोऽमुना । अपसारय मां तावद्दावाग्नेर्निकटादितः ॥ ३४१
इत्यत्र तद्वचः श्रुत्वा दत्तदृष्टिर्ददर्श सः । आबद्धमण्डलं नागं नलो दावानलान्तिके ॥ ३४२
फणारत्नप्रभाजालजटिलं वनवह्निना । गृहीतमिव तेनोग्रहेतिहस्तेन मूर्धनि ॥ ३४३
उपेत्य कृपयांसे तं कृत्वा नीत्वा च दूरतः । त्यक्तुमिच्छति यावत्स तावन्नागोऽब्रवीत्स तम् ॥ ३४४
गणयित्वा दशान्यानि पदानि नय मामितः । ततः स प्रययावेवं पदानि गणयन्नलः ॥ ३४५
एकं द्वे त्रीणि चत्वारि पञ्च षट् सप्त शृण्वहे । अष्टौ नव दशेत्युक्तवन्तमुक्तिच्छलेन तम् ॥ ३४६
नलं स्कन्धस्थितो नागो ललाटान्ते ददंश सः । तेन ह्रस्वभुजः कृष्णो विरूपः सोऽभवन्नृपः ॥ ३४७
ततोऽवतार्य स्कन्धात्तं स राजा पृष्टवानहिम् । को भवान्का कृता चेयं त्वया मे प्रत्युपक्रिया ॥ ३४८
एतन्नलवचः श्रुत्वा स नागः प्रत्युवाच तम् । राजन्कार्कोटनामानं नागराजमवेहि माम् ॥ ३४९
दंशो गुणाय च मया दत्तस्ते तच्च वेत्स्यसि । गूढवासे च वैरूप्यं महतां कार्यसिद्धये ॥ ३५०
गृहाण चाग्निशौचाख्यमिदं वस्त्रयुगं मम । अनेन प्रावृतेनैव स्वं रूपं प्रतिपत्स्यसे ॥ ३५१
इत्युक्त्वा दत्ततद्वस्त्रयुगे कार्कोटके गते । नलस्तस्माद्वनाद्गत्वा क्रमेण प्राप कोशलान् ॥ ३५२
कोशलाधिपतेस्तत्र ऋतुपर्णस्य भूपतेः । स ह्रस्वबाहुनामा सन्सूदत्वं शिश्रिये गृहे ॥ ३५३
भोजनानि च यत्तस्य चक्रे दिव्यरसानि सः । तेन प्रसिद्धिं प्रापात्र रथविज्ञानतस्तथा ॥ ३५४
तत्रस्थे ह्रस्वबाह्वाख्ये नले तस्मिन्कदाचन । विदर्भराजचारेषु तेष्वेकोऽत्र किलाययौ ॥ ३५५
ह्रस्वबाहुरितीहास्ति स्वविद्यारथविद्ययोः । नलतुल्यो नवः सूद इति चारोऽत्र सोऽशृणोत् ॥ ३५६
नलं संभाव्य तं बुद्ध्वा चास्थाने नृपतेः स्थितम् । युक्त्या स तत्र गत्वैतां पपाठार्यां प्रभूदिताम् ॥ ३५७

बालां वने प्रसुप्तां नृशंस संत्यज्य कुमुदिनीकान्ताम् ।
प्राप्यैवाम्बरखण्डं चन्द्रादृश्यः क्व यातोऽसि ॥ ३५८

तच्छ्रुत्वोन्मत्तवाक्याभं तत्रस्था अवजज्ञिरे । सूदच्छद्मस्थितस्त्वत्र स नलः प्रत्युवाच तम् ॥ ३५९

क्षीणोऽम्बरैकदेशं चन्द्रः प्राप्यान्यमण्डलं प्रविशन् ।
कुमुदिन्या यददृश्यो जातस्तत्का नृशंसता तस्य ॥ ३६०

एतत्तदुत्तरं श्रुत्वा सत्यं संभाव्य तं नलम् । विपदुद्भूतवैरूप्यं चारः सोऽथ ययौ ततः ॥ ३६१
विदर्भान्प्राप्य भीमाय राज्ञे भार्यायुताय सः । दमयन्त्यै च तत्सर्वं दृष्टश्रुतमवर्णयत् ॥ ३६२
ततोऽत्र दमयन्ती सा पितरं स्वैरमब्रवीत् । निःसंदेहं स एवार्यपुत्रः सूदमिषं श्रितः ॥ ३६३
तत्तदानयने युक्तिर्मन्मता क्रियतामिह । ऋतुपर्णस्य नृपतेस्तस्य दूतो विसृज्यताम् ॥ ३६४
प्राप्तमात्रश्च तं भूपमेवं तत्र ब्रवीतु सः । गतः क्वापि नलो राजा प्रवृत्तिर्नास्य बुध्यते ॥ ३६५
तत्प्रातः कुरुते भूयो दमयन्ती स्वयंवरम् । अतोऽद्यैव विदर्भेषु शीघ्रमागम्यतामिति ॥ ३६६
ततः श्रुतैतद्वार्तेन स रथज्ञानिना नृपः । एकाह्नेनार्यपुत्रेण साकं ध्रुवमिहैष्यति ॥ ३६७
एवं सपितृकालोच्य संदिश्य च तथैव सा । कोशलान्व्यसृजद्दूतं दमयन्ती यथोचितम् ॥ ३६८

तेनर्तुपर्णो गत्वा स तथैवोक्तः समुत्सुकः । जगाद सूदरूपं तं प्रणयात्पार्श्वगं नलम् ॥ ३६९
ह्रस्वबाहो रथज्ञानं ममास्तीत्यवदद्भवान् । तत्प्रापय विदर्भान्मामद्यैवोत्सहसे यदि ॥ ३७०
तच्छ्रुत्वैव नलो बाढं प्रापयामीत्युदीर्य सः । गत्वा वराश्वान्संयोज्य सज्जं चक्रे रथोत्तमम् ॥ ३७१
स्वयंवरप्रवादोऽयं जाने मत्प्राप्तये तया । कुतो न दमयन्ती तु सा स्वप्नेऽपीदृशी भवेत् ॥ ३७२
तत्तत्र तावद्गच्छामि पश्यामीति विचिन्त्य सः । राज्ञस्तस्यर्तुपर्णस्य सज्जं रथमुपानयत् ॥ ३७३
आरूढे च नृपे तस्मिंस्तं संवाहयितुं रथम् । नलः प्रववृते तार्क्ष्यजवजैत्रेण रंहसा ॥ ३७४
रथवेगच्युतं वस्त्रं प्राप्तं रथविधारणम् । ब्रुवाणमथ मार्गे तमृतुपर्णं नलोऽब्रवीत् ॥ ३७५
राजन्क तव तद्वस्त्रमनेनैव क्षणेन हि । बहूनि योजनान्येष व्यतिक्रान्तो रथस्तव ॥ ३७६
श्रुत्वैतदृतुपर्णस्तमवादीदङ्ग देहि मे । रथज्ञानमिदं तुभ्यमक्षज्ञानं ददाम्यहम् ॥ ३७७
येन वश्या भवन्त्यक्षाः संख्याज्ञानं च जायते । संप्रत्येव च पश्यात्र वदामि प्रत्ययं तव ॥ ३७८
दृश्यतेऽग्रे तरुर्योऽयं संख्यामेतस्य तेऽधुना । वच्म्यहं फलपर्णानां गणयित्वा च पश्य ताम ॥ ३७९
इत्युक्त्वा फलपर्णानि यावन्त्येव जगाद सः । नलेन गणितान्यासंस्तावन्त्येवात्र शाखिनः ॥ ३८०
ततो नलो रथज्ञानमृतुपर्णाय तद्ददौ । ऋतुपर्णोऽप्यदादक्षज्ञानं तस्मै नलाय तत् ॥ ३८१
परीक्षते स्म तज्ज्ञानं नलो गत्वापरे तरौ । सम्यक्क बुबुधे संख्या पत्रादिष्वत्र तेन सा ॥ ३८२
ततो हृष्यति यावत्स तावत्तस्य शरीरतः । निरगात्पुरुषः कृष्णस्तं स कोऽसीति पृष्टवान् ॥ ३८३
अहं कलिः शरीरान्तर्दमयन्तीवृतस्य ते । ईर्ष्यया प्राविशं तेन भ्रष्टा द्यूतेन ते श्रियः ॥ ३८४
ततस्त्वां दशता तेन कार्कोटेन तदा वने । न दग्धस्त्वमहं त्वेष पश्य दग्धस्त्वयि स्थितः ॥ ३८५
मिथ्या परापकारो हि कृतः स्यात्कस्य शर्मणे । तद्गच्छाम्यवकाशो हि नास्त्यन्येषु न वत्स मे ॥ ३८६
इत्युक्त्वा स कलिस्तस्य तिरोऽभूत्सोऽपि तत्क्षणम् । जातधर्ममतिः प्राप्ततेजाः प्राग्वदभून्नलः ॥ ३८७
आगत्य चारुह्य रथं तस्मिन्नेवाह्नि तं जवात् । विदर्भानृतुपर्णं तं प्रापयामास भूपतिम् ॥ ३८८
स चोपहस्यमानोऽत्र पृष्टागमनकारणैः । ऋतुपर्णो जनै राजगृहासन्ने समावसत् ॥ ३८९
प्राप्तं तं तत्र बुद्ध्वा सा श्रुताश्चर्यरथस्वना । दमयन्ती जहर्षान्तः संभावितनलागमा ॥ ३९०
विससर्जाथ सा तत्त्वमन्वेष्टुं चेटिकां निजाम् । सा चान्विष्यागता चेटी तामुवाच प्रियोत्सुकाम् ॥ ३९१
देवि गत्वा मयान्विष्टमेष यः कोशलेश्वरः । स्वयंवरप्रवादं ते मिथ्या श्रुत्वा किलागतः ॥ ३९२
आनीतो रथवाहेन सूदेन ह्रस्वबाहुना । एकेनैव दिनेनाद्य रथविज्ञानशालिना ॥ ३९३
स च तत्सूदशालायां गत्वा सूदो मयेक्षितः । कृष्णवर्णो विरूपश्च प्रभावः कोऽपि तस्य तु ॥ ३९४
अक्षिप्तमेव यत्तस्य पानीयं चरुपूद्गतम् । काष्ठान्यनर्पिताग्नीनि स्वयं प्रज्वलितानि च ॥ ३९५
क्षणाच्च भोजनैस्तैस्तैर्निष्पन्नं दिव्यमेव च । एतद्दृष्ट्वा महाश्चर्यं ततश्चाहमिहागता ॥ ३९६
एतच्चेटीमुखाच्छ्रुत्वा दमयन्ती व्यचिन्तयत् । वश्याग्निवरुणः सूदो रथविद्यारहस्यवित् ॥ ३९७
आर्यपुत्रो भवत्येष गतो वैरूप्यमन्यथा । जाने मद्विप्रयोगार्तं जिज्ञासेऽहं तदप्यमुम् ॥ ३९८
इति संकल्प्य युक्त्या स्वौ सह चेट्या तथैव सा । तस्यान्तिकं दर्शयितुं प्राहिणोद्दारकावुभौ ॥ ३९९
स तौ निजशिशू दृष्ट्वा कृत्वा चाङ्के नलश्चिरम् । बद्धधाराप्रवाहेण तूष्णीमरुददश्रुणा ॥ ४००
ईदृशावेव मे बालौ मातामहगृहे स्थितौ । जातं मे तत्स्मृतेर्दुःखमित्युवाच च चेटिकाम् ॥ ४०१
सा शिशुभ्यां सहागत्य चेटी सर्वं शशंस तत् । दमयन्त्यै ततः सापि जातास्था सुतरामभूत् ॥ ४०२
अपरेद्युश्च तां प्रातः स्वचेटीमादिदेश सा । गत्वा तमृतुपर्णस्य सूदं मद्वचनाद्वद ॥ ४०३
श्रुतं मया यद्भवता तुल्यो नान्योऽस्ति सूपकृत् । तन्ममाद्य त्वयागत्य व्यञ्जनं साध्यतामिति ॥ ४०४
तथेति स तदा गत्वा नलश्चेट्या तयार्थितः । ऋतुपर्णमनुज्ञाप्य दमयन्तीमुपाययौ ॥ ४०५
सत्यं ब्रूहि नलो राजा यदि त्वं सूदरूपभृत् । चिन्ताब्धिमग्नां पारं मां प्रापयाद्येत्युवाच सा ॥ ४०६
तच्छ्रुत्वा स नलः स्नेहहर्षदुःखत्रपाकुलः । अवाङ्मुखः प्राप्तकालं तामुवाचाश्रुगद्गदम् ॥ ४०७

स एवास्मि नलः सत्यं पापः कुलिशकर्कशः। त्वां संतापयता येन व्यामोहादनलायितम् ॥ ४०८
इत्युक्तवान्स पृष्टोऽभूद्दमयन्त्या तया नलः। यद्येवं तद्विरूपत्वं कथं प्राप्तो भवानिति ॥ ४०९
ततः स तस्यै स्वोदन्तं नलः कृत्स्नमवर्णयत्। कार्कोटसख्यादारभ्य कलिनिर्गमनावधिम् ॥ ४१०
तदैव चाग्निशौचं तद्दत्तं कार्कोटकेन सः। प्रावृत्य वस्त्रयुगलं रूपं स्वं प्रत्यपद्यत ॥ ४११

दृष्ट्वा नलं पुनरवाप्तनिजाभिरामरूपं तमाशु विकसद्वदनारविन्दा।
नेत्राम्बुभिः शमितदुःखदवानलेव हर्षं कमप्यनुपमं दमयन्त्यवाप ॥ ४१२
बुद्ध्वा च तत्परिजनात्प्रमदप्रवृत्तादागत्य तत्र सहसा स विदर्भराजः।
भीमो नलं समभिनन्द्य कृतानुरूपपूजं महोत्सवमयं स्वपुरं चकार ॥ ४१३

हसता हृदि भीमभूभुजा कृतसंवृत्त्युपचारसत्क्रियः।
ऋतुपर्णनृपोऽपि तं नलं प्रतिपूज्याथ जगाम कोशलान् ॥ ४१४
अथ निषधनरेश्वरो निजं कलिदौरात्म्यविजृम्भितं नलः।
श्वशुराय स तत्र वर्णयन्नवसत्प्राणसमासखः सुखम् ॥ ४१५

गत्वाल्पैश्च दिनैस्ततः स निषधान्सैन्यैः सह श्वाशुरै-
रक्षज्ञानजितं विधाय विनतं तं पुष्कराख्यं पुनः।
धर्मात्मा कृतसंविभागमनुजं देहाद्गतद्वापरं
राज्यं स्वं दमयन्त्यवाप्तिसुखितो भेजे यथावन्नलः ॥ ४१६

इति स व्याख्याय कथां नगरे तारापुरे द्विजः सुमनाः।
राजसुतां बन्धुमतीं प्रोषितपतिकामुवाच तां भूयः ॥ ४१७
एवं देवि महान्तो विषह्य दुःखं भजन्ति कल्याणम्।
अनुभूयास्तमनं किल दिनकृत्प्रमुखा व्रजन्त्युदयम् ॥ ४१८
तस्मात्त्वमपि तमाप्स्यसि पतिमनघे प्रोपितागतं नचिरात्।
कुरु धृतिमरतिं परिहर विहर च पतिकामनालाभैः ॥ ४१९

इति तं द्विजमुक्तयुक्तवाक्यं बहुनाभ्यर्च्य धनेन सद्गुणं सा।
अवलम्ब्य धृतिं प्रतीक्षमाणा दयितं बन्धुमती स्वमत्र तस्थौ ॥ ४२०

अल्पैरेव च तस्या दिनैः स पतिरायर्यौ महीपालः।
देशान्तरे स्थितां तां जननीमादाय पितृसहितः ॥ ४२१
आगत्य चामृतांशुः पार्वण इव वारिराशिजललक्ष्मीम्।
जननयनोत्सवदायी बन्धुमतीं नन्दयामास ॥ ४२२
अथ तत्र तया सहितस्तत्पित्रा पूर्वदत्तराज्यधुरः।
स महीपालो बुभुजे राजा सन्नीप्सितान्भोगान् ॥ ४२३

इत्यात्ममन्त्रिमरुभूतिमुखान्निशम्य चित्रां कथामनुपमामनुरागरम्याम्।
रामासखः स नरवाहनदत्तदेवो वत्सेश्वरस्य तनयो भृशमभ्यतुष्यत् ॥ ४२४

इति महाकविश्रीसोमदेवभट्टविरचिते कथासरित्सागरेऽलंकारवतीलम्बके षष्ठस्तरङ्गः।

समाप्तश्चायमलंकारवतीलम्बको नवमः।

॥ श्रीः ॥

महाकविश्रीसोमदेवभट्टविरचितः

कथासरित्सागरः ।

शक्तियशो नाम दशमो लम्बकः ।

इदं गुरुगिरीन्द्रजाप्रणयमन्दरान्दोलना-
त्पुरा किल कथामृतं हरमुखाम्बुधेरुद्गतम् ।
प्रसह्य रसयन्ति ये विगतविघ्नलब्धर्द्धयो
धुरं दधति वैबुधीं भुवि भवप्रसादेन ते ॥

प्रथमस्तरङ्गः ।

अवारणीयं रिपुभिर्वारणीयं करं नुमः । हेरम्बस्य ससिन्दूरमसिं दूरमघच्छिदम् ॥ १

पायाद्वः पुरदाहाय शंभोः संदधतः शरम् । समं व्यग्रेषु नेत्रेषु तृतीयमधिकं स्फुरत् ॥ २

रक्तारुणा नृसिंहस्य कुटिला विद्विषो वधे । नखश्रेणी च दृष्टिश्च निहन्तु दुरितानि वः ॥ ३

एवं वत्सेश्वरसुतः कौशाम्ब्यां सचिवैः सह । नरवाहनदत्तः स तस्थौ भार्यासखः सुखी ॥ ४

एकदा चास्थिते तस्मिन्नास्थानस्थस्य तत्पितुः । वत्सेश्वरस्य विज्ञप्त्यै तद्वासी वणिगाययौ ॥ ५

स रत्नदत्तनामा तं प्रतीहारनिवेदितः । प्रविश्य नत्वा राजानं वणिगेवं व्यजिज्ञपत् ॥ ६

नाम्ना वसुधरो देव दरिद्रोऽस्तीह भारिकः । अकस्माच्च ददत्स्वादन्पिबंश्चाद्य स दृश्यते ॥ ७

कौतुकाच्च गृहं नीत्वा यथेष्टं पानभोजनम् । दत्त्वा स क्षीबतां नीत्वा मया पृष्टोऽब्रवीदिदम् ॥ ८

लब्धं राजकुलद्वारात्सरत्नं कटकं मया । उत्पाट्य रत्नमेकं च ततो विक्रीतवानहम् ॥ ९

तच्च दीनारलक्षेण मूल्येन वणिजो मया । दत्तं हिरण्यगुप्तस्य तेनाद्याहं सुखं स्थितः ॥ १०

इत्युक्त्वा दर्शितं तेन देवनामाङ्कितं मम । कटकं यत्ततो देव विज्ञप्तोऽद्य मया प्रभुः ॥ ११

एतच्छ्रुत्वा स वत्सेशस्तत्रानाययति स्म तौ । भारिकं तं सवलयं सरत्नं वाणिजं च तम् ॥ १२

हन्त स्मृतं प्रकोष्ठान्मे भ्रष्टमेतत्पुरभ्रमे । इति तत्कटकं दृष्ट्वा स राजाभिदधे स्वयम् ॥ १३

निर्हृतं राजनामाङ्कं लब्ध्वा किं कटकं त्वया । इति पृष्टोऽथ सभ्यैः स राजाग्रे भारिकोऽभ्यधात् ॥ १४

भारजीवी कुतो वेद्मि राजनामाक्षराण्यहम् । दारिद्र्यदुःखदग्धेन लब्ध्वैतत्स्वीकृतं मया ॥ १५

इत्युक्ते तेन रत्नार्थमाक्षिप्तः सोऽब्रवीद्वणिक् । [1]प्रसह्य(?)मूल्येन मया गृहीतं रत्नमापणे ॥ १६

न [2]चास्य राजाभिज्ञानमस्ति [3]तन्मय(?)मुच्यते । मूल्यात्पञ्चसहस्री तु नीतानेन परं स्थितम् ॥ १७

एतद्धिरण्यगुप्तस्य वचो यौगन्धरायणः । श्रुत्वा तत्र स्थितोऽवादीन्नात्र दोषोऽस्ति कस्यचित् ॥ १८

दरिद्रस्यालिपिज्ञस्य भण्यतां भारिकस्य किम् । दारिद्र्यात्क्रियते चौर्यं लब्धं केनोज्झितं पुनः ॥ १९

मूल्येन रत्नग्राही च न वाच्यो वणिगप्यसौ । एतन्महामन्त्रिवचो वत्सेशः श्रद्दधे तदा ॥ २०

दत्त्वा पञ्चसहस्रीं च भारिकेण व्ययीकृताम् । हिरण्यगुप्ताद्वणिजो रत्नं तस्मात्स्वमाददे ॥ २१

भारिकं चाकरोन्मुक्तं गृहीत्वा कटकं निजम् । भुक्तपञ्चसहस्रीको गतभीः सोऽप्यगाद्गृहम् ॥ २२

विश्वस्तघाती पापोऽयमिति चान्तर्द्विषन्नृपः । रत्नदत्तं स वणिजं कार्यार्थे तममानयत् ॥ २३

---

१ 'मूल्येनाप्रसह्य मया' इति पुस्तकान्तरपाठः. २ 'न चास्ति' इति पुस्तकान्तरपाठः. ३ 'तदयमुच्यते' इति पुस्तकान्तरपाठः.

गतेषु तेषु राजाग्रगतोऽवोचद्वसन्तकः । अहो दैवाभिशप्तानां प्राप्तोऽप्यर्थः पलायते ॥ २४
अस्य भद्रघटोदन्तः संवृत्तो भारिकस्य यत् । तथाहि कश्चिदासीत्प्राक्पुरे पाटलिपुत्रके ॥ २५
शुभदत्तः स नाम्ना च प्रत्यहं काष्ठभारकम् । वनादानीय विक्रीय पुष्णाति स्म कुटुम्बकम् ॥ २६
एकदा चागतो दूरं वनं दैवाद्ददर्श सः । तत्रस्थांश्चतुरो यक्षान्दिव्याभरणवाससः ॥ २७
ते भीतं वीक्ष्य तं प्रीत्या सर्वे पृष्ट्वा यथातथम् । बुद्ध्वा दरिद्रमुत्पन्नकृपा यक्षा बभाषिरे ॥ २८
इहास्मदन्तिके तिष्ठ भद्र कर्मकरो भवान् । अक्लेशं गृहनिर्वाहं करिष्यामो वयं तव ॥ २९
इत्युक्तस्तैस्तथेत्यासीच्छुभदत्तस्तदन्तिके । स्नानादिपरिचर्यां च कृत्स्नां तेषां चकार सः ॥ ३०
संजाते भोजनस्थाने यक्षास्ते जगदुश्च तम् । आहारमस्मानमुतो देहि भद्रघटादिति ॥ ३१
अन्तःशून्यं स तं दृष्ट्वा घटं यावद्विलम्बते । तावत्ते गुह्यका भूयस्तमाहुः सस्मिताननाः ॥ ३२
शुभदत्त न वेत्सि त्वं क्षिप हस्तं घटान्तरे । यथेष्टं लप्स्यसे सर्वं घटः कामप्रदो ह्यसौ ॥ ३३
तच्छ्रुत्वा प्रक्षिपत्यन्तः पाणिं यावद्घटान्तरे । तावदाहारपानादि कामितं दृष्टवानसौ ॥ ३४
.... । शुभदत्तो ददौ तेभ्यो बुभुजे च स्वयं ततः ॥ ३५
एवं परिचरन्यक्षान्भक्त्या भीत्या च सोऽन्वहम् । तस्थौ कुटुम्बचिन्तार्तः शुभदत्तस्तदन्तिके ॥ ३६
तत्कुटुम्बं च दुःखार्तं स्वप्नादेशेन गुह्यकैः । आश्वासितं तत्प्रसादाद्रमते स्म ततश्च सः ॥ ३७
मासमात्रेण यक्षास्ते शुभदत्तं तमभ्यधुः । तुष्टाः स्मस्तेऽनया भक्त्या ब्रूहि किंचिद्ददाम ते ॥ ३८
तच्छ्रुत्वा स जगादैतांस्तुष्टाः स्थ यदि सत्यतः । एष भद्रघटस्तन्मे युष्माभिर्दीयतामिति ॥ ३९
ततस्तमूचुर्यक्षास्ते नैतं शक्ष्यसि रक्षितुम् । भङ्गे पलायते ह्येष तद्वृणीष्वापरं वरम् ॥ ४०
इत्युक्तोऽपि स यक्षैस्तैः शुभदत्तोऽपरं यदा । वरं नैच्छत्तदा तस्मै ते तं भद्रघटं ददुः ॥ ४१
ततः प्रणम्य तान्हृष्टो घटमादाय तं जवात् । गृहं स शुभदत्तः स्वं प्राप नन्दितबान्धवः ॥ ४२
तत्र तस्माद्घटाल्लब्ध्वा भोजनादि निवेश्य तत् । गुप्त्यर्थमन्यभाण्डेषु सोऽभुङ्क्त स्वजनैः सह ॥ ४३
भारमुक्तो भजन्भोगान्पानमत्तोऽथ जातु सः । कुतस्तवैषा भोगश्रीरित्यपृच्छ्यत बन्धुभिः ॥ ४४
स व्यक्तमब्रुवन्मूढो गर्वेणेप्सितकामदम् । गृहीत्वा घटकं स्कन्धे प्रारेभे बत नर्तितुम् ॥ ४५
नृत्यतस्तस्य च स्कन्धान्मदोद्रेकस्खलद्गतेः । स भद्रघटको यातः पतित्वा भुवि खण्डशः ॥ ४६
तदैव चाक्षतीभूय स जगाम यथागतम् । पूर्वावस्थां च स प्राप शुभदत्तो विषादवान् ॥ ४७
तदेवं पानदोषादिप्रमादाहतबुद्धयः । अभव्याः प्राप्तमप्यर्थं नैव जानन्ति रक्षितुम् ॥ ४८
इति भद्रघटाख्यानहासं श्रुत्वा वसन्तकात् । उत्थाय चक्रे वत्सेशः स्नानाहारादिकाः क्रियाः ॥ ४९
नरवाहनदत्तोऽपि स्नात्वा भुक्त्वान्तिके पितुः । दिनान्ते सखिभिः साकं जगाम भवनं निजम् ॥ ५०
तत्र रात्रावनिद्रं तं शयनीयगतं सुहृत् । शृण्वत्सु सचिवेष्वेतेष्ववोचन्मरुभूतिकः ॥ ५१
दासीसङ्गेच्छया देव जाने नान्तःपुरं त्वया । आहूतं सापि नाहूता तेन निद्रापि नास्ति ते ॥ ५२
तत्किमद्यापि वेश्यासु जानन्नप्यनुरज्यसे । नह्यासां चास्ति सद्भावस्तथा चैतां कथां शृणु ॥ ५३
अस्तीह चित्रकूटाख्यमृद्धिमन्नगरं महत् । तत्राभूद्रत्नवर्माख्यो महाधनपतिर्वणिक् ॥ ५४
ईश्वराराधनादेकस्तस्य सूनुरजायत । अतश्चेश्वरवर्माणं नाम्ना चक्रे स तं सुतम् ॥ ५५
अधीतविद्यमासन्नयौवनं वीक्ष्य तं च सः । एकपुत्रो वणिङ्मुख्यो रत्नवर्मा व्यचिन्तयत् ॥ ५६
रूपिणी कुसृतिः सृष्टा धनप्राणापहारिणी । आढ्यानां यौवनान्धानां वेश्या नामेह वेधसा ॥ ५७
तदर्पयामि कुट्टन्याः कस्याश्चिदमुमात्मजम् । वेश्याव्याजोपशिक्षार्थं येन ताभिर्न वञ्च्यते ॥ ५८
इत्यालोच्य स पुत्रेण सहैवेश्वरवर्मणा । यमजिह्वाभिधानायाः कुट्टन्याः सदनं ययौ ॥ ५९
तत्र स्थूलहनुं दीर्घदशनां भुग्ननासिकाम् । शिक्षयन्तीं दुहितरं कुट्टनीं तां ददर्श सः ॥ ६०
धनेन पूज्यते पुत्रि सर्वो वेश्या विशेषतः । तच्च नास्त्यनुरागिण्या रागं वेश्या त्यजेदतः ॥ ६१
दोषाग्रदूतो रागो हि वेश्यापश्चिमसंध्ययोः । मिथ्यैव दर्शयेद्वेश्या तं नटीव सुशिक्षिता ॥ ६२

रञ्जयेत्तेन सा पूर्वं दुह्याद्रक्तं ततो धनम् । दुग्धार्थं च त्यजेदन्ते प्राप्तार्थं पुनराहरेत् ॥ ६३
समो यूनि शिशौ वृद्धे विरूपे रूपवत्यपि । वेश्याजनो यो मुनिवत्स चार्थं परमश्नुते ॥ ६४
इति ब्रुवाणां दुहितुस्तामुपागात्स कुट्टनीम् । रत्नवर्मा कृतातिथ्यस्तया च समुपाविशत् ॥ ६५
अब्रवीत्तां च पुत्रो मे त्वयार्ये शिक्ष्यतामयम् । वेश्योषित्कला येन वैदग्ध्यं प्राप्नुयादसौ ॥ ६६
दीनाराणां सहस्रं च निष्क्रयं ते ददाम्यहम् । तच्छ्रुत्वा तस्य कामं तं प्रतिपेदे तथेति सा ॥ ६७
ततो वितीर्य दीनारान्पुत्रं तस्यै समर्प्य च । स तमीश्वरवर्माणं रत्नवर्मा ययौ गृहम् ॥ ६८
अथात्रेश्वरवर्मा स यमजिह्वागृहे कलाः । वर्षेणैकेन शिक्षित्वा पितुस्तस्य गृहं ययौ ॥ ६९
प्राप्तषोडशवर्षश्च पितरं तमुवाच सः । अर्थाद्धि धर्मकामौ नः पूजार्थादर्थतः प्रथौ ॥ ७०
एवमुक्तवते तस्मै श्रद्धाय स तथेति तत् । पञ्चानां द्रव्यकोटीनां भाण्डं प्रीतो ददौ पिता ॥ ७१
तदादाय वणिक्पुत्रः ससार्थः स शुभेऽहनि । प्रायादीश्वरवर्माथ स्वर्णद्वीपाभिवाञ्छया ॥ ७२
गच्छन्क्रमात्पथि प्राप स काञ्चनपुराभिधम् । नगरं तत्र चासन्नबाह्योद्याने समावसत् ॥ ७३
स्नातभुक्तानुलिप्तश्च प्रविश्य नगरेऽत्र सः । युवा प्रेक्षणकं द्रष्टुमेकं देवकुलं ययौ ॥ ७४
तत्रापश्यच्च नृत्यन्तीं सुन्दरीं नाम लासिकीम् । तारुण्यवातोच्छलितां रूपाब्धेर्लहरीमिव ॥ ७५
दृष्ट्वैव तां तदा सोऽभूत्तदेकगतमानसः । क्रुद्धेव कुट्टनीशिक्षा दूरे तस्याभवद्यथा ॥ ७६
वयस्यं प्रेष्य नृत्तान्ते प्रार्थयामास तां च सः । धन्यास्मीति वदन्ती च प्रह्वा साप्यन्वमन्यत ॥ ७७
स्थापयित्वा निवासे स्वे निपुणान्भाण्डरक्षिणः । तस्या ईश्वरवर्मासौ सुन्दर्या वसतिं ययौ ॥ ७८
तस्मिन्मकरकट्याख्या तन्माता तमुपागतम् । अमानयद्गृहाचारैस्तैस्तैस्तत्समयोचितैः ॥ ७९
निशागमे वासगृहं स्फुरद्रत्नवितानकम् । न्यस्तपर्यङ्कशयनं प्रावेशयत तया च सः ॥ ८०
तत्रारमत सुन्दर्या तयानुमतया सह । विचित्रकरणे नृत्ते सुरते च विदग्धया ॥ ८१
गाढदर्शितरागां तां पार्श्वादनपगामिनीम् । दृष्ट्वा द्वितीयेऽह्नि ततो निर्गन्तुं नाशकच्च सः ॥ ८२
ददौ च हेमरत्नादिलक्षाणां पञ्चविंशतिम् । तस्यै दिनद्वये तस्मिन्सुन्दर्यै स वणिग्युवा ॥ ८३
प्राप्तं मया धनं भूरि नाहं प्राप्ता भवादृशम् । स एव चेन्मया प्राप्तः किं धनेन करोम्यहम् ॥ ८४
इत्यसत्यानुबन्धेन सुन्दरीं तदगृह्णतीम् । माता मकरकट्येवमेकापत्यैव साह ताम् ॥ ८५
इदानीमस्मदीयं यत्तदस्यैव स्वकं धनम् । तन्मध्ये स्थापयित्वा तद्गृह्यतां पुत्रि का क्षतिः ॥ ८६
इत्युक्ता सुन्दरी मात्रा कृच्छ्रादिव तदग्रहीत् । मेने चेश्वरवर्मा तां मूढः सत्यानुरागिणीम् ॥ ८७
तस्या रूपेण नृत्तेन गीतेन च हृतात्मनः । वणिजोऽत्र स्थितस्याथ तस्य मासद्वयं ययौ ॥ ८८
तावच्च तस्यै सुन्दर्यै कोट्यौ द्वे स ददौ क्रमात् । अथोपेत्यार्थदत्ताख्यः सखा स्वैरमुवाच तम् ॥ ८९
सखे किं कुट्टनीशिक्षा सा यत्नोपार्जितापि ते । कातरस्यास्त्रविद्येव निष्फलावसरे गता ॥ ९०
वेश्याप्रेमणि सद्भावो यदस्मिन्बुध्यते त्वया । सत्यं भवति किं जातु जलं मरुमरीचिषु ॥ ९१
तत्सर्वं क्षीयते यावदिहैव न धनं तव । तावद्व्रजामो बुध्वा हि क्षमेतैतत्पिता न ते ॥ ९२
इत्युक्तस्तेन मित्रेण वणिक्पुत्रो जगाद सः । सत्यं न वेश्यास्वाश्वासः सुन्दरी तु न तादृशी ॥ ९३
क्षणं हि मामपश्यन्ती मुञ्चेत्प्राणानसौ सखे । तद्गत्वा बोधयत्वेतां गन्तव्यं यदि सर्वथा ॥ ९४
एवमुक्तः स तेनार्थदत्तस्तस्यैव संनिधौ । मातुर्मकरकट्याश्च सुन्दरीमवदत्ततः ॥ ९५
तव तावदसामान्या प्रीतिरीश्वरवर्मणि । गन्तव्यं चाधुनावश्यं स्वर्णद्वीपं वणिज्यया ॥ ९६
ततः प्राप्स्यत्ययं लक्ष्मीं ययागत्य त्वदन्तिके । यावत्कालं सुखं स्थास्यत्यनुमन्यस्व तत्सखि ॥ ९७
तच्छ्रुत्वा साश्रुनयना पश्यन्तीश्वरवर्मणः । मुखं कृतविषादा सा सुन्दरी च तमभ्यधात् ॥ ९८
यूयं जानीत किमहं वच्म्यन्तमनवेक्ष्य कः । कस्य प्रत्येति तदलं यद्विधत्तां विधिर्मम ॥ ९९
तच्छ्रुत्वोवाच माता तां मा दुःखं धृतिरस्तु ते । एष्यत्येव प्रियोऽयं ते सिद्धार्थस्त्वां न हास्यति ॥ १००

१ अत्र किंचित्त्रुटितं भाति.

इति माता किलाश्वास्य कृतसंवित्तया सह । मार्गाग्रे गुप्तमेकस्मिन्कूपे जालमकारयत् ॥ १०१
सदा चेश्वरवर्माभूत्तद्दोलारूढमानसः । शुचेवाल्पाल्पमाहारपानं चक्रे च सुन्दरी ॥ १०२
गीतवादित्रनृत्तेषु न बबन्ध रतिं च सा । आश्वास्यते स्म प्रणयैस्तैस्तैरीश्वरवर्मणा ॥ १०३
ततो दिने वयस्योक्ते सुन्दरीमन्दिरात्ततः । चचालेश्वरवर्मा स कुट्टनीकृतमङ्गलः ॥ १०४
अनुवव्राज चोदश्रुः सुन्दरी तं समातृका । नगराद्बहिरा कूपाद्बद्धान्तर्जालकात्ततः ॥ १०५
ततो निवर्त्य यावच्च सुन्दरीं तां प्रयाति सः । तावदात्मा तया कूपे जालपृष्ठे निचिक्षिपे ॥ १०६
हा हा स्वामिनि हा पुत्रीत्याक्रन्दः सुमहांस्ततः । दासीनां भृत्यवर्गस्य तन्मातुश्चात्र शुश्रुवे ॥ १०७
तेन प्रतिनिवृत्त्यैव समित्रः स वणिक्सुतः । कूपे क्षिप्ततनुं कान्तां बुद्ध्वा मोहमगात्क्षणम् ॥ १०८
सप्रलापं च शोचन्ती तस्मिन्मकरकट्यथ । स्वानवातारयद्भृत्यान्कूपे स्निग्धान्ससंविदः ॥ १०९
रज्जुभिस्तेऽवतीर्यैव दिष्ट्या जीवति जीवति । इत्युक्त्वा तां ततः कूपादुत्क्षिपन्ति स्म सुन्दरीम् ॥ ११०
उत्क्षिप्ता मृतकल्पं सा कृत्वात्मानं निवेदितम् । प्रत्यागतं वणिक्पुत्रमालापं शनकैर्ददौ ॥ १११
समाश्वस्तां समादाय हृष्टस्तां सानुगः प्रियाम् । अगादीश्वरवर्मासौ प्रत्यावृत्त्यैव तद्गृहम् ॥ ११२
निश्चित्य सुन्दरीप्रेमप्रत्ययं जन्मनः फलम् । तत्प्राप्तिमेव मत्वा स यात्राबुद्धिं पुनर्जहौ ॥ ११३
ततो बद्धस्थितिं तत्र सोऽर्थदत्तः सखा पुनः । तमभ्यधात्सखे मोहात्किमात्मा नाशितस्त्वया ॥ ११४
मा भूत्ते सुन्दरीस्नेहप्रत्ययः कूपपाततः । अतर्क्या कुट्टनीकूटरचना हि विधेरपि ॥ ११५
पितुश्च क्षपितार्थः किं वक्ष्यसे यास्यसि क वा । तदितोऽद्यापि निर्याहि कल्याणे चेन्मतिस्तव ॥ ११६
एतत्तस्य वचः सख्युरवधीर्य वणिग्युवा । मासेनान्यद्व्ययीचक्रे तत्र कोटित्रयं स तत् ॥ ११७
ततो हृतस्वो दत्तार्धचन्द्रकः सुन्दरीगृहात् । तया मकरकट्याथ कुट्टन्या निरवास्यत ॥ ११८
अर्थदत्तादयस्ते च गत्वा स्वनगरं द्रुतम् । तत्पित्रे तत्समाचख्युर्यथावृत्तमशेषतः ॥ ११९
स तत्पिता रत्नवर्मा तद्बुद्ध्वा दुःखितो भृशम् । कुट्टनीं यमजिह्वां तां गत्वावोचद्वणिक्पतिः ॥ १२०
गृहीत्वा मूल्यमीदृक्स त्वया मे शिक्षितः सुतः । हृतं मकरकट्या यत्सर्वस्वं तस्य हेलया ॥ १२१
इत्युक्त्वा पुत्रवृत्तान्तं तस्यै स तमवर्णयत् । ततः सा यमजिह्वा तं वृद्धकुट्टन्यभाषत ॥ १२२
आनाययेह पुत्रं ते करिष्यामि तथा यथा । तस्या मकरकट्यास्तत्सर्वस्वं स हरिष्यति ॥ १२३
एवं तया प्रतिज्ञाते कुट्टन्या यमजिह्वया । तदैव शीघ्रं संदिश्य वृत्त्या दानपुरःसरम् ॥ १२४
रत्नवर्मा ततस्तस्य पुत्रस्यानयनाय सः । तन्मित्रमर्थदत्तं च प्रजिघाय हितैषिणम् ॥ १२५
अर्थदत्तः स गत्वा च तत्काञ्चनपुरं पुरम् । तस्मै तं सर्वसंदेशं शशंसेश्वरवर्मणे ॥ १२६
पुनस्तं चाब्रवीन्मित्र नाकार्षीस्त्वं वचो हि मे । तदद्य वेश्यासद्भावो दृष्टः प्रत्यक्षतस्त्वया ॥ १२७
अर्धचन्द्रस्त्वया प्राप्तो दत्त्वा तत्कोटिपञ्चकम् । कः प्राज्ञो वाञ्छति स्नेहं वेश्यासु सिकतासु च ॥ १२८
किमुच्यते वा भवतो वस्तुधर्मोऽयमीदृशः । तावद्विदग्धो वीरश्च नरो भागी शुभस्य च ॥ १२९
यावत्पतति नैवासौ रामाविभ्रमभूमिषु । तदागच्छ पितुः पार्श्वं मन्युप्रतिकृतिं कुरु ॥ १३०
इत्युक्त्वा सोऽर्थदत्तेन तेनानीयत सत्वरम् । आश्वास्येश्वरवर्मासौ पितुः पार्श्वमुपागतः ॥ १३१
पित्रा चैकसुतस्नेहात्सान्त्वयित्वैव तेन सः । नीतोऽभूद्यमजिह्वायाः कुट्टन्या निकटं पुनः ॥ १३२
पृष्टश्चात्र तयाचख्यौ सोऽर्थदत्तमुखेन तम् । स्वोदन्तं सुन्दरीकूपनिपातान्तं धनक्षयम् ॥ १३३
यमजिह्वा ततोऽवादीदहमेवापराधिनी । यद्विस्मृत्य मया मायामेतामेष न शिक्षितः ॥ १३४
कूपे मकरकट्या हि जालमन्तर्न्यबध्यत । तत्पृष्ठे सुन्दरी देहमक्षिपन्न ममार यत् ॥ १३५
तदत्रास्ति प्रतीकार इत्युक्त्वा सापि कुट्टनी । आनाययत्स्वदासीभिरालं नाम स्वमर्कटम् ॥ १३६
दत्त्वाग्रे स्वं च दीनारसहस्रं तमुवाच सा । निगिलेति ततः सोऽपि शिक्षितस्तन्निगीर्णवान् ॥ १३७
पुत्रास्मै विंशतिं देहि देह्यस्मै पञ्चविंशतिम् । षष्टिमस्मै शतं चास्मा इति नानाव्ययेषु च ॥ १३८
दाप्यमानो निगीर्णांस्तांस्तयात्र यमजिह्वया । उद्गीर्योद्गीर्य दीनारांस्तथैव स कपिर्ददौ ॥ १३९

आलयुक्तिं प्रदर्श्यैतां यमजिह्वाब्रवीत्पुनः । गृहाणेश्वरवर्मंस्त्वमेतं मर्कटपोतकम् ॥ १४०
पुनस्तत्सुन्दरीवेश्म प्राग्वद्गत्वा दिने दिने । एवं गुप्तनिगीर्णांस्तान्मृगयस्वामुतो व्यये ॥ १४१
दृष्ट्वा चिन्तामणिप्रख्यं सैतमालं च सुन्दरी । दत्त्वा ते प्रार्थ्य सर्वस्वं कपिमेकं ग्रहीष्यति ॥ १४२
गृहीततद्धनो दत्त्वा निगीर्णाहर्द्वयव्ययम् । इमं तस्यै ततो दूरं यायास्त्वमविलम्बितम् ॥ १४३
इत्युक्त्वा यमजिह्वा तत्तस्मायीश्वरवर्मणे । मर्कटं तं ददौ भाण्डं पिता कोटिद्वयस्य च ॥ १४४
तद्गृहीत्वैव स प्रायात्तत्काञ्चनपुरं पुनः । सृष्टाग्रदूतः सुन्दर्या तद्गृहं प्रविवेश च ॥ १४५
सा तं साधनसर्वस्वं निर्बन्धमिव सुन्दरी । अभ्यनन्दत्ससुहृदं कण्ठाश्लेषादिसंभ्रमैः ॥ १४६
विश्वास्येश्वरवर्माथ तत्समक्षं क्षणान्तरे । आलमानय गत्वेति सोऽर्थदत्तमभाषत ॥ १४७
तथेति तेन गत्वा च समानीयत मर्कटः । निगीर्णपूर्वदीनारसहस्रं स जगाद तम् ॥ १४८
आल पुत्र प्रयच्छाद्य दीनाराणां शतत्रयम् । आहारपानस्य कृते ताम्बूलादिव्यये शतम् ॥ १४९
शतं मकरकट्यै च देह्यम्बायै द्विजातिषु । शतं शेषं सहस्राग्रत्सुन्दर्यै तत्समर्पय ॥ १५०
एवमीश्वरवर्मोक्तो मर्कटः स तथैव तान् । उद्गीर्योद्गीर्य दीनारान्प्राङ्निगीर्णान्व्ययेष्वदात् ॥ १५१
इत्थं युक्त्यानया नित्यं यावदीश्वरवर्मणा । आलो व्ययेषु दीनारान्दाप्यते पक्षमात्रकम् ॥ १५२
तावन्मकरकट्येवं सुन्दरी च व्यचिन्तयत् । अहो चिन्तामणिरयं सिद्धोऽस्य कपिरूपधृत् ॥ १५३
दिने दिने सहस्रं यो दीनाराणां प्रयच्छति । एषोऽमुना चेदस्माकं दत्तः सिद्धं मनोरथैः ॥ १५४
इत्यालोच्य समं मात्रा विजनेऽर्थयते स्म तम् । सुन्दरीश्वरवर्माणं भुक्तोत्तरसुखस्थितम् ॥ १५५
प्रसादो मयि सत्यं चेदालमेतं प्रयच्छ मे । तच्छ्रुत्वेश्वरवर्मा तां निजगाद हसन्निव ॥ १५६
असौ तातस्य सर्वस्वं तन्न दातुं न युज्यते । इत्यूचिवांसं च पुनः सुन्दरी तमुवाच सा ॥ १५७
ददामि पञ्चकोटीर्वस्तदयं दीयतामिति । तत ईश्वरवर्मा च निश्चित्यैव जगाद तम् ॥ १५८
ददासि यदि सर्वस्वमिदं वा नगरं मम । तथापि युज्यते नैष दातुं किमिति कोटिभिः ॥ १५९
श्रुत्वैतत्सुन्दरी स्माह सर्वस्वं ते ददाम्यहम् । देह्येतं मर्कटं मह्यमम्बा कुप्यतु नाम मे ॥ १६०
इत्युक्त्वा सुन्दरी पादौ जग्राहेश्वरवर्मणः । ऊचुस्ततोऽर्थदत्ताद्या दीयतां यद्भवत्विति ॥ १६१
ततश्चेश्वरवर्मा तं तथा दातुममन्यत । अनयत्सह सुन्दर्या दिनं तच्च प्रहृष्टया ॥ १६२
प्रातश्चाभ्यर्थमानायै सुन्दर्यै मर्कटं स तम् । निगीर्णगुप्तदीनारसहस्रद्वितयं ददौ ॥ १६३
तन्मूल्यं गृहसर्वस्वं तस्याश्चादाय तत्क्षणम् । ततः प्रायाद्द्रुतं चागात्स्वर्णद्वीपं वणिज्यया ॥ १६४
सुन्दर्यै च प्रहृष्टायै ददावालो दिनद्वयम् । स सहस्रं सहस्रं तान्दीनारान्याचितः कपिः ॥ १६५
तृतीयेऽह्न्यसकृत्प्रीत्या याच्यमानोऽप्यसौ यदा । नादात्किंचित्तदा मुष्ट्या सुन्दरी तमताडयत् ॥ १६६
स ताडितः क्रुधोत्पत्य मर्कटो दशनैर्नखैः । सुन्दर्यास्तज्जनन्याश्च घ्नन्त्योः पाटितवान्मुखम् ॥ १६७
ततस्तज्जननी सा तं स्रवद्रक्तमुखी क्रुधा । लगुडैस्ताडयामास तेनालोऽत्र ममार सः ॥ १६८
तं मृतं वीक्ष्य सर्वस्वं नष्टमालोच्य दुःखिता । प्राणत्यागोद्यता साभूज्जनन्या सह सुन्दरी ॥ १६९
जालं मकरकट्या तत्कृत्वा यस्य हृतं धनम् । आलं कृत्वाद्य तेनास्याः सर्वस्वं सुधिया हृतम् ॥ १७०
तयान्यस्य कृतं जालमालं ज्ञातं तु नात्मनः । इत्युवाचात्र विज्ञातवृत्तान्तो विहसज्जनः ॥ १७१
ततः सा सुन्दरी कृच्छ्राद्देहत्यागान्न्यवर्त्यत । स्वजनैर्जननीयुक्ता नष्टार्था पाटितानना ॥ १७२
स चार्जिताधिकश्रीकः स्वर्णद्वीपात्ततोऽचिरात् । आगादीश्वरवर्मा तच्चित्रकूटे पितुर्गृहम् ॥ १७३

तमुपागतमर्जितामितार्थं सुतमालोक्य पिता च रत्नवर्मा ।
अभिपूज्य स कुट्टनीं धनेन यमजिह्वां सुमहोत्सवं चकार ॥ १७४
स च विदितातुलमायो विरक्तचेता विलासिनीसङ्गे ।
आसीदीश्वरवर्मा ततोऽत्र कृतदारसंग्रहः स्वगृहे ॥ १७५

एवं नरेश वनिताहृदये न जातु कूटादृते वसति सत्यकथालवोऽपि ।
तत्सार्थसाध्यगमनासु सदैव तासु शून्याटवीष्विव रमेत न भूतिकामः ॥ १७६

इति मरुभूतेर्वदनाच्छ्रुत्वा स यथावदालजालकथाम्।
नरवाहनदत्तस्तच्छ्रद्धाय जहास गोमुखादियुतः ॥ १७७

इति महाकविश्रीसोमदेवभट्टविरचिते कथासरित्सागरे शक्तियशोलम्बके प्रथमस्तरङ्गः।

द्वितीयस्तरङ्गः।

एवं वेश्यास्वसद्भावे कथिते मरुभूतिना। आचख्यौ गोमुखो धीमांस्तद्वत्कुमुदिकाकथाम् ॥ १
आसीद्विक्रमसिंहाख्यः प्रतिष्ठाने महीपतिः। व्यधायि विधिनान्वर्थो यः सिंह इव विक्रमे ॥ २
यस्येश्वरस्य सुभगा नदीनप्रभवा प्रिया। अलंकारतनुर्देवी शशिलेखेति चाभवत् ॥ ३
तमेकदा स्वनगरे स्थितं संभूय गोत्रजाः। पञ्चषा गृहमागत्य राजानं पर्यवेष्टयन् ॥ ४
महाभटो वीरबाहुः सुबाहुः सुभटस्तथा। नृपः प्रतापादित्यश्च सर्वेऽप्येते महाबलाः ॥ ५
तेषु सामादि युञ्जानं निराकृत्य स्वमन्त्रिणम्। राजा विक्रमसिंहोऽसौ युद्धायैषां विनिर्ययौ ॥ ६
प्रवृत्ते शस्त्रसंपाते स नृपः सैन्ययोर्द्वयोः। शौर्यदर्पाद्गजारूढः प्रविवेशाहवं स्वयम् ॥ ७
धनुर्द्वितीयं दृष्ट्वा तं दलयन्तं द्विषच्चमूम्। महाभटाद्याः पञ्चापि राजानोऽभ्यपतन्समम् ॥ ८
तद्बले च समं भूयस्यखिलेऽप्यभिधावति। बलं विक्रमसिंहस्य तदतुल्यमभज्यत ॥ ९
ततोऽनन्तगुणाख्यस्तं मन्त्री पार्श्वस्थितोऽब्रवीत्। भग्नमस्मद्बलं तावज्जयो नास्तीह सांप्रतम् ॥ १०
विधूयास्मान्कृतश्चायं बलवद्विग्रहस्त्वया। तच्छिवायाधुनापीदं मदीयं वचनं कुरु ॥ ११
अवरुह्य द्विपादस्मादारुह्य च तुरङ्गमम्। एह्यन्यविषयं यावो जीवञ्जेतास्यरीन्पुनः ॥ १२
इति मन्त्रिगिरा स्वैरमवतीर्य स वारणात्। हयारूढः समं तेन स्वबलान्निर्ययौ पुनः ॥ १३
ययौ च वेषच्छन्नः सन्सहितस्तेन मन्त्रिणा। राजा विक्रमसिंहोऽसौ क्रमादुज्जयिनीं पुरीम् ॥ १४
तस्यां कुमुदिकाख्यायाः प्रख्यातवसुसंपदः। मन्त्रिद्वितीयो वसतिं विलासिन्या विवेश सः ॥ १५
अकस्मात्तं गृहायातं दृष्ट्वा सापि व्यचिन्तयत्। पुरुषातिशयः कोऽपि ममायं गृहमागतः ॥ १६
तेजसा लक्षणैश्चैष महान्राजेति सूच्यते। तन्मे यथेप्सितं सिध्येदीदृक्चेत्स्वीकृतो भवेत् ॥ १७
इत्यालोच्य तमुत्थाय स्वागतेनाभिनन्द्य च। चकार महदातिथ्यं राज्ञः कुमुदिकास्य सा ॥ १८
विश्रान्तं च जगादैनं राजानं सा क्षणान्तरे। धन्याहमद्य सुकृतं प्राक्तनं फलितं मम ॥ १९
देवेन स्वयमागत्य यद्गृहं मे पवित्रितम्। तदनेन प्रसादेन क्रीता दासीयमस्मि ते ॥ २०
यदस्ति मे हस्तिशतं हयानां द्वे तथायुते। मन्दिरं पूर्णरत्नं च तदायत्तमिदं तव ॥ २१
इत्युक्त्वा सा कुमुदिका राजानं तमुपाचरत्। स्नानादिनोपचारेण महार्हेण समन्त्रिकम् ॥ २२
ततस्तन्मन्दिरे साकं तया तत्रार्पितस्वया। राजा विक्रमसिंहोऽसौ खिन्नस्तस्थौ यथासुखम् ॥ २३
बुभुजे द्रविणं तस्या याचकेभ्यो ददौ च सः। न च सादर्शयत्तस्य विकारं तुष्यति स्म तु ॥ २४
अहो मय्यनुरक्तेयमिति तुष्टं ततो नृपम्। तं सोऽनन्तगुणो मन्त्री रहोऽवादीत्सहस्थितः ॥ २५
वेश्यानां देव सद्भावो नास्त्येव कुरुते पुनः। यत्ते कुमुदिका भक्तिं न जाने तत्र कारणम् ॥ २६
एतत्तस्य वचः श्रुत्वा स राजा निजगाद तम्। मैवं कुमुदिका प्राणानपि मुञ्चति मत्कृते ॥ २७
न चेत्प्रत्येषि तदहं प्रत्ययं दर्शयामि ते। इत्युक्त्वा तं स्वसचिवं राजा व्याजमिमं व्यधात् ॥ २८
शनैः कृशीकृत्य तनुं मितपानोऽल्पभोजनः। चकार मृतमात्मानं निश्चेष्टं लुठिताङ्गकम् ॥ २९
ततोऽधिरोप्य शिबिकां निन्ये परिजनेन सः। श्मशानं शोचतानन्तगुणे कृतकदुःखिते ॥ ३०
सा च शोकात्कुमुदिका वार्यमाणापि बान्धवैः। आगत्य तेनैव समं समारोहच्चितोपरि ॥ ३१
यावन्न दीप्यते वह्निस्तावदन्वागतां स ताम्। बुद्ध्वा कुमुदिकां राजा समुत्तस्थौ सजृम्भिकम् ॥ ३२
प्रत्युज्जीवित एषोऽत्र दिष्ट्या दिष्ट्येति वादिनः। सर्वे कुमुदिकायुक्तं निन्युस्तं स्वगृहं मुदा ॥ ३३
अथोत्सवे कृते प्राप्तः स राजा प्रकृतिं रहः। कच्चिद्दृष्टोऽनुरागोऽस्या इति तं स्माह मन्त्रिणम् ॥ ३४

ततस्तं सोऽब्रवीन्मन्त्री न प्रत्येम्येवमप्यहम् । अस्त्यत्र कारणं नूनं तत्पश्यामोऽत्र निश्चयम् ॥ ३५
प्रकाशयामस्त्वात्मानमस्यै येनैतदर्पितम् । बलं मित्रबलं चान्यत्प्राप्य हन्मो रिपून्रणे ॥ ३६
एवं तस्मिन्वदत्येव मन्त्रिण्यत्राययौ पुनः । स गुप्तप्रहितश्चारः स च पृष्टोऽब्रवीदिदम् ॥ ३७
वैरिभिर्विषयो व्याप्तः शशिलेखा तु लोकतः । देवी राज्ञो मृषा श्रुत्वा विपत्तिं वह्निमाविशत् ॥ ३८
एतच्चारवचः श्रुत्वा शोकाशनिहतस्तदा । हा देवि हा सतीत्यादि विललाप स भूपतिः ॥ ३९
ततः क्रमेण विज्ञाततत्त्वा कुमुदिकात्र सा । एत्य विक्रमसिंहं तमाश्वास्योवाच भूपतिम् ॥ ४०
प्रागेव मम नादिष्टं किं देवेनाधुनापि यत् । धनैर्मदीयैः सबलैः क्रियतामरिनिग्रहः ॥ ४१
इत्युक्तः स तया कृत्वा तद्धनैरधिकं बलम् । ययौ राजा स्वमित्रस्य राज्ञो बलवतोऽन्तिकम् ॥ ४२
तद्बलैः स्वबलैस्तैश्च सह गत्वा निहत्य तान् । पञ्चाप्यरिनृपान्युद्धे तद्राज्यान्यप्यवाप सः ॥ ४३
ततस्तुष्टः कुमुदिकां सोऽब्रवीत्तां सह स्थिताम् । प्रीतोऽस्मि ते तवाभीष्टं किं करोम्युच्यतामिति ॥ ४४
अथावोचत्कुमुदिका सत्यं तुष्टोऽसि चेत्प्रभो । तदुद्धरेदं हृच्छल्यमेकं मम चिरस्थितम् ॥ ४५
उज्जयिन्यां द्विजसुतं श्रीधरं नाम मे प्रियम् । राज्ञाल्पेनापराधेन बद्धं तस्माद्विमोचय ॥ ४६
दृष्ट्वा त्वां भाविकल्याणमुत्तमै राजलक्षणैः । एतत्कार्यक्षमं देव भक्त्या सेवितवत्यहम् ॥ ४७
अभीष्टसिद्धिनैराश्यादारोहं त्वचितामपि । विफलं जीवितं मत्वा विना तं विप्रपुत्रकम् ॥ ४८
एवमुक्तवतीं तां स राजावोचद्विलासिनीम् । साधयिष्याम्यहं तत्ते धीरा सुवदने भव ॥ ४९
इत्युक्त्वा मन्त्रिवचनं संस्मृत्याचिन्तयच्च सः । सत्यं वेश्यास्वसद्भावः प्रोक्तोऽनन्तगुणेन मे ॥ ५०
अतस्तु पूरणीयैषा वराक्याः कामना मया । इति संकल्प्य सबलः स तामुज्जयिनीमगात् ॥ ५१
श्रीधरं मोचयित्वा तं दत्त्वा च द्रविणं बहु । व्याधात्कुमुदिकां तत्र प्रियसंगमसुस्थिताम् ॥ ५२
आगत्य च स्वनगरं मन्त्रिमन्त्रमलङ्घयन् । क्रमाद्विक्रमसिंहोऽसौ बुभुजे सकलां महीम् ॥ ५३
एवं हृदयमज्ञेयमगाधं वेश्ययोपिताम् । .... ॥ ५४
इत्याख्याय कथां तस्मिन्विरते तत्र गोमुखे । नरवाहनदत्ताग्रे जगादाथ तपन्तकः ॥ ५५
देव न प्रत्ययः स्त्रीषु चपलास्वखिलास्वपि । चिरण्टीष्वपि न ग्राह्यो वेशस्त्रीष्विव सर्वदा ॥ ५६
इहैव यन्मया दृष्टमाश्चर्यं वच्मि तच्छृणु । बलवर्माभिधानोऽभूदस्यामेव वणिक्पुरि ॥ ५७
चन्द्रश्रीस्तस्य भार्याभूत्सा च वातायनाग्रतः । भव्यं शीलहरं नाम ददर्शैकं वणिक्सुतम् ॥ ५८
सखीगृहं तमानीय तन्मुखेनैव तत्क्षणम् । अरंस्त मदनाक्रान्ता तेन साकमलक्षिता ॥ ५९
प्रत्यहं च समं तेन यावत्सा रमते तथा । तावत्तत्सङ्गिनी ज्ञाता समग्रैर्भृत्यबान्धवैः ॥ ६०
एकस्तु बलवर्मा तां नाज्ञासीदसतीं पतिः । प्रायेण भार्यादौःशील्यं स्नेहान्धो नेक्षते जनः ॥ ६१
अथ दाहज्वरस्तस्य समभूद्बलवर्मणः । तेन चान्त्यामवस्थां स क्रमात्संप्राप्तवान्वणिक् ॥ ६२
तदवस्थेऽपि तस्मिंश्च तद्भार्या सा दिने दिने । अगादुपपतेस्तस्य निकटं स्वसखीगृहे ॥ ६३
तत्रैव चास्यां तिष्ठन्त्यामन्येद्युस्तत्पतिर्मृतः । अगच्छत्सा च तद्बुद्ध्वा तमापृच्छ्याशु कामुकम् ॥ ६४
आरोहच्च समं तेन पत्या सा तच्छुचा चिताम् । स्वजनैर्वार्यमाणापि शीलज्ञैः कृतनिश्चया ॥ ६५
इत्थं दुरवधार्यैव स्त्रीचित्तस्य गतिः किल । अन्यासङ्गं च कुर्वन्ति म्रियन्ते च पतिं विना ॥ ६६
एवं तपन्तकेनोक्ते क्रमाद्धरिशिखोऽभ्यधात् । अत्रापि देवदासस्य यद्वृत्तं तन्न किं श्रुतम् ॥ ६७
कुटुम्बी देवदासाख्यो ग्रामे स ह्यभवत्पुरा । दुःशीलेति च तस्यासीन्नाम्नान्वर्थेन गेहिनी ॥ ६८
तां चान्यपुरुषासक्तां विविदुः प्रातिवेशिकाः । एकदा देवदासोऽसौ कार्याद्राजकुलं ययौ ॥ ६९
आनीय सा च तत्कालं तद्भार्या तद्वधैषिणी । गृहस्योपरिभूमौ तं निदधे परपूरुषम् ॥ ७०
आगतं च ततस्तं सा देवदासं निजं पतिम् । निशीथे तेन जारेण भुक्तसुप्तमघातयत् ॥ ७१
विसृज्योपपतिं तं च स्थित्वा तूर्ष्णीं निशात्यये । निर्गत्य चक्रन्द हतो भर्ता मे तस्करैरिति ॥ ७२
ततोऽत्र बन्धवोऽभ्येत्य दृष्ट्वावोचन्नयं यदा । चौरैर्हतः कथं नीतं न किंचिदपि तैरितः ॥ ७३

इत्युक्त्वात्र स्थितं बालं पप्रच्छुस्ते तदात्मजम् । तातो हतस्ते केनेति ततः स स्पष्टमब्रवीत् ॥ ७४
पृष्ठभूमाविहारुह्य कोऽप्यासीद्दिवसे युवा । रात्रौ तेनावतीर्यैव तातो मे पश्यतो हतः ॥ ७५
अम्बा तु मां गृहीत्वादौ तातपार्श्वात्तदोत्थिता । इत्युक्ते शिशुना बुद्ध्वा भार्याजारेण तं हतम् ॥ ७६
जघ्नुस्तद्बन्धवोऽन्विष्य तज्जारं तं तदैव ते । स्वीकृत्य तं शिशुं तां च दुःशीलां निरवासयन् ॥ ७७
इत्यन्यरक्तचित्ता स्त्रीभुजंगी हन्त्यसंशयम् । एवं हरिशिखेनोक्ते बभाषे गोमुखः पुनः ॥ ७८
किमन्येनेह यद्वृत्तं वज्रसारस्य संप्रति । वत्सेश सेवकस्येह हास्यं तच्छ्रूयतामिदम् ॥ ७९
तस्य शूरस्य कान्तस्य सुरूपा मालवोद्भवा । वज्रसारस्य भार्याभूत्स्वशरीराधिकप्रिया ॥ ८०
एकदा तस्य भार्यायास्तस्याः पुत्रान्वितः पिता । निमन्त्रणाय मालव्यः सोत्कण्ठोऽभ्याययौ स्वयम् ॥ ८१
वज्रसारोऽथ सत्कृत्य तं स राज्ञे निवेद्य च । निमन्त्रितस्तेन समं सभार्यो मालवं ययौ ॥ ८२
मासमात्रं च विश्रम्य सोऽत्र श्वशुरवेश्मनि । इहागाद्राजसेवार्थं तद्भार्या त्वास्त तत्र सा ॥ ८३
ततो दिनेषु यातेषु वज्रसारमुपेत्य तम् । अकस्मात्क्रोधनो नाम सुहृदेवमभाषत ॥ ८४
भार्यां पितृगृहे त्यक्त्वा किं गृहं नाशितं त्वया । तत्रान्यपुरुषासक्ता पापया हि कृतस्तया ॥ ८५
आगतेन ततोऽद्यैतदाप्तेन कथितं मम । मा मंस्था वितथं तस्मान्निगृह्यैतां वहापराम् ॥ ८६
इत्युक्त्वा क्रोधने याते स्थित्वा मूढ इव क्षणम् । अचिन्तयद्वज्रसारः शङ्के सत्यं भवेदिदम् ॥ ८७
आह्वायके विसृष्टेऽपि सान्यथा नागता कथम् । तदेतां स्वयमानेतुं यामि पश्यामि किं भवेत् ॥ ८८
इति संकल्प्य गत्वैव मालवं श्वशुरौ स तौ । अनुज्ञाप्य गृहीत्वैतां भार्यां प्रस्थितवांस्ततः ॥ ८९
गत्वा च दूरमध्वानं स युक्त्या वञ्चितानुगः । उत्पथेनाविशद्भार्यामादाय गहनं वनम् ॥ ९०
तत्रोपवेश्य मध्ये तां विजने वदति स्म सः । त्वमन्यपुरुषासक्तेत्याप्तान्मिश्रान्मया श्रुतम् ॥ ९१
मया चात्र स्थितेनैव यदाहूतासि नागता । तत्सत्यं ब्रूहि नो चेद्धा करिष्ये निग्रहं तव ॥ ९२
तच्छ्रुत्वा तमवादीत्सा तवैष यदि निश्चयः । तत्किं पृच्छसि मां यत्ते रोचते तत्कुरुष्व मे ॥ ९३
इति सावज्ञमाकर्ण्य वचस्तस्याः स कोपतः । वज्रसारस्तरौ बद्ध्वा लताभिस्तामताडयत् ॥ ९४
वस्त्रं हरति यावच्च तस्यास्तावद्विलोक्य ताम् । नग्नां रिरंसा मूढस्य तस्याजायत रागिणः ॥ ९५
ततो निवेश्य बद्धां तां रन्तुमाश्लिष्यति स्म सः । नेच्छति स्म च सा तेन प्रार्थ्यमाना जगाद च ॥ ९६
लताभिस्ताडिता बद्ध्वा यथाहं भवता तथा । यद्यहं ताडयेयं त्वां तत इच्छामि नान्यथा ॥ ९७
तथेति प्रतिपेदे तत्स च व्यसनमोहितः । तृणसारीकृतश्चित्रं वज्रसारो मनोभुवा ॥ ९८
ततः सहस्तपादं तं सा बबन्ध दृढं तरौ । तच्छस्त्रेणैव बद्धस्य कर्णनासं चकर्त सा ॥ ९९
गृहीत्वा तस्य शस्त्रं च वासांसि च विधाय च । पापा पुरुषवेषं सा यथाकाममगात्ततः ॥ १००
वज्रसारस्तु तत्रासीच्छिन्नश्रवणनासिकः । गलता शोणितौघेन मानेन च नताननः ॥ १०१
अथ तत्रागतः कश्चिदोषध्यर्थं वने भिषक् । दृष्ट्वा तं कृपयोन्मुच्य साधुः स्वं नीतवान्गृहम् ॥ १०२
तत्र चाश्वासितस्तेन शनैः स्वगृहमागमत् । स वज्रसारो न च तां चिन्वन्प्राप कुगेहिनीम् ॥ १०३
अवर्णयच्च तं तस्मै वृत्तान्तं क्रोधनाय सः । तेनापि वत्सराजाग्रे कथितं सर्वमेव तत् ॥ १०४
अयं निष्पौरुषामर्षः स्त्रीभूत इति भार्यया । पुंवेषोऽस्य हृतो नूनं निग्रहश्चोचितः कृतः ॥ १०५
इति राजकुले सर्वजनोपहसितोऽपि सः । वज्रसार इहैवास्ते वज्रसारेण चेतसा ॥ १०६
तदेवं कस्य विश्वासः स्त्रीषु देवेति गोमुखे । उक्तवत्यथ भूयोऽपि जगाद मरुभूतिकः ॥ १०७
अप्रतिष्ठं मनः स्त्रीणामत्रापि श्रूयतां कथा । पूर्वं सिंहबलो नाम राजाभूद्दक्षिणापथे ॥ १०८
तस्य कल्याणवत्याख्या सर्वान्तःपुरयोषिताम् । प्रिया मालवसामन्तसुता भार्या बभूव च ॥ १०९
तया सह स राज्यं स्वं शासन्नृपतिरेकदा । निष्कासितोऽभूद्बलिभिर्देशात्संभूय गोत्रजैः ॥ ११०
देवीद्वितीयः प्रच्छन्नं सायुधोऽल्पपरिच्छदः । स प्रतस्थे ततो राजा मालवं श्वशुरास्पदम् ॥ १११
गच्छन्पथि च सोऽटव्यां सिंहमाधावितं पुरः । शरः खड्गप्रहारेण द्विधा चक्रेऽवहेलया ॥ ११२

वनद्विपं च गर्जन्तमायान्तं मण्डलैर्भ्रमन् । खड्गच्छिन्नकराग्रीकं मुक्तारटिमपातयत् ॥ ११३
एकाकी तस्करचमूर्विदलन्नवपङ्कजाः । ममाथारण्यविक्रान्तः करी कमलिनीरिव ॥ ११४
एवं मार्गमतिक्रम्य दृष्टात्यद्भुतविक्रमाम् । मालवं प्राप्य देवीं स्वां सोऽब्रवीत्सत्वसागरः ॥ ११५
न मार्गवृत्तमेतन्मे वाच्यं पितृगृहे त्वया । लज्जैषा देवि का श्लाघा क्षत्रियस्य हि विक्रमे ॥ ११६
इत्युक्त्वा च तया साकं प्राविशत्तत्पितुर्गृहम् । संभ्रमात्तेन पृष्टश्च निजं वृत्तान्तमुक्तवान् ॥ ११७
संमान्य दत्तहस्त्यश्वस्तेनैव श्वशुरेण सः । गजानीकाभिधस्यागाद्राज्ञोऽतिबलिनोऽन्तिकम् ॥ ११८
देवीं तु कल्याणवतीं भार्यां तां पितृवेश्मनि । तत्रैव स्थापयामास विपक्षविजयोद्यतः ॥ ११९
तस्मिन्प्रयाते यातेषु दिवसेष्वेकदात्र सा । देवी वातायनाग्रस्था कंचित्पुरुषमैक्षत ॥ १२०
स दृष्ट एव रूपेण तस्याश्चित्तमपाहरत् । स्मरेणाकृष्यमाणा च तत्क्षणं सा व्यचिन्तयत् ॥ १२१
जानेऽहं नार्यपुत्राद्यत्सुरूपोऽन्यो न शौर्यवान् । धावत्येव तथाप्यस्मिन्पुरुषे बत मे मनः ॥ १२२
तदद्यैव भजाम्येनमिति संचिन्त्य सा तदा । सख्यै रहस्यधारिण्यै स्वाभिप्रायं शशंस तम् ॥ १२३
तयैवानाय्य नक्तं च वातायनपथेन सा । अन्तःपुरं तं पुरुषं रज्जूत्क्षिप्तं न्यवेशयेत् ॥ १२४
स प्रविष्टोऽत्र पुरुषो नैवाध्यासितुमोजसा । शशाक तस्याः पर्यङ्कं न्यषीदत्पृथगासने ॥ १२५
तद्दृष्ट्वा बत नीचोऽयमिति यावद्विषीदति । राज्ञी सा तावदत्रागादुपरिष्टाद्भुजङ्गहिः ॥ १२६
तं विलोक्य भियोत्थाय सहसा पुरुषोऽत्र सः । धनुरादाय भुजगं जघान विशिखेन तम् ॥ १२७
विपन्नपतितं तं च गवाक्षेणाक्षिपद्बहिः । हर्षेण तद्भयोत्तीर्णो ननर्त स च कातरः ॥ १२८
नृत्यन्तं वीक्ष्य तं विग्ना सा कल्याणवती भृशम् । दध्यौ धिग्धिक्किमेतेन निःसत्त्वेनाधमेन मे ॥ १२९
दृष्ट्वैव तद्विरक्तां तां चित्तज्ञा सा च तत्सखी । निर्गत्याशु प्रविश्यात्र जगाद कृतसंभ्रमा ॥ १३०
आगतस्ते पिता देवि तदयं यातु संप्रति । यथागतेनैव पथा स्वगृहं त्वरितं युवा ॥ १३१
एवं तयोक्ते निर्यातो रज्ज्वा वातायनाद्बहिः । भयाकुलः स पतितो न दैवात्पञ्चतां गतः ॥ १३२
गते तस्मिन्नवोचत्तां सा कल्याणवती सखीम् । सखि सुष्ठु कृतं नीचो यत्त्वयैष बहिःकृतः ॥ १३३
ज्ञातं त्वया मे हृदयं चेतो हि मम दूयते । भर्ता मे व्याघ्रसिंहादीन्निपात्यापह्नुते ह्रिया ॥ १३४
अयं तु भुजगं हत्वा हीनसत्त्वः प्रनृत्यति । तत्तादृशं तं हित्वा किमस्मिन्मे प्राकृते रतिः ॥ १३५
तदप्रतिष्ठितमतिं धिङ् मां धिगथवा स्त्रियः । या धावन्त्यशुचिं हित्वा कर्पूरं मक्षिका इव ॥ १३६
इति जातानुतापा सा राज्ञी नीत्वा निशां ततः । प्रतीक्षमाणा भर्तारमासीत्तत्र पितुर्गृहे ॥ १३७
तावत्स दत्तान्यबलो गजानीकेन भूभुजा । गत्वा तान्गोत्रजान्पञ्च पापान्सिंहबलोऽवधीत् ॥ १३८

ततः स संप्राप्य पुनः स्वराज्यमानीय भार्यां च पितुर्गृहात्ताम् ।
प्रपूर्य तं च श्वशुरं धनौघैर्निष्कण्टकां क्ष्मां सुचिरं शशास ॥ १३९

इति प्रवीरे सुभगे च सत्पतौ विवेकिनीनामपि देव योषिताम् ।
चलं मनो धावति यत्र कुत्रचिद्विशुद्धसत्त्वा विरलाः पुनः स्त्रियः ॥ १४०

इति मरुभूतिनिगदितामाकर्ण्य कथां स वत्सराजसुतः ।
नरवाहनदत्तस्तां सुखसुप्तो नीतवान्रजनीम् ॥ १४१

इति महाकविश्रीसोमदेवभट्टविरचिते कथासरित्सागरे शक्तियशोलम्बके द्वितीयस्तरङ्गः ।

तृतीयस्तरङ्गः ।

ततः प्रातः कृतावश्यकार्यः स सचिवैः सह । नरवाहनदत्तः स्वमुद्यानं विहरन्ययौ ॥ १
तत्रस्थश्च प्रभापुञ्जमादौ व्योम्नोऽप्यनन्तरम् । ततो विद्याधरीर्बह्वीरवतीर्णा ददर्श सः ॥ २
तासां मध्ये च दीप्तानां ददर्शैकां स कन्यकाम् । ताराणामिव शीतांशुलेखां लोचनहारिणीम् ॥ ३
विकसत्पद्मवदनां लोललोचनषट्पदाम् । सलीलहंसगमनां वहदुत्पलसौरभाम् ॥ ४

तरङ्गहारित्रिवलीलतालंकृतमध्यमाम् । साक्षादिव स्मरोद्यानवापीशोभाधिदेवताम् ॥ ५
स्मरसंजीवनीं तां च दृष्ट्वा सोत्कलिकामतः । चान्द्रीं मूर्तिमिवाम्भोधिश्चुक्षुभे स नृपात्मजः ॥ ६
अहो सुन्दरनिर्माणवैचित्री काप्यसौ विधेः । इति शंसन्स सचिवैः सहितस्तामुपाययौ ॥ ७
तिर्यक्प्रेमार्द्रया दृष्ट्या पश्यन्तीं तां च स क्रमात् । पप्रच्छ का त्वं कल्याणि किमिहागमनं च ते ॥ ८
तच्छ्रुत्वा साब्रवीत्कन्या शृणुतैतद्वदामि वः । अस्ति काञ्चनशृङ्गाख्यं पुरं हैमं हिमाचले ॥ ९
तत्रास्ति नाम्ना स्फटिकयशा विद्याधरेश्वरः । धार्मिकः कृपणानाथशरणागतवत्सलः ॥ १०
तस्य हेमप्रभादेव्यां जातां गौरीवरोद्भवाम् । मां शक्तियशसं नाम जानीहि तनयामिमाम् ॥ ११
पितुः प्राणप्रिया साहं पञ्चभ्रातृकनीयसी । अतोषयं तदादेशाद्व्रतैः स्तोत्रैश्च पार्वतीम् ॥ १२
तुष्टा सा सकला विद्या दत्त्वा मामेवमादिशत् । पितुर्दशगुणं पुत्रि भावि विद्याबलं तव ॥ १३
नरवाहनदत्तश्च भर्ता तव भविष्यति । वत्सराजसुतो भाविचक्रवर्ती शुचारिणाम् ॥ १४
इत्युक्त्वा शर्वपत्नी मे तिरोऽभूत्तत्प्रसादतः । लब्धविद्याबला चाहं संप्राप्ता यौवनं क्रमात् ॥ १५
अद्यादिशच्च सा रात्रौ देवी मां दत्तदर्शना । प्रातः पुत्रि त्वया गत्वा द्रष्टव्यः स निजः पतिः ॥ १६
आगन्तव्यमिहैवाद्य मासेन हि पिता तव । चित्तस्थितैतत्संकल्पो विवाहं संविधास्यति ॥ १७
इत्यादिश्य तिरोऽभूत्सा देवी याता च यामिनी । ततोऽहमार्यपुत्रैषा त्वामिह द्रष्टुमागता ॥ १८
तत्संप्रति व्रजामीति गदित्वा ससखीजना । उत्पत्य खं शक्तियशाः सा जगाम पुरं पितुः ॥ १९
नरवाहनदत्तश्च तद्विवाहोत्सुकस्ततः । विवेशाभ्यन्तरं विघ्नः पश्यन्मासं युगोपमम् ॥ २०
तत्र दृष्ट्वा विमनसं सोऽथ तं गोमुखोऽब्रवीत् । शृणु देव कथामेकां तवाख्यामि विनोदिनीम् ॥ २१
बभूव काञ्चनपुरीत्याख्यया नगरी पुरा । तस्यां च सुमना नाम महानासीन्महीपतिः ॥ २२
आक्रान्तदुर्गकान्तारभूमिना येन चक्रिरे । चित्रं विराजमानेन तादृशा अपि शत्रवः ॥ २३
तमेकदास्थानगतं प्रतीहारो व्यजिज्ञपत् । देव मुक्तालता नाम निषादाधिपकन्यका ॥ २४
पञ्जरस्थितमादाय शुकं द्वारि वहिः स्थिता । वीरप्रभेणानुगता भ्रात्रा देवं दिदृक्षते ॥ २५
प्रविशत्विति राज्ञोक्ते प्रतीहारनिदेशतः । भिल्लकन्या नृपास्थानप्राङ्गणं प्रविवेश सा ॥ २६
न मानुषीयं दिव्यस्त्री कापि नूनमसाविति । सर्वेऽप्यचिन्तयंस्तत्र दृष्ट्वा तद्रूपमद्भुतम् ॥ २७
सा च प्रणम्य राजानमेवं व्यज्ञापयत्तदा । देवायं शास्त्रगञ्जाख्यश्चतुर्वेदधरः शुकः ॥ २८
कविः कृत्स्नासु विद्यासु कलासु च विचक्षणः । मयेश्वरोपयोगित्वादिहानीतोऽद्य गृह्यताम् ॥ २९
इत्यर्पितस्तयादाय प्रतीहारेण कौतुकात् । नीतोऽग्रे नृपतेरेतं शुकः श्लोकं पपाठ सः ॥ ३०

राजन्युक्तमिदं सदैव यदयं देवस्य संधुक्ष्यते
धूमश्याममुखो द्विषद्विरहिणीनिःश्वासवातोद्गमैः ।
एतत्त्वद्भुतमेव यत्परिभवाद्बाष्पाम्बुपूरप्लवै-
रासां प्रज्वलतीह दिक्षु दशसु प्राज्यः प्रतापानलः ॥ ३१

एवं पठित्वा व्याख्याय शुकोऽवादीत्पुनश्च सः । किं प्रमेयं कुतः शास्त्राद्ब्रवीम्यादिश्यतामिति ॥ ३२
ततोऽतिविस्मिते राज्ञि मन्त्री तस्याब्रवीदिदम् । शङ्के शापाच्छुकीभूतः पूर्वर्षिः कोऽप्ययं प्रभो ॥ ३३
जातिस्मरो धर्मवशात्पुराधीतं स्मरत्यतः । इत्युक्ते मन्त्रिणा राजा स शुकं पृच्छति स्म तम् ॥ ३४
कौतुकं भद्र मे ब्रूहि स्ववृत्तान्तं क्व जन्म ते । शुकत्वे शास्त्रविज्ञानं कुतः को वा भवानिति ॥ ३५
ततः स बाष्पमुत्सृज्य वदति स्म शुकः शनैः । अवाच्यमपि देवैतच्छृणु वच्मि त्वदाज्ञया ॥ ३६
हिमवन्निकटे राजन्नस्त्येको रोहिणीतरुः । आम्नाय इव दिग्व्यापिभूरिशाखाश्रितद्विजः ॥ ३७
तस्मिन्नेकः समं शुक्या शुकस्तस्थौ कृतालयः । तस्मादेषोऽहमुत्पन्नस्तस्यां दुष्कर्मयोगतः ॥ ३८
जातस्यैव च मे माता शुकी सा पञ्चतां गता । तातस्तु वृद्धः पक्षान्तः क्षिप्त्वा वर्धयति स्म माम् ॥ ३९

१ इयमेव कथा कादम्बरीकथामूलभूता ।

निकटस्थशुकानीतभुक्तशेषफलानि च । अश्नन्मह्यं च वितरन्नथ तत्रास्त मत्पिता ॥ ४०
एकदा तत्र तूर्याभिध्मातगोश्रृङ्गनादिनी । आखेटकाय समगाद्भिल्लसेना भयंकरी ॥ ४१
वित्रस्तकृष्णसाराक्षी धूलिव्यालुलितांशुका । संभ्रमोद्वेलचमरीविस्रस्तकबरीभरा ॥ ४२
विद्रुतव्याकुलेवाभूत्सहसा सा महाटवी । पुलिन्दवृन्दे विविधप्राणिघाताय धावति ॥ ४३
कृतान्तक्रीडितं कृत्वा दिनमाखेटभूमिषु । आगाच्छबरसैन्यं तदात्तैः पिशितभारकैः ॥ ४४
एकस्तु वृद्धशबरस्तत्रानासादितामिषः । अद्राक्षीत्स तरुं सायं क्षुधितस्तमुपागमत् ॥ ४५
आरुह्य च स तत्राशु शुकानन्यांश्च पक्षिणः । आकृष्याकृष्य नीडेभ्यो हत्वा हत्वा भुवि न्यधात् ॥ ४६
तथायान्तं च निकटं यमकिंकरसंनिभम् । तं दृष्ट्वाहं भयालीनः शनैः पक्षान्तरे पितुः ॥ ४७
तावच्चास्मत्कुलायं स प्राप्याकृष्यैव पातकी । तातं मे पीडितग्रीवं हत्वा तरुतलेऽक्षिपत् ॥ ४८
अहं च तातेन समं पतित्वा तस्य पक्षतेः । निर्गत्य तृणपर्णान्तः सभयः प्राविशं शनैः ॥ ४९
अथावतीर्य भिल्लोऽसावग्नौ भृष्टानभक्षयत् । शुकानन्यान्समादाय पापः पल्लीं निजामगात् ॥ ५०
ततः शान्तभयो दुःखदीर्घां नीत्वा निशामहम् । प्रातर्भूयिष्ठमुदिते जगच्चक्षुषि भास्वति ॥ ५१
अगच्छं पक्षसंरुद्धवसुधः प्रस्खलन्मुहुः । तृषार्तः पद्मसरसस्तीरमासन्नवर्तिनः ॥ ५२
तत्रापश्यं कृतस्नानमहं तत्सैकतस्थितम् । मुनिं मरीचिनामानं पूर्वपुण्यमिवात्मनः ॥ ५३
स मां दृष्ट्वा समाश्वास्य मुखक्षिप्तोदबिन्दुभिः । कृत्वा पत्रपुटेऽनैषीदाश्रमं कृपया मुनिः ॥ ५४
तत्र दृष्ट्वा कुलपतिर्मां पुलस्त्यः किलाहसत् । तेनान्यमुनिभिः पृष्टो दिव्यदृष्टिरुवाच सः ॥ ५५
इमं शापशुकं दृष्ट्वा दुःखेन हसितं मया । वक्ष्यामि चैतत्संबद्धां कथां वो विहिताह्निकः ॥ ५६
जातिं यच्छ्रवणादेष प्राग्वृत्तं च स्मरिष्यति । इत्युक्त्वा स पुलस्त्यर्षिराह्निकायोत्थितोऽभवत् ॥ ५७
कृताह्निकश्च मुनिभिः पुनरभ्यर्थितोऽत्र सः । मत्संबद्धां कथामेतां महामुनिरवर्णयत् ॥ ५८
आसीज्ज्योतिष्प्रभो नाम राजा रत्नाकरे पुरे । आरत्नाकरमुर्वीं यः शशासोर्जितशासनः ॥ ५९
तस्य तीव्रतपस्तुष्टगौरीपतिवरोद्भवः । हर्षवत्यभिधानायां पुत्रो देव्यामजायत ॥ ६०
स्वप्ने मुखप्रविष्टं यत्सोमं देवी ददर्श सा । तेन सोमप्रभं नाम्ना तं चक्रे स्वसुतं नृपः ॥ ६१
ववृधे च स तन्वानः प्रजानां नयनोत्सवम् । राजपुत्रोऽमृतमयैर्गुणैः सोमप्रभः क्रमात् ॥ ६२
दृष्ट्वा भरक्षमं शूरं युवानं प्रकृतिप्रियम् । यौवराज्येऽभ्यषिञ्चत्तं प्रीतो ज्योतिष्प्रभः पिता ॥ ६३
प्रभाकराभिधानस्य तनयं निजमन्त्रिणः । ददौ प्रियंकरं नाम मन्त्रित्वे चास्य सद्गुणम् ॥ ६४
तत्कालमम्बरादश्वं दिव्यमादाय मातलिः । अवतीर्णस्तमभ्येत्य सोमप्रभमभाषत ॥ ६५
विद्याधरः सखा शक्रस्यावतीर्णो भवानिह । तेन चाशुश्रवा नाम शक्रेणोच्चैःश्रवःसुतः ॥ ६६
पूर्वस्नेहेन ते राजन्प्रहितस्तुरगोत्तमः । अत्राधिरूढः शत्रूणामजेयस्त्वं भविष्यसि ॥ ६७
इत्युक्त्वा वाजिरत्नं तद्दत्त्वा सोमप्रभाय सः । आत्तपूजः खमुत्पत्य ययौ वासवसारथिः ॥ ६८
ततो नीत्वैव दिवसं तमुत्सवमनोरमम् । सोमप्रभस्तमन्येद्युरुवाच पितरं नृपम् ॥ ६९
तात न क्षत्रियस्यैष धर्मो यदजिगीषुता । तदाज्ञां देहि मे यावद्दिग्जयाय व्रजाम्यहम् ॥ ७०
तच्छ्रुत्वा स पिता तुष्टस्तथेति प्रत्यभाषत । चक्रे ज्योतिष्प्रभस्तस्य यात्रासंविदमेव च ॥ ७१
ततः प्रणम्य पितरं दिग्जयाय बलैः सह । प्रायाच्छक्रहयारूढः शुभे सोमप्रभोऽहनि ॥ ७२
जिगाय सोऽश्वरत्नेन तेन दिक्षु महीपतीन् । आजहार च रत्नानि तेभ्यो दुर्वारविक्रमः ॥ ७३
नामितं स्वधनुस्तेन विद्विषां च शिरः समम् । उन्नतिं तद्धनुः प्राप न तु तद्द्विषतां शिरः ॥ ७४
आगच्छन्कृतकार्योऽथ हिमाद्रिनिकटे पथि । संनिविष्टबलश्चक्रे मृगयां स वनान्तरे ॥ ७५
दैवात्सद्रत्नखचितं तत्रापश्यत्स किंनरम् । अभ्यधावच्च तं प्राप्तुं तेन शाक्रेण वाजिना ॥ ७६
स किंनरो गिरिगुहां प्रविश्यादर्शनं ययौ । सोमप्रभस्तु तेनाश्वेनातिदूरमनीयत ॥ ७७
तावत्प्रकीर्य काष्ठासु प्रकाशं तिग्मतेजसि । प्राप्ते प्रतीचीं ककुभं संध्यासंगमकारिणीम् ॥ ७८

श्रान्तः कथंचिदाधृत्य स ददर्श महत्सरः। तत्तीरे तां निशां नेतुकामश्चाश्वादवातरत् ॥ ७९
दत्त्वा तृणोदकं तस्मायाहृताम्बुफलोदकः। विश्रान्तश्चैकतोऽकस्मादश्रृणोद्गीतनिःस्वनम् ॥ ८०
गत्वा तदनुसारेण कौतुकान्नातिदूरतः। सोऽपश्यच्छिवलिङ्गाग्रे गायन्तीं दिव्यकन्यकाम् ॥ ८१
केयमद्भुतरूपा स्यादिति तं च सविस्मयम्। साप्युदाराकृतिं दृष्ट्वा कृत्वातिथ्यमवोचत ॥ ८२
कस्त्वं कथमिमां भूमिमेकः प्राप्तोऽसि दुर्गमाम्। एतच्छ्रुत्वा स्ववृत्तान्तमुक्त्वा पप्रच्छ सोऽपि ताम् ॥ ८३
त्वं मे कथय कासि त्वं वनेऽस्मिन्का च ते स्थितिः। इति तं पृष्टवन्तं च दिव्यकन्या जगाद सा ॥ ८४
कौतुकं चेन्महाभाग तद्वच्मि श्रृणु मत्कथाम्। इत्युक्त्वा सा लसद्बाष्पपूरा वक्तुं प्रचक्रमे ॥ ८५
अस्तीह काञ्चनाभाख्यं हिमाद्रिकटके पुरम्। पद्मकूटाभिधानोऽस्ति तत्र विद्याधरेश्वरः ॥ ८६
तस्य हेमप्रभादेव्यां राज्ञः पुत्राधिकप्रियाम्। मनोरथप्रभां नाम विद्धि मां तनयामिमाम् ॥ ८७
साहं विद्याप्रभावेण सखीभिः सममाश्रमान्। द्वीपानि कुलशैलांश्च वनान्युपवनानि च ॥ ८८
क्रीडित्वा प्रत्यहं चैवमाहारसमये पितुः। आगच्छामि स्वभवनं वासरप्रहरैस्त्रिभिः ॥ ८९
एकदाहमिह प्राप्ता विहरन्ती सरस्तटे। मुनिपुत्रकमद्राक्षं सवयस्यमिह स्थितम् ॥ ९०
तद्रूपशोभयाकृष्टा दूत्येवाहं तमभ्यगाम्। सोऽपि साकूतया दृष्ट्यैवाकरोत्स्वागतं मम ॥ ९१
ततो ममोपविष्टायाः सखी ज्ञातोभयाशया। कस्त्वं ब्रूहि महाभागेत्यपृच्छत्तद्वयस्यकम् ॥ ९२
स चाब्रवीत्तद्वयस्यो नातिदूरमितः सखि। निवसत्याश्रमपदे मुनिर्दीधितिमानिति ॥ ९३
स ब्रह्मचारी सरसि स्नातुमत्र कदाचन। आगतो ददृशे देव्या तत्कालागतया श्रिया ॥ ९४
सा तं शरीरेणाप्राप्यं प्रशान्तं मनसैव यत्। सकामा चकमे तेन पुत्रं संप्राप मानसम् ॥ ९५
त्वद्दर्शनान्ममोत्पन्नः पुत्रोऽयं प्रतिगृह्यताम्। इति नीत्वैव तज्जातं सा दीधितिमतः सुतम् ॥ ९६
बालकं मुनये तस्मै समर्प्य श्रीस्तिरोदधे। सोऽप्यनायासलब्धं तं पुत्रं हृष्टोऽग्रहीन्मुनिः ॥ ९७
रश्मिमानिति नाम्ना च कृत्वा संवर्ध्य च क्रमात्। उपनीय समं सर्वा विद्याः स्नेहादशिक्षयत् ॥ ९८
तं रश्मिमन्तं जानीतमेतं मुनिकुमारकम्। श्रियः सुतं मया साकं विहरन्तमिहागतम् ॥ ९९
इत्युक्त्वा तद्वयस्येन पृष्टा तेनापि मत्सखी। सा सनामान्वयं सर्वं मदुक्तं तं तदब्रवीत् ॥ १००
ततोऽन्योन्यान्वयज्ञानान्नितरामनुरागिणौ। मुनिपुत्रः स चाहं च यावत्तत्र स्थितावुभौ ॥ १०१
तावदेत्य द्वितीया मां स्वगृहादवदत्सखी। उत्तिष्ठाहारभूमौ त्वां पिता मुग्धे प्रतीक्षते ॥ १०२
तच्छ्रुत्वा शीघ्रमेष्यामीत्युक्त्वावस्थाप्य चात्र तम्। मुनिपुत्रं गताभूवं भीत्याहं पितुरन्तिकम् ॥ १०३
तत्र किंचित्कृताहारा यावच्चाहं विनिर्गता। तावदाद्या सखी सा मामागत्य स्वैरमब्रवीत् ॥ १०४
आगतो मुनिपुत्रस्य तस्येह स सखा सखि। स्थितश्च प्राङ्गणद्वारि सत्वरश्च ममावदत् ॥ १०५
मनोरथप्रभापार्श्वमहं रश्मिमताधुना। प्रेषितो व्योमगमनीं विद्यां दत्त्वैव पैतृकीम् ॥ १०६
प्राणेश्वरीं विना तां हि मदनेन स दारुणाम्। दशां नीतो न शक्नोति प्राणान्धारयितुं क्षणम् ॥ १०७
तच्छ्रुत्वैवास्मि निर्गत्य तेन युक्तामयायिना। मुनिपुत्रकमित्रेण सख्या चाहमिहागता ॥ १०८
प्राप्ता च तमिहाद्राक्षं मुनिपुत्रं विना मया। चन्द्रोद्गमेनैव समं वृत्तप्राणोद्गमान्मृतम् ॥ १०९
ततोऽहं तद्वियोगार्ता निन्दन्ती तनुमात्मनः। प्रवेष्टुमैच्छमनलं गृहीत्वा तत्कलेवरम् ॥ ११०
तावद्दिवोऽवतीर्यैव तेजःपुञ्जाकृतिः पुमान्। आदाय तच्छरीरं स चोत्पत्य गगनं ययौ ॥ १११
अथाहं केवलैवाग्नौ पतितुं यावदुद्यता। तावदुच्चरति स्मैवं गगनादिह भारती ॥ ११२
मनोरथप्रभे मैवं कृथा भूयो भविष्यति। एतेन मुनिपुत्रेण तव कालेन संगमः ॥ ११३
एतच्छ्रुत्वा परावृत्त्य मरणात्तत्प्रतीक्षिणी। स्थितास्मीहैव बद्धाशा शंकरार्चनतत्परा ॥ ११४
मुनिपुत्रसुहृत्सोऽपि गतो मे क्वाप्यदर्शनम्। इति तां वादिनीं विद्याधरीं सोमप्रभोऽभ्यधात् ॥ ११५
स्थितास्येकाकिनी तर्हि कथं सापि सखी क्व ते। एतच्छ्रुत्वा तमाह स्म सा विद्याधरकन्यका ॥ ११६
सिंहविक्रम इत्यस्ति नाम्ना विद्याधरेश्वरः। तस्यानन्यसमा चास्ति तनया मकरन्दिका ॥ ११७

सा मे सखी प्राणसमा कन्या मद्दुःखदुःखिता । तया सखी प्रेषिताभूद्वार्तां ज्ञातुमिहाद्य मे ॥ ११८
ततो मयापि तत्सख्या समं सा प्रहिता निजा । सखी तदन्तिकं तेन स्थितास्म्येकैव संप्रति ॥ ११९
एवं वदन्ती गगनादवतीर्णां तदैव ताम् । स्वसखीं दर्शयामास तस्मै सोमप्रभाय सा ॥ १२०
तामथोक्तसखीवार्तां पर्णशय्यामकारयत् । सोमप्रभस्य तद्वाहस्यापि घासमदापयत् ॥ १२१
ततो नीत्वा निशां सर्वे तत्र ते प्रातरुत्थिताः । व्योम्नोऽवतीर्णं ददृशुर्विद्याधरमुपागतम् ॥ १२२
स च विद्याधरो देवजयो नाम कृताननतिः । मनोरथप्रभामेवमुपविश्य जगाद ताम् ॥ १२३
मनोरथप्रभे राजा वक्ति त्वां सिंहविक्रमः । यावत्तव न निष्पन्नो वरस्तावन्न मत्सुता ॥ १२४
विवाहमिच्छति स्नेहात्त्वत्सखी मकरन्दिका । तदेतां बोधयागत्य येनोद्वाहे प्रवर्तते ॥ १२५
एतच्छ्रुत्वा सखीस्नेहात्तां विद्याधरकन्यकाम् । गन्तुं प्रवृत्तां वक्ति स्म राजा सोमप्रभोऽथ सः ॥ १२६
द्रष्टुं वैद्याधरं लोकमनघे कौतुकं मम । तत्तत्र नय मामश्वो दत्तघासोऽत्र तिष्ठतु ॥ १२७
तच्छ्रुत्वा सा तथेत्युक्त्वा व्योम्ना सद्यः सखीयुता । तेन देवजयोत्सङ्गारोपितेन समं ययौ ॥ १२८
प्राप्ता तत्र कृतातिथ्या मकरन्दिकया तया । दृष्ट्वा सोमप्रभं कोऽयमिति स्वैरमपृच्छयत ॥ १२९
तयोक्ततदुदन्ता च ततः सा मकरन्दिका । सोमप्रभेण तेनाभूत्सद्योऽपहृतमानसा ॥ १३०
सोऽपि तां मनसा प्राप्य लक्ष्मीं रूपवतीमिव । स तु कः सुकृती योऽस्या वरः स्यादित्यचिन्तयत् ॥ १३१
ततः स्वैरं कथालापे तामाह मकरन्दिकाम् । मनोरथप्रभा चण्डि कस्मान्नोद्वाहमिच्छसि ॥ १३२
तच्छ्रुत्वा साप्यवोचत्तां त्वयानङ्गीकृते वरे । कथं विवाहमिच्छेयं त्वं शरीराधिका हि मे ॥ १३३
एवं तया सप्रणयं मकरन्दिकयोदिते । मनोरथप्रभावादीद्वृतो मुग्धे मया वरः ॥ १३४
तत्संगमप्रतीक्षा हि तिष्ठामीत्युदिते तया । करोमि तर्हि त्वद्वाक्यमित्याह मकरन्दिका ॥ १३५
मनोरथप्रभा साथ ज्ञातचित्ता जगाद ताम् । सखि सोमप्रभः पृथ्वीं भ्रान्त्वा प्राप्तोऽतिथिस्तव ॥ १३६
तदस्यातिथिसत्कारः कर्तव्यः सुन्दरि त्वया । इत्याकर्ण्यैव जगदे मकरन्दिकया तया ॥ १३७
आ शरीरान्मया सर्वमिदमेतस्य सांप्रतम् । अर्घपात्रीकृतं कामं स्वीकरोतु यदीच्छति ॥ १३८
एवं तयोक्ते तत्प्रीतिं क्रमादावेद्य तत्पितुः । मनोरथप्रभा चक्रे तयोरुद्वाहनिश्चयम् ॥ १३९
ततः सोमप्रभो लब्धधृतिस्तुष्टो जगाद ताम् । त्वदाश्रममहं यामि सांप्रतं तत्र जातु मे ॥ १४०
चिन्वानं पदवीं सैन्यमागच्छेन्मय्यधिष्ठितम् । मामप्राप्याहिताशङ्कि तच्च गच्छेत्पराङ्मुखम् ॥ १४१
तद्गत्वा सैन्यवृत्तान्तं बुद्ध्वागत्य ततः पुनः । निश्चित्य परिणेष्यामि शुभेऽह्नि मकरन्दिकाम् ॥ १४२
तच्छ्रुत्वा सा तथेत्युक्त्वा तमनैषीन्निजाश्रमम् । मनोरथप्रभा देवजयाङ्कारोपितं पुनः ॥ १४३
तावत्प्रियंकरो मन्त्री तस्य सोमप्रभस्य सः । विचिन्वानश्च पदवीं तत्रैवागात्ससैनिकः ॥ १४४
मिलिताय ततस्तस्मै प्रहृष्टो निजमन्त्रिणे । सोमप्रभः स्ववृत्तान्तं यावत्सर्वं स शंसति ॥ १४५
तावत्तस्यापयौ दूतः शीघ्रमागम्यतामिति । लेखे लिखित्वा संदेशमादाय पितुरन्तिकात् ॥ १४६
तेन सैन्यं समादाय सचिवानुमतेन सः । पित्राज्ञामनतिक्रामञ्जगाम नगरं निजम् ॥ १४७
तातं दृष्ट्वाहमेष्यामि नचिरादित्युवाच च । मनोरथप्रभां तां च तं च देवजयं व्रजन् ॥ १४८
सोऽथ देवजयो गत्वा तत्सर्वं मकरन्दिकाम् । तथैवाबोधयत्तेन जज्ञे सा विरहातुरा ॥ १४९
नोद्याने सा रतिं लेभे न गीते न सखीजने । शुकानामपि शुश्राव न विनोदवतीर्गिरः ॥ १५०
नाहारमपि सा भेजे का कथा मण्डनादिके । प्रयत्नैर्बोध्यमानापि पितृभ्यां नाग्रहीद्धृतिम् ॥ १५१
उत्सृज्य बिसिनीपत्रशयनं चाचिरेण सा । उन्मादिनीव बभ्राम पित्रोरुद्वेगदायिनी ॥ १५२
यदा न प्रतिपेदे सा समाश्वासयतोस्तयोः । वचस्तदा तौ कुपितौ पितरौ शपतः स्म ताम् ॥ १५३
निषादमध्ये निःश्रीके कंचित्कालं पतिष्यसि । अनेनैव शरीरेण स्वजातिस्मृतिवर्जिता ॥ १५४
इति शप्ता पितृभ्यां सा निषादभवनं गता । निषादकन्या संपन्ना तदैव मकरन्दिका ॥ १५५
स चानुतप्य तच्छोकात्तत्पिता सिंहविक्रमः । विद्याधरेश्वरः पत्न्या सह पञ्चत्वमाययौ ॥ १५६

स च विद्याधरेन्द्रोऽभूत्प्रागृषिः सर्वशास्त्रवित्। केनापि प्राक्तनापुण्यशेषेण शुकतां गतः॥ १५७
तथैव तस्य भार्या च सा जातारण्यसूकरी। सोऽयं शुकः पुराधीतं वेत्ति चैव तपोबलात्॥ १५८
अथ कर्मगतिं चित्रां दृष्ट्वास्य हसितं मया। एतां राजसदस्युक्त्वा कथां चैष विमोक्ष्यते॥ १५९
सोमप्रभश्च तामस्य सुतां शुचरजन्मनि। प्राप्स्यत्येव निषादीत्वमागतां मकरन्दिकाम्॥ १६०
मनोरथप्रभा तं च जातं संप्रति भूमिपम्। रश्मिमन्तं मुनिसुतं तदैव पतिमाप्स्यति॥ १६१
सोमप्रभोऽपि पितरं दृष्ट्वा गत्वा तदाश्रमे। सांप्रतं स प्रियाप्राप्त्यै शर्वमाराधयन्स्थितः॥ १६२
इत्याख्याय कथां तत्र पुलस्त्यो व्यरमन्मुनिः। अहं च जातिमस्मार्षं हर्षशोकपरिप्लुतः॥ १६३
ततो येनाहमभवं नीतस्तत्कृपयाश्रमम्। स मरीचिमुनिस्तत्र गृहीत्वा मामवर्धयत्॥ १६४
जातपक्षश्च पक्षित्वसुलभाच्चापलादहम्। इतस्ततः परिभ्राम्यन्विद्याश्चर्यं प्रदर्शयन्॥ १६५
निषादहस्ते पतितः क्रमात्प्राप्तस्त्वदन्तिकम्। इदानीं च मम क्षीणं दुष्कृतं पक्षियोनिजम्॥ १६६

इति सदसि कथामुदीर्य तस्मिन्विदुषि शुके विरते विचित्रवाचि।
सपदि स सुमनोमहीभृदासीत्प्रमदतरङ्गितविस्मृतान्तरात्मा॥ १६७
अत्रान्तरे तं परितुष्य शंभुः स्वप्ने च सोमप्रभमादिदेश।
उत्तिष्ठ राजन्सुमनोनृपस्य पार्श्वं व्रज प्राप्स्यसि तत्र कान्ताम्॥ १६८
मुक्तालताख्या पितृशापतो हि भूत्वा निषादी मकरन्दिकाख्या।
आदाय तं स्वं पितरं गतास्य राज्ञोऽन्तिकं सा शुकतामवाप्तम्॥ १६९
स्मरिष्यति त्वां तु विलोक्य जातिं विद्याधरी सा विनिवृत्तशापा।
अन्योन्यविज्ञानविवृद्धहर्षशोभी भविष्यत्यथ संगमो वाम्॥ १७०
इति भूमिपतिं निगद्य तं गिरिशः स्वाश्रमगां तथैव ताम्।
अपरां स मनोरथप्रभां भगवान्भक्तकृपालुरब्रवीत्॥ १७१
यो रश्मिमान्मुनिसुतोऽभिमतो वरस्ते जातः स संप्रति पुनः सुमनोभिधानः।
तत्तत्र गच्छ तमवाप्नुहि स स्वजातिं सद्यः स्मरिष्यति शुभे तव दर्शनेन॥ १७२
एवं ते सोमप्रभविद्याधरकन्यके पृथग्विभुना।
स्वप्नादिष्टे नृपतेस्तस्य सदः सुमनसस्तदा ययतुः॥ १७३
सोमप्रभं तत्र च तं विलोक्य संस्मृत्य जातिं मकरन्दिका स्वाम्।
दिव्यं प्रपद्यैव निजं वपुस्तज्जग्राह कण्ठे चिरशापमुक्ता॥ १७४
सोऽपि प्रसादाद्गिरिजापतेस्तां संप्राप्य विद्याधरराजपुत्रीम्।
सोमप्रभः साकृतिदिव्यभोगलक्ष्मीमिवाश्लिष्य कृती बभूव॥ १७५
स चापि दृष्ट्वैव मनोरथप्रभां स्मृतस्वजातिः सुमनोमहीपतिः।
प्रविश्य पूर्वां नभसश्च्युतां तनुं मुनीन्द्रपुत्रश्च बभूव रश्मिमान्॥ १७६
तया च संगम्य पुनः स्वकान्तया चिरोत्सुकः स प्रययौ स्वमाश्रमम्।
ययौ स सोमप्रभभूपतिश्च तां प्रियां समादाय निजां निजं पुरम्॥ १७७
शुकोऽपि मुक्त्वैव स वैहगीं तनुं जगाम धाम स्वतपोभिरर्जितम्।
इतीह दूरान्तरितोऽपि देहिनां भवत्यवश्यं विहितः समागमः॥ १७८
इति नरवाहनदत्तो निजसचिवाद्गोमुखात्कथां श्रुत्वा।
अद्भुतविचित्ररुचिरां शक्तियशः सोत्सुकस्तुतोष तदा॥ १७९

इति महाकविश्रीसोमदेवभट्टविरचिते कथासरित्सागरे शक्तियशोलम्बके तृतीयस्तरङ्गः।

चतुर्थस्तरङ्गः ।

ततो विद्याधरीयुग्मकथामाख्याय गोमुखः । नरवाहनदत्तं तमुवाच सचिवाग्रणीः ॥ १
केचिद्देव सहन्तेऽत्र लोकद्वयहितैषिणः । सामान्या अपि कामादेरावेगं कृतबुद्धयः ॥ २
तथा च शूरवर्माख्यो बभूव कुलपुत्रकः । राज्ञः कुलधराख्यस्य सेवकः ख्यातपौरुषः ॥ ३
स ग्रामादागतो जातु प्रविष्टोऽशङ्कितं गृहे । भार्यां स्वेनैव मित्रेण ददर्श स्वैरसंगताम् ॥ ४
दृष्ट्वा नियम्य स क्रोधं चिन्तयामास धैर्यतः । किं मित्रद्रोहिणैतेन पशुना निहतेन मे ॥ ५
दुश्चारिण्यानया वापि पापया निगृहीतया । किं करोम्यहमप्येनमात्मानं पापभागिनम् ॥ ६
इत्यालोच्य परित्यज्य तावुभावप्युवाच सः । हन्यामहं तं युवयोर्यं पश्येयं पुनः पुनः ॥ ७
नागन्तव्यमितो भूयो मम लोचनगोचरम् । इत्युक्त्वा तेन मुक्तौ तौ ययतुः क्वापि दूरतः ॥ ८
स त्वन्यां परिणीयाभूच्छूरवर्मा सुनिर्वृतः । एवं देव जितक्रोधो न दुःखस्यास्पदीभवेत् ॥ ९
कृतप्रज्ञश्च विपदा देव जातु न बाध्यते । तिरश्चामपि हि प्रज्ञा श्रेयसे न पराक्रमः ॥ १०
तथा च शृण्विमां सिंहवृषभादिगतां कथाम् । आसीत्कोऽपि वणिक्पुत्रो धनवान्नगरे क्वचित् ॥ ११
तस्यैकदा वणिज्यार्थं गच्छतो मथुरां पुरीम् । भारवोढा युगं कर्षन्भरेण युगभङ्गतः ॥ १२
गिरिप्रस्रवणोद्भूतकर्दमे स्खलितः पथि । संजीवकाख्यो वृषभः पपाताङ्गैर्विचूर्णितैः ॥ १३
दृष्ट्वाभिघातनिश्चेष्टमसिद्धोत्थापनक्रमः । निराशस्तं चिरात्त्यक्त्वा वणिक्पुत्रो जगाम सः ॥ १४
स च संजीवको दैवात्समाश्वस्तो वृषः शनैः । उत्थाय शष्पान्सुमृदूनश्नन्प्रकृतिमाप्तवान् ॥ १५
गत्वा च यमुनातीरं हरितानि तृणानि सः । खादन्स्वच्छन्दचारी सन्पुष्टाङ्गो बलवानभूत् ॥ १६
व्यचरत्पीनककुदो माद्यन्हरवृषोपमः । शृङ्गोत्पाटितवल्मीकः स च तत्रोन्नदन्मुहुः ॥ १७
तत्काले चाभवत्तत्र नातिदूरे वनान्तरे । सिंहः पिङ्गलको नाम विक्रमाक्रान्तकाननः ॥ १८
मृगराजस्य तस्यास्तां मन्त्रिणौ जम्बुकावुभौ । एको दमनको नाम तथा करटकोऽपरः ॥ १९
स सिंहो जातु तोयार्थमागच्छन्यमुनातटम् । तस्यारान्नादमश्रौषीत्संजीवकककुद्मतः ॥ २०
श्रुत्वा चाश्रुतपूर्वं तं तन्नादं दिक्षु मूर्च्छितम् । स सिंहोऽचिन्तयत्कस्य बत नादोऽयमीदृशः ॥ २१
नूनमत्र महत्सत्त्वं किंचित्तिष्ठत्यवैमि तत् । तद्धि दृष्ट्वैव मां हन्याद्वनाद्वापि प्रवासयेत् ॥ २२
इति सोऽपीतपानीय एव गत्वा वनं द्रुतम् । भीतः सिंहो निगूह्यासीदाकारमनुयायिषु ॥ २३
अथ प्राज्ञो दमनकः स मन्त्री तस्य जम्बुकः । तमवोचत्करटकं द्वितीयं मन्त्रिणं रहः ॥ २४
अस्मत्स्वामी पयः पातुं गतोऽपीत्वैव तत्कथम् । आगतस्त्वरितं भद्र प्रष्टव्योऽत्रैष कारणम् ॥ २५
ततः करटकोऽवादीद्व्यापारोऽस्माकमेष कः । श्रुतस्त्वया न वृत्तान्तः किं कीलोत्पाटिनः कपेः ॥ २६
नगरे क्वापि केनापि वणिजा देवतागृहम् । कर्तुं प्रारब्धमभवद्भूरिसंभृतदारुकम् ॥ २७
तत्र कर्मकराः काष्ठं क्रकचोर्ध्वार्धताटितम् । दत्तान्तःकीलयत्रं ते स्थापयित्वा गृहं ययुः ॥ २८
तावदागत्य तत्रैको वानरश्चापलोत्प्लुतः । कीलव्यस्तविभागेऽपि काष्ठे तस्मिन्नुपाविशत् ॥ २९
नाड्यन्तरे मुखे मृत्योरिव तत्रोपविश्य च । कीलमुत्पाटयामास हस्ताभ्यां निष्प्रयोजनम् ॥ ३०
निपत्योत्खातकीलेन सह काष्ठेन तेन च । तद्भागद्वयसंघट्टपीडिताङ्गो ममार सः ॥ ३१
एवं न यस्य यत्कर्म स तत्कुर्वन्विनश्यति । तस्मात्किं मृगराजस्य विज्ञातेनाशयेन नः ॥ ३२
एतत्करटकाच्छ्रुत्वा धीरो दमनकोऽब्रवीत् । अन्तर्भूय प्रभोः प्राप्यो विशेषः सर्वदा बुधैः ॥ ३३
को हि नाम न कुर्वीत केवलोदरपूरणम् । एवं दमनकेनोक्ते साधुः करटकोऽब्रवीत् ॥ ३४
स्वेच्छयातिप्रवेशो यो न धर्मः सेवकस्य सः । इति चोक्तः करटकेनेदं दमनकोऽभ्यधात् ॥ ३५
नैवमात्मानुरूपं हि फलं सर्वोऽपि वाञ्छति । श्वा तुष्यत्यस्थिमात्रेण केसरी धावति द्विपे ॥ ३६
एतच्छ्रुत्वा करटकोऽवादीदेवं कृते यदि । कुप्यति प्रत्युत स्वामी तद्विशेषफलं कुतः ॥ ३७
अतीव कर्कशाः स्तब्धा हिंस्रैर्जन्तुभिरावृताः । दुरासदाश्च विषमा ईश्वराः पर्वता इव ॥ ३८
ततो दमनकोऽवादीत्सत्यमेतद्बुधस्तु यः । स्वभावानुप्रवेशेन स्वीकरोति शनैः प्रभुम् ॥ ३९

एवं कुर्विति तेनोक्तस्ततः करटकेन सः । ययौ दमनकस्तस्य सिंहस्य स्वामिनोऽन्तिकम् ।। ४०
प्रणिपत्योपविष्टश्च सिंहं पिङ्गलकं स तम् । स्वामिनं कृतसत्कारं क्षणादेवं व्यजिज्ञपत् ।। ४१
अहं क्रमागतस्तावदेव भृत्यो हितस्तव । हितः परोऽपि स्वीकार्यो हेयः स्वोऽप्यहितः पुनः ।। ४२
क्रीत्वान्यतोऽपि मूल्येन मार्जारः पोष्यते हितः । अहितो हन्यते यत्नाद्गृहजातोऽपि मूषकः ।। ४३
श्रोतव्यं च हितैषिभ्यो भृत्येभ्यो भूतिमिच्छता । अपृष्टैरपि कर्तव्यं तैश्च काले हितं प्रभोः ।। ४४
तद्विश्वसिषि चेद्देव न कुप्यसि न निह्नुषे । पृच्छामि तदहं किंचिन्न चोद्वेगं करोषि चेत् ।। ४५
एवं दमनकेनोक्तः सिंहः पिङ्गलकोऽब्रवीत् । विश्वासार्होऽसि भक्तोऽसि तन्निःशङ्कं त्वयोच्यताम् ।। ४६
इति पिङ्गलकेनोक्तेऽवोचद्दमनकोऽथ सः । देव पानीयपानार्थं तृषितो गतवानसि ।। ४७
तदपीतजलः किं त्वमागतो विमना इव । एतत्तद्वचनं श्रुत्वा स मृगेन्द्रो व्यचिन्तयत् ।। ४८
लक्षितोऽस्म्यमुना तत्किं भक्तस्यास्य निगूह्यते । इत्यालोच्याब्रवीत्तं स शृणु गोप्यं न तेऽस्ति मे ।। ४९
जलपार्श्वगतेनात्र नादोऽपूर्वः श्रुतो मया । स चास्मदधिकस्योग्रो जाने सत्त्वस्य कस्यचित् ।। ५०
भाव्यं शब्दानुरूपेण प्रायेण प्राणिना यतः । प्रजापतेर्विचित्रो हि प्राणिसर्गोऽधिकाधिकः ।। ५१
तेन चेह प्रविष्टेन न शरीरं न मे वनम् । तस्मादितो मयान्यत्र गन्तव्यं कानने क्वचित् ।। ५२
इति वादिनमाह स्म सिंहं दमनकोऽथ तम् । शूरः सन्नियता देव किं वनं त्यक्तुमिच्छसि ।। ५३
जलेन भज्यते सेतुः स्नेहः कर्णेजपेन तु । अरक्षणेन मन्त्रश्च शब्दमात्रेण कातरः ।। ५४
यन्त्रादिशब्दास्ते ते हि भवन्त्येव भयंकराः । परमार्थमविज्ञाय न भेतव्यमतः प्रभो ।। ५५
तथा च भेरीगोमायुकथेयं श्रूयतां त्वया । कोऽपि क्वापि वनोद्देशे गोमायुरभवत्पुरा ।। ५६
स भक्ष्यार्थी भ्रमन्वृत्तयुद्धां प्राप्य भुवं ध्वनिम् । गम्भीरमेकतः श्रुत्वा भीतो दृष्टिं ततो ददौ ।। ५७
तत्रादृष्टचरां भेरीमपश्यत्पतितस्थिताम् । किमीदृशोऽयं प्राणी स्यात्कोऽप्येवंरूपशब्दकृत् ।। ५८
इति संचिन्तयन्दृष्ट्वा निःस्पन्दां तामुपागतः । यावत्पश्यति तावत्स नायं प्राणीत्यबुध्यत ।। ५९
वातवेल्लच्छरस्तम्बहतचर्मपुटोद्भवम् । शब्दं निरूप्य तस्यां च स गोमायुर्जहौ भयम् ।। ६०
स्यात्किंचिद्भक्ष्यमत्रान्तरित्युत्पाट्य स पुष्करम् । प्रविश्य वीक्षते यावत्केवले दारुचर्मणी ।। ६१
तद्देव शब्दमात्रेण किं बिभ्यति भवादृशाः । मन्यसे यदि तत्तत्र तद्विज्ञातुं व्रजाम्यहम् ।। ६२
इत्यूचिवान्दमनको गच्छ शक्तोऽसि चेदिति । गदितस्तेन सिंहेन स ययौ यमुनातटम् ।। ६३
तत्र शब्दानुसारेण यावत्स्वैरं स गच्छति । तावत्तृणानि खादन्तं वृषभं तं ददर्श सः ।। ६४
उपेत्य चान्तिकं तस्य कृत्वा तेन च संविदम् । गत्वा तस्मै स सिंहाय यथावस्तु शशंस तत् ।। ६५
महोक्षः स त्वया दृष्टः संस्तवश्च कृतो यदि । तदिहानय तं युक्त्या तावत्पश्यामि कीदृशः ।। ६६
इत्युक्त्वा स प्रहृष्टस्तं सिंहः पिङ्गलकस्ततः । वृषस्य प्राहिणोत्तस्य पार्श्वं दमनकं पुनः ।। ६७
एह्याह्वयति तुष्टस्त्वामस्मत्स्वामी मृगाधिपः । इति गत्वा दमनकेनोक्तः स वृषभो भयात् ।। ६८
यदा न प्रतिपेदे तत्तदा गत्वा पुनर्वनम् । तं निजस्वामिनं सिंहं तस्याभयमदापयत् ।। ६९
एत्याभयेन चाश्वास्य ततः संजीवकं स तम् । वृषभं तं दमनकोऽनैषीत्केसरिणोऽन्तिकम् ।। ७०
स चागतं तं प्रणतं दृष्ट्वा सिंहः कृतादरः । उवाचेहैव तिष्ठ त्वं मत्पार्श्वे निर्भयोऽधुना ।। ७१
तदेति तेन तत्रस्थेनाहृतः स तथा क्रमात् । उक्ष्णा यथान्यविमुखस्तद्वशोऽभूत्स केसरी ।। ७२
ततो दमनकोऽवादीत्खिन्नः करटकं रहः । पश्य संजीवकहृतः स्वामी नावामवेक्षते ।। ७३
एक एवामिषं भुङ्क्ते न भागं नौ प्रयच्छति । मूढबुद्धिः प्रभुश्चायमुक्ष्णानेनाद्य शिक्ष्यते ।। ७४
कृतो मयैव दोषोऽयं यदेतं वृषमानयम् । तत्तथाहं करिष्यामि यथोक्षायं विनङ्क्ष्यति ।। ७५
अस्थानव्यसनाच्चायं निवर्त्स्यति यथा प्रभुः । एतद्दमनकाच्छ्रुत्वा तद्वचः करटकोऽथ सः ।। ७६
सखे न कर्तुमधुना शक्ष्यस्येतद्भवानपि । ततो दमनकोऽवादीच्छक्ष्यामि प्रज्ञया ध्रुवम् ।। ७७
न स शक्नोति किं यस्य प्रज्ञा नापदि हीयते । तथा च मकरस्यैतां बकहन्तुः कथां शृणु ।। ७८

आसीत्कोऽपि बकः पूर्वं मत्स्याढ्ये सरसि क्वचित् । मत्स्यास्तत्र पलायन्त तस्य दृष्टिपथाद्भयात् ॥ ७९
अप्राप्नुवंश्च मिथ्या तान्स मत्स्यानब्रवीद्बकः । इहागतो मत्स्यघाती पुरुषः कोऽपि जालवान् ॥ ८०
स जालेनाचिराद्युष्मान्गृहीत्वा निहनिष्यति । तत्कुरुध्वं मम वचो विश्वासो वोऽस्ति चेन्मयि ॥ ८१
अस्त्येकान्ते सरः स्वच्छमज्ञातमिह धीवरैः । एते तत्र निवासार्थं नीत्वैकैकं क्षिपामि वः ॥ ८२
तच्छ्रुत्वा सभयैरूचे मत्स्यैस्तैर्जडबुद्धिभिः । एवं कुरुष्व विश्वस्ता वयं त्वय्यखिला इति ॥ ८३
ततो बकस्तानेकैकं मत्स्यान्नीत्वा शिलातले । विन्यस्य भक्षयामास स बहून्विप्रलम्भकः ॥ ८४
दृष्ट्वा मीनान्नयन्तं तं मकरस्तत्सरोगतः । एको बकं तं पप्रच्छ नयसि क्व तिमीनिति ॥ ८५
ततस्तं स तदेवाह बको मत्स्यानुवाच यत् । तेन भीतो झषोऽवोचत्स मामपि नयेति तम् ॥ ८६
सोऽपि तन्मांसगर्धान्धबुद्धिरादाय तं बकः । उत्पत्य प्रापयति तद्यावद्वध्यशिलातलम् ॥ ८७
तावत्तज्जग्धमीनास्थिशकलान्यत्र वीक्ष्य सः । तं बुध्यते स्म मकरो बकं विश्वास्य भक्षकम् ॥ ८८
ततः शिलातलन्यस्तमात्रस्तस्य स तत्क्षणम् । बकस्य मकरो धीमांश्चकर्ताविह्वलः शिरः ॥ ८९
गत्वा च शेषमत्स्यानां यथावत्स शशंस तत् । ते चाप्यभिननन्दुस्तं तुष्टाः प्राणप्रदायिनम् ॥ ९०
प्रज्ञा नाम बलं तस्मान्निष्प्रज्ञस्य बलेन किम् । एतां च सिंहशशयोः कथामत्रापरां शृणु ॥ ९१
अभूत्क्वापि वने सिंह एकवीरोऽपराजितः । स च यं यं ददर्शात्र सत्त्वं तं तं न्यपातयत् ॥ ९२
ततः सोऽभ्यर्थितः सर्वैः संभूयात्र मृगादिभिः । आहाराय तवैकैकं प्रेषयामो दिने दिने ॥ ९३
सर्वान्नो युगपद्धत्वा स्वार्थहानिं करोषि किम् । इति तद्वचनं सिंहः स तथेत्यन्वमन्यत ॥ ९४
ततः प्राणिनमेकैकं तस्मिन्नन्वहमश्नति । एकदा शशकस्यागाद्वार एकस्य तत्कृते ॥ ९५
स सर्वैः प्रेषितो गच्छञ्शशो धीमानचिन्तयत् । स धीरो यो न संमोहमापत्कालेऽपि गच्छति ॥ ९६
उपस्थितेऽपि मृत्यौ तद्युक्तिं तावत्करोम्यहम् । इत्यालोच्य स तं सिंहं विलम्ब्य शशकोऽभ्यगात् ॥ ९७
आगतं तु विलम्बेन केसरी निजगाद सः । अरे वेला व्यतिक्रान्ता ममाहारे कथं त्वया ॥ ९८
वधादभ्यधिकं किं वा कर्तव्यं ते मया शठ । इत्युक्तवन्तं तं सिंहं प्रह्वः स शशकोऽब्रवीत् ॥ ९९
न मे देवापराधोऽयं स्ववशो नाहमद्य यत् । मार्गे विधार्य सिंहेन द्वितीयेनोज्झितश्चिरात् ॥ १००
तच्छ्रुत्वास्फाल्य लाङ्गूलं सिंहः क्रोधारुणेक्षणः । सोऽब्रवीत्को द्वितीयोऽसौ सिंहो मे दर्श्यतां त्वया ॥ १०१
आगत्य दृश्यतां देवेत्युक्त्वा सोऽपि निनाय तम् । तथेत्यन्वागतं सिंहं दूरं कूपान्तिकं शशः ॥ १०२
इहान्तःस्थं स्थितं पश्येत्युक्तस्तत्र च तेन सः । शशकेन क्रुधा गर्जन्सिंहोऽन्तःकूपमैक्षत ॥ १०३
दृष्ट्वा स्वच्छे च तोये स्वं प्रतिबिम्बं निशम्य च । स्वगर्जितप्रतिरवं मत्वा तत्रातिगर्जितम् ॥ १०४
प्रतिसिंहं स कोपेन तद्वधाय मृगाधिपः । आत्मानमक्षिपत्कूपे मूढोऽत्रैव व्यपादि च ॥ १०५
शशः स प्रज्ञयोत्तीर्य मृत्योरुत्तार्य चाखिलान् । मृगान्गत्वा तदाख्याय स्ववृत्तं ताननन्दयत् ॥ १०६
एवं प्रज्ञैव परमं बलं न तु पराक्रमः । यत्प्रभावेण निहतः शशकेनापि केसरी ॥ १०७
तदहं साधयाम्येव प्रज्ञया स्वमभीप्सितम् । एवं दमनकेनोक्ते तूष्णीं करटकोऽभवत् ॥ १०८
ततो दमनकश्चापि तस्य पिङ्गलकस्य सः । सिंहस्य स्वप्रभोरासीदन्तिके दुर्मना इव ॥ १०९
पृष्टश्च कारणं तेन तमुवाच जनान्तिकम् । बुद्ध्वा न युज्यते तूष्णीं स्थातुं देव वदाम्यतः ॥ ११०
अनियुक्तोऽपि च ब्रूयाद्यदीच्छेत्स्वामिनो हितम् । तद्विहायान्यथाबुद्धिं मद्विज्ञप्तिमिमां शृणु ॥ १११
वृषः संजीवकोऽयं त्वां हत्वा राज्यं चिकीर्षति । मन्त्रिणा हि सतानेन त्वं भीरुरिति निश्चितः ॥ ११२
धुनोति त्वां जिघांसुश्च शृङ्गयुग्मं निजायुधम् । निर्भया जीवथ सुखं मयि राज्ञि तृणाशने ॥ ११३
तदेतं हन्मो युक्त्यामुं मृगेन्द्रं मांसभोजनम् । आश्वास्योपजपत्येवं प्राणिनश्च वने वने ॥ ११४
तदेतं चिन्तय वृषं नास्त्यस्मिन्सति शर्म ते । एवं दमनकेनोक्तः स तं पिङ्गलकोऽभ्यधात् ॥ ११५
बलीवर्दो वराकोऽयं किं कुर्यात्तृणभुङ्मम । दत्ताभयं कथं हन्यामेनं च शरणागतम् ॥ ११६

१ पुस्तकान्तरेऽस्मादग्रे 'संमन्त्र्य च समं तत्र जगदे मृगराडसौ' इत्यर्धश्लोकोऽस्ति.

एतच्छ्रुत्वा दमनकः प्राह मा स्मैवमादिश । यस्तुल्यः क्रियते राज्ञा न तद्वच्छ्रीः प्रसर्पति ॥ ११७
द्वयोर्दत्तपदा सा च तयोरुच्छ्रितयोश्चला । न शक्नोति चिरं स्थातुं ध्रुवमेकं विमुञ्चति ॥ ११८
प्रभुश्च यो हितं द्वेष्टि सेवते चाहितं सदा । स वर्जनीयो विद्वद्भिर्वैद्यैर्दुष्टातुरो यथा ॥ ११९
अप्रियस्य प्रथमतः परिणामे हितस्य च । वक्ता श्रोता च यत्र स्यात्तत्र श्रीः कुरुते पदम् ॥ १२०
न शृणोति सतां मन्त्रमसतां च शृणोति यः । अचिरेण स संप्राप्य विपदं परितप्यते ॥ १२१
तदस्मिन्नुक्षिणि कः स्नेहस्तव देव किमस्य वा । दुह्यतोऽभयदानं तच्छरणागतता च का ॥ १२२
किं चैतस्य भवत्पार्श्वे नित्यसंनिहितस्य गोः । देव कीटाः प्रजायन्ते ये तन्मूत्रपुरीषयोः ॥ १२३
ते चेद्विशन्ति मत्तेभदन्ताघातव्रणावृते । शरीरे भवतः किं न वृत्तः स्याद्युक्तितो वधः ॥ १२४
दुर्जनश्चेत्स्वयं दोषं विपश्चिन्न करोति तत् । उत्पद्यते स तत्सङ्गादत्र च श्रूयतां कथा ॥ १२५
राज्ञः कस्यापि शयने चिरमासीदलक्षिता । यूका कुतश्चिदागत्य नाम्ना मन्दविसर्पिणी ॥ १२६
अकस्मात्तत्र चोपेत्य कुतोऽपि पवनेरितः । विवेश शयनीयं तट्टीटिभो नाम मत्कुणः ॥ १२७
मन्निवासमिमं कस्मादागतस्त्वं व्रजान्यतः । इति मन्दविसर्पिण्या स दृष्ट्वा जगदे तया ॥ १२८
अपीतपूर्वं पास्यामि राजासृक्तत्प्रसीद मे । देहीह वस्तुमिति तामवादीत्सोऽपि टीटिभः ॥ १२९
ततोऽनुरोधादाह स्म सा तं यद्येवमास्व तत् । किं त्वस्य राज्ञो नाकाले दंशो देयस्त्वया सखे ॥ १३०
देयोऽस्य दंशः सुप्तस्य रतासक्तस्य वा लघु । तच्छ्रुत्वा टीटिभः सोऽत्र तथेत्युक्त्वा व्यतिष्ठत ॥ १३१
नक्तं शय्याश्रितं तं च नृपमाशु ददंश सः । उत्तस्थौ च ततो राजा हा दष्टोऽस्मीति स ब्रुवन् ॥ १३२
ततः पलायिते तस्मिंस्त्वरितं मत्कुणे शठे । विचित्य राजभृत्यैः सा लब्धा यूका व्यपाद्यत ॥ १३३
एवं टीटिभसंपर्कान्नष्टा मन्दविसर्पिणी । तत्संजीवकसङ्गस्ते न शिवाय भविष्यति ॥ १३४
न मे प्रत्येषि चेत्तत्त्वं स्वयं द्रक्ष्यस्युपागतम् । शिरो धुनानं दर्पेण शृङ्गयोः शूलशातयोः ॥ १३५
इत्युक्त्वा विकृतिं तेन नीतो दमनकेन सः । सिंहः पिङ्गलकश्चक्रे वध्यं संजीवकं हृदि ॥ १३६
लब्ध्वा तस्याशयं स्वैरं क्षणाद्दमनकस्ततः । तस्य संजीवकस्यागात्स विषण्ण इवान्तिकम् ॥ १३७
किमीदृगसि किं मित्र शरीरे कुशलं तव । इति पृष्टश्च तेनात्र वृषेण स जगाद तम् ॥ १३८
किं सेवकस्य कुशलं कश्च राज्ञां सदा प्रियः । कोऽर्थी न लाघवं यातः कः कालस्य न गोचरः ॥ १३९
इत्युक्तवन्तं पप्रच्छ तं स संजीवकः पुनः । किमुद्विग्न इवैवं त्वं वयस्याद्योच्यतामिति ॥ १४०
ततो दमनकोऽवादीच्छृणु प्रीत्या वदामि ते । मृगराजो विरुद्धोऽसौ जातः पिङ्गलकोऽद्य ते ॥ १४१
निरपेक्षोऽस्थिरस्नेहो हत्वा त्वां भोक्तुमिच्छति । हिंस्रं परिच्छदं चास्य पश्यामि प्रेरकं सदा ॥ १४२
वचो दमनकस्यैतत्स पूर्वप्रत्ययादृजुः । सत्यं विचिन्त्य वृषभो विमना निजगाद तम् ॥ १४३
धिक्सेवाप्रतिपन्नोऽपि क्षुद्रः क्षुद्रपरिग्रहः । प्रभुर्वैरित्वमेवैति तथा चेमां कथां शृणु ॥ १४४
आसीन्मदोत्कटो नाम सिंहः क्वापि वनान्तरे । त्रयस्तस्यानुगाश्चासन्द्वीपिवायसजम्बुकाः ॥ १४५
स सिंहोऽत्र वनेऽद्राक्षीददृष्टचरमेकदा । करभं सार्थविभ्रष्टं प्रविष्टं हासनाकृतिम् ॥ १४६
कोऽयं प्राणीति साश्चर्यं वदत्यस्मिन्मृगाधिपे । उष्ट्रोऽयमिति वक्ति स्म देशद्रष्टात्र वायसः ॥ १४७
ततो दत्ताभयस्तेन सिंहेनानाय्य कौतुकात् । उष्ट्रः सोऽनुचरीकृत्य स्वान्तिके स्थापितोऽभवत् ॥ १४८
एकदा व्रणितोऽस्वस्थः स सिंहो गजयुद्धतः । उपवासान्बहूंश्चक्रे स्वस्थैस्तैः सहितोऽनुगैः ॥ १४९
ततः क्लान्तः स भक्ष्यार्थं भ्रमन्सिंहोऽनवाप्य तत् । किं कार्यमित्यपृच्छत्तानुष्ट्रं मुक्त्वानुगान्रहः ॥ १५०
ते तमूचुः प्रभो वाच्यमस्माभिर्युक्तमापदि । उष्ट्रेण साकं किं सख्यं किं नासावेव भक्ष्यते ॥ १५१
तृणाशी चायमस्माकं भक्ष्य एवामिषाशिनाम् । बहूनामामिषस्यार्थे किं चैकस्त्यज्यते न किम् ॥ १५२
दत्ताभयं कथं हन्मीत्युच्यते प्रभुणा यदि । दापयामः स्ववाचा वयुक्त्या तनुममुं वयम् ॥ १५३
इत्युक्ते तैरनुज्ञातस्तेन सिंहेन वायसः । वधाय संविदं कृत्वा करभं तमभाषत ॥ १५४
एष स्वामी क्षुधाक्रान्तोऽप्यस्मान्वक्ति न किंचन । तदस्यात्मप्रदानोक्त्या प्रियं कुर्मो यथा वयम् ॥ १५५

तथा त्वमपि कुर्वीथा येनासौ प्रीयते त्वयि । इत्युक्तो वायसेनोष्ट्रः साधुस्तत्प्रत्यपद्यत ॥ १५६
उपाययौ च तं सिंहं सह काकेन तेन सः । ततः काकोऽब्रवीद्देव स्वायत्तं भुङ्क्ष्व मामिमम् ॥ १५७
किं त्वया स्वल्पकायेनेत्युक्ते सिंहेन जम्बुकः । मां भुङ्क्ष्वेत्यवदत्तं च स तथैव निराकरोत् ॥ १५८
द्वीपी तमब्रवीद्देव मां भुङ्क्ष्वेति तमप्यसौ । नाभुङ्क्त हरिरुष्ट्रोऽथ बभाषे भुङ्क्ष्व मामिति ॥ १५९
वाक्छलेन स तेनैव हत्वा कृत्वा च खण्डशः । उष्ट्रस्तैर्भक्षितः सद्यः ससिंहैर्वायसादिभिः ॥ १६०
एवं केनापि पिशुनेनैष पिङ्गलको मयि । प्रेरितोऽकारणं राजा प्रमाणमधुना विधिः ॥ १६१
गृध्रोऽपि हि वरं राजा सेव्यो हंसपरिच्छदः । न गृध्रपरिवारस्तु हंसोऽपि किमुतापरः ॥ १६२
एतत्संजीवकाच्छ्रुत्वावादीद्दमनकोऽनृजुः । धैर्येण साध्यते सर्वं शृणु वच्म्यत्र ते कथाम् ॥ १६३
कोऽप्यासीट्टिट्टिभः पक्षी सभार्यो वारिधेस्तटे । धृतगर्भा सती भार्या टिट्टिभी निजगाद तम् ॥ १६४
एहि क्वाप्यन्यतो यावः प्रसूताया ममेह हि । हरेदपत्यान्यम्भोधिः कदाचिदयमूर्मिभिः ॥ १६५
एतद्भार्यावचः श्रुत्वा टिट्टिभः स जगाद ताम् । न शक्नोति मया साकं विरोधं कर्तुमम्बुधिः ॥ १६६
तच्छ्रुत्वा टिट्टिभी प्राह मैवं का ते तुलाब्धिना । हितोपदेशोऽनुष्ठेयो विनाशः प्राप्यतेऽन्यथा ॥ १६७
तथा च कम्बुग्रीवाख्यः कूर्मः क्वापि सरस्यभूत् । तस्यास्तां सुहृदौ हंसौ नाम्ना विकटसंकटौ ॥ १६८
एकदावग्रहक्षीणजले सरसि तत्र तौ । हंसावन्यत्सरो गन्तुकामौ कूर्मो जगाद सः ॥ १६९
युवां यत्रोद्यतौ गन्तुं नयतं तत्र मामपि । तच्छ्रुत्वा तावुभौ हंसौ कूर्मं तं मित्रमूचतुः ॥ १७०
सरो दूराद्दवीयस्तद्यत्रावां गन्तुमुद्यतौ । तत्रागन्तुं तवेच्छा चेत्कार्यमस्मद्वचस्त्वया ॥ १७१
अस्मद्धृतां गृहीत्वैव दन्तैर्यष्टिं दिवि व्रजन् । निरालापोऽवतिष्ठेथा भ्रष्टो व्यापत्स्यसेऽन्यथा ॥ १७२
तथेति तेन दन्तात्तयष्टिना सह तौ नभः । कूर्मेणोत्पेततुर्हंसौ प्रान्तयोरात्तयष्टिकौ ॥ १७३
क्रमाच्च तत्सरोभ्यर्णं प्राप्तौ तौ कूर्महारिणौ । ददृशुस्तदधोवर्तिनगराश्रयिणो जनाः ॥ १७४
किमेतन्नीयते चित्रं हंसाभ्यामिति तैर्जनैः । क्रियमाणं कलकलं स कूर्मश्चपलोऽशृणोत् ॥ १७५
कुतः कलकलोऽधस्तादिति वक्त्राद्विहाय ताम् । यष्टिं स पृच्छन्हंसौ तौ भ्रष्टो जघ्ने जनैर्भुवि ॥ १७६
एवं बुद्धिच्युतो नश्येत्कूर्मो यष्टिच्युतो यथा । इत्थं तयोक्तष्टिट्टिभ्या टिट्टिभः स जगाद ताम् ॥ १७७
सत्यमेतत्प्रिये किं तु त्वमप्येतां कथां शृणु । नद्यन्तःस्थे ह्रदेऽभूवन्क्वापि मत्स्याः पुरा त्रयः ॥ १७८
अनागतविधातैकः प्रत्युत्पन्नमतिस्तथा । तृतीयो यद्भविष्यश्च त्रयस्ते सहचारिणः ॥ १७९
ते दाशानां वचो जातु तेन मार्गेण गच्छताम् । अहो अस्मिन्ह्रदे मत्स्याः सन्तीति किल शुश्रुवुः ॥ १८०
तेनाशङ्क्य वधं दाशैर्नदीस्रोतः प्रविश्य सः । अनागतविधाताथ बुद्धिमानन्यतो ययौ ॥ १८१
प्रत्युत्पन्नमतिस्त्वासीत्स तत्रैवाविकम्पितः । अहं प्रतिविधास्यामि भयं चेदापतेदिति ॥ १८२
यन्मे भविष्यतीत्यासीद्यद्भविष्यस्तु तत्र सः । अथागत्याक्षिपञ्जालं तत्र ते धीवरा ह्रदे ॥ १८३
जालोत्क्षिप्तस्तु तैः सद्यः प्रत्युत्पन्नमतिः सुधीः । कृत्वा निस्पन्दमात्मानं तिष्ठति स्म मृतो यथा ॥ १८४
स्वयं मृतोऽयमिति तेष्वघ्नत्सु तिमिघातिषु । पतित्वा स नदीस्रोतस्यगच्छद्द्रुतमन्यतः ॥ १८५
यद्भविष्यस्तु जालान्तरुद्वर्तनविवर्तने । कुर्वन्गृहीत्वा निहतो मन्दबुद्धिः स धीवरैः ॥ १८६
तस्मात्प्रतिविधास्येऽहं न यास्याम्यम्बुधेर्भयात् । इत्युक्त्वा टिट्टिभो भार्यां तत्रैवासीत्स्वनीडके ॥ १८७
तत्राश्रौषीद्वचस्तस्य साहंकारं महोदधिः । दिवसैश्च प्रसूता सा तद्भार्या तत्र टिट्टिभी ॥ १८८
जहार स ततोऽण्डानि तस्या जलधिरूर्मिणा । पश्यामि टिट्टिभोऽयं मे किं कुर्यादिति कौतुकात् ॥ १८९
प्राप्तं तदेतद्व्यसनं यन्मयोक्तमभूत्तव । इत्याह रुदती सा तं टिट्टिभी टिट्टिभं पतिम् ॥ १९०
ततः स टिट्टिभो धीरस्तां स्वभार्यामभाषत । पश्येह किं करोम्यस्य पापस्य जलधेरहम् ॥ १९१
इत्युक्त्वा पक्षिणः सर्वान्संघाट्योक्तपराभवः । गत्वा तैः सह चक्रन्द शरणं गरुडं प्रभुम् ॥ १९२
अब्धिनाण्डापहारेण वयं नाथे सति त्वयि । अनाथवत्पराभूता इत्यूचुस्तं च ते खगाः ॥ १९३
ततः क्रुद्धेन तार्क्ष्येण विज्ञप्तो हरिरम्बुधिम् । आग्नेयास्त्रेण संशोष्य टिट्टिभाण्डान्यदापयत् ॥ १९४

तस्मादत्यक्तधैर्येण भाव्यमापदि धीमता। उपस्थितमिदानीं तु युद्धं पिङ्गलकेन ते ॥ १९५
यदैवोत्क्षिप्तलाङ्गूलश्चतुर्भिश्चरणैः समम्। उत्थास्यति स ते विद्याः प्रजिहीर्षुं तदैव तम् ॥ १९६
सज्जो नतशिरा भूत्वा शृङ्गाभ्यामुदरे च तम्। हत्वाभिपतितं कुर्याः कीर्णान्त्रनिकरं रिपुम् ॥ १९७
एवमुक्त्वा दमनकः संजीवकवृषं स तम्। गत्वा करटकायोभौ सिद्धभेदौ शशंस तौ ॥ १९८
ततः संजीवकः प्रायाच्छनैः पिङ्गलकान्तिकम्। जिज्ञासुरिङ्गिताकारैश्चित्तं तस्य मृगप्रभोः ॥ १९९
ददर्शोत्क्षिप्तलाङ्गूलं युयुत्सुं तं समाङ्किकम्। सिंहं सिंहोऽप्यपश्यत्तं शङ्कोद्धूतस्वमस्तकम् ॥ २००
ततः प्राहरदुत्पत्य स सिंहोऽस्मिन्वृषे नखैः। वृषोऽपि तस्मिञ्शृङ्गाभ्यां प्रावर्तिष्टाहवस्तयोः ॥ २०१
तच्च दृष्ट्वा दमनकं साधुः करटकोऽब्रवीत्। किं स्वार्थसिद्ध्यै व्यसनं प्रभोरुत्पादितं त्वया ॥ २०२
संपत्प्रजानुतापेन मैत्री शाठ्येन कामिनी। पारुष्येणाहृता मित्र न चिरस्थायिनी भवेत् ॥ २०३
अलं वा यो बहु ब्रूते हितवाक्यावमानिनः। स तस्माल्लभते दोषं कपेः सूचीमुखो यथा ॥ २०४
पूर्वमासन्वने क्वापि वानरा यूथचारिणः। ते शीते जातु खद्योतं दृष्ट्वाग्निरिति मेनिरे ॥ २०५
तस्मिंश्च तृणपर्णानि विन्यस्याङ्गमतापयन्। एकस्तु तेषां खद्योतमधमत्तं मुखानिलैः ॥ २०६
तद्दृष्ट्वा तत्र तं प्राह पक्षी सूचीमुखाभिधः। नैषोऽग्निरेष खद्योतो मा क्लेशमनुभूरिति ॥ २०७
तच्छ्रुत्वाप्यनिवृत्तं तं पक्षी सोऽभ्येत्य वृक्षतः। न्यवारयद्यन्निर्बन्धात्कपिस्तेन चुकोप सः ॥ २०८
क्षिप्तया शिलया तं च सूचीमुखमचूर्णयत्। तस्मान्न तस्य वक्तव्यं यः कुर्यान्न हितं वचः ॥ २०९
अतः किं वच्मि दोषाय भेदस्तावत्कृतस्त्वया। दुष्टया क्रियते यच्च बुद्ध्या तन्न शुभं भवेत् ॥ २१०
तथा चाभवतां पूर्वं भ्रातरौ द्वौ वणिक्सुतौ। धर्मबुद्धिस्तथा दुष्टबुद्धिः क्वचन पत्तने ॥ २११
तावर्थार्थं पितुर्गेहाद्गत्वा देशान्तरं सह। कथंचित्स्वर्णदीनारसहस्रद्वयमापतुः ॥ २१२
तद्गृहीत्वा स्वनगरं पुनराजग्मतुश्च तौ। वृक्षमूले च दीनारान्भूतले तान्निचख्नतुः ॥ २१३
शतमेकं गृहीत्वा च दीनाराणां विभज्य च। परस्परं समांशेन तस्थतुः पितृवेश्मनि ॥ २१४
एकदा दुष्टबुद्धिः स गत्वा तरुतलात्ततः। एक एवाग्रहीत्स्वैरं दीनारांस्तानसद्व्ययी ॥ २१५
मासमात्रे गते तं च धर्मबुद्धिमुवाच सः। एह्यार्य विभजावस्तान्दीनारानस्ति मे व्ययः ॥ २१६
तच्छ्रुत्वा धर्मबुद्धिस्तां गत्वा भूमिं तथेति सः। चखान तेनैव समं दीनारान्यत्र तान्यधात् ॥ २१७
संप्राप्ता न यदा ते च दीनाराः खातकात्ततः। तदा स दुष्टबुद्धिस्तं धर्मबुद्धिं शठोऽब्रवीत् ॥ २१८
नीतास्ते भवता तन्मे स्वमर्धं दीयतामिति। न ते नीता मया नीतास्त्वयेत्याह स्म तं च सः ॥ २१९
एवं प्रवृत्ते कलहे सोऽश्मनाताडयच्छिरः। दुष्टबुद्धी राजकुलं धर्मबुद्धिं निनाय च ॥ २२०
तत्रोक्तस्वस्वपक्षौ तावनासादितनिर्णयैः। स्थापितावा दिनच्छेदमुभौ राजाधिकारिभिः ॥ २२१
यस्य मूले न्यधीयन्त दीनारास्ते वनस्पतेः। स साक्षी वक्ति यन्नीतास्तेऽमुना धर्मबुद्धिना ॥ २२२
इत्युवाचाथ तान्दुष्टबुद्धी राजाधिकारिणः। प्रक्ष्यामस्तर्हि तं प्रातरित्यूचुस्तेऽतिविस्मिताः ॥ २२३
ततस्तैर्धर्मबुद्धिश्च दुष्टबुद्धिश्च तावुभौ। दत्तप्रतिभुवौ मुक्तौ विभिन्नौ जग्मतुर्गृहम् ॥ २२४
दुष्टबुद्धिस्तु वस्तूक्त्वा दत्त्वार्थं पितरं रहः। भव मे वृक्षगर्भान्तः स्थित्वा साक्षीत्यभाषत ॥ २२५
बाढमित्युक्तवन्तं च नीत्वा महति कोटरे। निवेश्य तं तरौ तत्र रात्रौ स गृहमाययौ ॥ २२६
प्रातश्च राजाधिकृतैः सह तौ भ्रातरौ तरुम्। गत्वा पप्रच्छतुः कस्तान्दीनारान्नीतवानिति ॥ २२७
दीनारान्धर्मबुद्धिस्तान्नीतवानिति स स्फुटम्। तद्वृक्षकोटरान्तःस्थस्ततोऽभाषत तत्पिता ॥ २२८
तदसंभाव्यमाकर्ण्य निश्चितं दुष्टबुद्धिना। अत्रान्तः स्थापितः कोऽपीत्युक्त्वाधिकृतकाश्च ते ॥ २२९
तरुगर्भे ददुर्धूमं येनाध्मातः स निःसरन्। निपत्याधोगतः क्ष्मायां दुष्टबुद्धिपिता मृतः ॥ २३०
तद्दृष्ट्वा वस्तु बुद्ध्वा च राजाधिकृतकैः स तैः। दापितो दुष्टबुद्धिस्तान्दीनारान्धर्मबुद्धये ॥ २३१
निकृत्तहस्तजिह्वश्च तैः स निर्वासितस्ततः। दुष्टबुद्धिर्यथार्थाख्यो धर्मबुद्धिश्च मानितः ॥ २३२
एवमन्याय्यया बुद्ध्या कृतं कर्माशुभावहम्। तस्मात्तन्न्याय्यया कुर्याद्बकेनाहेः कृतं यथा ॥ २३३

पूर्वं बकस्य कस्यापि जातं जातमभक्षयत् । भुजगोऽपत्यमागत्य स संतेपे ततो बकः ॥ २३४
झषोपदेशात्तेनाथ बकेन नकुलालयात् । आरुह्याहिबिलं यावन्मत्स्यमांसं व्यकीर्यत ॥ २३५
निर्गत्य नकुलस्तच्च खादंस्तदनुसारतः । दृष्ट्वा बिलं प्रविष्टस्तं सापत्यमवधीदहिम् ॥ २३६
एवं भवत्युपायेन कार्यमन्यच्च मे शृणु । आसीत्कोऽपि तुलाशेषः पित्र्यार्थात्प्राग्वणिक्सुतः ॥ २३७
अयःपलसहस्रेण घटितां तां तुलां च सः । कस्यापि वणिजो हस्ते न्यस्य देशान्तरं ययौ ॥ २३८
आगतश्च ततो यावत्तस्मान्मृगयते तुलाम् । आखुभिर्भक्षिता सेति तावत्तं सोऽब्रवीद्वणिक् ॥ २३९
सत्यं सुस्वादु तल्लोहं तेन जग्धं तदाखुभिः । इति सोऽपि तमाह स्म वणिक्पुत्रो हसन्हृदि ॥ २४०
प्रार्थयामास च ततो वणिजोऽस्मात्स भोजनम् । सोऽपि संतुष्य तत्तस्मै प्रदातुं प्रत्यपद्यत ॥ २४१
ततः स सह कृत्वास्य वणिजः पुत्रमर्भकम् । स्नातुं वणिक्सुतः प्रायाद्दत्तामलकमात्रकम् ॥ २४२
स्नात्वार्भकं तं निक्षिप्य गुप्तं क्वापि सुहृद्गृहे । एक एवाययौ तस्य स धीमान्वणिजो गृहम् ॥ २४३
अर्भकः क्व स इत्येवं पृच्छन्तं वणिजं च तम् । श्येनेन सोऽर्भको नीतः खान्निपत्येत्युवाच सः ॥ २४४
छादितो मे त्वया पुत्र इति क्रुद्धेन तेन च । नीतः स वणिजा राजकुलेऽप्याह स्म तत्तथा ॥ २४५
असंभाव्यमिदं श्येनो नयेत्कथमिवार्भकम् । इति सभ्यैश्च तत्रोक्ते वणिक्पुत्रो जगाद सः ॥ २४६
मूषकैर्भक्ष्यते लौही देशे यत्र महातुला । तत्र द्विपमपि श्येनो नयेत्किं पुनरर्भकम् ॥ २४७
तच्छ्रुत्वा कौतुकात्पृष्टवृत्तान्तैस्तस्य दापिता । सभ्यैस्तुला सा तेनापि स आनीयार्पितोऽर्भकः ॥ २४८
इत्युपायेन घटयन्त्यभीष्टं बुद्धिशालिनः । त्वया तु साहसेनैव संदेहे प्रापितः प्रभुः ॥ २४९
एतत्करटकाच्छ्रुत्वावादीद्दमनको हसन् । मैवं किमुक्षयुद्धेऽस्ति सिंहस्य जयसंशयः ॥ २५०
मत्तेभदशनाघातघनव्रणविभूषणः । क्व केसरी क्व दान्तश्च प्रतोदक्षतविग्रहः ॥ २५१
इत्यादि जल्पतो यावज्जम्बुकौ तौ परस्परम् । तावत्संजीवकवृषं युद्धे पिङ्गलकोऽवधीत् ॥ २५२

तस्मिन्हते स किल पिङ्गलकस्य तस्य पार्श्वे समं करटकेन मृगाधिपस्य ।
तस्थौ ततो दमनको मुदितश्चिराय मन्त्रित्वमप्रतिहतं समवाप्य भूयः ॥ २५३

इति नरवाहनदत्तो नीतिमतो बुद्धिविभवसंपन्नाम् ।
मन्त्रिवराद्गोमुखतः श्रुत्वा चित्रां कथां जहर्ष भृशम् ॥ २५४

इति महाकविश्रीसोमदेवभट्टविरचिते कथासरित्सागरे शक्तियशोलम्बके चतुर्थस्तरङ्गः ।

पञ्चमस्तरङ्गः ।

ततः शक्तियशःसोत्कं गोमुखः स विनोदयन् । नरवाहनदत्तं तं मन्त्री पुनरभाषत ॥ १
श्रुता प्राज्ञकथा देव त्वया मुग्धकथां शृणु । मुग्धबुद्धिरभूत्कश्चिदाढ्यस्य वणिजः सुतः ॥ २
जगाम स वणिज्यायै कटाहद्वीपमेकदा । भाण्डमध्ये च तस्याभून्महानगुरुसंचयः ॥ ३
विक्रीतः परभाण्डस्य न तस्यागुरु तत्र तत् । कश्चिज्जमाह तद्वासी जनो वेत्ति न तत्र तत् ॥ ४
काष्ठिकेभ्यस्ततोऽङ्गारान्दृष्ट्वापि क्रीणतो जनान् । स कालागुरु दग्ध्वा तदङ्गारानकरोज्जडः ॥ ५
विक्रीयाङ्गारमूल्येन तच्चागत्य ततो गृहम् । तदेव कौशलं शंसन्स ययौ लोकहास्यताम् ॥ ६
कथितोऽगुरुदाहोऽयं श्रूयतां तिलकार्षिकः । बभूव कश्चिद्ग्रामीणो भूतप्रायः कृषीवलः ॥ ७
स कदाचित्तिलान्भृष्टान्भुक्त्वा स्वादूनवेत्य तान् । भृष्टानेवावपद्भूरींस्तादृशोत्पत्तिवाञ्छया ॥ ८
भृष्टेषु तेष्वजातेषु नष्टार्थं तं जनोऽहसत् । तिलकार्षिक उक्तोऽसौ जलेऽग्निक्षेपकं शृणु ॥ ९
मन्दबुद्धिरभूत्कश्चित्पुमान्निशि स चैकदा । प्रभाते देवतापूजां करिष्यन्नित्यचिन्तयन् ॥ १०
उपयुक्तौ मम स्नानधूपाद्यर्थं जलानलौ । स्थापयामि तदेकस्थौ तौ शीघ्रं प्राप्नुयां यथा ॥ ११
इत्यालोच्याम्बुकुम्भान्तः क्षिप्त्वाग्निं संविवेश सः । प्रातश्च वीक्षते यावत्ततोऽग्निर्नष्टमम्बु च ॥ १२
अङ्गारमलिने तोये दृष्टे तस्याभवन्मुखम् । तादृगेव सहासस्य लोकस्यासीत्पुनः स्मितम् ॥ १३

श्रुतस्त्वयाग्निकुम्भाख्यो नासिकारोपणं शृणु । बभूव कश्चित्पुरुषो मूर्खो मूढमतिः क्वचित् ॥ १४
स भार्यां चिपिटघ्राणां गुरुं चोत्तुङ्गनासिकम् । दृष्ट्वा तस्य प्रसुप्तस्य नासां छित्त्वाग्रहीद्गुरोः ॥ १५
गत्वा च नासिकां छित्त्वा भार्यायास्तामरोपयत् । गुरुनासां मुखे तस्या न च तत्रारुरोह सा ॥ १६
एवं भार्यागुरू तेन च्छिन्ननासौ कृतावुभौ । अधुना वनवासी च पशुपालो निशाम्यताम् ॥ १७
पशुपालो महामुग्धः कोऽप्यासीद्धनवान्वने । तस्य धूर्ताः समाश्रित्य मित्रत्वे बहवोऽमिलन् ॥ १८
ते तं जगदुराढ्यस्य सुता नगरवासिनः । त्वत्कृते याचितास्माभिः सा च पित्रा प्रतिश्रुता ॥ १९
तच्छ्रुत्वा स ददौ तुष्टस्तेभ्योऽर्थं तं च ते पुनः । विवाहस्तव संपन्न इत्यूचुर्दिवसैर्गतैः ॥ २०
ततः स सुतरां तुष्टस्तेभ्यो भूरि धनं ददौ । दिनैश्च तं वदन्ति स्म पुत्रो जातस्तवेति ते ॥ २१
ननन्द तेन सर्वं च मूढस्तेभ्यः समर्प्य सः । पुत्रं प्रत्युत्सुकोऽस्मीति प्रारोदीच्चापरेऽहनि ॥ २२
रुदंश्चाददत्त लोकस्य हासं धूर्तैः स वञ्चितः । पशुभ्य इव संक्रान्तजडिमा पशुपालकः ॥ २३
पशुपालः श्रुतो देव शृण्वलंकारलम्बकम् । ग्राम्यः कश्चित्खनन्भूमिं प्रापालंकरणं महत् ॥ २४
रात्रौ राजकुलाच्चौरैर्नीत्वा तत्र निवेशितम् । यद्गृहीत्वा स तत्रैव भार्यां तेन व्यभूषयत् ॥ २५
बबन्ध मेखलां मूर्ध्नि हारं च जघनस्थले । नूपुरौ करयोस्तस्याः कर्णयोरपि कङ्कणौ ॥ २६
हसद्भिः ख्यापितं लोकैर्बुद्ध्वा राजा जहार तत् । तस्मात्स्वाभरणं तं तु पशुप्रायं मुमोच सः ॥ २७
उक्तोऽलंकरणो देव शृणु वक्ष्यथ तूलिकम् । मूर्खः कश्चित्पुमांस्तूलविक्रयायापणं ययौ ॥ २८
अशुद्धमिति तत्तस्य न जग्राहात्र कश्चन । तावद्ददर्श तत्राग्नौ हेम निष्टप्तशोधितम् ॥ २९
स्वर्णकारेण विक्रीतं गृहीतं ग्राहकेण च । तद्दृष्ट्वापि स तत्तूलमिच्छञ्शोधयितुं जडः ॥ ३०
अग्नौ चिक्षेप दग्धे च तस्मिँल्लोको जहास तम् । श्रुतोऽयं तूलिको देवखर्जूरीछेदकं शृणु ॥ ३१
केचिन्मूर्खाः समाहूय न्ययोज्यन्ताधिकारिभिः । ग्राम्या राजकुलादिष्टं खर्जूरानयनं प्रति ॥ ३२
ते दृष्ट्वैका सुखग्राह्यां खर्जूरपतितां स्वतः । खर्जूरीं तत्र खर्जूरीः सर्वा ग्रामे स्वकेऽच्छिनन् ॥ ३३
पतितास्ताश्च कलिताशेषखर्जूरसंचयाः । उत्थाप्यारोपयामासुर्न चैषां सिद्ध्यति स्म तत् ॥ ३४
ततश्चानीतखर्जूरा आदत्तारोपणेन ते । खर्जूरीछेदनं बुद्ध्वा राज्ञा प्रत्युत दण्डिताः ॥ ३५
उक्तः खर्जूरहासोऽयं निध्यालोकनमुच्यते । निधानदर्शी केनापि कोऽप्याजह्रे महीभुजा ॥ ३६
मा गात्क्वापि पलाय्यायमिति राजकुमन्त्रिणा । नेत्रे तस्योदपाट्येतां निधानस्थानदर्शिनः ॥ ३७
भूलक्षणान्यपश्यन्तं गतावप्यगतौ समम् । अन्धं दृष्ट्वा च तं मन्त्री स जडो जहसे जनैः ॥ ३८
निधानालोकनं श्रुत्वा श्रूयतां लवणाशनम् । बभूव गह्वरो ग्रामवासी कोऽपि जडः पुमान् ॥ ३९
स मित्रेण गृहं जातु नीतो नगरवासिना । भोजितो लवणस्वादून्यन्नानि व्यञ्जनानि च ॥ ४०
केनेयं स्वादुताप्यादेरित्यपृच्छत्स गह्वरः । प्राधान्याल्लवणेनेति तेनोचे सुहृदा तदा ॥ ४१
तदेव तर्हि भोक्तव्यमित्युक्त्वा लवणस्य सः । पिष्टस्य मुष्टिमादाय प्रक्षिप्याभक्षयन्मुखे ॥ ४२
तच्चूर्णं तस्य दुर्बुद्धेरोष्ठौ श्मश्रूणि चालिपत् । हसतस्तु जनस्यात्र मुखं धवलतां ययौ ॥ ४३
लवणाशी श्रुतो देव त्वया गोदोहकं शृणु । ग्राम्यः कश्चिदभून्मुग्धो गौरेका तस्य चाभवत् ॥ ४४
सा च तस्यान्वहं धेनुः पयःपलशतं ददौ । कदाचिच्चाभवत्तस्य प्रत्यासन्नः किलोत्सवः ॥ ४५
एकवारं ग्रहीष्यामि पयोऽस्याः प्राज्यमुत्सवे । इति मूर्खः स नैवैतां मासमात्रं दुदोह गाम् ॥ ४६
प्राप्तोत्सवश्च यावत्तां दोग्धि तावत्पयोऽखिलम् । तत्तस्याश्छिन्नमच्छिन्नं लोकस्य हसितं त्वभूत् ॥ ४७
श्रुतो गोदोहको मूर्खः श्रूयतामपराविमौ । खलतिस्ताम्रकुम्भाभशिराः कश्चित्पुमानभूत् ॥ ४८
वृक्षमूलोपविष्टं तं तरुणः कश्चिदैक्षत । आगतोऽत्र कपित्थानि गृहीत्वा क्षुधितः पथा ॥ ४९
स कपित्थेन तत्तस्य क्रीडयाताडयच्छिरः । खलतिः सोऽपि तत्सेहे न तस्योवाच किंचन ॥ ५०
ततोऽन्यैः क्रमशः सर्वैः स कपित्थैरताडयत् । शिरस्तस्य स चातिष्ठत्तूष्णीं रक्ते स्रवत्यपि ॥ ५१
स च निष्फलताडण्यकृतक्रीडाविघूर्णितैः । विना कपित्थैः क्षुत्क्रान्तो ययौ मूर्खयुवा ततः ॥ ५२

कपित्थै स्वादुभि किं न सहे घातानिति ब्रुवन् । स खल्वाटो गलद्रक्तशिरा मूर्खो ययौ गृहम् ॥ ५३
मूर्खसाम्राज्यबद्धेन पट्टेनेव वृत शिर । रक्तेन तस्य तद्दृष्ट्वा हसति स्म न तत्र क ॥ ५४
एव देवोपहास्यत्व लोके गच्छन्त्यबुद्धय । लभन्ते नार्थसिद्धिं च पूज्यन्ते तु सुबुद्धय ॥ ५५
इति गोमुखत श्रुत्वा मुग्धहासकथा इमा । नरवाहनदत्त समुत्थाय व्यधिताह्निकम् ॥ ५६
निशागमे पुनस्तेन नियुक्तश्चोत्सुकेन स । गोमुख कथयामास प्रज्ञानिष्ठामिमा कथाम् ॥ ५७
अभूत्कापि वनोद्देशे महाञ्शाल्मलिपादप । उवास लघुपातीति काकस्तत्र कृतालय ॥ ५८
स कदाचित्स्वनीडस्थो ददर्शात्र तरोरध । जालहस्त सलगुड रौद्र पुरुषमागतम् ॥ ५९
तत स वीक्षते यावत्काकस्तावद्विसत्य स । जाल भुवि विकीर्यात्र व्रीहींश्छन्नोऽभवत्पुमान् ॥ ६०
तावच्च चित्रग्रीवाख्य पारावतपतिर्भ्रमन् । तत्राजगाम नभसा पारावतशतैर्वृत ॥ ६१
स व्रीहिप्रकर दृष्ट्वा जालेऽत्राहारलिप्सया । पतित पाशनिकरैर्बद्धोऽभूत्सपरिच्छद ॥ ६२
तद्दृष्ट्वा चानुगान्सर्वांश्चित्रग्रीवो जगाद स । गृहीत्वा चञ्चुभिर्जाल समुत्पतत वेगत ॥ ६३
ततस्तथेति ते जालमादायोत्पत्य वेगत । कपोता नभसा गन्तु भीता प्रारेभिरेऽखिला ॥ ६४
सोऽप्युत्थायोर्ध्वदृग्विग्नो लुब्धक सन्यवर्तत । निर्भयोऽथ जगादैताश्चित्रग्रीवोऽनुयायिन ॥ ६५
मन्मित्रस्य हिरण्यस्य मूषकस्यान्तिक द्रुतम् । व्रजाम स इमान्पाशाञ्छित्त्वास्मान्मोचयिष्यति ॥ ६६
इत्युक्त्वा सोऽनुगै साक गत्वा तैर्जालकर्षिभि । मूषकस्य बिलद्वार प्राप्याकाशादवातरत् ॥ ६७
भो भो हिरण्य निर्याहि चित्रग्रीवोऽहमागत । इत्याजुहाव त तत्र मूषक स कपोतराट् ॥ ६८
स श्रुत्वा द्वारमार्गेण दृष्ट्वा त चागत तथा । सुहृद निर्ययावाखुस्तस्माच्छतमुखाद्बिलात् ॥ ६९
उपेत्य पृष्ट्वा वृत्तान्त सभ्रमात्सोऽपि मूषक । पारावतपते पाशान्सानुगस्याच्छिनत्सुहृत् ॥ ७०
छिन्नपाशस्तमामन्त्र्य मूषक वचनै प्रियै । चित्रग्रीव समुत्पत्य ययौ सोऽनुचरै सह ॥ ७१
अन्वागत स काकोऽत्र लघुपाती विलोक्य तत् । बिलप्रविष्ट तद्द्वारमागत्योवाच मूषकम् ॥ ७२
लघुपातीति काकोऽह दृष्ट्वा त्वा मित्रवत्सलम् । मित्रत्वाय वृणोमीदृग्विपदुद्धरणक्षमम् ॥ ७३
तच्छ्रुत्वाभ्यन्तराद्दृष्ट्वा मूषकस्त स वायसम् । जगाद गच्छ का मैत्री भक्ष्यभक्षकयोरिति ॥ ७४
तत स वायसोऽवादीच्छान्त भुक्ते मम त्वयि । तृप्ति क्षण स्यान्मित्रे तु शश्वज्जीवितरक्षणम् ॥ ७५
इत्याद्युक्त्वा सशपथ कृत्वाश्वास च तेन स । निर्गतेनाकरोत्सख्यमाखुना सह वायस ॥ ७६
स मासपेशीरानैषीदाखु शालिकणानपि । एकत्र सह भुञ्जानौ तस्थतुस्तावुभौ सुखम् ॥ ७७
एकदा स च काकस्त मित्र मूषकमब्रवीत् । इतोऽविदूरे मित्रास्ति वनमध्यगता नदी ॥ ७८
तस्या मन्थरको नाम कूर्मश्चास्ति सुहृन्मम । तदर्थ यामि तत्स्थान सुप्रापामिषभोजनम् ॥ ७९
कृच्छ्रात्प्राप्य इहाहारो नित्य व्याधभय च मे । इत्युक्तवन्त त काक मूषकोऽपि जगाद स ॥ ८०
सहैव तर्हि वत्स्यामो नय तत्रैव मामपि । ममाप्यस्तीह निर्वेदो वक्ष्ये तत्रैव त च ते ॥ ८१
इति वादिनमादाय चञ्च्वा त स हिरण्यकम् । नभसा लघुपाती तद्ययौ वननदीतटम् ॥ ८२
मिलित्वा सह कूर्मेण तत्र मन्थरकेण स । कृतातिथ्येन मित्रेण स तस्थौ मूषकान्वित ॥ ८३
कथान्तरे च कूर्माय तस्मै स्वागमकारणम् । हिरण्यसख्यवृत्तान्तयुक्त काक शशस स ॥ ८४
तत स कूर्मस्त कृत्वा मित्र वायससस्तुतम् । देशनिर्वासनिर्वेदहेतु पप्रच्छ मूषकम् ॥ ८५
ततो हिरण्य स तयोरुभयो काककूर्मयो । शृण्वतोर्निजवृत्तान्तकथामेतामवर्णयत् ॥ ८६
अह महाबिले तत्र नगरासन्नवर्तिनि । वसन्राजकुलाद्धारमानीयास्थापय निशि ॥ ८७
दृश्यमानेन हारेण तेन जातौजस च माम् । समर्थमन्नाहरणे मूषका पर्यवारयन् ॥ ८८
अत्रान्तरे च तत्रासीत्कश्चिदस्माद्बिलान्तिके । परिव्राण्मठिका कृत्वा नानाभिक्षान्नवृत्तिक ॥ ८९
स भुक्तशेष भिक्षान्न नक्त स्थापयति स्म तत् । भिक्षाभाण्डस्थमुद्दन्त्य शङ्कौ प्रातर्निधित्सया ॥ ९०
सुप्तस्यात्र च तस्याह बिलेनान्त प्रविश्य तत् । दत्तोर्ध्वझम्पो नि शेषमनैष प्रतियामिनि ॥ ९१

कदाचित्तत्र तस्यागात्सुहृत्प्रव्राजकोऽपरः। भुक्तोत्तरं समं तेन कथां रात्रौ स चाकरोत् ॥ ९२
तावन्नेतुं प्रवृत्तेऽन्नं मयि जर्जरकेण सः। प्रव्राडवादयद्दत्तकर्णस्तद्भाण्डकं मुहुः ॥ ९३
कथमाच्छिद्य किमिदं करोषीति स तेन च। आगन्तुना परिव्राजा पृष्टः प्रव्राद् तमब्रवीत् ॥ ९४
इह मे मूषकः शत्रुरुत्पन्नोऽथ सदैव यः। अपि दूरस्थमुत्प्लुत्य नयत्यन्नमितो मम ॥ ९५
तं त्रासयामि चलयञ्जर्जरेणान्नभाजनम्। इत्युक्तवन्तं प्रव्राजं परिव्राट् सोऽपरोऽब्रवीत् ॥ ९६
लोभो नामैष जन्तूनां दोषायात्र कथां शृणु। तीर्थान्यहं भ्रमन्प्रापमेकं नगरमेकदा ॥ ९७
तत्र चैकस्य विप्रस्य निवासायाविशं गृहम्। स्थिते मयि स विप्रश्च वदति स्म स्वगेहिनीम् ॥ ९८
कृसरं ब्राह्मणकृते पर्वण्यद्य पचेरिति। कुतस्ते निर्धनस्यैतदित्यवोचच्च सापि तम् ॥ ९९
ततः स विप्रोऽवादीत्तां प्रिये कार्येऽपि संचये। नातिसंचयधीः कार्या शृणु चात्र कथामिमाम् ॥ १००
वने क्वापि कृताखेटो व्याधो यन्त्रितसायकः। आदाय मांसं धनुषि प्राधावत्सूकरं प्रति ॥ १०१
तेनैव काण्डविद्धेन निहतः पोत्रविक्षतः। स व्यपद्यत तत्रात्र दूरादैक्षत जम्बुकः ॥ १०२
स चागत्य क्षुधार्तोऽपि चिकीर्षुः संचयाय तत्। क्रोडव्याधामिषात्किंचिन्न चखादातिभूयसः ॥ १०३
भोक्तुं प्रववृते तत्तु गत्वा धनुषि यत्स्थितम्। तत्क्षणं चोच्चलद्यन्त्रशरविद्धो ममार सः ॥ १०४
तन्नातिसंचयः कार्य इति तेन द्विजेन सा। भार्योक्ता प्रतिपद्यैतत्तिलान्प्राक्षिपदातपे ॥ १०५
प्रविष्टायां गृहं तस्यां प्राश्य श्वा तानदूषयत्। ततो न कृसरानेतान्कश्चिन्मूल्यादिनाग्रहीत् ॥ १०६
तदेवं नोपभोगाय लोभः क्लेशाय केवलम्। इत्युक्त्वा पुनराह स्म प्रव्राडागन्तुकोऽथ सः ॥ १०७
खनित्रमस्ति चेत्तन्मे दीयतां यावदद्य वः। युक्त्या निवारयाम्येतं मूषकोत्थमुपद्रवम् ॥ १०८
तच्छ्रुत्वा तन्निवासी स प्रव्राट् तस्मै खनित्रकम्। ददावहं च च्छन्नस्थस्तद्दृष्ट्वा प्राविशं बिलम् ॥ १०९
ततस्तेन खनित्रेण प्रव्राडागन्तुकोऽथ सः। मत्संचारबिलं वीक्ष्य प्रारेभे खनितुं शठः ॥ ११०
क्रमाच्च तावदखनत्पलायनपरे मयि। यावत्तं प्राप तत्रस्थं हारं मे चान्यसंचयम् ॥ १११
तेजसानेन तस्याभूदाखोस्तत्तादृशं बलम्। इत्याह स्थानिनं तं च प्रव्राजं मयि शृण्वति ॥ ११२
नीत्वा च तन्मे सर्वस्वं हारं मूर्ध्नि निधाय च। आगन्तुस्थायिनौ हृष्टौ प्रव्राजौ स्वपतः स्म तौ ॥ ११३
प्रसुप्तयोस्तयोस्तं च हर्तुं मां पुनरागतम्। प्रबुध्याताडयद्यष्ट्या प्रव्राट् स्थायी स मूर्धनि ॥ ११४
तेनाहं व्रणितो दैवान्न मृतो बिलमाविशम्। भूयश्च शक्तिर्नाभून्मे तदन्नाहरणप्लवे ॥ ११५
अर्थो हि यौवनं पुंसां तदभावश्च वार्धकम्। तेनास्योजो बलं रूपमुत्साहश्चापि हीयते ॥ ११६
अथात्ममात्रभरणे यत्नवन्तमवेक्ष्य माम्। परित्यज्य गतः सर्वः स मूषकपरिच्छदः ॥ ११७
अवृत्तिकं प्रभुं भृत्या अपुष्पं भ्रमरास्तरुम्। अजलं च सरो हंसा मुञ्चन्त्यपि चिरोषितम् ॥ ११८
इत्थं तत्र चिरोद्विग्नः सुहृदं लघुपातिनम्। प्राप्यैतं कच्छपश्रेष्ठ त्वत्पार्श्वमहमागतः ॥ ११९
एवं हिरण्यकेनोक्ते कूर्मो मन्थरकोऽभ्यधात्। स्वमेव स्थानमेतत्ते तन्मा मित्राधृतिं कृथाः ॥ १२०
गुणिनो न विदेशोऽस्ति न संतुष्टस्य चासुखम्। धीरस्य च विपन्नास्ति नासाध्यं व्यवसायिनः ॥ १२१
इति तस्मिन्वदत्येव कूर्मे चित्राङ्गसंज्ञकः। दूरतो व्याधवित्रस्तो मृगस्तद्वनमाययौ ॥ १२२
तं दृष्ट्वा तस्य दृष्ट्वा च पश्चाद्व्याधमनागतम्। आश्वासितेन तेनापि सख्यं कूर्मादयो व्यधुः ॥ १२३
न्यवसंस्ते ततस्तत्र काककूर्ममृगाखवः। परस्परोपचारेण सुखिताः सुहृदः समम् ॥ १२४
एकदा क्वापि चित्राङ्गं चिरायातं तमीक्षितुम्। आरुह्य तरुमैक्षिष्ट लघुपाती स तद्वनम् ॥ १२५
ददर्श च नदीतीरे कीलपाशेन संयतम्। चित्राङ्गमवरुह्यैतदवदच्चाखुकूर्मयोः ॥ १२६
ततः संमन्त्र्य चञ्च्वा तं गृहीत्वाखुं हिरण्यकम्। चित्राङ्गस्यान्तिकं तस्य लघुपाती निनाय सः ॥ १२७
हिरण्यकश्च तं बन्धविधुरं मूषको मृगम्। क्षणादमुञ्चदाश्वास्य दशनच्छिन्नपाशकम् ॥ १२८
तावन्मन्थरकोऽभ्येत्य नदीमध्येन कच्छपः। आरुरोह तटं तेषां निकटं स सुहृत्प्रियः ॥ १२९
तत्क्षणं स कुतोऽप्येत्य लुब्धकः पाशदायकः। विद्रुतेषु मृगाद्येषु लब्ध्वा तं कूर्ममग्रहीत् ॥ १३०

क्षिप्त्वा च जालकान्तस्तं यावन्नष्टमृगाकुलः । स याति तावद्दृष्ट्वैतद्दीर्घदृश्वाखुवाक्यतः ॥ १३१
मृगो गत्वा ततो दूरे पतित्वासीन्मृतो यथा । काकस्तु मूर्ध्नि तस्यासीच्चक्षुषी पाटयन्निव ॥ १३२
तद्दृष्ट्वा स गृहीतं तं व्याधो मत्वा मृगं मृतम् । गन्तुं प्रववृते नद्यास्तटे कूर्मं निधाय तम् ॥ १३३
यातं दृष्ट्वा तमभ्येत्य मूषकस्तस्य जालिकाम् । कूर्मस्य सोऽच्छिनत्तेन मुक्तो नद्यां पपात सः ॥ १३४
मृगोऽपि निकटीभूतं व्याधं वीक्ष्य विकच्छपम् । उत्थाय स पलाय्यागात्काकोऽप्यारूढवांस्तरुम् ॥ १३५
एत्य व्याधोऽत्र कूर्मं तं बन्धच्छेदपलायितम् । अप्राप्योभयविभ्रष्टो दैवं शोचन्नगाद्गृहम् ॥ १३६
ततो मिलन्ति स्मैकत्र हृष्टाः कूर्मादयोऽत्र ते । मृगस्तु प्रीतिमानेवं कूर्मादींस्तानुवाच सः ॥ १३७
पुण्यवानस्मि यत्प्राप्ता भवन्तः सुहृदो मया । प्राणानुपेक्ष्य यैरेवं मृत्योरद्याहमुद्धृतः ॥ १३८
एवं प्रशंसता तेन मृगेण सह तत्र ते । अन्योन्यप्रीतिसुखिताः काककूर्माखवोऽवसन् ॥ १३९
प्रज्ञया साधयन्त्येवं तिर्यञ्चोऽपि समीहितम् । प्राणैरपि न मुञ्चन्ति तेऽप्येवं मित्रमापदि ॥ १४०
एवं च श्रेयसी मित्रेष्वासक्तिर्नाङ्गनासु ताम् । ईर्ष्याश्रयत्वाच्छंसन्ति तथा च श्रूयतां कथा ॥ १४१
नगरे क्वापि कोऽप्यासीदीर्ष्यावान्पुरुषः प्रभो । बभूव तस्य भार्या च वल्लभा रूपशालिनी ॥ १४२
अविश्वस्तो न तां जातु मुमोचैकाकिनीं च सः । तस्या हि शीलविभ्रंशं चित्रस्थेभ्योऽप्यशङ्कत ॥ १४३
केनाप्यवश्यकार्येण कदाचित्स पुमानथ । सहैवादाय तां भार्यां प्रतस्थे विषयान्तरम् ॥ १४४
मार्गे सभिल्लामटवीमग्रे दृष्ट्वा स तद्भयात् । स्थापयित्वा गृहे ग्राम्यवृद्धविप्रस्य तां ययौ ॥ १४५
तत्र स्थिता च सा दृष्ट्वा भिल्लांस्तेनागतान्पथा । एकेन यूना भिल्लेन सह धृष्टा ययौ ततः ॥ १४६
तेन युक्ता च तत्पल्लीं यथाकामं चचार सा । उत्क्रान्तेर्ष्यालुपतिका भग्नसेतुरिवापगा ॥ १४७
तावत्स तत्पतिः कृत्वा कार्यमागत्य तं द्विजम् । ग्राम्यं ययाचे तां भार्यां सोऽपि विप्रो जगाद तम् ॥ १४८
न जानेऽहं क्व याता सा जानाम्येतावदेव तु । भिल्ला इहागता आसंस्तैः सा नीता भविष्यति ॥ १४९
सा पल्ली निकटे चेह तत्तत्र व्रज सत्वरम् । ततः प्राप्स्यसि तां भार्यामन्यथा मा मतिं कृथाः ॥ १५०
इत्युक्तस्तेन स रुदन्निन्दन्बुद्धिविपर्ययम् । जगाम भिल्लपल्लीं तां भार्यां तत्र ददर्श च ॥ १५१
सापि दृष्ट्वा तमभ्येत्य पापा भीता तदाब्रवीत् । न मे दोषोऽहमानीता भिल्लेनेह बलादिति ॥ १५२
आयाहि तत्र गच्छावो यावत्कश्चिन्न पश्यति । इति ब्रुवाणं रागान्धं तमुवाच पतिं च सा ॥ १५३
तस्यागमनवेलेयं भिल्लस्याखेटगामिनः । आगतश्चानुधाव्यैव हन्यात्त्वां मां च स ध्रुवम् ॥ १५४
तत्प्रविश्य गुहामेतां प्रच्छन्नस्तिष्ठ संप्रति । रात्रौ च सुप्तं हत्वा तं यास्यावो निर्भयावितः ॥ १५५
एवं तयोक्तः शठया प्रविश्यासीद्गुहां स ताम् । कोऽवकाशो विवेकस्य हृदि कामान्धचेतसः ॥ १५६
साथ कुल्टा गृहान्तःस्थमानीतं व्यसनेन तम् । भिल्लायादर्शयत्तस्मा आगताय दिनात्यये ॥ १५७
स च निष्कृष्य तं भिल्लः क्रूरकर्मा पराक्रमी । प्रातर्देव्युपहारार्थं बबन्ध सुदृढं तरौ ॥ १५८
भुक्त्वा च पश्यतस्तस्य रात्रौ तद्भार्यया सह । स समासेव्य सुरतं सुखं सुष्वाप तद्युतः ॥ १५९
तं दृष्ट्वा सुप्तमीर्ष्यालुः स पुमांस्तरुसंयतः । चण्डीं स्तुतिभिरभ्यर्च्य ययौ शरणमार्तितः ॥ १६०
साविर्भूय वरं तस्मै तं ददौ येन तस्य सः । तत्खड्गेनैव भिल्लस्य स्रस्तबन्धोऽच्छिनच्छिरः ॥ १६१
एहीदानीं हतः पापो मयायमिति सोऽथ ताम् । प्रबोध्य भार्यां वक्ति स्म साप्युत्तस्थौ सुदुःखिता ॥ १६२
गृहीत्वा तस्य च शिरो भिल्लस्यालक्षितं निशि । ततः प्रतस्थे कुल्टा सा पत्या तेन सहैव च ॥ १६३
प्रातश्च नगरं प्राप्य दर्शयन्ती शिरोऽत्र तत् । भर्ता हतो मेऽनेनेति चक्रन्दाक्रम्य तं पतिम् ॥ १६४
ततः स नीतस्तद्युक्तो राजाग्रे पुररक्षिभिः । पृष्टस्तत्र यथावृत्तमीर्ष्यालुस्तदवर्णयत् ॥ १६५
राजाथ तत्त्वमन्विष्य च्छेदयामास कुस्त्रियः । तस्याः कर्णौ च नासां च तत्पतिं च मुमोच तम् ॥ १६६
स मुक्तः स्वगृहं प्रायात्कुस्त्रीस्नेहग्रहोज्झितः । एवं हि कुरुते देव योषिदीर्ष्यानियन्त्रिता ॥ १६७
शिक्षयत्यन्यपुरुषासक्तिमीर्ष्यैव हि स्त्रियः । तदीर्ष्यामप्रकाश्यैव रक्ष्या नारी सुबुद्धिना ॥ १६८
रहस्यं च न वक्तव्यं वनितासु यथा तथा । पुरुषेणेच्छता क्षेममत्र च श्रूयतां कथा ॥ १६९

नागः कश्चित्पलाय्यासीत्कुत्रचिद्गणिकागृहे । मानुषं रूपमास्थाय वैनतेयभयाद्भुवि ॥ १७०
गणिकाप्यग्रहीद्भाटिं सा हस्तिशतपञ्चकम् । स्वप्रभावाच्च तत्तस्यै स नागः प्रत्यहं ददौ ॥ १७१
कुतोऽन्वहमियन्तस्ते हस्तिनो ब्रूहि को भवान् । इति निर्बन्धतः साथ तं पप्रच्छ विलासिनी ॥ १७२
मा वोचः कस्यचित्तार्क्ष्यभयादेवमिह स्थितः । नागोऽहमिति वक्ति स्म सोऽपि तां मारमोहितः ॥ १७३
सा तद्रहसि कुट्टन्यै शशंस गणिका ततः । अथ तार्क्ष्यो जगच्चिन्वन्नत्रागात्पुरुषाकृतिः ॥ १७४
उपेत्य कुट्टनीं तां च जगाद त्वत्सुतागृहे । अहमद्य वसाम्यार्ये भाटिर्मे गृह्यतामिति ॥ १७५
इह नागः स्थितो नित्यमिभपञ्चशतीं ददत् । तत्किमेकाहभाट्येति कुट्टन्यपि जगाद तम् ॥ १७६
ततः स गरुडो नागं तत्र स्थितमवेत्य तम् । विवेशातिथिरूपेण तद्वारवनितागृहम् ॥ १७७
तत्र प्रासादपृष्ठस्थं नागं तमवलोक्य सः । प्रकाश्यात्मानमुत्प्लुत्य जघान च जघास च ॥ १७८
अतो न कथयेत्प्राज्ञो रहस्यं स्त्रीष्वनर्गलम् । इत्युक्त्वा गोमुखो मुग्धकथां पुनरवर्णयत् ॥ १७९
ताम्रकुम्भोपमशिराः कोऽप्यासीत्खलतिः पुमान् । स च मूर्खोऽर्थवांल्लोके लज्जते स्म कचैर्विना ॥ १८०
अथ धूर्तस्तमागत्य कोऽप्युवाचोपजीविकः । एकोऽस्ति वैद्यो यो वेत्ति केशोत्पादनमौषधम् ॥ १८१
एतच्छ्रुत्वा तमाह स्म तमानयसि चेन्मम । ततोऽहं तव दास्यामि धनं वैद्यस्य तस्य च ॥ १८२
एवमुक्तवतस्तस्य धनं भुक्त्वाचिरेण सः । मुग्धस्यानीतवानेकं धूर्तो धूर्तचिकित्सकम् ॥ १८३
उपजीव्य चिरं सोऽपि खल्वाटं तं भिषक्छिरः । अपास्य वेष्टनं युक्त्या मुग्धायास्मायदर्शयत् ॥ १८४
तद्दृष्ट्वाप्यविमर्शः सन्वैद्यं केशार्थमौषधम् । तं ययाचे स जडधीस्ततो वैद्योऽब्रवीत्स तम् ॥ १८५
खल्वाटः स्वयमन्यस्य जनयेयं कथं कचान् । इति ते मूर्ख निर्लोम दर्शितं स्वशिरो मया ॥ १८६
तथापि त्वं न वेत्स्येव धिगित्युक्त्वा ययौ भिषक् । एवं देव सदा धूर्ताः क्रीडन्ति जडबुद्धिभिः ॥ १८७
एवं श्रुतः केशमुग्धस्तैलमुग्धो निशम्यताम् । मुग्धोऽभूत्पुरुषः कश्चिद्भृत्यः शिष्टस्य कस्यचित् ॥ १८८
स तेन स्वामिना तैलमानेतुं वणिजोऽन्तिकम् । प्रेषितो जातु तत्तस्मात्पात्रे तैलमुपाददे ॥ १८९
तैलपात्रं गृहीत्वा तदागच्छंस्तत्र केनचित् । ऊचे मित्रेण रक्षेदं तैलपात्रं स्रवत्यधः ॥ १९०
तच्छ्रुत्वा वीक्षितुमधः पात्रं तत्पर्यवर्तयत् । स मूढस्तेन तत्सर्वं तैलं तस्यापतद्भुवि ॥ १९१
तद्बुद्ध्वा लोकहास्योऽसौ निरस्तः स्वामिना गृहात् । तस्मात्स्वबुद्धिर्मुग्धस्य वरं न त्वनुशासनम् ॥ १९२
तैलमुग्धः श्रुतस्तावदस्थिमुग्धो निशम्यताम् । अभून्मूर्खः पुमान्कश्चिद्भार्याभूत्तस्य चासती ॥ १९३
सा तस्मिन्नेकदा पत्यौ कार्याद्देशान्तरं गते । दत्तकर्तव्यशिक्षां स्वामाप्तां कर्मकरीं गृहे ॥ १९४
अनन्यदासीं संस्थाप्य निर्गत्यैकान्ततस्ततः । ययावुपपतेर्गेहं निरर्गलसुखेच्छया ॥ १९५
अथागतं तत्पतिं सा स्थितशिक्षाश्रुगद्गदम् । कर्मकर्यवदद्भार्या मृता दग्धा च सा तव ॥ १९६
इत्युक्त्वा सा श्मशानं च नीत्वा तस्मायदर्शयत् । अस्थीन्यन्यचितास्थानि तान्यादाय रुदंश्च सः ॥ १९७
कृतोदकोऽथ तीर्थेषु प्रक्षिप्यास्थीनि तानि च । प्रावर्तत स भार्यायास्तस्याः श्राद्धविधौ जडः ॥ १९८
सद्विप्र इत्युपानीतं कर्मकर्या तयैव च । तमेव भार्योपपतिं श्राद्धविप्रं चकार सः ॥ १९९
तेनोपपतिना सार्धं तद्भार्याभ्येत्य तत्र सा । उदारवेषा भुङ्क्ते स्म मृष्टान्नं मासि मासि तत् ॥ २००
सतीधर्मप्रभावेण भार्या ते परलोकतः । पश्यागत्य स्वयं भुङ्क्ते ब्राह्मणेन समं प्रभो ॥ २०१
इति कर्मकरी सा तमवोचत्तत्पतिं यथा । तथैव प्रतिपेदे तत्सर्वं मूर्खशिरोमणिः ॥ २०२
वञ्च्यन्ते हेलयैवैवं कुस्त्रीभिः सरलाशयाः । श्रुतोऽस्थिमुग्धश्चण्डालकन्यका श्रूयतां त्वया ॥ २०३
अभूद्रूपवती कापि मुग्धा चण्डालकन्यका । सार्वभौमवरप्राप्तौ संकल्पं हृदि साकरोत् ॥ २०४
सा जातु दृष्ट्वा राजानं नगरभ्रमनिर्गतम् । सर्वोत्तमं भर्तृबुद्धेरनुयातुं प्रचक्रमे ॥ २०५
तावदागात्पथा तेन मुनिस्तस्य प्रणम्य सः । पादौ गजावरूढः सन्राजा स्वभवनं ययौ ॥ २०६
तद्दृष्ट्वा राजतोऽप्येनं विचिन्त्य मुनिमुत्तमम् । चण्डालकन्या राजानं त्यक्त्वा सा मुनिमन्वगात् ॥ २०७
मुनिः सोऽपि व्रजन्दृष्ट्वा शून्यमग्रे शिवालयम् । न्यस्तजानुः क्षितौ तत्र शिवं नत्वा ययौ ततः ॥ २०८

तद्वीक्ष्य सान्त्यजा मत्वा मुनेरप्युत्तमं शिवम् । भर्तृबुद्ध्या मुनिं त्यक्त्वा देवं तत्रैव शिश्रिये ॥ २०९
क्षणाच्चात्र प्रविश्य श्वा देवस्यारुह्य पीठिकाम् । जङ्घामुत्क्षिप्य जातेर्यत्सदृशं तस्य तव्द्यधात् ॥ २१०
तद्विलोक्यान्त्यजा मत्वा देवाच्छ्वानं तमुत्तमम् । यान्तं तमेवान्वगात्सा त्यक्त्वा देवं पतीच्छया ॥ २११
श्वा चागत्यैव चण्डालगृहं परिचितस्य सः । चण्डालयूनः प्रणयाल्लुलोठैकस्य पादयोः ॥ २१२
तदालोक्योत्तमं मत्वा शुनश्चण्डालपुत्रकम् । स्वजातितुष्टा वव्रे सा तमेव पतिमन्त्यजा ॥ २१३
एवं कृतपदा दूरे पतन्ति स्वपदे जडाः । एवं च मूर्खं राजानं संक्षेपादपरं शृणु ॥ २१४
मूर्खः कश्चिदभूद्राजा कृपणः कोपवानपि । एकदा जगदुश्चैवं मन्त्रिणस्तं हितैषिणः ॥ २१५
दानं हरति देवेह दुर्गतिं पारलौकिकीम् । तद्देहि दानमायूंषि भङ्गुराणि धनानि च ॥ २१६
तच्छ्रुत्वा स नृपोऽवादीद्दानं दास्याम्यहं तदा । दुर्गतिं प्राप्तमात्मानं मृतो द्रक्ष्यामि चेदिति ॥ २१७
ततश्चान्तर्हसन्तस्ते तूष्णीमासत मन्त्रिणः । एवं नोज्झति मूढोऽर्थान्यावदर्थैः स नोज्झितः ॥ २१८
राजभौतः श्रुतो देव मध्ये मित्रद्वयं शृणु । बभूव चन्द्रापीडाख्यः कान्यकुब्जे महीपतिः ॥ २१९
तस्याभवच्च धवलमुखाख्यः कोऽपि सेवकः । बहिर्भुक्त्वा च पीत्वा च सदैव प्राविशद्गृहम् ॥ २२०
भुक्तपीतः कुतो नित्यमायासीति च भार्यया । पृष्टः स जातु धवलमुखस्तामेवमभ्यधात् ॥ २२१
सुहृत्पार्श्वादहं शश्वद्भुक्त्वा पीत्वा च सुन्दरि । सदैवायामि येनास्ति लोके मित्रद्वयं मम ॥ २२२
कल्याणवर्मनामैको भोजनाद्युपकारकृत् । द्वितीयो वीरबाहुश्च प्राणैरप्युपकारकः ॥ २२३
एवं श्रुत्वैव धवलमुखोऽसौ भार्यया तया । ऊचे मित्रद्वयं तन्मे भवता दर्श्यतामिति ॥ २२४
ततो ययौ स तद्युक्तस्तस्य कल्याणवर्मणः । गृहं सोऽपि महार्हैस्तमुपचारैरुपाचरत् ॥ २२५
अन्येद्युः स ययौ वीरबाहोर्भार्यायुतोऽन्तिकम् । स च द्यूतस्थितः कृत्वा स्वागतं तं विसृष्टवान् ॥ २२६
ततोऽब्रवीत्सा धवलमुखं भार्या सकौतुका । कल्याणवर्मा महतीं सत्क्रियामकरोत्तव ॥ २२७
कृतं स्वागतमात्रं तु भवतो वीरबाहुना । तदार्यपुत्र तं मित्रं मन्यसेऽभ्यधिकं कथम् ॥ २२८
तच्छ्रुत्वा सोऽब्रवीद्गच्छ मिथ्या तौ ब्रूहुभौ क्रमात् । राजा नः कुपितोऽकस्मात्ततो ज्ञास्यस्यथ स्वयम् ॥ २२९
इत्युक्ता तेन गत्वैव सा तथेति तदैव तत् । कल्याणवर्मणोऽवोचत्स श्रुत्वैव जगाद ताम् ॥ २३०
भवत्यहं वणिक्पुत्रो ब्रूहि राज्ञः करोमि किम् । इत्युक्ता तेन सा प्रायाद्वीरबाहोरथान्तिकम् ॥ २३१
तस्मै तथैव साशंसद्राजकोपं स्वभर्तरि । स श्रुत्वैवाययौ धावन्गृहीत्वा खड्गचर्मणी ॥ २३२
मन्त्रिभिर्वारितः कोपाद्राजासौ तद्व्रजेति तम् । वीरबाहुं स धवलमुखोऽथ प्राहिणोद्गृहम् ॥ २३३
एवं तदन्तरं तन्वि मित्रयोरेतयोर्मम । इति भार्याथ धवलमुखेनोक्ता तुतोष सा ॥ २३४
इत्यन्यदुपचारेण मित्रमन्यत्तु सत्यतः । तुल्येऽपि स्निग्धतायोगे तैलं तैलं घृतं घृतम् ॥ २३५
इत्याख्याय कथामेतां मन्त्री मुग्धकथाः क्रमात् । नरवाहनदत्ताय गोमुखोऽकथयत्पुनः ॥ २३६
कश्चिन्मुग्धोऽध्वगस्तीर्त्वा कृच्छ्रात्तृष्णातुरोऽटवीम् । नदीं प्राप्यापि न पपौ वीक्षांचक्रे परं जलम् ॥ २३७
तृषितोऽपि पिबस्यम्भः किं नेत्युक्तोऽत्र केनचित् । इयत्कथं पिबामीति मन्दबुद्धिरुवाच तम् ॥ २३८
किं दण्डयति राजा त्वां सर्वं पीतं न चेत्त्वया । इति तेनोपहसितोऽप्यम्बु मुग्धः स नापिबत् ॥ २३९
एवं न शक्नुवन्तीह यद्यत्कर्तुमशेषतः । यथाशक्ति न तस्यांशमपि कुर्वन्त्यबुद्धयः ॥ २४०
जलभीतः श्रुतो देव श्रूयतां पुत्रघात्ययम् । बहुपुत्रो दरिद्रश्च मूर्खः कश्चिदभूत्पुमान् ॥ २४१
स एकस्मिन्मृते पुत्रे द्वितीयमवधीत्स्वयम् । कथं बालोऽयमेकाकी पथि दूरे व्रजेदिति ॥ २४२
ततः स निन्द्यो हास्यश्च देशान्निर्वासितो जनैः । एवं पशुश्च मूर्खश्च निर्विवेकमती समौ ॥ २४३
श्रुतस्त्वया पुत्रघाती भ्रातृभौतमिमं शृणु । जनमध्ये कथाः कुर्वन्कोऽप्यासीत्कापि मुग्धधीः ॥ २४४
स भव्यं पुरुषं दूराद्दृष्ट्वा मूर्खोऽब्रवीदिदम् । एष मे भवति भ्राता रिक्थमस्य हराम्यतः ॥ २४५
अहं तु कश्चिन्नैतस्य तेन नैतदृणं मम । इत्युक्तवान्स मूढोऽत्र पाषाणानप्यहासयत् ॥ २४६
एवं मूढस्य मूढस्य स्वार्थान्धस्यातिचित्रता । भ्रातृभौतः श्रुतो देव ब्रह्मचारिसुतं शृणु ॥ २४७

कश्चित्पितृगुणाख्यानप्रवृत्तसखिमध्यगः । मुग्धः स्वपितुरुत्कर्षं वर्णयन्नेवमभ्यधात् ॥ २४८
आबाल्याद्ब्रह्मचारी मे पिता नान्योऽस्ति तत्समः । तच्छ्रुत्वा त्वं कुतो जात इति तं सुहृदोऽब्रुवन् ॥ २४९
मानसोऽहं सुतस्तस्येत्येवं पुनरपि ब्रुवन् । विशेषतो विहसितः स तैर्जडशिरोमणिः ॥ २५०
अत्यारूढं वदन्त्येवमसंबद्धं जडाशयाः । ब्रह्मचारिसुतं श्रुत्वा श्रूयतां गणकोऽप्ययम् ॥ २५१
बभूव नाम गणकः कश्चिद्विज्ञानवर्जितः । स भार्यापुत्रसहितः स्वदेशाद्वृत्त्यभावतः ॥ २५२
गत्वा देशान्तरं चैवं मिथ्याविज्ञानमात्मनः । कृतकप्रत्ययेनार्थपूजां प्राप्तुमदर्शयत् ॥ २५३
परिष्वज्य सुतं बालं स तं सर्वजनाग्रतः । रुरोद पृष्टश्च जनैरेवं पापो जगाद सः ॥ २५४
भूतं भव्यं भविष्यच्च जानेऽहं तदयं शिशुः । विपत्स्यते मे दिवसे सप्तमे तेन रोदिमि ॥ २५५
इत्युक्त्वा तत्र विस्माप्य लोकं प्राप्तेऽह्नि सप्तमे । प्रत्यूष एव सुप्तं च स व्यापादितवान्सुतम् ॥ २५६
दृष्ट्वाथ तं मृतं बालं संजातप्रत्ययैर्जनैः । पूजितो धनमासाद्य स्वदेशं स्वैरमाययौ ॥ २५७
इत्यर्थलोभान्मिथ्यैव विज्ञानख्यापनेच्छवः । मूर्खाः पुत्रमपि घ्नन्ति न रज्येत्तेषु बुद्धिमान् ॥ २५८
अयं च श्रूयतां मूर्खः क्रोधनः पुरुषः प्रभो । बहिः स्थितस्य कस्यापि पुंसः कुत्रापि शृण्वतः ॥ २५९
अभ्यन्तरे गुणान्कश्चिच्छशंस स्वजनाग्रतः । तदा चैकोऽब्रवीत्तत्र सत्यं स गुणवान्सखे ॥ २६०
किं तु द्वौ तस्य दोषौ स्तः साहसी क्रोधनश्च यत् । इतिवादिनमेवैतं बहिर्वर्ती निशम्य सः ॥ २६१
पुमान्प्रविश्य सहसा वाससावेष्टयद्गले । रे जाल्म साहसं किं मे क्रोधः कश्च मया कृतः ॥ २६२
इत्युवाच च साक्षेपं पुमान्क्रोधाग्निना ज्वलन् । ततो हसन्तस्तत्रान्ये तमूचुः किं ब्रवीत्यदः ॥ २६३
प्रत्यक्षदर्शितक्रोधसाहसोऽपि भवानिति । एवं स्वदोषः प्रकटोऽप्यज्ञैर्देव न बुध्यते ॥ २६४
इदानीं श्रूयतां मुग्धः कन्यावर्धयिता नृपः । राजाभूत्कोऽपि कन्यैका सुरूपाजनि तस्य च ॥ २६५
स वर्धयितुकामस्तामतिस्नेहेन सत्वरम् । वैद्यानानीय नृपतिः प्रीतिपूर्वमभाषत ॥ २६६
सदौषधप्रयोगं तं कंचित्कुरुत येन मे । सुतैषा वर्धते शीघ्रं सद्भर्त्रे च प्रदीयते ॥ २६७
तच्छ्रुत्वा तेऽब्रुवन्वैद्या उपजीवयितुं जडम् । अस्त्यौषधमितो दूरात्तत्तु देशादवाप्यते ॥ २६८
आनयामश्च यावत्तत्तावदेव सुता तव । अदृश्या स्थापनीयैषा विधानं तत्र हीदृशम् ॥ २६९
इत्युक्त्वा स्थापयामासुश्छन्नां ते तां नृपात्मजाम् । संवत्सरानत्र बहूनौषधप्राप्तिशंसिनः ॥ २७०
यौवनस्थां च तां प्राप्तामौषधेन प्रवर्धिताम् । ब्रुवाणा दर्शयामासुः सुतां तस्मै महीभृते ॥ २७१
सोऽपि तान्पूरयामास वैद्यांस्तुष्टो धनोच्चयैः । इति व्याजाज्जडधियो धूर्तैर्भुज्यन्त ईश्वराः ॥ २७२
अयं चाकर्ण्यतामर्धपणोपार्जितपण्डितः । अभून्नगरवास्येकः पुमान्प्रज्ञाभिमानवान् ॥ २७३
ग्रामवासी च तस्यैकः पुमान्संवत्सरावधि । भृतको वृत्त्यसंतोषादापृच्छ्य स्वगृहं ययौ ॥ २७४
गते तस्मिंश्च पप्रच्छ भार्यां तन्वि गतः स ना । त्वत्तः किंचिद्गृहीत्वेति साप्यर्धपणमभ्यधात् ॥ २७५
ततो दशपणान्कृत्वा पाथेयं स नदीतटे । गत्वा स्वभृतकात्तस्मात्तमर्धपणमानयत् ॥ २७६
तच्चार्थकौशलं शंसन्स ययौ लोकहास्यताम् । एवं बहु क्षपयति स्वल्पस्यार्थे धनान्धधीः ॥ २७७
अथेदानीमभिज्ञानकर्ता च श्रूयतां प्रभो । कस्यचिद्यानपात्रेण मूर्खस्य व्रजतोऽम्बुधौ ॥ २७८
राजतं भाजनं हस्तादपतत्तज्जलान्तरे । स तत्र मूर्खोऽभिज्ञानमावर्तादिकमग्रहीत् ॥ २७९
आगच्छन्नुद्धरिष्यामि तदितोऽब्धिजलादिति । पारं प्राप्याम्बुधेस्तीर्णो दृष्ट्वावर्तादि वारिणि ॥ २८०
ममज्ज भाजनं प्राप्तुमभिज्ञानधिया मुहुः । पृष्टश्चोक्ताशयः सोऽन्यैरुपाहस्यत धिक्कृतः ॥ २८१
एवं च शृणुतेदानीं प्रतिमांसप्रदं नृपम् । मुग्धः कोऽपि नृपोऽपश्यत्प्रासादाद्द्वावधो नरौ ॥ २८२
.... । .... ॥ २८३
तयोरेकेन च हृतं मांसं दृष्ट्वा महानसे । पञ्च मांसपलान्यङ्गात्तस्य हर्तुर्व्यकर्तयत् ॥ २८४
उत्कृत्तमांसं क्रन्दन्तं दृष्ट्वा तं पतितं भुवि । जातानुकम्पो राजासौ प्रतीहारं समादिशत् ॥ २८५
छिन्ने पञ्चपली मांसे नास्य शाम्यति सा व्यथा । तदतोऽप्यधिकं मांसममुष्मै दीयतामिति ॥ २८६

किं जीवति शिरश्छिन्नो दत्तैरुत शिरःशतैः । दास्यामि देवेत्युक्त्वा स क्षत्ता गत्वाहसद्गृहिः ॥ २८७
तं समाश्वास्य वैद्येभ्यः कृत्तमांसं समर्पयत् । एवं मूढप्रभुर्वेत्ति निग्रहं नाप्यनुग्रहम् ॥ २८८
इयं चाकर्ण्यतां मन्दा स्त्री पुत्रान्तरकाङ्क्षिणी । एकपुत्रां स्त्रियं कांचिदन्यपुत्राभिकाङ्क्षया ॥ २८९
पृच्छन्तीमब्रवीत्काचित्पाखण्डा क्षुद्रतापसी । योऽयं पुत्रोऽस्ति ते बालस्तं हत्वा देवताबलिः ॥ २९०
क्रियते चेत्ततोऽन्यस्ते निश्चितं जायते सुतः । एवं तयोक्ता यावत्सा तत्तथाकर्तुमिच्छति ॥ २९१
तावद्बुद्ध्वा हितान्या स्त्री वृद्धा तामवदद्रहः । हंसि पापे सुतं जातमजातं प्राप्तुमिच्छसि ॥ २९२
यदि सोऽपि न जातस्ते ततस्त्वं किं करिष्यसि । इत्यवार्यत सा पापादार्यया वृद्धया तया ॥ २९३
एवं पतन्त्यकार्येषु शाकिनीसंगताः स्त्रियः । वृद्धोपदेशेन तु ता रक्ष्यन्ते कृतयन्त्रणाः ॥ २९४
अयमामलकानेता देवेदानीं निशम्यताम् । कस्याप्यभूद्गृहस्थस्य भृत्यः कश्चन मुग्धधीः ॥ २९५
समादिशद्गृहस्थस्तं भृत्यमामलकप्रियः । गच्छारामात्सुमधुराण्यानयामलकानि मे ॥ २९६
एकैकं दशनच्छेदेनास्वाद्यानीतवाञ्जडः । आस्वाद्य मधुराण्येतान्यानीतानीक्षतां प्रभुः ॥ २९७
सोऽब्रवीत्सोऽपि तान्यर्धोच्छिष्टान्यालोक्य कुत्सया । जहौ गृहपतिस्तेन भृत्येनाबुद्धिना समम् ॥ २९८
निष्प्रज्ञो नाशयत्येवं प्रभोरर्थमथात्मनः । अन्तरा चात्र शृणुत भ्रातृद्वयकथामिमाम् ॥ २९९
ब्राह्मणौ भ्रातरावास्तां पुरे पाटलिपुत्रके । यज्ञसोम इति ज्येष्ठः कीर्तिसोमोऽस्य चानुजः ॥ ३००
पित्र्यं चाभूद्धनं भूरि तयोर्ब्राह्मणपुत्रयोः । कीर्तिसोमो निजं भागं व्यवहारादवर्धयत् ॥ ३०१
यज्ञसोमस्तु भुञ्जानो ददच्चाप्यनयत्क्षयम् । ततः स निर्धनीभूतो निजां भार्यामभाषत ॥ ३०२
प्रिये धनाढ्यो भूत्वाहमिदानीं निर्धनः कथम् । वसामि मध्ये बन्धूनां तद्विदेशं श्रयावहे ॥ ३०३
पाथेयेन विना कुत्र याव इत्युदिते तया । निर्बन्धं स यदा चक्रे तदा भार्या तमाह सा ॥ ३०४
अवश्यं यदि गन्तव्यं तद्गत्वा कीर्तिसोमतः । मृगयस्व धनं किंचित्पाथेयमनुजादिति ॥ ३०५
ततो गत्वानुजं यावत्पाथेयं तं स मार्गति । तावत्तदनुजः सोऽत्र जगदे भार्यया स्वया ॥ ३०६
क्षपितस्वधनायास्मै वयं दद्मः कुतः कियत् । य एव हि दरिद्रः स्यात्स एवास्मान्भजिष्यति ॥ ३०७
श्रुत्वैतत्कीर्तिसोमोऽसौ भ्रातृस्नेहान्वितोऽपि सन् । नैच्छद्दातुं किमप्यस्मै कष्टा कुस्त्रीषु वश्यता ॥ ३०८
यज्ञसोमस्ततस्तूष्णीं गत्वा पत्न्यै निवेद्य तत् । तया सह प्रस्थितवान्दैवैकशरणस्ततः ॥ ३०९
गच्छन्प्राप्तोऽटवीं दैवान्निगीर्णोऽजगरेण सः । तद्भार्या च तदालोक्य चक्रन्द पतिता भुवि ॥ ३१०
किमाक्रन्दसि भद्रे त्वमिति मानुषभाषया । सा तेनाजगरेणोक्ता ब्राह्मणी निजगाद तम् ॥ ३११
न क्रन्दामि कथं यस्मान्महासत्त्व मम त्वया । दुःखितायाः विदेशेऽद्य हा भिक्षाभाजनं हृतम् ॥ ३१२
तच्छ्रुत्वाजगरो वक्त्रादुद्गीर्यास्यै ददौ महत् । स्वर्णपात्रं गृहाणेदं भिक्षाभाण्डमिति ब्रुवन् ॥ ३१३
को महाभाग भिक्षां मे दास्यत्यस्मिन्स्त्रिया इति । उक्तस्तया सद्ब्राह्मण्या जगादाजगरश्च सः ॥ ३१४
न दास्यत्यर्थितो योऽत्र भिक्षां ते तस्य तत्क्षणम् । शतधा यास्यति शिरः सत्यमेतद्वचो मम ॥ ३१५
तच्छ्रुत्वा ब्राह्मणी सा तमुवाचाजगरं सती । यद्येवं तत्त्वमेवात्र भर्तृभिक्षां प्रयच्छ मे ॥ ३१६
इत्युक्तमात्रे ब्राह्मण्या सत्या सोऽजगरो मुखात् । उज्जगाराक्षतं यज्ञसोमं जीवन्तमेव तम् ॥ ३१७
तमुद्गीर्यैव सपदि दिव्यः सोऽजगरः पुमान् । परितुष्टश्च तौ हृष्टौ दंपती निजगाद सः ॥ ३१८
अहं काञ्चनवेगाख्यो विद्याधरमहीपतिः । सोऽहं गौतमशापेन प्राप्तोऽस्म्याजगरीं गतिम् ॥ ३१९
साध्वीसंवादपर्यन्तः स च शापो ममाभवत् । इत्युक्त्वा हेमपात्रं च रत्नैरापूर्य तत्क्षणात् ॥ ३२०
विद्याधरेश्वरो हृष्टः खमुत्पत्य जगाम सः । तौ चाययतुरादाय रत्नौघं दंपती गृहम् ॥ ३२१
तत्रास्त यज्ञसोमोऽसावक्षयाप्तधनः सुखम् । सत्त्वानुरूपं सर्वस्य धाता सर्वं प्रयच्छति ॥ ३२२
श्रूयतां नापितस्यार्थी मुग्धोऽत्र च पुमानयम् । कर्णाटः कोऽपि भूपं स्वं रणे शौर्यादतोषयत् ॥ ३२३
स प्रसन्नो नृपस्तस्मायमीष्टं दत्तवान्वरम् । तस्यैव नापितं वव्रे नपुंसकनिभो भटः ॥ ३२४
सर्वश्चित्तप्रमाणेन सदसद्वाभिवाञ्छति । न किंचिन्मार्गेणं चेममुन्मुग्धं शृणुताधुना ॥ ३२५

कश्चित्पथि व्रजन्मूर्खः शकटस्थेन केनचित् । ऊचे समं कुरुष्वैतच्छकटं मे मनागिति ॥ ३२६
समं करोमि चेत्तन्मे किं ददासीति वादिनम् । न किंचित्ते ददामीति शकटी निजगाद तम् ॥ ३२७
ततः स मूर्खः शकटं समं कृत्वैव तस्य तत् । तन्मे न किंचिद्देहीति तं ययाचे स चाहसत् ॥ ३२८

इति देव सदैव हास्यभावं परिभावं च जनस्य निन्द्यतां च ।
विपदास्पदतां च यान्ति मूढा इह सन्तस्तु भवन्ति पूजनीयाः ॥ ३२९
एवं स गोमुखमुखोक्तकथाविनोदमेतन्निशम्य रजनौ सचिवैः समेतः ।
विश्रान्तिहेतुमखिलस्य जगत्त्रयस्य निद्रामियाय नरवाहनदत्तदेवः ॥ ३३०

इति महाकविश्रीसोमदेवभट्टविरचिते कथासरित्सागरे शक्तियशोलम्बके पञ्चमस्तरङ्गः ।

षष्ठस्तरङ्गः ।

ततः प्रातः समुत्थाय पितुर्वत्सेश्वरस्य सः । नरवाहनदत्तोऽत्र दर्शनायान्तिकं ययौ ॥ १
तत्र पद्मावतीदेवी भ्रातरि स्वगृहात्ततः । आगते मगधेशस्य तनये सिंहवर्मणि ॥ २
तत्स्वागतकथाप्रश्नप्रवादैर्दिवसे गते । नरवाहनदत्तः स्वं भुक्त्वा मन्दिरमाययौ ॥ ३
तत्र शक्तियशः सोत्कं तं विनोदयितुं निशि । ततः स गोमुखो धीमानिमामकथयत्कथाम् ॥ ४
बभूव क्वापि सच्छायो महान्न्यग्रोधपादपः । शकुन्तशब्दैः पथिकान्विश्रमायाह्वयन्निव ॥ ५
तत्रासीन्मेघवर्णाख्यः काकराजः कृतालयः । तस्यावमर्दनामाभूदुलूकाधिपती रिपुः ॥ ६
स तस्य काकराजस्य तत्र रात्रावुलूकराट् । एत्य काकान्बहून्हत्वा कृत्वा परिभवं ययौ ॥ ७
प्रातः स काकराजोऽत्र सभाज्योवाच मन्त्रिणः । उड्डीव्याडीविसंडीविप्रडीविचिरजीविनः ॥ ८
स शत्रुः परिभूयास्मांल्लब्धलक्ष्यो बली पुनः । आपतेदेव तत्तत्र प्रतीकारो निरूप्यताम् ॥ ९
तच्छ्रुत्वाभाषतोड्डीवी शत्रौ बलवति प्रभो । अन्यदेशाश्रयः कार्यस्तस्यैवानुनयोऽथवा ॥ १०
श्रुत्वैतदाडीव्याह स्म सद्यो न भयमप्यदः । पराशयं स्वशक्तिं च वीक्ष्य कुर्मो यथाक्षमम् ॥ ११
ततो जगाद संडीवी मरणं देव शोभनम् । न तु प्रणमनं शत्रोर्विदेशे वापि जीवनम् ॥ १२
योद्धव्यं तेन साकं नः कृतावज्ञेन शत्रुणा । राजा सहायवाञ्शूरः सोत्साहो जयति द्विषः ॥ १३
अथ प्रडीवी वक्ति स्म न जय्यः स बली रणे । संधिं कृत्वा तु हन्तव्यः संप्राप्तेऽवसरे पुनः ॥ १४
चिरजीवी ततोऽवादीत्कः संधिर्दूत एव कः । आसृष्टि वैरं काकानामुलूकैस्तत्र को व्रजेत् ॥ १५
मन्त्रसाध्यमिदं मन्त्रो मूलं राज्यस्य चोच्यते । श्रुत्वैतत्काकराजस्तं सोऽब्रवीच्चिरजीविनम् ॥ १६
वृद्धस्त्वं वेत्सि चेत्तन्मे ब्रूहि त्वं केन हेतुना । काकोलूकस्य वैरित्वं मन्त्रं वक्ष्यस्यतः परम् ॥ १७
तच्छ्रुत्वा काकराजं तं चिरजीवी जगाद सः । वाग्दोषोऽयं श्रुता किं न गर्दभाख्यायिका त्वया ॥ १८
केनापि रजकेनैत्य गर्दभः पुष्टये कृशः । परसस्येषु मुक्तोऽभूदाच्छाद्य द्वीपिचर्मणा ॥ १९
स तानि खादन्द्वीपीति जनैस्त्रासान्न वारितः । एकेन ददृशे जातु कार्षिकेण धनुर्भृता ॥ २०
स तं द्वीपीति मन्वानः कुब्जीभूय भयानतः । कम्बलावेष्टिततनुर्गन्तुं प्रववृते ततः ॥ २१
तं च दृष्ट्वा तथायान्तं खरोऽयमिति चिन्तयन् । खरस्तं स्वरुतेनोच्चैर्व्याहरत्सस्यपोषितः ॥ २२
तच्छ्रुत्वा गर्दभं मत्वा तमुपेत्य स कार्षिकः । अवधीच्छरघातेन कृतवैरं स्वया गिरा ॥ २३
एवं वाग्दोषतोऽस्माकमुलूकैः सह वैरिता । पूर्वं ह्यराजका आसन्कदाचिदपि पक्षिणः ॥ २४
ते संभूयारभन्ते स्म पक्षिराजाभिषेचनम् । सर्वे कर्तुमुलूकस्य ढौकितच्छत्रचामरम् ॥ २५
तावच्च गगनायातस्तद्दृष्ट्वा वायसोऽब्रवीत् । रे मूढाः सन्ति नो हंसकोकिलाद्या न किं खगाः ॥ २६
येन क्रूरदृशं पापमिममप्रियदर्शनम् । अभिषिञ्चथ राज्येऽस्मिन्धिगुलूकममङ्गलम् ॥ २७
राजा प्रभाववान्कार्यो यस्य नाम्नैव सिद्धिकृत् । तथा च शृणुतात्रैतां कथां वो वर्णयाम्यहम् ॥ २८
अस्ति चन्द्रसरो नाम महद्भूरिजलं सरः । शिलीमुखाख्यस्तत्तीरेऽप्युवास शशकेश्वरः ॥ २९

तत्रावग्रहशुष्केऽन्यनिपाने गजयूथपः । चतुर्दन्ताभिधानोऽम्भः पातुमागात्कदाचन ॥ ३०
तस्य यूथेन शशका गाहमानेन तत्र ते । शिलीमुखस्य बहवः शशराजस्य चूर्णिताः ॥ ३१
ततो गजपतौ तस्मिन्गते सोऽत्र शिलीमुखः । दुःखितो विजयं नाम शशं प्राहान्यसंनिधौ ॥ ३२
लब्धास्वादो गजेन्द्रोऽयं पुनःपुनरिहैष्यति । निःशेषयिष्यत्यस्मांश्च तदुपायोऽत्र चिन्त्यताम् ॥ ३३
गच्छ तस्यान्तिकं पश्य युक्तिः काप्यस्ति तेन वा । त्वं हि कार्यमुपायं च वेत्सि वक्तुं च युक्तिमान् ॥ ३४
यत्र यत्र गतस्त्वं हि तत्र तत्राभवच्छुभम् । इति स प्रेषितस्तेन प्रीतस्तत्र ययौ शनैः ॥ ३५
मार्गानुसारात्प्राप्तं च वारणेन्द्रं ददर्श तम् । यथा तथा च युक्तः स्यात्संगमो बलिनेति सः ॥ ३६
शशोऽद्रिशिखरारूढो धीमांस्तमवदद्गजम् । अहं देवस्य चन्द्रस्य दूतस्त्वां चैवमाह सः ॥ ३७
शीतं चन्द्रसरो नाम निवासोऽस्ति सरो मम । तत्रासते शशास्तेषां राजाहं ते च मे प्रियाः ॥ ३८
अत एवास्मि शीतांशुः शशी चेति गतः प्रथाम् । तत्सरो नाशितं ते च शशका मे हतास्त्वया ॥ ३९
भूयः कर्तासि चेदेवं मत्तः प्राप्स्यसि तत्फलम् । एतद्दूताच्छशाच्छ्रुत्वा गजेन्द्रः सोऽब्रवीद्भयात् ॥ ४०
नैवं करिष्ये भूयोऽहं मान्यो मे भगवाञ्शशी । तदेहि दर्शयामस्ते यावत्तं प्रार्थयेः सखे ॥ ४१
इत्यूचिवान्स नागेन्द्रमानीय सरसोऽन्तरे । तत्र तस्मै शशश्चन्द्रप्रतिबिम्बमदर्शयत् ॥ ४२
तद्दृष्ट्वा दूरतो नत्वा भयात्कम्पसमाकुलः । वनं द्विपेन्द्रः स ययौ भूयस्तत्र च नाययौ ॥ ४३
प्रत्यक्षं तच्च दृष्ट्वा स शशराजः शिलीमुखः । संमान्य तं शशं दूतमवसत्तत्र निर्भयः ॥ ४४
इत्युक्त्वा वायसो भूयः पक्षिणस्तानभाषत । एवं प्रभुः स्वनाम्नैव यस्य कश्चिन्न बाधते ॥ ४५
तदुलूको दिवान्धोऽयं क्षुद्रो राज्यं कुतोऽर्हति । क्षुद्रश्च स्यादविश्वास्यस्तत्र चैतां कथां शृणु ॥ ४६
कदाचित्क्वापि वृक्षेऽहमवसं तत्र चाप्यधः । पक्षी कपिञ्जलो नाम वसति स्म कृतालयः ॥ ४७
स कदाचिद्गतः क्वापि यावन्न दिवसान्बहून् । आयाति तावत्तन्नीडं तमेत्य शशकोऽवसत् ॥ ४८
दिनैः कपिञ्जलोऽत्रागात्ततोऽस्य शशकस्य च । नीडो मे तव नेत्येवं विवाद उदभूद्द्वयोः ॥ ४९
निर्णेतारं ततः सभ्यमन्वेष्टुं प्रस्थितावुभौ । तावहं कौतुकाद्द्रष्टुमन्वगच्छमलक्षितः ॥ ५०
गत्वा स्तोकं सरस्तीरेऽहिंसाधृतमृषाव्रतम् । ध्यानार्धमीलितदृशं मार्जारं तावपश्यताम् ॥ ५१
एतमेव च पृच्छावः किं न्याय्यमिह धार्मिकम् । इत्युक्त्वा तौ बिडालं तमुपेत्यैवमवोचताम् ॥ ५२
शृणु नौ भगवन्न्यायं तपस्वी त्वं हि धार्मिकः । श्रुत्वैतदल्पया वाचा बिडालस्तौ जगाद सः ॥ ५३
न शृणोमि तपःक्षामो दूरादायात मेऽन्तिकम् । धर्मो ह्यसम्यङ्निर्णीतो निहन्त्युभयलोकयोः ॥ ५४
इत्युक्त्वाश्वास्य तावग्रमानीय स बिडालकः । उभावप्यवधीत्क्षुद्रः साकं शशकपिञ्जलौ ॥ ५५
तदेवं नास्ति विश्वासः क्षुद्रकर्मणि दुर्जने । तस्मादुलूको राजायं न कर्तव्योऽतिदुर्जनः ॥ ५६
इत्युक्ताः पक्षिणस्तेन वायसेन तथेति ते । अभिषेकमुलूकस्य निवार्येतस्ततो ययुः ॥ ५७
अद्यप्रभृति यूयं च वयं चान्योन्यशत्रवः । स्मर यामीत्युलूकस्तं काकमुक्त्वा क्रुधा ययौ ॥ ५८
काकोऽपि युक्तमुक्तं तु मत्वा विमनास्ततोऽभवत् । वाङ्मात्रोत्पादितासह्यवैरात्को नानुतप्यते ॥ ५९
एवं वाग्दोषसंभूतं वैरं नः कौशिकैः सह । इत्युक्त्वा काकराजं तं चिरजीव्यवदत्पुनः ॥ ६०
बहवो बलिनस्ते च जेतुं शक्या न कौशिकाः । बहवो हि जयन्तीह शृणु चात्र निदर्शनम् ॥ ६१
छागं क्रीतं गृहीत्वांसे ग्रामात्कोऽपि व्रजन्द्विजः । बहुभिर्ददृशे मार्गे धूर्तैश्छागं जिहीर्षुभिः ॥ ६२
एकश्च तेभ्य आगत्य तमुवाच ससंभ्रमम् । ब्रह्मन्कथमयं स्कन्धे गृहीतः श्वा त्वया त्यज ॥ ६३
तच्छ्रुत्वा तमनादृत्य स द्विजः प्राक्रमद्यदा । ततोऽन्यौ द्वावुपेत्याग्रे तद्वदेव तमूचतुः ॥ ६४
ततः ससंशयो यावद्याति च्छागं निरूपयन् । तावदन्ये त्रयोऽभ्येत्य तमेवमवदञ्शठाः ॥ ६५
कथं यज्ञोपवीतं त्वं श्वानं च वहसे समम् । नूनं व्याधो न विप्रस्त्वं हंस्यनेन शुना मृगान् ॥ ६६
तच्छ्रुत्वा स द्विजो दध्यौ नूनं भूतेन केनचित् । भ्रामितोऽहं दृशं हृत्वा सर्वे पश्यन्ति किं मृषा ॥ ६७
इति विप्रः स तं त्यक्त्वा छागं स्नात्वा गृहं ययौ । धूर्ताश्च नीत्वा तमजं यथेच्छं समभक्षयन् ॥ ६८

कथा० ४२

इत्युक्त्वा चिरजीवी तं वायसेश्वरमब्रवीत् । तदेवं देव बह्वो बलवन्तश्च दुर्जयाः ॥ ६९
तस्माद्बलिविरोधेऽस्मिन्यदहं वच्मि तत्कुरु । किंचिल्लुञ्चितपक्षं मां त्यक्त्वास्यैव तरोरधः ॥ ७०
यूयं गिरिमिमं यात कृतार्थो यावदेम्यहम् । तच्छ्रुत्वा तं तथेत्यत्र क्रुधेवोल्लुञ्चितच्छदम् ॥ ७१
कृत्वाधस्तं गिरिं प्रायात्काकराजः स सानुगः । चिरजीवी तु तत्रासीत्पतित्वा स्वतरोस्तले ॥ ७२
ततस्तत्राययौ रात्रौ सानुगः स उलूकराट् । अवमर्दो न चापश्यत्तत्रैकमपि वायसम् ॥ ७३
तावत्स चिरजीव्यत्र मन्दं मन्दं विरौत्यधः । श्रुत्वा चोलूकराजस्तमवतीर्य ददर्श सः ॥ ७४
कस्त्वं किमेवंभूतोऽसीत्यपृच्छत्तं सविस्मयः । ततः स चिरजीवी तं रुजेवाल्पस्वरोऽब्रवदत् ॥ ७५
चिरजीवीत्यहं तस्य सचिवो वायसप्रभोः । स च दातुमवस्कन्दमैच्छत्ते मन्त्रिसंमतम् ॥ ७६
ततस्तन्मन्त्रिणोऽन्यांस्तान्निर्भर्त्स्याहं तमब्रवम् । यदि पृच्छसि मां मन्त्रं यदि चाहं मतस्तव ॥ ७७
तन्न कार्यो बलवता कौशिकेन्द्रेण विग्रहः । कार्यस्त्वनुनयस्तस्य नीतिं चेदनुमन्यसे ॥ ७८
श्रुत्वैतच्छत्रुपक्षोऽयमिति क्रोधात्प्रहृत्य मे । स काकः स्वैः समं मित्रैर्मूर्खोऽवस्थामिमां व्यधात् ॥ ७९
क्षिप्त्वा च मां तरुतले क्वापि सानुचरो गतः । इत्युक्त्वा चिरजीवी स श्वसन्नासीदधोमुखः ॥ ८०
उलूकराजश्च ततः स पप्रच्छ स्वमन्त्रिणः । किमेतस्य विधातव्यमस्माभिश्चिरजीविनः ॥ ८१
तच्छ्रुत्वा दीप्तनयनो नाम मन्त्री जगाद तम् । अरक्ष्यो रक्ष्यते चौरोऽप्युपकारीति सज्जनैः ॥ ८२
तथा हि पूर्वं कोऽप्यासीद्वणिक्कोऽपि स कामपि । वृद्धोऽप्यर्थप्रभावेण परिणिन्ये वणिक्सुताम् ॥ ८३
सा तस्य शयने नित्यं जरातोऽभूत्पराङ्मुखी । व्यतीतपुष्पकालेऽत्र भ्रमरीव तरोर्वने ॥ ८४
एकदा चाविशच्चौरो निशि शय्यास्थयोस्तयोः । तं दृष्ट्वा सा परावृत्य तमाश्लिष्यत्पतिं भयात् ॥ ८५
तमभ्युदयमाश्चर्यं मत्वा यावन्निरीक्षते । दिशस्तत्र वणिक्तावत्कोणे चौरं ददर्श तम् ॥ ८६
उपकार्यसि मे तत्त्वां न भृत्यैर्घातयाम्यहम् । इत्युक्त्वा सोऽथ चौरं तं रक्षित्वा प्राहिणोद्वणिक् ॥ ८७
एवं रक्ष्योऽयमस्माकं चिरजीव्युपकारकः । इत्युक्त्वा दीप्तनयनो मन्त्री तूष्णीं बभूव सः ॥ ८८
ततोऽन्यं वक्रनासाख्यं मन्त्रिणं कौशिकेश्वरः । स पृच्छति स्म किं कार्यं सम्यग्वक्तुं भवानिति ॥ ८९
वक्रनासस्ततोऽवादीद्रक्ष्योऽयं परमर्मवित् । अस्माकमेतयोर्वैरं श्रेयसे स्वामिमन्त्रिणोः ॥ ९०
निदर्शनकथा देव श्रूयतामत्र वच्मि ते । कश्चित्प्रतिग्रहेण द्वे गावौ प्राप द्विजोत्तमः ॥ ९१
तस्य दृष्ट्वाथ चौरस्ते गावौ नेतुमचिन्तयत् । तत्कालं राक्षसः कोऽपि तमैच्छत्खादितुं द्विजम् ॥ ९२
तदर्थं निशि गच्छन्तौ दैवात्तौ चौरराक्षसौ । मिलित्वान्योन्यमुक्तार्थौ तत्र प्रययतुः समम् ॥ ९३
अहं धेनू हराम्यादौ त्वद्गृहीतो ह्ययं द्विजः । सुप्तो यदि प्रबुद्धस्तद्धरेयं गोयुगं कथम् ॥ ९४
मैवं हराम्यहं पूर्वं विप्रं नो चेद्वृथा मम । भवेद्गोखुरशब्देन प्रबुद्धेऽस्मिन्परिश्रमः ॥ ९५
इति प्रविश्य तद्विप्रसदनं चौरराक्षसौ । यावत्तौ कलहायेते तावत्प्राबोधि स द्विजः ॥ ९६
उत्थायात्तकृपाणे च तस्मिन्रक्षोघ्नजापिनि । ब्राह्मणे जग्मतुश्चौरराक्षसौ द्वौ पलाय्य तौ ॥ ९७
एवं तयोर्यथा भेदो हितायाभूद्द्विजन्मनः । तथा भेदो हितोऽस्माकं काकेन्द्रचिरजीविनोः ॥ ९८
इत्युक्तो वक्रनासेन कौशिकेन्द्रः स्वमन्त्रिणम् । तं च प्राकारकर्णाख्यमपृच्छत्सोऽप्युवाच तम् ॥ ९९
चिरजीव्यनुकम्प्योऽयमापन्नः शरणागतः । शरणागतहेतोः प्राक्स्वमामिषमदाच्छिबिः ॥ १००
प्राकारकर्णाच्छ्रुत्वैतत्सचिवं क्रूरलोचनम् । उलूकराजः पप्रच्छ सोऽपि तद्वदभाषत ॥ १०१
ततो रक्ताक्षनामानं सचिवं कौशिकेश्वरः । तथैव परिपप्रच्छ सोऽपि प्राज्ञोऽब्रवीदिदम् ॥ १०२
राजन्नपनयेनैतैर्मन्त्रिभिर्नाशितो भवान् । प्रतीयन्ते न नीतिज्ञाः कृतावज्ञस्य वैरिणः ॥ १०३
मूर्खो दृष्टव्यलीकोऽपि व्याजसान्त्वेन तुष्यति । तथा हि तक्षा कोऽप्यासीद्भार्याभूत्तस्य तु प्रिया ॥ १०४
तां चान्यपुरुषासक्तां तक्षा बुद्ध्वान्यलोकतः । तत्त्वं जिज्ञासमानस्तां भार्यामवददेकदा ॥ १०५
प्रिये राजाज्ञया दूरं स्वव्यापाराय याम्यहम् । तत्त्वया मम सक्तैकापि पाथेयं दीयतामिति ॥ १०६
तथेति दत्तपाथेयस्तया निर्गत्य गेहतः । सशिष्यो गुप्तमागत्य तत्रैव प्रविवेश सः ॥ १०७

तदृष्टस्तु खट्वायास्तस्थौ शिष्ययुतस्थले । साप्यथानाययत्तं स्वं तद्भार्या परपूरुषम् ॥ १०८
तेन साकं च खट्वायां रममाणा पतिं पदा । स्पृष्ट्वा कथंचित्तं पापा मेने तत्रस्थमेव तम् ॥ १०९
क्षणाच्चोपपतिस्तत्र व्याकुलः पृच्छति स्म ताम् । ब्रूहि प्रिये किमधिकं प्रियोऽहं तव किं पतिः ॥ ११०
तच्छ्रुत्वा कूटकुशला तं जारं निजगाद सा । प्रियो मम पतिस्तस्य कृते प्राणांस्त्यजाम्यहम् ॥ १११
इदं तु चापलं स्त्रीणां सहजं क्रियतेऽत्र किम् । अमेध्यमपि भक्ष्यं स्यान्नासां स्युर्यदि नासिकाः ॥ ११२
एतत्तस्या वचः श्रुत्वा कुलटायाः स कृत्रिमम् । तुष्टः शय्यातलात्तक्षा निर्गतः शिष्यमभ्यधात् ॥ ११३
दृष्टं त्वयाद्य साक्षी त्वं मम भक्तेयमीदृशी । अमुमेवाश्रिता कान्तं तदेतां मूर्ध्न्यहं वहे ॥ ११४
इत्युक्त्वा सहसोत्क्षिप्य खट्वास्थावेव तावुभौ । सशिष्यः स जडो जायातज्जारौ शिरसावहन् ॥ ११५
इत्थं प्रत्यक्षदृष्टेऽपि दोषे कपटसान्त्वतः । मूर्खस्तुष्यति हास्यत्वं निर्विवेकश्च गच्छति ॥ ११६
तदेष चिरजीवी ते रक्ष्यो नारिपरिग्रहः । उपेक्षितो ह्ययं देव हन्याद्रोग इव द्रुतम् ॥ ११७
इति रक्ताक्षतः श्रुत्वा कौशिकेन्द्रोऽब्रवीत्स तम् । कुर्वन्नस्मद्धितं साधुः प्राप्तोऽवस्थामिमामयम् ॥ ११८
तत्कथं स्यान्न संरक्ष्यः किं कुर्यादेककश्च नः । इति तत्स निराचक्रे मन्त्रिवाक्यमुलूकराट् ॥ ११९
आश्वासयामास च तं वायसं चिरजीविनम् । ततः स चिरजीवी तमुलूकेशं व्यजिज्ञपत् ॥ १२०
किं ममैतदवस्थस्य जीवितेन प्रयोजनम् । तन्मे दापय काष्ठानि यावदग्निं विशाम्यहम् ॥ १२१
उलूकयोनिं च वरं प्रार्थयेऽहं हुताशनम् । कर्तुं वायसराजस्य तस्य वैरप्रतिक्रियाम् ॥ १२२
इत्युक्तवन्तं विहसन्रक्ताक्षो निजगाद तम् । अस्मत्प्रभोः प्रसादात्त्वं स्वस्थ एव किमग्निना ॥ १२३
न च त्वं कौशिको भावी यावत्काकत्वमस्ति ते । यादृशो यः कृतो धात्रा भवेत्तादृश एव सः ॥ १२४
तथा च प्राङ्मुनिः कश्चिच्छ्येनहस्तच्युतं शिशुम् । मूषिकां प्राप्य कृपया कन्यां चक्रे तपोबलात् ॥ १२५
वर्धितामाश्रमे तां च स दृष्ट्वा प्राप्तयौवनाम् । मुनिर्बलवते दातुमिच्छन्नादित्यमाह्वयत् ॥ १२६
बलिने दित्सितामेतां कन्यां परिणयस्व मे । इत्युवाच स चर्षिस्तं ततस्तं सोऽब्रवीद्रविः ॥ १२७
मत्तोऽपि बलवान्मेघः स मां स्थगयति क्षणात् । तच्छ्रुत्वा तं विसृज्यार्कं मेघमाहूतवान्मुनिः ॥ १२८
तं तथैव च सोऽवादीत्तेनाप्येवमवादि सः । मत्तोऽपि बलवान्वायुर्यो विक्षिपति दिक्षु माम् ॥ १२९
इत्युक्ते तेन स मुनिर्वायुमाह्वयति स्म तम् । स तथैव च तेनोक्तस्तमेवमवदन्मरुत् ॥ १३०
मयापि ये न चाल्यन्ते मत्तस्ते बलिनोऽद्रयः । श्रुत्वैतदेकं शैलेन्द्रमाह्वयन्मुनिसत्तमः ॥ १३१
तथैव यावत्तं वक्ति तावत्सोऽद्रिर्जगाद तम् । मूषका बलिनो मत्तो ये मे छिद्राणि कुर्वते ॥ १३२
इति क्रमेण प्रत्युक्तो दैवतैर्ज्ञानिभिः स तैः । महर्षिराजुहावैकं मूषकं वनसंभवम् ॥ १३३
कन्यां वहैतामित्युक्तस्तेनोवाच स मूषकः । कथं प्रवेक्ष्यति बिलं ममैषा दृश्यतामिति ॥ १३४
पूर्ववन्मूषिकैवास्तु वरमित्यथ स ब्रुवन् । मुनिस्तां मूषिकां कृत्वा तस्मै प्रायच्छदाखवे ॥ १३५
एवं सुदूरं गत्वापि यो यादृक्तादृगेव सः । तदुलूको न जातु त्वं चिरजीविन्भविष्यसि ॥ १३६
इत्युक्तश्चिरजीवी स रक्ताक्षेण व्यचिन्तयत् । नीतिज्ञस्य न चैतस्य राज्ञानेन कृतं वचः ॥ १३७
शेषा मूर्खा इमे सर्वे तत्कार्यं सिद्धमेव मे । इति संचिन्तयन्तं तमादाय चिरजीविनम् ॥ १३८
अविचार्यैव रक्ताक्षवाक्यं तद्बलगर्वितः । उलूकराजः स ययाववमर्दो निजं पदम् ॥ १३९
चिरजीवी च तद्दत्तमांसाद्यशनपोषितः । तत्पार्श्वस्थोऽचिरेणैव बर्हीवाभूत्सुपक्षतिः ॥ १४०
एकदा तमुलूकेन्द्रमवददेव याम्यहम् । आश्वास्य काकराजं तमानयामि स्वमास्पदम् ॥ १४१
येन रात्रौ निपत्याद्य युष्माभिः स निहन्यते । अहं भजामि चैतस्य त्वत्प्रसादस्य निष्कृतिम् ॥ १४२
यूयं तृणाद्यैराच्छाद्य द्वारं नीडगृहान्तरे । दिवा तदापातभयात्सर्वे तिष्ठन्तु रक्षिताः ॥ १४३
इत्युक्त्वा तृणपर्णादिच्छन्नद्वारगुहागतान् । कृत्वोलूकान्ययौ पार्श्वं चिरजीवी निजप्रभोः ॥ १४४
तद्युक्तश्चाययावात्तवह्निदीप्तचितोल्मुकः । चञ्च्वा प्रलम्बितैकैककाष्ठिकैः सह वायसैः ॥ १४५
आगत्यैव दिवान्धानां तेषां छन्नं तृणादिभिः । उलूकानां गुहाद्वारं ज्वालयामास वह्निना ॥ १४६

प्राक्षिपत्तद्वदेकैकस्तदानीं ताश्च काष्ठिकः। समिध्यार्मि ददाहात्र तानुलूकान्सराजकान् ॥ १४७
विनाश्य शत्रुं काकेन्द्रस्तत्युक्तोऽथ तुतोष सः। समं काककुलेनागान्निजं न्यग्रोधपादपम् ॥ १४८
तत्राख्याय द्विषन्मध्यवासवृत्तान्तमात्मनः। काकेन्द्रं मेघवर्णं तं चिरजीव्यब्रवीदिदम् ॥ १४९
रक्ताक्ष एव सन्मन्त्री तस्यासीत्त्वद्रिपोः प्रभो। तस्यैवाकुर्वता वाक्यं मदान्धेनास्म्युपेक्षितः ॥ १५०
यदस्याकारणं मत्वा वचनं नाकरोच्छठः। अतः सोऽपनयी मूर्खो मया विश्वास्य वञ्चितः ॥ १५१
व्याजानुवृत्त्या विश्वास्य मण्डूका अहिना यथा। वृद्धः कश्चित्सुखं प्राप्तुमशक्तः पुरुषाश्रये ॥ १५२
भेकानहिः सरस्तीरे तस्मिंस्तस्थौ सुनिश्चलः। तथास्थितं च तं भेकाः पप्रच्छुर्दूरवर्तिनः ॥ १५३
ब्रूहि किं पूर्ववन्नास्मानश्नात्यद्य भवानिति। इति पृष्टस्तदा भेकैः स तैः प्रोवाच पन्नगः ॥ १५४
मया ब्राह्मणपुत्रस्य मण्डूकमनुधावता। भ्रान्त्या दष्टो बताङ्गुष्ठः स च पञ्चत्वमाययौ ॥ १५५
तत्पित्रा चास्मि शापेन भेकानां वाहनीकृतः। तद्गुष्मान्कथमश्नामि प्रत्युताहं वहामि वः ॥ १५६
तच्छ्रुत्वा तत्र भेकानां राजा वाहसमुत्सुकः। जलादुत्तीर्य तत्पृष्ठमारोहद्गतभीर्मुदा ॥ १५७
ततस्तं वाहनसुखैरावर्ज्य सचिवैर्युतम्। कृत्वावसन्नमात्मानमुवाच स सकैतवः ॥ १५८
आहारेण विना देव न गन्तुमहमुत्सहे। तन्मे देह्यशनं भृत्यो ह्यवृत्तिर्वर्तते कथम् ॥ १५९
तच्छ्रुत्वा भेकराजस्तमवोचद्वाहनप्रियः। कांश्चित्परिमितांस्तर्हि भुङ्क्ष्व मेऽनुचरानिति ॥ १६०
ततः क्रमात्स मण्डूकानहिः स्वेच्छमभक्षयत्। तद्वाहनाभिमानान्धः सेहे भेकपतिः स तत् ॥ १६१
एवं मध्यप्रविष्टेन मूर्खः प्राज्ञेन वञ्च्यते। मयाप्यनुप्रविश्यैवं देव त्वद्रिपवो हताः ॥ १६२
तस्मान्नीतिविदा राज्ञा भवितव्यं कृतात्मना। यथेच्छं भुज्यते भृत्यैर्हन्यते च परैर्जडः ॥ १६३
श्रीरियं च सदा देव द्यूतलीलेव सच्छला। वारिवीचीव चपला मदिरेव विमोहिनी ॥ १६४
सा धीरस्य सुमन्त्रस्य राज्ञो निर्व्यसनस्य च। विशेषज्ञस्य सोत्साहा पाशबद्धेव तिष्ठति ॥ १६५
तदिदानीमवहितस्त्वं विद्वद्वचने स्थितः। निहतारातिसुखितः शाधि राज्यमकण्टकम् ॥ १६६
इत्युक्तो मन्त्रिणा मेघवर्णः स चिरजीविना। संमान्य तं काकराजश्चक्रे राज्यं तथैव तम् ॥ १६७
इत्युक्त्वा गोमुखो भूयो वत्सेशसुतमभ्यधात्। तदेवं प्रज्ञया राज्यं तिर्यग्भिरपि भुज्यते ॥ १६८
निष्प्रज्ञास्त्ववसीदन्ति लोकोपहसिताः सदा। तथा च जडधीर्भृत्यो बभूवाढ्यस्य कस्यचित् ॥ १६९
सोऽजानन्नपि तस्याङ्गे जानामीत्यभिमानतः। स्फारं ददौ मौर्ख्यबलात्प्रभोस्त्वचमपाटयत् ॥ १७०
ततस्तेन परित्यक्तः स्वामिनावससाद सः। अजानानो हठात्कुर्वन्प्राज्ञमानी विनश्यति ॥ १७१
इदं च श्रूयतामन्यन्मालवे भ्रातरावुभौ। विप्रावभूतामद्वैधं तयोः पित्र्यमभूद्धनम् ॥ १७२
विभज्यमाने चार्थेऽस्मिन्न्यूनाधिकविवादिनौ। स्थेयीकृत उपाध्यायश्छान्दसस्तावभाषत ॥ १७३
वस्तु वस्तु समे द्वे द्वे अर्धे कृत्वा विभज्यताम्। युवाभ्यां येन नैव स्यान्न्यूनाधिककृतः कलिः ॥ १७४
तच्छ्रुत्वा वेश्मशय्यादिभाण्डं सर्वं पशूनपि। एकमेकं द्विधा कृत्वा मूढौ विभजतः स्म तौ ॥ १७५
एका दासी तयोरासीत्सापि ताभ्यां द्विधा कृता। तद्बुद्ध्वा दण्डितौ राज्ञा सर्वस्वं तावुभावपि ॥ १७६
द्वौ लोकौ नाशयन्त्येवं मूर्खा मूर्खोपदेशतः। तस्मान्मूर्खान्न सेवेत प्राज्ञः सेवेत पण्डितान् ॥ १७७
असंतोषोऽपि दोषाय तथा चेदं निशम्यताम्। आसन्प्रव्राजकाः केचिद्भिक्षासंतोषपीवराः ॥ १७८
तान्दृष्ट्वा पुरुषाः केचिदन्योन्यं सुहृदोऽब्रुवन्। अहो भिक्षाशिनोऽप्येते पीनाः प्रव्राजका इति ॥ १७९
एकस्तेषु ततोऽवादीत्कौतुकं दर्शयामि वः। अहं कृशीकरोम्येतान्भुञ्जानानपि पूर्ववत् ॥ १८०
इत्युक्त्वा स निमन्त्र्यैतान्क्रमात्प्रव्राजकान्गृहे। एकाहं भोजयामास षड्रसाहारमुत्तमम् ॥ १८१
तेऽथ मूर्खास्तदास्वादं स्मरन्तो भैक्षभोजनम्। न तथाभिलषन्ति स्म तेन दुर्बलतां ययुः ॥ १८२
ततः प्रदर्श्य सुहृदां दृष्ट्वा तत्संनिधौ च तान्। प्रव्राजकांस्तदाहारदायी स पुरुषोऽब्रवीत् ॥ १८३
तदा भैक्षेण संतुष्टा हृष्टपुष्टा इमेऽभवन्। अधुना तदसंतोषदुःखाद्दुर्बलतां गताः ॥ १८४
तस्मात्प्राज्ञः सुखं वाञ्छन्संतोषे स्थापयेन्मनः। लोकद्वयेऽप्यसंतोषो दुःसहाश्रान्तदुःखदः ॥ १८५

इति तेनानुशिष्टास्ते सुहृदो दुष्कृतास्पदम् । असंतोषं जहुः कस्य सत्सङ्गो न भवेच्छुभः ॥ १८६
अयं सुवर्णमुग्धश्च देवेदानीं निशम्यताम् । पुमान्कश्चिज्जलं पातुं तडागमगमद्युवा ॥ १८७
स जडोऽनोकहस्थस्य स्वर्णचूडस्य पक्षिणः । सुवर्णवर्णं तत्राम्भस्यपश्यत्प्रतिबिम्बकम् ॥ १८८
सुवर्णमिति मत्वा तद्ग्रहीतुं प्रविवेश तम् । तडागं न च तत्प्राप दृष्टनष्टं चले जले ॥ १८९
आरुह्यारुह्य च जले स तत्पश्यन्प्रविश्य तत् । पुनःपुनस्तडागाम्भो जिघृक्षुर्नाप किंचन ॥ १९०
पित्रा च स्वेन दृष्टोऽथ पृष्टो निन्ये गृहं जडः । तां दृष्ट्वा प्रतिमां तोये खगं विद्राव्य बोधितः ॥ १९१
निर्विमर्शा मृषाज्ञानैर्मुह्यन्त्येवमबुद्धयः । उपहास्याः परेषां च शोच्याः स्वेषां भवन्ति च ॥ १९२
अयं चान्यो महामूर्खवृत्तान्तोऽत्र निशम्यताम् । कस्याप्युष्ट्रोऽवसन्नोऽभूद्भारेण वणिजोऽध्वनि ॥ १९३
स भृत्यानब्रवीत्कंचिदुष्ट्रं गत्वान्यमानये । क्रीत्वाहं योऽस्य करभस्यार्धं भारादितो हरेत् ॥ १९४
मेघागमे यथावस्त्रपेटास्वेतासु न स्पृशेत् । अम्भश्चर्माणि युष्माभिस्तथा कार्यमिह स्थितैः ॥ १९५
इत्युष्ट्रपार्श्वेऽवस्थाप्य भृत्यांस्तस्मिंस्ततो गते । वणिज्यकस्मादुन्नम्य प्रारेभे वर्षितुं घनः ॥ १९६
तथा कार्यं यथा नाम्भः पेटाचर्माणि संस्पृशेत् । इति नः स्वामिना प्रोक्तमित्यालोच्याथ ते जडाः ॥ १९७
कृष्ट्वा वस्त्राणि पेटाभ्यस्तैस्ते तान्यभ्यवेष्टयन् । चर्माणि तेन वस्त्राणि विनेशुस्तेन वारिणा ॥ १९८
पापाः किमत्र सकलो वस्त्रौघो नाशितोऽम्भसा । इत्यागतोऽथ स वणिक्क्रुद्धो भृत्यानभाषत ॥ १९९
त्वयैवादिष्टमुदकात्पेटाचर्माभिरक्षणम् । दोषस्तत्र च कोऽस्माकमिति तेऽपि तमभ्यधुः ॥ २००
चर्मस्वार्द्रेषु नश्यन्ति वस्त्राणीति मयोदितम् । वस्त्राणामेव रक्षार्थमुक्तं वो न तु चर्मणाम् ॥ २०१
इत्युक्त्वा चान्यकरभन्यस्तभारो वणिक्ततः । स गत्वा स्वगृहं भृत्यान्सर्वस्वं तानदण्डयत् ॥ २०२
एवमज्ञातहृदया मूर्खाः कृत्वा विपर्ययम् । घ्नन्ति स्वार्थं परार्थं च तादृग्ददति चोत्तरम् ॥ २०३
अयं चापूपिकामुग्धः संक्षेपेण निशम्यताम् । क्रीणाति स्माध्वगः कश्चित्पणेनाष्टावपूपकान् ॥ २०४
तेषां च यावत्षड्भुङ्क्ते तावन्मेने न तृप्तताम् । सप्तमेनाथ भुक्तेन तृप्तिस्तस्योदपद्यत ॥ २०५
ततश्चक्रन्द स जडो मुषितोऽस्मि न किं मया । एष एवादितो भुक्तोऽपूपो येनास्मि तर्पितः ॥ २०६
नाशिताः किं वृथैवान्ये मया हस्ते न किं कृताः । इति शोचन्क्रमात्तृप्तिमजानञ्जहसे जनैः ॥ २०७
.... । .... ॥ २०८
कश्चिद्दासो हि वणिजा मूर्खः केनाप्यभण्यत । रक्षेस्त्वं विपणीद्वारं क्षणं गेहं विशाम्यहम् ॥ २०९
इत्युक्तवति यातेऽस्मिन्वणिजि द्वारपट्टकम् । विपणीतो गृहीत्वांसे दासो द्रष्टुमगान्नटन् ॥ २१०
आगच्छंश्च ततो दृष्ट्वा वणिजा तेन भर्त्सितः । त्वदुक्तं रक्षितं द्वारं मयेदमिति सोऽब्रवीत् ॥ २११
इत्यनर्थाय शब्दैकपरोऽतात्पर्यविज्जडः । एवं च महिषीमुग्धमपूर्वं शृणुताधुना ॥ २१२
कस्यचिन्महिषः कैश्चिद्ग्राम्यैर्ग्रामस्य बाह्यतः । नीत्वा वटतलं भिल्लवाटे व्यापाद्य भक्षितः ॥ २१३
तेन गत्वाथ विज्ञप्तो महिषस्वामिना नृपः । ग्राम्यानानाययामास स तान्महिषभक्षकान् ॥ २१४
तत्समक्षं स राजाग्रे महिषस्वाम्यभाषत । तडागनिकटे देव नीत्वा वटतरोरधः ॥ २१५
एभिर्मे महिषो हत्वा भक्षितः पश्यतो जडैः । तच्छ्रुत्वान्येषु तेष्वेको वृद्धमूर्खोऽब्रवीदिदम् ॥ २१६
तडाग एव नास्त्यस्मिन्ग्रामे न च वटः क्वचित् । मिथ्या वक्त्येष महिषः क्व हतो भक्षितोऽस्य वा ॥ २१७
श्रुत्वैतन्महिषस्वामी सोऽब्रवीन्नास्ति किं वटः । तडागश्च स पूर्वस्यां दिशि ग्रामस्य तस्य वः ॥ २१८
अष्टम्यां च स युष्माभिर्भक्षितो महिषोऽत्र मे । इत्युक्तस्तेन स पुनर्वृद्धमूर्खोऽब्रवीदिदम् ॥ २१९
पूर्वा दिगेव नास्त्यस्मद्ग्रामे नाप्यष्टमी तिथिः । एतच्छ्रुत्वा हसन्राजा तमाहोत्साहयञ्जडम् ॥ २२०
त्वं सत्यवादी नासत्यं किंचिद्वदसि तन्मम । सत्यं ब्रूहि स युष्माभिः किं भुक्तो महिषो न वा ॥ २२१
एतच्छ्रुत्वा जडोऽवादीन्मृते पितरि वत्सरैः । त्रिभिर्जातोऽस्मि तेनैव शिक्षितोऽस्म्युक्तिपाटवम् ॥ २२२
तदसत्यं महाराज न कदाचिद्वदाम्यहम् । भुक्तोऽस्य महिषोऽस्माभिरन्यद्वक्ति मृषाह्यसौ ॥ २२३
श्रुत्वैतत्सानुगो राजा हासं रोद्धुं स नाशकत् । निर्यात्य महिषं तस्य तांश्च ग्राम्यानदण्डयत् ॥ २२४

इत्यगुह्यं निगूहन्ते गुह्यं प्रकटयन्ति च। मौर्ख्याभिमानेनादातुं मूर्खाः प्रत्ययमात्मनि ॥ २२५
कंचिद्दरिद्रं गृहिणी चण्डी मूर्खमभाषत। प्रातः पितृगृहं यास्याम्युत्सवेऽस्मि निमन्त्रिता ॥ २२६
तत्त्वयोत्पलमालैका नानीता चेत्कुतोऽपि मे। तन्न भार्यास्मि ते नापि भर्ता मम भवानिति ॥ २२७
ततस्तदर्थं रात्रौ स राजकीयसरो ययौ। तत्प्रविष्टश्च कोऽसीति दृष्ट्वापृच्छ्यत रक्षकैः ॥ २२८
चक्राह्वोऽस्मीति च वदन्बद्ध्वा नीतः प्रगे स तैः। राजाग्रे पृच्छ्यमानश्च चक्रवाकरुतं व्यधात् ॥ २२९
ततः स राज्ञा कथितः स्वयं पृष्टोऽनुबन्धतः। मूर्खः कथितवृत्तान्तो मुक्तो दीनो दयालुना ॥ २३०
कश्चिच्च मूढधीर्वैद्यः केनाप्यूचे द्विजन्मना। ककुदं मम पुत्रस्य कुब्जस्याभ्यन्तरं नय ॥ २३१
एतच्छ्रुत्वाब्रवीद्वैद्यो दश देहि पणान्मम। ददामि ते दशगुणान्साधयामि न चेदिदम् ॥ २३२
एवं कृत्वा पणं तस्माद्गृहीत्वा तान्पणान्द्विजात्। स तं स्वेदादिभिः कुब्जमरुजत्केवलं भिषक् ॥ २३३
न चाशकत्समपट्टयितुं ददौ दशगुणान्पणान्। को हि कुब्जमृजूकर्तुं शक्नुयादिह मानुषम् ॥ २३४
हासायैवमशक्यार्थप्रतिज्ञानविकत्थनम्। तदीदृशैर्मूढमार्गैः संचरेत न बुद्धिमान् ॥ २३५

इति भद्रमुखात्स गोमुखाख्यात्सचिवान्मुग्धकथां निशम्य रात्रौ।
नरवाहनदत्तराजपुत्रः सुमतिः प्रीतमनास्तुतोष तस्मै ॥ २३६
अभजच्च स तत्कथाविनोदाच्छनकैः शक्तियशःसमुत्सुकोऽपि।
शयनीयमुपागतोऽथ निद्रां सवयोभिः सहितो निजैर्वयस्यैः ॥ २३७

इति महाकविश्रीसोमदेवभट्टविरचिते कथासरित्सागरे शक्तियशोलम्बके षष्ठस्तरङ्गः।

सप्तमस्तरङ्गः।

ततः प्रातः प्रबुद्धस्तां स शक्तियशसं प्रियाम्। नरवाहनदत्तोऽत्र ध्यायन्व्याकुलतां ययौ ॥ १
तद्विवाहावधेः शेषं मासस्य युगसंनिभम्। मन्वानो न रतिं लेभे नवोढोत्केन चेतसा ॥ २
तद्बुद्ध्वा गोमुखमुखात्स्नेहात्तस्य पितान्तिकम्।। वत्सराजः स्वसचिवान्प्राहिणोत्सवसन्तकान् ॥ ३
तद्गौरवात्तधैर्यं च तस्मिन्वत्सेश्वरात्मजे। विदग्धो गोमुखो मन्त्री वसन्तकमुवाच तम् ॥ ४
युवराजमनस्तुष्टिकरीमार्यवसन्तक। विचित्रां कांचिदाख्याहि कथामभिनवामिति ॥ ५
ततो वसन्तको धीमान्कथां वक्तुं प्रचक्रमे। मालवे श्रीधरो नाम प्रख्यातोऽभूद्द्विजोत्तमः ॥ ६
उत्पद्येते स्म तस्य द्वौ सदृशौ यमजौ सुतौ। ज्येष्ठो यशोधरो नाम तस्य लक्ष्मीधरोऽनुजः ॥ ७
यौवनस्थौ च तौ विद्याप्राप्तये भ्रातरावुभौ। देशान्तरं प्रतस्थाते सहितौ पितृसंज्ञया ॥ ८
क्रमात्पथि व्रजन्तौ च प्रापतुस्तौ महाटवीम्। अजलामतरुच्छायां संतप्तसिकताचिताम् ॥ ९
तत्र यान्तौ परिक्लान्तावातपेन तृषा च तौ। एकं सफलसच्छायं सायं संप्रापतुस्तरुम् ॥ १०
मूले तस्य तरोश्चैकां वापीं पृथगवस्थिताम्। शीतलस्वच्छसलिलां कमलामोदवासिताम् ॥ ११
तस्यां स्नात्वा कृताहारौ पीतशीताम्बुनिर्वृतौ। शिलापट्टोपविष्टौ च क्षणं विश्राम्यतः स्म तौ ॥ १२
अस्तं गते रवौ संध्यामुपास्य प्राणिनां भयात्। नेतुं निशां भ्रातरौ तौ तमारुरुहतुस्तरुम् ॥ १३
निशामुखे च तत्राधो वाप्यास्तस्माज्जलान्तरात्। उद्गच्छन्ति स्म पुरुषा बहवः पश्यतोस्तयोः ॥ १४
तेषां चाशोधयत्कश्चिद्भूमिं तां कश्चिदालिपत्। कश्चिच्च तत्र पुष्पाणि पञ्चवर्णान्यवाकिरत् ॥ १५
कश्चित्कनकपर्यङ्कमानीयात्र न्यवेशयत्। कश्चित्तस्तार तस्मिंश्च तूलिकां प्रच्छदोत्तराम् ॥ १६
केचित्पुष्पाङ्गरागादि पानमाहारमुत्तमम्। आनीय स्थापयामासुरेकदेशे तरोस्तले ॥ १७
ततो वापीतलात्तस्माद्रूपेण जितमन्मथः। उदगात्पुरुषः खड्गी दिव्याभरणभूषितः ॥ १८
तस्मिंस्तत्रासनासीने कृतमाल्यानुलेपनाः। सर्वे परिजनास्तस्यां वाप्यामेव ममज्जिरे ॥ १९
अथोज्जगार स मुखादेकां भव्याकृतिं प्रियाम्। विनीतवेषां मङ्गल्यमाल्याभरणधारिणीम् ॥ २०
द्वितीयां चातिरूपाढ्यां सद्वस्त्राभरणोज्ज्वलाम्। ते च भार्ये उभे तस्य पश्चिमा वल्लभा पुनः ॥ २१

ततोऽत्र रत्नपात्राणि न्यस्य पात्रद्वये तयोः । भर्तुः सपत्न्याश्चाहारं पानं चोपानयत्सती ॥ २२
तयोर्भुक्तवतोः सापि बुभुजे सोऽथ तत्पतिः । पर्यङ्कशयनं भेजे तया साकं द्वितीयया ॥ २३
अनुभूय रतिक्रीडासुखं निद्रां जगाम सः । आद्या च भार्या सा तस्य पादसंवाहनं व्यधात् ॥ २४
द्वितीया साप्यनिद्रैव तस्याभूच्छयने प्रिया । दृष्ट्वैतत्तौ विप्रपुत्रौ तरुस्थावूचतुर्मिथः ॥ २५
कोऽयं स्यादवतीर्यैतत्पादसंवाहिकामिमाम् । एतस्य किल पृच्छावः सर्वे ह्यविकृता अमी ॥ २६
अवतीर्याथ तौ यावदाद्यां तामुपसर्पतः । यशोधरं तयोस्तावद्द्वितीया सा ददर्श तम् ॥ २७
उत्थाय शयनात्पत्युः सुप्तस्योद्दामचापला । तमुपेत्य सुरूपं सा मां भजस्वेत्यभाषत ॥ २८
पापे त्वं परदारा मे तवाहं परपूरुषः । तत्किमेवं ब्रवीषीति तेनोक्ता साब्रवीत्पुनः ॥ २९
त्वादृशानां शतेनाहं संगता किं भयं तव । न चेत्प्रत्येषि पश्यैतदङ्गुलीयशतं मम ॥ ३०
एकैकमङ्गुलीयं हि हृतमेकैकतो मया । इत्युक्त्वा स्वाञ्चलात्तस्मायङ्गुलीयान्यदर्शयत् ॥ ३१
ततो यशोधरोऽवादीत्संगच्छस्व शतेन वा । लक्षेण वा मम त्वं तु माता नाहं तथाविधः ॥ ३२
एवं निराकृता तेन सा प्रबोध्य पतिं क्रुधा । यशोधरं तं संदर्श्य जगाद रुदती शठा ॥ ३३
अनेन पाप्मना सुप्ते त्वय्यहं ध्वंसिता बलात् । तच्छ्रुत्वैव स उत्तस्थौ खड्गमाकृष्य तत्पतिः ॥ ३४
अथान्या सा सती भार्या तं गृहीत्वैव पादयोः । अब्रवीन्मा कृथा मिथ्या पापं शृणु वचो मम ॥ ३५
अनया पापया दृष्ट्वा त्वत्पार्श्वोत्थितया हठात् । अर्थितोऽयं वचो नास्याः साधुस्तत्प्रत्यपद्यत ॥ ३६
माता मम त्वमित्युक्त्वा यदनेन निराकृता । प्राबोधयदमर्षात्त्वां वधायैतस्य कोपतः ॥ ३७
अनया मत्समक्षं च रात्रिष्विह तरौ स्थिताः । हृताङ्गुलीयका भुक्ताः शतसंख्याः प्रभोऽध्वगाः ॥ ३८
द्वेषसंभावनभयान्मया चोक्तं न जातु ते । अद्य त्वत्पापभीत्यैवमवाच्यमहमब्रवम् ॥ ३९
वस्त्राञ्चलेऽङ्गुलीयानि पश्यास्याः प्रत्ययो न चेत् । न चैष मे सतीधर्मो यद्भर्तर्यनृतं वचः ॥ ४०
सतीत्वप्रत्ययायेमं प्रभावं पश्य मे प्रभो । इत्युक्त्वा भस्म चक्रे सा तरुं तं क्रोधवीक्षितम् ॥ ४१
प्रसाददृष्टं च पुनस्तं पूर्वाभ्यधिकं व्यधात् । तद्दृष्ट्वा स चिराद्भर्ता तुष्टस्तामुपगूढवान् ॥ ४२
निरास च द्वितीयां तां छित्त्वा नासां कुगेहिनीम् । अङ्गुलीयानि संप्राप्य तद्वस्त्रान्तात्स तत्पतिः ॥ ४३
क्षमयामास किल तं दृष्ट्वाध्ययनपाठकम् । यशोधरं भ्रातृयुतं सनिर्वेदो जगाद च ॥ ४४
भार्ये हृदि निधायैते रक्ष्यामीर्ष्यावशात्सदा । तथाप्येषा न शकिता पापैका रक्षितुं मया ॥ ४५
विद्युतं कः स्थिरीकुर्यात्को रक्षेच्चपलां स्त्रियम् । साध्वी यदि परं स्वेन शीलेनैकेन रक्ष्यते ॥ ४६
तद्रक्षिता सा भर्तारं रक्षत्युभयलोकयोः । यथानया शापवरक्षमयाद्यास्मि रक्षितः ॥ ४७
एतत्प्रसादात्कुलटासंगमोऽपगतो मम । न चोपनतमत्युग्रं सद्विप्रवधपातकम् ॥ ४८
इत्युक्त्वा स तमप्राक्षीदुपवेश्य यशोधरम् । आगतौ स्थः कुतः कुत्र व्रजथः कथ्यतामिति ॥ ४९
ततो यशोधरस्तस्मै स्ववृत्तान्तं निवेद्य सः । विश्वासं प्राप्य पप्रच्छ तमप्येवं कुतूहलात् ॥ ५०
न रहस्यं महाभाग यदि तद्ब्रूहि मेऽधुना । कस्त्वमीदृशि भोगेऽपि किं च ते जलवासिता ॥ ५१
तच्छ्रुत्वा श्रूयतां वच्मीत्युक्त्वा स पुरुषस्तदा । जलवासी स्ववृत्तान्तमेवं वक्तुं प्रचक्रमे ॥ ५२
हिमवद्दक्षिणो देशः कश्मीराख्योऽस्ति यं विधिः । स्वर्गकौतूहलं कर्तुं मर्त्यानामिव निर्ममे ॥ ५३
यत्र विस्मृत्य कैलासश्वेतद्वीपसुखस्थितिम् । स्वयंभुवौ स्थानशतान्यध्यासाते हराच्युतौ ॥ ५४
वितस्ताजलपूतो यः शूरविद्वज्जनाकुलः । अजेयश्छलदोषाणां द्विषतां बलिनामपि ॥ ५५
तत्राहं भवशर्माख्यो ग्रामवासी किलाभवम् । द्विजातिपुत्रः सामान्यो द्विभार्यः पूर्वजन्मनि ॥ ५६
सोऽहं कदाचित्संजातसंस्तवो भिक्षुभिः सह । उपोषणाख्यं नियमं तच्छास्त्रोक्तं गृहीतवान् ॥ ५७
तस्मिन्समाप्तप्राये च नियमे शयने मम । पापा हठादुपेत्यैका भार्या सुप्तवती किल ॥ ५८
तुर्ये तु यामे विस्मृत्य तद्व्रते तन्निषेधनम् । निद्रामोहात्तया साकं रतं सेवितवानहम् ॥ ५९
तन्मात्रखण्डिते तस्मिन्व्रतेऽहं जलपूरुषः । इहाद्य जातस्ते द्वे च भार्ये जाते इहापि मे ॥ ६०

एका सा कुलटा पापा द्वितीयेयं पतिव्रता । खण्डितस्यापि तस्येदृक्प्रभावो नियमस्य मे ॥ ६१
जातिं स्मरामि यच्चाद्य रात्रौ भोगा ममेदृशाः । यदि नाखण्डयिष्यं तदिदं स्यान्मे न जन्म तत् ॥ ६२
इत्याख्याय स्ववृत्तान्तमतिथी तावपूजयत् । समृष्टभोजनैर्दिव्यवस्त्रैश्च भ्रातरावुभौ ॥ ६३
ततोऽस्य सा सती भार्या पूर्ववृत्तमवेत्य तत् । विन्यस्य जानुनी भूमाविन्दुं पश्यन्त्यभाषत ॥ ६४
भो लोकपालाः सत्यं चेदहं साध्वी पतिव्रता । तदम्बुवासमुक्तोऽद्य स्वर्गं यात्वेष मे पतिः ॥ ६५
इत्युक्तवत्यामेवास्यां खाद्विमानमवातरत् । तदारूढौ च तौ स्वर्गं दंपती सह जग्मतुः ॥ ६६
असाध्यं सत्यसाध्वीनां किमस्ति हि जगत्त्रये । तौ च विप्रौ तदालोक्य विस्मयं ययतुः परम् ॥ ६७
नीत्वा च रात्रिशेषं तं प्रभाते स यशोधरः । लक्ष्मीधरश्च विप्रौ तौ भ्रातरौ प्रस्थितौ ततः ॥ ६८
सायं च निर्जनारण्ये वृक्षमूलमवापतुः । जलप्रेप्सू च तस्मात्तौ वृक्षाच्छुश्रुवतुर्गिरम् ॥ ६९
हे विप्रौ तिष्ठतं तावदहमद्य करोमि वाम् । स्नानान्नपानैरातिथ्यं गृहं मे ह्यागतौ युवाम् ॥ ७०
इत्युक्त्वा व्यरमद्वाक्च जज्ञे तत्राम्बुवापिका । अथोपतस्थे तत्तीरे विचित्रं पानभोजनम् ॥ ७१
किमेतदिति साश्चर्यौ ततस्तौ द्विजपुत्रकौ । स्नात्वा वाप्यां यथाकाममाहारावत्र चक्रतुः ॥ ७२
ततः संध्यामुपास्यैतौ यावत्तरुतले स्थितौ । तावच्च कान्तः पुरुषस्तरोस्तस्मादवातरत् ॥ ७३
स चाभिवादितस्ताभ्यां विहितस्वागतः क्रमात् । उपविष्टो द्विजातिभ्यां को भवानित्यपृच्छ्यत ॥ ७४
ततः स पुरुषोऽवादीत्पुराहं दुर्गतो द्विजः । अभूवं तस्य मे जाता दैवाच्छ्रमणसंगतिः ॥ ७५
कुर्वंस्तदुपदिष्टं च जातु व्रतमुपोषणम् । शठेन सायं केनापि भोजितोऽस्मि बलात्पुनः ॥ ७६
तेनाहं खण्डितात्तस्माद्व्रताज्जातोऽस्मि गुह्यकः । पूर्णं यद्यकरिष्यं तदभविष्यं सुरो दिवि ॥ ७७
एवं मयोक्तः स्वोदन्तो युवां कथयतं तु मे । कुतो युवां किमेतां च प्रविष्टौ स्थो मरुस्थलीम् ॥ ७८
तच्छ्रुत्वा सोऽब्रवीत्तस्मै स्ववृत्तान्तं यशोधरः । ततस्तौ ब्राह्मणौ यक्षः पुनरेवमभाषत ॥ ७९
यद्येवं तदहं विद्याः स्वप्रभावाद्ददामि वाम् । कृतविद्यौ गृहं यातं विदेशभ्रमणेन किम् ॥ ८०
इत्युक्त्वा स ददौ ताभ्यां विद्यास्तौ च तदैव ताः । तत्प्रभावाज्जगृहतुः सोऽथ यक्षो जगाद तौ ॥ ८१
एकामिदानीं याचेऽहं भवद्भ्यां गुरुदक्षिणाम् । युवाभ्यां मत्कृते कार्यं व्रतमेतदुपोषणम् ॥ ८२
सत्याभिभाषणं ब्रह्मचर्यं देवप्रदक्षिणम् । भोजनं भिक्षुवेलायां मनसः संयमः क्षमा ॥ ८३
एकरात्रं विधायैतदर्पणीयं फलं मयि । पूर्णव्रतफलं येन दिव्यत्वं प्राप्नुयामहम् ॥ ८४
इत्यूचिवान्विनम्राभ्यां ताभ्यां यक्षस्तथेति सः । विप्राभ्यां प्रतिपन्नार्थस्तत्रैवान्तर्दधे तरौ ॥ ८५
तौ चाप्रयाससिद्धार्थौ प्रहृष्टौ भ्रातरावुभौ । रात्रिं नीत्वा परावृत्त्य स्वमेवाजग्मतुर्गृहम् ॥ ८६
तत्राख्याय स्ववृत्तान्तमानन्द्य पितरौ निजौ । उपोषणव्रतं तत्तौ यक्षपुण्याय चक्रतुः ॥ ८७
अथैत्य स गुरुर्यक्षो विमानस्थो जगाद तौ । युष्मत्प्रसादाद्देवत्वं प्राप्तोऽस्म्युत्तीर्य यक्षताम् ॥ ८८
तदात्मार्थमिदं कार्यं युवाभ्यामपि तद्व्रतम् । भविता येन देवत्वं देहान्ते युवयोरिति ॥ ८९
अक्षीणार्थाविदानीं च वरान्मम भविष्यथः । इत्युक्त्वा स विमानेन कामचारी ययौ दिवम् ॥ ९०
ततो यशोधरो लक्ष्मीधरश्च भ्रातरावुभौ । कृत्वा व्रतं तत्प्राप्तार्थविद्यावास्तां यथासुखम् ॥ ९१
एवं धर्मप्रवृत्तानां शीलं कृच्छ्रेऽप्यमुञ्चताम् । देवता अपि रक्षन्ति कुर्वन्तीष्टार्थसाधनम् ॥ ९२
इत्थं वसन्तकाख्यातकथाद्भुतविनोदितः । वत्सेश्वरसुतः प्रेप्सुः स शक्तियशसं प्रियाम् ॥ ९३
आहारसमये पित्रा समाहूतस्तदन्तिकम् । नरवाहनदत्तोऽथ ययौ स्वसचिवैः सह ॥ ९४
अथानुरूपं भुक्त्वा च तत्र सायं स्वमन्दिरम् । वयस्यैः स निजैः साकमाययौ गोमुखादिभिः ॥ ९५
तत्र तं गोमुखो भूयो विनोदयितुमब्रवीत् । श्रूयतामिममन्यं वो देवाख्यामि कथाक्रमम् ॥ ९६
आसीद्वलीमुखो नाम परिभ्रष्टः स्वयूथतः । उदुम्बरवने तीरे वारिधेर्वानरर्षभः ॥ ९७
तस्य भक्षयतो हस्ताच्च्युतमेकमुदुम्बरम् । जघास शिशुमारोऽत्र वारिराशिजलाश्रयः ॥ ९८
तत्फलास्वादहृष्टश्च स प्रचक्रे कलं रवम् । यद्रसात्स बहून्यस्मै फलानि कपिरक्षिपत् ॥ ९९

तथैव चाक्षिपन्नित्यं फलानि स तथैव च । शिशुमारो रुतं चक्रे जज्ञे सख्यं ततस्तयोः ॥ १००
तेनान्वहं तटस्थस्य जलस्थो निकटे कपेः । शिशुमारो दिनं स्थित्वा स सायं स्वगृहं ययौ ॥ १०१
ज्ञातार्था तस्य भार्या च सदा विरहदं दिवा । कपिसख्यमनिच्छन्ती मान्द्यव्याजमशिश्रियत् ॥ १०२
ब्रूहि प्रिये किमस्वास्थ्यं तव केन च शाम्यति । इत्यार्तस्तं स पप्रच्छ शिशुमारः प्रियां मुहुः ॥ १०३
निर्बन्धपृष्टापि यदा न सा प्रतिवचो ददौ । रहस्यज्ञा सखी तस्यास्तदा तं प्रत्यभाषत ॥ १०४
यद्यपि त्वं न कुरुषे नेच्छत्येषा तथाप्यहम् । ब्रवीमि विबुधः खेदं जनानां निह्नुते कथम् ॥ १०५
स तादृगस्या भार्यायास्तवोत्पन्नो महागदः । विना वानरहृत्पद्मयूषं न शममेति यः ॥ १०६
इत्युक्तः स प्रियासख्या शिशुमारो व्यचिन्तयत् । कष्टं वानरहृत्पद्मं कुतः संप्राप्नुयामहम् ॥ १०७
सख्युः करोमि चेद्द्रोहं कपेस्तत्किं ममोचितम् । सख्या किमथवा भार्या प्राणेभ्योऽप्यधिकप्रिया ॥ १०८
इत्यालोच्य स्वभार्यां तां शिशुमारो जगाद सः । तदानयाम्यखण्डं ते कपिं किं दूयसे प्रिये ॥ १०९
इत्युक्त्वा स ययौ यस्य मित्रस्य निकटं कपेः । कथाप्रसङ्गमुत्पाद्य तमेवमवदत्कपिम् ॥ ११०
अद्यापि न सखे दृष्टं गृहं भार्या च मे त्वया । तदेहि तत्र गच्छावो विश्रमायैकमप्यहः ॥ १११
भुज्यते यत्र नान्योन्यं गृहमेत्य निरर्गलम् । प्रदृश्यन्ते न दाराश्च कैतवं तन्न सौहृदम् ॥ ११२
इति प्रतार्य जलधाववतार्यावलम्ब्य च । वानरं शिशुमारस्तं गन्तुं प्रववृतेऽत्र सः ॥ ११३
गच्छन्तं तं स दृष्ट्वा च वानरश्चकिताकुलम् । सखेऽन्यादृशमद्य त्वां पश्यामीति स पृष्टवान् ॥ ११४
निर्बन्धेनाथ पृच्छन्तं मत्वा हस्तस्थितं च तम् । प्लवंगमं जगादैवं शिशुमारो जडाशयः ॥ ११५
अस्वस्था मे स्थिता भार्या सा च पथ्योपयोगि माम् । याचते कपिहृत्पद्मं तेनाद्य विमनाः स्थिता ॥ ११६
श्रुत्वैतत्स वचस्तस्य कपिः प्राज्ञो व्यचिन्तयत् । हन्तैतदर्थमानीतः पापेनाहमिहामुना ॥ ११७
अहो स्त्रीव्यसनाक्रान्तो मित्रद्रोहेऽयमुद्यतः । किं वा दन्तैः स्वमांसानि भूतग्रस्तो न खादति ॥ ११८
इत्थं संचिन्त्य च प्राह शिशुमारं स वानरः । यद्येवं तत्त्वयैतन्मे किं नोक्तं प्रथमं सखे ॥ ११९
आगमिष्यं स्वमादाय हृत्पद्मं त्वत्प्रियाकृते । वासोदुम्बरवृक्षे हि तदिदानीं मम स्थितम् ॥ १२०
तच्छ्रुत्वा शिशुमारस्तमार्तो मूर्खोऽब्रवीदिदम् । तर्ह्येतदानयैहि त्वमुदुम्बरतरोरिति ॥ १२१
आनिनायाम्बुधेस्तीरं शिशुमारः पुनः स तम् । तत्र तेनान्तकेनेव मुक्तः स च कपिस्तटम् ॥ १२२
उत्पत्यारुह्य वृक्षाग्रं शिशुमारमुवाच तम् । गच्छ रे मूर्ख हृदयं देहाद्भवति किं पृथक् ॥ १२३
मयैवं मोचितो ह्यात्मा न चात्रैष्याम्यहं पुनः । किमत्र न श्रुता मूर्ख गर्दभाख्यायिका त्वया ॥ १२४
आसीद्गोमायुसचिवः सिंहः कोऽपि वने क्वचित् । .... ॥ १२५
स जात्वाखेटकायातेनात्र भूपेन केनचित् । आहतो हेतिभिर्जीवन्कथमप्यविशद्गुहाम् ॥ १२६
तत्र स्थितं गते तस्मिन्राज्यनाहारनिःसहम् । तच्छेषामिषवृत्तिः सन्गोमायुः सचिवोऽभ्यधात् ॥ १२७
निर्गत्य किं यथाशक्ति नाहारं चिनुषे प्रभो । सीदत्येव शरीरं ते समं परिजनेन यत् ॥ १२८
इत्युक्तः स सृगालेन तेन सिंहो जगाद तम् । सखे नाहं व्रणाक्रान्तः शक्नोमि भ्रमितुं क्वचित् ॥ १२९
खरस्य कर्णहृदयं भक्ष्यं प्राप्नोमि चेदहम् । तन्मे व्रणानि रोहन्ति प्रकृतिस्थो भवामि च ॥ १३०
तदानय कुतोऽपि त्वं गत्वा गर्दभमाशु मे । इत्युक्तस्तेन गोमायुः स तथेति ययौ ततः ॥ १३१
भ्रमञ्जलान्तिके लब्ध्वा रजकस्य स गर्दभम् । प्रीत्येवोपेत्य वक्ति स्म दुर्बलः किं भवानिति ॥ १३२
कृशीभूतोऽस्मि रजकस्यास्य भारं वहन्सदा । इत्युक्तवन्तं च खरं तमुवाच स जम्बुकः ॥ १३३
इह किं वहसि क्लेशमेहि त्वां प्रापयाम्यहम् । वनं स्वर्गसुखं यत्र खरीभिः सह वर्धसे ॥ १३४
तच्छ्रुत्वा स तथेत्युक्त्वा गर्दभो भोगलोलुपः । वनं सिंहस्य तस्यागात्तेन गोमायुना सह ॥ १३५
तं च दृष्ट्वैव तस्यैत्य पृष्ठतो गर्दभस्य सः । सिंहो ददौ कराघातं प्राणवैक्लव्यदुर्बलः ॥ १३६
स तेन वीक्षितस्त्रस्तः पलाय्य सहसा खरः । आगच्छन्न च तं सिंहोऽप्यपतद्विह्वलाकुलः ॥ १३७
सिंहस्त्वसिद्धकार्यः स्वां त्वरितं प्राविशद्गुहाम् । ततस्तं जम्बुको मन्त्री सोपालम्भमभाषत ॥ १३८

न हतो गर्दभोऽप्येष वराकश्चेस्त्वया प्रभो । हरिणादिवधे का तद्वार्ता तव भविष्यति ॥ १३९
तच्छ्रुत्वा सोऽब्रवीत्सिंहो यथा वेत्सि तथा पुनः । तमानय खरं तावत्सज्जो भूत्वा निहन्म्यहम् ॥ १४०
इति स प्रेषितस्तेन पुनः सिंहेन जम्बुकः । गत्वा खरं तमवदद्विद्रुतः किं भवानिति ॥ १४१
अहं सत्त्वेन केनापि ताडितोऽत्रेति वादिनम् । तं च भूयः स गोमायुर्विहस्य खरमब्रवीत् ॥ १४२
मिथ्यैव विभ्रमो दृष्टस्त्वया न त्वत्र तादृशम् । सत्त्वमस्ति सुखं ह्यत्र वसाम्यहमपीदृशः ॥ १४३
तदेह्येव मया साकं तन्निर्बाधसुखं वनम् । इति तद्वचसा मूढस्तत्रागात्स खरः पुनः ॥ १४४
आगतं तं च दृष्ट्वैव स निर्गत्य गुहामुखात् । निपत्य पृष्ठे न्यवधीन्मृगारिर्दारितं नखैः ॥ १४५
निकृत्य गर्दभं तं च स्थापयित्वा च रक्षकम् । तस्य तं जम्बुकं श्रान्तः सिंहः स्नातुं जगाम सः ॥ १४६
तत्कालं जम्बुकस्तस्य स मायावी खरस्य तत् । भक्षयामास हृदयं कर्णौ चाप्यात्मतृप्तये ॥ १४७
स्नात्वागतस्तथाभूतं तं दृष्ट्वा गर्दभं हरिः । क कर्णौ हृदयं चास्येत्यपृच्छत्तं च जम्बुकम् ॥ १४८
जम्बुकः सोऽप्यवादीत्तमकर्णहृदयः प्रभो । प्रागेवासीत्कथं गत्वाप्यागच्छेदन्यथा ह्ययम् ॥ १४९
तच्छ्रुत्वा स तथैवैतन्मत्वा केसर्यभक्षयत् । तन्मांसमन्यत्तच्छेषं जम्बुकोऽपि चखाद सः ॥ १५०
इत्याख्याय कपिर्भूयः शिशुमारमुवाच तम् । तन्नात्रैष्याम्यहं भूयः करिष्यामि खरायितम् ॥ १५१
एवं तस्मात्कपेः श्रुत्वा शिशुमारो ययौ गृहम् । मोहादसिद्धं भार्यार्थं शोचन्मित्रं च हारितम् ॥ १५२
तत्सख्यापगमाच्चास्य भार्या प्रकृतिमाययौ । कपिः सोऽप्यम्बुधेस्तीरे चचार च यथासुखम् ॥ १५३
तदेवं विश्वसेन्नैव बुद्धिमान्दुर्जने जने । दुर्जने कृष्णसर्पे च कुतो विश्वासतः सुखम् ॥ १५४
इत्याख्याय कथां मन्त्री गोमुखः पुनरेव सः । नरवाहनदत्तं तं निजगाद विनोदयन् ॥ १५५
शृण्विदानीं क्रमादन्यानुपहास्यानिमाञ्जडान् । तत्रेमं शृणु गान्धर्वपरितोषकरं जडम् ॥ १५६
कश्चिद्गान्धर्विकेनाढ्यो गीतवाद्येन तोषितः । भाण्डागारिकमाहूय तत्समक्षमभाषत ॥ १५७
देहि गान्धर्विकायास्मै द्वे सहस्रे पणानिति । एवं करोमीत्युक्त्वा च स भाण्डागारिको ययौ ॥ १५८
गान्धर्विकोऽथ गत्वा तान्पणांस्तस्मादयाचत । न चास्मै स्थितसंवित्तान्पणान्भाण्डारिको ददौ ॥ १५९
अथाढ्यस्तेन विज्ञप्तस्तत्कृते वैणिकेन सः । उवाच किं त्वया दत्तं येन प्रतिददानि ते ॥ १६०
वीणावाद्येन मे क्षिप्रं त्वया श्रुतिसुखं कृतम् । तथैव दानवाक्येन कृतं क्षिप्रं मयापि ते ॥ १६१
तच्छ्रुत्वा विहताशोऽपि हसित्वा वैणिको ययौ । कीनाशोक्त्यानया किं न हासो ग्राव्णोऽपि जायते ॥ १६२
भौतशिष्यद्वयं चेदं देवेदानीं निशम्यताम् । गुरोः कस्याप्यभूतां द्वौ शिष्यावन्योन्यमत्सरौ ॥ १६३
तयोरेको गुरोस्तस्य दक्षिणं पादमन्वहत् । अभ्यञ्जन्क्षालयामास वामं पादं तथेतरः ॥ १६४
दक्षिणाभ्यञ्जके जातु ग्रामं संप्रेषिते गुरुः । अभ्यक्तवामपादं तं द्वितीयं शिष्यमभ्यधात् ॥ १६५
त्वमेव दक्षिणं पादमभ्यज्य क्षालयाद्य मे । श्रुत्वैतन्मूर्खशिष्योऽसौ गुरुं स्वैरमभाषत ॥ १६६
प्रतिपक्षस्य संबन्धी न पादोऽभ्यज्यते एष मे । एवमुक्तवतश्चास्य निर्बन्धं सोऽकरोद्गुरुः ॥ १६७
ततो विपक्षतच्छिष्यरोषादादाय तस्य तम् । गुरोः शिष्यः स चरणं बलाद्ग्राव्णा च भग्नवान् ॥ १६८
मुक्ताक्रन्दे गुरौ तस्मिन्कुशिष्योऽन्यैः प्रविश्य सः । ताड्यमानः सशोकेन गुरुणा तेन मोचितः ॥ १६९
अन्येद्युः सोऽपरः शिष्यः प्राप्तो ग्रामाद्विलोक्य ताम् । अङ्घ्रिपीडां गुरोः पृष्टवृत्तान्तः प्रज्वलन्क्रुधा ॥ १७०
नाहं भनज्मि किं पादं तस्य संबन्धिनं द्विषः । इत्याकृष्य द्वितीयाङ्घ्रिं गुरोस्तस्य बभञ्ज सः ॥ १७१
ततोऽत्र ताड्यमानोऽन्यैरपि भग्नोभयाङ्घ्रिणा । गुरुणा तेन कृपया दुःशिष्यः सोऽप्यमोच्यत ॥ १७२
सर्वद्वेष्योपहास्यौ तौ शिष्यौ द्वौ ययतुस्ततः । गुरुश्च स्वक्षमाश्लाघ्यः स्वस्थः सोऽप्यभवत्क्रमात् ॥ १७३
एवमन्योन्यविद्विष्टो मूर्खः परिजनः प्रभो । स्वामिनोऽर्थं निहन्त्येव न चात्महितमश्नुते ॥ १७४
अयं च द्विशिरःसर्पवृत्तान्तोऽप्यवधार्यताम् । कस्याप्यहेर्द्वे शिरसी अभूतामग्रपुच्छयोः ॥ १७५
पौच्छं शिरस्त्वभूदन्धं चक्षुष्मत्प्राकृतं पुनः । अहं मुख्यमहं मुख्यमित्यासीदाग्रहस्तयोः ॥ १७६
सर्पस्तु प्राकृतेनैव मुखेन विचचार सः । एकदास्य शिरः पौच्छं मार्गे काष्ठमवाप तत् ॥ १७७

वेष्टयित्वा दृढं तत्र सर्पस्यास्यारुणद्गतिम् । ततस्तद्बलवन्मेने स सर्पोऽग्रशिरोजयि ॥ १७८
तेनैव चान्धेन ततः स मुखेन भ्रमन्बहिः । अवटेऽग्नौ परिभ्रष्टो मार्गाद्दृष्टेरदह्यत ॥ १७९
एवं गुणस्य येऽल्पस्य बहवो नान्तरं विदुः । ते हीनगुणसङ्गेन मूढा यान्ति पराभवम् ॥ १८०
इमं च शृणुतेदानीं भौतं तण्डुलभक्षकम् । आगात्कश्चित्पुमान्मूर्खः प्रथमं श्वाशुरं गृहम् ॥ १८१
स तत्र तण्डुलाञ्श्वश्र्वा पाकार्थं स्थापितान्सितान् । दृष्ट्वा भक्षयितुं तेषां मुष्टिं प्राक्षिपदानने ॥ १८२
तत्क्षणादागतायां च श्वश्र्वां मूर्खः स तण्डुलान् । नाशकत्तान्निगिरितुं न चाप्युद्गिरितुं ह्रिया ॥ १८३
तत्पीनोच्छूनगल्लं च निरालापमवेत्य तम् । तद्रोगशङ्कयाहूय तच्छ्वश्रूः पतिमानयत् ॥ १८४
सोऽप्यालोक्य निनायाशु वैद्यं वैद्योऽप्यपाटयत् । शोफशङ्की हनुं तस्य मूढस्याक्रम्य मस्तकम् ॥ १८५
निर्ययुर्लोकहासेन समं तस्य च तण्डुलाः । इत्यकार्यं करोत्यज्ञो न च जानाति गूहितुम् ॥ १८६
केचिच्च दारका मूर्खा दृष्टदोहा गवादिषु । गर्दभं प्राप्य संरुध्य दोग्धुमारेभिरे रसात् ॥ १८७
कश्चिद्दुदोह कश्चिच्च क्षीरकुण्डमधारयत् । अहं प्रथमिकान्येषां पयः पातुमवर्तत ॥ १८८
न च ते लेभिरे क्षीरं कुर्वन्तोऽपि परिश्रमम् । अवस्तुनि कृतक्लेशो मूर्खो यात्यवहास्यताम् ॥ १८९
कश्चिच्च देव मूर्खोऽभूद्विप्रपुत्रः पिता च तम् । सायं जगाद गन्तव्यो ग्रामः पुत्र त्वया प्रगे ॥ १९०
श्रुत्वेत्यपृष्ट्वा कार्यं तं पितरं प्रातरेव सः । गत्वा वृथैव तं ग्रामं सायमागात्कृतश्रमः ॥ १९१
ग्रामं गत्वाहमायात इत्याह पितरं च सः । गते त्वयि न किं सिद्धमिति चाह स तत्पिता ॥ १९२
तदेति निरभिप्रायचेष्टितो लोकहास्यताम् । मूर्खोऽनुभवति क्लेशं न कार्यं कुरुते पुनः ॥ १९३

इत्याकर्ण्य कथां प्रधानसचिवाच्छिक्षावतीं गोमुखा-
दात्मानं च निवेद्य शक्तियशसः संप्राप्तिबद्धस्पृहम् ।
भूयिष्ठां च गतामवेत्य रजनीं वत्सेश्वरस्यात्मजो
निद्रामुद्रितलोचनः स शयनं भेजे वयस्यैर्यतः ॥ १९४

इति महाकविश्रीसोमदेवभट्टविरचिते कथासरित्सागरे शक्तियशोलम्बके सप्तमस्तरङ्गः ।

अष्टमस्तरङ्गः ।

ततोऽन्येद्युः पुनर्नक्तं निजवासगृहे स्थितम् । नरवाहनदत्तं तं दयिताप्राप्तिसोत्सुकम् ॥ १
वत्सेश्वरसुतं मन्त्री तन्नियोगात्स गोमुखः । विनोदयन्कथास्तस्य क्रमादेवमवर्णयत् ॥ २
बभूव देवशर्माख्यो ब्राह्मणो नगरे क्वचित् । तस्याभूद्देवदत्तेति गेहिनी सदृशान्वया ॥ ३
धृतगर्भा च सा तस्य कालेन सुषुवे सुतम् । दरिद्रोऽपि स तं मेने निधिं लब्धमिव द्विजः ॥ ४
सूतकान्ते च सा तस्य भार्या स्नातुमगान्नदीम् । देवशर्मा स तस्थौ तु गृहे रक्षन्सुतं शिशुम् ॥ ५
तावदाह्वायिका तस्य राजान्तःपुरतो द्रुतम् । चेटिका ब्राह्मणस्यागात्स्वस्तिवाचनजीविनः ॥ ६
ततः स दक्षिणालोभान्नकुलं रक्षकं शिशोः । स्थापयित्वा ययौ गेहे चिरमाबाल्यवर्धितम् ॥ ७
तस्मिन्गतेऽत्राकस्माच्च शिशोस्तस्यान्तिकागतम् । सर्पमालोक्य नकुलः स्वामिभक्त्या जघान तम् ॥ ८
अथ तं देवशर्माणमागतं वीक्ष्य दूरतः । सर्पासृक्सिक्तो नकुलो हृष्टोऽस्य निरगात्पुरः ॥ ९
स देवशर्मा तद्रूपं तं दृष्ट्वैवाश्मनावधीत् । ध्रुवं स बालः पुत्रो मे हतोऽनेनेति संभ्रमात् ॥ १०
प्रविश्य चान्तर्दृष्ट्वा तं भुजगं नकुलाहतम् । जीवन्तं च स्थितं बालं ब्राह्मणोऽन्तरतप्यत ॥ ११
अविचार्योपकारी स नकुलः किं हतस्त्वया । इत्युपालभतायाता भार्यापि तदवेत्य तम् ॥ १२
तस्मान्न बुद्धिमान्कुर्यात्सहसा देव किंचन । सहसा चेष्टमानो हि हन्यते लोकयोर्द्वयोः ॥ १३
कुर्वंश्चाविधिना कर्म विरोधिफलमश्नुते । तथा च वायुनाक्रान्तदेहः कोऽप्यभवत्पुमान् ॥ १४
वस्त्यर्थमौषधं दत्त्वा बभाषे जातु तं भिषक्[1] । त्वं पेषयैतत्स्वगृहं गत्वा यावदुपैम्यहम् ॥ १५

---

१ पुस्तकान्तरेऽस्माच्छ्लोकादग्रे एकश्लोकस्य त्रुटिचिह्नमस्ति.

एवमुक्त्वा गतो वैद्यो यावच्चिरयति क्षणम् । तावत्तदौषधं पिष्ट्वा मूर्खोऽसौ वारिणापिबत् ॥ १६
उत्पन्नव्यापदं तेन तमागत्य भिषक्ततः । स दत्त्वा वमनं कृच्छ्रान्मृतकल्पमजीवयत् ॥ १७
बस्त्यौषधं गुदे मूर्ख दीयते न तु पीयते । अहं प्रतीक्षितः किं नेत्युपालभ्यत तेन सः ॥ १८
इतीष्टमप्यनिष्टाय जायतेऽविधिना कृतम् । तस्मान्न विधिमुत्सृज्य प्राज्ञः कुर्वीत किंचन ॥ १९
अप्रेक्षापूर्वकारी च निन्द्यतेऽवद्यकृत्क्षणात् । तथा च कुत्रचित्कश्चिज्जडबुद्धिरभूत्पुमान् ॥ २०
तस्य देशान्तरं जातु गच्छतोऽन्वागतः सुतः । अटव्यां वासिते सार्थे विवेश विहरन्वनम् ॥ २१
पाटितो मर्कटैः सोऽत्र कृच्छ्राज्जीवन्नुपेत्य तम् । ऋक्षानभिज्ञः पितरं पृच्छन्तमवदज्जडः ॥ २२
वनेऽस्मि पाटितः कैश्चिल्लोमशैः फलभक्षिभिः । तच्छ्रुत्वा क्रोधकृष्टासिस्तत्पिता तद्वनं ययौ ॥ २३
दृष्ट्वा फलान्याददानाञ्जटिलांस्तत्र तापसान् । सोऽभ्यधावत्क्षतोऽमीभिः सुतो मे लोमशैरिति ॥ २४
ऋक्षैस्ते पाटितः पुत्रो मद्दृष्टैर्मा वधीर्मुनीन् । इत्यवार्यत पान्थेन तद्वधात्सोऽथ केनचित् ॥ २५
ततः स दैवादुत्तीर्णः पातकात्सार्थमागतः । तन्न जातुचिदप्रेक्षापूर्वकारी भवेद्बुधः ॥ २६
किमन्यत्सर्वदा भाव्यं जन्तुना कृतबुद्धिना । लोकोपहसिताः शश्वत्सीदन्त्येव ह्यबुद्धयः ॥ २७
तथा च निर्धनः कश्चित्प्राप्तवानध्वनि व्रजन् । सार्थवाहस्य कस्यापि च्युतां हेमभृतां दृतिम् ॥ २८
स मूढस्तां गृहीत्वैव न जगामान्यतोऽपि च । स्थित्वा तत्रैव संख्यातुमारेभे हेम तच्च तत् ॥ २९
तावत्स्मृत्वा हयारूढः प्रत्यागत्य स सत्वरम् । सार्थवाहोऽस्य दृष्टस्य हेमभस्त्रां जहार ताम् ॥ ३०
ततः स दृष्टनष्टार्थः शोचन्प्रायादधोमुखः । प्राप्तोऽप्यर्थः क्षणादेव हार्यते मन्दबुद्धिना ॥ ३१
कश्चिच्च पार्वणं चन्द्रं दिदृक्षुः केनचिज्जडः । अङ्गुल्यभिमुखं पश्येत्यूचे दृष्टनवेन्दुना ॥ ३२
स हित्वा गगनं तस्यैवाङ्गुलिं तां विलोकयन् । तस्थौ न चेन्दुमद्राक्षीदद्राक्षीद्धसतो जनान् ॥ ३३
प्रज्ञया साध्यतेऽसाध्यं तथा च श्रूयतां कथा । काचिद्ग्रामान्तरं नारी गन्तुं प्रावर्ततैकका ॥ ३४
पथि सा च जिघृक्षन्तमकस्मादेत्य वानरम् । वञ्चयन्ती मुहुर्वृक्षं संश्रिता पर्यवर्तत ॥ ३५
स तं तस्यास्तरुं मूढो भुजाभ्यां कपिरावृणोत् । साप्यस्य बाहू हस्ताभ्यां तत्रैवापीडयत्तरौ ॥ ३६
तावच्च तस्मिन्निःस्पन्दे जातक्रोधे च वानरे । पथा तेनागतं कंचिदाभीरं स्त्री जगाद सा ॥ ३७
महाभाग गृहाणेमं क्षणं बाह्वोः प्लवंगमम् । यावद्वस्त्रं च वेणीं च विस्रस्तां संवृणोम्यहम् ॥ ३८
एवं करोमि भजसे यदि मामिति तेन सा । उक्तानुमेने तावत्तत्सोऽथ तं कपिमग्रहीत् ॥ ३९
ततोऽस्य क्षुरिकां कृष्ट्वा सा स्त्री हत्वा च तं कपिम् । एकान्तमेहीत्युक्त्वा तमाभीरं दूरमानयत् ॥ ४०
मिलितेष्वथ सार्थेषु तं विहायैव तैः सह । सा जगामेप्सितग्रामं प्रज्ञारक्षितविप्लवा ॥ ४१
इत्थं प्रज्ञैव नामेह प्रधानं लोकवर्तनम् । जीवत्यर्थदरिद्रोऽपि धीदरिद्रो न जीवति ॥ ४२
इदानीं शृणु देवैतां विचित्रामद्भुतां कथाम् । घटकर्परनामानौ चौरावास्तां पुरे क्वचित् ॥ ४३
तयोः स कर्परो जातु बहिर्न्यस्य घटं निशि । संधिं दत्त्वा नृपसुतावासवेश्म प्रविष्टवान् ॥ ४४
तत्र कोणस्थितं तं सा विनिद्रा राजकन्यका । दृष्ट्वैव सद्यः संजातकामा स्वैरमुपाह्वयत् ॥ ४५
रन्त्वा च तेन साकं सा दत्त्वा चार्थं तमब्रवीत् । दास्याम्यन्यत्प्रभूतं ते पुनरेष्यसि चेदिति ॥ ४६
ततो निर्गत्य वृत्तान्तमाख्यायार्थं समर्प्य च । व्यसृजत्प्राप्य राजार्थं घटं गेहं स कर्परः ॥ ४७
स्वयं तदैवं तु पुनर्विवेशान्तःपुरं स तत् । आकृष्टः कामलोभाभ्यामपायं को हि पश्यति ॥ ४८
तत्रैष सुरतश्रान्तः पानमत्तस्तया सह । राजपुत्र्या समं सुप्तो न बुबोध गतां निशाम् ॥ ४९
प्रातः प्रविष्टैर्लब्ध्वा स बद्धान्तःपुररक्षिभिः । राज्ञे निवेदितः सोऽपि क्रुधा तस्यादिशद्वधम् ॥ ५०
यावत्स नीयते वध्यभुवं तावत्सखास्य सः । रात्रावनागतस्यागादन्वेष्टुं पदवीं घटः ॥ ५१
समागतं स दृष्ट्वाथ घटं कर्परकः पुनः । हृत्वा राजसुतां रक्षेरिदाह स्म स्वसंज्ञया ॥ ५२
घटेनाङ्गीकृतेच्छोऽथ संज्ञयैव स कर्परः । नीत्वोल्लम्ब्य तरौ क्षिप्रं वधकैरवशो हतः ॥ ५३
ततो गत्वा घटो गेहमनुशोचन्निशागमे । भित्त्वा सुरङ्गां प्राविक्षत्स तद्राजसुतागृहम् ॥ ५४

तत्रैककां संयमितां दृष्ट्वोपेत्य जगाद सः। त्वत्कृतेऽद्य हतस्याहं कर्परस्य सखा घटः॥ ५५
अपनेतुमितस्त्वां च तत्स्नेहादहमागतः। तदेहि यावन्नानिष्टं किंचित्ते कुरुते पिता॥ ५६
इत्युक्ते तेन सा हृष्टा राजपुत्री तथेति तत्। प्रतिपेदे स चैतस्या बन्धनानि न्यवारयत्॥ ५७
ततस्तया समं सद्यः समर्पितशरीरया। निर्गत्य स ययौ चौरः स्वनिकेतं सुरुङ्गया॥ ५८
प्रातश्च खातदुर्लक्ष्यसुरुङ्गेण निजां सुताम्। केनाप्यपहृतां बुद्ध्वा स राजा समचिन्तयत्॥ ५९
ध्रुवं तस्यास्ति पापस्य निगृहीतस्य बान्धवः। कश्चित्साहसिको येन हृतैवं सा सुता मम॥ ६०
इति संचिन्त्य नृपतिः स कर्परकलेवरम्। रक्षितुं स्थापयामास स्वभृत्यानब्रवीच्च तान्॥ ६१
यः शोचन्निममागच्छेत्कर्तुं दाहादिकं च वः। अवष्टभ्यस्ततो लप्स्ये पापां तां कुलदूषिकाम्॥ ६२
इति राज्ञा समादिष्टा रक्षिणोऽत्र तथेति ते। रक्षन्तस्तस्थुरनिशं तत्कर्परकलेवरम्॥ ६३
तत्सोऽन्विष्य घटो बुद्ध्वा राजपुत्रीमुवाच ताम्। प्रिये बन्धुः सखा योऽभूत्परमः कर्परो मम॥ ६४
यत्प्रसादान्मया प्राप्ता त्वं ससद्रत्नसंचया। स्नेहानृण्यमकृत्वास्य नास्ति मे हृदि निर्वृतिः॥ ६५
तत्तं गत्वानुशोचामि प्रेक्षमाणः स्वयुक्तितः। क्रमाच्च संस्करोम्यग्नौ तीर्थेऽस्यास्थीनि च क्षिपे॥ ६६
भयं मा भूच्च ते नाहमबुद्धिः कर्परो यथा। इत्युक्त्वा तां तदैवाभूत्स महाव्रतिवेषभृत्॥ ६७
स दध्योदनमादाय कर्परे कर्परान्तिकम्। मार्गागत इवोपागाच्चकेऽत्र स्खलितं च सः॥ ६८
निपात्य हस्तान्मुक्त्वा च तं स दध्यन्नकर्परम्। हा कर्परामृतभृतेत्यादि तत्तच्छुशोच सः॥ ६९
रक्षिणो मेनिरे तच्च भिन्नभाण्डानुशोचनम्। क्षणाच्च गृहमागत्य राजपुत्र्यै शशंस तत्॥ ७०
अन्येद्युश्च वधूवेषं भृत्यं कृत्वैकमग्रतः। अन्यं धृतसधत्तूरभक्ष्यभाण्डं च पृष्ठतः॥ ७१
स्वयं च मत्तग्रामीणवेषो भूत्वा दिनात्यये। प्रस्खलन्निकटे तेषामगात्कर्पररक्षिणाम्॥ ७२
कस्त्वं केयं च ते भ्रातः क यासीति च तत्र तैः। पृष्टः स धूर्तस्तानेवमुवाच स्खलिताक्षरम्॥ ७३
ग्राम्योऽहमेषा भार्या मे यामीतः श्वाशुरं गृहम्। भक्ष्यकोशलिका चेयमानीता तत्कृते मया॥ ७४
संभाषणाच्च यूयं मे संजाताः सुहृदोऽधुना। तदर्धं तत्र नेष्यामि भक्ष्याणामर्धमस्तु वः॥ ७५
इत्युक्त्वा भक्ष्यमेकैकं स ददौ तेषु रक्षिषु। ते हसन्तो गृहीत्वैव भुञ्जते स्माखिला अपि॥ ७६
तेन रक्षिषु धत्तूरमोहितेष्वेषु सोऽग्निसात्। निशि चक्रे घटो देहं कर्परस्याहृतेन्धनः॥ ७७
गते तस्मिंस्ततः प्रातर्बुद्ध्वा राजा निवार्य तान्। विमूढान्स्थापयामास रक्षिणोऽन्यानुवाच च॥ ७८
रक्ष्याण्यस्थीन्यपीदानीं यस्तान्यादातुमेष्यति। स युष्माभिर्ग्रहीतव्यो भक्ष्यं किंचिच्च नान्यतः॥ ७९
इति राज्ञोदितास्ते च सावधाना दिवानिशम्। तत्रासन्रक्षिणस्तं च वृत्तान्तं बुबुधे घटः॥ ८०
ततः स चण्डिकादत्तमोहमन्त्रप्रभाववित्। मित्रं प्रव्राजकं कंचिच्चकाराश्वासकेतनम्॥ ८१
तत्र गत्वा समं तेन प्रव्राजा मन्त्रजापिना। रक्षिणो मोहयित्वा तान्कर्परास्थीनि सोऽग्रहीत्॥ ८२
क्षिप्त्वा च तानि गङ्गायामेत्याख्याय यथाकृतम्। राजपुत्र्या समं तस्थौ सुखं प्रव्राजकान्वितः॥ ८३
राजापि सोऽस्थिहरणं बुद्ध्वा तद्रक्षिमोहनम्। आ सुताहरणात्सर्वं मेने तद्योगिचेष्टितम्॥ ८४
येनेदं योगिनाकारि तनयाहरणादि मे। ददामि तस्मै राज्यार्धमभिव्यक्तिं स याति चेत्॥ ८५
इति राजा स्वनगरे दापयामास घोषणाम्। तां श्रुत्वा चैच्छदात्मानं घटो दर्शयितुं तदा॥ ८६
मैवं कृथा न कार्योऽस्मिन्विश्वासश्छद्मघातिनि। राज्ञीत्यवार्यत तया राजपुत्र्या ततश्च सः॥ ८७
अथोद्भेदभयात्तेन साकं प्रव्राजकेन सः। घटो देशान्तरं यायाद्राजपुत्र्या तया युतः॥ ८८
मार्गे च राजपुत्री सा प्रव्राजं तं रहोऽब्रवीत्। एकेन ध्वंसितान्येन भ्रंशितास्म्यमुना पदात्॥ ८९
तच्चौरः स मृतो नायं घटो मे त्वं बहुप्रियः। इत्युक्त्वा तेन संगम्य सा विषेणावधीद्घटम्॥ ९०
ततस्तेन समं यान्ती पापा प्रव्राजकेन सा। धनदेवाभिधानेन संजग्मे वणिजा पथि॥ ९१
कोऽयं कपाली त्वं प्रेयान्ममेत्युक्त्वा[1] समम्। वणिजा तेन संसुप्तं सा प्रव्राजं विहाय तम्॥ ९२

१ अस्मादग्रे पुस्तकान्तरे 'सुक्षीब इव तत्राथ यत्तद्गायन्हसन्श्वसन्' एतत्पद्यार्धमधिकमस्ति.

प्रव्राजकश्च स प्रातः प्रबुद्धः समचिन्तयत् । न स्नेहोऽस्ति न दाक्षिण्यं स्त्रीष्वहो चापलादृते ॥ ९३
यद्विश्वास्यापि मां पापा हृतार्था च पलायिता । सैष लाभोऽथवा यन्न हतोऽस्मि घटवत्तया ॥ ९४
इत्यालोच्य निजं देशं ययौ प्रव्राजकोऽथ सः । वणिजा सह तद्देशं प्राप्ता राजसुतापि सा ॥ ९५
प्रवेशयामि सहसा बन्धकीं किमिमां गृहम् । इति स्वदेशप्राप्तश्च धनदेवो विचिन्तयन् ॥ ९६
वणिक्तत्र किलैकस्या वृद्धाया वेश्म योषितः । प्रविवेश तया साकं राजपुत्र्या दिनात्यये ॥ ९७
तत्र नक्तं स वृद्धां तां पप्रच्छापरिजानतीम् । धनदेववणिग्गेहवार्तामम्बेह वेत्सि किम् ॥ ९८
तच्छ्रुत्वा साब्रवीद्वृद्धा का वार्ता यत्र तत्र सा । पुंसा नवनवेनैव तद्भार्या रमते सदा ॥ ९९
चर्मपेटा गवाक्षेण रज्ज्वा तत्र हि लम्ब्यते । नक्तं विशति यस्तस्यां स एवान्तः प्रवेश्यते ॥ १००
निष्काल्यते तथैवात्र पश्चिमायां पुनर्निशि । पानमत्ता च सा नैव निभालयति किंचन ॥ १०१
एषा च तत्स्थितिः ख्यातिं नगरेऽत्राखिले गता । बहुकालो गतोऽद्यापि न चायाति स तत्पतिः ॥ १०२
एतद्वृद्धावचः श्रुत्वा धनदेवस्तदैव सः । युक्त्या निर्गत्य तत्रागात्सान्तर्दुःखः ससंशयः ॥ १०३
दृष्ट्वा स तत्र दासीभिः पेटां रज्ज्ववलम्बिताम् । विवेश स ततस्ताभिरुत्क्षिप्यान्तरनीयत ॥ १०४
प्रविष्टः स तयालिङ्ग्य शय्यां निन्ये मदान्धया । अविज्ञातः स्वगेहिन्या हठात्क्षीबत्वमूढया ॥ १०५
रिरंसा तस्य यावच्च नास्ति तद्दोषदर्शनात् । तावत्सा मददोषेण निद्रां तद्गेहिनी ययौ ॥ १०६
निशान्ते च स दासीभिः सत्वरं रज्जुपेटया । गवाक्षेण बहिः क्षिप्तः खिन्नो वणिगचिन्तयत् ॥ १०७
अलं मे गृहमोहेन गृहे नार्यो निबन्धनम् । तासामेवेदृशी वार्ता तस्माच्छ्रेयो वनं परम् ॥ १०८
इति निश्चित्य संत्यज्य स तां राजसुतामपि । धनदेवः प्रववृते गन्तुं दूरं वनान्तरम् ॥ १०९
गच्छतस्तस्य मार्गे च मिलितो मित्रतामगात् । ब्राह्मणो रुद्रसोमाख्यः प्रवासादागतश्चिरात् ॥ ११०
स तेनोक्तः स्ववृत्तान्तं स्वभार्याशङ्कितो द्विजः । तेनैव वणिजा साकं सायं स्वग्राममासदत् ॥ १११
तत्र स्वभवनोपान्ते गोपं दृष्ट्वा नदीतटे । माद्यन्तमिव गायन्तं नर्मणा पृच्छति स्म सः ॥ ११२
गोप ते तरुणी काचित्कच्चिदस्त्यनुरागिणी । येनैवं गायसि मदान्मन्यमानस्तृणं जगत् ॥ ११३
तच्छ्रुत्वा सोऽहसद्गोपो गोप्यं वस्तु कियन्मया । चिरविप्रोषितस्येह रुद्रसोमद्विजन्मनः ॥ ११४
ग्रामाधिपस्य तरुणीमहं भार्यां सदा भजे । प्रवेशयति तद्दासी स्त्रीवेषं तद्गृहेऽत्र माम् ॥ ११५
एतद्गोपालतः श्रुत्वा मन्युमन्तर्निगृह्य च । तत्त्वं जिज्ञासमानस्तं रुद्रसोमो जगाद सः ॥ ११६
यद्येवमतिथिस्तेऽहं स्ववेषं देह्यमुं मम । यावत्त्वमिव तत्राद्य याम्यहं कौतुकं हि मे ॥ ११७
एवं कुरु गृहाणेमं मदीयं कालकम्बलम् । लगुडं चास्व चैवेह तद्दासी यावदेष्यति ॥ ११८
मद्बुद्ध्या च तयाहूय स्वैरं दत्ताङ्गनाम्बरः । नक्तं तत्र व्रजाहं च विश्राम्यामि निशामिमाम् ॥ ११९
एवमुक्तवतस्तस्माद्गोपाल्लगुडकम्बलौ । गृहीत्वा रुद्रसोमोऽत्र तद्वेषेण स तस्थिवान् ॥ १२०
गोपश्च वणिजा साकं धनदेवेन तेन सः । दूरे तत्र मनाक्तस्थौ दासी सा चाययौ ततः ॥ १२१
सा तं तमसि तूष्णीकामेत्य स्त्रीवेषगुण्ठितम् । एहीत्युक्त्वा ततो रुद्रसोमं गोपधियानयत् ॥ १२२
स च नीतः स्वभार्यां तां दृष्ट्वा गोपालबुद्धितः । उत्थायैव कृताश्लेषां रुद्रसोमो व्यचिन्तयत् ॥ १२३
संनिकृष्टे निकृष्टेऽपि कष्टं रज्यन्ति कुस्त्रियः । पापानुरक्ता यदियं गोपेऽप्यासन्नवर्तिनि ॥ १२४
इति ध्यायन्मिषं कृत्वा तदैवास्फुटया गिरा । निर्गत्यैव विरक्तात्मा धनदेवान्तिकं ययौ ॥ १२५
उक्तस्वगृहवृत्तान्तो वणिजं तमुवाच सः । त्वया सहाहमप्येमि वनं यातु गृहं क्षयम् ॥ १२६
इत्यूचिवान्रुद्रसोमो धनदेववणिक्च सः । वनं प्रति प्रतस्थाते तदैव सह तौ ततः ॥ १२७
मिलितश्च तयोर्मार्गे धनदेवसुहृच्छशी । कथाप्रसङ्गात्तौ तस्मै स्ववृत्तान्तं शशंसतुः ॥ १२८
स तच्छ्रुत्वा शशीर्ष्यालुश्चिराद्देशान्तरागतः । साशङ्कोऽभूत्स्वगेहिन्यां न्यस्तायामपि भूगृहे ॥ १२९
प्रक्रामंश्च समं ताभ्यां सायं स स्वगृहान्तिकम् । शशी प्राप गृहीतिथ्यं तयोः कर्तुमियेष च ॥ १३०
तावच्च दुर्गन्धवहं कुष्ठशीर्णकराङ्घ्रिकम् । तत्रापश्यत्सश्रृङ्गारं गायन्तं पुरुषं स्थितम् ॥ १३१

विस्मयाच्च तमप्राक्षीदीदृशः को भवानिति । कामदेवोऽहमस्मीति कुष्ठी सोऽपि जगाद तम् ॥ १३२
का भ्रान्तिः कामदेवस्त्वं रूपशोभैव वक्ति ते । इत्युक्तः शशिना भूयः सोऽवादीच्छृणु वच्मि ते ॥ १३३
इह धूर्तः शशी नाम दत्तैकपरिचारिकाम् । भार्यां निक्षिप्य भूगेहे सेर्ष्यो देशान्तरं गतः ॥ १३४
तद्भार्यया विधिवशादिह दृष्टस्य मे तया । अर्पितः सद्य एवात्मा मदनाकृष्टचित्तया ॥ १३५
तया समं च सततं रात्रौ रात्रावहं रमे । पृष्ठे गृहीत्वा तद्दासी प्रवेशयति तत्र माम् ॥ १३६
तद्ब्रूहि किं न कामोऽहं प्राप्तिः कस्यान्ययोषिताम् । यश्चित्राकारधारिण्या भार्यायाः शशिनः प्रियः ॥ १३७
एतत्कुष्ठिवचः श्रुत्वा शशी निर्घातदारुणम् । दुःखं निगूह्य जिज्ञासुर्निश्चयं तमुवाच सः ॥ १३८
सत्यं भवसि कामस्त्वं तदेवं त्वाहमर्थये । त्वत्तः श्रुतायामुत्पन्नं तस्यां कौतूहलं मम ॥ १३९
तदद्यैव निशां तत्र त्वद्वेषेण विशाम्यहम् । प्रसीदान्वहलभ्येऽर्थे तवात्र कियती क्षतिः ॥ १४०
इत्युक्तः शशिना तेन स कुष्ठी तमभाषत । एवमस्तु गृहाणेमं मद्वेषं देहि मे निजम् ॥ १४१
तिष्ठाहमिव संवेष्ट्य पाणिपादं च वाससा । यावदायाति सा तस्या दासी तमसि जृम्भिते ॥ १४२
मद्बुद्ध्या च तया पृष्ठे गृहीतोऽहमिव व्रज । अहं हि पादवैकल्याद्गच्छाम्यत्र तथा सदा ॥ १४३
इत्युक्तः कुष्ठिना सोऽथ शशी तद्वेषमास्थितः । तत्रासीत्तत्सहायौ तौ कुष्ठी चासन्विदूरतः ॥ १४४
अथागत्य तया कुष्ठिवेषो दृष्टः स तद्धिया । एहीत्युक्त्वा शशी भार्यादास्या पृष्ठेऽध्यरोप्यत ॥ १४५
निन्ये च नक्तं स तया स्वभार्यायास्ततोऽन्तिकम् । कुष्ठिजारप्रतीक्षिण्यास्तस्यास्तद्भूगृहान्तरम् ॥ १४६
तत्रान्धकारे शोचन्तीमङ्गस्पर्शेन तां ध्रुवम् । स्वभार्यामेव निश्चित्य स वैराग्यमगाच्छशी ॥ १४७
ततस्तस्यां प्रसुप्तायां निर्गत्यादृष्ट एव सः । जगाम धनदेवस्य रुद्रसोमस्य चान्तिकम् ॥ १४८
आख्याय च स्ववृत्तान्तं तयोः खिन्नो जगाद सः । हा धिङ्निम्नाभिपातिन्यो लोला दूरान्मनोरमाः ॥ १४९
सुक्षोभ्या न स्त्रियः शक्याः पातुं श्वभ्रापगा इव । यदेषा भूगृहस्थापि भार्या मे कुष्ठिनं गता ॥ १५०
तन्ममापि वनं श्रेयो धिग्गृहानिति स ब्रुवन् । समदुःखवणिग्विप्रयुतस्तामनयन्निशाम् ॥ १५१
प्रातस्त्रयोऽपि सहिताः प्रस्थितास्ते वनं प्रति । सवापीकतलं प्रापुर्दिनान्ते पथि पादपम् ॥ १५२
भुक्तपीताश्च ते रात्रौ तत्रारुह्य तरौ स्थिताः । अपश्यन्पान्थमागत्य सुप्तमेकं तरोरधः ॥ १५३
क्षणाच्च ददृशुर्वापीमध्यादपरमुद्गतम् । पुरुषं वदनोद्गीर्णसस्त्रीकशयनीयकम् ॥ १५४
उपभुज्य स्त्रियं तां स सुष्वाप शयनीयके । स्त्री च दृष्ट्वैव संजग्मे पान्थेनोत्थाय तेन सा ॥ १५५
कौ युवामिति पृष्टा च रतान्ते तेन साब्रवीत् । नाग एषोऽहमेतस्य भार्येयं नागकन्यका ॥ १५६
माभूद्भयं च ते यस्मात्पान्थानां नवतिर्मया । नवाधिकोपभुक्तैव पूरितं तु शतं त्वया ॥ १५७
एवं वदन्तीं तां तं च पान्थं दैवात्प्रबुध्य सः । नागो दृष्ट्वा मुखाज्ज्वालां मुक्त्वा भस्मीचकार तौ ॥ १५८
न शक्या रक्षितुं यत्र देहान्तर्निहिता अपि । स्त्रियस्तत्र गृहे तासां का वार्ता धिग्धिगेव ताः ॥ १५९
इति नागे गते वापीं ब्रुवन्तस्ते त्रयो निशाम् । शशिप्रभृतयो नीत्वा निर्वृताः प्रययुर्वनम् ॥ १६०

तस्मिन्मैत्र्याद्यविकलचतुर्भावनाभ्याससशान्तैश्चित्तैः सम्यङ्नियतमतयः सर्वभूतेषु सौम्याः ।
प्राप्ताः सिद्धिं निरुपमपरानन्दभूमौ समाधौ जग्मुर्मोक्षं क्षपिततमसस्ते त्रयोऽपि क्रमेण ॥ १६१

ता योषितस्तु तेषां निजपापविपाकजनितकष्टदशाः ।
अचिरादेव विनष्टा दुष्टा लोकद्वयभ्रष्टाः ॥ १६२

एवं मोहप्रभवो रागो न स्त्रीषु कस्य दुःखाय ।
तास्वेव विवेकभृतां भवति विरागस्तु मोक्षाय ॥ १६३

इति गोमुखतः कथाविनोदं सचिवाच्छक्तियशःसमागमोत्कः ।
पुनरेव स वत्सराजसूनुश्चिरमाकर्ण्य शनैर्जगाम निद्राम् ॥ १६४

इति महाकविश्रीसोमदेवभट्टविरचिते कथासरित्सागरे शक्तियशोलम्बकेऽष्टमस्तरङ्गः ।

नवमस्तरङ्गः ।

अथान्येद्युः पुनरिमां निशि प्राग्वद्विनोदयन् । नरवाहनदत्ताय गोमुखोऽकथयत्कथाम् ॥ १
बभूव नगरे क्वापि बोधिसत्त्वांशसंभवः । कस्याप्याढ्यस्य वणिजस्तनयो मृतमातृकः ॥ २
अन्यजायाप्रसक्तेन पित्रा तत्प्रेरितेन सः । निरस्तो वनवासाय सभार्यो निरगाद्गृहात् ॥ ३
स्वानुजं तु सहायान्तं तद्वत्पित्रा निराकृतम् । अशान्तचित्तमुत्सृज्य सोऽन्येनैव पथा ययौ ॥ ४
प्रक्रामंश्च क्रमात्प्राप निस्तोयतृणपादपाम् । पाथेयहीनश्चण्डांशुतप्तां मरुमहाटवीम् ॥ ५
तस्यां व्रजन्स सप्ताहं भार्यां क्लान्तां क्षुधा तृषा । अजीवयत्स्वमांसास्रैः पापा तान्याहरच्च सा ॥ ६
अष्टमेऽह्नि सरिद्वीचिवाचालं गिरिकाननम् । प्राप सत्फलसच्छायपादपं स्निग्धशाद्वलम् ॥ ७
तत्र संभाव्य भार्यां तां क्लान्तां मूलफलाम्बुभिः । अवातरद्गिरिनदीं स्नातुं कल्लोलमालिनीम् ॥ ८
तस्यां ददर्श च च्छिन्नहस्तपादचतुष्टयम् । ह्रियमाणं जलौघेन पुरुषं त्राणकाङ्क्षिणम् ॥ ९
बहूपवासक्लान्तोऽपि तां विगाह्य नदीं ततः । उज्जहार कृपालुस्तं महासत्त्वः स पूरुषम् ॥ १०
केनेदं ते कृतं भ्रातरिति कारुणिकेन च । तेनारोप्य स्थलं पृष्टः स रुण्डः पुरुषोऽभ्यधात् ॥ ११
निकृत्तहस्तचरणो नद्यां क्षिप्तोऽस्मि शत्रुभिः । दित्सुभिः क्लेशमरणं त्वयाहं तूद्धृतस्ततः ॥ १२
एवमुक्तवतस्तस्य स बद्ध्वा व्रणपट्टिकाम् । दत्त्वाहारं महासत्त्वः स्नानादि व्यधितात्मनः ॥ १३
ततो मूलफलाहारो भार्यायुक्तोऽत्र कानने । स तस्थौ बोधिसत्त्वांशो वणिक्पुत्रस्तपश्चरन् ॥ १४
एकदा फलमूलार्थं गते तस्मिन्स्मरातुरा । तद्भार्या तेन रुण्डेन रेमे रूढव्रणेन सा ॥ १५
तत्सक्ता तेन संमन्त्र्य भर्तुस्तस्य वधैषिणी । युक्त्या चकार सान्येद्युर्मान्द्यं दुश्चारिणी मृषा ॥ १६
श्वभ्रे दुरवतारेऽथ स्थितां दुस्तरनिम्नगे । दर्शयित्वौषधिं पापा पतिं सा तमभाषत ॥ १७
जीवाम्यहं त्वयैषा चेन्ममानीता महौषधिः । जाने ह्येतामिहस्थां मे स्वप्ने वक्ति स्म देवता ॥ १८
तच्छ्रुत्वा स तथेत्येव श्वभ्रे तत्रौषधेः कृते । तृणवेष्टितया रज्ज्वावातरत्तरुबद्धया ॥ १९
अवतीर्णस्य रज्जुं तां चिक्षेपोन्मुच्य तस्य सा । ततः स पतितो नद्यां तया जह्रे महौघया ॥ २०
दूराद्दवीयो नीत्वा च तया सुकृतरक्षितः । नद्या कस्यापि नगरस्यासन्ने सोऽर्पितस्तटे ॥ २१
ततः स स्थलमारुह्य चिन्तयन्स्त्रीविचेष्टितम् । जलावगाहनक्लान्तो विशश्राम तरोस्तले ॥ २२
तस्मिन्काले च नगरे राजा तत्र मृतोऽभवत् । मृते राजनि चानादिर्देशे तत्रेदृशी स्थितिः ॥ २३
यन्मङ्गलगजः पौरैर्भ्राम्यमाणः करेण यम् । आरोपयति पृष्ठे स्वे सोऽत्र राज्येऽभिषिच्यते ॥ २४
स धैर्यतुष्टो धातेव भ्रमन्प्राप्तोऽन्तिकं गजः । उत्क्षिप्यारोपयामास स्वपृष्ठे तं वणिक्सुतम् ॥ २५
ततः स नगरं नीत्वा राज्ये प्रकृतिभिः क्षणात् । वणिक्सुतोऽभिषिक्तोऽभूद्बोधिसत्त्वांशसंभवः ॥ २६
स राज्यं प्राप्य करुणामुदिताक्षान्तिभिः सह । अरंस्त न तु पापाभिः स्त्रीभिश्चपलवृत्तिभिः ॥ २७
तद्भार्या सापि निःशङ्का मत्वा तं च नदीहृतम् । बभ्रामेतस्ततो जारं रुण्डं पृष्ठेऽधिरोप्य तम् ॥ २८
वैरिकृत्ताङ्घ्रिहस्तोऽयं भर्ता मेऽहं पतिव्रता । भिक्षित्वा जीवयाम्येतं तद्भिक्षां मे प्रयच्छत ॥ २९
इति सा भिक्षमाणा च ग्रामे ग्रामे पुरे पुरे । राज्यस्थस्यात्मनो भर्तुर्नगरं प्राप तस्य तत् ॥ ३०
तथैव भिक्षमाणात्र राज्ञस्तस्य क्रमेण सा । पतिव्रतेत्यर्च्यमाना पौरैः श्रुतिपथं ययौ ॥ ३१
आनाययत्स राजा च तां पृष्ठारूढरुण्डिकाम् । का सा पतिव्रतेत्यारात्परिज्ञाय च पृष्टवान् ॥ ३२
साहं पतिव्रता देवेत्यपरिज्ञाय सापि तम् । भर्तारमब्रवीत्पापा राजश्रीतेजसा वृतम् ॥ ३३
ततः स बोधिसत्त्वांशो हसन्राजा जगाद ताम् । दृष्टं पतिव्रतात्वं ते फलेनेदं मयैव च ॥ ३४
स्वरक्तमांसं दत्त्वापि स्वीकर्तुं शङ्किता न या । स्वेनाविलूनहस्तेन भर्त्रा मानुषराक्षसी ॥ ३५
सा सदा रक्तमांसानि हरन्ती बत मे कथम् । रुण्डेन विकलेनापि स्वीकृत्य वहनीकृता ॥ ३६
किंस्विदूढः स भर्ता यो नद्यां क्षिप्तस्त्वयानघः । कर्मणा तेन वहसे रुण्डमेतं बिभर्षि च ॥ ३७
इत्युद्घाटितवृत्तं तं परिज्ञाय पतिं ततः । भयात्सा मूर्च्छितेवाभूल्लिखितेव मृतेव च ॥ ३८

किमेतद्ब्रूहि देवेति सोऽथ राजा सकौतुकैः । पृष्टोऽमात्यैर्यथावृत्तं तेभ्यः सर्वमवर्णयत् ॥ ३९
ततो भर्तृद्रुहं बुद्ध्वा छित्त्वा तां कर्णनासिकम् । कृत्वाङ्कं मन्त्रिणो देशात्सरुण्डां निरवासयन् ॥ ४०
छिन्ननासिकया रुण्डं बोधिसत्त्वं नृपश्रिया । युक्तं सदृशसंयोगं तदा विधिरदर्शयत् ॥ ४१
एवं दुरवधार्यैव गतिश्चित्तस्य योषिताम् । दैवस्येवाविचारस्य नीचैकाभिमुखस्य च ॥ ४२
एवं चात्यक्तशीलानां ससत्त्वानां जितक्रुधाम् । तुष्टेवाचिन्तिता एव स्वयमायान्ति संपदः ॥ ४३
इत्याख्याय कथां मन्त्री गोमुखः पुनरेव सः । नरवाहनदत्ताय कथामेतामवर्णयत् ॥ ४४
कोऽप्यासीद्बोधिसत्त्वांशो वने क्वापि कृतोटजः । करुणैकामहृदयो महासत्त्वस्तपश्चरन् ॥ ४५
स तत्र जन्तूनापन्नान्पिशाचांश्च समुद्धरन् । अपरांश्च जलैरन्नैः स्वप्रभावादतर्पयत् ॥ ४६
एकदान्योपकारार्थं भ्रमन्सोऽत्राटवीभुवि । महान्तं कूपमद्राक्षीत्तदन्तश्च ददौ दृशम् ॥ ४७
तावच्च स्त्री तदन्तःस्था तं दृष्ट्वोच्चैरभाषत । भो महात्मन्नहं नारी सिंहः स्वर्णशिखः खगः ॥ ४८
भुजगश्चेति चत्वारः कूपेऽत्र रजनौ वयम् । पतितास्तदतः क्लेशादुद्धरास्मान्कृपां कुरु ॥ ४९
एतच्छ्रुत्वा जगादैतां स्त्रियं यूयं त्रयो यदि । तमसान्धा निपतिताः खगोऽत्र पतितः कथम् ॥ ५०
तथैवैषोऽपि पतितो व्याधजालेन संयतः । इति सापि महासत्त्वं तं नारी प्रत्यभाषत ॥ ५१
ततस्तान्स तपःशक्त्या यावदुद्धर्तुमिच्छति । तावच्छशाक नोद्धर्तुं सिद्धिस्तस्य व्यहीयत ॥ ५२
पापेयं स्त्री ध्रुवं सिद्धिरेतत्संभाषणाद्धि मे । नष्टा यतस्त्वत्र तावद्युक्तिमन्यां करोम्यहम् ॥ ५३
इति संचिन्त्य रज्ज्वा तांस्तृणावेष्टितयाखिलान् । उज्जहार महासत्त्वः स कूपात्कुर्वतः स्तुतिम् ॥ ५४
सविस्मयश्च पप्रच्छ सिंहपक्षिभुजंगमान् । व्यक्ता वाग्वः कथं कीदृग्वृत्तान्तश्चोच्यतामिति ॥ ५५
ततः सिंहोऽब्रवीद्व्यक्तवाचो जातिस्मरा वयम् । अन्योन्यबाधकाश्चास्मद्वृत्तान्तं च क्रमाच्छृणु ॥ ५६
इत्युक्त्वा स स्ववृत्तान्तं सिंहो वक्तुं प्रचक्रमे । अस्ति वैदूर्यशृङ्गाख्यं तुषाराद्रौ पुरोत्तमम् ॥ ५७
पद्मवेगाभिधानोऽस्ति तत्र विद्याधरेश्वरः । वज्रवेगाभिधानश्च पुत्रस्तस्योदपद्यत ॥ ५८
स वज्रवेगोऽहंकारी विरोधं येनकेनचित् । साकं शौर्यमदाच्चक्रे लोके वैद्याधरे वसन् ॥ ५९
निषेधतः पितुस्तस्य यदा नागणयद्वचः । तदा पिता तमशपन्मर्त्यलोके पतेति सः ॥ ६०
ततो नष्टमदो भ्रष्टविद्यः शापहतो रुदन् । वज्रवेगः स पितरं शापान्तं तमयाचत ॥ ६१
ततः स तत्पिता पद्मवेगो ध्यात्वाब्रवीत्क्षणात् । भुवि विप्रसुतो भूत्वा कृत्वाप्येवं मदं पुनः ॥ ६२
पितुः शापात्ततः सिंहो भूत्वा कूपे पतिष्यसि । महासत्त्वश्च कृपया कश्चित्त्वामुद्धरिष्यति ॥ ६३
तस्य प्रत्युपकारं च विधायापदि मोक्ष्यसे । शापादस्मादिति पिता शापान्तं तस्य स व्यधात् ॥ ६४
अथेह वज्रवेगोऽसौ विप्रस्याजनि मालवे । हरघोषाभिधानस्य देवघोषाभिधः सुतः ॥ ६५
स तत्राप्यकरोद्वैरं बहुभिः शौर्यगर्वतः । बहुभिर्मा कृथा वैरमिति तं चावदत्पिता ॥ ६६
अकुर्वाणं वचस्तस्य शप्तवान्स पिता क्रुधा । शौर्याभिमानी दुर्बुद्धे सिंहस्त्वं भव सांप्रतम् ॥ ६७
एवं तस्य पितुः शापाद्देवघोषः पुनश्च सः । विद्याधरावतारः सन्सिंहो जातोऽत्र कानने ॥ ६८
तमिमं विद्धि मां सिंहं सोऽहं दैवाद्भ्रमन्निशि । कूपेऽद्य पतितोऽमुष्मिन्महासत्त्वोद्धृतस्त्वया ॥ ६९
तद्यामि तावदापच्च यदा स्यात्क्वापि ते तदा । मां स्मरेरुपकारं ते कृत्वा मोक्ष्ये स्वशापतः ॥ ७०
इत्युदीर्य गते सिंहे बोधिसत्त्वेन तेन सः । पृष्टः सुवर्णचूलोऽथ पक्षी स्वोदन्तमभ्यधात् ॥ ७१
अस्ति विद्याधराधीशो वज्रदंष्ट्रो हिमाचले । तस्य देव्यामजायन्त पञ्च कन्या निरन्तराः ॥ ७२
ततः स हरमाराध्य तपसा प्राप्तवान्सुतम् । राजा रजतदंष्ट्राख्यं जीवितादधिकप्रियम् ॥ ७३
स तेन पित्रा बालोऽपि विद्याः स्नेहेन लम्भितः । वृद्धिं रजतदंष्ट्रोऽत्र बन्धुनेत्रोत्सवो ययौ ॥ ७४
एकदा भगिनीं ज्येष्ठां नाम्ना सोमप्रभां च सः । गौर्याः पुरः पिञ्जरकं वादयन्तीमवैक्षत ॥ ७५
देहि पिञ्जरकं मह्यं वादयाम्यहमप्यदः । इत्ययाचत तां सोऽथ बालत्वादनुबन्धतः ॥ ७६
सा तन्नादाद्यदा तस्मै तदा चापलतः स्वयम् । तस्यास्तत्सोऽपहृत्यैव पक्षीवोदपतन्नभः ॥ ७७

साथ स्वसा तमशपद्यन्मे पिञ्जरकं हठात्। हत्वोड्डीनोऽसि तत्पक्षी स्वर्णचूलो भविष्यसि ॥ ७८
तच्छ्रुत्वा पादपतितेनैत्य सा तेन याचिता। स्वसा रजतदंष्ट्रेण तस्य शापान्तमब्रवीत् ॥ ७९
पक्षी भूत्वान्धकूपे त्वं यदा मूढ पतिष्यसि। उद्धरिष्यति कश्चिच्च तदा त्वां करुणापरः ॥ ८०
तस्य कृत्वोपकारांशं शापमेतं तरिष्यसि। इत्युक्तः स तया भ्राता स्वर्णचूलः खगोऽजनि ॥ ८१
स एष स्वर्णचूलोऽहं पक्षी भ्रष्टोऽवटे निशि। इहोद्धृतोऽस्मि भवता तदिदानीं व्रजाम्यहम् ॥ ८२
आपदि त्वं स्मरेर्मां च तव कृत्वा ह्युपक्रियाम्। शापान्मोक्ष्येऽहमित्युक्त्वा सोऽपि पक्षी ययौ ततः ॥ ८३
ततः स बोधिसत्त्वेन तेन पृष्टो भुजंगमः। स्वोदन्तं कथयामास तस्मायत्र महात्मने ॥ ८४
पुरा मुनिकुमारोऽहमभूवं कश्यपाश्रमे। अभवत्तत्र चैको मे वयस्यो मुनिपुत्रकः ॥ ८५
एकदा चावतीर्णेऽस्मिन्सरः स्नातुं वयस्यके। तटस्थितोऽहमद्राक्षं त्रिफणं सर्पमागतम् ॥ ८६
तेन भीषयितुं तं च वयस्यं नर्मणा मया। तत्संमुखं तटान्ते स बद्धो मन्त्रबलादहिः ॥ ८७
क्षणात्स्नात्वा तटं प्राप्तो मद्वयस्यो विलोक्य सः। अशङ्कितं महाहिं तं त्रस्तो मोहमुपागमत् ॥ ८८
चिरादाश्वासितः सोऽथ मया ध्यानादवेत्य तत्। मत्कृतं त्रासनं कोपाच्छपति स्म सखापि माम् ॥ ८९
गच्छेदृगेव त्रिफणः सर्पो भव महानिति। अनुनीतोऽथ शापान्तमृषिपुत्रः स मेऽब्रवीत् ॥ ९०
सर्पीभूतं च्युतं कूपे योऽसौ त्वामुद्धरिष्यति। तस्योपकृत्यावसरे शापमुक्तो भविष्यसि ॥ ९१
इत्युक्त्वैव गते तस्मिन्नेषोऽहं सर्पतां गतः। उद्धृतोऽस्मि त्वया चाद्य कूपात्तद्यामि संप्रति ॥ ९२
स्मृतश्चैत्योपकारं ते कृत्वा मोक्ष्ये स्वशापतः। इत्युक्त्वा भुजगे याते स्त्री स्ववृत्तमवर्णयत् ॥ ९३
अहं क्षत्रियपुत्रस्य भार्या राजोपसेविनः। शूरस्य त्यागिनो यूनश्चारुरूपस्य मानिनः ॥ ९४
कृतोऽन्यपुरुषासङ्गो मया तदपि पापया। तद्विज्ञाय स भर्ता मे निग्रहायाकरोन्मतिम् ॥ ९५
सखीमुखाच्च तद्बुद्ध्वा तदैवाहं पलायिता। रात्रौ वनं प्रविष्टेदं कूपभ्रष्टोद्धृता त्वया ॥ ९६
त्वत्प्रसादादिदानीं च गत्वा जीवामि कुत्रचित्। भूयात्तन्मे दिनं यत्र कुर्यां ते प्रत्युपक्रियाम् ॥ ९७
इत्युक्त्वा बोधिसत्त्वं तं कुलटा निकटात्ततः। गोत्रवर्धनसंज्ञस्य राज्ञः सा नगरं ययौ ॥ ९८
तस्य संगतिमुत्पाद्य परिवारजनैः सह। तस्थौ राजमहादेव्या दासीभावाश्रयेण सा ॥ ९९
तस्यापि बोधिसत्त्वस्य तस्याः संभाषणात्स्त्रियाः। नाविरासीद्वने नष्टसिद्धेर्मूलफलादिकम् ॥ १००
ततः क्षुत्तृष्णया क्लान्तः प्राक्स सिंहं तमस्मरत्। स्मृतागतः स चैतस्य व्यधाद्वृत्तिं मृगामिषैः ॥ १०१
कंचित्कालं स तन्मांसैः प्रकृतिस्थं विधाय तम्। केसरी सोऽब्रवीत्क्षीणः सशापो मे व्रजाम्यहम् ॥ १०२
इत्युक्त्वा सिंहतां मुक्त्वा भूत्वा विद्याधरश्च सः। जगाम तदनुज्ञातस्तमामन्त्र्य निजं पदम् ॥ १०३
ततः स बोधिसत्त्वांशो वृत्तिग्लानः पुनः खगम्। सस्मार स्वर्णचूलं तमुपागात्सोऽपि तत्स्मृतः ॥ १०४
आवेदितार्तिस्तेनासौ गत्वानीय खगः क्षणात्। रत्नाभरणसंपूर्णां ददौ तस्मै करण्डिकाम् ॥ १०५
उवाच चैतेनार्थेन वृत्तिः स्याच्छाश्वती तव। मम जातश्च शापान्तः स्वस्ति ते साधयाम्यहम् ॥ १०६
इत्युक्त्वा सोऽपि भूत्वैव विद्याधरकुमारकः। स्वलोकं नभसा गत्वा प्राप राज्यं निजात्पितुः ॥ १०७
सोऽपि रत्नानि विक्रेतुं बोधिसत्त्वः परिभ्रमन्। तत्प्राप नगरं यत्र सा स्त्री कूपोद्धृता स्थिता ॥ १०८
तत्रैकस्याश्च वृद्धाया ब्राह्मण्या विजने गृहे। निधाय तान्याभरणान्यापणं यावदेति सः ॥ १०९
तावद्ददर्श तामेव वने कूपात्समुद्धृताम्। स्त्रियं संमुखमायान्तीं सापि स्त्री पश्यति स्म तम् ॥ ११०
संभाषणे कृतेऽन्योन्यमथ सा स्त्री कथाक्रमात्। स्वं राजमहिषीपार्श्वस्थितमस्मै न्यवेदयत् ॥ १११
सोऽपि पृष्टस्ववृत्तान्तस्तया तस्यै शशंस ताम्। रत्नाभरणसंप्राप्तिं स्वर्णचूलखगादृजुः ॥ ११२
नीत्वा चाभरणं तस्यै वृद्धावेश्मन्यदर्शयत्। सापि गत्वा शठा राज्ञ्यै स्वस्वामिन्यै शशंस तत् ॥ ११३
तस्याश्च राज्ञ्या गेहान्तः स्वर्णचूलेन पक्षिणा। नीतं छलेन पश्यन्त्या एवाभरणभाण्डकम् ॥ ११४
तच्च सा स्वपुरप्राप्तं राज्ञी तस्या मुखात्स्त्रियाः। बुद्ध्वा विदितवेद्याय राजानं तं व्यजिज्ञपत् ॥ ११५
राजापि बोधिसत्त्वं तं दर्शितं कुस्त्रिया तया। आनाययत्साभरणं भृत्यैर्बद्ध्वा गृहात्ततः ॥ ११६

परिपृच्छ्य च वृत्तान्तं सत्यं मत्वापि तद्वचः । स्थापयामास बद्धं सं गृहीत्वाभरणान्यपि ॥ ११७
स बन्धस्थोऽत्र सस्मार बोधिसत्त्वो भुजंगमम् । ऋषिपुत्रावतारं तमुपतस्थे च सोऽपि तम् ॥ ११८
दृष्ट्वा च तं स पृष्टार्थः सर्पः साधुमभाषत । गत्वाहं वेष्टयाम्येतमा मूर्धान्तं महीपतिम् ॥ ११९
न च मुञ्चाम्यमुं यावदागत्योक्तोऽस्मि न त्वया । मोक्ष्याम्यहं नृपं सर्पादिति त्वं च वदेरिह ॥ १२०
त्वय्यागते त्वद्वचसा मोक्ष्याम्यहमतो नृपम् । मन्मुक्तश्चैष राजा ते स्वराज्यार्धं प्रदास्यति ॥ १२१
इत्युक्त्वा तं स गत्वैव परिवेष्टितवानहिः । राजानमास्त चैतस्य मूर्ध्नि कृत्वा फणत्रयम् ॥ १२२
हा हा दष्टोऽहिना राजेत्याक्रन्दति जनेऽथ सः । बोधिसत्त्वोऽब्रवीद्रक्षाम्यहं नृपमहेरिति ॥ १२३
श्रुतवद्भिश्च तद्वाक्यं विज्ञप्तः सोऽनुजीविभिः । आनाय्य बोधिसत्त्वं तं सर्पाक्रान्तोऽब्रवीन्नृपः ॥ १२४
यदि मां मोचयस्यस्मात्सर्पात्तत्ते ददाम्यहम् । राज्यार्धमन्तरस्थाश्च तवैते मन्त्रिणोऽत्र मे ॥ १२५
तच्छ्रुत्वा बाढमित्युक्ते मन्त्रिभिः स जगाद तम् । भुजंगं बोधिसत्त्वांशो मुञ्च राजानमाश्विति ॥ १२६
ततस्तेनाहिना मुक्तो राज्यार्धं नृपतिर्ददौ । स तस्मै बोधिसत्त्वाय सोऽपि स्वस्थोऽभवत्क्षणात् ॥ १२७
सर्पश्च क्षीणशापः सन्भूत्वा मुनिकुमारकः । सदस्याख्यातवृत्तान्तो जगाम निजमाश्रमम् ॥ १२८
एवं निश्चितमभ्येति शुभमेव शुभात्मनाम् । एवं चातिक्रमो नाम क्लेशाय महतामपि ॥ १२९
अविश्वासास्पदं चैव स्त्रीणां स्पृशति नाशयम् । प्राणदानोपकारोऽपि किं तासामन्यदुच्यते ॥ १३०
इत्याख्याय कथां वत्सराजपुत्रं स गोमुखः । उवाच कथयाम्येताः पुनर्मुग्धकथाः शृणु ॥ १३१
बभूव श्रमणः कश्चिद्विहारे क्वापि मूढधीः । स रथ्यायां भ्रमञ्जातु शुना जानुन्यदश्यत ॥ १३२
श्वदष्टः स विहारं स्वमुपागत्य व्यचिन्तयत् । किं वृत्तं जानुनि तवेत्येकैकः प्रक्ष्यतीह माम् ॥ १३३
प्रत्याययिष्याम्येवं च कियतोऽहं कियच्चिरम् । तदुपायं करोम्यत्र सर्वान्बोधयितुं सकृत् ॥ १३४
इत्यालोच्य समारुह्य स विहारोपरि द्रुतम् । गृहीत्वा ग्रन्थिमुसलं मूढो भिक्षुरवादयत् ॥ १३५
अकारणमकाले किं ग्रन्थिं वादयसीति तम् । श्रुत्वाश्चर्येण मिलिताः पप्रच्छुरथ भिक्षवः ॥ १३६
शुना मे भक्षितं जानु तदेकैकस्य पृच्छतः । ब्रुवेऽहं कियदित्येवं यूयं संघटिता मया ॥ १३७
तद्बुध्यध्वं समं सर्वे जानु मे पश्यतेति सः । भिक्षून्प्रत्यब्रवीदेतान्श्वदष्टं जानु दर्शयन् ॥ १३८
ततः पार्श्वोपपीडं ते समग्रा भिक्षवोऽहसन् । कियन्मात्रे कृतोऽनेन संरम्भोऽयं कियानिति ॥ १३९
आख्यातः श्रमणो मूर्खष्टक्कमूर्खो निशम्यताम् । कदर्यः कोऽप्यभूत्क्वापि मूर्खष्टक्को महाधनः ॥ १४०
सभार्यः स सदा भुङ्क्ते सक्तूंल्लवणवर्जितान् । अन्यस्यान्नस्य बुबुधे नैव स्वादं स जातुचित् ॥ १४१
एकदा प्रेरितो धात्रा स भार्यामब्रवीन्निजाम् । क्षीरिणीं प्रति जाता मे श्रद्धा तामद्य मे पच ॥ १४२
तथेति तस्य सा भार्या पपाच क्षीरिणीं तदा । तस्थौ चाभ्यन्तरे गुप्तं स टक्कः[1] शयनं श्रितः ॥ १४३
दृष्ट्वा प्राघुणिकः कश्चिदत्र मे मा स्म भूदिति । तावत्तस्य सुहृद्धूर्तष्टक्कस्तत्रैक आययौ ॥ १४४
क्व ते भर्तेति पप्रच्छ स च तां तस्य गेहिनीम् । साप्यदत्तोत्तरा तस्य प्राविशद्भर्तुरन्तिकम् ॥ १४५
आख्यातमित्रागमना सोऽपि भार्यां जगाद ताम् । उपविश्येह रुदती पादावादाय तिष्ठ मे ॥ १४६
भर्ता मे मृत इत्येवं वदेश्च सुहृदं मम । ततो गतेऽस्मिन्नावाभ्यां भोक्तव्या क्षीरिणी सुखम् ॥ १४७
इत्युक्ता तेन यावत्सा प्रवृत्ता रोदितुं तदा । तावत्प्रविश्य सोऽपृच्छत्किमेतदिति तां सुहृत् ॥ १४८
भर्ता मृतो मे पश्येति तयोक्तः स व्यचिन्तयत् । क्व पचन्ती मया दृष्टा सुखिता क्षीरिणामियम् ॥ १४९
क्वाधुनैव विपन्नोऽयमेतद्भर्ता विना रुजम् । नूनं मां प्राघुणं दृष्ट्वा कृतमाभ्यामिदं मृषा ॥ १५०
तन्मया नैव गन्तव्यमित्यालोच्योपविश्य सः । धूर्तो हा मित्र हा मित्रेत्याक्रन्दंस्तत्र तस्थिवान् ॥ १५१
श्रुताक्रन्दाः प्रविश्यात्र बान्धवा मृतवत्स्थितम् । श्मशानं मौतटक्कं तं नेतुमासन्समुद्यताः ॥ १५२
उत्तिष्ठ बान्धवैर्यावदेतैर्नीत्वा न दह्यसे । इत्युपांश्ववदत्कर्णमूले भार्या तदा च तम् ॥ १५३
नैवं शठोऽयं टक्को मे क्षीरिणीं भोक्तुमिच्छति । नोत्तिष्ठामि तदेवस्मिन्नगतेऽहं मृतो यदि ॥ १५४

1 टक्को वाह्लीकदेशोद्भवः पुरुषः.

प्राणेभ्योऽप्यन्नमुष्टिर्हि मादृशानां गरीयसी । इति प्रत्यब्रवीद्भार्यामुपांश्वेव स तां जडः ॥ १५५
ततस्तेन कुमित्रेण नीत्वा तैः स्वजनैश्च सः । दह्यमानोऽपि निश्चेष्टो ददौ नामरणाद्वचः ॥ १५६
एवं स मूढो विजहौ प्राणांश्च क्षीरिणीं पुनः । क्लेशार्जितं च बुभुजे तस्यान्यैर्हेलया धनम् ॥ १५७
श्रुतः कदर्यः श्रूयन्ताममी मार्जारभीतकाः । उज्जयिन्यामुपाध्यायो मुग्धः कोऽप्यभवन्मठे ॥ १५८
तत्र निद्रा न तस्याभून्मूषकोपद्रवान्निशि । तत्खिन्नस्तच्च सुहृदे स कस्मैचिदवर्णयत् ॥ १५९
मार्जारं स्थापयानीय सोऽत्र खादति मूषकान् । इति सोऽपि सुहृद्विप्रस्तमुपाध्यायमब्रवीत् ॥ १६०
मार्जारः कीदृशः क्वास्ते न स दृष्टचरो मया । इत्युक्तवत्युपाध्याये तं सुहृत्सोऽब्रवीत्पुनः ॥ १६१
काचरे लोचने तस्य वर्णः कपिलधूसरः । पृष्ठे च लोमशं चर्म रथ्यास्वटति चेह सः ॥ १६२
तदेभिस्त्वमभिज्ञानैरन्विष्यानाययाशु तम् । मित्र मार्जारमित्युक्त्वा तत्सुहृत्स ययौ गृहम् ॥ १६३
ततः शिष्यानुपाध्यायः स जगाद जडो निजान् । अभिज्ञानानि युष्माभिः श्रुतान्येव स्थितैरिह ॥ १६४
तदन्विष्यत मार्जारं रथ्यासु तमिह क्वचित् । तथेति ते गताः शिष्यास्तत्र भ्रेमुरितस्ततः ॥ १६५
तथापि न तु तैर्दृष्टो मार्जारः स कदाचन । अथैकं ते बटुं रथ्यामुखादैक्षन्त निर्गतम् ॥ १६६
काचरं नेत्रयुगले वर्णे धूसरपिङ्गलम् । पृष्ठोपरि दधानं च लोमशं हरिणाजिनम् ॥ १६७
दृष्ट्वा तं सैष मार्जारः प्राप्तोऽस्माभिर्यथाश्रुतः । इत्यवष्टभ्य तं निन्युरुपाध्यायान्तिकं च ते ॥ १६८
उपाध्यायोऽपि मित्रोक्तैर्युक्तं मार्जारलक्षणैः । दृष्ट्वा तं स्थापयामास रात्रौ तत्र मठान्तरे ॥ १६९
मार्जारो नूनमस्तीति मेने सोऽपि बटुर्जडः । मार्जाराख्यां कृतां शृण्वन्नात्मनस्तैरबुद्धिभिः ॥ १७०
स च भीतो बटुः शिष्यस्तस्य विप्रस्य येन तत् । उपाध्यायस्य तस्योक्तं मैत्र्या मार्जारलक्षणम् ॥ १७१
प्रातः सोऽत्रागतो विप्रो बटुमन्तर्विलोक्य तम् । इह केनायमानीत इति भीतानुवाच तान् ॥ १७२
श्रुतोपलक्षणस्त्वत्तो मार्जारोऽस्माभिरेष सः । आनीत इत्युपाध्यायो भीतः शिष्याश्च तेऽवदन् ॥ १७३
ततो विहस्य सोऽवादीद्विप्रो मूढाः क्व मानुषः । क्व च तिर्यक्स मार्जारश्चतुष्पात्पुच्छवानपि ॥ १७४
तच्छ्रुत्वा तं बटुं मुक्त्वा तेऽब्रुवन्मन्दबुद्धयः । तर्ह्यन्विष्यानयामस्तं मार्जारं तादृशं पुनः ॥ १७५
एवमुक्तवतो मूढाञ्जनस्तत्र जहास तान् । अज्ञता नाम कस्येह नोपहासाय जायते ॥ १७६
मार्जारभीतः कथितः श्रूयन्तामपरेऽप्यमी । आसीद्बहूनां मुग्धानां मुख्यो मुग्धो मठे क्वचित् ॥ १७७
स केनचिद्वाच्यमानाद्धर्मशास्त्रात्कदाचन । तडागकर्तुरश्रौषीदमुत्र सुमहत्फलम् ॥ १७८
ततः स धनसंपूर्णो विपुलं वारिपूरितम् । तडागं कारयामास नातिदूरे निजान्मठात् ॥ १७९
एकदा स तडागं तं द्रष्टुं मुग्धाग्रणीर्गतः । केनाप्युत्पाटितान्यस्य पुलिनानि व्यलोकयत् ॥ १८०
तथैवागत्य सोऽन्येद्युरुत्खातं तटमन्यतः । दृष्ट्वा तस्य तडागस्य सोद्वेगः समचिन्तयत् ॥ १८१
प्रातः प्रभातादारभ्य स्थास्यामीहैव वासरम् । द्रक्ष्यामि कः करोत्येतदित्यालोच्य ययौ प्रगे ॥ १८२
अन्येद्युर्यावदेत्यास्ते तावत्तत्र ददर्श सः । दिवोऽवतीर्य शृङ्गाभ्यां खनन्तं वृषभं तटम् ॥ १८३
दिव्यो वृषोऽयं तत्किं न दिवं यामि सहामुना । इत्युपेत्य वृषस्यास्य हस्ताभ्यां पुच्छमग्रहीत् ॥ १८४
ततः पुच्छावलग्नं तं भीतमुत्क्षिप्य वेगतः । क्षणान्निनाय कैलासं स्वं धाम भगवान्वृषः ॥ १८५
तत्र दिव्यानि भक्ष्याणि मोदकादीन्यवाप्य सः । भुञ्जानो न्यवसद्भीतो दिनानि कतिचित्सुखम् ॥ १८६
गतागतानि कुर्वाणं स दृष्ट्वा तं महावृषम् । अचिन्तयत भीतानां मुख्यो दैवेन मोहितः ॥ १८७
गच्छामि वृषपुच्छावलग्नः पश्यामि बान्धवान् । कथयित्वाद्भुतमिदं तथैवैष्याम्यहं पुनः ॥ १८८
इति संचिन्त्य वृषभस्यैकदोपेत्य तस्य सः । आलम्ब्य गच्छतः पुच्छमागाद्भीतो भुवस्तलम् ॥ १८९
ततः प्राप्तो मठे भीतैरन्यैराश्लिष्य तत्स्थितैः । क्व गतोऽसीति पृष्टस्तं स्ववृत्तान्तं शशंस सः ॥ १९०
ततः सर्वे श्रुताश्चर्या भीतास्ते प्रार्थयन्त तम् । प्रसीद नय तत्रास्मानपि भोजय मोदकान् ॥ १९१
तच्छ्रुत्वा स तथेत्येताम्युक्तिमुक्त्वापरे दिने । तडागोपान्तमनयत्स च तत्राययौ वृषः ॥ १९२
जग्राह तस्य लाङ्गूलं मुख्यः पाणिद्वयेन सः । तस्याप्यगृह्णाच्चरणावन्यस्तस्यापि चेतरः ॥ १९३

इत्यन्योन्याङ्घ्रिलग्नैस्तैर्भौतैर्यावच्च शृङ्खला । रचिता स वृषस्तावदुत्पपात जवान्नभः ॥ १९४
याति तस्मिंश्च वृषभे लाङ्गूलालम्बिभौतके । मुख्यभौतं तमप्राक्षीदेको भौतोऽथ दैवतः ॥ १९५
श्रद्धामाख्याहि नस्तावद्यथेष्टसुलभा दिवि । कियत्प्रमाणा भवता मोदका भक्षिता इति ॥ १९६
ततो भ्रष्टानुसंधानो वृषपुच्छं विमुच्य तम् । पद्माकारौ करौ कृत्वा संश्लिष्टौ भौतनायकः ॥ १९७
इयत्प्रमाणा इत्याशु यावत्तान्प्रतिवक्ति सः । तावत्सोऽन्ये च ते सर्वे खान्निपत्य विपेदिरे ॥ १९८
वृषः प्रायाच्च कैलासं जनो दृष्ट्वा जहास च । दोषाय निर्विमर्शैवं भौतप्रश्नोत्तरक्रिया ॥ १९९
श्रुता शुगामिनो भौताः श्रूयतामपरोऽप्ययम् । कश्चिद्भौतो विसस्मार मार्गं मार्गान्तरं व्रजन् ॥ २००
तरोर्नदीतटस्थस्य गच्छास्योपरिवर्त्मना । इत्युच्यते स्म पन्थानं परिपृच्छञ्जनैश्च सः ॥ २०१
ततस्तस्य तरोः पृष्ठं गत्वारूढः स मूढधीः । एतत्पृष्ठेन मे पन्था उपदिष्टो जनैरिति ॥ २०२
तत्पृष्ठे सर्पतश्चास्य भरात्पर्यन्तवर्तिनी । शाखा ननाम यत्नेन पपातालम्ब्य नैष ताम् ॥ २०३
तामालम्ब्य स्थितो यावत्तावत्तेनाययौ पथा । आरोहेणोपरिस्थेन नद्यां पीतजलः करी ॥ २०४
तं दृष्ट्वा तरुशाखाप्रलम्बी भौतः स दीनवाक् । महात्मन्मां गृहाणेति हस्त्यारोहमुवाच तम् ॥ २०५
हस्त्यारोहश्च भौतं तमवतारयितुं तरोः । पादयोरग्रहीद्वाभ्यां पाणिभ्यामुज्झिताङ्कुशः ॥ २०६
तावच्च निर्गत्य गते गजे भौतस्य तस्य सः । ललम्बे पादयोर्हस्तिपको वृक्षाप्रलम्बिनः ॥ २०७
ततः स त्वरयन्भौतो हस्त्यारोहं तमभ्यधात् । यदि जानासि तच्छीघ्रं यत्किंचिद्गीयतां त्वया ॥ २०८
इतोऽवतारयेज्जातु यच्छ्रुत्वागत्य नौ जनः । पतितावन्यथाधस्ताद्धरेदावामियं नदी ॥ २०९
इत्युक्तः स गजारोहस्तेन मञ्जु तथा जगौ । यथा स एव भौतोऽत्र परितोषमगात्परम् ॥ २१०
साधुवादं च स ददद्विस्मृत्योज्झितपादपः । दातुं प्रावर्तत द्वाभ्यां हस्ताभ्यां छोटिकां जडः ॥ २११
तत्क्षणं विनिपत्यैव सहस्त्यारोह एव सः । नद्यां विपेदे मूर्खैर्हि सङ्गः कस्यास्ति शर्मणे ॥ २१२
इत्याख्याय कथां भूयो वत्सेश्वरसुताय सः । गोमुखः कथयामास हिरण्याक्षकथामिमाम् ॥ २१३
अस्तीह हिमवत्कुक्षौ देशः पृथ्वीशिरोमणिः । कश्मीर इति विद्यानां धर्मस्य च निकेतनम् ॥ २१४
तत्राधिष्ठानमभवद्धिरण्यपुरनामकम् । कनकाक्ष इति ख्यातस्तस्मिन्राजा बभूव च ॥ २१५
तस्य रत्नप्रभादेव्यां शंकराराधनोद्भवः । पुत्रो हिरण्याक्ष इति क्ष्मापतेरुदपद्यत ॥ २१६
स जातु गुलिकाक्रीडां कुर्वन्गुलिकया छलात् । तापसीं राजतनयो मार्गायातामताडयत् ॥ २१७
सा तापसी जितक्रोधा राजपुत्रं विहस्य तम् । योगीश्वरी हिरण्याक्षमुवाच विकृतानना ॥ २१८
स्वयौवनादिकैरीदृग्दर्पश्चेत्तव तां यदि । मृगाङ्कलेखामाप्नोषि भार्यां तत्कीदृशो भवेत् ॥ २१९
तच्छ्रुत्वा क्षमयित्वा तां राजपुत्रः स पृष्टवान् । कैषा मृगाङ्कलेखाख्या भगवत्युच्यतामिति ॥ २२०
ततस्तं साब्रवीदस्ति शशितेजा इति श्रुतः । विद्याधरेन्द्रो हिमवत्यचलेन्द्रे महायशाः ॥ २२१
मृगाङ्कलेखा तस्यास्ति तनया वरकन्यका । रूपेण द्युचरेन्द्राणां निशासून्निद्रकप्रदा ॥ २२२
सा चानुरूपा भार्या ते तस्यास्त्वमुचितः पतिः । इत्युक्तः सिद्धतापस्या हिरण्याक्षो जगाद ताम् ॥ २२३
कथं भगवति प्राप्या मया सा तर्हि कथ्यताम् । तच्छ्रुत्वा सा हिरण्याक्षं तं योगेश्वर्यभाषत ॥ २२४
गत्वाहं त्वत्कथाख्यानादुपलप्स्ये तदाशयम् । आगत्य चाहमेव त्वां तत्र नेष्याम्यतः परम् ॥ २२५
इहास्ति योऽमरेशाख्यो देवस्तत्केतने त्वया । प्रातः प्राप्यास्मि नित्यं हि तमर्चितुमुपैम्यहम् ॥ २२६
इत्युक्त्वा नभसा प्रायात्तापसी सा स्वसिद्धितः । तस्या मृगाङ्कलेखाया निकटं तुहिनाचलम् ॥ २२७
तत्र तस्यै हिरण्याक्षगुणान्युक्त्या शशंस सा । तथा यथा दिव्यकन्या सात्युत्कैवमुवाच ताम् ॥ २२८
तादृशं चेन्न भर्तारं प्राप्नुयां भगवत्यहम् । तन्निष्फलेन किं कार्यममुना जीवितेन मे ॥ २२९
इत्यारूढस्मरावेशा नीत्वा तत्कथया दिनम् । मृगाङ्कलेखा तापस्या सहोवास तया निशाम् ॥ २३०
तावत्सोऽपि हिरण्याक्षस्तच्चिन्तानीतवासरः । सुप्तः कथंचिज्जगदे गौर्या स्वप्ने निशाक्षये ॥ २३१
विद्याधरः सन्प्राप्तस्त्वं मुनिशापेन मर्त्यताम् । तापस्याः करसंस्पर्शादेतस्या मोक्ष्यसे ततः ॥ २३२

मृगाङ्कलेखां च ततस्तामाशु परिणेष्यसि । तच्चिन्ता नात्र कार्या ते पूर्वभार्या हि सा तव ॥ २३३
इत्यादिश्यैव सा देवी तिरोऽभूत्तस्य सोऽपि च । प्रबुध्य प्रातरुत्थाय चक्रे स्नानादिमङ्गलम् ॥ २३४
ततोऽवरेश्वरस्याग्रे गत्वा तस्थौ प्रणम्य तम् । यत्र संकेतकं तस्य तापस्या विहितं तया ॥ २३५
अत्रान्तरे च कथमप्याप्तनिद्रां स्वमन्दिरे । मृगाङ्कलेखामपि तां गौरी स्वप्ने समादिशत् ॥ २३६
क्षीणशापं हिरण्याक्षं जातं विद्याधरं पुनः । करस्पर्शेन तापस्याः पतिं प्राप्स्यस्यलं शुचा ॥ २३७
इत्युक्त्वान्तर्हितायां च देव्यां प्रातः प्रबुध्य सा । मृगाङ्कलेखा तापस्यै तस्यै स्वप्नं शशंस तम् ॥ २३८
सा तच्छ्रुत्वैव चागत्य भूलोकं सिद्धतापसी । स्थितं क्षेत्रेऽमरेशस्य हिरण्याक्षं तमभ्यधात् ॥ २३९
एहि वैद्याधरं लोकं पुत्रेत्युक्त्वा करेण सा । प्रणतं तं समादाय बाहावुदपतन्नभः ॥ २४०
तावत्स च हिरण्याक्षो भूत्वा विद्याधरेश्वरः । स्मृत्वा शापक्षयाज्जातिं तापसीं तामभाषत ॥ २४१
हिमाद्रौ वज्रकूटाख्ये पुरे जानीहि मामियम् । विद्याधराणां राजानं नाम्नाप्यमृततेजसम् ॥ २४२
सोऽहमुल्लङ्घनक्रोधाच्छापं प्राप्य पुरा मुनेः । मर्त्ययोनिमुपागच्छं त्वत्करस्पर्शनावधिम् ॥ २४३
शप्तस्य मे तदा भार्या या दुःखादजहत्तनुम् । सैषा मृगाङ्कलेखाद्य जाता पूर्वप्रिया मम ॥ २४४
इदानीं च त्वया सार्धं गत्वा प्राप्स्यामि तामहम् । त्वत्करस्पर्शपूतस्य शान्तः शापो हि सोऽद्य मे ॥ २४५
इति ब्रुवंस्तया साकं तापस्या गगनेन सः । जगामामृततेजास्तं हिमाद्रिं शुचराधिपः ॥ २४६
मृगाङ्कलेखामुद्यानस्थितां तत्र ददर्श सः । साप्यपश्यत्तमायान्तं तापस्यावेदितं तया ॥ २४७
चित्रं श्रुतिपथेनादौ प्रविश्यान्योन्यमानसम् । अनिर्गत्याप्यविशतां दृष्टिमार्गेण तौ पुनः ॥ २४८
विवाहसिद्धये पित्रे त्वयेदं कथ्यतामिति । ऊचे मृगाङ्कलेखात्र तापस्या प्रौढया तया ॥ २४९
ततो लज्जानतमुखी सा गत्वा पितरं निजम् । सखीमुखेन तत्सर्वं बोधयामास तत्क्षणम् ॥ २५०
सोऽपि स्वप्नेऽम्बिकादिष्टस्तत्पिता खेचरेश्वरः । तमनैषीत्स्वभवनं संमान्यामृततेजसम् ॥ २५१
ददौ मृगाङ्कलेखां च तस्मै तां स यथाविधि । कृतोद्वाहश्च तं वज्रकूटं स्वं प्रययौ पुरम् ॥ २५२
तत्र सोऽमृततेजाः स्वं राज्यं प्राप्य सभार्यकम् । आनीतं सिद्धतापस्या मर्त्यत्वात्पितरं निजम् ॥ २५३
कनकाक्षं तमभ्यर्च्य भोगैः प्रापय्य भूतलम् । मृगाङ्कलेखया साकं तामृद्धिं बुभुजे चिरम् ॥ २५४

इति पूर्वकर्मविहितं भवितव्यं जगति यस्य जन्तोर्यत् ।
तदयत्नेन स पुरतः पतितं प्राप्नोत्यसाध्यमपि ॥ २५५
एवं गोमुखकथितां शक्तियशस्युत्सुको निशम्य कथाम् ।
शयने निशि नरवाहनदत्तो निद्रामसौ भेजे ॥ २५६

इति महाकविश्रीसोमदेवभट्टविरचिते कथासरित्सागरे शक्तियशोलम्बके नवमस्तरङ्गः ।

दशमस्तरङ्गः ।

ततोऽन्येद्युः पुनर्नक्तं विनोदार्थं स गोमुखः । नरवाहनदत्ताय कथामेतामवर्णयत् ॥ १
धारेश्वराभिधे शैवे सिद्धक्षेत्रे पुरावसत् । उपास्यमानो बहुभिः शिष्यैः कोऽपि महामुनिः ॥ २
सोऽब्रवीज्जातु शिष्यान्स्वान्युष्मासु यदि केनचित् । अपूर्वमीक्षितं किंचिच्छ्रुतं वा तन्निवेद्यताम् ॥ ३
इत्युक्ते तेन मुनिना शिष्य एको जगाद तम् । मया श्रुतमपूर्वं यत्तदाख्यामि निशम्यताम् ॥ ४
विजयाख्यं महाक्षेत्रं कश्मीरेष्वस्ति शांभवम् । तत्र प्रव्राजकः कश्चिदासीद्विद्याभिमानवान् ॥ ५
जयी सर्वत्र भूयासमित्याशंसन्प्रणम्य सः । शंभुं प्रतस्थे वादाय प्रव्राट् पाटलिपुत्रकम् ॥ ६
गच्छंश्च मार्गेऽतिक्रामन्वनानि सरितो गिरीन् । प्राप्याटवीं परिश्रान्तो विशश्राम तरोस्तले ॥ ७
क्षणाच्च वापीशिशिरे तत्र दूराध्वधूसरम् । ददर्श धार्मिकं दण्डकुण्डिकाहस्तमागतम् ॥ ८
कुतस्त्वं कुत्र यासीति निषण्णोऽत्र च तेन सः । प्रव्राजकेन पृष्टस्तमित्यभाषत धार्मिकः ॥ ९
आगतोऽहं सखे विद्याक्षेत्रात्पाटलिपुत्रकात् । कश्मीरान्यामि तत्रत्याञ्जेतुं वादेन पण्डितान् ॥ १०

श्रुत्वैतद्धार्मिकवचः स परिव्राडचिन्तयत् । इहैको न जितोऽयं चेन्मया पाटलिपुत्रकः ॥ ११
तत्तत्र गत्वा जेष्यामि कथमन्यान्बहूनहम् । इत्यालोच्य स तं प्रव्राडाक्षिप्याह स्म धार्मिकम् ॥ १२
विपरीतमिदं किं ते वद धार्मिक चेष्टितम् । क्व धार्मिको मुमुक्षुस्त्वं क्व वादी व्यसनातुरः ॥ १३
वादाभिमानबन्धेन संसारान्मोक्षमिच्छसि । शमयस्यग्निनोष्माणं शीतं हंसि हिमेन च ॥ १४
उत्तितीर्षसि पाषाणनावा मूढ महोदधिम् । वातेन ज्वलितं वह्निं निवारयितुमीहसे ॥ १५
ब्राह्मं शीलं क्षमा नाम क्षात्रमापन्नरक्षणम् । मुमुक्षुशीलं च शमः कलहो रक्षसां स्मृतम् ॥ १६
तस्माच्छान्तेन दान्तेन भवितव्यं मुमुक्षुणा । निरस्तद्वन्द्वदुःखेन संसारक्लेशभीरुणा ॥ १७
अतः शमकुठारेण च्छिन्धीमं भवपादपम् । हेतुवादाभिमानाम्बुसेकं तस्य तु मा स्म दाः ॥ १८
इत्युक्तो धार्मिकस्तेन परितुष्टः प्रणम्य तम् । गुरुर्भवान्ममेत्युक्त्वा जगाम स यथागतम् ॥ १९
प्रव्राड्वसन्स्थितोऽत्रैव तरुमूले तदन्तरात् । यक्षस्यालापमशृणोत्क्रीडतो भार्यया सह ॥ २०
कर्णं ददाति यावच्च स प्रव्राट् तावदत्र सः । यक्षः पुष्पस्रजा भार्यां नर्मणा तामताडयत् ॥ २१
तावच्च मृतकल्पं सा कृत्वात्मानं शठा मृषा । तस्थौ तत्परिवारश्च मुक्ताक्रन्दो झगित्यभूत् ॥ २२
चिराच्चागतजीवेव सा दृशावुदमीलयत् । किं त्वया दृष्टमिति तां यक्षोऽप्राक्षीत्ततः पतिः ॥ २३
अथ मिथ्यैव सावोचत्त्वयाहं मालया यदा । अभ्याहता तदापश्यं कृष्णं पुरुषमागतम् ॥ २४
पाशहस्तं ज्वलन्नेत्रं प्रांशुमूर्ध्वशिरोरुहम् । भयानकं निजच्छायामलिनीकृतदिक्तटम् ॥ २५
तेन नीताहमभवं दुष्टेन यममन्दिरम् । त्याजितास्मि च तत्रत्यैस्तं निवार्याधिकारिभिः ॥ २६
एवं तयोक्ते यक्षिण्या हसन्यक्षो जगाद ताम् । अहो विनेन्द्रजालेन स्त्रीणां चेष्टा न विद्यते ॥ २७
को मृत्युः कुसुमाघातादावृत्तिः का यमालयात् । मूढे पाटलिपुत्रस्त्रीवृत्तान्तोऽनुकृतस्त्वया ॥ २८
तस्मिन्हि नगरे राजा योऽस्ति सिंहाक्षनामकः । तद्भार्या मन्त्रिसेनानीपुरोहितभिषग्वधूः ॥ २९
सहादाय त्रयोदश्यां शुक्लपक्षे कदाचन । सनाथीकृततद्देशामागाद्द्रष्टुं सरस्वतीम् ॥ ३०
तत्र तन्मार्गमिलितैः सर्वाः कुब्जान्धपङ्गुभिः । व्याधितैरित्ययाच्यन्त भूपालप्रमुखाङ्गनाः ॥ ३१
रोगातुराणां दीनानामौषधं नः प्रयच्छत । येन मुच्यामहे रोगात्कुरुतार्तानुकम्पनम् ॥ ३२
समुद्रलहरीलोलो विद्युत्स्फुरितभङ्गुरः । जीवलोको ह्ययं यात्रादृत्सवक्षणसुन्दरः ॥ ३३
तदसारेऽत्र संसारे सारं दीनेषु या दया । कृपणेषु च यद्दानं गुणवान्क न जीवति ॥ ३४
आढ्यस्य किं च दानेन सुहितस्याशनेन किम् । किं चन्दनेन शीतालोः किं धनेन हिमागमे ॥ ३५
तदेतानुद्धरत नः कृपणानामयापदः । इत्युक्ता व्याधितैस्तैस्ता नृपभार्यादयोऽब्रुवन् ॥ ३६
सुष्ठूपपन्नं जल्पन्ति कृपणा व्याधिता इमे । सर्वस्वेनाप्यतोऽस्माभिः कार्यमेषां चिकित्सितम् ॥ ३७
एवमन्योन्यमालप्य देवीमभ्यर्च्य योषितः । व्याधितांस्तान्स्वभवनान्यानिन्युस्ताः पृथक्पृथक् ॥ ३८
स्वभर्तॄन्प्रेर्य तेषां च महासत्त्वान्महौषधैः । चिकित्सां कारयामासुर्नोत्तस्थुश्च तदन्तिकात् ॥ ३९
सहवासाच्च तैरेव सङ्गमुद्भूतमन्मथैः । तथा ययुस्ताः संसारं तन्मयं ददृशुर्यथा ॥ ४०
क्व रोगिणोऽमी कृपणा भर्तारः क्व नृपादयः । इति न व्यमृशत्तासां मन्मथान्धीकृतं मनः ॥ ४१
ततश्च ता असंभाव्यरोगिसंभोगसंभवैः । नखदन्तक्षतैर्युक्ताः पतयो ददृशुर्निजाः ॥ ४२
ते च भूपालतन्मन्त्रिसेनापतिमुखादयः । तदाचख्युः ससंदेहाः परस्परमतन्द्रिताः ॥ ४३
ततो राजाब्रवीदन्यान्यूयं संप्रति तिष्ठत । अहमद्य निजां भार्यां तावत्पृच्छामि युक्तितः ॥ ४४
इत्युक्त्वा तान्विसृज्यैव गत्वा वासगृहं च सः । प्रदर्शितस्नेहभयो भार्यां पप्रच्छ तां नृपः ॥ ४५
दष्टः केनाधरोऽयं ते क्षतौ केन नखैः स्तनौ । सत्यमाख्यासि चेदस्ति श्रेयस्ते नान्यथा पुनः ॥ ४६
इत्युक्त्वा तेन राज्ञा सा राज्ञी कृतकमब्रवीत् । अवाच्यमप्यधन्याहं वच्म्याश्चर्यमिदं शृणु ॥ ४७
चित्रभित्तेरितो रात्रौ पुमांश्चक्रगदाधरः । निर्गत्यैवोपभुङ्क्ते मां प्रातश्चात्रैव लीयते ॥ ४८
यदङ्गं चन्द्रसूर्याभ्यामपि दृष्टं न जातु मे । तत्रेदृगेत्य क्रियते तेनावस्था स्थिते त्वयि ॥ ४९

एतत्तस्याः सदुःखाया इव श्रुत्वा वचो नृपः। प्रत्येति स्म तथा मूर्खो मायामाशङ्क्य वैष्णवीम् ॥ ५०
शशंस मन्त्र्यादिभ्यश्च तेभ्यस्तेऽपि तथा जडाः। मत्वाच्युतोपभुक्तास्ता भार्यास्तूष्णीं किलाभवन् ॥ ५१
इत्यसत्यैकरचनाचतुराः कुस्त्रियः शठाः। वञ्चयन्ते जडमतीन्नाहं मूर्खस्तु तादृशः ॥ ५२
इति यक्षो ब्रुवन्भार्यां स विलक्षीचकार ताम्। तच्च प्रव्राजकोऽश्रौषीत्सर्वं तरुतले स्थितः ॥ ५३
ततः कृताञ्जलिर्यक्षं तं स प्रव्राड् व्यजिज्ञपत्। भगवन्नाश्रमप्राप्तस्तत्राहं शरणागतः ॥ ५४
तत्क्षमस्वापराधं मे त्वद्वचो यन्मया श्रुतम्। इत्युक्तः सत्यवचनात्तस्य यक्षस्तुतोष सः ॥ ५५
सर्वस्थानगताख्योऽहं यक्षस्तुष्टस्तवास्मि च। गृहाण वरमित्यूचे प्रव्राड् यक्षेण तेन सः ॥ ५६
मन्युमस्यां स्वभार्यायां मा कृथा एष एव मे। वरोऽस्त्विति तमाह स्म स प्रव्राडपि गुह्यकम् ॥ ५७
ततः स यक्षोऽवादीत्तं तुष्टोऽस्मि सुतरां तव। तदेष ते वरो दत्तो मयान्यः प्रार्थ्यतामिति ॥ ५८
ततः प्रव्राजकोऽवादीत्तर्ह्ययं मेऽपरो वरः। अद्यप्रभृति पुत्रं मां जानीतं दंपती युवाम् ॥ ५९
श्रुत्वैतत्स सभार्योऽपि प्रत्यक्षीभूय तत्क्षणम्। यक्षस्तमब्रवीद्बाढं पुत्र पुत्रस्त्वमावयोः ॥ ६०
अस्मत्प्रसादान्न च ते भविष्यति विपत्क्वचित्। विवादे कलहे द्यूते विजयी च भविष्यसि ॥ ६१
इत्युक्त्वान्तर्हितं यक्षं तं प्रणम्यातिवाह्य च। रात्रिमत्राययौ प्रव्राट् स तं पाटलिपुत्रकम् ॥ ६२
तत्र द्वाःस्थमुखेनान्तस्तस्मै सिंहाक्षभूभृते। कश्मीरागतमात्मानमाख्याति स्म स वादिनम् ॥ ६३
अनुज्ञातप्रवेशश्च तेनास्थाने महीभुजा। प्रविश्यात्र स्थितान्वादायाचिक्षेप स पण्डितान् ॥ ६४
जित्वा वादेन तान्यक्षवरमाहात्म्यतोऽखिलान्। राजाग्रे स पुनस्तेषां चकाराक्षेपमीदृशम् ॥ ६५
चित्रभित्तेर्विनिर्गत्य गदाचक्रधरः पुमान्। दष्टाधरौष्ठीं दशनैः क्षतस्तनतटां नखैः ॥ ६६
कृत्वोपभुज्य रात्रौ मां तद्भित्तावेव लीयते। एतत्किमिति वः पृच्छाम्युत्तरं मेऽत्र दीयताम् ॥ ६७
एतच्छ्रुत्वा वचो नात्र बुधाः प्रतिवचो ददुः। परमार्थमजानाना अन्योन्याननदर्शिनः ॥ ६८
ततो राजा स सिंहाक्षः स्वयमेव तमब्रवीत्। यदेतदुक्तं भवता तदाचक्ष्व त्वमेव नः ॥ ६९
एतच्छ्रुत्वा स राज्ञेऽस्मै प्रव्राट् सर्वं शशंस तत्। तद्भार्याव्याजचरितं यक्षादश्रावि तेन यत् ॥ ७०
न तत्कुर्यादभिष्वङ्गं पापक्षय्येकहेतवे। स्त्रीभिः कदाचन जनस्तमित्यूचे नृपं च सः ॥ ७१
तुष्टस्तस्मै निजं राज्यं राजा दातुमियेष सः। स तु स्वदेशैकरतः प्रव्राट् तन्नाग्रहीद्यदा ॥ ७२
तदा संमानयामास राजा रत्नोत्करेण तम्। आत्तरत्नः स कश्मीरान्प्रव्राट् स्वं देशमागमत् ॥ ७३
तत्र यक्षप्रसादेन स निर्दैन्यः सुखं स्थितः। इत्याख्याय स शिष्यस्तं महामुनिमभाषत ॥ ७४
अहं प्रव्राजकात्तस्मादेवं तच्छ्रुतवानिति। ततः स विस्मितः सान्यशिष्यश्चिरमभून्मुनिः ॥ ७५
इत्युक्त्वा गोमुखो भूयो वत्सेशात्मजमब्रवीत्। एवमेतानि कुस्त्रीणां चेष्टितानि च वेधसः ॥ ७६
विचित्राणि सदा देव लोकस्य चरितानि च। इयं च श्रूयतामन्या नार्येकादशमारिका ॥ ७७
ग्रामवासी पुमानासीत्कुटुम्बी कोऽपि मालवे। तस्योदपादि दुहिता द्वित्रिपुत्रकनीयसी ॥ ७८
तस्यां च जातमात्रायां भार्या तस्य व्यपद्यत। ततोऽल्पैर्दिवसैस्तस्य पुत्र एको व्यपादि च ॥ ७९
तस्मिन्विपन्ने भ्रातास्य वृषशृङ्गहतो मृतः। सोऽथ कन्यां कुटुम्बी तां नाम्ना चक्रे त्रिमारिकाम् ॥ ८०
त्रयोऽनया लक्षणया जातया मारिता इति। कालेन यौवनस्थां तां पितुस्तस्मादयाचत ॥ ८१
त्रिमारिकामाढ्यपुत्रः कश्चित्तद्ग्रामसंभवः। पिता च तस्मै प्रादात्तां स यथावत्कृतोत्सवः ॥ ८२
तेन भर्त्रा सहारंस्त कालं कमपि तत्र सा। अचिराच्च ततस्तस्याः स भर्ता पञ्चतामगात् ॥ ८३
दिवसैरेव सा चान्यं चपला पतिमग्रहीत्। सोऽप्यल्पेनैव कालेन विपत्तिं प्राप तत्पतिः ॥ ८४
ततः सा यौवनोन्मत्ता तृतीयं पतिमाददे। सोऽपि तस्या विपन्नोऽभूत्पतिघ्न्याः पतिरन्यवत् ॥ ८५
एवं क्रमेण पतयो दश तस्या विपेदिरे। ततो हास्येन सा नाम्ना पप्रथे दशमारिका[1] ॥ ८६
अथान्यभर्तृस्वीकारात्पित्रा ह्रीतेन वारिता। सा वर्ज्यमाना च जनैस्तस्थौ तस्य पितुर्गृहे ॥ ८७

---

१ अस्मादग्रे पुस्तकान्तरे 'डाकिनी भर्तृभक्षेयमिति लोकोऽब्रवीच्च ताम्' इति पद्यार्धमधिकमस्ति.

एकदा च विवेशात्र पान्थो भव्याकृतिर्युवा । एकरात्रिनिवासार्थं तत्पित्रानुमतोऽतिथिः ॥ ८८
तं दृष्ट्वा तद्गतमनाः साभवद्दशमारिका । पान्थोऽपि तरुणीं दृष्ट्वा सोऽभूत्तदभिलाषुकः ॥ ८९
ततः सा मारमुषितत्रपा पितरमभ्यधात् । एकमेतमहं तात वृणोमि पथिकं पतिम् ॥ ९०
विपत्स्यते चेदेषोऽपि ग्रहीष्यामि ततो व्रतम् । एवं शृण्वति पान्थे तां ब्रुवतीं स पिताब्रवीत् ॥ ९१
मा पुत्रि लज्जा महती दश ते पतयो मृताः । तदेतस्मिन्नपि मृते हसिष्यतितरां जनः ॥ ९२
तच्छ्रुत्वैव त्रपां त्यक्त्वा पथिकोऽपि जगाद सः । नाहं म्रिये दश मृताः क्रमाद्भार्या ममापि हि ॥ ९३
समावावां शमाम्यत्र पादस्पर्शेन धूर्जटेः । इत्युक्ते तेन पान्थेन नाचित्रीयत तत्र कः ॥ ९४
बुद्ध्वा च मिलितैर्ग्राम्यैर्दत्तानुमतया तया । दशमारिकया सोऽथ पथिको जगृहे पतिः ॥ ९५
तेन साकं च यावत्सा कालं कमपि तिष्ठति । तावच्छीतज्वराक्रान्तः सोऽपि तस्याः क्षयं ययौ ॥ ९६
ततः सा हासिनी ग्राम्णामप्येकादशमारिका । विग्ना गङ्गातटं गत्वा प्रव्रज्यामेव शिश्रिये ॥ ९७
इत्युक्त्या हसितं वत्सराजपुत्रं स गोमुखः । भूयोऽब्रवीत्कथामन्यां शृण्विमां दान्तजीविनः ॥ ९८
पुमान्कश्चिद्दरिद्रोऽभूद्ग्रामे क्वापि कुटुम्बवान् । एक एव बलीवर्दस्तस्य चाभूद्गृहे धनम् ॥ ९९
स निःसत्त्वोऽशनाभावात्सीदत्यपि कुटुम्बके । सोपवासोऽपि तं दान्तं व्यक्रीणीत न लोभतः ॥ १००
गत्वा तु विन्ध्यवासिन्याः पुरतो दर्भसंस्तरे । पतित्वा स तपश्चक्रे निराहारोऽर्थकाम्यया ॥ १०१
उत्तिष्ठैको बलीवर्दः सर्वदा धनमस्ति ते ॥ अतस्तमेव विक्रीय जीविष्यसि सदा सुखम् ॥ १०२
इत्यादिष्टस्तया स्वप्ने देव्या प्रातः प्रबुध्य सः । उत्थाय पारणं किंचित्कृत्वा स्वगृहमाययौ ॥ १०३
तत्राप्यधीरो विक्रेतुं नोक्षाणं तं शशाक सः । विक्रीतेऽस्मिन्नहं निःस्वो नैव वर्तेय जात्विति ॥ १०४
अथ तं कथितस्वप्नदेव्यादेशं प्रसङ्गतः । उपवासकृशं कश्चिदुवाच सुमतिः सुहृत् ॥ १०५
एक एवास्ति दान्तस्ते तं त्वं विक्रीय सर्वदा । जीविष्यसीति देव्योक्तं तज्ज्ञातं मूढ न त्वया ॥ १०६
तद्विक्रीयैतमुक्षाणं निर्वाहय कुटुम्बकम् । ततो भविष्यत्यन्यस्ते ततश्चान्यस्ततोऽपरः ॥ १०७
इत्युक्तस्तेन मित्रेण ग्रामीणः स तथाकरोत् । एकैकवृषपण्याच्च जिजीव सततं सुखी ॥ १०८
एवं फलति सर्वस्य विधिः सत्त्वानुसारतः । तत्सुसत्त्वो भवेत्सत्त्वहीनं न वृणते श्रियः ॥ १०९
शृणुतान्यां कथां चेमां धूर्तस्यालीकमन्त्रिणः । आसीत्पृथ्वीपतिर्नाम नगरे दक्षिणापथे ॥ ११०
तत्राग्र्ये कोऽप्यभूद्धूर्तः परवञ्चनजीविकः । स चैकदा महेच्छत्वादसंतुष्टो व्यचिन्तयत् ॥ १११
धूर्तत्वेनेदृशा किं मे यदाहारादिमात्रकृत् । प्राप्यते महती येन श्रीस्तादृक् न करोमि किम् ॥ ११२
इत्यालोच्य वणिग्वेषमत्युदारं विधाय सः । उपासर्पत्प्रतीहारं गत्वा द्वारं महीपतेः ॥ ११३
तन्मुखेन प्रविश्यान्तः प्राभृतं चोपनीय सः । एकान्ते मेऽस्ति विज्ञप्तिरिति व्यज्ञापयन्नृपम् ॥ ११४
राज्ञापि वेषभ्रान्तेन प्राभृतावर्जितेन च । तथेति रचितैकान्तस्तमेवं स व्यजिज्ञपत् ॥ ११५
दिने दिने मया साकमास्थाने सर्वसंनिधौ । भूत्वैकान्ते कथालापं क्षणमेकं कुरु प्रभो ॥ ११६
तावताहं प्रतिदिनं दीनारशतपञ्चकम् । ददाम्युपायनं देवस्यार्थये न तु किंचन ॥ ११७
तच्छ्रुत्वाचिन्तयद्राजा को दोषः किमयं मम । गृहीत्वा याति दीनारान्ददाति प्रत्युतान्वहम् ॥ ११८
महता वणिजा सार्धं कथालापेन का त्रपा । इति स प्रतिपद्यैतद्राजा तस्य कथाकरोत् ॥ ११९
सोऽपि तस्मै ददौ राज्ञे दीनारांस्तान्यथोदितान् । लोकस्तं च महामन्त्रिपदं प्राप्तममन्यत ॥ १२०
एकस्मिंश्च दिने धूर्तो मुहुः पश्यन्नियोगिनः । साकूतं मुखमेकस्य चक्रे राज्ञा समं कथाम् ॥ १२१
निर्गतश्च बहिस्तेन मुखालोकनकारणम् । एत्याधिकारिणा पृष्टः स स्वैरं तं मृषावदत् ॥ १२२
देशो मे लुण्ठितोऽनेनेत्येवं ते कुपितो नृपः । मयातस्ते मुखं दृष्टं शमयिष्याम्यहं च तम् ॥ १२३
इत्युक्तस्तेन सोऽलीकमन्त्रिणा सभयो गृहम् । आगत्याधिकृतः स्वर्णसहस्रं तस्य दत्तवान् ॥ १२४
अन्येद्युश्च समं राज्ञा कथां कृत्वा तथैव सः । निर्गत्य धूर्तोऽवादीत्तं नियोगिनमुपागतम् ॥ १२५
युक्तियुक्तैर्मया वाक्यैस्तव राजा प्रसादितः । धीरो भवाधुनाहं ते सर्वच्छिद्रेषु रक्षकः ॥ १२६
इति स्वीकृत्य तं युक्त्या विससर्ज च सोऽपि तम् । अधिकारी सदा तैस्तैरुपचारैरुपाचरत् ॥ १२७

एवं क्रमेण सर्वेभ्यो नियोगिभ्यः स बुद्धिमान् । राजभ्यो राजपुत्रेभ्यः सेवकेभ्यश्च युक्तिभिः ॥ १२८
बह्वीभिराददानोऽर्थानर्जयामास सर्वतः । पञ्च कोटीः सुवर्णस्य कुर्वन्राजा समं कथाः ॥ १२९
ततो रहसि राजानं धूर्तमन्त्री जगाद सः । देव दत्त्वापि नित्यं ते दीनारशतपञ्चकम् ॥ १३०
त्वत्प्रसादान्मया प्राप्ताः पञ्च काञ्चनकोटयः । तत्प्रसीद गृहाणैतत्स्वं स्वर्णमहमत्र कः ॥ १३१
इत्युक्त्वा प्रकटं राज्ञे कनकं तन्न्यवेदयत् । राजापि कृच्छ्रात्तत्तस्य जग्राहार्धं ततो धनात् ॥ १३२
तुष्टस्य स्थापयामास महामन्त्रिपदे स तम् । सोऽपि प्राप्य श्रियं धूर्तो दानभोगैरमानयत् ॥ १३३
एवं प्राप्नोति महतः प्राज्ञोऽर्थान्नातिपापतः । कूपखानकवत्प्राप्ते फले दोषं निहन्ति च ॥ १३४
इत्युक्त्वा गोमुखः प्राह वत्सराजसुतं पुनः । एकामिदानीमुद्वाहसोत्सुकः शृण्विमां कथाम् ॥ १३५
बभूव दुर्मदारातिकरीन्द्रकुलकेसरी । रत्नाकराख्ये नगरे नाम्ना बुद्धिप्रभो नृपः ॥ १३६
रत्नरेखाभिधानायां राज्ञ्यां तस्योदपद्यत । कन्या हेमप्रभा नाम सर्वलोकैकसुन्दरी ॥ १३७
सा च विद्याधरी शापादवतीर्णा यदा तदा । नभोविहारसंस्कारमदाच्चिक्रीड दोलया ॥ १३८
पातभीत्या निषिद्धापि सा ततो न चचाल यत् । तत्तस्याः स पिता राजा चपेटं कुपितो ददौ ॥ १३९
तावता सावमानेन राजपुत्री वनैषिणी । विहारव्यपदेशेन जगामोपवनं बहिः ॥ १४०
पानमत्तेषु भृत्येषु संचरन्ती च तत्र सा । प्रविश्य वृक्षगहनं तेषां दृष्टिपथाद्ययौ ॥ १४१
गत्वा चैकाकिनी दूरं वनं विरचितोटजा । फलमूलाशिनी तस्थौ हराराधनतत्परा ॥ १४२
तत्पितापि स राजा तां बुद्ध्वा क्वापि ततो गताम् । अन्विष्येप न च प्राप महद्दुःखमुवाह च ॥ १४३
चिरात्किंचित्तनूभूतदुःखश्चित्तं विनोदयन् । बुद्धिप्रभः स निरगान्मृगयायै महीपतिः ॥ १४४
भ्रमंश्च दैवात्तत्प्राप सुदूरं स वनान्तरम् । तपस्यन्ती सुता सास्य यत्र हेमप्रभा स्थिता ॥ १४५
उटजं तत्र दृष्ट्वा स राजाभ्येत्य तदन्तरे । अशङ्कितं तपःक्षामां तां ददर्श निजां सुताम् ॥ १४६
सापि दृष्ट्वा तमुत्थाय पादयोः सहसाग्रहीत् । आलिङ्ग्य स पिता तां च साश्रुरङ्के न्यवेशयत् ॥ १४७
तौ चान्योन्यं चिराद्दृष्ट्वा तथा रुरुदतुस्ततः । उदश्रवो यथा तत्र वनेऽभूवन्मृगा अपि ॥ १४८
ततः शनैः समाश्वास्य राजावोचत्स तां सुताम् । त्यक्त्वा राजश्रियं पुत्रि किमिदं विहितं त्वया ॥ १४९
तदेहि जननीपार्श्वं वनवासमिमं त्यज । इत्यूचिवांसं जनकं सा तं हेमप्रभाभ्यधात् ॥ १५०
दैवेनैष नियुक्तास्मि शक्तिस्तात ममात्र का । नचैष्यामि गृहं भोक्तुं न त्यजामि तपःसुखम् ॥ १५१
इति ब्रुवाणा सा तस्मान्निश्चयान्न चचाल यत् । तद्राजाकारयत्तस्या वने तत्रैव मन्दिरम् ॥ १५२
गत्वा च राजधानीं स्वां प्रेषयामास सोऽन्वहम् । तस्या अतिथिपूजार्थं पक्वान्नानि धनानि च ॥ १५३
सा च हेमप्रभा तत्र धनैरन्नैश्च तैः सदा । पूजयन्त्यतिथीनासीत्फलमूलाशिनी स्वयम् ॥ १५४
एकदा चाययौ तस्या राजपुत्र्यास्तमाश्रमम् । प्रव्राजिकैका भ्राम्यन्ती कौमारब्रह्मचारिणी ॥ १५५
स तयाभ्यर्चिता हेमप्रभया स्वकथान्तरे । प्रव्रज्याकारणं पृष्टा बालप्रव्राजिकाब्रवीत् ॥ १५६
संवाहयन्ती चरणावहं कन्या सती पितुः । सीदत्करयुगाभूवं निद्राकुलितलोचना ॥ १५७
किं निद्रासीति पादेन ततः पित्राहमाहता । तन्मन्युना प्रव्रजिता निर्गत्यैवास्मि तद्गृहात् ॥ १५८
इति प्रव्राजिकामुक्तवतीं हेमप्रभाथ सा । समानशीलप्रीता तां वनवाससखीं व्यधात् ॥ १५९
एकदा तामवोचत्सा प्रातः प्रव्राजिकां सखीम् । सखि स्वप्नेऽद्य जानेऽहमुत्तीर्णा विपुलां नदीम् ॥ १६०
आरूढास्मि ततः श्वेतं गजं तदनु पर्वतम् । तत्राश्रमे मया दृष्टो भगवानम्बिकापतिः ॥ १६१
तदग्रे प्राप्य वीणां च गायन्त्यहमवादयम् । ततोऽद्राक्षं च पुरुषं दिव्याकारमुपागतम् ॥ १६२
तं दृष्ट्वा च त्वया साकमहमुत्पतिता नभः । इयद्दृष्ट्वा प्रबुद्धास्मि व्यतिक्रान्ता च यामिनी ॥ १६३
एतच्छ्रुत्वैव तां हेमप्रभामाह स्म सा सखी । शापावतीर्णा कापि त्वं दिव्या कल्याणि निश्चितम् ॥ १६४
प्रत्यासन्नं च शापान्तं तव स्वप्नो वदत्यसौ । श्रुत्वैतदभ्यनन्दत्सा राजपुत्री सखीवचः ॥ १६५
ततो भूयिष्ठमुदिते जगद्दीपे दिवाकरे । आययौ तुरगारूढो राजपुत्रोऽत्र कश्चन ॥ १६६
स तां हेमप्रभां दृष्ट्वा तापसीवेषधारिणीम् । जातप्रीतिरुपागत्य ववन्दे मुक्ताहनः ॥ १६५

सापि तं रचितातिथ्या कृतासनपरिग्रहम् । संजातप्रणयाप्राक्षीन्महात्मन्को भवानिति ॥ १६८
राजपुत्रोऽथ सोऽवादीन्महाभागे महीपतिः । प्रतापसेन इत्यस्ति शुभनामानुकीर्तनः ॥ १६९
स तप्यमानः पुत्रार्थं हरस्याराधनं तपः । तेनादिश्यत देवेन प्रादुर्भूय प्रसादिना ॥ १७०
विद्याधरावतारस्ते पुत्र एको भविष्यति । स च शापक्षये लोकं निजमेव प्रपत्स्यते ॥ १७१
द्वितीयस्तु सुतो भावी वंशराज्यधरस्तव । इत्युक्तः शंभुनोत्थाय हृष्टश्चक्रे स पारणम् ॥ १७२
कालेन जातस्तस्यैको लक्ष्मीसेनाभिधः सुतः । शूरसेनाभिधानश्च द्वितीयो नृपतेः क्रमात् ॥ १७३
तदिमं मां विजानीहि लक्ष्मीसेनं वरानने । आनीतमिह वाताश्वेनाकृष्याखेटनिर्गतम् ॥ १७४
इत्युक्ता तेन साप्युक्त्वा स्वोदन्तं तस्य पृच्छतः । सद्यो हेमप्रभा जातिं स्मृत्वा हृष्टा जगाद तम् ॥ १७५
त्वयि दृष्टे मया जातिर्विद्याभिः सह संस्मृता । साकं सख्यानया शापच्युता विद्याधरी ह्यहम् ॥ १७६
त्वं च विद्याधरः शापच्युतः स्वसचिवान्वितः । भर्ता मे त्वं च मत्सख्या अस्यास्त्वत्सचिवश्च सः ॥ १७७
क्षीणश्च ससखीकायाः स शापो मम सांप्रतम् । लोके वैद्याधरे भूयः सर्वेषां नः समागमः ॥ १७८
इत्युक्त्वा दिव्यरूपत्वं प्राप्य सख्या समं तया । हेमप्रभा खमुत्पत्य सा स्वलोकमगात्तदा ॥ १७९
लक्ष्मीसेनश्च यावत्स साश्चर्योऽत्र स्थितः क्षणात् । तावत्स सचिवस्तस्य चिन्वानो मार्गमाययौ ॥ १८०
तस्मै स राजपुत्रश्च सख्ये यावद्ब्रवीति तत् । तावद्बुद्धिप्रभोऽप्यागात्स राजा स्वसुतोत्सुकः ॥ १८१
सोऽदृष्ट्वैव सुतां दृष्ट्वा लक्ष्मीसेनं च पृष्टवान् । तस्याः प्रवृत्तिं सोऽप्यस्मै यथादृष्टं शशंस तत् ॥ १८२
ततो बुद्धिप्रभे विग्ने लक्ष्मीसेनः समन्त्रिकः । स्मृत्वा शापक्षयाज्जातिं स्वलोकं नभसा ययौ ॥ १८३
प्राप्य हेमप्रभां भार्यामागत्य च तया सह । बुद्धिप्रभं तमामन्त्र्य व्यसृजत्स निजं पुरम् ॥ १८४
गत्वा च प्राप्तभार्येण तेन सख्या समं ततः । पित्रे प्रतापसेनाय स्ववृत्तान्तमवर्णयत् ॥ १८५
तेन दत्तं क्रमप्राप्तं राज्यं दत्त्वानुजन्मने । शूरसेनाय स ययौ वैद्याधरपुरं निजम् ॥ १८६
तत्र विद्याधरैश्वर्यसुखं हेमप्रभायुतः । लक्ष्मीसेनः स भुङ्क्ते स्म सख्या तेनान्वितश्चिरम् ॥ १८७

इत्थं कथा निगदिताः किल गोमुखेन शृण्वन्क्रमात्स नरवाहनदत्तदेवः ।
आसन्नवर्तिनवशक्तियशोविवाहसूत्कोऽपि तां क्षणमिव क्षणदां निनाय ॥ १८८

एवं विनोद्य च दिनानि स राजपुत्रः प्राप्ते विवाहदिवसे पितुरन्तिकस्थः ।
वत्सेश्वरस्य नभसः सहसावतीर्णं वैद्याधरं तपनदीप्ति बलं ददर्श ॥ १८९

तन्मध्ये च स्वकदुहितरं दित्सितां तां गृहीत्वा
प्रीत्या प्राप्तं स्फटिकयशसं वीक्ष्य विद्याधरेन्द्रम् ॥
प्रत्युद्गम्य श्वशुर इति तं पूजयामास हर्षा-
द्वत्सेशेन प्रथमविहितातिथ्यमर्घ्यादिना सः ॥ १९०

सोऽप्यावेश्य यथार्थमम्बरचराधीशः क्षणात्कल्पिता-
शेषस्वोचितदिव्यवैभवविधिः सिद्धिप्रभावात्ततः ।
रत्नौघप्रतिपूरिताय विधिवद्वत्सेशपुत्राय तां
तस्मै स्वां वितताार शक्तियशसं पूर्वप्रदिष्टां सुताम् ॥ १९१

स च नरवाहनदत्तो भार्यां विद्याधरेन्द्रतनयां ताम् ।
संप्राप्य शक्तियशसं पद्म इवार्कद्युतिं व्यरुचत् ॥ १९२

स्फटिकयशस्युपयाते कौशाम्ब्यां पुरि स वत्सराजसुतः ।
शक्तियशोवदनाम्बुजसक्तेक्षणषट्पदस्तदा तस्थौ ॥ १९३

इति महाकविश्रीसोमदेवभट्टविरचिते कथासरित्सागरे शक्तियशोलम्बके दशमस्तरङ्गः ।

समाप्तश्चायं शक्तियशोलम्बको दशमः ।

॥ श्रीः ॥

महाकविश्रीसोमदेवभट्टविरचितः

कथासरित्सागरः ।

वेला नामैकादशो लम्बकः ।

इदं गुरुगिरीन्द्रजाप्रणयमन्दरान्दोलना-
त्पुरा किल कथामृतं हरमुखाम्बुधेरुद्गतम् ।
प्रसह्य रसयन्ति ये विगतविघ्नलब्धर्द्धयो
धुरं दधति वैबुधीं भुवि भवप्रसादेन ते ॥

प्रथमस्तरङ्गः ।

नमताशेषविघ्नौघवारणं वारणाननम् । कारणं सर्वसिद्धीनां दुरितार्णवतारणम् ॥ १
एवं स शक्तियशसं प्राप्यान्याः प्रथमाश्च ताः । रत्नप्रभाद्या देवीं च मुख्यां मदनमञ्चुकाम् ॥ २
अतिष्ठद्विहरन्वत्सयुवराजः सुहृद्युतः । नरवाहनदत्तोऽथ कौशाम्ब्यां पितृपार्श्वगः ॥ ३
एकदा च तमुद्यानगतं देशान्तरागतौ । भ्रातरौ राजपुत्रौ द्वावकस्मादभ्युपेयतुः ॥ ४
कृतातिथ्यप्रणतयोस्तयोरेकोऽब्रवीच्च तम् । वैशाखाख्ये पुरे राज्ञः पुत्रावावां द्विमातृकौ ॥ ५
नाम्ना रुचिरदेवोऽहं द्वितीयश्चैप पोतकः । जविनी हस्तिनी मेऽस्ति तुरगौ द्वावमुष्य च ॥ ६
तन्निमित्तं समुत्पन्नो विवादश्चावयोर्द्वयोः । अहं जवाधिकां वच्मि हस्तिनीं तुरगावयम् ॥ ७
अहं यदि जितस्तन्मे पणः सैव करेणुका । अयं यदि जितो वा स्यात्तदश्वावेव तौ पणौ ॥ ८
तेषां जवान्तरं ज्ञातुं क्षमो नान्यस्त्वया विना । तदस्मद्गृहमागत्य तत्परीक्षां कुरु प्रभो ॥ ९
प्रसीद त्वं हि सर्वार्थप्रार्थनाकल्पपादपः । आवां चाभ्यागतौ दूरादेतदर्थं तवार्थिनौ ॥ १०
एवं रुचिरदेवेन सोऽर्थितोऽश्ववशारसात् । अनुरोधाच्च वत्सेशसूनुस्तत्प्रत्यपद्यत ॥ ११
तदुपानीतवाताश्वरथारूढस्तदैव सः । प्रतस्थे प्राप वैशाखपुरं ताभ्यां समं च तत् ॥ १२
कोऽयं स्यात्किंस्विदप्राप्तरतिः कामो नवोद्भवः । किंवा द्वितीयश्चन्द्रोऽयमकलङ्को दिवाचरः ॥ १३
उत वा पुरुपाकारो धात्रा कामस्य निर्मितः । तरुणीहृदयाकाण्डसमूलोन्मूलनः शरः ॥ १४
इत्युन्मदाकुलोत्पक्ष्मलोचनाभिर्विलोक्य सः । वर्ण्यमानः पुरस्त्रीभिस्तद्विवेश पुरोत्तमम् ॥ १५
श्रृङ्गारैकमयं तत्र युवराजो ददर्श सः । पूर्वैः कृतप्रतिष्ठस्य कामदेवस्य मन्दिरम् ॥ १६
तस्मिन्रतिप्रीतिपदे प्रविश्य प्रणिपत्य तम् । कामदेवं स विश्रम्य क्षणमध्वश्रमं जहौ ॥ १७
ततस्तद्देवसदनाभ्यर्णवर्ति विवेश च । प्रीत्या रुचिरदेवस्य मन्दिरं तत्पुरस्कृतः ॥ १८
वरवाजिगजाकीर्णं तदागमनसोत्सवम् । ऊर्जितश्रि स तत्पश्यन्रेमे वत्सेश्वरात्मजः ॥ १९
तैस्तै रुचिरदेवेन सत्कारैः सत्कृतोऽथ सः । तत्र तद्भगिनीं कन्यां ददर्शात्यद्भुताकृतिम् ॥ २०
तद्रूपशोभाकृष्टेन चक्षुपा मानसेन च । न सोऽपश्यत्प्रवासं वा विरहं स्वजनेन वा ॥ २१
सापि दृष्ट्वेव नीलाब्जमालयेव प्रफुल्लया । प्रेमनिक्षिप्तया तस्य चकारेव स्वयंवरम् ॥ २२
ततो जयेन्द्रसेनाख्यां तां स दध्यौ यथा तथा । आसतां निशि नार्योऽन्या न निद्रापि जहार तम् ॥ २३
अन्येद्युः पोतकानीतमपि वातसमं जवे । तदश्वरत्नयुगलं वाहविद्यारहस्यवित् ॥ २४
स्वयं रुचिरदेवी यां तामारुह्य करेणुकाम् । तद्वेगेन जिगायैव जवाधीनबलेन सः ॥ २५

ततो रुचिरदेवेन वाजिरत्नयुगे जिते । यावत्स वत्सेशसुतो विशत्यभ्यन्तरं ततः ॥ २६
तावत्तस्य पितुः पार्श्वाद्दूतोऽन्तिकमुपाययौ । स दृष्ट्वा पादयोर्दूतस्तं प्रणम्याब्रवीदिदम् ॥ २७
इह प्रयातं बुद्ध्वा त्वां परिवारात्पिता तव । राजा मां प्राहिणोत्त्वां प्रत्येवमादिशति स्म च ॥ २८
इयद्दूरमनावेद्य यातोऽस्युद्यानतः कथम् । अधृतिर्नस्तदायाहि मुक्तव्यासङ्गसत्वरम् ॥ २९
इति शृण्वन्पितुर्दूतात्प्रियाप्राप्तिं च चिन्तयन् । नरवाहनदत्तोऽभूत्स दोलारूढमानसः ॥ ३०
तावत्क्षणाच्च तत्रैकः सार्थवाहोऽतिहर्षलः । दूरादेव नमन्नेत्य युवराजमुवाच तम् ॥ ३१
जय वीर जयापुष्पकोदण्डकुसुमायुध । भाविविद्याधराधीश चक्रवर्तिञ्जय प्रभो ॥ ३२
बालो न किं मनोहारी वर्धमानो न किं द्विषाम् । वित्रासकारी दृष्टोऽसि देव तस्मादसंशयम् ॥ ३३
अचिराद्च्युतगुणं त्वां द्रक्ष्यन्त्येव खेचराः । आक्रामन्तं क्रमेण द्यां कुर्वन्तं बलिनिर्जयम् ॥ ३४
इत्यादि स्तुतवांस्तेन युवराजेन सत्कृतः । पृष्टश्चाकथयत्तस्मै स्ववृत्तान्तं महावणिक् ॥ ३५
अस्ति लम्पेति नगरी पृथिवीमौलिमालिका । तस्यां कुसुमसाराख्यो वणिगाढ्यो महानभूत् ॥ ३६
तस्य धर्मैकवसतेः शंकराराधनार्जितः । एकोऽहं चन्द्रसाराख्यः पुत्रो वत्सेशनन्दन ॥ ३७
सोऽहं मित्रैः समं जातु देवयात्रामवेक्षितुम् । गतस्तत्रापरानाढ्यानद्राक्षं ददतोऽर्थिषु ॥ ३८
ततो धनार्जनेच्छा मे प्रदानश्रद्धयोदभूत् । असंतुष्टस्य बह्वयापि पित्रुपार्जितया श्रिया ॥ ३९
तेन द्वीपान्तरं गन्तुमहमम्बुधिवर्त्मना । आरूढवान्प्रवहणं नानारत्नप्रपूरितम् ॥ ४०
दैवेनेवानुकूलेन वायुना प्रेरितं च तत् । अल्पैरेव दिनैः प्राप तं द्वीपं वहनं मम ॥ ४१
तत्राप्रतीतमुद्रिक्तरत्नव्यवहृतिं च माम् । बुद्ध्वा राजार्थलोभेन बद्ध्वा कारागृहे न्यधात् ॥ ४२
तस्मिन्गृहे दुष्कृतिभिः क्रन्दद्भिः क्षुत्तृडर्दितैः । प्रेतैरिव स्थितो यावदहं निरयसंनिभे ॥ ४३
तावदस्मत्कुलाभिज्ञस्तन्निवासी महावणिक् । महीधराख्यो राजानं मत्कृते तं व्यजिज्ञपत् ॥ ४४
लम्पानिवासिनो देव पुत्र एष वणिक्पतेः । निर्दोषस्य तदेतस्य बन्धनाद्ययशस्करम् ॥ ४५
इत्यादि बोधितस्तेन स मामुन्मोच्य बन्धनात् । आनाय्य चान्तिकं राजा सादरं सममानयत् ॥ ४६
ततो राजप्रसादेन तन्मित्रोपाश्रयेण च । तत्रासं महतः कुर्वन्व्यवहारानहं सुखी ॥ ४७
एकदात्र मधूद्यानयात्रायां दृष्टवानहम् । वणिजः शिखराख्यस्य तनयां वरकन्यकाम् ॥ ४८
तया कंदर्पदर्पाब्धिलहर्येव हृतस्ततः । गत्वैव तत्पितुस्तस्मादहं याचितवांश्च ताम् ॥ ४९
स च क्षणं विचिन्त्यान्तस्तत्पिता मामभाषत । साक्षान्न युज्यते दातुमेषा मेऽस्त्यत्र कारणम् ॥ ५०
तदेतां सिंहलद्वीपमहं मातामहान्तिकम् । प्रहिणोम्युपयच्छस्व गत्वैनामर्थितां ततः ॥ ५१
संदेक्ष्यामि तथा तत्र यथैतत्तव सेत्स्यति । इत्युक्त्वा मां स संमान्य शिखरो व्यसृजद्गृहम् ॥ ५२
अन्येद्युश्च स तां कन्यामारोप्य सपरिच्छदाम् । यानपात्रेऽब्धिमार्गेण प्राहिणोत्सिंहलान्प्रति ॥ ५३
अथ यावदहं तत्र गन्तुमिच्छामि सोत्सुकः । तावद्विद्युन्निपातोग्रा वार्ता तत्रोदभूदियम् ॥ ५४
शिखरस्य सुता येन याता प्रवहणेन तत् । मग्नमब्धौ न चैकोऽपि तत उत्तीर्णवानिति ॥ ५५
तद्वार्तावात्यया भग्नधैर्यः प्रवहणाकुलः । अहं सद्यो निरालम्बे न्यपतं शोकसागरे ॥ ५६
वृद्धैराश्वास्यमानश्च चित्तमाशाभिराक्षिपन् । अकार्षं निश्चयं ज्ञातुं तद्द्वीपगमने मतिम् ॥ ५७
अथ राजप्रियोऽप्यर्थैस्तैस्तैरुपचितोऽपि सन् । आरुह्याम्बुनिधौ पोतं गन्तुमारब्धवानहम् ॥ ५८
गच्छतश्च महाशब्दो मुञ्चन्धाराशरावलीः । उदतिष्ठन्ममाकस्माद्घोरो वारिदतस्करः ॥ ५९
तद्वायुना विरुद्धेन विधिनैव बलीयसा । उत्क्षिप्योत्क्षिप्य च मुहुर्भग्नं मे वहनं ततः ॥ ६०
मग्नेऽम्बुधौ परिजने धने च विधियोगतः । एकं प्रापि महत्काष्ठं पतितेन सता मया ॥ ६१
तेन प्रसारितेनेव धात्रा सपदि बाहुना । शनैर्वातवशादब्धेः पुलिनं प्राप्तवानहम् ॥ ६२
तत्राधिरुह्य दुःखार्तो निन्दन्दैवमशङ्कितम् । स्वर्णलेशमहं प्रापं तटोपान्तच्युतस्थितम् ॥ ६३
तद्विक्रीयात्र निकटे ग्रामे कृत्वाशनादिकम् । क्रीतवस्त्रयुगोऽत्याक्षमब्धिवाहक्लमं मनाक् ॥ ६४

ततो दिशमजानानो दयिताविरही भ्रमन्। दृष्टवानस्मि सिकताशिवलिङ्गभृतां भुवम्॥ ६५
विचरन्मुनिकन्यायां तस्यां चाद्राक्षमेकतः। कन्यां लिङ्गार्चनव्यग्रां वनवेषेऽपि शोभिनीम्॥ ६६
अहो प्रिया सुसदृशा काप्येषा सैव किं भवेत्। कुतो वैतन्न तादृंशि भागधेयानि यन्मम॥ ६७
इति मां चिन्तयन्तं च सैवेयमिति दक्षिणम्। लोचनं वदति स्मैवं साह्लादं प्रस्फुरन्मुहुः॥ ६८
तन्वि प्रासादवासार्हा त्वमरण्येऽत्र का वद। इति पृष्टा ततः सा च मया नाह स्म किंचन॥ ६९
मुनिशापभयेनाथ लतागुल्मान्तराश्रितः। स्थितवानस्मि तां पश्यन्नवितृप्तेन चक्षुषा॥ ७०
कृतार्चना सा च मुहुः सस्नेहं परिवृत्य माम्। पश्यन्ती विमृशन्ती च किंचित्प्रायात्ततः शनैः॥ ७१
गतायां दृक्पथात्तस्यां तमोन्धाः पश्यतो दिशः। निशाचक्राह्वसदृशी काप्यवस्था ममाभवत्॥ ७२
क्षणाच्चाशङ्कितायातां तेजसार्कप्रभानिभाम्। सुतां मतङ्गस्य मुनेराबाल्याद्ब्रह्मचारिणीम्॥ ७३
यमुनाख्यां तपःक्षामशरीरां दिव्यचक्षुषम्। साक्षाद्धृतिमिवापश्यमहं कल्याणदर्शनाम्॥ ७४
सा मामवददालम्ब्य चन्द्रसार धृतिं शृणु। शिखराख्यो वणिग्योऽसावस्ति द्वीपान्तरे महान्॥ ७५
स रूपवत्यां जातायां कन्यायां सुहृदा किल। जिनरक्षितसंज्ञेन ज्ञानिनावादि भिक्षुणा॥ ७६
स्वयं त्वया न देयेयं कन्यैषा ह्यन्यमातृका। दोषः स्यात्ते स्वयं दाने विहितं तादृशं हितम्॥ ७७
इत्युक्तो भिक्षुणा सोऽथ तां प्रदेयां सुतां वणिक्। तन्मातामहहस्तेन दातुमैच्छत्स्वदर्थिताम्॥ ७८
अतः सा सिंहलद्वीपं तेन मातामहान्तिकम्। पित्रा विसृष्टा वहने भग्ने न्यपतदम्बुधौ॥ ७९
आयुर्बलेव चानीय दैवेनेव महोर्मिणा। वेलातटे समुद्रेण निक्षिप्ता सा वणिक्सुता॥ ८०
तावत्पिता मे भगवान्मतङ्गमुनिरम्बुधौ। सशिष्यः स्नातुमायातो मृतकल्पां ददर्श ताम्॥ ८१
स दयालुः समाश्वास्य तां स्वमाश्रममानयत्। यमुने तव पाल्येयमिति च न्यस्तवान्मयि॥ ८२
वेलातटादियं प्राप्ता मयेति स महामुनिः। नाम्ना तामकरोद्वेलां बालां मुनिजनप्रियाम्॥ ८३
तत्स्नेहेन च चित्तं मेऽपत्यस्नेहकृपामयः। ब्रह्मचर्यनिरस्तोऽपि हा संसारोऽद्य बाधते॥ ८४
आपाणिग्रहणां तां च नवयौवनशोभिनीम्। दूयते चन्द्रसारैतां दर्शं दर्शं मनो मम॥ ८५
सा च प्राग्जन्मभार्या ते बुद्ध्वा च त्वामिहागतम्। प्रणिधानादहं पुत्र संप्राप्तैषा तवान्तिकम्॥ ८६
तदस्मत्तोपयच्छस्व वेलां तामस्मदर्पिताम्। क्लेशोऽनुभूतः साफल्यं भजतां युवयोरयम्॥ ८७
इत्यानन्द्य गिरानभ्रवृष्ट्येव नयति स्म सा। यमुना मां भगवती मतङ्गस्याश्रमं पितुः॥ ८८
विज्ञप्तश्च तया तत्र तां मतङ्गमुनिः स मे। ददौ वेलां मनोराज्यसंपत्तिमिव रूपिणीम्॥ ८९
ततस्तया समं तत्र वेलयाहं सुखस्थितः। एकदा तन्नुतोऽकार्षं जलकेलिं सरोम्भसि॥ ९०
अपश्यता सवेलेनाप्यवेलं क्षिपता जलम्। सिक्तः स्नानप्रवृत्तोऽत्र स मतङ्गमुनिर्मया॥ ९१
स तेन कुपितः शापं सभार्ये मय्यपातयत्। वियोगो भविता पापौ दंपत्योर्युवयोरिति॥ ९२
ततस्तया दीनगिरा वेलया पादलग्नया। प्रार्थितः स मुनिर्ध्यात्वा शापान्तं नौ समादिशत्॥ ९३
जेता करेणुवेगेन योऽश्वरत्नयुगं बली। नरवाहनदत्तं तं भाविविद्याधरेश्वरम्॥ ९४
चन्द्रसार यदा द्रक्ष्यस्याराद्वत्सेश्वरात्मजम्। संगंस्यसे तदा शापप्रशमाद्भार्ययानया॥ ९५
इत्युक्त्वा स मतङ्गर्षिः कृत्वा स्नानादिकां क्रियाम्। दर्शनाय हरेर्व्योम्ना श्वेतद्वीपं गतोऽभवत्॥ ९६
विद्याधरेण पादाग्राद्यः प्राप्तो धूर्जटेः पुरा। तस्मान्मया च बालत्वादात्तो यश्चूतपादपः॥ ९७
सोऽयं सद्रत्ननिचितो दत्तो वामधुना मया। इत्युक्त्वा मां सभार्यं सा तत्रैव यमुनाप्यगात्॥ ९८
अथाहं प्राप्तदयितो निर्विण्णो वनवासतः। वियोगभीतेरभवं स्वं देशं प्रति सोत्सुकः॥ ९९
ततः प्रवृत्तश्चागन्तुमहं प्राप्याम्बुधेस्तटम्। लब्धे वणिक्प्रवहणे भार्यामारोपयं पुरः॥ १००
स्वयं चारोढुमिच्छामि यावत्तावत्समीरणः। मुनिशापात्सुहृत्पोतं तं दूरमहरन्मम॥ १०१
पोतेन हृतभार्यस्य मोहोऽपि विनिपत्य मे। लब्धच्छिद्र इवाहार्षीच्चेतनां विह्वलात्मनः॥ १०२
ततोऽत्र तापसः कश्चिदागतो वीक्ष्य मूर्छितम्। कृपया मां समाश्वास्य नीतवानाश्रमं शनैः॥ १०३

पृष्ट्वा चात्र यथावृत्तं श्रुत्वा शापविजृम्भितम् । बुद्ध्वा च सावधिं शापं धृतिबन्धं व्यधात्स मे ॥ १०४
ततोऽब्धौ भग्नवहनोत्तीर्णं प्राप्य वणिग्वरम् । सखायं मिलितोऽभूवमन्विष्यंस्तां प्रियां पुनः ॥ १०५
शापक्षयाशया दत्तहस्तालम्बश्च दुर्गमान् । तांस्तानुल्लङ्घयन्देशान्दिवसांश्च बहूनहम् ॥ १०६
क्रमाच्च वैशाखपुरं संप्राप्येदं श्रुतो मया । त्वं वत्सेश्वरसद्वंशमुक्तामणिरिहागतः ॥ १०७
दृष्टे च दूराद्धस्तिन्या विजिताश्वयुगे त्वयि । उज्झितः स मया शापभारो लघ्वन्तरात्मना ॥ १०८
क्षणाच्च संमुखायातामद्राक्षमिह तां प्रियाम् । वेलां वणिग्भिरानीतां तेन पोतेन साधुभिः ॥ १०९
ततस्तयाहं यमुनाप्रत्तसद्रत्नहस्तया । मिलितस्त्वत्प्रसादेन तीर्णशापमहार्णवः ॥ ११०
अतः प्रणन्तुं त्वामस्मि वत्सराजसुतागतः । निर्वृतो यामि चेदानीं स्वदेशं दयितायुतः ॥ १११

इति स वणिजि तस्मिन्नात्मवृत्तान्तमुक्त्वा गतवति चरितार्थे चन्द्रसारे प्रणम्य ।
अभवदतिविनम्रो वत्सराजात्मजेऽस्मिन्स किल रुचिरदेवो दृष्टमाहात्म्यहृष्टः ॥ ११२
प्रादाच्च तां स्वभगिनीमुपचारवृत्तिमालम्ब्य युक्तिमनुरागहृताय तस्मै ।
प्राग्दित्सितां सुसदृशीं स जयेन्द्रसेनां सद्यः करेणुतुरगोत्तमयुग्मयुक्ताम् ॥ ११३

स च तामादाय वधूं साश्ववशां रुचिरदेवमामन्त्र्य ।
नरवाहनदत्तः स्वां कौशाम्बीमाययौ नगरीम् ॥ ११४
तस्यामास्त च विहरन्नन्दितवत्सेश्वरस्तया सहितः ।
अन्याभिश्च स सुखितो देवीभिर्मदनमञ्चुकाद्याभिः ॥ ११५

इति महाकविश्रीसोमदेवभट्टविरचिते कथासरित्सागरे वेलालम्बके प्रथमस्तरङ्गः ।

समाप्तश्चायं वेलालम्बक एकादशः ।

॥ श्रीः ॥

महाकविश्रीसोमदेवभट्टविरचितः

कथासरित्सागरः ।

शशाङ्कवती नाम द्वादशो लम्बकः ।

इदं गुरुगिरीन्द्रजाप्रणयमन्दरान्दोलना-
त्पुरा किल कथामृतं हरमुखाम्बुधेरुद्गतम् ।
प्रसह्य रसयन्ति ये विगतविघ्नलब्धर्द्धयो
धुरं दधति वैबुधीं भुवि भवप्रसादेन ते ॥

प्रथमस्तरङ्गः ।

अव्याद्वो विघ्नविध्वंसकीर्तिस्तम्भमिवोत्क्षिपन् । करं गणपतिः क्रीडालीनभृङ्गाक्षरावलिम् ॥ १
अरागमपि रागाढ्यरचनाचतुरं परम् । हरं नवनवाश्चर्यसर्गचित्रकरं नुमः ॥ २
जितं स्मरशरैर्येषु पौष्पेष्वपि पतत्स्विह । वज्रादीन्यपि जायन्ते कुण्ठितान्येव तद्गताम् ॥ ३
एवं वत्सेश्वरसुतस्तां तां भार्यामवाप्य सः । नरवाहनदत्तोऽत्र कौशाम्ब्यामथ तस्थिवान् ॥ ४
बहुभार्योऽपि तामाद्यां देवीं मदनमञ्चुकाम् । प्राणेभ्योऽप्यधिकां मेने रुक्मिणीमिव माधवः ॥ ५
एकदा च निशि स्वप्ने नभसागत्य दिव्यया । कयापि कन्ययात्मानं ह्रियमाणं ददर्श सः ॥ ६
प्रबुद्धश्च महाशैलसानौ सच्छायपादपे । अपश्यत्स्थितमात्मानं तार्क्ष्यरत्नशिलातले ॥ ७
तां च कन्यां स्वपार्श्वस्था निशि द्योतितकाननाम् । ईक्षते स्म स्मरस्येव विश्वसंमोहनौषधिम् ॥ ८
[illegible]मिहानीत इति मत्वा च वीक्ष्य च । लज्जाविलम्बितेच्छां तां कृत्वा चालीकसुप्तकम् ॥ ९
प्रलपन्निव जिज्ञासुरेवं धूर्तोऽथ सोऽब्रवीत् । क्व त्वमालिङ्ग मामेहि प्रिये मदनमञ्चुके ॥ १०
तच्छ्रुत्वेव तदुद्घातात्स्मृत्वा निर्व्रीडयन्त्रणम् । रूपं तद्दयितायाः सा तस्याः कृत्वालिलिङ्ग तम् ॥ ११
ततः स नेत्रे उन्मील्य दृष्ट्वा तां स्वप्रियाकृतिम् । अहो विज्ञानमित्युक्त्वा कण्ठे जग्राह सस्मितः ॥ १२
साथ हित्वा त्रपां रूपं स्वं प्रदर्श्य जगाद तम् । आर्यपुत्र गृहाणेमां मामिदानीं स्वयंवराम् ॥ १३
एवमुक्तवतीं तां च परिणिन्ये स कन्यकाम् । नरवाहनदत्तोऽत्र गान्धर्वविधिना तदा ॥ १४
नीत्वाथ तत्र तां रात्रिं यथावत्स तया सह । प्रातस्तां दयितां युक्त्या कुलजिज्ञासयाभ्यधात् ॥ १५
प्रिये शृणु कथामेतामपूर्वां कथयामि ते । ब्रह्मसिद्धिरिति क्वापि मुनिरासीत्तपोवने ॥ १६
तस्याश्रमसमीपे च योगसिद्धस्य सन्मुनेः । अभूच्छृगाली जरती गुहायां विहितास्पदा ॥ १७
तां दुर्दिने निराहारां भक्ष्यार्थं जातु निर्गताम् । वशाविश्लेषसोन्मादो हन्तुमागाद्वनद्विपः ॥ १८
तद्दृष्ट्वा स मुनिर्ज्ञानी कृपालुस्तां शृगालिकाम् । परेण करिणीं चक्रेऽनुग्रहायैतयोर्द्वयोः ॥ १९
ततः स हस्ती तां दृष्ट्वा करेणुं शान्तवैकृतः । अनुरक्तोऽभवत्तस्यां सापि मृत्योरमुच्यत ॥ २०
ततो भ्रमंस्तया साकं स गजो जातु तत्कृते । प्राविशत्पद्ममानेतुं शरत्पङ्काकुलं सरः ॥ २१
ममज्ज तत्र पङ्कान्तर्न शशाक विचेष्टितुम् । तस्थौ कुलिशनिर्लूनपक्षो भ्रष्ट इवाचलः ॥ २२
दृष्ट्वा तथावसन्नं तं सा शृगालीकरेणुका । तदैवान्यं समाश्रित्य वारणं क्वाप्यगात्ततः ॥ २३
तावच्च पूर्वविश्लिष्टा करिणी तस्य सा निजा । अन्विष्यन्ती गजस्यागात्तं प्रदेशं विधेर्वशात् ॥ २४
सा भद्रजातिर्दृष्ट्वैव मग्नं पङ्केन तं पतिम् । अनुसर्तुं सरःपङ्कं तमेव प्राविशत्तदा ॥ २५

तत्काले स मुनिर्ब्रह्मसिद्धिस्तेनागतः पथा । शिष्ययुक्तस्तदालोक्य बभूव करुणान्वितः ॥ २६
उद्धारयामास च तौ वशानागौ महातपाः । शिष्यैर्वीरोद्धृतबलैः सरःपङ्कान्तरात्ततः ॥ २७
ततस्तस्मिन्मुनौ याते दंपती तौ वशागजौ । मृत्योर्वियोगाच्चोत्तीर्णौ यथाकामं विजह्रतुः ॥ २८
एवमुत्तमजन्मानस्तिर्यञ्चोऽप्यापदि प्रिये । प्रभुं नोज्झन्ति मित्रं वा तारयन्ति ततः पुनः ॥ २९
हीनजात्युद्भवा ये तु तेषां स्पृशति नाशयम् । कदाचिदपि सत्त्वं वा स्नेहो वा चञ्चलात्मनाम् ॥ ३०
एतद्वत्सेश्वरसुताच्छ्रुत्वा सा दिव्यकन्यका । तमुवाचैवमेवैतत्संशयो नात्र विद्यते ॥ ३१
अभिप्रायश्च विज्ञातो मयैवंवादिनस्तव । तदिमामपि मत्तस्त्वमार्यपुत्र कथां शृणु ॥ ३२
शूरदत्ताभिधानोऽभूत्कान्यकुब्जे द्विजोत्तमः । महीपतेर्बाहुशक्तेर्मान्यो ग्रामशतेश्वरः ॥ ३३
भार्या वसुमती नाम तस्यासीत्पतिदेवता । तस्यां स वामदत्ताख्यं भव्यं पुत्रमजीजनत् ॥ ३४
स वामदत्तो नचिरात्सर्वविद्यासु शिक्षितः । भार्यां शशिप्रभां नाम परिणिन्ये पितृप्रियः ॥ ३५
कालेन पितरि स्वर्गं भार्ययानुगते गते । प्रावर्तत च गार्हस्थ्ये स तया भार्यया सह ॥ ३६
सा च तस्याभवद्भार्या स्वेच्छाचारिण्यजानतः । दैवात्कुतश्चित्संप्राप्तशाकिनीसिद्धिसंवरा ॥ ३७
एकदा राजसेवार्थं स्थितस्तत्कटके च सः । गृहादेत्य पितृव्येन निजेन जगदे रहः ॥ ३८
नष्टमस्मत्कुलं पुत्र यतो भार्या मया तव । दृष्टा महिषपालेन त्वदीयेनैव संगता ॥ ३९
एतत्पितृव्यादाकर्ण्य कटके तं निवेश्य च । स वामदत्तः खड्गैकसखः स्वगृहमाययौ ॥ ४०
तत्र गुप्तं स्थितो यावत्पुष्पारामे प्रविश्य सः । नक्तमागात्स तत्रैव तावन्महिषपालकः ॥ ४१
क्षणाच्च तमुपागात्सा तत्रोपपतिमुत्सुका । तद्भार्या विविधाहारहस्ता महिषपालकम् ॥ ४२
ततो भुक्तवता तेन साकं सा शयनं ययौ । तद्दृष्ट्वा वामदत्तोऽसौ सोऽभ्यधावदुदायुधः ॥ ४३
आः पापौ गच्छथः क्वेति वदतस्तस्य गेहिनी । सा दृष्ट्वोत्थाय धिग्जाल्मेत्युक्त्वा धूलिं मुखे न्यधात् ॥ ४४
तदा स मानुषोऽप्याशु महिषः समपद्यत । वामदत्तः स्मृतिस्त्वस्य तद्भावे न व्यलुप्यत ॥ ४५
ततो महिषमध्ये सा निक्षिप्य लगुडैः शठा । भार्या महिषपालेन ताडयामास तेन तम् ॥ ४६
तदैव तं च कस्यापि वणिजो महिषार्थिनः । विक्रीणीते स्म सा क्रूरा तिर्यक्त्वविवशीकृतम् ॥ ४७
तेनारोपितभारोऽथ महिषीभावपीडितः । स वामदत्तो नीतोऽभूद्ग्रामं गङ्गासमीपगम् ॥ ४८
विश्वस्तस्य गृहे भार्या सुदुर्वृत्ताप्यतर्किता । कक्षान्तरप्रविष्टेव भुजगी कस्य शर्मणे ॥ ४९
इति तं चिन्तयन्तं च तत्रोद्बाष्पं सुदुःखितम् । भारक्लेशास्थिशेषाङ्गमपश्यत्कापि योगिनी ॥ ५०
सा बुद्ध्वा ज्ञानतः सर्वं तद्वृत्तान्तं कृपाकुला । मन्त्रतोयेन सिक्त्वा तं महिषत्वादमोचयत् ॥ ५१
प्राप्तमानुषरूपाय सैव नीत्वा निजं गृहम् । तस्मै कान्तिमतीं नाम कन्यां दुहितरं ददौ ॥ ५२
एभिराहत्य दुर्भार्यामाद्यां तां वडवां कुरु । इत्युक्त्वा प्रददौ चास्मै सर्षपानभिमन्त्रितान् ॥ ५३
ततः स तां कान्तिमतीं भार्यामादाय नूतनाम् । स्वगृहं वामदत्तस्तदाजगाम ससर्षपः ॥ ५४
हत्वा महिषपालं तं तत्र कृत्वा च सर्षपैः । वडवामाद्यभार्यां तां शालाबद्धां व्यधत्त सः ॥ ५५
दत्त्वा च प्रत्यहं तस्यै लगुडाहतिसप्तकम् । स चक्रे भोजनं बद्धप्रतिज्ञो वैरशुद्धये ॥ ५६
एवं तत्र स्थितस्यास्य कान्तिमत्या समं पुनः । भार्यया वामदत्तस्य कोऽप्यागादतिथिर्गृहे ॥ ५७
भोक्तुं तस्मिन्प्रवृत्ते च सोऽभुक्त्वा निर्ययौ द्रुतम् । वामदत्तः स्मृतादत्तकुभार्यालगुडाहतिः ॥ ५८
दत्त्वा च तस्यै वडवारूपायै लगुडाहतीः । नियतास्ताः प्रविश्यात्र बुभुजे जातनिर्वृतिः ॥ ५९
ततोऽतिथिर्विस्मितः स तं पप्रच्छ सकौतुकः । त्यक्ताहारः क्व यातोऽभूत्संभ्रमेण भवानिति ॥ ६०
ततः स वामदत्तोऽत्र तस्मायतिथयेऽब्रवीत् । तमा मूलात्स्ववृत्तान्तमथ सोऽपि तमभ्यधात् ॥ ६१
दुर्मेहेण किमेतेन पशुत्वं ते हृतं यया । तामेवाराध्य स्वश्वश्रूं प्रकर्षं कंचिदाहर ॥ ६२
इत्युक्तोऽतिथिना तेन वामदत्तस्तथेति तत् । श्रद्धाय सोऽतिथिं प्रातः सत्कृत्य विससर्ज तम् ॥ ६३
अथाकस्माद्गृहायातां श्वश्रूं तां सिद्धयोगिनीम् । अनुग्रहार्थी सोऽभ्यर्च्य प्रार्थयामास यत्नतः ॥ ६४

साथ योगेश्वरी तस्मै सभार्याय यथाविधि । कालसंकर्षिणीं विद्यां दीक्षापूर्वमुपादिशत् ॥ ६५
ततः श्रीपर्वतं गत्वा स विद्यां तामसाधयत् । सा च सिद्धा सती साक्षात्तस्मै खड्गोत्तमं ददौ ॥ ६६
प्राप्तखड्गश्च संपन्नः स तया भार्यया सह । कान्तिमत्या कृती वामदत्तो विद्याधरोत्तमः ॥ ६७
ततो रजतकूटाख्ये शृङ्गे मलयभूभृतः । कृतं पुरवरं तेन निजसिद्धिप्रभावतः ॥ ६८
ततो विद्याधरेन्द्रस्य तत्र कालेन कन्यका । तस्यां पत्न्यां समुत्पन्ना नाम्ना ललितलोचना ॥ ६९
जातमात्रैव या विद्याधरस्त्वच्चक्रवर्तिनः । भार्या भवित्री निर्दिष्टा गगनोद्भूतया गिरा ॥ ७०
तामार्यपुत्र मां विद्धि विदितार्थां स्वविद्यया । अनुरक्तां तवानेत्रीमस्मिन्स्वे मलयाचले ॥ ७१

इत्याख्यातकुलां तां बुद्धा विद्याधरीं स बहु मेने ।
नरवाहनदत्तोऽथ प्रीतमना ललितलोचनां भार्याम् ॥ ७२
आस्त च तत्र तया सह संप्रति तं चास्य वत्सराजाद्याः ।
रत्नप्रभादिविद्याविभवाद्वृत्तान्तमधिजग्मुः ॥ ७३

इति महाकविश्रीसोमदेवभट्टविरचिते कथासरित्सागरे शशाङ्कवतीलम्बके प्रथमस्तरङ्गः ।

द्वितीयस्तरङ्गः ।

ततस्तां नूतनां प्राप्य भार्यां ललितलोचनाम् । नरवाहनदत्तः स तस्मिन्मलयपर्वते ॥ १
मधुप्रवृत्तिसुभगे विजहार तया सह । तेषु तेषु वनान्तेषु पुष्पितद्रुमशोभिषु ॥ २
एकस्मिंश्च वने क्रीडाकुसुमावचयक्रमात् । तस्यां प्रियायां गहने गतायां दृष्टिगोचरात् ॥ ३
संचरन्स ददर्शैकं महदच्छजलं सरः । सतारकमिवाकाशं पुष्पैस्तीरतरुच्युतैः ॥ ४
पुष्पाण्युच्चिन्वती यावन्न समभ्येति सा प्रिया । तावत्स्नात्वा सरस्यस्मिन्क्षणमासे सरस्तटे ॥ ५
इति संचिन्त्य स स्नात्वा कृतदेवार्चनोऽत्र च । सचन्दनरुच्छायमध्यास्ते स्म शिलातलम् ॥ ६
तत्रस्थो राजहंसीनां दृष्ट्वा तत्सदृशीं गतिम् । श्रुत्वा तन्निभमालापं पिकीनां चूतवल्लिषु ॥ ७
विलोक्य हरिणीनां च तन्नेत्राभे विलोचने । दूरस्थां तां स सस्मार प्रियां मदनमञ्जुकाम् ॥ ८
स्मृत्यैवोद्भूतकामाग्निसंतप्तश्च मुमूर्च्छ सः । तत्क्षणं चाययौ स्नातुं तत्रैको मुनिपुंगवः ॥ ९
स पिशङ्गजटो नाम तदवस्थमवेक्ष्य तम् । असिञ्चत्स्वप्रियास्पर्शतुल्यैश्चन्दनवारिभिः ॥ १०
ततः प्रबुद्धं प्रणतं दिव्यदृष्टिः स तं मुनिः । उवाच पुत्र प्राप्नोषि यथेष्टं धैर्यमाप्नुहि ॥ ११
तेन हि प्राप्यते सर्वं तथा चैत्य मदाश्रमम् । कथां मृगाङ्कदत्तीयां मत्तः शृणु न चेच्छ्रुता ॥ १२
इत्युक्त्वा स मुनिः स्नात्वा निनाय निजमाश्रमम् । नरवाहनदत्तं तं चक्रे च त्वरयाह्निकम् ॥ १३
कृत्वातिथ्यं फलैस्तस्य तत्र भुक्तफलः स्वयम् । स पिङ्गलजटो वक्तुं कथां तस्मै प्रचक्रमे ॥ १४
अस्त्ययोध्येति नगरी भुवनत्रयविश्रुता । तस्याममरदत्ताख्यः पूर्वमासीन्महीपतिः ॥ १५
तस्य नित्यानुरक्तैका प्रदीप्ततरतेजसः । भार्या वह्नेरिव स्वाहा बभूव सुरतप्रभा ॥ १६
तस्यां मृगाङ्कदत्ताख्यः सुतस्तस्योदपद्यत । स्वकोदण्ड इवाभूद्यः कोटिप्राप्तगुणानतः ॥ १७
तस्याभवंश्च सचिवा राजसूनोर्निजा दश । प्रचण्डशक्तिः स स्थूलबाहुर्विक्रमकेसरी ॥ १८
दृढमुष्टिर्मेघबलस्तथा भीमपराक्रमः । तद्वद्विमलबुद्धिश्च व्याघ्रसेनगुणाकरौ ॥ १९
विचित्रकथसंज्ञश्च दशमस्ते च सत्कुलाः । सर्वे युवानः शूराश्च प्राज्ञाः प्रभुहितैषिणः ॥ २०
तैः समं स सुखं तिष्ठन्राजपुत्रः पितुर्गृहे । मृगाङ्कदत्तः सदृशीं न भार्यां तावदाप्तवान् ॥ २१
एकदा च रहस्येको मन्त्री भीमपराक्रमः । तमाह श्रूयतां देव रात्रौ वृत्तं ममाद्य यत् ॥ २२
अहं प्रासादसुप्तोऽद्य प्रबुद्धोऽशङ्कितं निशि । वक्त्रोग्रनखरं सिंहमपश्यमभिधावितम् ॥ २३
उत्थिते छुरिकाहस्ते मयि सोऽथ पलायितुम् । सिंहः प्रावर्ततीहं च तमेवान्वपतं जवात् ॥ २४
स च गत्वा नदीपारं प्रसार्य रसनां मयि । आसीदहं च तामस्य दीर्घां छुरिकयाच्छिदम् ॥ २५

तथैव सेतुपृष्ठ्या च यावत्तीर्णोऽस्मि तां नदीम् । तावत्स सिंहः सुमहान्संपन्नो विकृतः पुमान् ॥ २६
को भवानिति पृष्टश्च मया स पुरुषोऽब्रवीत् । वेतालोऽहं त्वया वीर सत्त्वेनास्मि च तोषितः ॥ २७
तच्छ्रुत्वाहं तमप्राक्षं यद्येवं तत्त्वयोच्यताम् । भार्या मृगाङ्कदत्तस्य का भविष्यति मे प्रभोः ॥ २८
एतन्मद्वचनं श्रुत्वा स वेतालोऽब्रवीत्तदा । अस्त्युज्जयिन्यां नृपतिः कर्मसेन इति श्रुतः ॥ २९
तस्यास्ति तनया राज्ञो लावण्यन्यक्कृताप्सराः । निधानभूमिः सौन्दर्यसर्गस्येव प्रजापतेः ॥ ३०
सा शशाङ्कवती नाम भार्या तस्य भविष्यति । त्वत्प्रभुस्तदवाप्त्या च पृथ्वीराज्यं करिष्यति ॥ ३१
इत्युक्त्वा स तिरोऽभून्मे वेतालोऽहं तथैव च । आगतो गृहमित्येतन्निशि वृत्तं मम प्रभो ॥ ३२
एतन्मृगाङ्कदत्तोऽसौ श्रुत्वा भीमपराक्रमात् । आहूय श्रावयामास सर्वांस्तान्निजमन्त्रिणः ॥ ३३
जगाद चैतान्शृणुत स्वप्ने दृष्टं मया च यत् । जाने महाटवीं कांचित्प्रविष्टा निखिला वयम् ॥ ३४
तत्राध्वतृषिताः कृच्छ्रात्प्राप्य तोयं पिपासवः । रुद्धाः स्मः सायुधैः पुंभिस्तत उत्थाय पञ्चभिः ॥ ३५
तान्हत्वा पुनरिच्छामः पातुं यावत्तृषातुराः । तावन्न तत्र पुंसस्तानपश्याम न तज्जलम् ॥ ३६
ततः कृच्छ्रां दशां प्राप्ताश्चन्द्रोज्ज्वलमशङ्कितम् । वृषभारूढमायान्तमैक्षामहि महेश्वरम् ॥ ३७
सोऽस्मासु प्रणतेष्वक्ष्णो दक्षिणादश्रुणः कणम् । भूमावपातयत्सोऽत्र समुद्रः समपद्यत ॥ ३८
तस्मान्मुक्तावलीं प्राप्तां शुभां बद्ध्वा मया गले । पीतो रक्तानुलिप्तेन नृकपालेन सोऽम्बुधिः ॥ ३९
तत्क्षणं च प्रबुद्धोऽस्मि प्रयाता च विभावरी । एवं मृगाङ्कदत्तेन स्वप्नाश्चर्ये निवेदिते ॥ ४०
मन्त्री विमलबुद्धिस्तं नन्दत्स्वन्येष्वभाषत । त्वं देव धन्यो यस्यैवं विहितानुग्रहो हरः ॥ ४१
स्वप्ने मुक्तावलीं लब्ध्वा यत्पीतश्च त्वयाम्बुधिः । तच्छशाङ्कवतीं प्राप्य भोक्तासि पृथिवीं ध्रुवम् ॥ ४२
अन्यन्मनाक्कु क्लेशायेत्युक्ते विमलबुद्धिना । ततो मृगाङ्कदत्तस्तानुवाच सचिवान्पुनः ॥ ४३
यथा फलं मे स्वप्नस्य यथा भीमराक्रमः । श्रुतवानिह वेतालात्तथा यद्यपि भावि तत् ॥ ४४
तथापि कर्मसेनस्य बलदुर्गाभिमानिनः । प्रज्ञाबलान्मया प्राप्या सा शशाङ्कवती सुता ॥ ४५
प्रज्ञाबलं च सर्वेषु मुख्यं कार्येषु साधनम् । तथा च शृणुतात्रैतां कथां वः कथयाम्यहम् ॥ ४६
भद्रबाहुरभून्नाम्ना मगधेषु महीपतिः । तस्यासीन्मन्त्रगुप्ताख्यो मन्त्री बुद्धिमतां वरः ॥ ४७
स राजा तं निजामात्यं कदाचित्स्वैरमब्रवीत् । अनङ्गलीलेति सुता राज्ञो वाराणसीपतेः ॥ ४८
अस्ति या धर्मगोपस्य जगत्त्रितयसुन्दरी । तामर्थितोऽपि द्वेषान्मे न स राजा प्रयच्छति ॥ ४९
दन्तिनो भद्रदन्तस्य प्रभावात्स च दुर्जयः । नोत्सहे जीवितुं चाहं तया तत्सुतया विना ॥ ५०
तदत्र नास्त्युपायो मे सखे किं कार्यमुच्यताम् । इति तेनोदिते राज्ञा स मन्त्री निजगाद तम् ॥ ५१
किं देव विक्रमादेव सिद्धिरस्ति न बुद्धितः । तदलं चिन्तयाहं ते स्वबुद्ध्या साधयाम्यदः ॥ ५२
इत्युक्त्वा नृपमन्येद्युः पञ्चसप्तानुगान्वितः । महाव्रतिकवेषः सन्मन्त्री वाराणसीं ययौ ॥ ५३
तत्र तं शिष्यवेषास्ते सिद्धोऽयमिति सर्वतः । स्वानुगाः ख्यापयामासुर्भक्तिप्रह्वमिलज्जनम् ॥ ५४
एकदा च निशि भ्राम्यन्कार्ययुक्त्युपलब्धये । सानुगः स ददर्शात्र दूराद्गृहविनिर्गताम् ॥ ५५
गृहिणीं हस्तिपालस्य शङ्कात्वरितगामिनीम् । नीयमानां त्रिचतुरैः पुरुषैः क्वापि सायुधैः ॥ ५६
ध्रुवं व्युत्थाय यातेयं तत्पश्यामः क्व गच्छति । इति संचिन्त्य स स्वैरं सानुगोऽनुससार ताम् ॥ ५७
गत्वा प्रविष्टा सा यत्र तच्च गेहं विदूरतः । दृष्ट्वा निवासस्थानं स्वमाजगाम तदैव सः ॥ ५८
प्रातश्च हस्तिपालस्य हृतार्थां तां गतां प्रियाम् । चिन्वानस्यान्तिकं युक्त्या प्राहिणोद्भ्रमतोऽनुगान् ॥ ५९
ते तं दृष्ट्वा तदप्राप्तिदुःखजग्धविषं तदा । निवारितविषं चक्रुः कृपयेव स्वविद्यया ॥ ६०
आगच्छास्मद्गुरोः पार्श्वं ज्ञानी सर्वं हि वेत्ति सः । इत्युक्त्वा च तमानिन्युर्निकटं तस्य मन्त्रिणः ॥ ६१
स च हस्तिपको दृष्ट्वा पादयोश्च प्रणम्य तम् । भार्याप्रवृत्तिं पप्रच्छ व्रताकल्पोपशोभितम् ॥ ६२
सोऽपि मन्त्री मृषा ध्यात्वा साभिज्ञानं शशंस तत् । स्थानं तस्मै परैर्नीता पुरुषैर्यत्र सा निशि ॥ ६३
ततः प्रणम्य तं गत्वा समं नगररक्षिभिः । स हस्तिपालकः प्राप्य स्थानं तत्पर्यवेष्टयत् ॥ ६४

अवधीत्पुरुषांस्तांश्च पापान्दारापहारिणः । प्राप साभरणां तां च सधनां निजयोषितम् ॥ ६५
द्वितीयेऽह्नि स च प्रातरेत्य नत्वा कृतस्थितिः । चकार व्याजसिद्धस्य तस्याहारनिमन्त्रणम् ॥ ६६
गृहप्रवेशानिच्छोश्च नक्तभोजित्ववादिनः । प्रदोषे हस्तिशालायां तस्याहारमकल्पयत् ॥ ६७
सोऽपि मन्त्रबलात्सर्पं वंशनाडीनिवेशितम् । गुप्तं गृहीत्वा गत्वात्र मन्त्री भुङ्क्ते स्म सानुगः ॥ ६८
ततो गते हस्तिपाले सुप्तेष्वन्येषु तत्र सः । हस्तिनो भद्रदन्तस्य वंशनाड्या निवेश्य तम् ॥ ६९
कर्णे सुप्तस्य भुजगं रात्रिं नीत्वैव तत्र ताम् । ययौ स्वदेशं मगधान्हस्ती तेन व्यपादि च ॥ ७०
हत्वा तं धर्मगोपस्य गजं दर्पमिवागते । तस्मिन्मन्त्रिवरे राजा भद्रबाहुर्ननन्द सः ॥ ७१
ततो वाराणसीं तस्मै धर्मगोपाय याचितुम् । अनङ्गलीलां कन्यां तां दूतं च विससर्ज सः ॥ ७२
सोऽपि तां प्रददौ तस्मै तद्गजाभावदुर्बलः । भजन्ति वैतसीं वृत्तिं राजानः कालवेदिनः ॥ ७३
तदेवं प्रज्ञया तस्य मन्त्रगुप्तस्य मन्त्रिणः । अनङ्गलीलां संप्राप भद्रबाहुः स भूपतिः ॥ ७४
तस्मान्मयापि बुद्ध्या सा भार्या प्राप्येति वादिनम् । मृगाङ्कदत्तं सचिवस्तं विचित्रकथोऽब्रवीत् ॥ ७५
सर्वं सेत्स्यति ते हारात्स्वप्नदृष्टादनुग्रहात् । अमोघो देवतानां च प्रसादः किं न साधयेत् ॥ ७६
तथा च शृणुतात्रैकां वर्ण्यमानां मया कथाम् । आसीत्तक्षशिलापुर्यां भद्राक्षो नाम भूपतिः ॥ ७७
स पुत्रकामः पद्मानां शतेनाष्टभिरेव च । सितानां पूजयामास खड्गे लक्ष्मीं दिने दिने ॥ ७८
एकदार्चयतस्तस्य राज्ञो मौनममुञ्चतः । ऊनमेकमभूत्पद्मं दैवाद्गणयतो धिया ॥ ७९
स हृत्पद्मं विपाट्य स्वं ददौ देव्यै ततश्च सा । तुष्टा तस्मै ददौ सार्वभौमपुत्रप्रदं वरम् ॥ ८०
कृत्वा चाक्षतदेहं तं नृपं प्रायाददर्शनम् । अथ तस्य सुतो राज्ञो महादेव्यामजायत ॥ ८१
हृत्पुष्करप्रसादेन जातोऽयमिति तं च सः । पुष्कराक्षं नृपश्चक्रे नाम्ना पुत्रं सुलक्षणम् ॥ ८२
क्रमाच्च यौवनप्राप्तं तनयं तं गुणान्वितम् । राज्येऽभिषिच्य भद्राक्षः स राजा शिश्रिये वनम् ॥ ८३
पुष्कराक्षोऽपि संप्राप्य राज्यं प्रतिदिनं हरम् । पूजयन्नेकदाभ्यर्च्य भार्यां तस्मादयाचत ॥ ८४
सर्वं संपत्स्यते पुत्र यथाभिलषितं तव । इति शुश्राव स गिरं गगनादुद्गतां तदा ॥ ८५
ततः प्रहृष्टो जातास्थः स तिष्ठञ्जातुचिन्नृपः । आखेटकविनोदाय जगाम मृगकाननम् ॥ ८६
तत्र संभोगसंसक्तभुजंगमिथुनाशने । प्रवृत्तं करभं दृष्ट्वा शोकाक्रान्तो न्यपातयत् ॥ ८७
स निपातितमात्रः सन्मुक्त्वा तां करभस्तनुम् । भूत्वा विद्याधरः प्रीतः पुष्कराक्षं तमब्रवीत् ॥ ८८
भवान्कृतोपकारो मे तत्ते यद्वच्मि तच्छृणु । रङ्कुमालीति नाम्नास्ति राजन्विद्याधरोत्तमः ॥ ८९
तं रूपलुब्धा तरुणं वव्रे दृष्ट्वानुरागिणी । स्वयं तारावली नाम विद्याधरवरात्मजा ॥ ९०
तस्याः पिता च स्वेच्छातस्तयोः कृतविवाहयोः । कोपादपातयच्छापं कंचित्कालं वियोगदम् ॥ ९१
ततस्तारावलीरङ्कुमालिनौ तौ विजह्रतुः । दंपती प्रसरत्प्रीती तासु तासु स्वभूमिषु ॥ ९२
कदाचित्तेन शापेन मिथो दृष्टिपथाच्युतौ । अन्योन्यविप्रयुक्तौ तौ जातौ क्वापि वनान्तरे ॥ ९३
ततस्तारावली सा तमन्विष्यन्ती पतिं क्रमात् । पश्चिमाब्धेरगात्पारे वनं सिद्धर्षिसेवितम् ॥ ९४
तत्र सापश्यदुत्फुल्लमेकं जम्बुमहातरुम् । आश्वासयन्तं प्रीत्येव मधुरैर्भ्रमरारवैः ॥ ९५
उपाविशच्च विश्रान्त्यै भृङ्गीरूपं विधाय सा । वृक्षे तस्मिन्नथैकस्मिन्कुसुमे मधुपायिनी ॥ ९६
क्षणाद्दैवात्तमत्रैव प्राप्तं दृष्ट्वा चिरात्पतिम् । हर्षच्युतेन वीर्येण सिक्तं पुष्पं तयाशु तत् ॥ ९७
त्यक्त्वा भृङ्गीवपुर्गत्वा संगताभूच्च तेन सा । ज्योत्स्नेव शशिना भर्त्रा चिन्वता रङ्कुमालिना ॥ ९८
ततस्तेन समं तस्यां गतायां स्वनिकेतनम् । तद्वीर्यसिक्ता तत्राभूज्जम्बुपुष्पात्ततः फलम् ॥ ९९
तस्य चान्तः फलस्यात्र कालयोगेन कन्यका । समभून्नहि दिव्यानां वीर्यं भजति मोघताम् ॥ १००
कदाचित्फलमूलार्थं विजिताश्वाभिधो मुनिः । तत्रागादपतत्तच्च पक्वं जम्बुतरोः फलम् ॥ १०१
तस्मात्पतितभग्नाच्च दिव्या निर्गत्य कन्यका । अवन्दत मुनेस्तस्य चरणौ विनयानता ॥ १०२
स दिव्यदृष्टिर्दृष्ट्वा तां बुद्ध्वा तत्त्वं सविस्मयः । नीत्वाश्रमं स्वं विनयवतीं नाम्नाकरोन्मुनिः ॥ १०३

तत्र कालेन सा वृद्धिं प्राप्ता तस्याश्रमे मुनेः। दृष्टा विनयवत्येषा नभसा गच्छता मया ॥ १०४
ततोऽहं रूपगर्वेण मदनेन च मोहितः। उपेत्य तामनिच्छन्तीं हठाद्धर्तुं प्रवृत्तवान् ॥ १०५
तत्क्षणं स मुनिः क्रुद्धः क्रन्दन्त्या श्रावितस्तया। विजितासुरुपागत्य शापं मह्यमदान्नृप ॥ १०६
रूपगर्वित सर्वाङ्गनिन्दितः करभो भव। पुष्कराक्षान्नृपात्प्राप्ते वधे शापाद्विमोक्ष्यसे ॥ १०७
भर्ता विनयवत्याश्च स एवास्या भविष्यति। इत्यहं मुनिना शप्तो जातोऽस्यां करभो भुवि ॥ १०८
जातश्च सोऽद्य शापान्तस्त्वत्तस्तत्पश्चिमाम्बुधेः। पारस्थं तद्वनं गच्छ नाम्ना सुरभिमारुतम् ॥ १०९
भार्यामाप्नुहि तां दिव्यां रूपदर्पहरां श्रियः। इत्युक्त्वा पुष्कराक्षं स दिवं विद्याधरो ययौ ॥ ११०
पुष्कराक्षोऽपि गत्वा स्वां पुरीं विन्यस्य मन्त्रिषु। राज्यं रात्रौ ततः प्रायादेकोऽश्वमधिरुह्य सः ॥ १११
गच्छन्क्रमाच्च संप्राप्य पश्चिमाब्धेस्तटं पुनः। कथं तरेयमम्भोधिमिति तत्र व्यचिन्तयत् ॥ ११२
ततो ददर्श तत्रैकं स शून्यं चण्डिकागृहम्। प्रविश्य च ततः स्नात्वा देवीं तां प्रणनाम च ॥ ११३
केनापि निहितां तत्र वीणामादाय सादरः। उपवीणयति स्मैतां देवीमत्र स्वगीतकैः ॥ ११४
उपवीणिततुष्टा च सुप्तं तत्रैव सा निशि। भूतग्रामेण तं स्वेन पारमब्धेरनाययत् ॥ ११५
ततः प्रातः प्रबुद्धोऽब्धेस्तीरे राजा ददर्श सः। वनान्तःस्थितमात्मानं न तस्मिंश्चण्डिकागृहे ॥ ११६
उत्थाय विस्मितश्चात्र भ्रमन्नाश्रममैक्षत। प्रणमन्तमिवातिथ्यात्फलभारानतैर्द्रुमैः ॥ ११७
कुर्वाणं स्वागतमिव कणितेन पतत्रिणाम्। प्रविश्य तत्र चापश्यत्स्थितं शिष्यैर्वृतं मुनिम् ॥ ११८
उपेत्य च ववन्दे तमृषिं राजा स पादयोः। सोऽप्येनं विहितातिथ्यो ज्ञानवान्मुनिरब्रवीत् ॥ ११९
पुष्कराक्ष यदर्थं त्वमागतः सा क्षणं गता। इध्मादिहेतोर्विनयवती तत्तिष्ठ संप्रति ॥ १२०
उपयच्छस्व तां पूर्वभार्यामत्रैव भूपते। इत्युक्तो मुनिना सोऽपि पुष्कराक्षो व्यचिन्तयत् ॥ १२१
दिष्ट्या मुनिः स एवायं विजितासुस्तदेव च। वनमेतद्ध्रुवं देव्या तारितोऽहं महार्णवम् ॥ १२२
चित्रं च पूर्वभार्यैषा ममोक्ता मुनिनामुना। इत्यालोच्यैव हृष्टस्तं स पप्रच्छ मुनिं नृपः ॥ १२३
भगवन्पूर्वभार्यैषा कथं मे कथ्यतामिति। ततो जगाद स मुनिः श्रूयतां यदि कौतुकम् ॥ १२४
बभूव धर्मसेनाख्यस्ताम्रलिप्त्यां पुरा वणिक्। विद्युल्लेखेति नाम्ना च भार्या तस्याभवच्छुभा ॥ १२५
स दैवान्मुषितश्चौरैः शस्त्रैश्चाभ्याहतो वणिक्। मुमूर्षुर्निरगाद्वह्निं प्रवेष्टुं भार्यया सह ॥ १२६
अपश्यतामकस्माच्च तावुभावपि दंपती। आकाशेनागतं हंसमिथुनं रुचिराकृति ॥ १२७
ततस्तद्गतचित्तौ तौ प्रविश्य दहनं मृतौ। राजहंसौ समुत्पन्नौ पुनर्भार्यापती उभौ ॥ १२८
कदाचित्तौ च वर्षासु रात्रौ खर्जूरपादपे। नीडस्थितौ तमुन्मूल्य तरुं वात्या व्ययूयुजत् ॥ १२९
प्रातः स हंसस्तां हंसीं चिन्वञ्शान्ते प्रभञ्जने। सरःस्वथ दिगन्तेषु न कुतश्चिदवाप्तवान् ॥ १३०
ततस्तत्कालसंसेव्यं हंसानां मानसं सरः। स्मरार्तः स ययौ हंस्या जनिताशोऽन्यया पथि ॥ १३१
तत्र तां प्राप्य हंसीं स्वां नीत्वा च जलदागमम्। गिरिशृङ्गं जगामैकं विहर्तुं स तया सह ॥ १३२
तत्र तस्य हता हंसी केनचिल्लुब्धकेन सा। तद्दृष्ट्वा भयशोकार्तः स हंसः प्राद्रवत्ततः ॥ १३३
लुब्धकस्तां हतां हंसीं मृतामादाय वीक्ष्य च। दूरान्मार्गागतान्कांश्चित्पुरुषान्सायुधान्बहून् ॥ १३४
द्रुतं छुरिकया छिन्नैस्तामाच्छाद्य तृणैर्भुवि। हंसीं न्यधाद्विलोक्यैतां हरेयुर्जात्वमी इति ॥ १३५
गतेषु तेषु पुरुषेषूपगम्य जिघृक्षतः। लुब्धकस्योद्धृततृणा हंसी सा तस्य पश्यतः ॥ १३६
तत्तृणान्तर्निकृत्ताया मृतसंजीवनौषधेः। रसेन जीवितं प्राप्य खमुत्पत्य ततो ययौ ॥ १३७
तावत्स हंसस्तद्भर्ता गत्वैकस्मिन्सरस्तटे। मूढोऽपतद्धंसयूथे पश्यंस्तामेव तन्मनाः ॥ १३८
तत्क्षणं धीवरः कोऽपि क्षिप्त्वा जालं निबध्य तान्। हंसान्सर्वानुपाविक्षदाहारार्थं किल क्षणात् ॥ १३९
तावच्चागत्य तत्रैव सा हंसी चिन्वती पतिम्। ददर्श जालबद्धं तं दिशश्चार्ता व्यलोकयत् ॥ १४०
ततः स्नातुं प्रवृत्तेन केनाप्यत्र सरस्तटे। पुंसा वस्त्रोपरि न्यस्तामपश्यद्रत्नकण्ठिकाम् ॥ १४१

१ 'तत्र तस्य जघानैको लुब्धकस्तां शरैः प्रियाम्' इति पुस्तकान्तरपाठः.

गत्वा चापश्यतस्तस्य तां गृहीत्वैव कण्ठिकाम् । दाशाय दर्शयन्ती सा तस्मै व्योम्ना शनैर्ययौ ॥ १४२
दाशोऽपि सोऽन्वधावत्तां दृष्ट्वा चञ्च्वात्तकण्ठिकाम् । हंसीं गृहीतलगुडः पक्षिजालं विहाय तत् ॥ १४३
हंसी च गत्वा शैलाग्रे दूरे तां कण्ठिकां न्यधात् । धीवरोऽपि स तल्लोभात्तत्रारोढुं प्रचक्रमे ॥ १४४
तद्दृष्ट्वा सा द्रुतं गत्वा हंसी पत्युः समीपगे । बद्धस्य वृक्षे संसुप्तं कपिं चञ्च्वाक्ष्ण्यताडयत् ॥ १४५
स कपिस्ताडितस्त्रस्तः पतित्वोपर्यपाटयत् । जालं तत्तेन निर्जग्मुर्हंसाः सर्वेऽपि ते ततः ॥ १४६
अथ तौ संगतावुक्तस्ववृत्तान्तौ परस्परम् । हंसौ भार्यापती हृष्टौ यथाकामं विजह्रतुः ॥ १४७
दाशं तं चागतं प्राप्तकण्ठिकं पक्षिलोभतः । लेभेऽत्र स पुमांश्चिन्वन्हृता सा यस्य कण्ठिका ॥ १४८
स भीतिसूचितस्यास्य हस्तात्संप्राप्य कण्ठिकाम् । दाशस्य दक्षिणं पाणिं पुमांश्छुरिकयाच्छिनत् ॥ १४९
तौ चापि जातु हंसौ द्वौ छत्रीकृत्यैकमम्बुजम् । मध्याह्नकाले सरसः प्रोत्थाय व्योम्नि चेरतुः ॥ १५०
क्षणाच्च नद्याः कस्याश्चित्खगौ तौ तीरमापतुः । मुनिनाध्यासितं केनाप्यर्चाव्यग्रेण धूर्जटेः ॥ १५१
तत्र व्याधेन केनापि यान्तौ तौ सह दंपती । हतावेकेन युगपच्छरेण भुवि पेततुः ॥ १५२
आतपत्राम्बुजं तच्च तदीयमपतत्तदा । मुनेरर्चयतस्तस्य शिवलिङ्गस्य मूर्धनि ॥ १५३
ततो व्याधः स दृष्ट्वा तौ हंसं स्वीकृत्य हंसिकाम् । तां ददौ मुनये तस्मै सोऽप्यानर्च शिवं तया ॥ १५४
तल्लिङ्गमूर्ध्नि स्रस्तस्य तस्याब्जस्य प्रभावतः । स पुष्कराक्ष हंसस्त्वं जातो राजान्वयेऽधुना ॥ १५५
हंसी च सैषा विनयवती विद्याधरान्वये । जाता विशेषतो ह्यस्या मांसैरभ्यर्चितो हरः ॥ १५६
इत्थं ते पूर्वभार्यासावित्युक्तो विजितासुना । मुनिना पुष्कराक्षः स राजा तं पुनरब्रवीत् ॥ १५७
कथमग्निप्रवेशस्य तस्याघौघविघातिनः । पक्षियोनावभूज्जन्म भगवन्फलमावयोः ॥ १५८
इत्युक्तवन्तं राजानं तं स प्रत्यब्रवीन्मुनिः । यद्भावितात्मा म्रियते जन्तुस्तद्रूपमश्नुते ॥ १५९
तथा ह्युज्जयिनीपुर्यां नैष्ठिकी ब्रह्मचारिणी । लावण्यमञ्जरी नाम कुमारी ब्राह्मणी पुरा ॥ १६०
युवानं ब्राह्मणं दृष्ट्वा कमलोदयसंज्ञकम् । सहसा तद्गतस्वान्ता दह्यमाना स्मराग्निना ॥ १६१
अमुञ्चन्ती स्वनियमं तद्भोगध्यानभाविता । गत्वा गन्धवतीतीरं तीर्थे तत्याज जीवितम् ॥ १६२
तया भावनया किं न जाताभूद्भोगसंगिनी । नगर्यामेकलव्यायां वेश्या रूपवतीति सा ॥ १६३
तीर्थस्य प्रभावाच्च सैव जातिस्मरा सती । प्रसङ्गाच्चोडकर्णाय जापकाय द्विजन्मने ॥ १६४
स्वपूर्वजन्मवृत्तान्तरहस्यं तदवर्णयत् । जपकर्मैकचित्तत्वे कुर्वाणस्यानुशासनम् ॥ १६५
अन्ते च शुद्धसंकल्पा ययौ वेश्यापि सद्गतिम् । तद्राजन्योऽत्र यच्चित्तस्तन्मयत्वमुपैति सः ॥ १६६
एवमुक्त्वा स राजानं स्नानाय विससर्ज तम् । मुनिर्मध्याह्नसवनं स्वयं च निरवर्तयत् ॥ १६७
राजा स पुष्कराक्षोऽपि गतो वननदीतटम् । तां ददर्शात्र विनयवतीं पुष्पाणि चिन्वतीम् ॥ १६८
भासमानां स्ववपुषा प्रभामिव विवस्वतः । अदृष्टपूर्वं गहनं प्रविष्टां कौतुकाद्वनम् ॥ १६९
केयं स्यादिति यावच्च स चिन्तयति सोत्सुकः । तावत्कथां निषण्णा सा विस्रब्धामवदत्सखीम् ॥ १७०
सखि विद्याधरो यो मां हर्तुमैच्छत्पुरा स मे । आगत्य शापमुक्तोऽद्य भर्तृप्राप्तिमिहोक्तवान् ॥ १७१
तच्छ्रुत्वा प्रत्यवोचत्तां सा सखी मुनिकन्यकाम् । अस्त्येतन्मयि शृण्वत्यां मुञ्जकेशोऽद्य हि प्रगे ॥ १७२
इत्थमुक्तो निजः शिष्यो मुनिना विजितासुना । गच्छ तारावलीरङ्कुमालिनावानय द्रुतम् ॥ १७३
कामं विनयवत्या हि वत्सेह दुहितुस्तयोः । राज्ञश्च पुष्कराक्षस्य विवाहोऽद्य भविष्यति ॥ १७४
इत्युक्तो गुरुणा मुञ्जकेशो यातस्तथेति सः । अत एह्याश्रमपदं गच्छावः सखि संप्रति ॥ १७५
एवं तयोक्ते विनयवती साथ ततो ययौ । पुष्कराक्षश्च शुश्राव स तद्दूरादलक्षितः ॥ १७६
ज्वलत्कामाग्निसंतापादिव नद्यां निमज्ज्य च । जगाम विजितासोस्तमाश्रमं स पुनर्नृपः ॥ १७७
तत्र तारावलीरङ्कुमालिनौ तौ समगतौ । आनर्चतुस्तं प्रणतं परिवव्रुश्च तापसाः ॥ १७८
ततो वेद्यां स्वतेजोभिर्भासितायां महर्षिणा । द्वितीयेनेव मूर्तेन वह्निना विजितासुना ॥ १७९
तस्मै स राज्ञे विनयवतीं तां प्रत्यपादयत् । रङ्कुमाली ददौ चास्मै रथं दिव्यं नभश्चरम् ॥ १८०

चतुःसमुद्रां पृथिवीं प्रशाधि सममेतया । इत्येतस्मै वरं चादाद्विजितासुर्महामुनिः ॥ १८१

अथैष तदनुज्ञया नववधूमुपादाय तां
नृपो गगनगामिनं तमधिरुह्य दिव्यं रथम् ।
विलङ्घ्य च पयोनिधिं सपदि पुष्कराक्षस्ततो
जगाम नगरीं निजां प्रकृतिनेत्रचन्द्रोदयः ॥ १८२

तत्र च जित्वा पृथिवीं रथप्रभावादवाप्तसाम्राज्यः ।
आस्ते स्म विनयवत्या सहितो भोगांश्चिराय भुञ्जानः ॥ १८३

इत्थं सुदुष्करमपि स्वरसेन कार्यं सिद्ध्यत्यनुग्रहवतीष्विह देवतासु ।
तत्स्वप्नदृष्टगिरिजादयितप्रसादात्सेत्स्यत्यभीष्टमचिरेण तवापि देव ॥ १८४

एतां निशम्य स विचित्रकथाममात्यादौत्सुक्यवानधिगमाय शशाङ्कवत्याः ।
राजात्मजः स्वसचिवैः सममुज्जयिन्यां बुद्धिं बबन्ध गमनाय मृगाङ्कदत्तः ॥ १८५

इति महाकविश्रीसोमदेवभट्टविरचिते कथासरित्सागरे शशाङ्कवतीलम्बके द्वितीयस्तरङ्गः ।

तृतीयस्तरङ्गः ।

एवं मृगाङ्कदत्तोऽत्र कर्मसेननृपात्मजाम् । तां शशाङ्कवतीं प्राप्तुकामो वेतालवर्णिताम् ॥ १
गन्तुमुज्जयिनीं गुप्तं स्वनगर्या निर्विर्गमम् । महाव्रतिकवेषेण सोऽमन्त्रयत मन्त्रिभिः ॥ २
आदिदेश च खट्वाङ्गकपालादिसमाहृतौ । स राजपुत्रः सचिवं स्वैरं भीमपराक्रमम् ॥ ३
तेन तच्चाहृतं स्वस्मिन्गृहे चारादबुध्यत । मृगाङ्कदत्तस्य पितुर्मन्त्री मुख्योऽत्र भूपतेः ॥ ४
तत्कालं चात्र सोऽकस्मात्संचरन्हर्म्यपृष्ठतः । मृगाङ्कदत्तस्ताम्बूलनिष्ठीवनरसं जहौ ॥ ५
स च तस्यापतन्मूर्ध्नि दैवात्तत्पितृमन्त्रिणः । अदृष्टस्य किलाधस्तात्तेन मार्गेण गच्छतः ॥ ६
बुद्ध्वा मृगाङ्कदत्तेन मुक्तं निष्ठीवनं स तत् । मन्त्री परिभवक्रोधं कृतस्नानो हृदि न्यधात् ॥ ७
अथात्रामरदत्तस्य राज्ञो दैवाद्विपूचिका । मृगाङ्कदत्तजनकस्यान्येद्युरुदपद्यत ॥ ८
ततः सोऽवसरं लब्ध्वा मन्त्री तं विजने नृपम् । सहसोद्भूतरोगार्तमवदद्याचिताभयः ॥ ९
अभिचारः प्रभो भीमपराक्रमगृहे तव । मृगाङ्कदत्तेनारब्धः कर्तुं तेनासि पीडितः ॥ १०
मया चारमुखाज्ज्ञातं प्रत्यक्षं तच्च दृश्यते । तन्निराकुरु देशात्तं देहाद्व्याधिमिवात्मजम् ॥ ११
तच्छ्रुत्वा स समुद्भ्रान्तः प्राहिणोत्तदवेक्षणे । निजं सेनापतिं भीमपराक्रमगृहं नृपः ॥ १२
स च केशकलापादि लब्ध्वा सेनापतिस्ततः । आनीय तत्क्षणं तस्मै राज्ञे साक्षाददर्शयत् ॥ १३
राज्यलुब्धः स पुत्रो मे द्रोही निर्वास्यतामितः । नगर्याः सहितोऽमात्यैस्त्वयाद्यैवाविलम्बितम् ॥ १४
इत्यादिशत्स तं क्रुद्धो राजा सेनापतिं ततः । आश्रस्तो वेत्ति कुसृतिं प्रभुः को हि स्वमन्त्रिणाम् ॥ १५
सोऽथ सेनापतिर्गत्वा राजादेशं निवेद्य तम् । मृगाङ्कदत्तं सामात्यं नगर्या निरकालयत् ॥ १६
सोऽप्यपेक्षितसंपत्तिर्हृष्टोऽर्चितविनायकः । मृगाङ्कदत्तो मनसा प्रणम्य पितरौ ततः ॥ १७
अयोध्यातो विनिर्गत्य दूरं तान्सहयायिनः । प्रचण्डशक्तिप्रमुखानुवाच दश मन्त्रिणः ॥ १८
शक्तिरक्षितनामास्ति किराताधिपतिर्महान् । सब्रह्मचारी विद्यासु स च बालसुहृन्मम ॥ १९
युद्धबन्दीकृतेन प्राक्स हि पित्रात्ममुक्तये । नियमाय प्रतिनिधिस्तातस्येह समर्प्यत ॥ २०
मृते पितरि चोद्धूतगोत्रजः स्वबलेन सः । मद्विज्ञप्तेन तातेन पित्र्ये राज्येऽधिरोपितः ॥ २१
तत्तस्य निकटं तावद्गच्छामः सुहृदस्ततः । क्रमेणोज्जयिनीं यामस्तां शशाङ्कवतीं प्रति ॥ २२
इत्युक्तवांस्तथेत्युक्तवद्भिस्तैः सचिवैः सह । प्रययौ स ततः प्राप सायं चैकां महाटवीम् ॥ २३
तस्यां निर्वृक्षतोयायां कृच्छ्रादेकमवाप सः । तीरोपान्तप्ररूढैकशुष्कपादपकं सरः ॥ २४
तस्मिन्सांध्यमनुष्ठाय विधिं पीत्वा जलानि सः । श्रान्तः सुष्वाप सामात्यस्तस्य शुष्कतरोरधः ॥ २५

रात्रौ च चन्द्रशुभ्रायां प्रबुद्धः स ददर्श तम् । शुष्कवृक्षं दलैः पुष्पैः फलैश्चापूरितं क्रमात् ॥ २६
पक्वानि च फलान्यस्य पतन्त्यालोक्य तत्क्षणम् । प्रबोध्य दर्शयामास सचिवेभ्यस्तदद्भुतम् ॥ २७
ततस्तैर्विस्मयाविष्टैः क्षुधितैः सह तानि सः । फलानि तस्य सुस्वादुरसानि बुभुजे तरोः ॥ २८
भुक्तवत्सु च तेष्वत्र पश्यत्स्वेवाखिलेषु सः । शुष्कवृक्षः क्षणाद्विप्रकुमारः समपद्यत ॥ २९
पृष्टो मृगाङ्कदत्तेन विस्मितेनाथ सोऽब्रवीत् । दमधिर्नाम कोऽप्यासीदयोध्यायां द्विजोत्तमः ॥ ३०
तस्याहं श्रुतधिर्नाम पुत्रः स च मया सह । दुर्भिक्षे मृतजानिः सन्भ्रमन्प्रापदिमां भुवम् ॥ ३१
इह केनापि दत्तानि प्राप्य पञ्च फलानि सः । क्षुत्क्षामस्त्रीणि मे प्रादाद्द्वे चास्थापयदात्मने ॥ ३२
ततः स्नातुं सरस्तोयं गते तस्मिन्फलान्यहम् । तानीह भुक्त्वा निःशेषाण्यकार्षं व्याजसुप्तकम् ॥ ३३
सोऽथ स्नात्वागतो बुद्ध्वा छद्मतः काष्ठवत्स्थितम् । मां शप्तवान्भवेहैव शुष्कवृक्षः सरस्तटे ॥ ३४
रात्रौ च ते पुष्पफलं चन्द्रवत्यां भविष्यति । तर्पयित्वातिथीञ्जातु फलैः शापाद्विमोक्ष्यसे ॥ ३५
इति पित्राभिशप्तोऽहं सद्यः शुष्कद्रुमोऽभवम् । युष्मद्भुक्तफलश्चाद्य चिरान्मुक्तोऽस्मि शापतः ॥ ३६
इत्युक्तनिजवृत्तान्तं पृच्छन्तं श्रुतधिं ततः । मृगाङ्कदत्तोऽपि स तं स्ववृत्तान्तमबोधयत् ॥ ३७
ततः सोऽबान्धवो नीतावधीती श्रुतधिर्द्विजः । मृगाङ्कदत्ताद्वृतवान्वरं तदनुयायिताम् ॥ ३८
ततो नीत्वा निशां प्रातस्तेन श्रुतधिना सह । मृगाङ्कदत्तः स ततः प्रतस्थे सचिवान्वितः ॥ ३९
गच्छंश्च स प्राप्य वनं करिमण्डितसंज्ञकम् । ददर्श पुरुषान्पञ्च भूरिकेशान्दुराकृतीन् ॥ ४०
उपेत्य प्रश्रयात्ते च तमूचुर्जातविस्मयम् । काशिपुर्यां वयं जाता विप्रा धेनूपजीविनः ॥ ४१
तेऽवग्रहप्लुष्टतृणात्ततो देशादिदं वनम् । आगताः स्मो बहुतृणं दुर्भिक्षे सह धेनुभिः ॥ ४२
इह च प्राप्तमस्माभिर्वापीवारि रसायनम् । तीररूढद्रुमभ्रश्यत्त्रिफलानित्यभावितम् ॥ ४३
पिबतां तत्सदास्माकमेषां क्षीरभुजां सताम् । पञ्च वर्षशतान्यस्मिन्व्यतीतान्यजने वने ॥ ४४
तेनेदृशा वयं देव यूयं चातिथयोऽधुना । अस्माभिर्दैवतः प्राप्तास्तदेतास्माकमाश्रमम् ॥ ४५
इति तैरर्थितो गत्वा सानुगः स तदाश्रमम् । मृगाङ्कदत्तः क्षीरादिभोजी तदनयद्दिनम् ॥ ४६
प्रस्थितश्च ततः प्रातरन्यान्यपि विलोकयन् । कौतुकानि स संप्राप किरातविषयं क्रमात् ॥ ४७
प्राहिणोच्छ्रुतधिं चात्र स्वागमावेदनाय सः । तं किरातपतिं मित्रं शक्तिरक्षितकं प्रति ॥ ४८
सोऽपि बुद्ध्वा किरातेशो निर्गत्याग्रे तमानतः । मृगाङ्कदत्तं सामात्यं पुरं प्रावेशयन्निजम् ॥ ४९
ततस्तेनोपचरितस्तस्थौ तत्र स कांश्चन । मृगाङ्कदत्तो दिवसानुक्तागमनकारणः ॥ ५०
स्वकार्ये प्राप्तकालं च साहाय्ये शक्तिरक्षितम् । स्थापयित्वात्र सज्जं तमामन्त्र्य च नृपात्मजः ॥ ५१
प्रातिष्ठत स पुण्याहे पुनरुज्जयिनीं प्रति । शशाङ्कवत्या हृतधीरात्मना द्वादशस्ततः ॥ ५२
गच्छंश्च सोऽटवीं प्राप्य शून्यां तरुतलस्थितम् । तपस्विनं ददर्शैकं भस्माजिनजटाभृतम् ॥ ५३
निराश्रमपदेऽरण्ये किमेकाकीह तिष्ठसि । भगवन्नित्युपागम्य स तं पप्रच्छ सानुगः ॥ ५४
सोऽथ तं तापसोऽवादीदहं शिष्यो महागुरोः । शुद्धकीर्त्यभिधानस्य नानामन्त्रौघसिद्धिमान् ॥ ५५
सोऽहं कदाप्यकरवं स्वस्थावेशं प्रसङ्गतः । शुभलक्षणमासाद्य कंचित्क्षत्रकुमारकम् ॥ ५६
स कुमारः समाविष्टः पृष्टो नानाविधानि मे । सिद्धौषधिरसक्षेत्राण्युदीर्येदमथाब्रवीत् ॥ ५७
अस्तीहोत्तरदिग्भागे केवलः शिंशपातरुः । विन्ध्याटव्यामधश्चास्य नागेन्द्रभवनं महत् ॥ ५८
तच्चार्द्रधूलिप्रच्छन्नजलं सदुपलक्ष्यते । मध्याह्ने हंसमिथुनैः क्रीडद्भिः साम्बुसारसैः ॥ ५९
तत्र पारावताख्योऽस्ति नाम्ना नागवरो बली । तस्य देवासुररणात्प्राप्तः खड्गोऽस्त्यनुत्तमः ॥ ६०
वैदूर्यकान्तिर्नाम्ना तं खड्गं प्राप्नोति यो नरः । स सिद्धाधिपतिर्भूत्वा विचरत्यपराजितः ॥ ६१
स चासिः प्राप्यते वीरैः सहायैरित्युदीरिते । तेनाविष्टेन तस्याहमथाकार्षं विसर्जनम् ॥ ६२
ततोऽन्यविमुखः खड्गं प्रेप्सुस्तं पृथिवीमहम् । भ्रान्त्वा सहायानप्राप्य खिन्नो मर्तुमिहागतः ॥ ६३
एतन्मृगाङ्कदत्तोऽत्र श्रुत्वा तस्मात्स तापसात् । अहं सहायः समात्यस्तवेति तमभाषत ॥ ६४

स चाभिनन्द्य तत्तेन सानुगेन समं ययौ। तस्य नागस्य भवनं पादलेपेन तापसः॥ ६५
तत्राभिज्ञानसंप्राप्ते मन्त्रबद्धासु दिक्षु च। रात्रौ मृगाङ्कदत्तादीन्स्थापयित्वाभिमन्त्रितैः॥ ६६
सर्षपैः प्रकटीकृत्य क्षिप्तैस्तद्धूलितो जलम्। स नागदमनैर्मन्त्रैर्होमं कर्तुं प्रचक्रमे॥ ६७
विघ्नांश्चोत्पातमेघादीन्मन्त्रशक्त्या जिगाय सः। ततोऽत्र निर्ययौ तस्माद्दिव्या स्त्री शिंशपातरोः॥ ६८
मोहमन्त्रं पठन्तीव सा रत्नाभरणारवैः। उपेत्य तं क्षणाच्चक्रे कटाक्षक्षतमानसम्॥ ६९
हृतधैर्या च सा तस्य समालिङ्ग्य घनस्तनी। हस्ताद्विस्मृतमन्त्रस्य होमभाण्डमपातयत्॥ ७०
लब्धान्तरश्च तत्कालं स नागो भवनात्ततः। पारावताख्यः कल्पान्तघनाघन इवोदगात्॥ ७१
तं दृष्ट्वा नयनज्वालाघोरं गर्जितदारुणम्। स नष्टदिव्यनारीको हृत्स्फोटं प्राप तापसः॥ ७२
तस्मिन्विनष्टे तस्यात्र कृतसाहाय्यकान्स तान्। नागो मृगाङ्कदत्तादीनशपच्छान्तवैकृतः॥ ७३
युष्माभिरेतत्संघातात्कृतं निष्कारणं यतः। विप्रयुक्तास्ततोऽन्योन्यं कंचित्कालं भविष्यथ॥ ७४
इत्युक्त्वान्तर्हिते नागे सर्वे ते तत्र तत्क्षणम्। ध्वान्तरुद्धदृशो ध्वस्तशब्दश्रवणशक्तयः॥ ७५
जग्मुर्मृगाङ्कदत्ताद्या विप्रयुक्ता यतस्ततः। शापप्रभावात्क्रोशन्तश्चिन्वन्तश्च परस्परम्॥ ७६
मृगाङ्कदत्तश्च ततः स गते रात्रिविभ्रमे। भ्राम्यन्नितस्ततोऽटव्यां तत्रासीत्सचिवैर्विना॥ ७७
गतेष्वेवं च मासेषु द्वित्रेष्वत्राथ तस्य सः। अकस्माच्छ्रुतधिर्विप्रो विचिन्वन्प्रापदन्तिकम्॥ ७८
स पादपतितः साश्रुः श्रुतधिस्तं कृतादरम्। स्वमन्त्रिवार्तां पृच्छन्तं समाश्वास्यैवमभ्यधात्॥ ७९
न दृष्टास्ते मया किं तु जाने यास्यन्ति ते प्रभो। पुरीमुज्जयिनीं सैव गन्तव्या वर्तते हि वः॥ ८०
इत्याद्युक्तवता तेन प्रेरितस्तद्युतोऽथ सः। मृगाङ्कदत्तः शनकैः प्रायादुज्जयिनीं प्रति॥ ८१
गच्छन्स्तोकैश्च दिवसैर्मार्गेणाशङ्कितागतम्। दृष्टो विमलबुद्धिं स संप्राप निजमन्त्रिणम्॥ ८२
तद्दर्शनोद्बाष्पदृशं प्रणतं परिरभ्य सः। उपवेश्य च पप्रच्छ वार्तामितरमन्त्रिणाम्॥ ८३
ततो विमलबुद्धिस्तं भृत्यप्रियमुवाच सः। न जाने देव कस्तेषु क्व गतो नागशापतः॥ ८४
त्वं तु तान्प्राप्स्यसीत्येतद्यथा जाने तथा शृणु। तदाहं नागशापेन दूराकृष्टः परिभ्रमन्॥ ८५
अटव्याः पूर्वदिग्भागे क्लान्तः केनापि साधुना। आश्रमं प्रापितोऽभूवं महर्षेर्ब्रह्मदण्डिनः॥ ८६
तत्र तेनर्षिणा दत्तैः फलाम्भोभिर्गतक्लमः। पर्यटन्नाश्रमादाराद्द्राक्षं बृहतीं गुहाम्॥ ८७
प्रविश्य कौतुकात्तस्यां दृष्ट्वान्तर्मणिमन्दिरम्। प्रवृत्तवानहं जालगवाक्षैस्तत्र वीक्षितुम्॥ ८८
तावत्स्थितान्तश्चक्रं स्त्री भ्रामयन्ती सभृङ्गकम्। भृङ्गास्तेऽथाश्रिता भेदेनात्रस्थौ वृषगर्दभौ॥ ८९
ताभ्यां च वान्तौ क्षीरासृक्फेनौ पीत्वा यथाश्रयम्। द्वये सितासिता भूत्वा जातास्ते जालकारकाः॥ ९०
स्वविष्ठाभिस्ततस्तैश्च द्विविधैर्विविधाः कृताः। जालपाशाः सुपुष्पैश्च विषपुष्पैश्च संगताः॥ ९१
तेषु पाशेषु ते सक्ता जालकारा यथासुखम्। श्वेतकृष्णोभयमुखेनैत्य दष्टा महाहिना॥ ९२
नानावटेष्वथ क्षिप्तास्तया नार्या समुत्थिताः। पुनस्तथैव तानेव पाशान्श्लिष्टा यथातथम्॥ ९३
विषोद्वेगाच्च तत्पुष्पजालस्थेष्वारटत्स्वथ। अन्येऽपि तेऽन्यजालस्थाः प्रवृत्ताः क्रन्दितुं तदा॥ ९४
तच्छब्दभग्नध्यानेन तत्रस्थेन कृपालुना। केनापि भालतो मुक्ता ततो ज्वाला तपस्विना॥ ९५
तया निर्दग्धपाशास्ते दण्डं सुषिरवेद्रुमम्। प्रविश्यैव तदूर्ध्वस्थे लीना ज्योतिषि भास्वरे॥ ९६
तावत्क्वापि गता सा स्त्री सचक्रवृषगर्दभा। तद्दृष्ट्वा विस्मितो यावत्स्थितोऽहं तत्र पर्यटन्॥ ९७
तावत्पुष्करिणीं हृद्यामपश्यं भृङ्गनादितैः। इहाप्यागत्य वीक्षस्वेत्याह्वयन्तीमिवाम्बुजैः॥ ९८
तीरोपविष्टस्तस्याश्च वीक्षे यावद्वनं महत्। जालान्तरे वने चैको लुब्धकस्तत्र तेन च॥ ९९
दशबाहुरवाप्यैकः सिंहपोतो विवर्ध्य च। अनायत्त इति क्रोधाद्वनात्तस्मात्प्रवासितः॥ १००
सोऽपि सिंहः समाकर्ण्य सिंह्याः शब्दं वनान्तरे। तत्र गच्छन्महावातेनावकीर्णभुजः कृतः॥ १०१
ततो लम्बोदरेणैत्य पुंसारोपितबाहुकः। संपादितः स यातस्तद्वनं केसरिणीकृते॥ १०२
तत्र तस्याः कृते क्लेशमनुभूय वनान्तरे। प्रागात्तां प्राप्य तद्युक्तः स निजं वनमागतः॥ १०३

सभार्यमागतं तं च दृष्ट्वैव करिमर्दनम्। वनं समर्प्य तत्तस्मै लुब्धकः स ततो गतः॥ १०४
एतदप्यहमालोक्य गत्वाश्रमपदं ततः। उभयं तन्महाश्चर्यमवोचं ब्रह्मदण्डिने॥ १०५
सोऽथ प्रीत्या त्रिकालज्ञो मुनिर्मामेवमभ्यधात्। धन्योऽसि दर्शितं सर्वं प्रसन्नेनेश्वरेण ते॥ १०६
या दृष्टा स्त्री त्वया तत्र सा माया भ्रमितं च यत्। तया संसारचक्रं तद्ये भृङ्गास्ते च जन्तवः॥ १०७
वृषगर्दभरूपौ तौ धर्माधर्मौ पृथक्पृथक्। श्रितास्तद्वान्तदुग्धासृग्रूपे सुकृतदुष्कृते॥ १०८
स्वस्वाश्रयोत्थे संसेव्य भूत्वा च श्वेतकल्मषाः। द्विविधा जालकाराभा विष्टब्धा निजवीर्यतः॥ १०९
निर्माय द्विविधानेव जालपाशान्सुतादिकान्। सत्पुष्पविषपुष्पाभसुखदुःखानुषङ्गिणः॥ ११०
यथास्वं तेषु संसक्ताः कालेनोरगरूपिणा। शुभाशुभाभ्यां वक्त्राभ्यां हताः पुत्र यथोचितम्॥ १११
ततो घटकरूपासु नानायोनिषु मायया। स्त्रीरूपया तया क्षिप्तास्तथैवोत्थाय ते पुनः॥ ११२
तुल्यासु पतिताः श्वेतकृष्णास्वाकृतिषु द्विधा। पुत्रादिजालपाशेषु सुखदुःखानुबन्धिषु॥ ११३
ततः कृष्णा निजैर्जालैर्बद्धा दुःखविषार्दिताः। प्रवृत्ताः क्रन्दितुं विप्राः शरणं परमेश्वरम्॥ ११४
तद्दृष्ट्वा जातवैराग्यास्ते श्वेता अपि जन्तवः। प्रारब्धा निजजालस्थास्तमेवाक्रन्दितुं प्रभुम्॥ ११५
ततः प्रबुध्य देवेन तेन तापसरूपिणा। ज्ञानाग्निज्वालया दग्धपाशाः सर्वेऽपि ते कृताः॥ ११६
तेन विद्रुमसद्दण्डरूपमादित्यमण्डलम्। प्रविश्य तत्तदूर्ध्वस्थं परमं धाम ते श्रिताः॥ ११७
नष्टा च चक्राकारेण संसारेण सहैव सा। माया वृषखराकारधर्माधर्मसमन्विताः॥ ११८
एवं भ्रमन्ति संसारे शुक्लकृष्णाः स्वकर्मभिः। ईश्वराराधनादेव विमुच्यन्ते च जन्तवः॥ ११९
इति ते मोहशान्त्यर्थमीश्वरेण प्रदर्शितम्। वापीजले च यद्दृष्टं भवता तदिदं शृणु॥ १२०
मृगाङ्कदत्तभाव्यर्थप्रदर्शनमिदं जले। प्रतिबिम्बमिवोत्पाद्य कृतं भगवता तव॥ १२१
स हि बालमृगारातिपोततुल्यो भुजोपमैः। सचिवैर्दशभिर्युक्तो वर्धितो वनसंनिभात्॥ १२२
देशाल्लुब्धकतुल्येन पित्रा कोपात्प्रवासितः। अवन्तिदेशादुद्भूतां ख्यातिमन्यवनोपमात्॥ १२३
शशाङ्कवत्यास्तत्सिंह्या इव श्रुत्वा प्रधावितः। नागशापेन वातेन भ्रष्टमन्त्रिभुजः कृतः॥ १२४
ततो विनायकेनात्र स लम्बोदररूपिणा। संघाटितामात्यभुजः प्रकृतिस्थः पुनः कृतः॥ १२५
ततो गत्वानुभूयातिक्लेशं प्राप्तां ततोऽन्यतः। तां शशाङ्कवतीं सिंहीमादायात्रागतश्च सः॥ १२६
ततश्च निकटं प्राप्तं विधुताराविवारणम्। मृगाङ्कदत्तसिंहं तं दृष्ट्वा भार्यासमन्वितम्॥ १२७
तत्स्वदेशवनं तस्मै समर्प्य सकलं स्वतः। तत्पिता लुब्धकनिभः स प्रयातस्तपोवनम्॥ १२८
इति संपन्नवद्भावि दर्शितं विभुना तव। तद्युष्मान्मन्त्रिणो भार्यां राज्यं चाप्स्यति वः प्रभुः॥ १२९

इत्यहं मुनिवरेण बोधितस्तेन लब्धधृतिराश्रमात्ततः।
निर्गतोऽथ शनकैरुपाव्रजन्नद्य देव मिलितस्त्वया सह॥ १३०

तस्मादभिमतमाप्स्यसि सचिवांल्लब्ध्वा प्रचण्डशक्तिमुखान्।
प्रस्थानकालपूजाप्रसन्नविघ्नेश्वरो नियतम्॥ १३१

इति स्वसचिवात्क्षणं विमलबुद्धितः सोऽद्भुतं
निशम्य परितोषवानपि मृगाङ्कदत्तः पुनः।
विचार्य सह तेन तामपरमन्त्र्यवाप्त्यै क्रमा-
दवन्तिनगरीं प्रति व्रजितवान्स्वकार्याय च॥ १३२

इति महाकविश्रीसोमदेवभट्टविरचिते कथासरित्सागरे शशाङ्कवतीलम्बके तृतीयस्तरङ्गः।

चतुर्थस्तरङ्गः।

ततः श्रुतधियुक्तेन समं विमलबुद्धिना। स शशाङ्कवतीहेतोर्गच्छन्नुज्जयिनीं प्रति॥ १
मृगाङ्कदत्तः संप्रापदन्तरा नर्मदानदीम्। वीचिवेल्लद्भुजलतां विलसत्फेनपाण्डुराम्॥ २

दिष्ट्या मिलदमात्योऽयं संवृत्त इति वीक्ष्य तम् । हर्षादिव प्रनृत्यन्तीं हसन्तीं चपलाशयाम् ॥ ३
तस्यां स्नानावतीर्णे च तस्मिन्कश्चिदुपाययौ । तत्र मायाबटुर्नाम स्नातुं शबरभूपतिः ॥ ४
तं स्नान्तं सहसोत्थाय त्रयोऽत्र जलमानुषाः । युगपज्जगृहुर्भिल्लं भीतिनश्यत्परिच्छदम् ॥ ५
तद्दृष्ट्वाकृष्टखड्गोऽन्तः प्रविश्य जलमानुषान् । हत्वा मृगाङ्कदत्तस्तान्भिल्लेन्द्रं तममोचयत् ॥ ६
स तद्ग्राहभयान्मुक्तो भिल्लराजो जलोत्थितः । तं राजपुत्रं पप्रच्छ पतित्वा पादयोस्ततः ॥ ७
धात्रा कस्त्वमिहानीतः प्राणत्राणाय मे वद । कस्य चालंकृतो वंशस्त्वया सुकृतिनः पितुः ॥ ८
को वा कटाक्षितः पुण्यैर्देशो यत्र गमिष्यसि । इत्युक्त्वा श्रुतधेः श्रुत्वा तद्वृत्तान्तमशेषतः ॥ ९
सुतरां प्रणतस्तं स शबरेन्द्रोऽब्रवीत्पुनः । तदहं ते यथादिष्टे सहायोऽत्राभिवाञ्छिते ॥ १०
सख्या दुर्गपिशाचेन मातङ्गपतिना सह । तत्प्रसादं कुरुष्वैहि गृहान्भृत्यस्य मे प्रभो ॥ ११
इति सप्रणयैस्तैस्तैर्वचोभिः प्रार्थ्य तं ततः । मृगाङ्कदत्तं पल्लीं स्वां शबरेन्द्रो निनाय सः ॥ १२
उपाचरच्च तं तत्र यथावत्स्वविभूतिभिः । राजपुत्रमशेषेण पल्लीलोकेन पूजितम् ॥ १३
सोऽपि मातङ्गराजोऽत्र समेत्याभिननन्द तम् । दासीभूय सुहृत्प्राणप्रदं न्यस्तशिरा भुवि ॥ १४
ततो मायाबटोस्तस्य भिल्लेन्द्रस्यानुरोधतः । मृगाङ्कदत्तस्तत्रैव तस्थौ कांश्चित्स वासरान् ॥ १५
एकदा च स्थिते तस्मिन्द्यूतं स शबरेश्वरः । समं निजप्रतीहारेणारेभे चण्डकेतुना ॥ १६
तावन्नभसि मेघेषु गर्जत्सु गृहबर्हिणः । प्रनृत्तान्द्रष्टुमुत्तस्थौ स मायाबटुभूपतिः ॥ १७
ततः स द्यूतरसिकः प्रतीहारस्तमभ्यधात् । किमेभिः प्रेक्षितै राजन्नसुशिक्षितताण्डवैः ॥ १८
स मयूरो गृहे मेऽस्ति नास्ति योऽन्यत्र भूतले । दर्शयिष्यामि तं प्रातस्तुभ्यं तद्रसिकोऽसि चेत् ॥ १९
तच्छ्रुत्वा दर्शनीयो मे सर्वथा स त्वयेति च । उक्त्वा स तं प्रतीहारं दिनकृत्यं व्यधान्नृपः ॥ २०
मृगाङ्कदत्तोऽप्याकर्ण्य सर्वं तत्तत्र सानुगः । तथैवोत्थाय विदधे स्नानाहारादिकाः क्रियाः ॥ २१
ततो रात्रावुपेतायामन्धे तमसि जृम्भिते । कस्तूरिकानुलिप्ताङ्गो वसानो नीलवाससी ॥ २२
स राजपुत्रः स्वोद्देशाद्वीरचर्यार्थमेककः । सुप्तानुगाद्वासगृहात्खड्गपाणिर्विनिर्ययौ ॥ २३
भ्रमंश्च तत्र केनापि पुंसा मार्गागतेन सः । अपश्यता ध्वान्तवशादंसेनांसेऽभ्यहन्यत ॥ २४
ततः सोऽभ्यभवत्क्रुद्धो युद्धायाह्वयति स्म तम् । स चाहतः पुमान्प्रौढस्तत्कालोचितमभ्यधात् ॥ २५
किं ताम्यस्यविचार्यैव विचारयसि चेत्ततः । वाच्यो निशापतिर्येन निशैषा न प्रकाशिता ॥ २६
धाता वा येन पूर्णोऽस्य नाधिकारोऽत्र निर्मितः । येन वैराणि जायन्ते तमसीदृश्यकारणम् ॥ २७
तच्छ्रुत्वा सत्यमित्युक्त्वा तुष्टो नागरिकोक्तितः । मृगाङ्कदत्तः कोऽसीति स तं पप्रच्छ पूरुषम् ॥ २८
चौरोऽहमिति तेनोक्तः पुंसा सोऽप्यवदन्मृषा । हस्तमानय सब्रह्मचारी मम भवानिति ॥ २९
कृत्वा च सख्यं जिज्ञासुः स तेनैव सह व्रजन् । मृगाङ्कदत्तः संप्राप जीर्णकूपं तृणावृतम् ॥ ३०
तत्र तेन प्रविष्टेन पुंसा सह सुरुङ्गया । गत्वा मायाबटोस्तस्य राज्ञोऽन्तःपुरमाप्तवान् ॥ ३१
तत्र दीपेन दृष्ट्वा तं परिजज्ञे स पूरुषम् । यावत्सोऽत्र प्रतीहारश्चण्डकेतुर्न तस्करः ॥ ३२
प्रतीहारस्तु न स तं मन्दालोकैककोणगम् । परिजज्ञेऽन्यवेषस्थं राजस्त्रीछन्नकामुकः ॥ ३३
राजवध्वा च स तया प्राप्त एवानुरक्तया । उत्थाय कण्ठे जगृहे मञ्जुमत्यभिधानया ॥ ३४
उपवेश्य च पर्यङ्के स पृष्टोऽभूत्तया तदा । अद्यैव भवता कोऽयमिहानीतः पुमानिति ॥ ३५
सुहृन्ममायं विश्वस्ता भवेत्युक्ता च तेन सा । प्रतीहारेण सोद्वेगा मञ्जुमत्येवमब्रवीत् ॥ ३६
कुतो मे मन्दभाग्याया विश्वासो यदसौ नृपः । मृत्योर्मृगाङ्कदत्तेन मुखं प्राप्तोऽपि रक्षितः ॥ ३७
तच्छ्रुत्वा स प्रतीहारस्तामवादीदलं शुचा । नृपं मृगाङ्कदत्तं च हनिष्याम्यचिरात्प्रिये ॥ ३८
इत्युक्तवन्तं तं दैवात्साब्रवीत्किं विकत्थसे । आक्रान्तोऽभूद्यदा ग्राहैर्नृपोऽसौ नर्मदाम्भसि ॥ ३९
मृगाङ्कदत्त एवैकस्त्वा तत्क्षणोद्यतः । त्वया किं न हतस्तत्र भीतो हि त्वं पलायितः ॥ ४०
तत्तूष्णीं भव मा कश्चिदेतच्छ्रोष्यति ते वचः । ततो मृगाङ्कदत्तात्त्वं शूरादशिवमाप्स्यसि ॥ ४१

एवमुक्तवतीं तां च जारः क्षत्ता न चक्षमे। पापे मृगाङ्कदत्ते त्वं बद्धभावाधुना ध्रुवम् ॥ ४२
तदस्यानुभवेदानीमधिक्षेपस्य मे फलम्। इत्युक्त्वा च स हन्तुं तामुत्तस्थौ सासिधेनुकः ॥ ४३
ततो रहस्यधारिण्या तत्र चेटिकयैकया। धाविला छुरिका तस्यावष्टब्धाभूत्करेण सा ॥ ४४
तावद्ययौ मञ्जुमती ततो निर्गत्य सान्यतः। क्षत्ता च तस्याश्चेट्यास्तां निकृत्ताङ्गुलितः करात् ॥ ४५
आक्षिप्य छुरिकां प्रायात्स्वगृहं स यथागतम्। मृगाङ्कदत्तेन सममाकुलो विस्मितात्मना ॥ ४६
गच्छाम्यहं भवान्प्राप्तो गृहानिति च तत्र तम्। मृगाङ्कदत्तः क्षत्तारं तमस्यप्रकटोऽब्रवीत् ॥ ४७
इह निद्रां भज क्षिप्रं परिश्रान्तो भृशं ह्यसि। इति सोऽपि प्रतीहारो राजपुत्रं तमभ्यधात् ॥ ४८
ततस्तथेति तेनोक्ते तच्चेष्टालोकनैषिणा। क्षत्ता स्वभृत्यमत्रैकं समाहूय जगाद सः ॥ ४९
स मयूरः स्थितो यत्र तत्रैनं नय वासकम्। पुरुषं विश्रमायास्मै शयनीयं प्रयच्छ च ॥ ५०
तथेति च स तद्भृत्यस्तस्मिन्प्रावेशयद्गृहे। नीत्वा मृगाङ्कदत्तं तं दत्तशय्यं सदीपके ॥ ५१
गते तस्मिन्बहिर्द्वारं बद्ध्वा शृङ्खलयात्र सः। मृगाङ्कदत्तोऽपश्यत्तं मयूरं पञ्जरस्थितम् ॥ ५२
सोऽयमुक्तोऽमुना क्षत्रा शिखीत्यालोच्य कौतुकात्। तस्य चोद्घाटयामास मयूरस्य स पञ्जरम् ॥ ५३
मयूरः स च निर्गत्य निपुणं वीक्ष्य पादयोः। मृगाङ्कदत्तस्य मुहुर्निपपात लुलोठ च ॥ ५४
लुठतस्तस्य दृष्ट्वा च कण्ठबद्धं स सूत्रकम्। राजपुत्रो मुमोचाशु मत्वा तं तेन पीडितम् ॥ ५५
स मुक्तकण्ठसूत्रश्च मयूरस्तस्य पश्यतः। संपन्नोऽभूत्तदा तस्य मन्त्री भीमपराक्रमः ॥ ५६
ततो मृगाङ्कदत्तस्तमाश्लिष्योत्सुकमानतम्। सखे कथय किं न्वेतदिति पप्रच्छ विस्मयात् ॥ ५७
अवोचदथ संहृष्टः स तं भीमपराक्रमः। शृणु देव स्ववृत्तान्तमा मूलात्कथयामि ते ॥ ५८
तदाहं नागशापेन विभ्रष्टो भवदन्तिकात्। भ्रमन्नटव्यां संप्रापमेकं शाल्मलिपादपम् ॥ ५९
तस्मिन्निखातरूपां च गणेशप्रतिमामहम्। दृष्ट्वा प्रणम्य तन्मूले परिश्रान्त उपाविशम् ॥ ६०
अचिन्तयं च धिक्सर्वमिदं पापं मया कृतम्। रात्रिवेतालवृत्तान्तमावेद्य स्वामिने तदा ॥ ६१
तदिहैव त्यजाम्येतमात्मानमपराधिनम्। इत्यालोच्यात्र देवाग्रे स्थितोऽभूवमभोजनः ॥ ६२
गते कतिपयाहे च कोऽपि तेनागतः पथा। वृद्धपान्थस्तरोस्तस्य च्छायायां समुपाविशत् ॥ ६३
म्लानमुखः पुत्र किं स्थितोऽसीह निर्जने। इति दृष्ट्वा च सोऽपृच्छत्साधुर्मामनुबन्धतः ॥ ६४
ततो मया स्ववृत्तान्ते यथावद्विनिवेदिते। स वृद्धपथिकः प्रीत्या धीरयन्मामभाषत ॥ ६५
आत्मानं हंसि वीरोऽपि कथं क्लीबवत्स्त्रियोऽपि वा। धैर्यमापदि नोज्झन्ति तथा चेमां कथां शृणु ॥ ६६
नगर्यां कोशलाख्यायां विमलाकर इत्यभूत्। राजा तस्य च पुत्रोऽभूत्कमलाकरसंज्ञकः ॥ ६७
यस्तेजोरूपदातृत्वगुणैः श्लाघ्यो विनिर्ममे। धात्रेव स्कन्दकंदर्पकल्पद्रुमजिगीषया ॥ ६८
तस्यैकदा कुमारस्य दिक्षु स्तुत्यस्य बन्दिभिः। गाथामेकां पपाठैको बन्दी परिचितः पुरः ॥ ६९

पद्मासादनसोत्सवनानामुखरद्विजालिपरिगीतम्।
कमलाकरमप्राप्य क्व रतिं हंसावली लभताम् ॥ ७०

एवं मुहुः पठन्पृष्टस्तेन बन्दी जगाद तम्। स मनोरथसिद्ध्याख्यः कुमारं कमलाकरम् ॥ ७१
देव भ्राम्यन्गतोऽभूवं राज्ञोऽहं मेघमालिनः। नगरीं विदिशां नाम लीलोद्यानभुवं श्रियः ॥ ७२
तत्र दर्दुरकाख्यस्य गीताचार्यस्य वेश्मनि। अहमासं स चैवं मां प्रसङ्गेनैकदाब्रवीत् ॥ ७३
इह हंसावली नाम दुहिता नृपतेः पुरः। नवीनशिक्षितं प्रातः स्वनृत्तं दर्शयिष्यति ॥ ७४
तच्छ्रुत्वा कौतुकाद्युक्त्या समं तेनापरेऽहनि। अहं राजकुलं गत्वा प्राविशं रङ्गमण्डपम् ॥ ७५
तत्राहतमहातोद्ये तामपश्यं सुमध्यमाम्। हंसावलीं राजकन्यां नृत्यन्तीं पितुरग्रतः ॥ ७६
आलोलपुष्पाभरणां पाणिप्रेङ्खितपल्लवाम्। वल्लीमिव स्मरतरोर्यौवनानिलघूर्णिताम् ॥ ७७
ततश्चाचिन्तयमहं नैवास्या हरिणीदृशः। भर्तास्ति कश्चिद्योग्योऽन्यः कुमारात्कमलाकरात् ॥ ७८
तेन चेत्तादृशेनेयं युज्यते नेदृशी ततः। कामस्य किं कृते पुष्पकार्मुकारोपणग्रहः ॥ ७९

तदुपायं करोम्यत्र तावदित्यनुचिन्तयन् । प्रेक्षणान्ते ततो राजकुलद्वारमगामहम् ॥ ८०
चित्रं लिखतु योऽत्रास्ति चित्रकृत्सदृशो मया । अभिलिख्येति तत्राहं चीरिकामुदलम्बयम् ॥ ८१
अपाटितायामन्येन तस्यां बुद्ध्वा नृपोऽत्र तत् । आहूय स्वसुतावासे चित्रकृत्ये न्ययुङ्क्त माम् ॥ ८२
ततो वासगृहे तस्या हंसावल्याः सभृत्यकः । भित्तौ मयाभिलिखितस्त्वं देव कमलाकर ॥ ८३
स्पष्टं चेत्ख्यापयाम्येतत्तद्धूर्तं वेत्ति मामियम् । तदेतां राजतनयां युक्त्यैतद्बोधयाम्यहम् ॥ ८४
इति संचिन्त्य सुहृदं विश्वस्तं कृतसंविदम् । तत्रैकमहमुन्मत्तरूपं रम्यमकारयम् ॥ ८५
स उन्मत्तो भ्रमन्गायन्नृत्यंश्चालोक्य दूरतः । आनाय्यत क्रीडनको राजपुत्रैर्निजान्तिकम् ॥ ८६
ततः क्रीडावशाद्दृष्ट्वा हंसावल्या स्ववासकम् । प्रवेशितश्च संपश्यन्स चित्रं त्वत्स्तुतिं व्यधात् ॥ ८७
दिष्ट्या दृष्टोऽब्जशङ्खाङ्कपाणिर्लक्ष्मीविलासभूः । सोऽयं हरिरिवानन्तगुणौघः कमलाकरः ॥ ८८
इत्यादि नृत्यतस्तस्माद्राजकन्या निशम्य सा । मामपृच्छत्किमाहायं कश्चैष लिखितस्त्वया ॥ ८९
इति तामनुबन्धेन पृच्छन्तीमहमुक्तवान् । दृष्टपूर्वोऽमुना नूनमुन्मत्तेनैष सुन्दरि ॥ ९०
राजपुत्रो मया योऽयं लिखितो रूपगौरवात् । इत्युक्त्वा त्वं मया तस्यै गुणैर्नाम्ना च वर्णितः ॥ ९१
ततः स्फूर्जेद्भवत्प्रेमरसासेकाप्लुते हृदि । संभूतोऽभिनवस्तस्या हंसावल्याः स्मरद्रुमः ॥ ९२
अथागतेन राज्ञात्र पित्रा तस्या विलोक्य सः । नृत्यन्नुन्मत्तकोऽहं च क्रोधान्निष्कालितौ ततः ॥ ९३
ततः प्रभृति चोत्का सा क्षीयमाणा दिने दिने । कृष्णपक्षेन्दुलेखेव याता लावण्यशेषताम् ॥ ९४
मान्द्यव्याजाच्च पापघ्नमाश्रित्यायतनं हरेः । विजनासेविनी युक्त्या जाता सानुज्ञया पितुः ॥ ९५
भवच्चिन्ताविनिद्रा च चन्द्रचन्द्रातपासहा । स्थिता निशावासरयोरत्र भेदमजानती ॥ ९६
तत्र चायतनोद्देशात्प्रविष्टं मां विलोक्य सा । आहूय वस्त्राभरणैः सगौरवमपूजयत् ॥ ९७
पूजितो निर्गतश्चाहं तद्दत्तवसनाञ्चले । गाथामपश्यं लिखितां त्वत्कृते शृणु तां पुनः ॥ ९८

पद्मासादनसोत्सवनानामुखरद्विजालिपरिगीतम् ।
कमलाकरमप्राप्य क्व रतिं हंसावली लभताम् ॥ ९९

वाचयित्वाहमेतां च लब्धतच्चित्तनिश्चयः । त्वद्बोधनार्थमागत्य तवैनां पुरतोऽपठम् ॥ १००
इदं वस्त्रं च तद्यत्र गाथैषा लिखिता तया । इति बन्दिवचः श्रुत्वा गाथां तां प्रविलोक्य च ॥ १०१
स श्रोत्रेणोत नेत्रेण प्रविष्टामिव तां हृदि । तदा हंसावलीं ध्यायञ्जहर्ष कमलाकरः ॥ १०२
तत्प्राप्त्युपायं यावच्च स चिन्तयति सूत्सुकः । तावत्पिता तमाहूय राजा दैवादभाषत ॥ १०३
अलसाः पुत्र राजानो मन्त्रबद्धा इवोरगाः । नश्यन्त्यन्ये तु नष्टा अभ्युदयन्ते कथं पुनः ॥ १०४
त्वया च दृष्टा नाद्यापि जिगीषा सुखसङ्गिना । तदुद्युक्तो भवालस्यमुत्सृज्य मयि तिष्ठति ॥ १०५
विजयस्वाग्रतो गत्वा त्वमङ्गाधिपतिं रिपुम् । अस्मान्प्रति कृतारम्भं निजदेशाद्विनिर्गतम् ॥ १०६
एतत्पितृवचो हृष्टः प्रतिपेदे तथेति सः । शूरः प्रियां प्रति च तां यियासुः कमलाकरः ॥ १०७
ततः पित्रा समादिष्टैः प्रतस्थे स बलैः सह । आकम्पयन्महीपृष्ठं हृदयानि च विद्विषाम् ॥ १०८
अथ प्रयाणकैः कैश्चित्प्राप्याङ्गाधिपतेश्चमूम् । प्रत्यवस्कन्दभग्नेन सहायुध्यत तेन सः ॥ १०९
अब्धेर्जलमिवागस्त्यस्तेजस्वी तस्य च द्विषः । बलं पपौ स जग्राह जीवग्राहं च तं जयी ॥ ११०
प्रजिघाय च संयम्य पितुः पार्श्वममुं रिपुम् । प्रतीहारस्य धुर्यस्य हस्ते दत्त्वानुयात्रिकान् ॥ १११
अहमन्यान्रिपूञ्जेतुमितस्तात गतोऽधुना । इति क्षत्तुर्मुखेनास्मै पित्रे संदिशति स्म सः ॥ ११२
ततो जयन्क्रमेणान्यान्नृपानुपचितो बलैः । स प्राप विदिशापुर्या निकटं कमलाकरः ॥ ११३
तत्र स्थितश्च व्यसृजत्स दूतं मेघमालिने । राज्ञे हंसावलीपित्रे याचितुं तां तदात्मजाम् ॥ ११४
सोऽपि दूताद्दुष्टं तं बुद्ध्वा कन्यार्थमागतम् । मेघमाली नृपः प्रीत्या तत्पार्श्वं स्वयमाययौ ॥ ११५
कृतातिथ्योऽब्रवीच्चैनं राजपुत्रं कृतादरम् । स्वयं परिश्रमो दूतसाध्येऽर्थे किं कृतस्त्वया ॥ ११६
ममाभिवाञ्छितं ह्येतत्कारणं शृणु चात्र यत् । एतां हंसावलीं बाल्येऽप्यच्युतार्चनतत्पराम् ॥ ११७

शिरीषसुकुमाराङ्गीं दृष्ट्वा चिन्ता ममोदभूत् । ईदृग्गुणायाः सदृशो वरः कोऽस्या भवेदिति ॥ ११८
अपश्यतश्च सदृशं वरमस्यास्ततो मम । तच्चिन्तया विनिद्रस्य ह्युदपादि महाज्वरः ॥ ११९
तत्प्रशान्त्यै च संपूज्य कृतविज्ञप्तिमार्तितः । रात्रावीषत्सनिद्रं मां हरिः स्वप्ने समादिशत् ॥ १२०
यत्कृते पुत्र जातोऽयं ज्वरस्ते सैव पाणिना । हंसावली त्वां स्पृशतु ततः शाम्यति ते ज्वरः ॥ १२१
मत्पूजापावनेनैषा यं यं हस्तेन संस्पृशेत् । तस्य तस्य ह्यसाध्योऽपि ज्वरो नश्येदसंशयम् ॥ १२२
एतद्विवाहचिन्ता च न कार्या भवता पुनः । राजपुत्रः पतिर्भावी यतोऽस्याः कमलाकरः ॥ १२३
कालं तु कंचिदेतस्या मनाक् क्लेशो भविष्यति । इति शार्ङ्गभृतादिष्टः प्रबुद्धोऽस्मि निशाक्षये ॥ १२४
ततो हंसावलीहस्तस्पर्शाज्जातोऽस्मि विज्वरः । तदेवं युवयोरेष संयोगो देवनिर्मितः ॥ १२५
तत्ते हंसावली दत्ता मयेत्युक्त्वा प्रकल्प्य च । लग्नं स राजधानीं स्वां मेघमाली नृपो ययौ ॥ १२६
तत्रोक्तं तेन तत्सर्वं श्रुत्वा हंसावली रहः । सखीमाह रहस्यज्ञां नाम्ना कनकमञ्जरीम् ॥ १२७
त्वयासौ दृश्यतां गत्वा राजपुत्रः स एव किम् । चित्रकृल्लिखितेनेह येन मे हृदयं हृतम् ॥ १२८
तातः कदाचिदन्यस्मै सवलायागताय माम् । दद्यात्तन्नामधेयाय भयाद्धि प्राभृतीकृताम् ॥ १२९
इत्युक्त्वा प्रेषिता स्वैरं तया कनकमञ्जरी । साक्षसूत्राजिनजटं तापसीवेषडम्बरम् ॥ १३०
विधाय गत्वा कटकं राजपुत्रस्य तस्य सा । आवेदिता परिजनैः प्रविश्यैव विलोक्य तम् ॥ १३१
कामस्येव जगज्जैत्रमोहनास्त्राधिदैवतम् । तद्रूपहृतचित्ताभूत्समाधिस्थेव तत्क्षणम् ॥ १३२
सोत्का चाचिन्तयत्स्यान्मे संगमो नेदृशेन चेत् । धिग्जन्म तर्हि युक्तं तत्करिष्येऽत्र यदस्त्विति ॥ १३३
अथोपसृत्य दत्ताशीस्तस्मै मणिमुपानयत् । उवाच चोपविष्टा तमात्तरत्नं कृतादरम् ॥ १३४
मयायमसकृद्दृष्टप्रत्ययो मणिरुत्तमः । धारितेनामुना शत्रोः स्तम्भ्यते शस्त्रमुत्तमम् ॥ १३५
गुणानुरागाच्च मया तुभ्यमेष समर्पितः । यथा तवोपयुक्तोऽयं राजपुत्र न मे तथा ॥ १३६
एवमुक्तवती तेन व्याहृता राजसूनुना । एकभिक्षाव्रतव्याजात्सा निषिध्य ययौ ततः ॥ १३७
विमुच्य तापसीवेषं क्लान्तोद्विग्नमिवाननम् । हंसावलीमुपागात्सा पृष्टा तां च मृषाब्रवीत् ॥ १३८
अवाच्यमपि ते राजरहस्यं वच्मि भक्तितः । इतो मां तापसीवेषां राजपुत्रस्य तस्य तम् ॥ १३९
गतां कटकमभ्येत्य स्वैरमेकोऽभ्यधात्पुमान् । भगवत्यपि जानासि भूततन्त्रविधिक्रमम् ॥ १४०
तच्छ्रुत्वा तं प्रतीहारमिव दृष्ट्वाहमब्रवम् । सुष्ठु जानामि किं नाम ममैतत्किल वस्त्विति ॥ १४१
ततोऽहं तेन तस्यैव सकाशं देवि तत्क्षणम् । राजपुत्रस्य कमलाकरस्यात्र प्रवेशिता ॥ १४२
स च दृष्टो मया रुग्णो भूताविष्टो विषण्णया । संयम्यमानः पार्श्वस्थैराबद्धौषधिसन्मणिः ॥ १४३
रचितालीकरक्षा च निर्गताहं ततः क्षणात् । प्रातरेत्यापनेष्यामि दोषमस्येतिवादिनी ॥ १४४
ततोऽशङ्कितदृष्टेदृगनिष्टात्यर्थदुःखिता । आगतास्मि तवाख्यातुं प्रमाणं त्वमतः परम् ॥ १४५
श्रुत्वैतद्रचितं तस्या वचो निर्घातदारुणम् । ऋज्वी हंसावली क्षिप्रं संमुह्यैव जगाद ताम् ॥ १४६
गुणवत्यां स्वसृष्टावप्यहो धिङ्मत्सरो विधेः । इन्दोः कलङ्को दोषश्च तस्य येनैष निर्मितः ॥ १४७
वृतश्च स मया भर्ता न शक्यश्चोपलक्षितुम् । तस्मान्मे मरणं श्रेयो वने वा गमनं क्वचित् ॥ १४८
तदत्र वद किं कार्यमित्युक्ता मुग्धया तया । मायिनी तामवादीत्सा पुनः कनकमञ्जरी ॥ १४९
विवाहे विनिधायैकां त्वद्वेषामिह चेटिकाम् । निर्गत्य क्वापि यास्यावस्तत्कालं व्याकुले जने ॥ १५०
तच्छ्रुत्वा राजपुत्री सा कुसखीं तामभाषत । त्वमेव तर्हि मद्वेषं कृत्वात्मानं विवाहय ॥ १५१
तेन राजसुतेनान्या का ममाप्ता भवादृशी । इत्युक्ता सा तया पापावोचत्कनकमञ्जरी ॥ १५२
एवं करिष्ये युक्त्याहं भवाश्वस्ता यदस्तु मे । तत्कालं तु यथा वक्ष्ये कुर्वीथास्त्वं तथैव तत् ॥ १५३
इत्याश्वास्यैव तां गत्वाशोककर्यै शशंस सा । विश्वासभूमये सख्यै स्वरहस्यं चिकीर्षितम् ॥ १५४
तयैव सहिता तां च तान्यहान्यन्वसेवत । हंसावलीं विमनसं कृतकर्तव्यसंविदम् ॥ १५५
प्राप्ते चोद्वाहदिवसे वरे सायमुपागते । तस्मिन्राजाश्वपादातसहिते कमलाकरे ॥ १५६

सर्वस्मिन्नुत्सवव्यग्रे जने युक्त्यान्यचेटिकाः । निवार्य वासकं गुप्तं प्रसाधननिभाद्द्रुतम् ॥ १५७
हंसावलीं प्रवेश्यैव कृत्वा तद्वेषमात्मनः । चक्रेऽशोककरीवेषां तां सा कनकमञ्जरी ॥ १५८
अशोककर्याः स्वं वेषं सहचर्या विधाय च । प्राप्ते निशागमे हंसावलीमेतामुवाच सा ॥ १५९
पश्चिमेन विनिर्गत्य द्वारेणास्याः पुरो बहिः । क्रोशमात्रे पुराणोऽस्ति सुषिरः शाल्मलिद्रुमः ॥ १६०
गत्वा तस्यान्तरे स्थित्वा प्रतीक्षस्व मदागमम् । कृते कार्ये च तत्राहं त्वामुपैष्यामि निश्चितम् ॥ १६१
इत्युक्ता सा तया व्याजसख्या हंसावली तदा । निरगात्तत्सखीवेषा तथेत्यन्तःपुरान्निशि ॥ १६२
प्रायाच्च जन्याकीर्णेन पुरीद्वारेण तेन सा । निर्गत्यालक्षिता तस्य मूलं शाल्मलिशाखिनः ॥ १६३
दृष्ट्वान्धकारगहनं तद्गर्भं नाविशच्च सा । बिभ्यती तत्समीपस्थं त्वारुरोह वटद्रुमम् ॥ १६४
तत्रासीत्पल्लवच्छन्ना कुसखी मार्गदर्शिनी । बुबुधे न तु तस्यास्तां कुसृतिं सरलाशया ॥ १६५
तावद्राजकुले तत्र लग्नकालेऽभ्युपस्थिते । धृतहंसावलीवेषां स्थितां कनकमञ्जरीम् ॥ १६६
आनाय्यारोपितां वेदीं राज्ञा तां कमलाकरः । उपयेमे स[1]नीरङ्गीं निशि केनाप्यलक्षिताम् ॥ १६७
कृतोद्वाहो गृहीत्वा च व्याजहंसावलीं द्रुतम् । मायाकनकमञ्जर्याशोककर्या युतां स ताम् ॥ १६८
अद्यैव शुभनक्षत्रवशात्स्वकटकं प्रति । तेन प्रत्यक्पुरीद्वारमार्गेण प्रययौ ततः ॥ १६९
गच्छंश्च शाल्मलितरोर्निकटं प्राप तस्य सः । यस्यान्तिके विप्रलब्धा स्थिता हंसावली वटे ॥ १७०
प्राप्तं चात्र तमालिङ्ग्य त्रस्तेव कमलाकरम् । कूटहंसावली साश्रु तदारूढेभपृष्ठगा ॥ १७१
संभ्रमात्तेन पृष्टा च कैतवात्साश्रुरब्रवीत् । आर्यपुत्राद्य जानेऽहं स्वप्नेऽस्माच्छाल्मलिद्रुमात् ॥ १७२
निर्गत्य राक्षसीव स्त्री मां भक्षयितुमग्रहीत् । ततः प्रधाव्य केनापि ब्राह्मणेनास्मि मोचिता ॥ १७३
तेनैवाश्वास्य चोक्ताहं पुत्र्यमुं दाहयेस्तरुम् । एतस्मान्निरियात्स्त्री चेत्क्षेप्तव्यात्रैव सा पुनः ॥ १७४
एवं शिवं स्यादित्युक्त्वा द्विजे तस्मिंस्तिरोहिते । प्रबुद्धाहं स्मृतं चैतद्दृष्ट्वा तरुममुं मया ॥ १७५
तेन भीताहमित्युक्तस्तया स कमलाकरः । आदिदेशाशु भृत्यान्स्वांस्तयोर्दाहे तरुस्त्रियोः ॥ १७६
अधाक्षुस्ते च तं वृक्षं कूटहंसावली च सा । दग्धां हंसावलीमत्र मेने तस्मादनिर्गताम् ॥ १७७
ततस्तया स कमलाकरो निर्वृतया सह । सत्यहंसावलीलाभं मन्वानः कटकं ययौ ॥ १७८
ततोऽपि त्वरितं यातः प्रातः स्वां कोशलां पुरीम् । कृतकार्यत्वतुष्टेन पित्रा राज्येऽभ्यषिच्यत ॥ १७९
वनं पितरि याते च सोऽनुशास्ति स्म मेदिनीम् । व्याजहंसावलीं भार्यां बिभ्रत्कनकमञ्जरीम् ॥ १८०
स मनोरथसिद्धिस्तु दूरे राजकुलादभूत् । बन्दी तया परिज्ञानाच्छरीरभयशङ्कया ॥ १८१
सापि हंसावली तस्यां रात्रौ तत्र वटे स्थिता । श्रुत्वा दृष्ट्वा च तत्सर्वं वञ्चितास्मीत्यबुध्यत ॥ १८२
अचिन्तयत्तु तत्कालं प्रयाते कमलाकरे । अहो ममैतया कान्तः कुसख्या छद्मना हृतः ॥ १८३
अहो दग्ध्वैव मामस्मान्निर्वृतिं प्राप्तुमीप्सति । अश्रेयसे न वा कस्य विश्वासो दुर्जने जने ॥ १८४
तदस्य मत्कृते दग्धस्याङ्गारार्चिषि शाल्मलेः । क्षिपाम्यभव्यमात्मानं भवस्याम्यानृणा तरोः ॥ १८५
इत्यालोच्यावरुह्याथ वटात्प्राणव्ययोन्मुखी । जातबुद्धिर्विधेर्योगादित्यन्तर्विममर्श सा ॥ १८६
किं त्यजामि वृथात्मानं जीवन्ती नचिरादहम् । मन्युप्रतिक्रियां तस्याः करिष्यामि सखीद्रुहः ॥ १८७
तातस्य हि तदा स्वप्ने ज्वराक्रान्तस्य शौरिणा । तच्छान्तिं मत्करस्पर्शादादिश्योक्तमभूदिदम् ॥ १८८
हंसावली पतिं प्राप्स्यत्युचितं कमलाकरम् । कालं कमपि तु क्लेशो भवितास्या मनागिति ॥ १८९
तद्गत्वा क्वापि पश्यामि तावदित्यवधार्य सा । हंसावली ततः प्रायान्निर्जनामटवीं प्रति ॥ १९०
दूरं गतायास्तस्याश्च क्लान्तायाः प्रस्खलद्गतेः । मार्गप्रकटनायेव दयया सा ययौ क्षपा ॥ १९१
तद्दर्शनसमुद्भूतकृपावेशवशादिव । मुमोच द्यौरवश्यायबाष्पवारिकणोत्करम् ॥ १९२
तदश्रुमार्जनायेव प्रसारितकरो रविः । दर्शिताशाकृताश्वासमुदगाद्धुणिबान्धवः ॥ १९३
ततः सा किंचिदुच्छ्वस्ता निरस्तजनदर्शना । उत्पथैः क्रमशो यान्ती कुशकण्टकविक्षता ॥ १९४

1 मुखाच्छादनवस्त्रं नीरङ्गीत्युच्यते.

राजपुत्री चिरात्प्राप वनमेकं विहंगमैः । गुञ्जद्भिरित एहीति वदद्भिरिव राजितम् ॥ १९५
तत्र सा प्राविशच्छ्रान्ता वीज्यमानेव सादरम् । वातवेल्लल्लताजालतालवृन्तैरनोकहैः ॥ १९६
ददर्श च वनं सा तन्मधुस्फीतं प्रियोत्सुका । प्रफुल्लसहकारस्थकलकूजितकोकिलम् ॥ १९७
विग्ना च चिन्तयामास मां दहत्यत्र यद्यपि । पुष्परेणुपिशङ्गोऽयं मलयानिलपावकः ॥ १९८
तरुभ्यो निपतन्तश्च कुसुमप्रकरा इमे । नदत्स्वलिषु निघ्नन्ति कामबाणोत्करा इव ॥ १९९
तथापि कुसुमैरेभिः पूजयन्ती रमापतिम् । इहैव तावत्तिष्ठामि क्षपयन्ती स्वदुष्कृतम् ॥ २००
इति संचिन्त्य वापीषु स्नान्ती तस्थौ फलाशना । तत्र पूजापरा शौरेः प्रेप्सुः सा कमलाकरम् ॥ २०१
अत्रान्तरे कोशलायां विधियोगाज्ज्वरेण सः । चातुर्थिकेन दीर्घेण जगृहे कमलाकरः ॥ २०२
तद्दृष्ट्वा तत्र सा पापा कूटहंसावली तदा । भीता व्यचिन्तयच्चेतस्येवं कनकमञ्जरी ॥ २०३
एकं तावद्भयं मेऽन्तः सदाशोककरीकृतम् । मन्त्रभेदात्तदुपरि द्वितीयमिदमागतम् ॥ २०४
यदस्य मत्प्रभोः पूर्वं कथितो ज्वरनाशनः । हंसावलीकरस्पर्शस्तत्पित्रा जनसंनिधौ ॥ २०५
तस्माधुना ज्वराक्रान्तो यदैवैष स्मरिष्यति । अतत्प्रभावा नङ्क्ष्यामि तदैवोद्घाटिता सती ॥ २०६
तन्मे कयापि योगिन्या यः पूर्वं ज्वरचेटकः । प्रोक्तो विधिवदस्यार्थे ज्वरन्तं साधयामि तम् ॥ २०७
तस्यैवाग्रे च हन्म्येतां युक्त्याशोककरीं यतः । मानुषाङ्गैः कृतार्घादिः स सिद्धोऽभीष्टकृद्भवेत् ॥ २०८
एवं राज्ञो ज्वरे नष्टेऽशोककर्यानया सह । उभे भये मे शाम्येतां न पश्याम्यन्यथा शिवम् ॥ २०९
इत्यालोच्याविरुद्धं यत्तत्तस्यै स्वमनीषितम् । शशंसाशोककर्यै सा मानुषाघातवर्जितम् ॥ २१०
ततो दत्तानुमतया संभारे ढौकिते तया । तद्द्वितीया स्वया युक्त्या बहिः कृत्वा परिच्छदम् ॥ २११
द्वारान्तरेण निर्गत्य गुप्तमन्तःपुरान्निशि । ययौ शून्यैकलिङ्गं सा खड्गहस्ता शिवालयम् ॥ २१२
तत्र खड्गहतच्छागशोणितस्नातरञ्जितम् । तदस्नकल्पितार्घं च तदन्त्रस्रग्विवेष्टितम् ॥ २१३
आनर्च शिवलिङ्गं सा तद्धृत्पद्मेन मूर्धनि । धूपं दत्त्वा तदक्षिभ्यां तच्छिरोऽस्मै बलिं ददौ ॥ २१४
ततस्तदग्रवेद्यां च लिप्तायां रक्तचन्दनैः । लिलेख गोरोचनया कमलं साष्टपल्लवम् ॥ २१५
तत्कर्णिकायां सास्रेण पिष्टेन रचितं ज्वरम् । भस्ममुष्टिप्रहरणं त्रिपादं त्रिमुखं न्यधात् ॥ २१६
पल्लवेषु निवेश्यात्र परिवारं यथाविधि । ज्वरस्य निजमन्त्रेण तस्याह्वानं व्यधत्त सा ॥ २१७
ततः पूर्वोक्तवत्सास्य स्नानार्घ्यार्थोपहारिकम् । चिकीर्षुर्मानुषाङ्गास्तैः प्राहाशोककरीं स्म ताम् ॥ २१८
भूतले न्यस्तसर्वाङ्गं देवस्य सखि सांप्रतम् । कुरु प्रणाममेवं हि श्रेयस्तव भविष्यति ॥ २१९
ततस्तथेति धरणौ प्रणतायां दुराशया । तस्याः खड्गप्रहारं सा ददौ कनकमञ्जरी ॥ २२०
तेन दैवान्मनाक्स्कन्धे क्षता सत्रासमुत्थिता । विद्रुता सानुयान्तीं तां दृष्ट्वा कनकमञ्जरीम् ॥ २२१
त्रायध्वमिति चक्रन्द यदाशोककरी मुहुः । तेनाभ्यधावन्नगरीरक्षिणोऽत्राभितो जनाः ॥ २२२
ते दृष्ट्वाकृष्टखड्गां तां भीमां कनकमञ्जरीम् । मृतकल्पां व्यधुः शस्त्रप्रहारै राक्षसीधिया ॥ २२३
बुद्ध्वाशोककरीवक्त्राद्यथातत्त्वं ततश्च ते । द्वे ते राजकुलं निन्युः पुरस्कृत्य पुराधिपम् ॥ २२४
विज्ञप्तस्तत्र तै राजा संभ्रान्तः कमलाकरः । आनाययत्कुभार्यां तां स्वान्तिकं तां च तत्सखीम् ॥ २२५
तयोश्चानीतयोर्भीत्या प्रहारव्यथया च सा । तीव्रयोत्क्रान्तजीवाभूत्सद्यः कनकमञ्जरी ॥ २२६
ततोऽशोककरीं राजा व्रणितां तां स तत्सखीम् । किमिदं निर्भया ब्रूहीत्यपृच्छदतिदुर्मनाः ॥ २२७
सा च तस्मै तदा मूलात्तथा सर्वमवर्णयत् । यथा कनकमञ्जर्या कृतं तद्व्याजसाहसम् ॥ २२८
ततोऽधिगततत्त्वार्थः स राजा कमलाकरः । एवं शुशोच तत्कालमात्मानं भृशदुःखितः ॥ २२९
विप्रलब्धोऽस्म्यहं कूटहंसावल्या बतैतया । मूढेन यत्स्वहस्तेन दग्धा हंसावली मया ॥ २३०
स्वदुष्कृतफलं तावत्पापया लब्धमेतया । यद्राजमहिषी भूत्वा प्राप्तैषा वधमीदृशम् ॥ २३१
कथं तु रूपमात्रेण संमोह्याहं शिशुर्यथा । हृतरत्नेन मुषितो दत्त्वा काचं कुवेधसा ॥ २३२
ज्वरशान्त्यै मया सोऽपि ज्ञप्तिकृद्धत न स्मृतः । हंसावलीकरस्पर्शस्तत्पितुर्विष्णुनोदितः ॥ २३३

एवं स विलपन्स्मृत्वा व्यमृशत्कमलाकरः । हंसावली पतिं प्राप्स्यत्येषा क्लेशो मनाक्पुनः ॥ २३४
भवितास्या इति वचो वैष्णवं मेघमालिना । तत्पित्रोक्तं हि मे तच्च प्रसिद्धं न भवेन्मृषा ॥ २३५
तत्सा कथंचिदन्यत्र गता जीवेत्कदाचन । स्त्रीचित्तस्येव दैवस्य को वेत्ति गहनां गतिम् ॥ २३६
तन्मनोरथसिद्धिः स बन्दी मेऽत्र गतिः पुनः । इत्यालोच्य स तं बन्दिवरमानाययन्नृपः ॥ २३७
अब्रवीच्च कथं भद्र भवान्नैवेह दृश्यते । क्व मनोरथसिद्धिर्वा तेषां ये धूर्तवञ्चिताः ॥ २३८
तच्छ्रुत्वा सोऽवदद्बन्दी मन्त्रभेदभयाहता । एषैवाशोककर्यत्र महाराज ममोत्तरम् ॥ २३९
न च हंसावलीहेतोः कार्या तेऽत्र विषादिता । आदिष्टा हरिणैवास्याः कंचित्कालं हि दुःस्थितिः ॥ २४०
तन्नित्याराधनोद्योगान्निश्चितं तां स रक्षति । प्रभवत्येव धर्मो हि नेह दृष्टं तथा च किम् ॥ २४१
तदहं देव यास्यामि तत्प्रवृत्त्युपलब्धये । इति तेन स विज्ञप्तो बन्दिना क्षितिपोऽब्रवीत् ॥ २४२
आत्मनाहं प्रयास्यामि तामन्वेष्टुं त्वया सह । अन्यथा नैव मे चेतः क्षणमप्यवतिष्ठते ॥ २४३
एवमुक्त्वा विनिश्चित्य प्रज्ञाढ्याख्यस्य मन्त्रिणः । हस्तेऽन्येद्युर्निचिक्षेप राज्यं स कमलाकरः ॥ २४४
वार्यमाणोऽप्यलं तेन नगर्या प्रययौ ततः । निर्गत्यालक्षितः साकं स मनोरथसिद्धिना ॥ २४५
बभ्राम च विचिन्वानः क्षेत्राश्रमवनानि सः । अनपेक्षितदेहार्तिर्गुर्वी ह्याज्ञा मनोभुवः ॥ २४६
क्रमेण प्राप दैवात्तत्काननं यत्र सा स्थिता । हंसावली तपस्यन्ती समनोरथसिद्धिकः ॥ २४७
तत्रापश्यच्च तां मूले रक्ताशोकस्य भास्वतः । अन्त्यामिव कलामिन्दोः क्षामां पाण्डुमनोरमाम् ॥ २४८
उवाच बन्दिनं तं स केयं निःशब्दनिश्चला । ध्यानस्था देवता किं स्याद्रूपमस्या ह्यमानुषम् ॥ २४९
तच्छ्रुत्वा वीक्ष्य सोऽवादीद्बन्दी दिष्ट्याभिवर्धसे । देव हंसावलीप्राप्त्या सैव ह्येषात्र तिष्ठति ॥ २५०
श्रुत्वा तत्प्रेक्ष्य तौ तं च प्रत्यभिज्ञाय बन्दिनम् । चक्रन्द सा नवीभूतदुःखा हंसावली तदा ॥ २५१
हा तात हा हतास्म्यार्यपुत्र हा कमलाकर । हा मनोरथसिद्धे हा विपरीतविधे विधे ॥ २५२
इत्येवं विलपन्ती सा मुमूर्च्छ भुवि सोऽपि ताम् । श्रुत्वा दृष्ट्वापतद्भूमौ दुःखार्तः कमलाकरः ॥ २५३
आश्वासितौ ततस्तेन तौ मनोरथसिद्धिना । उभौ निश्चितविज्ञातपरस्परसुनिर्वृतौ ॥ २५४
वियोगार्णवोत्तीर्णौ कांचिन्मुदमवापतुः । अन्योन्यं च क्रमात्स्वं स्वं स्वं वृत्तान्तमूचतुः ॥ २५५
ततो हंसावलीं तां स गृहीत्वा कमलाकरः । बन्दिना सहितस्तेन ययौ स्वां कोशलां पुरीम् ॥ २५६
तत्रामयहरं तस्याः पाणिं विधिवदग्रहीत् । आनायिते तत्पितरि प्रतीते मेघमालिनि ॥ २५७
तदा तथा समं युक्तो विशुद्धोभयपक्षया । हंसावल्यातिविमलः शुशुभे कमलाकरः ॥ २५८
अरंस्त च तया साकं कृती फलितधैर्यया । शासन्महीमवियुतः स मनोरथसिद्धिना ॥ २५९
एवमापद्यसंत्यक्तधैर्यैः सर्वमवाप्यते । तद्वत्स मा तनुं त्याक्षीर्जीवन्प्राप्स्यसि तं प्रभुम् ॥ २६०
इत्थं स वृद्धपथिकः कथामाख्याय देव मे । निवार्य मरणान्मां च यथाकामं ययौ ततः ॥ २६१
इत्युक्त्वा तत्र रात्रौ स चण्डकेतुगृहे तदा । मृगाङ्कदत्तमवदत्पुनर्भीमपराक्रमः ॥ २६२
अथ लब्धोपदेशः संस्ततोऽटव्यास्त्वदाप्तये । गन्तुं तवाभिलपितामगामुज्जयिनीमहम् ॥ २६३
तत्र युष्मानसंप्राप्य श्रान्तः कस्याश्चन स्त्रियः । दत्तभोजनमूल्योऽहं वासाय प्राविशं गृहम् ॥ २६४
तत्र तद्दत्तशयनः क्षणं सुप्तः श्रमादहम् । प्रबुध्य यावत्पश्यामि कौतुकान्निभृतस्थितः ॥ २६५
तावत्सा स्त्री गृहीत्वैव यवमुष्टिं गृहान्तरे । समन्तादावपत्तत्र मन्त्रेण स्फुरिताधरा ॥ २६६
तैर्यवैस्तत्क्षणं जातैः फलितैः पक्वतां गतैः । लूनैर्भृष्टैश्च पिष्टैश्च सक्तवो विहितास्तया ॥ २६७
तान्सक्तून्कांस्यपात्र्यां सा निधायाद्भिः समुक्षितान् । पूर्वावस्थं गृहं कृत्वा स्नानाय निरगाद्द्रुतम् ॥ २६८
ततस्तां शाकिनीं मत्वा स्वैरमुत्थाय सत्वरम् । अन्यत्र सक्तुभाण्डे तान्पात्र्यां सक्तून्न्यधामहम् ॥ २६९
सक्तुभाण्डात्ततश्चान्यान्सक्तूनुद्धृत्य तावतः । तस्यां स्थापितवानस्मि पात्र्यां रक्षितसंकरः ॥ २७०
ततो मय्याश्रिते भूयः शयनं स्त्री प्रविश्य सा । उत्थाप्य मामदात्पात्र्यास्तान्सक्तून्भोजनाय मे ॥ २७१
स्वयं च बुभुजे तस्माद्गृहीत्वा सक्तुभाण्डतः । तान्सिद्धसक्तूनज्ञातमत्कृतव्यत्यया सती ॥ २७२

भुक्तैस्तैः सक्तुभिश्छागी समपद्यत सा तदा । ततो नीत्वा मयामर्षाद्विक्रीता सौनिकस्य सा ॥ २७३
ततः सौनिकभार्या मामुपेत्यावोचत क्रुधा । मत्सखी विप्रलब्धेयं त्वया तल्लप्स्यसे फलम् ॥ २७४
इति तत्तर्जितो गत्वा ततो गुप्तं बहिः पुरः । श्रान्तः शयितवानस्मि मूले न्यग्रोधशाखिनः ॥ २७५
तथाभूतस्य मे तत्र तया सौनिकभार्यया । आगत्य दुष्टयोगिन्या गलेऽबध्यत सूत्रकम् ॥ २७६
तस्यां गतायां पापायां प्रबुद्धोऽहं च तत्क्षणम् । पश्यामि यावत्प्राप्तोऽस्मि मयूरत्वं स्थितस्मृतिः ॥ २७७
ततो दिनानि कतिचिद्विग्नो भ्राम्यन्नितस्ततः । जीवञ्छाकुनिकेनाहं गृहीतोऽभूवमेकदा ॥ २७८
स चानीय ददाति स्म मामस्मै चण्डकेतवे । भिल्लराजप्रतीहारमुख्याय प्राभृतीकृतम् ॥ २७९
प्रतीहारोऽप्ययं प्रादात्स्वभार्यायै तदैव ताम् । तयाहं स्थापितश्चास्मि मण्डपे क्रीडनीयकः ॥ २८०
अद्येह दैवानीतेन त्वया मे कण्ठसूत्रके । मुक्ते प्राप्तोऽस्मि तां देव पुनः स्वां मानुषाकृतिम् ॥ २८१
तदितो मङ्क्षु गच्छावः प्रतीहारो हि हन्त्यसौ । रात्रिचर्यासखीन्पापः प्रतिभेदभयात्सदा ॥ २८२
त्वं चानीतोऽमुना रात्रिचर्याद्रष्टाद्य तत्प्रभो । योगिनीनिर्मितं बद्ध्वा कण्ठे सूत्रमिदं भवान् ॥ २८३
मयूरीभूय निर्यातु गवाक्षेणामुना बहिः । ततः प्रसारितभुजः सूत्रं कण्ठात्तवोच्छ्रितात् ॥ २८४
मुक्त्वा बद्ध्वात्मनः कण्ठे तद्वन्निर्याम्यहं द्रुतम् । त्वयाथ मुक्ते मे सूत्रे भवावः प्रकृतिस्थितौ ॥ २८५
बहिरर्गलितेनास्ति द्वारेण न विनिर्गमः । एवमुक्तवति प्राज्ञे तस्मिन्भीमपराक्रमे ॥ २८६
मृगाङ्कदत्तस्तद्युक्तस्तथेति निरगात्ततः । जगाम च स्वनिलयं स्थितान्यसचिवद्वयम् ॥ २८७
तत्र सर्वेऽपि तेऽन्योन्यकृत्स्नवृत्तान्तवर्णनैः । निन्युर्मृगाङ्कदत्ताद्याः प्रहृष्टास्तां विभावरीम् ॥ २८८
प्रातर्मृगाङ्कदत्तस्य पार्श्वं तस्याजगाम सः । मायाबटुर्भिल्लराजस्तस्यां पल्ल्यामधीश्वरः ॥ २८९
स पृष्टरात्रिसौख्यस्तं राजपुत्रं विनोदयन् । अक्षैः क्रीडाम एहीति मायाबटुरभाषत ॥ २९०
ततस्तं सप्रतीहारं वीक्ष्य भिल्लं समागतम् । सखा मृगाङ्कदत्तस्य सोऽथ श्रुतधिरभ्यधात् ॥ २९१
किमक्षैर्विस्मृतं किं वा दृश्यमद्य हि वर्तते । प्रतीहारमयूरस्य नृत्यमुक्तं ह्य एव यत् ॥ २९२
श्रुत्वैतच्छ्रुतधेः स्मृत्वा कौतुकाच्छबरेश्वरः । प्राहिणोत्स प्रतीहारं मयूरानयनाय तम् ॥ २९३
कथं प्रमादाद्विस्मृत्य न स चौरो मया हतः । साक्षी रात्रिरहस्यस्य क्षिप्तोऽपि शिखिवेश्मनि ॥ २९४
तद्यामि शीघ्रमुभयं करोमीति विचिन्तयन् । स्मृत्वोद्धातात्प्रतीहारः सोऽप्यगात्सत्वरं गृहम् ॥ २९५
तत्र यावत्प्रविश्यैव वीक्षते शिखिवेश्मनि । तावन्न चौरं नाप्यत्र स मयूरं ददर्श तम् ॥ २९६
अथ भीतविषण्णः स गत्वा स्वं नृपमब्रवीत् । निशि चौरेण मे नीतः स मयूरः प्रभो इति ॥ २९७
प्रसिद्धः स महाचौरो येन बर्ही हृतः स ते । इति तत्र स्मितमुखेनोक्ते श्रुतधिना ततः ॥ २९८
दृष्ट्वा मृगाङ्कदत्तादीन्हसतोऽन्योन्यदर्शिनः । मायाबटुस्तान्निर्बन्धात्किमेतदिति पृष्टवान् ॥ २९९
ततः क्षत्रा यथा तेन रात्रौ मेलो यथा च सः । राजपत्न्या गृहं कामी गत्वा शस्त्रकलिं व्यधात् ॥ ३००
यथा क्षत्तृगृहप्राप्तिर्यथा भीमपराक्रमः । मोचितोऽत्र मयूरत्वान्निर्गमश्च यथा ततः ॥ ३०१
तथा मृगाङ्कदत्तः स्वं क्षत्तुः संबन्धिनं च तम् । वृत्तान्तं शबरेन्द्राय तस्मै सर्वं शशंस सः ॥ ३०२

तद्बुद्ध्वाछुरिकापरिक्षतकरामन्तःपुरे चेटिकां
दृष्ट्वा तामथ वीक्ष्य कण्ठरचिते तस्मिन्क्षणं सूत्रके ।
भूयो भीमपराक्रमस्य शिखितां शुद्धान्तविध्वंसिनं
क्षत्तारं शबरेश्वरः सपदि तं मायाबटुः सोऽवधीत् ॥ ३०३
तां त्वविनीतां राज्ञीं मृगाङ्कदत्तेन रक्षितां वधतः ।
दूरस्थितां चकार स मञ्जुमतीं परिहृतस्पर्शाम् ॥ ३०४

तत्पूजितः स च ततोऽत्र पुलिन्दपल्ल्यामासीद्दिनानि किल तानि मृगाङ्कदत्तः ।
बद्धोद्यमोऽप्यधिगमाय शशाङ्कवत्याः संप्राप्तशेषसखिसंगमसव्यपेक्षः ॥ ३०५

इति महाकविश्रीसोमदेवभट्टविरचिते कथासरित्सागरे शशाङ्कवतीलम्बके चतुर्थस्तरङ्गः ।

पञ्चमस्तरङ्गः ।

एवं विमलबुद्ध्यादियुतो यावत्स तिष्ठति । मृगाङ्कदत्तो भिल्लाधिपतेर्मायाबटोर्गृहे ॥ १
तावत्तत्संनिधावेत्य तमात्मीयश्चमूपतिः । एकदा शबराधीशं ससंरम्भो व्यजिज्ञपत् ॥ २
त्वदादेशाद्विचिन्वद्भिर्भगवत्याः कृते प्रभो । उपहाराय पुरुषः प्राप्तोऽस्माभिः स तादृशः ॥ ३
येनास्मद्वीरयोधानां खण्डितं शतपञ्चकम् । आनीतश्च स भूयिष्ठप्रहारविवशीकृतः ॥ ४
तच्छ्रुत्वा स पुलिन्देन्द्रः सेनापतिमुवाच तम् । प्रवेश्यतामिहैवाशु सोऽस्माकं दर्श्यतामिति ॥ ५
ततः प्रवेशितस्तेन यावत्सर्वैः स दृश्यते । शस्त्रक्षतोद्यद्रक्ताक्तरणधूलीकलङ्कितः ॥ ६
गण्डसिन्दूरसंपृक्तस्रवद्दानाम्बुपङ्किलः । पाशैर्विवेष्टितो घूर्णन्मत्तो बद्ध इव द्विपः ॥ ७
तावत्तं प्रत्यभिज्ञाय मन्त्रिणं स्वं गुणाकरम् । मृगाङ्कदत्तो धावित्वा कण्ठे प्ररुदितोऽग्रहीत् ॥ ८
बुद्ध्वाथ तत्सखिभ्यस्तं स भिल्लेन्द्रो गुणाकरम् । प्रह्वस्तमाश्वासितवान्पादलग्नं निजप्रभोः ॥ ९
प्रवेश्य च गृहं स्नातं तं बद्धव्रणपट्टकम् । उपाचरद्भिषक्प्रोक्तैः स पथ्यैः पानभोजनैः ॥ १०
ततो मृगाङ्कदत्तस्तं समाश्वस्तं स्वमन्त्रिणम् । सखे कथय वृत्तान्तः कस्तवेति स पृष्टवान् ॥ ११
अथ सर्वेषु शृण्वत्सु स जगाद गुणाकरः । श्रूयतां देव वृत्तान्तमात्मीयं कथयामि वः ॥ १२
ततो नागस्य शापेन भवद्भ्योऽहं वियोजितः । न किंचिदविदं मोहाद्दूरां तामटवीं भ्रमन् ॥ १३
चिरात्संप्राप्तबुद्धिश्च दुःखितोऽहमचिन्तयम् । अहो दुःशिक्षितस्यैष विलासः कोऽपि वेधसः ॥ १४
मृगाङ्कदत्तः खिद्येत स्थितो हर्म्यतलेऽपि यः । सोऽस्यामटव्यां संतप्तसिकतायां कथं भवेत् ॥ १५
कथं च ते वयस्याः स्युरित्यन्तर्विमृशन्मुहुः । दैवात्संप्राप्तवानस्मि पर्यटन्विन्ध्यवासिनीम् ॥ १६
तस्या उपाहृतानेकनानाजीवमहर्निशम् । प्राविशं भवनं देव्याः कृतान्तसदनोपमम् ॥ १७
तत्र देवीं प्रणम्याहमपश्यं पुरुषं शवम् । कण्ठान्तर्गतनिस्त्रिंशहस्तमात्मोपहारिणम् ॥ १८
तं दृष्ट्वैव पुनर्दुःखहेतोर्मे त्वद्वियोगिनः । अभूदात्मोपहारेण देवीं तोषयितुं मतिः ॥ १९
तत्खड्गमेव धावित्वा यावदस्मि गृहीतवान् । तावन्निवारयन्तीव दूराद्वार्धककम्पिना ॥ २०
शिरसा समुपेत्यैव सकृपा कापि तापसी । निवार्य मरणात्पृष्ट्वा वृत्तान्तं निजगाद माम् ॥ २१
मैवं कृथाः पुनर्दृष्टो मृतानामपि संगमः । किं पुनर्जीवतां पुत्र तथा चैतां कथां शृणु ॥ २२
अहिच्छत्रेति नाम्नास्ति विख्याता नगरी भुवि । तस्यामुदयतुङ्गाख्यः पुराभूद्राजकुञ्जरः ॥ २३
तस्य क्षत्ता च कमलमतिर्नाम महानभूत् । विनीतमतिरित्यासीत्तस्याप्यसदृशः सुतः ॥ २४
समाहृतगुणेनापि प्रापि यस्य न तुल्यता । सच्छिद्रेण मृणालेन चापेन कुटिलेन च ॥ २५
स कदाचित्सुधाधौतप्रासादोपरि पञ्चके । स्थितो ददर्श शीतांशुमुद्गच्छन्तं निशामुखे ॥ २६
कामकल्पद्रुमोत्थेन पल्लवेन विनिर्मितम् । रजन्या वासवदिशः कर्णपूरमिवोज्ज्वलम् ॥ २७
क्रमात्तद्रश्मिजालैश्च जगद्वीक्ष्य विराजितम् । स विनीतमतिर्जातहृदुल्लासो व्यचिन्तयत् ॥ २८
अहो चन्द्रिकया मार्गाः सुधयेवावभासिताः । दृश्यन्ते तदमीष्वेको गत्वा न विहरामि किम् ॥ २९
इति ध्यात्वैव स धनुर्धरो निर्गत्य पर्यटन् । क्रोशमात्रं गतोऽकस्माच्छुश्राव रुदितध्वनिम् ॥ ३०
गत्वा तदनुसारेण ददर्शैकां स कन्यकाम् । दिव्यरूपां प्ररुदतीं तरुमूलसमाश्रयाम् ॥ ३१
पप्रच्छ च शुभे का त्वं किं चायं नीयते तुलाम् । मुखेन्दुः समलस्येन्दोस्त्वयाश्रुमलिनीकृतः ॥ ३२
इत्युक्ता तेन सावोचत्सुता नागपतेरहम् । कन्या विजयवत्याख्या महात्मन्गन्धमालिनः ॥ ३३
स मे पिता रणाभ्रष्टः शप्तो वासुकिनैकदा । यास्यसि त्वं रिपोः पाप जितः सन्दासतामिति ॥ ३४
तच्छापात्स च यक्षेण कालजिह्वेन वैरिणा । जित्वा मनोनुगः पुष्पभारवाहीकृतः सदा ॥ ३५
तद्दुःखात्तत्कृते गौरीं तपसाहमतोषयम् । प्रत्यक्षीभूय मे सा च भगवत्येवमब्रवीत् ॥ ३६
वत्से शृण्वस्ति सरसो मानसस्यान्तरे महत् । सहस्रदलविस्तीर्णं स्फाटिकं दिव्यमम्बुजम् ॥ ३७
यदर्ककरसंस्पर्शकीर्णतेजो विराजते । शेषस्येव शिरो भूरिफणं रत्नांशुपिञ्जरम् ॥ ३८

तदेकदा वैश्रवणो दृष्ट्वा स्नात्वात्र मानसे । जातश्रद्धोऽम्बुजे तस्मिन्हरस्यारभतार्चनम् ॥ ३९
तत्कालं चानुगास्तस्य यक्षास्तत्र सरोन्तरे । विजह्रुश्चक्रहंसादिरूपैर्वारिचरोचितैः ॥ ४०
तत्र युष्मद्रिपोस्तस्य कालजिह्वस्य दैवतः । विद्युज्जिह्व इति ज्येष्ठो भ्राता यक्षः प्रियासखः ॥ ४१
क्रीडंश्चक्राह्वरूपेण पक्षविक्षेपघट्टनात् । कुवेरस्य करान्नस्थमर्घ्यपात्रमपातयत् ॥ ४२
ततः स धनदः क्रुद्धः शापेनात्रैव मानसे । चक्राह्वमेव तं चक्रे विद्युज्जिह्वं सभार्यकम् ॥ ४३
तथाकृतं च संप्रीत्या रात्रौ रात्रौ विनोदयन् । कृततत्प्रेयसीरूपो विरहातुरमग्रजम् ॥ ४४
कालजिह्वोऽय तत्रास्ते स दिवा निजरूपभृत् । दासीकृतेन त्वत्पित्रा सहितो गन्धमालिना ॥ ४५
तत्तत्र प्रेर्यतां पुत्रि प्रतीहारसुतस्त्वया । अहिच्छत्रो महावीरो विनीतमतिरुद्यमी ॥ ४६
इममश्वं च खड्गं च गृहाणाभ्यां विजित्य तम् । यक्षं स हि प्रवीरस्ते जनकं मोचयिष्यति ॥ ४७
खड्गरत्नस्य चैतस्य स्वामी भवति यः पुमान् । स जित्वा निखिलाञ्शत्रून्राजा भवति भूतले ॥ ४८
एवमुक्त्वाश्वखड्गौ मे देवी दत्त्वा तिरोऽभवत् । अथ त्वत्प्रेरणायाद्य क्रमेणाहमिहागता ॥ ४९
देवीप्रसादसहितं वीक्ष्य त्वां निर्गतं निशि । युक्त्या चानीतवत्यस्मि संश्राव्य रुदितध्वनिम् ॥ ५०
तदेतत्साधयेष्टं मे सुभगेति तयार्थितः । स विनीतमतिस्तस्याः प्रतिपेदे तथेति तत् ॥ ५१
ततो गत्वैव सा नागकन्या तत्क्षणमेव तम् । वाजिनं जवनं श्वेतं पिण्डीभूतमिवैन्दवम् ॥ ५२
रश्मिजालं दिगन्तेषु तमो हन्तुं प्रधावितम् । तच्च वीरावलोकिन्या विप्रेक्षितमिव श्रिया ॥ ५३
खड्गरत्नमुपानीय सतारगगनच्छवि । तस्मै विनीतमतये समर्पयत ते उभे ॥ ५४
सोऽप्यात्तखड्गस्तुरगं तमारुह्य तया सह । प्रस्थितोऽश्वप्रभावेण तदैव प्राप मानसम् ॥ ५५
वातोद्धूताम्बुजकरं चक्रवाकार्तकूजितैः । निषेधदिव मा मेति कालजिह्वानुकम्पया ॥ ५६
दृष्ट्वा स तत्र यक्षाणां वशे तं गन्धमालिनम् । मुक्तये तस्य तान्क्षुद्रान्व्यद्रावयदसिक्षतान् ॥ ५७
तद्दृष्ट्वा स सरोमध्यान्मुक्तचक्राङ्गनावपुः । कालजिह्वः समुत्तस्थौ प्रावृण्मेघ इवोन्नदन् ॥ ५८
प्रवृत्ते चाहवे व्योम्नि कालजिह्वं तमुत्प्लुतम् । विनीतमतिरुत्प्लुत्य साश्वः केशेषु सोऽग्रहीत् ॥ ५९
छेत्तुमिच्छति यावच्च शिरः खड्गेन तस्य सः । तावत्स कृपणं जल्पन्यक्षस्तं शरणं ययौ ॥ ६०
ददौ च तस्मै मुक्तः सन्प्रीतिचिह्नं स्वाङ्गुलीयकम् । प्रह्वो मुमोच दास्याच्च नागं तं गन्धमालिनम् ॥ ६१
गन्धमाली च मुदितो विनीतमतये तदा । तस्मै सुतां तां विजयवतीं दत्त्वा गृहानगात् ॥ ६२
ततः खड्गाङ्गुलीयाश्वकन्यारत्नयुतः कृती । स विनीतमतिर्जाते प्रभाते गृहमाययौ ॥ ६३
तत्राभिनन्दितः पित्रा पृष्टवृत्तान्ततोषिणा । राज्ञा च स्वेन तां नागकन्यां स परिणीतवान् ॥ ६४
अथ रत्नैश्चतुर्भिस्तैर्गुणैः स्वैश्चोपबृंहितम् । पिता कदाचित्कमलमतिः प्रोवाच तं रहः ॥ ६५
इहास्त्योदयतुङ्गस्य सुतैषा यास्ति भूपते । पुत्रोदयवती नाम सर्वविद्यासु शिक्षिता ॥ ६६
तस्यां पणः कृतोऽनेन यो विप्रः क्षत्रियोऽपि वा । वादे पराजयेत्तैतां तस्मै दद्यामिमामिति ॥ ६७
पराजिताश्च वादेन वादिनोऽन्येऽनयाखिलाः । जगदाश्चर्यरूपेण रूपेणेवामराङ्गनाः ॥ ६८
त्वं चैकवीरः स्वक्षत्रवादे तूष्णीं च तत्कथम् । स्थितोऽसि विजयस्वैनां वादे परिणयस्व च ॥ ६९
इत्युक्तस्तेन पित्रा स विनीतमतिरब्रवीत् । पेशलाभिः सह स्त्रीभिर्वादः कस्तात मादृशाम् ॥ ७०
तथाप्येतं त्वदादेशं करिष्यामीत्युदीरिते । प्रौढेन तेन स ययौ तत्पिता क्षितिपान्तिकम् ॥ ७१
राजपुत्र्या समं वादः प्रातर्देव करिष्यते । विनीतमतिनेत्यत्र स तं भूपं व्यजिज्ञपत् ॥ ७२
भूपेन प्रतिपन्नार्थो गृहमेत्य च सूनवे । विनीतमतये तस्मै तत्तथैव शशंस सः ॥ ७३
ततः प्राप्तः स्वयं तेन राजहंसेन संश्रिताम् । विनीतमतिरागत्य वादी विद्वत्सभाब्जिनीम् ॥ ७४
भास्वान्स भासयामास लोललोचनषट्पदैः । विलोक्यमानोऽभिमुखैर्गुणिवृन्दैस्सदाश्रितैः ॥ ७५
क्षणान्तरे चाययौ सा तत्रोदयवती शनैः । राजपुत्री गुणाकृष्टां कामस्येव धनुर्लता ॥ ७६
शोभिता गुणवद्भिः स्वैश्चारुशब्दैर्विभूषणैः । तत्पूर्वपक्षोपक्षेपमिव कुर्वद्भिरादितः ॥ ७७

निर्दोषे निर्मला चेत्स्यादिन्दुलेखाम्बरे ततः । भजेत्साम्यं निषण्णायास्तस्या मरकतासने ॥ ७८
चक्रेऽथ पूर्वपक्षं सा स्फुरद्दन्तांशुतन्तुषु । गुम्फयन्तीव सुश्लक्ष्णपदरत्नमयीं स्रजम् ॥ ७९
तमवद्यार्थसिद्धान्तं स विनीतमतिर्व्यधात् । क्षणान्निरुत्तरीकृत्य सुमुखीं तां पदे पदे ॥ ८०
ततः सभ्यैः स्तुते तस्मिन्सात्मनो राजपुत्रिका । पराजयेऽपि सद्भर्तृलाभाज्जयममन्यत ॥ ८१
स चाप्युदयतुङ्गोऽथ राजा हृष्टोऽत्र तां सुताम् । तस्मै विनीतमतये ददौ वादपणार्जिताम् ॥ ८२
तद्दत्तरत्नपूर्णोऽत्र स विनीतमतिस्ततः । ताभ्यां नागसुताराजसुताभ्यां सह तस्थिवान् ॥ ८३
एकदा जीयमानोऽन्यैर्द्यूतस्थो व्याकुलाशयः । निर्बन्धाद्ब्राह्मणेनैत्य स भोजनमयाच्यत ॥ ८४
ततः स कर्णे भृत्यस्य कथयित्वा क्रुधा वृतः । वस्त्रेणाच्छाद्य सिकतापात्रमस्मायदापयत् ॥ ८५
स तद्विप्रो गृहीत्वैव गुरुत्वात्सहिरण्यकम् । मत्वा प्रहर्षादेकान्तमृजुर्गत्वोदघाटयत् ॥ ८६
दृष्ट्वा च वालुकापूर्णमुत्सार्य धरणीतले । विप्रलब्धोऽस्मि तेनेति विषण्णः स्वगृहं ययौ ॥ ८७
विनीतमतिरप्येतदविचिन्त्य विमुच्य तत् । द्यूतं तस्थौ यथाकामं स्वगृहेषु प्रियासखः ॥ ८८
याति काले च जरसा विश्लिष्यत्संधिविग्रहः । सोऽभूदुदयतुङ्गोऽत्र राजा राज्यभराक्षमः ॥ ८९
ततो जामातरं राज्ये विनीतमतिमेव तम् । सोऽभिषिच्य ययौ गङ्गामपुत्रो देहमुक्तये ॥ ९०
प्राप्तराज्यश्च नचिरात्स विनीतमतिस्ततः । अश्वखड्गप्रभावेण जिगायापि दिशो दश ॥ ९१
ईतिघ्नस्याङ्गुलीयस्य प्रभावादस्य चाभवत् । राष्ट्रं नीरोगदुर्भिक्षं राज्ञो रघुपतेरिव ॥ ९२
एकदाभ्याययौ तं च भिक्षुर्देशान्तरान्नृपम् । रत्नचन्द्रमतिर्नाम वादिद्विरदकेसरी ॥ ९३
स च भिक्षुः कृतातिथ्यो राजानं तं गुणिप्रियम् । प्रार्थयामास वादार्थमीदृशं च पणं जगौ ॥ ९४
त्वया जितेन राजेन्द्र ग्राह्यं सुगतशासनम् । मया जितेन शुश्रूष्या विप्राः संत्यज्य चीवरम् ॥ ९५
एतच्छ्रुत्वा तथेत्युक्त्वा वादं तेन सहाकरोत् । स विनीतमती राजा भिक्षुणा दिनसप्तकम् ॥ ९६
अष्टमेऽहनि भिक्षुस्तं स जिगाय महीपतिम् । येनोदयवती वादिमुण्डमुद्गरिका जिता ॥ ९७
ततस्तेनोपदिष्टं स भिक्षुणा सौगतं मतम् । सत्त्वोपकारपुण्याढ्यं जातश्रद्धोऽग्रहीन्नृपः ॥ ९८
भिक्षूणां ब्राह्मणादीनां सर्वेषां च चकार सः । विहारसत्त्रवसतीर्जिनपूजापरायणः ॥ ९९
तदभ्यासोपशान्तश्च भिक्षोस्तस्मादयाचत । स बोधिसत्त्वचर्यायामाज्ञां सत्त्वोपकारिणीम् ॥ १००
सोऽथ भिक्षुस्तमाह स्म राजन्विगतकल्मषैः । बोधिसत्त्वमहाचर्या चरितव्येह नेतरैः ॥ १०१
तव चास्मादृशैर्लक्ष्यं स्थूलं नास्त्येव किल्बिषम् । किं तु त्वं सूक्ष्ममनया युक्त्यान्विष्य शमं नय ॥ १०२
इत्युक्त्वोपादिशत्तस्मै स भिक्षुः स्वप्नमाणवम् । सोऽपि तेन नृपः स्वप्नं दृष्ट्वास्मै प्रातरभ्यधात् ॥ १०३
आचार्य जाने स्वप्नेऽद्य परलोकमहं गतः । तत्र क्षुधार्थितान्नं मां पुरुषा दण्डिनोऽब्रुवन् ॥ १०४
भुङ्क्ष्वैता भूयसी राजन्नर्जितास्तप्तवालुकाः । या दत्ताः क्षुधिताय प्राग्ब्राह्मणायार्थिने त्वया ॥ १०५
दत्त्वा दश स्वर्णकोटीः पापादस्माद्विमोक्ष्यसे । इत्युक्तो दण्डहस्तैस्तैः प्रबुद्धोऽहं निशाक्षये ॥ १०६
एवमुक्त्वा तदाख्याय मूलं दत्त्वा च ता दश । स्वर्णकोटीः पुनश्चक्रे स राजा स्वप्नमाणवम् ॥ १०७
दृष्ट्वा पुनश्च स स्वप्नमुत्थायोषस्यवर्णयत् । अद्यापि दत्तं स्वप्ने तैः क्षुधितस्य परत्र मे ॥ १०८
वालुकाभोजनं पुंभिः पृष्टास्ते च ततो मया । दत्तेऽपि दाने भोक्ष्यामि किमिमाः सिकता इति ॥ १०९
ततस्ते मां रुदन्ति स्म तद्दानं तव निष्फलम् । तत्रैकं विप्रसंबन्धि सुवर्णमभवद्यतः ॥ ११०
एतच्छ्रुत्वा प्रबुद्धोऽहमिति स्वप्नमुदीर्य सः । राजा प्रायच्छदर्थिभ्यः स्वर्णकोटीः पुनर्दश ॥ १११
चक्रे ततश्च भूयोऽपि निशायां स्वप्नमाणवम् । दृष्ट्वा पुनश्च स स्वप्नमुत्थायोषस्यवर्णयत् ॥ ११२
अद्याप्यहो तैः पुरुषैस्तदेव सिकताशनम् । दत्तं परत्र मे स्वप्ने पृष्टश्चोक्तोऽस्मि तैरिदम् ॥ ११३
राजंस्तदपि ते दानं निष्फलं दस्युभिर्यतः । अटव्यां तव देशेऽद्य मुषित्वा निहतो द्विजः ॥ ११४
न च रक्षा त्वदीयाभूदरक्षाविफलं ततः । तत्तवाद्यतनं दानं तद्देहि द्विगुणं पुनः ॥ ११५
श्रुत्वैवेह प्रबुद्धोऽहमित्याख्याय स भिक्षवे । गुरवे नृपतिः स्वप्नं दानं तद्द्विगुणं ददौ ॥ ११६

ततो जगाद तं भिक्षुमाचार्यं कथमीदृशः। बहुच्छिद्रोऽनुपाल्यः स्याद्धर्मो जगति मादृशैः ॥ ११७
तच्छ्रुत्वा सोऽब्रवीद्भिक्षुर्देव नैतावता बुधैः। धर्मस्य रक्षणविधौ कार्यानुत्साहिनी मतिः ॥ ११८
धीरानुत्साहसंपन्नान्स्वधर्मानवमानिनः। देवता अभिरक्षन्ति पुष्णन्त्येषां च वाञ्छितम् ॥ ११९
तथा चेदं भगवतो बोधिसत्त्वस्य जातकम्। वाराहं न श्रुतं राजन्यदि तच्छ्रूयतां त्वया ॥ १२०
पुरा गुहायां विन्ध्याद्रावासीद्बुद्धांशसंभवः। वराहः कोऽपि सुहृदा मर्कटेन समं सुधीः ॥ १२१
स सर्वसत्त्वहितकृत्सख्या तेन युतः सदा। अतिथीन्पूजयन्कालं निनाय स्वोचितैः क्रमैः ॥ १२२
एकदा चोदभूत्तत्र दुर्दिनं पञ्च वासरान्। अच्छिन्नधाराविच्छिन्नप्राणिसंचारदारुणम् ॥ १२३
पञ्चमेऽह्नि वराहस्य सुप्तस्य सकपेर्निशि। आगात्तस्य गुहाद्वारं सिंहो भार्यासुतान्वितः ॥ १२४
स सिंहस्तत्र भार्यां तामवादीद्दुर्दिने ध्रुवम्। मरिष्यामोऽद्य दीर्घेऽस्मिन्नप्राप्तप्राणिनः क्षुधा ॥ १२५
तच्छ्रुत्वा साब्रवीत्सिंही सर्वे तावत्क्षुधा वयम्। न भवामस्तदेकां मां भुक्त्वा द्वौ जीवतं युवाम् ॥ १२६
त्वं हि प्रभुरयं पुत्रः प्राणसर्वस्वमावयोः। मादृशी भवितान्या ते तन्मयैवास्तु वां शिवम् ॥ १२७
एवमन्योन्यसंलापो जायापत्योस्तयोस्तदा। दैवात्प्रबुद्धः शुश्राव स वराहो महाशयः ॥ १२८
प्रीतश्चाचिन्तयद्दिष्ट्या क निशेयं क दुर्दिनम्। क चेदृगतिथिप्राप्तिरहो पुण्योदयोऽद्य मे ॥ १२९
तद्विघ्नो न भवेद्यावत्तावत्क्षणविनाशिना। किमनेन न देहेन तर्पयाम्यतिथीनमून् ॥ १३०
इत्युत्थाय स निर्गत्य वराहः स्निग्धया गिरा। सिंहं जगाद तं भद्र मा गमस्त्वं विषादिताम् ॥ १३१
अयं ससुतदारस्य भक्ष्यः प्राप्तोऽस्म्यहं तव। तद्भुङ्क्ष्व मामिति क्रोडेनोक्ते तेन स केसरी ॥ १३२
हृष्टस्तामब्रवीद्भार्यां पूर्वं भुङ्क्तामयं शिशुः। अनन्तरमहं भोक्ष्ये भोक्ष्यसे त्वमतः परम् ॥ १३३
तथेत्युक्ते तया पूर्वं सिंहपोतेन भक्षिते। क्रोडस्य तस्य मांसेऽथ सिंहो भोक्तुं प्रचक्रमे ॥ १३४
भुञ्जानं च तमाह स्म महासत्त्वः स सूकरः। शीघ्रं पिबैतद्रक्तं मे यावद्भूमौ न लीयते ॥ १३५
कुरु तृप्तिं च मन्मांसैः शेषमश्नातु ते प्रिया। इति जल्पन्क्रमात्तेन स सिंहेनास्थिशेषताम् ॥ १३६
नीतोऽपि सूकरः प्राणैः सत्त्वस्थो न व्यमुच्यत। तत्र तद्धैर्यपर्यन्तमवेक्षितुमिव स्थितैः ॥ १३७
तावच्च सा क्षुधाक्रान्ता सिंही तत्र व्यपद्यत। स सुतः काप्यगात्सिंहः क्षीयते स्म च यामिनी ॥ १३८
अत्रान्तरे प्रबुद्धः स सखा निर्गत्य मर्कटः। वराहं तं तथाभूतं दृष्ट्वा पप्रच्छ संभ्रमात् ॥ १३९
केनावस्था कृतेयं ते ब्रूहि शक्तोपि चेत्सखे। तच्छ्रुत्वा स यथावृत्तं धीरोऽस्मै सूकरोऽभ्यधात् ॥ १४०
ततो रुदन्स तं नत्वा पादयोः कपिरब्रवीत्। त्वं देवतांशो येनात्मा तिर्यक्त्वान्मोचितोऽमुतः ॥ १४१
तत्कंचिदभिलाषं मे ब्रूहि संसाधयामि ते। इत्युक्तस्तेन कपिना स वराहो जगाद तम् ॥ १४२
यो वयस्याभिलाषो मे दुःसाध्यो विधिनापि सः। पश्यतो मे मृता येयं क्षुधा सिंही तपस्विनी ॥ १४३
एषा संप्राप्तपूर्वाङ्गं पुनर्मां प्राप्तजीविता। भुक्त्वा तृप्यत्विति सखे चेतो हि मम वाञ्छति ॥ १४४
इति तं वादिनं क्रोडं प्रत्यक्षीभूय पाणिना। परामृश्य व्यधाद्धर्मो मुनीन्द्रं दिव्यविग्रहम् ॥ १४५
उवाच च मयैवेयं माया सिंहादिरूपिणा। कृताभूत्त्वां परार्थैकबद्धकक्ष्यं जिगीषता ॥ १४६
त्वया त्वखण्डसत्त्वेन परार्थे प्राणदायिना। विजित्य मामिमं धर्मं प्राप्तैवाद्य मुनीन्द्रता ॥ १४७
तच्छ्रुत्वा धर्ममालोक्य पुरःस्थं सोऽब्रवीन्मुनिः। सख्यावसिन्नसंत्यक्ततिर्यक्त्वे मर्कटेऽधुना ॥ १४८
न मां प्रीणाति भगवन्प्राप्ताप्येषा मुनीन्द्रता। श्रुत्वैतत्स मुनिं चक्रे धर्मस्तमपि मर्कटम् ॥ १४९
ध्रुवं फलाय महते महद्भिः सह संगमः। अथ धर्मस्तिरोऽभूत्स सिंही चान्तर्दधे मृता ॥ १५०
एवं सत्त्वबलात्त्यक्तधर्मोत्साहैरदुर्लभाः। देवताकृतसाहाय्यै राजन्वाञ्छितसिद्धयः ॥ १५१
इति भिक्षोर्वचः श्रुत्वा स विनीतमतिः पुनः। दानशूरो नृपश्चक्रे रात्रौ तं स्वप्रमाणवम् ॥ १५२
दृष्ट्वा शशंस च स्वप्नं प्रातस्तस्मै स भिक्षवे। जाने स्वप्नेऽद्य मामेवं दिव्यः कोऽप्यवदन्मुनिः ॥ १५३
पुत्र निष्कल्मषो बोधिसत्त्वचर्यां चराधुना। तच्छ्रुत्वैव च तद्वाक्यं प्रबुद्धोऽस्म्यद्य निर्वृतः ॥ १५४
एवं निवेद्य गुरवे भिक्षवे स महीपतिः। जग्राह तां महाचर्यां शुभेऽह्नि तदनुज्ञया ॥ १५५

ददौ च कामानर्थिभ्यो वर्षन्नविरतं ततः। धनं चास्याक्षयं जज्ञे धर्ममूला हि संपदः॥ १५६
अथैकदा तमभ्येत्य ब्राह्मणोऽर्थी व्यजिज्ञपत्। विप्रोऽहं देव वास्तव्यः पुरे पाटलिपुत्रके॥ १५७
तत्राग्निशालामावृत्य पुत्रोऽपि ब्रह्मरक्षसा। आवृतो मे न चैतस्मिन्नुपायः क्रमते मम॥ १५८
अतोऽर्थिकल्पवृक्षं त्वामागतोऽस्मीह याचितुम्। देह्येतत्सर्वदोषघ्नमङ्गुलीयं शिवाय मे॥ १५९
इत्यर्थितः स विप्रेण तेन राजाङ्गुलीयकम्। कालजिह्वादवाप्तं तत्तस्मै प्रादादविह्वलः॥ १६०
आदाय तद्गते तस्मिन्विप्रे तस्य च भूपतेः। बोधिसत्त्वव्रतयशो दिगन्तेष्वपि पप्रथे॥ १६१
ततः कदाचिदपरस्तस्यागादुत्तरापथात्। कोऽपीन्दुकलशो नाम राजपुत्रोऽतिथिः प्रभोः॥ १६२
स कृतप्रश्रयस्तेन राज्ञा ज्ञातोत्तमान्वयः। पृष्टकामश्च धीरेण राजपुत्रस्तमब्रवीत्॥ १६३
त्वं तावदर्थिसार्थस्य ख्यातश्चिन्तामणिर्भुवि। प्राणानामपि ते ह्यर्थी न प्रयाति पराङ्मुखः॥ १६४
अहं चास्कन्द्य कनककलशाख्येन राज्यतः। भ्रात्रा निर्वासितः पित्र्यादर्थित्वात्त्वमुपागतः॥ १६५
तदश्वखड्गरत्ने ते ये स्तस्ते वीर देहि मे। यत्प्रभावेण दायादं जित्वा राज्यमवाप्नुयाम्॥ १६६
तच्छ्रुत्वैवाश्वखड्गौ तौ राज्यरक्षामणी अपि। ददौ राजसुतायास्मै स विनीतमतिर्नृपः॥ १६७
न च तस्याभवत्कश्चिद्विकल्पो धीरचेतसः। अधोमुखेषु मुञ्चत्सु निःश्वासानपि मन्त्रिषु॥ १६८
सोऽथ प्राप्ताश्वखड्गः सन्गत्वा राजसुतस्ततः। तत्प्रभावेण जित्वा तं भ्रातरं राज्यमाप्तवान्॥ १६९
तद्भ्राता सोऽपि कनककलशो राज्यतश्च्युतः। तस्य तां नगरीमागाद्विनीतमतिभूपतेः॥ १७०
अग्निप्रवेशं कर्तुं च दुःखेनारभतात्र सः। तद्बुद्ध्वा स नृपोऽमात्यान्विनीतमतिरब्रवीत्॥ १७१
एष साधुरिमां प्राप्तो दशां मदपराधतः। तत्स्वराज्यप्रदानेन भवाम्यस्यानृणोऽधुना॥ १७२
परार्थानुपयुक्तेन किं राज्येनामुना च मे। एष एवानपत्यस्य पुत्रो मेऽस्तु च राज्यभृत्॥ १७३
इत्युक्त्वाहूय कनककलशाय स तद्ददौ। तस्मै स्वराज्यं सचिवेष्वनिच्छत्स्वपि भूपतिः॥ १७४
दत्तराज्यश्च निरगान्नगर्यास्तत्क्षणं ततः। भार्याभ्यां सहितो द्वाभ्यां निर्विकल्पेन चेतसा॥ १७५
हा हा धिग्जगदाप्यायी संपूर्णोऽमृतदीधितिः। जातश्चान्तरितश्चैत्य मेघेनाकाण्डपातिना॥ १७६
प्रवृत्तश्चैष सर्वाशापूरणे सर्वदेहिनाम्। नीतश्च विधिना कापि प्रजाकल्पद्रुमो नृपः॥ १७७
इत्याद्याक्रन्दमुखरास्तद्दृष्ट्वा विह्वलास्तदा। बाष्पाम्बुसिक्तवसुधाः पौरास्तमनु निर्ययुः॥ १७८
निवर्त्य च कथंचित्तान्सभार्योऽकम्पितस्ततः। स विनीतमतिः प्रायादरण्यं प्रत्यवाहनः॥ १७९
क्रमात्प्रापार्कसंतप्तसिकतां निर्जलद्रुमाम्। मरुभूमिं स विधिना सृष्टां धैर्यमवेक्षितुम्॥ १८०
तदेकदेशे तृष्णार्तो दूराध्वक्लमविक्लवः। निषण्णः स क्षणं जह्रे सपत्नीकोऽपि निद्रया॥ १८१
प्रबुद्धो वीक्षते यावत्तावत्तत्र ददर्श सः। स्वसत्त्वोत्कर्षनिष्पन्नं महदुद्यानमद्भुतम्॥ १८२
फुल्लाब्जशीतलस्वच्छसलिलापूर्णवापिकम्। नीलशाद्वलसंछन्नं फलभारानतद्रुमम्॥ १८३
प्रच्छायगतसुश्लक्ष्णपृथुतुङ्गशिलातलम्। दानप्रभावेणाकृष्टं त्रिदिवादिव नन्दनम्॥ १८४
स्वप्नः किं नु भ्रमो वायं देवतानुग्रहोऽथ मे। इति तद्वीक्ष्य वीक्ष्यैष यावच्चित्रीयते नृपः॥ १८५
तावद्व्युचारिणा हंसद्वन्द्वरूपेण केनचित्। सिद्धद्वयेन गगनादीरितामश्रृणोद्गिरम्॥ १८६
राजन्स्वसत्त्वमाहात्म्ये तव कोऽत्रातिविस्मयः। तदस्मिन्कानने स्वेच्छं सदापुष्पफले वस॥ १८७
इति सिद्धवचः श्रुत्वा निर्वृतस्तत्र कानने। तपस्यन्सह पत्नीभ्यां विनीतमतिरास्त सः॥ १८८
एकदा च ददर्शाराच्छिलातलगतोऽत्र सः। उद्बन्धनेन पुरुषं कमप्यात्मवधोद्यतम्॥ १८९
द्रुतं गत्वा प्रियैर्वाक्यैरनुनीय निवार्य च। मरणात्कारणं तत्र पुरुषं तं स पृष्टवान्॥ १९०
ततः स पुरुषोऽवादीदामूलं श्रृणु वच्मि ते। नागशूरसुतो नाम्ना सोमशूरोऽस्मि सोमकः॥ १९१
सोऽहं जातकनिर्दिष्टचौर्यस्तच्छास्त्रवेदिभिः। तद्भीत्याध्यापितः पित्रा धर्मशास्त्रं प्रयत्नतः॥ १९२
तदधीत्यापि चौर्येऽहं प्रवृत्तो दुष्टसंगतेः। कस्य प्राक्कर्म केनेह शक्यते कर्तुमन्यथा॥ १९३
अथैकदा चौरमध्याद्गृहीत्वा पुररक्षिभिः। शूलाधिरोपणस्थानं वधाय प्रापितोऽभवम्॥ १९४

तत्क्षणं राजसंबन्धी भग्नालानो महाद्विपः । मत्तो व्यापादयञ्जन्तूंस्तदेव स्थानमागमत् ॥ १९५
तत्रासान्मां परित्यज्य क्वापि ते वधका गताः । अहं च तुमुले तस्मिन्पलाय्यैव ततो गतः ॥ १९६
वधाय नीयमानं मां श्रुत्वैवोत्क्रान्तजीवितम् । पितरं लोकतोऽश्रौषं मात्रा मेऽनुगतं ततः ॥ १९७
अथ शोकातुरो भ्राम्यन्खिन्नो देहव्ययोन्मुखः । क्रमादिदमहं प्राप्तो विजनं काननं महत् ॥ १९८
इह प्रविष्टमात्रं मामकस्माद्दत्तदर्शना । उपेत्य कापि दिव्या स्त्री कृताश्वासाभ्यभाषत ॥ १९९
त्वं विनीतमतेः पुत्र राजर्षेरिममाश्रमम् । प्राप्तो गतं च ते पापं ज्ञानं तस्माच्च लप्स्यसे ॥ २००
इदमुक्त्वा तिरोऽभूत्सा भ्राम्यंश्चाहमनाप्नुवन् । राजर्षिं तं शुचात्मानं त्यक्तुमिच्छंस्त्वयेक्षितः ॥ २०१
इत्युक्तवन्तं नीत्वा तं सोमशूरं निजोटजम् । आवेद्यात्मानमतिथिं स राजर्षिरपूजयत् ॥ २०२
कृताहारश्च वं प्रह्वं नानाधर्मकथान्तरे । निवारयिष्यन्नज्ञानात्स राजमुनिरब्रवीत् ॥ २०३
अज्ञानं वत्स हातव्यं विपर्यस्तधियां हि तत् । लोकद्वयेऽपि दोषाय शृणु चात्रागमश्रुतिम् ॥ २०४
पाञ्चालेषु पुरा देवभूतिनामाभवद्द्विजः । तस्याभूद्भोगवत्याख्या भार्या वेदवतः सती ॥ २०५
सा स्नानाय गते तस्मिञ्शाकार्थं शाकवाटिकाम् । प्रविष्टा धावकखरं खादन्तं शाकमैक्षत ॥ २०६
गृहीतलगुडा तं च साभ्यधावत्खरश्च सः । पलायमानः पतितः श्वभ्रे भग्नखुरोऽभवत् ॥ २०७
तद्बुद्ध्वा सोऽत्र तत्स्वामी क्रोधादागत्य धावकः । लगुडैः पादघातैश्च ब्राह्मणीं तामताडयत् ॥ २०८
तेन साकाण्डविभ्रष्टगर्भाभूद्गर्भिणी सती । ततः स खरमादाय धावकः स्वगृहं ययौ ॥ २०९
स्नात्वागतोऽथ तद्भर्ता तद्बुद्ध्वा वीक्ष्य तां च सः । भार्यां विप्रः पुराध्यक्षं गत्वोद्विग्नो व्यजिज्ञपत् ॥ २१०
स बलासुरनामानं तदैवानीय धावकम् । श्रुत्वा तयोर्द्वयोर्वादं मूर्खो विवृतवानिदम् ॥ २११
खुरभङ्गात्खरस्यास्य धावकस्य वहत्वयम् । खरभारं द्विजो यावत्प्रकृतिस्थो भवेत्खरः ॥ २१२
धावकोऽप्ययमेतस्य भार्यायामप्रजन्मनः । गर्भं प्रजनयत्वन्यं तस्यां तद्गर्भपातनात् ॥ २१३
एषोऽनयोर्द्वयोर्दण्ड इत्युक्ते तेन स द्विजः । संतापाद्भक्षितविषः सभार्योऽपि जहावसून् ॥ २१४
तद्बुद्ध्वा तत्र निहतो राज्ञा दुरवधारकः । ब्रह्महा स पुराध्यक्षस्तिर्यग्योनिं गतश्चिरम् ॥ २१५
इत्यज्ञानतमश्छन्नाः स्वदोषोन्मार्गगामिनः । अपुरस्कृतसच्छास्त्रदीपा भ्रश्यन्ति निश्चितम् ॥ २१६
एवमुक्त्वा[illegible]त्र राजर्षिरुपदेशार्थिनं पुनः । सोमशूरं विनेतुं तं विनीतमतिरभ्यधात् ॥ २१७
वत्स पारमितार्थं ते वच्मि तावत्क्रमाच्छृणु । पूर्वं राजा कुरुक्षेत्रे मलयप्रभ इत्यभूत् ॥ २१८
तं कदाचित्प्रजाभ्योऽर्थं दुर्भिक्षे ददतं नृपम् । मन्त्रिभिर्वारितं लोभाज्जगादेन्दुप्रभः सुतः ॥ २१९
उपेक्षसे प्रजास्तात कथं दुर्मन्त्रिणां गिरा । त्वं हि कल्पद्रुमस्तासां ताश्च ते कामधेनवः ॥ २२०
निर्बन्धादिति जल्पन्तं पुत्रं मन्त्रिवशो नृपः । खेदात्तं सोऽब्रवीद्वत्स किं मेऽस्ति धनमक्षयम् ॥ २२१
विना तेन प्रजाकल्पपादपश्चेद्भवाम्यहम् । तत्त्वमेव किमेतासां न धत्से कल्पवृक्षताम् ॥ २२२
एतच्छ्रुत्वा पितुश्चक्रे प्रतिज्ञां स नृपात्मजः । मर्तव्यं कल्पवृक्षत्वं साध्यं वा तपसा मया ॥ २२३
इति निश्चित्य स प्रायान्महासत्त्वस्तपोवनम् । आरूढ एव तस्मिंश्च स दुर्भिक्षो न्यवर्तत ॥ २२४
ततोऽर्थितवरस्तीव्रतपस्तुष्टान्महेन्द्रतः । स्वस्मिन्नेव स संजज्ञे नगरे कल्पपादपः ॥ २२५
आकर्षन्निव दूरस्थानाह्वयन्निव चार्थिनः । प्रसारिताभिः शाखाभिर्दिक्षु शब्दैश्च पक्षिणाम् ॥ २२६
ददौ च कामानर्थिभ्यो दुष्प्रापानपि सोऽन्वहम् । चक्रे च ता निराकाङ्क्षाः प्रजाः स्वर्गस्थिता इव ॥ २२७
कालेन च महेन्द्रस्तमागत्योवाच लोभयन् । पूर्णः परोपकारस्ते स्वर्गायागम्यतामिति ॥ २२८
ततः कल्पद्रुमीभूतस्तं स राजसुतोऽभ्यधात् । यत्र पुष्पैः फलै रम्यैरप्यन्यतरवोऽप्यमी ॥ २२९
पारार्थ्यमेव सततं भजन्ति स्वार्थनिःस्पृहाः । तत्र कल्पतरुर्भूत्वा स्वसुखाय कथं दिवम् ॥ २३०
इयतोऽस्य जनस्याशाच्छेदं कृत्वा व्रजाम्यहम् । इत्युदारं वचस्तस्य श्रुत्वा शक्रोऽब्रवीत्पुनः ॥ २३१
तर्हि प्रजापि ते कृत्स्ना स्वर्गमायात्वसाविति । ततस्तमब्रवद्राजसूनुः कल्पद्रुमोऽपि सः ॥ २३२
तुष्टोऽसि चेन्नय स्वर्गं प्रजा नार्थोऽस्ति तेन मे । अहं परोपकारैकसिद्ध्यै तप्स्ये तपो महत् ॥ २३३

इत्युक्तवन्तं स्तुत्वा तं सुगतांशं तथेति सः । आदाय च प्रजास्तुष्टः सुरेन्द्रस्त्रिदिवं ययौ ॥ २३४
सोऽपि तां तरुतां त्यक्त्वा राजपुत्रः स्वरूपभृत् । तपसेन्दुप्रभः प्राप वनस्थो बोधिसत्त्वताम् ॥ २३५
एवं स्याद्दानसक्तानां सिद्धिरित्युदिता मया । दानपारमितैषा ते शीलपारमितां शृणु ॥ २३६
पुरा शुकानां राजाभूद्विन्ध्याद्रौ सुगतांशजः । प्राग्जन्माभ्यस्तशीलाढ्यो नाम्ना हेमप्रभो वशी ॥ २३७
तस्य जातिस्मरस्यासीदपि धर्मोपदेशिनः । रागिमूर्खः प्रतीहारो नाम्ना चारुमतिः शुकः ॥ २३८
स जातु पाशिना भार्यां व्याधेन निहतां शुकीम् । शोचन्नवस्थां करुणां तद्वियोगातुरो ययौ ॥ २३९
ततः स शुकराजस्तं युक्त्या शोकं निवारयन् । हेमप्रभो हितायैवमुवाच मतिमान्मृषा ॥ २४०
न सा तव मृता भार्या पाशाच्छाकुनिकस्य सा । गता पलाय्य दृष्टा हि जीवन्त्येव मयाधुना ॥ २४१
दर्शयाम्येहि तुभ्यं तामित्युक्त्वा स निनाय तम् । राजा चारुमतिं व्योममार्गेणैकं जलाशयम् ॥ २४२
तत्र संदर्श्य तस्यैव प्रतिबिम्बं जलान्तरे । तमब्रवीदियं सा ते भार्या पश्येह तिष्ठति ॥ २४३
तच्छ्रुत्वा वीक्ष्य चात्रात्मप्रतिबिम्बं स मूढधीः । हृष्टः प्रविश्य तोये तामालिलिङ्ग चुचुम्ब च ॥ २४४
अप्राप्नुवन्प्रियास्पर्शमश्रृण्वंस्तद्वचश्च सः । स्पर्शालापौ प्रिया किं मे न ददातीत्यचिन्तयत् ॥ २४५
कोपाशङ्की ततो गत्वैवानीयामलकं ततः । चाट्वर्थं दयिताबुद्ध्या न्यधात्स्वे प्रतिबिम्बके ॥ २४६
तन्मग्नोत्पतितं कान्ताप्रतिक्षिप्तमवेत्य च । गत्वा सखेदो राजानं तं हेमप्रभमभ्यधात् ॥ २४७
देव भार्या न सा स्पर्शमालापं वा ददाति मे । किं चैतया प्रतिक्षिप्तं दत्तमामलकं मया ॥ २४८
एतच्छ्रुत्वा स राजा तं शनैः कृच्छ्रादिवाब्रवीत् । न युक्तमेतद्वक्तुं मे वच्मि स्नेहात्तथापि ते ॥ २४९
अन्यानुरक्ता ह्येषा त्वयि प्रीतिं कथं भजेत् । दर्शयामि च ते साक्षादेहात्रैव जलान्तरे ॥ २५०
इत्युक्त्वा तत्र नीत्वा तं स्वं तदीयं च वारिणि । प्रतिबिम्बे उभे राजा तस्मै श्लिष्टे अदर्शयत् ॥ २५१
ते दृष्ट्वैव स तां भार्यां मूर्खो मत्वान्यसंगताम् । संनिवृत्य विरक्तस्तं स्वं राजानं व्यजिज्ञपत् ॥ २५२
देव त्वदुपदेशो यन्मया मूढेन न श्रुतः । तस्यैष पाकस्तन्मेऽत्र कर्तव्यमधुनादिश ॥ २५३
इति तं कृतविज्ञप्तिं राजा हेमप्रभोऽथ सः । लब्धोपदेशावसरः प्रतीहारमभाषत ॥ २५४
वरं हालाहलं भुक्तमहिर्बद्धो वरं गले । न पुनः स्त्रीषु विश्वासो मणिमन्त्रागगोचरः ॥ २५५
कलङ्कयन्ति सन्मार्गजुषः परिभवन्त्यलम् । वाला इवातिचपलाः स्त्रियो भूरिरजोभृतः ॥ २५६
तत्तासु न प्रसक्तव्यं धीरसत्त्वैः सुबुद्धिभिः । शीलमभ्यसनीयं तु वीतरागपदाप्तये ॥ २५७
इति तेनानुशिष्टः स राज्ञा चारुमतिः स्त्रियः । परिहृत्य बभूवोर्ध्वरेता बुद्धसमः क्रमात् ॥ २५८
इत्यन्यानपि शीलाढ्यास्तारयन्तीति ते मया । शीलपारमिता प्रोक्ता क्षमापारमितां शृणु ॥ २५९
आसीच्छुभनयो नाम केदाराद्रौ महामुनिः । सदा मन्दाकिनीतोयस्नायी दान्तस्तपःकृशः ॥ २६०
निशि तत्रैकदा पूर्वनिखातं भुवि काञ्चनम् । अन्वेष्टुमाययुश्चौरा न च प्रापुः कुतोऽपि तत् ॥ २६१
ततोऽत्र विजने मत्वा तेन तन्मुनिना हृतम् । प्रविश्य मठिकां तस्य चौरास्ते ब्रुवते स्म तम् ॥ २६२
अरे दम्भमुने मुञ्च नीतं नः काञ्चनं क्षितेः । चौराणामप्यहो चौरस्त्वमस्माकमुपस्थितः ॥ २६३
इत्याक्षिप्तः स तैः पापैरहृतार्थो मृषा मुनिः । न नीतं तन्मया किंचिन्न दृष्टं चेत्यभाषत ॥ २६४
ततस्तैर्लगुडैर्दुष्टैस्ताडितोऽपि स दस्युभिः । यदा तदेव वक्ति स्म सत्यवाङ्मुनिसत्तमः ॥ २६५
तदा ते चिच्छिदुस्तस्य क्रूरोऽयमिति तस्कराः । क्रमाद्धस्तौ च पादौ च नयने चोदपाटयन् ॥ २६६
तथाप्यनन्यवचनं निर्विकारमवेत्य तम् । मत्वान्यलुप्तं स्वर्णं ते जग्मुश्चौरा यथागतम् ॥ २६७
प्रातश्च शेखरज्योतिर्नाम राजात्र तं मुनिम् । पश्यति स्म तथाभूतं शिष्यस्तद्दर्शनागतः ॥ २६८
ततः स गुरुशोकार्तस्तं दृष्ट्वा तदवेत्य च । अन्विष्यानाययच्चौरांस्तांस्तत्रैव तदा प्रभुः ॥ २६९
तेषां वधे प्रवृत्तं च नृपं तं सोऽब्रवीन्मुनिः । राजन्यदि निहंस्येतांस्तदात्मानं निहन्म्यहम् ॥ २७०
शस्त्रेणेदं कृतं चेन्मे तदेषां कापराधिता । तस्य वा प्रेरका ह्येते तद्ध्येतेषामपि क्रुधः ॥ २७१
तासामपि स्वर्णनाशस्तस्य मत्पूर्वदुष्कृतम् । तस्यापि स्वं ममाज्ञानं तस्मात्तदपकारि मे ॥ २७२

ततस्तदेव मे घात्यं किं च यद्यपकारतः। वध्या एते कथं नात्र रक्ष्याः स्युरुपकारतः॥ २७३
नैते कुर्युरिदं चेन्मे क्षमां मोक्षफलामहम्। कस्य कुर्यां तदेतैर्मे पूर्णैवोपकृतिः कृता॥ २७४
इत्यादिभिः स बहुभिर्वाक्यैः क्षान्तिपरो मुनिः। प्रबोध्य तं नृपं चौरान्निग्रहात्तानमोचयत्॥ २७५
तपसश्चास्य माहात्म्यात्तत्क्षणं प्राग्वदक्षतम्। शरीरमभवत्तस्य सिद्धिश्चाविरभूत्तदा॥ २७६
एवं तरन्ति क्षमिणः संसारमिति वर्णिता। क्षमापारमिता तुभ्यं धैर्यपारमितां शृणु॥ २७७
आसीन्मालाधरो नाम पूर्वं ब्राह्मणपुत्रकः। सोऽपश्यदेकदा सिद्धकुमारं व्योमगामिनम्॥ २७८
तत्स्पर्धया तृणमयान्पक्षानाबध्य पार्श्वयोः। उत्प्लुत्योत्प्लुत्य गगने गत्यभ्यासमशिक्षत॥ २७९
प्रत्यहं च तथा कुर्वन्परिश्रममपार्थकम्। ददृशे स कुमारेण कदाचिद्व्योमचारिणा॥ २८०
धैर्ययुक्तः परिश्राम्यन्दुष्प्रापेऽर्थेऽपि सोद्यमः। बालोऽयमनुकम्प्यो मे मम ह्येष परिग्रहः॥ २८१
इति संचिन्त्य तुष्टेन नीत्वा तेन स्वशक्तितः। स्कन्देन द्विजमुख्योऽसावात्मनोऽनुचरः कृतः॥ २८२
इत्थं धैर्येण तुष्यन्ति देवता अपि ते मया। धैर्यपारमिता प्रोक्ता ध्यानपारमितां शृणु॥ २८३
आसीद्विजयमालीति कर्णाटेषु पुरा वणिक्। अभून्मलयमालीति महर्द्धेस्तस्य चात्मजः॥ २८४
स तेन पित्रा सहितो जातु राजकुलं गतः। राज्ञस्तस्य युवापश्यदिन्दुकेसरिणा सुताम्॥ २८५
सा तस्येन्दुयशा नाम मारवल्लीव मोहिनी। वणिक्पुत्रस्य दृष्टैव विवेश हृदि कन्यका॥ २८६
ततः स गृहमागत्य विनिद्रो निशि पाण्डुरः। दिवा संकुचितस्तस्थावालम्ब्य कुमुदव्रतम्॥ २८७
तामेव चान्वहं ध्यायन्नाहारादिपराङ्मुखः। पृष्टोऽपि स्वजनैर्नैव मूकवत्किंचिदभ्यधात्॥ २८८
अथैकान्ते तथारूपं तमाप्तो विरहातुरम्। सुहृन्मन्थरको नाम राजचित्रकरोऽब्रवीत्॥ २८९
सखे किं भित्तिसक्तस्त्वं तिष्ठस्यालिखितो यथा। रूपैकसारोऽनाश्वासी न शृणोषि न पश्यसि॥ २९०
इति निर्बन्धतस्तस्मै पृच्छते स वणिक्सुतः। सख्ये मलयमाली स्वमभिप्रायं शशंस तम्॥ २९१
युक्ता न ते वणिक्पुत्र राजपुत्रीं प्रति स्पृहा। हंसो वाञ्छतु नामान्यसरोम्बुजसुखश्रियम्॥ २९२
हरिनाभीह्रदाम्भोजभोगलक्ष्म्याः स कः पुनः। इति ब्रुवन्स च यदा चित्रकृन्न शशाक तम्॥ २९३
प्रतिषेद्धुं तदा तस्मै तामुत्कण्ठाविनोदिनीम्। कालातिवाहायालिख्य राजपुत्रीं पटे ददौ॥ २९४
सोऽपि चित्रस्थितां प्राप्य पश्यन्ननुनयन्स्पृशन्। आसीन्मलयमाली तां भूषयंश्च वणिक्सुतः॥ २९५
सेयमिन्दुयशा राजपुत्रीत्येवं स भावयन्। क्रमात्तन्मयतां प्राप्य तया वृत्त्याकरोत्क्रियाः॥ २९६
शनैश्च तामालपन्तीं चुम्बनादि च कुर्वतीम्। तद्भावनाभावितः सन्नपश्यल्लिखितामपि॥ २९७
ततः स भावनासिद्धकान्तासंभोगसुस्थितः। तस्थौ चित्रपटस्थैककृत्स्नसंसारनिर्वृतः॥ २९८
एकदादाय तं चित्रपटं चन्द्रोदयेऽथ सः। निर्गत्योद्यानमगमद्विहर्तुं प्रियया सह॥ २९९
तत्रैकस्य तरोर्मूले तं निवेश्य पटं च सः। विप्रकृष्टं ययौ पुष्पाण्यवचेतुं प्रियाकृते॥ ३००
तत्कालं विनयज्योतिर्नामाम्बरतलान्मुनिः। दृष्ट्वा तं कृपया मोहादुद्धरिष्यन्नवातरत्॥ ३०१
सोऽत्र चित्रपटस्यैकदेशे तस्य स्वशक्तितः। सजीवं सर्पमालिख्य कृष्णं तस्थावलक्षितः॥ ३०२
तावन्मलयमाली च पुष्पाण्युच्चित्य तत्र सः। आगत्य कृष्णसर्पं तं पटे दृष्ट्वा व्यचिन्तयत्॥ ३०३
सर्पः कुतोऽधुनात्रैषो विधिना किं नु निर्मितः। निधानभूतां रूपस्य रक्षितुं सुन्दरीमिमाम्॥ ३०४
इति संचिन्त्य पुष्पैस्तामलंकृत्य प्रियां पटे। भावनोपनतां यावदालिङ्गत्यैतत्स पृच्छति॥ ३०५
तावद्ददर्श तस्यात्र मुनेर्मायाप्रभावतः। एतां कृष्णाहिना तेन दष्टां विगतजीविताम्॥ ३०६
ततः स विस्मृतपटो हाहेत्युक्त्वैव मोहितः। पपात पटसंसिद्धविद्याधर इव क्षितौ॥ ३०७
क्षणाच्च संज्ञां संप्राप्य विलपन्मरणोन्मुखः। उत्थायारुह्य वृक्षाग्रात्तुङ्गादात्मानमक्षिपत्॥ ३०८
पतन्तमेव तस्माच्च पाणिभ्यां स तमग्रहीत्। मुनीन्द्रः प्रकटीभूय समाश्वास्य जगाद च॥ ३०९
मूढ वेत्सि न किं यत्सा राजपुत्री स्वमन्दिरे। स्थिता चित्रपटे चैषा निर्जीवा चित्रपुत्रिका॥ ३१०
तदालिङ्गसि कां का वा तव दष्टा महाहिना। रागिणस्ते स्वसंकल्पभावनाभ्रम एष कः॥ ३११

एतावद्ध्यानदार्ढ्येन तत्त्वं जिज्ञाससे न किम्। येनेदृशानां दुःखानां न पुनर्यासि पात्रताम्॥ ३१२
इत्युक्तस्तेन मुनिना जातमोहनिशाक्षयः। प्रबुद्धः स वणिक्पुत्रः प्रणिपत्य जगाद तम्॥ ३१३
त्वत्प्रसादेन भगवन्नेतां तीर्णोऽहमापदम्। यथा तरेयं संसारं प्रसादं मे तथा कुरु॥ ३१४
एवं सोऽभ्यर्थितो बोधिसत्त्वो मलयमालिना। मुनिस्तस्मै स्वविज्ञानमुपदिश्य तिरोदधे॥ ३१५
ततो मलयमाली स वनं गत्वा तपोबलात्। सहेतुहेयोपादेयतत्त्वज्ञोऽर्हत्त्वमाप्तवान्॥ ३१६
आगत्य च कृपालुस्तमिन्दुकेसरिणं नृपम्। चक्रे ज्ञानोपदेशेन सपौरं मुक्तिभागिनम्॥ ३१७
इत्यसत्यमपि ध्यानबलिनामेति सत्यताम्। ध्यानपारमितैषोक्ता प्रज्ञापारमितां शृणु॥ ३१८
चौरः प्राक्सिंहलद्वीपे सिंहविक्रम इत्यभूत्। आजन्मपोषिततनुः परस्वैः सर्वतो हृतैः॥ ३१९
वृद्धीभूतः स कालेन विरम्यैतदचिन्तयत्। परत्र कोऽभ्युपायो मे कं तत्र शरणं श्रये॥ ३२०
यदि व्रजामि शरणं शंभुं शौरिमथात्र तम्। कोऽहं तयोर्ययोर्देवा मुनयोऽन्ये च सेवकाः॥ ३२१
तद्यो लिखति जन्तूनामेकः सुकृतदुष्कृते। तं चित्रगुप्तं सेवेऽहं स रक्षेन्मां स्वयुक्तितः॥ ३२२
कायस्थो हि करोत्येको व्यापारं ब्रह्मरुद्रयोः। लिखत्युत्पुंसयति च क्षणाद्विश्वं करस्थितम्॥ ३२३
इति संचिन्त्य तस्यैव भक्तिमारभते स्म सः। तमेवानर्च तत्प्रीत्यै विप्रान्नित्यमभोजयत्॥ ३२४
एवमाचरतस्तस्य चित्तं चौरस्य वीक्षितुम्। चित्रगुप्तो गृहानागादेकदातिथिरूपभृत्॥ ३२५
सोऽथ चौरस्तमभ्यर्च्य भोजितं दत्तदक्षिणम्। उवाच चित्रगुप्तस्ते प्रीतोऽस्त्वित्युच्यतामिति॥ ३२६
ततः स चित्रगुप्तस्तमवोचद्ब्राह्मणाकृतिः। मुक्त्वा हरिहरादींस्ते चित्रगुप्तेन किं वद॥ ३२७
तच्छ्रुत्वा सोऽप्यवादीत्तं तस्करः सिंहविक्रमः। किं तवानेन नार्थो मे तदन्यैर्दैवतैरिति॥ ३२८
अथ स द्विजरूपी तं चित्रगुप्तोऽब्रवीत्पुनः। तर्हि मे यदि भार्यां स्वां ददास्येवं वदामि तत्॥ ३२९
श्रुत्वैवैतत्स हृष्टस्तमवादीत्सिंहविक्रमः। अभीष्टदैवतप्रीत्यै भार्या दत्तैव ते मया॥ ३३०
चित्रगुप्तोऽथ तच्छ्रुत्वा प्रदर्श्यात्मानमब्रवीत्। सैष तुष्टोऽस्मि तत्किं ते करवै कथ्यतामिति॥ ३३१
ततो हृष्टोऽभ्यधात्तं स विशेषात्सिंहविक्रमः। भगवन्न यथा मृत्युर्भवेन्मम तथा कुरु॥ ३३२
ततोऽब्रवीच्चित्रगुप्तो मृत्युः शक्यो न रक्षितुम्। तथापि तावद्युक्तिं ते करिष्ये तां च मे शृणु॥ ३३३
ततः प्रभृति निर्दग्धः कालः श्वेतनिमित्ततः। कुपितेनेश्वरेणेह पुनः कार्याच्च निर्मितः॥ ३३४
ततः प्रभृति यत्रैव श्वेतो वसति तत्र सः। न जन्तून्बाधतेऽन्यानप्याज्ञया यन्त्रितः प्रभोः॥ ३३५
स चाधुना श्वेतमुनिः पारे पूर्वाम्बुधेः स्थितः। तरङ्गिणीं नाम नदीं समुत्तीर्य तपोवने॥ ३३६
तत्र मृत्योरनाक्रम्ये नीत्वा त्वां स्थापयाम्यहम्। तरङ्गिण्या इदं पारमागन्तव्यं च न त्वया॥ ३३७
आगतं वा प्रमादात्त्वां मृत्युर्बाधिष्यते यदि। तदुपायं करिष्यामि परलोकागतस्य ते॥ ३३८
इत्युक्त्वा चित्रगुप्तस्तं प्रहृष्टः सिंहविक्रमम्। नीत्वा श्वेताश्रमे तस्मिन्निधायादर्शनं ययौ॥ ३३९
ततः कालेन तत्रस्थं नेतुं तं सिंहविक्रमम्। कालस्तस्यास्तरङ्गिण्या इदं पारमुपाययौ॥ ३४०
तत्र स्थितो ददर्शान्यमुपायं न यदा तदा। स तस्मै प्राहिणोद्दिव्यां स्त्रियं निर्माय मायया॥ ३४१
सा गत्वोपेत्य तं युक्त्या वशीचक्रे विलासिनी। मोहयित्वा स्वलावण्यसंपदा सिंहविक्रमम्॥ ३४२
गतेष्वहःसु सा बन्धुदिदृक्षाव्यपदेशतः। सतरङ्गां तरीतुं तां प्रविवेश तरङ्गिणीम्॥ ३४३
वीक्षमाणेऽन्वगायाते तीरस्थे सिंहविक्रमे। मध्येनदि च सा चक्रे परिस्खलितमात्मनः॥ ३४४
ओघेन ह्रियमाणेव तारं चक्रन्द तत्र सा। वीक्षसे म्रियमाणां मामार्यपुत्र न रक्षसि॥ ३४५
सृगालविक्रमः किं त्वं न पुनः सिंहविक्रमः। तच्छ्रुत्वैवावतीर्णोऽभूत्स नद्यां सिंहविक्रमः॥ ३४६
सापि स्त्री वारिवेगेन नीयमानेव तत्र तम्। त्रातुं तमनुगच्छन्तं तत्पारमनयत्क्षणात्॥ ३४७
तत्र प्राप्तं गलक्षिप्तपाशः कालस्तमब्रवीत्। अपायो मस्तकस्थो हि विषयग्रस्तचेतसाम्॥ ३४८
ततो यमसभां नीतं कालेनैतं प्रमादिनम्। चित्रगुप्तोऽब्रवीद्दृष्ट्वा प्राक्प्रसन्नो जनान्तिकम्॥ ३४९
पूर्वं किं नरकं भुङ्क्षे किं वा स्वर्गमितीह चेत्। पृच्छ्यसे प्रार्थयेथास्तत्स्वर्गवासं त्वमग्रतः॥ ३५०

स्वर्गे वसंश्च कुर्वीथाः पुण्यं तद्दार्ढ्यसिद्धये । ततः कुर्यास्तपस्तत्र कृत्स्नपापापनुत्तये ॥ ३५१
इत्युक्तश्चित्रगुप्तेन स स्वैरं सिंहविक्रमः । विलक्षोऽधोमुखो भीतः प्रतिपेदे तथेति तत् ॥ ३५२
क्षणाच्च धर्मराजोऽत्र चित्रगुप्तमभाषत । कच्चित्कोऽप्यस्य पुण्यांशश्चौरस्यास्त्यत्र किं न वा ॥ ३५३
चित्रगुप्तस्ततोऽवादीदस्त्यसावतिथिप्रियः । प्रादाद्दारानपि स्वेष्टदेवताप्रीतयेऽर्थिने ॥ ३५४
ततोऽस्य दिवसं दिव्यमस्ति स्वर्गगतिः प्रभो । श्रुत्वैतद्धर्मराजस्तमपश्यत्सिंहविक्रमम् ॥ ३५५
रे शुभाशुभयोः पूर्वं भुङ्क्षे किं कथ्यतामिति । ततः प्रार्थितवान्पूर्वं स शुभं सिंहविक्रमः ॥ ३५६
तेनाज्ञया धर्मराजस्यागतं स विमानकम् । आरुह्य त्रिदिवं प्रायाच्चित्रगुप्तवचः स्मरन् ॥ ३५७
तत्र व्योमसरित्स्नानजपव्रतपरायणः । द्वितीयं दिवसं प्राप स स्वर्गे भोगनिःस्पृहः ॥ ३५८
एवं क्रमेण चासाद्य स्वर्गं तीव्रतपोबलात् । आराध्य शंकरं प्राप ज्ञानं निर्दग्धकिल्बिषः ॥ ३५९
ततोऽस्य नारका दूता न शेकुर्मुखमीक्षितुम् । चित्रगुप्तो ममार्जाघं भूर्जे तूष्णीमभून्यमः ॥ ३६०
इत्थं चौरोऽपि सत्प्रज्ञाबलात्सिद्धिमवाप सः । सिंहविक्रम इत्येषा प्रज्ञापारमितोदिता ॥ ३६१
एवं चारुह्य नौतुल्यां तरन्त्येव भवाम्बुधिम् । वत्स बुद्धोक्तदानादिषट्पारमितां बुधाः ॥ ३६२
इति तस्मिन्वने सोमशूरं तस्यानुशासतः । बोधिसत्त्वपदस्थस्य विनीतमतिभूपतेः ॥ ३६३
भास्करस्ता निशम्यैव प्रशाम्यन्धर्मदेशनाः । संध्यारागात्तकाषायो विवेशास्ताद्रिकंदरम् ॥ ३६४
ततः संध्यामुपस्थाय यथावत्तत्र तां निशाम् । स विनीतमती राजा सोमशूरश्च निन्यतुः ॥ ३६५
अन्येद्युश्च क्रमात्तस्मै सोमशूराय शासनम् । स विनीतमतिर्बौद्धं सरहस्यमुपादिशत् ॥ ३६६
ततः स सोमशूरस्तमुपासीनो गुरुं वने । तस्थौ समाधिनिष्ठोऽत्र वृक्षमूले कृतोटजः ॥ ३६७
क्रमाच्च तौ समं तत्र गुरुशिष्यावुभावपि । लब्धयोगमहासिद्धी परां बोधिमवापतुः ॥ ३६८
अत्रान्तरे स कनककलशो मत्सरान्नृपः । तेनेन्दुकलशेनैत्य तत्खड्गाश्वप्रभावतः ॥ ३६९
भ्रात्रा निर्वासितस्तस्मादप्यहिच्छत्रराज्यतः । यद्विनीतमतिस्तस्मै तदुत्खाताय दत्तवान् ॥ ३७०
स राज्यविच्युतो भ्राम्यन्द्वित्रस्वसचिवान्वितः । तद्विनीतमतेः प्राप दैवादाश्रमकाननम् ॥ ३७१
तत्र यावत्स दुर्वारक्षुत्तृष्णार्तोऽभिवाञ्छति । फलमूलाम्बु तावत्तन्माययेन्द्रेण काननम् ॥ ३७२
दग्ध्वा मरूकृतं प्राग्वत्तं वञ्चयितुमिच्छता । विनीतमतिमेतादृगध्वगातिथ्यलोभतः ॥ ३७३
सोऽप्यकस्मान्मरूभूतमात्माश्रममवेक्ष्य तम् । विनीतमतिरुद्भ्रान्तो बभ्रामेतस्ततः क्षणम् ॥ ३७४
ददर्श तं च कनककलशं भ्रान्तमागतम् । क्षुधा कण्ठगतप्राणमतिथिं सानुगं ततः ॥ ३७५
उपेत्य तादृशं तं च वृत्तान्तं परिपृच्छ्य च । आतिथेयः कृतप्रश्नो बोधिसत्त्वो जगाद सः ॥ ३७६
अरण्येऽस्मिन्निरातिथ्ये मरुभूमित्वमागते । जीवितोपायमप्येतं क्षुधितानां वदामि वः ॥ ३७७
इतोऽर्धक्रोशमात्रेऽत्र पतित्वा खातके मृतः । मृगस्तिष्ठति तन्मांसैः प्राणान्रक्षत गच्छत ॥ ३७८
तथेत्यार्तेऽतिथौ तत्र सानुगे गन्तुमुद्यते । स विनीतमतिर्बोधिसत्त्वः पूर्वं ततो ययौ ॥ ३७९
प्राप्य तत्खातकं कृत्वा मृगरूपं च योगतः । निक्षिप्य तत्र चात्मानं सोऽर्थिहेतोर्जहावसून् ॥ ३८०
ततः शनैस्ते कनककलशाद्याः समाययुः । खातं तद्ददृशुश्चात्र तं विपन्नस्थितं मृगम् ॥ ३८१
उद्धृत्य तमथोत्पाद्य ज्वलनं तृणकण्टकैः । भृष्ट्वा च तस्य मांसानि ते निःशेषाण्यभक्षयन् ॥ ३८२
तावच्च तस्य भार्ये द्वे बोधिसत्त्वस्य विह्वले । पश्यन्त्यावाश्रमध्वंसमपश्यन्त्यौ च तं पतिम् ॥ ३८३
गत्वा नागसुताराजसुते तस्मै तदूचतुः । सोमशूराय निबिडाञ्चलिताय समाधितः ॥ ३८४
सोऽपि तत्प्रणिधानेन विज्ञाय गुरुचेष्टितम् । शशंस गुरुपत्नीभ्यां ताभ्यां दुःखप्रदाय्यपि ॥ ३८५
ताभ्यामेव समं चाशु तत्खातनिकटं ययौ । यत्रातिथिभ्यस्तेनात्मा दत्तोऽस्य गुरुणा तथा ॥ ३८६
तत्र ते नागतनयाराजपुत्र्यौ मृगाकृतिम् । शृङ्गास्थिमात्रशेषं तं पतिं दृष्ट्वान्वशोचताम् ॥ ३८७
तच्छृङ्गास्थीनि चादाय स्वाश्रमाद्दारुसंचयम् । आनीयाग्निप्रवेशं ते कुरुतः स्म पतिव्रते ॥ ३८८
ततस्तत्र स्थितः सोऽपि ज्ञातवृत्तान्तदुःखितः । अग्निप्रवेशं कनककलशः सानुगो व्यधात् ॥ ३८९

एवंगते सोमशूरो गुरुदुःखासहोऽत्र सः । दर्भसंस्तरमध्यास्त प्राणोत्क्रान्तिविधित्सया ॥ ३९०
तत्क्षणं च तमागत्य साक्षादिन्द्रोऽभ्यभाषत । मैवं कृथा मया ह्येष गुरुस्तव परीक्षितः ॥ ३९१
अस्थिभस्मावशेषोऽपि जीवन्नुत्थापितो ह्यसौ । सिक्त्वैवामृतवर्षेण सभार्यः सातिथिर्मया ॥ ३९२
इतीन्द्रवचनं श्रुत्वा तं प्रणम्योत्थितो मुदा । गत्वा स वीक्षते सोमशूरो यावत्स तद्गुरुः ॥ ३९३
बोधिसत्त्वः पुनर्जीवन्विनीतमतिरुत्थितः । भार्याभ्यां तैश्च कनककलशप्रमुखैः सह ॥ ३९४
ततः स तं सपत्नीकं परलोकागतं गुरुम् । मूर्ध्नावन्दत वाक्पुष्पैरार्चयच्चक्षुषा पपौ ॥ ३९५
भक्तिप्रह्वेषु कनककलशादिषु तेषु च । ब्रह्मविष्णुमुखा देवाः सर्वे तत्राययुस्ततः ॥ ३९६
सत्त्वात्तुष्टाश्च ते तस्मै विनीतमतये वरान् । दिव्यानुभावान्पारार्थ्येवृतान्दत्त्वा तिरोदधुः ॥ ३९७
सोऽपि तैरुक्तवृत्तान्तैर्विनीतमतिरन्वितः । सोमशूरादिभिः प्रायाद्दिव्यमन्यत्तपोवनम् ॥ ३९८
एवं मिलन्तीह पुनर्भस्मीभावं गता अपि । किं पुनस्तात जीवन्तः स्वच्छन्दगतयो नराः ॥ ३९९
तदलं देहमुत्सृज्य वत्स वीरो ह्यसि व्रज । भावी मृगाङ्कदत्तेन तवावश्यं समागमः ॥ ४००
इत्येतां वृद्धतापस्या मुखाच्छ्रुत्वा कथामहम् । जातास्थः खड्गहस्तस्तां नत्वा प्रस्थितवांस्ततः ॥ ४०१
क्रमात्प्राप्तोऽटवीमेतामेभिर्लब्धोऽस्मि दैवतः । उपहारं विचिन्वद्भिः शबरैश्चण्डिकाकृते ॥ ४०२
बद्ध्वा चैतैरानीतः प्रयुद्धेऽहं व्रणार्दितः । शबराधिपतेरस्य पार्श्वं मायाबटोरिह ॥ ४०३
अत्र लब्धो मया द्वित्रमन्त्रियुक्तो भवान्प्रभो । त्वत्प्रसादाच्च जाता मे निर्वृतिः स्वगृहे यथा ॥ ४०४

इति तेन गुणाकरेण सख्या निजवृत्तान्तमुदीरितं निशम्य ।
शबरेशगृहस्थितः स भेजे परितोषं परमं मृगाङ्कदत्तः ॥ ४०५
समवेक्ष्य च तस्य संगरे तां व्रणितस्योचितपथ्यदेहचर्याम् ।
अहनि वलति सोऽपरैर्वयस्यैः सममुत्थाय निजाह्निकं चकार ॥ ४०६
आसीच्च तत्राथ गुणाकरं तमुल्लाघयन्संप्रति तान्यहानि ।
शेषान्सखीन्प्राप्तुमसौ शशाङ्कवत्याप्तये चोज्जयिनीं यियासुः ॥ ४०७

इति महाकविश्रीसोमदेवभट्टविरचिते कथासरित्सागरे शशाङ्कवतीलम्बके पञ्चमस्तरङ्गः ।

षष्ठस्तरङ्गः ।

अथ रूढव्रणे स्वस्थे जाते तस्मिन्गुणाकरे । शुभेऽहनि तमापृच्छ्य सुहृदं शबराधिपम् ॥ १
सुदूरमन्वगायातं कार्याय कृतसंविदम् । सख्या दुर्गपिशाचेन मातङ्गपतिना युतम् ॥ २
मायाबटुं सानुचरं स शशाङ्कवतीकृते । मृगाङ्कदत्तस्तत्पत्न्याः प्रायादुज्जयिनीं प्रति ॥ ३
गच्छंश्च स श्रुतधिना तदा विमलबुद्धिना । गुणाकरेण च समं सह भीमपराक्रमः ॥ ४
चिन्वन्नन्यान्सखींस्तस्यां विन्ध्याटव्यामथैकदा । सामात्यः पथि सुष्वाप रात्रौ क्वापि तरोस्तले ॥ ५
अकस्माच्च प्रबुद्धः सन्यावदुत्थाय वीक्षते । तावत्तत्र ददर्शैकं सुप्तस्थं मानुषं परम् ॥ ६
विवृणोति मुखं यावत्तस्य तावत्स्वमन्त्रिणम् । प्रत्यभिज्ञातवान्प्राप्तं विचित्रकथसंज्ञकम् ॥ ७
सोऽपि प्रबुद्धो दृष्ट्वैव तं विचित्रकथः प्रभुम् । मृगाङ्कदत्तं सानन्दं साधुर्जग्राह पादयोः ॥ ८
तेनाप्यालिङ्गितोऽकाण्डदर्शनोत्फुल्लचक्षुषा । तन्मन्त्रिभिश्च तैः सर्वैः प्रबुद्धैरभ्यनन्द्यत ॥ ९
अथोक्तस्वस्ववृत्तान्तैः पृष्टस्तैरखिलैः क्रमात् । स विचित्रकथो वक्तुं स्ववृत्तान्तं प्रचक्रमे ॥ १०
तदा पारावताख्यस्य शापाशुष्मास्विततस्ततः । विभ्रष्टेष्वहमेकाकी मोहात्तत्राभ्रमं चिरम् ॥ ११
दूरभ्रान्तोऽपरेद्युश्च नष्टसंज्ञोऽहमाप्तवान् । अकस्मादटवीप्रान्ते क्लान्तो दिव्यं महत्पुरम् ॥ १२
तत्र दिव्यः पुमानेको दिव्यनारीद्वयान्वितः । मामाश्वासितवान्दृष्ट्वा स्नपितं शीतलैर्जलैः ॥ १३
प्रवेश्य चान्तः प्रादान्मे यत्नाद्दिव्यं स भोजनम् । ततोऽभुङ्क्त स्वयं नार्यावभुञ्जातां ततोऽपि ते ॥ १४
भुक्तोत्तरं च तमहं विश्रान्तोऽत्र व्यजिज्ञपम् । को भवान्किं च मामेवं मुमूर्षुं त्रातवानसि ॥ १५

मया ह्यवश्यं त्यक्तव्यं शरीरं स्वप्रभुं विना। इत्युक्त्वा वर्णितस्तस्मै स्ववृत्तान्तोऽखिलो मया॥ १६
ततश्च स महात्मा मां प्रीतिमानेवमब्रवीत्। यक्षोऽहमेते मद्धार्ये त्वं च प्राप्तोऽद्य मेऽतिथिः॥ १७
यथाशक्त्यतिथेः पूजा धर्मो हि गृहमेधिनाम्। मयार्चितोऽस्यतः किं च प्राणान्कस्मान्मुमुक्षसि॥ १८
वियोगो नागशापेन कंचित्कालमयं हि वः। अवश्यं क्षीणशापानां युष्माकं स्यात्समागमः॥ १९
निर्दुःखो नाम कश्चात्र संसारे भद्र जायते। यक्षेणापि मया दुःखं यद्दृष्टं वच्मि तच्छृणु॥ २०
अस्त्यस्या वसुधावध्वा मौलिमण्डनमालिका। त्रिगर्ता नाम नगरी सुमनोगुणगुम्फिता॥ २१
तस्यां द्विजयुवा कोऽपि पवित्रधर इत्यभूत्। धनैर्दरिद्रः स्वजनैरदरिद्रः कुलादिभिः॥ २२
स वसञ्श्रीमतां मध्ये द्विजो मानी व्यचिन्तयत्। एषामर्थवतां मध्ये वृत्तस्थोऽपि न भाम्यहम्॥ २३
एकः सत्काव्यशब्दानामिव शब्दो निरर्थकः। मनस्वी च न शक्नोमि सेवां नापि प्रतिग्रहम्॥ २४
तद्गत्वा क्वचिदेकान्ते यक्षिणीं साधयाम्यहम्। अस्ति मन्त्रोपदेशो हि तत्र मे गुरुवक्त्रतः॥ २५
इति संकल्प्य विधिवद्गत्वारण्याय यक्षिणीम्। भार्यात्वे साधयामास स पवित्रधरो द्विजः॥ २६
सिद्धया च तया युक्तः सौदामिन्यभिधानया। तस्थौ घोरहिमोत्तीर्णो विटपीव मधुश्रिया॥ २७
एकदा तं सुतोत्पत्तिं विना दुःखितचेतसम्। दृष्ट्वा सा यक्षिणी भार्या पवित्रधरमब्रवीत्॥ २८
मार्यपुत्र कृथाश्चिन्तां सूनुरुत्पद्यते हि नौ। इमं च शृणु वृत्तान्तमत्राहं कथयामि ते॥ २९
अस्ति दक्षिणदिक्प्रान्ते प्रावृषो जन्मभूरिव। पिहितार्का घनश्यामा तमालवनवीथिका॥ ३०
तस्यां पृथूदरो नाम यक्षो वसति विश्रुतः। तस्याहमियमेकैव नाम्ना सौदामिनी सुता॥ ३१
सा स्नेहात्तेन पित्राहं नीयमाना कुलाद्रिषु। तेषु तेषु सदाक्रीडं दिव्योपवनभूमिषु॥ ३२
एकदा च समं सख्या क्रीडन्ती कपिशभ्रुवा। अद्राक्षमट्टहासाख्यं कैलासे यक्षपुत्रकम्॥ ३३
सोऽपि मां सखिमध्यस्थो दृष्टवानथ तत्क्षणम्। जातावावां किलान्योन्यरूपाकृष्टविलोचनौ॥ ३४
तद्दृष्ट्वा तुल्यसंयोगमवेत्याहूय चात्र तम्। सद्योऽट्टहासं तातेन विवाहो नौ विनिश्चितः॥ ३५
स्थापिते लग्नदिवसे ताते मामनयद्गृहम्। अट्टहासोऽपि मुदितः समित्रः स्वगृहानगात्॥ ३६
अन्येद्युश्च विषण्णेव कपिशभ्रूः सखी मम। आगात्समीपं पृष्टा च कृच्छ्रादेवमभाषत॥ ३७
अनाख्येयमपीदं ते कथयाम्यप्रियं सखि। अद्यायान्त्या मया दृष्टः सोऽट्टहासो वरस्तव॥ ३८
चित्रस्थलाख्ये हिमवत्सानूद्याने त्वदुत्सुकः। विनोदयद्भिः सखिभिः क्रीडया यक्षराट् कृतः॥ ३९
भ्राता दीप्तशिखस्तस्य तत्पुत्रो नडकूवरः। कल्पितस्तैः स्वयं ते च तस्य साचिव्यमाश्रयन्॥ ४०
एवं कृतविनोदं तं वयस्यैस्त्वत्प्रियं तदा। व्योम्ना यदृच्छया गच्छन्नपश्यन्नडकूवरः॥ ४१
स तमाहूय संक्रुद्धो धनाधिपसुतोऽशपत्। भृत्यो भूत्वा प्रभोर्लीलामभिवाञ्छसि यत्ततः॥ ४२
दुर्मते भव मर्त्यस्त्वमूर्ध्वमिच्छन्नधो व्रज। इत्युक्तस्तेन विग्रस्तं सोऽट्टहासो व्यजिज्ञपत्॥ ४३
औत्सुक्यं नुदता देव मूर्खेणेदं मया कृतम्। नाधिकाराभिमानेन तत्क्षमां कुरु मे प्रभो॥ ४४
इत्यार्तं तद्वचः श्रुत्वा प्रणिधानात्तथैव तत्। बुद्ध्वा शापान्तहेतोस्तं सोऽब्रवीन्नडकूवरः॥ ४५
यस्यां त्वमुत्सुकस्तस्यां यक्षिण्यां मानुषो भवन्। जनयित्वानुजं दीप्तशिखमेवैतमात्मजम्॥ ४६
शापाद्विमुक्तः स्वपदं तया पत्न्या सहाप्स्यसि। भ्राता तु ते सुतो भूत्वा कृत्वा राज्यमसौ भुवि॥ ४७
शापान्मोक्ष्यत इत्युक्ते तेन वित्तेशसूनुना। सोऽट्टहासस्तिरोभूतः क्वापि शापप्रभावतः॥ ४८
तद्दृष्ट्वाहमिहायाता पार्श्वं ते सखि दुःखिता। इत्युक्ताहं तया सख्या दुःखात्कामप्यगां दशाम्॥ ४९
आत्मानमनुशोच्याथ गत्वा पित्रोर्निवेद्य तत्। अनैषं तमहं कालं पुनः संगमवाञ्छया॥ ५०
सोऽट्टहासस्त्वमुत्पन्नः सा चाहं मिलितावुभौ। अद्येहावां तदेवं नौ जनितैवाचिरात्सुतः॥ ५१
एवं तयोक्ते ज्ञानिन्या सौदामिन्या प्रहर्षवान्। अभूदुत्पन्नपुत्राशः स पवित्रधरो द्विजः॥ ५२
कालेन तस्य यक्षिण्यां तस्यां सूनुरजायत। गृहं चित्तं च जातेन तयोर्येन प्रकाशितम्॥ ५३
दृष्ट्वा च तस्य पुत्रस्य स पवित्रधरो मुखम्। संपेदे सोऽट्टहासोऽत्र यक्षो दिव्याकृतिः क्षणात्॥ ५४

उवाच यक्षिणीं चैतां प्रिये शापो गतः स नौ । जातः सैषोऽट्टहासोऽहमेहि यावो निजां गतिम् ॥ ५५
इत्युक्तवन्तं तं भार्या सावादीच्छिशुरेव ते । भ्राता शापात्सुतीभूता कथं स्यादिति चिन्त्यताम् ॥ ५६
तच्छ्रुत्वा ध्यानतोऽवेक्ष्य सोऽट्टहासो जगाद ताम् । देवदर्शन इत्यस्ति ब्राह्मणोऽस्यां पुरि प्रिये ॥ ५७
पञ्चाग्नेस्तस्य चान्यौ द्वावधिकं ज्वलतः क्षुधा । जठराग्नी सभार्यस्य दरिद्रस्य प्रजाधनैः ॥ ५८
धनपुत्रार्थिनं तं च तपसि स्थितमेकदा । आराधयन्तं भगवानग्निः स्वप्ने समादिशत् ॥ ५९
औरसो नास्ति पुत्रस्ते कृत्रिमस्तु भविष्यति । तद्वशादेव च ब्रह्मन्दारिद्र्यं ते निवर्त्स्यति ॥ ६०
इत्यग्न्यादेशतो विप्रस्तत्प्रतीक्षोऽत्र संस्थितः । तस्मै शिशुरयं देयो भवितव्यमिदं हि तत् ॥ ६१
इत्युक्त्वा तां प्रियां स्वर्णपूर्णकुम्भोपरि स्थितम् । कृत्वा च तं गलाबद्धदिव्यरत्नस्रजं शिशुम् ॥ ६२
क्षिप्त्वा तस्य गृहे रात्रौ प्रसुप्तस्य द्विजन्मनः । सभार्यस्य सभार्यः स्वां सोऽट्टहासो ययौ गतिम् ॥ ६३
सोऽपि प्रबुध्य विप्रोऽत्र विस्फुरद्रत्नतारकम् । अपश्यद्बालचन्द्रं तं सभार्यो देवदर्शनः ॥ ६४
किमेतदिति विस्मित्य हेमकुम्भं विलोक्य तम् । स स्वप्नादेशमाग्नेयं सस्मार च ननन्द च ॥ ६५
जग्राह बालकं तं च पुत्रं विधिसमर्पितम् । धनं च तत्प्रभाते च विदधे स महोत्सवम् ॥ ६६
एकादशे च दिवसे तस्य पुत्रस्य तत्र सः । बालस्य स्वोचितं नाम श्रीदर्शन इति व्यधात् ॥ ६७
ततो महाधनो भूत्वा तस्थौ क्रत्वादिकाः क्रियाः । कुर्वन्भोगांश्च भुञ्जानः स विप्रो देवदर्शनः ॥ ६८
सोऽपि श्रीदर्शनस्तत्र वृद्धिं प्राप्तः पितुर्गृहे । प्रकर्षं वेदविद्यासु प्रापास्त्रेषु च वीर्यवान् ॥ ६९
कालेन यौवनस्थस्य स पिता देवदर्शनः । तीर्थयात्रागतस्तस्य प्रयागे प्रशमं ययौ ॥ ७०
तद्बुद्ध्वा तस्य मातापि प्रविष्टाग्निं ततश्च सः । व्यधाच्छ्रीदर्शनः शोचंस्तयोः शास्त्रोदिताः क्रियाः ॥ ७१
शनैश्च स तनूभूतशोकोऽकृतपरिग्रहः । द्यूतक्रीडाप्रसक्तोऽभूद्दैवात्प्राज्ञोऽप्यबान्धवः ॥ ७२
अचिरेण च कालेन तस्य क्षीणार्थसंपदः । तेन दुर्व्यसनेनासीद्भोजनेऽपि कदर्थना ॥ ७३
एकदा द्यूतशालायां निराहारस्थितं त्र्यहम् । अशक्नुवन्तं निर्गन्तुं लज्जयानुचिताम्बरम् ॥ ७४
अन्यैर्दत्तमभुञ्जानं दुःखितं कितवः सखा । कश्चिन्मुखरको नाम तं श्रीदर्शनमभ्यधात् ॥ ७५
किं मुह्यसीदृगेवेदं द्यूतव्यसनपातकम् । अश्रीकटाक्षपाताः किमक्षा न विदितास्तव ॥ ७६
बाहू प्रावरणं शय्या पांसवश्चत्वरं गृहम् । भार्या विध्वस्तता धात्रा कितवस्य हि निर्मितम् ॥ ७७
किं तन्न भुङ्क्ते विद्वानप्यात्मानं किमुपेक्षसे । जीवन्हि धीरोऽभिमतं किं नाम न यदाप्नुयात् ॥ ७८
तथा च चित्रामत्रैतां भूनन्दनकथां शृणु । अस्तीहाभरणं भूमेः कश्मीरा इति मण्डलम् ॥ ७९
दृश्यभोगं विधायैकं त्रिदिवं सुकृतां कृते । भोग्यभोगं विधाता यद्द्वितीयमिव निर्ममे ॥ ८०
अहमत्राधिका नाहमित्यन्योन्यमिवेर्ष्यया । प्रविष्टाभ्यां श्रितं द्वाभ्यां सरस्वत्या श्रिया च यत् ॥ ८१
धर्मद्रुहः प्रवेशोऽत्र कलेर्मा भूदितीव यत् । स्वदेहपरिवेषेण रक्ष्यते तुहिनाद्रिणा ॥ ८२
देवतीर्थभयाद्दूरमितो याहीति कल्मषम् । वीचिहस्तैर्नुदन्त्येव भूषितं यद्वितस्तया ॥ ८३
यस्मिन्सितसुधाधौतास्तुङ्गाः प्रासादपङ्क्तयः । कुर्वन्त्यासन्नहिमवत्पादशैलावलीभ्रमम् ॥ ८४
तस्मिन्वर्णाश्रमगुरुः प्रजानन्दनचन्द्रमाः । अभूद्विद्यागमबुधो नाम्ना भूनन्दनो नृपः ॥ ८५
नखराजिनियुक्तेषु विरेजे यस्य विक्रमः । कामिनीकुचयुग्मेषु मण्डलेषु च विद्विषाम् ॥ ८६
यस्य नीतिमतोऽप्यासन्प्रजाः शश्वदनीतयः । कृष्णैकासक्तचित्तस्याप्यकृष्णतरमानसाः ॥ ८७
स जातु राजा द्वादश्यां विधिवत्पूजिताच्युतः । स्वप्ने कामप्युपायातामपश्यद्दैत्यकन्यकाम् ॥ ८८
तया संप्राप्य संयोगं प्रबुद्धो न ददर्श ताम् । व्यक्तं ददर्श संभोगचिह्नमङ्गे तु विस्मितः ॥ ८९
नायं स्वप्नः स्फुटो ह्येष संभोगस्तर्कयाम्यहम् । विप्रलब्धस्तया नूनं नार्या किमपि दिव्यया ॥ ९०
इत्यवेत्य च तच्चित्तस्तथाभूद्विरहातुरः । यथा स राजकार्याणि जहौ सर्वाण्यपि क्रमात् ॥ ९१
अपश्यन्प्राप्त्युपायं च तस्याः सोऽचिन्तयन्नृपः । हरेः प्रसादात्सोऽभून्मे तथा तत्संगमक्षणः ॥ ९२
आराधयामि तत्प्राप्त्यै गत्वैकान्ते तमेव तत् । राज्यपाशं विमुच्येमं हा तद्विरहनीरसम् ॥ ९३

इति संकल्प्य संबोध्य सचिवाननुजाय सः। सुनन्दनाभिधानाय राज्यं भूनन्दनो ददौ ॥ ९४
त्यक्तराज्यश्च स ययौ पादन्यासोद्भवं हरेः। तीर्थं क्रमसरो नाम त्रिविक्रमकृतं पुरा ॥ ९५
यदध्यासितमभ्यर्णपर्वताग्रनिवेशिभिः। शृङ्गाकारैस्त्रिभिर्देवैर्ब्रह्मविष्णुमहेश्वरैः ॥ ९६
येन विष्णुपदेनान्या काश्मीरेषु सुरापगा। सृष्टा विषुवती नाम वितस्ता मत्सरादिव ॥ ९७
तत्रासीत्स तपः कुर्वन्राजान्यरसनिःस्पृहः। क्षाम्यन्नव्यरसाकाङ्क्षी निदाघ इव चातकः ॥ ९८
व्यतीतद्वादशाब्दे च तस्मिंस्तत्र तपःस्थिते। आगात्तेन पथा कोऽपि तपस्वी ज्ञानिनां वरः ॥ ९९
पिङ्गलाग्रजटश्चीरवासाः शिष्यगणान्वितः। तत्तीर्थशैलशिखरादवतीर्ण इवेश्वरः ॥ १००
स तं दृष्ट्वैव राजानं जातप्रीतिरुपेत्य च। प्रह्वः पृष्ट्वा च वृत्तान्तं ध्यात्वा क्षणमिवाब्रवीत् ॥ १०१
राजन्सा दैत्यकन्या ते प्रिया पातालवासिनी। तदाश्वसिहि तस्यास्त्वामन्तिकं प्रापयाम्यहम् ॥ १०२
अहं हि दाक्षिणात्यस्य यज्ञसंज्ञस्य यज्वनः। पुत्रो भूतिवसुर्नाम ब्राह्मणो योगिनां गुरुः ॥ १०३
सोऽहं संक्रमितज्ञानः पित्रा पातालशास्त्रतः। शिक्षित्वा हटकेशानमन्त्रतन्त्रविधिक्रमम् ॥ १०४
गत्वा श्रीपर्वतेऽकार्षं त्र्यम्बकाराधनं तपः। तेन तुष्टोऽथ मां तत्र साक्षादित्यादिशच्छिवः ॥ १०५
गच्छ दैत्याङ्गनायुक्तो भुक्त्वा भोगान्रसातले। मामुपैष्यस्युपायं च तत्प्राप्तौ शृणु वच्मि ते ॥ १०६
सन्ति भूयांसि पातालविवराण्यत्र भूतले। प्रकाशं त्वस्ति कश्मीरेष्वेकं मयकृतं महत् ॥ १०७
येन प्रवेश्य गुप्तासु दानवोद्यानभूमिषु। उषा बाणसुता कान्तमनिरुद्धं व्यनोदयत् ॥ १०८
प्रद्युम्नश्च तदा पुत्रं रक्षितुं तं व्यधत्त यत्। प्रकटं गिरिशृङ्गेण प्रकल्प्य द्वारमेकतः ॥ १०९
तद्द्वाररक्षाहेतोश्च यत्र दुर्गां न्यवेशयत्। आराध्य स स्तुतिशतैः शारिकानामधारिणीम् ॥ ११०
येन प्रद्युम्नशिखरं शारिकाकूटमित्यपि। नामद्वयेन तत्तत्र स्थानमद्याभिधीयते ॥ १११
गच्छ तेन बिलाग्रेण प्रविश्यानुचरैः सह। पातालं मत्प्रसादाच्च सिद्धिस्तेऽत्र भविष्यति ॥ ११२
इत्युक्त्वान्तर्हिते देवे तत्प्रसादप्रभावतः। उत्पन्नाखिलविज्ञानः कश्मीरानागतोऽस्म्यमून् ॥ ११३
तदस्माभिः समं राजञ्शारिकाकूटमेहि तत्। यावदिष्टाङ्गनापार्श्वं पातालं त्वां नयाम्यहम् ॥ ११४
एवमुक्तवता तेन तथेति स तपस्विना। समं तच्छारिकाकूटं ययौ भूनन्दनो नृपः ॥ ११५
तत्र स्नात्वा वितस्तायामर्चयित्वा विनायकम्। संपूज्य शारिकां देवीं दिग्बन्धादिपुरःसरम् ॥ ११६
विधिवत्सर्षपक्षेपाद्वरानुमहशालिना। महातपस्विना तेन विवरे प्रकटीकृते ॥ ११७
प्रविश्य तेनैव समं सशिष्येण स भूपतिः। जगाम पातालपथं पञ्चाहानि दिवानिशम् ॥ ११८
षष्ठेऽह्नि सर्वेऽप्युत्तीर्य गङ्गां पातालवाहिनीम्। भूमौ रजतमय्यां ते दिव्यमैक्षन्त काननम् ॥ ११९
स्थलप्रफुल्लसौवर्णकमलामोदवासितम्। उद्यत्प्रवालकर्पूरचन्दनागुरुपादपम् ॥ १२०
तन्मध्ये सुमहाभोगं रत्नसोपानसुन्दरम्। सौवर्णभित्ति माणिक्यस्तम्भसंभारभासुरम् ॥ १२१
चन्द्रकान्तशिलाबद्धविशालामलसारकम्। प्रहृष्टा ददृशुः प्रांशु शैवमायतनं च ते ॥ १२२
ततश्च स तपस्वी तान्स्वशिष्यांस्तं च भूपतिम्। भूनन्दनं ज्ञानिवरो जाताश्चर्यानभाषत ॥ १२३
अयं स देवः पातालनिलयो हाटकेश्वरः। गीयते त्रिषु लोकेषु तदसौ पूज्यतामिति ॥ १२४
ततः सर्वेऽपि ते तैस्तैः पुष्पैः पातालसंभवैः। तद्गङ्गाम्भःप्लुताः शंभुं पूजयामासुरत्र तम् ॥ १२५
तत्पूजाक्षणविश्रान्ता गत्वा प्रापुस्ततश्च ते। पतत्पक्वफलं दिव्यमेकं जम्बुमहाद्रुमम् ॥ १२६
तं प्रेक्ष्य स तपस्वी तानवोचन्न फलानि वः। भक्ष्याण्येतस्य विघ्नं हि भुक्तान्येतानि कुर्वते ॥ १२७
तच्छ्रुत्वापि चखादैकस्तच्छिष्यस्तत्फलं क्षुधा। खादित्वैव च संपेदे निश्चेष्टः स्थावराकृतिः ॥ १२८
ततस्तद्दर्शनत्रासपरित्यक्तफलस्पृहैः। स तपस्वी सहान्यैस्तैः शिष्यैर्भूनन्दनान्वितः ॥ १२९
क्रोशमात्रमतिक्रम्य हेमप्राकारमुच्छ्रितम्। सद्रत्नरचितद्वारमत्रावस्थितमैक्षत ॥ १३०
तद्द्वारपार्श्वयोर्लोहमयाङ्गावुभयोरुभौ। प्रवेशरोधिनौ मेषौ दृष्ट्वा शृङ्गप्रहारिणौ ॥ १३१
हत्वा सपदि दण्डेन न्यस्तमन्त्रेण मूर्धनि। विद्रावयामास स तौ क्वापि वज्रहताविव ॥ १३२

ततः स तेन द्वारेण तच्छिष्याश्च नृपश्च सः । प्रविश्य ददृशुर्दिव्यान्हेमरत्नमयान्गृहान् ॥ १३३
द्वारि द्वारि च तेषां ते दन्तदष्टाधरोत्कटान् । गृहीतलोहमुसलानपश्यन्द्वाररक्षिणः ॥ १३४
ततश्चोपाविशन्सर्वे तत्रैकस्य तरोस्तले । स तपस्वी तु दुष्टघ्नीमबध्नाद्योगधारणाम् ॥ १३५
तद्धारणाप्रभावेण रौद्रास्ते द्वाररक्षकाः । सर्वेऽपि सर्वद्वारेभ्यः पलाय्यादर्शनं ययुः ॥ १३६
क्षणाच्च तेभ्यो द्वारेभ्यो दिव्याभरणवाससः । दैत्यकन्यापरीवारवारनार्यो विनिर्ययुः ॥ १३७
ताः पृथक्पृथगभ्येत्य तान्सर्वाना तपस्विनः । प्रवेशायार्थयामासुर्यथास्वं स्वामिनीगिरा ॥ १३८
अन्तःप्रविष्टैर्युष्माभिर्नोल्लङ्घ्यं स्वप्रियावचः । इति तानपरानुक्त्वा स तपस्वी कृती ततः ॥ १३९
कतिभिश्च समं ताभिः प्रविश्य वरमन्दिरम् । एकां प्रापोत्तमां दैत्यकन्यां भोगांश्च वाञ्छितान् ॥ १४०
अन्येऽप्येकैकशोऽन्याभिस्ताभिस्ते दिव्यवेश्मसु । प्रवेशिता ययुर्दैत्यसुतासंभोगपात्रताम् ॥ १४१
राजा भूनन्दनः सोऽपि नीतोऽभूदेकया तदा । प्रश्रयानतया तत्र बहिर्मणिमयं गृहम् ॥ १४२
परीवारवरस्त्रीणां प्रतिबिम्बैः समन्ततः । सजीवचित्रविन्यासमिव यद्रत्नभित्तिषु ॥ १४३
यत्सुश्लक्ष्णमहानीलमयभूभागनिर्मितम् । दिवः पृष्ठमिवारूढं विमानविजिगीषया ॥ १४४
मदाकुललसद्रामं हृद्यप्रद्युम्नविभ्रमम् । यदच्युतप्रभावाढ्यं वृष्णीनामिव केतनम् ॥ १४५
बालातपसहं पुष्पमपि यत्र न योषिताम् । वपुषः सुकुमारत्वे प्राप्नुयादुपमानताम् ॥ १४६
तत्र प्रविष्टः सोऽपश्यद्दिव्यसंगीतनादिनि । राजा प्राक्स्वप्नदृष्टां तां कान्तामसुरकन्यकाम् ॥ १४७
यस्याः प्रकाशिते कान्त्या पातालेऽर्कादिवर्जिते । रत्नाद्यालोकनिर्माणं पुनरुक्तं प्रजापतेः ॥ १४८
तां स पश्यन्ननिर्वाच्यरूपां हर्षाश्रुणा नृपः । अन्यावलोकनमलं चक्षुर्बोधौतवानिव ॥ १४९
सापि तं वीक्ष्य राजेन्द्रं ख्याप्यमानालिगीतिभिः । बाला कुमुदिनी नाम कमपि प्रमदं दधौ ॥ १५०
उत्थाय पाणावादाय क्लेशितोऽसि मयेति च । ब्रुवती सादरा सा तमुपावेशयदासने ॥ १५१
क्षणमात्रं च विश्रान्तं स्नातं वस्त्राद्यलंकृतम् । सा निनाय तमुद्यानमापानायासुराङ्गना ॥ १५२
तत्र तीरतरुलम्बिशवरक्तवसासवैः । पूर्णायाः सा तटे वाप्यास्तेन साकमुपाविशत् ॥ १५३
तद्वसासवपूर्णं च पात्रं तस्मै नृपाय सा । ददौ पानाय स च तन्न जग्राह जुगुप्सितम् ॥ १५४
न ते क्षेमं भवेदेतदस्मत्पानं निषेधतः । इति निर्बन्धतस्तां च ब्रुवाणां सोऽब्रवीन्नृपः ॥ १५५
अपेयं निश्चितं नैव पास्याम्येतद्यदस्त्विति । ततः सा तस्य तन्मूर्ध्नि पात्रं क्षिप्त्वान्यतो ययौ ॥ १५६
स च कूणितनेत्रास्यो राजान्यस्यां जलान्तरे । तच्चेटिकाभिरादाय दीर्घिकायां निचिक्षिपे ॥ १५७
क्षिप्त एव च तत्कालं तस्मिन्पूर्वतपोवने । तीर्थे क्रमसरस्येव प्राप्तमात्मानमैक्षत ॥ १५८
पश्यंश्च स हिमं तत्र हसन्तमिव तं नगम् । विषण्णविस्मितोद्भ्रान्तो वञ्चितः स व्यचिन्तयत् ॥ १५९
क्व तद्दैत्यसुतोद्यानं क्वायं क्रमसरो गिरिः । अहो किमिदमाश्चर्यं किं माया किं मतिभ्रमः ॥ १६०
किमन्यद्वा ध्रुवं तस्या यन्मयोल्लङ्घितं वचः । तपस्विवाक्यं श्रुत्वापि तस्येदं मे विजृम्भितम् ॥ १६१
न च तन्निन्दितं पानं सा ममैव परीक्षिणी । मूर्ध्नि च्युतेन यत्तेन दिव्यमायाति सौरभम् ॥ १६२
तत्सर्वथा ह्यभव्यानां कृतः क्लेशो महानपि । न फलाय विधिस्तेषु तथा वामो हि वर्तते ॥ १६३
इत्येवं चिन्तयन्नेत्य भृङ्गैर्भूनन्दनोऽत्र सः । अवेष्ट्यतासुरसुतापानसिक्ताङ्गगन्धतः ॥ १६४
कष्टमिष्टफलो मा भूज्जातोऽनिष्टफलस्तु मे । परिक्लेशोऽल्पसत्त्वस्य वेतालोत्थापनं यथा ॥ १६५
इति तैर्दश्यमानश्च भृङ्गैः स विमृशंस्तदा । जातोद्वेगो मतिं चक्रे देहत्यागाय भूपतिः ॥ १६६
तावच्च तेन मार्गेण कोऽपि दैवात्समागतः । मुनिपुत्रः क्षितिपतिं तथाभूतं ददर्श तम् ॥ १६७
सोऽभ्युपेत्य निवार्याशु भ्रमरान्करुणार्द्रधीः । ऋषिः पृष्ट्वा च वृत्तान्तं नृपमेतमभाषत ॥ १६८
राजन्यावदयं देहस्तावद्दुःखक्षयः कुतः । तदनुद्वेगतः साध्यः पुरुषार्थः सदा बुधैः ॥ १६९
यावच्च नाच्युतेशानविरिञ्चिष्वेकतामतिः । भेदोपासनजास्तावदङ्कुरा एव सिद्धयः ॥ १७०
तदभेदधिया ध्यायन्ब्रह्मविष्णुमहेश्वरान् । धैर्येण द्वादशान्यानि वर्षाणीह तपः कुरु ॥ १७१

ततः प्राप्स्यसि कान्तां तामन्ते सिद्धिं च शाश्वतीम् । देहस्तु तावत्सिद्धस्ते पश्यायं दिव्यसौरभः ॥ १७२
समन्त्रं च गृहाणेदं मम कृष्णमृगाजिनम् । कृतावगुण्ठनो येन भ्रमरैर्नहि बाध्यसे ॥ १७३
इत्युक्त्वाजिनमन्त्रौ स तस्मै दत्त्वा मुनिर्ययौ । तथेत्यात्तधृतिः सोऽपि तीर्थे तत्रावसन्नृपः ॥ १७४
द्वादशाब्दोषितं तं च तपसाराधितेश्वरम् । भूपं कुमुदिनी दैत्यकन्या सा स्वयमभ्यगात् ॥ १७५
तया साकं स पातालं गत्वा दयितया चिरम् । राजा भूनन्दनो भोगान्भुञ्जानः सिद्धिमाप्तवान् ॥ १७६
इत्यनुद्वेगशीला ये भव्या धैर्यावलम्बिनः । दूरभ्रष्टामपि निजां भूमिं संप्राप्नुवन्ति ते ॥ १७७
त्वं चेह भाविकल्याणः श्रीदर्शन सुलक्षणः । तदाहारं विनात्मानं किमुद्वेगादुपेक्षसे ॥ १७८
इत्युक्तो द्यूतशालान्तः सख्या मुखरकेण सः । तेन श्रीदर्शनो रात्रौ निराहारो जगाद तम् ॥ १७९
यथात्थ त्वं कुलीनः सन्किलत्वस्यां पुरि लज्जया । निर्गन्तुं न बहिः शक्नोमीदृशो द्यूतदुर्गतः ॥ १८०
तदस्यामेव चेद्रात्रौ विदेशे गमनं कचित् । न निषेधसि मे मित्र तदाहारं करोम्यहम् ॥ १८१
तच्छ्रुत्वैव तथेत्युक्त्वा तस्मै मुखरकोऽथ सः । आनीय भोजनं प्रादात्सोऽपि तद्बुभुजे तदा ॥ १८२
भुक्त्वैव च स तेनैव सह श्रीदर्शनस्ततः । प्रायात्स्नेहानुयातेन सख्या देशान्तरं प्रति ॥ १८३
गच्छन्तं चात्र तं मार्गे यक्षौ दैवादपश्यताम् । यदृच्छयागतौ व्योम्ना जननीजनकौ निशि ॥ १८४
सौदामिन्यट्टहासौ तौ याभ्यां विप्रस्य वेश्मनि । स देवदर्शनस्यात्र जातमात्रो न्यधीयत ॥ १८५
तौ विज्ञाय तमापन्नं द्यूतव्यसननिर्धनम् । विदेशप्रस्थितं स्नेहाददृश्यावूचतुर्दिवः ॥ - १८६
भोः श्रीदर्शन मात्रा ते देवदर्शनभार्यया । भूमावाभरणान्यन्तः स्थापितानि स्ववासके ॥ १८७
तानि गत्वा गृहीत्वा त्वं निश्चिन्तं मालवं व्रज । ऊर्जितश्रीर्हि तत्रास्ति श्रीसेन इति भूपतिः ॥ १८८
स च द्यूतविपत्क्लिष्टः कुमारत्वे भृशं यतः । अतस्तेन कृतः स्फीतः कितवानां महामठः ॥ १८९
लभन्ते कितवास्तत्र वसन्तोऽभीष्टभोजनम् । तद्वत्स तत्र गच्छ त्वं भद्रं तव भविष्यति ॥ १९०
इति वाचं दिवः श्रुत्वा गत्वा श्रीदर्शनो गृहम् । भुवः खातात्समित्रस्तान्यादत्ताभरणानि सः ॥ १९१
ततो हृष्टः समं तेन सख्या मुखरकेण सः । देवतानुग्रहं मत्वा प्रतस्थे मालवं प्रति ॥ १९२
गत्वा सुदूरमध्वानं तया रात्र्या दिनेन च । सायं स बहुसस्याख्यं ग्रामं तेन सहाप्तवान् ॥ १९३
श्रान्तश्च तस्य ग्रामस्य नातिदूरे सुहृत्सखः । उपाविशत्तडागस्य तीरे विमलपाथसः ॥ १९४
तत्र तस्मिन्क्षणं धौतपादे पीताम्भसि स्थिते । काप्यनन्यसमा रूपे कन्या तोयार्थमाययौ ॥ १९५
नीलोत्पलसवर्णाङ्गलेखा रतिरिवैकिका । हरदग्धस्य कामस्य धूमेन श्यामलीकृता ॥ १९६
सा तं श्रीदर्शनं दृष्ट्वा प्रेमनिर्भरया दृशा । उपेत्य दर्शनप्रीतं सवयस्यमभाषत ॥ १९७
कुत्रागतौ महाभागौ युवामिह विपत्तये । किमज्ञानाज्ज्वलत्यग्नौ पतितौ स्थः पतङ्गवत् ॥ १९८
एतच्छ्रुत्वा स संभ्रान्तः कन्यां मुखरकोऽत्र ताम् । पप्रच्छ का त्वं किं चैतत्त्वयोक्तं कथ्यतामिति ॥ १९९
ततोऽब्रवीत्सा संक्षेपाद्वच्म्येतच्छृणुतं युवाम् । अस्त्यग्रहारः सुमहान्सुघोषो नाम विश्रुतः ॥ २००
तत्राभूत्पद्मगर्भाख्यो ब्राह्मणो वेदवित्तमः । तस्योत्तमकुला भार्या नाम्ना शशिकलाभवत् ॥ २०१
तस्यां च तस्यापत्ये द्वे जाते आस्तां सुजन्मनः । सुतो मुखरको नाम पद्मिष्ठेति सुताप्यहम् ॥ २०२
स मे मुखरको भ्राता द्यूतव्यसनविप्लुतः । बाल्येऽपि निर्गत्य गृहात्क्वापि देशान्तरं गतः ॥ २०३
तेन शोकेन पञ्चत्वं गतायां मम मातरि । मत्पितोभयदुःखार्तस्त्यक्तवान्स गृहस्थितिम् ॥ २०४
एकाकी च गृहीत्वा मां तं गवेषयितुं सुतम् । भ्राम्यन्नितस्ततः प्रापदिमं ग्रामं विधेर्वशात् ॥ २०५
इह चास्ति महान्ग्रामे चौरश्चौरचमूपतिः । वसुभूतिरिति ख्यातो ब्राह्मणो नाममात्रतः ॥ २०६
तेनेह प्राप्य पापेन सभृत्येन पितुर्मम । तस्य प्राणाः सुवर्णं च शरीरान्तर्गतं हृतम् ॥ २०७
अहं च तेन नीत्वैव गृहं बन्दीकृता सती । सुभूतिनाम्ने पुत्राय प्रदातुं परिकल्पिता ॥ २०८
स चास्य पुत्रो मुषितं सार्थं क्वापि गतः स्थितः । नायात्यद्यापि मत्पुण्यैः प्रमाणं मेऽधुना विधिः॥ २०९
तदेष चौरो दृष्ट्वा वां कुर्यादत्याहितं ध्रुवम् । विमुच्येथे यथैतस्मादुपायं कुरुतं तथा ॥ २१०

एवमुक्तवतीं जातप्रत्यभिज्ञस्तदैव ताम् । कन्यां कण्ठे समालम्ब्य रुदन्मुखरकोऽब्रवीत् ॥ २११
हा पद्मिष्ठे स एषोऽहं भ्राता मुखरकस्तव । बन्धुद्रोही भगिनिके मन्दभाग्यो हतोऽस्मि हा ॥ २१२
तच्छ्रुत्वा सापि पद्मिष्ठा विग्ना दृष्टेऽग्रजे तथा । कृपयेवाखिलैर्दुःखैः परिवव्रे जवाद्यथा ॥ २१३
ततस्तौ पितरावार्त्या शोचन्तौ भ्रातरावुभौ । श्रीदर्शनः समाश्वास्य कालोचितमभाषत ॥ २१४
शोकस्यावसरो नायं रक्ष्यो ह्यात्मैव सांप्रतम् । त्यक्त्वाप्यर्थं ततः कार्या चौरस्यास्य प्रतिक्रिया ॥ २१५
एवं श्रीदर्शनेनोक्ते दुःखं संहृत्य धैर्यतः । कर्तव्यसंविदं चक्रुस्ते त्रयोऽपि परस्परम् ॥ २१६
ततः श्रीदर्शनो मान्द्यं विधायासीन्निपत्य सः । तीरे तस्य तडागस्य कृशः पूर्वैरभोजनैः ॥ २१७
पादौ तस्य गृहीत्वा च तस्थौ मुखरको रुदन् । पद्मिष्ठा च ययौ तस्य पार्श्वं चौरपतेर्द्रुतम् ॥ २१८
अब्रवीच्च तडागान्ते मन्दः कोऽप्यागतः स्थितः । पान्थस्तस्य द्वितीयश्च तत्रास्ते परिचारकः ॥ २१९
तच्छ्रुत्वैव स चौरोऽत्र भृत्यांश्चौरान्विसृष्टवान् । ते गत्वा तौ तथारूपौ दृष्ट्वा मुखरकं तयोः ॥ २२०
अपृच्छन्नस्य किं भद्र कृते रोदिषि यद्भृशम् । एतच्छ्रुत्वा कृतार्तिस्तांश्चौरान्मुखरकोऽब्रवीत् ॥ २२१
अग्रजो ब्राह्मणोऽयं मे तीर्थयात्राप्रवासतः । रोगाक्रान्तः शनैर्भ्राम्यन्निह प्राप्तोऽद्य मत्सखः ॥ २२२
प्राप्त एव च निश्चेष्टीभूतो मामयमुक्तवान् । उत्तिष्ठ वत्स मे दर्भसंस्तरं कुरु सत्वरम् ॥ २२३
ब्राह्मणं कंचिदस्माच्च ग्रामाद्गुणिनमानय । तस्मै ददामि सर्वस्वं नाद्य जीवाम्यहं निशि ॥ २२४
इत्युक्तोऽहमनेनेह विदेशेऽस्तं गते रवौ । कर्तव्यमूढो दुःखार्तो रोदनं शरणं श्रितः ॥ २२५
तद्यूयं ब्राह्मणं कंचिदस्यानयत जीवतः । यावद्ददात्ययं तस्मै स्वहस्तेन यदस्ति नौ ॥ २२६
एष ह्यद्य ध्रुवं रात्रौ नभविष्यत्यहं च तत् । दुःखं सोढुं न शक्नोमि श्वः प्रवेक्ष्यामि पावकम् ॥ २२७
तदस्मदर्थनामेतां कुरुध्वं यत्कृपालवः । मिलिता यूयमस्माकमिहाकारणबान्धवाः ॥ २२८
तच्छ्रुत्वा जातकरुणाश्चौरा गत्वा तथैव तत् । उक्त्वा तं वसुभूतिं ते स्वामिनं पुनरब्रुवन् ॥ २२९
तदागच्छ गृहाण त्वं स्वयं तस्मात्प्रयच्छतः । प्रतिग्रहेण विप्रात्तद्धनं ग्राह्यं निपात्य यत् ॥ २३०
इत्युक्तो वसुभूतिस्तैरवादीदेष कः क्रमः । अनिपात्य धनादानमस्माकमनयः परः ॥ २३१
कुर्वीत निश्चयं दोषं हृतस्वो ह्यनिपातितः । इत्युक्तवन्तं तं पापं भृत्याः प्रत्यूचुरत्र ते ॥ २३२
केयं शङ्का क्व हरणं क्व मुमूर्षोः प्रतिग्रहः । प्रातर्वा तौ हनिष्यामो द्विजौ जीविष्यतो यदि ॥ २३३
अन्यथा तु वृथा ब्रह्महत्यापापेन किं फलम् । श्रुत्वैतत्प्रतिपेदे स वसुभूतिस्तथेति तत् ॥ २३४
आगात्प्रतिग्रहार्थं च नक्तं श्रीदर्शनान्तिकम् । श्रीदर्शनोऽप्यवच्छाद्य किंचित्किंचिद्ददौ श्वसन् ॥ २३५
मात्राभरणमस्मै तत्कृत्वा ग्रस्ताक्षरां गिरम् । ततः कृतार्थश्चौरोऽसौ सानुगोऽपि गृहान्ययौ ॥ २३६
अथ सुप्तेषु चौरेषु रात्रौ श्रीदर्शनस्य सा । पद्मिष्ठोपाययौ तस्य पार्श्वं मुखरकस्य च ॥ २३७
ततस्त्रयोऽपि ते तूर्णं मन्त्रयित्वा ययुस्ततः । पथा चौरविहीनेन मालवं प्रति तं पुनः ॥ २३८
तया रात्र्या च दूरं ते गत्वा प्रापुर्महाटवीम् । नित्यं कण्टकितां भ्राम्यत्कृष्णसारमृगेक्षणाम् ॥ २३९
शुष्यत्तनुलतां तारचीरचीत्काररोदिनीम् । उन्नदद्व्याघ्रसिंहादिप्राणिभ्यो बिभ्यतीमिव ॥ २४०
तस्यां च गच्छतां तेषां क्लेशं दृष्ट्वाखिलं दिनम् । कृपयेवोपसंहृत्य भासमस्तं ययौ रविः ॥ २४१
ततः श्रान्ताः क्षुधार्तास्ते वृक्षमूलमुपाश्रिताः । प्रदोषेऽग्नेरिव ज्वालां ददृशुस्तत्र दूरतः ॥ २४२
ग्रामोऽयमत्र जातु स्यात्तद्गत्वालोकयाम्यहम् । इत्युक्त्वानुसरञ्ज्वालां सोऽथ श्रीदर्शनो ययौ ॥ २४३
प्राप्तोऽत्र वीक्षते यावत्तावद्रत्नमयं गृहम् । स ददर्श महत्तां च तस्य ज्वालामिव प्रभाम् ॥ २४४
तदन्तर्दिव्यरूपां च यक्षिणीं बहुभिर्वृताम् । विपरीताङ्घ्रिभिर्यक्षैराकेकरविलोचनैः ॥ २४५
विविधं चान्नपानं तैराहृतं तत्र वीक्ष्य सः । उपेत्यातिथिभागं तां वीरोऽयाचत यक्षिणीम् ॥ २४६
सत्त्वतुष्टा च सा तस्मै यथार्थितमदापयत् । अन्नमात्मतृतीयस्य संतृप्त्यै तस्य वारि च ॥ २४७
तद्गृहीत्वा तदादिष्टयक्षस्कन्धाधिरोपितम् । आययौ स तयोः पार्श्वं पद्मिष्ठास्ववयस्ययोः ॥ २४८
विसृज्य यक्षं बुभुजे ताभ्यां सह च तत्र सः । तदन्नं विविधं दिव्यं पपौ शीताच्छमम्बु च ॥ २४९

तत: सत्त्वप्रभावाढ्यं देवांशं तमवेत्य सः । आत्मनो धन्यतां वाञ्छंस्तुष्टो मुखरकोऽब्रवीत् ॥ २५०
त्वं तावत्कोऽपि देवांशः पद्मिष्ठेयं च मत्स्वसा । लोकैकसुन्दरी तत्ते दत्तैषाद्य मयोचिता ॥ २५१
तच्छ्रुत्वा सुहृदं तं सानन्दः श्रीदर्शनोऽभ्यधात् । मयाभिनन्दितमिदं त्वद्वाक्यं पूर्वकाङ्क्षितम् ॥ २५२
एतां तु परिणेष्यामि स्थानं प्राप्य यथाविधि । इत्यूचिवान्स तौ चोभौ हृष्टास्तामनयन्निशाम् ॥ २५३
प्रातश्च प्रस्थिताः सर्वे ततः प्रापुः क्रमेण ते । नगरं मालवेन्द्रस्य तस्य श्रीसेनभूपतेः ॥ २५४
तत्र प्रविविशुस्तेऽथ सद्यः श्रान्तागता गृहम् । विश्रान्तिहेतोः कस्याश्चिद्वृद्धाया द्विजयोषितः ॥ २५५
तत्र तैश्च प्रसङ्गोक्तनिजवृत्तान्तनामभिः । विप्रेव दृष्टा पृष्टा सा वृद्धयोषिदुवाच तान् ॥ २५६
अहं यशस्वती नाम राजसेवोपजीविनः । भार्या सत्यव्रताख्यस्य विप्रस्येहामलान्वया ॥ २५७
मृते भर्तर्यपुत्रायास्तस्या मे वृत्तयेऽमुना । तज्जीवनचतुर्भागो दत्तो राज्ञा दयालुना ॥ २५८
अद्य चैष ममापुण्यैर्विश्राप्यायकरोऽपि सन् । गृहीतो राजशशभृद्वैद्यासाध्येन यक्ष्मणा ॥ २५९
मन्त्राश्चौषधयश्चास्मिन्क्रमन्ते नैव तद्विदाम् । एकेन तु प्रतिज्ञातमस्याग्रे मन्त्रवादिना ॥ २६०
यदि वीरः सहायो मे तादृग्भवति कोऽपि तत् । वेतालसाधनेनाहं रुजं हन्यामिमामिति ॥ २६१
ततो हतेऽपि पटहे यदा प्राप्तो न तादृशः । वीरः कोऽपि तदा राजा सचिवानेवमादिशत् ॥ २६२
कितवानां कृते योऽयमिह ख्यातो महामठः । आगन्तुकोऽत्र कितवो वीरश्चिन्त्यः स कश्चन ॥ २६३
कितवा निरपेक्षा हि दारबन्धुधनोज्झिताः । निर्भया वृक्षमूलादिशायिनो योगिनो यथा ॥ २६४
इति राज्ञा समादिष्टैर्मन्त्रिभिस्तन्मठाधिपः । तथैवोक्तो विचिनुते वीरमागन्तुकं सदा ॥ २६५
यूयं च कितवास्त्वं च तस्मिन्कर्मणि चेत्क्षमः । तन्नयाम्यहमेवाद्य त्वां श्रीदर्शन तं मठम् ॥ २६६
सत्कारं प्राप्नुयास्त्वं च राजतो मम च त्वया । कृता भवेदुपकृतिर्दुःखं प्राणान्तकृद्धि मे ॥ २६७
एवमुक्तवतीं तां च वृद्धां श्रीदर्शनोऽब्रवीत् । बाढं शक्तोऽस्मि तत्कार्यं कर्तुं तन्नय मां मठम् ॥ २६८
एतच्छ्रुत्वा सपद्मिष्ठं सा तं मुखरकान्वितम् । नीत्वा वृद्धा मठे तत्र मठाधिपतिमभ्यधात् ॥ २६९
ब्राह्मणो द्यूतकारोऽयं राजार्थे मन्त्रवादिनः । तस्य साहायके शक्तो वीरो देशान्तरागतः ॥ २७०
तच्छ्रुत्वा मठपः पृष्ट्वा तं तथेत्येव वादिनम् । श्रीदर्शनं स सत्कृत्य निनायाशु नृपान्तिकम् ॥ २७१
तत्र चावेदितस्तेन राजानं स ददर्श तम् । श्रीदर्शनः पाण्डुकृशं शशाङ्कमिव पार्वणम् ॥ २७२
राजापि प्रणतं भव्यमुपविष्टं विलोक्य तम् । आकारतुष्टः श्रीसेनो जाताश्वासो जगाद सः ॥ २७३
त्वद्यत्नादेष मे रोगो नाशमेष्यत्यसंशयम् । एतत्त्वद्दर्शनध्वस्तपीडा वक्ति हि मे तनुः ॥ २७४
तत्कुरुष्वार्य साहाय्यमित्युक्ते तेन भूभृता । देव किं नाम वस्त्वेतदिति श्रीदर्शनोऽब्रवीत् ॥ २७५
अथानाय्य स राजा तं मन्त्रवादिनमभ्यधात् । अयं वीरः सहायस्ते यत्त्वयोक्तं कुरुष्व तत् ॥ २७६
तच्छ्रुत्वा मन्त्रवादी तं श्रीदर्शनमुवाच सः । वेतालाह्वानसाहाय्ये समर्थो भद्र चेदसि ॥ २७७
तत्त्वं कृष्णचतुर्दश्यामद्यैवास्यां निशागमे । इह श्मशानमागच्छेरन्तिकं मम सिद्धये ॥ २७८
इत्युक्त्वा स ततोऽयासीत्तपस्वी मन्त्रसाधकः । श्रीदर्शनोऽप्यगच्छत्तं मठमामन्त्र्य भूपतिम् ॥ २७९
तत्र पद्मिष्ठया साकं भुक्त्वा मुखरकेण च । एकः कृपाणभृद्रात्रौ श्मशानं तज्जगाम सः ॥ २८०
भूरिभूताकुलं शून्यमशिवं निनदच्छिवम् । गाढान्धकारमालोकं कमप्युपचितं दधत् ॥ २८१
तत्रास्पदे विरुद्धानां वीरो भ्रान्त्वा ददर्श सः । श्रीदर्शनो मध्यभागस्थितं तं मन्त्रसाधकम् ॥ २८२
भस्मानुलिप्तसर्वाङ्गं धृतकेशोपवीतकम् । प्रेतवस्त्रकृतोष्णीषं संवीतासितवाससम् ॥ २८३
उपेत्यावेदितात्मा च स तं श्रीदर्शनस्ततः । आबद्धकक्ष्यः पप्रच्छ ब्रूहि किं करवाणि ते ॥ २८४
गच्छार्धक्रोशमात्रेऽस्ति पश्चिमायामितो दिशि । चिताग्नितापनिर्दग्धपल्लवः शिंशपातरुः ॥ २८५
तस्य स्थितः शवो मूले तमक्षतमिहानय । इति सोऽपि तमाह स्म साधको हृष्टमानसः ॥ २८६
ततस्तथेति स गतस्तत्र श्रीदर्शनो द्रुतम् । अन्येन नीयमानं तं केनापि शवमैक्षत ॥ २८७
धावित्वा तस्य च स्कन्धाच्चकर्ष तममुञ्चतः । मुञ्च दाह्यं क्व मे मित्रं नयस्येतमिति ब्रुवन् ॥ २८८

ततः सोऽपि द्वितीयोऽत्र तं श्रीदर्शनमब्रवीत् । न मोक्ष्यामि मम ह्येष मित्रं कोऽस्य भवानिति ॥ २८९
एवं तयोरुभयतः स्कन्धयोः कर्षतोः शवः । वेतालानुप्रविष्टः सन्नमुञ्चद्भैरवं रवम् ॥ २९०
तेन त्रस्तो द्वितीयः स हृत्स्फोटेन व्यपद्यत । श्रीदर्शनश्चचालाथ स गृहीत्वैव तं शवम् ॥ २९१
तावच्चात्र द्वितीयः स मृतोऽप्युत्थाय पूरुषः । वेतालाधिष्ठितो रुन्धंस्तं श्रीदर्शनमुक्तवान् ॥ २९२
तिष्ठ स्कन्धार्पितं कृत्वा मित्रं मे मा स्म गा इति । ततः स भूताविष्टं तं मत्वा श्रीदर्शनोऽभ्यधात् ॥ २९३
किं प्रमाणं तवैतस्य मित्रत्वे मित्रमेष मे । तच्छ्रुत्वा सोऽपरोऽवादीत्प्रमाणमयमेव नौ ॥ २९४
श्रीदर्शनस्ततोऽवोचन्मित्रं स्वं तर्हि वक्त्वसौ । ततस्तत्स्कन्धवर्ती स सवेतालः शवोऽब्रवीत् ॥ २९५
अहमेवं ब्रुवे मह्यमाहारं यः प्रयच्छति । क्षुधिताय स मे मित्रं स्वेच्छं नयतु मां च सः ॥ २९६
एतच्छ्रुत्वा स वेतालो द्वितीयः सोऽवदच्छवः । मम नास्त्यस्य चेदस्ति तदाहारं ददातु ते ॥ २९७
तच्छ्रुत्वाहं ददामीति वदन्यावत्तमेव सः । श्रीदर्शनो निजांसस्थवेतालाहारसिद्धये ॥ २९८
हन्ति खड्गेन तावत्स हन्यमानः स्वसिद्धितः । अन्तर्दधे द्वितीयोऽत्र सवेतालः शवस्तदा ॥ २९९
अथ श्रीदर्शनं तं स वेतालोंऽसस्थितोऽब्रवीत् । प्रतिपन्नमिदानीं मे भोजनं दीयतामिति ॥ ३००
ततो यदा न लेभेऽन्यन्मांसं श्रीदर्शनोऽत्र सः । भोजनाय ततस्तस्मै स्वमुत्कृत्यासिना ददौ ॥ ३०१
तेन तुष्टः स वेतालस्तमेवमवदत्तदा । प्रीतोऽस्मि ते महासत्त्व देहस्तेऽस्त्वयमक्षतः ॥ ३०२
नय मामधुना कार्यं तवैवेदं हि सेत्स्यति । स साधकस्तपस्वी तु स्वल्पसत्त्वो विनङ्क्ष्यति ॥ ३०३
इत्युक्तस्तेन भूत्वैव स स्वस्थाङ्गस्तदैव तम् । नीत्वा श्रीदर्शनस्तस्मै साधकाय समर्पयत् ॥ ३०४
स चाभिनन्द्य संपूज्य रक्तमाल्यानुलेपनैः । नरास्थिचूर्णलिखिते कोणन्यस्तास्रकुम्भके ॥ ३०५
महातैलज्वलद्दीपे मण्डले विपुलान्तरे । वेतालं तं तदोत्तानमात्तप्रेततनुं व्यधात् ॥ ३०६
वक्षस्थलोपविष्टश्च तस्यास्यकुहरेऽथ सः । नरास्थिस्रुक्स्रुवकरो होमं कर्तुं प्रचक्रमे ॥ ३०७
क्षणाच्च तस्य वेतालस्यास्याज्ज्वालोदभूत्तदा । यथा स साधकस्त्रासादुत्थायापासरत्ततः ॥ ३०८
सत्त्वच्युतं च तं स्रस्तस्रुक्स्रुवं परिधाव्य सः । वेतालो व्यात्तवदनः साङ्गोपाङ्गं निगीर्णवान् ॥ ३०९
तद्दृष्ट्वा खड्गमुद्यम्य यावच्छ्रीदर्शनः स तम् । अभिधावति तावत्स वेतालस्तमभाषत ॥ ३१०
भोः श्रीदर्शन धैर्येण तुष्टोऽस्म्येवंविधेन ते । तत्सर्षपान्गृहाण त्वमिमान्मन्मुखसंभवान् ॥ ३११
एभिः शिरोनिबद्धैश्च पाणिस्थैश्चैष भूपतिः । निवृत्तयक्ष्मदोषार्तिः सद्य एव भविष्यति ॥ ३१२
त्वं चाचिरेण सर्वस्याः पृथ्व्या राजा भविष्यसि । इति तद्वचनं श्रुत्वा तं स श्रीदर्शनोऽभ्यधात् ॥ ३१३
साधकेन विनैतेन तत्र यास्याम्यहं कथम् । अनेन स हतः स्वार्थलोभादिति वदेन्नृपः ॥ ३१४
एवं श्रीदर्शनेनोक्ते वेतालः स जगाद तम् । वच्मि ते प्रत्ययं येन शुद्धिस्तव भविष्यति ॥ ३१५
इमं मृतं मन्निगीर्णमिहास्यैव शवस्य हि । उदरं पाटयित्वा त्वमन्तस्थं दर्शयिष्यसि ॥ ३१६
इत्युक्त्वा स ययौ क्वापि वेतालोऽर्पितसर्षपः । निर्गत्यैव शवात्तस्माच्छवः सोऽप्यपतद्भुवि ॥ ३१७
स्वीकृत्य सर्षपान्सोऽपि गत्वा श्रीदर्शनस्ततः । सहायाध्युषिते तस्मिन्मठे रात्रिं निनाय ताम् ॥ ३१८
प्रगे राज्ञोऽन्तिकं गत्वा रात्रिवृत्तं निवेद्य तत् । मन्त्रिभ्योऽदर्शयन्नीत्वा साधकं तं शवोदरात् ॥ ३१९
ततो बबन्ध राज्ञस्तान्पाणौ मूर्ध्नि च सर्षपान् । तेन सोऽभून्नृपो नष्टनिःशेषव्याधिनिर्वृतः ॥ ३२०
अथ तुष्टः स नृपतिः श्रीसेनः प्राणदायिनम् । अनपत्यः सुतत्वेन तं श्रीदर्शनमग्रहीत् ॥ ३२१
अभ्यषिञ्चच्च तं वीरं यौवराज्ये तदैव सः । उप्तं सुकृतबीजं हि सुक्षेत्रेषु महाफलम् ॥ ३२२
ततः श्रीदर्शनः श्रीमानुपयेमे स तत्र ताम् । पद्मिष्ठां पूर्वसेवार्थं लक्ष्मीमिव सहागताम् ॥ ३२३
तया समं स भुञ्जानो भोगान्मुखरकेण च । तद्भ्रात्रा सोऽथ तत्रासीत्पृथ्वीं वीरोऽनुपालयन् ॥ ३२४
एकदा जलधेस्तीरात्प्राप्य रत्नविनायकम् । उपेन्द्रशक्तिरानीय ददौ तस्मै महावणिक् ॥ ३२५
तमनर्घं समालोक्य युवराजः स भक्तितः । तत्र प्रतिष्ठापितवान्विभवेनातिभूयसा ॥ ३२६
ददौ ग्रामसहस्रं च नित्यभोगाय तत्र सः । यात्रोत्सवं च विदधे मिलिताखिलमानवम् ॥ ३२७

नृत्तवादित्रगीतैश्च तत्र सातिशयैर्निशि। परितुष्टो गणानेवमादिदेश गणाधिपः ॥ ३२८
मत्प्रसादादयं भावी सम्राट् श्रीदर्शनो भुवि। तदिहास्त्यपराम्भोधौ हंसद्वीपमिति श्रुतम् ॥ ३२९
द्वीपं तत्रास्ति च क्ष्माभृदनङ्गोदयसंज्ञकः। अनङ्गमञ्जरीत्यस्ति स्त्रीरत्नं तस्य चात्मजा ॥ ३३०
मद्भक्ता सा च कन्या मामर्चित्वा याचते सदा। सर्वपृथ्वीश्वरं देहि पतिं मे भगवन्निति ॥ ३३१
अतः श्रीदर्शनेनैतां पत्या संयोजयाम्यहम्। उभयोरेतयोरेवं दत्तं भक्तिफलं भवेत् ॥ ३३२
तस्माच्छ्रीदर्शनस्तत्र नीत्वा युष्माभिरेतयोः। अन्योन्यदर्शनं युक्त्या संपाद्यानीयतां द्रुतम् ॥ ३३३
संयोगस्तु शनैः सम्यक्क्रमेण भवितानयोः। अद्यैव तु स नास्त्येव भवितव्यं हि तत्तथा ॥ ३३४
किं चैवं वणिजोऽप्यस्य प्रतिमाप्रापकस्य मे। उपेन्द्रशक्तेरस्त्येव विहिता काप्युपक्रिया ॥ ३३५
एवं गणेशेनादिष्टा गणा रात्रौ तदैव तम्। सुप्तं श्रीदर्शनं निन्युर्हंसद्वीपं स्वसिद्धितः ॥ ३३६
तत्र चानङ्गमञ्जर्यास्तं प्रवेश्यैव वासके। सुप्तायाः शयने तस्या राजपुत्र्या न्यवेशयन् ॥ ३३७
प्रबुद्धः स क्षणात्तत्र ज्वलद्रत्नप्रदीपके। द्योतमानवितानादिनानानर्घमहामणौ ॥ ३३८
राजावर्तोपलश्यामतले सद्वासवेश्मनि। पर्यङ्कशयने धौतसितपट्टोत्तरच्छदे ॥ ३३९
शयानाममृतस्यन्दसुन्दरप्रसरद्द्युतिम्। सर्वतः प्रस्फुरत्तारतारावलिमनोरमे ॥ ३४०
गगने धवलाम्भोदशकलोत्सङ्गवर्तिनीम्। शरच्छशभृतो मूर्तिमिवानन्दकरीं दृशोः ॥ ३४१
श्रीदर्शनस्तां सहसा ददर्शानङ्गमञ्जरीम्। हृष्टविस्मितविभ्रान्तश्चिन्तयामास च क्षणम् ॥ ३४२
क्व सुप्तः क्व प्रबुद्धोऽस्मि किमिदं केयमङ्गना। स्वप्नो ध्रुवमसौ सोऽपि वरमस्त्वयमीदृशः ॥ ३४३
प्रबोध्य तदिमां तावत्पश्यामीति विविच्य सः। नुदति स्म शनैरंसे पाणिनानङ्गमञ्जरीम् ॥ ३४४
सापि तस्य करस्पर्शादिन्दोरिव कुमुद्वती। व्यालोलनेत्रभ्रमरा प्रबोधं प्राप तत्क्षणम् ॥ ३४५
दृष्ट्वा च तं क्षणं दध्यौ कोऽयं दिव्याकृतिर्भवेत्। दुष्प्रवेशे प्रविष्टोऽत्र देवो नूनमसाविति ॥ ३४६
उत्थाय चैतं पप्रच्छ संभ्रमप्रश्रयाकुला। कस्त्वं कस्मात्कथं चेह प्रविष्टोऽस्युच्यतामिति ॥ ३४७
ततः श्रीदर्शनेनोक्ते स्वोदन्ते साप्यवोचत। तत्पृष्टा सुन्दरी चास्मै देशनामान्वयान्निजान् ॥ ३४८
सोत्कावन्योन्यसंत्यक्तस्वप्नभ्रान्ती ततश्च तौ। भूषणानां विनिमयं चक्रतुर्निश्चयाप्तये ॥ ३४९
अथोभावपि-गान्धर्वविवाहोत्सुकमानसौ। ते गणा मोहयित्वा तौ निन्युर्निद्रावशं तदा ॥ ३५०
जातनिद्रं गृहीत्वा च तं तु श्रीदर्शनं ततः। स्वगृहं प्रापयामासुस्तदैवाप्राप्तवाञ्छितम् ॥ ३५१
तत्रापगतनिद्रश्च धाम्नि श्रीदर्शनो निजे। स्थितः स्त्र्याभरणैर्युक्तं दृष्ट्वात्मानं व्यचिन्तयत् ॥ ३५२
अहो किमेतत्क्व नु सा हंसद्वीपेश्वरात्मजा। क्व तद्वासगृहं दिव्यं काहं पुनरिहैव च ॥ ३५३
न च स्वप्नः स यत्तानि तदीयाभरणानि मे। तिष्ठन्त्येतानि तन्नूनं विलासः कोऽप्ययं विधेः ॥ ३५४
इत्यादि चिन्तयन्पत्न्या पृष्टः सुप्तप्रबुद्धया। पद्मिष्ठया धीर्यमाणः साध्व्या तां सोऽनयन्निशाम् ॥ ३५५
प्रातश्च सर्वं राज्ञेऽपि श्रीसेनाय तदब्रवीत्। अनङ्गमञ्जरीनामचिह्निताभरणान्वितः ॥ ३५६
राजापि तत्प्रियैषी स हंसद्वीपं गवेषयन्। मार्गं दत्त्वापि पटहं नोपलेभे कुतश्चन ॥ ३५७
ततः श्रीदर्शनस्तत्र स विनानङ्गमञ्जरीम्। आसीत्स्मरज्वराक्रान्तः सर्वभोगपराङ्मुखः ॥ ३५८
नाहारं श्रद्दधे पश्यन्ना हारं तदलंकृतीः। स्वापं जहावपश्यंस्तु स्वापं तन्मुखपङ्कजम् ॥ ३५९
अत्रान्तरे च सा तत्र हंसद्वीपे नृपात्मजा। तूर्यशब्दैः प्रबुबुधे प्रभातेऽनङ्गमञ्जरी ॥ ३६०
स्मृत्वा तद्रात्रिवृत्तं सा दृष्ट्वा चालंकृता तनुम्। श्रीदर्शनालंकरणैश्चिन्तामौत्सुक्यतो ययौ ॥ ३६१
स्वप्नभ्रान्तिहरैर्दत्तप्रेमभिर्दुर्लभे जने। एभिराभरणैर्नीतास्म्यहं जीवितसंशयम् ॥ ३६२
इत्यादि चिन्तयन्तीं तां पुरुषाभरणैर्युताम्। पितानङ्गोदयोऽकस्मात्प्रविश्यात्र व्यलोकयत् ॥ ३६३
वाससाच्छादिताङ्गीं च लज्जयावनतां ततः। पप्रच्छोत्सङ्गमारोप्य स तां राजातिवत्सलः ॥ ३६४
किमयं पुत्रि पुंवेषः किं त्रपा चेदृशी वद। मा कृथा मय्यविश्वासं बद्धाः प्राणा हि मे त्वयि ॥ ३६५
इत्यादिभिः प्रियालापैस्तेन मन्दीकृतत्रपा। पित्रा शनैस्तं वृत्तान्तं कृत्स्नं तस्मै शशंस सा ॥ ३६६

ततः सोऽस्याः पिता राजा तदमानुषगोचरम् । इन्द्रजालमिवावेत्य ययौ कर्तव्यसंशयम् ॥ ३६७
गत्वैव तत्र पप्रच्छ सुप्रीतं सिद्धयोगिनम् । महाव्रतधरं ब्रह्मसोमं नाम स्वदेशगम् ॥ ३६८
स वीक्ष्य प्रणिधानेन नृपं तं तापसोऽभ्यधात् । मालवात्सत्यमानिन्ये गणैः श्रीदर्शनो नृपः ॥ ३६९
गणेश्वरः प्रसन्नो हि त्वत्पुत्र्यास्तस्य चोभयोः । तत्प्रसादाच्च राजा स सार्वभौमो भविष्यति ॥ ३७०
तच्छ्लाघनीयो दुहितुस्तव भर्ता स तादृशः । इत्युक्ते ज्ञानिना तेन प्रह्वो राजा जगाद तम् ॥ ३७१
क्व मालवः क्व भगवन्हंसद्वीपो महानयम् । पन्था दुर्गश्च कार्यं च नेदं कालान्तरक्षमम् ॥ ३७२
तत्प्रसादपरो नित्यं त्वमेवात्र गतिर्मम । इति राज्ञा स विज्ञप्तस्तपस्वी भक्तवत्सलः ॥ ३७३
एषोऽहं साधयाम्येतदित्युक्त्वान्तर्दधे ततः । क्षणाच्च मालवं प्राप पुरं श्रीसेनभूभृतः ॥ ३७४
तत्र तस्मिन्प्रविश्यैव श्रीदर्शनविनिर्मिते । देवागारे गणाधीशं प्रणम्योपविवेश सः ॥ ३७५
नमोऽस्तु तुभ्यं नक्षत्रमालामण्डितमूर्धने । सुमेरुशिखराभाय कल्याणमयमूर्तये ॥ ३७६
नौमि नृत्तोत्सवोत्क्षिप्तसरलाभ्रंलिहं तव । करं त्रिभुवनागारधारणस्तम्भसंनिभम् ॥ ३७७
निधानं सर्वसिद्धीनां विघ्नान्तक नमाम्यहम् । पृथुलोदरकुम्भं ते पन्नगाभरणं वपुः ॥ ३७८
इति तत्र स यावच्च गणेशं स्तौति तापसः । तावत्तत्प्रतिमानेतुः पुत्रस्तस्य वणिक्पतेः ॥ ३७९
उपेन्द्रशक्तेरुद्दामचिरोन्मादविशृङ्खलः । भ्राम्यन्महेन्द्रशक्त्याख्यो विवेशात्रैव दैवतः ॥ ३८०
अभ्यधावद्ग्रहीतुं च तमेव स तपस्विनम् । ततः स पाणिना तत्र तपस्वी तमताडयत् ॥ ३८१
स तेन न्यस्तमन्त्रेण पाणिना तस्य ताडितः । शान्तोन्मादस्तथैवाभूत्स्वस्थबुद्धिर्वणिक्सुतः ॥ ३८२
जातलज्जश्च स ततो निर्गत्यैव दिगम्बरः । हस्ताच्छादितकौपीनो जगाम स्वगृहं प्रति ॥ ३८३
तत्कालं लोकतो बुद्ध्वा समेत्यानन्दनिर्भरः । उपेन्द्रशक्तिः स्वपिता तमनैषीन्निजं गृहम् ॥ ३८४
तत्र तं स्नपयित्वा च कृत्वा वस्त्राद्यलंकृतम् । तदुक्तस्तापसं तं स ब्रह्मसोममुपाययौ ॥ ३८५
उपानयच्च बह्वस्मै धनं पुत्रप्रदायिने । स तु तन्नैव जग्राह तापसो दिव्यसिद्धिभृत् ॥ ३८६
अत्रान्तरे च तद्बुद्ध्वा तमुपागात्तपस्विनम् । श्रीदर्शनान्वितो भक्त्या श्रीसेननृपतिः स्वयम् ॥ ३८७
प्रणिपत्य स्तुतिं कृत्वा तं स राजा व्यजिज्ञपत् । संपन्ना वणिजस्तावत्पुत्रस्यारोग्यादुपक्रिया ॥ ३८८
युष्मदागमनादस्य तन्ममापि तथा कुरु । यथा श्रीदर्शनस्यास्य मत्सूनोः कुशलं भवेत् ॥ ३८९
इति तेनार्थितो राज्ञा तापसः सोऽब्रवीद्धसन् । राजन्किमस्य चौरस्य करोम्यहमभीप्सितम् ॥ ३९०
यो राजपुत्र्या हृदयं मुषित्वाभरणानि च । रात्रावनङ्गमञ्जर्या हंसद्वीपादिहागतः ॥ ३९१
तथापि त्वद्वचः कार्यं मयेत्युक्त्वा प्रकोष्ठतः । श्रीदर्शनं तमादाय तापसोऽन्तर्दधेऽथ सः ॥ ३९२
स प्राप्य हंसद्वीपं च राज्ञोऽनङ्गोदयस्य तम् । प्रावेशयद्राजधानीं तत्सुताभरणैर्युतम् ॥ ३९३
सोऽप्यभ्यनन्दत्तं राजा प्राप्तं श्रीदर्शनं तदा । हृष्टः पूर्वं तमभ्यर्च्य पादनम्रस्तपस्विनम् ॥ ३९४
ददौ च तां सुतां तस्मै पुण्याहेऽनङ्गमञ्जरीम् । श्रीदर्शनाय रत्नौघमालिनीं वसुधामिव ॥ ३९५
तया बध्वा समेतं च तं स जामातरं पुनः । मालवं प्रापयामास शक्त्या तस्य तपस्विनः ॥ ३९६
तत्र प्राप्तश्च स ततः कान्ताद्वितयसंगतः । श्रीदर्शनः सुखं तस्थौ हृष्टराजाभिनन्दितः ॥ ३९७
कालेन तस्मिञ्श्रीसेने राज्ञि लोकान्तरं गते । तद्राज्यं प्राप्य पृथिवीं कृत्स्नां वीरो जिगाय सः ॥ ३९८
समासादितसाम्राज्यः स तयोर्भार्ययोर्द्वयोः । पद्मिष्टानङ्गमञ्जर्योस्तनयौ द्वावजीजनत् ॥ ३९९
एकं तयोः पद्मसेनं नाम्ना स कृतवान्नृपः । अनङ्गसेनमपरं वृद्धिं तौ चात्र नीतवान् ॥ ४००
याति काले च देवीभ्यां सह सोऽभ्यन्तरे स्थितः । श्रीदर्शनोऽशृणोद्राजा विप्रस्याक्रन्दितं बहिः ॥ ४०१
प्रवेश्य तं च पप्रच्छ विप्रमाक्रन्दकारणम् । ततः स दर्शितोद्वेगो विप्रस्तमिदमब्रवीत् ॥ ४०२
योऽभूद्दीप्तशिखोऽग्निर्मे सोऽट्टहासमुचाधुना । सज्योतिर्धूमलेखोऽपि कालमेघेन नाशितः ॥ ४०३
इत्युक्त्वा दृष्टनष्टोऽभूद्ब्राह्मणः सोऽत्र तत्क्षणम् । किमेतदुक्तमेतेन क्व गतश्चेति विस्मयात् ॥ ४०४
यावत्स राजा ब्रूते च तावद्देव्यावशङ्कितम् । धाराश्रुणा रुदन्त्यौ ते तस्य पञ्चत्वमापतुः ॥ ४०५

तद्वृत्ताशनिपातोग्रं सहसा स महीपतिः। हा हा किमिदमित्यार्तो विलपन्नपतद्भुवि ॥ ४०६
पतितं च तमादाय पार्श्वगा निन्युरन्यतः। देव्योश्च वह्निसंस्कारं नीत्वा मुखरको व्यधात् ॥ ४०७
लब्धसंज्ञोऽनुशोच्याथ भार्ये ते सुचिरं नृपः। तयोर्निर्वर्तयामास स स्नेहादौर्ध्वदैहिकम् ॥ ४०८
बाष्पदुर्दिनबद्धान्धकारं नीत्वा च वत्सरम्। द्वाभ्यां विभज्य पुत्राभ्यां पृथ्वीराज्यं ददौ द्विधा ॥ ४०९
ततो निर्गत्य नगरात्प्रकृतीरनुयायिनीः। निवर्त्य जातवैराग्यः शिश्रिये तपसे वनम् ॥ ४१०
फलमूलाशनस्तत्र वसञ्जातु यदृच्छया। भ्रमन्सोऽन्तिकमेकस्य प्राप न्यग्रोधशाखिनः ॥ ४११
तत्र प्राप्तमकस्मात्तं निर्गत्यैव तरोस्ततः। ऊचतुर्दिव्यरूपे द्वे फलमूलकरे स्त्रियौ ॥ ४१२
राजन्नेहि गृहाणैतान्यद्य मूलफलानि नौ। तच्छ्रुत्वा सोऽब्रवीद्ब्रूतं तावन्मे के युवामिति ॥ ४१३
ततस्ते दिव्यनार्यौ तमूचतुस्तर्हि नौ गृहम्। एहि प्रविश्य तत्रैतद्वक्ष्यामस्ते यथातथम् ॥ ४१४
तच्छ्रुत्वा स तथेत्युक्त्वा ताभ्यां श्रीदर्शनः सह। प्रविष्टोऽत्र ददर्शान्तर्दिव्यं हेममयं पुरम् ॥ ४१५
विश्रान्तस्तत्र दिव्यानि भुक्तवांश्च फलानि सः। नारीभ्यां जगदे ताभ्यामिदानीं नृपते शृणु ॥ ४१६
आसीत्कमलगर्भाख्यः प्रतिष्ठाने पुरा द्विजः। तस्याभूतां च भार्ये द्वे एका पथ्या बलापरा ॥ ४१७
जराक्रान्ताश्च कालेन ते भार्यापतयस्त्रयः। पर्यन्ते विविशुर्वह्निं सहान्योन्यानुरागिणः ॥ ४१८
भार्यापतित्वं सर्वस्मिन्भूयाज्जन्मनि नः प्रभो। इति प्रार्थ्यत तस्मिंश्च काले तैरनलाद्वरः ॥ ४१९
ततः कमलगर्भोऽसौ यक्षयोनावजायत। प्रदीप्ताक्षस्य यक्षस्य पुत्रो दीप्तशिखाभिधः ॥ ४२०
कनीयानट्टहासस्य भ्राता तीव्रतपोबलात्। तद्भार्ये अपि ते पथ्याबले यक्षपतेः सुते ॥ ४२१
धूमकेत्वभिधानस्य जज्ञाते यक्षकन्यके। ज्योतिर्लेखाभिधानैका धूमलेखेति चापरा ॥ ४२२
कालेन च भगिन्यौ ते कन्यके प्राप्तयौवने। भर्त्रर्थं तपसा गत्वारण्येऽतोषयतां हरम् ॥ ४२३
स तुष्टो दर्शनं दत्त्वा देवस्ते द्वे समादिशत्। सममेव प्रविश्याग्निं युवाभ्यां पूर्वजन्मनि ॥ ४२४
येन साकं वृतं भार्यापतित्वं सर्वजन्मसु। स वां यक्षोऽट्टहासस्य भ्राता दीप्तशिखाभिधः ॥ ४२५
जातः स स्वामिशापेन पुनर्मर्त्यत्वमागतः। जातः श्रीदर्शनो नाम तद्युवामपि गच्छतम् ॥ ४२६
भवेतां मर्त्यलोकेऽस्य भार्ये शापक्षये पुनः। यूयं च भार्यापतयो यक्षाः सर्वे भविष्यथ ॥ ४२७
इति गौरीपतेर्वाक्यादुभे ते यक्षकन्यके। पद्मिष्ठानङ्गमञ्जर्यावजायेतां भुवस्तले ॥ ४२८
श्रीदर्शनस्य भार्यात्वं प्राप्ते सत्यौ च तेऽचिरात्। एत्य तेनाट्टहासेन युक्त्या ब्राह्मणरूपिणा ॥ ४२९
श्लिष्टोक्त्या स्मारिते दैवाज्जातिं नामान्युदीर्य यत्। तेन ते तां तनुं त्यक्त्वा यक्षिणीत्वमुपागते ॥ ४३०
ते चावां त्वमिमे विद्धि भवान्दीप्तशिखश्च सः। इत्युक्त एव ताभ्यां तां जातिं श्रीदर्शनोऽस्मरत् ॥ ४३१
संपन्नश्च ततः सद्यो यक्षो दीप्तशिखोऽत्र सः। प्राप्तश्च ताभ्यां भार्याभ्यां संयोगं विधिवत्पुनः ॥ ४३२
तमिमं विद्धि मां यक्षं विचित्रकथ ते इमे। ज्योतिर्लेखां तथा धूमलेखां जानीहि मे प्रिये ॥ ४३३
तदेवं मादृशां देववंशजानामपीदृशम्। सुखदुःखं भवेत्कामं मानुषाणां कथैव का ॥ ४३४
युष्माकं चाचिराद्वत्स भविष्यति समागमः। भर्त्रा मृगाङ्कदत्तेन मा विषादमतः कृथाः ॥ ४३५
अहं चेह तवातिथ्यहेतोरास्थामिदं हि मे। भौमं धाम तदास्स्वेह करिष्येऽभिमतं तव ॥ ४३६
ततो यास्यामि कैलासं स्वं धामेति निजां कथाम्। उक्त्वा स यक्षो मां तत्र कंचित्कालमुपाचरत् ॥ ४३७
अद्य युष्मानिह प्राप्ताञ्ज्ञात्वा रात्रौ स सन्मतिः। सुप्तानां भवतां मध्ये सुप्तमानीय मां न्यधात् ॥ ४३८
ततो दृष्टोऽस्मि युष्माभिर्यूयं दृष्टा मयापि च। इत्येष युष्मद्विश्लेषे वृत्तान्तो देव मामकः ॥ ४३९

इति निजसचिवान्निशम्य तस्मान्निशि स विचित्रकथाद्यथार्थनाम्नः।
सुखमभजदतीव राजपुत्रः सममपरैः सचिवैर्मृगाङ्कदत्तः ॥ ४४०

नीत्वात्र रात्रिमटवीभुवि नागशापविश्लेषितान्मिलितशेषसखीन्विचिन्वन्।
अभ्युज्जयिन्युदचलच्च शशाङ्कवत्या लाभाय सोऽर्पितमतिः सह तैर्वयस्यैः ॥ ४४१

इति महाकविश्रीसोमदेवभट्टविरचिते कथासरित्सागरे शशाङ्कवतीलम्बके षष्ठस्तरङ्गः।

सप्तमस्तरङ्गः ।

ततस्तैः सचिवैर्युक्तः क्रमाच्छ्रुतधिपञ्चमैः । मृगाङ्कदत्तस्तस्यां स गच्छन्विन्ध्याटवीभुवि ॥ १
संप्राप सफलस्निग्धतरुच्छायमनोरमम् । एकं काननमच्छाच्छस्वादुशीतजलाशयम् ॥ २
तत्र स्नातः ससचिवो भुक्तनानाफलश्च सः । एकदेशे लताच्छन्ने समालापमिवाशृणोत् ॥ ३
गत्वा ददाति यावच्च दृष्टिं तत्र लतान्तरे । तावद्ददर्श तत्रान्तर्महान्तं वरवारणम् ॥ ४
आश्वासयन्तं पुरुषं पथि श्रान्तमचक्षुषम् । करेणोपाहृतैस्तोयैः फलैः कर्णानिलैस्तथा ॥ ५
कच्चित्किंचित्समाश्वस्तो भवानिति च तं मुहुः । साधुमानुषवल्लीलया वदन्तं व्यक्तया गिरा ॥ ६
तं दृष्ट्वा स सखीनाह राजपुत्रः सविस्मयः । पश्यत क्व गजो वन्यः क्वाचारो मानुषोचितः ॥ ७
अवश्यं कोऽप्ययं हेतोः कुतोऽप्येवमिह स्थितः । अयं प्रचण्डशक्तेश्च सख्युः सुसदृशः पुमान् ॥ ८
किं त्वन्ध एष तत्क्षिप्रं पश्याम इति तान्सखीन् । उक्त्वा मृगाङ्कदत्तोऽत्र तस्थौ शृण्वन्नलक्षितः ॥ ९
तावत्स तं समाश्वस्तमन्धं पप्रच्छ वारणः । कस्त्वं कथमिहायातोऽस्यन्धः सन्कथ्यतामिति ॥ १०
ततः सोऽपि जगादैतं पुमानन्धो गजोत्तमम् । अस्तीहामरदत्ताख्यो राजायोध्यापुरीपतिः ॥ ११
मृगाङ्कदत्त इत्यस्ति तस्योत्तमगुणः सुतः । तस्य प्रचण्डशक्त्याख्यो भृत्योऽहं शुभजन्मनः ॥ १२
स राजपुत्रः केनापि कारणेन स्वदेशतः । पित्रा निर्वासितोऽस्माभिः सहायैर्दशभिर्वृतः ॥ १३
ते शशाङ्कवतीहेतोर्वयमुज्जयिनीं ततः । प्रस्थिता नागशापेन सर्वेऽटव्यां वियोजिताः ॥ १४
अहं चान्धत्वमायातस्तच्छापेन परिभ्रमन् । इह प्राप्तो यथालब्धफलमूलजलाशनः ॥ १५
श्वभ्रादिपातानशनैर्मृत्युरिष्टतमोऽपि मे । अनुभावयता क्लेशं न दत्तो बत वेधसा ॥ १६
जाने त्वया यथा शान्तं क्षुद्दुःखं त्वत्प्रसादतः । तथान्ध्यमपि मे शाम्येत्किमपि त्वं हि दैवतम् ॥ १७
इत्युक्ते तेन संजातनिश्चयो हर्षशोकयोः । मृगाङ्कदत्तो मध्यस्थः सचिवांस्तानभाषत ॥ १८
प्रचण्डशक्तिरेवायं कष्टमेतां दशां गतः । न चैष संभावयितुं युक्तो नस्त्वरयाधुना ॥ १९
नेत्रोपकारमस्यैष द्विपः कुर्वीत जातुचित् । अस्मान्दृष्ट्वा त्वसौ नश्येद्द्रष्टव्योऽन्तस्तदत्र नः ॥ २०
इत्युक्त्वा सानुगः शृण्वंस्तस्थौ राजसुतोऽत्र सः । प्रचण्डशक्तिश्च ततस्तं स पप्रच्छ वारणम् ॥ २१
इदानीं ब्रूहि वृत्तान्तं महात्मन्मम को भवान् । केयं ते गजता वाक्च समदस्यापि निर्मदा ॥ २२
तदाकर्ण्य स निःश्वस्य गजेन्द्रस्तमभाषत । शृणिवमं निजवृत्तान्तमामूलात्कथयामि ते ॥ २३
नगर्यामेकलव्यायां पुरा श्रुतधराभिधः । राजाभूत्तस्य चाभूतां सुतौ द्वौ भार्ययोर्द्वयोः ॥ २४
तयोः शीलधरं नाम ज्येष्ठं तस्मिन्दिवं गते । राज्यात्सत्यधरो नाम कनीयान्निरवासयत् ॥ २५
सोऽथ शीलधरो गत्वा तेनामर्षेण शंकरम् । आराध्य तपसा तुष्टात्तस्माद्वरमयाचत ॥ २६
भूयासं देव गन्धर्वो येनाम्बरचरो भवन् । तं सत्यधरदायादं हन्यामेवावहेलया ॥ २७
तच्छ्रुत्वा भगवानेवं शंभुरादिशति स्म तम् । एतत्ते भावि किं त्वद्य स शत्रुस्ते मृतः स्वयम् ॥ २८
जनिष्यते च राढायां पुनरुग्रभटस्य सः । नृपस्य पुत्रः समरभटो नाम पितृप्रियः ॥ २९
त्वं च भीमभटो नाम तस्य द्वैमातुरोऽग्रजः । भ्राता जनिष्यते तं च हत्वा राज्यं करिष्यसि ॥ ३०
सामर्षेण त्वया चैतद्यतस्तप्तं तपस्ततः । मुनिशापात्पदभ्रष्टो वन्यो हस्ती भविष्यसि ॥ ३१
जातिस्मरो व्यक्तवाक्च भवानाश्वासयिष्यति । यदावसन्नमतिथिं स्ववृत्तान्तं च वक्ष्यति ॥ ३२
तदा गजत्वान्निर्मुक्तो गन्धर्वस्त्वं भविष्यसि । उपकारश्च तस्यापि भविष्यत्यतिथेस्तदा ॥ ३३
इत्यादिश्य तिरोभूते भर्गे शीलधरोऽत्र सः । दृष्ट्वा चिरतपःक्षीणां गङ्गायां तनुमक्षिपत् ॥ ३४
अत्रान्तरे कथासंधौ पूर्वोद्दिष्टस्य भूपतेः । तस्योग्रभटसंज्ञस्य राढायां पुरि तुल्यया ॥ ३५
मनोरमाख्यया देव्या समं निवसतः सुखम् । पार्श्वं देशान्तरादागाल्लासको नाम नर्तकः ॥ ३६
स च नाट्यप्रयोगं तं राज्ञे तस्मायदर्शयत् । दैत्यानां हरिणा यत्र हृतं स्त्रीरूपिणामृतम् ॥ ३७
तत्र चामृतिकाभूमौ नृत्यन्तीं नर्तकस्य सः । ददर्श तनयां तस्य नाम्ना लास्यवतीं नृपः ॥ ३८

तस्याः स रूपं दृष्ट्वैव विश्वक्षोभितदानवम् । सत्यामृताया इव तद्राजा कामवशं ययौ ॥ ३९
नृत्तान्ते च धनं भूरि तत्पित्रे प्रवितीर्य सः । प्रावेशयत्तां तत्कालं कन्यामन्तःपुरं स्वकम् ॥ ४०
ततस्तया स नर्तक्या विहितोद्वाहया सह । लास्यवत्या नृपस्तस्थौ तन्मुखासक्तलोचनः ॥ ४१
एकदा स यजुःस्वामिसंज्ञं प्राह पुरोहितम् । पुत्रो नास्तीह मे तत्त्वं पुत्रेष्टिं मम कुर्विति ॥ ४२
ततस्तथेति विधिवत्तामिष्टिं तस्य भूपतेः । पुरोहितः स विदधे विद्वद्भिर्ब्राह्मणैः सह ॥ ४३
प्राशयन्मन्त्रपूतं च तद्देवीं तां मनोरमाम् । भागमग्र्यं चरोर्ज्येष्ठां स पूर्वाराधितस्तया ॥ ४४
शेषं तस्यै द्वितीयस्यै लास्यवत्यै ददौ च सः । ततश्च तौ तयोः शीलधरसत्यधरावुभौ ॥ ४५
उभयोरुदरे राज्योः पूर्वोक्तौ संबभूवतुः । प्राप्ते च समये चात्र देवी तस्य महीपतेः ॥ ४६
मनोरमा प्रसूते स्म पुत्रं कल्याणलक्षणम् । एष भीमभटो नाम जातः ख्यातयशा नृपः ॥ ४७
इत्युच्चचार तत्कालं सुस्पष्टा भारती दिवः । ततोऽन्येद्युः प्रसुषुवे सापि लास्यवती सुतम् ॥ ४८
पिता च तं स समरभटं नाम्नाकरोन्नृपः । अथ तौ कृतसंस्काराववर्धेतां शनैः शिशू ॥ ४९
ज्येष्ठो भीमभटस्तं तु कनिष्ठमजयद्गुणैः । तत्संघर्षेण चान्योन्यं तयोर्वैरमवर्धत ॥ ५०
एकदा बाहुना बाहुयुद्धकेलौ समत्सरः । हन्ति स्म कण्ठे समरभटो भीमभटं हठात् ॥ ५१
ततो भीमभटः क्रोधाद्भुजाभ्यां परिवेष्ट्य तम् । न्यधादुत्क्षिप्य समरभटं चटदिति क्षितौ ॥ ५२
स तेनाभिहतो गाढं सर्वद्वारैरसृग्वमन् । समुत्थाप्यान्तिकं मातुर्नीतोऽभून्निजसेवकैः ॥ ५३
सा तं दृष्ट्वा च बुद्ध्वा च वृत्तान्तं स्नेहकातरा । तस्य मूर्धनि मूर्धानमासज्य प्रारुदद्भृशम् ॥ ५४
तावद्राज्ञा प्रविष्टेन तद्दृष्ट्वाकुलचेतसा । किमेतदिति पृष्टा सा लास्यवत्येवमब्रवीत् ॥ ५५
इयं भीमभटेनास्य कृतावस्था सुतस्य मे । सदा चाभिभवत्येनं न चाहं देव वच्मि ते ॥ ५६
इदं दृष्ट्वा तु जानेऽहं तवैव स्याच्छिवं कथम् । तस्मिन्नेवंविधे पुत्रे विचारयतु वा भवान् ॥ ५७
एवं तयोक्तः प्रियया स तमुग्रभटो नृपः । क्रुद्धो भीमभटं स्वात्मसंनिकर्षान्न्यवारयत् ॥ ५८
हृतवृत्तिं च कृत्वैनं राजपुत्रशतं व्यधात् । रक्षार्थं तस्य समरभटस्य सपरिच्छदम् ॥ ५९
स्वाधीनं चाकरोत्तस्य भाण्डागारं कनीयसः । तं तु भीमभटं ज्येष्ठं सर्वाकारमपाकरोत् ॥ ६०
ततो माता तमाहूय सा वक्ति स्म मनोरमा । नर्तकीरागिणा तावत्पित्रा त्वं परिवर्जितः ॥ ६१
तन्मातामहशालां त्वं गच्छ पाटलिपुत्रकम् । तत्र मातामहः स्वं ते राज्यं दास्यत्यपुत्रकः ॥ ६२
इह त्वां चैष समरभटो हन्याद्रिपुर्बली । इति मातुर्वचः श्रुत्वा तां स भीमभटोऽब्रवीत् ॥ ६३
क्षत्रियः सन्न देशं स्वं त्यक्ष्यामि क्लीबवद्भयात् । धीरा भवाम्ब कः शक्तो वराको मां प्रबाधितुम् ॥ ६४
इत्युक्तवन्तं तं माता साब्रवीत्तर्हि भूयसः । सहायान्कुरु रक्षार्थं मदीयैस्त्वं धनैरिति ॥ ६५
ततो भीमभटोऽवादीदेतदम्ब न शोभते । एवं हि सत्यं तातस्य प्रातिपक्ष्यं कृतं भवेत् ॥ ६६
तन्मे त्वदाशिषैव स्यात्कल्याणं निर्वृता भव । इत्याश्वास्य स तां भीमभटो निरगमत्ततः ॥ ६७
तावच्च तत्र बुद्ध्वा तत्पौराः सर्वे व्यचिन्तयन् । अनौचित्यं परं राज्ञा कृतं भीमभटस्य तु ॥ ६८
नैवास्य राज्यं समरभटो हर्तुं प्रगल्भते । तदेष पूर्वसेवायाः कालो भीमभटस्य नः ॥ ६९
इति निश्चित्य गुप्तं ते पौरा भीमभटं धनैः । तथापुष्यन्यथा सोऽत्र तस्थौ भृत्यैः समं सुखम् ॥ ७०
कनिष्ठः स तु तस्यासीद्वधमेव निरूपयन् । पितुः परिच्छदकृतः परिकल्प्य तदाशयम् ॥ ७१
तावच्च शङ्खदत्ताख्यो विप्रः शूरो युवा धनी । द्वयोर्वयस्यः समरभटमेत्य तमब्रवीत् ॥ ७२
भ्रात्रा वैरं न युक्तं ते नैष धर्मो न च त्वया । ज्यायान्स बाधितुं शक्यः स्यादकीर्तिः परं तव ॥ ७३
इति ब्रुवन्नधिक्षिप्य स तेन निरभर्त्स्यत । हितोपदेशो मूर्खस्य कोपायैव न शान्तये ॥ ७४
ततस्तत्कोपतो गत्वा धीरस्तद्विजिगीषया । शङ्खदत्तो व्यधादेकसख्यं भीमभटेन सः ॥ ७५
अथात्र मणिदत्ताख्यः कोऽपि देशान्तरागतः । आनीतवानश्वरत्नमेकमत्युत्तमं वणिक् ॥ ७६
शशाङ्कधवलं शुद्धशङ्खादिश्रव्यनिःस्वनम् । दुग्धाब्धेरिव कल्लोलजालमुच्छ्रितमुत्थितम् ॥ ७७

रोचमानैः समायुक्तचूडामण्यङ्गदादिभिः । गन्धर्वकुलसंभूतिसंसिद्धैरिव भूषितम् ॥ ७८
आख्यातं शङ्खदत्तेन तं च गत्वा हयोत्तमम् । क्रीणाति स्म धनैर्भीमभटस्तस्माद्वणिग्वरात् ॥ ७९
तत्क्षणं चात्र समरभटो बुद्ध्वा तदेत्य सः । मूल्येन द्विगुणेनाश्वं वणिजो मार्गति स्म तम् ॥ ८०
परतन्त्रीकृतं तं च तस्मै नादाद्वणिग्यदा । तदा सोऽश्वं बलान्नेतुं तं प्रावर्तत मत्सरात् ॥ ८१
तेनोभयोस्तयो राजपुत्रयोः शस्त्रपाणिषु । भृत्येषु धावितेष्वत्र समभूत्तुद्धमुद्धतम् ॥ ८२
तत्र भीमभटोच्चण्डदोर्दण्डनिहतानुगः । त्यक्त्वा हयं स समरभटोऽभज्यत तद्भयात् ॥ ८३
भज्यमानं च धावित्वा केशेष्वाकृष्य पृष्ठतः । निहन्ति शङ्खदत्तस्तं यावन्मन्युभराकुलः ॥ ८४
तावद्भीमभटः पश्चादुपेत्यैनं न्यवारयत् । आस्तां संप्रति तातस्य दुःखमेवं भवेदिति ॥ ८५
ततः स शङ्खदत्तेन मुक्तो रक्तं व्रणैर्वमन् । त्रस्तः पलाय्य समरभटः पार्श्वमगात्पितुः ॥ ८६
ततोऽत्र स्वीकृताश्वं तं वीरं भीमभटं क्षणात् । उपेत्य ब्राह्मणः कश्चिन्नीत्वा विजनमब्रवीत् ॥ ८७
माता मनोरमा देवी यजुःस्वामी पुरोहितः । पितृमन्त्री स सुमतिस्त्वामिदं ब्रुवतेऽधुना ॥ ८८
जानासि यादृशो वत्स राजा त्वयि विशेषतः । अस्मिन्व्यतिकरे वृत्ते शत्रुतामेव ते गतः ॥ ८९
तदात्मानं च धर्मं च यशश्च यदि रक्षसि । आयतिं यदि जानासि यद्यस्मान्मन्यसे हितान् ॥ ९०
तदर्कोऽस्तं गतो यावदितस्तावदलक्षितः । निर्गत्य सांप्रतं सिद्धयै मातामहगृहं व्रज ॥ ९१
इति संदिष्टवद्भिश्च सद्रत्नस्वर्णपूरितम् । तैरिदं प्रेषितं भाण्डं मद्धस्तेन च गृह्यताम् ॥ ९२
एतत्तस्माद्द्विजाच्छ्रुत्वा स तथेत्यभिनन्द्य च । सुधीस्तत्स्वर्णसद्रत्नभाण्डं भीमभटोऽग्रहीत् ॥ ९३
दत्त्वा च प्रतिसंदेशमनुरूपं विसृज्य तम् । द्विजं कृपाणपाणिस्तमारूढोऽभूत्तुरङ्गमम् ॥ ९४
गृहीतहेमरत्नेन द्वितीयाश्वाधिरोहिणा । सहितः शङ्खदत्तेन सोऽथ प्रस्थितवांस्ततः ॥ ९५
दूरं व्यतीत्य चाध्वानं निशीथे स नृपात्मजः । प्रापद्भीमभटो मार्गमध्ये शरवणं महत् ॥ ९६
तत्रानवरतं तस्य सवयस्यस्य गच्छतः । पतद्वाजिखुरक्षुण्णशरशब्दप्रबोधितम् ॥ ९७
उत्थाय सिंहमिथुनमुद्गर्जत्पोतकैः सह । अपाटयत्तौ तुरगौ नखैरुदरयोरधः ॥ ९८
सद्वितीयश्च तान्सर्वान्सिंहान्वीरः स तत्क्षणम् । खड्गप्रहारलूनाङ्गानकरोद्गतजीवितान् ॥ ९९
समित्रोऽप्यवरुह्याथ तुरगौ यावदीक्षते । तावद्विगलितान्त्रौ तौ भूमावपततामुभौ ॥ १००
तद्दृष्ट्वा स विषण्णस्तं शङ्खदत्तमभाषत । सखे विरुद्धात्स्वजनाद्वयं यत्नात्पलायिताः ॥ १०१
ब्रूहि यत्नशतेनापि क्व पलायामहे विधेः । येनेहापि हताः स्मोऽद्य वाहमात्रासहिष्णुना ॥ १०२
यत्कृते विहितो देशत्यागः सोऽपि हयो मृतः । तदस्माभिः कथं पद्भ्यां गम्येयमटवी निशि ॥ १०३
इत्युक्तस्तेन स सुहृच्छङ्खदत्तस्तमब्रवीत् । नैतन्नवं जयति यत्पौरुषं विधुरो विधिः ॥ १०४
निसर्ग एव तस्यायं धैर्येण तु स जीयते । वातोऽद्रेरिव किं कुर्याद्धीरस्याकम्पितस्य सः ॥ १०५
तदेह्यारूढधैर्याश्वौ व्रजावोऽत्रेति वादिना । शङ्खदत्तेन स समं प्रायाद्भीमभटस्ततः ॥ १०६
व्यतिक्रान्तस्य शनकैः कान्तारमथ तस्य तत् । शरपाटितपादस्य शर्वरी पर्यहीयत ॥ १०७
उदितेऽथ जगद्दीपे भानौ नैशतमोमुषि । मार्गाब्जिनीसरोजेषु मधुरक्वणितालिषु ॥ १०८
दिष्ट्या सिंहादिसंकीर्णा तीर्णोऽयमटवीमिमाम् । जल्पत्स्विवोत्फुल्लमुखेष्वन्योन्यमवलोक्य तम् ॥ १०९
क्रमेण गच्छन्नुटजैः समकीर्णं तपस्विनाम् । पुलिनं जह्नुकन्यायाः प्रापत्स सवयस्यकः ॥ ११०
तत्र शार्वशिरोवासलग्नचन्द्रामृतैरिव । तज्जलैः स्वादुभिः शीतैः स्नातो विश्राम्यति स्म सः ॥ १११
व्याधान्मार्गागतात्क्रीतैर्भृष्टैश्च हरिणामिषैः । शङ्खदत्तोपनीतैश्च देहवृत्तिं व्यधत्त सः ॥ ११२
उत्तरीतुमशक्यां च पूर्णामालोक्य जाह्नवीम् । तरङ्गहस्तैरसकृद्वारयन्तीमिवोच्छ्रितैः ॥ ११३
तस्याः कूलेन स ततो गत्वा ब्राह्मणपुत्रकम् । स्वाध्यायासक्तमद्राक्षीद्द्विजनस्योटजाङ्गणे ॥ ११४
उपेत्य तमपृच्छच्च कस्त्वं किमिह निर्जने ? एकाक्येव करोषीति ततः सोऽप्येनमभ्यधात् ॥ ११५
अहं वाराणसीवासी श्रीकण्ठाख्यद्विजात्मजः । नीलकण्ठाभिधः पित्रा कृतसंस्कारपद्धतिः ॥ ११६

सोऽहं गुरुकुलाधीतविद्यो बाल्ये निजं गृहम् । उपैमि यावत्तावन्मे विनष्टाः सर्वबान्धवाः ॥ ११७
तेनानाथोऽर्थहीनश्च गार्हस्थ्यासिद्धिदुःस्थितः । निर्विण्णोऽहमिहागत्य तपस्तीव्रमशिश्रियम् ॥ ११८
ततः स्वप्नेऽब्रवीद्देवी गङ्गा दत्त्वा फलानि मे । एतानि खादंस्तिष्ठेह यावत्प्राप्स्यसि वाञ्छितम् ॥ ११९
एतच्छ्रुत्वा प्रबुद्धश्चैव गत्वा स्नात्वा निशाक्षये । प्रापं फलानि गङ्गायामागतानि जलान्तरे ॥ १२०
तान्यानीयामृतस्वादून्युटजेऽहं च भुक्तवान् । एवं तान्यन्वहं प्राप्तान्यश्नन्नहमिह स्थितः ॥ १२१
इति तेनोदिते शङ्खदत्तं भीमभटोऽब्रवीत् । अस्मै गार्हस्थ्यपर्याप्तं ददामि गुणिने धनम् ॥ १२२
तच्छ्रुत्वा श्रद्धितवचास्तेन राजसुतोऽथ सः । मात्रा निसृष्टं तद्द्रव्यमदात्तस्मै द्विजन्मने ॥ १२३
अलुप्तसत्त्वकोषाणां महत्त्वं महतां हि किम् । आकर्णितां परस्यार्तिं न चेच्छिन्दन्ति तत्क्षणम् ॥ १२४
कृतार्थीकृत्य तं विप्रं ततो गत्वा स सर्वतः । चिन्वन्नुत्तरणोपायं गङ्गायां नाप्तवान्यदा ॥ १२५
तदा भीमभटो मूर्धनिबद्धासिविभूषणः । शङ्खदत्तयुतो दोर्भ्यां तरीतुं तामवातरत् ॥ १२६
मध्यभागे च वार्योघदूरीकृतवयस्यकः । कथंचित्तीर्णवान्पारं ह्रियमाणः स वीचिभिः ॥ १२७
पारं प्राप्तस्य मित्रं तं शङ्खदत्तमपश्यतः । अन्विष्यतश्चानुतटं तस्यास्तमगमद्रविः ॥ १२८
ततो निराशो हा मित्रेत्याक्रन्दन्नतिदुःखितः । गङ्गायां क्षेप्तुमात्मानमुद्यतोऽभून्निशागमे ॥ १२९
जीवितं मे सखा देवि जाह्नव्यपहृतस्त्वया । तच्छून्यं देहमप्येतं त्वं गृहाणाधुना मम ॥ १३०
इत्युक्त्वा यावदात्मानं क्षेप्तुमिच्छति तत्र सः । तावदाविरभूत्साक्षाद्गङ्गा तस्याम्बुमध्यतः ॥ १३१
अब्रवीत्तीव्रसंवेगतुष्टा सा तं च तत्क्षणम् । मा पुत्र साहसं कार्षीः स ते जीवन्सखा स्थितः ॥ १३२
अचिरेण च संयोगस्तव तेन भविष्यति । प्रतिलोमानुलोमाख्यां विद्यां चैतां गृहाण मे ॥ १३३
अदृश्यः स्यात्परस्यैतामनुलोमां पठन्नरः । प्रतिलोमां पठन्कुर्यादिष्टरूपप्रकाशनम् ॥ १३४
एतत्प्रभावा विद्येयं यत्सा सप्ताक्षरोम्भिता । एतत्प्रभावात्त्वं चास्यां पृथ्व्यां राजा भविष्यसि ॥ १३५
इत्युक्त्वा दत्तविद्या सा तिरोऽभूत्तस्य जाह्नवी । जाताश्वः सखिलाभादौ मरणात्सोऽप्युपारमत् ॥ १३६
मित्रप्राप्त्युत्सुको नीत्वा कृच्छ्रात्पद्म इव क्षपाम् । प्रातर्भीमभटस्तं स चिन्वन्प्रस्थितवांस्ततः ॥ १३७
अथान्वेष्टुं क्रमादेतं शङ्खदत्तं परिभ्रमन् । देशं स लाटविषयं कदाचित्प्रापदेककः ॥ १३८
यत्रासंकीर्णवर्णोऽपि जनश्चित्रोज्ज्वलस्थितिः । निलयोऽपि कलानां यो न दोषाकरशब्दभाक् ॥ १३९
तत्रान्तर्नगरे देवकुलावासान्विलोकयन् । भ्रान्त्वा स द्यूतकाराणामेकां शालामवाप्तवान् ॥ १४०
तत्र प्रविश्य चापश्यत्कितवानक्षदेविनः । कटिकर्पटमात्रैकवसनानपि पेशलैः ॥ १४१
विभक्तैः पीवरैश्चाङ्गैर्भोगव्यायामसूचकैः । शंसतो गूढमैश्वर्यमर्थार्थाश्रिततत्कलम् ॥ १४२
कृतालापैश्च तैः साकं द्यूतमारभते स्म सः । अयं साभरणोऽस्माकं भक्ष्य इत्यात्तबुद्धिभिः ॥ १४३
ततस्तेन हृतं तेषां जित्वाक्षैरखिलं धनम् । धूर्तैर्यद्वञ्चयित्वान्यांस्तैरभूत्समुपार्जितम् ॥ १४४
हारितार्थांश्च कितवान्स्वगृहान्गन्तुमुद्यतान् । द्वारार्पितभुजो रुद्ध्वा स तान्भीमभटोऽब्रवीत् ॥ १४५
क्व गच्छथेदं गृह्णीत धनं किममुना मम । मयैतद्देयमिष्टेभ्यो यूयं चेष्टा न किं मम ॥ १४६
भवद्भिः सदृशानिष्टान्सखीन्प्राप्नोम्यहं कुतः । इति तस्मिन्वदत्येव तेष्वगृह्णत्सु च ह्रिया ॥ १४७
अक्षक्षपणको नाम तत्रैकः कितवोऽब्रवीत् । तद्द्यूतपरिभाषैषा हारितं यन्न दीयते ॥ १४८
तथाप्येष सुहृद्भूत्वा यद्यस्मभ्यं प्रयच्छति । स्वेच्छया जितमप्यर्थं तद्गृह्णीमो वयं न किम् ॥ १४९
तच्छ्रुत्वा तेऽब्रुवन्नन्ये सख्यं चेदेष शाश्वतम् । तादृशं कुरुतेऽस्माभिस्तदैतदुपपद्यते ॥ १५०
एवमुक्तवतस्तान्स मत्वा वीरांस्तथेति तैः । व्यधाद्भीमभटः सख्यमदात्तेभ्यश्च तद्धनम् ॥ १५१
तदर्थितश्च तैः साकमुद्याने सकुटुम्बकैः । गत्वा भोजनपानाद्यैर्व्यहरत्तदुपाहृतैः ॥ १५२
ततोऽक्षक्षपणाद्यैस्तैः पृष्टस्तेभ्योऽब्रवीन्निजम् । स वंशनामवृत्तान्तमपृच्छच्च तथैव तान् ॥ १५३
अथैवमक्षक्षपणस्तस्मै स्वोदन्तमभ्यधात् । शिवदत्ताभिधानोऽभूद्ब्राह्मणो हस्तिनापुरे ॥ १५४
तस्याहं वसुदत्ताख्यो महाधनवतः सुतः । बाल्ये मया शस्त्रविद्या वेदविद्याश्च शिक्षिताः ॥ १५५

ततो विवाहः पित्रा मे विहितः सदृशात्कुलात् । माता तु मे महारौद्रा दुराराध्यातिकोपना ॥ १५६
तया चोद्वेजितोऽत्यर्थं दृष्ट्वा मां सपरिग्रहम् । पिता मे स्वगृहं त्यक्त्वा स गतः काप्यतर्कितः ॥ १५७
तद्दृष्ट्वा सभयोऽम्बायाश्चित्तग्रहविधावहम् । यत्नान्नियुक्तवान्भार्यां सापि भीता तथाकरोत् ॥ १५८
अम्बा तु तस्या नातुष्यत्कथंचित्कलहोद्यता । तूष्णींस्थानमवज्ञानं दैन्यालापं च कैतवम् ॥ १५९
प्रत्यायनं विवादं च मन्यमाना दुराशया । को हि त्याजयितुं शक्तो वह्नेः स्वां दहनात्मताम् ॥ १६०
ततस्तस्या विरुद्धैस्तैश्चेष्टितैः सा ममाचिरात् । खिन्ना भार्यापि निर्गत्य न जाने क गता गृहात् ॥ १६१
अथोद्विग्नो गृहं त्यक्तुमना अपि बलादहम् । मिलित्वा बन्धुभिः पापैर्विवाहं कारितोऽपरम् ॥ १६२
सापि भार्या मम तया तथा संतापिताम्भया । उद्बध्य पाशेनात्मानं व्यापादितवती यथा ॥ १६३
ततोऽहं नितरां खिन्नो विदेशं गन्तुमुद्यतः । निवारयद्भ्यो बन्धुभ्योऽवर्णयं मातृदुष्टताम् ॥ १६४
पितृप्रवासनादौ मे कारणान्तरवादिनाम् । तेषां यत्प्रत्ययो नाभूत्तद्युक्त्या दारुपुत्रिका ॥ १६५
कारयित्वा मयैकान्ते परिणीता मृषा पुनः । आनीय स्थापिता चान्तर्गृहेऽन्यत्रार्पितार्गले ॥ १६६
रक्षिकैका कृता चास्या नारी कर्मकरीनिभा । मयैषा नूतना भार्या स्थापितैव पृथग्गृहे ॥ १६७
त्वं चाहं चाधुनात्रैव स्वगृहे पृथगास्वहे । न गन्तव्यं त्वया तत्र नागन्तव्यमितस्तया ॥ १६८
आराधनं तवाप्रौढा न सा वेत्ति हि संप्रति । इत्यम्बामब्रवं चाहमन्वमन्यत सापि तत् ॥ १६९
ततो दिनेषु यातेषु यदा तां कपटस्नुषाम् । न कथंचिदपि प्रापत्सार्गलेऽन्तर्गृहे स्थिताम् ॥ १७०
तदाश्मना सा मूर्धानमाहत्य स्वयमेकदा । तारमाक्रन्दति स्माम्बा रक्ताक्ता स्वगृहाङ्गणे ॥ १७१
श्रुत्वाक्रन्दं प्रविष्टेन मया सर्वैश्च बान्धवैः । दृष्ट्वा किमेतद्ब्रूहीति पृष्टा सासूयमभ्यधात् ॥ १७२
ईदृशी स्नुषयागत्य विनाहेतुः कृता मम । अवस्था तदिदानीं मे मरणेनैव निष्कृतिः ॥ १७३
तच्छ्रुत्वैव सकोपास्ते तां सहादाय बान्धवाः । तत्रागच्छन्मया साकं यत्र सा दारुपुत्रिका ॥ १७४
अपास्यार्गलमुद्धाट्य द्वारं यावद्विशन्ति ते । तावत्काष्ठमयीं नारीमपश्यंस्तत्र केवलाम् ॥ १७५
ततो विडम्बितात्मानं हसन्तोऽम्बां विलक्षिताम् । उत्पन्नप्रत्यया याता बान्धवास्ते यथागतम् ॥ १७६
अहं च त्यक्ततद्देशो भ्राम्यन्निममवाप्तवान् । प्रदेशमिह च द्यूतशालां दैवात्किलाविशम् ॥ १७७
अत्रैतानहमद्राक्षं पञ्चाक्षैर्दीव्यतो जनान् । इमं चण्डभुजंगाख्यमेतं पांसुपटं तथा ॥ १७८
अमुं श्मशानवेतालमिमं कालवराटकम् । शारिप्रस्तरमेतं च शूरांस्तुल्यपराक्रमान् ॥ १७९
एतैः समं च द्यूतेन तत्र क्रीडितवानहम् । दासः स्याद्विजितो जेतुरिति बद्ध्वा मिथः पणम् ॥ १८०
ततो द्यूतेन विजिता मम दास्यमिमे गताः । अहं गुणैर्जितस्त्वेषां दासतामागतः स्वयम् ॥ १८१
एभिः समं च वसतः स्वदुःखं विस्मृतं मम । नाम्नावस्थोचितेनात्र विद्ध्यक्षक्षपणं च माम् ॥ १८२
इत्यहं सत्कुलोत्पन्नैरिहैवं गृहितात्मभिः । एतैः सह स्थितः पुण्यैस्त्वं चाद्य मिलितोऽत्र नः ॥ १८३
तदिदानीं त्वमस्माकं प्रभुः प्रागेव चैतया । बुद्ध्या तवात्तमस्माभिस्त्वद्धनं गुणरागिभिः ॥ १८४
इत्यक्षक्षपणेनोक्ते स्ववृत्तान्ते क्रमेण ते । सर्वे भीमभटायान्येऽप्युदन्तान्स्वानवर्णयन् ॥ १८५
ततोऽर्थार्थमुपात्ताभिः कलाभिश्छादितात्मनः । प्रवीरांस्तान्सखीन्मत्वा कृत्वान्या विविधाः कथाः ॥ १८६
नीत्वा विहारेण दिनं दृष्ट्वा पौरंदरीं दिशम् । उद्भासमानशीतांशुतिलकालंकृताननाम् ॥ १८७
अगाद्भीमभटस्तस्मादुद्यानात्स नृपात्मजः । अक्षक्षपणकाद्यैस्तैः पञ्चिः सह तदास्पदम् ॥ १८८
तैः समं तिष्ठतश्चात्र तस्य प्रावृडुपागमत् । शंसन्तीव सुहृत्प्राप्तिं प्रवृष्टघनगर्जितैः ॥ १८९
तदा चात्र विपाशाख्या नदी मत्ता समुद्रगा । प्रतीपवाहिनी जाता सागरौघेण पूरिता ॥ १९०
समापूर्य महावारिपूरेण पुलिनं च सा । ओघप्रशान्तावम्भोधिसंमुखीव जगाम सा ॥ १९१
तस्मिन्कालेऽत्र चानीय क्षिप्तस्तेनौघवारिणा । महामत्स्यो गरीयस्त्वाद्यासक्तोऽभून्नदीतटे ॥ १९२
दृष्ट्वा च तं प्रधाव्यैव निहन्तुं विविधायुधैः । तत्रत्याः पाटयामासुर्जनास्तस्योदरं तिमेः ॥ १९३
पाटितान्निरगाच्चात्र तस्माज्जीवन्युवा द्विजः । तद्दर्शनाद्भुतात्तत्र लोकः कोलाहलं व्यधात् ॥ १९४

तच्छ्रुत्वा सह मित्रैस्तैर्गतो भीमभटोऽत्र सः। अपश्यच्छङ्खदत्तं तं मित्रं मत्स्याद्विनिर्गतम् ॥ १९५
समाश्लिषच्च धावित्वा सिञ्चन्धाराश्रुभिः स तम्। मीनोदरदरीवासविस्रं प्रक्षालयन्निव ॥ १९६
सोऽपि तद्विपदुत्तीर्णः प्राप्य तं परिरभ्य च। सुहृदं शङ्खदत्तोऽगादुत्सवादुत्सवं तदा ॥ १९७
ततो भीमभटेनात्र तेन पृष्टः स कौतुकात्। शङ्खदत्तः स्ववृत्तान्तं संक्षेपादेवमब्रवीत् ॥ १९८
तदा गङ्गोर्मिवेगेन हृतस्त्वद्दृष्टिगोचरात्। अशङ्कितं निगीर्णोऽस्मि मत्स्येनातिमहीयसा ॥ १९९
तस्योदरमहावेश्मप्रविष्टोऽहं ततश्चिरम्। अतिष्ठं छुरिकोत्कृत्तं तन्मांसं भक्षयन्क्षुधा ॥ २००
अथ सोऽयमिहानीय धात्रा क्षिप्तः कथंचन। मत्स्यो हतो जनैरेभिः कृष्टश्चास्योदरादहम् ॥ २०१
दृष्टो मया त्वमर्कश्च प्रकाशं मे गता दिशः। एष मे मित्र वृत्तान्तो वेद्मि नाहमतः परम् ॥ २०२
इत्युक्तः शङ्खदत्तेन तेन भीमभटश्च सः। अन्ये च सर्वे तत्रस्था विस्मयादेवमब्रुवन् ॥ २०३
क्व गङ्गायां निगरणं मत्स्येनाब्धौ क्व तद्गतिः। क्व च तद्वर्त्मना तस्य विपाशायां निवेशनम् ॥ २०४
क्व वधस्तस्य तस्माच्च जीवतः क्वास्य निर्गमः। अहो विधेरचिन्त्यैव गतिरद्भुतकर्मणः ॥ २०५
इत्यादि तैः सह वदन्नक्षक्षपणकादिभिः। अनयच्छङ्खदत्तं स धाम भीमभटो निजम् ॥ २०६
तत्र चोपाचरत्स्नानवस्त्राद्यैस्तं स सोत्सवः। तेनैव वपुषा जातमिव मत्स्योदरात्पुनः ॥ २०७
ततस्तेन समं देशे तस्मिन्भीमभटे स्थिते। आगाद्यात्रोत्सवस्तत्र नागराजस्य वासुकेः ॥ २०८
तद्दर्शनाय स प्रायाद्राजपुत्रः सुहृद्वृतः। मिलन्महाजनं तस्य नागमुख्यस्य केतनम् ॥ २०९
तत्र प्रणम्य तन्मूर्तिं प्रासादे माल्यदामभिः। भृते भोगिगणाकारैः पातालोदकसंनिभे ॥ २१०
गत्वा दक्षिणतोऽपश्यन्महान्तं तस्य स ह्रदम्। फणारत्नप्रभापुञ्जैरिव रक्ताम्बुजैश्चितम् ॥ २११
विषाग्निधूमपटलैरिव नीलोत्पलैर्भृतम्। वृतं वातपतत्पुष्पैरर्चद्भिरिव पादपैः ॥ २१२
स्वल्पः समुद्रोऽमुद्रस्य पुरोऽस्य प्रतिभाति मे। अनन्यहारिश्रीकस्य हृतश्रीकः स शौरिणा ॥ २१३
इति यावच्च तं दृष्ट्वा स चिन्तयति विस्मितः। तावत्स्नानार्थमायातामद्राक्षीत्तत्र कन्यकाम् ॥ २१४
राज्ञो लाटेश्वरस्यात्र चन्द्रादित्यस्य पुत्रिकाम्। जातां कुवलयावल्यां नाम्ना हंसावलीं शुभाम् ॥ २१५
अङ्गैरपह्नुतोऽप्यन्यैर्यस्या दिव्यानुकारिभिः। चक्षुषा चपलेनोक्तो मर्त्यभावो निमेषतः ॥ २१६
सा पुष्पपेलवतनुष्कोटिप्राप्तस्फुरद्भ्रुणा। मुष्टिग्राह्येण मध्येन मान्मथीव धनुर्लता ॥ २१७
दृष्ट्वैव तिर्यग्वलितैरपि लोचनसायकैः। अमोहयद्भीमभटं हृदि निर्भिद्य तं तदा ॥ २१८
सोऽपि तस्याः प्रविश्यैव तिर्यङ् नयनवर्त्मना। हृत्कोपमहरद्धैर्यं जगत्सौन्दर्यतस्करः ॥ २१९
ततो गुप्तविसृष्टाप्तदक्षचेटीमुखेन सा। अन्विष्यति स्म मित्रेभ्यस्तस्य नामास्पदादिकम् ॥ २२०
अथागात्सा परिजनैर्नीयमाना स्वमन्दिरम्। स्नाता विवर्तितमुखी मुहुस्तद्गतया दृशा ॥ २२१
ततो भीमभटः सोऽपि स्वावासं सखिभिः सह। प्रत्यागात्तत्प्रियाप्रेमपाशबन्धस्खलद्गतिः ॥ २२२
तत्र तस्मै क्षणाद्दूतीं तां चेटीं राजकन्यका। हंसावली सा व्यसृजद्दत्त्वा संदेशमीप्सितम् ॥ २२३
साभ्युपेत्य तमाह स्म चेटी भीमभटं रहः। देव हंसावली राजसुता त्वामनुनाथति ॥ २२४
ह्रियमाणं स्मरौघेण दृष्ट्वा प्रणयिनं जनम्। इमं द्रुतमनादृत्य न युक्ता ते तटस्थता ॥ २२५
इति संप्राप्य दूतीतो दयितावचनामृतम्। लब्धजीवितहृष्टस्तां सोऽथ भीमभटोऽब्रवीत् ॥ २२६
ओघस्थो न तटस्थोऽहमिति वेत्ति न किं प्रिया। तद्वचस्तु करिष्यामि कामं लब्धावलम्बनः ॥ २२७
एत्य संभावयिष्यामि नक्तमन्तःपुरेऽद्य ताम्। विद्याच्छन्नं विशन्तं च नहि द्रक्ष्यति कोऽपि माम् ॥ २२८
इत्युक्ता तेन चेटी सा तुष्टा गत्वा शशंस तत्। हंसावल्यै ततः सापि तस्थौ तत्संगमोन्मुखी ॥ २२९
सोऽपि प्रदोषसमये दिव्याभरणभूषितः। गङ्गावितीर्णविद्याया आनुलोम्येन पाठतः ॥ २३०
अदृश्यीभूय गत्वा तत्तस्या अन्तःपुरोत्तमम्। समाविशद्भीमभटः प्राग्विविक्तीकृतं तया ॥ २३१
रतिप्रीतिकरे तत्र कालागुरुसुगन्धिनि। दशार्धवर्णविन्यस्तपुष्पप्रकरशोभिते ॥ २३२
कामोद्याननिभे कान्तां तां वहद्दिव्यसौरभाम्। सोऽपश्यद्राज्ञसद्विद्यावल्लीप्रसवसंनिभाम् ॥ २३३

प्रातिलोम्येन विद्यां च तां पठित्वा स दृश्यताम् । सहसा सुभगस्तस्या राजपुत्र्या गतोऽभवत् ॥ २३४
सा तं दृष्ट्वैव सानन्दपुलकोत्कम्पसाध्वसा । रणत्स्वाभरणातोद्येष्वनृत्यदिव तत्क्षणम् ॥ २३५
आसीच्च कन्यकाभावलज्जया विनतानना । कर्तव्यमिव पृच्छन्ती हृदयं तत्प्रवृत्तिकृत् ॥ २३६
मुग्धे प्रकाशितस्यापि ह्रिया किं चेतसोऽधुना । निगूहते न तद्वस्तु कथमेष तु गूह्यते ॥ २३७
पुलकोऽङ्गेषु किं चैतद्विदलत्संधि कञ्चुकम् । इत्यादिभिर्वचोभिस्तामन्यैश्च प्रणयक्रमैः ॥ २३८
विधाय सुमुखीं मुक्तलज्जां भीमभटोऽथ ताम् । गान्धर्वोद्वाहविधिना भार्यां हंसावलीं व्यधात् ॥ २३९
नीत्वा तया समं रात्रिं तन्मुखाब्जालिलीलया । कृच्छ्रात्तां नक्तमेष्यामीत्यामन्त्र्यागात्स्वमास्पदम् ॥ २४०
तां च हंसावलीं तत्र प्रविष्टाः स्वमहत्तराः । प्रातरन्तःपुरेऽद्राक्षुर्युक्तां संभोगलक्षणैः ॥ २४१
लुलितालककेशान्तामार्द्रदन्तनखक्षताम् । साक्षात्स्मरशरश्रेणिव्रणव्याकुलितामिव ॥ २४२
गत्वा च राज्ञे तत्पित्रे ते शशंसुस्तथैव तत् । सोऽपि तत्र व्यधाद्गुप्तं नक्तं चारानवेक्षितुम् ॥ २४३
सोऽथ भीमभटो मित्रैः सहितश्च सुखं दिनम् । नीत्वा प्रदोषे भूयस्तत्प्रियान्तःपुरमागमत् ॥ २४४
अलक्षितप्रविष्टं तं तत्र विद्याप्रभावतः । दृष्ट्वा संभाव्य सिद्धं च चारास्ते निर्ययुस्ततः ॥ २४५
गत्वा च राज्ञे जगदुः सोऽपि तानेवमादिशत् । अदृश्यो यः प्रविष्टोऽत्र सुगुप्ते न स मानुषः ॥ २४६
तत्तमानयतेहैव यावत्पश्यामि किं त्विदम् । ब्रूत चापरुषं यूयमेव मद्वचनेन तम् ॥ २४७
प्रकटं प्रार्थिता मत्तः किं न मत्तनया त्वया । रहस्यं किं कृतं त्वादृग्गुणवान्हि वरः कुतः ॥ २४८
इत्युक्त्वा प्रेषिता राज्ञा गत्वा चारास्तथैव ते । द्वारस्था एव तद्वाक्यमाहुर्भीमभटाय तत् ॥ २४९
सोऽपि ज्ञातोऽस्मि राज्ञेति बुद्ध्वाप्यभ्यन्तरस्थितः । सुधीरो राजपुत्रस्तान्प्रसह्य प्रत्यभाषत ॥ २५०
मद्वाक्याद्ब्रूत राजानं प्रातरास्थानमेत्य ते । तत्त्वमावेदयिष्यामि रात्रिरन्धा हि संप्रति ॥ २५१
तच्छ्रुत्वा तैर्गतैस्तद्वदुक्तस्तूष्णीमभून्नृपः । प्रातर्भीमभटः सोऽथ ततोऽयासीत्सखीन्प्रति ॥ २५२
तैश्च साकं कृतोद्दामवेषो वीरैः स सप्तभिः । आस्थानमगमत्तस्य चन्द्रादित्यस्य भूपतेः ॥ २५३
तत्तेजोवीर्यसौन्दर्यदर्शिना तेन सत्कृते । निजोचितासनासीने तस्मिन्भीमभटे द्विजः ॥ २५४
स तत्सखा शङ्खदत्तो राजानं तमभाषत । राजन्नुग्रभटस्यायं राज्ञो राढापतेः सुतः ॥ २५५
अतर्क्यविद्यामाहात्म्यादुरतिक्रमविक्रमः । नाम्ना भीमभटो युष्मत्सुताहेतोरिहागतः ॥ २५६
तच्छ्रुत्वा रात्रिवृत्तान्तं स्मरन्योग्यमवेक्ष्य तम् । हन्त धन्याः स्म इत्युक्त्वा राजा श्लाघितवांस्ततः ॥ २५७
प्रादाच्च रचितोद्वाहविभवप्रक्रियोऽथ ताम् । सुतां हंसावलीं भीमभटाय विभवोत्तरम् ॥ २५८
ततो भीमभटो भूरिहस्त्यश्वग्रामलाभवान् । हंसावल्या च लक्ष्म्या च सहासीत्तत्र निर्वृतः ॥ २५९
दिनैश्च तस्मै श्वशुरो लाटराज्यं समर्प्य तत् । चन्द्रादित्यः स वृद्धः सन्नपुत्रः प्राव्रजद्वनम् ॥ २६०
अथ भीमभटः प्राप्य तद्राज्यमशिवत्कृती । सम्यक्तैः सप्तभिर्वीरैः शङ्खदत्तादिभिः सह ॥ २६१
गतेष्वथ दिनेष्वत्र चारेभ्यो जातु सोऽशृणोत् । प्रयागमेत्य पितरं मृतमुग्रभटं नृपम् ॥ २६२
अभिषिक्तं च तेन स्वे राढाराज्ये मुमूर्षता । पुत्रं कनिष्ठं समरभटं तं नर्तकीसुतम् ॥ २६३
ततोऽनुशोच्य पितरं कृत्वा तस्यौर्ध्वदैहिकम् । तस्मै स दूतं समरभटाय प्राहिणोन्नृपः ॥ २६४
तातसिंहासने मूर्ख नर्तकीपुत्र का तव । योग्यता मम तत्स्वं हि लाटराज्येऽत्र सत्यपि ॥ २६५
अतस्त्वयाधिरोढव्यं न तस्मिन्निति तस्य च । संदिष्टवान्स लेखेन दायादस्यापकारिणः ॥ २६६
स च दूतो द्रुतं गत्वा लेखं तस्मै समर्पयत् । आवेदितात्मा समरभटायास्थानवर्तिने ॥ २६७
सोऽपि तं तादृशं भीमभटनामाङ्कमुद्धतम् । वाचयित्वैव समरभटः क्रुद्धोऽभ्यभाषत ॥ २६८
अयोग्य इति पित्रा यो देशान्निर्वासितः पुरा । तस्यैषा दुर्विनीतस्य युक्ता मिथ्याभिमानिता ॥ २६९
सिंहायते सृगालोऽपि स्वगुहागृहसंस्थितः । सिंहस्य दर्शनं प्राप्तो ज्ञायते स तु तादृशः ॥ २७०
इत्याद्युद्धर्ज्य लेखेन संदिश्य च तथैव तत् । सोऽपि भीमभटाय स्वं प्रतिदूतं विसृष्टवान् ॥ २७१
प्रतिदूतोऽपि गत्वा स लाटदेशेश्वराय सम् । तस्मै भीमभटायादाल्लेखं क्षत्तृनिवेदितः ॥ २७२

सोऽथ भीमभटस्तस्मिँल्लेखे तत्रानुवाचिते । मुक्ताट्टहासो दायादप्रतिदूतं तमभ्यधात् ॥ २७३
गच्छ रे दूत मद्वाक्याद्ब्रूहि तं नर्तकीसुतम् । अश्वग्रहे शङ्खदत्ताद्रक्षितोऽसि मया तदा ॥ २७४
बालस्तातप्रियश्चेति क्षमिष्ये न पुनः पुनः । निश्चितं त्वां प्रहेष्यामि वत्सलस्यान्तिकं पितुः ॥ २७५
सज्जो भव दिनैरेव जानीहि प्राप्तमत्र माम् । इत्युक्त्वा प्रेष्य दूतं तं यात्रां भीमभटो व्यधात् ॥ २७६
तस्मिन्गजाद्रिमारूढे राजेन्दावुदयोज्ज्वले । क्षुभ्यन्नुदचलद्दृद्धनादः सैन्यमहाम्बुधिः ॥ २७७
समापूर्यन्त चासंख्यैरुपसंख्यामुपस्थितैः । सामन्तै राजपुत्रैश्च प्रस्थितैः सबलैर्दिशः ॥ २७८
साकम्पा संपतद्भूरिगजवाजिजवाकुला । भराद्विदलनत्रासादिव रौति स्म मेदिनी ॥ २७९
एवं भीमभटो गत्वा स राढाभ्यर्णमाप्तवान् । कुर्वन्सेनारजोराजिमुषितार्कप्रभं नभः ॥ २८०
तावच्च सोऽपि समरभटो बुद्ध्वा नृपोऽक्षमी । संनह्य सेनया तस्य निरगाद्योद्धुमग्रतः ॥ २८१
मिलतः स्म च तौ सैन्यजलधी पूर्वपश्चिमौ । प्रावर्तत च शूराणामाहवप्रलयो महान् ॥ २८२
सशब्दखड्गसंपातजन्मा तत्रानलो नभः । कुप्यत्कृतान्तदन्ताग्रदलनोत्थ इवावृणोत् ॥ २८३
वहन्ति स्म च नाराचास्तीक्ष्णाग्रायतपक्ष्मलाः । वीरावलोकिनाकस्त्रीलोचनापातविभ्रमाः ॥ २८४
ततो रेणुविताना सा सैन्यनिर्घोषवादिता । नृत्यत्कबन्धा व्यरुचत्सङ्ग्रामाङ्गणरङ्गभूः ॥ २८५
करङ्कवाहिनी चात्र प्रमत्ता मुण्डमालिनी । अहरत्कालरात्रीव जन्तुचक्रमसृङ्नदी ॥ २८६
क्षणाच्च शङ्खदत्तेन तेनाक्षक्षपणेन च । तैश्च चण्डभुजंगाद्यैर्बाहुयुद्धविशारदैः ॥ २८७
समं महाबलैः शूरैर्दुर्मदैर्द्विरदैरिव । स तद्भीमभटोऽभाङ्क्षीत्परसैन्यं धनुर्धरः ॥ २८८
भग्ने च सैन्ये समरभटः सोऽथ रथस्थितः । प्रधाव्यारभत क्रुद्धो रणाब्धौ मन्दरायितम् ॥ २८९
ततो भीमभटस्तस्य वारणस्थोऽभिपत्य सः । धनुश्छित्त्वावधीद्बाणैश्चतुरोऽपि रथे हयान् ॥ २९०
विरथोऽप्यथ धावित्वा तोमरेण गजोत्तमम् । हन्ति स्म कुम्भे समरभटो भीमभटस्य सः ॥ २९१
स च तत्तोमरहतो गजस्तस्यापतद्भुवि । ततस्तौ विरथौ द्वावप्यभूतां पादचारिणौ ॥ २९२
गृहीतचर्मखड्गौ च पदाती एव तौ तदा । द्वन्द्वयुद्धेन नृपती अयुध्येताममर्षणौ ॥ २९३
विद्यावशाददृश्यत्वं कृत्वा शक्तोऽपि तद्वधे । धर्मापेक्षी न तं शत्रुं तथा भीमभटोऽवधीत् ॥ २९४
प्रसह्य युध्यमानस्तु तस्य मूर्धानमच्छिनत् । खड्गेन खड्गयुद्धज्ञो नर्तकीतनयस्य सः ॥ २९५
हते च तस्मिन्समरभटे सम्यक्ससैनिके । प्रदत्ते साधुवादे च गगनात्सिद्धचारणैः ॥ २९६
गते समाप्तिं सङ्ग्रामे वन्दिमागधसंस्तुतः । राढापुरीं भीमभटः प्राविशत्सखिभिः सह ॥ २९७
चिरप्रवासोपयातो हतारिस्तत्र मातरम् । स राम इव कौशल्यां दर्शनोत्कामनन्दयत् ॥ २९८
पौराभिनन्दितश्चाथ कृती सिंहासने पितुः । उपाविशत्ततसचिवैः पूज्यमानो गुणप्रियैः ॥ २९९
संमान्य प्रकृतीः कृत्स्नास्ततश्च विहितोत्सवः । शुभेऽह्नि शङ्खदत्ताय लाटराज्यं स दत्तवान् ॥ ३००
तं प्रेष्य लाटविषयं तद्देशजबलान्वितम् । तेभ्योऽक्षक्षपणादिभ्यो ददौ ग्रामान्वसूनि च ॥ ३०१
तैर्युक्तोऽथ स तत्रासीत्प्रशासन्पैतृकं पदम् । लाटेन्द्रसुतया देव्या हंसावल्या तया सह ॥ ३०२
क्रमाच्च जित्वा पृथिवीमाहृत्य नृपकन्यकाः । तत्संभोगैकसक्तोऽभूत्सोऽथ भीमभटो नृपः ॥ ३०३
मन्त्रिषु न्यस्तभारश्च क्रीडन्नन्तःपुरैः सह । अभ्यन्तरान्न निरगात्पानादिव्यसनेन सः ॥ ३०४
अथैकदा मुनिर्द्रष्टुं तमुत्तङ्को यदृच्छया । पूर्वशर्वसमादेशपाककाल इवागमत् ॥ ३०५
द्वारं प्राप्ते मुनौ चास्मिन्द्वाःस्थेष्वावेदयत्सु च । राजा रागमदैश्वर्यदर्पान्धो न किलाशृणोत् ॥ ३०६
ततः क्रुद्धो मुनिः सोऽस्मै राज्ञे शापमदादिमम् । मदान्ध राज्याद्भ्रष्टस्त्वं वन्यो हस्ती भविष्यसि ॥ ३०७
तच्छ्रुत्वा स भयाद्भ्रष्टमदो निर्गत्य भूपतिः । दीनैः प्रासादयद्वाक्यैर्मुनिं तं चरणानतः ॥ ३०८
ततः स शान्तकोपः सन्महर्षिस्तमभाषत । भविष्यसि द्विपस्तावद्राजन्न स्यात्तदन्यथा ॥ ३०९
किं तु प्रचण्डशक्त्याख्यं नागशापावसादितम् । मृगाङ्कदत्तसचिवं चक्षुर्वैकल्यमागतम् ॥ ३१०
समाश्वास्यातिथीभूतं यदा तस्मै प्रवक्ष्यसि । स्ववृत्तान्तं तदैतस्मान्मोक्षं प्राप्स्यसि शापतः ॥ ३११

तच्च प्राग्गिरिशादिष्टं गन्धर्वत्वमवाप्स्यसि । स चातिथिस्ते चक्षुष्मानेव संपद्यते तदा ॥ ३१२
इत्युक्त्वैव मुनिः प्रायादुत्तङ्कः स यथागतम् । सोऽपि भीमभटो हस्ती संपन्नो राज्यविच्युतः ॥ ३१३
तमिमं मां गजीभूतं विद्धि भीमभटं सखे । स च प्रचण्डशक्तिस्त्वं जाने शापान्त एष मे ॥ ३१४
एवमुक्त्वा गजाकारं त्यक्त्वा भीमभटोऽत्र सः । तत्क्षणं दिव्यविभवो गन्धर्वः समपद्यत ॥ ३१५
प्रचण्डशक्तिश्चोत्पन्नलोचनालोकनोत्सवः । तत्कालमेव संजज्ञे पश्यन्गन्धर्वमत्र तम् ॥ ३१६
तावच्च वल्लीजालान्तः स्थितः श्रुत्वा तयोः कथाम् । सहितोऽन्यैः स सचिवैः सुहृद्धोत्पन्ननिश्चयः ॥ ३१७
मृगाङ्कदत्तः कालज्ञः प्रधाव्य रभसाद्द्रुतम् । प्रचण्डशक्तिं जग्राह कण्ठे तं निजमन्त्रिणम् ॥ ३१८
सोऽप्यकाण्डसुधावर्षसिक्ताङ्ग इव वीक्ष्य तम् । प्रचण्डशक्तिः सहसा पादयोरग्रहीत्प्रभुम् ॥ ३१९
ततस्तौ चिरविश्लिष्टसंश्लिष्टौ भृशदुःखितौ । स भीमभटगन्धर्वो रुदन्तौ पर्यसान्त्वयत् ॥ ३२०
मृगाङ्कदत्तोऽपि स तं गन्धर्वं प्रणतोऽब्रवीत् । यदस्माभिरयं लब्धः सखा यच्चामुना पुनः ॥ ३२१
चक्षुष्मत्त्वमवाप्तं तत्त्वन्माहात्म्यान्नमोऽस्तु ते । श्रुत्वैतत्सोऽपि गन्धर्वो राजपुत्रमुवाच तम् ॥ ३२२
अचिरात्सचिवाञ्शेषांल्लब्ध्वा कृत्स्नानवाप्स्यसि । तां शशाङ्कवतीं भार्यां साम्राज्यं च महीतले ॥ ३२३
तदधैर्यं न कार्यं ते कल्याणिन्साधयाम्यहम् । तदा च संनिधास्ये ते यदा त्वं मां स्मरिष्यसि ॥ ३२४

इति स विगतशापः प्राप्तकल्याणतोषः प्रकटितसखिभावो राजपुत्रं तमुक्त्वा ।
प्रसभमुदपतद्द्यां चारुकेयूरहारक्वणितमुखरिताशोऽनन्यगन्धर्वधुर्यः ॥ ३२५

सोऽपि प्रचण्डशक्तिं प्राप्य वने तत्र मन्त्रिभिः सहितः ।
अनयन्मृगाङ्कदत्तो जातधृतिर्नृपसुतस्तदहः ॥ ३२६

इति महाकविश्रीसोमदेवभट्टविरचिते कथासरित्सागरे शशाङ्कवतीलम्बके सप्तमस्तरङ्गः ।

अष्टमस्तरङ्गः ।

(वेतालपञ्चविंशतिका ।)

जितं विघ्नजिता यस्य पुष्पवृष्टिरिवाम्बरात् । तारावली कराघातच्युता पतति नृत्यतः ॥ १
ततोऽतिवाह्य रात्रिं तां प्रभाते काननात्ततः । प्रचण्डशक्तिप्रमुखैः प्रस्थितः सचिवैः सह ॥ २
स शशाङ्कवतीहेतोः पुनरुज्जयिनीं प्रति । मृगाङ्कदत्तः प्रययौ चिन्वञ्शेषान्स्वमन्त्रिणः ॥ ३
गच्छता ददृशे तेन मार्गे विक्रमकेसरी । मन्त्री पुंसातिविकृतेनोह्यमानो नभस्तले ॥ ४
दर्श्यते चान्यमन्त्रिभ्यो यावत्तेन स संभ्रमात् । तावत्स मन्त्री गगनात्तत्समीपेऽवतीर्णवान् ॥ ५
अवरुह्य च तस्याशु पुंसः स्कन्धादुपेत्य सः । मृगाङ्कदत्तं जग्राह पादयोः साश्रुलोचनः ॥ ६
तेनाश्लिष्टश्च हृष्टेन तथा तन्मन्त्रिभिः क्रमात् । विससर्ज पुमांसं तं स्मृतोऽभ्येष्यसि मामिति ॥ ७
ततो मृगाङ्कदत्तेन कौतुकादुपविश्य सः । पृष्टः स्वोदन्तमाचख्यौ वने विक्रमकेसरी ॥ ८
तदा भवद्भ्यो विभ्रष्टो नागशापात्परिभ्रमन् । बहून्यहानि चिन्वानो युष्मानहमचिन्तयम् ॥ ९
गच्छाम्युज्जयिनीं तत्र गन्तव्यं तैर्ध्रुवं यतः । एवं निश्चित्य च प्रायामहं तां नगरीं प्रति ॥ १०
क्रमात्तन्निकटं प्राप्य ग्रामं ब्रह्मस्थलाभिधम् । वापीतटेऽहमेकस्मिन्वृक्षमूल उपाविशम् ॥ ११
तत्रैत्य सर्पदंशार्तो वृद्धो मां ब्राह्मणोऽब्रवीत् । इत उत्तिष्ठ मा पुत्र मदीयां गतिमाप्स्यसि ॥ १२
इहास्ति हि महासर्पो येन दष्टो रुजार्दितः । उद्यतोऽस्यां महावाप्यामेषोऽहं देहमुज्झितुम् ॥ १३
इत्युक्तवन्तं कृपया देहत्यागान्निवार्य तम् । तत्राकार्षमहं विप्रं निर्विषं विषविद्यया ॥ १४
ततः स विप्रः साकूतमुदन्तं कृत्स्नमादरात् । पृष्ट्वा मां प्रीतिमानेवं विदितार्थोऽभ्यभाषत ॥ १५
प्राणास्त्वया मम प्रत्ता तत्प्रवीर गृहाण मे । वेतालसाधनं मन्त्रमिमं प्राप्तं मया पितुः ॥ १६
त्वादृशामुपयुक्तोऽयं सिद्धिकृत्सत्त्वशालिनाम् । मादृशाः पुनरेतेन क्लीबाः किं नाम कुर्वते ॥ १७
इत्युक्तस्तेन तमहं प्रत्यवोचं द्विजोत्तमम् । मृगाङ्कदत्तवियुतो वेतालैः किं करोम्यहम् ॥ १८
तच्छ्रुत्वा स विहस्यैवं विप्रो मां पुनरब्रवीत् । किं न जानास्यभीष्टं यद्वेतालात्सर्वमाप्यते ॥ १९

अपि विद्याधरैश्वर्यं वेतालस्य प्रसादतः। किं त्रिविक्रमसेनेन न प्राप्तं भूभुजा पुरा॥ २०
तथा च कथयाम्येतां तदीयां ते कथां शृणु। प्रतिष्ठानाभिधानोऽस्ति देशो गोदावरीतटे॥ २१
तत्र विक्रमसेनस्य पुत्रः शक्रपराक्रमः। प्राक्त्रिविक्रमसेनाख्यः ख्यातकीर्तिरभून्नृपः॥ २२
तस्य प्रत्यहमास्थानगतस्योपेत्य भूपतेः। सेवार्थं क्षान्तिशीलाख्यो भिक्षुः फलमुपानयत्॥ २३
सोऽपि राजा तदादाय फलमासन्नवर्तिनः। हस्ते ददौ प्रतिदिनं कोषागाराधिकारिणः॥ २४
इत्थं गतेषु वर्षेषु दशस्वत्र किलैकदा। दत्त्वा राज्ञे फलं तस्मै भिक्षावास्थानतो गते॥ २५
स राजा तत्फलं प्रादात्प्रविष्टायात्र दैवतः। क्रीडामर्कटपोताय हस्तभ्रष्टाय रक्षिणाम्॥ २६
स मर्कटस्तदश्नाति यावत्तावत्फलात्ततः। विभिन्नमध्यान्निरगादनर्घं रत्नमुत्तमम्॥ २७
तद्दृष्ट्वादाय पप्रच्छ तं भाण्डागारिकं नृपः। भिक्षूपनीतानि मया यानि नित्यं फलानि ते॥ २८
हस्ते दत्तानि तानि क्व स्थापितानि सदा त्वया। तच्छ्रुत्वा तं स सभयः कोषाध्यक्षो व्यजिज्ञपत्॥ २९
क्षिप्तानि तान्यनुद्घाट्य मया गञ्जे गवाक्षतः। यद्यादिशसि तद्देव तमुद्घाट्य गवेषये॥ ३०
इत्यूचिवाननुमतो राज्ञा गत्वा क्षणेन सः। कोषाध्यक्षः समागत्य प्रभुं व्यज्ञापयत्पुनः॥ ३१
शीर्णानि नात्र पश्यामि कोषे तानि फलान्यहम्। रत्नराशिं तु पश्यामि रश्मिज्वालाकुलं विभो॥ ३२
तच्छ्रुत्वा तान्मणीन्दत्त्वा तुष्टोऽस्मै कोषरक्षिणे। राजान्येद्युरपृच्छत्स भिक्षुं तं प्राग्वदागतम्॥ ३३
भिक्षो धनव्ययेनैवं सेवसे मां किमन्वहम्। नेदानीं ते ग्रहीष्यामि फलं यावन्न वक्ष्यसि॥ ३४
इत्युक्तवन्तं राजानं भिक्षुस्तं विजनेऽब्रवीत्। वीरसाचिव्यसापेक्षं मन्त्रसाधनमस्ति मे॥ ३५
तत्र वीरेन्द्र साहाय्यं क्रियमाणं त्वयार्थये। तच्छ्रुत्वा प्रतिपेदे तत्तथेत्यस्य स भूपतिः॥ ३६
ततः स श्रमणस्तुष्टो नृपं पुनरुवाच तम्। तर्हि कृष्णचतुर्दश्यामागामिन्यां निशागमे॥ ३७
इतो महाश्मशानान्तर्वटस्याधः स्थितस्य मे। आगन्तव्यं त्वया देव प्रतिपालयतोऽन्तिकम्॥ ३८
बाढमेवं करिष्यामीत्युक्ते तेन महीभुजा। स क्षान्तिशीलः श्रमणो हृष्टः स्वनिलयं ययौ॥ ३९
अथ तां स महासत्त्वः प्राप्य कृष्णचतुर्दशीम्। प्रार्थनां प्रतिपन्नां तां भिक्षोस्तस्य नृपः स्मरन्॥ ४०
प्रदोषे नीलवसनस्तमालकृतशेखरः। निर्ययौ राजधानीतः खड्गपाणिरलक्षितः॥ ४१
ययौ च घोरनिबिडध्वान्तव्रातमलीमसम्। चितानलोग्रनयनज्वालादारुणदर्शनम्॥ ४२
असंख्यनरकङ्कालकपालास्थिविशङ्कटम्। हृष्यत्संनिहितोत्तालभूतवेतालवेष्टितम्॥ ४३
भैरवस्यापरं रूपमिव गम्भीरभीषणम्। स्फूर्जन्महाशिवारावं श्मशानं तदविह्वलः॥ ४४
विचित्य चात्र तं प्राप्य भिक्षुं वटतरोरधः। कुर्वाणं मण्डलन्यासमुपसृत्य जगाद सः॥ ४५
एषोऽहमागतो भिक्षो ब्रूहि किं करवाणि ते। तच्छ्रुत्वा स नृपं दृष्ट्वा हृष्टो भिक्षुरुवाच तम्॥ ४६
राजन्कृतः प्रसादश्चेत्तदितो दक्षिणामुखम्। गत्वा विदूरमेकाकी विद्यते शिंशपातरुः॥ ४७
तस्मिन्नुल्लम्बितमृतः कोऽप्येकः पुरुषः स्थितः। तमिहानय गत्वा त्वं साहाय्यं कुरु वीर मे॥ ४८
तच्छ्रुत्वैव तथेत्युक्त्वा स राजा सत्यसंगरः। दक्षिणां दिशमालम्ब्य प्रवीरः प्रययौ ततः॥ ४९
आत्तदीप्तचितालाततलक्षितेन पथात्र सः। गत्वा तमसि तं प्राप कथंचिच्छिंशपातरुम्॥ ५०
तस्य स्कन्धे चिताधूमदग्धस्य क्रव्यगन्धिनः। सोऽपश्यल्लम्बमानं तं भूतस्येव शवं तरोः॥ ५१
आरुह्य चात्र भूमौ तं च्छिन्नरज्जुमपातयत्। पतितश्चात्र सोऽकस्मादाक्रन्द व्यथितो यथा॥ ५२
ततोऽवरुह्य कृपया जीवाशङ्की स तस्य यत्। राजाङ्गं प्रामृशत्तेन सोऽट्टहासं व्यधाच्छवः॥ ५३
ततः स राजा मत्त्वा तं वेतालाधिष्ठितं तदा। किं हससि येहि गच्छाव इति यावदकम्पितः॥ ५४
वक्ति तावन्न भूमौ सवेतालं शवमैक्षत। ऐक्षतात्रैव वृक्षे तु लम्बमानं स्थितं पुनः॥ ५५
ततोऽधिरुह्य भूयोऽपि तमवातारयत्ततः। वज्रादपि हि वीराणां चित्तरत्नमखण्डितम्॥ ५६
आरोप्य च सवेतालं स्कन्धे मौनेन तं शवम्। स त्रिविक्रमसेनोऽथ राजा गन्तुं प्रचक्रमे॥ ५७
यान्तं च तं शवान्तःस्थो वेतालोंऽसस्थितोऽब्रवीत्। राजन्नध्वविनोदाय कथामाख्यामि ते शृणु॥ ५८

(प्रथमो वेतालः ।)

अस्ति वाराणसी नाम पुरारिवसतिः पुरी । स्थलीव कैलासगिरेर्या पुण्यजनसेविता ॥ ५९
भूरिवारिभृता शश्वदुपकण्ठनिवेशिनी । हारयष्टिरिवाभाति यस्याः स्वर्गतरङ्गिणी ॥ ६०
प्रतापानलनिर्दग्धविपक्षकुलकाननः । तस्यां प्रतापमुकुटो नाम राजाभवत्पुरा ॥ ६१
तस्याभूद्वज्रमुकुटस्तनयो रूपशौर्ययोः । कुर्वाणो दर्पदलनं स्मरस्यारिजनस्य च ॥ ६२
राजपुत्रस्य तस्यात्र मन्त्रिपुत्रो महामतिः । आसीद्बुद्धिशरीराख्यः शरीराभ्यधिकः सखा ॥ ६३
तेन सख्या सह क्रीडन्स कदाचिन्नृपात्मजः । जगाम दूरमध्वानं मृगयातिप्रसङ्गतः ॥ ६४
शौर्यश्रीचामराणीव सिंहानां मस्तकानि सः । छिन्दञ्शरैः सटालानि विवेशैकं महावनम् ॥ ६५
तत्रास्थाने स्मरस्येव पठत्कोकिलबन्दिनि । दत्तोपकारे तरुभिर्मञ्जरीचलचामरैः ॥ ६६
सोऽन्वितो मन्त्रिपुत्रेण तेनापश्यत्सरोवरम् । विचित्रकमलोत्पत्तिधामाम्बुधिमिवापरम् ॥ ६७
तस्मिंस्तदैव सरसि स्नानार्थं काचिदागता । तेन दिव्याकृतिः कन्या ददृशे सपरिच्छदा ॥ ६८
पूरयन्तीव लावण्यनिर्झरेण सरोवरम् । दृष्टिपातैः सृजन्तीव तत्रोत्पलवनं नवम् ॥ ६९
प्रत्याविशन्तीव मुखेनाम्बुजानि जितेन्दुना । सा जहार मनस्तस्य राजपुत्रस्य तत्क्षणम् ॥ ७०
सोऽप्यहार्षीत्तथा तस्या युवा दृष्ट्वा विलोचने । यथा नैक्षत सा कन्या लज्जां स्वामप्यलंकृतिम् ॥ ७१
यूनि पश्यति तस्मिन्सा केयं स्यादिति सानुगे । संज्ञां स्वदेशाद्याख्यातुं विलासच्छद्मनाकरोत् ॥ ७२
करोति स्मोत्पलं कर्णे गृहीत्वा पुष्पशेखरात् । चिरं च दन्तरचनां चकारादाय च व्यधात् ॥ ७३
पद्मं शिरसि साकूतं हृदये चादधे करम् । राजपुत्रश्च तस्यास्तां संज्ञां न ज्ञातवांस्तदा ॥ ७४
मन्त्रिपुत्रस्तु बुबुधे स सखा तस्य बुद्धिमान् । क्षणाच्च सा ययौ कन्या नीयमानानुगैस्ततः ॥ ७५
प्राप्य च स्वगृहं तस्थौ पर्यङ्केऽङ्गं निधाय सा । चित्तं तु निजसंज्ञार्थमास्थात्तस्मिन्नृपात्मजे ॥ ७६
सोऽपि राजसुतो भ्रष्टविद्यो विद्याधरो यथा । गत्वा स्वनगरीं कृच्छ्रां प्रापावस्थां तया विना ॥ ७७
सख्या च मन्त्रिपुत्रेण तेन पृष्टस्तदा रहः । शंसता तामदुष्प्रापां त्यक्तधैर्यो जगाद सः ॥ ७८
यस्या न नाम न ग्रामो नान्वयो वावबुध्यते । सा कथं प्राप्यते तन्मामाश्वासयसि किं मृषा ॥ ७९
इत्युक्तो राजपुत्रेण मन्त्रिपुत्रस्तमभ्यधात् । किं न दृष्टं त्वया तद्यत्संज्ञया सूचितं तया ॥ ८०
न्यस्तं यदुत्पलं कर्णे तेनैतत्ते तयोदितम् । कर्णोत्पलस्य राष्ट्रेऽहं निवसामि महीभृतः ॥ ८१
कृता यद्दन्तरचना तेनैतत्कथितं तया । तत्र जानीहि मां दन्तघाटकस्य सुतामिति ॥ ८२
पद्मावतीति नामोक्तं तयोत्तंसितपद्मया । त्वयि प्राणा इति प्रोक्तं हृदयार्पितहस्तया ॥ ८३
कलिङ्गदेशे ह्यस्त्यत्र ख्यातः कर्णोत्पलो नृपः । तस्य प्रसादवित्तोऽस्ति महान्यो दन्तघाटकः ॥ ८४
सङ्ग्रामवर्धनाख्यस्य तस्याप्यस्ति जगत्त्रये । रत्नं पद्मावती नाम कन्या प्राणाधिकप्रिया ॥ ८५
एतच्च लोकतो देव यथावद्विदितं मम । अतो ज्ञाता मया संज्ञा तस्या देशादिशंसिनी ॥ ८६
इत्युक्तो मन्त्रिपुत्रेण तेन राजसुतोऽथ सः । तुतोष तस्मै सुधिये लब्धोपायो जहर्ष च ॥ ८७
संमन्त्र्य च समं तेन स तद्युक्तः स्वमन्दिरात् । प्रियार्थी मृगयाव्याजात्पुनस्तामगमद्दिशम् ॥ ८८
अर्धमार्गे च वाताश्ववेगवञ्चितसैनिकः । तं मन्त्रिपुत्रैकयुतः कलिङ्गविषयं ययौ ॥ ८९
तत्र तौ प्राप्य नगरं कर्णोत्पलमहीभृतः । अन्विष्य दृष्ट्वा भवनं दन्तघाटस्य तस्य च ॥ ९०
तददूरे च वासार्थमेकस्या वृद्धयोषितः । गृहं प्राविशतां मन्त्रिपुत्रराजसुतावुभौ ॥ ९१
दत्ताम्बुयवसौ वाहौ गुप्तेऽवस्थाप्य चात्र सः । राजपुत्रे स्थिते वृद्धां मन्त्रिपुत्रो जगाद ताम् ॥ ९२
कच्चिद्वेत्स्यम्ब सङ्ग्रामवर्धनं दन्तघाटकम् । तच्छ्रुत्वा सा जरद्योषित्सश्रद्धा तमभाषत ॥ ९३
वेद्म्येव धात्री तस्यास्मि स्थापिता तेन चाधुना । पद्मावत्याः स्वदुहितुः पार्श्वे ज्येष्ठतरेत्यहम् ॥ ९४
किं त्वहं न सदा तत्र गच्छाम्युपहृताम्बरा । कुपुत्रः कितवो वस्त्रं दृष्ट्वा हि हरते मम ॥ ९५
एवमुक्तवती प्रीतः स्वोत्तरीयादिदानतः । संतोष्य सोऽत्र वृद्धां तां मन्त्रिपुत्रोऽब्रवीत्पुनः ॥ ९६

माता त्वं तद्वदामस्ते गुप्तं यत्तत्कुरुष्व नः। दन्तघाटसुतामेतां गत्वा पद्मावतीं वद ॥ ९७
सोऽत्रागतो राजपुत्रो दृष्टो यः सरसि त्वया। तेन चेह तवाख्यातुं प्रेषिता प्रणयादहम् ॥ ९८
तच्छ्रुत्वा सा तथेत्युक्त्वा वृद्धा दानवशीकृता। गत्वा पद्मावतीपार्श्वमाजगाम क्षणान्तरे ॥ ९९
पृष्टा जगाद तौ राजसुतमन्त्रिसुतौ च सा। युष्मदागमनं गत्वा गुप्तं तस्या मयोदितम् ॥ १००
तया श्रुत्वा च निर्भर्त्स्य पाणिभ्यामहमाहता। द्वाभ्यां कर्पूरलिप्ताभ्यामुभयोर्गण्डयोर्मुखे ॥ १०१
ततः परिभवोद्विग्ना रुदत्यहमिहागता। एतास्तदङ्गुलीमुद्राः पुत्रौ मे पश्यतं मुखे ॥ १०२
एवं तयोक्ते नैराश्यविषण्णं तं नृपात्मजम्। जगाद स महाप्राज्ञो मन्त्रिपुत्रो जनान्तिकम् ॥ १०३
मा गा विषादं रक्षन्त्या मन्त्रं निर्भर्त्स्य यत्तया। कर्पूरशुभ्रा वक्त्रेऽस्याः स्वाङ्गुल्यो दश पातिताः ॥ १०४
तदेतदुक्तं पक्षेऽस्मिञ्शुक्ले चन्द्रवतीरिमाः। रात्रीर्दश प्रतीक्षध्वं संगमानुचिता इति ॥ १०५
इत्याश्वास्य स तं राजसुतं मन्त्रिसुतस्ततः। विक्रीय गुप्तं हस्तस्थं काञ्चनं किंचिदापणे ॥ १०६
वृद्धया साधयामास महार्हं भोजनं तया। ततस्तौ बुभुजाते द्वौ तत्तया सह वृद्धया ॥ १०७
एवं नीत्वा दशाहानि जिज्ञासार्थं पुनः स ताम्। पद्मावत्यन्तिकं वृद्धां मन्त्रिपुत्रो विसृष्टवान् ॥ १०८
सापि मृष्टान्नपानादिलुब्धा तदनुरोधतः। गत्वा वासगृहं तस्या भूयोऽभ्येत्य जगाद तौ ॥ १०९
इतो गत्वाद्य तूष्णीमप्यहं तत्र स्थिता तया। युष्मत्कथापराधं तमुद्गिरन्त्या स्वयं पुनः ॥ ११०
सालक्तकाभिस्तिसृभिः कराङ्गुलिभिराहता। उरस्यस्मिन्नथैषाहमिहायाता तदन्तिकात् ॥ १११
तच्छ्रुत्वा राजपुत्रं तं स्वैरं मन्त्रिसुतोऽब्रवीत्। मा कार्षीरन्यथा शङ्कामस्या हि हृदये तया ॥ ११२
सालक्तकाङ्गुलीमुद्रात्रयं विन्यस्य युक्तितः। रजस्वला निशास्तिस्रः स्थिताहमिति सूचितम् ॥ ११३
एवमुक्त्वा नृपसुतं मन्त्रिपुत्रस्त्र्यहे गते। पद्मावत्यै पुनस्तस्यै वृद्धां तां प्रजिघाय सः ॥ ११४
सा गता मन्दिरं तस्यास्तया संमान्य भोजिता। प्रीत्या पानादिलीलाभिर्दिनं चात्र विनोदिता ॥ ११५
सायं च यावत्सा वृद्धा गृहमागन्तुमिच्छति। उदभूद्भयकृत्तावत्तत्र कोलाहलो बहिः ॥ ११६
हा हा भ्रष्टोऽयमालानाज्जनान्मथ्नन्प्रधावति। मत्तहस्तीति लोकस्य तत्राक्रन्दोऽथ शुश्रुवे ॥ ११७
ततः पद्मावती सा तां वृद्धामेवमभाषत। स्पष्टेन हस्तिरुद्धेन गन्तुं युक्तं न ते पथा ॥ ११८
तत्पीठिकां समारोप्य बद्धालम्बनरज्जुकाम्। बृहद्गवाक्षेणानेन त्वामत्र प्रक्षिपामहे ॥ ११९
गृहोद्याने ततो वृक्षमारुह्यामुं विलङ्घ्य च। प्राकारमवरुह्यान्यवृक्षेण स्वगृहं व्रज ॥ १२०
इत्युक्त्वा सा गवाक्षेण क्षेपयामास तत्र ताम्। वृद्धां चेटीभिरुद्याने रज्जुपीठिकया ततः ॥ १२१
साथ गत्वा यथोक्तेन पथा सर्वं शशंस तत्। यथावद्राजपुत्राय तस्मै मन्त्रिसुताय च ॥ १२२
ततः स मन्त्रिपुत्रस्तं राजपुत्रमभाषत। सिद्धं तवेष्टं मार्गो हि युक्त्या ते दर्शितस्तया ॥ १२३
तद्गच्छाद्यैव तत्र त्वं प्रदोषेऽस्मिन्नुपागते। एतेनैव पथा तस्याः प्रियाया मन्दिरं विश ॥ १२४
इत्युक्तस्तेन तद्युक्तो राजपुत्रो ययौ स तत्। उद्यानं वृद्धयोक्तेन तेन प्राकारवर्त्मना ॥ १२५
तत्रापश्यच्च रज्जुं तां लम्बमानां सपीठिकाम्। मार्गोन्मुखाभिश्चेटीभिरुपरिष्टादधिष्ठिताम् ॥ १२६
आरूढस्तां च दृष्ट्वैव दासीभिस्ताभिराशु सः। रज्जूत्क्षिप्तो गवाक्षेण प्रविवेश प्रियान्तिकम् ॥ १२७
तस्मिन्प्रविष्टे स ययौ मन्त्रिपुत्रः स्वमास्पदम्। राजपुत्रस्तु तां पद्मावतीं तत्र ददर्श सः ॥ १२८
पूर्णामृतांशुवदनां प्रसरत्कान्तिचन्द्रिकाम्। कृष्णपक्षभयाद्गुप्तस्थितां राकानिशामिव ॥ १२९
सापि दृष्ट्वा तमुत्थाय चिरौत्सुक्योचितैस्ततः। कण्ठग्रहादिभिस्तैस्तैरुपचारैरमानयत् ॥ १३०
ततस्तया स गान्धर्वविधिनोढूढया सह। गुप्तं राजसुतस्तस्थौ पूर्णेच्छस्तत्र कान्तया ॥ १३१
स्थित्वा चाहानि कतिचिद्रात्रौ तामवदत्प्रियाम्। सखा मम सहायातो मन्त्रिपुत्र इह स्थितः ॥ १३२
स चात्र तिष्ठत्येकाकी त्वज्ज्येष्ठतरिकागृहे। गत्वा संभाव्य तं तन्वि पुनरेष्यामि तेऽन्तिकम् ॥ १३३
तच्छ्रुत्वा तमवोचत्सा धूर्ता पद्मावती प्रियम्। हन्तार्यपुत्र पृच्छामि ताः संज्ञा मत्कृतास्त्वया ॥ १३४
ज्ञाता किं किमु वा तेन सख्या मन्त्रिसुतेन ते। एवमुक्तवतीमेतां राजपुत्रो जगाद सः ॥ १३५

न ज्ञातं तन्मया किंचिज्ज्ञात्वा सर्वं च तेन मे । आख्यातं मन्त्रिपुत्रेण दिव्यप्रज्ञानशालिना ॥ १३६
एतच्छ्रुत्वा विचिन्त्यैव भामिनी सा जगाद तम् । तर्ह्ययुक्तं कृतं यन्मे चिरात्त्वं कथितस्त्वया ॥ १३७
स मे भ्राता सखा यस्ते तस्य च प्रथमं मया । ताम्बूलादिसमाचारः कर्तव्यो हि सदा भवेत् ॥ १३८
इत्युक्तवत्यानुमतस्तया पूर्वपथेन सः । राजपुत्रोऽन्तिकं तस्य सख्युरागात्ततो निशि ॥ १३९
शशंस च कथामध्ये तत्तस्मै यत्तदाश्रयम् । संज्ञाविज्ञानकथनं कृतं तेन प्रियान्तिके ॥ १४०
मन्त्रिपुत्रस्तु सोऽयुक्तमिति न श्रद्दधेऽस्य तत् । तावच्च सा तयोस्तत्र विभाताभूद्विभावरी ॥ १४१
अथैतयोर्विधौ सांध्ये निवृत्ते कुर्वतोः कथाः । आगात्पक्वान्नताम्बूलहस्ता पद्मावतीसखी ॥ १४२
सा मन्त्रिपुत्रं कुशलं पृष्ट्वा दत्तोपचारिका । निषेद्धुं राजपुत्रस्य भोजनं तत्र युक्तितः ॥ १४३
कथान्तरे स्वामिनीं स्वां भोजनादौ तदागमम् । प्रतीक्षमाणामावेद्य क्षणाद्गुप्तं ततो ययौ ॥ १४४
ततस्तं मन्त्रिपुत्रः स राजपुत्रमभाषत । कौतुकं पश्य देवैकं दर्शयाम्यधुना तव ॥ १४५
इत्युक्त्वा भक्ष्यमेकं स पक्वान्नं दत्तवांस्ततः । सारमेयाय स च तत्खादित्वैव व्यपद्यत ॥ १४६
तद्दृष्ट्वा किमिदं चित्रमिति राजसुतोऽत्र सः । पप्रच्छ मन्त्रिपुत्रं तं स चैतं प्रत्यभाषत ॥ १४७
संज्ञाज्ञानेन धूर्तं मां विदित्वा हन्तुकामया । तया विषान्नं प्रहितं मम त्वदनुरक्तया ॥ १४८
नास्मिन्सति मदेकाग्रो राजपुत्रो भवेदयम् । एतद्वशश्च मुक्त्वा मां नगरीं स्वां व्रजेदिति ॥ १४९
तन्मुञ्च मन्युमेतस्यां बन्धुत्यागान्महात्मनः । कुर्यास्त्वं हरणे युक्तिं वक्ष्याम्यालोच्य यामहम् ॥ १५०
इत्युक्तवन्तं तं मन्त्रिसुतं राजसुतोऽत्र सः । सत्यं बुद्धिशरीरस्त्वमिति यावत्प्रशंसति ॥ १५१
अशङ्कितं बहिस्तावद्दुःखाकुलजनारवः । हा धिग्राज्ञः सुतो बालो विपन्न इति शुश्रुवे ॥ १५२
तदाकर्णनहृष्टोऽथ मन्त्रिपुत्रो नृपात्मजम् । जगाद हन्त गच्छाद्य पद्मावत्या गृहं निशि ॥ १५३
तत्र तां पाययेस्तावद्यावत्पानमदेन सा । निःसंज्ञा नष्टचेष्टा च गतजीवेव जायते ॥ १५४
ततस्तस्याः सनिद्रायाः शूलेनाङ्कं कटीतटे । दत्त्वाग्नितप्तेनादाय तदाभरणसंचयम् ॥ १५५
आगच्छेस्त्वं गवाक्षेण रज्जुलम्बविनिर्गतः । ततः परं यथा भद्रं भवेज्ज्ञास्याम्यहं तथा ॥ १५६
इत्युक्त्वा कारयित्वा च क्रोडबालनिभाश्रिकम् । मन्त्रिपुत्रो ददौ तस्मै त्रिशूलं राजसूनवे ॥ १५७
राजपुत्रः स हस्ते तत्कृत्वा कुटिलकर्कशम् । कालायसदृढं चित्तमिव कान्तावयस्ययोः ॥ १५८
तथेति पूर्ववद्रात्रावगात्पद्मावतीगृहम् । अविचार्यं प्रभूणां हि शुचेर्वाक्यं स्वमन्त्रिणः ॥ १५९
तत्र तां मद्यनिश्चेष्टां शूलेन जघनेऽङ्किताम् । हृतालंकरणां कृत्वा तस्यागात्सख्युरन्तिकम् ॥ १६०
दर्शिताभरणस्तस्मै शशंस च यथाकृतम् । ततः स मन्त्रिपुत्रोऽपि सिद्धं मेने मनीषितम् ॥ १६१
प्रातर्गत्वा श्मशानं च सोऽभूत्तापसवेषभृत् । स्वैरं राजसुतं तं च विदधे शिष्यरूपिणम् ॥ १६२
अब्रवीत्तं च गच्छैकमितोऽलंकरणादिमाम् । मुक्तावलीं समादाय त्वं विक्रेतुमिवापणे ॥ १६३
बहुमूल्यं वदेश्चास्या येनैतां नैव कश्चन । गृह्णीयाद्भ्राम्यमाणां च सर्वः कोऽपि विलोकयेत् ॥ १६४
गुरुणा मम विक्रेतुमियं दत्तेत्यनाकुलः । ब्रूयाश्च यदि गृह्णीयुरत्र त्वां पुररक्षिणः ॥ १६५
इति स प्रेषितस्तेन गत्वा राजसुतस्तदा । अतिष्ठदापणे भ्राम्यन्व्यक्तं मुक्तावलीं दधत् ॥ १६६
तथाभूतश्च जगृहे स दृष्ट्वा पुररक्षिभिः । दन्तघाटसुतामोषज्ञप्तैश्चौरगवेषिभिः ॥ १६७
निन्ये च नगराध्यक्षनिकटं तैः स तत्क्षणात् । स च तं तापसाकारं दृष्ट्वा पप्रच्छ सान्त्वतः ॥ १६८
कुतो मुक्तावलीयं ते भगवन्निह हारिता । दन्तघाटककन्याया हृतं ह्याभरणं निशि ॥ १६९
तच्छ्रुत्वा राजपुत्रस्तं सोऽवादीत्तापसाकृतिः । गुरुणा मम दत्तेयमेत्यासौ पृच्छ्यतामिति ॥ १७०
ततश्चोपेत्य तं नत्वा पप्रच्छ नगराधिपः । मुक्तावलीयं भगवन्कुतस्ते शिष्यहस्तगा ॥ १७१
श्रुत्वैतद्विजनं कृत्वा स धूर्तस्तमभाषत । अहं तपस्वी भ्राम्यामि सदारण्येष्वितस्ततः ॥ १७२
सोऽहं दैवादिह प्राप्तः श्मशानेऽत्र स्थितो निशि । अपश्यं योगिनीचक्रं समागतमितस्ततः ॥ १७३
तन्मध्ये चैकयानीय योगिन्या राजपुत्रकः । उद्घाटितहृदम्भोजो भैरवाय निवेदितः ॥ १७४

पानमत्ता च सा हर्तुं जपतो मेऽक्षमालिकाम्। प्रावर्तत महामाया विकारान्कुर्वती मुखे ॥ १७५
अतिप्रवृत्ता च मया क्रुद्धेन जघनस्थले। अङ्किता सा त्रिशूलेन मन्त्रप्रज्वालिताश्रिणा ॥ १७६
हृता मुक्तावली चेयं तस्याः कण्ठान्मया तदा। सैषाद्य तापसानर्हा विक्रेया मम वर्तते ॥ १७७
एतच्छ्रुत्वा पुराध्यक्षो गत्वा भूपं व्यजिज्ञपत्। भूपोऽप्याकर्ण्य तत्तां च बुद्ध्वा तन्मौक्तिकावलीम् ॥ १७८
प्रेक्षणप्रेपिताप्तवृद्धाप्तवनितामुखात्। श्रुत्वा च दृश्यशूलाङ्कां जघने सत्यमेव ताम् ॥ १७९
ग्रस्तः सुतो मे डाकिन्या तयेत्युत्पन्ननिश्चयः। स्वयं तस्यान्तिकं गत्वा मन्त्रिपुत्रतपस्विनः ॥ १८०
पृष्ट्वा च निग्रहं तस्याः पद्मावत्याः स तद्गिरा। पितृभ्यां शोच्यमानायाः पुरान्निर्वासनं व्यधात् ॥ १८१
निर्वासिताटवीस्था सा विग्नापि न जहौ तनुम्। उपायं मन्त्रिपुत्रेण तं संभाव्य तथा कृतम् ॥ १८२
दिनान्ते तां च शोचन्तीमश्वारूढावुपेयतुः। त्यक्ततापसवेषौ तौ मन्त्रिपुत्रनृपात्मजौ ॥ १८३
आश्वास्यारोप्य तुरगे स्वराष्ट्रं निन्यतुश्च ताम्। तत्र तस्थौ तया साकं राजपुत्रः स निर्वृतः ॥ १८४
दन्तघाटस्त्वरण्ये तां क्रव्यादैर्भक्षितां सुताम्। मत्वा व्यपादि शोकेन भार्या चानुजगाम तम् ॥ १८५
इत्याख्याय स भूयस्तं वेतालो नृपमब्रवीत्। तन्मेऽत्र संशयं छिन्धि दंपत्योरेतयोर्वधात् ॥ १८६
मन्त्रिपुत्रस्य किं पापं राजपुत्रस्य किं नु वा। पद्मावत्याः किमथवा त्वं हि बुद्धिमतां वरः ॥ १८७
जानानश्च न चेद्राजन्मम तत्त्वं वदिष्यसि। तदेष शतधा मूर्धा निश्चितं ते स्फुटिष्यति ॥ १८८
इत्युक्तवन्तं वेतालं विजानञ्शापभीतितः। स त्रिविक्रमसेनस्तमेवं प्रत्यब्रवीन्नृपः ॥ १८९
योगेश्वर किमज्ञेयमेतन्नैषां हि पातकम्। त्रयाणामपि राज्ञस्तु पापं कर्णोत्पलस्य तत् ॥ १९०
वेतालोऽप्याह राज्ञः किं से हि तत्कारिणस्त्रयः। काकाः किमपराध्यन्ति हंसैर्जग्धेषु शालिषु ॥ १९१
राजा ततोऽब्रवीन्नैनं न दुष्यन्ति त्रयोऽपि ते। मन्त्रिसूनोर्हि तत्तावत्प्रभुकार्यमपातकम् ॥ १९२
पद्मावतीराजपुत्रौ तौ हि कामशराग्निना। संतप्तावविचारार्हावदोषौ स्वार्थमुद्यतौ ॥ १९३
कर्णोत्पलस्तु राजा स नीतिशास्त्रेष्वशिक्षितः। चारैः प्रजास्वनन्विष्यंस्तत्त्वशुद्धिं निजास्वपि ॥ १९४
अजानन्धूर्तचरितानीङ्गिताद्यविचक्षणः। तथा तन्निर्विचारं यच्चक्रे तेन स पापभाक् ॥ १९५

इत्याकर्ण्य विमुक्तमौनमुदिते सम्यङ् नृपेणोत्तरे
स्कन्धात्तस्य स दार्ढ्यमाकलयितुं मायाबलात्तत्क्षणम्।
वेतालो नृकलेवरान्तरगतः क्वाप्यप्रतर्क्यो ययौ
निष्कम्पः स च भूपतिः पुनरमुं प्राप्तुं व्यधान्निश्चयम् ॥ १९६

इति महाकविश्रीसोमदेवभट्टविरचिते कथासरित्सागरे शशाङ्कवतीलम्बकेऽष्टमस्तरङ्गः।

नवमस्तरङ्गः।

(द्वितीयो वेतालः।)

ततोऽत्र पुनरानेतुं तं वेतालमगान्नृपः। स त्रिविक्रमसेनस्तच्छिंशपापादपान्तिकम् ॥ १
प्राप्तोऽत्र वीक्षते यावच्चितालोकवशान्निशि। तावद्ददर्श तं भूमौ कूजन्तं पतितं शवम् ॥ २
अथ तं मृतदेहस्थं वेतालं स महीपतिः। आरोप्य स्कन्धमानेतुं तूष्णीं प्रववृते जवात् ॥ ३
ततः स्कन्धात्स वेतालो भूयस्तं नृपमब्रवीत्। राजन्महत्यनुचिते क्लेशेऽस्मिन्पतितो भवान् ॥ ४
अतस्तव विनोदाय कथयामि कथां शृणु। अस्त्यग्रहारः कालिन्दीकूले ब्रह्मस्थलाभिधः ॥ ५
अग्निस्वामीति तत्रासीद्ब्राह्मणो वेदपारगः। तस्यातिरूपा मन्दारवतीत्यजनि कन्यका ॥ ६
यां निर्माय नवानर्घलावण्यां नियतं विधिः। स्वर्गस्त्रीपूर्वनिर्माणं निजमेवाजुगुप्सत ॥ ७
तस्यां च यौवनस्थायामाययुः कान्यकुब्जतः। समसर्वगुणास्तत्र त्रयो ब्राह्मणपुत्रकाः ॥ ८
तेषां चात्मार्थमेकैकस्तत्पितुस्तामयाचत। अनिच्छन्दानमन्यस्मै तस्याः प्राणव्ययादपि ॥ ९
तत्पिता स तु तन्मध्यान्नैकस्मायपि तां ददौ। भीतोऽन्ययोर्वधात्तेन तस्थौ कन्यैव सा ततः ॥ १०

ते च त्रयोऽपि तद्वक्त्रचन्द्रैकासक्तदृष्टयः । चकोरव्रतमालम्ब्य तत्रैवासन्दिवानिशम् ॥ ११
अथाकस्मात्समुत्पन्नदाहज्वरवशेन सा । जगाम मन्दारवती कुमारी किल पञ्चताम् ॥ १२
ततस्तां विप्रपुत्रास्ते परासुं शोकविक्लवाः । कृतप्रसाधनां नीत्वा श्मशानं चक्रुरग्निसात् ॥ १३
एकश्च तेषां तत्रैव विधाय मठिकां ततः । कृततद्भस्मशय्यः सन्नास्तायाचितभैक्षभुक् ॥ १४
द्वितीयोऽस्थीन्युपादाय तस्या भागीरथीं ययौ । तृतीयस्तापसो भूत्वा भ्रान्तुं देशान्तराण्यगात् ॥ १५
स भ्राम्यंस्तापसः प्राप ग्रामं वक्रोलकाभिधम् । तत्रातिथिः सन्कस्यापि विप्रस्य प्राविशद्गृहम् ॥ १६
तत्पूजितः स यावच्च भोक्तुं तत्र प्रचक्रमे । तावदेकः शिशुस्तत्र प्रवृत्तोऽभूत्प्ररोदितुम् ॥ १७
स सान्त्व्यमानोऽपि यदा न व्यरंसीत्तदा क्रुधा । बाहावादाय गृहिणी ज्वलत्यग्नौ तमक्षिपत् ॥ १८
क्षिप्तमात्रः स मृद्वङ्गो भस्मीभावमवाप्तवान् । तद्दृष्ट्वा जातरोमाञ्चः सोऽब्रवीत्तापसोऽतिथिः ॥ १९
हा धिक्कष्टं प्रविष्टोऽस्मि ब्रह्मराक्षसवेश्मनि । तन्मूर्तं किल्बिषमिदं न भोक्ष्येऽन्नमिहाधुना ॥ २०
एवं वदन्तं तं सोऽत्र गृहस्थः प्राह पश्य मे । शक्तिं पठितसिद्धस्य मन्त्रस्य मृतजीवनीम् ॥ २१
इत्युक्त्वादाय तन्मन्त्रपुस्तिकामनुवाच्य च । तत्र भस्मनि चिक्षेप स धूलिमभिमन्त्रिताम् ॥ २२
तेनोदतिष्ठत्तद्रूप एव जीवन्स बालकः । ततः स निर्वृतस्तत्र भुक्तवान्विप्रतापसः ॥ २३
गृहस्थोऽपि स तां नागदन्तेऽवस्थाप्य पुस्तिकाम् । भुक्त्वा च शयनं भेजे रात्रौ तत्रैव तद्युतः ॥ २४
सुप्ते गृहपतौ तस्मिन्स्वैरमुत्थाय शङ्कितः । स प्रियाजीवितार्थी तां पुस्तिकां तापसोऽग्रहीत् ॥ २५
गृहीत्वैव च निर्गत्य ततो रात्रिदिनं व्रजन् । क्रमाच्छ्मशानं तत्प्राप यत्र दग्धास्य सा प्रिया ॥ २६
ददर्श चात्र तत्कालं तं द्वितीयमुपागतम् । यः स गङ्गाम्भसि क्षेप्तुं तदस्थीनि गतोऽभवत् ॥ २७
ततस्तं च तमाद्यं च तस्या भस्मनि शायिनम् । निबद्धमठिकं तत्र द्वावप्येतौ जगाद सः ॥ २८
मठिकापास्यतामेषा यावदुत्थापयामि ताम् । जीवन्तीं भस्मतः कान्तां मन्त्रशक्त्या कयाप्यहम् ॥ २९
इति तौ प्रेर्य निर्बन्धान्निर्लोठ्य मठिकां च सः । उद्घाट्य तापसो विप्रः पुस्तिकां तामवाचयत् ॥ ३०
अभिमन्त्र्य च मन्त्रेण धूलिं भस्मन्यवाक्षिपत् । उदतिष्ठच्च जीवन्ती सा मन्दारवती ततः ॥ ३१
वह्निं प्रविश्य निष्क्रान्तं वपुः पूर्वाधिकद्युति । तदा बभार सा कन्या काञ्चनेनेव निर्मितम् ॥ ३२
तादृशीं तां पुनर्जातां ते दृष्ट्वैव स्मरातुराः । प्राप्तुकामास्त्रयोऽप्येवमन्योन्यं कलहं व्यधुः ॥ ३३
एकोऽब्रवीदियं भार्या मम मन्त्रबलार्जिता । तीर्थप्रभावजा भार्या ममेयमिति चापरः ॥ ३४
रक्षित्वा भस्म तपसा जीवितेयं मयेह यत् । तदेषा मम भार्येति तृतीयोऽत्र जगाद सः ॥ ३५
विवादनिर्णये तेषां त्वं तावन्मे महीपते । निश्चयं ब्रूहि कस्यैषा कन्या भार्योपपद्यते ॥ ३६
विदलिष्यति मूर्धा ते यदि जानन्न वक्ष्यसि । इति वेतालतः श्रुत्वा तं स राजैवमभ्यधात् ॥ ३७
यः क्लेशमनुभूयापि मन्त्रेणैतामजीवयत् । पिता स तस्यास्तत्कार्यकरणान्न पुनः पतिः ॥ ३८
यश्चास्थीनि निनायास्य गङ्गायां स सुतो मतः । यस्तु तद्भस्मशय्यां तामाश्लिष्यासीत्तपश्चरन् ॥ ३९
श्मशान एव तत्प्रीत्या भर्ता तस्याः स उच्यते । कृतं तदनुरूपं हि तेन गाढानुरागिणा ॥ ४०

एवं नृपात्त्रिविक्रमसेनाच्छ्रुत्वैव मुक्तमौनात्सः ।
तस्य स्कन्धादगमद्वेतालोऽतर्कितः स्वपदम् ॥ ४१

राजाथ भिक्ष्वर्थसमुद्यतस्तं प्राप्तुं स भूयोऽपि मनो बबन्ध ।
प्राणात्ययेऽपि प्रतिपन्नमर्थं तिष्ठन्त्यनिर्वाह्य न धीरसत्त्वाः ॥ ४२

इति महाकविश्रीसोमदेवभट्टविरचिते कथासरित्सागरे शशाङ्कवतीलम्बके नवमस्तरङ्गः ।

दशमस्तरङ्गः ।

(तृतीयो वेतालः ।)

अथ भूयोऽपि वेतालमानेतुं नृपसत्तमः । स त्रिविक्रमसेनस्तमुपागाच्छिंशपातरुम् ॥ १
तत्रस्थमेतं संप्राप्य मृतदेहगतं पुनः । स्कन्धे गृहीत्वैवागन्तुं तूष्णीं प्रववृते ततः ॥ २

प्रयान्तं च तमाह स्म स वेतालोऽस्य पृष्ठगः । चित्रं नोद्विजसे राजन्निशि कुर्वन्गमागमम् ॥ ३
तदखेदाय भूयस्ते वर्णयामि कथां शृणु । अस्ति पाटलिपुत्राख्यं ख्यातं भूमण्डले पुरम् ॥ ४
तत्रासीन्नृपतिः पूर्वं नाम्ना विक्रमकेसरी । गुणानामिव रत्नानामाश्रयं यं व्यधाद्विधिः[1] ॥ ५
तत्र शापावतीर्णोऽभूद्दिव्यविज्ञानवाञ्शुकः । विदग्धचूडामणिरित्याख्यया सर्वशास्त्रवित् ॥ ६
तेनोपदिष्टां सदृशीं राजपुत्रीं नृपात्मजः । मागधीमुपयेमे स भार्यां चन्द्रप्रभाभिधाम् ॥ ७
तस्या अपि तथाभूता सर्वविज्ञानशालिनी । शारिका सोमिका नाम राजपुत्र्याः किलाभवत् ॥ ८
ते चैकपञ्जरस्थे द्वे तत्रास्तां शुकशारिके । सेवमाने स्वविज्ञानैर्दंपती तौ निजप्रभू ॥ ९
एकदा साभिलाषस्तां शारिकां सोऽब्रवीच्छुकः । एकशय्यासनाहारं सुभगे भज मामिति ॥ १०
नाहं पुरुषसंसर्गमिच्छामि पुरुषा यतः । दुष्टाः कृतघ्ना इति सा सारिका प्रत्युवाच तम् ॥ ११
न दुष्टाः पुरुषा दुष्टा नृशंसहृदयाः स्त्रियः । इति भूयः शुकेनोक्ते विवादोऽत्रालगत्तयोः ॥ १२
कृतदासत्वभार्यात्वपणौ तौ शकुनी मिथः । निश्चयायाथ सभ्यं तं राजपुत्रमुपेयतुः ॥ १३
स विवादपदं श्रुत्वा तयोरास्थानगः पितुः । कथं कृतघ्नाः पुरुषा ब्रूहीत्याह स्म शारिकाम् ॥ १४
ततः सा शृणुतेत्युक्त्वा निजपक्षप्रसिद्धये । पुंदोषाख्यायिनीमेतां शारिकाकथयत्कथाम् ॥ १५
अस्ति कामन्दिका नाम या महानगरी भुवि । अर्थदत्ताभिधानोऽस्ति वणिक्तस्यां महाधनः ॥ १६
धनदत्ताभिधानश्च पुत्रस्तस्योदपद्यत । पितर्युपरते सोऽपि बभूवोच्छृङ्खलो युवा ॥ १७
द्यूतादिसङ्के धूर्ताश्च मिलित्वा तमपातयन् । कामं व्यसनवृक्षस्य मूलं दुर्जनसंगतिः ॥ १८
अचिराद्व्यसनक्षीणधनो दौर्गत्यलज्जया । सोऽथ त्यक्त्वा स्वदेशं तं भ्रान्तुं देशान्तराण्यगात् ॥ १९
गच्छंश्च चन्दनपुरं नाम स्थानमवाप्य सः । विवेश भोजनार्थी सन्नेकस्य वणिजो गृहम् ॥ २०
स वणिक्सुकुमारं तं दृष्ट्वा पृष्टान्वयादिकम् । ज्ञात्वा कुलीनं सत्कृत्य स्वीचक्रे दैवयोगतः ॥ २१
ददौ च सधनां तस्मै नाम्ना रत्नावलीं सुताम् । ततः स धनदत्तोऽत्र तस्थौ श्वशुरवेश्मनि ॥ २२
दिनेष्वेव च यातेषु सुखविस्मृतदुर्गतिः । स्वदेशं गन्तुकामोऽभूत्प्राप्तार्थो व्यसनोन्मुखः ॥ २३
ततोऽनुमान्य कथमप्यवशं श्वशुरं शठः । तं दुहित्रेकसंतानं गृहीत्वा तामलंकृताम् ॥ २४
भार्यां रत्नावलीं युक्तामेकया वृद्धया स्त्रिया । स आत्मना तृतीयः सन्देशात्प्रस्थितवांस्ततः ॥ २५
क्रमात्प्राप्याटवीं दूरामुक्त्वा तस्करजां भियम् । गृहीत्वाभरणं तस्या भार्यायाः स्वीचकार सः ॥ २६
दृश्यतां द्यूतवेश्यादिकष्टव्यसनसङ्गिनाम् । हृदयं हा कृतघ्नानां पुंसां निस्त्रिंशकर्कशम् ॥ २७
सोऽथ पापोऽर्थहेतोस्तां भार्यां गुणवतीमपि । हन्तुं श्वभ्रे निचिक्षेप तया वृद्धस्त्रिया युताम् ॥ २८
क्षिप्त्वैव च गते तस्मिन्साथ वृद्धा व्यपद्यत । तद्भार्या तु लतागुल्मविघ्नया न व्यपादि सा ॥ २९
उत्तस्थौ च ततः श्वभ्रात्क्रोशन्ती करुणं शनैः । आलम्ब्य तृणगुल्मादि सशेषत्वात्किलायुषः ॥ ३०
आययौ विक्षताङ्गी च पृष्ट्वा मार्गं पदे पदे । यथागतेनैव पथा कृच्छ्रात्तत्सदनं पितुः ॥ ३१
तत्राकस्मात्तथाभूता प्राप्ता पृष्टा ससंभ्रमम् । मात्रा पित्रा च रुदती साध्वी सैवमभाषत ॥ ३२
मुषिताः स्म पथि स्तेनैर्नीतो बद्ध्वा च मत्पतिः । वृद्धा मृता निपत्यापि श्वभ्रे नाहं मृता पुनः ॥ ३३
अथागतेन केनापि पथिकेन कृपालुना । उद्धृताहं ततः श्वभ्रात्प्राप्तास्मीह च दैवतः ॥ ३४
एवमुक्तवती मात्रा पित्रा चाश्वासिता ततः । भर्तृचिन्तैव सा तस्थौ तत्र रत्नावली सती ॥ ३५
याति काले च तद्भर्ता स स्वदेशगतः पुनः । द्यूतक्षपिततद्वित्तो धनदत्तो व्यचिन्तयत् ॥ ३६
आनयामि पुनर्गत्वा मार्गित्वा श्वशुराद्धनम् । गृहे स्थिता मे त्वत्पुत्रीत्यभिधास्ये च तत्र तम् ॥ ३७
एवं स हृदये ध्यात्वा प्रायाच्छ्वशुरवेश्म तत् । प्राप्तं च तत्र तं दूरात्स्वभार्या पश्यति स्म सा ॥ ३८
धावित्वा चापतत्तस्य सा पापस्यापि पादयोः । दुष्टेऽपि पत्यौ साध्वीनां नान्यथावृत्ति मानसम् ॥ ३९
भीताय च ततस्तस्मै तदशेषं न्यवेदयत् । यन्मृषा चौरपातादि पित्रोः प्राग्वर्णितं तया ॥ ४०

1. अस्मादग्रे किंचित्त्रुटितमिव भाति.

ततस्तया समं तत्र निर्भयः श्वाशुरे गृहे । प्रविष्टः श्वशुराभ्यां स हर्षाद्बाष्पाभ्यनन्द्यत ॥ ४१
दिष्ट्या जीवन्नयं मुक्तश्चौरैरिति महोत्सवः । तेन तच्छ्वशुरेणाथ चक्रे मिलितबन्धुना ॥ ४२
ततः स धनदत्तोऽत्र भुञ्जानः श्वशुरश्रियम् । रत्नावल्या तया साकमासीत्पत्न्या यथासुखम् ॥ ४३
एकदा तत्र रात्रौ च स नृशंसश्चकार यत् । कथोपरोधतः शान्तमवाच्यमपि कथ्यते ॥ ४४
हत्वाङ्कसुप्तां भार्यां तां तदाभरणसंचयम् । अपहृत्य ततः प्रायात्स स्वदेशमलक्षितः ॥ ४५
ईदृशाः पुरुषाः पापा इति शारिकयोदिते । त्वमिदानीं वदेत्याह राजपुत्रस्तदा शुकम् ॥ ४६
ततो जगाद स शुको देव दुःसहसाहसाः । स्त्रियो दुश्चरिताः पापास्तथा च श्रूयतां कथा ॥ ४७
अस्ति हर्षवती नाम नगरी तत्र चाभवत् । अग्रणीर्धर्मदत्ताख्यो बहुकोटीश्वरो वणिक् ॥ ४८
वसुदत्ताभिधाना च रूपेऽनन्यसमा सुता । बभूव तस्य वणिजः प्राणेभ्योऽप्यधिकप्रिया ॥ ४९
सा च तेन समानाय रूपयौवनशालिने । दत्ता वराङ्गनानेत्रचकोरामृतरश्मये ॥ ५०
नाम्ना समुद्रदत्ताय वणिक्पुत्राय साधवे । नगर्यामार्यजुष्टायां ताम्रलिप्त्यां निवासिने ॥ ५१
कदाचित्सा स्वदेशस्थे पत्यौ स्वस्य पितुर्गृहे । स्थिता वणिक्सुता दूरात्कंचित्पुरुषमैक्षत ॥ ५२
तं युवानं सुकान्तं सा चपला मारमोहिता । गुप्तं सखीमुखानीतं भेजे प्रच्छन्नकामुकम् ॥ ५३
ततःप्रभृति तेनैव सह तत्र सदा रहः । रात्रौ रात्रावरंस्तासौ तदेकासक्तमानसा ॥ ५४
एकदा च स कौमारः पतिस्तस्याः स्वदेशतः । आजगामात्र तत्पित्रोः प्रमोद इव मूर्तिमान् ॥ ५५
सोत्सवे च दिने तस्मिन्सा नक्तं कृतमण्डना । मात्रानुप्रेषिता भेजे शय्यास्थापि न तं पतिम् ॥ ५६
प्रार्थिता तेन चालीकसुप्तं चक्रेऽन्यमानसा । पानमत्तोऽध्वखिन्नश्च सोऽपि जह्रेऽथ निद्रया ॥ ५७
ततश्च सुप्ते सर्वस्मिन्भुक्तपीते जने शनैः । संधिं भित्त्वा विवेशात्र चौरो वासगृहान्तरे ॥ ५८
तत्कालं तमपश्यन्ती साप्युत्थाय वणिक्सुता । स्वजारकृतसंकेता निरगान्निभृतं ततः ॥ ५९
तदालोक्य स चौरोऽत्र विघ्नितेच्छो व्यचिन्तयत् । येषामर्थे प्रविष्टोऽहं तैरेवाभरणैर्वृता ॥ ६०
निशीथे निर्गतैषा तद्वीक्षेऽहं सा क गच्छति । इत्याकलय्य निर्गत्य स चौरस्तां वणिक्सुताम् ॥ ६१
वसुदत्तामनु ययौ दत्तदृष्टिरलक्षितः । सापि पुष्पादिहस्तैकससंकेतसखीयुता ॥ ६२
गत्वा बाह्यं प्रविष्टाभूदुद्यानं नातिदूरगम् । तत्रापश्यच्च तं वृक्षे लम्बमानं स्वकामुकम् ॥ ६३
संकेतकागतं रात्रौ लब्ध्वा नगररक्षिभिः । उल्लम्बितं चौरबुद्ध्या पाशकण्ठं मृतं स्थितम् ॥ ६४
ततः सा विह्वलोद्भ्रान्ता हा हतास्मीति वादिनी । पपात भूमौ कृपणं विलपन्ती रुरोद च ॥ ६५
अवतार्याथ वृक्षात्तं गतासुं निजकामुकम् । उपवेश्याङ्गरागेण पुष्पैश्चालंचकार सा ॥ ६६
समालिङ्ग्य च निःसंज्ञं रागशोकान्धमानसा । उन्नमय्य मुखं यावत्तस्यार्ता परिचुम्बति ॥ ६७
तावत्स तस्याः सहसा निर्जीवः परपूरुषः । वेतालानुप्रविष्टः सन्दन्तैश्चिच्छेद नासिकाम् ॥ ६८
तेन सा विह्वला तस्मात्सव्यथापसृताप्यहो । किंस्विज्जीवेदिति हृता पुनरेत्य तमैक्षत ॥ ६९
दृष्ट्वा च वीतवेतालं निश्चेष्टं मृतमेव तम् । सा भीता परिभूता च चचाल रुदती शनैः ॥ ७०
तावच्छन्नः स्थितः सोऽथ चौरः सर्वं व्यलोकयत् । अचिन्तयच्च किमिदं पापया कृतमेतया ॥ ७१
अहो बताशयः स्त्रीणां भीषणो घनतामसः । अन्धकूप इवागाधः पाताय गहनः परम् ॥ ७२
तदिदानीमियं किं नु कुर्यादिति विचिन्त्य सः । कौतुकाद्दूरतश्चौरो भूयोऽप्यनुससार ताम् ॥ ७३
सापि गत्वा प्रविश्यैव तत्सुप्तस्थितभर्तृकम् । गृहं तदा स्वकं प्रोच्चैः प्ररुदत्येवमब्रवीत् ॥ ७४
परित्रायध्वमेतेन दुष्टेन मम नासिका । छिन्ना निरपराधाया भर्तृरूपेण शत्रुणा ॥ ७५
श्रुत्वैतं मुहुराक्रन्दं तस्याः सर्वे ससंभ्रमम् । उदतिष्ठन्प्रबुध्यात्र पतिः परिजनः पिता ॥ ७६
एत्याथ तत्पिता दृष्ट्वा तामार्द्रच्छिन्ननासिकाम् । क्रुद्धस्तं बन्धयामास भार्याद्रोहीति तत्पतिम् ॥ ७७
स तु नैवाब्रवीत्किंचिद्बुध्यमानोऽपि मूकवत् । विपर्यस्तेषु सर्वेषु शृण्वत्सु श्वशुरादिषु ॥ ७८
ततो ज्ञात्वैव तच्चौरे तस्मिन्नपसृते लघु । कोलाहलेन तस्यां च व्यतीतायां क्रमान्निशि ॥ ७९

स निन्ये वणिजा तेन श्वशुरेण वणिक्सुतः। राजान्तिकं तया सार्धं भार्यया छिन्ननासया॥ ८०
राजा च कृतविज्ञप्तिः स्वदारद्रोह्यसाविति। तस्यादिशद्वणिक्सूनोर्वधं न्यक्कृततद्वचाः॥ ८१
ततो वध्यभुवं तस्मिन्नीयमाने सडिण्डिमम्। उपागम्य स चौरोऽत्र बभाषे राजपूरुषान्॥ ८२
निष्कारणं न वध्योऽयं यथावृत्तं तु वेद्म्यहम्। मां प्रापयत राजाग्रं यावत्सर्वं वदाम्यतः॥ ८३
इत्यूचिवान्स नीतस्तैर्नृपस्याग्रं वृताभयः। आ मूलाद्रात्रिवृत्तान्तं चौरः सर्वं न्यवेदयत्॥ ८४
अब्रवीच्च न चेद्देव मद्वाचि प्रत्ययस्तव। तत्सा नासा मुखे तस्य शवस्याद्यापि वीक्ष्यताम्॥ ८५
तच्छ्रुत्वा वीक्षितुं भृत्यान्प्रेष्य सत्यमवेत्य तत्। स राजा तं वणिक्पुत्रं मुक्तवान्वधनिग्रहात्॥ ८६
तां च कर्णावपि च्छित्वा दुष्टां देशान्निरस्तवान्। तद्भार्यां श्वशुरं चास्य तं सर्वस्वमदण्डयत्॥ ८७
चौरं च तं पुराध्यक्षं तुष्टश्चक्रे स भूपतिः। एवं स्त्रियो भवन्तीह निसर्गविषमाः शठाः॥ ८८
इत्युक्तवानेव शुको भूत्वा चित्ररथाभिधः। क्षीणेन्द्रशापो गन्धर्वो दिव्यरूपो दिवं ययौ॥ ८९
शारिका सापि तत्कालं भूत्वा स्वःस्त्री तिलोत्तमा। तथैव क्षीणतच्छापा जगाम सहसा दिवम्॥ ९०
विवादश्चाप्यनिर्णीतः सभायां सोऽभवत्तयोः। इत्याख्याय कथां भूयस्तं वेतालोऽब्रवीन्नृपम्॥ ९१
तद्भवान्वक्तु किं पापाः पुरुषाः किमुत स्त्रियः। अजल्पतो जानतस्ते शिरो यास्यति खण्डशः॥ ९२

एतन्निशम्य वचनं वेतालस्यांसवर्तिनस्तस्य।
स जगाद भूपतिस्तं योगेश्वर योषितः पापाः॥ ९३
पुरुषः कोऽपि हि तादृक्क्कापि कदाचिद्भवेद्दुराचारः।
प्रायः सर्वत्र सदा स्त्रियस्तु तादृग्विधा एव॥ ९४
इत्युक्तवतो नृपतेः प्राग्वत्स्कन्धात्स तस्य वेतालः।
नष्टोऽभूत्स च राजा जग्राह पुनस्तदानयनयत्नम्॥ ९५

इति महाकविश्रीसोमदेवभट्टविरचिते कथासरित्सागरे शशाङ्कवतीलम्बके दशमस्तरङ्गः।

एकादशस्तरङ्गः।

(चतुर्थो वेतालः)

ततो गत्वा पुनस्तस्य निकटं शिंशपातरोः। स त्रिविक्रमसेनोऽत्र श्मशानं निशि भूपतिः॥ १
लब्ध्वा मुक्ताट्टहासं तं वेतालं नृशरीरगम्। निष्कम्पः स्कन्धमारोप्य तूष्णीमुदचलत्ततः॥ २
चलन्तं च तमंसस्थो वेतालः सोऽब्रवीत्पुनः। राजन्कुभिक्षोरेतस्य कृते कोऽयं तव श्रमः॥ ३
आयासे निष्फलेऽमुष्मिन्विवेको बत नास्ति ते। तदिमां शृणु मत्तस्त्वं कथां पथि विनोदिनीम्॥ ४
अस्ति शोभावती नाम सत्याख्या नगरी भुवि। तस्यां च शूद्रकाख्योऽभूद्भूपतिः प्राज्यविक्रमः॥ ५
यस्य जज्वाल जयिनः प्रतापज्वलनोऽनिशम्। बन्दीकृतारिललनाधूतचामरमारुतैः॥ ६
अलुप्तधर्मचरणस्फीता मन्थे वसुंधरा। राज्ञि यस्मिन्विसस्मार रामादीनपि भूपतीन्॥ ७
तं कदाचिन्महीपालं प्रियशूरमुपाययौ। सेवार्थं मालवादेको नाम्ना वीरवरो द्विजः॥ ८
यस्य धर्मवती नाम भार्या सत्ववरः सुतः। कन्या वीरवती चेति त्रयं गृहपरिच्छदः॥ ९
सेवापरिच्छदश्चान्यत्त्रयं कट्यां कृपाणिका। करे करतलैकत्र चारु चर्म परत्र च॥ १०
तावन्मात्रपरीवारो दीनारशतपञ्चकम्। प्रत्यहं प्रार्थयामास राज्ञस्तस्मात्स वृत्तये॥ ११
राजापि स तमाकारसूचितोदारपौरुषम्। वीक्ष्य तस्मै ददौ वृत्तिं शूद्रकस्तां यथेप्सिताम्॥ १२
अल्पे परिकरेऽप्येभिरियद्भिः स्वर्णरूपकैः। किमेष व्यसनं पुष्णात्यथ कंचन सद्व्ययम्॥ १३
इत्यन्वेष्टुं समाचारं कौतुकात्स महीपतिः। प्रच्छन्नान्स्थापयामास चारानस्यात्र पृष्ठतः॥ १४
स च वीरवरः प्रातः कृत्वा भूपस्य दर्शनम्। स्थित्वा च तस्य मध्याह्नं सिंहद्वारे धृतायुधः॥ १५
गत्वा स्ववृत्तिलब्धानां दीनाराणां शतं गृहे। भोजनार्थं स्वभार्याया हस्ते प्रादात्किलान्वहम्॥ १६

वस्त्राङ्गरागताम्बूलं क्रीणाति स्म शतेन च । शतं स्नात्वा च पूजार्थे व्यधाद्विष्णोः शिवस्य च ॥ १७
विप्रेभ्यः कृपणेभ्यश्च ददौ दानं शतद्वयम् । एवं विभेजे पञ्चापि तानि नित्यं शतान्यसौ ॥ १८
ततः कृत्वाग्निकार्यादि भुक्त्वा गत्वैकको निशि । सिंहद्वारे पुनस्तस्थौ पाणौ करतलं दधत् ॥ १९
एतां सततचर्यां च तस्य वीरवरस्य सः । राजा चारमुखाच्छ्रुत्वा तुतोष हृदि शूद्रकः ॥ २०
निवारयामास च तांश्चारांस्तस्यानुमार्गगान् । मेने विशेषपूजार्हं पुरुषातिशयं च तम् ॥ २१
अथ यातेषु दिवसेष्ववहेलावलङ्घिते । ग्रीष्मे वीरवरेणात्र सुप्रचण्डार्कतेजसि ॥ २२
तदीर्ष्यात इवोद्भूतविद्युत्करतलं दधत् । धाराप्रहारी निनदन्नाजगाम घनागमः ॥ २३
तदा च घोरमेघौघे प्रवर्षति दिवानिशम् । सिंहद्वारे तथैवासीत्सोऽत्र वीरवरोऽचलः ॥ २४
तं च दृष्ट्वा दिवा राजा प्रासादादात्स शूद्रकः । निशि भूयस्तदारोहज्जिज्ञासुस्तस्य तां स्थितिम् ॥ २५
जगाद च ततः को नु सिंहद्वारे स्थितोऽत्र भोः । तच्छ्रुत्वाहं स्थितोऽत्रेति सोऽपि वीरवरोऽब्रवीत् ॥ २६
अहो सुदृढसत्त्वोऽयं भक्तो वीरवरो मयि । तदेष प्रापणीयो मेऽवश्यमेव महत्पदम् ॥ २७
इति संचिन्त्य नृपतिः प्रासादादवतीर्य सः । शूद्रकः शयनं भेजे प्रविश्यान्तःपुरं ततः ॥ २८
अन्येद्युश्च भृशं मेघे धारासारेण वर्षति । प्रदोषे गुप्तभवने काले तमसि जृम्भिते ॥ २९
पुनः स राजा जिज्ञासुः प्रासादमधिरुह्य तम् । सिंहद्वारे स्थितः कोऽत्रेत्येकाकी प्राह तं स्फुटम् ॥ ३०
अहं स्थित इति प्रोक्ते पुनर्वीरवरेण च । यावद्विस्मयते सोऽत्र राजा तद्धैर्यदर्शनात् ॥ ३१
तावद्विदूरे शुश्राव सहसा रुदतीं स्त्रियम् । विषादविकलामेकां प्रलापकरुणस्वनम् ॥ ३२
न मे राष्ट्रे पराभूतो न दरिद्रो न दुःखितः । कश्चिदस्ति तदेषा का रोदित्येकाकिनी निशि ॥ ३३
इति चाचिन्तयच्छ्रुत्वा स जातकरुणो नृपः । आदिदेश च तं वीरवरमेकमधःस्थितम् ॥ ३४
भो वीरवर शृण्वेषा दूरे स्त्री कापि रोदिति । कासौ रोदिति किं चेति त्वया गत्वा निरूप्यताम् ॥ ३५
तच्छ्रुत्वा स तथेत्युक्त्वा गन्तुं वीरवरस्ततः । प्रावर्तत निबद्धासिधेनुः करतलाकरः ॥ ३६
न च मेघान्धकारं तज्ज्वलद्विद्युद्विलोचनम् । स्थूलधाराशिलावर्षि रक्षोरूपमजीगणत् ॥ ३७
प्रस्थितं वीक्ष्य तादृश्यां तस्यां रात्रौ तमेककम् । करुणाकौतुकाविष्टो राजा प्रासादपृष्ठतः ॥ ३८
अवतीर्य गृहीतासिरेकाकी तस्य पृष्ठतः । सोऽपि प्रतस्थे तत्रैव शूद्रकोऽनुपलक्षितः ॥ ३९
स च वीरवरो गत्वा रुदितानुसृतिक्रियः । बहिर्निर्गर्याः प्राप्यैकं सरस्तत्र ददर्श च ॥ ४०
हा शूर हा कृपालो हा त्यागिञ्शून्या त्वया कथम् । वत्स्यामीत्यादि रुदतीं तां स्त्रियं वारिमध्यगाम् ॥ ४१
का त्वं रोदिषि किं चैवमित्यन्वक्प्राप्तभूपतिः । पप्रच्छ तां च साश्चर्यस्ततः साप्येवमभ्यधात् ॥ ४२
भो वीरवर जानीहि वत्स मां पृथिवीमिमाम् । तस्या ममाधुना राजा शूद्रको धार्मिकः पतिः ॥ ४३
तृतीये च दिने तस्य राज्ञो मृत्युर्भविष्यति । तादृशं च पतिं प्राप्स्याम्यहमन्यं नृपं कुतः ॥ ४४
अतस्तमनुशोचामि दुःखितात्मानमेव च । एतच्छ्रुत्वा स तां त्रस्त इव वीरवरोऽब्रवीत् ॥ ४५
हे देवि कश्चिदप्यस्ति कोऽप्युपायः स तादृशः । येनास्य न भवेन्मृत्युर्जगद्रक्षामणेः प्रभोः ॥ ४६
इति तद्वचनं श्रुत्वा सा जगाद वसुंधरा । एकोऽस्त्युपायस्तं चैकः कर्तुं शक्तो भवानिति ॥ ४७
ततो वीरवरोऽवादीत्तर्हि देवि वद द्रुतम् । यावत्तत्साधयाम्याशु कोऽर्थः प्राणैर्ममान्यथा ॥ ४८
तच्छ्रुत्वोवाच वसुधा वीरः कोऽन्यस्त्वया समः । स्वामिभक्तस्तदेतस्य शर्मोपायमिमं शृणु ॥ ४९
राज्ञा कृतप्रतिष्ठास्ति यैषा राजकुलान्तिके । उत्तमा चण्डिका देवी सांनिध्योत्कर्षशालिनी ॥ ५०
तस्यै सत्त्ववरं पुत्रमुपहारीकरोषि चेत् । तन्नैष राजा म्रियते जीवत्यन्यत्समाशतम् ॥ ५१
अद्यैव चैतद्भवता कृतं चेदस्ति तच्छिवम् । अन्यथास्य तृतीयेऽह्नि प्राप्ते नास्त्येव जीवितम् ॥ ५२
इत्युक्तः स तया पृथ्व्या वीरो वीरवरस्तदा । यामि देवि करोम्येतदधुनैवेत्यभाषत ॥ ५३
ततो भद्रं तवेत्युक्त्वा वसुधा सा तिरोदधे । तच्च सर्वं स शुश्राव गुप्तमन्वक्स्थितो नृपः ॥ ५४
ततश्च गूढे जिज्ञासौ तस्मिन्राज्ञ्यनुगच्छति । शूद्रके त्वरितं गेहं निशि वीरवरो ययौ ॥ ५५

तत्र पुत्रोपहारोऽस्य राजार्थे धरया यथा । उक्तस्तथाब्रवीत्पत्न्यै धर्मवत्यै विबोध्य सः ॥ ५६
तच्छ्रुत्वा सा समाह स्म नाथ कार्यं शिवं प्रभोः । तत्प्रबोध्य सुतस्यास्य शिशोर्वक्तुं भवानिति ॥ ५७
ततः प्रबोध्य सुप्तं तं बालं सत्त्ववरं सुतम् । आख्याय तं च वृत्तान्तमेवं वीरवरोऽब्रवीत् ॥ ५८
तत्पुत्र चण्डिकादेव्या उपहारीकृते त्वयि । राजा जीवत्यसौ नो चेत्तृतीयेऽह्नि विपद्यते ॥ ५९
एतच्छ्रुत्वैव बालोऽपि यथार्थं नाम दर्शयन् । अक्लीबचित्तः पितरं तं स सत्त्ववरोऽब्रवीत् ॥ ६०
कृतार्थोऽहं मम प्राणै राजा चेत्तात जीवति । भुक्तस्य हि तदन्नस्य दत्ता स्यान्निष्कृतिर्मया ॥ ६१
तत्किं विलम्ब्यते नीत्वा भगवत्याः पुरोऽधुना । उपहारीकुरुध्वं मामस्तु शान्तिर्मया प्रभोः ॥ ६२
इति सत्त्ववरेणोक्ते तेन वीरवरोऽत्र सः । साधु सत्यं प्रसूतोऽसि मत्तः पुत्रेत्यभाषत ॥ ६३
एतत्सोऽन्वागतो राजा सर्वं श्रुत्वा बहिः स्थितः । अहो एषां समं सत्त्वं सर्वेषामित्यचिन्तयत् ॥ ६४
ततो वीरवरः स्कन्धे कृत्वा सत्त्ववरं सुतम् । भार्या धर्मवती चास्य कन्यां वीरवतीमपि ॥ ६५
उभौ तौ ययतुस्तस्यां रात्रौ तच्चण्डिकागृहम् । राजापि शूद्रकश्छन्नः पृष्ठतः स तयोर्ययौ ॥ ६६
तत्र देव्याः पुरः स्कन्धात्सोऽथ पित्रावतारितः । देवीं सत्त्ववरो नत्वा धैर्यराशिर्व्यजिज्ञपत् ॥ ६७
मम मूर्धोपहारेण राजा जीवतु शूद्रकः । अन्यद्वर्षशतं देवि कुर्याद्राज्यमकण्टकम् ॥ ६८
एवमुक्तवतस्तस्य साधु साध्वित्युदीर्य सः । सूनोः सत्त्ववरस्याथ कृष्ट्वा करतलं शिशोः ॥ ६९
छित्त्वा शिरश्चण्डिकायै देव्यै वीरवरो ददौ । मत्पुत्रेणोपहारेण राजा जीवत्विति ब्रुवन् ॥ ७०
साधु कः स्वामिभक्तोऽन्यः समो वीरवर त्वया । येनैवमेकसत्पुत्रप्राणव्ययविधायिना ॥ ७१
दत्तो जीवश्च राज्यं च शूद्रकस्यास्य भूपतेः । इत्यन्तरिक्षादुदगात्तत्क्षणं तत्र भारती ॥ ७२
तच्च सर्वं नृपे तस्मिंश्छन्ने शृण्वति पश्यति । कन्या वीरवती सा तु बाला वीरवरात्मजा ॥ ७३
उपेत्याश्लिष्य मूर्धानं तस्य भ्रातुर्हतस्य तम् । विलपन्त्युरुशोकान्धा हृत्स्फोटेन व्यपद्यत ॥ ७४
ततो वीरवरं भार्या धर्मवत्येवमब्रवीत् । राज्ञस्तावत्कृतं श्रेयस्तदिदानीं वदामि ते ॥ ७५
निर्ज्ञाना यत्र बालापि भ्रातृशोकादियं मृता । नष्टेऽपत्यद्वयेऽप्यस्मिंस्तत्र किं जीवितेन मे ॥ ७६
प्रागेव राज्ञः श्रेयोऽर्थे मूढया स्वशिरो मया । देव्यै नोपहृतं तस्माद्देह्यनुज्ञां ममाधुना ॥ ७७
प्रविशाम्यनलं तावदात्तापत्यकलेवरा । इत्याग्रहाद्वदन्तीं तां सोऽथ वीरवरोऽब्रवीत् ॥ ७८
एवं कुरुष्व भद्रं ते का हि संप्रति ते रतिः । अपत्यदुःखैकमये जीवितव्ये मनस्विनि ॥ ७९
किं न दत्तो मयैवात्मेत्येषा मा भूच्च ते व्यथा । दद्यां किं नाहमात्मानमन्यसाध्यं भवेद्यदि ॥ ८०
तत्प्रतीक्षस्व यावत्ते चितामत्र करोम्यहम् । अमीभिर्दारुभिर्देवीक्षेत्रनिर्माणसंभृतैः ॥ ८१
इत्युक्त्वा दारुभिस्तैः स कृत्वा वीरवरश्चिताम् । दीपाग्नेर्ज्वालयामास न्यस्तापत्यशवद्वयाम् ॥ ८२
ततो धर्मवती पत्नी पतित्वा सास्य पादयोः । प्रणम्य देवीं चण्डीं तां व्यजिज्ञपदपांसुला ॥ ८३
जन्मान्तरेऽप्ययं भूयादार्यपुत्रः पतिर्मम । एतत्प्रभोस्तु राज्ञोऽस्तु मद्देहेनामुना शिवम् ॥ ८४
इत्युदीर्यैव सा साध्वी तस्मिन्नम्भोवहेलया । ज्वालाकलापजटिले निपपात चितानले ॥ ८५
ततश्च चिन्तयामास वीरो वीरवरोऽत्र सः । निष्पन्नं राजकार्यं मे वाग्दिव्या श्रुद्गता यथा ॥ ८६
भुक्तस्य चान्नपिण्डस्य जातोऽहमनृणः प्रभोः । तदिदानीं ममैकस्य केयं जीवितगृध्नुता ॥ ८७
भरणीयं प्रियं कृत्स्नं व्ययीकृत्य कुटुम्बकम् । जीवयन्नेकमात्मानं मादृशः को हि शोभते ॥ ८८
तत्किमात्मोपहारेणाप्येतां प्रीणामि नाम्बिकाम् । इत्यालोच्य स देवीं तां स्तुत्या प्रागुपतस्थिवान् ॥ ८९

जय महिषासुरमारिणि दारिणि रुरुदानवस्य शूलकरे ।
जय विबुधोत्सवकारिणि धारिणि भुवनत्रयस्य मातृवरे ॥ ९०
जय जगदर्चितचरणे शरणे निःश्रेयसस्य भक्तानाम् ।
जय धृतभास्करकिरणे हरणे दुरितान्धकारवृन्दानाम् ॥ ९१
जय कालि जय कपालिनि जय कङ्कालिनि शिवे नमस्तेऽस्तु ।
शूद्रकनृपतेरधुना प्रसीद मन्मस्तकोपहारेण ॥ ९२

इत्युत्थाय देव्यां स तस्यां वीरवरः पुनः । सद्यः करतलाघातेनोत्तमाङ्गं स्वमच्छिनत् ॥ ९३
तदालोक्याखिलं तत्र च्छन्नस्थः शूद्रको नृपः । साकुलश्च सदुःखश्च साश्चर्यश्च व्यचिन्तयत् ॥ ९४
अहो किमप्यनेनैतदन्यत्रादृष्टमश्रुतम् । साधुना सकुटुम्बेन दुष्करं मत्कृते कृतम् ॥ ९५
विचित्रेऽप्यत्र संसारे धीरः स्यादीदृशः कुतः । अख्यापयन्प्रभोरर्थे परोक्षं यो ददात्यसून् ॥ ९६
एतस्य चोपकारस्य न कुर्यां सदृशं यदि । तन्मे का प्रभुता किं च जीवितव्यं पशोरिव ॥ ९७
इति संचिन्त्य नृपतिः खड्गमाकृष्य कोपतः । उपेत्य शूद्रको देवीं तां प्रवीरो व्यजिज्ञपत् ॥ ९८
सततानुप्रपन्नस्य भगवत्यधुनामुना । मम मूर्धोपहारेण सुप्रीता कुर्वनुग्रहम् ॥ ९९
अयं वीरवरो विप्रो नामानुगुणचेष्टितः । मदर्थमुज्झितप्राणः सकुटुम्बोऽपि जीवतु ॥ १००
इत्युदीर्यासिना राजा शिरश्छेत्तुं स शूद्रकः । यावत्प्रवर्तते तावदुदभूद्भारती दिवः ॥ १०१
मा साहसं कृथाः स्तुष्टा सत्त्वेनानेन ते ह्यहम् । प्रत्युज्जीवतु सापत्यदारो वीरवरो द्विजः ॥ १०२
इत्युक्त्वा व्यरमद्वाक्सा स चोत्तस्थौ सपुत्रकः । साकं दुहित्रा पत्न्या च जीवन्वीरवरोऽक्षतः ॥ १०३
तद्विलोक्याद्भुतं राजा छन्नो भूत्वा पुनश्च सः । पश्यन्नतृप्तस्तामासीदृष्ट्या हर्षाश्रुपूर्णया ॥ १०४
सोऽपि वीरवरो दृष्ट्वा सुप्तोत्थित इवाशु तम् । पुत्रदारं तथात्मानमभूद्विभ्रान्तमानसः ॥ १०५
पप्रच्छ च पृथङ्नामग्राहं दारसुतान्स तान् । भस्मीभूताः कथं यूयं जीवन्तः पुनरुत्थिताः ॥ १०६
मयापि स्वशिरश्छिन्नं जीवाम्येष च किं न्विदम् । किं विभ्रमोऽयमाहोस्वित्सुस्पष्टो देव्यनुग्रहः ॥ १०७
एवं वदन्स तैरूचे दारापत्यैरलक्षितः । देव्यनुग्रह एवायं जीवामो यदमी इति ॥ १०८
ततः स तत्तथा मत्वा नत्वा वीरवरोऽम्बिकाम् । आदाय पुत्रदारांस्तान्सिद्धकार्यो गृहं ययौ ॥ १०९
तत्र प्रवेश्य पुत्रं तं भार्यां दुहितरं च ताम् । सिंहद्वारमगाद्राज्ञो रात्रौ तस्यां स पूर्ववत् ॥ ११०
राजा स शूद्रकोऽप्येतद्दृष्ट्वा सर्वमलक्षितः । गत्वारुरोह स्वावासप्रासादं तं पुनस्तदा ॥ १११
व्याहरच्च स्थितः कोऽत्र सिंहद्वारीति पृष्ठतः । ततो वीरवरोऽवादीत्सैष तिष्ठाम्यहं प्रभो ॥ ११२
देवादेशाद्गतश्चाहमभूवं तां स्त्रियं प्रति । राक्षसीव च सा कापि दृष्टनष्टैव मे गता ॥ ११३
एतच्छ्रुत्वा वचस्तस्य राजा वीरवरस्य सः । सुतरां विस्मयाविष्टो दृष्टोदन्तो व्यचिन्तयत् ॥ ११४
अहो समुद्रगम्भीरधीरचित्ता मनस्विनः । कृत्वाप्यनन्यसामान्यमुल्लेखं नोद्गिरन्ति ये ॥ ११५
इत्याद्याकलयंस्तूष्णीं प्रासादादवरुह्य सः । प्रविश्यान्तःपुरं राजा रात्रिशेषं निनाय तम् ॥ ११६
प्रातश्चास्थानसमये दर्शनोपगतस्थिते । तस्मिन्वीरवरे प्रीतस्तथा कृत्स्नं स भूपतिः ॥ ११७
तदीयं रात्रिवृत्तान्तं मन्त्रिभ्यस्तमवर्णयत् । यथा बभूवुराश्चर्यमोहिता इव तेऽखिलाः ॥ ११८
ददौ तस्मै सपुत्राय प्रीत्या वीरवराय च । लाटदेशे ततो राज्यं स कर्णाटयुते नृपः ॥ ११९
ततोऽत्र तुल्यविभवावन्योन्यस्योपकारिणौ । आसातां तौ सुखं वीरवरशूद्रकभूपती ॥ १२०
इत्याख्याय कथामेतां वेतालोऽत्यद्भुतां तदा । तं त्रिविक्रमसेनं स राजानमवदत्पुनः ॥ १२१
तद्ब्रूहि राजन्नेतेषु वीरः सर्वेषु कोऽधिकः । पूर्व एव स शापस्ते यदि जानन्न वक्ष्यसि ॥ १२२
एतच्छ्रुत्वा स भूपालो वेतालं प्रत्युवाच तम् । एतेषु शूद्रको राजा प्रवीरः सोऽखिलेष्विति ॥ १२३
ततोऽब्रवीत्स वेतालो राजन्वीरवरो न किम् । सोऽधिको यस्य तुल्योऽस्यां पृथ्व्यामेव न जायते ॥ १२४
तत्पत्नी नाधिका किं वा स्त्रीभूता यान्वमन्यत । तथोपहारपशुतां सूनोः प्रत्यक्षदर्शिनी ॥ १२५
स वा सत्त्ववरो नात्र तत्पुत्रोऽभ्यधिकः कथम् । बालस्यापि सतो यस्य सत्त्वोत्कर्षः स तादृशः ॥ १२६
तत्कस्माच्छूद्रकं भूपमेभ्यस्त्वं भाषसेऽधिकम् । इत्युक्तवन्तं वेतालं स जगाद पुनर्नृपः ॥ १२७
मैवं वीरवरस्तावत्स तादृक्कुलपुत्रकः । तस्य प्राणैः सुतैर्दारैः स्वामिसंरक्षणं व्रतम् ॥ १२८
तत्पत्नी सापि कुलजा साध्वी पत्येकदेवता[1] । भर्तृवर्त्मानुसारेण तस्या धर्मोऽस्तु कोऽपरः ॥ १२९

---

१ अस्मादग्रे 'सत्त्वभ्रंशो ह्ययशसे केवलं न त्वपैति तम्' इति पुस्तकान्तरेऽधिकमस्ति.

ताभ्यां जातस्तु तद्रूप एव सत्त्ववरोऽपि सः। यादृशास्तन्तवः कामं तादृशो जायते पटः ॥ १३०
येषां प्राणैस्तु भृत्यानां नृपैरात्माभिरक्ष्यते। तेषामर्थे त्यजन्देहं शूद्रकोऽत्र विशिष्यते ॥ १३१

इत्याकर्ण्य वचः स तस्य नृपतेरंसादसंलक्षितो
वेतालः सहसा ययौ निजपदं भूयोऽपि तन्मायया।
राजाप्युच्चलितो बभूव पुनरप्यानेतुमैतं पथा
पूर्वेणैव सुनिश्चितः पितृवने तस्मिन्स तस्यां निशि ॥ १३२

इति महाकविश्रीसोमदेवभट्टविरचिते कथासरित्सागरे शशाङ्कवतीलम्बक एकादशस्तरङ्गः।

द्वादशस्तरङ्गः।

(पञ्चमो वेतालः।)

ततस्तस्य पुनर्गत्वा शिंशपाशाखिनोऽन्तिकम्। तथैवोल्लम्बमानं तं दृष्ट्वा नरशरीरगम् ॥ १
वेतालमवतार्यैव कृत्वास्मै बहु वैकृतम्। स त्रिविक्रमसेनो द्रागगन्तुं प्रववृते ततः ॥ २
आगच्छन्तं च तं तूष्णीं वेतालः पूर्ववत्पथि। रात्रौ महाश्मशानेऽत्र स्कन्धस्थो व्याजहार सः ॥ ३
राजन्नभिनिविष्टोऽसि कष्टेऽत्यन्तप्रियोऽसि च। तत्ते चेतोविनोदाय वर्णयामि कथां शृणु ॥ ४
उज्जयिन्यामभूद्विप्रः पुण्यसेनस्य भूपतेः। अनुजीवी प्रियोऽमात्यो हरिस्वामीति सद्गुणः ॥ ५
तस्यात्मनोऽनुरूपायां भार्यायां गृहमेधिनः। गुणवान्सदृशः पुत्रो देवस्वामीत्यजायत ॥ ६
तद्वच्चानन्यसामान्यरूपलावण्यविश्रुता। कन्या सोमप्रभा नाम तस्यान्वर्थोदपद्यत ॥ ७
सा प्रदेया सती कन्या रूपोत्कर्षाभिमानिनी। मातुर्मुखेन पितरं भ्रातरं च जगाद तम् ॥ ८
शूरस्य ज्ञानिनो वाहं देया विज्ञानिनोऽपि वा। अन्यस्मै नास्मि दातव्या कार्यं मज्जीवितेन चेत् ॥ ९
तच्छ्रुत्वा तादृशं तस्याश्चिन्वन्नेकतमं वरम्। तत्पिता स हरिस्वामी यावच्चिन्तां वहत्यलम् ॥ १०
तावद्व्यसर्जि राज्ञा स पुण्यसेनेन दूत्यया। संध्यर्थं विग्रहायातदाक्षिणात्यनृपान्तिकम् ॥ ११
कृतकार्यश्च तत्रासावेकेनाभ्येत्य तां सुताम्। याचितोऽभूद्द्विजाग्र्येण श्रुततद्रूपसंपदा ॥ १२
विज्ञानिनो ज्ञानिनो वा शूराद्वा नापरं पतिम्। मत्पुत्रीच्छति तत्तेषां मध्यात्कथय को भवान् ॥ १३
इत्युक्तस्तेन भार्यार्थी स हरिस्वामिना द्विजः। अहं जानामि विज्ञानमिति तं प्रत्यभाषत ॥ १४
तर्हि तद्दर्शयस्वेति पुनरुक्तश्च तेन सः। विज्ञानी कल्पयामास स्वशक्त्या शुचरं रथम् ॥ १५
मायायन्त्ररथे तत्र तं हरिस्वामिनं क्षणात्। आरोप्य नीत्वा स्वर्गादींल्लोकांस्तस्मायदर्शयत् ॥ १६
आनिनाय च तुष्टं तं तत्रैव कटकं पुनः। दाक्षिणात्यस्य नृपतेर्यत्रायातः स कार्यतः ॥ १७
ततः सोऽस्मै हरिस्वामी प्रतिशुश्राव तां सुताम्। विज्ञानिने विवाहं च निश्चिकायाह्नि सप्तमे ॥ १८
तत्कालमुज्जयिन्यामप्यन्येनैत्य द्विजन्मना। देवस्वामी स तत्पुत्रः स्वसारं तामयाच्यत ॥ १९
ज्ञानिविज्ञानिशूरेभ्यो नान्यमिच्छति सा पतिम्। इति तेनापि सोऽप्युक्तः शूरमात्मानमभ्यधात् ॥ २०
ततो दर्शितशस्त्रास्त्रक्रिये तस्मै द्विजोऽनुजाम्। देवस्वामी स शूराय दातुं तां प्रत्यपद्यत ॥ २१
सप्तमेऽह्नि च तत्रैव विवाहं गणकोक्तितः। तस्यापि सोऽभ्यधान्मातुः परोक्षं कृतनिश्चयः ॥ २२
तन्मातापि हरिस्वामिभार्या तत्कालमेव सा। केनाप्येत्य तृतीयेन सुतां तां याचिता पृथक् ॥ २३
ज्ञानी शूरोऽथ विज्ञानी भर्तास्मद्दुहितुर्मतः। इत्युक्तश्च तया मातरहं ज्ञानीति सोऽभ्यधात् ॥ २४
पृष्ट्वा भूतं भविष्यच्च तस्मै तां ज्ञानिने सुताम्। प्रतिजज्ञे प्रदातुं साप्यह्नि तत्रैव सप्तमे ॥ २५
अन्येद्युश्चागतः सोऽत्र हरिस्वामी यथाकृतम्। पत्न्यै पुत्राय चाचख्यौ तं कन्यादाननिश्चयम् ॥ २६
तौ च तं स्वकृतं तस्मै भिन्नं भिन्नमवोचताम्। सोऽपि तेनाकुलो जज्ञे वरत्रयनिमन्त्रणात् ॥ २७
अथोद्वाहदिने तस्मिन्हरिस्वामिगृहे वराः। आययुर्ज्ञानिविज्ञानिशूरास्तत्र त्रयोऽपि ते ॥ २८
तत्कालं चात्र सा चित्रं कन्या सोमप्रभा वधूः। अशङ्कितं गता क्वापि न विचित्याप्यलभ्यत ॥ २९

ततोऽब्रवीद्धरिस्वामी ज्ञानिनं तं ससंभ्रमः । ज्ञानिन्निदानीं ब्रूह्याशु दुहिता मे क सा गता ॥ ३०
तच्छ्रुत्वा सोऽवदज्ज्ञानी राक्षसेनापहृत्य सा । नीता विन्ध्याटवीं धूमशिखेन वसतिं निजाम् ॥ ३१
इत्युक्तो ज्ञानिना भीतो हरिस्वामी जगाद सः । हा धिक्कथं सा प्राप्येत विवाहश्चापि हा कथम् ॥ ३२
श्रुत्वैतत्प्राह विज्ञानी धीरो भव नयामि वः । तत्राधुनैव यत्रैष ज्ञानी वदति तां स्थिताम् ॥ ३३
इत्युक्त्वा तत्क्षणं कृत्वा रथं सर्वास्त्रसंयुतम् । तत्रारोप्य हरिस्वामिज्ञानिशूरान्खगामिनि ॥ ३४
तान्स संप्रापयामास क्षणाद्विन्ध्याटवीभुवि । ज्ञानिना तां समाख्यातां वसतिं तत्र रक्षसः ॥ ३५
तत्र तं राक्षसं क्रुद्धं ज्ञातवृत्तान्तनिर्गतम् । शूरोऽथ योधयामास हरिस्वामिपुरस्कृतः ॥ ३६
तदाश्चर्यमभूद्युद्धं तयोर्मानुषरक्षसोः । चित्रास्त्रयोधिनोः स्त्र्यर्थं रामरावणयोरिव ॥ ३७
क्षणेन च स सङ्ग्रामदुर्मदस्यापि रक्षसः । अर्धचन्द्रेण बाणेन शूरस्तस्याच्छिनच्छिरः ॥ ३८
हते रक्षसि तां सोमप्रभामाप्तां तदास्पदात् । आदाय विज्ञानिरथेनाजग्मुस्ते ततोऽखिलाः ॥ ३९
हरिस्वामिगृहं प्राप्य तेषां लग्नेऽप्युपस्थिते । ज्ञानिविज्ञानिशूराणां विवाद उदभून्महान् ॥ ४०
ज्ञानी जगाद नाहं चेज्ज्ञानीयां तदियं कथम् । प्राप्येत कन्या गूढस्था देया मह्यमसावितः ॥ ४१
विज्ञानी त्ववदन्नाहं कुर्यां चेद्व्योमगं रथम् । गमागमौ कथं स्यातां देवानामिव वः क्षणात् ॥ ४२
कथं स्याद्वारथं युद्धं रथिना रक्षसा सह । तस्मान्मह्यमियं देया लग्नो ह्येष मयार्जितः ॥ ४३
शूरोऽप्युवाच हन्यां चेन्नाहं तं राक्षसं रणे । तद्युवाभ्यां कृते यत्नेऽप्येतां कन्यां क आनयेत् ॥ ४४
तन्मह्यमेषा दातव्येत्येवं तेषु विवादिषु । हरिस्वामी क्षणं तूष्णीमासीदुद्भ्रान्तमानसः ॥ ४५
तत्कस्मै सात्र देयेति राजन्वदतु मे भवान् । न वदिष्यसि जानंश्चेत्तत्ते मूर्धा स्फुटिष्यति ॥ ४६
इति वेतालतस्तस्माच्छ्रुत्वा मौनं विहाय च । स त्रिविक्रमसेनस्तमुवाचैवं महीपतिः ॥ ४७
शूराय सा प्रदातव्या येन प्राणपणोद्यमात् । अर्जिता बाहुवीर्येण हत्वा तं युधि राक्षसम् ॥ ४८
ज्ञानिविज्ञानिनौ त्वस्य धात्रा कर्मकरौ कृतौ । सदा गणकतक्षाणौ परोपकरणे न किम् ॥ ४९

इत्युक्तं मनुजपतेर्निशम्य तस्य स्कन्धाग्रात्सपदि स पूर्ववज्जगाम ।
वेतालो निजपदमेव सोऽपि राजानुद्वेगः पुनरपि तं प्रति प्रतस्थे ॥ ५०

इति महाकविश्रीसोमदेवभट्टविरचिते कथासरित्सागरे शशाङ्कवतीलम्बके द्वादशस्तरङ्गः ।

त्रयोदशस्तरङ्गः ।

(षष्ठो वेतालः ।)

ततो गत्वा पुनस्तस्मात्प्राप्य तं शिंशपातरोः । वेतालं प्राग्वदादाय स्कन्धे मौनेन भूपतिः ॥ १
स त्रिविक्रमसेनोऽत्र यावदागच्छति द्रुतम् । तावत्पथि स वेतालो भूयोऽप्येवमुवाच तम् ॥ २
राजन्सुधीः सुसत्त्वश्च भवांस्तेन प्रियोऽसि मे । अतो विनोदिनीं वच्मि कथां प्रश्नं च मे शृणु ॥ ३
आसीद्राजा यशःकेतुरिति ख्यातो महीतले । तस्य शोभावती नाम राजधान्यभवत्पुरी ॥ ४
तस्यामभून्नगर्यां च गौर्यायतनमुत्तमम् । तस्य दक्षिणतश्चासीद्गौरीतीर्थाभिधं सरः ॥ ५
तस्याषाढचतुर्दश्यां शुक्लायां प्रतिवत्सरम् । यात्रायां स्नातुमेति स्म नानादिग्भ्यो महाजनः ॥ ६
एकदा च तिथौ तस्यां स्नातुमत्राययौ युवा । रजको धवलो नाम ग्रामाद्ब्रह्मस्थलाभिधात् ॥ ७
सोऽपश्यद्रजकस्यात्र तीर्थे स्नानागतां सुताम् । कन्यां शुद्धपटाख्यस्य नाम्ना मदनसुन्दरीम् ॥ ८
इन्दोर्लावण्यहारिण्या तया स हृतमानसः । अन्विष्य तन्नामकुले कामार्तोऽथ गृहं ययौ ॥ ९
तत्रानवस्थितस्तिष्ठन्निराहारस्तया विना । पृष्टो मात्रार्तया तस्यै तच्छशंस मनोगतम् ॥ १०
सा गत्वा विमलाख्याय तत्स्वभर्त्रे न्यवेदयत् । सोऽप्यागत्य तथावस्थं दृष्ट्वा तं सुतमभ्यधात् ॥ ११
किं विषीदसि पुत्रैवमदुष्प्राप्येऽपि वाञ्छिते । स हि मद्याचितः शुद्धपटो दास्यति ते सुताम् ॥ १२

---

१ 'तमेवमब्रवीत्तावत्स वेतालोऽसपृष्ठगः' इति पुस्तकान्तरपाठः.

अम्यूना हि वयं तस्मात्कुलेनार्थेन कर्मणा । तं वेद्म्यहं स मां वेत्ति तेनैतन्मे न दुष्करम् ॥ १३
इत्याश्वास्य स तं पुत्रमाहारादौ प्रवर्त्य च । तद्युक्तो विमलोऽम्येद्युर्ययौ शुद्धपटास्पदम् ॥ १४
ययाचे चात्र पुत्रस्य तस्यार्थे धवलस्य सः । कन्यां तस्मात्स चास्मै तां प्रतिशुश्राव सादरम् ॥ १५
लग्नं निश्चित्य चान्येद्युस्तां स शुद्धपटः सुताम् । धवलाय ददौ तस्मै तुल्यां मदनसुन्दरीम् ॥ १६
कृतोद्वाहश्च स तया साकं दर्शनसक्तया । भार्यया स्वपितुर्गेहं जगाम धवलः कृती ॥ १७
सुखस्थितस्य तस्याथ कदाचिच्छ्वशुरात्मजः । तस्या मदनसुन्दर्या भ्राता तत्रागतोऽभवत् ॥ १८
स कृतप्रश्रयः सर्वैः स्वस्राश्लिष्याभिनन्दितः । संबन्धिपृष्टकुशलो विश्रान्तश्च जगाद तान् ॥ १९
अहं मदनसुन्दर्या जामातुश्च निमन्त्रणे । तातेन प्रेषितो यस्माद्देवीपूजोत्सवोऽस्ति नः ॥ २०
श्रद्धाय चैतत्तद्वाक्यं यथार्हैः पानभोजनैः । ते संबन्ध्यादयः सर्वे तदहस्तमुपाचरन् ॥ २१
प्रातर्मदनसुन्दर्या श्वशुर्येण च तेन सः । सहितो धवलः प्रायाद्गृहं तच्छ्वाशुरं प्रति ॥ २२
प्राप्य शोभावतीं तां च पुरीमात्मतृतीयकः । ददर्श निकटं प्राप्य स गौर्यायतनं महत् ॥ २३
निजगाद च तौ भार्याश्वशुर्यौ श्रद्धया ततः । एतमेतां भगवतीं पश्यामो देवतामिह ॥ २४
तच्छ्रुत्वा स श्वशुर्यस्तं निषेधन्प्रत्यभाषत । इयन्तो रिक्तहस्ताः किं पश्यामो देवतामिति ॥ २५
अहं तावद्व्रजाम्येको युवामत्रैव तिष्ठतम् । इत्युक्त्वा धवलो द्रष्टुं देवीं तां स ततो ययौ ॥ २६
प्रविश्यायतनं तस्याः प्रणम्य च विभाव्य च । तामष्टादशदोर्दण्डखण्डितोद्दण्डदानवाम् ॥ २७
पादपद्मतलाक्षिप्तमहिषासुरमर्दिनीम् । स विधिप्रेरणोत्पन्नबुद्धिरेवमचिन्तयत् ॥ २८
जीवोपहारैर्विविधैरिमां देवीं जनोऽर्चति । अहं तु सिद्ध्यै किं नैतां प्रीणाम्यात्मोपहारतः ॥ २९
इति ध्यात्वैव तद्गर्भगृहादादाय निर्जनात् । खड्गं सांयात्रिकैः कैश्चिद्देव्याः प्राक्प्राभृतीकृतम् ॥ ३०
बद्ध्वा शिरोरुहैर्घण्टाशृङ्खलायां निजं शिरः । चिच्छेदैतेन खड्गेन तच्छिन्नं चापतद्भुवि ॥ ३१
चिरं यावत्स नायाति तावद्गत्वा तमीक्षितुम् । तत्रैव देवीभवने तच्छ्वशुर्यो विवेश सः ॥ ३२
सोऽपि दृष्ट्वा समुत्कृत्तमूर्धानं भगिनीपतिम् । व्यामोहितस्तथैव स्वं शिरस्तेनासिनाच्छिनत् ॥ ३३
सोऽपि यावन्न नायाति तावदुद्भ्रान्तमानसा । तद्देवीभवनं सापि ययौ मदनसुन्दरी ॥ ३४
प्रविश्य दृष्ट्वैव पतिं भ्रातरं च तथागतौ । हा किमेतद्धतास्मीति विलपन्त्यपतद्भुवि ॥ ३५
क्षणाच्चोत्थाय शोचन्ती तावकाण्डहतावुभौ । किं ममाप्यधुनानेन जीवितेनेत्यचिन्तयत् ॥ ३६
व्यजिज्ञपच्च देवीं तां देहत्यागोन्मुखी सती । देवि सौभाग्यचारित्रविधानैकाधिदेवते ॥ ३७
अध्यासितशरीरार्धे भर्तुर्माररिपोरपि । अशेषललनालोकशरण्ये दुःखहारिणि ॥ ३८
हृतावेकपदे कस्माद्भर्ता भ्राता च मे त्वया । न युक्तमेतन्मयि ते नित्यभक्ता ह्यहं त्वयि ॥ ३९
तन्मे श्रितायाः शरणं शृण्वेकं कृपणं वचः । एतां तावत्त्यजाम्यत्र दौर्भाग्योपहतां तनुम् ॥ ४०
जनिष्ये देवि भूयस्तु यत्र कुत्रापि जन्मनि । तत्रैतावेव भूयास्तां द्वौ भर्तृभ्रातरौ मम ॥ ४१
इति संस्तुत्य विज्ञप्य देवीं नत्वा च तां पुनः । पाशं विरचयामास लतयाशोकपादपे ॥ ४२
तत्रार्पयति यावच्च पाशे कण्ठं वितत्य सा । तावत्तत्रोच्चचारैवं भारती गगनाङ्गणात् ॥ ४३
मा कृथाः साहसं पुत्रि बालाया अपि तेऽमुना । सत्त्वोत्कर्षेण तुष्टास्मि पाशमेतं परित्यज ॥ ४४
संश्लेषय शिरः स्वं स्वं भर्तृभ्रातृकबन्धयोः । उत्तिष्ठतां ते जीवन्तावेतौ द्वावपि मद्वरात् ॥ ४५
एतच्छ्रुत्वैव संत्यज्य पाशं हर्षादुपेत्य सा । अविभाव्यातिरभसाद्भ्रान्ता मदनसुन्दरी ॥ ४६
बाला भर्तृशिरो भ्रातृदेहेन समयोजयत् । भर्तृदेहेन च भ्रातृशिरो विधिनियोगतः ॥ ४७
ततोऽक्षताङ्गौ जीवन्तावुभावुत्तस्थतुश्च तौ । शिरोविनिमयाज्जातसंकरौ काययोर्मिथः ॥ ४८
अथान्योन्योदितस्वस्वयथावृत्तान्ततोषिणः । प्रणम्य देवीं शर्वाणीं यथेष्टं ते ययुस्त्रयः ॥ ४९
यान्ती च दृष्ट्वा स्वकृतं शिरोविनिमयं तयोः । विग्ना किंकार्यतामूढा साभून्मदनसुन्दरी ॥ ५०
तद्ब्रूहि राजन्को भर्ता तस्याः संकीर्णयोस्तयोः । पूर्वोक्तः स्यात्स शापस्ते जानानो न ब्रवीषि चेत् ॥ ५१

इत्याकर्ण्य कथाप्रश्नं राजा वेतालतस्ततः । स त्रिविक्रमसेनोऽत्र तमेवं प्रत्यभाषत ॥ ५२
यत्संस्थं तत्पतिशिरः सैष तस्याः पतिस्तयोः । प्रधानं च शिरोऽङ्गेषु प्रत्यभिज्ञा च तद्गता ॥ ५३

इत्युक्तवतो नृपतेस्तस्यांसात्पुनरतर्कितः स ययौ ।
वेतालः स च राजा जगाम भूयस्तमानेतुम् ॥

इति महाकविश्रीसोमदेवभट्टविरचिते कथासरित्सागरे शशाङ्कवतीलम्बके त्रयोदशस्तरङ्गः ।

चतुर्दशस्तरङ्गः ।

(सप्तमो वेतालः ।)

ततो गत्वा पुनः प्राप्य वेतालं शिंशपातरोः । स त्रिविक्रमसेनस्तं स्कन्धे जग्राह भूपतिः ॥ १
गृहीत्वा प्रस्थितं तं च वेतालः सोऽब्रवीत्पथि । राजञ्श्रमविनोदार्थं कथामाख्यामि ते शृणु ॥ २
अस्तीह ताम्रलिप्तीति पुरी पूर्वाम्बुधेस्तटे । चण्डसेनाभिधानश्च राजा तस्यामभूत्पुरि ॥ ३
पराङ्मुखः परस्त्रीषु यो न सङ्ग्रामभूमिषु । हर्ता च शत्रुलक्ष्मीणां न परद्रव्यसंपदाम् ॥ ४
तस्यैकदा दाक्षिणात्यो राजपुत्रो जनप्रियः । आययौ सत्त्वशीलाख्यः सिंहद्वारेऽत्र भूपतेः ॥ ५
तत्र चात्मानमावेद्य नैर्धन्यात्तं नृपं प्रति । कर्पटं पाटयामास राजपुत्रैः सहापरैः ॥ ६
ततः कार्पटिको भूत्वा बहून्यब्दानि तत्र सः । तस्थौ कुर्वन्सदा सेवां नैव प्राप फलं नृपात् ॥ ७
यदि राजान्वये जन्म निर्धनत्वं किमीदृशम् । निर्धनत्वेऽपि किं धात्रा कृतेयं मे महेच्छता ॥ ८
अयं हि सेवमानं मामेवं क्लिष्टपरिच्छदम् । चिरं क्षुधावसीदन्तं राजा नाद्यापि वीक्षते ॥ ९
इति यावच्च स ध्यायत्यत्र कार्पटिकस्ततः । तावदाखेटकार्थं स निरगादेकदा नृपः ॥ १०
तस्मिन्कार्पटिके धावत्यग्रे लगुडवाहिनि । जगाम चाश्वपादातयुतः सोऽथ मृगाटवीम् ॥ ११
कृताखेटश्च तत्रारान्महान्तं मत्तसूकरम् । अनुधावन्क्षणात्प्रापदतिदूरं वनान्तरम् ॥ १२
तत्र पर्णतृणच्छन्नमार्गे हारितसूकरः । श्रान्तो महावने सोऽथ राजा दिङ्मोहमाययौ ॥ १३
एकः कार्पटिकश्चाथ स तं वाताश्वपृष्ठगम् । प्राणानपेक्षोऽनुययौ पदातिः क्षुत्तृपार्दितः ॥ १४
तं च दृष्ट्वा तथाभूतमन्वायातं स भूपतिः । सस्नेहमवदत्कच्चिद्वेत्सि मार्गं यथागतम् ॥ १५
तदाकर्ण्याञ्जलिं बद्ध्वा स तं कार्पटिकोऽभ्यधात् । वेद्मि किं च क्षणं तावदिह विश्राम्यतु प्रभुः ॥ १६
भुवधूमेखलामध्यमणिरेष हि संप्रति । देदीप्यते स्फुरद्रश्मिशिखाजालोऽह्निजनीपतिः ॥ १७
एतच्छ्रुत्वा स राजा तं सोपरोधमभाषत । तर्हि क्वापीह पानीयं भवता प्रेक्ष्यतामिति ॥ १८
तथेत्यारुह्य स ततस्तुङ्गं कार्पटिकस्तरुम् । नदीं दृष्ट्वावरुह्याथ नृपं तत्र निनाय तम् ॥ १९
तद्वाहं च विपर्याणीकृतं कृतविवर्तनम् । दत्ताम्बुशष्पकवलं विदधे विगतश्रमम् ॥ २०
कृतस्नानाय राज्ञे च प्रोन्मुच्य वसनाञ्चलात् । प्रक्षाल्योपानयत्तस्मै हृद्यान्यामलकानि सः ॥ २१
एतानि कुत इत्येतं पृच्छन्तं स च भूपतिम् । एवं व्यजिज्ञपज्जानुस्थितः सामलकाञ्जलिः ॥ २२
एतद्वृत्तिरहं नित्यं व्यतीतदशवत्सरः । चराम्याराधयन्देवमनेकान्तमुनिव्रतम् ॥ २३
तच्छ्रुत्वा सत्यनामा त्वं सत्त्वशीलः किमुच्यते । इत्युक्त्वा स कृपाक्रान्तो ह्रीतश्चाचिन्तयन्नृपः ॥ २४
धिङ् नृपान्क्लिष्टमक्लिष्टं ये भृत्येषु न जानते । धिक्क तं परिवारं यो न ज्ञापयति तांस्तथा ॥ २५
इति संचिन्त्य जग्राह स राजामलकद्वयम् । हस्तात्कार्पटिकस्याथ कथंचिदनुबध्नतः ॥ २६
भुक्त्वा च तन्निपीयाम्बु विशश्रामात्र स क्षणम् । जग्धामलकसंपीतजलकार्पटिकान्वितः ॥ २७
ततः सज्जीकृतं तेन वाहं कार्पटिकेन सः । आरुह्याग्रेसरे तस्मिन्नेव मार्गप्रदर्शिनि ॥ २८
पश्चाद्भागमनारूढे हयस्याभ्यर्थितेऽप्यलम् । ययौ स राजा स्वपुरीं पथि प्राप्तात्मसैनिकः ॥ २९

---

१ अस्मादग्रे पुस्तकान्तरे 'यस्त्वं कथमिहायात इति प्राहाथ सोऽब्रवीत् । देवास्मि दाक्षिणात्योऽहं राजपुत्रोऽनुगस्तव ॥ एतच्छ्रुत्वा स राजा तं सोपरोधमभाषत । सस्नेहं चापि कच्चित्त्वं वेत्सि······ ॥' इत्यधिकमस्ति.

तत्र प्रख्याप्य तद्भक्तिं वसुभिर्विषयैश्च तम् । अपूरयत्कार्पटिकं न चामन्यत निष्कृतिम् ॥ ३०
ततः कृतार्थः पार्श्वेऽस्य चण्डसिंहस्य भूपतेः । मुक्तकार्पटिकाचारः सत्वशीलः स तस्थिवान् ॥ ३१
एकदा तेन राज्ञा च स सिंहलपतेः सुताम् । याचितुं सिंहलद्वीपमात्मार्थं प्रेषितोऽभवत् ॥ ३२
तत्राब्धिवर्त्मना गच्छन्नर्चिताभीष्टदेवतः । आरुरोह प्रवहणं राजादिष्टैः सह द्विजैः ॥ ३३
गते तस्मिन्प्रवहणे मध्यभागमशङ्कितम् । उत्तस्थौ जलधेस्तस्माद्ध्वजो जनितविस्मयः ॥ ३४
अभ्रंलिहाग्रः सुमहाञ्जाम्बूनदविनिर्मितः । विचित्रवर्णविचलद्वैजयन्तीविराजितः ॥ ३५
तत्कालं चात्र सहसा समुन्नम्य घनावली । भृशं वर्षितुमारेभे ववौ तीव्रश्च मारुतः ॥ ३६
तैर्वर्षवातैः स बलादाकृष्याधोरणैरिव । आसज्यत ध्वजस्तम्भे तस्मिन्प्रवहणद्विपः ॥ ३७
तावच्च स ध्वजस्तस्मिन्वारिधौ वीचिविप्लुते । वहनेन समं तेन प्रावर्तत निमज्जितुम् ॥ ३८
ततो द्विजास्ते तत्रस्थाश्चण्डसिंहं स्वभूपतिम् । उद्दिश्योद्घोषयामासुरब्रह्मण्यं भयाकुलाः ॥ ३९
तदाकर्ण्यासहिष्णुश्च स्वामिभक्तेरनुध्वजम् । स सत्त्वशीलो निस्त्रिंशहस्तो बद्धोत्तरीयकः ॥ ४०
आत्मानमक्षिपत्तत्र निरपेक्षो महोदधौ । उदधेः कारणाशङ्की वीरः प्रतिविधित्सया ॥ ४१
मग्ने च तस्मिन्वातोर्मिदूरोत्क्षिप्तमभज्यत । वहनं तच्च तत्स्थाश्च निपेतुर्यादसां मुखे ॥ ४२
स च मग्नोऽम्बुधौ तत्र सत्त्वशीलो निरीक्षते । यावत्तावद्ददर्शात्र पुरीं दिव्यां न वारिधिम् ॥ ४३
तस्मिन्मणिमयस्तम्भैर्भास्वरे हेममन्दिरे । सद्रत्नबद्धसोपानवापीकोद्यानशोभिनि ॥ ४४
नानामणिशिलाभित्तिरत्नचित्रोच्छ्रितध्वजम् । कात्यायनीदेवगृहं मेरुप्रोन्नतमैक्षत ॥ ४५
तत्र प्रणम्य देवीं तां स्तुत्वाभ्यर्च्य तदग्रतः । इन्द्रजालं किमेतत्स्यादित्याश्चर्यादुपाविशत् ॥ ४६
तावच्च देव्यग्रगतप्रभामण्डलकान्तरात् । अकस्मान्निरगात्कन्या दिव्योद्घाट्य कवाटकम् ॥ ४७
इन्दीवराक्षी फुल्लाब्जवदना कुसुमस्मिता । मृणालनालमृद्वङ्गी जङ्गमेव सरोजिनी ॥ ४८
स्त्रीसहस्रपरीवारा देवीगर्भगृहं च सा । विवेश सत्त्वशीलस्य हृदयं च ततः समम् ॥ ४९
निरगात्कृतपूजा च देवीगर्भगृहात्ततः । न पुनः सत्त्वशीलस्य हृदयात्सा कथंचन ॥ ५०
प्राविशत्सा च तत्रैव प्रभामण्डलकान्तरे । सत्त्वशीलोऽप्यसौ तस्याः पश्चात्तत्र प्रविष्टवान् ॥ ५१
प्रविश्य च ददर्शान्तरन्यदेवोत्तमं पुरम् । संकेतोद्यानमिव यत्सर्वासां भोगसंपदाम् ॥ ५२
तत्रान्तर्मणिपर्यङ्कनिषण्णां तां विलोक्य सः । कन्यामुपेत्य तत्पार्श्वे सत्त्वशील उपाविशत् ॥ ५३
आसीच्च तन्मुखासक्तलोचनो लिखितो यथा । अङ्गैः सोत्कम्पपुलकैर्वदन्नालिङ्गनोत्कताम् ॥ ५४
दृष्ट्वा च तं स्मराविष्टं चेटीनामत्र सा मुखम् । अद्राक्षीत्ताश्च तत्कालमिङ्गितज्ञास्तमब्रुवन् ॥ ५५
अतिथिस्त्वमिह प्राप्तस्तदस्मत्स्वामिनीकृतम् । भजस्वातिथ्यमुत्तिष्ठ स्नाहि भुङ्क्ष्व ततः परम् ॥ ५६
तच्छ्रुत्वा सोऽवलम्ब्याशां कथमप्युत्थितस्ततः । ययौ प्रदर्शितां ताभिरेकामुद्यानवापिकाम् ॥ ५७
तस्यां निमग्नश्चोत्तस्थौ ताम्रलिप्त्यां स तत्क्षणात् । चण्डसिंहनृपोद्यानवापीमध्यात्ससंभ्रमः ॥ ५८
तत्र प्राप्तमकस्माच्च वीक्ष्यात्मानमचिन्तयत् । अहो किमेतत्कोद्यानमिदं दिव्यं क्व तत्पुरम् ॥ ५९
तत्रामृतासारसमं क्व तत्तस्याश्च दर्शनम् । क्व चानन्तरमेवेदं तद्विश्लेषमहाविषम् ॥ ६०
स्वप्नश्च नायं सुस्पष्टो विनिद्रोऽनुभवो हि मे । ध्रुवं पातालकन्याभिस्ताभिर्मूढोऽस्मि वञ्चितः ॥ ६१
इति ध्यायन्विना तां स कन्यामुन्मादवानिव । उद्याने तत्र बभ्राम कामार्तो विललाप च ॥ ६२
तदवस्थं च तं दृष्ट्वा पिशङ्गैः पुष्परेणुभिः । वातोद्धूतैः परीताङ्गं विप्रयोगानलैरिव ॥ ६३
उद्यानपाला गत्वैव चण्डसिंहमहीभृतम् । व्यजिज्ञपन्स चोद्भ्रान्तः स्वयमेत्य ददर्श तम् ॥ ६४
सान्त्वयित्वा च पप्रच्छ किमिदं ब्रूहि नः सखे । क्व प्रस्थितस्त्वं क्व प्राप्तः कास्तः क्व पतितः शरः ॥ ६५
तच्छ्रुत्वा स स्ववृत्तान्तं तस्मै सर्वं शशंस तम् । सत्त्वशीलो नृपतये सोऽप्यथैवमचिन्तयत् ॥ ६६
हन्त वीरोऽपि मत्पुण्यैः कामेनैष विडम्बितः । आनृण्यं गन्तुमेतस्य लब्धो ह्यवसरो मया ॥ ६७
इत्यन्तश्चिन्तयित्वा स वीरो राजा जगाद तम् । तर्हि मुञ्च मुधा शोकमहं त्वां प्रापयामि ताम् ॥ ६८

नीत्वा तेनैव मार्गेण प्रियामसुरकन्यकाम् । इति चाश्वासयामास तं स स्नानादिना नृपः ॥ ६९
अन्येद्युर्मन्त्रिविन्यस्तराज्यस्तेन समं च सः । प्रायात्प्रवहणारूढस्तद्दर्शितपथोऽम्बुधिम् ॥ ७०
प्राप्य तन्मध्यभागं च दृष्ट्वा तं प्राग्वदुत्थितम् । सपताकं ध्वजं सत्त्वशीलस्तं नृपमभ्यधात् ॥ ७१
सोऽयमभ्युत्थितो दिव्यप्रभावोऽत्र महाध्वजः । मयि मग्नेऽत्र मङ्क्तव्यं देवेनैतमनुध्वजम् ॥ ७२
इत्युक्त्वा निकटं प्राप्य ध्वजस्यास्य निमज्जतः । मार्गे स सत्त्वशीलोऽसौ पूर्वमात्मानमक्षिपत् ॥ ७३
ततो राजापि चिक्षेप तत्रात्मानं तथैव सः । अन्तर्मग्नौ च तौ क्षिप्रं तद्दिव्यं प्रापतुः पुरम् ॥ ७४
तत्र दृष्ट्वा स साश्चर्यो राजा देवीं प्रणम्य ताम् । पार्वतीं सत्त्वशीलेन सहितः समुपाविशत् ॥ ७५
तावच्च निरगात्तत्र सा सखीजनसंगता । रूपिणीव प्रभा कन्या प्रभामण्डलकात्ततः ॥ ७६
इयं सा सुमुखीत्युक्ते सत्त्वशीलेन तां नृपः । दृष्ट्वा युक्तमभिष्वङ्गं तस्य तस्याममन्यत ॥ ७७
सापि तं वीक्ष्य राजानं शुभशारीरलक्षणम् । पुरुषातिशयोऽपूर्वः कोऽयं स्यादित्यचिन्तयत् ॥ ७८
विवेश चाम्बिकाधाम पूजायै सा नृपोऽपि सः । जगामोद्यानमादाय सत्त्वशीलमवज्ञया ॥ ७९
क्षणाच्च कृतपूजा सा निरगाद्दैत्यकन्यका । याचित्वा सत्पतिप्राप्तिं देव्या गर्भगृहान्तरात् ॥ ८०
निर्गत्य सा जगादैकां सखीं सखि गवेष्यताम् । योऽसाविह मया दृष्टो महात्मा क्व स तिष्ठति ॥ ८१
आतिथ्यं गृह्यतामेत्य प्रसादः क्रियतां त्वया । इति चैष्योऽर्थ्यतां पूज्यः पुमान्कोऽप्युत्तमो ह्यसौ ॥ ८२
एवं सखी तयोक्ता सा विचित्योद्यानवर्तिने । स्वस्वामिनीनिदेशं तं प्रह्वा तस्मै न्यवेदयत् ॥ ८३
तच्छ्रुत्वा स नृपो वीरः सावहेलमुवाच ताम् । एषैवातिथ्यमस्माकमन्यत्किमुपयुज्यते ॥ ८४
एतच्छ्रुत्वा तया गत्वा सख्या सा श्राविता तदा । मेने मान्यमुदारं तं सर्वथा दैत्यकन्यका ॥ ८५
ततश्चाकृष्यमाणेव धैर्यपाशेन तेन सा । नृपेण मानुषायोग्येऽप्यातिथ्ये निःस्पृहात्मना ॥ ८६
परार्थं पार्वतीसेवापरिपाकसमर्पितम् । मत्वा तत्स्वयमुद्यानं विवेशासुरपुत्रिका ॥ ८७
विचित्रशकुनालापैर्वाताञ्चितलताभुजैः । विकीर्णकुसुमैराराज्ञन्यमानेव पादपैः ॥ ८८
उपगम्य च सा तत्र यथावत्प्रश्रयानता । आतिथ्यग्रहणार्थं तं प्रार्थयामास पार्थिवम् ॥ ८९
ततः स सत्त्वशीलं तमुद्दिश्योवाच तां नृपः । अनेन कथितां देवीमिहाहं द्रष्टुमागतः ॥ ९०
गौरीं ध्वजपथप्राप्यपरमाद्भुतकेतनाम् । सा दृष्टा तदनु त्वं च कान्यातिथ्यार्थितात्र नः ॥ ९१
तच्छ्रुत्वा साब्रवीत्कन्या कौतुकात्तर्हि वीक्षितुम् । आगम्यतां द्वितीयं मे पुरं त्रिजगदद्भुतम् ॥ ९२
एवमुक्तवतीं तां च स विहस्य नृपोऽब्रवीत् । तदप्यनेनैवोक्तं मे यत्र सा स्नानवापिका ॥ ९३
ततः सा कन्यकावादीद्देव मा स्मैवमादिश । न विडम्बनशीलाहं का वा पूज्ये विडम्बना ॥ ९४
अहं हि सत्त्वोत्कर्षेण युष्माकं किंकरीकृता । तन्मम प्रार्थनाभङ्गं नैवैवं कर्तुमर्हथ ॥ ९५
एतच्छ्रुत्वा तथेत्युक्त्वा सत्त्वशीलसखः स तत् । प्रभामण्डलकोपान्तं ययौ राजा तया सह ॥ ९६
अपावृतकवाटे च तस्मिन्नन्तस्तथैव सः । प्रवेशितो ददर्शास्यास्तद्दिव्यमपरं पुरम् ॥ ९७
नित्यसंनद्धसर्वर्तु सदापुष्पफलद्रुमम् । मेरुपृष्ठमिवाशेषं निर्मितं रत्नकाञ्चनैः ॥ ९८
रत्नासने महार्हे तं राजानमुपवेश्य सा । यथोचितोपनीतार्घ्या दैत्यराजसुताब्रवीत् ॥ ९९
कन्याहमसुरेन्द्रस्य कालनेमेर्महात्मनः । चक्रायुधेन च स मे स्वर्गतिं प्रापितः पिता ॥ १००
विश्वकर्मकृतं चेदं पैतृकं मे पुरद्वयम् । न जरात्र न मृत्युश्च बाधते सर्वकामदे ॥ १०१
इदानीं च पितात्वं मे सपुराहं वशे तव । इत्यर्पितात्मसर्वस्वां तामुवाच स भूपतिः ॥ १०२
यद्येवं तत्सुते ह्यस्मै मया दत्तास्यनिन्दिते । सत्त्वशीलाय वीराय सुहृदे बान्धवाय च ॥ १०३
एवं देवीप्रसादेन मूर्तेनेव नृपेण सा । उक्ता गुणज्ञा विनता तत्तथेत्यन्वमन्यत ॥ १०४
ततः कृतार्थं तं तस्याः कृतपाणिग्रहं नृपः । दत्तासुरपुरैश्वर्यं सत्त्वशीलमुवाच सः ॥ १०५
भुक्तयोरामलकयोस्तयोरेकं मया तव । संशोधितमसंशुद्धादृणी तेऽहं द्वितीयतः ॥ १०६
इति प्रणतमुक्त्वा तं दैत्यपुत्रीं जगाद ताम् । मार्गो मे दर्श्यतां येन स्वपुरीं प्राप्नुयामिति ॥ १०७

ततोऽपराजितं नाम खड्गं भक्ष्यं फलं च सा। एकं जरामृत्युहरं तस्मै दैत्यसुता ददौ॥ १०८
ताभ्यां युक्तस्तयोक्तायां वाण्यां मग्नः स्वदेशतः। उत्थाय सर्वसंसिद्धकामोऽभूत्स क्रमान्नृपः॥ १०९
सत्त्वशीलोऽपि दैत्यस्त्रीपुरराज्यं शशास सः। तद्ब्रूहि कोऽधिपतने द्वयोः सत्त्वाधिकोऽनयोः॥ ११०
इति श्रुत्वा तथा प्रश्नं वेतालाच्छापभीतितः। स त्रिविक्रमसेनस्तं भूपतिः प्रत्यभाषत॥ १११
एतयोः सत्त्वशीलोऽत्र स मे सत्त्वाधिको मतः। स ह्यविज्ञाततत्त्वार्थो निरास्थः पतितोऽम्बुधौ॥ ११२
राजा तु तत्त्वं विज्ञाय विवेशाम्भोधिमास्थया। दैत्यकन्यां च नावाञ्छदसाध्या स्पृहयेति सः॥ ११३

इति तस्याकर्ण्य वचो निरस्तमौनस्य भूपतेः स्कन्धात्।
स जगाम पूर्ववत्तं वेतालः शिंशपातरुं स्वपदम्॥ ११४
राजापि तथैव स तं पुनरप्यानेतुमनुजगाम जवात्।
प्रारब्धे ह्यसमाप्ते कार्ये शिथिलीभवन्ति किं सुधियः॥ ११५

इति महाकविश्रीसोमदेवभट्टविरचिते कथासरित्सागरे शशाङ्कवतीलम्बके चतुर्दशस्तरङ्गः।

पञ्चदशस्तरङ्गः।

(अष्टमो वेतालः।)

गत्वा तां शिंशपां भूयो वेतालं प्राप्य भूमिपः। तं त्रिविक्रमसेनोऽत्र स्कन्धे कृत्वोच्चचाल सः॥ १
प्रयान्तं स पुनस्तं च वेतालं स्कन्धतोऽब्रवीत्। श्रमविस्मृतये राजन्मत्तः प्रश्नमिमं शृणु॥ २
अङ्गदेशेऽग्रहारोऽस्ति महान्वृक्षघटाभिधः। विष्णुस्वामीति तत्रासीद्द्विजो यज्वा महाधनः॥ ३
तस्य च स्वानुरूपायां पत्न्यां जाताः क्रमात्त्रयः। बभूवुस्तरुणाः पुत्रा दिव्यवैदग्ध्यशालिनः॥ ४
ते पित्रा प्रेषितास्तेन कूर्महेतोः कदाचन। प्रारब्धयज्ञेन ययुस्ते त्रयो भ्रातरोऽम्बुधिम्॥ ५
प्राप्य कूर्मं ततो ज्यायान्कनिष्ठौ तावभाषत। गृह्णातु युवयोरेकः कूर्मं क्रतुकृते पितुः॥ ६
अहमेतं न शक्नोमि ग्रहीतुं विस्रपिच्छलम्। इत्युक्तवन्तं तं ज्येष्ठं कनिष्ठौ ताववोचताम्॥ ७
तवात्र विचिकित्सा चेन्नावयोरपि सा कथम्। तच्छ्रुत्वा सोऽब्रवीज्ज्येष्ठो गृह्णीतं गच्छतं युवाम्॥ ८
पितुर्यज्ञक्रियालोपो भवेद्युष्मत्कृतोऽन्यथा। ततो नरकपातः स्याद्युवयोस्तस्य च ध्रुवम्॥ ९
इत्युक्तावनुजौ तेन तौ विहस्य तमूचतुः। धर्मं वेत्स्यावयोरेव समानमपि नात्मनः॥ १०
ततो ज्येष्ठोऽब्रवीत्किं मे जानीथो नैव चङ्गताम्। अहं भोजनचङ्गोऽस्मि नार्हः स्प्रष्टुं जुगुप्सितम्॥ ११
एतत्तस्य वचः श्रुत्वा भ्रातरं मध्यमोऽब्रवीम्। अहं तर्ह्यधिकश्चङ्गो नारीचङ्गो विचक्षणः॥ १२
मध्यमेनैवमुक्ते तु ज्यायान्पुनरुवाच सः। कूर्मं गृह्णातु तर्ह्येष कनीयानावयोरिति॥ १३
ततः स भ्रुकुटिं कृत्वा कनीयानप्युवाच तौ। हे मूर्खौ तूलिकाचङ्गश्चङ्गोऽहं हि विशेषतः॥ १४
एवं ते कलहासक्तास्त्रयोऽपि भ्रातरो मिथः। निर्णयायाभिमानैकग्रस्ताः कूर्मं विहाय तम्॥ १५
राज्ञः प्रसेनजिन्नाम्नस्तत्प्रदेशभुवोऽन्तिकम्। नगरं सहसा जग्मुर्विटङ्कपुरनामकम्॥ १६
तत्र प्रतीहारमुखेनावेद्यान्तः प्रविश्य च। नृपं विज्ञापयामासुः स्ववृत्तान्तं तथैव ते॥ १७
तिष्ठतेहैव यावद्वः परीक्षिष्ये क्रमादहम्। इत्युक्तास्तेन राज्ञा च तस्थुस्तत्र तथेति ते॥ १८
स्वाहारकाले चानाय्य तेभ्यः सोऽप्यासनं नृपः। राजार्हं दापयामास षड्रसं स्वादुभोजनम्॥ १९
भुञ्जानेषु च सर्वेषु तदैको बुभुजे न सः। विप्रो भोजनचङ्गोऽत्र जुगुप्साकूणिताननः॥ २०
कथं न भोजनं भुङ्क्षे ब्रह्मन्स्वादु सुगन्ध्यपि। इति राज्ञा स्वयं पृष्टः शनैर्विप्रो जगाद सः॥ २१
शवधूमदुरामोदः शालिभक्तेऽत्र विद्यते। तेन नाहमिदं भोक्तुमुत्सहे स्वाद्वपि प्रभो॥ २२
इत्युक्ते तेन सर्वेऽपि तत्राघ्राय नृपाज्ञया। ऊचुः कलमशाल्यन्नमदोषं तत्सुगन्धि च॥ २३
स तु भोजनचङ्गस्तन्नाश्नात्पिहितनासिकः। ततः स राजा संचिन्त्य यावदन्विष्यति क्रमात्॥ २४
तावन्नियोगिजनतस्तदन्नं बुबुधे तथा। ग्रामश्मशाननिकटक्षेत्रसंभवशालिजम्॥ २५

ततोऽतिविस्मितस्तुष्टः स राजा तमभाषत । सत्यं भोजनचङ्गस्त्वं तदन्यद्भुज्यतामिति ॥ २६
कृताहारश्च स नृपो विप्रान्वासगृहेषु तान् । विसृज्यानाययामास स्वामेकां गणिकोत्तमाम् ॥ २७
तां च तस्मै द्वितीयस्मै प्राहिणोत्कृतमण्डनाम् । विप्राय नारीचङ्गाय सायं सर्वाङ्गसुन्दरीम् ॥ २८
सा च वासगृहं तस्य राजभृत्यान्विता ययौ । राकानिशेव पूर्णेन्दुमुखी कंदर्पदीपिनी ॥ २९
प्रविष्टायां च तस्यां स प्रभाभासितवेश्मनि । उत्पन्नमूर्च्छः संरुद्धनासाग्रो वामपाणिना ॥ ३०
नारीचङ्गोऽब्रवीद्राजभृत्यान्निष्कास्यतामिति । न चेन्मृतोऽहं निर्याति गन्धोऽस्याश्छागलो यतः ॥ ३१
इत्युक्तास्तेन निन्युस्ते विप्रां तां राजपूरुषाः । राज्ञोऽन्तिकं वारवधूं वृत्तान्तं जगदुश्च तम् ॥ ३२
राजाप्यानाय्य तत्कालं नारीचङ्गमुवाच तम् । येयं श्रीखण्डकर्पूरकालागुरुमदोत्तमैः ॥ ३३
कृतप्रसाधना दिक्षु प्रसरच्चारुसौरभा । तस्या वारविलासिन्या गन्धः स्याच्छागलः कुतः ॥ ३४
इत्युक्तोऽपि स राज्ञा तन्नारीचङ्गस्तदा न यत् । प्रतिपेदे तदा राजा विचारपतितोऽभवत् ॥ ३५
पृच्छंश्च युक्त्या बुबुधे तामजक्षीरवर्धिताम् । तन्मुखादेव बालत्वे मातृधात्रीवियोगतः ॥ ३६
ततोऽतिविस्मितस्तस्य नारीचङ्गस्य चङ्गताम् । प्रशंसन्नृपतिस्तस्मै तृतीयाय द्विजन्मने ॥ ३७
तद्रसात्तूलिकाचङ्गायाशु शय्यामदापयत् । पर्यङ्कोपरि विन्यस्तसप्तसंख्याकतूलिकाम् ॥ ३८
तस्यां च तूलिकाचङ्गो महार्हे वासवेश्मनि । सुष्वाप धौतसुश्लक्ष्णपटप्रच्छदवाससि ॥ ३९
यामार्ध एव च गते स रात्रौ शयनात्ततः । उत्तस्थौ पाण्यवष्टब्धपार्श्वः क्रन्दन्व्यथार्दितः ॥ ४०
ददृशे तस्य पार्श्वे च तत्रत्यै राजपूरुषैः । गाढलग्नस्य बालस्य मुद्रेव कुटिलारुणा ॥ ४१
गत्वा च तैस्तदाख्यातं राज्ञे राजाप्युवाच तान् । तूलिकानां तले किंचिन्मा स्यात्तद्वीक्ष्यतामिति ॥ ४२
गत्वेक्षन्ते च ते यावदेकैकं तूलिकातलम् । तावत्सर्वतलाद्दापुर्वालं पर्यङ्कपृष्ठतः ॥ ४३
नीत्वा चादर्शयन्राज्ञे सोऽप्यानीतस्य वीक्ष्य तत् । तद्रूपं तूलिकाचङ्गस्याङ्गं राजा विसिस्मिये ॥ ४४
सप्तभ्यस्तूलिकाभ्योऽस्य बालो लग्नस्तनौ कथम् । इति चित्रीयमाणस्तां राजा रात्रिं निनाय सः ॥ ४५
प्रातश्चाद्भुतवैदग्ध्यसौकुमार्या अमी इति । तेभ्यस्त्रिभ्योऽपि चङ्गेभ्यो हेमलक्षत्रयं ददौ ॥ ४६
ततस्ते सुखितास्तत्र तस्थुर्विस्मृतकच्छपाः । पितुर्विघ्नितयज्ञार्थफलोपार्जितपातकाः ॥ ४७

इत्याख्याय कथाद्भुतमंसनिषण्णः पुनः स वेतालः ।
पप्रच्छ तं त्रिविक्रमसेनं पृथ्वीपतिं प्रश्नम् ॥ ४८
राजन्विचिन्त्य शापं पूर्वोक्तं ब्रूहि मे त्वमेतेषाम् ।
भोजननारीशय्याचङ्गानां कोऽधिकश्चङ्गः ॥ ४९
तच्छ्रुत्वैव स धीमान्वेतालं प्रत्युवाच तं नृपतिः ।
अहमेषां निष्कैतवमधिकं जानामि तूलिकाचङ्गम् ॥ ५०
यस्याङ्गे प्रत्यक्षं बालप्रतिबिम्बमुद्गतं दृष्टम् ।
इतराभ्यां हि भवेत्तत्पूर्वं ज्ञात्वान्यतोऽवगतम् ॥ ५१
इति तस्योक्तवतोंऽसाद्वेतालो भूपतेर्ययौ प्राग्वत् ।
सोऽपि तथैव च राजा तमन्वयासीदनिर्विण्णः ॥ ५२

इति महाकविश्रीसोमदेवभट्टविरचिते कथासरित्सागरे शशाङ्कवतीलम्बके पञ्चदशस्तरङ्गः ।

षोडशस्तरङ्गः ।

(नवमो वेतालः ।)

ततो गत्वा पुनस्तस्माच्छिंशपापादपान्नृपः । स त्रिविक्रमसेनस्तं स्कन्धे वेतालमग्रहीत् ॥ १
प्रस्थितश्च ततस्तेन वेतालेनाभ्यधायि सः । राजन्क राज्यं कैतस्मिन्श्मशाने भ्रमणं निशि ॥ २
किमेतन्नेक्षसे भूतसंकुलं रात्रिभीषणम् । चिताधूमैरिव ध्वान्तैर्निरुद्धं पितृकाननम् ॥ ३
कष्टं कीदृग्ग्रहोऽयं ते भिक्षोस्तस्यानुरोधतः । तदिमं शृणु तावन्मे प्रश्नं मार्गविनोदनम् ॥ ४

अवन्तिष्वस्ति नगरी युगादौ देवनिर्मिता। शैवी तनुरिवोद्दामभोगिभूतिविभूषिता॥ ५
पद्मावती भोगवती या हिरण्यवतीति च। कृतादिषु त्रिषु ख्याता कलावुज्जयिनीति च॥ ६
तस्यां च वीरदेवाख्यो राजाभूद्भूभृतां वरः। तस्य पद्मरतिर्नाम महादेवी बभूव च॥ ७
सोऽथ राजा तया साकं गत्वा मन्दाकिनीतटे। हरमाराधयामास तपसा पुत्रकाम्यया॥ ८
चिरं तपःस्थितश्चात्र परितुष्टेश्वरोदिताम्। कृतस्नानार्चनविधिः शुश्रावेमां गिरं दिवः॥ ९
राजन्नुत्पत्स्यते पुत्रः शूरस्तव कुलोद्भवः। कन्या चानन्यसामान्यलावण्यन्यक्कृताप्सराः॥ १०
श्रुत्वैतां नाभसीं वाणीं सिद्धाभीष्टः स भूपतिः। वीरदेवः स्वनगरीमाययौ महिषीसखः॥ ११
तत्रास्य शूरदेवाख्ये जाते प्रथममात्मजे। तस्यां पद्मरतौ देव्यां क्रमादजनि कन्यका॥ १२
अनङ्गस्यापि रूपेण रतिमुत्पादयेदियम्। इत्यनङ्गरतिर्नाम्ना पित्रा तेन व्यधायि सा॥ १३
वृद्धिं गतायास्तस्याश्च स पिता सदृशं वरम्। प्रेप्सुरानाययत्पृथ्व्यां पटेषु लिखितान्नृपान्॥ १४
तेष्वेकोऽपि न यत्तस्य तत्तुल्यः प्रत्यभासत। तेन राजा स वात्सल्यात्तां सुतां प्रत्यभाषत॥ १५
अहं तावन्न पश्यामि सदृशं पुत्रि ते वरम्। तत्कुरुष्व नृपान्सर्वान्मेलयित्वा स्वयंवरम्॥ १६
एतत्पितृवचः श्रुत्वा राजपुत्री जगाद सा। तात स्वयंवरं कर्तुं ह्रेपणान्नाहमुत्सहे॥ १७
किं त्वेकं वेत्ति योऽपूर्वं विज्ञानं स्वाकृतिर्युवा। तस्मै त्वयाहं दातव्या नार्थोऽन्येनाधिकेन मे॥ १८
इत्यनङ्गरतेस्तस्याः श्रुत्वा स्वदुहितुर्वचः। तादृशं तद्वरं यावदन्विष्यति स भूपतिः॥ १९
तावत्तल्लोकतो बुद्ध्वा चत्वारस्तमुपाययुः। वीरा विज्ञानिनो भव्याः पुरुषा दक्षिणापथात्॥ २०
ते राज्ञा पूजितास्तस्मै स्वं स्वं विज्ञानमेकशः। शशंसुः संनिधौ तस्या राजपुत्र्यास्तदर्थिनः॥ २१
एको जगाद शूद्रोऽहमाख्यया पञ्चपट्टिकः। पञ्चाग्र्यवस्त्रयुग्मानि करोम्येकोऽहमन्वहम्॥ २२
तेभ्य एकं प्रयच्छामि देवायैकं द्विजन्मने। एकं च परिगृह्णामि वाससोरात्मनः कृते॥ २३
एकं ददामि भार्यायै यदि सा भवतीह मे। एकं विक्रीय चाहारपानादि विदधाम्यहम्॥ २४
एवंविज्ञानिनेऽनङ्गरतिर्मे दीयतामिति। इत्येकेनोदिते तेन द्वितीयः पुरुषोऽब्रवीत्॥ २५
भाषाज्ञो नाम वैश्योऽहं सर्वेषां मृगपक्षिणाम्। रुतं वेद्मि तदेषा मे राजपुत्री प्रदीयताम्॥ २६
एवमुक्ते द्वितीयेन तृतीयः प्रोक्तवांस्ततः। अहं खड्गधरो नाम दोःशाली क्षत्रियो नृप॥ २७
न खड्गविद्याविज्ञाने प्रतिमल्लोऽस्ति मे क्षितौ। तदेषा तनया राजंस्त्वया मह्यं वितीर्यताम्॥ २८
इत्युक्ते तु तृतीयेन चतुर्थ इदमभ्यधात्। विप्रोऽहं जीवदत्ताख्यो विज्ञानं च ममेदृशम्॥ २९
जन्तून्मृतानप्यानीय दर्शयाम्याशु जीवतः। तद्वीरचर्यासिद्धं मां पतिमेषा प्रपद्यताम्॥ ३०
एवं वक्तॄन्स तान्पश्यन्दिव्यवेषाकृतीन्नृपः। वीरदेवः सुतायुक्तो दोलारूढ इवाभवत्॥ ३१
इत्याख्याय कथामेतां वेतालः पृष्टवान्नृपम्। स त्रिविक्रमसेनं तं दत्तपूर्वोक्तशापभीः॥ ३२
तद्भवान्वक्तु तावन्मे कस्मै देया विशांपते। तेषां चतुर्णां मध्यात्सा कन्यानङ्गरतिर्भवेत्॥ ३३
एतच्छ्रुत्वा स राजा तं वेतालं प्रत्यभाषत। मौनं त्याजयति प्रायः कालक्षेपाय मां भवान्॥ ३४
अन्यथा गहनः कोऽयं प्रश्नो योगेश्वरोच्यताम्। शूद्राय हि कुविन्दाय क्षत्रिया दीयते कथम्॥ ३५
वैश्यायापि कथं देया क्षत्रिया यच्च तद्गतम्। मृगादिभाषाविज्ञानं कार्ये तत्कोपयुज्यते॥ ३६
योऽपि विप्रस्तृतीयोऽत्र तेनापि पतितेन किम्। स्वकर्मप्रच्युतेनेन्द्रजालिना वीरमानिना॥ ३७
तस्मात्तस्मै क्षत्रियाय चतुर्थाय समाय सा। देया खड्गधरायैव स्वविद्यावीर्यशालिने॥ ३८

एतत्तस्य वचो निशम्य नृपतेरंसस्थलात्पूर्वव-
द्वेतालः स जगाम योगबलतः स्वस्थानमेवाशु तत्।
भूपालोऽपि स तं तथैव पुनरप्यानेतुमन्वग्ययौ-
वुत्साहैकघने हि वीरहृदये नाप्नोति खेदोऽन्तरम्॥

इति महाकविश्रीसोमदेवभट्टविरचिते कथासरित्सागरे शशाङ्कवतीलम्बके षोडशस्तरङ्गः।

सप्तदशस्तरङ्गः ।

(दशमो वेतालः ।)

स त्रिविक्रमसेनोऽथ गत्वा तं शिंशपातरोः । राजा जग्राह वेतालं पुनरंसे चचाल च ॥ १
प्रयान्तं च तमाह स्म वेतालः सोंऽसपृष्ठगः । श्रान्तोऽसि राजंस्तदिमां शृणु श्रमहरां कथाम् ॥ २
अभूत्सकलभूपालमस्तकन्यस्तशासनः । वीरबाहुरिति ख्यातो नाम्ना पार्थिवसत्तमः ॥ ३
तस्यानङ्गपुरं नाम बभूव नगरोत्तमम् । तत्रासीदर्थदत्ताख्यः सार्थवाहो महाधनः ॥ ४
तस्यासीद्धनदत्ताख्यज्येष्ठपुत्रकनीयसी । सुता मदनसेनेति कन्यारत्नं वणिक्पतेः ॥ ५
तामेकदा निजोद्याने क्रीडन्तीं ससखीजनाम् । ददर्श धर्मदत्ताख्यो भ्रातृमित्रं वणिक्सुतः ॥ ६
स तामालोक्य लावण्यरसनिर्भरनिर्झराम् । आलक्ष्य कुचकुम्भाग्रां वलित्रयतरङ्गिताम् ॥ ७
यौवनद्विरदस्येव क्रीडामज्जनवापिकाम् । सद्योऽभूत्स्मरबाणौघसंतापहृतचेतनः ॥ ८
अहो धाराधिरूढेन रूपेण द्योतितामुना । इयं मे मानसं भेत्तुं भल्ली मारेण निर्मिता ॥ ९
इत्यादि यावद्ध्यायन्स निर्वर्णयति तां चिरम् । तावत्तस्यातिचक्राम चक्राह्वस्येव वासरः ॥ १०
ततो मदनसेना सा विवेश स्वगृहान्तरम् । चित्तं च धर्मदत्तस्य तदनालोकनव्यथा ॥ ११
तददर्शनदुःखाग्निसंतापेनेव च ज्वलन् । लोहितो निपपाताशु भास्वानप्यपराम्बुधौ ॥ १२
तां विज्ञायैव सुमुखीं नक्तमभ्यन्तरे गताम् । उदियाय शनैश्चन्द्रस्तन्मुखाब्जविनिर्जितः ॥ १३
तावद्गत्वा गृहं तां स धर्मदत्तोऽनुचिन्तयन् । तस्थौ निपत्य शयने चन्द्रपादाहतो लुठन् ॥ १४
यत्नेन पृच्छ्यमानोऽपि सखिभिर्बन्धुभिस्तथा । न किंचित्कथयामास स्मरग्रहविमोहितः ॥ १५
निशि कृच्छ्राच्च संप्राप्तनिद्रः स्वप्ने तथैव ताम् । पश्यन्ननुनयन्कान्तां किं किं चक्रे न सोत्सुकः ॥ १६
प्रातः प्रबुद्धो गत्वा च ददर्शैकाकिनीं रहः । सखीं प्रतीक्षमाणां तां तत्रोद्यानस्थितां पुनः ॥ १७
उपेत्य च परिष्वङ्गलालसः प्रेमपेशलैः । तामुपच्छन्दयामास वचोभिश्चरणानतः ॥ १८
कन्याहं परदाराश्च न तवास्मीह सांप्रतम् । पित्रा समुद्रदत्ताय दत्ताहं वणिजे यतः ॥ १९
दिनैः कतिपयैरेव विवाहो भविता च मे । तद्गच्छ तूष्णीं मा कश्चित्पश्येद्दोषो भवेत्ततः ॥ २०
इत्युक्तः स तयात्यर्थं धर्मदत्तो जगाद ताम् । यदस्तु मे न जीवेयं विना हि भवतीमहम् ॥ २१
तच्छ्रुत्वा सा वणिक्कन्या बलात्कारभयाकुला । तमुवाच विवाहो मे तावत्संपद्यतामिह ॥ २२
कन्यादानफलं तातः प्राप्नोतु चिरकाङ्क्षितम् । ततोऽहं त्वामुपैष्यामि निश्चितं प्रणयार्जिता ॥ २३
श्रुत्वैतत्सोऽब्रवीन्नेष्टा ह्यन्यपूर्वा मम प्रिया । परभुक्ते हि कमले किमलेर्जायते रतिः ॥ २४
इत्युक्ता तेन सावादीत्कृतोद्वाहैव तर्ह्यहम् । पूर्वं त्वामुपयास्यामि ततोऽभ्येष्यामि तं पतिम् ॥ २५
एवमुक्तवतीं तस्मिन्नोज्झति प्रत्ययं विना । वणिक्पुत्रे सशपथं सत्यवाचं बबन्ध सा ॥ २६
ततस्तेनोज्झिता विग्ना सा विवेश स्वमन्दिरम् । प्राप्ते च लग्नदिवसे निर्वृत्तोद्वाहमङ्गला ॥ २७
गत्वा पतिगृहं नीत्वा सोत्सवेन च तद्दिनम् । सा पत्या सममध्यास्त शयनीयगृहं निशि ॥ २८
तत्र शय्यानिषण्णापि न तस्य प्रत्यपद्यत । पत्युः समुद्रदत्तस्य परिष्वङ्गमसंमुखी ॥ २९
तेनानुनीयमानापि यदुदश्रुर्बभूव सा । तत्स नाभिमतोऽस्म्यस्या नूनमित्यकरोद्धृदि ॥ ३०
जगाद चानभिमतो यद्यहं तव सुन्दरि । तन्मे नार्थस्त्वया गच्छ यः प्रियस्तत्र तं प्रति ॥ ३१
तच्छ्रुत्वा सा नतमुखी शनैरेवमुवाच तम् । त्वं मे प्राणाधिकः प्रेयान्विज्ञप्तिं किं तु मे शृणु ॥ ३२
अनुतिष्ठ सहर्षं च प्रयच्छ च ममाभयम् । कुरुष्व शपथं यावदार्यपुत्र वदामि ते ॥ ३३
एवमुक्तवती कृच्छ्रात्तथा तेन कृते पुनः । सलज्जं सविषादं च सभयं च जगाद सा ॥ ३४
एकाकिनीं गृहोद्याने दृष्ट्वा मामेकदा युवा । अरुणद्धर्मदत्ताख्यः सखा भ्रातुः स्मरातुरः ॥ ३५
रक्षन्त्या सपरीवादं कन्यादानफलं पितुः । मया हठप्रवृत्तस्य तस्य वाक्संयमः कृतः ॥ ३६
पूर्वं कृतविवाहा त्वामुपैष्यामि ततः प्रियम् । तन्मे सत्यवचः पालयमनुमन्यस्व तत्प्रभो ॥ ३७

यावत्तन्निकटं गत्वा क्षणेनोपैमि तेऽन्तिकम् । नहि शक्नोम्यतिक्रान्तुं सत्यमाबाल्यसेवितम् ॥ ३८
इति तस्या वचोवज्रपातेन सहसा हतः । समुद्रदत्तः सत्येन बद्धः क्षणमचिन्तयत् ॥ ३९
अहो धिगन्यरक्तेयं गन्तव्यं ध्रुवमेतया । तत्सत्यं हन्मि किं यातु कोऽस्याः परिणयग्रहः ॥ ४०
इत्यालोच्यानुमेने तां यथेष्टगमनाय सः । साप्युत्थाय ततस्तस्मान्निर्ययौ पतिवेश्मनः ॥ ४१
तावदत्रोदयाद्रीन्द्रहर्म्याग्रं हिमदीधितिः । आरुरोह कराक्रान्तहसत्पूर्वदिगङ्गनः ॥ ४२
ततस्तमःस्वप्याश्लिष्य स्थितेष्वद्रिदरीप्रियाः । संत्रमानेषु भृङ्गेष्वप्यपरं कुमुदाकरम् ॥ ४३
यान्ती मदनसेना सा मार्गे दृष्ट्वैकका निशि । चौरेणाधाव्य केनापि रुरुधे वसनाञ्चले ॥ ४४
का त्वं ब्रूहि क यासीति तेनोक्ता बिभ्यती च सा । उवाच किं तवानेन मुञ्च कार्यमिहास्ति मे ॥ ४५
ततश्चौरोऽब्रवीन्मत्तश्चौरात्त्वं मुच्यसे कथम् । तच्छ्रुत्वा सावदत्तं च गृहाणाभरणानि मे ॥ ४६
अथ चौरोऽभ्यधान्मुग्धे किमेभिरुपलैर्मम । चन्द्रकान्ताननां तार्क्ष्यरत्नासितशिरोरुहाम् ॥ ४७
वज्रमध्यां सुवर्णाङ्गीं पद्मरागाङ्घ्रिहारिणीम् । जगदाभरणं नैव मोक्ष्यामि भवतीमहम् ॥ ४८
इत्युक्ता तेन चौरेण विवशा सा वणिक्सुता । आख्याय निजवृत्तान्तमेवं प्रार्थयते स्म तम् ॥ ४९
क्षमस्व मे क्षणं यावत्कृत्वा सत्यानुपालनम् । इहस्थस्यैव ते पार्श्वमागमिष्यामि सत्वरम् ॥ ५०
नाहमुल्लङ्घयिष्यामि भद्र सत्यामिमां गिरम् । श्रुत्वेतत्सत्यसंधां तां मत्वा चौरो मुमोच सः ॥ ५१
तस्थौ प्रतीक्षमाणश्च तत्रैव स तदागमम् । सापि तस्यान्तिकं धर्मदत्तस्य वणिजो ययौ ॥ ५२
स चाभीष्टामपि प्राप्तां तथा तां विजने स्थिताम् । दृष्ट्वा पृष्ट्वा यथावृत्तं विचिन्त्य क्षणमब्रवीत् ॥ ५३
सत्येन तव तुष्टोऽस्मि किं त्वया मे परस्त्रिया । यावत्त्वां नेक्षते कश्चित्तावद्गच्छ यथागतम् ॥ ५४
इति तेन परित्यक्ता सा तथेत्याययौ ततः । चौरस्य निकटं तस्य प्रतिपालयतः पथि ॥ ५५
ब्रूहि कस्तेऽत्र वृत्तान्तो गताया इति पृच्छते । तस्मै सा तेन वणिजा यथा मुक्ता तथाब्रवीत् ॥ ५६
ततः स चौरोऽवादीत्तां यद्येवं तन्मयाप्यसि । विमुक्ता सत्यतुष्टेन गृहं साभरणा व्रज ॥ ५७
एवं तेनापि सा त्यक्ता रक्षिता चानुयायिना । अलुप्तशीला मुदिता पत्युरेवाययौ गृहम् ॥ ५८
तत्र गुप्तं प्रविष्टा सा प्रहृष्टोपागता सती । दृष्ट्वा पृष्टवते तस्मै पत्ये सर्वमवर्णयत् ॥ ५९
सोऽप्यलुप्तमुखच्छायां तामसंभोगलक्षणाम् । संभाव्याभग्नचारित्रां सत्यलाभरतां सतीम् ॥ ६०
अदृष्टमनसं भार्यामभिनन्द्य कुलोचितम् । तस्थौ समुद्रदत्तोऽथ तया सह यथासुखम् ॥ ६१

इति तत्र कथामुक्त्वा पितृवनभूमौ तदा स वेतालः ।
वदति स्म तं त्रिविक्रमसेनं वसुधाधिपं भूयः ॥ ६२
तद्ब्रूहि चौरवणिजामेषां मध्यान्नरेन्द्र कस्त्यागी ।
जानन्यदि न वदिष्यसि विदलिष्यति ते शिरः शतधा ॥ ६३
तच्छ्रुत्वा स महीपतिरुज्झितमौनस्तमाह वेतालम् ।
एषां चौरस्त्यागी न पुनर्वणिजावुभावपि तौ ॥ ६४
यो हि पतिस्तामजहादत्याज्यां तादृशीं विवाह्यापि ।
कुलजः सोऽन्यासक्तां भार्यां जानन्कथं वहतु ॥ ६५
योऽप्यपरः स भयात्तामत्याक्षीत्कालजीर्णसंवेगः ।
विदितार्थो भर्तास्याः प्रातर्ब्रूयान्नृपायेति ॥ ६६
चौरस्तु गुप्तचारी निरपेक्षः पापकर्मकृत्प्राप्तम् ।
स्त्रीरत्नं यदमुञ्चत्साभरणं तेन स त्यागी ॥ ६७

एतच्छ्रुत्वैवांसतस्तस्य राज्ञो वेतालोऽगात्पूर्ववत्स्वं पदं सः ।
राजा भूयोऽप्यत्र संप्राप्तुमेतं प्रायादेवाखण्डितोद्दामधैर्यः ॥ ६८

इति महाकविश्रीसोमदेवभट्टविरचिते कथासरित्सागरे शशाङ्कवतीलम्बके सप्तदशस्तरङ्गः ।

अष्टादशस्तरङ्गः।

(एकादशो वेतालः।)

ततो गत्वा पुनः प्राप्य शिंशपातोऽग्रहीन्नृपः। स त्रिविक्रमसेनोंऽसे वेतालं तं चचाल च ॥ १
आयान्तं च तमंसस्थो वेतालः सोऽब्रवीन्नृपम्। राजन्विचित्रामेकां ते वर्णयामि कथां शृणु ॥ २
उज्जयिन्यामभूत्पूर्वं नाम्ना धर्मध्वजो नृपः। तिस्रस्तस्याभवन्भार्या राजपुत्र्योऽतिवल्लभाः ॥ ३
एका तास्विन्दुलेखेति तारावल्यपरा तथा। नाम्ना मृगाङ्कवत्यन्या निःसामान्यवपुर्गुणाः ॥ ४
ताभिः स विहरन्राजा राज्ञीभिस्तिसृभिः सह। आसांचक्रे कृती तत्र जिताशेषरिपुः सुखम् ॥ ५
एकदा तत्र संप्राप्ते वसन्तसमयोत्सवे। प्रियाभिः सहितस्ताभिरुद्यानं क्रीडितुं ययौ ॥ ६
तत्रालिमालामौर्वीकाः पश्यन्पुष्पानता लताः। चापयष्टीरनङ्गस्य मधुना सज्जिता इव ॥ ७
शृण्वंश्च तद्द्रुमाग्रस्थकोकिलोदीरितां गिरम्। संभोगैकरसस्याज्ञामिव मानसजन्मनः ॥ ८
सिषेवेऽन्तःपुरैः साकं स राजा वासवोपमः। पानं मदस्य कंदर्पजीवितस्यापि जीवितम् ॥ ९
तन्निःश्वाससुगन्धीनि तद्बिम्बौष्ठरुचीनि च। प्रियापीतावशेषाणि पिबन्रेमे मधूनि सः ॥ १०
तत्र तस्येन्दुलेखाया राज्ञः केलिकचग्रहात्। तस्याः पपात कर्णाग्रादुत्सङ्गे त्वङ्गदुत्पलम् ॥ ११
तेनोरुपृष्ठे सहसा क्षते जातेऽभिघातजे। अभिजाता महादेवी हाहेत्युक्त्वा मुमूर्छ सा ॥ १२
तद्दृष्ट्वा विह्वलेनार्त्या राज्ञा परिजनेन च। समाश्वास्यत राज्ञी सा शनैः शीताम्बुमारुतैः ॥ १३
ततो नीत्वा स राजा तां राजधानीं भिषक्कृतैः। प्रियामुपाचरद्दिव्यैरामुक्तव्रणपट्टिकाम् ॥ १४
रात्रौ च सुस्थितां दृष्ट्वा तां स राजा द्वितीयया। तारावल्या सहारोहच्चन्द्रप्रासादमीश्वरः ॥ १५
तत्र तस्याङ्कसुप्ताया राज्ञस्तस्या हिमत्विषः। करा जालपथैः पेतुरङ्गे चलितवाससि ॥ १६
ततः क्षणात्प्रबुद्धा सा हा दग्धास्मीति वादिनी। शयनात्सहसोत्तस्थौ तदङ्गपरिमर्शिनी ॥ १७
किमेतदिति संभ्रान्तः प्रबुद्धोऽथ ददर्श सः। उत्थाय राजा विस्फोटानङ्गे तस्या विनिर्गतान् ॥ १८
पृच्छन्तं सा च तं प्राह राज्ञी तारावली तदा। नग्नाङ्गे पतितैरिन्दोः करैरेतत्कृतं मम ॥ १९
इत्युक्तवत्याः क्रन्दन्त्याः सार्तिराह्वयति स्म सः। तस्याः परिजनं राजा विह्वलाकुलधावितम् ॥ २०
तेनास्याः कारयामास सजलैर्नलिनीदलैः। शय्यामदापयच्चाङ्गे श्रीखण्डार्द्रविलेपनम् ॥ २१
तावद्बुद्ध्वा तृतीयास्य सा मृगाङ्कवती प्रिया। तत्पार्श्वमागन्तुमना निर्ययौ निजमन्दिरात् ॥ २२
निर्गता साशृणोत्क्वापि गृहे धान्यावघातजम्। निःशब्दायां निशि व्यक्तं विदूरे मुसलध्वनिम् ॥ २३
श्रुत्वैव हा मृतास्मीति ब्रुवाणा धुन्वती करौ। उपाविशद्व्यथाक्रान्ता मार्गे सा मृगलोचना ॥ २४
ततः प्रतिनिवृत्यैव नीत्वा परिजनेन सा। स्वमेवान्तःपुरं बाला रुदती शयनेऽपतत् ॥ २५
ददर्श तत्र तस्याश्च चिन्वन्साश्रुः परिच्छदः। आलीनभ्रमरौ पद्माविव हस्तौ किणाङ्कितौ ॥ २६
गत्वा च सोऽब्रवीद्राज्ञे राजाप्यागत्य विह्वलः। किमेतदिति पप्रच्छ सोऽथ धर्मध्वजः प्रियाम् ॥ २७
सापि प्रदर्श्य हस्तौ तमित्युवाच रुजान्विता। श्रुते मुसलशब्दे मे जातावेतौ किणाङ्कितौ ॥ २८
ततः स दाहशमनं दापयामास हस्तयोः। तस्याश्चन्दनलेपादि राजाद्भुतविषादवान् ॥ २९
एकस्या उत्पलेनापि पतता क्षतमाहितम्। द्वितीयस्याः पुनर्दग्धमङ्गं शशिकरैरपि ॥ ३०
एतस्यास्तु तृतीयस्याः श्रुतेनापि विनिर्गताः। कष्टं मुसलशब्देन हस्तयोरीदृशाः किणाः ॥ ३१
अहो युगपदेतासां प्रेयसीनां ममाधुना। गुणोऽप्यत्यभिजातत्वं जातो दोषाय दैवतः ॥ ३२
इति चिन्तयतस्तस्य भ्रमतोऽन्तःपुरेषु च। त्रियामा शतयामेव कृच्छ्रात्सा नृपतेर्ययौ ॥ ३३
प्रातश्च स भिषक्छल्यहर्तृभिः सह संव्यधात्। तथा यथाभूदचिरात्स्वस्थान्तःपुरनिर्वृतः ॥ ३४
एवमेतां कथामुक्त्वा वेतालोऽत्यद्भुतां तदा। स त्रिविक्रमसेनं तं पप्रच्छांसस्थितो नृपम् ॥ ३५
अभिजाततरैतासु राजन्राज्ञीषु का वद। पूर्वोक्तः सोऽस्तु शापस्ते जानन्यदि न जल्पसि ॥ ३६

तच्छ्रुत्वा सोऽब्रवीद्राजा सुकुमारतरात्र सा। अस्पृष्टे मुसले यस्याः शब्देनैवोद्गताः किणाः ॥ ३७
उत्पलेन्दुकरैः स्पर्शे वृत्ते त्वितरयोर्द्वयोः। संजाता व्रणविस्फोटास्तेन तस्या न ते समे ॥ ३८
इति तस्योक्तवतोंऽसाद्राज्ञो भूयो जगाम स स्वपदम्।
वेतालः स च राजा तथैव तं सुदृढनिश्चयोऽनुययौ ॥ ३९

इति महाकविश्रीसोमदेवभट्टविरचिते कथासरित्सागरे शशाङ्कवतीलम्बकेऽष्टादशस्तरङ्गः।

एकोनविंशस्तरङ्गः।
(द्वादशो वेतालः।)

स त्रिविक्रमसेनोऽथ पुनस्तं शिंशपातरुम्। गत्वा प्राप्य च वेतालं राजा स्कन्धे चकार तम् ॥ १
प्रतस्थे च तमादाय तूष्णीमेव स पूर्ववत्। ततो भूयस्तमाह स्म वेतालः सोंऽसपृष्ठतः ॥ २
राजन्नेवमनुद्विग्नः पर्याप्तमसि मे प्रियः। तदेतां शृण्वखेदाय हृद्यामाख्यामि ते कथाम् ॥ ३
अङ्गदेशे यशःकेतुरिति राजाभवत्पुरा। क्षमामाश्रितोऽङ्गगुप्त्यर्थमदग्धोऽन्य इव स्मरः ॥ ४
बाहुवीर्यजिताशेषवैरिवर्गस्य तस्य च। दीर्घदर्शीत्यभून्मन्त्री शक्रस्येव बृहस्पतिः ॥ ५
तस्मिन्मन्त्रिणि विन्यस्य राज्यं स हतकण्टकम्। शनैः सुखैकसक्तोऽभूद्वयोरूपमदान्नृपः ॥ ६
तस्थावन्तःपुरे शश्वन्नास्थाने प्रमदास्पदे। शुश्राव रक्तिमद्गीतं वचनं न हितैषिणाम् ॥ ७
रज्यति स्म च निश्चिन्तो जालवातायनेषु सः। न पुना राजकार्येषु बहुच्छिद्रेषु जात्वपि ॥ ८
दीर्घदर्शी तु तद्राज्यचिन्ताभारं समुद्वहन्। अतिष्ठत्स महामन्त्री दिवानिशमतन्द्रितः ॥ ९
नाममात्रे कृतधृतिं प्रक्षिप्य व्यसने नृपम्। मन्त्री राज्ञः श्रियं भुङ्क्ते दीर्घदर्शीह सांप्रतम् ॥ १०
इत्युत्पन्ने महत्यत्र जनवादेऽथ गेहिनीम्। स्वैरं मेधाविनीं नाम दीर्घदर्शी जगाद सः ॥ ११
प्रिये राज्ञि सुखासक्ते तद्भारं वहतोऽपि मे। राज्यं भक्षितमेतेनेत्युत्पन्नमयशो जने ॥ १२
लोकवादश्च मिथ्यापि महतामिह दोषकृत्। तत्याज किं न रामोऽपि जनवादेन जानकीम् ॥ १३
तदत्र किं मया कार्यमित्युक्ते तेन मन्त्रिणा। भार्या मेधाविनी धीरा सान्वर्था तमभाषत ॥ १४
तीर्थयात्रापदेशेन युक्त्यापृच्छ्य महीपतिम्। कंचित्कालं विदेशं ते गन्तुं युक्तं महामते ॥ १५
एवं ते निःस्पृहस्यैष जनवादो निवर्त्स्यति। त्वय्यस्थिते ततो राज्यमुद्वक्ष्यति नृपः स्वयम् ॥ १६
ततश्चास्य शनैरेतद्व्यसनं हानिमेष्यति। आगतस्यात्र निर्गर्हा भवित्री मन्त्रिता च ते ॥ १७
इत्युक्तो भार्यया गत्वा दीर्घदर्शी तथेति सः। कथाप्रसङ्गे तं भूपं यशःकेतुं व्यजिज्ञपत् ॥ १८
अनुजानीहि मां राजन्दिवसान्कांश्चिदप्यहम्। व्रजामि तीर्थयात्रायै धर्मो हि प्रेप्सितः स मे ॥ १९
तच्छ्रुत्वा सोऽब्रवीद्राजा मैवं तीर्थैर्विना परः। दानादिः किं न धर्मोऽस्ति स्वर्ग्यस्ते स्वगृहेष्वपि ॥ २०
अथावोचत्स मन्त्री तमर्थशुद्ध्यादि मृग्यते। दानादौ नित्यशुद्धानि तीर्थानि नृपते पुनः ॥ २१
यावच्च यौवनं राजंस्तावद्गम्यानि धीमता। अविश्वास्ये शरीरे हि संगमस्तैः कुतोऽन्यदा ॥ २२
इति तस्मिन्वदत्येव राज्ञि चैवं निषेधति। प्रविश्यात्र प्रतीहारो राजानं तं व्यजिज्ञपत् ॥ २३
देव व्योमसरोमध्यमंशुमाली विगाहते। तदुत्तिष्ठत सैषा वः स्नानवेलातिवर्तते ॥ २४
श्रुत्वैतत्सहसा स्नातुमुदतिष्ठन्महीपतिः। यात्रोन्मुखः स मन्त्री च तं प्रणम्य गृहं ययौ ॥ २५
तत्रावस्थाप्य भार्यां तामनुयात्रानिवारिताम्। स प्रतस्थे ततो युक्त्या स्वभृत्यैरप्यतर्कितः ॥ २६
एकाकी च भ्रमंस्तांस्तान्देशांस्तीर्थानि च व्रजन्। स प्राप पुण्ड्रविषयं दीर्घदर्शी सुनिश्चयः ॥ २७
तत्र पत्तन एकस्मिन्नदूरेऽब्धेः प्रविश्य सः। एकं देवकुलं शैवं तत्प्राङ्गण उपाविशत् ॥ २८
तत्रार्ककरसंतापक्लान्तं दूराध्वधूसरम्। ददर्श निधिदत्ताख्यो वणिग्देवार्चनागतः ॥ २९
स तं तथाविधं दृष्ट्वा सोपवीतं सुलक्षणम्। संभाव्य चोत्तमं विप्रमातिथेयोऽनयद्गृहम् ॥ ३०
तत्र चापूजयत्स्नानभोजनाद्यैस्समुत्तमैः। कः कुतस्त्वं क्व यासीति विश्रान्तं च स पृष्टवान् ॥ ३१
दीर्घदर्शीति विप्रोऽहमङ्गदेशादिहागतः। तीर्थयात्रार्थमित्येव गाम्भीर्यात्सोऽप्युवाच तम् ॥ ३२

ततः स निधिदत्तोऽपि तं जगाद महावणिक् । सुवर्णद्वीपगमनायोद्यतोऽहं वणिज्यया ॥ ३३
तत्त्वं तिष्ठेह मद्गेहे यावदेष्याम्यहं ततः । तीर्थयात्रापरिश्रान्तो विश्रान्तो ह्यथ यास्यसि ॥ ३४
तच्छ्रुत्वा सोऽब्रवीद्दीर्घदर्शी तर्हि ममेह किम् । त्वयैव सह यास्यामि सार्थवाह यथासुखम् ॥ ३५
एवमस्त्विति तेनोक्ते साधुना सोऽथ तद्गृहे । चिरादवाप्तशयनो निशां मन्त्री निनाय ताम् ॥ ३६
अन्येद्युरथ तेनैव वणिजा सह वारिधिम् । गत्वारुरोह तद्भाण्डपूर्णं प्रवहणं च सः ॥ ३७
तेन गच्छन्प्रवहणेनाब्धिमद्भुतभीषणम् । विलोकयन्स संप्राप स्वर्णद्वीपं क्रमेण तत् ॥ ३८
क्व मन्त्रिमुख्यता चास्य क्व वाब्धोल्लङ्घिताम्बुधिः । अयशोभीरवः किं न कुर्वते बत साधवः ॥ ३९
तत्र द्वीपे समं तेन कंचित्कालमुवास सः । वणिजा निधिदत्तेन कुर्वता क्रयविक्रयौ ॥ ४०
आगच्छंश्च ततोऽकस्मात्तद्युक्तो वहनस्थितः । कल्पवृक्षं ददर्शाब्धावूर्मेः पश्चात्समुत्थितम् ॥ ४१
प्रवालशाखासुभगैः स्कन्धैर्जाम्बूनदोज्ज्वलैः । फलैर्मणिमयैः कान्तैः कुसुमैश्चोपशोभितम् ॥ ४२
तस्य स्कन्धे च सद्रत्नपर्यङ्कोत्सङ्गवर्तिनीम् । कन्यामत्यद्भुताकारकमनीयामवैक्षत ॥ ४३
अहो किमेतदित्येवं यावद्ध्यायति स क्षणम् । तावत्सा वीणिनी कन्या गातुमेवं प्रचक्रमे ॥ ४४

यत्कर्मबीजमुप्तं येन पुरा निश्चितं स तद्भुङ्क्ते ।
पूर्वकृतस्य हि शक्यो विधिनापि न कर्तुमन्यथाभावः ॥ ४५

इत्युद्गाय क्षणात्तस्मिन्नम्भोधौ दिव्यकन्यका । सकल्पद्रुमपर्यङ्कशय्यात्रैव ममज्ज सा ॥ ४६
किमप्यपूर्वमद्येदं मया दृष्टमिहाद्भुतम् । काब्धिः क्व दृष्टनष्टोऽत्र गायद्दिव्याङ्गनस्तरुः ॥ ४७
यदि वा वन्द्य एषोऽब्धिराकरः शश्वदीदृशाम् । लक्ष्मीन्दुपारिजाताद्या नास्मात्ते किमुद्गताः ॥ ४८
इति तं चिन्तयन्तं च तत्क्षणं दीर्घदर्शिनम् । विलोक्य विस्मयाविष्टं कर्णधाराद्योऽब्रुवन् ॥ ४९
एवमेषा सदैवेह दृश्यते वरकन्यका । निमज्जति च तत्कालं तवैतद्दर्शनं नवम् ॥ ५०
इत्युक्तस्तैः समं तेन निधिदत्तेन स क्रमात् । मन्त्री चित्रीयमाणोऽब्धेस्तीरं पोतगतोऽभ्यगात् ॥ ५१
तत्रोत्तारितभाण्डेन तेनैव वणिजा सह । जगाम हृष्टभृत्येन सोत्सवं सोऽथ तद्गृहम् ॥ ५२
स्थित्वा नातिचिरं तत्र निधिदत्तमुवाच तम् । सार्थवाह भवद्गेहे विश्रान्तोऽहं चिरं सुखम् ॥ ५३
इदानीं गन्तुमिच्छामि स्वदेशं भद्रमस्तु ते । इत्युक्त्वा तमनिच्छन्तमप्यामन्त्र्य वणिक्पतिम् ॥ ५४
दीर्घदर्शी स सत्त्वैकसहायः प्रस्थितस्ततः । क्रमोल्लङ्घितदूराध्वा प्रापाङ्गविषयं निजम् ॥ ५५
तत्र तं ददृशुश्चारा बहिर्नगरमागतम् । ये यशःकेतुना राज्ञा प्राङ्न्यस्तास्तद्गवेषणे ॥ ५६
तैश्च गत्वा स विज्ञप्तश्चारै राजा तमभ्यगात् । स्वयं निर्गत्य नगरात्तद्विश्लेषसुदुःखितः ॥ ५७
उपेत्य च परिष्वङ्गपूर्वं तमभिनन्द्य सः । निनायाभ्यन्तरं भूपश्चिराध्वक्षामधूसरम् ॥ ५८
त्यक्त्वास्मान्किं त्वया नीतं न परं बत मानसम् । यावच्छरीरमप्येतन्निःस्नेहपरुषां दशाम् ॥ ५९
किं वा भगवतो वेत्ति भवितव्यस्य को गतिम् । यदकस्मात्तवैषाभूत्तीर्थादिगमने मतिः ॥ ६०
तद्ब्रूहि के त्वया भ्रान्ता देशा दृष्टं च किं नवम् । इति तत्र च तं राजा स जगाद स्वमन्त्रिणम् ॥ ६१
ततः सुवर्णद्वीपान्तं सोऽध्वानं वर्णयन्क्रमात् । अब्धावुद्गमिनीं तस्मै तां दृष्टां दिव्यकन्यकाम् ॥ ६२
गायन्तीं त्रिजगत्सारभूतां कल्पतरुस्थिताम् । यथावत्कथयामास दीर्घदर्शी महीभृते ॥ ६३
स तां श्रुत्वैव च नृपस्तथा स्मरवशोऽभवत् । यथा तया विना मेने निष्फले राज्यजीविते ॥ ६४
जगाद च तमेकान्ते नीत्वा स्वसचिवं तदा । द्रष्टव्यासौ मयावश्यं जीवितं नास्ति मेऽन्यथा ॥ ६५
यामि त्वदुक्तेन पथा प्रणम्य भवितव्यताम् । निवारणीयो नाहं ते नानुगम्यश्च सर्वथा ॥ ६६
गुप्तमेको हि यास्यामि राज्यं रक्ष्यं तु मे त्वया । मद्वचो मान्यथा कार्षीः शापितोऽसि ममासुभिः ॥ ६७
इत्युक्त्वा तत्प्रतिवचो निरस्य विससर्ज तम् । मन्त्रिणं स्वगृहं राजा चिरोत्कं स्वजनं प्रति ॥ ६८
तत्रानल्पोत्सवेऽप्यासीद्दीर्घदर्शी सुदुर्मनाः' । स्वामिन्यसाध्यव्यसने सुखं सन्मन्त्रिणां कुतः ॥ ६९
अन्येद्युश्च स तद्धस्तन्यस्तराज्यभरो नृपः । यशःकेतुस्ततः प्रायान्निशि तापसवेषभृत् ॥ ७०

गच्छंश्च कुशनाभाख्यं मुनिं मार्गे ददर्श सः। सोऽत्र तं तापसाकल्पं प्रणतं मुनिरादिशत् ॥ ७१
लक्ष्मीदत्तेन वणिजा सह पोतेन वारिधौ। गत्वा प्राप्स्यसि तामिष्टां कन्यां व्रज निराकुलः ॥ ७२
इति तद्वचसा प्रीतस्तं प्रणम्य स पार्थिवः। गच्छन्देशान्नदीरद्रीन्क्रान्त्वा तं प्रापदम्बुधिम् ॥ ७३
सुतारशङ्खधवलैर्वीचीभ्रूभिर्विकस्वरैः। वीक्षमाणमिवावर्तनेत्रैरातिथ्यसंभ्रमात् ॥ ७४
तत्तीरे वणिजा तेन मुनिप्रोक्तेन संगतिः। लक्ष्मीदत्तेन जज्ञेऽस्य स्वर्णद्वीपं यियासुना ॥ ७५
तेनैव सह चक्राङ्कपादमुद्रादिदर्शनात्। प्रह्वेणारुह्य वहनं प्रतस्थे सोऽम्बुधौ नृपः ॥ ७६
मध्यमब्धेश्च संप्राप्ते वहने वारिमध्यतः। उदगात्कल्पविटपिस्कन्धस्था सात्र कन्यका ॥ ७७
यावत्पश्यति तां राजा चकोर इव चन्द्रिकाम्। तावत्सा गायति स्मैवं वल्लकीवाद्यसुन्दरम् ॥ ७८

यत्कर्मबीजमुप्तं येन पुरा निश्चितं स तद्भुङ्क्ते।
पूर्वकृतस्य हि शक्यो विधिनापि न कर्तुमन्यथाभावः ॥ ७९
तस्माद्यत्र यथा यद्भवितव्यं यस्य दैवयोगेन।
तत्र तथा तत्प्राप्त्यै विवशोऽसौ नीयतेऽत्र न भ्रान्तिः ॥ ८०

इति सूचितभव्यार्थां गायन्तीं तां विभावयन्। निःस्पन्दः स क्षणं तस्थौ राजा स्मरशराहतः ॥ ८१
रत्नाकर नमः सत्यमगाधहृदयाय ते। येन त्वयैतां प्रच्छाद्य विप्रलब्धो हरिः श्रिया ॥ ८२
तत्सुरैरप्यलभ्यान्तं सपक्षक्ष्माभृदाश्रयम्। शरणं त्वां प्रपन्नोऽहमिष्टसिद्धिं विधत्स्व मे ॥ ८३
एवं यावत्समुद्रं तं स नतः स्तौति भूमिपः। तावत्सा कन्यका तत्र निममज्ज सपादपा ॥ ८४
तद्दृष्ट्वैवानुमार्गेऽस्याः स राजात्मानमक्षिपत्। वारिधावत्र कामाग्निसंतापस्येव शान्तये ॥ ८५
तद्वीक्ष्याशङ्कितं मत्वा विनष्टं तं स सज्जनः। लक्ष्मीदत्तो वणिग्दुःखाद्देहत्यागोद्यतोऽभवत् ॥ ८६
मा कार्षीः साहसं नास्ति मग्नस्यास्याम्बुधौ भयम्। एष राजा यशःकेतुर्नाम्ना तापसवेषभृत् ॥ ८७
एतत्कन्यार्थमायातः पूर्वभार्येयमस्य च। एतां प्राप्य पुनश्चासावङ्गराज्यं समेष्यति ॥ ८८
इत्यथाश्वासितो वाचा तत्कालं गगनोत्थया। सार्थवाहो यथाकामं स जगामेष्टसिद्धये ॥ ८९
स राजापि यशःकेतुर्निमग्नोऽन्तर्महोदधौ। अकस्मान्नगरं दिव्यमपश्यज्जातविस्मयः ॥ ९०
भास्वन्मणिमयस्तम्भैः काञ्चनोज्ज्वलभित्तिभिः। विराजमानं प्रासादैर्मुक्ताजालगवाक्षकैः ॥ ९१
नानारत्नशिलापट्टबद्धसोपानवापिकैः। कामदैः कल्पवृक्षाढ्यैरुद्यानैरुपशोभितम् ॥ ९२
समृद्धेऽपि पुरे तत्र निर्जनेऽथ गृहं गृहम्। अनुप्रविश्य न यदा तां ददर्श प्रियां क्वचित् ॥ ९३
तदा विचिन्वन्दृष्ट्वैकमुत्तुङ्गं मणिमन्दिरम्। आरुह्य द्वारमुद्घाट्य प्रविवेश स भूपतिः ॥ ९४
प्रविश्य चान्तः सद्रत्नपर्यङ्कस्थितमेककम्। वस्त्राच्छादितसर्वाङ्गं शयानं कंचिदैक्षत ॥ ९५
किं स्यात्सैवेति सोत्कण्ठमुद्घाटयति तन्मुखम्। यावत्तावदपश्यत्तां स्वेप्सितामेव सोऽङ्गनाम् ॥ ९६
स्रस्तनीलांशुकध्वान्तहसन्मुखशशिश्रियम्। ज्योत्स्नावदातां पातालगतामिव दिवा निशाम् ॥ ९७
तद्दर्शनेन चास्याभूदवस्था कापि सा तदा। ग्रीष्मर्तौ मरुपान्थस्य सरित्संदर्शनेन या ॥ ९८
साप्युन्मीलितचक्षुस्तं कल्याणाकृतिलक्षणम्। वीक्ष्याकस्मात्तथाप्राप्तं संभ्रमाच्छयनं जहौ ॥ ९९
कृतातिथ्या नतमुखी पूजयन्तीव पादयोः। फुल्लेक्षणोत्पलन्यासैः शनैरेतमुवाच च ॥ १००
को भवान्किमगम्यं च प्रविष्टोऽसि रसातलम्। राजचिह्नाङ्कितततनोः किं च ते तापसव्रतम् ॥ १०१
इत्यादिश महाभाग प्रसादो यदि ते मयि। एवं तस्या वचः श्रुत्वा स राजा प्रत्युवाच ताम् ॥ १०२
अङ्गराजो यशःकेतुरिति नाम्नास्मि सुन्दरि। आप्तादन्वहदृश्यां च त्वामश्रौषमिहाम्बुधौ ॥ १०३
ततस्त्वदर्थं कृत्वेमं वेषं राज्यं विमुच्य च। आगत्यैष प्रविष्टोऽहमनुमार्गेण तेऽम्बुधिम् ॥ १०४
तन्मे कथय कासि त्वमित्युक्ते तेन चाथ सा। सलज्जा सानुरागा च सानन्दा चैवमभ्यधात् ॥ १०५
मृगाङ्कसेन इत्यस्ति श्रीमान्विद्याधराधिपः। मां मृगाङ्कवतीं नाम्ना विद्धि तस्य सुतामिमाम् ॥ १०६
स मामस्मिन्स्वनगरे विमुच्यैकाकिनीं पिता। न जाने हेतुना केन गतः क्वापि सपौरकः ॥ १०७

तेनाहं शून्यवसतेर्निर्विण्णोन्मज्ज्य वारिधेः । यत्रकल्पद्रुमारूढा गायामि भवितव्यताम् ॥ १०८
एवमुक्तवती तेन स्मरता तन्मुनेर्वचः । तथारज्यत सा राज्ञा वचोभिः प्रेमपेशलैः ॥ १०९
यथानुरागविवशा भार्यात्वं तस्य तत्क्षणम् । अङ्गीचकार वीरस्य समयं त्वेकमभ्यधात् ॥ ११०
शुक्लकृष्णचतुर्दश्यामष्टम्यां चार्यपुत्र ते । प्रतिमासमनायत्ता चतुरो दिवसानहम् ॥ १११
यत्र क्वापि दिनेष्वेषु गच्छन्ती चास्मि न त्वया । प्रष्टव्या न निषेद्धव्या कारणं ह्यत्र विद्यते ॥ ११२
एवं तामुक्तसमयां स राजा दिव्यकन्यकाम् । तथेत्युक्त्वैव गान्धर्वविधिना परिणीतवान् ॥ ११३
भेजे ततश्च संभोगसुखं तत्र तया सह । यथाभूदन्य एवास्या मान्मथो मण्डनक्रमः ॥ ११४
केशेषु स्रस्तमाल्येषु कचग्रहनखावली । बिम्बाधरेऽथ निष्पीतनीरागे दशनक्षतिः ॥ ११५
कुचयोः करजश्रेणिर्भिन्नमाणिक्यमालयोः । लुप्ताङ्गरागेष्वङ्गेषु गाढालिङ्गनरागिता ॥ ११६
इति तद्दिव्यसंभोगसुखावस्थितमत्र तम् । सा मृगाङ्कवती भार्या भूपं प्राहेदमेकदा ॥ ११७
त्वमिहैव प्रतीक्षेथा कार्यार्थं क्वापि याम्यहम् । अद्य सैषा हि संप्राप्ता मम कृष्णचतुर्दशी ॥ ११८
इहस्थस्त्वार्यपुत्रामुं मा स्म गाः स्फाटिकं गृहम् । मात्र वाप्यां निपतितो भूलोकं त्वं गमिष्यसि ॥ ११९
इत्युक्त्वा सा तमामन्त्र्य ययौ तस्मात्पुराद्बहिः । राजापि प्राप्तखड्गस्तां छन्नो जिज्ञासुरन्वगाम् ॥ १२०
तत्रापश्यत्तमःश्यामं व्यात्तवक्त्रबिलं च सः । साकारमिव पातालमायान्तं राक्षसं नृपः ॥ १२१
स राक्षसो निपत्यैव मुक्तघोररवस्तदा । तां मृगाङ्कवतीं वक्त्रे निक्षिप्यैव निगीर्णवान् ॥ १२२
तद्दृष्ट्वैवातिकोपेन सहसा स ज्वलन्निव । निर्मोकमुक्तभुजगश्यामलेन महासिना ॥ १२३
कोषाकृष्टेन धावित्वा राजसिंहोऽभिधावतः । चिच्छेद रक्षसस्तस्य संदष्टौष्ठपुटं शिरः ॥ १२४
रक्षःकबन्धवान्तेन राज्ञस्तस्यास्रवारिणा । क्रोधजोऽथ शशामाग्निर्न तु कान्तावियोगजः ॥ १२५
ततो मोहनिशान्धेऽस्मिन्विनष्टगतिके नृपे । अकस्मान्मेघमलिनस्याङ्गं भित्त्वेव रक्षसः ॥ १२६
तस्योद्द्योतितदिक्चक्रा चन्द्रमूर्तिरिवामला । सा मृगाङ्कवती जीवन्त्यक्षताङ्गी विनिर्ययौ ॥ १२७
तां तथा संकटोत्तीर्णां दृष्ट्वा कान्तां ससंभ्रमम् । एह्येहीति वदन्राजा प्रधाव्यैवालिलिङ्ग सः ॥ १२८
प्रिये किमेतत्स्वप्नोऽयमुत मायेति तेन सा । पृष्टा नृपेण संस्मृत्य विद्याधर्येवमब्रवीत् ॥ १२९
शृण्वार्यपुत्र न स्वप्नो न मायेयमयं पुनः । विद्याधरेन्द्रात्स्वपितुः शापोऽभूदीदृशो मम ॥ १३०
बहुपुत्रोऽपि स हि मे पिता पूर्वं वसन्निह । मया विनातिवात्सल्यान्नाहारमकरोत्सदा ॥ १३१
अहं च सर्वदा शर्वपूजासक्तेह निर्जने । चतुर्दश्योरथाष्टम्योरागच्छं पक्षयोर्द्वयोः ॥ १३२
एकदा च चतुर्दश्यामिहागत्य रसान्मम । चिरं गौरीं समर्चन्त्या दैवादवसितं दिनम् ॥ १३३
तदहर्मत्प्रतीक्षः सन्क्षुधितोऽपि स मत्पिता । नाभुङ्क्त नापिबत्किंचिदासीत्क्रुद्धस्तु मां प्रति ॥ १३४
ततो रात्रावुपेतां मां सापराधामधोमुखीम् । भवितव्यबलग्रस्तमत्स्नेहः शपति स्म सः ॥ १३५
यथा त्वदवलेपेन ग्रस्तोऽद्याहमयं क्षुधा । मासि मासि तथाष्टम्योश्चतुर्दश्योश्च केवलम् ॥ १३६
हरार्चनरसायान्तीमत्रैव त्वां बहिः पुरे । नाम्ना कृतान्तसंत्रासो राक्षसो निगरिष्यति ॥ १३७
भित्त्वा भित्त्वास्य हृदयं जीवन्ती च निरेष्यसि । न स्मरिष्यसि शापं च न तां निगरणव्यथाम् ॥ १३८
स्थास्यस्येकाकिनी चात्रेत्युक्तशापवचाः शनैः । सोऽनुनीतो मया ध्यात्वा शापान्तं मेऽब्रवीत्पिता ॥ १३९
भर्ता भूत्वा यशःकेतुनामाङ्गनृपतिर्यदा । राक्षसेन निगीर्णां त्वां दृष्ट्वा तं निहनिष्यति ॥ १४०
तदा त्वं मोक्ष्यसे शापाद्धृदयात्तस्य निर्गता । संस्मरिष्यसि शापादि विद्याः सर्वास्तथा निजाः ॥ १४१
इत्यादिश्य स शापान्तं त्यक्त्वा मामेककामिह । निषधाद्रिं गतस्तातो भूलोकं सपरिच्छदः ॥ १४२
अहं तथा चरन्ती च शापमोहादिहावसम् । क्षीणश्चैष स शापो मे जाता सर्वत्र च स्मृतिः ॥ १४३
तत्तातपार्श्वमधुना निषधाद्रिं व्रजाम्यहम् । शापान्ते स्वां गतिं याम इत्येष समयो हि नः ॥ १४४
त्वमिहास्स्व स्वराष्ट्रं वा व्रज स्वातन्त्र्यमत्र ते । एवं तयोक्ते स नृपो दुःखितोऽर्थयते स्म ताम् ॥ १४५
सप्ताहानि न गन्तव्यं प्रसीद सुमुखि त्वया । क्षिपावस्तावदौत्सुक्यमुद्याने क्रीडनैरिह ॥ १४६

त्वं गच्छाथ पितुः स्थानं यास्याम्यहमपि स्वकम् । एतत्तद्वचनं मुग्धा तथेत्यङ्गीचकार सा ॥ १४७
ततोऽत्र रेमे स तया सहोद्यानेषु कान्तया । सजलोत्पलनेत्रासु वापीषु षडहं नृपः ॥ १४८
मा स्म यातं विहायास्मानिति पूत्कुर्वतीष्विव । उत्क्षिप्तवीचिहस्तासु हंससारसनिःस्वनैः ॥ १४९
सप्तमेऽह्नि स युक्त्या तां प्रियां तत्रानयद्गृहे । भूलोकप्रापिणी यत्र सा यन्त्रद्वारवापिका ॥ १५०
तत्र कण्ठे गृहीत्वा तां तस्यां वाप्यां निपत्य सः । उत्तस्थौ स्वपुरोद्यानवापीमध्यात्तया सह ॥ १५१
तत्र कान्तासखं प्राप्तं तं दृष्ट्वोद्यानपालकाः । हृष्टास्तन्मन्त्रिणे गत्वा जगदुर्दीर्घदर्शिने ॥ १५२
सोऽप्येत्य पादपतितस्तमानीतेप्सिताङ्गनम् । दृष्ट्वा प्रावेशयन्मन्त्री सपौरोऽभ्यन्तरं नृपम् ॥ १५३
अहो सैषा कथं प्राप्ता राज्ञा दिव्याङ्गनामुना । व्योम्नीव विद्युदिव या क्षणदृश्या मयेक्षिता ॥ १५४
यद्यस्य लिखितं धात्रा ललाटाक्षरपङ्क्तिषु । तदवश्यमसंभाव्यमपि तस्योपतिष्ठते ॥ १५५
इत्यत्र मन्त्रिमुख्येऽस्मिन्ध्यायत्यन्यजनेऽपि च । दिव्यस्त्रीप्राप्तिसाश्चर्ये राजागमनसोत्सवे ॥ १५६
सा मृगाङ्कवती दृष्ट्वा तं स्वदेशागतं नृपम् । इयेष पूर्णसप्ताहा यातुं वैद्याधरीं गतिम् ॥ १५७
नाविरासीच्च विद्यास्याः स्मृताप्युत्पतनी तदा । ततः सा मुषितेवात्र विषादमगमत्परम् ॥ १५८
किमकस्माद्विषण्णेव दृश्यसे वद मे प्रिये । इत्युक्ता तेन राज्ञा सा विद्याधर्येवमब्रवीत् ॥ १५९
स्थिताहं शापमुक्तापि त्वत्स्नेहाद्यदियच्चिरम् । तेन विद्या मम भ्रष्टा नष्टा दिव्या च सा गतिः ॥ १६०
तच्छ्रुत्वा हन्त सिद्धेयं मम विद्याधरीति सः । राजा ततो यशःकेतुः पूर्णं चक्रे महोत्सवम् ॥ १६१
तद्दृष्ट्वा दीर्घदर्शी स मन्त्री गत्वा गृहं निशि । शयनीयगतोऽकस्माद्धृत्स्फोटेन व्यपद्यत ॥ १६२
ततोऽनुभूय तच्छोकं धृतराज्यभरः स्वयम् । यशःकेतुश्चिरं तस्थौ स मृगाङ्कवतीयुतः ॥ १६३

इत्येतां कथयित्वा मार्गे तस्मै कथां स वेतालः ।
अवदत्पुनस्त्रिविक्रमसेनं नृपतिं तमंसगतः ॥ १६४
तद्ब्रूहि भूपते ते संपन्ने स्वामिनस्तथाभ्युदये ।
हृदयं सपदि स्फुटितं तस्य महामन्त्रिणः किमिति ॥ १६५
दिव्यस्त्री न मया किं प्राप्तेति शुचास्फुटद्धृदयम् ।
किं वा राज्यमभीप्सो राजागमजेन दुःखेन ॥ १६६
एतच्च यदि न वक्ष्यसि मह्यं जानन्नपीह तद्राजन् ।
धर्मश्च तव विनङ्क्ष्यति यास्यति दलशश्च झटिति शिरः ॥ १६७
श्रुत्वेति तु त्रिविक्रमसेनो राजा जगाद वेतालम् ।
नैतत्तस्मिन्द्वयमपि शुभचरिते युज्यते हि मन्त्रिवरे ॥ १६८
किं तु स्त्रीमात्ररसादुपेक्षितं येन भूभुजा राज्यम् ।
तस्याधुना तु दिव्यस्त्रीरक्तस्यात्र का वार्ता ॥ १६९
तन्मे कष्टेऽपि कृते प्रत्युत दोषो बताधिकीभूतः ।
इति तस्य विभावयतो हृदयं तन्मन्त्रिणः स्फुटितम् ॥ १७०

इत्युक्ते नरपतिना पुनः स मायी वेतालो निजपदमेव तज्जगाम ।
राजापि प्रसभमवाप्तुमन्वधावद्भूयोऽपि द्रुतमथ तं स धीरचेताः ॥ १७१

इति महाकविश्रीसोमदेवभट्टविरचिते कथासरित्सागरे शशाङ्कवतीलम्बके एकोनविंशस्तरङ्गः ।

विंशस्तरङ्गः ।

(त्रयोदशो वेतालः)

अथ गत्वा पुनः प्राप्य शिंशपातस्ततो नृपः । स त्रिविक्रमसेनस्तं स्कन्धे वेतालमाददे ॥ १
आयान्तं च स वेतालो भूयस्तं नृपमब्रवीत् । राजञ्शृणु कथामेकां संक्षिप्तां वर्णयामि ते ॥ २

अस्ति वाराणसी नाम पुरी हरनिवासभूः । देवस्वामीति तत्रासीत्तन्मान्यो नरपतेर्द्विजः ॥ ३
महाधनस्य तस्यैको हरिस्वामीत्यभूत्सुतः । तस्य भार्या च लावण्यवतीत्यत्युत्तमाभवत् ॥ ४
तिलोत्तमादिनाकस्त्रीनिर्माणे प्राप्तकौशलः । अनर्घरूपलावण्यां मन्ये यां निर्ममे विधिः ॥ ५
तया स कान्तया साकं हरिस्वामी कदाचन । रतिश्रान्तो ययौ निद्रां हर्म्ये चन्द्रांशुशीतले ॥ ६
तत्कालं तेन मार्गेण कामचारी विहायसा । आगान्मदनवेगाख्यो विद्याधरकुमारकः ॥ ७
स तत्र लावण्यवतीं पत्युः पार्श्वे ददर्श ताम् । सुप्तां रतिक्लमस्रस्तवस्त्रव्यक्ताङ्गसौष्ठवाम् ॥ ८
तद्रूपहृतचित्तः सन्मदनान्धः स तत्क्षणम् । सुप्तामेव निपत्यैतां गृहीत्वा नभसा ययौ ॥ ९
क्षणात्प्रबुद्धोऽथ युवा हरिस्वामी स तत्पतिः । प्राणेश्वरीमपश्यंस्तामुदतिष्ठत्ससंभ्रमः ॥ १०
अहो किमेतत्क गता कुपिता सा नु किं मयि । छन्ना जिज्ञासितुं किं मे चित्तं परिहसत्युत ॥ ११
इत्यनेकविकल्पौघव्याकुलस्तामितस्ततः । हर्म्यप्रासादवलभीष्वन्विष्यन्सोऽभ्रमन्निशि ॥ १२
आगृहोद्यानतश्चिन्वन्नाप कुतोऽपि ताम् । ततः शोकाग्निसंतप्तो विललापाश्रुगद्गदम् ॥ १३
हा चन्द्रबिम्बवदने हा ज्योत्स्नागौरि हा प्रिये । रात्र्या तुल्यगुणद्वेषात्किं नु सोढासि नानया ॥ १४
त्वया कान्त्या जितो बिभ्यदिव चन्दनशीतलैः । करैरसुखयद्यो मां सोऽयमिन्दुस्त्वया विना ॥ १५
लब्धान्तर इवेदानीं तैरेव तुदति प्रिये । प्रज्वलद्भिरिवाङ्गारैर्विषदिग्धैरिवाशुगैः ॥ १६
इत्यादि क्रन्दतस्तस्य सा हरिस्वामिनस्तदा । कृच्छ्राद्व्यतीयाय निशा न पुनर्विरहव्यथा ॥ १७
प्रातर्बिभेद विश्वस्य करैः संतमसं रविः । भेत्तुं न चक्षमे तस्य मोहान्धतमसं पुनः ॥ १८
विलब्ध इव चक्राह्वैस्तस्य तीर्णनिशैस्तदा । भेजे शतगुणीभावं करुणाक्रन्दितध्वनिः ॥ १९
स्वजनैः सान्त्व्यमानोऽपि वियोगानलदीपितः । न च लेभे द्विजयुवा धृतिं तां प्रेयसीं विना ॥ २०
इह स्थितमिह स्नातं कृतमत्र प्रसाधनम् । विहृतं च तयात्रेति ययौ त्वित इतो रुदन् ॥ २१
मृता तावन्न सा तत्किमात्मैवं हन्यते त्वया । अवश्यं तामवाप्नासि जीवञ्जातु कुतश्चन ॥ २२
तद्धैर्यमवलम्बस्व तां गवेषय च प्रियाम् । अप्राप्यं नाम नेहास्ति धीरस्य व्यवसायिनः ॥ २३
इति बन्धुसुहृद्वाक्यैर्बोधितः सोऽथ कृच्छ्रतः । दिनैः कैश्चिद्धरिस्वामी बबन्ध धृतिमास्थया ॥ २४
अचिन्तयच्च सर्वस्वं कृत्वा ब्राह्मणसादहम् । भ्रमामि तावत्तीर्थानि क्षपयाम्यघसंचयम् ॥ २५
पापक्षयाद्धि तां जातु प्रियां भ्राम्यन्नवाप्नुयाम् । इत्यालोच्य यथावस्थं स्नानाद्युत्थाय सोऽकरोत् ॥ २६
अन्येद्युश्च विचित्रान्नपानं सत्रे द्विजन्मनाम् । चकारावारितं किं च ददौ धनमशेषतः ॥ २७
ब्राह्मण्यमात्रवित्तस्य निर्गत्यैव स्वदेशतः । प्रियाप्राप्तीच्छया सोऽथ तीर्थानि भ्रमितुं ययौ ॥ २८
भ्राम्यतश्च जगामास्य भीमो ग्रीष्मर्तुकेसरी । प्रचण्डादित्यवदनो दीप्ततद्रश्मिकेसरः ॥ २९
प्रियाविरहसंतप्तपान्थनिःश्वासमारुतैः । न्यस्तोष्माण इवात्युष्णा वान्ति स्म च समीरणाः ॥ ३०
शुष्यद्भिर्दीर्णपङ्काश्च हृदयैः स्फुटितैरिव । जलाशया ददृशिरे घर्मलुप्ताम्बुसंपदः ॥ ३१
चीरीचीत्कारमुखरास्तापम्लानदलाधराः । मधुश्रीविरहान्मार्गेष्वरुदन्निव पादपाः ॥ ३२
तस्मिन्कालेऽर्कतापेन वियोगेन क्षुधा तृषा । नित्याध्वना च स क्लान्तो विरूक्षक्षामधूसरः ॥ ३३
भोजनार्थी हरिस्वामी प्राप ग्रामं क्वचिद्भ्रमन् । पद्मनाभाभिधानस्य गृहं विप्रस्य सत्रिणः ॥ ३४
तत्र दृष्ट्वा स भुञ्जानान्विप्रानभ्यन्तरे बहून् । द्वारशाखां समालम्ब्य तस्थौ निःशब्दनिश्चलः ॥ ३५
तथास्थितं तमालोक्य सत्रिणस्तस्य गेहिनी । पद्मनाभस्य संजातदया साध्वी व्यचिन्तयत् ॥ ३६
अहो क्षुन्नाम गुर्व्येषा न कुर्यात्कस्य लाघवम् । यदेवमयमन्नार्थी कोऽप्यास्ते द्वार्यधोमुखः ॥ ३७
दूराध्वाभ्यागतः स्नातस्तावत्क्षीणेन्द्रियः क्षुधा । तदेष चान्नदानस्य पात्रमित्यवधार्य सा ॥ ३८
परमान्नभृतं साध्वी तस्मै सघृतशर्करम् । पात्रमुत्क्षिप्य पाणिभ्यामानीय प्रश्रिता ददौ ॥ ३९
जगाद चैतं भुङ्क्ष्वैतद्गत्वा वापीतटे क्वचित् । इदं स्थानं समुच्छिष्टं भुञ्जानैर्ब्राह्मणैर्वृतम् ॥ ४०
तथेति सोऽन्नपात्रं तद्गृहीत्वा नातिदूरतः । गत्वा स्थापितवान्वाप्यास्तटे वटतरोरधः ॥ ४१

प्रक्षाल्य पाणिपादं च वाप्यामाचम्य चात्र सः । यावद्भक्षयितुं तुष्टः परमान्नमुपैति तत् ॥ ४२
तावद्गृहीत्वा कृष्णाहिं चञ्च्वा पादयुगेन च । श्येनः कुतश्चिदागत्य तरौ तस्मिन्नुपाविशत् ॥ ४३
तेन तस्योह्यमानस्य सर्पस्याक्रम्य पक्षिणा । उत्क्रान्तजीवितस्यास्याद्विषलाला विनिर्ययौ ॥ ४४
सा तत्राधःस्थिते तस्मिन्नन्नपात्रेऽपतत्तदा । तच्चादृष्ट्वा हरिस्वामी स एत्यान्नमभुङ्क्त तत् ॥ ४५
क्षुधार्तस्य तदा तस्य मृष्टान्नं तत्क्षणेन तत् । कृत्स्नं भुक्तवतस्तीव्रा प्रोदभूद्विषवेदना ॥ ४६
अहो विधौ विपर्यस्ते न विपर्यस्यतीह किम् । यद्विषीभूतमन्नं मे सक्षीरघृतशर्करम् ॥ ४७
इति जल्पन्विषार्तः स हरिस्वामी परिस्खलन् । गत्वा तां सत्रिणस्तस्य विप्रस्योवाच गेहिनीम् ॥ ४८
त्वद्दत्ताद्विषमन्नान्मे जातं तद्विषमन्त्रिणम् । कंचिन्ममानय क्षिप्रं ब्रह्महत्यान्यथास्ति ते ॥ ४९
इत्युक्त्वैव स तां साध्वीं किमेतदिति विह्वलाम् । हरिस्वामी परावृत्तनेत्रः प्राणैर्व्ययुज्यत ॥ ५०
ततः सा तेन निर्दोषाप्यातिथेय्यपि सत्रिणा । भार्या निष्कासिता गेहान्मिथ्यातिथिवधक्रुधा ॥ ५१
साप्युत्पन्नमृषावद्या सुशुभादपि कर्मणः । जातावमाना तपसे साध्वी तीर्थमशिश्रियत् ॥ ५२
कस्य विप्रवधः सोऽस्तु सर्पश्येनान्नदेष्विति । तदाभूद्धर्मराजाग्रे वादो नासीत्तु निर्णयः ॥ ५३
तत्त्रिविक्रमसेन त्वं राजन्ब्रूहि ममाधुना । कस्य सा ब्रह्महत्येति पूर्वः शापः स तेऽन्यथा ॥ ५४
इति वेतालतः श्रुत्वा राजा शापनियन्त्रितः । स त्रिविक्रमसेनस्तं मुक्तमौनोऽब्रवीदिदम् ॥ ५५
तस्य तत्पातकं तावत्सर्पस्य यदि वास्य कः । विवशस्यापराधोऽस्ति भक्ष्यमाणस्य शत्रुणा ॥ ५६
अथ श्येनस्य तेनापि किं दुष्टं क्षुधितात्मना । अकस्मात्प्राप्तमानीय भक्ष्यं भक्षयता निजम् ॥ ५७
दंपत्योरन्नदात्रोर्वा तयोरेकस्य वा कुतः । अभाव्यदोषौ धर्मैकप्रवृत्तौ तावुभौ यतः ॥ ५८
तदहं तस्य मन्ये सा ब्रह्महत्या जडात्मनः । अविचार्यैव यो ब्रूयादेषामेकतमस्य ताम् ॥ ५९

इत्युक्तवतोऽस्य नृपस्यांसाद्भूयोऽप्यगात्स वेतालः ।
निजपदमेव नृपोऽपि स पुनरपि धीरस्तमन्वगादेव ॥ ६०

इति महाकविश्रीसोमदेवभट्टविरचिते कथासरित्सागरे शशाङ्कवतीलम्बके विंशस्तरङ्गः ।

एकविंशस्तरङ्गः ।

(चतुर्दशो वेतालः ।)

स त्रिविक्रमसेनोऽथ गत्वा तं शिंशपातरोः । भूयोऽप्यासाद्य वेतालं स्कन्धे जग्राह भूपतिः ॥ १
प्रस्थितं च तमुर्वीशं स वेतालोऽभ्यधात्पुनः । राजञ्श्रान्तोऽसि तच्चित्रां कथामाख्यामि ते शृणु ॥ २
अस्त्ययोध्येति नगरी राजधानी बभूव या । रक्षःकुलकृतान्तस्य रामरूपस्य शार्ङ्गिणः ॥ ३
तस्यां राजाभवद्वीरकेतुर्नाम ररक्ष यः । क्षोणीमिमां महाबाहुः प्राकारो नगरीमिव ॥ ४
तस्मिन्महीपतावस्यां पुर्यामेको महावणिक् । रत्नदत्ताभिधानोऽभूद्वणिङ्निवहनायकः ॥ ५
नन्दयन्त्यभिधानायां पत्न्यां तस्योदपद्यत । सुता रत्नवती नाम देवताराधनार्जिता ॥ ६
सा च तस्य पितुर्वेश्मन्यवर्धत मनस्विनी । रूपलावण्यविनयैः सहैव सहजैर्गुणैः ॥ ७
यौवनस्थां च तां तस्माद्रत्नदत्तान्न केवलम् । महान्तो वणिजो यावद्राजानोऽपि ययाचिरे ॥ ८
सा तु पुंद्वेषिणी नैच्छद्भर्तारमपि वासवम् । प्राणत्यागोद्यता सेहे न विवाहकथामपि ॥ ९
तेन तस्याः पिता तूष्णीं तस्थौ वात्सल्यदुःस्थितः । स च प्रवादोऽयोध्यायां तस्यां सर्वत्र पप्रथे ॥ १०
अत्रान्तरे सदा चौरैर्मुष्यमाणाः किलाखिलाः । संभूयात्र नृपं पौरा वीरकेतुं व्यजिज्ञपन् ॥ ११
नित्यं मुष्यामहे चौरै रात्रौ रात्राविह प्रभो । लक्ष्यन्ते ते च नास्माभिस्तद्देवो वेत्तु यत्परम् ॥ १२
इति पौरैः स विज्ञप्तो राजा तामभितः पुरीम् । तस्करान्वेषणे छन्नानादिशद्रात्रिरक्षकान् ॥ १३
तेऽपि प्रापुर्नयच्चौरान्पुरी सामुष्यतैव च । तदैकदा स्वयं राजा निशि स्वैरं विनिर्ययौ ॥ १४
एकाकी चात्तशस्त्रोऽत्र भ्रमन्सोऽपश्यदेकतः । एकं प्राकारपृष्ठेन यान्तं कमपि पूरुषम् ॥ १५

निःशब्दपदविन्यासविचित्रगतिकौशलम् । सशङ्कलोलनयनं पश्यन्तं पृष्ठतो मुहुः ॥ १६
अयं स नूनं चौरो मे मुष्णात्येकचरः पुरीम् । इति मत्वैव निकटं स तस्योपययौ नृपः ॥ १७
ततः स चौरो दृष्ट्वा तं नृपं कोऽसीत्यभाषत । चौरोऽहमिति राजा तं चौरं प्रत्यब्रवीत्स तम् ॥ १८
सोऽथ चौरोऽभ्यधाद्दृष्ट्वा तर्हि तुल्योऽसि मे सुहृत् । तदेहि मद्गृहं तावन्मित्राचारं करोमि ते ॥ १९
तच्छ्रुत्वा स तथेत्युक्त्वा तेनैव सह भूपतिः । ययौ वनान्तर्धरणीखातान्तर्वर्ति तद्गृहम् ॥ २०
अशेषभोगभोगाढ्यं भास्वद्दीपप्रकाशितम् । नवीनमिव पातालं बलिराजानधिष्ठितम् ॥ २१
तत्र प्रविष्टे तस्मिंश्च कृतासनपरिग्रहे । राज्ञि सोऽभ्यन्तरगृहं प्रविवेशाथ तस्करः ॥ २२
तत्क्षणं च तमेत्यैका दासी तत्रावदन्नृपम् । महाभाग प्रविष्टस्त्वमिह मृत्युमुखे कथम् ॥ २३
एकचौरो ह्यसौ पापं निर्गत्यातः करिष्यति । ध्रुवं विश्वासघातीति तदितस्त्वरितं व्रज ॥ २४
इत्युक्तः स तया राजा निर्गत्यैव ततो द्रुतम् । गत्वा स्वराजधानीं च निशि सैन्यान्यसज्जयत् ॥ २५
संनद्धसैन्यश्चागत्य दस्योस्तस्य रुरोध तत् । भूगृहद्वारविवरं रसत्तूर्याकुलैर्बलैः ॥ २६
ततो रुद्धे गृहे वृत्तं प्रतिभेदमवेत्य सः । मरणे निश्चितश्चौरः शूरो युद्धाय निर्ययौ ॥ २७
निर्गतश्च रणे चक्रे पराक्रममनुपमम् । करांश्चकर्त करिणां जङ्घाश्चिच्छेद वाजिनाम् ॥ २८
जहार च शिरांस्येको भटानां खड्गचर्मभृत् । ततस्तं क्षपितानीकमभ्यधावत्स्वयं नृपः ॥ २९
स तस्य खड्गविद्याज्ञो राजा करणयुक्तितः । हस्ताज्जहार निस्त्रिंशमथ तां क्षुरिकामपि ॥ ३०
अशस्त्रं मुक्तशस्त्रोऽथ बाहुयुद्धेन तं नृपः । चौरं निहत्य धरणौ सजीवग्राहमग्रहीत् ॥ ३१
निनाय तं च संयम्य सधनं नगरीं निजाम् । प्रातश्चाज्ञापयत्तस्य शूलारोपणनिग्रहम् ॥ ३२
नीयमानं च तं वध्यभूमिं चौरं सडिण्डिमम् । ददर्श सा रत्नवती वणिक्कन्यात्र हर्म्यतः ॥ ३३
व्रणितं धूलिलिप्ताङ्गमप्येतं मारमोहिता । दृष्ट्वैव गत्वा पितरं रत्नदत्तमुवाच सा ॥ ३४
वधाय नीयते योऽयमेष भर्ता वृतो मया । तन्नृपाद्रक्ष तातैनं न चेदेनमनु म्रिये ॥ ३५
तच्छ्रुत्वा तां पितावादीत्किमिदं पुत्रि भाषसे । या त्वं नेच्छसि भूपालमपि भर्तृनभीप्सतः ॥ ३६
सा पापं तस्करमिमं वाञ्छस्यापद्गतं कथम् । इत्यादि पित्रा प्रोक्तापि निश्चयान्न चचाल सा ॥ ३७
ततः स तत्पिता गत्वा तस्य चौरस्य सत्वरम् । सर्वस्वेनापि राजानं वधान्मोक्षमयाचत ॥ ३८
राजा तु तं न तत्याज हेमकोटिशतैरपि । स्वशरीरपणानीतं चौरं सर्वापहारिणम् ॥ ३९
ततः पितर्युपायाते विमुखे सा वणिक्सुता । अनुमर्तुं कृतस्नाना वार्यमाणापि बन्धुभिः ॥ ४०
आरुह्य शिबिकां तस्य दस्योर्वध्यभुवं ययौ । अन्वीयमाना रुदता पित्रा मात्रा जनेन च ॥ ४१
तावच्च वधकैः सोऽत्र चौरः शूलेऽधिरोपितः । तां ददर्श गलत्प्राणस्तथा सज्ञातिमागताम् ॥ ४२
जनाच्छ्रुत्वा च वृत्तान्तमश्रु मुक्त्वा क्षणं ततः । हसन्स चौरः किमपि प्राणाञ्शूलगतो जहौ ॥ ४३
ततोऽवतारितं शूलात्सा तच्चौरकलेवरम् । आदाय चारुरोहात्र चितां साध्वी वणिक्सुता ॥ ४४
तत्क्षणं च श्मशानेऽत्र भैरवः कृतसंनिधिः । अदृश्यो भगवानेवं तामुवाचान्तरिक्षतः ॥ ४५
अस्मिन्स्वयंवरपतावेवं भक्त्या तवानया । तुष्टोऽस्मि तद्वरं मत्तः प्रार्थयस्व पतिव्रते ॥ ४६
तच्छ्रुत्वैव वरं देवादेवं वव्रे प्रणम्य सा । नाथ पुत्रशतं भूयादपुत्रस्यापि मत्पितुः ॥ ४७
येनानन्यसुतो नैष प्राणाञ्जह्यान्मया विना । इति प्रोक्तवतीमेनां साध्वीं देवोऽब्रवीत्पुनः ॥ ४८
पितुः पुत्रशतं तेऽस्तु वरमन्यं वृणीष्व च । त्वादृशी दृढसत्त्वा हि नैतावन्मात्रमर्हति ॥ ४९
तदाकर्ण्याथ सावादीत्प्रसन्नो मयि चेत्प्रभुः । तज्जीवत्वेष भर्ता मे धार्मिकश्च सदास्त्विति ॥ ५०
एवमस्त्वक्षतो जीवन्नुत्तिष्ठत्वेष ते पतिः । धार्मिकश्चास्तु राजास्य वीरकेतुश्च तुष्यतु ॥ ५१
इत्युक्तवत्यनालक्ष्यमूर्तौ शर्वे नभःस्थिते । उत्तस्थावक्षताङ्गोऽत्र चौरो जीवंस्तदैव सः ॥ ५२
ततो विस्मितहृष्टः सन्रत्नदत्तः सुतां वणिक् । आदाय तां रत्नवतीं चौरं जामातरं च तम् ॥ ५३

---

१. 'या त्वं पूर्वं गुणैर्युक्तान्वरान्पञ्चशरोपमान् । नैषीः साद्य कथं चौरपतिं निन्दितमिच्छसि ॥' इति पुस्तकान्तरपाठः.

प्रहृष्टैर्बान्धवैः साकं प्रविश्य निजमन्दिरम्। लब्धपुत्रवरश्चक्रे स्वानन्दोचितमुत्सवम्॥ ५४
ज्ञातवृत्तान्ततुष्टश्च तदैवानाय्य तं नृपः। एकवीरं वीरकेतुश्चौरं सेनापतिं व्यधात्॥ ५५
चौर्यान्निवृत्तोऽथ स तां परिणीय वणिक्सुताम्। एकवीरः सुखं तस्थौ मार्गस्थो राजसंमतः॥ ५६

इति कथयित्वा स कथां वेतालो दत्तपूर्वशापभयम्।
अंसस्थितस्त्रिविक्रमसेनं पप्रच्छ तं क्षितिपम्॥ ५७
राजन्ब्रूहि सपितृकामुपस्थितां तां वणिक्सुतां दृष्ट्वा।
चौरेण शूलपृष्ठे रुदितं हसितं च किं तेन॥ ५८
अथ राजा प्रत्यवदद्रुदितं चौरेण दुःखतस्तेन।
नास्यानृण्यमकारणबन्धोर्यातोऽस्मि वणिज इति॥ ५९
आश्चर्यतश्च हसितं किमियं कन्या नृपान्वरान्हित्वा।
मय्यस्मिन्ननुरक्ता स्त्रीचित्तमहो विचित्रमिति॥ ६०

इत्युक्तवाक्यस्य महीभृतोंऽसान्मायी स्वशक्त्यैव तदा जगाम।
स्वं धाम वेतालवरः स राजाप्येतं पुनः पूर्ववदन्वगच्छत्॥ ६१

इति महाकविश्रीसोमदेवभट्टविरचिते कथासरित्सागरे शशाङ्कवतीलम्बक एकविंशस्तरङ्गः।

द्वाविंशस्तरङ्गः।

(पञ्चदशो वेतालः।)

ततो गत्वा पुनः प्राप्य वेतालं शिंशपातरोः। स त्रिविक्रमसेनस्तमादायोदचलत्पुनः॥ १
आयान्तं तं च राजानं स वेतालोंऽसपृष्ठगः। जगाद भूयोऽप्येतां ते राजन्वच्मि कथां शृणु॥ २
अभून्नेपालविषये नाम्ना शिवपुरं पुरम्। यथार्थनामा तत्रासीद्यशःकेतुः पुरा नृपः॥ ३
स मन्त्रिणि न्यस्य भरं प्रज्ञासागरसंज्ञके। चन्द्रप्रभाख्यया देव्या सार्धं भोगानसेवत॥ ४
कालेन तस्यां देव्यां च तस्याजायत कन्यका। राज्ञः शशिप्रभा नाम जगन्नेत्रशशिप्रभा॥ ५
क्रमेण यौवनस्था सा मधुमासे कदाचन। ययौ यात्रोत्सवं द्रष्टुमुद्यानं सपरिच्छदा॥ ६
तत्रैकदेशेऽपश्यत्तां कुसुमावचयोद्यताम्। उत्क्षिप्तबाहुलतिकालक्षितैकपयोधराम्॥ ७
प्रसूनवृन्तविगलत्संदंशकरशोभिनीम्। आढ्यपुत्रो मनःस्वामी नाम यात्रागतो द्विजः॥ ८
स तया दृष्टया सद्यो हृतस्य मनसो युवा। मनःस्वाम्यपि नैवाभूत्स्वामी मदनमोहितः॥ ९
मार्गणानां कृते किंस्विद्रतिरेषा मनोभुवः। वसन्तसंभृतानीह पुष्पाण्युच्चिनुते स्वयम्॥ १०
किं वार्चयितुकामेयं माधवं वनदेवता। इति संचिन्तयन्तं तं साप्यपश्यन्नृपात्मजा॥ ११
दृष्टमात्रे च सा तस्मिन्साक्षे नव इव स्मरे। न पुष्पाणि न चाङ्गानि सोत्का नात्मानमस्मरत्॥ १२
इत्यन्योन्यनवप्रेमसरसौ यावदत्र तौ। तिष्ठतस्तावदुदभूद्धाहाहेति महारवः॥ १३
किमेतदिति चोत्क्षिप्तकंधरं पश्यतोस्तयोः। आयादत्रोपलब्धान्यगजगन्धोत्थया रुषा॥ १४
भग्नालानो विनिर्गत्य मत्तो मार्गद्रुमान्रुजन्। पतिताधोरणो धावँल्लम्बमानाङ्कुशः करी॥ १५
ततः परिजने त्रस्तविद्रुते तां ससंभ्रमम्। राजपुत्रीं प्रधाव्यैव दोर्भ्यामुत्क्षिप्य चैककाम्॥ १६
अङ्गैः किंचित्कृताश्लेषां भयप्रेमत्रपाकुलाम्। निनाय स मनःस्वामी सुदूरं गजगोचरात्॥ १७
अथागतैः परिजनैः स्तुवद्भिस्तं द्विजोत्तमम्। मुहुर्विवृत्य पश्यन्ती सा निन्ये निजमन्दिरम्॥ १८
तत्र तस्थौ तमेवार्ता स्मरन्ती प्राणदायिनम्। स्मराग्निपुटपाकेन पच्यमाना दिवानिशम्॥ १९
सोऽप्युद्यानान्मनःस्वामी तदा तस्मादनुव्रजन्। स्वान्तःपुरप्रविष्टां तां दृष्ट्वा सोत्को व्यचिन्तयत्॥ २०
नैतां विनाधुना स्थातुं जीवितुं वाहमुत्सहे। तन्मे श्रीमूलदेवोऽत्र धूर्तः सिद्धो गुरुर्गतिः॥ २१
इति संचिन्त्य कथमप्यस्मिन्नवसिते दिने। प्रातर्ययौ गुरोस्तस्य मूलदेवस्य सोऽन्तिकम्॥ २२

ददर्श तं च मित्रेण शशिना नित्यसंगतम् । सिद्धमायाद्भुतपथं सशरीरमिवाम्बरम् ॥ २३
न्यवेदयच्च तत्तस्मै प्रणम्य स्वमनीषितम् । सोऽपि साधयितुं तस्य प्रतिपेदे विहस्य तत् ॥ २४
ततः स योगगुलिकां क्षिप्त्वा धूर्तपतिर्मुखे । मूलदेवो व्यधाद्वृद्धब्राह्मणाकृतिमात्मनः ॥ २५
द्वितीयां गुलिकां दत्त्वा मुखक्षेप्यां चकार च । सुकान्तकन्यकारूपं तं मनःस्वामिनं द्विजम् ॥ २६
तद्रूपं तं समादाय गत्वा धूर्ताधिपोऽथ सः । तत्प्रियाजनकं भूपमास्थाने तं व्यजिज्ञपत् ॥ २७
राजन्नेकोऽस्ति मे पुत्रः कन्या दूराच्च तत्कृते । मयैषा याचितानीता स च क्वापि गतोऽधुना ॥ २८
तमन्वेष्टुमहं यामि तदेषा रक्ष्यतां त्वया । आनयामि सुतं यावत्त्वं हि विश्वस्य रक्षिता ॥ २९
तच्छ्रुत्वा शापभीत्या च प्रतिपद्य स भूपतिः । सुतामानाययामास यशःकेतुः शशिप्रभाम् ॥ ३०
जगाद चैतां पुत्रीमां कन्यां रक्षेः स्वमन्दिरे । स्वपार्श्वे एव चाहारं शय्यां चास्याः प्रकल्पयेः ॥ ३१
इति पित्रोक्तया निन्ये कन्यारूपस्तथेति सः । अन्तःपुरं मनःस्वामी राजपुत्र्या तया निजम् ॥ ३२
यथारुचि ततो याते मूलदेवे द्विजाकृतौ । कन्यारूपः स तत्रासीन्मनःस्वामी प्रियान्तिके ॥ ३३
दिनैश्च तां सखीप्रीतिविस्रम्भं सम्यगागताम् । एकदा विरहक्षामां शयनीयलुठत्तनुम् ॥ ३४
रात्रौ रहो राजसुतामासन्नशयनस्थितः । कन्यारूपप्रतिच्छन्नो मनःस्वामी स पृष्टवान् ॥ ३५
सखि किं पाण्डुरच्छाया क्षीयमाणा दिने दिने । कान्तपक्षवियुक्तेव दुःखितासि शशिप्रभे ॥ ३६
ब्रूहि मे को ह्यविश्वासः स्निग्धमुग्धे सखीजने । इदानीं नैव भोक्ष्येऽहं न वदिष्यसि चेन्मम ॥ ३७
तच्छ्रुत्वा सा विनिःश्वस्य शनै राजसुताब्रवीत् । किं मे त्वय्यप्यविश्वासः शृणु तत्सखि वच्मि ते ॥ ३८
एकदाहं मधूद्यानयात्रां द्रष्टुं गताभवम् । तत्रापश्यं च सुभगं कंचिद्ब्राह्मणपुत्रकम् ॥ ३९
हिममुक्तेन्दुसश्रीकं दर्शनोद्दीपितस्मरम् । मधुमासमिवालोकक्रीडालंकृतकाननम् ॥ ४०
चकोरायितुमेते च प्रवृत्ते यावदुन्मुखे । तन्मुखेन्दुद्युतिसुधापायिनी मे विलोचने ॥ ४१
तावत्स्रवन्मदजलस्तत्राकस्मान्निरर्गलः । अकालकालमेघाभो गर्जन्नागान्महागजः ॥ ४२
तत्संभ्रमात्परिजने नष्टेऽहं भयविह्वला । उत्क्षिप्य विप्रपुत्रेण नीता तेनैव दूरतः ॥ ४३
श्रीखण्डेनानुलिप्तेव सिक्तेव सुधया तथा । अहं तदङ्गस्पर्शेन न जाने कां दशामगाम् ॥ ४४
क्षणाच्च परिवारेण मिलितेनावशा ततः । इहानीतास्मि निक्षिप्ता स्वर्गादिव भुवस्तले ॥ ४५
तदाप्रभृति संकल्पैस्तैस्तैः कल्पितसंगमम् । पश्यामि तं प्रबुद्धापि पार्श्वस्थं प्राणदं पतिम् ॥ ४६
सुप्ता स्वप्ने च कुर्वाणं चाटून्यालोकयामि तम् । त्याजयन्तं हठाल्लज्जां चुम्बनालिङ्गनादिभिः ॥ ४७
न च प्राप्नोम्यभव्या तन्नामाद्यज्ञानमोहिता । तदेवं मां दहत्येष प्राणेशविरहानलः ॥ ४८
इति वाक्सुधया तस्याः पूर्णस्वश्रवणोदरः । सानन्दः स मनःस्वामी विप्रकन्यावपुर्धरः ॥ ४९
कृतार्थमानी मत्वा तं कालमात्मप्रकाशने । स्वरूपं प्रकटीचक्रे निष्कृष्य गुलिकां मुखात् ॥ ५०
जगाद च विलोलाक्षि सोऽहमेवैष यस्त्वया । उद्याने दर्शनक्रीतो नीतो निर्व्याजदासताम् ॥ ५१
त्वत्संस्तवक्षणभ्रंशात्क्लेशं तं चाप्तवानहम् । यस्यैष परिणामो मे कन्यारूपग्रहोऽभवत् ॥ ५२
तस्मात्सफलयैतां मे विसोढां विरहव्यथाम् । आत्मनश्च न तन्वङ्गि क्षमतेऽतःपरं स्मरः ॥ ५३
एवं वदन्तं सहसा प्राणेशं तं विलोक्य सा । आसीद्राजसुता क्षिप्रं स्नेहाश्चर्यत्रपाकुला ॥ ५४
अथात्यौत्सुक्यनिर्वृत्तगान्धर्वोद्वाहयोस्तयोः । प्रेम्णस्तस्य मतो यादृक्तादृशोऽभूद्रतोत्सवः ॥ ५५
ततः सोऽत्र मनःस्वामी कृती तस्थौ द्विरूपभृत् । दिवा सगुलिकः कन्या रात्रावगुलिकः पुमान् ॥ ५६
गतेष्वथ दिनेष्वत्र यशःकेतोर्महीपतेः । मृगाङ्कदत्तसंज्ञेन श्वशुर्येण निजा सुता ॥ ५७
दत्ता मृगाङ्कदत्ताख्या महार्हविभवोत्तरा । द्विजातये महामन्त्रिप्रज्ञासागरसूनवे ॥ ५८
तस्मिन्मातुलपुत्र्याः सा राजपुत्री शशिप्रभा । विवाहे मातुलगृहं तज्जगाम निमन्त्रिता ॥ ५९
तया सह ययौ सोऽपि कन्यकापरिवारगा । विप्रपुत्रो मनःस्वामी कान्तकन्यास्वरूपधृत् ॥ ६०
तत्र तं कन्यकारूपधरं मन्त्रिसुतोऽथ सः । दृष्ट्वा किल स्मरव्याधगाढबाणाहतोऽभवत् ॥ ६१

ततो मुषितचित्तः संस्तया कपटकन्यया । ययौ मन्त्रिसुतः शून्यं स्वगृहं स्ववधूसखः ॥ ६२
तत्र तन्मुखलावण्यध्यानासक्तो जगाम सः । तीव्ररागमहाव्यालदष्टो मोहमशङ्कितम् ॥ ६३
किमेतदिति संभ्रान्ते जने तत्रोत्सवोज्झिते । तमुपागाद्सुतं बुद्ध्वा स प्रज्ञासागरः पिता ॥ ६४
तेन चाश्वास्यमानोऽपि पित्रा मोहात्प्रबुध्य सः । प्रलपन्निव सोन्मादमुज्जगार मनोगतम् ॥ ६५
अस्वाधीनं च तन्मत्वा तत्पितर्यतिविह्वले । तस्मिन्राजापि तद्बुद्ध्वा तत्रैव समुपाययौ ॥ ६६
स तं दृष्ट्वा झटित्येव गाढाभिष्वङ्गतो गतम् । सप्तमीं मदनावस्थां जगाद प्रकृतीर्नृपः ॥ ६७
कथं ब्राह्मणनिक्षेपः कन्या सास्मै प्रदीयते । तया विना च नियतं पश्चिमामेत्यसौ दशाम् ॥ ६८
अस्मिन्नष्टे पितास्यैष मम मन्त्री विनङ्क्ष्यति । एतन्नाशे राज्यनाशस्तदिह ब्रूत का गतिः ॥ ६९
इत्युक्तास्तेन राज्ञा ताः सर्वाः प्रकृतयोऽब्रुवन् । राज्ञो धर्मं निजं प्राहुः प्रजानां धर्मरक्षणम् ॥ ७०
मूलं तस्य विदुर्मन्त्रं स च मन्त्रिष्ववस्थितः । मन्त्रिनाशे मूलनाशाद्रक्ष्या धर्मक्षतिर्ध्रुवम् ॥ ७१
पापं च स्याद्द्विजस्यास्य ससूनोर्मन्त्रिणो वधात् । तस्माद्रक्ष्योऽयमासन्नोऽवश्यं ते धर्मविप्लवः ॥ ७२
दातव्या मन्त्रिपुत्राय विप्रन्यस्ता कुमारिका । कालान्तरागते विप्रे क्रुद्धे प्रतिविधास्यते ॥ ७३
एवमुक्तः प्रकृतिभिस्तथेति प्रत्यपद्यत । स राजा मन्त्रिपुत्राय दातुं तां कूटकन्यकाम् ॥ ७४
आनीतश्च स निश्चित्य लग्नं राजसुतागृहात् । कन्यारूपो मनःस्वामी तं जगाद महीपतिम् ॥ ७५
अन्येनान्यार्थमानीतामन्यस्मै मां ददासि चेत् । कामं तदस्तु राजा त्वं धर्माधर्मौ तवाद्य तौ ॥ ७६
अहं विवाहमिच्छामि समयेनेदृशेन तु । एकशय्यां न नेतव्या पत्या तावदहं हठात् ॥ ७७
यावत्तीर्थानि षण्मासान्परिभ्रम्य स नागतः । एवं न चेत्कृत्तजिह्वां दन्तैर्जानीहि मां मृताम् ॥ ७८
इत्युक्ते समये तेन यूना कन्यावपुर्भृता । राज्ञा स बोधितः प्राप निर्वृतिं मन्त्रिपुत्रकः ॥ ७९
तथेति प्रतिपद्यैतत्कृत्वोद्वाहं किलाशु तम् । एकस्मिन्स्थापयित्वा च वासके ते सुरक्षिते ॥ ८०
तां मृगाङ्कवतीमाद्यां वधूं कूटवधूं च ताम् । जगाम तीर्थयात्रायै मूढः कान्ताप्रियेच्छया ॥ ८१
स चोवास मनःस्वामी स्त्रीरूपोऽत्र तया सह । मृगाङ्कवत्येकगृहे समानशयनासनः ॥ ८२
तथा स्थितं कदाचित्तं सा मृगाङ्कवती निशि । शय्यागृहे रहोऽवादीद्बहिःसुप्ते परिच्छदे ॥ ८३
कथां कांचित्सखि ख्याहि निद्रा नास्ति हि मे सखि । तच्छ्रुत्वाकथयत्सोऽस्यै स्त्रीरूपस्तां कथां युवा ॥ ८४
यत्रेलाख्यस्य राजर्षेः सूर्यवंशभुवः पुरा । प्राप्तस्य गौरीशापेन स्त्रीत्वं विश्वैकमोहनम् ॥ ८५
अन्योन्यदर्शनप्रीत्या देवोद्यानवनान्तरे । अभूद्बुधेन संयोगः समभूच्च पुरूरवाः ॥ ८६
तां कथां कथयित्वा च धूर्तः पुनरुवाच सः । तदेवं देवतादेशान्मन्त्रौषधवशेन वा ॥ ८७
पुरुषः स्त्री कदाचित्स्यात्स्त्री वा जातु पुमान्भवेत् । भवन्ति चैवं संयोगाः कामजा महतामपि ॥ ८८
श्रुत्वैतत्तरुणी मुग्धा विवाहप्रोषितानुका । सा मृगाङ्कवती स्माह विश्वस्ता सहवासतः ॥ ८९
श्रुत्वैतां मे कथामेतदङ्गं सिमिसिमायते । हृदयं सीदतीवेदं तदेतत्सखि किं वद ॥ ९०
तच्छ्रुत्वा सोऽङ्गनारूपो विप्रः पुनरुवाच ताम् । एतानि कामचिह्नानि नन्वपूर्वाणि ते सखि ॥ ९१
मयैतान्यनुभूतानि निगूहे नह्यहं तव । इति तेनोदितावादीत्सा मृगाङ्कवती शनैः ॥ ९२
सखि प्राणसमा त्वं मे तत्कालज्ञा न वच्मि किम् । अपि पुंसः प्रवेशः स्यादुपायेन हि केनचित् ॥ ९३
एवमुक्तवतीमेतां स च लब्धाशयस्तदा । प्राह धूर्तपतेः शिष्यो यद्येवं तद्वदामि ते ॥ ९४
वैष्णवोऽस्ति प्रसादो मे येनाहं स्वेच्छया निशि । पुरुषः स्यां तदेषोऽद्य भवामि त्वत्कृते पुमान् ॥ ९५
इत्युक्त्वा स मनःस्वामी निष्कृष्य गुलिकां मुखात् । यौवनोद्दाममात्मानं तस्यै कान्तमदर्शयत् ॥ ९६
ततः कथितविस्रम्भः सर्वस्वगतयन्त्रणः । कालोचितरसः कोऽपि तयोरासीद्रतोत्सवः ॥ ९७
अथ तत्र तया साकं स मन्त्रिसुतभार्यया । तस्थौ द्विजो दिवा नारी रात्रौ च पुरुषो भवन् ॥ ९८
आसन्नागमनं तं च बुद्ध्वा मन्त्रिसुतं दिनैः । तामादाय निशि स्वैरं पलाय्य स ययौ ततः ॥ ९९
एतस्मिंश्च कथासंधौ मूलदेवः स तद्गुरुः । बुद्ध्वा तदखिलं भूत्वा भूयो वृद्धद्विजाकृतिः ॥ १००

शशिनानुगतः सख्या तरुणद्विजरूपिणा । आगत्य तं यशःकेतुं प्रह्वो राजानमब्रवीत् ॥ १०१
आनीतोऽयं मया पुत्रो देहि मे तां स्नुषामिति । ततः संमन्त्र्य स नृपः शापभीतस्तमभ्यधात् ॥ १०२
ब्रह्मन्न जाने क गता सा स्नुषा ते क्षमस्व तत् । अपराधात्सुतस्यार्थे ददामि स्वसुतां तव ॥ १०३
इत्युक्त्वा धूर्तराजं तं कृतकक्रोधनिष्ठुरम् । विब्रुवाणं जरद्विप्ररूपं प्रार्थ्य स भूपतिः ॥ १०४
तत्सख्ये कृततत्पुत्रव्यपदेशाय तां ददौ । तनयां शशिने तस्मै यथाविधि शशिप्रभाम् ॥ १०५
ततः स मूलदेवस्तौ यथाभूतौ वधूवरौ । आदाय स्वास्पदं प्रायाद्राजार्थेष्वकृतस्पृहः ॥ १०६
तत्र तस्मिंश्च मिलिते मनःस्वामिन्यभून्महान् । विवादो मूलदेवाग्रे शशिनस्तस्य चोभयोः ॥ १०७
मनःस्वाम्यब्रवीदेषा दीयतां मे शशिप्रभा । कन्यैव हि मयोदूढा प्रागसौ गुर्वनुमहात् ॥ १०८
शशी जगाद कोऽस्यास्त्वं मूर्ख दारा इयं मम । अग्निसाक्षिकमेषा हि पित्रा मे प्रतिपादिता ॥ १०९
एवं मायाबलप्राप्तराजपुत्रीनिमित्ततः । विवादासक्तयोर्नासीत्परिच्छेदस्तयोर्द्वयोः ॥ ११०
तद्राजंस्त्वं मम ब्रूहि तावत्कस्योपपद्यते । भार्या सा संशयं छिन्धि पूर्वोक्तः समयोऽस्ति ते ॥ १११
इति वेतालतः श्रुत्वा तस्मात्स्कन्धाग्रवर्तिनः । स त्रिविक्रमसेनस्तं नृपतिः प्रत्यभाषत ॥ ११२
मन्ये शशिन एवासौ भार्या न्याय्या नृपात्मजा । यस्मै प्रदत्ता प्रकटं पित्रा धर्म्येण वर्त्मना ॥ ११३
मनःस्वामी तु तां भेजे चौर्याद्गान्धर्वधर्मतः । चौरस्य तु परस्वेषु स्वत्वं न्याय्यं न जातुचित् ॥ ११४

इति तस्य वचो निशम्य राज्ञो वेतालः स ययौ पुनस्तदेव ।
सहसैव तदंसतः स्वधाम क्षितिपः सोऽपि तमन्वियाय तूर्णम् ॥ ११५

इति महाकविश्रीसोमदेवभट्टविरचिते कथासरित्सागरे शशाङ्कवतीलम्बके द्वाविंशस्तरङ्गः ।

त्रयोविंशस्तरङ्गः ।

(षोडशो वेतालः ।)

अथ गत्वा पुनः स्कन्धे वेतालं शिंशपाद्रुमात् । स त्रिविक्रमसेनस्तमादायोदचलत्ततः ॥ १
आगच्छन्तं च तं भूपं स वेतालोऽब्रवीत्पुनः । राजञ्शृणु कथामेकामुदारां कथयामि ते ॥ २
अस्तीह हिमवान्नाम नगेन्द्रः सर्वरत्नभूः । यो गौरीगङ्गयोस्तुल्यः प्रभवो हरकान्तयोः ॥ ३
शूरासंस्पृष्टपृष्ठश्च यो मध्ये कुलभूभृताम् । अभिमानोन्नतः सत्यं गीयते भुवनत्रये ॥ ४
तस्यास्ति सानुन्यन्वर्थं तत्काञ्चनपुरं पुरम् । न्यासीकृतमिवार्केण रश्मिवृन्दं विभाति यत् ॥ ५
जीमूतकेतुरित्यासीत्तस्मिन्पुरवरे पुरा । विद्याधरेश्वरः श्रीमान्मेराविव शतक्रतुः ॥ ६
तस्यासीत्स्वगृहोद्याने कल्पवृक्षोऽन्वयागतः । यथार्थनामा प्रथितो यो मनोरथदायकः ॥ ७
तं प्रार्थ्य देवतात्मानं स राजा तत्प्रसादतः । प्राप जातिस्मरं पुत्रं बोधिसत्त्वांशसंभवम् ॥ ८
दानवीरं महासत्त्वं सर्वभूतानुकम्पिनम् । गुरुशुश्रूषणपरं नाम्ना जीमूतवाहनम् ॥ ९
संप्राप्तयौवनं तं च यौवराज्येऽभिषिक्तवान् । तनयं प्रेरितः सद्भिस्तद्गुणैः सचिवैश्च सः ॥ १०
यौवराज्यस्थितश्चैष जातु जीमूतवाहनः । हितैषिभिरुपागत्य जगदे पितृमन्त्रिभिः ॥ ११
देव कल्पतरुर्योऽयमस्ति वः सर्वकामदः । अधृष्यः सर्वभूतानां सैष पूज्यः सदा तव ॥ १२
नास्मिन्सति हि शक्रोऽपि बाधेतास्मान्कुतोऽपरः । एतच्छ्रुत्वा स जीमूतवाहनोऽन्तरचिन्तयत् ॥ १३
अहो बतेदृशमिमं संप्राप्यामरपादपम् । नासादितं किमप्यस्मात्पूर्वैर्नस्तादृशं फलम् ॥ १४
केवलं कैश्चिदप्यर्थैरर्थितैः कृपणोचितैः । आत्मा चैष महात्मा च नीतौ द्वावपि लाघवम् ॥ १५
तदहं साधयिष्यामि काममस्मान्मनोगतम् । इति निश्चित्य स ययौ महासत्त्वोऽन्तिकं पितुः ॥ १६
तत्र संविहिताशेषशुश्रूषापरितोषितम् । सुखासीनं तमेकान्ते पितरं स व्यजिज्ञपत् ॥ १७
तात त्वमेव जानासि यदेतस्मिन्भवाम्बुधौ । आशरीरमिदं सर्वं वीचिविभ्रमचञ्चलम् ॥ १८
विशेषेणाचिरस्थायिप्रकाशप्रविलायिनी । संध्या विद्युच्च लक्ष्मीश्च दृष्टा कुत्र कदा स्थिरा ॥ १९

एकः परोपकारस्तु संसारेऽस्मिन्ननश्वरः। यो धर्मयशसी सूते युगान्तशतसाक्षिणी ॥ २०
तत्ताव क्षणिकेष्वेषु भोगेष्वस्माभिरीदृशः। एष कल्पतरुः कस्य कृते मोघोऽभिरक्ष्यते ॥ २१
यैर्वा मम ममेत्येवमाग्रहेणैष रक्षितः। पूर्वैस्ते कुत्र कुत्रायं तेषां कश्चैष कोऽस्य वा ॥ २२
तस्मात्परोपकारैकफलसिद्ध्यै त्वदाज्ञया। तातैनं विनियुञ्जेऽहं कामदं कल्पपादपम् ॥ २३
एवमस्त्विति पित्रा च दत्तानुज्ञोऽथ तेन सः। जीमूतवाहनो गत्वा कल्पद्रुममुवाच तम् ॥ २४
अभीष्टाः पूरिताः कामाः पूर्वेषां देव नस्त्वया। तन्ममैकमिमं काममनन्यं परिपूरय ॥ २५
अदरिद्रां यथा पृथ्वीमिमां द्रक्ष्ये तथा कुरु। भद्रं ते व्रज दत्तोऽसि लोकायार्थार्थिने मया ॥ २६
इत्युक्तवति जीमूतवाहने रचिताञ्जलौ। त्यक्तस्त्वयैष जातोऽस्मीत्युदभूद्वाक्तरोस्ततः ॥ २७
क्षणाच्चोत्पत्य स दिवं कल्पवृक्षस्तथा वसु। ववर्ष भुवि नैवासीत्कोऽप्यस्यां दुर्गतो यथा ॥ २८
ततस्तस्य तया तीव्रसर्वसत्त्वानुकम्पया। जीमूतवाहनस्यात्र त्रैलोक्ये पप्रथे यशः ॥ २९
तेन तद्गोत्रजाः सर्वे मात्सर्यादसहिष्णवः। तं लोकसात्कृतार्तिघ्नकल्पवृक्षविनाकृतम् ॥ ३०
जेयं सपितृकं मत्वा संभूय कृतनिश्चयाः। युद्धाय समनह्यन्त तद्राज्यापजिहीर्षया ॥ ३१
तद्दृष्ट्वा प्राह पितरं स्वं स जीमूतवाहनः। तात कस्यापरस्यास्ति शक्तिस्त्वयि धृतायुधे ॥ ३२
किं त्वस्य पापकस्यार्थे शरीरस्य विनाशिनः। हत्वा बन्धूनकृपणो राज्यं को नाम वाञ्छति ॥ ३३
तत्किं राज्येन नः कार्यं गत्वान्यत्र क्वचिद्वयम्। धर्ममेव चरिष्यामो लोकद्वयसुखावहम् ॥ ३४
मोदन्तां कृपणा एते दायादा राज्यलोलुपाः। इत्युक्तवन्तं जीमूतकेतुस्तं स पिताब्रवीत् ॥ ३५
अहं त्वदर्थमिच्छामि राज्यं पुत्र त्वमेव चेत्। तज्जहासि कृपाविष्टस्तन्मे वृद्धस्य तेन किम् ॥ ३६
एवं कृताभ्यनुज्ञेन पित्रा मात्रा च सोऽन्वितः। मलयाद्रिमगात्त्यक्तराज्यो जीमूतवाहनः ॥ ३७
तत्र चन्दनसंछन्नवहन्निर्झरकन्दरे। शुश्रूषमाणः पितरं स तस्थौ कल्पिताश्रमः ॥ ३८
मित्रं चास्यात्र संपेदे मित्रावसुरिति श्रुतः। विश्वावसोः सुतः सिद्धराजस्यैतन्निवासिनः ॥ ३९
एकदा चात्र स भ्राम्यन्विवेशोपवनस्थितम्। द्रष्टुमायतनं देव्या गौर्या जीमूतवाहनः ॥ ४०
तत्रोपवीणयन्तीं च ददर्श वरकन्यकाम्। सखीजनान्वितां शैलतनयाराधनोद्यताम् ॥ ४१
आकर्ण्यमानसंगीतमञ्जुवीणारवां मृगैः। दृष्टलोचनलावण्यलज्जितैरिव निश्चलैः ॥ ४२
दधता तारकं कृष्णमर्जुनेन स्वचक्षुषा। पाण्डवीयामिव चमूं कर्णमूलं विविक्षतीम् ॥ ४३
परस्परविमर्देन मुखेन्दोरिव दर्शनम्। अतृप्ताविव वाञ्छन्तौ बिभ्रतीं संमुखौ स्तनौ ॥ ४४
धातुर्घटयतो मुष्टिग्रहेणेव निपीडिते। वलीमग्नाङ्गुलीमुद्रे मध्ये क्षाममनोरमाम् ॥ ४५
दृष्ट्या च तया सद्यः सोऽभूज्जीमूतवाहनः। तन्व्या मुषितचित्तोऽन्तर्दृष्टिमार्गप्रविष्टया ॥ ४६
सापि तं भूषितोद्यानं दृष्ट्वोत्कण्ठाविकारदम्। कामाङ्गदाहवैराग्याद्वनं मधुमिवाश्रितम् ॥ ४७
तथानुरागविवशा भेजे कन्या विहस्तताम्। यथा सखीव वीणास्या व्याकुलालापतां ययौ ॥ ४८
ततः स पप्रच्छ सखीं तस्या जीमूतवाहनः। किं धन्यं नाम सख्यास्ते को वंशोऽलंकृतोऽनया ॥ ४९
तच्छ्रुत्वा सा सखी प्राह नाम्ना मलयवत्यसौ। मित्रावसुस्वसा सिद्धराजविश्वावसोः सुता ॥ ५०
एवमुक्त्वा सहृदया सा तं जीमूतवाहनम्। नामान्वयौ च पृष्ट्वास्य मुनिपुत्रं सहागतम् ॥ ५१
तां ब्रवीति स्म मलयवतीं स्मितमिताक्षरम्। सखि विद्याधरेन्द्रस्य नास्यातिथ्यं करोषि किम् ॥ ५२
जगत्पूज्योऽतिथिर्ह्येष प्राप्त इत्युदिते तया। साभूद्विद्याधरसुता तूष्णीं लज्जानतानना ॥ ५३
लज्जावतीयं मत्तोऽर्चां गृह्यतामिति वादिनी। एकाथ तत्सखी तस्मै सार्घ्यां मालामुपानयत् ॥ ५४
स चादायैव जीमूतवाहनः प्रेमनिर्भरः। कण्ठे मलयवत्यास्तां मालां तस्याः समर्पयत् ॥ ५५
सापि तिर्यक्प्रसृतया पश्यन्ती स्निग्धया दृशा। नीलोत्पलमयीं मालामिव तस्मिन्न्यवेशयत् ॥ ५६
इत्यन्योन्यकृताशब्दस्वयंवरविशेषयोः। तयोरेत्य जगादैका चेटी तां सिद्धकन्यकाम् ॥ ५७
जननी राजपुत्रि त्वां स्मरत्यागच्छ माचिरम्। तच्छ्रुत्वाकृष्य कामेषुकीलितामिव कृच्छ्रतः ॥ ५८

सोत्कां प्रियमुखाद्दृष्टिं कथंचित्सा ययौ गृहम् । जीमूतवाहनोऽप्यागात्तद्गतात्मा स्वमाश्रमम् ॥ ५९
साथ स्वां जननीं दृष्ट्वा प्राणेशविरहातुरा । गत्वा मलयवत्याशु पपात शयनीयके ॥ ६०
अथान्तर्गतकामाग्निधूमेनेवाविलेक्षणा । अश्रुधारां प्रमुञ्चन्ती संतापकथिताङ्गका ॥ ६१
सखीभिश्चन्दनैर्लिप्ता वीजिता चाब्जिनीदलैः । रतिं न भेजे शयने नाङ्के सख्या न भूतले ॥ ६२
गतेऽथ वासरे क्वापि रक्तया सह संध्यया । हसत्प्राचीमुखं चन्द्रे समाक्रम्य च चुम्बति ॥ ६३
स्मरेण प्रेर्यमाणापि दूतीसंप्रेषणादि सा । लज्जया नाशकत्कर्तुं जीवितस्पृहयोज्झिता ॥ ६४
निनाय च निशामिन्दुविषमामब्जिनीव ताम् । बद्धमोहालिपटले हृदि संकोचमेत्य सा ॥ ६५
तावच्च तद्वियोगार्तः सोऽपि जीमूतवाहनः । शयनस्थोऽपि पतितो हस्ते कुसुमधन्वनः ॥ ६६
नूतनोद्भिन्नरागोऽपि प्रोन्मिषत्पाण्डुरच्छविः । ह्रीमूकोऽपि वदन्पीडां कामजामनयन्निशाम् ॥ ६७
प्रातश्चात्युत्सुको भूयस्तद्गौर्यायतनं ययौ । यत्र दृष्टाभवत्तेन सा सिद्धाधिपपुत्रिका ॥ ६८
तत्र तेन स मित्रेण मुनिपुत्रेण पृष्ठतः । आगत्याश्वास्यते यावन्मदनानलविह्वलः ॥ ६९
तावत्तत्रैव साप्यागान्निर्गत्यैकैव निर्जने । गुप्तं मलयवत्यात्मत्यागाय विरहासहा ॥ ७०
अलक्षयन्ती कान्तं स्वं पादपान्तरितं च सा । उदश्रुलोचना बाला देवीं गौरीं व्यजिज्ञपत् ॥ ७१
त्वद्भक्तया देवि संवृत्तो नास्मिञ्जन्मनि चेन्मम । जीमूतवाहनो भर्ता तद्भूयात्सोऽन्यजन्मनि ॥ ७२
इत्युक्त्वा रचयामास स्वोत्तरीयेण तत्क्षणम् । अशोकतरुशाखायां पाशं सा गिरिजाग्रतः ॥ ७३
हा नाथ विश्वविख्यातकरुणेनापि न त्वया । कथमस्मि परित्राता देव जीमूतवाहन ॥ ७४
एवमुक्त्वा गले यावत्सा तं पाशं नियच्छति । उच्चचार दिवस्तावद्भारती देव्युदीरिता ॥ ७५
पुत्रि मा साहसं कार्षीश्चक्रवर्ती पतिस्तव । विद्याधरेन्द्रो जीमूतवाहनो हि भविष्यति ॥ ७६
इत्युक्तवत्यां देव्यां स श्रुत्वैव सवयस्यकः । जीमूतवाहनो हृष्टां प्रियामुपजगाम ताम् ॥ ७७
सैष देव्या वरः पश्य वितीर्णः सत्य एव ते । इति जल्पति बालां तां तन्मित्रे मुनिपुत्रके ॥ ७८
जीमूतवाहनस्तत्तद्ब्रुवन्प्रणयपेशलम् । स्वहस्तेनैव तं तस्याः कण्ठात्पाशमपानयत् ॥ ७९
ततोऽकस्मात्सुधावर्षमिव मन्वानयोस्तयोः । भुवं मलयवत्यां च लिखन्त्यां ह्रीतया दृशा ॥ ८०
चिन्वानागत्य सहसा सखी हृष्टा जगाद ताम् । सखि कल्याणिनी दिष्ट्या वर्धसेऽभीष्टसिद्धितः ॥ ८१
अद्यैव हि महाराजस्तव विश्वावसुः पिता । कुमारमित्रावसुना विज्ञप्तः संनिधौ मम ॥ ८२
इहागतो जगन्मान्यस्तात कल्पतरुप्रदः । विद्याधरेन्द्रतनयो योऽयं जीमूतवाहनः ॥ ८३
अतिथित्वात्स नः पूज्यो वरश्चान्यो न तादृशः । तस्मान्मलयवत्यासौ कन्यारत्नेन पूज्यताम् ॥ ८४
तथेति श्रद्धिते राज्ञा भ्राता मित्रावसुः स ते । तादर्थ्येन महाभागस्यास्याश्रमपदं गतः ॥ ८५
जाने सद्यश्च भावी ते विवाहस्तत्स्वमन्दिरम् । आयाहि यातु चैषोऽपि महाभागः स्वमास्पदम् ॥ ८६
इत्युक्ता सा तया सख्या राजपुत्री शनैस्ततः । ययुः सहर्षा सोत्का च मुहुर्वलितकंधरा ॥ ८७
जीमूतवाहनोऽप्याशु गत्वा स्वाश्रममागतात् । मित्रावसोर्यथाभीष्टं कार्यं श्रुत्वाभिनन्द्य च ॥ ८८
जातिस्मरः समाचख्यौ तस्मै स्वं पूर्वजन्म सः । यत्र मित्रं स तस्यासीत्सा च भार्यैव तत्स्वसा ॥ ८९
ततो मित्रावसुः प्रीतस्तत्पित्रोः परितुष्यतोः । आवेद्य गत्वा पितरौ कृतार्थः स्वावनन्दयत् ॥ ९०
निनाय च तदैव स्वान्गृहाञ्जीमूतवाहनम् । चक्रे चोत्सवसंभारं स्वसिद्ध्युचितवैभवम् ॥ ९१
तस्मिन्नेव च धन्येऽह्नि तस्य विद्याधरप्रभोः । स्वसुर्मलयवत्याश्च विवाहं समपादयत् ॥ ९२
ततो नवोढया साकं तया जीमूतवाहनः । तस्थौ मलयवत्या स तत्र सिद्धमनोरथः ॥ ९३
एकदा कौतुकाच्चात्र स मित्रावसुना सह । मलयाद्रौ भ्रमन्नब्धेर्वेलावनमुपेयिवान् ॥ ९४
तत्रास्थिराशीन्सुबहून्दृष्ट्वा मित्रावसुं स तम् । केषामेतेऽस्थिसंघाताः प्राणिनामिति पृष्टवान् ॥ ९५
ततो मित्रावसुः श्यालस्तं कारुणिकमब्रवीत् । शृणु वृत्तान्तमत्रेमं संक्षेपाद्वर्णयामि ते ॥ ९६
नागमाता पुरा कद्रूर्विनतां तार्क्ष्यमातरम् । निनाय किल दासत्वं सव्याजपणनिर्जिताम् ॥ ९७

तेन वैरेण गरुडस्तामुन्मोच्यापि मातरम् । बली भक्षयितुं नागान्कद्रूपुत्रान्प्रचक्रमे ॥ ९८
सदा प्रविश्य पातालं सोऽथ कांश्चिज्जघास तान् । कांश्चिन्ममर्द केचित्तु स्वयं त्रासाद्विपेदिरे ॥ ९९
तद्दृष्ट्वैकपदे सर्वक्षयमाशङ्क्य नागराट् । वासुकिः प्रार्थनापूर्वं तार्क्ष्यस्य समयं व्यधात् ॥ १००
एकमेकमहं नागमाहारार्थं खगेन्द्र ते । प्रत्यहं प्रेषयाम्यत्र पुलिने दक्षिणोदधेः ॥ १०१
त्वया तु न प्रवेष्टव्यं पाताले‌ऽस्मिन्कथंचन । को हि स्वार्थो विनष्टेषु नागेष्वेकपदे तव ॥ १०२
इत्युक्ते नागराजेन समयं प्रत्यपद्यत । स्वार्थदर्शी तथेत्येव गरुडो गुरुविक्रमः ॥ १०३
तदाप्रभृति चैकैकं नागं भुङ्क्ते दिने दिने । वासुकिप्रेषितं सोऽत्र खगेन्द्रः पुलिनेऽम्बुधेः ॥ १०४
अतस्तद्भक्ष्यमाणानां नागानामस्थिसंचयाः । एतेऽत्र गिरिशृङ्गाभा वृद्धिं कालक्रमाद्गताः ॥ १०५
इति मित्रावसोर्वक्त्रात्सान्तर्दुःखो निशम्य सः । निजगाद दयाधैर्यनिधिर्जीमूतवाहनः ॥ १०६
शोच्यः स वासुकी राजा यः स्वहस्तेन विद्विषे । उपहारीकरोति स्वाः प्रजाः क्लीबो दिने दिने ॥ १०७
धृताननसहस्रः सन्नेकेनाप्याननेन सः । मामादौ भुङ्क्ष्व तार्क्ष्येति भाषितुं नाशकत्कथम् ॥ १०८
कथं चाभ्यर्थयामास निःसत्त्वः स्वकुलक्षयम् । तार्क्ष्यं नागाङ्गनाक्रन्दनित्याकर्णननिर्घृणः ॥ १०९
तार्क्ष्योऽपि काश्यपिर्वीरः कृष्णाधिष्ठानपावनः । ईदृशं कुरुते पापमहो मोहस्य गाढता ॥ ११०
इत्युक्त्वा स महासत्त्वो हृदि चक्रे मनोरथम् । अप्यसारेण देहेन सारमत्राप्नुयामहम् ॥ १११
एकस्याप्यद्य नागस्य कुर्यां जीवितरक्षणम् । अबान्धवस्य भीतस्य दत्त्वात्मानं गरुत्मते ॥ ११२
इति संचिन्तयत्येव तस्मिञ्जीमूतवाहने । मित्रावसोः पितुः पार्श्वात्क्षत्ताह्वानार्थमाययौ ॥ ११३
व्रज त्वमहमेष्यामि पश्चादिति ततश्च तम् । मित्रावसुं स जीमूतवाहनो व्यसृजद्गृहम् ॥ ११४
गते तस्मिन्स चात्रैको वाञ्छितार्थोन्मुखो भ्रमन् । कृपालुरशृणोद्दूरात्करुणं रुदितध्वनिम् ॥ ११५
गत्वा ददर्श चोत्तुङ्गशिलातलसमीपगम् । युवानमेकं पुरुषं दुःखितं सुन्दराकृतिम् ॥ ११६
पुंसा राजभटेनेव त्यक्तमानीय तत्क्षणम् । निवर्तयन्तं रुदतीं वृद्धां सानुनयं स्त्रियम् ॥ ११७
कोऽयं स्यादिति यावच्च जिज्ञासुः सोऽत्र तिष्ठति । करुणाकुलितश्छन्नः शृण्वञ्जीमूतवाहनः ॥ ११८
तावत्सा तत्र वृद्धा स्त्री दुःखभारातिपीडिता । प्रावर्तत युवानं तं दृष्ट्वा दृष्ट्वानुशोचितुम् ॥ ११९
हा शङ्खचूड हा दुःखशतसंप्राप्त हा गुणिन् । कुलैकतन्तो हा पुत्र क्व त्वां द्रक्ष्याम्यहं पुनः ॥ १२०
वत्स त्वन्मुखचन्द्रेऽस्मिन्गतेऽस्तं स पिता तव । शोकान्धकारपतितः कथं वृद्धो भविष्यति ॥ १२१
अथार्ककरसंस्पर्शादङ्गं दूयेत यत्तव । कथं शक्ष्यति तत्सोढुं तार्क्ष्यभक्षणजां रुजम् ॥ १२२
विस्तीर्णे नागलोकेऽपि धात्रा नागाधिपेन च । लब्धस्त्वं किमभव्याया विचित्यैकसुतो मम ॥ १२३
इति तां विलपन्तीं च स युवा तनयोऽब्रवीत् । दुःखार्तमपि मामम्ब किं दुःखयसि हा भृशम् ॥ १२४
निवर्तस्व गृहानेष प्रणामः पश्चिमस्तव । इहागमनवेला हि भवेज्जातु गरुत्मतः ॥ १२५
तच्छ्रुत्वा हा हतास्मीह को मे पास्यति पुत्रकम् । इति चक्रन्द सा वृद्धा दिक्षु क्षिप्तार्तलोचना ॥ १२६
तावच्च बोधिसत्त्वांशः स तज्जीमूतवाहनः । श्रुत्वा दृष्ट्वा च कृपया गाढाक्रान्तो व्यचिन्तयत् ॥ १२७
हन्तायं शङ्खचूडाख्यो नागो वासुकिना बत । आहारहेतोस्तार्क्ष्यस्य तपस्वी प्रेषितोऽधुना ॥ १२८
इयं चैतस्य जननी स्नेहेनेहान्वगागता । एतदेकसुता वृद्धा दुःखदीनप्रलापिनी ॥ १२९
तदेनमेकमार्तं चेद्देहेनैकान्तनाशिना । रक्षामि नामुना नागं तन्मे धिग्जन्म निष्फलम् ॥ १३०
इत्यालोच्योपगम्यैव मुदा जीमूतवाहनः । वृद्धामुवाच तां मातः पुत्रं रक्षाम्यहं तव ॥ १३१
तच्छ्रुत्वा भावितभया वृद्धा गरुडशङ्किनी । संत्रस्ता तार्क्ष्य मां भुङ्क्ष्व मां भुङ्क्ष्वेति जगाद सा ॥ १३२
शङ्खचूडस्ततोऽवादीन्नैष तार्क्ष्योऽम्ब मा त्रसीः । कायं चन्द्र इवाह्लादी क्व स तार्क्ष्यो भयंकरः ॥ १३३
इत्युक्ते शङ्खचूडेन प्राह जीमूतवाहनः । विद्याधरोऽहमायातो रक्षितुं सुतमम्ब ते ॥ १३४
दास्यामि हि शरीरं स्वं वस्त्रच्छन्नं गरुत्मते । क्षुधिताय प्रयाहि त्वमादायैनं सुतं गृहम् ॥ १३५
तच्छ्रुत्वा साब्रवीद्वृद्धा मैवं त्वं ह्यधिको मम । पुत्रो यस्येदृशे काले कृपास्मास्वियमीदृशी ॥ १३६

एतच्छ्रुत्वा स जीमूतवाहनः पुनरब्रवीत् । न मे मनोरथस्यास्य भङ्गं कर्तुमिहार्हथ ।। १३७
महादेवं ब्रुवाणं च शङ्खचूडो जगाद तम् । दर्शितैव महासत्त्व त्वया सत्यं कृपालुता ।। १३८
नत्वहं त्वच्छरीरेण रक्ष्यामि स्वशरीरकम् । रत्नव्ययेन पाषाणं को हि रक्षितुमर्हति ।। १३९
मादृशैस्तु जगत्पूर्णं स्वात्ममात्रानुकम्पिभिः । अनुकम्प्यं जगद्येषां विरलास्ते भवादृशाः ।। १४०
न चाहं मलिनीकर्तुं शङ्खपालकुलं शुचि । कलङ्क इव तीक्ष्णांशुबिम्बं शक्ष्यामि सन्मते ।। १४१
इति तं प्रतिषिध्यैव शङ्खचूडः स्वमातरम् । जगादाम्ब निवर्तस्व कान्ताराद्दुर्गमादितः ।। १४२
न पश्यसि किमत्रैतन्नागासृक्कर्दमोक्षितम् । कृतान्तलीलापर्यङ्करौद्रं वध्यशिलातलम् ।। १४३
अहं चाब्धितटे गत्वा नत्वा गोकर्णमीश्वरम् । आगच्छामि द्रुतं यावन्नायाति गरुडोऽत्र सः ।। १४४
इत्युक्त्वा कृपणाक्रन्दां प्रणम्यापृच्छ्य मातरम् । स गोकर्णप्रणामार्थं शङ्खचूडो ययौ ततः ।। १४५
अस्मिंश्चेदन्तरे प्राप्तस्तार्क्ष्यः सिद्धो ममेप्सितः । परार्थ इति जीमूतवाहनोऽप्यकरोद्धृदि ।। १४६
तावच्चासन्नपक्षीन्द्रपक्षानिलचलांस्तरून् । विलोक्यात्र स मामेति निवारणपरानिव ।। १४७
मत्वा गरुडवेलां च प्राप्तां जीमूतवाहनः । परार्थप्राणदो वध्यशिलामध्यारुरोह ताम् ।। १४८
पवनाघूर्णिते चाब्धौ स्फुरद्रत्नप्रभादृशा । तं सत्त्वातिशयं तस्य पश्यतीव सविस्मयम् ।। १४९
आगत्याच्छादितनभा निपत्यैतच्छिलातलात् । चञ्च्वा गरुत्मानाहत्य महासत्त्वं जहार तम् ।। १५०
स्रुतासृग्धारमुत्खातशिरोरत्नं च तं जवात् । नीत्वा भक्षयितुं शृङ्गे मलयाद्रेः प्रचक्रमे ।। १५१
एवमेव परार्थाय देहः स्यात्प्रतिजन्म मे । मा भूतां स्वर्गमोक्षौ तु परोपकृतिवर्जितौ ।। १५२
इति तार्क्ष्याद्यमानस्य तस्यानुध्यायतस्तदा । विद्याधरेन्दोरपतत्पुष्पवृष्टिर्नभस्तलात् ।। १५३
अत्रान्तरे स तद्रक्तधारास्रवशिरोमणिः । तस्या मलयवत्याश्च तत्पत्न्याः प्रापतत्पुरः ।। १५४
सा तद्दृष्ट्वा परिज्ञाय चूडारत्नं सुविह्वला । अन्तिकस्था श्वशुरयोस्ताभ्यां साश्रुरदर्शयत् ।। १५५
तौ च जायापती सूनोः शिरोरत्नं विलोक्य तम् । किमेतदिति संभ्रान्तौ सहसैव बभूवतुः ।। १५६
ततः स्वविद्यानुध्यानाद्यथावृत्तमवेत्य तत् । राजा जीमूतकेतुः सा राज्ञी कनकवत्यपि ।। १५७
वध्वा मलयवत्या तौ प्रावर्तेतां सह द्रुतम् । गन्तुं तत्रैव तौ यत्र तार्क्ष्यजीमूतवाहनौ ।। १५८
तावत्स शङ्खचूडोऽत्र नत्वा गोकर्णमागतः । ददर्श रुधिरार्द्रं तद्विग्नो वध्यशिलातलम् ।। १५९
हा हतोऽस्मि महापापो ध्रुवं तेन महात्मना । आत्मा गरुत्मते दत्तो मत्कृते सुकृपालुना ।। १६०
तदन्विष्यामि नीतः स क्षणेऽस्मिन्काहिवैरिणा । मज्जेयं नायशःपङ्के जीवन्तं चेत्तमाप्नुयाम् ।। १६१
इत्युदश्रुर्वदन्सोऽथ साधुर्दृष्ट्वा निरन्तराम् । पतितां भुवि तद्रक्तधारामनुसरन्ययौ ।। १६२
अत्रान्तरे भक्षयंस्तं दृष्ट्वा जीमूतवाहनम् । हृष्टं विरम्य गरुडश्चिन्तयामास तत्क्षणम् ।। १६३
अहो अपूर्वः कोऽप्येष भक्ष्यमाणोऽपि यो मया । प्रहृष्यति महासत्त्वो न तु प्राणैर्वियुज्यते ।। १६४
बिभर्ति लुप्तशेषे च गात्रे रोमाञ्चकञ्चुकम् । किं चोपकारिणीवास्य मयि दृष्टिः प्रसीदति ।। १६५
तन्नैष नागः कोऽप्येष साधुः पृच्छामि नाद्ययमुम् । इति तार्क्ष्यं विमृशयन्तं प्राह जीमूतवाहनः ।। १६६
पक्षीन्द्र किं निवृत्तोऽसि नहि मे मांसशोणितम् । देहे नास्ति न चाद्यापि परितृप्तोऽसि भुङ्क्ष्व तत् ।। १६७
एतच्छ्रुत्वातिसाश्चर्यस्तं पप्रच्छ स पक्षिराट् । नागो नैवासि तद्ब्रूहि महात्मन्को भवानिति ।। १६८
नाग एवास्मि कोऽयं ते प्रश्नः प्रकृतमाचर । प्रस्तुतार्थविरुद्धं हि कोऽभिदध्यादबालिशः ।। १६९
एवं प्रतिवदत्येव तार्क्ष्यं जीमूतवाहने । प्राप्तः स शङ्खचूडोऽत्र दूरादेवाभ्यभाषत ।। १७०
मा मा कृथा महापापं साहसं विनतात्मज । कोऽयं भ्रमस्ते नह्येष नागो नागोऽहमेष ते ।। १७१
इत्युक्त्वा द्रुतमागत्य मध्ये स्थित्वा तयोर्द्वयोः । दृष्ट्वा च तार्क्ष्यं विभ्रान्तं शङ्खचूडोऽब्रवीत्पुनः ।। १७२
किं भ्राम्यसि फणाः किं मे जिह्वे द्वे च न पश्यसि । विद्याधरस्य किं चास्य सौम्यां पश्यसि नाकृतिम् ।। १७३
शङ्खचूडे वदत्येवं भार्या च पितरौ च तौ । जीमूतवाहनस्यात्र सर्वे सत्वरमाययुः ।। १७४
विलुप्ताङ्गं च तं दृष्ट्वा पितरौ तस्य तत्क्षणम् । चक्रन्दतुस्तौ हा पुत्र हा हा जीमूतवाहन ।। १७५

हा कारुणिक हा वत्स परार्थप्रत्तजीवित । हा कथं वैनतेयेदमविमृश्य कृतं त्वया ॥ १७६
एतच्छ्रुत्वैव ताक्ष्योऽत्र सोऽनुतप्तो व्यचिन्तयत् । हा कथं बोधिसत्त्वांशः संमोहाद्भक्षितो मया ॥ १७७
जीमूतवाहनः सोऽयं परार्थप्राणदायकः । यस्य भ्रमति कृत्स्नेऽस्मिंस्त्रैलोक्ये कीर्तिघोषणा ॥ १७८
तन्मे मृतेऽस्मिन्पापस्य प्राप्तमग्निप्रवेशनम् । अधर्मविषवृक्षस्य पच्यते स्वादु किं फलम् ॥ १७९
इति चिन्ताकुले ताक्ष्र्ये दृष्ट्वा बन्धून्निपत्य सः । व्रणव्यथायां पञ्चत्वं प्राप जीमूतवाहनः ॥ १८०
ततो विलपतोस्तत्र तत्पित्रोः शोकदीनयोः । उत्क्रुश्य मुहुरात्मानं शङ्खचूडे च निन्दति ॥ १८१
भार्या मलयवत्यस्य नभो दृष्ट्वाश्रुगद्गदम् । पूर्वप्रसन्नां वरदामित्युपालभताम्बिकाम् ॥ १८२
विद्याधराधिपो भाविचक्रवर्ती पतिस्तव । भवितेत्यहमादिष्टा देवि गौरि तदा त्वया ॥ १८३
तन्मिथ्यावादिनी जाता त्वमप्यसि कथं मयि । इत्युक्तवत्यां तस्यां सा गौरी प्रत्यक्षतामगात् ॥ १८४
न मे मिथ्या वचः पुत्रीत्युक्त्वा सा स्वकमण्डलोः । अमृतेनाशु जीमूतवाहनं सिञ्चति स्म तम् ॥ १८५
तेन सोऽक्षतसर्वाङ्गः पूर्वाधिकेतरद्युतिः । जीवन्सद्यः समुत्तस्थौ कृती जीमूतवाहनः ॥ १८६
उत्थितं प्रणतं तं च सर्वेषु प्रणमत्सु सा । उवाच देवी तुष्टास्मि देहदानेन तेऽमुना ॥ १८७
तदेषा त्वाभिषिञ्चामि पुत्रात्मीयेन पाणिना । विद्याधराणामाकल्पं चक्रवर्तिपदेऽधुना ॥ १८८
एवं वदन्ती जीमूतवाहनं कलशाम्बुधिः । तमभ्यषिञ्चच्छर्वाणी पूजिता च तिरोदधे ॥ १८९
निपेतुश्चात्र तत्कालं दिव्याः कुसुमवृष्टयः । नदन्ति स्म च सानन्दं देवदुन्दुभयो दिवि ॥ १९०
अथोवाच स तं प्रह्वस्ताक्ष्यो जीमूतवाहनम् । चक्रवर्तिन्नहं प्रीतः पुरुषातिशये त्वयि ॥ १९१
अपूर्वोदारमतिना त्रिजगत्कौतुकावहम् । ब्रह्माण्डभित्तिलिखितं येन चित्रमिदं कृतम् ॥ १९२
तन्मां प्रशाधि मत्तश्च वृणुष्वाभीप्सितं वरम् । इत्युक्तवन्तं गरुडं महासत्त्वो जगाद सः ॥ १९३
न भक्ष्याः सानुतापेन भूत्वा नागाः पुनस्त्वया । तेऽप्यस्थिशेषा जीवन्तु ये त्वया पूर्वभक्षिताः ॥ १९४
एवमस्तु न भोक्ष्येऽहं नागाञ्शान्तमतः परम् । प्राग्ये च भुक्तास्ते जीवन्त्विति ताक्ष्योऽप्युवाच सः ॥ १९५
ततोऽस्थिशेषा येऽप्यासन्नागास्तत्पूर्वभक्षिताः । तेऽपि सर्वे समुत्तस्थुस्तद्वरामृतजीविताः ॥ १९६
सुरैर्नागैर्मुनिगणैः सानन्दैर्मिलितैरथ । स लोकत्रितयाभिख्यामुवाह मलयाचलः ॥ १९७
तत्कालं तं च जीमूतवाहनोदन्तमद्भुतम् । गौर्याः प्रसादाद्विविदुः सर्वे विद्याधरेश्वराः ॥ १९८

आगत्य ते च चरणावनता हिमाद्रिं निन्युः क्षणान्मुदितबन्धुसुहृत्समेतम् ।
तं पार्वतीस्वकरकॢप्तमहाभिषेकं सच्चक्रवर्तिनमथ प्रतिमुक्तताक्ष्यम् ॥ १९९

तत्र स पित्रा मात्रा मित्रावसुना च मलयवत्या च ।
निजगृहगतागतेन च संयुक्तः शङ्खचूडेन ॥ २००
लोकोत्तरचरिताद्भुतसिद्धां जीमूतवाहनः सुचिरम् ।
अभजत रत्नोपचितां विद्याधरचक्रवर्तिधुरम् ॥ २०१
इत्यत्युदारसरसामाख्याय कथां तदा स वेतालः ।
पुनरेव तं त्रिविक्रमसेनं पप्रच्छ राजानम् ॥ २०२
तद्ब्रूहि शङ्खचूडः किं वा जीमूतवाहनोऽभ्यधिकः ।
सत्त्वेन तयोरुभयोः पूर्वोक्तश्चात्र समयस्ते ॥ २०३
इत्यस्माद्वेतालाच्छ्रुत्वा मौनं विहाय शापभयात् ।
तमुवाच स त्रिविक्रमसेनो नृपतिर्निरुद्वेगः ॥ २०४
बहुजन्मसिद्धमेतच्चित्रं जीमूतवाहनस्य कियत् ।
श्लाघ्यः स शङ्खचूडो मरणोत्तीर्णोऽपि यो रिपवे ॥ २०५
अन्यप्रत्तात्मानं प्राप्य सुदूरं गताय ताक्ष्याय ।
पश्चाद्धावन्गत्वा स्वं देहमुपानयत्प्रसभम् ॥ २०६

एतन्निशम्यैव नृपस्य तस्य वाक्यं स वेतालवरो जगाम ।
पुनः स्वधामैव तदंसप्रप्रान्नृपोऽपि तं सोऽनुययौ तथैव ॥ २०७

इति महाकविश्रीसोमदेवभट्टविरचिते कथासरित्सागरे शशाङ्कवतीलम्बके त्रयोविंशस्तरङ्गः ।

चतुर्विंशस्तरङ्गः ।

(सप्तदशो वेतालः ।)

ततो गत्वा पुनस्तस्मात्स राजा शिंशपातरोः । तं त्रिविक्रमसेनोंऽसे वीरो वेतालमग्रहीत् ॥ १
प्रस्थितं च ततस्तं स वेतालः स्कन्धतोऽब्रवीत् । राजञ्श्रमविनोदाय शृण्विदं वच्मि ते कथाम् ॥ २
अखण्डधर्ममर्यादं गङ्गाकूले कृतास्पदम् । कलेरगम्यं कनकपुरं नाम्नाभवत्पुरम् ॥ ३
तस्मिन्यशोधनाख्योऽभूदन्वर्थो वसुधाधिपः । ररक्ष विप्लवाम्भोधेर्यो वेलाद्रिरिव क्षितिम् ॥ ४
जगदाह्लादकश्चण्डप्रतापोऽखण्डमण्डलः । विधिना यश्च चन्द्रार्कावेकीकृत्येव निर्ममे ॥ ५
मौख्यं परपरीवादे न शास्त्रार्थे दरिद्रता । दोषे न कोषदण्डाभ्यां यस्यासीच्च महीपतेः ॥ ६
पापभीरुर्यशोलुब्धः षण्ढः परपुरंध्रिषु । यः शौर्यौदार्यशृङ्गारमयो जनतया जगे ॥ ७
तस्य राज्ञः पुरे तस्मिन्नभूदेको महावणिक् । उन्मादिनीति ख्याता च कन्या तस्याभवत्सुता ॥ ८
यो यस्तां हि ददर्शात्र स स तद्रूपसंपदा । उन्माद्यति स्म मदनस्यापि मोहनशक्तया ॥ ९
तस्यां च यौवनस्थायां स गत्वा तत्पिता वणिक् । यशोधनं तं राजानं नीतिवेदी व्यजिज्ञपत् ॥ १०
त्रैलोक्यरत्नभूता मे प्रदेयास्ति सुता प्रभो । तामनावेद्य देवस्य नान्यस्मै दातुमुत्सहे ॥ ११
देवोऽपि सर्वरत्नानां प्रभुः कृत्स्नेऽपि भूतले । तत्स्वीकृत्यानुगृह्णातु देवस्तां प्रतिमुच्य वा ॥ १२
इत्याकर्ण्य वणिग्वाक्यं स राजा ब्राह्मणान्निजान् । सादरं व्यसृजत्तस्याः सौलक्षण्यमवेक्षितुम् ॥ १३
ते गत्वा ब्राह्मणा दृष्ट्वा तां त्रैलोक्यैकसुन्दरीम् । सद्यः क्षोभं ययुः क्षिप्रालब्ध्वा धैर्यमचिन्तयन् ॥ १४
इमां प्राप्नोति चेद्राजा तद्राष्ट्रमवसीदति । एतन्मोहितचित्तो हि किं स राज्यमवेक्षते ॥ १५
तस्मात्सुलक्षणेत्येषा नाख्येया क्षितिपाय नः । इत्येव मन्त्रं संमन्त्र्य राज्ञस्ते जग्मुरन्तिकम् ॥ १६
कुलक्षणा सा देवेति तमूचुश्चात्र ते मृषा । तेन राजा स नैवैतां स्वीचकार वणिक्सुताम् ॥ १७
ततस्तदाज्ञया तां स कन्यामुन्मादिनीं पिता । वणिग्बलधराख्याय तत्सेनापतये ददौ ॥ १८
अथ सा तद्गृहे तस्थौ भर्त्रा तेन समं सुखम् । कुलक्षणेत्यहं राज्ञा त्यक्तेत्यात्तविमानना ॥ १९
याति काले च जात्वत्र हत्वा हेमन्तहस्तिनम् । फुल्लकुन्दलतादन्तं मथिताम्बुजिनीवनम् ॥ २०
आजगाम लसत्पुष्पमञ्जरीकेसरावलिः । चूताङ्कुरनखः क्रीडन्कानने मधुकेसरी ॥ २१
तत्कालं चात्र नगरे तं वसन्तमहोत्सवम् । स राजा निर्ययौ द्रष्टुं गजारूढो यशोधनः ॥ २२
तद्रूपालोकसंभाव्यविप्लवाः कुलयोषितः । अपसारयितुं दत्तं तदा चोद्घोषडिण्डिमम् ॥ २३
सा श्रुत्वोन्मादिनी तस्मै राज्ञे स्वगृहहर्म्यतः । आत्मानं दर्शयामास परित्यागावमानतः ॥ २४
स च तां चक्षुभे दृष्ट्वा राजा ज्वालामिवोद्गताम् । संधुक्षितस्य कामाग्नेर्मधुना मलयानिलैः ॥ २५
निर्वर्णयंश्च तद्रूपं जैत्रमस्त्रं मनोभुवः । गाढं प्रविष्टं हृदये क्षणान्मोहमुपाययौ ॥ २६
भृत्यैराश्वासितश्चात्र राजधानीं प्रविश्य सः । पृष्टेभ्यो बुबुधे तेभ्यस्तां प्रागुपनतोज्झिताम् ॥ २७
ततो निर्वास्य देशात्तांस्तत्कुलक्षणवादिनः । विप्राननुदिनं दध्यौ तामेवोत्कः स भूपतिः ॥ २८
अहो जडात्मा निर्लज्जश्चन्द्रो नित्यमुदेति यत् । जगन्नेत्रोत्सवे तस्या निष्कलङ्के मुखे सति ॥ २९
कठोरौ हेमकलशौ गजकुम्भौ च कर्कशौ । लभेते नोपमामस्याः स्तनयोः पीनतुङ्गयोः ॥ ३०
काञ्चीनक्षत्रमालाङ्कं तत्तस्या जघनस्थलम् । कं न कंदर्पमातङ्गमस्तकाभं विलोभयेत् ॥ ३१
इति तां चिन्तयन्नन्तः क्षीयते स्म दिने दिने । कामाग्निपुटपाकेन पच्यमानः स भूपतिः ॥ ३२
ह्रिया निगूहमानश्च पृच्छद्भ्यो बाह्यलक्षणैः । कृच्छ्राच्छशंस चाप्तेभ्यः स्वपीडाकारणं स तत् ॥ ३३

अलं संतप्य भजसे स्वाधीनां तर्हि किं न ताम्। इत्युक्तस्तैश्च नैवैतदनुमेने स धार्मिकः ॥ ३४
ततो बलधरो बुद्ध्वा स सेनापतिरेत्य तम्। प्रभुमभ्यर्थयामास सङ्गुक्तश्चरणानतः ॥ ३५
दासस्त्री तव दास्येव सा देव न पराङ्गना। स्वयं चाहं प्रयच्छामि तद्भार्यां स्वीकुरुष्व मे ॥ ३६
अथवा तां त्यजामीह देव देवकुले ततः। न दोषो ग्रहणे तस्यास्तव देवकुलस्त्रियः ॥ ३७
इति स्वसेनापतिना निर्बन्धेन स पार्थिवः। तेनानुनाप्यमानोऽपि सान्तःकोपमुवाच तम् ॥ ३८
राजा भूत्वा कथं कुर्यामधर्ममहमीदृशम्। मय्युल्लङ्घितमर्यादे को हि तिष्ठेत्स्ववर्त्मनि ॥ ३९
भक्तोऽपि च भवान्पापे नियोजयति मां कथम्। परलोकमहादुःखहेतौ क्षणसुखावहे ॥ ४०
न क्षमिष्ये च ते धर्म्यान्दारान्यदि विहास्यसि। सहते मादृशः को हि तादृशं धर्मविप्लवम् ॥ ४१
तद्वरं मृत्युरित्युक्त्वा स राजा निषिषेध तम्। त्यजन्त्युत्तमसत्त्वा हि प्राणानपि न सत्पथम् ॥ ४२
तथैवार्थयमानांश्च पौरजानपदानपि। मिलितान्स निराचक्रे राजा सुदृढनिश्चयः ॥ ४३
ततः क्रमेण तेनैव स्मरज्वरभरोष्मणा। प्रक्षीणदेहः प्रययौ स यशःशेषतां नृपः ॥ ४४
सेनापतिश्चासहिष्णुस्तं तथा प्रमयं प्रभोः। सोऽग्निं विवेश भक्तानामनिर्वाच्यं हि चेष्टितम् ॥ ४५
इत्याख्यातकथाश्चर्यो वेतालोंऽसस्थितस्तदा। स त्रिविक्रमसेनं तं भूयः पप्रच्छ पार्थिवम् ॥ ४६
तदेतयोः को नृपते सेनापतिमहीभृतोः। सत्त्वेनाभ्यधिको ब्रूहि पूर्वोक्तः समयश्च ते ॥ ४७
इति वेतालतः श्रुत्वा मुक्तमौनः स तं नृपः। प्रत्युवाच द्वयो राजा सत्त्ववानधिकस्तयोः ॥ ४८
तदाकर्ण्यैव वेतालः साक्षेपस्तमभाषत। सेनापतिः कथं नात्र राजन्नभ्यधिको वद ॥ ४९
यस्तथा स्वामिने भक्त्या स्वभार्यां तां तथाविधाम्। सुचिरज्ञाततद्भोगसुखास्वादोऽप्युपानयत् ॥ ५०
आत्मानं चाग्निसाच्चक्रे तस्मिन्पञ्चत्वमागते। अनास्वादिततद्भोगस्तत्कान्तां तु जहौ नृपः ॥ ५१
वेतालेनैवमुक्तस्तु विहस्य स नृपोऽब्रवीत्। यद्यप्येवं तथाप्येतत्किं चित्रं कुलपुत्रकः ॥ ५२
सेनापतिः स भक्त्या यत्स्वाम्यर्थे तत्तथाकरोत्। प्राणैरपि हि भृत्यानां स्वामिसंरक्षणं व्रतम् ॥ ५३
राजानस्तु मदाध्माता गजा इव निरङ्कुशाः। छिन्दन्ति धर्ममर्यादाशृङ्खलां विषयोन्मुखाः ॥ ५४
तेषां ह्युद्रिक्तचित्तानामभिषेकाम्बुभिः समम्। विवेको विगलत्योघेनोह्यमान इवाखिलः ॥ ५५
क्षिप्यन्त इव चोद्धूय चलच्चामरमारुतैः। वृद्धोपदिष्टशास्त्रार्थरजोमशकमक्षिकाः ॥ ५६
आतपत्रेण सत्यं च सूर्यालोको निवार्यते। विभूतिवात्योपहता दृष्टिर्मार्गं च नेक्षते ॥ ५७
ते ते च विपदं प्राप्ता मारमोहितचेतसः। जगद्विजयिनोऽपीह राजानो नहुषादयः ॥ ५८
एष राजा पुनः पृथ्व्यामेकच्छत्त्रोऽपि यत्तया। उन्मादिन्या चपलया लक्ष्म्येव न विमोहितः ॥ ५९
प्राणानपि स धर्मात्मा तत्याज न पुनः पदम्। अमार्गे निदधे धीरस्तेनासौ मेऽधिको मतः ॥ ६०

इत्याकर्ण्य नृपस्य तस्य वचनं भूयस्तदंसस्थला-
द्वेतालः सहसा स्वमेव स पदं मायाप्रभावाद्ययौ।
राजाप्यन्वसरत्तथैव स पुनः संप्राप्तुमेतं जवा-
दारब्धे हि सुदुष्करेऽपि महतां मध्ये विरामः कुतः ॥ ६१

इति महाकविश्रीसोमदेवभट्टविरचिते कथासरित्सागरे शशाङ्कवतीलम्बके चतुर्विंशस्तरङ्गः।

पञ्चविंशस्तरङ्गः।

(अष्टादशो वेतालः।)

ततः पितृवने तस्मिन्क्रव्यभक्षिभिरावृते। ज्वालाविलोलरसनैर्भूतैरिव चिताग्निभिः ॥ १
गत्वैव तस्यामक्षोभ्यः क्षपायां शिंशपातरुम्। स त्रिविक्रमसेनस्तमाससाद पुनर्नृपः ॥ २
तत्रापश्यच्च वेतालविकृतान्सदृशाकृतीन्। उल्लम्बमानान्सुबहून्प्रेतकायानशङ्कितम् ॥ ३
अहो किमेतत्किंवान्यन्मायी कालं क्षिपत्ययम्। वेतलो मे न वेद्म्येषां माह्यं येनेह भूयसाम् ॥ ४

असिद्धार्थस्य चेद्रात्रिरियं मम गमिष्यति । ततो वह्निं प्रवेक्ष्यामि न सहिष्ये तु हास्यताम् ॥ ५
इति चिन्तयतस्तस्य राज्ञो विज्ञाय निश्चयम् । सत्त्वतुष्टः स वेतालः स्वमायां संजहार ताम् ॥ ६
ततो दृष्ट्वैकमेवात्र वेतालं नृकलेवरे । अवतीर्य गृहीत्वांसे स प्रतस्थे पुनर्नृपः ॥ ७
प्रक्रामन्तं च तं भूयः स वेतालोऽभ्यभाषत । राजन्नोद्विजसे चित्रं तदिमां मे कथां शृणु ॥ ८
अस्ति गौरीतपःक्लेशवृतेन त्रिपुरारिणा । असामान्यगुणोत्कर्षलुब्धेनेव स्वयं वृता ॥ ९
भोगवत्यमरावत्योस्तृतीयोज्जयिनी पुरी । उदारसुकृतप्राप्यनानाभोगोपबृंहिता ॥ १०
यस्यां स्तब्धत्वकार्कश्ये कुचेषु वरयोषिताम् । तासामेव भ्रुवोर्भङ्गो लोचनेषु च चापलम् ॥ ११
तमो निशासु वक्रत्वं यस्यां कविवरोक्तिषु । मदो दन्तिषु जाड्यं च मुक्तामलयजेन्दुषु ॥ १२
तस्यां चन्द्रप्रभाख्यस्य राज्ञोऽमात्यो बहुश्रुतः । देवस्वामीत्यभूद्विप्रो भूरियज्ञो महाधनः ॥ १३
तस्य कालेन तनयश्चन्द्रस्वामीत्यजायत । सोऽधीतविद्योऽपि युवा द्यूतैकव्यसनोऽभवत् ॥ १४
एकदा च द्विजसुतश्चन्द्रस्वामी स कांचन । द्यूतकारमहाठिण्ठां द्यूतेन क्रीडितुं ययौ ॥ १५
आश्लिष्यामः कमत्रेति विपद्भिरिव वीक्षितुम् । विक्षिप्तैः कृष्णशाराभैर्नेत्रैरक्षैर्निरन्तराम् ॥ १६
कः सोऽस्ति न श्रियं यस्य हराम्यप्यलकापतेः । इतीव तन्वतीं नादान्द्यूतकृत्कलहस्वनैः ॥ १७
तां प्रविश्य क्रमाद्दीव्यन्नक्षैः स कितवैः सह । वस्त्रादि हारयित्वापि धनमन्यदहारयत् ॥ १८
मृग्यमाणं च यन्नादात्स तद्धनमसंभवि । तदवष्टभ्य सभ्येन लगुडैः पर्यताड्यत ॥ १९
लगुडाहतसर्वाङ्गः पाषाणमिव निश्चलम् । कृत्वा मृतमिवात्मानं तस्थौ विप्रसुतोऽथ सः ॥ २०
तथैव दिवसान्द्वित्रांस्तत्र तस्मिन्नवस्थिते । क्रुद्धः स सभ्यष्ठिण्ठायां कितवान्स्वानभाषत ॥ २१
श्रितानेनाश्मता तावत्तदेतं क्षिपत कचित् । नीत्वान्धकूपे निःसत्त्वं धनं दास्याम्यहं तु वः ॥ २२
इत्युक्तास्तेन कितवास्तं चन्द्रस्वामिनं ततः । अरण्यं निन्युरुत्क्षिप्य दूरं कूपगवेषिणः ॥ २३
तत्रैको वृद्धकितवस्तानन्यानेवमभ्यधात् । मृतोऽयं प्रायशस्तत्किं कूपे क्षिप्तेन नोऽमुना ॥ २४
तदिहैवैनमुज्झित्वा वक्ष्यामः कूप उज्झितम् । इति ते तद्वचः सर्वे तथेति प्रतिपेदिरे ॥ २५
ततस्त्यक्त्वा गतेष्वेषु कितवेषु स उत्थितः । चन्द्रस्वामी विवेशात्र शून्यमेकं शिवालयम् ॥ २६
तत्र किंचित्समाश्वस्य चिन्तयामास दुःखितः । विश्वस्तो मायया कष्टं मुषितः कितवैरहम् ॥ २७
तदीदृशः क्व गच्छामि नाग्नोपहतपांसुलः । पिता बन्धुः सुहृद्वापि दृष्ट्वा किं हि वदेन्मम ॥ २८
तत्संप्रति स्थितोऽस्मीह नक्तं च क्षुत्प्रशान्तये । पश्यामि निर्गत्य कथं यतिष्ये भोजनं प्रति ॥ २९
इत्यालोचयतस्तस्य क्लान्तस्यानम्बरस्य च । मन्दीकृतातपोऽस्ताद्रिं रविस्त्यक्ताम्बरो ययौ ॥ ३०
तावच्च भूतिदिग्धाङ्गस्तत्रायाति स्म तापसः । महाव्रती जटाशूलधरो हर इवापरः ॥ ३१
स चन्द्रस्वामिनं दृष्ट्वा कोऽसीति परिपृच्छ्य च । श्रुत्वा तस्माच्च वृत्तान्तं प्रह्वं तं तापसोऽब्रवीत् ॥ ३२
त्वं ममेहाश्रमं प्राप्तः क्षुत्क्लान्तोऽचिन्तितोऽतिथिः । तदुत्तिष्ठ कृतस्नानो भिक्षाभागं ममाहर ॥ ३३
इत्युक्तो व्रतिना सोऽथ चन्द्रस्वामी जगाद तम् । विप्रोऽहं भगवन्भोक्ष्ये भिक्षाभागं कथं तव ॥ ३४
तच्छ्रुत्वा स व्रती सिद्धः प्रविश्य मठिकां निजाम् । इष्टसंपादिनीं विद्यां सस्मारातिथिवल्लभः ॥ ३५
संस्मृतोपस्थितां तां च किं करोमीति वादिनीम् । अमुष्यातिथ्यमतिथेः कुरुष्वेति शशास ताम् ॥ ३६
तथेत्युक्ते तया तत्र सोद्यानं साङ्गनाजनम् । पुरं सौवर्णमुत्पन्नं चन्द्रस्वामी ददर्श सः ॥ ३७
विस्मितं च तमभ्येत्य तस्माद्वाराङ्गनाः पुरात् । ऊचुरुत्तिष्ठ भद्रेहि स्नाहि भुङ्क्ष्व त्यज श्रमम् ॥ ३८
इत्युक्त्वाभ्यन्तरं नीत्वा स्नापयित्वानुलिप्य च । ताभिः स दत्तसद्वस्त्रो निन्येऽन्यद्वासकोत्तमम् ॥ ३९
तत्रान्तः स ददर्शैकां प्रधानयुवतिं युवा । सर्वाङ्गसुन्दरीं धात्रा कौतुकादिव निर्मिताम् ॥ ४०
तया स सोत्कयोत्थाय स्वासनार्धोपवेशितः । बुभुजे दिव्यमाहारं तयैवात्र समं ततः ॥ ४१
भुक्तपक्वफलस्वादुताम्बूलः स्वरसेन च । पर्यङ्कशयने भेजे तत्संभोगसुखं निशि ॥ ४२
प्रातः प्रबुद्धश्चापश्यत्तदेवात्र शिवालयम् । नापि दिव्याङ्गनां नापि पुरं तन्न परिच्छदम् ॥ ४३

ततः स विप्रो निर्यातं मठिकातः स्मिताननम् । पृष्टरात्रिसुखं प्रातस्तापसं तं व्यजिज्ञपत् ॥ ४४
त्वत्प्रसादादहं रात्रावुषितो भगवन्सुखम् । किं तु यास्यन्ति मे प्राणास्त्वया दिव्यक्रिया विना ॥ ४५
तच्छ्रुत्वा स तपस्वी तं हसन्कारुणिकोऽब्रवीत् । इहैवास्स्व पुनर्नक्तं भविष्यति तथैव ते ॥ ४६
इत्युक्ते व्रतिना तेन तदुक्त्यैव प्रतिक्षपम् । चन्द्रस्वाम्यत्र सोऽभुङ्क्त भोगांस्तांस्तत्प्रसादतः ॥ ४७
बुद्ध्वा च तं शनैर्विद्याप्रभावं विधिचोदितः । एकदा तापसेन्द्रं तं स प्रसाद्यान्वयाचत ॥ ४८
सत्यं कृपा चेद्भगवन्मयि ते शरणागते । तदेतां देहि मे विद्यां यत्प्रभावोऽयमीदृशः ॥ ४९
इति ब्रुवाणं निर्बन्धात्तं प्रत्याह स तापसः । असाध्या तव विद्येयं साध्यतेऽन्तर्जले ह्यसौ ॥ ५०
तत्र चैषा सृजत्याशु जपतः साधकस्य तत् । मायाजालं विमोहाय येन सिद्धिं न सोऽश्नुते ॥ ५१
स हि तत्र पुनर्जातं बालमात्मानमीक्षते । ततो युवानमुद्व्यूढदारं जातात्मजं तथा ॥ ५२
सुहृन्मेऽयमयं शत्रुरिति मिथ्या स मुह्यति । न च स्मरति जन्मेदं न विद्यासाधने क्रियाम् ॥ ५३
यस्तु त्रिरष्टवर्षः सन्गुरुविद्याप्रबोधितः । जन्म स्मृत्वा विदित्वा तद्धीरो मायाविजृम्भितम् ॥ ५४
तद्वशोऽप्यत्र कुरुते तथैवाग्निप्रवेशनम् । परमार्थं जलोत्तीर्णः सिद्धविद्यः स पश्यति ॥ ५५
अन्यस्य न परं विद्या शिष्यस्यैषा हि सिद्ध्यति । अस्थानार्पणतो यावद्गुरोरपि विनश्यति ॥ ५६
मत्सिद्ध्यैव फले सिद्धे किं ग्रहेणामुना तव । मत्सिद्धिहान्या मा जातु तवैतदपि नङ्क्ष्यति ॥ ५७
एवं तपस्विनोक्तेऽपि चन्द्रस्वामी ग्रहेण सः । शिक्ष्यामि सर्वं मा भूद्भश्चिन्तात्रेति तमब्रवीत् ॥ ५८
ततोऽसौ प्रतिपेदे तां विद्यां दातुं स तापसः । वताश्रितानुरोधेन किं न कुर्वन्ति साधवः ॥ ५९
ततो नीत्वा नदीतीरं स तं स्माह महाव्रती । वत्स विद्यां जपन्मायां यदा द्रक्ष्यसि तां तदा ॥ ६०
मायाग्निमेव प्रविशेर्विद्यया बोधितो मया । अहं च तावत्स्थास्यामि तवेहैव नदीतटे ॥ ६१
इत्युक्त्वाध्यापयामास तमाचान्तं शुचिं शुचिः । स चन्द्रस्वामिनं विद्यां सम्यक्तां व्रतिनां वरः ॥ ६२
ततस्तीरे स्थिते तस्मिन्गुरौ मूर्ध्ना प्रणम्य तम् । चन्द्रस्वामी स रभसान्नदीमवततार ताम् ॥ ६३
तस्यामन्तर्जले विद्यां तां जपन्सहसैव सः । तन्मायामोहितो मिथ्या सर्वं विस्मृत्य जन्म तत् ॥ ६४
वीक्षते यावदन्यस्यामुत्पन्नः स्वात्मना पुरि । पुत्रो विप्रस्य कस्यापि बुद्धिं स शनकैर्गतः ॥ ६५
कृतोपनयनोऽधीतविद्यो दारानवाप्य च । तद्दुःखसुखसंमूढः संपूर्णोऽपत्यवान्क्रमात् ॥ ६६
ततश्चात्र सुतस्नेहस्वीकृतस्तत्तदाचरत् । स्थितो बद्धरतिः सार्धं पितृभ्यां बन्धुभिस्तथा ॥ ६७
एवं जन्मान्तरं मिथ्या तस्यानुभवतोऽत्र सः । काले प्रबोधिनीं विद्यां गुरुः प्रायुङ्क्त तापसः ॥ ६८
स तद्विद्याप्रयोगेण सद्यस्तेन प्रबोधितः । स्मृत्वात्मानं गुरुं तं च मायाजालमवेत्य तत् ॥ ६९
उद्यतोऽग्निप्रवेशाय दिव्यासाध्यफलाप्तये । पर्यवारि निषेधद्भिर्वृद्धाप्तगुरुबन्धुभिः ॥ ७०
बहुधा बोध्यमानोऽपि तैर्दिव्यसुखलोलुपः । स सज्जितचितं प्रायान्नदीतीरं सबान्धवः ॥ ७१
दृष्ट्वात्र वृद्धौ पितरौ भार्यां च मरणोद्यताम् । क्रन्दन्ति बालापत्यानि सोऽथ मोहादचिन्तयत् ॥ ७२
कष्टं म्रियन्ते स्वजनाः सर्वे मे विशतोऽनलम् । न च जानामि किं सत्यं गुरोस्तद्वचनं न वा ॥ ७३
तत्किं नु प्रविशाम्यग्निमुत न प्रविशामि किम् । अथवा तत्कथं मिथ्या स्यात्संवादि गुरोर्वचः ॥ ७४
तद्विशाम्यनलं काममित्यन्तः प्रविमृश्य सः । अग्निप्रवेशं विदधे चन्द्रस्वामी किल द्विजः ॥ ७५
अनुभूतहिमस्पर्शो वह्नेश्च स सविस्मयः । शान्तमायो नदीतीरादुत्थायोपययौ तटम् ॥ ७६
तत्र स्थितं च दृष्ट्वा तं गुरुं नत्वा च पादयोः । पृच्छन्तं चाग्निशैत्यान्तं स्वमुदन्तमबोधयत् ॥ ७७
ततस्तं स गुरुः प्राह वत्स शङ्के कृतस्त्वया । अपचारोऽत्र शीतस्ते कथं जातोऽग्निरन्यथा ॥ ७८
अदृष्टमेतदेतस्या विद्यायाः साधने यतः । एतद्गुरोर्वचः श्रुत्वा चन्द्रस्वामी जगाद सः ॥ ७९
नापचारो मया कश्चिद्विहितो भगवन्निति । ततः स तद्गुरुर्विद्यां जिज्ञासुस्तां समस्मरत् ॥ ८०
न च साविरभूत्तस्य न तच्छिष्यस्य तस्य वा । नष्टविद्यावथोभौ तौ विषण्णौ जग्मतुस्ततः ॥ ८१

इत्याख्याय कथामथ वेतालः पृष्टवान्स तं भूयः ।
पृथ्वीपतिं त्रिविक्रमसेनं समयं निगद्य पूर्वोक्तम् ॥ ८२

राजन्संशयमेतं छिन्द्धि मम ब्रूहि हेतुना केन ।
विहितेऽपि यथोद्दिष्टे कर्मणि विद्योभयोस्तयोर्नष्टा ॥ ८३
एतत्स वेतालवचो निशम्य तं प्रत्यवोचन्मनुजेन्द्रवीरः ।
जाने भवान्मे क्षिपतीह कालं योगेश्वरैवं तदपि ब्रवीमि ॥ ८४
न दुष्करेणापि हि कर्मणैव शुद्धेन सिद्धिः पुरुषस्य लभ्या ।
यावन्न निष्कम्प्य विकल्पशुद्धं धीरं मनो निर्मलसत्त्ववृत्ति ॥ ८५
तस्यात्र मन्दस्य तु विप्रयूनश्चित्तं प्रबुध्यापि विकल्पते स्म ।
विद्या न सा तेन गतास्य सिद्धिरस्थानदानाच्च गुरोर्विनष्टा ॥ ८६
इति तस्य नृपस्य सृष्टवाचो बत वेतालवरोंऽसतः स भूयः ।
निजमेव पदं ययावलक्ष्यो नृपतिस्तं च तथैव सोऽन्वयासीत् ॥ ८७

इति महाकविश्रीसोमदेवभट्टविरचिते कथासरित्सागरे शशाङ्कवतीलम्बके पञ्चविंशस्तरङ्गः ।

षड्विंशस्तरङ्गः ।

(एकोनविंशो वेतालः)

अथ गत्वा पुनः स्कन्धे वेतालं शिंशपाद्रुमात् । स त्रिविक्रमसेनस्तं गृहीत्वोदचलन्नृपः ॥ १
आगच्छन्तं च तं भूयो वेतालः सोऽभ्यभाषत । राजञ्शृणु कथामेकां हृद्यां ते कथयाम्यहम् ॥ २
अस्ति वक्रोलकं नाम पुरं सुरपुरोपमम् । तस्मिन्सूर्यप्रभाख्योऽभूद्राजा जम्भारिसंनिभः ॥ ३
सौकर्योद्यततया मूर्त्या दत्तानन्दो वसुंधराम् । इमां हरिरिवोद्धृत्य यो बभार चिरं भुजे ॥ ४
भ्रूमासङ्गेऽश्रुसंपातः शृङ्गारे मारसंकथाः । द्वाःस्थेषु हेमदण्डाश्च राष्ट्रे यस्याभवन्प्रभोः ॥ ५
सर्वसंपत्समृद्धस्य तस्यैकाभूदनिर्वृतिः । नोदपद्यत यत्पुत्रो बहुष्वन्तःपुरेष्वपि ॥ ६
एतस्मिंश्च कथासंधौ ताम्रलिप्त्यां महापुरि । बभूव धनपालाख्यो धुर्यो धनवतां वणिक् ॥ ७
तस्य चाजायतैकैव नाम्ना धनवती सुता । विद्याधरी च्युता शापात्सौन्दर्येणैव सूचिता ॥ ८
तस्यां च यौवनस्थायां स वणिक्पञ्चतां ययौ । तद्धनं राजसानाथ्यादाक्रान्तमथ गोत्रजैः ॥ ९
ततो हिरण्यवत्याख्या वणिजस्तस्य गेहिनी । आदाय रत्नाभरणं निजमप्रकटस्थितम् ॥ १०
धनवत्या तया साकं स्वदुहित्रा निशामुखे । पलाय्य दायादभयाद्गृहाद्द्रुतं विनिर्ययौ ॥ ११
ध्वान्तेन बहिरन्तश्च सा दुःखेनान्धकारिता । कृच्छ्राद्बहिःपुरं प्रायात्सुताहस्तावलम्बिनी ॥ १२
तत्र संतमसे यान्ती विधियोगादलक्षितम् । अंसेनाताडयच्चोरं शूलाग्रारोपितस्थितम् ॥ १३
स सजीवस्तदंसाग्रघट्टनाधिकपीडितः । आः क्षते क्षारमेतन्मे क्षिप्तं केनेत्यभाषत ॥ १४
ततस्तत्रैव सा कोऽसीत्यपृच्छत्तं वणिग्वधूः । प्रत्युवाच ततश्चौरश्चौरोऽहमिह सूचितः ॥ १५
शूले पापस्य चाद्यापि नोत्क्रामन्ति ममासवः । तदार्ये त्वं मम ब्रूहि कासि क्वैवं प्रयासि च ॥ १६
तच्छ्रुत्वा तं वणिग्भार्या यावत्स्वोदन्तमाह सा । तावत्तिलकितं प्राच्या मुखमुद्भासितेन्दुना ॥ १७
ततो दिक्षु प्रकाशासु स चौरस्तां वणिक्सुताम् । दृष्ट्वा धनवतीं कन्यां तन्मातरमुवाच ताम् ॥ १८
शृणु मे प्रार्थनामेकां सहस्रं काञ्चनस्य ते । ददामि तदिमां मह्यं स्वसुतां देहि कन्यकाम् ॥ १९
किमेतया तवेत्युक्तो हसन्त्याथ तयात्र सः । पुनश्चौरोऽब्रवीन्नास्ति पुत्रो मम गतायुषः ॥ २०
न चापुत्रोऽश्नुते लोकांस्तदेषा यं मदाज्ञया । कुतश्चिज्जनयेत्पुत्रं क्षेत्रजः स भवेन्मम ॥ २१
इत्येतां प्रार्थये त्वं तु तद्विधत्स्व ममेप्सितम् । तच्छ्रुत्वा सा वणिग्योषिल्लोभात्तत्प्रत्यपद्यत ॥ २२
आनीय च कुतोऽप्यम्बु पाणौ चौरस्य तस्य सा । एषा सुता मया तुभ्यं कन्या दत्तेत्यपातयत् ॥ २३
सोऽपि तद्दुहितुर्दत्त्वयथोक्ताज्ञो जगाद ताम् । गच्छामुष्य वटस्याधः खात्वा स्वर्णं गृहाण तत् ॥ २४
गतासोर्दाहयित्वा मे देहं युक्त्या विसृज्य च । अस्थीनि तीर्थे ससुता गच्छेर्वक्रोलकं पुरम् ॥ २५

तत्र सूर्यप्रभे राज्ञि सौराज्यसुखिते जने । निरुपद्रवनिश्चिन्ता स्थास्यसि त्वं यथेच्छसि ॥ २६
इत्युक्त्वा तृषितः पीत्वा तयैवोपहृतं जलम् । शूलव्यथव्यथोत्क्रान्तजीवश्चौरो बभूव सः ॥ २७
ततो गत्वा वणिक्स्त्री सा स्वर्णं वटतरोस्तलात् । गृहीत्वा ससुता गुप्तमगाद्भर्तुसुहृद्गृहम् ॥ २८
तत्र स्थित्वा च युक्त्या तद्दाहयित्वा कलेवरम् । चौरस्य तस्य तीर्थेऽस्थिक्षेपादिकमकारयत् ॥ २९
अन्येद्युश्चात्तगुप्तार्था ततो निर्गत्य सात्मजा । प्रयान्ती क्रमशः प्राप सा तद्वक्रोलकं पुरम् ॥ ३०
तत्रैकं वसुदत्ताख्याद्गृहं क्रीत्वा वणिग्वरात् । तस्मिन्नुवास सुतया धनवत्या तया सह ॥ ३१
तदा च तत्रोपाध्यायो विष्णुस्वामीत्यभूत्पुरे । मनःस्वामीति तस्यासीच्छिष्यो विप्रोऽतिरूपवान् ॥ ३२
विद्याभिजनयुक्तोऽपि स यौवनवशीकृतः । तत्र हंसावलीं नाम वाञ्छति स्म विलासिनीम् ॥ ३३
सा च सौवर्णदीनारशतपञ्चकमग्रहीत् । भाटिं तस्य च तन्नाभूद्व्यथीदत्तेन सोऽन्वहम् ॥ ३४
एकदा च तमद्राक्षीत्तादृशं सा वणिक्सुता । क्षामाभिरामवपुषं धनवत्यत्र हर्म्यतः ॥ ३५
तद्रूपहृतचित्ता च भर्तुश्चौरस्य तस्य सा । स्मृत्वानुज्ञां समीपस्थां युक्त्यावोचत्स्वमातरम् ॥ ३६
अम्ब विप्रसुतस्यास्य पश्यैते रूपयौवने । कीदृशे बत विश्वस्य नयनामृतवर्षिणी ॥ ३७
एतच्छ्रुत्वैव तास्मिंस्तां बद्धभावामवेत्य च । तन्माता सा वणिग्भार्या मनस्येवमचिन्तयत् ॥ ३८
मद्दुहित्रानया तावद्वरणीयः सुतात्पये । कश्चिद्भर्त्राज्ञया तस्मादेष एवार्थ्यते न किम् ॥ ३९
इत्याकलय्य व्यसृजत्तत्संदिश्य मनीषितम् । रहस्यधारिणीं चेटीं तमानेतुं सुताकृते ॥ ४०
सा गत्वा विजने नीत्वा चेटी तस्मै शशंस तत् । स च श्रुत्वा द्विजयुवा व्यसनी तामभाषत ॥ ४१
यदि हंसावलीहेतोर्दीनारशतपञ्चकम् । सौवर्णं दीयते मह्यं तदेकामेमि यामिनीम् ॥ ४२
इति तेनोक्तया चेट्या तया गत्वा तथैव सा । उक्ता वणिक्स्त्री तस्मै तत्तद्धस्ते प्राहिणोद्धनम् ॥ ४३
तद्गृहीत्वा मनःस्वामी तत्पुत्र्या वासकं ययौ । तस्याः स तन्निसृष्टाया धनवत्याः सचेटिकः ॥ ४४
तत्र तां विततोत्कण्ठां कान्तां भूषितभूतलाम् । स चकोर इव ज्योत्स्नां ददर्श च जहर्ष च ॥ ४५
तया समं च नीत्वा तां रात्रिं संभोगलीलया । निर्गत्य स ततो गुप्तं ययौ प्रातर्यथागतम् ॥ ४६
सापि तस्माद्धनवती सगर्भाभूद्वणिक्सुता । काले च सुषुवे पुत्रं लक्षणानुमितायतिम् ॥ ४७
परितुष्टां तदा तां च सुतोत्पत्त्या समातृकाम् । आदिदेश हरः स्वप्ने दर्शितस्ववपुर्निशि ॥ ४८
युक्तं हेमसहस्रेण नीत्वा बालमुपस्थमुम् । सूर्यप्रभनृपस्येह मञ्चस्थं द्वारि मुञ्चतम् ॥ ४९
एवं स्यात्क्षेममित्युक्ता शूलिना सा वणिक्सुता । तन्माता च प्रबुद्धैतं स्वप्नमन्योन्यमूचतुः ॥ ५०
नीत्वा च तं तत्यजतुर्भगवत्प्रत्ययाच्छिशुम् । राज्ञः सूर्यप्रभस्यास्य सिंहद्वारे सहेमकम् ॥ ५१
तावच्च तमपि स्वप्ने सुतचिन्तातुरं सदा । तत्र सूर्यप्रभं भूपमादिदेश वृषध्वजः ॥ ५२
उत्तिष्ठ राजन्बालस्ते सिंहद्वारे सकाञ्चनः । केनापि स्थापितो भव्यो मञ्चकस्थं गृहाण तम् ॥ ५३
इत्युक्तः शंभुना प्रातः प्रबुद्धोऽपि तथैव सः । द्वाःस्थैः प्रविश्य विज्ञप्तो निर्ययौ नृपतिः स्वयम् ॥ ५४
दृष्ट्वा च सिंहद्वारे तं बालं सकनकोत्करम् । रेखाच्छत्रध्वजाद्यङ्कपाणिपादं शुभाकृतिम् ॥ ५५
दत्तो ममोचितः पुत्रः शंभुनायमिति ब्रुवन् । स्वयं गृहीत्वा बाहुभ्यां राजधानीं विवेश सः ॥ ५६
चकार चोत्सवं तावदसंख्यातं ददद्वसु । दरिद्रशब्दस्यैकस्य यावदासीन्निरर्थता ॥ ५७
नृत्तवाद्यादिभिर्नीत्वा द्वादशाहं ततः स तम् । पुत्रं चन्द्रप्रभं नाम्ना चक्रे सूर्यप्रभो नृपः ॥ ५८
ववृधे राजपुत्रोऽत्र सोऽथ चन्द्रप्रभः क्रमात् । वपुषेव गुणौघेनाप्याश्रितानन्ददायिना ॥ ५९
शनैर्युवा च संजज्ञे शौर्यौदार्यश्रुतादिभिः । आवर्जितप्रकृतिकः क्ष्माभारोद्वहनक्षमः ॥ ६०
तादृशं च ततो दृष्ट्वा तं स सूर्यप्रभः पिता । राज्येऽभिषिच्यैव कृती वृद्धो वाराणसीं ययौ ॥ ६१
पृथ्वीं शासति तस्मिंश्च तनये नयशालिनि । स राजा तत्र तत्याज चरंस्तीव्रतपस्तनुम् ॥ ६२
बुद्ध्वा पितृविपत्तिं तामनुशोच्य कृतक्रियः । सोऽथ चन्द्रप्रभो राजा सचिवान्धार्मिकोऽब्रवीत् ॥ ६३
तातस्य तावत्केनाहमनृणो भवितुं क्षमः । तथाप्येकां स्वहस्तेन ददाम्येतस्य निष्कृतिम् ॥ ६४
नीत्वा क्षिपामि गङ्गायामस्थीन्यस्य यथाविधि । गत्वा सर्वपितृभ्यश्च गयां पिण्डं ददाम्यहम् ॥ ६५

प्रसङ्गात्तीर्थयात्रां च करोम्यापूर्वसागरम् । इत्युक्तवन्तं राजानं मन्त्रिणस्तं व्यजिज्ञपन् ॥ ६६
न देव युज्यते कर्तुमेतद्राज्ञः कथंचन । नहि राज्यं बहुच्छिद्रं क्षणं तिष्ठत्यरक्षितम् ॥ ६७
तदेषा परहस्तेन कार्या ते पितृपक्रिया । स्वधर्मपालनादन्या तीर्थयात्रा च का तव ॥ ६८
बह्वपायं क्व पान्थत्वं नित्यगुप्ताः क्व पार्थिवाः । इति मन्त्रिवचः श्रुत्वा राजा चन्द्रप्रभोऽब्रवीत् ॥ ६९
अलं विकल्पैः पित्रर्थे गन्तव्यं निश्चितं मया । द्रष्टव्यानि च तीर्थानि यावन्मे क्षमते वयः ॥ ७०
पश्चात्को वेत्ति किं भावि शरीरे क्षणनश्वरे । राज्यं चागमनं यावद्रक्ष्यं युष्माभिरेव मे ॥ ७१
श्रुत्वैतं निश्चयं राज्ञस्तूष्णीमासत मन्त्रिणः । ततः प्रयाणसंभारं सज्जीचक्रे स भूपतिः ॥ ७२
अथाह्नि स शुभे स्नातो हुताग्निः पूजितद्विजः । सुयुक्तं रथमास्थाय प्रयतः शान्तवेषभृत् ॥ ७३
सामन्तान्राजपुत्रांश्च पौराञ्जनपदानपि । निवर्त्यानिच्छतः कृच्छ्रादासीमान्तानुयायिनः ॥ ७४
ब्राह्मणैर्वाहनारूढैः समं स सपुरोहितः । प्रतस्थे सचिवन्यस्तराज्यश्चन्द्रप्रभो नृपः ॥ ७५
विचित्रवेषभाषादिविलोकनविनोदितः । पश्यन्नानाविधान्देशान्क्रमात्प्राप च जाह्नवीम् ॥ ७६
ददर्श तां च जन्तूनां जलकल्लोलपङ्क्तिभिः । त्रिदिवारोहसोपानपद्धतिं सृजतीमिव ॥ ७७
हिमवत्प्रभवां शंभोः कृतक्रीडाकचग्रहाम् । बिभ्रतीं चाम्बिकालीलां देवर्षिगणवन्दिताम् ॥ ७८
रथावतीर्णस्तस्यां च कृतस्नानो यथाविधि । चिक्षेपास्थीनि भूपस्य तस्य सूर्यप्रभस्य सः ॥ ७९
दत्तदानः कृतश्राद्धो रथारूढस्ततोऽपि च । प्रस्थितः क्रमशः प्राप प्रयागमृषिसंस्तुतम् ॥ ८०
यत्रार्चिराद्यधूमादिमार्गाविव समागतौ । गङ्गायमुनयोर्वाहौ भातः सुगतये नृणाम् ॥ ८१
तत्रोपोष्य कृतस्नानदानश्राद्धादिसत्क्रियः । वाराणसीं जगामाथ स चन्द्रप्रभभूपतिः ॥ ८२
एत मोक्षं प्रयातेति वदन्त्यामिव दूरतः । वाताक्षिप्तसमुत्क्षिप्तैः सुरसद्मध्वजांशुकैः ॥ ८३
तस्यां दिनान्युपोष्य त्रीण्यभ्यर्च्याथ वृषध्वजम् । भोगैर्निजोचितैस्तैस्तैः प्रययौ स गयां प्रति ॥ ८४
ततः फलौघनमितैर्मञ्जुगुञ्जद्विहङ्गमैः । पदे पदे सप्रणामं स्तूयमान इवाङ्घ्रिपैः ॥ ८५
विक्षिप्तवन्यकुसुमैरर्च्यमान इवानिलैः । नानारण्यान्यतिक्रम्य पुण्यं प्राप गयाशिरः ॥ ८६
विधाय तत्र च श्राद्धं विधिवद्भूरिदक्षिणम् । चन्द्रप्रभः स राजात्र धर्मारण्यमुपेयिवान् ॥ ८७
गयाकूपेऽस्य ददतः पितुः पिण्डं तदन्तरात् । समुत्तस्थुस्तमादातुं त्रयो मानुषपाणयः ॥ ८८
तद्दृष्ट्वैव स विभ्रान्तः किमेतदिति पार्थिवः । कस्मिन्हस्ते क्षिपे पिण्डमित्यपृच्छन्निजान्द्विजान् ॥ ८९
ते तमूचुरयं तावदेकश्चौरस्य निश्चितम् । हस्तो लोहमयः शङ्कुर्यस्मिन्देवैष दृश्यते ॥ ९०
द्वितीयो ब्राह्मणस्यायं करो धृतपवित्रकः । राज्ञः पाणिस्तृतीयोऽयं साङ्गुलीयः सुलक्षणः ॥ ९१
तत्र विद्मः क्व पिण्डोऽयं निक्षेप्यः किमिदं भवेत् । इत्युक्तस्तैर्द्विजैः सोऽत्र राजा लेभे न निश्चयम् ॥ ९२
इत्याख्याय कथाश्चर्यं वेतालोंऽसस्थितस्तदा । स त्रिविक्रमसेनं तं जगाद नृपतिं पुनः ॥ ९३
तत्कस्य हस्ते देयः स्यात्स पिण्ड इति वक्तु मे । भवांस्तावत्स एवात्र प्राक्तनः समयश्च ते ॥ ९४
इति वेतालतः श्रुत्वा मुक्तमौनः स भूपतिः । तं त्रिविक्रमसेनोऽत्र धर्मज्ञः प्रत्यभाषत ॥ ९५
चौरस्य हस्ते दातव्यः स पिण्डः क्षेत्रजो यतः । चन्द्रप्रभः स नृपतिः पुत्रस्तस्यैव नान्ययोः ॥ ९६
विप्रस्य जनकस्यापि स हि पुत्रो न बुध्यते । विक्रीतो हि धनेनात्मा तामेकां तेन यामिनीम् ॥ ९७
राज्ञः सूर्यप्रभस्यापि संस्कारादानवर्धनैः । भवेत्स पुत्रो न स्याच्चेत्स्वधनं तस्य तत्कृते ॥ ९८
शिशोस्तस्य हि शीर्षान्ते मञ्चस्थस्यैव हेम यत् । न्यस्तमासीत्तदेवास्य मूल्यं संवर्धनादिके ॥ ९९
तस्माद्धस्तोदकप्राप्ता तन्माता यस्य येन सा । आज्ञा तज्जनने दत्ता यस्य तन्निखिलं धनम् ॥ १००
तस्य स क्षेत्रजः पुत्रश्चौरस्यैव महीपतिः । पिण्डस्तस्यैव हस्ते च देयस्तेनेति मे मतिः ॥ १०१

इत्युक्तवतो नृपतेस्तस्यांसात्स्वपदमेव वेतालः ।
प्रययौ स च त्रिविक्रमसेनो राजा तमन्वयाद्भूयः ॥ १०२

इति महाकविश्रीसोमदेवभट्टविरचिते कथासरित्सागरे शशाङ्कवतीलम्बके षड्विंशस्तरङ्गः ।

सप्तविंशस्तरङ्गः ।

(विंशो वेतालः ।)

ततो गत्वा गृहीत्वांसे वेतालं शिंशपातरोः । स त्रिविक्रमसेनस्तमुच्चचाल पुनर्नृपः ॥ १
मौनेन प्रस्थितं तं च वेतालोऽसावुवाच सः । राजन्कस्तेऽनुबन्धोऽयं गच्छ रात्रिसुखं भज ॥ २
न युक्तं तव नेतुं मां कुभिक्षोस्तस्य गोचरम् । ग्रहो वा तत्र चेदस्तु कथामेकामिमां शृणु ॥ ३
अस्ति स्वरेखानुत्क्रान्तवर्णभेदव्यवस्थिति । नगरं चित्रकूटाख्यं बिभ्राणं सत्यनामताम् ॥ ४
तत्रामृतरसासारवर्षी प्रणयिचक्षुषाम् । चन्द्रावलोक इत्यासीद्राजा राजशिखामणिः ॥ ५
आलानं शौर्यकरिणस्त्यागस्योत्पत्तिकेतनम् । विलासवेश्म रूपस्य शशंसुर्यं विचक्षणाः ॥ ६
सतीषु सर्वसंपत्सु यन्न प्राप निजोचिताम् । भार्यां सैका परं चिन्ता यूनस्तस्याभवद्धृदि ॥ ७
एकदा च तदुद्वेगविनोदाय महाटवीम् । जगामाश्वीयसहितो मृगयायै स भूपतिः ॥ ८
तत्र सूकरवृन्दानि भिन्दन्बाणैर्निरन्तरैः । श्यामलाम्बररोचिष्णुस्तमांसीव रविः करैः ॥ ९
शाययञ्शरशय्यासु सिंहान्समरदुर्मदान् । मूर्धजैर्धवलैर्भीष्मानर्जुनाधिकविक्रमः ॥ १०
विपक्षीकृत्य शरभान्पातयन्पर्वतोपमान् । दम्भोलिकर्कशप्रासपातैर्जम्भारिविक्रमः ॥ ११
रसाद्विविक्षुः स नृपो वनाभ्यन्तरमेककः । तीव्रपार्ष्णिप्रहारेण प्रेरयामास वाजिनम् ॥ १२
स वाजी तेन च कशाघातेनोत्तेजितो भृशम् । पार्ष्णिघातेन विषमं समं चागणयन्क्षणात् ॥ १३
वनान्तरं ततोऽनैषीद्वाताधिकजवो नृपम् । मोहितेन्द्रियवृत्तिं तं व्यतीत्य दशयोजनीम् ॥ १४
तत्र तस्मिन्स्थिते वाहे राजा दिङ्मोहमेत्य सः । भ्रमञ्श्रान्तो ददर्शैकमारात्सुविपुलं सरः ॥ १५
मारुतेनाभिमुख्येन नमितोन्नमितैर्मुहुः । इत एहीति हस्ताभैः संज्ञां कुर्वदिवाम्बुजैः ॥ १६
तत्र गत्वा च तुरगं विपर्याणोपवर्तितम् । स्नातपीतं तरुच्छायबद्धं दत्ततृणोत्करम् ॥ १७
कृत्वा स्वयं कृतस्नानः पीताम्बुर्गलितश्रमः । रम्येषु तत्प्रदेशेषु ददौ दृष्टिमितस्ततः ॥ १८
एकत्र चाशोकतरोरधस्तान्मुनिकन्यकाम् । आमुक्तपुष्पाभरणां वल्कलांशुकशोभिनीम् ॥ १९
मुग्धबद्धजटाजूटसविशेषमनोरमाम् । सखीद्वितीयामाश्चर्यरूपां राजा ददर्श सः ॥ २०
अचिन्तयच्च पुष्पेषोः पतितः शरगोचरे । केयं स्यात्सरसि स्नातुं सावित्री किंस्विदागता ॥ २१
किं हरस्याङ्कविभ्रष्टा गौरी भूयः श्रिता तपः । अह्न्यस्तंगतस्येन्दोः कान्तिः किं वा धृतव्रता ॥ २२
तदेतामुपसृत्येह शनैरुपलभे वरम् । इत्यालोच्य ययौ तस्याः कन्यायाः सोऽन्तिकं नृपः ॥ २३
सापि दृष्ट्वा तमायान्तं तद्रूपाकुलितेक्षणा । पूर्वप्रारब्धपुष्पस्रक्सन्नहस्ता व्यचिन्तयत् ॥ २४
कोऽयमीदृगरण्येऽस्मिन्सिद्धो विद्याधरो नु किम् । यतास्य रूपं विश्वस्य कृतार्थीकरणं दृशोः ॥ २५
एवं वितर्क्य पश्यन्ती तिर्यक्तं त्रपया ततः । उत्थाय सोरुस्तम्भापि गन्तुं प्रावर्ततैव सा ॥ २६
अथोपेत्य स राजा तामेवं नागरिकोऽब्रवीत् । आस्तां प्रथमदृष्टस्य दर्शनैकफलार्थिनः ॥ २७
जनस्य दूरायातस्य सुन्दरि स्वागतादिकम् । कोऽयं त्वाश्रमिणां धर्मो यदेतस्मात्पलाय्यते ॥ २८
इत्युक्ते भूभुजा तस्याः सखी तद्वद्विचक्षणा । तत्रोपवेश्य नृपतेश्चकारातिथ्यसत्क्रियाम् ॥ २९
अथ सप्रणयं राजा तां स पप्रच्छ सोत्सुकः । भद्रे कः पुण्यवान्वंशस्त्वत्सख्यालंकृतोऽनया ॥ ३०
कानि श्रोत्रामृतस्यन्दीन्यस्या नामाक्षराणि च । किं चैवमनया पुष्पसुकुमारमिदं वपुः ॥ ३१
तापसोचितया वृत्त्या विजनेऽस्मिन्कदर्थ्यते । इति राज्ञो वचः श्रुत्वा तत्सखी प्रत्युवाच सा ॥ ३२
एषा महर्षेः कण्वस्य दुहिता वर्धिताश्रमे । मेनकासंभवा कन्या नाम्ना चेन्दीवरप्रभा ॥ ३३
इहास्मिन्सरसि स्नातुमागतानुज्ञया पितुः । इतोऽत्र नातिदूरेऽस्ति तस्यैतत्पितुराश्रमः ॥ ३४
इत्युक्तः स तया हृष्टो राजारुह्य तुरङ्गमम् । याचितुं तां सुतां तस्य कण्वर्षेराश्रमं ययौ ॥ ३५
विवेश च विनीतस्तं बहिः स्थापितवाहनः । जटावल्कलिभिः पूर्णं पादपैरिव तापसैः ॥ ३६
तन्मध्ये च तमद्राक्षीदृषिभिः परिवारितम् । तेजसाह्लादनं कण्वमुनिं चन्द्रमिव ग्रहैः ॥ ३७

उपेत्य पादयोस्तं च ववन्दे सोऽपि तं मुनिः । कल्पितातिथ्यविश्रान्तं ज्ञानी क्षिप्रादभाषत ॥ ३८
वत्स चन्द्रावलोकैतच्छृणु यद्वच्मि ते हितम् । जानासि यादृक्संसारे प्राणिनां मृत्युतो भयम् ॥ ३९
तन्निष्कारणमेवैतान्वराकान्हंसि किं मृगान् । शस्त्रं हि भीतरक्षार्थं धात्रा क्षत्रस्य निर्मितम् ॥ ४०
तत्प्रजा रक्ष धर्मेण समुन्मूलय कण्टकान् । हस्त्यश्वास्त्रादियोग्याभिश्चललक्ष्यादि[1] साधय ॥ ४१
भुङ्क्ष्व राज्यसुखं देहि धनं दिक्षु यशः किर । कृतान्तक्रीडितं हिंस्रं मृगयाव्यसनं त्यज ॥ ४२
हन्तुर्वध्यस्य चान्यस्य यत्र तुल्या प्रमादिता । किं तेन बह्वनर्थेन पाण्डोर्वृत्तं न किं श्रुतम् ॥ ४३
एतत्कण्वमुनेर्वाक्यं श्रुत्वा समभिनन्द्य च । राजा चन्द्रावलोकस्तमर्थज्ञः प्रत्यभाषत ॥ ४४
अनुशिष्टोऽस्मि भगवन्कृतो मेऽनुग्रहः परः । मृगयाया निवृत्तोऽहं प्राणिनः सन्तु निर्भयाः ॥ ४५
तच्छ्रुत्वोवाच स मुनिस्तुष्टोऽहममुना तव । प्राणिष्वभयदानेन तद्वृणीष्वेप्सितं वरम् ॥ ४६
इत्युक्तस्तेन मुनिना कालज्ञः स नृपोऽभ्यधात् । तुष्टोऽसि चेत्सुतां देहि मह्यमिन्दीवरप्रभाम् ॥ ४७
इत्यर्थितवते सोऽस्मै राज्ञे स्नानगतां मुनिः । अप्सरःसंभवां कन्यां तां ददावनुरूपिकाम् ॥ ४८
ततः कृतविवाहस्तां मुनिभार्याप्रसाधिताम् । कृतानुयात्रामुद्बाष्पैस्तापसैरा निजाश्रमात् ॥ ४९
इन्दीवरप्रभां भार्यामादायारुह्य वाजिनम् । चन्द्रावलोकस्तरसा प्रतस्थे स ततो नृपः ॥ ५०
गच्छतश्चास्य विततं दृष्ट्वा तद्दिनचेष्टितम् । रविः खिन्न इवास्ताद्रिमस्तके समुपाविशत् ॥ ५१
ददृशे मृगनेत्रा च क्रमादुद्रिक्तमन्मथा । ध्वान्तनीलपटच्छन्नरूपा रात्र्यभिसारिका ॥ ५२
तस्मिन्काले पथि प्राप स राजाश्वत्थपादपम् । सज्जनाशयसुस्वच्छवापीजलतटस्थितम् ॥ ५३
शाखापत्रौघसंछन्नशाद्वलश्यामलस्थलम् । दृष्ट्वा च तं वसामीह रात्रिमित्यकरोद्धृदि ॥ ५४
ततोऽवतीर्य तुरगाद्दत्त्वा तस्मै तृणोदकम् । विश्रम्य पुलिने वाप्या उपयुक्ताम्बुमारुतः ॥ ५५
मुनिपुत्रिकया सार्धं तया तस्य तरोस्तले । प्रियया पुष्पशय्यायां संविवेश स भूपतिः ॥ ५६
तत्क्षणं च समाक्रम्य तिमिरांशुकहारिणा । सरागमाननं प्राच्याश्चुचुम्बे शशलक्ष्मणा ॥ ५७
विरेजुश्चन्द्रकिरणैः समाश्लिष्य प्रसारिताः । वीतमानावकाशाश्चाशेषा वितमसो दिशः ॥ ५८
अत्रान्तरे लतागुल्मविवरप्रसृतैः करैः । ऐन्दवै रत्नदीपाभैस्तरुमूले विभासिते ॥ ५९
सोऽपि राजा सिषेवे तामाश्लिष्येन्दीवरप्रभाम् । नवसंगमसोत्कण्ठसरसं सुरतोत्सवम् ॥ ६०
विस्रंसयामास शनैर्नीवीं तस्यास्त्रपामिव । अखण्डयच्च दशनैर्मुग्धभावमिवाधरम् ॥ ६१
रचयामास कुचयोर्यौवनद्विपकुम्भयोः । करजक्षतसद्रत्ननवनक्षत्रमालिकाम् ॥ ६२
मुखं कपोलौ नयने मुहुः परिचुचुम्ब च । लावण्यामृतनिःष्यन्दमापिबन्निव सर्वतः ॥ ६३
इत्थं निधुवनक्रीडासुखेन स तया सह । निनाय कान्तया तत्र राजा क्षणमिव क्षपाम् ॥ ६४
प्रातश्च मुक्तशयनः सांध्यस्यानन्तरं विधेः । स्वसैन्यावाप्तये यातुमुन्मुखोऽभूद्वधूसखः ॥ ६५
तावच्च नक्तं लुप्ताब्जखण्डशोभं निशापतिम् । भियेवास्ताद्रिकुहरप्रलीनं ध्वस्ततेजसम् ॥ ६६
हन्तुकाम इव क्रोधादाताम्रतररोचिषि । प्रसारितकरोत्क्षिप्तमण्डलाग्रे विवस्वति ॥ ६७
अकस्मादाजगामात्र विद्युत्पिङ्गशिरोरुहः । कज्जलश्यामलः कालमेघाभो ब्रह्मराक्षसः ॥ ६८
अन्त्रमालाकृतोत्तंसः केशयज्ञोपवीतभृत् । खादन्नरशिरोमांसं कपालेन पिबन्नसृक् ॥ ६९
सोऽट्टहासं विमुच्योग्रं मुखेनाग्निं वमन्क्रुधा । दंष्ट्राकरालो राजानं भर्त्सयन्निजगाद तम् ॥ ७०
पाप ज्वालामुखं नाम विद्धि मां ब्रह्मराक्षसम् । निवासश्चैष मेऽश्वत्थो देवैरपि न लङ्घ्यते ॥ ७१
सोऽयं त्वया समाक्रम्य परिभुक्तः स्त्रिया सह । रात्रिचर्यागतस्याद्य तद्भुङ्क्ष्वाविनयात्फलम् ॥ ७२
एषोऽहं ते दुराचार कामोपहतचेतसः । उत्पाट्य हृदयं भोक्ष्ये पास्याम्येव च शोणितम् ॥ ७३
तच्छ्रुत्वैव तथा घोरं तमवध्यमवेक्ष्य च । त्रस्ताङ्गनः सविनयं भयात्प्रत्यब्रवीन्नृपः ॥ ७४
अजानतापराद्धं यन्मया ते तत्क्षमस्व मे । तवाहमाश्रमे ह्यस्मिन्नतिथिः शरणाश्रितः ॥ ७५

१ योग्या अभ्यासः.

दास्यामि चेप्सितं तुभ्यमानीय पुरुषं पशुम्। येन ते भविता तृप्तिस्तत्प्रसीद क्रुधं त्यज ॥ ७६
इति राज्ञो वचः श्रुत्वा शान्तः स ब्रह्मराक्षसः। अस्तु को दोष इत्यन्तर्विचिन्त्यैवमभाषत ॥ ७७
यः सप्तवर्षदेश्योऽपि महासत्त्वो विवेकवान्। त्वदर्थे स्वेच्छयात्मानं दद्याद्ब्राह्मणपुत्रकः ॥ ७८
हन्यमानं च यं माता हस्तयोः पादयोः पिता। अवष्टभ्यातिसुदृढं संनिवेश्य महीतले ॥ ७९
तादृशं पुरुषं मह्यमुपहारीकरोषि चेत्। स्वयं खड्गप्रहारेण हत्वा सप्तदिनान्तरे ॥ ८०
तत्ते क्षमिष्ये न्यक्कारमन्यथा तु महीपते। सद्यो विनाशयिष्यामि त्वामहं सपरिच्छदम् ॥ ८१
श्रुत्वैतत्स भयाद्राजा प्रतिपेदे तथेति तत्। तिरोबभूव च ब्रह्मराक्षसः सोऽपि तत्क्षणम् ॥ ८२
अथ चन्द्रावलोकोऽसौ राजा सेन्दीवरप्रभः। हयारूढस्ततः प्रायात्सैन्यं चिन्वन्सुदुर्मनाः ॥ ८३
अहो अहं मृगयया मदनेन च मोहितः। गतः पाण्डुरिवाकाण्डे विनाशं बत बालिशः ॥ ८४
प्राप्यते ह्युपहारोऽस्य राक्षसस्तादृशः कुतः। तन्निजं नगरं तावद्यामि पश्यामि भावि किम् ॥ ८५
इति ध्यायन्स च प्राप स्वसैन्यं चिन्वदागतम्। तद्युक्तश्च सदारः स्वं चित्रकूटमगात्पुरम् ॥ ८६
तत्र तस्योचितां भार्याप्राप्तिं वीक्ष्य कृतोत्सवे। राष्ट्रेऽन्तर्गतदुःखस्य दिनशेषो जगाम सः ॥ ८७
द्वितीयेऽह्नि रहः सर्वं स्ववृत्तान्तं शशंस सः। मन्त्रिभ्यस्तेषु चैकस्तं मन्त्री सुमतिरब्रवीत् ॥ ८८
विषादो देव ते मा भूदुपहारं हि तादृशम्। आनेष्याम्यहमन्विष्य बह्वाश्चर्या हि मेदिनी ॥ ८९
एवमाश्वास्य राजानं स सौवर्णीमकारयत्। मन्त्री सप्ताब्ददेशीयबालकप्रतिमां द्रुतम् ॥ ९०
रत्नैरलंकृतां तां च कृत्वा कर्णीरथार्पिताम्। भ्रामयामास नगरग्रामघोषेष्वितस्ततः ॥ ९१
यः सप्तवर्षदेशीयः स्वेच्छया विप्रपुत्रकः। ददाति सर्वसत्त्वार्थमात्मानं ब्रह्मरक्षसे ॥ ९२
उपहाराय सत्त्वस्थो मातापित्रोरनुज्ञया। हन्यमानश्च यस्ताभ्यां हस्तपादे प्रगृह्यते ॥ ९३
तस्मै ग्रामशतोपेतां हेमरत्नमयीमिमाम्। ददाति प्रतिमां राजा पित्रोरुपचिकीर्षवे ॥ ९४
इति च भ्राम्यमाणायास्तस्याः प्रतिकृतेः शिशोः। पटहोद्घोषणां मन्त्री सोऽग्रेऽजस्रमदापयत् ॥ ९५
तावच्छ्रुत्वा तदेकस्मिन्नग्रहारे द्विजार्भकः। कोऽपि सप्ताब्ददेशीयोऽप्यतिधीरोऽद्भुताकृतिः ॥ ९६
पूर्वाभ्यासेन बाल्येऽपि सदा परहिते रतः। प्रजापुण्यपरीपाक इव साकारतां गतः ॥ ९७
उवाचोद्घोषकानेत्य युष्मदर्थे ददाम्यहम्। आत्मानं पितरौ गत्वा बोधयित्वाभ्युपैमि च ॥ ९८
इत्यूचिवांस्तान्मुदितान्स बालोऽनुमतश्च तैः। गत्वा गृहं जगाद स्वौ पितरौ रचिताञ्जलिः ॥ ९९
ददामि सर्वसत्त्वार्थं देहमेतं विनश्वरम्। तन्मामभ्यनुजानीतं हर्तुं चापदमात्मनः ॥ १००
आत्मप्रतिकृतिं ह्येतां गृहीत्वा वितरामि वाम्। हेमरत्नमयीं राज्ञा दत्तां ग्रामशतान्विताम् ॥ १०१
एवं मे युष्मदानृण्यं परार्थश्चैव सिद्ध्यति। युवां च ध्वस्तदारिद्र्यौ बहून्पुत्रानवाप्स्यथः ॥ १०२
इत्युक्तवन्तं सहसा पितरौ तौ तमूचतुः। किमेतद्भाषसे पुत्र वातेन क्षुभितोऽसि किम् ॥ १०३
किं वा ग्रहगृहीतोऽसि प्रलपस्यन्यथा कथम्। को ह्यर्थैर्घातयेत्पुत्रं देहं दद्याच्च कः शिशुः ॥ १०४
एतत्पित्रोर्वचः श्रुत्वा बालः पुनरुवाच सः। न बुद्धिमोहाज्जल्पामि शृणुतं मेऽर्थवद्वचः ॥ १०५
अवाच्याशुचिसंपूर्णमुत्पत्त्यैव सुगुप्सितम्। दुःखक्षेत्रं विनाश्येव शरीरमचिरादिदम् ॥ १०६
तदेतेनाल्पसारेण सुकृतं यदुपार्ज्यते। तदेव सारं संसारे कृतबुद्धिभिरुच्यते ॥ १०७
सर्वभूतोपकाराच्च किमन्यत्सुकृतं परम्। तत्रापि पित्रोर्भक्तिश्चेत्किं देहाद्दृश्यते फलम् ॥ १०८
इत्यादिवाक्यैः स शिशुः शोचन्तौ दृढनिश्चयः। तावङ्गीकारयामास पितरौ स्वमनीषितम् ॥ १०९
गत्वा च राजभृत्येभ्यः प्रतिमां तां हिरण्मयीम्। आनीय प्रददौ ताभ्यां सग्रामशतशासनाम् ॥ ११०
ततः कृत्वाग्रतो राजभृत्यांस्तानेव स द्रुतम्। पितृभ्यामन्वितः प्रायाच्चित्रकूटं नृपान्तिकम् ॥ १११
तत्र चन्द्रावलोकस्तं वीक्ष्याखण्डिततेजसम्। रक्षारत्नमिव प्राप्तं बालं राजा ननन्द सः ॥ ११२
आरोप्य गजपृष्ठं च रचितस्रग्विलेपनम्। निनाय तं सपितृकं केतनं ब्रह्मरक्षसः ॥ ११३
तत्र मण्डलमालिख्य तस्याश्वत्थस्य पार्श्वतः। विहितोचितपूजेन हुते वह्नौ पुरोधसा ॥ ११४

आविर्बभूव मुक्ताट्टहासः सोऽध्ययनं पठन् । घूर्णन्रक्तासवक्षीबो जृम्भमाणो मुहुः श्वसन् ॥ ११५
ज्वलन्नेत्रो दिशः कुर्वन्देहच्छायान्धकारिताः । ज्वालामुखो महारौद्रदर्शनो ब्रह्मराक्षसः ॥ ११६
ततश्चन्द्रावलोकस्तं दृष्ट्वा प्रह्वोऽब्रवीन्नृपः । नरोपहारो भगवन्नानीतः स मया तव ॥ ११७
सप्तमो दिवसश्चाद्य प्रतिज्ञातस्य सोऽस्य ते । तत्प्रसीद गृहाणैतमुपहारं यथाविधि ॥ ११८
इति राज्ञार्थितो विप्रकुमारं ब्रह्मराक्षसः । स तमालोकयामास जिह्वया सृक्किणी लिहन् ॥ ११९
तत्क्षणं स महासत्त्वो बालो हृष्यन्नचिन्तयत् । स्वदेहदानेनानेन सुकृतं यन्मयार्जितम् ॥ १२०
तेन मा भून्मम स्वर्गो मोक्षो वा निरुपक्रियः । भूयात्तु मे परार्थाय देहो जन्मनि जन्मनि ॥ १२१
इति संकल्पयत्येव तस्मिन्नापूर्यत क्षणात् । विमानैः सुरसंघानां पुष्पवृष्टिमुचां नभः ॥ १२२
अथाग्रे प्रापितं तस्य बालं तं ब्रह्मरक्षसः । माता जग्राह करयोः पिता चरणयोस्तथा ॥ १२३
ततो यावत्तमाकृष्टखड्गो राजा जिघांसति । तावज्जहास स शिशुस्तथा सर्वेऽत्र ते यथा ॥ १२४
सब्रह्मराक्षसास्त्यक्त्वा स्वं स्वं कर्म सविस्मयाः । रचिताञ्जलयः प्रह्वास्तन्मुखप्रेक्षिणोऽभवन् ॥ १२५
इति व्याख्याय वेतालो विचित्रसरसां कथाम् । तं त्रिविक्रमसेनं स निजगाद नृपं पुनः ॥ १२६
तद्ब्रूहि राजन्को हेतुर्येन हसितं तदा । बालेनैतादृशेऽप्यस्मिन्प्राणान्तसमयेऽप्यहो ॥ १२७
कौतुकं च महन्मेऽत्र तदेतच्चेन्न वक्ष्यसि । जानानोऽपि ततो मूर्धा शतधा ते स्फुटिष्यति ॥ १२८
इति वेतालतः श्रुत्वा स राजा प्रत्युवाच तम् । शृणु योऽभूदभिप्रायो हासे तस्य शिशोस्तदा ॥ १२९
यो नाम दुर्बलो जन्तुः स भये प्रत्युपस्थिते । क्रन्दति प्राणहेतोः स्वं पितरं मातरं तथा ॥ १३०
तदपाये च राजानमार्तत्राणाय निर्मितम् । तदलाभेऽपि यद्यत्र यथासंभवि दैवतम् ॥ १३१
तस्य त्वेकस्थमप्येतत्सर्वं संजातमन्यथा । पितृभ्यां हस्तपादं हि रुद्धं तस्यार्थतृष्णया ॥ १३२
राजा च त्रातुमात्मानं स्वयं तं हन्तुमुद्यतः । दैवतं तत्र यद्ब्रह्मरक्षस्तत्तस्य भक्षकम् ॥ १३३
अध्रुवस्यान्तविरसस्याधिव्याधिक्षतस्य च । देहस्यार्थे विमूढानां तेषामीदृग्विडम्बना ॥ १३४
ब्रह्मेन्द्रविष्णुरुद्राद्या यत्रावश्यं विनाशिनः । तत्रैषामीदृशी कापि शरीरस्थैर्यवासना ॥ १३५
एतत्तन्मोहवैचित्र्यं दृष्ट्वा मत्वा च वाञ्छितम् । सिद्धमाश्चर्यहर्षाभ्यां स जहास द्विजार्भकः ॥ १३६

इत्युक्त्वा विरतस्य तस्य नृपतेरंसात्स भूयोऽपि त-
द्वेतालो झगिति स्वकं पदमगादन्तर्हितो मायया ।
राजा सोऽप्यविकल्पमेव पुनरप्यन्वग्ययौ तं जवा-
दक्षोभ्यं हृदयं बतेह महतामम्भोनिधीनामिव ॥ १३७

इति महाकविश्रीसोमदेवभट्टविरचिते कथासरित्सागरे शशाङ्कवतीलम्बके सप्तविंशस्तरङ्गः ।

अष्टाविंशस्तरङ्गः ।

(एकविंशो वेतालः ।)

अथ गत्वा पुनः प्राप्य शिंशपातस्ततोऽग्रहीत् । स त्रिविक्रमसेनोंऽसे वेतालं तं नराधिपः ॥ १
आगच्छन्तं च तं भूयः स वेतालोऽब्रवीन्नृपम् । राजन्नुद्दामकंदर्पां शृण्वेकां वच्मि ते कथाम् ॥ २
अस्ति शक्रपुरीवान्या धात्रा सुकृतिनां कृते । दिवश्च्युतानां विहिता विशालाख्या पुरी भुवि ॥ ३
तस्यां बभूव नृपतिः पद्मनाभ इति श्रुतः । सच्चक्रनन्दकः श्रीमानाक्रान्तबलिराजकः ॥ ४
तस्मिन्पृथ्वीपतौ तस्यां नगर्यां सुमहावणिक् । अर्थदत्ताभिधानोऽभूद्धनैर्विजितवित्तपः ॥ ५
तस्यैका च सुतानङ्गमञ्जरीत्युदपद्यत । स्वःसुन्दरीप्रतिकृतिर्भुवि धात्रेव दर्शिता ॥ ६
दत्ता च तेन वणिजा वणिग्वरसुताय सा । मणिवर्माभिधानाय ताम्रलिप्तीनिवासिने ॥ ७
एकापत्यतया चातिवत्सलः स न तां वणिक् । भर्तृयुक्तां सुतां गेहात्तत्याजानङ्गमञ्जरीम् ॥ ८
तस्याश्चानङ्गमञ्जर्याः पतिर्द्वेष्यो बभूव सः । मणिवर्मा सरोगस्य कटुतिक्तमिवौषधम् ॥ ९

पत्युस्तु सास्य सुमुखी जीविताद्प्यभूत्प्रिया । धनर्द्धिः कृपणस्येव कृच्छ्रात्सुचिरसंचिता ॥ १०

एकदा चान्तिकं पित्रोस्ताम्रलिप्तीं निजं गृहम् । उत्कण्ठादिनिमित्तेन मणिवर्मा जगाम सः ॥ ११

ततो दिनेषु यातेषु तीक्ष्णसूर्यांशुसायकैः । प्रोषितानां निरुद्धाध्वा घर्मकाल इहाभ्यगात् ॥ १२

वसन्तविरहादुष्णा निःश्वासाः ककुभामिव । मल्लिकापाटलामोदमेदुरा मरुतो ववुः ॥ १३

उत्पेतुः पवनोद्धूता गगने रेणुराजयः । दूत्यो घनागमायेव प्रहितास्तप्तया भुवा ॥ १४

आकाङ्क्षिततरुच्छायाः कठोरातपतापिताः । पथिका इव यान्ति स्म चिरेण दिवसा अपि ॥ १५

चन्द्रांशुपाण्डुरुचयो गाढाश्लेषसुखप्रदम् । विना हेमन्तमगमन्नतिदुर्बलतां निशाः ॥ १६

तत्कालं चन्दनालेपधवला सा वणिक्सुता । संवीततनुकौशेयशोभितानङ्गमञ्जरी ॥ १७

ददर्श स्वगृहोत्तुङ्गवातायनगतैकदा । आप्तसख्या युता भव्यं युवानं विप्रपुत्रकम् ॥ १८

संचरन्तं रतिप्राप्त्यै नवोत्पन्नमिव स्मरम् । कमलाकरनामानं पुत्रं राजपुरोधसः ॥ १९

सोऽपीन्दोरिव मूर्तिं तां कान्तां दृष्ट्वोपरि स्थिताम् । कुमुदाकरतां भेजे सानन्दः कमलाकरः ॥ २०

तयोरभूदमूल्यं तन्मनःसंवननं तदा । स्मरगुर्वाज्ञया यूनोरन्योन्यस्यावलोकनम् ॥ २१

उन्मूलितह्रियौ तौ च दूरविक्षिप्तचेतसा । रजोभिभूतौ जह्राते मन्मथावेगवात्यया ॥ २२

दृष्ट्वा च मदनाविष्टः सख्या स कमलाकरः । सहस्थितेन नीतोऽभूत्कथंचिद्भवनं निजम् ॥ २३

सापि तं नामतोऽन्विष्य विवशानङ्गमञ्जरी । तया स्वया समं सख्या प्राविशद्वासकं शनैः ॥ २४

तत्र संचिन्तयन्ती च कान्तं कामज्वरातुरा । नापश्यन्नाशृणोत्किंचिल्लुठन्ती शयनीयके ॥ २५

गतेष्वहःसु द्वित्रेषु सत्रपा सभया च सा । असहा विरहोन्मादं विसोढुं कृशपाण्डुरा ॥ २६

दुष्प्रापप्रियसंयोगनिरास्था नक्तमेकदा । गवाक्षप्रेरितकरेणाकृष्टेव हिमांशुना ॥ २७

सुप्ते परिजने स्वैरं निर्गत्य मरणोन्मुखी । जगाम स्वगृहोद्यानवापीं तरुलतावृताम् ॥ २८

तत्र पित्रा कृतोदारप्रतिष्ठां कुलदेवताम् । उपेत्य चण्डिकां देवीं नत्वा स्तुत्वा व्यजिज्ञपत् ॥ २९

अस्मिञ्जन्मनि चेद्भर्ता न मया कमलाकरः । प्राप्तस्तद्देवि भूयान्मे सोऽन्यस्मिन्नपि जन्मनि ॥ ३०

इत्युक्त्वा पुरतस्तस्या देव्याः साशोकपादपे । पाशं विरचयामास स्वोत्तरीयेण रागिणी ॥ ३१

तावदाप्ता सखी तस्याः सा प्रबुध्यात्र वासके । तामदृष्ट्वा तदुद्यानं दैवादागाद्विचिन्वती ॥ ३२

तत्र दृष्ट्वा च तां पाशमर्पयन्तीं तथा गले । मामेत्युक्त्वा प्रधाव्यैव पाशं तस्यास्तमच्छिनत् ॥ ३३

सापि तां वीक्ष्य संप्राप्तां कृत्तपाशां निजां सखीम् । अनङ्गमञ्जरी भूमौ पपाताधिकदुःखिता ॥ ३४

आश्वासिता स्वसख्या च तया पृष्टा च सा क्षणात् । दुःखहेतुं समाख्याय पुनरेनामभाषत ॥ ३५

सखि मालतिके तन्मे दुर्लभे प्रियसंगमे । गुर्वादिपरतन्त्राया न सुखं मरणात्परम् ॥ ३६

इति ब्रुवाणैवानङ्गशराग्निज्वलिता भृशम् । सानङ्गमञ्जरी मोहं ययौ नैराश्यनिःसहा ॥ ३७

कष्टं स्मराज्ञा दुर्लङ्घ्या यया नीता दशामिमाम् । अन्याविनीतवनिताहासिनीयं सखी मम ॥ ३८

इत्यादि विलपन्तीं च तां सा मालतिका सखी । शनैराश्वासयामास शीताम्बुपवनादिभिः ॥ ३९

तापोपशान्तये चास्याश्चकार नलिनीदलैः । शय्यां ददौ च हृदये हारं तुहिनशीतलम् ॥ ४०

ततः साश्रुरुवाचैतां सखीं सानङ्गमञ्जरी । सखि हारादिभिर्नायं दाहोऽन्तर्मम शाम्यति ॥ ४१

येन प्रशाम्यति पुनः स्वबुद्ध्यैव विधत्स्व तत् । मां संयोजय कान्तेन जीवितं मे यदीच्छसि ॥ ४२

एवमुक्तवतीं तां सा स्नेहान्मालतिकाब्रवीत् । सखि भूयिष्ठयाताद्य रात्रिः प्रातरहं पुनः ॥ ४३

इहैव कृतसंकेतमानेष्यामि प्रियं तव । तदालम्ब्य धृतिं तावन्निजं प्रविश मन्दिरम् ॥ ४४

इत्युक्तवत्यै संतुष्य तस्यै सानङ्गमञ्जरी । हारं स्वकण्ठादाकृष्य प्रददौ पारितोषिकम् ॥ ४५

गच्छाधुनैव स्वगृहं प्रातः सिद्ध्यै ततो व्रज । इति चैतां सखीं प्रेष्य सा विवेश स्ववासकम् ॥ ४६

प्रातश्च सा मालतिका केनाप्यनुपलक्षिता । तत्सखी तस्य कमलाकरस्य भवनं ययौ ॥ ४७

चिन्वती तत्र चोद्याने तरुमूले ददर्श तम् । चन्दनार्द्राम्बुरुहिणीपत्रशय्यातिवर्तिनम् ॥ ४८

रहस्यधारिणैकेन कदलीदलमारुतैः । आश्वास्यमानं सुहृदा दह्यमानं स्मराग्निना ॥ ४९
तस्या विनेयमस्य स्यात्कामावस्थेदृशीति सा । विचिन्त्य तस्थौ प्रच्छन्ना ज्ञातुं तत्र विनिश्चयम् ॥ ५०
तावच्च सुहृदा तेन स ऊचे कमलाकरः । क्षणमेकमिहोद्याने दत्त्वा दृष्टिं मनोरमे ॥ ५१
विनोदय मनो मित्र मात्र विक्लवतामगाः । तच्छ्रुत्वा तं स्वसुहृदं विप्रपुत्रो जगाद सः ॥ ५२
यन्ममानङ्गमञ्जर्या वणिक्पुत्र्या तया हृतम् । विनोदयामि तदिदं कुतः शून्याशयो मनः ॥ ५३
स्मरेण शून्यहृदयो बाणतूणीकृतो ह्यहम् । तत्प्राप्स्यामि मनश्चौरीं तां यथा कुरु मे तथा ॥ ५४
इत्युक्ते विप्रपुत्रेण तेनात्मानं प्रदर्श्य सा । हृष्टा मालतिकाभ्येत्य तमुवाचास्तसंशया ॥ ५५
तवास्म्यनङ्गमञ्जर्या सुभग प्रहितान्तिकम् । संदेशं चाहमेवैषा विस्पष्टार्थं ब्रवीमि ते ॥ ५६
एष कः शिष्टधर्मो यत्प्रविश्य हृदयं हठात् । मनो मुषित्वा मुग्धाया गम्यते स्थगितात्मना ॥ ५७
चित्रं च यद्वामदृशा तुभ्यमेव तयाधुना । मनोहराय देहोऽपि दातुं प्राणैः सहेष्यते ॥ ५८
निःश्वासान्सा हि संतप्तान्विमुञ्चति दिवानिशम् । ज्वलतो हृदि कंदर्पवह्नेर्धूमोद्गमानिव ॥ ५९
संपतन्ति मुहुश्चास्याः साञ्जना बाष्पबिन्दवः । वदनाम्भोजसौगन्ध्यलुब्धा मधुकरा इव ॥ ६०
तद्यदीच्छसि तद्वच्मि शिवं वामुभयोरहम् । इत्युक्तो मालतिकया सोऽब्रवीत्कमलाकरः ॥ ६१
भद्रे भयं करोत्येषा वाक्तवाश्वासयत्यपि । वदन्ती विधुरावस्थां बद्धभावां च मे प्रियाम् ॥ ६२
तदेका गतिरत्र त्वं यथा वेत्सि तथा कुरु । इत्युक्तवाक्ये कमलाकरे मालतिकाब्रवीत् ॥ ६३
अनङ्गमञ्जरीमद्य गुप्तं तां प्रापयाम्यहम् । नक्तं स्वभवनोद्यानं त्वं तिष्ठेस्तत्र बाह्यतः ॥ ६४
ततः प्रवेशयिष्यामि त्वामत्रान्तः स्वयुक्तितः । एवं यथेष्टो युवयोर्भविष्यति समागमः ॥ ६५
इत्युक्त्वानन्द्य तं विप्रपुत्रं मालतिका ततः । गत्वा कृतार्था सानङ्गमञ्जरीमप्यनन्दयत् ॥ ६६
अथाह्ना सह यातेऽर्के क्वापि संध्यानुरागिणि । ऐन्द्र्या दिशेन्दुतिलकेनानने सुप्रसाधिते ॥ ६७
त्यक्तपद्माकरा प्राप्ता श्रीर्मयेतीव हर्षतः । हसत्युत्फुल्लवदने विशदे कुमुदाकरे ॥ ६८
कृतप्रसाधनः सोत्कः स्वैरं स कमलाकरः । कामी कान्तागृहोद्यानद्वारबाह्यमुपागमत् ॥ ६९
तावच्च सा मालतिका तां युक्त्यानङ्गमञ्जरीम् । आनिनाय तदुद्यानं कृच्छ्रादृमितवासराम् ॥ ७०
उपवेश्य च तां मध्ये गुल्मके चूतशाखिनाम् । प्रावेशयत्तं निर्गत्य तत्रैव कमलाकरम् ॥ ७१
स च प्रविश्य पत्रौघघनपादपमध्यगाम् । तामध्वग इव च्छायां ददर्शानङ्गमञ्जरीम् ॥ ७२
उपैति यावच्च स तां तावद्दृष्ट्वा प्रधाव्य सा । कामवेगहृतव्रीडा कण्ठे तं सहसाग्रहीत् ॥ ७३
क यासि लब्धोऽसि ममेत्यालपन्ती च तत्क्षणम् । सातिहर्षभरस्तब्धनिःश्वासा पञ्चतामगात् ॥ ७४
पपात च महीपृष्ठे वातरुग्णा लतेव सा । विचित्रो बत कामस्य विपाकविषमः क्रमः ॥ ७५
तद्दृष्ट्वाशनिपातोग्रं सद्यः स कमलाकरः । हा हा किमेतदित्युक्त्वा मूर्च्छितो न्यपतद्भुवि ॥ ७६
लब्धसंज्ञः क्षणेनाथ तामङ्कारोपितां प्रियाम् । आलिङ्गन्परिचुम्बंश्च तत्तच्च विलपन्बहु ॥ ७७
तथा दुःखातिभारेण स प्रसह्य निपीडितः । यथा तस्य टसत्कृत्य क्षणाद्धृदयमस्फुटत् ॥ ७८
अथ तौ मालतिकया शोच्यमानावुभावपि । दृष्ट्वा प्राप्तक्षयौ शोकादिव क्षीणाभवत्क्षपा ॥ ७९
प्रातरुद्यानपालेभ्यो ज्ञात्वा बन्धुजनस्तयोः । तत्राययौ त्रपाश्चर्यदुःखमोहाकुलीकृतः ॥ ८०
आसीत्कर्तव्यतामूढश्चिरं खेदादवाङ्मुखः । कष्टाः कुलखलीकारहेतवो बत कुस्त्रियः ॥ ८१
तावच्च ताम्रलिप्तीतः स तस्याः पतिरागमत् । सोत्कण्ठोऽनङ्गमञ्जर्या मणिवर्मा पितुर्गृहात् ॥ ८२
स श्वाशुरं गृहं प्राप्य यथातत्त्वमवेत्य तत् । बाष्पान्धलोचनो ध्यायंस्तदेवोद्यानमाययौ ॥ ८३
तत्र भार्यां गतासुं तां दृष्ट्वान्यसहितामपि । शोकाग्निज्वलितो रागी सद्यः सोऽपि जहावसून् ॥ ८४
ततः क्रन्दति तत्रस्थे जने कोलाहलाकुलैः । आययुर्ज्ञातवृत्तान्ताः पौराः सर्वेऽत्र विस्मिताः ॥ ८५
अथात्रानङ्गमञ्जर्याः पित्रा पूर्वावतारिता । देवी संनिहिता चण्डी विज्ञप्ताभून्निजैर्गणैः ॥ ८६
त्वदाकारप्रतिष्ठाकृदर्थदत्तः सदैष ते । भक्तो वणिक्तदस्यास्मिन्दुःखे देवि दयां कुरु ॥ ८७

एतद्गणेभ्यः श्रुत्वा सा शरण्या शंकरप्रिया । शान्तानङ्गास्त्रयोऽप्येते जीवन्त्विति समादिशत् ॥ ८८
अथ सर्वेऽपि ते सुप्तप्रतिबुद्धा इव क्षणात् । तत्प्रसादात्समुत्तस्थुर्जीवन्तो वीतमन्मथाः ॥ ८९
ततो दृष्ट्वा तदाश्चर्यं सानन्दे सकले जने । लज्जानतमुखः प्रायात्स्वगृहं कमलाकरः ॥ ९०
अर्थदत्तोऽपि तां ह्रीतामादायानङ्गमञ्जरीम् । सुतां स्वभर्तृसहितां ययौ बद्धोत्सवो गृहान् ॥ ९१

इति कथयित्वा तस्यां रात्रौ मार्गे कथां स वेतालः ।
निजगाद तं त्रिविक्रमसेनं क्षोणीपतिं भूयः ॥ ९२
राजन्कस्य वदैतेष्वधिको मोहोऽनुरागमूढेषु ।
सोऽत्र च पूर्वोक्तस्ते शापो जानन्न चेद्वदसि ॥ ९३
इत्येतद्वेतालाच्छ्रुत्वा स प्रत्युवाच तं नृपतिः ।
एतेषु रागमूढः प्रतिभाति ममाधिकः स मणिवर्मा ॥ ९४
इतरौ हि तावुभावपि कालक्रमपक्वमन्मथावस्थौ ।
अन्योन्यसानुरागौ यदि जीवितमुज्झतः स्म तद्भवतु ॥ ९५
मणिवर्मा त्वतिमूढो यो भार्यामन्यपुरुषसक्तमृताम् ।
दृष्ट्वैव कोपकाले प्रत्युत रक्तः शुचामुचत्प्राणान् ॥ ९६

इति गदितवतः स तस्य राज्ञो बत वेतालपतिः पुनर्जगाम ।
निजमेव पदं तदंसपीठादथ राजापि तमन्वगात्स भूयः ॥ ९७

इति महाकविश्रीसोमदेवभट्टविरचिते कथासरित्सागरे शशाङ्कवतीलम्बकेऽष्टाविंशस्तरङ्गः ।

एकोनत्रिंशस्तरङ्गः ।

(द्वाविंशो वेतालः ।)

ततो राजा पुनर्गत्वा वेतालं शिंशपाग्रतः । स त्रिविक्रमसेनस्तं प्राप्यांसारोपितं व्यधात् ॥ १
आयान्तं तं च राजानं स वेतालोऽब्रवीत्पथि । राजन्साधुः सुसत्त्वस्त्वं तदपूर्वां कथां शृणु ॥ २
बभूव पूर्वं कुसुमपुराख्यनगरेश्वरः । पृथ्वीतलेऽस्मिन्धरणीवराहो नाम भूपतिः ॥ ३
तस्य ब्राह्मणभूयिष्ठे राष्ट्रे ब्रह्मस्थलाभिधः । अग्रहारोऽभवत्तत्र विष्णुस्वामीत्यभूद्द्विजः ॥ ४
तस्यानुरूपा भार्याभूद्यथा स्वाहा हविर्भुजः । तस्यां च तस्य चत्वारः क्रमादुत्पेदिरे सुताः ॥ ५
अधीतवेदेषूत्क्रान्तशैशवेषु च तेषु सः । विष्णुस्वामी दिवं प्रायाद्भार्ययानुगतस्तया ॥ ६
ततस्ते तत्र तत्पुत्राः सर्वेऽप्यनाथ्य दुःस्थिताः । गोत्रजैर्हृतसर्वस्वा मन्त्रयांचक्रिरे मिथः ॥ ७
नास्तीह गतिरस्माकं तद्व्रजामो वयं न किम् । इतो मातामहगृहं ग्रामं यज्ञस्थलाभिधम् ॥ ८
एतदेव विनिश्चित्य प्रस्थिता भैक्ष्यभोजनाः । मातामहगृहं प्रापुस्तेऽथ तद्बहुभिर्दिनैः ॥ ९
तत्र मातामहाभावान्मातुलैर्दत्तसंश्रयाः । भुञ्जानास्तद्गृहे तस्थुः स्वाध्यायाभ्यासतत्पराः ॥ १०
कालक्रमाच्च तेषां ते मातुलानामकिंचनाः । अवज्ञापात्रतां जग्मुर्भोजनाच्छादनादिषु ॥ ११
ततः स्वजनसंस्फूर्जदवमानहतात्मनाम् । तेषां रहः सचिन्तानां ज्येष्ठो भ्राताब्रवीदिदम् ॥ १२
भो भ्रातरः किं क्रियते सर्वमाचेष्टते विधिः । न शक्यं पुरुषस्येह कचित्किंचित्कदाचन ॥ १३
अहं ह्युद्वेगतो भ्राम्यन्प्राप्तोऽद्य पितृकानने । विपन्नस्थितमद्राक्षं त्रस्ताङ्गं पुरुषं भुवि ॥ १४
अचिन्तयं च दृष्ट्वा तमहं तां स्पृहयन्गतिम् । धन्योऽयमेवं विश्रान्तो दुःखभारं विमुच्य यः ॥ १५
इति संचिन्त्य तत्कालं कृत्वा मरणनिश्चयम् । वृक्षाग्रसङ्गिना पाशेनात्मानमुदलम्बयम् ॥ १६
यावच्च मे विसंज्ञस्य तदा निर्यान्ति नासवः । तावत्त्रुटितपाशोऽत्र पतितोऽस्मि महीतले ॥ १७
लब्धसंज्ञश्च केनापि पुंसा क्षिप्रात्कृपालुना । आश्वास्यमानमात्मानमपश्यं पटमारुतैः ॥ १८
सखे कथय विद्वानप्येवं कं प्रति खिद्यसे । सुखं हि सुकृताद्दुःखं दुष्कृताद्देति नान्यतः ॥ १९
दुःखाद्यदि तवोद्वेगः सुकृतं तत्समाचर । कथं तु नारकं दुःखमात्मत्यागेन वाञ्छसि ॥ २०

इत्युक्त्वा मां समाश्वास्य स च क्वापि गतः पुमान् । अहं चेहागतस्त्यक्त्वा तादृशं मरणोद्यमम् ॥ २१
तदेवं नेच्छति विधौ न मर्तुमपि लभ्यते । इदानीं च तनुं तीर्थे तपसा दाहयाम्यहम् ॥ २२
येन निर्धनतादुःखभागी न स्यामहं पुनः । इत्युक्तवन्तं ज्येष्ठं तं कनिष्ठा भ्रातरोऽब्रुवन् ॥ २३
अर्थैर्विना कथं प्राज्ञोऽप्यार्य दुःखेन बाध्यसे । किं न वेत्सि यदर्थानां शरदभ्रचला गतिः ॥ २४
आहृत्य रक्ष्यमाणापि यत्नेनान्तविरागिणी । असन्मैत्री च वेश्या च श्रीश्च कस्य कदा स्थिरा ॥ २५
तदुद्योगेन स गुणः कोऽप्युपार्ज्यो मनस्विना । आनीयन्ते हठाद्बद्ध्वा येनार्थहरिणा मुहुः ॥ २६
इत्युक्तो भ्रातृभिर्धैर्यं क्षणाज्ज्येष्ठोऽवलम्ब्य सः । उवाच को गुणस्तादृगर्जनीयो भवेदिति ॥ २७
ततो विचिन्त्य सर्वे ते वदन्ति स्म परस्परम् । विचित्य पृथ्वीं विज्ञानं किंचिच्छिक्षामहे वयम् ॥ २८
निश्चित्यैतच्च संकेतस्थानमुक्त्वा समागमे । एकैकशस्ते चत्वारश्चतस्रः प्रययुर्दिशः ॥ २९
याति काले च मिलितास्ते संकेतनिकेतने । किं केन शिक्षितमिति भ्रातरोऽन्योन्यमब्रुवन् ॥ ३०
अथात्रैकोऽब्रवीदीदृग्विज्ञानं शिक्षितं मया । येनास्थिशकलं प्राप्य प्राणिनो यस्य कस्यचित् ॥ ३१
उत्पादयाम्यहं तस्मिन्मांसं तदुचितं क्षणात् । एतत्तस्य वचः श्रुत्वा द्वितीयस्तेष्वभाषत ॥ ३२
अहं तत्रैव संजातमांसेऽस्थिशकले किल । जाने जनयितुं लोमत्वचं तत्प्राणिसंभवि ॥ ३३
ततस्तृतीयोऽप्यवदज्जाने तत्रैव चास्म्यहम् । तत्प्राण्यवयवान्स्रष्टुं जातत्वङ्मांसलोमनि ॥ ३४
चतुर्थश्च ततोऽवादीदुत्पन्नावयवाकृतिम् । तमेव प्राणिनं प्राणैर्युक्तं कर्तुमवैम्यहम् ॥ ३५
एवमुक्त्वा मिथः स्वस्वविज्ञानप्रथनाय ते । चत्वारोऽप्यस्थिखण्डाय प्रययुर्भ्रातरोऽटवीम् ॥ ३६
तत्र सिंहस्य ते प्रापुरस्थिखण्डं विधेर्वशात् । अविज्ञातविशेषाश्च गृह्णन्ति स्म तथैव तत् ॥ ३७
एकश्च तत्समुचितैस्ततो मांसैरयोजयत् । द्वितीयोऽजनयत्तस्य तद्वत्त्वग्लोमसंहतीः ॥ ३८
तृतीयश्चाखिलैरङ्गैस्तद्योग्यैस्तदपूरयत् । चतुर्थश्च ददौ तस्य सिंहीभूतस्य जीवितम् ॥ ३९
उदतिष्ठदथोद्धूतसटाभारोऽतिभैरवः । स दंष्ट्रासंकटमुखः सिंहः खरनखाङ्कुशः ॥ ४०
धावित्वा च स्वनिर्मातॄंस्तानेव चतुरोऽपि सः । अवधीत्केसरी तृप्तो विवेश च वनं ततः ॥ ४१
एवं ते सिंहनिर्माणदोषान्नष्टा द्विजातयः । दुष्टं हि जन्तुमुत्थाप्य कस्यात्मनि सुखं भवेत् ॥ ४२
इत्थं चोपार्जितो यत्नाद्गुणोऽपि विधुरे विधौ । संपत्तये न न परं जायते तु विपत्तये ॥ ४३
मूले ह्यविकृते दैवे सिक्ते प्रज्ञानवारिणा । नयालवालः फलति प्रायः पौरुषपादपः ॥ ४४

इति तस्यां निशि मार्गे वेतालेनांसतः कथां तेन ।
आख्याय स त्रिविक्रमसेनो राजा पुनर्जगदे ॥ ४५
राजंस्तेष्वपराध्यति चतुर्षु कस्तत्र सिंहनिर्माणे ।
यन्न्यवधीत्तत्क्लृप्तो वद समयः सोऽत्र पूर्वस्ते ॥ ४६
इति वेतालाच्छ्रुत्वा राजा सोऽचिन्तयद्विमौनस्य ।
इच्छति गन्तुमयं मे यात्वानेष्याम्यमुं भूयः ॥ ४७
इति हृदि निश्चित्य स तं महीपतिः प्रत्युवाच वेतालम् ।
यस्तस्य जीवदायी सिंहस्य स पापभाक्तेषु ॥ ४८
प्राणिविशेषमबुद्ध्वा मांसत्वग्लोमगात्रनिर्माणम् ।
युक्तिबलात्तु कृतं यैस्तेषां दोषोऽस्ति नाज्ञानात् ॥ ४९
येन तु सिंहाकारं दृष्ट्वा विद्याप्रकाशनोत्केन ।
प्राणास्तस्य वितीर्णास्तेन कृता ब्रह्महत्यास्ताः ॥ ५०

एतत्स राज्ञो वचनं निशम्य स्वधाम वेतालवरो जगाम ।
तस्यांसतस्तत्पुनरेव मायी राजापि तं सोऽनुससार भूयः ॥ ५१

इति महाकविश्रीसोमदेवभट्टविरचिते कथासरित्सागरे शशाङ्कवतीलम्बके एकोनत्रिंशस्तरङ्गः ।

त्रिंशस्तरङ्गः।

(त्रयोविंशो वेतालः)

ततो गत्वा पुनः प्राप शिंशपापादपात्ततः। स त्रिविक्रमसेनस्तं वेतालं राजसत्तमः॥ १
स्कन्धे कृत्वा च तं मौनी दर्शितानेकवैकृतम्। यावत्प्रतिष्ठते तावत्स वेतालस्तमब्रवीत्॥ २
राजन्नकार्येऽप्येतस्मिन्दुर्वारोऽयं ग्रहस्तव। तत्ते श्रमविनोदाय कथयामि कथां शृणु॥ ३
आसीत्कलिङ्गविषये नाम्ना शोभावती पुरी। दिवीव शक्रनगरी वसतिः शुभकर्मणाम्॥ ४
यां प्रद्युम्न इवैश्वर्यवीर्यातिशयविश्रुतः। प्रद्युम्ननामा नृपतिः शशासोर्जितशासनः॥ ५
गुणापकर्षश्चापेषु मुरजेषु कराहतिः। युगेष्वश्रूयत कलिर्यस्यां प्रज्ञासु तीक्ष्णता॥ ६
एकदेशे पुरस्तस्या नृपेण प्रतिपादितः। यज्ञस्थलाभिधानोऽभूदग्रहारो बहुद्विजः॥ ७
तत्रासीद्यज्ञसोमाख्यो ब्राह्मणो वेदपारगः। महाधनोऽग्निहोत्री च पूजितातिथिदेवतः॥ ८
तस्य व्यतीते तारुण्ये मनोरथशतैः सुतः। भार्यायामनुरूपायामेक एवोदपद्यत॥ ९
ववृधे च पितुः सोऽस्य गृहे बालः सुलक्षणः। कृताभिधानो विधिवद्देवसोम इति द्विजैः॥ १०
प्राप्तषोडशवर्षश्च स विद्याविनयादिभिः। आवर्जितजनोऽकस्माज्ज्वरेण प्राप पञ्चताम्॥ ११
ततः परासुं स्नेहात्तमाश्लिष्य सह भार्यया। यज्ञसेनः पिता शोचन्न दाहाय जहौ चिरम्॥ १२
ब्रह्मन्संसारगन्धर्वनगरस्य न वेत्सि किम्। परावरज्ञोऽपि गतिं वारिबुद्बुदभङ्गुराम्॥ १३
ये सैन्यैः पूरितधरा हर्म्यपृष्ठेषु हारिषु। लसत्संगीतनादेषु रत्नपर्यङ्कवर्तिनः॥ १४
श्रीखण्डद्रवलिप्ताङ्गा वरस्त्रीपरिवारिताः। व्यलसन्नमरंमन्या भूलोकेऽस्मिन्नराधिपाः॥ १५
तेऽप्येककाः श्मशानेषु रुदत्प्रेतानुयायिषु। चिताधिशयिनो यत्र जग्धाः क्रव्यात्कृशानुभिः॥ १६
शिवाभिर्वलितोपान्ताः कालेन कवलीकृताः। न रोद्धुं शकिताः कैश्चित्तत्रान्येषां कथैव का॥ १७
तदेतं प्रेतमाश्लिष्य विद्वन्वद करोषि किम्। इत्याद्यबोधयन्वृद्धा मिलितास्तं द्विजं ततः॥ १८
ततस्तेन कथंचित्तं मुक्तमारोप्य तत्सुतम्। शिबिकायां गतप्राणं कृतप्रेतप्रसाधनम्॥ १९
बान्धवा वैशसोदश्रुमिलद्बन्धुजनान्विताः। श्मशानं प्रापयामासुः कोलाहलसमाकुलाः॥ २०
अत्रान्तरे च तत्रासीच्छ्मशाने कोऽपि तापसः। वृद्धः पाशुपतो योगी मठिकायां कृतस्थितिः॥ २१
वयसा तपसा चातिभूयसा सुकृशां तनुम्। बिभ्राणो भङ्गभीत्येव सिराभिः परिवेष्टितम्॥ २२
नाम्ना वामशिवो भस्मपाण्डुरोमावृताकृतिः। विद्युत्पिङ्गजटाजूटो महेश्वर इवापरः॥ २३
स तापसोऽत्र तत्कालं दत्तोपालम्भखेदितम्। मूर्खं शठं ध्यानयोगाद्यवलिप्तमहंकृतम्॥ २४
भिक्षाफलव्रतधरं शिष्यमन्तिकवासिनम्। जगाद दूराच्छ्रुत्वा तं जनकोलाहलं बहिः॥ २५
उत्तिष्ठ गत्वात्र बहिर्विज्ञायागच्छ सत्वरम्। कुतोऽत्राश्रुतपूर्वोऽयं श्मशाने तुमुलारवः॥ २६
इत्युक्ते गुरुणा तेन स शिष्यः प्रत्युवाच तम्। नाहं यामि स्वयं याहि भिक्षावेला ह्यपैति मे॥ २७
तच्छ्रुत्वोवाच स गुरुर्धिङ्मूर्खोदरतत्पर। अह्नोऽर्धप्रहरे याते भिक्षावेलात्र का तव॥ २८
श्रुत्वैवैतत्स तं क्रुद्धः कुशिष्यः प्राह तापसम्। धिग्जराजीर्ण नाहं ते शिष्यो न त्वं गुरुर्मम॥ २९
अहमन्यत्र यास्यामि वह पात्रीमिमां स्वयम्। इत्युक्त्वोत्थाय स प्रायात्त्यक्त्वाग्रे दण्डकुण्डिकाम्॥ ३०
विहसन्नथ निर्गत्य मठिकायाः स तापसः। तत्रागाद्यत्र दाहार्थमानीतः स द्विजार्भकः॥ ३१
दृष्ट्वा च तं जनतया शोच्यमानाध्ययौवनम्। योगी प्रवेष्टुं तद्देहं मतिं चक्रे जरार्दितः॥ ३२
गत्वा च द्रुतमेकान्ते मुक्तकण्ठं प्ररुद्य च। ननर्त स ततः क्षिप्रमङ्गहारैर्यथोचितैः॥ ३३
ततो विवेश योगात्तद्द्विजपुत्रकलेवरम्। क्षणात्स स्वतनुं त्यक्त्वा तपस्वी यौवनेच्छया॥ ३४
तत्क्षणं रचितायां च चितायां सहसैव सः। लब्धजीवो द्विजयुवा प्रोत्तस्थौ कृतजृम्भिकः॥ ३५
तद्दृष्ट्वा बन्धुवर्गस्य दिष्ट्या जीवति जीवति। इत्युद्बभूव नादोऽत्र निखिलस्य जनस्य च॥ ३६
अथामोक्ष्यन्व्रतं सर्वान्मृषा योगेश्वरः स तान्। विप्रपुत्रशरीरान्तःप्रविष्टस्तापसोऽब्रवीत्॥ ३७

लोकान्तरगतस्याद्य महापाशुपतव्रतम् । ग्राह्यं साक्षान्ममाभाष्य दत्तं शर्वेण जीवितम् ॥ ३८
अधुनैव च धार्यं तद्गत्वैकान्ते व्रतं मया । जीवितं मेऽन्यथा नास्ति तद्यूयं यात याम्यहम् ॥ ३९
इति सर्वान्स तत्रस्थान्संबोध्य दृढनिश्चयः । स्वगृहान्प्रेषयामास हर्षशोकाकुलान्व्रती ॥ ४०
स्वयं च गत्वा श्वभ्रे तत्क्षिप्त्वा पूर्वकलेवरम् । आत्तव्रतो महायोगी युवीभूतोऽन्यतो ययौ ॥ ४१
इति व्याख्याय वेतालः कथां निशि तदा पथि । तं त्रिविक्रमसेनं स राजानं पुनरब्रवीत् ॥ ४२
राजन्ब्रूहि स योगीन्द्रः कस्मात्परपुरे वसन् । प्ररुरोद ननर्ताथ कौतुकं महदत्र मे ॥ ४३
इति वेतालतः श्रुत्वा शापशङ्की स भूपतिः । विमुच्य मौनमेवं तमवादीद्धीमतां वरः ॥ ४४
शृणु तत्र बभूवास्य योऽभिप्रायस्तपस्विनः । सह वृद्धं चिरायेदं शरीरं सिद्धिसाधनम् ॥ ४५
पितृभ्यां लालितं बाल्ये त्यजाम्यद्येति दुःखितः । स जरत्तापसोऽरोदीद्देहस्नेहो हि दुस्त्यजः ॥ ४६
नवं देहं प्रवेक्ष्यामि साधयिष्याम्यतोऽधिकम् । इति हर्षादनृत्यच्च कस्य नेष्टं हि यौवनम् ॥ ४७

एतत्तस्य वचो निशम्य नृपतेरंसात्स भूयोऽप्यगा-
द्वेतालो मृतपूरुषान्तरगतस्तं शिंशपापादपम् ।
राजा सोऽपि तमन्वधावदधिकोत्साहः पुनः प्रेप्सया
कल्पान्तेऽप्यचलं कुलाद्रिविजयि स्थैर्यं हि धीरात्मनाम् ॥ ४८

इति महाकविश्रीसोमदेवभट्टविरचिते कथासरित्सागरे शशाङ्कवतीलम्बके त्रिंशस्तरङ्गः ।

एकत्रिंशस्तरङ्गः ।

(चतुर्विंशो वेतालः ।)

ततस्तां तिमिरश्यामां चिताग्निज्वलितेक्षणाम् । श्मशाने भीषणे तस्मिन्वीरो रजनिराक्षसीम् ॥ १
घोरामगणयन्राजा गत्वा तां शिंशपां पुनः । स त्रिविक्रमसेनस्तं तस्या वेतालमाददे ॥ २
स्कन्धे कृत्वा च तं यावत्प्रक्रामति स पूर्ववत् । तावद्भूयः स वेतालो नरदेवमुवाच तम् ॥ ३
भो राजन्नहमुद्विग्नो न पुनस्त्वं गतागतैः । तदेकं मे महाप्रश्नमिमं कथयतः शृणु ॥ ४
आसीन्माण्डलिकः कोऽपि नृपतिर्दक्षिणापथे । धर्माभिधानो धौरेयः साधूनां बहुगोत्रजः ॥ ५
तस्य चन्द्रवतीनाम भार्या मालवदेशजा । अभून्महाकुलोत्पन्ना वरस्त्रीमौलिमालिका ॥ ६
तस्यां च तस्य भार्यायां भूपतेरुदपद्यत । एकैव लावण्यवती नामान्वर्थाभिधा सुता ॥ ७
प्रदेयायां च तस्यां स सुतायां धर्मभूपतिः । उन्मूलितोऽभून्मिलितैर्दायादै राष्ट्रभेदिभिः ॥ ८
ततः पलाय्य निरगात्स देशाद्भार्यया सह । दुहित्रा च तया रात्रावात्तसद्रत्नसंचयः ॥ ९
मालवं प्रति च स्वैरं प्रस्थितः श्वशुरास्पदम् । विन्ध्याटवीं तया रात्र्या प्राप भार्यासुतायुतः ॥ १०
तस्यां प्रविष्टस्योदश्रुरिवावश्यायशीकरैः । निशानुयात्रां दत्त्वेव ययौ तस्य महीक्षितः ॥ ११
आरुरोहाथ पूर्वाद्रिमुत्क्षिप्ताग्रकरो रविः । मा गाश्चौराटवीमेतामिति तं वारयन्निव ॥ १२
ततोऽत्र ससुताजानिः क्षताङ्घ्रिः कुशकण्टकैः । पदातिः स नृपो गच्छन्भिल्लानां प्राप पल्लिकाम् ॥ १३
परेषां प्राणसर्वस्वहारिभिः पुंभिरावृताम् । वर्जितां धार्मिकैर्दुर्गां कृतान्तनगरीमिव ॥ १४
तत्र दृष्ट्वैव तं दूरात्सवस्त्राभरणं नृपम् । मोषितुं बहवोऽधावञ्शबरा विविधायुधाः ॥ १५
तान्विलोक्य सुताभार्ये राजा धर्मो जगाद सः । पुरा स्पृशन्ति वां म्लेच्छास्तदितो विशतं वनम् ॥ १६
इति राज्ञोदिता राज्ञी वनमध्यं विवेश सा । लावण्यवत्या सुतया सार्धं चन्द्रवती भयात् ॥ १७
राजाप्यभिमुखायातान्खड्गचर्मधरोऽत्र सः । अवधीत्तान्बहूञ्शूरः शबराञ्शरवर्षिणः ॥ १८
ततस्तेनाखिला पल्ली पत्याज्ञप्ता निपत्य तम् । प्रहारक्षतचर्माणमवधीन्नृपमेककम् ॥ १९
गृहीताभरणे याते दस्युसैन्ये विलोक्य तम् । भर्तारं निहतं दूराद्वनगुल्मान्तरस्थिता ॥ २०
राज्ञी चन्द्रवती सात्र दुहित्रा सह विह्वला । पलायमाना गहनं दूरमन्वगमद्वनम् ॥ २१

तत्र मध्याह्नतापार्तास्विव मूलानि शाखिनाम् । छायास्वपि प्रविष्टासु शिशिराणि सहाध्वगैः ॥ २२
एकदेशेऽब्जसरसस्तीरेऽशोकतरोस्तले । शोकार्ता रुदती श्रान्ता ससुता समुपाविशत् ॥ २३
तावत्तद्वनमभ्यर्णनिवासी मृगयाकृते । महामनुष्यः कोऽप्यागादश्वारूढः सपुत्रकः ॥ २४
स चण्डसिंहनामा तं पुत्रं सिंहपराक्रमम् । उवाच दृष्ट्वात्र तयोः पांसूत्थे पदपद्धती ॥ २५
एते सुरेखे सुभगे अनुसृत्याप्नुवो यदि । स्त्रीयौ ते तत्तयोरेकां स्वीकुरुष्व यथारुचि ॥ २६
इत्युक्तवन्तं तं स्माह पुत्रः सिंहपराक्रमः । यस्याः सूक्ष्माविमौ पादौ सा भार्या प्रतिभाति मे ॥ २७
सा हि स्वल्पवया नूनं जाने समुचिता मम । बृहत्पादा तु योग्येयमेतज्ज्येष्ठवयास्तव ॥ २८
इति सूनोर्वचः श्रुत्वा चण्डसिंहो जगाद तम् । कैषा कथा भवन्माता प्रत्यग्रं हि गता दिवम् ॥ २९
तादृशे सुकलत्रे च गते कान्यत्र वासना । तच्छ्रुत्वा सोऽपि पुत्रस्तं चण्डसिंहमभाषत ॥ ३०
तात मैवमभार्यं हि शून्यं गृहपतेर्गृहम् । अन्यच्च मूलदेवोक्ता गाथा किं न श्रुता त्वया ॥ ३१

यत्र घनस्तनजघना नास्ते मार्गावलोकिनी कान्ता ।
अजडः कस्तदनिगडं प्रविशति गृहसंज्ञकं दुर्गम् ॥ ३२

तज्जीवितेन मे तात शापितोऽसि न तां यदि । द्वितीयां मदभीष्टायां भार्यार्थे स्वीकरिष्यसि ॥ ३३
एतत्पुत्रवचः श्रुत्वा प्रतिपद्य च तत्सखः । स चण्डसिंहोऽनुसरन्पदपङ्क्तिं शनैर्ययौ ॥ ३४
प्राप्य तच्च सरःस्थानं मुक्तातारौघमण्डिताम् । श्यामां चन्द्रवतीं राज्ञीं तां ददर्शावभासिताम् ॥ ३५
लावण्यवत्या सुतया ज्योत्स्नयेवावदातया । नैशीं द्यामिव मध्याह्ने तरुच्छायामुपाश्रिताम् ॥ ३६
उपाययौ च पुत्रेण साकं तां स सकौतुकः । सापि दृष्ट्वा तमुत्तस्थौ वित्रस्ता चौरशङ्किनी ॥ ३७
अलं त्रासेन नाम्बैतौ चौरौ सौम्याकृती इमौ । सुवेषौ कौचिदाखेटकृते नूनमिहागतौ ॥ ३८
इत्युक्ता सुतया राज्ञी यावद्दोलायतेऽत्र सा । तावदश्वावतीर्णस्ते चण्डसिंहोऽब्रवीदुभे ॥ ३९
किं संभ्रमेण वामावां प्रणयाद्द्रष्टुमागतौ । तद्विश्वस्य निरातङ्के वदतं के युवामिति ॥ ४०
हरनेत्रानलज्वालादग्धमन्मथदुःस्थिते । रतिप्रीती इवारण्यमिदमेवमुपागते ॥ ४१
प्रविष्टे स्थः कथं चेह बत निर्मानुषे वने । रत्नप्रासादवासार्हमिदं हि युवयोर्वपुः ॥ ४२
कथं वराङ्गनोत्सङ्गयोग्यौ कण्टकिनीमिमाम् । भुवं वां चरणौ श्रान्ताविति नौ मनसि व्यथा ॥ ४३
एषा च चित्रं युवयोः पतन्ती धूलिरानने । वातोद्धूता हतच्छायमावयोः कुरुते मुखम् ॥ ४४
भवत्योरेष चाङ्गेऽस्मिन्निपतन्पुष्पपेशले । किरणोष्मा दहत्यस्मानुच्चण्डश्चण्डदीधितेः ॥ ४५
तद्ब्रूतमात्मवृत्तान्तं दूयते हृदयं हि नः । द्रष्टुं न शक्नुमोऽरण्ये स्थितिं वां श्वापदावृते ॥ ४६
इत्युक्ते चण्डसिंहेन राज्ञी निःश्वस्य सा शनैः । लज्जाशोकाकुला तस्मै स्वं वृत्तान्तमवर्णयत् ॥ ४७
ततो निःस्वामिका मत्वा तामाश्वास्य च सात्मजाम् । स्वीचक्रे मधुरैर्वाक्यैश्चण्डसिंहोऽनुरञ्जयन् ॥ ४८
आरोप्य चाश्वयोः पृष्ठं सपुत्रस्तां सपुत्रिकाम् । निनाय वित्तपपुरीसमृद्धां वसतिं निजाम् ॥ ४९
सापि जन्मान्तरगतेवावशाङ्गीचकार तम् । अनाथा कृच्छ्रपतिता विदेशे स्त्री करोति किम् ॥ ५०
ततस्तां सूक्ष्मपादत्वाद्राज्ञीं सिंहपराक्रमः । चण्डसिंहसुतस्तत्र भार्यां चन्द्रवतीं व्यधात् ॥ ५१
सत्सुतां तां च लावण्यवतीं नृपतिकन्यकाम् । बृहत्त्वात्पादयोर्भार्यां चण्डसिंहश्चकार सः ॥ ५२
प्राग्घि सूक्ष्मबृहत्पादमुद्रापङ्क्तिद्वयेक्षणात् । प्रतिपन्नं तथा ताभ्यां सत्यं कश्चातिवर्तते ॥ ५३
एवं पादविपर्यासात्ते पितापुत्रयोस्तयोः । दुहितामातरौ भार्ये जाते श्वश्रूस्नुषे तदा ॥ ५४
कालेन च तयोस्ताभ्यां भर्तृभ्यां जज्ञिरे द्वयोः । पुत्रा दुहितरश्चैव तेषामन्येऽप्यथ क्रमात् ॥ ५५
इत्थं संप्राप्य तौ चण्डसिंहसिंहपराक्रमौ । तस्थतुस्तत्र लावण्यवतीं चन्द्रवतीं च ते ॥ ५६
इति व्यावर्ण्य वेतालस्तदा पथि कथां निशि । स त्रिविक्रमसेनं तं पप्रच्छ नृपतिं पुनः ॥ ५७
तयोर्मातादुहित्रोर्ये पुत्रपित्रोस्तयोर्नृप । सकाशाज्जन्तवो जाताः क्रमादुभयपक्षयोः ॥ ५८
ज्ञात्वेदं ब्रूहि मे तेषामन्योन्यं के भवन्ति ते । पूर्वोक्तः सोऽत्र शापस्ते जानानश्चेन्न वक्ष्यसि ॥ ५९

एतद्वेतालतः श्रुत्वा विमृशन्बहुधापि सः । नाज्ञासीत्तद्यदा राजा तूष्णीकः प्रययौ तदा ॥ ६०
ततस्तदंसकूटस्थो वेतालो विहसन्हृदि । मृतपूरुषदेहान्तर्निविष्टः समचिन्तयत् ॥ ६१
नायं राजा महाप्रश्ने वेत्त्यस्मिन्दातुमुत्तरम् । तेन तूष्णीं व्रजत्येष हृष्टोऽतिचतुरैः पदैः ॥ ६२
न च वञ्चयितुं शक्यः सत्त्वराशिरयं परम् । क्रीडन्भिक्षुः स चास्माभिरियतैव न शाम्यति ॥ ६३
तदद्य वञ्चयित्वा तं दुरात्मानमुपायतः । तत्सिद्धिं भाविकल्याणे राजन्यस्मिन्निवेशये ॥ ६४
इत्यालोच्य स वेतालो नृपं तमवदत्तदा । राजन्कृष्णनिशाघोरे श्मशानेऽस्मिन्गतागतैः ॥ ६५
एतैः क्लिष्टः सुखार्हस्त्वं न विकल्पश्च कोऽपि ते । तदाश्चर्येण धैर्येण तुष्टोऽहममुना तव ॥ ६६
शवमेतं नयेदानीं निर्गच्छाम्यमुतो ह्यहम् । इदं तु शृणु यद्वच्मि हितं तव कुरुष्व च ॥ ६७
आनीतमेतद्भवता यस्यार्थे नृकलेवरम् । कुभिक्षुः सोऽद्य मामस्मिन्समाहूयार्चयिष्यति ॥ ६८
उपहारीचिकीर्षुश्च त्वामेष स शठस्ततः । भूमौ प्रणाममष्टाभिरङ्गैः कुर्विति वक्ष्यति ॥ ६९
त्वं प्राग्दर्शय तावन्मे करिष्येऽहं तथैव तत् । इति सोऽपि महाराज वक्तव्यः श्रमणस्त्वया ॥ ७०
ततो निपत्य भूमौ स प्रणामं यावदेव ते । दर्शयिष्यति तावत्त्वं छिन्द्यास्तस्यासिना शिरः ॥ ७१
ततो विद्याधरैश्वर्यसिद्धिर्या तस्य वाञ्छिता । तां त्वं प्राप्स्यसि भुङ्क्ष्वेमां भुवं तदुपहारतः ॥ ७२
अन्यथा तु स भिक्षुस्त्वामुपहारीकरिष्यति । एतदर्थं कृतो विघ्नस्तवात्रेयच्चिरं मया ॥ ७३
तत्सिद्धिरस्तु ते गच्छेत्युक्त्वा तस्यांसपृष्ठगात् । निर्गत्य स ययौ तस्माद्वेतालः प्रेतकायतः ॥ ७४

अथ स नरपतिस्तं प्रीतवेतालवाक्याच्छ्रमणमहितमेव क्षान्तिशीलं विचिन्त्य ।
वटविटपितलं तत्तस्य पार्श्वं प्रतस्थे मृतपुरुषशरीरं तद्गृहीत्वा प्रहृष्टः ॥ ७५

इति महाकविश्रीसोमदेवभट्टविरचिते कथासरित्सागरे शशाङ्कवतीलम्बके एकत्रिंशस्तरङ्गः ।

द्वात्रिंशस्तरङ्गः ।

(पञ्चविंशो वेतालः ।)

ततस्तस्यान्तिकं भिक्षोः क्षान्तिशीलस्य भूपतिः । स त्रिविक्रमसेनोऽत्र प्राप स्कन्धे शवं वहन् ॥ १
ददर्श तं च श्रमणं मार्गाभिमुखमेककम् । कृष्णपक्षक्षपारौद्रे श्मशाने तरुमूलगम् ॥ २
असृग्लिप्तस्तले गौरेणास्थिचूर्णेन निर्मिते । मण्डले दिक्षु विन्यस्तपूर्णशोणितकुम्भके ॥ ३
महातैलप्रदीपाढ्ये हुतपार्श्वस्थवह्निनि । संभृतोचितसंभारे स्वेष्टदैवतपूजने ॥ ४
उपागाच्च स तं राजा सोऽपि भिक्षुर्विलोक्य तम् । आनीतमटकं हर्षादुत्थायोवाच संस्तुवन् ॥ ५
दुष्करो मे महाराज विहितोऽनुग्रहस्त्वया । त्वादृशाः क्व क्व चेष्टेयं देशकालौ क्व चेदृशौ ॥ ६
निष्कम्पं सत्यमेवाहुर्मुख्यं त्वां कुलभूभृताम् । एवमात्मानपेक्षेण परार्थो येन साध्यते ॥ ७
एतदेव महत्त्वं च महतामुच्यते बुधैः । प्रतिपन्नादचलनं प्राणानामत्ययेऽपि यत् ॥ ८
इति ब्रुवन्स सिद्धार्थमानी भिक्षुर्महीपतेः । तस्यावतारयामास स्कन्धात्तं मटकं तदा ॥ ९
स्नपयित्वा समालभ्य बद्धमाल्यं विधाय च । मटकं मण्डलस्यान्तः स्थापयामास तस्य तत् ॥ १०
भस्मोद्धूलितगात्रश्च केशयज्ञोपवीतभृत् । प्रावृतप्रेतवसनो भूत्वा ध्यानस्थितः क्षणम् ॥ ११
तस्मिन्मन्त्रबलाहूतं प्रवेश्य नृकलेवरे । तं वेतालवरं भिक्षुः पूजयामास स क्रमात् ॥ १२
ददौ तस्मै कपालार्घपात्रेणार्घ्यं सुनिर्मलैः । नरदन्तै(रक्तै)स्ततः पुष्पं सुगन्धि च विलेपनम् ॥ १३
दत्त्वा मानुषनेत्रैश्च धूपं मांसैर्बलिं तथा । समाप्य पूजां राजानं तमुवाच स पार्श्वगम् ॥ १४
राजन्निहास्य मन्त्राधिराजस्य कृतसंनिधेः । प्रणाममङ्गैरष्टाभिर्निपत्य कुरु भूतले ॥ १५
येनाभिप्रेतसिद्धिं ते दास्यत्येष वरप्रदः । श्रुत्वैतत्स्मृतवेतालवचा राजाब्रवीत्स तम् ॥ १६
नाहं जानामि तत्पूर्वं प्रदर्शयतु मे भवान् । ततस्तथैव तदहं करिष्ये भगवन्निति ॥ १७
ततो दर्शयितुं यावत्स भिक्षुः पतितो भुवि । तावत्खड्गप्रहारेण स राजास्य शिरोऽच्छिनत् ॥ १८

आचकर्ष च हृत्पद्ममुदरादस्य पाटितम् । वेतालाय च तस्मै तच्छिरोहृत्कमलं ददौ ॥ १९
साधुवादे ततो दत्ते प्रीतैर्भूतगणैस्ततः । तुष्टोऽब्रवीत्स वेतालो नृपं तं नृकलेवरात् ॥ २०
राजन्विद्याधरेन्द्रत्वं भिक्षोरासीद्यदीप्सितम् । तत्तावद्भूमिसाम्राज्यभोगान्ते ते भविष्यति ॥ २१
क्लेशितोऽसि मया यत्त्वं तदभीष्टं वरं वृणु । इत्युक्तवन्तं वेतालं स राजा तमभाषत ॥ २२
त्वं चेत्प्रसन्नः को नाम न सिद्धोऽभिमतो वरः । तथाप्यमोघवचनादिदं त्वत्तोऽहमर्थये ॥ २३
आद्याः प्रश्नकथा एता नानाख्यानमनोरमाः । चतुर्विंशतिरेषा च पञ्चविंशी समाप्तिगा ॥ २४
सर्वाः ख्याता भवन्त्वेताः पूजनीयाश्च भूतले । इति तेनार्थितो राज्ञा वेतालो निजगाद सः ॥ २५
एवमस्तु विशेषं च शृणु वच्म्यत्र भूतले । याश्चतुर्विंशतिः पूर्वा यैषा चैका समापिनी ॥ २६
कथावलीयं वेतालपञ्चविंशतिकाख्यया । ख्याता जगति पूज्या च शिवा चैव भविष्यति ॥ २७
यः श्लोकमात्रमप्यस्याः कथयिष्यति सादरः । यो वा श्रोष्यति तौ सद्यो मुक्तपापौ भविष्यतः ॥ २८
यक्षवेतालकूष्माण्डडाकिनीराक्षसादयः । न तत्र प्रभविष्यन्ति यत्रैषा कीर्तयिष्यते ॥ २९
इत्युक्त्वा स ययौ तस्मान्निर्गत्य नृकलेवरात् । यथाभिरुचितं धाम वेतालो योगमायया ॥ ३०
ततस्तत्र सुरैः सार्धं राज्ञस्तस्य महेश्वरः । साक्षादाविरभूत्तुष्टः प्रणतं चादिदेश तम् ॥ ३१
साधु वत्स हतोऽद्यायं यत्त्वया कूटतापसः । विद्याधरमहाचक्रवर्तिताहठकामुकः ॥ ३२
त्वमादौ विक्रमादित्यः सृष्टोऽभूः स्वांशतो मया । म्लेच्छरूपावतीर्णानामसुराणां प्रशान्तये ॥ ३३
अथ चोद्दामदुर्वृत्तदमनाय मया पुनः । त्वं त्रिविक्रमसेनाख्यो वीरः सृष्टोऽत्र भूपतिः ॥ ३४
अतः सद्वीपपातालां स्थापयित्वा महीं वशे । विद्याधराणामचिरादधिराजो भविष्यसि ॥ ३५
भुक्त्वा दिव्यांश्चिरं भोगानुद्विग्नः स्वेच्छयैव तान् । त्यक्त्वा ममैव सायुज्यमन्ते यास्यस्यसंशयम् ॥ ३६
अपराजितनामानं खड्गं चैतं गृहाण मे । यस्य प्रसादात्सर्वं त्वं प्राप्स्यस्येतद्यथोदितम् ॥ ३७
इत्युक्त्वा खड्गरत्नं तद्दत्त्वा तस्मै महीभृते । वाक्पुष्पाभ्यर्चितस्तेन देवः शंभुस्तिरोदधे ॥ ३८

अथ दृष्ट्वेव समाप्तं कार्यमशेषं निशि प्रभातायाम् ।
प्रविवेश स त्रिविक्रमसेनः स्वपुरं नृपः प्रतिष्ठानम् ॥ ३९

तत्र क्रमावगतरात्रिविचेष्टिताभिरभ्यर्चितः प्रकृतिभिर्विततोत्सवाभिः ।
स्नानप्रदानगिरिशार्चननृत्तगीतवाद्यादिभिस्तदखिलं स दिनं निनाय ॥ ४०

अल्पैरेव च वासरैः स नृपतिः शार्वस्य वीर्याद्सेः
सद्वीपां सरसातलां च बुभुजे निष्कण्टकां मेदिनीम् ।
संप्राप्याथ हराज्ञया सुमहतीं विद्याधराधीशतां
भुक्त्वा तां सुचिरं जगाम भगवत्सायुज्यमन्ते कृती ॥ ४१

(इति वेतालपञ्चविंशतिका ।)

इति विक्रमकेसरी स मन्त्री चिरमिलितः पथि शापविप्रयोगात् ।
अभिधाय पुनर्मृगाङ्कदत्तं प्रकृतार्थं निजगाद राजपुत्रम् ॥ ४२

एवं देव स वृद्धो विप्रो वेतालपञ्चविंशतिकाम् ।
एतामाख्याय कथां ग्रामे तस्मिन्नुवाच मां भूयः ॥ ४३

तत्पुत्र स त्रिविक्रमसेनो राजा किलैवमक्लीबः ।
वेतालानुग्रहतः किमिव न यत्प्राप्तवानिष्टम् ॥ ४४

तस्मादिह त्वमपि मन्त्रमिमं गृहीत्वा मत्तः प्रसादय विमुक्तविषादवृत्तिः ।
वैतालतुल्यममुना प्रभुणा मृगाङ्कदत्तेन संगममवाप्स्यसि वीर येन ॥ ४५

नह्यप्राप्यं किंचिदुत्साहभाजां भग्नोत्साहो वत्स को नावसीदेत् ।
तत्ते प्रीत्या वच्मि यत्तत्कुरुष्व त्वं मे बन्धुः सर्पदंशार्तिहर्ता ॥ ४६

इत्युक्तवतस्तस्माद्विप्रादादाय सक्रियं मन्त्रम् ।
तं चामन्त्र्य ततोऽहं देवोज्जयिनीं गतोऽभूवम् ॥ ४७
तत्र श्मशाने मटकं रजन्यामाहृत्य कृत्वा स्नपनादि तस्य ।
आहूय मन्त्रेण च तेन तस्मिन्वेतालमस्म्यर्चितवान्यथावत् ॥ ४८
भोज्यं महामांसमदायि तस्मै तृप्त्यै तदा सोऽपि तदाशु जग्ध्वा ।
तृप्तोऽस्मि नैवान्यदुपानयेति मामभ्यधान्मानुषमांसगृध्नुः ॥ ४९
कालं यदा नाक्षमतात्र किंचिदुत्कृत्य मांसानि तदा निजानि ।
प्रादामहं प्रीतिकराणि तस्मै योगेश्वरस्तेन स मेऽभ्यतुष्यत् ॥ ५०
अथाब्रवीन्मां स सखे दृढेन सत्त्वेन तुष्टोऽस्म्यमुनाधुना ते ।
तत्पूर्ववद्वीर भवाक्षताङ्गो वृणीष्व मत्तो वरमीप्सितं च ॥ ५१
इत्युक्तवन्तं तमहं तदैव प्रत्यब्रवं मां नय देव तत्र ।
यत्र प्रभुर्मे स मृगाङ्कदत्तो नातः परोऽन्योऽभिमतो वरो मे ॥ ५२
एतत्स वेतालपतिर्निशम्य मामभ्यधात्तर्हि ममांसपृष्ठम् ।
आरोह यावत्तरसा भवन्तं तस्यान्तिकं स्वस्य विभोर्नयामि ॥ ५३
इत्येव तस्योक्तवतस्तथेति स्कन्धाग्रमारोहमहं प्रसह्य ।
ततो वहन्मां स नभःपथेन प्रातिष्ठत प्रेततनुप्रविष्टः ॥ ५४
आनीय चेहाद्य विलोक्य युष्मान्मार्गेऽवतार्याम्बरतश्च तेन ।
एतेन वेतालवरेण देव संप्रापितोऽहं तव पादमूलम् ॥ ५५
समागतश्च प्रभुणाहमद्य गतः स चाप्येष समाप्तकृत्यः ।
इत्येष मे मानद नागशापाद्भवद्वियुक्तस्य महानुदन्तः ॥ ५६
इति विक्रमकेसरिणो निजसचिवाच्छ्रुतवियोगवृत्तान्तः ।
मार्गे मृगाङ्कदत्तो गच्छन्कान्तानिमित्तमुज्जयिनीम् ॥ ५७
पारावताख्यशापभ्रष्टक्रममिलितकतिपयामात्यः ।
मुमुदे स राजपुत्रः संभावितसकलसाध्यसंपत्तिः ॥ ५८

इति महाकविश्रीसोमदेवभट्टविरचिते कथासरित्सागरे शशाङ्कवतीलम्बके द्वात्रिंशस्तरङ्गः ।

त्रयस्त्रिंशस्तरङ्गः ।

नमो विघ्नजिते यस्य जानुदेशे विवर्तते । कुम्भस्थलेव नक्षत्रमाला रात्रिषु नृत्यतः ॥ १
ततः कथावसाने स मार्गमध्यात्समुत्थितः । मृगाङ्कदत्तो मुदितः प्राप्तविक्रमकेसरी ॥ २
गुणाकरेण सहितस्तथा विमलबुद्धिना । सविचित्रकथो भीमपराक्रमसमन्वितः ॥ ३
प्रचण्डशक्तियुक्तश्च श्रुतधिद्विजसंगतः । प्राप्तशेषान्विचिन्वानः शापविश्लेषितान्सखीन् ॥ ४
शशाङ्कवत्याः संप्राप्त्यै प्रागेवोज्जयिनीं प्रति । गन्तुं प्रवृत्तः पुनरप्युच्चचालात्मनाष्टमः ॥ ५
क्रमात्प्राप च स ग्रीष्मशुष्कतोयामपादपाम् । अटवीं चण्डमार्तण्डतापसंतप्तवालुकाम् ॥ ६
तस्यां व्रजन्स सचिवान्राजपुत्रो जगाद तान् । पश्यतैषाटवी कीदृग्दुर्गमायतभैरवा ॥ ७
एषा हि विभ्रष्टपथा जनत्यक्ता निराश्रया । उग्रदुःखानलज्वालेवाभिर्मरुमरीचिभिः ॥ ८
विकीर्णरूक्षकेशेव तृणैरुच्छुष्कमर्मरैः । सिंहव्याघ्रादिवित्रासरोमाञ्चेव कण्टकैः ॥ ९
रुवतीवातपक्लान्तजलाकाङ्क्षिमृगारवैः । तदेषा त्वरयास्माभिर्लङ्घनीया विशङ्कटा ॥ १०
इत्यूचिवान्स तैः सार्धं सचिवैः क्षुत्तृषार्दितैः । द्रुतं मृगाङ्कदत्तस्तामटवीमुदलङ्घयत् ॥ ११
ददर्श चाग्रे सुमहत्स्वच्छशीतजलैर्भृतम् । सरोऽर्कतापगलितस्यामृतांशोरिव द्रवैः ॥ १२

दिगन्तव्यापिविस्तारं प्रतिबिम्बमिवात्मनः। द्रष्टुं त्रैलोक्यलक्ष्म्येव विहितं मणिदर्पणम् ॥ १३
धार्तराष्ट्रकृतक्षोभं विचित्रार्जुनविभ्रमम्। विश्रान्तिकृत्स्वादुरसं भारतानुकृतिं दधत् ॥ १४
उपकण्ठमिलन्नीलकण्ठपीतविषोत्तमम्। अच्युताश्रितलक्ष्मीकं मन्थकालाब्धिसंनिभम् ॥ १५
सूर्यरश्मिभिरप्राप्तगम्भीरशिशिरान्तरम्। अनन्तपद्मनिलयं पातालमिव भूमिगम् ॥ १६
तस्य तीरे च सरसः पश्चिमे स व्यलोकयत्। राजपुत्रः ससचिवो महान्तं दिव्यपादपम् ॥ १७
वातान्दोलितविस्तारिशाखाभुजकदम्बकम्। मूर्धलग्नाभ्रसरितं नृत्यन्तमिव शंकरम् ॥ १८
अत्युन्नतेन शिरसा व्योमपृष्ठावगाहिना। कौतुकान्नन्दनोद्यानशोभां द्रष्टुमिवोद्यतम् ॥ १९
शोभमानं फलैर्दिव्यरसैः शाखावलम्बिभिः। कल्पद्रुमं सुरानद्धैः पीयूषकलशैरिव ॥ २०
मा मां यथा तथा कश्चित्प्राक्षीदिति खगारवैः। व्याहरन्तमिव प्रेङ्खत्पल्लवाग्रकरं मुहुः ॥ २१
यावन्मृगाङ्कदत्तस्तं स निर्वर्णयति प्रभुः। तावत्तन्मन्त्रिणस्तस्मिन्प्रधाव्य क्षुत्तृषार्दिताः ॥ २२
फलानि भोक्तुमारूढास्तस्य दृष्ट्वैव तानि ते। फलत्वं षडपि प्राप्ता मानुषा अप्यशङ्कितम् ॥ २३
ततो मृगाङ्कदत्तस्तानपश्यन्विह्वलः सखीन्। एकैकं स तरौ तत्र नामग्राहमशब्दयत् ॥ २४
यदा ददुर्न वचनं न चादृश्यन्त ते क्वचित्। तदा हा हा हतोऽस्मीति नैराश्यविधुरं वदन् ॥ २५
स राजपुत्रो न्यपतन्मूर्च्छितोऽत्र महीतले। द्रुमानारूढपार्श्वस्थकेवलश्रुतधिद्विजः ॥ २६
श्रुतधिः स च विप्रस्तमुवाचाश्वास्य तत्क्षणम्। कृतप्रज्ञोऽपि किं देव त्यक्तधैर्योऽवसीदसि ॥ २७
अश्रुते हि स कल्याणं व्यसने यो न मुह्यति। नागशापवियुक्तान्किं नैतान्संप्राप्तवानसि ॥ २८
तथैव पुनरप्येतान्मन्त्रिणोऽन्यांश्च लप्स्यसे। शशाङ्कवत्या संयोगोऽप्यचिरात्ते भविष्यति ॥ २९
एवं श्रुतधिनोक्तः सन्राजपुत्रो जगाद सः। कुत एतदिदं धात्रा नाशायासूत्रितं हि नः ॥ ३०
कान्यथा निशि वेतालः क च भीमपराक्रमः। क शशाङ्कवतीज्ञानं तत्संवादप्रसङ्गतः ॥ ३१
तां च प्राप्तुमयोध्यायाः क चास्माकं विनिर्गमः। विन्ध्याटव्यां क चान्योन्यवियोगो नागशापतः ॥ ३२
ततः कतिपयानां नः क्रमशः क च संगमः। क चाधुना वियोगोऽयमिष्टत्यागः पुनः सखे ॥ ३३
ते हि वृक्षेऽत्र भूतेन ग्रस्तास्तैश्च विना मम। का शशाङ्कवती किं च जीवितं तदलं भ्रमैः ॥ ३४
इत्यूचिवाञ्शुचा सोऽत्र सरस्यात्मानमुज्झितुम्। मृगाङ्कदत्त उत्तस्थौ श्रुतधौ वारयत्यपि ॥ ३५
तावद्वागत्र गगनादुच्चचाराशरीरिणी। मा पुत्र साहसं कार्षीः सर्वं स्वन्तं हि भावि ते ॥ ३६
अस्मिन्गणपतिर्देवः स्वयं वसति पादपे। स च त्वत्सचिवैरेतैरयाज्ञानाद्विमानितः ॥ ३७
ते ह्यशुद्धा अनाचान्ता अक्षालितकराङ्घ्रयः। क्षुधार्तास्तन्निवासेऽस्मिन्नारूढाः फललिप्सवः ॥ ३८
ततः स्पृष्टेषु तेष्वत्र फलतामेव ते गताः। यच्चित्तास्तद्गतिं गच्छन्त्विति विघ्नेशशापतः ॥ ३९
अन्येऽपि ये त्वत्सचिवाश्चत्वारस्ते पथामुना। आगता एवमेवास्मिन्नारूढाः फलतां गताः ॥ ४०
तस्मादाराधयैतं त्वं तपोभिर्गणनायकम्। एतत्प्रसादात्सर्वेष्टसिद्धिस्तव भविष्यति ॥ ४१
इत्युक्तः स सुधासारस्रुजेवाकाशतो गिरा। मृगाङ्कदत्तो जातास्थो देहत्यागान्न्यवर्तत ॥ ४२
कृत्वा च सरसि स्नानं तरौ तस्मिन्गणाधिपम्। अर्चयित्वोज्झिताहारस्तमस्तौषीत्कृताञ्जलिः ॥ ४३

जय निजताण्डवडम्बरमर्दभरन्यञ्चितेन भुवनेन।
समहीशैलवनेन प्रणम्यमानेश गजवदन ॥ ४४
जय ससुरासुरमानुषभुवनत्रयपूजिताङ्घ्रिकमलयुग।
वरविविधसिद्धिनिर्भरनिधान कुम्भोपमाकार ॥ ४५
जय युगपदुदितचण्डद्वादशदिनकृत्प्रदीप्ततेजस्क।
हरहरिसुरपतिदुर्जयदितिजकुलाकालकल्पान्त ॥ ४६
जय भक्तवृजिनवारण लीलानीराजनोल्मुकेनेव।
परशुवरेण विराजितकरतलकलितानलज्वाल ॥ ४७

अभिमतसिद्ध्यै भर्तुस्त्रिपुरावजये गणेश गौर्यापि ।
यः पूजितोऽसि तं त्वां श्रितोऽस्मि शरणं नमस्तेऽस्तु ॥ ४८

इति संस्तुतविघ्नेशो निराहारः कुशास्तरे । मृगाङ्कदत्तोऽनैषीत्तां रात्रिं तस्य तरोस्तले ॥ ४९
तथैवैकादशाहानि श्रुतधौ परिचारके । विघ्नेशाराधनपरो राजपुत्रो निनाय सः ॥ ५०
द्वादशेऽह्नि निशि स्वप्ने तं जगाद गणेश्वरः । वत्स तुष्टोऽस्मि ते मुक्तशापान्प्राप्स्यसि मन्त्रिणः ॥ ५१
गत्वा च तैः समं प्राप्य तां शशाङ्कवतीं क्रमात् । प्रत्यावृत्य स्वनगरीं पृथ्वीराज्यं करिष्यसि ॥ ५२
एवं गणेश्वरादिष्टः प्रबुद्धः स निशाक्षये । मृगाङ्कदत्तः स्वप्नं तं दृष्टं श्रुतधयेऽभ्यधात् ॥ ५३
तेनाभिनन्दितः प्रातः स्नात्वाभ्यर्च्य विनायकम् । तद्वासवृक्षं तं यावत्कुरुते स प्रदक्षिणम् ॥ ५४
तावत्समं तरोस्तस्मादवतीर्य दशापि ते । फलत्वमुक्ताः सचिवा निपेतुस्तस्य पादयोः ॥ ५५
व्याघ्रसेनस्तथा स्थूलबाहुर्मेघबलोऽपि च । दृढमुष्टिश्चतुर्थश्च पट् चादौ येऽत्र वर्णिताः ॥ ५६

ततः स सकलान्समं सपदि मन्त्रिणः प्राप्य तान्
दृशाकुलितया गिरा प्रमदमन्थरारम्भया ।
नरेश्वरसुतोऽधिकप्रणयमेकमेकं मुहु-
र्ददर्श परिषस्वजे तदनु संबभाषे कृती ॥ ५७

तेऽपि नवेन्दुक्षामं कृततपसं वीक्ष्य तं प्रभुं सास्राः ।
श्रुतधिनिगदितयथार्थाः प्रशशंसुर्नाथवन्तमात्मानम् ॥ ५८

अथ तत्र स तैर्मृगाङ्कदत्तः सरसि कृताप्लवनादिभिः सहैव ।
सचिवैः सुखपारणं सहर्षो विदधे लब्धधृतिः स्वकार्यसिद्ध्यै ॥ ५९

इति महाकविश्रीसोमदेवभट्टविरचिते कथासरित्सागरे शशाङ्कवतीलम्बके त्रयस्त्रिंशस्तरङ्गः ।

चतुस्त्रिंशस्तरङ्गः ।

ततः सोऽत्र सरस्तीरे कृतपारणसुस्थितः । मृगाङ्कदत्तस्तैः साकं सचिवैः स्वैरुपाविशत् ॥ १
ततस्ते तदहः प्राप्ताश्चत्वारो निजमन्त्रिणः । तेनापृच्छ्यन्त विश्लेषकालवृत्तान्तमादरात् ॥ २
अथ स व्याघ्रसेनाख्यस्तेषां मध्यात्तमब्रवीत् । देवास्मदीयवृत्तान्तं श्रूयतां वर्णयाम्यहम् ॥ ३
यदा पारावताख्यस्य तस्य नागस्य शापतः । भवद्भ्यो दूरविभ्रष्टो जातोऽहं नष्टचेतनः ॥ ४
तदा भ्रान्त्वाटवीं रात्रौ लब्धसंज्ञोऽप्यहं चिरात् । न दिशो न च पन्थानमपश्यं तमसा वृतः ॥ ५
कृच्छ्राच्च दुःखदीर्घायां गतायां विरतिं निशि । उदिते भगवत्यर्के क्रमादाशाप्रकाशके ॥ ६
अचिन्तयमहं हा धिक् क नु यातः स नः प्रभुः । अस्मद्वियुक्तश्चैकाकी कथं सोऽत्र भविष्यति ॥ ७
कथं वा तमवाप्स्यामि कुत्रान्विष्यामि का गतिः । वरमुज्जयिनीं यामि तत्र प्राप्येत जातु सः ॥ ८
सा शशाङ्कवतीहेतोर्गन्तव्या तस्य हि स्थिता । इत्याशया शनैः प्रायामहमुज्जयिनीं प्रति ॥ ९
गाहमानोऽथ कष्टां तामटवीं दुर्दशामिव । दह्यमानोऽर्ककिरणैरग्निचूर्णोल्करैरिव ॥ १०
कथंचित्प्राप्तवानस्मि सरः फुल्लोत्पलेक्षणम् । हंसादिमधुरारावैः संभाषणमिवाचरत् ॥ ११
प्रयुक्तवीचिहस्ताग्रं प्रसन्नविपुलाशयम् । दर्शनादेव सर्वार्तिहरं सत्पुरुषं यथा ॥ १२
तत्र स्नात्वा च भुक्त्वा च बिसान्यापीय वारि च । यावत्स्थितोस्मि तावत्त्रीनेतानद्राक्षमागतान् ॥ १३
दृढमुष्टिमथ स्थूलबाहुं मेघबलं तथा । समेत्य च भवद्वार्ता मिथोऽस्माभिरपृच्छ्यत ॥ १४
अजानन्तश्च सर्वेऽपि वयं ते पापशङ्किनः । अकार्ष्म देहत्यागाय मतिं त्वद्विरहासहाः ॥ १५
तावच्च तस्मिन्सरसि स्नातुं मुनिकुमारकः । आगमद्दीर्घतपसः सुतो नाम्ना महातपाः ॥ १६
जटीकृतनिजज्वालो भूयोऽग्निरिव खाण्डवम् । दिधक्षुराश्रितो ब्राह्मीं प्रज्वलंस्तेजसा तनुम् ॥ १७
कृष्णाजिनेन संवीतः सव्येनात्तकमण्डलुः । दक्षिणेन करेणाक्षमालावलयमुद्वहन् ॥ १८

सहागतमृगैः शृङ्गप्रोत्खातस्नानमृत्तिकः । युक्तः कतिपयैरन्यैः समानैर्मुनिपुत्रकैः ॥ १९
सोऽस्मानुपागाद्दृष्ट्वैव सरःप्रपतनोद्यतान् । करुणार्द्रो हि सर्वस्य सन्तोऽकारणबान्धवाः ॥ २०
अवदच्च न कार्यं वः पापं कापुरुषोचितम् । दुःखान्धा हि पतन्त्येव विपच्छ्वभ्रेषु कातराः ॥ २१
धीरास्तु दृष्टसन्मार्गा विवेकामलचक्षुषः । न पतन्त्यवटे प्राप्यमवश्यं प्राप्नुवन्ति च ॥ २२
यूयं च भव्याकृतयः कल्याणं प्राप्स्यथ ध्रुवम् । तद्ब्रूत किं नु दुःखं वो मानसं दूयते हि मे ॥ २३
एवमुक्तवते तस्मै मुनिपुत्राय तत्क्षणम् । आमूलान्निजवृत्तान्तं सर्वं कथितवानहम् ॥ २४
ततस्तेन वयं तैस्तैर्वाक्यैरायतिदर्शिभिः । संबोध्य सानुगेनापि देहत्यागान्निवर्तिता ॥ २५
अथ स्नात्वा ततो नातिदूरं स मुनिपुत्रकः । अस्माननैषीदातिथ्यं विधित्सुः पितुराश्रमम् ॥ २६
तत्रोच्चशाखोर्ध्वभुजैर्वेदिकासूत्थितस्थितैः । प्रारब्धतपसीवार्करश्मिपैः पादपैरपि ॥ २७
उपवेश्यैकदेशेऽस्मान्दत्तार्घ्यान्स मुनेः सुतः । एकैकमाश्रमतरुं गत्वा भिक्षामयाचत ॥ २८
अपूर्यत क्षणात्तस्य फलैस्तेभ्यः स्वतश्च्युतैः । भिक्षापात्रमथागात्तद्गृहीत्वा सोऽस्मदन्तिकम् ॥ २९
अदाच्च दिव्यास्वादानि तान्यस्मभ्यं फलानि सः । यैर्भुक्तैरमृतेनेव तृप्ता जाता वयं तदा ॥ ३०
क्षीणेऽह्नि चाब्धौ पतिते सूर्ये ज्योतिर्भिरम्बरे । तत्पातोच्छलितैरम्भःशीकरैरिव पूरिते ॥ ३१
तद्वैराग्यादिव प्राचीशैलशृङ्गतपोवनम् । संवीतचन्द्रिकाधौतवल्कले शशिनि श्रिते ॥ ३२
एकस्थानोपविष्टानां कृताशेषस्वकर्मणाम् । मुनीनामाश्रमे तत्र दर्शनाय गता वयम् ॥ ३३
प्रणिपत्योपविष्टाश्च कृतातिथ्यैः प्रियंवदैः । कुतो यूयमिति क्षिप्रात्पृष्टाः स्मस्तैर्महर्षिभिः ॥ ३४
ततो मुनिकुमारेण तेन तेभ्यो निवेदितः । तदाश्रमप्रवेशान्तो वृत्तान्तोऽस्मन्निबन्धनः ॥ ३५
अथास्मानत्र कण्वाख्यो ज्ञानी मुनिरभाषत । किमेवं वीरपुरुषा अपि क्लैब्यं गताः स्थ भोः ॥ ३६
आपद्यभग्नधैर्यत्वं संपद्यनभिमानिता । यदुत्साहस्य चात्यागस्तद्धि सत्पुरुषव्रतम् ॥ ३७
महान्तश्च महान्त्येव कृच्छ्राण्युत्तीर्य धैर्यतः । महतोऽर्थान्समासाद्य महच्छन्दमवाप्नुवन् ॥ ३८
इयं सुन्दरसेनस्य तथा च श्रूयतां कथा । यथा मन्दारवत्यर्थे क्लेशस्तेनान्वभूयत ॥ ३९
इत्युक्त्वा स मुनिः कण्वः सर्वेष्वत्र महर्षिषु । अस्मासु चोपशृण्वत्सु कथामेतामवर्णयत् ॥ ४०
अस्त्यलंकृतकौबेरीदिङ्मुखो निषधाभिधः । देशस्तत्रालका नाम बभूव नगरी पुरा ॥ ४१
यस्यां सदैव सर्वार्थसमृद्धिसुखितो जनः । केवलं रत्नदीपानामासीच्छश्वदनिर्वृतिः ॥ ४२
तस्यामन्वर्थनामाभून्महासेनो महीपतिः । शरजन्माद्भुताप्युग्रप्रतापप्लुष्टशात्रवः ॥ ४३
तस्य राज्ञो महामन्त्री गुणपालित इत्यभूत् । शौर्यालयो महीभारवोढा शेष इवापरः ॥ ४४
तस्मिन्न्यस्तभरस्यास्य सुखिनः क्षपितद्विषः । देव्यां शशिप्रभाख्यायामुत्पेदे नृपतेः सुतः ॥ ४५
नाम्ना सुन्दरसेनो यः शिशुरेवाशिशुर्गुणैः । शौर्यसौन्दर्यलक्ष्मीभ्यां स्वयंवरपतिर्वृतः ॥ ४६
तस्य राजसुतस्यात्र शूरास्तुल्यवयोगुणाः । आ बाल्यात्सह संवृद्धा बभूवुः पञ्च मन्त्रिणः ॥ ४७
चण्डप्रभो भीमभुजस्तथा व्याघ्रपराक्रमः । वीरो विक्रमशक्तिश्च दृढबुद्धिश्च पञ्चमः ॥ ४८
ते च सर्वे महासत्त्वा बलबुद्धिसमन्विताः । कुलीनाः स्वामिभक्ताश्च रुतज्ञा अपि पक्षिणाम् ॥ ४९
तैः समं स उवासात्र राजपुत्रः पितुर्गृहे । अनुरूपां विना भार्यां तरुणोऽप्यपरिग्रहः ॥ ५०
अनन्याक्रमणं शौर्यं धनं निजभुजार्जितम् । भार्या रूपानुरूपा च पुरुषस्येह पूज्यते ॥ ५१
अन्यथा तु किमेतेन त्रयेणापीत्यचिन्तयत् । स च सुन्दरसेनोऽथ वीरस्तैः सचिवैः सह ॥ ५२
एकदा चान्वितः सैन्यैर्वयस्यैस्तैश्च पञ्चभिः । निर्ययौ मृगयाहेतोर्नगर्याः स नृपात्मजः ॥ ५३
निर्यातं च ददर्शैतं दूरदेशान्तरागता । कापि कात्यायनी नाम प्रौढा प्रव्राजिकोत्तमा ॥ ५४
अरोहिणीकश्चन्द्रोऽयं किं वाप्यरतिकः स्मरः । इति चामानुषं वीक्ष्य तद्रूपं सा व्यचिन्तयत् ॥ ५५
बुद्ध्वा च राजपुत्रं तं पृष्टात्तत्परिवारतः । धातुः सा सर्गवैचित्र्यं प्रशंसन्ती विसिस्मिये ॥ ५६
अथारात्तारदीर्घेण राजपुत्रं स्वरेण तम् । कुमार विजयस्वेति वदन्ती प्रणनाम सा ॥ ५७

सोऽपि सुन्दरसेनस्तदनाकर्ण्यैव तत्क्षणम् । ययौ स्वसचिवारब्धकथाव्यग्रेण चेतसा ॥ ५८
अथोच्चैः श्रावयन्ती तं सा क्रुद्धोवाच तापसी । न शृणोष्याशिषं कस्माद्राजपुत्र ममाप्यहो ॥ ५९
कस्याहं नार्चिता पृथ्व्यां राज्ञो राजसुतस्य वा । एवमेव च दर्पोऽयं यदि ते यौवनादिभिः ॥ ६०
तन्मन्दारवतीं कन्यां हंसद्वीपेश्वरात्मजाम् । जगल्ललामभूतां च भार्यात्वेन त्वमाप्स्यसि ॥ ६१
ततो मन्ये महेन्द्रादेरपि श्रोष्यसि न ध्रुवम् । मदावलेपाद्वचनं के वराकास्तु मानुषाः ॥ ६२
एवमुक्तवतीं श्रुत्वा तामाहूय सकौतुकः । प्रह्वः सुन्दरसेनोऽसौ क्षमयामास तापसीम् ॥ ६३
प्रजिघाय च भृत्यानां हस्ते विश्रमणाय सः । गृहं विक्रमशक्तेस्तां प्रष्टुकामः स्वमन्त्रिणः ॥ ६४
ततो गत्वा कृताखेटः प्रत्यागत्य कृताह्निकः । तामानाय्य स पप्रच्छ कुमारो भुक्तभोजनाम् ॥ ६५
भगवत्युच्यतां कैषा त्वयाद्य परिकीर्तिता । कन्या मन्दारवत्याख्या परं कौतूहलं हि नः ॥ ६६
तच्छ्रुत्वा तापसी सा तमुवाच शृणु वच्म्यदः । तीर्थादिहेतोः सद्वीपां भ्रमामि पृथिवीमिमाम् ॥ ६७
भ्रमन्ती प्राप्तवत्यस्मि हंसद्वीपं प्रसङ्गतः । तत्र मन्दारदेवस्य राज्ञो दृष्टा मया सुता ॥ ६८
देवपुत्रोपभोगार्हा दृश्या नापुण्यकर्मभिः । या मन्दारवतीत्याख्यां धत्ते श्रीरिव नान्दनी ॥ ६९
बिभ्रती हारिणीं मूर्तिं दर्शनोद्दीपितस्मरा । धात्रा सुधामयी सृष्टा या चान्द्यैवैन्दवी तनुः ॥ ७०
तस्या रूपेण सदृशो नास्त्येवान्यत्र भूतले । जानेऽनुहरति त्वेको भवांस्तद्रूपसंपदम् ॥ ७१
यैः सा न दृष्टा विफले तेषां नेत्रे च जन्म च । इति श्रुत्वा च तापस्या मुखाद्राजसुतोऽब्रवीत् ॥ ७२
तस्यास्तत्तादृशं रूपं पश्यामोऽम्ब वयं कथम् । एतत्तद्वचनं श्रुत्वा सापि प्रव्राजिकाभ्यधात् ॥ ७३
अहं चित्रपटे तां च तत्काललिखितां रसात् । वहे वल्गुलिकान्तःस्थां कौतुकं यदि दृश्यताम् ॥ ७४
एवमुक्तवती तस्मै तुष्टाय नृपसूनवे । कृष्ट्वा वल्गुलिकातः सा चित्रस्थां तामदर्शयत् ॥ ७५
सोऽपि सुन्दरसेनस्तां कन्यां चित्रगतामपि । विचित्ररूपामानन्दनिःस्पन्दं प्रविलोकयन् ॥ ७६
रोमाञ्चकण्टकचितैरङ्गैरास्ते स्म तत्क्षणम् । कीलितः पुष्पचापस्य बाणैरिव निरन्तरैः ॥ ७७
शनैरशृण्वन्नवदन्नपश्यंश्चैव किंचन । तन्मयीभूय चित्रस्थ इव सोऽप्यभवच्चिरम् ॥ ७८
तद्दृष्ट्वा मन्त्रिणस्तस्य जगदुस्तां तपस्विनीम् । आर्ये सुन्दरसेनं त्वं देवमत्र पटे लिख ॥ ७९
सदृशालेख्यविज्ञानं तावद्वीक्षामहे तव । तच्छ्रुत्वैव लिलेखैतं कुमारं सा क्षणात्पटे ॥ ८०
तं चातिसदृशं दृष्ट्वा सर्वेऽप्यत्रैवमब्रुवन् । नास्त्यालेख्यविसंवादो भगवत्या मनागिति ॥ ८१
अयं कुमार एवेति चित्रेऽस्मिञ्जायते हि धीः । तन्मन्दारवतीदेवीरूपं नात्र विसंवदेत् ॥ ८२
इत्युक्तवत्सु सचिवेष्वात्तचित्रपटद्वयः । प्रीतः सुन्दरसेनस्तां पूजयामास तापसीम् ॥ ८३
विसृज्य च यथार्हं तामेकस्थानानिवासिनीम् । विवेशाभ्यन्तरगृहं कान्ताचित्रपटं वहन् ॥ ८४
किं मुखं किमु कान्त्यास्याः क्षालिताङ्कमलः शशी । राज्याभिषेककलशौ स्मरस्यैतावुत स्तनौ ॥ ८५
लहर्यो रूपजलधेः किमेतास्त्रिवलीलताः । नितम्बः किमयं किं वा विलासशयनं रतेः ॥ ८६
इति चित्रगतां तत्र प्रत्यङ्गं तां विभावयन् । स मन्दारवतीं तस्थौ निपत्य शयनीयके ॥ ८७
तथैव चान्वहं तिष्ठन्नाहारादिपराङ्मुखः । स्मरज्वरभराक्रान्तः सोऽल्पैरेवाभवद्दिनैः ॥ ८८
तद्बुद्ध्वागत्य पितरौ तस्य पप्रच्छतुः सखीन् । शशिप्रभामहासेनौ स्वैरमस्वास्थ्यकारणम् ॥ ८९
तद्वयस्याश्च ते ताभ्यां तथा सर्वं तदब्रुवन् । यथात्र हेतुतां प्राप्ता हंसद्वीपनृपात्मजा ॥ ९०
ततः सुन्दरसेनं तं महासेनो जगाद सः । पुत्र किं गूह्यते स्थाने खल्वभिष्वङ्ग एष ते ॥ ९१
कन्यारत्नं हि मन्दारवती योग्या तवैव सा । मित्रं मन्दारदेवश्च परमं तत्पिता मम ॥ ९२
तद्दूतसाध्ये युक्ते च कास्मिन्नर्थे कदर्थना । एवं तमुक्त्वा संमन्त्र्य कन्यां तां तस्य याचितुम् ॥ ९३
राज्ञो मन्दारदेवस्य हंसद्वीपं विसृष्टवान् । दूतं सुरतदेवाख्यं स महासेनभूपतिः ॥ ९४
ददौ सुन्दरसेनं तं तापस्या लिखितं तया । हस्ते चित्रपटे तस्य रूपोत्कर्षप्रकाशकम् ॥ ९५
स दूतश्चतुरं गत्वा प्राप्याम्बुधितटे पुरम् । महेन्द्रादित्यनृपतेः शशाङ्कपुरसंज्ञकम् ॥ ९६

ततः प्रवहणारूढो हंसद्वीपमवाप तत् । दिनैर्मन्दारदेवस्य नृपतेस्तस्य मन्दिरम् ॥ ९७
द्वाःस्थैरावेदितस्तत्र प्रविश्यान्तर्विलोक्य सः । यथावृत्तं नृपं दूतो दत्तकोशलिकोऽभ्यधात् ॥ ९८
संदिष्टं ते महाराज महासेनेन भूभुजा । देहि सुन्दरसेनाय मत्पुत्राय निजां सुताम् ॥ ९९
पटे च लिखिता सा हि कात्यायन्यभिधानया । तापस्या कन्यकारत्नमित्यानीयेह दर्शिता ॥ १००
रूपानुरूप्याच्चास्माभिर्जातेच्छैर्लिखितं पटे । रूपं सुन्दरसेनस्याप्यत्र प्रहितमीक्ष्यताम् ॥ १०१
एष चासदृशो रूपे भार्यां स्वसदृशीं विना । नेच्छत्युद्वाहमेका च त्वत्सुतास्यानुकारिणी ॥ १०२
इति संदिश्य हस्ते मे पटो राज्ञायमर्पितः । दृश्यतां युज्यतां देव मधुना माधवी लता ॥ १०३
एतद्दूतवचः श्रुत्वा हर्षादानाययन्नृपः । सुतां स मन्दारवतीं देवीं तस्याश्च मातरम् ॥ १०४
ताभ्यां सह तमुद्घाट्य दृष्ट्वा चित्रपटं च सः । तुल्यो मद्दुहितुः पृथ्व्यां नास्तीत्येतन्मदं जहौ ॥ १०५
जगाद चामुना राजपुत्रेण यदि युज्यते । तदस्या रूपनिर्माणं सुतायाः सफलं मम ॥ १०६
अनेन रहिता ह्येषा राजते नानयाप्यसौ । का ह्यब्जिनी विना हंसं कश्च हंसोऽब्जिनीं विना ॥ १०७
इति राज्ञोदिते राज्यां श्रद्धावत्यामतीव च । सा मन्दारवती जज्ञे सद्यो मदनमोहिता ॥ १०८
तस्थौ चित्रपटन्यस्तनिश्चलोत्फुल्ललोचना । अधिष्ठितेव सुप्तेव विनिद्रा लिखितेव च ॥ १०९
ततो मन्दारदेवस्तां सुतां दृष्ट्वा तथाविधाम् । अङ्गीकृत्यैव तद्दानं स तं दूतमपूजयत् ॥ ११०
अन्येद्युः प्राहिणोत्तं च प्रतिदूतं च स स्वकम् । विप्रं कुमारदत्ताख्यं महासेननृपं प्रति ॥ १११
जगाद चोभावपि तौ गत्वा तमलकेश्वरम् । मम वाक्यान्महासेनं राजानं वदतं द्रुतम् ॥ ११२
सौहार्देन मया तावत्कन्या दत्ता तदुच्यताम् । त्वत्पुत्रः किमिहायातु किं कन्यात्र प्रहीयताम् ॥ ११३
इति राज्ञोक्तसंदेशौ ततः प्रवहणेन तौ । सह प्रययतुर्दूतावब्धिमार्गेण सत्वरम् ॥ ११४
शशाङ्कपुरमासाद्य ततः स्थलपथेन तौ । प्रापतुस्तां पुरीमृद्धामलकामलकामिव ॥ ११५
उपेत्य राजसद्माथ प्रविश्य च यथोचितम् । कृतादरं महासेनं राजानं तावपश्यताम् ॥ ११६
तं च मन्दारदेवोक्तं प्रतिसंदेशमूचतुः । राज्ञे तस्मै स च श्रुत्वा तुष्टस्तौ द्वावपूजयत् ॥ ११७
पृष्ट्वा च कन्याजन्मर्क्षं तस्मात्तत्पितृदूततः । लग्नं विवाहे पप्रच्छ सूनोः स गणकान्नृपः ॥ ११८
ते च मासत्रये शुक्लपञ्चम्यां मासि कार्तिके । लग्नं तस्मै वदन्ति स्म शुभं वध्वा वरस्य च ॥ ११९
तस्मिंल्लग्ने विवाहं च सूनोश्च प्रेषणं तदा । तस्मै मन्दारदेवाय संदिदेशालकापतिः ॥ १२०
हस्ते कुमारदत्तस्य तद्दूतस्यापरस्य च । चन्द्रस्वाम्यभिधानस्य स्वस्य लेखेऽभिलिख्य सः ॥ १२१
तौ च दूतौ ततो गत्वा लेखं दत्त्वा तथैव च । हंसद्वीपेश्वरस्याग्रे तस्य सर्वं शशंसतुः ॥ १२२
सोऽपि राजा तथेत्युक्त्वा चन्द्रस्वामिनमर्चितम् । व्यसृजत्तं महासेनदूतं स्वस्वामिनोऽन्तिकम् ॥ १२३
प्रत्यागतेऽलकां तस्मिन्नुक्तकार्यविनिश्चये । लग्नप्रतीक्षास्ते तस्थुः सर्वेऽप्युभयपक्षयोः ॥ १२४
तावच्च हंसद्वीपे सा प्राक्चित्रपटदर्शनात् । जातानुरागा मन्दारवती तं चिरभाविनम् ॥ १२५
विवाहलग्नं बुद्ध्वा तं तावत्कालक्रमासहा । प्रेयस्यत्युत्सुका गाढं संतेपे मदनाग्निना ॥ १२६
अङ्गारवर्षमङ्गे च चन्दनैरपि लेपनम् । पद्मिनीपत्रशय्यापि संतप्तसिकतास्तरः ॥ १२७
दीप्रदावानलशिखाः सुधांशोरपि रश्मयः । तस्याः सुन्दरसेनोत्कचेतसो बत जज्ञिरे ॥ १२८
मौनस्था वर्जिताहारा विरहव्रतमाश्रिता । आकुलाप्तसखीपृष्टा कृच्छ्रादेवमुवाच सा ॥ १२९
सखि दूरे विवाहो मे न च शक्नोमि तं विना । वरं प्रतीक्षितुं कालमलकाधिपतेः सुतम् ॥ १३०
दूरो देशश्च कालश्च विचित्रा च गतिर्विधेः । तदत्र मध्ये को वेत्ति किं कस्येह भविष्यति ॥ १३१
तन्मे मर्तव्यमेवेति वदन्ती विरहातुरा । जगाम मन्दारवती सद्यः सा विषमां दशाम् ॥ १३२
तद्बुद्ध्वा तत्सखीवक्त्रात्तां च दृष्ट्वा तथाविधाम् । सभार्यो मन्त्रयामास तत्पिता सह मन्त्रिभिः ॥ १३३
राजा स मित्रमस्माकं महासेनोऽलकापतिः । एषा च मन्दारवती कालं सोढुमिहाक्षमा ॥ १३४
तत्का त्रपा यथा चास्तु तत्रैव प्रेष्यतामियम् । कान्तान्तिकस्था धृत्या हि कालक्षेपं सहिष्यते ॥ १३५

इत्यालोच्य समाश्वास्य तां मन्दारवतीं सुताम् । आरोप्य च प्रवहणे सधनां सपरिच्छदाम् ॥ १३६
शुभेऽहनि ततो हंसद्वीपादम्बुधिवर्त्मना । विवाहहेतोर्विधिवज्जननीकृतमङ्गलाम् ॥ १३७
विनीतमतिनामानं सह दत्त्वा स्वमन्त्रिणम् । राजा मन्दारदेवोऽसौ विससर्जालकां प्रति ॥ १३८
ततो दिनानि कतिचिद्यावत्प्रवहणेन सा । प्रयाति मन्दारवती राजपुत्री महोदधौ ॥ १३९
अकस्मात्तावदुत्तस्थौ गर्जञ्जलदतस्करः । सशूत्कारमरुद्धोरमुक्तधाराशरोत्करः ॥ १४०
क्षणाच्च दूरमाकृष्य विधिनेव बलीयसा । वातेन तस्या वहनं हन्यमानमभज्यत ॥ १४१
मग्ने तस्मिन्परीवारे विनीतमतिना सह । ममज्ज तस्याः सकलं भाण्डागारं महोदधौ ॥ १४२
सा त्वब्धिना राजपुत्री जीवन्त्येवोर्मिबाहुना । उत्क्षिप्य नीत्वा निकटे क्षिप्ता वेलावने तदा ॥ १४३
काब्धौ पातः क चात्युच्चैनोर्मिणा प्रापणं वने । भवितव्यस्य नासाध्यं दृश्यते बत दृश्यताम् ॥ १४४
ततः सा तादृशी त्रस्तविह्वला विजने वने । दृष्ट्वैकाकिनमात्मानं दुःखाब्धावपतत्पुनः ॥ १४५
क प्रस्थितास्मि क प्राप्ता क च मे स परिच्छदः । क विनीतमतिर्वृत्तमकस्मात्किमिदं मम ॥ १४६
मन्दभाग्या क गच्छामि हा हतास्मि करोमि किम् । उत्तारिता हतविधे किमहं जलधेस्त्वया ॥ १४७
हा तात हाम्ब हा हार्यपुत्र पुत्रालकापतेः । त्वामप्राप्य विपद्येऽहं पश्य किं त्रायसे न माम् ॥ १४८
इत्यादि विलपन्ती च सा मन्दारवती भृशम् । प्ररुरोदाश्रुभिश्छिन्नहारमुक्ताफलोपमैः ॥ १४९
तावच्च नातिदूरस्थात्तत्राश्रमपदान्मुनिः । आजगाम मतङ्गाख्यः स्नातुं जलनिधेर्जले ॥ १५०
स बालब्रह्मचारिण्या दुहित्रा यमुनाख्यया । अन्वितस्तमृषिस्तस्याः शुश्राव रुदितध्वनिम् ॥ १५१
उपेत्य कृपया तां च ददर्श तनयायुतः । यूथभ्रष्टामिव मृगीं दिक्षु क्षिप्तार्तलोचनाम् ॥ १५२
का त्वं वनेऽत्र ते प्राप्तिः कथं कस्माच्च रोदिषि । इति तां च स पप्रच्छ महर्षिः स्निग्धया गिरा ॥ १५३
ततस्तं सकृपं दृष्ट्वा सा मन्दारवती शनैः । आश्वास्याकथयत्तस्मै स्ववृत्तान्तं त्रपानना ॥ १५४
अथ स प्रणिधायैतां मतङ्गमुनिरब्रवीत् । राजपुत्रि विषादेन कृतं धृतिमवाप्नुहि ॥ १५५
शिरीषपेशलाङ्गीं त्वां बाधते क्लेशविप्लवः । अपेक्षन्ते हि विपदः किं पेलवमपेलवम् ॥ १५६
भवती त्वचिरादेव पतिं प्राप्स्यत्यभीप्सितम् । तदागच्छाश्रमं तावन्नातिदूरमितो मम ॥ १५७
तत्रानया मत्सुतया सहास्स्व स्वगृहे यथा ।.. ॥ १५८
इति तां स समाश्वास्य कृत्वा स्नानं महामुनिः । निनाय मन्दारवतीमाश्रमं स्वं सुतान्वितः ॥ १५९
तत्र सा संयता तस्थौ भर्तृसंगमकाङ्क्षिणी । परिचर्याविनोदेन तस्यर्षेस्तत्सुतान्विता ॥ १६०
अत्रान्तरे चालकायां दिनानि गणयन्सदा । तस्यां स मन्दारवतीविवाहदिवसोन्मुखः ॥ १६१
कालं सुन्दरसेनोऽपि चिरोत्कण्ठाकृशो नयन् । आसीदाश्वास्यमानः स्वैर्मित्रैश्चण्डप्रभादिभिः ॥ १६२
क्रमाच्च लग्नदिवसे प्रत्यासन्ने पिता नृपः । तस्य यात्रासमारम्भं हंसद्वीपं प्रति व्यधात् ॥ १६३
शुभेऽह्नि च ततः प्रायात्कृतप्रस्थानमङ्गलः । सैन्यैः सुन्दरसेनः क्ष्मां कम्पयन्स नृपात्मजः ॥ १६४
गच्छन्क्रमेण च प्राप तुष्टः स्वसचिवान्वितः । तीराभरणमम्भोधेः स शशाङ्कपुरं पुरम् ॥ १६५
तत्र प्रत्युद्गतो राज्ञा प्रश्रयावनतेन सः । बुद्ध्वा महेन्द्रादित्येन प्रविवेशानुगैः सह ॥ १६६
वात्यायमानरूपश्रीः पौरस्त्रीपद्मिनीवने । समाससाद चारूढवारणो राजमन्दिरम् ॥ १६७
तत्रोपचरितस्तेन महेन्द्रादित्यभूभुजा । प्रतिपन्नानुयात्रेण स विशश्राम तद्दिनम् ॥ १६८
अपि वारिधिमुत्तीर्य तामहं प्राप्नुयां प्रियाम् । नवोढासुलभप्रेमलज्जासाध्वसशीलिनीम् ॥ १६९
आलिङ्ग्यमानां मा मेति लपन्तीं शृणुयां च ताम् । इत्यादिभिरनैषीत्तां यामिनीं स मनोरथैः ॥ १७०
प्रातश्चात्रैव नगरे स्थापयित्वा स्वसैनिकम् । महेन्द्रादित्यसहितः कूलं वारिनिधेर्ययौ ॥ १७१
तत्र तेन समं राज्ञा स्वयं प्रवहणं महत् । आरुरोहैकमन्नाम्बुपूर्णं स्वसचिवैर्युतः ॥ १७२
द्वितीयस्मिन्प्रवहणे राजपुत्रः परिच्छदम् । अवश्यनेयं संक्षिप्तं समारोपितवांश्च सः ॥ १७३
ततो मुक्ते प्रवहणे चलवातपटध्वजे । अभिप्रययतुस्ते द्वे दिशं दक्षिणपश्चिमाम् ॥ १७४

द्वित्रेष्वहःसु यातेषु गच्छतोश्चाम्बुधौ तयोः। अकस्मादुदभूत्तत्र महानुत्पातमारुतः ॥ १७५
अहो वायुरपूर्वोऽयमित्याश्चर्यवशादिव। व्याघूर्णन्ते स्म जलधेस्तटेषु वनराजयः ॥ १७६
व्यत्यस्ताश्च मुहुर्वातादधरोत्तरतां ययुः। वारिधेर्वारिनिचया भावाः कालक्रमादिव ॥ १७७
आक्रन्देन समं दत्ते रत्नैरर्घे महाब्धये। प्रयत्नेन सहापास्ते कर्णधारैर्मरुत्पटे ॥ १७८
मुक्तासु जीविताशाभिः सह सर्वैः ससंभ्रमैः। शिलासु शृङ्खलाबद्धास्वतिगुर्वीषु सर्वतः ॥ १७९
तरङ्गोत्क्षिप्तविक्षिप्ते नागबन्धैरिवाम्बुधौ। प्रभ्रेमतुः प्रवहणे प्रयुद्ध इव ते उभे ॥ १८०
ततः सुन्दरसेनस्तद्दृष्ट्वा धैर्यादिवासनात्। चलितस्तमुवाचेदं महेन्द्रादित्यभूपतिम् ॥ १८१
ममापुण्यैरकाण्डे वः प्रलयोऽयमुपस्थितः। तन्न शक्नोम्यहं द्रष्टुं क्षिपाम्यात्मानमम्बुधौ ॥ १८२
इत्युक्त्वा स्वोत्तरीयेण बद्ध्वा परिकरं द्रुतम्। स राजपुत्रो जलधौ तत्रात्मानमपातयत् ॥ १८३
तद्दृष्ट्वा तद्वयस्यास्ते पञ्च चण्डप्रभादयः। महेन्द्रादित्यसहितास्तत्रैवात्मानमक्षिपन् ॥ १८४
बाहुभ्यां च तरन्तस्ते नदीनां गतसंभ्रमाः। सर्वेऽपीतस्ततो जग्मुर्विक्षिप्ता वीचिवेगतः ॥ १८५
क्षणाच्च शान्ते पवने निःशब्दस्तिमितोऽम्बुधिः। ददौ प्रशान्तकोपस्य सज्जनस्य समानताम् ॥ १८६
तावच्च वातेन कुतोऽप्यानीतां यानपात्रिकाम्। प्राप सुन्दरसेनोऽत्र सहितो दृढबुद्धिना ॥ १८७
तामारुरोह चैकेन समं तेन स्वमन्त्रिणा। स जीवितप्रमययोरन्तर्दोलामिवापराम् ॥ १८८
ततो दिशमजानानः पयोमयमिवाखिलम्। प्रभ्रष्टपौरुषः पश्यन्दैवताशरणस्तदा ॥ १८९
नावा मन्दानुकूलेन दैवेनेव नभस्वता। संप्रेर्यमाणया तीरं प्रापितोऽभूत्त्रिभिर्दिनैः ॥ १९०
ततस्तीरविलग्नायां तस्यामात्मद्वितीयकः। स्थलं च जीविताशां च सममध्यारुरोह सः ॥ १९१
तत्रस्थश्च समाश्वस्य दृढबुद्धिमभाषत। उत्तीर्णोऽप्यम्बुधेरस्मि पातालादप्यधो गतः ॥ १९२
यतो विक्रमशक्तिं तं तं च व्याघ्रपराक्रमम्। चण्डप्रभं भीमभुजं सचिवांस्तांस्तथाविधान् ॥ १९३
महेन्द्रादित्यनृपतिं तं चाकारणबान्धवम्। विनाश्य सर्वानधुना का शोभा जीवितेन मे ॥ १९४
इत्युक्तवन्तं तं मन्त्री दृढबुद्धिर्जगाद सः। देव धैर्यं गृहाण त्वं जाने कल्याणमस्ति नः ॥ १९५
यथा ह्यावां तथा तेऽपि तरेयुर्जातु वारिधिम्। शक्या हि केन निश्चेतुं दुर्ज्ञाना नियतेर्गतिः ॥ १९६
इत्यादि तत्तदावृत्तं दृढबुद्धिर्ब्रवीति सः। तावदाजग्मतुस्तत्र स्नानार्थं तापसावुभौ ॥ १९७
तौ विलोक्य विषण्णं तं राजपुत्रमुपेत्य च। परिपृच्छ्य च वृत्तान्तं साधू सदयमूचतुः ॥ १९८
सुमते नान्यथाभावं बलिनः पूर्वकर्मणः। अपि देवाः क्षमाः कर्तुं सुखदुःखप्रदायिनः ॥ १९९
हातुमिच्छन्नतो दुःखं धीरः सुकृतमाचरेत्। सा हि प्रतिक्रिया तस्य न शोकः शातनस्तनोः ॥ २००
तद्विषादं जहीहि त्वं शरीरं रक्ष धैर्यतः। शरीरे सति को नाम पुरुषार्थो न सिद्ध्यति ॥ २०१
कल्याणलक्षणश्चासि भाव्यवश्यं शुभं तव। इत्युक्त्वा तौ समाश्वास्य निन्यतुः स्वाश्रमं मुनी ॥ २०२
तत्र कांश्चिच्च दिवसान्प्रतीक्षन्स नृपात्मजः। तस्थौ सुन्दरसेनोऽथ दृढबुद्धिसमन्वितः ॥ २०३
अत्रान्तरे च तन्मन्त्री दोर्भ्यां भीमभुजोऽम्बुधिम्। तीर्त्वा विक्रमशक्तिश्च द्वौ पृथक्प्रापतुस्तटम् ॥ २०४
अस्मद्वदुत्तरेज्जातु सोऽपीत्याशावशाच्च तौ। महाटवीं विविशतुश्चिन्वानौ दुःखमोहितौ ॥ २०५
शेषौ तत्सचिवौ चण्डप्रभव्याघ्रपराक्रमौ। राजा महेन्द्रादित्यश्च तथैवोत्तीर्य वारिधिम् ॥ २०६
आर्ताः सुन्दरसेनं तमन्विष्याप्राप्य दुःखिताः। अलब्धभग्नवहनास्तच्छशाङ्कपुरं ययुः ॥ २०७
ततस्तौ मन्त्रिणौ तत्र तच्च प्राक्स्थापितं बलम्। रुदन्तो ज्ञातवृत्तान्ता ययुः स्वामलकां पुरीम् ॥ २०८
प्राप्तेष्वराजतनयेष्वनुशोचत्सु तेषु सा। आक्रन्दैकमयी जज्ञे पुरी प्ररुदितप्रजा ॥ २०९
महासेननृपश्चात्र सदेवीको निशम्य तत्। सुतोदन्तं न यत्प्राणैर्जहे तद्बलमायुषः ॥ २१०
देहत्यागोद्यतं तं च सदेवीकं न्यवारयन्। सचिवा वचनैस्तैस्तैर्दर्शिताशोपपत्तिभिः ॥ २११
ततः स नगरीबाह्ये स्वयंभ्वायतने नृपः। सूनोः प्रवृत्तिं चिन्वानस्तपस्यन्नास्त सानुगः ॥ २१२
तावन्मन्दारदेवोऽपि हंसद्वीपे स भूपतिः। जामातुर्दुहितुश्चाब्धिपातोदन्तमबुध्यत ॥ २१३

शुश्राव चालकाप्राप्तं जामातृसचिवद्वयम् । महासेननृपं चास्थाधृतप्राणं तपःस्थितम् ॥ २१४
ततः सोऽपि सुताशोककातरो मरणोद्यमात् । वारितो मन्त्रिभिस्तैस्तैस्तेषु न्यस्तभरो नृपः ॥ २१५
महासेननृपस्यागात्पार्श्वं तस्यालकां पुरीम् । समदुःखस्य सहितो देव्या कंदर्पसेनया ॥ २१६
यद्विज्ञातसुतोदन्तनिश्चयः स करिष्यति । तदेवाहं समं तेन करिष्यामीति निश्चितः ॥ २१७
विज्ञातमन्दारवतीवृत्तान्ताधिकदुःखिना । महासेनावनीशेन समागम्यान्वशोचत ॥ २१८
तेनैव सह तत्रासीत्तपस्यन्नियतेन्द्रियः । मिताशी दर्भशयनो हंसद्वीपेश्वरोऽपि सः ॥ २१९
एवं धात्रा विकीर्णेषु तेषु सर्वेष्वितस्ततः । मारुतेनेव पर्णेषु प्रस्थाय स्वाश्रमात्ततः ॥ २२०
दैवात्सुन्दरसेनोऽत्र मतङ्गर्ष्याश्रमस्य सः । तस्य प्रापान्तिकं यत्र सा मन्दारवती स्थिता ॥ २२१
तत्र नानारसानेकपरिपक्वफलानतैः । निरुद्धतीरं तरुभिर्ददर्शाच्छजलं सरः ॥ २२२
श्रान्तस्तस्मिन्कृतस्नानो भुक्तस्वादुफलस्ततः । दृढबुद्धिसखो गत्वा प्रापैकां वननिम्नगाम् ॥ २२३
तस्यास्तीरेण गच्छंश्च लिङ्गायतनपार्श्वतः । स पुष्पावचयव्यग्रा ददर्शान्मुनिकन्यकाः ॥ २२४
तासां मध्ये ददर्शैकां कन्यां लोकैकसुन्दरीम् । कान्त्या प्रकाशयन्तीं तज्ज्योत्स्नयेवाखिलं वनम् ॥ २२५
विलोकितेन कुर्वाणां फुल्लनीलोत्पला दिशः । तन्वतीं चरणन्यासैरवनौ नलिनीवनम् ॥ २२६
केयं सहस्रनयनप्रेक्षणीया किमप्सराः । वनश्रीरथवा पुष्पलग्नाग्रकरपल्लवा ॥ २२७
बहु दिव्याङ्गनासर्गसिद्धाभ्यासेन वेधसा । एतस्या निर्मितमिदं नूनमत्यद्भुतं वपुः ॥ २२८
तस्याश्चानुहरत्येषा चित्रदृष्टाकृतेरहो । प्रियाया मम मन्दारवत्याः सैव भवेन्नु किम् ॥ २२९
कथं चैतत्क सा हंसद्वीपे कैतद्वनान्तरम् । तन्न जानीमहे केयं कुतः कुत्रेह भामिनी ॥ २३०
इति राजसुतस्तं च दृढबुद्धिं जगाद सः । दृढबुद्धिश्च दृष्ट्वा तां वरकन्यां तदाब्रवीत् ॥ २३१
अन्यैव देव काप्यस्या वनपुष्पमयेष्वपि । हारकाञ्चीकलापादिभङ्गिराभरणेष्वियम् ॥ २३२
न चेदं जायते रूपं सौकुमार्यं च कानने । तद्दिव्या राजकन्या वा काप्येषा नर्षिकन्यका ॥ २३३
उत्तिष्ठावः क्षणं ज्ञातुमिहेति दृढबुद्धिना । उक्ते तौ तस्थतुस्तत्र पादपान्तरितावुभौ ॥ २३४
तावच्चोचितपुष्पास्ता मुनिकन्यास्तया सह । वरकन्यकया स्नातुं सरितं तामवातरन् ॥ २३५
तत्र तासु जलक्रीडाप्रवृत्तासु विधेर्वशात् । ग्राहेणागत्य जगृहे सैवात्र वरकन्यका ॥ २३६
तद्विलोक्यैव तत्कालं कन्यास्तास्त्रस्तविह्वलाः । चक्रन्दुरार्तास्त्रायध्वं त्रायध्वं वनदेवताः ॥ २३७
एषा हि मन्दारवती स्नान्ती नद्यामशङ्कितम् । ग्राहेणागत्य तरसा गृहीता हा विपद्यते ॥ २३८
एतच्छ्रुत्वैव किं सैव स्यात्प्रियेति प्रधाव्य सः । द्रुतं सुन्दरसेनस्तं ग्राहं क्षुरिकयावधीत् ॥ २३९
मृत्योरिव मुखात्तस्माद्द्रुतमुत्क्षिप्य रोधसि । आश्वासयामास च तां स मन्दारवतीं ततः ॥ २४०
सापि तीर्णभया दृष्ट्वा सुभगं तमचिन्तयत् । महात्मा प्राणदः कोऽयं मम भाग्यैरिहागतः ॥ २४१
चित्रं सुसदृशश्चैष चित्रदृष्टस्य तस्य मे । प्राणेशस्यालकानाथतनयस्य सुजन्मनः ॥ २४२
अपि नाम स एव स्याद्धिग्धिग्दुश्चिन्तितं मम । ईदृशः स विदेशस्थः शान्तं मा भूत्कदाचन ॥ २४३
तन्नान्यपुरुषोपान्ते स्थातुं युक्तं ममाधुना । व्रजामि तदितः स्वस्ति भवत्वस्मै महात्मने ॥ २४४
इति संचिन्त्य मन्दारवती प्राह स्म ताः सखीः । प्रणम्यैतं महाभागमेत यामोऽधुना वयम् ॥ २४५
तच्छ्रुत्वा बहुसाधारो नामश्रवणमात्रतः । प्रागनुच्छिन्नसंदेहो राजपुत्रः स तत्सखीम् ॥ २४६
एकां सुन्दरसेनोऽत्र पप्रच्छाख्यायतां शुभे । कस्यात्मजा कीदृशीयं सखी वः कौतुकं हि मे ॥ २४७
इति तं पृष्टवन्तं सा मुनिकन्यैवमभ्यधात् । राज्ञो मन्दारदेवस्य हंसद्वीपपतेरियम् ॥ २४८
सुता मन्दारवत्याख्या कुमारी राजसूनवे । दातुं सुन्दरसेनाय नीयमानालकां पुरीम् ॥ २४९
भग्नप्रवहणाम्भोधावुत्क्षिप्ता वीचिभिस्तटे। आनीतेह किल प्राप्य मतङ्गमुनिनाश्रमम् ॥ २५०
एवमुक्ते तया हर्षविषादाकुलितं सखा । नृत्यन्सुन्दरसेनं तं दृढबुद्धिरुवाच सः ॥ २५१
दिष्ट्याद्य मन्दारवती देवीलाभेन वर्धसे । सैवैषा हि न यास्माकं मनोरथपथेऽप्यभूत् ॥ २५२

इत्युक्त्वा सा सखी तस्याः पृच्छन्तीर्मुनिकन्यकाः । अबोधयत्तं वृत्तान्तं ताः सखीं तामनन्दयन् ॥ २५३
ततः सुन्दरसेनस्य हार्यपुत्रेत्युदीर्य सा । पपात मन्दारवती रुदती तस्य पादयोः ॥ २५४
सोऽप्याश्लिष्य रुरोदैतां रुदतोस्तत्र चैतयोः । अरुदन्करुणार्द्राणि काष्ठान्यपि तृणान्यपि ॥ २५५
गत्वाथ मुनिकन्याभिस्ताभिः स श्रावितो द्रुतम् । आजगाम मुनिस्तत्र मतङ्गो यमुनान्वितः ॥ २५६
सोऽत्र सुन्दरसेनं तमाश्वास्य चरणानतम् । मन्दारवत्या सहितं निनाय निजमाश्रमम् ॥ २५७
तदहश्च तदातिथ्यविश्रान्तं जातनिर्वृतिम् । अन्येद्युः स तमाह स्म राजपुत्रं महामुनिः ॥ २५८
श्वेतद्वीपे मया पुत्र गन्तव्यं कार्यतोऽधुना । तन्मन्दारवतीयुक्तो गच्छ त्वमलकां प्रति ॥ २५९
तत्र राजसुतामेतां परिणीयानुपालयेः । सुतेति प्रतिपन्ना हि तुभ्यमेषा मयार्पिता ॥ २६०
सुचिरं चानया सार्धं पृथ्वीराज्यं करिष्यसि । सचिवांश्च निजान्सर्वानचिरात्तानवाप्स्यसि ॥ २६१
इत्युक्त्वा सवधूकं तमामन्त्र्य नभसा ययौ । मुनिर्यमुनया साकं दुहित्रा स स्वतुल्यया ॥ २६२
ततः सुन्दरसेनोऽपि स मन्दारवतीयुतः । दृढबुद्धिसहायश्च प्रोच्चचालाश्रमात्ततः ॥ २६३
प्राप्य वारिनिधेस्तीरं ददर्श निकटागतम् । केनाप्यधिष्ठितं यूना वणिजा वहनं लघु ॥ २६४
ययाचे चाश्रयं तस्मिन्नध्वसौकर्यलोभतः । दृढबुद्धिमुखेनारात्तत्पतिं तं वणिक्सुतम् ॥ २६५
सोऽपि तीरे तथेत्यस्य वहनं तदढौकयत् । तां मन्दारवतीं पश्यन्कुवणिक्स्मरमोहितः ॥ २६६
ततः सुन्दरसेनोऽत्र तामारोप्याग्रतः प्रियाम् । तटस्थितः सन्नारोढुमात्मना यावदिच्छति ॥ २६७
तावत्स कर्णधारस्य संज्ञां कृत्वा वणिग्द्रुतम् । वहनं चालयामास परस्त्रीलोलुभः शठः ॥ २६८
क्रन्दद्राजसुतं तच्च क्षणेनादृष्टिगोचरम् । अभूत्सुन्दरसेनस्य वहनं तस्य पश्यतः ॥ २६९
हा धिक्चौरैः प्रमुषितोऽस्मीत्याक्रन्दन्पपात सः । विलपंश्च चिरं सोऽत्र जगदे दृढबुद्धिना ॥ २७०
उत्तिष्ठ मुञ्च वैक्लव्यं नायं वीरोचितः क्रमः । एहि चौरं तमन्वेष्टुं गच्छावोऽनेन वर्त्मना ॥ २७१
आपत्काले च कष्टेऽपि नोत्साहस्त्यज्यते बुधैः । ································ ॥ २७२
इति प्रबोधितस्तेन कथंचिद्दृढबुद्धिना । तीरात्सुन्दरसेनोऽब्धेरुत्थाय प्रस्थितोऽभवत् ॥ २७३
गच्छन्क्रमाच्च हा देवि हा मन्दारवतीति सः । विलपन्साश्रुरनिशं संतप्तो विरहाग्निना ॥ २७४
निराहारः सबाष्पैकदृढबुद्धिपरिच्छदः । विवेश सोन्माद इव व्यामोहेन महद्वनम् ॥ २७५
न चात्र गणयामास सख्युस्तस्य वचो हितम् । तत्र तत्राभ्यधावत्तु केवलं दयितामयः ॥ २७६
उन्निद्रपुष्पाभरणा वणिक्चौरात्पलायिता । आगता हि प्रिया सा स्यादिति फुल्लासु वल्लिषु ॥ २७७
भयात्सरोनिमग्ना किं वदनं पक्ष्मलेक्षणम् । उन्नमय्येक्षते सा मामिति चाब्जेषु सालिषु ॥ २७८
किं व्याहरति सैषात्र मुग्धा मां मञ्जुभाषिणी । इति पत्रलताच्छन्नकोकिलाकूजितेष्वपि ॥ २७९
एवं प्रतिपदं मुह्यन्यथार्केण तथेन्दुना । ताप्यमानः स बभ्राम तुल्यनक्तंदिनश्चिरम् ॥ २८०
कथंचिन्निर्गतस्तस्माद्वनात्सदृढबुद्धिकः । राजपुत्रोऽथ स प्राप मार्गभ्रष्टो महाटवीम् ॥ २८१
उदग्रखड्गविषमां सिंहाधिष्ठानभीषणाम् । सेनामिव सुदुर्दर्शां दस्युसेनानिषेविताम् ॥ २८२
तां गाहमानः सुलभानेकापायां निराश्रयाम् । दुर्दशामिव स प्रापि पुलिन्दैरुद्यतायुधैः ॥ २८३
भगवत्युपहारार्थं चिन्वद्भिः पुरुषान्पशून् । विन्ध्यकेतोः पुलिन्देन्द्रस्याज्ञया तन्निवासिनः ॥ २८४
विदेशो विरहक्लेशो नीचात्परिभवोऽपि सः । अनाहारोऽध्वसंताप इति पञ्चाग्निविप्लवे ॥ २८५
असृजद्दस्युसंपातं षष्ठमग्निमहो विधिः । राजपुत्रस्य तस्यात्र धैर्यस्यान्तमवेक्षितुम् ॥ २८६
स चात्मना द्वितीयस्तान्ग्रहणार्थं प्रधावितान् । पृषत्कवर्षिणो दस्यून्बहून्क्षुरिकयावधीत् ॥ २८७
तद्बुद्ध्वा प्रैष्यत बलं राज्ञान्यद्विन्ध्यकेतुना । ततोऽपि सुबहूंश्चौरान्युद्धज्ञो निजघान सः ॥ २८८
ततः स सवयस्योऽपि व्रणितक्लान्तमूर्च्छितः । बद्ध्वा कारागृहे नीत्वा शबरैस्तैर्निचिक्षिपे ॥ २८९
तत्र कीटोत्कराकीर्णे जालकारालयाविले । सूच्यमानाहिसंचारे निर्मोकैर्गर्तलम्बिभिः ॥ २९०
गुल्फदघ्नोच्छलद्धूलावाखुखातविलोल्बणे । अन्तःक्षिप्तस्थितानेकभीतापन्नजनाकुले ॥ २९१

निरयाणामिवोत्पत्तिधाम्नि द्वौ तावपश्यताम् । मन्त्रिणौ तद्वदेवादौ बद्धानीतस्थिताबुभौ ॥ २९२
यौ तौ प्रविशतां तद्वदटवीं तीर्णवारिधी । तमन्वेष्टुं प्रभुं भीमभुजविक्रमशक्तिकौ ॥ २९३
तौ रुदन्तौ परिज्ञाय पेततुस्तस्य पादयोः । सोऽपि तौ प्रत्यभिज्ञातौ कण्ठे बाष्पाकुलोऽग्रहीत् ॥ २९४
ततः शतगुणीभूतदुःखास्तेऽन्योन्यदर्शनात् । आश्वासयद्भिरपरैरूचिरे बन्धनस्थितैः ॥ २९५
कृतं दुःखेन किं शक्यं पूर्वकर्मातिवर्तितुम् । किं न पश्यथ सर्वेषां सह मृत्युमुपस्थितम् ॥ २९६
आगामिन्यां चतुर्दश्यां पुलिन्दक्ष्माभृतामुना । देव्याः पशूपहारार्थं वयमेते हि संभृताः ॥ २९७
तत्किं शुचा गतिश्चित्रा जन्तुषु क्रीडतो विधेः । तदभद्रं यथा तद्वद्दयाद्भद्रं स एव वः ॥ २९८
इत्युक्ता बन्धनस्थैस्ते बद्धास्तत्रावतस्थिरे । कष्टं निरनुरोधत्वमापदां सुमहत्स्वपि ॥ २९९
प्राप्तायां च चतुर्दश्यामत्र राजाज्ञया ततः । ते सर्वेऽप्युपहारार्थमनीयन्ताम्बिकागृहम् ॥ ३००
दीपज्वालाचलज्जिह्वं घण्टालीदन्तमालया । व्यासक्तवीरशिरसा घोरं मृत्युमुखं यथा ॥ ३०१
तत्र सुन्दरसेनस्तां दृष्ट्वा देवीं प्रणम्य सः । भक्तिप्रह्वेन मनसा स्तुवन्नेवं व्यजिज्ञपत् ॥ ३०२
दारितोद्दामदैत्येन त्रिशिखेनास्त्रवर्षिणा । शमितासुरसंतापे प्रणताभयदायिनि ॥ ३०३
निर्वापय प्रसन्नेन लोचनेनामृतश्च्युता । दृष्ट्वा मां दुःखदावाग्निदग्धं देवि नमोऽस्तु ते ॥ ३०४
इति राजसुते तस्मिन्व्याहरत्येव तत्र सः । आगात्पूजयितुं देवीं विन्ध्यकेतुः पुलिन्दराट् ॥ ३०५
तं दृष्ट्वैव परिज्ञाय भिल्लराजं त्रपानतः । स तान्सुन्दरसेनः स्वान्वयस्यान्स्वैरमब्रवीत् ॥ ३०६
अहो सैष पुलिन्देन्द्रो विन्ध्यकेतुरुपैति यः । तातस्य पार्श्वे सेवार्थं भुङ्क्ते चैतां महाटवीम् ॥ ३०७
तद्यदस्तु न वक्तव्यमस्माभिरिह किंचन । श्रेयान्हि मानिनो मृत्युर्नेदृगात्मप्रकाशनम् ॥ ३०८
इति मन्त्रयते यावत्सखिभिः स नृपात्मजः । तावत्स विन्ध्यकेतुः स्वान्राजा भृत्यानभाषत ॥ ३०९
अरे प्रदर्शयत तं प्रवीरं मे महापशुम् । हताः सुबहवो योधा गृह्यमाणेन येन मे ॥ ३१०
तच्छ्रुत्वैव स शुष्कासृग्दिग्धो व्रणितधूसरः । तस्य सुन्दरसेनोऽग्रे तद्भृत्यैः प्रापितोऽभवत् ॥ ३११
स तं दृष्ट्वा पुलिन्देन्द्रः परिज्ञाय मनागिव । ब्रूहि कस्त्वं कुतश्चेति पप्रच्छ परिशङ्कितः ॥ ३१२
योऽहं यतः कुरुध्वं यत्प्रस्तुतं किमनेन वः । इति सुन्दरसेनोऽपि भिल्लेन्द्रं प्रत्युवाच तम् ॥ ३१३
ततस्तं सम्यगालापात्प्रत्यभिज्ञाय संभ्रमात् । हा हेति जल्पन्नवनौ विन्ध्यकेतुः पपात सः ॥ ३१४
हा महाराज पापेन महासेन मयाधुना । पश्य युष्मत्प्रसादानामुचितं कीदृशं कृतम् ॥ ३१५
यत्ते प्राणसमः सूनुर्नीतोऽवस्थामिहेदृशीम् । देवः सुन्दरसेनोऽयं कुतोऽप्येवमिहागतः ॥ ३१६
इत्याद्याश्लिष्य तं राजपुत्रं स व्यलपत्तथा । विन्ध्यकेतुर्यथा सर्वेऽप्यत्राभूवन्नुदश्रवः ॥ ३१७
एतच्च बहु यत्पूर्वं प्रत्यभिज्ञातवानसि । राजपुत्रमिमं पश्चाद्वृत्तेऽर्थे किं व्यधास्तथाः ॥ ३१८
तत्को विषादो हर्षेऽस्मिन्नित्याश्वास्यत तैश्च सः । हृष्टैः सुन्दरसेनस्य वयस्यैर्भिल्लभूपतिः ॥ ३१९
ततश्च पादपतितः स राजा सममानयत् । प्रीत्या सुन्दरसेनं तं मोचिताखिलपुंपशुम् ॥ ३२०
कृतार्चनश्च नीत्वैनं स्वपल्लीं सवयस्यकम् । क्रमादुपाचरत्पथ्यैराबद्धव्रणपट्टिकम् ॥ ३२१
पप्रच्छ चेहागमनं राजपुत्र कथं नु ते । महत्कौतुकमेतद्धि मम तत्कथ्यतामिति ॥ ३२२
ततः सुन्दरसेनेन स्ववृत्तान्तेऽनुवर्णिते । चित्रीयमाणचेतास्तं शबरेन्द्रो जगाद सः ॥ ३२३
क्व मन्दारवतीहेतोर्यात्रा पातः क्व चाम्बुधौ । क्व मतङ्गाश्रमप्राप्तिः क्व तया तत्र संगमः ॥ ३२४
क्वापहारश्च वणिजा तस्या विश्वासतः पुनः । क्व चाटवीप्रवेशस्ते क्वोपहाराय बन्धनम् ॥ ३२५
क्व चास्माभिः प्रत्यभिज्ञा मृत्योरास्याच्च निर्गमः । विचित्रविधये तस्मै सर्वथा विधये नमः ॥ ३२६
तन्न कार्या त्वया चिन्ता कान्तां प्रति यतो विधिः । यथेदमकरोत्कर्ता तथैतदपि ते द्रुतम् ॥ ३२७
इति वादिनमेवैतं पुलिन्देन्द्रं द्रुतागतः । निजसेनापतिः प्रीतः प्रविश्यैवं व्यजिज्ञपत् ॥ ३२८
देवादाय धनं भूरि स्त्रीरत्नं चातिरूपवत् । प्रविष्टः सानुगजनः कोऽप्येतामटवीं वणिक् ॥ ३२९
स च बुद्ध्वा मया गत्वा सबलेन सहानुगः । वष्टभ्य सधनस्त्रीक इहानीतो बहिः स्थितः ॥ ३३०

तच्छ्रुत्वा किं वणिक्स स्यात्सा मन्दारवती च किम्। इति सुन्दरसेनोऽन्तर्विन्ध्यकेतुश्च दध्यतुः ॥ ३३१
प्रवेश्यतामिहैवासौ स्त्री चेत्युक्तवतोस्तयोः। प्रावेशयच्चमूपस्तं वणिजं तां च योषितम् ॥ ३३२
ततो दृष्ट्वैव तौ सोऽत्र दृढबुद्धिरभाषत। सैव मन्दारवत्येषा देवी सैष च दुर्वणिक् ॥ ३३३
हा देवि घर्मदग्धेव लतावस्थामिमां कथम्। गतास्यपुष्पाभरणा विशुष्काधरपल्लवा ॥ ३३४
इति क्रन्दति तस्मिंश्च दृढबुद्धौ प्रधाव्य सः। प्रियां सुन्दरसेनस्तां कण्ठे सरभसोऽग्रहीत् ॥ ३३५
ततो विरहमालिन्यमश्रुधाराजलेन तौ। क्षालयन्ताविवान्योन्यं प्रियौ रुरुदतुश्चिरम् ॥ ३३६
अथोभौ तौ समाश्वास्य विन्ध्यकेतुरुवाच तम्। वणिजं किं त्वया दारा विश्वस्तस्य हृता इति ॥ ३३७
ततो जगाद स वणिग्भयगद्गदया गिरा। वृथा मयेदं नाशाय कृतमेषा तु रक्षिता ॥ ३३८
निजेनाधर्षणीयेन महसैव मनस्विनी। वह्निज्वालेव न स्प्रष्टुमप्यसौ शकिता मया ॥ ३३९
किं च नीत्वा निजं देशं शान्तमन्युः प्रसादिता। परिणेतुमभिप्रेता पापस्याभूदियं मम ॥ ३४०
इत्युक्तवन्तमादिष्टवधं तेनात्र भूभुजा। सोऽथ सुन्दरसेनस्तं ररक्ष वणिजं वधात् ॥ ३४१
प्राणाधिकं तु तत्तस्य धनोद्रेकमहारयत्। दिने दिने म्रियन्ते हि गतार्था न गतासवः ॥ ३४२
एवं सुन्दरसेनेन तस्मिन्वणिजि मोचिते। प्राणलाभेन संतुष्टे यथेच्छं कृपणे गते ॥ ३४३
स विन्ध्यकेतुरादाय तां मन्दारवतीं नृपः। युक्तां सुन्दरसेनेन स्वदेवीमन्दिरं ययौ ॥ ३४४
तत्रादिश्य स देवीं तां स्नानवस्त्रानुलेपनैः। संमान्य मन्दारवतीं तद्वत्स्नातमलंकृतम् ॥ ३४५
स्वयं सुन्दरसेनं तमुपवेश्य वरासने। प्राभृतैरर्चयामास मुक्तामृगमदादिभिः ॥ ३४६
चक्रे तयोश्च दंपत्योः संगमाद्भुतमुत्सवम्। स राजा मुदिताशेषप्रनृत्तशबराङ्गनम् ॥ ३४७
अथ सुन्दरसेनस्तमन्येद्युर्नृपमभ्यधात्। रूढं व्रणैर्मे सिद्धं च यथेष्टं तदितोऽधुना ॥ ३४८
यामो वयं स्वनगरीं ताताय प्रेषयाशु तत्। लेखहारं सवृत्तान्तं मदागमनशंसिनम् ॥ ३४९
इत्युक्तो राजपुत्रेण स तेन शबरेश्वरः। तथैव दत्तसंदेशं लेखहारं विसृष्टवान् ॥ ३५०
स लेखहारको यावत्तां प्राप्नोत्यलकां पुरीम्। तावत्तत्र महासेनः सदेवीकः स भूपतिः ॥ ३५१
तस्य सुन्दरसेनस्य प्रवृत्त्यज्ञानदुःखितः। अग्निप्रवेशायोद्युक्तः शंकरायतनाग्रतः ॥ ३५२
अभूत्किलानुशोचद्भिः पौरैः परिवृतोऽखिलैः। .... ॥ ३५३
तं दृष्ट्वा स महासेनं नृपतिं लेखहारकः। उपाजगाम शबरो धावन्नावेदितात्मकः ॥ ३५४
धूलीलिप्तो धनुष्पाणिर्लतात्वग्बद्धमूर्धजः। श्यामः कटीनिवसनं बिल्वपत्रमयं दधत् ॥ ३५५
दिष्ट्याद्य वर्धसे देव यन्मन्दारवतीयुतः। पुत्रः सुन्दरसेनस्ते निस्तीर्याम्भोधिमागतः ॥ ३५६
अस्मत्प्रभोर्विन्ध्यकेतोः स हि प्राप्यान्तिकं प्रभो। तेनैव साकमागन्तुं प्रवृत्तः प्रेष्य मां पुरः ॥ ३५७
इत्युदीर्य च तस्यात्र राज्ञः पादान्तिके न्यधात्। लेखं स भिल्लभूपाललेखहारो हरञ्शुचम् ॥ ३५८
ततो हृष्टैर्जनैः सर्वैः कृते कलकलारवे। लेखे च वाचिते ज्ञाते यथावृत्ते महाद्भुते ॥ ३५९
सत्कृत्य लेखहारं स त्यक्तशोकः कृतोत्सवः। राजधानीं महासेननृपः सर्वैः सहाविशत् ॥ ३६०
उत्सुकश्च ततोऽन्येद्युः सूनोस्तस्यागमिष्यतः। अग्रतो भवितुं प्रायाद्धंसद्वीपेश्वरान्वितः ॥ ३६१
चचाल चतुरङ्गं च बलं तस्यामितं तथा। असह्यमर्दभीतेव चकम्पे वसुधा यथा ॥ ३६२
तावत्सुन्दरसेनोऽपि स्वगृहाभिमुखं ततः। प्रतस्थे भिल्लपल्लीतः स मन्दारवतीसखः ॥ ३६३
बन्धनागारलब्धेन तेन विक्रमशक्तिना। सख्या भीमभुजेनापि युक्तः सदृढबुद्धिकः ॥ ३६४
वातरंहोहयारूढः सहितो विन्ध्यकेतुना। पुलिन्दसैन्यैः पृथिवीं तन्मयीमिव दर्शयन् ॥ ३६५
गच्छन्कतिपयैरेव दिनैर्मार्गे ददर्श तम्। पितरं संमुखायातं सपरिच्छदबान्धवम् ॥ ३६६
ततोऽवरुह्य तुरगात्सानन्दैर्वीक्षितो जनैः। उपेत्य पादयोस्तस्य सवयस्योऽपतत्पितुः ॥ ३६७
सोऽपि तं पुत्रमालोक्य राकाचन्द्रमिवोदधिः। आत्मन्येव न माति स्म हर्षोल्लासतरङ्गितः ॥ ३६८
दृष्ट्वा च मन्दारवतीं तां पादावनतां स्नुषाम्। आत्मानं कृतिनं मेने कुलं चैव ननन्द च ॥ ३६९

तांश्च त्रीन्दृढबुद्ध्यादीन्प्रणतान्पुत्रमन्त्रिणः । ततोऽधिकं सोऽभ्यनन्दद्विन्ध्यकेतुं च तं नृपः ॥ ३७०
अथ सुन्दरसेनोऽपि पित्रा तेन निवेदितम् । नत्वा मन्दारदेवं तं श्वशुरं मुमुदे परम् ॥ ३७१
तौ च पूर्वागतौ चण्डप्रभव्याघ्रपराक्रमौ । दृष्ट्वाश्लिष्टौ सचिवौ पूर्णान्मेने मनोरथान् ॥ ३७२
तत्क्षणं चात्र सोऽप्यागान्महेन्द्रादित्यभूपतिः । शशाङ्कपुरतः प्रीत्या श्रुतवृत्तान्तहर्षुलः ॥ ३७३

अथ तैः समं समग्रैः सुन्दरसेनः स राजसुतः ।
नडकूबर इव रम्भां मन्दारवतीं वहन्दयिताम् ॥ ३७४
अलकापुरीमयासीन्निजवसतिं वाहनोत्तमारूढः ।
सकलसमृद्धिनिकेतनभूमिं भूयिष्ठपुण्यजनाम् ॥ ३७५

तस्यां च वातायनसंश्रिताभिर्नेत्रोत्पलैः पौरजनाङ्गनाभिः ।
आकीर्यमाणः प्रियया समेतः स राजधानीं स्वपितुर्विवेश ॥ ३७६
आनन्दबाष्पाकुललोचनायाः प्रणम्य मातुश्चरणौ च तत्र ।
स राजपुत्रोऽखिलबन्धुभृत्यबद्धोत्सवं तं दिवसं निनाय ॥ ३७७
अथापरेद्युर्गणकोपदिष्टे लग्ने स तस्याश्चिरकाङ्क्षितं तम् ।
जग्राह पाणिं जनकार्पितायाा मन्दारवत्या नरनाथसूनुः ॥ ३७८
ददौ च तस्मै श्वशुरो महार्घाण्यपुत्रको मन्दरदेवभूपः ।
रत्नानि भूयांसि निजं च राज्यं प्रीतः स्वदेहोत्तरकालभावि ॥ ३७९
चकार चेच्छाविभवानुरूपं पिता महासेननृपश्च तस्य ।
अदुग्धगुं मोचितबन्धनस्थं महोत्सवं वृष्टहिरण्यवस्त्रम् ॥ ३८०

दृष्ट्वाथ मन्दारवतीसमागमात्कृतार्थतां सुन्दरसेनमागतम् ।
प्रमोदमासेव्य च तद्विवाहजं प्रगीतनृत्यन्निखिलाङ्गनागणम् ॥ ३८१
ययौ महासेनमहीभृतार्चितः स्वमण्डलं मन्दरदेवभूपतिः ।
शशाङ्कपूर्वं च पुरं स पार्थिवः स विन्ध्यकेतुश्च महाटवीपतिः ॥ ३८२
ततोऽत्र यातेषु दिनेषु सद्गुणं प्रजाप्रियं सुन्दरसेनमात्मजम् ।
अवेक्ष्य राज्ये च निवेश्य तं निजे वनं महासेननृपो जगाम सः ॥ ३८३
संप्राप्य राज्यमथ सुन्दरसेनदेवः सोऽपि स्वबाहुबलनिर्जितवैरिवर्गः ।
तैर्मन्त्रिभिः सह महीमखिलां शशास मन्दारवत्यधिगमप्रसरत्प्रमोदः ॥ ३८४

इति तत्र सरस्तीरे व्याख्याय कथां मृगाङ्कदत्ताय ।
स व्याघ्रसेननामा सचिवो निजगाद तं भूयः ॥ ३८५

एतत्स कण्वो मुनिराश्रमान्तः कथाद्भुतं वर्णितवान्प्रभो नः ।
कथावसाने च दयालुरस्मानाश्वासयन्नेवमसाववोचत् ॥ ३८६

तत्पुत्रकाः सुविषमाणि दुरुत्तराणि कृच्छ्राणि धीरहृदयाः किल ये सहन्ते ।
ते प्राप्नुवन्ति परमित्थमभीप्सितानि नान्ये तु ये गलितसत्त्वविलुप्तचेष्टाः ॥ ३८७
तस्मादिमां त्यजत विक्लवतां प्रयात युष्माकमप्यधिपतिः स मृगाङ्कदत्तः ।
संप्राप्तसर्वसचिवः सुचिरं पृथिव्यां राज्यं करिष्यति समेत्य शशाङ्कवत्या ॥ ३८८

इति तेन वयं महर्षिणोक्ता धृतिमालम्ब्य निशां च तत्र नीत्वा ।
चलितास्तत आश्रमादवाप्ताः क्रमशः काननमेतदध्वखिन्नाः ॥ ३८९
इह चातितृषा क्षुधा च तप्ताः फलहेतोर्गणनाथवृक्षमेतम् ।
अधिरुह्य फलत्वमेव यातास्तपसा देव तवाद्य मोचिताः स्मः ॥ ३९०

इत्यस्माकं नागशापोपनीतो वृत्तान्तोऽयं त्वद्वियोगे चतुर्णाम्।
क्षीणे शापे चाधुनास्माभिरेतैर्युक्तः सर्वैः कार्यसिद्धयै प्रयाहि ॥ ३११
एतन्मृगाङ्कदत्तो निजसचिवाद्व्याघ्रसेनतः श्रुत्वा।
लाभे शशाङ्कवत्या लब्धधृतिस्तां निशामनयत् ॥ ३१२

इति महाकविश्रीसोमदेवभट्टविरचिते कथासरित्सागरे शशाङ्कवतीलम्बके चतुस्त्रिंशस्तरङ्गः।

पञ्चत्रिंशस्तरङ्गः।

ततः प्राप्तः समुत्थाय तस्माद्वरसरस्तटात्। मृगाङ्कदत्तः सचिवैरशेषैर्मिलितैः सह ॥ १
युक्तः श्रुतधिना तेन प्रायादुज्जयिनीं प्रति। स शशाङ्कवतीं प्रेप्सुर्नत्वा तं विघ्नजिद्द्रुमम् ॥ २
ततस्तास्ता वनभुवो भूयोऽनेकशतह्रदाः। तमालश्यामलाभोगा घनागमनिशा इव ॥ ३
अन्याश्च विचरद्भीममत्तेभाभग्नकीचकाः। विपरीतार्जुनाकारा विराटनगरीनिभाः ॥ ४
गिरीन्द्रकंदराश्चैव शुद्धाः पुष्पवतीरपि। क्रूरसत्त्वाश्रिताः शान्तैर्मुनिभिः संश्रिता अपि ॥ ५
अतिक्रम्य क्रमाद्वीरः स सर्वसचिवान्वितः। प्रापदुज्जयिनीपुर्याः संनिकर्षं नृपात्मजः ॥ ६
ततो गन्धवतीं प्राप्य नदीं स्नानहृतक्लमः। तीर्त्वा च तां महाकालश्मशानं प्राप सानुगः ॥ ७
ददर्श तच्च नानास्थिकपालशकलाकुलम्। धृतमानुषकङ्कालकरालं वीरसेवितम् ॥ ८
बहुभूतगणाकीर्णमाक्रीडं डाकिनीप्रियम्। महाभैरवमासन्नचिताधूममलीमसम् ॥ ९
तदतिक्रम्य चापश्यत्स तां युगपुरातनीम्। पुरीमुज्जयिनीं गुप्तां कर्मसेनेन भूभुजा ॥ १०
अधिष्ठितप्रतोलीकां रक्षिभिर्विविधायुधैः। प्रवीरकुलजानेकराजपुत्राभिरक्षितैः ॥ ११
गिरीन्द्रशिखराकारैः प्राकारैः परिवेष्टिताम्। दुष्प्रवेशामविज्ञातैर्हस्त्यश्वरथसंकुलाम् ॥ १२
विलोक्य तादृशीं तां च सर्वतोऽप्यतिदुर्गमाम्। मृगाङ्कदत्तो विमनाः सचिवान्स्वानुवाच सः ॥ १३
कष्टं क्लेशशतैरेवमभव्यस्यागतस्य मे। प्रवेश एव नास्तीह प्रियाप्राप्तौ तु का गतिः ॥ १४
तच्छ्रुत्वा तेऽप्यवोचंस्तं किमेषा प्रतिभाति ते। अस्माकमियतां देव बलसाध्या महापुरी ॥ १५
उपायोऽत्र विचेतव्यः स चावश्यं भविष्यति। दैवतैर्बहुशो ह्येतदादिष्टं विस्मृतं कथम् ॥ १६
इत्युक्तः सचिवैस्तस्या नगर्या बहिरेव सः। मृगाङ्कदत्तो दिवसान्कांश्चित्तस्थौ परिभ्रमन् ॥ १७
प्राक्सिद्धमथ वेतालं दध्यौ विक्रमकेसरी। तन्मन्त्री वासभवनात्तत्प्रियाकर्षणेच्छया ॥ १८
सोऽपि कृष्णच्छविः प्रांशुरुष्ट्रग्रीवो गजाननः। महिषाङ्घ्रिरुलूकाक्षो वेतालः खरकर्णकः ॥ १९
एत्य तत्र प्रवेष्टुं यन्न शशाक जगाम तत्। शंभोर्वरात्तां नगरीं नाक्रामन्ति तथाविधाः ॥ २०
अथामात्यैर्वृतं खिन्नं प्रवेशोन्मुखचेतसम्। मृगाङ्कदत्तं श्रुतधिर्नीतिज्ञः सोऽब्रवीद्द्विजः ॥ २१
किं देव नीतितत्त्वज्ञोऽप्यजानन्निव मुह्यसि। स्वपरान्तरमप्रेक्ष्य मतः कस्येह विक्रमः ॥ २२
एकैकस्मिन्नगर्यां हि द्वारेष्वस्यां चतुर्ष्वपि। कुञ्जराणां सहस्रे द्वे वाजिनां पञ्चविंशतिः ॥ २३
रथानां दशलक्षं च पदातीनां दिवानिशम्। संनद्धमास्ते रक्षार्थं वीराधिष्ठानदुर्जयम् ॥ २४
तन्नः कतिपयानां यत्सहसात्र प्रवेशनम्। परं पतङ्गवृत्तिः सा नार्थसिद्धिस्तु काचन ॥ २५
सैन्येनापि च नाल्पेन युक्ता क्षेप्तुमियं पुरी। हस्तिपादातयुद्धं तद्विरोधोऽधिबलेन यत् ॥ २६
तन्मायाबटुना तेन पुलिन्दपृथिवीभृता। सुहृदा नर्मदाग्राहभयात्त्रातेन दारुणात् ॥ २७
तन्मित्रेण च मातङ्गराजेनातिबलीयसा। तेन दुर्गपिशाचेन तत्संबन्धानुरागिणा ॥ २८
किरातराजेन यथा बालसब्रह्मचारिणा। शक्तिरक्षितसंज्ञेन तेन विक्रमशालिना ॥ २९
समेत्य सबलैः सर्वैः सैन्यपूरितदिङ्मुखः। सम्यक्सहायसंपन्नः साधयैतत्समीहितम् ॥ ३०
किरातराजश्च स ते दूतागमनसंविदम्। प्रतीक्षमाणः स्थित इत्येतत्ते विस्मृतं कथम् ॥ ३१
मायाबटुश्च मातङ्गराजादेशागतो ध्रुवम्। सज्जस्तेन सहैवास्ते संवित्तस्य कृता ह्यसौ ॥ ३२

तत्तस्य मातङ्गपतेर्विन्ध्यदक्षिणपार्श्वगम् । निवासकोट्टं गच्छामः करभग्रीवनामकम् ॥ ३३
तत्रैवाहूयते राजा कैरातः शक्तिरक्षितः । ततः संभूय सर्वैस्तैरुद्योगः सिद्धये शुभः ॥ ३४
श्रुत्वैतच्छ्रुतधेर्वाक्यमर्थवत्प्राज्ञसंमतम् । मृगाङ्कदत्तः सामात्यस्तथेति श्रद्दधेतराम् ॥ ३५
अन्येद्युश्च नमस्कृत्य गुणिबन्धुं धृतोदयम् । प्रदर्शिताशं विश्वस्य नभोनित्याध्वगं रविम् ॥ ३६
उच्चचाल ततो विन्ध्यपार्श्वं तं दक्षिणं प्रति । तस्य दुर्गपिशाचस्य मातङ्गेन्द्रस्य केतनम् ॥ ३७
तन्मन्त्रिणश्च स व्याघ्रसेनो भीमपराक्रमः । गुणाकरो मेघबलः समं विमलबुद्धिना ॥ ३८
स विचित्रकथः स्थूलबाहुर्विक्रमकेसरी । प्रचण्डशक्तिः श्रुतधिर्दृढमुष्टिस्तमन्वगुः ॥ ३९
तैः समं सोऽतिविस्तीर्णा निजचेष्टा इवाटवीः । गहनांश्च वनोद्देशान्स्वाभिप्रायानिव क्रमात् ॥ ४०
अतिक्रामन्सरस्तीरतरुमूलनिशाश्रयः । प्राप्यारुरोह विन्ध्याद्रिमात्मचित्तमिवोन्नतम् ॥ ४१
तस्याग्राद्दक्षिणं पार्श्वमवरुह्य च दूरतः । दन्तिदन्ताजिनचिता भिल्लपल्लीर्विलोकयन् ॥ ४२
क्वुत्र स्यादास्पदं तस्य मातङ्गाधिपतेरिह । कुतो ज्ञास्याम इत्यन्तर्दध्यौ राजसुतोऽत्र सः ॥ ४३
तावच्च संमुखायातमेकं मुनिकुमारकम् । स ददर्श सहामात्यैः पप्रच्छ च कृतानतिः ॥ ४४
अपि जानासि कुत्रेह गृहं मातङ्गभूपतेः । सौम्य दुर्गपिशाचस्य द्रष्टव्यो वर्तते हि नः ॥ ४५
तच्छ्रुत्वा स जगादैवं साधुस्तापसपुत्रकः । इतः पञ्चवटीत्यस्ति प्रदेशः क्रोशमात्रके ॥ ४६
नातिदूरे च तस्याभूदगस्त्यस्याश्रमो मुनेः । नाकतः पातितोत्सिक्तनहुषेन्द्रस्य हेलया ॥ ४७
यत्र पित्राज्ञयोपात्तवनवासः सलक्ष्मणः । सीतयानुगतो रामो मुनिमन्वास्त तं चिरम् ॥ ४८
रक्षोविनाशपिशुनौ चन्द्रार्काविव यत्र सः । आस्कन्दितुं प्रवृत्तोऽभूत्कबन्धो रामलक्ष्मणौ ॥ ४९
यत्र योजनबाहोश्च रामो भुजमपातयत् । अगस्त्यप्रार्थनायातनहुषाजगरोपमम् ॥ ५०
यत्र मेघागमेऽद्यापि श्रुत्वा जलधरध्वनिम् । स्मरन्तो रामकोदण्डरवस्याम्बररोधिनः ॥ ५१
वीक्ष्य विष्वग्दिशः शून्या गृह्णन्त्युद्बाष्पलोचनाः । जानकीवर्धिताः शष्पकवलं न जरन्मृगाः ॥ ५२
हतशेषानिव त्रातुं हरिणान्यत्र राघवम् । जहार हेमहरिणो वैदेहीविरहप्रदः ॥ ५३
कावेरीवारिबहुले यत्रानेकमहाह्रदे । पीत्वोद्गीर्णमिवागस्त्येनाब्धिपाथः पदे पदे ॥ ५४
तस्याश्रमस्य नात्यन्तदूरे विन्ध्यस्य सानुनि । करभग्रीवनामास्ति कोट्टः कुटिलदुर्गमः ॥ ५५
तत्र प्रतिवसत्यन्तर्भूपालानिर्जितो बली । स मातङ्गपतिर्दुर्गपिशाचश्चण्डविक्रमः ॥ ५६
धनुर्धराणां लक्षस्य तेषामधिपतिश्च सः । योधपञ्चशती येषामेकैकमनुधावति ॥ ५७
तैर्दस्युभिः स मुष्णाति सार्थान्दलयति द्विपः । भुङ्क्ते महाटवीं चैतां तांस्तानगणयन्नृपान् ॥ ५८
एतन्मुनिसुताच्छ्रुत्वा तमामन्त्र्य स सानुगः । मृगाङ्कदत्तस्तेनैव मार्गेण त्वरितं ययौ ॥ ५९
प्रापच्च तस्य करभग्रीवस्य निकटं क्रमात् । मातङ्गराजकोट्टस्य भिल्लपल्लीसमाकुलम् ॥ ६०
ददर्शादूरतश्चात्र शबरौघानितस्ततः । बर्हिबर्हेभदशनव्याघ्रचर्ममृगामिषान् ॥ ६१
तिर्यञ्च इव जीवन्ति पश्यतारण्यवृत्तयः । चित्रं तदप्यमी दुर्गपिशाचं ब्रुवते प्रभुम् ॥ ६२
नास्त्येवाराजकं किंचिद्ब्रूत कोऽपि प्रजास्वहो । राजशब्दः सुरैः सृष्टो मात्स्यन्यायभयादयम् ॥ ६३
एवं मृगाङ्कदत्तस्तान्भिल्लान्वीक्ष्य सखीन्ब्रुवन् । यावत्स करभग्रीवकोट्टमार्गं विविक्षति ॥ ६४
तावन्मायाबटोस्तस्य तत्रावावभ्युपेयुषः । तं पूर्वदृष्टं ददृशुश्चाराः शबरभूभृतः ॥ ६५
ते मायाबटवे तस्मै गत्वा सद्यो न्यवेदयन् । तदागमं ससैन्यश्च सोऽपि प्रत्युज्जगाम तम् ॥ ६६
निकटीभूय दृष्ट्वा च मुक्तवाहः प्रधाव्य सः । पपात पादयोस्तस्य राजसूनोः पुलिन्दराट् ॥ ६७
कृतकण्ठग्रहं राजा स पृष्टकुशलश्च तम् । सामात्यं वाहनारूढमनैषीत्कटकं निजम् ॥ ६८
प्राहिणोच्च प्रतीहारं तदागमनशंसिनम् । तस्मै मातङ्गराजाय निजं स शबराधिपः ॥ ६९
आजगाम च मातङ्गराजः सोऽपि स्वदेशगः । द्रुतं दुर्गपिशाचोऽत्र नाम्नो बिभ्रद्यथार्थताम् ॥ ७०
शिलाकूटकठोराङ्गस्तमालमलिनच्छविः । पुलिन्दाश्रितपादश्च विन्ध्याचल इवापरः ॥ ७१

भ्रुकुट्या भीषणमुखः प्रकृत्यैव त्रिशाखया । स्वीकर्तुं विन्ध्यवासिन्या त्रिशूलेनेव चिह्नितः ॥ ७२
तरुणः क्षपिताशेषवया अप्यसुदर्शनः । कृष्णोऽप्यनन्यसेवी च भूभृत्पादोपजीव्यपि ॥ ७३
नवाभ्र इव मायूरपिच्छचित्रधनुर्धरः । हिरण्याक्ष इवोद्दामवराहक्षतविग्रहः ॥ ७४
घटोत्कच इवोत्सिक्तभीमरूपधरो बली । कलिकाल इवाधर्मनिरतोच्छृङ्खलप्रजः ॥ ७५
आययौ च बलाभोगस्तस्यापूरितभूतलः । मुक्तोऽर्जुनभुजासङ्गात्प्रवाह इव नार्मदः ॥ ७६
शिलाकलापो लुठितः किमञ्जनगिरेरयम् । किमुताकालकल्पान्तमेघौघः पतितो भुवि ॥ ७७
इति शङ्कां स विदधच्चण्डालानीकिनीचयः । प्रससर्पासितच्छायामलिनीकृतदिङ्मुखः ॥ ७८
उपगम्य च तत्स्वामी दूराभ्यस्तशिराः क्षितौ । मृगाङ्कदत्तं तं दुर्गपिशाचः प्रणनाम सः ॥ ७९
उवास चाद्य देवी मे प्रसन्ना विन्ध्यवासिनी । उचितोचितवंशो यद्गृहान्प्राप्तो भवान्मम ॥ ८०
तद्धन्योऽस्मि कृतार्थोऽस्मीत्युक्त्वा तस्मादुपायनम् । मातङ्गराजः स ददौ मुक्ताकस्तूरिकादिकम् ॥ ८१
सोऽप्यभ्यनन्दत्प्रीत्या तं राजपुत्रो यथोचितम् । ततस्तत्रैव सर्वे ते चक्रुः सेनानिवेशनम् ॥ ८२
आलानबद्धैर्द्विरदैस्तुरगैर्मन्दुराश्रितैः । कृतास्पदैश्च पादातैः स्थगिता सा महाटवी ॥ ८३
आजन्मापूर्वनगरीभावसंप्राप्तिसंपदा । घूर्णमानेव तत्कालं नैव स्वात्मन्यवर्तत ॥ ८४
ततोऽत्र काननोद्याने विहितस्नानमङ्गलम् । कृताहारं सुखासीनमेकान्ते सचिवान्वितम् ॥ ८५
मायाबटौ स्थिते दुर्गपिशाचः स कथान्तरे । मृगाङ्कदत्तमवदत्प्रीतिप्रश्रयपेशलम् ॥ ८६
मायाबटुरयं राजा बहुकालमिहागतः । त्वन्निदेशप्रतीक्षः सन्स्वामिन्साकं मया स्थितः ॥ ८७
तद्राजपुत्र युष्माभिः कुत्र स्थितमियच्चिरम् । किं कृतं चेति कार्यं स्वमस्मान्बोधयताधुना ॥ ८८
एतत्तद्वचनं श्रुत्वा राजपुत्रो जगाद सः । तदा मायाबटोरस्य गृहाद्विमलबुद्धिना ॥ ८९
गुणाकरेण च समं प्राप्य भीमपराक्रमम् । गत्वा श्रुतधिया साकं चिन्वतान्यान्सखीन्मया ॥ ९०
प्राप्तः प्रचण्डशक्तिश्च विचित्रकथ एष च । मार्गक्रमेण चैषोऽपि ततो विक्रमकेसरी ॥ ९१
ततो वरसरस्तीरे प्राप्य विघ्नेशपादपम् । फलार्थमधिरुह्यैते तच्छापात्फलतां गताः ॥ ९२
आराध्याथ गणेशं तं कथंचिन्मोचिता मया । शेषाश्चादौ तथाभूतास्तत्र मुक्तास्तथैव मे ॥ ९३
दृढमुष्टिरयं व्याघ्रसेनमेघबलाविमौ । स्थूलबाहुरसौ चेति चत्वारः सचिवा इमे ॥ ९४
एतैः प्राप्तैः समं सर्वैरहमुज्जयिनीमगाम् । तस्यां च गुप्तद्वारायां प्रवेशोऽप्यभवन्न नः ॥ ९५
कुतः शशाङ्कवत्यास्तु हरणोपायचिन्तनम् । सैन्यहीनस्य चाभून्मे न दूतप्रेषणार्हता ॥ ९६
ततः संमन्त्र्य युष्माकमागता निकटं वयम् । इदानीं सिद्धये यूयं प्रमाणमिह नः सखे ॥ ९७
एवं मृगाङ्कदत्तेन स्ववृत्तान्तेऽभ्युदीरिते । सोऽथ दुर्गपिशाचस्तं समायाबटुरब्रवीत् ॥ ९८
धीरो भव कियत्कार्यमेतदस्माभिरञ्जसा । प्राणाः प्रथममेवैते त्वदर्थमुपकल्पिताः ॥ ९९
आनयामोऽत्र तं बद्ध्वा कर्मसेनं महीभृतम् । प्रसह्य च हरामोऽस्य तां शशाङ्कवतीं सुताम् ॥ १००
इति मातङ्गराजेन समायाबटुनोदिते । मृगाङ्कदत्तः सप्रीतिबहुमानमभाषत ॥ १०१
किं न संभाव्यते युष्मास्वियमेव हि वक्ति वः । प्रतिपन्नसुहृत्कार्यनिर्वाहं धीरसत्त्वता ॥ १०२
दार्ढ्यं विन्ध्याद्रितः शौर्यं व्याघ्रेभ्यो मित्ररागिताम् । वनाब्जिनीभ्यश्चादाय यूयं धात्रेह निर्मिताः १०३
तद्विचार्य यथायुक्तं कुरुध्वमिति वादिनि । मृगाङ्कदत्ते दिनकृद्विशश्रामास्तमस्तके ॥ १०४
ततस्तत्र त्रियामां तां स्कन्धावारे विशश्रमुः । ते कर्मान्तिककॢप्तेषु निवेशेषु यथोचितम् ॥ १०५
प्रातर्मृगाङ्कदत्तश्च विससर्ज गुणाकरम् । किरातराजमानेतुं सुहृदं शक्तिरक्षितम् ॥ १०६
तेन गत्वोक्तवृत्तान्तः स्वल्पैरेव दिनैश्च सः । तद्युक्तोऽतिमहासैन्यः किरातपतिराययौ ॥ १०७
पदातिलक्षदशकं द्वे लक्षे वाजिनामपि । महावीराधिरूढानामयुतं मत्तदन्तिनाम् ॥ १०८
अष्टाशीतिसहस्राणि रथानां च महीपतिम् । अन्वाययुर्ध्वजच्छत्रसंछादितनभांसि तम् ॥ १०९
मृगाङ्कदत्तश्च मुदा प्रत्युद्गम्याभिपूज्य तम् । प्रावेशयत्सकटकं ससुहृत्सचिवो नृपम् ॥ ११०

तावन्मातङ्गराजस्य येऽप्यन्ये मित्रबान्धवाः। मायाबटोश्च तद्दत्तदूताः सर्वेऽप्युपाययुः॥ १११
ववृधे च लसन्नादः संमिलद्वाहिनीशतः। मृगाङ्कदत्तहृदयानन्दः शिबिरवारिधिः॥ ११२
मुक्तामृगमदैर्वस्त्रैर्मांसभारैः फलासवैः। तान्स दुर्गपिशाचोऽत्र नृपतीन्सममानयत्॥ ११३
स्नानानुलेपनाहारपानशय्याद्यनुत्तमम्। सर्वेभ्यः शबराधीशो मायाबटुरुपाहरत्॥ ११४
मृगाङ्कदत्तश्चैकत्र बुभुजे निखिलैः सह। तैर्यथोचितभूभागेषूपविष्टैर्नरेश्वरैः॥ ११५
अपि मातङ्गराजं तं सोऽग्रे दूरादभोजयत्। कार्यं देशश्च कालश्च गरीयान्न पुनः पुमान्॥ ११६
विश्रान्ते च नवायाते किरातादिबले ततः। मृगाङ्कदत्तः सोऽन्येद्युर्दन्तिदन्तासनस्थितः॥ ११७
अस्थाने राजलोकस्य यथार्हकृतसत्क्रियः। विजनीकृत्य मातङ्गराजादीन्सुहृदोऽब्रवीत्॥ ११८
इदानीं कालहारः किं क्रियते किं न गम्यते। अनेन सर्वसैन्येन शीघ्रमुज्जयिनीं प्रति॥ ११९
तच्छ्रुत्वा श्रुतधीर्विप्रो राजपुत्रं जगाद तम्। शृणु देव वदाम्यत्र यथा नीतिविदां मतम्॥ १२०
कार्याकार्यविभागः प्राग्बोद्धव्यो विजिगीषुणा। असाध्यं यदुपायेन तदकार्यं परित्यजेत्॥ १२१
तत्कार्यं यदुपायेन साध्यं तत्र चतुर्विधः। उपायः साम दानं च भेदो दण्ड इति स्मृतः॥ १२२
पूर्वः पूर्वो वरस्तेषां निकृष्टश्च परः परः। तस्मात्सामप्रयोगस्ते पूर्वं देवेह युज्यते॥ १२३
निर्लोभे कर्मसेने हि राज्ञि दानं न सिद्धये। न भेदो नहि सन्त्यस्य क्रुद्धलुब्धावमानिताः॥ १२४
दण्डश्च दुर्गदेशस्थे तस्मिन्नतिबलाधिके। नृपैरजितपूर्वेऽन्यैः प्रयुक्तः संशयावहः॥ १२५
अविश्वास्या च युद्धेषु जयश्रीर्बलिनामपि। न च कन्यार्थिनो युक्तः कर्तुं तद्बान्धवक्षयः॥ १२६
तत्तस्य राज्ञः साम्नैव दूतस्तावद्विसृज्यताम्। तदसिद्धौ हठायातो दण्ड एव प्रयोक्ष्यते॥ १२७
इत्येतच्छ्रुतधेर्वाक्यं सर्वे तत्र तथेति ते। श्रद्दधुः प्रशशंसुश्च तस्य मन्त्रक्रमज्ञताम्॥ १२८
ततः संमन्त्र्य तैरेव समं दूतगुणान्वितम्। किरातराजानुचरं तदाख्यातं द्विजोत्तमम्॥ १२९
दूतं सुविग्रहं नाम कर्मसेनाय भूभृते। मृगाङ्कदत्तो व्यसृजल्लेखसंदेशहारिणम्॥ १३०
स गत्वोज्जयिनीं दूतः प्रतीहारनिवेदितः। वलभाश्वद्विपाकीर्णकक्ष्यान्तरमनोरमम्॥ १३१
प्रविश्य राजभवनं सिंहासनगतं नृपम्। ददर्श कर्मसेनं तं मन्त्रिभिः परिवारितम्॥ १३२
प्रणम्य चासनासीनः स पृष्टकुशलः क्रमात्। राज्ञाभिनन्दितस्तेन लेखं तस्मै समर्पयत्॥ १३३
आदाय तं च तन्मन्त्री मुद्राक्षेपप्रसारितम्। प्रज्ञाकोपाभिधानोऽत्र स्पष्टमेवमवाचयत्॥ १३४
स्वस्ति श्रीकरभग्रीवकोट्टमूलाटवीतटात्। महाराजाधिराजस्य पुत्रोऽयोध्यापुरीपतेः॥ १३५
श्रीमतोऽमरदत्तस्य महीमण्डलमण्डनम्। श्रीमान्मृगाङ्कदत्तोऽत्र प्रह्वोपनतराजकः॥ १३६
उज्जयिन्यां महाराजकर्मसेनस्य सादरम्। निजवंशपयोधीन्दोरिदं संदिशति स्फुटम्॥ १३७
कन्या तवास्ति सावश्यं देयान्यस्मै प्रयच्छ तत्। मह्यं तां सदृशी सा मे भार्यादिष्टा हि दैवतैः॥ १३८
एवं नौ बन्धुभावः स्यान्नश्येत्पूर्वा च वैरिता। नो चेन्निजभुजावेव प्रार्थयिष्येऽत्र वस्तुनि॥ १३९
इत्यत्र वाचिते लेखे प्रज्ञाकोपेण मन्त्रिणा। राजा सकोपः सचिवान्कर्मसेनो जगाद सः॥ १४०
विपक्षास्ते सदास्माकमनात्मज्ञेन तेन च। एतत्तथैव संदिष्टं पश्यताद्यासमञ्जसम्॥ १४१
आत्माभिलिखितः पूर्वं वयं पश्चादवज्ञया। दर्पाध्मातेन पर्यन्ते बाहुवीर्यमुदीरितम्॥ १४२
तन्न मे प्रतिसंदेशो योग्यः कन्याकथैव का। गच्छ दूत भवत्स्वामी यत्स वेत्ति करोतु तत्॥ १४३
इत्युक्तः कर्मसेनेन राज्ञा दूतोऽत्र स द्विजः। सुविग्रहस्तमोजस्वी क्रमायातमभाषत॥ १४४
अदृष्ट्वा राजपुत्रं तं संप्रत्योजायसे जड। सज्जो भवागते तस्मिन्वेत्स्यसि स्वपरान्तरम्॥ १४५
इति तेनोदिते राजसभा क्षोभमियाय सा। गच्छावध्योऽसि किं कुर्म इति क्रुद्धोऽभ्यधान्नृपः॥ १४६
अन्येऽत्र दन्तदष्टौष्ठा मृद्नन्तः स्वान्करान्करैः। किं नाधुनैव गत्वा तं हन्म इत्यब्रुवन्मिथः॥ १४७
यात्वयं बटुवाचादृत्यास्य किं कुप्यते गिरा। द्रक्ष्यते यत्करिष्याम इत्यूचुर्धैर्यतः परे॥ १४८
भ्रूभङ्गैः केचिदासन्नचापरोपणसूचनम्। कुर्वन्त इव निःशब्दं तस्थुः कोपारुणैर्मुखैः॥ १४९

एवं सभायां क्रुद्धायां स निर्गत्य सुविग्रहः। दूतो मृगाङ्कदत्तस्य पार्श्वं स्वकटकं ययौ ॥ १५०
तस्मै स कर्मसेनोक्तं समित्राय शशंस तत्। सोऽप्यादिदेश तच्छ्रुत्वा यात्रां सैन्ये नृपात्मजः ॥ १५१

ततः स्वाम्यादेशप्रबलपवनापातविधुतो बलाम्भोधिर्धावन्भरतुरगमातङ्गमकरः।
सपक्षाणां तन्वन्मनसि परितोषं क्षितिभृतां स संप्राप क्षोभं प्रतिभयकरं कालरनृणाम् ॥ १५२

क्षितिमथ विदधद्गलाम्बलालागजमदकर्दमितां मृगाङ्कदत्तः।
बधिरितभुवनः स तूर्यनादैरुदचलदुज्जयिनीं शनैर्जयाय ॥ १५३

इति महाकविश्रीसोमदेवभट्टविरचिते कथासरित्सागरे शशाङ्कवतीलम्बके पञ्चत्रिंशस्तरङ्गः।

षट्त्रिंशस्तरङ्गः।

ततः स विन्ध्यमुल्लङ्घ्य प्राप संनद्धसैनिकः। मृगाङ्कदत्तः सीमान्तमुज्जयिन्याः सुहृद्युतः ॥ १
तद्बुद्ध्वा कर्मसेनोऽपि राजास्य सबलोऽग्रतः। धीरो युद्धाय संनह्य नगर्या निरगात्ततः ॥ २
निकटीभूय चान्योन्यदर्शिन्योरुभयोस्तयोः। तत्सेनयोः प्रववृते संग्रामो वीरहर्षणः ॥ ३
नृसिंहनादवित्रस्तभग्नक्लीबासुराकुलः। सोऽभूद्धिरण्यकशिपोर्निवास इव संगरः ॥ ४
संतता विनिकृन्तन्तो घना गगनगामिनः। सुभटेष्विषवः पेतुः सस्येषु शलभा इव ॥ ५
खड्गाहतेभकुम्भोत्थो बभौ मुक्ताफलोत्करः। संरम्भत्रुटितो हार इव तत्समरश्रियः ॥ ६
तीक्ष्णकुन्ताग्रदशनं ग्रस्ताश्वनरकुञ्जरम्। कृतान्तस्येव वदनं तद्विरेजे रणाजिरम् ॥ ७
उत्पेतुर्भल्ललूनानि शिरांसि भुजशालिनाम्। दिवि दत्तोर्ध्वझम्पानि दिव्यस्त्रीरिव चुम्बितुम् ॥ ८
कबन्धा ननृतुश्चात्र सुभटानां पदे पदे। निर्भासितोत्तमस्वामिसंगरप्रमदादिव ॥ ९
एवं च पञ्चदिवसान्वहच्छोणितनिम्नगः। आसीत्करङ्ककूटाढ्यः स शूरान्तकरो रणः ॥ १०
पञ्चमेऽह्नि रहः सायं तं समेतं स्वमन्त्रिभिः। मृगाङ्कदत्तं श्रुतधिर्विप्रोऽभ्येत्य जगाद सः ॥ ११
युष्मासु समरव्यग्रेष्वितो भिक्षुकरूपिणा। गत्वा निराकुलद्वारां प्रविश्योज्जयिनीं मया ॥ १२
निकटादप्यदृश्येन भूत्वा विद्याप्रभावतः। यदन्विष्टं यथावत्तच्छृणु देव वदामि ते ॥ १३
यदैव कर्मसेनोऽसौ राजा युद्धाय निर्गतः। तदैवानुज्ञया मातुः सा शशाङ्कवती गृहात् ॥ १४
निर्गत्य तत्पुरीवर्तिगौर्यायतनमाश्रिता। तामाराधयितुं देवीं श्रेयोर्थं समरे पितुः ॥ १५
तत्रस्था च रहस्येकां सखीमाप्तामुवाच सा। मत्कृते सखि तातस्य विग्रहोऽयमुपागतः ॥ १६
आक्रान्तश्चार्पयेदेष तस्मै राजसुताय माम्। गणयन्ति न राज्यार्थेऽपत्यस्नेहं महीभुजः ॥ १७
न च जानेऽनुरूपः किं स मे राजसुतो न वा। कामं हि मृत्युमिच्छेयं न विरूपमहं पतिम् ॥ १८
मन्ये रूपाभिसंपन्नो दरिद्रोऽपि वरं पतिः। न विरूपः पुनः कृत्स्नपृथिवीचक्रवर्त्यपि ॥ १९
तत्कीदृगिति गत्वा तं विलोक्यागच्छ सैन्यतः। प्रज्ञानेन च नाम्ना च शुभे चतुरिका ह्यसि ॥ २०
एवं सखी तयोक्ता सा युक्त्या कटकमेत्य नः। त्वां विलोक्य विभो गत्वा राजपुत्रीमुवाच ताम् ॥ २१
किमन्यत्सखि सा जिह्वा जाने नास्त्यपि वासुकेः। या शक्ता गदितुं तस्य रूपं राजसुतस्य तत् ॥ २२
ब्रवीमि पुनरेतावद्यथा नान्या समास्ति ते। नारी रूपेण मनुजस्तथा नान्योऽस्ति तत्समः ॥ २३
अत्यल्पं धिङ्मयोक्तं वा मन्ये ह्यस्मिञ्जगत्त्रये। न सिद्धो नापि गन्धर्वो न देवोऽप्यस्ति तादृशः ॥ २४
एवं सखीगिरा तस्यास्त्वयि न्यस्तं च मानसम्। शशाङ्कवत्याः कामेन कीलितं च समं शरैः ॥ २५
तत्क्षणात्प्रभृति श्रेयस्कामा तव पितुश्च सा। कृशीभवन्ती तपसा स्थिता त्वद्विरहेण च ॥ २६
तद्युष्मं निशि गत्वाद्य हृत्वा गौर्याश्रमात्ततः। विजनादानयत तां राजपुत्रीमलक्षितम् ॥ २७
यात मायाबटोरस्य गृहानेते नृपास्ततः। पश्चात्प्रकोपं रक्षित्वा तत्रैष्यन्ति समं मया ॥ २८
निवर्ततामिदं युद्धं मा स्म भूत्सैन्यसंक्षयः। अस्तु वः कुशलं देहे राज्ञस्त्वच्छ्वशुरस्य च ॥ २९
गतिरेषा ह्यगतिका युद्धं प्राणार्पणेन यत्। उपायेषु जघन्योऽयमुपायो गीयते बुधैः ॥ ३०

एवमुक्तः श्रुतधिना स गुप्तं प्रययौ निशि । मृगाङ्कदत्तस्तत्राश्वानारुह्य सचिवैः सह ॥ ३१
सुप्तस्त्रीबालशेषां तां विवेशोज्जयिनीं च सः । गत्वैव संवृतद्वारां सुप्तैः स्वल्पैश्च रक्षिभिः ॥ ३२
ततः श्रुतधिना दत्तैरभिज्ञानैः सुलक्षितम् । ख्यातं पुष्पकरण्डाख्यमहोद्यानान्तरस्थितम् ॥ ३३
तत्कालालंकृतप्राचीमुखेन शशिना करैः । प्रकाशितं राजसुतस्तं स गौर्याश्रमं ययौ ॥ ३४
तावच्च परिचर्यादिश्रान्ते सुप्ते सखीजने । सा शशाङ्कवती तत्र वीतनिद्रा व्यचिन्तयत् ॥ ३५
मदर्थं बत राजानो राजपुत्रा दिने दिने । वीरास्ते ते च हन्यन्ते समित्युभयसैन्ययोः ॥ ३६
स च राजसुतो देव्या स्वप्ने ह्यम्बिकयानया । आदिष्टः पूर्वभर्ता मे मदर्थप्रार्थिताहवः ॥ ३७
हृदयं च यमाच्छिद्य दत्त्वा शरपरम्पराम् । सिद्धलक्ष्येण कामेन नीत्वा तस्मै समर्पितम् ॥ ३८
तातस्तु मन्दपुण्यां मां नैव तस्मै प्रदास्यति । पूर्ववैराच्च दर्पाच्च लेखादित्यन हि श्रुतम् ॥ ३९
वामे विधौ च कः स्वप्नदेवतादेशनिश्चयः । प्रियप्राप्तौ च पश्यामि न कांचित्सर्वथा दिशम् ॥ ४०
तथावन्नाहितं किंचित्तस्य तातस्य वा रणे । शृणोमि तावदात्मानं हताशं न त्यजामि किम् ॥ ४१
इत्युत्थाय पुरो गत्वा गौर्याः साशोकपादपे । पाशं विरचयामास स्वोत्तरीयेण दुःखिता ॥ ४२
तावन्मृगाङ्कदत्तोऽपि सवयस्यः प्रविश्य तम् । उद्यानं तरुबद्धाश्वो गौर्यागाराश्रमं गतः ॥ ४३
तत्र तत्सचिवेनारादाजपुत्रीं विलोक्य ताम् । मृगाङ्कदत्तो जगदे स्वैरं विमलबुद्धिना ॥ ४४
देव पश्यात्र काप्येषा पाशेन वरकन्यका । उद्यता हन्तुमात्मानं तत्का नाम भवेदियम् ॥ ४५
तच्छ्रुत्वैव विलोक्यैतां राजसूनुरुवाच सः । अहो केयं रतिः किंस्विद्रूपिणी किमु निर्वृतिः ॥ ४६
साकारा कान्तिरिन्दोर्वा मन्मथाज्ञाथ जङ्गमा । किं वामराङ्गना भैवमस्याः पाशोद्यमः कथम् ॥ ४७
तत्तावदिह तिष्ठामः पादपान्तरिताः क्षणम् । यावज्जानीमहे केयमिति व्यक्तं कथंचन ॥ ४८
इत्युक्त्वा सवयस्योऽत्र यावच्छन्नः स तिष्ठति । सा शशाङ्कवती तावद्गिरा देवीं व्यजिज्ञपत् ॥ ४९
अस्मिञ्जन्मनि चेद्देवि न स राजसुतः पतिः । देवो मृगाङ्कदत्तो मे निष्पन्नः पूर्वदुष्कृतैः ॥ ५०
त्वत्प्रसादेन तद्भूयादन्यस्मिन्नपि जन्मनि । स भर्ता गौरि भगवत्यापन्नार्तिहरे मम ॥ ५१
इति विज्ञप्य देवीं सा राजपुत्री प्रणम्य च । कण्ठे समर्पयामास पाशं बाष्पार्द्रलोचना ॥ ५२
तत्क्षणं च प्रबुद्धैव तददर्शनविह्वलाः । चिन्वन्त्यः सहसा तस्याः सख्योऽन्तिकमुपाययुः ॥ ५३
हा हा किमिदमारब्धं सखि धिक्साहसं त्वया । इत्युक्त्वैव च तास्तस्याः पाशं कण्ठादपाहरन् ॥ ५४
अथ ह्रीतविषण्णा सा यावद्बालात्र तिष्ठति । उदभूद्भारती तावद्गौरीगर्भगृहान्तरात् ॥ ५५
मा विषादं कृथाः पुत्रि शशाङ्कवति नैव तत् । वचो मृषा मे यत्स्वप्ने तवोक्तं सुभगे मया ॥ ५६
सोऽयं मृगाङ्कदत्तो हि पूर्वभर्ता तवान्तिके । प्राप्त एव त्वजानेन सह भुङ्क्ष्वाखिलां भुवम् ॥ ५७
श्रुत्वैतां सहसा वाणीं सा शशाङ्कवती शनैः । यावद्विलोकयत्यत्र पार्श्वे किंचित्ससाध्वसा ॥ ५८
तावन्मृगाङ्कदत्तस्य मन्त्री विक्रमकेसरी । तामुपागम्य वक्ति स्म दर्शयन्नग्रपाणिना ॥ ५९
देवि सत्यं भवान्या ते समादिष्टमयं हि सः । राजपुत्रः पतिः प्रेमपाशाकृष्टस्तवाग्रतः ॥ ६०
तच्छ्रुत्वा सा ततस्तिर्यङ्न्यस्तदृष्टिर्ददर्श तम् । कान्तं तेजस्विनं मध्यवर्तिनं सहचारिणाम् ॥ ६१
ग्रहैः परिवृतं चन्द्रमवतीर्णमिवाम्बरात् । रूपोपमानमन्येषाममृतस्यन्दनं दृशोः ॥ ६२
ततः पतदनङ्गेषुपुङ्खपक्ष्मचितैरिव । अङ्गैः कण्टकितैर्यावदास्ते सा स्तम्भनिश्चला ॥ ६३
तावन्मृगाङ्कदत्तस्तामुपेत्य त्याजयन्ह्रियम् । स कालोचितमाह स्म गिरा प्रेममधुश्च्युता ॥ ६४
त्याजयित्वा निजं देशं राज्यं बन्धूंश्च दूरतः । दासीकृत्याहमानीतो गुणैर्बद्ध्वा नताङ्गि ते ॥ ६५
तन्मयारण्यवासस्य वसुधाशयनस्य च । फलाहारस्य तीव्रार्कतापसंसेवनस्य च ॥ ६६
तपःकष्टस्य तन्वङ्गि संप्राप्तं फलमीदृशम् । यद्दृष्टा नेत्रपीयूषवृष्टिरेषा तनुस्तव ॥ ६७
यदि स्नेहानुरोधश्च मयि ते हरिणाक्षि तत् । अस्मत्पुरीपुरंध्रीणां प्रयच्छ नयनोत्सवम् ॥ ६८
सङ्ग्रामः शाम्यतु श्रेयो भवतूभयपक्षयोः । कृतार्थं जायतां जन्म सह गुर्वाशिषा मम ॥ ६९

एवं मृगाङ्कदत्तेन सा शशाङ्कवती तदा । उक्ता जगाद वसुधाविन्यस्तनयना शनैः ॥ ७०
अयं तावद्गुणक्रीतो जनः स्वाधीन एव ते । तदार्यपुत्र कुशलं यदवैषि कुरुष्व तत् ॥ ७१
इति वाक्सुधया तस्याः कृती निर्वापितोऽथ सः । मृगाङ्कदत्तो देवीं तां गौरीं स्तुत्वा प्रणम्य च ॥ ७२
आरोप्य राजपुत्रीं च तां तुरंगे स्वपृष्ठतः । तत्सखीभिः समारूढपश्चाद्भागाश्वपृष्ठगैः ॥ ७३
दशभिः सहितो वीरैः सचिवैः शस्त्रपाणिभिः । उच्चचाल ततो रात्रौ राजपुत्रो धृतायुधः ॥ ७४
ते चैकादश दृष्ट्वापि तत्र रोद्धुं न शेकिरे । नगरीरक्षिभिः क्रुद्धा रुद्रा इव दुरासदाः ॥ ७५
विनिर्गत्योज्जयिन्याश्च जग्मुर्मायाबटोर्गृहम् । सशशाङ्कवतीकास्ते यथा श्रुतधिनोदितम् ॥ ७६
क एते क्व प्रयाताश्चेत्युद्भ्रान्तेष्वत्र रक्षिषु । सा चोज्जयिन्यां बुबुधे क्रमाद्राजसुता हृता ॥ ७७
तच्चाख्यातुं महादेवी कर्मसेनाय भूभृते । सत्वरं नगराध्यक्षं प्राहिणोत्कटकं प्रति ॥ ७८
अत्रान्तरे च कटके तत्र रात्रावुपेत्य तम् । चाराधिकारी राजानं कर्मसेनं व्यजिज्ञपत् ॥ ७९
देव प्रदोष एवाद्य गुप्तं निर्गत्य सैन्यतः । मृगाङ्कदत्तः सामात्यो हयैरुज्जयिनीं गतः ॥ ८०
तां शशाङ्कवतीं हर्तुं गौर्यायतनवर्तिनीम् । इति सम्यङ्मया ज्ञातं प्रभुर्जानात्यतः परम् ॥ ८१
इत्याकर्ण्य समाहूय कर्मसेनः स भूपतिः । रहः स्वसेनापतये यथाश्रुतमवर्णयत् ॥ ८२
जगाद च वराश्वानां सहितः पञ्चभिः शतैः । शूराधिरूढैः प्रच्छन्नं द्रुतमुज्जयिनीं व्रज ॥ ८३
मृगाङ्कदत्तं जहि तं पापं प्राप्य बधान वा । विद्धि मामागतं पश्चात्पृष्ठस्थापितसैनिकम् ॥ ८४
इत्युक्तस्तेन राज्ञा स यथादिष्टबलान्वितः । प्रायात्सेनापती रात्रौ तथेत्युज्जयिनीं प्रति ॥ ८५
मार्गे तन्नगराध्यक्षान्मिलितादशृणोच्च सः । राजपुत्रीं हृतां वीरैर्यथान्यैरेव कैश्चन ॥ ८६
ततः सनगराध्यक्षः प्रत्यागत्य तथैव तत् । कर्मसेनं स राजानं यथावृत्तमबोधयत् ॥ ८७
स तद्बुद्ध्वा विचिन्त्यैव तदशक्यं ततो नृपः । अवस्कन्दनिवृत्तस्तां तूष्णीमेवानयन्निशाम् ॥ ८८
मृगाङ्कदत्तसैन्येऽपि मायाबटुमुखा नृपाः । निन्युस्तथैव तां रात्रिं संनद्धाः श्रुतधेर्गिरा ॥ ८९
प्रातश्चान्विष्टवृत्तान्तः कर्मसेननृपः सुधीः । मृगाङ्कदत्तकटके राज्ञां दूतं विसृष्टवान् ॥ ९०
मृगाङ्कदत्तेन हृता सुता तावच्छलेन मे । तदस्तु कोऽपरो ह्यस्यास्तादृशः सदृशः पतिः ॥ ९१
तदिदानीं स युष्माभिः सममायातु मद्गृहम् । करोमि यावदुद्वाहं तनयाया यथाविधि ॥ ९२
एवं स संदिदेशास्य मुखे दूतस्य भूपतिः । तच्च ते सश्रुतधयो राजानः श्रद्दधुस्तदा ॥ ९३
ऊचुश्च दूतं स्वपुरीं तर्हि यात्वेष वः प्रभुः । यावत्तमानयामोऽत्र गत्वा राजसुतं वयम् ॥ ९४
तच्छ्रुत्वैव तथा तेन गत्वा दूतेन वर्णिते । स कर्मसेनः सबलस्तथेत्युज्जयिनीमगात् ॥ ९५
तद्बुद्ध्वा तेऽपि राजानो मायाबटुपुरःसराः । मृगाङ्कदत्तं प्रति तं चेलुः श्रुतधिना सह ॥ ९६
तावन्मृगाङ्कदत्तोऽपि स शशाङ्कवतीयुतः । मायाबटुगृहं प्राप तत्काञ्चनपुरं पुरम् ॥ ९७
तत्र सोऽन्तःपुरैस्तस्य यथार्हकृतसत्क्रियः । सवयस्यो विशश्राम सिद्धकार्यः प्रियासखः ॥ ९८
अन्येद्युः सश्रुतधयो नृपास्तेऽत्र समाययुः । स किरातपतिर्वीरः ससैन्यः शक्तिरक्षितः ॥ ९९
शबराधिपतिः सोऽपि राजा मायाबटुर्बली । शूरो दुर्गपिशाचश्च स मातङ्गचमूपतिः ॥ १००
सर्वे शशाङ्कवत्या ते युक्तं रात्र्येव कैरवम् । मृगाङ्कदत्तं दृष्ट्वा तमभ्यनन्दन्कृतोत्सवाः ॥ १०१
यथार्हकृतमानाय तस्मै तं च न्यवेदयन् । संदेशं कर्मसेनीयं प्रवेशं च निजे गृहे ॥ १०२
संनिवेश्याथ कटकं चलन्नगरसंनिभम् । मृगाङ्कदत्तो मन्त्राय समं सर्वैरुपाविशत् ॥ १०३
विवाहायोज्जयिन्यां किं गन्तव्यमुत नो मया । उच्यतामिति पप्रच्छ नृपतीन्सचिवांश्च सः ॥ १०४
दुष्टः स राजा तद्गेहगमने कुशलं कुतः । कार्यं च तत्र नास्त्येव प्राप्तैव हि तदात्मजा ॥ १०५
इत्यैकमत्येन नृपाः सचिवाश्चाब्रुवन्यदा । तदा मृगाङ्कदत्तस्तमपृच्छच्छ्रुतधिं द्विजम् ॥ १०६
उदासीन इव ब्रह्मंस्तूष्णीमेवं स्थितोऽसि किम् । किमेतदेवाभिमतं तवाप्युत न वा वद ॥ १०७
ततः श्रुतधिराह स्म यदि श्रोष्यसि वच्मि तत् । गन्तव्यं कर्मसेनस्य गृहेष्विति मतिर्मम ॥ १०८

अशाठ्येन हि संदिष्टमेतत्तेनान्यथा कथम् । सुतापहारे स बली युद्धं त्यक्त्वा गृहं व्रजेत् ॥ १०९
सबलस्य च किं कुर्यात्प्राप्तस्यापि गृहं स ते । प्रीतिस्तु तत्र यातस्य भवेत्तेन समं तव ॥ ११०
सहायोऽग्रे स च स्यान्नः स्नेहेन दुहितुः पुनः । नेच्छत्यविधिनोद्वाहं तेनैवं वक्ति तत्त्वतः ॥ १११
तद्युक्तं गमनं तत्रेत्युक्ते श्रुतधिना तदा । साधु साध्विति तत्रोचुः सर्वे श्रद्धाय तद्वचः ॥ ११२
ततो मृगाङ्कदत्तस्तानवोचत्सर्वमस्त्वदः । किं तु तातं विनाम्बां च विवाहो मे न रोचते ॥ ११३
तदम्बातातयोः कश्चिदाह्वानाय व्रजत्वितः । बुद्ध्वा च तदभिप्रायं करिष्यामो यथोचितम् ॥ ११४
इत्यूचिवान्स संमन्त्र्य पित्रोः पार्श्वे स्वमन्त्रिणम् । तत्रस्थ एव व्यसृजद्वीरो भीमपराक्रमम् ॥ ११५
तावच्च तत्रायोध्यायां पुरि राजा स तत्पिता । कालेनामरदत्तस्तज्ज्ञातवांस्तस्य लोकतः ॥ ११६
मृगाङ्कदत्तस्य कृतं देशनिर्वासनप्रदम् । विनीतमतिना मिथ्या राजपुत्रस्य पैशुनम् ॥ ११७
ततः कुमन्त्रिणं कोपात्तं निहत्य स सान्वयम् । पुत्रनिर्वासनोदग्रदुःखकष्टामगाद्दशाम् ॥ ११८
निर्गत्य च पुरीबाह्ये तस्यावायतने हरेः । राजा स नन्दिग्रामाख्ये चरन्दारैः समं तपः ॥ ११९
तत्र स्थिते चिरात्तस्मिन्स चारावेदितागमः । अयोध्यां प्राप वाताश्ववेगाद्भीमपराक्रमः ॥ १२०
स तामपश्यदुद्विग्नां गतराजसुतां पुरीम् । रामप्रवासवैधुर्यकष्टं पुनरिवागताम् ॥ १२१
राजपुत्रस्य पृच्छद्भिर्वार्तां पौरैर्वृतोऽथ सः । तन्मुखाच्छ्रुतवृत्तान्तो नन्दिग्रामं ततो ययौ ॥ १२२
तत्राभीष्टसुतोदन्तसोत्सुकं महिषीयुतम् । ददर्शामरदत्तं तं तपःक्षामतनुं नृपम् ॥ १२३
तमेत्य पादपतितः कृतकण्ठग्रहं नृपम् । पृष्टोदन्तमवोचत्स साम्रं भीमपराक्रमः ॥ १२४
प्राप्ता मृगाङ्कदत्तेन सूनुना ते स्ववीर्यतः । सा शशाङ्कवती देव कर्मसेननृपात्मजा ॥ १२५
तद्विवाहश्च देवेन विना देव्या च सर्वथा । न तस्य पितृभक्तस्य शोभनः प्रतिभासते ॥ १२६
अतस्तेन विसृष्टोऽहमिहैवागम्यतामिति । विज्ञापनाय धरणिन्यस्तमूर्ध्ना सुतेन वः ॥ १२७
प्रतीक्षमाणो युष्मांश्च स काञ्चनपुरे स्थितः । शबराधिपतेर्देव राज्ञो मायावटोर्गृहे ॥ १२८
शृण्विदानीं च वृत्तान्तमित्युक्त्वा देशनिर्गमात् । आरभ्य सोऽटवीवासवियोगविषमायतम् ॥ १२९
स युद्धं कर्मसेनीयसंध्यन्तं विविधाद्भुतम् । कृत्स्नं स्वप्रभुवृत्तान्तं जगौ भीमपराक्रमः ॥ १३०
तच्छ्रुत्वा सुतकल्याणे स राजा जातनिश्चयः । तदैवामरदत्तः स्वं हर्षात्प्रस्थानमादिशत् ॥ १३१
गजारूढः समं देव्या राजभिः सचिवैश्च सः । सहस्त्यश्वबलः प्रायात्पुत्रं प्रत्युत्सुकस्ततः ॥ १३२
अल्पैरेव च स प्राप दिवसैरविलम्बितः । शबराधिपदेशस्थं सुतस्य कटकं नृपः ॥ १३३
तद्बुद्ध्वैव च तस्याग्रे समग्रै राजभिः सह । मृगाङ्कदत्तो निरगात्सवयस्यश्चिरोत्सुकः ॥ १३४
दृष्ट्वैव दूरात्तुरगादवतीर्यास्य पादयोः । गजावरूढस्य पितुर्मातुश्च निपपात सः ॥ १३५
आलिङ्गितः स च पितुः शरीरेण भुजान्तरम् । मनोरथेन हृदयं बाष्पैश्चापूरयद्दृशौ ॥ १३६
माताप्याश्लिष्य सुचिरात्पश्यन्ती तं मुहुः सुतम् । भूयो वियोगभीतेव न मोक्तुमशकच्चिरम् ॥ १३७
ते चाप्यमरदत्तं तं सदेवीकं नृपाः प्रभुम् । मृगाङ्कदत्तसुहृदस्तदाख्यातास्तदानमन् ॥ १३८
स राजा सापि तद्देवी दंपतीविधुरेषु तान् । सहायानेकपुत्रस्य स्नेहादभिननन्दतुः ॥ १३९
मायावटोः प्रविश्याथ राजधानीं विलोक्य च । स शशाङ्कवतीं तत्र तां पादावनतां स्नुषाम् ॥ १४०
गृहीतप्राभृतो देव्या तया च स्नुषया सह । निर्गत्यामरदत्तः स्वे कटके वसतिं व्यधात् ॥ १४१
भुक्त्वा च तत्र पुत्रेण सह सर्वैश्च राजभिः । गीतवादित्रनृत्तैस्तन्निनाय ससुखं दिनम् ॥ १४२
मेने च लब्धयशसा कृतिनं तेन सूनुना । मृगाङ्कदत्तेनात्मानं भाविना चक्रवर्तिना ॥ १४३
तावच्च कर्मसेनेन राज्ञा तेन सुमेधसा । दूतो मृगाङ्कदत्तस्य संमन्त्र्यात्र व्यसृज्यत ॥ १४४
भवानुज्जयिनीं तावदिमां नैवागमिष्यति । तत्प्रेषयिष्याम्यत्रैव सुषेणाख्यमहं सुतम् ॥ १४५
स शशाङ्कवतीं तुभ्यं विधिवद्भगिनीं निजाम् । दास्यत्यतो नाविधिना सा विवाह्या त्वयानघ ॥ १४६
अस्मत्स्नेहानुरोधश्चेदिति तं संदिदेश च । लेखे दूतमुखे चास्य राजसूनोः स भूपतिः ॥ १४७

राजस्थाने श्रुते तस्मिन्संदेशे राजसूनुना । तत्पिता तस्य दूतस्य स राजैवोत्तरं ददौ ॥ १४८
कर्मसेननृपात्कोऽन्यो वक्त्येतत्तस्य सन्मतेः । स्नेहोऽस्ति काममस्मासु तदेनं प्रेषयत्वितः ॥ १४९
सुषेणं स निजं पुत्रं करिष्यामस्तथा वयम् । यथा संतोषकृत्तस्य सुतोद्वाहो भविष्यति ॥ १५०
इत्युक्त्वा प्रतिसंदेशं दूतं तं प्रेष्य सत्कृतम् । राजा सश्रुतधिं पुत्रं नृपतींश्च जगाद सः ॥ १५१
अयोध्यामधुना यामो विवाहस्तत्र शोभते । सुषेणस्य च सत्कारो यथावत्तत्र सिद्ध्यति ॥ १५२
राजा मायाबटुश्चेह सुषेणं संप्रतीक्षताम् । तेनागतेन सहितोऽयोध्यां पश्चादुपैष्यति ॥ १५३
वयं विवाहसंभारहेतोर्यामोऽग्रतः पुनः । इति राजवचस्तत्र ते सर्वेऽप्यनुमेनिरे ॥ १५४
ततोऽन्येद्युः समं देव्या सैन्यैश्च स महीपतिः । मृगाङ्कदत्तश्च युतौ राजभिः सचिवैश्च तैः ॥ १५५
मायाबटुं निधायात्र सुषेणागमनावधि । शशाङ्कवत्या सहितौ चेलतुः कृतिनौ ततः ॥ १५६
वल्गत्तुरंगसंघाततरङ्गशतसंकुलः । असंख्यसर्पत्पादातपाथःपूरितदिङ्मुखः ॥ १५७
तुमुलप्रोल्लसच्छब्दपिहितान्यरवश्रवः । चचाल स बलाम्भोधिस्तयोर्गम्भीरभीषणः ॥ १५८
कुर्वाणौ च रजश्छन्नां वसुधाविभ्रमां दिवम् । गजेन्द्रजघनाकीर्णां वसुधां च भुविभ्रमाम् ॥ १५९
मार्गे क्रमेण गच्छन्तौ शक्तिरक्षितकस्य तौ । गृहं किरातराजस्य पितापुत्राववापतुः ॥ १६०
तत्र तेन महारत्नहेमसद्वस्त्रराशिभिः । सदारेण कृतोदारसपर्यौ सपरिग्रहौ ॥ १६१
दिनमेकं कृताहारौ विश्रम्य सबलौ ततः । प्रस्थाय च स्वनगरीमयोध्यां प्रापतुः क्रमात् ॥ १६२
हर्म्यवातायनारूढचञ्चत्पौराङ्गनाननैः । कान्तिपल्लवितैः फुल्लविलोलकमलामिव ॥ १६३
सवधूकचिरायातराजपुत्रेक्षणोत्सुकैः । नेत्रैः पारिप्लवैश्चासां चलत्कुवलयैरिव ॥ १६४
संपतद्भिर्वृतां राजहंसैर्विविशतुश्च ताम् । तरङ्गितां पताकाभिः प्रवाते सरसीमिव ॥ १६५
तत्राभ्यनन्दन्पौरास्तौ दीयमानाशिषौ द्विजैः । बन्दिभिः स्तूयमानौ च गीयमानौ च चारणैः ॥ १६६
कर्मसेनस्य तनयामिमामालोकयेद्यदि । न पुनः सुतया लक्ष्म्या दर्पं कुर्यान्महोदधिः ॥ १६७
न च गौर्यापि हिमवानित्यत्र च जगौ जनः । शशाङ्कवत्या लावण्यसंपदं वीक्ष्य विस्मितः ॥ १६८
तदा च मङ्गलमहातूर्यप्रतिरवैर्दिशः । उत्सवाधिगमे राज्ञां संवेदनमिव व्यधुः ॥ १६९
बहिःसृतेनेव भरादनुरागेण निर्भरा । सिन्दूरेण प्रनृत्ता सा सर्वाभूत्सोत्सवा पुरी ॥ १७०
अन्येद्युर्गणकैः सूनोर्लग्नाहे निश्चिते नृपः । चकारामरदत्तोऽत्र तद्विवाहाय संभृतिम् ॥ १७१
अपूरि तस्य नगरी तैस्तैर्नानादिगागतैः । रत्नैस्तथा यथा चक्रे सा कुबेरपुरीमधः ॥ १७२
अथागत्याचिरादेको द्दृष्टद्वाःस्थनिवेदितः । दूतो मायाबटोरत्र नृपतिं तं व्यजिज्ञपत् ॥ १७३
देवागतो राजपुत्रः सुषेणो नृपतिश्च सः । मायाबटुरयोध्यायाः सीमान्तेऽस्याः स्थितावुभौ ॥ १७४
श्रुत्वैवामरदत्तस्तद्राजा सैन्यैः समं निजम् । सेनापतिं सुषेणस्य तस्याग्रे विससर्ज सः ॥ १७५
तेन साकमयोध्यातो राजपुत्रमुपागतम् । मृगाङ्कदत्तः ससुहृत्प्रीत्या प्रत्युद्ययौ ततः ॥ १७६
दूराद्वाहावतीर्णौ च कृतकण्ठग्रहौ मिथः । तावुभौ पृष्टकुशलौ मिलतः स्म नृपात्मजौ ॥ १७७
प्रेम्णा चैकरथारूढौ नगरीं विशतः स्म ताम् । दिशन्तौ पौरनारीणां विलोचनमहोत्सवम् ॥ १७८
सुषेणश्चात्र राजानं दृष्ट्वा तद्बहुमानितः । शशाङ्कवत्यास्तदनु स्वसुर्वासगृहं ययौ ॥ १७९
तत्रोत्थाय कृताश्लेषस्तया बाष्पायमाणया । उपविश्य स सव्रीडां राजपुत्रीं जगाद ताम् ॥ १८०
तातस्त्वामाह नायुक्तं पुत्रि किंचित्त्वया कृतम् । अद्यैतद्धि मया ज्ञातं यत्स्वप्नेऽम्बिकया तव ॥ १८१
मृगाङ्कदत्तो भर्तासौ समादिष्टो नृपात्मजः । भर्तृमार्गानुसरणं स्त्रीणां च परमं व्रतम् ॥ १८२
इत्युक्ता तेन सा बाला हृदयं स्वमधोमुखी । सिद्धमिष्टं तवेत्येवं पश्यन्ती विजहौ त्रपाम् ॥ १८३
अथ तस्यै सुषेणोऽसौ नीत्वा राजाग्रतो ददौ । धनं शशाङ्कवत्यै तद्यत्तस्या निजसंचितम् ॥ १८४
हेम्नो भारसहस्रे द्वे रत्नाभरणकारणम् । सुभृतान्पञ्च करभान्भाण्डं चान्यद्धिरण्मयम् ॥ १८५

१ अयं श्लोको ब्रोकॉसमुद्रिते पुस्तके त्रुटितोऽस्ति.

उवाच चैतदस्याः स्वं तातानुप्रेषितं तु यत् । विवाहवेद्यामस्यैतत्प्रदास्यामि क्रमादिति ॥ १८६
ततः सर्वेऽपि ते तत्र भुक्तपीता नृपान्तिके । मृगाङ्कदत्तादियुता निन्युस्तन्निर्वृता दिनम् ॥ १८७
प्राप्ते लग्नदिनेऽन्येद्युर्व्यग्रे राज्ञि स्वयं मुदा । मृगाङ्कदत्तः स्नानादि चकारात्मानुरूपतः ॥ १८८
तां शशाङ्कवतीं चात्र कान्त्यैव कृतकौतुकाम् । नार्यः प्रसाधयामासुराचार इति केवलम् ॥ १८९
निर्गत्य कौतुकागारादथ व्यग्रसुषेणतः । हुताशनवतीं वेदीमध्यासातां वधूवरौ ॥ १९०
तस्यां स राजदुहितुस्तस्या राजसुतोऽग्रहीत् । धृताब्जशोभारुचिरं पाणिं लक्ष्म्या इवाच्युतः ॥ १९१
बभौ किमपि तापाच्च धूमाच्चाग्निप्रदक्षिणे । अकोपेऽप्यरुणोद्बाष्पं तच्छशाङ्कवतीमुखम् ॥ १९२
वह्नौ च लाजाञ्जलयो विकीर्णा विबभुस्तया । हासाः प्रयत्नसाफल्यहृष्टस्येव मनोभुवः ॥ १९३
ददौ लाजविसर्गे च सुषेणः प्रथमे तदा । पञ्चाश्वानां सहस्राणि वारणानां शतं तथा ॥ १९४
स्वर्णभारशते द्वे च नवतिं च करेणुकाः । भृताः सद्वस्त्रसद्रत्नमुक्ताभरणभारकैः ॥ १९५
महीविजयजं वित्तं तदेव द्विगुणं क्रमात् । अन्येषु लाजमोक्षेषु प्रादात्तस्याः स सोदरः ॥ १९६

अथोल्लसत्युत्सवतूर्यनिःस्वने विवेश निष्पन्नविवाहमङ्गलः ।
मृगाङ्कदत्तः स नवोढया तया शशाङ्कवत्या सह मन्दिरं निजम् ॥ १९७
पिता च राजास्य यथार्हदत्तैर्हस्त्यश्वरत्नाभरणान्नपानैः ।
आ राजचक्रं शुकशारिकान्तं सोऽरञ्जयत्स्वाः प्रकृतीः सपौराः ॥ १९८
त्यागप्रकर्षश्च तदास्य राज्ञस्तेनैव पर्याप्ततयात्र जज्ञे ।
आबद्धवस्त्राभरणा वितेरुर्द्रुमा महीकल्पतरुभ्रमं यत् ॥ १९९
ततः स राजा समृगाङ्कदत्तः शशाङ्कवत्या सह राजभिश्च ।
भुक्त्वा सुषेणेन च साकमेतमापानगोष्ठ्या दिवसं निनाय ॥ २००
अथ सेवितनृत्तचर्चरीके गृहगे तत्र जने सुभुक्तपीते ।
परिपीतधरारसो गताध्वा रविरस्ताचलकंदरं विवेश ॥ २०१
तमवेक्ष्य च संध्यया समेतं नवरागोज्ज्वलया क्वचित्प्रयातम् ।
विचलत्खगमेखला किलेर्ष्याकुपितेवानुदधाव वासरश्रीः ॥ २०२
ददृशे च विलोलतारकेण प्रबलीभूतमनोभुवा मुखेन ।
विलसत्तिमिरासितांशुकान्ता प्रसृता रात्र्यभिसारिका क्रमेण ॥ २०३
उदयाचलवारणाङ्कुशत्वं नवसिन्दूरसमुज्ज्वलो जगाम ।
उदयन्नथ कुप्यदायताक्षीकुटिलापाङ्गसहोदरः शशाङ्कः ॥ २०४
शशिना कृतकेलिकर्णपूरं रतिवल्लीनवपल्लवेन तेन ।
तमसोऽपगमे धृतप्रसादा हरिदैन्द्री हसदाननं बभार ॥ २०५
कृतसांध्यविधिश्च सोऽपि नक्तं नववध्वा सहितो मृगाङ्कदत्तः ।
प्रविवेश तया शशाङ्कवत्या रजनीवासगृहं महार्हशय्यम् ॥ २०६
मुखचन्द्रमसा तदाङ्गनाया निशि तस्याः प्रविलुप्ततामसेन ।
अवभासितचित्रभित्तिनान्तः पुनरुक्तीकृतसन्मणिप्रदीपम् ॥ २०७
शयनीयगतश्च तत्र तस्याः स्थितवत्याः परिवृत्य सप्रियायाः ।
अहरत्परिरभ्य चुम्बनेन क्रमशश्चाधरखण्डनेन लज्जाम् ॥ २०८
चिरकाङ्क्षितमन्वभूच्च मा मेत्यलमल्पोच्चरदक्षरं स तस्याः ।
नवमोहनमन्त्रसारसौख्यं त्रुटितस्फारमहार्हरत्नकाञ्चि ॥ २०९
अरमत लुलितालकेन चास्या मुखशशिनार्धनिमीलितेक्षणेन ।
श्रमवशशिथिलालसैश्च सोऽङ्गैर्विरलविलुप्तविलेपनै रतान्ते ॥ २१०

अथ तत्परिभोगलीलयेव क्षपिताक्षीयत सा तयोस्त्रियामा।
विकसत्सुरतोत्सवाभिलाषप्रसरा प्रीतिरुपाययौ तु वृद्धिम्॥ २११
गता निशा संप्रति देव मुच्यतां विलासशय्या सुरतक्रमच्छिदः।
अमी हि चूर्णालककम्पदायिनो मृगीदृशां वान्ति निशान्तवायवः॥ २१२
चन्द्रं निशायाः सहसानुयान्त्या हारच्युतानीव च मौक्तिकानि।
दूर्वावनाग्रेष्ववपिण्डितानि स्फुरन्ति सच्छायमुषोजलानि॥ २१३
कोषेषु व्यलसन्निपीतमधवो ये कैरवाणां चिरं
लब्धाभ्यन्तरसुस्थिता विकसतामिन्दुप्रभासंगमे।
ते संकोचमुपागतेषु विगलच्छ्रीकेपु तेष्वन्यतो
भृङ्गाः पश्य कुमार यान्ति मलिनाः कस्य स्थिरा ह्यापदि॥ २१४
दिनकृत्करमण्डिताधरामवलोक्यैव निशां मनोभुवा।
अपशशितिलकं वपुः कृतं मथितालपालपतमोञ्जनं तथा॥ २१५
इति मृदुमधुरैः स बन्दिवाक्यैरुपसि शशाङ्कवतीविमुक्तकण्ठः।
अपगतसुरतान्तखेदनिद्रः सपदि जहौ शयनं मृगाङ्कदत्तः॥ २१६
उत्थाय च व्यधित वासरकृत्यमेव पित्रा निजोचितकृताखिलसंविधानः।
भूयस्तथैव च निनाय तदा बहूनि तान्युत्सवेन दयितासहितो दिनानि॥ २१७
अथ राजामरदत्तस्तज्जनकस्तच्छ्वशुर्यस्य।
शिरसि सुषेणस्यादौ बबन्ध पट्टं कृताभिषेकस्य॥ २१८
विषयं तदुचितमेकं हस्त्यश्वहिरण्यभारवस्त्राणि।
शतसंख्याश्च वरस्त्रीर्ददौ स तस्मै कृतादरो नृपतिः॥ २१९
शबरकिराताधिपती मायाबटुशक्तिरक्षितौ च ततः।
सहबान्धवौ सदारौ मातङ्गचमूपतिं च तं स नृपम्॥ २२०
दुर्गपिशाचं सचिवान्मृगाङ्कदत्तस्य तांश्च सश्रुतधीन्।
सममानयत्प्रदत्तैर्विपयैर्गोवाजिहेमवस्त्रैश्च॥ २२१
ततः किरातेन्द्रमुखान्विसृज्य तान्नृपान्स्वदेशेषु सुषेणसंयुतान्।
शशास राज्यं सुतशौर्यनिर्वृतः स तत्सुखेनामरदत्तभूपतिः॥ २२२
मृगाङ्कदत्तोऽपि विजित्य वैरिणः शशाङ्कवत्या सुचिरादवाप्तया।
निजैश्च तैर्भीमपराक्रमादिभिः सहावतस्थे सचिवैश्चिरं सुखी॥ २२३
कालेऽथ यात्यमरदत्तनृपस्य तस्य स्वैरं जरा श्रवणमूलमुपाजगाम।
भुक्ताः श्रियः परिणतं वयसा शमस्य नन्वेष काल इति वक्तुमिवाङ्गभूता॥ २२४
ततः स भोगेषु विरक्तमानसो महीपतिः स्वान्निजगाद मन्त्रिणः।
निशम्यतां संप्रति वर्णयामि वो विधित्सितं यन्मम वर्तते हृदि॥ २२५
गतं वयो नः पलितेन सांप्रतं कृतान्तदूतेन कचग्रहः कृतः।
जरागमे जीर्णरसं च मादृशां कुभोगतृष्णाव्यसनं विडम्बना॥ २२६
विवृद्धिभाजा वयसा समं यद्विवर्धते लोभमनोभवग्रहः।
असंशयं कापुरुषव्रतं हि तत्स्वभावजं सत्पुरुषैरशिक्षितम्॥ २२७
तदस्ति मे लब्धयशा महीतले सराजकावन्तिनरेन्द्रनिर्जयात्।
स्वतोऽनुरक्तप्रकृतिर्गुणाधिको मृगाङ्कदत्तः सुसहायवानयम्॥ २२८

तदेतदस्मै निजराज्यमूर्जितं समर्प्य तीर्थे तपसेऽहमाश्रये ।
परैरनिन्द्यं चरितं मनस्विनां वयोनुसारोचितमेव शोभते ॥ २२९
इति क्षितीशस्य वचः सुनिश्चितं निशम्य धीराः किल तस्य मन्त्रिणः ।
क्रमेण देवीप्रमुखाश्च पौरास्तथेति सर्वे प्रतिपेदिरे तदा ॥ २३०
ततः स राजा गणकोक्तलग्ने दिने विविक्ते सहितो द्विजाग्र्यैः ।
मृगाङ्कदत्तस्य चकार तस्य राज्याभिषेकोत्सवमात्मजस्य ॥ २३१
इतस्ततः क्षत्तृनिदेशधावज्जनाकुलं व्यग्रनियुक्तवर्गम् ।
तदास्य नृत्यद्वरचारणस्त्रि मुदा जुघूर्णेव गृहं नृपस्य ॥ २३२
तीर्थोदकं भूरि सभार्यकस्य मृगाङ्कदत्तस्य पपात मूर्ध्नि ।
जलप्रवाहाः पुनरस्य पित्रोः सानन्दयोर्नेत्रयुगान्निरीयुः ॥ २३३
अधिष्ठिते तेन नवेन राज्ञा सिंहासने सिंहपराक्रमेण ।
तद्विद्विषां कोपभयानतानां भूमावसिंहासनमेव मेने ॥ २३४
ततः पिता तस्य दिनानि सप्त ततान सज्जीकृतराजमार्गम् ।
यथार्हसंमानितराजलोकं महोत्सवं सोऽमरदत्तभूपः ॥ २३५
दिनेऽष्टमे दारयुतो नगर्या निर्गत्य पुत्रं स मृगाङ्कदत्तम् ।
निवर्त्य तं बाष्पमुखं सपौरं वाराणसीं मन्त्रिसखो जगाम ॥ २३६
तस्यां स गङ्गाम्बुपरिप्लुताङ्गो राजा त्रिसंध्यं त्रिपुरान्तकस्य ।
कुर्वन्सपर्यां फलमूलवृत्तिस्तस्थौ तपस्यन्मुनिवत्सदारः ॥ २३७
आसाद्य राज्यमथ सोऽपि मृगाङ्कदत्तो भास्वानिवाम्बरतलं विपुलामलं तत् ।
आक्रम्य च क्षितिभृतः करसंनिपातैः प्रावर्तत प्रतपितुं प्रसरत्प्रतापः ॥ २३८
मायाबटुप्रभृतिभिश्च सकर्मसेनैः संभूय सश्रुतधिभिः सचिवैः स तैः स्वैः ।
सद्वीपमेतदवजित्य चतुर्दिगन्तमेकातपत्रमवनीवलयं शशास ॥ २३९
तस्मिंश्च राजनि कथासु निशम्यमानदुर्भिक्षदस्युपरचक्रभयादिदुःखा ।
नित्यप्रहृष्टसुखिता नवरामभद्रसौराज्यसौख्यमसमं वसुधा बभार ॥ २४०
अध्यास्य तैश्च सचिवैः सह तामयोध्यां नानादिगागतनृपार्चितपादपद्मः ।
सम्राट् समं दयितया स शशाङ्कवत्या भोगानकण्टकसुखान्बुभुजे चिराय ॥ २४१
इति स व्याख्याय कथां मलयवनान्ते मुनिः पिशङ्गजटः ॥
तं नरवाहनदत्तं राजसुतं विरहिणं जगदे ॥ २४२
तस्मात्सोढक्लेशो मृगाङ्कदत्तो यथा शशाङ्कवतीम् ।
प्राप पुरा पुत्र तथा प्राप्स्यसि तां मदनमञ्चुकां त्वमपि ॥ २४३
इति तस्मात्स मुनीन्द्रादाकर्ण्य वचोमृतं पिशङ्गजटात् ।
हृदि नरवाहनदत्तो धृतिमाधान्मदनमञ्चुकाप्राप्तौ ॥ २४४
तद्गतचित्तोऽथ स तं मुनिवरमामन्त्र्य हारितां पूर्वम् ।
तत्रानेत्रीं चिन्वन्मलयगिरौ ललितलोचनां व्यचरत् ॥ २४५

इति महाकविश्रीसोमदेवभट्टविरचिते कथासरित्सागरे शशाङ्कवतीलम्बके षट्त्रिंशस्तरङ्गः ।

समाप्तश्चायं शशाङ्कवतीलम्बको द्वादशः ।

॥ श्रीः ॥

महाकविश्रीसोमदेवभट्टविरचितः

कथासरित्सागरः ।

मदिरावती नाम त्रयोदशो लम्बकः ।

इदं गुरुगिरीन्द्रजाप्रणयमन्दरान्दोलना-
त्पुरा किल कथामृतं हरमुखाम्बुधेरुद्गतम् ।
प्रसह्य रसयन्ति ये विगतविघ्नलब्धर्द्धयो
धुरं दधति वैबुधीं भुवि भवप्रसादेन ते ॥

प्रथमस्तरङ्गः ।

स वो विघ्नेश्वरः पायान्नमितोन्नमितेव यम् । अनुनृत्यति नृत्यन्तं संध्यासु भुवनावली ॥ १
गौरीप्रसाधनालग्नचरणालक्तकश्रियः । सखी सुखाय भूयाद्वः शंभोर्भालेक्षणप्रभा ॥ २
कवीन्द्रमानसाम्भोजनिवासभ्रमरीं नुमः । देवीं सहृदयानन्दशब्दमूर्तिं सरस्वतीम् ॥ ३
ततो विरहसंतप्तो विना मदनमञ्चुकाम् । नरवाहनदत्तः स तेषु वत्सेश्वरात्मजः ॥ ४
मलयाचलपादेषु तदुपान्तवनेषु च । भ्रमन्मधुमनोज्ञेषु नैव प्राप रतिं क्वचित् ॥ ५
बिभेद तस्य मृदुरप्यापतद्भिः शिलीमुखैः । स्मरचापलतेवात्र हृदयं चूतमञ्जरी ॥ ६
कर्णौ मधुरमप्यस्य दुनोति स्म च दुःसहम् । मारनिर्भर्त्सनावाक्यकटु कोकिलकूजितम् ॥ ७
पुष्परेणुपिशङ्गश्च मदनाग्निरिवापतन् । विददाह तमङ्गेषु शीतोऽपि मलयानिलः ॥ ८
ततोऽलिकुलझांकारमुखरैस्तैः स काननैः । निष्काल्यमान इव तं प्रदेशं शनकैर्जहौ ॥ ९
गच्छन्क्रमेण च प्राप कथंचिद्देवतासखः । गङ्गागामिपथाभ्यर्णवनान्तसरसस्तटम् ॥ १०
तरुमूलोपविष्टौ च तत्र ब्राह्मणपुत्रकौ । उभौ भव्याकृती स्वैरं कथासक्तौ ददर्श सः ॥ ११
तौ च दृष्ट्वा तमुत्थाय प्रह्वौ मदनशङ्कया । अवोचतां नमस्तुभ्यं भगवन्कुसुमायुध ॥ १२
ब्रूहि देव किमेकाकी त्यक्तकौसुमकार्मुकः । इतो भ्रमसि सा कुत्र रतिः सहचरी तव ॥ १३
तच्छ्रुत्वा तौ स वत्सेशसुतो विप्रावभाषत । नाहं कामो मनुष्योऽहं नष्टा सत्यं तु मे रतिः ॥ १४
इत्युक्त्वाख्यातवृत्तान्तस्तौ विप्रौ पृष्टवान्नृपः । कौ युवां कीदृशी चैषा कथात्र युवयोरिति ॥ १५
ततस्तयोर्विप्रयूनोरेकस्तं विनतोऽब्रवीत् । राज्ञां भवादृशामग्रे रहस्यं कथमुच्यते ॥ १६
तथाप्याज्ञानिरोधात्ते कथयामि निशम्यताम् । अस्ति शोभावती नाम कलिङ्गविषये पुरी ॥ १७
कलिना न प्रविष्टा सा न स्पृष्टा पापकर्मभिः । न दृष्टा परराष्ट्रेण धात्रा सृष्टेव तादृशी ॥ १८
तस्यां यशस्करो नाम[1] विद्वानाढ्यो बहुक्रतुः । ब्राह्मणोऽभूदभूत्तस्य सत्पत्नी मेखलेति च ॥ १९
तयोरेकोऽहमुत्पन्नः सुतो वयसि मध्यमे । वर्धितश्चोपनीतश्च ताभ्यामस्मि ततः क्रमात् ॥ २०
ततः पठत्यध्ययनं बाले मय्यतिदुस्तरम् । तत्रावृष्टिकृतं देशे दुर्भिक्षमुदपद्यत ॥ २१
तेन तातोऽम्बया साकं मामादाय ततो गतः । विशालां नाम नगरीं सधनः सपरिच्छदः ॥ २२
तस्यां लक्ष्मीसरस्वत्योर्वसतौ मुक्तवैरयोः । ततो मित्रेण वणिजा दत्तवासः स्थितिं व्यधात् ॥ २३

१ इयमेव कथा मालतीमाधवप्रकरणस्य मूलभूता.

अहं च विद्याधिगमं कुर्वाणो गुरुवेश्मनि । तत्रावसं सवयसां मध्ये सब्रह्मचारिणाम् ॥ २४
एकश्च तेषु मे मित्रमभूत्क्षत्रकुमारकः । गुणी विजयसेनाख्यो महाढ्यक्षत्रियात्मजः ॥ २५
एकदास्मदुपाध्यायगृहं मित्रस्य तस्य मे । स्वसा कुमारी मदिरावती नाम सहागमत् ॥ २६
यस्या वदनलावण्यशेषेण हिमदीधितेः । जननेत्रामृतं जाने बिम्बं धात्रा विनिर्मितम् ॥ २७
जगत्संमोहनं षष्ठमस्त्रमालोक्य तद्वपुः । पञ्चस्वन्येषु बाणेषु मन्ये मन्दादरः स्मरः ॥ २८
तां दृष्ट्वा सुहृदस्तस्माच्छ्रुतनामान्वयामहम् । स्मराज्ञाविवशोऽभूवं सद्यस्तन्मयमानसः ॥ २९
पश्यन्ती सापि मां तिर्यक्स्निग्धमुग्धेन चक्षुषा । ब्रुवाणाङ्कुरितं प्रेम पुलकेन कपालयोः ॥ ३०
क्रीडानिभाच्चिरं स्थित्वा कथंचित्स्वगृहानगात् । क्षिपन्ती वलितापाङ्गां प्रीतिदूतीं दृशं मयि ॥ ३१
ततस्तद्विरहार्तोऽहं गृहं गत्वा निपत्य च । स्थले मत्स्य इवाकार्षमुद्वर्तनविवर्तने ॥ ३२
लावण्यामृतसर्वस्वनिधानं यत्प्रजापतेः । अपि भूयोऽपि तत्तस्याः पश्येयमहमाननम् ॥ ३३
धन्यः सखीजनो यं सा तेन स्मेरेण पश्यति । चक्षुषा तेन च मुखेनालपत्यपयन्त्रणम् ॥ ३४
इत्यादि चिन्तयन्कृच्छ्रादहोरात्रं व्यतीत्य तम् । तदुपाध्यायसदनं द्वितीयेऽहन्यहं गतः ॥ ३५
तत्रोपेत्य सविस्रम्भकथामध्ये स सादरः । सुहृद्विजयसेनो मां सप्रहर्षोऽब्रवीदिदम् ॥ ३६
स्वसुर्मे मदिरावत्या मुखान्मन्मित्रमीदृशम् । श्रुत्वा त्वां मामकी माता सस्नेहा द्रष्टुमिच्छति ॥ ३७
तदेह्यस्मद्गृहं साकं मया स्नेहोऽस्ति चेन्मयि । त्वत्पादपद्मरजसा तद्विभूषितमस्तु नः ॥ ३८
एतत्तद्वचनं सद्यो निर्वापणमभून्मम । मरुभूम्यध्वगस्येव महद्वर्षमशङ्कितम् ॥ ३९
तथेति तद्गृहं गत्वा दृष्ट्वा तन्मातरं ततः । तत्सत्कृतोऽहं तत्रासं प्रियादर्शननिर्वृतः ॥ ४०
गते विजयसेनेऽथ पित्राहूते मदन्तिकात् । मामेत्य मदिरावत्या धात्रेयी प्रणताब्रवत् ॥ ४१
भर्तृदारिकयास्माकमुद्याने भर्तृदारक । विवृद्धिं मदिरावत्या नीता या मालतीलता[1] ॥ ४२
नूतनो वर्तते तस्याः खलु पुष्पभरोद्गमः । मधुसंगमसानन्दविलासहसितोज्ज्वलः ॥ ४३
विषह्यापतितांस्तस्याः कुसुमेषुशिलीमुखान् । मुकुलान्युच्चितान्यद्य भर्तृदारिकया स्वयम् ॥ ४४
मौक्तिकैरिव तैरेषा विधायैकावली तया । प्रहिता ते नवं वस्तु पूर्वं प्रेष्ठाय दीयते ॥ ४५
इत्युक्त्वा सार्पिता मह्यं माला चतुरया तया । सपञ्चफलकर्पूरैर्नागवल्लीदलैर्युता ॥ ४६
प्रियास्वहस्तरचितां कण्ठे कृत्वा च तामहम् । सुखं किमपि संप्रापं तत्तदालिङ्गनाधिकम् ॥ ४७
मुखे कृत्वा च ताम्बूलं तामवोचं प्रियासखीम् । किं ब्रवीम्यधिकं भद्रे हृदि कामो ममेदृशः ॥ ४८
त्यजेयं जीवितमिदं त्वद्वयस्याकृते यदि । तदेव मे जन्मफलं सा हि प्राणेषु मे प्रभुः ॥ ४९
इत्युक्त्वा तां विसृज्याहमुपाध्यायगृहानगाम् । समं विजयसेनेन समायातेन तत्क्षणम् ॥ ५०
अन्येद्युर्मदिरावत्या सहितोऽस्मद्गृहं च सः । अगाद्विजयसेनोऽत्र मत्पित्रोर्दत्तसंमदः ॥ ५१
तदेवं मदिरावत्या मम चैकनिवासतः । गूढ एव गतो वृद्धिमनुरागोऽनुवासरम् ॥ ५२
एकदा मदिरावत्या दासी मामब्रवीद्रहः । शृणु यत्ते महाभाग वच्मि चित्ते तथा कुरु ॥ ५३
यतः प्रभृति दृष्टस्त्वं तत्रोपाध्यायवेश्मनि । वत्सया मदिरावत्या ततः प्रभृति सा किल ॥ ५४
अभिनन्दति नाहारं न तनोति प्रसाधनम् । रमते न च संगीते न क्रीडति शुकादिभिः ॥ ५५
कदलीपत्रपवनैः श्रीखण्डार्द्रविलेपनैः । तप्यते चन्द्रपादैश्च तुषारशिशिरैरपि ॥ ५६
कृष्णपक्षेन्दुलेखेव क्षामीभवति सान्वहम् । निर्वाति युष्मत्कथया केवलं क्रियमाणया ॥ ५७
एतन्मे स्वदुहित्रोक्तं तस्याः सर्वक्रियाविदा । या छायेव न तत्पार्श्वात्क्षणमप्यपसर्पति ॥ ५८
पुनर्नीत्वा च विस्रम्भं सा स्वयं मदिरावती । पृष्टा मया तया प्रोक्तं स्वं मनस्त्वद्गतं मम ॥ ५९
तदिदानीं यथा तस्याः फलेदेव मनोरथः[2]। तथा सुभग कुर्वीथा जीवन्तीं तां यदीच्छसि ॥ ६०

---

१ इयमेव मालती. २ 'महाभाग—तस्या' अभिनवो विचित्रः कुसुमेषुव्यापारः' इत्यादि मालतीमाधवप्रथमेऽङ्केऽपि मालतीधात्रेयिकाया लवङ्गिकायाः श्लिष्टं वाक्यमस्ति.

इति वाक्सुधया तस्या दत्तानन्दोऽहमभ्यधाम् । युष्मदायत्तमेवैतत्स्वाधीनोऽयं जनस्तव ॥ ६१
एतच्छ्रुत्वा प्रहृष्टा सा ततो याता यथागतम् । तत्प्रत्ययाच्च जातास्थो निर्वृतोऽहमगां गृहम् ॥ ६२
अन्येद्युस्तां च मदिरावतीं पितुरयाचत । उज्जयिन्याः समायातो महान्क्षत्रियपुत्रकः ॥ ६३
तत्पिता च सुतां तस्मै प्रदातुं प्रत्यपद्यत । तच्चाहं तत्परिजनाच्छ्रुतवाञ्श्रोत्रदारुणम् ॥ ६४
ततः स्वर्गादिव भ्रष्टो वज्रेणेव समाहतः । आक्रान्त इव भूतेन मोहं प्रापमहं चिरम् ॥ ६५
आश्वस्याचिन्तयं चाहं वैक्लव्येनाधुनैव किम् । पश्यामि तावत्पर्यन्तं प्राप्नोतीष्टमविक्लवः ॥ ६६
इत्याशयाहं दिवसान्यावत्कांश्चिन्नयामि तान् । प्रियासखीभिरागत्य धार्यमाणस्तदुक्तिभिः ॥ ६७
लग्नोऽत्र निश्चितस्तावदभ्यक्ता मदिरावती । प्राप्तश्चोद्वाहदिवसस्तस्याः प्रविततोत्सवः ॥ ६८
स्वेच्छासंचाररुद्धायां तस्यां तत्पितृवेश्मनि । जन्ययात्राप्रवेशोऽभूदासन्नस्तूर्यनादितैः ॥ ६९
तद्दृष्ट्वा तन्निराशोऽहं कष्टं जीवितवैशसम् । कलयन्मन्यमानश्च विरहान्मरणं सुखम् ॥ ७०
गत्वा च नगरीबाह्यमारुह्य वटपादपम् । पाशं व्यरचयं तेन पाशेनानोकहात्ततः ॥ ७१
प्रियाप्राप्तिमनोराज्यमात्मानं चात्यजं समम् । क्षणाच्चापश्यमात्मानं नष्टां संप्राप्य चेतनाम् ॥ ७२
यूनः पतितमुत्सङ्गे छिन्नपाशस्य कस्यचित् । अनेन नूनं त्रातोऽहमिति मत्वाब्रवं च तम् ॥ ७३
महासत्त्व त्वया तावद्दर्शितैव दयालुता । किं तु मे विरहार्तस्य मृत्युरिष्टो न जीवितम् ॥ ७४
चन्द्रोऽग्निर्विषमाहारो गीतानि श्रुतिसूचयः । उद्यानं बन्धनं पौष्पी माला दिग्धा शरावली ॥ ७५
ज्वलिताङ्गारवर्षं च चन्दनाद्यनुलेपनम् ।································ ॥ ७६
येषां मित्र विपर्यस्तं संसारे विधुरात्मनाम् । जीविते को रसस्तेषां मादृशां विप्रयोगिनाम् ॥ ७७
इत्युक्त्वावर्णयं चास्मै तमहं कृच्छ्रबन्धवे । पृष्टोदन्ताय मदिरावतीवृत्तान्तविस्तरम् ॥ ७८
ततोऽब्रवीत्स साधुर्मां किं प्राज्ञोऽपि विमुह्यसि । सर्वं यस्य कृते तेन किं त्यक्तेनात्मना फलम् ॥ ७९
आत्मीयमत्र वृत्तान्तं शृण्विमं कथयामि ते । अस्तीह निषधो नाम देशो हिमवदाश्रयः ॥ ८०
कलिविद्रावितस्यैको यो धर्मस्य समाश्रयः । जन्मक्षेत्रं च सत्यस्य गृहं कृतयुगस्य च ॥ ८१
अतृप्तिर्यत्र लोकस्य श्रुते न त्वर्थसंचये । संतोषश्च स्वदारेषु नोपकारेषु सर्वदा ॥ ८२
तत्र शीलश्रुताढ्यस्य ब्राह्मणस्याहमात्मजः । सोऽहं देशान्तरालोककौतुकान्निर्गतो गृहात् ॥ ८३
भ्रमन्देशानुपाध्यायान्पश्यन्प्राप्तोऽस्मि च क्रमात् । सखे शङ्खपुरं नाम नातिदूरमितः पुरम् ॥ ८४
शङ्खपालस्य यत्रास्ति नागराजस्य पावनम् । शङ्खह्रद इति ख्यातं स्वच्छतोयं महत्सरः ॥ ८५
तत्रोपाध्यायसदने वसंस्तदहमेकदा । स्नानयात्रोत्सवेऽगच्छं द्रष्टुं शङ्खह्रदं सरः ॥ ८६
असंख्यैः पूरिततटं नानादेशागतैर्जनैः । सुरासुरैरिवाम्भोधिं क्षोभ्यमाणं समन्ततः ॥ ८७
वधूनां श्लथधम्मिल्लविस्रस्तकुसुमस्रजाम् । वीचिहस्तैः परामृष्टजघनस्तनमण्डलम् ॥ ८८
आश्लिष्यापहृतेनाङ्गरागेणापिञ्जरीकृतम् । महाह्रदं तमद्राक्षं तन्वानं कामुकायितम् ॥ ८९
तस्य दक्षिणतो गत्वा तरुखण्डं व्यलोकयम् । सधूममिव तापिच्छैः साङ्गारमिव किंशुकैः ॥ ९०
सज्वालमिव चोत्फुल्ललोहिताशोकवल्लिभिः । हरनेत्रानलप्लुष्टं देहं रतिपतेरिव ॥ ९१
तत्रातिमुक्तकलतामण्डपद्वारि कुर्वतीम् । कुसुमावचयं कांचिदपश्यं कन्यकामहम् ॥ ९२
लीलाकटाक्षविक्षेपतर्जितश्रवणोत्पलाम् । उत्क्षिप्तबाहुलतिकालक्षितैकपयोधराम् ॥ ९३
वहन्तीं कबरीपाशं पृष्ठतः परिमोचितम् । वदनेन्दुभयेनेव तिमिरं शरणागतम् ॥ ९४
नूनं रम्भादिनिर्माणसिद्धहस्तेन वेधसा । सृष्टा साक्ष्णोर्निमेषेण विज्ञेया मानुषीति या ॥ ९५
सा च दृष्टा प्रविश्यैव हृदयं मे मृगेक्षणा । हस्तभल्लीव मारस्य जगत्त्रितयमोहिनी ॥ ९६
सापि मामवलोक्यैव सद्यः स्मरवशाभवत् । विमुच्य पुष्पावचयक्रीडां प्रेमविहस्तिता ॥ ९७

---

१ मालतीमाधवे त्वेतद्वृत्तान्तस्थाने माधवस्य श्मशाने गमनं तत्राघोरघण्टादिसमागमश्च वर्णितः तत्सर्वमपि लावाणकलम्बकचतुर्थतरङ्गस्थविदूषककथातः समुद्धृतं भवभूतिना. २ पुस्तकान्तरेऽस्माच्छ्लोकादग्रे एकश्लोकस्य त्रुटिचिह्नमस्ति.

चलद्धारलतामध्यपद्मरागप्रभोद्गमैः । अनुरागमिवोद्भिन्नं भरेण हृदयाद्बहिः ॥ ९८
दर्शयन्ती परावृत्य तनुं मुहुरवैक्षत । सा मामपाङ्गविश्रान्ततारकान्तेन चक्षुषा ॥ ९९
एवं यावत्स्थितावावामन्योन्यालोकिनौ क्षणम् । तावत्तत्रोदभून्नश्यज्जनहाहारवो महान् ॥ १००
आगाद्वन्येभगन्धान्धो धावन्दलितशृङ्खलः । मत्तहस्ती धुतारोहकर्णान्तलुलिताङ्कुशः ॥ १०१
तं दृष्ट्वैव प्रधाव्याहं वित्रस्तां विद्रुतानुगाम् । जनमध्यमनैषं तामुत्सङ्गारोपितां प्रियाम् ॥ १०२
समाश्वसिति यावत्सा तत्रागतपरिच्छदा । तावज्जनरवाकृष्टस्तत्रैवागात्स वारणः ॥ १०३
तद्भयाद्विद्रवद्भूरिजनमध्यतिरोहिता । अनुगैः साप्यतः क्वापि नीताहं च गतोऽन्यतः ॥ १०४
ततो गजभये शान्ते चिन्वानस्तां सुमध्यमाम् । यन्नावापमविज्ञातनामान्वयनिकेतनाम् ॥ १०५
तच्छून्यचित्तो विभ्रष्टविद्यो विद्याधरो यथा । भ्रमन्नुपाध्यायगृहं कथमप्यहमाप्तवान् ॥ १०६
तत्र संमूर्च्छित इव प्रध्वस्त इव चाभवम् । तत्प्रेमभङ्गसोत्कम्पस्तदाश्लेषसुखं स्मरन् ॥ १०७
क्रमाच्च सुस्त्रीसुलभादार्द्रभावाश्रयादिव । निपातितोऽहमुत्सङ्गे चिन्तया दर्शिताशया ॥ १०८
अश्रुत्या च परामृष्टो हृदये व्यथितात्मना । उत्तमाङ्गे गृहीतश्च शिरोर्त्यात्यन्तवृद्धया ॥ १०९
तावच्च धैर्येण समं तन्मे विगलितं दिनम् । संकोचमागतं पद्मवनं सह मुखेन मे ॥ ११०
मनोरथैर्मदीयैश्च साकं विघटितान्यथ । रथाङ्गनाम्नां मिथुनान्यस्तं याते विवस्वति ॥ १११
ततः स्मरस्यैकसुहृत्सुखिनां नयनोत्सवः । उदगच्छन्निशानाथः प्राचीमुखविशेषकः ॥ ११२
तेन ज्वलद्भिरिव मे करैरपि सुधामयैः । आशाप्रकाशकेणापि जीविताशां न्यमील्यत ॥ ११३
अथ ज्योत्स्नानलक्षिप्तशरीरं मृत्युकाङ्क्षिणम् । एकोऽब्रवीत्सहाध्यायी विधुरं वीक्ष्य तत्र माम् ॥ ११४
किमेवं दुःखितोऽस्यद्य व्याधिस्तव न दृश्यते । अर्थकामकृतस्त्वाधिर्यदि तद्वच्मि ते शृणु ॥ ११५
अतिगर्धेन ये ह्यर्था वञ्चयित्वा परं च ये । अपहृत्य परेषां वा वाञ्छ्यन्ते नैव ते स्थिराः ॥ ११६
पापमूला यतः पापफलभारं प्रसूय ते । तद्भरेणैव भज्यन्ते शीघ्रं धनविषद्रुमाः ॥ ११७
अर्जनादिपरिक्लेशः केवलं तैर्धनैरिह । अमुत्र दुःखमाचन्द्रतारकं नारकं महत् ॥ ११८
कामोऽप्यप्राप्य नष्टो यः सा प्राणान्तविडम्बना । यश्चाधर्मोऽग्रदूतः स निरयाग्नेर्मुखप्रियः ॥ ११९
न्याय्यौ तु पूर्वसुकृतैर्धीधैर्योत्साहवान्पुमान् । अर्थकामाववाप्नोति न तु क्लीबो भवादृशः ॥ १२०
तद्भद्र धैर्यमालम्ब्य यतस्वाभीष्टसिद्धये । इत्युक्तस्तेन सख्याहं नादां यत्किंचिदुत्तरम् ॥ १२१
निगूह्याशयमाश्रित्य धैर्यं नीत्वा निशां क्रमात् । इहागतोऽहं सा नाम मास्यां पुरि वसेदिति ॥ १२२
अत्र प्राप्तेन दृष्टस्त्वं पाशार्पितगलो मया । पाशोत्तीर्णाच्छ्रुतं त्वत्तस्त्वद्दुःखं स्वं च वर्णितम् ॥ १२३
तदविज्ञातनामादेरपि तस्याः कृते सखे । सुतनोराश्रितोद्योगः पौरुषागोचरेऽप्यहम् ॥ १२४
अतस्त्वं मदिरावत्याः स्थिताया अपि गोचरे । प्राप्तौ पुरुषकारादि मुक्त्वा क्लीबायसे कथम् ॥ १२५
न श्रुतः पूर्ववृत्तान्तः किं त्वया रुक्मिणीगतः । दत्तापि चेदिपतये हृता सा हरिणा न किम् ॥ १२६
इति ब्रुवति मित्रे मे तस्मिन्नातोद्यमङ्गलैः । अग्रतस्तत एवागात्सानुगा मदिरावती ॥ १२७
मातृदेवकुलेऽमुष्मिन्कामपूजार्थमागताः । अत्र स्थिताः कामदेवं विवाहेऽर्चन्ति कन्यकाः ॥ १२८
अत एवैतदग्रेऽस्मिन्वटे पाशो मयार्पितः । इहागता सा तदर्थं मृतं पश्यतु मामिति ॥ १२९
एतच्छ्रुत्वैव स सुहृद्वीरो मामब्रवीद्द्विजः । तर्हि देवकुलेऽत्रैव प्रविश्याभ्यन्तरे द्रुतम् ॥ १३०
मातॄणां पृष्ठतश्छन्नावेहि सांप्रतमास्वहे । पश्यावः किमुपायोऽत्र कश्चित्स्यादावयोर्न वा ॥ १३१
एवमुक्तवता तेन सख्या साकं तथेत्यहम् । गत्वा देवकुलं तत्र तथैवासमलक्षितः ॥ १३२
ततः परिणयोद्गीतमङ्गलागत्य सा शनैः । प्राविशत्तत्र मदिरावती देवकुलान्तरे ॥ १३३
एकाकिन्येव याचिष्ये वरं कंचिन्मनोगतम् । कामदेवाद्भगवतस्तद्बहिर्भवताखिलाः ॥ १३४
इति सर्वा बहिष्कृत्वा सखीरनुचरैः सह । एकैव कामदेवं तमर्चयित्वा व्यजिज्ञपत् ॥ १३५
मनोभवेनापि सता त्वया देव कथं न मे । मनोगतः प्रियो ज्ञातो विप्रलब्धा हतास्मि किम् ॥ १३६

नास्मिञ्जन्मनि भूतश्चेत्त्वं वराय क्षमो मम। जन्मान्तरेऽपि तत्कुर्याः कृपां रतिपते मयि॥ १३७
तथा प्रसादं कुर्वीथा यथा देहान्तरेऽपि मे। स एव भर्ता सुभगो भवेद्द्विजकुमारकः॥ १३८
इत्युक्त्वा सावयोर्बाला पश्यतोः शृण्वतोरपि। शङ्कौ कृत्वोत्तरीयेण पाशं कण्ठे न्यवेशयत्॥ १३९
उपेत्य दर्शयात्मानमस्याः पाशं गलाद्धर। इत्युक्तस्तेन सख्याहमुपासर्पं तदैव ताम्॥ १४०
मा प्रिये साहसं पश्य सैष प्राणपणार्जितः। आर्तिकालोक्तसहजस्नेहो दासोऽमतस्तव॥ १४१
इत्यहं व्याहरन्हर्षभरगद्गदया गिरा। सुतनोस्त्वरितं तस्याः पाशं कण्ठादपाहरम्॥ १४२
ततो मां वीक्ष्य सहसा यावत्सानन्दसाध्वसा। क्षणं तिष्ठति सा तावत्सोऽब्रवीन्मां द्रुतं सुहृत्॥ १४३
दिनक्षयाप्रकाशेऽस्मिन्काले निर्गत्य याम्यहम्। वेषेण मदिरावत्या एतत्परिजनैः सह॥ १४४
आवयोरुत्तरीयाभ्यां संवीतां त्वमिमां वधूम्। आदायागच्छ निर्गत्य द्वितीयद्वारवर्त्मना॥ १४५
याहि देशान्तरं रात्रौ यथाकाममलक्षितः। मच्चिन्तां मा कृथा दैवं शिवं मम विधास्यति॥ १४६
इत्युक्त्वोपात्तमदिरावतीवेषः सुहृत्स मे। निर्गत्यैव ततः प्रायान्नक्तं तदनुगैर्वृतः॥ १४७
अहं च मदिरावत्यानघेरत्नस्रजा समम्। द्वारेणान्येन निष्क्रम्य रात्र्या यातोऽस्मि योजनम्॥ १४८
प्रातर्निर्वर्तिताहारः क्रमाद्गच्छन्दिनैरहम्। प्राप्तोऽचलपुरं नाम नगरं दयितासखः॥ १४९
मित्रीभूय गृहे दत्ते तत्रैकेन द्विजन्मना। परिणीता मया सात्र सत्वरं मदिरावती॥ १५०
ततोऽत्र वसतः सिद्धयथेष्टसुखितस्य मे। किं स्यान्मित्रस्य मे वृत्तं तस्येत्येषाभवद्व्यथा॥ १५१
तदनन्तरमेषोऽद्य दृष्टोऽकारणबान्धवः। मयेह गङ्गास्नानार्थमागतेनोत्तरायणे॥ १५२
चिरं चैतं सवैलक्ष्यमिवाश्लिष्योपविश्य च। यावत्पृच्छामि वृत्तान्तं तावद्देव इहागतः॥ १५३
तमेतमपरं विद्धि प्राणदारप्रदं मम। कृच्छ्रैकमित्रं पार्श्वस्थं विप्रं वत्सेशनन्दन॥ १५४
इति तेन यथावृत्ते विप्रेणैकेन वर्णिते। नरवाहनदत्तस्तमपृच्छदपरं द्विजम्॥ १५५
तुष्टिर्मे ब्रूहि मुक्तस्त्वं तादृशात्संकटात्कथम्। मित्रार्थागणितप्राणा दुर्लभा हि भवादृशाः॥ १५६
एतत्तस्य वचः श्रुत्वा वत्सराजसुतस्य सः। द्वितीयोऽपि स्ववृत्तान्तं विप्रो वक्तुं प्रचक्रमे॥ १५७
तदा ततो मां मदिरावतीवेषं विनिर्गतम्। देवागारात्तदनुगास्तद्बुद्ध्या पर्यवारयन्॥ १५८
आरोप्य शिबिकां तैश्च नृत्यवाद्यमदाकुलैः। नीतोऽस्मि सोमदत्तस्य भवनं विभवान्वितम्॥ १५९
कचित्सद्वस्त्रभाराढ्यं संभृताभरणं कचित्। कचिन्निष्पन्नपक्वान्नं कचित्सज्जितवेदिकम्॥ १६०
कचित्प्रगीतदासीकं कचिच्चारणसंकुलम्। लग्नवेलाप्रतीक्षैश्च कचिदध्यासितं द्विजैः॥ १६१
तत्रैकस्मिन्गृहे पानक्षीबैः परिजनैरहम्। कृतावगुण्ठनो नक्तं वधूबुद्ध्या प्रवेशितः॥ १६२
उपविष्टं च मां तत्र वनिताः पर्यवारयन्। विवाहोत्सवसानन्दनानाचेष्टासमाकुलाः॥ १६३
क्षणाद्द्वारोपकण्ठे च मेखलानूपुरारवः। अश्रावि प्राविशच्चात्र कन्यैका ससखीजना॥ १६४
नागीव विस्फुरद्रत्नमूर्धा धवलकञ्चुका। अब्धिवीचीव लावण्यपूर्णा मुक्तावलीचिता॥ १६५
उद्यानदेवता साक्षादिव सत्पुष्पमालिनी। सुपर्वबाहुलतिकाविराजत्करपल्लवा॥ १६६
सा चागत्योपविष्टा मे पार्श्वे प्रियसखीधिया। पश्यामि यावत्सैवात्र चित्तचौरी समागता॥ १६७
या सा शङ्खह्रदे दृष्टा कन्या स्नानागता मया। त्राता गजाद्दृष्टनष्टा मध्येलोकमगान्मम॥ १६८
किमेतत्काकतालीयं किं स्वप्नः सत्यमेव वा। इति हर्षभरोद्भ्रान्तस्तदा चाहमचिन्तयम्॥ १६९
क्षणान्तरे च मदिरावतीसख्योऽब्रुवंश्च ताम्। किमेवमार्यदुहितरुन्मना इव लक्ष्यसे॥ १७०
एतच्छ्रुत्वाब्रवीत्कन्या सा निगूह्याशयं तदा। जानीथ किं न मदिरावती मे यादृशी सखि॥ १७१
एषा कृतविवाहा च यास्यति श्वाशुरं गृहम्। एतद्वियुक्ता न स्थातुं शक्ष्यामीत्यस्मि दुःखिता॥ १७२
तन्निर्यात बहिः क्षिप्रं यावद्विस्रम्भसंकथाः। कुर्वती मदिरावत्या सह तिष्ठाम्यहं सुखम्॥ १७३
इति निष्कास्य ताः सर्वा द्वारे दत्त्वार्गलं स्वयम्। उपविश्य सखीबुद्ध्या सा मामेवमभाषत॥ १७४
मदिरावति नास्त्यस्मादुःखं त्वदुःखतोऽधिकम्। प्राणप्रिये यदन्यस्मिन्पित्रान्यस्मै प्रदीयसे॥ १७५

तथापि ते भवेज्जातु दर्शनं संगमोऽपि वा । संस्तवाज्ज्ञायमानेन तेन स्वप्रेयसा सह ॥ १७६
मम त्वनास्थमुत्पन्नं यद्दुःखं तद्वदामि ते । यथाहं ते तथा त्वं हि विस्रम्भैकास्पदं मम ॥ १७७
गतवत्यस्मि यात्रायां स्नातुं शङ्खह्रदं सरः । विनोदयितुमात्मानं भाविलद्विरहातुरम् ॥ १७८
तत्रोद्यानं दिवा मुक्त्वा नभश्चन्द्र इवागतः । आलानकाञ्चनस्तम्भ इव सौन्दर्यदन्तिनः ॥ १७९
नवीनश्मश्रुमधुपश्रेणीश्रितमुखाम्बुजः । कोऽपि कान्तो द्विजयुवा दृष्टो नववया मया ॥ १८०
वनेषु केवलं क्लिष्टास्तपोभिर्मुनिकन्यकाः । न दृष्टोऽयं युवा याभिः किं तासां तपसः फलम् ॥ १८१
इति संचिन्तयन्त्या मे कामेन हृदयं शरैः । तथा विद्धं यथा लज्जा भयं च गलितं ततः ॥ १८२
ततः पश्यामि पश्यन्तं यावत्तं तिर्यगीक्षणा । आलानमुक्तो मत्तेभस्तावदागादशङ्कितम् ॥ १८३
तेन नश्यत्परिजनां भीतां दृष्ट्वा स मां युवा । धावित्वाङ्के कृतां दूरे मध्ये लोकस्य नीतवान् ॥ १८४
तत्संस्पर्शामृतानन्दमीलिताहं तदा सखि । को हस्ती किं भयं काहं क स्थितास्मीति नाविदम् ॥ १८५
ततः परिजनो यावत्प्राप्तो मे तावदागतः । मत्तहस्ती स तत्रैव विरहो मूर्तिमानिव ॥ १८६
उत्क्षिप्याहमथानीता तद्भयादनुगैर्गृहम् । स च मे जनसंक्षोभे न जाने क गतः प्रियः ॥ १८७
तदाप्रभृत्यविज्ञातनामादिकमसुप्रदम् । स्मरन्ती तं करप्राप्तं केनापीह हृतं निधिम् ॥ १८८
सर्वदुःखहरां निद्रां स्वप्ने तद्दर्शनेच्छया । वाञ्छन्ती चक्रवाकीभिः समं क्रन्दामि रात्रिषु ॥ १८९
तदेवं निरुपायेऽस्मिन्दुःखे मम विनोदनम् । त्वद्दर्शनं यत्सखि तद्दूरीभवति चाधुना ॥ १९०
उपस्थितं तदित्थं मे मरणं मदिरावति । त्वन्मुखालोकनसुखं संप्रत्यनुभवामि तत् ॥ १९१
इत्युक्त्वा श्रोत्रपीयूषवर्षाभं वचनं मम । कलङ्कयन्ती वक्त्रेन्दुं साञ्जनैरश्रुबिन्दुभिः ॥ १९२
अवगुण्ठनमुत्क्षिप्य मुखान्मम निरीक्ष्य माम् । परिज्ञाय तदा साभूत्सहर्षाश्चर्यसाध्वसा ॥ १९३
ततो मयोक्तं मुग्धे किं संभ्रमः सोऽहमेव ते । विधिर्हि घटयत्यर्थानचिन्त्यानपि संमुखः ॥ १९४
मयापि त्वत्कृते दुःखमनुभूतं सुदुःसहम् । यादृशं यादृशी चैषा प्रपञ्चरचना विधेः ॥ १९५
वक्ष्यामि विस्तरात्तत्ते नायं कालः कथाक्रमे । निर्गमोपाय एवैकश्चिन्त्यतां संप्रति प्रिये ॥ १९६
इत्युक्ता सा मया बाला प्राप्तकालमभाषत । अनेन पश्चाद्द्वारेण निर्गच्छावः शनैरितः ॥ १९७
बहिश्चात्र गृहोद्यानं पितुः सुक्षत्रियस्य मे । तन्मार्गेणैव निर्गत्य व्रजावो यत्रकुत्रचित् ॥ १९८
इत्युक्तवत्यैव तया गुप्ताभरणया सह । तदुक्तेनैव मार्गेण निरगच्छमहं ततः ॥ १९९
रात्र्या च दूरमध्वानं तया गत्वा द्रुतं भयात् । प्रभाते प्राप्तवानस्मि प्रियायुक्तो महाटवीम् ॥ २००
गच्छतोश्चावयोस्तस्यां स्वकथैकविनोदयोः । निर्मानुषायां शनकैर्मध्याह्नः समवर्तत ॥ २०१
निराश्रयाध्वगमनां निराक्रन्दामतापयत् । भूमिं तां दुष्टभूपाल इव तीक्ष्णकरः करैः ॥ २०२
तस्मिन्काले परिश्रान्तां प्रेयसीं तां तृषार्दिताम् । कृच्छ्रप्राप्तां तरुच्छायां शनैः प्रापितवानहम् ॥ २०३
आश्वासयामि यावच्च तत्र तां पटमारुतैः । अकस्मान्महिषस्तावदागाद्व्रणितविद्रुतः ॥ २०४
तस्य पश्चात्प्रधावंश्च हयारूढो धनुर्धरः । आगात्कोऽपि महासत्त्व इत्याकृत्यैव सूचितः ॥ २०५
स महामहिषं भल्लीप्रहारेणापरेण तम् । वज्रघातेन वज्रीव गिरिं वीरो न्यपातयत् ॥ २०६
दृष्ट्वा चास्मानुपागत्य स मां प्रीत्यैव पृष्टवान् । कस्त्वं कैषा च ते साधो केहायातौ युवामिति ॥ २०७
अथोपवीतमुद्घाट्य प्रोक्तं सत्यानृतं मया । विप्रोऽहमेषा भार्या मे कार्याद्देशान्तरागतौ ॥ २०८
आवां चौरहतात्सार्थाद्विभ्रष्टौ मार्गनाशतः । इह प्रविष्टौ दृष्टश्च भवान्नष्टाश्च भीतयः ॥ २०९
एवं मयोक्ते ब्राह्मण्यात्सानुकम्पश्च सोऽभ्यधात् । अहं वनचराधीशो मृगयार्थमिहागतः ॥ २१०
युवां चाध्वपरिश्रान्तौ संप्राप्तावतिथी मम । तदेतं विश्रमायैतन्नातिदूरं मदास्पदम् ॥ २११
इत्युक्त्वा मत्प्रियां श्रान्तामारोप्य स्वतुरंगमे । पादचारीभवन्नावां स्वनिवासं स नीतवान् ॥ २१२
तत्र बान्धववत्सोऽस्मान्भोजनाद्यैरुपाचरत् । कुदेशेष्वपि जायन्ते क्वचित्केचिन्महाशयाः ॥ २१३
ततोऽटवीं तामुत्क्रम्य तद्वितीर्णानुयात्रिकाम् । प्राप्याग्रहारमेकं सा परिणीता मया वधूः ॥ २१४

ततः परिभ्रमन्देशान्दृष्ट्वा सार्थं समं तया। अद्य भागीरथीस्नानमहं कर्तुमिहागतः॥ २१५
इहैव चैष संप्राप्तः स्वयंवरसुहृन्मया। देवश्च दृष्ट इत्येष वृत्तान्तो मामकः प्रभो॥ २१६

इत्युक्त्वा विरतं स यावदथ तं निर्व्याजसत्त्वोचित-
प्राप्ताभीष्टफलं प्रशंसतितरां वत्सेशपुत्रो द्विजम्।
यावत्तं युवराजमात्मसचिवा बम्भ्रम्यमाणाश्चिरं
चिन्वन्तः किल गोमुखप्रभृतयस्तत्रागता लेभिरे॥ २१७

स च नरवाहनदत्तश्चरणनतान्हर्षबाष्पधौतमुखान्।
तानभिनन्द सर्वान्संमान्य यथोचितं सचिवान्॥ २१८
अथ तौ विप्रयुवानौ सदर्थनीतिप्रियौ सहादाय।
स ययौ सह तैर्मन्त्रिभिरन्वागतललितलोचनः स्वपुरीम्॥ २१९

इति महाकविश्रीसोमदेवभट्टविरचिते कथासरित्सागरे मदिरावतीलम्बके प्रथमस्तरङ्गः।

समाप्तश्चायं मदिरावतीलम्बकस्त्रयोदशः।

॥ श्रीः ॥

महाकविश्रीसोमदेवभट्टविरचितः

कथासरित्सागरः ।

पञ्चलम्बकश्चतुर्दशः ।

इदं गुरुगिरीन्द्रजाप्रणयमन्दरान्दोलना-
त्पुरा किल कथामृतं हरमुखाम्बुधेरुद्गतम् ।
प्रसह्य रसयन्ति ये विगतविघ्नलब्धर्द्धयो
धुरं दधति वैबुधीं भुवि भवप्रसादेन ते ॥

प्रथमस्तरङ्गः ।

तुष्टेन येन देहार्धमप्युमायै समर्पितम् । स वो ददात्वभिमतं वरदः पार्वतीपतिः ॥ १
निशि विघ्नजितो वोऽव्यात्ताण्डवोद्दण्डितः करः । शोणश्चन्द्रातपत्रस्य तन्वन्विद्रुमदण्डताम् ॥ २
ततो वत्सेश्वरसुतस्तास्तास्त्रैलोक्यसुन्दरीः । भार्या दधानस्तां चाद्यां देवीं मदनमञ्चुकाम् ॥ ३
नरवाहनदत्तोऽत्र कौशाम्ब्यां गोमुखादिभिः । उवास सह संपूर्णकामः पितृविभूतिभिः ॥ ४
तस्याभीष्टवधूसङ्गसुखामृतमनोरमाः । नृत्तगीतकथालापरम्यास्ते दिवसा ययुः ॥ ५
अथैकदा स तामग्र्यां कान्तां मदनमञ्चुकाम् । न ददर्शावरोधान्तर्न वा परिजनं क्वचित् ॥ ६
तामनालोकयन्कान्तां स जगाम विवर्णताम् । रजनीविरहध्वस्तकान्तिरिन्दुरिवोषसि ॥ ७
चित्तं जिज्ञासितुं किं नु च्छन्ना स्यात्क्वापि मे प्रिया । किं वापराधलेशात्सा कुतोऽपि कुपितैव मे ॥ ८
माययाच्छादिता केनाप्यथवापहृता नु किम् । इत्यनेकविकल्पौघविह्वलोऽथ बभूव सः ॥ ९
अन्वेषयन्यदा नैव लभते स्म कुतोऽपि ताम् । संतेपे स तदोद्दामतद्वियोगदवाग्निना ॥ १०
उपेत्य ज्ञातवृत्तान्तस्तस्य वत्सेश्वरः पिता । मातरः सचिवा भृत्याः सर्वे विह्वलतां ययुः ॥ ११
हारचन्दनचन्द्रांशुमृणालनलिनीदलैः । ववृधे तस्य संतापो न जगाम शमं पुनः ॥ १२
कलिङ्गसेना सद्यश्च विहीना सुतया तया । विद्याधरीव विभ्रष्टविद्या संमूढतां ययौ ॥ १३
अथ तत्राब्रवीदेका वृत्तान्तःपुररक्षिका । नरवाहनदत्ताग्रे सर्वेष्वाकर्णयत्स्विदम् ॥ १४
हर्म्याग्रे तां तदा कन्यां सतीं मदनमञ्चुकाम् । दृष्ट्वावतीर्य नभसः सद्यो विद्याधरो युवा ॥ १५
योऽसौ मानसवेगाख्यो नामोक्त्वा समयाचत । कलिङ्गसेनामभ्येत्य देह्येतां मे सुतामिति ॥ १६
तेनैतया निषिद्धेन सता गत्वा यथागतम् । इदानीं गुप्तमागत्य हृता सा किं न मायया ॥ १७
परदारगृहं नैव दिव्या यद्यपि कुर्वते । तथाप्यमार्गं मार्गं वा रागान्धः को हि पश्यति ॥ १८
श्रुत्वैतच्चित्तमाकोपविमर्शविरहोत्प्लुतम् । नरवाहनदत्तस्य जज्ञे वीचिष्विवाम्बुजम् ॥ १९
रुमण्वानथ वक्ति स्म पुरीयं रक्ष्यतेऽभितः । प्रवेशनिर्गमौ नेह विद्येते गमनं विना ॥ २०
हरप्रसादाज्जास्त्यस्या नानिष्टं तदिहं स्थिता । क्वचित्प्रणयकोपात्सा तथा च श्रूयतां कथा ॥ २१
मुनिः पुराङ्गिरा नाम विवाहार्थमयाचत । अष्टावक्रस्य तनयां सावित्रीं नाम कन्यकाम् ॥ २२
अष्टावक्रो न तां तस्मै ददावङ्गिरसे सुताम् । सगुणायापि सावित्रीमन्यस्मै पूर्वकल्पिताम् ॥ २३
ततस्तद्भ्रातृतनयामश्रुतां नाम सोऽङ्गिराः । उपयेमे तया साकं स तस्थौ भार्यया सुखम् ॥ २४
सा च भार्यास्य वेत्ति स्म सावित्रीं पूर्ववाञ्छिताम् । एकदा सोऽङ्गिरा मौनी जपन्नासीच्चिरं मुनिः ॥ २५

भार्याथ सा तं पप्रच्छ मुहुः सप्रणयाश्रुता । चिरं किमार्यपुत्रैवं चिन्तयस्युच्यतामिति ॥ २६
प्रिये ध्यायामि सावित्रीमित्युक्ते तेन साश्रुता । सावित्रीं तां मुनिसुतां मत्वात्मनि चुकोप ह ॥ २७
दुर्भगोऽयमिति त्यक्तुं देहं गत्वा वनं च सा । शुभं भर्तुरनुध्याय कण्ठे पाशं समर्पयत् ॥ २८
मा पुत्रि साहसं कार्षीः पत्या ध्याता न तेऽङ्गना । ध्याताऽहं तेन सावित्रीत्युक्त्वा पाशाद्ररक्ष ताम् ॥ २९
प्रकटीभूय गायत्री साक्षसूत्रकमण्डलुः । भक्तानुकम्पिनी चैतां समाश्वास्य तिरोदधे ॥ ३०
अथैषाङ्गिरसा भर्त्रा संप्राप्तान्विष्यता वनात् । तदेवं दुःसहं स्त्रीणामिह प्रणयखण्डनम् ॥ ३१
तत्स्वल्पेनापराधेन कुपितेह क्वचित्स्थिता । अन्वेष्या शंभुरक्ष्या सा राजपुत्रवधूः पुनः ॥ ३२
एवं रुमण्वता प्रोक्ते राजा वत्सेश्वरोऽब्रवीत् । एवमेतन्न दुरितं तस्याः संभाव्यते यतः ॥ ३३
नरवाहनदत्तस्य भार्या देवविनिर्मिता । कामांशस्यावतीर्णैषा रतिर्मदनमञ्चुका ॥ ३४
असौ विद्याधरैश्वर्यं दिव्यं कल्पं सहानया । करिष्यतीति दिव्या वागब्रवीन्न च तन्मृषा ॥ ३५
तदेषान्विष्यतां सम्यगिति राज्ञोदिते स्वयम् । नरवाहनदत्तः स तदवस्थोऽपि निर्ययौ ॥ ३६
यथायथा हि चिन्वानो न तां प्राप तथातथा । तेषु तेषु प्रदेशेषु सोन्माद इव सोऽभ्रमत् ॥ ३७
अपेते तत्पुरात्तस्मिन्पिहितद्वारका गृहाः । तद्दुःखदर्शनोद्वेगादिव संमीलितेक्षणाः ॥ ३८
वनेषु तं च पृच्छन्तं चलत्पल्लवपाणयः । न सा दृष्टा तवास्माभिरित्यूचुरिव पादपाः ॥ ३९
उद्यानेषूत्पतन्तश्च खगास्तस्मै विचिन्वते । इतः सा न गतेत्येवं शशंसुरिव सारसाः ॥ ४०
मरुभूतिर्हरिशिखो गोमुखः सवसन्तकः । ते ते च सचिवा भ्रेमुस्तामन्वेष्टुं समन्ततः ॥ ४१
अत्रान्तरे वेगवती नाम विद्याधरी किल । कन्या दृष्टचरोदारवपुर्मदनमञ्चुका ॥ ४२
तदीयं रूपमास्थाय तस्थावुपवनान्तरे । आगत्यैकाकिनी स्वैरमत्राशोकतरोरधः ॥ ४३
तां ददर्श विचिन्वानो मरुभूतिः परिभ्रमन् । सद्यो विशल्यकरणीं सशल्यस्येव चेतसः ॥ ४४
नरवाहनदत्तं तं गत्वा हृष्टो जगाद सः । समाश्वसिहि दृष्टा ते मयोद्याने स्थिता प्रिया ॥ ४५
इत्येवोक्तवता तेन साकं तत्क्षणमेव सः । नरवाहनदत्तस्तदुद्यानं मुदितो ययौ ॥ ४६
तत्रातिविरहक्लान्तो भार्यां मदनमञ्चुकाम् । तामपश्यत्स तृषितो वारिधारामिवाध्वगः ॥ ४७
दृष्ट्वैवालिङ्गितुं तां च भृशार्तो यावदिच्छति । तावत्सा तं जगादैवं धूर्ता परिणयैषिणी ॥ ४८
मां त्वं संप्रति मा स्प्राक्षीः शृणु तावद्वचो मम । मयोपयाचिता यक्षास्त्वत्प्राप्त्यै प्राग्विवाहतः ॥ ४९
विवाहे वः प्रदास्यामि स्वहस्तेन बलीनिति । विवाहकाले ते तस्मिन्मम प्राणेश विस्मृताः ॥ ५०
तत्कोपात्तैरहमितो यक्षैरपहृताभवम् । गच्छ भूयो विवाहं तं कृत्वा दत्त्वा बलिं च नः ॥ ५१
निजं पतिमुपेयास्त्वं नान्यथा ते शिवं भवेत् । इत्युक्त्वा तैरिहानीय यक्षैर्मुक्तास्मि सांप्रतम् ॥ ५२
तन्मां परिणयस्वाशु पुनर्यावद्ददाम्यहम् । यक्षेभ्योऽभिमतां पूजां ततः पूरय वाञ्छितम् ॥ ५३
तच्छ्रुत्वैव समाहूय शान्तिसोमं पुरोहितम् । क्षणात्संभृत्य संभारान्मायामदनमञ्चुकाम् ॥ ५४
विद्याधरीं वेगवतीमुपयेमे स तत्क्षणम् । नरवाहनदत्तस्तां वियोगक्षणकातरः ॥ ५५
प्रहृष्टवत्सराजोऽथ देव्यानन्दी महोत्सवः । नन्दत्कलिङ्गसेनोऽभूत्तत्रातोद्यरवाकुलः ॥ ५६
ददौ बलिं च यक्षेभ्यो मायामदनमञ्चुका । विद्याधरी स्वहस्तेन सा मद्यपिशितादिभिः ॥ ५७
नरवाहनदत्तोऽथ वासकस्थस्तया सह । पपौ स सोत्सवः पानं पानशौण्डोऽपि तद्गिरा ॥ ५८
सिषेवे च तया साकं जीवलोकसुखं ततः । छाययेव दिनाधीशः परिवर्तितरूपया ॥ ५९
रहःस्था चाब्रवीत्सा तं सुप्ता नाहं प्रिय त्वया । सहसा मुखमुद्घाट्य वीक्षणीयेह संप्रति ॥ ६०
तच्छ्रुत्वा स किमेतत्स्यादिति यावत्सकौतुकः । सुप्ताया राजपुत्रोऽस्या मुखमन्येद्युरीक्षते ॥ ६१
तावदन्यैव सा कापि न सा मदनमञ्चुका । स्वापवेलावशध्वस्तमायारूपविवर्तना ॥ ६२
ततः स जाग्रदेवासीद्यावत्प्रबुबुधेऽत्र सा । का त्वं सत्यं वदेत्येवमथ तां पृच्छति स्म सः ॥ ६३
साप्यनिद्रोपविष्टं तं दृष्ट्वा रूपे निजे स्थिता । वक्तुं प्रचक्रमे जातप्रतिभेदा मनस्विनी ॥ ६४

शृण्विदानीं ब्रवीम्येतद्यथावस्तु तव प्रिय । अस्त्याषाढपुरं नाम विद्याधरपुरं गिरिः ॥ ६५
तत्र वेगवतो राज्ञः पुत्रो विद्याधराधिपः । अस्ति मानसवेगाख्यो राजा भुजबलोद्धतः ॥ ६६
तस्य वेगवती नाम भगिन्यस्मि कनीयसी । स च भ्राता न मे विद्यां दातुमैच्छद्दतिद्विषन् ॥ ६७
ततो मया ताः क्लेशेन तपोवनगतात्पितुः । प्राप्तास्त्वद्धरतश्चैताः सर्वाधिकबला मम ॥ ६८
साहं दृष्टवती दीनामुद्याने रक्षिभिर्वृताम् । आषाढाद्रिपुरे तस्मिन्स्थितां मदनमञ्चुकाम् ॥ ६९
माययापहृता तेन भ्रात्रा मे दयिता तव । रावणेनेव दुःखार्ता रामभद्रस्य जानकी ॥ ७०
अनिच्छन्ती च सा साध्वी तेनाक्रान्तुं न शक्यते । स्त्रीणां हठोपभोगे हि शापस्तस्यास्ति मृत्युजः ॥ ७१
ततस्तेन प्रयुक्ताहं कुभ्रात्रा तत्प्रबोधने । तस्याः समीपमगमं त्वत्प्रलापमयात्मनः ॥ ७२
तत्प्रसङ्गाच्च कामाज्ञातुल्ये त्वन्नाम्न्युदीरिते । तया साध्व्या त्वदेकाग्रमिदं जातं मनो मम ॥ ७३
स ते पतिः स्याद्यन्नाम्नि श्रुते स्मरवशा भवेः । इत्याद्यश्च तदा देवीस्वप्नादेशो मया स्मृतः ॥ ७४
संस्मृत्य ग्राहयित्वा तां धृतिं मदनमञ्चुकाम् । तद्रूपेण मयागत्य युक्त्यात्मेह विवाहितः ॥ ७५
तदेहि यत्र त्वद्भार्या स्थिता मदनमञ्चुका । तत्रैव तत्कृपाविष्टा प्राणेश त्वां नयाम्यहम् ॥ ७६
त्वत्प्रियेति तवैवाहं सपत्न्या अपि किंकरी । ममात्मनिरपेक्षा हि कापि त्वत्प्रेमवश्यता ॥ ७७
इत्युक्त्वा सा स्वविद्यानां बलाद्वेगवती निशि । नरवाहनदत्तं तं गृहीत्वोदपतन्नभः ॥ ७८
शनैः प्रयाति सा व्योम्ना यावत्तावददर्शनात् । जायापत्योस्तयोः प्राप्तः परिवारोऽत्र चुक्षुभे ॥ ७९
तत्र वत्सेश्वरो बुद्ध्वा सह वासवदत्तया । पद्मावत्यादिभिश्चाशु वज्राहत इवाभवत् ॥ ८०
यौगन्धरायणाद्याश्च संपौरास्तस्य मन्त्रिणः । मरुभूतिमुखैः पुत्रैः सहाभूवन्सुविह्वलाः ॥ ८१
ततोऽन्तरिक्षतस्तत्र द्वितीय इव भास्करः । अवातरत्प्रभाबद्धमण्डलो नारदो मुनिः ॥ ८२
विद्याधर्या निजभुवं नीतः शीघ्रमिहैष्यति । पुत्रस्ते तव धृत्यर्थं प्रेषितश्चास्मि शूलिना ॥ ८३
इत्युक्त्वा वत्सराजाय कृतार्घाय ततो मुनिः । स वेगवत्याश्चरितं यथावृत्तं शशंस तत् ॥ ८४
ततस्तस्मिन्समाश्वस्ते मुनिः सोऽत्र तिरोदधे । अत्रान्तरे वेगवती व्योम्ना प्रापयति स्म सा ॥ ८५
नरवाहनदत्तं तं तमाषाढपुरं गिरिम् । बुद्ध्वा मानसवेगस्तत्स हन्तुं तावधावत ॥ ८६
ततस्तेन समं भ्रात्रा युद्धं विद्याबलोद्धतम् । वेगवत्या अभूत्स्त्रीणां पतिः प्राणा न बान्धवाः ॥ ८७

अथ निजविद्याबलतो भैरवरूपं विधाय विकटं सा ।
मानसवेगं सहसा संमोह्य तमग्निपर्वते निदधे ॥ ८८
तमपि च विद्याहस्ते नरवाहनदत्तमादितो न्यस्तम् ।
नीत्वा गन्धर्वपुरे कूपे चिक्षेप रक्षितुं विजले ॥ ८९

तत्र स्थितं च तमुवाच मनागिह त्वं तिष्ठार्यपुत्र भविता च शिवं तवात्र ।
मा चाधृतिं हृदि कृथाः शुभपात्र सर्वविद्याधराधिपतिता तव भाविनीह ॥ ९०
यामि प्रसाधयितुमद्य पुनर्यतोऽहं ज्येष्ठव्यतिक्रमणदुर्बलिताः स्वविद्याः ।
त्वामभ्युपैमि नचिरादिति सा तमुक्त्वा विद्याधरी क्वचन वेगवती जगाम ॥ ९१

इति महाकविश्रीसोमदेवभट्टविरचिते कथासरित्सागरे पञ्चलम्बके प्रथमस्तरङ्गः ।

द्वितीयस्तरङ्गः ।

ततः कूपस्थितं तत्र गन्धर्वः कोऽप्यवैक्षत । नरवाहनदत्तं तं वीणादत्त इति श्रुतः ॥ १
परार्थफलजन्मानो न स्युर्मार्गद्रुमा इव । तापच्छिदो महान्तश्चेज्जीर्णारण्यं जगद्भवेत् ॥ २
यदृच्छया तं स सुजनः पृष्ट्वा चान्वयनामनी । हस्तेऽवलम्ब्योदहरत्कूपात्तस्मादुवाच च ॥ ३
मानुषोऽसि न देवश्चेद्गन्धर्वनगरं कथम् । मानुषागम्यमेतत्त्वमागतः कथ्यतामिति ॥ ४
विद्याधर्याहमानीय क्षिप्तोऽत्रात्मबलादिति । नरवाहनदत्तोऽपि स तं प्रत्यब्रवीत्तदा ॥ ५

ततस्तं वीक्ष्य सच्चक्रवर्तिचिह्नं गुणी गृहम् । नीत्वा स वीणादत्तः स्वैरुपचारैरुपाचरत् ॥ ६
अन्येद्युस्तत्पुरं दृष्ट्वा वीणाहस्ताखिलप्रजम् । नरवाहनदत्तस्तं वीणादत्तं स पृष्टवान् ॥ ७
सर्वेऽप्याबालमेते किं वीणाहस्ता जना इति । वीणादत्तोऽपि स ततस्तमेवं प्रत्यभाषत ॥ ८
राजा सागरदत्ताख्यो गन्धर्वाणामिहास्ति यः । तस्य गन्धर्वदत्ताख्या सुतास्ति न्यक्कृताप्सराः ॥ ९
धात्रा कृतं सुधाचन्द्रचन्दनाद्यैरिवोचितैः । सर्वसुन्दरनिर्माणवर्णकायेव यद्वपुः ॥ १०
सततं सा च गायन्ती वीणायां शौरिणा स्वयम् । दत्तं स्वगीतकं काष्ठां गान्धर्वे परमां गता ॥ ११
यो वादयति वीणायां त्रिभिर्ग्रामैश्च गायति । गान्धर्वे कोविदः सम्यग्वैष्णवं स्तुतिगीतकम् ॥ १२
स मे पतिः स्यादित्यस्या राजपुत्र्याश्च निश्चयः । तेन सर्वेऽत्र वीणासु शिक्षन्ते न च तद्विदुः ॥ १३
एतच्छ्रुत्वैव सानन्दो वीणादत्तमुखाद्वचः । नरवाहनदत्तोऽसौ राजपुत्रो जगाद तम् ॥ १४
अहं कलानां सर्वासां स्वयंवरवृतः पतिः । जानामि सर्वं गान्धर्वं त्रैलोक्योदरवर्ति यत् ॥ १५
इत्युक्तवन्तं स सुहृद्वीणादत्तो निनाय तम् । राज्ञः सागरदत्तस्य पार्श्वं तत्र जगाद च ॥ १६
नरवाहनदत्तोऽयं वत्सराजसुतः किल । इह विद्याधरीहस्ताद्विभ्रष्टो नगरे तव ॥ १७
गान्धर्वाचार्य एवायं केशवस्तुतिगीतकम् । वेत्ति गन्धर्वदत्ताया त्रयोपरि महान्रसः ॥ १८
तच्छ्रुत्वा सोऽब्रवीद्राजा सत्यमेतन्मया श्रुतम् । गन्धर्वाणां मुखात्पूर्वं तन्मान्योऽयमिहाद्य नः ॥ १९
देवांशश्चैष न भ्रान्तिर्देवभूमौ किमन्यथा । इह विद्याधरीसङ्गादागच्छेन्मानुषो भवन् ॥ २०
आनीयतां तद्गन्धर्वदत्ता वीक्षामहेऽद्भुतम् । इति राज्ञोदिते जग्मुरानेतुं तां महत्तराः ॥ २१
आगाच्च सा ततः कान्ता कुसुमाभरणोज्ज्वला । यौवनेन विघूर्णन्ती वातेनेवार्तवी लता ॥ २२
उपविश्य पितुः पार्श्वे तद्वाक्याच्च क्षणान्तरे । भृत्यैः कथितवृत्तान्ता वीणायां गीतकं जगौ ॥ २३
स्वराञ्श्रुतिषु युञ्जन्त्यास्तस्या ब्राह्म्या इव श्रियः । नरवाहनदत्तोऽभूद्गीते रूपे च विस्मितः ॥ २४
राजपुत्रि न ते वीणा सुस्वरा प्रतिभाति मे । जाने वालः स्थितस्तन्त्र्यामिति सोऽत्र जगाद च ॥ २५
ततोऽत्र वीक्ष्यते यावद्वालस्तावदवापि सः । तेन सर्वेऽपि ते जग्मुर्गन्धर्वा अपि विस्मयम् ॥ २६
राजपुत्र गृहाणेमां कर्णौ सिञ्चामृतेन नः । इति राजा सुताहस्ताद्वीणां तस्मै ददौ वदन् ॥ २७
सोऽपि तां वादयन्विष्णोरगायद्गीतकं तथा । यथा ते तत्र गन्धर्वाश्चित्रन्यस्ता इवाभवन् ॥ २८
ततो गन्धर्वदत्ता सा दृष्ट्वैव प्रणयार्द्रया । तं वव्रे फुल्लनीलाब्जमालयेवास्तया स्वयम् ॥ २९
तदालोक्य तथारूपां तत्प्रतिज्ञां स्मरंश्च सः । राजा गन्धर्वदत्तां तां सद्यस्तस्मै सुतां ददौ ॥ ३०
दिव्यातोद्यादिकश्चात्र विवाहो यस्तयोरभूत् । कोपमा कथ्यते तस्य येनान्यदुपमीयते ॥ ३१
ततस्तया समं तत्र तस्थौ गन्धर्वदत्तया । नरवाहनदत्तोऽसौ दिव्यैर्भोगैर्नवोढया ॥ ३२
एकस्मिंश्च दिने द्रष्टुं निर्गतो नगरश्रियम् । तांस्तान्प्रदेशानालोक्य पुरोद्यानं विवेश सः ॥ ३३
तत्र व्योम्नोऽवरोहन्तीं सोऽपश्यद्दिव्ययोषितम् । समं दुहित्रानभ्रेऽपि सवृष्टिमिव विद्युतम् ॥ ३४
वत्सराजसुतः सोऽयं पुत्रि भावी पतिस्तव । इति तां वीक्ष्य जल्पन्तीं ज्ञानतस्तां निजां सुताम् ॥ ३५
का त्वं किमागतासीति सोऽपृच्छत्तामुपागताम् । सापीप्सितोपक्रमिणी दिव्ययोषित्तमब्रवीत् ॥ ३६
देवसिंहाभिधानस्य विद्याधरपतेरहम् । भार्या धनवती नाम कन्यैषा च सुता मम ॥ ३७
चण्डसिंहस्य भगिनी नाम्नेयमजिनावती । अस्या भर्ता त्वमादिष्टो गगनोद्गतया गिरा ॥ ३८
वेगवत्याऽत्र निक्षिप्तं भाविविद्याधरेश्वरम् । बुद्ध्वाहं निजविद्यातस्त्वां प्राप्ता वक्तुमीप्सितम् ॥ ३९
न विद्याधरगम्येऽत्र स्थाने युक्तं तवासितुम् । ते हि द्वेषेण हन्युस्त्वामप्राप्तपदमेककम् ॥ ४०
तदेहि तदगम्यां त्वां नयावः सांप्रतं भुवम् । नेन्दुः क्षिपति किं कालं परिक्षीणोऽर्कमण्डले ॥ ४१
संप्राप्तेऽवसरे चैतां सुतां मे परिणेष्यसि । इत्युक्त्वैव तमादाय ससुता सा खमुद्ययौ ॥ ४२
श्रावस्त्यां पुरि नीत्वैव निक्षिप्योपवने च तम् । समं तयाजिनावत्या सुतया सा तिरोदधे ॥ ४३
तत्र प्रसेनजिद्राजा दूरादाखेटकागतः । ददर्श राजपुत्रं तमुदाराकारलक्षणम् ॥ ४४

स सकौतुकमभ्येत्य पृष्ट्वा नाम कुलं तथा । प्रीतः सप्रश्रयं राजा निनायैतं स्वमन्दिरम् ॥ ४५
आबद्धवारणघटं वाजिराजिविराजितम् । भ्रमणश्रान्तराजश्रीविश्रान्तिभवनोपमम् ॥ ४६
यत्र तत्र स्थितं सोत्का नरं कल्याणभाजनम् । संपदोऽभिसरन्त्येव प्रियं जनमिवाङ्गनाः ॥ ४७
यतस्तस्मै ददौ राजा गुणलुब्धो निजां सुताम् । नरवाहनदत्ताय भगीरथयशोभिधाम् ॥ ४८
तया समं च तत्रासीन्महार्हविभवः सुखम् । लक्ष्म्येव मूर्तया धात्रा तद्विनोदाय सृष्टया ॥ ४९
एकदाभ्युदिते लोकलोचानन्दवर्षिणि । रजनीरमणे प्राचीदिग्वधूमुखमण्डने ॥ ५०
निरभ्रनिर्मलव्योमदर्पणप्रतिबिम्बिते । भगीरथयशोवक्त्र इवामृतमनोरमे ॥ ५१
कौमुदीसुधया धौते हर्म्याग्रे स तया सह । प्रदोषे प्रियया पानमसेवत तदिच्छया ॥ ५२
पपौ प्रियतमावक्त्रप्रतिमालंकृतं मधु । रसनाया इवानन्ददायि लोचनयोरपि ॥ ५३
प्रियामुखसमं कान्तमिन्दुं मेने तदा न सः । तस्य ते समदाताम्रनेत्रभ्रूविभ्रमाः कुतः ॥ ५४
सेवितापानलीलश्च प्रविश्याभ्यन्तरं ततः । भगीरथयशोयुक्तः स भेजे शयनीयकम् ॥ ५५
तत्र प्रियायां सुप्तायां तस्यां सुप्तविनिद्रकः । नरवाहनदत्तोऽसौ स्मृत्वाकस्मात्किलाब्रवीत् ॥ ५६
भगीरथयशःप्रीतिविस्मृता एव ता मम । अन्यभार्याः कथं तत्स्यादिति चात्र विधिः प्रभुः ॥ ५७
सचिवा ये च मे दूरे तेभ्योऽपि मरुभूतिकः । विक्रमैकरसो नीतिमात्रे हरिशिखः स्थितः ॥ ५८
ताभ्यां न सांप्रतं कृत्यं गोमुखश्चतुरः पुनः । सर्वावस्थासु मे मित्रं विदूरस्थो दुनोति माम् ॥ ५९
इत्युल्लपन्स तत्राशु निद्रान्नं मधुरं मृदु । हा दुःखमिति शुश्राव नार्येवोदीरितं वचः ॥ ६०
श्रुत्वा च दीप्रदीपेऽत्र सर्वतो यावदीक्षते । तावन्नार्या मुखं दिव्यं गवाक्षान्तर्ददर्श सः ॥ ६१
समलो व्योम्नि दृष्टोऽस्य चन्द्रोऽनेनेति कौतुकात् । अव्योम्नि दर्शितं धात्रा चन्द्रमन्यमिवामलम् ॥ ६२
अङ्गं शेषमपश्यंश्च तस्यास्तद्दर्शनोत्सुकः । तद्रूपाकृष्टनयनो छगित्येवमचिन्तयत् ॥ ६३
आतापिर्दैत्यो युक्त्या प्राग्ब्रह्मणा सर्गविघ्नकृत् । आश्चर्यं पश्य गत्वात्रेत्युक्त्वा प्रैष्यत नन्दनम् ॥ ६४
तत्र तेनाद्भुताकारो दृष्टोऽङ्घ्रिः केवलं स्त्रियः । विपन्नश्च तदन्याङ्गदिदृक्षाव्यसनेन सः ॥ ६५
एवं ममापि धात्रेदं मुखमात्रं विपत्तये । सृष्टं स्यादिति यावच्च सोऽत्राकलयति क्षणम् ॥ ६६
तावद्गवाक्षाद्दिव्या स्त्री प्रदर्श्य करपल्लवम् । इत एहीति साङ्गुल्या संज्ञां तस्याकरोत्तदा ॥ ६७
ततः संसुप्तदयितात्स्वैरं निर्गत्य वासकात् । तस्याः समीपं संप्राप स सोत्को दिव्ययोषितः ॥ ६८
अन्यासक्तं प्रशंसन्ती पतिं मदनमञ्चुके । हा हतासीति सा चास्मिन्निकटोपगतेऽब्रवीत् ॥ ६९
तच्छ्रुत्वा तां प्रियां स्मृत्वा प्रज्वलद्विरहानलः । नरवाहनदत्तस्तां पृच्छति स्म स भामिनीम् ॥ ७०
का त्वं कुत्र त्वया दृष्टा प्रिया मदनमञ्चुका । मामुपेता किमर्थं च भवती कथ्यतामिति ॥ ७१
ततो विदूरं नीत्वा तं प्रौढा राजसुतं निशि । शृणु सर्वं त्वमित्युक्त्वा साथ वक्तुं प्रचक्रमे ॥ ७२
नगर्यां पुष्करावत्यामस्त्याराधनपिङ्गलः । अस्ति पिङ्गलगान्धारो नाम विद्याधरेश्वरः ॥ ७३
तस्य प्रभावतीं नाम सुतां मां विद्धि कन्यकाम् । आराधितप्रसन्नाद्धि वरात्प्राप्तां विभावसोः ॥ ७४
साहं तदाषाढपुरं द्रष्टुं वेगवतीं सखीम् । अगच्छं न च तां तत्र प्रापं क्वापि तपःस्थिताम् ॥ ७५
तन्मातुः पृथिवीदेव्या मुखान्मदनमञ्चुकाम् । बुद्ध्वा तां त्वत्प्रियां चात्र स्थितां द्रष्टुमगामहम् ॥ ७६
अपश्यं तामनाहारकृशां पाण्डुरधूसराम् । बद्धैकवेणीं रुदतीं त्वद्गुणैकप्रलापिनीम् ॥ ७७
वृतां विद्याधराधीशकन्यावृन्दैरुदश्रुभिः । तद्दर्शनरवच्छ्रवणप्रोद्गदुःखसुखाकुलैः ॥ ७८
तयोक्तत्वत्स्वरूपा च भवदानयनेन ताम् । आश्वास्य तत्कृपाक्रान्ता त्वद्गुणाकृष्टमानसा ॥ ७९
विद्याप्रभावाद्बुद्ध्वा च संप्रति त्वामिह स्थितम् । आगतास्मि तवाभ्याशं तदर्थस्वार्थसिद्धये ॥ ८०
विस्मृताद्य प्रियं दृष्ट्वा त्वामिहान्यप्रलापिनम् । मया हा दुःखमित्युक्त्वा सा ते भार्यानुशोचिता ॥ ८१
इत्युक्तः स तया सोत्को राजपुत्रो जगाद ताम् । नय मां तत्र सा यत्र नियुङ्क्ष्व च यथेच्छसि ॥ ८२
तच्छ्रुत्वा सा तमादाय खमुत्पत्य प्रभावती । विद्याधरी चन्द्रवत्यां गन्तुं प्रववृते निशि ॥ ८३

यान्ती काप्यग्निमालोक्य ज्वलन्तं सा प्रदक्षिणम्। नरवाहनदत्तस्य तस्यादाय करं व्यधात्॥ ८४
तेनोद्वाहविधिं युक्त्या प्रौढा सा निरवर्तयत्। संकल्पैकप्रधाना हि दिव्यानामखिलाः क्रियाः॥ ८५
ततो नभस्तलात्तस्य पृथिवीं वेदिकामिव। नदीर्भुजंगीसदृशीर्वल्मीकानिव पर्वतान्॥ ८६
तानि तानि तथान्यानि कौतुकानि पदे पदे। दर्शयन्ती प्रियस्यात्र ययौ दूरं क्रमेण सा॥ ८७
आकाशगमनश्रान्ते तृषार्तेऽस्मिञ्जलार्थिनि। नरवाहनदत्ते सा व्योममार्गादवातरत्॥ ८८
निनाय च वनान्तं तं चन्द्रांशुधवलाम्भसः। राजतेन द्रवेणेव भृतस्य सरसोऽन्तिकम्॥ ८९
तत्र शान्तं जलतृषा तस्य पीताम्भसो वने। उत्पन्नं रमणीये तु कान्तासंभोगतृष्णया॥ ९०
ततो हठार्थिता कृच्छ्रात्संभोगे सा प्रभावती। सानुक्रोशा कृताश्वासां ध्यात्वा मदनमञ्चुकाम्॥ ९१
नरवाहनदत्तस्य तस्य प्रववृते तदा। परार्थप्रतिपन्ना हि नेक्षन्ते स्वार्थमुत्तमाः॥ ९२
जगाद तं च मा मंस्था आर्यपुत्र त्वमन्यथा। अभिप्रायो ममास्तीह तथा चात्र कथां शृणु॥ ९३
पुरा पाटलिपुत्रेऽभूत्कापि स्त्री मृतभर्तृका। बालैकपुत्रा तरुणी निर्धना रूपशालिनी॥ ९४
सा चात्मपरितोषाय परपूरुषसंगमम्। विदधाना ययौ गेहाद्रात्रौ रात्रौ यतस्ततः॥ ९५
मोदकं पुत्र ते प्रातरानेष्यामीति तं सुतम्। बालं चाश्वास्य सायासीत्तं च सान्वहमानयत्॥ ९६
स च बालो गृहे तूष्णीं तयासीन्मोदकाशया। एकदा न तयानीतो विस्मृत्यास्य स मोदकः॥ ९७
याचमानं च तं बालं मोदकं सा किलाऽब्रवीत्। अहं स्वकामुकं वेद्मि मोदकं नापरं सुत॥ ९८
तच्छ्रुत्वा नानयानीतो मोदको मेऽन्यसक्तया। इति तस्य निराशस्य शिशोर्हृदयमस्फुटत्॥ ९९
तदहं प्रिय पूर्वं त्वां सुतरां स्वीकरोमि चेत्। तन्मयैव कृताश्वासा त्वत्संगममहोत्सवे॥ १००
मत्त एव निराशा चेद्बुद्ध्वा मदनमञ्चुका। भवेत्तद्धृदयं तस्याः स्फुटेत्कुसुमपेशलम्॥ १०१
तदेतेनानृशंस्येन तामनाश्वास्य संप्रति। न तथाभिलपामि त्वामपि प्राणाधिकं प्रियम्॥ १०२
इत्युक्तः स प्रभावत्या तया सानन्दविस्मयः। नरवाहनदत्तोऽत्र तत्कालं समचिन्तयत्॥ १०३
अहो नवनवाश्चर्यनिर्माणे रसिको विधिः। अचिन्त्योदारचरिता येन सृष्टा प्रभावती॥ १०४
इति ध्यायन्स तां प्रेम्णा स्तुत्वा राजसुतोऽब्रवीत्। तर्हि मां नय सा यत्र स्थिता मदनमञ्चुका॥ १०५
तच्छ्रुत्वा च गृहीत्वा तं नभसा सा प्रभावती। क्षणेन प्रापयामास तमाषाढपुरं गिरिम्॥ १०६
तत्र संगमयामास तेन शुष्यत्तनुं चिरात्। पूरेणेव नदीं वृष्टिः सा तां मदनमञ्चुकाम्॥ १०७
सोऽप्यपश्यद्वियोगार्तां कान्तां तां कृशपाण्डुराम्। नरवाहनदत्तोऽत्र पर्वणीन्दुकलामिव॥ १०८
स तदा प्राणलाभाय तयोरन्योन्यसंगमः। बभूव जगदानन्दी शर्वरीशशिनोरिव॥ १०९
विरहानलसंतप्तावाश्लिष्टौ दंपती च तौ। स्वेदच्छलाद्द्रवीभूतावेकतामिव जग्मतुः॥ ११०
ततः प्रभावतीविद्याबलेन निशि कल्पितान्। बुभुजातेऽत्र तौ सद्यः स्वैरं भोगानुभावपि॥ १११
न ददर्श च तद्विद्याबलेनैवात्र कश्चन। नरवाहनदत्तं तं विना मदनमञ्चुकाम्॥ ११२
प्रातस्तं चात्र मुञ्चन्तमेकवेणीं निजं प्रियम्। सा जगादाहितामर्षवशान्मदनमञ्चुका॥ ११३
हते मानसवेगेऽसौ मोक्तव्यार्यसुतेन मे। मृतायाः पक्षिभिर्वापि वेणी दाह्याथवाग्निना॥ ११४
इति प्रतिज्ञातमभून्मया साद्य मम त्वया। जीवत्यस्मिन्नृपे मुक्ता तेन मे दूयते मनः॥ ११५
क्षिप्तोऽपि न मृतो ह्येष वेगवत्याग्निपर्वते। त्वं चादृश्या प्रभावत्या विहितोऽत्र स्वमायया॥ ११६
अन्यथा त्वत्समीपे हि शत्रोरस्यानुशायिनः। इहैते संचरन्तोऽद्य त्वां सहेरन्विलोक्य किम्॥ ११७
एवमुक्तस्तया पत्न्या साध्व्या कालानुरोधवान्। नरवाहनदत्तोऽत्र सान्त्वयन्स जगाद ताम्॥ ११८
संपत्स्यतेऽयं कामस्ते हनिष्याम्यचिरादमुम्। शत्रुं विद्याः समासाद्य प्रतीक्षस्व मनाक्प्रिये॥ ११९
इत्याद्युक्त्वा समाश्वास्य स तां मदनमञ्चुकाम्। नरवाहनदत्तोऽत्र तस्थौ वैद्याधरे पुरे॥ १२०
अथ प्रभावती तस्य चक्रे विद्याप्रभावतः। अतर्क्यं रूपमात्मीयं स्वयमन्तर्हिता सती॥ १२१
स तद्रूपेण तत्रासीद्राजपुत्रो यथासुखम्। अशङ्कितः प्रकाशोऽपि तद्विद्यासिद्धभोगभुक्॥ १२२

वेगवत्या वयस्येयमेतां मदनमञ्चुकाम् । उपाचरति तत्प्रीत्या निजसख्यवशेन च ॥ १२३
इति प्रभवतीत्येनं तद्रूपच्छन्नविग्रहम् । मन्वानाः सर्व एवोचुस्तत्र मानसवेगतः ॥ १२४
अथैकदा प्रसङ्गेन तस्मै मदनमञ्चुका । नरवाहनदत्ताय स्ववृत्तान्तं शशंस सा ॥ १२५
तदा मानसवेगो मामिहानीय स्वमायया । प्रवर्तयितुमभ्यैच्छद्भाययन्क्रूरकर्मभिः ॥ १२६
तावच्च प्रकटीभूय भगवान्भैरवाकृतिः । उद्धृतासिर्लैलजिह्वः कृत्वा हुंकारमभ्यधात् ॥ १२७
इयं विद्याधरेन्द्राणां भाविनश्चक्रवर्तिनः । भार्या कथं त्वयास्मासु स्थितेषु परिभूयते ॥ १२८
एवमुक्तो भगवता पपात धरणीतले । पापो मानसवेगोऽसौ मुखेन रुधिरं वमन् ॥ १२९
ततस्तिरोहिते देवे समाश्वस्तः क्षणादसौ । गतः स्वमन्दिरं भूयो मयि क्रौर्यान्न्यवर्तत ॥ १३०
अथ भीतां वियोगार्तां प्राणत्यागोन्मुखीमिह । एत्यान्तःपुरचेट्यो मां सान्त्वयन्त्योऽब्रुवन्निदम् ॥ १३१
मुनिकन्यां पुरा कांचिद्दृष्ट्वा रूपवतीं हठात् । हरन्मानसवेगोऽयं तद्बन्धुभिरशप्यत ॥ १३२
परनारीमनिच्छन्तीं यदा पाप गमिष्यसि । तदा ते शतधा मूर्धा विदलिष्यत्यसाविति ॥ १३३
अतो नैष बलाद्गच्छेत्परस्त्रीं मा भयं कृथाः । देवादेशाच्च भर्त्रा ते भूयो भाव्येव संगमः ॥ १३४
एवं ममोक्ते चेटीभिः क्षणाद्वेगवती स्वसा । सास्य मानसवेगस्य संबोधयितुमागमत् ॥ १३५
मद्दर्शनकृपाविष्टा सा त्वदानयनेन माम् । आश्वास्य त्वां यथा प्राप्ता तथैव विदितं तव ॥ १३६
अथ ज्योत्स्नासितैर्वस्त्रैश्चान्द्री तनुरिवामला । दर्शनेनैव सौम्येन सिञ्चन्ती सुधयेव माम् ॥ १३७
उपेता पृथिवीदेवी माता साध्वी दुरात्मनः । अस्य मानसवेगस्य सस्नेहमिदमब्रवीत् ॥ १३८
त्यक्त्वाहारं शुभोदर्कं किमात्मानमुपेक्षसे । शत्रोरन्नं कथं भोक्ष्य इति मा च कृथा हृदि ॥ १३९
दुहितुर्वेगवत्या मे राज्येऽस्मिन्पितृकल्पितः । भागोऽस्ति सा च भर्त्रा ते परिणीता सखी तव ॥ १४०
तद्धनं भर्तृसंबन्धि तव चात्मीयमेव च । तदेतद्भुङ्क्ष्व विद्यातो ज्ञात्वा सत्यं वदामि ते ॥ १४१
एवमुक्त्वा सशपथं भोजितास्मि तया तदा । अवस्थोचितमाहारं सुतासंबन्धबुद्धया ॥ १४२
ततस्त्वया सहागत्य वेगवत्यैप निर्जितः । भ्रातेह रक्षितस्त्वं च शेषमत्र न वेद्म्यहम् ॥ १४३
अथ वेगवतीसिद्धिं तदैवतवचोऽप्यहम् । स्मरन्ती नामुचं प्राणांस्त्वत्प्राप्त्याशावलम्बितान् ॥ १४४
ततो महानुभावायाः प्रभावत्याः प्रभावतः । त्वं शत्रुसंकटेऽप्यस्मिन्प्राप्तस्तावन्मयाधुना ॥ १४५
चिन्ता तु मे विलुप्ता चेद्भवेदत्र प्रभावती । नश्येच्च तव तद्रूपं ततोऽस्माकं नु किं भवेत् ॥ १४६
इत्यादि ब्रुवतीं धीरीकुर्वन्मदनमञ्चुकाम् । नरवाहनदत्तोऽसौ वीरोऽत्रास्त तया सह ॥ १४७
एकदा च प्रभावत्यां यातायां भवनं पितुः । प्रभातसमये नष्टतद्रूपं तदसंनिधेः ॥ १४८
नरवाहनदत्तं तं दृष्ट्वा पुरुषरूपिणम् । पारदारिक एषोऽत्र प्रविष्ट इति साकुलः ॥ १४९
भयाद्राजकुले गत्वा सर्वः परिजनोऽभ्यधात् । वारयन्तीमपास्यैव भीतां मदनमञ्चुकाम् ॥ १५०
ततो मानसवेगोऽत्र स राजा स्वबलान्वितः । नरवाहनदत्तं तं धावित्वा पर्यवेष्टयत् ॥ १५१
अथ तं पृथिवीदेवी माता सत्वरमेत्य सा । राजानमब्रवीत्पुत्र हन्तव्योऽयं न ते न मे ॥ १५२
न पारदारिको ह्येष वत्सराजात्मजो ह्ययम् । नरवाहनदत्तोऽत्र निजां भार्यामुपागतः ॥ १५३
विद्याबलेन जानेऽहं कोपान्धः किं न वीक्षसे । जामाता चायमस्माकं पूज्यः शशिकुलोद्भवः ॥ १५४
एवमुक्तस्तया मात्रा तर्हि शत्रुरयं मम । इति मानसवेगोऽसौ जातामर्षो जगाद ताम् ॥ १५५
ततः सा तं पुनर्माता जामातृस्नेहतोऽभ्यधात् । नाधर्मो लभ्यते कर्तुं लोके वैद्याधरे सुत ॥ १५६
इह विद्याधराणां हि धर्मार्था विद्यते सभा । तत्रास्य तत्प्रधानाग्रे दोषं शिरसि पातय ॥ १५७
ततो यत्क्रियतेऽमुष्य शोभते तदतोऽन्यथा । विद्याधरा विकुर्वीरन्न सहेरंश्च देवताः ॥ १५८
एतत्तस्या वचो मातुर्गौरवात्प्रतिपद्य सः । सभां मानसवेगस्तं नेष्यन्बन्द्धुं प्रचक्रमे ॥ १५९
स च बन्धासहिष्णुः सन्स्तम्भमुत्पाट्य तोरणात् । नरवाहनदत्तोऽत्र तद्भृत्यानवधीद्बहून् ॥ १६०
तन्मध्यात्खड्गमेकस्य हतस्यासाद्य तत्क्षणात् । जघान सोऽन्यानपि तान्वीरो दिव्यपराक्रमः ॥ १६१

ततो मानसवेगस्तं दिव्यया निजविद्यया। बबन्ध भार्यानुगतं नयति स्म च तां सभाम्॥ १६२
तत्र भेरीमहाशब्दसमाहूता इतस्ततः। विद्याधरा मिलन्ति स्म सुधर्मायां यथा सुराः॥ १६३
आगत्योपाविशच्चात्र रत्नसिंहासनोपरि। राजा वायुपथो नाम सभ्यो विद्याधरैर्वृतः॥ १६४
व्याधुन्वद्भिरिवाधर्मं वीज्यमानस्य चामरैः। तस्य मानसवेगोऽग्रे स्थित्वा पापोऽब्रवीदिदम्॥ १६५
मर्त्योऽप्यन्तःपुरध्वंसकारी विध्वंसकः स्वसुः। शत्रुर्ममायं वध्योऽद्य स्वाम्यकामः किलैष नः॥ १६६
तच्छ्रुत्वा तेन सभ्येन पृष्टः प्रत्युत्तरं प्रति। नरवाहनदत्तोऽत्र वीरो विस्रब्धमब्रवीत्॥ १६७
सा सभा यत्र सभ्योऽस्ति स सभ्यो धर्ममाह यः। स धर्मो यत्र सत्यं स्यात्तत्सत्यं यत्र न च्छलम्॥ १६८
बद्धोऽहं माययात्रैव स्थितो भूमावयं पुनः। आसनस्थश्च मुक्तश्च को विवादः समोऽत्र नौ॥ १६९
एतद्वायुपथः श्रुत्वा तमुपावेशयत्क्षितौ। न्यायान्मानसवेगं स तं मुक्तं चाप्यकारयत्॥ १७०
ततः सर्वेषु शृण्वत्सु तत्र वायुपथाग्रतः। नरवाहनदत्तोऽसावेवं प्रतिवचोऽभ्यधात्॥ १७१
हृतानीतामनेनैतां भार्यां मदनमञ्चुकाम्। निजां प्राप्तोऽस्मि चेत्कस्य शुद्धान्तो ध्वंसितो मया॥ १७२
अस्या रूपेण चाभ्येत्य विप्रलभ्य कृतो यदि। अहं भर्ता भगिन्यास्य तत्र का मेऽपराधिता॥ १७३
स्वाम्यकामोऽस्मि चेत्कामः कस्य कुत्र न जायते। एतच्छ्रुत्वा विमृश्याथ राजा वायुपथोऽब्रवीत्॥ १७४
धर्म्यमाह महात्मायं भविष्यत्सुमहोदयः। अस्मिन्मानसवेगत्वमधर्मं भद्र मा कृथाः॥ १७५
इत्युक्ते तेन नाधर्मान्मोहान्धो यन्न्यवर्तत। सोऽत्र मानसवेगस्तत्क्रोधं वायुपथो ययौ॥ १७६
ततो मानसवेगेन सह संनद्धसैनिकः। बभूव तस्य संक्षोभस्तत्र धर्मानुरोधिनः॥ १७७
धर्मासनोपविष्टा हि दुर्बलं बलिनं परम्। आत्मीयं बत जानन्ति धीरा न्यायैकदर्शिनः॥ १७८
विहाय मायां युध्यस्व स्पष्टमेव मया सह। यावदेकप्रहारेण हन्मि त्वां पश्य पौरुषम्॥ १७९
इति मानसवेगं च तदावोचद्विलोकयन्। नरवाहनदत्तोऽत्र दिव्यकन्याः सकौतुकाः॥ १८०

अन्योन्यजातकलहेषु च तत्र तेषु विद्याधरेषु सहसैव सभान्तरस्थात्।
स्तम्भोत्तमाट्टसदिति प्रविभिन्नमध्याद्देवोऽथ भैरववपुः किल निर्जगाम॥ १८१
व्याप्ताम्बरोऽञ्जननिभश्च विनिह्नुतार्को विद्युल्लतातरलदीप्रविलोचनार्चिः।
दन्तप्रभाविततपङ्क्तिपतद्बलाको गर्जन्महाप्रलयमेघ इव प्रचण्डः॥ १८२

न भाविविद्याधरचक्रवर्तिनः पराभवोऽस्यास्ति शठेति स ब्रुवन्।
अधोमुखं मानसवेगमीश्वरो निराकरोद्वायुपथं प्रहर्षयन्॥ १८३

आदाय तं च भुजयोर्भगवान्भुजाभ्यां संरक्षणाय नरवाहनदत्तमाशु।
प्रापय्य पर्वतवरं शुभमृष्यमूकमास्थापयत्स किल तत्र ततस्तिरोऽभूत्॥ १८४

प्रशशाम परस्परं सभायामथ विद्याधरसंभ्रमः स तस्याम्।
स च वायुपथो यथागतं तैः सहितः स्वैरपरैस्ततो जगाम॥ १८५

सोऽपि च मानसवेगः कृत्वा तां मदनमञ्चुकां पुरतः।
हर्षविषादाकुलितामापाढपुरं निजं ययौ विघ्नः॥ १८६

इति महाकविश्रीसोमदेवभट्टविरचिते कथासरित्सागरे पञ्चलम्बके द्वितीयस्तरङ्गः।

तृतीयस्तरङ्गः।

मन्ये कल्याणमेव स्यात्पुरुषस्यासमं विधिः। मुहुः परीक्षते गाढं धीरत्वं सुखदुःखयोः (?)॥ १
यदेककं विदेशेषु तैस्तैर्दारैः पदे पदे। नरवाहनदत्तं स योजयित्वा व्ययोजयत्॥ २
अथैतमृष्यमूकाद्रौ स्थितं तस्मिन्प्रभावती। नरवाहनदत्तं तं समागत्याब्रवीत्प्रिया॥ ३
मद्संनिधिदोषेण लब्ध्वा नीतो भवांस्तदा। तां हि मानसवेगेन सभां पापं चिकीर्षुणा॥ ४

तद्बुद्ध्वागत्य तत्कालं देवाविर्भावडम्बरम् । कृत्वा विद्याप्रभावेण मयेह प्रापितो भवान् ॥ ५
नास्मिन्विद्याधराणां हि गिरौ बलवतामपि । विद्याप्रपञ्चः क्रमते सिद्धक्षेत्रमिदं यतः ॥ ६
ममापि विद्याविभवो नात एवेह सिध्यति । तन्मे दुःखं कथं त्वं हि वन्याहारेण वर्त्स्यसि ॥ ७
इत्युक्तवत्या तत्रासीत्कालाकाङ्क्षी तया सह । नरवाहनदत्तोऽसौ ध्यायन्मदनमञ्चुकाम् ॥ ८
सस्नौ तत्पर्वतासन्ने पम्पासरसि पावने । दिव्यास्वादानि बुभुजे मूलानि च फलानि च ॥ ९
मृगमांसोपदंशं च पुण्यं वापीपयः पपौ । फलैस्तीरतरुभ्रष्टैः सरसं च सुगन्धि च ॥ १०
उवास वृक्षमूलेषु गुहागर्भगृहेषु च । रामस्यानुययौ वृत्तं तद्देशवनवासिनः ॥ ११
रामाश्रमांश्च दृष्ट्वात्र तस्मै तांस्तान्प्रभावती । सा रामायणवृत्तान्तं विनोदार्थमवर्णयत् ॥ १२
इह रामः ससौमित्रिः सीतयानुगतो वने । उवास तापसैः सार्धं तरुमूले कृतोटजः ॥ १३
अनसूयाङ्गरागेण सीतामोदितकानना । इहास्त मुनिपत्नीनां मध्ये वल्कलधारिणी ॥ १४
अत्र दुन्दुभिदैत्यश्च गुहायां वालिना हतः । वालिसुग्रीवयोर्वैरे यदभूत्कारणं पुरा ॥ १५
सुग्रीवो हि भ्रमान्मत्वा हतं दैत्येन वालिनम् । गुहायाः पर्वतैर्द्वारं पिधाय सभयो ययौ ॥ १६
वाली च भित्त्वा तद्द्वारं निर्गत्य निरवासयत् । सुग्रीवं राज्यकामोऽत्र मामवध्नादसाविति ॥ १७
स सुग्रीवः पलाय्यास्मिन्नृष्यमूके कपीश्वरः । हनुमत्प्रमुखैः सार्धमत्र सानौ पदं व्यधात् ॥ १८
अथैत्य हेमहरिणव्याजवञ्चितचेतसः । जहार रामदेवस्य रावणो जनकात्मजाम् ॥ १९
ततः सीताप्रवृत्त्यर्थी स वालिनिधनार्थिना । सुग्रीवेण समं सख्यमत्र चक्रे रघूद्वहः ॥ २०
बिभेद च बलज्ञप्त्यै तालान्सप्तात्र पत्रिणा । एकं येष्वभिनत्कृच्छ्रात्सोऽपि वाली महाबलः ॥ २१
इतो गत्वा च किष्किन्धां हेलामुक्तैकसायकः । हत्वा तं वालिनं वीरः सुग्रीवे तच्छ्रियं न्यधात् ॥ २२
अथ सीताप्रवृत्त्यर्थं हनुमत्प्रभृतिष्वितः । चतुर्दिक्कं प्रयातेषु सुग्रीवस्यानुयायिषु ॥ २३
इह रामेण वर्षासु सह मेघैर्विराविभिः । पतद्धाराश्रुतोयैश्च समदुःखैरिवासितम् ॥ २४
संपातिवचनोत्तीर्णवारिधेश्च हनूमतः । यत्नात्प्रवृत्तौ ज्ञातायां गत्वा कपिबलैः सह ॥ २५
बद्ध्वाब्धिं सेतुना तेन हत्वा लङ्केश्वरं रिपुम् । आनिन्ये जानकी देवी विमानेनामुना पथा ॥ २६
एवं प्राप्स्यसि कल्याणमार्यपुत्र भवानपि । आपत्सु धीरान्पुरुषान्स्वयमायान्ति संपदः ॥ २७
इत्यादि कथयन्त्या स प्रभावत्या तया सह । नरवाहनदत्तोऽत्र क्रीडन्नासीदितस्ततः ॥ २८
एकदा तं च पम्पायां विद्याधर्यावुभे दिवः । धनवत्यजिनावत्याववतीर्योपजग्मतुः ॥ २९
याभ्यां स गन्धर्वपुराच्छ्रावस्तीं प्रापितोऽभवत् । भगीरथयशा यस्यां तेन सा पर्यणीयत ॥ ३०
प्रभावत्याजिनावत्यां मिलितायां स्वसख्यतः । नरवाहनदत्तं सा धनवत्येवमब्रवीत् ॥ ३१
एषाजिनावती प्राक्ते वाचा दत्ता सुता मया । तस्मात्परिणयस्वैनामासन्नोऽभ्युदयो हि ते ॥ ३२
एतद्धनवतीवाक्यं सखीस्नेहात्प्रभावती । नरवाहनदत्तश्च तथेत्यभिननन्दतुः ॥ ३३
ततो धनवती तस्मै ददौ तामजिनावतीम् । सा वत्सेश्वरपुत्राय यथार्हविधिना सुताम् ॥ ३४
स्वविद्याकल्पितोदारदिव्यसंभारसुन्दरम् । निर्वर्तयामास च तत्ता सुतोद्वाहमङ्गलम् ॥ ३५
नरवाहनदत्तं सा तमन्येद्युरथाब्रवीत् । न पुत्र यत्र तत्रेह स्थातुं युक्तं चिरं तव ॥ ३६
मायी विद्याधरजनो न च कार्यमिहास्ति ते । तद्गच्छ भार्यायुक्तस्त्वं कौशाम्बीमधुना निजाम् ॥ ३७
अहं च तत्रैवैष्यामि चण्डसिंहेन सूनुना । सह विद्याधरेन्द्रैश्च स्वकैरभ्युदयाय ते ॥ ३८
एवमुक्त्वा धनवती सज्योत्स्नामिव साह्न्यपि । सितात्मवस्त्रप्रभया कुर्वाणा दिवमुद्ययौ ॥ ३९
प्रभावत्यजिनावत्यौ प्रापयामासतुश्च तम् । नरवाहनदत्तं ते कौशाम्बीं नभसा पुरीम् ॥ ४०
सोऽत्र प्राप्तस्तदुद्यानं तस्यां व्योम्नोऽवतारितः । नरवाहनदत्तोऽभूद्दृष्टः परिजनैर्निजैः ॥ ४१
आगतो राजपुत्रोऽयं दिष्ट्या वर्धामहे वयम् । इति तत्रोदभून्नादो जनस्याथ समन्ततः ॥ ४२
ततोऽकाण्डसुधासारसंसिक्त इव सोत्सवः । वत्सराजोऽथ तद्बुद्ध्वा युक्तो वासवदत्तया ॥ ४३

पद्मावत्या वधूभिश्च द्रुतं रत्नप्रभादिभिः। यौगन्धरायणाद्याश्च ये वत्सेश्वरमन्त्रिणः॥ ४४
कलिङ्गसेना खे चैव सचिवा गोमुखादयः। यथार्हं तमुपाजग्मुर्ग्रीष्मे ह्रदमिवाध्वगाः॥ ४५
ददृशुस्ते च मध्ये तं सुदशार्हकुलं द्वयोः। पत्न्योः कृष्णमिवासीनं रुक्मिणीसत्यभामयोः॥ ४६
अङ्गेष्वेव न वर्तेरन्स्फुटस्त्विति भयादिव। तेषां तद्दर्शने हर्षबाष्पैः पिदधिरे दृशः॥ ४७
वत्सराजश्च देव्यौ च चिरादालिङ्ग्य तं सुतम्। न शेकुर्मोक्तुमङ्गेषु प्रोतं कण्टकितेष्विव॥ ४८
ततः प्रहततूर्येऽत्र वर्तमाने महोत्सवे। नरवाहनदत्तस्य भार्या वेगवतः सुता॥ ४९
स्वसा मानसवेगस्य द्युमार्गेणावतीर्य सा। आगाद्वेगवती बुद्ध्वा सिद्धविद्याप्रभावतः॥ ५०
पतित्वा पादयोः श्वश्रूश्वशुराणां निजं पतिम्। नरवाहनदत्तं सा जगाद चरणानता॥ ५१
त्वत्कृते दुर्बलीभूताः साधयित्वा तपोवने। विद्या पुनरहं प्राप्ता तव कल्याणिनोऽन्तिकम्॥ ५२
एवमुक्तवती पत्या तैश्चान्यैरभिनन्दिता। प्रभावत्यजिनावत्यौ सख्यावुपजगाम सा॥ ५३
ताभ्यामाश्लिष्य सा मध्ये यावदत्रोपवेश्यते। तावन्माताजिनावत्या आययौ धनवत्यपि॥ ५४
आजग्मुश्च तया साकं ते ते विद्याधराधिपाः। आच्छादिताम्बरतलैर्मेघैरिव बलैर्वृताः॥ ५५
तस्या एव सुतो वीरश्चण्डसिंहो महाभुजः। तथामितगतिर्नाम तद्बन्धुः सुमहाबलः॥ ५६
स च पिङ्गलगान्धारः प्रभावत्याः पिता बली। सोऽपि वायुपथः पूर्वप्रतिपन्नः सभापतिः॥ ५७
स च हेमप्रभः शूरो राजा रत्नप्रभापिता। वज्रप्रभेण पुत्रेण साकं बलसमन्वितः॥ ५८
गन्धर्वराजो गन्धर्वदत्तया सुतया युतः। आगात्सागरदत्तोऽपि सह चित्राङ्गदेन सः॥ ५९
उपागताश्च ते सम्यग्वत्सराजेन पूजिताः। सपुत्रेणासनेष्वत्र यथोचितमुपाविशन्॥ ६०
अथ पिङ्गलगान्धारो राजा जामातरं क्षणात्। नरवाहनदत्तं तं जगाद सदसि स्थितम्॥ ६१
त्वं चक्रवर्ती सर्वेषामस्माकं देवनिर्मितः। अतिस्नेहवशात्त्वां च वयं सर्वेऽभ्युपागताः॥ ६२
इयं धनवती देवी श्वश्रूस्ते नियतव्रता। दिव्यज्ञानवती साक्षसूत्रा कृष्णाजिनाम्बरा॥ ६३
रक्षितुं त्वां कृतोद्योगा साक्षाद्भगवती यथा। सावित्री सिद्धविद्या वा वन्द्या विद्याधरोत्तमैः॥ ६४
तदस्ति कार्यसिद्धिस्ते किं तु यद्ब्रच्मि तच्छृणु। इह विद्याधराणां द्वौ वेद्यर्धौ स्तो हिमाचले॥ ६५
उत्तरो दक्षिणश्चैव नानातच्छृङ्गभूमिगौ। परतः किल कैलासादुत्तरोऽर्वाक्तु दक्षिणः॥ ६६
तत्रोत्तराधिपत्यार्थमिदानीं दुश्चरं तपः। एषोऽमितगतिः कृत्वा शंकरं पर्यतोषयत्॥ ६७
नरवाहनदत्तस्ते चक्रवर्ती समीहितम्। करिष्यतीति तेनायमादिष्टस्त्वामुपागतः॥ ६८
तत्र मन्दरदेवाख्यो मुख्यो राजास्ति दुर्मतिः। बलवानपि नासाध्यः प्राप्तविद्यस्य सोऽत्र ते॥ ६९
यस्तु दक्षिणमध्येऽस्ति गौरिमुण्ड इति श्रुतः। राजा विद्याप्रभावेण स दुष्टात्मातिदुर्जयः॥ ७०
स च मानसवेगस्य शत्रोस्ते परमः सुहृत्। यावन्न साधितः सोऽत्र तावत्कार्यं न सिद्ध्यति॥ ७१
तत्त्वं साधय सोत्कर्षं शीघ्रं विद्याबलं महत्। इति पिङ्गलगान्धारेणोक्ते धनवती जगौ॥ ७२
एवं पुत्र यथायं ते राजा वदति तत्तथा। सिद्धक्षेत्रमतो गत्वा विद्यासिद्ध्यर्थमीश्वरम्॥ ७३
आराधय प्रकर्षो हि तत्प्रसादं विना कुतः। मिलिताश्चात्र रक्षन्ति राजानस्त्वाममी इति॥ ७४
ततश्चित्राङ्गदोऽवादीदेवमेतदहं पुनः। सर्वेषामग्रयाय्येष विजयः क्रियतामिति॥ ७५
अथैतदेव निश्चित्य कृत्वा प्रस्थानमङ्गलम्। पित्रोरुद्बाष्पयोः पादौ गुरूणां च प्रणम्य सः॥ ७६
दत्ताशीस्तैः समारुह्य भार्याभिः सचिवैस्तथा। सहामितगतिप्रज्ञाकल्पितां शिबिकोत्तमाम्॥ ७७
नरवाहनदत्तोऽतः प्रतस्थे स्थगयन्नभः। कल्पान्तपवनोद्धूतसागराम्भोनिभैर्बलैः॥ ७८
सेनानादप्रतिश्रुद्भिर्दिगन्तेषु द्युचारिणाम्। आगतश्चक्रवर्तीव इति संवादयन्निव॥ ७९
क्षणात्तैश्च स गन्धर्वपतिविद्याधरेश्वरैः। धनवत्या च नीतोऽभूत्तं सिद्धक्षेत्रपर्वतम्॥ ८०
तत्रादिष्टव्रतः सिद्धैः प्रातःस्नायी फलाशनः। भूमिशायी तपश्चक्रे शंकराराधनाय सः॥ ८१
परिवार्य च तं तस्थू राजानस्ते द्युचारिणाम्। सर्वतः कृतसंरक्षा दिवानिशमतन्द्रिताः॥ ८२

विद्याधरकुमार्योऽत्र तपस्यन्तं तमुत्सुकाः । नेत्रप्रभाभिः संवीतकृष्णाजिनमिव व्यधुः ॥ ८३
तच्चिन्तान्तर्मुखैर्नेत्रैः करैश्चोरःस्थलार्पितैः । अदर्शयन्निवान्यास्तं प्रविष्टं हृदि तत्क्षणम् ॥ ८४
पञ्चापराश्च दृष्ट्वा तं सद्विद्याधरकन्यकाः । मदनानलसंतप्ताश्चक्रिरे समयं मिथः ॥ ८५
अयं पञ्चभिरस्माभिः सखीभिर्युगपत्पतिः । वरणीयो विवाहश्च तद्वत्कार्यो न भेदतः ॥ ८६
एका यदि पृथक्कुर्याद्विवाहममुना ततः । प्रवेष्टव्योऽग्निरन्याभिस्तामुद्दिश्य सखीद्रुहम् ॥ ८७
इति दिव्यासु कन्यासु क्षुभ्यतीषु विभाव्य तम् । तत्राकस्मान्महोत्पाताः प्रादुरासंस्तपोवने ॥ ८८
ववौ वायुर्महारौद्रो भद्रानुन्मूलयन्द्रुमान् । एवं शूराः पतिष्यन्ति रणेऽत्रेति वदन्निव ॥ ८९
किमत्र स्यादिति भयादिव भूमिरकम्पत । भीतावकाशदानार्थमिवादीर्यन्त सानवः ॥ ९०
विद्याधराः प्रभुं यत्नादमुं रक्षत रक्षत । इत्यब्रवीदिवानभ्रं घोरशब्दं नभस्तलम् ॥ ९१
नरवाहनदत्तश्च सोऽस्मिन्नुत्पातसंभ्रमे । ध्यायन्निष्कम्प एवासीद्भगवन्तं त्रिलोचनम् ॥ ९२
संनद्धास्ते च गन्धर्वराजविद्याधरेश्वराः । अनिष्टाशङ्किनो वीरास्तं रक्षन्तोऽत्रतस्थिरे ॥ ९३
मुमुचुः सिंहनादांश्च व्याधूतासिलतावनाः । भर्त्सयन्त इवोत्पातानहितागमशंसिनः ॥ ९४
ततोऽन्येद्युरकस्माच्च कल्पान्ताम्बुदमेदुरम् । विद्याधरबलं व्योम्नि घोरनादमदृश्यत ॥ ९५
सोऽयं मानसवेगेन गौरिमुण्डः सहागतः । इत्युवाच स्मरन्ती स्वां विद्यां धनवती तदा ॥ ९६
ततो विद्याधरेन्द्रांस्तान्सगन्धर्वानुदायुधान् । समं मानसवेगेन गौरिमुण्डोऽभ्यधावत ॥ ९७
क्व मानुषोऽयं क्व वयं तदेतत्पक्षपातिनाम् । दर्पं वः शमयाम्यद्य खेचरा इति वादिनम् ॥ ९८
चित्राङ्गदोऽथ तं क्रोधाद्धावन्प्रत्यभियुक्तवान् । राजा सागरदत्तश्च गन्धर्वाणामधीश्वरः ॥ ९९
चण्डसिंहामितगती राजा वायुपथस्तथा । किं च पिङ्गलगान्धारः सर्वे विद्याधरेश्वराः ॥ १००
पापं मानसवेगं तमभ्यधावन्महारथाः । सिंहा इवाभिगर्जन्तः सेनासमुदयान्विताः ॥ १०१
सैन्यरेणुघनाकीर्णं शस्त्रज्वालातडिल्लतम् । पतद्रक्ताम्बु तदभूद्घोरं समरदुर्दिनम् ॥ १०२
शोणितासवसंपूर्णं कीर्णशत्रुशिरोबलिम् । चक्रुर्भूतमहायागमिव चित्राङ्गदादयः ॥ १०३
कबन्धग्राहसंकीर्णा वहदायुधपन्नगाः । प्रावर्तन्त मिलन्मेदोडिण्डीरा रुधिरापगाः ॥ १०४
हतसैन्यो वधप्राप्तो गौरिमुण्डस्ततश्च सः । पूर्वाराधितसुप्रीतां गौरीविद्यां समस्मरत् ॥ १०५
आविर्भूय च सा साक्षात्त्रिनेत्रा त्रिशिखायुधा । नरवाहनदत्तीयान्प्रवीरांस्तानमोहयत् ॥ १०६
ततो लब्धबलो बाहुयुद्धायाभ्यपतन्नदन् । नरवाहनदत्तं तं गौरिमुण्डः प्रधाव्य सः ॥ १०७
तद्बाहुयुद्धविद्धश्च मायी सस्मार तां पुनः । सद्विद्यां तद्बलात्तं च बाह्वोरादाय खं ययौ ॥ १०८
हन्तुं धनवतीविद्याबलात्तं तु स नाशकत् । गौरिमुण्डो नृपसुतं चिक्षेप त्वग्निपर्वते ॥ १०९
सोऽपि मानसवेगस्तांस्तत्सखीन्गोमुखादिकान् । गृहीत्वोत्पत्य गगनं दिक्षु प्रास्यदनास्थया ॥ ११०
उत्क्षिप्तास्ते च रक्षित्वा धनवत्या प्रयुक्तया । रूपिण्या विद्यया भिन्नाः स्थाप्यन्ते स्म महीतले ॥ १११
सिद्धकार्यं कुशलिनं शीघ्रं प्राप्स्यथ तं प्रभुम् । इत्याश्वास्यैकशस्तान्सा विद्या तेषां तिरोदधे ॥ ११२
ततो विजितमस्माभिरिति मत्वा यथागतम् । सह मानसवेगेन गौरिमुण्डो ययौ गृहान् ॥ ११३
नरवाहनदत्तो वः सिद्धकार्यः समेष्यति । न तस्यानिष्टमस्तीति धनवत्याभ्युदीरिते ॥ ११४
तेऽप्यस्तमोहा गन्धर्वनाथ विद्याधरेश्वराः । चित्राङ्गदादयः स्वानि जग्मुः स्थानानि संप्रति ॥ ११५
सापि तत्र सपत्नीभिः सहितामजिनावतीम् । स्वसुतां तां गृहीत्वा स्वं ययौ धनवती गृहम् ॥ ११६
सोऽपि मानसवेगस्तां गत्वा मदनमञ्चुकाम् । उवाच स हतो भर्ता तव तद्भज मामिति ॥ ११७
स यो हन्ता न तं हन्यात्कश्चिद्देवविनिर्मितम् । इति सा तत्पुरस्थापि हसन्ती प्रत्युवाच तम् ॥ ११८
नरवाहनदत्तं च तद्द्विषा वह्निपर्वते । क्षिप्यमाणं तदागत्य दिव्यः कोऽप्यग्रहीत्पुमान् ॥ ११९
निनाय चाशु रक्षित्वा शीतं मन्दाकिनीतटम् । को भवानिति पृष्टश्च तेनाश्वास्य जगाद सम् ॥ १२०
अमृतप्रभनामाहं देव विद्याधराधिपः । प्रेषितश्च हरेणाहं रक्षार्थं भवतोऽधुना ॥ १२१

अयं च तन्निवासोऽद्रिः कैलासस्ते स्थितोऽग्रतः। अत्राराध्य शिवं श्रेयो निर्विघ्नं त्वमवाप्स्यसि ॥ १२२
तदेहात्र नयामि त्वामित्युक्त्वा तत्र तत्क्षणात्। प्रापय्यामन्त्र्य च ययौ सोऽथ विद्याधरोत्तमः ॥ १२३
नरवाहनदत्तोऽपि कैलासं समवाप्य सः। तपसा तोषयामास तत्राग्रस्थं विनायकम् ॥ १२४
तेन दत्ताभ्यनुज्ञश्च प्रविश्य गिरिजापतेः। आश्रमं नियमक्षामो ददर्श द्वारि नन्दिनम् ॥ १२५
कृतप्रदक्षिणं चैतं स नन्दी सदयोऽब्रवीत्। प्रायः सिद्धोऽसि विघ्ना हि प्रशान्तास्ते तवाधुना ॥ १२६
सविहस्थस्तपस्य त्वं भगवत्तोषणावधि। दुरितघ्नतपःशुद्धिसव्यपेक्षा हि सिद्धयः ॥ १२७
इत्युक्ते नन्दिना ध्यायन्देवं देवीं च पार्वतीम्। नरवाहनदत्तोऽग्रे तपस्तेपेऽनिलाशनः ॥ १२८
तपस्तुष्टश्च भगवान्स दत्त्वा दर्शनं शिवः। देव्या गिरिजया सार्धमेव प्रह्वं तमादिशत् ॥ १२९
विद्याधराणां सर्वेषां चक्रवर्ती भवाधुना। सर्वाः सर्वातिशायिन्यो विद्याः प्रादुर्भवन्तु ते ॥ १३०
अस्मत्प्रभावाच्छत्रूणामविजेयो भविष्यसि। अच्छेद्यश्चाप्यभेद्यश्च हनिष्यस्यखिलान्रिपून् ॥ १३१
दृष्टे त्वयि न विद्याश्च प्रभविष्यन्ति ते द्विषाम्। तद्गच्छ गौरीविद्यापि त्वदायत्ता भविष्यति ॥ १३२
इति गौर्या समं दत्त्वा वरं तस्मै ददौ हरः। चक्रवर्तिमहापद्मविमानं ब्रह्मनिर्मितम् ॥ १३३
ततस्तस्याविरासंस्ता विद्याः सर्वाः सविग्रहाः। किमादिशसि यत्कुर्म इत्याज्ञासाधनोत्सुकाः ॥ १३४

इति नरवाहनदत्तः सिद्धवरौघः प्रणम्य परमेशौ।
अधिरुह्य तच्च दिव्यं पद्मविमानं तदभ्यनुज्ञातः ॥ १३५
प्रथमं तावदयासीदमितगतेस्तस्य वक्रपुरसंज्ञम्।
पुरमावेदितमार्गो विद्याभिः सिद्धचारणोद्गीतः ॥ १३६
सोऽप्यारूढविमानं व्योम्ना प्राप्तं विलोक्य तं दूरात्।
अमितगतिः समुपेत्य स्वगृहं प्रावेशयत्कृतप्रणतिः ॥ १३७
प्रददौ च तत्र वर्णितनिजसिद्धिप्राप्तये मुदा तस्मै।
नरवाहनदत्ताय स सुलोचनाख्यामुपायनं स्वसुताम् ॥ १३८
सोऽत्र तया सह विद्याधरलक्ष्म्येवाप्तया तदाऽपरया।
नयति स्म चक्रवर्ती ततोत्सवं प्रीतिमांस्तदहः ॥ १३९

इति महाकविश्रीसोमदेवभट्टविरचिते कथासरित्सागरे पञ्चलम्बके तृतीयस्तरङ्गः।

चतुर्थस्तरङ्गः।

ततो वक्रपुरे तत्र स्थितमास्थानवर्तिनम्। नरवाहनदत्तं तं नूतनं चक्रवर्तिनम् ॥ १
अन्येद्युरवतीर्यैव वेत्रहस्तो नभस्तलात्। उपगम्य पुमानेकः प्रणम्यैवं व्यजिज्ञपत् ॥ २
चक्रवर्तिप्रतीहारं विद्धि देव क्रमागतम्। मां पौररुचिदेवाख्यं स्वसेवार्थमुपागतम् ॥ ३
तच्छ्रुत्वा सोऽमितगतेर्मुखमैक्षत तेन च। सत्यं देवेति विज्ञप्तः क्षत्तृत्वेऽभिननन्द तम् ॥ ४
अथ प्रभावतो बुद्ध्वा वेगवत्यादिभिः सह। तत्पत्नीभिर्धनवती चण्डसिंहश्च तत्सुतः ॥ ५
तथा पिङ्गलगान्धारो राजा वायुपथान्वितः। समं सागरदत्तेन तत्र चित्राङ्गदश्च सः ॥ ६
आययुः सैन्यरुद्धार्काः सह हेमप्रभादिभिः। परतेजोऽसहिष्णुत्वं सूचयन्त इवाग्रतः ॥ ७
उपेत्य पादयोस्तस्य निपेतुश्चक्रवर्तिनः। सोऽपि संमानयामास यथार्हं स्वागतेन तान् ॥ ८
धनवत्यास्तु चरणौ गौरवात्प्रणनाम सः। सापि जामातरं प्रीता तमाशीर्भिरवर्धयत् ॥ ९
उक्तात्मसिद्धिवृत्तान्तास्तेन ते प्रभुणा ततः। चण्डसिंहादयः सर्वे प्रमोदं सुतरां दधुः ॥ १०
पार्श्वोपयाताः पत्नीश्च दृष्ट्वा धनवतीं तदा। चक्रवर्ती स पप्रच्छ क ते मे सचिवा इति ॥ ११
क्षिप्ता मानसवेगेन रक्षित्वा स्थापिता मया। विद्यामुखेन ते भिन्ना इति सा प्रत्युवाच तम् ॥ १२

ततश्चानाययत्तान्स विद्यामाविश्य रूपिणीम् । आगतान्पृष्टकुशलान्पादलंग्नाञ्जगाद च ॥ १३
इयन्तो दिवसाः केन कथं कुत्रातिवाहिताः । इत्येककेन युष्माभिश्चित्रं मे कथ्यतामिति ॥ १४
ततोऽवादीत्स्ववृत्तान्तमादावेवं स गोमुखः । द्विषा क्षिप्तं तदा कापि देवी मां हस्तयोरधात् ॥ १५
आश्वास्य दूरेऽरण्ये च स्थापयित्वा तिरोदधे । ततोऽहं दुःखितो देहं त्यक्तुमैच्छं प्रपाततः ॥ १६
मैवं गोमुख सिद्धार्थं पुनर्द्रक्ष्यसि तं प्रभुम् । इति मां तापसस्तावत्कोऽप्युपेत्य न्यवारयत् ॥ १७
कस्त्वं कथं च वेत्स्येतदित्युक्तश्च मया ततः । एह्याश्रमं मे वक्ष्यामि तत्रैतदिति सोऽब्रवीत् ॥ १८
ततो मन्नामविज्ञानसूचितज्ञानसंपदा । अहं तेन सहागच्छं शिवक्षेत्रं तदाश्रमम् ॥ १९
तत्र मे स कृतातिथ्यः कथां स्वामेवमभ्यधात् । नागस्वामीति नामाहं कुण्डिनाख्यात्पुराद्द्विजः ॥ २०
पितरि स्वर्गते सोऽहं गत्वा पाटलिपुत्रकम् । जयदत्तमुपाध्यायं विद्याहेतोरुपासदम् ॥ २१
शिक्ष्यमाणोऽपि जाड्येन न यदाक्षरमप्यहम् । अविदं तेन मां तत्र च्छात्राः सर्वेऽप्युपाहसन् ॥ २२
ततोऽवमानग्रस्तोऽहं प्रस्थितो विन्ध्यवासिनीम् । द्रष्टुमर्धपथे प्रापं पुरं वक्रोलकाभिधम् ॥ २३
तत्र मह्यं प्रविष्टाय भिक्षार्थं गृहिणी गृहात् । एकस्माद्रक्तकमलं प्रददौ भिक्षया सह ॥ २४
तद्गृहीत्वापरं गेहं प्राप्तं मां वीक्ष्य चाब्रवीत् । तत्रत्या गेहिनी हा धिग्योगिन्या स्वीकृतो भवान् ॥ २५
पश्य दत्तो नृहस्तस्ते रक्ताब्जव्याजतोऽनया । तच्छ्रुत्वा यावदीक्षेऽहं तावत्पाणिः स नाम्बुजम् ॥ २६
तत्त्यक्त्वाथ पतित्वास्याः पादयोरहमब्रवम् । मातः कुरुष्वोपायं मे यथा जीवाम्यहं तथा ॥ २७
तच्छ्रुत्वा मामवादीत्सा गच्छेतो योजनत्रये । देवरक्षित इत्यस्ति ग्रामे करभके द्विजः ॥ २८
तस्यास्ति कपिला गेहे साक्षात्सुरभिरुत्तमा । सा च त्वां शरणं प्राप्तं रक्षिष्यति निशामिमाम् ॥ २९
एवं तयोक्तः सभयो धावन्नस्मि दिनक्षये । प्राप्तवान्करभग्रामे गृहं तस्य द्विजन्मनः ॥ ३०
प्रविश्य तत्र दृष्ट्वाहं कपिलां तां प्रणम्य च । भीतस्त्वां शरणं देवि प्राप्तोऽस्मीति व्यजिज्ञपम् ॥ ३१
तावत्सा तर्जयन्ती मामन्याभिः सह योगिनी । तत्रागान्नभसा नक्तं मन्मांसरुधिरार्थिनी ॥ ३२
तद्दृष्ट्वा कपिला साथ खुरमध्ये निवेश्य माम् । अरक्षद्योधयन्ती ता योगिनीरखिलां निशाम् ॥ ३३
प्रातस्तासु गतास्वेषा कपिला व्यक्तया गिरा । मामवोचन्न पुत्राहं त्वां शक्ष्याम्यद्य रक्षितुम् ॥ ३४
तद्गच्छ पञ्चयोजन्यामितोऽरण्ये शिवालये । अस्ति भूतिशिवो नाम ज्ञानी पाशुपतोत्तमः ॥ ३५
स रक्षिष्यति रात्रिं त्वामद्यैकां शरणागतम् । तच्छ्रुत्वा तां प्रणम्यैव ततोऽहं प्रस्थितोऽभवम् ॥ ३६
द्रुतं भूतिशिवं तं च प्राप्याहं शरणं श्रितः । नक्तं च तत्र योगिन्यस्तास्तथैवागमन्पुनः ॥ ३७
ततः प्रवेश्य मामन्तर्गृहं भूतिशिवः स ताः । त्रिशूलहस्तो द्वारस्थो योगिनीर्निरभर्त्सयत् ॥ ३८
जित्वैता भोजयित्वा मां प्रातर्भूतिशिवोऽभ्यधात् । न ह्यत्र शक्ष्याम्यधुना रक्षितुं त्वामहं पुनः ॥ ३९
तदस्ति संध्यावासाख्ये योजनेषु दशस्वितः । ग्रामे वसुमतिर्नाम विप्रस्तस्यान्तिकं व्रज ॥ ४०
ततस्तृतीयामद्य त्वं रात्रिमुत्तीर्य मोक्ष्यसे । इत्युक्तस्तेन नत्वा तं ततः प्रस्थितवानहम् ॥ ४१
गच्छतश्चाध्वनो दैर्घ्याद्गतोऽस्तं मेऽन्तरा रविः । योगिन्यस्ताश्च मां नक्तमगृह्णन्नेत्य पृष्ठतः ॥ ४२
मां गृहीत्वा च यावत्ता हृष्टा यान्ति विहायसा । तावत्तासां पुरोऽपूर्वा योगिन्योऽन्याः परापतन् ॥ ४३
ताभिः सहोदभूदासामकस्माद्युद्धमुद्धतम् । तेन तासामहं हस्ताद्भ्रष्टो देशेऽतिनिर्जने ॥ ४४
एकमेवाथ तत्राहमपश्यं मन्दिरं महत् । प्रविशेति ब्रुवदिव द्वारेणापावृतेन माम् ॥ ४५
पलाय्याभ्यन्तरे तत्र प्रविश्याहं भयाकुलः । अद्राक्षमद्भुताकारां नारीं नारीशतान्विताम् ॥ ४६
प्रकाशमानां प्रभया प्रदीपज्वलितामिव । रक्षामहौषधिं सृष्टां धात्रा मदनुकम्पया ॥ ४७
क्षणान्मया समाश्वस्य पृष्टा सा मामभाषत । यक्षिण्यहं सुमित्राख्या शापादेवमिह स्थिता ॥ ४८
मानुषेण च मे सङ्गः प्रदिष्टः शापशान्तये । तन्मामशङ्कितप्राप्तो भजस्व भव निर्भयः ॥ ४९
इत्युक्त्वा क्षिप्रमादिश्य दासीः स्नानविलेपनैः । वस्त्रैराहारपानैश्च हृष्टं सा मामुपाचरत् ॥ ५०
क्व डाकिनीभिर्भीतिः सा क्व सुखं तच्च तत्क्षणम् । अचिन्त्यो बत दैवेनाप्यापातः सुखदुःखयोः ॥ ५१

ततस्तया समं तत्र यक्षिण्या तान्यहान्यहम् । सुखमासमथ स्वैरमेकदा साब्रवीच्च माम् ॥ ५२
क्षीणः शापः स मे ब्रह्मंस्तदितोऽद्य व्रजाम्यहम् । मत्प्रसादाच्च दिव्यं ते विज्ञानं संभविष्यति ॥ ५३
तपस्वी सिद्धभोगश्च निर्भयश्च भविष्यसि । इहस्थो मद्गृहस्यास्य मा द्राक्षीर्मध्यमं पुरम् ॥ ५४
एवमुक्त्वा तिरोऽभूत्सा ततोऽहं कौतुकेन तत् । मध्यमं पुरमारूढस्तत्रापश्यं तुरंगमम् ॥ ५५
तेनाहं निकटप्राप्तः क्षिप्तोऽश्वेन खुराहतः । क्षणाददद्राक्षमात्मानं स्थितमस्मिञ्शिवालये ॥ ५६
ततः प्रभृति चात्राहं स्थितः सिद्धोऽस्मि च क्रमात् । तदित्थं मानुषस्यापि त्रिकालज्ञानमस्ति मे ॥ ५७
एवं च क्लेशबहुलाः सर्वस्यापीह सिद्धयः । तदिहास्व तवाभीष्टसिद्धिं शंभुर्विधास्यति ॥ ५८
इत्युक्तो ज्ञानिना तेन तत्रेयन्ति दिनान्यहम् । त्वत्पादप्राप्तिजातास्थः स्थितोऽभूवं तदाश्रमे ॥ ५९
स्वप्नादिष्टभवत्सिद्धिः शर्वेणाद्य किल प्रभो । कयाप्यहमिहानीतो गृहीत्वा दिव्यया स्त्रिया ॥ ६०
इत्येष मम वृत्तान्त इत्युक्त्वा गोमुखे स्थिते । नरवाहनदत्ताग्रे मरुभूतिरथाब्रवीत् ॥ ६१
क्षिप्तं मानसवेगेन मां तदा कापि देवता । पाण्योर्विधाय विन्यस्य दूरेऽटव्यां तिरोऽभवत् ॥ ६२
ततोऽहं तत्र दुःखार्तो मरणोपायचिन्तया । भ्राम्यन्नदीपरिक्षिप्तं दृष्टवानेकमाश्रमम् ॥ ६३
तत्र प्रविश्य चापश्यमुपविष्टं शिलातले । जटाभिस्तापसं तं च प्रणम्याहमुपागमम् ॥ ६४
कस्त्वं कथमनुप्राप्तोऽस्येतां भूमिममानुषीम् । इति पृष्टश्च तेनाहं तस्मै सर्वमवर्णयम् ॥ ६५
ततः स बुद्ध्वावोचन्मां मात्मानं सांप्रतं वधीः । ज्ञास्यसीह प्रभोर्वार्तां ततः कर्तासि यत्क्षमम् ॥ ६६
इति तद्वचनाद्युष्मद्वार्ताजिज्ञासया स्थिते । मयि तत्र स्त्रियो दिव्या नदीं तां स्नातुमागमन् ॥ ६७
सोऽथ मां तापसोऽवादीद्गच्छास्या वस्त्रमानय । आसु स्नान्त्यास्त्वमेकस्या वार्तां ज्ञास्यस्यतः प्रभोः ॥ ६८
तच्छ्रुत्वाहं तथाकार्षं मामन्वागाच्च सा वधूः । हृतवस्त्रार्द्रवसना सहस्तस्वस्तिकस्तनी ॥ ६९
नरवाहनदत्तस्य वार्तामाख्याय वाससी । गृहाणेत्युदिता तेन तापसेनाथ साब्रवीत् ॥ ७०
नरवाहनदत्तोऽद्य हरमाराधयन्स्थितः । कैलासे दिवसैर्विद्याधरसम्राड् भविष्यति ॥ ७१
एवमुक्तवती तस्य संपेदे तापसस्य सा । भार्या शापवशाद्दिव्या तत्कथासंस्तवाद्वधूः ॥ ७२
ततस्तया समं तस्थौ विद्याधर्या स तापसः । तद्गिरा चाहमत्रासं जातास्थस्त्वत्समागमे ॥ ७३
दिनैः सगर्भा त्र सती गर्भं दुःखी प्रसूय तम् । सावोचत्तापसं शान्तः शापस्त्वत्सङ्गतो मम ॥ ७४
भूयो मत्सङ्गवाञ्छा ते यदि तत्तण्डुलैः सह । पक्त्वा मद्गर्भमेतं त्वं भुङ्क्ष्व प्राप्स्यसि मां ततः ॥ ७५
इत्युक्त्वास्यां प्रयातायामेतद्गर्भं सतण्डुलम् । पक्त्वा भुक्त्वान्वगादेतां खमुत्पत्य स तापसः ॥ ७६
अहं तदुक्तोऽप्यादौ तन्नाश्वां सिद्धिमवेक्ष्य तु । भक्तसिक्थद्वयं प्राप्य पाकभाण्डादभक्षयम् ॥ ७७
तेन यत्राहमष्ठीवमभूत्तत्र काञ्चनम् । अथादैन्यः परिभ्राम्यन्प्रापमेकमहं पुरम् ॥ ७८
तत्र वेश्यागृहे हेम्ना तेनोदारव्ययस्य मे । वसतो वमनं प्रादाज्जिज्ञासुः कुट्टनी छलात् ॥ ७९
तेन मे वमतो भास्वत्पद्मरागनिभे उभे । प्राग्भुक्तभक्तसिक्थे ते मुखेन निरगच्छताम् ॥ ८०
निर्गते एव कुट्टन्या गृहीते भक्षिते च ते । नष्टाथ हेमसिद्धिः सा कुट्टन्यापहृता तया ॥ ८१
सचन्द्रार्धः शिवोऽद्यापि हरिर्यच्च सकौस्तुभः । तत्तयोर्वेद्मि कुट्टन्या गोचरापतने फलम् ॥ ८२
किं चेदृगेष संसारो बह्वाश्चर्यो बहुच्छलः । परिच्छेत्तुं कदा केन समुद्र इव पार्यते ॥ ८३
इत्यहं विमृशन्खिन्नस्त्वत्प्राप्त्यै चण्डिकागृहम् । अगच्छं तपसा देवीं तामाराधयितुं ततः ॥ ८४
त्रिरात्रोपोषितं सा मां देवी स्वप्ने समादिशत् । सिद्धकामः स ते स्वामी संपन्नो गच्छ पश्य तम् ॥ ८५
एतच्छ्रुत्वा प्रबुद्धोऽस्मि प्रातर्देव्या कयाप्यहम् । त्वत्पादमूलमानीत इत्येषा देव मे कथा ॥ ८६
इत्युक्तवन्तं कुट्टन्या मरुभूतिं विडम्बितम् । नरवाहनदत्तोऽसौ जहास सह पार्श्वगैः ॥ ८७
ततो हरिशिखोऽवादीत्प्रास्तं मां रिपुणा तदा । उज्जयिन्यां न्यधात्कापि रक्षित्वा देव देवता ॥ ८८
तत्राहं दुःखितो देहं त्यक्तुमिच्छन्निशागमे । गत्वा श्मशानं तत्रत्यैः काष्ठैररचयं चिताम् ॥ ८९
तां प्रज्वाल्य च तत्राग्निं पूजयन्तमुपेत्य माम् । तालजङ्घ इति ख्यातो भूताधिपतिरभ्यधात् ॥ ९०

किमर्थं प्रविशस्यग्निं स्थितो जीवन्स ते प्रभुः । पूर्णस्वसिद्धिकामेन तेन त्वं संगमिष्यसि ॥ ९१
इति मां मरणात्प्रीत्या स क्रूरोऽपि न्यवारयत् । ग्रावाणोऽप्यार्द्रतां सम्यग्भजन्त्यभिमुखे विधौ ॥ ९२
गत्वा ततोऽहं देवाग्रे तपस्यंश्च ततः स्थितः । त्वदानीतः कयाप्यद्य पार्श्वं देवतया प्रभो ॥ ९३
एवं हरिशिखेनोक्ते तथैवान्यैरपि क्रमात् । नरवाहनदत्तोऽसौ राजामितगतेर्गिरा ॥ ९४
तामर्हन्तीं धनवतीं प्रेर्य विद्याधरार्चिताम् । तेभ्यः स्वसचिवेभ्योऽपि विद्याः सर्वा अदापयत् ॥ ९५
ततो विद्याधरीभूतेष्वेषु तत्सचिवेष्वपि । शत्रूञ्जयाधुनेत्युक्तो धनवत्या शुभेऽहनि ॥ ९६
स चक्रवर्ती सैन्यानां प्रयाणारम्भमादिशत् । वीरो गोविन्दकूटाख्यं गौरिमुण्डपुरं प्रति ॥ ९७
अथोच्चचाल च्छन्नार्कं विद्याधरबलं दिवि । वैरिशीतकराकालराहूदयकृतभ्रमम् ॥ ९८
नरवाहनदत्तोऽपि स्वयमारुह्य कर्णिकाम् । तस्य पद्मविमानस्य भार्याः स्वाः केसरेषु च ॥ ९९
आरोप्य पत्रेषु सखींश्चण्डसिंहादिकेषु च । पुरःसरेषु नभसा प्रतस्थे विजयाय सः ॥ १००
गच्छंश्चार्धपथप्राप्ते तस्थौ धनवतीगृहे । तदर्चितः संस्तदहर्मातङ्गपुरसंज्ञके ॥ १०१
तत्रस्थश्चाहवाह्वाने दूतमेकं व्यसर्जयत् । विद्याधरेशयोर्गौरिमुण्डमानसवेगयोः ॥ १०२
अन्येद्युस्तत्र मातङ्गपुरे पत्नीर्निधाय सः । गोविन्दकूटं तं प्रायाद्राजभिर्गुचरैः सह ॥ १०३
तत्र युद्धाय तौ गौरिमुण्डमानसवेगकौ । निर्गतौ प्रत्यगृह्णंस्ते चण्डसिंहादयोऽग्रतः ॥ १०४
प्रवृत्तसमरादिष्टपतत्सुभटपादपः । सोऽभूद्गोविन्दकूटाद्रिः स्रवद्रुधिरनिर्झरः ॥ १०५
रक्तलिप्तलसत्खड्गलताजिह्वो व्यजृम्भत । सङ्ग्रामकालः शूराणां जिघत्सुर्जीवितानि सः ॥ १०६
मांसासृङ्मत्तवेतालतालवाद्यविशङ्कटः । अभून्नृत्यत्कबन्धोऽसौ भूतप्रीत्यै रणोत्सवः ॥ १०७
अथ मानसवेगं तं रणेऽस्मिन्संमुखागतम् । नरवाहनदत्तः स स्वयमभ्यपतत्क्रुधा ॥ १०८
अभिपत्य च केशेषु गृहीत्वा तस्य तत्क्षणम् । चक्रवर्ती स चिच्छेद शिरः खड्गेन पाप्मनः ॥ १०९
तद्दृष्ट्वा कुपितं तत्र गौरिमुण्डं प्रधावितम् । केशेष्वाकृष्य तद्दृष्टिनष्टविद्याबलं भुवि ॥ ११०
क्षिप्त्वा गृहीत्वाङ्घ्रियुगे भ्रामयित्वा नभस्तले । नरवाहनदत्तोऽसौ तं शिलायामचूर्णयत् ॥ १११
एवं तेन तयोर्गौरिमुण्डमानसवेगयोः । हतयोस्तद्बलं शेषमगाद्भीतं पलाय्य तत् ॥ ११२
पपात पुष्पवृष्टिश्च तस्याङ्के चक्रवर्तिनः । गगनस्थाः सुराः सर्वे साधु साध्विति चाब्रुवन् ॥ ११३
अथात्र गौरिमुण्डस्य राजधानीं विवेश सः । नरवाहनदत्तस्तैः स्वैः सर्वै राजभिः सह ॥ ११४
तदैव गौरिमुण्डादिसंबद्धास्तस्य शासनम् । एत्य विद्याधराधीशाः प्रणताः प्रतिपेदिरे ॥ ११५
ततोऽत्र निहताराातिराज्यप्राप्त्युत्सवान्तरे । उपेत्य तं धनवती सा सम्राजं व्यजिज्ञपत् ॥ ११६
देवास्ति गौरिमुण्डस्य सुता त्रैलोक्यसुन्दरी । तामिहात्मनिकानाम्नीमुपयच्छस्व कन्यकाम् ॥ ११७
इत्युक्तः स तया राजा तामानाय्यैव तत्क्षणम् । उपयेमे तया साकमासीच्च तदहः सुखम् ॥ ११८
प्रातर्मानसवेगस्य पुरान्मदनमञ्चुकाम् । आनाययद्वेगवतीप्रभावत्यौ विसृज्य सः ॥ ११९
आनीता हर्षबाष्पार्द्रविकस्वरमुखी पतिम् । उदयस्थं हताराातितमसं प्रविलोक्य तम् ॥ १२०
शूरं विरहदोषान्ते भेजे कमपि सैमदम् । सावश्यायजलोत्फुल्लकमला नलिनीव सा ॥ १२१
सोऽपि तस्यै मुदा दत्त्वा सर्वविद्याश्चिरोत्सुकः । रेमे तया समं सद्यः प्राप्तविद्याधरत्वया ॥ १२२
निनाय तानि चाहानि भार्याभिः सह तत्र सः । गौरिमुण्डपुरोद्यानवर्ती पानादिलीलया ॥ १२३
प्रभावतीं विसृज्याथ भगीरथयशा अपि । आनायिताभूत्तेनाथ विद्याश्चास्यै स दत्तवान् ॥ १२४
एकदा च तमास्थानवर्तिनं चक्रवर्तिनम् । यथावदेत्य विज्ञप्तवन्तौ विद्याधरावुभौ ॥ १२५
आवामुत्तरवेद्यर्धं देवाभूव गतावितः । ज्ञातुं मन्दरदेवस्य चेष्टां धनवतीगिरा ॥ १२६
तत्र दृष्टः स चास्थानगतो विद्याधरेश्वरः । आवाभ्यां छन्नदेहाभ्यामेवं युष्मान्प्रति ब्रुवन् ॥ १२७
श्रुतं मया यन्निहता गौरिमुण्डादयोऽखिलाः । नरवाहनदत्तेन प्राप्य विद्याधरेशताम् ॥ १२८
तदुपेक्ष्यो न सोऽस्माभिर्हन्तव्यस्तूद्भवन्रिपुः । एतच्छ्रुत्वा वचस्तस्मादावां वक्तुमिहागतौ ॥ १२९

इति चारमुखाच्छ्रुत्वा बभौ कोपाकुला सभा । नरवाहनदत्तस्य पद्मिनीवानिलाहता ॥ १३०
चित्राङ्गदस्य बाहू स्वौ विधूतप्रसृतौ पुनः । अमार्गतामिवादेशं योद्धुं वलयनिःस्वनैः ॥ १३१
हारोऽमितगतेर्वक्षस्युत्फलञ्श्वसतः क्रुधा । उत्तिष्ठोत्तिष्ठ वीर त्वमितीव मुहुरब्रवीत् ॥ १३२
भूमिं पिङ्गलगान्धारः करेण घ्नन्सशब्दकम् । चूर्णनोपक्रमोंकारमिव व्यधित वैरिणाम् ॥ १३३
मुखे वायुपथस्यापि भ्रुकुटिः पदमादधे । कोपेनारोपिता चापलतेवान्ताय विद्विषाम् ॥ १३४
संक्रुद्धः पाणिना पाणिं चण्डसिंहः प्रमर्दयन् । एवं विनिर्मथाम्यस्मिञ्शत्रूनित्यभ्यधादिव ॥ १३५
बाहुः सागरदत्तस्य करास्फालनजन्मना । शब्देन मूर्च्छता व्योम्नि रिपुमाह्वयतेव तम् ॥ १३६
नरवाहनदत्तस्तु कोपेऽप्यासीदनाकुलः । अक्षोभ्यतैव महतां महत्त्वस्य हि लक्षणम् ॥ १३७
शुचारिचक्रवर्त्यङ्गरत्नसाधनपूर्वकम् । शत्रुं स जेतुं चक्रेऽत्र यात्रायै निश्चयं तदा ॥ १३८
अथारुह्य विमानं तत्सभार्यः सचिवान्वितः । चक्रवर्ती प्रतस्थे स ततो गोविन्दकूटतः ॥ १३९
ते च सर्वेऽपि गन्धर्वराजविद्याधराधिपाः । सबलाः परिवृत्यैतं चेलुश्चन्द्रमिव ग्रहाः ॥ १४०
धनवत्यां पुरोगायामथासाद्य हिमाचलम् । नरवाहनदत्तः स प्रापदेकं महत्सरः ॥ १४१
सितपद्मोच्छ्रितच्छत्रमुल्लसद्धंसचामरम् । उपस्थितमिवादाय सम्राड्योग्यमुपायनम् ॥ १४२
उच्चैरभिमुखोदस्तैर्वीचिहस्तैरदूरतः । कुर्वत्साम्राज्यसंसिद्धिस्नानाह्वानमिवासकृत् ॥ १४३
चक्रवर्तिन्सरस्यस्मिन्स्नातव्यं भवतेति सः । सम्राड् वायुपथेनोक्तस्तत्र स्नातुमवातरत् ॥ १४४
नाचक्रवर्तिनः स्नानं सिद्ध्यत्यत्र तदद्य ते । सिद्धं तच्चक्रवर्तित्वमिति दिव्याब्रवीच्च वाक् ॥ १४५
तच्छ्रुत्वा चक्रवर्ती स प्रविष्टस्तज्जलान्तरे । चिक्रीडान्तःपुरैः साकं पाथस्पतिरिवाम्बुधौ ॥ १४६
धौताञ्जनारुणदृशः श्लथधम्मिल्लबन्धनाः । रेमे सोऽत्र प्रियाः पश्यन्नङ्कलग्नार्द्रवाससः ॥ १४७
सशब्दमुत्पतन्त्योऽस्मात्सरसः पत्त्रिपङ्क्तयः । प्रत्युद्गतानां रशनास्तच्छ्रियामिव रेजिरे ॥ १४८
तद्वधूवदनाम्भोजलावण्यविजितानि च । ममज्जुर्लज्जयेवात्र पङ्कजानि जलोर्मिषु ॥ १४९
कृतस्नानश्च तदहस्तस्यैव सरसस्तटे । नरवाहनदत्तोऽसावुवास सपरिच्छदः ॥ १५०
तत्र नर्मकथालापैः स भार्यासचिवः कृती । स्थित्वा प्रातर्विमानस्थः प्रतस्थे सबलस्ततः ॥ १५१
गच्छन्वायुपथस्याथ प्राप्य मार्गवशात्पुरम् । तस्थौ तदनुरोधेन तं तत्रैव स वासरम् ॥ १५२
अत्र दृष्टचरी तेन कन्या वायुपथस्वसा । वायुवेगयशा नाम ह्युद्यानस्थाभ्यवाञ्छ्यत ॥ १५३
सा हेमवालुकनदीतीरोद्यानविहारिणी । संपूर्णचन्द्रवदना सौम्यालापमनोरमा ॥ १५४
सितहासा गुरुश्रोणिभारा सद्वृत्तशालिनी । वीक्ष्यागतं तं तद्रक्तचित्ताप्यन्तर्दधे ततः ॥ १५५
विलक्षोऽथ स तां मत्वा हेत्वन्तरपराङ्मुखीम् । नरवाहनदत्तोऽत्र निजमावासमाययौ ॥ १५६
तत्र गोमुखवैदग्ध्यवशेन मरुभूतिना । वृत्तं राज्ञः सहस्थेन वृत्तान्तमुपलभ्य तम् ॥ १५७
देव्यश्चित्रान्परीहासान्सम्राजस्तस्य चक्रिरे । मरुभूतेरवैदग्ध्यात्सत्रपे गोमुखे स्थिते ॥ १५८
सलज्जमथ राजानं वीक्ष्याश्वास्य च गोमुखः । वायुवेगयशश्चित्तं जिज्ञासुस्तत्पुरं ययौ ॥ १५९
ततो वायुपथोऽकस्मात्पुरं द्रष्टुमिवागतम् । दृष्ट्वा प्रीतिकृतातिथ्यो नीत्वैकान्ते जगाद तम् ॥ १६०
वायुवेगयशा नाम कन्यास्ति भगिनी मम । सिद्धैः सा भाविनी चक्रवर्तिभार्या किलोदिता ॥ १६१
अतस्तामिह दित्सामि प्राभृतं चक्रवर्तिने । नरवाहनदत्ताय तन्मे त्वं साधयेप्सितम् ॥ १६२
आगन्तुं प्रस्तुतश्चाहमेतदर्थं तवान्तिकम् । इति वायुपथेनोक्ते मन्त्री तं गोमुखोऽब्रवीत् ॥ १६३
यद्यप्यरिजिगीषार्थं प्रस्थितः प्रभुरेष नः । विज्ञापय तथापि त्वमहं ते साधयाम्यदः ॥ १६४
इत्युक्त्वामन्त्र्य तं गत्वा सिद्धं कार्यं न्यवेदयत् । नरवाहनदत्ताय गोमुखोऽभ्यर्थनां विना ॥ १६५
अन्येद्युश्च तमत्रार्थमेत्य वायुपथे स्वयम् । विज्ञापयति राजानं तं धीमान्गोमुखोऽब्रवीत् ॥ १६६
न कार्योऽभ्यर्थनाभङ्गो देव वायुपथस्य ते । भक्तोऽयं यद्ब्रवीत्येष कर्तव्यं तत्प्रभोरिति ॥ १६७

१ श्लोकॉसमुद्रिते पुस्तके संपूर्णत्वादिश्लोकत्रुटितः.

ततः स प्रतिपेदे तद्राजा वायुपथोऽपि ताम् । तस्मै प्रादादनिच्छन्तीमप्यानीय निजानुजाम् ॥ १६८
विवाह्यमाना सावोचदनिच्छन्ती बलादहम् । भ्रात्रा दत्तेति नाधर्मो लोकपाला ममास्त्यतः ॥ १६९
एतद्ब्रुवत्यां तस्यां च सर्वा वायुपथाङ्गनाः । चक्रुः कोलाहलं येन नान्ये तच्छुश्रुवुर्वचः ॥ १७०
ततो राज्ञस्तत्पादायितद्वाक्याशयलब्धये । गोमुखो युक्तिमन्वेष्टुं तत्राभ्रमदितस्ततः ॥ १७१
भ्रान्त्वा ददर्श चैकान्ते विद्याधरकुमारिकाः । अग्निप्रवेशं युगपच्चतस्रः कर्तुमुद्यताः ॥ १७२
कारणं तेन पृष्टाश्च जगदुस्ताः सुमध्यमाः । समयोल्लङ्घनं तस्मै वायुवेगयशःकृतम् ॥ १७३
ततः स गोमुखो गत्वा राज्ञस्तत्सर्वसंनिधौ । नरवाहनदत्ताय यथावस्तु न्यवेदयत् ॥ १७४
तद्बुद्ध्वा विस्मिते राज्ञि वायुवेगयशास्तदा । जगादोत्तिष्ठ गच्छामस्त्वरितं रक्षितुं वयम् ॥ १७५
आर्यपुत्र कुमारीस्तास्ततो वक्ष्यामि कारणम् । इत्युक्तः स तया राजा तत्र सर्वैः समं ययौ ॥ १७६
ददर्श च कुमारीस्ताः पुरःप्रज्वलितानलाः । विधार्यैताश्च राजानं वायुवेगयशा जगौ ॥ १७७
एवैका कालिका नाम कालकूटपतेः सुता । विद्युत्पुञ्जा द्वितीयेयं विद्युत्पुञ्जात्मसंभवा ॥ १७८
मन्दरस्य सुता राजंस्तृतीयैषा मतङ्गिनी । चतुर्थीयं महादंष्ट्रसुता पद्मप्रभा प्रभो ॥ १७९
पञ्चम्यहं चेति वयं दृष्ट्वा त्वां मारमोहिताः । सिद्धक्षेत्रे तपस्यन्तं व्यदध्म समयं मिथः ॥ १८०
समं पञ्चभिरस्माभिराहार्योऽयं प्रियः पतिः । नात्मार्पणीयस्त्वेतस्मै कयाचिदपि भिन्नया ॥ १८१
एका चेत्पृथगेतेन विवाहं विदधीत तत् । प्रवेश्यो वह्निरन्याभिरुद्दिश्यैतां सखीद्रुहम् ॥ १८२
एतत्समयभीताहं नैच्छं परिणयं पृथक् । न चात्मा तुभ्यमधुनाप्यार्यपुत्र समर्प्यते ॥ १८३
ममार्यपुत्र एवात्र लोकपालाश्च साक्षिणः । यद्येष समयोऽद्यापि स्वेच्छमुल्लङ्घितो मया ॥ १८४
तदार्यपुत्र ता एता उपयच्छस्व मे सखीः । युष्माभिरेतद्भोः सख्यो भावनीयं च नान्यथा ॥ १८५
एवं तयोक्ते तुतुषुः समाश्लिष्यंश्च ता मिथः । कुमार्यो मरणोत्तीर्णा राजाप्यन्तर्जहर्ष सः ॥ १८६
बुद्ध्वा तत्पितरस्ते च तत्र तत्क्षणमाययुः । नरवाहनदत्ताय तस्मै प्रादुश्च ताः सुताः ॥ १८७
शासनं तेऽपि तत्कालं जामातुः प्रतिपेदिरे । कालकूटपतिप्रष्ठास्तस्य विद्याधरेश्वराः ॥ १८८
एवं पञ्च समं प्राप्य महाविद्याधरात्मजाः । नरवाहनदत्तोऽत्र माहात्म्यं स परं ययौ ॥ १८९
तस्थौ च तत्र कतिचित्ताभिः सह दिनानि सः । ततश्चैवं हरिशिखः सेनापतिरुवाच तम् ॥ १९०
शास्त्रज्ञोऽपि कथं देव नीतिमुल्लङ्घ्य वर्तसे । विग्रहावसरे कोऽयं कामभोगरसस्तव ॥ १९१
कायं मन्दरदेवं तं जेतुं यात्रासमुद्यमः । क्व चेयन्ति दिनानीह विहारोऽन्तःपुरैः सह ॥ १९२
एवं हरिशिखेनोक्ते महाराजो जगाद सः । युक्तमुक्तं प्रयत्नस्तु न भोगायात्र कोऽपि मे ॥ १९३
बन्धुप्राप्तिप्रदो ह्येष भार्याव्यतिकरो मया । अरिमर्देऽधुना मुख्यमङ्गमित्यभिनन्दितः ॥ १९४
तदेतानि चलन्त्वद्य सैन्यान्यरिजयाय मे । इत्युक्तवन्तं राजानं श्वशुरो मन्दरोऽब्रवीत् ॥ १९५
असिद्धचक्रवर्त्यङ्गसर्वरत्नस्य दुर्जयः । देव मन्दरदेवोऽसौ दूरदुर्गमभूमिगः ॥ १९६
देवमायमहावीररक्षितद्वारदेशया । अग्रस्थया त्रिशीर्षाख्यगुहया ह्येष रक्ष्यते ॥ १९७
सिद्धरत्नेन चाक्रम्य सा गुहा चक्रवर्तिना । तच्चक्रवर्तिरत्नं यो देव चन्दनपादपः ॥ १९८
अस्यां भुव्यस्ति तं तावत्साधयाभीष्टसिद्धये । नाचक्रवर्ती निकटं तरोः प्राप्नोति तस्य च ॥ १९९
श्रुत्वैतन्मन्दराद्रात्रौ निराहारो यतव्रतः । नरवाहनदत्तोऽगात्तं चन्दनतरुं प्रति ॥ २००
गच्छन्वित्रास्यमानोऽपि वीरो विघ्नैः सुदारुणैः । न स तत्रास मूलं च प्राप तस्य महातरोः ॥ २०१
दृष्ट्वा च तं महारत्नं निबद्धोत्तुङ्गवेदिकम् । एत्याध्यारुह्य सोपानैर्ववन्दे चन्दनद्रुमम् ॥ २०२
चक्रवर्तिन्नयमहं सिद्धस्ते चन्दनद्रुमः । स्मृतस्य संनिधास्ये ते तदितो व्रज सांप्रतम् ॥ २०३
गोविन्दकूटं सेत्स्यन्ति रत्नान्यन्यानि ते ततः । ततो मन्दरदेवं त्वं हेलयैव विजेष्यसे ॥ २०४
इत्युक्तश्च गिरा तत्र स रात्रावशरीरया । तथेत्युक्त्वा प्रणम्यैतं सिद्धिमान्दिव्यपादपम् ॥ २०५
प्रहृष्टो व्योममार्गेण महाविद्याधरेश्वरः । नरवाहनदत्तोऽथ निजं कटकमाययौ ॥ २०६

अथ नीत्वा स निशां तामास्थाने सर्वसंनिधौ प्रातः।
नैशं साधितचन्दनपादपवृत्तान्तमखिलमाचख्यौ ॥ २०७

तद्बुद्ध्वा दयिताश्च बालसचिवाश्चाप्ताश्च विद्याधरा-
स्ते ते वायुपथादयः सकटकाश्चित्राङ्गदाद्याश्च ते।
गन्धर्वाः प्रसभप्रसाधितमहासिद्धेः प्रहर्षाकुलाः
सत्त्वोत्साहधृतिप्रभावमहतीं तस्यास्तुवन्धीरताम् ॥ २०८

संमन्त्र्य तैः सह स मन्दरदेवदर्पं राजा विजेतुमथ दिव्यविमानगामी।
शेषान्यचन्दनतरूदितरत्नसिद्ध्यै गोविन्दकूटगिरिमेव जगाम तावत् ॥ २०९

इति महाकविश्रीसोमदेवभट्टविरचिते कथासरित्सागरे पञ्चलम्बके चतुर्थस्तरङ्गः।

समाप्तश्चायं पञ्चलम्बकश्चतुर्दशः।

॥ श्रीः ॥

महाकविश्रीसोमदेवभट्टविरचितः

कथासरित्सागरः ।

महाभिषेको नाम पञ्चदशो लम्बकः ।

इदं गुरुगिरीन्द्रजाप्रणयमन्दरान्दोलना-
त्पुरा किल कथामृतं हरमुखाम्बुधेरुद्गतम् ।
प्रसह्य रसयन्ति ये विगतविघ्नलब्धर्द्धयो
धुरं दधति वैबुधीं भुवि भवप्रसादेन ते ॥

प्रथमस्तरङ्गः ।

निशासु ताण्डवोद्दण्डशुण्डासीत्कारशीकरैः । ज्योतींषि पुष्णन्निव वस्तमो मुष्णातु विघ्नजित् ॥ १
ततो गोविन्दकूटेऽत्र स्थितमास्थानवर्तिनम् । नरवाहनदत्तं तं चक्रवर्तिनमाययौ ॥ २
विद्याधरो द्युमार्गेण सोऽमृतप्रभसंज्ञकः । येनैष रक्षितः पूर्वं शत्रुक्षिप्तोऽग्निपर्वते ॥ ३
आगत्यावेदितात्मा च प्रणतश्चक्रवर्तिना । तेन प्रीतिकृतातिथ्यः स तं विद्याधरोऽब्रवीत् ॥ ४
अस्ति दक्षिणदिग्वर्ती मलयाख्यो महागिरिः । तत्राश्रमपदे चास्ते वामदेवो महानृषिः ॥ ५
स त्वां कस्यापि कार्यस्य हेतोरेकाकिनं प्रभो । आह्वयत्येतदर्थं च तेनाहं प्रेषितोऽद्य ते ॥ ६
पूर्वार्जितः प्रभुस्त्वं च मम तेनास्मि चागतः । तदेहि सिद्ध्यै गच्छावः शीघ्रं तस्यान्तिकं मुनेः ॥ ७
एवमुक्तवता तेन सह विद्याधरेण सः । तत्रैव भार्याः सेनाश्च स्थापयित्वा तथेति ताः ॥ ८
उत्पत्य नभसा क्षिप्रं प्राप्यैव मलयाचलम् । नरवाहनदत्तस्तं वामदेवर्षिमभ्यगात् ॥ ९
ददर्श तं च जरसा पाण्डुरं प्रांशुविग्रहम् । निर्मांसनेत्रकुहरस्फुरत्तारकसन्मणिम् ॥ १०
विद्याधरेन्द्ररत्नानां स्थानं वेल्लज्जटालतम् । हिमाद्रिं सिद्धिसाहाय्यहेतोरिव सहागतम् ॥ ११
ततो ववन्दे चरणौ मुनेस्तस्य स सोऽपि तम् । राजानं रचितातिथ्यो मुनिरेवमभाषत ॥ १२
पुरा दग्धोऽपि कामस्त्वं रत्यास्तुष्टेन शंभुना । सर्वविद्याधरेन्द्राणां चक्रवर्ती विनिर्मितः ॥ १३
तदाश्रमे ममैतस्मिन्गम्भीरान्तर्गुहान्तरे । सन्ति रत्नानि तानि त्वं मदादिष्टानि साधय ॥ १४
जेयो मन्दरदेवो हि सिद्धरत्नस्य ते भवेत् । एतदर्थं त्वमाहूतो मयेह गिरिशाज्ञया ॥ १५
इत्युक्त्वा तेन मुनिनैवोपदिष्टविधिश्च सः । नरवाहनदत्तस्तां प्रहृष्टः प्राविशद्गुहाम् ॥ १६
तस्यां विजित्य विघ्नौघांस्तांस्तान्वीरो ददर्श सः । गजेन्द्रमभिधावन्तं मत्तं सगलगर्जितम् ॥ १७
मुखे मुष्टिप्रहारं च दत्त्वा पादौ च दन्तयोः । आरुरोह च तं मत्तगजं राजा स लाघवात् ॥ १८
साधु सिद्धं महाहस्तिरत्नं ते चक्रवर्तिनः । इति वाणी गुहामध्यादशरीरोदभूत्तदा ॥ १९
ततः खड्गमहीन्द्राभं स ददर्श निपत्य च । चक्रवर्तित्वलक्ष्म्यास्तं केशपाशमिवाग्रहीत् ॥ २०
साधु भोः खड्गरत्नं ते सिद्धं जैत्रमरिंदम । इति वागुदभूद्भूयोऽप्यशरीरा गुहान्तरे ॥ २१
ततः स चन्द्रिकारत्नं कामिनीरत्नमत्र च । विध्वंसिनीति नाम्ना च विद्यारत्नमसाधयत् ॥ २२
एवं द्वाभ्यां सहाद्याभ्यां सरसा चन्दनेन च । कार्यकालोपयुक्तानि सप्त माहात्म्यवन्ति च ॥ २३
साधयित्वा स रत्नानि गुहाया निर्गतस्ततः । वामदेवर्षये तस्मै सिद्धं सर्वं शशंस तत् ॥ २४

ततः स मुनिराह स्म तं प्रीत्या चक्रवर्तिनम् । पुत्र सिद्धमहाचक्रवर्तिरत्नो व्रजाधुना ।। २५
जय मन्दरदेवं तं कैलासोत्तरपार्श्वगम् । भुङ्क्ष्व चोभयतत्पार्श्वसाम्राज्यश्रियमूर्जिताम् ।। २६
इत्युक्तस्तेन मुनिना सिद्धकार्यः प्रणम्य तम् । चक्रवर्ती ततो व्योम्ना स ययौ सामृतप्रभः ।। २७
प्राप गोविन्दकूटस्थं तच्च स्वशिबिरं क्षणात् । महाप्रभावया श्वश्र्वा धनवत्याभिरक्षितम् ।। २८
तत्र मार्गोन्मुखैर्दृष्ट्वा निजैर्विद्याधराधिपैः । भार्याभिः सचिवैश्चैव प्रहृष्टैः सोऽभ्यनन्द्यत ।। २९
अथोपविष्टः पृच्छद्भ्यो वामदेवर्षिदर्शनम् । गुहाप्रवेशं रत्नानां सिद्धिं चैभ्यः शशंस सः ।। ३०
ततस्तत्र हतानन्ददिव्यतूर्यो महोत्सवः । नृत्यद्विद्याधरीकोऽभूत्पानमत्तजनस्तथा ।। ३१
अन्येद्युश्च रिपुस्थानस्थितासौम्यग्रहेण सः । आक्रान्तकण्टकस्थानसौम्येनात्मसमर्द्धिना ।। ३२
सर्वान्यसंपद्युक्तेन लग्नेन कृतमङ्गलः । आरुह्य शर्वदत्तं तद्विमानं ब्रह्मनिर्मितम् ।। ३३
जेतुं मन्दरदेवं तं ससैन्योऽन्तःपुरान्वितः । नरवाहनदत्तोऽत्र प्रतस्थे नभसा ततः ।। ३४
चेलुश्चानुचरास्ते ते प्रवीराः परिवार्य तम् । भक्ता भीताश्च गन्धर्वराजविद्याधराधिपाः ।। ३५
सेनापतेर्हरिशिखस्यादेशानुविधायिनः । चण्डसिंहः समं मात्रा धनवत्या सुमेधसा ।। ३६
वीरः पिङ्गलगान्धारस्तथा वायुपथो बली । विद्युत्पुञ्जोऽमितगतिः कालकूटपतिश्च सः ।। ३७
मन्दरः समहादंष्ट्रः स्वसखा चामृतप्रभः । समं सागरदत्तेन वीरश्चित्राङ्गदोऽपि सः ।। ३८
एते चान्ये च येऽत्रासन्गौरिमुण्डव्यपाश्रिताः । सममास्तेऽन्वधावंस्तं विजिगीषुं बलान्विताः ।। ३९
तदा तत्सेनया छन्ने गगने क्वापि भास्करः । ममज्ज लज्जयेवात्र तत्तेजोनिह्नुतप्रभः ।। ४०
अथ मानसमुल्लङ्घ्य देवर्षिव्रातसेवितम् । अतीत्य गण्डशैलं च लीलोद्यानं द्युयोषिताम् ।। ४१
स चक्रवर्ती संप्राप स्फटिकापाण्डुरत्विषः । मूलं निजयशोराशेरिव कैलासभूभृतः ।। ४२
तत्र मन्दाकिनीतीरे निषण्णं निजगाद तम् । विद्याधराधिपो धीमान्मन्दरो बन्धुरं वचः ।। ४३
इहैव तावद्देवाद्य स्थीयतां द्युनदीतटे । न युक्तमिममुल्लङ्घ्य कैलासं गन्तुमग्रतः ।। ४४
हरास्पदस्य ह्येतस्य विद्या नश्यन्ति लङ्घनात् । त्रिशीर्षगुहया तस्य गन्तव्यं पार्श्वमुत्तरम् ।। ४५
देवमायाभिधानेन सा च राज्ञाभिरक्ष्यते । स चातिदृप्तस्तस्मात्तमजित्वा गम्यते कथम् ।। ४६
मन्दरेणैवमुदिते धनवत्यानुमोदिते । नरवाहनदत्तस्तं तत्रैवासीत्स वासरम् ।। ४७
तत्रस्थो देवमायाय दूतं साम्ना व्यसर्जयत् । स च सान्त्वेन नैवास्य शासनं प्रत्यपद्यत ।। ४८
ततोऽपरेद्युः संनद्धैस्तैस्तैः स्वै राजभिः सह । स चक्रवर्ती तं प्रायाद्देवमायं प्रति प्रभुः ।। ४९
देवमायोऽपि तद्बुद्ध्वा ससैन्यो योद्धुमाययौ । वराहवज्रमुख्यादिभूरिराजान्वितोऽग्रतः ।। ५०
ततः प्रववृते तत्र सङ्ग्रामः सेनयोस्तयोः । कैलासे सुरसंघातविमानाच्छादिताम्बरः ।। ५१
छिन्नभूरिशिरःश्रेणिकरकावर्षभीषणः । सवीरगर्जितः सोऽभूद्घोरो रणघनागमः ।। ५२
देवमायस्य सेनान्यममयोधं जघान यत् । वराहं चण्डसिंहोऽत्र न नामाभूत्तदाद्भुतम् ।। ५३
चित्रं तु यत्स्वयं बद्धो देवमायोऽप्यमायिना । नरवाहनदत्तेन प्रहारैर्मूर्च्छितो रणे ।। ५४
बद्धे च तस्मिंस्तत्सैन्यमभज्यत महारथैः । वज्रमुष्टिमहाबाहुतीक्ष्णदंष्ट्रादिभिः सह ।। ५५
ततः सुरैर्विमानस्थैः साधु साध्वित्युदीरिते । सर्वेऽप्यभिननन्दुस्तं जयिनं चक्रवर्तिनम् ।। ५६
अथ तं संयतानीतं समाश्वास्य महाप्रभुः । प्रसादेनानुजग्राह देवमायं मुमोच च ।। ५७
सोऽपि बाहुजितस्तस्य शासनं चक्रवर्तिनः । वज्रमुष्ट्यादिभिः सार्धं प्रणतः प्रत्यपद्यत ।। ५८
ततो निवृत्ते सङ्ग्रामे तस्मिन्व्यपगतेऽहनि । प्रातरास्थानमायातः पार्श्वस्थश्चक्रवर्तिनः ।। ५९
तं त्रिशीर्षगुहाम्नायं तेन पृष्टो विविक्षुणा । देवमायो यथातत्त्वमेवं कथयति स्म सः ।। ६०
कैलासस्य पुरा देव विद्याधरवराश्रिते । अभूतां भिन्नसाम्राज्ये द्वे पार्श्वे दक्षिणोत्तरे ।। ६१
ऋषभाख्योऽथ देवेन तपस्तुष्टेन शंभुना । चक्रवर्ती प्रदिष्टोऽभूदेक एव तटीद्वयोः ।। ६२
स गन्तुमुत्तरं पार्श्वं कैलासं जातु लङ्घयन् । अधःस्थितहरक्रोधाद्भ्रष्टविद्योऽपतद्दिवः ।। ६३

ततः क्रूरेण तपसा पुनराराधितं हरम् । प्राग्वदादिष्टसाम्राज्यमृषभोसौ व्यजिज्ञपत् ॥ ६४
कैलासोल्लङ्घनं तावन्नास्ति नः केन तत्पथा । उभयोः पार्श्वयोर्देव चक्रवर्ती भवाम्यहम् ॥ ६५
तच्छ्रुत्वोत्तरपार्श्वेऽस्य गमनाय पिनाकभृत् । चकार भित्त्वा कैलासं तद्गुहाविवरं महत् ॥ ६६
अथ विद्धः स कैलासो विघ्नो व्यज्ञापयच्छिवम् । मानुषागम्यमेतन्मे भगवन्पार्श्वमुत्तरम् ॥ ६७
गम्यं तेषामपीदानीमनया गुहया कृतम् । तत्तथा कुरु येनैषा मर्यादा मे न भज्यते ॥ ६८
कैलासेनेति विज्ञप्तो गुहायां रक्षकान्हरः । स्थापयामास दिग्दन्तिदृग्विषाहीन्द्रगुह्यकान् ॥ ६९
दक्षिणेऽस्य महामायं द्वारि विद्याधरेश्वरम् । उत्तरे कालरात्रिं च चण्डिकामपराजिताम् ॥ ७०
एवं कृतगुहारक्षो महारत्नानि शंकरः । उत्पाद्य भगवांस्तत्र व्यवस्थामादिदेश सः ॥ ७१
सिद्धरत्नस्य गम्येयं द्विपार्श्वी चक्रवर्तिनः । सुचराणां सदाराणां सदूतानां भविष्यति ॥ ७२
अनुज्ञाताश्च ये तेन राजानः स्युरिहोत्तरे । तेषां चैषा गुहा गम्या न त्वन्यस्यात्र कस्यचित् ॥ ७३
इत्यादिष्टवति त्र्यक्षे कुर्वन्नृषभकस्ततः । साम्राज्यं युयुधे दर्पाद्देवैर्जघ्ने च वज्रिणा ॥ ७४
इत्येषोऽस्यास्त्रिशीर्षाख्यगुहाया आगमः प्रभो । अगम्या चैव सैषान्यैर्विना युष्मादृशैर्गुहा ॥ ७५
तस्य चैतद्गुहाद्वाररक्षिणः कालतः कुले । महामायस्य जातोऽयं देवमायोऽहमीश्वर ॥ ७६
विद्याधरेषु जातोऽयं दुर्जयो रिपुभिर्मृधे । यश्च जेष्यत्यमुं सोऽत्र चक्रवर्ती भविष्यति ॥ ७७
तेनास्य स्वामिना भाव्यं सोऽनुवर्त्योऽमुना प्रभुः । इति जन्मनि मे दिव्या व्याजहार सरस्वती ॥ ७८
सोऽहं जितस्त्वया त्वं च सिद्धरत्नः प्रभाववान् । कैलासोभयपार्श्वैकचक्रवर्तीह नः प्रभुः ॥ ७९
तत्त्रिशीर्षगुहामेतां तीर्त्वा शेषान्निरपृच्छय । इत्युक्ते देवमायेन चक्रवर्ती जगाद सः ॥ ८०
गच्छामोऽद्य गुहाद्वारे वसामस्तत्र सांप्रतम् । कृतसंविधयः प्रातः प्रवेक्ष्यामश्च तां गुहाम् ॥ ८१
इत्युक्तवान्स गत्वाथ सर्वैस्तै राजभिः सह । नरवाहनदत्तोऽत्र गुहाद्वारे समावसत् ॥ ८२
ददर्श तां च गम्भीरनिरालोकोदरां गुहाम् । जन्मभूमिमनर्केन्दुं कल्पान्ततमसामिव ॥ ८३
द्वितीयेऽह्नि च संपूज्य विवेशैतां विमानगः । ध्यातोपनतसद्रत्नसहायः सपरिच्छदः ॥ ८४
तमांसि चन्द्रिकारत्नैश्चन्दनेनाहिदृग्विषान् । दिग्गजान्हस्तिरत्नेन खड्गरत्नेन गुह्यकान् ॥ ८५
विघ्नानन्यांश्चान्यरत्नैर्निवार्य सह सेनया । उत्तीर्य तां गुहां चोदग्द्वारेण स विनिर्ययौ ॥ ८६
ददर्श च गुहागर्भनिर्गतः पार्श्वमुत्तरम् । कैलासस्यापुनर्जन्मजीवलोकान्तरोपमम् ॥ ८७
साधु रत्नप्रभावाप्तमाहात्म्येन गुहा त्वया । चक्रवर्तिन्नियं तीर्णेत्युदभूद्वाक्तदा दिवः ॥ ८८
अथोचतुर्धनवती देवमायश्च तं प्रभुम् । देव संनिहिता द्वारे कालरात्रिर्हि सर्वदा ॥ ८९
एषा चोत्पादिता पूर्वं विष्णुनामृतमन्थने । दारणी दानवेन्द्राणाममृतं हर्तुमिच्छताम् ॥ ९०
सैषादिष्टा गुहामेतामिह शर्वेण रक्षितुम् । यथा नान्यस्तरेदेनां यथोक्तैस्त्वद्विधैर्विना ॥ ९१
त्वं चक्रवर्ती तीर्णश्च सिद्धरत्नो गुहामिमाम् । तदेषा पूजनीया ते पूज्या विजयसिद्धये ॥ ९२
एवं धनवतीदेवमायोक्तस्यैव तस्य सः । नरवाहनदत्तस्य तत्राक्षीयत वासरः ॥ ९३
संध्यारुणा बभूवुश्च कैलासोत्तरसानवः । सूचयन्त इवासन्नसङ्ग्रामरुधिरोक्षणम् ॥ ९४
आवृणोत्कटकं तस्य राज्ञो लब्धबलं तमः । गुहागृहपराभूतिवैरमार्त्रमिव स्मरत् ॥ ९५
अनर्चादुर्मनःकालरात्रिक्रोधाङ्कुरा इव । बभ्रमुर्भूतवेतालडाकिनीगणफेरवः ॥ ९६
क्षणाच्च जज्ञे निःसंज्ञं सैन्यं सुप्तमिवाखिलम् । नरवाहनदत्तस्य स एकोऽभून्न मोहितः ॥ ९७
ततोऽनर्चनसंक्रुद्धकालरात्रिविजृम्भितम् । मन्वानश्चक्रवर्ती स वाक्पुष्पैस्तामथार्चयत् ॥ ९८
आशिरश्चक्रसंचारचतुरा प्रणवाकृतिः । त्वं प्राणशक्तिर्जन्तूनां जीवनी त्वां नमाम्यहम् ॥ ९९
स्रवन्महिषकण्ठास्रधाराभिस्त्रिशिखाश्रिभिः । आश्वासितत्रिभुवने दुर्गारूपे नमोऽस्तु ते ॥ १००
रुरुरक्तभृतभ्रान्तकरस्थितकपालया । नृत्यन्त्या त्रिजगद्रक्षापात्रयेव जितं त्वया ॥ १०१
ऊर्ध्वाक्षिदीप्तिदीपाढ्यकपाला कालरात्र्यपि । कपालहस्ता सार्केन्दुरिव भासि भवप्रिये ॥ १०२

इति स्तुता तुतोषात्र कालरात्रिर्न तस्य यत्। तत्स्वमूर्धोपहारेण तामर्चितुमियेष सः ॥ १०३
मा पुत्र साहसं कार्षीरेषा सिद्धास्मि वीर ते। प्रकृतिस्थं तवास्त्वेतत्कटकं जयमाप्नुहि ॥ १०४
इत्युवाचात्तखड्गं तं सा देवी तत्र तत्क्षणम्। सुप्तप्रबुद्धमिव तत्कटकं तस्य चाभवत् ॥ १०५
ततो भार्या वयस्याश्च सर्वे विद्याधराश्च ते। प्रशशंसुस्तमेतस्य प्रभावं चक्रवर्तिनः ॥ १०६
अथैष विहिताहारपानाद्यावश्यकक्रियः। वीरोऽनैषीत्प्रियामां तां शतयामामिवायताम् ॥ १०७
प्रातश्च पूजयित्वा तां कालरात्रिं ततो ययौ। विद्याधरनिरुद्धाग्रमार्गं धूमशिखं प्रति ॥ १०८
अभूत्तेन समं तस्य सङ्ग्रामश्चक्रवर्तिनः। राज्ञा मन्दरदेवीयप्रधानेन स तादृशः ॥ १०९
यत्र खड्गमयं व्योम शूरमूर्धमयी मही। आसीज्जहि जहीत्युग्रवीरवाक्यमयं वचः ॥ ११०
तत्र धूमशिखं युद्धे बद्ध्वानीतं प्रसह्य तम्। चक्रवर्ती स संमान्य ग्राहयामास शासनम् ॥ १११
न्यवेशयच्च सद्यः सैन्यमत्रैव तत्पुरे। शान्तधूमशिखोद्रेकमग्निदग्धेन्धनं यथा ॥ ११२
द्वितीयेऽह्नि स चारेभ्यो योद्धुमायान्तमग्रतः। बुद्ध्वा मन्दरदेवं तं ज्ञातवृत्तान्तमग्रतः ॥ ११३
नरवाहनदत्तस्तैः सह विद्याधरेश्वरैः। प्रययौ तं प्रति ततस्तज्जये बद्धनिश्चयः ॥ ११४
किंचिद्गत्वा ददर्शाग्रे बहुराजगणान्वितम्। सैन्यं मन्दरदेवस्य रचितव्यूहमागतम् ॥ ११५
ततः कृतप्रतिव्यूहरचनो राजभिर्वृतः। नरवाहनदत्तस्तदभ्यधावदरेर्बलम् ॥ ११६
अथाहवः प्रववृते तयोरुभयसैन्ययोः। प्रलयोद्वेलजलधिक्षुभितौघानुकारिणोः ॥ ११७
ततस्ते चण्डसिंहाद्या युध्यन्ते स्म महारथाः। शूराः काञ्चनदंष्ट्राख्यराजप्रभृतयोऽन्यतः ॥ ११८
प्रकम्पितत्रिभुवनो विक्षोभितकुलाचलः। विजजृम्भे स सङ्ग्रामः कल्पान्तपवनागमः ॥ ११९
शोणैकपार्श्वः कैलासः शूरशोणितकुङ्कुमैः। भूतिश्वेतान्यपार्श्वश्च तदा गौरीशमन्वगात् ॥ १२०
खड्गपट्टोदितानेकसूर्यबिम्बोग्रभास्वरः। सत्यं प्रलयकालोऽभूद्वीराणां स महाहवः ॥ १२१
इयत्तद्युद्धमासीद्यद्विस्मयं प्रेक्षणागताः। नारदाद्या अपि ययुर्दृष्टदेवासुराहवाः ॥ १२२
इत्थं घोरे रणे तस्मिंश्चण्डसिंहोऽभिधावितः। जघ्ने काञ्चनदंष्ट्रेन गदया मूर्ध्नि भीमया ॥ १२३
तं गदाघातपतितं दृष्ट्वा धनवती सुतम्। शस्त्वा विद्याबलेनोभे सैन्ये निश्चेतने व्यधात् ॥ १२४
नरवाहनदत्तश्च चक्रवर्ती बलादितः। ततो मन्दरदेवश्च द्वावेवास्तां सचेतनौ ॥ १२५
तदा धनवतीं क्रुद्धां जगत्संहरणक्षमाम्। वीक्ष्याम्बरगता देवा अपि दिक्षु प्रदुद्रुवुः ॥ १२६
दृष्ट्वा मन्दरदेवोऽथ चक्रवर्तिनमेककम्। नरवाहनदत्तं तमभ्यधावदुदायुधः ॥ १२७
नरवाहनदत्तोऽपि विमानादवतीर्य सः। उत्खातखड्गरत्नः सन्प्रतिजग्राह तं जवात् ॥ १२८
ततो मन्दरदेवेन मायया जयमिच्छता। समदोद्दाममातङ्गरूपं चक्रे स्वविद्यया ॥ १२९
तद्दृष्ट्वाकारि सुमहत्सिंहरूपं स्वमायया। नरवाहनदत्तेन विद्यातिशयशालिना ॥ १३०
ततो भग्नेभवपुषा मुक्तसिंहाकृतिः स्फुटम्। युद्धं मन्दरदेवेन चक्रवर्ती ततान सः ॥ १३१
नानाविचित्रकरणावङ्गहारक्रियासु तौ। मण्डलाग्रधरौ नाट्यप्रवृत्ताविव रेजतुः ॥ १३२
नरवाहनदत्तोऽथ साक्षाज्जयमिवाहरत्। खड्गं मन्दरदेवस्य करात्करणयुक्तितः ॥ १३३
हृतखड्गस्य चाकृष्टक्षुरिकस्यात्र तामपि। तथैव तस्य सहसा चक्रवर्ती जहार सः ॥ १३४
ततोऽपशस्त्रं बाहुभ्यां युध्यमानं स गुल्फयोः। प्राप्य मन्दरदेवं तं राजा भूमावपातयत् ॥ १३५
प्रारेभे च शिरश्छेत्तुं केशेष्वाकृष्य तस्य सः। वक्षसि न्यस्तचरणः सम्राट् खड्गेन विद्विषः ॥ १३६
तावन्मन्दरदेवीति नाम्ना कन्याभ्युपेत्य तम्। स्वसा मन्दरदेवस्य वारयन्त्येवमब्रवीत् ॥ १३७
तपोवनस्थो दृष्ट्वा त्वं भर्ता प्राक्कल्पितो मया। तच्छ्वशुर्यमिमं राजन्मा वधीर्भ्रातरं मम ॥ १३८
एवं तयोक्तः सुदृशा विमुच्य जितलज्जितम्। धीरो मन्दरदेवं तं महाराजो जगाद सः ॥ १३९
मुक्तो मया त्वं मा भूत्तल्लज्जा विद्याधरेश ते। चपलौ किल शूराणां रणे जयपराजयौ ॥ १४०
इति मन्दरदेवोऽसावुक्तो राज्ञा जगाद तम्। किं जीवितमिदानीं मे रक्षितस्त्वाहवे श्रिया ॥ १४१

तदहं यामि तपसे वनस्थस्यान्तिकं पितुः । त्वमेवोभयवेद्यर्धचक्रवर्तीह निर्मितः ॥ १४२
अयमर्थश्च मे भावी पित्रा पूर्वमसूच्यत । इत्युक्त्वा स ययौ मानी पितुः पार्श्वं तपोवनम् ॥ १४३
साधु सम्यङ्महाचक्रवर्तिञ्जित्वा रिपूंस्त्वया । प्राप्तं साम्राज्यमित्यूचुर्गगनस्थाः सुरास्तदा ॥ १४४
गते मन्दरदेवेऽथ निजं धनवती सुतम् । उभे च सेने विदधे स्वशक्त्या लब्धचेतने ॥ १४५

इति सुप्तप्रतिबुद्धा इव सर्वे वैरिणं जितं बुद्ध्वा ।
सचिवादयो विजयिनं नरवाहनदत्तमभिननन्दुस्तम् ॥ १४६
येऽपि च काञ्चनदंष्ट्राशोककरक्ताक्षकालजिह्वाद्याः ।
मन्दरदेवीयास्ते राजानस्तस्य शासनं जगृहुः ॥ १४७
काञ्चनदंष्ट्रालोकनसंस्मृतसमराप्ततद्गदाघातः ।
प्रचुकोप चण्डसिंहः प्रविधुतदृढमुष्टिपीडितासिवरः ॥ १४८

कृतमिह समरेण वत्स कस्त्वां समरमुखे विजयेत किं तु युक्त्या ॥
क्षणमिव विहिता मयैव साभूदुभयबलक्षयरक्षणाय माया ॥ १४९
इति च धनवती तदा ब्रुवाणा निजतनयं प्रशमय्य तं प्रकोपात् ।
बलमखिलमनन्दयत्स्वसिद्ध्या सह नरवाहनदत्तचक्रवर्ती ॥ १५०
प्राप्ते जितप्रणतविद्रुतवैरिवीरवीताहवव्यतिकरोत्तरपार्श्वराज्ये ।
शर्वाचलस्य नरवाहनदत्तदेवः प्रीतिं परामभजताक्षतमित्रवर्गः ॥ १५१

ततोऽरिविजयोत्सवप्रहततारतूर्यं कृती
स तद्युचरसुन्दरीरुचिरनृत्तगीताञ्चितम् ।
प्रियासचिवसंगतः प्रवरराजवृन्दान्वितः
प्रतापमिव वैरिणां मधु पिबन्ननैषीद्दिनम् ॥ १५२

इति महाकविश्रीसोमदेवभट्टविरचिते कथासरित्सागरे महाभिषेकलम्बके प्रथमस्तरङ्गः ।

द्वितीयस्तरङ्गः ।

अथापरेद्युरुत्थाय ततः कैलाससानुतः । नरवाहनदत्तोऽसौ चक्रवर्ती बलान्वितः ॥ १
राज्ञः काञ्चनदंष्ट्रस्य वचनादग्रगामिनः । प्रायान्मन्दरदेवीयं पुरं विमलसंज्ञकम् ॥ २
संप्राप तच्च सौवर्णप्रांशुप्राकारसुन्दरम् । सुमेरुमिव कैलासं सभाजयितुमागतम् ॥ ३
विवेश चातिगम्भीरमच्युतश्रीविराजितम् । अनन्तरत्ननिलयं निस्तोयमिव सागरम् ॥ ४
तत्रास्थानोपविष्टं तं राजभिर्द्युचरैर्वृतम् । सम्राजमेत्य राजान्तःपुरवृद्धा व्यजिज्ञपन् ॥ ५
गते मन्दरदेवेऽत्र वनं युष्मत्पराजिते । तद्देव्योऽग्निं विविक्षन्ति श्रुत्वा वेत्त्यधुना प्रभुः ॥ ६
इत्युक्तस्तैः स मरणाच्चक्रवर्ती निवार्य ताः । संविभेजे निवासादिदानेन भगिनीरिव ॥ ७
तेन विद्याधराधीशवर्गं निखिलमेव तम् । दत्तानुरागनिगडं स सम्राट् समपादयत् ॥ ८
तं च तत्रामितगतिं राजानं पूर्वकल्पितम् । राज्ये मन्दरदेवस्य कृतज्ञः सोऽभिषिक्तवान् ॥ ९
अर्पयामास तस्मै च तदीयांस्तान्महीक्षितः । राज्ञे काञ्चनदंष्ट्रादीन्भक्तायाव्यभिचारिणे ॥ १०
रेमे च तत्र सप्ताहमुद्यानेषु महर्द्धिषु । कैलासोत्तरदिक्पार्श्वलक्ष्म्याश्लिष्टो नवोढया ॥ ११
ततश्चोभयवेद्यर्धविद्याधरमहीक्षिताम् । चक्रवर्तित्वमासाद्याप्यधिकेच्छुर्बभूव सः ॥ १२
गन्तुं प्रववृते जेतुं वारितोऽपि स मन्त्रिभिः । तद्दिव्यव्यवस्थितालङ्घ्यमेरुभूमीः सुराश्रयाः ॥ १३
अत्यर्थोपचिताः कामं विशेषासादनं विना । तेजस्विनो न तिष्ठन्ति दीप्ता दावानला इव ॥ १४
ततस्तं नारदोऽभ्येत्य मुनिरेवमभाषत । नीतिज्ञस्यापि ते कोऽयं राजन्नविषयोद्यमः ॥ १५

प्रवर्तमानो ह्युत्सेकादसाध्ये परिभूयते । दशास्य इव दर्पेण कैलासोन्मूलनोद्यतः ॥ १६
दुर्लङ्घ्यो ह्यर्कचन्द्राभ्यामपि मेरुस्तवेह च । विद्याधरेन्द्रताविष्टा शर्वेण न सुरेन्द्रता ॥ १७
विद्याधराणां भूमिर्हि हिमवान्विजितस्त्वया । तन्मेरौ देवभूमौ ते किं कार्यं मुञ्च दुर्ग्रहम् ॥ १८
पिता मन्दरदेवस्य यस्त्वकम्पनसंज्ञकः । स द्रष्टव्यस्त्वया गत्वा वनस्थः शिवमिच्छता ॥ १९
इत्युक्त्वा नारदमुनिः प्रतिपन्नं तथेति तम् । चक्रवर्तिनमामन्त्र्य जगाम स यथागतम् ॥ २०
चक्रवर्त्यपि कार्यज्ञो नारदेन च वारितः । ऋषभस्य तथा नाशं देवमायाच्छ्रुतं स्मरन् ॥ २१
स विमृश्य स्वयं बुद्ध्या विनिवृत्त्य ततो ययौ । तपोवनस्थितं द्रष्टुं राजर्षिं तमकम्पनम् ॥ २२
प्रापत्तपोवनं चास्य योगनिष्ठैर्महर्षिभिः । पद्मासनोपविष्टैश्च ब्रह्मलोकमिवावृतम् ॥ २३
तत्र वृद्धं ददर्शैतं जटावल्कलधारिणम् । अकम्पनं मुनिजनैर्महाद्रुममिवाश्रितम् ॥ २४
ववन्दे चोपसृत्यात्र पादावस्य तपस्विनः । असावपि कृतातिथ्यो राजर्षिर्निजगाद तम् ॥ २५
युक्तं कृतं त्वया राजन्निममागच्छताश्रमम् । उल्लङ्घ्य गच्छतस्ते हि दद्युः शापं महर्षयः ॥ २६
इति ब्रुवति राजर्षौ तस्मिंस्तं चक्रवर्तिनम् । तिष्ठंस्तपोवने तत्र स गृहीतमुनिव्रतः ॥ २७
आगान्मन्दरदेवोऽपि पितुस्तस्य तदान्तिकम् । स्वस्रा मन्दरदेव्यात्र कुमार्या सहितस्तया ॥ २८
नरवाहनदत्तश्च दृष्ट्वा कण्ठे तमग्रहीत् । जितशान्तेषु धीराणां स्नेह एवोचितोऽरिषु ॥ २९
अथ मन्दरदेवीं तां भ्रात्रा सममुपागताम् । दृष्ट्वाकम्पनराजर्षिः स सम्राजमुवाच तम् ॥ ३०
इयं मन्दरदेवीति नाम्ना राजन्सुता मम । उक्ता च दिव्यवाचैषा महिषी चक्रवर्तिनः ॥ ३१
तदेतामुपयच्छस्व चक्रवर्तिन्मयार्पिताम् । इत्युक्तवति राजर्षौ सा जगाद तदात्मजा ॥ ३२
इह सन्ति चतस्रो मे वयस्या वरकन्यकाः । एका कनकवत्याख्या कन्या काञ्चनदंष्ट्रजा ॥ ३३
द्वितीया कालजिह्वस्य नाम्ना कालवती सुता । तृतीया दीर्घदंष्ट्रस्य श्रुता नाम तनूद्भवा ॥ ३४
चतुर्थी पोत्रराजस्य पुत्री नाम्नाम्बरप्रभा । विद्याधरेन्द्रकन्यानामहं तासां च पञ्चमी ॥ ३५
भ्रमन्त्यस्ता वयं पञ्च दृष्ट्वा पूर्वं तपोवने । आर्यपुत्रमिमं सोत्का व्यदध्म समयं मिथः ॥ ३६
सममस्माभिराहार्यो भर्तायं या पृथक्त्वमुम् । भजेदुद्दिश्य तामात्मा हन्तव्योऽन्याभिराश्रिति ॥ ३७
तत्सखीभिर्विना,ताभिर्युक्तः परिणयो न मे । मादृश्यो हि कथं कुर्युः सत्योल्लङ्घनसाहसम् ॥ ३८
एवं तया प्रौढयोक्ते तत्पिताकम्पनः स तान् । विद्याधरेन्द्रांश्चतुरोऽप्याह्वयत्कन्यकापितॄन् ॥ ३९
शशंस च यथातत्त्वं स तेभ्यस्तेऽपि तत्क्षणम् । कृतार्थमानिनः कन्यास्तनयास्ताः समानयन् ॥ ४०
ततो मन्दरदेवीतः प्रभृत्येताः क्रमेण सः । नरवाहनदत्तोऽग्र्याः पञ्चात्र परिणीतवान् ॥ ४१
ताभिः सह च तत्रासीद्वासराणि बहूनि सः । ऋषींस्त्रिसंध्यं प्रणमन्कृतोत्सवपरिच्छदः ॥ ४२
राजन्महाभिषेकार्थमृषभाद्रिं व्रजाधुना । इत्युक्तेऽकम्पनेनाथ देवमायोऽप्युवाच तम् ॥ ४३
देवैवमेव कार्यं ते यस्मादृषभकादयः । अभ्यषिच्यन्त तत्राद्रौ प्राक्तनाश्चक्रवर्तिनः ॥ ४४
तच्छ्रुत्वा निकटे श्लाघ्ये मन्दराद्रौ प्रशंसति । अभिषेकं हरिशिखे वागेवमुदभूद्दिवः ॥ ४५
महाभिषेकं सर्वे हि राजन्नृषभपर्वते । पूर्वे प्राप्तास्त्वमप्यद्य गच्छ सिद्धपदं ह्यदः ॥ ४६
इत्युक्तो दिव्यया वाचा नत्वा साकम्पनानृषीन् । नरवाहनदत्तोऽतः स प्रतस्थे शुभेऽहनि ॥ ४७
प्राप तच्च त्रिशीर्षाख्यगुहाया द्वारमुत्तरम् । सहामितगतिप्रष्ठैः सर्वविद्याधरेश्वरैः ॥ ४८
तत्र संपूजितां कालरात्रिं द्वारेण तेन सः । प्रविश्य तां गुहां सम्राड् दक्षिणेन विनिर्ययौ ॥ ४९
निर्यातश्च समं सैन्यैर्देवमायस्य मन्दिरे । तदर्थितो विशश्राम दिनेऽस्मिन्सपरिग्रहः ॥ ५०
तत्रस्थश्च स कैलासे तस्मिन्संनिहितं हरम् । विचिन्त्य गोमुखसखः स्वैरं द्रष्टुं जगाम तम् ॥ ५१
आसाद्य चाश्रमं तस्य सुरभिं वृषभं तथा । दृष्ट्वा प्रणम्य च द्वाःस्थं स नन्दिनमुपेयिवान् ॥ ५२
प्रदक्षिणप्रतीतेन मुक्तद्वारश्च तेन सः । प्रविश्य देवीसहितं ददर्श वृषभध्वजम् ॥ ५३
दूरादेव कृताह्लादं चूडाचन्द्रकरोत्करैः । इतस्ततो गतैर्गौर्या मुखद्युतिजितैरिव ॥ ५४

क्रीडन्तं प्रियया साकमक्षैरक्षैरिवेच्छया । स्वकार्यदत्तस्वातन्त्र्यैर्लोलैर्वशगतैरपि ॥ ५५
दृष्ट्वा च पादयोस्तस्य पपात वरदस्य सः । देव्याः शैलसुतायाश्च चक्रे च द्विःप्रदक्षिणम् ॥ ५६
युक्तं यदागतोऽसीह दोषः स्याद्धि तवान्यथा । भविष्यन्त्यधुना ते तु विद्याः शश्वदभङ्गुराः ॥ ५७
तद्वत्स सिद्धक्षेत्रं तद्गच्छ त्वमृषभाचलम् । महाभिषेकं तत्राशु प्राप्तकालमवाप्नुहि ॥ ५८
इत्यादिष्टश्च देवेन चक्रवर्ती तथेति तम् । नत्वा सभार्यमागात्तद्देवमायस्य मन्दिरम् ॥ ५९
कार्यपुत्र गतोऽभूस्त्वं प्रहृष्टः किल दृश्यसे । इहापि किंस्विन्मिलितास्तवान्याः पञ्च कन्यकाः ॥ ६०
इत्यादिनर्मणा तत्र देवीं मदनमञ्चुकाम् । ब्रुवतीमुक्ततत्त्वार्थो नन्दयन्सुखमास्त सः ॥ ६१
अन्येद्युः सर्वगन्धर्वविद्याधरबलान्वितः । द्विभास्करमिव व्योम कुर्वंस्तेजस्विनात्मना ॥ ६२
विमानवरमारूढः सावरोधः समन्त्रिकः । नरवाहनदत्तोऽतः प्रययावृषभाचलम् ॥ ६३
प्रापच्च तं गिरिं दिव्यं वातधूतजटालतैः । विकीर्णपुष्पैर्दत्तार्घैस्तापसैरिव पादपैः ॥ ६४
तत्र तस्य समाजह्रुस्ते ते विद्याधराधिपाः । महाभिषेकसंभारान्प्रभावसदृशान्प्रभोः ॥ ६५
आययुश्चाभिषेकेऽत्र तस्य प्राभृतपाणयः । दिग्भ्यो विद्याधराः सर्वे भक्तभीतजिताहृताः ॥ ६६
अर्धासनेऽभिषेक्तव्या महादेवीपदेऽत्र का । देव देवीति पप्रच्छुस्तं च विद्याधरास्ततः ॥ ६७
समं मयाभिषेक्तव्या देवी मदनमञ्चुका । इति राज्ञोदिते क्षिप्रं ध्यानं ते खेचरा ययुः ॥ ६८
अथोच्चचार गगनादशरीरा सरस्वती । हंहो विद्याधरा नेयं मर्त्या मदनमञ्चुका ॥ ६९
रतिरेषावतीर्णा हि कामस्यास्य भवत्प्रभोः । नासौ कलिङ्गसेनायां जाता मदनवेगतः ॥ ७०
अयोनिजेयं देवैर्हि मायया परिवर्त्य तम् । गर्भं तस्याः प्रसूताया निक्षिप्ता तत्र तत्क्षणम् ॥ ७१
जातो गर्भस्तु यस्तस्याः सोऽयमित्यकसंज्ञकः । स्थितो मदनवेगस्य पार्श्वे धात्रा समर्पितः ॥ ७२
तदेषार्धासनार्हास्य पत्युर्मदनमञ्चुका । अस्या ह्येतद्वरं प्रादात्तपस्तुष्टो हरः पुरा ॥ ७३
इत्युक्त्वा व्यरमत्सा च वाणी विद्याधराश्च ते । तुतुषुः प्रशशंसुश्च देवीं मदनमञ्चुकाम् ॥ ७४
ततः शुभेऽहनि व्यग्रे शान्तिसोमे पुरोहिते । मङ्गल्यतूर्यनादेषु सुगीतेषु सुयोषिताम् ॥ ७५
ब्राह्मणब्रह्मघोषेषु व्याप्तवत्सु दिशो दश । सिंहासनस्थं वामार्धतिष्ठन्मदनमञ्चुकम् ॥ ७६
नरवाहनदत्तं तं नानातीर्थसमुद्भवैः । हेमकुम्भाहृतैस्तोयैरभ्यषिञ्चन्महर्षयः ॥ ७७
चित्रं तस्य जलैर्मूर्ध्नि पतितैर्मन्त्रपावनैः । निरगान्मनसो धौतं गूढं वैरमलं द्विषाम् ॥ ७८
लक्ष्मीस्तदभिषेकाम्बु सामुद्रं बन्धुबुद्धितः । अन्वागतेव तस्याङ्गं साक्षात्तेन सहावृणोत् ॥ ७९
पुष्पमालाततिस्तस्य नाकनारीकरोज्झिता । स्वयं पतन्ती गङ्गेव बहुस्रोता वपुष्यभात् ॥ ८०
सोऽरुणेनाङ्गरागेण प्रतापेनेव भूषितः । उदयस्थोऽम्बुधिजलस्नातो भास्वान्बभौ ततः ॥ ८१
बद्धमन्दारमाल्यश्च सद्वस्त्राभरणोज्ज्वलः । आमुक्तदिव्यमुकुटः श्रियं शाक्रीमुवाह सः ॥ ८२
प्राप्ताभिषेका देवी च पार्श्वे मदनमञ्चुका । तस्य दिव्यैरलंकारैः शचीवेन्द्रस्य निर्बभौ ॥ ८३
नदद्दुन्दुभिमेघं द्युपतत्कुसुमवृष्टि च । स्वःस्त्रीविद्युद्वृतं चित्रं दुर्दिनं तदभूद्दिनम् ॥ ८४
ततो नगेन्द्रनगरे विद्याधरवराङ्गनाः । नानृत्यन्केवलं यावद्वातोद्धूता लता अपि ॥ ८५
चारणैरत्र मुरजेष्वाहतेषु महोत्सवे । नगोऽप्यवादयदिव प्रतिशब्दवतीर्गुहाः ॥ ८६
दिव्यासवरसक्षीबवल्गद्विद्याधरावृतः । स पर्वतोऽपि पानेन घूर्णमान इवाबभौ ॥ ८७
वर्णितास्याभिषेकस्य शोभानेनैव वीक्ष्य यत् । इन्द्रोऽपि स्वाभिषेकेऽभूद्भ्रममानो विमानगः ॥ ८८
एवं प्राप्तयथाभीष्टचक्रवर्त्यभिषेचनः । नरवाहनदत्तोऽथ स सस्मारोत्सुकः पितुः ॥ ८९
संमन्त्र्य च समं सद्यः सचिवैर्गोमुखादिभिः । सम्राड्राजानमाहूय स वायुपथमादिशत् ॥ ९०
नरवाहनदत्तस्त्वां स्मरत्युत्कण्ठितो भृशम् । इत्युक्त्वाख्यातवृत्तान्तो गच्छ तातमिहानय ॥ ९१
देवीश्च मन्त्रिणश्चास्य तथैवोक्त्वा त्वमानयेः । तच्छ्रुत्वैव तथेत्युक्त्वा व्योम्ना वायुपथो ययौ ॥ ९२
क्षणाच्च प्राप कौशाम्बीं दृष्टः सभयविस्मयैः । पौरैर्विद्याधराणां स सप्तभिः कोटिभिर्वृतः ॥ ९३

ददर्शोदयनं तं च वत्सराजं समन्त्रिकम्। देवीभिश्चात्र सहितं यथार्हविहितादरम्॥ ९४
उपविश्याथ पृष्ट्वा च कुशलं तं जगाद सः। नृपं विद्याधरपतिर्दृष्टः सर्वैः सकौतुकम्॥ ९५
नरवाहनदत्तस्ते सूनुराराध्य शंकरम्। साक्षात्कृत्य च तं विद्याः सर्वाः प्राप्यारिदुर्जयाः॥ ९६
हत्वा मानसवेगं च गौरिमुण्डं च दक्षिणे। जित्वा मन्दरदेवं च वेदर्धपतिमुत्तरे॥ ९७
आसाद्योभयवेदर्धविद्याधरमहीभुजाम्। सर्वेषां शासनभृतां चक्रवर्तिपदं महत्॥ ९८
महाभिषेकमृषभे संप्राप्तः पर्वतेऽधुना। राजन्स्मरति सोत्कस्त्वां सदेवीसचिवादिकम्॥ ९९
अहं च तेन प्रहितो द्रुतमागम्यतामितः। पुण्यवन्तो हि संतानं पश्यन्त्युच्चैः कृतान्वयम्॥ १००
इति वायुपथाच्छ्रुत्वा भृशोत्कण्ठो बभार सः। वत्सराजोऽम्बुदारावहृष्यद्बर्हिणविभ्रमम्॥ १०१
प्रतिपद्य च तद्वाक्यं समं तेनैव तत्क्षणम्। आरुह्य शिबिकां व्योम्ना तद्विद्यानां प्रभावतः॥ १०२
कलिङ्गसेनानुगतः स भार्यासचिवान्वितः। गत्वा संप्राप तं दिव्यमृषभाख्यं महागिरिम्॥ १०३
तत्रापश्यच्च तं पुत्रं दिव्यसिंहासनस्थितम्। विद्याधरेन्द्रमध्यस्थं बहुभार्यासमन्वितम्॥ १०४
पूर्वाद्रिमस्तकासीनं ग्रहग्रामपरिष्कृतम्। शशाङ्कमनुकुर्वन्तं भूरितारावलीवृतम्॥ १०५
तद्दर्शनसुधासारसिक्तः प्रोल्लासिताशयः। कांचिच्चन्द्रोदयाम्भोधिभङ्गीं भेजे स भूपतिः॥ १०६
नरवाहनदत्तोऽपि दृष्ट्वा तं जनकं चिरात्। उत्थाय संभ्रमात्सोत्कः सोऽभ्यगात्सपरिच्छदः॥ १०७
आलिङ्गितश्च तेनाथ पित्राङ्कमधिरोप्य सः। भूयोऽप्यानन्दबाष्पाम्बुपूरेणेवाभ्यषिच्यत॥ १०८
देवी वासवदत्ता च चिरमाश्लिष्य तं सुतम्। तदालोकस्नुतस्तन्यैरसिचत्स्मृतशैशवम्॥ १०९
पद्मावती च यौगन्धरायणाद्याश्च मन्त्रिणः। पैतृका मातुलश्चैव दृष्ट्वा गोपालकश्चिरात्॥ ११०
पपुः सतृष्णया दृष्ट्या तस्यामृतमयं वपुः। चकोरा इव सम्राजो यथार्हकृतसत्कृतेः॥ १११
कलिङ्गसेना तं दृष्ट्वा जामातरमथात्मजाम्। त्रैलोक्येऽपि न माति स्म स्वेष्वङ्गेषु तु का कथा॥ ११२
यौगन्धरायणाद्याश्च मरुभूतिमुखान्सुतान्। दृष्ट्वा प्रभुप्रसादाप्तदिव्यत्वानभ्यनन्दिषुः॥ ११३
आमुक्तदिव्याभरणा देवी मदनमञ्चुका। रत्नप्रभाप्यलंकारवती ललितलोचना॥ ११४
कर्पूरिका शक्तियशा भगीरथयशा अपि। तथा रुचिरदेवस्य भगिनी दिव्यरूपधृत्॥ ११५
वेगवत्यजिनावत्यौ तथा गन्धर्वदत्तया। प्रभावती चात्मनिका वायुवेगयशास्तथा॥ ११६
तत्सख्यः कालिकाद्याश्च चतस्रोऽथ सुलोचना। किं च मन्दरदेव्याद्याः पञ्चान्याश्च वराङ्गनाः॥ ११७
नरवाहनदत्तस्य महिष्यश्चक्रवर्तिनः। प्रणेमुः श्वशुरस्यात्र पादौ वत्सेश्वरस्य ताः॥ ११८
तद्वद्वासवदत्तायाः पद्मावत्यास्तथैव च। ते च हर्षाद्यथौचित्यमाशीर्भिस्ता अवर्धयन्॥ ११९
यथोचितासनासीने वत्सेशेऽन्तःपुरान्विते। नरवाहनदत्तः स्वमारुरोह महासनम्॥ १२०
देवी वासवदत्ता च नवास्तास्तास्तदा स्नुषाः। पश्यन्ती मुमुदे तासां पृच्छन्ती कुलनामनी॥ १२१
नरवाहनदत्तस्य तां ते वत्सेश्वरादयः। दिव्यां विभूतिं पश्यन्तः कृतार्थं जन्म मेनिरे॥ १२२
अथ प्रवृत्ते तत्रैव बन्धुसङ्गमहोत्सवे। प्रतीहारोऽब्रवीद्वीरो रुचिदेवः प्रविश्य सः॥ १२३
आपानभूमिः सज्जेयं तदत्रागम्यतामिति। तच्छ्रुत्वा ते ययुः सर्वे तामापानभुवं शुभाम्॥ १२४
विचित्ररत्नचषकप्रफुल्लविविधाम्बुजाम्। विकीर्णानेककुसुमामुद्याननलिनीमिव॥ १२५
व्याप्तां मत्तासवापूर्णकलशीभिः पुरंध्रिभिः। तन्वतीभिः सुधाहर्तृबाहूतपद्मामृतभ्रमम्॥ (?) १२६
पपुस्तत्रावरोधस्त्रीलज्जानिगडभेदि ते। स्मरजीवितसर्वस्वं विलाससचिवं मधु॥ १२७
मुखानि मधुना तेषामुत्फुल्लान्यरुणानि च। बालातपेन सरसां सरोजानीव रेजिरे॥ १२८
देवीवृन्दाधरजितैर्भीतैस्तत्संगमादिव। चक्रेऽब्जरागचषकैः स्वरुचा शीधुनिह्नवः॥ १२९
आसन्नकोपकालेऽपि सभ्रूभङ्गारुणेक्षणाः[1]। नरवाहनदत्तस्य तदा देव्यो मदस्पृशः॥ १३०
ततो भोजनभूमिं ते क्रमेणात्र समासदन्। विद्याविभवसंभूतत्रिविधाहारहारिणीम्॥ १३१

[1] 'आसन्–अकोपकाले' इति च्छेदः. पुस्तकान्तरे त्वस्माच्छ्लोकादग्रे एकश्लोकस्य त्रुटिचिह्नमस्ति.

आस्तीर्णवस्त्रां पात्राढ्यां सतिरस्करिणीपटाम् । नानाविधास्वाद्यरसां नाट्यवेदीमिव श्रियाम् ॥ १३२
तत्र ते विहिताहारा भास्करे सह संध्यया । विश्रान्तेऽस्तगिरौ शय्यागृहेष्वथ विशश्रमुः ॥ १३३
नरवाहनदत्तश्च विद्यया बहुधा वपुः । विभज्य सर्वदेवीनां संनिधत्ते स्म वेश्मसु ॥ १३४
सत्यतस्त्विन्दुवदनां समदां लोलतारकाम् । रेमे निशामिवादाय कान्तां मदनमञ्चुकाम् ॥ १३५
वत्सेश्वरोऽपि तां रात्रिं सानुगो दिव्यभोगवान् । तथैव तन्वा संप्राप्तजन्मान्तर इवानयत् ॥ १३६
प्रातः प्रबुध्य सर्वे च तैस्तैर्भोगैस्तथैव ते । विद्यासिद्धवरोद्यानमन्दिरादिषु रेमिरे ॥ १३७

इति विविधविहारैरत्र तेषां प्रयातेष्वथ बहुदिवसेषु प्रीतिमान्वत्सराजः ।
निजसुतमुपगम्य स्वां पुरीं गन्तुकामो निखिलखचरराजं प्रह्वमेवं जगाद ॥ १३८

पुत्रैतेषु सचेतनो न रमते दिव्येषु भोगेषु कः
किं त्वाकर्षति जन्मभूमिवसतिस्नेहः स्वको मानुषान् ।
तद्यामः स्वपुरीं वयं श्रियमिमां वैद्याधरीं त्वं पुन-
र्भुङ्क्ष्वैतास्तव दिव्यमानुषतया योग्या यतो भूमयः ॥ १३९

आह्वातव्याः पुनरवसरे पुत्र भूयो वयं ते
जन्मन्येतत्फलमिह हि नस्त्वन्मुखेन्दुं यदेतम् ।
चक्षुःपेयामृतरसमयं कान्तमालोकयामो
दिव्यां लक्ष्मीं यदपि भवतो वीक्ष्य मोदामहे च ॥ १४०

एतद्वचोऽकृतकमेव पितुर्निशम्य वत्सेश्वरस्य नरवाहनदत्तदेवः ।
विद्याधराधिपतिमाशु स देवमायमाहूय बाष्पभरगद्गदमादिदेश ॥ १४१
तातः प्रयाति खलु तां निजराजधानीमम्बान्वितः स्वसचिवादियुतस्तदस्य ।
संपूर्णहेममणिभारसहस्रमग्रे प्रस्थापय द्युचरविष्टिसहस्रहार्यम् ॥ १४२

इत्यादिष्टः स्वामिना प्रीतिपूर्वं तेन प्रह्वो देवमायो जगाद ।
आकौशाम्बि स्वात्मनैव प्रयास्याम्येतत्सिद्ध्यै सानुगो मानदेति ॥ १४३

अथ तस्य चक्रवर्ती वस्त्रालंकारपूजितस्य पितुः ।
वायुपथदेवमायौ सानुचरस्यानुयात्रिकौ स ददौ ॥ १४४
सोऽप्यारूढो दिव्यं वहनं वत्सेश्वरः सपरिवारः ।
दूरानुगतं पुत्रं निवर्त्य तं निजपुरीं प्रययौ ॥ १४५
देवी वासवदत्ता तत्कालोद्भूतशतगुणोत्कण्ठा ।
प्रणतं निवर्त्य रुदती पश्यन्ती तं सुतं कथंचिदगात् ॥ १४६
स च नरवाहनदत्तः सचिवानुगतो गुरूननुव्रज्य ।
बाष्पान्धकारितमुखः प्रत्यागादृषभकं तमेव गिरिम् ॥ १४७

तत्रास्त बालसचिवैः सह गोमुखाद्यैर्विद्याधरेन्द्रनिवहैश्च स चक्रवर्ती ।
सान्तःपुरो मदनमञ्चुकया समेतो दिव्येषु शश्वदुपभोगसुखेष्वसक्तः ॥ १४८

इति महाकविश्रीसोमदेवभट्टविरचिते कथासरित्सागरे महाभिषेकलम्बके द्वितीयस्तरङ्गः ।

समाप्तश्चायं महाभिषेको नाम पञ्चदशो लम्बकः ।

॥ श्रीः ॥

महाकविश्रीसोमदेवभट्टविरचितः

कथासरित्सागरः ।

सुरतमञ्जरी नाम षोडशो लम्बकः ।

इदं गुरुगिरीन्द्रजाप्रणयमन्दरान्दोलना-
त्पुरा किल कथामृतं हरमुखाम्बुधेरुद्गतम् ।
प्रसह्य रसयन्ति ये विगतविघ्नलब्धर्द्धयो
धुरं दधति वैबुधीं भुवि भवप्रसादेन ते ॥

प्रथमस्तरङ्गः ।

पातु वस्ताण्डवोड्डीनगण्डसिन्दूरमण्डनः । वान्ताभिपीतप्रत्यूहप्रताप इव विघ्नजित् ॥ १
एवं तस्मिन्नृषभके पर्वते तस्य तिष्ठतः । नरवाहनदत्तस्य सभार्यस्य समन्त्रिणः ॥ २
प्राप्य विद्याधराधीशचक्रवर्तिश्रियं पराम् । भुञ्जानस्याययौ पुष्णन्सुखानि मधुरेकदा ॥ ३
प्रससाद चिराच्चारु चन्द्रिका मृगलक्ष्मणः । नवीनशाद्वलाश्लिष्टा सस्वेदाभूद्वसुंधरा ॥ ४
आसन्नालिङ्ग्यमानाश्च मुहुर्मलयमारुतैः । कम्पाकुलाः कण्टकिताः सरसा वानराजयः ॥ ५
पुष्पचापप्रतीहारश्चूतयष्टिं बिलोकयन् । क्वणन्मानवतीमानं निषिषेधेव कोकिलः ॥ ६
निष्पेतुः पुष्पवल्लीभ्यः सशब्दा भृङ्गराजयः । मारवीरधनुर्मुक्ता इव नाराचपङ्क्तयः ॥ ७
एवं मधुप्रवृत्तिं तां तदा वीक्ष्य व्यजिज्ञपन् । नरवाहनदत्तं तं सचिवा गोमुखादयः ॥ ८
देव पश्यान्य एवायं जातः पुष्पमयोऽधुना । ऋषभाद्रिर्मभूत्फुल्लकाननालीनिरन्तरः ॥ ९
अन्योन्यघट्टितैः पुष्पैः कांस्यतालवतीरिव । संगीता इव भृङ्गीनां विरुतैर्वातवेपिताः ॥ १०
वसन्तसज्जितोद्यानमन्मथास्थानगामिनीः । विलोकय लता राजन्परागपटमालिनीः ॥ ११
अलिमालाश्रुथज्येयं दृश्यतां चूतमञ्जरी । विश्रान्तस्य जगज्जित्वा कामस्येव धनुर्लता ॥ १२
तदत्र रुचिरोद्याने देव मन्दाकिनीतटे । मधूत्सवमिमं तावदेहि गत्वोपभुञ्ज्महे ॥ १३
इत्युक्तः सचिवैः सोऽथ सावरोधवधूजनः । नरवाहनदत्तस्तद्ययौ मन्दाकिनीतटम् ॥ १४
तत्र चिक्रीड चोद्याने नानाविहगनादिते । एलालवङ्गबकुलाशोकमन्दारमण्डिते ॥ १५
उपविष्टश्च विपुले चन्द्रकान्तशिलातले । पार्श्वे कृत्वा महादेवीं वामे मदनमञ्चुकाम् ॥ १६
अन्यावरोधसहितस्तैस्तैर्विद्याधरेश्वरैः । चण्डसिंहामितगतिप्रमुखैः परिवारितः ॥ १७
आपानं सेवमानोऽत्र तास्ताः कुर्वन्कथास्तथा । विचार्य तमृतुं सम्राट् सचिवान्स्वानुवाच सः ॥ १८
सुखस्पर्शो मृदुर्वातो दक्षिणो विमला दिशः । पुष्पितानि सुगन्धीनि काननानि पदे पदे ॥ १९
मधुराः कोकिलालापाः पानलीलासुखानि च । सुखं किं न मधौ प्रेयोवियोगस्त्वत्र दुःसहः ॥ २०
अन्यस्यास्तां तिरश्चामप्यत्र कष्टा वियोगिता । तथा च विरहक्लान्तामेतां पश्यत कोकिलाम् ॥ २१
एषा हि नष्टमन्विष्य कूजन्ती सुचिरं प्रियम् । अप्राप्य तं स्थिता चूते मृतेवालीय निःस्वना ॥ २२
इत्युक्तवन्तं सम्राजं मन्त्री तं गोमुखोऽब्रवीत् । सत्यं कालेऽत्र विरहो दुःसहः सर्वदेहिनाम् ॥ २३
तथाहि देव श्रावस्त्यां यद्वृत्तं वच्मि तच्छृणु । तत्रैको राजपुत्रोऽभूद्ग्रामभुग्राजसेवकः ॥ २४
शूरसेनाभिधानस्य तस्य मालवदेशजा । अनुरूपा सुषेणेति भार्याभूज्जीविताधिका ॥ २५

स जातु भूपेनाहूतः कटकं गन्तुमुद्यतः । शूरसेनोऽनुरागिण्या जगदे भार्यया तया ॥ २६
आर्यपुत्र न मुक्त्वा मामेककां गन्तुमर्हसि । नहि शक्ष्याम्यहं स्थातुं क्षणमत्र त्वया विना ॥ २७
एवं तयोक्तः प्रियया शूरसेनो जगाद ताम् । राजाहूतो न गच्छामि कथं तन्वि न वेत्सि किम् ॥ २८
राजपुत्रः परायत्तवृत्तिरस्मि हि सेवकः । तच्छ्रुत्वा साश्रुनयना सा भार्या तमभाषत ॥ २९
गन्तव्यं यद्यवश्यं ते तत्सहिष्ये कथंचन । दिनमप्यनतिक्रामन्नुपैष्यसि मधौ यदि ॥ ३०
श्रुत्वैतत्सोऽप्यवादीत्तामन्ततो निश्चितं प्रिये । त्यक्त्वापि कार्यमेष्यामि चैत्रस्य प्रथमेऽहनि ॥ ३१
इत्युक्तवान्कथमपि प्रिययानुमतस्तया । राज्ञः समीपं कटकं शूरसेनो जगाम सः ॥ ३२
तद्भार्याप्याशया तस्थौ गणयन्ती दिनानि सा । तदागमावधिमधुप्रारम्भदिवसेक्षिणी ॥ ३३
गतेष्वथ दिनेष्वागात्स मधूत्सववासरः । मन्मथाह्वानमन्त्राभविलसत्कोकिलध्वनिः ॥ ३४
शुश्रुवे कुसुमामोदमाद्यन्मधुकरारवः । कामेनारोप्यमाणस्य कार्मुकस्येव निःस्वनः ॥ ३५
सोऽयं मधूत्सवः प्राप्तो ध्रुवमद्यैष्यति प्रियः । इति तस्मिन्दिने तस्य शूरसेनस्य सा वधूः ॥ ३६
विचिन्त्य विहितस्नाना सुषेणाभ्यर्चितस्मरा । उद्वीक्षमाणा तन्मार्गं तस्थौ रचितमण्डना ॥ ३७
दिनात्ययेऽपि न यदा स तस्याः पतिराययौ । तदा सा निशि नैराश्यविधुरा समचिन्तयत् ॥ ३८
मृत्योः कालोऽयमायातो न त्वायातः पतिः स मे । परसेवैकसक्तानां को हि स्नेहो निजे जने ॥ ३९
इत्येवं चिन्तयन्त्याश्च तस्यास्तद्गतचेतसः । निर्ययुः स्मरदावाग्निदह्यमाना इवासवः ॥ ४०
तावच्च भूपात्कथमप्यात्मानं प्रतिमोच्य सः । शूरसेनोऽनतिक्रामन्दिनं तद्दयितोत्सुकः ॥ ४१
आरुह्य करभश्रेष्ठमुल्लङ्घ्याध्वानमायतम् । आगतः पश्चिमे यामे रात्रेः प्राप निजं गृहम् ॥ ४२
तत्रापश्यद्गतप्राणां प्रियां तां कृतमण्डनाम् । लतामुत्फुल्लकुसुमां वातेनोन्मूलितामिव ॥ ४३
दृष्ट्वैव विह्वलस्यैतां कुर्वतोऽङ्के विनिर्ययुः । प्रलापैः सह तस्यापि प्राणा विरहिणः क्षणात् ॥ ४४
तथा विपन्नौ दृष्ट्वा तौ दंपती कुलदेवता । कृपया जीवयामास देवी चण्डी वरप्रदा ॥ ४५
ततः प्रत्यागतप्राणौ ततः प्रभृति तावुभौ । दृष्टानुरागावन्योन्यमवियुक्तौ बभूवतुः ॥ ४६
इत्थं वसन्तसमये मलयानिलवीजितः । केषां न देहिनां देव दुःसहो विरहानलः ॥ ४७
इत्येवं गोमुखेनोक्ते तदेव किल भावयन् । नरवाहनदत्तोऽभूत्सोऽकस्माद्विमना इव ॥ ४८
महात्मनां विना हेतोर्दुःस्थितः सुस्थितोऽपि वा । सूचयत्यन्तरात्मा हि पुरो भावि शुभाशुभम् ॥ ४९
ततो दिने व्यवसिते सम्राट् संध्यामुपास्य सः । वासवेश्मनि विश्रान्तः प्रविश्य शयनीयके ॥ ५०
स्वप्ने निशावसाने स्वं पितरं कृष्णया स्त्रिया । आकृष्य दक्षिणामाशां नीयमानमवैक्षत ॥ ५१
तद्दृष्ट्वैव प्रबुद्धः संस्तातस्यानिष्टशङ्कया । ध्यातामुपस्थितां विद्यां प्रज्ञप्तिं नाम पृष्टवान् ॥ ५२
ब्रूहि तातस्य वृत्तान्तो वत्सराजस्य को मम । तन्निमित्तं हि दुःस्वप्नदर्शनादस्मि शङ्कितः ॥ ५३
इत्युक्ता तेन विद्या सा रूपिणी तमभाषत । शृणु यद्वत्सराजस्य वृत्तं देव पितुस्तव ॥ ५४
स कौशाम्बीस्थितोऽकस्मादुज्जयिन्याः समागतात् । दूताच्चण्डमहासेनं विपन्नमशृणोन्नृपम् ॥ ५५
तस्याङ्गारवतीं देवीं कृतानुगमनां तथा । तस्मादेव स शुश्राव मोहाद्भूमौ पपात च ॥ ५६
लब्धसंज्ञश्चिरं चैतौ समं वासवदत्तया । देव्या शुशोच श्वशुरौ स्वर्गतौ सपरिच्छदः ॥ ५७
भङ्गुरेऽस्मिन्भवे कस्य स्थिरता स च भूपतिः । अशोच्यो यस्य जामाता भवान्गोपालकः सुतः ॥ ५८
नरवाहनदत्तश्च दौहित्र इति मन्त्रिभिः । प्रबोध्योत्थापितः सोऽथ ददौ श्वशुरयोर्जलम् ॥ ५९
ततः श्वशुर्यं शोकार्तं स्नेहात्पार्श्वस्थितं तदा । गोपालकं स वत्सेशो बाष्पकण्ठोऽभ्यभाषत ॥ ६०
उत्तिष्ठोज्जयिनीं गच्छ राज्यं पालय पैतृकम् । प्रतीक्षन्ते प्रजा हि त्वामिति दूतमुखाच्छ्रुतम् ॥ ६१
तच्छ्रुत्वा स रुदन्वत्सराजं गोपालकोऽब्रवीत् । न देव गन्तुं शक्नोमि त्यक्त्वा त्वां भगिनीं तथा ॥ ६२
न चोत्सहे तातशून्यां स्वपुरीं द्रष्टुमप्यहम् । तत्पालकोऽनुजो मेऽत्र राजास्तु मदनुज्ञया ॥ ६३
एवं वदन्यदा नैच्छद्राज्यं गोपालकस्तदा । सेनापतिं रुमण्वन्तं विसृज्योज्जयिनीं पुरीम् ॥ ६४

वत्सेश्वरः कनिष्ठं तं श्वशुर्यं पालकाभिधम्। दत्ताभ्यनुज्ञं ज्येष्ठेन तस्यां राज्येऽभ्यषेचयत्॥ ६५
आलोक्य चास्थिरं सर्वं विरक्तो विषयेषु सः। यौगन्धरायणादिभ्यः सचिवेभ्योऽब्रवीदिदम्॥ ६६
असारेऽस्मिन्भवे तावद्भावाः पर्यन्तनीरसाः। कृतं च राज्यमस्माभिर्भुक्ता भोगा जिता द्विषः॥ ६७
विद्याधराधिराजत्वं प्राप्तो दृष्टः सुतस्तथा। इदानीं च वयोऽतीतमस्माकं बान्धवैः सह॥ ६८
मृत्यवे दातुमात्ताश्च केशेषु जरसा वयम्। क्लीबराज्यमिवाक्रान्तं शरीरं वलिभिश्च नः॥ ६९
तस्मात्कालंजरगिरौ गत्वा देहमशाश्वतम्। त्यक्त्वेमं साधयाम्यत्र यथोक्तं शाश्वतं पदम्॥ ७०
इत्युक्तास्तेन सचिवा राज्ञा सर्वे विचार्य तत्। देवी वासवदत्ता च समचित्तास्तमब्रुवन्॥ ७१
यथाभिरुचितं देव भवतस्त्वत्प्रसादतः। वयमप्युपयास्यामः परत्राप्युत्तमां गतिम्॥ ७२
इत्यात्मतुल्यैरुक्तस्तैः स राजा कृतनिश्चयः। गोपालकं तं तत्रस्थं श्वशुर्यं धुर्यमभ्यधात्॥ ७३
नरवाहनदत्तश्च त्वं च तुल्यौ सुतौ मम। तदेतां रक्ष कौशाम्बीं राज्यं तुभ्यं मयार्पितम्॥ ७४
एवं वत्सेश्वरेणोक्तस्तं स गोपालकोऽब्रवीत्। युष्माकं या गतिः सा मे नाहं वस्त्यक्तुमुत्सहे॥ ७५
एतदेवानुबन्धेन स जल्पन्स्वस्रृवत्सलः। वत्सराजेन जगदे कोपं कृत्वैव कृत्रिमम्॥ ७६
अद्यैव त्वमनायत्तो जातो मिथ्यानुवृत्त मे। खपदाक्यवमानस्य कस्याज्ञां को हि मन्यते॥ ७७
इत्युक्तोऽवाङ्मुखो राज्ञा रूक्षं गोपालको रुदन्। वनाय कृतबुद्धिः सन्संप्रत्यत्र न्यवर्तत॥ ७८
ततो राजा गजारूढो देव्या वासवदत्तया। पद्मावत्या च सहितः स प्रतस्थे समन्त्रिकः॥ ७९
कौशाम्ब्या निर्गतं तस्याः साक्रन्दाः साश्रुदुर्दिनाः। सयोषिद्बालवृद्धाश्च पौरास्तमनु निर्ययुः॥ ८०
गोपालको वः पातेति तानाश्वास्य कथंचन। निवर्त्य च स वत्सेशः प्रायात्कालंजरं गिरिम्॥ ८१
प्राप्य तं च समारुह्य प्रणम्य च वृषध्वजम्। सर्वकालप्रियां वीणां कृत्वा घोषवतीं करे॥ ८२
पार्श्वगाभ्यां स देवीभ्यामन्वितो मन्त्रिभिः सह। यौगन्धरायणाद्यैस्तैः पतितोऽभूत्प्रपाततः॥ ८३
पतन्नेव विमानेन भास्वरेण स भूपतिः। आगतेनानुगैः सार्धं द्योतमानो दिवं गतः॥ ८४
एतद्विद्यामुखाच्छ्रुत्वा हा तातेत्यभिधाय सः। नरवाहनदत्तोऽत्र पपात भुवि मूर्च्छितः॥ ८५
लब्धसंज्ञश्च पितरं मातरं पितृमन्त्रिणः। अन्वशोचन्निजामात्यैः प्रमीतपितृकैः सह॥ ८६
स्वरूपज्ञोऽपि संसारस्यैतस्य क्षणभङ्गिनः। इन्द्रजालोपमानस्य कथं देव विमुह्यसि॥ ८७
अनुशोचसि चाशोच्यान्कृतकृत्यान्पितॄन्कथम्। येषां विद्याधरेन्द्रैकचक्रवर्ती भवान्सुतः॥ ८८
इति विद्याधराधीशैर्धनवत्या च बोधितः। स पितृभ्यो जलं दत्त्वा विद्यां पप्रच्छ तां पुनः॥ ८९
मातुलो मे स गोपालः क्वास्ते किमकरोदिति। ततो विद्यापि सा भूयः सम्राजं तमभाषत॥ ९०
गते महापथगिरिं वत्सराजेऽनुशोच्य तम्। भगिनीं चाभुवं मत्वा सर्वं स्थित्वा बहिः पुरः॥ ९१
उज्जयिन्यास्तमानाय्य भ्रातरं पालकं च सः। प्रादाद्गोपालकस्तस्मै कौशाम्बीराज्यमव्ययः॥ ९२
राज्यद्वयस्थे तस्मिंश्च सोऽनुजेऽथ तपोवनम्। वैराग्येणासितगिरिं प्रयातः कश्यपाश्रमम्॥ ९३
तत्र वल्कलमादाय तपस्यन्मुनिमध्यगः। मातुलस्तिष्ठति स ते देव गोपालकोऽधुना॥ ९४
श्रुत्वैतद्द्रष्टुमुत्कस्तं मातुलं सपरिच्छदः। नरवाहनदत्तोऽगाद्विमानेनासिताचलम्॥ ९५
तत्रावतार्य गगनाद्वृतो विद्याधरेश्वरैः। अपश्यदाश्रमपदं स मुनेः कश्यपस्य तत्॥ ९६
सम्प्रेक्षितमिवानेककृष्णसारमृगभ्रमैः। सस्वागताचारमिव क्वणितेन पतत्रिणाम्॥ ९७
जुह्वतामग्निहोत्राणि धूमराजिसमुद्गमैः। प्रदर्शयदिवारोहमार्गं दिवि तपस्विनाम्॥ ९८
बहुभूधरनागेन्द्रमाश्रितं कपिलोत्करैः। अपूर्वमिव पातालमूर्ध्ववर्ति वितामसम्॥ ९९
तत्र मध्ये जटालं तं तरुवल्कलवाससम्। मूर्तं शममिवाद्राक्षीन्मातुलं मुनिभिर्वृतम्॥ १००
सोऽपि गोपालको दृष्ट्वा भागिनेयमुपागतम्। उत्थायाश्लिष्य चाङ्के तं चकारोद्श्रुलोचनः॥ १०१
अथोभौ तौ नवीभूतशोकौ बन्धूनशोचताम्। स्वजनालोकवातेद्धो दुःखाग्निः कं न तापयेत्॥ १०२
तद्दुःखदर्शनार्तेषु तिर्यक्ष्वप्यत्र तौ ततः। उपेत्याश्वासयामासुर्मुनयः कश्यपादयः॥ १०३

अथ तस्मिन्नहनि गते प्रातर्गोपालकं स तं सम्राट्।
एहि मदैश्वर्ये त्वं निवसेत्यभ्यर्थयामास ॥ १०४
गोपालकोऽपि तमुवाच स किं न वत्स पर्याप्तमेवममुना तव दर्शनेन।
स्नेहस्तवास्ति मयि चेत्तदिहैव वर्षाकालं समागतमिमं निवसाश्रमे त्वम् ॥ १०५
इति नरवाहनदत्तस्तेनोक्तो मातुलेन तत्कालम्।
सपरिच्छदः स तस्मिन्नसितगिरौ कश्यपाश्रमे तस्थौ ॥ १०६

इति महाकविश्रीसोमदेवभट्टविरचिते कथासरित्सागरे सुरतमञ्जरीलम्बके प्रथमस्तरङ्गः।

द्वितीयस्तरङ्गः।

अथासितगिरौ तस्मिन्नास्थानस्थं व्यजिज्ञपत्। नरवाहनदत्तं तं स्वसेनापतिरेकदा ॥ १
अद्याहं देव हर्म्यस्थो रक्षन्सैन्यानि दृष्टवान्। दिव्येन पुंसा नभसि ह्रियमाणां निशि स्त्रियम् ॥ २
क्रन्दन्तीं ह्यार्यपुत्रेति कान्तिसर्वस्वहारिणीम्। लब्ध्वैवानायितां बुद्ध्वा तत्कालबलिनेन्दुना ॥ ३
आः पाप परदारांस्त्वमपहृत्य क यास्यसि। नरवाहनदत्तस्य राज्ये देवस्य रक्षितुः ॥ ४
योजनानां सहस्रेषु षष्टौ वैद्याधरे पदे। तिर्यञ्चोऽपि हि नाधर्मं कुर्वन्त्यन्येषु का कथा ॥ ५
इत्युक्त्वैव प्रधाव्याशु सानुगेन मया स्वयम्। संयम्य स पुमान्व्योम्नः सनारीकोऽवतारितः ॥ ६
अवतार्य च पश्यामो यावत्स्यालः स ते प्रभो। भ्राता युष्मन्महादेव्या इत्यकाख्यो नभश्चरः ॥ ७
देव्यां कलिङ्गसेनायां जातो मदनवेगतः। केयं किमेतां हरसीत्युक्तोऽस्माभिश्च सोऽभ्यधात् ॥ ८
इयं मतङ्गदेवस्य विद्याधरपतेः सुता। उत्पन्नाशोकमञ्जर्यां नाम्ना सुरतमञ्जरी ॥ ९
सैषा प्रागेव वाचा मे मात्रा दत्ता सती किल। अन्यस्मै मानुषायात्र स्वपित्रा प्रतिपादिता ॥ १०
अतोऽद्यासौ निजा भार्या यदि प्राप्य हृता मया। तन्मे को दोष इत्युक्त्वा सोऽत्र व्यरमदित्यकः ॥ ११
केनार्ये परिणीता त्वं कथं प्राप्तासि चामुना। इति साथ मया पृष्टावोचत्सुरतमञ्जरी ॥ १२
अस्त्युज्जयिन्यां नृपतिः श्रीमान्पालकसंज्ञकः। कुमारस्तस्य पुत्रोऽस्ति सुनामावन्तिवर्धनः ॥ १३
तेनेह परिणीताहं सुप्ता हर्म्यतलेऽद्य च। आर्यपुत्रस्य सुप्तस्य हृतास्म्येतेन पाप्मना ॥ १४
एवमुक्तवती सा च संयतस्थः स चेत्यकः। मयेह स्थापितौ तौ द्वौ प्रमाणमधुना प्रभुः ॥ १५
एवं हरिशिखात्सेनापतेः श्रुत्वा ससंशयम्। गत्वा गोपालकायैतच्चक्रवर्ती शशंस सः ॥ १६
गोपालकोऽपि सोऽवादीद्वत्सैतद्विदितं न मे। सांप्रतं परिणीतैषा जाने पालकसूनुना ॥ १७
आनीयतां कुमारस्तदुज्जयिन्याः स मन्त्रिणा। समं भरतरोहेण ज्ञास्यामो निश्चयं ततः ॥ १८
तच्छ्रुत्वा मातुलवचश्चक्रवर्ती विसृज्य सः। विद्याधरं धूमशिखं मातुलस्य कनीयसः ॥ १९
पालकस्यान्तिकं राज्ञस्तावानायितवानुभौ। उज्जयिन्याः कुमारं तं तत्सुतं तं च मन्त्रिणम् ॥ २०
प्राप्तौ कृतप्रणामौ च स तौ गोपालकान्वितः। स्नेहादराभ्यां संमान्य प्रकृतं पृच्छति स्म तम् ॥ २१
तत्र स्थिते निशाहीनचन्द्राभेऽवन्तिवर्धने। तथा सुरतमञ्जर्यां पितर्यस्याश्च सेत्यके ॥ २२
सत्सु वायुपथाद्येषु मुनौ तिष्ठति कश्यपे। सोऽन्येषु च जगादैवं मन्त्री भरतरोहकः ॥ २३
आ मूलाच्छृणु देवैतदुज्जयिन्याः किलैकदा। एवं समेत्य विज्ञप्तः सर्वैः पालकभूपतिः ॥ २४
अस्यामुदकदानाख्यो भवत्यद्योत्सवः पुरि। हेतुश्चात्र न चेत्सम्यक्छ्रुतस्तच्छ्रूयतां प्रभो ॥ २५
पूर्वं चण्डमहासेनः पिता ते खड्गमुत्तमम्। प्राप्तुं च भार्यां तपसा देवीं चण्डीमतोषयत् ॥ २६
सा स्वं खड्गं ददौ तस्मै भार्यार्थे चैवमभ्यधात्। अङ्गारकाख्यमसुरं हत्वा तस्याचिरात्सुताम् ॥ २७
पुत्राङ्गारवतीं नाम भव्यां भार्यामवाप्स्यसि। इत्यादिष्टस्तया देव्या तस्थौ राजा स तन्मनाः ॥ २८
अत्रान्तरे चोज्जयिन्यां यो योऽभून्नगराधिपः। स स केनापि सत्त्वेन रात्रौ रात्रावभक्ष्यत ॥ २९
ततश्चण्डमहासेनस्तदन्वेष्टुं स्वयं निशि। स्वैरं भ्रमन्पुरि प्राप पुरुषं पारदारिकम् ॥ ३०

तस्याच्छिनत्स खड्गेन शिरो रचितमण्डनम् । छिन्नकण्ठं च तं सद्यः कोऽप्येत्यादत्त राक्षसः ॥ ३१
सोऽयं पुराधिपानत्ति नूनमत्रेत्युदीर्य सः । आदाय केशेष्वारेभे हन्तुं तं राक्षसं नृपः ॥ ३२
तावत्स राक्षसोऽवादीन्मा राजन्मां वधीर्नृप । अन्य एव स कोऽपीह यः खादति पुराधिपान् ॥ ३३
कोऽसौ ब्रूहीति राज्ञा तत्पृष्टं रक्षोऽब्रवीत्पुनः । अस्तीहाङ्गारको नाम पातालनिलयोऽसुरः ॥ ३४
स ते पुराधिपानत्ति निशीथेषु परंतप । सर्वतो राजकन्याश्च हठेन हरति प्रभो ॥ ३५
करोत्यङ्गारवत्याश्च ताः सुतायाः परिच्छदम् । तमटव्यां भ्रमन्तं त्वं दृष्ट्वा हत्वा कृती भव ॥ ३६
इत्युक्तवन्तं मुक्त्वा तं राक्षसं स स्वमन्दिरम् । राजा ययावेकदा च जगामाखेटकं ततः ॥ ३७
तत्रापश्यन्महाकायं कोपज्वलितलोचनम् । सूकरं सदरीखण्डमञ्जनाद्रिमिवोद्यतम् ॥ ३८
न वराहो भवेदीदृश्यायी सोऽङ्गारको नु किम् । इति ध्यायन्स राजा तं क्रोडं बाणैरताडयत् ॥ ३९
स तानगणयन्नेव बाणान्व्याधूय तद्रथम् । गत्वा वराहः सुमहद्विवेश विवरं भुवः ॥ ४०
राजापि वीरस्तत्रैव तस्य पश्चात्प्रविश्य सः । दिव्यं पुरं ददर्शात्र न ददर्श च सूकरम् ॥ ४१
वापीतटोपविष्टश्च तत्रापश्यत्स कन्यकाम् । कन्याशतपरीवारां रतिं रूपवतीमिव ॥ ४२
सा कन्याभ्येत्य पृष्ट्वा च तत्रागमनकारणम् । पश्यन्ती साश्रुनयना जातप्रेमा जगाद तम् ॥ ४३
कष्टं कुत्र प्रविष्टोऽसि वराहो यस्त्वयेक्षितः । स दैत्योऽङ्गारको नाम वज्रकायो महाबलः ॥ ४४
संप्रति त्यक्तवाराहरूपश्रान्तः स्वपित्यसौ । प्रबुध्याहारकाले तु कुर्यादत्यहितं तव ॥ ४५
अहं च सुभगैतस्य नाम्नाङ्गारवती सुता । तव चानिष्टमाशङ्क्य प्राणाः कण्ठागता मम ॥ ४६
इत्युक्तः स तया राजा देव्या दत्तं वरं स्मरन् । कार्यसिद्धिर्ममास्तीति जातास्थः प्रत्युवाच ताम् ॥ ४७
यदि मय्यस्ति ते स्नेहस्तदिदं कुरु मद्वचः । गत्वा रुदिहि पार्श्वेऽस्य प्रबुद्धस्य सतः पितुः ॥ ४८
प्रमत्तं यदि कश्चित्त्वां हन्यात्तन्मम का गतिः । इति वाच्यश्च मुग्धाक्षि स पृच्छन्कारणं त्वया ॥ ४९
एवं कृते ममाप्यस्ति ध्रुवं श्रेयस्तवापि च । इत्युक्ता तेन राज्ञा सा गत्वा मदनमोहिता ॥ ५०
उपविश्य प्रबुद्धस्य पार्श्वे तस्यारुदत्पितुः । पृष्टा शशंस तस्मै च हेतुं तद्वधजं भयम् ॥ ५१
ततः स दैत्योऽवादीत्तां वज्राङ्गं को हि हन्ति माम् । यद्धि वामकरे मेऽस्ति मर्म रक्षति तद्धनुः ॥ ५२
इत्येतत्तद्वचो राजा प्रच्छन्नः स तदाशृणोत् । सोऽथ दैत्यः प्रववृते स्नात्वा पूजयितुं हरम् ॥ ५३
तत्कालं प्रकटीभूय युद्धायाह्वयते स्म सः । दैत्यं गृहीतमौनं तं राजा रोपितकार्मुकः ॥ ५४
सोऽपि दैत्यः करं वाममुत्क्षिप्य व्यापृतेतरः । संज्ञां तस्याकरोद्राज्ञः प्रतीक्षस्व मनागिति ॥ ५५
तत्क्षणं तेन राज्ञा च करे तत्र स मर्मणि । सिद्धलक्ष्येण बाणेन हतो दैत्योऽपतद्भुवि ॥ ५६
तृषार्तोऽहं हतो येन सोऽब्देऽब्दे चेन्न मां जलैः । तर्पयिष्यति तत्तस्य पञ्च नङ्क्ष्यन्ति मन्त्रिणः ॥ ५७
इत्युक्त्वैव विपन्नेऽस्मिन्दैत्ये तां तत्सुतां नृपः । आदाय सोऽङ्गारवतीमागादुज्जयिनीमिमाम् ॥ ५८
परिणीय च तां देवीं स देवो देव वः पिता । अङ्गारकस्याम्बुदानं प्रतिवर्षमकारयत् ॥ ५९
सर्वे चोदकदानाख्यं कुर्वन्तीह महोत्सवम् । प्राप्तः स चाद्य तत्पित्रा यत्कृतं ते कुरुष्व तत् ॥ ६०
एतत्प्रजावचः श्रुत्वा स तं पालकभूपतिः । पुरि प्रावर्तयत्तत्र जलदानोत्सवं तदा ॥ ६१
तस्मिन्प्रवृत्ते तत्प्रमे जने कोलाहलाकुले । अकस्मात्त्रोटितालानो गजोऽत्राधावदुन्मदः ॥ ६२
स वारणोऽङ्कुशं जित्वा व्याधूताधोरणो भ्रमन् । अन्तर्नगर्यां सुबहून्क्षणात्क्ष्यापादयज्जनान् ॥ ६३
प्रधावितेषु मेण्ठेषु महामात्रान्वितेष्वपि । पौरेषु च न तं कश्चिन्नियन्तुमशकद्गजम् ॥ ६४
क्रमाद्भ्रमति तस्मिंश्च गजे चण्डालवाटकम् । संप्राप्ते निरगात्तस्मादेका चण्डालकन्यका ॥ ६५
जितोऽनया मुखेनेन्दुर्मद्वैरीतीव तुष्टया । भासयन्ती भुवं पादलग्नया कमलश्रिया ॥ ६६
व्यावृत्तचेतसोऽन्येभ्यो भावेभ्यस्तिमितस्थितेः । निद्रेव सर्वलोकस्य दृशोर्विश्रान्तिदायिनी ॥ ६७
सा कन्या वारणेन्द्रं तं संमुखोपागतं करे । करेणाहत्य कुटिलैस्तैः कटाक्षैरताडयत् ॥ ६८
स हस्ती तत्करस्पर्शमोहितो विनताननः । तद्दृष्टिविद्धस्तां पश्यन्पदमप्यत्र नाचलत् ॥ ६९

ततः सा स्वोत्तरीयेण कृतायां तस्य दन्तयोः । उत्पत्यारुह्य दोलायां प्राक्रीडद्वरकन्यका ॥ ७०
दृष्ट्वा तां च स घर्मार्तां तरुच्छायामगाद्द्विपः । एतद्दृष्ट्वा महच्चित्रं पौरास्तत्रैवमब्रुवन् ॥ ७१
अहो दिव्यैव काप्येषा कन्या सर्वातिशायिना । रूपेणेव प्रभावेण तिर्यञ्चोऽप्याहृता यया ॥ ७२
अत्रान्तरे च तद्बुद्ध्वा कुमारोऽवन्तिवर्धनः । निर्गतः कौतुकं द्रष्टुमपश्यत्तां स कन्यकाम् ॥ ७३
पश्यतस्तस्य मदनव्याधवागुरया तया । धावितश्चित्तहरिणो राजसूनोरबध्यत ॥ ७४
सापि तं वीक्ष्य तद्रूपहृतचित्ता तदग्रहीत् । गजेन्द्रदन्तदोलाया अवरुह्योत्तरीयकम् ॥ ७५
ततो मेण्ठाधिरूढेऽस्मिन्गजे साथ नृपात्मजम् । सलज्जं सानुरागं च पश्यन्ती स्वगृहानगात् ॥ ७६
अवन्तिवर्धनः सोऽपि प्रशान्ते गजसंभ्रमे । तया हृतेन चित्तेन शून्योऽयासीत्स्वमन्दिरम् ॥ ७७
तत्र संतप्यमानश्च तां विना वरकन्यकाम् । अपृच्छद्विस्मृतारब्धजलदानोत्सवः सखीन् ॥ ७८
जानीथ कस्य तनया किंनामा सा च कन्यका । तच्छ्रुत्वा ते वयस्यास्तं राजपुत्रं बभाषिरे ॥ ७९
अस्तीहोत्पलहस्ताख्यः कोऽपि चण्डालवाटके । मातङ्गस्तत्तनूजा सा नाम्ना सुरतमञ्जरी ॥ ८०
सतां दर्शनमात्रैकफलं तस्या मनोरमम् । चित्रस्थिताया इव तन्नोपभोगक्षमं वपुः ॥ ८१
तच्छ्रुत्वा स वयस्येभ्यः कुमारस्तानभाषत । मन्ये न मातङ्गसुता सा दिव्या कापि निश्चितम् ॥ ८२
नहि चण्डालकन्यायाः सा तादृश्याकृतिर्भवेत् । तद्रूपा सा च भार्या मे न चेत्स्याज्जीवितेन किम् ॥ ८३
इति ब्रुवन्स सचिवैरशक्यविनिवारणः । अत्यर्थं तद्वियोगाग्निसंतप्तोऽभून्नृपात्मजः ॥ ८४
ततोऽवन्तिवती देवी नृपतिः पालकस्तथा । पितरौ तस्य बुद्ध्वा तदभूतां चिरमाकुलौ ॥ ८५
कथं वाञ्छति पुत्रो नावन्त्यजां राजवंशजः । इति चोक्ते तया देव्या स राजा पालकोऽब्रवीत् ॥ ८६
एवं धावति यच्चेतस्तस्यामस्मत्सुतस्य तत् । ध्रुवं कारणमातङ्गी कापि सान्यैव कन्यका ॥ ८७
वक्ति रज्यदरज्यद्वा कार्याकार्ये सतां मनः । अत्र चैषा कथा देवि न श्रुता चेन्निशम्यताम् ॥ ८८
प्राक्प्रसेनजितो राज्ञः सुप्रतिष्ठितसंज्ञके । पुरे कुरङ्गी नाम्नाभूदतिरूपवती सुता ॥ ८९
सा जातूद्याननिर्याता बन्धभ्रष्टेन हस्तिना । उच्चिक्षिपे सवहना धावित्वोपरि दन्तयोः ॥ ९०
विद्रुते परिवारेऽस्याः साक्रन्दे तं गजं प्रति । तत्रात्तखड्गश्चण्डालकुमारः कोऽप्यधावत ॥ ९१
स तं लूनकरं खड्गप्रहारेण महागजम् । हत्वा तां मोचयामास प्रवीरो राजकन्यकाम् ॥ ९२
ततो मिलत्परिजना सा जगाम स्वमन्दिरम् । आकृष्टहृदया तस्य वीर्यसौन्दर्यसंपदा ॥ ९३
स मे वारणतस्त्राता भर्ता वा मृत्युरेव वा । इति संचिन्तयन्ती च तस्थौ तद्विरहातुरा ॥ ९४
स चण्डालकुमारोऽपि शनैर्गत्वा निजं गृहम् । तद्रूपहृतचित्तः सन्ध्यायंस्तां पर्यतप्यत ॥ ९५
कुत्राहमन्त्यजन्मायं कुत्र सा राजकन्यका । काकस्य राजहंस्याश्च कीदृशः क समागमः ॥ ९६
हास्यमेतन्न शक्नोमि न वक्तुं नाप्युपेक्षितुम् । तस्मान्मरणमेवात्र संकटे शरणं मम ॥ ९७
इत्यालोच्य स गत्वा च निशायां पितृकाननम् । स्नात्वा कृत्वा चितामग्निं प्रज्वाल्यैव व्यजिज्ञपत् ॥ ९८
देव पावक विश्वात्मंस्त्वय्यात्माहुतिदानतः । जन्मान्तरेऽपि सा भूयाद्भार्या राजसुता मम ॥ ९९
इत्युक्तवन्तं हुतभुज्यात्मानं क्षेप्तुमुद्यतम् । प्रकटीभूय साक्षात्तं प्रसन्नोऽग्निरभाषत ॥ १००
मा कृथाः साहसं भार्या भविष्यति तवैव सा । नहि त्वं पूर्वचण्डालो यच्च त्वां वच्मि तच्छृणु ॥ १०१
आस्ते कपिलशर्माख्यो नगरेऽस्मिन्द्विजोत्तमः । तस्याग्न्यगारे प्रत्यक्षः साकारः सन्वसाम्यहम् ॥ १०२
तत्र जात्वन्तिकप्राप्तां तत्सुतां रूपलोभतः । कन्यामकरवं भार्यां वरोत्सारितदूषणाम् ॥ १०३
तस्यां तदैव जातस्त्वं मम वीर्येण पुत्रक । तया च लज्जया रथ्यामुखे क्षिप्तोऽसि तत्क्षणम् ॥ १०४
ततस्त्वं प्राप्य चण्डालैरजाक्षीरेण वर्धितः । तदेवं ब्राह्मणीगर्भसंभूतस्त्वं ममात्मजः ॥ १०५
अतो नास्त्यपवित्रत्वं मत्तेजःसंभवस्य ते । प्राप्स्यस्येव च भार्यां तां कुरङ्गीं राजकन्यकाम् ॥ १०६
इत्युक्त्वान्तर्दधे वह्निः सोऽपि संप्राप्तसंमदः । मातङ्गकृत्रिमसुतो जातास्थः स्वगृहं ययौ ॥ १०७
ततः प्रसेनजिद्राजा स्वप्नेऽग्निप्रेरितो ददौ । अन्विष्टतत्त्वस्तस्मै तां सुतां पावकसूनवे ॥ १०८

एवं भवन्ति प्रच्छन्ना दिव्या देवि सदा भुवि । तदेषा कापि दिव्यैव नान्या सुरतमञ्जरी ॥ १०९
अन्यदेव हि तद्रत्नं मत्सूनोः सा च निश्चितम् । जन्मान्तरप्रियतमा चक्षूरागोपवर्णिता ॥ ११०
एवमस्मासु तिष्ठत्सु राज्ञि भ्रुवति पालके । अवर्णयमहं तत्र कैवर्तीयामिमां कथाम् ॥ १११
अभून्मलयसिंहाख्यो राजा राजगृहे पुरा । तस्य मायावतीत्यासीद्रूपेणाप्रतिमा सुता ॥ ११२
सा क्रीडन्ती मधूद्याने रूपयौवनशालिना । कैवर्तककुमारेण दृष्टा केनापि जातुचित् ॥ ११३
स च तां सुप्रहाराख्यो दृष्ट्वा स्मरवशोऽभवत् । साध्यासाध्यविचारं हि नेक्षते भवितव्यता ॥ ११४
गत्वा च स्वगृहं त्यक्त्वा पाठीनाहरणादि सः । तस्थौ तदेकचित्तः सञ्शय्यायामुज्झिताशनः ॥ ११५
अनुबन्धेन पृष्टश्च स्वाभिप्रायं शशंस सः । मात्रे रक्षितिकानाम्न्यै सापि पुत्रं तमभ्यधात् ॥ ११६
विषादं मुञ्च पुत्र त्वमाहारं भज निश्चितम् । एतत्ते साधयाम्येव स्वयुक्त्याहमभीप्सितम् ॥ ११७
इत्युक्त्वाश्वासिते तस्मिञ्जातास्थे भुक्तभोजने । मत्स्यानादाय हृद्यान्सा ययौ राजसुतागृहम् ॥ ११८
तत्र चेटीभिराख्याता सेवोद्देशात्प्रविश्य सा । दाशी रक्षितिका तस्यै तन्मत्स्यप्राभृतं ददौ ॥ ११९
तेनैव च क्रमेणैतद्ददती सा दिने दिने । वचनाकाङ्क्षिणीं चक्रे तामाराध्य नृपात्मजाम् ॥ १२०
ब्रूहि वाञ्छसि यन्मत्तस्तत्कुर्यामपि दुष्करम् । इति प्रीताथ सावोचत्तां दाशीं राजकन्यका ॥ १२१
ततः सा धीवरी प्राह रहस्तां याचिताभया । उद्यानदृष्टां त्वां देवि विना क्षाम्यति मे सुतः ॥ १२२
आशां प्रदर्श्य च मया प्राणत्यागात्स रक्ष्यते । तत्कृपा मयि चेत्तन्मे सुतं स्पर्शेन जीवय ॥ १२३
एवं तयोक्ता कैवर्तयोषिता सा नृपात्मजा । सलज्जा सानुरोधा च विमृश्यैवमुवाच ताम् ॥ १२४
गुप्तमानय तं तावन्नक्तं मन्मन्दिरं सुतम् । तच्छ्रुत्वैव प्रहृष्टा सा ययौ दाशी सुतान्तिकम् ॥ १२५
नक्तं च सा यथाशक्ति स्वैरं रचितमण्डनम् । तमानिनाय तद्राजकन्यान्तःपुरमात्मजम् ॥ १२६
तत्र तं राजपुत्री सा सुप्रहारं चिरोत्सुकम् । हस्ते गृहीत्वा शयने कृतप्रीतिर्न्यवेशयत् ॥ १२७
आश्वासयामास च तं क्लान्ताङ्गं विरहाग्निना । श्रीखण्डशिशिरस्पर्शकरसंवाहनेन सा ॥ १२८
सोऽपि तेन सुधासिक्त इव दाशीसुतश्चिरम् । कृतार्थमानी विश्रान्तो जह्रे सपदि निद्रया ॥ १२९
सुप्ते चास्मिन्नृपसुता गत्वा सुष्वाप सान्यतः । युक्तिरञ्जितकैवर्तसुता रक्षितविप्लवा ॥ १३०
ततोऽस्य तत्करस्पर्शविगमप्रतिबोधिनः । हस्तोपनतविभ्रष्टां वल्लभां तामपश्यतः ॥ १३१
निधिकुम्भीमिवातीव दरिद्रस्य विषादिनः । दाशसूनोर्निराशस्य सद्यः प्राणा विनिर्ययुः ॥ १३२
तद्बुद्ध्वागत्य निन्दन्ती सात्मानं राजकन्यका । प्रातस्तेन सहारोढुं चितां व्यवसिताभवत् ॥ १३३
ततो मलयसिंहोऽस्याः पिता बुद्ध्वा नृपोऽत्र तत् । एत्यानिवार्यां दृष्ट्वैतामाचम्यैवं वचोऽब्रवीत् ॥ १३४
यदि सत्यमहं भक्तो देवदेवे त्रिलोचने । तन्मे वदत कर्तव्यं लोकपाला यथोचितम् ॥ १३५
इत्युक्तवन्तं राजानं दिव्या वागेवमब्रवीत् । पूर्वभार्येयमेतस्य दाशयूनो भवत्सुता ॥ १३६
ग्रामे नागस्थलाख्ये हि महीधरसुतः पुरा । अभूद्बलधरो नाम ब्राह्मणो गुणवत्तरः ॥ १३७
स गते पितरि स्वर्गं हृतवित्तः स्वगोत्रजैः । विरक्तो भार्यया साकं जगाम द्युनदीतटम् ॥ १३८
देहं त्यक्ष्यन्निराहारः स्थितस्तत्र विलोक्य सः । दाशान्भक्षयतो मत्स्यान्मनसा श्रद्दधे क्षुधा ॥ १३९
ततोऽत्र पञ्चतां यातं तत्संकल्पकलङ्कितम् । स्वभार्या शुद्धसंकल्पा तपःस्थैव तमन्वगात् ॥ १४०
स एष जातः संकल्पदोषाद्दाशकुले द्विजः । भार्यास्य सा च सुतपा जातैषा ते सुता नृप ॥ १४१
तदेतं पूर्वभर्तारं राजन्नेषा त्वदात्मजा । जीवयत्वायुषोऽर्धेन गतायुषमनिन्दिता ॥ १४२
एतत्तपःप्रभावाद्धि सत्तीर्थप्रमयात्तथा । पूतोऽयं तव जामाता भूत्वा राजा भविष्यति ॥ १४३
इत्युक्तो दिव्यया वाचा सुप्रहाराय तां सुताम् । दत्तायुरर्धां च ददौ तस्मै लब्धासवे नृपः ॥ १४४
तद्दत्तैर्भूमिहस्त्यश्वरत्नैर्भूत्वा स भूपतिः । सुप्रहारः कृती तस्थौ प्राप्य भार्यां तदात्मजाम् ॥ १४५
एवं प्राग्जन्मसंबन्धः प्रायः प्रीत्यै शरीरिणाम् । किं चैवं चौरसंबद्धाप्यत्रेयं श्रूयतां कथा ॥ १४६
अयोध्यायामभूद्राजा वीरबाहुरिति श्रुतः । यो ररक्ष स्वसंताननिर्विशेषं सदा प्रजाः ॥ १४७

कदाचित्तं च राजानमेत्य पौरा व्यजिज्ञपन् । चौरा मुष्णन्ति नगरीमिमां प्रतिनिशं प्रभो ॥ १४८
जाग्रद्भिरपि चास्माभिः शक्या लक्षयितुं न ते । तच्छ्रुत्वा स्थापयामास सोऽत्र चारान्नृपो निशि ॥ १४९
तेऽपि प्रापुर्न यच्चौरान्न चाशाम्यदुपद्रवः । तेन राजा स्वयं रात्रौ तदन्वेष्टुं विनिर्ययौ ॥ १५०
एकाकी खड्गहस्तश्च परिभ्राम्यन्स सर्वतः । संचरन्तं ददर्शैकं प्राकारोपरि पूरुषम् ॥ १५१
भयाल्लघुपदन्यासं काकचञ्चललोचनम् । मृगारिमिव पश्यन्तं मुहुर्वलितकंधरम् ॥ १५२
विकोशासिविनिर्यातैर्लक्षितं खड्गरश्मिभिः । तारारत्नापहारार्थमिव सेरण(?)रज्जुभिः ॥ १५३
दृष्ट्वा चाचिन्तयद्राजा चौरोऽयं वेद्मि निश्चितम् । ध्रुवमेकचरेणेयं मुष्यतेऽनेन मे पुरी ॥ १५४
इत्यालोच्य नृपश्चौरं चतुरस्तमुपागमत् । चौरोऽपि स तमप्राक्षीत्सशङ्कं को भवानिति ॥ १५५
ततो राजाब्रवीदेतं बहुव्यसनदुर्भरः । अहं साहसिकश्चौरस्त्वं च मे ब्रूहि को भवान् ॥ १५६
चौरोऽप्युवाचैकचरस्तस्करोऽहं महाधनः । तदेहि मद्गृहं यावद्धनेच्छां पूरयामि ते ॥ १५७
तच्छ्रुत्वा दस्युना तेन समं राजा तथेति सः । ययौ वनान्तस्तद्वेश्म क्ष्मातले खातनिर्मितम् ॥ १५८
अधिष्ठितं वरस्त्रीभिर्भूरिरत्नप्रकाशितम् । सदा नवोपभोगं च भुजंगनगरोपमम् ॥ १५९
ततो गर्भगृहं तस्मिन्प्रविष्टे तस्करे नृपम् । बाह्यस्थानस्थितं दासी तमेका सकृपाभ्यधात् ॥ १६०
कासि प्रविष्टो निर्याहि शीघ्रं विश्वस्तघातकः । हन्यादेकचरो हि त्वां प्रतिभेदभयादयम् ॥ १६१
तच्छ्रुत्वा निर्गतो राजा द्रुतं गत्वा स्वमन्दिरम् । सेनापतिं समाहूय ससैन्यः पुनराययौ ॥ १६२
आगत्य रुद्ध्वा तद्वेश्म शूरानन्तः प्रवेश्य च । हृतार्थसंचयं चौरमवष्टभ्यानिनाय तम् ॥ १६३
गतायां निशि तेनाथ स राज्ञादिष्टनिग्रहः । चौरो विपणिमध्येन वध्यभूमिमनीयत ॥ १६४
नीयमानं च तं तत्र दृष्ट्वा दृष्ट्यनुरागिणी । वणिक्सुतैका पितरं तत्क्षणं स्वमभाषत ॥ १६५
योऽयं वध्यभुवं तात नीयते दत्तडिण्डिमः । असौ चेत्स्यान्न मे भर्ता तन्मृतां विद्धि मामिति ॥ १६६
वीक्ष्याथ दुर्निवारां तां गत्वा भूपं स तत्पिता । द्रव्यकोट्यापि चौरस्य तस्य मुक्तिमयाचत ॥ १६७
भूपोऽपि तस्मै वणिजे चुक्रोध न तु तस्करम् । तं मुमोचाविलम्ब्यैव शूलायां तं न्यवेशयत् ॥ १६८
ततः सा वामदत्ताख्या वणिक्कन्या कलेवरम् । चौरस्यादाय तस्याग्निं प्रविवेशानुरागतः ॥ १६९
एवं प्राग्जन्मसंबन्धपरायत्तेषु जन्तुषु । भावि को वस्त्वतिक्रामेत्को वा किं कस्य वारयेत् ॥ १७०
तस्मात्पुत्रस्य ते कापि पूर्वसंबन्धनिर्मिता । अवन्तिवर्धनस्यैषा राजन्सुरतमञ्जरी ॥ १७१
अन्यथा कथमेतस्य राजसूनोः सुजन्मनः । मातङ्ग्यामिह तस्यां स्यादभिष्वङ्गोऽयमीदृशः ॥ १७२
तस्मादुत्पलहस्तः स मातङ्गस्तत्पिता प्रभो । तां सुतां याच्यतां तावत्पश्यामः किं ब्रवीत्यसौ ॥ १७३
एवमुक्तो मया राजा पालकः प्राहिणोत्तदा । दूतानुत्पलहस्ताय तां कन्यां तत्र याचितुम् ॥ १७४
स च तैर्याचितो दूतैर्मातङ्गो निजगाद तान् । एतन्मेऽभिमतं किं तु यो भोजयति मद्गृहे ॥ १७५
अष्टादशसहस्राणि विप्राणां पुरवासिनाम् । तस्मै मयासौ दातव्या सुता सुरतमञ्जरी ॥ १७६
एतच्छ्रुत्वा वचस्तस्य सप्रतिज्ञं तथैव ते । आगत्य दूता राज्ञे तत्पालकाय न्यवेदयन् ॥ १७७
एतत्सकारणं मत्वा संघाट्य ब्राह्मणान्पुरि । उज्जयिन्यां समाख्यातवृत्तान्तः क्षितिपोऽब्रवीत् ॥ १७८
भुङ्ग्ध्वमुत्पलहस्तस्य मातङ्गस्येह वेश्मनि । अष्टादशसहस्राणि यूयं नेच्छेयमन्यथा ॥ १७९
इत्युक्ता भूभृता भीताश्चण्डालान्नाच्च ते द्विजाः । कर्तव्यमूढाः संश्रित्य महाकालं व्यधुस्तपः ॥ १८०
अन्नमुत्पलहस्तस्य गृहे भुङ्ग्ध्वमशङ्किताः । विद्याधरो ह्ययं नायं चण्डालः सकुटुम्बकः ॥ १८१
इति स्वप्ने समादिष्टा विप्रास्ते तेन शंभुना । उत्थाय गत्वा राज्ञे तदाख्याय पुनरब्रुवन् ॥ १८२
चण्डालवाटादन्यत्र शुद्धमन्नं पचत्वसौ । राजन्नुत्पलहस्तोऽत्र ततस्तद्भुञ्ज्महे वयम् ॥ १८३
तच्छ्रुत्वोत्पलहस्तस्य राजा सोऽन्यं गृहं व्यधात् । प्रीतश्च कारुभिः शुद्धैस्तत्रास्यान्नमपाचयत् ॥ १८४
स्नाते चोत्पलहस्तेऽस्मिञ्शुद्धवस्त्रे पुरः स्थिते । तत्राष्टादशभिर्भुक्तं सहस्रैरग्रजन्मनाम् ॥ १८५
भुक्तेषु तेषु चोपेत्य राजानं राष्ट्रसंनिधौ । प्रणम्योत्पलहस्तोऽसौ पालकं तमभाषत ॥ १८६

अभवद्गौरिमुण्डाख्यो धुर्यो विद्याधरेश्वरः । मतङ्गदेवनामाहं तस्याभूवं समाश्रितः ॥ १८७
अस्यां सुरतमञ्जर्यां सुतायां मम भूपते । उत्पन्नायां स मां गुप्तं गौरिमुण्डोऽब्रवीदिदम् ॥ १८८
नरवाहनदत्ताख्यो योऽयं वत्सेश्वरात्मजः । भविष्यच्चक्रवर्तीह सोऽस्माकं कथ्यते सुरैः ॥ १८९
तद्यावच्चक्रवर्तित्वं न प्राप्तः कण्टकः स नः । तावत्स्वमायया गत्वा तं निपातय मा चिरम् ॥ १९०
इत्यहं गौरिमुण्डेन पापेन प्रेरितस्तदा । तदर्थं नभसा गच्छन्पुरोऽपश्यं महेश्वरम् ॥ १९१
स मां सद्योऽशपत्क्रुद्धः कृत्वा हुंकारमीश्वरः । महात्मनि जने पाप कथं पापं चिकीर्षसि ॥ १९२
तदनेनैव देहेन भार्यादुहितृसंयुतः । गच्छोज्जयिन्यां चण्डालमध्ये निपत दुर्मते ॥ १९३
अष्टादशसहस्राणि विप्राणां पुरवासिनाम् । तनयादानशुल्केन यदा ते भोजयिष्यति ॥ १९४
गृहेषु कश्चिच्छापस्य तदान्तस्ते भविष्यति । दातव्या च त्वया तस्मै सुता तच्छुल्कदायिने ॥ १९५
इत्युक्त्वान्तर्हिते शंभावेषोऽस्मि पतितस्तदा । अन्येपूत्पलहस्ताख्यो न च तैः संकरो मम ॥ १९६
अद्य शान्तः स शापो मे त्वत्पुत्रस्य प्रसादतः । तन्मयेयं सुता दत्ता तस्मै सुरतमञ्जरी ॥ १९७
इदानीं चैष गच्छामि निजं वैद्याधरं पदम् । नरवाहनदत्तस्य सेवार्थं चक्रवर्तिनः ॥ १९८
इत्युक्त्वैवार्पितसुतः खमुत्पत्याङ्गनायुतः । आगान्मतङ्गदेवोऽसौ देव त्वच्चरणान्तिकम् ॥ १९९
राजापि पालको ज्ञाततत्त्वो हृष्टस्ततो व्यधात् । तस्याः सुरतमञ्जर्या विवाहं स्वसुतस्य च ॥ २००
तत्पुत्रोऽपि च तां भार्यां प्राप्य विद्याधरीमभूत् । मनोरथाधिकावाप्तिकृतार्थोऽवन्तिवर्धनः ॥ २०१
एकदा च कुमारोऽसौ सुप्तो हर्म्ये समं तया । निशाक्षये प्रबुद्धस्तामकस्मान्नैक्षत प्रियाम् ॥ २०२
विचित्य चैतामप्राप्य तथा क्रन्दन्नतप्यत । यथोपेत्य पिताप्यस्य राजाभूद्भृशविह्वलः ॥ २०३
रक्षितेयं पुरी नास्यां निशायां प्रविशेत्परः । ध्रुवं हृता सा केनापि पापेनाकाशचारिणा ॥ २०४
इत्याद्यस्मासु जल्पत्सु मिलितेष्वत्र तत्क्षणम् । विद्याधरो धूमशिखो यौष्माकोऽवातरद्दिवः ॥ २०५
तेनेह सोऽयमानीतः कुमारोऽवन्तिवर्धनः । अहं चाख्याय वृत्तान्तं मार्गितः पालकान्नृपात् ॥ २०६
सैषा चात्र स्थिता पित्रा समं सुरतमञ्जरी । वृत्तान्त ईदृशश्चास्या देवो जानात्यतः परम् ॥ २०७

इत्थं पालकमन्त्रिणि कथयित्वा भरतरोहके विरते ।
नरवाहनदत्ताग्रे मतङ्गदेवं सभासदोऽपृच्छन् ॥ २०८
कस्मै भवता दत्ता ब्रूहि त्वं सुरतमञ्जरीयमिति ।
सोऽप्याह स्म मयैषा दत्तैवावन्तिवर्धनायेति ॥ २०९
त्वं ब्रूहि हरसि कस्मादेतामिति चेत्यकोऽथ तैः पृष्टः ।
आदौ मह्यं मात्रा वाचा दत्तेयमित्यवादीत्सः ॥ २१०
सति जनके का माता तद्दानेऽप्यस्ति कोऽत्र तव साक्षी ।
तदियं परदारास्ते पापेति तमूचुरित्यकं सभ्याः ॥ २११
इति तैश्च निरुत्तरीकृतस्य प्रसभं निग्रहमित्यकस्य तस्य ।
नरवाहनदत्तचक्रवर्ती कुपितो दुर्विनयात्समादिदेश ॥ २१२
अस्यैकमेतमपराधमिह क्षमस्व स्यालो हि ते मदनवेगसुतः किलासौ ।
इत्यर्थितो मुनिवरैरथ कश्यपाद्यै राजा कथंचिदपभर्त्स्य स तं मुमोच ॥ २१३
तमपि च मातुलपुत्रं निजपद्मथावन्तिवर्धनं युक्तम् ।
वायुपथहस्तनिहितं सचिवयुतं प्राहिणोत्स्वपुरीम् ॥ २१४

इति महाकविश्रीसोमदेवभट्टविरचिते कथासरित्सागरे सुरतमञ्जरीलम्बके द्वितीयस्तरङ्गः ।

तृतीयस्तरङ्गः ।

एवं तत्रासितगिरौ साध्वीं सुरतमञ्जरीम् । इत्यकापहृतां तस्मात्स्यालादृप्यपभार्त्सितात् ॥ १
हृत्वा समर्प्य भर्त्रे च मुनिमध्ये ऽव्यवस्थितम् । नरवाहनदत्तं तं कश्यपर्षिरभाषत ॥ २
नाभून्न भविता राजंश्चक्रवर्ती समस्तव । यस्य धर्मासनस्थस्य न रागादिवशा मतिः ॥ ३
धन्यास्तेऽपि च पश्यन्ति ये त्वां सुकृतिनं सदा । ईदृशेऽपि हि साम्राज्ये नावद्यं किंचिदस्ति ते ॥ ४
आसन्नृषभकाद्या हि पुरान्ये चक्रवर्तिनः । नानाविधैश्च दोषैस्ते ग्रस्ता नष्टाः श्रियश्च्युताः ॥ ५
ऋषभः सर्वदमनस्तृतीयो बन्धुजीवकः । अतिदर्पेण ते सर्वे शक्रान्निग्रहमागताः ॥ ६
जीमूतवाहनोऽप्येत्य पृष्टो विद्याधरेश्वरः । चक्रवर्तिपदप्राप्तिकारणं नारदर्षिणा ॥ ७
आचख्यौ कल्पवृक्षस्य दानं निजतनोस्तथा । तेनाभ्रश्यत्पदात्स्वस्मात्सुकृतोदीरणेन सः ॥ ८
विश्वान्तराख्यो यश्चासीच्चक्रवर्तीह सोऽपि च । इन्दीवराक्षे तनये हते चेदिमहीभृता ॥ ९
वसन्ततिलकाख्येन तद्दारध्वंसकारिणी । कुपुत्रशोकमोहेन धैर्यहीनो ऽव्यपद्यत ॥ १०
एकस्तारावलोकस्तु भूत्वा राजेन्द्र मानुषः । विद्याधराणां संप्राप्य सुकृतैश्चक्रवर्तिताम् ॥ ११
अनासादितदोषः संश्चिरं साम्राज्यसंपदम् । भुक्त्वावसाने वैराग्यात्स्वयं त्यक्त्वा वनं गतः ॥ १२
इत्थं विद्याधराः प्रायः स्वपदप्राप्तिमोहिताः । नोचिते पथि तिष्ठन्ति रागाद्यन्धाः पतन्ति च ॥ १३
तत्त्वं न्याय्यात्पथः शश्वद्रक्षेः स्खलितमात्मनः । विद्याधरप्रजा चेयं रक्ष्या धर्मव्यतिक्रमात् ॥ १४
कश्यपेनैवमुक्तस्तु सम्राट् श्रद्धिततद्वचः । नरवाहनदत्तस्तमिदं पप्रच्छ सादरम् ॥ १५
कथं तारावलोकेन मानुषेण सता पुरा । प्राप्तं विद्याधरैश्वर्यं भगवन्वर्णयस्व नः ॥ १६
तच्छ्रुत्वा कश्यपोऽवादीच्छ्रूयतां कथयामि वः । चन्द्रावलोक इत्यासीन्नाम्ना शिबिषु भूपतिः ॥ १७
तस्येश्वरस्य मूर्धन्या चन्द्रलेखेत्यभूत्प्रिया । दुग्धाब्धिनिर्मलकुला शुद्धा गङ्गासमस्थितिः ॥ १८
अभूच्च वारणस्तस्य परसेनाविमर्दनः । महान्कुवलयापीड इति ख्यातो महीतले ॥ १९
तत्प्रभावेण भूपालो बलिनापि न शत्रुणा । स पौरस्वामिके राज्ये पर्यभूयत केनचित् ॥ २०
यौवनापगमे चास्य पुत्र एको महीपतेः । उत्पेदे चन्द्रलेखायां देव्यां कल्याणलक्षणः ॥ २१
तारावलोकनामा च क्रमाद्वृद्धिं जगाम सः । दानधर्मविवेकाद्यैः सहजातैर्गुणैः सह ॥ २२
अशिक्षत च निःशेषं वाङ्मयार्थं महामतिः । नाशिक्षत न शब्दार्थमेकं कामप्रदोऽर्थिषु ॥ २३
क्रमाद्युवापि वयसा स्थविरः स विचेष्टितैः । तेजसा सूर्यसंकाशोऽप्यत्यर्थं सौम्यदर्शनः ॥ २४
राकाचन्द्र इवाशेषकलासंदोहसुन्दरः । कंदर्प इव विश्वस्य लोकस्यौत्सुक्यदायकः ॥ २५
संजज्ञे पितृशुश्रूषाजितजीमूतवाहनः । अभिव्यक्तमहाचक्रवर्तिलक्षणलाञ्छितः ॥ २६
ततस्तस्य कृते सूनोः कन्या मद्रेश्वरात्मजा । चन्द्रावलोकेनाजह्रे माद्रीनाम महीभृता ॥ २७
कृतोद्वाहं पिता तं च तद्गुणोत्कर्षतोषितः । यौवराज्ये महाराजस्तदैवाभिषिषेच सः ॥ २८
अभिषिक्तश्च पित्रात्र युवराजस्तदाज्ञया । तारावलोकः सोऽन्नादिदानसत्राण्यकारयत् ॥ २९
शय्योत्थायं च पात्राणि तानि स्वयमवेक्षितुम् । सदा कुवलयापीडमारुह्य गजमभ्रमीत् ॥ ३०
यो यदर्थितवांस्तस्मै तद्ददावपि जीवितम् । तेन तस्य यशो दिक्षु युवराजस्य पप्रथे ॥ ३१
अथ तस्य सुतौ माद्र्यां जायेते स्म यमावुभौ । तौ च नाम्ना करोति स्म स पिता रामलक्ष्मणौ ॥ ३२
अवर्धेतां च तौ पित्रोः स्नेहानन्दाविवार्भकौ । स्वपितामहयोश्चैव प्राणेभ्योऽप्यधिकप्रियौ ॥ ३३
आरोपितगुणावेतौ तत्कोदण्डाविवानतौ । तारावलोको माद्री च न पश्यन्तावतृप्यताम् ॥ ३४
ततः कुवलयापीडं गजं दातृयशः सुतौ । दृष्ट्वा तारावलोकस्य विप्रान्स्वान्रिपवोऽब्रुवन् ॥ ३५
गत्वा कुवलयापीडं गजं तारावलोकतः । याचध्वं यदि तावत्तं युष्मभ्यं स प्रदास्यति ॥ ३६
हरिष्यामस्ततो राज्यं तद्विहीनस्य तस्य तत् । न दास्यत्यथ दातृत्वयशस्तस्य विनङ्क्ष्यति ॥ ३७
इत्युक्तास्तैस्तथेत्युक्त्वा गत्वा ते ब्राह्मणास्ततः । राज्ञस्तारावलोकात्तं दानवीराद्ययाचिरे ॥ ३८

को नामार्थो गजेन्द्रेण याचितेन द्विजन्मनाम् । तज्जाने निश्चितमिमे प्रयुक्ता मम केनचित् ॥ ३९
तद्यदस्तु मया तावद्दातव्योऽयं गजोत्तमः । अप्राप्तकामो ह्यर्थी मे कथं यास्यति जीवतः ॥ ४०
इति संचिन्त्य तेभ्यस्तं द्विजेभ्यो वारणोत्तमम् । तारावलोकः स ददौ निष्कम्पेनैव चेतसा ॥ ४१
ततस्तैर्नीयमानं तं दृष्ट्वा करिवरं द्विजैः । पौराश्चन्द्रावलोकस्य क्रुद्धा राज्ञोऽन्तिकं ययुः ॥ ४२
ऊचुश्च ते सुतेनेदं राज्यं त्यक्तं तवाधुना । मुनिधर्मो गृहीतश्च सर्वसंन्यासकारिणा ॥ ४३
यदेतेन श्रियो मूलं गन्धभग्नान्यवारणः । दत्तः कुवलयापीडः पश्यार्थिभ्यो महागजः ॥ ४४
तदेतं तपसे पुत्रं वनं प्रस्थापयाथवा । गजं प्रत्याहरान्यं वा राजानं कुर्महे वयम् ॥ ४५
इति चन्द्रावलोकस्तैः पौरैरुक्तस्तथैव तत् । स पुत्रं श्रावयामास प्रतीहारमुखेन तम् ॥ ४६
सोऽपि तारावलोकस्तच्छ्रुत्वा तत्तनयोऽब्रवीत् । हस्ती तावन्मया दत्तो नास्त्यदेयं च मेऽर्थिषु ॥ ४७
ईदृशेन तु राज्येन पौरायत्तेन किं मम । किं चान्यानुपयोगिन्या लक्ष्म्या विद्युद्विलोलया ॥ ४८
तन्मे श्रेयो वने वासः सर्वभोज्यफलश्रियाम् । मध्ये तरूणां न पुनर्नृपशूनामिहेदृशाम् ॥ ४९
इत्युक्त्वा तुल्यसंकल्पधीरया भार्ययान्वितः । पित्रोः पादावनुध्याय दत्त्वार्थिभ्योऽर्थसंचयम् ॥ ५०
गृहीतवल्कलः साकं स पुत्राभ्यां निजात्पुरात् । तारावलोको निरगाद्रुदतः सान्त्वयन्द्विजान् ॥ ५१
तं तथाप्रस्थितं दृष्ट्वा पशूनां पक्षिणामपि । करुणं क्रन्दतामश्रुधाराभिर्भूरसिच्यत ॥ ५२
सून्वोर्वाहनमात्रैकरथशेषः पथि व्रजन् । सोऽथ तारावलोकोऽन्यै रथाश्वान्याचितो द्विजैः ॥ ५३
स तानथ ददौ तेभ्यश्चकर्ष च रथं स्वयम् । सभार्यः सुकुमारौ तौ नेतुं बालौ तपोवनम् ॥ ५४
ततोऽटवीमध्यगतं परिश्रान्तमुपेत्य तम् । निरश्वं रथमप्यत्र ययाचे ब्राह्मणोऽपरः ॥ ५५
तस्मै तमपि निःशङ्को दत्त्वा पद्भ्यां सपुत्रकः । सभार्यश्च कथंचित्स धीरः प्राप तपोवनम् ॥ ५६
तत्र माद्र्या कृतोदारपरिचर्यः स्वभार्यया । तरुमूले कृतावासस्तस्थौ मृगपरिच्छदः ॥ ५७
वाताहतिचलत्पुष्पमञ्जरीचारुचामरैः । पृथुच्छायातरुच्छत्रैः पत्रशय्याशिलासनैः ॥ ५८
गीतैर्भृङ्गाङ्गनानां च नानाफलरसासवैः । वीरं वैराग्यराज्यस्थं वनान्तास्तं सिषेविरे ॥ ५९
एकदा चात्र तत्पत्न्यां माद्र्यां तस्य कृते स्वयम् । आहर्तुं फलपुष्पादि गतायामाश्रमाद्बहिः ॥ ६०
उपेत्य ब्राह्मणो वृद्धः कश्चित्तमुटजस्थितम् । तारावलोकं तनयौ ययाचे रामलक्ष्मणौ ॥ ६१
वरं पुत्राविमौ नीतौ पारयिष्ये शिशू अपि । न पुनर्भग्नकामोऽयं प्रेषितोऽर्थी कथंचन ॥ ६२
विधिर्वीक्षितुकामो हि धैर्यध्वंसं शठो मम । इति संचिन्त्य स ददौ तस्मै विप्राय तौ सुतौ ॥ ६३
नीयमानौ च तौ तेन विप्रेण ययतुर्न यत् । तस्स विप्रो लताभिस्तौ बद्धहस्तावताडयत् ॥ ६४
निनाय चैतौ क्रन्दतौ नृशंसो जननीं मुहुः । विवृत्य पितरं तं च पश्यन्तौ साश्रुलोचनौ ॥ ६५
वत्स तारावलोकोऽत्र पश्यन्नपि न चुक्षुभे । चुक्षुभे त्वस्य धैर्येण भूतग्रामश्चराचरः ॥ ६६
अथाहृत्य शनैः पुष्पफलमूलादि सा सती । वनान्तादाययौ माद्री श्रान्ता तं पत्युराश्रमम् ॥ ६७
ददर्शाधोमुखं तं च भर्तारं न तु तौ सुतौ । विप्रकीर्णस्थितक्रीडामृण्मयाश्वरथद्विपौ ॥ ६८
अनिष्टाशङ्किहृदया हा हतास्मि क्व तौ मम । पुत्रकाविति पप्रच्छ संभ्रान्ता तं पतिं च सा ॥ ६९
सोऽप्यवादीच्छनैरेतामनघे तनयौ मया । याचमानाय तौ दत्तौ दरिद्राय द्विजन्मने ॥ ७०
तच्छ्रुत्वा त्यक्तमोहा सा साध्वी तमवदत्पतिम् । तर्हि युक्तं कृतं यातु कथमर्थी पराङ्मुखः ॥ ७१
एवं तयोक्ते दंपत्योस्तुल्यसत्त्वतया तया । तयोश्चकम्पे भुवनं चचालेन्द्रस्य चासनम् ॥ ७२
अथेन्द्रः प्रणिधानेन माद्रीतारावलोकयोः । दानसत्त्वप्रभावेण कम्पितं जगदैक्षत ॥ ७३
ततः स ब्राह्मणो भूत्वा गत्वा जिज्ञासुराश्रमम् । तारावलोकं माद्रीं तामेकपत्नीमयाचत ॥ ७४
तारावलोकोऽप्येतस्मै दातुं हस्तोदकेन ताम् । निर्विकल्पः प्रववृते वनान्तसहचारिणीम् ॥ ७५
किं साधयसि राजर्षे दत्त्वा दारानपीदृशान् । इत्युक्तो द्विजरूपेण तेन शक्रेण सोऽब्रवीत् ॥ ७६
न मे साध्यं किमप्यस्ति वाञ्छा त्वेतावती मम । प्राणानपि सदा दद्यां ब्राह्मणेभ्य इति द्विज ॥ ७७

तच्छ्रुत्वा निजरूपस्थो भूत्वा शक्रो जगाद तम् । तुष्टोऽस्मि कृतजिज्ञासस्तव तेन वदामि ते ॥ ७८
न ते देया पुनः पत्नी चक्रवर्ती च भाव्यसि । विद्याधराणामचिरादित्युक्त्वान्तर्दधे च सः ॥ ७९
अत्रान्तरे स वृद्धोऽपि ब्राह्मणो दक्षिणार्जितौ । तारावलोकतनयौ गृहीत्वा मार्गमोहतः ॥ ८०
भ्रमंश्चन्द्रावलोकस्य दैवात्तस्य पुरं प्रभोः । प्राप्यापणे तौ विक्रेतुं राजपुत्रौ प्रचक्रमे ॥ ८१
तत्र तौ प्रत्यभिज्ञाय गत्वैवावेद्य भूपतेः । पौराश्चन्द्रावलोकस्य सद्विजौ निन्युरन्तिकम् ॥ ८२
स तौ दृष्ट्वा निजौ पौत्रौ साश्रुः पृष्ट्वा च तं द्विजम् । अभूत्तदुक्तवृत्तान्तः सुखदुःखमयश्चिरम् ॥ ८३
ततः स निजपुत्रस्य सत्त्वोत्कर्षं विभाव्य तम् । त्यक्तराज्यस्पृहः पौरैरर्थ्यमानोऽपि तौ द्विजात् ॥ ८४
क्रीत्वा तस्माच्छनैः पौत्रौ गृहीत्वा सपरिग्रहः । सूनोस्तारावलोकस्य तस्याश्रमपदं ययौ ॥ ८५
तत्रापश्यच्च तं बद्धजटं वल्कलधारिणम् । आशागतैर्महावृक्षमिव भुक्तश्रियं द्विजैः ॥ ८६
दूरादाधाव्य पतितं पुत्रं तं पादयोश्च सः । यदारोपयदुत्सङ्गमभिषिञ्चन्नाश्रुवारिणा ॥ ८७
विद्याधराधिराज्यार्थमभिषेकपुरःसरे । तस्य सिंहासनारोहे तदेवारम्भतां ययौ ॥ ८८
अथैतत्तनयौ राजा तौ ददौ रामलक्ष्मणौ । सोऽस्मै तारावलोकाय क्रीतावेताविति ब्रुवन् ॥ ८९
कुर्वन्त्यन्योन्यवृत्तान्तकथा यावच्च तत्र ते । तावद्गजश्चतुर्दन्तो लक्ष्मीश्चावातरद्दिवः ॥ ९०
अवतीर्णेषु चान्येषु विद्याधरपतिष्वपि । लक्ष्मीस्तारावलोकं सा पद्महस्ता जगाद तम् ॥ ९१
आरुह्य वारणेऽमुष्मिन्नेहि विद्याधरास्पदम् । तत्साम्राज्यश्रियं भुङ्क्ष्व जितां दानप्रभावतः ॥ ९२
इत्युक्तवत्या लक्ष्म्या स साकं भार्यासुतान्वितः । पितुः प्रणम्य चरणौ पश्यत्स्वाश्रमवासिषु ॥ ९३
आरुह्य तं गजं दिव्यं वृतो विद्याधरेश्वरैः । तारावलोको नभसा ययौ वैद्याधरं पदम् ॥ ९४
तत्रोपभुक्तसाम्राज्यश्रिरं विद्याभिराश्रितः । कालेनोत्पन्नवैराग्यस्तपोवनमशिश्रियत् ॥ ९५
एवं तारावलोकेन मानुषेण सता पुरा । निर्मलैः सुकृतैः प्रापि सर्वविद्याधरेन्द्रता ॥ ९६
अन्ये तु तामवाप्यापि विभ्रष्टाः स्खलितैस्ततः । तद्रक्षेरपचारं त्वं स्वतो वा परतोऽपि वा ॥ ९७

इति नरवाहनदत्तः कश्यपमुनिना कथां समाख्याय ।
अनुशिष्टः स तथेति प्रतिपेदे चक्रवर्ती तत् ॥ ९८

विद्याधराः शृणुत यः कुरुते ममात्र धर्मव्यतिक्रममितः प्रभृति प्रजासु ।
वध्यः स मे नियतमित्यभितो हराद्रिमुद्घोषणां च स ततो भ्रमयांचकार ॥ ९९

अथावनतमस्तकैर्विधृतशासनः खेचरै-
रुवास विलसद्यशाः सुरतमञ्जरीमोचनात् ।
स्वमातुलसमीपगोऽसितगिरौ नयन्प्रावृषं
स तत्र सपरिच्छदो मुनिवरस्य तस्याश्रमे ॥ १००

इति महाकविश्रीसोमदेवभट्टविरचिते कथासरित्सागरे सुरतमञ्जरीलम्बके तृतीयस्तरङ्गः ।

समाप्तश्चायं सुरतमञ्जरीलम्बकः षोडशः ।

॥ श्रीः ॥

महाकविश्रीसोमदेवभट्टविरचितः

कथासरित्सागरः ।

पद्मावती नाम सप्तदशो लम्बकः ।

इदं गुरुगिरीन्द्रजाप्रणयमन्दरान्दोलना-
त्पुरा किल कथामृतं हरमुखाम्बुधेरुद्गतम् ।
प्रसह्य रसयन्ति ये विगतविघ्नलब्धर्द्धयो
धुरं दधति वैबुधीं भुवि भवप्रसादेन ते ॥

प्रथमस्तरङ्गः ।

देहार्धधृतकान्तोऽपि तपस्वी निर्गुणोऽपि यः । जगत्स्तुत्यो नमस्तस्मै चित्ररूपाय शंभवे ॥ १
चलत्कर्णाग्रविक्षिप्तगण्डोड्डीनालिमण्डलम् । धुन्वानं विघ्नसंघातमिव विघ्नान्तकं नुमः ॥ २
एवं तत्रासितगिरौ कश्यपस्याश्रमे मुनेः । गोपालकस्य निकटे मातुलस्य तपस्यतः ॥ ३
वर्षाकालातिवाहाय निवसन्सचिवैर्युतः । सर्वविद्याधरेन्द्रैकचक्रवर्तिपदे स्थितः ॥ ४
नरवाहनदत्तोऽसौ तैस्तैर्विद्याधराधिपैः । अन्वासितः स्वभार्याभिः पञ्चविंशतिभिर्वृतः ॥ ५
श्रुवन्कथाः स मुनिभिः सपत्नीकैरपृच्छ्यत । यदा मानसवेगेन देवी मदनमञ्चुका ॥ ६
माययापहृतैषाभूत्तदा विरहनिःसहम् । व्यनोदयत्कथं कस्त्वामिति नः कथ्यतां त्वया ॥ ७
इति तैर्मुनिभिः पृष्टस्तद्भार्याभिश्च तत्र सः । नरवाहनदत्तोऽथ वक्तुमेवं प्रचक्रमे ॥ ८
तदा हृतायां मे तस्यां देव्यां पापेन वैरिणा । मयानुभूतं दुःखं यत्तत्कियत्कथ्यतेऽधुना ॥ ९
न तत्पुरं न चोद्यानं गृहं वा यत्र नाभ्रमम् । चिन्वन्नहमिमामार्तः सर्वे च सचिवा मम ॥ १०
उपविष्टं च सोन्मादमिवोद्याने तरोस्तले । आह स्म लब्धावसरः सान्त्वयन्गोमुखोऽथ माम् ॥ ११
मा गा विक्लवतां देवीमचिरात्प्राप्स्यसि प्रभो । देवा हि शुचरैश्वर्यमादिशंस्तेऽनया सह ॥ १२
तदवश्यं तथा भावि नहि तद्वचनं मृषा । धीराश्च सोढविरहाः प्राप्नुवन्तीष्टसंगमम् ॥ १३
रामभद्रो नलो राजा तवैव च पितामहाः । विषह्य विरहं किं न प्रेयसीभिः समागताः ॥ १४
स मुक्ताफलकेतुश्च चक्रवर्ती द्युचारिणाम् । पद्मावत्या न किं प्राप वियुक्तः संगमं पुनः ॥ १५
तथा च शृणु देवाहं तत्कथां कथयामि ते । इत्युक्त्वा गोमुखो मह्यमिमामकथयत्कथाम् ॥ १६
अस्तीह प्रथिता पृथ्व्यां नाम्ना वाराणसी पुरी । द्युसरिद्भूषिता मूर्तिः शांभवीवापवर्गदा ॥ १७
सुरसद्मध्वजपटैर्मरुता नमितोद्धतैः । इहैत मोक्षं यातेति ब्रुवाणेवानिशं जनान् ॥ १८
सितप्रासादशिखरा चन्द्रचूडनिवासभूः । भाति शैवगणाकीर्णा कैलासाद्रिस्थलीव या ॥ १९
तस्यामभूद्ब्रह्मदत्तो नाम राजा पुरा पुरि । शिवैकभक्तो ब्रह्मण्यः शूरो दाता क्षमापरः ॥ २०
न दुर्गेष्वपि चस्खाल न ममज्जाम्बुधिष्वपि । भुवि भ्रमन्ती यस्याज्ञा न द्वीपान्यपि नातरत् ॥ २१
आह्लाददायिनी तस्य चकोरस्येव वल्लभा । आसीत्सोमप्रभा देवी नेत्रपेयास्य साप्यभूत् ॥ २२
शिवभूत्यभिधानश्च मन्त्री तस्याभवद्द्विजः । बृहस्पतिसमो बुद्ध्या सर्वशास्त्रार्थपारगः ॥ २३
स कदाचिन्नृपश्चन्द्रप्रासादे शयने स्थितः । ददर्श हंसयुगलं गगनेनागतं निशि ॥ २४

दीप्तजाम्बूनदमयं राजहंसावलीवृतम्। अभ्रगङ्गाजलोत्क्षिप्तमिव हेमाम्बुजद्वयम्॥ २५
गते दृष्टिपथात्तस्मिन्नत्याश्चर्ये स भूपतिः। पर्यतप्यत सोत्कण्ठः पुनस्तद्दर्शनं विना॥ २६
अनिद्र एव नीत्वा तां निशां प्रातः स मन्त्रिणम्। यथा दृष्टं तथाख्याय शिवभूतिमुवाच तम्॥ २७
तद्यथेष्टं न तौ हेमहंसौ पश्याम्यहं यदि। तत्किमेतेन राज्येन जीवितेनापि वा मम॥ २८
इति राज्ञोदिते मन्त्री शिवभूतिर्जगाद तम्। अस्त्युपायोऽत्र कश्चित्तं शृणु देव वदामि ते॥ २९
विचित्रकर्मयोगेन संसारेऽस्मिन्प्रजापतेः। विचित्रो भूतसर्गोऽयमपरिच्छेद्य एव यः॥ ३०
तत्र दुःखमये मोहादुद्भवत्सुखबुद्धयः। निवासाहारपानादिरसाद्रज्यन्ति जन्तवः॥ ३१
तेषां चाहारपानादि निवासं च पृथग्विधम्। स्वस्वजात्यनुरूपेण प्रीतिदं विदधे विधिः॥ ३२
तदेव कारय महद्धंसानामाश्रयं सरः। कमलोत्पलसंछन्नं निर्बाधं रक्षिरक्षितम्॥ ३३
पक्षिप्रियं च तत्रान्नं प्रक्षेपय सदा तटे। यावदायान्ति तत्राशु नानादिग्भ्योऽम्बुपक्षिणः॥ ३४
तन्मध्ये नचिरादत्र तौ हंसावप्युपैष्यतः। ततो द्रक्ष्यस्यजस्रं तौ मा कृथा दुर्मनस्कताम्॥ ३५
इत्युक्ते मन्त्रिणा तेन स राजा तदकारयत्। यथोक्तं क्षणसंपन्नं ब्रह्मदत्तो महासरः॥ ३६
हंससारसचक्राह्वसंश्रिते तत्र कालतः। आगत्य पद्मखण्डे तद्धंसयुग्ममुपाविशत्॥ ३७
तदुपेत्य स विज्ञप्तस्तत्सरोरक्षिभिर्नृपः। आगादेतत्सरो हृष्टः सिद्धं मत्वा मनोरमम्॥ ३८
ददर्श हेमहंसौ च तत्र तौ दूरतोऽर्चयन्। आश्वासयंश्च निक्षिप्य सक्षीराज्यशालितण्डुलान्॥ ३९
विशुद्धकलधौताङ्गौ मुक्तामणिमयेक्षणौ। प्रवालचञ्चुचरणौ तार्क्ष्यरत्नाग्रपक्षती॥ ४०
विस्रम्भोपगतौ तौ स हंसौ राजा विभावयन्। मुदा सदावसत्प्रीत्या तत्रैव सरसस्तटे॥ ४१
एकदा चैकदेशेऽत्र सरोरोधसि पर्यटन्। अम्लायिपुष्परचितां पूजां राजा ददर्श सः॥ ४२
केन पूजा कृतैषेति पप्रच्छात्र स रक्षिणः। ततस्ते तं सरःपाला नृपमेवं व्यजिज्ञपन्॥ ४३
त्रिसंध्यं सरसि स्नात्वा हंसावेतौ हिरण्मयौ। इह नित्यमिमां पूजां कृत्वा ध्यानेन तिष्ठतः॥ ४४
तन्न विद्मो महाराज किमेतन्महदद्भुतम्। एतच्छ्रुत्वा स रक्षिभ्यश्चिन्तयामास भूपतिः॥ ४५
क्व हंसौ केदृशी चर्या ध्रुवमस्त्यत्र कारणम्। तत्करिष्ये तपस्तावद्यावद्वेत्स्यामि काविमौ॥ ४६
इति संचिन्त्य नृपतिस्त्यक्ताहारः स भार्यया। मन्त्रिणा च समं चक्रे हरध्यानपरस्तपः॥ ४७
अथ तौ दिव्यहंसौ तं द्वादशाहमुपोषितम्। उपेत्य व्यक्तया वाचा स्वप्ने राजानमूचतुः॥ ४८
राजन्नुत्तिष्ठ वक्ष्यावः सभार्यासचिवस्य ते। प्रातः सर्वं यथातत्त्वं विजने पारणे कृते॥ ४९
इत्युक्त्वा तौ तिरोभूतौ हंसौ राजा प्रबुद्ध्य च। भार्यामन्त्रियुतः प्रातश्चकारोत्थाय पारणम्॥ ५०
भुक्तोत्तरं च तत्राम्बुलीलागेहान्तरे स्थितम्। नृपं सभार्यामात्यं तं हंसौ तावभ्युपेयतुः॥ ५१
कौ युवां ब्रूतमित्युक्तौ तेनाभ्यर्च्यैव भूभुजा। क्रमात्तस्मै स्ववृत्तान्तमेवमाचख्यतुश्च तौ॥ ५२
अस्ति मन्दर इत्यद्रिराजो जगति विश्रुतः। विहरत्सुरसंघातविराजद्रत्नकाननः॥ ५३
यस्यामृतेन सिक्तेषु मथितक्षीरवारिधेः। जरामृत्युहरं पुष्पफलमूलाम्बुसानुषु॥ ५४
कैलासाधिककान्तस्य यस्य शृङ्गाग्रभूमयः। नानासद्रत्नरचिता लीलोद्यानानि धूर्जटेः॥ ५५
तत्र जातु कृतक्रीडो देवोऽवस्थाप्य पार्वतीम्। देवकार्यानुरोधेन केनाप्यन्तर्दधे हरः॥ ५६
ततस्तद्विरहाक्रान्ता तत्क्रीडाकेतनेषु सा। बभ्रामाश्वास्यमानात्र पार्वती देवतान्तरैः॥ ५७
एकदा च मधुप्राप्तिसोद्वेगा सा गणैर्वृता। देवी तरुतले यावत्प्रियचिन्ताकुला स्थिता॥ ५८
तावज्जयासुतां तत्र देव्याश्चामरधारिणीम्। कुमारीं चन्द्रलेखाख्यां साभिलाषावलोकिनीम्॥ ५९
समानरूपतारुण्यो निकटस्थो गुणोत्तमः। मणिपुष्पेश्वरो नाम साभिलाषो व्यलोकयत्॥ ६०
तद्दृष्ट्वान्यौ गणौ नाम्ना पिङ्गेश्वरगुहेश्वरौ। बभूवतुः स्मितमुखावन्योन्याननदर्शिनौ॥ ६१
तौ चालोक्य तथाभूतौ कस्मैतौ हसतोऽपदे। इत्यन्तः कुपिता देवी ददौ दृष्टिमितस्ततः॥ ६२
तावत्तावत्र चान्योन्यमुखे स्मेरार्पितेक्षणौ। ददर्श चन्द्रलेखां तां मणिपुष्पेश्वरं च तम्॥ ६३

ततो विरहसोद्वेगा क्रुद्धा देवी जगाद सा । देवस्यासंनिधौ सुष्ठु स्मरप्रेक्षणकं कृतम् ॥ ६४
एताभ्यां हासशीलाभ्यां हसितं प्रेक्ष्य सुष्ठु च । तन्मर्त्ययोनौ कामान्धौ स्त्रीपुंसौ पततामिमौ ॥ ६५
तत्रैव दंपती चैतावविनीतौ भविष्यतः । हासशीलाविमौ क्लेशान्प्राप्स्यतस्तु बहून्भुवि ॥ ६६
ब्राह्मणौ दुःखिनौ पूर्वं तदनु ब्रह्मराक्षसौ । ततः पिशाचकौ पश्चाच्चण्डालौ तस्करौ ततः ॥ ६७
छिन्नपुच्छौ ततः श्वानौ विविधौ च ततः खगौ । भविष्यतो गणावेतौ परिहासापराधिनौ ॥ ६८
आभ्यां हि स्वस्थचित्ताभ्यामेष दुर्विनयः कृतः । इत्यादिष्टवतीं देवीं धूर्जटाख्योऽवदद्गणः ॥ ६९
अत्ययुक्तमिदं देवि न खल्वेते गुणोत्तमाः । इयन्तं शापमर्हन्ति स्वल्पादेवापराधतः ॥ ७०
तच्छ्रुत्वैवाब्रवीत्कोपाद्देवी तमपि धूर्जटम् । मर्त्ययोनावनात्मज्ञ भवानपि पतत्विति ॥ ७१
दत्तशापप्रतापां तां प्रतीहारी जयाम्बिकाम् । जननी चन्द्रलेखायाः पादलग्ना व्यजिज्ञपत् ॥ ७२
प्रसीद देवि शापान्तं कुर्वस्या दुहितुर्मम । एतेषां च स्वभृत्यानामज्ञानविहितागसाम् ॥ ७३
विज्ञप्तेति प्रतीहार्या जयया गिरिजाब्रवीत् । यदा सर्वे मिलिष्यन्ति ज्ञानप्राप्तिवशात्क्रमात् ॥ ७४
ब्रह्मादीनां तपःक्षेत्रे दृष्ट्वा सिद्धीश्वरं तदा । एष्यन्ति पदमस्माकं मुक्तशापा इमे पुनः ॥ ७५
मानुष्ये चन्द्रलेखेयमेतत्कान्तः स धूर्जटः । सुखिनोऽमी भविष्यन्ति त्रयो द्वौ दुःखिनाविमौ ॥ ७६
इत्युक्त्वा विरता यावत्सा देवी तावदाययौ । तत्रासुरः किल ज्ञातहरासंनिधिरन्धकः ॥ ७७
स देवीं प्रेप्सुरुत्सिक्तस्तत्परिच्छदभर्त्सितः । गतो विज्ञाय देवेन ज्ञात्वा तत्कारणं हतः ॥ ७८
कृतकार्योऽन्तिकायातस्तुष्टामुक्तान्धकागमाम् । सोऽथ देवो जगादैवं गिरिजां गिरिजापतिः ॥ ७९
मानसः पूर्वपुत्रस्ते सोऽन्धकोऽद्य हतो मया । त्वगस्थिशेषो भृङ्गी च भविष्यत्यधुनेह सः ॥ ८०
इत्युक्त्वा स समं देव्या तत्रासीद्विहरन्हरः । मणिपुष्पेश्वराद्याश्च पञ्च तेऽवातरन्भुवि ॥ ८१
तत्र तावद्द्वयो राजंस्तस्य पिङ्गेश्वरस्य च । गुहेश्वरस्य चोदन्तं चित्रायितमिमं शृणु ॥ ८२
अस्ति यज्ञस्थलाख्योऽस्मिन्नग्रहारो महीतले । तत्राभूद्यज्ञसोमाख्यो ब्राह्मणो धनवान्गुणी ॥ ८३
तस्य द्वावुदपद्येतां पुत्रौ वयसि मध्यमे । हरिसोमस्तयोर्ज्येष्ठः कनिष्ठो देवसोमकः ॥ ८४
तयोस्तस्य समुत्तीर्णबाल्ययोरुपनीतयोः । विप्रस्यादौ धनं क्षीणं सभार्यस्यायुषा ततः ॥ ८५
ततस्तौ तत्सुतौ दीनौ पितृहीनाववृत्तिकौ । हृताग्रहारौ दायादैर्मन्त्रयामासतुर्मिथः ॥ ८६
भिक्षैकवृत्ती जातौ स्वो न च भिक्षामवाप्नुवः । तद्दूरमपि गच्छावो वरं मातामहं गृहम् ॥ ८७
भ्रष्टौ यद्यपि नौ कोऽत्र श्रद्दध्यात्स्वयमागतौ । तथापि यावः किं कुर्वो नह्यन्यास्त्यावयोर्गतिः ॥ ८८
इति संमन्त्र्य ययतुर्भिक्षमाणौ क्रमेण तौ । तमग्रहारं यद्यत्र मातामहगृहं तयोः ॥ ८९
तत्र तं सोमदेवाख्यं मृतं मातामहं जनात् । पृच्छन्तौ तावबुध्येतां मन्दभाग्यौ सभार्यकम् ॥ ९०
ततश्च तौ यज्ञदेवक्रतुदेवाभिधानयोः । रजोरूक्षौ विविशतुर्विप्रौ मातुलयोर्गृहम् ॥ ९१
तत्रादृत्य समाश्वास्य ताभ्यां क्लृप्ताशनाम्बरौ । सद्विप्राभ्यामधीयानौ यावत्तौ तत्र तिष्ठतः ॥ ९२
तावत्तावप्युपक्षीणधनीभूतावभृत्यकौ । मातुलौ भागिनेयौ तौ प्रीतिपूर्वमवोचताम् ॥ ९३
पुत्रौ दरिद्रीभूतानामस्माकं पशुपालकम् । कर्तुं नास्त्यद्य सामर्थ्यं तद्युवां रक्षकं पशून् ॥ ९४
इत्युक्तौ मातुलाभ्यां तौ बाष्पकण्ठौ तथेति तत् । हरिसोमदेवसोमौ तद्वचोऽभ्युपजग्मतुः ॥ ९५
ततोऽटव्यां पशून्नीत्वा सततं तौ ररक्षतुः । परिश्रान्तौ च सायं तावादायाजग्मतुर्गृहम् ॥ ९६
तथा तयोः पाशुपाल्यं कुर्वतोर्दैवशप्तयोः । अहार्यत पशुः कश्चित्कश्चिद्व्याघ्रैरभक्ष्यत ॥ ९७
ततस्तौ मातुलौ यावदुद्विग्नौ तावदेकदा । धेनुश्छागश्च यज्ञार्थौ द्वौ तयोः क्वापि नेशतुः ॥ ९८
तद्भयात्तान्गृहं नीत्वैवान्यानसमये पशून् । पलायितौ तौ चिन्वन्तौ दूरं विविशितुर्वनम् ॥ ९९
तत्र व्याघ्रार्धजग्धं तं छागं ददृशतुर्निजम् । शोचित्वोपहतात्मानावेवं जगदतुश्च तौ ॥ १००
छागोऽयं मातुलाभ्यां नौ यज्ञार्थं पर्यकल्प्यत । तस्मिन्नष्टे च दुर्वारस्तयोः कोपो भविष्यति ॥ १०१
तदस्य मांसं संस्कृत्य वह्नौ भुक्त्वा हतक्षुधौ । शेषमादाय गच्छावः क्वाप्यावां भैक्ष्यजीविनौ ॥ १०२

इति संचिन्त्य यावत्तं छागं संस्कुरुतोऽनले । तावदाजग्मतुः पश्चाद्धावन्तौ मातुलौ तयोः ॥ १०३
ताभ्यां छागं पचन्तौ तौ दृष्ट्वावुत्थाय संभ्रमात् । दूरात्तद्दर्शनत्रस्तौ पलाय्य ययतुस्ततः ॥ १०४
युवाभ्यां मांसगृध्नुभ्यां राक्षसं कर्म यत्कृतम् । भविष्यथस्ततो ब्रह्मराक्षसौ पिशिताशनौ ॥ १०५
इति तौ मातुलौ क्रुद्धौ तयोः शापं वितेरतुः । अभूतां द्विजपुत्रौ च सद्यस्तौ ब्रह्मराक्षसौ ॥ १०६
दंष्ट्राविशङ्कटमुखौ दीप्तकेशौ बुभुक्षितौ । प्राणिनः प्राप्य खादन्तावटव्यां भ्रेमतुश्च तौ ॥ १०७
एकदा तापसं हन्तुं योगिनं तावधावताम् । तत्प्रापतुः पिशाचत्वं शप्तौ तेन प्रतिघ्नता ॥ १०८
पिशाचत्वेऽपि तौ हन्तुं हरन्तौ ब्राह्मणस्य गाम् । तन्मन्त्रभग्नौ तच्छापाच्चण्डालत्वमवापतुः ॥ १०९
चण्डालत्वे धनुष्पाणी भ्रमन्तौ क्षुन्निपीडितौ । कदाचिच्चौरपल्लीं तां प्रापतुर्भोजनार्थिनौ ॥ ११०
तत्र दृष्ट्वैव तद्द्वाररक्षकाश्चौरशङ्कया । चौरावष्टभ्य (?) तौ चक्रुश्छिन्नश्रवणनासिकौ ॥ १११
तथाविधौ च तौ बद्धौ निन्युस्ते तस्करास्ततः । पार्श्वं प्रधानचौराणां लगुडाहतिताडितौ ॥ ११२
तत्र पृष्टौ प्रधानैस्तौ चौरैस्तैर्भयविक्लवौ । क्षुद्दुःखावाप्तसंक्लेशं स्ववृत्तान्तमशंसताम् ॥ ११३
ततस्ते कृपया मुख्यचौरा बन्धाद्विमुच्य तौ । ऊचुस्तिष्ठतमश्नीतमिह मा भूद्भयं च वाम् ॥ ११४
अष्टम्यामद्य सेनानीपूजनावसरे युवाम् । अस्माकमतिथी प्राप्तौ संविभागमिहार्हथः ॥ ११५
इत्युक्त्वार्चितदेवीकाश्चौरास्ते स्वाप्तभोजितौ । तत्यजुर्नैव तौ दैवादुत्पन्नप्रीतयोऽन्तिकात् ॥ ११६
ततः क्रमेण कुर्वाणौ चौर्यं तैर्दस्युभिः सह । महासेनापती तेषां संवृत्तौ तौ स्वशौर्यतः ॥ ११७
एकदा चौरचारोक्तं शैवक्षेत्रं महत्पुरम् । सेनापती तौ मुषितुं ससैन्यौ जग्मतुर्निशि ॥ ११८
अनिमित्तेऽपि दृष्टे तावनिवृत्ताववाप्य तत् । लुण्ठयामासतुः कृत्स्नं सदेवभुवनं पुरम् ॥ ११९
ततस्तद्वासिभिर्देवः क्रन्दितः शरणार्थिभिः । चौरांस्तान्विकलानन्धांश्चकार कुपितो हरः ॥ १२०
तदकस्माद्विलोक्यैव मत्वा शार्वमनुग्रहम् । पौराः संभूय दस्यूंस्तान्निजघ्नुर्लगुडाश्मभिः ॥ १२१
अदृश्यमानाश्च गणाश्चौरांश्च श्वभ्रेष्ववाक्षिपन् । कांश्चित्कांश्चिदमृद्गंश्च निहत्य भुवि तस्करान् ॥ १२२
तौ च सेनापती यावज्जनो दृष्ट्वा जिघांसति । तावत्तौ समपद्येतां श्वानौ पुच्छविनाकृतौ ॥ १२३
तथाभूतौ च तौ स्मृत्वा पूर्वजातिमशङ्कितम् । नृत्यन्तौ शंकरस्याग्रे तमेव शरणं श्रितौ ॥ १२४
तद्दृष्ट्वा विस्मिताः सर्वे सविप्रवणिजो जनाः । गतचौरभया हृष्टा हसन्तः स्वगृहान्ययुः ॥ १२५
शान्तमोहौ प्रबुद्धौ च श्वानौ तौ शापशान्तये । त्यक्ताहारावथोद्दिश्य शिवं शिश्रियतुस्तपः ॥ १२६
प्रातः कृतोत्सवास्तत्र पौरास्ते पूजितेश्वराः । ध्यानस्थौ ददृशुः श्वानौ दत्तेऽप्यन्ने पराङ्मुखौ ॥ १२७
तथैव दृश्यमानौ तैर्यावत्तौ दिवसान्बहून् । श्वानौ स्थितौ गणास्तावद्देवं शंभुं व्यजिज्ञपन् ॥ १२८
देव शप्ताविमौ देव्या पिङ्गेश्वरगुहेश्वरौ । बहुकालं गणौ क्लिष्टौ तत्कृपामेतयोः कुरु ॥ १२९
तच्छ्रुत्वोवाच भगवानिदानीं सारमेयताम् । परित्यज्य गणावेतौ वायसौ भवतामिति ॥ १३०
ततस्तौ वायसीभूतौ बल्यन्नकृतपारणौ । गणौ जातिस्मरौ सुष्ठु शिवैकाग्रौ बभूवतुः ॥ १३१
कालेन भक्तितुष्टस्य निदेशाच्छंकरस्य तौ । भासावभूतां प्रथमं ततोऽपि च शिखण्डिनौ ॥ १३२
ततोऽपि हंसतां प्राप्तौ तौ कालेन गणेश्वरौ । तत्रापि परया भक्त्या तावाराधयतां हरम् ॥ १३३
तीर्थस्नानैर्व्रतैर्ध्यानैः पूजनैस्तोषितेश्वरौ । हेमरत्नमयौ तौ च संजातौ ज्ञानिनौ तथा ॥ १३४
तावावां पार्वतीशापप्राप्तक्लेशपरम्परौ । विद्ध्येतौ हंसतां प्राप्तौ पिङ्गेश्वरगुहेश्वरौ ॥ १३५
जयात्मजाभिलाषी यो मणिपुष्पेश्वरो गणः । देव्या शप्तः स जातस्त्वं ब्रह्मदत्तो नृपो भुवि ॥ १३६
जयासुता सा जातेयं भार्या सोमप्रभा तव । धूर्जटः स च जातोऽयं मन्त्री ते शिवभूतिकः ॥ १३७
अत एव च संप्राप्तज्ञानाभ्यामम्बिकाकृतम् । स्मृत्वा शापान्तमावाभ्यां दत्तं ते निशि दर्शनम् ॥ १३८
तदुपायक्रमात्सर्वे मिलिताः स्म इमेऽधुना । आवां चैव प्रदास्यावो युष्मभ्यं ज्ञानमुत्तमम् ॥ १३९

आयात तत्त्रिदशशैलगतं व्रजामः क्षेत्रं यथार्थमचलेन्द्रसुतापतेस्तत् ।
सिद्धीश्वरं विदधिरे किल यत्र देवा विद्युद्ध्वजासुरविनाशकृते तपांसि ॥ १४०

जघ्नुस्ते च तमसुरं समरे शर्वप्रसादलब्धेन।
विद्याधरेन्द्रपतिना मुक्ताफलकेतुना सहायेन ॥ १४१
स च मुक्ताफलकेतुः शापकृतं मर्त्यभावमुत्तीर्य।
तदनुग्रहादवापत्पद्मावत्या समागमं भूयः ॥ १४२
तादृशि तत्र क्षेत्रे गत्वा नत्वा हरं प्रयास्यामः।
त्वां गतिमीदृग्विहितो दैव्यास्माकं समो हि शापान्तः ॥ १४३
इत्युक्तो दिव्याभ्यां हंसाभ्यां ब्रह्मदत्तभूमिपतिः।
सद्योऽभून्मुक्ताफलकेतुकथाश्रवणकौतुकाक्षिप्तः ॥ १४४

इति महाकविश्रीसोमदेवभट्टविरचिते कथासरित्सागरे पद्मावतीलम्बके प्रथमस्तरङ्गः।

द्वितीयस्तरङ्गः।

ततः स ब्रह्मदत्तस्तौ दिव्यहंसौ नृपोऽब्रवीत्। कथं विद्युद्ध्वजं मुक्ताफलकेतुर्जघान तम् ॥ १
शापमर्त्यत्वमुत्तीर्य प्राप पद्मावतीं कथम्। एतत्कथयतां तावत्कर्तास्मि प्रकृतं ततः ॥ २
तच्छ्रुत्वा तत्कथामेवं ताववर्णयतां खगौ। आसीद्विद्युत्प्रभो नाम दैत्येन्द्रो देवदुर्जयः ॥ ३
स गत्वा जाह्नवीतीरे सभार्यः पुत्रकाम्यया। ब्रह्माणमाराधयितुं चक्रे वर्षशतं तपः ॥ ४
तपस्तुष्टस्य स ततः सुरारिर्ब्रह्मणो वरात्। प्राप विद्युद्ध्वजं नाम त्रिदशावध्यमात्मजम् ॥ ५
स बालोऽपि महावीर्यो दैत्यराजसुतो बलैः। रक्ष्यमाणं चतुर्दिक्कं दृष्ट्वा स्वपुरमेकदा ॥ ६
वयस्यमेकमप्राक्षीद्भयमत्र कुतः सखे। येनेदं रक्ष्यते नित्यं नगरं सैनिकैरिति ॥ ७
ततो वयस्यः सोऽवादीदस्ति नस्त्रिदशेश्वरः। प्रतिपक्षस्तदर्थोऽयं पुररक्षणसंविधिः ॥ ८
दन्तिनां दशलक्षाणि रथानां च चतुर्दश। त्रिंशल्लक्षाणि चाश्वानां पत्तीनां दशकोटयः ॥ ९
यामे यामेऽभिरक्षन्ति पुरं वारक्रमादिदम्। स च प्रहरवारोऽब्दैस्तेषामायाति सप्तभिः ॥ १०
तच्छ्रुत्वा सोऽब्रवीद्विद्युद्ध्वजो धिग्राज्यमीदृशम्। रक्ष्यते यत्किलान्येषां बाहुभिर्न स्वबाहुना ॥ ११
तत्कृत्वाहं तपस्तीव्रं करिष्यामि तथा यथा। भुजनिर्जितशत्रोर्मे न स्यादेषा विडम्बना ॥ १२
इत्युक्त्वैव वयस्यं तं वारयन्तं निषिध्य सः। विद्युद्ध्वजो ययौ पित्रोरनुक्त्वा तपसे वनम् ॥ १३
बुद्ध्वाथ पितरौ स्नेहादन्वागत्य तमूचतुः। क्व बालस्त्वं क्व च तपः कष्टं मा पुत्र साहसम् ॥ १४
जितशत्रु च राज्यं नस्त्रैलोक्ये नु ततोऽधिकम्। किं वाञ्छसि वृथात्मानं शोषयन्किं दुनोषि नौ ॥ १५
एवं वदन्तौ पितरौ विद्युद्ध्वज उवाच सः। बाल्य एवार्जयिष्यामि दिव्यास्त्राणि तपोबलात् ॥ १६
निःशत्रु च जगद्राज्यमेतेनैव न वेद्मि किम्। रक्ष्यते नित्यसंनद्धैः सैन्यैः स्वपुरमेव यत् ॥ १७
इत्यादि निश्चयेनोक्त्वा पितरौ च विसृज्य सः। विद्युद्ध्वजोऽसुरश्चक्रे विरिञ्चाराधनं तपः ॥ १८
फलाहारोऽम्बुभक्षश्च वायुभुग्वर्जिताशनः। त्रीणि त्रीणि क्रमात्तस्थौ दैत्यो वर्षशतानि सः ॥ १९
ततो ब्रह्मा जगत्क्षोभक्षममालोक्य तत्तपः। एत्यास्त्राणि ददौ तस्मै ब्राह्मादीनि तदर्थिने ॥ २०
ब्रह्मास्त्रमेतदन्येन नास्त्रेण प्रतिहन्यते। विना पाशुपतं रौद्रमस्त्रमस्मदगोचरम् ॥ २१
तदकाले त्वया नैतत्प्रयोक्तव्यं जयैषिणा। इत्युक्त्वा प्रययौ ब्रह्मा स दैत्यश्चागमद्गृहम् ॥ २२
ततस्तदुत्सवायातैः सर्वैः स स्वबलैः सह। विद्युद्ध्वजः समं पित्रा प्रायाच्छक्रजिगीषया ॥ २३
शक्रस्तदागमं बुद्ध्वा कृतरक्षस्त्रिविष्टपे। सख्या विद्याधरेन्द्रेण सहितश्चन्द्रकेतुना ॥ २४
पद्मशेखरसंज्ञेन गन्धर्वाधीश्वरेण च। सदेवलोकपालोऽमे युयुत्सुस्तस्य निर्ययौ ॥ २५
प्राप विद्युद्ध्वजश्चात्र बलैराच्छादिताम्बरः। ब्रह्मरुद्रादयश्चैतमाहवं द्रष्टुमाययुः ॥ २६
ततः प्रववृते युद्धं तयोरुभयसैन्ययोः। परस्परास्त्रसंपातनिरुद्धार्कान्धकारितम् ॥ २७
अमर्षवातक्षुभितो वाहिनीशतनिर्भरः। लुठद्वाजिगजग्राहो ववृधे समरार्णवः ॥ २८

द्वन्द्वयुद्धेषु देवानां संप्रवृत्तेष्वथासुरैः । शक्रं विद्युत्प्रभोऽभ्यागाद्विद्युद्ध्वजपिता क्रुधा ॥ २९
अस्त्रप्रत्यस्त्रयुद्धेन शनैस्तेनामरद्विषा । शक्रोऽभिभूयमानोऽथ तस्मै वज्रमवाक्षिपत् ॥ ३०
वज्राहतः स दैत्योऽत्र पपात गतजीवितः । विद्युद्ध्वजोऽथ तत्क्रोधादभ्यधावच्छतक्रतुम् ॥ ३१
अप्राणसंशये चादौ तस्मै ब्रह्मास्त्रमक्षिपत् । अन्ये च प्राहरन्नन्यैस्तस्मिन्नस्त्रैर्महासुराः ॥ ३२
सोऽथ ध्यात्वेश्वरादिष्टमस्त्रं पाशुपतं क्षणात् । अग्रोपस्थितमभ्यर्च्य शक्रश्चिक्षेप शत्रुषु ॥ ३३
तेन कालाग्निनास्त्रेण दग्धं तत्सैन्यमासुरम् । विद्युद्ध्वजस्तु बालत्वादहतो मूर्च्छितोऽपतत् ॥ ३४
न हिनस्ति तदस्त्रं हि बालं वृद्धं पराङ्मुखम् । ततो लब्धजया देवाः स्वस्थानान्यखिला ययुः ॥ ३५
सोऽपि विद्युद्ध्वजो ध्वस्तः सुचिराल्लब्धचेतनः । शोचन्पलाय्य मिलितानवोचच्छेषसैनिकान् ॥ ३६
जयिनोऽपि जिताः स्मोऽद्य ब्रह्मास्त्रे प्रत्युतार्जिते । तत्त्यक्ष्याम्याहवे गत्वा शक्रमासाद्य जीवितम् ॥ ३७
हते पितरि शक्ष्यामि न गन्तुं स्वपुरं पुनः । इत्युक्तवन्तं तं मन्त्री वृद्धो वक्ति स्म पैतृकः ॥ ३८
अकालमुक्तं ब्रह्मास्त्रमन्यमुक्तास्त्रमन्थरम् । अन्यास्त्रासहनैशानमहास्त्रव्याहतं हि तत् ॥ ३९
तल्लब्धजयमाक्षेप्तुं नाकाले शत्रुमर्हसि । एवं हि तस्योपचयः स्वनाशश्च कृतो भवेत् ॥ ४०
धीरो हि रक्षन्नात्मानं काले प्राप्य बलं रिपोः । मन्युप्रतिक्रियां कृत्वा विश्वश्लाघ्यं यशोऽश्नुते ॥ ४१
इति वृद्धेन तेनोक्तो विद्युद्ध्वज उवाच सः । तर्ह्यस्मद्राज्यरक्षार्थं यात यूयमहं पुनः ॥ ४२
तमेवाराधयिष्यामि गत्वा सर्वेश्वरं शिवम् । इत्युक्त्वानिच्छतोऽप्येतान्विससर्जैव सोऽनुगान् ॥ ४३
गत्वा च पञ्चभिः सार्धं वयस्यैर्दैत्यपुत्रकैः । कैलासमूले गङ्गायास्तीरे सोऽशिश्रियत्तपः ॥ ४४
घर्मे पञ्चाग्निमध्ये च शीते तस्थौ स वारिणि । एकं सहस्रं वर्षाणां शिवध्यायी फलाशनः ॥ ४५
मूलाशनो द्वितीयं च तृतीयं वारिभोजनः । वायुभक्षश्चतुर्थं च निराहारश्च पञ्चमम् ॥ ४६
वरदानागतं भूयो बहु मेने न पद्मजम् । दृष्टो वरप्रभावस्ते गम्यतामित्युवाच च ॥ ४७
कालं तावन्तमेवान्यन्निराहारस्थितं च तम् । मूर्धोद्गतमहाधूमं साक्षाच्छंभुरुपाययौ ॥ ४८
वृणीष्व वरमित्युक्तस्तेन दैत्यो जगाद सः । वध्यामहं रणे शक्रं त्वत्प्रसादाद्विभो इति ॥ ४९
उत्तिष्ठ न विशेषोऽस्ति जितस्य निहतस्य वा । तदिन्द्रं जेष्यसि रणे तत्पदे च निवत्स्यसि ॥ ५०
इत्युक्त्वान्तर्दधे देवः सोऽपि सिद्धं मनोरथम् । मत्वा विद्युद्ध्वजः कृत्वा पारणं स्वपुरं ययौ ॥ ५१
तत्राभिनन्दितः पौरैस्तेन पित्र्येण मन्त्रिणा । मिलित्वा तत्कृते तप्ततपसा व्यधितोत्सवम् ॥ ५२
आहूयासुरसैन्यानि विहिताहवसंविधिः । इन्द्राय प्राहिणोद्दूतं युधि सज्जो भवेति सः ॥ ५३
चचाल च नभः सेनानादनिर्घातदारितम् । केतुभिश्छादयंस्तन्वन्नरिष्टं स्वर्वासिनामिव ॥ ५४
इन्द्रोऽपि तं लब्धवरं विज्ञायागतमाकुलः । संमन्त्र्य देवगुरुणा सुरसैन्यान्युपाह्वयत् ॥ ५५
ततो विद्युद्ध्वजे प्राप्ते तयोरुभयसैन्ययोः । स्वेषां परेषां चाज्ञातविभागोऽभून्महाहवः ॥ ५६
सुबाहुप्रमुखा दैत्याः सहायुध्यन्त वायुभिः । पिङ्गाक्षाद्याः कुबेरैश्च महामायादयोऽग्निभिः ॥ ५७
अयःकायादयः सूर्यैः सिद्धैराकम्पनादयः । अन्ये विद्याधरैर्दैत्या गन्धर्वाद्यैस्ततोऽपरे ॥ ५८
एवमासीन्महायुद्धं तेषां वासरविंशतिम् । एकविंशे दिने दैत्यैरभज्यन्त रणे सुराः ॥ ५९
ते च भग्नाः प्रविविशुः पलाय्यान्तस्त्रिविष्टपम् । ततश्चैरावणारूढो निरगाद्वासवः स्वयम् ॥ ६०
परिवार्य च तं देवसैन्यानि निरगुः पुनः । चन्द्रकेतुप्रभृतिभिः सहैव खचरेश्वरैः ॥ ६१
ततः प्रवृत्ते सङ्ग्रामे हन्यमानासुरामरे । इन्द्रमभ्यद्रवद्विद्युद्ध्वजः पितृवधक्रुधा ॥ ६२
सोऽस्त्राणि तस्य प्रत्यस्त्रैर्दैत्येन्द्रस्य प्रतिघ्नतः । चिच्छेद बाणैः कोदण्डं देवराजो मुहुर्मुहुः ॥ ६३
ततो मुद्गरमादाय महेश्वरवरोद्धुरः । विद्युद्ध्वजस्तं स जवादधावद्वासवं प्रति ॥ ६४
उत्प्लुत्य दन्तयोर्दत्त्वा पादमैरावणस्य च । आरुरोहास्य कुम्भाग्रं यन्तारं विममाथ च ॥ ६५
ददौ च देवराजाय प्रहारं मुद्गरेण सः । देवराजश्च मुशलेनाशु प्रतिजघान तम् ॥ ६६
विद्युद्ध्वजोऽपि भूयस्तं मुद्गरेण जघान यत् । तदिन्द्रः सोऽपतद्वायुरथस्योपरि मूर्च्छितः ॥ ६७

वायुर्मनोजवेनेन्द्रं तं रथेनान्यतोऽहरत्। विद्युद्ध्वजोऽस्य पश्चाच्च दत्तझम्पोऽपतद्भुवि ॥ ६८
अकालोऽयं रणादिन्द्रमपसारयत द्रुतम्। इति तत्क्षणमाकाशादुच्चचार सरस्वती ॥ ६९
ततोऽपसारिते शक्रे वायुना रथवेगतः। विद्युद्ध्वजो रथारूढो यावत्तमनुधावति ॥ ७०
तावदैरावणः क्रुद्धो धावित्वैव निरङ्कुशः। मध्नन्विद्राव्य सैन्यानि यतः शक्रस्ततो ययौ ॥ ७१
ततो मुक्त्वा रणं देवसैन्येऽपीन्द्रमनुद्रुते। निनाय ब्रह्मभवनं भीतां सुरगुरुः शचीम् ॥ ७२
अथ विद्युद्ध्वजः प्राप्य जयं शून्यामवाप्य च। नदद्भिः सहितः सैन्यैः प्रविवेशामरावतीम् ॥ ७३
इन्द्रोऽपि लब्धसंज्ञः सन्नकालं वीक्ष्य संप्रति। तदेव ब्रह्मभवनं सह सर्वामरैरगात् ॥ ७४
संप्रत्यसौ हरवरप्रभावो मा शुचं कृथाः। प्राप्तासि स्वपदं भूय इत्याश्वास्य पितामहः ॥ ७५
स्वं समाधिस्थलं नाम तस्य सर्वसुखावहम्। ब्रह्मलोकैकदेशस्थं स्थानं वसतये ददौ ॥ ७६
तत्रोवास स देवेन्द्रः शच्यैरावणसंगतः। तद्वाक्याद्वायुलोकं च जग्मुर्विद्याधरेश्वराः ॥ ७७
अधृष्यं सोमलोकं च गन्धर्वपतयो ययुः। अन्यलोकानययुश्चान्ये त्यक्तस्वस्वनिकेतनाः ॥ ७८
विद्युद्ध्वजश्च देवानां भूमिं भ्रमितडिण्डिमः। आक्रम्य बुभुजे राज्यं निर्मर्यादस्त्रिविष्टपे ॥ ७९
अत्रान्तरे कथासंधौ वायुलोके चिरस्थितः। विद्याधरेश्वरश्चन्द्रकेतुरेवं व्यचिन्तयत् ॥ ८०
स्वपदप्रच्युतेनेह मया स्थेयं कियच्चिरम्। नास्ति विद्युद्ध्वजस्याद्याप्यस्मच्छत्रोस्तपःक्षयः ॥ ८१
श्रुतं मया यत्स गतः सुहृन्मे पद्मशेखरः। गन्धर्वेन्द्रः शिवपुरं तपसे सोमलोकतः ॥ ८२
तस्य प्रसादो देवेन कृतः किमु न वेत्यहम्। नाद्यापि जाने तद्बुद्ध्वा ज्ञास्ये कर्तव्यमात्मनः ॥ ८३
इति ध्यायति यावच्च तावदभ्याययौ स तम्। विद्याधरेन्द्रं गन्धर्वराजः प्राप्तवरः सखा ॥ ८४
स तेनाश्लिष्य विहितस्वागतश्चन्द्रकेतुना। पृष्टश्च निजवृत्तान्तं गन्धर्वपतिरभ्यधात् ॥ ८५
गत्वा शिवपुरे शंभुं तपसाहमतोषयम। स च मामादिशद्गच्छ पुत्रस्ते भवितोत्तमः ॥ ८६
पुनः प्राप्स्यसि राज्यं च कन्यां सर्वोत्तमामपि। विद्युद्ध्वजान्तको यस्या वीरो भर्ता भविष्यति ॥ ८७
इत्यादिष्टो हरेणाहं तवैतद्वक्तुमागतः। गन्धर्वेन्द्रादिति श्रुत्वा चन्द्रकेतुरुवाच सः ॥ ८८
मयाप्येतस्य दुःखस्य शान्त्यै गत्वा महेश्वरः। आराध्यस्तमनाराध्य न सन्तीप्सितसिद्धयः ॥ ८९
इति निश्चित्य तपसे दिव्यं क्षेत्रं त्रिशूलिनः। मुक्तावल्या समं पत्न्या चन्द्रकेतुर्जगाम सः ॥ ९०
सोऽपि स्ववरवृत्तान्तमिन्द्रायोक्त्वा रिपुक्षये। उत्पन्नास्थो ययौ सोमभुवनं पद्मशेखरः ॥ ९१
ततः सुरपतिस्तत्र स समाधिस्थले स्थितः। जातास्थः संक्षये शत्रोरमर्त्यगुरुमस्मरत् ॥ ९२
संस्मृतोपस्थितं तत्र प्रह्वः सत्कृत्य सोऽब्रवीत्। तपस्तुष्टः शिवः पद्मशेखरस्य समादिशत् ॥ ९३
विद्युद्ध्वजस्य हन्तारं भाविजामातरं किल। तदस्य दुष्कृतस्यान्तस्तावन्नः किं त्वहं चिरम् ॥ ९४
निवसन्निह निर्विण्णः स्वपदभ्रंशदुःस्थितः। तच्चिन्तयात्र भगवन्नुपायं शीघ्रकारिणम् ॥ ९५
इति देवगुरुः शक्राद्वचः श्रुत्वा जगाद तम्। कामं तस्य रिपोः प्राप्तो दुष्कृतैस्तपसः क्षयः ॥ ९६
तस्मादवसरोऽस्माकं स्वप्रयत्नविधेरयम्। तदेहि ब्रह्मणे ब्रूमः स उपायं वदिष्यति ॥ ९७
इत्युक्तो गुरुणा शक्रस्तद्युक्तो ब्रह्मणोऽन्तिकम्। ययौ प्रणम्य तस्मै च शशंस स्वमनोगतम् ॥ ९८
ततः स्वयंभूरवदच्चिन्तैषा न ममापि किम्। किं तु शर्वकृतं शर्वेणैव शक्यं व्यपोहितुम् ॥ ९९
स च देवश्चिरं प्राप्यस्तदेव निकटं हरेः। तदभिन्नात्मनो यामः सोऽभ्युपायं वदिष्यति ॥ १००
इति संमन्त्र्य स ब्रह्मा शक्रः सुरगुरुश्च सः। हंसयानमुपारुह्य श्वेतद्वीपमुपागमन् ॥ १०१
यत्र सर्वो जनः शङ्खचक्रपद्मगदाधरः। चतुर्भुजश्च मूर्तौ च चित्ते च भगवन्मयः ॥ १०२
तत्र ते ददृशुर्देवं महारत्नगृहान्तरे। सेविताङ्घ्रिं कमलया शेषशय्यागतं हरिम् ॥ १०३
कृतप्रणामास्तस्मै ते यथार्हं तेन सत्कृताः। देवर्षिवन्दिताश्चात्र यथोचितमुपाविशन् ॥ १०४
भगवत्पृष्टकुशला देवास्ते तं व्यजिज्ञपन्। कुशलं किमिवास्माकं देव विद्युद्ध्वजे सति ॥ १०५
जानात्येव हि तत्सर्वं देवो यत्तेन नः कृतम्। तदर्थश्चागमोऽयं नस्तद्देवो वेत्त्यतः परम् ॥ १०६

एवमुक्तवतो देवांस्तानुवाच जनार्दनः । किं न जानामि यद्ब्रह्मा स्थितिस्तेनासुरेण मे ॥ १०७
किं तु स्वयं यदीशेन कृतं त्रिपुरघातिना । तत्तेनैवान्यथा कर्तुं शक्यते न पुनर्मया ॥ १०८
तत एव च तस्य स्यात्क्षयो दैत्यस्य पाप्मनः । त्वरध्वं यदि तावद्वो वच्म्युपायं निशम्यताम् ॥ १०९
अस्ति माहेश्वरं क्षेत्रं दिव्यं सिद्धीश्वराभिधम् । तत्र संप्राप्यते देवो नित्यसंनिहितो हरः ॥ ११०
एतच्च दर्शितज्वालालिङ्गरूपः स एव मे । पूर्वं प्रजापतेश्च प्राग्महत्त्वमवदद्विभुः ॥ १११
तदेत तत्र गत्वा तं तपसा प्रार्थयामहे । स एवोपद्रवमिमं जगतां शमयिष्यति ॥ ११२
इत्यादिष्टवता तेन देवेन सह विष्णुना । ते तार्क्ष्यहंसयानाभ्यां सर्वे सिद्धीश्वरं ययुः ॥ ११३
असंस्पृष्टे जरामृत्युरोगैः सौख्यैकधामनि । हेमरत्नमया यत्र मृगपक्षिद्रुमा अपि ॥ ११४
तत्रान्तर्दर्शितान्योन्यमूर्तिभेदं क्षणे क्षणे । अन्यान्यरत्नरूपं च लिङ्गमभ्यर्च्य शूलिनः ॥ ११५
तत्परास्ते हरिर्ब्रह्मा देवेन्द्रो दिविषद्गुरुः । तेपिरे हरमुद्दिश्य चत्वारो दुश्चरं तपः ॥ ११६
अत्रान्तरे च तीव्रेण तपसा तोषितः शिवः । चन्द्रकेतोर्वरं तस्य विद्याधरपतेरदात् ॥ ११७
उत्तिष्ठोत्पत्स्यते राजन्महावीरः स ते सुतः । विद्युद्ध्वजं यः समरे युष्मच्छत्रुं हनिष्यति ॥ ११८
शापावतीर्णो मानुष्ये कृतामरहितश्च यः । गन्धर्वराजदुहितुः पद्मावत्यास्तपोबलात् ॥ ११९
पुनः स्वपदमासाद्य तयैव सह भार्यया । सर्वं विद्याधरैश्वर्यं दश कल्पान्करिष्यति ॥ १२०
इति दत्तवरे देवे तिरोभूते सभार्यकः । चन्द्रकेतुस्तदैवागात्स वायुभुवनं पुनः ॥ १२१
तावत्तीव्रतपस्तुष्टस्तत्र सिद्धीश्वरेऽपि तान् । नारायणादींल्लिङ्गान्तर्दृष्टो हृष्टान्हरोऽब्रवीत् ॥ १२२
उत्तिष्ठतालं क्लेशेन युष्मत्पक्ष्येण तोषितः । विद्याधरेश्वरेणाहं तपसा चन्द्रकेतुना ॥ १२३
मदंशसंभवस्तस्य वीरः पुत्रो जनिष्यते । यस्तं विद्युद्ध्वजं दैत्यं हनिष्यत्यचिराद्रणे ॥ १२४
ततोऽन्यदेवकार्यार्थं मानुष्ये शापतश्च्युतम् । पद्मशेखरगन्धर्वसुता तं प्रोद्धरिष्यति ॥ १२५
पद्मावत्याख्यया सार्धं तया गौर्यंशजातया । पत्न्या शुचरसाम्राज्यं कृत्वा मामेव चैष्यति ॥ १२६
तत्सहध्वं मनागेषः कामः संपन्न एव वः । इत्यच्युतादीनुक्त्वा तान्जगामादर्शनं शिवः ॥ १२७
ततो हृष्टो हरिर्ब्रह्मा शक्रामरगुरू च तौ । जग्मुः स्थानानि तान्येव ते भूयो येभ्य आगताः ॥ १२८
अथ विद्याधरेन्द्रस्य तस्य मुक्तावली प्रिया । चन्द्रकेतोः सगर्भाभूत्काले च सुषुवे सुतम् ॥ १२९
प्रकाशयन्तं ककुभो दुराधर्षेण तेजसा । तामसोपद्रवं हर्तुं बालमर्कमिवोदितम् ॥ १३०
जाते च तस्मिन्नित्यत्र भारती शुश्रुवे दिवः । चन्द्रकेतो सुतोऽयं ते हन्ता विद्युद्ध्वजासुरम् ॥ १३१
नाम्ना च विद्ध्यमुं मुक्तफलकेतुं द्विषन्तपम् । इत्युक्त्वा चन्द्रकेतुं सा सोत्सवं विरराम वाक् ॥ १३२
पपात पुष्पवृष्टिश्च ज्ञातार्थः पद्मशेखरः । शक्रश्चाययतुस्तत्र ये च च्छन्नाः स्थिताः सुराः ॥ १३३
हरप्रसादवृत्तान्तमाचक्षाणाः परस्परम् । अनुभूय प्रमोदं ते स्वस्थानान्येव शिश्रियुः ॥ १३४
स मुक्ताफलकेतुश्च सर्वसंस्कारसंस्कृतः । सहानन्देन देवानां क्रमाद्वृद्धिमुपागमत् ॥ १३५
अथ तस्य दिनैः कन्या पुत्रोत्पत्तेरनन्तरम् । गन्धर्वाधिपतेः पद्मशेखरस्याप्यजायत ॥ १३६
गन्धर्वेन्द्र सुतेयं ते भार्या विद्युद्ध्वजद्विषः । विद्याधरपतेः पद्मावती नाम भविष्यति ॥ १३७
इति तस्यां च जातायां गगनादुदगाद्वचः । ततः पद्मावती सात्र क्रमात्कन्या व्यवर्धत ॥ १३८
सुधांशुलोकसंभूतिसंक्रान्तेन तरङ्गिणा । अमृतेनेव लावण्यविसरेण विराजिता ॥ १३९
सोऽपि बालोऽभवन्मुक्ताफलकेतुर्महामतिः । व्रतोपवासादि तपश्चक्रे शिवमयः सदा ॥ १४०
एकदा ध्याननिष्ठं तं द्वादशाहमुपोषितम् । प्रत्यक्षीभूय भगवाञ्जगाद गिरिजापतिः ॥ १४१
तुष्टोऽस्मि तेऽनया भक्त्या मत्प्रसादेन तत्तव । आविर्भविष्यन्त्यस्त्राणि विद्याः सर्वकलास्तथा ॥ १४२
अपराजितसंज्ञं च खड्गमेतं गृहाण मे । कर्तासि येन साम्राज्यं विपक्षैरपराजितः ॥ १४३
इत्युक्त्वा स विभुस्तस्मै खड्गं दत्त्वा तिरोदधे । स चाशु राजपुत्रोऽभून्महास्त्रबलविक्रमः ॥ १४४
अत्रान्तरे कदाचित्स विद्युद्ध्वजमहासुरः । त्रिदिवस्थो जलक्रीडां चक्रे सुसरिदम्भसि ॥ १४५

दर्दर्श स जलं तस्याः कपिशं पुष्परेणुभिः । मदगन्धानुविद्धं च वीचिविक्षोभितं महत् ॥ १४६
ततो भुजमदाध्मातः स जगाद निजानुगान् । ममाप्युपरि कः क्रीडत्यम्भोभिर्यात पश्यत ॥ १४७
तच्छ्रुत्वोपरि यातास्ते पश्यन्ति स्मासुरा जले । क्रीडन्तं वृषभं शार्वं सह शाक्रेण दन्तिना ॥ १४८
आगत्य च तमूचुस्ते दैत्येन्द्रं देव शांभवः । उपर्येत्य वृषः क्रीडत्यैरावणयुतोऽम्भसि ॥ १४९
तन्मात्यैरावणमदव्यामिश्रितमिदं पयः । श्रुत्वेत्यगणयञ्शर्वं मदाच्चुक्रोध सोऽसुरः ॥ १५०
स्वदुष्कृतपरीपाकमूढो भृत्यानुवाच च । यातानयत तौ बद्ध्वा वृषभैरावणाविति ॥ १५१
ततो गत्वा जिघृक्षन्ति यावत्तौ ते किलासुराः । तावत्ताञ्जघ्नतुः क्रुद्धौ तौ प्रधाव्य वृषद्विपौ ॥ १५२
हतशेषाश्च जगदुर्गत्वा विद्युद्ध्वजाय तत् । स क्रुद्धः प्राहिणोत्तौ प्रत्यासुरं सुमहद्बलम् ॥ १५३
मथित्वा तच्च तत्सैन्यं पापपाकागतक्षयम् । वृषो हरान्तिकं प्रायादिन्द्रमैरावणोऽभ्यगात् ॥ १५४

इन्द्रोऽथ तस्य दितिजस्य विचेष्टितं तदैरावणानुचररक्षिगणान्निशम्य ।
संप्राप्तनाशसमयं तममन्यतारिं गौरीपतेर्भगवतोऽपि कृतावमानम् ॥ १५५
आवेद्य तत्कमलजाय ततः समेत्य विद्याधरादिसहितः सह देवसैन्यैः ।
हन्तुं रिपुं तमधिरूढसुरेभमुख्यः शक्रः शचीरचितमाङ्गलिकः प्रतस्थे ॥ १५६

इति महाकविश्रीसोमदेवभट्टविरचिते कथासरित्सागरे पद्मावतीलम्बके द्वितीयस्तरङ्गः ।

तृतीयस्तरङ्गः ।

ततस्त्रिविष्टपं प्राप्य स शक्रः पर्यवेष्टयत् । हरानुग्रहसोत्साहैर्लब्धकालबलैर्बलैः ॥ १
तद्दृष्ट्वा निर्ययौ विद्युद्ध्वजः संनद्धसैनिकः । प्रावर्तन्तानिमित्तानि तस्य निर्गच्छतस्तदा ॥ २
ध्वजेषु विद्युतः पेतुर्भ्रेमुर्गृध्रास्तथोपरि । अभज्यन्त महाच्छत्राण्यशिवं चारुवञ्शिवाः ॥ ३
तान्यरिष्टान्यगणयन्निरगादेव सोऽसुरः । देवासुराणां च ततः प्रावर्तत महाहवः ॥ ४
स मुक्ताफलकेतुः किं नाद्याप्येतीति वज्रिणा । पृष्टोऽथ चन्द्रकेतुस्तं खेचरेन्द्रो व्यजिज्ञपत् ॥ ५
विस्मृत्य त्वरया तस्य नोक्तमागच्छता मया । स तु बुद्ध्वा ध्रुवं पश्चादागच्छत्येव सत्वरम् ॥ ६
एतच्छ्रुत्वा स देवेन्द्रश्चतुरं वायुसारथिम् । श्रीमुक्ताफलकेतुं तमानेतुं प्राहिणोद्रथम् ॥ ७
पिता च तत्समं तस्य चन्द्रकेतुः ससैनिकम् । आह्वानाय प्रतीहारं विससर्ज रथानुगम् ॥ ८
स मुक्ताफलकेतुश्च बुद्ध्वा दैत्याहवे गतम् । पितरं सानुगो गन्तुं तत्रैवाभ्युद्यतोऽभवत् ॥ ९
ततो जयगजारूढो जननीकृतमङ्गलः । वायुलोकादुदचलत्स बिभ्रत्खड्गमैश्वरम् ॥ १०
प्रस्थितस्यापतत्तस्य पुष्पवृष्टिर्नभस्तलात् । देवाश्च दुन्दुभीञ्जघ्नुर्वायवश्च ववुः शिवाः ॥ ११
मिलित्वा परिवव्रुश्च ते तं देवगणास्ततः । आसन्पलाय्य प्रच्छन्ना ये विद्युद्ध्वजभीतितः ॥ १२
तेन सैन्येन महता सह गच्छन्ददर्श सः । मार्गे मेघवनं नाम पार्वत्यायतनं महत् ॥ १३
तदनुल्लङ्घयन्भक्त्या गजादत्रावतीर्य सः । आहृत्य दिव्यपुष्पाणि देवीं प्रावर्ततार्चितुम् ॥ १४
अत्रान्तरे च गन्धर्वपतेः सा प्राप्तयौवना । पद्मावती सुता पद्मशेखरस्य सखीवृता ॥ १५
भर्तुः सङ्ग्रामयातस्य श्रेयोर्थं तपसि स्थिताम् । मातरं स्वामनुज्ञाप्य विमानेनेन्दुलोकतः ॥ १६
शिवार्थिनी पितुः संख्ये वरस्याभीप्सितस्य च । तदेव तपसे दिव्यं गौर्यायतनमाययौ ॥ १७
वरो नाद्यापि ते कश्चिन्निश्चितो यो युधि स्थितः । पितुः श्रेयोनिमित्तं च माता ते संश्रिता तपः ॥ १८
त्वं तु कन्या तपः कस्य कृते सखि चिकीर्षसि । इत्युक्ता पथि सख्या सा पद्मावत्यब्रवीदिदम् ॥ १९
पितैव सखि कन्यानां दैवतं सर्वसिद्धिकृत् । वरोऽप्यनन्यसामान्यगुणो निश्चित एव मे ॥ २०
विद्युद्ध्वजं निहन्तुं यो जातो विद्याधरेन्द्रतः । स मुक्ताफलकेतुर्मे व्यादिष्टः शंभुना पतिः ॥ २१
एतन्मयाम्बापृष्टस्य तातस्यैव मुखाच्छ्रुतम् । स च यास्यति यातो वा सङ्ग्रामे मे वरो ध्रुवम् ॥ २२
अतो भगवतीं गौरीं तपसाराधयाम्यहम् । विजयाकाङ्क्षिणी तस्य पत्युस्तातस्य चोभयोः ॥ २३

एवं वदन्तीं तां राजपुत्रीमाह स्म सा सखी । भाविन्यर्थेऽपि तत्रैष व्यवसायस्तवोचितः ॥ २४
तत्तेऽभिलषितं सिध्यत्विति सख्या तयोदिता । सा गौर्यायतनाभ्यर्णं भव्यं प्राप महत्सरः ॥ २५
उत्फुल्लैः स्वर्णकमलैः प्रतिच्छन्नं प्रभास्वरैः । तन्मुखाम्भोरुहोत्सर्पत्कान्तिविच्छुरितैरिव ॥ २६
तत्रावतीर्य कमलान्यम्बिकाभ्यर्चनाय सा । उच्चित्य गन्धर्वसुता स्नानं यावद्विधित्सति ॥ २७
तावद्देवासुररणं रक्षःस्वामिषगार्धिषु । अभिधावत्सु तेन द्वे राक्षस्यावागते पथा ॥ २८
दंष्ट्राघोरमुखोद्वान्तज्वालापिङ्गोर्ध्वमूर्धजे । धूमश्याममहाकाये लम्बोदरपयोधरे ॥ २९
ताभ्यां दृष्ट्वैव गन्धर्वराजपुत्री निपत्य सा । नक्तंचरीभ्यां जगृहे निन्ये च गगनोन्मुखम् ॥ ३०
तद्विमानाधिदेवश्च राक्षस्यौ यावदेव ते । रुणद्धि यावदार्तश्च क्रन्दत्यस्याः परिच्छदः ॥ ३१
तावद्देवीगृहान्मुक्ताफलकेतुः कृतार्चनः । स निर्गतः श्रुताक्रन्दस्तमेवोद्देशमागमत् ॥ ३२
स दृष्ट्वा राक्षसीयुग्मगृहीतां तां लसद्द्युतिम् । कालमेघावलीमध्यगतां सौदामनीमिव ॥ ३३
पद्मावतीं प्रधाव्यैव महावीरो व्यमोचयत् । क्षिप्त्वा विचेतने भूमौ राक्षस्यौ ते तलाहते ॥ ३४
ददर्श तां च लावण्यरसनिर्झरवाहिनीम् । त्रिवलीलहरीहारिमध्यभागोपशोभिनीम् ॥ ३५
स्वर्वधूसर्गसंप्राप्तकौशलोत्कर्षशालिना । धात्रा समग्रसौन्दर्यसारसंपादितामिव ॥ ३६
दृष्ट्वा च तां स कंदर्पमोहमन्थरितेन्द्रियः । धीरोऽप्यत्र क्षणं तस्थौ चित्रस्थ इव निश्चलः ॥ ३७
राक्षसीसंभ्रमे शान्ते समाश्वस्य क्षणादिव । पद्मावत्यपि तं मुक्ताफलकेतुं ददर्श सा ॥ ३८
जगन्नेत्रोत्सवाकारं स्त्रीजनोन्माददायिनम् । एकीकृत्येन्दुकंदर्पौ विधिनेव विनिर्मितम् ॥ ३९
ततो लज्जानतमुखी सखीं स्वैरमभाषत । भद्रमस्यास्तु यामीतः परपूरुषपार्श्वतः ॥ ४०
एवं वदन्त्यां तस्यां च सा मुक्ताफलकेतुना । बाला किमियमाहेति तेनापृच्छ्यत तत्सखी ॥ ४१
साप्युवाच सुकन्येयं दत्ताशीः प्राणदस्य ते । एह्यन्यपुरुषोपान्ताद्व्रजाव इति वक्ति माम् ॥ ४२
तच्छ्रुत्वा संभ्रमान्मुक्ताफलकेतुरुवाच ताम् । केयं कस्य सुता दत्ता कस्मै वा शुभकर्मणे ॥ ४३
इति पृष्टा च सा तेन तद्वयस्या तमब्रवीत् । इयं पद्मावती नाम कन्या सुभग नः सखी ॥ ४४
गन्धर्वाधिपतेः पद्मशेखरस्यात्मसंभवा । आदिष्टोऽस्याः पतिर्मुक्ताफलकेतुश्च शंभुना ॥ ४५
पुत्रो विद्याधरेन्द्रस्य चन्द्रकेतोर्जगत्प्रियः । सहायो देवराजस्य विद्युद्ध्वजविनाशकृत् ॥ ४६
आकाङ्क्षन्ती जयं तस्य भर्तुः संख्ये पितुस्तथा । गौर्यायतनमत्रैतत्तपोर्थमियमागता ॥ ४७
श्रुत्वैतद्राजपुत्रीं तां चन्द्रकेतुसुतानुगाः । दिष्ट्या देवि स एवायं तव भर्तेत्यनन्दयन् ॥ ४८
ततोऽन्योन्यपरिज्ञानहर्षपूर्णे निजात्मनि । युक्तं तद्यन्न मातः स्म तौ कुमारीवरावुभौ ॥ ४९
यावच्चान्योन्यसप्रेमतिर्यगर्धावलोकितैः । तिष्ठतस्तत्र तौ तावच्छुश्रुवे तूर्यनिःस्वनः ॥ ५०
ततश्च ददृशे सैन्यं वायुयुक्तो रथस्ततः । चन्द्रकेतुप्रतीहारस्तथा च त्वरितागतौ ॥ ५१
तौ च वायुप्रतीहारौ विनयोज्झितवाहनौ । उपगम्यैव तं मुक्ताफलकेतुमवोचताम् ॥ ५२
त्वामाह्वयति देवेन्द्रः पिता चाहवभूमितः । तदिमं रथमारुह्य शीघ्रमागम्यतामिति ॥ ५३
ततः पद्मावतीप्रेमबद्धोऽपि गुरुकार्यतः । स तं ताभ्यां सहाध्यास्त खेचरेन्द्रसुतो रथम् ॥ ५४
बद्ध्वा च शक्रप्रहितं दिव्यं कवचमाशु सः । प्रतस्थे वलितग्रीवं पश्यन्पद्मावतीं मुहुः ॥ ५५
पद्मावती च निर्वर्ण्य सा तमादृष्टिगोचरम् । एकपाणितलाघातहतनक्तंचरीद्वयम् ॥ ५६
तमेव चिन्तयन्ती च स्नात्वाभ्यर्च्याम्बिकाहरौ । तदाप्रभृति तत्रैव तेपे तच्छ्रेयसे तपः ॥ ५७
सोऽपि तद्दर्शनं मुक्ताफलकेतुर्विचिन्तयन् । मङ्गल्यं विजयाशंसि प्राप देवासुराहवम् ॥ ५८
दृष्ट्वा च तं सुसंनद्धं ससैन्यं वीरमागतम् । तमेव प्रति सर्वेऽपि तेऽभ्यधावन्महासुराः ॥ ५९
तेषां स शरवर्षेण शिरोभिः शकलीकृतैः । शूरो रणोत्सवारम्भे चक्रे दिग्देवताबलिम् ॥ ६०
हन्यमानं बलं तेन तन्मुक्ताफलकेतुना । दृष्ट्वा विद्युद्ध्वजः क्रोधादधावत्तं प्रति स्वयम् ॥ ६१
स चापतन्नेव शरैर्दैत्यो यत्तेन ताडितः । तत्तमेवाभ्यधावत्तत्सर्वतः सैन्यमासुरम् ॥ ६२

तद्दृष्ट्वा सिद्धगन्धर्वविद्याधरसुरान्वितः। अभिदुद्राव तद्दैत्यसैन्यं सपदि वासवः॥ ६३
ततः पतदिषुप्रासशक्तितोमरपट्टिशम्। उदभूत्तुमुलं युद्धं निहतासंख्यसैनिकम्॥ ६४
गजाश्वकायमकरा दन्तिमौक्तिकवालुकाः। प्रवीरमुण्डपाषाणाः प्रावहन्रुधिरापगाः॥ ६५
शोणितासवमत्तानां भूतानामामिषार्थिनाम्। सोऽभूद्रणोत्सवः प्रीत्यै कबन्धैः सह नृत्यताम्॥ ६६
तस्मिञ्जयश्रीर्दैत्यानां देवानां चाहवार्णवे। महोर्मिचपला प्रायादितः क्षणमितः क्षणम्॥ ६७
चतुर्विंशतिमेवं तु युद्धमासीद्दिनानि तत्। प्रेक्ष्यमाणं विमानस्थैः शर्वशौरिपितामहैः॥ ६८
पञ्चविंशे दिने क्षीणप्राययोः सैन्ययोर्द्वयोः। प्रधानद्वन्द्वयुद्धेषु प्रवृत्तेष्वत्र संगरे॥ ६९
श्रीमुक्ताफलकेतोश्च तस्य विद्युद्ध्वजस्य च। द्वन्द्वयुद्धं प्रववृते रथस्थद्विरदस्थयोः॥ ७०
तमोस्त्रं भास्करास्त्रेण ग्रैष्मास्त्रेण च शैशिरम्। कुलिशास्त्रेण शैलास्त्रं नागास्त्रं गारुडेन च॥ ७१
निवार्य तस्य यन्तारं वारणं चासुरस्य सः। एकैकेनेषुणा मुक्ताफलकेतुरपातयत्॥ ७२
आरूढस्य रथं तस्य सारथिं तुरगांश्च यत्। सोऽवधीत्तदसौ विद्युद्ध्वजो मायामशिश्रियत्॥ ७३
अदृश्यः सर्वसैन्येन द्यामारुह्य ववर्ष सः। शिलाश्चास्त्राणि विविधान्यभितः सुरवाहिनीम्॥ ७४
अभेद्यं शरजालं च यन्मुक्ताफलकेतुना। अरुध्यत स तद्दैत्यो ददाहानलवृष्टिभिः॥ ७५
अथाभिमन्त्र्य ब्रह्मास्त्रं सानुगं तमरिं प्रति। विश्वक्षयक्षमं मुक्ताफलकेतुर्मुमोच सः॥ ७६
तेनास्त्रेण ससैन्योऽपि निहतो गतजीवितः। निपपात नभोमध्याद्विद्युद्ध्वजमहासुरः॥ ७७
शेषाः पलाय्य जग्मुश्च विद्युद्ध्वजसुतादयः। वज्रदंष्ट्रादिसहिता रसातलतलं भयात्॥ ७८
देवाश्च नादानुपदं जगदुः साधु साध्विति। श्रीमुक्ताफलकेतुं च पुष्पवर्षैरपूजयन्॥ ७९
ततः शत्रौ हते शक्रः प्राप्तराज्यस्त्रिविष्टपम्। प्राविशत्त्रिषु लोकेषु बभूव च महोत्सवः॥ ८०
आगाच्छचीं पुरस्कृत्य स्वयं चात्र प्रजापतिः। चूडारत्नोत्तमं मुक्ताफलकेतोर्बबन्ध च॥ ८१
इन्द्रोऽपि राजपुत्रस्य तस्य राज्यप्रदायिनः। हारं स्वकण्ठतः कण्ठे न्यधाद्विजयशोभिनः॥ ८२
समुपावेशयत्तं च निजासनसमासने। आनन्दपूर्णगीर्वाणवितीर्णविविधाशिषम्॥ ८३
विद्युद्ध्वजासुरपुरं प्रतीहारं विसृज्य च। तस्मै दास्यन्नवसरे स्वीचक्रे स्वपुराधिकम्॥ ८४
ततोऽस्मै राजपुत्राय गन्धर्वः पद्मशेखरः। दित्सुः पद्मावतीं धातुः साकूतं मुखमैक्षत॥ ८५
स च ज्ञाताशयो धाता गन्धर्वेन्द्रमुवाच तम्। कार्यशेषोऽस्ति कश्चित्तद्विषहस्व मनागिति॥ ८६
ततो हाहाहुहूगीतैः स्वनिनादानुनादितैः। रम्भादिनृत्यैस्तत्राभूदिन्द्रस्य विजयोत्सवः॥ ८७
दृष्टोत्सवप्रमोदे च याते धातरि वृत्रहा। संमान्य लोकपालादीन्स्वं स्वं स्थानं विसृष्टवान्॥ ८८
विससर्ज च गन्धर्वराजं तं पद्मशेखरम्। निजं गन्धर्वनगरं संमान्य सपरिच्छदम्॥ ८९
श्रीमुक्ताफलकेतुं च चन्द्रकेतुं च सत्कृतौ। प्राहिणोदुत्सवाय स्वं विद्याधरपुरं हरिः॥ ९०

स च संहृतविश्वकण्टकस्तो बहुविद्याधरराजकानुयातः।
जनकानुगतः स राजधानीमथ मुक्ताफलकेतुराजगाम॥ ९१
वररत्नचिता च सा तदानीं ध्वजपट्टांशुकमालिनी प्रविष्टे।
विबभौ नगरी चिरागतेऽस्मिन्पितृयुक्ते जयभाजि राजपुत्रे॥ ९२
स च सपदि पितास्य चन्द्रकेतुः पुरि परितोषितबन्धुभृत्यवर्गः।
जलमिव जलदो वसु प्रवर्षन्सुतविजयोत्सवमूर्जितं ततान॥ ९३
स च मुक्ताफलकेतुर्विद्युद्ध्वजदमनकीर्तिमपि लब्ध्वा।
पद्मावतीं विना तां न रतिं लेभे निजेषु भोगेषु॥ ९४
संयतकाख्येन पुनः शर्वादेशादि शंसिना सख्या।
आश्वास्यमानचित्तः कृच्छ्रेण स तान्यहान्यनयत्॥ ९५

इति महाकविश्रीसोमदेवभट्टविरचिते कथासरित्सागरे पद्मावतीलम्बके तृतीयस्तरङ्गः।

चतुर्थस्तरङ्गः ।

अत्रान्तरे स गन्धर्वराजः स्वनगरं पुनः । प्रविष्टो विततस्फूर्जदुत्सवः पद्मशेखरः ॥ १
तज्जयाशंसया तप्ततपसं गिरिजाश्रमे । बुद्ध्वा भार्यामुखात्पद्मावतीमानाययत्सुताम् ॥ २
उपागतां च तपसा विरहेण च तां कृशाम् । तनयां पादपतितां स जगादाशिषं ददत् ॥ ३
वत्से मदर्थं विहितस्तपःक्लेशो महांस्त्वया । तद्विद्याधरराजेन्द्रसुतं विद्युद्ध्वजान्तकम् ॥ ४
जगच्छरण्यं जयिनं व्यादिष्टं शंभुना स्वयम् । श्रीमुक्ताफलकेतुं तं शीघ्रं पतिमवाप्नुहि ॥ ५
इति पित्रोदिते यावदास्ते सा विनतानना । राजानमाह तन्माता तावत्कुवलयावली ॥ ६
कथं स तादृगसुरस्त्रिलोकाभयदायिना । तेनार्यपुत्र निहतो राजपुत्रेण संयुगे ॥ ७
तच्छ्रुत्वा वर्णयामास स राजा तस्य विक्रमम् । राजपुत्रस्य तं तस्यै सदेवासुरसंगरम् ॥ ८
ततः पद्मावतीसख्या सा मनोहारिकाख्यया । तदीया राक्षसीयुग्मवधलीलाप्यकथ्यत ॥ ९
ततस्तस्य सुतायाश्च वृत्तमन्योन्यदर्शनम् । प्रीतिं च बुद्ध्वा तौ तोषं राजा राज्ञी च जग्मतुः ॥ १०
ऊचतुश्च निगीर्णश्च येनासुरचमूचयः । अगस्त्येनेव जलधौ राक्षस्यौ तस्य के इति ॥ ११
तया तत्पौरुषोत्कर्षवर्णनावात्यया च सः । पद्मावत्याः प्रजज्वाल सुतरां मदनानलः ॥ १२
ततः पित्रोः सकाशात्सा निर्गता राजकन्यका । शुद्धान्तरत्नप्रासादमारोहत्सोत्सुका क्षणात् ॥ १३
तत्र रत्नोम्भितस्तम्भबद्धमौक्तिकजालके । मणिकुट्टिमविन्यस्तसुखशय्यावरासने ॥ १४
चिन्तितोपनमद्दिव्यनानाभोगमनोरमे । स्थिता साभ्यधिकं तेपे प्रेयोविरहवह्निना ॥ १५
ददर्श च ततः पृष्ठाद्धेमद्रुमलताचितम् । रत्नवापीशताकीर्णं दिव्यमुद्यानमृद्धिमत् ॥ १६
दृष्ट्वा चाचिन्तयच्चित्रमिदमस्मत्पुरोत्तमम् । मज्जन्मभूमेर्भुवनादैन्द्रत्वादपि सुन्दरम् ॥ १७
हिमाद्रिमौलिमाणिक्यं न च दृष्टमिदं मया । नन्दनाभ्यधिकं यत्र पुरोपवनमीदृशम् ॥ १८
तदत्र गत्वा सच्छायशीतले विजने वरम् । विरहानलसंतापं शमयामि मनागिमम् ॥ १९
इति संचिन्त्य सा बाला शनैरेकाकिनी ततः । युक्त्यावरुह्य गन्तुं तत्पुरोद्यानं प्रचक्रमे ॥ २०
पद्भ्यां गन्तुमशक्ता सा स्वविभूतेरुपस्थितैः । पक्षिभिर्वाहनीभूय तदुद्यानमनीयत ॥ २१
तत्रान्तः कदलीखण्डगृहे पुष्पास्तरोपरि । उपाविशच्छ्रूयमाणे दिव्यगेयादिनिःस्वने ॥ २२
न च सात्र रतिं लेभे न तस्याः शाम्यति स्मरः । विना प्रियेण कामाग्निः प्रत्युतावर्धताधिकम् ॥ २३
ततो दिदृक्षुश्चित्रस्थमपि तं प्रियमुत्सुका । साग्रहीच्चित्रफलकं वर्णवर्तीश्च सिद्धितः ॥ २४
स्रष्टुं द्वितीयं धातापि नेष्टे यत्सदृशं पुनः । तमालिखेयं सोत्कण्ठा सन्नपाणिरहं कथम् ॥ २५
तथाप्यात्मविनोदार्थमालिखामि यथा तथा । इति संचिन्त्य फलके सा तु यावत्तमालिखत् ॥ २६
तावत्तस्यास्तमुद्देशमाययौ चिन्वती सखी । सा मनोहारिका नाम तद्दर्शनविह्वला ॥ २७
सा तामेकाकिनीं तत्र राजपुत्रीं लतागृहे । सचित्रफलकामुत्कामपश्यत्पृष्ठतः स्थिता ॥ २८
पश्यामि तावत्किमियं करोत्येवमिहैकिका । इति संचिन्त्य तस्थौ च छन्ना सा तत्र तत्सखी ॥ २९
तावत्सापि तमुद्दिश्य चित्राभिलिखितं प्रियम् । पद्मावती जगादैवमुदश्रुनयनोत्पला ॥ ३०
दुर्जयानसुरान्हत्वा येनेन्द्रो रक्षितस्त्वया । आलापमात्रेण स मां कथं मारान्न रक्षसि ॥ ३१
कल्पद्रुमोऽप्यदातृत्वं सुगतोऽप्यदयालुताम् । आयाति मन्दपुण्यस्य सुवर्णमपि चाश्मताम् ॥ ३२
स्मरज्वरानभिज्ञश्च नूनं वेत्सि न मद्व्यथाम् । दैत्याजितस्य पुष्पेषुः किं तपस्वी करोति ते ॥ ३३
किं वा वच्मि विधिर्वामो मम येनाश्रुणा दृशौ । पिदधन्नेच्छति प्रायश्चित्रेऽपि तव दर्शनम् ॥ ३४
इत्युक्त्वा राजतनया सा प्रावर्तत रोदितुम् । छिन्नहारगलत्स्थूलमुक्ताभैरश्रुबिन्दुभिः ॥ ३५
तत्क्षणं तामुपासर्पत्सा मनोहारिका सखी । साप्याच्छाद्यैव तच्चित्रं राजपुत्री जगाद ताम् ॥ ३६
इयच्चिरं न दृष्टा त्वं सखि कुत्र स्थितास्यहो । तच्छ्रुत्वा विहसन्ती तां सा मनोहारिकाब्रवीत् ॥ ३७
त्वामेव सखि चिन्वाना चिरं भ्रान्तास्मि तत्त्वया । चित्रं किं छाद्यते दृष्टं मया चित्रमथ श्रुतम् ॥ ३८

एवं तयोक्ता सख्या सा पद्मावत्यश्रुगद्गदम् । लज्जानतमुखी हस्ते गृहीत्वा तामभाषत ॥ ३९
सखि प्रागेव विदितं सर्वं ते किं निगूह्यते । राजपुत्रेण तेनाहं तस्मिन्गौर्याश्रमे तदा ॥ ४०
उद्धृतापि महाघोरराक्षसीवह्निमध्यतः । दुर्वारविरहज्वाले निक्षिप्ता मदनानले ॥ ४१
तन्न जाने क्व गच्छामि कस्मै वच्मि करोमि किम् । आश्रये कमुपायं वा दुर्लभासक्तमानसा ॥ ४२
इति ब्रुवाणां तां राजपुत्रीमाह स्म सा सखी । अभिष्वङ्गोऽनुरूपोऽयं स्थाने ते मनसः सखि ॥ ४३
इतरेतरशोभायै संयोगो युवयोः किल । नवचन्द्रकलाशार्वजटामुकुटयोरिव ॥ ४४
अधृतिश्चात्र मा भूत्ते ध्रुवं स भवतीं विना । न स्थास्यति त्वया किं स तथाभूतो न लक्षितः ॥ ४५
स्त्रियोऽपीच्छन्ति पुंभावं यां दृष्ट्वा रूपलोलुभाः । तस्यास्ते को भवेन्नार्थी तुल्यरूपः स किं पुनः ॥ ४६
शर्वोऽप्यलीकवादी किं येनोक्तौ दंपती युवाम् । अदूरगेऽप्यभीष्टेऽर्थे को वार्तो भजते धृतिम् ॥ ४७
तदाश्वसिहि भावी ते स एव नचिरात्पतिः । न त्वया दुर्लभः कश्चित्त्वं तु सर्वेण दुर्लभा ॥ ४८
इत्युक्ता सा तया सख्या राजपुत्री जगाद ताम् । सखि यद्यपि जानामि तथापि करवाणि किम् ॥ ४९
इदं तु मे तदासक्तं चेतो नोत्सहते क्षणम् । स्थातुं विना तं प्राणेशं क्षमते न च मन्मथः ॥ ५०
तमेव हि स्मरन्त्या मे मनो निर्वाति न क्षणम् । दह्यन्तेऽङ्गानि संतापेनोत्क्रामन्तीव चासवः ॥ ५१
एवं वदन्ती मोहेन मोहिता पुष्पपेलवा । अङ्के तस्या वयस्यायाः राजपुत्री पपात सा ॥ ५२
अथाम्बुसेककदलीपल्लवानिलवीजनैः । साश्रुराश्वासयामास सा वयस्या क्रमेण ताम् ॥ ५३
मृणालहारवलयं श्रीखण्डार्द्रविलेपनम् । नलिनीदलशय्यां च यानि सा विदधे सखी ॥ ५४
तस्यास्तान्यपि संतापसमासक्तानि संगतः । संतप्य समदुःखत्वमिव शुष्यन्ति भेजिरे ॥ ५५
ततः सा विह्वला पद्मावती तामवदत्सखीम् । क्लिश्नासि किं वृथात्मानं नैवं शाम्यति मे व्यथा ॥ ५६
येन शाम्यति तच्चेत्त्वं कुरुषे तच्छिवं भवेत् । एवमुक्तवतीमार्तां वयस्या तामभाषत ॥ ५७
कुर्यां किं यन्न नामाहं तवार्थे ब्रूहि तत्सखि । तच्छ्रुत्वा सा ह्रिया किंचिदिव राजसुताब्रवीत् ॥ ५८
तमिहानय मे कान्तं गत्वा प्रियसखि द्रुतम् । नान्यथोपशमो मे स्यात्तातश्चैव न कुप्यति ॥ ५९
प्रत्युतेहागतायैव मामेषोऽस्मै प्रदास्यति । एवं तयोक्ता सोत्साहं वयस्या साप्युवाच ताम् ॥ ६०
यद्येवं तद्गृहाण त्वं धैर्यं कार्यमिदं कियत् । एषाहं सखि याम्येव त्वत्प्रियानयनाय यत् ॥ ६१
तत्पितुः खेचरेन्द्रस्य चन्द्रकेतोः पुरोत्तमम् । ख्यातं चन्द्रपुरं नाम निर्वृता भव किं शुचा ॥ ६२
इति साश्वासिता सख्या तया राजसुताभ्यधात् । तदुत्तिष्ठ शिवः पन्था अस्तु ते व्रज सत्वरम् ॥ ६३
त्राता त्रयाणां लोकानां स च सप्रणयं त्वया । मद्गिरा सखि वक्तव्यो वीरः प्राणेश्वरो मम ॥ ६४

तस्मिन्गौर्यायतने तथा परित्राय राक्षसीभयतः ।
स्त्रीघ्नेन हन्यमानां रक्षसि मां मकरकेतुना न कथम् ॥ ६५
भुवनोद्धरणसहानां भवादृशामेष नाथ को धर्मः ।
आपद्युपेक्ष्यते यत्पूर्वत्रातो जनोऽनुवृत्तोऽपि ॥ ६६

एवं वदेस्तं कल्याणि यथा जानासि वा स्वयम् । इति व्याहृत्य सा पद्मावती तां व्यसृजत्सखीम् ॥ ६७
सा च स्वसिद्ध्युपनतं पक्षिवाहनमास्थिता । तन्मनोहारिका प्रायाद्विद्याधरपुरं प्रति ॥ ६८
सा च पद्मावती किंचिदाशालब्धधृतिस्ततः । गृहीतचित्रफलका मन्दिरं प्राविशत्पितुः ॥ ६९
तत्र दासीपरिवृता प्रविश्य निजवासकम् । स्नात्वा गौरीपतिं भक्त्या पूजयित्वा व्यजिज्ञपत् ॥ ७०
भगवंस्त्रिषु लोकेषु त्वदिच्छानुग्रहं विना । न सिद्ध्यतीह कस्यापि बह्वल्पं वापि वाञ्छितम् ॥ ७१
तद्विद्याधरसम्राट्चक्रवर्तिपुत्रं तमीप्सितम् । न दास्यसि पतिं चेन्मे देहं त्यक्ष्यामि तेऽग्रतः ॥ ७२
एवं विहितविज्ञप्तिं शशाङ्कमुकुटस्य ताम् । श्रुत्वा सखेदः साश्चर्यः परिवारजनोऽवदत् ॥ ७३
स्वदेहनिरपेक्षैव किमेवं देवि भाषसे । तवापि किमसुप्राप्यं नाग्रास्त्यत्र जगत्त्रये ॥ ७४
त्वद्दृश्यमानो मुञ्चेद्धि सुगतोऽपि स संयमम् । तदेकः सोऽत्र सुकृती यस्त्वयाप्येवमर्थ्यते ॥ ७५

एतच्छ्रुत्वा गुणाकृष्टा राजपुत्री जगाद सा । समाश्रयः सशक्राणां देवानामेक एव यः ॥ ७६
अर्केणेव तमो ध्वस्तं येनैकेनासुरं बलम् । प्राणदाता च योऽस्माकं प्रार्थनीयः कथं न सः ॥ ७७
इत्यादि ब्रुवती सोत्का तयैव कथया ततः । अतिष्ठत्सममाप्तेन तत्र दासीजनेन सा ॥ ७८
अत्रान्तरे चन्द्रपुरं सा मनोहारिकापि तत् । विद्याधरेन्द्रनगरं सत्वरं प्राप तत्सखी ॥ ७९
गीर्वाणनगरं कृत्वाप्यसंतोषादिवाद्भुतम् । निर्ममे विश्वकर्मा यदसामान्यविभूतिकम् ॥ ८०
तत्रासंप्राप्य तं मुक्ताफलकेतुं विचिन्वती । खगस्था तत्पुरोद्यानं सा मनोहारिकागमत् ॥ ८१
अतर्क्यसिद्धिविभवं भास्वन्मणिमयद्रुमम् । एकवृक्षोद्गतानेकजातीयकुसुमोत्करम् ॥ ८२
दिव्यगीतरवोन्मिश्रशकुन्तरुतसुन्दरम् । पश्यन्ती तच्च सा रेमे नानारत्नशिलातलम् ॥ ८३
उद्यानपालैर्दृष्ट्वा च विचित्रैः पक्षिरूपिभिः । उपेत्याभ्यर्थ्य सुव्यक्तवचनैः प्रियवादिभिः ॥ ८४
पारिजाततरोर्मूले तार्क्ष्यरत्नशिलासने । उपवेश्योचितैर्भोगैस्तस्याः पूजा व्यधीयत ॥ ८५
अभिनन्द्य च तां पूजां चिन्तयामास तत्र सा । अहो विद्याधरेन्द्राणां चित्राः सिद्धिविभूतयः ॥ ८६
अचिन्त्योपनमद्भोगं येषामुद्यानमीदृशम् । सुरस्त्रीबद्धसंगीतं पतत्रिपरिचारकम् ॥ ८७
इति संचिन्त्य पृष्ट्वा च तानेवोद्यानपालकान् । चिन्वती पारिजातादितरुखण्डमवाप सा ॥ ८८
तत्रान्तश्चन्दनासिक्तकुसुमास्तरशायिनम् । सा मुक्ताफलकेतुं तं सा कल्पकमिवैक्षत ॥ ८९
गौर्याश्रमे दृष्टचरं प्रत्यभिज्ञाय सा च तम् । पश्याम्यस्य किमस्वास्थ्यं छन्नस्थैवेत्यचिन्तयत् ॥ ९०
तावदाश्वासयन्तं तं हिमचन्दनमारुतैः । मित्रं संयतकं मुक्ताफलकेतुरुवाच सः ॥ ९१
अङ्गारास्तुहिने न्यस्ताः कुकूलाग्निश्च चन्दने । मारुते दाववह्निश्च स्मरेण मम निश्चितम् ॥ ९२
विरहार्तस्य संतापं समन्तात्सृजतामुना । तत्किमायासयस्येवमात्मानं निष्फलं सखे ॥ ९३
सुरस्त्रीनृत्तगीतादिविनोदैरपि दूयते । नन्दनाभ्यधिकेऽमुष्मिन्नुद्याने हि मनो मम ॥ ९४
विना पद्मावतीं तां तु पद्मशेखरसंभवाम् । पद्माननां न मे शाम्यत्ययं स्मरशरज्वरः ॥ ९५
न चैतदुत्सहे वक्तुं कस्यचिन्न लभे धृतिम् । एक एव तु तत्प्राप्तावुपायो विद्यते मम ॥ ९६
गच्छामि गौर्यायतनं दृष्टया यत्र मे तया । कटाक्षेपुभिरुत्खाय हृदयं प्रियया हृतम् ॥ ९७
तत्राद्रिराजतनयासंगतस्तत्समागमे । तपसाराधितः शंभुरुपायं मे विधास्यति ॥ ९८
इत्युक्त्वा यावदुत्थातुं राजपुत्रः स इच्छति । सा मनोहारिका तावत्तुष्टात्मानमदर्शयत् ॥ ९९
वयस्य वर्धसे दिष्ट्या सिद्धं तव समीहितम् । पश्येयमागता तस्याः प्रियायास्तेऽन्तिकं सखी ॥ १००
त्वत्पार्श्वस्थेन दृष्टा हि मयासावम्बिकाश्रमे । इति हर्षाच्च तं राजपुत्रं संयतकोऽब्रवीत् ॥ १०१
ततः स स्फूर्जदानन्दविस्मयौत्सुक्यसंकुलाम् । कांचिद्राजसुतोऽवस्थां दध्रे दृष्ट्वा प्रियासखीम् ॥ १०२
नेत्रपीयूषवृष्टिं तां पप्रच्छोपागतां च सः । उपवेश्यान्तिके कान्ताशरीरकुशलं तदा ॥ १०३
अथ सा निजगादैवं मत्सख्याः कुशलं प्रभो । त्वयि नाथे ध्रुवं भावि सांप्रतं दुःखिता तु सा ॥ १०४
यदाप्रभृति दृष्टेन हृतं तस्यास्त्वया मनः । तत आरभ्य विमना न शृणोति न पश्यति ॥ १०५
मृणालहारं दधती बालाहारं विमुच्य सा । लुठत्यम्बुजिनीपत्रशयने शयनोज्झिता ॥ १०६
असहिष्ट न या पूर्वं ह्रिया वरकथामपि । इमामवस्थां सैषाद्य प्राप्ता प्रियतमं विना ॥ १०७
इति तस्या हसन्तीव स्वान्येवाङ्गानि संप्रति । संतापशुष्यच्छ्रीखण्डसितानि कृतिनां वर ॥ १०८
एवं च सा ब्रवीति त्वामित्युदीर्य पपाठ ते । सा मनोहारिका पद्मावतीसंदेशगीतिके ॥ १०९
स तच्छ्रुत्वाखिलं मुक्ताफलकेतुर्गतव्यथः । तां मनोहारिकां हर्षादभिनन्द्याभ्यभाषत ॥ ११०
अमृतेनेव वचसा तव सिक्तमिदं मम । चैतन्यमासीच्छ्वसितं धृतिर्जाता गतः क्लमः ॥ १११
फलितं चाद्य मे पूर्वसुकृतैर्यदहो मयि । गन्धर्वराजतनया साप्येवं पक्षपातिनी ॥ ११२
किंत्वहं शक्नुयां सोढुं कथंचिद्विरहव्यथाम् । शिरीषसुकुमाराङ्गी विषहेत कथं तु सा ॥ ११३
तस्मादहमुपैम्येष तमेव गिरिजाश्रमम् । तत्र त्वमानय सखीं येन स्यात्संगमोऽद्य नौ ॥ ११४

आश्वासय च तां गत्वा कल्याणि त्वरितं सखीम् । इमं च परितुष्टेन वितीर्णं मे स्वयंभुवा ॥ ११५
देहि चूडामणिं तस्यै सर्वदुःखनिबर्हणम् । शक्रात्प्राप्तो मया चायं हारस्ते पारितोषिकः ॥ ११६
इत्युक्त्वा शिरसश्चूडामणिं तस्यै समर्पयत् । हारं च कण्ठात्तत्कण्ठे तं स राजसुतो व्यधात् ॥ ११७
अथ प्रणम्य तं प्रीता सा मनोहारिका ततः । प्रतस्थे विहगारूढा सखीं पद्मावतीं प्रति ॥ ११८
स मुक्ताफलकेतुश्च प्रहर्षापहृतक्लमः । सह संयतकेन स्वं त्वरितं प्राविशत्पुरम् ॥ ११९
सापि पद्मावतीपार्श्वं प्राप्य तस्यै यथेप्सितम् । तं मनोहारिकाचख्यौ तत्प्रियस्मरसंज्वरम् ॥ १२०
प्रणयस्निग्धमधुरं तद्वचश्च यथाश्रुतम् । तं च संगमसंकेतं तदुक्तं गिरिजाश्रमे ॥ १२१
ददौ तत्प्रहितं तं च तस्यै चूडामणिं ततः । पारितोषिकहारं च तद्दत्तं तमदर्शयत् ॥ १२२
ततः पद्मावती सा तामाश्लिष्य कृतिनीं सखीम् । अपूजयद्विसस्मार स्मरानलरुजं च ताम् ॥ १२३
बद्ध्वा शिखायामानन्दमिव चूडामणिं च तम् । चक्रे परिकरं गौरीकाननागमनाय सा ॥ १२४
अत्रान्तरे मुनिर्दैवात्तद्गौरीवनमागमत् । दृढव्रतेन शिष्येण सह नाम्ना तपोधनः ॥ १२५
स चात्र तमुवाचैवं मुनिः शिष्यं दृढव्रतम् । दिव्योद्यानेऽहमेतस्मिन्समाधिं विदधे क्षणम् ॥ १२६
द्वारि स्थित्वा प्रवेशोऽत्र न देयः कस्यचित्त्वया । समापितसमाधिश्च पूजयिष्यामि पार्वतीम् ॥ १२७
इत्युक्त्वा मुनिरुद्यानद्वारे शिष्यं निवेश्य तम् । अधस्तात्पारिजातस्य स समाधिमसेवत ॥ १२८
समाधेरुत्थितश्चान्तर्विवेशार्चितुमम्बिकाम् । न च तत्तस्य शिष्यस्य जगाद द्वारवर्तिनः ॥ १२९
तावच्चात्राययौ मुक्ताफलकेतुः प्रसाधितः । आरुह्य दिव्यकरभं सह संयतकेन सः ॥ १३०
प्रविशंश्च तदुद्यानं मुनिशिष्येण तेन सः । मा मा गुरुः समाधौ मे स्थितोऽत्रेति न्यषिध्यत ॥ १३१
विस्तीर्णाभ्यन्तरे जातु प्रिया सा स्यादिहागता । मुनिश्चात्रैकदेशस्थ इत्यालोच्य स सोत्सुकः ॥ १३२
राजपुत्रो व्यतीत्यास्य मुनिपुत्रस्य दृक्पथम् । विवेश व्योममार्गेण तदुद्यानं सुहृद्युतः ॥ १३३
यावच्च वीक्षते तत्स तावत्तत्र विवेश सः । गुरोः समाधिनिष्पत्तिं मुनिशिष्यो निरीक्षितुम् ॥ १३४
स ददर्श गुरुं नात्र ददर्श सवयस्यकम् । श्रीमुक्ताफलकेतुं तु प्रविष्टमपथेन तम् ॥ १३५
ततः स राजपुत्रं तं मुनिशिष्योऽशपत्क्रुधा । सवयस्योऽपि मानुष्यमस्मादविनयाद्व्रज ॥ १३६
इतः समाधिं भङ्क्त्वा यद्गुरुर्मेऽपासितस्त्वया । एवं स दत्तशापस्तं स्वमेवान्वसरद्गुरुम् ॥ १३७
स मुक्ताफलकेतुश्च सिद्धप्राये मनोरथे । शापाशनिनिपातेन विषादमगमत्परम् ॥ १३८
तावत्पद्मावती सात्र प्रियसंगमसोत्सुका । आगाद्विहंगमारूढा समनोहारिकादिका ॥ १३९
स्वयंवरागतां दृष्ट्वा तां शापान्तरितां च सः । सुखदुःखमयीं कष्टां दशां राजसुतो दधौ ॥ १४०
पद्मावत्याश्च तत्कालमदाक्षिण्यं प्रदर्शयत् । पस्पन्दे दक्षिणं चक्षुरकम्पत च मानसम् ॥ १४१
ततोऽत्र सा राजसुता कान्तं विघ्नं विलोक्य तम् । किं पूर्वानागतत्वान्मे खिन्नः स्यादित्यचिन्तयत् ॥ १४२
प्रश्रयोपागतां तां च राजपुत्रो जगाद सः । प्रिये मनोरथो भग्नः सिद्धोऽपि विधिनावयोः ॥ १४३
तच्छ्रुत्वा हा कथं भग्न इति तस्यै ससंभ्रमम् । पृच्छन्त्यै स स्वशापं तं राजसूनुरवर्णयत् ॥ १४४
ततो विषिण्णा जग्मुस्ते शापदातुर्गुरुं मुनिम् । देवी गृहस्थितं सर्वे शापान्तायानुनाथितुम् ॥ १४५
उपागतांस्तान्प्रणतान्दृष्ट्वा ज्ञानी महामुनिः । स मुक्ताफलकेतुं तं प्रीतिपूर्वमभाषत ॥ १४६
मूर्खेणानेन शप्तस्त्वमप्रेक्षापूर्वकारिणा । न त्वया मे कृतं किंचिदुत्थितोऽहं स्वतस्ततः ॥ १४७
हेतुमात्रमयं चात्र भवितव्यमिदं तव । मानुष्येऽवश्यकार्यं ते देवकार्यं हि विद्यते ॥ १४८
एतां पद्मावतीमेव दैवाद्दृष्ट्वा स्मरातुरः । त्यक्त्वा मर्त्यशरीरं त्वं शीघ्रं शापाद्विमोक्ष्यसे ॥ १४९
अनेनैव च देहेन पुनः प्राणेश्वरीमिमाम् । त्रातासि विश्वत्राता त्वं चिरं शापं हि नार्हसि ॥ १५०
ब्रह्मास्त्रेण हता दैत्या बालवृद्धादयोऽपि यत् । त्वत्प्रयुक्तेन सोऽधर्मलेशो हेतुस्तवात्र च ॥ १५१
तच्छ्रुत्वा तमृषिं पद्मावती सास्रा व्यजिज्ञपत् । भगवन्नार्यपुत्रस्य गतिः सैवास्तु मेऽधुना ॥ १५२
नैतद्विरहिता स्थातुमपि शक्ष्याम्यहं क्षणम् । इत्यर्थितवतीं पद्मावतीं स मुनिरभ्यधात् ॥ १५३

नैतदस्ति तपस्यन्ति त्वं तिष्ठेहैव संप्रति । येनाचिरान्मुक्तशापस्त्वामयं परिणेष्यति ॥ १५४
ततश्चानेन सहिता त्वं मुक्ताफलकेतुना । खेचरासुरसाम्राज्यं दशकल्पान्करिष्यसि ॥ १५५
एतद्दत्तं शिखारत्नं तपःस्थां त्वां च पास्यति । महाप्रभावमुत्पन्नं धातुरेतत्कमण्डलोः ॥ १५६
इति पद्मावतीमुक्तवन्तं दिव्यदृशं मुनिम् । स मुक्ताफलकेतुस्तमेवं प्रार्थयतानतः ॥ १५७
मानुष्ये भगवन्मेऽस्तु भवे भक्तिरभङ्गुरा । पद्मावतीं विनान्यस्यां स्त्रियां मा गाच्च मे मनः ॥ १५८
एवमस्त्विति तेनोक्ते मुनिना सातिदुःखिता । पद्मावती तं तच्छिष्यं शपति स्मापराधिनम् ॥ १५९
आर्यपुत्रस्त्वया मौर्ख्याच्छप्तो यत्तद्भविष्यसि । कामरूपं कामचरं मानुष्येऽस्यैव वाहनम् ॥ १६०
एवं तयाभिशप्तेन विषण्णेनाथ तेन सः । तपोधनः स्वशिष्येण साकमन्तर्दधे मुनिः ॥ १६१
ततः पद्मावतीं मुक्ताफलकेतुरभाषत । स्वपुरं यामि पश्यामि तावत्किं तत्र मे भवेत् ॥ १६२
तच्छ्रुत्वा विरहत्रस्ता वातरुग्णा लतेव सा । पद्मावती पपाताशु सपुष्पाभरणा भुवि ॥ १६३
आश्वास्य च कथंचित्तां क्रन्दन्तीं स सुहृद्युतः । मुहुर्वलितदृङ्मुक्ताफलकेतुरगात्ततः ॥ १६४
पद्मावती च यातेऽस्मिन्विलपन्ती सुदुःखिता । आश्वासयन्तीमवदत्तां मनोहारिकां सखीम् ॥ १६५
सखि जाने मया स्वप्ने देवी दृष्टाद्य पार्वती । सा चोद्यतापि मे कण्ठे क्षेप्तुमुत्पलदामकम् ॥ १६६
आस्तां दास्यामि ते भूय इत्युक्त्वा विरताभवत् । तदयं स प्रियावाप्तिविघ्नो मे सूचितस्तया ॥ १६७
इति तामनुशोचन्तीं सखी वक्ति स्म सा तदा । आश्वासनाय देव्या ते स्वप्नस्तर्ह्येष दर्शितः ॥ १६८
मुनिना च तथैवोक्तं देवादेशस्तथैव च । तदाश्वसिहि भावी ते नचिरात्प्रियसंगमः ॥ १६९
इत्यादिभिः सखीवाक्यैश्चूडामणिवशेन च । पद्मावती धृतिं बद्ध्वा तस्थौ गौर्याश्रमे तदा ॥ १७०

विदधे च तपस्त्रिसंध्यमीशं गिरिजासंगतमत्र पूजयन्ती ।
प्रियचित्रपटं च सा तथैव स्वपुरानायितमात्तदेवबुद्धिः ॥ १७१
अयि निश्चितभाविनीप्सितेऽर्थे वितथं मा स्म कृथास्तपःश्रमं त्वम् ।
इति सास्रमुपेत्य वारयन्तौ विदितार्थौ पितरौ च सैवमाह ॥ १७२
नवभर्तरि देवनिर्मिते मे सहसा संप्रति शापदुःखमाप्ते ।
अहमत्र सुखं कथं वसेयं परमात्मा हि पतिः कुलाङ्गनानाम् ॥ १७३
तपसा च परिक्षयं गतेऽस्मिन्वृजिने तोषमुपागते च शंभौ ।
अचिरात्प्रियसंगमो भवेन्मे न हि किंचित्तपसामसाध्यमस्ति ॥ १७४

इत्थं दृढनिश्चयया पद्मावत्या तया तदा गदिते ।
तन्माता तत्पितरं राजानं कुवलयावली स्माह ॥ १७५
देव तपः कष्टमिदं कुरुतां किं खेद्यतेऽधिकं मिथ्या ।
भवितव्यमेतदस्याः कारणमत्रास्ति वच्मि तच्च शृणु ॥ १७६
देवप्रभाभिधाना सिद्धाधिपकन्यका तपोऽतिमहत् ।
अभिमतभर्तृप्राप्त्यै कुर्वाणा शिवपुरे पुरातिष्ठत् ॥ १७७
तत्र मया सहितैषा द्रष्टुं पद्मावती गता देवम् ।
न त्रपसे पतिहेतोस्तपसा कथमित्युपेत्य तामहसत् ॥ १७८
मूढे हससि शिशुत्वात्त्वमपि तपः क्लेशदायि पतिहेतोः ।
कर्तास्यलमित्येतां साथ रुषा सिद्धकन्यकाभ्यशपत् ॥ १७९
तदवश्यं भोक्तव्यं सिद्धसुताशापकृच्छ्रमनया यत् ।
तत्कोऽन्यथा विधातुं क्षमते तदियं करोतु यत्कुरुते ॥ १८०
इति राज्ञ्या स तयोक्तस्तद्युक्तस्तां कथंचिदामन्त्र्य ।
तनयां चरणावनतां गन्धर्वपतिर्ययौ निजां नगरीम् ॥ १८१

साप्यर्चयन्त्यनुदिनं गगनेन गत्वा सिद्धीश्वरं कमलजादिनिषेवितं तम्।
स्वप्ने हरेण गदितं गिरिजाश्रमेऽत्र पद्मावती नियमजप्यपरावतस्थे ॥ १८२

इति महाकविश्रीसोमदेवभट्टविरचिते कथासरित्सागरे पद्मावतीलम्बके चतुर्थस्तरङ्गः।

पञ्चमस्तरङ्गः।

एवं पद्मावती यावत्तत्प्राप्त्यै संश्रिता तपः। तावत्स्वनगरं मुक्ताफलकेतुरवाप्य सः ॥ १
ब्रह्मशापवशासन्नमानुष्यावतरो भयात्। विद्याधरेन्द्रतनयः शरणं शिश्रिये शिवम् ॥ २
तमर्चयंश्च तद्गर्भगृहाच्छुश्राव भारतीम्। मा भैषीर्न हि ते गर्भवासक्लेशो भविष्यति ॥ ३
मानुष्ये नापि ते दुःखं भावि नापि चिरं स्थितिः। जनिष्यसे राजसुतो महाबलपराक्रमः ॥ ४
तपोधनान्मुनेः कृत्स्नमस्त्रग्राममवाप्स्यसि। मदीयः किंकराख्यश्च गणस्ते भवितानुजः ॥ ५
तत्सहायो रिपूञ्जित्वा कृत्वा कार्यं दिवौकसाम्। कर्तासि खेचरैश्वर्यं पद्मावत्या युतः पुनः ॥ ६
एवं श्रुत्वा गिरं बद्धधृतिः शापफलागमम्। प्रतीक्षमाण इव तं तस्थौ राजसुतोऽथ सः ॥ ७
अत्रान्तरे कथासंधौ पूर्वस्यां नगरं दिशि। आसीद्देवसभं नाम जितदेवसभं श्रिया ॥ ८
तत्र मेरुध्वजो नाम सार्वभौमोऽभवन्नृपः। सहायो देवराजस्य देवासुररणागमे ॥ ९
यस्य लोभो यशस्यासीन्न परस्वे महात्मनः। तैक्ष्ण्यं खड्गे न दण्डे तु भयं पापान्न शत्रुतः ॥ १०
कुटिलत्वं भ्रुवोः कोपे नाशये यस्य चाभवत्। मौर्वीकिणाङ्के पारुष्यं भुजे न वचने पुनः ॥ ११
व्यधाद्युधि न कोषे तु यो दीनारातिरक्षणम्। रतिं च धर्मचर्यासु श्रद्दधे नाङ्गनासु यः ॥ १२
तस्याभूतामुभे चिन्ते भूपतेः सततं हृदि। एका पुत्रो न यत्तस्य तावदेकोऽप्यजायत ॥ १३
द्वितीया चापि यत्पूर्वं देवासुरमहाहवात्। जग्मुः पातालमसुरा हतशेषाः पलाय्य ये ॥ १४
ते निर्गत्य ततो दूरात्सतीर्थायतनाश्रमान्। विनाश्यैव च्छलात्तस्य पातालमसकृद्ययुः ॥ १५
न च तान्प्राप स नृपः पातालव्योमचारिणः। तेजस्वी तेन संतेपे निःसपत्नेऽपि भूतले ॥ १६
एतच्चिन्ताकुलो जातु शक्रप्रहितसद्रथः। देवास्थानं ययौ सोऽत्र चैत्रशुक्लदिनागमे ॥ १७
शक्रस्य वत्सरारम्भे सर्वास्थानं तथाहि तत्। तद्रथेन स याति स्म राजा मेरुध्वजः सदा ॥ १८
तदा तु तत्र दिव्यस्त्रीनृत्तगीताकुलेऽपि सः। संमानितोऽपि शक्रेण निःश्वसन्नास्त भूपतिः ॥ १९
तद्दृष्ट्वा ज्ञातहृदयो देवराजो जगाद तम्। राजञ्जानाम्यहं यत्ते दुःखं तन्मा च भूत्तव ॥ २०
मुक्ताफलध्वजाख्यस्ते शिवांशो जनिता सुतः। एको गणावतारश्च द्वितीयो मलयध्वजः ॥ २१
तपोधनान्मुनेर्विद्याः कामरूपं च वाहनम्। मुक्ताफलध्वजः प्राप्स्यत्यस्त्राणि च सहानुजः ॥ २२
महापाशुपतास्त्रं च पुनः प्राप्य स दुर्जयः। करिष्यति वशे पृथ्वीं पातालं च हतासुरः ॥ २३
त्वं च व्योमचरावेतौ समहाब्जौ गृहाण मे। वारणं काञ्चनगिरिं तथा काञ्चनशेखरम् ॥ २४
इत्युक्त्वास्मै गजान्दत्त्वा प्रेषितः सोऽथ वज्रिणा। आगान्मेरुध्वजो हृष्टो भूतले नगरं निजम् ॥ २५
ते तु च्छलकृतावद्यास्तस्य पातालसंश्रयात्। खेचरत्वं गतस्यापि प्राप्या नासन्किलासुराः ॥ २६
ततः शक्राच्छ्रुतस्यासौ राजा पुत्रेच्छुराश्रमम्। तपोधनस्य तस्यर्षेर्ययौ दिव्येभवाहनः ॥ २७
तत्राभिगम्य तमृषिं शक्रादेशं निवेद्य तम्। भगवन्नादिशोपायं शीघ्रं मेऽत्रेति सोऽब्रवीत् ॥ २८
स च तस्याचिरेणेष्टसिद्धये मुनिरादिशत्। व्रतमाराधनं शंभोः सभार्यस्य महीभुजः ॥ २९
स तेनाराधयामास व्रतेनोर्वीपतिः शिवम्। तुष्टः स च विभुः स्वप्ने तमेवमवदन्नृपम् ॥ ३०
उत्तिष्ठ राजन्प्राप्तासि क्रमेणैवाविलम्बितम्। शेषासुरविनाशाय द्वौ पुत्रावपराजितौ ॥ ३१
एतच्छ्रुत्वा प्रबुध्यैव प्रातरुक्त्वा मुनेश्च सः। सभार्यः पारणं कृत्वा राजा स्वपुरमाययौ ॥ ३२
तत्र तस्य महादेवी राज्ञी मेरुध्वजस्य सा। ऋतुं दिनैः कतिपयैः प्रतिपेदे सुलक्षणा ॥ ३३
तस्याः स गर्भे समभून्मुक्त्वा शापवशेन ताम्। वैद्याधरीं तनुं मुक्ताफलकेतुरतर्कितम् ॥ ३४

सा च तस्य तनुस्तत्र निजे चन्द्रपुरे पुरे । विद्याप्रभावादम्लाना तस्थौ बान्धवरक्षिता ॥ ३५
सापि मेरुध्वजस्यात्र राज्ञो देवसभे पुरे । राज्ञी सगर्भा संपद्य नन्दयामास तं पतिम् ॥ ३६
यथा यथा च सा राज्ञी जज्ञे गर्भभरालसा । तथा तथा स सोत्साहस्तस्याः पतिरभून्नृपः ॥ ३७
प्राप्ते च समये पुत्रं सासूत स्मार्कसंनिभम् । बालमेवोग्रमहसं कुमारमिव पार्वती ॥ ३८
बभूव चोत्सवः कृत्स्ने न परं वसुधातले । यावन्नभस्तलेऽप्यासीद्देवप्रहतदुन्दुभौ ॥ ३९
स्वयमागान्मुनिश्चात्र दिव्यदृक्स तपोधनः । दिष्ट्या वर्धयितुं मेरुध्वजं तं पृथिवीपतिम् ॥ ४०
तेन साकं स मुनिना नाम्ना शक्रोदितेन तम् । मुक्ताफलध्वजं चक्रे पुत्रं राजा कृतोत्सवः ॥ ४१
ततो गते मुनौ तस्मिंस्तस्य संवत्सरान्तरे । राज्ञो द्वितीयस्तनयो राज्यां तस्यामजायत ॥ ४२
तं च नाम्ना स नृपतिश्चकार मलयध्वजम् । तथैव हर्षायातेन तेनैव मुनिना सह ॥ ४३
ततः संयतकः सोऽपि शापात्तन्मन्त्रिणः सुतः । जज्ञे नाम पिता चास्य महाबुद्धिरिति व्यधात् ॥ ४४
ततस्तौ सिंहशावाभाववर्धेतां नृपात्मजौ । क्रमेण तेजसा सार्धं मन्त्रिपुत्रेण तेन च ॥ ४५
गतेष्वथाष्टमात्रेषु वर्षेषु स तपोधनः । एत्योपनयनं चक्रे राजसून्वोस्तयोर्मुनिः ॥ ४६
अष्टौ चान्यानि वर्षाणि विद्यासु च कलासु च । महास्त्रेषु च सर्वेषु विनीयेते स्म तेन तौ ॥ ४७
ततो युवानौ दृष्ट्वा तौ सर्वशस्त्रास्त्रयोधिनौ । पुत्रौ कृतिनमात्मानं मेने मेरुध्वजो नृपः ॥ ४८
अथ तं स्वाश्रमं गन्तुमिच्छन्तं सोऽब्रवीन्मुनिम् । अभीष्टा दक्षिणेदानीं भगवन्गृह्यतामिति ॥ ४९
एषैव दक्षिणाभीष्टा मम त्वत्तो महीपते । असुरान्यज्ञहन्तॄन्यत्सपुत्रो मे हनिष्यसि ॥ ५०
इत्यूचिवांसमवदत्तं महर्षिं स भूपतिः । अत एवाधुना ग्राह्या भगवन्दक्षिणा त्वया ॥ ५१
तदारभस्व यज्ञं त्वं तद्विघ्नायासुराश्च ते । एष्यन्त्यहं च तत्कालं तत्रैष्यामि सपुत्रकः ॥ ५२
पूर्वकालं हि दैत्यास्ते कृत्वा दोषं छलेन वः । समुत्पत्य निपत्याब्धौ पातालमगमन्मुने ॥ ५३
इदानीं त्विन्द्रदत्तौ मे विद्येते खचरौ गजौ । ताभ्यां सह सपुत्रस्तान्प्राप्स्यामि व्योमगानपि ॥ ५४
तच्छ्रुत्वा स मुनिस्तुष्टस्तमुवाच नराधिपम् । तर्हि त्वं यज्ञसंभारं यथायोग्यं कुरुष्व मे ॥ ५५
यावद्दिग्विश्रुतं गत्वा तत्र यागं समारभे । प्रेषयामि च वो दूतं शिष्यमेतं दृढव्रतम् ॥ ५६
संजातकामगोद्दाममहाबलखगाकृतिम् । मुक्ताफलध्वजस्यास्य भविता सैष वाहनम् ॥ ५७
इत्युक्त्वा स मुनिः प्रायात्स्वाश्रमं स च भूपतिः । प्राहिणोत्सर्वसंभारांस्तस्यानुपदमेव तान् ॥ ५८
प्रारब्धे तेन यज्ञे च मिलद्देवर्षिसंसदि । बुद्ध्वा पातालनिलया दानवाः क्षोभमाययुः ॥ ५९
तज्ज्ञात्वा स मुनिः शिष्यं प्राहिणोत्तं दृढव्रतम् । शापकल्पितपक्षीन्द्ररूपं देवसभं पुरम् ॥ ६०
तत्र प्राप्तं च तं दृष्ट्वा स्मृत्वा मुनिवचश्च सः । सज्जीचकार तौ दिव्यौ राजा मेरुध्वजो गजौ ॥ ६१
आरुरोह तयोर्मुख्यं स काञ्चनगिरिं स्वयम् । कनीयसे च पुत्राय ददौ काञ्चनशेखरम् ॥ ६२
दृढव्रतखगेन्द्रं च तं स मुक्ताफलध्वजः । आरुरोहात्तदिव्यास्त्रो बन्दिवृन्दाभिवन्दितः ॥ ६३
ततस्ते प्रययुर्वीरास्त्रयः खेचरवाहनाः । दत्ताशिषो द्विजवरैः पुरः प्रहितसैनिकाः ॥ ६४
प्राप्तानां चाश्रमं तेषां स मुनिः प्रीतमानसः । अभेद्याः सर्वशस्त्राणां भूयास्तेति वरं ददौ ॥ ६५
तावच्च दानवबलं निहन्तुं यज्ञमाययौ । अभ्यधावच्च तद्दृष्ट्वा मेरुध्वजबलं नदत् ॥ ६६
प्रावर्तत ततो युद्धं दैत्यानां मानुषैः सह । दैत्यास्तु मानुषान्खस्था भूतलस्थान्बबाधिरे ॥ ६७
ततः स पक्षिवहनो दैत्यान्मुक्ताफलध्वजः । प्रधाव्य शरवर्षेण चकर्त च ममाथ च ॥ ६८
तं च दृष्ट्वा विहंगस्थं ज्वलन्तमिव तेजसा । तच्छेषाः प्राद्रवन्दैत्यास्ते नारायणशङ्किताः ॥ ६९
गत्वा भयाच्च पातालं सर्वे त्रैलोक्यमालिने । तत्कालं दैत्यराजाय शशंसुस्ते तथैव तत् ॥ ७०
स तद्बुद्ध्वा द्रुतं चारैरन्विष्य तमवेत्य च । मुक्ताफलध्वजं मर्त्यं मानुषाभिभवाक्षमी ॥ ७१
संघट्य सर्वपातालदानवानसुरेश्वरः । वार्यमाणोऽपि शकुनैर्योद्धुमागात्तमाश्रमम् ॥ ७२
मुक्ताफलध्वजाद्याश्च तत्रैवावहिताः स्थिताः । तमभ्यधावन्दृष्ट्वैव सबलं दानवाधिपम् ॥ ७३

ततः प्रवृत्ते भूयोऽत्र मर्त्यासुरमहाहवे। विमानैराययुर्द्रष्टुं रुद्रेन्द्रप्रमुखाः सुराः॥ ७४
मुक्ताफलध्वजश्चात्र तत्क्षणोपस्थितं पुरः। ददर्शालक्ष्यतेजस्कमस्त्रं पाशुपतं महत्॥ ७५
अतिप्रमाणमुद्वह्निज्वालं त्र्यक्षं चतुर्मुखम्। एकाङ्घ्रिमष्टबाहुं च कल्पान्तानलसंनिभम्॥ ७६
विद्धि मां शंकरादेशादायातं विजयाय ते। इति ब्रुवाणं सोऽभ्यर्च्य राजपुत्रस्तदग्रहीत्॥ ७७
तावच्च गगने तैस्तैरसुरैरस्त्रवृष्टिभिः। मेरुध्वजबलं तान्यदधःस्थितमबाध्यत॥ ७८
ततस्तद्रक्षितुं चित्रयोधी मुक्ताफलध्वजः। शरजालं ददौ मध्ये युयुधे चासुरैः सह॥ ७९
पितृभ्रातृयुतं दृष्ट्वा तं नभश्चरवाहनम्। त्रैलोक्यमाली दैत्येन्द्रः पन्नगास्त्रं मुमोच सः॥ ८०
तस्मान्निर्गच्छतोऽसंख्यान्घोरानाशीविषानहीन्। गरुडैर्गारुडास्त्रोत्थैरर्दयन्मलयध्वजः॥ ८१
ततो यद्यत्स दैत्येन्द्रः सपुत्रोऽस्त्रमवासृजत्। मुक्ताफलध्वजस्तत्तन्निरास्यत्तस्य हेलया॥ ८२
अथ क्रुद्धः स देवारिस्तत्पुत्रोऽन्ये च दानवाः। आग्नेयादीनि युगपत्तस्मिन्नस्त्राणि चिक्षिपुः॥ ८३
तानि तस्याग्रतो दृष्ट्वा स्थितं पाशुपतं ज्वलत्। भीतान्यस्त्राणि सर्वाणि विमुखानि क्षणाद्ययुः॥ ८४
ततस्ते यावदिच्छन्ति भीता दैत्याः पलायितुम्। तावत्तदाशयं बुद्ध्वा वीरो मुक्ताफलध्वजः॥ ८५
बबन्ध तेषामूर्ध्वं च चतुर्दिक्कं च तत्क्षणम्। शरजालं स दुर्भेदं वज्रपञ्जरसंनिभम्॥ ८६
तत्रान्तर्भ्रमतस्तांश्च शकुन्तानिव दानवान्। पित्रा भ्रात्रा च सहितः स जघान शितैः शरैः॥ ८७
निपेतुश्च कराः पादाः शरीराणि शिरांसि च। छिन्नानि तेषां दैत्यानामवहंश्चास्रनिम्नगाः॥ ८८
साधुवादे ततो दत्ते पुष्पवर्षानुगे सुरैः। मोहनास्त्रं ददौ तेषां द्विषां मुक्ताफलध्वजः॥ ८९
तेन संमोहितान्भूमौ पतितांस्तान्सराजकान्। असुरान्वारुणास्त्रेण पाशबद्धांश्चकार सः॥ ९०
तपोधनोऽथ सोऽवादीन्मेरुध्वजनृपं मुनिः। न वध्यमासुरं सैन्यं हतशेषमिदं खलु॥ ९१
स्वीकृतेन ह्यनेनैव प्रवेक्ष्यध्वं रसातलम्। दैत्येन्द्रस्तु सपुत्रोऽयं बद्ध्वा नीत्वा समन्त्रिकः॥ ९२
महासुरैर्दुष्टनागैर्युक्तो मुख्यैश्च राक्षसैः। स्थाप्यो देवसभासन्ने श्वेतशैलगुहान्तरे॥ ९३
इत्युक्तो मुनिना दैत्ययोधान्मेरुध्वजोऽब्रवीत्। मा भैष्ट यूयं नास्माभिर्वध्या सभ्रातृकस्य तु॥ ९४
मुक्ताफलध्वजस्यास्य वर्तध्वं शासनेऽधुना। इत्युक्ता दानवा राज्ञा हृष्टास्तत्प्रतिपेदिरे॥ ९५
ततः स राजा तं दैत्यराजं त्रैलोक्यमालिनम्। पुत्रादिभिस्तैः सहितं श्वेतशैलमनाययत्॥ ९६
तद्गुहाभ्यन्तरे तं च स्थापयामास संयतम्। भूरिशूरबलोपेतप्रधानामात्यरक्षितम्॥ ९७
ततो निवृत्ते सङ्ग्रामे मुक्तमन्दारवृष्टिषु। वैमानिकेषु यातेषु प्रवृत्ते जगदुत्सवे॥ ९८
स तत्र पुत्रौ वक्ति स्म राजा मेरुध्वजो जयी। इहैव यज्ञरक्षार्थमहं तिष्ठामि संप्रति॥ ९९
युवां प्रयातं पातालमेतैः स्वैः सैनिकैः सह। प्राप्तदैत्यविमानौघैः शेषासुरबलेन च॥ १००
आश्वास्य स्थापयित्वा च वशे पातालवासिनः। प्रधानाधिष्ठितान्कृत्वा स्वीकृत्येहागमिष्यथः॥ १०१
एतच्छ्रुत्वा तथेत्याशु दिव्यकामगवाहनः। मुक्ताफलध्वजो वीरः स चापि मलयध्वजः॥ १०२
रसातलं विविशतुः ससैन्यौ भ्रातरावुभौ। सह दानवसैन्येन प्रणतेनाग्रयायिना॥ १०३
हत्वा च रक्षिणः स्थानस्थानेषु परिपन्थिनः। अदातामत्र तौ शेषजनस्याभयडिण्डिमम्॥ १०४
विश्वस्तप्रणते चैतौ जने सप्त रसातलान्। स्वीचक्रतुः पुरशतैर्नानारत्नमयैर्युताम्॥ १०५
बुभुजाते च तान्रम्यानुद्यानैः सर्वकामदैः। दिव्यासवभृतानेकरत्नसोपानवापिकैः॥ १०६
तत्राद्भुताकृती तौ च ददृशुर्दानवाङ्गनाः। तत्कन्याश्च तरुच्छन्तर्मायाच्छादितविग्रहाः॥ १०७
आरेभे च तदा तत्र भर्तुर्बद्धस्य शर्मणे। तपः स्वयंप्रभा नाम भार्या त्रैलोक्यमालिनः॥ १०८
तस्याः सुते च त्रैलोक्यप्रभात्रिभुवनप्रभे। आरेभाते तपस्तद्वत्कुमार्यौ श्रेयसे पितुः॥ १०९
तौ च राजसुतौ तत्र पाताले सकलं जनम्। लब्धप्रशमनस्वस्थं संमान्य विविधैः प्रियैः॥ ११०
स्थापयित्वा च सङ्ग्रामसिंहादीनधिकारिणः। तपोवनाश्रमपदं पितुः पार्श्वमुपेयतुः॥ १११
तावत्तत्र मुनेर्यज्ञः स समाप्तिमुपाययौ। गन्तुं प्रारेभिरे देवाः स्वधिष्ण्यान्यृषयस्तथा॥ ११२

ततो मेरुध्वजः शक्रं परितुष्टं व्यजिज्ञपत् । आगम्यतां मन्नगरं देव तुष्टोऽसि चेन्मयि ॥ ११३
तच्छ्रुत्वा तत्प्रियायागान्मुनिमामन्त्र्य वासवः । राज्ञा तेन सपुत्रेण सह देवसभं पुरम् ॥ ११४
तत्र चोपाचरत्तं स राजा लोकद्वयेश्वरः । तथा शक्रं यथा दिव्यं सुखं विसारति स्म सः ॥ ११५
ततः प्रीतः स शक्रोऽपि तं सपुत्रं महीपतिम् । दिव्यात्मवाहनारूढं निनाय स्वं त्रिविष्टपम् ॥ ११६
तत्र नारदरम्भादिसंगीतसुखसुन्दरे । स विश्रमय्य तं मेरुध्वजं समलयध्वजम् ॥ ११७
मुक्ताफलध्वजं चेन्द्रः पारिजातमयीः स्रजः । दत्त्वा सदिव्यमुकुटाः संमान्य प्राहिणोद्गृहम् ॥ ११८
ते चागत्यात्र भूलोके पाताले च गतागतम् । कुर्वाणाश्चक्रिरे राज्यं नृदेवा लोकयोर्द्वयोः ॥ ११९
ततो मेरुध्वजो मुक्ताफलध्वजमुवाच सः । विजिताः शत्रवः पुत्र युवानौ भ्रातरौ युवाम् ॥ १२०
स्वाधीना राजकन्याश्च मया ताश्च गवेषिताः । वर्तन्ते प्राप्तकालस्तत्क्रियतां दारसंग्रहः ॥ १२१
इति पित्रोदितेऽवादीत्सोऽथ मुक्ताफलध्वजः । न मे परिणये तात मनस्तावत्प्रवर्तते ॥ १२२
अहं तपश्चरिष्यामि संप्रत्याराधितुं हरम् । एष वत्सस्तु कुरुतां विवाहं मलयध्वजः ॥ १२३
एतच्छ्रुत्वैव मलयध्वजस्तं सोऽनुजोऽब्रवीत् । विवाहो मम युक्तः किमार्य त्वय्यपरिग्रहे ॥ १२४
राज्यं वा त्वय्यराज्यस्थे तव मार्गानुगो ह्यहम् । इत्युक्ते तेन मलयध्वजेनोवाच भूपतिः ॥ १२५
मेरुध्वजस्तं तनयं ज्येष्ठं मुक्ताफलध्वजम् । युक्तमेवामुना तावदनुजेन तवोदितम् ॥ १२६
त्वं त्वयुक्तं वदस्येतन्नव एवात्र यौवने । को नाम कालस्तपसो भोगकालो ह्ययं तव ॥ १२७
तदकालोचितः पुत्र मुच्यतामेष दुर्ग्रहः । इति तेनोच्यमानोऽपि राज्ञा ज्येष्ठः सुतोऽत्र च ॥ १२८
नाङ्गीचक्रे यदा संप्रत्युद्वाहं निश्चयेन सः । तदा स नृपतिस्तूष्णीं तस्थौ कालं प्रतीक्षितुम् ॥ १२९
अत्रान्तरे च पाताले भार्यां त्रैलोक्यमालिनः । स्वयंप्रभामूचतुस्तां तपःस्थे ते स्वकन्यके ॥ १३०
आवयोरम्ब सप्ताष्टवर्षयोः संयतः पिता । राज्यभ्रंशश्च संवृत्तः कस्मादकृतपुण्ययोः ॥ १३१
अष्टमं वर्षमेतच्च तपस्यन्त्योर्न नौ हरः । प्रसीदति न तातोऽयं मुच्यतेऽद्यापि बन्धनात् ॥ १३२
तद्यावदावयोर्न स्याद्रिपोः परिभवोऽथवा । निर्लक्षणामिमां तावदनले जुहुवस्तनुम् ॥ १३३
इत्युक्ता दुहितृभ्यां सा जगादैवं स्वयंप्रभा । पुत्र्यौ प्रतीक्ष्यतां तावदुदयो ह्यस्ति नः पुनः ॥ १३४
तपःस्थितां हि मां स्वप्ने जाने देवोऽब्रवीच्छिवः । वत्से कुर्या धृतिं राज्यं पुनः प्राप्स्यति ते पतिः ॥ १३५
मुक्ताफलध्वजश्चैष तथैव मलयध्वजः । दुहित्रोस्तव भर्तारौ राजपुत्रौ भविष्यतः ॥ १३६
मानुषाविति मा चैतौ विज्ञासीरेतयोर्यतः । एको विद्याधरवरो द्वितीयो मामको गणः ॥ १३७
इत्यादिष्टेश्वरेणाहं प्रबुद्धा रजनीक्षये । इत्याशयैतया चैष सोढः क्लेशो महान्मया ॥ १३८
तस्मादावेदयाम्येतदर्थं युष्मत्पितुः प्रभोः । तदिच्छया यतिष्ये च युष्मदुद्वाहसिद्धये ॥ १३९
एवमाश्वास्य सा राज्ञी कन्यके स्वे स्वयंप्रभा । उवाचेन्दुमतीं नाम वृद्धामन्तःपुरस्त्रियम् ॥ १४०
आर्यपुत्रस्य निकटं श्वेतशैलगुहां व्रज । निपत्य पादयोस्तं च विज्ञापय गिरा मम ॥ १४१
निर्मितास्मि महाराज धात्रान्येनैव दारुणा । त्वद्वियोगाग्निनाद्यापि न दह्ये ज्वलतापि या ॥ १४२
आत्मा तु न मया त्यक्तः पुनस्त्वद्दर्शनाशया । इत्युक्त्वा मामकं शार्वं स्वप्नादेशं निवेदयेः ॥ १४३
ततः कन्याविवाहार्थं पृच्छेस्तं यच्च वक्ष्यति । तत्त्वयागत्य मे वाच्यं विधास्येऽहं तथाविधम् ॥ १४४
इत्युक्त्वेन्दुमतीं तां सा प्रैषयत्सापि निर्गता । पातालात्प्राप तच्छैलगुहाद्वारं सुरक्षितम् ॥ १४५
रक्षिणोऽभ्यर्थ्य तत्रान्तः प्रविश्यालोक्य संयतम् । त्रैलोक्यमालिनं तं सा साश्रुर्जग्राह पादयोः ॥ १४६
तत्पृष्टकुशला तस्य शनैस्तस्मै शशंस सा । कृत्स्नं स्वभार्यासंदेशं ततो राजा जगाद सः ॥ १४७
यः प्रोक्तो राज्यलाभो नः शर्वेणास्तु तथैव सः । मेरुध्वजस्यात्मजयोः कन्यादाने तु का कथा ॥ १४८
इहैवाहं विपद्येय न तु दद्यां निजात्मजे । शत्रुभ्यां मानुषाभ्यां च संयतः सन्नुपायनम् ॥ १४९
इत्युक्त्वेन्दुमती राज्ञा प्रेषिता तेन सा ततः । एत्य स्वयंप्रभायै तत्तत्पत्न्यै तद्वचोऽभ्यधात् ॥ १५०
श्रुत्वा ततस्ते त्रैलोक्यप्रभात्रिभुवनप्रभे । दैत्येन्द्रकन्ये जननीमूचतुस्तां स्वयंप्रभाम् ॥ १५१

आवयोर्यौवनभयादग्निरेवाधुना गतिः। तदम्बास्यां चतुर्दश्यां तत्प्रवेशं विदध्वहे ॥ १५२
कृतनिश्चययोरेवं तयोः साप्यकरोत्तदा। निश्चयं मरणायैव तन्माता सपरिच्छदा ॥ १५३
प्राप्तायां च चतुर्दश्यां ताः पापरिपुनामनि। तीर्थे सर्वाश्चिताश्चक्रुरर्चित्वा हाटकेश्वरम् ॥ १५४
तावन्मेरुध्वजो राजा तिथौ तस्यां सपुत्रकः। सभार्यश्चाययौ तावद्धाटकेश्वरमर्चितुम् ॥ १५५
स पापरिपुतीर्थं तत्स्नानार्थं सानुगो व्रजन्। दूराद्ददर्श तत्तीरे वनान्तर्धूममुद्गतम् ॥ १५६
धूमोद्गमः कुतोऽत्रेति पृच्छन्तं तं च भूपतिम्। ऊचुः सङ्ग्रामसिंहाद्याः पातालाधिकृता निजाः ॥ १५७
त्रैलोक्यमालिनो भार्या महाराज स्वयंप्रभा। दुहितृभ्यां कुमारीभ्यां सहात्र तपसि स्थिता ॥ १५८
नूनं ता अग्निकार्यादि किंचिदत्राद्य कुर्वते। यदि वातितपःखिन्नाः कुर्वन्त्यग्निप्रवेशनम् ॥ १५९
तच्छ्रुत्वा सह पुत्राभ्यां पत्न्या तैश्चाधिकारिभिः। द्रष्टुं स राजा तत्रागान्निपिद्धान्यपरिच्छदः ॥ १६०
ददर्श चात्र प्रच्छन्नः स्थितस्ते दैत्यकन्यके। समातृके पूजयन्त्यौ सुसमिद्धं चितानलम् ॥ १६१
मुखलावण्यसंदोहनिःस्यन्दैर्दिक्षु सर्वतः। चन्द्रबिम्बशतानीव रचयन्त्यौ रसातले ॥ १६२
लोलहाराम्बुपूराभ्यां कामस्येवाभिषेचनम्। कुचकाञ्चनकुम्भाभ्यां कुर्वत्यौ त्रिजगज्जये ॥ १६३
बिभ्राणे जघनाभोगं विपुलं बद्धमेखलम्। नक्षत्रमालाङ्कमिव स्मरद्विपशिरःस्थलम् ॥ १६४
वहन्त्यौ केशपाशौ च पन्नगाविव निर्मितौ। धात्रा लावण्यसर्वस्वनिधानं रक्षितुं तयोः ॥ १६५
दृष्ट्वा ते चिन्तयामास स राजा जातविस्मयः। अहो विश्वसृजः सृष्टिर्लसन्नवनवाद्भुता ॥ १६६
तदेतयोर्न रम्भापि नोर्वशी न तिलोत्तमा। रूपे भजति तुल्यत्वमसुराधिपकन्ययोः ॥ १६७
इति चिन्तयतस्तस्य राज्ञः सा दैत्यकन्यका। ज्येष्ठार्चयित्वा त्रैलोक्यप्रभा वह्निं व्यजिज्ञपत् ॥ १६८
उक्तः स्वप्नहरादेशो यतः प्रभृति मेऽम्बया। ततः प्रभृति बद्धैव भर्तृबुद्धिर्यतो मया ॥ १६९
तस्मिन्गुणनिधौ राजपुत्रे मुक्ताफलध्वजे। तत्स एव पतिर्भूयाद्भगवन्मेऽन्यजन्मनि ॥ १७०
इह जन्मनि तातेन संयतस्थेन मानिना। दित्सिताप्यम्बया तस्मै दातुं नाङ्गीकृतास्मि यत् ॥ १७१
तच्छ्रुत्वा तद्वदेवात्र सापि त्रिभुवनप्रभा। वव्रे हुताशान्मलयध्वजं जन्मान्तरे पतिम् ॥ १७२
ततो मेरुध्वजो राजा स तच्छ्रवणहर्षुलः। तद्भार्या च महादेवी परस्परमवोचताम् ॥ १७३
प्राप्नुयातामिमे भार्ये यद्यस्मत्तनयाविमौ। तदेताभ्यामवाप्तं स्याल्लोकद्वयजयात्फलम् ॥ १७४
तद्यावदस्मिन्ननले नात्मानं क्षिपतः क्षणम्। तावत्किं नोपसृत्यैते वारयामः समातृके ॥ १७५
एवं देव्या सहालोच्य राजावोचदुपेत्य ताः। मा कार्ष्ट साहसं दुःखं शमयिष्याम्यहं हि वः ॥ १७६
श्रुत्वैतच्छ्रोत्रपीयूषवर्षाभं भूपतेर्वचः। दृष्ट्वा च तं ताः सकलाः प्रणेमुरसुराङ्गनाः ॥ १७७
पश्यन्त्योऽपि वयं पूर्वं मायाच्छन्ना न लक्षिताः। लोकद्वयेश्वरेणेह दृष्टाः स्मोऽद्य पुनस्त्वया ॥ १७८
त्वद्दृष्टानां च दुःखान्तो भवत्येवाचिरेण नः। किं पुनः स्वगिरा दत्ते देवेनाभ्यर्थिते वरे ॥ १७९
तद्गृहीतार्घ्यपाद्यादि कृतासनपरिग्रहाः। भवन्तो हि जगत्पूज्या अयं चास्माकमाश्रमः ॥ १८०
इति स्वयंप्रभामुक्तवतीमाह हसन्नृपः। जामातृभ्यां त्वयैताभ्यां पाद्यार्घ्यं दीयतामिति ॥ १८१
ततः स्वयंप्रभावादीत्तदेताभ्यां वृषध्वजः। देवो दापयितार्घादि युष्माभिस्त्वद्य गृह्यताम् ॥ १८२
मेरुध्वजो जगादाथ सर्वमात्तमिदं मया। यूयं च मरणोद्योगान्निवर्तध्वमितोऽधुना ॥ १८३
प्रविश्य तिष्ठतैकस्मिन्स्वपुरे सर्वकामदे। ततोऽहमेव ज्ञास्यामि यथा वः कुशलं भवेत् ॥ १८४
इत्युक्तवन्तं राजानं सा जगाद स्वयंप्रभा। देवादेशान्निवृत्ताः स्मः शरीरत्यागनिश्चयात् ॥ १८५
कारास्थे तु प्रभौ युक्ता कथं नः स्वगृहस्थितिः। तदिहैव वयं तावत्तिष्ठामो देव संप्रति ॥ १८६
यावद्देवः स्वयं दत्तं वरं नः पालयिष्यति। ससुतामात्यमस्माकं मोचयिष्यति च प्रभुम् ॥ १८७
मुक्तस्त्वदधिकारी सन्स च राज्यं करिष्यति। अर्पयिष्यति राज्यं च तुभ्यमेव त्वदिच्छया ॥ १८८
समयप्रतिबन्धं च स करिष्यति तादृशम्। अन्तरस्था वयं चात्र सह पातालवासिभिः ॥ १८९
पातालेभ्योऽस्मदीयानि रत्नानि स्वीकुरुष्व च। एवमुक्तवतीं तां स राजा मेरुध्वजोऽब्रवीत् ॥ १९०

विज्ञास्याम्यहमेवैतत्स्मर्तव्यं स्ववचस्तु वः । इत्युक्त्वा स नृपः स्नात्वा हाटकेशमपूजयत् ॥ १९१
दैत्यराजसुते ते च तयोरेवं स्वदृष्टयोः । तत्पुत्रयोस्तदेकाग्रगतचित्ते बभूवतुः ॥ १९२

अथ स रसातलनिलयैर्निखिलैस्त्रैलोक्यमालिनो मुक्तिम् ।
प्रणिपत्य याच्यमानो राजा मेरुध्वजः सुकृती ॥ १९३
छत्रैः स्वयशःशुभ्रैः स्थगयन्नाशाः सदारसुतभृत्यः ।
निर्गत्यासुरलोकात्तस्मादागान्निजं नगरम् ॥ १९४
तत्रास्य पुत्रो मलयध्वजस्तां कनीयसीं दानवराजपुत्रीम् ।
ध्यायन्ननिद्रोऽपि निमीलिताक्षः स्मरज्वरार्तो रजनीं निनाय ॥ १९५
स धैर्यजलधिस्तु तामपि विचिन्त्य मुक्ताफल-
ध्वजोऽसुरपतेः सुतां दृढनिबद्धभावां युवा ।
मुनीन्द्रमनसामपि स्मरविकारदां ज्यायसीं
पुरार्थितवरो मुनेर्न खलु चुक्षुभे चेतसा ॥ १९६
मेरुध्वजस्तु तमवेत्य सुतं निषिद्धदारक्रियं स्मरवशं मलयध्वजं च ।
कन्याप्रदानविमुखं च महासुरं तमासीदुपायघटनाकुलचित्तवृत्तिः ॥ १९७

इति महाकविश्रीसोमदेवभट्टविरचिते कथासरित्सागरे पद्मावतीलम्बके पञ्चमस्तरङ्गः ।

षष्ठस्तरङ्गः ।

ततो मेरुध्वजो राजा तं तथा मलयध्वजम् । पश्यन्स्मरज्वराक्रान्तं देवीं स्वामेवमब्रवीत् ॥ १
पातालदृष्टे त्रैलोक्यमालिनस्ते सुते न चेत् । भार्ये मत्पुत्रयोः स्यातां तन्मया किं कृतं भवेत् ॥ २
तयोः कनिष्ठां च विना पुत्रो मे मलयध्वजः । लज्जानिगूढकामाग्निः पुटपाकेन पच्यते ॥ ३
तदर्थं च मयाद्यापि मोक्षस्त्रैलोक्यमालिनः । प्रतिश्रुतोऽपि तत्पत्न्यै सत्वरं न विधीयते ॥ ४
बन्धमुक्तो दुहितरावसुरत्वाभिमानतः । पुत्राभ्यां मानुषाभ्यां मे स दद्यान्नहि जातुचित् ॥ ५
तदेतमर्थं सान्त्वेन ब्रूमस्तस्याधुना वरम् । इत्यालोच्य समं देव्या स प्रतीहारमादिशत् ॥ ६
श्वेतशैलगुहां गत्वा प्रीत्या मद्वचनेन तम् । त्रैलोक्यमालिनं ब्रूहि दैत्येन्द्रं संयतस्थितम् ॥ ७
दैवयोगादिह क्लिष्टा यूयं दैत्यपते चिरम् । तदिदानीं मम वचः कृत्वा क्लेशं शमं नय ॥ ८
देहि दृष्ट्यानुरागिण्यौ मत्सुताभ्यां स्वकन्यके । इतो मुक्तः स्वराज्यं च विहितप्रत्ययः कुरु ॥ ९
इत्युक्त्वा प्रेषितो राज्ञा गत्वा तत्र गुहान्तरे । दैत्येन्द्रायाब्रवीत्तस्मै क्षत्ता राजवचः स तत् ॥ १०
मानुषाभ्यामहं कन्ये न दास्यामीति तेन च । प्रत्युक्तः स तथैवेत्य क्षत्ता राजानमभ्यधात् ॥ ११
अथोपायं विचिन्वाने तस्मिन्मेरुध्वजे नृपे । दिवसेषु च यातेषु विज्ञाततदुदन्तया ॥ १२
पातालात्प्रेषिता भूयः सा स्वयंप्रभया तया । आगादिन्दुमती तत्र दूती संदेशहारिणी ॥ १३
सा चागत्य प्रतीहार्या मुखेनावेदितात्मका । प्रविवेश महादेव्या निकटं तत्कृतादरा ॥ १४
प्रणिपत्याब्रवीत्तां च देवि देवी स्वयंप्रभा । विज्ञापयति किं वस्तद्विस्मृतं वचनं निजम् ॥ १५
अब्धयः कुलशैलाश्च भवन्ति प्रलयेऽन्यथा । भवादृशां तु वचनं न तदाप्यन्यथा भवेत् ॥ १६
यद्यप्युपगतं नास्मत्स्वामिना कन्यकार्पणम् । तत्स बद्धो दुहितरौ कथं दद्यादुपायनम् ॥ १७
औचित्येनोपकाराय युष्माभिश्चेत्स मुच्यते । तन्निश्चितं सुतादानात्कुर्याद्वः प्रत्युपक्रियाम् ॥ १८
सकन्यापि त्यजेत्प्राणानन्यथा सा स्वयंप्रभा । तेन न स्यात्सुताप्राप्तिर्न च वः सत्यपालनम् ॥ १९
तत्कुरुध्व तथा देवि समयप्रत्ययादिना । यथा राजा विमुञ्चेत्तं प्रभुं नः सर्वसिद्धये ॥ २०
स्वयंप्रभाविसृष्टं च गृहाणेदं विभूषणम् । दिव्यैस्तैस्तैश्चितं रत्नैः खेचरत्वादिदायिभिः ॥ २१
एवमुक्तवतीमिन्दुमतीं राज्ञी जगाद सा । दुःखितायाः कथं तस्या मयैतद्गृह्यतामिति ॥ २२

अगृहीते त्वयैतस्मिन्नस्माकमधृतिर्भवेत्। गृहीते तु निजं दुःखं शान्तं मन्यामहे वयम्॥ २३
इतीन्दुमत्या राज्ञी सा तया यत्नेन बोधिता। आश्वासहेतोस्तस्यास्तद्रत्नाभरणमग्रहीत्॥ २४
इहैव तावत्तिष्ठार्ये राजा यावदुपैष्यति। इत्युक्त्वा तां च तत्रैव राज्ञी स्थापयति स्म सा॥ २५
तावत्स राजा तत्रागादुत्थायेन्दुमती च सा। राज्ञीनिवेदिता भूपं प्रणनाम तदादृता॥ २६
स्वयंप्रभावितीर्णं च चूडारत्नं समर्पयत्। विषरक्षोजरारोगहरं तस्मै नृपाय सा॥ २७
स्वसत्यमनुपाल्यैतद्ग्रहीष्यामीति वादिनम्। नृपमिन्दुमती सा तमेवं प्रौढा व्यजिज्ञपत्॥ २८
देवेन प्रतिपन्नं चेत्सत्यं पालितमेव तत्। अस्मिन्गृहीते त्वस्माकमाश्वासः सुतरां भवेत्॥ २९
एवं तयोक्ते साधूक्तमित्युक्त्वैवास्य भूपतेः। चूडारत्नं तदादाय राज्ञी मूर्ध्नि बबन्ध सा॥ ३०
ततः स्वयंप्रभावाक्यं यथा राज्ञ्यै निवेदितम्। तथा शशंस सा राज्ञे तस्मायिन्दुमती पुनः॥ ३१
ततो राज्या तथैवोक्तोऽवादीदिन्दुमतीं नृपः। इहैवाद्य प्रतीक्षस्व प्रातर्वक्ष्याम्यहं तव॥ ३२
इत्युक्त्वा तां निशां नीत्वा प्रातराहूय मन्त्रिणः। स तामिन्दुमतीमेवं राजा मेरुध्वजोऽब्रवीत्॥ ३३
एभिर्मन्मन्त्रिभिः साकं राज्ञे त्रैलोक्यमालिने। आवेद्य गत्वा पातालादानयासुरयोषितः॥ ३४
स्वयंप्रभाद्याः सर्वांश्च मुख्यान्पातालवासिनः। हाटकेश्वरसंबन्धि मुद्रितं कोषवारि च॥ ३५
अस्मद्वशे वर्तितव्यं नित्यं त्रैलोक्यमालिना। सभृत्यबन्धुना भाव्यं नागैश्चासस्यघातिभिः॥ ३६
अत्रार्थे भर्तृचरणान्स्पृष्ट्वा मन्मन्त्रिसंनिधौ। स्वयंप्रभाद्याः शपथैरन्तरस्था भवन्तु नः॥ ३७
पातालवासिनः सन्तु तद्वत्प्रतिभुवोऽखिलाः। अपत्यानि च सर्वेऽपि स्थापयन्तु सराजकाः॥ ३८
सराजकाश्च लिखितं कुर्वन्तु निखिला अपि। हाटकेश्वरसर्वाङ्गवारिकोपं पिबन्तु च॥ ३९
ततो मोक्ष्याम्यहं कारागृहात्त्रैलोक्यमालिनम्। इत्युक्त्वेन्दुमतीं राजा सामात्यां विससर्ज सः॥ ४०
सा गत्वा मन्त्रिसहितां प्रोच्य त्रैलोक्यमालिने। तच्छ्रद्धिता तथैवेन्दुमती पातालमाविशत्॥ ४१
स्वयंप्रभादीनानीय कोपवारि च सा ततः। राजोक्तं तदमात्याग्रे सर्वान्सर्वमकारयत्॥ ४२
विहितप्रत्ययं तं च मुमोच सपरिच्छदम्। त्रैलोक्यमालिनं मेरुध्वजः कारागृहान्नृपः॥ ४३
आनीय च गृहं सम्यक्संमान्य सपरिग्रहम्। स्वीकृतासुररत्नौघः स्वराज्ये विससर्ज तम्॥ ४४
सोऽपि त्रैलोक्यमाली स्वं पुनरेत्य रसातलम्। प्राप्तराज्यो ननन्द स्वैः सहितो भृत्यबान्धवैः॥ ४५
मेरुध्वजश्च पातालप्रभवैरर्थसंचयैः। पृथिवीं पूरयामास प्रावृड्घन इवाम्बुभिः॥ ४६
अथ त्रैलोक्यमाली स संमन्त्र्य निजभार्यया। कन्यारत्नद्वयं दित्सुस्तत्सुताभ्यां स्ववेश्मनि॥ ४७
नृपं मेरुध्वजं नेतुं तं निमन्त्र्य सबान्धवम्। स्मृतोपकारो दैत्येन्द्रः पातालात्स्वयमाययौ॥ ४८
आगत्य तं च राजानं कृतातिथ्यमुवाच सः। युष्माभिर्नातिनिर्वृत्या तदा दृष्टं रसातलम्॥ ४९
परिचर्यापरेष्वस्मास्विदानीमेत्य दृश्यताम्। कन्यारत्ने मदीये च गृह्येतां सुतयोः कृते॥ ५०
इत्युक्तेऽसुरराजेन तेन मेरुध्वजोऽथ सः। तत्रैवानाययामास भार्यां पुत्रौ च तावुभौ॥ ५१
तेभ्योऽसुरेन्द्रवाक्यं तत्कन्यादानान्तमब्रवीत्। ततो जगाद तं ज्येष्ठः पुत्रो मुक्ताफलध्वजः॥ ५२
विवाहं न करिष्येऽहमनाराधितशंकरः। उक्तं मया प्राक्क्षन्तव्यमेतस्मान्मेऽपराधतः॥ ५३
मयि प्रयाते भवनं करोतु मलयध्वजः। विना पातालकन्यां तां नास्त्येवास्य हि निर्वृतिः॥ ५४
तच्छ्रुत्वा स कनीयांस्तमवादीन्न त्वयि स्थिते। अयशस्यमधर्म्यं च करोम्यार्याहमीदृशम्॥ ५५
ततो मेरुध्वजे राज्ञि प्रयत्नाद्बोधयत्यपि। मुक्ताफलध्वजो नैच्छत्स्वविवाहक्रियां यदा॥ ५६
तदा त्रैलोक्यमाली तं खिन्नमामन्त्र्य भूपतिम्। ययौ स्वमेव पातालं सानुगः स यथागतम्॥ ५७
तत्र वृत्तान्तमावेद्य भार्यां पुत्रं च सोऽभ्यधात्। न्यक्कारैकपरोऽस्माकं कीदृशः पश्यत विधिः॥ ५८
मानुषौ नाथ गृह्णीतः कन्ये मे प्रार्थितावपि। पूर्वं ये प्रार्थिते ताभ्यां दातुं नाङ्गीकृते मया॥ ५९
तच्छ्रुत्वा तौ जगदतुः को जानाति कथं विधेः। चेतस्येतत्स्थितं किं हि शांभवं स्याद्वचोऽन्यथा॥ ६०
इत्यादि तेषां वदतां बुद्ध्वा ते तत्र चक्रतुः। कन्ये प्रतिज्ञां त्रैलोक्यप्रभात्रिभुवनप्रभे॥ ६१

द्वादशाहं निराहारस्थितयोरावयोर्यदि । देवो विवाहसंपत्तिप्रसादं न करिष्यति ॥ ६२
ततश्च कार्यमावाभ्यां सहैवाग्निप्रवेशनम् । न तु धार्यं निकारार्थं वृत्त्यर्थं वा शरीरकम् ॥ ६३
एवं नियम्य देवस्य पुरतस्तस्थतुश्च ते । निराहारे जपध्यानपरे दैत्येन्द्रकन्यके ॥ ६४
तद्बुद्ध्वा च तयोर्माता पिता च दितिजेश्वरः । तथैवात्र निराहारावास्तां दुहितृवत्सलौ ॥ ६५
ततः स्वयंप्रभा सा तां तन्मातेन्दुमतीं पुनः । मेरुध्वजमहादेव्यै वक्तुं तत्प्राहिणोद्द्रुतम् ॥ ६६
तया गत्वा तदाख्यातं स्वस्वामिगृहसंकटम् । राज्ञ्यै तस्यै विवेदाथ राजा मेरुध्वजोऽपि तत् ॥ ६७
ततस्तदनुरोधात्तौ जहतुस्तत्र दंपती । आहारं तौ च तत्पुत्रौ पितृभक्त्यनुरोधिनौ ॥ ६८
एवं लोकद्वये राजगृहयोः संकटस्थयोः । मुक्ताफलध्वजोऽनश्नन्ध्यातवाञ्छरणं शिवम् ॥ ६९
षड्रात्रे च गते राजपुत्रः प्रातः प्रबुध्य सः । पूर्वं संयतकं मित्रं महाबुद्धिमभाषत ॥ ७०
सखे स्वप्नेऽद्य जानेऽहमारूढो वाहने निजे । तपोधनमुनिप्रत्ते कामरूपे मनोगतौ ॥ ७१
विमानतामुपगते निर्वेदान्मेरुपार्श्वगम् । गौरीशायतनं दिव्यमतिदूरमितो गतः ॥ ७२
तत्रापश्यमहं कांचिद्दिव्यकन्यां तपःकृशाम् । तामुद्दिश्याब्रवीन्मां च जटाभृत्पुरुषो हसन् ॥ ७३
एकस्याः कन्यकायास्त्वं पलाय्यैवमिहागतः । इहैषा च द्वितीया ते संप्राप्ता पश्य तिष्ठति ॥ ७४
तदाकर्ण्य वचस्तस्य तत्कन्यारूपदर्शने । अतृप्त एव सहसा प्रबुद्धोऽस्मि निशाक्षये ॥ ७५
तस्मात्तत्रैव गच्छामि प्राप्तुं तां दिव्यकन्यकाम् । प्राप्स्यामि चेन्न तां तत्र प्रवेक्ष्यामि हुताशनम् ॥ ७६
तां तथोपनतां हित्वा दैत्यकन्यां मनो मम । रज्यते स्वप्नदृष्टायामस्यां किं क्रियते विधेः ॥ ७७
जाने च तत्र यातस्य निश्चितं शुभमस्ति मे । इत्युक्त्वा तत्स सस्मार मुनिदत्तं स्ववाहनम् ॥ ७८
तदारुह्य विमानत्वं प्राप्तं सख्या समं च सः । मनःसंकल्पितस्थानप्रापकं कामरूपकृत् ॥ ७९
मुक्ताफलध्वजः प्रायाद्दिव्यं गौरीशधाम तत् । प्राप्य तच्च यथा स्वप्ने दृष्टं पश्यञ्जहर्ष सः ॥ ८०
ततः प्रववृते तत्र स सिद्धोदकनामनि । तीर्थे स्नानादिकं कर्तुं सख्यैकपरिचारकः ॥ ८१
तावत्तं काप्यविज्ञातगतं बुद्ध्वा स तत्पिता । राजा मेरुध्वजो भार्यासुतादिसहितस्तदा ॥ ८२
उपवासकृशो दुःखक्षोभं स्वपुरगो दधौ । तथा तदैव पातालेऽप्येतत्सर्वमबुध्यत ॥ ८३
ततस्त्रैलोक्यमाली स गृहीत्वा ते स्वकन्यके । सोपवासः सभार्यादिस्तत्रैवागान्नृपान्तिकम् ॥ ८४
चतुर्दश्यां गतः सोऽद्य नूनं काप्यर्चितुं हरम् । तत्प्रतीक्षामहे तावदिहैवैतद्दिनं वयम् ॥ ८५
प्रातर्यत्र स तत्रैव यास्यामो नागतो यदि । ततो यद्भवतीत्येव सर्वे ते निश्चयं व्यधुः ॥ ८६
अत्रान्तरे मेघवने तस्मिन्गौर्याश्रमे स्थिता । सापि पद्मावती तस्मिन्दिनेऽवादीन्निजाः सखीः ॥ ८७
सख्यः स्वप्नेऽद्य जाने मां सिद्धीश्वरगतां पुमान् । जटाधरोऽब्रवीत्कोऽपि देवागाराद्विनिर्गतः ॥ ८८
दुःखं समाप्तमासन्नो भर्त्रा ते पुत्रि संगमः । इत्येवोक्त्वा गतेऽस्मिन्मे गते निद्रानिशे अपि ॥ ८९
तदेत तत्र गच्छाम इत्युक्त्वा सा जगाम तत् । मेरुपार्श्वस्थितं पद्मावती गौरीशकेतनम् ॥ ९०
तत्र सिद्धोदके स्नान्तं दूरान्मुक्ताफलध्वजम् । दृष्ट्वा सविस्मया सा तं स्वसखीरेवमब्रवीत् ॥ ९१
सदृशो मे प्रियस्यायं पुमान्पश्यत कीदृशः । आश्चर्यं किं स एव स्यान्नास्त्येतन्मानुषो ह्ययम् ॥ ९२
तच्छ्रुत्वा तं च दृष्ट्वा ताः सख्यस्तामेवमब्रुवन् । न केवलं सुसदृशो देव्ययं प्रेयसस्तव ॥ ९३
यावदेतद्वयस्योऽयं त्वत्कान्तसुहृदः किल । तस्य संयतकस्यापि पश्य सादृश्यमश्नुते ॥ ९४
यत्त्वया वर्णितं देवि यथाद्य स्वप्नदर्शनम् । तथा जानीमहे व्यक्तं शापान्मानुषतां गतौ ॥ ९५
तावेवैताविहानीतावीश्वरेण स्वयुक्तितः । मानुषागमनं देवभूमावस्यां कुतोऽन्यथा ॥ ९६
एवं सखीभिरुक्ता सा पद्मावत्यर्चितेश्वरा । तस्थौ देवान्तिके छन्ना तं जिज्ञासितुमुत्सुका ॥ ९७
तावत्स्नात्वार्चितुं देवं तत्र मुक्ताफलध्वजः । आगतः सर्वतो वीक्ष्य महाबुद्धिमुवाच तम् ॥ ९८
तदेवायतनं चित्रमिदं स्वप्ने यदीक्षितम् । लिङ्गान्तर्दृश्यगौरीशमूर्ति रत्नमयं मया ॥ ९९
तानेव चैतान्पश्यामि स्वप्नदृष्टानिहाधुना । प्रदेशान्दिव्यविहगस्फुरद्रत्नप्रभद्रुमान् ॥ १००

तत्कालदृष्टां दिव्यां तु कन्यां पश्यामि नेह ताम्। अप्राप्तया तया चेह देहं त्यक्ष्यामि निश्चितम्॥ १०१
इत्युक्ते तेन सख्यस्तामूचुः पद्मावतीं रहः। शृणु नूनमिह स्वप्ने दृष्ट्वा त्वामयमागतः॥ १०२
त्वद्दर्शनेनैव विना त्यक्तुं प्राणान्समीहते। तन्निगूढस्थिता एव पश्यामो देवि निश्चयम्॥ १०३
इति च्छन्नासु तास्वत्र स्थितास्वन्तः प्रविश्य सः। मुक्ताफलध्वजो देवमर्चयित्वा विनिर्ययौ॥ १०४
निर्गत्य यावत्कुरुते भक्तितस्त्रिः प्रदक्षिणम्। तावत्स च सखा चास्य जातिं सस्मरतुर्निजाम्॥ १०५
हर्षाच्च पूर्ववृत्तान्तं यावदन्योन्यमाहतुः। तावत्पद्मावती दृष्टिगोचरं सा ययौ तयोः॥ १०६
मुक्ताफलध्वजः पूर्वजन्मवृत्तं स्मरंश्च सः। तां दृष्ट्वैव तमाह स्म वयस्यं हर्षनिर्भरः॥ १०७
दृष्टा सेयमिह स्वप्ने देवी पद्मावती मया। दिष्ट्या प्राप्ता च तदिमामाशु संभावयाम्यहम्॥ १०८
इत्युक्त्वोपेत्य साश्रुस्तामवोचद्देवि माधुना। क्वापि यासीरहं मुक्ताफलकेतुः स ते प्रियः॥ १०९
दृढव्रतस्य शापेन मानुषीभूय संस्मृता। जातिर्मयाद्येत्युक्त्वा तामैच्छदाश्लेष्टुमुत्सुकः॥ ११०
सा तूद्भ्रान्ता तिरोभूय तत्रासीत्साश्रुलोचना। सोऽपि राजसुतोऽपश्यंस्तां मोहादपतद्भुवि॥ १११
ततः सदुःखमाकाशे तद्वयस्यो जगाद सः। यदर्थं स तपःक्लेशो देवि पद्मावति त्वया॥ ११२
अनुभूतः कथं प्राप्तं तमेवं नाभिभाषसे। अहं संयतकः सोऽपि वयस्यो दयितस्य ते॥ ११३
तद्युष्मदर्थं शप्तस्य किं मे नालपसि प्रियम्। इत्युक्त्वा स समाश्वास्य तमुवाच नृपात्मजम्॥ ११४
तथानुरागोपगता दैत्यराजसुता त्वया। यत्त्यक्ता तस्य पापस्य तवागतमिदं फलम्॥ ११५
तच्छ्रुत्वा सा सखीराह च्छन्ना पद्मावती तदा। शृणुतासुरकन्यासु न किलायं प्रवर्तते॥ ११६
ततः सख्योऽपि तामूचुः सर्वं संवादि दृश्यते। किं न स्मरसि यत्तेन शापकाले प्रियेण ते॥ ११७
मानुष्ये मे मनोऽन्यत्र मा गात्पद्मावतीं विना। इत्यर्थितो वरस्तस्मान्मुनेः पूर्वं तपोधनात्॥ ११८
तत्प्रभावादयं नूनमन्यस्त्रीषु न रज्यते। श्रुत्वैतद्राजपुत्री सा संजज्ञे संशयाकुला॥ ११९
मुक्ताफलध्वजः सोऽपि दृष्टनष्टप्रियस्ततः। चक्रन्द हा प्रिये पद्मावति किं नैतदीक्षसे॥ १२०
विद्याधरत्वे यत्प्राप्तः शापो मेघवने मया। त्वदर्थमिह चाद्याहं मृत्युं प्राप्स्याम्यसंशयम्॥ १२१
इत्यादि क्रन्दितं तस्य श्रुत्वा पद्मावती सखीः। प्राह सर्वाणि संवादीन्यभिज्ञानानि यद्यपि॥ १२२
तथापि पारम्पर्येण श्रुतान्येतानि जातुचित्। आभ्यां भवेयुरिति मे न चेतोऽभ्येति निश्चयम्॥ १२३
तन्नार्तमस्य शक्नोमि वचः श्रोतुं व्रजाम्यहम्। तद्गौर्यायतनं तावत्पूजाकालश्च तत्र मे॥ १२४
इत्युक्त्वा ससखीका सा पद्मावत्यम्बिकाश्रमम्। तज्जगामार्चयित्वा च देवीमेवं व्यजिज्ञपत्॥ १२५
स सिद्धीश्वरदृष्टश्चेत्सत्यं पूर्वप्रियो मम। तत्तथा कुरु येन स्याच्छीघ्रमेतेन संगमः॥ १२६
इति पद्मावती यावत्साकाङ्क्षा तत्र तिष्ठति। मुक्ताफलध्वजस्तावत्सोऽपि सिद्धीश्वरे स्थितः॥ १२७
पूर्वं संयतकं मित्रं महाबुद्धिमुवाच तम्। जाने सा स्वास्पदं याता तद्गौर्यायतनं सखे॥ १२८
तदेहि यावत्तत्रैवेत्युक्त्वारुह्य मनोगतौ। तस्मिन्विमाने सोऽप्यागादम्बिकाश्रममेव तत्॥ १२९
दूराद्दृष्ट्वावतीर्णं तं विमानेन नभस्तलात्। सख्यः पद्मावतीमूचुर्देवि पश्येदमद्भुतम्॥ १३०
स इहाप्येष दिव्येन विमानेनागतः किल। मानुषस्यापि दिव्योऽस्य प्रभावः कथमीदृशः॥ १३१
ततः पद्मावती स्माह सख्यः स्मरथ किं न तत्। यत्स शापप्रदातास्य मया शप्तो दृढव्रतः॥ १३२
मानुषत्वेऽवतीर्णस्य वाहनं कामरूपभृत्। इच्छानुगतमस्यैव भविष्यति भवानिति॥ १३३
तत्तेन मुनिशिष्येण वाहनेनैष निश्चितम्। विमानरूपं दधता स्वेच्छं भ्रमति सर्वतः॥ १३४
एवं तयोक्ते सख्यस्तामूचुरेवमवैषि चेत्। तन्न संभावयस्येतं कस्माद्देवि किमीक्षसे॥ १३५
एतत्सखीवचः श्रुत्वा पद्मावत्यवदत्पुनः। एवं संभाव्यते सख्यो निश्चयोऽद्यापि नास्ति मे॥ १३६
सत्यं स एव यदि वा भवत्येष तथापि मे। अभिगम्योऽन्यदेहस्थः स्वदेहानाश्रितः कथम्॥ १३७
तच्छन्ना एव पश्यामस्तावदस्येह चेष्टितम्। इत्युक्त्वा राजपुत्री सा छन्नैवासीत्सखीवृता॥ १३८
तावत्तत्रावतीर्यैव विमानादम्बिकाश्रमे। मुक्ताफलध्वजः सोत्को वयस्यं तमुवाच सः॥ १३९

अमुत्र राक्षसीत्रस्ता पूर्वं संभाविता मया । स्वयंवरागता चेह दृष्टोद्यानान्तरे पुनः ॥ १४०
इह चावाप्तशापं मामनुसर्तुमनास्तदा । प्रिया पद्मावती कृच्छ्रान्मुनीन्द्रेण निवर्तिता ॥ १४१
सैवाद्य पश्य मे मित्र दृष्टिमार्गात्पलायते । एतत्तस्य वचः श्रुत्वा पद्मावत्यब्रवीत्सखीः ॥ १४२
सत्यं सख्यः स एवायं पूर्वदेहमनाश्रितम् । कथं तूपैम्यमुं तन्मे सोऽत्र सिद्धीश्वरो गतिः ॥ १४३
तेनैव दत्तः स्वप्नो मे स एव च करिष्यति । उपायमिति निश्चित्य सागात्सिद्धीश्वरं पुनः ॥ १४४
पूर्वदेहस्थितेनैव प्रियेण मम संगमम् । कुरु वा देहि वा मृत्युं तृतीया न गतिर्मम ॥ १४५
इति विज्ञापयामास सा तमभ्यर्च्य धूर्जटिम् । ससखीका च तत्रैव तस्थौ देवकुलाङ्गने ॥ १४६
तावद्गौर्याश्रमे तत्र तां स मुक्ताफलध्वजः । अन्विष्याप्राप्य चोद्विग्नस्तमवादीद्वयस्यकम् ॥ १४७
इतः प्राप्ता न सा यावो धाम तच्छांभवं पुनः । ततोऽपि चेन्न लप्स्ये तां प्रवेक्ष्याम्यग्निमेव तत् ॥ १४८
तच्छ्रुत्वा स सखावोचद्भावि कल्याणमेव ते । न मृषा स्यान्मुनिवचः स्वप्नादेशश्च शांभवः ॥ १४९
इत्याश्वासयता तेन सख्या मुक्ताफलध्वजः । सह सिद्धीश्वरं प्रायाद्विमानमधिरुह्य सः ॥ १५०
प्राप्तं दृष्ट्वात्र तं पद्मावती तस्थावलक्षिता । पश्यतेहैव संप्राप्त इति चोवाच सा सखीः ॥ १५१
सोऽपि प्रविश्य देवाग्रं दृष्ट्वा प्रत्यग्रपूजितम् । मुक्ताफलध्वजो देवं वयस्यं तमभाषत ॥ १५२
सखे केनापि पश्यायमधुनैवार्चितो विभुः । नूनं सैव प्रिया मेऽत्र स्थिता काप्यर्चितस्तया ॥ १५३
इत्युक्त्वा सोऽत्र चिन्वानो यदा न प्राप तां तदा । चक्रन्द हा प्रिये पद्मावतीति विरही मुहुः ॥ १५४
पिकीरुते तदालापबुद्ध्या तत्कबरीधिया । बर्हिबर्हे सरसिजे तन्मुखभ्रान्तितस्तथा ॥ १५५
धावन्स्मरज्वरावेशविवशस्तेन कृच्छ्रतः । आश्वास्य जगदे सख्या राजपुत्रोऽनुनीय सः ॥ १५६
बहूपवासक्लान्तेन किमारब्धमिदं त्वया । जितभूलोकपातालं किमात्मानमुपेक्षसे ॥ १५७
त्वय्यन्तिकमनायाते पिता मेरुध्वजस्तव । राजा त्रैलोक्यमाली च श्वशुरो दानवेश्वरः ॥ १५८
त्वदर्थिनी च त्रैलोक्यप्रभा सापि तदात्मजा । माता च ते विनयवत्यनुजो मलयध्वजः ॥ १५९
अनिष्टाशङ्किनः सर्वे सोपवासा जहत्यसून् । तदेहि तावद्गत्वा तान्रक्षावोऽवसितं ह्यहः ॥ १६०
इति तं वादिनं प्राह मित्रं मुक्ताफलध्वजः । त्वमेव मद्विमानेन गत्वाश्वासय तानिति ॥ १६१
ततस्तं स सखावोचत्स ममोपनमेत्कथम् । शापेन मुनिशिष्यो यस्तव वाहनतां गतः ॥ १६२
इत्युक्तवन्तं सुहृदं राजपुत्रोऽब्रवीत्स तम् । तर्हि तिष्ठ सखे तावत्पश्यावः किं भवेदिह ॥ १६३
एवं श्रुत्वा तदालापं पद्मावत्यवदत्सखीः । जानेऽभिज्ञानसंवादैः स पूर्वप्रिय एष मे ॥ १६४
कामं मानुषदेहस्थः शापेनैवं कदर्थ्यते । सिद्धकन्योपहासाच्च शापदोषो ममाप्ययम् ॥ १६५
इति यावच्च सा वक्ति तावदालोहितच्छविः । वियोगिवनदावाग्निरुदगान्मृगलाञ्छनः ॥ १६६
पूरयामास च शनैर्जगज्ज्योत्स्ना समन्ततः । कंदर्पदहनज्वाला तं च मुक्ताफलध्वजम् ॥ १६७
ततस्तत्कालचक्राह्व इव क्रन्दन्नृपात्मजः । छन्नस्थयैव जगदे पद्मावत्या स विप्रया ॥ १६८
राजपुत्र स एव त्वं यदि मे पूर्ववल्लभः । तथाप्यन्यशरीरस्थो ममासि परपूरुषः ॥ १६९
अहं ते परदाराश्च तदाक्रन्दसि किं मुहुः । उपायो भवितावश्यं सत्यं चेत्तन्मुनेर्वचः ॥ १७०
एतच्छ्रुत्वा वचस्तस्यास्तामपश्यंश्च सोऽभ्यगात् । मुक्ताफलध्वजो हर्षविषादविषमां दशाम् ॥ १७१
जगाद च मया देवि स्मृतप्राक्तनजन्मना । दृष्ट्वा त्वं प्रत्यभिज्ञाता स्वामेव दधती तनुम् ॥ १७२
त्वं तु वैद्याधरे देहे वर्तमानं विलोक्य माम् । अधुना परिजानीषे मर्त्यदेहगतं कथम् ॥ १७३
तदवश्यं मया त्याज्यमिदं हतशरीरकम् । इत्युक्त्वा सोऽभवत्तूष्णीं छन्नासीत्सापि तत्प्रिया ॥ १७४
ततो भूयिष्ठयातायां रात्रौ निद्रागते श्रमात् । पूर्वसंयतके तस्मिन्महाबुद्धौ वयस्यके ॥ १७५
अप्राप्यां तेन देहेन जानन्पद्मावतीं स ताम् । मुक्ताफलध्वजो दारुण्याहृत्याग्निमदीपयत् ॥ १७६
भगवंस्त्वत्प्रसादेन प्राक्तनीं तां तनुं श्रितः । प्राप्यासमचिरेणैव प्रियां पद्मावतीमहम् ॥ १७७
इति ब्रुवन्प्रणम्यैव लिङ्गमूर्तिं स शंकरम् । जुहाव ज्वलिते तस्मिन्नग्नौ राजसुतस्तनुम् ॥ १७८

तावत्प्रबुद्धः स महाबुद्धिर्मुक्ताफलध्वजम् । तमपश्यन्विचित्यापि पश्यन्नभिमुदर्चिषम् ।। १७९
विचिन्त्य तं हुतात्मानं वयस्यं विरहाकुलम् । अग्नौ तत्रैव तच्छोकात्सोऽप्यात्मानमपातयत् ।। १८०
तद्दृष्ट्वा सापि दुःखार्ता पद्मावत्यब्रवीत्सखीः । धिगहो हृदयं स्त्रीणां कठिनं कुलिशादपि ।। १८१
पश्यन्त्या वैशसमिदं नोत्क्रान्तं यन्ममासुभिः । तत्कियच्चिरमात्मानमधन्यो धार्यते मया ।। १८२
नास्ति मेऽद्यापि दुःखान्तो मदपुण्यैर्मुनेरपि । वचस्तस्यान्यथा जातं तच्छ्रेयो मरणं मम ।। १८३
परपूरुषमध्ये तु प्रवेष्टुमनलेऽत्र मे । न युक्तं तदनायासः पाश एव हि मे गतिः ।। १८४
इत्युक्त्वा साम्रतः शंभोरुपेत्याशोकपादपे । पाशं विधातुं लतया राजपुत्री प्रचक्रमे ।। १८५
आशाप्रदर्शिभिर्वाक्यैर्यावत्तां स सखीजनः । वारयत्याययौ तावन्मुनिः सोऽत्र तपोधनः ।। १८६
मा पुत्रि साहसं न स्यादसत्यं तद्वचो मम । धीरा भवाधुनैवेह प्राप्तं पश्यसि तं प्रियम् ।। १८७
त्वदीयेनैव तपसा तस्य शापक्षयोऽचिरात् । संवृत्तस्तदनास्थेयं स्वतपस्येव ते कथम् ।। १८८
प्रत्यासन्ने विवाहे च का तवेयं विपादिता । प्रणिधानादवेत्याहमिदं सर्वमिहागतः ।। १८९
इति तं व्याहरन्तं च दृष्ट्वा मुनिमुपागतम् । प्रणम्य दोलारूढेव साभूत्पद्मावती क्षणम् ।। १९०

अथ मर्त्यदेहदाहाद्वैद्याधरमात्मदेहमाश्रित्य ।
सवयस्यो मुक्ताफलकेतुः सोऽत्रायययौ प्रियस्तस्याः ।। १९१

तं वीक्ष्य चातकवधूरिव नूतनाभ्रं राकाशशाङ्कमुदितं च कुमुद्वतीव ।
विद्याधरेन्द्रतनयं गगनागतं सा पद्मावती हृदि दधौ कमपि प्रमोदम् ।। १९२

स च मुक्ताफलकेतुर्मुमुदे दृष्ट्वैव तामवेक्ष्य पिबन् ।।
चिरमरुभूमिभ्रमणश्रान्तः पान्थो यथा सरितम् ।। १९३

तौ च शापरजनीक्षयादुभौ चक्रवाकवदवाप्तसंगमौ ।
जग्मतुस्तपनतेजसो मुनेस्तस्य पादपतनेन तृप्तताम् ।। १९४

यद्युवामिह पुनः समागतौ तीर्णशापमुदितौ स एव मे ।
चेतसोऽद्य परितोष इत्यसावभ्यनन्ददथ तौ महामुनिः ।। १९५

यातायां निशि चेन्द्रवारणगतस्तत्रैव सोऽप्याययौ
चिन्वन्दारकनिष्ठपुत्रसहितो मेरुध्वजो भूपतिः ।
त्रैलोक्यप्रभया समं तनयया त्रैलोक्यमाली तथा
दैत्यानामधिपो विमानवहनः सान्तःपुरः सानुगः ।। १९६

ततः स मुक्ताफलकेतुमेतयोः प्रदर्श्य वृत्तान्तमवर्णयन्मुनिः ।
यथा स कार्यार्थमवाप शापतो मनुष्यतां मुक्तिमुपागतस्ततः ।। १९७

बुद्ध्वा तदग्नौ पतनोन्मुखास्ते मेरुध्वजाद्या मुनिनोपदिष्टम् ।
सिद्धोदकस्नानहरार्चनादि कृत्वा विशोकाः सहसा बभूवुः ।। १९८

त्रैलोक्यप्रभया पुनरत्र तया जातिमाशु संस्मृत्य ।
समचिन्त्यत सिद्धाधिपकन्या देवप्रभास्मि सा हन्त ।। १९९

विद्याधराधिनाथः पतिरस्तु ममेति या तपस्यन्ती ।
पद्मावत्युपहसिता प्राविशमनलं स्वकामनासिद्ध्यै ।। २००

जातास्म्यस्मिंश्च ततो दितिजकुले यत्र चानुरक्तास्मि ।
सोऽप्येष राजपुत्रः प्राप्तो वैद्याधरीं पुनः स्वतनुम् ।। २०१

न च युज्यतेऽन्यरूपो देहेनानेन समभिगन्तुमयम् ।
तदिमामेतत्प्राप्त्यै तनुं जुहोम्यासुरीं पुनर्ज्वलने ।।

एवं विमृश्य हृदि तच्च निवेद्य पित्रोर्मुक्ताफलध्वजहुताशमनुप्रविष्टाम् । २०२
आदाय तां करुणयार्पितपूर्वदेहामाविर्बभूव हुतभुक्स्वयमब्रवीच्च ।। २०३

भो मुक्ताफलकेतो त्वामियमुद्दिश्य मयि विमुक्ततनुः ।
तदिमां सिद्धेशसुतां गृहाण देवप्रभां भार्याम् ॥ २०४

इत्येतदुक्त्वैव तिरोहितेऽनले ब्रह्मात्र सेन्द्रैरमरैः सहाययौ ।
गन्धर्वराजः सह चन्द्रकेतुना विद्याधरेन्द्रेण च पद्मशेखरः ॥ २०५

प्रह्वाय सर्वैरभिनन्दिताय तैर्गन्धर्वराड्व्यग्रपरिग्रहस्ततः ।
प्रादात्स मुक्ताफलकेतवे सुतां पद्मावतीं तां विधिवद्विभूतिमान् ॥ २०६

स चात्र विद्याधरराजपुत्रश्चिरोत्सुकस्तां दयितामवाप्य ।
मेने फलं जन्मतरोरवाप्तमुवाह तामप्यथ सिद्धकन्याम् ॥ २०७

स च तया दितिजेश्वरकन्यया विधिवदत्र पितृप्रवितीर्णया ।
नृपसुतः समयुज्यत कान्तया त्रिभुवनप्रभया मलयध्वजः ॥ २०८

ततः कृतित्वादभिषिच्य पुत्रं सद्वीपपृथ्वीवलयैकराज्ये ।
मेरुध्वजः स्वे मलयध्वजं तं वनं सदारस्तपसे जगाम ॥ २०९

त्रैलोक्यमाली सपरिग्रहश्च प्रायात्पदं स्वं दितिजाधिराजः ।
शक्रोऽथ मुक्ताफलकेतवे तां ददौ स विद्युद्ध्वजराज्यलक्ष्मीम् ॥ २१०

मुक्ताफलकेतुरयं भुङ्क्तां विद्याधरासुरैश्वर्यम् ।
स्वपदानि यान्तु च सुरा इत्थं वागुच्चचार दिवः ॥ २११

तामाकर्ण्य ययुस्ततः प्रमुदितास्ते ब्रह्मशक्रादयः
शापान्मुक्तवता तपोधनमुनिः शिष्येण साकं ययौ ।
श्रीमुक्ताफलकेतुना च सहितो भार्याद्वयभ्राजिना
पुत्रेणाथ स चन्द्रकेतुरगमद्वैद्याधरं स्वं पदम् ॥ २१२

भुक्त्वा च तत्र गगनेचरचक्रवर्तिलक्ष्मीं सुतेन सह तेन चिरं स राजा ।
तस्मिन्निवेश्य निजराज्यधुरं विरक्तो देव्या समं मुनितपोवनमाश्रितोऽभूत् ॥ २१३

स च मुक्ताफलकेतुः प्रागिन्द्रादसुरराज्यमासाद्य ।
प्राप्य पुनश्च पितुस्तद्विद्याधरचक्रवर्तित्वम् ॥ २१४

पद्मावत्या सहितो दशकल्पान्मूर्तयेव निर्वृत्या ।
भेजे सुसमृद्धोभयसाम्राज्यसुखश्रियं सुकृती ॥ २१५

आलोच्य भावानवसाननीरसान्संश्रित्य चान्ते स मुनीन्द्रकाननम् ।
ज्योतिः परं प्राप्य तपःप्रकर्षतः सायुज्यमीशस्य जगाम धूर्जटेः ॥ २१६

एवं हंसयुगान्निशम्य सरसामेतां कथां तन्मुखा-
ज्ज्ञानं प्राप्य च लब्धदिव्यगतिकः स ब्रह्मदत्तो नृपः ।
तद्भार्यासचिवौ च तौ च विहगौ गत्वैव सिद्धीश्वरं
त्यक्त्वा शापतनूः शिवानुचरतां प्रापुर्निजां तेऽखिलाः ॥ २१७

इत्यहमाकर्ण्य कथां गोमुखतो मदनमञ्चुकाविरहे ।
हे मुनयः क्षणमात्रं धृत्वा चेतो विनोदितवान् ॥ २१८

एवं कथितकथे किल नरवाहनदत्तचक्रवर्तिनि ते ।
गोपालकेन सहिताः परितुतुषुः कश्यपाश्रमे मुनयः ॥ २१९

इति महाकविश्रीसोमदेवभट्टविरचिते कथासरित्सागरे पद्मावतीलम्बके षष्ठस्तरङ्गः ।

समाप्तोऽयं पद्मावतीलम्बकः सप्तदशः ।

॥ श्रीः ॥

महाकविश्रीसोमदेवभट्टविरचितः

कथासरित्सागरः ।

विषमशीलो नामाष्टादशो लम्बकः ।

इदं गुरुगिरीन्द्रजाप्रणयमन्दरान्दोलना-
त्पुरा किल कथामृतं हरमुखाम्बुधेरुद्गतम् ।
प्रसह्य रसयन्ति ये विगतविघ्नलब्धर्द्धयो
धुरं दधति वैबुधीं भुवि भवप्रसादेन ते ॥

प्रथमस्तरङ्गः ।

चन्द्राननार्धदेहाय चन्द्रांशुसितभूतये । चन्द्रार्कानलनेत्राय चन्द्रार्धशिरसे नमः ॥ १
करेण कुञ्चिताग्रेण लीलयोन्नमितेन यः । भाति सिद्धीरिव ददत्स पायाद्वो गजाननः ॥ २
ततोऽसितगिरौ तत्र कश्यपस्याश्रमे मुनेः । नरवाहनदत्तस्तान्मुनीनेवमभाषत ॥ ३
अन्यच्च देवीविरहे नीत्वाहं सानुरागया । वेगवत्या यदा न्यस्तो विद्याहस्तेऽभिरक्षितुम् ॥ ४
तदा शरीरत्यागैषी विरही परदेशगः । वनान्ते दृष्टवानस्मि भ्रमन्कण्वं महामुनिम् ॥ ५
स मां पादानतं दृष्ट्वा प्रणिधानादवेत्य च । दुःखितं स्वाश्रमं नीत्वा सदयो मुनिरभ्यधात् ॥ ६
सोमवंशोद्भवो वीरो भूत्वा किं नाम मुह्यसि । देवादेशे ध्रुवेऽनास्था का भार्यासंगमे तव ॥ ७
असंभाव्या अपि नृणां भवन्तीह समागमाः । तथा हि विक्रमादित्यकथामाख्यामि ते शृणु ॥ ८
अस्त्यवन्तिषु विख्याता युगादौ विश्वकर्मणा । निर्मितोज्जयिनी नाम पुरारिवसतिः पुरी ॥ ९
सतीव या पराधृष्या पद्मिनीवाश्रिता श्रिया । सतां धीरिव धर्माढ्या पृथ्वीव बहुकौतुका ॥ १०
महेन्द्रादित्य इत्यासीद्राजा तस्यां जगज्जयी । मघवेवामरावत्यां विपक्षबलसूदनः ॥ ११
नानाशस्त्रायुधः शौर्ये रूपे तु कुसुमायुधः । योऽभून्मुक्तकरस्त्यागे बद्धमुष्टिकरस्त्वसौ ॥ १२
तस्य पृथ्वीपतेर्भार्या नाम्नाभूत्सौम्यदर्शना । शचीवेन्द्रस्य गौरीव शंभोः श्रीरिव शार्ङ्गिणः ॥ १३
महामन्त्री च सुमतिर्नाम तस्याभवत्प्रभोः । वज्रायुधाभिधानश्च प्रतीहारः क्रमागतः ॥ १४
तैः समं स नृपः शासद्राज्यमाराधयन्हरम् । नानाव्रतधरः शश्वदभवत्पुत्रकाम्यया ॥ १५
अत्रान्तरे च गीर्वाणगणसंश्रितकंदरे । अन्यदिग्जयसानन्दकौबेरीहाससुन्दरे ॥ १६
स्थितं कैलासशैलेन्द्रे पुरारिं पार्वतीयुतम् । उपाजग्मुः सुराः सेन्द्रा म्लेच्छोपद्रवदुःखिताः ॥ १७
प्रणामानन्तरासीनास्ते कृतस्तुतयोऽमराः । पृष्टागमनकार्यास्ते देवमेवं व्यजिज्ञपन् ॥ १८
ये त्वया देव निहता असुरा ये च विष्णुना । ते जाता म्लेच्छरूपेण पुनरद्य महीतले ॥ १९
व्यापादयन्ति ते विप्रान्घ्नन्ति यज्ञादिकाः क्रियाः । हरन्ति मुनिकन्याश्च पापाः किं किं न कुर्वते ॥ २०
भूलोकाद्देवलोकश्च शश्वदाप्यायते प्रभो । ब्राह्मणैर्हुतमग्नौ हि हविस्तृप्त्यै दिवौकसाम् ॥ २१
म्लेच्छाक्रान्ते च भूलोके निर्वषट्कारमङ्गले । यज्ञभागादिविच्छेदाद्देवलोकोऽवसीदति ॥ २२
तदुपायं कुरुष्वात्र तं कंचिदवतारय । प्रवीरं भूतले यस्तान्म्लेच्छानुत्सादयिष्यति ॥ २३
इति देवैः स विज्ञप्तः पुरारातिरुवाच तान् । यात यूयं न चिन्तात्र कार्या भवत निर्वृताः ॥ २४
अचिरेण करिष्येऽहमत्रोपायमसंशयम् । इत्युक्त्वा व्यसृजद्देवान्स्वधिष्ण्यान्यम्बिकापतिः ॥ २५

गतेषु तेषु चाहूय माल्यवत्संज्ञकं गणम् । सपार्वतीको भगवानेवमादिशति स्म सः ॥ २६
पुत्रावतर मानुष्ये जायस्व च महापुरि । उज्जयिन्यां सुतः शूरो महेन्द्रादित्यभूपतेः ॥ २७
स च राजा ममैवांशस्तद्भार्या चाम्बिकांशजा । तयोर्गृहे समुत्पद्य कुरु कार्यं दिवौकसाम् ॥ २८
म्लेच्छान्व्यापादयाशेषांस्त्रयीधर्मविघातिनः । सप्तद्वीपेश्वरो राजा मत्प्रसादाच्च भाव्यसि ॥ २९
यक्षराक्षसवेताला अपि स्थास्यन्ति ते वशे । भुक्त्वा मानुषभोगांश्च पुनरस्मानुपैष्यसि ॥ ३०
इत्यादिष्टः पुरजिता माल्यवान्सोऽब्रवीद्गणः । अलङ्घ्या युष्मदाज्ञा मे भोगा मानुष्यके तु के ॥ ३१
यत्र बन्धुसुहृद्भृत्यविप्रयोगाः सुदुःसहाः । धननाशजरारोगादुद्भवा यत्र च व्यथा ॥ ३२
इति तेन गणेनोक्तो धूर्जटिः प्रत्युवाच तम् । गच्छ नैतानि दुःखानि भविष्यन्ति तवानघ ॥ ३३
मत्प्रसादेन सुखितः सर्वकालं भविष्यसि । इत्युक्तः शंभुना सोऽभूददृश्यो माल्यवांस्ततः ॥ ३४
गत्वा चोज्जयिनीं तस्य महेन्द्रादित्यभूभुजः । देव्या ऋतुजुषो गर्भे समभूत्स गणोत्तमः ॥ ३५
तत्कालं च निशाकान्तकलाकलितशेखरः । देवो महेन्द्रादित्यं तं नृपं स्वप्ने समादिशत् ॥ ३६
तुष्टोऽस्मि तव तद्राजन्स ते पुत्रो भविष्यति । आक्रमिष्यति सद्वीपां पृथिवीं विक्रमेण यः ॥ ३७
यक्षरक्षःपिशाचादीन्पातालाकाशगानपि । वीरः करिष्यति वशे म्लेच्छसंघान्हनिष्यति ॥ ३८
भविष्यत्यत एवैष विक्रमादित्यसंज्ञकः । तथा विषमशीलश्च नाम्ना वैषम्यतोऽरिषु ॥ ३९
इत्युक्त्वान्तर्हिते देवे प्रबुध्य स महीपतिः । प्रातः स्वसचिवेभ्यस्तं हृष्टः स्वप्नं न्यवेदयत् ॥ ४०
तेऽपि स्वप्ने हरादेशं पुत्रप्राप्तिफलं क्रमात् । तस्मै शशंसुः सचिवा राज्ञे प्रमुदितास्तदा ॥ ४१
तावदेत्य फलं साक्षाद्राज्ञेऽन्तःपुरचेटिकाः । अदर्शयदिदं देव्यै स्वप्ने शंभुरदादिति ॥ ४२
ततः स राजा मुमुदे सचिवैरभिनन्दितः । सत्यं मम सुतो दत्तः शर्वेणेति मुहुर्वदन् ॥ ४३
अथ राज्ञी सगर्भा सा जज्ञे तस्योर्जितद्युतिः । प्राची प्रातरिवोदेष्यत्सहस्रकरमण्डला ॥ ४४
चकाशे सा च कुचयोः श्यामया चूचुकत्विषा । गर्भस्थस्येव सम्राजः स्तन्यरक्षणमुद्रया ॥ ४५
स्वप्ने सप्तापि जलधीनुत्ततार च सा तदा । प्रणम्यमाना निखिलैर्यक्षवेतालराक्षसैः ॥ ४६
प्राप्ते च समये पुत्रं सा सूते स्म महस्विनम् । नभोऽर्केणेव बालेन येनाभास्यत वासकम् ॥ ४७
जाते च तस्मिन्निपतत्पुष्पवृष्टिप्रहासिनी । द्यौरराजत गीर्वाणदुन्दुभिध्वनिनादिनी ॥ ४८
क्षीबेव भूताविष्टेव वातक्षोभावृतेव च । तत्कालमुत्सवानन्दव्याकुला साभवत्पुरी ॥ ४९
तदा च तत्राविरतं वसु राजनि वर्षति । सौगतव्यतिरेकेण नासीत्कश्चिदनीश्वरः ॥ ५०
नाम्ना तं विक्रमादित्यं हरोक्तेनाकरोत्पिता । तथा विषमशीलं च महेन्द्रादित्यभूपतिः ॥ ५१
गतेष्वन्येषु दिवसेष्वत्र तस्य महीभुजः । सुमतेर्मन्त्रिणः पुत्रो जज्ञे नाम्ना महामतिः ॥ ५२
क्षत्तुर्वज्रायुधस्यापि पुत्रो भद्रायुधोऽजनि । श्रीधरोऽजायत सुतो महीधरपुरोधसः ॥ ५३
तैस्त्रिभिर्मन्त्रितनयैः सह राजसुतोऽत्र सः । ववृधे विक्रमादित्यस्तेजोवीर्यबलैरिव ॥ ५४
उपनीतस्य विद्यासु गुरवो हेतुमात्रताम् । ययुस्तस्याप्रयासेन प्रादुरासन्स्वयं तु ताः ॥ ५५
ददृशे स प्रयुञ्जानो यां यां विद्यां कलां तथा । सैव सैवासमोत्कर्षा तस्य तज्ज्ञैरबुध्यत ॥ ५६
दिव्यास्त्रयोधिनं तं च पश्यन्राजसुतं जनाः । मन्दादरोऽभूद्रामादिधनुर्धरकथास्वपि ॥ ५७
आक्रान्तोपनतैर्दत्ताः कन्या रूपवतीर्नृपैः । आजहार पिता तस्य तास्ताः श्रिय इवापराः ॥ ५८
ततश्च यौवनस्थं तं विलोक्य प्राज्यविक्रमम् । अभिषिच्य सुतं राज्ये यथाविधि जनप्रियम् ॥ ५९
महेन्द्रादित्यनृपतिः सभार्यासचिवोऽपि सः । वृद्धो वाराणसीं गत्वा शरणं शिश्रिये शिवम् ॥ ६०
सोऽपि तद्विक्रमादित्यो राज्यमासाद्य पैतृकम् । नभो भास्वानिवारेभे राजा प्रतपितुं क्रमात् ॥ ६१
दृष्ट्वैव तेन कोदण्डे नमत्यारोपितं गुणम् । तच्छिक्षयेवोच्छिरसोऽप्यानमन्सर्वतो नृपाः ॥ ६२
दिव्यानुभावो वेतालराक्षसप्रभृतीनपि । साधयित्वानुशास्ति स्म सम्यगुन्मार्गवर्तिनः ॥ ६३
प्रसाधयन्त्यः ककुभः सेनास्तस्य महीतले । निश्चेरुर्विक्रमादित्यस्यादित्यस्येव रश्मयः ॥ ६४

महावीरोऽप्यभूद्राजा स भीरुः परलोकतः । शूरोऽपि चाचण्डकरः कुभर्ताप्यङ्गनाप्रियः ॥ ६५
स पिता पितृहीनानामबन्धूनां स बान्धवः । अनाथानां च नाथः स प्रजानां कः स नाभवत् ॥ ६६
श्वेतद्वीपस्य दुग्धाब्धेः कैलासहिमशैलयोः । निर्माणे तद्यशो नूनमुपमानमभूद्विधेः ॥ ६७
एकदा च तमास्थानगतं भद्रायुधो नृपम् । प्रविश्य विक्रमादित्यं प्रतीहारो व्यजिज्ञपत् ॥ ६८
प्रेषितस्य ससैन्यस्य दक्षिणाशाविनिर्जये । पार्श्वे विक्रमशक्तेर्यो देवेन प्रेषितोऽभवत् ॥ ६९
स दूतोऽनङ्गदेवोऽयमागतो द्वारि तिष्ठति । सद्वितीयो मुखं चास्य हृष्टं वक्ति शुभं प्रभो ॥ ७०
प्रविशत्विति राज्ञोक्ते सद्वितीयं स तत्र तम् । प्रावेशयत्प्रतीहारोऽनङ्गदेवं सगौरवम् ॥ ७१
प्रविष्टः सप्रणामं च जयशब्दमुदीर्य सः । उपविष्टोऽग्रतो दूतस्तेनापृच्छयत भूभुजा ॥ ७२
कच्चिद्विक्रमशक्तिः स सेनानी कुशली नृपः । कच्चिद्व्याघ्रबलाद्याश्च नृपाः कुशलिनोऽपरे ॥ ७३
अन्येषां राजपुत्राणां प्रधानानां च तद्बले । कच्चिच्छिवं गजाश्वस्य रथपादातकस्य च ॥ ७४
इति भूमिभृता पृष्टोऽनङ्गदेवो जगाद सः । शिवं विक्रमशक्तेश्च सैन्यस्य सकलस्य च ॥ ७५
सापरान्तश्च देवेन निर्जितो दक्षिणापथः । मध्यदेशः ससौराष्ट्रः सवङ्गाङ्गा च पूर्वदिक् ॥ ७६
सकश्मीरा च कौवेरी काष्ठा च करदीकृता । तानि तान्यपि दुर्गाणि द्वीपानि विजितानि च ॥ ७७
म्लेच्छसंघाश्च निहताः शेषाश्च स्थापिता वशे । ते ते विक्रमशक्तेश्च प्रविष्टाः कटके नृपाः ॥ ७८
स च विक्रमशक्तिस्तै राजभिः सममागतः । इतः प्रयाणकेष्वास्ते द्वित्रेष्वेव खलु प्रभो ॥ ७९
एवमाख्यातवन्तं तं तुष्टो वस्त्रैर्विभूषणैः । ग्रामैश्च विक्रमादित्यो दूतं राजाभ्यपूरयत् ॥ ८०
अथ पप्रच्छ नृपतिः स तं दूतवरं पुनः । अनङ्गदेव के देशा गतेनात्र विलोकिताः ॥ ८१
त्वया कुत्र च किं दृष्टं कौतुकं भद्र कथ्यताम् । इत्युक्तो भूभृतानङ्गदेवो वक्तुं प्रचक्रमे ॥ ८२
इतो देवाज्ञया देव गत्वाहं प्राप्तवान्क्रमात् । पार्श्वे विक्रमशक्तेस्तं सेनासमुदयं तव ॥ ८३
मिलितानन्तनागेन्द्रसश्रीकहरिशोभितम् । समुद्रमिव विस्तीर्णं सपक्षक्ष्माभृदाश्रितम् ॥ ८४
उपागतश्च तत्राहं तेन विक्रमशक्तिना । प्रभुणा प्रेषित इति प्रणतेनातिसत्कृतः ॥ ८५
तावत्तिष्ठामि विजयस्वरूपं प्रविलोकयन् । सिंहलेश्वरसंबन्धी दूतस्तावदुपागमत् ॥ ८६
राज्ञो हृदयभूतस्तेऽनङ्गदेवः स्थितोऽन्तिके । इति मे कथितं दूतैस्त्वत्पार्श्वप्रहितागतैः ॥ ८७
तदेतं त्वरयानङ्गदेवं प्रहिणु मेऽन्तिकम् । कल्याणमस्य वक्ष्यामि राजकार्यं हि किंचन ॥ ८८
इति स्वप्रभुवाक्यं च स दूतः सिंहलागतः । मत्संनिधाने वक्ति स्म तस्मै विक्रमशक्तये ॥ ८९
ततो विक्रमशक्तिर्मामवदद्गच्छ सत्वरम् । सिंहलेशान्तिकं पश्य त्वन्मुखे किं ब्रवीति सः ॥ ९०
अथाहं सिंहलाधीशदूतेन सह तेन तत् । अगच्छं सिंहलद्वीपं वहनेनाब्धिवर्त्मना ॥ ९१
राजधानीं च तत्राहमपश्यं हेमनिर्मिताम् । विचित्ररत्नप्रासादां गीर्वाणनगरीमिव ॥ ९२
तस्यां च वीरसेनं तमद्राक्षं सिंहलेश्वरम् । वृतं विनीतैः सचिवैः सुरैरिव शतक्रतुम् ॥ ९३
स मामुपेतमादृत्य पृष्ट्वा च कुशलं प्रभोः । राजा विश्रमयामास सत्कारेणात्र भूयसा ॥ ९४
अन्येद्युरास्थानगतो मामाहूय स भूपतिः । युष्मासु दर्शयन्भक्तिमवोचन्मन्त्रिसंनिधौ ॥ ९५
अस्ति मे दुहिता कन्या मर्त्यलोकैकसुन्दरी । नाम्ना मदनलेखेति तां च राज्ञे ददामि वः ॥ ९६
तस्यानुरूपा भार्या सा स तस्याश्चोचितः पतिः । एतदर्थं त्वमाहूतस्त्वत्स्वाम्यर्थं प्रतीप्सता ॥ ९७
गच्छ च स्वामिने वक्तुं मद्दूतेन सहाग्रतः । अहं तवैवानुपदं प्रहेष्याम्यत्र चात्मजाम् ॥ ९८
उक्त्वेत्यानाययामास स राजा तत्र तां सुताम् । भूषिताभरणाभोगां रूपलावण्ययौवनैः ॥ ९९
उपवेश्य च तामङ्के दर्शयित्वा जगाद माम् । त्वत्स्वामिने मया दत्ता कन्येयं गृह्यतामिति ॥ १००
अहं च राजपुत्रीं तां दृष्ट्वा तद्रूपविस्मितः । प्रतीप्सितैषा राजार्थं मयेति मुदितोऽब्रवम् ॥ १०१
अचिन्तयं च नाश्चर्यविधौ तृप्यत्यहो विधिः । तदुत्तमामिमां चक्रे यत्कृत्वापि तिलोत्तमाम् ॥ १०२
ततोऽहं सत्कृतस्तेन राज्ञा प्रस्थितवांस्ततः । द्वीपाद्धवलसेनेन तद्दूतेन सहामुना ॥ १०३

आरुह्य वहनं चावां व्रजावो यावदम्बुधौ। तावद्द्रागदृष्टवन्तौ स्वस्तन्मध्ये पुलिनं महत्॥ १०४
तन्मध्येऽद्भुतरूपे द्वे अपश्याव च कन्यके। एकां प्रियंगुश्यामाङ्गीमन्यां चन्द्रामलद्युतिम्॥ १०५
स्वस्ववर्णोचितोपात्तवस्त्राभरणशोभिते। सरत्नकंकणक्वाणवितीर्णकरतालिके॥ १०६
प्रनर्तयन्त्यौ पुरतः क्रीडाहरिणपोतकम्। अपि जाम्बूनदमयं सजीवं रत्नचित्रितम्॥ १०७
तद्दृष्ट्वान्योन्यमावाभ्यां विस्मिताभ्यामभण्यत। अहो किमिदमाश्चर्यं स्वप्नो माया भ्रमो नु किम्॥ १०८
क्वाब्धावकाण्डे पुलिनं क्वेदृश्यौ तत्र कन्यके। क्व चेदृग्रत्नचित्राङ्गो जीवन्हेममृगोऽनयोः॥ १०९
इत्यादि वदतोरेव देव साश्चर्यमावयोः। वायुः प्रावर्तताकस्माद्वातुमुद्वेल्लिताम्बुधिः॥ ११०
तेनास्मद्वहनं वेल्लद्वीचिन्यस्तमभज्यत। मकरैर्भक्ष्यमाणाश्च ममज्जुस्तद्गता जनाः॥ १११
आवां च ताभ्यां कन्याभ्यामेत्यैवालम्ब्य बाहुषु। उत्क्षिप्य पुलिनं नीतावप्राप्तमकराननौ॥ ११२
ऊर्मिभिः पूर्यमाणे च तस्मिन्रोधसि विह्वलौ। आश्वास्यावां गुहागर्भमिव ताभ्यां प्रवेशितौ॥ ११३
ततो वीक्षावहे तावद्दिव्यं नानाद्रुमं वनम्। नाम्भोधिर्न तटं नापि मृगशावो न कन्यके॥ ११४
चित्रं किमेतन्मायेयं नूनं कापीति वादिनौ। क्षणं भ्रमन्तौ तत्रावामपश्याव महत्सरः॥ ११५
स्वच्छगम्भीरविस्तीर्णमाशयं महतामिव। तृष्णासंतापशमनं निर्वाणमिव मूर्तिमत्॥ ११६
तत्र च स्नातुमायातां साक्षादिव वनश्रियम्। परिवारावृतां कांचिदपश्याव वराङ्गनाम्॥ ११७
कर्णीरथावतीर्णा च तत्रोचितसरोरुहा। स्नात्वा सरस्यनुध्यानमकरोत्सा पुरद्विपः॥ ११८
तावदुद्गम्य सरसो विस्मयेन सहावयोः। साक्षादुपागान्निकटं तस्या लिङ्गाकृतिः शिवः॥ ११९
दिव्यरत्नमयं तं सा तैस्तैः स्वविभवोचितैः। अभ्यर्च्य विविधैर्भोगैर्वीणामादत्त सुन्दरी॥ १२०
आलम्ब्य दक्षिणं मार्गं स्वरतालपदैस्तथा। अवधानेन सा सम्यग्गायन्ती तामवादयत्॥ १२१
यथा तच्छ्रवणाकृष्टहृदया गगनागताः। तत्र सिद्धादयोऽप्यासन्निःस्पन्दा लिखिता इव॥ १२२
उपसंहृतगान्धर्वा ततः शंभोर्विसर्जनम्। साकरोत्स च तत्रैव देवः सरसि मग्नवान्॥ १२३
अथोत्थाय समारुह्य वहनं सपरिच्छदा। शनैर्गन्तुं प्रवृत्ताभूत्सा ततो हरिणेक्षणा॥ १२४
केयमित्यसकृद्यत्नादावयोः पृच्छतोरपि। नोत्तरं तत्परिजनः कोऽप्यदादनुगच्छतोः॥ १२५
ततोऽस्य सिंहलद्वीपपतिदूतस्य तावकम्। प्रभावं दर्शयिष्यंस्तामित्युच्चैरहमब्रवम्॥ १२६
भोः शुभे विक्रमादित्यदेवाङ्घ्रिस्पर्शशापिता। त्वं मया यद्यनाख्याय ममात्मानं गमिष्यसि॥ १२७
तच्छ्रुत्वा परिवारं सा निवार्यैवावरुह्य च। वहनान्मामुपागम्य गिरा मधुरयाभ्यधात्॥ १२८
कच्चिच्छ्रीविक्रमादित्यदेवः कुशलवान्प्रभुः। किं वा पृच्छामि विदितं सर्वं मेऽनङ्गदेव यत्॥ १२९
प्रदर्श्य मायामानीतो मयैव हि भवानिह। राज्ञोऽर्थे तस्य स हि मे मान्यस्त्राता महाभयात्॥ १३०
तदेहि मद्गृहं तत्र सर्वं वक्ष्याम्यहं तव। याहं यथा च राजा मे मान्यः कार्यं च तस्य यत्॥ १३१

इत्युक्त्वा विनयेन मुक्तवहना पद्भ्यां व्रजन्ती पथि
प्रह्वा सा नयति स्म तौ सुवदना स्वर्गोपमं स्वं पुरम्।
नानारत्नविचित्रहेमरचितं द्वारेषु नानायुधै-
र्नानारूपधरैश्च वीरपुरुषैरध्यासितं सर्वतः॥ १३२

तत्रावृते वरवधूभिरशेषदिव्यभोगौघसिद्धिभिरिवाकृतिशालिनीभिः।
स्नानानुलेपनसदम्बरभूषणैस्तौ संमान्य विश्रमयति स्म च सांप्रतं सा॥ १३३

इति महाकविश्रीसोमदेवभट्टविरचिते कथासरित्सागरे विषमशीललम्बके प्रथमस्तरङ्गः।

द्वितीयस्तरङ्गः।

इत्युक्त्वा विक्रमादित्यदेवायास्थानवर्तिने। अनङ्गदेवः पुनरप्येवं कथयति स्म सः॥ १
ततो भुक्तोत्तरं सा मां सखीमध्यस्थिताब्रवीत्। अनङ्गदेव सर्वं ते कथयाम्यधुना शृणु॥ २

एषाहं धनदभ्रातुर्मणिभद्रस्य गेहिनी । दुन्दुभेर्यक्षराजस्य सुता मदनमञ्जरी ॥ ३
साहं तीरेषु सरितां शैलेषूपवनेषु च । मनोहरेषु व्यहरं भर्त्रा सह सुखं सदा ॥ ४
एकदा च गताभूवमुज्जयिन्यामहं किल । उद्यानं मकरन्दाख्यं विहर्तुं वल्लभान्विता ॥ ५
तत्र दैवादुषस्येकः खण्डकापालिकाधमः । विहारश्रमसंसुप्तप्रबुद्धां पश्यति स्म माम् ॥ ६
स कामवशगः पापो भार्यात्वे होमकर्मणा । मन्त्रेण मां साधयितुं प्रावर्तिष्ट श्मशानगः ॥ ७
तदहं स्वप्रभावेण बुद्ध्वा भर्त्रे न्यवेदयम् । तेनाप्यावेदितं भ्रातुर्ज्यायसो धनदस्य तत् ॥ ८
धनाध्यक्षेण गत्वा च विज्ञप्तः कमलोद्भवः । स चापि भगवानेवं ब्रह्मा ध्यात्वा तमभ्यधात् ॥ ९
सत्यं स भ्रातृजायां ते कपाली हर्तुमुद्यतः । यक्षसाधनमन्त्राणां शक्तिस्तेषां हि तादृशी ॥ १०
तया तु विक्रमादित्यो मन्त्रेणाकृष्यमाणया । आक्रन्दनीयो नृपतिः स रक्षिष्यति तां ततः ॥ ११
एतद्ब्रह्मवचोऽभ्येत्य मद्भर्त्रे धनदोऽब्रवीत् । मद्भर्ता मह्यमाह स्म कुमन्त्रचकितात्मने ॥ १२
तावच्च क्रमसिद्धेन मन्त्रेणाकृष्टवान्स माम् । होमं कुर्वञ्श्मशानस्थः खण्डकापालिकः स्वतः ॥ १३
अहं च मन्त्राकृष्टा तद्वित्रस्ता पितृकाननम् । प्रापमस्थिकपालाढ्यं भैरवं भूतसेवितम् ॥ १४
तत्रापश्यं च तं दुष्टकापालिकमहं तदा । हुताग्निमर्चितोत्तानशवाधिष्ठितमण्डलम् ॥ १५
स च कापालिकः प्राप्तां दृष्ट्वा मां दर्पमोहितः । अगात्कथंचिदाचान्तुं नदीं दैवाददूरगाम् ॥ १६
तत्क्षणं संस्मृतब्रह्मवचनाहमचिन्तयम् । किं नाक्रन्दामि राजानं स रात्रौ जात्विह भ्रमेत् ॥ १७
इत्येतच्चिन्तयित्वोच्चैस्तत्राक्रन्दितवत्यहम् । परित्रायस्व मां देव विक्रमादित्य भूपते ॥ १८
जगद्रक्षामणे पश्य बलात्कुलवधूं सतीम् । गृहिणीं मणिभद्रस्य धनाध्यक्षानुजन्मनः ॥ १९
दुन्दुभेस्तनयां यक्षीं नाम्ना मदनमञ्जरीम् । कापालिकोऽयं त्वद्राज्ये मां ध्वंसयितुमुद्यतः ॥ २०
इत्याक्रन्दितवत्येव ज्वलन्तमिव तेजसा । कृपाणपाणिमायान्तं तमद्राक्षमहं नृपम् ॥ २१
स च मामवदद्भद्रे मा भैषीर्निर्वृता भव । अहं कापालिकादस्माद्रक्षामि भवतीं शुभे ॥ २२
को हि राज्ये ममाधर्ममीदृशं कर्तुमीश्वरः । इत्युक्त्वाग्निशिखं नाम वेतालं स समाह्वयत् ॥ २३
स चाहूतो ज्वलन्नेत्रः पांशूरूर्ध्वशिरोरुहः । उपेत्यैवाब्रवीद्भूपं किं करोम्यादिशेति तम् ॥ २४
अथ राजाब्रवीदेष परदारापहारकृत् । पापः कापालिको हत्वा भवता भक्ष्यतामिति ॥ २५
ततः सोऽग्निशिखस्तस्मिञ्शवेऽर्चामण्डलस्थिते । प्रविश्याधावदुत्थाय प्रसारितभुजाननः ॥ २६
अग्रहीज्जङ्घयोः पश्चात्तं चाचान्तपरागतम् । कापालिकं स वेतालः पलायनपरायणम् ॥ २७
नभसि भ्रामयित्वा च क्षिप्रमास्फोट्य च क्षितौ । देहं मनोरथं चैव सममस्य व्यचूर्णयत् ॥ २८
हतं कापालिनं दृष्ट्वा भूतेष्वामिषगर्धिषु । आगाद्यमशिखो नाम वेतालस्तत्र दुर्मदः ॥ २९
एत्यैव तदगृह्णात्स कापालिककलेवरम् । ततः सोऽग्निशिखः पूर्वो वेतालस्तमभाषत ॥ ३०
अरे श्रीविक्रमादित्यदेवस्यादेशतो मया । कापालिकोऽयं निहतो दुराचार त्वमस्य कः ॥ ३१
एतच्छ्रुत्वा यमशिखः प्राह त्वं ब्रूहि तर्हि मे । किंप्रभावः स राजेति ततः सोऽग्निशिखोऽब्रवीत् ॥ ३२
तत्प्रभावं न चेद्वेत्सि तदहं शृणु वच्मि ते । इहाभूड्डाकिनेयाख्यः सुधीरः कितवः पुरि ॥ ३३
स जातु हृतसर्वस्वः कितवैर्द्यूतमायया । अधिकावर्जितान्यार्थनिमित्तं तैरबध्यत ॥ ३४
अस्वत्वादददन्तं च तैरेव लगुडादिभिः । ताड्यमानोऽवतस्थे च ग्रावभूतो मृतो यथा ॥ ३५
ततः स सभ्यैः सर्वैस्तैर्नीत्वा पापैः स चिक्षिपे । महान्धकूपे संभाव्य जीवतोऽस्मात्प्रतिक्रियाम् ॥ ३६
स च तत्रातिगम्भीरे कितवो डाकिनेयकः । कूपे भ्रष्टो ददर्शोऽग्रौ महान्तौ पुरुषावुभौ ॥ ३७
तौ च तं पतितं साम्ना दृष्ट्वा भीतमपृच्छताम् । कस्त्वं कुतश्च कूपेऽस्मिन्पतितोऽस्युच्यतामिति ॥ ३८
अथाश्वस्य स्ववृत्तान्तं द्यूतकारो निवेद्य सः । तावप्यपृच्छद्ब्रूतं मे कौ कुतश्च युवामिह ॥ ३९
तच्छ्रुत्वा तौ जगदतुः पुरुषाववटस्थितौ । आवामस्याः पुरो भद्र श्मशाने ब्रह्मराक्षसौ ॥ ४०
अगृह्णीव च तावावामिहैव पुरि कन्यके । मुख्यमन्त्रिसुतामेकामन्यां मुख्यवणिक्सुताम् ॥ ४१

न च मोचयितुं कश्चित्ते शक्नोति स्म कन्यके । मान्त्रिको दीप्तमन्त्रोऽपि पृथ्व्यामसमत्सकाशतः ॥ ४२
बुद्धाथ विक्रमादित्यदेवस्तत्पितृवत्सलः । तत्रागाद्यत्र कन्ये ते पित्रोः सख्यात्सह स्थिते ॥ ४३
तं दृष्ट्वैव नृपं मुक्त्वा कन्यके ते पलायितुम् । इच्छन्तावपि नैवावां ततो गन्तुमशक्नुव ॥ ४४
आपश्याव दिशः सर्वा ज्वलन्तीस्तस्य तेजसा । ततोऽबध्नात्स नृपतिर्दृष्ट्वा नौ स्वप्रभावतः ॥ ४५
जातमृत्युभयौ दीनौ वीक्ष्य चैवं समादिशत् । भोः पापावन्धकूपान्तर्वसतं वत्सरावधि ॥ ४६
मुक्ताभ्यां च ततः कार्यं भवद्भ्यां नेदृशं पुनः । करिष्यतश्चेत्तदहं निग्रहीष्यामि वां ततः ॥ ४७
इत्यादिश्यान्धकूपेऽत्र तेनावां क्षपिताविमौ । राज्ञा विषमशीलेन कृपया न विपादितौ ॥ ४८
अष्टभिर्दिवसैः कूपनिवासस्यास्य चावयोः । अवधिः पूर्यते वर्षादितो मुच्यावहे ततः ॥ ४९
तद्भक्ष्यं किंचिदेतानि यद्यहानि ददासि नौ । तदुद्धृत्यामुतः कूपात्त्वां क्षिपावो बहिः सखे ॥ ५०
अङ्गीकृत्य न चेदास्यस्यावाभ्यां भक्ष्यमुद्धृतः । ततस्त्वां भक्षयिष्यावो निश्चितं निर्गताविततः ॥ ५१
इत्युक्त्वा ब्रह्मरक्षोभ्यां ताभ्यां स कितवस्ततः । तथेति प्रतिपन्नार्थः कूपाद्बहिरुदस्यत ॥ ५२
स कूपादुद्गतोपश्यंस्तदर्थप्राप्तिमन्यथा । पणायितुं महामांसं श्मशानं प्राविशन्निशि ॥ ५३
तत्कालं विभ्रता तत्र स दृष्टः कितवो मया । गृह्णातु कश्चिद्विक्रीणे महामांसमिति ब्रुवन् ॥ ५४
अहं गृह्णामि किं मूल्यं मार्गसीत्युदिते मया । रूपप्रभावौ स्वौ देहि मह्यमित्यब्रवीच्च सः ॥ ५५
वीर किं कुरुषे ताभ्यामित्युक्तश्च मया पुनः । उक्त्वा कृत्स्नं स्ववृत्तान्तमेवं स कितवोऽभ्यधात् ॥ ५६
तत्त्वद्रूपप्रभावाभ्यां तानाकृष्य ददाम्यहम् । कितवान्ब्रह्मरक्षोभ्यां भक्ष्यं सभ्ययुतानरीन् ॥ ५७
तच्छ्रुत्वा धैर्यतुष्टेन तस्मै द्यूतकृते मया । दत्तौ रूपप्रभावौ स्वावाभाष्य दिनसप्तकम् ॥ ५८
ताभ्यामाकृष्य कूपे तान्क्रमात्क्षिप्त्वापकारिणः । नयति स्म स सप्ताहाद्ब्रह्मराक्षसभक्ष्यताम् ॥ ५९
ततो मया स्वीकृतयोः स्वयो रूपप्रभावयोः । सोऽब्रवीड्डाकिनेयो मां द्यूतकारो भयाकुलः ॥ ६०
नाद्य दत्तं मया भक्ष्यमष्टमं तदहस्तयोः । तन्मां निर्गत्य तौ ब्रह्मराक्षसौ भक्षयिष्यतः ॥ ६१
तदत्र किं मया कार्यं ब्रूहि मित्रं हि मे भवान् । इत्युक्तवन्तं तमहं संस्तवप्रीतितोऽब्रवम् ॥ ६२
यद्येवं तत्त्वया ताभ्यां राक्षसाभ्यां हि खादिताः । कितवास्ते तवार्थे तौ राक्षसावद्ग्यहं पुनः ॥ ६३
तत्तौ दर्शय मे मित्रेत्युक्तवांस्तेन तत्क्षणम् । नीतस्तत्कूपनिकटं कितवेन तथेत्यहम् ॥ ६४
अवाङ्मुखश्च यावत्तं कूपं पश्याम्यशङ्कितः । तावत्तेनास्मि दत्त्वार्धचन्द्रं क्षिप्तस्तदन्तरे ॥ ६५
कूपान्तः पतितस्याथ रक्षोभ्यां भक्ष्यबुद्धितः । गृहीतस्य समं ताभ्यां बाहुयुद्धमभून्मम ॥ ६६
यदातिवर्तितुं बाहुबलं नाशकतां मम । युद्धं त्यक्त्वा तदा कस्त्वमिति तौ मामपृच्छताम् ॥ ६७
ततो मया डाकिनेयवृत्तान्तात्प्रभृति स्वके । वृत्तान्ते कथिते मैत्रीं कृत्वा मां वदतः स्म तौ ॥ ६८
अहो तवावयोस्तेषां कितवानां च कीदृशी । अवस्था विहिता तेन कितवेन दुरात्मना ॥ ६९
येषां न मैत्री न घृणा नोपकारः स्पृशेन्मनः । तेषु च्छलैकविज्ञेषु विश्वासः कितवेषु कः ॥ ७०
साहसं नैरपेक्ष्यं च कितवानां निसर्गजम् । ठिण्ठाकरालस्य कथा तथा च श्रूयतां त्वया ॥ ७१
अस्यामेवोज्जयिन्यां स द्यूतकारोऽभवत्पुरि । पूर्वं ठिण्ठाकरालाख्यो विपमोऽन्वर्थनामकः ॥ ७२
तस्य हारयतो नित्यं द्यूते ये जयिनोऽपरे । ते प्रत्यहं द्यूतकाराः कपर्दकशतं ददुः ॥ ७३
तेनापणात्स गोधूमचूर्णं क्रीत्वा दिनात्यये । चकारापूपिकाः कापि मृदित्वा कर्परेऽम्भसा ॥ ७४
गत्वा श्मशाने पक्त्वा ताश्चितामावेत्य चाग्रतः । महाकालस्य तद्दीपघृताभ्यक्ता अभक्षयत् ॥ ७५
तत्रैव च महाकालदेवागाराङ्गणे सदा । उपधानीकृतभुजः स सुष्वाप क्षितौ निशि ॥ ७६
एकदा रजनौ तत्र महाकालनिकेतने । मातृमण्डलयक्षादिप्रतिमास्तस्य पश्यतः ॥ ७७
स्फुरन्तीर्मन्त्रसांनिध्यान्मतिरेवमजायत । न करोमि किमर्थार्थमुपायमिह युक्तितः ॥ ७८
सिद्धश्चेद्भद्रमथवा न सिद्धः का क्षतिर्मम । इत्यालोच्याब्रवीदद्युतायाक्षिपन्देवताः स ताः ॥ ७९
एत भोः सह युष्माभिर्दीव्यामीहाहमेव च । सभ्यस्तथा पातयिता जितं सद्यश्च दीयते ॥ ८०

इत्युक्तास्तेन तास्तूष्णीं यत्तस्थुस्तदपातयत्। ठिण्ठाकरालः स पणं कृत्वा चित्रा वराटिकाः ॥ ८१
अङ्गीकृतं पातनं स्यात्कितवेनानिषेधता। इति द्यूते हि सर्वत्र स्थितिर्द्यूतकृतां सदा ॥ ८२
ततो जित्वा बहु स्वर्णं देवतास्ता जगाद सः। जितं प्रयच्छत धनं मह्यमाभाषितं यथा ॥ ८३
इत्युच्यमानाः कितवेनासकृत्तेन ता यदा। देवता नालपन्किंचित्तदा वक्ति स्म स क्रुधा ॥ ८४
यदि स्थिताः स्थ तूष्णीं तत्क्रियते कितवस्य यत्। अदत्तहारितार्थस्य शिलाभूतस्य तिष्ठतः ॥ ८५
यमदंष्ट्राप्रतीक्ष्णेन क्रकचेनाङ्गपाटनम्। तदहं वः करिष्यामि नह्यपेक्षास्ति कापि मे ॥ ८६
इत्युक्त्वा यावदादाय क्रकचं सोऽभिधावति। तावत्तस्मै ददुः स्वर्णं देवतास्ता यथाजितम् ॥ ८७
हारयित्वा च तत्प्रातर्नक्तमेत्य तथैव सः। आचकर्ष हठद्यूतेनार्थं मातृगणात्पुनः ॥ ८८
एवं स कुरुते यावत्प्रत्यहं तावदेकदा। जगाद देवी चामुण्डा मातृस्ताः खिन्नमानसाः ॥ ८९
इतोऽहं निर्गतो द्यूतादित्याहूतो ब्रवीति यः। स नाक्षेप्य इति द्यूते शैलीयं मातृदेवताः ॥ ९०
तस्मादाह्वयमानं तं तदेवोक्त्वा निरस्यत। इति चामुण्डयोक्तास्ता देव्यश्चेतसि तद्दधुः ॥ ९१
निशि प्राप्तं कृताह्वानं कितवं तं च देवने। निर्गताः स्म इतो द्यूतादित्यूचुः सर्वदेवताः ॥ ९२
एवं निराकृतष्ठिण्ठाकरालस्ताभिरेव सः। तत्प्रभुं तं महाकालमेवाह्वयत देवितुम् ॥ ९३
सोऽपि लब्धावकाशं तं मत्वा हठदुरोदरे। निर्गतोऽहमितो द्यूतादिति देवः किलाब्रवीत् ॥ ९४
अक्षीणदोषाद्विषमादिष्टानिष्टभयोज्झितात्। दुर्जनाद्भूत देवा अप्यशक्ता इव बिभ्यति ॥ ९५
तथा दुरोदराचारभग्नकैतवयुक्तिना। तेन ठिण्ठाकरालेन खिन्नेनैवमचिन्त्यत ॥ ९६
अहो द्यूतस्थितिं देवैः शिक्षितस्त्वास्मि निराकृतः। तदेतमेव देवेशमिदानीं शरणं श्रये ॥ ९७
इत्याकलय्य हृदये परिगृह्यैव पादयोः। स्तुवंष्ठिण्ठाकरालस्तं महाकालं व्यजिज्ञपत् ॥ ९८
देव्या द्यूतजितेष्विन्दुवृषकुञ्जरचर्मसु। जानुन्यस्तकपोलं ते नौमि नग्नाङ्गमासितम् ॥ ९९
यदिच्छामात्रतस्तास्ता विभूतीर्ददते सुराः। यो निरीहो जटाभस्मकपालैकपरिग्रहः ॥ १००
स सलोभोऽद्य जातस्त्वं मन्दपुण्ये कथं मयि। यदल्पहेतोर्मामेवं हा वञ्चयितुमीहसे ॥ १०१
कल्पवृक्षोऽप्यधन्यानां नाशां पूरयति ध्रुवम्। यद्विभर्पि न मां नाथ भृतविश्वोऽपि भैरव ॥ १०२
तत्प्रपन्नस्य मे कष्टव्यसनाविष्टचेतसः। व्यतिक्रममपि स्थाणो भगवन्क्षन्तुमर्हसि ॥ १०३
त्र्यक्षस्त्वं तादृगेवाहं भस्माङ्गे ते ममापि तत्। त्वं कपाले यथा भुङ्क्षे तथैवाहं दयस्व मे ॥ १०४
युष्माभिः सममालप्य कथं नु कितवैरहम्। सहालपिष्यामि पुनस्तन्मामापन्नमुद्धर ॥ १०५
इत्यादि तावदस्तौषीत्कितवस्तं स भैरवम्। तावत्स परितुष्यैवं देवः साक्षादुवाच तम् ॥ १०६
ठिण्ठाकराल तुष्टोऽस्मि तव मा स्माधृतिं कृथाः। अहं दास्यामि ते भोगानिहैवास्स्व ममान्तिके ॥ १०७
इति देवाज्ञया तत्र तस्थौ स कितवस्तदा। तत्प्रसादादुपनतां भुञ्जानो भोगसंपदम् ॥ १०८
एकदा च महाकालतीर्थेऽत्र स्नातुमागताः। रात्रावप्सरसो दृष्ट्वा स देवो व्यादिदेश तम् ॥ १०९
आसां स्नातुं प्रवृत्तानां सर्वासां सुरयोषिताम्। तटन्यस्तानि वासांसि लघु हृत्वा त्वमानय ॥ ११०
यावदेता न दास्यन्ति तुभ्यमेतां कलावतीम्। अप्सरःकन्यकां तावदासां वस्त्राणि मा मुचः ॥ १११
एवं स भैरवेणोक्तो गत्वामरमृगीदृशाम्। ठिण्ठाकरालः स्नान्तीनां तासां वस्त्राण्यपाहरत् ॥ ११२
मुञ्च मुञ्चाम्बराण्यस्मान्मा स्म कार्षीर्दिगम्बराः। इति ब्रुवाणाश्च स ता व्याजहार हरौजसा ॥ ११३
कन्यां कलावतीमेतां यदि मह्यं प्रयच्छथ। तदहं वो विमोक्ष्यामि वासांस्येतानि नान्यथा ॥ ११४
तच्छ्रुत्वा तं दुराधर्षं दृष्ट्वा स्मृत्वा च तादृशम्। शक्रशापं कलावत्यास्ताश्चैतत्प्रतिपेदिरे ॥ ११५
ददुः कलावतीं तां च तस्मायुज्झितवाससे। ठिण्ठाकरालाय ततो विधिनालम्बुषासुताम् ॥ ११६
अथाप्सरःसु यातासु कलावत्या तया सह। तस्थौ ठिण्ठाकरालोऽसौ देवेच्छानिर्मितास्पदः ॥ ११७
कलावती च देवेन्द्रमुपस्थातुमगाद्दिवा। त्रिदिवं रजनौ तं च सदा पतिमुपाययौ ॥ ११८
त्वत्प्राप्तिहेतुना शक्रशापेन मम वल्लभ। वरायितमिति प्रीत्या कदाचिद्ब्रुवती च सा ॥ ११९

तेन ठिण्ठाकरालेन पत्या तच्छापकारणम् । पृष्टा सती सुरवधूः कलावत्यब्रवीदिदम् ॥ १२०
दृष्ट्वोद्याने सुराञ्जातु मर्त्यभोगाः स्तुता मया । निन्दन्त्या दिविषद्भोगान्दृष्टिमात्रोपभोगदान् ॥ १२१
तद्बुद्ध्वा देवराजो मामशपद्गच्छ भोक्ष्यसे । मर्त्येन परिणीता त्वं भोगांस्तान्मानुषानिति ॥ १२२
तेनायमावयोर्जातः संयोगोऽन्योन्यसंमतः । श्वश्च नाकाच्चिरेणैष्याम्यहं मा भूच्च तेऽधृतिः ॥ १२३
रम्भा नवप्रयोगं हि नर्तिष्यति हरेः पुरः । आ तत्समाप्तेरस्माभिः स्थातव्यं तत्र च प्रिय ॥ १२४
ततष्ठिण्ठाकरालस्तां प्रेमदुर्ललितोऽभ्यधात् । अहं द्रक्ष्यामि तन्नृत्यं गुप्तं तत्रैव मां नय ॥ १२५
एतच्छ्रुत्वा कलावत्या तया स जगदे पतिः । युज्यते कथमेतन्मे कुप्येद्बुद्ध्वा हि देवराट् ॥ १२६
एवमुक्तोऽपि निर्बन्धं यदा तस्याश्चकार सः । तदा कलावती स्नेहान्नेतुं तं प्रत्यपद्यत ॥ १२७
प्रातः प्रभावगूढं तं कृत्वा कर्णोत्पलान्तरे । ठिण्ठाकरालमनयत्सा महेन्द्रस्य मन्दिरम् ॥ १२८
सुरेभशोभितद्वारं नन्दनोद्यानसुन्दरम् । दृष्ट्वा ठिण्ठाकरालस्तद्देवमानी तुतोष सः ॥ १२९
ददर्श चात्र वृत्रारेरास्थाने त्रिदशाश्रिते । प्रगीतस्वर्वधूसार्थं रम्भानृत्तोत्सवाद्भुतम् ॥ १३०
नारदादिप्रणीतानि सर्वातोद्यानि चाशृणोत् । प्रसन्ने हि किमप्राप्यमस्तीह परमेश्वरे ॥ १३१
ततः प्रेक्षणकस्यान्ते तत्रोत्थाय प्रवृत्तवान् । दिव्यश्छागाकृतिर्भण्डो नर्तितुं दिव्यभङ्गिभिः ॥ १३२
ठिण्ठाकरालो दृष्ट्वा तं परिज्ञाय व्यचिन्तयत् । अहो एतमहं पश्याम्युज्जयिन्यामजं पशुम् ॥ १३३
इहेन्द्रस्य पुरश्चायमीदृशो भण्डनर्तकः । अतर्क्या दिव्यमायेयं विचित्रा बत काचन ॥ १३४
एवं ठिण्ठाकरालस्य तस्य चिन्तयतो हृदि । नृत्तान्ते छागभण्डस्य शक्रास्थानं न्यवर्तत ॥ १३५
ततः कलावती दृष्ट्वा सा कर्णोत्पलसंश्रितम् । ठिण्ठाकरालं स्वस्थानमानिनाय तथैव तम् ॥ १३६
ठिण्ठाकरालश्चान्येद्युरुज्जयिन्यां तमागतम् । दृष्ट्वा छागाकृतिं दर्पाद्देवभण्डमभाषत ॥ १३७
अरे ममाग्रतो नृत्य नृत्यसीन्द्राग्रतो यथा । अन्यथा न क्षमिष्ये ते तन्नृत्तं भण्ड दर्शय ॥ १३८
तच्छ्रुत्वा विस्मितश्छागस्तूष्णीमेव बभूव सः । कुतोऽयं मानुषोऽप्येवं मां जानातीति चिन्तयन् ॥ १३९
निर्बन्धेनोच्यमानो यन्नैव च्छागो ननर्त सः । तत्स ठिण्ठाकरालस्तं लगुडैर्मूर्ध्न्यताडयत् ॥ १४०
ततः स गत्वा शक्राय तथैव च्छागलोऽखिलम् । स्रवद्रक्तेन शिरसा यथावृत्तं न्यवेदयत् ॥ १४१
इन्द्रोऽपि प्रणिधानेन बुबुधे तद्यथा दिवम् । ठिण्ठाकरालमानैषीद्रम्भानृत्ते कलावती ॥ १४२
यथा च च्छागनृत्तं तद्दृष्टं तेनापराधिना । ततः कलावतीमेवमाहूयेन्द्रः शशाप सः ॥ १४३
नृत्तार्थमस्य च्छागस्य येनावस्था कृतेदृशी । रागात्तं मानुषं गुप्तं यदिहानीतवत्यसि ॥ १४४
तद्गच्छ नरसिंहेन राज्ञा नागपुरे पुरे । देवागारे कृते स्तम्भे भव त्वं सालभञ्जिका ॥ १४५
इत्युक्तवान्कलावत्या मात्रालम्बुषया तया । शक्रोऽनुनाथितः कृच्छ्रादेवं शापान्तमादिशत् ॥ १४६
यदा बह्वब्दनिष्पन्नं देववेश्म विनश्य तत् । भविष्यति समं भूमेरस्याः शापक्षयस्तदा ॥ १४७
इतीन्द्रशापशापान्तावेवं साश्रुः शशंस सा । तस्मै कलावती ठिण्ठाकरालाय सत्राच्य तम् ॥ १४८
दत्त्वा स्वाभरणं तस्मै तिरोभूय विवेश च । गत्वा नागपुरे देवगृहस्तम्भाग्रपुत्रिकाम् ॥ १४९
ठिण्ठाकरालोऽपि ततस्तद्वियोगविषाहतः । न ददर्श न शुश्राव लुलोठ भुवि मूर्च्छितः ॥ १५०
अहो रहस्यं मत्वापि मूढेनाविष्कृतं मया । निसर्गचपलानां हि मादृशां संयमः कुतः ॥ १५१
तदिदानीमयं प्राप्तो वियोगो विषमो मया । इत्यादिलब्धसंज्ञश्च कितवो विललाप सः ॥ १५२
क्षणाच्चाचिन्तयत्कालो वैक्लव्यस्यैष नैव मे । गृहीतधैर्यैः शापान्तहेतोस्तस्या न किं यते ॥ १५३
इत्यालोच्य विचार्याथ प्रव्राड्वेषं विधाय सः । साक्षसूत्राजिनजटं धूर्तो नागपुरं ययौ ॥ १५४
तत्राटव्यां चतसृषु न्यधाद्दिक्षु पुराद्बहिः । कान्तालंकारकलशान्निखाय चतुरो भुवि ॥ १५५
पञ्चमं च महारत्नसंपूर्णं निचखान सः । नगरान्तर्निशि स्वैरं देवाग्रापणभूतले ॥ १५६
एवं कृत्वा स तत्रासीन्नद्यास्तीरे कृतोटजः । आश्रित्य कैतवतपः कृतकध्यानजप्यवान् ॥ १५७
कुर्वन्दिनस्य त्रिः स्नानं भुञ्जानो भैक्ष्यमम्बुभिः । प्रक्षाल्य दृषदि प्राप स महातापसप्रथाम् ॥ १५८

क्रमाच्छ्रुतिपथायातो राज्ञा सोऽभ्यर्थितोऽपि यत् । नागात्तदन्तिकं तत्स राजा तत्पार्श्वमाययौ ॥ १५९
स्थित्वा कथाभिश्च चिरं सायं तस्मिन्नियियासति । राज्यकस्माच्छिवा चक्रे शब्दं तत्र विदूरतः ॥ १६०
तच्छ्रुत्वा तापसच्छद्मा कितवो हसति स्म सः । किमेतदिति पृष्टश्च किमनेनेत्यभाषत ॥ १६१
निर्बन्धाच्च नृपे पृच्छत्युवाचैवं स मायिकः । अटव्यां नगरस्यास्य पूर्वतो वेतसीतले ॥ १६२
रत्नाभरणपूर्णोऽस्ति कलशस्तद्गृहाण तम् । इत्युक्तं मे रुतज्ञस्य नृपते शिवयैतया ॥ १६३
उक्त्वैवं कौतुकाविष्टं नीत्वा तं तत्र भूपतिम् । खात्वा स भूमिमुद्धृत्य तस्मै तं कलशं ददौ ॥ १६४
ततः स लब्धाभरणः संजातप्रत्ययो नृपः । ज्ञानिनं सत्यवाचं तं मेने निःस्पृहतापसम् ॥ १६५
आनीय स्वाश्रमं तं च मुहुर्नत्वा च पादयोः । स ययौ मन्दिरं नक्तं सामात्यस्तद्गुणान्स्तुवन् ॥ १६६
एवं क्रमात्तमायान्तं धूर्तो रुतमिषान्नृपम् । सोऽन्यांस्त्रीन्रत्नकलशान्दिग्भ्योऽन्याभ्यो व्यलम्भयत् ॥ १६७
ततः स राजा पौराश्च मन्त्रिणोऽन्तःपुराणि च । तत्तापसैकभक्तानि तन्मयान्येव जज्ञिरे ॥ १६८
एकदा नीयमानश्च देवागारेक्षणाय सः । राज्ञा कुतापसोऽश्रौषीदापणे काकवाशितम् ॥ १६९
ततोऽब्रवीत्तं राजानं श्रुता काकस्य वाक्त्वया । आपणेऽत्रैव देवाग्रे निखातो भुवि तिष्ठति ॥ १७०
सद्रत्नपूर्णः कलशः कस्मात्सोऽपि न गृह्यते । इत्येतदुक्तं काकेन तदेहि स्वीकुरुष्व तत् ॥ १७१
इत्युक्त्वा तत्र नीत्वा तं भूमेरुद्धृत्य भूभृते । सद्रत्नकलशं प्रादात्स तस्मै कूटतापसः ॥ १७२
ततोऽतिपरितोषात्स स्वयं हस्तेऽवलम्ब्य तम् । कपटज्ञानिनं राजा देवागारं प्रविष्टवान् ॥ १७३
तत्र स्तम्भे समाधूय परिव्राट् सालभञ्जिकाम् । अनुप्रविष्टां प्रियया कलावत्या ददर्श ताम् ॥ १७४
कलावती च तत्सालभञ्जिकारूपधारिणी । दुःखिता तं पतिं दृष्ट्वा प्रारेभे तत्र रोदितुम् ॥ १७५
तद्दृष्ट्वा सानुगो राजा सविस्मयविषादवान् । ज्ञान्याभासमपृच्छत्तं किमिदं भगवन्निति ॥ १७६
ततो विषण्णविभ्रान्त इव धूर्तो जगाद सः । एहि स्वभवनं तत्र वच्म्यवक्तव्यमप्यदः ॥ १७७
इत्युक्त्वा स नृपं नीत्वा राजधानीमुवाच तम् । अस्थाने कुमुहूर्ते च देवागारमिदं त्वया ॥ १७८
यत्कृतं तत्तृतीयेऽह्नि भविष्यत्यहितं तव । अतस्त्वद्दर्शनात्सैषा प्रारोदीत्स्तम्भपुत्रिका ॥ १७९
तच्छरीरेण चेत्कृत्यं तव निर्लोठ्य तन्नृप । अद्यैवैतद्धुतं देवकुलं भूमिसमं कुरु ॥ १८०
सुस्थाने सुमुहूर्ते च कुर्वन्यत्र सुरालयम् । अनिमित्तं शमं यातु सराष्ट्रस्यास्तु ते शिवम् ॥ १८१
इत्युक्तस्तेन स नृपः समाज्ञाप्य भयात्प्रजाः । एकाह्नैव तद्देवगृहं भूमिसमं व्यधात् ॥ १८२
स्थानान्तरे च प्रारेभे कर्तुं देवकुलं पुनः । अहो विश्वास्य वञ्च्यन्ते धूर्तैश्छद्मभिरीश्वराः ॥ १८३
सिद्धकार्यस्ततस्त्यक्त्वा प्रव्राड्रूपं पलाय्य सः । ठिण्ठाकरालः कितवः प्रायादुज्जयिनीं ततः ॥ १८४
कलावती च तद्बुद्ध्वा शापमुक्ताभ्युपेत्य तम् । मार्गे दृष्ट्वा समाश्वास्य द्रष्टुमिन्द्रमगाद्दिवम् ॥ १८५
इन्द्रोऽपि विस्मितो बुद्ध्वा तन्मुखात्तस्य तत्पतेः । मायां तां द्यूतकारस्य जहास च तुतोष च ॥ १८६
ततः पार्श्वस्थितः शक्रं तमुवाच बृहस्पतिः । विचित्रमायाः कितवा ईदृशा एव सर्वदा ॥ १८७
पुराकल्पे तथा चाभून्नगरे कितवः क्वचित् । कुट्टिनीकपटो नाम कपटद्यूतकोविदः ॥ १८८
परलोकगतं तं च धर्मराजः किलाब्रवीत् । कल्पं नरकवासस्ते कितवास्ति स्वपातकैः ॥ १८९
एकं तु दिनमिन्द्रत्वमस्ति दानवशात्तव । दत्तं ब्रह्मविदे ह्येकं सुवर्णं जातुचित्त्वया ॥ १९०
तद्ब्रूहि पूर्वं किं भुङ्क्षे नरकं किमुतेन्द्रताम् । तच्छ्रुत्वा कितवोऽवोचद्भुञ्जे प्रागिन्द्रतामिति ॥ १९१
ततः स धर्मराजेन प्रेषितः कितवो दिवि । एकाहमिन्द्रमुत्थाप्य देवै राज्येऽभ्यषिच्यत ॥ १९२
संप्राप्तदेवराज्यः सन्नानाय्य कितवान्सखीन् । सवेश्याश्च दिवं देवानादिदेशाधिपत्यतः ॥ १९३
नीत्वास्मान्सर्वतीर्थेषु सर्वान्स्नपयत क्षणात् । दिव्येष्वपि च भौमेषु सप्तद्वीपगतेष्वपि ॥ १९४
अनुप्रविश्य चाद्यैव भूपतीन्निखिलान्भुवि । प्रयच्छत महादानान्यस्मदर्थमनारतम् ॥ १९५
इत्यादिष्टाः सुरास्तेन सर्वं चक्रुस्तदैव तत् । धूतपापः स तैः पुण्यैर्धूर्तः प्रापेन्द्रतां स्थिराम् ॥ १९६
तद्वयस्याश्च वेश्याश्च ये तेनानायिता दिवम् । अमरत्वं ययुस्तेऽपि तत्प्रसादाद्धतांहसः ॥ १९७

द्वितीयेऽह्नि स्थिरप्राप्तदेवराज्यं स्वबुद्धितः । कितवं धर्मराजाय चित्रगुप्तः शशंस तम् ॥ १९८
ततः सुचरितं बुद्ध्वा धर्मराजो विसिस्मिये । अहो बत द्यूतकृता वञ्चिताः स्म इति ब्रुवन् ॥ १९९
ईदृशाः कितवा वञ्चिन्नित्युक्त्वा विरते गुरौ । ठिण्ठाकरालं द्यामिन्द्रोऽनैपीत्प्रेष्य कलावतीम् ॥ २००
तत्र तद्बुद्धिधैर्याभ्यां तुष्टः संमान्य देवराट् । दत्त्वा कलावतीं चक्रे तं स पार्श्वस्थमात्मनः ॥ २०१
ततः स देववद्वीरः कलावत्या समं सुखी । ठिण्ठाकरालो न्यवसच्छंकरानुग्रहाद्दिवि ॥ २०२
तदीदृग्द्यूतकाराणां मायासाहसयोर्गतिः । तदग्निशिख वेताल किं चित्रं कितवेन यत् ॥ २०३
डाकिनेयेन निक्षिप्तः कूपेऽस्मिन्मायया भवान् । तत्त्वं निर्याहि मित्रावां निरेष्यावोऽवटादितः ॥ २०४
इत्युक्तो ब्रह्मरक्षोभ्यां निर्गत्याहं ततोऽवटात् । रात्रावस्यां पुरि प्रापं क्षुधार्तः पथिकं द्विजम् ॥ २०५
तं च गृह्णामि धावित्वा विप्रं यावज्जिघृत्सया । तावच्छ्रीविक्रमादित्यदेवमाक्रन्दति स्म सः ॥ २०६
श्रुत्वैव च स निर्गत्य राजा ज्वलनसंनिभः । आः पाप मा वधीर्विप्रमित्यारात्प्रतिहत्य माम् ॥ २०७
प्रावर्तत शिरश्छेत्तुमालेख्यपुरुषस्य यत् । तेन मे छेदमागच्छन्कण्ठोऽभूत्स्रुतशोणितः ॥ २०८
ततोऽङ्घ्रिलग्नस्तेनैव रक्षितोऽस्म्युज्झितद्विजः । एवंप्रभावो देवोऽसौ विक्रमादित्यभूपतिः ॥ २०९
तदाज्ञया हतश्चायं खण्डकापालिको मया । तदेतं मम वेताल भक्ष्यं यमशिख त्यज ॥ २१०
एवमग्निशिखेनोक्तोऽप्याक्षिपत्तस्य पाणिना । दर्पाद्यमशिखः खण्डकापालिककलेवरम् ॥ २११
ततः श्रीविक्रमादित्यः प्रकाश्यात्मानमत्र सः । आलिख्य पुरुषं भूमौ पाणिं तस्यासिनाच्छिनत् ॥ २१२
तेन च्छिन्नो यमशिखस्यापतत्तस्य यत्करः । तत्स तं कुणपं त्यक्त्वा पलाय्यैवागमद्भयात् ॥ २१३
अभक्षयच्चाग्निशिखः कुणपं तं कपालिनः । अहं च निर्भयोऽद्राक्षं सर्वं राजौजसा तु तत् ॥ २१४
एवमाख्याय सा यक्षवधूर्मदनमञ्जरी । त्वत्प्रभावं महाराज तत्र मामवदत्पुनः ॥ २१५
ततो वक्ति स्म मधुरं स राजानङ्गदेव माम् । यक्षि कापालिकान्मुक्ता गच्छ भर्तृगृहानिति ॥ २१६
ततः प्रणम्य तमहं गृहं स्वमिदमागता । चिन्तयन्त्युपकारस्य निष्कृतिं तस्य भूपतेः ॥ २१७
एवं प्राणाः कुलं भर्ता दत्ता मे प्रभुणा तव । त्वदाख्याता च तस्यैषा संवदिष्यति मत्कथा ॥ २१८
अद्य ज्ञातं च यत्तस्य राज्ञस्त्रैलोक्यसुन्दरी । प्रेषिता सिंहलेन्द्रेण तनया सा स्वयंवरा ॥ २१९
तां च हर्तुं कृता बुद्धिः सर्वैः संभूय राजभिः । हत्वा विक्रमशक्तिं तं तत्सामन्तं समत्सरैः ॥ २२०
तस्माद्विक्रमशक्तेस्त्वं गत्वा तद्विदितं कुरु । येन तेषामवहितः प्रतीकारे स तिष्ठति ॥ २२१
अहं च तत्करिष्यामि प्रयत्नं येन तानरीन् । हत्वा स विक्रमादित्यदेवो विजयमाप्स्यति ॥ २२२
एतदर्थमिहानीतो मया त्वं निजमायया । येन राज्ञः ससामन्तस्यैतत्सर्वं वदिष्यसि ॥ २२३
प्राभृतं च प्रहेष्यामि त्वत्प्रभोस्तस्य तादृशम् । दद्यां तदुपकारस्य लेशतो येन निष्कृतिम् ॥ २२४
एवं वदति यावत्सा तावत्ते तत्र कन्यके । आगते समृगे ये द्वे दृष्टे अस्माभिरम्बुधौ ॥ २२५
एका चन्द्रावदाताङ्गी प्रियङ्गुश्यामलापरा । सरित्पतेः कृतोपासे जाह्नवीयमुने इव ॥ २२६
निषण्णयोस्तयोस्तां च यक्षीं देवास्मि पृष्टवान् । देवि के कन्यके एते सौवर्णोऽयं मृगश्च कः ॥ २२७
तच्छ्रुत्वा सा महाराज यक्षिणी मामभाषत । अनङ्गदेव यदि ते कौतुकं वच्मि तच्छृणु ॥ २२८
विज्ञायाजग्मतुः पूर्वं प्रजासर्गे प्रजापतेः । घोरौ घण्टनिघण्टाख्यौ दानवौ देवदुर्जयौ ॥ २२९
तयोर्विनाशकामश्च विधाता कन्यके इमे । जगदुन्मादनोद्दामरूपशोभे विनिर्ममे ॥ २३०
दृष्ट्वैवात्यद्भुते चैते हरन्तौ तौ महासुरौ । परस्परं युध्यमानौ जग्मतुर्द्वावपि क्षयम् ॥ २३१
ततो ब्रह्मा धनाध्यक्षायैते कन्ये समर्पयत् । त्वया योग्याय कस्मैचिद्भर्त्रे देये इमे इति ॥ २३२
धनदोऽप्यर्पयदिमे मद्भर्त्रे स्वानुजन्मने । मद्भर्ता चार्पयन्मह्यं तथैव वरकारणम् ॥ २३३
मया श्रीविक्रमादित्यश्चानयोश्चिन्तितो वरः । देवावतारो ह्युचितः स एव पतिरेतयोः ॥ २३४
एवंरूपे इमे कन्ये मृगस्याख्यायिकां शृणु । जयन्तो नाम तनयो दयितोऽस्ति शचीपतेः ॥ २३५
स भ्राम्यमाणः स्वःस्त्रीभिर्व्योम्ना जातु शिशुर्भुवि । राजपुत्रानधोऽद्राक्षीत्क्रीडतो मृगपोतकैः ॥ २३६

ततः स बालभावेन क्रीडामृगशिशुं विना । हेवाकी त्रिदिवं गत्वा प्रारोदीत्पितुरग्रतः ॥ २३७
तेन तस्य कृते शक्रोऽकारयद्विश्वकर्मणा । सुधासेकार्पितप्राणं हेमरत्नमयं मृगम् ॥ २३८
अथ तेन स चिक्रीड जयन्तः संतुतोष च । सोऽप्यत्र तस्थौ विहरन्नाके हरिणपोतकः ॥ २३९
कालेनेन्द्रजितान्वर्थनाम्ना रावणसूनुना । सोऽपहृत्य मृगो निन्ये लङ्कां स्वनगरीं दिवः ॥ २४०
गते च काले हतयोः सीताहरणमन्युना । रामलक्ष्मणवीराभ्यां रावणेन्द्रजितोस्तयोः ॥ २४१
लङ्काराज्येऽभिषिक्तस्य राक्षसेन्द्रस्य मन्दिरे । विभीषणस्य सोऽतिष्ठद्रत्नहेममृगोऽद्भुतः ॥ २४२
विभीषणश्च तं मह्यमुत्सवे जातुचिद्गृहान् । नीतायै भर्तृबान्धव्यान्मृगं संमानयन्नदात् ॥ २४३
सोऽयं मृगशिशुर्दिव्यो वर्ततेऽद्य गृहे मम । मया च त्वत्प्रभोरेष कर्तव्योऽयमुपायनम् ॥ २४४
इति सा यावदाख्याति यक्षिणी मे कथाक्रमम् । तावत्कमलिनीकान्तो रविरस्तमुपाययौ ॥ २४५
ततस्तया समादिष्टे धाम्नि संध्याविधेः परम् । सिंहलेश्वरदूतोऽयमहं च शयितावुभौ ॥ २४६
प्रातः प्रबुद्धौ पश्यावो यावदावामनीकिनीम् । प्राप्तौ विक्रमशक्तेस्तां सामन्तस्य तव प्रभो ॥ २४७
ततो विचिन्त्य यक्षिण्यास्तत्प्रभावविजृम्भितम् । पार्श्वं विक्रमशक्तेर्द्राग्गतावावां सविस्मयौ ॥ २४८
स च दृष्ट्वैव संमान्य कुशलं परिपृच्छ्य च । सिंहलेश्वरसंदेशं यावन्नौ प्रष्टुमिच्छति ॥ २४९
तावत्ते यक्षिणीप्रोक्तस्वरूपे दिव्यकन्यके । मृगपोतश्च संप्राप्तास्तत्र यक्षचमूवृताः ॥ २५०
तान्दृष्ट्वा दुष्टभूतादिमायाशङ्की स संशयात् । देव विक्रमशक्तिर्मां किमेतदिति पृष्टवान् ॥ २५१
ततः ससिंहलाधीशकार्यं तस्मायहं क्रमात् । यक्षिणीकन्यकायुग्ममृगोदन्तमवर्णयम् ॥ २५२
यक्षीमुखाच्छ्रुतं तं च सर्वेषामेकमत्यतः । राजद्विष्टोत्तमं राज्ञां तस्यावोचमहं ततः ॥ २५३
ततः स संमान्यावां च दिव्यकन्ये च ते उभे । प्रहृष्टः सैन्यमकरोत्सामन्तः सज्जमाहवे ॥ २५४
क्षणाच्चाश्रावि देवात्र सैन्यतूर्यमहारवः । क्षणाच्चादर्शि सम्लेच्छं प्रतिराजबलं महत् ॥ २५५
अन्योन्यदर्शनक्रोधादभिधावितयोस्तयोः । प्रावर्तत द्वयोर्युद्धमस्मत्सैन्यारिसैन्ययोः ॥ २५६
ततो यक्षीविसृष्टैस्तैर्यक्षैरस्मद्विषद्बलम् । अन्यैरसङ्घटाविष्टैरन्यैः सख्यादहन्यत ॥ २५७
सैन्यरेणुगणाकीर्णं खड्गधारानिरन्तरम् । सशूरगर्जितं घोरमुदभूद्रणदुर्दिनम् ॥ २५८
छेदोच्छलद्भिर्द्विषतां निपतद्भिश्च मूर्धभिः । अशोभत जयश्रीर्नः क्रीडन्ती कन्दुकैरिव ॥ २५९
क्षणाच्च हतशेषास्ते राजानो भग्नसैनिकाः । त्वत्सामन्तस्य कटकं प्रणताः शरणं श्रिताः ॥ २६०
ततो चितासु सद्वीपास्वाशासु चतसृष्वपि । उत्सादितेषु म्लेच्छेषु सर्वभूमीश्वर त्वया ॥ २६१
निजेन भर्त्रा सहिता प्रकटीभूय यक्षिणी । देव विक्रमशक्तिं तं मां चैवं वदति स्म सा ॥ २६२
मया यदेतद्विहितं सेवामात्रं भवत्प्रभोः । तदावेद्यं पुनश्चैवं स विज्ञाप्यो गिरा मम ॥ २६३
त्वयैते परिणेतव्ये कन्यके देवनिर्मिते । द्रष्टव्ये च प्रसादेन लालनीयोऽप्ययं मृगः ॥ २६४
मदीयं प्राभृतं ह्येतदित्युक्त्वा रत्नसंचयम् । दत्त्वा यक्षी तिरोऽभूत्सा भर्त्रा सह सहानुगा ॥ २६५
अन्येद्युः परिवारेण विभवेन च भूयसा । आगान्मदनलेखा सा सिंहलेश्वरकन्यका ॥ २६६
कृत्वा प्रत्युद्गमं साथ तेन विक्रमशक्तिना । प्रावेश्यत स्वकटकं प्रणतेन प्रहर्षतः ॥ २६७
द्वितीयेऽह्नि गृहीत्वा तां ते चोभे दिव्यकन्यके । हेमरत्नमृगं तं च त्रिजगन्नेत्रकौतुकम् ॥ २६८
सिद्धकार्य इहागन्तुं देवपाददिदृक्षया । ततो विक्रमशक्तिः स चलितो राजभिः सह ॥ २६९
स चेह निकटप्राप्तः सामन्तो देव वर्तते । आवेदनाय देवस्य तेनावां प्रेषितौ पुरः ॥ २७०
तद्देव सिंहलेन्द्रस्य यक्षिण्याश्चानुरोधतः । तत्कन्याहरिणान्देवः प्रत्युद्यातु नृपानपि ॥ २७१
इत्युक्तोऽनङ्गदेवेन विक्रमादित्यभूपतिः । कृतं दुःसाध्यमपि तद्यक्षिणीरक्षणं स्मरन् ॥ २७२
नामन्यत तृणायापि श्रुत्वा तत्प्रत्युपक्रियाम् । बहु कृत्वापि मन्यन्ते स्वल्पमेव महाशयाः ॥ २७३
हृष्टश्च सिंहलाधीशदूतयुक्तं पुनः स तम् । अनङ्गदेवं हस्त्यश्वग्रामरत्नैरपूरयत् ॥ २७४
नीत्वा दिनं तदथ सिंहलराजपुत्र्यास्तस्यास्तयोः कमलजोद्भवकन्ययोश्च ।

प्रत्युद्गमाय स महीपतिरुज्जयिन्याः सैन्यैर्गजाश्ववहनैः सममुच्चचाल ॥ २७५

सत्कुञ्जरोऽञ्जनगिरिर्जयवर्धनस्य मत्तद्विपो रणभटस्य च कालमेघः।

सङ्ग्रामसिद्धिरपि सिंहपराक्रमस्य वीरस्य विक्रमनिधे रिपुराक्षसश्च ॥ २७६

पवनजवो जयकेतोर्वल्लभशक्तेः समुद्रकल्लोलः।

अश्वौ बाहुसुबाह्वोः शरवेगो गरुडवेगश्च ॥ २७७

श्यामा कुवलयमाला कोकाणी कीर्तिवर्मणस्तुरगी।

कर्का गङ्गालहरी सुसैन्धवी समरसिंहस्य ॥ २७८

इति हस्त्यश्वं राजसु तेष्वपि चलितेषु विभजतामभितः।

शुश्रुविरेऽत्र च राजनि चलिते दण्डाधिकारिणां वाचः ॥ २७९

भूमिः सैन्यमयी तदुत्थितमहाशब्दैकमय्यो दिशः

संसर्पद्ध्वजिनीविमर्दविलसद्धूलीमयी द्यौरपि।

सर्वस्याद्भुततत्प्रभावमहिमव्याहारमय्यो गिर-

स्तस्मिन्राज्ञि पथि प्रयाति सकलद्वीपाधिनाथेऽभवन् ॥ २८०

इति महाकविश्रीसोमदेवभट्टविरचिते कथासरित्सागरे विषमशीललम्बके द्वितीयस्तरङ्गः।

तृतीयस्तरङ्गः।

ततः स विक्रमादित्यो जयसैन्यमवाप तत्। अधिष्ठितं स्वसेनान्या तेन विक्रमशक्तिना ॥ १

अग्रागतेन तेनैव सोत्केन प्रणतात्मना। सराजकेन सहितः स्वबलं स विवेश च ॥ २

गौडः शक्तिकुमारोऽयं कर्णाटोऽयं जयध्वजः। लाटो विजयवर्मायं काश्मीरोऽयं सुनन्दनः ॥ ३

गोपालः सिन्धुराजोऽयं भिल्लो विन्ध्यबलोऽप्ययम्। निर्मूकः पारसीकोऽयं नृपः प्रणमति प्रभो ॥ ४

इत्यास्थाने नृपान्सोऽत्र प्रतीहारनिवेदितान्। सम्राट् संमानयामास सामन्तान्सैनिकानपि ॥ ५

सिंहलेन्द्रसुतादिव्यकन्याहेममृगांश्च तान्। यथार्हं सत्करोति स्म स सविक्रमशक्तिकान् ॥ ६

तैः समं सबलोऽन्येद्युः प्रतस्थे च ततः कृती। स राजा विक्रमादित्यः प्राप चोज्जयिनीं पुरीम् ॥ ७

संमानितविसृष्टेषु स्वदेशानथ राजसु। जगदानन्दिनि प्राप्ते वसन्तसमयोत्सवे ॥ ८

लतासु पुष्पाभरणैर्मण्डनं कुर्वतीष्विव। तन्वतीष्विव संगीतं भृङ्गयोषित्सु गुञ्जितैः ॥ ९

नृत्यन्तीष्विव चाश्लिष्टमरुत्सु वनराजिषु। पिकेषु कलशब्देषु मङ्गलानि पठत्स्विव ॥ १०

सोऽत्र ता विक्रमादित्यः परिणिन्ये शुभेऽहनि। सिंहलेश्वरकन्यां तां ते च द्वे दिव्यकन्यके ॥ ११

सिंहलेश्वरकन्याया ज्येष्ठो भ्राता सहागतः। सिंहवर्मा ददौ वेद्यां महान्तं रत्नसंचयम् ॥ १२

तत्कालमेत्य च तयोर्यक्षिणी दिव्यकन्ययोः। असंख्यान्रत्नराशीन्सा ददौ मदनमञ्जरी ॥ १३

शक्ताहं गन्तुमानृण्यं देव त्वत्सुकृतस्य किम्। किं तु दर्शयितुं भक्तिं नैतत्किंचित्कृतं मया ॥ १४

तत्प्रसादोऽनयोः कार्यः कन्ययोर्हरिणस्य च। इत्युक्त्वा च तिरोऽभूत्सा यक्षी राज्ञाभिपूजिता ॥ १५

ततः संप्राप्य भार्यास्ताः सद्वीपां च महीं कृती। शशास विक्रमादित्यो राजा राज्यमकण्टकम् ॥ १६

सुखितश्चास्त विहरंस्तदा चोद्यानभूमिषु। ग्रीष्मे जलेषु सरसां धारायन्त्रगृहेषु च ॥ १७

वर्षास्वन्तःपुरेषूद्यन्मृदङ्गरवहारिषु। शरदीन्दूदयापानहृद्यहर्म्यतलेष्वपि ॥ १८

आस्तीर्णसुखशय्येषु कालागुरुसुगन्धिषु। वासवेश्मसु हेमन्ते स नृपोऽन्तःपुरैर्वृतः ॥ १९

तस्येदृशस्य राज्ञश्च नगरस्वामिसंज्ञकः। बभूव ग्रामशतभुक्चित्रकृज्जितविश्वकृत् ॥ २०

स व्यहेन व्यहेनास्मै राज्ञे प्राभृतपुत्रिकाम्। लिखित्वान्यान्यया रूपभङ्ग्या चित्रकरो ददौ ॥ २१

एकदा चोत्सववशाद्विस्मृत्य लिखिता नै सा। तेन चित्रकृता दैवात्पुत्रिका नृपतेः कृते ॥ २२

प्राप्ते च प्राभृतदिने स्मृत्वा यावत्समाकुलः। आस्ते चित्रकरो हा किं ढौकयेयं प्रभोरिति ॥ २३

तावद्दूरागतः कोऽपि पान्थोऽकस्मात्तमभ्यधात्। स चास्य पुस्तिकां हस्ते न्यस्यैव क्वाप्यगाल्लघु ॥ २४

कौतुकाच स यावत्तामुद्धाटयति चित्रकृत्। तावद्ददर्श तत्रान्तश्चित्रस्थां पुत्रिकां पटे ॥ २५
दृष्ट्वैवाद्भुतरूपां तां नीत्वा नृपतये ददौ। प्राभृतं प्रत्युतेदृङ्मे सिद्धमद्येति हर्षुलः ॥ २६
नृपतिस्तां तु दृष्ट्वैव साश्चर्यः स जगाद तम्। न भद्र तव रेखेयं रेखेयं विश्वकर्मणः ॥ २७
मानुषो हि कुतो वेत्ति लिखितुं रूपमीदृशम्। तच्छ्रुत्वा चित्रकृद्राज्ञे यथावृत्तं शशंस सः ॥ २८
ततः सोऽनन्यदृग्राजा तां पश्यन्पुत्रिकां सदा। स्वप्ने द्वीपान्तरेऽद्राक्षीत्तद्रूपामेव कन्यकाम् ॥ २९
संगमं भजते यावत्सोत्कः सोत्सुकया तया। तावत्प्रबोधितः सोऽभूद्यामिकेन निशाक्षये ॥ ३०
प्रबुद्धो भग्नतत्स्वप्नसमागमसुखश्च सः। यामिकं तं क्रुधा राजा नगर्या निरकालयत् ॥ ३१
क पान्थः पुस्तिका क्वास्य क तस्यां चित्रपुत्रिका। तस्या एव सजीवायाः स्वप्ने संदर्शनं क च ॥ ३२
तदेषा दैवघटना कन्या सास्तीति वक्ति मे। न च जानामि तद्वीपं प्राप्नुयां तत्कथं नु ताम् ॥ ३३
इत्यादि चिन्तयन्सोऽथ सर्वत्रारतिमान्नृपः। स्मरज्वरेण जज्वाल पर्याकुलपरिच्छदः ॥ ३४
ससंतापश्च विजये क्षत्रा भद्रायुधेन सः। शनैस्तत्कारणं पृष्टो जगादैवं महीपतिः ॥ ३५
शृणु तद्वच्मि ते मित्र ज्ञातं तावददस्त्वया। यच्चित्रपुत्रिका तेन दत्ता चित्रकरेण मे ॥ ३६
तां चिन्तयंश्च सुप्तोऽहं स्वप्ने जानामि वारिधिम्। उत्तीर्य प्राप्य नगरं प्रविष्टोऽस्म्यतिसुन्दरम् ॥ ३७
तत्रापश्यमहं बह्वीः सायुधाः कन्यकाः पुरः। ता मां दृष्ट्वा जहि जहीत्युच्चैः कलकलं व्यधुः ॥ ३८
ततः ससंभ्रमा कापि जाने मामेत्य तापसी। प्रवेश्यैव निजं गेहं संक्षेपादिदमब्रवीत् ॥ ३९
पुरुषद्वेषिणी पुत्र राजपुत्रीयमागता। इतो मलयवत्याख्या विहरन्ती यदृच्छया ॥ ४०
दृष्टमात्रं च पुरुषं कन्याभिर्घातयत्यसौ। एताभिस्तेन रक्षार्थं मयेह त्वं प्रवेशितः ॥ ४१
इत्युक्त्वा तापसी सद्यः स्त्रीवेषं सा व्यधान्मम। अवध्याः कन्यकास्तास्तु मत्वा सोढं मयापि तत् ॥ ४२
यावत्प्रविष्टामत्रैव सकन्यां तां नृपात्मजाम्। पश्यामि तावच्चित्रस्था या मयादर्शि सैव सा ॥ ४३
अचिन्तयं च धन्योऽहं यच्चित्रलिखितामिमाम्। दृष्ट्वा पुनश्च पश्यामि साक्षात्प्राणसमामिति ॥ ४४
राजपुत्री च सा तावत्तापसीं तां सकन्यका। दृष्टोऽस्माभिः प्रविष्टोऽत्र पुमान्कोऽपीत्यभाषत ॥ ४५
पुमान्कुतः प्राघुणिका स्थितैषा मे स्वसुः सुता। इति तां तापसी सापि प्रत्यवोचत्प्रदर्श्य माम् ॥ ४६
ततः सा राजतनया स्त्रीरूपमपि वीक्ष्य माम्। विस्मृत्य पुरुषद्वेषं सद्यः स्मरवशाभवत् ॥ ४७
आसीत्कण्टकिता किंचिच्चिन्तयन्तीव निश्चला। लब्धच्छिद्रेण कामेन कीलितेव समं शरैः ॥ ४८
क्षणाच्च तापसीं तां सा व्याहरद्राजकन्यका। तदार्ये त्वत्स्वसृसुता ममापि प्राघुणी न किम् ॥ ४९
आयातु मद्गृहमियं प्रहेष्याम्यर्चितामिमाम्। इत्युक्त्वादाय पाणौ मामनैषीत्सा स्वमन्दिरम् ॥ ५०
अहं च लब्धचित्तोऽस्या जाने तत्र तथेत्यगाम्। अन्वमन्यत मां सापि विदग्धा वृद्धतापसी ॥ ५१
ततोऽहं स्थितवांस्तत्र राजपुत्र्या तया सह। क्रीडन्त्या कन्यकान्योन्यविवाहादिविनोदनैः ॥ ५२
न च मामभुचत्पार्श्वात्क्षणं सा मद्गतेक्षणा। यत्र नाहं न सा तस्यै काचनारोचत क्रिया ॥ ५३
अथ ताः कन्यकाः कृत्वा वधूं तां राजकन्यकाम्। मां वरं चावयोर्जाने विवाहं क्रीडया व्यधुः ॥ ५४
कृतोद्वाहौ ततश्चावां प्रविष्टौ वासकं निशि। निःशङ्का तत्र मां सा च कण्ठे राजसुताग्रहीत् ॥ ५५
तत्कालं च मयात्मानं प्रकाश्यालिङ्गितैव सा। सिद्धेष्टदृष्टा दृष्ट्वा मामासीलज्जानता क्षणम् ॥ ५६
प्रवर्तयामि सुरते यावच्चैतां हृतत्रपाम्। तावत्प्रबोधितोऽस्मीह यामिकेन दुरात्मना ॥ ५७
तद्भद्रायुध नेदानीं चित्रे स्वप्ने च दृष्टया। तया मलयवत्याहं विना जीवितुमुत्सहे ॥ ५८
इत्युक्तवन्तं राजानं सत्यस्वप्नमवेत्य सः। भद्रायुधः प्रतीहारस्तमाश्वास्यैवमुक्तवान् ॥ ५९
कृत्स्नं चेत्स्मर्यते सम्यक्तत्तदालिख्यतां पटे। देवेन नगरं यावदुपायोऽत्र निरूप्यते ॥ ६०
इति भद्रायुधेनोक्तः स राजा लिखति स्म तत्। पटे पुरवरं सर्वं तद्वृत्तान्तं च तत्क्षणम् ॥ ६१
तं चित्रपटमादाय प्रतीहारस्तदैव सः। मठं नवं कारयित्वा तत्र भित्तावलम्बयत् ॥ ६२
मठे चात्राकरोद्दूरदेशादागतबन्दिनाम्। सत्रे षड्रसमाहारं सवस्त्रयुगकाञ्चनम् ॥ ६३

यश्चित्रस्थमिदं वेत्ति पुरं कोऽपि स एति चेत् । ममावेद्य इति प्रादादाज्ञां च मठवर्तिनाम् ॥ ६४
अत्रान्तरे ग्रीष्मवनं मल्लिकामोदिमारुतम् । छायानिषण्णपथिकं दृष्ट्वा पुष्पितपाटलम् ॥ ६५
आजगामाम्बुदश्यामो गुरुगम्भीरगर्जितः । केतकोद्दामदशनः प्रावृट्कालमदद्विपः ॥ ६६
तत्कालं तस्य पौरस्त्यपवनेद्ध इवाययौ । वृद्धिं विरहदावाग्निर्विक्रमादित्यभूपतेः ॥ ६७
हिमं हारलते देहि सिञ्च चित्राङ्गि चन्दनैः । पत्रलेखेऽब्जिनीपत्रशयनं शिशिरं कुरु ॥ ६८
कंदर्पसेने कदलीदलैर्वितर मारुतम् । इति तद्वारनारीणां तदा शुश्रुविरे गिरः ॥ ६९
क्रमाच्च विद्युद्विषमः शशामास्य घनागमः । राज्ञः सविरहज्वालो न पुनर्मदनज्वरः ॥ ७०
पान्थाः पथि प्रवर्तन्तां दूरस्थानां प्रवृत्तयः । प्रियाः प्रियाणां श्रूयन्तां जायन्तां तत्समागमाः ॥ ७१
इत्यादिशन्तीव ततः कलहंसरवैः शरत् । आगात्फुल्लाम्बुजमुखी सकाशकुसुमस्मिता ॥ ७२
तस्यां दूरागतो बन्दी तत्र क्षत्तृकृते मठे । भोजनार्थी विवेशैको निशम्य ख्यातिमेकदा ॥ ७३
नाम्ना शम्बरसिद्धिः स मठेऽत्र कृतभोजनः । आत्तवस्त्रयुगश्चित्रपटं भित्तौ ददर्श तम् ॥ ७४
विभाव्य तत्र चित्रस्थं नगरं तत्स विस्मितः । जगाद बन्दी केनेदमहो आलिखितं पुरम् ॥ ७५
यदेकेन मया दृष्टं लिखितं येन तेन च । द्वितीयेनेति जानेऽहं नापरेणेति केनचित् ॥ ७६
एतच्छ्रुत्वा मठजनेनोक्तं भद्रायुधस्य तत् । तत्तेन स्वयमेत्यासौ बन्दी निन्ये नृपान्तिकम् ॥ ७७
किं त्वया नगरं सत्यं तद्दृष्टमिति भूभृता । तत्र शम्बरसिद्धिः स परिपृष्टोऽब्रवीदिदम् ॥ ७८
दृष्टं मया तन्मलयपुरं नाम महापुरम् । भ्रमता भुवमुत्तीर्य वारिधिं द्वीपमध्यगम् ॥ ७९
तस्मिन्मलयसिंहाख्यो नगरेऽस्ति महीपतिः । तस्यास्ति नाम्ना मलयवतीत्यनुपमा सुता ॥ ८०
पुरुषद्वेषिणी सा च स्वप्ने जातु कथंचन । विहारनिर्गता कंचिन्महापुरुषमैक्षत ॥ ८१
तेनालोकितमात्रेण स भीत इव तत्क्षणम् । निर्ययौ मनसस्तस्याः पुरुषद्वेषदुर्ग्रहः ॥ ८२
नीत्वाथ तं स्वभवनं स्वप्न एव विधाय च । विवाहं तेन सहिता वासवेश्म विवेश सा ॥ ८३
तत्र तेन समं यावत्सेवते सुरतोत्सवम् । तावद्वासस्थया दास्या सा निशान्ते प्रबोधिता ॥ ८४
ततो निर्वास्य कोपात्तां दासीं स्वप्नावलोकितम् । तं स्मरन्ती प्रियतमं प्राज्वलद्विरहाग्निना ॥ ८५
अपश्यन्ती गतिं कांचित्स्मरेण विवशीकृता । उत्थायोत्थाय शयने स्रस्ताङ्गी न्यपतत्पुरम् ॥ ८६
मूकेव भूताक्रान्तेव तमःसंमोहितेव च । नोत्तरं पृच्छतः किंचिद्ददौ परिजनस्य सा ॥ ८७
विज्ञाय पित्रा मात्रा च ततः पृष्टातिकृच्छ्रतः । शशंस स्वप्नवृत्तान्तं सा तमाप्तसखीमुखे ॥ ८८
ततः पित्रा कृताश्वासा प्रतिज्ञामकरोच्च सा । विशाम्यग्निं तमाप्नोमि षड्भिर्मासैर्न चेदिति ॥ ८९
पञ्च मासा गताश्चाद्य तस्याः को वेत्ति भावि किम् । इतीदृक्तत्र वृत्तान्तः पुरे परिगतो मया ॥ ९०
एवं तेन ससंवादमुक्ते शम्बरसिद्धिना । जातार्थनिश्चये हृष्टे राज्ञि भद्रायुधोऽभ्यधात् ॥ ९१
सिद्धं कार्यं स देशो हि त्वद्वशः सनृपः प्रभो । तत्तत्र गम्यतां यावन्मासः षष्ठो न यात्यतः ॥ ९२
इति तेनोदिते श्रुत्वा तदाख्यातार्थविस्तरम् । कृत्वा शम्बरसिद्धिं तमग्रे भूरिधनार्चितम् ॥ ९३
रविरश्मिषु संपातं पाण्डिमानं घनेषु च । सरित्तोयेषु कार्श्यं च निरस्येव निजं नृपः ॥ ९४
निरातङ्कः स संपद्य तदैव दयितां प्रति । प्रतस्थे विक्रमादित्यः सैन्येन लघुना वृतः ॥ ९५
गत्वा क्रमेण तीर्णाब्धिर्यावत्प्राप्तः पुरं स तत् । तावद्ददर्श तत्राग्रे जनं कोलाहलाकुलम् ॥ ९६
एषा मलयवत्यद्य पूर्णे षाण्मासिकेऽवधौ । अप्राप्तदयिता वह्निं राजपुत्री विविक्षति ॥ ९७
इत्यत्र शुश्राव जनात्पृष्टादथ स भूपतिः । उपागाच्च स तं देशं रचिता यत्र तच्चिता ॥ ९८
तद्दर्शनादपसृते जने तत्र ददर्श तम् । दृशोरकाण्डपीयूषवर्षं सा राजकन्यका ॥ ९९
सोऽयं प्राणेश्वरः स्वप्नपरिणेता ममागतः । तत्तातस्योच्यतां शीघ्रमिति स्माह च सा सखीः ॥ १००
ताभिर्गत्वा तथैवोक्तस्तत्पिता सोऽथ भूपतिः । निर्दुःखो जातहर्षस्तं प्रह्वो राजानमभ्यगात् ॥ १०१
तत्कालमुत्क्षिप्य भुजं तेन शम्बरसिद्धिना । उच्चैरवसरज्ञेन बन्दिनेदमपठ्यत ॥ १०२

जय निजतेजःसाधितभूतगण म्लेच्छविपिनदावाग्ने।
जय देव सप्तसागरसीममहीमानिनीनाथ॥ १०३
जय विजितसकलपार्थिवविनतशिरोधारितातिगुर्वाज्ञ।
जय विषमशील विक्रमवारिनिधे विक्रमादित्य॥ १०४

इत्युक्ते बन्दिना तं स विक्रमादित्यमागतम्। बुद्ध्वा मलयसिंहोऽत्र राजा जग्राह पादयोः॥ १०५
विवेश च कृतातिथ्यस्तेन साकं स्वमन्दिरम्। तया मलयवत्या च दुहित्रा मृत्युमुक्तया॥ १०६
ददौ च तां सुतां तस्मै विक्रमादित्यभूभृते। स राजा तेन जामात्रा मन्वानः कृतकृत्यताम्॥ १०७
यथा चित्रे तथा स्वप्ने यथा स्वप्ने तथैव ताम्। विलोक्य साक्षान्मलयवतीमङ्कगतां प्रियाम्॥ १०८
स चापि विक्रमादित्यस्तदद्भुतममन्यत। फलं शैलसुताकान्तप्रसादसुरशाखिनः॥ १०९

अथ तामादाय वधूं निर्वृतिमिव रूपिणीं स मलयवतीम्।
उत्तीर्य वारिराशिं सोत्कलिकं सुचिरविरहमिव॥ ११०
तत्तत्प्राभृतहस्तैः प्रणम्यमानः पदे पदे भूपैः।
निजनगरीमुज्जयिनीं प्रत्यागाद्विक्रमादित्यः॥ १११

प्रभावमालोक्य च तत्र तस्य तं यथेच्छसत्यीकृतचित्रकौतुकम्।
विसिस्मिये को न जहर्ष को न वा चकार को वा न महोत्सवं जनः॥ ११२

इति महाकविश्रीसोमदेवभट्टविरचिते कथासरित्सागरे विषमशीललम्बके तृतीयस्तरङ्गः।

चतुर्थस्तरङ्गः।

ततोऽस्य विक्रमादित्यस्यैकदात्र कथान्तरे। राज्ञी कलिङ्गसेनाख्या सपत्नीरेवमब्रवीत्॥ १
राज्ञा मलयवत्यर्थे यत्कृतं न तदद्भुतम्। सदा विषमशीलो हि देवोऽयं प्रथितो भुवि॥ २
अहं न परिणीता किमवस्कन्द्यामुना बलात्। मद्रूपां पुत्रिकां दृष्ट्वा गतेनानङ्गनिघ्नताम्॥ ३
एतन्निमित्तमाख्याता कथा कार्पटिकेन या। देवसेनेन मे तां वः कथयामि निशम्यताम्॥ ४
परिणीतास्म्यविधिना कथं राज्ञेति दुःखिताम्। मामेत्याश्वासयन्नेवं स हि कार्पटिकोऽब्रवीत्॥ ५
मा स्म मन्युं कृथा देवि श्रद्धया परया ह्यसि। परिणीतातिसंरम्भादत्रामूलात्कथां शृणु॥ ६
अहं कार्पटिको भूत्वा सेवां कुर्वन्भवत्प्रभोः। अटव्यां दूरतोऽद्राक्षं महान्तं क्रोडमेकदा॥ ७
दंष्ट्राविशङ्कटमुखं तमालश्यामलच्छविम्। कृष्णपक्षं शशिकलाः खादन्तमिव रूपिणम्॥ ८
एत्य चावेदितो देवि मया राज्ञे तथैव सः। राजापि तद्रसाकृष्टो निरगान्मृगयाकृते॥ ९
मृगाटवीं च संप्राप्य कुर्वन्व्याघ्रमृगक्षयम्। आवेदितं मया दूराद्वराहं पश्यति स्म तम्॥ १०
दृष्ट्वाद्भुतं च तं मत्वा कंचित्कारणसूकरम्। रत्नाकराख्यमारोहदश्वमुच्चैःश्रवःसुतम्॥ ११
मध्याह्ने हि सदा भानुर्मुहूर्तं व्योम्नि तिष्ठति। तत्कालं चारुणेनाश्वा मुच्यन्ते स्नानपानयोः॥ १२
एकदोच्चैःश्रवा मुक्तस्तदा रविरथाद्वने। दृष्टामुपेत्य राज्ञोऽश्वां तं तुरंगमजीजनत्॥ १३
तस्मिन्नारुह्य वाताश्वे जवादन्वपतच्च तम्। वराहं विद्रुतं राजा भूमिं दूरादवीयसीम्॥ १४
तत्र दृष्टिपथात्सोऽस्य नष्टोऽभूत्क्वापि सूकरः। उच्चैःश्रवःसुतादश्वात्तस्मादपि जवाधिकः॥ १५
ततो राजा तमप्राप्य दूरोज्झितपरिच्छदः। एकमन्वागतं दृष्ट्वा मामेवं परिपृष्टवान्॥ १६
अपि जानासि कियतीं वयं भूमिमुपागताः। तच्छ्रुत्वा देवि राजानं प्रत्यवोचमहं तदा॥ १७
योजनानां शतानि त्रीण्यागताः स्मः प्रभो इति। ततो राजाब्रवीत्तर्हि त्वं पद्भ्यां कथमागतः॥ १८
एवं सविस्मयेनाहं राज्ञा पृष्टस्तमब्रवम्। देवास्ति पादलेपो मे वृत्तान्तं चात्र तं शृणु॥ १९
पूर्वं भार्यावियोगेन तीर्थयात्राविनिर्गतः। पथि देवकुलं सायं सोद्यानं प्राप्तवानहम्॥ २०
तत्र चाहं निशां नेतुं प्रविष्टोऽपश्यमन्तरे। स्त्रियमेकामतिथिं च तत्रातिथ्याद्धतस्तया॥ २१

रात्रौ च सा नभस्येकमोष्ठं कृत्वापरं भुवि । व्यात्तास्या प्राह मामीदृग्दृष्टं क्वापि मुखं त्वया ॥ २२
ततोऽसिधेनुमाकृष्य सभ्रूभङ्गमविभ्यता । त्वया चेद्दृक्पुमान्दृष्टः क्वापीत्युक्ता मयापि सा ॥ २३
अथ सौम्यवपुर्भूत्वा साब्रवीन्मामवैकृता । यक्षी चण्ड्यभिधानाहं तुष्टा धैर्येण चास्मि ते ॥ २४
तदिदानीं मम ब्रूहि किं प्रियं करवाणि ते । एवमुक्तवतीं तां च यक्षिणीमहमभ्यधाम् ॥ २५
परितुष्टासि चेत्सत्यं तत्कुरुष्व तथा मम । अक्लेशेन यथा तीर्थान्यटेयं निखिलान्यपि ॥ २६
एवं मयोक्ता यक्षी सा पादलेपमदान्मम । तेन तीर्थान्यहं भ्रान्तस्त्वं चेहाद्यानुधावितः ॥ २७
तेनैव प्रत्यहं चाहमिहागत्याटवीभुवि । भुक्त्वा फलान्युज्जयिनीमेत्य सेवां करोमि ते ॥ २८
इति देवि मया राजा विज्ञप्तोऽन्तरमन्यत । प्रसन्नदृष्टिकथितं योग्यं मामनुयायिनम् ॥ २९
भूयो मयैवं विज्ञप्तो राजा देवानयाम्यहम् । सुस्वादूनि फलानीह भुज्यन्ते प्रभुणा यदि ॥ ३०
नाहं भोक्ष्ये न मे किंचिदुपयुक्तं भवान्पुनः । भुङ्क्तां किंचित्परिश्रान्त इति राजादिशच्च माम् ॥ ३१
ततः कर्कटिकां तत्र संप्राप्याहमभक्षयम् । तया चाजगरोऽभूवमहं भक्षितमात्रया ॥ ३२
दृष्ट्वा चाजगरीभूतमकस्माद्देवि मां तदा । देवो विषमशीलोऽभूत्सविषादः सविस्मयः ॥ ३३
एकाकी चात्र वेतालं भूतकेतुं समस्मरत् । प्राङ्नेत्ररोगाद्यस्यैव मोचयित्वा वशीकृतम् ॥ ३४
स वेतालः स्मृतायातः प्रह्वो राजानमब्रवीत् । किं स्मृतोऽस्मि महाराज निदेशो दीयतामिति ॥ ३५
अथ राजाब्रवीदेतं भद्र कार्पटिकं मम । सहसाजगरीभूतं प्रापय प्रकृतिं निजाम् ॥ ३६
वेतालोऽप्यवदद्देव नास्ति शक्तिर्ममेदृशी । शक्तयो नियता वारि वैद्युताग्निं नु हन्ति किम् ॥ ३७
ततो राजाब्रवीत्तर्हि यामः पल्लीमिमां सखे । अतो बुध्येत भिल्लेभ्यः कोऽप्युपायः कदाचन ॥ ३८
इत्यालोच्य सवेतालो राजा पल्लीं जगाम ताम् । तत्र साभरणं दृष्ट्वा तं चौराः पर्यधारयन् ॥ ३९
किरतां शरवर्षाणि तेषां पञ्चशतानि च । भूतकेतुः स वेतालो राजादेशादभक्षयत् ॥ ४०
शेषाः पलाय्य गत्वा तत्स्वसेनापतयेऽब्रुवन् । एकाकिकेसरी नाम स चागात्सबलः क्रुधा ॥ ४१
भृत्यस्यैकस्य च मुखाद्बुद्ध्वा प्रत्यभिजानतः । सेनापतिः स राजानमेत्य जग्राह पादयोः ॥ ४२
ततो निवेदितात्मानं प्रह्वं प्रत्यभिनन्द्य तम् । पृष्ट्वा च कुशलं राजा सेनापतिमभाषत ॥ ४३
मम कार्पटिको भुक्त्वा फलं कर्कटिकां वने । गतोऽजगरतां तस्य युक्तिं तन्मुक्तये कुरु ॥ ४४
एतद्राजवचः श्रुत्वा सेनापतिरुवाच सः । देवानुगोऽयं मत्पुत्रायास्मै तं दर्शयत्विति ॥ ४५
ततः स तेन तत्पुत्रो वेतालेन सहैत्य माम् । औषधीरसनस्येन पूर्ववन्मानुषं व्यधात् ॥ ४६
उपागच्छाम च ततो हृष्टा राजान्तिकं वयम् । राजा च तमुदन्तं मां पादानतमबोधयत् ॥ ४७
एकाकिकेसरी सोऽथ भिल्लसेनापतिर्निजम् । गृहमभ्यर्थ्य राजानमनैषीदस्मदन्वितम् ॥ ४८
अपश्याम च तत्तस्य सदनं शबरीवृतम् । दन्तिदन्तचितोत्तुङ्गभित्ति व्याघ्रच्छदच्छवि ॥ ४९
वासांसि बर्हिपिच्छानि हारा गुञ्जाफलस्रजः । मातङ्गमदनिष्यन्दो यत्र स्त्रीणां च मण्डनम् ॥ ५०
तत्र सेनापतेर्भार्या परिचर्यां व्यधात्स्वयम् । राज्ञो मृगमदामोदिवासा मुक्ताद्यलंकृता ॥ ५१
स्नातभुक्तस्ततो राजा तत्र वृद्धांस्तदात्मजान् । सेनापतिं च तरुणं दृष्ट्वा तं परिपृष्टवान् ॥ ५२
सेनापते ममाश्चर्यमिदं तावत्त्वयोच्यताम् । तरुणस्त्वं त्वदीयास्तु पुत्रा वृद्धा अमी कथम् ॥ ५३
एवं स राज्ञा गदितः शबरेन्द्रोऽब्रवीदिदम् । महत्येषा कथा देव श्रूयतां यदि कौतुकम् ॥ ५४
चन्द्रस्वामीति विप्रोऽहं मायापुर्यां पुरावसम् । सोऽहं वनमगां जातु दार्वर्थं पितुराज्ञया ॥ ५५
तत्र मे मर्कटो मार्गं रुद्ध्वातिष्ठदबाधकृत् । आर्तेन चक्षुषा पश्यन्मार्गमन्यं प्रदर्शयन् ॥ ५६
न खादत्येष मां तावत्तद्गच्छामि वरं पथा । एतत्प्रदर्श्यमानेन पश्याम्यस्याशयं कपेः ॥ ५७
इत्यालोच्याथ तेनाहं मार्गेण प्रस्थितोऽभवम् । स च मे मर्कटोऽग्रेऽग्रे प्रायात्पश्यन्विवृत्य माम् ॥ ५८
गत्वा च दूरमारोहज्जम्बूवृक्षं स मर्कटः । तत्पृष्ठे च लताजालघने दृष्टिमदामहम् ॥ ५९
लतावलयबद्धाङ्गीमपश्यं चात्र वानरीम् । एतदर्थमनेनाहमानीत इति चाविदम् ॥ ६०

ततोऽहं वृक्षमारुह्य वल्लीवलयपाशकम् । छित्त्वा परशुना तं च वानरीं ताममोचयम् ॥ ६१
अथावतीर्य वृक्षात्तौ वानरो वानरी च सा । अवतीर्णस्य मे पादावगृह्णीतामुभावपि ॥ ६२
स्थापयित्वा च मे पादलग्नां तां वानरीं क्षणम् । गत्वा स कपिरानीय मह्यं दिव्यमदात्फलम् ॥ ६३
तदादाय गृहीत्वाहमिन्धनान्यागमं गृहम् । तत्र चाभक्षयं भार्यासहितस्तत्फलोत्तमम् ॥ ६४
तत्संभुक्ते जरारोगौ सभार्यस्य गतौ मम । ततस्तत्रोदभूदस्मद्देशे दुर्भिक्षविप्लवः ॥ ६५
तदाक्रान्तश्च तत्रत्यो जनो यातो यतस्ततः । अहं दैवादिमं देशं सभार्यः प्राप्तवान्क्रमात् ॥ ६६
इह काञ्चनदंष्ट्राख्यस्तदाभूच्छबराधिपः । तस्य शस्त्रमुपादाय भृत्यतामहमाश्रयम् ॥ ६७
आयोधनेषु दृष्ट्वा च तेषु तेष्वग्रयायिनम् । सोऽथ काञ्चनदंष्ट्रो मां सेनापत्येऽभिषिक्तवान् ॥ ६८
एकभक्त्या च स मया ततोऽप्याराधितः प्रभुः । मह्यमेवान्तकालेऽत्र राज्यं प्रादादपुत्रकः ॥ ६९
इहस्थस्य च मे यातान्यब्दानां सप्तविंशतिः । शतानि न जरा चास्ति मम तत्फलभक्षणात् ॥ ७०
एवं स्वोदन्तमाख्याय स राजानं सविस्मयम् । एकाकिकेसरी भूयो भिल्लराजो व्यजिज्ञपत् ॥ ७१
तन्मया वानरफलाद्यत्कृतं चिरजीवितम् । पूर्णं ततोऽद्य संप्राप्तं फलं त्वत्पाददर्शनम् ॥ ७२
अतोऽहमर्थये देव यो गृहागमनान्मयि । दर्शितोऽनुग्रहोऽद्यायं परितोषं स नीयताम् ॥ ७३
भार्यायां क्षत्रियायां मे देवोत्पन्नास्ति कन्यका । अनन्यतुल्या रूपेण नाम्ना मदनसुन्दरी ॥ ७४
कन्यारत्नं च तद्देवादृते नान्यत्र शोभते । तत्प्रयच्छामि तां तुभ्यमुद्वहस्व यथाविधि ॥ ७५
दासोऽहं च धनुर्लक्षद्वयेनानुगतः प्रभो । इति तेनार्थितो राजा स तथेत्यन्वमन्यत ॥ ७६
शुभे लग्ने च तां तस्य तनयां परिणीतवान् । मुक्ताकस्तूरिकाभारभृतोष्ट्रशतदायिनः ॥ ७७
सप्तरात्रमुषित्वा च राजा प्रस्थितवांस्ततः । तया मदनसुन्दर्या सभिल्लानीकया सह ॥ ७८
अत्रान्तरेऽश्वापहृते राज्ञि तन्मृगयावने । स्थितमस्मद्बलं खिन्नं क्षत्ता भद्रायुधोऽभ्यधात् ॥ ७९
अलं विषादेनायाति नचिरादेव वः प्रभुः । नास्य दिव्यप्रभावस्य किंचिदत्यहितं भवेत् ॥ ८०
किं न स्मरथ यद्गत्वा पातालात्परिणीय च । नागकन्यां सुरूपाख्यामेककः स इहागतः ॥ ८१
गन्धर्वलोकं गत्वा च वीरः प्रत्यागतस्ततः । तारावलीमुपादाय गन्धर्वाधिपकन्यकाम् ॥ ८२
इत्युक्त्वाश्वासिताः सर्वे तेन भद्रायुधेन ते । अतिष्ठन्नटवीद्वारे राज्ञो मार्गावलोकिनः ॥ ८३
राजापि स्पष्टमार्गेण समं शबरसैनिकैः । तस्यां मदनसुन्दर्यां प्रकामन्त्यां यथेच्छया ॥ ८४
प्राविशत्तुरगारूढः सवेतालो मया सह । वनं तत्पूर्वदृष्टस्य वराहस्य दिदृक्षया ॥ ८५
प्रविष्टस्य च तत्रागाद्वराहस्तस्य सोऽग्रतः । दृष्ट्वैव च स राजा तमवधीत्पञ्चभिः शरैः ॥ ८६
हतस्य तस्य धावित्वा वेतालेन विदारितात् । उदरादेवि निरगादकस्मात्सुभगः पुमान् ॥ ८७
को भवानिति यावत्तं राजा पृच्छति विस्मयात् । जङ्गमाद्रिनिभस्तावदागात्तत्र वनद्विपः ॥ ८८
आपतन्तं तमारण्यं राजा दृष्ट्वैव कुञ्जरम् । एकेनैव पृषत्केन मर्माहतमपातयत् ॥ ८९
तस्यापि पाटितात्तेन वेतालेनोदरान्तरात् । पुरुषो निरगाद्दिव्यः स्त्री च सर्वाङ्गसुन्दरी ॥ ९०
प्रष्टुकामं च राजानं वराहोदरनिर्गतः । स पुमानवदद्राजन्स्वोदन्तं शृणु वच्मि ते ॥ ९१
आवां देवकुमारौ द्वौ भद्राख्योऽयमहं शुभः । तौ भ्रमन्तावपश्याव कण्वं ध्यानस्थितं मुनिम् ॥ ९२
गजसूकरयो रूपमावाभ्यां क्रीडया कृतम् । कृत्वा च त्रासितो मोहान्महर्षिः शपति स्म नौ ॥ ९३
अटव्यामीदृशावेव भवतं गजसूकरौ । विक्रमादित्यभूपेन हतौ मुक्तिमवाप्स्यथः ॥ ९४
इत्यावां मुनिशापेन गजसूकरतां गतौ । त्वयाद्य मोचितौ स्त्री तु स्वोदन्तं वक्त्वियं स्वयम् ॥ ९५
एतं च सूकरं कण्ठे पृष्ठे च स्पृश वारणम् । कृपाणचर्मणी दिव्ये तवैतौ हि भविष्यतः ॥ ९६
इत्युक्त्वा सद्वितीयः स तिरोऽभूत्तौ च भूपतेः । क्रोडद्विपौ करस्पृष्टौ संपन्नौ खड्गचर्मणी ॥ ९७
ततः सा स्त्री स्ववृत्तान्तं पृष्टा सत्येवमब्रवीत् । भर्याहं धनदत्ताख्यस्योज्जयिन्यां वणिक्पतेः ॥ ९८
सा हर्म्यतलसुप्ताहमागत्यानेन दन्तिना । निगीर्यैवमिहानीता न चास्यान्तः पुमानभूत् ॥ ९९

भिन्नोदरात्तु निर्यातः पुमानस्मान्मया सह । एवमुक्तवतीं राजा दीनां तामवदत्स्त्रियम् ॥ १००
धीरा भव गृहान्भर्तुर्भवतीं प्रापयाम्यहम् । समं मदवरोधेन गच्छ प्रक्रमनिर्भया ॥ १०१
इत्युक्त्वानाययित्वा तां वेतालेन समर्पयत् । राज्ञ्यै मदनसुन्दर्यै प्रक्रामन्त्यै पृथक्पथा ॥ १०२
प्रत्यागतेऽथ वेताले तत्रापश्याव कानने । अकस्माद्राजकन्ये द्वे भूरिभव्यपरिच्छदे ॥ १०३
आनाययच्च मां प्रेष्य तयो राजा महत्तरान् । कुतः के कन्यके चैते इति पृष्टाश्च तेऽब्रुवन् ॥ १०४
अस्ति द्वीपं कटाहाख्यं केतनं सर्वसंपदाम् । अन्वर्थनामा तत्रास्ति नृपतिर्गुणसागरः ॥ १०५
तस्याजनि महादेव्यां नाम्ना गुणवती सुता । निर्मातुरेव धातुर्या रूपेणाश्चर्यदायिनी ॥ १०६
तस्याश्च सिद्धैरादिष्टः सप्तद्वीपेश्वरः पतिः । ततश्च तत्पिता राजा सोऽमन्त्रयत मन्त्रिभिः ॥ १०७
विक्रमादित्यदेवोऽस्या योग्यो मे दुहितुर्वरः । तत्पाणिग्रहणायैतां तस्यैव प्रेषयाम्यहम् ॥ १०८
इति संमन्त्र्य वहने जलधौ सपरिच्छदाम् । आरोप्य सधनां तां च स राजा व्यसृजत्सुताम् ॥ १०९
सुवर्णद्वीपनिकटं प्राप्तं दैवाद्व्यगीर्यत । सराजकन्यं सजनं वहनं शफरेण तत् ॥ ११०
स चाब्धिवेलया नीत्वा विधिगत्यैव रोधसि । क्षिप्तस्तद्वीपसंलग्नो महामत्स्योऽवसन्नवान् ॥ १११
दृष्ट्वैव तत्र धावित्वा नानाप्रहरणो जनः । व्यापाद्याश्चर्यमत्स्यस्य तस्योदरमपाटयत् ॥ ११२
निरगाच्च ततः पूर्णं जनैस्तद्वहनं महत् । बुद्ध्वैतद्विस्मयादागात्तत्र तद्द्वीपभूपतिः ॥ ११३
स चन्द्रशेखरो राजा गुणसागरभूभृतः । स्यालो जनाद्वहनगाद्यथातत्त्वमबुध्यत ॥ ११४
ततो बुद्ध्वा गुणवतीं भागिनेयीं स तां नृपः । प्रवेश्य राजधानीं स्वामानन्दादुत्सवं व्यधात् ॥ ११५
अन्येद्युश्च सुतां चन्द्रवतीं नाम स भूपतिः । विक्रमादित्यदेवाय दातुं प्राक्परिकल्पिताम् ॥ ११६
गुणवत्या तया साकं तत्कृते विभवोत्तराम् । प्रास्थापयत्प्रवहणे सुमुहूर्तेऽधिरोपिताम् ॥ ११७
ते इमे तीर्णजलधी प्रक्रामन्त्यौ क्रमादिह । राजकन्ये उभे प्राप्ते वयं परिकरोऽनयोः ॥ ११८
इह प्राप्तांश्च नः क्रोडवारणावभ्यधावताम् । सुमहान्तौ ततोऽस्माभिरेवमाक्रन्दितं प्रभो ॥ ११९
आगते विक्रमादित्यदेवस्यैते स्वयंवरे । कन्यके लोकपालास्तत्तस्य धर्मेण रक्षत ॥ १२०
तच्छ्रुत्वावोचतां तौ नः क्रोडेभौ व्यक्तया गिरा । धीरा भवत भीर्नास्ति राजनामग्रहेण वः ॥ १२१
इहैव तं च राजानमागतं द्रक्ष्यथाधुना । इत्युक्त्वा तौ गजक्रोडौ दिव्यौ कौचिदितो गतौ ॥ १२२
एषोऽस्मदीयवृत्तान्त इत्युक्ते तैर्महत्तरैः । अयं स एव राजेति देवि तानहमब्रवम् ॥ १२३
ततस्ते पादपतिता हृष्टास्ते राजकन्यके । तस्मै गुणवतीचन्द्रवत्यौ राज्ञे समर्पयन् ॥ १२४
राजाप्यादिश्य वेतालं सुन्दर्यौ ते अनाययत् । सार्धं मदनसुन्दर्या समं तिस्रोऽपि यान्त्विति ॥ १२५
स्वयं च तेन वेतालेनागतेन ततः क्षणात् । मया च सहितः प्रायादुत्पथेनैव देवि सः ॥ १२६
गच्छतां च वनेऽस्माकं रविरस्तमुपागमत् । तत्कालं तत्र चास्माभिरश्रावि मुरजध्वनिः ॥ १२७
कुतो मुरजशब्दोऽयमिति राजनि पृच्छति । वेतालः सोऽब्रवीद्देवकुलं देवात्र विद्यते ॥ १२८
दिव्यकौतूहलं तच्च निर्मितं विश्वकर्मणा । तत्रैष मुरजध्वानः संध्याप्रेक्षणके प्रभो ॥ १२९
इत्युक्तवान्स वेतालो राजा चाहं च कौतुकात् । तत्रागच्छाम संयम्य तुरगं प्रविशाम च ॥ १३०
अपश्यामार्चितं चात्र तार्क्ष्यरत्नमयं महत् । लिङ्गं तदग्रे चोदग्रदीपकं प्रेक्षणीयकम् ॥ १३१
अनृत्यन्सुचिरं तत्र दिव्यरूपा वरस्त्रियः । चतुर्विधेन वाद्येन गानगान्धर्वयोगिना ॥ १३२
प्रेक्ष्यान्ते दृष्टमस्माभिस्तत्राश्चर्यं प्रविश्य यत् । स्तम्भस्थपुत्रिकास्वन्तर्नर्तक्यो लयमागताः ॥ १३३
गायना वादकाद्याश्च चित्रस्थपुरुषेष्वपि । तद्दृष्ट्वा विस्मिते राज्ञि स वेतालोऽब्रवीदिदम् ॥ १३४
मायेयमीदृशी दिव्या विश्वकर्मकृताश्रया । सततं हि भवत्येतत्संध्ययोरुभयोरपि ॥ १३५
इत्युक्ते तेन तत्रान्तर्भ्रमन्तौ वयमेकतः । सविशेषामपश्याम रूपेण स्तम्भपुत्रिकाम् ॥ १३६
राजा तु तां विलोक्यैव तल्लावण्यविमोहितः । शून्यः स्तब्धः क्षणं सोऽपि स्तम्भोत्कीर्ण इवाभवत् ॥ १३७
अब्रवीच्च न पश्यामि रूपेणानेन चेदहम् । सजीवामङ्गनां तन्मे किं राज्यं किं च जीवितम् ॥ १३८

एतच्छ्रुत्वा स वेतालोऽवादीन्नैतद्दुरासदम् । कलिङ्गसेना नामास्ति कलिङ्गाधिपतेः सुता ॥ १३९
तां दृष्ट्वा रूपकारेण तद्रूपघटनेप्सुना । वर्धमानपुरीयेण कृतेयं सालभञ्जिका ॥ १४०
तद्गत्वोज्जयिनीं तस्मात्कालिङ्गान्नृपतेः प्रभो । तामर्थयस्व तत्कन्यां विक्रमेण हराथवा ॥ १४१
इति वेतालवचनं न्यधाद्राजा तथा हृदि । ततो नीत्वात्र तां रात्रिं प्रातः संप्रस्थिता वयम् ॥ १४२
यान्तश्चाशोकवृक्षस्य तलेऽपश्याम पूरुषौ । भव्यौ द्वौ तौ च राजानमुत्थायानमतां ततः ॥ १४३
कौ युवां किमरण्यस्थाविति राज्ञोक्तयोस्तयोः । एको वक्ति स्म देवैतच्छ्रूयतां कथयाम्यहम् ॥ १४४
धनदत्ताभिधानोऽहमुज्जयिन्यां वणिक्सुतः । सोऽहं हर्म्यतले जातु संसुप्तो भार्यया सह ॥ १४५
प्रातः प्रबुध्य पश्यामि यावत्सा तत्र नास्ति मे । भार्या हर्म्ये न चान्येषु प्रासादोपवनादिषु ॥ १४६
न तस्याश्चित्तमन्यादृक्क्लृप्तोऽत्र प्रत्ययस्तथा । यदि साध्व्यस्मि तदियं न म्लायेद्ध्रुवमित्यसौ ॥ १४७
माला मह्यं तया दत्ता सा चाम्लानैव वर्तते । तन्न जाने क्व याता सा नीता भूतादिना नु किम् ॥ १४८
इति संचिन्तयंश्चिन्वन्नाक्रन्दन्विलपन्रुदन् । अतिष्ठं तद्वियोगाग्निज्वलितोऽहमभोजनः ॥ १४९
बान्धवाश्वासितः किंचित्कृताहारोऽथ दुःखितः । ब्राह्मणान्भोजयन्नासं देवागारे कृतस्थितिः ॥ १५०
तत्र जातु परिश्रान्तो विप्रो मामयमभ्यधात् । मया विश्रमितश्चायं स्नानाहारादिना तदा ॥ १५१
कुतस्त्वमिति पृष्टश्च भुक्तोत्तरमसौ मया । वाराणसीसमीपस्थाद्ग्रामादस्मीत्यभाषत ॥ १५२
मद्भृत्याख्यातमद्दुःखस्तत एषोऽब्रवीत्पुनः । आत्मावसादितो मित्र किमनुद्योगिना त्वया ॥ १५३
व्यवसायी हि दुष्प्रापमपि प्राप्नोति तत्सखे । उत्तिष्ठ तव भार्यां तामन्विष्याव: सखास्मि ते ॥ १५४
कथं सान्विष्यते यस्या दिङ्मात्रं नैव बुध्यते । इत्युक्तवन्तमथ मां प्रीत्या भूयोऽब्रवीदयम् ॥ १५५
मैवं किं केसटो न प्रागसंभाव्यसमागमाम् । प्राप रूपवतीं भार्यां तथा चैतत्कथां शृणु ॥ १५६
पुरे पाटलिपुत्रेऽभूद्धनाढ्यब्राह्मणात्मजः । केसटाख्यो द्विजयुवा रूपे काम इवापरः ॥ १५७
स भार्यां सदृशीं प्रेप्सुः पित्रोरविदितो गृहात् । निर्गत्य देशान्बभ्राम तांस्तांस्तीर्थापदेशतः ॥ १५८
क्रमाच्च नर्मदातीरं प्राप्तो जातु ददर्श सः । महान्तमागतं तेन जन्ययात्राजनं पथा ॥ १५९
दृष्ट्वा च दूरात्तन्मध्यादेत्यैकस्तं द्विजाग्रणीः । संभाष्य केसटं वृद्धः प्राह सप्रणयं रहः ॥ १६०
त्वत्तोऽहमर्थये किंचिल्लीलासाध्यं च तत्तव । मम तूपकृतिः पूर्णा करोषि यदि वच्मि तत् ॥ १६१
तच्छ्रुत्वा केसटोऽवादीदार्य शक्यं ब्रवीषि चेत् । तन्निश्चितं मया कार्यं भवतूपकृतिस्तव ॥ १६२
ततो वृद्धद्विजोऽवादीच्छृणु पुत्रास्ति मे सुतः । स चाग्रणीर्विरूपाणां सुरूपाणां भवानिव ॥ १६३
दन्तुरश्चिपिटघ्राणः कृष्णः कातरलोचनः । पृथूदरो वक्रपादः शूर्पकर्णपुटश्च सः ॥ १६४
तादृशस्य कृते स्नेहात्कृत्वा रूपाभिवर्णनम् । ब्राह्मणाद्रत्नदत्ताख्यात्कन्यका याचिता मया ॥ १६५
सा च रूपवती नाम पित्रा दातुं प्रतिश्रुता । तेनान्वर्थाभिधा तस्मै सोऽद्य पाणिग्रहस्तयोः ॥ १६६
तदर्थमागता एते वयं दृष्टे च मत्सुते । न संबन्धी सुतां दद्यादारम्भोऽयं वृथा भवेत् ॥ १६७
उपायं ध्यायता चात्र मया लब्धो भवानिह । तद्वाचा प्रतिपन्नं द्रागिदं मे वाञ्छितं कुरु ॥ १६८
अस्माभिः सममागत्य कन्यां तां परिणीय च । मत्पुत्राय प्रयच्छाद्य वध्वास्त्वं ह्यनुरूपकः ॥ १६९
तच्छ्रुत्वा तं तथेत्युक्तवन्तमादाय केसटम् । नौभिः स नर्मदां तीर्त्वा पारं वृद्धद्विजो ययौ ॥ १७०
प्राप्य चैकं पुरं सोऽथ व्यश्रमत्सानुगो बहिः । आकाशपथिकोऽस्ताद्रौ तावदर्कोऽप्युपाविशत् ॥ १७१
प्रसर्पति ततो ध्वान्ते जलोपान्ते स केसटः । उपस्प्रष्टुं गतोऽद्राक्षीद्राक्षसं घोरमुत्थितम् ॥ १७२
भक्षयाम्यहमेष त्वां क्व मे केसट यास्यसि । इत्युक्तवन्तं च स तं राक्षसं केसटोऽभ्यधात् ॥ १७३
मा स्म मां भक्षयेस्तावत्त्वामुपैष्याम्यहं पुनः । ब्राह्मणस्य प्रतिज्ञातं कार्यं निर्वाह्य निश्चितम् ॥ १७४
तच्छ्रुत्वा कारयित्वा च शपथं सोऽथ राक्षसः । मुमोच केसटं सोऽपि तज्जन्यबलकं ययौ ॥ १७५
ततः स वृद्धविप्रस्तं वरमण्डनमण्डितम् । आदाय केसटं जन्यैः समं तत्प्राविशत्पुरम् ॥ १७६
तत्र सज्जितवेदीकं रत्नदत्तगृहं च सः । प्रावेशयत्केसटं तं विविधातोद्यनादितम् ॥ १७७

केसटश्च स तां सम्यगुपयेमे वराननाम् । कन्यां रूपवतीं तत्र पित्रा प्रत्तमहाधनाम् ॥ १७८
ननन्द स्त्रीजनश्चात्र तुल्यौ वीक्ष्य वधूवरौ । सा च रूपवती प्राप्तं दृष्ट्वा तं तादृशं वरम् ॥ १७९
तस्याः सख्योऽपि तं दृष्ट्वा जज्ञिरे जातमन्मथाः । विषादविस्मयाक्रान्तः स त्वासीत्केसटस्तदा ॥ १८०
रात्रौ च शयनीये तं चिन्तासक्तं पराङ्मुखम् । प्रियं रूपवतीं दृष्ट्वा व्याजसुप्तं चकार सा ॥ १८१
निशीथे सोऽथ सुप्तां तां मत्वा निर्गत्य केसटः । राक्षसस्यान्तिकं तस्य सत्यं पालयितुं ययौ ॥ १८२
सापि रूपवती स्वैरमुत्थायानुपलक्षिता । सकौतुका तं भर्तारमन्वियाय पतिव्रता ॥ १८३
प्राप्तं च केसटं तत्र राक्षसः स जगाद तम् । साधु भोः पालितं सत्यं महासत्त्वोऽसि केसट ॥ १८४
पुरं पाटलिपुत्रं तत्केसटश्च पिता त्वया । पवित्रितस्तदायाहि यावत्त्वां भक्षयाम्यहम् ॥ १८५
तच्छ्रुत्वा सहसोपेत्य रूपवत्यभ्यधादिदम् । मां खाद भक्षिते ह्यस्मिन्पत्यौ का मे गतिर्भवेत् ॥ १८६
भिक्षा ते गतिरित्युक्ते रक्षसा साप्युवाच तम् । को मे भिक्षां महासत्त्व दास्यतीह स्त्रिया इति ॥ १८७
यो न दास्यति भिक्षां ते याचितस्तस्य यास्यति । शतधा शिर इत्युक्ते राक्षसेन च साब्रवीत् ॥ १८८
तर्हि त्वमेव मे देहि भर्तृभिक्षामिमामिति । अददच्च ममाराशु शीर्णमूर्धा स राक्षसः ॥ १८९
साथ केसटमादाय तच्चारित्रातिविस्मितम् । आगाद्रूपवती वेश्म तावच्चाक्षीयत क्षपा ॥ १९०
श्वोभूते च कृताहारं तज्जन्यबलकं ततः । प्रस्थाय नर्मदातीरं संप्राप सवधूवरम् ॥ १९१
ततो वधूं रूपवतीं नावमारोप्य सानुगाम् । स मुख्यवृद्धविप्रोऽन्यां नावमारोहदात्मना ॥ १९२
केसटं तु पृथङ्नावि स्वीकृत्याभरणादि सः । आरोपयच्छठः कृत्वा नाविकैः सह संविदम् ॥ १९३
ततः स सवधूजन्यः पारं तीर्त्वा ययौ द्विजः । नदीमध्येन दूरं तु दाशैर्निन्ये स केसटः ॥ १९४
तत्र क्षिप्त्वा महत्योघे नावं तां केसटं च ते । वृद्धद्विजादात्तधना बाहुतीर्णापगा ययुः ॥ १९५
केसटस्तु सनौकोऽपि नद्या हृत्वोत्तरङ्गया । क्षिप्तोऽम्बुधौ वातवशान्न्यस्तोऽभूदूर्मिणा तटे ॥ १९६
तत्रायुषः सशेषत्वात्समाश्वस्य व्यचिन्तयत् । अहो प्रत्युपकारोऽयं कृतस्तेन द्विजेन मे ॥ १९७
किं वा तेनैव नाख्याता तस्य निर्धर्ममूर्खता । युनक्ति भार्यया पुत्रं परेण परिणाय्य यत् ॥ १९८
इति संचिन्तयन्यावदास्ते तत्र स विह्वलः । विचरत्खेचरीचक्रा तावत्तस्याययौ क्षपा ॥ १९९
तस्यां विनिद्रस्तुर्ये स यामे कलकलं दिवि । श्रुत्वा ददर्श सुभगं स्वाद्भ्रष्टं पुरुषं पुरः ॥ २००
त्रस्तश्चिरादविकृतं तं विभाव्य स केसटः । को भवानिति पप्रच्छ ततस्तं सोऽब्रवीत्पुमान् ॥ २०१
त्वं मे ब्रूहि भवान्कोऽत्र ततो वक्ष्याम्यहं तव । तच्छ्रुत्वा केसटस्तस्मै स्ववृत्तान्तमवर्णयत् ॥ २०२
ततः स पुरुषोऽवादीत्तुल्यावस्थोऽसि तर्हि मे । तदिदानीं स्ववृत्तान्तं तव वच्मि सखे शृणु ॥ २०३
अस्ति वेणानदीतीरे पुरं रत्नपुराख्यया । तत्र कंदर्पनामाहमाढ्यपुत्रो गृही द्विजः ॥ २०४
सोऽहं प्रदोषे तोयार्थी वेणामवतरन्नदीम् । तस्यां स्खलित्वा पतितो वार्योघेण हृतोऽभवम् ॥ २०५
दूरं नीत्वा तया रात्र्या तेनाहं च दिनागमे । आयुर्बलात्कच्छगते तरुखण्डे निवेशितः ॥ २०६
शाखावलम्बेनारुह्य रोधस्याश्वस्य चान्तिके । मातृदेवगृहं शून्यं तत्रापश्यमहं महत् ॥ २०७
तस्मिन्प्रविश्य दृष्ट्वान्तः स्फुरन्तीरिव तेजसा । मातॄरहं शान्तभयो नत्वा स्तुत्वा व्यजिज्ञपम् ॥ २०८
भगवत्यः परित्राणं कुरुध्वं कृपणस्य मे । अहमेष हि युष्माकं प्राप्तोऽद्य शरणागतः ॥ २०९
इति विज्ञप्य नद्योघपरिक्लिष्टस्य तत्र मे । विश्राम्यतः शनैर्मित्र विश्रान्तिं वासरोऽप्यगात् ॥ २१०
आगात्तारास्थिमालाढ्या ज्योत्स्नाभूतिसिता ततः । शशिशुभ्रकपाला च रौद्री रजनितापसी ॥ २११
तत्कालं चात्र जानामि ततो मातृगणान्तरात् । निर्गत्य योगिनीग्रामः परस्परमभाषत ॥ २१२
अद्य चक्रपुरेऽस्माभिर्गन्तव्यं चक्रमेलके । इह च श्वापदाकीर्णे रक्षास्य ब्राह्मणस्य का ॥ २१३
तदेष स्थाप्यतां नीत्वा यत्रैतस्य शुभं भवेत् । आनेष्यामः पुनश्चैनमेषोऽस्मान्शरणं श्रितः ॥ २१४
इत्युक्त्वा खेन नीत्वा मामलंकृत्य निधाय च । पुरे क्वापि गृहे कस्याप्याढ्यविप्रस्य ता गताः ॥ २१५
तत्र पश्यामि यावच्च कन्योद्वाहाय सज्जिता । वेदी लग्नश्च संप्राप्तो न जन्यबलकं पुनः ॥ २१६

ततस्तत्र स्थितं दिव्यवरवेषं विलोक्य माम् । अयं तावद्वरः प्राप्त इति सर्वोऽब्रवीज्जनः ॥ २१७
ततो नीत्वैव मां वेदीमानीयालंकृतां सुताम् । गृहस्थोऽत्र स विप्रस्तां मह्यं प्रादाद्यथाविधि ॥ २१८
दिष्ट्या तुल्यवरप्राप्तेरस्याः सुमनसोऽधुना । सौन्दर्यं सफलीभूतमित्यन्योन्यं स्त्रियोऽभ्यधुः ॥ २१९
ततः कृतविवाहोऽत्र तया सुमनसा सह । महोपचारसुखितः प्रासादे सुप्तवानहम् ॥ २२०
अथास्मिन्पश्चिमे यामे योगिन्यश्चक्रमेलकात् । आगत्य ताः स्वयुक्त्या मां हृत्वैवोदपतन्नभः ॥ २२१
यान्तीनां नभसा तासामन्याभिर्मजिहीर्षुभिः । साकं प्रवृत्तयुद्धानामहं हस्तादिह च्युतः ॥ २२२
न च तद्वेद्मि नगरं यत्र सा सुमना मया । परिणीता न जाने च किमिदानीं भविष्यति ॥ २२३
इत्येष विधिना दत्ता या मे दुःखपरम्परा । सा सुखान्तैव संपन्ना ममाद्य त्वत्समागमात् ॥ २२४
इत्युक्तवन्तं कंदर्पं केसटस्तमुवाच सः । मा भैषीर्मित्र नेदानीं योगिन्यः प्रभवन्ति ते ॥ २२५
अस्ति मे तादृशी शक्तिः काप्यप्रतिहता यतः । सहैव च भ्रमिष्यावो विधिः श्रेयो विधास्यति ॥ २२६
अन्योन्यं वदतोरेवं व्यतीयाय तयोर्निशा । प्रातस्ततः प्रयातः स्म तौ च तीर्णाम्बुधी उभौ ॥ २२७
क्रमाद्भीमपुरं नाम नगरं प्रापतुश्च तौ । सह केसटकंदर्पौ रत्नगाः समीपगम् ॥ २२८
तत्र तौ तन्नदीतीरे श्रुत्वा कलकलं तदा । गत्वा ददृशतुर्मत्स्यमापूरिततटद्वयम् ॥ २२९
समुद्रवेलया क्षिप्तं बद्धं कायमहत्तया । मांसार्थिभिः पाट्यमानं नानाशस्त्रकरैर्जनैः ॥ २३०
पाट्यमानस्य निरगादुदरात्तस्य चाङ्गना । साश्चर्यजनदृष्टा च सा भीताशिश्रियत्तटम् ॥ २३१
ततस्तां वीक्ष्य कंदर्पो हृष्टोऽभाषत केसटम् । वयस्य सेयं सुमना यामहं परिणीतवान् ॥ २३२
न जाने पुनरेतस्या वासो मत्स्योदरे कथम् । तत्तूष्णीमिह तिष्ठावो यावद्व्यक्तिर्भविष्यति ॥ २३३
तथेति केसटेनोक्ते तत्रावस्थितयोस्तयोः । का त्वं किमेतदिति सा पृष्टाभूत्सुमना जनैः ॥ २३४
ततः कृच्छ्रेण सावादीदहं रत्नाकरे पुरे । जयदत्ताभिधानस्य विप्रचूडामणेः सुता ॥ २३५
सुमना इति नाम्नास्मि साहं भव्येन केनचित् । परिणीतानुरूपेण निशि ब्राह्मणसूनुना ॥ २३६
तत्रात्रावेव सुप्ताया गतः क्वापि स मे पतिः । यत्नान्विष्टोऽपि मत्पित्रा न च प्राप्तः कुतोऽपि सः ॥ २३७
ततोऽस्मि पतिता नद्यां तद्वियोगाग्निशान्तये । निगीर्णानेन मत्स्येन संप्राप्तेह विधेर्वशात् ॥ २३८
इति तां वादिनीमेवं निर्गत्य जनमध्यतः । आश्लिष्य यज्ञस्वामीति विप्र एकोऽब्रवीदिदम् ॥ २३९
एह्येहि पुत्रि भवती भगिनीदुहिता मम । यज्ञस्वामीति हि भ्राता सोदर्यो मातुरस्मि ते ॥ २४०
तच्छ्रुत्वा मुखमुद्घाट्य सुमनास्तमवेक्ष्य सा । मातुलं प्रत्यभिज्ञाय सास्रा जग्राह पादयोः ॥ २४१
क्षणं त्यक्त्वाशु चावादीत्तं तु काष्ठानि देहि मे । आर्यपुत्रवियुक्ताया अग्नेरन्या न मे गतिः ॥ २४२
बोध्यमानापि सा तस्मान्निश्चयान्न चचाल यत् । तत्परीक्षिततच्चित्तः कंदर्पस्तामुपाययौ ॥ २४३
तमुपागतमालोक्य प्रत्यभिज्ञाय धीमती । सुमनाः पादयोस्तस्य पतित्वा प्ररुरोद सा ॥ २४४
जनेन पृच्छ्यमाना च तेन सा मातुलेन च । अयं स मम भर्तेति निजगाद मनस्विनी ॥ २४५
ततः सर्वेषु हृष्टेषु यज्ञस्वामी निनाय ताम् । स्वगृहं तत्पतिं तं च कंदर्पं केसटान्वितम् ॥ २४६
तत्र तान्वर्णितस्वस्ववृत्तान्तान्सकुटुम्बकः । उपचारेण महता प्रीत्या परिचचार सः ॥ २४७
गतेष्वहःसु कंदर्पं केसटोऽत्र जगाद तम् । अभीष्टभार्याप्राप्त्या त्वं प्राप्तस्तावत्कृतार्थताम् ॥ २४८
तत्सभार्योऽधुना गच्छ निजं रत्नपुरं पुरम् । अकृतार्थो गमिष्यामि न स्वदेशमहं पुनः ॥ २४९
तीर्थान्येव भ्रमन्देहं क्षपयिष्याम्यमुं सखे । तच्छ्रुत्वा केसटं यज्ञस्वामी तत्र स्थितोऽवदत् ॥ २५०
किमुद्वेगाद्वदस्येवं सर्वं जीवद्भिराप्यते । कुसुमायुधवृत्तान्तं तथा च शृणु वच्मि ते ॥ २५१
देवस्वामीत्यभूत्खण्डपुराख्ये नगरे द्विजः । तस्यातिरूपा कन्याभून्नाम्ना कमललोचना ॥ २५२
शिष्यश्च विप्रपुत्रोऽभून्नाम्नास्य कुसुमायुधः । स शिष्यः सा च तत्कन्या प्रीतावास्तां परस्परम् ॥ २५३
एकदा निश्चिता दातुं पित्रान्यस्मै वराय सा । कन्या सखीमुखेनाशु तं स्माह कुसुमायुधम् ॥ २५४
तातो मां दातुमन्यस्मै प्रतिपन्नो भवांश्च मे । पूर्वसंकल्पितो भर्ता तद्युक्त्या हर मामितः ॥ २५५

ततोऽस्याः सोऽपहाराय कृतसंविद्बहिर्निशि । अस्थापयद्वेगसरीं भृत्यं च कुसुमायुधः ॥ २५६
स्वैरं निर्गत्य चारूढा तस्यां भृत्येन तेन सा । न तस्य निकटं निन्ये निन्ये स्वीकर्तुमन्यतः ॥ २५७
दूरं नीता च सा तेन रात्रौ कमललोचना । प्राप्यैकं नगरं प्रातस्तमाह स्म च सा सती ॥ २५८
त्वत्स्वामी क स मद्भर्ता तं प्रापयसि किं न माम् । तच्छ्रुत्वा स शठोऽवादीदेकिकां तां विदेशगाम् ॥ २५९
अहं त्वां परिणेष्यामि किं तेन स कुतोऽधुना । श्रुत्वैतत्साब्रवीत्प्राज्ञा त्वं हि मे सुतरां प्रियः ॥ २६०
त्वमेवात्र न किं सद्यः परिणेयोऽस्यहो मम । ....॥ २६१
ततस्तां नगरोद्याने स्थापयित्वैव दुर्मतिः । स विवाहोपकरणं जगामानेतुमापणम् ॥ २६२
तावत्पलाय्य गत्वा सा कन्या वेगसरीयुता । मालाकारस्य कस्यापि वृद्धस्य प्राविशद्गृहम् ॥ २६३
तत्रोक्तनिजवृत्तान्ता तस्थौ सा तेन सत्कृता । सोऽप्यप्राप्य कुभृत्यस्तामुद्यानाद्विमुखो ययौ ॥ २६४
गत्वा चोवाच पृच्छन्तं प्रभुं तं कुसुमायुधम् । ऋजुस्त्वं वेत्सि न स्त्रीणां कुटिलानां हि चेष्टितम् ॥ २६५
नैव सा निरगात्तावद्दृष्टो यावदहं जनैः । तत्रान्यैस्तैरवध्वध्यो हृता वेगसरी च सा ॥ २६६
दैवात्कथंचिदधुना पलाय्याहमिहागतः । तच्छ्रुत्वा विमृशंस्तूष्णीमासीत्स कुसुमायुधः ॥ २६७
एकदा प्रेरितः पित्रा विवाहाय व्रजंश्च सः । तत्प्राप नगरं यत्र स्थिता कमललोचना ॥ २६८
तत्रावासितजन्यौघमुद्याने निकटस्थिते । एकं भ्रमन्तं कमललोचना सा ददर्श तम् ॥ २६९
शशंस मालाकाराय तस्मै सा यद्गृहे स्थिता । सोऽपि गत्वोक्तवृत्तान्तस्तं तस्याः पतिमानयत् ॥ २७०
तत्संभृतोपकरणस्ततः सुचिरकाङ्क्षितः । वरवध्वोस्तयोः सद्यो विवाहो निरवर्तत ॥ २७१
अथ तं पापभृत्यं स निगृह्य कुसुमायुधः । परिणीयापि कमललोचनाप्राप्तिकारणम् ॥ २७२
द्वितीयामपि कन्यां तां यद्विवाहार्थमागमत् । ताभ्यां वधूभ्यां सहितो हृष्टः स्वं देशमाययौ ॥ २७३
इत्थं भवति भव्यानामचिन्त्योऽपि समागमः । तत्केसट त्वमप्येवमचिरात्प्राप्स्यसि प्रियाम् ॥ २७४
एवं तेनोदिते यज्ञस्वामिना तस्थुरस्य ते । कान्यप्यहानि कंदर्पसुमनःकेसटा गृहे ॥ २७५
प्रस्थिताश्च स्वदेशं ते ततः प्राप्य महाटवीम् । जज्ञिरेऽन्योन्यविभ्रष्टा वन्येभापातसंभ्रमात् ॥ २७६
तेषां स केसटो गच्छन्नेकाकी दुःखितः क्रमात् । प्राप्य काशिपुरीं मित्रं कंदर्पं प्राप्तवांस्ततः ॥ २७७
तेन साकं ययौ तच्च निजं पाटलिपुत्रकम् । पित्राभिनन्दितस्तत्र कंचित्कालमुवास सः ॥ २७८
अवर्णयद्रूपवतीविवाहप्रभृति स्वकम् । कंदर्पोदन्तपर्यन्तं पित्रोर्वृत्तान्तमत्र सः ॥ २७९
अत्रान्तरे सा सुमना हस्तिभीतिपलायिता । वनं विवेश तत्रास्या ययौ चास्तं दिवाकरः ॥ २८०
हा हार्यपुत्र हा तात हाम्बेत्यत्र निशागमे । शोचन्ती दावदहने क्षेप्तुं तनुमियेष सा ॥ २८१
तावत्तद्योगिनीचक्रं कंदर्पस्य कृपापरम् । योगिनीस्ता विजित्यान्यास्तत्प्रापायतनं निजम् ॥ २८२
तत्र संस्मृत्य कंदर्पं स्वविज्ञानादवेत्य च । भार्यां तस्य वने भ्रष्टां मन्त्रयांचक्रिरे च ताः ॥ २८३
कंदर्पः पुरुषो धीरो वाञ्छितं प्राप्नुयात्स्वयम् । तद्भार्या तु वने भ्रष्टा ध्रुवं बाला त्यजेदसून् ॥ २८४
तत्तां रत्नपुरं नीत्वा क्षिपामो येन तत्र सा । कंदर्पस्य पितुर्गेहे सपत्न्या सह तिष्ठति ॥ २८५
इति संमन्त्र्य गत्वा तद्वनमाश्वास्य चात्र ताम् । योगिन्यस्ताः सुमनसं नीत्वा रत्नपुरे जहुः ॥ २८६
गतायां निशि सा तत्र भ्रमन्ती सुमनाः पुरे । उच्यमानं जनेनेदं शुश्राव परिधावता ॥ २८७
एषानङ्गवती भार्या कंदर्पस्य द्विजन्मनः । पत्यौ क्वापि गते कालं कंचित्तत्प्राप्तिवाञ्छया ॥ २८८
स्थिता साध्वी तमप्राप्य निराशा निर्गताधुना । अग्निं प्रवेष्टुं दुःखिभ्यां श्वशुराभ्यामनुद्रुता ॥ २८९
एतच्छ्रुत्वैव सुमना तच्चितास्थानमाशु सा । गत्वानङ्गवतीमेवं तामुपेत्य न्यवारयत् ॥ २९०
आर्ये मा साहसं कार्षीः स हि जीवति ते पतिः । इत्युक्त्वा मूलतः कृत्स्नं तद्वृत्तान्तं शशंस सा ॥ २९१
अदर्शयच्च कंदर्पदत्तं रत्नाङ्गुलीयकम् । ततः सर्वेऽभ्यनन्दंस्तां सत्यं विज्ञाय तद्वचः ॥ २९२
अथानङ्गवतीं तुष्टां वधूं सुमनसं च ताम् । संपूज्य कंदर्पपिता गृहे तुष्टो न्यवेशयत् ॥ २९३
तावत्स सुमनःप्राप्त्यै भ्रान्तुं पाटलिपुत्रकात् । कंदर्पोऽनिच्छतोऽनुक्त्वा केसटस्य ययौ ततः ॥ २९४

केसटोऽपि गते तस्मिन्दुःखी रूपवतीं विना। गृहादविदितः पित्रोः प्रायाद्भ्रान्तुमितस्ततः॥ २९५
कंदर्पोऽपि भ्रमन्दैवात्तत्प्राप नगरं किल। यत्र रूपवतीं तां स केसटः परिणीतवान्॥ २९६
जनकोलाहलं श्रुत्वा किमेतदिति तत्र तम्। कंदर्पं परिपृच्छन्तं पुमानेकोऽब्रवीदिदम्॥ २९७
एषा रूपवती भर्त्रा केसटेन विनोज्झिता। मर्तुं कलकलस्तेन शृणु वृत्तान्तमत्र च॥ २९८
इत्युक्त्वा केसटोद्वाहराक्षसोदन्तकौतुकम्। रूपवत्याश्रितं प्रोच्य स पुमानब्रवीत्पुनः॥ २९९
ततस्तं वञ्चयित्वैव वृद्धविप्रः स केसटकम्। आदाय तां रूपवतीं पुत्रार्थं प्रययौ ततः॥ ३००
केसटस्तु न विज्ञातः क यातः परिणीय ताम्। रूपवत्यप्यपश्यन्ती केसटं साब्रवीत्पथि॥ ३०१
आर्यपुत्रं न पश्यामि किं सर्वेषु व्रजत्स्विह। तच्छ्रुत्वा दर्शयन्पुत्रं तं स वृद्धद्विजोऽभ्यधात्॥ ३०२
सोऽयं मत्तनयः पुत्रि भर्ता ते दृश्यतामिति। ततो रूपवती वृद्धांस्तत्रस्थानब्रवीत्क्रुधा॥ ३०३
कोऽयं कुरूपो भर्ता मे मरिष्याम्येव निश्चितम्। येन ह्यः परिणीतास्मि तं प्राप्स्यामि न चेत्पतिम्॥ ३०४
एवं वदन्ती त्यक्तान्नपाना राजभयेन सा। पितुरेव गृहं तेन वृद्धविप्रेण नायिता॥ ३०५
तत्रोक्ततद्द्विजव्याजां शोचंस्तामवदत्पिता। कोऽसाविति कथं ज्ञेयः परिणेता स पुत्रि ते॥ ३०६
ततो रूपवती स्माह तात पाटलिपुत्रकात्। देसटाख्यद्विजसुतः केसटाख्यः स मत्पतिः॥ ३०७
रक्षोमुखान्मया ह्येतच्छ्रुतमित्यभिधाय सा। कृत्स्नं तस्मै समाचख्यौ वृत्तान्तं पतिरक्षसोः॥ ३०८
ततः स तत्पिता गत्वा दृष्ट्वा रक्षो मृतस्थितम्। संजातप्रत्ययोऽतुष्यद्दंपत्योस्तत्त्वतस्तयोः॥ ३०९
पतिप्राप्त्याशयाश्वास्य सुतां तां प्राहिणोच्च सः। अन्वेषन्केसटपितुः पार्श्वं पाटलिपुत्रकम्॥ ३१०
ते तत्र गत्वा नचिरादागत्यैवमिहाब्रुवन्। दृष्टः पाटलिपुत्रस्थः सोऽस्माभिर्भर्तृदेसटः॥ ३११
केसटः क स ते पुत्र इति पृष्टश्च तत्र सः। सबाष्पमब्रवीदस्मान्केसटोऽत्र कुतः सुतः॥ ३१२
स ह्यागतोऽपि कंदर्पनाम्नि मित्रे सहागते। इतो रूपवतीदुःखात्काप्यनुक्त्वैव मे गतः॥ ३१३
एतत्तस्य वचः श्रुत्वा क्रमाद्वयमिहागताः। इत्युक्तेऽन्वेषकै रूपवती पितरमभ्यधात्॥ ३१४
नास्त्यार्यपुत्रप्राप्तिर्मे तदग्निं प्रविशाम्यहम्। भर्त्रा विनाकृता तात तिष्ठेयं हि कियच्चिरम्॥ ३१५
एवं ब्रुवाणा न यदा निषेद्धुं तेन पारिता। तदा रूपवती साद्य निर्गता मर्तुमग्निना॥ ३१६
तस्याः सख्यावुभे कन्ये तद्वन्मर्तुं विनिर्गते। एका शृङ्गारवत्याख्या ह्यनुरागवती परा॥ ३१७
तद्विवाहे स ताभ्यां हि दृष्टः प्राक्केसटो युवा। तद्रूपहृतचित्ताभ्यां भर्तृत्वे पर्यकल्प्यत॥ ३१८
इत्थं कोलाहलमिदं जनस्यात्रेति तेन सः। कंदर्पः पुरुषेणोक्तो ययौ तासां चितान्तिकम्॥ ३१९
ततो दूरात्कलकलं निवार्योपेत्य च द्रुतम्। अवोचदग्निमर्चन्तीमेवं रूपवतीं स ताम्॥ ३२०
अलं ते साहसेनार्ये जीवत्येव स केसटः। स भर्ता तव मित्रं मे कंदर्पं मामवेहि च॥ ३२१
इत्यूचिवान्वृद्धविप्रच्छद्मनौकाधिरोहणात्। आरभ्य केसटोदन्तं कथयामास सोऽखिलम्॥ ३२२
ततः संवादसंजातप्रत्यया सा पितुर्गृहम्। हृष्टा रूपवती ताभ्यां सखीभ्यां प्राविशत्सह॥ ३२३
कंदर्पोऽपि च तत्पित्रा प्रीत्योपचरितस्तदा। सुरक्षितश्च तत्रैव तस्थौ तदनुरोधतः॥ ३२४
तावत्स केसटो दैवात्प्राप रत्नपुरं भ्रमन्। कंदर्पस्य गृहं तत्र तद्भार्ये यत्र ते स्थिते॥ ३२५
परिभ्रमन्तं तं तत्र हर्म्यात्कंदर्पभार्यया। दृष्ट्वा सुमनसा हर्षादूचिरे श्वशुरादयः॥ ३२६
आर्यपुत्रसुहृत्सोऽयं संप्राप्तः केसटोऽधुना। अस्मात्प्रवृत्तिर्बुध्येत शीघ्रं संभाव्यतामिति॥ ३२७
ततो गत्वैव तैरुक्त्वा यथावस्तु स केसटः। आनीतस्तां सुमनसं दृष्ट्वाहृष्यदुपागताम्॥ ३२८
विश्रान्तश्च क्षणात्पृष्टस्तस्यै वन्येभसंभ्रमात्। आरभ्य कंदर्पगतं स्वं च वृत्तान्तमब्रवीत्॥ ३२९
सत्कृतो दिवसान्कांश्चिदास्ते यावच्च तत्र सः। लेखहस्तः पुमांस्तावदागात्कंदर्पपार्श्वतः॥ ३३०
यत्र रूपवतीं नाम त्वत्सुहृत्परिणीतवान्। केसटस्तत्र कंदर्पः स्थितो रूपवती च सा॥ ३३१
इति चोवाच स पुमाल्लेँखार्थोऽभूत्तथैव च। कंदर्पपित्रे स्वोद्वाहं केसटोऽवर्णयच्च सः॥ ३३२
ततः कृतोत्सवोऽन्येद्युः कंदर्पानयनाय सः। तत्पिता प्राहिणोद्दूतं प्रियाप्राप्त्यै च केसटम्॥ ३३३

केसटोऽपि ययौ साकं लेखहारेण तेन सः। तं देशं यत्र सा रूपवती पितृगृहे स्थिता ॥ ३३४
तत्र संभावयामास स तां रूपवतीं चिरात्। सोत्सवां हृतसंतापस्तोयदश्चातकीमिव ॥ ३३५
कंदर्पेण समागम्य परिणिन्ये च ते अपि। रूपवत्या वयस्ये द्वे पूर्वोक्ते प्रेरितस्तया ॥ ३३६
ते चानुरागशृङ्गारवत्यौ रूपवतीं च ताम्। आदायापृष्टकंदर्पः स्वदेशं केसटो ययौ ॥ ३३७
कंदर्पोऽपि सदूतस्तद्गत्वा रत्नपुरं ततः। संजग्मे सुमनोनङ्गवतीभ्यां बन्धुभिस्तदा ॥ ३३८

निजनिजदेशगतौ तौ रूपवतीसुमनसौ प्रिये प्राप्य।
केसटकंदर्पावथ भुञ्जानौ तस्थतुर्भोगान् ॥ ३३९

इति विधुरविधातृविप्रयुक्ताः पुनरपि यान्ति समागमं प्रियाभिः।
अकलितगहनावधीनि दुःखान्यपि विषमाण्यवतीर्य धीरसत्त्वाः ॥ ३४०

तच्छीघ्रमुत्तिष्ठ सुखे प्रजावश्विन्वंस्त्वमप्याप्स्यसि जातु भार्याम्।
को वेद दैवस्य गतिं गयैव मृतापि भार्याधिगता सजीवा ॥ ३४१

इत्येवमाख्याय कथामनेन प्रोत्साहितश्चानुगतश्च सख्या।
भ्रमन्भुवं प्रापमिमामथात्र सक्रोडमद्राक्षमहं गजेन्द्रम् ॥ ३४२

उद्गीर्य तेन च गजेन पुनर्निगीर्णां तामेव चित्रमवशां स्ववधूमपश्यम्।
तं चिन्वतापि करिणं चिरदृष्टनष्टं दृष्टा मयाद्य सुकृतैरिह देवपादाः ॥ ३४३

एवं तस्योक्तवतो वणिक्सुतस्याथ विक्रमादित्यः।
आनाय्य तां स राजा गजवधलब्धां समर्पयद्भार्याम् ॥ ३४४

तौ च विचित्रसमागममुदितावन्योन्यकथितवृत्तान्तौ।
श्रीविषमशीलसंस्तुतिमुखरमुखौ दंपती तदाभूताम् ॥ ३४५

इति महाकविश्रीसोमदेवभट्टविरचिते कथासरित्सागरे विषमशीललम्बके चतुर्थस्तरङ्गः।

पञ्चमस्तरङ्गः।

ततः स विक्रमादित्यो राजा तस्य सहागतम्। वणिक्पुत्रस्य सुहृदं तमेवं परिपृष्टवान् ॥ १
प्राप्ता मृतापि जीवन्ती मया भार्येति यत्त्वया। उक्तं कथं तदिति नः कथ्यतां भद्र विस्तरात् ॥ २
इत्युक्तस्तेन राज्ञा स वणिक्सूनोः सखाब्रवीत्। कौतुकं यदि तद्देव श्रूयतां कथयाम्यदः ॥ ३
ब्रह्मस्थलाग्रहाराख्यनिवासी द्विजपुत्रकः। चन्द्रस्वामीत्यहं भार्या सुरूपा चास्ति मे गृहे ॥ ४
एकदा मयि कार्यार्थं ग्रामं पित्राज्ञया गते। तां मे कापालिकोऽद्राक्षीद्भार्यां भिक्षार्थमागतः ॥ ५
तेन दृष्ट्वैव सा जातज्वरा सायं व्यपद्यत। ततो मद्बन्धुभिर्नीत्वा नक्तमारोपिता चिताम् ॥ ६
प्रज्वलन्त्यां चितायां च ग्रामात्तत्राहमागमम्। अश्रौषं च यथावृत्तं स्वजनात्क्रन्दतः पुरः ॥ ७
गते मयि चितोपान्तमागात्कापालिकश्च सः। अंसस्थनृत्यत्खट्वाङ्गः स्फूर्जड्डमरुकारवः ॥ ८
भस्मक्षेपेण शमिते चिताग्नौ देव तेन सा। उदतिष्ठच्चितामध्यादक्षताङ्गी मदङ्गना ॥ ९
स चादाय कपाली तां सिद्ध्याकृष्टानुधाविताम्। प्राद्रवल्लघु तां चाहमन्वगां सधनुःशरः ॥ १०
स च गङ्गातटे प्राप्य गुहां भूमौ निधाय तत्। खट्वाङ्गमब्रवीद्दर्पादन्तःस्थे कन्यके उभे ॥ ११
युवां प्राप्ते अपि मया नोपभुक्ते यया विना। सैषाद्य हस्ते प्राप्ता मे प्रतिज्ञा सिद्धिमागता ॥ १२
इति ताभ्यां स मद्भार्यां यावद्दर्शयति ब्रुवन्। तावत्तत्तस्य खट्वाङ्गं गङ्गायामहमक्षिपम् ॥ १३
रे कापालिक भार्यां मे जिहीर्षुर्न भवस्ययम्। इत्याक्षिपं च तमहं भ्रष्टखट्वाङ्गसिद्धिकम् ॥ १४
अपश्यन्सोऽथ खट्वाङ्गं पलायनपरः शठः। धनुराकृष्य काण्डेन दिग्धेन निहतो मया ॥ १५
पापसिद्ध्यैकसंतोषविडम्बितशिवागमाः। पाखण्डिनः पतन्त्येवं प्रागेव पतिता अपि ॥ १६
अथादाय स्वभार्यां तामन्ये द्वे ते च कन्यके। गृहमागतवानस्मि दत्ताश्चर्यः स्वबन्धुषु ॥ १७

तत्र पृष्टे स्ववृत्तान्ते कन्ये ते वदतः स्म मे । वाराणस्यां सुते आवां क्षितिभृत्सार्थवाहयोः ॥ १८
सिद्धियुक्त्या हृते चावामेतयैव कपालिना । त्वत्प्रसादाच्च मुक्ते स्वः पापादस्माददूषिते ॥ १९
इत्युक्तवत्यौ चान्येद्युर्नीत्वा वाराणसीं मया । अर्पिते ते स्वबन्धूनां तद्वृत्तान्तमुदीर्य तम् ॥ २०
आगच्छंश्च ततोऽपश्यमिमं भार्यावियोगिनम् । वणिक्पुत्रं ततोऽनेन मिलित्वाहमिहागतः ॥ २१
कापालिकगुहालब्धेनाङ्गरागेण रञ्जितात् । क्षालितादपि देहान्मे दृश्यतां वाति सौरभम् ॥ २२
इत्थं मृतोत्थिता प्राप्ता मया भार्येति वादिनम् । विप्रं तं सवणिक्पुत्रं सत्कृत्य प्राहिणोन्नृपः ॥ २३
ततो गुणवतीचन्द्रवतीमदनसुन्दरीः । आनीयादाय च समं मिलित्वा च स्वसैनिकैः ॥ २४
आगात्स विक्रमादित्यभूभृदुज्जयिनीं पुरीम् । तस्यां गुणवतीचन्द्रवत्यौ च परिणीतवान् ॥ २५
संस्मरन्नथ तां विश्वकर्मदेवगृहे स्थिताम् । स्तम्भस्थपुत्रिकां राजा स प्रतीहारमादिशत् ॥ २६
कलिङ्गसेनात्कन्यां तां प्राप्तुं दूतो विसृज्यताम् । यस्याः प्रतिकृतिर्दृष्टा सा मया स्तम्भपुत्रिका ॥ २७
इति राज्ञा समादिष्टः क्षत्तानीय तदग्रतः । प्राहिणोद्दत्तसंदेशं दूतं नाम्ना सुविग्रहम् ॥ २८
गत्वा कलिङ्गविषयं दृष्ट्वा तं च यथोचितम् । कलिङ्गसेनं राजानमेवं दूतो जगाद सः ॥ २९
देवः श्रीविक्रमादित्यस्त्वामादिशति भूपते । वेत्थ त्वं भुवि यद्रत्नं तदस्मानुपगच्छति ॥ ३०
तवास्ति कन्यारत्नं च तदस्मभ्यं समर्पय । अस्मत्प्रसादाच्च निजं भुङ्क्ष्व राज्यमकण्टकम् ॥ ३१
एतच्छ्रुत्वा स कालिङ्गः क्रुद्धो राजाभ्यभाषत । को नाम विक्रमादित्यः स एवाज्ञां ददाति नः ॥ ३२
मार्गत्युपायनं कन्यां दर्पान्धोऽधः पतिष्यति । एतत्कलिङ्गसेनात्स श्रुत्वा दूतः समभ्यधात् ॥ ३३
भृत्योऽप्येवमनात्मज्ञः कथमोजायसे प्रभोः । किं मूढ तत्प्रतापाग्नौ शलभायितुमिच्छसि ॥ ३४
इत्युक्त्वा तत आगत्य स दूतस्तन्न्यवेदयत् । वचः कलिङ्गसेनोक्तं विक्रमादित्यभूभृते ॥ ३५
ततो विषमशीलोऽसौ क्रुद्धः प्रायाद्बलैः सह । सभूतकेतुवेतालः कालिङ्गं प्रति तं प्रभुः ॥ ३६
देह्याशु कन्यामिति तं कालिङ्गं ब्रुवतीष्विव । सेनारवप्रतिरवैर्दिक्षु तद्देशमाप च ॥ ३७
दृष्ट्वाथ युद्धसंनद्धं रुद्ध्वा तं च नृपं बलैः । राजा स विक्रमादित्यो मनस्येवमचिन्तयत् ॥ ३८
एतत्सुतां विना तावन्मम नास्त्येव निर्वृतिः । तत्कथं श्वशुरं हन्मि युक्तिमत्र करोमि किम् ॥ ३९
इत्यालोच्य सवेतालो राजा तत्सिद्ध्यलक्षितः । सुप्तस्य प्राविशद्रात्रौ कलिङ्गेशस्य वासकम् ॥ ४०
अरे विषमशीलेन विगृह्य स्वपिषीति तम् । प्रबोध्य तत्र वित्रस्तं वेतालः सोऽब्रवीद्धसन् ॥ ४१
स चोत्थाय कलिङ्गेन्द्रो दृष्ट्वा दर्शितसाहसम् । परिज्ञाय च राजानं रौद्रवेतालसंगतम् ॥ ४२
इदानीं वशगोऽहं ते देवादिश करोमि किम् । इति विज्ञापयामास भीतस्तच्चरणानतः ॥ ४३
मया चेत्प्रभुणा कार्यं तव तद्देहि मे सुताम् । कलिङ्गसेनामिति तं राजापि प्रत्यभाषत ॥ ४४
तथेति प्रतिपेदे च कलिङ्गाधिपतिः स तत् । राजापि वेतालयुतः स्वमागाच्छिबिरं कृती ॥ ४५
अन्येद्युश्च कलिङ्गेन्द्रः स देवि त्वामदात्पिता । राज्ञे विषमशीलाय विधिवद्विभवोत्तरम् ॥ ४६
एवं गाढानुरागेण राज्ञा देहपणेन च । परिणीतासि विधिवद्देवि नारिजिगीषया ॥ ४७
इति कार्पटिकस्याहं देवसेनस्य वक्त्रतः । श्रुत्वावमानप्रभवं हे सख्यो मन्युमत्यजम् ॥ ४८
इत्थं विवाहिता स्तम्भपुत्रिकादर्शनादहम् । चित्रावलोकनाच्चैषा राज्ञा मलयवत्यपि ॥ ४९
एवं कलिङ्गसेना सा विक्रमादित्यवल्लभा । भर्तृप्रभावमाख्याय स्वसपत्नीरनन्दयत् ॥ ५०
स चैवं विक्रमादित्यः सर्वाभिस्ताभिरन्वितः । तया मलयवत्या च तस्थौ साम्राज्यसुस्थितः ॥ ५१
अथैकदा राजपुत्रः कोऽप्यागाद्दक्षिणापथात् । कृष्णशक्त्यभिधानोऽत्र परिभूतः स्वगोत्रजैः ॥ ५२
स सिंहद्वारमागत्य राज्ञः कार्पटिकव्रतम् । शिश्रिये राजपुत्राणामन्वितः पञ्चभिः शतैः ॥ ५३
द्वादशाब्दान्मया सेवा विक्रमादित्यभूपतेः । कार्येति प्रतिजज्ञे च वार्यमाणोऽपि भूभुजा ॥ ५४
निश्चयेन च तस्यात्र तिष्ठतः सानुयायिनः । सिंहद्वारे नृपसुतस्यैकादश समा ययुः ॥ ५५
प्राप्ते च द्वादशे वर्षे तस्य देशान्तरस्थिता । भार्या चिरवियोगार्ता प्राहिणोल्लेखपत्रिकाम् ॥ ५६

वीरचर्यागते रात्रौ प्रच्छन्ने राज्ञि शृण्वति । दीपेनावाचयत्तस्यामार्यां स लिखितामिमाम् ॥ ५७

संतप्तायततरलास्तव विरहे नाथ कठिनहृदयायाः ।
निर्यान्त्यविरतमेते निःश्वासा मे न तु प्राणाः ॥ ५८

इति वाचयतस्तस्मात्सम्राट् कार्पटिकान्मुहुः । श्रुत्वा स राजधानीं स्वां गत्वा राजा व्यचिन्तयत् ॥ ५९
सीदत्कलत्रः क्लिष्टोऽयं बत कार्पटिकश्चिरम् । असिद्धकार्यः पूर्णेऽस्मिन्द्वादशेऽब्दे त्यजेदसून् ॥ ६०
तद्विलम्बो न कार्योऽस्य मयेत्यालोच्य भूपतिः । आनाययत्कार्पटिकं दासीं प्रेष्य तदैव सः ॥ ६१
शासनं लेखयित्वा च तमेवं स समादिशत् । ओंकारपीठमार्गेण भद्र गच्छोत्तरां दिशम् ॥ ६२
तत्रामुना शासनेन ग्रामं भुङ्क्ष्व मदर्पितम् । नाम्ना तं खण्डवटकं पृच्छन्गच्छन्नवाप्स्यसि ॥ ६३
इत्युक्त्वा शासनं तस्मै प्रददौ तत्स भूपतिः । सोऽप्यनावेद्य भृत्येभ्यो ययौ कार्पटिको निशि ॥ ६४
का जिगीषा ममैकेन ग्रामेण क्रीडद्दायिना । तथाप्याज्ञा प्रभोः कार्येत्यसंतुष्टः क्रमाद्व्रजन् ॥ ६५
ओंकारपीठतो गत्वा दूरेऽरण्ये ददर्श सः । क्रीडन्तीः कन्यका बह्वीः पृच्छति स्म ततश्च ताः ॥ ६६
अपि जानीथ भोः खण्डवटकं क्व भवेदिह । एतच्छ्रुत्वा तमूचुस्तास्तन्न जानीमहे वयम् ॥ ६७
गच्छाग्रे योजनेष्वत्र दशमात्रेषु नः पिता । सौम्य तिष्ठति तं पृच्छ विद्याद्ग्रामं स जातु तम् ॥ ६८
एवमुक्तः स कन्याभिस्ताभिर्गत्वा ददर्श तम् । कार्पटी पितरं तासां राक्षसं भीषणाकृतिम् ॥ ६९
इह क्व खण्डवटकं ब्रूहि भद्रेति तं च सः । पप्रच्छ सोऽपि तं धैर्यमोहितो राक्षसोऽब्रवीत् ॥ ७०
किं तत्र ते तद्धि पुरं चिरशून्यं तथापि चेत् । यासि तच्छृणु मार्गोऽयं पुरतस्ते द्विधा गतः ॥ ७१
तत्र वामेन गच्छेस्त्वं पथा यावदवाप्स्यसि । प्रतोलीं खण्डवटकस्योच्चप्राकारहारिणीम् ॥ ७२
इत्युक्तो रक्षसा गत्वा प्रतोलीं तामवाप्य सः । विवेश शून्यं भयदं दिव्यं हृद्यं च तत्पुरम् ॥ ७३
सप्तकक्षावृतं तत्र राजवेश्म प्रविश्य च । आरुरोह स हर्म्याग्रं मणिकाञ्चननिर्मितम् ॥ ७४
तत्र रत्नासनं दृष्ट्वा तस्मिन्नुपविवेश च । तावच्च राक्षसोऽभ्येत्य वेत्रहस्तस्तमभ्यधात् ॥ ७५
भो मानुष किमत्र त्वमुपविष्टो नृपासने । तच्छ्रुत्वा कृष्णशक्तिः स धीरः कार्पटिकोऽब्रवीत् ॥ ७६
अहमत्र प्रभुर्यूयं करदाश्च कुटुम्बिनः । विक्रमादित्यदेवेन विलब्धाः शासनेन मे ॥ ७७
तच्छ्रुत्वा शासनं दृष्ट्वा राक्षसस्तं प्रणम्य सः । उवाच राजा त्वमिह प्रतीहारस्तवास्मि च ॥ ७८
सर्वत्र विक्रमादित्यदेवस्याज्ञा ह्यखण्डिता । इत्युक्त्वा प्रकृतीः सर्वा आजुहाव स राक्षसः ॥ ७९
आययुर्मन्त्रिणश्चात्र तथा राजपरिच्छदः । अपूरि चतुरङ्गेण बलेन नगरं च तत् ॥ ८०
सर्वैः प्रणम्यमानोऽथ हृष्टः कार्पटिकोऽत्र सः । चक्रे राजोपचारेण कृत्स्नाः स्नानादिकाः क्रियाः ॥ ८१
ततः स राजा भूत्वात्र सविस्मयमचिन्तयत् । अहो प्रभावः कोऽप्येष विक्रमादित्यभूपतेः ॥ ८२
गाम्भीर्यगरिमा चित्रमपूर्वस्तस्य च प्रभोः । ददाति यद्ग्राममिति ब्रुवन्राज्यमपीदृशम् ॥ ८३
इति चित्रीयमाणोऽत्र राज्यं कुर्वन्नुवास सः । तत्सखीन्विक्रमादित्योऽप्युज्जयिन्यां पुपोष तान् ॥ ८४
दिनैश्च विक्रमादित्यं प्रणन्तुं स उपाययौ । सोत्कः कार्पटिको राजा सैन्यकम्पितभूतलः ॥ ८५
आगतं विक्रमादित्यः पादानतमुवाच तम् । पत्न्याः प्रहितलेखाया निःश्वासान्गच्छ वारय ॥ ८६
इत्युक्त्वा भूमिपतिना प्रेषितस्तेन साद्भुतः । स कृष्णशक्तिः सखिभिः साकं देशमगान्निजम् ॥ ८७
उत्सार्य गोत्रजान्भार्यां नन्दयित्वा चिरोत्सुकाम् । सिद्धेप्सिताधिकः सोऽथ भेजे राज्यश्रियं पराम् ॥ ८८
एवं सोद्भुतचारित्रो विक्रमादित्यभूमिपः । एकदात्र ददर्शैकमूर्ध्वरोमकचं द्विजम् ॥ ८९
पप्रच्छ तं च हे ब्रह्मन्नीदृक्कस्माद्भवानिति । ततः सोऽस्मै स्ववृत्तान्तमेवं राज्ञे द्विजोऽब्रवीत् ॥ ९०
अग्निस्वामीति विप्रोऽभूद्देव पाटलिपुत्रके । महाग्निहोत्रिणस्तस्य देवस्वामीत्यहं सुतः ॥ ९१
मया च दूरतो देशाद्विप्रकन्या विवाहिता । बालत्वात्सा च तत्रैव स्थापिताभूत्पितुर्गृहे ॥ ९२
कालेन यौवनस्थां तामानेतुं श्वाशुरं गृहम् । आरुह्याश्वं सहैकेन भृत्येन गतवानहम् ॥ ९३
सत्कृतः श्वशुरेणाहं सहायातैकचेटिकाम् । आदायाश्वाधिरूढां तां भार्यां प्रायामहं ततः ॥ ९४

अर्धमार्गे च साश्वाया अवरुह्यैव मे वधूः । अम्बुपानापदेशेन नदीकच्छमगात्किल ॥ ९५
चिरं नायाति यावत्सा तावच्च तदवेक्षणे । सह स्थितं तं तत्रैव भृत्यमस्मि विसृष्टवान् ॥ ९६
सोऽपि नायाति यावच्च तावदस्मि गतः स्वयम् । तच्चेटिकां स्थापयित्वा तुरगीरक्षणाय ताम् ॥ ९७
गत्वा पश्यामि यावत्स भृत्यो मद्भार्यया तया । भक्षयित्वास्थिशेषो मे कृतो रक्ताक्तवक्त्रया ॥ ९८
वित्रस्तश्च ततो यावद्गच्छामि तुरगीं प्रति । तावत्सापि तया तद्वत्तच्चेट्या भक्षिता मम ॥ ९९
ततः पलाय्य यातोऽहं तत्त्रासेनाधुनापि मे । नैवोर्ध्वरोमकेशत्वमन्तःस्थेन निवर्तते ॥ १००
तदत्र मे गतिर्देव इति तं वादिनं द्विजम् । आज्ञया विक्रमादित्यो गतत्रासं व्यधत्त सः ॥ १०१
अहो धिङ्नास्ति विश्वासः स्त्रीषु साहसभूमिषु । इति राज्ञि वदत्यस्मिन्नेकोऽमात्योऽब्रवीदिदम् ॥ १०२
तादृश्य एव दुर्ज्ञाताः स्त्रियो देव तथा च किम् । न श्रुतं वृत्तमिह यद्ब्राह्मणस्याग्निशर्मणः ॥ १०३
इहैवास्त्यग्निशर्माख्यः सोमशर्मसुतो द्विजः । पित्रोः प्राणसमो मूर्खः सर्वविद्यास्वशिक्षितः ॥ १०४
वर्धमानपुरात्तेन परिणीता द्विजात्मजा । बालेति सा च न त्यक्ता पित्रा धनवता गृहात् ॥ १०५
तस्यां च यौवनस्थायामग्निशर्माणमूचतुः । पितरौ पुत्र भार्यां तां नानयस्यधुनापि किम् ॥ १०६
श्रुत्वैवैतदनापृच्छ्य पितरौ स जडाशयः । अग्निशर्मा ततः प्रायादेकाकी गृहिणीं प्रति ॥ १०७
निर्गतस्य गृहात्तस्य दक्षिणोऽभूत्कपिञ्जलः । दक्षिणा च विरौति स्म शिवा वामैकशंसिनी ॥ १०८
सोऽपि मूर्खोऽभ्यनन्दत्तञ्जीव जीवेत्युदीरयन् । अदृश्या च जहासास्य श्रुत्वा शकुनदेवता ॥ १०९
संप्राप्य श्वाशुरं स्थानं तस्य च प्रविविक्षतः । वामः कपिञ्जलो वामा शिवाभूत्कथिताशिवा ॥ ११०
भूयोऽपि चाभ्यनन्दत्स जीवजीवेत्युदीर्य तत् । अचिन्तयच्च शकुनाधिष्ठात्री देवतापि सा ॥ १११
अहो मूर्खोऽयमशुभं शुभमित्यभिनन्दति । तत्कार्यं जीवयति यद्रक्ष्यो जीवोऽस्य तन्मया ॥ ११२
इत्यस्यां चिन्तयन्त्यां च देवतायां विवेश सः । दत्तप्रहर्षः श्वशुरस्याग्निशर्मा निवेशनम् ॥ ११३
आगतोऽसि किमेकाकीत्युक्तोऽत्र श्वशुरादिभिः । आयातोऽस्मि गृहेऽनुक्त्वा सर्वपामिति सोऽब्रवीत् ॥ ११४
ततः कृतोचितस्नानभोजनस्य निशागमे । शय्यागृहेऽन्तिकं भार्या तस्योपागात्प्रसाधिता ॥ ११५
पथिश्रमाच्च सुप्तस्य तस्य निर्गत्य सा बहिः । चौरस्योपपतेः शूलविद्धस्याप्यन्तिकं ययौ ॥ ११६
आलिङ्गन्ती च तद्देहं दशनैश्छिन्ननासिका । भूतेन तत्प्रविष्टेन पलायत ततो भयात् ॥ ११७
गत्वा च पत्युः सुप्तस्य तस्य न्यस्यासिधेनुकाम् । पार्श्वे विकोपामाक्रन्ददेवं श्रावितबान्धवा ॥ ११८
हा हा मृता मृतास्म्येषा निष्कारणमनेन मे । किमप्युत्थाय यद्भर्त्रा कृतं नासानिकर्तनम् ॥ ११९
तच्छ्रुत्वा स्वजनस्तस्या एत्य तां छिन्ननासिकाम् । दृष्ट्वा तमग्निशर्माणं लगुडाद्यैरताडयत् ॥ १२०
प्रातश्च विज्ञप्य नृपं तदादेशाद्वधाय तम् । निर्दोषं भार्याद्रोहीति वधकेभ्यः समर्पयत् ॥ १२१
नीते वध्यभुवं तस्मिन्सा तच्छकुनदेवता । तद्भार्यानैशवृत्तान्तदर्शिनी समचिन्तयत् ॥ १२२
अनिमित्तफलं तावत्प्राप्तमेतेन यत्त्वयम् । उक्तवाञ्जीव जीवेति तेन रक्ष्याम्यमुं वधात् ॥ १२३
इत्यालोच्यान्तरिक्षात्सा निगूढा देवताभ्यधात् । निर्दोष एष वधका न वध्यो विप्रपुत्रकः ॥ १२४
शूलस्थचौरदन्तान्तर्गत्वा पश्यत नासिकाम् । इत्युक्त्वा तद्वधूरात्रिवृत्तान्तं तं जगाद सा ॥ १२५
ततस्तत्प्रत्ययात्क्षत्तृमुखेन वधकैर्नृपः । विज्ञप्तो वीक्ष्य नासां तां चौरदन्तान्तरस्थिताम् ॥ १२६
वधात्तमग्निशर्माणं निर्मोच्य व्यसृजद्गृहम् । कुस्त्रीं तां च निजग्राह तद्बन्धूंश्चाप्यदण्डयत् ॥ १२७
एवंविधाः स्त्रियो राजन्नित्युक्ते तेन मन्त्रिणा । स राजा विक्रमादित्यस्तत्तथेत्यन्वमोदत ॥ १२८
ततोऽब्रवीन्मूलदेवो धूर्तो राजान्तिकस्थितः । देव साध्व्यो न सन्त्येव किमसाध्वीषु कासुचित् ॥ १२९
किं न चूतलताः सन्ति सतीषु विषवल्लिषु । तथा च श्रूयतामेतदनुभूतं मयैव यत् ॥ १३०

---

१ ब्रोकॉसमुद्रितपुस्तकेऽस्मादनन्तरम् 'अदृश्या च जहासास्य श्रुत्वा शकुनदेवता । ························ ॥' इति त्रुटितोत्तरार्धः श्लोकोऽधिकोऽस्ति.

अहं पाटलिपुत्रं प्रागगच्छं शशिना सह । मत्वा नागरिकक्षेत्रं तद्वैदग्ध्यदिदृक्षया ॥ १३१
तत्र बाह्ये सरस्येकां दृष्ट्वा स्त्रीं वस्त्रधाविनीम् । इह क्वावास्यते पान्थैरित्यहं परिपृष्टवान् ॥ १३२
इह तीरेषु चक्राह्वैर्मत्स्यैर्वारिणि षट्पदैः । अब्जेष्वावास्यते नात्र पान्थावासो मयेक्षितः ॥ १३३
एतत्तयाहं वक्रोक्त्या प्रत्युक्तो वृद्धयोषिता । विलक्षः शशिना साकं प्राविशं नगरान्तरम् ॥ १३४
तत्रैकमुष्णे पात्रस्थे परमान्ने पुरः स्थिते । बालं दृष्ट्वा गृहद्वारि रुदन्तमवदच्छशी ॥ १३५
अहो अबुद्धिर्बालोऽयं योऽग्रदत्तं न खादति । परमान्नं वृथात्मानं क्लिश्नाति रुदितैः पुनः ॥ १३६
तच्छ्रुत्वा सोऽब्रवीद्बालः प्रमृज्य नयने हसन् । मूर्खा यूयं न जानीथ रोदने ये गुणा मम ॥ १३७
परमान्नं शनैरेति स्वादुतां शीतलीभवत् । घटतेऽभ्यधिकं चान्यच्छ्लेष्मा गच्छति च क्षयम् ॥ १३८
एते गुणा मे रुदतो नाहं मौर्ख्येण रोदिमि । यूयं ग्राम्याः पुनर्मूर्खा नाभिप्रायं विदन्ति यत् ॥ १३९
इत्युक्ते तेन बालेन स्वावैदग्ध्यविलज्जितौ । शशी चाहं च साश्चर्यावपसृत्यान्यतो गतौ ॥ १४०
तत्राप्याम्रतरुस्कन्धगतामाम्रावचायिनीम् । वरकन्यामपश्याव मूलस्थितपरिच्छदाम् ॥ १४१
प्रयच्छास्मभ्यमप्याम्रफलानि कतिचिच्छुभे । इति चास्माभिरुक्ता सा कन्यकैवमभाषत ॥ १४२
अश्नीयाम्रफलान्युष्णान्युत किं शिशिराणि वा । तच्छ्रुत्वाश्चर्यजिज्ञासुस्तां कन्यामहमब्रवम् ॥ १४३
अश्नीम तावदुष्णानि ततोऽन्यान्यपि सुन्दरि । श्रुत्वैतदक्षिपद्भूमौ पांसुष्वाम्रफलानि सा ॥ १४४
भुक्तानि नीरजीकृत्य तान्यस्माभिर्मुखानिलैः । ततः सपरिवारा सा कन्या प्रहसिताब्रवीत् ॥ १४५
एतानि पूर्वमुष्णानि दत्तान्याम्रफलानि वः । तथा च दत्त्वा फूत्कारान्भवन्तो यान्यभक्षयन् ॥ १४६
गृह्णीत शीतलान्येतान्यफूत्काराणि वाससि । एवमुक्त्वाञ्चलेष्वन्यान्यक्षिपत्सा फलानि नः ॥ १४७
तान्यादाय ततः स्थानाद्वयं याता विलक्षिताः । ततः सहचरानन्यान्शशिनं चाहमब्रवम् ॥ १४८
अवश्यं परिणेयैषा विदग्धा कन्यका मया । अवहासप्रतीकारः कार्यः का धूर्ततान्यथा ॥ १४९
एवं मयोक्तैरन्विष्टं तैस्तस्याः सदनं पितुः । वयं वेषान्तरालक्ष्या अगच्छामापरेऽहनि ॥ १५०
तत्रास्मान्पठतो वेदं यज्ञस्वामीत्युपेत्य सः । तत्कन्याजनकोऽपृच्छत्कुतो यूयमिति द्विजः ॥ १५१
वयं मायापुरीस्थानाद्विद्याहेतोरिहागताः । इत्युक्तः स ततोऽस्माभिराढ्योऽवोचद्द्विजोत्तमः ॥ १५२
तर्हीहैव चतुर्मासीमेतां वसत मद्गृहे । कुरुतानुग्रहं यूयं दूरदेशागता यतः ॥ १५३
श्रुत्वेत्यवोचाम वयं ब्रह्मन्कुर्मो भवद्वचः । चतुर्मासावसाने चेदर्थितं नः प्रदास्यसि ॥ १५४
एवमस्माभिरुक्तः स यज्ञस्वामी द्विजोऽभ्यधात् । शक्यं यदर्थं मृग्यध्वे तद्दास्याम्येव निश्चितम् ॥ १५५
इति प्रतिश्रुते तेन तद्गृहे वयमास्महि । अथोक्तः स द्विजोऽस्माभिः पूर्णे मासचतुष्टये ॥ १५६
यामो वयं तत्पूर्वोक्तं देहि यत्प्रार्थयामहे । किं तदित्युक्तवन्तं तं मां प्रदर्श्याब्रवीच्छशी ॥ १५७
अस्मन्मुख्याय कन्यास्मै भवता दीयतामिति । ततः स विप्रो वाग्बद्धो यज्ञस्वामी व्यचिन्तयत् ॥ १५८
छलितोऽस्म्येभिरस्त्वेतत्को दोषो गुणवानयम् । इत्यालोच्य स मे विप्रो यथावत्तामदात्सुताम् ॥ १५९
नक्तं चाहं हसन्वासगृहे तामवदं वधूम् । कच्चित्स्मरसि तान्याम्राण्युष्णानि शिशिराणि च ॥ १६०
तच्छ्रुत्वा प्रत्यभिज्ञाय सा मां सस्मितमभ्यधात् । एवमेव विडम्ब्यन्ते ग्राम्या नागरिकैरिति ॥ १६१
ततोऽहमप्यवोचं तामास्स्व नागरिके सुखम् । ग्राम्यो यास्याम्यहं दूरं त्वां विहाय प्रतिज्ञया ॥ १६२
एतच्छ्रुत्वाकरोत्सापि प्रतिज्ञां निश्चितं मया । वष्टभ्यानायितव्यस्त्वं त्वत्तो जातेन सूनुना ॥ १६३
इत्यन्योन्यं प्रतिज्ञाते सा शेते स्म पराङ्मुखी । स्वाङ्गुलीयमहं चास्याः सुप्ताया अङ्गुलौ न्यधाम् ॥ १६४
निर्गत्य च मिलित्वा तैरहं सहचरैस्ततः । तस्या दिदृक्षुर्वैदग्ध्यमागामुज्जयिनीं निजाम् ॥ १६५
सापि विप्रसुता प्रातरपश्यन्ती प्रबुध्य माम् । अङ्गुलीयं च पश्यन्ती मन्नामाङ्कमचिन्तयत् ॥ १६६
गतस्तावत्स मां त्यक्त्वा प्रतिज्ञा तेन पालिता । मयापि स्वप्रतिज्ञातं पाल्यं त्यक्तानुतापया ॥ १६७
मूलदेवेति नामास्मिन्दृश्यते चाङ्गुलीयके । तद्ध्रुवं मूलदेवो यः ख्यातो धूर्तः स एव सः ॥ १६८
स चोज्जयिन्यां वसतीत्युच्यते सततं जनैः । तत्तत्र युक्तितो गत्वा मया साध्यं समीहितम् ॥ १६९

इति संकल्प्य पितरं सैवं कृतमृषाब्रवीत् । गतस्तात परित्यज्य भर्ता मां सहसैव सः ॥ १७०
तद्वियुक्ता कथं चाहं तिष्ठामीह यथासुखम् । तद्यामि तीर्थयात्रायै क्लिश्नाम्येतां हतां तनुम् ॥ १७१
इत्युक्त्वा तमनिच्छन्तमप्यनुज्ञाप्य यत्नतः । पितरं सा ततः प्रायात्सधना सपरिच्छदा ॥ १७२
क्रमेण गत्वा कृत्वा सा महार्घं गणिकोचितम् । वेषं विवेशोज्जयिनीं पुरीं लोकैकसुन्दरी ॥ १७३
कृत्वा च परिवारेण सह कर्तव्यसंविदम् । सुमङ्गलेति साकार्षीन्नाम विप्रसुतात्मनः ॥ १७४
कामरूपान्महात्यागभोग्या नाम्ना सुमङ्गला । आगता गणिकैषेति भृत्यैराख्याप्यतात्र सा ॥ १७५
देवदत्ताभिधानाथ तत्रत्या गणिकोत्तमा । ददावभ्येत्य तस्यै स्वं राजार्हं मन्दिरं पृथक् ॥ १७६
तत्र स्थितां भृत्यमुखेनादौ मित्रं स मे शशी । तामब्रवीत्ख्यातिहृतो भाटिर्मे गृह्यतामिति ॥ १७७
अस्मद्वचोऽनुतिष्ठेद्यः प्रविशेत्सोऽत्र कामुकः । न भाट्या कार्यमस्माकं नान्यैः पशुनिभैर्नृभिः ॥ १७८
इत्युक्तस्तन्मुखेनैव स सुमङ्गलया तया । तथेत्युक्त्वा शशी रात्रिमुखे तन्मन्दिरं ययौ ॥ १७९
तत्र स प्रथमं द्वारं संप्राप्यावेदितात्मकः । द्वारपालेन जगदे कुर्वस्तत्स्वामिनीवचः ॥ १८०
स्नातोऽपीह पुनः स्नाहि प्रवेशो नास्ति तेऽन्यथा । तच्छ्रुत्वा स शशी स्नानं तथेत्यङ्गीचकार तत् ॥ १८१
ततः स यावद्दासीभिरभ्यङ्गोद्वर्तनोत्तरम् । विस्रब्धं स्नपितस्तावत्प्रथमः प्रहरो गतः ॥ १८२
स्नात्वा प्राप्तोऽथ स द्वारं द्वितीयं द्वाररक्षिणा । ऊचे स्नातोऽसि तत्तावत्प्रसाधनविधिं कुरु ॥ १८३
तथेत्युक्तवतस्तस्य दास्यस्तावत्प्रसाधनम । चक्रुर्यावद्द्वितीयोऽपि प्रहरः पर्यहीयत ॥ १८४
तृतीयमथ संप्राप्तः कक्ष्याद्वारं स रक्षिभिः । जगदे भुङ्क्ष्व तावत्त्वं प्रविशाभ्यन्तरं ततः ॥ १८५
बाढमित्युक्तवन्तं तं दास्यस्तावद्व्यलम्बयन् । आहारैर्विविधैर्यावत्तृतीयः प्रहरो गतः ॥ १८६
अथ वासगृहद्वारं चतुर्थं स कथंचन । संप्राप्तो द्वारपालेन तत्रैवं निरभर्त्स्यत ॥ १८७
ग्राम्यकामुक निर्याहि मा खलीकारमाप्स्यसि । कालः किं पश्चिमे यामे गणिकानवसंगमे ॥ १८८
एवं तिरस्कृतस्तेन स कालेनेव रूपिणा । शशी विगलितच्छायो यथागतमगात्ततः ॥ १८९
इत्थं सुमङ्गलेत्याख्यां दधत्या वञ्चितास्तया । गणिकारूपया विप्रसुतयान्येऽपि कामुकाः ॥ १९०
तच्छ्रुत्वा कौतुकादेव कृत्वा दूतगतागतम् । अहं नक्तं गृहं तस्या अगच्छं सुप्रसाधितः ॥ १९१
तत्र द्वाःस्थान्प्रतिद्वारमनुरञ्ज्यार्थदानतः । तस्या वासगृहद्वारं प्राप्तोऽहमविलम्बितः ॥ १९२
कालप्राप्तो विमुक्तश्च द्वाराद्द्वाःस्थैः प्रविश्य ताम् । वेश्यावेशापरिज्ञातामपश्यं स्वप्रियामहम् ॥ १९३
सा पुनः प्रत्यभिज्ञाय कृतप्रत्युद्गमादिका । वेश्येव धूर्ता पर्यङ्कनिषण्णं मामुपाचरत् ॥ १९४
ततो लोकैकसुन्दर्या साकं नीतनिशस्तया । बद्धानुरागो निर्गन्तुं नाशकं तद्गृहादहम् ॥ १९५
सापि बद्धरतिः पार्श्वान्नापयाति स्म मे तदा । यावद्दिनैः सगर्भाभून्मेचकाग्रपयोधरा ॥ १९६
कृत्वाथ कूटलेखं सा विदग्धा मह्यमर्पयत् । राज्ञा मे प्रभुणा लेखः प्रहितो वाच्यतामिति ॥ १९७
ततश्चाहं तमुन्मुच्य लेखमेवमवाचयम् । श्रीकामरूपतः श्रीमान्मानसिंहो महीपतिः ॥ १९८
सुमङ्गलामादिशति स्थितास्यत्र चिरं कथम् । शीघ्रमागम्यतां हित्वा देशान्तरकुतूहलम् ॥ १९९
मयैवं वाचिते लेखे साब्रवीद्दुःखितेव माम् । याम्यहं मयि मा मन्युं कृथाः परवती ह्यहम् ॥ २००
एवं कृत्वा मिषं प्रायात्स्वं सा पाटलिपुत्रकम् । अहं तु तां परायत्तेत्यनुरक्तोऽपि नान्वगाम् ॥ २०१
सा च पाटलिपुत्रस्था कालेन सुषुवे सुतम् । स वर्धमानश्च कलाः सर्वाः शिशुरशिक्षत ॥ २०२
द्वादशाब्दश्च वयसा स बालो बालचापलात् । दासेरकं सवयसं लत्तया जातवताडयत् ॥ २०३
ताडितस्तं च सोऽवादीद्रुदन्दासेरको रुषा । त्वं ताडयसि मां यस्य तव न ज्ञायते पिता ॥ २०४
मातुर्विदेशभ्रान्तायां जातस्त्वं हि यतस्ततः । इत्युक्तस्तेन वैलक्ष्याद्गत्वाप्राक्षीत्स मातरम् ॥ २०५
अम्ब को मे पिता कुत्र स चास्ते कथ्यतामिति । साथ माता द्विजसुता वीक्ष्य क्षणमुवाच तम् ॥ २०६
पिता ते मूलदेवाख्यो मां त्यक्त्वोज्जयिनीं गतः । इत्युक्त्वा मूलतस्तस्मै स्ववृत्तान्तं शशंस सा ॥ २०७
ततः स बालोऽवादीत्तामम्ब तर्ह्यानयाम्यहम् । गत्वा तं पितरं बद्ध्वा प्रतिज्ञां पूरयामि ते ॥ २०८

इत्युक्त्वा जननीमेव स बालः प्रस्थितस्ततः । तयोक्तमदभिज्ञानः प्रापदुज्जयिनीमिमाम् ॥ २०९
दीव्यन्तमक्षैर्मां तत्र दृष्ट्वाभिज्ञाननिश्चितम् । टिण्ठास्थानेत्य सर्वांश्च द्यूतेन जयति स्म सः ॥ २१०
बालत्वेऽपि महाधूर्तः सर्वस्य कृतविस्मयः । अर्थिभ्यः स ददाति स्म तद्द्यूतावर्जितं धनम् ॥ २११
रात्रौ स्वयुक्त्या चागत्य कार्पासनिचयोपरि । लघु विन्यस्य सुप्तं मां शय्याखट्वामपाहरत् ॥ २१२
ततः प्रबुद्धो दृष्ट्वाहमात्मानं तूलपृष्ठगम् । अखट्वं सहसाभूवं सलज्जाहासविस्मयः ॥ २१३
अथाहमापणं देव शनैर्गत्वा परिभ्रमन् । तमेव बालं तां खट्वां विक्रीणानं व्यलोकयम् ॥ २१४
उपगम्याब्रवं तं च कियता दीयते त्वया । एषा मूल्येन खट्वेति ततो बालोऽब्रवीत्स माम् ॥ २१५
न लभ्यतेऽसौ मूल्येन खट्वा धूर्तशिरोमणे । अपूर्वाद्भुतवृत्तान्तवर्णनेन तु लभ्यते ॥ २१६
तच्छ्रुत्वाहमवोचं तं तर्हि वच्म्यद्भुतं तव । तत्त्वतः सत्यमिति तद्बुद्ध्वा चेदनुमन्यसे ॥ २१७
यदि त्वसत्यमिति तद्ब्रूष्यस्यप्रत्ययेन मे । ततस्त्वं जारजातः स्याः खट्वां च प्राप्नुयामहम् ॥ २१८
अनेन समयेनाङ्ग विचित्रं शृणु वच्मि ते । पूर्वं दुर्भिक्षदोषोऽभूद्राष्ट्रे कस्यापि भूपतेः ॥ २१९
स वाहनानां नागानां शीकराम्बुमहाभरैः । सूकरप्रेयसीपृष्ठे स्वयं चक्रे कृषिं नृपः ॥ २२०
ततो धान्यैः समुत्पन्नैः समृद्धः स महीपतिः । दुर्भिक्षं शमयामास प्रजानां जनपूजितः ॥ २२१
एवं मयोक्ते विहसन्सोऽवादीद्बालकस्तदा । नागानां वाहना मेघाः सूकरप्रेयसी क्षितिः ॥ २२२
विष्णोः सूकररूपस्य सा हि प्रियतमोच्यते । तस्यां मेघाम्बुभिर्धान्यमुत्पन्नं चेत्किमद्भुतम् ॥ २२३
इत्युक्त्वा बालधूर्तो मां विस्मितं सोऽब्रवीत्पुनः । इदानीमहमाख्यामि तवापूर्वं किमप्यदः ॥ २२४
प्रत्येपि यदि विज्ञाय तत्सत्यमिति तत्त्वतः । तत्ते खट्वां ददाम्येतां स्यास्त्वं दासो ममान्यथा ॥ २२५
तथेत्युक्ते मया सोऽथ बालधूर्तोऽब्रवीदिदम् । उदपादि पुरा धूर्तपते कोऽपीह बालकः ॥ २२६
अकम्पयत्पदभरेणोर्वीमुत्पन्न एव यः । तदैव वृद्धो भूत्वा च चक्रे लोकान्तरे पदम् ॥ २२७
इत्युक्तवन्तं बालं तं तदबुद्ध्वाहमब्रवम् । अलीकमेतन्नास्त्यत्र सत्यता काप्यहो इति ॥ २२८
ततः स बालोऽवादीन्मां जातस्यैव न किं हरेः । चकम्पे चरणाक्रान्ता वसुधा वामनाकृतेः ॥ २२९
तदैव वृद्धिं गत्वा च चक्रे तेन न किं पदम् । द्युलोके तज्जितोऽस्येव मया दासीकृतोऽसि च ॥ २३०
अत्रापणगताश्चैते सर्वे नौ साक्षिणः पणे । तदहं यत्र गच्छामि तत्रागच्छ समं मया ॥ २३१
इत्युक्त्वा सोऽग्रहीद्बालो धीरो मां पाणिना भुजे । तत्रस्थाश्च तथैवास्य साक्ष्यं सर्वे व्यधुर्जनाः ॥ २३२
ततश्च मामवष्टभ्य पणबद्धं स सानुगः । नयति स्मान्तिकं मातुः पुरं पाटलिपुत्रकम् ॥ २३३
तन्माता च तदानीं तं दृष्ट्वा सा मामभाषत । आर्यपुत्र मयाप्येषा स्वप्रतिज्ञाद्य पूरिता ॥ २३४
आनायितोऽस्यवष्टभ्य त्वज्जातेनैव सूनुना । इत्युक्त्वावर्णयत्साध्वी वृत्तान्तं सर्वसंनिधौ ॥ २३५
तस्यां बान्धवाः सर्वे स्वप्रज्ञासाधितेप्सिताम् । पुत्रापमृष्टकौलीनामभ्यनन्दन्कृतोत्सवाः ॥ २३६
कृतार्थश्च तया पत्न्या साकं तेन सुतेन च । उषित्वा चिरमत्राहमागामुज्जयिनीमिमाम् ॥ २३७
एवं सन्त्येव देवेह भर्तृभक्ताः कुलाङ्गनाः । न पुनः सर्वथा सर्वा दुर्वृत्ता एव योषितः ॥ २३८
इत्येतां मूलदेवस्य निशम्य वदनात्कथाम् । विक्रमादित्यनृपतिस्तुतोष सह मन्त्रिभिः ॥ २३९
इत्याश्चर्याणि शृण्वन्स पश्यन्कुर्वंश्च भूपतिः । विजित्य विक्रमादित्यः सद्वीपां बुभुजे महीम् ॥ २४०

इति संयोगवियोगैर्निचितामाख्याय विषमशीलकथाम् ।
कण्वमुनिः पुनरवदत्तस्मिन्मां मदनमञ्चुकाविरहे ॥ २४१
एवं भवन्त्यचिन्त्या विरहाश्च समागमाश्च जन्तूनाम् ।
तत्स्यात्तवापि नचिरान्नरवाहनदत्त संगमः प्रियया ॥ २४२
अवलम्बस्व धृतिं तत्सुचिरं भोक्तासि वत्सराजसुत ।
भार्यासचिवसमेतो विद्याधरचारुचक्रवर्तिपदम् ॥ २४३

एवं कण्वर्षिगिरा लब्धधृतिः क्षपितविरहकालोऽथ ।
भार्या विद्याः खेचरसाम्राज्यं च क्रमादहं प्राप्तः ॥ २४४
तच्च यथा संप्राप्तं वरदस्यानुग्रहान्मया शंभोः ।
आदावेव तदखिलं वर्णितवानेव वो महामुनयः ॥ २४५
इति नरवाहनदत्तः स्वकथामाख्याय मुनिजनं निखिलम् ।
गोऽपालकं च मातुलमहर्षयत्कश्यपाश्रमे तस्मिन् ॥ २४६
नीत्वा च तत्र जलदागमवासरांस्तानामन्त्र्य मातुलमृषींश्च तपोऽवनस्थान् ।
प्रायात्सदारसचिवः स ततो विमानमारुह्य खेचरचमूपिहितान्तरिक्षः ॥ २४७
प्राप्य क्षणादृषभकं स्वनिवासमद्रिं साम्राज्यभोगसुखितो शुचरेन्द्रमध्ये ।
देव्या समं मदनमञ्चुकया स्थितोऽथ रत्नप्रभाप्रभृतिभिश्च स कल्पजीवी ॥ २४८
इत्येषा शशिशेखरेण तुहिनक्ष्माभृत्सुताभ्यर्थना-
त्सोत्साहेन बृहत्कथा निगदिता कैलासपृष्ठे पुरा ।
उत्पन्नैरथ शापतः क्षितितले कात्यायनाद्याकृती-
र्बिभ्रद्भिर्गमिता प्रसिद्धिमतुलां तैः पुष्पदन्तादिभिः ॥ २४९
एतां मद्वदनोद्गतां पठति यो यो वा शृणोत्यादरा-
द्यश्चैतां सुकथां बिभर्ति नचिरात्स ध्वस्तपापः कृती ।
सद्विद्याधरतामवाप्य नियतं लोकं मम प्राप्नुया-
दित्यस्याश्च तदा वरं गिरिसुताकान्तः कथाया ददौ ॥ २५०

इति महाकविश्रीसोमदेवभट्टविरचिते कथासरित्सागरे विषमशीललम्बके पञ्चमस्तरङ्गः ।

समाप्तोऽयं विषमशीललम्बकोऽष्टादशः ।

समाप्तश्चायं कथासरित्सागरः ।

ग्रन्थकर्तुः प्रशस्तिः ।

श्रीसातवाहनकुलाम्बुधिपारिजातः सङ्ग्रामराज इति भूमिपतिर्बभूव ।
येनावतीर्य विविधैर्विबुधैः श्रितेन कश्मीरमण्डलमनीयत नन्दनत्वम् ॥ १
तस्यात्मजो नमदशेषमहीशमौलिमाणिक्यकायनिकषीकृतपादपीठः ।
श्रीमाननन्त इति तत्कुलकल्पवृक्षः शौर्यैकराशिरुदपद्यत चक्रवर्ती ॥ २
द्वाराग्रसीमनि च यस्य निकृत्तकण्ठः क्षिप्त्वोदरं नरपतेर्लुठति स्म मूर्धा ।
सेवागतो जितमहाहरिचक्रचारुकीर्तिश्रवेण परितोषमिवैत्य राहुः ॥ ३
सोऽथ त्रिगर्ताधिपतेस्तनूजां राजेन्दुरिन्दोर्वहति स्म देवीम् ।
तमोपहां सूर्यवतीं प्रजानां विभातसंध्यामिव विश्ववन्द्याम् ॥ ४

आम्नायैरिव नानादेशसमुद्भूतविप्रशतसेव्यैः ।
अब्धिभिरिव रत्नभृतैर्भीतिभृतां भूभृतामपि शरण्यैः ॥ ५
कल्पद्रुमैरिवान्वहमाशोपगतार्तिहारिभिरुदारैः ।
देव्या यया विरचितैः कश्मीरा मण्डिता मठप्रवरैः ॥ ६

यन्निर्मितान्यमलतोयवहद्वितस्ताविस्तीर्णतीरभुवि सौधसुधासितानि ।
व्योमापगापरिगतान्तहिमाद्रिशृङ्गभङ्गिं भजन्ति सुतरां सुरमन्दिराणि ॥ ७
दत्तैरसंख्यमणिहेममहाग्रहारकृष्णाजिनद्रविणपर्वतगोसहस्रैः ।
विश्वंभरा······न च नापि भृ······विश्वं सदा भगवती किल या बिभर्ति ॥ ८
क्ष्मामण्डलैकतिलकोऽप्यनलीकलग्नो यस्या घनामृतमयो गुणिबान्धवोऽपि ।
विद्वेषिपर्षदशिवोऽपि शिवावतारः श्रीमान्सुतः कलशदेव इति क्षितीशः ॥ ९
उर्वीभृतो नमयितुं निखिलानुदग्रान्पातुं क्षमश्च जलधीनपि सप्त धीरः ।
सृष्टः सुरैरभिनवः कलशोद्भवो यः श्रीहर्षदेव इति भूपवरः स यस्याः ॥ १०
तस्याः सदैव गिरिशार्चनहोमकर्मनानाप्रदानविधिबद्धसमुद्यमायाः ।
शास्त्रेषु नित्यविहितश्रवणश्रमाया देव्याः क्षणं किमपि चित्तविनोदहेतोः ॥ ११
नानाकथामृतमयस्य बृहत्कथायाः सारस्य सज्जनमनोम्बुधिपूर्णचन्द्रः ।
सोमेन विप्रवरभूरिगुणाभिरामरामात्मजेन विहितः खलु संग्रहोऽयम् ॥ १२

प्रविततरङ्गभङ्गिः कथासरित्सागरो विरचितोऽयम् ।
सोमेनामलमतिना हृदयानन्दाय भवतु सताम् ॥ १३